Stefan-Zweig-Handbuch

Stefan-Zweig-Handbuch

Herausgegeben von
Arturo Larcati, Klemens Renoldner
und Martina Wörgötter

De Gruyter

ISBN 978-3-11-221604-0
e-ISBN (PDF) 978-3-11-030415-2
e-ISBN (EPUB) 978-3-11-038280-8

Library of Congress Control Number: 2018934738

Bibliografische Information der Deutschen Nationalbibliothek
Die Deutsche Nationalbibliothek verzeichnet diese Publikation in der Deutschen Nationalbibliografie; detaillierte bibliografische Informationen sind im Internet über http://dnb.dnb.de abrufbar.

© 2025 Walter de Gruyter GmbH, Berlin/Boston Einbandabbildung: Stefan Zweig, Salzburg, Mitte der 1920er Jahre, © Stefan Zweig Zentrum Salzburg
Dieser Band ist text- und seitenidentisch mit der 2018 erschienenen gebundenen Ausgabe.
Satz: Dörlemann Satz, Lemförde
Druck und Bindung: CPI books GmbH, Leck

www.degruyter.com

Inhalt

Vorwort		XI
I.	**Biografie** *(Klemens Renoldner)*	1
II.	**Literarische und kulturhistorische Voraussetzungen**	43
1.	Stefan Zweig zwischen Tradition und Moderne *(Jacques Le Rider)*	43
2.	Zweigs Wien: Geistige Strömungen um 1900 *(Allan Janik)*	53
3.	Zur Literatur des *fin de siècle* in Wien *(Deborah Holmes)*	58
4.	Liberalismus und Bürgertum *(Alexandra Millner)*	66
5.	Psychologie und Psychoanalyse *(Thomas Anz)*	73
6.	Literatur des Exils *(Marlen Eckl)*	86
III.	**Das Werk**	103
1.	Lyrik *(Rüdiger Görner)*	103
2.	Dramen	112
	2.1 *Tersites* (1907) *(Monika Meister)*	112
	2.2 *Der verwandelte Komödiant* (1912) *(Birgit Peter)*	118
	2.3 *Das Haus am Meer* (1912) *(Gabriella Rovagnati)*	123
	2.4 *Jeremias* (1917) *(Eva Plank)*	128
	2.5 *Legende eines Lebens* (1919) *(Monika Meister)*	134
	2.6 *Volpone* (1925) *(Monika Meister)*	139
	2.7 *Die Flucht zu Gott* (1927) *(Birgit Peter)*	146
	2.8 *Quiproquo* (1928) *(Birgit Peter)*	149
	2.9 *Adam Lux* (erstmals 1984) *(Stephan Resch)*	154
	2.10 *Das Lamm des Armen* (1929) *(Arturo Larcati)*	160
	2.11 Libretto: *Die schweigsame Frau* (1935) *(Arturo Larcati)*	169
3.	Die Erzählbände	178
	3.1 *Die Liebe der Erika Ewald* (1904) *(Christine Rechberger)*	178
	– *Die Liebe der Erika Ewald* (1904)	179
	– *Der Stern über dem Walde* (1904)	181
	– *Die Wanderung* (1902)	182
	– *Die Wunder des Lebens* (1904)	184
	3.2 *Erstes Erlebnis* (1911) *(Ulrike Vedder)*	188
	– *Geschichte in der Dämmerung* (1908)	190
	– *Die Gouvernante* (1907)	191
	– *Brennendes Geheimnis* (1911)	191
	– *Sommernovellette* (1906)	192
	3.3 *Amok* (1922) *(Bernd Hamacher)*	198
	– *Der Amokläufer* (1922)	199
	– *Die Frau und die Landschaft* (1917)	203

		– *Phantastische Nacht* (1922)	204
		– *Brief einer Unbekannten* (1922)	205
		– *Die Mondscheingasse* (1914)	205
	3.4	*Verwirrung der Gefühle* (1927) *(Marlen Mairhofer)*	207
		– *Vierundzwanzig Stunden aus dem Leben einer Frau* (1925)	209
		– *Untergang eines Herzens* (1927)	210
		– *Verwirrung der Gefühle* (1927).	211
	3.5	*Kleine Chronik* (1929)	217
		– *Die unsichtbare Sammlung* (1925) *(Elisabeth Erdem)* . . .	217
		– *Episode am Genfer See* (1919) *(Martina Wörgötter)*	222
		– *Leporella* (1928) *(Barbara Neymeyr)*.	225
		– *Buchmendel* (1929) *(Christine Rechberger)*.	230
	3.6	*Schachnovelle* (1942)	
		(Klemens Renoldner/Norbert Christian Wolf).	233
4.	Unselbständig erschienene Erzählungen.		246
	4.1	*Vergessene Träume* (1900) *(Elisabeth Erdem)*.	246
	4.2	*Praterfrühling* (1900) *(Martina Wörgötter)*.	249
	4.3	*Im Schnee* (1901) *(Elisabeth Erdem)*	251
	4.4	*Zwei Einsame* (1901) *(Elisabeth Erdem)*	255
	4.5	*Ein Verbummelter* (1901) *(Martina Wörgötter)*.	257
	4.6	*Das Kreuz* (1906) *(Elisabeth Erdem)*	260
	4.7	*Scharlach* (1908) *(Paul Keckeis)*.	262
	4.8	*Geschichte eines Unterganges* (1910) *(Barbara Neymeyr)*. . .	265
	4.9	*Angst* (1913) *(Martina Wörgötter)*	270
	4.10	*Der Zwang* (1920) *(Elisabeth Erdem)*.	275
	4.11	*Die Hochzeit von Lyon* (1927) *(Lina Maria Zangerl)*.	279
	4.12	*Unvermutete Bekanntschaft mit einem Handwerk* (1934)	
		(Barbara Neymeyr).	283
	4.13	*Ein Mensch, den man nicht vergißt* (1939)	
		(Thomas Traupmann).	289
5.	Erzählungen aus dem Nachlass		292
	5.1	*War er es?* (1942) *(Martina Wörgötter)*.	292
	5.2	*Die spät bezahlte Schuld* (1942) *(Marlen Mairhofer)*	295
	5.3	*Wondrak* (erstmals 1990) *(Martina Wörgötter)*	300
	5.4	*Widerstand der Wirklichkeit* (erstmals 1987)	
		(Martina Wörgötter)	303
6.	Legenden		306
	6.1	*Die Legende der dritten Taube* (1916)	
		(Christine Berthold/Arturo Larcati).	307
	6.2	*Die Augen des ewigen Bruders* (1921)	
		(Christine Berthold/Arturo Larcati).	309
	6.3	*Rahel rechtet mit Gott* (1927)	
		(Christine Berthold/Arturo Larcati).	313
	6.4	*Die gleich-ungleichen Schwestern* (1927) *(Lina Maria Zangerl)*	315
	6.5	*Der begrabene Leuchter* (1937)	
		(Christine Berthold/Arturo Larcati).	318
7.	*Sternstunden der Menschheit* (1927) *(Werner Michler)*		323

8.	*Brasilien. Ein Land der Zukunft* (1941) *(Jeroen Dewulf)*	330
9.	*Die Welt von Gestern. Erinnerungen eines Europäers* (1942)	340
	9.1 Autobiografie als Epochendarstellung *(Ulrich Weinzierl)*	340
	9.2 *Die Welt von Gestern* als Autobiografie, Memoirenwerk und Zeugnis *(Helmut Galle)*	356
10.	Romane	365
	10.1 *Ungeduld des Herzens* (1939) *(Margarete Wagner)*	365
	10.2 *Rausch der Verwandlung* (erstmals 1982) *(Evelyne Polt-Heinzl)*	376
	10.3 *Clarissa* (erstmals 1990) *(Armin Eidherr/Tina Ornezeder)*	383
11.	Historische Biografien	390
	11.1 *Joseph Fouché. Bildnis eines politischen Menschen* (1929) *(Daniela Strigl)*	390
	11.2 *Marie Antoinette. Bildnis eines mittleren Charakters* (1932) *(Daniela Strigl)*	398
	11.3 *Triumph und Tragik des Erasmus von Rotterdam* (1934) *(Bernd Hamacher)*	405
	11.4 *Maria Stuart* (1935) *(Ulrike Tanzer)*	415
	11.5 *Castellio gegen Calvin oder Ein Gewissen gegen die Gewalt* (1936) *(Christian Klein)*	424
	11.6 *Magellan. Der Mann und seine Tat* (1938) *(Maria de Fátima Gil)*	432
	11.7 *Amerigo. Die Geschichte eines historischen Irrtums* (erstmals 1944) *(Tobias Krüger)*	438
12.	Literarische Biografien	442
	12.1 *Verlaine* (1905) *(Stéphane Pesnel)*	442
	12.2 *Emile Verhaeren* (1910) *(Clara Bolle)*	450
	12.3 *Marceline Desbordes-Valmore. Das Lebensbild einer Dichterin* (1920) *(Michel Reffet)*	455
	12.4 *Romain Rolland. Der Mann und das Werk* (1921) *(Eugenio Spedicato/Arturo Larcati)*	461
	12.5 *Balzac* (erstmals 1946) *(Paul Keckeis)*	465
	12.6 *Montaigne* (erstmals 1960) *(Karl Müller)*	471
13.	Die großen Essay-Bände	476
	13.1 *Drei Meister. Balzac, Dickens, Dostojewski* (1920) *(Gregor Thuswaldner)*	476
	13.2 *Der Kampf mit dem Dämon. Hölderlin, Kleist, Nietzsche* (1925) *(Elmar Locher)*	482
	13.3 *Drei Dichter ihres Lebens. Casanova, Stendhal, Tolstoi* (1928) *(Johann G. Lughofer)*	490
	13.4 *Die Heilung durch den Geist. Mesmer, Mary Baker-Eddy, Freud* (1931) *(Herwig Gottwald)*	497
14.	Reden, Feuilletons, Aufsätze, Essays	505
	14.1 Publizistik zu Politik und Zeitgeschehen *(Stephan Resch)*	505
	14.2 Europa-Reden *(Stephan Resch)*	520
	14.3 Über österreichische Literatur *(Evelyne Polt-Heinzl)*	526

	14.4	Über europäische und internationale Literatur *(Massimo Bonifazio)*	536
	14.5	Reiseberichte *(Matjaž Birk)*	547
	14.6	Über bildende Kunst *(Klemens Renoldner)*	554
	14.7	Über Musik *(Elisabeth Skardarasy)*	565
	15.	Tagebücher *(Eugenio Spedicato)*	572
	16.	Briefe *(Klemens Renoldner)*	577
	17.	Übersetzungen *(Roman Reisinger)*	588
	18.	Herausgeberschaften *(Harald Gschwandtner)*	598
	19.	Filmprojekte *(Manfred Mittermayer)*	614
	20.	Autographensammlung *(Oliver Matuschek)*	618
IV.	**Systematische Aspekte: Literatur, Kunst, Kultur**		625
	1.	Erzählformen *(Matthias Aumüller)*	625
	2.	Biblische Stoffe und Motive *(Armin Eidherr)*	635
	3.	Mythos *(Herwig Gottwald)*	641
	4.	Sprache und Metaphorik *(Matthias Aumüller)*	650
	5.	Das Schöpferische *(Rüdiger Görner)*	657
	6.	Der künstlerische Prozess *(Mathias Mayer)*	661
	7.	Das Dämonische *(Matjaž Birk)*	666
	8.	Utopie *(Clemens Peck)*	670
	9.	Musik *(Rüdiger Görner)*	680
	10.	Bildende Künste *(Klemens Renoldner)*	688
	11.	Theater *(Arturo Larcati)*	694
	12.	Kunst und Politik *(Stephan Resch)*	702
V.	**Systematische Aspekte: Geschichte, Politik, Gesellschaft**		709
	1.	Geschichtsbilder und Geschichtsauffassung *(Hans-Albrecht Koch)*	709
	2.	*La race, le milieu, le moment:* Hippolyte Taine *(Jacques Le Rider)*	715
	3.	Das Motiv des Besiegten *(Arturo Larcati)*	722
	4.	Krieg, Frieden, Pazifismus *(Manuel Maldonado-Alemán)*	732
	5.	Toleranz und Fanatismus *(Stephan Resch)*	738
	6.	Humanität und Humanismus *(Manuel Maldonado-Alemán)*	743
	7.	Europa-Konzeptionen *(Jacques Le Rider)*	748
	8.	Judentum und jüdische Identität *(Mark H. Gelber)*	755
	9.	Die Freiheit des Einzelnen *(Helmut Neundlinger)*	758
	10.	Suizid *(Barbara Neymeyr)*	763
	11.	Geschlechterbilder/Sexualität *(Janin Afken)*	773
VI.	**Rezeption**		783
	1.	Rezeption zu Lebzeiten *(Arnhilt Johanna Höfle)*	783
	2.	Rezeption in den Exiljahren (1934–1942) *(Arturo Larcati)*	790
	3.	Rezeption nach 1942 *(Arnhilt Johanna Höfle)*	802
	4.	Rezeption seit 1992 *(Gregor Thuswaldner)*	806

5.	Internationale Rezeption	814
	5.1 Romanische Länder in Europa *(Arturo Larcati/Christine Berthold)*	814
	5.2 Angloamerikanischer Raum *(Arnhilt Johanna Höfle)*	823
	5.3 Lateinamerika, Asien, Russland *(Arnhilt Johanna Höfle)*	829
6.	Die Biografien *(Gregor Thuswaldner)*	835
7.	Künstlerische Rezeption	846
	7.1 Rezeption in der Belletristik *(Herwig Gottwald/Arturo Larcati)*	846
	7.2 Rezeption in der Musik *(Elisabeth Skardarasy)*	859
	7.3 Verfilmungen von Zweigs Texten *(Manfred Mittermayer)*	864

VII. Editionsgeschichte. 877

1. Der junge Autor – Veröffentlichungen bis 1920 *(Knut Beck)* 877
2. Ausgaben nach dem Ersten Weltkrieg, Editionen und Bibliografien *(Susanne Buchinger)*. 883
3. Zweig und die Verleger *(Susanne Buchinger)* 892
4. Nachlass *(Oliver Matuschek)* 902

VIII. Verzeichnisse. 907

1. Primärliteratur *(Simone Lettner)* 907
2. Forschungsliteratur (Auswahl) *(Simone Lettner)* 914
3. Filme *(Manfred Mittermayer)* 962

IX. Anhang. 969

1. Zeittafel *(Simone Lettner)* 969
2. Personenregister. 979
3. Werkregister. 998
4. Autorenverzeichnis 1003

Vorwort

Arturo Larcati/Klemens Renoldner/Martina Wörgötter

Das Bild des österreichischen Schriftstellers Stefan Zweig (1881–1942) hat sich in den letzten zwanzig Jahren deutlich verändert. In den 1960er und 1970er Jahren wurde sein Werk vor allem im Zusammenhang mit seiner Lebenszeit im Exil in England, den USA und mit seinem Suizid in Brasilien gesehen. Die literaturwissenschaftliche Rezeption in den deutschsprachigen Ländern war häufig von einer gewissen Geringschätzung, insbesondere im Vergleich mit anderen Autoren der Wiener Moderne, geprägt.

Durch eine Vielzahl von Veröffentlichungen nach Zweigs hundertstem Geburtstag im Jahr 1981, auch nach seinem fünfzigsten Todestag 1992 sowie nach der Jahrtausendwende (biografische Studien, Veröffentlichung von Korrespondenzen, monografische Arbeiten etc.), wurde das Werk in seiner Vielfalt erschlossen und neu gewürdigt. Zweig wurde, nicht zuletzt auch durch zahlreiche neue Übersetzungen und Text-Ausgaben, die nach dem Verfall des Urheberrechtes (1. Januar 2013) erschienen waren, in den Rang eines Repräsentanten der klassischen Moderne erhoben. Die international erfolgreichen Filme *The Grand Budapest Hotel* von Wes Anderson und *Vor der Morgenröte* von Maria Schrader und die damit verbundene mediale Aufmerksamkeit für Zweig trugen zu einer weiteren Popularisierung des Autors bei.

Diese jüngere Aufmerksamkeit für Stefan Zweig, sowohl für seine Lebensgeschichte aber auch für sein literarisches Werk, hat ein gesteigertes Interesse in der wissenschaftlichen Forschung mit sich gebracht. Nicht nur in den europäischen Ländern, allen voran Frankreich, gibt es eine neue Auseinandersetzung mit Stefan Zweig, auch in China, Japan, Russland und in den USA erscheinen sowohl neue Text-Ausgaben als auch wissenschaftliche Studien. Daraus ergibt sich die Notwendigkeit, Zweigs literarisches Werk, dessen Rezeption und die Forschung dazu umfassend zu dokumentieren.

Dieses Stefan-Zweig-Handbuch präsentiert und kommentiert zum ersten Mal das gesamte Werk in Einzelstudien. Dabei erhalten viele bisher kaum beachtete Aspekte besondere Aufmerksamkeit: so etwa Zweigs Tätigkeit als Briefschreiber, als Übersetzer und Herausgeber der Werke anderer Schriftsteller und als Vermittler im europäischen Literaturbetrieb; ebenso Zweigs literarisches Frühwerk, insbesondere seine Gedichte, Dramen und seine weniger bekannten Schriftsteller-Biografien. Erstmals konnten dafür zahlreiche Manuskripte, Briefe und Dokumente aus Archiven herangezogen werden: In Fredonia, Marbach, Jerusalem und Salzburg – um nur die wichtigsten zu nennen – befinden sich unveröffentlichte Zweig-Bestände, von denen wir einen entscheidenden Teil verwerten konnten.

Mit diesem Handbuch wird außerdem zum ersten Mal der Versuch gemacht, Linien und Tendenzen der deutschsprachigen und der internationalen Rezeption von Stefan Zweig in ihrer historischen Entwicklung darzustellen. Eine Chronik zu Leben und Werk ergänzt den Band, sowie eine Bibliografie, welche die wichtigsten Forschungsergebnisse ab 1990 berücksichtigt. Sie schließt an die umfassende Bibliografie von Randolph J. Klawiter (1991) an, in der auch die bis dahin erschienene Sekundärliteratur verzeichnet ist.

Ziel des Stefan-Zweig-Handbuches ist es aber nicht nur, das Werk in seiner Gesamtheit in einem kulturhistorischen Zusammenhang zu zeigen, sondern auch erstmals einen konzisen Überblick über den komplexen und vielschichtigen Kosmos dieses Autors zu geben und Leben und Werk anhand aktueller literaturwissenschaftlicher und kulturgeschichtlicher Fragestellungen neu in den Blick zu nehmen. Dabei geht es uns weniger darum, *ein* spezifisches Bild von Stefan Zweig zu vermitteln, als vielmehr vielfältige Anregungen und Perspektiven für die weitere Forschung zu geben.

Das Handbuch ist in sieben Kapitel gegliedert: Der erste Teil rekapituliert die biografischen Daten und versucht wenig beachtete Aspekte der Lebensgeschichte herauszustellen. Der zweite Teil skizziert die kulturhistorischen und literaturhistorischen Voraussetzungen von Zweigs Werk. Im dritten Teil finden sich Einzelanalysen der Texte, geordnet nach gattungsgeschichtlichen Kriterien. Der vierte und der fünfte Teil beschreiben systematische Aspekte des Werkes, die einerseits Literatur, Kunst und Kultur betreffen, andererseits auch Geschichte, Politik und Gesellschaft miteinschließen. Das sechste Kapitel präsentiert in exemplarischen Studien die Rezeptionsgeschichte, das siebte dokumentiert die Geschichte bisheriger Editionen.

Die Artikel zu den einzelnen Werken sind nach folgendem Schema aufgebaut: Nach dem Bericht über die Entstehung des jeweiligen Textes werden der Inhalt skizziert und die Wirkungsgeschichte dargestellt. Im Regelfall wird aus der Ausgabe der *Gesammelten Werke in Einzelbänden* zitiert, die ab 1981 von Knut Beck im S. Fischer Verlag herausgegeben wurde. Der erste Band der neuen Salzburger Ausgabe von Stefan Zweigs erzählerischem Werk, die seit 2017 im Zsolnay-Verlag in Wien erscheint, konnte für die *Sternstunden der Menschheit* mitherangezogen werden. Auch für die *Schachnovelle* und *Verwirrung der Gefühle* wurden neue Textausgaben berücksichtigt. Zudem sind diverse Texte Zweigs, insbesondere aus dem publizistischen Werk des Autors, nicht in die *Gesammelten Werke in Einzelbänden* (GWE) aufgenommen und werden daher nach dem Erstdruck zitiert. Auf Fußnoten wurde verzichtet, alle entsprechenden Ergänzungen, Verweise und Literaturangaben sind aus Gründen der besseren Lesbarkeit in den Text eingearbeitet.

Um eine rasche Orientierung innerhalb des Gesamtwerkes zu gewährleisten, sind Werktitel mit einem Erscheinungsjahr versehen. Dieses bezieht sich auf das Jahr des Erstdrucks, das im Buch aufscheint (bekanntlich wurden manche Bücher Zweigs bereits einige Monate vor dem eingedruckten Erscheinungsjahr ausgeliefert). Texte aus dem Nachlass, die zuerst in Übersetzungen erschienen (z.B. *Die spät bezahlte Schuld*; *War er es?*), werden nach diesen Erstdrucken datiert. Auch bei den Theaterstücken ist das Jahr des Erstdrucks angegeben, nicht jenes der Uraufführung. Es sei außerdem darauf hingewiesen, dass Stefan Zweig gelegentlich unterschiedliche Titel verwendet, so z.B. „Der Brief einer Unbekannten" und „Brief einer Unbekannten".

Ein so umfassender und vielgestaltiger Deutungs- und Bewertungsversuch eines Lebenswerkes ist natürlich nicht auf einen theoretischen oder methodischen Nenner zu bringen. Die Heterogenität, die unterschiedlichen Zugänge und Blickwinkel, die in den Beiträgen offenkundig werden, sind durch die Vielseitigkeit der Verfasserinnen und Verfasser bedingt. Nicht nur Literaturwissenschaftler, die sich seit längerer Zeit mit Zweig befassen, kommen hier zu Wort, sondern auch renommierte Vertreter des Fachs, die sich in unterschiedlicher Weise mit Zweigs Epoche auseinandergesetzt haben. Wir freuen uns, dass sich damit der Kreis derjenigen, die dem österreichischen Autor ihre Aufmerksamkeit widmen, erweitert hat.

Die Arbeit an diesem Handbuch wäre nicht möglich gewesen ohne die Unterstützung und Arbeit von zahlreichen Personen. Wir danken den rund 70 Kolleginnen und Kollegen aus vielen Ländern Europas, aus Israel, den USA, Lateinamerika und Neuseeland für ihre Beiträge und die Geduld bei der aufwändigen Redaktion des Bandes. Marlen Mairhofer hat den Band in den letzten Monaten mit großer Ausdauer bis zur Fertigstellung redaktionell betreut, Harald Gschwandtner sorgte mit Kompetenz und Sorgfalt für die aufwändige Korrektur. Das Team des *Stefan Zweig Zentrums* der Universität Salzburg hat den gesamten Entstehungsprozess dieses Buches auf vielfältige Weise befördert.

Frau Manuela Gerlof, Cheflektorin im Verlag de Gruyter, hat uns eingeladen, dieses Handbuch zusammenzustellen und herauszugeben. Ihr und auch der Lektorin Anja-Simone Michalski sowie den weiteren Mitarbeiterinnen und Mitarbeitern des de Gruyter Verlages, v. a. Stefan Diezmann und Susanne Rade, danken wir herzlich für die hilfreiche, ausdauernde und stets aufmunternde Betreuung unserer Arbeit.

Salzburg, März 2018

I. Biografie

Klemens Renoldner

1. Voraussetzungen 1
2. Kindheitsbilder, Verletzungen, Anerkennung. 2
3. Lebensstil, erste Begegnungen mit Literatur 7
4. Schule 8
5. Universität 10
6. Frühwerk – Jugendliche Revolte, ästhetischer Pluralismus 12
7. Enthusiastisches Provisorium 14
8. Der Erste Weltkrieg – Ende des Provisoriums? 16
9. Abschied von Wien – Rückzug in die Provinz 20
10. Nach Europa – und darüber hinaus 24
11. Die Reise in die Sowjetunion 1928 25
12. Die unpolitische Politik – Zweigs Europareden 27
13. Abschied von Salzburg 29
14. Englische Jahre 32
15. Kriegsbeginn 1939 – Adieu Europa 33
16. Der Herkunftskomplex – Österreich, mit und ohne Nostalgie 34
17. USA – Brasilien 36
18. Petrópolis – Das letzte halbe Jahr 37

1. Voraussetzungen

Die Geschichte eines Dichter-Lebens von ihrem Ende her zu erzählen, mag reizvoll sein, allerdings ist dabei nur schwer zu vermeiden, dass man den Blick zu sehr auf die letzte Lebenszeit, die letzten Werke, die Umstände des Todes und auf die zeitgenössische Wirkung des Autors am Ende seines Lebens richtet. Zweigs Biografie mit dem Bericht über seinen Suizid zu eröffnen und Werk und Lebensumstände wie durch eine Folie der letzten Monate im Exil zu betrachten, kann Kausalitäten erzeugen, die irreführend sind.

Erstaunlicherweise haben sich mehrere Biografen dennoch dazu verleiten lassen, noch bevor sie von Stefan Zweigs Kindheit und Jugend erzählen, von seiner letzten Lebenszeit zu berichten. Diese Art einer dramatischen Zuspitzung, den Tod mit dem Beginn des Lebens zu verschränken, mag erzähltechnisch gesehen raffiniert erscheinen, der Verfasser wird sich aber von dem Vorwurf nicht freisprechen lassen können, die Perspektive um eines Effekts willen auf den Kopf zu stellen. Schwerlich wird man Zweigs Entscheidung, mit 60 Jahren aus dem Leben zu scheiden, als das bedeutendste Ereignis seiner Biografie bezeichnen können. Ohne Zweifel sind sein literarisches Werk und seine vielfältigen Aktivitäten als Vermittler sowohl im deutschsprachigen wie im europäischen Literaturbetrieb die beiden bedeutendsten Tatsachen seiner Lebensgeschichte. Daher werden hier, den Absichten eines Handbuches entsprechend und ohne die verdienstvollen Ergebnisse einiger Biografien zu repetieren, Schwerpunkte auf einzelne Lebensphasen gesetzt, wobei gelegentlich bisherige Lebensdarstellungen rekapituliert und thesenhaft ergänzt werden. So wird zu Beginn ausführlicher von

Zweigs Kindheit und Jugend in Wien berichtet, von Lebensjahren, über die nur wenig bekannt ist und die doch im literarischen Werk, auf verdeckte Weise, deutliche Spuren hinterlassen haben.

2. Kindheitsbilder, Verletzungen, Anerkennung

Stefan Zweig wurde am 28. November 1881 in Wien geboren. Das Geburtshaus am Schottenring 14, im großbürgerlichen ersten Bezirk, direkt neben der Wiener Börse gelegen, wurde im Zweiten Weltkrieg zerstört. Neben dem Eingang in das Nachfolge-Gebäude erinnert eine Marmortafel an den hier Geborenen. Die Mutter Stefan Zweigs, Ida Zweig (1854–1938), geborene Brettauer, war in der italienischen Hafenstadt Ancona zur Welt gekommen, wo sie die ersten siebzehn Jahre ihres Lebens verbracht hatte. Die Brettauers waren eine begüterte jüdische Vorarlberger Bankiers-Familie, die nicht nur in Österreich und Italien, sondern in mehreren Ländern Europas tätig war. Moriz Zweig (1845–1926), der Vater Stefan Zweigs, stammte aus einer jüdischen Familie aus Prossnitz (heute Prostějov) im Landkreis Olmütz (heute Olomouc) in Mähren, 18 Kilometer südwestlich der Kreisstadt Olmütz. Moriz Zweig war mit seinem Vater Hermann, einem Textil-Kaufmann („Zwischenhandel mit Fertigprodukten"; Zweig GWE, Die Welt von Gestern, S. 21), 1850 nach Wien gekommen. Er kaufte 1878 in Ober-Rosenthal (heute Horní Růžodol) bei Reichenberg (heute Liberec), im Nordwesten Böhmens gelegen, eine kleine Maschinen-Weberei und entwickelte sie in den folgenden Jahren zu einem florierenden Unternehmen. Die Firma Moriz Zweig unterhielt auch in Wien ein Büro, in der Eßlinggasse 13, unweit des Grandhotels Métropole.

Der Altersunterschied zwischen Ida Brettauer und Moriz Zweig betrug neun Jahre, die beiden hatten sich in Wien kennengelernt und waren, auch wenn sie mit Deutsch als Muttersprache aufgewachsen waren, in fremdsprachigen Ländern geboren worden. Moriz Zweig sprach neben Deutsch auch Tschechisch, Französisch und Englisch, Ida Brettauer Italienisch und Französisch – hier ist der Grundstein für das kosmopolitische Selbstverständnis der Söhne Alfred und Stefan gelegt. Sie sollten, obwohl es nicht in der Schule unterrichtet wurde, auch die französische und italienische Sprache einigermaßen erlernen. Die Umstände ihrer Herkunft bedeuteten aber auch, dass sich Zweigs Eltern in Wien erst neu etablieren bzw. behaupten mussten. Ihre Familiengeschichten verbanden sich also nicht mit traditionellen Wiener Familien, auch wenn man sich in ihrer unmittelbaren Nähe eingerichtet hatte. Obwohl geografisch nahe, gab es zu den aus Osteuropa nach Wien gekommenen, sozial deklassierten Juden in der Leopoldstadt, dem zweiten Gemeindebezirk, keine Beziehungen (vgl. Zweig 2017, S. 658ff.). Zweig unterhielt in jungen Jahren Freundschaften mit einigen ostjüdischen Künstlern, in seinem Werk werden ‚Ostjuden' bzw. ‚neureiche' Juden, Emporkömmlinge, die auf zweifelhafte Weise aus unteren sozialen Schichten ins Bürgertum aufgestiegen sind, aber meist mit Häme bedacht (vgl. *Untergang eines Herzens*, 1927; *Ungeduld des Herzens*, 1939). Der Stolz des Bürgersohns, der aus dem ersten Wiener Gemeindebezirk stammte, wird auch in den Erzählungen bei der meist holzschnittartigen Darstellung von Figuren aus dem Proletariat deutlich: Hinter der erklärten Sympathie für sozial Gescheiterte, dämonisch Zerrissene und Verlierer der Geschichte wird nicht selten der herablassende Blick des Bürgers erkennbar, der Empathie nur vorgibt (vgl. *Die Gouvernante*, 1907; *Die Mondscheingasse*, 1914; *Leporella*, 1928;

2. Kindheitsbilder, Verletzungen, Anerkennung

Schachnovelle, 1942; vgl. die Darstellung der Armut in den Favelas in *Brasilien. Ein Land der Zukunft*, 1941).

Die Hochzeit von Ida Brettauer und Moriz Zweig fand im September 1878 in Wien statt, „nach liberalem Ritus der Israelischen Allianz" (Dines 2006, S. 120). 1879 kam Alfred, Stefan Zweigs älterer Bruder, zur Welt. Er trat schon früh als Juniorchef in die Firma des Vaters ein. Die Söhne Alfred und Stefan waren vermutlich bereits ab 1905 Teilhaber der väterlichen Textilfabrik, sodass sie an den beträchtlichen Gewinnen beteiligt waren. Zweig selbst nannte seinen Vater einen „Millionär" (Zweig GWE, Die Welt von Gestern, S. 23). Der ältere Bruder übernahm später die Weberei und führte sie, da er die tschechische Staatsbürgerschaft besaß, auch nach dem Ende des Ersten Weltkriegs und der Gründung der Tschechischen Republik bis ins Jahr 1938 weiter.

Über das Familienleben, über Kindheit und Jugend Stefan Zweigs gibt es nur rudimentäre Auskünfte. Dass er wenig sportlich war, mit 13 Jahren den Klavierunterricht quittierte (vgl. Matuschek 2006, S. 33), dafür aber mit dem Vater und dem Bruder die Wiener Oper oder den Musikverein besuchte – was der Mutter wegen ihrer nach Stefan Zweigs Geburt einsetzenden Schwerhörigkeit (vgl. Matuschek 2006, S. 23f.) nicht mehr möglich war – soll in Hinblick auf Zweigs späteres Interesse an der Musik erwähnt sein. Hingegen muss die Aussage, der Gymnasiast habe jede Premiere im Wiener Burgtheater besucht, wie viele Auskünfte in *Die Welt von Gestern* (1942), als irreführend oder zumindest reichlich stilisiert verstanden werden: „Denn daß wir Gymnasiasten uns zu jeder Premiere drängten, war selbstverständlich; wie hätte man sich vor den glücklicheren Kollegen geschämt, wenn man nicht am nächsten Morgen in der Schule hätte jedes Detail berichten können?" (Zweig GWE, Die Welt von Gestern, S. 56; vgl. Zweig 2017, S. 654)

Für Stefans und Alfreds Kindheit spielten eine slowakische Amme namens Margarete und die aus der Schweiz stammende Gouvernante Hermine Knecht eine wichtige Rolle (vgl. Matuschek 2006, S. 26f.). Natürlich kennen wir die Schulen, die Stefan Zweig besucht hat – fünf Jahre Volksschule, acht Jahre humanistisches Gymnasium, mit Latein und Griechisch –, und auch die Zeugnisse seiner Jahre am Gymnasium sind erhalten. Unbestritten ist auch, dass die Familie Zweig nicht besonders religiös war, man besuchte gelegentlich die Synagoge, vor allem an hohen Festtagen. Von der Familie des Vaters heißt es bei Zweig: „Früh vom orthodox Religiösen emanzipiert, waren sie leidenschaftliche Anhänger der Zeitreligion des ‚Fortschritts'" (Zweig GWE, Die Welt von Gestern, S. 20). Andererseits muss erwähnt werden, dass sich Ida und Moriz Zweig auch nicht christlich taufen ließen, was vielen Juden in Wien durchaus erstrebenswert erschienen war.

Bezeichnend ist, dass Stefan Zweig in *Die Welt von Gestern* nach dem Hinweis auf die Großeltern, nach der Vorstellung der Familiengeschichten der Eltern sowie deren Lebensprinzipien und charakterlichen Eigenheiten, keine persönlichen Schilderungen über das eigene Familienleben in Wien folgen lässt (vgl. S. 20ff.). Gewiss, Zweig hat in der Einleitung des Buches erklärt, er werde keine private Autobiografie schreiben. In mehreren Kapiteln hält er sich aber keineswegs an die selbstgewählte Prämisse. Auffällig ist jedenfalls, dass er seine Kindheitsjahre mit keinem Wort erwähnt und gleich mit einem Überblick über das kulturelle Leben Wiens um 1900 anschließt (vgl. S. 27). Und das, obwohl seine Eltern ein eher zurückgezogenes Leben führten und mit der eleganten Wiener Gesellschaft nur am Rande, mit den vom jungen Zweig bald verehrten Wiener Künstlern, Literaten, Malern und Musikern kaum in Berührung kamen. Seinen Vater, so Zweig, habe ein „Wesenszug zum Privaten, zum Anonymen der Lebenshaltung" ausgezeichnet (S. 23), und diese Neigung hat der Sohn zweifelsohne übernommen, nicht nur bei der Abfassung der *Welt von Gestern* (vgl. Zweig 2017, S. 655).

Wenn es um die Kindheit des Autors geht, beziehen sich die meisten Biografen auf die Auskünfte von Stefan Zweigs erster Ehefrau Friderike, die 1947, fünf Jahre nach dem Tod ihres Ex-Mannes, erstmals veröffentlicht wurden. Stefan Zweig, der Friderike von Winternitz als 31-Jähriger kennengelernt hatte, erzählte auch ihr über seine Kindheit und Jugend nur wenig. Friderike berichtet, Stefan Zweig habe über seine Kindheitseindrücke deswegen kaum gesprochen, um Schilderungen von „Verletzungen" (F. Zweig 1948, S. 14) zu vermeiden. Sie spricht von „Zusammenstöße[n] mit der Welt der Erwachsenen" in Zweigs Kindheit, „die ihn irgendwie verletzt und seine Empfindlichkeit verfeinert hatten" (S. 16). Aus „Scheu" und „seelische[r] Schamhaftigkeit" habe er sogar seine Jugendfreunde gemieden (S. 15).

Friderike Zweigs Schilderungen haben den Blick und die späteren Darstellungen geprägt, und in mehreren Biografien finden sich, mehr oder weniger direkt übernommen, ihre Auskünfte als authentische wieder. Oliver Matuschek berichtet davon, dass Stefan Zweigs Bruder Alfred, der 1938 in die USA emigriert war und bis 1977 in New York lebte, nach dem Erscheinen von Friderikes Biografie an verschiedene Adressaten zahlreiche Briefe geschrieben habe, in denen er ihre Sichtweise richtigzustellen suchte. Dabei spielten insbesondere Friderikes Darstellungen des Familienlebens im Hause Zweig eine Rolle (vgl. Matuschek 2006, S. 14f.).

Bei allen Vorbehalten, die man gegen Friderike Zweigs Erinnerungen *Stefan Zweig. Wie ich ihn erlebte* vorbringen mag, sollte man sich jedoch einer voreiligen Verurteilung dieses Buches, zumindest soweit es die frühen Lebensjahre Stefan Zweigs betrifft, nicht anschließen. Und auch wenn man die Gewichtung und Ausdeutung einzelner Anekdoten, die Friderike vorträgt, nicht zur Gänze teilt, so klingt es doch plausibel, wenn die Autorin berichtet, dass sich der junge Stefan Zweig als „sonst sanftes zärtliches Kind [...] plötzlich in einen kleinen Wilden verwandeln [konnte]" (S. 8) und er nach „zahllose[n] Konflikte[n]" mit der Mutter auch wiederholt herbe Niederlagen einstecken musste, „von denen er einige nie verwunden hat" (S. 8), sodass er auch als Erwachsener gegenüber seiner Mutter „noch voller Kritik und Ressentiment" gewesen sei (S. 9). Auch ihr Hinweis, dass sich, bei aller Kritik an den zweifellos „unerfreulichen Kindheitserlebnissen" (S. 12) und der Auflehnung gegen das autoritäre Wiener Familienmuster, bei dem Erwachsenen ähnliche Verhaltensweisen bemerkbar machten und Stefan Zweig „ohne jeden vernünftigen Grund streng wie ein Moliereseher Vormund" sein konnte und „Verbote wieder einführen [wollte], unter denen er selbst gelitten" hatte (S. 12), kann wohl als zutreffend angenommen werden.

Matuschek war der Erste, der in seiner Biografie die Briefe Alfred Zweigs und weitere Materialien auswerten konnte (vgl. Matuschek 2006, S. 14f.). In diesem Punkt wird man also Donald A. Praters Zweig-Biografie aus dem Jahre 1972, die 1981 zum hundertsten Geburtstag Zweigs in einer überarbeiteten Version in deutscher Sprache veröffentlicht wurde, mit einiger Vorsicht begegnen müssen, auch wenn diese sonst durchaus ihre Gültigkeit hat (vgl. Prater 1981). Prater war durch die persönlichen Begegnungen und Gespräche mit Friderike Zweig und ihren Töchtern, die er in den 1960er Jahren führen konnte, zweifellos in ihrem Sinne beeinflusst.

2. Kindheitsbilder, Verletzungen, Anerkennung

Resümiert man die Informationen, die uns über Zweigs Kindheit und die Beziehung zu seinen Eltern zugänglich sind, so ergibt sich der Eindruck einer erheblichen Distanz zwischen Eltern und Kindern. Der rigorose, strenge, häufig zum Klavierspiel zurückgezogene, für die Kinder oft unerreichbare Vater, die Mutter, die die familiäre Organisation den weiblichen Gehilfen im Haushalt und der Großmutter mütterlicherseits überträgt – in diesem Fall wird man nicht nur von einem autoritären, womöglich der Zeit entsprechenden Erziehungsmuster, sondern vor allem von einer gewissen emotionalen Kälte in der Familie sprechen müssen. Wie auch immer man die Darstellungen der Biografen bewerten mag, auffällig ist, dass Stefan Zweig als Kind um Anerkennung durch die Eltern gerungen hat, und damit offenbar große Mühe hatte. Angesichts seines schlechten Schulerfolges in den oberen Klassen des Gymnasiums, der den auf äußerste Korrektheit und Unauffälligkeit bedachten Eltern wohl unangenehm war, erhält schließlich der kleine Triumph des Schülers, die Veröffentlichung von Gedichten in angesehenen deutschen Literaturzeitschriften zu erwirken, eine besondere Bedeutung. Dass Zweig ein paar Jahre später, noch als Student, durch die Vermittlung Theodor Herzls regelmäßig für die bedeutendste Wiener Tageszeitung, die *Neue Freie Presse*, schreiben konnte, wird den Eltern ebenfalls nicht missfallen haben. Der anhaltende Übereifer Zweigs, der bis zu seinem Lebensende rastlos Text um Text produziert, hat vermutlich auch mit einer Art geschäftlicher Verantwortung zu tun, die der Sohn übernommen hat, um es dem Vater ‚recht zu machen' und die „Tugenden des Kaufmanns" zu erfüllen (Strigl 2017, S. 265). Natürlich ist dieses ununterbrochene Erzeugen von Aufmerksamkeit nicht nur im familiären Zusammenhang zu verstehen, es setzt sich fort als Muster der Selbstbehauptung im Literaturbetrieb, als Grundgestus des ‚Stets-zu-Diensten-Seins' für seine diversen ‚Meister', insbesondere für Émile Verhaeren und Romain Rolland. Hannah Arendt kritisiert in ihrer Rezension von *Die Welt von Gestern* Zweigs unermüdliche Produktionsweise als Versuch einer Emanzipation aus Scham: Um sich im Wiener Bürgertum als Künstler Anerkennung zu verschaffen, habe Zweig seine jüdische Identität verleugnen müssen (vgl. Arendt 1948, S. 118f.).

Bilder einer pessimistisch-melancholischen Kindheitswelt lassen sich in einzelnen Gedichten sowie in frühen Erzählungen Stefan Zweigs finden. Dem Erzählband *Erstes Erlebnis* (1911) stellt Zweig ein Sonett als Motto voran. Die erste Strophe lautet: „O Kindheit, wie ich hinter deinen Gittern, / Du enger Kerker, oft in Tränen stand, / Wenn draußen er mit blau und goldnen Flittern, / Vorüberzog, der Vogel Unbekannt". Natürlich sollen hier keine simplen autobiografischen Kausalitäten konstruiert werden. Aber Kindheitswelten erscheinen bei Zweig oft bedrückend, sind mit Traurigkeit, Einsamkeit und Trotz verbunden. Der vergebliche Kampf einer verzweifelten Kinderseele, in der Welt der Erwachsenen ernst genommen, ja als Gleichberechtigter anerkannt zu sein, wie ihn Zweig in der Erzählung *Brennendes Geheimnis* (1911) mit beeindruckender Intensität dargestellt hat, lässt sich als Motiv-Variante in verschiedenen Texten wiederfinden. So erlebt etwa auch der 15-jährige Bob in *Geschichte in der Dämmerung* (1908) die Demütigung eines Knaben in der Welt der Erwachsenen. Auch die anderen Erzählungen aus dem Band *Erstes Erlebnis* sind hier zu nennen, etwa die Novelle *Die Gouvernante* (1907), in der sich zwei Mädchen nach dem Selbstmord ihres geliebten Kindermädchens im Zorn gegen die Mutter wenden, und natürlich die Suizid-Geschichte des Schülers in *Ein Verbummelter* (1901) oder *Scharlach* (1908). Auch in Texten, in denen es keineswegs um die Not eines Kindes geht, finden sich motivische

Analogien, ohnmächtige, trotzige, tragische Versuche letzter Selbstbehauptung gegen eine übermächtige Gegenwelt – man denke nur an die inneren Monologe in *Angst* (1913), *Der Brief einer Unbekannten* (1922) oder *Verwirrung der Gefühle* (1927).

Er habe zuhause „wenig Liebe" erfahren, resümiert der brasilianische Zweig-Biograf Alberto Dines (Dines 2006, S. 121). „Überfluss, Bildung, Sicherheit, Unterdrückung, keinerlei Privatsphäre", das seien die „prägenden Faktoren" in Zweigs Kindheit gewesen (S. 122). Dines wartet, wie oft in seiner Biografie, mit außergewöhnlichen Thesen auf. Er betont die „väterliche Ausgeglichenheit", der eine „mütterliche Lebendigkeit" gegenübergestanden sei (S. 120). Zwischen der Mutter und ihren Söhnen sei nach dem „Verlust der Fortpflanzungstätigkeit" und dem Beginn ihrer Schwerhörigkeit Anfang/Mitte der 1880er Jahre eine Distanz entstanden, ja Ida Zweig, so Dines, habe „ihre Kinder im Stich" gelassen (S. 121). Was Stefan Zweig zu Kindheitszeiten versagt gewesen sei, hole er später im Erwachsenenleben nach: „Alles, was Zweig als Erwachsener macht, lässt einen Antagonismus zu seinen Kindheitserlebnissen, eine verspätete und verkehrte Rebellion erkennen. Vielleicht bleibt er deshalb ein ewiges Kind, verwöhnt und süchtig nach Anerkennung." (S. 121) Der Trubel der Großfamilie – die Zweigs lebten ab 1895 in einem Mehrgenerationenhaushalt – sowie die Unrast der Mutter habe, so Dines, zu Zweigs Bedürfnis nach absoluter Ruhe geführt, der Überfluss der Familie und der Luxus der Mutter „ruft eine Askese bei ihm hervor. […] Fasziniert von der Armut, ist er überrascht über das Geld, das ihm zur Verfügung steht." (S. 121)

Stefan Zweig und das Verhältnis zu seinem Vater – auch das wäre eine literaturwissenschaftliche und psychoanalytische Studie wert, wobei dafür nicht nur autoritäre, übermächtige Väterfiguren in seinem Werk (*Angst*; *Legende eines Lebens*, 1919; *Untergang eines Herzens*; *Verwirrung der Gefühle*; *Ungeduld des Herzens*; *Clarissa*, erstmals 1990) heranzuziehen wären, sondern auch die bisweilen unterwürfige, jedenfalls aber angestrengt übereifrige Annäherung an ältere, berühmte Kollegen. Zweig hat um die Anerkennung durch seine Väter-Idole gerungen, allen voran sind hier erneut der belgische Schriftsteller Verhaeren (26 Jahre älter als Zweig) und der französische Kollege Rolland (15 Jahre älter) zu nennen. Nur so wird dieser schwärmerische Einsatz verständlich, den Stefan Zweig über viele Jahre aufgebracht hat, um seinen beiden ‚Meistern', wie er sie etwa in zahlreichen seiner Briefe nannte, in der Rolle des ‚Schülers' nahe sein, ihnen dienen zu dürfen und ihr Werk mit Übersetzungen, Biografien, Vorträgen und Aufsätzen landauf, landab zu propagieren. Von diesen ‚Erwachsenen' wurde der junge Mann nicht abgewiesen, diese Väter konnte man lieben. Da es sich hier um ein Paradigma in Zweigs Leben handelt, könnte man noch einige Weitere nennen, die Zweig – in abgemilderter Form – als väterliche Vorbild-Figuren erwählt hatte und für die er auf vielfältige Weise tätig war, man denke etwa an Sigmund Freud (25 Jahre älter), Gerhart Hauptmann (19 Jahre älter), Ferruccio Busoni (15 Jahre älter) u.a. Auch eine Frau könnte dieser Reihe der Vorbilder hinzugefügt werden: die dänische Reformpädagogin Ellen Key (32 Jahre älter).

Es trifft also zu, wenn Friderike schreibt, Zweig habe schon als Knabe „um die Dichter und die Künste" geworben. Er wollte mit vitalen Künstlern leben, um so der Welt der Familie zu entkommen. „Er suchte sich den Weg zu den Künstlern in demütigem Dienst, den ablehnt, wer nur sich selbst zu bewundern imstande ist." (F. Zweig 1948, S. 19)

3. Lebensstil, erste Begegnungen mit Literatur

Zu den in finanzieller Hinsicht zweifellos sehr glücklichen Lebensumständen der Familie Zweig ist noch zu sagen, dass sie 1895 die (wohl kaum beengte) Wohnung am Schottenring 14 verließ und in eine wesentlich größere in der Rathausstraße 17 übersiedelte. Das damals mondäne „Rathausviertel" war infolge der Bebauung der Ringstraße auf dem ehemaligen Exerzier- und Paradeplatz des österreichischen Militärs errichtet worden, in unmittelbarer Nähe zu Rathaus, Burgtheater und Universität gelegen. Das Haus mit der Nummer 17 war im Jahr 1881 bezugsfertig. An dieser Adresse wohnten bereits Stefan Zweigs Großmutter mütterlicherseits und eine Tante, die Schwester von Zweigs Mutter, mit ihrem Sohn, der im gleichen Alter wie sein Cousin war. Über den Wettstreit der beiden Schwestern in Fragen des Luxus und der Moden wissen die Biografen in der Folge von Friderikes Darstellung einiges zu berichten (vgl. F. Zweig 1948, S. 13), ebenso über den „Standesdünkel" (Matuschek 2006, S. 27) der an diesem Ort versammelten Mitglieder der Familie Brettauer, der offenbar Stefan Zweigs Missfallen gefunden hat. Bald sollte Zweig, als Student der Wiener Universität, in verschiedene ‚Studentenbuden' im achten Wiener Gemeindebezirk übersiedeln – alle jedoch in der Nähe zur elterlichen Wohnung, in die man zum Mittagessen einkehren konnte.

Zum Lebensstil der Familie Zweig gehörten auch regelmäßige Reisen, die nicht nur mit Besuchen bei Verwandten in Italien, Frankreich und Belgien zu tun hatten. Besondere Bedeutung hatten die Sommer-Aufenthalte (mit Personal) in den großen Kur- und Badeorten der Monarchie. Allen voran ist hier das böhmische Marienbad (heute Mariánské Lázně) zu nennen, in das Ida Zweig regelmäßig zur Kur reiste, ein Ort, den auch Stefan Zweig noch bis Mitte der 1930er Jahre mehrmals aufsuchte. Auch Bad Ischl im Salzkammergut, wo sich Kaiser Franz Joseph regelmäßig zur Sommerfrische aufhielt, wurde ab 1890 mehrere Male besucht. Er habe, schreibt Zweig, auch den Kaiser „im grünen Steirerhut in Ischl zur Jagd fahrend" gesehen (Zweig GWE, Die Welt von Gestern, S. 325). Weitere Reiseziele der Familie Zweig waren etwa Luzern, Meran, Innichen, Blankenberghe in Belgien, Bad Gastein, Baden bei Wien u.a.

Das Interesse für Literatur hat bei Stefan Zweig in jugendlichen Jahren begonnen, Matuschek nennt einige Autoren aus Zweigs Bibliothek: Friedrich Gerstäcker, Charles Sealsfield, Julius von Stettenheim, die Romane Karl Mays und einen nicht identifizierten „Reisebericht über Mexiko und die fernen Staaten Südamerikas" (Matuschek 2006, S. 30). Die Titel *Gullivers Reisen* (1726), *Robinson Crusoe* (1719) sowie die Lektüre von Indianergeschichten und den Märchen der Brüder Grimm erwähnt Zweig in seinem Aufsatz *Rückkehr zum Märchen* 1912 (vgl. Zweig GWE, Rückkehr zum Märchen). Ob es wirklich zutrifft, dass Stefan Zweig, wie er schreibt, im Gymnasium „unter der Bank Nietzsche und Strindberg" gelesen hat und im „Umschlag [...] [der] lateinischen Grammatiken die Gedichte von Rilke steckten" (Zweig GWE, Die Welt von Gestern, S. 56), mag man bezweifeln. Das gilt auch für die angeblich leidenschaftlichen Kaffeehaus-Diskussionen der Schüler über Nietzsche und Kierkegaard (vgl. S. 58). Auch seine Auskunft, er habe mit „siebzehn Jahren nicht nur jedes Gedicht Baudelaires oder Walt Whitmans" gekannt, sondern sogar „die wesentlichen auswendig" gelernt, wird man nicht auf die Goldwaage legen dürfen (S. 60). Erstaunlich ist, dass Donald A. Prater Zweigs Darstellungen unbeirrt folgt, ohne dabei leise

Zweifel anzumelden (vgl. Prater 1981, S. 28f.). Es heißt hier etwa: „[D]iese Schulbuben kannten jedes Wort und jede Zeile" von Rilkes Gedichten (S. 29).

Unbestreitbar hingegen ist, dass Zweig im Juli 1896, also im Alter von noch nicht 15 Jahren, sein erstes Gedicht veröffentlicht hat. Unter dem Pseudonym „Ewald Berger" erschien es in der Münchner Zeitschrift *Die Gesellschaft*. Unter weiteren wechselnden Pseudonymen, darunter auch „Lizzie" und „Stefanie Zweig", bald aber unter seinem tatsächlichen Namen, veröffentlichte er in den Jahren vor der Matura Gedichte in mehreren Zeitschriften und Zeitungen in Berlin, München, Prag und Wien. Mit dem Herausgeber der in Berlin erscheinenden Literaturzeitschrift *Deutsche Dichtung*, Karl Emil Franzos, entsteht ab 1898 eine kleine Korrespondenz, in der auch von ersten Prosa-Texten die Rede ist (vgl. Zweig, Br I, S. 14ff.).

1910 wird Zweig in einem Brief an Paul Zech selbstkritisch anmerken, dass er auf seine frühen Texte nur ungern angesprochen werde: „[I]ch habe, wie wir alle in Wien, früh, zu früh angefangen und wir müssen nun ernstlich an uns arbeiten und uns nicht von diesen allzuleichten Erfolgen der ersten glatten Versuche verführen lassen." (S. 207)

4. Schule

Nach fünf Jahren in der Volksschule in der Werdertorgasse besucht Stefan Zweig acht Jahre ein humanistisches Gymnasium, das Maximilian-Gymnasium in der Wasagasse, neunter Bezirk, heute Wasa-Gymnasium genannt. Die Schulen lagen in unmittelbarer Nähe zu den beiden elterlichen Wohnungen und waren für den Schüler zu Fuß in gut fünf Minuten zu erreichen. Über seinen Gymnasialbesuch schreibt Zweig: „Daß ich zufällig in einen Jahrgang für die Kunst fanatisierter Kameraden geriet, ist vielleicht für meinen ganzen Lebensgang entscheidend gewesen." (Zweig GWE, Die Welt von Gestern, S. 55) Bemerkenswert sind in diesem Zusammenhang die Erinnerungen von Stefan Zweigs Schulkollegen Ernst Benedikt, die Zweigs Darstellung widersprechen. Es habe, berichtet Benedikt, der die letzten vier Jahre im Gymnasium gemeinsam mit Zweig besucht hatte, in ihrer Klasse tatsächlich eine kunstbegeisterte Gruppe gegeben, „die in schrankenloser Bewunderung Hofmannsthals vereinigt war" (Benedikt 1992, S. 18). Der entscheidende Unterschied zu Zweigs Version ist jedoch: „Niemand unter ihnen [...] verkehrte mit Stefan Zweig. Er war ausgeschlossen als ‚Streber', als Mensch des einzig erwünschten ‚Erfolges'." (S. 18) Im Gegensatz dazu liest man bei Zweig, er habe, ähnlich wie Hofmannsthal, als junger Dichter im Gymnasium reüssiert: „In der Schule wurde ich eine Art Wunderkind, die Rolle gefiel mir", schreibt Zweig in einem Brief vom 10. Dezember 1901 an Karl Emil Franzos (Zweig, Br I, S. 30).

Ein anderes Verhältnis zu Hugo von Hofmannsthal präsentiert Zweig in *Die Welt von Gestern*. Hofmannsthal wird in den Erinnerungen als Lichtgestalt von Zweigs Jugend dargestellt. Das ist insofern erstaunlich, als Zweig bis zum Tode des Kollegen im Jahr 1929 eine distanzierte, schwierige Beziehung zu ihm hatte, ja in Bezug auf mehrere Projekte im Insel Verlag sogar eine veritable Rivalität unterhalten sollte (→ II.1 Zweig zwischen Tradition und Moderne; III.14.3 Über österreichische Literatur). Dass Hofmannsthal Zweig – nicht nur als Schriftsteller – verachtete, konnte Letzterem bei der Anzahl gemeinsamer Bekannter und Freunde gewiss nicht verborgen geblieben sein. Aber umgekehrt muss gesagt werden, auch Zweig schätzte Hofmannsthal trotz aller verbaler Höflichkeitsbekundungen nicht besonders.

4. Schule

In diesem Sinne ist zu verstehen, was Zweig in einem Brief vom 20. Juli 1929, nach Hofmannsthals Tod, an Rolland geschrieben hat. Hofmannsthals Leben, so Zweig, sei „eine lange Tragödie" gewesen: „Vollendung mit 20 Jahren, und dann entzogen ihm die Götter ihre Stimmen. Ich mochte ihn persönlich wenig, aber ich war sein Schüler, und sein Tod hat mich sehr bewegt." (Rolland/Zweig 1987 Bd. b, S. 331) Demzufolge wäre Hofmannsthals Werk, das nach 1894 entstanden ist (*Der Turm*, 1924; *Der Schwierige*, 1921; *Der Unbestechliche*, 1923; *Jedermann*, 1911; die Opern-Libretti und die zahlreichen – wie auch Zweigs Dramen – heute völlig vergessenen Theaterstücke), nur eine mindere Produktion.

Bei der Abfassung der *Welt von Gestern* sind die Komplikationen, Rivalitäten und auch die Salzburger Animositäten zwischen den beiden jedenfalls vergessen, und Zweig präsentiert seinen Lesern ein Genie der Dichtkunst: „Aber vor allem war es *eine* Gestalt, die uns faszinierte, verführte, berauschte und begeisterte, das wunderbare und einmalige Phänomen Hugo von Hofmannsthals, in dem unsere Jugend nicht nur ihre höchsten Ambitionen, sondern auch die absolute dichterische Vollendung in der Gestalt eines beinahe Gleichaltrigen sich ereignen sah." (Zweig GWE, Die Welt von Gestern, S. 64, Herv. i. O.) Aber Stefan Zweig war eben nicht gleichaltrig, der Abstand zu seinen Vorbildern war enorm. Man kann an den genannten Beispielen sehen, wie sehr sich Zweig nachträglich ins Zentrum dieser Literatur-Epoche ‚hineinzuschreiben' versucht (→ II.3 Zur Literatur des *fin de siècle* in Wien).

Während das Familienleben in Zweigs Erinnerungen ausgeklammert bleibt, findet der Autor ausreichend Platz, um über die „Schule im vorigen Jahrhundert" (Zweig GWE, Die Welt von Gestern, S. 45 ff.) zu berichten, und widmet ihr ein ausführliches Kapitel. Zweig eröffnet es als einen kulturhistorischen Essay, um dann doch auf seine persönlichen Erfahrungen zu sprechen zu kommen. Die Schulzeit war, „wenn ich ehrlich sein soll, nichts als ein ständiger gelangweilter Überdruß, von Jahr zu Jahr gesteigert durch die Ungeduld, dieser Tretmühle zu entkommen" (S. 46). Auch hier ist, wie schon in Bezug auf die Erziehung in der Familie, von alten, verknöcherten Autoritätsstandards die Rede. Wenn er sehe, wie Schüler heute „unbefangen und fast au pair mit ihren Lehrern plaudern" (S. 46) würden, dann erinnere er sich wieder daran, dass er das Schulgebäude als ein „verhaßte[s] Haus" betrat und dass sich die Schüler „hineinducken mußten, um nicht mit der Stirn gegen das unsichtbare Joch zu stoßen. Schule war für uns Zwang, Öde, Langeweile, eine Stätte, in der man die ‚Wissenschaft des nicht Wissenswerten' in genau abgeteilten Portionen sich einzuverleiben hatte" (S. 46). Gebäude, Lehrplan, Pädagogik und natürlich die Professoren gehörten einer Welt von Vorgestern an, es gab nur ein schreckliches, unüberwindbares dort „oben auf dem Katheder" für die Lehrer (S. 49) und das ‚Unten' der Jugend in der Schulbank, also ein analoges, bedrückendes Autoritätsgefälle wie in der Familie. Die demütigende Hierarchie von Kindheits- und Erwachsenenwelt findet sich stereotyp in zahlreichen Texten Zweigs (vgl. *Brennendes Geheimnis*, 1911). Diese Barriere war unüberwindlich: „[D]er einzige wirklich beschwingte Glücksmoment, den ich der Schule zu danken habe, wurde der Tag, da ich ihre Tür für immer hinter mir zuschlug." (S. 46)

Für die Biografen bildet dieser Abschnitt die wichtigste Auskunft über Zweigs Gymnasialzeit. Es ist ein schroffes, anklagendes Kapitel, und auch in diesem Fall ist zu bedenken, wann es verfasst wurde. Auffällig ist die Gnadenlosigkeit, mit der Stefan Zweig seine früheren Lehrer noch mit 60 Jahren als uninspirierte Katheder-Beamte verdammt. Wir sehen hier, wie Zweig mit Lust an seiner vielfach bewährten Methode arbeitet, Gegensätze und kontroverse Positionen scharf zu kontrastieren: Hier der Zwang einer geisttötenden Schuldisziplin, da die jugendlich-frische Kunstrevolte als Befreiung aus dem Spießertum des 19. Jahrhunderts. Felix Braun, der einige Jahre nach Zweig dasselbe Gymnasium besucht hat, schlägt bei der Beurteilung gemeinsamer Lehrer differenziertere Töne an (vgl. Braun 1963, S. 62).

Es leuchtet ein: Die Rettung aus der antiquierten, patriarchalischen Welt war die Kunst. In diesem Terrain ließ sich ein enormes Potenzial entdecken, um sich in andere Sphären abzustoßen. Für den notorisch schlechten Schüler war die Begeisterung für Literatur schon früh ein Gegenprogramm, und das in mehrerer Hinsicht. Hier erprobte man sich als Künstler und schritt die Möglichkeiten aus, um die eigene ‚persönliche Freiheit' gegenüber Tradition und Starrsinn zu entwickeln. So ist es nur begreiflich, dass Zweig sich ringsum an anderen Künstlern orientiert. Diese Suche nach Vorbildern ist ein fortgesetztes Muster – immer wieder wird Zweig neue Kontakte zu Künstlern knüpfen, nicht nur in Wien, in Österreich und Deutschland, sondern auch in anderen europäischen Ländern. Aus diesen Netzwerken, Freunden und Vorbildern bezieht Zweig seine Kraft zur Selbstbehauptung. Auch seine frühe Begeisterung für die französische Lyrik des 19. Jahrhunderts hat hier ihren Ursprung. Baudelaire, Verlaine, Rimbaud – da gibt es nicht nur eine Zuneigung zu Texten und Atmosphären, wichtig wird für Zweig immer auch, das Autorschaftsmodell dieser Schriftsteller zu erforschen, um sich daran zu orientieren (→ III.14.4 Über europäische und internationale Literatur; III.17 Übersetzungen). Es bleibt eine fortgesetzte Suche, ein Muster, das wir bis zu seiner Arbeit an dem Essay über Michel de Montaigne (erstmals 1960) beobachten können. So bezieht Zweig auch den Schreibimpuls für die frühen biografischen Porträt-Essays sowie für die in späteren Jahren verfassten Biografien aus diesem Motiv. Dem stellt sich dann nur ein Dilemma in den Weg, unter dem er ein Leben lang leiden sollte: dass er zwar mit unglaublichem Elan seinen künstlerischen Freiheitsdrang entwickelte, zugleich aber auch das unternehmerische Denken des Vaters übernommen hatte. Der Drang zur Freiheit war an eine selbst auferlegte, unermüdliche Pflicht zum Produzieren gekoppelt, und dieser Gegensatz war der präziseren, gelassenen Ausarbeitung so manchen Werkes hinderlich.

5. Universität

Beim Blick auf die Universitätsjahre Stefan Zweigs (1900–1904) muss man, im Sinne des Gesagten, zugleich auch die Aktivitäten des Schriftstellers bedenken. Es genügt, sich die Fülle der Buch-Publikationen und die vielen Gedicht- und Zeitungsveröffentlichungen, die Zweig in diesen Jahren tätigt, vor Augen zu führen. Schon allein aus dieser Perspektive wird klar, dass Zweig sein Studium im Grunde genommen nur ‚nebenher' betreiben konnte. Er selbst gibt zudem an, dass es nicht seine eigene Entscheidung gewesen sei: „Daß ich an der Universität studieren sollte, war im Rate der Familie von je beschlossen gewesen." (Zweig GWE, Die Welt von Gestern, S. 117) Zweig studiert nun Philosophie, Psychologie und Literaturgeschichte (nicht Romanistik, wie oft behauptet wird) und wird das Studium 1904 mit einer schmalen Dissertation (*Die Philosophie des Hippolyte Taine*) und dem Titel Dr. phil. abschließen.

Bemerkenswert ist, dass Zweig das Kapitel über die Universität in *Die Welt von Gestern* mit einer besonderen Einleitung versieht, in der durchaus von eigenem Erleben

5. Universität

die Rede ist: Bevor er darauf zu sprechen kommt, wie und in welchem Umfang er von dem Bildungsangebot der Universität Gebrauch machen konnte, berichtet er von den Umtrieben der ihm verhassten „Couleurstudenten". Es ist die Rede von den deutschnationalen, den sogenannten „schlagenden" Studentenverbindungen: „Schon der bloße Anblick dieser rüden, militarisierten Rotten, dieser zerhackten und frech provozierenden Gesichter hat mir den Besuch der Universitätsräume verleidet" (S. 117). Den Grund dafür, dass diese Gruppierung eine so große Bedeutung bekommen konnte, sieht Zweig darin, weil sie gegenüber dem Bürgertum eine eigene Art von akademischem Standesdünkel entwickelt habe. Dies sei deswegen möglich gewesen, weil in „Österreich, [...] das Klassenbewußtsein immer über das demokratische die Oberhand" behalten habe (S. 115). Mit dieser Passage kann auch die Ansicht widerlegt werden, Stefan Zweig habe sich in seinen Erinnerungen nicht über den Antisemitismus in Wien geäußert. Zweig beschreibt den fatalen Ehrbegriff dieser Studenten, die sich für ‚satisfaktionsfähig' erklärten, also ihre Duelle nur in gleicher Standeshöhe zulassen konnten. Er spricht von „bartlosen dummen Jungen", die möglichst oft ihre Klinge kreuzen mussten, um ihre „Mannhaftigkeit" zu beweisen, und auch später noch „die Wahrzeichen dieser Heldentaten als ‚Schmisse' im Gesicht tr[u]gen" (S. 115). Die gesellschaftliche Dimension dieser studentischen Attitüde zeigt sich daran, dass auch die alten Herren, die „bejahrten Notare und Ärzte in ihren Dörfern [...] stolz [...] ihre Schmisse als Kennzeichen ihres ‚akademischen' Standes" zeigten (S. 116). Auf Zweig habe dieses „einfältige und brutale Treiben einzig abstoßend" gewirkt (S. 116), „und wenn wir einer dieser bebänderten Horden begegneten, wichen wir weise um die Ecke; denn uns, denen individuelle Freiheit das Höchste bedeutete, zeigte diese Lust an der Aggressivität und gleichzeitige Lust an der Hordenservilität zu offenbar das Schlimmste und Gefährlichste des deutschen Geistes" (S. 116f.). Zweig spricht von der Gefährlichkeit dieser deutschnationalen, „künstlich mumifizierten Romantik", die ihm, dem jüdischen Studenten, den Aufenthalt auf der Universität schwer gemacht habe: „[A]uch die anderen, wirklich lernbegierigen Studenten vermieden, wenn sie in die Universitätsbibliothek gingen, die Aula und wählten lieber die unscheinbare Hintertür, um jeder Begegnung mit diesen tristen Helden zu entgehen." (S. 117; vgl. auch *Scharlach*, 1908)

Das Sommersemester 1902, das Stefan Zweig als 20-Jähriger in Berlin verbringt, nützt er vor allem, um Schriftsteller, Redakteure, Verleger und Vertreter des deutschen Literatur- und Theaterbetriebs kennenzulernen. Er trifft mit Maximilian Harden, Peter Hille, Else Lasker-Schüler und Rudolf Steiner zusammen; mit dem Zeichner Ephraim Mose Lilien, den er schon seit 1901 aus Wien kannte, verbindet ihn nun eine enge Freundschaft. Seiner Zeit in Berlin widmet Zweig auch eine ausführliche Passage der *Welt von Gestern* (vgl. S. 134–144). Der Studienaufenthalt in Deutschland spiegelt sich indirekt auch in der Beschreibung des Studentenlebens in der Novelle *Verwirrung der Gefühle* und der Erzählung *Scharlach* wider. Berlin wird auch in den späteren Jahren für Zweig eine wesentliche Rolle spielen: Hier ist sein Theaterverlag Felix Bloch Erben tätig, hier wird er viele Male zu Lesungen und Vorträgen anreisen, hier trifft er deutsche Schriftstellerkollegen, hier findet Zweig mühelos Zuhörer. Dem Publikum in Berlin und in anderen deutschen Städten, in denen er oft auftritt, gilt bald seine ganze Aufmerksamkeit. In den 1920er und 1930er Jahren ist Wien so gut wie vergessen, die Debatten in dieser Stadt und die Häme so mancher österreichischer Kollegen spielen für ihn kaum eine Rolle. Die – nicht nur gedankliche – Wendung nach

Deutschland, insbesondere Berlin, die im Leben Zweigs so bedeutend sein wird, hat ihre Anfänge auch in diesem Sommersemester 1902. In den Jahren 1902 und 1903 besucht Zweig Paris, wohin er schon als Jugendlicher mit seiner Familie gereist war. Zweig beendet sein Studium in Wien, wo er im Frühjahr 1904 seine Doktorarbeit einreicht (vgl. Zweig 2005; zu Zweigs Taine-Rezeption → V.2 Hippolyte Taine).

6. Frühwerk – Jugendliche Revolte, ästhetischer Pluralismus

Bereits ein flüchtiger Blick auf jene Texte Zweigs, die vor 1914 in Wien entstanden sind (→ VII.1 Der junge Autor), sowie auf seine Aktivitäten als Vermittler und Herausgeber, zeigt – abgesehen davon, dass allein die Fülle der Projekte überraschend ist – erneut Zweigs literarische Vielseitigkeit: Das Werk besteht aus zwei Gedicht- und zwei Prosabänden, einigen verstreut publizierten Erzählungen, drei Theaterstücken, Biografien über Paul Verlaine und Émile Verhaeren. Es folgen die Übersetzungen der Gedichte, Theaterstücke und Biografien Verhaerens sowie die von Zweig herausgegebenen Bände mit Gedichten Verlaines, Baudelaires und Rimbauds. Zweig ist zudem der Herausgeber der Werke von Charles Dickens und schreibt für viele weitere Bücher Vor- bzw. Nachworte. Hinzu kommen Aufsätze, Essays, Reisefeuilletons, Würdigungen junger Schriftsteller, kurze Porträts sowie Rezensionen, die in Zeitungen und Zeitschriften erscheinen (→ III.14 Reden, Feuilletons, Aufsätze, Essays). Für einen 33-jährigen Mann ein unglaubliches Pensum – und doch tragen diese Veröffentlichungen zum gängigen Bild des Autors, wie es heute existiert, nur wenig bei, denn die meisten dieser vor 1914 entstandenen Texte sind heute unbekannt. Unser Blick richtet sich vor allem auf die historischen Biografien, erotischen Novellen und Essaybände zur Literatur, auf den Verfasser der *Sternstunden der Menschheit* (1927) und der *Welt von Gestern*. Das ist zweifellos ein anderes Autorschaftsmodell, auch wenn Zweigs Vermittlungstätigkeit zwischen Kollegen, Verlagen und Medien auch in den 1920er und den beginnenden 1930er Jahren keineswegs nachlässt und er weiterhin in Zeitungen und Zeitschriften mit vielen Artikeln präsent ist. Muss deswegen der Erste Weltkrieg als deutliche Zäsur in Zweigs Werk gesehen werden?

Auch für den Kreis der Freunde und Kollegen in Wien, in Österreich und Deutschland existiert vor 1914 natürlich ein ganz anderes Bild von Stefan Zweig als unser heutiges. Denn seine Herausgeber- und Übersetzertätigkeit spielt in diesen Jahren doch die bedeutendere Rolle als seine literarische Arbeit (→ III.17 Übersetzungen; III.18 Herausgeberschaften). Bei der Fülle von Projekten und Editionen ist erneut zu fragen, was die Ursache für diesen Elan sein könnte. Woher kommt dieser rastlose Produktionszwang? Zweig war in diesen Jahren ja auch auf vielen, zum Teil mehrmonatigen Reisen.

In einer autobiografischen Notiz aus dem Jahr 1922 – Zweig ist 41 Jahre alt – schreibt der Autor, wenn er an seine Jahre „zwischen achtzehn und dreißig zurückdenken" und sich vergegenwärtigen wolle, was er damals getan habe, „scheint es [ihm], als ob [er] diese ganzen Jahre einzig in der Welt herumgereist, in Kaffeehäusern gesessen und mit Frauen herumgezogen wäre." Er könne sich „[m]it bestem Willen [...] nicht erinnern, jemals gearbeitet, jemals etwas gelernt zu haben", um schließlich zu erkennen: „Dem aber widersprechen die Tatsachen". Er habe durchaus viele Bücher herausgebracht und „unendlich viel gelesen und geschrieben" (Zweig 2012, S. 16). Literatur sei für ihn eine „Steigerungsform der Existenz, eine Art, das Erlebte zu verdeutlichen und mir selbst zu verständlichen", nicht „das Leben", sondern „nur eine Ausdrucksform des Lebens" gewesen (S. 17).

Wenn Zweig zwar durch seine vielen Reisen „überall Beziehungen, Freunde und Gefährten" (S. 17) an seiner Seite weiß, so darf doch der Freundeskreis in Wien nicht vergessen werden. Zweigs Aktionsradius erstreckt sich einerseits auf Schriftsteller und Künstler, die bereits etabliert sind. In diesem Zusammenhang muss auch die ‚gute Geschäftsidee' erwähnt werden, mit renommierten und meist älteren Lyrikern und Nachdichtern Gedichtanthologien von Verlaine oder Verhaeren (in den „besten Übertragungen", so die Untertitel) zusammenzustellen, um dabei auf Augenhöhe mit ihnen zu agieren. Für die erwähnten Anthologien von Gedichten Verhaerens und Verlaines lädt er eine Reihe prominenter Autoren ein, Übersetzungen anzufertigen (oder er verwendet bereits Existierendes von ihnen), darunter Hans Carossa, Rudolf Binding, Gerhart Hauptmann, Theodor Däubler, Alfred Wolfenstein, Richard Dehmel, Johannes Schlaf, Richard Schaukal, Rainer Maria Rilke, Paul Wiegler, Max Brod, Walter Hasenclever, Wolf Graf von Kalckreuth, Hermann Hesse, Klabund, Rudolf Leonhard, Paul Zech u.a. Andererseits verbindet er sich auch mit zahlreichen jungen Autoren in Wien, mit denen er sich im Kaffeehaus trifft und über neue Bücher austauscht, die er ermutigt oder die ihm Mut zusprechen. Zu diesem Freundeskreis gehören Franz Servaes, Camill Hoffmann, Erwin Rieger, Adolph Donath, Max und Victor Fleischer, Eugenie Hirschfeld, Erwin Guido Kolbenheyer, Alfons Petzold, Felix Braun, Leo Feld, Franz Karl Ginzkey, Georg Busse-Palma, Hans Müller-Einigen, Benno Geiger und einige andere mehr (vgl. auch Weinzierl 2015, S. 83ff.).

Donald A. Prater hat darauf hingewiesen, dass diese jungen, reichlich unbekannten Dichter in Zweigs Umkreis so wichtig waren, weil ihre künstlerische Initiative nicht so sehr einer spezifischen ästhetischen Position entsprungen sei, sondern ihrem Enthusiasmus für das Neue: „Wie alle jungen Leute suchten sie nach dem Neuen, weil es neu war, aber es steckte mehr hinter dieser Leidenschaft." Zweig und seine Generation „spürten die Veränderungen in den Wertbegriffen, die die Jahrhundertwende bringen sollte; vor allem fühlten sie sich von der neuen Kunst unwiderstehlich angezogen, weil sie das Werk junger Menschen war" (Prater 1981, S. 29). Dabei war es offenbar sekundär, wie unterschiedlich die Positionen waren, die die einzelnen Mitglieder in diesem losen Verbund eingenommen hatten. An dieser Stelle muss gesagt werden, dass Zweig durch seine vielen Bekanntschaften die Hervorbringungen des Expressionismus, der Avantgarde in Musik, bildender Kunst und Literatur sowie die Umbrüche in der Kunstszene nach der Jahrhundertwende deutlich wahrgenommen hat. Er war mit Alban Berg, Béla Bartok, Maurice Ravel bekannt, schrieb u.a. über Klimt, Schiele und Kokoschka, traf sich mit Bildhauern und Malern, die in der Wiener Secession vertreten waren, und berichtete über ihre Ausstellungen (→ III.14.6 Über bildende Kunst; IV.10 Bildende Künste).

In *Die Welt von Gestern* weist Zweig verklärend darauf hin, dass sie damals – in seiner Erinnerung – alle jung gewesen seien, auch Dichter, Musiker und Maler, die de facto einer früheren Generation angehörten: „Gerhart Hauptmann, plötzlich aus völliger Namenlosigkeit aufgetaucht, beherrschte mit dreißig Jahren die deutsche Bühne, Stefan George, Rainer Maria Rilke hatten mit dreiundzwanzig Jahren – also früher, als man nach dem österreichischen Gesetz für mündig erklärt wurde – literarischen Ruhm und fanatische Gefolgschaft." (Zweig GWE, Die Welt von Gestern, S. 64) So als wäre er einer von ihnen gewesen und hätte nicht mit einem gewissen zeitlichen Abstand seine literarische Laufbahn begonnen, erwähnt er auch „die Gruppe des ‚jungen Wien' mit Arthur Schnitzler, Hermann Bahr, Richard Beer-Hofmann, Peter Altenberg, in denen die spezifisch österreichische Kultur durch eine Verfeinerung aller Kunstmittel zum erstenmal europäischen Ausdruck fand" (S. 64). Tatsächlich aber waren die Autoren des Jungen Wien nur noch eine Legende für diejenigen, die nach 1900 ihre ersten Bücher veröffentlichten (→ II.3 Zur Literatur des *fin de siècle* in Wien).

Zweig und seine Wiener Freunde seien, so der Autor selbst, „die letzte Generation jenes heute fast nicht mehr rekonstruierbaren Kunstfanatismus" in Wien gewesen. Hier ist also die Identifikation mit der Kunstepoche zwischen 1880 und 1914 vollzogen. Künstlerische Betätigung sei das „uneingestandene Ziel" dieser Gruppen gewesen und „Kunstgenuß die gemeinsame Leidenschaft" (Zweig 2012, S. 15). Von revolutionärem Elan ist in diesen Kreisen nicht viel zu spüren, was den wohlbehüteten Industriellensohn Zweig nicht hinderte, ein besonderes Faible für Außenseiter und Grenzgänger der bürgerlichen Gesellschaft zu entwickeln. Seine Vorliebe für zerrissene, ‚dämonische' Naturen, seine Begeisterung für das ‚Andere', ‚Fremde', gelegentlich auch für das sozial Entfernte steht natürlich in großem Kontrast zur eigenen Lebenswirklichkeit. Vielen seiner Protagonisten in den Novellen folgt er in die ‚Abgründe der Seele', in ihre dämonischen Verstrickungen und erotischen Nöte. Zweig fühlt sich von den Verworfenen des Schicksals besonders angezogen, ihnen glaubt er sich nahe, ihrer Verzweiflung leiht er seine Stimme, seine Programmatik, die ‚Besiegten' zu Helden zu machen, hat hier ihren Ursprung (→ V.3 Das Motiv des Besiegten). Er liebt einerseits die stolzen einsamen Positionen seiner erfolgreichen ‚Meister', sehnt sich aber andererseits nach dem Extremen, dem Exzessiven. Er sucht, was er selbst nicht ist, im Sinne Nestroys: Er wäre zu gerne ein ‚verfluchter Kerl' (vgl. Nestroy 1979, Bd. 4, S. 103f.). Seine antibürgerliche Neigung schwärmt von Rausch und Ekstase, Aufbegehren und Revolte – aber all dies steht in diametralem Gegensatz zu seiner eigenen ästhetischen Disposition und vor allem zu seiner Lebenspraxis, die bürgerlich-gesittet ist. In ästhetischer Hinsicht ist sie aber keineswegs festgelegt: Zwischen Symbolismus, Naturalismus und Expressionismus schwanken Zweigs Sympathien, er kann von Tolstois Romanen ebenso schwärmen wie von D'Annunzios Poesie, er lobt die vorexpressionistische Industrie- und Technikglorifizierung Verhaerens, begeistert sich für die drastischen Darstellungen in den Romanen von Balzac und Dickens und redet der Lyrik Rilkes das Wort, er erschließt sich die Welt Amerikas durch die pathetische Stimme Walt Whitmans, jene Russlands sowohl durch Dostojewski als auch durch Tolstoi. Den Zugang zur Welt, zu den Wirklichkeiten der Länder und Städte, zu den Lebensbedingungen der Menschen verschafft sich Zweig also jeweils über die Kunst, die politischen, historischen und sozialen Koordinaten lässt er (sieht man von seinen historischen Biografien ab) außer Acht. Die Unterschiedlichkeit der Strömungen und Tendenzen, denen er mit Enthusiasmus zujubelt, ist dabei unerheblich.

7. Enthusiastisches Provisorium

Zu fragen ist in dem Zusammenhang auch, wie sich Zweig bereits in jungen Jahren umfangreiche Kenntnisse der Werke aus Literatur, Geschichte und Philosophie aneignen konnte. Alleine die Anzahl der Bücher zeitgenössischer Autoren, jüngerer und älterer Freunde, aber auch von Unbekannten, denen er in Briefen eine kleine (oder größere) Kritik zuteilwerden lässt, ist erstaunlich. Es ist weiters ein Rätsel, weshalb sich ein Autor, der schon als junger Mann keine finanziellen Nöte hatte, für größere Projekte nicht mehr Zeit gönnen wollte. Schon früh gibt es die Überlegungen zu einem größeren Roman, etwa im Stile Balzacs (vgl. Zweig GWE, Tb, S. 304), aber nie gibt es die entsprechende Zeit dafür, weil so viele Vorhaben dringend ‚abzuarbeiten' sind. Immer wieder sehen wir, dass Zweig an mehreren Texten gleichzeitig schreibt – Novellen, großen Essays, Theaterstücken, Übersetzungen – und dazu noch Arbeiten als Herausgeber erledigt. Bezeichnend ist auch, dass er erst im Alter von 58 Jahren seinen ersten Roman *Ungeduld des Herzens* (1939) veröffentlicht.

Im Hinblick auf die Erfolgsstrategien des Autors ist der Umstand zu erwähnen, dass alle Bücher, die Zweig veröffentlichte, also bereits sein erster Lyrikband *Silberne Saiten* von 1901, aber auch fast alle Bücher anderer Autoren, die er herausgibt, bis zum Jahr 1933 in deutschen Verlagen erscheinen (→ VII.3 Zweig und die Verleger). Natürlich hat es in Wien einige renommierte Verlage gegeben, deren Bücher auch in Deutschland wahrgenommen wurden, aber Zweig steuert vom ersten Moment an zielstrebig Verlage in Deutschland an: Schuster & Löffler, Egon Fleischel & Co (vgl. Buchinger 1998, S. 17ff.) und dann den Insel Verlag, in dem bereits Werke von Rilke und Hofmannsthal verlegt wurden.

Bei all dem Erfolg, den Zweig in diesen Jahren in literarischen Kreisen zweifellos errungen hatte, spürte er in der Zeit um seinen 30. Geburtstag, dass er sich zwar enthusiastisch verausgabt hatte, seine künstlerische Zukunft aber ziemlich unklar war. Seine imponierende Vielseitigkeit und sein nimmermüder Aktionismus sind auch Ausdruck dessen, dass er sein Autorschaftsmodell noch nicht gefunden hatte. Das alles waren Anläufe in verschiedene Richtungen: alle Gattungen ausprobieren, alle Terrains besetzen, kosmopolitisch agieren. Es sei ihm, schreibt Zweig 1922 in seinem Rückblick, in einer „ungeheuren, unruhigen und fast schmerzhaften Lebensneugier" darum gegangen, „alles zu kennen" und die „verschiedenen neuen Kunstformen" zu studieren (Zweig 2012, S. 17): rastlose Arbeit, rastloses Reisen, immer in Bewegung, und doch nie bei sich selbst.

Die zahlreichen Bücher, die Zweig in den Jahren zwischen Schulabschluss und Kriegsende verfasst, übersetzt und herausgegeben hat, sind ein Zeugnis dieser Suche. Man denke an die so unterschiedlichen dramaturgischen Modellen verpflichteten Theaterstücke *Tersites* (1907), *Der verwandelte Komödiant* (1912), *Das Haus am Meer* (1912), *Jeremias* (1917) und *Legende eines Lebens* (1919). An diesem Beispiel sieht man, dass der Konflikt von Enthusiasmus und Durchführbarkeit, von Idee und Gestaltung sein Leben und Werk dominierte – nicht nur bis zum Ersten Weltkrieg.

Der nach allen Richtungen greifende Eifer und die Suche nach einem für ihn geeigneten Modell des Künstlertums sind auch Ausdruck eines umfassenden Provisoriums in Zweigs privater Existenz. Hannah Arendt spricht in diesem Zusammenhang von dem Bohémien Zweig, der immer auf der Suche nach dem „wirkliche[n] Leben" geblieben sei (Arendt 1948, S. 115). In seinen Erinnerungen wird er dies auch selbst zur Sprache bringen:

> Schon in die Jahre gelangt, da andere längst verheiratet waren, Kinder und wichtige Positionen hatten und mit geschlossener Energie versuchen mußten, das Letzte aus sich herauszuholen, betrachtete ich mich noch immer als den jungen Menschen, als Anfänger, als Beginner, der unermeßlich viel Zeit vor sich hat, und zögerte, mich in irgendeinem Sinne auf ein Definitives festzulegen. (Zweig GWE, Die Welt von Gestern, S. 189f.)

8. Der Erste Weltkrieg – Ende des Provisoriums?

Als am 28. Juli 1914 Österreich dem Königreich Serbien den Krieg erklärte, war Zweig noch nicht 33 Jahre alt. Er hatte seine Lebensmitte bereits überschritten. Er danke dem Schicksal, schreibt Zweig 1922 in Zusammenhang mit dem Beginn des Krieges, dass „dieses reiche, sich ganz an Alles verlierende Leben plötzlich zu Ende" gekommen war (Zweig 2012, S. 18). Im Alter von 60 Jahren erinnert er sich an die frühe Periode seines Lebens in einem Kapitel, das den bezeichnenden Titel „Umwege auf dem Wege zu mir selbst" trägt. Hier heißt es: „Denn das Gefühl des Provisorischen beherrschte bis zum Weltkrieg in geheimnisvoller Weise mein Leben. Bei allem, was ich unternahm, beredete ich mich selbst, es sei doch nicht das Eigentliche, das Richtige – bei meinen Arbeiten, die ich nur als Proben auf das Wirkliche empfand, und nicht minder bei den Frauen, mit denen ich befreundet war." (Zweig GWE, Die Welt von Gestern, S. 189) Sollte also die Entscheidung für ein gemeinsames Leben mit Friderike von Winternitz (geboren 1882), die spätere Heirat (1920), das Leben mit der Familie in Salzburg dem Provisorium ein Ende bereiten? Man könnte natürlich einwenden, Zweig habe dieses Provisorium, die freischwebende Lebensweise des jungen, ungebundenen Autors, der sich auf ein ‚Definitives' nicht festlegen will, im Grunde nie wirklich aufgegeben, wenn man etwa an die vielen Reisen denkt, die Zweig auch von Salzburg aus unternimmt, und dies meist alleine. Dafür sprechen auch die Abschiedsphantasien von Salzburg und von der Familie, die Zweig schon vor dem 50. Geburtstag wiederholt äußert, oder wenn er just an diesem Tag aus München an seinen Bruder Alfred nach Wien schreibt, er fühle sich „notfalls noch frisch genug, den ganzen Hausrat wegzuschmeißen, und noch einmal zu beginnen" (Zweig, Br III, S. 311). Er und Alfred, sie beide hätten, so schreibt Zweig, von ihrem Vater „eine gewisse persönliche Bedürfnislosigkeit" gelernt. Und weiter: „Ich könnte bequem in zwei Zimmern leben, ein paar Cigarren, einmal Caféhaus im Tag, mehr brauche ich eigentlich nicht." (S. 311)

Im Frühjahr 1934 wird Zweig seine persönliche Freiheit über die Verbundenheit mit der Familie stellen und in London wieder in ein studentisches Provisorium zurückkehren, wie in den Jahren, da er in der Kochgasse Nr. 7 in zwei Zimmern wohnte. Das Idealbild des ungebundenen Lebens seiner früheren Jahre wird er während des Exils wieder beschwören. Auch die Erinnerungen an die Zeit vor 1914 (zwei Drittel der *Welt von Gestern* sind diesem Lebensabschnitt gewidmet) gelten ja weniger einer Utopie bzw. der Sehnsucht nach der politischen Wirklichkeit der Habsburger Monarchie, als vielmehr dem individuellen Lebensgefühl des jungen Autors und der nachträglichen Positionierung im Kunstgeschehen Wiens. In einem Brief an Lavinia Mazzucchetti vom 9. März 1940 schreibt Stefan Zweig: „[I]n dieser Autobiografie will ich zeigen, daß unsere Generation bis zum Jahr 1914 ein Höchstmaß an persönlicher Freiheit und Unabhängigkeit genossen hat [...]. [U]ns war es auch nicht bewußt, wie frei wir waren; wir wünschten uns noch mehr Freiheit in einem Land ohne Grenzen, ohne Religionen – eine vereinte Welt." (Zweig, Br IV, S. 680) In diesem offenen, disparaten Autorschaftsmodell des 20- und 30-Jährigen spielt der vage Begriff der ‚persönlichen Freiheit' eine zentrale Rolle (→ V.9 Die Freiheit des Einzelnen).

Aber wieder zurück ins Jahr 1914: Zweig, der nie ein subalternes Arbeitsverhältnis eingegangen ist, der kein Beamter oder Angestellter war und keinen Dienstvertrag abgeschlossen hat, dieser Mann wird im Herbst 1914 Teil der Maschinerie des Soldatenwesens. Dass ihm das, trotz freiwilliger Meldung zum Kriegsdienst, nicht gefallen

8. Der Erste Weltkrieg – Ende des Provisoriums?

kann und er sofort mit allen Mitteln versucht, vom Exerzierplatz des „Trainzeugsdepot" von Klosterneuburg Abschied zu nehmen und sich ins Kriegsarchiv versetzen zu lassen – was ihm auch innerhalb weniger Wochen gelingen sollte –, ist nicht erstaunlich. Wenn er nun schon jeden Tag in der Stiftskaserne im Kriegsarchiv zum Dienst antreten musste, um Propagandaschriften für das Kriegsministeriums zu verfassen, und natürlich in seiner Reisefreiheit eingeschränkt war, so konnte er abends und an Wochenenden, also in reduziertem Ausmaß, seinen literarischen Neigungen durchaus nachgehen.

Zuvor aber hatte er, auch dies gehört zu seiner ‚persönlichen Freiheit', im Sommer und Herbst 1914 einige patriotische, zum Teil kämpferische Zeitungsartikel geschrieben, die heute selbst bei denjenigen, die den Autor kaum kennen, aber nicht schätzen, vielfach bekannt sind (→ V.4 Krieg, Frieden, Pazifismus). Tatsächlich, liest man die Texte *Heimfahrt nach Österreich* (1914), *Ein Wort von Deutschland* (1914), *An die Freunde in Fremdland* (1914) (alle in Zweig GWE, Die schlaflose Welt), kann man sich über den unbefangenen, naiven Ton nur wundern. Diese kleinen Aufsätze, in denen Zweig etwa die Durchschlagskraft des deutschen Militärs beschwört, sowie der Umstand, dass er sich später nicht mehr an seine damalige Euphorie erinnern kann, werden für manche wohl für immer als besonderer Makel an seiner Lebensgeschichte haften bleiben. Unrichtig ist also, er habe „von der ersten Stunde an das verhängnisvoll Sinnlose des europäischen Selbstmordes erkannt" und sich daher „mit allen seelischen Kräften gegen den Krieg gestellt" (Zweig 2012, S. 18). In *Die Welt von Gestern* heißt es: „Daß ich selbst diesem plötzlichen Rausch des Patriotismus nicht erlag, hatte ich keineswegs einer besonderen Nüchternheit oder Klarsichtigkeit zu verdanken, sondern der bisherigen Form meines Lebens. [...] Außerdem hatte ich zu lange kosmopolitisch gelebt, um über Nacht eine Welt plötzlich hassen zu können, die ebenso die meine war wie mein Vaterland." (Zweig GWE, Die Welt von Gestern, S. 261) An anderer Stelle, mit Bezug auf den Eintritt ins Kriegsarchiv, heißt es: „[I]ch hatte mir geschworen – ein Eid, den ich auch 1940 gehalten habe – niemals ein Wort zu schreiben, das den Krieg bejahte oder eine andere Nation herabsetzte." (S. 281)

Nun, wir wissen, auch Arnold Schönberg, Robert Musil, Sigmund Freud, Hermann Bahr, Hugo von Hofmannsthal – um nur ein paar prominente Namen aus der Wiener Szene zu nennen – hatten wie Zweig anfangs in patriotischem Sinne reagiert und den Krieg gegen Serbien begrüßt, ja für notwendig befunden. Analoge Kriegsbegeisterung gab es auch bei den Künstlern und Intellektuellen anderer kriegsbeteiligter Länder. Über Zweigs anfängliche Befürwortung des Kriegs, die erwähnten Artikel und seine Vergesslichkeit ist viel geschrieben worden. Jeder, der Zweigs Tagebuch parallel zu seinen publizistischen Äußerungen dieser Jahre, viele davon bis heute nicht in Buchform veröffentlicht, liest und zu dieser Lektüre noch seine Briefe heranzieht, kann sich selbst ein Bild des tiefen Widerspruchs machen, in dem sich der Autor befand. Zugleich wird man hier einmal mehr mit Zweigs enormer politischer Naivität konfrontiert (→ III.15 Tagebücher; IV.12 Kunst und Politik).

Sein pazifistisches Credo sieht Zweig im Stück *Jeremias* formuliert, und die Biografen folgen ihm darin. Zweig bezeichnet diese Tragödie zugleich als große Zäsur in seinem Werk und erklärt sie zum ersten Text von Bedeutung. *Jeremias*, das ist, wie Zweig in einem Brief an Martin Buber vom 8. Mai 1916 schreibt, die „Tragödie und der Hymnus des jüdischen Volkes als des auserwählten – aber nicht im Sinn des Wohlergehens, sondern des ewigen Leidens, des ewigen Niedersturzes und der ewigen Erhebung und der aus solchem Schicksal sich entfaltenden Kraft" (Zweig,

Br II, S. 106). Hier ist einerseits die Dialektik von Sieger und Besiegtem zu studieren (→ V.3 Das Motiv des Besiegten), andererseits auch Zweigs antinationalistisches Programm, das später in den Europa-Reden um 1930 eine zentrale Rolle spielen wird (→ III.14.2 Europa-Reden; V.7 Europa-Konzeptionen). Mit der „Verkündigung im Auszug aus Jerusalem" (S. 107) drückt Zweig sein kosmopolitisches Anliegen aus: Sein Plädoyer für die Diaspora ist im Zusammenhang mit seiner pazifistischen Euphorie von 1918/1919 zu begreifen. Was ihn, so Zweig, während der Kriegsjahre „innerlich gerettet" habe, sei der Umstand, „daß es das Judentum ist, das mir diese übernationale Freiheit ermöglicht hat. Ich halte nationale Gedanken, wie den jeder Einschränkung[,] als eine Gefahr" (Zweig an Buber, 25. Mai 1917, Br II, S. 143). Auf welchen widersprüchlichen Wegen und Umwegen sich Zweig während des Krieges neu zu orientieren sucht und sich in seinem Selbstverständnis als Schriftsteller verändert, kann man auch in den Briefen nachlesen, die Zweig bis 1917 an Romain Rolland in die Schweiz geschickt hat. Peter Handke, der das Vorwort zu einer Auswahl des Briefwechsels Rolland/Zweig aus den Kriegsjahren 1914–1918 geschrieben hat, hebt die langsame Annäherung der beiden Positionen hervor, so dass beide schließlich, 1917, „wie mit einer Stimme, unisono land- und tagversetzt, sprechen: Dem Lesenden tönen nun beide Stimmen ziemlich gleich, könnten die Rhythmen und Bilder des einen auch die des anderen sein." (Handke 2014, S. XII; → VI.7.1 Rezeption in der Belletristik)

Ende November 1917, nach einem mehrtägigen Zusammensein mit Romain Rolland in Villeneuve am Genfersee, ist er dann angeblich vollzogen, Zweigs Abschied vom ‚Kunstfanatismus' (vgl. Renoldner 2011, S. 188 ff.). Rückblickend auf die gemeinsamen Gespräche schreibt Zweig am 21. Januar 1918 an Rolland: „Mein Ziel wäre, eines Tages nicht ein großer Kritiker, eine literarische Berühmtheit zu werden – sondern eine *moralische Autorität*. Ein Mann, wie Sie einer für Europa, für die Welt bereits sind. Mir dünkt dies das menschlich Schönste, das man zu erreichen vermag" (Rolland/Zweig 1987 Bd. a, S. 293, Herv. i. O.). Dass der Schriftsteller nicht nur mit seinem Werk, sondern auch mit seiner Existenz eine politische und ethische Verantwortung übernehmen könne, dieser Gedanke war Zweig in den Jahren davor noch fremd gewesen. Man denke nur daran, dass er sowohl in Österreich als auch auf seinen Reisen politische wie soziale Wirklichkeiten nur in sehr geringem Umfang bzw. nur an der Oberfläche wahrnimmt und diese auch in seinen Reiseberichten kaum eine Rolle spielen (→ III.14.5 Reiseberichte). Dieser blinde Fleck wird ihm 1941, als man in Brasilien sein Buch *Brasilien. Ein Land der Zukunft* kritisch zur Kenntnis nimmt, noch einmal zum Vorwurf gemacht werden. Die zum Teil sehr negativen Kommentare in den brasilianischen Medien sind auch darauf zurückzuführen, dass Zweig die jüngsten politischen Entwicklungen in diesem Land nicht wahrgenommen oder zumindest nicht zum Thema gemacht hat (→ III.8 Brasilien). Hannah Arendts Kritik, Zweig habe in *Die Welt von Gestern* beim Blick auf die Inflationsjahre nach 1919 die Arbeitslosigkeit in Österreich gar nicht bemerkt, zielt auf denselben Punkt (vgl. Arendt 1948, S. 116).

1918 und 1919 erleben wir Zweig im Kontakt mit Schriftstellern und Intellektuellen unterschiedlicher pazifistischer Orientierung. Er hat sie in der Schweiz, in Frankreich und Deutschland getroffen, er wechselt viele Briefe und zeigt sich bestens informiert über die Initiativen, im Nachkriegs-Europa neue übernationale Verbindungen zu schaffen. Aber obwohl er mit den Vertretern der *Clarté*-Gruppe, mit Henri

Barbusse, Alfred H. Fried oder Richard Coudenhove-Kalergi, in Dialog tritt und zum Teil deren Ideen übernimmt, wird er sich allen Angeboten zu einem gruppenähnlichen Zusammenschluss stets verweigern. Zweig wird weiterhin als Einzelner agieren, und er macht sich mit gelegentlichen politischen Statements wie etwa seinem *Bekenntnis zum Defaitismus* (1918) keine Freunde (vgl. Resch 2012, S. 114f.; 2017a).

Wie sehr Stefan Zweig seine neue Aufgabe ‚antipolitisch', also über den Parteien, Fraktionen und Fronten stehend, begriffen hat, ist auch der Kritik aus dem linken politischen Spektrum zu entnehmen (vgl. Resch 2017b). Zweigs neues Autorschaftsmodell, das gar nicht so neu ist, führt nicht dazu, dass ein im Ästhetizismus befangener Dichter und Literaturvermittler nun ein ‚politischer Kopf' wird. Aber die vielen Gespräche und Begegnungen mit einer Gruppe von politisch denkenden Künstlern und exponierten Intellektuellen bei Kriegsende hinterlassen zweifellos ihre Spuren. Es bliebe aber zu fragen, ob die vielzitierte pazifistische Wende im Leben Stefan Zweigs tatsächlich eine gravierende Veränderung bedeutet. Vielleicht hat Zweig für sein dynamisches Lebensprogramm, unter Anleitung des ‚Meisters Rolland', nur einen moralisch attraktiveren Rahmen gefunden. Was für eine neue Verantwortung ist es denn, die Zweig nach 1919 übernimmt? Er wird sich auch weiterhin allen Verbindlichkeiten mit Gleichgesinnten entziehen und seine Kommentare zu gesellschaftlichen und politischen Ereignissen lieber nur in privaten Gesprächen und Briefen äußern. Aber immerhin: Er wird die politischen Entwicklungen im Nachkriegseuropa, insbesondere in Deutschland, beobachten und kommentieren.

Vielleicht führte das Eintauchen in den politischen Diskurs, an dem Zweig während seines Aufenthaltes in der Schweiz am Ende des Ersten Weltkriegs teilgenommen hatte, aber zu einem wichtigeren Ergebnis: Durch die eineinhalbjährige Distanz zu Österreich gelang ihm der Befreiungsschlag aus Wien, aus den Netzwerken des Wiener Literaturbetriebs, in denen sich Zweig nicht nur etabliert, sondern auch verstrickt hatte. Die Schweizer Begegnungen mit vielen bisher nicht bekannten Gesprächspartnern wirkten zweifellos anregend und erneuernd. Der Krieg war zu Ende, Österreich und Deutschland hatten ihn verloren, die Realpolitik hatte über die geistige Welt der Intellektuellen triumphiert, das Leben des Bohémiens schien vorbei zu sein. Voller Begeisterung berichtet Zweig rückblickend über seinen Schweizer Aufenthalt, Zürich sei „über Nacht die wichtigste Stadt Europas geworden, ein Treffpunkt aller geistigen Bewegungen". Die „Menschen, die das Schicksal hergeschwemmt, […] diskutierten Tag und Nacht in einer Art geistigen Fiebers, das einen gleichzeitig erregte und ermüdete. Nun konnte man sich wirklich schwer der Lust entziehen, nachdem man zu Hause Monate und Jahre mit versiegelter Lippe gelebt" (Zweig GWE, Die Welt von Gestern, S. 311f.).

Rolland notiert in seinem Tagebuch, nachdem er vom Tod Zweigs erfahren hat, Zweigs „Flitterwochen in einem kleinen Ort am Zürichsee" seien „die schönste Zeit seines Lebens" gewesen, „die ungetrübteste, die zufriedenste und, bei all seiner Unruhe, die glücklichste. Die Nachkriegs-Atmosphäre hat ihm nicht gut getan." (Rolland 2013, S. 29)

Blickt man nun auf die in den folgenden Jahren entstandenen Bücher Zweigs, so wird man, abgesehen von der Rolland-Biografie (1921), den Erzählungen *Der Zwang* (1920) und *Die Augen des ewigen Bruders* (1921), keine Publikation finden, die im engeren Sinne als programmatisch für ein neues Selbstverständnis des Autors angesehen werden könnte: *Drei Meister* (1920) vereint zwei existierende Vorworte (über

Dickens und Balzac) mit einem ausgefeilten Essay (über Dostojewski), auch die Essaybände *Der Kampf mit dem Dämon* (1925), *Drei Dichter ihres Lebens* (1928) und *Die Heilung durch den Geist* (1931), die Erzählbände *Amok* (1922) und *Verwirrung der Gefühle* (1927), die Biografien über Joseph Fouché (1929) und Marie Antoinette (1932) sowie die *Sternstunden der Menschheit* (1927) lassen die These von einer Wende in Zweigs Autorschaftsmodell unhaltbar erscheinen.

Unter vielen weiteren Publikationen Zweigs in diesen Jahren nach dem Krieg muss auf die „Bibliotheca mundi" hingewiesen werden, ein besonders ehrgeiziges und extravagantes Projekt, das Stefan Zweig ab 1919 mit großem Elan als europäisches Literatur-Vermittlungsprogramm verstanden wissen wollte. Für den Insel Verlag hatte er einen Kanon der Weltliteratur erstellt, die wichtigsten Bücher verschiedener Länder sollten in den jeweiligen Originalsprachen veröffentlicht werden. Das äußerst aufwändige Vorhaben endete jedoch nach nur vierzehn Bänden mit einem finanziellen Fiasko (vgl. Buchinger 1998, S. 140 ff.; → III.18 HERAUSGEBERSCHAFTEN).

9. Abschied von Wien – Rückzug in die Provinz

Stefan Zweig hatte 1912 Friderike von Winternitz, die Gattin eines Wiener Ministerialbeamten, kennengelernt. Sie hatte zwei Töchter, Alexia Elisabeth, genannt Alix, und Susanne Benediktine, genannt Suse. Ihre Ehe wurde im Mai 1914 geschieden. Das Paar Friderike von Winternitz und Stefan Zweig wohnte 1916/1917 in Rodaun bei Wien, am Ende des Ersten Weltkriegs reiste Friderike zu Zweig in die Schweiz. Ende März 1919 übersiedelten sie gemeinsam mit Friderikes Töchtern in das Haus Kapuzinerberg Nr. 5 nach Salzburg. Alix war elf, Suse neun Jahre alt. Obwohl Stefan Zweig die beiden Mädchen schon davor kennengelernt hatte, gelang es ihm auch in den Salzburger Jahren nicht, ein vertrautes Verhältnis zu ihnen zu entwickeln, geschweige denn sich in der Rolle eines Vaters zu verstehen. Er war ein stets fordernder und bisweilen wohl auch strenger Stiefvater, dessen Arbeitsprogramm das Familienleben dominierte – und das schon allein durch seine willkürliche An- und Abwesenheit im Haus, sowohl im Laufe eines Tages als auch übers Jahr gesehen. Die üblichen Anforderungen der Familie spielten für seine Entscheidungen von Anfang an eine untergeordnete Rolle. Vielleicht hat Stefan Zweig zu lange alleine gelebt, jedenfalls nimmt sich sein Verhalten als *pater familias* aus, als würde er weiter für sich leben, und da sind eben noch ein paar andere Menschen im gleichen Haus.

Selbst als die beiden Mädchen erwachsen sind, wird Zweig kein gleichberechtigtes Verhältnis zu ihnen finden, ja er reproduziert seine eigene Familiensituation, in der Kinder sich vor allem unterordnen müssen und auf Distanz gehalten werden. Es scheint, als ob Zweig im Grunde immer unzufrieden mit Suse und Alix war. Sie interessieren sich, so nimmt er an, zu wenig für sein Lebensprogramm, sie lesen seine Bücher nicht und verstehen nicht, welche Mission er in Europa ausübt. Umgekehrt darf man wohl sagen, dass auch er an ihren Leben kaum Anteil nimmt.

Auch Friderike, die sich selbst als Schriftstellerin verstand, war wohl bald klar geworden, dass ihr Wunsch „Laß uns einmal wie zwei Dichter leben" (Zweig/Zweig 1984, S. 56) in Salzburg nicht in Erfüllung gehen würde. Immerhin konnten die beiden am 28. Januar 1920, wenn auch unter kuriosen Umständen, heiraten (vgl. Matuschek 2006, S. 186 ff.; Weinzierl 2015, S. 7 ff.). In den Salzburger Jahren beteiligte sich Friderike zwar als Übersetzerin an dem einen oder anderen Projekt ihres Mannes, insgesamt war es jedoch nun ihre Rolle, mitzuhelfen, das Leben ihres immer erfolgreicheren Gatten zu organisieren und ihm während seiner zahlreichen Abwesenheiten behilflich zu sein. Neben der Salzburger Sekretärin Anna Meingast, die eine fixe Anstellung im Haus hatte, und den gelegentlichen Mitarbeitern, Helfern, Lektoren und Korrektoren, die in arbeitsintensiven Zeiten verpflichtet wurden, war es in erster Linie Friderike, die, wie eine persönliche Referentin, gelegentlich die Agenden ihres Mannes wahrnahm, etwa wenn es um die Korrespondenz mit Verlagen und beruflichen Partnern ging. Erstaunlich ist die Unverblümtheit, mit der Zweig seiner Ehefrau berichtet, dass er über längere Zeit in Paris eine Geliebte hatte. Die Modistin Marcelle erwartete von Zweig sogar ein Kind, entschloss sich dann aber zu einer Abtreibung, eine tragische Trennung der Liebenden ist die Folge (vgl. Weinzierl 2015, S. 19ff.). Über das Verhältnis zwischen Friderike und Stefan Zweig gibt der Briefwechsel *„Wenn einen Augenblick die Wolken weichen"* (Zweig/Zweig 2006) Auskunft, weitere wesentliche Ergänzungen enthält das zweite Kapitel des Bandes *„Ich wünschte, dass ich Ihnen ein wenig fehlte"* (Zweig 2013). Lesenswert in diesem Zusammenhang ist zudem das erste Kapitel von Ulrich Weinzierls biografischer Studie (2015), in dem er auch auf das literarische Werk Friderikes Bezug nimmt.

Die Entscheidung Stefan Zweigs, ab 1919 in Salzburg zu leben und den Wohnsitz in Wien aufzugeben, löst jedoch viele weitere Fragen aus. Das Salzburger Haus, eine heruntergekommene Villa, das sogenannte „Paschinger-Schlössl", hatte Stefan Zweig noch im Krieg, im Oktober 1917, gekauft (vgl. Kerschbaumer 2003, S. 47ff.; Zweig/Zweig 2006, S. 69). Er hatte ursprünglich die Idee, sich künftig für konzentrierte Arbeitsphasen aus Wien in die beschauliche Kleinstadt zurückzuziehen. Gleichzeitig bedeutete der Kauf des Hauses auch eine Geldanlage, denn dass nach Ende des Krieges eine Inflation seine Guthaben entwerten könnte, war abzusehen.

Zweig war fasziniert von Großstädten wie New York, Rio de Janeiro, Moskau, London, Berlin oder Paris, die er in Feuilletons beschrieben hat. Diese Städte boten Anregung und Erneuerung, vor allem weil man hier Freunde, Kollegen und Geschäftspartner treffen konnte und weil es Museen, Theater und Konzertsäle gab, in denen man die Hochkultur des jeweiligen Landes genießen konnte. Zugleich lassen sich aber in seinen Briefen viele Belege dafür finden, wie sehr er der großen Städte überdrüssig war. Er zog sich daher immer wieder an abgelegene Orte zurück: Von Wien-Innenstadt nach Rodaun, von Zürich nach Rüschlikon, von Wien nach Salzburg, von Salzburg nach Zell am See und Thumersbach, von London nach Bath, von New York nach New Haven und Ossining, von Rio de Janeiro nach Petrópolis.

Zweigs Mission, seine künstlerische Arbeit als Kulturdialog in europäischem Sinne zu begreifen, ist zwar im Kern nicht neu – wenn man seine Netzwerke in Europa bedenkt, die vor 1914 entstanden sind –, wesentlich ist aber, dass er den Versuch einer neuen Selbstdefinition als Schriftsteller nicht mehr in Auseinandersetzung mit den Vertretern der Wiener Szene unternimmt, sondern nach den Gesprächen mit Rolland und anderen in der Schweiz. In Wien gab es für Zweig keine Freundschaft von auch nur annäherndem Rang. In Genf, Basel und Zürich traf Zweig mit weltoffenen Schriftstellern und Intellektuellen zusammen, die sich mehr oder weniger im pazifistischen Sinne definierten, darunter auch dezidiert linke bzw. kommunistische Wortführer. Der Kontrast zu der Wiener Szene könnte nicht größer sein. Dorthin kann er nun nicht mehr zurück, in Salzburg fängt Zweig – die Erfahrungen von eineinhalb Jahren

Schweiz bestärken ihn – nun tatsächlich ein neues Leben an, an einem Ort, an dem er keine Vorgeschichte hat und anonym arbeiten kann.

Der Abschied aus dem intellektuellen Wirrwarr nach Kriegsende hat nicht nur ästhetische und politische Konnotationen der Abgrenzung, sondern begreiflicherweise auch sehr persönliche. Dass jemand wie Zweig, der sich so vielfältig exponiert hatte, in Wien nicht nur Freunde hatte, liegt auf der Hand. Zweifellos ein Desiderat der Forschung: Zweigs Verhältnis zu Wien. Hier nur zwei Beispiele aus Briefen. Bereits im Alter von 27 Jahren schreibt Zweig in einem Brief an Ellen Key: „Hier in Wien finde ich mich schwer zurecht. Ich passe nirgends ganz hinein und fühle mich auch nicht recht zuhause." (Zweig, Br I, S. 188) Am 27. Oktober 1916 spricht Zweig in einem Brief an Hans Müller-Einigen von „Hochmut und gehässiger Verachtung", die sie beide künftig gegen die Wiener Kollegen herauskehren sollten. Er habe sich innerlich bereits von Wien verabschiedet, und „tu keinen Schritt in ein Wiener Haus" (Zweig, Br II, S. 119). In jeder deutschen Stadt würde ein Schriftsteller „eine gerechtere, ehrliche Kritik finden [...] als bei Uns" (S. 118). Zweig rät dem Kollegen, er solle keinesfalls mit seinen künftigen Arbeiten auf Wien, „auf das Burgtheater, die Menschen, die Presse" zielen (S. 118f.), man müsse vielmehr „an Wien" endlich genesen: „Glaube mir, man muß genesen von dieser Stadt. Erst seit den Jahren, da ich von Wien fort bin fühle ich mich frei, obzwar mein Leben nur eine einzige Flucht geworden ist vor dieser Stadt." (S. 119, Herv. i. O.) Auch in Rollands Tagebuch finden sich entsprechende Passagen darüber, wie Zweig sich – während seines Aufenthaltes Ende November in Villeneuve – über Wien geäußert hat. Zweig hatte sich über die feige Haltung der österreichischen Intellektuellen beklagt, die er nie vergessen werde. Daher sei ihm eine engere Verbindung zu Hermann Bahr und Hugo von Hofmannsthal künftig unmöglich (vgl. Prater 1981, S. 145). Ähnlich formuliert Zweig seine Distanz zu Wien auch in einem Brief vom 6. Januar 1919 an Anton Kippenberg. Er schreibt, dass ihn „die Schmach der neuen Intellectuellen, machtgierig, ohne Disciplin, in Ideologien befangen und ohne Ideale", anwidere. Die Erinnerung an eigene Texte, die er im Herbst 1914 verfasst hat, verdrängend, heißt es hier weiter: „[I]ch rechne es mir zur Ehre, obwohl ich einer bin, der keine Kriegszeile schrieb, jetzt abseits zu stehn. Ich schäme mich als Intellectueller für diese Intellectuellen, als Jude für diese vordringlichen Juden, als Democrat für diese Revolutionäre." (Zweig, Br II, S. 257) Er habe es vermieden, sich den Künstlern in Wien „äffisch anzupassen", heißt es in *Die Welt von Gestern*, und daher sei diese tiefe Kluft entstanden. Gegenüber den „Expressionisten und – wenn ich so sagen darf – Exzessionisten" fühlte er sich am Ende des Krieges zudem älter, in eine „eigentlich bereits verstorbene Generation abgerückt" (Zweig GWE, Die Welt von Gestern, S. 345).

Nun könnte man annehmen, dass Zweig in Salzburg endlich Ruhe und Ausgeglichenheit für konzentrierte Arbeitsphasen fand. Wer sich aber die Mühe macht und Jahr für Jahr überprüft, wie viele Wochen oder sogar Monate Zweig während der Salzburger Jahre (1919–1934) auf Reisen war, wird feststellen, dass ihm Salzburg und das Haus am Kapuzinerberg weniger ein Wohnort, als vielmehr ein „richtiger Abstoßpunkt nach Europa" waren (S. 328). Dafür spricht auch, dass Zweig zwar mit einigen Künstlern, die hier lebten, in loser Verbindung stand, sich aber von dem öffentlichen Leben der Stadt fernhielt. Große Projekte und Ideen diskutierte Zweig mit seinen Freunden in anderen Ländern, Deutschland, Frankreich, Italien und der Schweiz. 1920 begründeten Max Reinhardt und Hugo von Hofmannsthal, sehr zum

Bedauern Zweigs, just in Salzburg ihre Festspiele. Über Zweigs Verhältnis zu den Salzburger Festspielen wird in einem Artikel dieses Buches ausführlich berichtet (→ IV.11 THEATER).

In *Die Welt von Gestern* wird Zweig im Rückblick seine Entscheidung für Salzburg problematisieren: „Vom Standpunkt der Logik aus war das Törichteste, was ich nach dem Niederbruch der deutschen und österreichischen Waffen tun konnte: nach Österreich zurückzukehren, nach diesem Österreich, das doch nur noch als ein ungewisser, grauer und lebloser Schatten der früheren kaiserlichen Monarchie auf der Karte Europas dämmerte." (S. 321) Und er erinnert daran, dass, lange bevor Adolf Hitler seine Heimat ‚heim ins Reich' geholt hatte, Österreich, dieses 1919 „künstlich geschaffene Land" (S. 321), „gar nicht selbständig leben [wollte]": „[A]lle Parteien, die sozialistische, die klerikalen, die nationalen schrien es aus einem Munde [...]. Zum erstenmal meines Wissens im Lauf der Geschichte ergab sich der paradoxe Fall, daß man ein Land zu einer Selbständigkeit zwang, die es selber erbittert ablehnte." (S. 321 f.) Es sei ein „Unikum in der Geschichte", dass man „einem Lande, das nicht existieren wollte" befahl: „Du mußt vorhanden sein!" (S. 322)

Er habe sich damals, so schreibt Zweig, aus einem „Gefühl von Pflicht" für Österreich entschieden, um in einer „solchen Stunde äußerster Not zu seiner Heimat, zu seiner Familie" zu stehen. „Es schien mir irgendwie feig, dem Tragischen, das sich dort vorbereitete, bequem auszuweichen, und ich fühlte [...] die Verantwortung, man müßte eigentlich mithelfen durch sein Wort, die Niederlage zu überwinden." (S. 322) Diese Auskunft wird einer näheren Überprüfung wohl kaum standhalten, denn dieses Österreich der Ersten Republik war so gut wie ganz aus seinem Blickfeld geraten, in Gedanken war Zweig in Deutschland, hier waren seine Leser und die wichtigsten Verlags- und Medienpartner. In seinen Aufsätzen und auch in seinen Briefen verfolgt er sehr genau, wie sich nach 1918, 1919 die politischen Verhältnisse in Deutschland entwickeln. Was sich in Österreich abspielt, nimmt er nur am Rande wahr. So gibt es auch keinen selbständigen Text zur Ausrufung der Republik in Wien im November 1918. Damals war Zweig in der Schweiz.

Auch der Blick auf das bis 1914 entstandene Werk ändert sich: „Meine früheren Arbeiten gefielen mir selbst nicht mehr, ich ließ keines jener Bücher aus meiner ‚ästhetischen' Zeit mehr neu auflegen." (S. 345) Auch dies trifft nicht zu, denn Zweig drängte seinen Verlag wiederholt, Auswahlbände seiner Gedichte zu veröffentlichen, und auch der Band *Erstes Erlebnis* (1911) wurde in den 1920er Jahren mehrmals aufgelegt, 1930 erschien die letzte Auflage zu Lebzeiten. In der Erinnerung jedenfalls betont Zweig selbst deutlich diese Zäsur in seinem Leben: „[V]orbei war die Zeit, wo ich mir vortäuschen konnte, alles, was ich beginne, sei nur provisorisch. Die Mitte des Lebens war erreicht, das Alter der bloßen Versprechungen vorüber; jetzt galt es, das Verheißene zu bekräftigen und sich selbst zu bewähren oder sich endgültig aufzugeben." (S. 345 f.)

Tatsächlich setzt Zweig in den Salzburger Jahren einige neue Akzente in seinem literarischen Werk. Mehrere Projekte, die während des Weltkriegs nicht fertiggestellt wurden, werden nun abgeschlossen: der erwähnte Essay über Dostojewski, an dem Zweig mehrere Jahre gearbeitet hatte; seine Edition der Werke und Briefe der französischen Autorin Marceline Desbordes-Valmore; die zweibändige Verlaine-Anthologie. Wenn auch keineswegs als Reihe konzipiert, sondern erst im Nachhinein zu einer solchen erklärt, entstehen die drei großen Essay-Bände, in denen Leben und Werk von neun Schriftstellern als *Baumeister der Welt* (1920–1927) porträtiert werden. Den Versuch, Beiträge zu einer *Typologie des Geistes*, so der Untertitel, zu verfassen, hatte Zweig von Rolland übernommen, der mit seinen Biografien über Michelangelo und Beethoven ähnliche Absichten verfolgt hatte (→ III.12.4 ROMAIN ROLLAND). Die beiden Novellenbände *Amok* und *Verwirrung der Gefühle* sorgen für sensationelle Auflagen und für eine enorme Zahl von ebenso erfolgreichen Übersetzungen. Dass Zweig in der zweiten Hälfte der 1920er Jahre zu den meistübersetzten deutschsprachigen Schriftstellern zählt, hat insbesondere mit diesen beiden Novellen-Bänden zu tun, in der Folge aber auch mit den *Sternstunden der Menschheit* und den historisch-biografischen Studien über Joseph Fouché und Marie Antoinette, die ebenfalls in mehreren Sprachen große Erfolge feiern. Die 1926 erfolgte Uraufführung der Komödie *Volpone* (nach Ben Jonson) am Wiener Burgtheater und der Umstand, dass das Stück von vielen Bühnen nachgespielt und auch übersetzt wurde, bedeutete nicht nur ein Comeback des Autors auf dem Theater, sondern beförderte ebenfalls sein internationales Renommée. Mehrere Verfilmungen von Novellen trugen zu seiner Popularisierung bei, und als er nach dem Tod Hugo von Hofmannsthals zum Librettisten für Richard Strauss wurde, um nun auch auf dem Terrain des Musiktheaters tätig zu sein, schien das Glück vollkommen (→ III.2.11 DIE SCHWEIGSAME FRAU). In den Salzburger Jahren erlebte Stefan Zweig, nicht zuletzt dank der vielen Übersetzungen, seine größten literarischen Erfolge (→ VII.2 AUSGABEN NACH DEM ERSTEN WELTKRIEG). Daneben arbeitete er aber auch weiterhin intensiv an seinem europäischen Netzwerk. Bezeichnend dafür ist Friderikes Kommentar aus einem Brief vom 18. Juli 1930: „Dein Schrifttum ist ja nur ein Drittel Deines Selbst, und auch das Wesentliche daraus für die Deutung der anderen zwei Drittel hat niemand erfaßt." (Zweig/Zweig 2006, S. 228)

10. Nach Europa – und darüber hinaus

Wenn Zweig schon in jungen Jahren nach Indien, in die USA, nach Kanada, Mittelamerika oder Nordafrika gereist ist, so hatte das etwas von dem unbekümmerten Wunsch finanzkräftiger Jugendlicher von heute, ‚erstmal eine Weltreise zu machen', bevor man sich anschließend dem ‚Ernst des Lebens' stellt. In diesem Sinne ist es zu verstehen, wenn Zweig nach seiner viermonatigen Südostasien-Reise, im Mai 1909, an Ellen Key schreibt, dass nicht Wien, sondern die Welt seine Heimat sei: „In zwei Jahren will ich nach Japan und China, dann zurück über Rußland. Mir ist, ich könnte nicht sterben, ehe ich die ganze Welt kenne." (Zweig, Br I, S. 188) Bei Zweigs zahlreichen Reisen nach Italien, Frankreich, Belgien, in die Schweiz, nach Deutschland, einmal auch nach Spanien, kommt aber noch etwas Wesentliches hinzu: Hier geht es nicht nur um Begegnungen mit fremder Kunst und Kultur, sondern auch um die Arbeit an europäischen Netzwerken. Auf jeder Reise, an jedem Ort versucht Zweig Kontakte zu Künstlern zu knüpfen, um zu sehen, wie Schriftsteller, bildende Künstler in diesen Ländern leben und arbeiten, insbesondere aber auch, welche ihrer Hervorbringungen aus den jeweiligen nationalen Kulturen auch im gesamteuropäischen Kontext von Bedeutung sein könnten. Das Gefühl, in Paris, Berlin, Rom oder Prag Freunde zu haben und sich ihrer Freundschaft versichern zu können, so schreibt Zweig 1922, beglücke ihn mehr, „als irgendein Stolz auf Bücher oder literarische Leistung" (vgl. Zweig 2012, S. 17). Über die Freundschaft mit Émile Verhaeren lernt er belgische

Künstler kennen, Camille Lemonnier, Henry van de Velde und James Ensor, um nur die Bekanntesten zu nennen; über die Vermittlung von Rolland verbindet sich Zweig mit politisch prononcierten Persönlichkeiten in der Schweiz und in Frankreich, wie Henri Barbusse, Henri Guilbeaux oder Frans Masereel, später auch André Gide, Paul Valéry und vielen anderen. Auch in Italien und Deutschland trifft er Schriftsteller, bildende Künstler und Intellektuelle also nicht zufällig, sondern nach Plan.

Von Salzburg aus reist Zweig viele Male durch Europa. Fast jedes Jahr hält er Vorträge in Deutschland, manchmal sind es ausgedehnte Tourneen von einer Stadt zur nächsten – während Auftritte in Österreich an einer Hand abzuzählen sind. Hält er in Deutschland ursprünglich vor allem Vorträge über das Werk von Verhaeren, später über jenes von Rolland, so sind es nun, nach seinen Bestsellererfolgen in den 1920er Jahren, auch viele Lesungen aus eigenen Werken. Frankreich, Italien und die Schweiz sind die Länder, die Zweig – nach Deutschland – am häufigsten bereist. Von kurzen Aufenthalten in Prag und Budapest abgesehen, lernt er auf seinen Reisen jedoch das östliche Europa nicht kennen, nicht den Balkan, Bulgarien, Rumänien, Albanien, Griechenland und die arabische Welt des vorderen und mittleren Orients. Auch die slawischen Länder, in denen seine Bücher ebenfalls viel gelesen werden, bereist der Europäer Stefan Zweig erstaunlicherweise nicht. Eine bedeutende Ausnahme gibt es allerdings – die Reise in die Sowjetunion (→ VI.5.3 REZEPTION: LATEINAMERIKA, ASIEN, RUSSLAND).

11. Die Reise in die Sowjetunion 1928

Bisweilen wirken Zweigs Reisen wie eine Flucht vor den Lebensumständen am jeweiligen Wohnort. In der Zeit vor dem Ersten Weltkrieg waren Begegnungen mit Freunden in Paris, Zürich, Berlin, Rom oder Neapel auch ein vitales Gegenprogramm zum Wiener Literaturbetrieb. In den Salzburger Jahren waren Reisen wohl immer auch willkommene Gelegenheiten, den familiären Anforderungen zu entkommen und das ungebundene Leben der Jugendjahre aufs Neue zu genießen.

Wenn hier exemplarisch auf die zweiwöchige Reise in die Sowjetunion, die Zweig im Herbst 1928 unternommen hat, näher Bezug genommen wird, so auch deswegen, weil sie sich von den anderen Reisen unterscheidet. Neben dem Zusammentreffen mit Persönlichkeiten des kulturellen Lebens möchte Zweig etwas über die Situation in der Sowjetunion erfahren. Vorbereitet durch die Gespräche und Briefe mit Romain Rolland und weiteren Freunden, die der kommunistischen Welt nahestehen, stellt sich ihm hier auch die Frage, ob man ein historisch außergewöhnliches ‚gesellschaftliches Experiment' kennenlernen könne und ob von der Sowjetunion wesentliche Impulse für das Nachkriegs-Europa ausgehen könnten. Über Zweigs Russland-Reise sind wir dank einiger Briefe, einer Serie von Reisefeuilletons (vgl. Zweig GWE, Reise nach Rußland) und einem unveröffentlichten Notizbuch, das heute im Literaturarchiv Salzburg aufbewahrt wird, sehr gut informiert. Dazu kommt noch der Rückblick des 60-Jährigen, für den Zweig in *Die Welt von Gestern* fünfzehn Seiten erübrigt. Nicht nur der Umfang dieses Berichts ist erstaunlich, sondern auch, dass Zweig ausdrücklich betont, dass diese Reise „besonders erregend und belehrend" für ihn gewesen sei (Zweig GWE, Die Welt von Gestern, S. 373).

Zweig war zur Teilnahme an der Feier zum 100. Geburtstag Lew N. Tolstois nach Moskau eingeladen worden. Mit dessen Werk war Zweig bestens vertraut, er hatte bereits mehrere Aufsätze über den russischen Romancier verfasst und sprach bei dem Festakt im Bolschoi-Theater über sein Lieblingsthema: dass Literatur das Verständnis zwischen den Völkern befördern würde. Die Lektüre von Tolstois Romanen könne den Mittel- und Westeuropäern das Denken und Empfinden des russischen Volkes näher bringen und dabei helfen, bestehende Vorurteile gegenüber Russland abzubauen. Die Rede Zweigs ist nicht erhalten, die Moskauer Zeitungen referieren aber wesentliche Passagen daraus (vgl. Köstenberger 2013, S. 261).

Nun hat Zweigs Interesse für die Werke Tolstois, Dostojewskis, Gorkis und Gontscharows sowie seine Freundschaft mit Maxim Gorki – dem er in Moskau 1928 erstmals persönlich begegnet – eine Vorgeschichte. Seit Ende des 19. Jahrhunderts war Russland für viele Schriftsteller Deutschlands und Europas ein Sehnsuchtsort. In der vielzitierten Archaik des russischen Lebens suchten Autoren wie Rainer Maria Rilke, Theodor Däubler oder Ernst Barlach eine Alternative für das westliche, in ihren Augen allzu materialistisch orientierte Leben. Rilke hielt sich 1899 und 1900 in Russland auf und traf beide Male mit Lew N. Tolstoi zusammen. Seine Erlebnisse, dazu die Freundschaft mit Marina Zwetajewa, haben in seinem Werk Spuren hinterlassen. Das Erlebnis der Einfachheit der bäuerlichen Welt, die Armut und die starke religiöse Bindung machten auf viele Russland-Pilger besonderen Eindruck. Während manche deutsche Künstler in Italien, einige Romantiker in Griechenland, eine neue Orientierung suchten, kam durch die Auseinandersetzung mit dem orthodoxen Osten für viele eine neue spirituelle Dimension hinzu. Russland „hat mich zu dem gemacht, was ich bin, von dort ging ich innerlich aus, alle Heimat meines Instinkts, all mein innerer Ursprung ist *dort*!", schrieb Rilke 1920 in einem Brief an Leopold von Schlözer (Rilke 1937, S. 292, Herv. i. O.).

Auch Zweig staunt über „die weite leere Steppe mit ihrer leisen Melancholie, die kleinen Hütten und Städtchen mit ihren Zwiebeltürmen, die langbärtigen Männer, halb Bauer, halb Prophet, die mit gutmütigem, breitem Lachen uns grüßten, die Frauen mit ihren bunten Kopftüchern und weißen Kitteln" (Zweig GWE, Die Welt von Gestern, S. 375). Er fragt sich, wieso ihm dies alles nicht fremd erscheint: „Wieso kannte ich das alles?" (S. 375) Natürlich kannte er diese Welt aus den russischen Romanen und sieht sich erneut nun in der Annahme bestätigt, dass Literatur ein real wirksames Medium zur übernationalen Verständigung ist. Zweig ist von den russischen Menschen, der „impulsive[n] Herzlichkeit, die von ihnen ausströmte", begeistert (S. 381). Und, wesentlicher Zusatz in Hinblick auf die politischen Verhältnisse:

> Alle vom ersten bis zum letzten waren überzeugt, daß sie an einer ungeheuren Sache beteiligt waren, welche die ganze Menschheit betraf, alle davon durchdrungen, daß, was sie an Entbehrungen und Einschränkungen auf sich nehmen mußten, um einer höheren Mission willen geschah. Das alte Minderwertigkeitsgefühl gegenüber Europa war umgeschlagen in einen trunkenen Stolz, vorauszusein, allen voraus. (S. 381)

Die Begeisterung in der Bevölkerung für das neue politische Modell fasziniert Zweig: „Wenn sie das Nichtigste einem zeigten, so strahlten ihre Augen: ‚Das haben wir gemacht'. Und dieses ‚Wir' ging durch das ganze Volk. Der Kutscher, der einen fuhr, wies mit der Peitsche auf irgendein neues Haus, ein Lachen machte die Wangen breit: ‚Wir haben das gebaut.'" (S. 381)

Natürlich besucht Zweig auch das Lenin-Mausoleum, und er fährt nach Jasnaja Poljana, wo Tolstoi geboren wurde und einen Teil seines Lebens verbracht hat:

„[N]ichts Großartigeres, nichts Ergreifenderes habe ich in Rußland gesehen als Tolstois Grab." (S. 379) Zweig will alles wissen, viele Leute kennenlernen, die Tänzerin Marina Timofejewna Semjonowa, die ihm bei einer Aufführung im Leningrader Opernhaus imponiert hat, den damals 30-jährigen Filmregisseur Sergej M. Eisenstein, der gut Deutsch kann, Zweigs Bücher gelesen hat und mit dem er eine kleine Korrespondenz beginnt; er trifft die Tochter und die Enkelin Tolstois, den Kommissar für das Bildungswesen Anatoli W. Lunatscharski, den Regisseur Alexander J. Tairow, dessen Theater er besucht, den Schriftsteller Iwan Bunin, ein Indien-Reisender wie Zweig, und natürlich besichtigt er in Leningrad auch die Eremitage.

Der Zeitpunkt für den Besuch in der Sowjetunion könnte nicht besser sein, denn der Leningrader Verlag Wremja hatte bereits einige Bände der Zweig-Werkausgabe veröffentlicht, die Bände *Amok* und *Verwirrung der Gefühle* erfreuten sich eines großen Zuspruchs, auch Maxim Gorkis hymnisches Vorwort tat seine Wirkung, Zweig war auch hierzulande ein bekannter Mann. Die Begegnung mit der Sowjetunion wird zu einem großen Erlebnis, davon geben auch mehrere Zeitungsartikel Zeugnis, die Zweig in den folgenden Jahren für kommunistische Zeitungen schreibt (vgl. Resch 2017a, S. 216ff.). Ihm sind jedoch die Totalüberwachung der westlichen Besucher und das Spitzelwesen nicht entgangen. Knapp zehn Jahre später wird Zweigs Distanz zur Sowjetunion deutlich, als sich die Nachrichten um die Stalin'schen ‚Säuberungen' verbreiten. In diesem Zusammenhang ist die Korrespondenz zwischen Romain Rolland und Stefan Zweig aufschlussreich (→ III.16 BRIEFE). Er anerkenne, schreibt Zweig am 10. September 1937, „die Größe" des sowjetischen Projektes und wünsche „für die Zukunft der Sowjets alles […], was man wünschen kann […]; wenn nur Stalin uns die Aufgabe nicht so schwer machte durch diese massenhaften Erschießungen!" (Rolland/Zweig 1987 Bd. b, S. 661) In der Folge wird sich Zweig von den Entwicklungen in der Sowjetunion abwenden, was zu einer deutlichen Abkühlung der Freundschaft zwischen ihm und Rolland und schließlich zu ihrer Entzweiung führen wird.

12. Die unpolitische Politik – Zweigs Europareden

Von den Novellen und Biografien, die während Zweigs Salzburger Jahren entstanden sind und die ihn innerhalb weniger Jahre zu einem weltberühmten Mann machen, war bereits die Rede; die entsprechenden Kapitel in diesem Handbuch geben Aufschluss über ihre Entstehung und Wirkungsgeschichte. Wenn sich Zweig mit der so ehrgeizig vorbereiteten „Bibliotheca mundi" auch völlig verkalkuliert hatte und sich seine erfolgreichsten Titel der 1920er Jahre inhaltlich kaum mit seinem europäischen Engagement in Verbindung bringen lassen, so soll noch von Zweigs großen Europa-Vorträgen die Rede sein. Sie nehmen in dem in Salzburg entstandenen Werk einen bedeutenden Platz ein (→ III.14.2 EUROPA-REDEN).

Gemeint sind die Vorträge *Der europäische Gedanke in seiner historischen Entwicklung* (Florenz, 1932), *Die moralische Entgiftung Europas* (Rom, 1932) und *Einigung Europas* (Straßburg, 1934). Was Zweig als intellektuelles Plädoyer aus der europäischen Tragödie des Ersten Weltkriegs abgeleitet hatte, konnte man schon seinem flammenden Aufsatz *Bekenntnis zum Defaitismus* (1918) entnehmen, aber auch in seinem Fouché-Buch und in *Triumph und Tragik des Erasmus von Rotterdam* (1934) entdecken: Wer sich auf die Politik einlässt, steht auf verlorenem Posten. Wir erkennen dieses Programm schon in dem biblischen Drama *Jeremias*, aber auch in Texten aus dem Exil, in dem Fragment gebliebenen Roman *Clarissa* (erstmals 1990) und in der *Schachnovelle* (1942). „Vielleicht ist es altmodisch, in einer Welt, die ihre Lust im Herdentum sucht, noch den Begriff der Freiheit zu verteidigen", schreibt Zweig in einem Brief vom 27. August 1934 an René Schickele (Zweig, Br IV, S. 102). Er versuche, dies in seinem „privaten Leben" zu realisieren: „Ich binde mich an keine Partei, an keine Gruppe [...], aber alles was ich tue, versuche ich still zu tun und möchte lieber angegriffen werden dafür als gerühmt. Mir liegt das sogenannte Heldische nicht. Ich bin konziliant geboren und muß meiner Natur gemäß handeln. Die Polemisten und Haß-Menschen sind für mich eine fremde Blutgruppe [...], meine Art ist anders." (S. 102 f., Herv. i. O.)

Das „Appellatorische" ist Zweigs treibende Energie. Der Dichter Zweig fühlt sich, wie Rüdiger Görner gezeigt hat, als ein „Aufgerufener", ein „Auserwählter" – und die Botschaft besteht darin, den Appell weiterzugeben (Görner 2012, S. 16). Hier schließt Zweig unmittelbar an sein Kunstverständnis vor dem Krieg an, etwa an Rilke. Dieses Appellatorische weist den anderen, den Angerufenen die Aufgabe des Handelns zu. Das ist Politik von einem unpolitischen, oder besser – ‚über-politischen' Standort, eben ‚Au dessus de la mêlée'. Auch der Prophet Jeremias kämpft nicht, er appelliert lediglich an die Krieger. Hier ist Zweigs Dilemma zu sehen: Aus einer Position über den Meinungen appelliert der Künstler, der Intellektuelle an die entzweite Welt. Dahinter steckt die Auffassung vom reinen Geist der Dichtung, dem reinen Schöpfertum, der reinen Kunst, die einer reinen Idee folge, vom Genie und der künstlerischen Perfektion eines Meisterwerkes – dieser Diskurs vom Reinen und Makellosen, ja Göttlichen steht natürlich im Gegensatz zu dem ‚schmutzigen Geschäft' der Politik. Hannah Arendt hat sich später – nun geht es um die Positionierung der Künstler gegen den Faschismus – noch pointierter ausgedrückt: „Anstatt zu kämpfen, schwieg er" (Arendt 1948, S. 114): „Keine seiner Reaktionen in dieser Zeit sind von irgend einer politischen Überzeugung, alle sind von einer Überempfindlichkeit für gesellschaftliche Demütigungen diktiert." (S. 114) Auch Rolland nennt Zweig 1942 ein „vom Erfolg verwöhnte[s] Kind" und merkt an, dass seine Politik des Unpolitischen daher rühre, dass der Wiener Industriellensohn sich „mit grundlegenden Problemen des wahren Lebens [...] nicht auseinandersetzen" musste (Rolland 2013, S. 29).

Zweig erkennt sehr wohl die Gefahr dieser Position: In einem Brief an Romain Rolland vom 25. Oktober 1926 beklagt sich Zweig, dass Thomas Mann und Paul Valéry durch Länder und Städte pilgerten und sich als deutsch-französische Friedensapostel präsentierten. „Diese neue Manie, als Missionar des Geistes durch Europa zu reisen, ist eine ansteckende Krankheit [...]. Und das Publikum schaut überall mit der gleichen stumpfsinnigen und ungetreuen Neugier zu" (Rolland/Zweig 1987 Bd. b, S. 187).

Diese abfällige Bemerkung über den europäischen Missionarsgeist der Intellektuellen ist erstaunlich, denn man könnte sie auf Zweig selbst anwenden. Hier ist von Rivalität die Rede: Dass Thomas Mann mit mehreren Vorträgen in Paris bei Publikum und Medien so großen Zuspruch erntet, ärgert Stefan Zweig. War nicht er, dank seiner zahlreichen Besuche in Frankreich, dank seiner Freundschaft mit französischen Künstlern und Intellektuellen der bedeutendste Vermittler zwischen deutscher und französischer Kultur – und schon davor, seit Beginn des Jahrhunderts, als Zweig sich in vielen bilateralen französisch-deutschen Kulturagenden als Übersetzer und Herausgeber profiliert hatte? Zweig hat als ‚Missionar des Geistes' durchaus Konkretes zu bieten: Wie könne man – so fragt sich Zweig in seinem Vortrag *Die moralische Entgiftung Europas*, den er 1932 an der Accademia di Roma in italienischer Übersetzung vortragen ließ (Zweig selbst war nicht anwesend) – eine neue Generation von Europäern erziehen, die nicht nur eine emotionale Bindung an das eigene Vaterland, an das Nationale verspürten, sondern Europa als Heimat empfinden würden (vgl. Zweig GWE, Die moralische Entgiftung Europas, S. 51; Zweig 2013a, S. 7). Zweig spricht in allen seinen Beiträgen zur Vereinigung Europas davon, dass es nicht vernunftgesteuerter Erkenntnisse bedarf, um in Europa Frieden zu stiften, sondern vielmehr einer emotionalen Bindung an europäische Werte (→ V.7 EUROPA-KONZEPTIONEN).

Wie man derartige Emotionen und Überzeugungen bewirken könne, dazu hat Zweig einige Vorschläge: Ein radikal neues Verständnis von Geschichte sei nötig. Geschichte, das fordert Zweig in mehreren Aufsätzen und Reden, dürfe nicht mehr als Nationalgeschichte erzählt werden, als Historie von Selbstbehauptung und Schuldzuweisung, Krieg und Eroberung, von der Rivalität der Völker. Geschichte müsse in den Schulen als europäische Kulturgeschichte gelehrt werden (vgl. Zweig GWE, Die moralische Entgiftung Europas, S. 43ff.). Zweig denkt weiters an eine gemeinsame Tageszeitung, die in allen europäischen Sprachen erscheinen soll. Besonders wichtig ist ihm dabei ein europäisches Schiedsgericht für die Medien. Die Zeitungen, so Zweig, seien es, die den Völkerhass geschürt hatten und weiter schürten. Um die Medien im Gemeinschaftsgeist zu unterstützen, benötige Europa eine zentrale Kontrollstelle, eine übernationale Instanz zur „Berichtigung aller politischen Lügen innerhalb aller Länder Europas". So könnte man erreichen, dass „jeder Lüge, ehe sie in die Welt läuft, sofort energisch auf die Beine [ge]treten würde." (S. 54) Es sei schließlich wichtig, die Massen zu erreichen. Zu diesem Zweck erwähnt Stefan Zweig Mussolini sowie die nationalsozialistischen und sowjetischen Inszenierungen und Paraden, weil die „Masse ihre Gemeinsamkeit am glückhaftesten empfindet[,] wo sie sich als Masse sichtbar und anschaulich spürt." (Zweig 2013a, S. 10)

In verschiedenen Varianten versucht Zweig, in den genannten Reden das seit der Antike entstandene ‚europäische Erbe' als Fundament einer neuen übernationalen Friedensordnung zu behaupten. Der direkten politischen Konfrontation versucht Stefan Zweig auch in den Jahren des Exils auszuweichen, indem er sich auf historische Analogien beschränkt. Damit befindet er sich im Widerspruch zu linken und antifaschistischen Autoren im Exil.

13. Abschied von Salzburg

Die Februarkämpfe des Jahres 1934, ein Bürgerkrieg mit ca. 600 Toten, sind für Zweig ein unmissverständliches Zeichen, dass der Faschismus auch in Österreich die bürgerlichen Freiheiten abschaffen werde. Am 14. Februar 1934 schreibt er an Romain Rolland: „Dies ist auch das Ende Österreichs, denn es hat sich selber verraten. [...] Mit anzusehen, wie ein Volk, ein Land, das den großen Kampf gegen das Hitlertum fast allein zu bestehen hat, sich selber mordet, indem es Idioten bewaffnet!" (Rolland/Zweig 1987 Bd. b, S. 557f.) Schon seit 1933 war Zweigs Wirkungskreis in Deutschland eingeschränkt, die Öffentlichkeit war nationalsozialistisch gleichgeschaltet. Seit Hitler an der Macht war, bedeutete das für alle Künstler, die nicht im Sinne der Regierung tätig sein wollten, ein Arbeits- und Publikationsverbot. Für jüdische Bürger und für politische Oppositionelle bedeutete es zudem Lebensgefahr. Mit einem Mal waren alle Institutionen des deutschen Kulturbetriebs für Zweig – wie für alle Juden und für alle Gegner des Regimes – versperrt. Der angesehene Leipziger Insel Verlag, in dem Zweigs Bücher seit 1906 erschienen waren, konnte künftig kein Partner mehr sein (→ VII.3 ZWEIG UND DIE VERLEGER). Anton Kippenberg, Leiter des Verlags, hatte Mühe, wenigstens einige der älteren Titel Zweigs vor dem sofortigen Verschwinden aus den Buchhandlungen zu bewahren. Immerhin, bis ins Frühjahr 1936 konnte man einzelne von Zweigs Büchern in Deutschland noch käuflich erwerben. Danach wurden alle seine Bücher verboten.

Die polizeiliche Hausdurchsuchung, die am 18. Februar 1934 in Zweigs Villa stattfand, war eine gezielte Provokation. Wie absurd die Vorstellung war, Zweig habe Waffen des republikanischen Schutzbundes in seinem Haus auf dem Kapuzinerberg versteckt, war wohl auch den vier Zivilbeamten klar, die ihrem Auftrag nur halbherzig nachkamen. Für Zweig war diese Hausdurchsuchung eine schwere Demütigung. Nach Monaten des Überlegens war nun die Entscheidung getroffen – mit Salzburg, diesem Ort, an dem er seit 1919 wohnte, wollte Zweig nichts mehr zu tun haben. Die Vorgeschichte seines Abschieds aus Salzburg im Februar 1934 wird jedoch gerne unterschlagen. Denn dieser erfolgt keineswegs aus einem spontanen Entschluss, auch diese Darstellung in *Die Welt von Gestern* ist nicht zutreffend (vgl. S. 438ff.). Gewiss bedeutete die von politischen Gegnern in Salzburg lancierte Hausdurchsuchung eine Kränkung. Aber Zweig bereitete seine Flucht aus Österreich bereits im Frühjahr 1933, kurz nach Hitlers Machtergreifung in Deutschland, vor. Seit 1933 die antisemitische Hetze der Nationalsozialisten das öffentliche Leben und die Medien dort bestimmt, stellt Zweig fest, dass in Österreich (und auch in anderen europäischen Ländern) nur wenig öffentliche Kritik an den diktatorischen Maßnahmen im Nachbarland geäußert wird. Zweig ahnt, was Österreich bevorsteht. Er sagt eine geplante Vortragsreise nach Schweden und Norwegen ab, besucht stattdessen noch einmal Freunde in der Schweiz und in Italien. Am 10. April 1933 schreibt Zweig an Romain Rolland: „Österreich ist verloren, der ‚Anschluß' eine Frage von kurzer Frist. Keine Illusion darüber." (Rolland/Zweig 1987 Bd. b, S. 508) Ein Monat später, am 10. Mai, nach den ersten Bücherverbrennungen in Deutschland, berichtet er Rolland, dass er bereit sei, Salzburg zu verlassen (vgl. S. 514ff.). Einem von seiner Sekretärin maschinengeschriebenen Brief an den Schriftsteller Andreas Latzko vom 9. Juni fügt er handschriftlich hinzu: „Meine Situation ist sehr arg, ärger als ich es zu dictieren wagte. Hier ist nicht mehr zu leben, man kann kein Wort mehr zu jemandem sprechen, da alles nationalsozialistisch ist, selbst nahe Freunde sind nicht mehr sicher. [...] [M]an erstickt hier zwischen Feinden und Spionen." (Zweig, zit. n. Renoldner 2017, S. 9) Einen Tag später, am 10. Juni 1933, schreibt Zweig an Rolland: „[I]ch bin mir nahezu sicher, daß ich Salzburg im Herbst verlasse. Es ist unmöglich, in einem Umfeld von Haß zu leben, zwei Schritte von der deutschen Grenze." (Rolland/Zweig 1987 Bd. b, S. 518) Und weiter heißt es: „[D]ie Atmosphäre hier ist unerträglich geworden, Salzburg ist *allzu* nationalsozialistisch. [...] [M]it dem *Herzen* hab ich allem schon ade gesagt. Der Entschluß ist gefaßt, und wenn ich wüßte wohin, wäre alles schon vorüber." (S. 518f.) Er hätte gerne Rom als seinen Exilort gewählt, schreibt Zweig in diesem Brief, wenn ihm die italienischen Verhältnisse unter Mussolini das nicht unmöglich machen würden. Einige seiner italienischen Freunde sind mit Berufsverboten belegt, verlieren ihre Aufträge und überlegen ihrerseits, Italien zu verlassen.

13. Abschied von Salzburg

Im Sommer 1933 hält sich Zweig nicht in Thumersbach auf, wie in den Jahren zuvor, sondern bleibt in der Stadt. Max Reinhardt hat in der Felsenreitschule Goethes *Faust* inszeniert, Freunde kommen zu Besuch, die möchte Zweig nicht verpassen. Einen ganzen Monat, von Mitte September bis Mitte Oktober 1933, wohnt Zweig in der Nachbarschaft von Romain Rolland am Genfersee. Von Montreux reist er weiter nach London, wo er bis 4. Dezember bleibt. Zweig schreibt in London sein Buch über Erasmus von Rotterdam. Er versucht darin, anhand einer historischen Analogie die Rolle des Intellektuellen gegenüber diktatorischen Verhältnissen zu definieren. Nicht zuletzt in Hinblick auf sein englisches Lesepublikum beginnt Zweig in London auch mit den Studien zu einer Biografie über die schottische Königin Maria Stuart, die 1935 erscheinen wird. In Briefen gibt er mehrfach Auskunft, wie glücklich ihn das Arbeiten in der British Library mache und dass es nötig sein werde, die Arbeit Anfang des Jahres 1934 in London fortzusetzen. Auch ein möbliertes Appartement in der Hallam Street Nr. 11 wurde dafür vorläufig reserviert.

Der Erfolg der Nationalsozialisten bedeutet für Stefan Zweig natürlich auch einen enormen finanziellen Verlust. Die deutschen Theater spielen seine Stücke nicht mehr, wodurch auch die Aufführungstantiemen entfallen. Von 1934 bis 1938 veröffentlicht Zweig seine Bücher nun in wesentlich kleineren Auflagen im Herbert Reichner Verlag in Wien. Zweig hatte Reichner, den Herausgeber einer Zeitschrift für Freunde bibliophiler Buchkunst, ermuntert, einen Verlag für belletristische Werke zu begründen, und ihn auch finanziell unterstützt (vgl. Buchinger 1998, S. 235 ff.). Nach dem 12. März 1938 ist der Buchmarkt für Stefan Zweig auch in Österreich verschlossen.

Am Tag nach der Hausdurchsuchung steigt Stefan Zweig in Salzburg in einen Zug, der ihn nach Paris und weiter nach London bringen sollte. Für die nächsten sechseinhalb Jahre wird Zweig nun in England leben. An den Schriftsteller Schalom Asch schreibt Zweig in einem undatierten Brief aus dem Frühjahr 1934:

> Salzburg ist eine feindselig gesinnte Kleinstadt an der deutschen Grenze. [...] [I]ch habe gegen Salzburg einen unüberwindbaren Widerwillen, ich kann einfach die Gesichter nicht mehr sehen und fühle mich dort grässlich allein. Vielleicht war es ein Geschenk Hitlers an mich, denn ich war schon auf dem Punkt in Salzburg zu verbauern und mich einer engen Welt anzupassen, in die ich nicht gehöre. (Zweig, zit. n. Renoldner 2017, S. 14)

Zweigs Abschied von Salzburg im Februar 1934 hat auch private Gründe. Das Zusammenleben mit seiner Frau Friderike und ihren beiden Töchtern aus erster Ehe war, was auch die vielen und ausgedehnten Auslandsaufenthalte Zweigs erahnen lassen, schwierig. Schon vor seinem 50. Geburtstag (1931) schreibt er an Freunde, dass er den dringlichen Wunsch habe, sich noch einmal neu zu erfinden (vgl. Zweig an Victor Fleischer, 22. August 1927, Br III, S. 193 f.). Er wolle ungebunden wie zu Studentenzeiten leben, die Verpflichtungen des erfolgreichen Autors abschütteln und noch einmal von vorne beginnen. Eine veritable *midlife-crisis* hat ihn erfasst. London, eine Stadt, in der er nur wenige Bekannte hat, scheint ihm für diesen Neubeginn der ideale Ort. Immerhin: Mit Freunden konnte man sich auch in Frankreich, Italien, in der Schweiz oder, bis zum März 1938, auch in Österreich verabreden.

Der Verkauf des Salzburger Hauses, um den sich Zweig seit seinem Umzug bemüht, und die Einwilligung Friderikes in die Scheidung lassen auf sich warten. Nach heftigen Auseinandersetzungen, einem zum Teil aggressiv geführten Briefwechsel (vgl. Zweig/Zweig 2006; Zweig 2013b) wurde das Haus am Kapuzinerberg im

Mai 1937 verkauft. Die Scheidung erfolgte schließlich am 22. November 1938 „aus Alleinverschulden des Beklagten" (Zweig/Zweig 2006, S. 344), wobei die beiden Ehepartner dem Verfahren im Salzburger Landesgericht natürlich fern geblieben waren.

14. Englische Jahre

Trotz der geografischen Distanz zu Nazi-Deutschland bleibt Zweig im englischen Exil mit den politischen Entwicklungen in Mitteleuropa konfrontiert. Die Affäre um Klaus Manns Zeitschrift *Die Sammlung* (vgl. Buchinger 1998, S. 217ff.), die Polemiken gegen Zweig im Zusammenhang mit dem Erscheinen des Buches *Marie Antoinette* und der Bruch mit dem Insel Verlag, insbesondere auch der mediale Reflex in den NS-Medien, hatten ihm schwer zugesetzt. War die antisemitische Häme vor 1933 noch den entsprechenden Blättern vorbehalten, wurde der Zorn auf die Juden nun Staatsraison, und in den meisten deutschen Zeitungen war der Spott über jüdische Künstler salonfähig geworden. Neben der nationalsozialistischen Hetze von rechts wurde Zweig nun aber auch von den Autoren aus dem linken Spektrum angegriffen. Er hatte sich daher nach dem Konflikt mit Klaus Mann entschlossen, sich politischer Stellungnahmen und öffentlicher Kommentare zu enthalten und nichts zu veröffentlichen, was ihn in irgendeiner Weise angreifbar machen könnte. (Man könnte ergänzen, dass sich Zweig, sieht man von seinen Europa-Reden ab, auch davor zu politischen Themen kaum öffentlich geäußert hat.) Dahinter steckte auch die Hoffnung, die kulturpolitische Szene in Deutschland würde sich beruhigen und weitere Veröffentlichungen irgendwann doch wieder möglich sein. Zweigs Programm in England hieß also sich zurückzuziehen und zu arbeiten.

1934 schreibt Zweig an seiner Biografie über Maria Stuart, wobei ihm bereits seine neue Sekretärin Lotte Altmann behilflich war. Charlotte Elisabeth Altmann, 1908 in Kattowitz geboren, emigrierte im Frühjahr 1933 von Frankfurt nach London. Dort lernte Stefan Zweig sie im Frühjahr 1934 kennen. Eine gemeinsame Reise führte die beiden im Juli des Jahres nach Schottland. Unmittelbar darauf arbeitete Zweig an seinem Buch *Castellio gegen Calvin oder Ein Gewissen gegen die Gewalt* (1936), wofür er in Basel, Zürich und London recherchierte.

In den folgenden Jahren schrieb Zweig erneut an der sogenannten „Postfräuleingeschichte", dem Roman-Manuskript, das erst 1982 unter dem Titel *Rausch der Verwandlung* als Fragment veröffentlicht wird, und an der Biografie *Magellan. Der Mann und seine Tat* (1938). Im Reichner Verlag werden auch mehrere der früher erschienenen Titel Zweigs neu aufgelegt, zwei Sammlungen ausgewählter Prosa (*Kaleidoskop*, 1936; *Die Kette*, 1936), und eine Anthologie mit Aufsätzen (*Begegnungen mit Menschen, Büchern, Städten*, 1937) bilden den Ansatz zu einer Werkausgabe, zu der es aber nicht mehr kommt. Der Roman *Ungeduld des Herzens* erscheint 1939 bereits in einer Kooperation der Exil-Verlage Allert de Lange und Bermann-Fischer gleichzeitig in Amsterdam und Stockholm.

Wenn man die knapp sechseinhalb Jahre (Februar 1934 bis Juni 1940) überblickt, die Stefan Zweig in London und, ab Sommer 1939, in Bath wohnte, so fällt erneut seine enorme Reisetätigkeit auf: Frankreich, Italien, Belgien, die Schweiz, 1935 und 1939 Tourneen durch die USA, bis Mai 1937 auch letzte kurze Aufenthalte in Österreich. Die Reisen innerhalb Europas dienten in erster Linie dem Dialog mit Emigranten aus Österreich und Deutschland: Die Situation der Literatur im Exil, die Positionierung gegenüber Nazi-Deutschland, die Neuorientierung im europäischen Literaturbetrieb, insbesondere in Hinblick auf die deutschen Exil-Verlage, das sind die wichtigsten Themen, die erörtert werden mussten (→ II.6 LITERATUR DES EXILS). Zweig hatte sich zwar publizistisch nicht exponiert, aber der Versuch zu definieren, wie sich der Intellektuelle gegenüber der Diktatur verhalten solle, bestimmt sein Denken. Die beiden Bücher zur Reformationsgeschichte, *Erasmus* und *Castellio gegen Calvin*, markieren die Orientierungssuche des Emigranten, auf andere Weise befassen sich Zweigs Studien zu den Seefahrern Magellan oder Amerigo Vespucci, die auf der Suche nach der Neuen Welt sind, mit dem einen Thema: dem Leben im Exil. Auch weitere Sternstunden wie *Ciceros Tod* und die Arbeiten an der *Welt von Gestern* geben Auskunft davon, wie Zweig aufs Neue versucht, seinen Standort zu bestimmen. Das Autorschaftsmodell des Exils könnte in einer gattungsübergreifenden Untersuchung dargestellt werden.

Nach der Besetzung Österreichs im März 1938 verliert Zweigs österreichischer Pass seine Gültigkeit. Er zögere nicht zu bekennen, schreibt Zweig, dass er sich seit dem Tage, da er mit fremden Papieren leben musste, „nie mehr ganz als mit mir zusammengehörig empfand. Etwas von der natürlichen Identität mit meinem ursprünglichen und eigentlichen Ich blieb für immer zerstört." (Zweig GWE, Die Welt von Gestern, S. 466) Zweig versucht nun, die britische Staatsbürgerschaft zu erhalten, und reicht, weil der Bearbeitungsvorgang dauern könnte und er sich seit 1934 nur mit vielen Unterbrechungen in Großbritannien aufgehalten hat, auch einen Antrag auf die brasilianische Staatsbürgerschaft ein.

Im Herbst 1939 kauft Zweig im englischen Kurort Bath erneut ein großes Haus mit Garten, ein „Ersatz-Salzburg", wie er es nennt (Zweig, Br IV, S. 248). Am 6. September 1939 heiraten Stefan Zweig und Lotte Altmann am Standesamt in Bath. Nicht einmal ein Jahr gemeinsamen Lebens ist ihnen in ihrem Haus *Rosemount* in Bath vergönnt.

15. Kriegsbeginn 1939 – Adieu Europa

Der Angriff der Deutschen Wehrmacht auf Polen und die umgehende Kriegserklärung von Frankreich und England bedeuteten Unannehmlichkeiten und Einschränkungen. Das Ehepaar erhielt den Status *enemy alien*, was keine Inhaftierung bedeutete, aber doch eine regelmäßige Meldung bei der Polizei erforderte, und eine besondere Genehmigung, falls man sich außerhalb eines Radius von fünf Meilen bewegen wollte. Wie Zweig auf diese bürokratischen Einschränkungen reagierte, kann man seinem letzten Tagebuch entnehmen (vgl. Zweig GWE, Tb, S. 470ff.; → III.15 TAGEBÜCHER).

Der Antrag auf Einbürgerung wurde nach einigen Monaten positiv beantwortet, Stefan und Lotte erhielten die britische Staatsbürgerschaft. Ende April 1940 konnte Stefan Zweig mit seinem neuen britischen Reisepass ein letztes Mal Paris besuchen. Zu einem Treffen mit Rolland kam es nicht mehr, allerdings sah Zweig noch einmal Paul Valéry, Jules Romains, Georges Duhamel und einige andere Freunde aus früheren Jahren. Der Flug nach Paris war der Einladung zu verdanken, im Théâtre Marigny den Vortrag *Das Wien von Gestern* (1940) zu halten, eine Hymne auf die Kultur- und Musikstadt Wien vor 1914, auch dies eine weitere Reminiszenz an das eigene Lebensmodell als junger Autor. Diese Rede war eine Vorstufe zu *Die Welt von*

Gestern (vgl. Zweig 2017, S. 641). Nach vielen Varianten, wie die sogenannte Autobiografie heißen könnte, greift Zweig im Herbst 1941 auf den in Paris erprobten Titel zurück.

Nach der Besetzung Frankreichs erwartete man in Großbritannien den Überfall durch Hitlers Armee. Die Zerstörung von Kriegs- und Passagierschiffen durch deutsche Torpedos hatte die Engländer verängstigt. Am 25. Juni 1940 verließen Stefan und Lotte Zweig auf dem Passagierschiff *Scythia* von Liverpool aus Großbritannien. Am 11. Juli 1940, nach seiner Ankunft in New York, schreibt Stefan Zweig in einem Brief an Richard Beer-Hofmann: „[D]er Sieg [...] der Gewalt [macht] mich für immer heimatlos". Er habe mit seiner „kleinen Klugheit", wie im Februar 1934 Österreich, auch England verlassen. „Werde ich je zurückkehren können? Werde ich es dürfen, werde ich es wollen?" (Zweig 1984, S. 314 f.)

Obwohl die britische Bevölkerung ab September 1940 unter den deutschen Bombardements, „The Blitz" genannt, sehr zu leiden hat, spielt Zweig immer wieder mit der Idee, als englischer Staatsbürger nach England zurückzukehren. Deutlich wird an diesen Überlegungen, dass alle weiteren Stationen des Exils, sowohl in den USA als auch in Brasilien, für ihn nur temporäre Aufenthalte waren.

Die letzten eineinhalb Jahre ihres Exil-Lebens verbringen Lotte und Stefan Zweig abwechselnd in den USA und in Lateinamerika. Die Erwägungen, an welchem Ort man sich niederlassen könnte, wechseln. Immer wieder ist in den Briefen auch die Rede von dem zweifellos unrealistischen Wunsch, nach Europa zurückzukehren (vgl. Zweig an Thomas Mann, 29. Juli 1940, Br IV, S. 281). In der brasilianischen Stadt Petrópolis bezieht das Ehepaar Mitte September 1941 für ein halbes Jahr ein neues Quartier. Aber die Entscheidung für das Exilland Brasilien, dessen Sprache die Zweigs nicht beherrschen, die Isolation in einer fremden Stadt und Hitlers weltumspannende Kriegserfolge, die dazu führen, dass sich die USA und später auch Brasilien am Krieg beteiligen, verstärken die schweren Depressionen, unter denen Zweig in den letzten Jahren leidet.

Am 21. November 1941, eine Woche vor seinem 60. Geburtstag, drei Monate vor seinem Tod, schreibt er in einem erschütternden Brief an seinen Wiener Jugendfreund Felix Braun:

> Ich finde die Identität mit meinem Ich nicht mehr, nirgends hingehörig, nomadisch und dabei unfrei – meine Arbeiten, meine Bücher sind drüben und ich lebe seit Jahren mit Koffern und Paketen, an ein Zurück ist doch auf lange nicht zu denken und es wäre auch kein richtiges Nachhause mehr. Die andern haben die Schiffe hinter sich verbrannt, sich americanisiert, gaben sogar ihre Sprache auf – ich bin für all dies zu alt. (Zweig, zit. n. Renoldner 1993, S. 211)

16. Der Herkunftskomplex – Österreich, mit und ohne Nostalgie

Zum Schutz vor der Fremdheit im Exil, zu seiner eigenen Rettung, kehrt Zweig in Gedanken immer wieder in die Zeit vor 1914 zurück und versucht, sich in immer neuen literarischen Vorhaben mit der österreichischen Sphäre zu verbinden. Nach den beiden Studien zur Reformationsgeschichte und der Biografie über Maria Stuart drängt sich ihm die Erinnerung an die verlorene österreichische Welt auf. In mehreren größeren literarischen Vorhaben versucht er den Abschied aufzuheben.

„Erinnern, Wiederholen, Durcharbeiten" – so nennt Sigmund Freud in seinem Aufsatz *Trauer und Melancholie* aus dem Jahr 1914 jene produktiven Phasen der Trauerarbeit, die helfen sollen, nicht in Melancholie und Depression zu verfallen, sondern einen Verlust, trauernd, aber bei Bewusstsein, zu überwinden. Zweig erinnert sich an eine Welt, die es nicht mehr gibt, an eine Zeit in diesem Land, das er in Gedanken nie verlassen hat. Erstaunlich dabei ist, dass, wenn von Stefan Zweig und seiner letzten Lebenszeit, insbesondere seinen Erinnerungen *Die Welt von Gestern* die Rede ist, nicht die Erinnerungsarbeit eines Emigranten gewürdigt wird, sondern man stattdessen auf ein Vorurteil stößt. Zweig, so besagt dieses Klischee, sei ein Nostalgiker der Monarchie gewesen, der der Welt der Habsburger nachtrauere und eine verlorene, ideale „Welt der Sicherheit" (Zweig GWE, Die Welt von Gestern, S. 15–44) beschwöre, die es nie gegeben habe. Basierend auf den Kommentaren von Hannah Arendt über Claudio Magris bis hin zu jüngeren Kritikern findet sich immer wieder die stereotype Meinung, Zweig rede einer verlogen-heilen Welt des Habsburger Imperiums das Wort. Dieses Vorurteil gehört zum *common sense*, und doch ließen sich, bei allen Einwänden, die man gegen *Die Welt von Gestern* auch vorbringen mag, ausreichend Belegstellen finden, an denen deutlich wird, dass dies eine voreilige Einschätzung ist.

Es stimmt: Die Bilder, die Zweig nach 1934 immer wieder aufruft, stammen aus Österreich, aus der Zeit vor dem Ersten Weltkrieg. Sie entstehen in England bzw. auf Reisen, wo er sich, sei es an der Côte d'Azur oder in Ostende, mit aus Österreich und Deutschland Vertriebenen trifft und austauscht. Zweig nimmt Anfang 1935 in London die Arbeit an der Fortsetzung eines liegengebliebenen Manuskripts auf, an der sogenannten „Postfräuleingeschichte", einem Roman, der in den Inflationsjahren nach dem Ersten Weltkrieg spielt und von Arthur Schnitzlers und Joseph Roths Werken inspiriert ist. Das Manuskript entstand in den Sommerwochen 1931 in Thumersbach am Zeller See, die Arbeit wurde aber abgebrochen. Nun, in London, kommt Zweig auch nicht richtig voran. Zuviel 20er-Jahre-Pathos, Neue Sachlichkeit und Satire stecken in diesem Buch. Der Roman bleibt Fragment, Knut Beck wird es 1982 unter dem Titel *Rausch der Verwandlung* veröffentlichen.

Im Herbst 1936, nach seiner Rückkehr aus Brasilien und Argentinien, beginnt Zweig nicht nur seine Arbeit an der Magellan-Biografie, sondern auch ein neues Romanvorhaben. Das Buch soll zuerst „Ein Mord aus Mitleid" heißen, dann „Ein Narr des Mitleids" (so steht es im Vertrag des Bermann-Fischer Verlags). Der Roman wird unter dem Titel *Ungeduld des Herzens* sehr erfolgreich werden. Zweig versucht darin nicht nur einen Rückblick auf die Monate vor dem Ersten Weltkrieg, der Roman versucht auf indirekte Weise über die charakterlichen Dispositionen der Protagonisten etwas über die Wurzeln des Faschismus zu erzählen. Das suggeriert zumindest die knappe Rahmenhandlung: Was haben wir falsch gemacht, welchen Idealen sind wir nachgelaufen? Zweig versucht in diesem Roman keine Verklärung der politischen und sozialen Verhältnisse in der Habsburger Monarchie, im Gegenteil. Ursprünglich sollte dieses Buch ein weites Panorama der österreichischen Gesellschaft vor 1914 eröffnen. Durch enorme Kürzung des Manuskripts präsentiert uns der Roman keineswegs eine Totalität, sondern entpuppt sich als überdimensionierte Novelle: Die Geschichte des k. u. k. Leutnants Anton Hofmiller, der sich in Edith, die gelähmte Tochter des Herrn von Kekesfalva, verliebt. Ein junger Mann, der hilflos zwischen Männerordnung am Kasernenhof und pseudoaristokratischer Welt, zwischen Militär und Gesellschaftsleben hin und her taumelt, zwischen Liebe zu und

Mitleid mit einer Kranken schwankt und so zum Selbstmord der jungen Frau beiträgt, worauf er sich – der Erste Weltkrieg hat begonnen – in die Schlacht stürzt, um zu sterben. Das Österreich-Bild, das Zweig in diesem Buch entwirft, wird sich schwerlich als nostalgische Verklärung der Monarchie deuten lassen. Oder sind das vielleicht die Repräsentanten des ‚habsburgischen Mythos'? Ein schwächlicher, feiger Mann, ein neureicher jüdischer Emporkömmling, der sein Judentum versteckt und sich als Aristokrat ausgibt, ein skurriler Arzt mit zynischen Sprüchen, ein hilfloses, halbgelähmtes Mädchen mit hysterischen Ausbrüchen? Ist das der ideale österreichische Kosmos vor 1914? Auch die Figuren der Obrigkeit sind in ironischem Ton charakterisiert, manchmal bis zur Karikatur: patriarchale Charaktere, durchschnittliche Schmarotzer.

Zweigs Erinnerung an Österreich, das meint nicht die politische Wirklichkeit, den Staat, die Aristokratie, die Monarchie. In seiner Gedenkrede auf Joseph Roth spricht Zweig – in Bezug auf den Roman *Radetzkymarsch* (1932) – vom Untergang einer „hinfällig gewordenen Welt", vom Zugrundegehen der „an ihrer inneren Noblesse unkräftig gewordene[n] österreichische[n] Kultur". Das Buch sei die „wahrste Grabinschrift der alten Monarchie" (Zweig GWE, Joseph Roth, S. 331).

Zweig schwärmt im Exil nicht von vordemokratischen politischen Ordnungen. Seine Utopie von Österreich entspricht vielmehr seinem kosmopolitischen Selbstverständnis, in dem der vitale Dialog der Kulturen und Nationen eines Kontinents lebendig ist, eine Welt mit offenen Grenzen, ohne Pässe und Visa existiert, und der Glaube, dass das Leben durch Kunst, Literatur, Musik, Wissenschaft und Bildung verbessert und gesteigert werden kann. Also beschwört Zweig in diesen Werken nicht den ‚habsburgischen Mythos', sondern formuliert eine Sehnsucht nach den Werten des Bildungsbürgertums. Die Beschwörung des kunstbegeisterten Klimas in *Die Welt von Gestern* bezieht sich schließlich auch auf das persönliche Lebensgefühl des jungen Autors. Zweig erinnert sich an einige seiner wichtigsten Freunde, an enthusiastische Kunstdebatten, an seine ersten großen Reisen, die Zeit seiner stärksten Prägungen zwischen „Kunstfanatismus", Kriegsbegeisterung und seiner Wende zum Kriegsgegner. Das sind die Koordinaten für seine Gedanken im Exil, diese – keineswegs nur glückliche – Phase seines Lebens umkreist er immer wieder, in dieser Durcharbeitung des früheren Lebens sucht er seine Identität, versucht er zu spüren, wohin er gehört, was ihn geprägt hat. Nicht Brasilien, wie Alberto Dines behauptet, sondern Österreich wird auf diese Weise zu einem Instrument, „das er einzusetzen beabsichtigt, um zu zeigen, dass neben Angst und Hass noch Hoffnung, ein Funken von Optimismus existiert. Im Angesicht des Todes klammert er sich an die Lebenskraft, die dieses Land ausströmt." (Dines 2006, S. 388 f.) Und so wird sogar in Zweigs letztem Werk, der *Schachnovelle*, Österreich noch einmal aufgerufen, allerdings im Moment seiner Zerstörung: Das jüdische Hotel Métropole ist zur „Gestapo-Leitstelle Wien" geworden, der Ort eines glücklichen Lebens wurde zum Ort von Verfolgung und Folter.

17. USA – Brasilien

Stefan Zweigs zweiter Aufenthalt in Brasilien ab August 1940 dient vor allem der Recherche für das geplante *Brasilien*-Buch, das Zweig auf der Basis seiner Reiseberichte von 1936 für Reisende aus Europa schreiben will. Zweig und Brasilien – dieses Thema ist dank der genauen Recherchen von Alberto Dines bestens dokumentiert (vgl. Dines 2006). Dines stellt überdies die inzwischen eingetretenen politischen Veränderungen in Brasilien unter Diktator Getúlio Vargas dar und berichtet über die Verbindungen zwischen Zweig und diversen jüdischen Institutionen.

Ende Oktober fliegen Lotte und Stefan Zweig nach Buenos Aires, sie treffen sich mit Paul Zech, der Choreografin Margarita Wallmann und dem Übersetzer Alfredo Cahn. Zweig hält in Buenos Aires und anderen Städten Argentiniens Vorträge auf Spanisch, Französisch, Englisch und Deutsch, der Andrang ist enorm. Auch Montevideo wird besucht. Auf dem brasilianischen Generalkonsulat in Buenos Aires wird Zweig am 5. November 1940 ein Dauer-Visum ausgestellt. In den verbleibenden Wochen hält sich Zweig in Rio auf und arbeitet am *Brasilien*-Buch. Mitte Januar 1941 fliegt er mit Lotte in den Nordosten des Landes und besucht einige Städte, um am 23. Januar wieder in New York einzutreffen. Dort bleiben Lotte und Stefan Zweig bis zum 11. Februar, danach folgt der Aufenthalt in New Haven, wo Zweig die Bibliothek der Yale University benützt, sein *Brasilien*-Buch und das Buch über Amerigo Vespucci schreibt, „eine Art Anhang zum Brasilienbuch" (Dines 2006, S. 404). Hier beginnt er mit der Niederschrift seiner Erinnerungen. Von Ende März bis Ende Juni ist das Ehepaar Zweig wieder in New York, neben den Arbeiten für *Die Welt von Gestern* entstehen kleinere Prosatexte. Für Freunde, vor allem Emigranten aus Österreich und Deutschland, gibt Zweig in New York einen Empfang, ein ungewöhnlicher Umstand, wenn man weiß, wie sehr Zweig solche Anlässe stets gemieden hat.

Den Juli verbringt das Ehepaar Zweig in Ossining, wo eine erste vollständige Niederschrift der *Welt von Gestern* erfolgt. Die Arbeit hat ihn erschöpft, dem New Yorker Verleger Ben Huebsch berichtet Zweig von den Depressionen, gegen die er täglich ankämpfe. Anfang August trifft er in New York noch einmal mit Joachim Maass zusammen, der über diese letzte Begegnung einen ausführlichen Bericht verfasst hat. Auf die Frage nach der Arbeit an dem Erinnerungsbuch antwortet Zweig: „Das ist fertig. Glaub mir, es hängt mir zum Halse 'raus." (Maass 1981, S. 107)

Mitte August 1941 fahren Lotte und Stefan Zweig wieder nach Rio de Janeiro, wo sie sich bis zu ihrer Übersiedlung nach Petrópolis Mitte September aufhalten. Die zum Teil sehr negativen Kritiken über das *Brasilien*-Buch sind inzwischen erschienen und kränken Zweig vermutlich mehr, als er sich selbst einzugestehen vermag (vgl. Dines 2006, S. 428).

18. Petrópolis – Das letzte halbe Jahr

Ab 17. September 1941 wohnten Lotte und Stefan Zweig in der brasilianischen Stadt Petrópolis, ca. 70 Kilometer nördlich von Rio de Janeiro, in einem einstöckigen Häuschen mit drei kleinen Zimmern und einer großen Veranda, in der Rua Gonçalves Dias Nr. 34. Zweig hatte seinen brasilianischen Verleger Abrahão Koogan ausdrücklich darum gebeten, in Petrópolis ein Haus für ihn und seine Frau zu suchen. Er wollte sich aufs Neue zur Schreibarbeit an einen ruhigen Ort zurückziehen. Wie in New Haven und Ossining sollte Petrópolis ein vorübergehender Aufenthalt sein, wie es weiterginge, würde sich weisen. Er habe für sechs Monate dieses kleine Haus gemietet, „so werden wir also den heißen Sommer überdauern und wer denkt über März und April hinaus?" (Zweig an Friderike, 10. Mai 1941, Br IV, S. 313)

Petrópolis, das war bis zum Ende der brasilianischen Monarchie nicht nur für die Kaiserfamilie, sondern auch für die elegante Welt von Rio der beliebteste Ort der Sommerfrische. Zweig, der den Ort schon 1936 besucht hatte, hatte diesen 838 Meter über dem Meer gelegenen Höhenkurort nicht nur wegen der landschaftlichen Ähnlichkeiten zu Österreich gewählt. Die Vergleiche mit Bad Ischl bzw. mit der Atmosphäre am Semmering, von denen nun in Briefen die Rede ist, um den Freunden eine Vorstellung von seinem neuen Wohnort zu geben, sind plausibel (vgl. S. 313f.). Es sind Orte, an denen sich Zweig in jüngeren Jahren wiederholt aufgehalten und wo er sich wohlgefühlt hat.

Die ersten Briefe an Freunde klingen euphorisch. Wieder einmal hat man sich dem Trubel der Großstadt entzogen, nun ist endlich Zeit für ungestörte Arbeit, die Landschaft ist herrlich, die Menschen sind freundlich. Sich „an den Schreibtisch [...] klammern, unseren einzigen Halt" (Zweig an Joseph Roth, 25. September 1937, Br IV, S. 195), also konzentriert arbeiten, das war schon oft die beste Strategie gegen Depressionen, warum sollte das bewährte Mittel diesmal nicht funktionieren? Zwei Monate, bis Mitte November, überarbeitet, diktiert und korrigiert Stefan Zweig *Die Welt von Gestern*. Nachdem die letzten Korrekturen von Lotte in die Typoskripte eingetragen wurden, wird das vorletzte Buch, das Stefan Zweig verfasst hat, für die spanischen, englischen, deutschen und schwedischen Ausgaben an die Verleger verschickt. Die erste Ausgabe erscheint im Mai 1942 in Rio de Janeiro in einer Übersetzung ins brasilianische Portugiesisch.

Neben der Arbeit an der Schlussfassung seiner Erinnerungen hatte Zweig wie immer gleichzeitig auch einige weitere Projekte in Angriff genommen. An Victor Wittkowski schreibt er an seinem 60. Geburtstag am 28. November 1941: „[I]ch arbeite (oder spiele mich) gleichzeitig an drei oder vier Büchern, Balzac, eine Novelle, ein Roman[,] eine Arbeit über Montaigne" (S. 329). Gemeint sind die Balzac-Biografie, die Richard Friedenthal erst 1946 aus dem Nachlass herausgeben wird, die *Schachnovelle* und der neue Roman. Dieser soll „eine Art österreichische[r] Roman[ ]" (S. 319) sein, der eine Zeitspanne von der Jahrhundertwende bis in die Inflationsjahre nach dem Ersten Weltkrieg umfasst. Er habe, teilt er Ben Huebsch schon am 16. November mit, neben der Schlussredaktion von *Die Welt von Gestern*, bereits rund 100 Seiten einer ersten Fassung dieses Romans niedergeschrieben. In unmittelbarer Fortsetzung der Erinnerungen ist er ein weiterer Versuch, diesmal in fiktionaler Form, das österreichische Leben vor dem Ersten Weltkrieg, den Ausbruch des Krieges und die Jahre danach darzustellen. Auch in der Konzeptionsphase denkt Zweig zuerst an ein breites gesellschaftliches Panorama, einen Überblick über die Welt vor dem Ersten Weltkrieg und an eine Darstellung, wie dieser Krieg die Menschen traumatisiert hat. Aber wie schon bei *Ungeduld des Herzens* ist das Novellen-Modell stärker: Eine Liebesgeschichte zwischen einer Österreicherin und einem Franzosen wird zum Zentrum der Handlung. Zweig befasst sich hier auf indirekte Weise noch einmal mit seiner Beziehung zu Rolland, mit den Freundschaften zu den Pazifisten aus der Schweizer Zeit, mit dem Dualismus Frankreich/Deutschland und mit der Skala der nationalen Vorurteile. Unter dem Titel *Clarissa*, so der Name der weiblichen Hauptfigur, wird Knut Beck das Romanfragment 1990 veröffentlichen.

Nach Zweigs 60. Geburtstag werden die Nachrichten vom Weltkrieg immer bedrückender. Die USA bereiten den Eintritt in den Krieg vor, Hitlers militärische Erfolge sind niederschmetternd. Aber nicht nur die Siege der Achsenmächte nehmen Lotte und Stefan Zweig ihren anfänglichen Arbeitselan, Petrópolis erweist sich zudem als Ort der Einsamkeit und Isolation. Die Heimatlosigkeit der Exilanten wird zu einem großen Problem. Er habe, schreibt Zweig am 20. November 1941 an Alma und Franz Werfel, in Ossining einen „regelrechten seelischen breakdown" erlitten. Der Grund dafür liege darin, „daß ich die Identität mit mir selbst nicht mehr fand in all den Absurditäten, die uns die Zeit auferlegt" (Zweig, Br IV, S. 325). Zweig klammert sich in seiner Krise an die immer neue Beschwörung des früheren Lebens in Österreich, aber auch das schafft keine Sicherheit gegen die Depressionen. Ein Provisorium folgt auf das andere. Zweig weiß nicht mehr, wohin er eigentlich gehört, wohin er sich künftig wenden, ob er in Lateinamerika bleiben oder ob er zurück in die USA reisen soll, oder doch nach England? Zudem ist die Sprache ein großes Hindernis: Auch wenn Lotte etwas Portugiesisch spricht, ist die städtische Bibliothek von Petrópolis für Zweig nutzlos. Wieder und wieder wird er sich an seine beflügelnden Aufenthalte in den Bibliotheken in London, Paris, New York und New Haven erinnern. Brasilien ist zu weit weg von Österreich und von Europa, es fehlen die Freunde, mit denen man eine längere Etappe des Lebens teilt. Natürlich gibt es auch hier Gespräche mit deutschen Emigranten wie Ernst Feder und Victor Wittkowski sowie Verbindungen zu Personen aus dem Umkreis des Verlages, Persönlichkeiten des kulturellen, politischen und diplomatischen Lebens in Rio, so z. B. mit der chilenischen Schriftstellerin und Botschafterin Gabriela Mistral, die in Petrópolis ein Haus hat, unweit von dem der Zweigs.

Die *Welt von Gestern* ist abgeschickt, aber die neue Arbeit kommt nur stockend voran. Zweigs Hoffnung, die für ihn so wichtigen Vorhaben, den ‚österreichischen Roman' und die Balzac-Biografie, fertigstellen zu können, schwindet. Beide Bücher bekommen unter diesen Umständen den Charakter eines vergeblichen Vermächtnisses. Auf dem Manuskript notiert Zweig: „Roman im ersten Entwurf begonnen, die Welt von 1902 bis zum Ausbruch des Krieges vom Erlebnis einer Frau gesehen. Nur erster Teil scizziert, der Anfang der Tragödie, dann für die Arbeit an Montaigne unterbrochen, gestört durch die Ereignisse und die Unfreiheit meiner Existenz. Stefan Zweig, November 41 bis Februar 42" (Manuskript, Literaturarchiv Salzburg). Auch die Studie über Montaigne, begleitet von einer intensiven Lektüre von dessen Essays, bleibt Fragment. Nur die *Schachnovelle* wird fertiggestellt.

Die USA haben nach der Zerstörung der militärischen Basis auf Pearl Harbour (7. Dezember 1941) mehrere Stützpunkte auf brasilianischem Boden errichtet. Tatsächlich erklärt Brasilien Deutschland erst im August 1942 den Krieg, nachdem die Torpedos der Nazis mehr als ein Dutzend brasilianischer Schiffe im Atlantik versenkt haben. Zweigs Depressionen nehmen zu, die Einsamkeit ist erdrückend. Am 19. Februar 1942 schreibt Zweig in seinem Abschiedsbrief an Jules Romains, er fühle sich in Petrópolis „ganz und gar isoliert, es gibt Wochen, in denen ich keine einzige Post erhalte." (Zweig, zit. n. Dines 2006, S. 571)

Lotte und Stefan Zweig besuchen Mitte Februar noch den Karneval in Rio, als sie die Nachrichten von weiteren Kriegserfolgen der Achsenmächte erreichen. Sie kehren vorzeitig nach Petrópolis zurück, von Dienstag bis Sonntag werden Manuskripte und Hinterlassenschaft geordnet, einige Abschiedsbriefe geschrieben. Auch Lotte fügt mehreren Briefen eigene Worte des Abschieds hinzu. Die *Schachnovelle* wird in den letzten Tagen noch einmal abgetippt, fertig korrigiert und am Samstag, den 21. Februar, an drei Verleger verschickt. Ein viertes Exemplar, für den brasilianischen Verleger, bleibt am Schreibtisch zurück. In einem Abschiedsbrief an Abrahão Koogan gibt Stefan Zweig am 18. Februar 1942, vier Tage vor seinem Suizid, einige kurze Erklärungen, betreffend Testament, Hinterlassenschaft, verbliebene Manuskripte, bestehende Verträge, Tantiemen-Regelungen u.a. Es heißt hier: „Bedauern Sie mich nicht, mein Leben war seit Jahren ausgelöscht, und ich bin glücklich, aus einer Welt zu scheiden, die grausam und verrückt geworden ist. Behalten Sie mich in guter Erinnerung; ich war stolz und dankbar für Ihre treue und ergebene Freundschaft." (Zweig, Br IV, S. 747f.)

In diesem Brief findet sich auch die Bitte, dass Zweig und seine Frau Lotte auf dem jüdischen Friedhof von Rio de Janeiro „in der bescheidensten und diskretesten Form beerdigt werden" möchten, was Zweig in seinem allerletzten Brief an Koogan vom 22. Februar nochmals wiederholt. In der Nacht von Sonntag, den 22., auf Montag, den 23. Februar 1942, nehmen Lotte und Stefan Zweig eine Überdosis Veronal. Sie werden am Nachmittag des 23. Februar von der Haushälterin tot aufgefunden. Entgegen ihrem Wunsch erhalten sie am 24. Februar 1942 ein Staatsbegräbnis auf dem Friedhof von Petrópolis.

Stefan Zweig

Rolland, Romain/Zweig, Stefan (1987a): Briefwechsel 1910–1940. Bd. I: 1910–1923. Berlin: Rütten & Loening.
Rolland, Romain/Zweig, Stefan (1987b): Briefwechsel 1910–1940. Bd. II: 1924–1940. Berlin: Rütten & Loening.
Zweig, Friderike/Zweig, Stefan (1984): Unrast der Liebe. Ihr Leben und ihre Zeit im Spiegel ihres Briefwechsels. Frankfurt a.M.: S. Fischer.
Zweig, Friderike/Zweig, Stefan (2006): „Wenn einen Augenblick die Wolken weichen". Briefwechsel 1912–1942. Hg. v. Jeffrey B. Berlin u. Gert Kerschbaumer. Frankfurt a.M.: S. Fischer.
Zweig, Stefan (1983): Der europäische Gedanke in seiner historischen Entwicklung. In: Ders.: Die schlaflose Welt. Aufsätze und Vorträge aus den Jahren 1909–1941. GWE. Hg. v. Knut Beck. Frankfurt a.M.: S. Fischer, S. 185–210.
Zweig, Stefan (1984): Briefe an Freunde. Hg. v. Richard Friedenthal. Frankfurt a.M.: S. Fischer.
Zweig, Stefan (1984): Tagebücher. GWE. Hg. v. Knut Beck. Frankfurt a.M.: S. Fischer.
Zweig, Stefan (1990): Die moralische Entgiftung Europas. In: Ders.: Zeiten und Schicksale. Aufsätze und Vorträge aus den Jahren 1902–1942. GWE. Hg. v. Knut Beck. Frankfurt a.M.: S. Fischer, S. 40–56.
Zweig, Stefan (1990): Joseph Roth. In: Ders.: Zeiten und Schicksale. Aufsätze und Vorträge aus den Jahren 1902–1942. Hg. v. Knut Beck. Frankfurt a.M.: S. Fischer, S. 325–339.
Zweig, Stefan (1995): Briefe. Bd. I: 1897–1914. Hg. v. Knut Beck, Jeffrey B. Berlin u. Natascha Weschenbach-Feggeler. Frankfurt a.M.: S. Fischer.
Zweig, Stefan (1998): Briefe. Bd. II: 1914–1919. Hg. v. Knut Beck, Jeffrey B. Berlin u. Natascha Weschenbach-Feggeler. Frankfurt a.M.: S. Fischer.
Zweig, Stefan (2000): Briefe. Bd. III: 1920–1931. Hg. v. Knut Beck u. Jeffrey B. Berlin. Frankfurt a.M.: S. Fischer.
Zweig, Stefan (2004^2): Das Wien von Gestern. In: Ders.: Auf Reisen. Feuilletons und Berichte. GWE. Hg. v. Knut Beck. Frankfurt a.M.: S. Fischer, S. 392–412.
Zweig, Stefan (2004^2): Reise nach Rußland. In: Ders.: Auf Reisen. Feuilletons und Berichte. GWE. Hg. v. Knut Beck. Frankfurt a.M.: S. Fischer, S. 277–319.
Zweig, Stefan (2005): Briefe. Bd. IV: 1932–1942. Hg. v. Knut Beck u. Jeffrey B. Berlin. Frankfurt a.M.: S. Fischer.
Zweig, Stefan (2005): Die Philosophie des Hippolyte Taine. Dissertation eingereicht zur Erlangung des philosophischen Doktorates. Wien 1904. Hg. v. Holger Naujoks. Reinhardsbrunn: Eigenverlag.
Zweig, Stefan (2006^2): Rückkehr zum Märchen. In: Ders.: Begegnungen mit Büchern. Aufsätze und Einleitungen aus den Jahren 1902–1939. GWE. Hg. v. Knut Beck. Frankfurt a.M.: S. Fischer, S. 63–73.

Zweig, Stefan (2007⁵): Die Welt von Gestern. Erinnerungen eines Europäers. GWE. Frankfurt a.M.: S. Fischer.
Zweig, Stefan (2012): Autobiographische Notiz. In: zweigheft 7/2012, S. 15–21.
Zweig, Stefan (2013a): Einigung Europas. Eine Rede. Aus dem Nachlass hg. v. Klemens Renoldner. Salzburg: Tartin.
Zweig, Stefan (2013b): „Ich wünschte, dass ich Ihnen ein wenig fehlte." Briefe an Lotte Zweig 1934–1940. Hg. v. Oliver Matuschek. Frankfurt a.M.: S. Fischer.
Zweig, Stefan (2017): Die Welt von Gestern. Erinnerungen eines Europäers. Hg. v. Oliver Matuschek. Frankfurt a.M.: S. Fischer.

Weitere Literatur

Arendt, Hannah (1948): Juden in der Welt von gestern. Anläßlich Stefan Zweigs *The World of Yesterday. An Autobiography*. In: Dies.: Sechs Essays. Heidelberg: Lambert Schneider, S. 112–127.
Benedikt, Ernst (1992): Mein Schulfreund Stefan Zweig. In: Renoldner, Klemens/Holl, Hildemar/Karlhuber, Peter (Hg.): Stefan Zweig. Für ein Europa des Geistes. Ausstellungskatalog. Salzburg: SPOT, S. 17–21.
Braun, Felix (1963): Zeitgefährten. München: Nymphenburger.
Buchinger, Susanne (1998): Stefan Zweig – Schriftsteller und literarischer Agent. Die Beziehungen zu seinen deutschsprachigen Verlegern (1901–1942). Frankfurt a.M.: Buchhändler-Vereinigung.
Dines, Alberto (2006): Tod im Paradies. Die Tragödie des Stefan Zweig. Frankfurt a.M. u.a.: Edition Büchergilde.
Görner, Rüdiger (2012): Aufruf und Zeugenschaft. Das Appellatorische bei Stefan Zweig. In: Ders.: Stefan Zweig. Formen einer Sprachkunst. Wien: Sonderzahl, S. 15–30.
Handke, Peter (2014): Zwei Menschenkinder, Zwei Hochherzige. Zum Briefwechsel zwischen Romain Rolland und Stefan Zweig während des Ersten Weltkriegs. In: Rolland, Romain/Zweig, Stefan: Von Welt zu Welt. Briefe einer Freundschaft 1914–1918. Mit einem Begleitwort v. Peter Handke. Berlin: Aufbau, S. V–XVII.
Kerschbaumer, Gert (2003): Stefan Zweig. Der fliegende Salzburger. Salzburg u.a.: Residenz.
Köstenberger, Julia (2013): „Ich bin glücklich alles gesehen zu haben …" – Stefan Zweig bei den Tolstoj-Feierlichkeiten in der UdSSR 1928. In: Moritz, Verena u.a. (Hg.): Gegenwelten. Aspekte der österreichisch-sowjetischen Beziehungen 1918–1938. St. Pölten u.a.: Residenz, S. 260–274.
Maass, Joachim (1981): Die letzte Begegnung. In: Arens, Hanns (Hg.): Der große Europäer Stefan Zweig. Frankfurt a.M.: S. Fischer, S. 105–110.
Matuschek, Oliver (2006): Stefan Zweig. Drei Leben – Eine Biographie. Frankfurt a.M.: S. Fischer.
Nestroy, Johann Nepomuk (1979): Einen Jux will er sich machen. In: Ders.: Komödien. Bd. 4. Hg. v. F. H. Mautner. Frankfurt a.M.: Insel.
Renoldner, Klemens/Holl, Hildemar/Karlhuber, Peter (Hg.) (1993): Stefan Zweig. Bilder, Texte, Dokumente. Salzburg u.a.: Residenz.
Renoldner, Klemens (2011): Instanz über Leben und Werk. Zur Entstehung von Stefan Zweigs Rolland-Biographie. In: Ders./Battiston, Régine (Hg.): „Ich liebte Frankreich wie eine zweite Heimat." Neue Studien zu Stefan Zweig/„J'aimais la France comme ma seconde patrie." Actualité(s) de Stefan Zweig. Würzburg: Königshausen & Neumann, S. 185–193.
Renoldner, Klemens (2017): Abschied von Salzburg. In: Ders./Karlhuber, Peter (Hg.): „Ich gehöre nirgends mehr hin!" Stefan Zweigs *Schachnovelle* – Eine Geschichte aus dem Exil. Salzburg: Salzburg Museum, S. 9–17.
Resch, Stephan (2012): Umwege auf dem Weg zum Frieden. Die Korrespondenz zwischen Stefan Zweig und Alfred H. Fried. In: Müller, Karl (Hg.): Stefan Zweig – Neue Forschung. Würzburg: Königshausen & Neumann, S. 109–176.

Resch, Stephan (2017a): Stefan Zweig und der Europa-Gedanke. Würzburg: Königshausen & Neumann.
Resch, Stephan (2017b): „Mächtig seid ihr nicht in Waffen". Die Pazifismusproblematik in der Korrespondenz zwischen Stefan Zweig und Fritz von Unruh. In: Wörgötter, Martina (Hg.): Stefan Zweig. Positionen der Moderne. Würzburg: Königshausen & Neumann, S. 51–90.
Rilke, Rainer Maria (1937): Briefe aus den Jahren 1914–1921. Hg. v. Ruth Sieber-Rilke u. Carl Sieber. Leipzig: Insel.
Rolland, Romain (2013): Er war mir ein guter Freund. Aus dem „Journal de Vézelay 1938–1944". In: zweiheft 9/2013, S. 27–31.
Prater, Donald A. (1981): Stefan Zweig. Das Leben eines Ungeduldigen. München, Wien: Hanser.
Strigl, Daniela (2017): Stefan Zweig und das Odol-Prinzip. Vom Erfinden einer Marke. In: Peck, Clemens/Wolf, Norbert Christian (Hg.): Poetologien des Posturalen. Autorschaftsinszenierungen in der Literatur der Zwischenkriegszeit. Paderborn: Fink, S. 261–277.
Weinzierl, Ulrich (2015): Stefan Zweigs brennendes Geheimnis. Wien: Zsolnay.
Zweig, Friderike Maria (1948): Stefan Zweig. Wie ich ihn erlebte. Berlin-Grunewald: Herbig.

Archivbestände

Zweig, Stefan (1941/1942): [Clarissa]. Manuskript, Literaturarchiv Salzburg.

II. Literarische und kulturhistorische Voraussetzungen

1. Stefan Zweig zwischen Tradition und Moderne
Jacques Le Rider

Obwohl Zweig nur sieben Jahre jünger ist als Hugo von Hofmannsthal, gehört er literaturhistorisch schon der folgenden Generation an und verkörpert gleichsam eine ‚Post-Wiener Moderne'. Hermann Broch beschreibt Hofmannsthals Anfangsphase als „Aufbau und Behauptung einer Persönlichkeit inmitten des Vakuums" (so lautet die Überschrift des zweiten Kapitels des Essays *Hofmannsthal und seine Zeit* von 1947/1948); als Vakuum wird hier die Lage der Künste, der Literatur und des Wiener Kulturlebens am Ausgang der Blütezeit des Historismus bezeichnet. Im Falle Zweigs könnte man von dem Aufbau und der Behauptung einer Persönlichkeit inmitten der schon klassisch werdenden Wiener Moderne sprechen. Seit Anfang der 1890er Jahre hat Hermann Bahr für die Gruppe des modernen Jungen Wien geworben. Ab Mitte November 1896 hat sie Karl Kraus schon ‚demoliert'. (*Die demolierte Literatur* von Karl Kraus erschien zuerst in vier Teilen in den Nummern 1 bis 4 von 15. November 1896 bis 1. Dezember 1897 der *Wiener Rundschau* und 1897 als Broschüre im Verlag A. Bauer, Wien.) Diese frühe ‚Demolierung' wurde Stefan Zweig als ‚Spätgeborenem' jedoch erspart. Erst in späteren Heften der *Fackel* wurde er zur Zielscheibe von Kraus' Satire.

Wenn Stefan Zweig nach der Matura im Sommer 1900 das Wiener literarische Feld abtastet und zu betreten versucht, ist er bestrebt, sich an das Junge Wien anzuschließen und in diesen schon berühmt gewordenen Dichterkreis aufgenommen zu werden. Kurz vorher konnte sich Karl Kraus durch eine Strategie des Bruchs profilieren: Mit dem Pamphlet *Die demolierte Literatur* brach Kraus mit der von Hermann Bahr propagierten literarischen Avantgarde, in *Eine Krone für Zion* (1898) mit dem angesehenen Redakteur der *Neuen Freien Presse* Theodor Herzl und mit der zionistischen jungjüdischen Bewegung. Stefan Zweig entscheidet sich für das Gegenteil dieser Strategie des Kraus'schen Kahlschlags, der die Lichtung vorbereitet, in der *Die Fackel* im April 1899 angezündet wird. Er wirbt für den Kreis des Jungen Wien und um die Aufnahme in diesen neuesten Parnass. Er verschafft sich Einlass ‚unter den Strich' der prestigeträchtigsten Zeitung Wiens, der *Neuen Freien Presse*, und wird zu Theodor Herzls Protegé. Er nähert sich der jungjüdischen Bewegung und gilt nach seinem rühmenden Vorwort zu *E. M. Lilien. Sein Werk* (1903) als Zionist.

Im Essay über Peter Altenberg, im Februar 1901 in der aus Wien gesehen eher peripheren deutschen Literaturzeitschrift *Stimmen der Gegenwart* veröffentlicht, unternimmt Stefan Zweig nach dem Erscheinen von Altenbergs jüngstem Buch *Was mir der Tag zuträgt* den Versuch, sein eigenes ‚Wie ich ihn sehe' hörbar zu machen. Seit Hermann Bahrs (in der Wiener *Zeit* vom Mai 1896) und Hugo von Hofmannsthals (in Maximilian Hardens *Zukunft* im September 1896) enthusiastischen Lobesworten über Altenbergs *Wie ich es sehe* ist es beinahe zur Pflichtübung geworden, den Habitué des Café Central zu bekränzen. Karl Kraus wollte Peter Altenberg – „diesen Undemolirbaren in der ‚demolirten Literatur'" (Kraus 1897, S. 3) – von seinem Angriff auf die Stammgäste des Café Griensteidl aussparen, indem er ihn jenen „zartesten Blüthen der Decadence" (Kraus 1979, S. 283) entgegensetzte. Stefan Zweig hingegen greift auf das 1901 schon etwas altmodisch gewordene französische Wort zurück, um „diesen verfeinerten, verständnisvollen – oder einfacher gesagt ‚decadenten' – Einsamen zu schildern" (Zweig 1976, S. 1155). Peter Altenberg sei, schreibt Zweig weiter, „[d]en Weg vom Romantiker zum Dekadenten" gegangen und habe „die letzte Stufe der Decadenz [sic] und Subtilität" (S. 1156) erreicht (→ III.14.3 ÜBER ÖSTERREICHISCHE LITERATUR).

Für den jungen Zweig ist die Wiener Moderne der 1890er Jahre schon Tradition und Vorbild geworden. Als Lyriker geht er in den Fußstapfen Hugo von Hofmannsthals. Das zweite Gedicht in Zweigs Erstlingsbuch *Silberne Saiten* (1901) trägt den Titel *Das Lebenslied* (vgl. Zweig GWE, Silberne Saiten, S. 14f.), das sich wie ein Echo eines der berühmtesten Texte Hofmannsthals, *Lebenslied* (1896), anhört. Allerdings kann man Stefan Zweig in diesem Fall keine direkte Hofmannsthal-Imitation vorwerfen, da das Gedicht zuerst unter dem Titel *Den Erben* ... erschienen war und erstmals in der Ausgabe von Hofmannsthals *Gesammelten Gedichten* 1907 mit dem Titel *Lebenslied* abgedruckt wurde. Das bisweilen verwirrende Gefühl von *déjà vu*, *déjà lu* und *déjà entendu* begleitet den Leser auf beinahe allen Seiten des ersten Lyrikbands von Stefan Zweig (→ III.1 LYRIK). Wie in Hofmannsthals Gedichten der 1890er Jahre ist ‚Traum' in *Silberne Saiten* das am häufigsten wiederkehrende Wort. Bekanntlich waren für Zweig Jens Peter Jacobsens *Niels Lyhne* und Rainer Maria Rilkes frühe Gedichte weitere prägende Lektüren. Doch hat Zweigs Lyrik einen unverkennbar Hofmannsthal'schen Sound. In *Die frühen Kränze* (1906) wählt Zweig Formen, für die Hofmannsthal eine Vorliebe hatte: die Terzinen (*Das Tal der Trauer*) und das Sonett (*Die Nacht der Gnaden. Ein Reigen Sonette*). Kann man den letzten Vers des *Herbstsonetts* (einem späteren Text von Stefan Zweig), „Des Lebens liebstes Wort: Vergänglichkeit" (Zweig GWE, Silberne Saiten, S. 163), lesen, ohne an Hofmannsthals *Über Vergänglichkeit*, Terzine I, (1894) zu denken? Die Welt des Traums wird in *Frühe Kränze* wieder oft beschworen, wobei sie manchmal mehr prosaisch als poetisch aussieht, wie in diesen Zeilen: „Wie eine weiche Wiege / Wiegt mich der alte Traum, / Der Traum der schönen Frauen, / Wen tröstete der nicht?" (Zweig GWE, Silberne Saiten, S. 101)

Vielleicht war es auch Hofmannsthals Vorbild, das Stefan Zweig im Herbst 1905 dazu brachte, seine Zweifel am Projekt eines Dramas im klassischen Stil zu überwinden und *Tersites* (1907) in wenigen Monaten zu vollenden. Hatte doch Hofmannsthal mit *Elektra* (1903) viel Erfolg gehabt und im Juli 1905 mit einem ersten Teilabdruck von *Ödipus und die Sphinx* in der Berliner Zeitung *Der Tag* Aufsehen erregt. Hofmannsthal war indes nicht der einzige, der sich literarisch mit antiken Stoffen auseinandersetzte. Vielmehr lässt sich für die Zeit um die Jahrhundertwende im Wiener Kontext von einem breiten Interesse an Rückgriff und Neuinterpretation der Antike sprechen, von einem regelrechten Trend, den auch Stefan Zweig verfolgte. Gelang es ihm, seinen homerischen Stoff zu erneuern und den Rückfall in den klassizistischen Historismus zu vermeiden (→ IV.3 MYTHOS)? Während der Entstehungszeit ist er offenbar durchaus von der Geltung dieses Dramas „in Blankversen und in griechischen Kostümen" (Zweig GWE, Die Welt von Gestern, S. 198) überzeugt; es sei „ungemein gelungen, zweifellos das Schönste, was ich bisher geschrieben habe" (Zweig, Br I, S. 104), schreibt er am 12. August 1905 an Ellen Key. Diese Haltung zu seinem ersten Drama ändert sich allerdings in den folgenden Jahren, weshalb *Tersites* nach dem Erstdruck im Jahre 1907 (vgl. Zweig 1907b) zu Stefan Zweigs Lebzeiten nicht wieder aufgelegt wird.

Selbst Stefan Zweigs Zuwendung zur zeitgenössischen französischen Poesie, vor allem zu Baudelaire, Rimbaud und Verlaine, verrät eine ‚post-Hofmannsthal'sche' Epigonalität (zu Hofmannsthals produktiver Rezeption der französischen poetischen Moderne seit Baudelaire vgl. Vilain 2000). Für Stefan Zweig ist die von Hermann Bahr proklamierte *Überwindung des Naturalismus* (Bahr 1891) eine längst vollendete Tatsache. Bemerkenswert ist in Zweigs Doktorarbeit über die *Philosophie des Hippolyte Taine* aus dem Jahre 1904 die Tatsache, dass er Taines prominente Rolle in der Theoriebildung des französischen Naturalismus kaum berücksichtigt. „Die guten, soliden Meister aus der Zeit unserer Väter – Gottfried Keller in der Literatur, Ibsen in der Dramatik [...] interessierten [...] uns nicht mehr", schreibt Zweig (GWE, Die Welt von Gestern, S. 61 f.) in seinen Erinnerungen. Ibsen, der für die Naturalisten in Berlin und Wien und für das Junge Wien so bedeutend war, gilt für den jungen Zweig schon als ebenso veraltet wie Keller. Während Bahr den Kulturtransfer von Wien nach Paris in der Übergangszeit von Zolas Naturalismus zu Barrès und Bourget belebt hatte, setzt sich Zweig als Übersetzer und Essayist für einen Dichter des späten Symbolismus, Émile Verhaeren, ein. Mit seiner Verhaeren-Rezeption kann er erst recht Pionierarbeit leisten. Während das Junge Wien die belgische Moderne vor allem in den Gedichten, Essays und Bühnenwerken Maurice Maeterlincks entdeckt hatte (vgl. Kerckhove 1987), ist Stefan Zweig der aktivste deutschsprachige Entdecker und Förderer Verhaerens im deutschen Kulturraum (vgl. Verhaeren/Zweig 1996; → III.17 Übersetzungen).

Zum Thema Balzac, das Stefan Zweig bis zum Ende seines Lebens beschäftigen wird, stehen Zweig und Hofmannsthal ebenfalls in einem unausgesprochenen, jedoch nichtsdestoweniger lebhaften Rivalitätsverhältnis (→ III.12.5 Balzac). Ende 1902 hat Hugo von Hofmannsthal sein *Gespräch zwischen Balzac und Hammer-Purgstall in einem Döblinger Garten im Jahre 1842* in der *Neuen Freien Presse* schon veröffentlicht (vgl. Hofmannsthal 1902). Es war eine bemerkenswerte Koinzidenz, dass Stefan Zweigs erster Essay über Balzac in der Berliner *Zukunft* 1908 wenige Wochen nach Hofmannsthals *Balzac* in der Berliner Zeitung *Der Tag* erschien (vgl. Hofmannsthal 1979; Zweig 1908a, 1908b; vgl. ferner Hemecker/Huemer 2009). Ein Brief von Stefan Zweig an Franz Servaes aus dem Jahre 1908 verrät, wie intensiv Stefan Zweigs Gefühl war, er müsse den Vergleich mit Hofmannsthal erfolgreich bestehen: „Vielen Dank für Ihre Zustimmung zum Balzac-Essay [...]. Auch Hofmannst[h]al hat mir dazu sehr gratuliert, sie sogar ‚hors pair' genannt: meine Besorgnis, allzusehr gegen ihn abzufallen, beginnt nun endlich zu schwinden." (Zweig, Br I, S. 171) Enttäuscht stellt Stefan Zweig im Herbst 1907 allerdings fest, dass der Insel Verlag eine Balzac-Ausgabe, herausgegeben von Hugo von Hofmannsthal, plant, was ihn aber nicht daran hindert, dem Verleger zahlreiche Vorschläge zu machen, wie diese Edition gestaltet werden sollte. Nicht zuletzt entsteht aus dieser Situation eine neue Gelegenheit des Wettstreits, und so bietet sich Stefan Zweig dem Verlag für eine Herausgabe der Werke von Charles Dickens an (→ III.18 Herausgeberschaften).

Ebenso kann man den von Verhaeren organisierten Besuch Stefan Zweigs beim Bildhauer Auguste Rodin im Jahre 1904 als ein Wetteifern mit Hugo von Hofmannsthal und Rainer Maria Rilke interpretieren. Hofmannsthal besuchte Rodin zum ersten Mal am 8. März 1900 in dessen Pariser Atelier und wenige Tage später auch in Meudon; Rodins *Balzac* machte auf Hofmannsthal einen prägenden Eindruck und wird im schon erwähnten Essay über Balzac in *Der Tag* 1908 beschworen. Rilke kannte Rodin seit Anfang September 1902 und hatte 1903 sein Buch über den damals schon weltberühmten Künstler veröffentlicht. Im literarischen Schaffen Stefan Zweigs fanden die Besuche bei Auguste Rodin erst später ihren Niederschlag (im Gedicht *Der Bildner. Meudon, Maison Rodin 1913* und im Abschnitt über Rodin in *Die Welt von Gestern* (1942); → IV.10 BILDENDE KÜNSTE).

Ohne die Unterstützung der großen Zeitungen, deren Bücherrezensionen und Theaterkritik über den Erfolg eines Autors entscheiden, ist es schon um die Jahrhundertwende sehr schwer, als Schriftsteller Karriere zu machen, und Wien kann man in der Beziehung keineswegs als Ausnahme betrachten. Die wachsende Dominanz der auflagenstarken Zeitungen im literarischen Feld, die neuen Bündnisse und *mésalliances* von Literatur und Journalismus, die die herkömmlichen Hierarchien der Bildung umzustoßen drohen, das sind zentrale Themen der Medienkritik von Karl Kraus, der die ungeheure Macht der Wiener *Neuen Freien Presse* als die größte Gefahr für die Literatur, die Künste und die gesamte Kultur seiner Zeit bekämpfte. Nun aber gelingt es Stefan Zweig von Anfang an, die wichtigste meinungsbildende Wiener Zeitung für sich zu gewinnen. Die Sympathie Theodor Herzls ermöglicht ihm, schon im April 1902 die Erzählung *Die Wanderung* ‚unter dem Strich' auf den Seiten 1 und 2 der *Neuen Freien Presse* zu veröffentlichen. Stefan Zweigs Erfolg war jedoch keineswegs einzigartig. Im letzten Quartal 1899 hatte die *Neue Freie Presse* zwei literarisch anspruchsvolle Texte Hofmannsthals gebracht (vgl. Hofmannsthal 1899a, 1899b).

Was aber mochte Theodor Herzl so sehr aufgeregt haben, dass er sich im März 1904 zu einem vernichtenden Urteil über Hugo von Hofmannsthal und zu einem überraschenden Lob Stefan Zweigs verstieg?

> Nein, ein großer Dichter ist Hugo v. Hofmannsthal nicht. Bisher noch nicht. [...] Er ist ein gewandter, liebenswürdiger, geschmackvoller, belesener Schriftsteller. [...] Die großen Dichter wachsen nicht alle Tage. Was aber die jungen Dichter betrifft, so sind das jetzt andere. [...] Junge Dichter gibt es auch jetzt, auch in Wien, trotz aller Ungunst der Gelegenheiten. Junge Dichter, die ungefähr das können, was der junge Hofmannsthal konnte, sind jetzt Stefan Zweig, Sil Vara, Hans Müller, um nur einige zu nennen, die mir in den Wurf gekommen sind. Wahrscheinlich gibt es noch mehr. Nur die großen Dichter sind selten, und die braucht man nicht zu entdecken. [...] Junge Dichter gibt es jedes Jahr wie neuen Flieder. Freuen wir uns an ihren Blüten, bevor sie verwelkt sind. (Herzl 1904, S. 3)

Im Rückblick muss man Herzls Urteil nicht nur absurd, sondern leichtfertig finden, wenn er Sil Vara und Hans Müller über Hugo von Hofmannsthal stellt, wenn er einem großen Klassiker der Moderne wie *Der Tod des Tizian* die ephemeren Blüten des ihm zusagenden dichterischen Nachwuchses vorzieht. Da fällt es schwer, der Glosse Karl Kraus' nicht beizupflichten: „*Literat*. Es ist die höchste Zeit, daß Herr Herzl nach Palästina geht. Hier schreibt er schon zu dumme Feuilletons. [...] Man kann Hofmannsthal für einen Dichter oder für einen Eklektiker von feinstem Kunstgeschmack halten. Jedenfalls steht er als kultivierter Mitteleuropäer turmhoch über dem Niveau eines Menschen, der es zuwegebringt, die Würde eines Messias mit der eines Sonntagshumoristen zu vereinigen." – „Trotzdem", so Kraus weiter,

1. Stefan Zweig zwischen Tradition und Moderne

ist es notwendig, gegen die Impertinenz, mit der das Feuilleton vom 11. März schloß, ein eigenes Wörtchen zu sagen. [...] Herrn Herzl schwillt nämlich der Kamm, und er glaubt als Literaturvormund nur jene Jünglinge fördern zu dürfen, die klug genug waren, sich eine zionistische Weltanschauung beizubiegen und palästinensische Heimatkunst zu pflegen. Herr Herzl „empfiehlt", ohne Furcht, ausgelacht zu werden, „junge Dichter, die u n g e f ä h r d a s k ö n n e n, was der junge Hofmannsthal konnte". Stefan Zweig, Sil Vara, Hans Müller [...]. Das ist zu dumm, um ernst gemeint zu sein. Herr Zweig ist ein Formtalentchen, Herr Sil Vara, wenn die Kaffeehausskizze, die neulich einmal die ‚Neue Freie Presse' am Sonntag brachte, den Gipfel seines Schaffens bedeutet, ein dürftiger Reporter. (Kraus 1904, S. 23)

Dieser Zwischenfall ist in mancher Hinsicht bedeutend. Mit seiner gewöhnlichen Scharfsicht und Bosheit, die nicht scheut, die Grenzen des ‚politisch Korrekten' zu überschreiten, wirft Karl Kraus unbequeme Fragen auf. War die zeitweilige Begeisterung Stefan Zweigs für die jungjüdische Bewegung und den kulturellen Zionismus zum Teil durch die Absicht motiviert, sich an einer aufsehenerregenden, im Trend liegenden Strömung zu beteiligen, dabei Theodor Herzl zu gefallen und somit zum Protegé des mächtigen Feuilleton-Redakteurs der *Neuen Freien Presse* zu werden? (Vgl. Le Rider 2013, S. 218 ff.; Gelber 2014) Bei seinem ersten Versuch, seine Erzählung *Im Schnee* in der Berliner Zeitschrift von Karl Emil Franzos unterzubringen, betonte Stefan Zweig in einem Brief vom 22. Juni 1900 an Franzos, in seiner „Judennovelle" sei „absolut keine nationale Sendung enthalten" (Zweig, Br I, S. 19). Dann aber erschien *Im Schnee* in der im Mai 1897 von Theodor Herzl im Sinne der „neuen jüdischen Nationalbewegung" (so die Selbstdefinition der Redaktion, vgl. Die Welt 1897, S. 1) gegründeten Wochenzeitung *Die Welt* (Zweig 1901) und wurde noch 1904 in den *Jüdischen Almanach* (Zweig 1904b) aufgenommen. Auch die von Herzl für die *Neue Freie Presse* angenommene Erzählung *Die Wanderung* konnte Karl Kraus satirisch als ‚palästinensische Heimatkunst' bezeichnen: Stefan Zweig stellt einen jungen Mann dar, der sich nach der Ankunft des Messias sehnt und in den Stunden vor der Kreuzigung Christi nach Jerusalem eilt. Von der Frau eines römischen Legionärs verführt, verfällt er der Sünde und kommt deshalb zu spät. Wichtig ist dabei der Umstand, dass in der Textfassung der Novelle, die in der *Neuen Freien Presse* veröffentlicht wurde, die Widmung an den zionistischen Künstler Ephraim Mose Lilien nicht vorkommt. (Diese Widmung findet man am Anfang der *Wanderung* im Band *Die Liebe der Erika Ewald* von 1904; Zweig 1904a, S. 77.)

Die entschiedene Art Theodor Herzls, in diesem Feuilleton vom 11. März 1904 Hofmannsthal ad acta zu legen und Zweig als den neuen Stern am Wiener Autorenhimmel zu rühmen, musste den Unmut steigern, der beim Autor des *Tod des Tizian* spürbar wurde, sooft von Stefan Zweig die Rede war. Bekanntlich erwiderte Hofmannsthal Zweigs wiederholt zum Ausdruck gebrachte Verehrung mit ausgesprochener Kühle (vgl. Rovagnati 1997).

Dank Herzls Feuilleton war Stefan Zweig schon berühmt, bevor er durch ein bedeutendes literarisches Werk hervorgetreten war. Dieser fulminante Karrierestart hatte jedoch den Nachteil, dass Zweig von nun an als eine von der Medienmacht konstruierte und von einer geschickten Vermarktungsstrategie getragene Größe galt, deren Erfolg nicht ausschließlich ihrem literarischen Niveau zu verdanken war. Ästhetisch und theoretisch weniger anspruchsvoll und innovativ als Hugo von Hofmannsthal, wusste Stefan Zweig von Anfang an, einem breiten Publikum zu gefallen. Über Karl Kraus' strikte Unterscheidung zwischen Schriftsteller als Sprachkünstler und Literat als Produzent auf das Feuilleton zugeschnittener Texte setzte er sich von Anfang an souverän hinweg. Am 2. März 1903 schreibt Stefan Zweig an Hermann Hesse, von dem er *Hermann Lauscher* erhalten hat:

> [I]ch gehe hier der Literatur ziemlich aus dem Weg. Ich glaube [...] man denkt sich die Wiener Literatur im Ausland als einen großen Caféhaustisch, um den wir alle herumsitzen, tag [sic] für Tag. Nun – ich zum Beispiel, kenne weder Schnitzler, noch Bahr, Hofmannsthal, Altenberg intim, die ersten drei überhaupt nicht. Ich gehe meine Wege mit ein paar Stillen im Lande: Camill Hoffmann, Hans Müller, Franz Carl Ginzkey, einem französisch-türkischen Dichter Dr. Abdullah Djeddet Bey und ein paar Malern und Musikern." (Zweig, Br I, S. 57; laut Anm. 10, S. 349, vermutet Knut Beck hinter dem Namen Abdullah Djeddet Bey den türkischen Lyriker Yahya Kemal Beyatli. Diese Annahme ist wohl nicht zutreffend. Gemeint ist wahrscheinlich der Schriftsteller Abdullah Cevdet, ein Augenarzt und Literat, der sich zwischen 1897 und 1910 unter anderem in Wien aufhielt; vgl. Kreiser 2000)

Zweigs Selbststilisierung als Außenseiter und Vereinzelter mag alle überraschen, die das Bild des Großschriftstellers der Zwischenkriegszeit, den alle kannten und der mit den berühmtesten Autoren auf der ganzen Welt korrespondierte, auf das erste Jahrzehnt des 20. Jahrhunderts zurückzuprojizieren versucht sind. Selbst wenn er seine bedeutenden Zeitgenossen genau kennt und beobachtet, fühlt sich Stefan Zweig in seinem ‚ersten Leben' (vgl. Matuschek 2006) von dem schon historisch gewordenen Kreis des Jungen Wien weit entfernt. Die etwas übertrieben ehrfurchtsvolle Tonart seines Briefs vom 24. Juli 1907 an Hofmannsthal ist geradezu erstaunlich:

> Mir ist Keines Urteil in Deutschland wertvoller und wichtiger als das Ihre, und ich freue mich sehr der Gelegenheit, Ihnen das heute schreiben zu dürfen, ohne der Aufdringlichkeit verdächtig zu sein. Verzeihen Sie mir, wenn ich bislang die primitivste Pflicht der Höflichkeit versäumte, Ihnen meine Bücher zu senden, wozu mich meine von Jahr zu Jahr tiefer bewußte und begründete Verehrung drängte; Ihr gütiger Brief von heute wird mir in Hinkunft gestatten, was mir bislang das unbestimmte Gefühl einer Besorgnis verwehrte, Ihnen lästig und unwillkommen zu erscheinen. (Zweig, Br IBr I, S. 148f.)

Mit diesen Zeilen antwortete Stefan Zweig auf einen Brief von Hofmannsthal (aus dem Grand Hôtel des Bains, Lido Venise, vom 21. Juni), in dem dieser sich für Zweigs Rezension der von ihm eingeleiteten Ausgabe von *Tausendundeine Nacht* (Hofmannsthal 1907/1908) im Insel Verlag bedankt hatte. In Zweigs Feuilleton in der *Neuen Freien Presse* wurde Hofmannsthal hoch gelobt: „Man kann hier die Worte Hofmannsthals aus seiner so vollkommenen Einleitung nicht entbehren, so definitiv umkreisen sie das Gefühl des Zusammenhanges", schrieb Stefan Zweig (1907a, S. 1). Aus Venedig bedankte sich nun Hofmannsthal im erwähnten Brief vom 21. Juni 1907 ebenfalls mit einem allerdings zweischneidigen Kompliment: „Daß Sie Ihr Feuilleton an eines der wenigen Blätter gegeben haben, in denen ein Feuilleton auf weitere Kreise wirkt, erhöht natürlich nicht den Wert Ihrer Arbeit wohl aber die Nützlichkeit für den Verlag" (Hofmannsthal/Zweig 1982, S. 90). Meinte Hofmannsthal damit, Zweigs Feuilleton sei ein willkommenes Stück ‚Utiliteratur' gewesen, um hier ein Wort des von Hofmannsthal wie von Zweig verhassten Kraus zu verwenden – und mehr nicht?

Hofmannsthal gegenüber hatte Stefan Zweig gewiss Minderwertigkeitsgefühle, wie sie etwa wenige Tage nach diesem Briefaustausch vom Juli 1907, am 5. August, auch in einem Brief an Rainer Maria Rilke zum Ausdruck kommen: „Gerade in Wien

1. Stefan Zweig zwischen Tradition und Moderne

leben zwei Dichter, die ich unendlich liebe und bewundere, Hofman[n]sthal und Beer-Hofman[n], die ich sosehr liebe, daß ich bei meinen eigentlich flüchtigen Aufenthalten nie Gelegenheit gesucht habe, sie kennen zu lernen aus irgend einer Angst, ihnen zu gering zu sein oder ein Störer ihrer Zeit." (Zweig, Br I, S. 156) Dass es nie zu einer Freundschaft zwischen den beiden gekommen ist, wurde zweifellos durch Hofmannsthals fortgesetzte Ablehnung des jüngeren Kollegen verursacht. Zweig seinerseits berichtet nach Hofmannsthals Tod von einer gewissen Distanz zum früheren Vorbild: „Mit ihm und Rilke ist das alte Österreich zu Ende gegangen. Sein Leben war eine lange Tragödie – Vollendung mit 20 Jahren, und dann entzogen ihm die Götter ihre Stimmen. Ich mochte ihn persönlich wenig, aber ich war sein Schüler, und sein Tod hat mich sehr bewegt." (Rolland/Zweig 1987, S. 331) Auch in seiner Gedächtnisrede zum Tod Hofmannsthals betont er lediglich die Gültigkeit des Frühwerks und erwähnt Hofmannsthals Engagement für die Salzburger Festspiele mit keinem Wort.

Weniger schwierig waren Zweigs Beziehungen zu Arthur Schnitzler. In diesem Falle musste wieder eine anfängliche Entfernung wie zwischen zwei Generationen überwunden werden. Ein Altersunterschied von knapp 20 Jahren trennte Zweig von Schnitzler. In Schnitzlers Tagebuch ist nach dessen erster Begegnung mit Zweig im Mai 1908 die Rede von einem ‚jungen Dichter': „28. Mai 1908. Dr. Stefan Zweig kennen gelernt; sehr sympath. kluger junger Dichter. Über Rilke's Lebenskunst; über Religiosität. Zweig behauptet ‚religiöse' Menschen zahlreich draußen gefunden zu haben (Frau Verhaeren). – Seine Autographen- und Mscrpt.-sammlung. Er ersucht mich um Mscrpte." (Schnitzler 1991, S. 336)

In kurzer Zeit kommen sich Schnitzler und Zweig näher. Am 10. Juni 1908 berichtet Schnitzler von einer Abendgesellschaft mit Raoul Auernheimer (einem Redakteur der *Neuen Freien Presse* und Schriftsteller) und dessen Familie. Stefan Zweig ist dabei. „Er sprach in den höchsten Tönen von Wassermann und Hugo; und findet wie ich, daß ein solcher Reichtum an Talenten noch nie in Österreich geblüht habe." (S. 338) Diese Art, mit *connoisseurship* und leicht *patronizing* über den Reichtum an Talenten in Österreich zu plaudern, erinnert an Hermann Bahr, der in den 1890er Jahren das Junge Wien ‚entdeckte' und dafür warb (zu Zweigs Umgang mit der zeitgenössischen österreichischen Literatur vgl. Polt-Heinzl 2014). Im Umgang mit Schnitzler fühlt sich Stefan Zweig offenkundig viel selbstsicherer als in seiner Beziehung zu Hofmannsthal.

Vier Jahre später steht Stefan Zweig in der ersten Reihe der Gratulanten zu Schnitzlers 50. Geburtstag. Da spricht er wie ein Anti-Ödipus: Gewöhnlich sucht „eine literarische Generation die frühere zu entwurzeln. [...] Diese Generation vor uns ist aber noch so sehr im Vollwuchs ihrer Kraft, daß sich ein besonnenes Gefühl ihrer Überlegenheit willig fügt. [...] Diesen ersten Fünfzigjährigen der Jungwiener fühlen wir ganz nahe." (Zweig 1912, S. 350)

Diese Worte forderten Karl Kraus in *Schnitzler-Feier* zur Replik heraus:

Arthur Schnitzler ‚Meister' zu nennen, möge Herrn Zweig überlassen bleiben, der es mit Recht tut, nicht ohne die beruhigende Zusicherung zu geben, daß seine Generation, wiewohl sie ‚anderes wolle', die frühere nicht entwurzeln werde. Was sie will, die Generation des Herrn Zweig, weiß ich, und Herr Zweig weiß es auch. ‚In unserer Zeit, da die Kunst sich gern der Popularitätssucht, der Geldverdienerei, der Journalistik und Gesellschaftlichkeit kuppelt', sei der Anblick Schnitzlers erfreulich. [...] Herr Zweig kennt sich aus und hat ganz Recht, wenn er Schnitzler von dem Drang zur Geldverdienerei, zur Journalistik und zur

Gesellschaftlichkeit ausnimmt. Es ist nur die Frage, warum die neue Generation, die dazu inkliniert, die es weiß, und die ihr Ende bei der Neuen Freien Presse voraussieht, sich nicht lieber umbringt. (Kraus 1912, S. 88)

Im Jahre 1908 beginnt eine andere freundschaftliche Beziehung und Briefpartnerschaft, die im Leben und Schaffen Stefan Zweigs eine wachsende Bedeutung gewinnen sollte. Am 3. Mai 1908 bedankt sich Sigmund Freud bei Zweig für die Zusendung seines *Tersites* mit dem überlegenen Wohlwollen eines bestens beschlagenen Kenners der *Ilias*: „Ich [...] merke daß Sie so erbarmungsvoll sind den Mann sterben zu laßen, der nach der alten Dichter Kunde heil von Troja heimgekehrt ist." (Zweig 1987, S. 163) In seinem nächsten Brief an Zweig vom 4. Juli 1908 bedankt sich Freud für *Balzac. Sein Weltbild aus den Werken*: „Schönsten Dank für den ‚Balzac', den ich in einem Atem ausgelesen sehe. Das reißt einen nur so mit in den Wirbel den Sie schildern wollen." (S. 163)

Im Jahre 1908 hat sich Zweig an die beiden Wiener Intellektuellen angenähert, die sich wechselseitig als Doppelgänger betrachteten. „Ich habe Sie gemieden aus einer Art von Doppelgängerscheu", schrieb Freud am 14. Mai 1922 an Schnitzler, „Ihr Determinismus wie Ihre Skepsis – was die Leute Pessimismus heißen – Ihr Ergriffensein von den Wahrheiten des Unbewußten, von der Triebnatur des Menschen, Ihre Zersetzung der kulturell-konventionellen Sicherheiten, das Haften Ihrer Gedanken an der Polarität von Lieben und Sterben, das alles berührte mich mit einer unheimlichen Vertrautheit." (Freud 1980, S. 357) Und Schnitzler übernahm Freuds Formel im erstmals 1930 veröffentlichten Gespräch mit George Sylvester Viereck: „Ich bin gewissermaßen der Doppelgänger von Professor Freud, der mich eines Tages seinen psychischen Zwilling genannt hat." (Viereck 1972, S. 10 f.)

Wenn man Freud, Schnitzler und Zweig im Zeichen der Affinität von Psychoanalyse und literarischer Fiktion zusammen anschaut, sollte man von ‚psychischen Drillingsbrüdern' sprechen. Vermutlich hat Zweig von Schnitzler die Kunst und die Technik übernommen, die großen psychoanalytischen und metapsychologischen Themen erzählerisch darzustellen, die Freud in seinem Brief vom 14. Mai 1922 ansprach: die Wahrheiten des Unbewussten, die Triebnatur des Menschen, die Zersetzung der kulturell-konventionellen Sicherheiten, die Polarität von Lieben und Sterben (vgl. Cremerius 1995; → II.5 Psychologie und Psychoanalyse).

Vor dem Ersten Weltkrieg kommt diese Dimension von Zweigs Erzähltechnik noch nicht voll zum Tragen. Die Erzählung *Angst*, zwischen Februar und Juni 1913 geschrieben, zuerst in der Beilage zur Sonntagsnummer der *Neuen Freie Presse* vom 3. bis zum 21. September 1913 veröffentlicht, ist ein erster Gipfelpunkt der Zweig'schen Kunst der psychologischen Erzählung. Durch die Darstellung der Gefühlswelt und subjektiven Wirklichkeitswahrnehmung der handelnden Figuren wird die Unheimlichkeit der Welt suggeriert und die Angst der Frau des Richters auf den Leser übertragen. In der Form der „zwischen den Stimmen von Erzählinstanz und Figur hin- und herspringenden erlebten Rede" (Scheffel 2013, S. 76) baut der Erzähler seinen Text wie ein Bewusstseinsprotokoll auf (→ IV.1 Erzählformen). Der betrogene Ehemann wird in seiner Zuversicht als souveräner Gatte, Vater und Jurist erschüttert durch „das Scheitern seines rationalen, vergeblich auf das Gefühl von Schuld und ein Geständnis seiner Frau setzenden Kalküls." (S. 78) Die Angst, die er seiner Frau mittels sadistischer Inszenierung und psychologischer Manipulation eingejagt hat, gerät außer Kontrolle: Weil ihr der Rückweg in die Normalität der bürgerlichen Ehe und Moral unmöglich scheint, verfällt die Frau in Selbstvernichtungsphantasien, so dass sich die Angst am Ende auf den Ehemann überträgt.

In dieser Novelle findet der Erzähler Stefan Zweig zu seinem unverwechselbar eigenen Stil (→ IV.4 SPRACHE UND METAPHORIK). Sein ‚erstes Schriftstellerleben' als talentierter Epigone des schon zur Tradition gewordenen Jungen Wien und Virtuose des Feuilletonismus geht zu Ende. Die früh erworbene, leserwirksame Virtuosität wird Zweig nie verlieren. In den Meistererzählungen seines ‚zweiten und dritten Lebens' wird er die in *Angst* schon erreichte Kunst der entlarvender Tiefenpsychologie verfeinern und eindrucksvoll die Identitätskrisen des schwachen, von seiner Triebhaftigkeit und von dem Unbehagen an der (Un-)Sittlichkeit der modernen Sitte unterminierten Subjekts darstellen.

Stefan Zweig

Hofmannsthal, Hugo von/Zweig, Stefan (1982): Briefe (1907–1928). Mitgeteilt u. kommentiert v. Jeffrey B. Berlin u. Hans-Ulrich Lindken. In: Hofmannsthal-Blätter 26/1982, S. 86–116.
Rolland, Romain/Zweig, Stefan (1987): Briefwechsel 1910–1940. Bd. II: 1924–1940. Berlin: Rütten & Loening.
Verhaeren, Émile/Verhaeren, Marthe/Zweig, Stefan (1996): Correspondance (1900–1926). Hg. v. Fabrice van de Kerckhove. Bruxelles: Edition Labor.
Zweig, Stefan (1901): Im Schnee. In: Die Welt 31/2. 8. 1901, S. 10–13.
Zweig, Stefan (1904a): Die Wanderung. In: Ders.: Die Liebe der Erika Ewald. Novellen. Berlin: Egon Fleischel & Co, S. 77–86.
Zweig, Stefan (1904b): Im Schnee. In: Jüdischer Almanach. Berlin: Jüdischer Verlag, S. 157–168.
Zweig, Stefan (1907a): Das Buch ‚Tausendundeine Nacht'. In: Neue Freie Presse, 20. 6. 1907, S. 1–4.
Zweig, Stefan (1907b): Tersites. Ein Trauerspiel in drei Aufzügen. Leipzig: Insel.
Zweig, Stefan (1908a): Balzac. In: Die Zukunft, 11. 7. 1908, S. 53–62, u. 18. 7. 1908, S. 100–111.
Zweig, Stefan (Hg.) (1908b): Balzac. Sein Weltbild aus den Werken. Stuttgart: Lutz.
Zweig, Stefan (1912): Schnitzler und die Jugend. In: Der Merker 3/9/1. 5. 1912, S. 349–350.
Zweig, Stefan (1976): Peter Altenberg. In: Wunberg, Gotthart (Hg.): Das Junge Wien 1887–1902. Bd. 2. Tübingen: Niemeyer, S. 1154–1157.
Zweig, Stefan (1987): Briefwechsel mit Hermann Bahr, Sigmund Freud, Rainer Maria Rilke und Arthur Schnitzler. Hg. v. Jeffrey B. Berlin, Hans-Ulrich Lindken u. Donald A. Prater. Frankfurt a. M.: S. Fischer.
Zweig, Stefan (1995): Briefe. Bd. I: 1897–1914. Hg. v. Knut Beck, Jeffrey B. Berlin u. Natascha Weschenbach-Feggeler. Frankfurt a. M.: S. Fischer.
Zweig, Stefan (2007[5]): Die Welt von Gestern. Erinnerungen eines Europäers. GWE. Frankfurt a. M.: S. Fischer.
Zweig, Stefan (2008[6]): Silberne Saiten. Gedichte. GWE. Hg. v. Knut Beck. Frankfurt a. M.: S. Fischer.

Weitere Literatur

Bahr, Hermann (1891): Die Überwindung des Naturalismus. In: Ders.: Die Überwindung des Naturalismus. Als zweite Reihe von „Zur Kritik der Moderne". Dresden, Leipzig: Pierson, S. 152–158.
Cremerius, Johannes (1995): Stefan Zweigs Beziehung zu Sigmund Freud. In: Ders.: Freud und die Dichter. Freiburg i. Br.: Kore, S. 23–60.

Freud, Sigmund (1980): Briefe 1873–1939. Hg. v. Ernst u. Lucie Freud. Frankfurt a.M.: S. Fischer.
Gelber, Mark H. (2014): Stefan Zweig, Judentum und Zionismus. Innsbruck u.a.: StudienVerlag.
Hemecker, Wilhelm/Huemer, Georg (2009): „Weltbildner" – Stefan Zweigs Essay über Balzac. In: Hemecker, Wilhelm (Hg.): Die Biographie – Beiträge zu ihrer Geschichte. Berlin, New York: de Gruyter, S. 253–271.
Herzl, Theodor (1904): Theater im „Hagenbund". In: Neue Freie Presse [Morgenblatt], 11. 3. 1904, S. 1–3.
Hofmannsthal, Hugo von (1899a): Prolog zu einer nachträglichen Gedächtnisfeier für Goethe am Burgtheater. In: Neue Freie Presse [Abendblatt], 9. 10. 1899, S. 4.
Hofmannsthal, Hugo von (1899b): Reitergeschichte. In: Neue Freie Presse [Weihnachts-Beilage], 24. 12. 1899, S. 29–31.
Hofmannsthal, Hugo von (1902): Gespräch zwischen Balzac und Hammer-Purgstall in einem Döblinger Garten im Jahre 1842. In: Neue Freie Presse [Weihnachts-Beilage], 25. 12. 1902, S. 34–39.
Hofmannsthal, Hugo von (Hg.) (1907–1908): Die Erzählungen aus den Tausendundein Nächten. Vollständige deutsche Ausgabe in 12 Bänden auf Grund der Burtonschen englischen Ausgabe, besorgt von Felix Paul Greve mit einer Einleitung von Hugo von Hofmannsthal. Leipzig: Insel.
Hofmannsthal, Hugo von (1979): Balzac. In: Ders.: Gesammelte Werke in zehn Einzelbänden. Reden und Aufsätze I: 1891–1913. Hg. v. Bernd Schoeller. Frankfurt a.M.: S. Fischer, S. 382–397.
Kerckhove, Fabrice van de (Hg.) (1987): Corres Bruxelles–Vienne, 1890–1938. Brüssel: Archives et Musée de la littérature/Bibliothèque Royale Albert Ier.
Kraus, Karl (1897): Wiener Brief. In: Breslauer Zeitung [Morgen-Ausgabe], 18. 4. 1897, S. 3.
Kraus, Karl (1904): Literaten. In: Die Fackel 5/157/19. 3. 1904, S. 23.
Kraus, Karl (1912): Schnitzler-Feier. In: Die Fackel 14/351–353/21. 6. 1912, S. 77–88.
Kraus, Karl (1979): Die demolirte Literatur. In: Ders.: Frühe Schriften. Bd. 2. Hg. v. J. J. Braakenburg. München: Kösel, S. 277–297.
Kreiser, Klaus (2000): Le Paris des Ottomans à la Belle Époque. In: Revue des mondes musulmans et de la Méditerranée 91–94/2000, http://remmm.revues.org/262 (Stand: 3. 4. 2018).
Le Rider, Jacques (2013): Les Juifs viennois à la Belle Époque. Paris: Albin Michel.
Matuschek, Oliver (2006): Stefan Zweig. Drei Leben – Eine Biographie. Frankfurt a.M.: S. Fischer.
Polt-Heinzl, Evelyne (2014): Stefan Zweig blickt auf die österreichische Literatur und verfängt sich in ihren Netzwerken. In: Renoldner, Klemens (Hg.): Stefan Zweig – Abschied von Europa. Wien: Brandstätter/Theatermuseum, S. 55–65.
Redaction der „Welt" (1897): Programm (Wien, 3. 6. 1897). In: Die Welt 1/1/4. 6. 1897.
Rovagnati, Gabriella (1997): Il difficile rapporto di Hugo von Hofmannsthal con Stefan Zweig. In: Cultura tedesca 8/1997, S. 165–173.
Scheffel, Michael (2013): Nachwort. In: Zweig, Stefan: Angst. Stuttgart: Reclam, S. 71–84.
Schnitzler, Arthur (1991): Tagebuch 1903–1908. Hg. v. der Kommission für Literarische Gebrauchsformen der Österreichischen Akademie der Wissenschaften. Wien: Verlag der Österreichischen Akademie der Wissenschaften.
Viereck, George S. (1972): The World of Arthur Schnitzler. In: Modern Austrian Literature 5/3–4/1972, S. 7–17.
Vilain, Robert (2000): The Poetry of Hugo von Hofmannsthal and French Symbolism. Oxford: Clarendon.

2. Zweigs Wien: Geistige Strömungen um 1900
Allan Janik

1. Voraussetzungen	53
2. Wiener Vereinswesen	54
3. Philosophische Strömungen in Wien	54
4. Diskussion um Nietzsche	55

Stefan Zweig studierte und promovierte bei dem Wiener Philosophen Friedrich Jodl. Während seines Studiums setzte er sich mit der Philosophie der zweiten Hälfte des 19. Jahrhunderts (Nietzsche, Wagner, Schopenhauer, Brentano, Mauthner u.a.) auseinander. Dies zeigt die Liste der von ihm inskribierten Lehrveranstaltungen (vgl. Zweig 2005, S. 41 ff.) und auch seine Dissertation über den französischen Kulturphilosophen, Literaturhistoriker und Kunsttheoretiker Hippolyte Taine (→ V.2 Hippolyte Taine). Die zeitgenössischen philosophischen Debatten, z.B. mit Vertretern des *Wiener Kreises*, finden jedoch keinen Eingang in Zweigs Werk. Bei Ernst Mach besuchte er 1901 immerhin die Lehrveranstaltung „Entwicklung der Mechanik" (vgl. Zweig 2005, S. 42); der Begegnung mit seinem Studienkollegen Otto Weininger widmet er, viele Jahre nach dessen Suizid, einen Text der Erinnerung (vgl. Zweig GWE, Vorbeigehen an einem unauffälligen Menschen – Otto Weininger). Vermutlich trat die Auseinandersetzung mit den philosophischen Strömungen des beginnenden 20. Jahrhunderts für den Studenten Zweig auch zugunsten seiner eigenen literarischen Projekte sowie einer regen Herausgeber- und Übersetzertätigkeit für französischsprachige Schriftsteller in den Hintergrund (→ III.17 Übersetzungen; III.18 Herausgeberschaften). Im Folgenden wird ein Überblick über die geistigen Strömungen Wiens gegeben, die den Horizont von Zweigs Schreiben bilden.

1. Voraussetzungen

Die Ideenwelt des Wiener *fin de siècle* wurde vom liberalen Geist des aufstrebenden Großbürgertums wesentlich geprägt. Das Schlagwort von ‚Besitz und Bildung' drückte das Ideal dieser ‚zweiten Gesellschaft' aus, die sich im Schatten der Aristokratie bis zum Ende der Monarchie gebildet hatte. Der Aufschwung der Wirtschaft nach dem Ausgleich mit Ungarn 1867 ermöglichte eine bisher undenkbare Akkumulation von Reichtum unter erfolgreichen Großunternehmern, den sogenannten ‚Gründern', deren Erfolg den darauffolgenden Generationen bis zum Weltkrieg ein Leben ohne materiellen Kummer bescherte. Daher war es für Stefan Zweigs großbürgerliche Zeitgenossen möglich, sich dem Streben nach Kultur hinzugeben. Entsprechend der fundamentalen wirtschaftlichen Werte der ‚Gründer' im kulturellen Bereich war die Auffassung von *civil society* als Selbstorganisation des Geistes bestimmend. Man kann eigentlich von einer idealistischen Kultur – die deutlich, aber nur indirekt mit idealistischer Philosophie im strengen Sinn zu tun hatte – sprechen. Die kantische Morallehre bildete das Zentrum der Wertkonstellation des mitteleuropäischen aufgeklärten Judentums, das im kulturellen Leben Wiens um 1900 tonangebend war. Also war das Erfassen und die Umsetzung von Wissen in privat gesponserten, einschlägigen Projekten für die Verbesserung der Gesellschaft eine zentrale kulturelle Beschäftigung dieser ‚zweiten Gesellschaft', deren Hauptträger die verschiedenen Vereine waren.

2. Wiener Vereinswesen

Obwohl es Vereine wie z. B. die berühmte, 1812 gegründete *Gesellschaft der Musikfreunde in Wien* schon in der napoleonischen Zeit gab, war das *fin de siècle* das goldene Zeitalter für Vereine aller Arten, deren Ziel die ästhetische Bildung und moralische Erbauung der Bürger war. Repräsentativ unter den hunderten, wenn nicht tausenden Wiener Vereinen um 1900 waren insbesondere folgende Organisationen: die *Wiener Gesellschaft für Ethik* und dessen *spin-off*, der Verein *Freie Schule*, der die Befreiung des Bildungswesens von allen kirchlichen Einflüssen anstrebte; Rosa Mayreders und Auguste Fickerts *Allgemeiner Österreichischer Frauenverein*, der die Aspiration der bürgerlichen Frauen zum Berufsleben und damit eine Veränderung der rohen männerdominierten Politik im Allgemeinen anstrebte; der *Verein zur Abwehr des Antisemitismus* zur Umsetzung des liberalen Toleranzideals; Bertha von Suttners *Österreichische Friedensgesellschaft*, die bedeutende Arbeit zur Stiftung des Friedensnobelpreises leistete. Später kam der *Verein allgemeiner Nährpflicht* von Josef Popper-Lynkeus hinzu, dessen Name die Bedeutung der allgemeinen Wehrpflicht ironisierte, außerdem Richard Coudenhove-Kalergis Paneuropa-Bewegung in der Zwischenkriegszeit, die ein vereintes Europa anstrebte.

3. Philosophische Strömungen in Wien

Es sollte nicht überraschend sein, dass damals, als die Philosophie für die Königin der Wissenschaften und die intellektuelle Leistung für die bedeutendste Leistung gehalten wurde, die Rolle der *Wiener philosophischen Gesellschaft* im Wiener Vereinswesen eine besonders wichtige war. Gegründet 1888 als Forum für Franz Brentano, den Gründer der österreichischen Schule der Philosophie, welche die Universitätsphilosophie überall in der Donaumonarchie – paradoxerweise mit Ausnahme von Wien – dominierte. Brentano war der am meisten respektierte Philosoph im Lande, aber als verheirateter Ex-Priester war ihm jede Beamtenstelle einschließlich der eines Universitätsprofessors verwehrt. Es überrascht daher kaum, dass der für ihn gegründete Verein die *Crème de la crème* der Wiener Intelligenz um 1900 anzog. Dabei bildeten Berufsphilosophen und Philosophiestudenten zusammen lediglich 15 % der Gesellschaft. Die Mehrheit bestand aus Medizinern wie Sigmund Freud und Josef Breuer, Naturwissenschaftlern, hohen Beamten, Künstlern, Wirtschaftswissenschaftlern und vielen anderen. Unter den Philosophen war neben Brentano Ernst Mach, Gründer der modernen Wissenschaftstheorie, das einflussreichste Mitglied. Trotz grundsätzlicher philosophischer Differenzen – Brentano der neo-aristotelische Metaphysiker und Mach der Anti-Metaphysiker schlechthin – waren sie beide Verfechter einer wissenschaftlichen Auffassung der Philosophie, die später für den *Wiener Kreis* vorbildlich werden sollte. In der Praxis bedeutete Machs anti-metaphysische Einstellung, dass er seine Philosophie, die er ungern mit diesem Wort bezeichnete, jargonfrei und als ‚Beschreibung' der Grundlangen der wissenschaftlichen *best practice* anstatt als trockene präskriptive Theorie betrieb. Kein Wunder, dass Mach so eine starke Wirkung auf junge Wissenschaftler sowohl international als auch in Österreich ausübte. So war etwa auch Edmund Husserl ein korrespondierendes Mitglied der Gesellschaft. Die tolerante Atmosphäre in der Gesellschaft förderte einen echten Pluralismus im Denken, der aus heutiger Sicht bemerkenswert ist. So wurde Freiraum für die Teilnahme von scheinbar grundverschiedenen Figuren geschaffen – etwa für Richard Wagners berüchtigten Schwiegersohn Houston Stewart Chamberlain, den Autor der berühmten *Grundlagen des neunzehnten Jahrhunderts* (1899), sowie für den jungen Otto Weininger, der postum zum bedeutendsten philosophischen Kritiker der Wiener Moderne gemacht wurde.

Aus heutiger Sicht erscheint die *Philosophische Gesellschaft* als ein äußerst merkwürdiges Gebilde. Studentische Mitglieder wie Weininger und Zweig mussten eine strenge Aufnahmeprüfung bestehen, bevor sie dem Verein als ordentliche Mitglieder beitreten konnten. Daran zeigt sich, dass Zweig ein tiefgehendes Interesse für Philosophie hatte, während seine Einstellung zu den Formalitäten des Studiums eine lockere war, wie er es selbst in *Die Welt von Gestern* (1942) beschreibt.

Der Vorsitzende der *Philosophischen Gesellschaft* war der Ordinarius für Philosophie, Freidenker und Feuerbach-Forscher Friedrich Jodl; ein erzkonservativer Katholik, Laurenz Müllner, musste berufen werden, um das kirchliche Establishment zu beruhigen. Nach seiner Berufung nach Wien 1896 prägte Jodl mit seiner Gesellschaftskritik das Vereinswesen Wiens bis zu seinem Tod 1914. Jodl wurde als Symbol des Zusammenhangs zwischen den Wiener Reformbewegungen betrachtet. Das Gleiche galt für seinen Schüler Wilhelm Börner, den man in dieser Hinsicht als unermüdlich engagiert beschrieben hat. Jodls positive Einstellung zu den Reformbewegungen war nicht zufällig: Seine eudämonistische Auffassung der Moral verlangt, dass sich der sittliche Mensch für „the greatest happinness for the greatest possible number" (Jeremy Bentham) einsetzen muss. Die Folgen der Evolutionstheorie blieben für das Verständnis vom menschlichen Denken und Verhalten ein absolut zentrales Diskussionsthema und ein wichtiger Orientierungspunkt für die Gesellschaft. Für den Physiker Ludwig Boltzmann, bis heute eine der monumentalen Figuren in der Geschichte der Naturwissenschaften (vgl. seine Pionierarbeit in der statistischen Interpretation der Naturgesetze), war der Biologe Charles Darwin – und nicht der Physiker Hermann von Helmholtz – der wichtigste Naturwissenschaftler des 19. Jahrhunderts.

4. Diskussion um Nietzsche

Heftig diskutiert wurde in diesem Kontext Nietzsches neue herausfordernde Auffassung der Moral. Zweifellos begann die Beschäftigung des jungen Weininger mit Fragen zur Beziehung zwischen ‚Geschlecht' und ‚Charakter' in diesem Zusammenhang. Aber es war nicht der Professor Nietzsche, sondern der Prophet, der den Skandal um Gustav Klimts Bilder für die Aula der Universität prägte, der zur Quelle des Wiener Irrationalismus wurde und die aufstrebenden jungen ‚Letterati' begeisterte. Der bittere Konflikt über den künstlerischen und sittlichen Wert der Bilder für die Universität spielte sich vorwiegend im Rahmen der *Philosophischen Gesellschaft* ab. Er markierte daher eine besonders bedeutende Zäsur in der Entwicklung der Philosophie als Teil des Geisteslebens des Wiener Bürgertums (vgl. Schorske 1994).

Nietzsches radikale Kritik degradierte die bürgerliche Sittlichkeit und die herkömmliche Ethik überhaupt zur institutionalisierten Mittelmäßigkeit und wurde als deren Kehrseite, als eine völlig neue Moral verstanden. Dementsprechend wurden für Nietzsche die schwer fassbaren Vorgänge der künstlerischen Kreativität zur Quelle von allem, was echten Wert hat (→ IV.6 DER KÜNSTLERISCHE PROZESS). Ebenso wurde Kunst mit der Idee der Erlösung in Verbindung gebracht (zu Zweigs Auseinandersetzung mit Nietzsche: → III.13.2 DER KAMPF MIT DEM DÄMON). Die Gründung der Secession 1897 und vor allem die heftige Debatte um den ästhetischen Wert von Klimts Bildern *Philosophie* und *Medizin* für die Universität trugen zur Verbreitung dieses Nietzsche-Bilds wesentlich bei (zum Verhältnis Zweig–Klimt vgl. Zweig 2013, S. 420f.). Zweig war mit mehreren bildenden Künstlern, die der Secession angehörten, in Verbindung (→ IV.10 BILDENDE KÜNSTE): „[Ü]berall waren wir die Stoßtruppe und der Vortrupp jeder Art neuer Kunst, nur weil sie neu war, nur weil sie die Welt verändern wollte für uns, die jetzt an die Reihe kamen, ihr Leben zu leben." (Zweig GWE, Die Welt von Gestern, S. 63)

Nietzsche wurde von der Wiener Moderne als Motor der kulturellen Entwicklung und als Vertreter einer schwärmerischen ‚Mystik der Nerven' verehrt. Das Resultat war eine völlig narzisstische, asoziale Lebensphilosophie, ein Ästhetizismus, wonach das ‚Ich bin ich' das einzige geltende sittliche Prinzip war. Solche Verzerrungen im Nietzsche-Bild entstanden, weil Nietzsches Lehre wahllos mit jener seiner Vorbilder Richard Wagner und Arthur Schopenhauer – von denen er sich später distanzierte – vermischt und verwechselt wurde. Dies zeigt eine Untersuchung zum ideengeschichtlichen Hintergrund der Secession vor allem im Zusammenhang mit dem künstlerischen Ideal der Maler und des begeisterten Schopenhauerianers Max Klinger (vgl. Janik 2001, S. 94). Daraus entstand ein rücksichtsloser, spätromantischer Egoismus, ein enormer Bruch mit der liberalen Tradition und ihrer Betonung des vernünftigen und verantwortungsvollen Handelns.

Dieser sentimentale Irrationalismus, den man deutlich in der Wiener Operette findet und dessen Reste nach wie vor im Kulturleben Österreichs zu spüren sind, hatte sich in Wien um 1900 wie eine Flutwelle verbreitet. Dass diese Entwicklung äußerst problematisch war, hat niemand besser als Karl Kraus gespürt. Durch Weininger bekam sie auch eine klare kritische Antwort aus dem Kern der *Philosophischen Gesellschaft*.

In den Debatten um Klimts Bilder für die Universität war das Sprachrohr der Universität niemand anderer als Professor Jodl, der auch Inhaber einer Lehrkanzel für Ästhetik an der Technischen Universität war. Aber der wichtigste Kritiker dieser ‚Romantik der Nerven' war Weininger, Jodls Lieblingsschüler. Er übernahm die Hauptargumente seiner Gesellschaftskritik und seiner Moralpsychologie von der Moralphilosophie Immanuel Kants und fand in Henrik Ibsens *Peer Gynt* dessen beinahe vollkommene dichterische Verkörperung. Heute ist Otto Weininger eher für seine Tiraden gegen emanzipierte Frauen und jüdische Dandys in seinem Skandalwerk *Geschlecht und Charakter* (1903) berüchtigt und weniger bekannt als der bedeutendste philosophische Kritiker des Wiener Ästhetizismus. Dass er geschätzter Insider im Rahmen der *Philosophischen Gesellschaft* war, ist kaum bekannt, aber geht deutlich aus dem vermutlich von Alois Höfler, Vorstand der Gesellschaft, verfassten Nachruf auf Weininger hervor. Dort findet sich folgende Beschreibung von seiner Teilnahme an den Diskussionen der Gesellschaft: „[D]ie ungewöhnliche Belesenheit des jungen Mannes, die er alsbald in umfassenden Referaten und Versuchen selbständiger Arbeit bewies, [setzte] alle Mitglieder in Erstaunen und ließ eine schöne Entwicklung solcher Fähigkeit und solchen Fleißes erhoffen." (zit. n. Rodlauer 1990, S. 16)

Kein Wunder, dass Zweig von ihm so fasziniert war. Wie sein Doktorvater Jodl bekämpfte Weininger, was er für eine Scheinethik der schamlosen Bequemlichkeit und eine Scheinästhetik des bloßen Ornaments hielt. In den Kapiteln zu Ethik und Ästhetik in *Geschlecht und Charakter* und noch viel mehr in den leichter zugänglichen postumen Aufsätzen *Über die letzten Dinge* polemisierte Weininger gegen eine gefällige Lebensweise im Namen des klassischen sokratischen Prinzips ‚Erkenne dich selbst'. Die Vehemenz, mit der Weininger diese Position verteidigte, beeindruckte eine Reihe von Fans, die gar nichts für Antisemitismus oder Antifeminismus übrig hatten: etwa Ludwig Wittgenstein, der Weiningers Verständnis des menschlichen Geistes abseits des Freud'schen Kreises schätzte; außerdem Arnold Schönberg, Karl Popper, Hermann Broch und zahlreiche nüchterne kritische Geister in Zweigs Wien.

Fürwahr kennzeichnet die ‚Welt von Gestern' eine geistige Fülle sondergleichen, die heute kaum vorstellbar ist. Vielleicht war Wien weniger bunt als Paris oder New York, aber dafür genauso lebendig. Und Weininger war sicherlich nicht der einzige faszinierende Geist in Zweigs Umfeld. Andere zeitgenössische Philosophiestudenten an der Wiener Universität waren etwa Viktor Kraft, der mit Weininger an Professor Höflers Kant-Ausgabe als Lektor mitwirkte und eine wichtige Rolle in der Entwicklung des *Wiener Kreises* spielen würde. Zu denken ist auch an Egon Friedell, Kulturvermittler, Kabarettist und Verfasser einer ironischen Kulturgeschichte der Neuzeit, ferner an Otto Stoessl, Schriftsteller und Mitarbeiter von Karl Kraus, von dem Wittgenstein später den Begriff ‚Lebensform' übernahm; hingewiesen sei außerdem auf Hermann Swoboda, Weiningers engsten Freund, Schüler und Kollege von Freud, neben einer ganzen Reihe von weniger bekannten anderen faszinierenden Figuren im Wien um 1900.

Stefan Zweig

Zweig, Stefan (1990): Vorbeigehen an einem unauffälligen Menschen – Otto Weininger. In: Ders.: Zeiten und Schicksale. Aufsätze und Vorträge aus den Jahren 1902–1942. GWE. Hg. v. Knut Beck. Frankfurt a.M.: S. Fischer, S. 298–301.

Zweig, Stefan (2005): Die Philosophie des Hippolyte Taine. Dissertation eingereicht zur Erlangung des philosophischen Doktorates. Wien 1904. Hg. v. Holger Naujoks. Reinhardsbrunn: Eigenverlag.

Zweig, Stefan (2007[5]): Die Welt von Gestern. Erinnerungen eines Europäers. GWE. Frankfurt a.M.: S. Fischer.

Zweig, Stefan (2013): „Ich habe das Bedürfnis nach Freunden". Erzählungen, Essays und unbekannte Texte. Hg. v. Klemens Renoldner, unter Mitarbeit v. Elisabeth Fritz. Wien u.a.: Styria premium.

Weitere Literatur

Anderson, Harriet (1992): Utopian Feminism. Women's Movements in fin-de-siècle Vienna. New Haven, London: Yale Univ. Press.

Beller, Steven (1993): Wien und die Juden 1867–1938. Wien u.a.: Böhlau.

Blackmore, John (1995): Ludwig Boltzmann. His Later Life and Philosophy 1900–1906. Book 2. Dordrecht: Springer.

Fuchs, Albert (1984): Geistige Strömungen in Österreich 1867–1918. Wien: Löcker.

Haller, Rudolf (1982): Studien zur österreichischen Philosophie. Bd. 1. Amsterdam: Rodopi.

Hirsch, Waltraud/Hirsch, Klaus (Hg.) (2010): „Die Männer der Zukunft". Ein Materialband zu Otto Weininger und seinem gesellschaftlich-kulturellen Umfeld. Charlotte: InteLex.

Janik, Allan (2001): Wittgenstein's Vienna Revisited. New Brunswick: Transaction.

Johnston, William (2006): Österreichische Kultur- und Geistesgeschichte. Wien u.a.: Böhlau.

Rodlauer, Hannelore (1990): Fragmente aus Weiningers Bildungsgeschichte. In: Weininger, Otto: Eros und Psyche. Studien und Briefe 1899–1902. Wien: Verlag der Österreichischen Akademie der Wissenschaften, S. 11–51.
Schorske, Carl E. (1994): Wien. Geist und Gesellschaft im Fin de Siècle. München: Piper.
Wunberg, Gotthart (Hg.) (1981): Die Wiener Moderne. Literatur, Kunst, und Musik zwischen 1890 und 1910. Stuttgart: Reclam.

3. Zur Literatur des *fin de siècle* in Wien
Deborah Holmes

1. Voraussetzungen 58
2. Die „erschöpfte Menschheit" – Apokalypse und Aufbruch 59
3. Psychoanalyse und Ästhetizismus 61
4. Hofmannsthal – Nietzsche 62
5. Kritik der Zeitgenossen 63

1. Voraussetzungen

Die Wende vom 19. zum 20. Jahrhundert in Wien gilt allgemein als Zeit einer besonderen kulturellen Blüte, die – ausgelöst u. a. durch die tiefgreifenden gesellschaftlichen und politischen Krisen der Epoche – innovative Werke, Strömungen und Theorien mit weltweiter Nachhaltigkeit hervorbrachte. Genauere Charakterisierungen der Zusammenhänge zwischen den gesellschaftlichen und kulturellen bzw. künstlerischen Entwicklungen dieser Jahre sind nach wie vor Gegenstand von Debatten, die angesichts ihrer zentralen Themen nichts an Aktualität verloren haben: urbaner Wandel durch Migration, ethnische Spannungen, soziale Konflikte, Beschleunigung des Lebens durch rasante technologische Fortschritte, politische Extremismen. Diese Problematiken wurden durch den Reformunwillen der Habsburger Institutionen und die anhaltende Vorherrschaft überholter Moralvorstellungen im öffentlichen Leben verstärkt (vgl. Fliedl 2006, S. 29). Vor allem in der älteren Forschungsliteratur wird behauptet, die (Hoch-)Kultur des Wiener *fin de siècle* habe sich infolgedessen ins rein Ästhetische geflüchtet: „Das Leben der Kunst wurde ein Surrogat für das Handeln" (Schorske 1982, S. 8). In neueren Studien überwiegen Versuche, diese vermeintliche Abwendung von der Politik differenzierter darzustellen (vgl. Beller 2001) und u. a. als Suche nach alternativen Möglichkeiten des Eingreifens zu verstehen. Laut diesem Deutungsmuster sind die Kunst und das Künstlerleben selbst als ‚Handeln' zu verstehen (vgl. Riedel 1996, S. 226–250; Spector 2001, S. 145; Lorenz 2007, S. 19–25): Kunst war z. B. eines der bevorzugten Mittel, die die Lebensreformbewegung um die Jahrhundertwende zur sinnvollen Gestaltung des modernen Lebens propagierten. Zwischen Lebensreform und etlichen Hauptakteuren des Wiener *fin de siècle* bestanden enge Verbindungen persönlicher und ideeller Natur (vgl. Fliedl 2006, S. 34; Spiekermann 2016). Dabei müssen von vornherein die Stilvielfalt und der Begriffsreichtum des *fin de siècle* festgehalten werden.

Die Schwierigkeiten, die bei seiner retrospektiven Kategorisierung in der Literatur- und Kulturgeschichte zu erkennen sind, spiegeln die Uneinheitlichkeit der zeitgenössischen Bezeichnungen wider (vgl. Fähnders 1998, S. 90 ff.; Wunberg 2000, S. 21). Diese wiederum entstammt z. T. den Kontroversen und kunsttheoretischen Antagonismen der Epoche: Begriffe wie ‚Décadence', ‚Symbolismus', ‚Impressionismus', ‚Neoromantik' oder gar ‚Nervenkunst' stellten nicht nur Definitionsversuche, sondern auch (Selbst-)Positionierungen dar. Hermann Bahr, unermüdlicher Publizist und selbsternannter Entdecker der Wiener Moderne, entwickelte seine Anregungen zu einer neuen Literatur als Gegenpart zum Naturalismus, wobei sein Standpunkt zwischen Anti-, Nach- und einem „inneren Naturalismus" (Wunberg 2001, S. 188) changierte (zur Beziehung Zweig/Bahr vgl. Urbach 2017, S. 131–145). Der Interpretationsspielraum, den Bahr sich bei aller Eindringlichkeit des Ausdrucks bewahrt, kann als charakteristisch für das Werdende der Begriffe in dieser Zeit gelten.

Für den gesamteuropäischen Raum wird das *fin de siècle* gewöhnlich auf die Jahre von ca. 1885 bis 1910 festgelegt (vgl. Lorenz 2007, S. 4; Kimmich/Wilke 2011, S. 9; Pankau 2013a, S. 10 f.). Es deckt daher allein auf dem Gebiet der Literatur höchst unterschiedliche Phänomene ab, die von den selbstsicheren, wissenschaftlich angelegten Literaturtheorien des Berliner Naturalismus bis hin zum mystisch angehauchten belgischen Symbolismus, von den umfang- und facettenreichen Romanen Marcel Prousts bis hin zum pointierten Dinggedicht Rilkes oder zur fragmentarischen Lyrik der italienischen ‚Crepuscolari' reichen. Im österreichischen Kontext werden etwas später – ab dem Jahreswechsel 1889/1890 – die ersten bewussten Schritte weg vom Realismus und hin zu antimimetischen Kunstformen gesetzt (vgl. Le Rider 1990, S. 15–21; Fliedl 2006, S. 26), wobei der Naturalismus reichsdeutscher Prägung umgangen bzw. vorausgesetzt wird (vgl. Fliedl 2006, S. 27). Versuche, das *fin de siècle* als Literaturepoche zu bestimmen, sind angesichts dieser Vielfalt von vornherein zum Scheitern verurteilt. Es treten gleichwohl Merkmale hervor, die auf einen allgemeinen Zeitgeist hindeuten. Eines davon ist die Vielfalt selbst, ein weiteres das Tempo, in dem sich die Stile ablösen; eine Ausdifferenzierung der Kunstlandschaft vollzieht sich mit beeindruckender Geschwindigkeit (vgl. Pankau 2013b, S. 89). Den wachsenden Nationalismen des Zeitalters zum Trotz wird das Kulturgeschehen zunehmend durch Austausch über die Länder- und Sprachgrenzen hinweg geprägt, der Symbolismus beispielsweise schlägt sich in verschiedenen Varianten in ganz Europa und in Russland nieder (vgl. Combe 2008, S. 125–137). Zu diesem kosmopolitischen Impuls gesellen sich die ‚Resonanzen' (vgl. Urmann 2016, S. 96–105) zwischen Kunst und Wissenschaft bzw. zwischen den Künsten selbst (vgl. Wunberg 2000, S. 11; Beller 2001, S. 4; Fliedl 2006, S. 28 f.). Begrifflichkeiten, Anregungen und Motive werden von der bildenden Kunst, Musik, Philosophie oder Medizin auf die Literatur übertragen und umgekehrt; synästhetische Konzepte werden programmatisch festgehalten (vgl. Wunberg 2000, S. 216).

2. Die „erschöpfte Menschheit" – Apokalypse und Aufbruch

Darüber hinaus sind um die Jahrhundertwende Konstatierungen einer krisenhaften Welt- und Selbstwahrnehmung allgegenwärtig. Diese ‚*fin de siècle*-Stimmung' wird als Ergebnis einer grundlegenden kulturellen wie persönlichen Erschöpfung dargestellt, die die Umwälzungen des 19. Jahrhunderts auf den Gebieten der Politik, der Religion und der Technik mit sich gebracht haben. Laut der Wiener Übersetzerin Marie Herzfeld in Bezug auf den Kultroman *Müde Seelen* (Arne Garborg, 1893) steht der moderne Mensch am Ende seiner geistigen Widerstandskräfte bzw. seiner Vernunft: „[A]us dem Brutherd des Unbewussten brechen Handlungsreize, die wir nicht deuten können und als toll bezeichnen, [...] – sie erzeugen aufgeregte, überlebendige Paradoxie einerseits, apathische Mutlosigkeit und Weltverzweiflung andererseits: das Gefühl des Fertigseins, des Zu-Ende-gehens" (Herzfeld 1893, S. 162). Nicht weniger apokalyptisch das Urteil Hermann Bahrs in seinem Aufsatz *Die Moderne* (1890), obwohl er zugleich – im Gegensatz zu Herzfeld – die Möglichkeit einer schlagartigen Besserung offenlässt: „Es kann sein, daß wir am Ende sind, am Tode der erschöpften Menschheit, und das sind nur die letzten Krämpfe. Es kann sein, daß wir am Anfange sind, an der Geburt einer neuen Menschheit, und das sind nur die Lawinen des Frühlings. Wir steigen ins Göttliche oder wir stürzen [...] – aber Bleiben ist keines." (Bahr 2004a, S. 3)

Der Widerspruch, der sich aus der begrifflichen Gegenüberstellung *fin de siècle* – Jung Wien ergibt, bringt diesen Diskurs auf den Punkt: Die jungen Vertreter einer überholten Kultur sehen sich gezwungen, sowohl ästhetisch als auch in ihren Lebensformen neue Wege zu bestreiten, zeigen sich aber gleichzeitig fasziniert, nicht nur vom Verfall dieser Kultur, sondern auch von deren althergebrachten Stoffen und Themen (vgl. Viering 1997, S. 602; Lorenz 2007, S. 69–73). Dabei mahnt die Forschungsliteratur zur Vorsicht, was den Gebrauch des Terminus ‚Jung Wien' betrifft, obwohl er sich – nach Jahrzehnten der berechtigten Zweifel (vgl. O'Brien 1982) – gegen Ende des 20. Jahrhunderts, vor allem dank Studien Gotthart Wunbergs, fest in der Literaturgeschichte verankern konnte. Jung Wien, das bedeutete eine kritisch-dynamische Stimmung, eine Offenheit anderen Literaturen und außerliterarischen Impulsen gegenüber. Der Begriff wird zudem verwendet, um eine lose Gruppierung von Autoren und Journalisten zu bezeichnen, in erster Linie die Schriftsteller Arthur Schnitzler, Hugo von Hofmannsthal, Richard Beer-Hofmann und Felix Salten, die sich ab den frühen 1890er Jahren mal öfter, mal weniger oft trafen, privat oder im Kaffeehaus, um über Literatur zu reden und einander selbstverfasste Texte vorzulesen. Hermann Bahr fungierte als Bezugsperson, Impresario, Multiplikator; weiteren Figuren wird streckenweise eine Affinität zu dieser informellen Kerngruppe attestiert – Leopold von Andrian, Felix Dörmann, Karl Kraus, Peter Altenberg (vgl. Fliedl 2006, S. 34). Vergleichbare Stilmerkmale sind dabei nur allgemein festzulegen. Die Textsorte des Manifests spielte anderswo eine wichtige Rolle im kunsttheoretischen Diskurs des *fin de siècle*, wie beispielsweise an dessen Anfang die Veröffentlichung des Grundsatzprogramms *Le Symbolisme* (Jean Moréas, September 1886) oder gegen Ende der Epoche Marinettis *Manifest des Futurismus* (1909) zeigen. Manifeste dienten sowohl der Gruppenbildung bzw. Selbstvergewisserung nach innen und außen als auch der Abgrenzung von der Tradition. Ersteres brauchte Jung Wien anscheinend nicht, obwohl zweiteres sehr wohl ein Bedürfnis der damit bezeichneten Autoren war.

Dies zeigt sich deutlich an den Kristallisationspunkten, um die sich Jung Wien sammelte: Publikationen und Veranstaltungen, die ihnen doch ein öffentliches Profil verliehen. Ihre Texte wurden in der Zeitschrift *Moderne Dichtung* veröffentlicht, einer kurzlebigen „Monatsschrift für Literatur und Kritik", die erstmals am 1. Januar 1890 mit Unterstützung Hermann Bahrs unter der Herausgeberschaft des gerade 21-jährigen Eduard Michael Kafka in Brno erschien. Hier wurde erstmals auch Bahrs wegweisender Aufsatz *Die Moderne* publiziert. Die Zeitschrift wurde sowohl von den Berliner als auch von den Münchner Naturalisten als Zeichen der Erneuerung begrüßt;

dabei ging es weniger um ästhetische Gemeinsamkeiten als um eine neue Weltanschauung unter den ‚Jungen' (vgl. Wunberg 2000, S. 22). Ab April 1891 wurde *Moderne Dichtung* als *Moderne Rundschau* in Wien weitergeführt; gleichzeitig wurden eine Reihe von Ibsen-Aufführungen und ein Besuch Ibsens in der Stadt als Anlass wahrgenommen, „die modernen Ideen im Leben und in der Kunst" zu propagieren (Julius Kulka, zit. n. Lorenz 2007, S. 50; siehe auch Wunberg 2000, S. 14 ff.; Fliedl 2006, S. 28). Ibsen wurde in der *Modernen Rundschau* als „Symbolist" gefeiert, wobei seine Nähe zum Naturalismus zugleich gelobt wurde (vgl. Lorenz 2007, S. 50). Um die gleiche Zeit fingen Akteure Jung Wiens selbst an, diesen Sammelbegriff für sich und ihre Mitstreiter zu verwenden. Der Verein „Freie Bühne" für moderne Literatur, später „Verein für modernes Leben", der anschließend u.a. unter der Mitarbeit von Eduard Michael Kafka, Arthur Schnitzler, Felix Salten, Hugo August Peter von Hofmannsthal (Vater des noch minderjährigen Dichters) und Bahr zustande kam, vertrat jedoch nach wie vor eher einen gemeinsamen Willen, Neues zu leisten, als eine gemeinsame Linie, auf welcher dies erreicht werden sollte (vgl. Rieckmann 1985, S. 54–58; Wunberg 2000, S. 49–56; Lorenz 2007, S. 51 f.).

3. Psychoanalyse und Ästhetizismus

Paradoxerweise durch diese „große Theorieabstinenz" (Fliedl 2006, S. 28) vereint, teilten die Autoren Jung Wiens dennoch ein Ziel: das Innenleben unerschrocken und wertfrei zu schildern. Neue Ausdrucksformen mussten für die „Seelenstände" gefunden werden – so der Untertitel von Bahrs Skandalroman *Die gute Schule* (1890), in Anlehnung an Paul Bourget. In einer „Parallelaktion" (Fliedl 2006, S. 28) zur psychoanalytischen Theoriebildung Sigmund Freuds (→ II.5 PSYCHOLOGIE UND PSYCHOANALYSE) trachtete Jung Wien danach, bei der Darstellung von Gefühlen Phrasenhaftigkeit und Konventionalität zu vermeiden, wobei nicht nur offenkundige Emotionen, sondern auch deren Ursprünge erforscht werden sollten, „in den Finsternissen der Seele, bevor sie noch an dem klaren Tag herausschlagen" (Bahr 2004b, S. 91). Dass die Versprachlichung des Unbewussten prekär sein musste, war ihnen klar; sie stellten das Ich als fassbare Einheit grundlegend in Frage (vgl. Wunberg 2000, S. 133–136; Lorenz 2007, S. 111 f.). Frühe Prosatexte Schnitzlers (*Sterben*, 1894) und Beer-Hofmanns (*Das Kind* und *Camelias*, 1893) zeichnen sich durch den Versuch aus, Bewusstseinsprozesse möglichst genau abzubilden, gleichzeitig wird dieser Prozess selbst problematisiert. Ihre Experimente gipfeln u.a. im inneren Monolog der wegweisenden Schnitzler-Erzählung *Leutnant Gustl* (1900), in welcher die Innenperspektive des Subjekts unvermittelt dargestellt wird. Konkrete Handlungsmomente bleiben im Hintergrund; narrative Kausalität – wo überhaupt noch vorhanden – wird aufgebrochen. Dabei werden Stimmungen und Bewusstseinsprozesse oft durch die Beschreibung von Räumen, Gegenständen (Hofmannsthal, *Das Märchen der 672. Nacht*, 1895; Beer-Hofmann, *Der Tod Georgs*, 1900) oder Kunstwerken (Schnitzler, *Reichtum*, 1891) vermittelt.

Es sind nicht nur diese detaillierten, oft wortwörtlich bunten Darstellungen von scheinbaren Äußerlichkeiten und *objets d'art*, die Jung Wien in die Nähe des Ästhetizismus rücken, wie er nachträglich in verschiedenen Ausrichtungen in ganz Europa festgestellt wurde (vgl. Fähnders 1998, S. 101; Urmann 2016, S. 465–478). Der junge Hofmannsthal schrieb z.B. maßgebliche Aufsätze über die Präraffeliten und Gabriele

D'Annunzio; er pflegte den persönlichen Kontakt zum belgischen Symbolisten Maurice Maeterlinck und zu Stefan George, in dessen *Blättern für die Kunst* er frühe Texte publizierte (vgl. Winko 2003, S. 243). Debatten über den Stellenwert des Ästhetischen im modernen Leben wurden wiederholt von und um Jung Wien geführt. Andrians Erzählung *Garten der Erkenntnis* erschien 1895 unter dem Motto „Ego Narcissus"; Schönheitskult und Selbstbezogenheit charakterisieren auch die frühen Lyriksammlungen Felix Dörmanns *Neurotica* (1891) und *Sensationen* (1892 – siehe vor allem die Gedichte *Interieur* und *Interieur I*). Die Protagonisten der frühen Dramen Hofmannsthals (*Gestern*, 1891; *Tod des Tizian*, 1892) und Schnitzlers (*Anatol*-Zyklus, 1893) werden von manchen Kommentatoren als weltfremde Ästheten kritisiert, von anderen als hellseherische Ausnahmefiguren verstanden (vgl. Lorenz 2007, S. 79–84). Dabei sollten die Einstellungen dieser Figuren nicht mit den Idealen der Jung-Wiener selbst verwechselt werden. In einem Aufsatz aus dem Jahr 1894 über den englischen Renaissance-Experten Walter Pater definiert Hofmannsthal die „ästhetische Weltanschauung" als eine „Art, in ideales, wenigstens in idealisiertes Leben verliebt zu sein". Er schreibt dieser Haltung positiven Einfluss zu, stellt aber zugleich klar, dass er sie in der zeitgenössischen Kultur als übermächtig und „gefährlich wie Opium" erachte (Hofmannsthal 1956, S. 204). Ihm selbst ging es nicht darum, eine Trennung von Leben und Kunst vorzunehmen, sondern vielmehr deren Verhältnis zueinander ins richtige Licht zu rücken. Die Kunst wird letztlich dem Leben nicht vorgezogen, sie wird aber durchaus als autonome Sphäre verstanden. Darin besteht ihre Widerstandskraft gegenüber den zeitgenössischen Postulaten der Nützlichkeit einerseits und der Unterhaltung oder Zerstreuung andererseits (vgl. Koopmann 2013, S. 70).

4. Hofmannsthal – Nietzsche

Die symbolistische Ästhetik, in deren Nähe sich Hofmannsthal hiermit begibt, rückte auf dem Gebiet der Literatur assoziativ-emotionale Sprachmagie und Allusion an die Stelle der Referenzialität. Diese In-Frage-Stellung des direkten Verhältnisses zwischen Sprache und Wirklichkeit sorgt für kreative Freiräume in der Dichtung des *fin de siècle*, trägt aber zugleich zur vielzitierten Sprachverunsicherung bzw. Sprachskepsis bei (vgl. Fähnders 1998, S. 116 ff.; Lorenz 2007, S. 63). In seinem Vortrag *Poesie und Leben* (1896) insistiert Hofmannsthal beispielsweise darauf, dass es keinen „direkt[en] Weg" von der Poesie ins Leben oder umgekehrt gebe. Die „traumhafte" Sprache der Poesie, bei der jedes Wort eine eigene Kraft ausstrahle, sei nicht mit der funktionsbedingten Alltagssprache in Verbindung zu bringen, sie „streben auseinander und schweben fremd aneinander vorüber" (Hofmannsthal 1956, S. 263). Es sei daher beinahe unmöglich, überhaupt über Kunst zu reden, wobei es sich hier offenbar um zweierlei Schweigen handelt, bedingt sowohl durch das unergründliche Wesen der Kunst selbst als auch durch die Borniertheit und Abstumpfung eines Publikums, das aus „allzu geübten Feuilletonleser[n]" bestehe. Die meisten Kritiker beschäftigten sich bei ihrem Lob lediglich mit „Trümmer[n] und Teile[n]", während Hofmannsthal selbst auf „das Ganze [...][,] aufs Absolute" gehe, Begriffe, die er aber in der Kunst als „überhaupt verlorengegangen" bezeichnet (S. 262).

Hier wird der nachhaltige, aber widerspruchsvolle Einfluss Friedrich Nietzsches auf den Kunstdiskurs im Wien der Jahrhundertwende klar erkennbar (vgl. Riedel 1998, S. 242 f.; Fliedl 2006, S. 26; Urmann 2016, S. 472). Bereits in *Die Geburt der Tragödie*

3. Zur Literatur des *fin de siècle* in Wien

aus dem Geiste der Musik (1872) hatte der Altphilologe und angehende Philosoph den einzig sinnvollen Lebensinhalt im Ästhetischen verortet; 1888 wetterte er jedoch gegen den irregeleiteten Ästhetizismus, den er mittlerweile in den Werken Richard Wagners zu erkennen glaubte. Dabei verzichtet Nietzsche in *Der Fall Wagner. Ein Musikantenproblem* keineswegs auf das Primat der Kunst, er unterscheidet vielmehr zwischen einem echten, „heiteren" ästhetischen Erleben und der „Décadence" des Hysterischen und Fragmentarischen (Nietzsche 1988, S. 16, 22; vgl. Lorenz 2007, S. 60–68). Vor allem das Historische, Rückwärtsgewandte birgt laut Nietzsche eine Gefahr in sich, die durch selbstreflexive Impulse erhöht werde. Er kritisiert die Detailbesessenheit zeitgenössischer Künstler und warnt z. B. vor der Übergewichtung des einzelnen Wortes in der Dichtung (vgl. Nietzsche 1988, S. 27). Hofmannsthals berühmter ‚Chandos-Brief' (1902) kann als Kommentar zu Nietzsches Vorstellung der Dekadenz gelesen werden. Die Sprachkrise der Jahrhundertwende wird hier mit dem widersprüchlichen Verhältnis Jung Wiens zum Vergangenen verquickt. Adressat des Briefes ist der englische Renaissance-Philosoph und Politiker Francis Bacon; Hofmannsthal nimmt dabei eine historische Schreibweise an. Der fiktive Dichter Lord Chandos schweigt seit zwei Jahren, weil für ihn die Relation zwischen Wort und Wirklichkeit verloren gegangen ist; sein Problem und dessen Ursachen sind ihm dabei sehr bewusst, und er ist trotzdem imstande, sie seinem Briefpartner in äußerst beredter Sprache darzulegen. Worte zerfallen wie „modrige Pilze", am Ende bleiben ihm banale, alltägliche Dinge, die in einer Art Offenbarung – die jedoch sein Schweigen nicht aufheben wird – zum geistigen Erlebnis werden (vgl. Hofmannsthal 1959, S. 12).

Spätere Wendungen zum Sozialen (Schnitzler), zum Religiösen (Beer-Hofmann) und zum Kollektiv-Kulturellen (Hofmannsthal) rettet Jung Wien vor den Gefahren des Ästhetizismus und der exzessiv betriebenen Selbstreflexion; dabei wurden ihre gemeinsamen Treffen und künstlerischen Berührungspunkte weniger (vgl. Fliedl 2006, S. 36).

5. Kritik der Zeitgenossen

Zur gleichen Zeit verdichteten sich bestimmte Vorstellungen des Wiener *fin de siècle* unter Kommentatoren, die – vor allem im kritischen Duktus – Jung Wien gemeinsame Charakteristika zuschrieben. Arthur Moeller van der Bruck beschreibt „das junge Wien" im zehnten Band seiner Überblicksdarstellung *Die moderne Literatur* als eine „Dichterschule", die sich zugleich durch das Spielerische, Sportliche ihrer Schriften und deren perfekte Formvollendung auszeichne. Beide Eigenschaften sind ihm zutiefst suspekt, sie deuten für ihn darauf hin, dass es Jung Wien an Energie und Ernst fehle. Die Dichter selbst werden als degeneriert und verweiblicht beschrieben: „In Wien wird man wie ein Weib hysterisch und sentimental: und dieser Feminismus ist für uns der grässlichste Zug an der Wiener Literatur, den so ziemlich alle Literaten haben" (Moeller van der Bruck 1902, S. 14). Hans Sittenberger hatte auch bereits die „weibische[ ] Ichliebe" und „Erschlaffung" im literarischen Wien kritisiert, wobei er die weiblichen Figuren in dessen Werken als zu dominant hervorhob; ihre männlichen Pendants seien dagegen blaß, bar jeder Durchsetzungskraft (Helduser 2005, S. 259). Unüberhörbar ist hier der antisemitische Grundton; nichtsdestotrotz wird mit dem Verhältnis zwischen den Geschlechtern ein weiterer wichtiger Themenkomplex Jung Wiens aufgegriffen. Die herkömmliche Hierarchie der Geschlechter wird in ihren Werken und ihrem Handeln – Sittenbergers Kritik zum Trotz – prinzipiell nicht in Frage gestellt. Ein kreativer Austausch auf Augenhöhe mit Kolleginnen bleibt nach wie vor unvorstellbar: Frauen wird höchstens ein „reproduzierendes Genie" zugeschrieben (Hofmannsthal 1980, S. 388). Dennoch werden im Zuge der Sprach- und Bewusstseinskrise dieser Jahre Weiblichkeits- und Männlichkeitskonstruktionen reflektiert und aufgeweicht; Frauen treten, vor allem bei Schnitzler, als eigenständig-sexuelle Wesen auf, eine Einsicht, die in Wien sonst nur unter radikalen Feminist/inn/en der Zeit zu finden war (vgl. Anderson 1992, S. 150–161). In dieser Hinsicht ist auch eine Affinität zu Aussagen und Positionen von zwei Figuren zu vernehmen, die in diesen Jahren ansonsten (gewollt) als Außenseiter agieren: Karl Kraus und Peter Altenberg (vgl. Fliedl 2006, S. 34f.).

Stefan Zweigs Leben und Werk, insbesondere der früheren Jahre bis zum Ende des Ersten Weltkriegs, können nur im Zusammenhang mit der hier dargestellten Vielfalt des kulturellen Klimas im Wien der Jahrhundertwende verstanden werden. Die Fülle sowohl der künstlerischen Hervorbringungen als auch der zeitgenössischen theoretischen Reflexionen über Kunst spiegelt sich in Zweigs ästhetischer ‚Sozialisation': seiner Offenheit für sehr unterschiedliche literarische und künstlerische Strömungen. Die Protagonisten von Jung Wien etwa, man denke an Bahr, Hofmannsthal oder Schnitzler, sind z.T. wesentlich älter als Zweig. Er wird in ihnen Bezugsgrößen sehen und sie als Vorbilder beanspruchen, die Verbindungen sind reichhaltig – sowohl in biografischer als auch literarischer Hinsicht (→ II.1 ZWEIG ZWISCHEN TRADITION UND MODERNE; III.14.3 ÜBER ÖSTERREICHISCHE LITERATUR). Es ist nicht nur naheliegend, das frühe literarische Œuvre Zweigs – Lyrik, Prosa und Drama – im Hinblick auf diese Voraussetzungen zu betrachten; ebenso wichtig ist die Berücksichtigung der in diesem Zusammenhang häufig vernachlässigten publizistischen Schriften Zweigs, in denen sich der Autor in der Auseinandersetzung mit Musikern, Malern und Schriftstellerkollegen immer wieder aufs Neue selbst bestimmt und in denen man damit auch seine eigenen ästhetischen Positionen erkennen kann.

Literatur

Anderson, Harriet (1992): Utopian Feminism. Women's Movements in fin-de-siècle Vienna. New Haven, London: Yale Univ. Press.
Bahr, Hermann (2004a): Die Moderne. In: Ders.: Die Überwindung des Naturalismus. Kritische Schriften. Bd. 2. Hg. v. Claus Pias. Weimar: VDG, S. 3–7.
Bahr, Hermann (2004b): Die Neue Psychologie. In: Ders.: Die Überwindung des Naturalismus. Kritische Schriften. Bd. 2. Hg. v. Claus Pias. Weimar: VDG, S. 87–100.
Beller, Steven (2001): Introduction. In: Ders. (Hg.): Rethinking Vienna 1900. New York: Berghahn, S. 1–26.
Combe, Dominique (2008): Mallarmé und der Symbolismus. In: Haupt, Sabine/Würffel, Stefan Bodo (Hg.): Handbuch Fin de Siècle. Stuttgart: Kröner, S. 125–138.
Fähnders, Walter (1998): Avantgarde und Moderne 1890–1933. Stuttgart: Metzler.
Fliedl, Konstanze (2006): Die Wiener Moderne. In: Lohmann, Hans-Martin/Pfeiffer, Joachim (Hg.): Freud-Handbuch. Leben – Werk – Wirkung. Stuttgart, Weimar: Metzler, S. 25–39.
Helduser, Urte (2005): Geschlechterprogramme. Konzepte der literarischen Moderne um 1900. Wien u.a.: Böhlau.
Herzfeld, Marie (1893): Fin-de-Siècle. In: Menschen und Bücher. Literarische Studien. Wien: Weiß, S. 161–172.
Hofmannsthal, Hugo von (1956^2): Gesammelte Werke in Einzelausgaben. Prosa I. Hg. v. Herbert Steiner. Frankfurt a.M.: S. Fischer.

Hofmannsthal, Hugo von (1959²): Gesammelte Werke in Einzelausgaben. Prosa II. Hg. v. Herbert Steiner. Frankfurt a. M.: S. Fischer.
Hofmannsthal, Hugo von (1980): Gesammelte Werke. Reden und Aufsätze III; Buch der Freunde; Aufzeichnungen 1889–1929. Hg. v. Bernd Schoeller u. Ingeborg Beyer-Ahlert. Frankfurt a. M.: S. Fischer.
Kimmich, Dorothee/Wilke, Tobias (2011): Einführung in die Literatur der Jahrhundertwende. Darmstadt: Wissenschaftliche Buchgesellschaft.
Koopmann, Helmut (2013): Fin de siècle und Décadence – Erscheinungsformen, Begründungen, Gegenbewegungen. In: Pankau, Johannes (Hg.): Fin de Siècle. Epoche – Autoren – Werke. Darmstadt: Wissenschaftliche Buchgesellschaft, S. 69–87.
Le Rider, Jacques (1990): Das Ende der Illusion. Die Wiener Moderne und die Krisen der Identität. Wien: Österreichischer Bundesverlag.
Lorenz, Dagmar (2007²): Wiener Moderne. Stuttgart: Metzler.
Moeller van den Bruck, Arthur (1902): Die moderne Literatur in Gruppen- und Einzeldarstellungen. Bd. X: Das junge Wien. Leipzig u. a.: Schuster & Loeffler.
Nietzsche, Friedrich (1988²): Sämtliche Werke. Kritische Studienausgabe in 15 Einzelbänden. Bd. VI: Der Fall Wagner. Götzen-Dämmerung. Der Antichrist. Ecce homo. Dionysos-Dithyramben. Nietzsche contra Wagner. Hg. v. Giorgio Colli u. Mazzino Montinari. Berlin: de Gruyter.
O'Brien, George (1982): The Coinage „Jung Wien" in the Study of Austrian Letters. In: Modern Austrian Literature 15/1/1982, S. 85–96.
Pankau, Johannes (2013a): Einleitung. Moderne-Erfahrungen – Blicke auf das Fin de Siècle. In: Ders. (Hg.): Fin de Siècle. Epoche – Autoren – Werke. Darmstadt: Wissenschaftliche Buchgesellschaft, S. 7–17.
Pankau, Johannes (2013b): Unterhaltungskultur um 1900: Film, Cabaret, Varieté. In: Ders. (Hg.): Fin de Siècle. Epoche – Autoren – Werke. Darmstadt: Wissenschaftliche Buchgesellschaft, S. 89–106.
Rieckmann, Jens (1985): Aufbruch in die Moderne. Die Anfänge des Jungen Wien. Österreichische Literatur und Kritik im Fin de Siècle. Königstein i. Ts.: Athenäum.
Riedel, Wolfgang (1996): „Homo natura". Literarische Anthropologie um 1900. Berlin, New York: de Gruyter.
Schorske, Carl E. (1982): Wien. Geist und Gesellschaft im Fin de Siècle. Frankfurt a. M.: S. Fischer.
Spector, Scott (2001): Marginalizations. Politics and Culture beyond Fin de Siècle Vienna. In: Beller, Steven (Hg.): Rethinking Vienna 1900. New York: Berghahn, S. 132–153.
Spiekermann, Björn (2016): Zum intellektuellen und poetologischen Profil einer literarischen Lebensreform in Programmschriften der frühen Moderne (1880–1895). In: Carstensen, Thorsten/Schmid, Marcel (Hg.): Die Literatur der Lebensreform. Kulturkritik und Aufbruchstimmung um 1900. Bielefeld: transcript, S. 43–64.
Urbach, Reinhard (2017): Treu ergebene Maßregelungen. Hermann Bahr und Stefan Zweig im Zwiegespräch. In: Wörgötter, Martina (Hg.): Stefan Zweig. Positionen der Moderne. Würzburg: Königshausen & Neumann, S. 131–145.
Urmann, Martin (2016): Dekadenz. Oberfläche und Tiefe in der Kunst um 1900. Berlin u. a.: Turia + Kant.
Viering, Jürgen (1997): Fin de Siècle. In: Weimar, Klaus u. a. (Hg.): Reallexikon der deutschen Literaturwissenschaft. Bd. I: A–G. Berlin, New York: de Gruyter, S. 602–605.
Winko, Simone (2003): Kodierte Gefühle. Zu einer Poetik der Emotionen in lyrischen und poetologischen Texten um 1900. Berlin: Erich Schmidt.
Wunberg, Gotthart (Hg.) (2000): Die Wiener Moderne. Literatur, Kunst und Musik zwischen 1890 und 1910. Stuttgart: Reclam.
Wunberg, Gotthart (2001): Jahrhundertwende. Studien zur Literatur der Moderne. Tübingen: Narr.

4. Liberalismus und Bürgertum
Alexandra Millner

1. Die Familie Zweig und der Wiener Liberalismus 66
2. Der deutsch-österreichische Weg. 67
3. Zeit des Übergangs: Ideologie versus Politik 69
4. Literatur in der spätliberalen Zeit 70

1. Die Familie Zweig und der Wiener Liberalismus

Stefan Zweig war von 1881 bis 1917 in Wien beheimatet. Dieser Zeitraum, der seine Kindheit, Jugend und das junge Mannesalter umfasst, war nicht nur für den Autor prägend, auch für die Entwicklung der Stadt selbst waren es bedeutende Jahre. Es war jene Ära, in der Wien zur Metropole anwuchs: Von 1869 bis 1910 konnte sich die Einwohnerzahl von 900 998 auf 2 089 630 mehr als verdoppeln. Das lag zum einen daran, dass 1850 die Vorstädte als Bezirke 2 bis 8 eingegliedert wurden und Kaiser Franz Joseph I. 1857 die Auflassung der Befestigungsanlage rund um die innere Stadt anordnete, um sie durch einen Boulevard (die heutige Ringstraße) ersetzen zu lassen und die innere Stadt mit den neuen Bezirken zu verbinden. Es lag zum anderen aber auch an der Zuwanderung aufgrund der verstärkten Industrialisierung im urbanen Bereich, eine Migrationsbewegung, die durch die größere Mobilität infolge fortschreitender Technisierung (etwa durch das Eisenbahnnetz) erleichtert wurde.

In der Residenzstadt entwickelte sich ein intellektuell wie künstlerisch fruchtbares Klima, das unter anderem die Literatur der Wiener Moderne hervorbrachte. Das ist auf die kulturelle Vielfalt zurückzuführen, die sich aus der massiven Zuwanderung ergab, in mehrfacher Hinsicht wird dieses Phänomen heute aber auch als Produkt der liberalen Ära betrachtet.

Es ist eben jenes sozialpolitische Umfeld, in dem Stefan Zweig in seinen Lebenserinnerungen *Die Welt von Gestern* (1942) sich und seine Familie verortet, indem er seine Familie als liberal-großbürgerlich beschreibt: Seine Eltern waren beide im Kindes- bzw. Jugendalter nach Wien gezogen, sein Vater aus Mähren, seine Mutter aus Italien. Dem Textilhändlersohn und der Bankierstochter mit bayrisch-vorarlbergischen Wurzeln gelang es, sich in der Textilindustrie zu etablieren. Die florierende Firma wurde später von Stefans älterem Bruder Alfred weitergeführt. Der Wohlstand dieser erfolgreichen assimilierten jüdischen Industriellenfamilie ermöglichte es dem jüngeren Sohn Stefan, das luxuriöse und materiell sorgenfreie Leben eines Bildungsbürgers zu führen. Somit hatte er das erreicht, was der Autor als vornehmliches Ziel der bürgerlich-jüdischen Bevölkerung betrachtete: die wirtschaftliche Bedeutung der Familie in eine kulturelle umzuwandeln (vgl. Zweig GWE, Die Welt von Gestern, S. 26).

An der Geschichte der Zweigs lässt sich ein Entwicklungsbogen ablesen, der für das Wirtschaftsbürgertum jener Zeit symptomatisch war: Über drei Generationen kam es in einem Dreischritt zum Übergang vom Kommerziellen über das Bürokratische zum Kulturellen (vgl. Bruckmüller 1990, S. 14 ff.), im Falle jüdischer Bürger ging damit meistens auch ein umfassender Assimilationsprozess einher. In Zweigs Geburtsjahr hatte sich der Großteil des Wiener Bürgertums bereits in der zweiten Entwicklungsstufe etabliert: Auf professioneller Ebene waren ihm neue Bereiche wie die Offiziersränge in der Armee, die Hochbürokratie und die meisten der akademischen Berufe zugänglich geworden.

Stefan Zweig zählt eindeutig zur dritten Generation, wenn er sich dem Studium der Philosophie, Psychologie sowie der Literaturgeschichte widmete. In seiner Familie war allerdings die ‚Phase' der Bürokratie übersprungen worden, da der Autor direkt aus dem Wirtschaftsbürgertum hervorging. Den wirtschaftlichen Erfolg seiner Familie schreibt der Autor ihrer Kompetenz und ihrem Innovationswillen zu, die er als genuin jüdische Eigenschaften bezeichnet (vgl. Zweig GWE, Die Welt von Gestern, S. 20 ff.).

Auch in politischer Hinsicht ließ sich eine Verbesserung der gesellschaftlichen Situation der Bourgeoisie, die nur einen kleinen Teil der Gesamtbevölkerung ausmachte, feststellen. Dies war der von Bürgern und progressiven Aristokraten getragenen liberalen Bewegung zu verdanken. Der Liberalismus in der Habsburger Monarchie lässt sich als ‚Entwicklung trotz widriger Umstände' bezeichnen: Obwohl die liberale Bewegung, die sich von den Ideen der Aufklärung herleitete und auf die Forderungen der Französischen Revolution bezog, mit der Niederschlagung der Revolution 1848 scheiterte und vom Neoabsolutismus des jungen Kaisers Franz Joseph I. und seines Beraters Metternich im Keim erstickt wurde, gelang es, in kleinen Schritten und mit vielen Rückschlägen, einige ihrer Vorstellungen politisch durchzusetzen. Sie bestanden im Kern vor allem in der politischen, ökonomischen und konfessionellen Freiheit des Einzelnen, der politischen Partizipation der Bürger und der freien Marktwirtschaft sowie der Abschaffung des Konkordats. Zur Verwirklichung dieser Ideen waren neben einer Verfassung und der Gewaltenteilung Grund- und Menschenrechte ebenso notwendig wie der Parlamentarismus.

2. Der deutsch-österreichische Weg

Es gibt drei zentrale Besonderheiten, die den Liberalismus in der Habsburger Monarchie kennzeichnen: Erstens setzte sich der demokratische Liberalismus relativ spät durch und war von kurzer Dauer. Zwar kam es bereits zu Beginn des 19. Jahrhunderts zu einzelnen Liberalisierungsmaßnahmen, doch setzte sich der politische Liberalismus erst Jahrzehnte später durch. Durch die relativ frühe Liberalisierung des Assoziationswesens wurden Vereine zugelassen, die den Staat durch die Übernahme von Aufgaben entlasten sollten: Dazu zählten anfangs vor allem Gewerbevereine, in denen das bürgerliche Interesse an wirtschaftlichem Fortschritt und eigenem Nutzen dominierte (→ II.2 ZWEIGS WIEN). Die Rolle dieser Vereine bei der „Verbürgerlichung der Gesellschaft" (Bruckmüller 1991, S. 78) ist unumstritten. Zugleich wurden die sich gezwungenermaßen unpolitisch gebenden Vereine durchaus auch dafür genutzt, neben bürgerlichen Tugenden liberale Ideen zu verbreiten. Der liberale Einflussbereich konnte dadurch auf informellem Weg maßgeblich erweitert werden (vgl. Koch 1988). Doch erst 1861 erhielten die Liberalen zum ersten Mal die Regierungsgewalt. 1867 gelang schließlich der Durchbruch des demokratischen Liberalismus; eine liberale Verfassung wurde geschaffen. Als es allerdings 1873 durch Börsenspekulationen zum Wiener Börsenkrach kam, brachte man die Krise mit der liberalen Regierung in Zusammenhang, da die innerlich bereits stark gespaltene und in ihren Zielen aufgeweichte Partei in Korruptionsskandale verwickelt war.

Zweitens gab es eine starke Verknüpfung des Liberalismus mit dem Staat und der Aristokratie, was die Etablierung eines eigenständigen dritten Standes und die völlige

Umsetzung der liberalen Ziele verhinderte (vgl. Rumpler 2005, S. 239). Der Liberalismus gewann nicht aufgrund politischer Überzeugungskraft an Terrain, sondern aufgrund von politisch-sozialen Notwendigkeiten: Das Kaiserhaus sah sich nach den militärischen Niederlagen von Solferino (1859) und Königgrätz (1866) und der daraus resultierenden finanziellen Notsituation dazu gezwungen, Kredite in dem auf Liberalisierung drängenden England, bei Privatbanken und in Form von Privatkapital bei der österreichisch-ungarischen Bourgeoisie aufzunehmen (vgl. Vocelka 2002, S. 210; Matis 2014, S. 180–182). Somit waren Zugeständnisse an die Liberalen unumgänglich. Die Wirtschaftsbürger waren – nicht nur in Österreich-Ungarn – sehr stark an der sogenannten ersten Gesellschaft orientiert: Sie imitierten den adligen Lebensstil und stellten ihren wirtschaftlichen Erfolg durch „demonstrativen Konsum" (Rossbacher 1992, S. 18) zur Schau. Dadurch betonten sie – ein für soziale Aufsteiger typisches Distinktionsverhalten – die Abgrenzung ‚nach unten'. Sie ließen sich prachtvolle Palais erbauen – etwa die Gründerzeitbauten auf der Ringstraße. Sie führten Salons, traten als Mäzene auf und engagierten sich in der Wohlfahrt.

Im Gegensatz zu Westeuropa war die österreichisch-ungarische Aristokratie für Aufsteiger jedoch kaum durchlässig: Eheschließungen über die Standesgrenzen hinweg, die letzte Hürde auf dem Weg zur vollkommenen Akzeptanz, fanden kaum statt. Hingegen war es in Österreich-Ungarn leichter als anderswo möglich, aufgrund hervorragender Leistungen nobilitiert zu werden – eine Aufstiegschance, die vor allem vom jüdischen Bürgertum angestrebt wurde. Die solchermaßen Geehrten konnten damit ans Kaiserhaus gebunden werden, und es entstand eine ‚zweite Gesellschaft'. Somit errang „das deutsch-österreichische Bürgertum seine hervorragende Stellung nicht ohne oder gegen den in seiner ‚Administration' verkörperten Staat [...], sondern im engsten Einvernehmen" (Bruckmüller 1991, S. 83) mit ihm.

Auch auf politischer Ebene herrschte unter den Liberalen nicht das zu erwartende egalitäre, sondern ein elitäres Selbstverständnis vor: Die bürgerliche Wahlberechtigung blieb lange Zeit auf Personen beschränkt, die über ein bestimmtes Mindestausmaß an Grundbesitz bzw. Bildung verfügen und männlichen Geschlechts sein mussten – ein Faktum, das neben der langen Missachtung der Frauenfrage und der sozialen Frage mit zum politischen Misserfolg der Liberalen beitragen sollte.

Drittens war der österreichische Liberalismus stark deutschnational orientiert. Dafür wurden unterschiedliche Erklärungen gefunden: Lange Zeit war Deutsch in vielen Städten der Habsburger Monarchie ohnedies die Sprache des Bürgertums. Doch mit der nationalen Differenzierung der diversen Bourgeoisien nach 1880 begannen nicht-deutsche Bürger ihre eigene Sprache zu pflegen (vgl. Bruckmüller 1991, S. 85). Die Identifikation der österreichischen Liberalen mit dem Deutschnationalen sicherte ab diesem Zeitpunkt dieser nationalen Gruppe die Vormachtstellung unter den Liberalen. Andere sehen in der deutschnationalen Orientierung der Liberalen einen Versuch, der innerlich sich immer mehr zersplitternden Partei über die gemeinsame Identifikation mit der deutschen Leitkultur einen äußeren Zusammenhalt zu geben (vgl. Judson 2012, S. 66–70). Bis ca. 1900 war diese Haltung vor allem dem Glauben an die Bildung verpflichtet, demgemäß jeder Mensch, egal welcher Herkunft, die Möglichkeit habe, sich die damit verbundenen kulturellen Werte anzueignen bzw. sich ihnen unterzuordnen – ein Prozess, der sich etwa im hohen Assimilationsgrad des jüdischen Bürgertums widerspiegelt. Mit der Zeit aber wurde diese edukative Möglichkeit der ‚Eindeutschung' durch eine rassistische und antisemitische Haltung verdrängt, welche die Möglichkeit der Akkulturation von Nicht-Deutschen grundsätzlich negierte. Die Vereinigungen begannen sich separatistisch zu organisieren bzw. Juden auszuschließen. Die Ansicht Zweigs, zu jener Zeit „weder in der Schule, noch auf der Universität, noch in der Literatur jemals die geringste Hemmung oder Mißachtung als Jude erfahren zu haben" (Zweig GWE, Die Welt von Gestern, S. 41), widerspricht den zeitgenössischen Erfahrungen eines Arthur Schnitzler oder Felix Salten, mit denen Zweig seit Beginn des 20. Jahrhunderts bekannt war.

Der Machtverlust der Liberalen durch den Börsenkrach 1873 führte zur weiteren Radikalisierung des politischen Klimas: Da viele der liberalen Unternehmer wenn auch assimiliert, so doch ursprünglich jüdischer Konfession waren, kam es zur Identifikation von „Antikapitalismus, Antiliberalismus und Antisemitismus", die „ein Bündnis [schlossen], das für die weitere ideologische Entwicklung der Deutschnationalen und Christlichsozialen prägend werden sollte" (Vocelka 2002, S. 220).

Demgegenüber steht Zweigs Wahrnehmung von Wien als „zweitausendjährige[ ] übernationale[ ] Metropole" (Zweig GWE, Die Welt von Gestern, S. 8), womit er ethnische Heterogenität transkulturell interpretierte. Die Formulierung entspringt Zweigs kosmopolitischer Haltung, mit der er – symptomatisch sowohl für sein Judentum als auch für seinen Pazifismus sowie seinen „liberalistischen Idealismus" (S. 17) – die Internationalität über nationalistische Bestrebungen stellte. Sein antinationalistisches, pazifistisches Engagement gegen Ende des Ersten Weltkriegs wurde ihm denn auch von vielen seiner Schriftstellerkollegen als Antipatriotismus verübelt (vgl. S. 288).

3. Zeit des Übergangs: Ideologie versus Politik

Das Bürgertum hatte sich Ende des 19. Jahrhunderts zwar gesellschaftlich weitgehend etabliert, der Liberalismus seinen politischen Zenit jedoch bereits überschritten. Obwohl die wichtigen politischen Errungenschaften der kurzen parlamentarischen Ära auch weiterhin bestehen blieben, war der Liberalismus als parteipolitisches Bekenntnis am Ende, während er im Sinne einer sozial-politischen Praxis lebendig blieb. Viele liberale Ideen wirkten weiter. Die bürgerlichen Emanzipationsbestrebungen hatten jene der Frauen (Feminismus), der Arbeiterinnen und Arbeiter (sozialdemokratische Bewegung) und der nationalen Minderheiten innerhalb des Vielvölkerstaates Österreich-Ungarn (Nationalismen) nach sich gezogen.

Stefan Zweigs Geburtsstunde fiel demnach in eine Zeit beschleunigter gesellschaftlicher Umwälzungen: In den letzten beiden Jahrzehnten des 19. Jahrhunderts war die Habsburger Monarchie – und insbesondere die Residenzstadt Wien – aufgrund der Gründung politischer Parteien, der politischen Radikalisierung und der immer lauter werdenden Forderungen der Emanzipationsbewegungen mit Veränderungen konfrontiert, welche die alte Gesellschaftsordnung unterminierten.

In seiner Autobiografie *Die Welt von Gestern* schreibt Stefan Zweig von einem ungebrochenen liberalen Geist, der seine unmittelbare soziale Umgebung prägte, in einem „Zeitalter der Vernunft" (Zweig GWE, Die Welt von Gestern, S. 16) und der „Sicherheit" (S. 18), in dem das Radikale und Gewaltsame unmöglich schien. Unerwähnt bleiben hier die wachsenden Spannungen, welche aus dem neoabsolutistischen Regierungskurs des Kaisers, der zu wenigen Kompromissen bereit war, resultierten und sich im internationalen, innerstaatlichen sowie sozialen Bereich immer stärker bemerkbar machten (vgl. Arendt 1948).

Es war eben diese Spannung zwischen den beharrenden und den fortschrittlichen Kräften, welche das Wien des ausgehenden 19. und beginnenden 20. Jahrhunderts prägten und für eine ambivalente Grundstimmung sorgten, die sich in Form von Todessehnsucht, Morbidität und *décadence* in der Literatur und Kultur des *fin de siècle* äußerte. Diese Zeit wurde von den Intellektuellen sowie Künstlerinnen und Künstlern auch als ‚Zeit des Übergangs' bezeichnet.

4. Literatur in der spätliberalen Zeit

Carl E. Schorske betrachtet das Versagen des Liberalismus auf politischer Ebene als Grund für die Politikverdrossenheit bzw. antiliberale Haltung der nächsten Generation, welche sich der Kunstproduktion zuwandte und die Wiener Moderne prägte (vgl. Schorske 2004, S. 156f.). Wie die meisten Literaten jener Generation war auch Stefan Zweig – wenn auch ein Jahrzehnt später als der Kern von Jung-Wien – in eine Welt des Wohlstands geboren worden. Schon als Gymnasiast, so schildert Zweig in seinen Memoiren, sei ihnen die Literatur und das Theater das Bedeutsamste im Leben gewesen, und sein weiterer Werdegang als Student der Philosophie, Psychologie und Literaturgeschichte, der sich früh schon auf das Schreiben und Publizieren eigener literarischer Texte konzentrierte, war jener eines idealen Ästheten. Aus der Retrospektive kritisiert Stefan Zweig die Blindheit seiner Generation, die aufgrund ihres Ästhetizismus nicht bemerkte, dass die „Welt der Sicherheit" schon längst ausgehöhlt war: „Wir sahen nicht die feurigen Zeichen an der Wand" (Zweig GWE, Die Welt von Gestern, S. 85; vgl. Rumpler 2005, S. 547). In der ästhetischen Haltung besteht aber auch der wesentliche Unterschied zum bürgerlichen Liberalismus in seiner Aufstiegsphase, in der die Kunst als Teil der neubürgerlichen Statusrepräsentation zur Dekoration verkam und vor allem der Zerstreuung diente (vgl. Rossbacher 1992, S. 56f.).

Das Hauptverdienst des Liberalismus für die Literatur der nachfolgenden Generation liegt in der Etablierung eines lebendigen Pressewesens, was durch den technischen Fortschritt ermöglicht worden war, und der Feuilletonkultur, die den Stil des Individuellen zelebrierte und der damit einhergehenden Kommerzialisierung des Schreibens Vorschub leistete (vgl. Rossbacher 1992, S. 88f.).

Stefan Zweig konnte sich diese Errungenschaften von Anfang an zunutze machen: Die Demokratisierung des literarischen Lebens zeigte sich an der Ständemischung im Burgtheater und in den Kaffeehäusern, die der Autor als „beste Bildungsstätte" (Zweig GWE, Die Welt von Gestern, S. 57) von Jugend an regelmäßig frequentierte. Die Auswahl an literarischen Zeitschriften, in denen er bereits als Gymnasiast unter diversen Pseudonymen publizierte, und die Weite der liberalen Presselandschaft waren Ende des 19. Jahrhunderts beachtlich. Mit der Veröffentlichung seiner Novelle *Die Wanderung* in der *Neuen Freien Presse*, dem „Orakel" seiner Väter (S. 123), setzte Zweig 1902 den Beginn seiner Karriere im Kern des liberalen deutschsprachigen Feuilletons unter der Ägide von Theodor Herzl an.

Im Gegensatz zu Hermann Bahr wandte sich Zweig nicht gegen den Liberalismus der Vätergeneration, sondern war erfüllt vom Freiheitsgedanken und bewahrte sich stets die Haltung eines ‚liberalistischen Idealisten' (vgl. S. 20). Das mag damit zu tun haben, dass die eigentliche ‚Stadt seiner Jugend' Paris war (vgl. S. 151–188) und er in Belgien und Frankreich, wo der Liberalismus weiter diffundiert war als in der Habsburger Monarchie, seine Sozialisation als Intellektueller und Schriftsteller erfahren hatte.

Retrospektiv betrachtet erweist sich die von Zweigs Zeitgenossen geäußerte Kritik am Liberalismus nach 1918 als durchaus berechtigt: Wie in der Weimarer Republik kapitulierten auch in der Ersten Republik die liberalen bürgerlichen Schichten aus sozialer wie politischer Verunsicherung und „moralischer Orientierungslosigkeit" (Hacke 2015, S. 1) vor dem politischen Radikalismus (vgl. Glass/Serloth 1997, S. 143–206). Der eindeutig in einer ‚Welt von Gestern' wurzelnde politische Liberalismus hatte weder eine Antwort auf die Krisen nach dem Ersten Weltkrieg, noch konnte er politische Verantwortung übernehmen. Angesichts der weiteren politischen Entwicklungen, dem Nationalsozialismus wie dem Kommunismus, kann im Zusammenhang mit dem Liberalismus nach 1918 nur noch von der „Selbstpreisgabe einer Demokratie" (Erdmann/Schulze 1980) die Rede sein.

Stefan Zweig

Zweig, Stefan (2007^5): Die Welt von Gestern. Erinnerungen eines Europäers. GWE. Frankfurt a.M.: S. Fischer.

Weitere Literatur

Arendt, Hannah (1948): Juden in der Welt von gestern. In: Dies.: Sechs Essays. Heidelberg: Schneider, S. 112–127.
Beller, Steven (Hg.) (2012): Rethinking Vienna 1900. New York, Oxford: Berghahn Books.
Berner, Peter/Brix, Emil/Mantl, Wolfgang (Hg.) (1986): Wien um 1900. Aufbruch in die Moderne. Wien: Verlag für Geschichte und Politik.
Brandt, Harm-Hinrich (1988): Liberalismus in Österreich zwischen Revolution und Großer Depression. In: Langewiesche, Dieter (Hg.): Liberalismus im 19. Jahrhundert. Göttingen: Vandenhoeck & Ruprecht, S. 136–160.
Bruckmüller, Ernst (1990): Herkunft und Selbstverständnis bürgerlicher Gruppierungen in der Habsburgermonarchie. Eine Einführung. In: Ders./Döcker, Ulrike/Stekl, Hannes/Urbanitsch, Peter (Hg.): Bürgertum in der Habsburger Monarchie. Wien, Köln: Böhlau, S. 13–20.
Bruckmüller, Ernst (1991): Ein begrenzter Aufstieg. Das österreichische Bürgertum zwischen Biedermeier und Liberalismus. In: Rumpler, Helmut (Hg.): Innere Staatsbildung und gesellschaftliche Modernisierung in Österreich und Deutschland 1867/71–1914. Wien: Verlag für Geschichte und Politik/München: Oldenbourg, S. 69–90.
Bruckmüller, Ernst/Döcker, Ulrike/Stekl, Hannes/Urbanitsch Peter (Hg.) (1990): Bürgertum in der Habsburger Monarchie. Wien, Köln: Böhlau.
Csáky, Moritz (2001): Ethnisch-kulturelle Heterogenität und Moderne. Wien und Zentraleuropa um 1900. In: Nagy, Márta/Jónácsik, László (Hg.): „swer sînen vriunt behaltet, daz ist lobelîch". Festschrift für András Vizkelety zum 70. Geburtstag. Piliscsaba, Budapest: Katholische Péter-Pázmány-Universität, Philosophische Fakultät, S. 557–572 (http://www.kakanien.ac.at/beitr/fallstudie/mcsaky1.pdf; Stand: 3. 4. 2018).
Döcker, Ulrike (1990): Bürgerlichkeit und Kultur – Bürgerlichkeit als Kultur. Eine Einführung. In: Dies./Bruckmüller, Ernst/Stekl, Hannes/Urbanitsch, Peter (Hg.): Bürgertum in der Habsburger Monarchie. Wien, Köln: Böhlau 1990, S. 95–104.
Erdmann, Karl Dietrich/Schulze, Hagen (Hg.) (1980): Weimar. Selbstpreisgabe einer Demokratie. Eine Bilanz heute. Kölner Kolloquium der Fritz Thyssen Stiftung, Juni 1979. Düsseldorf: Droste.
Glass, Krzysztof/Serloth, Barbara (1997): Das Selbstverständnis des österreichischen Liberalismus. Wien: Österreichische Gesellschaft für Mitteleuropäische Studien.

Hacke, Jens (2015): Einleitung: Moritz Julius Bonn: Liberale Krisendiagnostik in der Weimarer Demokratie. In: Bonn, Moritz Julius: Zur Krise der Demokratie. Politische Schriften in der Weimarer Republik 1919–1932. Hg. v. Jens Hacke. Berlin, Boston: de Gruyter, S. 1–38.

Hacohen, Malachi (2000): The Rebirth of Liberalism in Science and Politics: Karl Popper, the Vienna Circle, and Red Vienna. In: Horak, Roman u.a. (Hg.): Metropole Wien. Texturen der Moderne. Bd. II. Wien: WUV, S. 146–179.

Heindl, Waltraud (2013): Gehorsame Rebellen. Bürokratie und Beamte in Österreich. Bd. 1: 1780–1848. Josephinische Mandarine. Bürokratie und Beamte in Österreich. Bd. 2: 1848–1914. Wien u.a.: Böhlau.

Janik, Allan/Toulmin, Stephen (1973): Wittgenstein's Vienna. New York: Simon and Schuster.

Johnston, William M. (1972): The Austrian Mind. An Intellectual and Social History 1848–1938. Berkeley: Univ. of California Press.

Judson, Pieter M. (1998): Wien brennt! Die Revolution von 1848 und ihr liberales Erbe. Wien u.a.: Böhlau.

Judson, Pieter M. (2012): Rethinking the Liberal Legacy. In: Beller, Steven (Hg.): Rethinking Vienna 1900. New York, Oxford: Berghahn, S. 57–79.

Kammerhofer, Leopold (Hg.) (1992): Studien zum Deutschliberalismus in Zisleithanien 1873–1879. Herrschaftsfundierung und Organisationsformen des politischen Liberalismus. Wien: Verlag der Österreichischen Akademie der Wissenschaften.

Koch, Klaus (1988): Frühliberalismus in Österreich bis zum Vorabend der Revolution 1848. In: Langewiesche, Dieter (Hg.): Liberalismus im 19. Jahrhundert. Göttingen: Vandenhoeck & Ruprecht, S. 64–70.

Le Rider, Jacques (1994): Modernité viennoise et crises de l'identité. Paris: Presses Univ. de France.

Lorenz, Dagmar (2007^2): Wiener Moderne. Stuttgart: Metzler.

Matis, Herbert (2014): Staat und Industrialisierung im Neoabsolutismus. In: Brandt, Harm-Hinrich (Hg.): Der österreichische Neoabsolutismus als Verfassungs- und Verwaltungsproblem. Diskussionen über einen strittigen Epochenbegriff. Wien u.a.: Böhlau, S. 169–188.

Matuschek, Oliver (2006): Stefan Zweig. Drei Leben – Eine Biographie. Frankfurt a.M.: S. Fischer.

Pollak, Michael (1997): Wien 1900. Eine verletzte Identität. Konstanz: UVK.

Pulzer, Peter (1986): Liberalismus, Antisemitismus und Juden im Wien der Jahrhundertwende. In: Berner, Peter/Brix, Emil/Mantl, Wolfgang (Hg.): Wien um 1900. Aufbruch in die Moderne. Wien: Verlag für Geschichte und Politik, S. 33–38.

Reinalter, Helmut/Klueting, Harm (Hg.) (2010): Der deutsche und österreichische Liberalismus. Geschichts- und politikwissenschaftliche Perspektiven im Vergleich. Innsbruck u.a.: StudienVerlag.

Rossbacher, Karlheinz (1992): Literatur und Liberalismus. Zur Kultur der Ringstraßenzeit in Wien. Wien: Jugend & Volk.

Rumpler, Helmut (2005): Eine Chance für Mitteleuropa. Bürgerliche Emanzipation und Staatsverfall in der Habsburgermonarchie. Österreichische Geschichte 1804–1914. Hg. v. Herwig Wolfram. Wien: Ueberreuter.

Schorske, Carl E. (1980): Fin-de-siècle Vienna. Politics and Culture. New York: Knopf.

Schorske, Carl E. (2004): Mit Geschichte denken. Übergänge in die Moderne. Mit einem Geleitwort v. Aleida Assmann. Wien: Löcker.

Urbanitsch, Peter (1990): Bürgertum und Politik in der Habsburgermonarchie. Eine Einführung. In: Ders./Bruckmüller, Ernst/Döcker, Ulrike/Stekl, Hannes (Hg.): Bürgertum in der Habsburgermonarchie. Wien, Köln: Böhlau, S. 165–175.

Vocelka, Karl (2002): Geschichte Österreichs. Kultur – Gesellschaft – Politik. München: Heyne.

Winkler, Heinrich August (1979): Liberalismus und Antiliberalismus. Studien zur politischen Sozialgeschichte des 19. und 20. Jahrhunderts. Göttingen: Vandenhoeck & Ruprecht.

5. Psychologie und Psychoanalyse
Thomas Anz

1. Beziehungskonstellationen zwischen Literatur und Psychoanalyse nach 1900   73
2. Die Beziehung zwischen Sigmund Freud und Stefan Zweig   76
3. Ambivalenzen und gegenseitige Vorbehalte   79
4. Literarische Psychologie und Psychoanalyse   81

1. Beziehungskonstellationen zwischen Literatur und Psychoanalyse nach 1900

In der von Sigmund Freud hinterlassenen Privatbibliothek steht ein Exemplar von Stefan Zweigs Novellenband *Verwirrung der Gefühle* (1927) mit der Widmung: „Professor Dr Siegmund [sic] Freud / in alter inniger Verehrung / Stefan Zweig / 1926" (zit. n. Davies/Fichtner 2006, S. 545). Erhalten ist auch der ausführliche Brief, mit dem Freud am 4. September 1926 auf das ihm gewidmete Buch reagierte: Eine „künstlerische Hochleistung" nannte er es, den Autor „einen Schöpfer ersten Ranges": „Ich glaube aber wirklich, diese drei Novellen – strenger: zwei von ihnen – sind Meisterwerke." (Zweig 1989, S. 137f.) Das hohe Lob schlägt nur zurückhaltend in einen kleinen Vorbehalt um: „Diese Darstellungskunst, die sich jeder Falte des Gegenstandes anzuschmiegen weiß und jeden Unterton des Affekts vernehmlich werden läßt[,] stört beinahe die Wirkung auf den Leser. Sie läßt ihm nichts zu erraten und zu vervollständigen übrig und die Bewunderung für den Darsteller drängt sich fast vor das Interesse für's Dargestellte." (S. 141) Der Brief enthält drei ausführlichere psychoanalytische Beobachtungen und Deutungsansätze zu den Novellen. Stefan Zweig bedankte sich in seiner Antwort dafür, dass Freud sich die Zeit genommen habe, „so tiefgründig in ein Werk zu blicken, das doch Ihnen unendlich vieles dankt". Das mache ihn „wirklich verwirrt" (S. 142).

Verwirrend ist einiges, was sich zwischen dem Dichter und dem Psychoanalytiker abspielt. Da schreibt ein von der Freud'schen Psychoanalyse nach eigener Aussage beeinflusster Schriftsteller Novellen, die psychoanalytisch gedeutet und bewertet werden. Bei der Deutung unterstellt der Analytiker dem Autor sogar, vom „geheimen Sinn" (S. 138) zumindest einer seiner Novellen nichts zu wissen, beansprucht also für sich, den Sinn des vom Autor Geschriebenen zum Teil besser zu verstehen als dieser selbst. Der wiederum schreibt von sich im selben Antwortbrief: „Mir ist Psychologie (Sie verstehen dies wie kein zweiter) heute eigentlich *die* Passion meines Lebens." (S. 142, Herv. i. O.) Und er wird gelesen von einem Wissenschaftler mit der gleichen Passion. In gewisser Weise bewundert Freud dabei in Zweig also sein eigenes Spiegelbild im Bereich der psychologischen Literatur. Zweig wiederum verehrt in Freud sein Spiegelbild im Bereich der wissenschaftlichen Psychologie.

Die sich über drei Jahrzehnte hinweg erstreckende Beziehung zwischen Sigmund Freud und Stefan Zweig ist in vieler Hinsicht durchaus typisch für die Beziehungskonstellationen zwischen Psychoanalyse und Literatur nach 1900. Seit dem Erscheinen der *Traumdeutung* Ende 1899 gab es kaum einen bedeutenden Autor, der sich nicht mit der Psychoanalyse auseinandersetzte. Die literarische Moderne zeigte sich an der Psychoanalyse interessiert, seit es diese gab, zuerst in Wien, spätestens seit 1910 in allen anderen deutschsprachigen Zentren des literarischen Lebens, seit den 1920er

Jahren in ganz Europa und in den USA. Die Wiener Moderne und die Psychoanalyse hatten sich zur gleichen Zeit und am gleichen Ort herausgebildet (vgl. Worbs 1988; Thomé 1993; Anz/Pfohlmann 2006). Gegenüber dem Naturalismus profilierte sich in Wien eine literarische Bewegung, die dessen Anspruch auch auf wissenschaftliche Modernität beibehielt, doch die Biologie als Leitwissenschaft durch die Psychologie ersetzte. *Die Überwindung des Naturalismus,* die 1891 der einflussreiche Wiener Kritiker Hermann Bahr schon im Titel einer Aufsatzsammlung postulierte, sollte mit einer Wendung vom „Außen zum Innen" (zit. n. Teilabdruck in Ruprecht/Bänsch 1981, S. 168) erfolgen. Von einer „Bakteriologie der Seele" schrieb Hugo von Hofmannsthal 1891 in einem Brief an Bahr (Hofmannsthal 1935, S. 18). Als „modern" galt ihm (in einem Zeitungsartikel von 1893 über Gabriele D'Annunzio) „die Anatomie des eigenen Seelenlebens" und das „psychologische Graswachsenhören" (zit. n. Teilabdruck in Anz/Pfohlmann 2006, S. 105). Analog zu dieser Interessenverschiebung hatte Freud in der Loslösung von seinen neurophysiologischen Anfängen das Konzept der Psychoanalyse entwickelt und mit der *Traumdeutung* in einem ersten Gesamtentwurf vorgelegt.

Die psychologische Verwissenschaftlichung des literarisch modernen Diskurses korrespondierte in der Psychoanalyse um 1900 mit einer Literarisierung der Wissenschaft. Zum einen illustrierte und legitimierte Freud seine Theorien gerne mit literarischen Texten und nannte (in seiner Studie über Wilhelm Jensens 1903 erschienenen Roman *Gradiva*) die Dichter „wertvolle Bundesgenossen" (Freud 1969a, S. 14) der wissenschaftlichen Psychologie. Zum anderen hatte Freud selbst literarische Ambitionen. „Ich möchte gern ein Romanautor werden. Aber nicht jetzt, vielleicht später im Leben" (zit. n. Gutheil 1950, S. 66), soll er einmal zu Wilhelm Stekel gesagt haben. Doch auch seine psychoanalytischen Veröffentlichungen hatten unübersehbare Merkmale von Literarizität. Vor allem näherten sich die Falldarstellungen in psychoanalytischen Schriften der Literatur an. Mit Genugtuung zitierte Alfred Döblin in seiner Rede zu Freuds 70. Geburtstag die dafür signifikante Bemerkung Freuds in den zusammen mit Josef Breuer 1895 veröffentlichten *Studien über Hysterie:* „Ich bin nicht immer Psychotherapeut gewesen, sondern bin bei Lokaldiagnosen und Elektrodiagnostik erzogen worden, und es berührt mich selbst noch eigentümlich, daß die Krankengeschichten, die ich schreibe, wie Novellen zu lesen sind und daß sie sozusagen des ernsten Gepräges der Wissenschaftlichkeit entbehren." (Zit. n. Döblin 1999, S. 49)

Viele Autoren der Moderne waren durch ihre wissenschaftliche Ausbildung einschlägig auf die Rezeption der Psychoanalyse vorbereitet: Robert Musil, Alfred Döblin oder Richard Huelsenbeck, vor allem aber Arthur Schnitzler, der bereits als Wissenschaftler, u. a. mit Rezensionen zu den von Freud Anfang der 1890er Jahre übersetzten und kommentierten Schriften Jean-Martin Charcots, am Entstehungsprozess der Psychoanalyse intensiven Anteil nahm. Bei allem angeregten Respekt, den Schnitzler der Psychoanalyse entgegenbrachte, bewahrte er wie die meisten Autoren der Moderne ihr gegenüber ein hohes Maß an kritischer Eigenständigkeit. Sie konnte sich zuweilen sogar in offenen Feindseligkeiten äußern. Die heftigsten Aversionen artikulierte man, wenn Psychoanalytiker in ihrem Interesse an der Kunst und an Künstlerpersönlichkeiten gegenüber dem Autor und seinem Werk einen väterähnlichen Überlegenheitsanspruch behaupteten, während dem Autor die Rolle eines quasi neurotischen, bewusstseinsmäßig unterlegenen Patienten zugeschrieben wurde. Geradezu als Bedrohung nahmen es viele wahr, dass durch psychoanalytische Literaturinterpretationen jeder

5. Psychologie und Psychoanalyse

Autor, und zwar unfreiwillig und sogar öffentlich, mit seinen Werken zum pathologischen Fall und Untersuchungsobjekt werden konnte. Umgekehrt zeigte sich Freud sehr skeptisch, als er erfuhr, dass Stefan Zweig ein längeres Porträt über ihn schreiben wolle, und kritisierte es nach der Lektüre als in vieler Hinsicht unangemessen.

Es sind nicht zuletzt die oft wütenden Einsprüche von Hofmannsthal, Kraus oder Döblin gegen psychoanalytische Übergriffe in ihr literarisches Terrain oder die mit viel Freundlichkeit artikulierten Divergenzen zwischen Stefan Zweig und Freud, die zeigen: Die Beziehung zwischen literarischer Moderne und Psychoanalyse ist nicht angemessen mit Kategorien wie ‚Einfluss' oder ‚Wirkung' zu beschreiben, sondern als ein Interaktionsdrama, das durch Rivalitätsängste, Prioritätsansprüche, aber auch gegenseitigen Respekt gekennzeichnet ist. Psychoanalyse und literarische Moderne reagierten gleichzeitig und in wechselseitiger Abhängigkeit auf gravierende Identitätsprobleme des modernen Subjekts angesichts heterogener, vom Ich zunehmend schwer zu integrierender Ansprüche der sozialen Umwelt und der eigenen Natur in hochkomplexen, stark ausdifferenzierten Gesellschaften. Psychoanalyse und Literatur kooperierten und konkurrierten dabei miteinander. Bezeichnend dafür ist der so überaus freundliche Brief, mit dem Freud am 14. Mai 1922 Arthur Schnitzler zum 60. Geburtstag gratulierte: „Ich habe mich mit der Frage gequält warum ich eigentlich in all diesen Jahren nie den Versuch gemacht habe Ihren Verkehr aufzusuchen und ein Gespräch mit Ihnen zu führen". Freud selbst gibt sich direkt im Anschluss daran Antwort:

> Die Antwort auf diese Frage enthält das mir zu intim erscheinende Geständnis. Ich meine, ich habe Sie gemieden aus einer Art von Doppelgängerscheu. Nicht etwa, daß ich sonst so leicht geneigt wäre, mich mit einem anderen zu identifizieren oder daß ich mich über die Differenz der Begabung hinwegsetzen wollte, die mich von Ihnen trennt, sondern ich habe immer wieder, wenn ich mich in Ihre schönen Schöpfungen vertiefe, hinter deren poetischem Schein die nämlichen Voraussetzungen, Interessen und Ergebnisse zu finden geglaubt, die mir als die eigenen bekannt waren. (Freud 1955, S. 97)

Mit dem Eingeständnis seiner „Doppelgängerscheu" vor Schnitzler formulierte Freud in dem Brief zutreffend, was Psychoanalyse und literarische Moderne verband: „die nämlichen Voraussetzungen, Interessen und Ergebnisse", das „Ergriffensein von der Wahrheit des Unbewußten, von der Triebnatur des Menschen" und der „Zersetzung der kulturell-konventionellen Sicherheiten" (S. 97). Auf der Basis solcher Gemeinsamkeiten ist psychoanalytisches oder psychoanalyseähnliches Wissen in die Figurenkonstellationen, die Themen und Motive sowie in die Handlungsmuster, in die Formen, die Bildlichkeit und in die Sprache literarischer Texte transformiert worden. Psychoanalytiker wiederum haben die Gemeinsamkeit dann vielfach als anschauliche Bestätigungen ihrer Theorien gelesen. Symptomatisch dafür war beispielsweise die Begeisterung, mit der sich Theodor Reik 1912 in der neu gegründeten „Zeitschrift für Anwendung der Psychoanalyse auf die Geisteswissenschaften" *Imago* über Stefan Zweigs 1911 erschienenen Novellenband *Erstes Erlebnis* mit dem Untertitel *Vier Geschichten aus Kinderland* äußerte. Sie sei „eine der psychologisch wichtigsten Dichtungen, die ich in den letzten Jahren gelesen habe. [...] Alle Erzählungen schildern das Erwachen der Geschlechtlichkeit, den Sturm dieser Gefühle, das schmerzvolle Glück der ersten Enthüllung und das fürchterliche Grauen vor diesem Geheimnis in der Kinderseele." Zweig habe hier

[m]it ‚intuitiver Psychoanalyse' [...] Titanenkämpfe der kindlichen Psyche, die sich allen Erwachsenen und auch dem Kinde selbst verborgen im Unbewußten abspielen, ans helle Tageslicht gehoben. So menschlich-allgemein, so typisch sind die Gestalten und Geschehnisse des Buches, daß man sich in die eigenen Kämpfe und Wirrnisse jener Zeit, welche für das Schicksal der Menschen entscheidend ist, zurückversetzt fühlt. (Reik 1912, S. 209f.)

2. Die Beziehung zwischen Sigmund Freud und Stefan Zweig

Wie Schnitzler war auch Stefan Zweig eine Art Doppelgänger Freuds, der diesen allerdings nicht „gemieden" hat. Die Beziehung zwischen Zweig und Freud ist jedoch schon wegen des erheblichen Altersunterschiedes anders geartet als die zwischen Schnitzler und Freud. Freud ist 1856 geboren, Schnitzler 1862, also sechs Jahre später. Er hätte sein jüngerer Bruder sein können. Zweig hingegen ist 25 Jahre jünger als Freud, könnte also sein Sohn sein. Der erste erhaltene Brief der sich über Jahrzehnte hinweg erstreckenden Korrespondenz zwischen Freud und Zweig ist vom 3. Mai 1908. In ihm dankt der damals 52-jährige Freud dem 27-jährigen Autor für die Zusendung seines Schauspiels *Tersites*, das im Jahr zuvor erschienen war, und erwähnt Zweigs 1906 erschienenen Gedichtband *Die frühen Kränze*. Zwei Monate später, am 4. Juli, bedankt sich Freud für die Zusendung eines Balzac-Buches, zu dem Zweig eine längere „Vorrede" geschrieben hatte (1920 erneut in *Drei Meister* erschienen), mit den Worten: „In Ihre Gedanken finde ich mich leicht hinein als wären es meine guten Bekannten." (Zweig 1989, S. 125)

Ob Zweig, dessen 1904 abgeschlossene Dissertation über Hippolyte Taine sich mit einem Philosophen befasst, der wie der Betreuer dieser Arbeit, Friedrich Jodl, ausgeprägte psychologische Interessen hatte (→ II.2 ZWEIGS WIEN; V.2 HIPPOLYTE TAINE), mit den Schriften Freuds und mit der Psychoanalyse vertraut war oder sie nur aus ‚zweiter Hand' kannte, lässt sich nicht genau ermitteln. Zu Freuds 80. Geburtstag schrieb er einen Zeitungsartikel, in dem er mit seinen Hinweisen, wie man um und nach 1900 auch ohne Lektüre der Schriften Freuds von der Psychoanalyse geprägt sein konnte, vielleicht die Anfänge seiner eigenen Rezeption im Auge hatte. Es sei ein

> Irrtum, zu glauben, ein Gedanke wirke nur unmittelbar und man müsse das Originalwerk eines Denkers persönlich gelesen haben, um von ihm beeinflußt zu sein. Ein Gedanke als geistiges Element dringt auch durch verschlossene Fenster und Türen. Er sickert gleichsam durch die Poren der Zeit und erzwingt sich in den vielfältigsten Verwandlungen und Verkleidungen seine Wirkung. [...] Descartes und Kant, die mit ihrem Ethos und ihren Erkenntnissen ein Jahrhundert führten und bestimmten, von wie wenigen sind sie wirklich gelesen und verstanden worden. (S. 240)

Und es gebe zahllose Marxisten, die *Das Kapital* von Marx noch nicht einmal angeblättert haben. Er selbst habe bereits als „Knabe" von der Psychoanalyse gehört:

> Ich erinnere mich selbst noch genau, wann ich – als Knabe in Wien – zum ersten Male von Freud hörte. Eine Bekannte unserer Familie, stark hysterischer Art, die, wie gern Hysterische, viele Ärzte besuchte und belästigte, war zu Freud geraten und kam aus der Ordination im Zustand wildester Erregung nach Hause. Mühsam erfuhr man, was ihr zugestoßen: dieser Arzt hatte sie bei der Diagnose nach Dingen gefragt, die sie sich selbst nie eingestehen wollte. Sie bebte von Haß, von Empörung, wenn man seinen Namen nannte, und sie war nicht die einzige: der junge Nervenarzt, als er das Unnütze der Kaltwasserkuren erkannte und seine psychoanalytische Methode begann, verlor mit einem Schlage alle seine Patienten. (S. 243)

5. Psychologie und Psychoanalyse

Dass der junge Zweig selbst, wie ein dubioser Freund von ihm, der österreichische Kunsthistoriker und Schriftsteller Benno Geiger, später kolportierte, angesichts seiner angeblich exhibitionistischen Neigungen und Praktiken die Praxis Sigmund Freuds aufsuchte und sich von ihm eine Bescheinigung ausstellen ließ, mit der er bei einer Festnahme mildernde Umstände gegenüber den Behörden hätte geltend machen können, halten jüngere Zweig-Biografen, von Oliver Matuschek (2006, S. 284) bis hin zu Ulrich Weinzierl (2015, S. 171–187), mit guten Gründen für unglaubwürdig.

Gesichert ist hingegen, dass Freud und Zweig nach 1908 eine genauere Vorstellung von den Arbeiten des anderen hatten. Denn sie vereinbarten, sich ihre Veröffentlichungen gegenseitig zukommen zu lassen. Freud redete Zweig mit „Geehrter", „Sehr geehrter" oder zuweilen „Lieber Herr Doktor" an und wurde von diesem mit „Hochverehrter Professor" angesprochen. Respektvoll fragte der bereits berühmte Dichter 1924 bei Freud an, ob er ihm sein neues Werk widmen dürfe. Es ging um das Buch *Der Kampf mit dem Dämon* (1925) über Hölderlin, Kleist und Nietzsche. Als es vorlag, schrieb Zweig (am 15. April 1925) an Freud: „[M]anche Capitel wie ‚Die Pathologie des Gefühls' bei Kleist oder die ‚Apologie der Krankheit' im Nietzsche hätten nicht geschrieben werden können ohne Sie. Ich meine damit nicht, dass sie Resultate psychoanalytischer Methode wären – aber Sie haben uns den *Mut* gelehrt, an die Dinge heranzugehen, *furchtlos* und ohne jede falsche Schamhaftigkeit" (Zweig 1989, S. 135, Herv. i. O.).

Zweig schuf sich ein Bild von Freud, das fast ein Ideal-Bild war, das Bild eines Mannes, der er selbst zu sein wünschte und der er selbst zu sein glaubte, zumindest zeitweilig. Leitmotiv von Zweigs Freud-Verehrung ist ‚Mut': „Mut ist notwendig für die Wahrhaftigkeit – das bezeugt Ihr Werk wie kaum eines unserer Zeit." (S. 135) Der Psychoanalytiker Johannes Cremerius, dem eine der ersten Studien zur Beziehung zwischen Zweig und Freud zu verdanken ist, stellte 1975 dem Autor, im Rückgriff auf einen Terminus des Analytikers Daniel Lagache, schon im Titel die Diagnose: „heroische Identifizierung" (Cremerius 2003, S. 37) und bescheinigte ihm eine „Ambivalenz Freud gegenüber", für die „seine große Bewunderung für die Person Freuds bei gleichzeitig fehlendem tieferen Interesse an seinem Werk, sein Wunsch freundschaftlichen Vertrautseins bei gleichzeitiger Vermeidung von jedem offenen Gespräch über Fragen, Bedenken und Zweifel in bezug auf die Psychoanalyse" (S. 37) symptomatisch seien.

Zweig wies allerdings Freud die Rolle des geistigen Vaters einer ganzen Generation zu:

> Ich gehöre zu der geistigen Generation, die kaum jemandem so sehr für Erkenntnis verschuldet ist als Ihnen und ich fühle mit dieser Generation, dass die Stunde nahe ist, wo die ganze weittragende Bedeutung Ihrer Entdeckung der Seele Allgemeinbesitz, europäische Wissenschaft wird. Aus England, aus America bringt mir jede Post Fragen nach Ihnen und Ihrem Werk – vielleicht wird allmählich auch in der Heimat offenbar, wie unendlich Sie uns bereichert haben. (Zweig an Freud, 3. November 1920, Zweig 1989, S. 130)

Für Stefan Zweig war die Psychoanalyse eine Revolution und „Siegmund" Freud (in seinen Buch-Widmungen schrieb er den Vornamen konsequent falsch) ihr siegreicher Held. In den nach Zweigs Tod erschienenen Erinnerungen *Die Welt von Gestern* (1942) erklärte er: „Noch lange ehe ich selbst des ganzen Ausmaßes der geistigen Revolution gewahr wurde, die sich langsam aus den ersten grundlegenden Arbeiten Freuds vorbereitete, hatte mich die starke, moralisch unerschütterliche Haltung dieses außerordentlichen Mannes ihm bereits gewonnen. [...] Man konnte sich keinen geistig unerschrockeneren Menschen denken" (Zweig GWE, Die Welt von Gestern, S. 475 f.).

Alles, was Zweig an und über Freud schrieb, zeigt: Er bewunderte Freuds Psychoanalyse, aber weit mehr noch Freud als Persönlichkeit. Über Zweigs Psychoanalysekenntnisse hat Cremerius ein sehr negatives und, wie inzwischen mit überzeugenden Argumenten kritisiert wurde (vgl. Sohnemann 2012, S. 91), zu hartes Urteil gefällt. Zweigs gut gemeinte, doch unqualifizierte Lobreden auf Freud hätten „der Rezeption der Psychoanalyse, vor allem in der Literaturwissenschaft, einen empfindlichen Schaden zugefügt." (Cremerius 2003, S. 42) In seinen Briefen nimmt Zweig zu den Theorien Freuds in der Tat nur selten Stellung. Seine Einschätzungen der Werke Freuds haben hier neben den persönlichen Achtungsbekundungen eher ästhetischen Charakter. Am 30. Dezember 1932 schrieb Zweig in einem Neujahrsgruß: „Am vorletzten Tag des Jahres lese ich mit wirklich geistigem Genuss Ihre wunderbaren Vorlesungen." (Zweig 1989, S. 166 f.) Gemeint sind die *Neuen Vorlesungen zur Einführung in die Psychoanalyse*. Auf sachliche Einzelheiten geht Zweig auch hier nicht ein – als habe er Angst, sich vor Freud intellektuell bloßzustellen.

Dazu hatte ihm Freud zwei Jahre zuvor einigen Anlass gegeben. Ende der 1920er Jahre begann Zweig mit einem, was die Beziehung zu Freud angeht, heiklen Unternehmen: mit der Arbeit an einem biografischen und auch psychologischen Freud-Porträt. Am 6. Dezember 1929 kündigte er ihm einen Essay mit dem Titel *Die Heilung durch den Geist* an. Das Buch erschien 1931 und porträtierte Franz Anton Mesmer, den in Wien ausgebildeten Arzt und Begründer der Lehre vom ‚animalischen Magnetismus', Mary Baker-Eddy, die Gründerin der Glaubensgemeinschaft ‚Christian Science', und schließlich Sigmund Freud. Auch hier stilisierte Zweig den Psychoanalytiker zur heroischen Figur in finsteren Zeiten, zu einem singulären Genie im revolutionären Kampf gegen lebensfeindliche und verlogene Traditionen, die er mit historischem Blick auf kulturgeschichtliche Entwicklungen dem Wissenschafts- und „Zivilisationsoptimismus" (Zweig 1989, S. 12) des 19. Jahrhunderts anlastete. „Durch die ungeahnten Fortschritte seiner Wissenschaft war das neunzehnte Jahrhundert in eine Art Vernunftrausch geraten" (S. 12), erklärt er. Dem „Imperium des Intellekts" seien auch die „anarchischen Instinkte im eigenen Blut" und das vermeintlich „zuchtlose Gesindel der Triebe" (S. 12) unterworfen worden. „Ein Jahrhundert lang wird innerhalb Europas die sexuelle Frage unter Quarantäne gesetzt. [...] Eine ungeheure Armee von Wächtern, uniformiert als Lehrer, Erzieher, Pastoren, Zensoren und Gouvernanten, wird aufgestellt, um eine Jugend von ihrer Unbefangenheit und Körperfreude abzuzäunen." (S. 13) Die Zivilisation des „Sichverbergens und Sichnichtaussprechens" habe zu einem „beispiellosen Tiefstand der Psychologie inmitten einer geistig überragenden Kultur" (S. 14) geführt.

> Ein ganzes, ein entsetzlich langes Jahrhundert beherrscht diese feige Verschwörung des ‚sittlichen' Schweigens Europa. Da plötzlich durchbricht es eine einzelne Stimme. Ohne jede umstürzlerische Absicht erhebt sich eines Tages ein junger Arzt im Kreise seiner Kollegen und spricht, ausgehend von seinen Untersuchungen über das Wesen der Hysterie, von den Störungen und Stauungen der Triebwelt und ihrer möglichen Freilegung. (S. 16)

Mit der Erkenntnis, „daß viele, ja sogar eigentlich alle Neurosen von Unterdrückungen sexuellen Begehrens ihren Ausgang nehmen", habe Freud „aschgraues Entsetzen im Kreise der Kollegen" hervorgerufen (S. 17), aber damit für die Befreiung der Sexua-

5. Psychologie und Psychoanalyse

lität von allen pathogenen Formen ihrer Unterdrückung Pionierarbeit geleistet. Im Kapitel „Eros Matutinus" in *Die Welt von Gestern*, das die „unehrliche und unpsychologische" Sexualmoral „des Verschweigens und Verdeckens" schildert, „die wie ein Alp auf unserer Jugend gelastet hat" (Zweig GWE, Die Welt von Gestern, S. 90), hebt Zweig im Rückgriff auf sein früheres Freud-Porträt noch einmal ausführlich die Bedeutung hervor, die der Psychoanalytiker für ihn und seine Generation hatte. Ihm sei ihr Wissen zu verdanken, „daß, wer natürliche Triebe aus dem Bewußtsein zu verdrängen sucht, sie damit keineswegs beseitigt, sondern nur ins Unterbewußtsein gefährlich verschiebt" (S. 88).

3. Ambivalenzen und gegenseitige Vorbehalte

Auf die überschwänglichen Passagen in dem Freud-Porträt von 1931 folgen allerdings zumindest vorsichtig formulierte Vorbehalte gegenüber der Psychoanalyse. Sie wenden sich gegen die Laienanalyse, die den Dilettantismus einer dem Anspruch nach wissenschaftlichen Methode befördert habe. Distanz zeigt Zweig auch zu Freuds Konzept des ‚Ödipuskomplexes'. Er habe inzwischen eine „verhängnisvolle Popularität erlangt", sei aber nur ein Stützpfeiler seines Lehrgebäudes, „der nach vollendetem Bau ohne Gefahr entfernt werden kann" (Zweig 1989, S. 93). Vor allem aber erschien Zweig die Psychoanalyse zu begrenzt auf eine Individualpsychologie zu sein. „Ausschließlich Wissenschaft vom Individuum, weiß sie nichts und will sie nichts von einem gemeinschaftlichen Sinn oder einer metaphysischen Sendung wissen: darum erlichtet sie nur die seelischen Tatsachen, aber sie erwärmt nicht die menschliche Seele." (S. 108) Für den „Hunger der Seele nach Gläubigkeit" habe „die harte, die streng sachliche, die kaltklare Nüchternheit der Psychoanalyse keine Nahrung" (S. 109). Die Psychoanalyse „vermochte näher als irgendeine geistige Methode vor ihr den Menschen bis an sein eigenes Ich heranzubringen, aber nicht – und dies wäre zur Ganzheit des Gefühls notwendig – über dies eigene Ich wieder hinaus." (S. 109) Sie zeige „jedem Leben seinen eigenen Sinn, aber sie weiß nicht dies tausendfach Vereinzelte zu einem gemeinsamen Sinne zu binden." (S. 109) Die Psychoanalyse müsse durch eine „Psychosynthese" ergänzt werden, erst „diese Vereinigung wird vielleicht die Wissenschaft von morgen sein." (S. 109)

Schon in der Entstehungsphase dieses Porträts war Freud auf Zweig nicht gut zu sprechen. Das geht aus einem Brief an den (mit Stefan Zweig nicht verwandten) Dichter Arnold Zweig hervor. Hier schreibt er über Stefan Zweig, „daß er gegenwärtig in Hamburg mich zu einem Essay verarbeitet, der mich in Gesellschaft von Mesmer und Mary Eddy Baker [sic] vor die Öffentlichkeit bringen soll. Er hat mir im letzten Halbjahr einen starken Grund zur Unzufriedenheit gegeben" (Freud/Zweig 1984, S. 26). In einer Reihe mit zwei Persönlichkeiten porträtiert zu werden, die in der Wissenschaft kein sonderlich hohes Ansehen hatten, ließ eine Beschädigung seines Rufes befürchten (vgl. Haenel 1995, S. 198f.).

Nachdem Stefan Zweig ihm den Essay geschickt hatte, kritisierte Freud ihn höflich, aber deutlich. Am 17. Februar 1931 schrieb er an ihn: „Daß einem das eigene Portrait nicht gefällt oder daß man sich in ihm nicht erkennt, ist eine gemeine und allbekannte Tatsache. Darum eile ich meiner Befriedigung Ausdruck zu geben, daß Sie das Wichtigste an meinem Fall richtig erkannt haben." (Zweig 1989, S. 154) Doch dann folgen die Vorbehalte: Zweig habe „das kleinbürgerlich korrekte Element" an ihm „allzu ausschließlich" betont, „der Kerl ist doch etwas komplizierter" (S. 154). Zweigs Bild von ihm als einer „bis zu seinem siebzigsten Jahre" niemals ernstlich kranken Persönlichkeit, die „niemals nervös", „ein Leben lang unheimlich einlinig und gesund" war, die in der kontinuierlichen Arbeit fast nie durch „Kopfschmerzen und Müdigkeit" gestört wurde und keine Termine „wegen Unpäßlichkeit" absagen musste (S. 26f.), hält Freud entgegen,

> daß ich doch meine Kopfschmerzen u Müdigkeiten gehabt habe wie ein anderer, daß ich leidenschaftlicher Raucher war, (ich wollt' ich wär es noch) der der Zigarre den größten Anteil an seiner Selbstbeherrschung und Ausdauer bei der Arbeit zugestand, daß ich bei aller gerühmten Anspruchslosigkeit viel Opfer für meine Sammlung griechischer, römischer u egyptischer Antiquitäten gebracht und eigentlich mehr Archaeologie als Psychologie gelesen habe, daß ich bis zum Krieg u einmal nachher wenigstens einmal im Jahr für Tage oder Wochen in Rom sein mußte udgl. (S. 154)

Geradezu kränkend sind die darauf folgenden Sätze. Obwohl Stefan Zweig ihm gegenüber gut ein Jahr vorher, am 9. Dezember 1929, seine Kompetenz in Sachen Psychoanalyse beteuert hatte („Ich bin schliesslich [sic] durch Jahre auf diese Arbeit vorbereitet"; S. 151) bekam er von Freud jetzt das Gegenteil zu hören: „Ich gehe wahrscheinlich nicht irre in der Annahme, daß Ihnen der Inhalt der psa. Lehre bis zur Abfassung des Buches fremd war." Der Satz wird im Folgenden zunächst abgemildert: „Umso mehr Anerkennung verdient es, daß Sie sich seither soviel zu eigen gemacht haben." Aber gleich danach schließt eine doppelte Kritik an: „An zwei Stellen kann man Sie kritisiren [sic]. Sie erwähnen fast gar nicht die Technik der freien Association, die Vielen als die bedeutsamste Neuerung der PsA erscheint, der methodische Schlüßel zu den Ergebnißen [sic] der Analyse ist, und Sie lassen mich das Verständnis der Träume vom Kindertraum her gewinnen, was historisch nicht zutrifft, nur in didaktischer Absicht so dargestellt wird." (S. 155)

Diese Kritik war zumindest im Hinblick auf die längeren Passagen ungerecht, die Zweig der Technik der freien Assoziation, ohne sie allerdings so zu bezeichnen, in anschaulicher Weise widmete (vgl. S. 70f.). Zweig blieb aber trotz solcher Kritik dem väterlichen Freund innig verbunden. Seine letzten Worte an ihn, zehn Jahre später, bekannten sich dazu mit einer Emphase, die er in seinen Briefen vorher so offen nicht auszudrücken wagte. Sie richteten sich an einen Toten – im September 1939 in London am Sarg Sigmund Freuds: „Er hatte sein Werk vollendet und sich innerlich selbst vollendet. Meister selbst über den Urfeind des Lebens, über den physischen Schmerz durch Festigkeit des Geistes, durch Duldsamkeit der Seele, Meister nicht minder im Kampf gegen das eigene Leiden, wie er es zeitlebens im Kampf gegen das fremde gewesen, und somit vorbildlich als Arzt, als Philosoph, als Selbsterkenner bis zum letzten bitteren Augenblick." Zweig verleiht einmal mehr der Dankbarkeit, die er Freud gegenüber empfindet, Ausdruck:

> Dank für ein solches Vorbild, geliebter, verehrter Freund, und Dank für Dein großes schöpferisches Leben, Dank für jede Deiner Taten und Werke, Dank für das, was Du gewesen und was Du von Dir in unsere eigenen Seelen gesenkt – Dank für die Welten, die Du uns erschlossen und die wir jetzt allein ohne Führung durchwandern, immer Dir treu, immer Deiner in Ehrfurcht gedenkend, Du kostbarster Freund, Du geliebtester Meister, Sigmund Freud. (S. 252)

Freud seinerseits hatte sich nach seiner Kritik noch im selben Jahr um Wiedergutmachung bemüht. Es sei ihm ein „Bedürfnis", schrieb er am 28. November 1931 zum 50. Geburtstag Zweigs,

> Ihnen einmal etwas Angenehmes, Liebenswürdiges zu sagen, nicht nur immer Ausstellungen zu machen wie ein Besteller, der sich im Portrait des Künstlers nicht gut getroffen findet. Also, Ihnen zu sagen, wie ich meine Lieblinge unter Ihren Schöpfungen genieße, den *Jeremias*, die *Verwirrung der Gefühle*, Ihre Vertiefungen in das Seelenleben dämonischer Menschen, wie ich Ihre kunstvolle Sprache bewundere, die sich den Gedanken anschmiegt wie die durchsichtig gedachte Kleidung mancher antiker Statuen deren Leibern, mit welchem Wohlgefallen ich Ihren Bestrebungen folge, in diesen zerfahrenen Zeiten eine Internationale der stärksten und besten Geister aufrecht zu erhalten. (S. 252)

4. Literarische Psychologie und Psychoanalyse

1928 schrieb Zweig in einem Brief an Rudolf G. Binding: „Psychologie, dargetan an Gestalten, das wird immer mehr meine Leidenschaft, und ich übe sie abwechselnd an realhistorischen und poetisch-imaginierten Objecten" (Zweig 1978, S. 191). In der Novelle *Der Amokläufer* (1922) bekennt der Protagonist, ein Arzt: „Rätselhafte psychologische Dinge haben über mich eine geradezu beunruhigende Macht, es reizt mich bis ins Blut, Zusammenhänge aufzuspüren, und sonderbare Menschen können mich durch ihre bloße Gegenwart zu einer Leidenschaft des Erkennenwollens entzünden, die nicht viel geringer ist als jene des Besitzenwollens bei einer Frau." (Zweig GWE, Der Amokläufer, S. 81) Zweig charakterisierte hier sich selbst. Sonderbar werden seine Figuren häufig aufgrund eines Ereignisses, das sie aus der gewohnten Bahn wirft. Es waren Zweigs literarische Psychologie für die von ihm imaginierten Figuren und die essayistische Psychologie von historischen Persönlichkeiten, die den Psychoanalytiker Freud immer wieder dazu anregten, sich in Briefen und öffentlichen Stellungnahmen dazu zu äußern.

1925 schickte Zweig den eben erschienenen Band *Der Kampf mit dem Dämon. Hölderlin, Kleist, Nietzsche* an Freud mit der gedruckten Widmung: „Professor Dr. Siegmund Freud [sic] / dem eindringenden Geiste, dem anregenden Gestalter / diesen Dreiklang bildnerischen Bemühens" (zit. n. Davies/Fichtner 2006, S. 544) In seinem Dank vom 14. April 1925 zeigte Freud seine Bewunderung vor allem der sprachlichen Fähigkeit Zweigs, „den Ausdruck so an den Gegenstand heranzudrängen, dass dessen feinste Einzelheiten greifbar werden und dass man Verhältnisse und Qualitäten zu erfassen glaubt, die bisher überhaupt noch nicht in Worte gefasst worden sind." (Zweig 1989, S. 134) Von dieser Fähigkeit grenzte er allerdings deutlich die Ansprüche wissenschaftlicher Psychologie ab: „Unsere nüchterne Art, mit dem Dämon zu kämpfen, ist ja die, dass wir ihn als fassbares Objekt der Wissenschaft beschreiben." (S. 134)

Markierungen der Differenzen zwischen literarischer und wissenschaftlicher Psychologie bleiben auch typisch in Freuds Auseinandersetzungen mit Zweigs Novellen und in Zweigs großem Freud-Porträt von 1931. Eines der markantesten Beispiele für Freuds Umgang mit Zweigs literarischer Psychologie steht in dem eingangs zitierten Brief vom 4. September 1926, in dem Freud sich für den Novellenband *Verwirrung der Gefühle* bedankt und auf zwei Novellen mit psychoanalytischen Deutungsansätzen eingeht. Grundlage dafür ist eine Überlegung aus dem früheren Vortrag *Der*

Dichter und das Phantasieren (den handschriftlichen Entwurf dazu hatte er Zweig 1924 geschenkt). In dem Brief formuliert er sie so: „Die Analyse läßt uns vermuten daß der große anscheinend unerschöpfliche Reichtum der vom Dichter behandelten Probleme u Situationen sich auf eine kleine Anzahl von ‚Urmotiven' zurückführen läßt, die zumeist aus dem verdrängten Erlebensstoff des Kinderseelenlebens stammen, so daß diese Dichtungen verkleideten verschönerten, sublimirten [sic] Neuauflagen jener Kinderphantasien entsprechen." (S. 138.)

Besonders leicht sei das an Zweigs Novelle *Vierundzwanzig Stunden aus dem Leben einer Frau* (1925) zu zeigen: „Spricht man den unbewußten Kern unverblümt aus so wirkt es abstoßend. Das Motiv ist das der Mutter, die den Sohn in den Sexualverkehr durch Preisgabe ihrer eigenen Person einführt, um ihn vor den Gefahren der Onanie zu retten, die dem Kinde riesengroß lebensbedrohlich erscheinen." (S. 138) In der literarischen Phantasie dürfe die Onanie nicht offen angesprochen werden. In Zweigs Novelle werde sie durch das Motiv der gefährlichen Spielsucht ersetzt. In der Novelle sei die „mit so unheimlicher Meisterschaft durchgeführte Betonung der Hände und ihrer Tätigkeit [...] geradezu verräterisch. In der Masturbation betätigen ja die Hände ihre Genitalfunktion." (S. 139)

Die psychologischen Einsichten des Dichters bleiben diesem, so Freuds Einschätzung, selbst verborgen, also unbewusst. Sie bleiben intuitiv und darin durchaus wertvoll. Schon Theodor Reik hatte Zweig 1912 eine „intuitive Psychoanalyse" zugebilligt (Reik 1912, S. 210). Aber der psychoanalytischen Wissenschaft sei es vorbehalten, die Intuition bewusst zu machen. Diese wissenschaftliche Bewusstheit spricht Freud dem Dichter ab – sowie umgekehrt Zweig später in seinem großen Freud-Porträt an dessen Schriften die unbedingte Klarheit preist, dieser aber jede sprachliche Nähe zu Merkmalen der Literatur abspricht.

In seinem Essay *Dostojewski und die Vatertötung* hat Freud ein Jahr später seine Deutung und Einschätzung von Zweigs Novelle noch einmal öffentlich wiederholt und dabei auf die ihn bestätigende Reaktion Zweigs verwiesen: „Es ist bezeichnend für die Natur des künstlerischen Schaffens, daß der mir befreundete Dichter auf Befragen versichern konnte, daß die ihm mitgeteilte Deutung seinem Wissen und seiner Absicht völlig fremd gewesen sei, obwohl in die Erzählung manche Details eingeflochten sind, die geradezu berechnet scheinen, auf die geheime Spur hinzuweisen." (Freud 1969b, S. 284) Freud erwähnt dabei beiläufig auch Zweigs Dostojewski-Porträt von 1920 in dem Band *Drei Meister*, den ihm Zweig mit einer handschriftlichen Widmung geschickt hatte: „Herrn Professor Sigmund Freud [sic] / dem großen Wegweiser ins Unbewusste / in immer wieder erneuter Verehrung" (zit. n. Davies/Fichtner 2006, S. 544). Auch auf dieses Buch hatte Freud ausführlich reagiert und dabei vor allem Kritik an Zweigs Dostojewski-Bild geübt.

Während Freud den russischen Dichter als hochgradig pathologische Persönlichkeit abwertete, identifizierte sich Zweig mit ihm insofern noch stärker als mit Freud, als Dostojewski eben kein Wissenschaftler war, sondern wie er selbst literarischer Psychologe. Und in diesem Essay reklamierte er für die Literatur einen Prioritätsanspruch gegenüber der Wissenschaft im Bereich psychologischer Erkenntnis: „[N]icht die Psychologen, die Wissenschaftler, haben die moderne Seele in ihrer Tiefe erkannt, sondern die Maßlosen unter den Dichtern, die Überschreiter der Grenzen." (Zweig GWE, Drei Meister, S. 168) Unter diesen „großen Grenzüberschreitern der Literatur" sei Dostojewski „der größte gewesen", keiner habe „so viel Neuland der

5. Psychologie und Psychoanalyse

Seele entdeckt als dieser Ungestüme, dieser Maßlose" (S. 168). Dostojewski sei „der Psychologe der Psychologen. [...] Alles, was die Wissenschaft erst später entdeckte und benannte, [...] hat er voraus geschildert", mit ihm beginne „in der Kunst eine neue Psychologie" (S. 169f.). Freud selbst wiederum verglich später Dostojewski mit Zweig – zugunsten von Zweig. Dostojewski sei ein „schwer perverser Neurotiker [...]. Sie sind vom Typus des Beobachters, Lauschers, wolwollend [sic] und liebevoll nach dem Verständnis des unheimlich Großen ringend. Sie sind nicht selbst gewalttätig." (Freud an Zweig, 4. September 1926, Zweig 1989, S. 141)

Die Differenzen zwischen Freuds und Zweigs Einschätzungen von Dostojewski und ihren Konzepten der Künstler-Psychologie sind, zumindest tendenziell, symptomatisch für durchaus typische Differenzen zwischen der Freud'schen Psychoanalyse und der literarischen Moderne generell. Beide beteiligen sich mit ähnlichen Interessen an Beschreibungen eines Kampfes, dessen Schauplatz die menschliche Seele ist (vgl. Anz/Pfohlmann 2006, S. 29–38). Was Zweig als „Kampf mit dem Dämon" verbildlicht, entspricht den auch von Freud wiederholt in Metaphern des Kampfes dramatisierten Konflikten zwischen Sexualität und Moral, Unbewusstem und Bewusstem, Körper und Geist, Wahnsinn und Vernunft. Zusammen mit ‚Unterdrückung', ‚Widerstand' oder ‚Abwehr' gehört auch ‚Kampf' zum festen Inventar des psychoanalytischen Vokabulars. Vom „Kampf mit dem mächtigen Triebe" oder „Kampf gegen die Sinnlichkeit" spricht Freud etwa in seiner 1908 erschienenen Schrift *Die ‚kulturelle' Sexualmoral und die moderne Nervosität* (vgl. Freud 1974, S. 26), im Blick auf Dostojewski später von dessen „heftigsten Kämpfen, die Triebansprüche des Individuums mit den Forderungen der menschlichen Gemeinschaft zu versöhnen" (Freud 1969b, S. 271).

Fragt man nach den Parteinahmen und Sympathieverteilungen gegenüber den antagonistischen Kräften im Kampfgeschehen, so positionierte sich Freud mit seinem berühmten Postulat „Wo Es war, soll Ich werden" (Freud 1969c, S. 516) bei aller Kritik an pathogenen Formen der Sexualunterdrückung durch eine zwanghafte Moral und Rationalität auf der Seite der Vernunft. Die literarische Moderne hingegen, und mit ihr auch Stefan Zweig, sympathisierten mit dem Dionysischen, dem Dämonischen, dem Triebleben und allem, was sich den Herrschaftsansprüchen der Vernunft widersetzt. Und während Freud sich nicht scheute, Dichter wie Dostojewski abwertend zu pathologisieren, identifizierte sich die literarische Moderne mit pathologischen Abweichungen von der ‚gesunden' Vernunft (→ IV.7 Das Dämonische). Nietzsche wie Dostojewski, Kleist oder Hölderlin bewunderte Zweig trotz ihrer selbstzerstörerischen Tendenzen als ‚dämonische Naturen' und erklärte: „Das Wort ‚pathologisch' gilt nur im Unproduktiven, in der niedern Welt: denn Krankheit, die Unvergängliches schafft, ist keine Krankheit mehr, sondern eine Form der Übergesundheit, der höchsten Gesundheit." (Zweig GWE, Der Kampf mit dem Dämon, S. 24)

Zweigs Psychologie des dämonischen Genies und der „jedem Menschen eingeborene[n] Unruhe, die ihn aus sich selbst heraus, über sich selbst hinaus ins Unendliche, Elementarische treibt" (S. 13), stand der Psychologie Freuds fern (vgl. Sohnemann 2012, S. 88ff.). Die Konfliktkonstellationen und einige der damit verbundenen Szenarien, denen das wiederkehrende Interesse des literarischen wie des wissenschaftlichen Psychologen galt, glichen sich jedoch. Dazu gehören nicht zuletzt Szenarien des Verbergens und Enthüllens. Dem Setting in der Beziehung zwischen Patient und Analytiker entsprechen beispielsweise Szenarien, in denen jemand bisher verschwiegene und belastende Geheimnisse seines Lebens enthüllt, wie bei dem nächtlichen Geständnis der Protagonistin vor einem fast fremden Hotelgast in *Vierundzwanzig Stunden aus dem Leben einer Frau* oder dem Rückblick eines 60-jährigen Professors auf die geheime Liebe zu seinem einstigen Lehrer in *Verwirrung der Gefühle* (vgl. S. 80 ff.).

Nahe standen sich Zweig und Freud schließlich auch in ihrer psychologischen Einschätzung realer Kämpfe im Krieg. Der Psychologe und Pazifist Stefan Zweig berief sich jedenfalls mit Blick auf den Ersten und dann auch auf den Zweiten Weltkrieg wiederholt auf die Psychologie des Pazifisten Sigmund Freud, zuletzt in *Die Welt von Gestern*, im ersten und im letzten Kapitel. Im pessimistischen Blick auf den Antagonismus zwischen Kultur bzw. Zivilisation und den aggressiven Tendenzen im Inneren der menschlichen Subjekte, auf „die dunklen, die unbewußten Urtriebe und Instinkte des Menschtiers" und auf das, „was Freud tiefsehend ‚die Unlust an der Kultur' nannte, das Verlangen, einmal aus der bürgerlichen Welt der Gesetze und Paragraphen auszubrechen und die uralten Blutinstinkte auszutoben" (Zweig GWE, Die Welt von Gestern, S. 257), ergriff auch Zweig Partei für die Kultur: „Wir mußten Freud recht geben, wenn er in unserer Kultur, unserer Zivilisation nur eine dünne Schicht sah, die jeden Augenblick von den destruktiven Kräften der Unterwelt durchstoßen werden kann" (S. 19). Das abschließende Kapitel der *Welt von Gestern* berichtet über die letzten Gespräche Zweigs mit Freud vor dessen Tod: Freud sieht sich in seinem Pessimismus bestätigt, trotzdem hofft er, dass „der elementare Vernichtungstrieb in der menschlichen Seele", der im Krieg zum Ausdruck kommt, in Zukunft „wenigstens im Gemeinschaftsleben der Völker" (S. 479) niedergehalten werde. Ein endgültiges Resümee über den Blick auf Freuds Werk zieht Stefan Zweig in seiner Rede bei der Urnenbeisetzung Freuds am 26. September 1939 am Friedhof von Golders Green in London (vgl. Zweig 1990).

Stefan Zweig

Zweig, Stefan (1978): Briefe an Freunde. Hg. v. Richard Friedenthal. Frankfurt a. M.: S. Fischer.
Zweig, Stefan (1982): Drei Meister. Balzac, Dickens, Dostojewski. GWE. Frankfurt a. M.: S. Fischer.
Zweig, Stefan (1989): Über Sigmund Freud. Porträt – Briefwechsel – Gedenkworte. Frankfurt a. M.: S. Fischer.
Zweig, Stefan (1990): Worte am Sarge Sigmund Freuds. In: Ders.: Menschen und Schicksale. Frankfurt a. M.: S. Fischer, S. 235–237.
Zweig, Stefan (2001[11]): Der Amokläufer. Erzählungen. GWE. Hg. v. Knut Beck. Frankfurt a. M.: S. Fischer.
Zweig, Stefan (2004[3]): Der Kampf mit dem Dämon. Hölderlin, Kleist, Nietzsche. GWE. Hg. v. Knut Beck. Frankfurt a. M.: S. Fischer.
Stefan Zweig (2004[5]): Verwirrung der Gefühle. Erzählungen. GWE. Hg. v. Knut Beck. Frankfurt a. M.: S. Fischer.
Zweig, Stefan (2007[5]): Die Welt von Gestern. Erinnerungen eines Europäers. GWE. Frankfurt a. M.: S. Fischer.
Zweig, Stefan (2008[4]): Die Heilung durch den Geist. Mesmer, Mary Baker-Eddy, Freud. GWE. Hg. v. Knut Beck. Frankfurt a. M.: S. Fischer.

Weitere Literatur

Anz, Thomas/Pfohlmann, Oliver (Hg.) (2006): Psychoanalyse in der literarischen Moderne. Eine Dokumentation. Bd. I: Einleitung und Wiener Moderne. Marburg a.d. Lahn: LiteraturWissenschaft.de

Birk, Matjaž/Eicher, Thomas (Hg.) (2008): Stefan Zweig und das Dämonische. Würzburg: Königshausen & Neumann.

Cremerius, Johannes (2003): Stefan Zweigs Beziehung zu Sigmund Freud. Eine heroische Identifizierung. In: Ders.: Freud und die Dichter. Gießen: Psychosozial, S. 23–60.

Davies, Keith/Fichtner, Gerhard (Hg.) (2006): Freud's Library/Freuds Bibliothek. A Comprehensive Catalogue/Vollständiger Katalog auf CD-ROM. Engl./Dt. Hg. in Zusammenarbeit mit dem Freud Museum London. Tübingen: Edition Diskord.

Döblin, Alfred (1999): Kleine Schriften III: 1925–1933. Hg. v. Anthony W. Riley. Zürich, Düsseldorf: Walter.

Freud, Sigmund (1955): Briefe an Arthur Schnitzler. In: Die neue Rundschau 66/1955, S. 95–106.

Freud, Sigmund (1969a): Der Wahn und die Träume in W. Jensens *Gradiva*. In: Ders.: Studienausgabe. Bd. X: Bildende Kunst und Literatur. Frankfurt a.M.: S. Fischer, S. 9–85.

Freud, Sigmund (1969b): Dostojewski und die Vatertötung. In: Ders.: Studienausgabe. Bd. X: Bildende Kunst und Literatur. Frankfurt a.M.: S. Fischer, S. 267–286.

Freud, Sigmund (1969c): Neue Folge der Vorlesungen zur Einführung in die Psychoanalyse. In: Ders.: Studienausgabe. Bd. I: Vorlesungen zur Einführung in die Psychoanalyse. Frankfurt a.M.: S. Fischer, S. 448–606.

Freud, Sigmund (1974): Die ‚kulturelle' Sexualmoral und die moderne Nervosität. In: Ders.: Studienausgabe. Bd. IX: Fragen der Gesellschaft. Ursprünge der Religion. Frankfurt a.M.: S. Fischer, S. 9–32.

Freud, Sigmund/Zweig, Arnold (1984): Briefwechsel. Hg. v. Ernst L. Freud. Frankfurt a.M.: S. Fischer.

Gutheil, Emil (Hg.) (1950): The Autobiography of Wilhelm Stekel. New York: Liveright.

Haenel, Thomas (1995): Stefan Zweig. Psychologe aus Leidenschaft. Leben und Werk aus der Sicht eines Psychiaters. Düsseldorf: Droste.

Hofmannsthal, Hugo von (1935): Briefe 1890–1901. Berlin: S. Fischer.

Kory, Beate Petra (2007): Im Spannungsfeld zwischen Literatur und Psychoanalyse. Die Auseinandersetzung von Karl Kraus, Fritz Wittels und Stefan Zweig mit dem „großen Zauberer" Sigmund Freud. Stuttgart: Ibidem.

Matuschek, Oliver (2006): Stefan Zweig. Drei Leben – Eine Biographie. Frankfurt a.M.: S. Fischer.

Meyer, Michaela (2009): Erzählte Psychoanalyse? Die „Wende nach Innen" in der modernen Literatur, dargestellt anhand ausgewählter Texte von Stefan Zweig, John Davys Beresford und May Sinclair. Essen: Die Blaue Eule.

Reik, Theodor (1912): *Erstes Erlebnis* von Stefan Zweig. In: Imago 1/2/1912, S. 209–211.

Ruprecht, Erich/Bänsch, Dieter (Hg.) (1981): Jahrhundertwende. Manifeste und Dokumente zur deutschen Literatur 1890–1910. Stuttgart: Metzler.

Sohnemann, Jasmin (2012): Zwei Psychologen und ihre Freundschaft: Stefan Zweig und Sigmund Freud. In: Müller, Karl (Hg.): Stefan Zweig – Neue Forschung. Würzburg: Königshausen & Neumann, S. 73–98.

Strelka, Joseph P. (1982): Psychoanalytische Ideen in Stefan Zweigs Novellen. In: Literatur und Kritik 169–170/1982, S. 42–52.

Thomé, Horst (1993): Autonomes Ich und ‚Inneres Ausland'. Studien über Realismus, Tiefenpsychologie und Psychiatrie in deutschen Erzähltexten (1848–1914). Tübingen: Niemeyer.

Weinzierl, Ulrich (2015): Stefan Zweigs brennendes Geheimnis. Wien: Zsolnay.

Werman, David S. (1979): Stefan Zweig and his Relationship with Freud and Rolland: A Study of the Auxiliary Ego Ideal. In: International Review of Psycho-Analysis 6/1979, S. 77–95.

Worbs, Michael (1988): Nervenkunst. Literatur und Psychoanalyse im Wien der Jahrhundertwende. Frankfurt a.M.: Europäische Verlagsanstalt.

6. Literatur des Exils
Marlen Eckl

1. Einführung 86
2. Die Aufgabe des literarischen Exils 88
3. Die Sprachproblematik im Exil 89
4. Themen der Exilliteratur 90
5. Das Exil im Exil 98

1. Einführung

> Hat schon jemand den Hymnus des Exils gedichtet, dieser schicksalsschöpferischen Macht, die im Sturz den Menschen erhöht, im harten Zwang der Einsamkeit neu und in anderer Ordnung die erschütterten Kräfte der Seele sammelt? Immer haben die Künstler das Exil nur angeklagt als scheinbare Störung des Aufstiegs, als nutzloses Intervall, als grausame Unterbrechung. Aber der Rhythmus der Natur will solche gewaltsame Zäsuren. Denn nur wer die Tiefe weiß, kennt das ganze Leben. Erst der Rückschlag gibt dem Menschen seine volle vorstoßende Kraft. [...] Immer ist dem wahrhaft Starken das Exil keine Minderung, sondern nur Kräftigung seiner Kraft. (Zweig GWE, Joseph Fouché, S. 106f.)

Als Stefan Zweig dies 1928 schrieb, ahnte er nicht, dass er selbst wenige Jahre später ein Exilant sein würde. Obgleich er sich elf Jahre zuvor gegenüber Martin Buber zur Diaspora als Sinn des Idealismus des Judentums und als dessen „weltbürgerliche allmenschliche Berufung" (Zweig 1978, S. 68) bekannt hatte, war er nicht darauf vorbereitet, als er sich nach der Durchsuchung seines Salzburger Hauses im Februar 1934 gezwungen sah, seine Heimat zu verlassen. Zwar hatte er bereits am 15. April 1933 Frans Masereel gewarnt, dass Österreich in ganz kurzer Zeit das gleiche Schicksal wie Deutschland, d.h. die Aufhebung von Recht und Freizügigkeit, bevorstünde. Aber „[w]as man dann tun wird, ist unklar, ich habe die stärkste Abneigung, Emigrant zu werden und würde das nur im äußersten Notfall tun, denn ich weiß, daß alles Emigrantentum gefährlich ist" (S. 227).

Zu diesem Zeitpunkt hatte Zweig noch nicht entschieden, ob er Österreich verlassen sollte oder nicht. Mit einer historisch-biografischen Studie über Erasmus von Rotterdam wollte er seinen Beitrag zu den Ereignissen liefern. So ließ er Romain Rolland Ende April 1933 wissen, dass er dem Erasmus „ein [...] Denkmal errichten" wolle: „[W]er zu lesen versteht, wird die Geschichte unserer Tage in der Analogie entdecken. Uns bleibt kein anderes Mittel mehr, uns vernehmlich zu machen, als durch das Symbol – oder zu emigrieren." (Rolland/Zweig 1987, S. 510f.) Nach Zweigs Ansicht würde Erasmus von Rotterdam sein Sprecher sein: „der erste bewußte Europäer [...], der erste streitbare Friedensfreund, der beredteste Anwalt des humanistischen, des welt- und geistesfreundlichen Ideals", der „nur ein Ding auf Erden wahrhaft als den Widergeist der Vernunft gehaßt" habe: „den Fanatismus" (Zweig GWE, Triumph und Tragik des Erasmus von Rotterdam, S. 9f.). Ähnlich beschrieb er Richard Strauss das Buch als einen „stille[n] Lobgesang an den antifanatischen Menschen, dem die künstlerische Leistung und der innere Frieden das Wichtigste auf Erden ist – ich habe mir damit die eigene Lebenshaltung in ein Symbol besiegelt" (Strauss/Zweig 1957, S. 63).

6. Literatur des Exils

Das Erscheinen von *Triumph und Tragik des Erasmus von Rotterdam* fiel mit Stefan Zweigs Gang ins Exil nach England im Februar 1934 zusammen. Natürlich ist Zweigs *Erasmus* keine Biografie im Sinne der vorangegangenen über Fouché (1929) und Marie Antoinette (1932), sondern vielmehr eine biografisch-essayistische Studie über Erasmus' Vermittlungsrolle zwischen Martin Luther und dem Papsttum. Zweig reihte sich damit zugleich unter die Autoren ein, die im Exil erfolgreich auf historische Stoffe und Themen zurückgreifen sollten. Schon früh führte deren Beliebtheit und Erfolg unter den Schriftstellern und Kritikern zu einer lebhaften Diskussion über den „Sinn und Unsinn des historischen Romans", wie Lion Feuchtwanger seinen auf dem Internationalen Schriftstellerkongress in Paris 1935 gehaltenen Vortrag nannte. Feuchtwanger verstand historische Fakten als „ein Distanzierungsmittel, [...] ein Gleichnis, um sich selber sein eigenes Lebensgefühl, seine eigene Zeit, sein Weltbild möglichst treu wiederzugeben" (Feuchtwanger 1984, S. 496) und Alfred Döblin kam in seinem Aufsatz *Der historische Roman und wir* (1936) zum Schluss:

> [W]o bei Schriftstellern die Emigration ist, ist auch gern der historische Roman. Begreiflicherweise, denn abgesehen vom Mangel an Gegenwart, ist da der Wunsch, seine historischen Parallelen zu finden, sich historisch zu lokalisieren, zu rechtfertigen, die Notwendigkeit, sich zu besinnen, die Neigung, sich zu trösten und wenigstens imaginativ zu rächen. [...] Der unermüdliche Kampf aller Menschen [...] um Freiheit, Frieden, echte Gesellschaft und um Einklang mit der Natur, gibt genug Beispiele für Tapferkeit, Kraft und Heroismus. (Döblin 2003, S. 314, 316)

Franz Carl Weiskopf dagegen warnte in seinem Beitrag *Hier spricht die deutsche Literatur. Zweijahresbilanz der „Verbannten"* im Zusammenhang mit Stefan Zweigs *Erasmus*: „Die Wahl eines historischen Stoffes bedeutet für einen emigrierten deutschen Schriftsteller in der Regel Ausweichen oder Flucht vor den Problemen der Gegenwart." (Weiskopf 1974, S. 84) Tatsächlich sah Stefan Zweig 1936 rückblickend in seiner „Beschäftigung mit dem Historischen eine Art Flucht vor der Zeit" (Zweig 1978, S. 275). Ein Blick auf das Werk bis zu seinem Tod zeigt, dass sich Zweig – sieht man von der Binnenhandlung der *Schachnovelle* ab – nicht „den Problemen der Gegenwart", sondern dem Rückblick auf Europa vor 1914 und insbesondere dem Ersten Weltkrieg (vgl. *Die Welt von Gestern*, 1942; *Clarissa*, erstmals 1990) zuwendet und in der Erforschung historischer Biografien und literarischer Werke (vgl. *Balzac*, erstmals 1946; *Montaigne*, erstmals 1960) Analogien sucht. In den Vorträgen *Geschichtsschreibung von morgen* und *Die Geschichte als Dichterin* (beide 1939 entstanden) bekräftigt er seinen Glauben an den Sinn der Geschichte und legt seine Vorstellung des Zusammenwirkens zwischen Historie und Literatur dar (→ V.1 Geschichtsbilder und Geschichtsauffassung). Angesichts der Völker und Nationen „in einem Zustand krankhafter Reizbarkeit" plädiert er für einen Standpunktwechsel in der Geschichtsschreibung (Zweig GWE, Geschichtsschreibung von morgen, S. 227). Im Hinblick auf die junge Generation gelte es, die Perspektive nationalen Interesses abzulegen und das kollektive Zusammenwirken der Menschheit im Sinn einer „Geschichte der menschlichen Zivilisation" aufzuzeigen. „Soll die Geschichte einen Sinn haben, so muß es der sein, unsere Irrtümer zu erkennen und sie zu überwinden. [...] die Geschichte von morgen [muß] die unseres ewigen Aufstiegs sein" (S. 248). Wohl wissend, dass die historischen Ereignisse 1938/1939 seine Generation in diesem Sinne erneut vor eine große Prüfung stellten, mahnte er:

„Wer die Geschichte als ein Dichterisch-Sinnvolles liebt, der muß auch die Gegenwart und seine Existenz als ein Sinnvolles betrachten, und damit wächst in allen Widrigkeiten in uns das Bewußtsein, daß wir jeder, schaffend und handelnd und schreibend, ein Lebensziel erfüllen, [...] für das Goethe die unvergängliche Formel gefunden hat: ‚Uns zu verewigen sind wir ja da.'" (Zweig GWE, Die Geschichte als Dichterin, S. 270)

Im Unterschied zu seiner Arbeit 1933/1935 (*Erasmus*, *Castellio*) räumte Zweig – seit vier Jahren im englischen Exil lebend – nun ein, dass die politische Erfahrung der Gegenwart für die Literatur ebenso bedeutend ist wie der Rückgriff in die Geschichte.

2. Die Aufgabe des literarischen Exils

Von Anfang an sahen sich die emigrierten Autoren mit der Frage konfrontiert, welche Art von Literatur am besten den Herausforderungen des Exils Rechnung tragen konnte. Es galt sowohl eine neue Existenz aufzubauen und das wirtschaftliche Überleben zu sichern als auch dem Zeitgeschehen Beachtung zu schenken und einen moralisch-politischen Anspruch zu erfüllen. Bereits 1933 hatte Heinrich Mann hinsichtlich der „Aufgaben der Emigration" klargestellt: „Die Emigration allein darf Tatsachen und Zusammenhänge aussprechen. Sie ist die Stimme ihres stumm gewordenen Volkes, sie sollte es sein vor aller Welt. [...] Die Emigration wird darauf bestehen, daß mit ihr die größten Deutschen waren und sind, und das heißt zugleich: das beste Deutschland" (H. Mann 1974, S. 8); und Hans Sahl sekundierte 1934/1935: „,Emigration ist kein Zustand, Emigration ist eine Verpflichtung', wurde neulich in einer Pariser Schriftstellerversammlung gesagt. Auf die Literatur übertragen, heißt das: Emigration ist [...] eine geistige Haltung." (Sahl 1974, S. 70)

So einte das literarische Exil, das ebenso wie andere Emigrantengruppen hinsichtlich der sozialen Herkunft und politischen Ansichten, religiösen Überzeugungen und vielem mehr sehr heterogen war – Schätzungen gehen davon aus, dass es ca. 2500 Personen umfasste (vgl. Stephan 1998, S. 31) –, die Aufgabe, die ausländische Öffentlichkeit auf das „andere", bessere Deutschland aufmerksam zu machen und über den Nationalsozialismus aufzuklären. Ende Mai 1933 nutzte Ernst Toller den Internationalen P.E.N.-Kongress in Ragusa (Dubrovnik), um gegen die Bücherverbrennung zu protestieren. Seine Rede verschaffte ihm nicht nur internationales Ansehen, sondern führte auch in der Folge zur Auflösung der deutschen Sektion des P.E.N. und der Gründung eines deutschen P.E.N.-Clubs im Exil, dem neben den Gründungsmitgliedern Ernst Toller, Lion Feuchtwanger, Max Herrmann-Neiße und Rudolf Olden bald Heinrich und Klaus Mann, Alfred Kerr, Ludwig Marcuse, Bertolt Brecht, Herwarth Walden und später viele andere exilierte Schriftsteller angehörten. Die Unterstützung von Ernst Tollers Protest seitens eines Teils der österreichischen Delegierten, darunter Raoul Auernheimer, Franz Theodor Csokor, Paul Frischauer, Gina Kaus, Ernst Lothar, Robert Neumann und Friedrich Torberg, hatte den Austritt Grete von Urbanitzkys, der Geschäftsführerin des österreichischen P.E.N.-Clubs, und anderer Autoren zur Folge gehabt und damit die Spaltung der österreichischen literarischen Kreise eingeleitet. Zweigs Abwesenheit in Ragusa wurde mit Unverständnis zur Kenntnis genommen.

Während sich manche Schriftsteller wie Stefan Zweig jeglicher politischer Positionierung zu entziehen versuchten, erhoben andere wie Heinrich Mann die Forderung einer gemeinsamen Vertretung. Für Heinrich Mann oblag der Emigration neben der politischen Erziehung die Bewahrung der deutschen Kultur: „Zu verteidigen haben wir eine ruhmreiche Vergangenheit und was sie uns vererbt hat, die Freiheit zu denken und zu handeln. [...] Wir sind die Fortsetzer und Verteidiger einer Überlieferung [...]. Nur der Geist sichert die nötige Autorität, um Menschen zu führen: gemeint ist ein Geist der Erkenntnis und Festigkeit." (Zit. n. Feilchenfeldt 1986, S. 79)

Die Auseinandersetzung mit der eigenen Aufgabe und die Versuche, Gruppen zusammenzufassen, verstärkten das Gefühl der Zusammengehörigkeit unter den exilierten Schriftstellern besonders in den ersten Jahren des Exils im Unterschied zu anderen Emigrantengruppen. In der Rückschau stellte Klaus Mann fest: „Während die Parteifunktionäre sich zankten, hielten die Schriftsteller zusammen, auch wenn ihre politischen Ansichten voneinander abwichen. [...] Ja, die verbannten Literaten bildeten wohl so etwas wie eine homogene Elite, eine wirkliche *Gemeinschaft* innerhalb der diffusen amorphen Gesamtemigration." (K. Mann 2004, S. 407) Zweigs davon doch deutlich abweichende Position lässt sich am Briefwechsel mit Klaus Mann nachvollziehen (vgl. K. Mann 1975).

3. Die Sprachproblematik im Exil

Infolge der erzwungenen Emigration hatten die meisten der exilierten Schriftsteller ihre Existenzgrundlage verloren. Abgeschnitten von Lesern, Verlagen und Publikationsorganen sahen sie sich vor die Frage gestellt, sich sprachlich an das Gastland zu assimilieren oder mit der Aussicht zu leben, wenn überhaupt, für eine gewisse Zeit nur einen sehr eingeschränkten Leserkreis zu erreichen. Wenige Autoren waren in den Zufluchtsländern aufgrund von Übersetzungen so bekannt wie Lion Feuchtwanger, Thomas Mann oder Stefan Zweig, die schon vor ihrer Emigration internationale Erfolge gefeiert hatten und im Exil ihr literarisches Schaffen problemlos fortführen konnten. Viele, die in der Heimat materiell abgesichert gewesen waren, mussten sich im Exil mit einem Leben in bescheidenen, häufig finanziell unsicheren Verhältnissen begnügen. Sich eine neue Existenz als Schriftsteller aufzubauen, gelang lediglich in Ausnahmefällen. Der Großteil der exilierten Autoren verdiente den Lebensunterhalt mit Gelegenheitsarbeiten oder wurde von der Familie, Freunden und Hilfsorganisationen unterstützt. Von Exilanten gegründete und herausgegebene Zeitungen und Zeitschriften wie *Die neue Weltbühne* in Wien (später Prag und Paris), *Pariser Tageblatt* in Paris, *Die Sammlung* in Amsterdam, *Das Neue Tage-Buch* in Paris, *Maß und Wert* in Zürich, *Das Andere Deutschland* in Buenos Aires, *Freies Deutschland* in Mexiko oder *Aufbau* in New York bildeten daher nicht nur das Sprachrohr und Informationsorgan der Exilgemeinschaft, sondern boten den Schriftstellern neben den Exilverlagen auch eine wichtige Publikationsplattform.

Denn erfolgreich zur Sprache des Aufnahmelandes überzugehen, sollte vorwiegend den Jüngeren vorbehalten bleiben, wie Stefan Heym, Arthur Koestler, Klaus Mann, Robert Neumann, Hilde Spiel oder Peter Weiss. Dem Deutschen als literarischer Sprache blieben die Exilanten nicht nur wegen ihres fortgeschrittenen Alters treu – viele waren vor 1890 geboren –, sondern vor allem auch, weil es Ausdrucksmittel ihrer Identität und Kultur war. Der vertrauten Umgebung beraubt, fühlte man sich im doppelten Sinne unverstanden. „Was tu ich in dem fremden Land, / Entstellt, gedruckt und ganz verkannt?", fragte sich Raoul Auernheimer (zit. n. Weiss 2010, S. 42).

Neben dem Gefühl der Isolation machte sich mit zunehmender Dauer des Exils die Angst vor dem Verlust der Sprachfertigkeit breit. Im Juli 1938 schrieb Stefan Zweig an Felix Braun: „[I]ch war hier lang mit Werfel, der ehrlich bekennt, er fürchte auf die Dauer im Exil an Sprachkraft zu verlieren. Und für mich ist der Gedanke, dass meine Bücher nur schraffierte Unterlagen für Übersetzungen sein sollen, eine lähmende Vorstellung" (zit. n. Berlin 1991, S. 332). Ebenso wie Leonhard Frank fühlten sich viele Autoren „[o]hne den lebensvollen, stetigen Zustrom aus dem Volk seiner Sprache und ohne die unwägbare, stetige Resonanz der Leser" (Frank 2003, S. 183) nicht existent. Seiner Ansicht nach glich das Schreiben im Exil dem Spielen „auf einer Geige aus Stein, auf einem Klavier ohne Saiten" (S. 183). Während Hans Natonek zu bedenken gab, dass die Muttersprache unter fremdem Himmel nicht wachse und blühe und bestenfalls eine Erinnerung sei (vgl. Weiskopf 1981, S. 42), wies Lion Feuchtwanger 1943 in seinem Essay *Arbeitsprobleme des Schriftstellers im Exil* auf den zersetzenden Einfluss der fremdsprachlichen Umgebung hin: „Da ist zunächst die bittere Erfahrung, abgespalten zu sein vom lebendigen Strom der Muttersprache. Die Sprache ändert sich von Jahr zu Jahr. [...] Wir hören die neuen Worte für diese neuen Erscheinungen zuerst in der fremden Sprache. [...] [S]ie knabbern an unserem eigenen Ausdrucksvermögen." (Feuchtwanger 1974, S. 240) Der Gebrauch der Muttersprache implizierte deshalb auch das Bedürfnis, diese zu bewahren. In seinem Vortrag *Zerstörte Sprache – zerstörte Kultur* (1939) argumentierte Ernst Bloch in ähnlicher Weise: „[W]ie können wir als deutsche Schriftsteller in einem anderssprachigen Land das Unsere tun, uns lebendig erhalten, wie können wir politisch kulturell unsere Aufgabe erfüllen? Man kann Sprache nicht zerstören, ohne in sich selber Kultur zu zerstören. Und umgekehrt, man kann eine Kultur nicht erhalten und fortentwickeln, ohne in der Sprache zu sprechen, worin diese Kultur gebildet ist und lebt." (Bloch 1974, S. 224)

Über die Vergewisserung der eigenen Identität in der Sprache und Kultur hinaus galt es angesichts des Missbrauchs derselben durch die Nationalsozialisten, etwas entgegenzusetzen. Nachdem man sie aus der Heimat vertrieben hatte, sollte man ihnen nicht noch das Kulturerbe wegnehmen können. Auch wollte man nicht den Nationalsozialisten die Bewahrung der deutschen Kulturtradition überlassen. Mit dem Anspruch, das wahre Deutschland zu vertreten, war auch der Wille verbunden, eine „gültige Literatur der höchsten Qualität und Integrität" zu schaffen (Köpke 1985, S. 231). Vor dem Hintergrund, dass das Exil aus verschiedenen Gründen kaum Raum für formale Experimente ließ, wurde die direkte, realistische Darstellung bevorzugt und die Deutlichkeit der Aussage sichergestellt. In der Sprache zeichneten sich bestimmte Entwicklungen ab: „Konservierung des Sprachbestands vor dem Exil, möglicherweise verstärkter Rückgriff auf die ‚Heimat' [...], Verstärkung der Deutlichkeit und Eindeutigkeit und des intellektuellen Gehalts der Sprache; Orientierung an anderen Mustern als denen der Umgangssprache, etwa an Luthers Bibel, klassischer Literatur, und damit die Wahl von Archaismen; allgemeine Tendenz zur Stilisierung, [...] begrenzte Tendenz zur Aufnahme fremdsprachlicher Wendungen." (Köpke 1985, S. 231)

4. Themen der Exilliteratur

Auch die Themenwahl blieb selbstverständlich nicht unberührt von der veränderten Lebenssituation. „Das Exil [...] ist die Quelle dieser Werke. Nicht die Stoffe dieser Dichter haben sich verändert durch ihre Verbannung, sondern ihr Wesen", konstatierte Lion Feuchtwanger in seinem oben erwähnten Vortrag (Feuchtwanger 1974, S. 238). Die Erzählprosa war das dominierende Genre, obgleich einige Motive und Themen insbesondere auch in der lyrischen Form verarbeitet wurden (vgl. dazu die Ansätze einer Typologie der Exilliteratur bei Feilchenfeldt 1986; Rotermund 1994; Stern 1989; Strelka 1983; Vordtriede 1989). Wie dargelegt, erfreuten sich historische Themen besonderer Beliebtheit: „An ihrer Verarbeitung waren konservative und bürgerliche Exilanten, Radikaldemokraten und Kommunisten, Anfänger wie Reüssierte, Romanciers, Dramatiker wie Lyriker, Bestsellerautoren und ein Nobelpreisträger beteiligt." (Stephan 1979, S. 194) Für einige von ihnen wie Lion Feuchtwanger, Bruno Frank, Heinrich Mann und Thomas Mann, Alfred Neumann oder Stefan Zweig bedeutete der Rückgriff auf die Geschichte vor allem in den ersten Exiljahren die Fertigstellung von Projekten, die sie vor 1933 begonnen hatten, und das Anknüpfen an Themen und Gattungen, die sich für sie als erfolgreich bewährt hatten. Dies erlaubte den exilierten Schriftstellern, nicht nur historische Parallelen zur damaligen Entwicklung zu veranschaulichen, sondern auch „die weltumwandelnde Wirksamkeit der humanistischen Ideale aufzuzeigen" (Lukács 1974, S. 174).

Auch Stefan Zweigs Auswahl der Protagonisten seiner biografischen Studien kam eine besondere Bedeutung zu, und zwar in einem speziellen Sinn: Wenngleich er dazu neigte, dem Zufall die Urheberschaft seiner Buchprojekte zuzuschreiben, traf er die Entscheidung für seine Helden bewusst. Seiner inneren Einstellung folgend, die die „Tragik immer nur im Besiegten sieht", gab er „Erasmus und nicht Luther, Maria Stuart und nicht Elisabeth, Castellio und nicht Calvin" den Vorzug (Zweig GWE, Die Welt von Gestern, S. 198). Hatte er mit dem Erasmus eine „verschleierte Selbstdarstellung" und nach eigener Aussage neben *Jeremias* (1917) sein persönlichstes, privatestes Werk geschaffen (S. 432) und seiner Hoffnung auf einen Sieg der Vernunft über die Irrationalität Ausdruck verliehen, ging er mit *Castellio gegen Calvin* noch einen Schritt weiter und schuf „das Bild des Mannes, der ich sein MÖCHTE" (Zweig an Joseph Roth, Herbst 1937, Roth 1970, S. 514, Herv. i. O.).

In der Beschreibung Castellios als „einsame[n] Idealisten [...], Flüchtling im Fremdland ohne Bleibe- und Bürgerrecht, ein[en] zwiefache[n] Emigrant[en]" (Zweig GWE, Castellio gegen Calvin, S. 10f.) werden die Parallelen zum exilierten Autor erkennbar. Indem Zweig darüber hinaus von „einer geharnischten und gepanzerten Diktatur" sprach und unterstrich, dass es Calvin „[d]ank einer großartigen organisatorischen Technik [...] gelungen [ist], eine ganze Stadt, einen ganzen Staat mit tausenden bisher freien Bürgern in eine starre Gehorsamsmaschinerie zu verwandeln, jede Denkfreiheit zugunsten seiner alleinigen Lehre zu beschlagnahmen" (S. 9–11), werden die Anspielungen auf die Zeitumstände noch deutlicher. Damals war der Schriftsteller noch von einem baldigen Sieg der Freiheit und des Geistes überzeugt und formulierte seine Botschaft unmissverständlich im Untertitel: *Ein Gewissen gegen die Gewalt*. Dieser Glaube an die Kraft des Geistes sollte sich bis zum Schluss wie ein roter Faden durch seine Werke ziehen, wie die Werke *Magellan* (1938) und *Montaigne* (erstmals 1960) belegen. In den Arbeiten des französischen Philosophen fand er nicht nur Trost in den letzten Lebensmonaten. Vielmehr sollten dessen Leben und Werk seiner Generation als Vorbild dienen:

> [A]m hilfreichsten wird sein freies und unbeirrbares Denken einer Generation, die, wie etwa die unsere, vom Schicksal in einen kataraktischen Aufruhr der Welt geworfen wurde. Nur wer in der eigenen erschütterten Seele eine Zeit durchleben muß, die mit Krieg, Gewalt und tyrannischen Ideologien dem Einzelnen das Leben und innerhalb seines Lebens wieder die kostbarste Substanz, die individuelle Freiheit, bedroht, weiß, wieviel Mut, wieviel Ehrlichkeit und Entschlossenheit vonnöten ist, in solchen Zeiten der Herdentollheit seinem innersten Ich treu zu bleiben. (Zweig GWE, Montaigne, S. 468)

Die historischen Romane boten den Schriftstellern neben der Bezugnahme zur politischen Gegenwart auch die Möglichkeit, Geschichten von Flüchtlingen und Exilanten mit einzuflechten, wie z. B. Heinrich Mann in der Figur des Philippe Duplessis-Mornay im *Henri Quatre*. In diesem Sinne wollte Stefan Zweig Magellan nicht nur ein würdiges Denkmal für die „Tat des Mannes" setzen, „der meinem Empfinden nach das Großartigste geleistet in der Geschichte der Erderkundung, Ferdinand Magellan, er, der mit fünf winzigen Fischerkuttern von Sevilla ausfuhr, um die ganze Erde zu umrunden – die herrlichste Odyssee in der Geschichte der Menschheit" (Zweig GWE, Magellan, S. 10). Mit der Geschichte des Heimatvertriebenen Magellan vermochte er überdies den verzweifelten Flüchtlingen zu zeigen, dass ein Traum, eine Idee zu einer Heimat werden kann (vgl. Dines 2006, S. 295). Da er sich zu jener Zeit zunehmend um die Flüchtlinge sorgte und nach möglichen Aufnahmeländern suchte, war in den Biografien von Magellan und später Amerigo Vespucci die Erkundung neuer Welten von Bedeutung. „‚Hier ist alles einfach und nichts hat hier hohen Wert außer Friede, Bequemlichkeit und Gewürz. Das beste dieser Dinge aber und vielleicht das beste Gut auf Erden, nämlich Friede, scheint durch die Schlechtigkeit der Menschen von unserer Welt ausgetrieben worden zu sein und hierhergeflüchtet.'" (Zweig GWE, Magellan, S. 252) Sowohl dieses Zitat von Maximilian Transsylvanus in *Magellan* als auch Vespuccis Schlussfolgerung, dass „das irdische Paradies", wenn es irgendwo existiere, „nicht weit von hier sein" könne (Zweig GWE, Amerigo, S. 403), gab Stefan Zweig angesichts tausender Flüchtlinge, die in jenen Jahren Europa verlassen mussten, die Hoffnung auf eine bessere Zukunft in „Neuen Welten" zu erkennen.

Ähnlich wie Heinrich Mann oder Joseph Roth, die sich mit den *Henri Quatre*-Romanen und *Die hundert Tage* der Geschichte ihres Exillandes widmeten, stellte Stefan Zweig mit seinen Biografien von Magellan und Vespucci die Verbindung zwischen der Alten und Neuen Welt her. Im brasilianischen Exil sollte Stefan Zweig auch auf die Entstehung von Ernst Feders Buch *Begegnungen. Die Großen der Welt im Zwiegespräch* Einfluss nehmen. Darin schildert der Berliner Publizist 16 Begegnungen aus Literatur- und Geistesgeschichte, um „durch die Erinnerung an historische Gestalten der letzten Jahrhunderte eine Art geistiges Band zwischen der Neuen und Alten Welt zu knüpfen, […] um mir die Anpassung an das neue ‚Klima' durch die Verlebendigung des kulturellen Austausches zwischen den beiden Kontinenten zu erleichtern" und „die Ideen der Freiheit, der Würde und der Selbstverantwortlichkeit der Persönlichkeit in großen Figuren der Vergangenheit sichtbar" zu machen (Feder 1950, S. 9f.). Richard Dyck setzte Feders *Begegnungen* mit August Strindbergs *Historischen Miniaturen* und Stefan Zweigs *Sternstunden der Menschheit* (1927) gleich (vgl. Dyck 1950, S. 8).

Obschon die Magellan-Biografie frei von politischen Bezügen war, stand sie im Licht des Zeitgeschehens. Dies erkennend schrieb Ernst Weiß: „Es ist ein Buch für Männer, es ist ein Werk für junge Menschen, die von einer Zeit wie der unseren fast erdrückt werden, das Zweig hier geschaffen hat. Es gibt Mut. Und was brauchen wir heute mehr als Mut? Wer das Buch Zweigs gelesen hat, hat neuen Mut gewonnen zum Leben und zur Liebe." (Weiß, zit. n. Beck 2003, S. 316)

Stefan Zweigs Biografien über die bedeutenden Pioniere der Seefahrt Magellan und Vespucci können auch als Erinnerung an die Tatsache verstanden werden, dass von Beginn an zwangsgetaufte Juden durch ihre Teilnahme an den Fahrten einen wichtigen Beitrag zur Entdeckung unbekannter Seewege und Ländern leisteten und in den späteren Kolonien vor der Verfolgung der Inquisition Zuflucht fanden. Wie sehr für Stefan Zweig gerade Schiffe zu einem Symbol der Flüchtlingstragödie seiner Zeit geworden waren, dokumentiert die Korrespondenz mit dem Maler Lasar Segall. Im Dezember 1940 schrieb er Segall, er möge „das ganze Elend der Flüchtenden von heute [...] zur Darstellung bringen". „Es wäre ein gewaltiger Fries, [...] ein Dokument dieser Zeit" (zit. n. D'Horta 2008, S. 27). Daraufhin antwortete ihm Segall: „Ein merkwürdiges Zusammentreffen. Ich arbeite nämlich seit eineinhalb Jahren [...] an einem großen Bild ‚Emigrantenschiff'. Aus beiliegenden Fotos können Sie die Auffassung und die Komposition ersehen, natürlich nicht die wirkliche malerische Wirkung." (Zit. n. S. 28) Der Schriftsteller zeigte sich von Segalls Werk sehr beeindruckt, wie er diesen wissen ließ: „Ohne mir ein autoritäres Urteil zu erlauben, möchte ich Ihnen sagen, dass Sie hier einen Herzschuss getan haben: Es ist auf diesem Bilde eine wirklich visionäre Zusammenfassung des zeitlichen Elends, für uns in der empfindlichsten Form. Wie gerne würde ich das Original sehen!" (Zit. n. S. 31) Dazu sollte es nicht mehr kommen. Angesichts dessen, dass er selbst auf der Suche nach einer endgültigen Zuflucht auf Schiffen von einen zum anderen Land gereist war und Ozeane überquert hatte, überrascht es nicht, dass Stefan Zweig in seiner letzten Novelle, der *Schachnovelle*, dieses Motiv aufgriff und als Rahmenhandlung eine Atlantik-Überfahrt wählte, in der er den Alltag wohlhabender Reisender mit den psychischen Qualen, die ein ehemaliger Gestapo-Gefangener durchlebt, konfrontierte.

Bereits 1937 hatte der Schriftsteller in der Legende vom *Begrabenen Leuchter* das Schicksal des zur ewigen Wanderschaft verurteilten jüdischen Volkes, das im Heiligen Land den einzigen sicheren Zufluchtsort findet, und zudem die Universalität des jüdischen Glaubens versinnbildlicht (→ V.8 JUDENTUM UND JÜDISCHE IDENTITÄT). Damit spendete er angesichts der Ausgrenzung und Verfolgung der Juden durch die Nationalsozialisten vielen umherirrenden Flüchtlingen Trost, „daß sein [i.e. Gottes] Wort uns heilig geblieben in der Verbannung – und vielleicht ist dies der Sinn unseres ewigen Gejagtseins über die Erde, daß das Heilige uns nur noch heiliger wird durch die Ferne und unser Herz immer demütiger am Übermaß der Not [...]. [...] [D]ieses Leid und diese Klage gemeinsamen Verstoßenseins waren ihre einzige Einheit auf Erden." (Zweig GWE, Der begrabene Leuchter, S. 103, 124)

Wie Stefan Zweig begannen sich auch andere jüdische Schriftsteller unter dem Eindruck der erzwungenen Emigration jüdischen Themen und Stoffen zuzuwenden und machten das Exil als jüdische Erfahrung zum Gegenstand ihrer Literatur. Nach 1933 sahen sich die jüdischen Schriftsteller auf das Judentum zurückgeworfen, von dem sich nicht wenige entfremdet hatten. Der Rückgriff auf biblische Stoffe und Figuren erklärt sich aus der Notwendigkeit einer Sinngebung der jüdischen Existenz (→ IV.2 BIBLISCHE STOFFE UND MOTIVE). „Daß eine solche Rückwendung zur jüdischen Tradition, nicht auf fundamentalistisch-religiöser, sondern auf säkularisiert-universeller Basis, überhaupt möglich ist, liegt wohl nicht zuletzt an der spezifischen Beschaffenheit dieser Tradition, an der ihr immanenten Vieldeutigkeit, Dialektik und Offenheit"

(Shedletzky 1993, S. 9). Die fiktionalisierte Annäherung an das Judentum manifestierte sich nicht nur in verschiedenen Genres. Vielmehr spiegelt auch die Deutung der jüdischen Stoffe im Licht des Zeitgeschehens die unterschiedlichen Sichtweisen und Intentionen der Autoren wider.

Dass die Bibel als Quelle der Hoffnung und Stärkung des jüdischen Selbstverständnisses eine Schlüsselrolle besaß, nimmt nicht wunder. „Immer, wenn die Juden [...] in Not waren, haben sie schon in alten Zeiten die heiligen Bücher aus der Bundeslade geholt und sich aus ihrer Vergangenheit für die Zukunft aufgerichtet", schrieb Max Reinhardt 1937 (zit. n. Stern 1998, S. 125). In Franz Werfels Jeremias-Roman *Höret die Stimme*, den er 1937 verfasste, versuchte der Autor Hoffnung zu vermitteln. Mit der Darstellung des Lebens in der Verbannung, zu dem das jüdische Volk in seiner Geschichte wiederholt gezwungen war, als Prüfung, aus der man mit gestärkter und gefestigter Identität hervorgehen kann, gab er seinen verfolgten und exilierten Schicksalsgenossen Zuversicht, aus der Vergangenheit Kraft für die Gegenwart zu schöpfen und den Glauben an eine bessere Zukunft nicht zu verlieren. Im Gegensatz zu Stefan Zweig behandelte er das gesamte Wirken von Jeremias und vermittelte mit dem Gehorsam gegenüber der Stimme Gottes eine zeitlose, prophetische Botschaft (vgl. Langer 2011, S. 96; Reffet 2011). Anders als Werfel griff Zweig in den letzten Jahren seines Exils erstaunlicherweise nicht auf jüdische Sujets zurück.

Zeitlebens hatte sich Franz Werfel in seinen Werken mit religiösen Fragestellungen beschäftigt. Im Exil kam ihnen als Ausdruck des Gottvertrauens eine neue Bedeutung zu. Werke wie z. B. Robert Neumanns *An den Wassern von Babylon* verbanden die jüdische Exilerfahrung mit dem Zeitgeschehen am Vorabend des Zweiten Weltkriegs. Darin erzählt Neumann die Emigration von zwölf Juden aus aller Welt nach Palästina im Jahre 1938 anhand von deren Lebensgeschichten. Tatsächlich spielte die konkrete Darstellung von Flucht, Verfolgung, Emigration und Exil eine wichtige Rolle in den Werken der exilierten Schriftsteller. Persönliche Erfahrungen im Exil bildeten die Grundlage, auf der die Schriftsteller ihre Zeitromane ausarbeiteten. „Das Exil wurde so sehr das Leben, daß mein ganzes Leben Exil wurde", fasste Konrad Merz, der Autor von *Ein Mensch fällt aus Deutschland*, einem der ersten Romane über das Leben im Exil, das vorherrschende Gefühl zusammen (zit. n. Strelka 1983, S. 83). In diesem Sinne versicherte Stefan Zweig Klaus Mann, dass dessen 1939 erschienener, vielbeachteter Roman *Der Vulkan* „kein beobachtetes Buch (wie z. B. Feuchtwangers Fresco zu werden scheint), sondern ein erlittenes [ist]. Man spürt das." (K. Mann 1975, S. 76)

Im Bewusstsein, dass sie das Schicksal mit tausenden Flüchtlingen des Nationalsozialismus teilten, unternahmen Autoren wie Klaus Mann in *Der Vulkan*, Lion Feuchtwanger in *Exil* oder Fritz Erpenbeck in *Emigranten* den Versuch, die wesentlichen Aspekte des Exils zu erfassen und „ein repräsentatives Bild vom Leben in der Emigration zu entwerfen." (Wegner 1967, S. 203) Andere wie Irmgard Keun, Konrad Merz, Erich Maria Remarque und Anna Seghers schilderten die Geschichten Einzelner und rückten dabei bestimmte Aspekte, wie die Visumsproblematik oder das Leben in der Illegalität, in den Vordergrund.

Von der Frage geleitet, wie das Leben im Exil bestanden werden kann, blieb auch das Schicksal unzähliger namenloser Regime-Gegner und Flüchtlinge, die die traumatischen Erinnerungen an die Verfolgung nicht an den Grenzen des nationalsozialistischen Herrschaftsgebiets [Herrschaftsgebiets] hinter sich hatten lassen können, sondern mit ins Exil und in das neue Leben nahmen, in den Exiltexten nicht uner-

6. Literatur des Exils

wähnt. So veranschaulichte Stefan Zweig in der *Schachnovelle*, die als einziges Werk vollständig in den letzten Lebensmonaten im brasilianischen Exil geschrieben wurde und zu den Werken gehört, die ihn bei seinen Lesern unvergesslich machen sollten, in der Figur des Dr. B. die psychischen Folgen der nationalsozialistischen Terrorherrschaft für deren Opfer, die weit über die physische Gewalt hinausreichte, einerseits und in der Figur seines Gegenspielers Mirko Czentovic die menschliche Verrohung anderseits. Mittels der Konfrontation der beiden Spielertypen versinnbilcht die *Schachnovelle* den Gegensatz von Geist und Macht, Kultur und Unzivilisiertheit, der sich als ein zentrales Thema der Exilliteratur erwies. Anhand dessen war die Illustration der anderen „Komponenten der Exilproblematik – das Verhältnis eines Intellektuellen zur Politik, der Zwiespalt zwischen Wunsch und Möglichkeit zu handeln, das Leiden unter der inneren Isolation und der Versuch einer Sinngebung des Exils" – möglich (Wegner 1967, S. 202; zur *Schachnovelle* vgl. u.a. auch Poldauf/Saremba 2007; Berlin 2008; Renoldner 2013; → III.3.6 SCHACHNOVELLE).

Ebenso wie das Exil in Zeitromanen thematisiert wurde, fand auch die Auseinandersetzung mit den Vorgängen in der Heimat nicht nur in den historischen Romanen statt. Die „Deutschland-Romane" der ersten Exiljahre wollten zum einen die Ursachen des Aufstiegs des Nationalsozialismus aufzeigen und zum anderen zur Aufdeckung der Realität des nationalsozialistischen Terrors beitragen. Die Bandbreite der von Willi Bredel, Lion Feuchtwanger, Bruno Frei, Oskar Maria Graf, Ödön von Horváth, Anna Seghers, Arnold Zweig und vielen anderen behandelten Themen reichte von der Darstellung des der nationalsozialistischen Ideologie verfallenen Proletariats und Kleinbürgertums bis zur Schilderung der Zustände in den Konzentrationslagern. Nach dem Bürgerkrieg in Österreich im Februar 1934 fanden auch diese Ereignisse Eingang in die literarischen Arbeiten der exilierten Autoren. In der Rückschau stellte Hilde Spiel fest: „Niemand will jenen glauben, für die der Februar 1934 einen härteren Einschnitt bedeutet hat als der Anschluß. [...] Was vier Jahre später geschah, war entsetzlich, aber vorhersehbar gewesen für alle, die ihre Augen nicht davor verschließen wollten. [...] Darum wollte ich, wie manche andere Freunde, wie damals schon Robert Neumann und Stefan Zweig, nach dem österreichischen Bürgerkrieg das Land verlassen." (Spiel 1991, S. 102)

Neben Stefan Zweig und Robert Neumann bildeten Paul Frischauer, Joseph Roth und Berthold Viertel zu jener Zeit noch Vorboten einer nach der Annexion des Landes im März 1938 einsetzenden Massenemigration österreichischer Schriftsteller. Es waren ca. 1200 Schriftsteller, die sich angesichts der auf die Annexion folgenden Übergriffe und Verhaftungen von Juden und politischen Gegnern des Nationalsozialismus, die in Ausmaß und Brutalität den im bisherigen Deutschen Reich ausgeübten NS-Terror übertrafen, gezwungen sahen, die Heimat zu verlassen. Sie reihten sich in den Strom der Flüchtlinge ein, der in den Schicksalsjahren 1938/1939 infolge der Reichspogromnacht und des Ausbruchs des Zweiten Weltkriegs zunahm.

Der Beschäftigung mit der Heimat lag nicht allein der Aspekt der politischen Aufklärung zugrunde. In zahlreichen Werken legten die exilierten Schriftsteller Zeugnis von einem vom Heimweh bestimmten, sehnsuchtsvollen Rückblick ab: „Waren sie auch verbannt, wurden sie auch von Asylland zu Asylland getrieben, bekamen sie auch nur Drohungen und Verleumdungen von der Heimat her nachgesandt – so ließen sie doch das Bild der Heimat in schwermütiger und in lächelnder, in trotziger und in hoffnungsfreudiger Erinnerung hundertfach erstehen." (Weiskopf 1981, S. 113)

Insbesondere in den Werken der österreichischen Exilschriftsteller bildeten „Reminiszenzen an Österreich [...] eine alle übrigen Motive überstrahlende Konstante [...]. Sogar dort, wo zunächst von einer ganz anderen Welt die Rede ist" (Holzner 2002, S. 1). In Stefan Zweigs Lobeshymne auf das Exilland *Brasilien* (1941) tauchte die Österreichisch-Ungarische Monarchie im Subtext auf. Vom vermeintlich friedlichen Zusammenleben verschiedener Ethnien in Brasilien tief beeindruckt, beschrieb er die scheinbar vorhandene „Rassendemokratie" im *Land der Zukunft* als Fortführung des Miteinanders der unterschiedlichen Nationen der *Welt von Gestern*, das er im Wien Anfang des 20. Jahrhunderts erlebt hatte.

Während Autoren wie Hermann Broch, Elias Canetti und Robert Musil mit der Monarchie „jede andere politische oder nationale Form einer österreichischen Besonderheit" verabschiedet hatten und „sich – zumal im Exil – weniger als österreichische, sondern als ,internationale' Schriftsteller" verstanden (Scheit 1987, S. 198), wurde in den verklärenden Vergangenheitsutopien der Werke von u.a. Ernst Lothar, Joseph Roth, Franz Carl Weiskopf und Franz Werfel sowie Stefan Zweigs Autobiografie die Habsburger Monarchie zum Sinnbild einer europäischen Stabilität und menschlicher Werte. „Österreich ist kein Staat, keine Heimat, keine Nation. Es ist eine Religion" (Roth 2010, S. 158), bekennt Graf Chojniki in Joseph Roths 1938 erschienenem Roman *Die Kapuzinergruft*. Während Franz Werfel und Joseph Roth „die explizit politische Orientierung an der Habsburgermonarchie und die im Exil vertiefte Bindung an religiöse Transzendenz" einte (Scheit 1987, S. 213), hob Stefan Zweig die übernationalen österreichisch-ungarischen Prämissen des „goldenen Zeitalters der Sicherheit" hervor (Zweig GWE, Die Welt von Gestern, S. 15).

Als Epochenmarkierung nahm der Erste Weltkrieg in den Werken einen wichtigen Raum ein (→ V.4 Krieg, Frieden, Pazifismus). Aufgrund der Niederlage und des Zerfalls der Habsburger Monarchie war auch „Österreich gestorben und ich weiß, dass es nie mehr auferstehen wird", wie Stefan Zweig Elisabeth Freundlich auf ihre Anfrage bezüglich der Schaffung einer Dachorganisation der vertriebenen österreichischen Intellektuellen wissen ließ (zit. n. Holzner 2002, S. 4). Dementsprechend schrieb Stefan Zweig bezüglich des Romans *Ungeduld des Herzens* (1939), es als seine Pflicht angesehen zu haben, „unser Vorkriegs-Österreich, mit all seinem Zauber, seiner Sentimentalität und seiner Raffiniertheit, für ein internationales Publikum in Erinnerung zu bringen, das Österreich, das in jener spezifischen Kulturform nie wieder aufleben wird." (Zit. n. Zweig GWE, Clarissa, S. 210) In welcher Atmosphäre der Roman niedergeschrieben wurde, stellte er gleich zu Anfang klar:

> Spätere Chronisten unserer Zeit werden einmal feststellen, daß im Jahre 1938 fast jedes Gespräch in jedem Lande unseres verstörten Europa von den Mutmaßungen über Wahrscheinlichkeit oder Unwahrscheinlichkeit eines neuen Weltkrieges beherrscht war. Unvermeidlich faszinierte das Thema jedes Zusammensein, und man hatte manchmal das Gefühl, es seien gar nicht die Menschen, die in Vermutungen und Hoffnungen ihre Angst abreagierten, sondern gleichsam die Atmosphäre selbst, die erregte und mit geheimen Spannungen beladene Zeitluft, die sich ausschwingen wollte im Wort. (Zweig GWE, Ungeduld des Herzens, S. 8)

Dennoch sollte der zeitliche Kontext der Donaumonarchie anders als in den Habsburg-Romanen von Joseph Roth, in denen „das Denken und Handeln der Personen beeinflußt, wenn nicht sogar bestimmt [wird] von der latent vorhandenen, aber nicht immer offen eingestandenen Gewißheit über den zunehmenden Sinnverlust dessen, was einmal Habsburg als Idee und Wirklichkeit ausmachte" (Henze 1988, S. 121), in *Ungeduld des Herzens* nur die Kulisse sein, vor der sich die Handlung des Romans entwickelt. Sein Traum „von einer Art österreichischen Romans" (Zweig, Br IV, S. 319), dessen Fragment unter dem Titel *Clarissa* veröffentlicht wurde und der den fiktionalen Kontrapunkt zur Autobiografie darstellte, blieb unvollendet.

Eng verbunden mit der Rückbesinnung auf die Heimat war auch der Entschluss einiger Schriftsteller, angesichts der existentiellen Erfahrung des Heimatverlustes, der Flucht und des Exils ihre Lebenserinnerungen zu verfassen. Schon 1939 hatte Ernst Weiß bei einem Treffen des P.E.N.-Clubs vorausgesehen: „Was bleibt unsereins im Exil jetzt noch übrig, als von Erinnerungen zu leben und Memoiren zu schreiben." (Zit. n. Weiskopf 1981, S. 120) Das Schreiben wurde zum therapeutischen Prozess, zur Selbstvergewisserung, „zur Suche nach dem eigenen Ich ‚als dem einzigen Real-Wert', der noch zu behaupten war." (Kleinschmidt 1982, S. 35) Die Ausweitung zur Epochendarstellung ist ein Kennzeichen vieler Autobiografien von Exilanten (vgl. Winkler 1983, S. 363), die die eigene Lebensgeschichte auf diese Weise in einen überindividuellen Bezug setzten. Dies spiegelte sich auch in der Wahl der Titel wider, wie z.B. Ernst Tollers *Eine Jugend in Deutschland*, Carl Sternheims *Vorkriegseuropa im Gleichnis meines Lebens* oder Heinrich Manns *Ein Zeitalter wird besichtigt*. „Geprüfte Generation" (Zweig, Br IV, S. 317) lautet dementsprechend auch ein von Zweig in Betracht gezogener Titel für seine Lebenserinnerungen. Die „Prüfung" sah Zweig insbesondere in den zwei Weltkriegen, die als tiefe Einschnitte das Leben und den Werdegang seiner Generation nachhaltig prägten. Wie er Alma und Franz Werfel schrieb, hätte er „das Gefühl als hätten wir mehrere, ganz verschiedene Leben gelebt. Unsere Generation hat mehr gesehen als sonst drei oder vier. Und sie ist noch nicht am Ende." (Zweig, Br IV, S. 299) Seine Erinnerungen gehörten zu den Exilautobiografien, in denen „der Autor einerseits eine zu enge Fixierung auf seinen eigenen Werdegang vermeiden und andererseits die Glaubwürdigkeit seines Falles durch die ergänzenden Beispiele von Mitleidenden aus seiner Generation bestätigen" wollte (Critchfield 1984, S. 49).

Das geschaffene Werk sollte eine Brücke bilden, „die das Heute mit dem Gestern verbindet [...]. Eine Brücke, über den Riß der Zeit hinweg, aus Gedanken, Erinnerungen, Bildern" (Pauli, 1990, S. 7), wie Hertha Pauli in ihren Memoiren *Der Riß der Zeit geht durch mein Herz* feststellte und damit in gewissem Sinne Zweig sekundierte, der in seiner Autobiografie geschrieben hatte: „[D]ie Zeit gibt die Bilder, ich spreche nur die Worte dazu" (Zweig GWE, Die Welt von Gestern, S. 7). Die Lebenserinnerungen waren der „Versuch, nicht nur die Welt von gestern zu restituieren, sondern auch eine Topographie des Ich nachzuschreiben, das in dieser Welt längst verlorengegangen war." (Koopmann, 1984, S. 15) Wie tiefgreifend die Erschütterung infolge der Erfahrung des neuen Ich im Exil war, belegen die zahlreichen im Werk vorhandenen Aussagen diesbezüglich. Die anfänglich positive Bewertung der Exilsituation – „[G]erade der Heimatlose wird in einem neuen Sinne frei, und nur der mit nichts mehr Verbundene braucht auf nichts mehr Rücksicht zu nehmen." (Zweig GWE, Die Welt von Gestern, S. 7f.) – wich dem Eingeständnis, dass „[j]ede Form von Emigration [...] an sich schon unvermeidlicherweise eine Art von Gleichgewichtsstörung" verursache. „Man verliert – auch dies muß erlebt sein, um verstanden zu werden – von seiner geraden Haltung, wenn man nicht die eigene Erde unter sich hat, man wird unsicherer, gegen sich selbst mißtrauischer. [...] [I]ch zögere nicht zu bekennen", so Zweig weiter, „daß seit dem Tage, da ich mit eigentlich fremden Papieren oder Pässen leben mußte, ich mich nie mehr ganz als mit mir zusammengehörig empfand. Etwas von der natürlichen Identität mit meinem ursprünglichen und eigentlichen Ich blieb für immer zerstört. [...] [A]m Tage, da ich meinen Paß verlor, entdeckte ich mit achtundfünfzig Jahren, daß man mit seiner Heimat mehr verliert als einen Fleck umgrenzter Erde." (S. 465f.)

Stefan Zweigs Autobiografie zeugt von einem Schriftsteller, der entgegen seiner 1928 zum Exil gemachten Aussagen sein ganzes bisheriges Schaffen infrage gestellt sah (vgl. Wegner 1967, S. 163). Nachdem er bereits nach dem Ersten Weltkrieg in „ein anderes Österreich, eine andere Welt" (Zweig GWE, Die Welt von Gestern, S. 325) zurückgekehrt war, brachte ihm die Nachricht des neuen Kriegs die schmerzliche Gewissheit, dass „abermals [...] alles Vergangene vorüber, alles Geleistete zunichte [war] – Europa, unsere Heimat, für die wir gelebt, weit über unser eigenes Leben hinaus zerstört. Etwas anderes, eine neue Zeit begann, aber wie viele Höllen und Fegefeuer zu ihr hin waren noch zu durchschreiten." (S. 492; vgl. dazu Hugo Simons Roman *Seidenraupen*, der Zweigs Schicksal in der Figur des Dr. Harms verarbeitet und als das Leiden einer Generation reflektiert, das in den Ereignissen des Ersten Weltkriegs wurzelt; vgl. Eckl 2010, S. 522f.) Im Unterschied dazu lassen beispielsweise die im amerikanischen Exil 1943/1944 (im Wissen um die Landung der Alliierten in der Normandie) verfassten Memoiren Heinrich Manns, der nach Kriegsende die Rückkehr nach Deutschland plante, allerdings zuvor verstarb, Geschichtsoptimismus und das Vertrauen in den Sieg der Vernunft erkennen. „Dieses Zeitalter verdient Dank, daß es zum Schluß die bessere Seite freigelegt hat, die rechte, die sich sehen lassen kann. [...] Ich danke dem Zeitalter und seinen Menschen: beide sind von bequemen Anfängen zur katastrophalen Vollendung geschritten." (H. Mann 1947, S. 544, 547) Übereinstimmend mit seinem Onkel schrieb Klaus Mann in einem Brief vom 28. September 1945, mit dem er den *Wendepunkt* abschließen lässt: „Es wird das Jahrhundert der beginnenden Welt-Zivilisation, oder es wird das Jahrhundert der beginnenden Welt-Barbarei – wenn nicht gar schon der vollendeten. [...] Die positive Entwicklung nimmt sich Zeit und bleibt unvollkommen. Bewährt sich unsere Generation, so hätten wir noch lange nicht das Paradies auf Erden. [...] Es ginge weiter, und das ist schon viel." (K. Mann 2004, S. 708)

5. Das Exil im Exil

Die Exilliteratur wurde von der Hoffnung auf die Überwindung des Faschismus und den Triumph des Humanitäts- und Freiheitsgedanken getragen und durchzogen. Folglich sprach Alfred Kantorowicz für viele Schriftsteller, als er nach dem Ende des Kriegs die Überzeugung äußerte, „daß unser Kampf und unsere Werke im inneren und äußeren Exil dazu beigetragen haben, legitime Kulturbestände der alten Welt mit in die neue hinüberzuretten [...], daß die Achtung vor deutschem Geist und Wort auch in den Jahren, da in Deutschland selber Nacht war, in der Welt nicht verlosch." Seine Erwartung, dass die exilierten Schriftsteller „als Vortrupp und als Architekten des neu zu erbauenden Hauses" (Kantorowicz 1974, S. 293f.) im entscheidenden Maße an diesem Gestaltungsprozess mitwirken würden, sollte sich nicht bestätigen.

Der Gang ins Exil war für die meisten ein Abschied von Europa für immer gewesen. Auch wenn Stefan Zweig in seinen letzten eineinhalb Lebensjahren – wie in Briefen zu lesen ist – immer wieder über eine Rückkehr nach Europa nachdachte, musste er spätestens nach dem Eintritt der USA in den Krieg feststellen, dass eine Heimkehr in absehbarer Zeit nicht möglich sein würde.

Aus vielfältigen Gründen entschieden sich nur wenige, in die Heimat zurückzukehren. Manche zogen es vor, sich in anderen europäischen Ländern niederzulassen. Offizielle Einladungen zur Rückkehr bildeten ebenso eine Ausnahme wie die Rückholung durch Einzelpersonen, Organisationen und Parteien. Unbehagen und Misstrauen bestimmten die Begegnung mit der alten Heimat. Die Remigranten wurden von den Daheimgebliebenen darauf hingewiesen, dass diese in der Heimat einen Krieg miterlebt hätten. Der unumkehrbare Bruch ließ sich nicht verleugnen. „Nach Jahren kam, verstört, ich wieder her; / der alten Gassen manche sind nicht mehr, / der Ringturm kantig sich zum Himmel stemmt: / erst in der Heimat bin ich ewig fremd", beschrieb Theodor Kramer das „Wiedersehen mit der Heimat" (Kramer 1998, S. 65). In ähnlicher Weise äußerte sich Alfred Polgar zum „Emigranten-Schicksal: Die Fremde ist nicht Heimat geworden. Aber die Heimat Fremde" (zit. n. Scheichl 2006, S. 201). So war die Rückkehr keine Heimkehr, „weil niemals der Wiedereintritt in den Raum auch der Wiedergewinn der verlorenen Zeit ist." (Améry 1980, S. 83) Vorausahnend, dass sich das Exil für diese Schriftstellergeneration zur Lebensform oder zum „Exil im Exil", wie es Hans Sahl nannte (Sahl 2008), entwickeln würde, hatte Stefan Zweig 1941 Carl Zuckmayer gewarnt und damit auch seine 13 Jahre zuvor im *Joseph Fouché* geäußerte positive Bewertung revidiert: „Wir werden Heimatlose sein, – in allen Ländern." (Zuckmayer 1956, S. 246) Obgleich es einigen Remigranten glückte, erfolgreich am Kulturleben der alten Heimat teilzuhaben, blieben Motive der Verbannung, der Entfremdung, der Heimatlosigkeit, des Identitätsverlusts und des Heimwehs auch nach 1945 zentrale Elemente der literarischen Arbeiten der vor den nationalsozialistischen Verfolgungen geflohenen Autoren. Damit sprechen diese Werke, deren Veröffentlichung bis heute anhält, auch Grundprobleme unserer Zeit an. In seinem Aufsatz *Exil, die Epidemie der Moderne* (1991) erklärte Frederic Morton: „Unsere wichtigsten Autoren leben fern vom Daheim, was das Herz ist – denn das Herz selbst ist nicht mehr daheim. […] Diese Autoren haben das Exil zum Sprechen gebracht: das Exil, das im Begriff ist, unser aller Erbe zu werden." (Zit. n. Herz-Kestranek/Kaiser/Strigl 2007, S. 16)

Stefan Zweig

Rolland, Romain/Zweig, Stefan (1987): Briefwechsel 1910–1940. Bd. II: 1924–1940. Berlin: Rütten & Loening.
Strauss, Richard/Zweig, Stefan (1957): Briefwechsel. Hg. v. Willi Schuh. Frankfurt a.M.: S. Fischer.
Zweig, Stefan (1978): Briefe an Freunde. Hg. v. Richard Friedenthal. Frankfurt a.M.: S. Fischer.
Zweig, Stefan (1982): Tersites. Jeremias. Zwei Dramen. GWE. Hg. v. Knut Beck. Frankfurt a.M.: S. Fischer.
Zweig, Stefan (1983): Die Geschichte als Dichterin. In: Ders.: Die schlaflose Welt. Aufsätze und Vorträge aus den Jahren 1909–1941. GWE. Hg. v. Knut Beck. Frankfurt a.M.: S. Fischer, S. 249–270.
Zweig, Stefan (1983): Geschichtsschreibung von morgen. In: Ders.: Die schlaflose Welt. Aufsätze und Vorträge aus den Jahren 1909–1941. GWE. Hg. v. Knut Beck. Frankfurt a.M.: S. Fischer, S. 227–248.
Zweig, Stefan (1987^3): Castellio gegen Calvin oder Ein Gewissen gegen die Gewalt. GWE. Hg. v. Knut Beck. Frankfurt a.M.: S. Fischer.

Zweig, Stefan (1990): Brasilien. Ein Land der Zukunft. GWE. Hg. v. Knut Beck. Frankfurt a.M.: S. Fischer.
Zweig, Stefan (1990): Montaigne [Fragment]. In: Ders.: Zeiten und Schicksale. Aufsätze und Vorträge aus den Jahren 1902–1942. GWE. Hg. v. Knut Beck. Frankfurt a.M.: S. Fischer, S. 468–556.
Zweig, Stefan (1990[3]): Clarissa. Ein Romanentwurf. GWE. Hg. v. Knut Beck. Frankfurt a.M.: S. Fischer.
Zweig, Stefan (1990[3]): Die Welt von Gestern. Erinnerungen eines Europäers. GWE. Frankfurt a.M.: S. Fischer.
Zweig, Stefan (1997[4]): Joseph Fouché. Bildnis eines politischen Menschen. GWE. Frankfurt a.M.: S. Fischer.
Zweig, Stefan (1999[10]): Amerigo. Die Geschichte eines historischen Irrtums. In: Ders.: Zeiten und Schicksale. Aufsätze und Vorträge aus den Jahren 1902–1942. GWE. Hg. v. Knut Beck. Frankfurt a.M.: S. Fischer, S. 387–467.
Zweig, Stefan (2002[2]): Der begrabene Leuchter. In: Ders.: Rahel rechtet mit Gott. Legenden. GWE. Hg. v. Knut Beck. Frankfurt a.M.: S. Fischer, S. 74–191.
Zweig, Stefan (2003[20]): Magellan. Der Mann und seine Tat. GWE. Hg. v. Knut Beck. Frankfurt a.M.: S. Fischer.
Zweig, Stefan (2003[5]): Ungeduld des Herzens. Roman. GWE. Frankfurt a.M.: S. Fischer.
Zweig, Stefan (2005): Briefe. Bd. IV: 1932–1942. Hg. v. Knut Beck u. Jeffrey B. Berlin. Frankfurt a.M.: S. Fischer.
Zweig, Stefan (2006[3]): Triumph und Tragik des Erasmus von Rotterdam. GWE. Frankfurt a.M.: S. Fischer.
Zweig, Stefan (2013): Schachnovelle. Kommentierte Ausgabe. Hg. v. Klemens Renoldner. Stuttgart: Reclam.

Weitere Literatur

Améry, Jean (1980[2]): Jenseits von Schuld und Sühne. Bewältigungsversuche eines Überwältigten. Stuttgart: Klett-Cotta.
Beck, Knut (2003): Nachbemerkung des Herausgebers. In: Zweig, Stefan: Magellan. Der Mann und seine Tat. GWE. Hg. v. Knut Beck. Frankfurt a.M.: S. Fischer, S. 301–316.
Berlin, Jeffrey B. (1991): „Wie unwichtig sind ja überhaupt jetzt alle unsere Bücher und das, was wir machen!" The Unpublished Correspondence between Stefan Zweig and Felix Braun during the Anschluß year 1938. In: Germanisch-Romanische Monatsschrift 41/1991, S. 322–348.
Berlin, Jeffrey B. (2008): Lebendige Dichtung: Stefan Zweigs *Schachnovelle*. Betrachtungen zur Entstehungsgeschichte und zum Leseerlebnis unter Berücksichtigung unveröffentlichter Korrespondenzen. In: Schönle, Siegfried (Hg.): Schachforschungen. Festschrift für Egbert Meissenburg. Wien: Refordis, S. 42–127.
Bloch, Ernst (1974): Zerstörte Sprache – zerstörte Kultur. In: Arnold, Heinz Ludwig (Hg.): Deutsche Literatur im Exil 1933–1945. Bd. 1: Dokumente. Frankfurt a.M.: Athenäum/S. Fischer, S. 224–226.
Brown, Albert H. E. (1989): Franz Werfel am Broadway. In: Spalek, John M./Strelka, Joseph P. (Hg.): Deutschsprachige Exilliteratur seit 1933. Bd. 2. New York, Bern: Francke, S. 1592–1606.
Critchfield, Richard (1984): Einige Überlegungen zur Problematik der Exilautobiographie. In: Exilforschung. Ein internationales Jahrbuch 2/1984, S. 41–55.
D'Horta, Vera (Hg.) (2008): Lasar Segall. Navio de emigrantes. São Paulo: Museu Lasar Segall.
Dines, Alberto (2006): Tod im Paradies. Die Tragödie des Stefan Zweig. Frankfurt a.M. u.a.: Edition Büchergilde.
Döblin, Alfred (2003): Der historische Roman und wir. In: Ders.: Schriften zu Ästhetik, Poetik und Literatur. Frankfurt a.M.: S. Fischer, S. 292–316.

Dyck, Richard (1950): Weltgeschichte in Schattenrissen. In: Aufbau (New York) 16/52/29. 12. 1950, S. 8.
Eckl, Marlen (2010): „Das Paradies ist überall verloren." Das Brasilienbild von Flüchtlingen des Nationalsozialismus. Frankfurt a.M. u.a.: Vervuert.
Feder, Ernst (1950): Begegnungen. Die Großen der Welt im Zwiegespräch. Esslingen: Bechtle.
Feilchenfeldt, Konrad (1986): Deutsche Exilliteratur 1933–1945. Kommentar zu einer Epoche. München: Winkler.
Feuchtwanger, Lion (1974): Arbeitsprobleme des Schriftstellers im Exil. In: Arnold, Heinz Ludwig (Hg.): Deutsche Literatur im Exil 1933–1945. Bd. 1: Dokumente. Frankfurt a.M.: Athenäum/S. Fischer, S. 238–242.
Feuchtwanger, Lion (1984): Vom Sinn und Unsinn des historischen Romans. In: Ders.: Ein Buch nur für meine Freunde. Frankfurt a.M.: S. Fischer, S. 494–501.
Frank, Leonhard (2003): Links wo das Herz ist. Berlin: Aufbau.
Henze, Volker (1988): Jüdischer Kulturpessimismus und das Bild des Alten Österreich im Werk Stefan Zweigs und Joseph Roths. Heidelberg: Winter.
Herz-Kestranek, Miguel/Kaiser, Konstantin/Strigl, Daniela (2007): Einleitung. In: Dies. (Hg.): In welcher Sprache träumen Sie? Österreichische Lyrik des Exils und des Widerstands. Wien: Verlag der Theodor Kramer Gesellschaft.
Holzner, Johann (2002): Österreichische Literatur im Exil. Salzburg, http://www.literaturepochen.at/exil/lecture_5005_1.html (Stand: 28. 6. 2015).
Kantorowicz, Alfred (1974): Deutsche Schriftsteller im Exil. In: Arnold, Heinz Ludwig (Hg.): Deutsche Literatur im Exil 1933–1945. Bd. 1: Dokumente. Frankfurt a.M.: Athenäum/S. Fischer, S. 286–295.
Kleinschmidt, Erich (1982): Exil als Schreiberfahrung. Bedingungen deutscher Exilliteratur 1933–1945. In: Exil 2/2/1982, S. 33–47.
Koopmann, Helmut (1984): Von der Unzerstörbarkeit des Ichs. Zur Literarisierung der Exilerfahrung. In: Exilforschung. Ein internationales Jahrbuch 2/1984, S. 9–23.
Köpke, Wulf (1985): Die Wirkung des Exils auf Sprache und Stil. Ein Vorschlag zur Forschung. In: Exilforschung. Ein internationales Jahrbuch 3/1985, S. 225–237.
Kramer, Theodor (1998): Wiedersehen mit der Heimat. In: Seeber, Ursula (Hg.): Ein Niemandsland, aber welch ein Rundblick! Exilautoren über Nachkriegs-Wien. Wien: Picus, S. 65.
Langer, Georg (2011): *Höret die Stimme*. Franz Werfels Jeremias-Roman und die jüdische Traditionsliteratur. In: Wagener, Hans/Hemecker, Wilhelm (Hg.): Judentum in Leben und Werk von Franz Werfel. Berlin, Boston: de Gruyter, S. 95–107.
Lukács, Georg (1974): Der Kampf zwischen Liberalismus und Demokratie im Spiegel des historischen Romans der deutschen Antifaschisten. In: Arnold, Heinz Ludwig (Hg.): Deutsche Literatur im Exil 1933–1945. Bd. 1: Dokumente. Frankfurt a.M.: Athenäum/S. Fischer, S. 173–199.
Mann, Heinrich (1947): Ein Zeitalter wird besichtigt. Berlin: Aufbau.
Mann, Heinrich (1974): Aufgaben der Emigration. In: Arnold, Heinz Ludwig (Hg.): Deutsche Literatur im Exil 1933–1945. Bd. 1: Dokumente. Frankfurt a.M.: Athenäum/S. Fischer, S. 3–8.
Mann, Klaus (1975): Briefe und Antworten. Bd. 2: 1937–1949. Hg. v. Golo Mann u. Martin Gregor-Dellin. München: Ellermann/Edition Spangenberg.
Mann, Klaus (2004[16]): Der Wendepunkt. Ein Lebensbericht. Reinbek b. H.: Rowohlt.
Pauli, Hertha (1990): Der Riß der Zeit geht durch mein Herz. Erlebtes – Erzähltes. Frankfurt a.M., Berlin: Ullstein.
Poldauf, Susanna/Saremba, Andreas (Hg.) (2007): 65 Jahre *Schachnovelle*. Berlin: Emanuel Lasker Gesellschaft.
Reffet, Michel (2011): Jeremias bei Stefan Zweig und Franz Werfel. Symbolfigur des europäischen Juden. In: Gelber, Mark H./Ludewig, Anna-Dorothea (Hg.): Stefan Zweig und Europa. Hildesheim u.a.: Olms, S. 165–192.

Renoldner, Klemens (2013): Nachwort. In: Zweig, Stefan: Schachnovelle. Kommentierte Ausgabe. Hg. v. Klemens Renoldner. Stuttgart: Reclam, S. 126–166.
Rotermund, Erwin (1994): Erzählprosa im Exil. In: Žmegač, Victor (Hg.): Geschichte der deutschen Literatur vom 18. Jahrhundert bis zur Gegenwart. Bd. III/1. Weinheim: Beltz Athenäum, S. 220–317.
Roth, Joseph (2010): Die Kapuzinergruft. Köln: Kiepenheuer & Witsch.
Sahl, Hans (1974): Emigration – eine Bewährungsfrist. In: Arnold, Heinz Ludwig (Hg.): Deutsche Literatur im Exil 1933–1945. Bd. 1: Dokumente. Frankfurt a.M.: Athenäum/S. Fischer, S. 69–70.
Sahl, Hans (2008): Memoiren eines Moralisten. Das Exil im Exil. München: Luchterhand.
Scheichl, Sigurd Paul (2006): Alfred Polgar nach 1945 – Kein Amerikaner in Wien. In: Thunecke, Jörg (Hg.): Echo des Exils. Das Werk emigrierter österreichischer Schriftsteller nach 1945. Wuppertal: Arco, S. 201–218.
Scheit, Gerhard (1987): Vom Habsburgischen Mythos zum Mythos der Masse. Über einige Voraussetzungen und Besonderheiten der österreichischen Exilliteratur. In: Exilforschung. Ein internationales Jahrbuch 5/1987, S. 196–223.
Shedletzky, Itta (1993): Existenz und Tradition. Zur Bestimmung des „Jüdischen" in der deutschsprachigen Literatur. In: Dies./Horch, Hans Otto (Hg.): Deutsch-jüdische Exil- und Emigrationsliteratur im 20. Jahrhundert. Tübingen: Niemeyer, S. 3–14.
Spiel, Hilde (1991): Die hellen und die finsteren Zeiten. Erinnerungen 1911–1946. Reinbek b. H.: Rowohlt.
Stephan, Alexander (1979): Die deutsche Exilliteratur 1933–1945. München: Beck.
Stephan, Alexander (1998): Die intellektuelle, literarische und künstlerische Emigration. In: Krohn, Claus-Dieter u.a. (Hg.): Handbuch der deutschsprachigen Emigration 1933–1945. Darmstadt: Wissenschaftliche Buchgesellschaft, S. 30–46.
Stern, Guy (1989): Prolegomena zu einer Typologie der Exilliteratur. In: Ders.: Literatur im Exil. Gesammelte Aufsätze 1959–1989. Ismaning: Hueber, S. 37–52.
Stern, Guy (1998): Job as Alter Ego: The Bible, Ancient Jewish Discourse, and Exile Literature. In: Ders.: Literarische Kultur im Exil. Gesammelte Beiträge zur Exilforschung/Literature and Culture in Exile. Collected Essays on the German-Speaking Emigration after 1933 (1989–1997). Dresden, München: Dresden Univ. Press, S. 123–139.
Strelka, Joseph P. (1983): Exilliteratur. Grundprobleme der Theorie. Aspekte der Geschichte und Kritik. Bern u.a.: Lang.
Treitler, Wolfgang (2007): Zwischen Hiob und Jeremia. Stefan Zweig und Joseph Roth am Ende der Welt. Frankfurt a.M. u.a.: Lang.
Vordtriede, Werner (1989): Vorläufige Gedanken zu einer Typologie der Exilliteratur. In: Koepke, Wulf/Winkler, Michael (Hg.): Exilliteratur 1933–1945. Darmstadt: Wissenschaftliche Buchgesellschaft, S. 23–43.
Wegner, Matthias (1967): Exil und Literatur. Deutsche Schriftsteller im Ausland 1933–1945. Frankfurt a.M., Bonn: Athenäum.
Weiskopf, F. C. (1974): Hier spricht die deutsche Literatur! Zweijahresbilanz der „Verbannten". In: Arnold, Heinz Ludwig (Hg.): Deutsche Literatur im Exil 1933–1945. Bd. 1: Dokumente. Frankfurt a.M.: Athenäum/S. Fischer, S. 82–86.
Weiskopf, F. C. (1981): Unter fremden Himmeln. Ein Abriß der deutschen Literatur im Exil 1933–1947. Berlin, Weimar: Aufbau.
Weiss, Lennart (2010): „In Wien kann man zwar nicht leben, aber anderswo kann man nicht l e b e n." Kontinuität und Veränderung bei Raoul Auernheimer. Uppsala: Uppsala Univ.
Winkler, Michael (1983): Exilliteratur – als Teil der deutschen Literaturgeschichte betrachtet. Thesen zur Forschung. In: Exilforschung. Ein internationales Jahrbuch 1/1983, S. 359–366.
Zuckmayer, Carl (1956): „Did you know Stefan Zweig?" In: Arens, Hanns (Hg.): Der große Europäer Stefan Zweig. München: Kindler, S. 242–249.

III. Das Werk

1. Lyrik
Rüdiger Görner

1. Entstehung	103
2. Typologien lyrischen Schreibens und Wertung	103
3. Zyklische Ansätze	106
4. Das ‚Dämonische' in expressionistischer Gewandung	107
5. Das Schöpferische als lyrisches Thema	108
6. Rezeption und Forschung	109

1. Entstehung

Gedichte stehen am Anfang und Ende des literarischen Schaffens von Stefan Zweig. Sie umrahmen ein Werk, das neben szenisch-dramatischen Arbeiten maßgeblich von novellistischer, essayistischer und feuilletonistischer Kunstprosa bestimmt wurde. Der Kunstcharakter dieser Prosa ergab sich aus dem Nietzsche-Wort, nach dem wirkliche Prosa nur in der Nähe von Poesie entstehe.

Aufschlussreich für Zweigs frühes Selbstverständnis als Lyriker sind vor allem seine diesbezüglichen Äußerungen in Briefen an Karl Emil Franzos. So schreibt er ihm Anfang November 1900: „Ich habe vielleicht schon 150–200 Gedichte veröffentlicht, das doppelte geschrieben und jetzt einen Band zusammengestellt unter dem Titel ‚Silberne Saiten' der – 50 Gedichte enthält, das heißt die genaueste Auslese." (Zweig, Br I, S. 24) Dabei handelte es sich um Zweigs erste Buchpublikation überhaupt, und das sogleich im führenden Verlag der literarischen Moderne, Schuster & Loeffler in Berlin, in dessen Lyrik-Programm die Avantgarde mit Richard Dehmel, Detlev von Liliencron, Christian Morgenstern, Otto Julius Bierbaum, Gustav Falke und Paul Scheerbart vertreten war. Die Bemerkung zeigt, auch der frühe Zweig konnte durchaus zwischen Qualität und Quantität unterscheiden. Und die Güte seiner Gedichte blieb ihm ein Anliegen. Im Blick auf eine kommende Sammlung – es werden die dann beim neu gegründeten Insel Verlag veröffentlichten *Frühen Kränze* sein – gesteht er Hermann Hesse am 2. März 1903: „Würden mir die neuen Gedichte nicht wertvoller, als die ein bischen [sic] wässerigen und allzuglatten ‚Silbernen Saiten', so glaubte ich, daß ich mich verflache." (S. 57f.)

2. Typologien lyrischen Schreibens und Wertung

In den Gedichten Zweigs, urteilte im Rückblick Felix Braun, „schwebte eine Schwermut ohne Schwere" (Braun 1959, S. 42f.). Damit waren vorrangig die Sammlungen und Zyklen *Silberne Saiten* (1901) und *Die frühen Kränze* (1906) gemeint, neu aufgelegt im Jahr des *Jeremias* (1917), sowie die *Gesammelten Gedichte* (1924 unter Ausschluss der bei ihm inzwischen restlos in Ungnade gefallenen *Silbernen Saiten*; vgl. Zweig GWE, Die Welt von Gestern, S. 121), erweitert um die Zyklen *Neue Fahrten* und *Die Herrn des Lebens*, lyrische Charakterzeichnungen und damit ins Typologische überführte Entsprechungen zu den biografisch-literarischen Essays. Die Berühmten und Namhaften werden in diesen Porträtgedichten zu exemplarischen Vertretern einer Zunft oder Haltung. Auch das Erzählgedicht gehört zu diesem lyrischen Werk in Gestalt der *Ballade von einem Traum* (1923), die wiederum eine Gattung exemplarisch vorstellt, ohne jedoch weitere Beispiele folgen zu lassen.

Genauer betrachtet umrahmen aber auch die lyrischen Nachdichtungen das Werk Stefan Zweigs. Frühe Meisterschaft stellt er darin am Beispiel der Lyrik Émile Verhaerens unter Beweis. Bedeutende Übertragungen von Baudelaire und Verlaine sollten folgen. Am Ende steht eine von Zweig übertragene Stanze aus den *Lusiadas*, dem Hauptwerk des Luís Vaz de Camões. Es mochte für ihn in seinem brasilianischen Exil auch deswegen von besonderer Bedeutung gewesen sein, weil Camões – fern seiner Heimat – auf seiner Reise von Goa nach Macao im Mekong-Delta Schiffbruch erlitt, aber sein Werk retten konnte. Diese Verse also hingen in Petrópolis unter Glas gerahmt über Zweigs Schreibtisch – im portugiesischen Original und in seiner Übertragung:

> Weh, wieviel Not und Fährnis auf dem Meere!
> Wie nah der Tod in tausendfalt Gestalten!
> Auf Erden, wieviel Krieg! Wieviel der Ehre
> verhaßt Geschäft! Ach daß nur eine Falte
> des Weltballs für den Menschen sicher wäre,
> sein bißchen Dasein friedlich durchzuhalten.
> Indes die Himmel wetteifern im Sturm.
> Und gegen wen? Den ärmsten Erdenwurm!
> (Zit. n. Heinrich Eduard Jacob, in: Fitzbauer 1959, S. 102)

Was bereits den frühen Stefan Zweig an der Lyrik Verhaerens beeindruckt hatte, dürfte ihn auch an dieser Strophe des *Lusiadas*-Epos bewegt haben: das Antlitz des Lebens, das in ihm erkennbar wird, die Konfrontation mit der gefahrvollen Lebensrealität. Diese Verse mag Zweig unmittelbar auf seine eigene Situation bezogen haben, womit gesagt ist: Für ihn wirkte in der Lyrik die Spannung zwischen Lebenserfahrung und rhythmisch-musikalischem Spracherlebnis.

Anders als zahlreiche Gedichte Verhaerens (etwa dessen Zyklus *Traumlandschaften*) hat Zweigs Lyrik nichts Etüdenhaftes oder Rhapsodisches. Gemessenheit kennzeichnet sie. Die meisten Gedichte dürfen als in sich geschlossen gelten. Selten sind die Gedichte, die sich im Maßlosen (auch der Gefühle) zu verlieren drohen. Ein solches Beispiel ist die quasi expressionistische Elegie *Der verlorene Himmel*, die mit dem Motiv der Rückkehr in die große Stadt arbeitet und eindrückliche Bilder findet: „Auf hohen Türmen hocken schlaflos die Stunden / Und schlagen mit Glocken nach mir." (Zweig GWE, Silberne Saiten, S. 155) Dieses Ich ängstigt sich vor „nie gekannten Gelüsten" und ist dabei, sich selbst zu verlieren. Doch erweist es sich darin, wie gesagt, eher als Ausnahme. Denn das Ich gerade der frühen Gedichte Zweigs ruht eher in sich, kann sich die Welt und das Schöne, auch wenn es erschreckt, zumuten. Es handelt sich um Gedichte voller Wahrnehmungen, die spürbar auf ihren Rhythmus und Sprachklang bedacht sind. Man sehnt und ahnt und träumt in diesen Gedichten, schlägt ‚silberne Saiten' an, um herauszufinden, was man wirklich hören möchte, wie die erste Strophe des Gedichts *Nocturno* belegt:

1. Lyrik

Siehe die Nacht hat silberne Saiten
In die träumenden Saaten gespannt!
Weiche verzitternde Klänge gleiten
Über das selig atmende Land
Fernhin in schimmernde Weiten. (S. 26)

Diese Gedichte lassen selbst Spuren, die das lyrische Ich aufnehmen will, vibrieren. Spurenklänge sind diese Gedichte daher ebenso wie ‚silberne Saiten'. Buchstäblich diesen Doppelton hatte denn auch Hugo Steiner-Prag bildlich mit seiner Einbandzeichnung für Zweigs ersten Gedichtband getroffen: Eine Spur durchzieht den Vordergrund wie ein Chladnisches Klangzeichen eine mit Sand bestreute Oberfläche. Sie führt zu einem dunklen Siedlungsbereich im Hintergrund, von dem sich ein aufgehellter Horizont absetzt.

Nicht nur *Nocturno* weist spät- oder neoromantische Züge auf. Der frühe Zweig erprobt als Lyriker auch den „Balladenton" (S. 51), vernimmt das „innre Glockenspiel" wie einst Mörike, sehnt sich nach dem Abend und seinem Zauber wie vor ihm Eichendorff und benennt das „Sehnsuchtsziel[ ]" namens „Du" (S. 30). Die „tiefe[ ] Nacht" (S. 33) scheint die bevorzugte Zeit zu sein und die Art, wie er sein eigenes „Lied" (S. 33) besingt und damit sein eigenes Dichten, belegt seine intime Vertrautheit mit der lyrischen Welt der Romantik:

Alle Lichter sind verglommen …
Träumend horch' ich und beklommen
Wie mein Schmerz zum Liede wird,
Und als Schluchzen müder Geigen
Durch das abendstille Schweigen
Mit gebroch'nen Schwingen irrt … (S. 43)

Alles drängte den frühen Zweig zum „Lied", zu dem auch die häufige Verwendung des Auslassungszeichens gehörte – oft ein Bestandteil früher Lyrik. Wenn Worte gebrechen, sagen drei Punkte das Ihre. Noch hatte sich die Einsicht in Zweig nicht durchgesetzt, dass man viel geschrieben haben müsse, um Auslassungszeichen verantworten zu können. Nietzsches Gedichte wissen davon; von dessen dithyrambischem Dichten waren die frühen Gedichte Zweigs noch unberührt; allenfalls im Gedicht *Junge Glut* spürt man den lyrischen Modus Nietzsches („Tiefe Nacht. – / Aus sinnenheißem Traum bin ich erwacht. / […] / … Und sinnetrunken tappen meine Hände / In schweigende Dunkelheiten hinein / Hinein in die leere, nichtssagende Nacht! …"; S. 60). Auch Hölderlins Dichtung, die in *Der Kampf mit dem Dämon* (1925) zum Thema werden sollte, hatte Zweig zu diesem Zeitpunkt wohl noch nicht wahrgenommen. Überraschender freilich ist, dass er offenbar auch von Heine unbeeinflusst geblieben ist. Dessen ironischer Ton fehlt. Zweigs Gedichte meinen es ernst – mit sich selbst und dem Sinn des Wohlklangs. Das Frühreif-Abgeklärte des jungen Hofmannsthal findet in diesen Gedichten durchaus seine eigenständige Entsprechung, weniger dagegen das Fluten der Welt durch Gedichtströme, wie dies der junge Rilke wagte oder besser: wie es sich ihm aufdrängte. Das „Drängen" freilich verspürte auch der junge Zweig in sich, zumindest sein poetisches Ich:

> Ein Drängen ist in meinem Herz, ein Beben
> Nach einem großen, segnenden Erleben,
> Nach einer Liebe, die die Seele weitet
> Und jede fremde Regung niederstreitet.
>
> Ich harre Tage, Stunden, lange Wochen,
> Mein Herz bleibt stumm, die Worte ungesprochen
> In müde Lieder flüchtet sich mein Sehnen,
> Und heiße Nächte trinken meine Tränen ... (S. 45)

Diese Gedichte wirken ebenso gekonnt wie glatt. Ihr sprachlicher Überfluss kokettiert mit den ‚ungesprochenen' Worten. Das „Herz" schlägt in diesen Gedichten hörbar, erzwingt aber keinen Allerweltsreim.

3. Zyklische Ansätze

Das Dichten in Zyklen oder ‚Kränzen' ist in der Lyrik der Moderne ein romantisches Erbe. So beschließt denn auch ein Zyklus (*Im alten Parke*) Stefan Zweigs Band *Silberne Saiten*. Er nannte ihn einen „Spätsommertraum" (S. 71). Man könnte ihn als Echo auf Stefan Georges Gedicht *Komm in den totgesagten park und schau* verstehen, das dessen großen Zyklus *Das Jahr der Seele* (1897) eröffnet. Der „Park" in Zweigs Zyklus zeichnet sich durch Lebendigkeit aus: „Der Park ist aufgeblüht ... Zu unsrer Liebesfeier / Singt er der Klänge und der Düfte schönstes Lied." (S. 74) Und doch schließt er melancholisch mit dem Gedicht *Erinnerung*:

> Nun baut der Winter seine weißen Mauern,
> Und alles strahlt in hellem heitrem Licht,
> Nur unser Park liegt stets in stillem Trauern,
> Das nie ein Laut mit fremder Stimme bricht.
>
> Es ist, als dächt er jener Sommertage,
> Die wir verbracht in froher Festlichkeit
> Und rührend ist mir seine stumme Klage,
> Allein in dieser weiten, schweren Einsamkeit ... (S. 78)

Der Park wird in diesem Gedicht zum Subjekt. Er trauert, erinnert, klagt, und das unter einem Eichendorff'schen Vorzeichen, das ihm aus dessen Gedicht *Mondnacht* vertraut ist: „Es ist, als dächt [...]." Der Irrealis wird in Zweigs Gedicht zur Grundlage der melancholischen Stimmung, was sie freilich relativiert.

Noch ausgeprägter zyklisch präsentiert sich Zweigs Sammlung *Die frühen Kränze*. Bereits die gewählten Motti – sie reichen von Leopardi über Keats und Grillparzer bis Goethe und Dante – deuten eine erhebliche Horizonterweiterung dieses Dichtens an. Mit diesen Gedichten wollte Zweig offenbar aus dem unmittelbaren Zeitkontext heraustreten. Diese Tendenz setzt sich auch später mit den Zyklen *Die Nacht der Gnaden*, *Bilder* und *Neue Fahrten* fort. Vor allem letzterer versucht sich in räumlicher Entgrenzung, was Zweig motivisch bis nach Indien führen sollte. Das entscheidende Stichwort fällt im Gedicht *Hymnus an die Reise*: „Die Grenzen zerklirren" (S. 145), ein geradezu expressionistischer Aufruf zur Aufhebung alles Trennenden. Dem eignet eine besondere Dynamik, die das Gedicht als ästhetisches Erlebnis vorstellt: „Und in dem Hinschwung von Ferne zu Fernen / Wächst dir die Seele, verklärt sich der Blick, / So wie die Welt im Tanz zwischen Sternen / Schwingend ausruht in großer Musik." (S. 145)

4. Das ‚Dämonische' in expressionistischer Gewandung

Die großen Themen der Prosa finden sich in Zweigs Lyrik nur sehr bedingt, und wenn, dann allenfalls punktuell, nicht aber leitmotivisch: Das ‚Dämonische' (→ IV.7 DAS DÄMONISCHE) bleibt auf seine lyrischen Künstlertypologien beschränkt (*Die Herren des Lebens*), Unruhe prägt das Gedicht *Schwüler Abend* („Des Blutes Unruh in die Nacht zu jagen! / Dies willenlose Durch-die-Gassen-treiben, / Ob mich nicht etwas aus dem Dunkel will, / Dies lüstern Spähn, die angespannte Hangen / An jeder mattbeglänzten Fensterscheibe – / Wird dieses knabenhaft verworrne Treiben / Denn noch nicht in mir still?"; S. 169f.), aber ein lyrisches Lob des Pazifismus, überhaupt politische Gedichte sucht man bis auf den expressionistischen Dithyrambus *Polyphem* von 1917 – eine lyrische Kriegserklärung an den ‚dämonisch' mythologisierten Krieg – ebenso vergebens wie das *eine* große Wien- oder Paris-Gedicht. Überhaupt ist die Stadt quasi nur im Vorübergehen ein Thema (*Sonnenaufgang in Venedig*, *Brügge* oder das Konstanz-Gedicht *Stadt am See*). Und setzt sich das poetische Ich Zweigs einer Stadt etwas länger aus, etwa in seinem auch im Umfang ausgreifenden Gedicht *Der verlorene Himmel*, der *Elegie einer Heimkehr*, dann zeigt sich sein Autor, im Grunde ein Kind der Großstadt, vehement stadtkritisch. Die Schärfe dieser Kritik an der urbanen Zivilisation mag eine vom allgemeinen Zeitgeist inspirierte Geste gewesen sein, aber ihre Konturen prägen sich tief ein: Die Stadt habe den Himmel „[z]erbrochen", sagt das Gedicht: „Scherben, zerschellt am gelben Steinbruch der Straßen, / Blinken nur nieder, umdüstert vom Qualm der Fabriken, / Gassen fenstern ihn eng zu grauen Quadraten, / Plätze schleifen ihn rund und, riesige Schrauben, / Bohren die Schorne den wölbigen flach an die zackigen Dächer." (S. 153) Expressionistische Stadtkritik in Elegienform – das ist zumindest eindrücklich gekonnt, einschließlich der Bildung wirkungsvoller Neologismen („fenstern" und „Schorne" für „Schornsteine").

Diese ‚expressionistische Elegie' steht in Zweigs lyrischem Schaffen allein – ebenso wie seine epische *Ballade von einem Traum* (1923). Soll man behaupten, Zweig habe sich einfach beweisen wollen, auch so schreiben zu können, zumal er diese Themen und Gedichtformen nicht weiter verfolgt und entwickelt hat? Oder bestätigen diese Gedichte eben nur, was Hermann Bahr in seinem Versuch über Grillparzer behauptet hat: Lyrik verdanke sich nichts anderem als dem bloßen „Einfall" (Bahr 1947, S. 11)?

Untersucht man das Verhältnis zwischen Zweigs eigener Lyrik zu seinen lyrischen Übertragungen, dann ist festzustellen, dass er jene Themen, die Verhaeren, Rimbaud oder Baudelaire aufgegriffen hatten, bei ihnen beließ und nicht mit ihnen zu wetteifern versuchte. Eine gewisse Arbeitsteilung in lyrischen Fragen lässt sich durchaus erkennen. Das Stadtgedicht (*Der verlorene Himmel*) unterscheidet sich durch den elegischen Ton deutlich von den zivilisationskritischen Gedichten der Zeit. Auch die Art, wie Selbstentfremdung und Selbstverlust durch die Stadt zum Ausdruck gebracht werden, ist authentischer Zweig: „Und mein Herz, das verwirrte, / Schlägt hier nicht die eigne Stunde der Brust, sondern hämmert, / Fremd schon sich selbst, den rasenden Rhythmus der Stadt." (Zweig GWE, Silberne Saiten, S. 155)

Die Voraussetzung einer solchen Sichtweise auf die Zivilisation und die Natur, das Schauen, der sinnliche Eindruck aus dem Gefühl, die Anverwandlung des Gesehenen – er teilte es mit der Zugehensweise auf die Welt, wie sie Rilke entwickelte. Es überrascht daher nicht, dass Zweig den mit Abstand bedeutendsten Nekrolog auf Rilke verfasste (→ III.14.3 ÜBER ÖSTERREICHISCHE LITERATUR), in Gestalt seiner Münchner Rede vom 20. Februar 1927, *Abschied von Rilke*. Und es ist gleichfalls nur konsequent, wenn Zweig die ersten Versztate Rilkes in dieser Rede dessen Gedicht *Fortschritt* aus dem *Buch der Bilder* (1900) entnahm: „Immer verwandter werden mir die Dinge / und alle Formen immer angeschauter" (Zweig GWE, Abschied von Rilke, S. 249). Darin auch Zweigs lyrisches Ideal zu erkennen, erscheint geboten, auch wenn er sich selbst das Verfassen von Ding-Gedichten im Gefolge Rilkes versagte.

5. Das Schöpferische als lyrisches Thema

So eingehend sich Zweig über Dichter und das Dichten als Essenz des Schöpferischen zu äußern verstand, mit Selbstaussagen über seine Lyrik hielt er sich zurück, obzwar der Schöpfungsakt selbst zu einem lyrischen Motiv Zweigs werden sollte (→ IV.5 DAS SCHÖPFERISCHE). Seine Hauptaussage besteht darin, sich im Jahre 1924 in Form ‚gesammelter Gedichte' erneut zu ihnen bekannt zu haben. Im Rückblick erschien ihm dieses lyrische Werk denn auch als ein Phänomen seiner eigenen Schaffenswelt von ‚Gestern', was seine Übertragungen oder Nachdichtungen einschloss. Seinem bedeutendsten Beitrag zur Lyrik, der Sammlung *Neue Fahrten* sowie seiner *Ballade von einem Traum*, soll hier gesonderte Aufmerksamkeit gelten.

Einige selten gewürdigte Gedichte fallen auf, sowohl was den Umfang als auch die Metaphernbildung betrifft. Manche wie *Belfried in Flandern* arbeiten mit einem deutlich nach Rilke klingenden Ton, ohne ihn nur zu imitieren; danteske Terzinen finden Verwendung (*Das Tal der Trauer, Der Träumer*) und der Versuch mit der traditionellen Form der Ballade gleicht einem Abgesang auf diese lyrische Gattung (*Ballade von einem Traum*, 1923). *Letztes Gedicht. Der Sechzigjährige dankt* (Zweig GWE, Silberne Saiten, S. 232) ist eine beinahe episch angelegte Schlusskadenz seines lyrischen Schaffens.

Belfried in Flandern ist ein Turm-Gedicht. Es sieht den charakteristischen schlanken, meist zum Rathaus gehörenden Glockenturm und Wahrzeichen flämischer Städte als die ruhenden Pole in der Geschichte des Landes. Der Besucher sieht ihn nach den Schlachten umstellt von „Standarten", die zu „bunten Flammen" geworden sind (S. 146): „Und seine aufgelösten Glocken klangen, / Als hätte hundert Münder jeder Stein, / Und schriee jeder nur, die Stadt zu loben, / Die unten nebelte, gegürtet und bewehrt" (S. 146).

Zu dieser lyrischen Thematisierung der Außenwelt, erkundet in „neuen Fahrten", bilden jene Gedichte ein Gegenstück, die vom Bedrängtwerden im Inneren zeugen: „Kennst du das, / Wenn plötzlich – du sitzt bei Schreiben und Sinnen – / Die Wände raunend zusammenrinnen?" (S. 168) Das Gefühl der Entfremdung durch die Stadt, Hauptmotiv in der Elegie *Der verlorene Himmel*, steigert sich in *Abendliche Flucht* zu einer radikalen Selbstentfremdung: „Und du rufst: es ist deine Stimme nicht. / Was du denkst, ist fremd in dich eingetan, / Fremd starrt dich dein Antlitz im Spiegel an, / Und du schauerst, du weißt nicht mehr, wer du bist, / Nichts ist mehr dein, fremd droht dir das Haus" (S. 168).

Selbstentfremdung ist das eine, die unfreiwillige, als Bedrohung empfundene Selbsterkenntnis das andere. Sie ist das Hauptmotiv der *Ballade von einem Traum* mit einem ostinat eingesetzten Menetekel-Spruch: „Du bist erkannt! Du bist erkannt!" (S. 226–231) Dieses poetische Ich fühlt sich durch seinen Traum am „geheimsten Nerv des Lebens" getroffen: „Was wach ich nie mir eingestand, / Und dieser Traum, der fremd mich fand, / Hat tiefer mich als Tag erkannt." (S. 225) Zweigs Ballade ist keine des ‚äußeren Lebens' wie jenes berühmte Gedicht von Hofmannsthal, sondern eine solche des ‚inneren Lebens', der Traumwelt. Nicht in Terzinen trägt Zweig sie vor wie Hofmannstahl die seine, sondern im Sinne des Bänkelgesangs in Paarreimen. Das poetische Ich geht im Traum „durch einen fremden Raum" (S. 225). Dieser wirkt undurchdringlich: „Oh dieser Raum, wie voll er war / Von Vorgefühlen und Gefahr" (S. 225). Das Ich fühlt sich beobachtet – von „tausend Augen" (S. 226). Erkannt werden bis ins „Urgeheim" (S. 227) – die Ballade sieht dies als die Urangst schlechthin. Und das ist denn auch das Grundgefühl: Angst, die Zweig in dieser Ballade auf eine noch intensivere Weise kennzeichnet als in der Prosa: „Eisweiß vom Wind der Angst umfegt" (S. 227).

Dieses „Du bist erkannt!" spricht zu ihm als ein „Wort, das mir das Herz entmannt" (S. 228). Demnach handelt es sich um eine Ballade vom Herzen, das Erkenntnis kastriert hat. Selten genug im Schaffen Zweigs, dass er das Wort ‚Zweig' gebrauchte. Anders in der Ballade. Dieses verhängnisvolle, quasi ‚dämonische' Wort, ein „Hohnwort" sogar, gewinnt im Traum eine eigene Dynamik: „Hoch überm Haupt, schnell unterm Schritt / Da klang es mit, da sprang es mit, / Voraus auf *Zweig* und Steigen schwang's" (S. 228f.; Herv. R. G.). Zumindest mittelbar entsteht dadurch eine identifikatorische Verbindung des Gedichts und seines Inhalts mit dem Autor. Der Weg führt ihn im Gedicht zum Wasser des Vergessens, das aber das Erkenntnis-Menetekel nicht tilgen kann.

Erst das Erwachen löst die Angst: „Wo war der Spuk? War der Betrug? / Mein erster Blick griff hin zur Wand, / Ob dort das Wort geschrieben stand. / Allein die Wand war leer und licht, / Die Schrift, die Schrift, sie brannte nicht / und niemand, niemand kannte mich!" (S. 230) Das Erkannt-Werden schlägt ins Unbekannt-Sein um. Wirkungsvoll ist auch die Fügung des greifenden Blickes, eine Art haptische Optik andeutend.

Was aber ‚erkannt' werden kann, bleibt die ganze Ballade über unausgesprochen. Erst die letzte Strophe gibt davon einen Eindruck. Das Ich fürchtete, „[m]an" (S. 230) könnte ihm auf die Schliche kommen und hinter sein künstlerisches ‚Betriebsgeheimnis' blicken, seine Kunst entzaubern, sein Schaffen entlarven. Es ist die Angst des Hochstaplers vor der Entblößung. Da sich diese Angst als bloßer Traum erwiesen hat, kann das Ich in sich ‚hinein lachen' und sein „buntes Kleid von Schein" (S. 231) wieder anlegen. Mehr noch: „Schloß Schweigen um mich als Gewand / Und trat, im tiefsten unerkannt, / Mein Tagwerk an, was wartend stand." (S. 231)

6. Rezeption und Forschung

In der Forschung ist die Lyrik Zweigs weitgehend unberücksichtigt geblieben (vgl. Görner 2012, S. 132–144). Diese Missachtung zeichnete sich schon früh ab, obwohl es zunächst durchaus Resonanz in Form von zahlreichen Rezensionen gegeben hatte. In einer der ersten Zwischenbilanzen des ‚Gesamtwerks' von Zweig, vorgelegt von Erwin Rieger im Jahre 1928, findet die Lyrik keine Beachtung (vgl. Rieger 2013). Mit verursacht wurde deren Nichtbeachtung wohl auch durch eine Bemerkung Zweigs in *Die Welt von Gestern* (1942). Sie betraf jedoch nur seinen ersten Band (*Silberne Saiten*), wobei diese vorschnell auf seine ganzen lyrischen Arbeiten übertragen worden sein dürfte: „Es waren Verse unbestimmter Vorahnung und unbewußten Nachfühlens, nicht aus eigenem Erlebnis entstanden, sondern aus sprachlicher Leidenschaft. Immerhin zeigten sie eine gewisse Musikalität und genug Formgefühl, um sie interessierten Kreisen bemerkbar zu machen [...]." (Zweig GWE, Die Welt von Gestern, S. 121) Zumindest trug ihm dieser Band die Aufmerksamkeit von Liliencron, Dehmel und vor allem von Rainer Maria Rilke ein (vgl. S. 121).

Obwohl das Schreiben von Gedichten für Zweig biografisch grundiertes Kunsterlebnis *und* schiere Lust an den Möglichkeiten des Wortes war, bleibt die Lyrik Zweigs ein Desiderat der Forschung. Sie ist bislang nur vereinzelt aufgegriffen worden. Insbesondere das Verhältnis der Nachdichtungen zu Zweigs eigenen Gedichten harrt einer genaueren poetologischen Untersuchung. Dieses Verhältnis ist gerade deswegen von besonderem Interesse, weil es sich hierbei nicht um einen bloßen ‚Einfluss' handelt, sondern eher um eine Selbstbeeinflussung Zweigs: Als Nachdichter erweiterte er seine eigene poetische Sprache, wie umgekehrt diese früh ausgeprägte poetische Sprache seine Nachdichtungen mit prägte.

Ein weiteres wichtiges Forschungsdesiderat betrifft jene Gedichte, die Richard Friedenthal „Denktafeln für große Meister" genannt hat (Friedenthal 1966, S. 7). Diese typologisch angelegten Porträtgedichte sind entfernt mit lyrisch-biografischen Versuchen verwandt, die der frühe Gottfried Benn etwa zu Chopin, dem jungen Hebbel und Klabund vorgelegt hat. Hierbei stellt sich eine weitere reizvolle Forschungsaufgabe, nämlich zu untersuchen, wie und wann die Lyrik Zweigs – und dieser Zyklus im Besonderen – das Problem des Schöpferischen aufgreift und mit ihm produktiv umgeht (→ IV.5 Das Schöpferische). Zweig abstrahierte in einigen Fällen von den konkreten historisch-biografischen Vorlagen, so in Gedichten wie *Der Fakir, Der Flieger, Der Maler, Die Sängerin, Der Beichtiger* und *Der Träumer*. Alle anderen Beispiele geben dagegen deutlich an, wer mit dem typisierenden Titel gemeint ist: *Der Dirigent* erinnert an Gustav Mahler, *Der Märtyrer* meint Dostojewski in der Stunde seiner Hinrichtung (und Errettung), *Der Bildner* ist eine Hommage an Rodin und *Matkowskys Othello* ist das einzige Gedicht des *Zyklus lyrischer Statuen*, das den Gemeinten, den bedeutenden Shakespeare-Darsteller Adalbert Matkowsky (1857–1909) (vgl. Vettermann 1990), im Titel führt. Am Beispiel dieses Schauspielers ‚zeigt' das Gedicht, dass der dargestellte Schein mehr sein kann als das gelebte Leben: „Und wir riefen, riefen, / Bis Er dann aus des Vorhangs bunten Falten // Uns wiederkam, wir sahen, daß nur Trug / Dies Sterben war, das wir mit ihm gelitten, / Doch wenn er ging, ging hinter seinen Schritten / Erneute Angst. Wie war es uns genug // Ihn anzusehn [...]." (Zweig GWE, Silberne Saiten, S. 183) Man kann es nur ein Zeugnis sprachlicher Meisterschaft nennen, wenn Zweig hier „Trug" auf „Wie war es uns genug" reimte: Der Schein genügte; mehr zu verlangen, erübrigte sich angesichts solcher Schauspielkunst. Nicht minder bedeutend die Schlussstrophe: Matkowsky, der so viele Bühnentode starb, gehört nun selbst zu den Toten. Durch seine Kunst habe er dem Publikum so viel „edle Wirklichkeit" erschlossen: „Und die nun irgendwo, an fremdem Ort / Verdüstert ruht mit jäh verklungnen Saiten. / Denn was er lebte von Unsterblichkeiten / Ward nun zum Bild und stirbt in unserm Wort." (S. 183) Nicht der Nachruf verewigt; vielmehr hat der Künstler des Augenblicks, der Schauspieler, seine Verewigungen mit an den „fremden" (S. 183) Grabort genommen.

Am Rodin-Gedicht *Der Bildner* ließe sich zeigen, wie poetisch unterschiedlich Zweig und Rilke auf Rodin und seine Kunst reagierten (→ IV.10 BILDENDE KÜNSTE). Zweig nahm ihn in den *Zyklus lyrischer Statuen* auf, wies ihm damit *neben* anderen Künstlern einen Platz zu und umgab ihn mit einer eigenen rhapsodischen Form. Anders als Rilke in den Ding-Gedichten leitete Zweig diese Form nicht von Rodins Kunst ab; allenfalls entschied er sich für ein Strukturprinzip, die „lyrische[n] Statuen" (S. 181), das analog zu Rodins Skulpturen gedeutet werden könnte. Worauf Zweigs Rodin-Gedicht zusteuert – und das verbindet es mit seinen anderen Künstlergedichten –, ist das Darstellen oder zumindest Andeuten des schöpferischen Aktes. (Im Falle des „Kaisers" sieht er sich – nicht ohne einen Anflug von Ironie – auf die bloße Unterschrift, den Aktenvermerk oder die Kabinettsorder reduziert: „Der Kaiser schreibt mit fliegendem Stift, / Und Schicksal schafft jede Unterschrift." [S. 208]) Am Beispiel Rodins erweist sich der schöpferische Akt als eine doppelte Abfolge von Bewegungen: „Der Meister steht staunend im steinernen Wald, / Von Schweigen umschart, von Stille umschallt, / Und mit einmal begreift er die Urgewalt, / Die wie große Musik aus den Steinen bricht: / Sendung / War ihm gegeben, / Vollendung / Schafft Leben über dem eigenen Leben, / Gestalteter Stein ist stärker als Zeit!" (S. 193) Nach getaner künstlerischer Arbeit erfolgt die zweite Bewegung: „Groß rauscht es im Saale, still sinken die Hände, / Stumm stehen die Statuen, weiß leuchtet der Stein. / Wie eine Legende / Geht der Meister fromm in sein Werk hinein." (S. 194)

Mit dieser Schlusswendung hatte Zweig vermutlich auch sein eigenes Kunstideal benannt: die – wenn man so will – Umkehrung des schöpferischen Aktes in Gestalt eines Eingehens ins Geschaffene, oder im Falle seiner Lyrik: ihr Aufgehen im Großen des Prosawerks.

Stefan Zweig

Zweig, Stefan (1984): Abschied von Rilke. In: Ders.: Das Geheimnis des künstlerischen Schaffens. Essays. GWE. Hg. v. Knut Beck. Frankfurt a.M.: S. Fischer, S. 242–260.
Zweig, Stefan (2007[5]): Die Welt von Gestern. Erinnerungen eines Europäers. GWE. Frankfurt a.M.: S. Fischer.
Zweig, Stefan (2008[6]): Silberne Saiten. Gedichte. GWE. Hg. v. Knut Beck. Frankfurt a.M.: S. Fischer.

Weitere Literatur

Bahr, Hermann (1947): Österreichischer Genius. Grillparzer – Stifter – Feuchtersleben. Wien: Bellaria.
Braun, Felix (1959): Ein Besuch bei Stefan Zweig. In: Fitzbauer, Erich (Hg.): Stefan Zweig. Spiegelungen einer schöpferischen Persönlichkeit. Wien: Bergland, S. 42–43.
Fitzbauer, Erich (Hg.) (1959): Stefan Zweig. Spiegelungen einer schöpferischen Persönlichkeit. Wien: Bergland.
Friedenthal, Richard (1966): Geleitwort. In: Zweig, Stefan: Silberne Saiten. Gedichte. Nachdichtungen. Hg. u. eingel. v. Richard Friedenthal. Frankfurt a.M.: S. FischerFischer, S. 5–8.
Görner, Rüdiger (2012): Stefan Zweig. Formen einer Sprachkunst. Wien: Sonderzahl.
Rieger, Erwin (2013): Stefan Zweig. Der Mann und das Werk [1928]. Hamburg: Severus.
Vettermann, Gabi (1990): Matkowsky, Adalbert. In: Neue Deutsche Biographie. Hg. v. der Historischen Kommission bei der Bayerischen Akademie der Wissenschaften. Bd. 16. Berlin: Duncker & Humblot, S. 382–383.

2. Dramen

2.1 Tersites (1907)
Monika Meister

1. Entstehung 112
2. Inhalt 113
3. Rezeption und Forschung 116

1. Entstehung

Entstanden ist *Tersites* zwischen 1903 und 1906. Erstmals erwähnt Zweig *Tersites* in einem Brief an Hermann Hesse im September 1904, bezeichnet als einaktiges „Trauerspiel in Versen" (Zweig, Br I, S. 87). Bereits früh kommt die unsichere, an sich als Dramatiker zweifelnde Haltung Zweigs zum Ausdruck, wie insgesamt der Entstehungsprozess des *Tersites* die ambivalente Position zum Theater – vor allem die Produktivkraft der Phantasie betreffend – offensichtlich macht: „Im Theater hat sich noch keiner eine Weltanschauung errungen, in der Lektüre schon." (Zweig an Ellen Key, undatiert, verm. Anfang November 1906, S. 130) Zu seinem in Arbeit befindlichen Drama schreibt Zweig: „Ob es gut ist? Einen Tag reißt es mich selber hin und den andern sehe ich nur Kitt und Kleister." (S. 106) Im Februar 1906 schreibt Zweig in einem Brief an Ellen Key: „Ich vollende mein Drama ‚Thersites'. Es ist eine Tragödie des häßlichen Menschen, der – allzulange nur äußerlich gewertet und innerlich nie ertastet – seinem eigenen Zerrbild ähnlich wird, ohne doch seine innerste Größe je ganz zu verlieren. Was ich wollte, weiß ich klar. Nur habe ich selbst einen überscharfen Blick für das Brüchige in meinen Werken. Und ich weiß nicht, ob ich das Stück veröffentlichen soll" (S. 115). Die vielfachen Erwähnungen des *Tersites* in den Briefen der Jahre 1904–1908 belegen die intensive Arbeit des Autors am Trauerspiel und verweisen auf Zweigs Interesse an einer Aufführung, auch wenn zugleich betont wird, dass er nicht an eine Realisation gedacht habe.

Im Juli 1906 schreibt Zweig in einem Brief an Franz Karl Ginzkey, dass seine Tragödie *Tersites* auf den Dramaturgen des Königlichen Schauspielhauses in Berlin einen „ungewöhnlichen Eindruck" gemacht habe, und nunmehr würden es „Ludwig Barnay und Generalintendant Baron Hülsen lesen" (S. 119). Aus den Briefen an Barnay aus den Jahren 1907 und 1908 sind die Umarbeitungen und Aufführungspläne für Berlin ablesbar (vgl. S. 144 f.). Den Textumfang des *Tersites* in Hinblick auf eine bühnenwirksame Inszenierung bedenkend, verwundert es nicht, dass Zweig von Ludwig Barnay um Änderungen gebeten wurde. Zweig antwortete, dass er gerne dazu bereit sei, wenn bestimmte „psychologische Notwendigkeit[en]" (S. 121) nicht darunter leiden würden. Aus der Zeitung erfährt Zweig, dass der populäre Schauspieler Adalbert Matkowsky, ursprünglich für die Rolle des Achill vorgesehen, schwer erkrankt sei (vgl. Matuschek 2006, S. 74 f.). Daraufhin zieht Zweig das Stück für Berlin zurück, es wird schließlich am 26. November 1908 gleichzeitig an den Hoftheatern in Dresden und Kassel uraufgeführt. Zweig spricht später von einer „bittere[n] Vorgeschichte" seiner Dramen, „weil in ihnen eine menschenmörderische Kraft zu wohnen [...] scheint. ‚Thersites' hatte 8 Proben im Berliner Kön[i]gl. Schauspielhaus, bei der neunten wurde Matkowsky krank, um nie zu gesunden (und ich ließ mir Ersatz durch einen Coulissenreißer nicht gefallen)." (Zweig, Br I, S. 281)

Im Insel Verlag ist das Stück bereits 1907, mit dem Untertitel *Ein Trauerspiel in drei Aufzügen*, erschienen. Vom Wiener Burgtheater wurde *Tersites* abgelehnt, trotz einer Empfehlung von Josef Kainz. Zweig hatte sich Anfang Juli 1906 eine Aufführung gewünscht – das Wiener Burgtheater, „unser aller Wiener Dichter tiefste Sehnsucht" (S. 122), galt ihm als höchster Maßstab der Bühnenkünste. Jahre später und auf ein anderes Stück bezogen (*Das Haus am Meer*, 1912) formuliert Zweig die zwiespältige Haltung dem Burgtheater gegenüber so: „Mir persönlich verdirbt es die Freude, ein Publikum nicht als etwas Anonymes, Fremdes und Feindseliges zu empfinden, das erst gewonnen sein muß, sondern als Konglomerat von bekannten Gesichtern." (S. 237) Auch das Münchner Hoftheater nahm das Stück nicht an. Im Widerspruch dazu schreibt Zweig im Erinnerungsbuch *Die Welt von Gestern* (1942) von einer „dramatische[n] Karriere unvergleichlicher Art", die sich ihm damals eigentlich ungewollt aufgetan habe (Zweig GWE, Die Welt von Gestern, S. 199).

2. Inhalt

Die klassischen dramaturgischen Einheiten der Zeit, der Handlung und des Ortes, die das Trauerspiel bestimmen, entsprechen den Regeln der *Poetik* des Aristoteles, beziehungsweise deren Auslegung in der Renaissance: Mittag, Abend, Morgen als Zeitangaben, in denen die Handlung vor sich geht. Der erste und zweite Akt spielen auf einem „[b]reite[n] *Platz im Lager der Griechen vor Troja*" (Zweig GWE, Tersites, S. 9), der dritte vollzieht sich im Inneren des auf der linken Seite der Bühne situierten Zeltes des Achilles. Detailliert beschreibt Zweig in den Szenenanweisungen die den Empfindungen der Figuren entsprechenden Körperhaltungen, stimmlichen Qualitäten und Gesten. Die breit ausgeführten, in pathetischer Sprache verfassten Monologe und Dialoge wirken bemüht, dem tragischen Ton einer Dramentradition des 19. Jahrhunderts nahe zu kommen; die Szenenbemerkungen folgen ganz und gar illusionistischen Abbildungsmodi.

Der *Tersites*-Text Stefan Zweigs ist verwurzelt in der Antike-Rezeption der Wiener Jahrhundertwende, einer Moderne, für die Friedrich Nietzsches Kulturkritik und dessen *Geburt der Tragödie aus dem Geiste der Musik* (1872) die Grundlagen einer neuen Lesart und Interpretation der griechischen Antike darstellen. Stefan Zweig, der zeit seines Lebens Hugo von Hofmannsthal als den größeren Dichter betrachtete, wagt sich mit der Bearbeitung dieses Trauerspiel-Stoffes in ein zwar zeitgemäßes, aber herausforderndes Terrain. Das Bühnenstück *Tersites* entsteht nur wenige Jahre nach Hofmannsthals *Elektra*, die – 1903 uraufgeführt – in der Regie von Max Reinhardt mit Gertrud Eysoldt in der Titelrolle überaus erfolgreich war. Sicherlich sind auch Sigmund Freuds Erkenntnisse der Funktionsmechanismen der Psyche und der Verhältnisse von psychischen und physischen Vorgängen für die psychologische Fundierung der *dramatis personae* von Bedeutung. Hinzu kommt die klassische Bildung, der der antike Stoff aus dem trojanischen Krieg vertraut ist, welchen Zweig punktuell modifiziert: Aus Penthesilea wird Teleia, Menelaos ersetzt Agamemnon. Tersites steht im Zentrum des Geschehens, ein negativer Held, der die bewusst gesetzte Kritik am Heldentum verkörpert, die für Zweigs Skepsis gegenüber allem Heroischen steht. 1920 hält Zweig fest, dass sein *Tersites* „eigentlich die erste Gegenwehr gegen das griechisch-heroische Gewaltideal" darstelle (Zweig, Br III, S. 26). In *Die Welt von Gestern* wird Zweig sich erinnern: „Immerhin kündigte dieses Drama schon einen gewissen persönlichen Zug meiner inneren Einstellung an, die unweigerlich nie die Partei der sogenannten ‚Helden' nimmt, sondern Tragik immer nur im Besiegten sieht." (Zweig GWE, Die Welt von Gestern, S. 198) Diese Wende in der Interpretation der Tersites-Figur zeigt sich im Trauerspiel in vielfacher Weise: Tersites verkörpert die geschundene, gedemütigte Kreatur, deren Liebesbegehren sich vor allem an die ‚Fürstin der Amazonen', Teleia, richtet und das tragischerweise nicht erfüllt wird. Zweig verweist immer wieder auf die dem Tersites seit Homer zugeschriebenen negativen Eigenschaften, thematisiert diese bewusst und wendet sie ins Menschlich-Ethische. Insgesamt gilt es festzuhalten, dass Zweig in diesem Trauerspiel das Menschliche der Tersites-Figur im Gegensatz zum Un- und Übermenschlichen der griechischen Heerführer hervorhebt und damit ein neues Bild des Tersites entwirft. In der siebenten Szene des ersten Aktes erwidert dieser wütend dem Patroklos: „So wie ihr / Zu sein, ist schrecklicher als mein Gesicht, / Seid ihr Menschen? Menschenfelle seid ihr" (S. 39). Der Zorn, den Tersites gegenüber Achill empfindet, verwandelt sich durch die (unerfüllte) Liebe zu Teleia in den Wunsch nach einem neuen Leben. Teleia und Tersites verbinden die ambivalenten Begehrensstrukturen in Bezug auf Achilles: Hass, Wut, Ohnmacht, Zuwendung und Abstoßung. In ihrer Verzweiflung und Not empfindet Teleia Mitleid für Tersites und dessen bitteres Schicksal. Tersites, Hoffnung schöpfend, an sie gerichtet: „O hör mich an, laß meines Lebens Qual / Für einen Augenblick durch deine Finger / Hinrinnen so wie Sand, der niederfällt. / Nicht fühlen mußt du's, denken nur, nur denken, / Das, was ich leben muß und einsam lebte." (S. 100) Dennoch wird Tersites zurückgewiesen, wie es die illusionistischen Regeln folgende Szenenbeschreibung zeigt: *„Er hat ihre Hand gefaßt. Teleia wendet sich langsam um. Plötzlich, wie sie sein verzerrtes[,] von Leidenschaft trunkenes Gesicht sieht, schrickt sie zusammen. [...] Tersites ist bei ihrer Bewegung plötzlich ernüchtert."* (S. 102) Erkennend, dass er benutzt wurde, um Achilles eifersüchtig zu machen, kulminieren in den letzten Szenen des dritten Aktes die kämpferischen Auseinandersetzungen zwischen Achilles und Teleia, sowie zwischen Tersites und Achilles, in deren Mitte der Tod des Patroklos steht. Teleia wird von Achilles getötet, Tersites von ebendiesem „mit einem Streich" (S. 115) erschlagen. Heftige Emotionen und deren körperlicher Ausdruck bestimmen sowohl die monologische wie dialogische Rede. Tersites beendet sein unglückliches Dasein, indem er sein Ende begrüßt, das auch das Ende seiner Leiden bedeutet.

Der erste Akt versammelt im Lager vor Troja die griechischen Heerführer Nestor, Odysseus, Achilles, Menelaos, Patroklos und Tersites, die in langen Redepassagen ihre von der Schlacht und gegenseitigen Schuldzuweisungen geprägten Vorwürfe darlegen. In der vierten Szene begegnen sich Achilles und Tersites, in deren Auseinandersetzung die Hässlichkeit des Tersites zum Thema wird, jene körperlichen Gebrechen, die Achilles abstoßen. Zugleich kommt der unermessliche Hass des Tersites auf den glanzvollen Helden Achilles zum Ausdruck. Im Auftritt von Teleia in der fünften Szene wird die Kritik an Achilles' Heldentum offen ausgesprochen. Die Begegnung mit Teleia entfacht in Tersites, dem eine erfüllte Liebe zu einer Frau bislang verwehrt blieb, heftiges Begehren. Im zweiten Akt, gleiche Szene, Abend, stehen die Liebesbeziehung von Achilles und Patroklos sowie die Konfrontation von Achilles und Teleia im Mittelpunkt, in deren Folge der ‚Held' Achilles nach und nach demontiert wird und Tersites als Tröster und Beistand für Teleia in den Blick kommt. Der dritte Akt spielt am Morgen im Inneren des Zeltes, in dem Teleia Tersites zu sich kommen lässt und in ihm Hoffnungen evoziert, die bitterlich enttäuscht werden: Das Spiel sollte allein Achilles eifersüchtig werden lassen. Tersites, vom Schmerz dominiert, verkündet, nachdem Achilles Teleia tötete, triumphierend den Tod des Patroklos, der Achilles in Verzweiflung stürzt. Der unglückliche, in sein Schicksal ergebene Tersites wird von Achilles getötet (→ IV.3 MYTHOS).

Stefan Zweig kennzeichnet sein erstes abgeschlossenes Theaterstück, das Trauerspiel *Tersites*, als „ein Versdrama" in „antikischer Art" (Zweig, Br I, S. 376). Mit dieser Festlegung deutet sich der Gestus einer intendierten Nachahmung des Antiken an, der die vordergründige Unausgewogenheit in Hinblick auf die stoffliche Transformation poetisch-fiktiver Vorgänge und Figuren aus dem trojanischen Krieg bestimmt. Dabei vermittelt der Text den unbedingten Wunsch des jungen Autors nach gelungener Formulierung von Vers und Dialog in der klassischen dreiaktigen Dramenform. Angesichts dieser Ambivalenzen von Stoff, Form und neuer Deutung sind an dem Trauerspiel *Tersites* einige grundlegende Aspekte der dramatischen Produktion und von Zweigs Verhältnis zum Theater seiner Zeit zu analysieren.

Zweig trifft mit der Hervorhebung der mythologischen Figur des hässlichen Außenseiters Tersites, Gegenspieler des strahlend schönen Achilles, einerseits den virulenten zeitgenössischen Diskurs des Zusammenhanges von Physiognomie und Psyche, der in antisemitischen Rassentheorien kulminiert, und kritisiert diesen grundlegend: Aus körperlicher Hässlichkeit ist nicht auf charakterliche Bosheit und Verdorbenheit zu schließen. Andererseits knüpft diese Thematik an jahrhundertealte Traditionen des Motivs von abstoßender Körpergestalt und verwerflicher Gesinnung an, etwa auch an Shakespeares *Richard III.* und Franz Moor in Schillers *Räubern*. Mit dem *Tersites* (Zweig schreibt einmal „Tersites", dann wieder „Thersites") wendet sich Zweig aber auch gegen den Kult der Heldenverehrung, kreiert einen Antihelden, der an seinem Begehren scheitert und dadurch zu ethischem Handeln gelangt. Sein Stück „will die Idee zum Ausdruck bringen, wie die großen Schmerzlichkeiten eine Seele verfeinern, während das Glück sie verhärtet" (Zweig, Br I, S. 104), wie Zweig im August 1905 an Ellen Key schreibt.

Zweigs Trauerspiel nimmt den antiken Stoff von Achilles und Penthesilea sowie der Figur des Antihelden Tersites zum Ausgangspunkt seiner breit angelegten und sprachlich ausgreifenden, in eklektizistischem Duktus und in Jamben verfassten Tragödie. Im zweiten Gesang von Homers *Ilias* tritt Tersites als hässliche und heldenverachtende Nebenfigur auf, in Shakespeares *Troilus und Cressida* als Spötter und Lästerer. Fasziniert von der Außenseiterfigur des Tersites, an dem sich der Diskurs des Hässlichen entfaltet, fokussiert Zweig genau diese Darstellung des Antihelden, des Unterlegenen, des Verlierers und interpretiert sie um. Angeregt zu dieser Deutung wird Zweig vor allem durch Lessings *Laokoon oder über die Grenzen der Malerei und Poesie* (1766). In der die ästhetischen Kategorien von Schönheit, Hässlichkeit und Ekel poetologisch bestimmenden Schrift kommt Lessing auf den „schmähsüchtigen" Tersites zu sprechen. Im 23. Kapitel, eingefügt in Reflexionen über das Verhältnis von Hässlichem und Lächerlichem, exemplifiziert an Tersites und dessen Auseinandersetzung mit Achilles, ergreift Lessing Partei für Tersites: „[D]enn ich empfinde es, daß Thersites auch mein Anverwandter ist, ein Mensch." (Lessing 1987, S. 170) Durchaus an Lessings Wirkungskategorie des Mitleids anknüpfend, wie diese für das bürgerliche Trauerspiel des 18. Jahrhunderts neu gedeutet wird, lässt sich Zweigs Tersites-

Figur in dieser Hinsicht in der europäischen Tradition der bürgerlichen Aufklärung verorten. Die Menschwerdung hängt mit der Fähigkeit des Mitleidens zusammen. Es geht Zweig um das Beispiel des „leidenden Menschen statt jenes, der durch seine Kraft und Zielsicherheit den andern Leiden erschafft." (Zweig GWE, Die Welt von Gestern, S. 198) Zweig wird in seinem biografischen Essay zu Heinrich von Kleist aus dem Jahre 1925, dem er als Motto drei Verszeilen aus Kleists *Penthesilea* voranstellt, noch einmal auf die alles Maß an Emotionen überschreitende Figur der Penthesilea und ihren Gegenspieler, ihr Liebesobjekt Achilles, unter dem Aspekt der „Pathologie des Gefühls" zu sprechen kommen (vgl. Zweig GWE, Heinrich von Kleist, S. 168ff.).

Im Zusammenhang mit Zweigs zeitlebens kritischer Beziehung zum Theater ist seine frühe Bemerkung in einem Brief an Ellen Key von Interesse. Vermutlich Anfang November 1906, als sich die Möglichkeit einer Aufführung des *Tersites* am Schauspielhaus in Berlin mit dem berühmten Schauspieler Adalbert Matkowsky abzeichnet, schreibt Zweig: „Die Darstellung des Theaters wird mir nie Erfüllung bieten können, wie ich überhaupt den Cult des Theaters gegenüber dem des Buches für ein Zeichen der geistigen Passivität unserer Zeit halte. Ich finde es verderblich, daß die Phantasie, die doch beim Lesen zeugend sein muß, im Theater schläft." (Zweig, Br I, S. 129f.) Hier äußert Zweig eine für die Diskurse der Zeit typische kulturkritische Ansicht über das Theater, die vor allem auf das traditionelle Repräsentationstheater mit seinem oberflächlichen Starkult und seiner gesellschaftlichen Unterhaltungsfunktion abzielt. Aber es zeigt sich darin auch ein prinzipieller Widerstand gegen die sinnliche Verkörperung des Wortes, gegen die Inszenierung. Dies wird für den Autor bei allen Theatererfolgen vorwiegend für das Komödiengenre gültig bleiben (zur neuesten Forschung vgl. Peter/Renoldner 2013).

Für den Dramatiker Zweig gelten folgende Gesetzmäßigkeiten der Kunst: „lebendigstes Leben", das „Gestaltetes, Verwandeltes, Kunstwerk und nicht unmittelbares Leben ist", so in einem Brief an Arthur Schnitzler unter dem Eindruck von dessen *Professor Bernhardi* (12. November 1912, Zweig, Br I, S. 266). Im Oktober 1910 formuliert Zweig in Hinblick auf den verstorbenen Schauspieler Josef Kainz und den erkrankten Gustav Mahler seine Kritik am Kulturverfall, wenn er schreibt – „wir haben jetzt nur mehr Schatten und Puppen statt großer wirkender Menschen" (S. 216).

Tersites, das dreiaktige Trauerspiel in fünffüßigen Jamben, und dessen Rezeptionsgeschichte spiegeln Zweigs von Beginn an ambivalente Beziehung zum Theater: Zum einen die uneingeschränkte Faszination für das Theater, zum anderen die vielfachen Zweifel an der eigenen dramatischen Produktion. Dennoch kann das Debüt des damals 26-jährigen Dramatikers als vielversprechend gelten, zeugt es doch von Zweigs früher Auseinandersetzung mit dem Fundus europäischer Traditionen, denen er immer verpflichtet sein wird.

3. Rezeption und Forschung

Rainer Maria Rilke kommt in einem Brief vom 8. November 1908 auf den *Tersites* zu sprechen, der ihm „doch viel zu denken gegeben hat; ich kann Ihnen diese Dichtung nicht so im Ganzen nachempfinden". Die „tragischen Konsequenzen der Häßlichkeit" kann Rilke nicht „mitfühlen", „so sachlich Ihre Gestalt sie auch vertreten mag." (Zit. n. Prater 1987, S. 42)

Robert Dumont akzentuiert in seiner Monografie zu Zweigs Theater die Verwandtschaft mit den Gestalten Friedrich Hebbels: Wie diese bleiben die Figuren in Zweigs *Tersites* isoliert und nur auf ihre eigene Psychologie konzentriert (vgl. Dumont 1976, S. 36). Daniela Strigl postuliert in ihrem Aufsatz zu Zweigs Verhältnis zu Byron eine enge Verwandtschaft zwischen der Gestalt des Tersites und jener des Arnold aus dem Drama *The Deformed Transformed* (dt. ‚Der umgestaltete Mißgestaltete'; vgl. Strigl 2014, S. 42f.). Gabriella Rovagnati hebt hingegen die Thematik des Leidens als Leitmotiv des Zweig'schen Gesamtwerks hervor: „Die Erfahrung des Leidens als grundlegend im Leben seiner Personen findet sich schon in den frühen Erzählungen und bleibt eine Konstante in all seinen späteren Novellen, Biographien und Dramen." (Rovagnati 1998, S. 100) Arturo Larcati ordnet den *Tersites* am Beispiel von dessen Gegenspieler Achill in den Prozess der „systematischen Entzauberung" der Heldenfiguren ein (Larcati 2013, S. 36). Larcatis Befund, dass Zweigs Konzept des dramatischen Konflikts „zwischen authentischen und vermeintlichen Helden" strukturbildend sei, realisiere sich beispielhaft im *Tersites*: „Demnach favorisiert Zweig in seinen Stücken tragische Helden, die zwar auf der Ebene der Handlung scheitern, jedoch als moralisch überlegene Figuren triumphieren." (S. 29) Man kann mit Larcati von einer „Poetik der Besiegten" sprechen, der die „Kritik an der Macht" (Larcati 2014, 190) immanent ist und die Zweigs Tragödie im Kontext eines versöhnlichen Humanitätsideals denken lässt (→ IV.11 Theater; V.3 Das Motiv des Besiegten). Auch Thomas Oberender interpretiert Zweigs Tragödienkonzept als eines, das der Zeugenschaft einer „humanisierenden Weisheit" entspreche (Oberender 2014, S. 130).

In gegenwärtigen Diskursen der Körperpolitik wäre der *Tersites* im Rahmen der Disability Studies zu analysieren, auch in Hinblick auf eine aussagekräftige geschichtliche Darstellung zur gesellschaftlichen Diskriminierung von Außenseitern und Randgruppen in der Literatur- und Theatergeschichte der Wiener Jahrhundertwende. Der imperfekte Körper wird zum Erkenntnisobjekt, der sich dem Mainstream entzieht und einen anderen, subversiven Blick in den Mittelpunkt rückt.

Stefan Zweig

Zweig, Stefan (1995): Briefe. Bd. I: 1897–1914. Hg. v. Knut Beck, Jeffrey B. Berlin u. Natascha Weschenbach-Feggeler. Frankfurt a.M.: S. Fischer.

Zweig, Stefan (2000): Briefe Bd. III: 1920–1931. Hg. v. Knut Beck u. Jeffrey B. Berlin. Frankfurt a.M.: S. Fischer.

Zweig, Stefan (2004³): Heinrich von Kleist. In: Ders.: Der Kampf mit dem Dämon. Hölderlin, Kleist, Nietzsche. GWE. Hg. v. Knut Beck. Frankfurt a.M.: S. Fischer, S. 157–233.

Zweig, Stefan (2006⁴): Tersites. In: Ders.: Tersites. Jeremias. Zwei Dramen. GWE. Hg. v. Knut Beck. Frankfurt a.M.: S. Fischer, S. 7–115.

Zweig, Stefan (2007⁵): Die Welt von Gestern. Erinnerungen eines Europäers. GWE. Frankfurt a.M.: S. Fischer.

Weitere Literatur

Dumont, Robert (1976): Le Théâtre de Stefan Zweig. Paris: Presses Univ. de France.

Larcati, Arturo (2013): Die Dramen von Stefan Zweig. Ein kritischer Überblick. In: Peter, Birgit/Renoldner, Klemens (Hg.): Zweigs Theater. Der Dramatiker Stefan Zweig im Kontext europäischer Kultur- und Theatergeschichte. Würzburg: Königshausen & Neumann, S. 29–52.

Larcati, Arturo (2014): Stefan Zweig als Autor von Dramen und sein Verhältnis zu den Salzburger Festspielen. In: Renoldner, Klemens (Hg.): Stefan Zweig – Abschied von Europa. Wien: Brandstätter/Theatermuseum, S. 187–199.

Lessing, Gotthold Ephraim (1987): Laokoon oder Über die Grenzen der Malerei und Poesie. Studienausgabe. Leipzig: Reclam.

Matuschek, Oliver (2006): Stefan Zweig. Drei Leben – Eine Biographie. Frankfurt a.M.: S. Fischer.

Oberender, Thomas (2013): Den Fluch durch den Zauber bannen. Stefan Zweigs Horror vor einer zuschnappenden Ordnung. In: Peter, Birgit/Renoldner, Klemens (Hg.): Zweigs Theater. Der Dramatiker Stefan Zweig im Kontext europäischer Kultur- und Theatergeschichte. Würzburg: Königshausen & Neumann, S. 115–131.

Peter, Birgit/Renoldner, Klemens (Hg.) (2013): Zweigs Theater. Der Dramatiker Stefan Zweig im Kontext europäischer Kultur- und Theatergeschichte. Würzburg: Königshausen & Neumann.

Prater, Donald A. (Hg.) (1987): Rainer Maria Rilke und Stefan Zweig in Briefen und Dokumenten. Frankfurt a.M.: Insel.

Rovagnati, Gabriella (1998): Eklektisches Experimentieren. Die ersten Arbeiten für das Theater. In: Dies.: „Umwege auf dem Wege zu mir selbst". Zu Leben und Werk Stefan Zweigs. Bonn: Bouvier, S. 94–115.

Strigl, Daniela (2014): „I want a hero" – Stefan Zweig und Lord Byron. In: Görner, Rüdiger/Renoldner, Klemens (Hg.): Zweigs England. Würzburg: Königshausen & Neumann, S. 35–48.

2.2 Der verwandelte Komödiant (1912)
Birgit Peter

1. Entstehung 118
2. Inhalt 119
3. Aufführungsgeschichte und Forschung 120

1. Entstehung

Der Einakter *Der verwandelte Komödiant. Ein Spiel aus dem deutschen Rokoko* (1910) bildet in Zweigs dramatischem Schaffen eine bemerkenswerte Ausnahme, da er dieses Stück als Auftragswerk einem der prominentesten Künstler des frühen 20. Jahrhunderts, dem Schauspieler Josef Kainz (1858–1910), auf den Leib schrieb. Kainz hatte sich 1908 nach der Uraufführung des *Tersites* so beeindruckt gezeigt, dass er Zweig 1910 beauftragte, ihm einen Einakter zu schreiben (vgl. Zweig GWE, Die Welt von Gestern, S. 201). Wenige Tage vor den Proben im September 1910 starb Kainz. Sein Schauspielstil hatte Schriftsteller wie Hermann Bahr, Helene Richter, Felix Salten, Ferdinand Gregori und Julius Bab veranlasst, hymnische Hommagen zu verfassen. Die sowohl rational als auch emotional betonte Spielweise Kainz', das Verwischen der Grenze zwischen ‚gefühlt' oder ‚gedacht', ließ die Kritiker den intellektuellen Schauspieler ebenso wie den ‚Nervenmenschen' erkennen. Und auch Stefan Zweig verehrte Kainz zutiefst, insbesondere als Vertreter einer Schauspielkunst, die ganz seinem Ideal von Theater entsprach: dem stimmigen Zusammenwirken von leidenschaftlichem Ausbruch und poetischer Formung, wie er dies in seinem Text *Das Drama Verhaerens* (Zweig 1910), der ebenfalls 1910 entstand, ausführte. Umso größer war der Kummer Stefan Zweigs nach dem plötzlichen Tod von Josef Kainz. Ein Dokument seiner tiefen Verehrung und Trauer findet sich in Zweigs Nekrolog *Die Stimme* im Feuilleton der *Neuen Freien Presse* (Zweig 1911). 1912 erschien bei Felix Bloch das Bühnenmanuskript von *Der verwandelte Komödiant* mit der Widmung „In memoriam Josef Kainz" (Zweig 1912).

2. Inhalt

Irgendwo an einem deutschen Fürstenhof zur Zeit des Rokoko spricht ein junger Komödiant, Mitglied einer Wandertruppe, bei einer Gräfin vor, um die Spielerlaubnis zu bekommen. Diese behandelt ihn voller Verachtung, das ‚pöbelhafte Agieren' der Truppe missfalle ihr, sie bevorzuge französische Schauspieler. Die komödiantische Handlung beginnt, als die Gräfin durch den sie besuchenden Chevalier in Bedrängnis kommt, da sie als Mätresse des eifersüchtigen Landesfürsten gilt. Als nämlich dieser plötzlich auftaucht, muss der Komödiant spielen, um den Fürsten vom Chevalier abzulenken. Dabei wählt der Schauspieler die Leichenrede des Mark Anton aus Shakespeares *Julius Caesar*. Im Laufe der Deklamation entwickelt der Komödiant solch eine Leidenschaft, dass sowohl der Fürst als auch die Gräfin gebannt sein Agieren bewundern. Der Fürst ist besänftigt, die Gräfin gerettet und der Komödiant erhält seine Spielerlaubnis. Doch der wahre Clou des Stückes ist die Verwandlung des Komödianten hin zum Schauspiel-Künstler, die sich im Verlauf der Deklamation als leidenschaftlicher Ausbruch äußert.

Stefan Zweig erweist sich in seiner Komposition des *Verwandelten Komödianten* als geschickter Dramatiker, insbesondere Komödienschreiber. In die verspielt heitere Atmosphäre des Stückes setzt er die Leichenrede Mark Antons als Kontrapunkt und gleichzeitig Wendepunkt des Geschehens (vgl. Zweig GWE, Der verwandelte Komödiant, S. 152–156). Damit stellt seine Dramaturgie die Figur des Komödianten und gleichzeitig die Person Josef Kainz ins Zentrum, was den Zuschauern den Genuss erlaubt, ihr Wissen über den berühmten Schauspieler mit der auf der Bühne entwickelten Figur zu vergleichen. Kainz, das war bekannt, stellte sich für Gastauftritte bühnenwirksame Szenen zusammen, die er mit Auszügen aus seinen berühmtesten Interpretationen kombinierte. So auch mit der Leichenrede des Marc Anton aus Shakespeares *Julius Caesar*, mit der Kainz 1909/1910 auf Gastspieltournee ging. Zweig verwendet dafür die erste deutsche Shakespeare-Übersetzung von Freiherr von Borcke (1741). So berücksichtigt er mehrere Facetten seines Auftraggebers Kainz: einmal dessen Leidenschaft für Autographen, rare Literatur und Sammelleidenschaft, die Zweig ja teilte; zum zweiten auch Kainz' Spielstil, indem Zweig Verwandlung vielfältig zum Thema werden lässt: die Verwandlung des Komödianten, der spielt, um seinen Unterhalt zu verdienen, zum Schauspieler, der um seiner selbst willen spielt.

In Zweigs Dramaturgie findet sich ein weiterer kluger Spannungsbogen, die Sprache seines Protagonisten wandelt sich von einem unterwürfigen gestelzten In-Versen-Stammeln hin zu einem leidenschaftlichen kaskadenartigen Sprechstil, der mit der Erkenntnis des Komödianten einhergeht, schöpferischer Künstler zu sein. Dieses Wissen erlaubt dem Schauspieler, sich aus der Unterwürfigkeit eines Subordinierten zu befreien und als Künstler einem neuen Bewusstsein seiner selbst entgegenzublicken.

Die Schilderung seiner Begegnung mit Josef Kainz (vgl. Zweig GWE, Die Welt von Gestern, S. 200 f.) zeugt von Zweigs tiefer Verehrung, hinterlässt aber auch den Eindruck der gleichwertigen Zusammenarbeit zwischen dem hochberühmten Schauspieler und dem jungen, nach Ruhm strebenden Dichter. Unter diesem Gesichtspunkt lässt sich *Der verwandelte Komödiant* durchaus auch als autobiografisches Wunschbild einer poetischen Künstlerexistenz interpretieren, als Selbstinszenierung Stefan Zweigs im ‚theatromanischen' Wien des frühen 20. Jahrhunderts (→ IV.11 THEATER).

3. Aufführungsgeschichte und Forschung

Durch den Tod von Josef Kainz kam es nicht zu der von Zweig so gewünschten Uraufführung am Wiener Burgtheater. Erst im Mai 1912 erfolgte die Uraufführung am Lobe-Theater in Breslau, *Der verwandelte Komödiant* wurde dort sehr positiv aufgenommen (vgl. Rovagnati 1998, S. 103). In Wien sollte 1913 am Deutschen Volkstheater die österreichische Erstaufführung stattfinden, doch aufgrund eines heftigen Konflikts mit der Schauspielerin Zerline Balten, die die Rolle der Gräfin zurücklegte, kam es erst im März 1914 zur Premiere (*Neues Wiener Journal*, 14. März 1914, S. 7) mit Ferdinand Onno (1881–1969) als Komödiant und Claire Wallentin (1879–1934) als Gräfin. Die Aufführung erfolgte gemeinsam mit dem dramatischen Gedicht *Die helle Nacht* von Paul Zifferer (1879–1928). Das Premierenpublikum zeigte sich begeistert; Zweig wurde mehrmals auf die Bühne gerufen, doch die Schauspieler suchten ihn vergeblich (vgl. *Wiener Fremdenblatt*, 17. März 1914, S. 18). Die Theaterkritik hingegen reagierte gespalten, so bescheinigte der Rezensent der sozialdemokratischen *Arbeiterzeitung* Zweigs Einakter im Gegensatz zu Zifferer „ungleich mehr Bühnenwitz und Menschenformkraft" und nennt es eine geistvolle Dichtung (*Arbeiterzeitung*, 15. März 1914, S. 10). Ein anderer Bericht bezeichnet Zweigs Stück hingegen als prätentiös: „Eine Paraderolle für einen Virtuosen! Aber wahrlich keine Apologie der Schauspielkunst, als die sich die Kleinigkeit geben zu wollen scheint." (*Humorist*, 20. März 1914, S. 2) In der *Wiener Zeitung* wird Zweigs Einakter überhaupt als belanglos, als „Pastell Studie" als „Experiment eines kultivierten Literaten Dichters" bewertet, dafür hervorgehoben, dass Zweig die Leichenrede aus der ersten deutschen Shakespeare-Übersetzung verwendete (*Wiener Zeitung*, 16. März 1914, S. 4). Im *Neuigkeits-Welt-Blatt* spricht der Kritiker von einem „artistischen Kunststück ohne Spur von Seele" (*Neuigkeits-Welt-Blatt*, 17. März 1914, S. 18). Begeistert wiederum beschreibt das *Neue Wiener Journal* die Aufführung, da Zweig in diesem graziösen Spiel das Wesen und die Psychologie des Schauspielers zu zeigen vermöge, Zweig wisse hier „Tieferes mit kultivierter Anmut zu sagen" (*Neues Wiener Journal*, 15. März 1914, S. 15). In der *Neuen Freien Presse* wird anlässlich der österreichischen Erstaufführung berichtet, das Stück sei von den meisten Bühnen bereits erworben worden, u.a. von Max Reinhardt für das Deutsche Theater Berlin (vgl. *Neue Freie Presse*, 20. März 1914, S. 12). Weder am Deutschen Theater noch am Burgtheater kam es je zu einer Aufführung von *Der verwandelte Komödiant*, doch bis 1919 wurde das Stück an verschiedenen Bühnen, dem Hofschauspiel Stuttgart (1914), dem Königlichen Schauspielhaus Dresden (1917) und dem Lobe-Theater Breslau (1919) sehr erfolgreich gespielt und auch bei verschiedenen Lesungen vorgetragen. Richard Friedenthal erwähnt in seiner Ausgabe der Dramen Zweigs über 180 Aufführungen im In- und Ausland (vgl. Friedenthal 1964, S. 6).

In den späten 1980er Jahren erfolgte eine Wiederentdeckung des Stückes. Klaus Gmeiner bearbeitete es 1987 als Hörspiel für den Westdeutschen Rundfunk und führte es im Folgejahr mit dem Salzburger Straßentheater auf. Der österreichische Rundfunk produzierte 1992 eine Fernsehverfilmung. Trotz dieser erfolgreichen Aufführungsgeschichte erinnerte Zweig in *Die Welt von Gestern* (1942) ausschließlich den zu frühen Tod von Kainz. Zweig verdichtete die Tode von Kainz, Adalbert Matkowsky (der den Achill im *Tersites* spielen sollte) und Alexander Moissi (der in Zweigs Pirandello-Übersetzung spielen sollte) zu einem Unglücksstern, einem tödlichen Fluch, der über seinem Schaffen als Dramatiker gestanden habe (vgl. Zweig GWE, Die Welt von Gestern, S. 203).

Eine frühe wissenschaftliche Auseinandersetzung mit dem Stück legt Robert Dumont mit seiner 1976 entstandenen Dissertation *Le Théâtre de Stefan Zweig* vor, mit Hinweis auf das große komödiantische Potenzial des Dramatikers Stefan Zweig (vgl. Dumont 1976, S. 61). Weitere Arbeiten stammen von Peter J. Marcris (1983) und Donald G. Daviau (1983), die das dramatische Werk und in diesem Zusammenhang auch *Der verwandelte Komödiant* 1981 in New York beim Symposion „Stefan Zweig. The World of Yesterday's Humanist Today" diskutieren. Knut Beck rekonstruiert 1984 im Nachwort der Werkausgabe die Entstehungsgeschichte des Stückes (vgl. Beck 1984, S. 411). 1995 beschäftigte sich Christoph Siegrist ausführlich mit dem *Verwandelten Komödianten* und mit Zweigs Werdegang als Dramatiker, als der er sich zwischen 1907 und 1919 selbst verstand. Siegrist führt die Wiener Theaterbegeisterung als Zweigs Motivation an, doch erscheint er ihm in diesem Zusammenhang vor allem als Epigone Hugo von Hofmannsthals. In der Figurenzeichnung von Zweigs Gräfin aus dem *Verwandelten Komödianten* und Hofmannsthals Feldmarschallin aus dem *Rosenkavalier* (1911) sieht Siegrist den Beweis für das von ihm diagnostizierte „Qualitätsgefälle" (Siegrist 1995, S. 351) zwischen den beiden Dramatikern. Gabriella Rovagnati (1998) geht auf Siegrists Kritik des Epigonalen nicht ein, vielmehr kontextualisiert sie Zweigs Wunsch, als Burgtheaterautor zu reüssieren, mit der Wiener Theaterbegeisterung. Rovagnati erläutert jene ‚Theatromanie' als gesellschaftliches Phänomen, in der sie Zweigs Einakter als ästhetischen Ausdruck der Generation um 1900 positioniert, die im Spannungsfeld von Historisierung und feiner Psychologisierung versucht, ihre Welt begreifbar zu machen. In Vera Apfelthalers 2007 erschienenem Aufsatz *Das Theater als europäische Anstalt* wird die in *Die Welt von Gestern* überlieferte Erinnerung an den Tod von Kainz als Anknüpfungspunkt für Zweigs Theaterverständnis ins Zentrum gerückt (vgl. Apfelthaler 2007). Von Arturo Larcati erfolgt schließlich die Einordnung des *Verwandelten Komödianten* neben *Legende eines Lebens* (1919) und *Die Flucht zu Gott* (1927) als Künstlerdrama (vgl. Larcati 2013). Das Spezifische bei *Der verwandelte Komödiant*, so Larcati, sei dabei die vielschichtige Problematik des noch nicht etablierten Künstlers, der erst seine Berufung zum „authentischen Künstler" (Larcati 2013, S. 40) entdecken muss. Als eine „Anordnung von Begehrensstrukturen" (Meister 2014, S. 211) nähert sich Monika Meister in einem Überblick von Stefan Zweig als Komödienautor dem Einakter und merkt dessen genaue Kenntnis der Theatergeschichte des 18. Jahrhunderts an (vgl. S. 210ff.).

Stefan Zweig

Zweig, Stefan (1910): Das Drama Verhaerens. In: Die Schaubühne 6/39/29. 9. 1910, S. 975–979.
Zweig, Stefan (1911): Die Stimme. In memoriam Josef Kainz. In: Neue Freie Presse, 3. 1. 1911, S. 1–3.
Zweig, Stefan (1912): Der verwandelte Komödiant. Ein Spiel aus dem deutschen Rokoko. Bühnenmanuskript. Berlin: Felix Bloch Erben.
Zweig, Stefan (1984): Der verwandelte Komödiant. Ein Spiel aus dem deutschen Rokoko. In: Ders.: Das Lamm des Armen. Dramen. GWE. Hg. v. Knut Beck. Frankfurt a.M.: S. Fischer, S. 135–172.
Zweig, Stefan (2007[5]): Die Welt von Gestern. Erinnerungen eines Europäers. GWE. Frankfurt a.M.: S. Fischer.

Weitere Literatur

Apfelthaler, Vera (2007): Das Theater als europäische Anstalt. Theaterverständnis und kulturelles Kapital bei Stefan Zweig. In: Gelber, Mark H. (Hg.): Stefan Zweig Reconsidered. New Perspectives on his Literary and Biographical Writings. Tübingen: Niemeyer, S. 193–201.
Beck, Knut (1984): Nachbemerkung des Herausgebers. In: Zweig, Stefan: Das Lamm des Armen. Dramen. GWE. Hg. v. Knut Beck. Frankfurt a.M.: S. Fischer, S. 407–421.
Daviau, Donald G. (1983): The Spirit of Humanism as Reflected in Stefan Zweig's Dramatic Work. In: Sonnenfeld, Marion (Hg.): Stefan Zweig. The World of Yesterday's Humanist Today. Albany: State Univ. of New York Press, S. 195–209.
Dumont, Robert (1976): Le Théâtre de Stefan Zweig. Paris: Presses Univ. de France.
Friedenthal, Richard (1964): Geleitwort. In: Zweig, Stefan: Die Dramen. Hg. v. Richard Friedenthal. Frankfurt a.M.: S. Fischer, S. 5–8.
Larcati, Arturo (2013): Die Dramen von Stefan Zweig. Ein kritischer Überblick. In: Peter, Birgit/Renoldner, Klemens (Hg.): Zweigs Theater. Der Dramatiker Stefan Zweig im Kontext europäischer Kultur- und Theatergeschichte. Würzburg: Königshausen & Neumann, S. 29–52.
Marcris, Peter J. (1983): Zweig as Dramatist. In: Sonnenfeld, Marion (Hg.): Stefan Zweig. The World of Yesterday's Humanist Today. Albany: State Univ. of New York Press, S. 186–194.
Meister, Monika (2014): Stefan Zweig als Autor von Komödien. *Volpone, Die schweigsame Frau, Der verwandelte Komödiant, Qui pro quo. Gelegenheit macht Liebe.* In: Renoldner, Klemens (Hg.): Stefan Zweig – Abschied von Europa. Wien: Brandstätter/Theatermuseum, S. 201–213.
Rovagnati, Gabriella (1998): „Umwege auf dem Wege zu mir selbst". Zu Leben und Werk Stefan Zweigs. Bonn: Bouvier.
Siegrist, Christoph (1995): Leere Kostümierung. Stefan Zweigs frühes Dramolett *Der verwandelte Komödiant.* In: Fues, Wolfram Malte/Mauser, Wolfram (Hg.): Verbergendes Enthüllen. Zur Theorie und Kunst dichterischen Verkleidens. Würzburg: Königshausen & Neumann, S. 345–354.

2.3 Das Haus am Meer (1912)
Gabriella Rovagnati

1. Entstehung 123
2. Inhalt 123
3. Rezeption und Forschung 125

1. Entstehung

Kaum dass Stefan Zweig mit der Niederschrift seines Stücks *Das Haus am Meer* im Dezember 1910 fertig geworden war, überkamen ihn Zweifel an der Qualität der Tragödie ebenso wie an deren künftigem Geschick auf der Bühne. Das Stück war sein drittes Werk für das Theater, wo sein Debüt nicht gerade unter einem guten Stern gestanden hatte. Bei seinem ersten Bühnenwerk *Tersites* musste die Berliner Premiere 1907 abgesetzt werden, da Adalbert Matkowsky, der die Rolle des Achill hätte spielen sollen, während der Proben plötzlich an einem Herzschlag verstorben war. Ein ähnlich negatives Los hatte 1910 die Wiener Uraufführung des Einakters *Der verwandelte Komödiant* getroffen: Josef Kainz, für den Zweig das Stück verfasst hatte, war ebenfalls im Laufe der Proben ums Leben gekommen. Zweig, seit jeher ein leidenschaftlicher Theaterbesucher, ließ sich jedoch durch das wiederholte Unglück nicht entmutigen. Vielmehr gelang ihm mit seinem dritten Stück, der Tragödie *Das Haus am Meer*, sogar die Aufnahme in das Programm des Wiener Burgtheaters. Die Besetzung wies zwar keine großen Namen auf, aber diesmal verstarb noch vor Beginn der Proben der Leiter des Hauses, Alfred von Berger, der die Regie hätte führen sollen (vgl. Zweig GWE, Die Welt von Gestern, S. 203). Die Wiener Premiere ließ daher über ein Jahr auf sich warten. Über die Vorbereitungen der Aufführung berichtet ausführlich das Tagebuch, das Zweig 1912, nach der Bekanntschaft mit Friderike von Winternitz, erneut zu führen begonnen hatte. Die Voraussetzungen zu einem Erfolg waren da, wie aus einem unveröffentlichten Brief des Autors an seinen Verleger Anton Kippenberg hervorgeht, in dem es heißt: „Mein neues Stück ‚Das Haus am Meer' ist soeben auch am Münchner Hoftheater angenommen worden, Hamburg (Hagemann) und Reinhardt werden bald folgen, dass ich die vier größten Bühnen haben werde." (Zweig an Kippenberg, 30. Oktober 1911, Archiv Insel Verlag, DLA Marbach) Nach dem Wunsch Zweigs veröffentlichte der Insel Verlag das Stück „knapp vor der Aufführung" (Zweig an Kippenberg, 15. Dezember 1912, Archiv Insel Verlag, DLA Marbach). Die Premiere am 26. Oktober 1912 unter der Leitung von Albert Heine wurde entgegen Zweigs Besorgnis ein Erfolg (vgl. Zweig GWE, Tb, S. 25). Den Autor selbst störte nach wie vor das Ungleichgewicht in Aufbau und Stil, etwa die unterschiedliche Länge der beiden Teile.

2. Inhalt

Das Stück spielt in einem deutschen Hafen im ausgehenden 18. Jahrhundert. Dort führt der 60-jährige Lotse Gotthold Krüger ein kleines Gasthaus. Zusammen mit ihm arbeitet sein Neffe Thomas, der vor kurzem geheiratet hat. Von der Ehe des Neffen erhofft sich der kinderlose Gotthold den Fortbestand des Namens und des

Hauses. Die 20-jährige Frau des Neffen, Katharina, stellt aber den Gegensatz zu der traditionsorientierten Welt Gottholds dar. Von ihrem ersten Auftritt an erscheint sie als die Verkörperung der Verführung: Sie ist „*von einer herausfordernden Schönheit, hat rotes, volles Haar. Ihre Bewegungen sind rasch und geschmeidig*" (Zweig GWE, Das Haus am Meer, S. 11) wie ihre Sprechweise. In dem Haus stellt sie das Fremde schlechthin dar. Wie z. B. auch die Maria Magdalena von Dante Gabriel Rossetti, die Gerda in Thomas Manns *Buddenbrooks* (1901) oder die *Danae* (1907) von Gustav Klimt ist die rothaarige Frau klischeehaft der Inbegriff der weiblichen Sinnlichkeit.

Als Vertreterin des Neuen löst Katharina einen regelrechten Sturm aus. Gegen den Willen des alten Mannes will sie das Schild des Wirtshauses erneuern, das nun den Namen „Die neue Welt" bekommen soll. Diese Formulierung spielt auch darauf an, dass von dem nicht näher bezeichneten norddeutschen Hafen Schiffe nach Amerika fahren. Das neue Schild weist mit dem Amerikatraum und dem Exotismus seiner Bilder typische Motive der Zeit auf, wie sie vor dem Ersten Weltkrieg oft unreflektiert verwendet wurden.

Gegen den Plan Katharinas sperrt sich der alte Lotse: „Solang' ich lebe, soll dies Haus niemals / Anders benannt sein, wie zu meines Vaters / Und Urgroßvaters Zeit" (Zweig GWE, Das Haus am Meer, S. 15). Der Onkel und Katharina sind die Verkörperungen von grundsätzlichen Kontrasten der menschlichen Existenz: Alter und Jugend, Ordnung und Chaos, Starre und Dynamik, Tradition und Innovation, Nachdenklichkeit und Emotionalität. Kein Wunder, dass Gotthold den Vorschlag Katharinas unverzüglich ablehnt und den Maler brüsk wegschickt. Thomas, einerseits Neffe, andererseits Ehemann, versucht anfangs, den Ansprüchen seiner Frau gerecht zu werden, ist aber seinem Naturell nach dem Onkel ähnlich und kann sich vom Bleibenden und Beständigen nicht lösen: „Nur wir am Meere wissen's recht, wie fest, / Wie treu es ist, ein Haus." (S. 23)

Der Konflikt bei Krügers spitzt sich zu, da ein Soldat die Schwelle des Gasthauses betritt und Quartier für 25 Mann sucht. Es handelt sich um eine Gruppe von als Soldaten verkauften Männern, die sich unter der Führung eines Offiziers, eines brutalen Sergeanten und eines Werbers am folgenden Tage nach Amerika einschiffen sollen. Während Gotthold aus moralischen Skrupeln die Unterbringung ablehnen möchte, lässt sich Thomas von seiner geldgierigen Frau überreden, den Männern für die eine Nacht Unterkunft zu gewähren. Gotthold scheint hier die Haltung des Autors selbst vorwegzunehmen, der sich später bekanntlich als Verteidiger der Menschenrechte und als Pazifist verstand, ja stilisierte (vgl. Rovagnati 2016, S. 148; → V.4 Krieg, Frieden, Pazifismus).

Die Ankunft der Soldaten in dem Gasthaus wirkt wie eine Überschwemmung, wie die Regieanweisung sagt: Sie „*strömen herein. Wildes Durcheinander. Im Augenblick ist das Zimmer voll mit Menschen. Es sind junge Burschen, meist abgerissen gekleidet*" (S. 30). Die Soldaten, die von „[z]wei Posten mit geladenem Gewehr" (S. 28) bewacht werden, damit keiner desertiert, erregen das Mitleid des Wirts. Als sich die Soldaten zum Schlafen in die Scheune zurückziehen, bleiben Thomas und Katharina in der Stube mit dem Sergeanten und dem Werber zurück. Dabei erkennen die zwei schon leicht betrunkenen Unteroffiziere in der jungen Wirtin bald „die rote Trine" (S. 33), eine beiden Männern wohlbekannte Prostituierte. Thomas, der sich von seiner Frau betrogen sieht, will sich den Soldaten anschließen und lässt sich nicht einmal von seinem Onkel zurückhalten, als dieser ihm mitteilt, dass Katharina schwanger ist. Die

Mutterschaft ist jedoch für Katharina bloß ein Instrument der Macht, womit sie jetzt den alten Onkel erpresst und sich zur Herrin des Hauses aufschwingt (vgl. Rovagnati 2016). Mit der Abfahrt von Thomas schließt der erste Teil der Tragödie.

Im zweiten Teil des Stückes, der den Titel *Die Heimkehr* trägt, spielt die Handlung „zwanzig Jahre später am gleichen Ort" (Zweig GWE, Das Haus am Meer, S. 97). Der Zurückgekehrte ist Thomas, der genauso wie Odysseus im eigenen Haus zunächst von niemandem erkannt wird und deswegen im Personenverzeichnis „DER FREMDE" (S. 97) heißt. Er findet in seinem Hause aber nicht eine Penelope, die treu auf ihn gewartet hat, sondern eine alternde Frau, die sich von ihrem neuen groben Lebensgefährten Peter tyrannisieren lässt. Katharina hat auch keinen Sohn wie den Telemachos geboren, was sich Thomas während seiner Abwesenheit vorgestellt hatte, sondern eine Tochter: Christine. Anstatt ihrem Kind eine sozial und finanziell bessere Stellung zu verschaffen, hat Katharina ihr nur die äußere Erscheinung und die Sittenlosigkeit vererbt – ist Christine doch sogar die Geliebte des Lebensgefährten ihrer Mutter geworden. Der zurückgekehrte Thomas durchschaut das Chaos, das in seinem einstigen Hause herrscht, und gibt sich dem alten Onkel und Katharina zu erkennen, die er als Kupplerin beschimpft. Thomas, jetzt der Fremde im eigenen Haus, will nun seine Heimat endgültig verlassen. Gegen eine Unsumme bietet sein Rivale Peter ihm sein Boot an, damit er ein Schiff erreicht. Auf dem Boot geraten die beiden Männer in heftigen Streit, so dass das Boot umkippt und beide in die Flut mitreißt.

Wir stehen vor einer Tragödie der „Besiegten", für die der Autor immer Partei nahm (vgl. Zweig GWE, Die Welt von Gestern, S. 198). Schon sein Tersites war eine solche Figur gewesen, aber auch später blieb Zweig dieser Auffassung von Tragik treu, und zwar nicht nur in Werken für die Bühne, wie etwa dem Drama *Jeremias* (1917). Besiegte sind vielmehr auch die Protagonisten von Prosawerken wie *Joseph Fouché, Triumph und Tragik des Erasmus von Rotterdam, Marie Antoinette* (1932) oder schließlich Dr. B. in der *Schachnovelle* (→ V.3 DAS MOTIV DES BESIEGTEN). Im Vergleich zu den genannten anderen Werken ist *Das Haus am Meer* ein in vieler Hinsicht unreifes und missglücktes Stück, in dem Zweig einerseits mit den Vorgaben der Naturalisten arbeitet, andererseits auf die Blankverse der klassischen Tragödie – die ihm außerdem voll von „lyrischen Wucherungen" geraten (Bab 1922, S. 43) – nicht verzichten will (vgl. Rovagnati 1998, S. 94–115). Selbst Katharina, die ähnlich verführerische Züge wie die Lulu von Frank Wedekind oder die Madame de Prie aus Zweigs eigener *Geschichte eines Unterganges* (1910) trägt, ist kein psychologisch konturiertes Geschöpf, sondern ein Typus wie der aus John Keats' Gedicht *belle dame sans merci*, die ihren Geliebten zum Sklaven macht.

3. Rezeption und Forschung

Das Theaterstück, das ästhetisch nicht überzeugt, genoss dennoch auch nach der Premiere weiterhin den anhaltenden Beifall des Publikums. „Ich [...] hoffe", schrieb Zweig an Kippenberg nach der Wiener Premiere, „besonders in Hamburg auf einen ebenso guten Erfolg wie in Wien, (der bedeutend besser war, als die böswilligen Auslassungen des Herrn Salten im ‚Berliner Tagblatt' vermuten lassen)." (Zweig an Kippenberg, 8. November 1912, Archiv Insel Verlag, DLA Marbach) Am folgenden Tag teilte er dem Verleger mit: „In München habe ich eine Aufführung des ‚Haus am Meer' gesehen, die das skandalöseste, was man sich in einem Provinztheater denken kann, war. Ich habe jetzt mehr Mut zu dem Stück, nachdem es dort nicht eine Katastrophe geworden ist, wie ich es nach der Generalprobe mit Sicherheit erwartet hatte." (Zweig an Kippenberg, 9. November 1912, Archiv Insel Verlag, DLA Marbach)

Viele Kritiker äußerten sich wenig begeistert über das Stück und betonten seine Mängel. In der Literaturwissenschaft suchte man vor allem akribisch nach den möglichen Quellen des Dramas. Der Autor schöpfte wahrscheinlich aus zahlreichen Lesefrüchten: Sie reichen von Homers Epos *Odyssee* bis zu Friedrich Schillers Tragödie *Kabale und Liebe* und der Ballade *The Rime of the Ancient Mariner* von Samuel T. Coleridge; von den Dramen Karl Schönherrs bis zu der viktorianischen Dichtung *Enoch Arden* von Alfred Tennyson und dem Drama *Die Frau vom Meer* von Henrik Ibsen (vgl. Dumont 1976, S. 45ff.). Nicht zu vergessen ist schließlich der mögliche Einfluss Gerhart Hauptmanns, dessen Stücke damals häufig am Burgtheater aufgeführt wurden.

Für Stoff und Thematik des Stückes ist der Blankvers unangebracht, da er dem Text einen gewollt feierlichen Charakter verleiht. Trotz des historischen Rahmens sind die Figuren eher Träger einer neuromantischen Sensibilität, wie schon der Kritiker Julius Bab bemerkte (vgl. Bab 1922, S. 41f.). Während Richard Specht Anklänge an die Sprache Beer-Hofmanns erkannte (vgl. Specht 1912, S. 864), glaubte Bab – freilich übertreibend –, in den Versen ein Echo von Hofmannsthals Fragment *Das Bergwerk zu Falun* zu vernehmen. Zweig dementierte aber: „Auch glaube ich im Vers ungleich mehr Rilke-Gedanken wie Hoffmannsthal [!], in den neuen aber […] ungleich mehr Walt Whitman, Verhaeren und hoffentlich [Gedanken von] mir selbst." (Zweig, Br I, S. 251) Bekanntlich hielt Zweig Hofmannsthal für ein unübertreffliches Beispiel lyrischer Frühreife, schätzte auch Rilkes Dichtung sehr, las Whitman leidenschaftlich und hatte den belgischen Dichter französischer Zunge Émile Verhaeren übersetzt. Dass ein Echo der Verse aller dieser Lyriker in seinen Versen womöglich zu spüren ist, ist daher kein Wunder.

Wer immer ihn inspiriert haben mochte, war der Autor mit seinem Drama nicht recht zufrieden. Gegenüber Arthur Schnitzler, der ihm zum Erfolg des Stückes gratuliert hatte, betonte Zweig „das Klaffende des Stückes" (S. 264). Im Tagebuch notierte er später: „Ich spüre das Unechte des *lauten* Erfolgs immer mehr." (Zweig GWE, Tb, S. 26, Herv. i.O.) Interessanter als seine eigene Irritation ist aber ein Postscriptum, das Zweig dem oben zitierten Brief an Bab hinzufügte und das uns erklärt, wie er sein Werk, abgesehen von den objektiven Mängeln, selbst verstand: „Im ganzen ist der Held des Stückes <u>Das Haus</u> nicht die Menschen, es ist rein scenisch das Bleibende, die Gewalt, gegen das der Wille nicht aufkommt und an <u>dem</u> jeder einzelne stark wird, weshalb Thomas <u>unterliegt</u>, sobald er es verläßt, die Frau (im zweiten Teil die Stärkere) siegt, weil sie es hat. Dies motiviert die Kopplung, die ich selbst nicht übermäßig mag." (Zweig, Br I, S. 251, Herv. i.O.) Der Kontrast zwischen dem Bleibenden und Festen und dem Schweifenden und Unsicheren ist ein zentrales Thema zur selben Zeit auch in den Werken des von Zweig so bewunderten Hugo von Hofmannsthal – etwa in der Komödie *Cristinas Heimreise* (1909) – oder in der Prosa von Thomas Mann.

Genauso wie Zweig größere Prosawerke nur gelangen, wenn er sich auf eine Vorlage beziehen konnte, und wie er hingegen scheiterte, wenn er Romane rein aus der eigenen Phantasie zu schöpfen versuchte, so brachte er auch als Theaterautor etwas Bedeutendes erst zustande, als er sich der Werke Ben Jonsons als Vorlage bediente. *Volpone*

(1925) ist daher bis heute das einzige Theaterstück Zweigs geblieben, das noch mit Erfolg aufgeführt wird (vgl. Rovagnati 2004).

Das Haus am Meer, ein heute zu Recht selten aufgeführtes Stück, wurde 1924 von Fritz Kaufmann verfilmt. Die weibliche Hauptrolle übernahm Asta Nielsen, die dänische Diva, die in Stummfilmen oft die *femme fatale* spielte. Der Film, der den Stoff in eine südliche Landschaft versetzt, konzentriert sich jedoch auf das idyllische Glück eines Ehepaars, das zusammenbricht, wenn durch eine Gruppe von Soldaten die Vergangenheit der Ehefrau als Prostituierte ans Licht kommt. Im Gegensatz zu Zweigs Tragödie schließt der Film mit einem Happy End. Auch der Regisseur Fritz Kaufmann meinte offensichtlich, der zweite Teil des Stücks habe „keinen dramatischen Wert" (Bab 1922, S. 43).

Stefan Zweig

Zweig, Stefan (1912): Das Haus am Meer. Leipzig: Insel.
Zweig, Stefan (1984): Das Haus am Meer. In: Ders.: Das Lamm des Armen. Dramen. GWE. Hg. v. Knut Beck. Frankfurt a.M.: S. Fischer, S. 7–133.
Zweig, Stefan (1984): Tagebücher. GWE. Hg. v. Knut Beck. Frankfurt a.M.: S. Fischer.
Zweig, Stefan (1995): Briefe. Bd. I: 1897–1914. Hg. v. Knut Beck, Jeffrey B. Berlin u. Natascha Weschenbach-Feggeler. Frankfurt a.M.: S. Fischer.
Zweig, Stefan (2007^5): Die Welt von Gestern. Erinnerungen eines Europäers. GWE. Frankfurt a.M.: S. Fischer.

Weitere Literatur

Bab, Julius (1922): Die Chronik des deutschen Dramas (neue Aufl. von *Der Wille zum Drama*, 1. Hälfte). Bd. 3: 1911–1913. Berlin: Oesterheld, S. 41–44.
Dumont, Robert (1976): Le Théâtre de Stefan Zweig. Paris: Presses Univ. de France.
Rovagnati, Gabriella (1998): „Umwege auf dem Wege zu mir selbst". Studien zu Leben und Werk Stefan Zweigs. Bonn: Bouvier.
Rovagnati, Gabriella (2004): Un copione spogliato dei muffi paludamenti: il *Volpone* di Ben Jonson rivisitato da Stefan Zweig e Jules Romains. In: TESS 4/2004, S. 5–31.
Rovagnati, Gabriella (2016): Mutterschaft als Erpressung und Selbstverleumdung: Stefan Zweigs *Das Haus am Meer*. In: Dies.: Studien zur österreichischen Literatur. Von Nestroy bis Ransmayr. Frankfurt a.M. u.a.: Lang, S. 143–155.
Specht, Richard (1912): *Das Haus am Meer*. In: Der Merker 3/4/1912, S. 862–864.

2.4 Jeremias (1917)
Eva Plank

1. Entstehung 128
2. Inhalt 129
3. Rezeption und Forschung 130

1. Entstehung

Den ausschlaggebenden Impuls, die dramatische Dichtung *Jeremias* zu schreiben, gab der Erste Weltkrieg. „Ich habe nicht geschlafen. Ich sehe den Untergang entsetzlicher als je", vertraut Zweig am 8. Mai 1915 seinem Tagebuch an (Zweig GWE, Tb, S. 167) und lässt damit zum ersten Mal jene Parallele zu Jeremias anklingen, die sich durch das Werk und sein Leben zieht (vgl. Plank 2016). Da Zweig politische wie persönliche Ereignisse während des Ersten Weltkriegs teilweise ausführlich festhält, kann die erste Phase der Entstehung des Dramas anhand der Tagebucheintragungen zwischen Mai 1915 und Januar 1916 in groben Zügen rekonstruiert werden. Der erste Eintrag zu *Jeremias* erfolgt am 17. Mai 1915: „Ich denke jetzt an die Tragödie Jeremias die ich ja immer schon schreiben wollte." (Zweig GWE, Tb, S. 172)

Zwischen 1. Juni 1915 und seiner Abreise nach Galizien, wohin er im Auftrag des Kriegspressequartiers vom 14. bis 26. Juli 1915 reist und die „letzte anschauliche Bestätigung" für den Stoff seines Dramas findet (Zweig GWE, Die Welt von Gestern, S. 287), erwähnt er die Arbeit am *Jeremias* mehrmals. Fünf Tage nach seiner Rückkehr ist der Entwurf des dritten Aktes vollendet (vgl. Zweig GWE, Tb, S. 209). Von August bis November 1915 schreitet die Arbeit kontinuierlich voran, sodass Anfang Dezember die Vorarbeiten so gut wie beendet sind, „das Scenarium ist klar [...]. Innerlich ist Alles sicher, jetzt nur die Frage wie ich es stilistisch bewältigen werde." (S. 238) Am 7. Januar 1916 klagt er: „Ich erlebe den Jeremias! Daß ich ihn nur schreiben könnte!" (S. 244) Mit 24. Februar 1916 endet dieses Tagebuch, und ein weiteres, verfasst in der Schweiz, gibt erst wieder ab November 1917 Einblick in Zweigs Aufzeichnungen. Zu diesem Zeitpunkt ist die Uraufführung des *Jeremias* am Stadttheater Zürich bereits geplant.

Wesentlichen Einfluss auf die Konzeption des Dramas hatten auch Freunde, mit denen sich Zweig austauschte. Ab März 1916 bietet die rege Korrespondenz Aufschluss über die inhaltliche Gestaltung des Dramas. Vor allem in Briefen an Romain Rolland wird auch die Bedeutung, die Zweig seinem Werk zuschreibt, erkennbar: „Ich glaube, dass das Werk, das ich schreibe, vielleicht das beste wird, was mir gelang: jedenfalls ist es das schwerste, das notwendigste", schreibt er am 29. März 1916 (Rolland/Zweig 2014, S. 242). Martin Buber gegenüber erwähnt er am 8. Mai 1916, er arbeite jetzt „an einer großen [...] jüdischen Tragödie, einem Jeremias Drama, das [...] die Tragik des Menschen, dem nur das Wort, die Warnung und die Erkenntnis gegen die Realität der Thatsachen gegeben ist", darlege (Zweig, Br II, S. 106). Dass er seine Tragödie „des jüdischen Volkes als des auserwählten – aber nicht im Sinne des Wohlergehens, sondern des ewigen Leidens, des ewigen Niedersturzes und der ewigen Erhebung und aus solchem Schicksal sich entfaltenden Kraft" fast vollendet habe (S. 106), schreibt er im Februar 1917 an Rolland: „Ein Monat noch, und dann gebe ich das Werk, das alles aussagt, was ich innen vom ersten Tage des Krieges fühlte, an den Druck. Es ist ein Bekenntnis im Symbol [...]. [I]ch weiß, Sie werden in der historischen Tragödie mein eigenes Erlebnis erkennen" (Rolland/Zweig 2014, S. 259). Rückblickend bekennt Zweig Rolland am 9. Dezember 1917, das Drama sei „die erste Sache von mir, die ich liebe". Nicht, wie Zweig betont, aufgrund seiner literarischen Qualität, sondern weil *Jeremias* „einen moralischen Willen" habe, weil „es mir selbst geholfen hat". Beim Wiederlesen des Stückes finde er darin „jene zwei Jahre meines Lebens, die Umwandlung aller meiner Nöte" (S. 274).

Am 31. August 1917 bedankt sich Stefan Zweig bei Anton Kippenberg für den Erhalt des ersten Belegexemplars, die Uraufführung erfolgte am 27. Februar 1918 am Stadttheater Zürich. Das Manuskript des *Jeremias* hatte Stefan Zweig seiner Frau Friderike zum Geschenk gemacht. Sie musste das ihr gewidmete Werk bei ihrer Flucht nach Frankreich in Salzburg zurücklassen, der Verbleib ist bis heute ungeklärt (vgl. Kerschbaumer 2003, S. 478).

2. Inhalt

Titel, Hauptfigur und Handlung seines in neun Bilder gegliederten Dramas greift Zweig aus dem biblischen Buch Jeremia auf, beschränkt Zeit und Ort des Geschehens allerdings auf die elfmonatige Belagerung, die Eroberung und Zerstörung Jerusalems bis zur Wegführung des Volkes ins babylonische Exil. Die Vorlage verändert Zweig vor allem dahingehend, als er die Tatsache der seither bestehenden Erfahrung des Lebens in der Diaspora am Ende des Werkes einbezieht und so die gegenwärtige geschichtliche Situation des jüdischen Volkes bereits in seiner Darstellung der Katastrophe anklingen lässt. Die sprachliche Besonderheit des Dramas liegt im Wechsel von Prosa und gebundener Sprache, womit Zweig die Aufeinanderfolge von erzählenden und poetischen Passagen des Jeremiabuches nachbildet.

Träume, die ihn den nahen Untergang Jerusalems erleben lassen, quälen Jeremias. Er ist überzeugt, dass Gott ihn zum Propheten berufen hat und er die Stadt vor der Gefahr des bevorstehenden Kriegs warnen muss. Denn König Zedekia will ein Bündnis mit Ägypten gegen Babylon eingehen, dessen Vasall Judäa ist. Während der Prophet Hananja zum Krieg aufruft, mahnt Jeremias zum Frieden. Als das Bündnis mit Pharao Necho scheitert, gibt die Menge Jeremias die Schuld am Verhängnis. Allein Baruch, ein Jüngling, stellt sich auf die Seite von Jeremias. Als die Chaldäer gegen Jerusalem anrücken, fordert Jeremias den König Zedekia auf, eine Friedensbotschaft an Nebukadnezar zu senden. Zedekia jedoch droht Jeremias mit dem Tod, sollte er noch einmal den Untergang der Stadt prophezeien. Darauf begibt Baruch sich heimlich ins feindliche Lager.

Weil die Stadt schon elf Monate belagert wird und die Vorräte zur Neige gehen, beruft Zedekia den fünfköpfigen Rat ein, der den Vorschlag, Nebukadnezar ein Friedensangebot zu übermitteln, zunächst ablehnt. Als jedoch Baruch die Botschaft überbringt, Nebukadnezar werde Israel verschonen, wenn der König mit einem Joch auf dem Nacken Nebukadnezar entgegengehe, stimmen nach eingehender Beratung alle dem Angebot zu. Das Abkommen scheitert dennoch, weil Nebukadnezar das Allerheiligste betreten will – eine für Priester und Prophet undenkbare Vorstellung – und Zedekia, vorerst geneigt, auf das Friedensangebot auch unter dieser Bedingung einzugehen, ablehnt, als er erkennt, dass hinter Baruchs Vermittlung Jeremias' Forderung nach Frieden steht.

Als am nächsten Morgen die Chaldäer angreifen, befreit das Volk Jeremias aus dem Gefängnis und verlangt von ihm, das Schicksal Jerusalems zu wenden. Gegen den Willen Gottes mag Jeremias jedoch nicht angehen, weshalb ihn die wütende Menge steinigen will. Jeremias ist bereit, sein Leben hinzugeben und sich kreuzigen zu lassen, doch als die Feinde in die Stadt eindringen, lässt man von ihm ab.

Am Tag nach dem Fall Jerusalems berichtet ein Kundschafter den Überlebenden, die sich verstecken konnten: Der Tempel sei zerstört, der Rat ermordet, die Söhne des Königs getötet, Zedekia geblendet – wie Jeremias es ihm prophezeit hatte. Dass der Rest Israels nach Babylon gebracht werden soll, löst eine Diskussion über die Bedeutung des Landes und des Tempels aus. Jeremias aber klagt Gott an, selbst Urheber der Zerstörung und des Leidens zu sein, und will ihm den Dienst aufkündigen. Doch als die Gesandten Nebukadnezars ihn als Obersten der Magier an dessen Hof einladen, weil er sich als wahrer Prophet erwiesen hat, erkennt er in einer prophetischen Schau Gottes allumfassendes Wirken und prophezeit, dass Babylon fallen werde, weil Gottes Zusage für sein Volk für alle Zeit gilt.

Als sich die Überlebenden zum Auszug sammeln, verkündet Jeremias, dass Gott sein Volk prüfe, es aber auf seiner ewigen Wanderschaft führen werde. So schreitet Gottes Volk gestärkt im Glauben, dass Gott seine Heimat ist, in die Welt, denn: „Man kann Menschen töten, aber nicht den Gott, der in ihnen lebt. Man kann ein Volk bezwingen, doch nie seinen Geist." (Zweig GWE, Jeremias, S. 327)

3. Rezeption und Forschung

Für die Uraufführung in Zürich wurde das Stück auf ein Drama aus fünf Akten mit Prolog gekürzt. Für die endgültige *Jeremias*-Ausgabe von 1928 straffte Zweig die ursprüngliche Fassung von 1917, wodurch „keinerlei Veränderung in Form oder Sinn des Werkes" entstand (Zweig 1928, S. 7), wurden doch vor allem Wiederholungen gestrichen.

Die zeitgenössische Rezeption, die vor allem auf Inhalt, Sprache und Bedeutung des Werkes für die Gegenwart eingeht, setzt bereits wenige Monate nach Erscheinen des Dramas ein und betont das Moment des Jüdischen. Da *Jeremias* ein jüdisches Drama sei, schreibt Ernst Müller, in dem es um die Tragödie eines Propheten aus dem Alten Testament gehe, könne *Jeremias* nur völlig „anderer Art als [das Drama] des modernen Menschen, anderer Art auch als das des klassischen Helden" sein (Müller 1918, S. 198), und Erwin Seligmann betont: „Noch nie ist der Gedanke von der Aufgabe Israels unter den Völkern in solch reine ergreifende Form gegossen, wie in den letzten Szenen dieses [...] Werkes" (Seligmann 1918, S. 12).

Als inhaltliche Schwerpunkte werden das Schicksal des Propheten und des Volkes, als vordergründig das Problem des Kriegs genannt. Bücher, die die Schrecken der Gegenwart beschreiben, fänden keinen Anklang, so Paul Zifferer, doch im *Jeremias* erhalte nicht nur die Geschichte „von der Gegenwart her ihre eindrucksvolle Beleuchtung", in der schmerzvollen Erfahrung vergangener Generationen, in der sich die eigene spiegelt, finde der Leser Trost (Zifferer 1917, S. 1). Ähnlich formuliert es Romain Rolland Ende 1918, der in *Jeremias* „eines der edelsten Werke des modernen Theaters" sieht, das „durch das blutige Drama von heute die Ewigkeitstragödie der Menschheit erschaut", jedoch im Blick auf *Jeremias* folgert, „es gibt Niederlagen, die fruchtbarer sind als Siege, und Leiden, die leuchtender sind als die Freude" (Rolland

2.4 Jeremias (1917)

1918, S. 776). Selbst in der Niederlage preist Zweigs Jeremias das Leben, selbst das Leid, und wertet das „reale Unterliegen in einen ideellen Triumph um", schreibt Erwin Rieger (1928, S. 198).

Im Vorwort zur russischen Gesamtausgabe der Werke Zweigs konstatiert Richard Specht, das Drama sei „der erste und der wildeste dichterische Protest gegen die Zeit", gegen die Gewalt und die Brutalität des Kriegs, das jedoch kaum auf der Bühne, sondern eher als Buch wirken werde (Specht 1927, S. 22), und meint, dass *Jeremias* Beachtung finden werde, da es das Bekenntnis eines prophetisch warnenden Dichters sei, der wie sein Protagonist „erwählt ist und sich dagegen wehrt, dem zu sagen auferlegt ist, was keiner hören will, der zum Gewissen der Welt, zum Mahner und Rufer bestellt ist und deshalb der Unwillkommene bleiben muss" (S. 24).

Mit der Tragödie aus einer anderen Zeit, in der für Seligmann die Sprache der Bibel lebendig ist (vgl. Seligmann 1918, S. 12), wie für Müller in der Gewalt ihres Pathos und ihrer bildhaften Sprache (vgl. Müller 1918, S. 200), stellt Zweig das Geschehen der Gegenwart reflektiert im Symbol dar und verweist damit – und das ist letztlich das Ziel des Dramas – auf einen höheren Sinn.

Seit den 1980er Jahren wird in der Zweig-Forschung durch das Interesse an Zweigs Werken mit jüdischem Inhalt bzw. jüdischen Bezügen auch *Jeremias* wahrgenommen. Diesem Ansatz entsprechend ging man vor allem der Frage nach, ob *Jeremias* ein jüdisches oder pazifistisches Drama sei (vgl. Zohn 1982; Pazi 1981, 1982; vgl. auch Fraiman 2002; Bodmer 2009), obwohl Zweig seine Aussageabsicht klar deklarierte. Es sei ihm keineswegs darum gegangen, „ein ‚pazifistisches' Stück zu schreiben, die Binsenwahrheit in Wort und Verse zu setzen, daß Frieden besser sei als Krieg", seine Absicht sei gewesen, „darzustellen, daß derjenige, der als der Schwache, der Ängstliche in der Zeit der Begeisterung verachtet wird, in der Stunde der Niederlage sich meist als der einzige erweist, der sie nicht nur erträgt, sondern sie bemeistert." (Zweig GWE, Die Welt von Gestern, S. 288) Diese Sichtweise Zweigs gründet im biblischen Judentum, das sein Vertrauen auf Gott setzt. „Thus his *Jeremias* again shows his sympathy with the individual who does not succeed by mighty alone but by the spirit of God", so Stephen H. Garrin (1981, S. 282). Zudem ist sie geprägt von der Freundschaft mit Rolland, dessen überzeugende Haltung, durchdrungen von der Liebe zu den Menschen, auf dem Einfluss Tolstois beruht. Zweigs Narrativ von der moralischen Überlegenheit des Unterliegenden (vgl. Steiman 1981) bildet auch die Grundlage für sein 1918 verfasstes *Bekenntnis zum Defaitismus*. Trotz seiner jüdischen Identität, so Chaim Shoham, sei Zweigs Prophet „nicht unbedingt mit einer spezifischen religiösen, philosophischen oder nationalen Ausrichtung verbunden", sondern entsprechend Zweigs „eigenem kosmopolitischen Konzept" ein „von universalistischen Prinzipien" bestimmter geistiger Mensch (Shoham 1982, S. 51).

Neben dem pazifistisch-humanistischen Aspekt betont Mark H. Gelber, dass Zweig mit seiner Tragödie die besondere Erwählung und das ewige Leiden des jüdischen Volkes, „eine Vision der besonderen jüdischen Mission auf der Welt zu geben" versuche (Gelber 1982, S. 46). Auch für Thomas Freeman steht das jüdische Volk in *Jeremias* im Mittelpunkt, das durch sein Leiden geläutert ins Exil geht. Diese Thematik durchziehe wie ein roter Faden das Werk Zweigs, der im Mitleid und in der Liebe den Sinn unseres Daseins erkenne (vgl. Freeman 1995, S. 229f.).

Michel Reffet arbeitet anhand der Parallelen zwischen Zweigs *Jeremias* und Franz Werfels 1937 erschienenem Jeremias-Roman *Höret die Stimme* auch jene zwischen den beiden Autoren heraus. Der Prophet sei „kein beliebiger Pazifist, er ist ein Jude" (Reffet 2011, S. 174); und „wie für Zweig war Werfels *Jeremias* eine Selbsterfüllung, denn auch er war eins mit seinem Propheten" (S. 188). Beide Dichter „gingen in ihrem Propheten auf, der unter göttlichem Geheiß sprach. Es ist, als hätte sich der Prophet ihrer Stimme bedient, wie Gott sich einst derjenigen des Propheten bediente. Stefan Zweig und Franz Werfel [...] sind in infernalischen Zeitläufen der europäische Jude Jeremias" (S. 192).

Neuere Untersuchungen beziehen sich auch auf die Diaspora-Existenz des Volkes (vgl. Leuenberger 2007) oder auf zionistische Diskurse als bedeutsamen Kontext des Werkes (vgl. Gelber 2013, 2014). Mark H. Gelber vertritt die Ansicht, dass *Jeremias* – wie viele biblische Stoffe – die Möglichkeit biete, ein jüdisch-nationales Bewusstsein zu wecken, da die Elemente, die dafür grundlegend sind, im Drama Bedeutung haben. Nicht erst durch die Veränderung des Textes, wie jene des Tel Aviver Ohel-Theaters für ihre „zionistische Aufführung" von 1929 und seine erfolgreiche Europatournee 1934, so Gelber (2014, S. 153), sei eine Interpretation in zionistischer Perspektive möglich, „auch wenn Zweig dies vielleicht nicht gewollt hätte" (S. 151), wie aus einem Brief Zweigs an Buber deutlich hervorgeht (vgl. Zweig, Br II, S. 202). So ist mit Chaim Shoham festzuhalten, dass die Rezeption eines Werkes stets als Konfrontation im kreativen Prozess zwischen der Intention des Autors und dem Vorverständnis des Lesers zu verstehen ist und so auch die Haltung des einen im Kontrast zu jener des anderen stehen kann (vgl. Shoham 1982, S. 53).

Zweigs Erleben des Ersten Weltkriegs, symbolisch in dramatischer Form anhand der Geschichte und Sprache eines biblisch-jüdischen Stoffes zur Verdeutlichung prophetischer Aussagen von bleibender Gültigkeit dargestellt, eröffnet mehrere Deutungsmöglichkeiten. Diese Ansicht vertritt auch Doerte Bischoff, die mit ihrem Beitrag, in dem sie u. a. darauf hinweist, dass Zweig in *Jeremias* den alttestamentlichen Propheten „mit Motiven christlicher Passion" verbindet (Bischoff 2015, S. 146; vgl. Plank 2017), eine differenzierte Auseinandersetzung mit dem Drama bietet – eine Tatsache, die bisher in der Forschung weitgehend unbeachtet blieb und, wo sie Erwähnung fand, auf Unverständnis stieß (vgl. Henze 1988).

Die biblische Figur des Jeremias findet in Musik, bildender Kunst und Literatur einen vielfältigen Reflex. Entsprechend könnte man beispielsweise die beiden Gedichte von Rainer Maria Rilke, *Der Prophet* und *Jeremia*, in Beziehung zu Zweigs ‚dramatischer Dichtung' setzen. Ähnliche motivgeschichtliche Studien bieten sich an zu Schalom Ben-Chorins *Jeremias. Worte an Jerusalem* (1934). Insbesondere die Vertonung des Dramas durch Petr Eben zu einer „Kirchenoper in fünf Bildern" (1997) sollte in Verbindung mit der Vorlage von Zweig untersucht werden. Von den vielfältigen Jeremias-Darstellungen im Bereich der bildenden Kunst sei auf die beiden Zeichnungen des mit Zweig befreundeten Malers Alfred Kubin hingewiesen. Von Bedeutung ist in diesem Zusammenhang außerdem, dass sich in Friderike Zweigs Besitz, den sie bei der Emigration (nach Paris, später in die USA) in Salzburg zurücklassen musste, auch „Jeremias-Motive (Stiche, Holzschnitte)" (zit. n. Kerschbaumer 2003, S. 480) befunden haben müssen.

2.4 Jeremias (1917)

Stefan Zweig

Rolland, Romain/Zweig, Stefan (2014): Von Welt zu Welt. Briefe einer Freundschaft 1914–1918. Mit einem Begleitwort v. Peter Handke. Berlin: Aufbau.

Zweig, Stefan (1918): Bekenntnis zum Defaitismus. In: Die Friedens-Warte 20/7–8/1918, S. 215–216.

Zweig, Stefan (1928): Jeremias. Eine dramatische Dichtung in neun Bildern. Endgültige Ausgabe. Leipzig: Insel.

Zweig, Stefan (1984): Tagebücher. GWE. Hg. v. Knut Beck. Frankfurt a.M.: S. Fischer.

Zweig, Stefan (1998): Briefe. Bd. II: 1914–1919. Hg. v. Knut Beck, Jeffrey B. Berlin u. Natascha Weschenbach-Feggeler. Frankfurt a.M.: S. Fischer.

Zweig, Stefan (2007[5]): Die Welt von Gestern. Erinnerungen eines Europäers. GWE. Frankfurt a.M.: S. Fischer.

Zweig, Stefan (2011[5]): Jeremias. In: Ders.: Tersites. Jeremias. Zwei Dramen. GWE. Hg. v. Knut Beck. Frankfurt a.M.: S. Fischer, S. 117–327.

Weitere Literatur

Bischoff, Doerte (2015): Passion und Gemeinschaft oder der andere Kosmopolitismus. Christus als Jude in Stefan Zweigs Jeremias. In: Zeitschrift der Vereinigung für jüdische Studien 21/2015, S. 140–164.

Bodmer, Thomas (2009): Jeremias. Ein Bekenntnis zu Pazifismus, Humanismus und Weltbürgertum. In: Brügge, Joachim (Hg.): „Das Buch als Eingang zur Welt". Würzburg: Königshausen & Neumann, S. 67–75.

Eben, Petr (1997): Jeremias. Kirchenoper in fünf Bildern nach dem gleichnamigen Drama von Stefan Zweig. Entstanden 1996–1997. (Uraufführung am 25. 5. 1997 in Prag.)

Fraiman, Sarah (2002): Das tragende Symbol. Ambivalenz jüdischer Identität in Stefan Zweigs Werk. In: German Life and Letters 55/3/2002, S. 248–265.

Freeman, Thomas (1995): Ausdrucksformen jüdischer Identität bei Stefan Zweig. Einführung zu einem Podiumsgespräch. In: Gelber, Mark H./Zelewitz, Klaus (Hg.): Stefan Zweig. Exil und Suche nach dem Weltfrieden. Riverside: Ariadne Press, S. 225–232.

Garrin, Stephen H. (1981): Stefan Zweig's Judaism. In: Modern Austrian Literature 14/3–4/1981, S. 271–289.

Gelber, Mark H. (1982): Karl Emil Franzos, Achad Ha-am und Stefan Zweig. In: LBI Bulletin 63/1982, S. 37–49.

Gelber, Mark H. (2013): Zweigs Jeremias und das zionistische biblische Drama. In: Peter, Birgit/Renoldner, Klemens (Hg.): Zweigs Theater. Der Dramatiker Stefan Zweig im Kontext europäischer Kultur- und Theatergeschichte. Würzburg: Königshausen & Neumann, S. 77–86.

Gelber, Mark H. (2014): Stefan Zweigs Jeremias, Beer-Hofmanns Jaakobs Traum und das zionistische biblische Drama. In: Ders.: Stefan Zweig, Judentum und Zionismus. Innsbruck u.a.: StudienVerlag, S. 145–155.

Henze, Volker (1988): Jüdischer Kulturpessimismus und das Bild des Alten Österreich im Werk Stefan Zweigs und Joseph Roths. Heidelberg: Winter.

Hoffmann, Friedhelm (2016): Bücherschau (arabische Judaika) – mit Anmerkungen zur arabischen Stefan-Zweig-Rezeption. In: Judaica 72/2/2016, S. 302–328.

Kerschbaumer, Gert (2003): Stefan Zweig. Der fliegende Salzburger. Salzburg u.a.: Residenz.

Leuenberger, Stefanie (2007): Schrift-Raum Jerusalem. Identitätsdiskurse im Werk deutschjüdischer Autoren. Köln u.a.: Böhlau.

Müller, Ernst (1918): Stefan Zweigs Jeremias. In: Jüdische Rundschau 23/26/1918, S. 198–200.

Pazi, Margarita (1981): Stefan Zweig, Europäer und Jude. In: Modern Austrian Literature 14/3–4/1981, S. 291–311.

Pazi, Margarita (1982): Co-Referat zu Prof. Zohns Vortrag. In: LBI Bulletin 63/1982, S. 33–36.

Plank, Eva (2016): Das Geheimnis um Stefan Zweigs jüdischen Vornamen. Zur Bedeutung und Tradition der Namensgebung im Judentum. In: zweigheft 15/2016, S. 21–27.

Plank, Eva (2017): „Ich hielt meinen Rücken denen hin, die mich schlugen" (Jes 50,6). Die biblische Prophetengestalt und ihre Rezeption in der dramatischen Dichtung *Jeremias* von Stefan Zweig. In: Gelber, Mark H./Erdem, Elisabeth/Renoldner, Klemens (Hg.): Stefan Zweig – Jüdische Relationen. Studien zu Werk und Biographie. Würzburg: Königshausen & Neumann, S. 101–119.

Reffet, Michel (2011): Jeremias bei Stefan Zweig und Franz Werfel. Symbolfigur des europäischen Juden. In: Gelber, Mark H./Ludewig, Anna-Dorothea (Hg.): Stefan Zweig und Europa. Hildesheim u.a.: Olms, S. 165–192.

Rieger, Erwin (1928): Stefan Zweig. Der Mann und das Werk. Berlin: Spaeth. (Nachdruck Hamburg: Severus 2013.)

Rilke, Rainer Maria (1955): Ein Prophet. In: Ders.: Sämtliche Werke I. Frankfurt a.M.: Insel, S. 568.

Rilke, Rainer Maria (1955): Jeremia. In: Ders.: Sämtliche Werke I. Frankfurt a.M.: Insel, S. 567–568.

Rolland, Romain (1918): Vox clamantis (*Jeremias* von Stefan Zweig). In: Der Jude 2/12/1918, S. 775–776.

Seligmann, Erwin (1918): Die Bibel im jüngsten deutschen Drama. In: Liberales Judentum. Monatsschrift für die religiösen Interessen des Judentums 10/1–2/1918, S. 11–13.

Shoham, Chaim (1982): Jeremias – Prophet für jede Gelegenheit. Essay in Rezeptionsgeschichte. In: LBI Bulletin 63/1982, S. 51–57.

Specht, Richard (1927): Stefan Zweig. Versuch eines Bildnisses. Leipzig: Spamer. (Zugleich Einleitung zur russischen Gesamtausgabe der Werke Stefan Zweigs mit einer Vorrede von Maxim Gorki. Leningrad: Wremja.)

Steiman, Lionel B. (1981): The Eclipse of Humanism: Zweig between the Wars. In: Modern Austrian Literature 14/3–4/1981, S. 147–193.

Zifferer, Paul (1917): *Jeremias*. In: Neue Freie Presse, 28. 9. 1917, S. 1–4.

Zohn, Harry (1982): Stefan Zweigs kulturelles Mittlertum: Ein jüdischer Charakterzug? In: LBI Bulletin 63/1982, S. 19–31.

2.5 *Legende eines Lebens* (1919)
Monika Meister

1. Entstehung 134
2. Inhalt 135
3. Rezeption und Forschung 137

1. Entstehung

Es ist bemerkenswert, dass in Zeiten höchster politischer Sprengkraft – jener des Ersten Weltkriegs und dessen Endes – ein Theaterstück entsteht, das jeglichen zeitgeschichtlichen Bezug vermeidet. In den Kriegsjahren zeigt sich in zahlreichen, oftmals widersprüchlichen Äußerungen Zweigs zwiespältige, unentschlossene und ängstliche Haltung in allen den Krieg betreffenden persönlichen Positionen (→ V.4 Krieg, Frieden, Pazifismus). Immer, so scheint es, will Zweig für die Zeit nach dem Krieg vorsorgen und es jedem nach allen Seiten hin recht machen. Zugleich kommentiert er dies selbstkritisch im „Testament meines Gewissens" (28. November 1917):

2.5 Legende eines Lebens (1919)

„Mich ekeln diese Schleichwege des Gewissens, diese akrobatischen Kunststücke einer geschmeidigen Weltanschauung, die nur bezwecken, sich selber in Sicherheit zu bringen." (Zit. n. Beck/Berlin/Weschenbach-Feggeler 1998, S. 325)

Mit dem in Prosa verfassten Kammerspiel *Legende eines Lebens* lässt Zweig seine Zeit der Versdramen hinter sich, schreibt deutlicher für ein gegenwärtiges Theater und Publikum. Wie immer ihm auch das Theater und der Theaterbetrieb in gewisser Weise fremd bleiben, fordert die Bühne ihn zur Versinnbildlichung von Figuren und Ideen heraus. Zweig plante bereits im Dezember 1912 „jene Richard Wagner-Familien Comödie, die mir Duhamels ‚Dans l'ombre de statues' angeregt hat", wie er im Tagebuch festhält (Zweig GWE, Tb, S. 35). Jahre später, im Juni 1918, arbeitet Zweig diesen Plan aus und modifiziert ihn. Jetzt ist es „nicht mehr ausschließlich die Gestalt Wagners", sondern auch jene Friedrich Hebbels, die die Facetten der fiktiven Figur des Dichters Karl Amadeus Franck bilden. Es geht Zweig um die „Nachbildung" eines „Künstlertypus", wobei „charakteristische Detailzüge verschiedener Persönlichkeiten" vermischt werden (Zweig, Br II, S. 515). „Haben für die unsichtbare Gestalt des Meisters auch biographische Elemente aus dem Leben Friedrich Hebbels, Richard Wagners, Dostojewskis vorbildlich gedient, so sind die Charaktere und Geschehnisse doch in vollkommen freier Weise entwickelt." (Zweig GWE, Legende eines Lebens, S. 174)

Wie aus einem Brief an die bekannte deutsche Schauspielerin Auguste Wilbrandt-Baudius hervorgeht, dachte Zweig für die Rolle der Maria Folkenhof an sie, womit der enge Bezug von Figuren- und Milieukonzeption und theatraler Verkörperung angesprochen ist. „Denn dies Werk ist mir wenig auf der Bühne, wenn ich weiß, daß Sie da sind und diese Rolle nicht spielen sollten. Niemand wird dieser alten Frau das an reifer Güte und menschlicher Klarheit geben können, niemand es ähnlich gestalten" (Zweig, Br II, S. 276). Auguste Wilbrandt-Baudius sollte die Rolle nicht spielen. Der Brief ist auch insofern aussagekräftig, als Zweig hier eine Rollen-Figur in dramaturgischer und psychologischer Perspektive so positioniert, dass mit ihr die Vergangenheit szenisch präsent wird, Geschichte verkörpert wird, wenn auch nicht die große Historie, sondern die eines Lebens. Eine ‚Welt von Gestern', die im Hier und Jetzt der Bühne die Handlung bestimmt. Zweig schreibt im Postscriptum des Briefes: „Möge der erste Akt Sie nicht auf die Vermutung bringen, die Maria Folkenhof dieses Werkes sei eine Nebenfigur: der zweite Akt und das Ende erheben sie zur geistigen und menschlichen Beherrscherin des ganzen Werkes: <u>nur</u> diese Gestalt ist wesentlich für das Werk, <u>nur</u> sie muß groß gegeben sein" (Zweig, Br II, S. 277, Herv. i. O.).

Die Premiere des Stückes fand am 25. Dezember 1918 im Deutschen Schauspielhaus in Hamburg statt. Als Buch erschien ein Jahr später im Insel Verlag in Leipzig (vgl. Klawiter 1991, S. 82).

2. Inhalt

Das unmittelbar nach dem Drama *Jeremias* (1917) im Jahr 1918 entstandene Theaterstück spielt in der Gegenwart, in einer nicht genauer bestimmten Stadt, in dem an ein Museum erinnernden Haus des verstorbenen Autors Karl Amadeus Franck und in einer kleinen Pension. Eine gleichsam ‚geschlossene' Gesellschaft, die Familie Franck sowie deren Gäste Hermann Bürstein, der Herausgeber der Werke des Dichters ‚der letzten Generation', Karl Amadeus Franck, und der Kritiker Dr. Klopfer haben sich im

Hause Franck eingefunden. In diesem Ambiente würdevoller und pathetischer Erinnerung an die Künstler-Legende stört einzig dessen Sohn Friedrich Marius Franck, der sich zunehmend weigert, das kritiklose Andenken seines Vaters aufrechtzuerhalten. Das Erscheinen von Maria Folkenhof, der ehemaligen und seit langem verleugneten Geliebten des Vaters, bricht diese Lebenslüge auf. Damit entlarvt sich zugleich der Künstlermythos als Konstruktion übersteigerter narzisstischer Selbstinszenierung, die jeglichen Realitätsbezug negiert. Eine in Verehrung des toten Künstlers erstarrte, abgelebte Formen praktizierende Gesellschaft zelebriert uneinholbare Vergangenheit, indem sie die Erinnerung hochzuhalten meint und damit paradoxerweise die Vergangenheit gerade verfehlt und der Gegenwart jegliches Lebendige entzieht. In der *Legende eines Lebens* werden die fatalen Konsequenzen dieses Festhaltens am Alten, Tradierten zwar untersucht, aber dennoch führt das Geschehen nicht zu einer tragischen Kollision, sondern zu einem versöhnenden Schluss.

Zweig weiß um die Gefahr, das Stück als Schlüsseltext misszuverstehen, wie er in einer Vorbemerkung zum Bühnentext dezidiert schreibt. Er bezeichnet das Stück als „zeitgenössisch aber nicht politisch", und als „curiose Sache", in der „mehrere Züge von großen Künstlern und biographisches [!] verarbeitet sind"; „innerlich ist es ein klarliniges Schauspiel", dem Zweig „einige Kraft" beimisst (Zweig, Br II, S. 220). An den zusammengesetzten „disparaten Zügen" (S. 220) der toten, abwesenden Hauptfigur des Dramas lassen sich die konkreten Aspekte der Lebenslügen und Konstruktionen einer Künstlerbiografie darstellen. Leben und Kunst, deren Verwicklungen und hybride Verkennungen, stehen hier zur Debatte. Das Schauspiel präsentiert den Dichter als übergroße, verklärte Idealfigur, er ist bereits zu einem Mythos geworden, wodurch Zweig auch Kritik an dem Geniekult formuliert. Obzwar die Motive der Demaskierung nicht in einer Kritik der ideologischen Konstruktion liegen, trifft Zweig einen Kern: den der Helden-Dekonstruktion, einer Thematik, mit der sich Zweig zeit seines Lebens auseinandersetzt.

Der im engsten Sinn als Künstlerdrama zu bezeichnende Text, der Zweig schon länger beschäftigt, ist in diesem Zusammenhang auch als kritische Reflexion auf Zweigs eigenen Beruf, den des Schriftstellers, einzuordnen: Dabei geht es um die Schwierigkeit, als origineller Künstler aufzutreten und aus dem Schatten der großen Vorbilder herauszutreten – eine Schwierigkeit, mit der Zweig selbst konfrontiert war, nachdem er sich bis zur Veröffentlichung des *Jeremias* hauptsächlich als Vermittler großer Dichter gesehen hatte (→ III.18 Herausgeberschaften).

Die Bezeichnung ‚Kammerspiel' verweist auf ein in der Dramatik und im Theater der Jahrhundertwende modernes Genre. Die geschlossene Form des Dramas mit seinen Einheiten der Zeit, des Ortes und der Handlung und der sogenannten vierten Wand ist hier der Maßstab literarischer Fiktion. Die psychologisch motivierte Figurenzeichnung und der dadurch in Gang gesetzte Handlungsverlauf entsprechen den dramaturgischen Konventionen eines intimen Theaters, das sich dem Bühnennaturalismus, dem subtilen Ausdrucksspiel innerer Gefühlszustände verpflichtet weiß. Zweig konzentriert sich darauf, die Beziehung zwischen Vater und Sohn in einzelnen Abschnitten darzustellen, wodurch er auch eine Korrektur der Geschichte vornimmt. Die Vergangenheit bestimmt die Gegenwart; erst durch die Analyse wird für den angehenden Dichter Friedrich eine Verwirklichung seiner künstlerischen Intentionen möglich. Er tritt nunmehr aus dem Schatten seines Vaters, wird nicht länger an der scheinbar vollkommenen Perfektion des Vergangenen gemessen. Der Vater-Sohn-Konflikt ver-

2.5 Legende eines Lebens (1919)

weist auf eine zentrale Thematik des expressionistischen Dramas (vgl. Larcati 2014, S. 190). Dieser Prozess der ‚Helden'-Demontage, die erst eine freie Entfaltung des künstlerischen Potenzials eröffnet, stellt die grundlegende Frage nach dem Stellenwert subjektiver und objektiver Wahrheit. Als Personifizierung lebendiger Vergangenheit ist die Frauenfigur Maria Folkenhof zu sehen, die dem jungen Schriftsteller Schicht für Schicht eine in Lügen verstrickte Legende offenlegt: ganz im Sinne der ursprünglichen Bedeutung des Wortes Legende als dem zu Lesenden. Wie Arturo Larcati festhält, führt das Stück *Legende eines Lebens* vor, „wie auch das Leben großer Künstler von Legenden umgeben sein kann, die dem Vergleich mit der Wahrheit nicht standhalten, die sich bei näherem Hinsehen als hypothetische Konstruktionen bzw. als Illusionen erweisen" (Larcati 2013, S. 38f.).

Der unter der Legende seines Vaters leidende Friedrich Marius Franck sucht verzweifelt und vorerst vergebens nach Spuren von Makel in der Lebensgeschichte des Verstorbenen: „Aber nirgends! Nirgends! Überall Marmor, Stein, fugenlos rein! Nie Mensch! Immer Vollendung, immer Gott! Oh ich kenne es bis in die letzte Ritze, sein Leben, dies wunderbar geheimnislose, und ich sage dir: es ist grausam schön!" (Zweig GWE, Legende eines Lebens, S. 194) Dies wird sich im Verlauf des Geschehens als Trugbild herauskristallisieren, vor allem durch die den zweiten Aufzug bestimmende, ehemals verheimlichte Geliebte Maria Folkenhof, die auch die Mutter des jungen Franck ist und nicht länger gewillt ist zu schweigen. Sie eröffnet diesem die ‚wahre' Geschichte und ihr dem ‚Genie' des Vaters geschuldetes Opfer. In der letzten Szene des dritten Aufzuges begegnen sich die einstmaligen Rivalinnen, Leonore Franck und Maria Folkenhof, die ihre Geschichten des Verzichts aus der jeweiligen Perspektive und in Erinnerung an die die Wirklichkeit missachtenden Forderungen des Künstlers und Genies zusammenführen. Kein unausweichlicher dramatischer Konflikt wird hier ausgetragen, sondern die fürsorgliche Milde der Protagonistinnen bestimmt die harmonische Versöhnung: *„Sie gehen beide langsam und umschlungen zur Türe."* (S. 261)

3. Rezeption und Forschung

Robert Dumont weist darauf hin, dass sich Zweig für die Auseinandersetzung mit der Thematik seiner *Legende eines Lebens* von einem Besuch der Aufführung von Georges Duhamels *Dans l'ombre des statues* am 26. Oktober 1912 im Pariser Théâtre de l'Odéon inspirieren hat lassen (vgl. Dumont 1976, S. 100). Das Kammerspiel stellt eine bemerkenswerte Zäsur in Zweigs dramatischen Texten dar, er wird nach 1918 kein Stück in Versform mehr schreiben. Neben dem Schauspiel *Das Haus am Meer* (1912) ist die *Legende eines Lebens* Zweigs einziges Theaterstück, dessen Handlung in der Gegenwart spielt und damit moderne *dramatis personae* ins Blickfeld rückt. Es ist durchaus den Dramentexten Arthur Schnitzlers verwandt (vgl. Apfeltaler 2007, S. 201) und als eine späte Form der Kammerspiele der Moderne um 1900 (Henrik Ibsen und August Strindberg) zu kennzeichnen, mit dem wesentlichen Unterschied, dass Zweig die zugespitzte Konfrontation der die Vergangenheit und Gegenwart repräsentierenden Figuren vermeidet.

Während Zhou Qin das Stück in den expressionistischen Kontext des Vater-Sohn-Konfliktes einbettet (vgl. Zhou 2009), bezeichnet Thomas Oberender den Ausgang als getragen von einer, „wenn es das gibt, kämpferischen Melancholie" (Oberender

2013, S. 126). Man könnte diesen versöhnlichen Schluss, der sich der tragischen Konsequenz verweigert, auch unter der Kategorie „lyrische Leidenschaft" (Peter 2013, S. 60) erfassen. Thomas Oberender würdigt den Autor als „Zeuge[n] einer humanisierenden Weisheit, die uns das Erlebnis der Tragödie ersparen will" (Oberender 2013, S. 130; vgl. Larcati 2014, S. 188). Die Demontage der über die Maßen idealisierten Vaterfigur und die Zeichnung des Sohnes als „unterdrücktem Helden" lässt sich in eine, wie Arturo Larcati sie bezeichnet, „Poetik der Besiegten" (Larcati 2014, S. 190) einordnen, deren zentrale Intention die Kritik an Machtstrukturen darstellt. Jedenfalls ist auch dieses Bühnenstück bestimmt durch Zweigs grundlegende Thematik der bruchstückhaften Enthüllung von Geschichte, womit sich die Möglichkeit zur Erkenntnis ideologischer Konstruktionen der Vergangenheit eröffnet (→ IV.11 THEATER).

Im Gegensatz dazu interpretiert Gert Kerschbaumer das Stück autobiografisch als Reflex auf Zweigs Angst vor der eigenen „Demaskierung" (Kerschbaumer 2005, S. 63): Die literarisch thematisierte „drohende Aufdeckung einer manipulierten oder geglätteten Dichterbiografie" (S. 63) spiegle seine Sorge, als früherer Befürworter des Krieges entlarvt zu werden, was vielleicht auch seine Übersiedlung von Wien nach Salzburg motiviert habe.

Stefan Zweig

Zweig, Stefan (1984): Legende eines Lebens. In: Ders.: Das Lamm des Armen. Dramen. GWE. Hg. v. Knut Beck. Frankfurt a.M.: S. Fischer, S. 173–261.
Zweig, Stefan (1984): Tagebücher. GWE. Hg. v. Knut Beck. Frankfurt a.M.: S. Fischer.
Zweig, Stefan (1998): Briefe. Bd. II: 1914–1919. Hg. v. Knut Beck, Jeffrey B. Berlin u. Natascha Weschenbach-Feggeler. Frankfurt a.M.: S. Fischer.

Weitere Literatur

Apfelthaler, Vera (2007): Das Theater als europäische Anstalt. Theaterverständnis und kulturelles Kapital bei Stefan Zweig. In: Gelber, Mark H. (Hg.): Stefan Zweig Reconsidered. New Perspectives on his Literary and Biographical Writings. Tübingen: Niemeyer, S. 193–201.
Beck, Knut/Berlin, Jeffrey B./Weschenbach-Feggeler, Natascha (1998): Nachbemerkung. In: Zweig, Stefan: Briefe. Bd. II: 1914–1919. Hg. v. Knut Beck, Jeffrey B. Berlin u. Natascha Weschenbach-Feggeler. Frankfurt a.M.: S. Fischer, S. 311–329.
Dumont, Robert (1976): Le Théâtre de Stefan Zweig. Paris: Presses Univ. de France.
Kerschbaumer, Gert (2005): Stefan Zweig. Der fliegende Salzburger. Frankfurt a.M.: S. Fischer.
Klawiter, Randolph J. (1991): Stefan Zweig. An International Bibliography. Riverside: Ariadne Press.
Larcati, Arturo (2013): Die Dramen von Stefan Zweig. Ein kritischer Überblick. In: Peter, Birgit/Renoldner, Klemens (Hg.): Zweigs Theater. Der Dramatiker Stefan Zweig im Kontext europäischer Kultur- und Theatergeschichte. Würzburg: Königshausen & Neumann, S. 29–52.
Larcati, Arturo (2014): Stefan Zweig als Autor von Dramen und sein Verhältnis zu den Salzburger Festspielen. In: Renoldner, Klemens (Hg.): Stefan Zweig – Abschied von Europa. Wien: Brandstätter/Theatermuseum, S. 187–199.
Oberender, Thomas (2013): Den Fluch durch den Zauber bannen. Stefan Zweigs Horror vor einer zuschnappenden Ordnung. In: Peter, Birgit/Renoldner, Klemens (Hg.): Zweigs Theater. Der Dramatiker Stefan Zweig im Kontext europäischer Kultur- und Theatergeschichte. Würzburg: Königshausen & Neumann, S. 115–131.

Peter, Birgit (2013): Leidenschaft und Geist. Utopische Theaterkonzeptionen Stefan Zweigs. In: Dies./Renoldner, Klemens (Hg.): Zweigs Theater. Der Dramatiker Stefan Zweig im Kontext europäischer Kultur- und Theatergeschichte. Würzburg: Königshausen & Neumann, S. 53–63.

Zhou, Qin (2009): Aufhebung des Vaterkult-Banns. Ein unterdrückter Held in Zweigs Kammerspiel *Legende eines Lebens*. In: Literaturstraße 10/2009, S. 111–116.

2.6 Volpone (1925)
Monika Meister

1. Entstehung 139
2. Inhalt 140
3. Die Vorlage und Zweigs Bearbeitung 141
4. Aufführungsgeschichte und Forschung 143

1. Entstehung

Stefan Zweigs Mitte der 1920er Jahre entstandene Komödie *Volpone* stellt eine freie Bearbeitung von Ben Jonsons *Volpone, or The Fox* (1605/1606) dar. Am 20. Juli 1925 schreibt Zweig an Frans Masereel, dass er eine „Komödie, eine Farce [...], die das Geld verspottet", schreiben wolle (Zweig, Br III, S. 503). Ende November 1925 berichtet er seinem Freund Leonhard Adelt, dass er das „Volpone-Stück in vierzehn Tagen auf der Reise erstmalig geschrieben" und in Salzburg „in weiteren zehn Tagen zweimalig fertiggestellt" habe (S. 150f.): „[I]ch glaube, es ist sehr belebt, heiter und bühnenwirksam geworden." (S. 151, Herv. i. O.) In weiteren Briefen (vgl. z. B. an Erhard Buschbeck, 27. November 1925, Renoldner/Holl/Karlhuber 1993, S. 106) gibt Zweig über seine Bearbeitung Auskunft, am 8. November 1926 berichtet er vom Abschluss der Arbeit und fügt hinzu, „daß in dieser bösen Farce von Ben Jonson keine zehn Worte übriggeblieben sind, sondern alles von mir ist" (Zweig 1984, S. 172; zur Entstehungsgeschichte vgl. Prater 1981, S. 225f.).

Im Globe Theatre uraufgeführt und 1607 in London im Druck erschienen, gilt Ben Jonsons Stück als Musterbeispiel einer von moralisch-erzieherischem Impetus getragenen Komödie, in der sich die Kritik an gesellschaftlichen Missständen mit komödiantischen Traditionen verbindet und die in dieser Form ein einzigartiges gesellschaftskritisches Werk bildet. Die typisierten Figuren Jonsons entsprechen weitgehend der elisabethanischen *humour*-Theorie, der Lehre der vier Elemente von Erde, Wasser, Luft und Feuer, denen analoge charakterbildende Körpersäfte zuzuordnen sind. Zweigs Arbeit an dieser bitterbösen Gesellschaftssatire aus der Shakespearezeit ist in mehrfacher Hinsicht von Interesse, weil in diesem Theatertext ein jahrhundertealtes Spielmodell aufgegriffen wird und krisenhafte europäische Entwicklungen der Zwischenkriegszeit verarbeitet sind.

Ben Jonson, dessen Werke einen reichen Fundus der Auseinandersetzung mit poetischen und politischen Sujets enthalten, ist für Stefan Zweig eine vielfache Bezugsfigur (vgl. Zweig 2013). Es überrascht nicht, dass Zweig hier eine wichtige Quelle vorfindet, auch wenn seine Bearbeitung deutlich anders akzentuiert ist: Keine Belehrung wird intendiert; die ansatzweise psychologische Vertiefung der Figuren bedingt die Entschärfung der Mechanik der Handlungsabläufe und szenischen Aktionen und ersetzt ein gleichsam ‚kaltes' Herz mit einem, das Anteilnahme fühlt. Damit ist die Komik eine milder gestimmte, tendenziell auf harmonischen Ausgleich gerichtete. Die „Anästhesie des Herzens" (Bergson 1988, S. 15), für Henri Bergson Bedingung komischer Wirkung, ist hier gemischt mit der Fähigkeit mitzufühlen, Mitleid zu empfinden.

Stefan Zweig begegnet dem englischen Dramatiker erstmals 1904 im Zusammenhang mit seiner Dissertation über *Die Philosophie des Hippolyte Taine*. 20 Jahre später, im Zuge von Vorstudien zur Novellensammlung *Verwirrung der Gefühle* (1927), stößt Zweig auf die englische Literaturgeschichte Hippolyte Taines und die Inhaltsangabe von Ben Jonsons *Volpone, or The Fox*. Da *Volpone* nicht nur bei Taine „als ein satirisches Meisterwerk höchsten Ranges gerühmt" (zit. n. Beck 1987, S. 562) wird, wundert sich Zweig darüber, dass das Stück selten aufgeführt wird (vgl. Prater/Michels 2006, S. 163) und liest das englische Original: Die Komödie sei „in schönen, aber pompösen Versen geschrieben, zweitens läuft sie leider in eine heute unmögliche Verwechslungs-Komödie aus" (zit. n. Beck 1987, S. 562). (Der ursprünglich im Programmheft des Burgtheaters zur Uraufführung von Zweigs Bearbeitung am 6. November 1926 abgedruckte Text erschien geringfügig erweitert auch zur Zürcher Erstaufführung in der *NZZ* am 28. September 1927.) Diese Einschätzung Zweigs ist heute so nicht ganz nachvollziehbar, spiegelt sie doch zeitgenössische Lesarten das Werk Jonsons betreffend, die geringen Wert auf das gesellschaftskritische Potenzial des Textes legten (→ IV.11 THEATER).

2. Inhalt

Der erste Akt spielt zunächst in einem „Venezianer Palazzo" am frühen Morgen: Volpone, der reiche, das Gold und Geld anbetende venezianische Kaufmann, gibt vor, im Sterben zu liegen und setzt mit Hilfe des Schmarotzers Mosca ein Täuschungsspiel in Gang, dessen Zweck die Bloßstellung der habgierigen Erbschleicher und letztlich die eigene Bereicherung ist. Voltore, der das Testament aufsetzende Notar, der Kaufmann Corvino und der alte Wucherer Corbaccio umschmeicheln Volpone, um als Erben eingesetzt zu werden. Im Dialog mit Mosca geht Corvino (im Haus Corvinos, wo die zweite Szene spielt) so weit, Volpone seine Frau Colomba anzubieten. Im Hause von Corbaccio findet die dritte Szene statt: Der Wucherer Corbaccio enterbt seinen Sohn Leone und setzt Volpone – dessen Tod und damit auch Besitz erwartend – als Erben ein. Überdies hegt die Kurtisane Canina Hoffnung, dass Volpone sie heiratet.

Der zweite Akt beginnt wieder im Zimmer Volpones: Colomba, die nichts vom Handel weiß, wird zu Volpone gebracht und schreit ob der (auch gewalttätigen) Annäherungsversuche um Hilfe. Volpone wird verhaftet und vor das Gericht der Republik Venedig gestellt, wo die zweite Szene handelt. Leone, der um das Erbe gebrachte Sohn des Corbaccio, durchschaut das Spiel; dennoch bleibt seine Anklage nicht nur erfolglos, sondern er wird der Falschaussage beschuldigt. Die durch ihre Eigeninteressen motivierten Erbschleicher wollen verhindern, dass Volpone ohne Einsetzung eines Erben ins Gefängnis kommt.

Im dritten Akt, der wieder im Hause Volpones spielt, sieht dieser sich gezwungen, mehrere Testamente zugunsten der Erbschleicher auszustellen; Mosca gelingt es zudem, eines zu seinen Gunsten zu erpressen. Volpone stellt sich nunmehr tot, um den

Streit der habgierigen und betrogenen Erben zu genießen. Der herbeigerufene Richter verlautbart Mosca als den rechtmäßigen Erben, der den Betrogenen ihre Anteile zurückgeben will und damit die angedrohte Entehrung des vermeintlichen Leichnams Volpones verhindert. Der geprellte Volpone ist in die Falle Moscas getappt; dieser will Geld und Gold nicht für sich, sondern lässt es für alle tanzen.

3. Die Vorlage und Zweigs Bearbeitung

In Bezug auf Zweigs poetische Verfahrensweise im *Volpone* ist von einem Überschreiben unterschiedlicher historischer Zeiten und gesellschaftlicher Kontexte zu sprechen. Vor allem fasziniert Zweig die Volpone-Figur; er bezeichnet sie als „,malade imaginaire', der sich nur krank stellt", als „Gestalt [...] dieses ,avare' [i.e. diesen Geizigen], der habsüchtig aber nur für andere ist und nicht für sich selbst, dieses Boshaften ohne jedes Warum und Weshalb, der boshaft ist aus reiner Freude an der Bosheit und mit seiner Narrheit die andern zu Narren macht" (Zweig, zit. n. Beck 1987, S. 562). Dies motiviert den Autor zu einer „freie[n] Bearbeitung", wobei diese Bezeichnung näher zu befragen ist. Denn Zweig schreibt während seines Marseille-Aufenthalts im November 1925 die Szenen aus der Erinnerung nieder, weil er vergessen hat, das englische Original mitzunehmen. Verglichen mit Ben Jonsons Text bemerkt Zweig nach seiner Rückkehr die Veränderungen und Verschiebungen in Bezug auf Handlung und dramatisches Personal. So nennt Zweig seinen *Volpone* ein „gesprenkelte[s] Kuckucksei", eine „altneue[ ] Komödie", an der es „gar nichts mehr zurückzudrehn" gibt (S. 563).

Die Spielstruktur entspricht auch bei Zweig dem Komödienmodell, genauer der Intrigendramaturgie (vgl. Matt 2006, S. 305). Schauplatz und Zeitraum im *Volpone* sind mit „Venedig, zur Zeit der Renaissance" (Zweig GWE, Volpone, S. 263) angegeben. Zweig nimmt die Hauptfiguren des Originals und spielt mit ihnen, hebt einzelne Elemente der Charaktere, der Motivationen, der Handlungslinien hervor, lässt anderes fallen. Die Handlung wird komprimiert auf drei Akte. Teilweise wird die Zeichnung der *dramatis personae* stark verändert, vor allem bei jenen der Nebenhandlung. Die Seitenhandlungen sind gekappt, es fehlen Prolog und Epilog, deren Quintessenz vom Nutzen und Vergnügen der dramatischen Dichtung scheinbar nicht mehr in die zeitgemäße Formstruktur der Komödie passt. Wie in Ben Jonsons satirischer Komödie sind die Figuren nicht als primär psychologisch fundierte ausgeführt, sondern Konstrukte poetischer Setzung zwischen tradierten Vorbildern und einer eigenständigen zeitgemäßen Interpretation. Volpone (ein reicher Levantiner, Fuchs), Mosca (sein Schmarotzer, Schmeißfliege), Voltore (der Dottore der Commedia dell'Arte, Notar, Geier), Corbaccio (alter Wucherer, Rabe), Corvino (Kaufmann, Krähe), Leone (Capitano, Sohn des Corbaccio, Löwe) – die Namen der Figuren verweisen auf die lange antike wie auch mittelalterliche Tradition der Tierfabel, auf jene vom ,klugen' Fuchs, der sich tot stellt, um die Vögel anzulocken. Es handelt sich allerdings auch bei Zweigs Text nicht um eine Tierallegorie, sondern die Figuren beziehen sich auf das Spielmodell der Commedia dell'Arte-Typen. Es ist ein Stück über die menschliche Gier, über die Akkumulation von Schätzen und Geld und die daraus resultierenden Strategien der Bereicherung jenseits moralischer Kategorien, auch wenn der Schein-Alleinerbe und Ober-Erbschleicher Mosca bei Zweig am Ende sein Geld verschenkt. Und es ist eine Komödie über die Lust an der Inszenierung des Betrugs und den unbändigen Genuss, den diese bereitet.

Der kinder- und ehelose reiche Levantiner Volpone simuliert Krankheiten und letztlich sogar den Tod, um sich den Besitz anderer reicher Leute, von denen sich jeder als Alleinerbe Volpones eingesetzt denkt, anzueignen. Volpone führt bereits zu Beginn des Stückes seine Motive für die Verstellung aus: „Und dabei wird mir das Herz warm, wenn ich sehe, wie sie die Augen verdrehen nach meinem Geld und lechzen nach meinem Abscheiden, indes ich ihnen das Mark aus den Knochen sauge. Erbärmlich doch alle Komödianten auf der Szene gegen einen einzigen Menschen, wenn ihm die Habsucht mit den Krallen die Eingeweide wirklich umrührt: ah, die tanzen besser als die Marionetten und singen rührender als die Kastraten" (Zweig GWE, Volpone, S. 271).

Zweig bezeichnet den Text als „böse[ ] Farce" (Zweig 1984, S. 172), veröffentlicht seine freie Bearbeitung sodann mit dem Zusatz „lieblose Komödie", deren Spiel im Gestus der Commedia dell'Arte umgesetzt werden sollte: „leicht, rasch, eher karikaturistisch als naturalistisch, Tempo: allegro con brio." (Zweig GWE, Volpone, S. 263) Diese Vorgabe verweist auf Zweigs Elemente der Umarbeitung der Komödie, auf Tempo und Rhythmus, auf typisierendes, nicht psychologisierendes Spiel. „Um das Tempo zu beschleunigen, kappt Zweig die Seitenhandlungen und führt nach Bedarf neue Personen ein, z.B. ‚Canina, eine Kurtisane'." (Pache 2007, S. 333) Zweig konstatiert deutliche Mängel am Jonson-Text, die er zu beheben gedenkt, wodurch „die farcenhaften Züge, im Original ironisch reflektiert, [...] ins Zentrum" rücken (S. 333). Am deutlichsten umgestaltet ist die Motivation in der Fabelstruktur, wie Walter Pache festhält: „Zweigs Volpone [scheint], obgleich nach wie vor im Gewand der Renaissance, der inflationären Hektik der zwanziger Jahre entsprungen. Nicht Jonsons universale Gier nach Gold [...] bringt Zweig auf die Bühne, sondern eine handfeste Auseinandersetzung um Geld als Symbol und Geldgier als Symptom einer kapitalistischen Gesellschaft." (S. 333f.) Die Figur Moscas emanzipiert sich bei Zweig entschiedener: „Gegen den verklemmten, hinterhältigen Sparer Volpone tritt sein Diener Mosca nach gemeinsamer Überlistung der alten Geizhälse selbst als lebenslustige, offene Spielernatur an – und gewinnt." (S. 334) Er prellt seinen Herrn Volpone ums Kapital, und dies kommt einer modernen Wirkung entgegen: Für den Zuschauer siegt das „zugleich frivole[ ] und humane[ ] Konsumprinzip[ ] über egoistisches Monopoldenken." (S. 334)

Zweig ist sich bewusst, dass er mit der Radikalität der sprachlichen Zuspitzung in *Volpone* mit den Erwartungen des Publikums brechen wird. Er schreibt in einem Brief: „Es hat eben die gute Sonne von Marseille mir etwas eingeheizt und die Dinge derber gemacht, als sie im allgemeinen ein braves Publikum verträgt." (Zweig, zit. n. Beck 1987, S. 561) Zweig konnte auf die Übersetzung Ludwig Tiecks zurückgreifen, den *Herrn von Fuchs* aus dem Jahr 1793. Tieck glättet das Intrigenspiel, er habe, so Zweig, „alles verdorben [...], das Freche ins Bürgerliche gewandt, den tollen Übermut, statt ihn zu steigern ins Kotzebueartige banalisiert" (zit. n. Rovagnati 2011, S. 159).

Volpone, die höchst erfolgreiche Komödie des Prosa-Schriftstellers Stefan Zweig, ist gekennzeichnet von einer spezifischen Aneignung der Tradition, die die ambivalenten Strukturen gesellschaftlicher und kultureller Realität widerspiegelt. Es geht dabei um den Kosmos des Theaters, der im Komischen und Komödiantischen, in der ironischen Verstellung und Demaskierung den Kern menschlicher Irrungen und existenzieller Verstrickungen trifft. Es gelingt Zweig eine zeitgemäße Auseinandersetzung mit den allgegenwärtigen Mechanismen der Habgier und mit der Darstellung des menschlichen Verkehrs als Geldverkehr.

4. Aufführungsgeschichte und Forschung

Im Kontext der nur vermeintlich ‚krisenfreien' Zeit der 1920er Jahre schreibt Zweig Ben Jonsons Theaterstück um, mehr noch, er ‚überschreibt' Jonson, dichtet den *Volpone* nahezu neu. Die Uraufführung am 6. November 1926 im Wiener Burgtheater in der Regie von Albert Heine – mit Heine in der Titelrolle und Raoul Aslan als Mosca, im Bühnenbild von Remigius Geyling – ist ein „durchschlagender" Erfolg. Ursprünglich hatte sich Zweig für die Uraufführung den Schauspieler Max Pallenberg, „den idealen Volpone", gewünscht, wie er in einem Brief vom 12. September 1925 an den Dramaturgen Erhard Buschbeck schreibt (Zweig, Br III, S. 152). Später wird er sich darüber beklagen, dass er noch nirgends den „richtigen Darsteller für den Volpone gesehen" habe, einen, „der das elementar Böse und die Lust am Bösen mit voller Kraft veranschaulichte" (zit. n. Beck 1987, S. 564). Im Zusammenhang mit seinen Hoffnungen um 1930, das Stück könnte bei den Salzburger Festspielen (gewissermaßen als Pendant zu Hofmannsthals tragischem Spiel vom Sterben des reichen Mannes, *Jedermann*) gespielt werden, ist davon die Rede, dass Emil Jannings, der die Rolle in Berlin spielen sollte, diese auch in Salzburg verkörpern könnte (vgl. Prater 1981, S. 289; Larcati 2014, S. 197). Zweigs Wunsch wurde aber nicht verwirklicht.

Volpone ist sein erfolgreichstes Stück. Bereits am 3. Januar 1927 berichtet er an Karl Geigy-Hagenbach vom *Volpone* als dem „Kassenstück" des Burgtheaters (zit. n. Matuschek 2008, S. 220) und des Dresdner Staatstheaters; im Dezember schreibt er an Romain Rolland, dass er alle Einnahmen aus dem Stück für seine Autographensammlung ausgegeben habe (→ III.20 Autographensammlung): Bach, Mozart, Montesquieu, eine „große Rede Robespierres", zwei Gedichte Baudelaires, eine Zeichnung von Goethe (zit. n. Matuschek 2008, S. 220f.). Das Stück steht in den folgenden Jahren häufig auf den Spielplänen (Dresden, Berlin, Zürich) und feiert auch in Übersetzung in vielen Ländern Erfolge. Friderike Zweig behauptet in ihren Erinnerungen 1964: „,Volpone' ging über ungefähr 600 Bühnen und wurde besonders in Frankreich und Amerika gespielt." (F. Zweig 1948, S. 176) Dass die Komödie in der UdSSR noch nicht gespielt wurde, beklagt er in einem Brief an den Wremja-Verlagschef vom 1. Dezember 1928: „Es ist mir eigentlich nicht verständlich, daß gerade dieses Stück, das über die Welt geht und, wenn Sie wollen, doch auch eigentlich antikapitalistisch gefärbt ist, in Rußland noch nicht gespielt wurde" (Zweig 1978, S. 116). Erst im März 1929 wurde es in Leningrad aufgeführt.

Einige bedeutende Bearbeitungen und Inszenierungen legen von der Wirkungskraft des *Volpone* beredtes Zeugnis ab. Neue Perspektiven auf die Komödie eröffnen sich ab Mitte des 20. Jahrhunderts beispielsweise durch die Bearbeitung von Elisabeth Hauptmann und Benno Besson im Berliner Ensemble (1952). Dimiter Gotscheffs berühmte Inszenierung des *Volpone* mit Samuel Finzi in der Titelrolle und Wolfram Koch als Mosca am Deutschen Theater in Berlin (2006) löste Begeisterung und ob ihrer kritischen Schärfe Empörung beim Publikum aus. Werner Düggelin, der *Volpone* 2010 am Zürcher Schauspielhaus inszenierte, verwendete hingegen eine eigene Bearbeitung.

Bereits in den 1920er Jahren erschienen wissenschaftliche Abhandlungen über den *Volpone*, etwa Helene Richters subtile Analyse *Ben Jonsons ‚Volpone' und sein Erneuerer Stefan Zweig*. Bei Zweig, so kann man mit Richter das Stück lesen, wird Volpone zum einzigen „Sündenbock für alle Mitschuldigen" (Richter 1927, S. 189). Mosca, der intrigante und witzige Gegenspieler Volpones, durch den der Fuchs in der Falle sitzt, spielt die Intrige nicht zu Ende. „Zweig versetzt dieser lachenden Wildkatzennatur hinterrücks einen Knacks. Sein Mosca streikt, kriegt es mit der Angst und fällt aus der Rolle." Kurz gesagt, er gibt den Gesetzen der Moral nach. Helene Richter nennt dies eine „Vergewaltigung" der Charaktere des Ben Jonson (S. 189). Zuletzt wird der Parasit Mosca, bei Jonson das Werkzeug Volpones, alles besitzen und verschenken. Dies ist der deutlichste inhaltliche Eingriff Zweigs ins Original. Dem Burgtheaterdramaturgen Erhard Buschbeck, der sich wundert, wie ein „so seriöser Mann ein solches Stück" schreiben könne, antwortet Zweig, „daß man gerade, wenn man die Dinge ernst nimmt, in der Farce nicht auf halbem Wege stehen bleibt" (zit. n. Dines 2006, S. 189). Schon Zweigs Freunde staunten 1926, „in dieser lieblosen und freien Komödie nichts von dem ‚sittlichen Ernst' und der leidenschaftlichen Gründlichkeit zu finden, die angeblich meine andern Werke auszeichnet, aber sie beschworen mir ehrlichst, sich äußerst gut bei der Lektüre amüsiert zu haben" (zit. n. Beck 1987, S. 563). Alberto Dines weist darauf hin, dass Jonson sich auf einen antiken Stoff und auf ein Drama Christopher Marlowes bezieht. Bemerkenswert ist, dass Dines die Entstehungsgeschichte der Komödie „auf die Politik" zurückführt. Zweig sei „ein Schwamm, der alles aus seiner Umgebung aufsaugt. Die burleske Geschichte des Schlaubergers, der seinesgleichen hereinlegt, ist jeden Tag in den Zeitungen nachzulesen." (Dines 2006, S. 189) Dines verweist auch auf einen Brief an Rolland, in dem Zweig seine Gekränktheit zum Ausdruck bringt, dass Jules Romains' *Volpone*-Bearbeitung in Frankreich eine so große Aufmerksamkeit findet (vgl. S. 189).

Von einigen Ausnahmen abgesehen (vgl. Apfelthaler 2007; Meister 2013; Rovagnati 2011; Larcati 2013) vernachlässigte die Forschung Zweigs Theatertexte lange; diese fanden bestenfalls Erwähnung im Kontext der Interpretation anderer Arbeiten Zweigs. In den letzten Jahren hat sich dies durch eine genauer fokussierte Zweig-Forschung geändert. So erschien 2013 der Band *Zweigs Theater*, in dem Beiträge eines vom Stefan Zweig Centre Salzburg und dem Institut für Theater-, Film- und Medienwissenschaft der Universität Wien veranstalteten Symposiums veröffentlicht wurden, die den neuesten Stand der Forschung präsentieren (vgl. Peter/Renoldner 2013).

Neben den Relationen zwischen Vorlage und Bearbeitung (Jonson, Tieck, Zweig) wäre im Rahmen der Rezeption in der Literatur der Blick auf die Bearbeitung von Jules Romains zu richten, sowohl was seine Bearbeitung für das Theater als auch jene für das Drehbuch der französischen Verfilmung (USA, 1947) betrifft (→ VI.7.3 Verfilmungen; VIII.3 Filme).

Stefan Zweig

Zweig, Stefan (1978): Unbekannte Briefe von Stefan Zweig an den Verlag Wremja, Leningrad. In: Neue deutsche Literatur 26/12/1978, S. 99–128.

Zweig, Stefan (1984): Briefe an Freunde. Hg. v. Richard Friedenthal. Frankfurt a.M.: S. Fischer.

Zweig, Stefan (1987): Der erneuerte Volpone. Zur Uraufführung am Burgtheater. In: Ders.: Ben Jonson's ‚Volpone' und andere Nachdichtungen und Übertragungen für das Theater. GWE. Hg. v. Knut Beck. Frankfurt a.M.: S. Fischer, S. 562–563.

Zweig, Stefan (1987): Volpone. Eine lieblose Komödie in drei Akten von Ben Jonson. Frei bearbeitet. In: Ders.: Ben Jonson's ‚Volpone' und andere Nachdichtungen und Übertragungen für das Theater. GWE. Hg. v. Knut Beck. Frankfurt a.M.: S. Fischer, S. 261–353.

Zweig, Stefan (2000): Briefe. Bd. III: 1920–1931. Hg. v. Knut Beck u. Jeffrey B. Berlin. Frankfurt a.M.: S. Fischer.

Zweig, Stefan (2013): Ben Jonson. In: Peter, Birgit/Renoldner, Klemens (Hg.): Zweigs Theater. Der Dramatiker Stefan Zweig im Kontext europäischer Kultur- und Theatergeschichte. Würzburg: Königshausen & Neumann, S. 140–143.

Weitere Literatur

Apfelthaler, Vera (2007): Das Theater als europäische Anstalt. Theaterverständnis und kulturelles Kapital bei Stefan Zweig. In: Gelber, Mark H. (Hg.): Stefan Zweig Reconsidered. New Perspectives on his Literary and Biographical Writings. Tübingen: Niemeyer, S. 193–201.

Beck, Knut (1987): Nachwort. In: Zweig, Stefan: Ben Jonson's ‚Volpone' und andere Nachdichtungen und Übertragungen für das Theater. GWE. Hg. v. Knut Beck. Frankfurt a.M.: S. Fischer, S. 555–569.

Bergson, Henri (1988): Das Lachen. Ein Essay über die Bedeutung des Komischen. Frankfurt a.M.: Luchterhand.

Dines, Alberto (2006): Tod im Paradies. Die Tragödie des Stefan Zweig. Frankfurt a.M. u.a.: Edition Büchergilde.

Larcati, Arturo (2013): Die Dramen von Stefan Zweig. Ein kritischer Überblick. In: Peter, Birgit/Renoldner, Klemens (Hg.): Zweigs Theater. Der Dramatiker Stefan Zweig im Kontext europäischer Kultur- und Theatergeschichte. Würzburg: Königshausen & Neumann, S. 29–52.

Larcati, Arturo (2014): Stefan Zweig als Autor von Dramen und sein Verhältnis zu den Salzburger Festspielen. In: Renoldner, Klemens (Hg.): Stefan Zweig – Abschied von Europa. Wien: Brandstätter/Theatermuseum, S. 187–199.

Matt, Peter von (2006): Die Intrige – Theorie und Praxis der Hinterlist. München: Hanser.

Matuschek, Oliver (2008): Stefan Zweig. Drei Leben – Eine Biographie. Frankfurt a.M.: S. Fischer.

Meister, Monika (2013): Theater als Paradigma kultureller Identität und Krisensymptom. Stefan Zweigs „lieblose Komödie" *Volpone*. In: Peter, Birgit/Renoldner, Klemens (Hg.): Zweigs Theater. Der Dramatiker Stefan Zweig im Kontext europäischer Kultur- und Theatergeschichte. Würzburg: Königshausen & Neumann 2013, S. 87–100.

Pache, Walter (2007): Nachwort. In: Jonson, Ben: Volpone, or The Fox. Stuttgart: Reclam, S. 307–341.

Peter, Birgit/Renoldner, Klemens (Hg.) (2013): Zweigs Theater. Der Dramatiker Stefan Zweig im Kontext europäischer Kultur- und Theatergeschichte. Würzburg: Königshausen & Neumann.

Prater, Donald A. (1981): Stefan Zweig. Das Leben eines Ungeduldigen. München, Wien: Hanser.

Prater, Donald A./Michels, Volker (2006): Stefan Zweig. Leben und Werk im Bild. Frankfurt a.M.: Insel.

Renoldner, Klemens/Holl, Hildemar/Karlhuber, Peter (Hg.) (1993): Stefan Zweig. Bilder, Texte, Dokumente. Salzburg u.a.: Residenz.

Richter, Helene (1927): Ben Jonsons *Volpone* und sein Erneuerer Stefan Zweig. In: Shakespeare-Jahrbuch 63/1927, S. 184–254.

Rovagnati, Gabriella (2011): Stefan Zweig und das elisabethanische Zeitalter. In: Gelber, Mark H./Ludewig, Anna-Dorothea (Hg.): Stefan Zweig und Europa. Hildesheim u.a.: Olms 2011, S. 149–164.

Zweig, Friderike Maria (1948): Stefan Zweig. Wie ich ihn erlebte. Berlin-Grunewald: Herbig.

2.7 Die Flucht zu Gott (1927)
Birgit Peter

1. Entstehung 146
2. Inhalt 146
3. Das Dramatisieren von Biografien und die Suche nach Selbsterkenntnis . . . 147
4. Forschung 147

1. Entstehung

Für das unvollendete autobiografische Drama von Lew N. Tolstoi *Und das Licht scheinet in der Finsternis* (1890) verfasste Stefan Zweig 1927 den Epilog *Die Flucht zu Gott*, „der das Fragment um die Geschichte seiner Flucht und seines Todes vervollständigt" (Rolland/Zweig 1987, S. 246f.), wie Zweig am 2. September 1927 an Romain Rolland schreibt. Ziel sei es, Tolstois unvollendeter Tragödie einen „festlichen Ausklang" (Zweig 1927, S. 4) zu geben. *Die Flucht zu Gott* entstand während der Arbeit an seinem großen Tolstoi-Essay, der 1928 im Insel Verlag in *Drei Dichter ihres Lebens. Casanova, Stendhal, Tolstoi* erschien. Das vorletzte Kapitel des Essays betitelt Zweig ebenfalls mit „Die Flucht zu Gott" (vgl. Zweig GWE, Drei Dichter ihres Lebens, S. 378–382). Der Epilog war bereits 1927 im Berliner Bühnenverlag Felix Bloch Erben publiziert worden. Zweig bot ihn, anlässlich Tolstois 100. Geburtstags am 9. September 1928, dem Wiener Burgtheater an, doch dort wurde das Drama nicht angenommen. Am Stadttheater Kiel fand dann am 5. September 1928 die Uraufführung statt. Im Exil griff Zweig *Die Flucht zu Gott* wieder auf, und zwar in Zusammenhang mit den 1939 in Paris erschienenen Sammlung *Les Pages immortelles de Tolstoj* (vgl. Hoefert 1981, S. 265). Postum wurde *Die Flucht zu Gott* 1943 vom Bermann-Fischer Verlag in die Neuausgabe der *Sternstunden der Menschheit* aufgenommen (→ III.7 Sternstunden der Menschheit).

2. Inhalt

Zweig schildert die letzten Lebenstage des greisen Lew N. Tolstoi Ende Oktober 1910, seine Flucht aus Jasnaja Poljana, die im kargen Zimmer eines Stationsvorstehers und mit seinem Tod endete. Als Auslöser zur Flucht fungiert ein Gespräch mit zwei Studenten, die den Dichter auf dessen Gut in Jasnaja Poljana besuchen. Sie konfrontieren Tolstoi, dessen Schriften sie tief verehren, mit seiner Inkonsequenz. Warum folge er nicht der revolutionären russischen Jugend, warum genieße er weiterhin die Privilegien der russischen Oberschicht, so ihre Anklage. Tolstoi verteidigt sich, ihr glühender Hass bzw. ihr revolutionäres Pathos sei nicht mit seiner religiös-pazifistischen Weltsicht vereinbar. Doch nagt die Anklage an ihm und er erinnert sich eines Briefes, den er vor 13 Jahren an seine Frau Sophia Andrejewna schrieb. In einem Sofa versteckt ruhte dieser Brief, den Tolstoi nun seiner Tochter Sascha und dem Sekretär vorliest. Er hatte ihr geschrieben, dass er sie verlassen und aus seinem bisherigen Leben fliehen wolle, hatte dazu aber nie den Mut aufgebracht. Um des häuslichen Friedens willen hatte er ihr sein Testament übergeben, „das Eigentum an meinen Werken der ganzen Menschheit zu schenken" (Zweig 1927, S. 16). In einem Gespräch mit Sophia Andrejewna versucht Tolstoi an das Herz seiner verbitterten, habgierigen Frau zu appellieren, als er jedoch ihr Misstrauen bemerkt, entschließt er sich zur Flucht, begleitet von seinem Hausarzt und Freund Duschan. Die letzte Szene zeigt den schwer fiebernden Tolstoi an einer Bahnstation, wo er im Zimmer des Stationsvorstehers nicht nur seinen letzten Zufluchtsort, sondern auch ‚zu Gott findet' und sagt: „schließt gut die Tür, laßt mir niemand herein, ich will keine Menschen mehr … nur allein sein mit ihm, tiefer, besser als jemals im Leben …" (Zweig 1927, S. 33).

3. Das Dramatisieren von Biografien und die Suche nach Selbsterkenntnis

Die Auseinandersetzung mit Tolstoi hat Zweig als sehr mühevoll geschildert: „Das ist übrigens das schwierigste Problem, das sich mir bis jetzt gestellt hat" (Rolland/Zweig 1987, S. 255), und doch gelang ihm in kurzer Zeit der Epilog, der „ungerufen aus der Arbeit an einem Tolstoi Essay herauswuchs" (Widmung an Hermann Bahr; Zweig 1927, Deckblatt). In Briefen an Romain Rolland, dessen Tolstoi-Biografie, aber auch dessen eigene Auseinandersetzung mit Tolstoi Zweig faszinierte, schildert er seinem Freund die Anziehung, aber auch Abneigung, die ihn mit Tolstoi verband. „Es ist wahr, daß ich mich der Tolstoischen Lehre lebhaft widersetze, die für mein Gefühl zu stark mit der ‚Sünde' operiert (eine Sache, die ich nicht verstehe) und die Welt verdüstern möchte." (Rolland/Zweig 1987, S. 254f.) Zweig aber will die menschliche Leidenschaft verteidigen – als Ausdruck des Lebendigen –, die Tolstoi „uns […] rauben will", „weil er das Leben um die Lebensintensität beschneidet." (S. 255) Doch im Vorwort des Epilogs gibt Zweig allein der Verehrung Raum, Düsternis und Lebensverneinung scheinen verdrängt. Er gibt in seiner Einleitung vor, wie der Epilog und damit die letzten Lebenstage Tolstois zu deuten sind, als „Krise zu Befreiung", die im Tod mündet, „jenen herrlichen und vorbildlichen Tod zu finden, der seinem Lebensschicksal die vollkommene Formung und Weihe verleiht." (Zweig 1927, S. 3) Zweigs Arbeit an Tolstois Biografie scheint nicht alleine seine eigenen Zweifel gespiegelt, sondern auch eine sich selbst idealisierende Todesfantasie befördert zu haben.

4. Forschung

Die Flucht zu Gott findet, obwohl der Epilog kaum gespielt wurde, einige Aufmerksamkeit in der Zweig-Forschung. Seit den späten 1960er Jahren setzt eine kontinuierliche Auseinandersetzung mit Zweigs Tolstoi-Rezeption, insbesondere der *Flucht zu Gott* ein (vgl. Courts 1962). In der ersten großen wissenschaftlichen Studie zu Stefan Zweigs dramatischer Arbeit, *Le Théâtre de Stefan Zweig* (1976), betont Robert Dumont die Bedeutung von *Die Flucht zu Gott* für ein besseres Verständnis von Tolstois Biografie, in der vor allem Flucht und Tod mythisch aufgeladen worden war (vgl. Dumont 1976, S. 133–144). Die 1973 erschienene Studie von Eckbert Pechstedt zur Tolstoi-Rezeption deutschsprachiger Autoren nennt *Die Flucht zu Gott* als einprägsames Beispiel für die enge Verquickung von fiktiver und historischer Realität (vgl. Klawiter 1983, S. 332). Die Frage nach dem Verhältnis von Geschichte und Literatur am Beispiel von *Die Flucht zu Gott* taucht in verschiedenen Beiträgen des großen Zweig-Symposions in New York 1981 auf. Im Aufsatz *History as Literature* weist Stephen H. Garrin auf die Nähe des Erasmus-Buchs und Tolstois Ablehnung jeglicher Gewalt hin (vgl. Garrin 1983, S. 123). Donald G. Daviau arbeitet die Nähe von Tolstoi und Zweig in ihrem kompromisslosen Pazifismus, dem tiefempfunden Mitgefühl und der Sehnsucht nach individueller Freiheit heraus (vgl. Daviau 1983, S. 206). Lionel B. Steiman sieht nirgendwo so klar und deutlich Zweigs ambivalente Haltung, seine innere Zerrissenheit gespiegelt wie in *Die Flucht zu Gott*, nur das Handeln selbst könne – so legt es Zweig mit seinem Stück nahe – die Kluft zwischen „caprice and creativity, power and morality, chaos and cosmos" überbrücken. „Meaningful action, action that completes rather than violates the continuity of thought and life, Zweig concluded – for Tolstoy, for Kleist, and for himself – could be attained only in death" (Steiman 1983, S. 146). 2012 befasste sich Stephan Resch mit der Rezeption des Tolstoi'schen Pazifismus bei Stefan Zweig. Er weist dabei auf die große Bedeutung von Tolstoi für die Entwicklung von Stefan Zweigs Pazifismus-Konzept hin und analysiert sie für die verschiedenen Lebensphasen – eine Bedeutung, die Zweig mit Schriftstellern wie Rainer Maria Rilke, Hermann Hesse, aber insbesondere Romain Rolland teilte (→ V.4 KRIEG, FRIEDEN, PAZIFISMUS). Dieser veröffentlichte 1911 mit *Das Leben Tolstois* ein Buch, das Zweig maßgeblich beeinflusste (vgl. Resch 2012, S. 106). Insbesondere von Romain Rolland formulierte Thesen zu Tolstois seelischen Konflikten inspirierten Zweig zu *Die Flucht zu Gott* und den Tolstoi-Essays 1928 und 1937. „Die Beschäftigung mit der Tolstoi-Biographie kann also gleichermaßen als Versuch Zweigs angesehen werden, einer für ihn so wegweisenden Figur ein Denkmal zu setzen sowie Leben und Werk so gut wie möglich zu versöhnen. Gleichzeitig mag sie Zweigs Versuch gewesen sein, die Widersprüche zwischen seinem eigenen Werk und Leben zu klären." (Resch 2012, S. 118) In diesem Sinne interpretiert auch Arturo Larcati das Künstlerdrama als Spiegelung von Zweigs Selbstzweifel als Schriftsteller. In der Auseinandersetzung mit Tolstoi steht dabei neben der gesellschaftlichen Entwurzelung des Künstlerdaseins Zweigs endgültiger Abschied von einer romantischen Genieästhetik im Zentrum (vgl. Larcati 2013, S. 42). Als weitere Leitmotive von *Die Flucht zu Gott* nennt Larcati das Problem der Freiheit und das Verhältnis zum Altern, der eigenen Vergänglichkeit (vgl. S. 43).

Stefan Zweig

Rolland, Romain/Zweig, Stefan (1987): Briefwechsel 1910–1940. Bd. II: 1924–1940. Berlin: Rütten & Loening.
Zweig, Stefan (1927): Die Flucht zu Gott. Ein Epilog zu Leo Tolstois unvollendetem Drama *Das Licht scheinet in der Finsternis*. Berlin: Felix Bloch. (= Widmungsexemplar für Hermann Bahr, Theatersammlung, Österreichisches Theatermuseum.)
Zweig, Stefan (2004³): Drei Dichter ihres Lebens. Casanova, Stendhal, Tolstoi. GWE. Hg. v. Knut Beck. Frankfurt a. M.: S. Fischer.

Weitere Literatur

Courts, Gerd (1962): Das Problem der unterliegenden Helden in den Dramen Stefan Zweigs. Diss. Univ. Köln.
Daviau, Donald G. (1983): The Spirit of Humanism as Reflected in Stefan Zweig's Dramatic Work. In: Sonnenfeld, Marion (Hg.): Stefan Zweig. The World of Yesterday's Humanist Today. Albany: State Univ. of New York Press, S. 195–209.
Dumont, Robert (1976): Le Théâtre de Stefan Zweig. Paris: Presses Univ. de France.
Garrin, Stephen H. (1983): History as Literature: Stefan Zweigs *Sternstunden der Menschheit*. In: Sonnenfeld, Marion (Hg.): Stefan Zweig. The World of Yesterday's Humanist Today. Albany: State Univ. of New York Press, S. 118–127.

Hoefert, Sigfrid (1981): Stefan Zweigs Verbundenheit mit Rußland und der russischen Literatur. In: Modern Austrian Literature 14/3–4/1981, S. 251–270.
Klawiter, Randolph (1983): The State of Stefan Zweig Research: An Update. In: Sonnenfeld, Marion (Hg.): Stefan Zweig. The World of Yesterday's Humanist Today. Albany: State Univ. of New York Press, S. 324–340.
Larcati, Arturo (2013): Die Dramen von Stefan Zweig. Ein kritischer Überblick. In: Peter, Birgit/ Renoldner, Klemens (Hg.): Zweigs Theater. Der Dramatiker Stefan Zweig im Kontext europäischer Kultur- und Theatergeschichte. Würzburg: Königshausen & Neumann, S. 29–52.
Pechstedt, Eckbert (1973): L. N. Tolstoj auf der deutschsprachigen Bühne (1890–1945). In: Zeitschrift für Slawistik 18/1973, S. 664–676.
Resch, Stephan (2012): Widerstrebet nicht dem Bösen mit Gewalt. Die Rezeption des Tolstoischen Pazifismus bei Stefan Zweig. In: Neophilologus 96/2012, S. 103–120.
Steiman, Lionel B. (1983): The Worm in the Rose: Historical Destiny and Individual Action in Stefan Zweig's Vision of History. In: Sonnenfeld, Marion (Hg.): Stefan Zweig. The World of Yesterday's Humanist Today. Albany: State Univ. of New York Press, S. 128–156.

2.8 Quiproquo (1928)
Birgit Peter

1. Entstehung 149
2. Inhalt 150
3. Parodistische Elemente aus dem Rosenkavalier 150
4. Stefan Zweig und Alexander Lernet-Holenia 151
5. Rezeption und Forschung 152

1. Entstehung

1928 verfasste Stefan Zweig gemeinsam mit dem jungen österreichischen Dichter Alexander Lernet-Holenia (1897–1976) unter dem Pseudonym Clemens Neydisser die Komödie *Quiproquo*. Das Stück erschien unter dem Titel *Quiproquo. Komödie in drei Akten* 1928 im Bühnenverlag Felix Bloch Erben, der alternative Titel „Gelegenheit macht Liebe" findet sich als handschriftliche Ergänzung auf einem Bühnenmanuskript in der Bibliothek des Österreichischen Theatermuseums und im Spielplan des Frankfurter Schauspielhauses sowie des Deutschen Volkstheaters in Wien. In den Werkausgaben von Stefan Zweig ist diese Komödie nicht aufgenommen. Allerdings erwähnte Stefan Zweig *Quiproquo* immer wieder in Briefen (vgl. Zweig 2007, S. 436f.) und schilderte die Arbeit daran als eine angenehme und vergnügliche, wie einem unveröffentlichten Brief vom 18. Januar 1928 an Anton Kippenberg zu entnehmen ist:

> Etwas aufgehalten wurde ich in meinen ganzen Dispositionen durch eine hereingeschneite Zwischenarbeit: genau wie beim ‚Volpone' seinerzeit hatte ich auch diesmal das Bedürfnis, den Ernst und die schwere Atmosphäre der Essays spielhaft abzureagieren und da kam meiner Trägheit der freundliche Zufall zu Hilfe in Gestalt eines Nachbarn und Freundes Lernet-Holenia, mit dem ich zusammen eine kleine Komödie im Umriss in einer Woche hinlegte. Sie wissen gar nicht, wie gut solche Entlastungen einem ab und zu tun. Man entwöhnt sich so ganz in seiner Arbeit des Lachens. (Archiv Insel Verlag, DLA Marbach)

2. Inhalt

„Die Szene ist immer ein Villeninterieur. Im Hintergrund, über eine offene Terrasse hinweg, geht der Ausblick auf einen Garten und eine Sommerlandschaft hinaus." (Neydisser 1928, S. 4) In einer Villa an einem See im Salzkammergut um 1928 situiert sich das erotisch motivierte Verwechslungsspiel. Drei Akte erstrecken sich auf drei aufeinanderfolgende Tage. Drei Frauen, die Haushälterin Marianne um die 50, die als *dame entre deux âges* beschriebene Dame des Hauses, Stefanie, und das moderne junge Mädchen Bettina, treffen auf drei Männer: den heimlichen Geliebten von Stefanie, den 36-jährigen gesetzten Legationsrat Tono Keßler, und auf die beiden jungen Männer Fery und Libowsky. Die Frauen treiben die Handlung voran, Stefanie beschäftigt ihr – wie sie meint – letztes Liebesabenteuer, Bettina will mit 21 Jahren endlich ihr erstes erleben. Sie wendet sich an Stefanie um Rat. Die ältere agiert als mütterliche Freundin, bewundert die „Couragiertheit" der Jugend, die Junge dagegen den Takt und die Erfahrenheit von Stefanie. Nichts von der geheimen Affäre zwischen Tono und Stefanie wissend, wählt Bettina für das Liebesexperiment ausgerechnet Tono aus. Stefanie ist entsetzt und darum bemüht, Ersatz zu finden. So lädt sie ihren Neffen Fery und dessen Freund Libowsky in die Villa ein. Libowsky, sofort als Bonvivant erkennbar, nähert sich ungeniert Bettina an, was Fery, der sich offenbar in sie verliebt hat, verbittert. Fery reist am dritten Morgen ab. Bettina entscheidet sich nach einigem Hin und Her dann sehr pragmatisch für Libowsky. Die beiden begeben sich auf eine Italienreise. Stefanie bleibt mit ihrem Geliebten Tono, wie gewünscht, alleine zurück.

3. Parodistische Elemente aus dem *Rosenkavalier*

Quiproquo erweist sich als geschickt gebaute Komödie, die die Leichtigkeit einer Salonkomödie der 1920er Jahre mit parodistischen Elementen verbindet. Als Vorlage für die Parodie ist auf verschiedenen Ebenen *Der Rosenkavalier* (1911) von Hugo von Hofmannsthal zu erkennen. Die Konstellation ältere Frau/jüngerer Liebhaber bildet bei beiden Stücken den Ausgangspunkt für die folgenden erotischen Verwirrspiele. Auch die intime Szenerie des ersten Akts von *Quiproquo* wirkt wie eine Parodie auf den ersten Akt des weltberühmten Librettos Hofmannsthals. Der erste Akt in *Quiproquo* beginnt um 8 Uhr früh vor dem Schlafzimmer von Stefanie, die Dame erscheint im Morgenmantel, als die Haushälterin das Frühstück servieren will. Der heimliche Geliebte versteckt sich im Badezimmer. Die Ähnlichkeit zur ersten Szene im *Rosenkavalier* ist nicht zu übersehen, hier lautet die Regieanweisung: „*Das Schlafzimmer der Feldmarschallin. Links im Alkoven das große zeltförmige Himmelbett. [...] Die Vorhänge des Bettes sind zurückgeschlagen. Octavian kniet auf einem Schemel vor dem Bett und hält die Feldmarschallin, die im Bett liegt, halb umschlungen. Man sieht ihr Gesicht nicht, sondern nur ihre sehr schöne Hand und den Arm, von dem das Spitzenhemd abfällt.*" (Hofmannsthal 1986, S. 9)

Quiproquo (‚Einer für Einen' oder ‚Wer für Wen') bedeutet ein Missverständnis, in diesem Fall eine Verwechslung von Personen, es gilt auch als Bezeichnung einer komödiantischen Situation. Zweig und Lernet-Holenia scheinen diese ungewöhnliche Betitelung dem Hofmannsthal'schen Libretto entnommen zu haben. Im dritten Akt des *Rosenkavaliers* spricht der Baron: „Mit einem ausgiebigen Blick, der von der Marschallin zu Octavian, von Octavian wieder zurück zur Marschallin wandert": „Weiß bereits nicht, was ich von diesem ganzen qui-pro-quo mir denken soll!" (S. 136) Doch zeigt sich der Baron schon kurze Zeit später begeistert: „Find' deliziös das ganze qui-pro-quo" (S. 136).

Das Verwirrspiel von Zweig und Lernet-Holenia geht vom Konflikt ‚Jugend' – ‚Verlust der Jugend' aus. Die Vergänglichkeit wird durch Stefanie repräsentiert, die 21-jährige Bettina agiert als Gegenpart. Die Verwechslung beruht auf der falschen Partnerwahl von Bettina. Fery, der sie lieben würde, wird von ihr übersehen, der vordergründig aggressiv agierende Libowsky pragmatisch von ihr als Liebhaber auserkoren.

Beide Frauen dienen als Folie für zwei Gesellschaftsmodelle, Stefanie für die verschwindende großbürgerliche Welt, Bettina für die neu-sachliche Arbeits- und Freizeitwelt. Bemerkenswert an der Komödie ist, dass dies aus der Perspektive beider Frauen verhandelt wird, wobei als Dritte die Haushälterin Marianne aus der Sicht der Unterprivilegierten die Verwirrungen trocken kommentiert. Im Rosenkavalier übernimmt diese Rolle des komischen Kommentars die Jungfer Marianne Leitmetzerin, Gegenpart zur Marschallin und zu Sophia. Bei Hofmannsthal wird trotz aller erotischen Verwicklungen am Ende die bürgerliche Ordnung wiederhergestellt. Die Marschallin verzichtet auf ihren jugendlichen Liebhaber, Octavian und Sophia werden „beieinander sein / beienand für alle Zeit / und Ewigkeit!" (S. 101) In Quiproquo hingegen präsentiert sich ein freizügigeres Gesellschafts- und Sexualmodell. Alleine Stefanie und Bettina bestimmen die Partnerwahl, ob moralisch richtig oder falsch, sie nutzen die Gelegenheit bzw. schaffen die Möglichkeit zur Erfüllung ihrer erotischen Wünsche.

4. Stefan Zweig und Alexander Lernet-Holenia

Die Zusammenarbeit von Stefan Zweig mit Alexander Lernet-Holenia findet sich in der Forschungsliteratur bisher nicht reflektiert. Nur die Tatsache, dass Zweig Lernet-Holenia als zweiten Namen Richard Strauss offerierte, um ihn selbst – den von den Nationalsozialisten diffamierten jüdischen Librettisten – zu ersetzen, wird beachtet (vgl. Botstein 1982, S. 65). 1935 empfahl Zweig mit enthusiastischen Worten Lernet-Holenia als Librettisten, „dieser Nobelste unserer dramatischen Dichter (der auch sehr viel Sinn für das Scurrile hat)" (Zweig an Strauss, 12. April 1935, Strauss/Zweig 1957, S. 105). Zweig, der mit Lernet-Holenia seit den 1920er Jahren befreundet war, scheint an ihm dessen Leidenschaft und stilistische Fähigkeiten zur Eleganz geschätzt zu haben, denn auf die Ablehnung Lernet-Holenias durch Richard Strauss antwortet er:

> Es tat mir leid, daß Lernet-Holenia Ihnen nicht zusagt, er ist ein geheimnisvoller Mensch als Dichter, ganz groß in seinen Gedichten und einigen seiner dramatischen Szenen, dann wieder unglaublich lässig, wenn er mit der linken Hand und aus Geldverdienerei Komödien oder leichte Romane schreibt, die dann gar keine Tiefe aber noch immer Grazie haben. Eine Arbeit mit Ihnen, dachte ich mir, könnte ihn zur höchsten Produktivität reizen, denn wenn in ihm das Feurige erwacht, ist er nach meinem Empfinden großartiger als alle andern. (Zweig an Strauss, 26. April 1935, Strauss/Zweig 1957, S. 116)

Es stellt sich die Frage, was Zweig so an Lernet-Holenia gefiel, dass er ihm diese Wertschätzung angedeihen ließ. Lernet-Holenia erlebte als junger Dramatiker mit seinen ersten Werken *Demetrius* (1925), *Ollapotrida* und die *Österreichische Komödie* (1926), *Alkestis* und *Saul* (1927) große Aufmerksamkeit im deutschsprachigen Feuilleton, letztere beiden Dramen für Zweig „nach Hofmannsthal das Reinste, was wir neben Carossa in der deutschen Dichtung haben" (Zweig an Strauss, 12. April 1935, Strauss/Zweig 1957, S. 105). Für die *Österreichische Komödie* erhielt Lernet-Holenia den Heinrich von Kleist-Preis. Die zwischen Oscar Wilde und Feydeau changierende „gelungene Gesellschaftskomödie" (Esslin 2005, S. 61) thematisiert die gesellschaftlichen Umbrüche nach 1918, die in der Konfrontation von Adel und Bürgertum, Herr und Diener, den komischen Konflikt speisen. „Der junge Neydisser" ist eine Figur aus diesem Stück, bei der Lernet-Holenia auf den Namen seiner Urgroßmutter mütterlicherseits zurückgriff (Rocek 1997, S. 148). Der Lernet-Holenia-Biograf Roman Rocek schildert die Zusammenarbeit zwischen Zweig und Lernet-Holenia als heiter und vergnüglich. In den späten 1920er Jahren verkehrte Lernet-Holenia häufig bei Stefan Zweig in Salzburg. „Als er Mitte Jänner 1928 wieder bei ihm vorbeikommt, sieht er das flüchtig hingeworfene Exposé einer leichtgewichtigen Komödie [...] und wird von Stefan Zweig zur gemeinsamen Arbeit daran aufgefordert. ‚Sie selbst zu verfassen bin ich zu faul und zu dumm, auch habe ich mich noch nie mit einer Kompanie versucht', so soll er gesagt haben." (S. 147f.) Roceks Recherchen zufolge teilten sich die beiden Autoren Szenen auf, um sie danach gemeinsam zu überarbeiten. Im Frühjahr 1928 wurde die Komödie vom Bühnenverlag Felix Bloch Erben ins Programm genommen. „Bis Mitte August hatte es den Anschein, als sei ‚Gelegenheit macht Liebe' ein totgeborener Hund. Dann aber beginnt das Stück ‚sich durch alle Zeitungen zu wälzen'. Das Pseudonym ist es vor allem, das den Theatermenschen Rätsel aufgibt." (S. 148) Wer dieses Rätsel zuerst gelöst hatte, bleibt offen, nach der Wiener Premiere war das Pseudonym in Bezug auf Lernet-Holenia entlarvt: „Der Erfolg war lebhaft. Herr Homma, um die Regie verdient, dankte namens eines Herrn Klemens Neydisser. Das lässig gehütete Geheimnis, daß dies ein Pseudonym für Alexander Lernet-Holenia sei, gab er nicht preis. Es bleibt also Geheimnis." (E. L. 1928, S. 9) Martin Esslin schreibt davon, ein Journalist soll im *Neuen Wiener Journal* erstmals das Pseudonym aufgedeckt haben. Wie sich Lernet-Holenia allerdings erinnert, deckte der Wiener Theaterjournalist Hans Liebstöckl ihr Pseudonym auf: „Lernet, Autoren auf einen grünen Zweig zu kommen." (Zit. n. Lernet-Holenia 1968, S. 84) Von Stefan Zweig selbst existiert in der *Welt von Gestern* (1942) ein interessanter Hinweis. Ohne die Zusammenarbeit mit Lernet-Holenia und die tatsächliche Kreation eines Pseudonyms zu erwähnen, resümiert er seine Lebensphase in den späten 1920er Jahren: „Wenn ich heute noch einmal anfangen könnte, würde ich darum trachten, diese beiden Glückszustände, den des literarischen Erfolgs und den der persönlichen Anonymität gleichsam verdoppelt zu genießen, indem ich meine Werke unter einem anderen, einem erfundenen Namen, unter einem Pseudonym veröffentlichte; denn ist schon das Leben an sich reizvoll und voll von Überraschungen, wie erst das Doppelleben!" (Zweig GWE, Die Welt von Gestern, S. 370)

5. Rezeption und Forschung

Quiproquo wurde 1928 sowohl vom Schauspielhaus Frankfurt als auch vom deutschen Volkstheater in Wien angenommen, am 3. November fand dann in Frankfurt die Uraufführung statt, am 8. Dezember die österreichische Erstaufführung in Wien

2.8 Quiproquo (1928)

(vgl. Rocek 1997, S. 149), an beiden Spielorten alleine unter dem Titel „Gelegenheit macht Liebe" (vgl. die Ankündigung in der *Neuen Freien Presse*, 8. Dezember 1928, S. 41). In Frankfurt, so schrieb der Theaterkritiker Bernhard Diebold, sei ein gutes Stück nur vorgetäuscht worden. Das Pseudonym enttarnte er mit der Formulierung der „Zwillinge aus Österreich", wobei er Zweig als den Reifsten bezeichnet. Lernet-Holenia hingegen erscheint als ein „munterer Vogel, bei dessen Jugend noch manche bunte Feder nachwachsen kann. Jeder dieser Illinge an sich eine Potenz. Als vereinigte Zwillingswerke eine ziemlich insolvente Firma" (*Frankfurter Zeitung*, 5. November 1928, zit. n. Rocek 1997, S. 149). In Wien hingegen wurde die Erstaufführung ein Publikumserfolg. Mit Paula Wessely als Bettina, ein „hypermodernes Mädchen, das alles weiß und ganz bestimmte Ziele verfolgt" (N. N. 1928, S. 21) und Hans Thimig als Fery hatte der Regisseur zwei junge Wiener Publikumslieblinge besetzt, die im Zusammenspiel mit den bekannten Schauspielerinnen und Schauspielern Erika Wagner (Stefanie), Leopold Kramer (Tono), Hans Olden (Libowsky) und Else Föry (Marianne) großen Erfolg hatten. Die Inszenierung Hans Hommas zielte auf den Generationenkonflikt. In der Premierenkritik findet sich vor allem die Darstellung von Jugend als gelungen, die Komödie präsentiere sich als „Zeitspiel im besten Sinne, [...] in der Hauptsache ein Spiel mit angenehm geistigen Worten. Einige Ironie und Gegenwartssatire hebt die Gelegenheitsmacherei über sich selbst hinaus, und eine Dosis Menschenkennerschaft und Menschlichkeit schafft den Zynismen reinere Luft." Allerdings wurde am 2. Akt bemängelt, dass hier ein „wohlfeiler" Monolog auf „fatale Schwankzutaten" treffe (E. L. 1928, S. 9). Trotz des Wiener Erfolges wurde die Komödie kaum mehr von weiteren Bühnen aufgeführt. Allerdings scheint es in der Sowjetunion zu einer Inszenierung von *Quiproquo* gekommen zu sein, wie einem Brief von Stefan Zweig an I. W. Wolfsohn vom 1. Dezember 1928 entnehmen zu ist:

> Ich komme gerade von Paris, wo ‚Volpone' ein äußerst deutlicher, ja sogar gigantischer Erfolg wurde. Es ist mir eigentlich nicht verständlich, daß gerade dieses Stück, das über die Welt geht und, wenn Sie wollen, doch auch antikapitalistisch gefärbt ist, in Rußland noch nicht gespielt wurde und statt dessen das kleine nichtige Lustspiel, das ich anonym mit einem Freunde gemeinsam in sechs Tagen hinschrieb und auf das ich gar kein Gewicht lege. (Zweig 1978, S. 116)

In der Stefan Zweig Forschung findet sich zu *Quiproquo* keine eigene Studie. Bereits 1981 monierte Randolph J. Klawiter die Aufnahme von *Quiproquo* in eine Werkausgabe mit dem Argument: „This drama is as much a product of his creative imagination as are his various translations of the works of Verhaeren, Rolland and Pirandello, and as such it should be included in any edition of his collected dramas" (Klawiter 1983, S. 326). Kurze Erwähnung erhält das Autorenduo Zweig/Lernet-Holenia in einem Aufsatz des Theaterwissenschaftlers Martin Esslin zu Lernet-Holenias Theaterarbeit: „Aus der Zusammenarbeit mit Stefan Zweig resultierte eine echte – vergleichsweise milde und auch ein wenig sentimental daherkommende – Komödie ohne plumpe Verwechslungen und groteske Mißverständnisse." (Esslin 2005, S. 63f.) Alleine eine Studie konnte aufgefunden werden, in der *Quiproquo* genauer bearbeitet wurde. Die Germanistin Lynda J. King setzte sich mit der Komödie im Zusammenhang mit frauenemanzipatorischer Literatur auseinander. Die Zeichnung der drei verschiedenen Frauenrollen in *Quiproquo* in engem Zusammenhang mit ihrem sozialen Status kontextualisiert King mit Romanen von Mela Hartwig und Herminia zur Mühlen, Arthur

Schnitzlers *Therese* (1928) und *Spiel im Morgengrauen* (1927) sowie Robert Musils Komödie *Vinzenz und die Freundin bedeutender Männer* (1923) (vgl. King 1981).

Stefan Zweig

Strauss, Richard/Zweig, Stefan (1957): Briefwechsel. Hg. v. Willi Schuh. Frankfurt a.M.: S. Fischer.
Zweig, Stefan (1978): Unbekannte Briefe von Stefan Zweig an den Verlag Wremja, Leningrad. In: Neue deutsche Literatur 26/12/1978, S. 99–128.
Zweig, Stefan (2006): Die Welt von Gestern. Erinnerungen eines Europäers. GWE. Frankfurt a.M.: S. Fischer.
Zweig, Stefan (2007[2]): Briefwechsel mit Hermann Bahr, Sigmund Freud, Rainer Maria Rilke und Arthur Schnitzler. Hg. v. Jeffrey B. Berlin, Hans-Ulrich Lindken u. Donald A. Prater. Frankfurt a.M.: S. Fischer.

Weitere Literatur

Botstein, Leon (1982): Stefan Zweig and the Illusion of the Jewish European. In: Jewish Social Studies 44/1/1982, S. 63–84.
E. L. (1928): *Gelegenheit macht Liebe*. Deutsches Volkstheater. In: Neue Freie Presse, 11. 12. 1928, S. 9.
Esslin, Martin (2005): Der Theatermacher Lernet-Holenia. In: Hübel, Thomas/Müller, Manfred/Sommer, Gerald (Hg.): Alexander Lernet-Holenia. Resignation und Rebellion. „Bin ich denn wirklich, was ihr einst wart?" Beiträge des Wiener Symposions zum 100. Geburtstag des Dichters. Riverside: Ariadne Press, S. 57–68.
Hofmannsthal, Hugo von (1986): Der Rosenkavalier. Komödie für Musik. In: Ders.: Sämtliche Werke. Kritische Ausgabe. Bd. XXIII: Operndichtungen 1. Hg. v. Dirk O. Hoffmann u. Willi Schuh. Frankfurt a.M.: S. Fischer, S. 5–101.
King, Lynda J. (1981): „Preable or Possible?" The Issue of Women's Emancipation in German Literature of the 1920s. In: Rocky Mountain Review of Language and Literature 35/1981, S. 138–153.
Klawiter, Randolph (1983): The State of Stefan Zweig Research: An Update. In: Sonnenfeld, Marion (Hg.): Stefan Zweig. The World of Yesterday's Humanist Today. Albany: State Univ. of New York Press, S. 324–340.
Lernet-Holenia, Alexander (1968): „Ich wollte, er lebte uns noch!" In: Arens, Hanns (Hg.): Stefan Zweig. Im Zeugnis seiner Freunde. München, Wien: Langen Müller, S. 84.
N. N. (1928): Vom Theater. In: Das Interessante Blatt, 13. 12. 1928. S. 21.
Neydisser, Clemens (1928): Quiproquo. Komödie in drei Akten. Berlin: Felix Bloch Erben.
Rocek, Roman (1997): Die neun Leben des Alexander Lernet-Holenia. Eine Biographie. Wien u.a.: Böhlau.

2.9 *Adam Lux* (erstmals 1984)

Stephan Resch

1. Entstehung 155
2. Aufbau und Handlung 155
3. Dynamik der Revolution 156
4. Zeitgenössische und wissenschaftliche Rezeption 158

2.9 *Adam Lux* (erstmals 1984)

1. Entstehung

Zweig kam spätestens 1912 mit dem Adam-Lux-Stoff in Berührung. Romain Rolland hatte die Figur Adam Lux in seinem Revolutionsdrama *Triumph der Vernunft* (1899) auftreten lassen, um den Konflikt zwischen Gewissen und Vaterland zu gestalten. In der 1920 erschienenen Rolland-Biografie kommentiert Zweig das Theaterstück wie folgt: „Hier ist zum erstenmal die Dialektik der Niederlage voll entfaltet, jenes leidenschaftliche Bekenntnis für die Besiegten, jene Umwertung des realen Unterliegens in geistigen Triumph" (Zweig GWE, Romain Rolland, S. 132). Sein eigenes Interesse an der Dialektik der Niederlage hatte Zweig bereits 1907 in den Mittelpunkt seines Dramas *Tersites* gerückt (→ IV.11 THEATER).

Als sein Stück *Der verwandelte Komödiant* (1912) in Mainz aufgeführt wird, nutzt Zweig die Gelegenheit, in der dortigen Bibliothek weitere Forschungen zur historischen Figur des Adam Lux anzustellen. Knut Beck vermutet, ein erstes Textkonzept sei bereits im Sommer 1913, kurz nach der Rückkehr aus Mainz, entstanden (vgl. Beck 1984, S. 419). Dieses erste Manuskript beruht wohl zu großen Teilen auf der Lux-Biografie des Mainzer Historikers Alfred Börckels: *Adam Lux – Ein Opfer der Schreckenszeit* (1892). Zweig schreibt rückblickend an Rolland, dass das Stück seit der Russischen Revolution in ihm gereift sei (vgl. Rolland/Zweig 1987, S. 290f.). 1918/1919 setzt sich Zweig für die Bearbeitung des Romans *Emil oder Über die Erziehung* intensiv mit dem Werk Jean-Jacques Rousseaus auseinander. Dass Zweig sich ausgerechnet zu Kriegsende mit den Ideen Rousseaus beschäftigt, die maßgebend für die Französische Revolution und nicht zuletzt für das Demokratie- und Freiheitsverständnis des Mainzer Republikaners Adam Lux waren, unterstreicht sein Interesse an der Dynamik politischer Umwälzungen zu jener Zeit. Während sich Zweig in der ersten Hälfte der 1920er Jahre nur sporadisch mit der Revolutionsthematik beschäftigt, lässt sich ab 1926 ein eingehenderes Interesse feststellen. Gleichzeitig recherchiert er zu Joseph Fouché und Adam Lux: „Dieser Adam Lux, der mich verfolgt, hat mich manches entdecken lassen" (Rolland/Zweig 1987, S. 184). Erst 1928 wird Zweig die Rohfassung des Stückes *Adam Lux* erstellen.

2. Aufbau und Handlung

In der Druckfassung gliedert sich *Adam Lux* in zehn Bilder, die sich über einen Erzählzeitraum von etwas mehr als einem Jahr erstrecken (23. Oktober 1792 bis 4. November 1793). Die Bilder des Stückes sind Stationen aus dem letzten Lebensjahr der Hauptfigur Adam Lux, die Zweig eng an den historischen Revolutionär Adam Lux anlehnt, teilweise aber offenbar frei erfindet. Handlungsort des Stückes ist Paris, lediglich im ersten Bild ist das Geschehen bei Mainz angesiedelt.

Am 23. Oktober 1792, dem Tag des Einmarschs der französischen Revolutionstruppen in Mainz, versucht Adam Lux die Bewohner eines Vororts von der Bedeutung dieses historischen Moments zu überzeugen, den er als Anbruch eines neuen Zeitalters der Freiheit und Selbstbestimmung deutet: „Wo brüderliche Gesinnung Volk und Volk verbindet, da trennt Sprache und Sitte nicht mehr." (Zweig GWE, Adam Lux, S. 348) Zusammen mit Georg Forster, der wiederholt versucht, Lux' politischen Enthusiasmus zu zügeln, wird er als Deputierter der Mainzer Republik zum Pariser Nationalkonvent entsandt, um dort den Anschluss an die Französische Republik zu vertreten. Der revolutionäre Idealismus Lux' steht im offenkundigen Gegensatz zur revolutionären Realität, die er in Paris vorfindet. Statt Freiheit, Gleichheit und Brüderlichkeit bestimmen Misstrauen, Brutalität und der Kampf ums tägliche Überleben den Alltag der Bevölkerung: „Ich scheiße auf die Philosophen, wenn sie dem Volk kein Brot schaffen" (S. 354), entgegnet der Wirt Forban auf Lux' Freiheitspathos. Auch im Jakobinerclub wird der Überschwang des deutschen Republikaners unterschiedlich aufgenommen. Die Jakobiner Marat und Robespierre vertreten eine Realpolitik, die sich mit den philosophischen Idealen Lux' kaum in Einklang bringen lässt. Während Lux fordert: „Die Republik muß rein sein vor allem", erwidert Robespierre: „Nein, Bürger Lux, vor allem muß sie gesichert sein. [...] Lieber den Sieg durch den Terror, als daß sie unterliege." (S. 367) Zusammen mit Forster versucht Lux die Entsendung zusätzlicher Truppen nach Mainz zu erwirken, das kurz vor einer Niederlage gegen die preußischen Belagerer steht. Doch statt Entschlossenheit gegen den äußeren Feind zu erkennen, werden die deutschen Revolutionäre Zeugen eines zunehmenden inneren Zerwürfnisses des Konvents, das mit der Inhaftierung der Girondisten seinen vorläufigen Höhepunkt findet. Lux hofft, die Abgeordneten durch eine pathetische Rede, die er mit seinem Selbstmord zu beenden gedenkt, zum Umdenken zu bewegen. Als Forster ihn von dem Plan abbringen kann – „Du hast zuviel Plutarch gelesen, Lux. Römergesten sind fehl in unserm Jahrhundert" (S. 374) –, bricht Lux mit dem Dolch im Mantel zu Marat auf, in welchem er den Drahtzieher der revolutionären Gewalt zu erkennen glaubt. Doch zum Mord fehlt Lux, bei allem politischen Enthusiasmus, der Mut. In seiner Herberge trifft Lux mit Charlotte Corday zusammen, ohne deren Identität zu kennen. Während Corday in Marats Terrorherrschaft eine moralische Legitimation, ein „heiligstes Recht" (S. 385) für den Mord sieht, ist Lux nicht dazu bereit, die Reinheit seiner Revolutionsidee durch Gewalt zu entwürdigen: „Sich selbst darf man aufopfern für seine Idee, nie einen andern." (S. 385) Beim Bekanntwerden des Mordes fühlt sich Lux von dem Mut Cordays beschämt. Er begleitet sie auf dem Weg zur Guillotine und schöpft aus ihrer aufrechten Haltung („eine Statue der Freiheit", S. 393) den Mut zur eigenen Tat: „Jetzt weiß ich, es ist nicht schwer zu sterben für eine Überzeugung. Jetzt bin ich frei." (S. 393) Lux lässt zwei Schriften in Auftrag geben, in denen er Cordays Mut rühmt, das eigene Leben für ihren Glauben an die Republik geopfert zu haben. Mit der Verteilung dieser Flugblätter und dem bewusst provozierten Todesurteil des Revolutionstribunals möchte Lux erreichen, dass „das Verbrecherische jeder Blutjustiz offenkundiger aufscheine" (S. 405). Forster versucht ihn noch einmal vor der Vergeblichkeit eines solchen Heroismus zu warnen: „Denkmäler werden nur für die Sieger errichtet und die Besiegten eingegraben und vergessen." (S. 400) Doch Lux hält an seinem Plan fest, in der Hoffnung, durch seinen Tod ein Fanal für den Glauben an die republikanische Idee gesetzt zu haben. Auch die letzte Chance, das eigene Leben durch Stillschweigen zu retten, schlägt er aus: „Ich habe die Freiheit gewählt als Sinn meines Lebens. Ich werde frei handeln nach meinem Gewissen." (S. 405)

3. Dynamik der Revolution

In den späten 1920er Jahren lässt sich bei Zweig eine intensivere Beschäftigung mit politischen und zeitgeschichtlichen Themen feststellen. Zweig hatte die Entwicklungen in Russland, besonders seit seiner Korrespondenz mit Maxim Gorki (1923) mit

2.9 Adam Lux (erstmals 1984)

regem Interesse verfolgt. Mit dem Beginn von Stalins Alleinherrschaft befürchtet Zweig, dass die Revolution, wie einst in Frankreich, ihre eigenen Kinder verschlingen würde: „Die Geschehnisse in Rußland – Trotzki, der Tod von Joffe – haben mir Mut gemacht, diese Arbeit [i.e. *Adam Lux*] fortzusetzen." (Rolland/Zweig 1987, S. 290) Die Auseinandersetzung mit grundverschiedenen historischen Figuren der Französischen Revolution (Adam Lux, Joseph Fouché und Marie Antoinette) zwischen 1928 und 1932 kann als Suche des Autors nach Mustern und Verbindlichkeiten in der Dynamik von Revolutionen gelesen werden: „[I]ch bedarf ihrer [i.e. der Arbeit an *Adam Lux*], um meine Gedanken über die Revolution auszudrücken, wie im ‚Jeremias' die über den Krieg." (Rolland/Zweig 1987, S. 291)

Im *Adam Lux* kommt Zweigs langgehegte Überzeugung zum Ausdruck, dass Macht und Moral einander diametral entgegengesetzt sind. Die Lux-Figur wird im Stück dementsprechend zu einem Anti-Politiker stilisiert. Die Bühnenanweisungen weisen Lux – *„feurig-deklamatorisch im Stil des jungen Schiller oder Hölderlin"* (Zweig GWE, Adam Lux, S. 340) – von Anfang an als Vertreter eines unpolitischen Idealismus aus, der, berauscht von der Attraktivität abstrakter humanistischer Grundsätze, reale Machtfaktoren weitgehend unberücksichtigt lässt. So ist Lux die einzige Figur des Stückes, die wiederholt politische Fehleinschätzungen ausspricht: „Und nun ist es wahr über Nacht: Deutschland reißt seine Tore auf der Revolution, der Weltrepublik!" (S. 344) Lux wird durch seinen aussichtslosen Kampf für eine humanistische Idee zunehmend zu einer Don-Quichotte-Figur, die ihre moralische Geradlinigkeit einer als korrupt und machthungrig erscheinenden sozialistisch-kommunistischen Idee im Sinne Mannheims entgegenzustellen versucht.

Dass Lux' Position, stellvertretend für die des unpolitischen Intellektuellen, keineswegs unproblematisch ist, deutet Zweig in mehreren fiktiven Zusammentreffen revolutionärer Figuren an. Besonders die Gespräche mit Robespierre, Saint-Just und Charlotte Corday zeigen Lux' Hilflosigkeit, seine Ideen in die revolutionäre Realität einzubringen. Marat, der vermeintlich blutrünstige Verteidiger der Revolution, eigentlich als Gegenfigur zu Lux konzipiert, wird im Stück zum fernen Spiegel für den handlungsunfähigen Helden. Zweig schreibt 1926 an Rolland: „Dieser Adam Lux, der mich verfolgt, hat mich manches entdecken lassen, unter anderm die *schreckliche* Lüge um Marat, der mir jetzt *mehr* wie Robespierre als der klarste Kopf der Revolution erscheint, der *einzige* Proletarier und wahre Revolutionär." (Rolland/Zweig 1987, S. 184, Herv. i.O.) Dementsprechend verkehrt sich Lux' Mordplan an Marat in die Einsicht, dass dieser die Revolution ebenso kompromisslos verteidigt wie er selbst – nur mit dem Unterschied, dass Marat auch vor fremden Opfern nicht zurückschreckt.

Als Zweig im September 1928 von einer Russland-Reise zurückkehrt, setzt er die Arbeit am Adam Lux nicht mehr fort. Zum einen sind es dramaturgische Mängel des Stückes, zum anderen das Bewusstsein, dass Lux zunehmend als eine anachronistische Figur erscheint. Zweig hatte die Lux-Figur 1913 vor dem Hintergrund der zeitgenössischen Vorstellungen des Intellektuellen als Mahner und moralischer Führer konzipiert. Das politische Klima der späten 1920er Jahre lässt diese Konstellation als grobe Vereinfachung der revolutionären Realität erscheinen (→ IV.12 KUNST UND POLITIK). Zwar zeigt sich Zweig über mangelnde Meinungsfreiheit und die Situation der Intellektuellen in Russland besorgt, gesteht aber gleichzeitig ein, dass nur ein Erfolg der Russischen Revolution – mit der „beispiellos rabiate[n], brutale[n], fanatische[n] Energie einer Handvoll Führer" (Rolland/Zweig 1987, S. 298) – dem wiedererstarkenden Nationalismus in Europa entgegenwirken kann. Diese Ambivalenz steht in direktem Gegensatz zur moralischen Gradlinigkeit der literarischen Lux-Figur. Stirbt Lux für die kompromisslose Verteidigung eines Ideals, so ist es Joseph Fouché, machiavellistischer Polizeiminister der Revolution, ohne jegliche Überzeugung nur am Machterhalt interessiert, den Zweig als weitaus zeitgemäßere Figur, als „reinen Politiker" in seiner nächsten Biografie darstellt, als „Warnung für die Politiker von heute und allezeit" (Zweig, Br III, S. 211).

4. Zeitgenössische und wissenschaftliche Rezeption

Da *Adam Lux* zu Zweigs Lebzeiten weder vollständig veröffentlicht noch aufgeführt wurde, gibt es auch keine zeitgenössische Rezeption des Stückes. Auch die Erstveröffentlichung des von Knut Beck vervollständigten Stückes als Teil der Werkausgabe im Band *Das Lamm des Armen* (1984) blieb ohne bemerkenswerte kritische Resonanz. Erst mit der Uraufführung des Stückes am 21. Januar 1989 am Staatstheater Mainz setzte eine begrenzte kritische Auseinandersetzung mit dem Text und der Inszenierung von Guy Reinesch ein. Beinahe durchweg kritisiert wird dabei die mangelnde Ausformung der Lux-Figur. Für Eckhart Franke (1989, S. 58) ist Lux lediglich eine „Schillersche Idealismus-Marionette", ein „windgebeutelter Thesenschneider und Freiheitsträumer." Horst Köpke (1989) bemängelt die ungenügende „menschliche Entwicklung" der Hauptfigur, die durch Zweigs Text zwar vorgegeben sei, der aber Reineschs Inszenierung nicht zufriedenstellend entgegenwirke. Dass Zweig im Adam Lux „arrangiert" und nicht „komponiert", dass er Figuren „nebeneinander" setzt und „Konstellationen" entwirft anstatt, einen tieferen Einblick in ihre Beweggründe und Handlungsabsichten zu gewähren, kritisiert auch Benedikt Erenz (1989).

Eine wissenschaftliche Rezeption setzte erst 1994 durch Erwin Rotermund ein, der das Stück im Kontext einer allgemeinen Politisierung der Intellektuellen nach dem Ersten Weltkrieg liest, gleichzeitig aber auch auf Zweigs Absicht hinweist, einen von der Geschichte Besiegten vor dem Vergessen zu bewahren (→ V.3 DAS MOTIV DES BESIEGTEN). Rotermund verweist bezüglich der politischen Aussageabsicht des Stückes auf Karl Mannheims vielbesprochenes Buch *Ideologie und Utopie* (1929). Im Adam Lux sieht er die von Mannheim exemplarisch dargestellten vier politischen Hauptströmungen der 1920er Jahre versinnbildlicht. Während er die Jakobiner bei Zweig als Verfechter einer „sozialistisch-kommunistischen Idee" und die Girondisten sowie Forster als Anhänger einer „liberal-humanitären Idee" ansieht, stehen die Mainzer Bauern für ihn als Vertreter einer „konservativen Idee". Den Protagonisten Lux sieht er dagegen als Vertreter eines „ekstatischen Chiliasmus", der dem utopischen Irrglauben unterliegt, dass die Revolution und Weltfrieden kurz vor ihrer Verwirklichung stehen. Das Stück erhält für Rotermund eine zeitkritische Dimension, da Zweig versuche „mit Hilfe historischer Gestalten und historischer Konstellationen die aktuelle Problematik von Geist, Moral, Macht und Gewalt zu durchleuchten und vor Augen zu führen" (Rotermund 1994, S. 144). Rotermund stellt darüber hinaus die These auf, dass Zweig versuche, der quellenbedingt mangelnden persönlichen Ausformung seiner Lux-Figur entgegenzuwirken. Indem er Lux' politischen Enthusiasmus mit einer persönlichen Schwäche verbindet („Ich aber, Adam Lux, zu schwach zur Tat, unfähig zur Schöpfung [...]"; Zweig GWE, Adam Lux, S. 395) und ihm mit Charlotte Corday eine aktive Heldin gegenüberstellt, versuche Zweig ein tragisches Element der

2.9 *Adam Lux* (erstmals 1984)

Geschichte herauszuarbeiten (→ V.1 Geschichtsbilder und Geschichtsauffassung).

2003 erschien im Logo-Verlag eine Neuausgabe des Stückes, begleitet von einem Essay zur historischen Figur Adam Lux sowie einem weiteren literaturwissenschaftlichen Essay von Erwin Rotermund, der weitgehend auf dem bereits 1994 veröffentlichten Beitrag basiert. Die Resonanz war, vor allem aufgrund der beiden begleitenden Beiträge, durchweg positiver als die Stimmen zur Uraufführung. Alexander Kissler sieht eine starke autobiografische Verbindung zwischen der Lux-Figur und ihrem Autor, der sich in den 1930er Jahren auf ähnlich vergebliche Weise für ein „humanistisches Programm" begeisterte (→ V.6 Humanität und Humanismus). Das Stück sei nichts anderes als der „tragisch scheiternde Selbstversuch Stefan Zweigs, die Extreme zu bannen, Extreme der Apathie und Empathie zugleich" (Kissler 2004). Benedikt Erenz weist auf die Zeitlosigkeit des Stückes hin, denn die geschilderte Problematik habe eine Gültigkeit weit über die Französische Revolution hinaus: „Es geht um die Frage nach dem Engagement des Intellektuellen, nach Gewalt und Widerstand. Darum, ob sich ein Volk militärisch für die Demokratie gewinnen lässt. Wie hoch der Preis der Freiheit sein darf. Und wer bestimmt, was ‚das Volk' überhaupt ist und was es will." (Erenz 2005)

Stefan Zweig

Rolland, Romain/Zweig, Stefan (1987): Briefwechsel 1910–1940. Bd. II: 1924–1940. Berlin: Rütten & Loening.

Zweig, Stefan (1984): Adam Lux. In: Ders.: Das Lamm des Armen. Dramen. GWE. Hg. v. Knut Beck. Frankfurt a.M.: S. Fischer, S. 337–406.

Zweig, Stefan (1987): Romain Rolland. GWE. Hg. v. Knut Beck. Frankfurt a.M.: S. Fischer.

Zweig, Stefan (2000): Briefe. Bd. III: 1920–1931. Hg. v. Knut Beck u. Jeffrey B. Berlin. Frankfurt a.M.: S. Fischer.

Zweig, Stefan (2003): Adam Lux. Zehn Bilder aus dem Leben eines deutschen Revolutionärs. Mit Essays von Franz Dumont und Erwin Rotermund. Obernburg: Logo.

Weitere Literatur

Beck, Knut (1984): Nachbemerkung des Herausgebers. In: Zweig, Stefan: Das Lamm des Armen. Dramen. GWE. Hg. v. Knut Beck. Frankfurt a.M.: S. Fischer, S. 409–421.

Erenz, Benedikt (1989): Das Labyrinth der Freiheit. In: Die Zeit, 27. 1. 1989, S. 54.

Erenz, Benedikt (2005): Enthusiast der Freiheit. In: Die Zeit, 13. 1. 2005, S. 52.

Franke, Eckhart (1989): Die Ausgrabung: Stefan Zweigs *Adam Lux*. In: Theater heute 4/1989, S. 57–58.

Kissler, Alexander (2004): Den Terror töten – Stefan Zweigs vergessenes Revolutionsdrama *Adam Lux*. In: Süddeutsche Zeitung, 7. 9. 2004, S. 18.

Köpke, Horst (1989): Die Welt an Mainz erinnert. In: Frankfurter Rundschau, 24. 1. 1989, S. 8.

Rotermund, Erwin (1994): Ein deutscher Republikaner im revolutionären Paris. In: Ders.: Artistik und Engagement. Aufsätze zur deutschen Literatur. Hg. v. Bernhard Spieß. Würzburg: Königshausen & Neumann, S. 138–147.

2.10 Das Lamm des Armen (1929)
Arturo Larcati

1. Entstehung 160
2. Inhalt 161
3. Aufführungsgeschichte, Rezeption und Forschung 163

1. Entstehung

Am 22. Februar 1929 kündigt Zweig seinem Freund Otto Heuschele an, dass er während der Arbeit an der Biografie von Fouché „auf einen ausgezeichneten Stoff für ein Drama" gestoßen sei: „Es ist ein Komödienstoff ersten Ranges, der mir aber aus der leichten Sphäre unmerkbar hinausglitt. Es wird wohl eine Tragikomödie, oder ähnlich wie Volpone eine bittere Komödie werden. Wenn es nur gelingt!" (Zweig, Br III, S. 237) Von den *Mémoires de Madame la Duchesse d'Abrantès* inspiriert (vgl. S. 582) beginnt er in dieser Zeit, „das Schicksal des Leutnants Fourès in Ägypten" dramatisch zu gestalten, „dem Bonaparte für die Zeit seines Aufenthalts dort die Frau wegnahm, indem er den unbequemen Ehemann verbannte. Bei mir wird Fourès der Held, der ehrenhafte Mann, der es ablehnt, zu feilschen, mit Beförderungen oder Geld sich abfinden zu lassen, der unbequem bleibt und zum Ende natürlich von der großen Machtmaschinerie zermalmt wird." (Rolland/Zweig 1987, S. 318f.) Als Titel für das Drama wählt Zweig *Das Lamm des Armen*, ein Bibel-Zitat aus dem Matthäus-Evangelium, das auf „die ewige Geschichte" hinweisen soll, „daß der Reiche den Armen um sein einziges Gut beraubt." (S. 318) Sein Stück über den Missbrauch der Macht will er „eine Tragikomödie" nennen, „weil dieser Kampf des kleinen Leutnants gegen den größten Mann sehr schmerzlich für ihn selber, aber zugleich ein bißchen lächerlich aus der Sicht der andern ist: alle fühlen moralisch mit ihm und handeln gegen ihn." (S. 319) Die Arbeit am Drama dauert nur sechs Monate, obwohl Zweig Arthur Schnitzler noch am 6. Juli 1929 mitteilt, dass er „mit dem letzten Akt nicht zufrieden" sei: „Gerade weil mir das Stück wichtig ist, wäre es mir ein besonderes Glück gewesen, Ihren Rat zu erbitten, und ein Gespräch hätte mich unermesslich gefördert." (Zweig 1987, S. 444) Die Schwierigkeiten bei der Arbeit am Stück bestätigt ein Brief an Joseph Gregor vom 22. August 1928: „Vielerlei hat mich im letzten Jahre gehemmt, vor allem ging ein Stück nicht gerade und noch heute gebe ich es nicht aus der Hand – irgend eine Schraube darin greift noch nicht zu und das gibt ein gewisses weiterwissendes Mißbehagen." (Gregor/Zweig 1991, S. 66) Erleichtert kann Zweig gegenüber Joseph Roth am 5. September verkünden, „ein immerhin wichtiges Theaterstück" sei „abgestoßen" (Zweig, Br III, S. 246).

Das Stück erscheint bereits im Oktober 1929 beim Insel Verlag in Leipzig und ist Stefan Zweigs Bruder Alfred gewidmet. Während Zweig die Buchausgabe vorbereitet, engagiert er sich zugleich intensiv dafür, dass das Stück auf den besten deutschsprachigen Bühnen gespielt wird. In einem Brief vom 10. Februar 1930 an Anton Kippenberg erklärt Zweig seine Absicht, das Buch zum Stück zeitgleich mit der Uraufführung ein weiteres Mal erscheinen zu lassen: „Ich möchte Ihnen heute nur mitteilen, dass Felix Bloch (da uns Werner Krauss im Burgtheater im Stiche liess) den 15. März als Stichtag für die Uraufführung des Lamm des Armen angesetzt hat, die in Breslau, Frankfurt, Bremen und Hannover und vielleicht noch an anderer Stelle erfolgen wird. Das Burgtheater folgt dann bald nach. Wir können also zu diesem Datum das Buch herausgeben" (Archiv Insel Verlag, DLA Marbach). Um die Arbeiten an den Inszenierungen zu verfolgen, reist er im März 1930 nach Berlin, nach Breslau und Hannover, wie er Maxim Gorki am 4. März 1930 in einem Brief berichtet: „[I]ch mußte ein paarmal hin und her und reise jetzt nach Deutschland, wo einige Aufführungen stattfinden, um selbst einen Eindruck zu gewinnen, ehe wir dann in Wien und Berlin die eigentliche Uraufführung versuchen." (Zweig 1984, S. 203) An Friderike schreibt er am 12. März 1930 aus Breslau: „[I]ch sah hier die Probe zu einem sonderbaren Lustspiel, das mich ein wenig an das Lamm der Armen [sic] erinnerte. Es hat rosa Mascherl um den Hals und eine grässliche Dilettantin blökt die Bellilotte" (Zweig/Zweig 2006, S. 221).

1964 wurde der Text in die von Richard Friedenthal herausgegebene Edition der Dramen aufgenommen, 1984 in die von Knut Beck betreuten *Gesammelten Werke*.

2. Inhalt

Das Lamm des Armen ist das letzte Drama, das Zweig geschrieben hat. Es gehört dem Zyklus von Werken an, die der Französischen Revolution gewidmet sind: Sie reichen von den *Sternstunden der Menschheit* (1927) zu den Biografien über Joseph Fouché (1929) und Marie Antoinette (1932) bis hin zu dem Fragment gebliebenen Stück *Adam Lux* (erstmals 1984). Die Umgestaltung Europas während der Französischen Revolution sieht Zweig in Analogie zu den radikalen Umwälzungen, die sich in der Zeit der Weimarer Republik vorbereiten und zum Zweiten Weltkrieg führen. Dass Napoleon im Stück zuerst ein einfacher General der Armee ist, sich aber dann zum Konsul der Republik bzw. zum Kaiser ernennen lässt, bildet für Zweig ein interessantes historisches Muster, um etwa den Aufstieg von Mussolini zum faschistischen Duce zu deuten. Der Übergang von der Republik zur Diktatur nimmt ein zentrales Thema des Exilwerks vorweg, man denke nur an die *Sternstunde* über Cicero.

Zweig nennt das Stück im Untertitel eine *Tragikomödie in drei Akten (Neun Bildern)*. Die ersten beiden Akte spielen in Kairo während des ägyptischen Feldzuges 1798, der dritte hingegen in Paris, wenige Woche nach Napoleons Selbsternennung zum Konsul der Republik. Im ersten Akt lernt Bonaparte die attraktive Frau seines Leutnants Fourès, Bellilotte, kennen, die ihrem Mann trotz expliziten Verbotes nach Ägypten gefolgt ist. Für das Fest ihres Mannes François bereitet sie einen Eierkuchen, von dem auch der „Bürger General" (Zweig GWE, Das Lamm des Armen, S. 270f.) kostet. Napoleon, der hier bezeichnenderweise noch „[i]*n seiner republikanischen einfachen und feldmäßigen Uniform*" (S. 270f.) auftritt, ist von der Schönheit Bellilottes stark beeindruckt. Unter einem Vorwand lässt er sie von dem Platzkommandanten Dupuy in dessen Wohnung zum Essen einladen, damit er allein mit ihr bleiben und sie verführen kann. Nachdem Bellilotte zu seiner Mätresse geworden ist, will Napoleon ihren Ehemann entfernen. Er täuscht einen geheimen Auftrag für den Offizier vor und schickt ihn als Kurier per Schiff nach Frankreich zurück. Sein Bruder Joseph soll dann Fourès solange wie möglich in Paris aufhalten. Nichts ahnend verlässt Fourès Ägypten, ohne sich von seiner Frau zu verabschieden.

Napoleons Kalkül geht jedoch nicht auf. Der zweite Akt beginnt damit, dass die Engländer das französische Schiff kapern und Fourès freilassen. Wieder zurück in Kairo erfährt er, dass sich seine Frau ‚unter dem Schutz' von Napoleon befindet. Infolgedessen tritt Fourès seinem General von Angesicht zu Angesicht gegenüber.

Napoleon übermittelt ihm auf sehr schroffe Art und Weise den Trennungswunsch seiner Frau, der am nächsten Tag formalisiert werden müsse. Nachdem sich Fourès gegenüber seinem Kameraden Dechamps wegen seines Schicksals und wegen der mangelnden Solidarität seiner Mitmenschen heftig beschwert hat, wird die Angelegenheit schnell erledigt. Nach der Trennung versucht die beschämte Bellilotte ihr Verhalten zu rechtfertigen. Sie gibt an, keine Möglichkeit gehabt zu haben, sich gegenüber einem Mächtigen zu verteidigen; zugleich klagt sie Fourès und seine Kameraden an, selbst Teil des Systems zu sein, wogegen sie antreten: „Ihr alle doch, alle seid ihr ihm [i.e. Napoleon] verfallen. Ein Wort von ihm, und aus dem Schlaf springt ihr auf und marschiert, wohin er's befiehlt. Euch allen, der ganzen Welt zwingt er seinen Willen auf. Wie hätt' ich mich da wehren sollen, ich, eine Frau ganz allein?" (S. 299) Fourès wird daraufhin versetzt, aber er lehnt es ab, den Titel eines Kapitäns als Entschädigung für den Verlust seiner Frau zu akzeptieren. Stattdessen verspricht er, sich nach seiner Rückkehr in Paris mit allen Mitteln gegen das erlittene Unrecht zur Wehr zu setzen.

Sechs Monate später erfahren die Soldaten, die sich mit Fourès gegen Napoleon solidarisieren möchten, dass dieser Ägypten verlassen hat, um sich in Frankreich zum Ersten Konsul ernennen zu lassen. Fourès protestiert heftig dagegen und möchte „lieber Ägypten den Engländern als die Republik Bonaparte" (S. 306) überlassen. Seine Kameraden unterstützen jedoch seine Auflehnung nicht. So wird er wegen Hochverrats verhaftet. Allerdings will sich General Dupuy gegenüber seinen Soldaten die Verlegenheit eines Prozesses gegen einen treuen und beliebten Offizier ersparen bzw. sich nicht wieder „die Hände dreckig machen für Bonaparte" (S. 308). Er beschließt, Fourès nach Paris zurückzuschicken: „Wenn er [i.e. Napoleon] die Henne mitnimmt, soll er auch den Hahnrei dazu kriegen ..." (S. 308)

Drei Monate später – hier beginnt der dritte Akt – kontaktiert Fourès, nach Paris zurückgekehrt, einen bekannten Advokaten, um die Trennung von seiner Frau für ungültig erklären zu lassen. Maître Descazes akzeptiert zuerst den Auftrag, Fourès in einem Prozess zu vertreten, sobald er aber erfährt, dass die Causa gegen Bonaparte zu führen ist, ändert er seine Meinung und informiert umgehend den Polizeiminister Fouché. Daraufhin versucht Fourès mit Bellilotte zu sprechen, weil er wissen möchte, ob sie noch zu ihm steht. Sie hindert ihn aber daran, auch mit Hilfe eines Gendarmen, in ihr Haus einzutreten. In seiner Empörung mobilisiert Fourès zwar die Arbeiter auf der Straße, die bereit wären, sich mit ihm gegen Napoleon zu solidarisieren, allerdings lehnt er jede Form von Gewalt ab. Wieder wird Fourès wegen Hochverrats verhaftet, weil er „den Ersten Konsul beschimpft" (S. 319) bzw. als Diktator bezeichnet habe.

Im letzten Bild findet eine Begegnung zwischen Bonaparte, der jetzt *„die pompöse Tracht des Ersten Konsuls"* (S. 320) trägt, und dem Polizeiminister Fouché statt. Napoleon bittet seinen Minister, die „Affäre Fourès" so schnell wie möglich zu erledigen, weil er sich dem bevorstehenden Italienfeldzug widmen soll. Im Namen dieser höheren Aufgabe nimmt er von Bellilotte Abschied und legt ihr nahe, für eine Zeit ins Ausland zu gehen. Daraufhin fordert der Polizeiminister Fourès auf, im Namen der Staatsräson auf seine Attacken gegen Napoleon zu verzichten. Fourès wäre jedoch eher bereit, in seiner Empörung zu „krepieren, als ihm [i.e. Napoleon] Reverenz [zu] erweisen" (S. 332). Aber Bellilotte, die ihm einen Prozess ersparen möchte, überredet ihn, das Gesetz des Stärkeren zu akzeptieren: „Es ist keine Schande, von dem Stärksten dieser Welt besiegt zu sein, wenn man aufrecht bleibt." (S. 333) Fourès, der bis zu diesem Augenblick die Rolle eines unbeirrbaren Michael Kohlhaas gespielt hat, resigniert, und Fouché kann Napoleon mitteilen lassen: „Die Affäre Fourès ist wunschgemäß erledigt." (S. 336)

Den bemerkenswerten Schluss des Stückes kommentiert Zweig selbst in einem Brief an Otto Heuschele vom 7. Mai 1930. Er freut sich über die „starke Wirkung", die das Stück erzielt habe, „obwohl es von Grund aus ein ‚unpleasant play' ist, ein antiheroisches Stück, mit einem sog. unbefriedigenden Ende" (Zweig 1984, S. 205). Gerade darin liege für ihn jedoch eine wesentliche Herausforderung für den Dramatiker: „[S]o bekämpfe ich jeden Vorschlag eines ‚happy end' oder eines tragischen Endes aus der Überzeugung, daß es im gewöhnlichen Leben etwas wie eine Art undramatischer Tragik gibt, die Tragik des Resignierens, giltig für Millionen und darum wahrer als die wenigen pathetischen Ausnahmefälle." (S. 205) Mit seiner Entscheidung für eine „undramatische Tragik" schlägt Zweig einen anderen Weg als etwa in seinen Stücken *Tersites* (1907) oder *Das Haus am Meer* (1912) ein, die durchaus „ein tragisches Ende" haben, und begründet den Wandel mit seiner besonderen Auffassung von Realismus.

Anlässlich einer Arbeiteraufführung des Stückes am 23. Mai 1930 veröffentlicht Zweig in einer sozialistischen Zeitschrift „eine kleine Anmerkung" mit dem Titel *Etwas über Macht und Moral*, in der er die Geschichtsauffassung illustriert, die dem Stück zugrunde liegt. Er sieht seine Aufgabe als Schriftsteller darin, dem Kurs der Geschichte als „Dienerin des Erfolges und der Macht" entgegenzusteuern (→ V.1 Geschichtsbilder und Geschichtsauffassung). Da die Geschichte oft einseitig als Resonanzraum für die großen Taten der großen Männer wie Napoleon fungiere und dabei den Beitrag der „Helden des Alltags" (Zweig 1930, S. 286) vernachlässige, will sich Zweig in Werken wie *Das Lamm des Armen* darum bemühen, „auch dem Vergessenen, dem Zertretenen das Recht der Zeugenschaft zu gewähren" (S. 288). Die Wahl eines Parteiblattes für die Veröffentlichung dieser Arbeit, die partielle Nähe zu Brechts Geschichtsauffassung in den *Fragen eines lesenden Arbeiters*, die Bezeichnung von Fourès als „kleinen winzigen proletarischen Kommißsoldaten" (S. 288), die Verbindung von Bibel-Zitaten und marxistischem Jargon sind bei einem sonst als bürgerlich-konservativ bzw. als unpolitisch geltenden Autor ungewöhnlich.

3. Aufführungsgeschichte, Rezeption und Forschung

Das Stück wurde am 15. März 1930 an vier Theatern gleichzeitig uraufgeführt: in Breslau, Hannover, Lübeck und Prag. Für die „eigentliche Uraufführung" sind das Deutsche Volkstheater in Berlin und das Burgtheater in Wien vorgesehen, für die Hauptrolle die Starschauspieler Alexander Moissi in Berlin und Werner Krauß in Wien. In *Die Welt von Gestern* (1942) rekonstruiert Zweig jedoch den dramatischen Augenblick, als er das Angebot von Moissi, mitzuwirken, abschlägt – aus Angst, diesem könne das gleiche Schicksal zweier Vorgänger ereilen, die kurz vor der Aufführung eines seiner Stücke gestorben waren:

> Und ich handelte bewußt gegen mein Interesse, als ich 1931 [sic] ein neues Stück ‚Das Lamm des Armen' vollendet hatte. Einen Tag, nachdem ich ihm das Manuskript zugesandt, bekam ich von meinem Freunde Alexander Moissi ein Telegramm, ich möchte ihm die Hauptrolle in der Uraufführung reservieren. [...] Aber dennoch, als er mir den Vorschlag machte, regte sich die Erinnerung an Matkowsky und Kainz, ich lehnte Moissi unter einer Ausflucht ab, ohne ihm den wahren Grund zu verraten. (Zweig GWE, Die Welt von Gestern, S. 204)

Dass der Aberglaube der wahre Grund für die Ablehnung gewesen sei, darf jedoch bezweifelt werden. Obwohl weder Moissi noch Krauß die Hauptrolle in den vorgesehenen Theatern spielten, wurde das Drama an anderen wichtigen Bühnen wie etwa Hamburg oder Leipzig gespielt und gefeiert (vgl. Lefebvre 2017, S. 230).

Die Premiere am Wiener Burgtheater fand am 12. April 1930 statt. Das Stück wurde dort insgesamt 17 Mal aufgeführt, für Zweig allerdings nicht oft genug. Am 14. Juni 1930 beschwert er sich bei dem Burgtheater-Dramaturgen Erhard Buschbeck: „Ich sehe, daß Ihr auch diese Woche einen vegetarischen Spielplan, mit Ausschaltung des Lämmerfleisches macht. Ist es schon endgiltig [sic] abgeschlachtet? Es würde mich eigentlich ein wenig wundern, denn soweit mir privat berichtet wurde, soll es doch innerhalb der sommerlichen Zeit ganz wacker vor zahlreichem Publikum geblöckt [!] haben." (Zweig, Br III, S. 273) Lavinia Mazzuchetti berichtet, dass der Erfolg des Stückes im Ausland viel größer gewesen sei als in Deutschland, wo die „germanische Atmosphäre" schon seit 1931 für Zweigs pathetische, aber rührende Anklage gegen die Willkür der Mächtigen wenig günstig gewesen sei (vgl. Mazzucchetti 1952, S. 8). Friderike Zweig behauptet in ihren Memoiren, dass das Stück „über etwa 50 Bühnen verschiedener Länder ging" (F. Zweig 1948, S. 176).

Eine der ersten und ausführlichsten Reaktionen auf das Stück kam von Romain Rolland, der sich von Zweigs Arbeit schon im März 1930 begeistert zeigt, weil sie „[g]anz erfüllt von der jammervollen und ironischen menschlichen Erfahrung" (Rolland/Zweig 1987, S. 364) sei. Für das Drama prognostiziert er, „es wird ganz sicher das Herz der einfachen Menschen in allen Ländern erreichen." (S. 364) Zweig hätte sich kein schöneres Kompliment wünschen können, weil er selbst nur jene Werke für ganz gelungen hält, die eine europäische Dimension haben. Rolland attestiert Zweig zwar sehr genaue Kenntnisse der französischen Geschichte, allerdings findet er die Figur der Bellilotte, im Vergleich zur Charakterisierung Napoleons, zu schematisch: „Ich frage mich nur, ob eine Frau aus Carcassonne mit ihrem flinken Mundwerk nicht doch ein Mittel gefunden hätte, selbst um den Preis ihrer Unterwerfung, dem Korsen und seinen Lakaien Dinge zu sagen, die sich gewaschen hätten. Ich glaube, die Ohren des besagten Herrn sind von den Frauen Frankreichs nicht immer schonend behandelt worden. Er hatte weniger Erfolg im Bett als auf dem Schlachtfeld; schließlich ist dieser Kaiser auch der größte Hahnrei gewesen." (S. 364) Mit dieser ironischen Pointe setzt Rolland den von Zweig in Gang gesetzten Entmythisierungsprozess von Napoleon konsequent fort.

Donald A. Prater zitiert die Stellungnahmen von Felix Braun und Gerhart Hauptmann zum Stück: Braun habe es „meisterhaft in Handlung, Charakterzeichnung und Motivation" gefunden, indes „Zweigs ‚Vorliebe [...] für das Direkte'" kritisch angemerkt; Hauptmann hingegen habe im Drama eine Bestätigung des Grundsatzes „Bildung macht frei" gesehen: „Bildung hat nicht Ihre Seele frei gemacht", schreibt er mit Emphase an Zweig, „sondern auch Ihren Geist, und was mehr ist, Ihr dichterisches Ingenium" (zit. n. Prater 1991, S. 188f.). In einer Besprechung für die *Neue Freie Presse* vom 15. April 1930 kritisiert Raoul Auernheimer den stark pessimistischen Schluss des Stückes, der sich in seinen Augen kaum aus dem Handlungsverlauf herleiten lasse:

> Der Schluß freilich befremdet und steht in keinem rechten Verhältnis zu dem Vorangegangenen. Nicht nur läßt sich dagegen einwenden, daß er an Stelle der poetischen Gerechtigkeit die

2.10 Das Lamm des Armen (1929)

poetische Ungerechtigkeit setzt – das wäre ein Schulbedenken –, sondern auch den Zweifel nicht abweisen, ob ein Mann, der auf der Bühne so weit geht wie dieser Fourès, nicht notgedrungen noch einen Schritt weiter gehen, ob er nicht töten oder sterben müßte: was freilich den Tatsachen widerspräche. So wie die Fabel ausläuft, wird tatsächlich das Unrecht belohnt und die Anständigkeit bestraft – eine im Grunde trostlose Weltanschauung, gegen deren Verallgemeinerung sich das Herz des Zuschauers auflehnt. Aber sie entspricht der Erfahrung, wird der Dichter geltend machen. (Auernheimer, zit. n. Daviau/Johns 1983, S. 23)

Vor Stefan Zweigs Tod entstanden in Amerika Pläne für eine Verfilmung des Stückes. Der Schriftsteller begrüßte die Initiative. Am 2. Dezember 1940 zeigte sich Zweig in einem Brief an Alfredo Cahn, seinen spanischen Übersetzer und literarischen Agenten in Buenos Aires, „sehr einverstanden, daß Herr Wallfisch es [i.e. das Stück] in USA anbietet", und erteilt eine ganze Reihe von Ratschlägen für das gute Gelingen des Projekts:

Sagen Sie ihm nur, er möchte die Memoiren der Herzogin von Abrantès und auch ein bischen [sic] Frédéric Maçon: ,Napoleon et les Femmes' nachlesen. Man kann das Ganze natürlich noch viel lebhafter und ausführlicher machen, als es in dem Drama komprimiert ist, insbesondere die Josephinen-Szene, die ja eine zweite große Frauenrolle hineinbrächte; rein äußerlich müßte durch Kleidung und Tracht festgestellt werden, wie Bonaparte, der in Ägypten noch republikanischer Volksgeneral ist, sich in Paris schon als Diktator und großer Herr von den ehemaligen Kameraden distanziert. (Zweig, Br IV, S. 294f.)

Zu der Verfilmung ist es allerdings nicht gekommen.

In einem unveröffentlichten Brief an den italienischen Freund und Übersetzer Enrico Rocca vom 1. September 1932 schreibt Zweig: „Ferner erhielt ich ein Angebot für das ‚Lamm des Armen', das in Italien gespielt werden soll. Ich habe dem Impresario gesagt, dass ich niemanden lieber zum Uebersetzer hätte als Dich, falls es wirklich dazu kommt. Es könnte diese kleine Arbeit für dich allerdings einen gewissen Vorteil bieten." (Privatarchiv der Familie Rocca) Zu einer Übersetzung des Stückes ins Italienische kam es jedoch erst 1952, zehn Jahre nach Zweigs Tod, durch Lavinia Mazzucchetti. 1967 folgte die Übersetzung in Frankreich durch Alzir Hella, wo man aufgrund der Thematik ein starkes Interesse annehmen konnte: Sie trägt den bezeichnenden Titel *Un caprice de Bonaparte*. Im Juni 1997 wurde das Stück beim renommierten *Festival dei due mondi* (*Festival zweier Welten*) in Spoleto in einer extra dafür angefertigten Übersetzung aufgeführt. Der italienische Regisseur Franco Però, der immer wieder deutsche Theaterstücke inszeniert, interpretiert Fourès als Anwalt der missachteten Gerechtigkeit bzw. als Figur, die eine Brücke zwischen Kleist und Brecht schlägt. 2003 hat das Pariser Vingtième Théâtre *Das Lamm des Armen* inszeniert. Der Regisseur Marc Goldberg sieht das Stück in der Tradition des großen epischen Theaters von Shakespeare und Victor Hugo, in dem sich das Schicksal der Helden und der Gang der Geschichte gegenseitig erklären. Die Deutung der Inszenierung akzentuiert die Aktualität des Stückes bzw. die Momente, in denen das langsame Hinuntergleiten in die Diktatur sowie das ganze Arsenal der modernen Diktaturen mit Geheimpolizei und psychologischem Druck zum Ausdruck kommt (vgl. http://www.theatreonline. com/Spectacle/Un-Caprice-de-Bonaparte/5747; Stand: 2.2.2017).

Für das Stück hat sich die Zweig-Forschung bisher nur marginal interessiert. Gerd Courts interpretiert in seiner Dissertation das Werk als Ausdruck der „Ausweglosigkeit des Unterliegenden" (Courts 1962, S. 109f.) und des Fatalismus seines Autors.

Außerdem schlägt er einen Vergleich von Zweigs Drama mit Hofmannsthals *Turm*-Dichtung aufgrund der gemeinsamen „Schändung des Menschen im Gefolge der absoluten Staatsautorität" (S. 110f.) vor. Gerhard Rademacher kommt auf das Stück im Laufe seiner Auseinandersetzung mit der *Fouché*-Biografie zu sprechen und vertritt die Meinung, dass man es gegen das Verständnis seines Autors zu interpretieren hat: „Wer das [i.e. die Ohnmacht des unterlegenen Fourès] als bloße Resignation wertet, versäumt es, das tragikomische Stück gegenzulesen: Die ‚Affäre' des um sein ureigenstes Recht gebrachten ‚kleinen Mannes' scheint nur erledigt; sie steht immer wieder auf der Agenda, auch dann, wenn sie gar zu häufig nicht zur Verhandlung kommt." (Rademacher 2003, S. 252f.) In der umfassenden Arbeit von Barbara Beßlich (2007) zur Rezeption von Napoleon in der deutschen Literatur wird der Name von Stefan Zweig nicht erwähnt.

Der französische Literaturwissenschaftler Robert Dumont hat in seiner Studie über den Dramatiker Zweig den Konflikt von Fourès und Napoleon als Kampf eines Republikaners gegen einen Diktator gedeutet (vgl. Dumont 1976, S. 145f.). Mit Blick auf die Thematik des Humanismus beurteilt Donald G. Daviau das Drama als „a frightening admission of the helplessness of the individual and of civilized values when confronted by tyranny" und kommt zu dem Schluss: „Zweig's staunch defense of humanistic ideals, which seemed so pure and secure when conceived in a purely intellectual context, fails to meet the test of actuality" (Daviau 1983, S. 207). Zhou Qin liest das Stück als Ausdruck von Zweigs Pessimismus und als Vorwegnahme des „Schatten[s] des heraufziehenden Dritten Reiches über Europa" (Zhou 2015, S. 251). Zu einem solchen pessimistischen Schluss kommt man allerdings nur, wenn man den Akzent auf das Ende des Dramas und auf die Resignation von Fourès und seiner Frau legt. Wenn man stattdessen den unermüdlichen Kampf von Fourès gegen eine überlegene Instanz in den Vordergrund der Interpretation stellt, dann könnte man aus dem Stück ebensogut die Glorifizierung eines Rebellen ableiten, der gegen eine ihm weit überlegene Macht kämpft. So gesehen wäre die konsequente Haltung von Fourès ein Beispiel für das, was wir heute Zivilcourage nennen. Im Kontext der 1930er Jahre wäre hingegen an eine Heroisierung des Intellektuellen in seinem entschlossenen Kampf gegen die Diktaturen in Europa zu denken – ein Leitmotiv von Zweigs Publizistik in dieser Zeit. So hat etwa schon Romain Rolland die Gestalt von Fourès bzw. das Stück überhaupt in einem Brief an Zweig vom 20. März 1930 gesehen: „Und wir alle, Sie, Gorki, ich, wir müssen ‚das Lamm' stets verteidigen. Das ist unsere Aufgabe. Denn wir, wir sind, wie im ‚Colas Breugnon', die ‚Lämmer von Chamoux': wir haben Zähne gegen den Wolf." (Rolland/Zweig 1987, S. 363) Das ist gerade das Gegenteil von Pessimismus und Resignation.

Neben den Bühnenaufführungen wurde bereits 1978 unter der Regie von Oswald Döpke auch eine Verfilmung für das deutsche Fernsehen realisiert; hinzuweisen ist außerdem auf eine tschechische Verfilmung unter der Regie von Peter Mikulík (1992) (→ VI.7.3 Verfilmungen).

Zu den Desideraten der Forschung zählt zunächst eine Lektüre des Werkes im Zusammenhang mit den anderen Werken, die Stefan Zweig der Französischen Revolution gewidmet hat. Die Bedeutsamkeit des Dramas als Einzelwerk wäre anders zu akzentuieren, wenn es als Teil eines Zyklus konzipiert wäre. Zum Beispiel wäre Fourès' angeblicher Pessimismus in Bezug auf den Idealismus eines Adam Lux zu stellen. Von einer solchen Kontextualisierung sind spannende Rückschlüsse auf Zweigs politisches Denken zu erwarten.

Darüber hinaus könnte das Drama zum Anlass genommen werden, um über das Verhältnis von Theater und Politik bei Zweig bzw. über seine ambivalente Haltung gegenüber der Arbeiterschaft und der Sozialdemokratie genauer nachzudenken. Mit der Veröffentlichung von *Etwas über Macht und Moral* in *Kunst und Volk* scheint ihm eine Aktualisierung seiner Gedanken in sozialistischem Sinne denkbar, wenn nicht sogar wünschenswert. Für eine Lektüre des Stückes als politisch engagiertes Theater spricht auch der Umstand, dass Zweigs Stück am 23. Mai 1930 „als Arbeitervorstellung aufgeführt" wurde, sowie der Hinweis, dass die Frage der Solidarität unter den Soldaten und den Arbeitern untereinander gestellt wird.

Das Interesse von Zweig für die Arbeiterklasse hat eine lange Vorgeschichte und war in den ersten Dezennien des 20. Jahrhunderts, gerade im bürgerlichen Lager, keine Ausnahmeerscheinung: Zur Zeit seiner Anfänge als Schriftsteller teilt Zweig mit vielen anderen die Verherrlichung der Arbeiterwelt durch sein Vorbild Émile Verhaeren, er ist befreundet mit den Arbeiter-Schriftstellern Alfons Petzold und Walter Bauer (vgl. Prochnik 2016, S. 257f.), lobt emphatisch die Arbeiter-Skulpturen von Alfonso Canciani und Constantin Meunier (→ III.14.6 Über bildende Kunst), plant eine Erzählung über einen Arbeiterdichter (vgl. Zweig, Br I, S. 15) und lässt in seinen Novellen (wie z.B. *Leporella*, 1928) immer wieder Gestalten aus benachteiligten sozialen Klassen auftreten.

Gegen eine solche politisch akzentuierte Interpretation des Stückes kann man Zweigs bekannte Tendenz zur Dämonisierung der Massen (etwa in seiner Erasmus-Biografie) oder seine Kritik der ‚Vermassung' der Gesellschaft im berühmten Essay *Die Monotonisierung der Welt* (1925) anführen – ein offensichtlicher Reflex seines manischen Bedürfnisses nach individueller Freiheit und nach Ordnung im bürgerlichen Sinne.

Stefan Zweig

Gregor, Joseph/Zweig, Stefan (1991): Correspondence 1921–1938. Hg. v. Kenneth Birkin. Dunedin: Univ. of Otago Press.
Rolland, Romain/Zweig, Stefan (1987): Briefwechsel 1910–1940. Bd. II: 1924–1940. Berlin: Rütten & Loening.
Zweig, Friderike/Zweig, Stefan (2006): „Wenn einen Augenblick die Wolken weichen". Briefwechsel 1912–1942. Hg. v. Jeffrey B. Berlin u. Gert Kerschbaumer. Frankfurt a.M.: S. Fischer.
Zweig, Stefan (1929/1930): Die Geschichte der Pauline Fourès (Aus den Memoiren der Herzogin von Abrantès Band II, Kapitel III). In: Städtische Bühnen Hannover, Schauspielhaus 7/1929/1930 (Uraufführung der Tragikomödie *Das Lamm des Armen*). (Auch in: Peter, Birgit/Renoldner, Klemens (Hg.) (2013): Zweigs Theater. Der Dramatiker Stefan Zweig im Kontext europäischer Kultur- und Theatergeschichte. Würzburg: Königshausen & Neumann, S. 148–151.)
Zweig, Stefan (1930): Etwas über Macht und Moral. Eine kleine Anmerkung zu meinem Drama *Das Lamm des Armen*. In: Kunst und Volk 4/9/1930, S. 286–288.
Zweig, Stefan (1952): L'agnello del povero: tragicommedia in tre atti e nove quadri. Versione italiana di Lavinia Mazzucchetti. In: Il dramma. Rivista mensile di commedie di grande interesse 28/151/1952, S. 8–32.
Zweig, Stefan (1964): Das Lamm des Armen. In: Ders.: Die Dramen. Hg. v. Richard Friedenthal. Frankfurt a.M.: S. Fischer, S. 711–759.
Zweig, Stefan (1967): Un caprice de Bonaparte. In: Paris Théâtre 19/239/1967, S. 14–51.
Zweig, Stefan (1984): Briefe an Freunde. Hg. v. Richard Friedenthal. Frankfurt a.M.: S. Fischer.

Zweig, Stefan (1984): Das Lamm des Armen. In: Ders.: Das Lamm des Armen. Dramen. GWE. Hg. v. Knut Beck. Frankfurt a.M.: S. Fischer, S. 263–336.
Zweig, Stefan (1987): Briefwechsel mit Hermann Bahr, Sigmund Freud, Rainer Maria Rilke und Arthur Schnitzler. Hg. v. Jeffrey B. Berlin, Hans-Ulrich Lindken u. Donald A. Prater. Frankfurt a.M.: S. Fischer.
Zweig, Stefan (1995): Briefe. Bd. I: 1897–1914. Hg. v. Knut Beck, Jeffrey B. Berlin u. Natascha Weschenbach-Feggeler. Frankfurt a.M.: S. Fischer.
Zweig, Stefan (2000): Briefe. Bd. III: 1920–1931. Hg. v. Knut Beck u. Jeffrey B. Berlin. Frankfurt a.M.: S. Fischer.
Zweig, Stefan (2005): Briefe. Bd. IV: 1932–1942. Hg. v. Knut Beck u. Jeffrey B. Berlin. Frankfurt a.M.: S. Fischer.
Zweig, Stefan (2007[5]): Die Welt von Gestern. Erinnerungen eines Europäers. GWE. Frankfurt a.M.: S. Fischer.

Weitere Literatur

Beßlich, Barbara (2007): Der deutsche Napoleon-Mythos. Literatur und Erinnerung 1800 bis 1945. Darmstadt: Wissenschaftliche Buchgesellschaft.
Courts, Gerd (1962): Das Problem des unterliegenden Helden in den Dramen Stefan Zweigs. Diss. Univ. Köln.
Daviau, Donald G. (1983): The Spirit of Humanism as Reflected in Stefan Zweig's Dramatic Works. In: Sonnenfeld, Marion (Hg.): Stefan Zweig. The World of Yesterday's Humanist Today. Albany: State Univ. of New York Press, S. 195–209.
Daviau, Donald G./Johns, Jorun B. (1983): Introduction. In: Zweig, Stefan: The Correspondence of Stefan Zweig with Raoul Auernheimer and with Richard Beer-Hofmann. Hg. v. Donald G. Daviau, Jorun B. Johns u. Jeffrey B. Berlin. Columbia: Camden House, S. 1–33.
Dumont, Robert (1976): Le Théâtre de Stefan Zweig. Paris: Presses Univ. de France.
Lefebvre, Jean-Pierre (2017): Vorwort zur *Pléiade*-Ausgabe von Stefan Zweigs erzählerischem Werk. In: Wörgötter, Martina (Hg.): Stefan Zweig. Positionen der Moderne. Würzburg: Königshausen & Neumann, S. 193–246.
Mazzucchetti, Lavinia (1952): Il mondo di ieri. In: Il dramma. Rivista mensile di commedie di grande interesse 28/151/1952, S. 5–7.
Prater, Donald A. (1991): Stefan Zweig. Eine Biographie. Reinbek b. H.: Rowohlt.
Prochnik, George (2016): Das unmögliche Exil. Stefan Zweig am Ende der Welt. München: Beck.
Rademacher, Gerhard (2003): Absolution für einen Königsmörder? Zu Stefan Zweigs *Joseph Fouché*. In: Eicher, Thomas (Hg.): Stefan Zweig im Zeitgeschehen des 20. Jahrhunderts. Oberhausen: Athena, S. 243–256.
Zhou, Qin (2015): Stefan Zweigs politische Verfassung gegen den Missbrauch der Macht durch die Mächtigen in seinem Drama *Das Lamm des Armen*. In: Zhang, Yi/Gelber, Mark H. (Hg.): Aktualität und Beliebtheit. Neue Forschung und Rezeption von Stefan Zweig im internationalen Blickwinkel. Würzburg: Königshausen & Neumann, S. 245–251.
Zweig, Friderike Maria (1948): Stefan Zweig. Wie ich ihn erlebte. Berlin-Grunewald: Herbig.

Filme

Das Lamm des Armen. BRD 1978. R & Db: Oswald Döpke. Dst: Horst Frank, Angelika Bender, Wolf Roth, Rolf Becker, Günther Strack (99 min).
Jahňa chudobného (dt. ‚Das Lamm des Armen'). ČSSR 1992. R: Peter Mikulík. Db: Marian Puobiš. Dst: Ján Kroner, Dagmar Edwards, Matej Landl, Milan Bahúl, František Kovár (75 min).

2.11 Libretto: *Die schweigsame Frau* (1935)
Arturo Larcati

1. Entstehungs-, Aufführungs- und Publikationsgeschichte 169
2. Der Prätext von Jonson und der Inhalt des Librettos 171
3. Rezeption, Forschung und Ausblick 173

1. Entstehungs-, Aufführungs- und Publikationsgeschichte

Nach dem Tod von Hugo von Hofmannsthal im Jahre 1929 sucht Richard Strauss einen ebenbürtigen Librettisten als Nachfolger. Seine Wahl fällt auf Stefan Zweig, der ihm vom Verleger Anton Kippenberg empfohlen wird. Mit der Möglichkeit, mit dem prominentesten deutschen Komponisten seiner Zeit zusammenzuarbeiten, geht für Zweig ein Lebenstraum in Erfüllung. Im Oktober 1931 nehmen die beiden zum ersten Mal brieflich Kontakt auf, um ein gemeinsames Projekt zu konzipieren: Zweig schlägt eine Pantomime oder als Alternative eine „heitere, muntere, bewegliche Spieloper" vor, während Strauss zunächst an das Thema der „Frau als Hochstaplerin" bzw. der „Grand dame als Spion" denkt (Strauss/Zweig 1957, S. 8 ff.). Schließlich einigen sich die beiden Künstler im November auf den Plan einer komischen Oper, für die Zweig Ben Jonsons Komödie *Epicœne, or The Silent woman* (1609) bearbeiten soll. Gegen den ursprünglichen Plan, „eine Frau voll Charme, Witz und Übermut" in den Mittelpunkt der Handlung (S. 10) zu stellen, wie es oft in den Opern von Strauss der Fall war, macht Zweig Jonsons alten Admiral Morosus zum Protagonisten des Werkes. Obwohl Zweig im Mai 1932 seinem Freund Rolland berichtet, er habe jetzt „nicht die Kraft zur Heiterkeit" (Rolland/Zweig 1987, S. 461), liefert er schon im Mai einen ersten Entwurf des *Sir Morosus* – wie die moderne *Opera buffa* ursprünglich heißen sollte –, und im Dezember teilt er Anton Kippenberg mit, „den zweiten Akt der Oper für Richard Strauss gemacht" zu haben (Zweig 1984a, S. 222). Strauss ist vom Libretto begeistert, bereits am 22. Oktober 1932 hatte er sich bei Anton Kippenberg für die „Vermittlung der Bekanntschaft von Stefan Zweig" mit großer Emphase bedankt: „Ich hatte nicht zu hoffen gewagt, daß ich nach dem Heimgang meines unvergeßlichen Hugo noch einmal einen wirklichen Dichter finden würde, der auch einen so guten Operntext finden und gestalten kann" (Strauss, zit. n. Grasberger 1967, S. 340). Im Januar 1933 ist Zweigs Libretto fertig. Für Strauss handelt es sich, wie er am 24. Januar an Kippenberg schreibt, um „den besten Text [...], der auf dem Gebiet der opéra comique seit dem Figaro geschaffen worden ist" (zit. n. Weinzierl 1992, S. 83). Als Strauss mit der Komposition beginnt, beteuert er gegenüber Zweig: „Die Composition keiner meiner früheren Opern fiel dem Musiker so leicht und hat mir solch unbeschwertes Vergnügen bereitet." (Strauss/Zweig 1957, S. 157) Am 13. Februar 1934 informiert Zweig Anton Kippenberg, dass Strauss den ersten Akt fertig instrumentiert habe und sich einen Vorschlag für eine zweite Oper wünsche (vgl. Zweig, Br IV, S. 87). Zwei Monate später, am 24. Mai 1934, teilt der Komponist Zweig zufrieden mit, dass er „die Partitur des II.ten [Aktes] begonnen [hat] und das Ganze sicher im Juli 1935 vom Stapel laufen kann" (Strauss/Zweig 1957, S. 63). Im Oktober 1934 hat Strauss auch „den dritten Bär" (S. 63), wie er den dritten Akt nennt, fertig instrumentiert.

Zwischen Beginn und Fertigstellung der Oper liegen allerdings zwei entscheidende Ereignisse, beide im Jahre 1933: Hitlers Machtergreifung und Strauss' Ernennung zum Präsidenten der Reichsmusikkammer (vgl. Riethmüller 2014). Dadurch wird aus der „unpolitischen Komödie [...] ein leidiges Politikum" (Kerschbaumer 2005, S. 312). Schon in der Entstehungsphase der Oper entbrennt ein Streit innerhalb der nationalsozialistischen Partei: *Die schweigsame Frau* wird im Sommer 1934 zum Zankapfel zwischen dem intransigenten Rassentheoretiker Alfred Rosenberg und dem ‚toleranteren' NS-Propagandaminister Joseph Goebbels, die in Fragen der Kunst schon öfters anderer Meinung gewesen waren (vgl. Brenner 1962). Rosenberg vertritt die Auffassung, Zweig sei als jüdischer Autor für das NS-Regime untragbar, und wirft Strauss Opportunismus vor. Während also Rosenberg die Aufführung der Oper verhindern möchte, setzt sich Goebbels für das Werk ein. Der Minister verteidigt Strauss und sieht in Zweig keinen aktiven Widersacher des Nationalsozialismus, weil er nie gegen das Regime Stellung bezogen habe. Er hält das Libretto für „unpolitisch und harmlos" (zit. n. Drewniak 1993, S. 293). Im Streit wird Adolf Hitler eingeschaltet, der schließlich die Genehmigung für die Aufführung erteilt.

Das offene Bekenntnis von Strauss zum Nationalsozialismus seit 1933 führt dazu, dass sich Stefan Zweig vom Komponisten immer mehr distanziert. In einem Brief von Ende April 1933 schreibt Zweig an seinen italienischen Freund und Übersetzer Enrico Rocca:

> [W]ie gerne wäre ich nach Florenz zum Maggio oder nach Rom [gekommen]. Aber all diese Dinge geben für uns zur Zeit gewisse Hemmungen: man hat sich noch nicht gewöhnt, den neuen deutschen officiellen Kreisen zu begegnen, man bericht und beargwöhnt sich einer den andern; so weiss ich, um dir nur ein Beispiel zu geben, nicht wie ich mich zu Richard Strauss stellen soll, in dessen Haus ich noch vor drei Monaten war und der eine Oper von mir componiert. Aber seitdem hat er sich der nationalsoc. Partei bedenklich genähert, ich könnte ihn in Florenz (wo wir uns treffen wollten) leicht in solchen Kreisen sehen. Da bleibt man lieber fern und lebt mit den ganz Verlässlichen – muss ich dir sagen, dass ich dich dazu zähle und immer zählen werde! (Privatarchiv der Familie Rocca)

Als Autor des Librettos hegt Zweig zwar den Wunsch, dass *Die schweigsame Frau* gespielt wird, andererseits befürchtet er jedoch, dass seine Zusammenarbeit mit Strauss in Kreisen emigrierter Künstler als mangelnde Distanz zum Nationalsozialismus gedeutet wird – was auch umgehend geschieht. So teilt er dem Komponisten im Juli 1934 mit, die Kooperation in Hinblick auf weitere gemeinsame Opernprojekte nicht fortführen zu wollen: „Vielleicht kann ich Ihnen auch einige Anregungen überweisen für Stoffe, die Sie interessieren könnten, *auch wenn ich sie selbst nicht bearbeite.*" (Strauss/Zweig 1957, S. 68, Herv. i.O.) Darüber hinaus fordert Zweig den Komponisten im Dezember 1934 auf, aufgrund des politisch gespannten Klimas auf die Aufführung der Oper zu verzichten bzw. die Aufführung auf politisch günstigere Zeiten zu verschieben (vgl. Zweig, Br IV, S. 107). Die Begegnung mit Thomas Mann in Zürich im Juni 1935 „markiert[ ] [...] einen Wendepunkt in seinem Dasein als Emigrant" und verstärkt Zweigs distanzierte Haltung zu Richard Strauss (Mann/Zweig 2016, S. 251). Der „Künstler-Egoist" Strauss (Rolland/Zweig 1987, S. 528) berücksichtigt Zweigs Wunsch, die Aufführung zu verschieben, nicht und überhört bewusst seine Winke, sich von den Nazis zu trennen und Deutschland zu verlassen (vgl. Riethmüller 2014, S. 50f.).

2.11 Libretto: *Die schweigsame Frau* (1935)

Die Uraufführung der *Schweigsamen Frau* am 24. Juni 1935 in Dresden wird erwartungsgemäß zum Eklat. Nicht nur hat sich die Aversion von Teilen der NS-Partei gegen die Oper nicht gelegt. Im Vorfeld der Aufführung sorgt Strauss für weiteres Aufsehen, als er gegen die Dresdner Generalintendanz den Namen von Zweig auf den Plakaten der Oper durchsetzt: „Frei nach Ben Jonson von Stefan Zweig", steht dann in der Ankündigung. Am Abend der Premiere bleiben Hitler und Goebbels unter einem Vorwand der Aufführung fern – Zweig hatte Strauss seine Weigerung nach Dresden zu kommen schon rechtzeitig mitgeteilt –, und auf Druck von Teilen der NS-Kulturgemeinde und der NS-Partei wird die unbequeme Oper nach vier Vorstellungen – die letzte findet am 8. Juli statt – vom Spielplan abgesetzt. Mitverantwortlich für den Boykott der Oper durch die Nationalsozialisten war ein am 17. Juni gesendeter, kompromittierender Brief von Strauss an Zweig, der von der Gestapo abgefangen wurde. Darin äußert sich Strauss spöttisch über die nationalsozialistische Rassentheorie: „Glauben Sie, daß Mozart bewußt ‚arisch' komponiert hat?" (Strauss/Zweig 1957, S. 141) Der Komponist insistierte auf einer Zusammenarbeit mit Zweig für weitere Opernvorhaben. Über den Brief informiert, fordert Goebbels am 3. Juli Strauss auf, sein Amt als Präsident der Reichsmusikkammer „aus gesundheitlichen Gründen" zurückzulegen, was dieser am 6. Juli auch tut (vgl. S. 169f.; vgl. Splitt 2005).

Sehr zum Ärger von Strauss, der viel Arbeit in die Instrumentierung investiert hatte, wird *Die schweigsame Frau* nach dem Auftakt in Dresden im Deutschen Reich nicht mehr gespielt. Außerhalb des nationalsozialistischen Deutschland kommt die Oper noch in Graz (1. Februar 1936), an der Mailänder Scala (11. März 1936) und in Zürich (16. Mai 1936) – sowie in Prag (1937) und erneut in Zürich (1942) – zur Aufführung, insgesamt wurde sie bis zu Zweigs Tod 18 Mal gespielt. Nach dem Krieg hingegen wird *Die schweigsame Frau* 1959 in Salzburg bei den Festspielen, in Wien (1968) und an anderen großen Bühnen (Paris, London, Buenos Aires, New York) aufgeführt. Wie *Volpone* (1925) das erfolgreichste von Zweigs Schauspielen war, heute aber von den Bühnen nur noch selten aufgeführt wird, gehört auch die Oper *Die schweigsame Frau* nicht zum festen Bestandteil im Repertoire des zeitgenössischen Opernbetriebs.

Die Buchausgabe mit dem Titel *Die schweigsame Frau. Komische Oper in drei Aufzügen. Frei nach Ben Jonson von Stefan Zweig. Musik von Richard Strauss. opus 80* erscheint 1935 bei Fürstner in Berlin. Es folgen eine weitere Ausgabe in London (Boosey & Hawkes Ltd., 1943) und die Übersetzung in viele Sprachen. 1964 wird das Libretto in die von Richard Friedenthal herausgegebene Edition der Dramen aufgenommen, 1984 in die von Knut Beck betreuten *Gesammelten Werke in Einzelbänden* (GWE).

2. Der Prätext von Jonson und der Inhalt des Librettos

Es ist nicht bekannt, ob Zweigs Projekt, Ben Jonsons Komödie *Epicœne* zu bearbeiten, aus der Lektüre von zwei Aufsätzen von Romain Rolland über das elisabethanische Theater oder von Hippolyte Taines *Histoire de la littérature anglaise* (Paris, 1863) angeregt worden ist. Fest steht auf jeden Fall, dass er für die Bearbeitung nicht die englische Originalvorlage, sondern die deutsche Übersetzung durch Ludwig Tieck *Epicœne, oder das stumme Mädchen* (1800) verwendet hat.

Ben Jonsons Kömodie *Epicœne*, die John Dryden als die beste ihrer Art bezeichnet hat, basiert auf einer doppelten Intrige, die gegen den alten englischen Admiral Morosus gerichtet ist. Dessen Barbier Cutbeard überredet den reichen und geizigen Sonderling, der für jede Art von Lärm überempfindlich ist, eine stille Frau zu heiraten, um seinen bei ihm in Misskredit geratenen Neffen Daufine Eugenie zu enterben. Allerdings verwandelt sich die Ehe für Morosus bald in einen Alptraum, weil sich die junge Braut Epicœne als entfesselte Furie entpuppt. Die von ihr verursachte Lärmhölle wird außerdem durch das bunte Treiben einer anlässlich der Heirat eingetroffenen Komödiantentruppe verstärkt. Nachdem Morosus vergebens versucht hat, einen Scheidungsgrund zu finden, akzeptiert er den Vorschlag des Neffen, ihn von seiner Frau zu befreien. Als Dank setzt er ihn wieder in seine Erbrechte ein. Die Komödie endet mit einem Eklat: Sobald Daufine als Drahtzieher der Intrige sein Ziel erreicht hat, nimmt er Epicœne die Perücke ab. Die vermeintliche Braut erweist sich plötzlich als Knabe, der von ihm ein halbes Jahr lang auf seine Rolle als Xantippe vorbereitet worden war.

In seiner Adaptierung der Komödie für die Oper verfährt Zweig sehr frei. Zwar übernimmt er in Grundzügen den Plot mit dem Hauptprotagonisten Morosus und dem Lärm als zentralem Handlungsmotiv, aber er greift in Handlungsstruktur und Personenkonstellation sehr stark ein. Auf der Ebene des Aufbaus komprimiert Zweig die Handlung, indem er die fünf Akte von Jonson auf drei reduziert und die Haupt- und Nebenhandlung zusammenführt. Er verstärkt die ‚innere Architektur' des Librettos, indem er auf die Symmetrie in Aufbau und Länge der Akte achtet. Er verzichtet auf den oftmaligen Ortswechsel des Originals und lässt die Komödie lediglich in der Wohnung von Morosus spielen. Die Handlung wird ins London des Jahres 1780 verlegt (→ IV.11 THEATER).

Hier streiten sich im ersten Akt die Haushälterin des alten, äußerst lärmempfindlichen Admirals und dessen Barbier Schneidebart, weil dieser ihr nicht behilflich sein will, sie mit Morosus zu ‚verkuppeln'. Stattdessen versucht Schneidebart beim Rasieren, Morosus dazu zu bringen, die geschwätzige Haushälterin zu entlassen und eine „schweigsame Frau" zu ehelichen. Das Gespräch der beiden über die Vorteile einer Ehe wird durch das unerwartete Eintreffen von Morosus' Neffe Henry unterbrochen. Der alte Griesgram ist zunächst über den Besuch sehr erfreut, muss dann aber mit Entsetzen erfahren, dass Henry seine Ausbildung abgebrochen hat, um sich einer italienischen Operntruppe anzuschließen und sogar eine Schauspielerin geheiratet hat. Da Morosus sich durch Musik als störendes Geräusch (wie durch weibliche Geschwätzigkeit oder Glockengeläut) irritiert fühlt, beschließt er in seiner Empörung, den Neffen auf der Stelle zu enterben. Er befiehlt dem Barbier, ihm für den nächsten Tag eine ruhige und liebenswürdige Frau zu besorgen, die er heiraten könne.

Von Henrys Los berührt, konzipiert Schneidebart mit Hilfe des Neffen und der ganzen Schauspielertruppe eine komödiantische Intrige gegen seinen Herren, um Morosus von seiner besonderen ‚Menschenfeindlichkeit' zu kurieren, so etwa auch von seiner Aversion gegen die Musik. Zudem soll Henry wieder als Erbe restituiert werden. Im Vergleich zur englischen Vorlage streicht Zweig mehrere Nebenfiguren und legt die Fäden der Intrige in die Hände von Schneidebart. Damit macht Zweig ihn zu einem würdigen Nachfolger des *Barbiers von Sevilla* und des Doktors Malatesta in Donizettis *Don Pasquale*.

Im zweiten Akt führt Schneidebart Morosus drei mögliche Bräute, die in Wirklichkeit Schauspielerinnen der Operntruppe sind, vor. Der alte Admiral wählt als künftige

Frau das schüchterne und bescheidene, von Henrys Frau Aminta gespielte Bürgermädchen Timidia. Priester und Notar, das sind die verkleideten Schauspieler Vanuzzi und Morbio, zelebrieren dann die (Schein-)Ehe mit dem Barbier und der ahnungslosen Haushälterin als Trauzeugen. Allerdings wird die Zeremonie von einigen sich als frühere Seemannskameraden von Morosus ausgebenden Sängern gestört, die den alten Admiral mit dem von ihnen verursachten Lärm an den Rand des Wahnsinns treiben. Kaum hat der Barbier sie weggeschickt, verwandelt sich Timidia in eine entfesselte Furie, die zu jeder Tageszeit Musik verlangt und alles um sich herum in Stücke reißt. Als Morosus' Verzweiflung ihren Höhepunkt erreicht, erscheint ‚zufällig' Henry auf der Szene, der dem Onkel als *deus ex machina* verspricht, ihn von seiner alles andere als schweigsamen Frau zu befreien. Von dieser Aussicht beruhigt, versöhnt er sich wieder mit seinem Neffen. Am Schluss des Aktes gesteht Aminta-Timidia, dass sie mit dem von ihr gequälten Morosus Mitleid empfinde, schon zuvor von seiner Zuneigung berührt worden war und sich zum Weiterspielen überwinden habe müssen. Verständnisvolles Mitleiden und gegenseitige Zuneigung sind als Zeichen von Menschlichkeit auf beiden Seiten die Voraussetzung der Begegnung zwischen Alt und Jung.

Im letzten Akt spitzt sich zunächst der Konflikt von Morosus und Timidia noch zu, weil diese als neue Hausherrin das Haus von als Handwerkern verkleideten Schauspielern entrümpeln lässt und dazu eine Gesangsstunde von dem als Musiker verkleideten Henry nimmt. Auch Morosus' letzte Hoffnung, sich scheiden zu lassen, scheint sich zu zerschlagen, weil Notar, Richter und Zeugen – die üblichen Komödianten – seinen Scheidungsgrund für nichtig erklären. Als Morosus dem Selbstmord nahe ist, lassen die Komödianten die Masken fallen und offenbaren die Intrige. Zunächst wird Morosus von großer Wut ergriffen, aber gleich danach fängt er selbst an zu lachen, weil er die Macht der Komödie und der Kunst anerkennt, der er erlegen ist. Er fühlt sich von seiner „Narrheit" geheilt und beschließt für die Zukunft: „[F]ortan will ich eure Kunst respektieren, in all' eure Opern will ich gehen" (Zweig GWE, Die schweigsame Frau, S. 334; vgl. außerdem das Finale von Verdis *Falstaff*). Anders als bei Jonson schließt die Oper mit einem Bild der vollkommenen Harmonie und Versöhnung. Der menschenfeindliche Morosus will als gütiger Onkel seinen (wieder erbberechtigten) Neffen und Aminta bei sich aufnehmen und mit ihnen glücklich sein: „Es gibt nichts besseres", stellt er fest, „als mit guten Menschen heiter zu sein" (S. 334). In einem Schlussmonolog bringt er seine neue Lebensphilosophie durch ironisch getönte Worte auf den Punkt: „Wie schön ist doch die Musik – aber wie schön erst, wenn sie vorbei ist! […] Wie wunderbar ist doch eine junge, schweigsame Frau – aber wie wunderbar erst, wenn sie die Frau eines anderen bleibt!" (S. 336)

3. Rezeption, Forschung und Ausblick

Stefan Zweig konnte seine Oper weder live im Theater erleben noch in einer Radio-Übertragung hören. Hatte er die Uraufführung in Dresden am 24. Juni 1935 mit gemischten Gefühlen erwartet, zwischen Erregung und Ungeduld schwankend, so zeigte er sich danach von der Oper tief enttäuscht und klagte gegenüber seiner Frau, dass „sie *viel* zu lang ist, zweitens, dass sie *wahnwitzig schwer* ist, also ganz das Gegenteil dessen, was mir vorgeschwebt, keine leichte Oper sondern mit Raffinements geladen und eher erdrückend durch die Fülle. Einzelne Teile sollen hervorragend sein und der erste Akt geschlossen, dann geht es ähnlich wie bei der Arabella und der

Ägyptischen Helena ins Ermüdende über." (Zweig/Zweig 2006, S. 282, Herv. i. O.) An Romain Rolland schreibt er, dass die Musik zwar „bewundernswert in der Technik", aber „einfallslos" sei (Rolland/Zweig 1987, S. 606). Zweigs scheinbare Distanzierung von seinem Werk steht jedoch im Widerspruch zu seinem großen Engagement, *Die schweigsame Frau* an die Wiener Staatsoper zu bringen. Nachdem er am 21. Dezember 1935 einer nicht öffentlichen, konzertanten Aufführung seiner Oper beiwohnt, schreibt er am 22. und 23. Dezember zwei sehr direkte Briefe an die Direktion der Wiener Staatsoper, in denen er „eine Erklärung für den Widerstand gegen ihn und sein Werk, den er in seiner Heimatstadt verspüre, einforderte" (zit. n. Werley 2017, S. 19). Seine Anstrengungen rufen bei Strauss, dem man in Wien zuvor feindselig begegnet war, Ärger hervor und bleiben überdies erfolglos. Seine Hoffnung, dass die Oper trotz der angespannten politischen Lage in Salzburg und London aufgeführt werden kann, wird ebenfalls enttäuscht.

Die ersten Reaktionen der Presse auf die Dresdner Uraufführung fallen kontrovers aus. Die gleichgeschalteten Zeitungen feiern die Oper grundsätzlich als Erfolg, allerdings finden sie nur für die Musik von Strauss Worte der Zustimmung. Indes wird entweder die Qualität des Librettos in Frage gestellt oder Zweigs Beitrag zum Gelingen des Werkes als marginal betrachtet. In den Rezensionen der beiden Dresdner Zeitungen zu den Aufführungen wird der Name des Librettisten verschwiegen.

Während sich die Strauss-Forschung vorwiegend auf die Musik der Oper konzentriert (vgl. Int. Strauss-Gesellschaft 2009), lassen sich mit Blick auf Zweig zwei Schwerpunkte der Auseinandersetzung mit der *Schweigsamen Frau* isolieren: Der eine betrifft das Libretto und dessen Bezug zu Ben Jonson selbst, der andere hingegen fokussiert die Zusammenarbeit des Schriftstellers mit dem Komponisten (vgl. Mathis 1944; Panagl 2009).

Otto Basil sieht schon 1959 „[d]ie Stärke" von Zweigs Libretto „im Abschattieren und Durchleuchten der Charaktere, also im Psychologischen und Transparenten, im kunstvollen Verwirren und Entwirren der Fäden, die das Leben knüpft"; bei Jonson hingegen sei „alles auf grellste Zeichnung und Verzeichnung gestellt" (Basil 1959, S. 8). Ähnlich liegt auch für Anna Amalia Abert der „Kern von Zweigs Librettokunst" in „der Vermenschlichung der Figuren, der Vertiefung der Situationen und der stets angemessenen und schönen Formung und Formulierung" (Abert 1963, S. 14). In den Augen von Steven Cerf verlagert Zweig den Schwerpunkt der Komödie von Jonsons Gesellschaftskritik auf die Psychologie der Einzelcharaktere: „By ‚tightening' the original sources, Zweig sheds light on the motives behind his principal characters' actions and, as a consequence, the society in which they live becomes of secondary importance" (Cerf 1981, S. 208). Von besagten Veränderungen der Gestalten und der Handlung ausgehend, entdeckt Karen Forsyth ein ähnliches Muster in beiden Jonson-Bearbeitungen von Zweig: „A simpler plot is extracted from a Jonsonian web, a moral hero (or heroes) is drawn forth out of a less glamorous prototype, an erring individual is encouraged to return to the harmonious fold, and above all a need for conciliation softens the contours and ensures a happy outcome" (Forsyth 1981, S. 627). Es trifft zu, dass Zweigs Komödie die „bitter[e] Gesellschaftssatire" in eine „komische Oper" verwandelt, indem er von der Typisierung der Figuren zu stärker psychologischer Gestaltung übergeht (Larcati 2010, S. 55). Die Menschlichkeit erhält den Vorrang vor der angeborenen Bosheit, der unterhaltende Aspekt wird gegenüber dem erzieherischen privilegiert.

2.11 Libretto: *Die schweigsame Frau* (1935)

Die Unterschiede zwischen Zweigs Libretto und der Vorlage erscheinen noch eklatanter, wenn man das bei Jonson vordergründige Spiel mit dem Geschlechtertausch näher unter die Lupe nimmt, wie Monika Meister es tut. Von der Täuschung, vom „Geheimnis der falschen Braut", sei bei Zweig nur in sehr „abgeschwächter Form" zu sprechen: „Die Zuschauer sind hier von Anfang an Wissende um das Spiel der Verkleidung. Keinesfalls geht von Zweigs Text jene verstörende existentielle Wirkung der uneindeutigen Identität, des Sowohl-als-Auch aus." (Meister 2014, S. 155)

Während sich Jonson vor allem mit der Thematik Geschlecht und Geschlechterrollen auseinandersetzt, sei laut Rebecca Grotjan „[d]ie Oper als Thema" die Achse, um die sich *Die schweigsame Frau* drehe: Für die Musikwissenschaftlerin geht es Zweig in erster Linie um „das wahre Potenzial von Theater: den Menschen wirklich zu verändern" und zu „humanisieren" (Grotjan 2014, S. 521f.).

In den Studien über die Kooperation von Zweig und Strauss wird entweder der gemeinsame Versuch akzentuiert, die Kunst bzw. die Künstlerfreundschaft gleichsam vor der Geschichte in Schutz zu nehmen, oder es werden die Unterschiede in der Haltung der beiden Künstler gegenüber dem Nationalsozialismus betont: So spricht etwa Rüdiger Görner doppeldeutig von „schweigsamen Dissonanzen", wenn er das Verhältnis des Schriftstellers und des Komponisten charakterisiert (Görner 2003).

Dem Schwanken der Interpretationen entspricht ein Oszillieren in der Haltung von Zweig selbst. Mit Blick auf seine Aussagen über die Kooperation mit Strauss ist ein krasser Widerspruch festzustellen zwischen dem Ton im Briefwechsel mit dem Komponisten bzw. in der *Welt von Gestern* (1942) einerseits und jenem in den Briefen an Romain Rolland oder an Lavinia Mazzucchetti andererseits. In den Briefen an Strauss ist Zweig um Harmonie bemüht (vgl. Panagl 2009), er versucht in den meisten Fällen, die sich nach 1933 verschärfenden Spannungen zu glätten. In *Die Welt von Gestern* schlägt er ebenfalls versöhnliche Töne an, er gebraucht Worte der Verehrung für Strauss und stellt die Künstlerfreundschaft und deren hervorragendes Ergebnis in den Vordergrund, indem er Strauss' Zugeständnisse an den Nationalsozialismus relativiert: In der Korrespondenz mit Rolland und Mazzucchetti hingegen geht Zweig trotz der ungebrochenen Bewunderung für Strauss' musikalisches Können mit dem Komponisten hart ins Gericht und findet manchmal deutliche Worte für sein opportunistisches Verhalten. So schreibt er in einem unveröffentlichten Brief vom 15. Dezember 1934 an Mazzucchetti: „Ich habe wieder eins auf den Kopf bekommen durch das törichte Verhalten Richard Strauss'. Statt sich zu Furtwängler und Hindemith zu stellen oder zumindest den Mund zu halten, hat er sich zu Goebbels bekannt. Die Aufführung, auf die ich mich so sehr gefreut hatte, würde mir jetzt, wenn sie wirklich zustande käme, ein Grauen." (Zweig, zit. n. Larcati 2015)

Kritik an der Kompromittierung von Strauss durch den Nationalsozialismus wird auch vom südafrikanischen Autor Ronald Harwood, Sohn jüdischer Emigranten, in seinem Stück *Collaboration* (UA 2008; in Deutschland 2009) geübt. Gegenüber dem Komponisten erscheint Zweig als moralisch integrer Künstler und als Vertreter humanistischer Werte (vgl. Weiss 2015). Die Missbilligung der Rolle des Komponisten durch Harwood korrespondiert mit dem (von den Historikern ausgearbeiteten) Bild von Strauss als Mitläufer des NS-Regimes (vgl. Rathkolb 1991, 2014) bzw. als „Meister der Inszenierung" (Ender 2014).

Neue Impulse für die Forschung sind von der von Matthew Werley und Jeffrey B. Berlin herausgegebenen englischen Neuausgabe des Briefwechsels Zweig/Strauss zu erwarten (vgl. Strauss/Zweig 2018). Gegenüber der Edition von 1957 präsentiert sie zum ersten Mal acht neue Briefe, ergänzt die Texte um einen ausführlichen Kommentar und stellt den Briefwechsel durch 30 zusätzliche Briefe von Joseph Gregor in einen größeren kulturhistorischen und politischen Zusammenhang.

Zusätzliche Impulse für die Forschung könnten von einer neuen Interpretation der Schlussszene des Librettos ausgehen: Akzentuiert man nicht so sehr die positive Wirkung der Musik, sondern vielmehr deren ironische Einschränkung und Konterkarierung durch Morosus, dann könnte ein Zusammenhang mit der von Adorno in seinem Aufsatz *Über den Fetischcharakter der Musik und die Regression des Hörens* (1938) formulierten Kritik an der Unterhaltungsmusik hergestellt werden. Als Desiderat der Forschung erscheint ebenfalls eine detaillierte Untersuchung der von Lavinia Mazzucchetti vermuteten Rolle von Goethe bei der Gestaltung der Arientexte im Libretto (vgl. Mazzucchetti 1959, S. 51). Besteht diese intertextuelle Beziehung tatsächlich, würde sie den Eindruck mit erklären, dass „Zweigs Libretto eindeutig zur Lyrik" tendiert (Partsch 1981, S. 73).

Und nicht zuletzt könnte *Die schweigsame Frau* als Krankengeschichte der besonderen Art gelesen werden, zumal Zweig selbst so viel Nachdruck auf das „Kurieren" bzw. „Auskurieren" des Protagonisten, d.h. auf dessen „Heilung durch den Geist" bzw. durch die Kunst legt. Nicht zufällig interpretiert Peter Henningsen die Geschichte von Morosus als klinischen Fall (vgl. Henningsen 2010).

Stefan Zweig

Mann, Thomas/Zweig, Stefan (2016): Briefwechsel, Dokumente und Schnittpunkte. Hg. v. Katrin Bedenig u. Franz Zeder. Frankfurt a.M.: Vittorio Klostermann.
Rolland, Romain/Zweig, Stefan (1987): Briefwechsel 1910–1940. Bd. II: 1924–1940. Berlin: Rütten & Loening.
Strauss, Richard/Zweig, Stefan (1957): Briefwechsel. Hg. v. Willi Schuh. Frankfurt a.M.: S. Fischer.
Strauss, Richard/Zweig, Stefan (2018): Correspondence 1931–1936: A New Translation and Critical Edition. Hg. v. Matthew Werley u. Jeffrey B. Berlin. London: Plumbago Books and Arts.
Zweig, Friderike/Zweig, Stefan (2006): „Wenn einen Augenblick die Wolken weichen". Briefwechsel 1912–1942. Hg. v. Jeffrey B. Berlin u. Gert Kerschbaumer. Frankfurt a.M.: S. Fischer.
Zweig, Stefan (1964): Die schweigsame Frau. In: Ders.: Die Dramen. Hg. v. Richard Friedenthal. Frankfurt a.M.: S. Fischer, S. 761–822.
Zweig, Stefan (1984a): Briefe an Freunde. Hg. v. Richard Friedenthal. Frankfurt a.M.: S. Fischer.
Zweig, Stefan (1984b): Die schweigsame Frau. In: Ders.: Das Lamm des Armen. Dramen. GWE. Hg. v. Knut Beck. Frankfurt a.M.: S. Fischer, S. 263–336.
Zweig, Stefan (2000): Briefe. Bd. III: 1920–1931. Hg. v. Knut Beck u. Jeffrey B. Berlin. Frankfurt a.M.: S. Fischer.
Zweig, Stefan (2005): Briefe. Bd. IV: 1932–1942. Hg. v. Knut Beck u. Jeffrey B. Berlin. Frankfurt a.M.: S. Fischer.
Zweig, Stefan (2007^5): Die Welt von Gestern. Erinnerungen eines Europäers. GWE. Frankfurt a.M.: S. Fischer.

2.11 Libretto: *Die schweigsame Frau* (1935)

Weitere Literatur

Abert, Anna Amalie (1963): Stefan Zweigs Bedeutung für das Alterswerk von Richard Strauss. In: Dies./Pfannkuch, Wilhelm (Hg.): Festschrift Friedrich Blume zum 70. Geburtstag. Kassel: Bärenreiter, S. 7–15.
Basil, Otto (1959): Stefan Zweig und Ben Jonson. In: Blätter der Stefan Zweig Gesellschaft o. Jg./4, 5/April 1959, S. 8.
Brenner, Hildegard (1962): Die Kunst im politischen Machtkampf der Jahre 1933/34. In: Vierteljahrshefte für Zeitgeschichte 10/1/1962, S. 17–42.
Cerf, Steven (1981): Stefan Zweig's Sole Librettistic Attempt, *Die schweigsame Frau*: A Modernistic Opera Buffa. In: Modern Austrian Literature 14/3–4/1981, S. 205–219.
Drewniak, Boguslaw (1993): Das Theater im NS-Staat. Szenarium deutscher Zeitgeschichte 1933–1945. Düsseldorf: Droste.
Ender, Daniel (2014): Richard Strauss. Meister der Inszenierung. Köln u. a.: Böhlau.
Forsyth, Karen (1981): Stefan Zweig's Adaptations of Ben Jonson. In: The Modern Language Review 76/1981, S. 619–628.
Görner, Rüdiger (2003): Schweigsame Dissonanzen. Zum Verhältnis zwischen Stefan Zweig und Richard Strauss. In: Eicher, Thomas (Hg.): Stefan Zweig im Zeitgeschehen des 20. Jahrhunderts. Oberhausen: Athena, S. 77–91.
Grotjan, Rebecca (2014): *Die schweigsame Frau – Friedenstag – Daphne*. In: Werbeck, Walter (Hg.): Richard Strauss Handbuch. Stuttgart: Metzler, S. 242–275.
Grasberger, Franz (1967): Der Strom der Töne trug mich fort. Die Welt um Richard Strauss in Briefen. Tutzing: Schneider.
Harwood, Ronald (2008): Collaboration & Taking Sides. London: Faber & Faber.
Henningsen, Peter (2010): Seelengeschichten eines Griesgrams. In: Richard Strauss, *Die schweigsame Frau*. Programmbuch der Bayrischen Staatsoper. München: Bayrische Staatsoper, S. 15–23.
Int. Richard-Strauss-Gesellschaft (Hg.) (2009): Richard-Strauss-Jahrbuch. Wien. Tutzing: Schneider.
Kerschbaumer, Gert (2005): Stefan Zweig. Der fliegende Salzburger. Frankfurt a. M.: S. Fischer.
Larcati, Arturo (2010): Von der bitteren Gesellschaftssatire zur komischen Oper. In: Richard Strauss, *Die schweigsame Frau*. Programmbuch der Bayrischen Staatsoper. München: Bayrische Staatsoper, S. 53–63.
Larcati, Arturo (2015): *Die schweigsame Frau* als Politikum: Stefan Zweig, Richard Strauss und der Nationalsozialismus. In: Mühlegger-Henhapel, Christiane/Steiner-Strauss, Alexandra (Hg.): „Worte klingen, Töne sprechen". Richard Strauss und die Oper. Symposium anlässlich der Richard Strauss-Ausstellung im Theatermuseum Wien, 22.–23. Jänner 2015. Wien: Theatermuseum, S. 113–123.
Mathis, Alfred (1944): Stefan Zweig as a Librettist and Richard Strauss. In: Music & Letters XXV/3–4/1944, S. 163–176.
Mazzucchetti. Lavinia (1959): Richard Strauss e Stefan Zweig. In: L'approdo letterario 5/1959, S. 19–53.
Meister, Monika (2014): Richard Strauss, Stefan Zweig und *Die schweigsame Frau*. In: Mühlegger-Henhapel, Christiane/Steiner-Strauss, Alexandra (Hg.): „Trägt die Sprache schon Gesang in sich ...". Richard Strauss und die Oper. Ausstellungskatalog. Wien: Theatermuseum, S. 147–155.
Panagl, Oswald (2009): Die Genese eines Meisterwerks: *Die schweigsame Frau*. Stationen der Zusammenarbeit im Lichte des Briefwechsels von Richard Strauss und Stefan Zweig. In: Richard-Strauss-Jahrbuch 2009, S. 11–24.
Partsch, Erich (1981): Stefan Zweig als Librettist. In: Lunzer, Heinz/Renner, Gerhard (Hg.): Stefan Zweig 1881/1981. Aufsätze und Dokumente. Wien: Dokumentationsstelle für neuere österreichische Literatur, S. 65–75.
Rathkolb, Oliver (1991): Künstlereliten im Dritten Reich. Führertreu und gottbegnadet. Wien: Österreichischer Bundesverlag.

Rathkolb, Oliver (2014): Richard Strauss und das Dritte Reich. In: Mühlegger-Henhapel, Christiane/Steiner-Strauss, Alexandra (Hg.): „Trägt die Sprache schon Gesang in sich ...". Richard Strauss und die Oper. Ausstellungskatalog. Wien: Theatermuseum, S. 167–176.

Riethmüller, Albrecht (2014): Präsident der Reichsmusikkammer. In: Werbeck, Walter (Hg.): Richard Strauss Handbuch. Stuttgart: Metzler, S. 48–53.

Splitt, Gerhard (2005): Richard Strauss' Brief vom 17. Juni 1935 an Stefan Zweig. In: Die Musikforschung 58/4/2005, S. 406–414.

Weinzierl, Ulrich (Hg.) (1992): Stefan Zweig – Triumph und Tragik. Aufsätze, Tagebuchnotizen, Briefe. Frankfurt a.M.: S. Fischer.

Weiss, Rudolf (2015): The return of *The silent woman*. Stefan Zweig's Ben Jonson adaptation for Richard Strauss and Ronald Harwood's *Collaboration*. In: Ders. (Hg.): Anglo-German theatrical exchange. „A sea-change into something rich and strange?" Leiden: Rodopi, S. 371–405.

Werley, Matthew (2017): Stefan Zweig, *Die schweigsame Frau* und die Wiener Staatsoper. Zwei unveröffentlichte Briefe vom Dezember 1935. In: zweigheft 16/2017, S. 15–31.

3. Die Erzählbände

3.1 *Die Liebe der Erika Ewald* (1904)

Christine Rechberger

1. Einführung 178
2. *Die Liebe der Erika Ewald* (1904) 179
   2.1 Entstehung 179
   2.2 Inhalt 179
   2.3 Interpretation und Forschungsansätze 180
3. *Der Stern über dem Walde* (1904) 181
   3.1 Entstehung 181
   3.2 Inhalt 181
   3.3 Interpretation und Forschungsansätze 182
4. *Die Wanderung* (1902) 182
   4.1 Entstehung 182
   4.2 Inhalt 183
   4.3 Interpretation und Forschungsansätze 183
5. *Die Wunder des Lebens* (1904) 184
   5.1 Entstehung 184
   5.2 Inhalt 185
   5.3 Interpretation und Forschungsansätze 185
6. Rezeption und Forschung 186

1. Einführung

Nach dem Gedichtband *Silberne Saiten* (1901) ist die Sammlung *Die Liebe der Erika Ewald* die erste Prosaveröffentlichung Stefan Zweigs, die im Herbst 1904 im Verlag Egon Fleischel & Co in Berlin erscheint. Stefan Zweig ist zu diesem Zeitpunkt noch nicht 23 Jahre alt. Neben der titelgebenden Erzählung umfasst der Band die Novellen *Der Stern über dem Walde*, *Die Wanderung* sowie *Die Wunder des Lebens*. Alle vier Texte entstehen zwischen 1900 und 1904, also während der Studienjahre Zweigs in

Wien und Berlin, in denen der junge Autor vor allem als Übersetzer sowie als Verfasser publizistischer Kleinformen tätig ist. Seine frühen Prosaversuche beurteilt Zweig in späteren Jahren kritisch, distanziert sich teilweise sogar entschieden. In der Tat sind sie stilistisch noch unausgereift, von einem sentimentalen, pathetischen Ton geprägt, und nicht selten widersprechen sich inhaltliche Positionen. Zweig verweist selbst in einer persönlichen Widmung, die er in einen Novellenband einträgt, darauf: „Ich habe in der letzten [i. e. *Die Wunder des Lebens*] bewußt veranschaulicht, was die ersten drei nur intuitiv geben: daß unser Leben tiefere Ströme hat als die äußerlichen Geschehnisse, die uns zusammenführen und trennen, und daß eine tiefe Magik des Lebens, nur dem Gefühle zugänglich und nicht den Sinnen, Schicksale beherrscht, selbst dann, wenn wir die selbst zu lenken glauben." (Zit. n. Prater 1982, S. 49)

2. *Die Liebe der Erika Ewald* (1904)

2.1 Entstehung

Eine Erstfassung der Novelle entstand nach Angaben von Knut Beck bereits 1900 (vgl. Beck 2007, S. 357f.), aus Briefen ist zu entnehmen, dass Zweig im Februar und im März 1902 an diesem Text gearbeitet hat. Ende März 1902 berichtet er an Leonhard Adelt, dass eine „große Novelle (70 Seiten) ‚Die Liebe der Erika Ewald' […] fertig" sei (Zweig, Br I, S. 39). Im September 1903 ist von dem Plan eines Novellenbandes die Rede (vgl. S. 60), publiziert wurde der Text 1904 zunächst in der *Neuen Freien Presse* (18. und 25. September; 2., 9. und 16. Oktober) und dann im selben Jahr im gleichnamigen Novellenband. Zweig widmet ihn Camill Hoffmann (1878–1944), einem Schriftsteller und Übersetzer, „in inniger Freundschaft". Gemeinsam hatten sie 1902 den Band *Gedichte in Vers und Prosa* von Charles Baudelaire übersetzt (zu Camill Hoffmann vgl. Weinzierl 2015, S. 99) (→ III.17 ÜBERSETZUNGEN).

2.2 Inhalt

Erika Ewald, eine junge Klavierlehrerin, lernt einen Geigenvirtuosen kennen, der wie ein „Glanz" in ihr einsames Leben und ihr „blasses gleichgültiges Mädchendasein" (Zweig 1904, S. 7; GWE, Die Liebe der Erika Ewald, S. 23) tritt. Glücklich darüber, dass sie erstmals einen Künstler trifft, mit dem sie sich auf gleicher Ebene austauschen kann, folgen weitere Verabredungen. Während Erikas Liebe rein geistig ist, begehrt der junge Musiker sie und wünscht sich „sinnliche[ ] Erfüllung" (Zweig 1904, S. 11; GWE, S. 26). Nach einem stürmischen Kuss stößt Erika ihn irritiert fort. Er gesteht ihr seine Zuneigung, räumt aber gleichzeitig ein, dass eine Heirat unmöglich ist, da er weder treu sein könne noch sein Künstlertum verraten wolle: „Nur ein Künstler kann das verstehen, und Sie haben eine reiche, unendlich reiche Künstlerseele." (Zweig 1904, S. 25; GWE, S. 39) Aus der überwältigenden Stimmung heraus verspricht Erika ihm, ihn „glücklich" zu machen, beginnt dann aber zu zaudern und flieht. Nach einigen quälenden, einsamen Wochen wandeln sich ihre vormals reinen und mädchenhaften Gefühle zur begehrenden Liebe einer erwachsenen Frau. Sie führt eine Begegnung mit dem Geiger herbei, dieser blickt jedoch höhnisch auf sie herab und steigt in Begleitung einer Sängerin in einen Wagen, „ohne den Blick noch einmal zurückzuwenden zur Erika Ewald, die dort einsam stand mit ihrer verratenen Liebe." (Zweig 1904,

S. 47; GWE, S. 59) Zu Hause betrachtet Erika sich nackt vor dem Spiegel. Obwohl sie Bedauern darüber empfindet, dass ihr schöner junger Körper niemandem gehören soll, resigniert sie und beschließt, der Liebe zu entsagen.

2.3 Interpretation und Forschungsansätze

Stefan Zweig rückt hier die übersteigerte Liebe einer jungen Frau ins Zentrum, die sich von zunächst geistiger Liebe in sinnliches Begehren wandelt. Der Musiker, dem Erikas Liebe gilt, bleibt bei Zweig namenlos, wird also weniger als Individuum denn als Typus eingeführt. Indem er gleich einer Schablone agiert, über deren Verhältnisse, Gedanken, Bedürfnisse kaum etwas zu erfahren ist, repräsentiert er den ‚typischen' Verführer der Jahrhundertwende: wenig emotional, unverbindlich, an der Erfüllung seiner Bedürfnisse orientiert, ohne Interesse an Verantwortung oder Rücksicht. Zweigs Protagonistin ist in der Opferrolle, sie ist in sexuellen Belangen unerfahren und dem Musiker unterlegen: „hilflos" (Zweig 1904, S. 8; GWE, S. 24) kann Erika seinem Vorschlag, sie nach Hause zu geleiten, nur schwache Worte entgegensetzen; „hilflos" (Zweig 1904, S. 10; GWE, S. 25) liegen später ihre Finger in seiner Hand.

Für die Forschung dürfte es ergiebig sein, Zweigs frühe Erzählungen mit zeitgenössischen Prosatexten, die im Raum Wien entstanden sind, in Beziehung zu setzen. So ließe sich die Novelle etwa mit Texten von Arthur Schnitzler (u.a. *Anatol, Der Weg ins Freie*), Richard Beer-Hofmann (*Das Kind, Camelias*) und anderen vergleichen. Sie alle sind um 1900 entstanden und thematisieren kritisch, teilweise auch selbstkritisch, das misogyne Geschlechterbild der Jahrhundertwende (vgl. Birk 2008).

Nicht nur an die frühen lyrischen Dramen Hugo von Hofmannsthals (man denke an *Gestern*, 1891; *Der Tod des Tizian*, 1892; *Der Tor und der Tod*, 1893, u.a.) oder an Leopold von Andrians Erzählung *Der Garten der Erkenntnis* (1895, ein repräsentativer Text für Dekadenz und Ästhetizismus) erinnern Erikas übersensibles ästhetisches Empfinden, ihre schwachen, reizbaren Nerven und, damit zusammenhängend, ihre übersteigerten Gefühle gegenüber dem Musiker. Sie zeigt hysterische, überspannte Züge, etwa wenn sie, durch sein Spiel in Ekstase geraten, schluchzend zusammenbricht (vgl. Zweig 1904, S. 15f.; GWE, S. 30). Sensibilität, Nerven und Hysterie waren im Wien des *fin de siècle* – nicht nur in der Literatur – Schlüsselwörter.

Erzähltechnisch spiegelt sich das Interesse am Psychischen in der Fokussierung auf die Innenperspektive der Figuren, vor allem der Hauptfigur, wider. Als Erikas Krise und Verwirrung ihren Höhepunkt erreicht, wechselt die Erzählperspektive in den inneren Monolog (vgl. Zweig 1904, S. 25; GWE, S. 38f.), womit Zweig auf die innovativste Erzähltechnik seiner Zeit zurückgreift. Nicht nur im Hinblick darauf, sondern auch in Aufbau, Figuren- und Motivgestaltung sind deutliche Reminiszenzen zu Schnitzlers Novelle *Frau Berta Garlan* zu konstatieren, die im gleichen Jahr (1900) entstand, allerdings drei Jahre vor Zweigs Text publiziert wurde. Wenngleich es bedeutende strukturelle Unterschiede gibt, so ist die Ähnlichkeit doch verblüffend: Berta Garlan spielt, wie Erika, Klavier und gibt Musikunterricht. Beide fühlen sich zu einem Geigenvirtuosen hingezogen, beide erfahren von einem öffentlichen Konzert des Musikers und begeben sich dorthin, um ihn zu treffen. Beide sind der Überzeugung, das Spiel gelte nur ihnen als Beweis der Zuneigung. Während Erikas Begehren unerfüllt bleibt, kommt es bei Schnitzler tatsächlich zu einer Liebesnacht zwischen Berta und Emil. Sie erfährt letztlich jedoch die gleiche Zurückweisung wie Erika, und die Novellen enden ähnlich resignativ, was in der zirkulären Anlage des Textes strukturell unterstrichen wird: Beide Frauen befinden sich wieder zu Hause, wo die jeweilige Geschichte ihren Ausgangspunkt nahm.

3. Der Stern über dem Walde (1904)

3.1 Entstehung

Der Stern über dem Walde wurde im Novellenband *Die Liebe der Erika Ewald* 1904 erstveröffentlicht, Zweig begann mit der Niederschrift vermutlich 1901. Er widmet seinen Text „Franz Carl [sic] Ginzkey in herzlicher Gesinnung", einem Dichter und Freund, der 1914 Zweigs Vorgesetzter im Wiener Kriegsarchiv und Kriegspressequartier werden sollte (zur Beziehung Ginzkey–Zweig vgl. Heydemann 1981).

3.2 Inhalt

François, der galante Kellner eines Rivierahotels, empfindet während des Bedienens einer Tischgesellschaft plötzlich „jähe[ ] Bezauberung" (Zweig 1904, S. 64; GWE, Der Stern über dem Walde, S. 7) für die schöne Gräfin Ostrowska. Nach dem Essen liebkost er die Falten des Tischtuchs an ihrem Platz und trägt die Gläser, aus denen sie getrunken hat, in sein Zimmer. Er schöpft aus den herrischen Befehlen, die die polnische Gräfin ihm erteilt, Abwechslung und Glanz für sein nüchternes, gleichförmiges Leben: „Unterwürfigkeit schien ihm Selbstverständlichkeit, und die demütigende Nähe niederen Dienstes empfand er als Glück, weil er ihr zu danke [sic] so oft in den zauberischen Kreis treten durfte, der sie umfing." (Zweig 1904, S. 65; GWE, S. 9) Als er zufällig von der geplanten Abreise der Gräfin erfährt, wird ihm deutlich, dass damit auch das Glanzvolle aus seinem Leben verschwindet und er auf seinem kläglichen Posten zurückbleibt. Die Öde seines Kellnerdaseins erscheint ihm vor dem Hintergrund seiner törichten Sehnsucht nach einer unerreichbaren Frau noch lächerlicher. So entschließt er sich zu einem für ihn folgerichtigen Schritt: „[S]o wie sie unwissend und vernichtend über sein Schicksal hinweggebraust war, so sollte sie auch seinen Körper zermalmen. Sie selbst sollte es vollbringen." (Zweig 1904, S. 70; GWE, S. 13) Am Abend vor ihrer Abreise wartet er auf den Zug, der die Gräfin in ihre Heimat zurückbringen soll, und legt sich auf die Schienen. Ein einsamer, weiß blinkender Stern über dem Waldrand fesselt seinen Blick, bevor der Zug ihn überrollt. Das Ende seines Lebens fällt mit dem Wechsel der Erzählperspektive zusammen: Die Gräfin, allein in ihrem Coupé, wird von einem ihr unerklärlichen ängstigenden Schmerz überfallen, verbunden mit dem übermächtigen Wunsch, der Zug möge anhalten. Er wird tatsächlich langsamer und bleibt letztlich stockend stehen. Als sie wie befreit das Fenster öffnet, hört sie draußen hektisches Rufen und erfährt die Nachricht von einem Selbstmörder. Sie zuckt zusammen, richtet instinktiv den Blick auf den einsamen Stern über dem Wald und fühlt sich traurig wie die Kinder, die nachts aufschrecken und spüren, „daß sie ganz einsam sind" (Zweig 1904, S. 75; GWE, S. 18).

3.3 Interpretation und Forschungsansätze

Einige Themen der Erzählung – eine übersteigerte und jeder Realität enthobene Liebe, die ungleiche Geschlechterkonstellation, Einsamkeit – sind teilweise aus *Die Liebe der Erika Ewald* bekannt. Während dort jedoch die weibliche Hauptfigur ihre Selbstmordgedanken nicht ausführt, kommt hier der männliche Protagonist zu Tode. Was freiwillig erscheint, geschieht unter dem Einfluss einer fast dämonisch inszenierten Frauengestalt: der polnischen Gräfin im dunkelroten Kleid, exotisch, stolz und unnahbar (vgl. Zweig 1904, S. 63f.; GWE, S. 7). Zweig spielt offenbar mit den Attributen der *femme fatale*, wobei eine aktive Verkörperung des Typus nicht zu entdecken ist. Zwischen den beiden kommt es zu keiner Interaktion, ja die Gräfin nimmt die Existenz des Kellners und seiner Leidenschaft nicht einmal zur Kenntnis. Dennoch unterwirft sich François dieser Frau in einer bedingungslosen, illusorischen Liebe.

Die Unterwerfung findet nicht nur auf emotionaler, sondern auch auf sozialer Ebene statt: Als Kellner befindet er sich per se in der Rolle des Dienenden, während die stolze Adelige den Part der Herrschenden übernimmt. Wie in *Die Liebe der Erika Ewald* legt Zweig auch hier den Fokus auf die Innenperspektive der Hauptfigur, teilt detailliert und teilweise minutiös François' Empfinden mit. Dass die Gräfin Ostrowska keine Verführungsversuche unternimmt, also nicht bewusst gegen den Kellner agiert, sondern nur „qua Erscheinung und Status" (Spörk 2008, S. 149), macht das psychologisch Intrikate dieser Erzählung aus. Meisterhaft gelingt es Zweig, in seiner ansonsten bisweilen pathetisch und sentimentalen Sprache, François' Selbstmord zunächst aus dessen Perspektive, dann aus dem Blick der Gräfin durch fast gleichlautende Adjektiva engzuführen: Erst nimmt François den „schrille[n] Pfiff", den „tierische[n] Schrei der Dampfpfeife", das „gelle Stöhnen" der Bremse wahr (Zweig 1904, S. 73; GWE, S. 16). Dann richtet der Erzähler seinen Fokus auf die Gräfin, geht im zeitlichen Ablauf etwas zurück, schildert, wie sie ruhig lesend im Abteil sitzt, bevor sie von einer unerklärlichen Angst ergriffen wird. Sie hört den „schrille[n] Signalpfiff", einen „wilde[n] warnende[n] Schrei" und endlich das „klägliche knirschende Stöhnen der Bremse" (Zweig 1904, S. 74; GWE, S. 17). So wird am Ende zumindest eine sprachliche Vereinigung zwischen dem Kellner und der Gräfin hergestellt. Sie findet ihren (allzu) romantischen Höhepunkt, indem Zweig beide – François unmittelbar vor seinem Tod, die Gräfin im Zugabteil – zu dem „einsame[n] Stern über dem Walde" (Zweig 1904, S. 74; GWE, S. 15) hinaufblicken lässt (→ V.10 Suizid).

4. *Die Wanderung* (1902)

4.1 Entstehung

In einem Brief an Leonhard Adelt (vermutlich am 12. Februar 1902) berichtet Zweig, dass er „eine kleine Geschichte ‚Die Wanderung'" sowie „ein paar Seiten aus meiner Novelle ‚Erika Ewald'" geschrieben habe (Zweig, Br I, S. 36). Am 28. Januar 1904, als die Zusammenstellung des ganzen Bandes bereits festgelegt scheint, bezeichnet Zweig gegenüber Émile Verhaeren *Die Wanderung* auch als ‚Legende' (vgl. S. 365).

4.2 Inhalt

Im Gegensatz zu den beiden ersten Erzählungen des Bandes situiert Zweig die dritte Erzählung, *Die Wanderung*, nahezu 2000 Jahre früher, es ist die Zeit um Christi Geburt. Aus Jerusalem gelangen Gerüchte von der Ankunft eines Messias in die Dörfer Judäas, wo man die Erzählungen voller Zuversicht hört. Ein gläubiger junger Mann macht sich auf den Weg nach Jerusalem, um dort endlich den Erlöser zu sehen. Hitze und Durst quälen ihn auf seiner Reise, bis er vor einem Haus ohnmächtig zusammenbricht. Die Bewohnerin gibt ihm zu essen und zu trinken, bis der Jüngling sich erholt. Sie erzählt von ihrem Mann, einem Römer, der den Tag in Jerusalem verbringe, weil Pontius Pilatus die Hinrichtung dreier Verbrecher angeordnet habe. Geschickt weckt sie Begehrlichkeiten in ihrem Gast, bis dieser ihr nachgibt. Erst als es schon dämmert, erinnert er sich seines Ziels und setzt seinen Weg fort. Auf einem Hügel vor den Stadtmauern macht er aus der Ferne eine Menschenmenge und drei Kreuze aus. Ein Mann mit erstarrtem Gesicht begegnet ihm, und der Jüngling glaubt, Judas Ischariot in ihm erkannt zu haben. Der nächste Fremde, dem der Wanderer begegnet, berichtet, es seien drei Verbrecher gekreuzigt worden, die Pontius Pilatus verurteilt habe. Der junge Mann versucht das Gesicht des Gekreuzigten in der Mitte zu erkennen, doch der Hügel ist zu fern. So setzt er seinen Weg in die Stadt fort, in der Hoffnung, endlich den Erlöser zu treffen (→ IV.3 Mythos).

4.3 Interpretation und Forschungsansätze

Die Wanderung gehört zu den wenigen Erzählungen von Stefan Zweig, in denen religiöse Stoffe verhandelt werden (→ IV.2 Biblische Stoffe und Motive). Erstveröffentlicht wurde die Novelle am 11. April 1902 im Feuilleton der *Neuen Freien Presse*, bevor sie 1904 in den Band *Die Liebe der Erika Ewald* aufgenommen wurde. Theodor Herzl, der damalige Chefredakteur der Zeitung, bereitete dem jungen Autor Stefan Zweig den Weg für die Publikation in der führenden Wiener Tageszeitung (vgl. dazu ausführlich Gelber 1987, S. 166ff.). Zweig hatte zu dieser Zeit enge Kontakte zur jungjüdischen Bewegung um den Religionsphilosophen Martin Buber, den Schriftsteller Berthold Feiwel und den Grafiker Ephraim Mose Lilien (→ III.14.6 Über bildende Kunst; V.8 Judentum und jüdische Identität). Letzterem widmet er nicht nur *Die Wanderung* – zwischen beiden Künstlern kommt es während Zweigs Berliner Zeit zu einer äußerst fruchtbaren Zusammenarbeit (dazu und zu Zweigs Assoziierung mit der jüdischen Renaissance generell vgl. Gelber 2014). Während ihrer Treffen und Gespräche wird, so vermutet Knut Beck, das „uralte Motiv der Wanderung" angeklungen sein (Beck 2007, S. 318).

Im Mittelpunkt der Erzählung steht ein junger Mann, dem das Aufbrechen schwerfällt und der dadurch zu spät kommt: Zuerst kann er sich kaum entschließen, den Pilgerweg nach Jerusalem anzutreten und sein gewohntes Leben hinter sich zu lassen. Während der Reise zögert er, sich von der Frau loszureißen, deren Verführungsversuchen er erliegt. Sprachlich verstärkt wird die latente Angst vor dem Zuspätkommen durch zahlreiche attributiv gebrauchte Adjektiva wie „rastlose Sehnsucht" (Zweig 1904, S. 80; GWE, Die Wanderung, S. 7), „hastende[ ] Gestalt", „eilende[r] Wanderschritt" (Zweig 1904, S. 80; GWE, S. 8) und Substantive wie „Unrast" (Zweig 1904, S. 80; GWE, S. 7), „wachsende Unruhe" (Zweig 1904, S. 82; GWE, S. 9) usf. Wie in

Der Stern über dem Walde tritt auch hier eine Frau auf, die den Protagonisten vom sprichwörtlichen richtigen Weg abbringt, wobei die Konstellation freilich eine ganz andere ist. Eine exotisch wirkende Syrerin, deren Augen „jenen dunklen raubtierartigen Glanz der Frauen dieses Volkes" (Zweig 1904, S. 83; GWE, S. 10f.) haben, betört den jungen Pilger und verwehrt ihm dadurch die Begegnung mit dem Erlöser. Schamlos und frivol muss diese Frau erscheinen, die einen zufällig vorbeikommenden Fremden verführt, in Abwesenheit ihres Ehemannes. Während der Leser längst ahnt, an welchem Tag die Erzählung spielt und wer die Personen sind, die gekreuzigt werden sollen, ist der junge Pilger unwissend und unfähig, die Zeichen richtig zu deuten. Seine von Anfang an mitschwingende Befürchtung, zu spät zu kommen, bewahrheitet sich letztlich: Als er vor den Stadtmauern ankommt, sind die Verurteilten bereits hingerichtet worden.

Zweig greift in diesem Text möglicherweise den misogynen Geschlechterdiskurs der Jahrhundertwende auf bzw. das Vorurteil von der omnipräsenten Sinnlichkeit der Frau, das unter anderem durch heftig diskutierte Werke von Otto Weininger (*Geschlecht und Charakter*, 1903) und Sigmund Freud geprägt wurde. Freud unterstellt etwa in den *Drei Abhandlungen zur Sexualtheorie* (1905) dem „unkultivierte[n] Durchschnittsweib" eine (eigentlich infantile) polymorph perverse Anlage, aufgrund der die Frau zu „allen Perversionen" verführt werden kann. Die Dirne würde, so Freud, diese Anlage für ihre Berufstätigkeit gewinnbringend ausnutzen, es könne jedoch zahlreichen Frauen „die Eignung zur Prostitution" zugesprochen werden, auch wenn sie diesem Beruf entgangen sind (Freud 1999, S. 97).

5. *Die Wunder des Lebens* (1904)

5.1 Entstehung

Einem Brief von Zweig an Hans Müller-Einigen (von Knut Beck auf Anfang November 1903 datiert) ist zu entnehmen, dass der Schriftsteller und Studienfreund das Manuskript der Novelle erbeten hatte. Zweig antwortet, dass auch das *Berliner Tageblatt* die Erzählung drucken wolle, sich das Manuskript zurzeit aber bei seinem Freund Armand Brody befinde. Dieser habe „längliche Episteln prinzipiellen Inhalts interpoliert" (Zweig, Br I, S. 64). Zweig kündigt Müller an, auch ihm das Manuskript zur Lektüre zu übergeben, um es dann zu überarbeiten und beim *Berliner Tageblatt* einzureichen. Gewidmet ist die Erzählung im Band *Die Liebe der Erika Ewald* schließlich „Hans Müller, dem lieben Freunde", der Zweig also wohl auch seine Leseeindrücke übermittelt haben dürfte (zur Freundschaft zwischen Müller und Zweig vgl. Weinzierl 2015, S. 95ff.).

In einem Brief vom Dezember 1903 (undatiert) an Hermann Hesse berichtet Stefan Zweig: „Ich persönlich gehe in meinen Novellen nur ganz zaghaft aus mir heraus, ich habe mich in den zwei großen Novellen ganz in Mädchengestalten versteckt." (Hesse/Zweig 2006, S. 28) Offenbar sind damit die beiden Erzählungen *Die Liebe der Erika Ewald* und *Die Wunder des Lebens* gemeint. Bei der Gelegenheit erwähnt Stefan Zweig, dass dieser Novellenband „ein Schmerzenskind" sei, „er kommt nicht aus dem Pult" (S. 29). Er habe das Manuskript bereits an den S. Fischer Verlag adressiert, das Päckchen schließlich aber doch nicht abgeschickt (vgl. S. 29).

5.2 Inhalt

Antwerpen, Mitte des 16. Jahrhunderts: Ein Maler erhält den Auftrag, im Dom ein Altarbild fertigzustellen, das seit über 20 Jahren unvollständig ist. Die junge Jüdin Esther, ein etwa 15-jähriges Mädchen, steht dem Maler Modell – als Gottesmutter mit einem nackten Säugling auf dem Schoß. Ihre während des Malprozesses erwachende Weiblichkeit nährt ihren Wunsch nach einem Kind. Der zunächst als Ersatz dienende fremde Säugling ist für Esther nach der Fertigstellung des Gemäldes verloren, da die Mutter mit ihm aufgrund der unsicheren politischen Lage das Land verlässt. In rasendem Schmerz besucht Esther immer wieder das Gemälde im Dom, um dem Kind nahe zu sein. Während der Unruhen wird die Kirche von einer tobenden Menge gestürmt, das Gotteshaus geplündert und zerstört. Als einer der Aufrührer die Axt gegen das Altarbild erhebt, wirft Esther sich dazwischen, und wie durch ein Wunder fällt die Waffe zu Boden. Aufgrund der Ähnlichkeit zwischen dem Mädchen und der Muttergottes auf dem Bild erstarrt die Menge in Ehrfurcht, bis eine Dirne Esther als „Judenmädel" und Adoptivtochter des Schankwirts enttarnt, woraufhin die Getäuschten in neuer Wut losstürmen und Esther im Getümmel erstochen wird. Der Maler findet sie mit dem Dolch im Herzen und verleugnet seinen Gott, dessen Tun ihm unerklärlich erscheint.

5.3 Interpretation und Forschungsansätze

Zweig zeigt hier zum einen bereits seine Vorliebe für historische Stoffe der europäischen Geschichte: Die Reformationskämpfe in Flandern Mitte des 16. Jahrhunderts bilden die konfliktträchtige Folie für seine Novelle. Zum anderen gehört dieser frühe Text, wie *Die Wanderung*, zu den Prosastücken mit dezidiert religiöser Thematik (→ IV.2 BIBLISCHE STOFFE UND MOTIVE). Die Novelle entsteht im Sommer 1903 an der bretonischen Küste und dürfte, ebenso wie *Die Wanderung*, vom Kontakt mit den Mitgliedern des ‚Jungjüdischen Kreises' beeinflusst sein. Zweig, der 1902 bekannte, dass er „immer in einem fremden Verhältnis zur katholischen Kirche gestanden" (zit. n. Beck 2007, S. 319) habe, dem aber auch nie eine Erziehung im jüdischen Glauben zuteilwurde, lässt hier in der Figur des katholischen Malers das Christentum zunächst als überlegene Religion auftreten. Erfolglos versucht der Maler, die junge Jüdin Esther zu missionieren. Beide halten an ihrem Glauben und damit auch an ihren Vorurteilen fest. Doch über die religiösen Differenzen hinweg finden der alte Mann und das junge Mädchen zu einer von Freundschaft, Zuneigung und Respekt geprägten Koexistenz. Beide Charaktere sind, wie so oft bei Zweig, zutiefst einsam und isoliert („Und beide waren sie allein zwischen den Menschen; so wurden sie sich ganz nahe"; Zweig 1904, S. 121; GWE, Die Wunder des Lebens, S. 43). Esther etwa bewegt sich im groben Milieu der Schenke in einer Umwelt, von der sie nicht verstanden wird. Erst in dem alten Maler und der Auseinandersetzung mit der Kunst findet sie – es ist ein häufig verwendeter Topos bei Zweig (vgl. auch *Die Liebe der Erika Ewald*) – ein verstehendes Gegenüber. Achim Küpper weist darauf hin, dass das Motiv absoluter Einsamkeit und Entfremdung (auch Selbstentfremdung) nicht erst nach dem Ersten Weltkrieg, der für Zweig eine „einschneidende Krisenerfahrung" ist, eine Rolle spielt, sondern schon in „frühen und allerfrühesten Texten. [...] Der Sturz ins Leere reicht demnach weit zurück" (Küpper 2008, S. 223).

Daneben eröffnet die Novelle einige weitere Interpretationslinien, die hier nur in aller Kürze Erwähnung finden können. Nennenswert sind etwa die psychologischen Aspekte des Textes: Wie in *Die Liebe der Erika Ewald* beschreibt Zweig die seelischen Veränderungsprozesse in der Entwicklung vom Mädchen zur Frau, die wie im Zeitraffer vonstattengeht (vgl. dazu Schmidt 1998, S. 132, 144) und eine tiefe Verstörung mit sich bringt. Der damit einhergehende Wunsch nach Mutterschaft trägt pathologische Züge. Esthers Zuneigung zu dem fremden Kind ist eine fanatische Übersteigerung fern jeder realistischen Einschätzung. Ihr Empfinden pendelt zwischen Extremen: Ekel und Hass zu Beginn schlagen „jählings" in „eine wilde und fast gierige Zärtlichkeit" (Zweig 1904, S. 143; GWE, Die Wunder des Lebens, S. 63) um. Ambivalenz prägt den überspitzt dargestellten Mutterkult: Einmal nimmt Esther die Mutterschaft als „den erhabensten Gedanken der Frau" (Zweig 1904, S. 144; GWE, S. 63) wahr, später heißt es, ihr Empfinden sei eben „kein mütterliches" (Zweig 1904, S. 152; GWE, S. 71). Die Widersprüche des Textes mögen diesem als Schwäche ausgelegt werden; dennoch machen sie Esthers innere Zerrissenheit und ihre zunehmende Selbstentfremdung deutlich. Nach und nach füllt das Kind die Leere in ihrem Leben und wird zum Kompensator ihrer Einsamkeit.

Eine eingehendere Betrachtung verdiente auch die in der Novelle angedeutete Auseinandersetzung mit dem Künstlertum, die durchaus im Kontext der Sprachkrise der Jahrhundertwende zu sehen ist (→ IV.6 Der künstlerische Prozess). Wenn der Maler seine „Fähigkeit zerronnen" (Zweig 1904, S. 103f.; GWE, S. 28) fühlt und sich selbstkritisch fragt, „ob er sich selbst noch Künstler nennen dürfe" oder eigentlich sein Leben lang „nur ein mühsam bildender Handwerker gewesen sei" (Zweig 1904, S. 105; GWE, S. 29), so liegt der Gedanke an Hugo von Hofmannsthals ‚Chandos-Brief' (1902) nahe, in dem der fiktive Verfasser beklagt, dass ihm die Worte im Mund zerfallen „wie modrige Pilze" (Hofmannsthal 1979, S. 465). Dass Zweig den Text kannte, der im Jahr vor *Die Wunder des Lebens* entstanden und erschienen war, dürfte außer Zweifel stehen. Davon ausgehend würde eine differenzierte Untersuchung sicher fruchtbringend sein, die der Frage nachgeht, inwiefern auch Zweigs Frühwerk Motive und Themen aufgreift, die die Krise der Moderne hervorbringt (→ II.1 Zweig zwischen Tradition und Moderne).

6. Rezeption und Forschung

Die frühen Erzählungen Stefan Zweigs sind in der literaturwissenschaftlichen Forschung bisher wenig beachtet worden, sieht man von Erwähnungen in motivgeschichtlich orientierten Überblicksdarstellungen ab. Zweig teilt hier das Schicksal vieler anderer Schriftsteller und auch Künstler, deren Jugendwerke keine vergleichbare Aufmerksamkeit erleben wie spätere Hauptwerke. Ein halbes Jahr nach dem Erscheinen des Bandes deutet Zweig in einem Brief an Börries Freiherr von Münchhausen die geringe Beachtung des Bandes an und erwähnt, dass er lediglich freundschaftliche Zustimmung von fünf Personen erfahren habe (vgl. Zweig, Br I, S. 100, 382). Ein weiteres halbes Jahr später beklagt er, dass „in Wien nicht eine Zeitung eine Zeile" über sein Buch geschrieben habe, „(obwohl ich in jeder Redaction gute Bekannte habe)" (Zweig, Br I, S. 104). Tatsächlich vermerkt die Bibliografie von Randolph J. Klawiter (1991) lediglich zwei Rezensionen: eine von Zweigs Freund Camill Hoffmann und eine von Hermann Hesse. Dieser hatte sich in seinem Brief vom 15. Oktober 1904 lobend über die „schöne[n] Dichtungen" und seine „Freude an dem Buch" geäußert. Hesse wendet aber ein, die Erzählungen seien „noch etwas zu vag im Umriß und zu zart in der Sprache, zu lyrisch. Das eigentliche Erzählen verschwindet vielleicht zu sehr hinter dem Schildern und hinter dem psychologischen Raisonnement. Namentlich die ‚Erika' wird dadurch etwas blaß. Aber das sind schließlich technische Fragen." (Hesse/Zweig 2006, S. 61f.) Ähnliche Formulierungen wählt Hesse in seiner Rezension (15. November 1904, *Das literarische Echo*, Leipzig), in der er sich vor allem in Bezug auf *Die Wunder des Lebens* und den „an sich wirkungsvolle[n], farbige[n] Stoff [...] ein keckeres Zugreifen, eine gröbere, kühnere Hand" (S. 64) wünscht.

Im September 1908 wird Zweig selbst gegenüber seinen frühen Gedichten und Erzählungen auf Distanz gehen: „Auch meinen Novellenband ‚Die Liebe der Erika Ewald' mag ich nicht mehr: Er ist ohne die große Achtung vor der Prosa als Kunst, ohne Begriff der Schwierigkeiten einer guten Novelle geschrieben, und so mag mit ihm Manches, was ich an einzelnem darin noch liebe, verschwinden." (S. 176; vgl. S. 207)

Für die Forschung könnte ein synoptischer Blick auf die frühe Prosa und Lyrik Zweigs im Zusammenhang mit der zeitgenössischen literarischen Produktion in Wien fruchtbar sein. In Hinblick auf das spätere Werk Zweigs scheint eine Untersuchung von motivischen Konstanten sinnvoll, man denke etwa an die Erfahrung von Einsamkeit und Isolation, von absoluter Leidenschaft und Enttäuschung, auch die Auseinandersetzung mit jüdischen Stoffen.

Stefan Zweig

Hesse, Hermann/Zweig, Stefan (2006): Briefwechsel. Hg. v. Volker Michels. Frankfurt a.M.: Suhrkamp.
Zweig, Stefan (1904): Die Liebe der Erika Ewald. Novellen. Berlin: Egon Fleischel & Co.
Zweig, Stefan (1995): Briefe. Bd. I: 1897–1914. Hg. v. Knut Beck, Jeffrey B. Berlin u. Natascha Weschenbach-Feggeler. Frankfurt a.M.: S. Fischer.
Zweig, Stefan (2004[5]): Der Stern über dem Walde. In: Ders.: Verwirrung der Gefühle. Erzählungen. GWE. Hg. v. Knut Beck. Frankfurt a.M.: S. Fischer, S. 7–18.
Zweig, Stefan (2004[5]): Die Liebe der Erika Ewald. In: Ders.: Verwirrung der Gefühle. Erzählungen. GWE. Hg. v. Knut Beck. Frankfurt a.M.: S. Fischer, S. 19–70.
Zweig, Stefan (2007[2]): Die Wanderung. In: Ders.: Buchmendel. Erzählungen. GWE. Hg. v. Knut Beck. Frankfurt a.M.: S. Fischer, S. 7–14.
Zweig, Stefan (2007[2]): Die Wunder des Lebens. In: Ders.: Buchmendel. Erzählungen. GWE. Hg. v. Knut Beck. Frankfurt a.M.: S. Fischer, S. 15–95.

Weitere Literatur

Beck, Knut (2007[2]): Nachwort. In: Zweig, Stefan: Buchmendel. Erzählungen. GWE. Hg. v. Knut Beck. Frankfurt a.M.: S. Fischer, S. 317–328.
Birk, Matjaž (2008): Der Dämon der Sexualität in Stefan Zweigs und Felix Saltens romanesken Welten. In: Ders./Eicher, Thomas (Hg.): Stefan Zweig und das Dämonische. Würzburg: Königshausen & Neumann, S. 176–189.
Freud, Sigmund (1999): Drei Abhandlungen zur Sexualtheorie. In: Ders.: Gesammelte Werke. Bd. 5: Werke aus den Jahren 1904–1905. Hg. v. Anna Freud. Frankfurt a.M.: S. Fischer, S. 27–145.
Gelber, Mark H. (1987): Stefan Zweig und die Judenfrage von heute. In: Ders. (Hg.): Stefan Zweig heute. New York u.a.: Lang, S. 160–180.

Gelber, Mark H. (2014): Stefan Zweig und E. M. Lilien im Lichte des Kulturzionismus. In: Ders.: Stefan Zweig, Judentum und Zionismus. Innsbruck u.a.: StudienVerlag, S. 111–129.

Heydemann, Klaus (1981): Der Titularfeldwebel. Stefan Zweig im Kriegsarchiv. In: Lunzer, Heinz/Renner, Gerhard (Hg.): Stefan Zweig 1881/1981. Aufsätze und Dokumente. Wien: Dokumentationsstelle für neuere österreichische Literatur, S. 19–55.

Hofmannsthal, Hugo von (1979): Ein Brief. In: Ders.: Gesammelte Werke in zehn Einzelbänden. Erzählungen, Erfundene Gespräche und Briefe, Reisen. Hg. v. Bernd Schoeller. Frankfurt a.M.: S. Fischer, S. 460–472.

Küpper, Achim (2008): Der Sturz ins Leere: Die Dämonie von Verlassenheit und Fremde in den Erzählungen Stefan Zweigs. In: Birk, Matjaž/Eicher, Thomas (Hg.): Stefan Zweig und das Dämonische. Würzburg: Königshausen & Neumann, S. 215–235.

Prater, Donald A. (1982²): Stefan Zweig. Das Leben eines Ungeduldigen. München, Wien: Hanser.

Schmidt, Mirjam (1998): Frauengestalten in den Erzählungen von Stefan Zweig. Frankfurt a.M. u.a.: Lang.

Spörk, Ingrid (2008): „Ich spürte, wie das Dämonische ihres Willens in mich eindrang". Fatale Liebesbeziehungen bei Stefan Zweig. In: Birk, Matjaž/Eicher, Thomas (Hg.): Stefan Zweig und das Dämonische. Würzburg: Königshausen & Neumann, S. 143–156.

Weinzierl, Ulrich (2015): Stefan Zweigs brennendes Geheimnis. Wien: Zsolnay.

3.2 Erstes Erlebnis (1911)
Ulrike Vedder

1. Ausgaben.. 188
2. Inhalt.. 189
    2.1 *Geschichte in der Dämmerung* (1908)................... 190
    2.2 *Die Gouvernante* (1907).............................. 191
    2.3 *Brennendes Geheimnis* (1911)......................... 191
    2.4 *Sommernovellette* (1906)............................. 192
3. Kindheit, Nichtwissen, Geheimnis: Paradoxien des Erzählens 192
4. Rezeption und Forschung..................................... 194

1. Ausgaben

Im Frühjahr 1911 kündigt Stefan Zweig seinem Verleger Anton Kippenberg eine Novellen-Sammlung an, die „nur Geschichten früherer Erlebnisse" enthalte (Zweig an Kippenberg, o.D., Archiv Insel Verlag, DLA Marbach). Anfang November 1911 erscheint *Erstes Erlebnis. Vier Geschichten aus Kinderland* als Stefan Zweigs zweiter Band mit gesammelten Erzählungen (nach *Die Liebe der Erika Ewald*, 1904, bei Egon Fleischel & Co, Berlin), zugleich seine erste Novellensammlung im Leipziger Insel Verlag. Der Band zum Ladenpreis von 3,50 Mark (Broschur) bzw. 5 Mark (Pappband), in Fraktur gesetzt und mit einem Einband des Buchkünstlers Emil Preetorius versehen, wird von Kritik und Leserschaft so positiv aufgenommen, dass 1920 das 11. Tausend, 1925 das 22. Tausend und 1930 das 46. Tausend erscheinen können (vgl. Buchinger 1998, S. 50). Die Sammlung enthält vier Geschichten: *Geschichte in der Dämmerung*, *Die Gouvernante*, die auch als Einzelausgabe erfolgreiche Erzählung *Brennendes Geheimnis* und *Sommernovellette*; eingeleitet wird der Band durch ein unbetiteltes Sonett. Drei der Erzählungen sind zuvor in Zeitschriften erschienen:

3.2 *Erstes Erlebnis* (1911) 189

Sommernovellette am 25. August 1906 in der *Neuen Freien Presse*, *Geschichte in der Dämmerung* im Mai 1908 in der *Neuen Rundschau*, *Die Gouvernante* am 25. Dezember 1907 in der *Neuen Freien Presse*.

Nach dem Ersten Weltkrieg wird der Band als *Der erste Ring* eines von Zweig als *Die Kette. Ein Novellenkreis* betitelten Zyklus von Erzählungen 1923 neu aufgelegt und mit der Sammlung *Amok. Novellen einer Leidenschaft* (1922) als *Der zweite Ring* sowie der Sammlung *Verwirrung der Gefühle. Drei Novellen* (1927) als *drittem Ring* zur *Kette* verknüpft (→ VII.2 Ausgaben nach dem Ersten Weltkrieg). Der Insel Verlag markiert den Zusammenhang der Bände durch gleichgestaltete, aber verschiedenfarbige Leineneinbände, die zudem gesammelt in einer Kassette erhältlich sind. Diesen Zyklus erstellt Zweig in typologischer Absicht: „In der novellistischen Reihe ‚Die Kette' [...] möchte ich in abgeschlossenen Kreisen je einen anderen Typus des Gefühls, der Leidenschaft, der Zeit und Alterszone in verschiedener Abwandlung deuten und durch Gestaltung zur Welt runden." (Zit. n. Schmidt 1998, S. 124) Auf die Kindheitsdarstellungen in *Erstes Erlebnis* folgt die Schilderung der Leidenschaften im mittleren Alter in *Amok* sowie die Darstellung von Passionen im höheren Alter in *Verwirrung der Gefühle*.

Kurz bevor der Insel Verlag den Erzählungsband *Amok* in einer preisgünstigen Volksausgabe 1931 neu herausbringt, lehnt er 1929 eine Lizenzausgabe für *Erstes Erlebnis* in einer Buchgemeinschaft hingegen ab, um, so der Insel-Verleger Kippenberg, den Buchhandel nicht zu irritieren (vgl. Buchinger 1998, S. 59). Nachdem die Erzählungen in unterschiedlichen Ausgaben immer wieder erschienen sind, allerdings nicht in der ursprünglichen Zusammenstellung – die 1936 im Wiener Verlag Reichner erschienene Ausgabe der *Kette* enthält aus *Erstes Erlebnis* nur die beiden Erzählungen *Brennendes Geheimnis* und *Die Gouvernante* –, veranstaltet Richard Friedenthal 1976 im S. Fischer Verlag eine Neuausgabe, durch die *Erstes Erlebnis* „in der ursprünglichen Gestalt wieder vorgelegt wird" (Friedenthal 1976, S. 215). Neu gestaltet ist der Buchumschlag, der nun einen Holzschnitt von Frans Masereel zeigt – eine nackte Frau auf dem Schoß eines bekleideten Mannes, der von hinten ihren Busen berührt –, der auf eine dezidierte Verschiebung der Aufmerksamkeit von der Unaufgeklärtheit der Kinder hin zur sexuellen Anziehung setzt, die in den Geschichten mehr oder weniger explizit erzählt wird: „[A]us dem Kinderland stammt dieses Bildmotiv gewiß nicht" (Hackert 2003, S. 209). Die *Gesammelten Werke in Einzelbänden* (GWE) publizieren die Geschichten verstreut: *Die Gouvernante* und *Sommernovellette* in der Sammlung *Phantastische Nacht* (1982), *Geschichte in der Dämmerung* in dem Band *Verwirrung der Gefühle* (1983), *Brennendes Geheimnis* in der gleichnamigen Sammlung (1987).

2. Inhalt

Die vier Erzählungen sind nicht nur durch ihre Kindheits- und Initiationsthematik, den Geheimnistopos oder das Motiv der Leidenschaft untereinander verbunden, sondern auch durch eine Reihe von Paratexten, zu denen an erster Stelle Titel und Untertitel zählen: *Erstes Erlebnis. Vier Geschichten aus Kinderland*. Auch wenn die Gattungsbezeichnung „Geschichten" von der der beiden Folgebände im Zyklus *Die Kette* abweicht, die jeweils „Novellen" enthalten (*Amok. Novellen einer Leidenschaft* sowie *Verwirrung der Gefühle. Drei Novellen*), handelt es sich doch auch hier um auf eine ‚ungewöhnliche Begebenheit' zielende Novellen mit genretypischem ‚Wendepunkt', den auch der Titel *Erstes Erlebnis* avisiert (vgl. Turner 1988, S. 297f.). Der Begriff „Kinderland" verweist in märchenartiger Diktion auf Kindheit und Adoleszenz als Thema des Erzählens. Darüber hinaus rekurriert er auf den zeitgenössischen „geistig-kulturellen Kontext" (Küpper 2009, S. 17) und dessen zeittypische Prominenz eines Konzepts von Kindheit als eigenständiger Sphäre, wie sie auch Helene Voigts-Diederichs in ihrem Erzählungsband mit dem Titel *Aus Kinderland* (1907) pointiert gefasst hat. Im gleichen Kontext erinnert „Kinderland" an die fiktive Kinder-Insel „Neverland" in J. M. Barries *Peter Pan, or The Boy who wouldn't grow up* (1904).

Ebenfalls in diese Richtung zielt ein weiterer Paratext, eine Widmung, die Zweig seinem Buch vorangestellt hat: „Ellen Key in herzlichem Gedenken der hellen Herbsttage von Bagni di Lucca". Zweig ist der schwedischen Pädagogin Ellen Key, deren berühmte Studie *Das Jahrhundert des Kindes* 1900 (dt. 1902) erschien, 1907 in Italien persönlich begegnet, nachdem er ihr 1904 *Die Liebe der Erika Ewald*, dann auch weitere seiner Werke geschickt hatte; die beiden standen in brieflicher Verbindung. Dass er seine Erzählungen, die um das Ende der Kindheit kreisen, Ellen Key als „Advokatin von Kindheit als einer autonomen Lebensperiode" (Hackert 2003, S. 209) widmet, ist nicht nur als eine Verbeugung vor der bewunderten Intellektuellen zu verstehen, sondern zugleich als eine programmatische Äußerung zugunsten einer Würdigung von Kindern und Kindheit in ihrem Eigenwert, welche die Geschichten in *Erstes Erlebnis* prägt.

Eine solche Auffassung von Kindheit als eigenständiger Lebensperiode und Lebensform spricht auch aus dem Sonett, das den vier Erzählungen vorangestellt ist und als ein paratextuelles Motto gelesen werden kann, das von vornherein eine Interpretation für die folgenden Geschichten vorschlägt. Alle drei zur *Kette* gehörenden Novellenbände weisen solche Mottogedichte auf. Das Sonett in *Erstes Erlebnis* adressiert die Kindheit als „Du enger Kerker", aus dem das lyrische Ich sich hinaussehnt, um in die Welt ziehen zu können; das Ich erinnert sich aus erwachsener Perspektive seiner Kämpfe und seiner „Ungeduld". Doch im letzten Terzett artikuliert es sein „Bedauern" über den Verlust der Kindheit – „O könnt ich heim! Wie war ich rein und kühl!" – und der damit verbundenen ambivalenten Übergänge von Unschuld und Wissen, in denen noch alles möglich schien: „O süße Angst der ersten Dämmerungen!" (Zweig 1911, o. S.) Damit ist zum ersten auf inhaltlicher Ebene das Thema des Übergangs, des Geheimnisses („der Vogel Unbekannt") und der damit verbundenen Gefühle vorgegeben. Zum zweiten wird hier die erzählerische Ambiguität bereits sichtbar, die die folgenden Geschichten durchzieht, in denen aus der auktorialen Perspektive des erwachsenen Wissenden von den noch unartikulierbaren Wünschen und Affekten kindlicher Protagonist/inn/en erzählt wird. Zum dritten spiegeln sich in Metrik und Kadenzen des Sonetts „mit seiner festen Fügung, seiner sententiösen Absicht und seiner streng kontrastierenden Bauform" sowohl „die Gegensätze in der Seele" (Rovagnati 1998, S. 83) als auch die Geschlechterspannung in den Novellen. Und schließlich verweist die „strenge Architektur des Sonetts", in die sich die Verse fügen, auf Zweigs typologisches Erzählverfahren, „daß nämlich die Figuren sich einer genau umrissenen Idee unterordnen" (S. 85).

2.1 *Geschichte in der Dämmerung* (1908)

In der ersten Novelle, *Geschichte in der Dämmerung*, zeigt sich der erwachsene Erzähler in der ausholenden Eingangspassage als jemand, der zwar nicht weiß, wie ihn die zu erzählenden Geschichten erreichen, der dann aber die Macht hat, im Dunkeln zu sehen: „eine Nacht mit nur mattem Mondlicht, aber ich umfasse wie mit einem erhellten Spiegel jede Kontur" (Zweig 1911, S. 5; GWE, Geschichte in der Dämmerung, S. 81). Damit unterscheidet er sich fundamental von seinem Protagonisten Bob, einem 15-jährigen Jungen, der die Ferien mit seinen drei Cousinen in einem schottischen Schloss verbringt. Eines Nachts im Park umherwandelnd, küsst und verführt ihn eine weibliche Figur, deren Identifizierung ihm – trotz wiederholter leidenschaftlicher Begegnungen in den Folgenächten – nicht gelingt. Mit der Vermutung, es handele sich um seine Cousine Margot, richtet Bob nicht nur sein sexuelles Begehren auf sie, sondern auch eine überwältigende Liebe, so dass er, als er realisieren muss, dass seine Cousine Elisabeth die liebende Verführerin ist, von der unmöglichen Liebe zu Margot nicht mehr lassen kann. Umso dramatischer ist dieses Verfehlen, als der Erzähler am Ende der Geschichte das spätere Leben des Protagonisten überblickt, der nach diesem Erlebnis „kein Verhältnis mehr zur Liebe zu den Frauen" hat finden können (Zweig 1911, S. 55; GWE, S. 114).

2.2 *Die Gouvernante* (1907)

Ohne Rahmen oder Erzählerreflexion ist *Die Gouvernante* in einem offenbar großbürgerlichen Haushalt situiert, wo zwei Schwestern während einiger unruhiger Tage voller Andeutungen bestürzt erfahren, dass ihre Gouvernante ein Kind erwartet und entlassen wird. Als unaufgeklärte Mädchen verstehen sie weder die Schwangerschaft noch deren Hintergründe, aber ihre aufmerksame Wahrnehmung und kindliche Liebe zu ihrem „Fräulein" erzeugen ein „wildes Mißtrauen gegen alle Menschen um sie herum" (Zweig 1911, S. 73; GWE, Die Gouvernante, S. 28) – ist es doch ihr Cousin, der die Gouvernante geschwängert hat und sie nun im Stich lässt, unterstützt von den heuchlerischen Eltern. So bleibt den Mädchen nichts anderes, als gegen das verstörende Schweigen ihrer Umgebung eine nur mehr „geheuchelte Kinderhaftigkeit" (Zweig 1911, S. 73; GWE, S. 28) zu setzen, wenn sie schnüffelnd und lauschend versuchen, ihre Ahnungen in Gewissheit zu verwandeln. Als sie begreifen – ohne dass ein Wort darüber fiele –, dass die verzweifelte Gouvernante sich getötet hat, verlieren sie endgültig den Glauben an die Erwachsenenwelt: „Wie in einen Abgrund sind sie aus der heiteren Behaglichkeit ihrer Kindheit gestürzt." (Zweig 1911, S. 85; GWE, S. 36)

2.3 *Brennendes Geheimnis* (1911)

Die Novelle *Brennendes Geheimnis* wendet sich wie *Geschichte in der Dämmerung* wiederum einem Jungen zu, der an einem fremden Ort mit weiblichem Begehren konfrontiert wird, diesmal allerdings mit dem Begehren seiner schönen Mutter nach einem fremden Mann. Dieser Mann, ein Baron, der sich im selben Hotel am Semmering wie Edgar und seine Mutter aufhält, gewinnt das Herz des Jungen, um so Zugang zu dessen Mutter zu erhalten. Edgar kann weder diesen Verrat noch die erotische Anziehung zwischen den beiden Erwachsenen begreifen, doch wecken Angst und Unruhe seine eigenen Leidenschaften, mit denen er nun das „brennende Geheimnis" zu verstehen trachtet. Nach einer Konfrontation mit der Mutter flieht er mit dem Zug nach Baden, wo er auf dem nächtlichen Weg zum großmütterlichen Haus im Kurpark „verschlungene Paare" (Zweig 1911, S. 197; GWE, Brennendes Geheimnis,

S. 78) beobachtet und sowohl männliche Lust wie auch den Wunsch, wieder Kind zu sein, verspürt. Erleichtert von seiner Familie empfangen, bewahrt er auf eine bittende Geste der Mutter hin ihr Geheimnis und fühlt sich beglückt durch die Erkenntnis der „gefährlichen Schönheit" (Zweig 1911, S. 206; GWE, S. 84) des Lebens. Edgars neu erwachtes Begehren löst das der Mutter ab, denn deren stumme Tränen, so der abschließende Erzählerkommentar, seien „ein Gelöbnis der alternden Frau, daß sie von nun ab nur ihm, nur ihrem Kinde gehören wollte, [...] ein Abschied von allen eigenen Begehrlichkeiten." (Zweig 1911, S. 207; GWE, S. 84)

2.4 Sommernovellette (1906)

Im Unterschied zu solch thetischer Deutung durch eine auktoriale Erzählinstanz weist die Erzählung *Sommernovellette* sich als doppelt perspektiviert aus: Ein Ich-Erzähler lernt in Cadenabbia am Comer See einen anderen Hotelgast kennen, einen alten Mann, der als Binnen-Erzähler eine Geschichte berichtet, die er im Sommer zuvor im selben Hotel nicht nur beobachtet, sondern selbst inszeniert hat. Denn dort faszinierte ihn ein ungelenkes Mädchen, „so kelchvoll von Sehnsucht" (Zweig 1911, S. 216; GWE, Sommernovellette, S. 10), dass er ihr anonym Liebesbriefe wie ein junger Mann schrieb – einerseits, um ihre Reaktionen in diesem „Spiel" (Zweig 1911, S. 219; GWE, S. 12) zu beobachten, andererseits zur eigenen Lust: „es wurde mir ein eigener erregender Reiz, die Empfindungen eines verliebten, jungen Menschen in meinen Briefen zu verkörpern" (Zweig 1911, S. 220; GWE, S. 13). Als das Mädchen, in erregte Unruhe versetzt, einen attraktiven jungen Italiener als Briefschreiber zu identifizieren glaubte, befeuerte der alte Mann diesen Glauben. Aber dann entglitt ihm die „Marionette" (Zweig 1911, S. 223; GWE, S. 14): Das Mädchen zeigte sich verzweifelt, weil es am folgenden Tag abreisen musste. Als der Binnen-Erzähler seinen Zuhörer auffordert, aus dieser unvollendeten Geschichte eine Novelle zu machen, spinnt dieser nicht das Schicksal des Mädchens weiter, sondern imaginiert das des alten Mannes und dessen liebende Suche nach dem Mädchen, die sich nicht erfüllt. An der heftigen Reaktion seines Gesprächspartners erkennt der Rahmenerzähler, dass seine Imagination die Wirklichkeit getroffen hat.

3. Kindheit, Nichtwissen, Geheimnis: Paradoxien des Erzählens

Für *Erstes Erlebnis* lässt sich ein früher erzählerischer Variationsreichtum in Zweigs Œuvre konstatieren, der die Novellensammlung zu einem Spielfeld der Erzählhaltungen und -strategien macht. Zwar spielen Sprachkritik oder experimentelle Verfahren dabei keine Rolle, denn Zweig „mangelte es nicht an Vertrauen auf die Fähigkeit der Sprache, Erlebtes auszudrücken" (Martens 1987, S. 46), so dass avancierte Reflexionen der Grenzen sprachlicher Referentialität weder hier noch in der späteren Prosa auftauchen. Aber ebenso wenig prägen Realismus oder Alltagsdetails die Novellen, „Zweig ist kein Naturalist" (Haenel 1995, S. 238). Hingegen findet sich das Spektrum homo- und heterodiegetischen Erzählens in *Erstes Erlebnis* ebenso vielfältig erprobt wie Varianten des Verhältnisses zwischen Erzähl- und Wahrnehmungsinstanzen oder Möglichkeiten der Nähe/Distanz-Perspektivierung (→ IV.1 Erzählformen).

Den gemeinsamen Horizont dieser Darstellungsverfahren bildet die in allen Novellen grundlegende Spannung zwischen Nichtwissen und Wissen (bzw. Wissenwollen).

3.2 Erstes Erlebnis (1911)

Diese Spannung fordert das Erzählen insofern heraus, als die Geschichten etwas schildern, das die kindlichen Protagonisten nur ahnen, diffus wahrnehmen, nicht wissen dürfen. Wenn es also an zentraler Stelle darum geht, ein Geheimnis zur Darstellung zu bringen, so ist damit eine nicht nur thematisch und motivisch, sondern auch erzählerisch intrikate Konstellation gegeben. Denn das paradoxe Erzählanliegen der Novellen besteht darin, das Nichtwissen ebenso wie das Nichtgewusste darzustellen, das Geheimnis zu bewahren und zugleich zu schildern sowie neben der Beschränktheit auch das besondere Vermögen der Kinderperspektive erzählerisch vorzuführen. Fragt man nach den Konsequenzen, die diese thematische Entscheidung für Zweigs Gestaltung der Erzählsituation hat, wird der Vorzug des Typologischen gegenüber dem Individuellen kenntlich. Das Typisieren stellt mithin kein erzählerisches Manko dar, sondern ist angesichts seines ‚doppelten Bodens' – fungiert es doch als Mittel der Erkenntnis und zugleich als Ausdruck des Nichtwissens – ein adäquates Erzählverfahren.

Das gilt zum ersten für die Ebene der Figuren. So lässt das Beobachten des Typischen, wie etwa des ‚typischen' Verhaltens eines verliebten Mädchens in *Sommernovellette*, Rückschlüsse auf die beobachtenden Figuren zu, auf ihr Welt- und Menschenbild ebenso wie auf ihre Wissenshorizonte und ‚blinden Flecken'. Dass das Mädchen an keiner Stelle selbst zu Wort kommt, sondern der Beobachtungs- und Deutungsinstanz des alten Mannes konsequent unterworfen ist, wird als Ausdruck seiner Verfügungsgewalt deutlich – bevor diese erst durch das überraschende Verhalten des Mädchens, dann durch die Deutungsarbeit des Rahmenerzählers in Frage gestellt wird. Ähnlich zeigt sich die Beschränktheit der typisierenden Beobachtung in *Geschichte in der Dämmerung*, wenn der Junge als zunehmend obsessiver Beobachter seiner Cousine Margot typische Liebeszeichen zu entdecken meint und gerade deshalb Elisabeths Liebesandeutungen verkennt. Erzählerisch folgerichtig wird Elisabeths Perspektive unterschlagen: „[T]he perspective adopted is exclusively that of Bob, so that the painful confusions of Elisabeth, who, objectively, is just as much a victim of misunderstanding as the hero, are barely touched upon." (Turner 1988, S. 17) Leistung und Begrenztheit des Typologischen werden z.T. innerhalb der Erzählungen selbst erörtert (so deutet der Rahmenerzähler in *Sommernovellette* das Beobachtungsverhalten des alten Binnenerzählers als Ausdruck von dessen Verliebtheit, während der alte Mann selber es als souveräne Manipulation des Mädchens beschreibt), z.T. an die Leser/innen delegiert, wenn etwa der Junge in *Brennendes Geheimnis* die Zeichen weiblichen Begehrens noch nicht zu entziffern weiß, sie aber, seine Mutter beobachtend, beschreibt, so dass die Leser/innen die erotische Anziehung zwischen ihr und dem Baron erkennen können. Auch in *Die Gouvernante* fungiert die kindliche Unaufgeklärtheit als Brennglas des Geschehens, wenn die beiden Schwestern viele belauschte und beobachtete Details zusammentragen, deren Kontextualisierung aber nicht vollziehen können. Da es weder Innensichten noch Individualisierungen der Gouvernante oder der Eltern gibt, bleibt die typisierende Interpretation der kindlichen Wahrnehmungen den Leser/inne/n überlassen.

Das gezielte typologische Erzählen dient auf einer zweiten Ebene der auktorial organisierten Wissensvermittlung und damit der Konturierung einer heterodiegetischen Perspektive in Form einer erwachsenen Stimme. In *Brennendes Geheimnis*, der einzigen Novelle ohne Rahmen und Erzählerfigur, sind dadurch Einblicke in alle drei Hauptfiguren gewährleistet, so dass das Aktionsfeld der wechselseitig provozierten Affekte und Handlungen sichtbar wird – „für den Leser gibt es keine Geheimnisse"

(Hurst 2004, S. 81) –, während zugleich die Kommunikation unter den Protagonist/inn/en durch Missverständnisse, Wissensvorsprünge und Manipulationen beeinträchtigt ist. Die dadurch provozierte „maximale Dissonanz zwischen Figurenbewusstsein und Erzählinstanz" verleiht Letzterer „in gewisser Weise [die] Rolle des Psychologen" (Meyer 2009, S. 148, 150), der die Figuren bestimmten Typen zuordnet („Er war einer jener jungen Menschen", heißt es vom Baron; Zweig 1911, S. 94; GWE, Brennendes Geheimnis, S. 9), ohne dabei ihre lebensgeschichtlichen Prägungen – bewusste und unbewusste – außer Acht zu lassen.

Auf einer dritten Ebene arbeitet der Einsatz von Motivketten und Symbolen dem typologischen Erzählen zu, um für die Leser/innen als kundigen Entzifferern solcher Symbol- und Motivbedeutungen etwas darzustellen, was die kindlichen Figuren zwar als Beunruhigung wahrnehmen, jedoch weder kognitiv fassen noch sprachlich artikulieren können. So werden beispielsweise Motive und Symbole der Jagd und des Spiels, des dunklen Waldes, des Feuers und der Hitze, der geschlossenen Türen, des Dämmerlichts usw. häufig eingesetzt, um sexuelles Begehren zu markieren, aber nicht zu explizieren.

Eine vierte Ebene betrifft die gesellschaftlichen Verhältnisse und Zwänge, die über das Typologische thematisiert werden. Denn die jugendlichen Protagonist/inn/en werden sämtlich als unwissend gehaltene Kinder gezeichnet, deren Unaufgeklärtheit kein individuelles Manko, sondern eine in sozialhistorischer Hinsicht systematische Unwissenheit darstellt. In ähnlicher Weise verweist das typisierende Erzählverfahren auf die fatalen Geschlechtercodierungen, die die Novellen vorführen: Die zeitgenössische Männlichkeit, verkörpert im jungen Baron und im alten Binnenerzähler, erscheint als unfähig zu Empathie, zugleich als bedrängende Macht, während die weiblichen Figuren ihren Zwängen nicht entkommen, wie die begehrende, aber im Mutterschaftsdiskurs gefangene Mathilde in *Brennendes Geheimnis*, wie Elisabeth in *Geschichte in der Dämmerung*, die ihre Liebe nicht artikulieren darf, wie die in auswegloser Schwangerschaft allein gelassene Gouvernante und das so perfide in seiner ersten Verliebtheit manipulierte Mädchen in *Sommernovellette* (→ V.11 Geschlechterbilder/Sexualität).

Wie diese Diskurse ihre zerstörerische Macht individuell und zugleich gesellschaftlich vollziehen – und mit welchen Folgen die jugendlichen Protagonist/inn/en dies überleben –, führen die Novellen vor. Ihre Erzählhaltung ist dabei in grundsätzlicher Weise mit dem Erzählgehalt verknüpft, so dass die erregte Unwissenheit der Protagonist/inn/en nicht denunziert wird, sondern als Maßstab der Darstellung dient. Daraus gewinnen die Novellen ihren erzählerischen Reiz und ihr kritisches Potenzial.

4. Rezeption und Forschung

In einem Brief an Börries von Münchhausen vom 7. November 1911 distanziert Zweig sich von dem just erschienenen Band *Erstes Erlebnis*: „P.S. Ein Novellenbuch, das eben erschien, sandte ich Ihnen mit Absicht nicht. Es ist ein Abschied. Wenn Sie so wollen, ein schöner, aber doch ein Abschied von meiner Jugendlichkeit." (Zweig, Br I, S. 247) Allerdings nimmt Zweig das positive Echo seines Lesepublikums mit den hohen Verkaufszahlen sehr wohl wahr und argumentiert damit in Verlagsverhandlungen. Zudem sind ihm spezifische zeitgenössische Rezeptionen besonders wichtig, etwa im Feld der Psychoanalyse (→ II.5 Psychologie und Psychoanalyse). So äußert sich Sigmund

3.2 Erstes Erlebnis (1911)

Freud in einem Brief an Zweig vom 7. Dezember 1911 zu *Erstes Erlebnis* und bezeichnet den Novellenband als die „feinsinnigen u psychologisch bedeutsamen Kindergeschichten" – auch wenn er zu dem Zeitpunkt „kaum die erste gelesen" habe, bevor „der große Leserkreis in meinem Hause mir das Buch wenigstens zeitweilig entrißen" (Zweig 1987, S. 164). Theodor Reik geht so weit, in seiner Besprechung des Bandes 1912 in der ersten Nummer der psychoanalytischen Zeitschrift *Imago* von Zweigs „intuitiver Psychoanalyse" zu sprechen: „Die Novellensammlung [...] ist eine der psychologisch wichtigsten Dichtungen, die ich in den letzten Jahren gelesen habe. [...] Mit ‚intuitiver Psychoanalyse' hat der Dichter Titanenkämpfe der kindlichen Psyche, die sich allen Erwachsenen und oft dem Kinde selbst verborgen im Unbewußten abspielen, ans helle Tageslicht gehoben." (Reik 1912, S. 209ff.) Aber auch Leseeindrücke von befreundeten Autoren nimmt Zweig auf, wenn er beispielsweise in seinem Tagebuch am 5. April 1913 nach einer Begegnung mit Rilke notiert, dieser habe *Brennendes Geheimnis* „gelobt", und sich freut, „daß sogar die Landschaft von Cadenabbia in der kleinen Novelette [i. e. die *Sommernovellette*] sostark [sic] für ihn [i. e. Rilke] Eindruck macht, daß er im Sommer dorthin möchte." (Zweig GWE, Tb, S. 63)

Die bei weitem erfolgreichste Novelle aus *Erstes Erlebnis* ist *Brennendes Geheimnis*: 1914 als Einzelausgabe im Insel Verlag mit 10 000 Exemplaren im ersten Jahr (vgl. Matuschek 2006, S. 123), „bis 1932 in 170 000 Exemplaren verbreitet" (Pfoser 1981, S. 8) und mehrfach verfilmt. 1933 läuft Robert Siodmaks *Brennendes Geheimnis* in den Kinos, mit Willi Forst als Baron, Hilde Wagener als Mathilde und Hans Joachim Schaufuß als Edgar. Allerdings wird der Film in Deutschland verboten, weil sein Titel im Zusammenhang mit dem Reichstagsbrand Aufsehen erregt, wie Zweig sich in *Die Welt von Gestern* (1942) erinnert:

> Aber am Tage nach dem Brand des Reichstags [...] ereignete es sich, dass vor den Kinoüberschriften und Plakaten ‚Brennendes Geheimnis' die Leute sich sammelten, einer den andern zwinkernd anstoßend und lachend. Bald verstanden die Gestapo-Leute, warum man bei diesem Titel lachte. [...] [D]ie Vorstellungen wurden verboten, vom nächsten Tage an war der Titel meiner Novelle ‚Brennendes Geheimnis' aus allen Zeitungsankündigungen und von allen Plakatsäulen spurlos verschwunden. (Zweig GWE, Die Welt von Gestern, S. 416f.)

Während Stanley Kubricks Projekt, *Brennendes Geheimnis* 1956 zu verfilmen, nicht realisiert wird, kommt im Jahr 1988 *The Burning Secret* (Drehbuch und Regie: Andrew Birkin) als international hochkarätig besetzter Film ins Kino, mit Klaus Maria Brandauer als Baron, Faye Dunaway als Mathilde und David Eberts als Edgar (→ VI.7.3 Verfilmungen).

Angesichts der außerordentlichen Popularität des Zweig'schen Œuvres und auch einiger der frühen Novellen muss die wissenschaftliche Rezeption von *Erstes Erlebnis* insgesamt als eher dürftig bezeichnet werden. Dabei werden autobiografische Lesarten der Erzählungssammlung zurückhaltend praktiziert und erfolgen zumeist im Zusammenhang mit Zweigs Erinnerungen an die zu seiner Jugendzeit verbreitete Erziehung zur (sexuellen) Unwissenheit, wie er sie in *Die Welt von Gestern* schildert. So weist David Turner darauf hin, dass zumindest die ersten drei Novellen der Sammlung wohl „during the period of Zweig's own adolescence" (Turner 1988, S. 183) situiert sind, gestützt durch die Beobachtung, dass am Ende von *Geschichte in der Dämmerung* und von *Brennendes Geheimnis* Ausblicke auf das spätere Leben der männlichen Protagonisten gegeben werden. Turner schließt daraus aber weniger ein autobiografisches als vielmehr ein stark typisierendes Moment des Erzählens: „The variety of the individual fates depicted and their similarity to some of the matters raised in *Die Welt von Gestern* underline the sense of typicality." (S. 183) Ausgehend von Äußerungen Zweigs lässt Oliver Matuschek in seiner Zweig-Biografie ähnliche Vorsicht walten: „mehr als Anhaltspunkte für Erlebtes und vielleicht auch für Ersehntes mögen sie [i. e. die Novellen] kaum bieten" (Matuschek 2006, S. 100).

Offensichtlicher sind die Bezüge zur Psychoanalyse, die in Forschungsbeiträgen zu *Erstes Erlebnis* betont werden, allen voran Lektüren der Erzählung *Brennendes Geheimnis* als Ödipusgeschichte (vgl. Strelka 1982; Haenel 1995; Buchinger 1998; Dziemianko 2000). Allerdings warnen andere Studien vor einer allzu sehr vereindeutigenden psychoanalytischen Lesart (vgl. Rovagnati 1998; Hurst 2004; Meyer 2009) und untersuchen stattdessen die Spannungen zwischen psychologischen, ritual- und sozialisationstheoretischen Perspektiven in Zweigs Erzählung (vgl. Hurst 2004) oder konzentrieren sich stärker auf die Kritik am „Sittlichkeits- und Moralbegriff der Jahrhundertwende" (Meyer 2009, S. 200) als Kontextualisierung der Freud'schen Theoriebildung und des Zweig'schen Werks. Grundlegendes Interpretament ist – auch jenseits der Psychoanalyse – zudem das Kindheitsparadigma, dessen literarische Figurationen und Perspektivierungen „quasi in Mikroschichtungen der Adoleszenz" (Micke 1996, S. 89) ebenso untersucht werden wie seine historischen Bedingungen, z. B. der damit zusammenhängende Generationendiskurs zu Beginn des 20. Jahrhunderts (vgl. Küpper 2009).

Mehrere Forschungsbeiträge betonen, wie auch Turner (1988), Zweigs erzählerisches Verfahren der Typisierung und bewerten dies entweder kritisch als Stereotypisierung der Geschlechter (vgl. Schmidt 1998) bzw. als „stereotype Rhetorik der Dramatisierung" (Hackert 2003, S. 209) oder aber als produktiven Einsatz etwa der „Elemente und Motive einer literarischen Initiationstypologie" (für *Brennendes Geheimnis*, so Hurst 2004, S. 74) bzw. einer „Interaktion zwischen ‚typischen' und ‚individuellen' Aspekten", die „Charakter und Aussage der Novellen" bestimme (Meyer 2009, S. 200). Überhaupt ist in der jüngeren Forschung eine formalästhetisch und erzähltheoretisch orientierte Aufmerksamkeit für die Textverfahren zu beobachten, die auf die Analyse zentraler Motiv- und Bildfelder über Raum- und Zeitorganisation bis hin zu Erzählinstanzen und Wissensverteilung in den Novellen zielt.

Stefan Zweig

Kippenberg, Anton/Zweig, Stefan: Briefwechsel. Archiv Insel Verlag, DLA Marbach [in Vorbereitung].
Zweig, Stefan (1911): Erstes Erlebnis. Vier Geschichten aus Kinderland. Leipzig: Insel.
Zweig, Stefan (1984): Tagebücher. GWE. Hg. v. Knut Beck. Frankfurt a.M.: S. Fischer.
Zweig, Stefan (1987): Briefwechsel mit Hermann Bahr, Sigmund Freud, Rainer Maria Rilke und Arthur Schnitzler. Hg. v. Jeffrey B. Berlin, Hans-Ulrich Lindken u. Donald A. Prater. Frankfurt a.M.: S. Fischer.
Zweig, Stefan (1995): Briefe. Bd. I: 1897–1914. Hg. v. Knut Beck, Jeffrey B. Berlin u. Natascha Weschenbach-Feggeler. Frankfurt a.M.: S. Fischer.
Zweig, Stefan (2002³): Brennendes Geheimnis. In: Ders.: Brennendes Geheimnis. Erzählungen. GWE. Hg. v. Knut Beck. Frankfurt a.M.: S. Fischer, S. 7–85.
Zweig, Stefan (2002⁵): Die Gouvernante. In: Ders.: Phantastische Nacht. Erzählungen. GWE. Hg. v. Knut Beck. Frankfurt a.M.: S. Fischer, S. 20–38.

Zweig, Stefan (2002⁵): Sommernovellette. In: Ders.: Phantastische Nacht. Erzählungen. GWE. Hg. v. Knut Beck. Frankfurt a. M.: S. Fischer, S. 7–19.

Zweig, Stefan (2004⁵): Geschichte in der Dämmerung. In: Ders.: Verwirrung der Gefühle. Erzählungen. GWE. Hg. v. Knut Beck. Frankfurt a. M.: S. Fischer, S. 79–115.

Zweig, Stefan (2007⁵): Die Welt von Gestern. Erinnerungen eines Europäers. GWE. Frankfurt a. M.: S. Fischer.

Weitere Literatur

Buchinger, Susanne (1998): Stefan Zweig – Schriftsteller und literarischer Agent. Die Beziehungen zu seinen deutschsprachigen Verlegern (1901–1942). Frankfurt a. M.: Buchhändler-Vereinigung.

Dziemianko, Leszek (2000): Gefühlsleben und sittliche Normen. Zur bürgerlichen Moral in Novellen Stefan Zweigs. In: Orbis linguarum 15/2000, S. 47–58.

Friedenthal, Richard (1976): [Nachwort]. In: Zweig, Stefan: Erstes Erlebnis. Vier Geschichten aus Kinderland. Frankfurt a. M.: S. Fischer, S. 215–223.

Hackert, Fritz (2003): Stefan Zweigs Universum. Die Wunder von Geschichts- und Lebenswelt der *Sternstunden*. In: Eicher, Thomas (Hg.): Stefan Zweig im Zeitgeschehen des 20. Jahrhunderts. Oberhausen: Athena, S. 209–223.

Haenel, Thomas (1995): Stefan Zweig, Psychologe aus Leidenschaft. Leben und Werk aus der Sicht eines Psychiaters. Düsseldorf: Droste.

Hurst, Matthias (2004): „... und es begann der tiefere Traum seines Lebens." Diskursebenen der Initiation in Stefan Zweigs Novelle *Brennendes Geheimnis*. In: Zeitschrift für Germanistik N. F. 14/1/2004, S. 67–82.

Küpper, Achim (2009): „Eine Fährte, die ins Dunkel läuft". Das Scheitern epochaler Übergänge und die Dehumanisation des Menschen: Stefan Zweigs *Brennendes Geheimnis*. In: Modern Austrian Literature 42/1/2009, S. 17–39.

Martens, Lorna (1987): Geschlecht und Geheimnis. Expressive Sprache bei Stefan Zweig. In: Gelber, Mark H. (Hg.): Stefan Zweig heute. New York u. a.: Lang, S. 44–64.

Matuschek, Oliver (2006): Stefan Zweig. Drei Leben – Eine Biographie. Frankfurt a. M.: S. Fischer.

Meyer, Michaela (2009): Erzählte Psychoanalyse? Die „Wende nach Innen" in der modernen Literatur, dargestellt anhand ausgewählter Texte von Stefan Zweig, John Davys Beresford und May Sinclair. Essen: Die blaue Eule.

Micke, Norbert (1996): Kindheitsverlust und Kindheitsgewinn. Stefan Zweigs Erzählung *Brennendes Geheimnis* als Lebensmodell. In: Lindemann, Klaus/Micke, Norbert (Hg.): Eros und Thanatos. Erzählungen zwischen Jahrhundertwende und Erstem Weltkrieg. Paderborn u. a.: Schöningh, S. 73–100.

Pfoser, Alfred (1981): Verwirrung der Gefühle als Verwirrung einer Zeit. Bemerkungen zum Bestsellerautor Stefan Zweig und zur Psychologie in seinen Novellen. In: Lunzer, Heinz/Renner, Gerhard (Hg.): Stefan Zweig 1881/1981. Aufsätze und Dokumente. Wien: Dokumentationsstelle für neuere österreichische Literatur, S. 7–17.

Reik, Theodor (1912): Stephan [sic] Zweig: *Erstes Erlebnis*. In: Imago (Wien) I/2. 5. 1912, S. 209–211.

Rovagnati, Gabriella (1998): „Umwege auf dem Wege zu mir selbst". Zu Leben und Werk Stefan Zweigs. Bonn: Bouvier.

Schmidt, Mirjam (1998): Frauengestalten in den Erzählungen von Stefan Zweig. Frankfurt a. M. u. a.: Lang.

Strelka, Joseph P. (1982): Psychoanalytische Ideen in Stefan Zweigs Novellen. In: Literatur und Kritik 169–170/1982, S. 42–52.

Turner, David (1988): Moral Values and the Human Zoo. The „Novellen" of Stefan Zweig. Hull: Hull Univ. Press.

3.3 Amok (1922)

Bernd Hamacher

1. Entstehung	198
2. Inhalt	199
3. Zeitgenössische und mediale Rezeption	201
4. Erzählen von Leidenschaften – Leidenschaft des Erzählens	202

1. Entstehung

Nach *Die Liebe der Erika Ewald* (1904) und *Erstes Erlebnis. Vier Novellen aus Kinderland* (1911) publizierte Zweig 1922 seinen dritten Sammelband mit Erzählungen: *Amok. Novellen einer Leidenschaft*. Er enthält die Novellen *Der Amokläufer, Die Frau und die Landschaft, Phantastische Nacht, Brief einer Unbekannten* und *Die Mondscheingasse*. Damit setzte bei den fiktionalen Texten eine Werkpolitik der Ensemblebildung ein, denn *Amok* erschien unter dem Obertitel *Die Kette. Ein Novellenkreis*, und zwar als *Der zweite Ring*, während *Erstes Erlebnis* nun im Nachhinein als *Der erste Ring* bezeichnet wurde. Der *Ring* schloss sich 1927 mit dem dritten Band, *Verwirrung der Gefühle* (→ VII.2 AUSGABEN NACH DEM ERSTEN WELTKRIEG). Von *Amok* wurde 1931 im Insel Verlag als Beginn einer von Zweig initiierten neuen Reihe eine Volksausgabe zum Preis von 2,50 RM aufgelegt, die wesentlich zur großen Verbreitung des Bandes beitrug (vgl. Buchinger 1998, S. 58–61). Eine „Gesamtausgabe" unter dem Titel *Die Kette* erschien 1936 im Herbert Reichner Verlag, doch darin wurden aus dem ersten Band lediglich zwei Erzählungen, *Brennendes Geheimnis* (1911) und *Die Gouvernante* (1907), aufgenommen, während die beiden folgenden Bände vollständig vertreten waren. Schon früh tritt also die Tendenz hervor, das Ensemble wieder aufzulösen, was dann in den postumen Ausgaben fortgeführt wurde. Die Zusammenstellungen der Erzählungen nahmen auf Zweigs eigene Anordnung der Texte häufig keine Rücksicht mehr, insbesondere in den von Knut Beck herausgegebenen *Gesammelten Werken in Einzelbänden* (GWE).

Der Reihentitel *Die Kette* ist doppeldeutig. Zum einen ist damit eine Fesselung gemeint, zum anderen eine Verbindung. Der erste Aspekt bezieht sich inhaltlich auf die Thematik der Erzählungen, der zweite formal auf ihre Zusammengehörigkeit. Die nachträgliche Neuetikettierung von *Erstes Erlebnis* (seit der Neuauflage 1923) stellte in diesem Sinne eine Verbindung zwischen den vor, während und nach dem Ersten Weltkrieg entstandenen Erzählungen her.

Diese Kontinuität zeigt sich auch in der Entstehungsgeschichte der einzelnen Novellen von *Amok*. Die älteste ist *Die Mondscheingasse*. Bei der im Tagebuch am 11. Dezember 1912 erwähnten Novelle *Verworrene Erinnerung*, die bereits zwei Tage später als „im Entwurf fertig" bezeichnet wurde (Zweig GWE, Tb, S. 34), dürfte es sich vermutlich um die erste, nicht erhaltene Fassung jener Erzählung handeln. Der Erstdruck von *Die Mondscheingasse* erfolgte im Juli 1914, also noch vor Beginn des Ersten Weltkriegs, in der Cotta'schen Monatsschrift *Der Greif* in Stuttgart (hg. v. Karl Rosner u. Eduard von der Hellen, 1. Jg., Bd. 1, S. 319–335), mit dem Untertitel *Eine Novelle von Stefan Zweig*. *Die Frau und die Landschaft* wurde während des Kriegs, im Juli 1917, in der Zeitschrift *Donauland* (1. Jg., S. 494–503) gedruckt. Die anderen drei Erzählungen erschienen als Zeitungs- bzw. Zeitschriftendrucke, als die Publikation des Bandes bereits geplant oder schon auf dem Wege war: *Der Brief einer Unbekannten* (hier noch mit dem bestimmten Artikel, der im *Amok*-Band wegfiel) am 1. Januar 1922 in der Wiener *Neuen Freien Presse* (S. 31–38), *Der Amokläufer* am 4. Juni 1922, ebenfalls in der *Neuen Freien Presse* (Pfingstbeilage, S. 31–40), und *Phantastische Nacht* in zwei Teilen in der *Neuen Rundschau* vom Mai (S. 513–528) und Juni 1922 (S. 590–627). *Brief einer Unbekannten* wurde zudem ebenfalls 1922 als Faksimile von Hanns Martin Elster in der Reihe *Deutsche Dichterhandschriften* herausgegeben. Das faksimilierte Manuskript ist von Zweig als zweite Niederschrift bezeichnet und auf 18. bis 27. September 1921 datiert (vgl. Elster 1922, S. 22).

Am 12. März 1921 teilte Zweig seinem Verleger Anton Kippenberg erstmals mit, dass er an einem neuen Novellenband arbeite: „Auch hier handelt es sich wie beim *Ersten Erlebnis* um einen ganz geschlossenen innerlichen Kreis." (Archiv Insel Verlag, DLA Marbach) Die baldige Fertigstellung avisierte er Ende Februar des darauffolgenden Jahres, woraufhin der Band bereits im Juni erscheinen sollte. Die Drucklegung verzögerte sich jedoch, *Amok* kam erst im Herbst 1922 heraus. Am 11. Oktober konnte Zweig an Romain Rolland vermelden: „[E]ndlich habe ich die Freude, Ihnen mein neues Buch zu schicken: es enthält fünf Erzählungen: zum Teil aus der Zeit vor dem Krieg und seither überarbeitet. Sie sind meinem Privatleben entnommen: kein Glaubensbekenntnis wie ‚Die Augen des ewigen Bruders', [...] nicht wirklich erlebte, aber dennoch in meinem Dasein verwurzelte Dinge." (Zweig, Br III, S. 421)

Das Ausmaß der Überarbeitung ist unterschiedlich, in keinem Fall jedoch inhaltlich durchgreifend. Auffallend ist die durchgehend veränderte Regulierung der Zeichensetzung. An einzelnen Stellen wurden Wortwiederholungen getilgt oder Adjektive und Verben verändert, Präzisierungen eingefügt oder Redundanzen gestrichen. Der Text der ältesten Erzählung, *Die Mondscheingasse*, erfuhr die geringste Überarbeitung. Der letzte Satz von *Der Amokläufer* wurde umformuliert. Bei *Phantastische Nacht* fehlt im Erstdruck noch der Einleitungsabschnitt, der den erzählerischen Rahmen konstituiert. Die größten Veränderungen finden sich beim *Brief einer Unbekannten*, allerdings bereits von der zweiten Niederschrift zum Erstdruck in der *Neuen Freien Presse*, für den die Erzählung, wie dann auch in der Buchausgabe, gekürzt wurde. Dabei fiel unter anderem die Information weg, dass die Briefschreiberin „später oft in literarischen Kreisen [...] verkehrte" (Elster 1922, S. 30). Das Indiz für eine Erinnerung an die Frau am Ende des Textes – „ein Bild begann sich zu formen, ganz umrahmt von leidenschaftlichem Dank" (S. 75) – wurde ebenfalls gestrichen.

2. Inhalt

Der *Amok*-Band ist Frans Masereel gewidmet, „dem Künstler, dem brüderlichen Freunde" (Zweig 1922, S. 5). Den Erzählungen vorangestellt ist ein titelloses Sonett, das als Motto dient und in dem das Thema der Leidenschaften exponiert wird. Die „Unterwelt der Leidenschaften" wird dazu aufgefordert, sich in ihrer „Qual" und ihrem „Leiden" dem lyrischen Ich zu eröffnen. Darin werde „letzte Weisheit" gefunden: „Erst wo Geheimnis wirkt, beginnt das Leben." (S. 7)

Die Handlungszeit ist durchgehend vor dem Ersten Weltkrieg anzusetzen. In der ersten Erzählung, *Der Amokläufer*, berichtet der Ich-Erzähler aus der Rückschau von einer nächtlichen Begegnung auf dem Deck eines Überseedampfers auf der Fahrt von Kalkutta nach Neapel. Der Fremde, ein Deutscher aus Leipzig, erzählt ihm von einem Erlebnis als Arzt in Niederländisch-Indien, wo er in „eine Art Tropenkrankheit" verfallen ist (Zweig 1922, S. 29; GWE, Der Amokläufer, S. 89), bevor ihn eine vornehme Engländerin besucht, die eine Abtreibung von ihm verlangt. Die Bedingung, eine gemeinsame Liebesnacht, erfüllt sie nicht, sondern lacht ihn aus und verlässt ihn unter dem Verbot, ihr zu folgen. Dies tut er dennoch und beschreibt seine folgenden Handlungen dem Rahmenerzähler in Analogie zu einem Amoklauf (vgl. Zweig 1922, S. 48; GWE, S. 105), dessen Erklärung exakt dem zeitgenössischen Wissensstand folgt. Erst kurz vor ihrem Tod lässt sie den Arzt doch noch rufen. Sie hat die Abtreibung im Chinesenviertel der Kolonialresidenz vornehmen lassen und nimmt dem Arzt das Versprechen ab, dass niemand von ihrer außerehelichen Schwangerschaft erfahren dürfe. Er gibt seine Existenz auf, verlässt das Land mit dem Schiff, auf dem er den Erzähler trifft und auf dem sich auch der Sarg der Frau und ihr Ehemann befinden. Nach der Ankunft in Neapel erfährt der Erzähler von einem vermeintlichen Unfall: Der Arzt hat sich beim Entladen vom Deck auf den Sarg gestürzt und ihn mit sich in die Tiefe gerissen. Der Sarg taucht nicht mehr auf.

In *Die Frau und die Landschaft* befindet sich der Ich-Erzähler im Sommer in einem Hotel im Tiroler Gebirge. Er leidet an der Schwüle, spürt die Spannung der Natur vor dem Gewitter und erkennt dieselbe Sensibilität an einer jungen Frau, die er dann nachts als Schlafwandlerin in seinem Zimmer antrifft. Er küsst sie. Mit dem Ausbruch des Gewitters erwacht sie und flieht. Am anderen Morgen ist die Spannung der Atmosphäre gelöst. Beim Frühstück im Speisesaal stellt der Erzähler fest, dass sich die Frau offenbar nicht an die Nacht erinnert.

Phantastische Nacht wird eingeleitet als Hinterlassenschaft eines 1914 gefallenen Barons, der von einem Erlebnis am 7. Juni 1913 berichtet, das sein bisheriges, ohne jede emotionale Beteiligung verbrachtes luxuriöses Leben verändert. Er besucht ein Pferdederby im Wiener Prater, wo er vom Wettfieber ergriffen wird, eine hohe Summe gewinnt und abends einer Dirne folgt. Von der Erpressung durch ihre Kumpane kauft er sich frei und verschenkt auf dem Heimweg sein gesamtes Geld an einfache Leute, die er unterwegs trifft.

In *Brief einer Unbekannten* erhält ein bekannter Romanschriftsteller einen umfangreichen Brief einer anonymen Frau, den sie nach dem Tod ihres Sohnes geschrieben hat und in dem sie ankündigt, dass sie selbst tot sein werde, wenn er den Brief erhalte. Sie schildert darin ihre Liebe zu ihm, die im Alter von 13 Jahren begonnen hat, als er im gleichen Mietshaus lebte. Nach der erneuten Heirat ihrer Mutter muss sie zwei Jahre in Innsbruck verbringen, kehrt jedoch nach ihrem Schulabschluss nach Wien zurück. Es kommt zu einer Wiederbegegnung, bei der der Schriftsteller sie nicht erkennt, und zu drei Liebesnächten, nach denen er verreist und sich nach seiner Rückkehr nicht bei ihr meldet. Sie ist schwanger, bringt ihren Sohn unter ärmlichen Bedingungen zur Welt, findet danach vermögende Liebhaber, bleibt aber ihrer wahren Liebe treu. Sie trifft ihn noch einmal, wieder erkennt er sie nicht und bezahlt sie für die Liebesnacht. Nach der Lektüre der Lebensbeichte spürt er zwar „unsterbliche Liebe: innen brach etwas auf in seiner Seele" (Zweig 1922, S. 267; GWE, Brief einer Unbekannten, S. 199), aber er kann sich nicht an die Frau erinnern.

Die Mondscheingasse spielt in einer französischen Hafenstadt. Der durchreisende Ich-Erzähler trifft dort nachts einen Deutschen, dessen ehemalige Frau als Prostituierte in einem Lokal der Gasse arbeitet, ihn wegen seines Geizes verlassen hat und verachtet. Er zeigt dem Erzähler ein Messer und bittet ihn, mit der Frau zu sprechen, der er verfallen ist. Der Erzähler findet die Gasse bei Tageslicht nicht wieder, kommt jedoch abends auf dem Weg zum Bahnhof daran vorbei, sieht den Mann vor der Tür stehen, hat aber Angst und sieht nur noch, wie er mit blitzendem Metall in der Hand die Tür aufreißt.

3. Zeitgenössische und mediale Rezeption

Die zeitgenössische Kritik des Bandes war fast uneingeschränkt positiv. Allgemein wurde darin ein Gipfel von Zweigs bisherigem Schaffen gesehen. Für Erwin Rieger in der *Neuen Freien Presse* ist er „in eine neue Phase […] seines künstlerischen Werdeganges" eingetreten, wirke aber immer noch „durchaus jugendlich, beinahe jünglinghaft" (Rieger 1922, S. 34). Rieger vergleicht die erwachsenen Protagonisten mit den kindlichen und jugendlichen aus *Erstes Erlebnis*. Sie seien dem „Geheimnis" verfallen, würden aber „erst dann ganz sie selbst" (S. 35). Den von Rieger vorgenommenen Vergleich des Protagonisten aus *Phantastische Nacht* mit Arthur Schnitzlers Anatol zieht auch Julian Sternberg in der Zeitschrift *Moderne Welt*: „Ein Anatol der Nachkriegszeit, Anatol, der von Tolstoischen Anschauungen durchtränkt ist" (Sternberg 1923, S. 39) – und dies, obwohl die Erzählung in der Vorkriegszeit spielt. Sternberg sieht ebenfalls die kindlichen Protagonisten des ersten Novellenkreises nun erwachsen und erhofft sich von einem *dritten Ring* eine weitere Entwicklung zur „Goetheschen Klarheit und Helligkeit" (S. 39). Otto Zarek würdigt in der *Neuen Rundschau*, dass Zweig mit „Klarheit" und „Meisterschaft" den „Urtypus der Novelle" wieder aufgenommen, aber „das Roh-Zufällige des Vorwurfs durch eine mystische Einbildungskraft ersetzt" habe (Zarek 1923, S. 670). Er spielt Zweigs „ergründende[n] psychologische[n] Stil" gegen andere zeitgenössische literarische Tendenzen aus: den „plumpe[n], nur optische[n] Realismus des Abschreibens" einerseits und das „unpsychologische Anhäufen spekulativer Welten in expressionistischer Prosa" andererseits (S. 670f.).

Die in dem bereits zitierten Brief an Rolland von Zweig ausgedrückte Selbsteinschätzung der Erzählungen als autobiografisch grundiert wird angesichts der Skizze Zweigs, die Hanns Martin Elster seiner Einleitung zum Faksimile des *Briefs einer Unbekannten* voranstellte, verständlich: Zweig schreibt dort über seine „Jahre zwischen achtzehn und dreißig" (also 1899 bis 1911), dass es ihm so scheine, „als ob ich diese ganzen Jahre einzig in der Welt herumgereist, in Kaffeehäusern gesessen und mit Frauen herumgezogen wäre" (Elster 1922, S. 7). Nach diesen Jahren einer „ungeheuren, unruhigen und fast schmerzhaften Lebensneugier, die mich auch in andrer Beziehung bis ins Abenteuerliche hinein verlockt hat", sei er durch den Krieg „aus der Welt auf mich selbst" zurückgeworfen worden (S. 8). Auch in einem Brief an Hermann Hesse aus dem Herbst 1922 macht er geltend, dass er durch die Erschütterungen der Zeit „in einen Weg nach innen gedrängt" worden sei, „der manchem vielleicht abseitig und wie eine Flucht anmuten könnte, indes wir doch wissen, daß es ein Versuch gerade zum Wesentlichen ist." (Hesse/Zweig 2006, S. 113) Für Elster ist Zweigs „organische Entwicklung" zu „Harmonie und Reife" musterhaft (Elster 1922, S. 11). Durch das „Feminine seiner Veranlagung" sei er „der Natur als solcher näher" (S. 13). In *Amok* habe er „alles Sentimentalische überwunden. Er gibt in eherner Plastik und Intensität das Unabänderliche der Natur und ihrer Auswirkung" (S. 19).

Der internationale Erfolg und die Popularität des *Amok*-Bandes manifestieren sich auch in frühen Verfilmungen: Einer russischen von *Der Amokläufer* aus dem Jahre 1927 (als Stummfilm) folgten 1934 eine französische und 1944 eine mexikanische (als Tonfilme). Aus *Brief einer Unbekannten* wurde 1929 unter dem Titel *Narkose* ein Stummfilm, ein Tonfilm unter der Regie von Max Ophüls, in dem es „nicht mehr nur um Liebe, sondern auch um Familie, Tugend und Moral" geht (Zhang 2007, S. 236), wurde erst 1948 realisiert (→ VI.7.3 Verfilmungen). Besonderes Interesse verdient in jüngerer Zeit eine chinesische Verfilmung dieser Erzählung durch die junge Regisseurin Xu Jinglei aus dem Jahr 2004, die mit einer selbstbewussten, emanzipierten Frauenfigur „als melancholisch-zauberisches Porträt einer unmöglichen Liebe angelegt" ist (S. 238; vgl. auch Zhou 2008; Huang 2008).

4. Erzählen von Leidenschaften – Leidenschaft des Erzählens

Autobiografische Ansätze, die in der älteren Forschung oft dominierten, werden auch in jüngerer Zeit noch geltend gemacht. So wird beim *Amokläufer* aufgrund des psychologischen Interesses „eine Ähnlichkeit zwischen dem Erzähler und Zweig selbst" (Latciak 2002, S. 492) postuliert, ebenso wie beim *Brief einer Unbekannten* zwischen dem Schriftsteller und dem Autor, und zwar hier auf Grund des dargestellten Lebensstils (vgl. S. 503). Donald A. Prater wirft die Frage auf, ob sich Zweig beim *Brief einer Unbekannten* an den Werbungsbrief Friderike von Winternitz' aus dem Jahre 1912 erinnert habe (vgl. Prater 1991, S. 68; ebenso Weinzierl 2015, S. 51). Ulrich Weinzierl liest gar *Phantastische Nacht* als „Aufarbeitung – psychisch wie literarisch – von Stefan Zweigs traumatischem Erlebnis vom 23. Februar 1913" (S. 195), als er angeblich als Exhibitionist im Wiener Schönbornpark ertappt worden sei. Da in der Erzählung von Exhibitionismus nicht die Rede ist, bleibt eine solche psychologisierende Spekulation für die Interpretation der Novelle unergiebig.

Von grundsätzlichem Interesse ist indes das Verhältnis der jeweiligen Erzählinstanz zu den Protagonisten und den dargestellten Erlebnissen und Leidenschaften. Beim *Amokläufer* ist der extradiegetische Erzähler aufgrund seiner Erlebnisse für die Begegnung mit dem Arzt prädisponiert (→ IV.1 Erzählformen): „Ich hatte eine neue Welt gesehen, rasch ineinanderstürzende Bilder in rasender Jagd in mich eingetrunken." (Zweig 1922, S. 12; GWE, Der Amokläufer, S. 75) Voraussetzung für die Begegnung ist auch in konzeptionellem Sinne eine Umkehrung der „Zeitordnung" (Zweig 1922, S. 13; GWE, S. 76), die in eine veränderte Wirklichkeitswahrnehmung und eine Auflösung von Grenzen wie denjenigen zwischen Mensch und Natur sowie – damit verbunden – zwischen den Geschlechtern mündet: „Nun [...] überkam mich die heilige Lust des Träumens, und jene andere sinnlichere, meinen Körper weibisch hinzugeben an dieses Weiche, das mich umdrängte." (Zweig 1922, S. 15; GWE, S. 77) Damit wird das nachfolgende Erlebnis in eine traumhafte, phantastische Atmosphäre gerückt, die Zuverlässigkeit des Rahmenerzählers erweist sich als fragwürdig. Dadurch, dass er seine psychologische „Leidenschaft des Erkennenwollens" mit derjenigen „des Besitzenwollens einer Frau" vergleicht (Zweig 1922, S. 19; GWE, S. 81), wird er in eine Nähe zum Binnenerzähler gerückt, noch bevor dessen Erzählung beginnt. In der Rahmenerzählung werden jene Leidenschaften in eine Leidenschaft des Erzählens verschoben, die sich bei der Wiedergabe der Binnenerzählung in zahlreichen Aposiopesen und Gedankenpunkten widerspiegelt und als letzten Rest an Diskretion lediglich die

Namen der Beteiligten verschweigt. Somit wird das Erzählen selbst zum Amoklauf bzw. zu dessen Sublimierung und Ersatz.

Das für den gesamten Band titelgebende Motiv des Amoks ist inhaltlich zum einen in psychologischer Hinsicht relevant: Darin komme „Zweigs Interesse an der Labilität der menschlichen Psyche und an ihren pathologischen Ausprägungen" zum Ausdruck. Das Aufbrechen einer behüteten Sicherheit der Protagonisten werde „zum eigentlichen Movens der Handlung. Das Individuum kann seine aufgestauten, impulsiv hervorbrechenden Gedanken nicht mehr steuern und läuft Amok." (Baldes 2003, S. 443) Dabei träten „[s]elbstdestruktive Züge" zutage (S. 444). Zum anderen wurde das Phänomen Amok in kulturgeschichtlicher Absicht fokussiert. Für Philipp Hubmann ist die Erzählung als „Reflexion auf die historischen Umstände im Anschluss an die Kriegsjahre" zu werten (Hubmann 2011, S. 262). Der Amoklauf sei bei Zweig „Ausdruck des moralischen Versagens der intellektuellen Elite nach dem Ersten Weltkrieg" und seines „Zweifel[s] am neuzeitlichen Fortschrittspathos" (S. 263). Für Heiko Christians ist Zweigs Novellenband entscheidend für die Verbreitung und Popularisierung des Amok-Konzepts verantwortlich. Dabei würden Fallgeschichten als lehrhafte Exempla für den Leser geschaffen (vgl. Christians 2008, S. 203). Das Hauptthema sei „die problematische Kommunikation extremer Zustände, wie in diesem Fall der Zustand der durch Leidenschaft aufgewühlten Nerven" (S. 206). Amok wird damit zur Metapher für eine unaufhaltsame und einem Außenstehenden kaum plausibel zu machende Leidenschaft, die letztlich nur durch den Tod beendet werden kann.

Der Amokläufer bedient dabei – sieben Jahre nach Robert Müllers *Tropen* (1915) – die zeittypischen exotistischen Stereotype mit der Symptomatik des Tropenkollers (vgl. Zweig 1922, S. 25f.; GWE, Der Amokläufer, S. 86f.), wobei auf Seiten des Arztes ein sadomasochistisches Verhältnis zu dominanten Frauen die Ursache dafür bildet, dass aus der Trägheit die Leidenschaft ausbricht: „Sie hatte eine Art, hochmütig und kalt zu sein, die mich rasend machte – mich hatten immer schon Frauen in der Faust, die herrisch und frech waren, aber diese bog mich zusammen, daß mir die Knochen brachen." (Zweig 1922, S. 26f.; GWE, S. 87) Diese Konstellation aus seiner Leipziger Zeit wiederholt sich in der „stählerne[n], […] männliche[n] Entschlossenheit" der Engländerin in der Kolonie, die „stärker war" als der Arzt und die er als „Feind" empfand (Zweig 1922, S. 34; GWE, S. 94), so dass er „besessen" wurde „von der Idee, sie zu erniedrigen" (Zweig 1922, S. 41; GWE, S. 99). Ihre hochmütige Zurückweisung löst das Verhalten aus, das der Arzt dann in Analogie zur Symptomatik des Amoklaufs erklärt. Die zugrundeliegende Problematik der Ehre, die ihn zur Einlösung seines Versprechens bringt, ist jedoch eine deutlich europäische – zumal es sich bei dem Liebhaber um einen jungen weißen Offizier handelt –, das exotische Ambiente dient lediglich als Kulisse, um den Zivilisationsbruch durch die animalisch konnotierten Triebe unverstellt zu ermöglichen. Moralische Fragen – wie vor allem die zwischen Rahmen- und Binnenerzähler diskutierte Pflicht zu helfen – werden dabei der Psychologie der Leidenschaften untergeordnet (vgl. Turner 1988, S. 29).

In *Die Frau und die Landschaft* ist die ‚Kontamination' des Erzählers durch die erzählten Leidenschaften noch offensichtlicher, da hier keine Rahmenkonstruktion für Distanzierung sorgt. Das Fieber wird vom Ich-Erzähler in einem Hochtal Tirols zunächst in der Natur wahrgenommen, dann an sich selbst und schließlich an einer jungen Frau. Während er sich selbst mit der gesamten Natur ineins setzt – „Ich wußte nicht mehr, was davon meine Erregung war, und was die der Welt" (Zweig 1922,

S. 96f.; GWE, Die Frau und die Landschaft, S. 151) –, wird die Frau mit der Erde identifiziert (vgl. Zweig 1922, S. 93f.; GWE, S. 149). Die Frustration nach dem Ausbleiben des Gewitters trägt für den Erzähler Züge eines unterbrochenen Sexualakts – mit deutlich autoerotischer Konnotation. Durch die Darstellung seiner veränderten Wahrnehmung – „etwas war in dieser Nacht in mir wunderlich dem Phantastischsten bereit, alles schon vorher gedacht und traumbewußt" (Zweig 1922, S. 109; GWE, S. 162) – wird die Begegnung mit der Frau in seinem Zimmer in den Bereich des Phantastischen gerückt; der Erzähler ist wiederum unzuverlässig. Die Frau wird letztlich zur „Statue" (Zweig 1922, S. 113, so bereits S. 100; GWE, S. 165 bzw. 154), und der Sexualakt wird nicht mit ihr, sondern vom Erzähler selbst in imaginärer Verschmelzung mit der Natur vollzogen, „eine gigantische Brautnacht, deren Lust ich mitfühlend genoß." (Zweig 1922, S. 117; GWE, S. 168) Nach dem Gewitter sind die Grenzen zwischen Himmel und Erde ebenso wie diejenigen zwischen Mann und Frau wieder stabil. Auch hier ist es das Erzählen selbst, das die Verschmelzung und Grenzüberschreitung herbeigeführt hat und anschließend zu einer – womöglich erneuerten – Normalität zurückführen soll.

Phantastische Nacht wird mit einer doppelten Distanzierung von der Fiktionalität und dem Kunstcharakter des Erzählens eingeleitet, die gerade dadurch bereits misstrauisch machen kann: Der Binnenerzähler Baron von R… bezweifelt bei sich „jede sogenannte künstlerische Begabung", während der Rahmenerzähler dessen Geschichte „durchaus nicht für eine erfundene Erzählung, sondern für ein wirkliches, in allen Einzelheiten tatsächliches Erlebnis" hält (Zweig 1922, S. 123; GWE, Phantastische Nacht, S. 172). Dadurch, dass er den privaten Rechenschaftsbericht veröffentlicht, wird indes erneut der Fokus auf die Funktion des Erzählens selbst gelegt.

In *Die Frau und die Landschaft* und in *Phantastische Nacht* löst wie im *Amokläufer* – und dann wieder in der Binnenerzählung der *Mondscheingasse* – ein symbolischer Kampf zwischen Mann und Frau um die (erotische) Vorherrschaft den Durchbruch der Leidenschaft aus, ein Kampf, der mit den Waffen des Blicks geführt wird (vgl. Zweig 1922, S. 102ff., 147; GWE, Die Frau und die Landschaft, S. 156ff.; GWE, Phantastische Nacht, S. 192). Die Handlungen des Barons in *Phantastische Nacht* werden initiiert durch den Wunsch nach dem „Triumph der Erniedrigung über diese frechspielende Frau" (Zweig 1922, S. 150; GWE, Phantastische Nacht, S. 196), die Leidenschaft wird aber sodann vom Gebiet des Erotischen zunächst auf das Wettfieber verschoben. Die ausbleibende Scham über die Erkenntnis, ein Dieb zu sein, führt zur Negierung des männlich konnotierten „gesellschaftlichen Wahn[s]" (Zweig 1922, S. 166; GWE, S. 209), so dass der Baron „mit der seligen Betroffenheit der Frau, die zum erstenmal in sich das Kind sich regen spürt, […] das Wirkliche" empfindet, durch dieses ‚weibliche' Empfinden aber zugleich erst wirklich zum Mann wird: „[E]r grünte und trieb seine Knospen, der abgedorrte Stab" (Zweig 1922, S. 167; GWE, S. 209). Er sehnt sich nach Verschmelzung mit der „Menschheit", die Grenzen der Geschlechter lösen sich auf: „Mit der Lust des Mannes sehnte ich mich in den quellenden Schoß dieses heißen Riesenkörpers hinein, mit der Lust des Weibes war ich aufgetan jeder Berührung" (Zweig 1922, S. 173; GWE, S. 214). Die Erkenntnis der Einheit des Lebenswillens unter der Maske der Erscheinungen führt ihn – im Sinne von Schopenhauers Willensmetaphysik – zum „Mitleid", eine Schlüsselvokabel, die mehrmals wiederholt wird (Zweig 1922, S. 183, 196ff.; GWE, S. 223, 234ff.). In der Propagierung eines neuen Lebens im Sinne einer persönlichen und sozialen Mitmenschlichkeit – allerdings bei äußerlich mehr oder weniger unveränderter Existenz und ohne die rigide gesellschaftliche Klassenstruktur im geringsten in Frage zu stellen (vgl. Turner 1988, S. 173) – geht diese Erzählung am weitesten in die Richtung der Formulierung einer konkreten Botschaft an den Leser, einer Botschaft, die ausdrücklich nicht mündlich vermittelt werden kann – „[g]esprochen habe ich zu keinem Freunde davon" (S. 206) –, sondern auf schriftliches Erzählen und damit die Literatur angewiesen ist. Die Rolle der Literatur als Vermittlungsinstanz des Lebens wurde indes in der Forschung auch skeptischer gesehen: Der Text problematisiere „sein eigenes Vorhaben, da gesagt wird, dass Schreiben über ‚Leben' eigentlich unmöglich ist, da beim Versuch des Transports von ‚Leben' in ‚Literatur' zu viel verlorengeht." (Landshuter 2009, S. 165) Dies sei ein Indiz dafür, dass sich „der Umgang mit dem Konstrukt des ‚Lebens' innerhalb des Literatursystems hin zu einer pessimistischer getönten Betrachtungsweise" wandle (S. 170). Die Frage, inwiefern ein erstarrtes Leben durch eine leidenschaftliche Krise zu einer Erneuerung und metaphorischen Wiedergeburt geführt werden kann, lässt sich nicht eindeutig beantworten. Ob das Ich vor und nach dem Erlebnis tatsächlich ein völlig anderes ist, wie der Baron von sich selbst behauptet (vgl. Zweig 1922, S. 127; GWE, Phantastische Nacht, S. 175 f.), muss offen bleiben.

Die Distanzierung durch eine anonyme Erzählinstanz in *Brief einer Unbekannten* sorgt in Verbindung mit der Binnenerzählung aus weiblicher Perspektive dafür, dass „der bekannte Romanschriftsteller R." (Zweig 1922, S. 211; GWE, Brief einer Unbekannten, S. 153) trotz seines Berufs bei der Vermittlung der Erzählung zunächst völlig zurücktritt (→ IV.1 Erzählformen). Er bleibt offenbar bei seiner Tätigkeit ganz unberührt von Leidenschaft, im Gegensatz zur Briefschreiberin, bei der das schließlich tödliche „Fieber" (Zweig 1922, S. 213; GWE, S. 155) nicht nur den Anlass, sondern geradezu die Voraussetzung des Schreibens und Erzählens zu bilden scheint. Am Schluss der Rahmenerzählung werden mit dem Aufbrechen der Seele und dem Erspüren von „Tod" und „unsterbliche[r] Liebe" (Zweig 1922, S. 267; GWE, S. 199) als Reaktionen auf die Lektüre des Briefs die Voraussetzungen benannt, die ein wahres und nicht nur gesellschaftlich erfolgreiches Künstlertum ebenso wie ein Leben im emphatischen Sinne erst bedingen. Damit enthält die Erzählung am Schluss ihre eigene Rezeptionsanweisung, und sie ist zugleich eine Reflexion über die gesellschaftliche Existenz des Schriftstellers und dessen „Doppelleben" (Zweig 1922, S. 219; GWE, S. 160).

Stärker noch als bei den vorhergehenden Novellen ist der Ich-Erzähler in *Die Mondscheingasse* als Beobachter und Außenstehender in ein moralisches Zwielicht gerückt, und ein Wandlungsprozess scheint fraglich. Seine Faszination durch eine „sinnlich ungeregelte[ ] Welt, wo die Triebe noch brutal und ungezügelt sich entladen" (Zweig 1922, S. 273 f.; GWE, Die Mondscheingasse, S. 141), hat fatale Folgen. Das „seligste Gefühl des durch Anteilslosigkeit tiefsten und wahrsten Erlebens" (Zweig 1922, S. 274 f.; GWE, S. 142) kann nicht aufrechterhalten werden, da er durch den Binnenerzähler – das Verhältnis von extra- und intradiegetischer Erzählung erinnert bis in den Sprachduktus hinein an *Der Amokläufer* – zur Anteilnahme und zur Handlung aufgefordert wird (→ IV.1 Erzählformen). Deren Verweigerung und damit die Beibehaltung der Anteilslosigkeit – „aus der feigen Angst, hier verstrickt zu werden und meinen Zug zu versäumen" (Zweig 1922, S. 295; GWE, S. 159) – hat möglicherweise einen Mord zur Folge. Eine psychische und erst recht eine soziale ‚Lösung' – eine wie auch immer geartete Integration der Triebwelt in ein ganzheitliches Lebenskonzept –

ist in dieser werkgenetisch ältesten Erzählung nicht in Sicht. Dadurch, dass sie am Ende des Bandes steht, wird die Ungelöstheit der Probleme deutlich. Diese Radikalität der Problemformulierung ist die eigentliche Stärke des Bandes. Eine eindeutige Positionsnahme, womöglich des Autors selbst, lässt *Amok* nicht erkennen.

Stefan Zweig

Hesse, Hermann/Zweig, Stefan (2006): Briefwechsel. Hg. v. Volker Michels. Frankfurt a.M.: Suhrkamp 2006.
Kippenberg, Anton/Zweig, Stefan: Briefwechsel. Archiv Insel Verlag, DLA Marbach [in Vorbereitung].
Zweig, Stefan (1922): Amok. Novellen einer Leidenschaft. Leipzig: Insel 1922.
Zweig, Stefan (1936): Die Kette. Wien u.a.: Reichner.
Zweig, Stefan (2000): Briefe. Bd. III: 1920–1931. Hg. v. Knut Beck u. Jeffrey B. Berlin. Frankfurt a.M.: S. Fischer.
Zweig, Stefan (2002⁴): Brief einer Unbekannten. In: Ders.: Brennendes Geheimnis. Erzählungen. GWE. Hg. v. Knut Beck. Frankfurt a.M.: S. Fischer, S. 153–199.
Zweig, Stefan (2002⁴): Der Amokläufer. In: Ders.: Der Amokläufer. Erzählungen. GWE. Hg. v. Knut Beck. Frankfurt a.M.: S. Fischer, S. 74–138.
Zweig, Stefan (2002⁴): Die Mondscheingasse. In: Ders.: Der Amokläufer. Erzählungen. GWE. Hg. v. Knut Beck. Frankfurt a.M.: S. Fischer, S. 139–159.
Zweig, Stefan (2002⁵): Die Frau und die Landschaft. In: Ders.: Phantastische Nacht. Erzählungen. GWE. Hg. v. Knut Beck. Frankfurt a.M.: S. Fischer, S. 145–171.
Zweig, Stefan (2002⁵): Phantastische Nacht. In: Ders.: Phantastische Nacht. Erzählungen. GWE. Hg. v. Knut Beck. Frankfurt a.M.: S. Fischer, S. 172–243.

Weitere Literatur

Baldes, Dirk (2003): Liberales Weltbürgertum und humanes Menschenbild. Stefan Zweig im Kontext der Säuberungsaktion „wider den undeutschen Geist" am Beispiel seiner Novelle *Der Amokläufer*. In: Wild, Reiner (Hg.): Dennoch leben sie. Verfemte Bücher, verfolgte Autorinnen und Autoren. Zu den Auswirkungen nationalsozialistischer Literaturpolitik. München: edition text + kritik, S. 441–448.
Buchinger, Susanne (1998): Stefan Zweig – Schriftsteller und literarischer Agent. Die Beziehungen zu seinen deutschsprachigen Verlegern (1901–1942). Frankfurt a.M.: Buchhändler-Vereinigung.
Christians, Heiko (2008): Amok. Geschichte einer Ausbreitung. Bielefeld: Aisthesis.
Elster, Hanns Martin (Hg.) (1922): Stefan Zweig. Dresden: Lehmannsche Verlagsbuchhandlung.
Huang, Keqin (2008): Xu Jingleis Verständnis von Stefan Zweigs Novelle *Brief einer Unbekannten*. In: Literaturstraße 9/2008, S. 213–223.
Hubmann, Philipp (2011): Der Amokläufer. Mythische Transformation eines kolonialistischen Topos bei Stefan Zweig und Else Lasker-Schüler. In: Jaśtal, Katarzyna u.a. (Hg.): Variable Konstanten. Mythen in der Literatur. Dresden, Wrocław: Neisse, S. 255–263.
Landshuter, Stephan (2009): Die Grenzen rauschhaft erneuerten ‚Lebens' in *Phantastische Nacht* und *Die Frau und die Landschaft* von Stefan Zweig. In: Haug, Christine/Mayer, Franziska/Podewski, Madleen (Hg.): Populäres Judentum. Medien, Debatten, Lesestoffe. Tübingen: Niemeyer, S. 151–170.
Latciak, Malgorzata (2002): Die Charakteristik der Gestalten in den Novellen Stefan Zweigs. *Der Amokläufer, Der* [sic] *Brief einer Unbekannten* und *Die* [sic] *Schachnovelle* unter der Berücksichtigung der Bauform dieser Werke. In: Studia Niemcoznawcze 23/2002, S. 491–505.

Prater, Donald A. (1991): Stefan Zweig. Eine Biographie. Reinbek b. H.: Rowohlt.
Rieger, Erwin (1922): Stefan Zweigs neues Novellenbuch. In: Neue Freie Presse, Nr. 20919, 3. 12. 1922, S. 34–35.
Sternberg, Julian (1923): Bücher, von denen man spricht. In: Moderne Welt. Illustrierte Monatsschrift 4/9/Februar/1923, S. 28 u. 39.
Turner, David (1988): Moral Values and the Human Zoo. The „Novellen" of Stefan Zweig. Hull: Hull Univ. Press.
Weinzierl, Ulrich (2015): Stefan Zweigs brennendes Geheimnis. Wien: Zsolnay.
Zarek, Otto (1923): *Amok*. In: Die neue Rundschau 34/7/1923, S. 670–671.
Zhang, Yi (2007): Der Film als neues Medium und besondere Form der Rezeption. Zwei Verfilmungen von Stefan Zweigs Erzählung *Brief einer Unbekannten*. In: Literaturstraße 8/2007, S. 233–244.
Zhou, Qin (2008): Eine Nacht eines Mannes – das Leben einer Frau. Chinesische Verfilmung der Novelle *Brief einer Unbekannten* von Stefan Zweig. In: Literaturstraße 9/2008, S. 201–212.

3.4 *Verwirrung der Gefühle* (1927)
Marlen Mairhofer

1. Entstehung und Überlieferung 207
2. Inhalt 209
   2.1 *Vierundzwanzig Stunden aus dem Leben einer Frau* (1925) 209
   2.2 *Untergang eines Herzens* (1927) 210
   2.3 *Verwirrung der Gefühle* (1927) 211
3. Rezeption und Forschung 212

1. Entstehung und Überlieferung

Im Herbst 1926 erscheint, vordatiert auf das Folgejahr 1927, im Insel Verlag in Leipzig erneut ein Novellenband Stefan Zweigs, der neben der titelgebenden Novelle *Verwirrung der Gefühle. Private Aufzeichnungen des Geheimrates R. v. D.* die Texte *Vierundzwanzig Stunden aus dem Leben einer Frau* und *Untergang eines Herzens* enthält. Damit fügt Zweig der *Kette*, jenem sogenannten Novellenprojekt, zu dem er die ebenso bei Insel erschienenen Bände *Erstes Erlebnis. Geschichten aus Kinderland* (1911) und *Amok. Novellen einer Leidenschaft* (1922) als *ersten* und *zweiten Ring* zählt, einen *dritten Ring* hinzu. Bernd Hamacher und Ulrike Vedder gehen in ihren Artikeln näher auf Entstehung und Bedeutung dieser Verknüpfung ein (→ III.3.2 ERSTES ERLEBNIS; III.3.3 AMOK).

Die Begeisterung der Leserschaft über die neue Novellensammlung lässt sich angesichts der hohen Auflagezahlen erahnen: Am 29. Oktober 1927 schreibt Zweig freudig an den amerikanischen Verleger Ben Huebsch: „Von ‚Verwirrung der Gefühle' ist bereits das 75. Tausend in Druck. Möchten Sie ähnliche Erfahrungen drüben machen!" (Zweig, Br III, S. 199) Zeitgleich mit der Veröffentlichung des Bandes erscheint eine limitierte Luxusausgabe von 30 nummerierten und signierten Exemplaren (vgl. Zweig 2017, S. 115).

Die von Knut Beck herausgegebenen *Gesammelten Werke in Einzelbänden* (GWE) nehmen den Band *Verwirrung der Gefühle* nicht in seiner ursprünglichen Zusammenstellung in die Werkausgabe auf, sondern integrieren *Vierundzwanzig Stunden aus dem Leben einer Frau* in *Phantastische Nacht* (1982), während der Band *Verwirrung der Gefühle* (1983) neben der titelgebenden Novelle und *Untergang eines Herzens* noch sechs weitere Erzählungen Zweigs enthält.

Die Kette, 1936 als erster Teil der sogenannten Gesamtausgabe von Stefan Zweigs erzählerischem Werk bei Reichner erschienen, enthält eine geringfügig veränderte Fassung der Novelle *Verwirrung der Gefühle*, die Zweig im Zuge einer gründlichen Durchsicht der Druckfahnen erstellt hat (vgl. Zweig 2017, S. 118).

Zweigs Korrespondenzen legen nahe, dass die drei Texte des Originalbandes im Sommer/Herbst 1925, nach viermaliger Unterbrechung und daraus resultierenden Konzentrationsschwierigkeiten, wie er Romain Rolland im März 1926 klagt (vgl. Zweig, Br III, S. 513), zumindest teilweise fertiggestellt waren. So berichtet Zweig seinem Freund Leonhard Adelt in einem undatierten, vermutlich nach dem 17. Juli 1925 entstandenen Brief, dass er „drei Novellen geschrieben" habe, „von denen eine danebenging" (S. 142) – hier handelt es sich Knut Beck und Jeffrey B. Berlin zufolge wohl um den 1933 wieder aufgenommenen Text *Widerstand der Wirklichkeit* (vgl. S. 501) –, „zwei glaube ich, Haltung und Bewegung haben, eine bessere dritte will ich jetzt schreiben, die an sehr complicierte Probleme streift, nein sie geradezu packt: das ganze wird im Frühjahr wohl ein Band ‚Verwirrung der Gefühle' – ein Titel, der Dir vorläufig deutsam sein mag." (S. 142)

Von den drei Texten des Originalbandes erscheint nur *Vierundzwanzig Stunden aus dem Leben einer Frau* noch vor Veröffentlichung der Novellensammlung am 25. Dezember 1925 in der *Neuen Freien Presse* (vgl. Klawiter 1991, S. 109). Zweig möchte die Novelle *Verwirrung der Gefühle* „wegen ihres difficilen Problems" nicht vor der Publikation des Bandes bei Insel veröffentlichen (Zweig 1978, S. 100). Dennoch erscheint am 16. Oktober 1926 ein *Shakespeare* betitelter Ausschnitt aus dem Text in *Theaterwelt*, der *Programmschrift der Vereinigten Städtischen Theater in Düsseldorf* (vgl. Zweig 2017, S. 136).

Die Novelle *Verwirrung der Gefühle* ist in mehreren, geringfügig voneinander abweichenden Fassungen überliefert. Das älteste bekannte Manuskript, *Aufzeichnungen eines alten Mannes* untertitelt, befindet sich in der Münchner *Monacensia* (vgl. S. 116). Entgegen der auf einem Lesefehler beruhenden Annahme Randolph J. Klawiters, der in seiner Bibliografie den 18. Oktober 1915 als Entstehungsdatum angibt (vgl. Klawiter 1991, S. 109), hat Zweig den Text 1925 verfasst. Briefe an Romain Rolland, Erich Ebermayer und Friderike Zweig belegen nicht nur Zweigs intensive Arbeit im Sommer 1925, sondern zeugen auch von seiner Anstrengung, das wiederholt als schwierig bezeichnete Thema Homosexualität literarisch zu verhandeln (vgl. Zweig 2017, S. 116f.). Zweigs Vorsicht verwundert angesichts der Tatsache, dass gleichgeschlechtliche Handlungen in Österreich bis in die 1970er, in Deutschland, dem Schauplatz der Novelle, sogar bis in die 1990er Jahre unter Strafe standen, wenig.

Die 32 linierten Doppelbögen des Münchner Manuskripts gleichen in Inhalt, Aufbau und Gliederung so sehr der Druckfassung der Novelle, dass Elisabeth Erdem und Klemens Renoldner in ihrem Kommentar zur Neuauflage des Textes bei Reclam (2017) davon ausgehen, dass es sich dabei bereits um eine Reinschrift handelt, die auf unbekannte frühere Textstufen zurückgeht (vgl. S. 118). Ein mit dem Münchner Manuskript titelidentes Typoskript, das wohl einen von mehreren Durchschlägen bildet, befindet sich im Literaturarchiv Salzburg.

3.4 Verwirrung der Gefühle (1927)

Vor der Erstveröffentlichung von *Verwirrung der Gefühle* bat Zweigs Verleger Anton Kippenberg im Mai 1926 um Abänderungen allzu expliziter Passagen: „Sie haben in der Tat den heikelsten Stoff höchst behutsam behandelt. Ich möchte Ihnen aber empfehlen, einiges doch noch zu kürzen und zu mildern, mehr anzudeuten als im einzelnen zu schildern. Ich glaube, dass dadurch das ganze Niveau der Erzählung noch gehoben würde" (zit. n. Zweig 2017, S. 133). Ein Vergleich zwischen dem Kippenberg vorliegenden Typoskript und dem bei Insel erschienenen Text zeigt, dass Zweig den Forderungen seines Verlegers nachkam (vgl. S. 135 ff.).

2. Inhalt

Neben einer Widmung an den „bewährten Freund[ ]" Felix Braun steht *Verwirrung der Gefühle*, wie auch den Vorgängerbänden *Amok* und *Erstes Erlebnis*, ein einleitendes Sonett voran, in dem zentrale Konflikte und Topoi der folgenden Novellen antizipiert werden. Das letzte Terzett lautet programmatisch: „Wir sind nicht wahr, solang wir uns bewahren, / Und nur der Blitz, von dem wir ganz entbrennen, / Läßt Blut im Geist und Geist im Blut erkennen." (Zweig 1927, o. S.) Die Plötzlichkeit der hier beschworenen, wahrhafte Authentizität verheißenden Auslieferung an das eigene Gefühl steht auch im Zentrum des den Band eröffnenden Textes.

2.1 Vierundzwanzig Stunden aus dem Leben einer Frau (1925)

Ausgangspunkt der Novelle *Vierundzwanzig Stunden aus dem Leben einer Frau* (Zweig GWE, Phantastische Nacht, S. 70–144) ist ein Skandal. Als eine junge verheiratete Frau und Mutter über Nacht mit einem galanten Franzosen durchbrennt, bricht unter den Hotelgästen einer Pension an der Riviera ein Streit über Moral und Sitte aus. Im Gegensatz zu den anwesenden Ehepaaren vertritt der Ich-Erzähler der Rahmenhandlung dabei den Standpunkt, dass Frauen ebenso leidenschaftlich und verführbar seien wie Männer. Von seinen Aussagen ermutigt, vertraut sich die 67-jährige Engländerin Mrs. C. dem Junggesellen an und erzählt ihm von 24 schicksalsträchtigen Stunden aus ihrem Leben.

Als Mrs. C. mit 40 Jahren Witwe wird, stürzt sie in eine tiefe Krise. Auch zahlreiche Reisen vermögen nicht, ihr Gefühl innerer Leere zu kurieren, bis sie in einem Kasino in Monte Carlo auf einen Spieler aufmerksam wird, dessen Hände sie in ihren Bann ziehen: „Denn noch nie und seitdem niemals mehr habe ich so sprechende Hände gesehen, wo jeder Muskel ein Mund war und die Leidenschaft fühlbar fast aus den Poren brach" (S. 92). In einem nahezu hypnotischen Zustand beobachtet sie den jungen Mann, dessen ausdrucksstarke Gestik und Mimik sie vollkommen fesseln, beim Roulettespiel. Als er sein letztes Geld verspielt hat und den Tisch verlässt, erfasst Mrs. C. instinktiv den Ernst der Situation: „[O]hne etwas Bestimmtes zu denken, ganz mechanisch, ganz triebhaft, hastete ich diesem fremden Menschen nach in das Dunkel." (S. 99) Als sich ihr Verdacht, er sei im Begriff, sich das Leben zu nehmen, bestätigt, drängt Mrs. C. ihn, Geld von ihr anzunehmen, und bringt ihn zu einem billigen Hotel. Als dessen Tür geöffnet wird, zieht er sie mit sich. Die Liebesnacht, die die Witwe und der junge Spielsüchtige miteinander verbringen, wird kunstvoll umschrieben – Mrs. C. bedient sich Bildern des Kampfes, um von ihren widerstreitenden Gefühlen zu berichten. Die Reue, die sie am nächsten Morgen beim Anblick des schlafenden Jünglings empfindet, wird rasch von Mütterlichkeit und Nächstenliebe abgelöst, Affekte der Lust und Scham in sakrale Gemütszustände überführt. Das Gefühl geholfen zu haben ermöglicht Mrs. C., aus ihrem apathischen Zustand auszubrechen und ihre Trauerkleidung abzulegen. Bei einer gemeinsamen Kutschenfahrt offenbart der junge Mann der Witwe seine adelige Herkunft und erzählt von seinem Abgleiten in die Spielsucht. Mrs. C. veranlasst ihn dazu, in der Kirche vor dem Angesicht Gottes der Spielerei abzuschwören und ihr Geld für die Heimreise und das Auslösen eines gestohlenen Schmuckstücks anzunehmen. Verletzt von der Tatsache, dass er keine weitere erotische Annäherung unternimmt, beschließt sie ohne sein Wissen, mit ihm zu gehen, wird aber im letzten Moment aufgehalten. Als sie in ihrer Verzweiflung noch einmal den Ort ihrer Begegnung aufsucht, findet sie ihn am Spieltisch wieder. Ihre Versuche, ihn zur Vernunft zu bringen, scheitern; erst als er sie vor allen Anwesenden demütigt, reist Mrs. C. fluchtartig ab. Jahre später erfährt sie, dass er sich in Monte Carlo das Leben genommen habe.

2.2 *Untergang eines Herzens* (1927)

Das Gefühl der Demütigung wird in *Untergang eines Herzens* (Zweig GWE, Verwirrung der Gefühle, S. 145–181) zum Movens der Hauptfigur. Als der jüdische Kommissionsrat Salomonsohn eines Nachts nicht schlafen kann, bemerkt er, wie seine 19-jährige Tochter Erna von einem fremden Hotelzimmer in Gardone, wo er mit seiner Familie urlaubt, zurück in ihr eigenes schleicht. Dieses Ereignis löst eine tiefgreifende Wut und Verzweiflung in dem 65-jährigen Familienvater aus und setzt eine Reihe verbitterter Reflexionen über sein Leben in Gang, die in Passagen der erlebten Rede und des inneren Monologs wiedergegeben werden (→ IV.1 ERZÄHLFORMEN). Salomonsohn fühlt sich finanziell ausgenutzt und seiner Familie entfremdet. Seine Wahrnehmung der Tochter, die ihn bisher mit Stolz und Freude erfüllte, verändert sich durch die nächtliche Begebenheit schlagartig. Er wird von der Vorstellung ihrer körperlichen Beziehung zu Männern regelrecht besessen und empfindet ihren Liebhabern gegenüber im selben Maße Hass wie Neid. Salomonsohn begreift sich als Teil einer Generation, die den unverdienten Wohlstand der darauffolgenden mit harter Arbeit erwirtschaftete, um am Ende ihres Lebens aus Familie und Gesellschaft ausgeschlossen zu werden. In dem Wunsch, den Liebhaber seiner Tochter niederzuschlagen, kauft er einen schweren Spazierstock, der sich bei der Zusammenkunft mit Frau, Tochter und ihren drei potenziellen Verehrern als machtloses Phallussubstitut erweist. Während sich die jungen Damen und Herren amüsieren, sitzt Salomonsohn ohnmächtig daneben, „[d]er wuchtige Stock, seinen Händen entsunken, pendelte zwecklos zwischen den Beinen" (S. 161). Der Versuch, im Gespräch mit seiner Frau eine sofortige Abreise zu erwirken, scheitert. Er begibt sich auf sein Zimmer, wo er einen schweren Gallenkrampf erleidet und sich dem Tode nahe glaubt: „Etwas geschah, er spürte es dumpf, etwas geschah, indem er so lag und leidenschaftlich sein Leben überdachte. Etwas ging zu Ende. Was war es? Er lauschte und lauschte in sich hinein. Und allmählich begann der Untergang seines Herzens." (S. 169) In der Wahrnehmung Salomonsohns ereignet sich dieser Untergang wörtlich – sein Herz saugt sich mit Blut voll, löst sich und sinkt hinab. Von diesem Zeitpunkt an ist Salomonsohn vollkommen distanziert, das Unverständnis seiner Familie vermag ihn nicht mehr zu erreichen. Er reist ab und bleibt auch nach der Rückkehr von Frau und Tochter teilnahmslos. Nachdem er aus Beruf und Gesellschaft ausscheidet und zunehmend verwahrlost, wendet er sich dem Glauben zu und besucht regelmäßig den Tempel. Sein Haus betritt er, um eine peinliche Begegnung mit seiner Frau und deren Besuchern zu vermeiden, schließlich nur noch über den Dienstboteneingang. Einer unausweichlichen Gallenoperation blickt er freudig entgegen und spendet sein Vermögen bis hin zum Ehering. Als er nach der Operation aus der Narkose erwacht, erfreut er sich einen Moment lang am Anblick seiner Tochter, die einsetzende Erinnerung bewegt ihn jedoch dazu, sie von seinem Totenbett fortzuweisen. Salomonsohn stirbt daraufhin allein.

2.3 *Verwirrung der Gefühle* (1927)

Verwirrung der Gefühle (Zweig GWE, Verwirrung der Gefühle, S. 182–279) beschließt den dritten Band der Novellen-*Kette*. Eine Festschrift zu seinem 60. Geburtstag veranlasst den renommierten Universitätsprofessor Roland v. D., sich seiner eigenen Studentenzeit zu erinnern und an sein besonderes Verhältnis zu einem namenlosen Anglistikprofessor zurückzudenken, der, lange vergessen, in seiner Jubiläumsschrift keine Erwähnung findet.

Der Forderung seines Vaters nachkommend, inskribiert Roland in Berlin Englische Philologie. Anstatt sich in seine Studien zu vertiefen, nimmt er enthusiastisch am Studentenleben teil. Seine Unbeschwertheit findet nach einem unangekündigten Besuch des autoritären Vaters ein jähes Ende – der junge Mann zieht von der Hauptstadt in die Provinz und widmet sich nun ernsthaft seinem Studium. Motiviert wird Roland dabei vor allem von einem Professor, dessen leidenschaftlicher Vortrag über Shakespeare und seine Zeitgenossen den Studenten nachhaltig beeindruckt. Als sich die Möglichkeit bietet, ein Zimmer in dessen Haus zu beziehen, nimmt er dankbar an. Die Beziehung zwischen Roland und seinem Mentor geht schon bald über ein bloßes Lehrer-Schüler-Verhältnis hinaus. Roland veranlasst ihn, die Arbeit an einem aufgegebenen Werk über das elisabethanische Theater wieder aufzunehmen und besorgt in abendlichen Sitzungen dessen Niederschrift. Er ist über die Maßen bestrebt, dem Älteren zu gefallen und sich in seiner Gegenwart hervorzutun.

Bis zum Ende der Novelle vermag Roland nicht das widersprüchliche Verhalten seines Lehrers, das zwischen intimer Vertrautheit und plötzlicher Abweisung schwankt, zu deuten. Auch die seltsame Dynamik zwischen dem Professor und seiner Ehefrau lässt den Protagonisten nicht erkennen, was Zweig dem Leser durch zahlreiche Metaphern und den die Novelle bestimmenden Subtext von Beginn an zu verstehen gibt: Der Professor ist homosexuell und kaum in der Lage, seine Gefühle für den jungen Mann zu unterdrücken. Roland gerät im Verlauf der Novelle zunehmend in emotionale Ausnahmesituationen und verfällt in raschem Wechsel euphorischen und depressiven Zuständen. In seiner Verwirrung wendet er sich wiederholt an die Gattin seines Lehrers, die ihrerseits stets Gefahr läuft, die fragile Balance zwischen Loyalität und Ärger ihrem Ehemann, Eifersucht, Mitleid und Anziehung Roland gegenüber zu verlieren. Als es schließlich zu einer kurzen Affäre zwischen dem Studenten und der Frau des Professors kommt, scheint eine gegenseitige Offenbarung unausweichlich. Während Roland fürchtet, sein Vorbild werde ihn aufgrund seines ‚erotischen Fehltritts' verstoßen, gesteht dieser ihm seine eigenen Gefühle. Nach einem Kuss trennen sich die beiden Männer endgültig. Der Einfluss, den Rolands Lehrer auf sein Leben und seine Karriere genommen hat, findet, wie die Festschrift zeigt, keinen Eingang in dessen offizielle Biografie, nimmt aber einen besonderen Stellenwert in seiner Erinnerung ein: „[N]och heute, wie einstmals der ungewisse Knabe, fühl ich: Vater und Mutter vor ihm, Frau und Kinder nach ihm, keinem danke ich mehr. Keinen habe ich mehr geliebt." (S. 279)

3. Rezeption und Forschung

Das Gros der zeitgenössischen Schriftstellerkollegen Stefan Zweigs nimmt den neuen Band und darin insbesondere die Novelle *Verwirrung der Gefühle* begeistert auf. Zu den brieflichen Gratulanten zählen etwa Maxim Gorki, der Zweig mit Tolstoi vergleicht, Romain Rolland, der die drei Novellen als „von erstem Rang" lobt und Franz Werfel, der sich nach nächtlicher Lektüre der *Verwirrung der Gefühle* im positiven Sinne „erschüttert" zeigt und festhält, dass Homosexualität nie „tragischer, feiner und versöhnender geschildert worden [sei]" (zit. n. Zweig 2017, S. 175 ff.). Franz Krotsch, der die Neuerscheinung am 20. Dezember 1926 im *Salzburger Volksblatt* rezensiert, bezeichnet sie als „leidenschaftserfülltes, tiefaufwühlendes Buch[ ]", als „ein Meisterwerk deutscher Erzählungskunst, dem unsere bücherreiche Gegenwart wohl nicht allzuviel Gleichwertiges an die Seite zu stellen hat" (Krotsch 1926, S. 9). Lob erreicht Zweig auch aus anderen Fachkreisen: Sigmund Freud, mit dem Zweig von 1908 bis zu Freuds Tod in Korrespondenz steht, nimmt in einem Brief vom 4. September 1926 ausführlich Bezug auf Zweigs Neuerscheinung und bemerkt einleitend: „Fiele mir ein solcher Novellenband eines mir unbekannten Autors in die Hände, so würde ich gewiß ohne Schwanken feststellen, daß ich auf einen Schöpfer ersten Ranges und eine künstlerische Höchstleistung gestoßen bin. Ich glaube aber wirklich, diese drei Novellen – strenger: zwei von ihnen – sind Meisterwerke." (Zweig 2007, S. 176) Die Einschränkung, die Freud hier vornimmt, betrifft *Untergang eines Herzens* – ein Text, der Freud weder motivisch noch ästhetisch zu überzeugen vermag (vgl. S. 177 f.). *Vierundzwanzig Stunden aus dem Leben einer Frau* unterzieht Freud hingegen einer ausführlichen psychoanalytischen Interpretation, in der er die Beziehung zwischen Mrs. C. und dem jungen Mann als Mutter-Sohn-Verhältnis deutet und im Glücksspiel ein Substitut für Onanie erkennt. Freuds Anerkennung der schriftstellerischen Leistung Zweigs fußt vor allem auf dessen Korrektheit in der Darstellung unbewusster Mechanismen (vgl. S. 176 ff.). Die in Freuds Augen keineswegs naturgegebene, in der gesellschaftlichen Realität jedoch verankerte Tatsache, dass „der Mann die physische Liebe des Mannes nicht annehmen [kann], auch wenn er sich psychisch aufs Stärkste an ihn gebunden fühlt" (S. 178), findet er in Zweigs Text ausgezeichnet umgesetzt. Diese Anerkennung durch Freud, und, wie Donald A. Prater anführt, auch durch Alfred Adler (vgl. Prater 1981, S. 233), muss dem psychologieaffinen Zweig eine besondere Ehre gewesen sein, wie auch sein von Dank erfülltes Antwortschreiben an Freud zeigt (vgl. Zweig 2007, S. 180 f.).

Arthur Schnitzler äußert sich, nicht ohne Ironie, kritisch, wenn er einwirft, er habe Zweigs stellenweise „hymnische[n]" Stil „nach anfänglichem leisen Widerstand als die wahrscheinlich einzige künstlerische Möglichkeit das kühne Problem zu meistern [erkannt]" (Schnitzler, zit. n. Zweig 2017, S. 177). Leopold von Andrian lehnt *Verwirrung der Gefühle* schlichtweg ab: „[J]eder Satz prätentiös über die Maßen, falsch und nichtssagend – das Ganze ein völliges N i c h t s" (Andrian, zit. n. Zweig 2017, S. 179, Herv. i. O.).

3.4 *Verwirrung der Gefühle* (1927)

Auch die wissenschaftliche Rezeption des Bandes ist zumeist auf den titelgebenden Text *Verwirrung der Gefühle* fokussiert. Alfred Pfoser verortet Zweigs Texte der 1920er Jahre literatursoziologisch zwischen der Novellentradition der Romantik und den Erkenntnissen der modernen Psychoanalyse (vgl. Pfoser 1981, S. 12). Sie „spielen mit der vermeintlichen Sicherheit der Vorkriegs-Bürgerwelt. Ihren [sic] Schlüssellocheinblicke ins Reich der Leidenschaften benötigten als negative Folie die moralischen und ideologischen Festschreibungen des ausgehenden 19. Jahrhunderts" (S. 13f.). Zweig unterminiere diese bürgerliche Behaglichkeit zwar durch seine literarischen Darstellungen (sexueller) Leidenschaften, vollziehe in *Verwirrung der Gefühle* aber letztlich keine Entmystifizierung von Homosexualität, da die Erzählstrategie des Textes, die ihre Dynamik aus dem Verbergen der wahren Gefühle der Beteiligten bezieht, „jene Haltungen [...] [der] Seitenblick[e] und Tuscheleien [affirmiert]" (S. 15).

Yuan Kexiu hingegen gelangt zu dem Schluss, dass Zweig „das Ziel [verfolge], beim Leser Verständnis für Homosexualität und Mitleid mit Homosexuellen zu erwecken" (Yuan 2015, S. 174), indem er Homosexualität als dämonische Macht darstellt, die den Betroffenen, der als tragische Figur im ständigen Widerstreit zwischen geistiger und körperlicher Anziehung inszeniert wird, sozial isoliert (vgl. S. 166ff.). Die Konstellation des Begehrens zwischen einem reifen intellektuellen Lehrer und seinem jungen Schüler führt Yuan auf den antiken Topos der Knabenliebe zurück (vgl. S. 173).

Rolf Füllmann, der die Novelle als „(nicht nur) akademische ‚story of initiation'" (Füllmann 2008, S. 181) bezeichnet, untersucht unter Rückgriff auf Eve Kosofsky Sedgwicks Theorie des *male homosocial desire* die Geschlechter-Performanz in Zweigs Text. Indem Zweig die Frau des Professors als androgyne Figur entwirft, könne die Affäre zwischen ihr und Roland letztlich als homosexuelle Begegnung begriffen werden, die „das heteronormative Umgehen der gleichgeschlechtlichen Vereinigung [...] auf der Gender-Ebene unterlauf[e]" (S. 193).

Gabriella Rovagnati widmet sich Zweigs Verhältnis zu Shakespeare und dem elisabethanischen Theater, dessen Einfluss sich nicht nur auf Zweigs Ben-Jonson-Bearbeitungen erstreckt, sondern Rovagnati zufolge auch einen zentralen Stellenwert in *Verwirrung der Gefühle* einnimmt. Der Umstand, dass Zweig sich erneut in Hippolyte Taines *Geschichte der englischen Literatur* vertieft und die Elisabethianer zum Forschungsgebiet von Rolands Professor macht, ermöglicht ihm, wie Rovagnati nachweist, eine Vielzahl verklausulierter Hinweise auf dessen sexuelle Orientierung (vgl. Rovagnati 2011, S. 157ff.).

Dass *Verwirrung der Gefühle* auch medienwissenschaftliche Fragestellungen aufwirft, zeigt Geoffrey Winthrop-Young, der Funktionen und Erscheinungsformen der Stimme im Text untersucht. In der partiellen Verselbständigung von Stimmen, die nicht immer zweifelsfrei auf bestimmte, körperlich anwesende Individuen zurückgeführt werden können, erkennt Winthrop-Young den Einfluss der im frühen 20. Jahrhundert aufkommenden Audiotechnologien wie des Grammofons und des Fonografen (vgl. Winthrop-Young 2014, S. 56–73).

Aspekten des Sprechens und der Sprache wendet sich auch Lorna Martens zu. Als Bezugspunkte dienen ihr dabei Hofmannsthals ‚Chandos-Brief' und Wittgensteins *Blaues Buch*, deren sprachkritischen Auffassungen jedoch, so Martens, keinen Eingang in Zweigs Werk finden. Die zahlreichen Lebensbeichten, die Zweigs Figuren ablegen, beruhten stattdessen auf der Annahme, dass die Verbalisierung des eigenen Erlebens grundsätzlich möglich sei und mit zunehmendem Affekt auch an Effektivität gewinne – Martens wählt daher die Bezeichnung „expressiv[e] Sprache" (vgl. Martens 1987, S. 45 ff.). Für Rolands Professor etwa fungiert der leidenschaftliche Vortrag vor den Studenten als Sublimierung seines unerfüllbaren sexuellen Verlangens: „[E]xpressive Sprache ersetzt Befriedigung in einer Form, die für das Gewissen, das Über-Ich und die Gesellschaft akzeptabel ist" (S. 51), ohne dabei eine „Austreibung" (S. 53) dieser Gefühle zu bewirken. „Sie spielen", wie Martens festhält, „eine ähnliche Rolle wie die Träume in der Deutung Freuds, die verdrängtes Material in verschobener und verdichteter Form freimachen, aber dadurch nicht den Ursprung des Konflikts beseitigen" (S. 53).

Während Ulrich Weinzierl in seiner biografischen Studie *Stefan Zweigs brennendes Geheimnis* (2015) den Versuch unternimmt, den Inhalt der Novelle auf Erlebnisse des Autors zurückzuführen (Weinzierl verweist auf Erwin Rieger und Erich Ebermayer, vgl. S. 130 ff.), geben Elisabeth Erdem und Klemens Renoldner in ihrem Nachwort zur Neuausgabe der Novelle bei Reclam zu bedenken, dass sich „[a]uch in diesem Fall, wie im gesamten Werk Zweigs, [...] die Spekulationen über Autobiografisches und unmittelbare biografische Vorbilder kaum [lohnen]" (Zweig 2017, S. 171). Einige Parallelen zu Zweigs Leben sind freilich nicht von der Hand zu weisen – neben seinem Semester in Berlin verweisen Erdem und Renoldner in diesem Zusammenhang auf Zweigs lebenslange Verehrung seiner väterlichen Vorbilder Émile Verhaeren und Romain Rolland (S. 171 ff.).

Tatjana Marwinski nimmt eine biografische Einordnung anderer Art vor, indem sie intertextuelle Bezüge zwischen *Verwirrung der Gefühle* und Zweigs Essay zu Kleist in *Der Kampf mit dem Dämon* (1925) aufzeigt. Neben dem Novellentitel, der auf eine Bemerkung Goethes über Kleist zurückgehe, verfügten sowohl Kleist als auch Roland in Zweigs Darstellungen über „dämonische" Wesenszüge, die in beiden Texten in ähnlicher Metaphorik dargestellt würden (vgl. Marwinski 2013, S. 915 ff.; → IV.7 Das Dämonische).

Im Gegensatz zu der thematisch breit gestreuten Rezeption von *Verwirrung der Gefühle* erfuhren die beiden anderen Novellen des Bandes bisher kaum wissenschaftliche Beachtung. Insbesondere *Untergang eines Herzens*, jener Text, zu dem sich auch Freud nur verhalten äußerte, ist weitgehend unerforscht. Eine Darstellung der spärlichen Publikationen zu dieser Novelle gibt Martina Wörgötter (2018). Die interpretative Auseinandersetzung mit Zweigs Text beschränkt sich auf wenige Beiträge: Eberhard Dieckmann (1972) und Sarah Fraiman-Morris (2007) widmen sich dem intertextuellen Verhältnis zwischen Zweig und Tolstoi. Jean-Pierre Lefebvre, Irène Kuhn und Tobie Nathan kommentieren Zweigs Text in den bei Gallimard, Robert Laffont und Livrepoche erschienenen französischen Ausgaben.

Wörgötter begreift „die Novelle und insbesondere die narrative Zeichnung des Protagonisten als eine umfassende Reflexion auf die Problematik jüdischer Identität um 1900" (Wörgötter 2018, S. 234). Mittels einer Mikroanalyse der narrativen Strategien in *Untergang eines Herzens* zeigt Wörgötter, dass der auf der Handlungsebene zunächst zentral erscheinende Konflikt zwischen Vater und Tochter nur Auslöser eines tiefgreifenden Identitätskonflikts Salomonsohns ist. Dessen Abschottung von der Außenwelt erweist sich, wie Wörgötter feststellt, als Trugschluss, da sich die Grenzen zwischen Selbst- und internalisierter Fremdwahrnehmung in den Passagen erlebter Rede und inneren Monologs bei genauer Betrachtung als brüchig herausstellen. Der scheinbar assimilierte Salomonsohn wird im Verlauf der Novelle zunehmend

3.4 Verwirrung der Gefühle (1927)

zur ahasverischen Gestalt. „Die besondere Leistung der Erzählung liegt", wie Wörgötter betont, „darin, das Motiv nicht zu ‚erzählen', sondern selbst den Zwang des ahasverischen Prinzips als soziokulturelle Prägung jüdischer Lebenswelten zu performieren." (S. 256) In diesem Sinn deutet sie auch den Tod Salomonsohns am Ende der Novelle als „Zerbrechen des jüdischen Mannes an den Mechanismen von Projektion und (versuchter) Reflexion" (S. 253). Wörgötter bietet damit eine alternative Lesart zu Ingrid Spörk, die davon ausgeht, dass der Text die Verantwortung für Salomonsohns Ableben den *femmes fatales* Erna und deren Mutter zuschreibe (vgl. Spörk 2008, S. 145).

Ein ähnlich großes Forschungsdesiderat wie für *Untergang eines Herzens* muss auch für *Vierundzwanzig Stunden aus dem Leben einer Frau* konstatiert werden. Eine der wenigen textanalytischen Betrachtungen nimmt Barbara Neymeyr (2012) vor. Sie stellt die These auf, dass die Hände des jungen Spielsüchtigen, die von Mrs. C. einmal als „unerhört[e] Hände" bezeichnet werden, jene unerhörte Begebenheit darstellen, die Goethe zum Gattungsmerkmal der Novelle erhob (vgl. Neymeyr 2012, S. 152). Neymeyr untersucht die metaphorische Verflechtung von Spiel und Wirklichkeit, Obsession und Kontrolle. Der junge Pole ist nicht die einzige Figur der Novelle, deren primäres Handlungsmotiv eine unbändige Leidenschaft ist – im Verlauf der Handlung wird auch Mrs. C. zunehmend von einer vernunft- zur triebgesteuerten Frau: „Diese extremen Empfindungen, die alle Grenzen zu sprengen drohen, erscheinen wie das Produkt einer emotionalen ‚Ansteckung' bei der Wahrnehmung seines [i. e. des Polen] Roulette-Exzesses" (S. 154).

Diesen Aspekt betont auch Aline Le Berre (2013) und stellt fest, dass Mrs. C.s voyeuristischer Blick auf den jungen Mann und ihre empathische Teilnahme an dessen (Miss-)Erfolgen bewirkt, dass sie selbst Verhaltensweisen einer Spielsüchtigen annimmt. Die passive Teilnahme ermöglicht ihr, den strengen Verhaltenskodex ihres aristokratischen Standes hinter sich zu lassen und Zugang zu ihren unbewussten Leidenschaften zu erlangen (vgl. Le Berre 2013, S. 239f.). Die motivische Verknüpfung von Liebe und Spiel findet sich bereits in der Rahmenerzählung, in der Madame Henriette den Franzosen, mit dem sie wenig später fortlaufen wird, beim Tennisspiel mit ihren Töchtern beobachtet (vgl. S. 242).

Bemerkenswert ist die große Zahl an Verfilmungen von *Vierundzwanzig Stunden aus dem Leben einer Frau*. In Europa, den USA und Südamerika wurde die Novelle insgesamt neun Mal für Fernsehen und Kino adaptiert (→ VI.7.3 Verfilmungen; VIII.3 Filme). Dass die Rezeption des Stoffes bis in die Gegenwart anhält, zeigt Laurent Bouhniks *24 heures de la vie d'une femme* aus dem Jahr 2002. *Verwirrung der Gefühle* hingegen wurde nur einmal 1981, *Untergang eines Herzens* gar nicht verfilmt. Zur Novelle *Verwirrung der Gefühle* existiert auch eine Komposition des georgischen Komponisten Grigori S. Pizchelauri (vgl. Pizchelauri 1972).

In Bezug auf Zweigs Novellen lässt sich einmal mehr eine Diskrepanz zwischen Popularität und wissenschaftlicher Rezeption konstatieren: Obwohl zu Lebzeiten des Autors von Lesern und Zeitgenossen breit rezipiert, wie Auflagenzahlen und Briefzeugnisse dokumentieren, beschränkt sich die wissenschaftliche Auseinandersetzung mit *Verwirrung der Gefühle* beinahe ausschließlich auf die titelgebende Novelle. Die Komposition von *Verwirrung der Gefühle* als Band bleibt dabei unbeachtet. Die wenigen Aufsätze zu *Untergang eines Herzens* und *Vierundzwanzig Stunden aus dem Leben einer Frau* zeigen jedoch, dass auch kaum bekannte Texte lohnen, sie hinsichtlich ihrer sozialen, politischen, medialen und geschlechtertheoretischen Implikationen einer genauen Lektüre zu unterziehen (→ V.11 GESCHLECHTERBILDER/SEXUALITÄT).

Stefan Zweig

Zweig, Stefan (1927): Verwirrung der Gefühle. Drei Novellen. Leipzig: Insel.
Zweig, Stefan (1978): Unbekannte Briefe von Stefan Zweig an den Verlag Wremja, Leningrad. In: Neue deutsche Literatur 26/12/1978, S. 99–128.
Zweig, Stefan (2000): Briefe. Bd. III: 1920–1931. Hg. v. Knut Beck u. Jeffrey B. Berlin. Frankfurt a. M.: S. Fischer.
Zweig, Stefan (2002[5]): Vierundzwanzig Stunden aus dem Leben einer Frau. In: Ders.: Phantastische Nacht. Erzählungen. GWE. Hg. v. Knut Beck. Frankfurt a.M.: S. Fischer, S. 70–144.
Zweig, Stefan (2004[5]): Untergang eines Herzens. In: Ders.: Verwirrung der Gefühle. Erzählungen. GWE. Hg. v. Knut Beck. Frankfurt a.M.: S. Fischer, S. 145–181.
Zweig, Stefan (2004[5]): Verwirrung der Gefühle. In: Ders.: Verwirrung der Gefühle. Erzählungen. GWE. Hg. v. Knut Beck. Frankfurt a.M.: S. Fischer, S. 182–279.
Zweig, Stefan (2007[2]): Briefwechsel mit Hermann Bahr, Sigmund Freud, Rainer Maria Rilke und Arthur Schnitzler. Hg. v. Jeffrey B. Berlin, Hans-Ulrich Lindken u. Donald A. Prater. Frankfurt a.M.: S. Fischer.
Zweig, Stefan (2013): Desctruction d'un coeur. Préface de Tobie Nathan: Kaddish pour Stefan Zweig. Paris: Livrepoche.
Zweig, Stefan (2013): La confusion des sentiments et autres récits. Hg. v. Pierre Deshusses. Paris: Laffont.
Zweig, Stefan (2013): Romans, nouvelles et récits. Bd. I. Hg. v. Jean-Pierre Lefebvre. Paris: Gallimard.
Zweig, Stefan (2017): Verwirrung der Gefühle. Hg. v. Elisabeth Erdem u. Klemens Renoldner. Stuttgart: Reclam.

Weitere Literatur

Dieckmann, Eberhard (1972): *Der Tod des Iwan Iljitsch* und *Untergang eines Herzens*: Ein Vergleich zwischen Lev Tolstoj und Stefan Zweig. In Ziegengeist, Gerhard (Hg.): Begegnung und Bündnis. Sowjetische und deutsche Literatur. Historische und theoretische Aspekte ihrer Beziehungen. Berlin: Akademie, S. 418–426.
Fraiman-Morris, Sarah (2007): Stefan Zweig's *Untergang eines Herzens* as a Version of Tolstoy's *The Death of Ivan Illych*. In: Gelber, Mark H. (Hg.): Stefan Zweig Reconsidered. New Perspectives on his Literary and Biographical Writings. Tübingen: Niemeyer, S. 107–117.
Füllmann, Rolf (2008): Stefan Zweigs *Verwirrung der Gefühle* und die Entwirrung konstruierter Geschlechterverhältnisse. In: Ders. (Hg.): Der Mensch als Konstrukt. Festschrift für Rudolf Drux zum 60. Geburtstag. Bielefeld: Aisthesis, S. 181–198.
Klawiter, Randolph J. (1991): Stefan Zweig. An International Bibliography. Riverside: Ariadne Press.
Krotsch, Franz (1926): Stefan Zweig: *Verwirrung der Gefühle*. In: Salzburger Volksblatt, 20. 12. 1926, S. 9.
Kuhn, Irène (2013): Naufrage d'un coeur. Présentation. In: Zweig, Stefan: La confusion des sentiments et autres récits. Hg. v. Pierre Deshusses. Paris: Laffont, S. 877–880.
Le Berre, Aline (2013): Spiel und Liebe in *24 Stunden aus dem Leben einer Frau* von Stefan Zweig. In: Wellnitz, Philippe (Hg.): Das Spiel in der Literatur. Berlin: Frank & Timme, S. 237–254.
Lefebvre, Jean-Pierre (2013): Notices et notes: *Naufrage d'un coeur*. In: Zweig, Stefan: Romans, nouvelles et récits. Bd. I. Hg. v. Jean-Pierre Lefebvre. Paris: Gallimard, S. 1412–1414.
Martens, Lorna (1987): Geschlecht und Geheimnis. Expressive Sprache bei Stefan Zweig. In: Gelber, Mark H. (Hg.): Stefan Zweig heute. New York u.a.: Lang, S. 44–64.

Marwinski, Tatjana (2013): Présentation de *La confusion de sentiments*. In: Zweig, Stefan: La confusion de sentiments et autres récits. Hg. v. Pierre Deshusses. Paris: Laffont, S. 915–918.
Nathan, Tobie (2013): Préface. Kaddish pour Stefan Zweig. In: Zweig, Stefan: Desctruction d'un coeur. Paris: Livrepoche, S. 7–35.
Neymeyr, Barbara (2012): Aporien der Hasard-Leidenschaft im kulturanthropologischen Kontext. Die Inszenierungen des Glücksspiels in Stefan Zweigs *Vierundzwanzig Stunden aus dem Leben einer Frau* und in Arthur Schnitzlers *Spiel im Morgengrauen*. In: Gerrekens, Louis/Küpper, Achim (Hg.): Hasard. Der Spieler in der deutschsprachigen Literaturgeschichte. Würzburg: Königshausen & Neumann, S. 141–168.
Pfoser, Alfred (1981): Verwirrung der Gefühle als Verwirrung einer Zeit. Bemerkungen zum Bestsellerautor Stefan Zweig und zur Psychologie in seinen Novellen. In: Lunzer, Heinz/Renner, Gerhard (Hg.): Stefan Zweig 1881/1981. Aufsätze und Dokumente. Wien: Dokumentationsstelle für neuere österreichische Literatur, S. 7–17.
Pizchelauri, Grigori S. (1972): Eine Stimme aus Tiflis. In: Werner, Arthur (Hg.): Begegnung mit Stefan Zweig. Ein Buch der Erinnerung. Wien: Verlag der Stefan-Zweig-Gesellschaft, S. 70–77.
Prater, Donald A. (1981): Stefan Zweig. Das Leben eines Ungeduldigen. München, Wien: Hanser.
Rovagnati, Gabriella (2011): Stefan Zweig und das elisabethanische Zeitalter. In: Gelber, Mark H./Ludewig, Anna-Dorothea (Hg.): Stefan Zweig und Europa. Hildesheim u.a.: Olms, S. 149–164.
Spörk, Ingrid (2008): „Ich spürte, wie das Dämonische ihres Willens in mich eindrang". Fatale Liebesbeziehungen bei Stefan Zweig. In: Birk, Matjaž/Eicher, Thomas (Hg.): Stefan Zweig und das Dämonische. Würzburg: Königshausen & Neumann, S. 143–156.
Weinzierl, Ulrich (2015): Stefan Zweigs brennendes Geheimnis. Wien: Zsolnay.
Winthrop-Young, Geoffrey (2014): „That Voice in the Darkness!" Technologies of the Tropical Talking Cure in Stefan Zweig's *Der Amokläufer* and *Verwirrung der Gefühle*. In: Vanwesenbeeck, Birger/Gelber, Mark H. (Hg.): Stefan Zweig and World Literature. Twenty-First-Century Perspectives. Rochester: Camden House, S. 56–73.
Wörgötter, Martina (2018): Projektion und Reflexion. Zur narrativen Inszenierung jüdischer Identität in Stefan Zweigs *Untergang eines Herzens*. In: Liu, Wei/Luger, Urs/Wagner, Alexandra (Hg.): Jüdisches Österreich – Jüdisches China. Geschichte und Geschichten aus dem 20. Jahrhundert. Wien: Praesens, S. 232–257.
Yuan, Kexiu (2015): Leidenschaft zwischen dämonischem Trieb und Liebe. Die Homosexualität in der Novelle *Verwirrung der Gefühle*. In: Zhang, Yi/Gelber, Mark H (Hg.): Aktualität und Beliebtheit. Neue Forschung und Rezeption von Stefan Zweig im internationalen Blickwinkel. Würzburg: Königshausen & Neumann, S. 163–175.

3.5   Kleine Chronik (1929)

3.5.1   Die unsichtbare Sammlung (1925)
Elisabeth Erdem

1. Entstehung 218
2. Inhalt 218
3. Rezeption und Forschung 219

1. Entstehung

Der Untertitel der Novelle *Die unsichtbare Sammlung*, „Eine kleine Episode aus der deutschen Inflation", beschreibt zugleich ihr Programm. Entstanden in den Jahren zwischen den beiden Weltkriegen, spiegelt sie die schwierigen sozialen und politischen Zustände zur Zeit der großen Inflation wider. Über diese Jahre schreibt Zweig in *Die Welt von Gestern* (1942): „Das Brot krümelte sich schwarz und schmeckte nach Pech und Leim, Kaffee war ein Absud von gebrannter Gerste, Bier ein gelbes Wasser, Schokolade gefärbter Sand, die Kartoffeln erfroren" (Zweig GWE, Die Welt von Gestern, S. 330). „Wer vierzig Jahre gespart und überdies sein Geld patriotisch in Kriegsanleihe angelegt hatte, wurde zum Bettler. Wer Schulden besaß, war ihrer ledig. Wer korrekt sich an die Lebensmittelverteilung hielt, verhungerte; nur wer sie frech überschritt, aß sich satt. Wer zu bestechen wußte, kam vorwärts; wer spekulierte, profitierte." (S. 333) Ebenso fließt Zweigs persönliche Leidenschaft des Autographensammelns in den Text ein (vgl. u.a. Bauer 1996, S. 47); Teil seiner Sammlung waren auch Drucke und Zeichnungen bildender Künstler (→ III.20 AUTOGRAPHENSAMMLUNG; IV.10 BILDENDE KÜNSTE). Erstmals veröffentlicht wird *Die unsichtbare Sammlung* am 31. Mai 1925 in der Wiener Tageszeitung *Neue Freie Presse*. Im selben Jahr erscheint sie zeilenidentisch auch in einem Novellenband der *Österreichischen Journal-Aktiengesellschaft*, dem Verlagshaus der *Neuen Freien Presse*.

2. Inhalt

Die eigentliche Erzählung ist in eine – hier rudimentäre – Rahmenhandlung eingebettet. Als Erzähler fungiert der renommierte Berliner Kunstantiquar R., der einem nicht näher benannten Bahnfahrer die ‚Kernerzählung' schildert: Aus beruflichem Interesse sucht der Antiquar R. seinen ältesten Kunden auf, welcher „in eine[r] der unmöglichsten Provinzstädte [lebt], die es in Sachsen gibt" (Zweig GWE, Die unsichtbare Sammlung, S. 233). Jener alte Kunstsammler, ein Veteran mit dem „umständlichen" Titel „Forst- und Ökonomierat a.D., Leutnant a.D., Inhaber des Eisernen Kreuzes erster Klasse" (S. 232), hatte nach Ausbruch des Ersten Weltkriegs seine regelmäßigen Käufe eingestellt, der Antiquar vermutet aber die „herrlichsten Blätter Rembrandts neben Stichen Dürers und Mantegnas in tadelloser Vollständigkeit" (S. 233) noch im Besitz des Forstrats. Er besucht den mittlerweile erblindeten alten Mann, der bereit ist, die 27 Mappen seiner Sammlung zu öffnen. Zur Überraschung des Besuchers ist auf den darin enthaltenen Blättern allerdings nichts zu sehen. Frau und Tochter des blinden Mannes vertrauen ihm an, die Kostbarkeiten während der wirtschaftlich schwierigen Nachkriegsjahre heimlich Stück für Stück verkauft zu haben, um die Familie über Wasser zu halten: „Vater hätte es nie erlaubt, er weiß ja nicht, wie schlecht es geht, er ahnt nicht, wie schwer es ist, im Schleichhandel das bißchen Nahrung aufzutreiben, er weiß auch nicht, daß wir den Krieg verloren haben und daß Elsaß und Lothringen abgetreten sind, wir lesen ihm aus der Zeitung alle diese Dinge nicht mehr vor, damit er sich nicht erregt." (S. 239)

Aus den Schilderungen der beiden Frauen geht hervor, dass die Kunstsammlung das einzige relevante Bezugssystem im Leben des alten Mannes darstellt und für ihn selbst tragfähiger zu sein scheint als familiäre Bindungen. Bereits vor seiner Erblindung hatte der Alte seine finanziellen und zeitlichen Ressourcen zur Gänze der Sammlung gewid-

3.5.1 *Die unsichtbare Sammlung* (1925)

met – der Verlust seiner Sehkraft führt schließlich zur vollständigen Isolation, gleichsam zum Realitätsverlust, den Frau und Tochter in einer Art Co-Abhängigkeit fördern.

Der Forstrat zeigt sich erfreut über den Besuch des Antiquars und ‚präsentiert' ihm stolz seine vermeintliche Kunstsammlung: „Mir lief es kalt über den Rücken, als der Ahnungslose ein vollkommen leeres Blatt so begeistert rühmte, und es war gespenstisch mitanzusehen, wie er mit dem Fingernagel bis zum Millimeter genau auf alle die nur in seiner Phantasie noch vorhandenen unsichtbaren Sammlerzeichen hindeutete. [...] Da faßte ich mich und begann mit meiner Rolle." (S. 242) R. macht sich zum ‚Erfüllungsgehilfen' der beiden Frauen, lobt die unsichtbare Sammlung des Alten und erhält so dessen Illusion aufrecht. Dieser ist von der ‚Begeisterung' des Antiquars über die Kunstwerke so angetan, dass er dessen Auktionshaus in Aussicht stellt, die ‚Sammlung' nach seinem Ableben zu versteigern.

Wie in anderen Novellen Zweigs finden sich auch in *Die unsichtbare Sammlung* opponierende narrative Positionen: Auf der einen Seite der alte und isolierte Mann, der seine emotionalen Bedürfnisse durch eine (imaginierte) Kunstsammlung befriedigt und darin sein Lebensglück findet. Seine Erblindung fungiert als ‚Puffer' zur Realität, der es ihm erlaubt, jegliche Negativität auszublenden. Zugleich legitimiert die Erkrankung sein Desinteresse an der Gegenwart mit all ihren Nöten und seine vollkommene Abkehr von ihr. Auch die Konsequenz daraus – dass seine Versorgungsaufgaben als ‚Familienoberhaupt' auf Ehefrau und Tochter übergehen – scheint der Alte zu negieren. Die beiden Frauenfiguren, Ehefrau und Tochter, die den narrativen Gegenpart zum alten Forstrat bilden, sind gezwungen, die umfangreichen finanziellen und emotionalen Folgen von Sammelleidenschaft und Krankheit abzufedern. Die bipolare Erzähler-Figur des Antiquars R., zunächst zwischen diesen beiden Positionen oszillierend, lässt sich letztlich von der Begeisterung des Alten anstecken: „Unvergeßlich war mir der Anblick: dies frohe Gesicht des weißhaarigen Greises da oben im Fenster, hoch schwebend über all den mürrischen, gehetzten, geschäftigen Menschen der Straße, sanft aufgehoben aus unserer wirklichen widerlichen Welt von der weißen Wolke eines gütigen Wahns. Und ich mußte wieder an das alte wahre Wort denken – ich glaube, Goethe hat es gesagt –: ‚Sammler sind glückliche Menschen.'" (S. 247)

Durch diese versöhnliche Schlusspassage wird der Text vordergründig als Hommage auf das Autographensammeln lesbar. Zweig hat in diesem Abschnitt jedoch die Tragik hinter der isolierten, realitätsverweigernden Existenz der Figur des Forstrats nicht im Blick und camoufliert das Schicksal der beiden Frauenfiguren. Diese sind es nämlich, die durch ihre Leidensfähigkeit und umfangreichen Kompensationsleistungen die eigentlichen ‚Heldinnen' der Novelle darstellen. Beim ‚unterlegenen Helden' handelt es sich um ein dominantes Motiv in Zweigs Werk, das eine „explizite Parteinahme für Schwache und Besiegte" (Larcati 2013, S. 30) meint (→ V.3 Das Motiv des Besiegten).

3. Rezeption und Forschung

Die unsichtbare Sammlung wurde zwei Jahre nach ihrer Erstveröffentlichung in der *Neuen Freien Presse*, am 8. Februar 1927, für die „Mitglieder und Freunde des Berliner Bibliophilen-Abends" in 250 handschriftlich nummerierten Exemplaren vervielfältigt. Im Jahre 1930 fand sie Aufnahme in den Band *Kleine Chronik* der „Insel-Bücherei" und wurde auch in annähernd alle danach publizierten Sammlungen der Novellen

Zweigs aufgenommen, was für ihre große Beliebtheit spricht (vgl. Beck 2007, S. 326). Sie wurde in zahlreiche Sprachen übersetzt, u.a. auch ins Russische und Chinesische. Daneben gibt es mehrere Verfilmungen (→ VI.7.3 VERFILMUNGEN; VIII.3 FILME).

Auch Zweigs Zeitgenossen waren von der Erzählung angetan. So schreibt etwa der österreichische Journalist und Schriftsteller Raoul Auernheimer am 2. Juni 1925 auf einer Postkarte an Zweig: „Die unsichtbare Sammlung ist ein kleines Meisterwerk, das geschrieben zu haben, ich Sie beneide" (zit. n. Beck 2007, S. 326). Richard Friedenthal hingegen äußert sich in einem unveröffentlichten Brief vom 3. Juli 1925 kritisch über die mangelnde Plausibilität des Handlungsverlaufs: „Ist es nicht unwahrscheinlich, dass der Blinde, bei dem das Tastgefühl doch ungeheuer geschärft ist und der gewissermassen mit den Fingerspitzen wie mit einem Vergrösserungsglas sieht, durch die eingelegten Blätter getäuscht wird?"

Die wissenschaftliche Rezeption der Erzählung fällt differenzierter aus. David Turner bringt u.a. Kritik an der zu einfältigen Darstellung des Kunsthändlers an. Diesen habe Zweig zu wenig nuanciert gezeichnet, er ließe sich zu sehr vom Enthusiasmus des blinden Sammlers einnehmen, ohne jedoch den kritischen Blick der Tochter auf dessen Besessenheit und ihre Folgen zu teilen: „The daughter's explanatory account of what has happened to her father's collection contains hints that it represents for him something of a substitute of human love." Und weiter: „[T]he old man has [...] lost a son-in-law in the war, but still seems interested solely in his collection." (Turner 1988, S. 155) Arnold Bauer erkennt in dem blinden Sammler den „Idealtypus des alten Bürgers, einen durch die Inflation verarmten Mann[,] ‚von Besitz und Bildung' gezeichnet" (Bauer 1996, S. 47). Knut Beck sieht in diesem Text ein „charakteristisches Beispiel [von Zweigs] Schaffen[ ] – das unmittelbare Erfassen des Atmosphärischen einer Zeit, die stets bereite Mittlerschaft, das Mitleid, dazu nicht zuletzt das Verständnis für die Leidenschaft des Sammelns." (Beck 2007, S. 326) Jean-Pierre Lefebvre zufolge analysiert Zweig hier die besondere Psyche, wenn nicht den Fetischismus eines Sammlers (vgl. Lefebvre 2013, S. 1402). Michael Scheffel sieht ebenfalls den Typus des Sammlers im Fokus der Erzählung. Zweig nutze den historischen Hintergrund, genauer die Folgen der Hyperinflation der Jahre 1922 und 1923 in Deutschland, vielmehr als „Kulisse", um den Voraussetzungen und Konsequenzen einer nicht „unmittelbar sexuell motivierten menschlichen Leidenschaft", nämlich jener des Sammlers gegenüber seinen Autographen, nachzugehen. Eine mögliche Lesart der Novelle sei, so Scheffel, dass das Glück des sammelnden Protagonisten zwar von „besonderer Qualität und Reinheit", jedoch um den Preis „der Blindheit gegenüber dem in Wahrheit zu keiner Zeit stillstehenden Leben" erkauft worden sei (Scheffel 2013, S. 308). Françoise Wuilmart verweist auf ‚Blindheit' und ‚Irrtum' als zwei zentrale Themen der Novelle, die auch in anderen Erzählungen als Motive begegnen. In Die unsichtbare Sammlung könne der Sammler ‚dank' seiner Blindheit tagtäglich den Glanz seiner Sammlung genießen, die er ohne seine Erblindung verloren hätte (vgl. Wuilmart 2013, S. 760f.).

Wang Beibei nimmt die Novelle im Hinblick auf die Folgen des Ersten Weltkriegs in den Blick. Demnach zeige sie dem Leser, „daß der Krieg Lebensfreude zur endlosen Trauer, Wohlstand zur verzweifelten Armut und Kunst zum hungerstillenden Brot verwandel[e]." (Wang 2015, S. 70) Ähnlich wie Wang stellt Ren Guoqiang einen Bezug zur „gesellschaftlichen Wirklichkeit" der Novelle her und stellt fest, dass „zwar der psychoanalytische Beschreibungsmodus [dominiere], aber die Erschütterungskraft der Darstellung seelischer Wunden [umso] stärker [sei], als diese unmittelbar im Schatten des Krieges und der dadurch verursachten Not, der Heimatlosigkeit und der Inflation stehen" (Ren 2015, S. 78).

Trotz ihrer großen Beliebtheit ist der Novelle *Die unsichtbare Sammlung* in der Forschung bisher wenig Beachtung zugekommen. Von Thematisierungen in Arbeiten zu Zweigs Erzählungen (z. B. Scheffel 2013; Lefebvre 2013; Wuilmart 2013) oder zu bestimmten Aspekten seines Werkes (z. B. Turner 1981, 1988; Wang 2015; Ren 2015) abgesehen.

Stefan Zweig

Zweig, Stefan (2007[2]): Die unsichtbare Sammlung. In: Ders.: Buchmendel. Erzählungen. GWE. Hg. v. Knut Beck. Frankfurt a. M.: S. Fischer, S. 230–247.
Zweig, Stefan (2007[5]): Die Welt von Gestern. Erinnerungen eines Europäers. GWE. Frankfurt a. M.: S. Fischer.

Weitere Literatur

Bauer, Arnold (1996[7]): Stefan Zweig. Berlin: Morgenbuch.
Beck, Knut (2007[2]): Nachbemerkung des Herausgebers. In: Zweig, Stefan: Buchmendel. Erzählungen. GWE. Hg. v. Knut Beck. Frankfurt a. M.: S. Fischer, S. 315–328.
Klawiter, Randolph J. (2016): Stefan Zweig Bibliography, http://zweig.fredonia.edu/index.php?title=Die_unsichtbare_Sammlung._Eine_kleine_Episode_aus_der_deutschen_Inflation (Stand: 2. 7. 2016).
Larcati, Arturo (2013): Die Dramen von Stefan Zweig. Ein kritischer Überblick. In: Peter, Birgit/Renoldner, Klemens (Hg.): Zweigs Theater. Der Dramatiker Stefan Zweig im Kontext europäischer Kultur- und Theatergeschichte. Würzburg: Königshausen & Neumann, S. 29–52.
Lefebvre, Jean-Pierre (2013): Notices et notes. In: Zweig, Stefan: Romans, nouvelles et récits. Bd. I. Hg. v. Jean-Pierre Lefebvre. Paris: Gallimard, S. 1345–1442.
Ren, Guoqiang (2015): „Die Zeit gibt die Bilder, ich spreche nur die Worte dazu". Über den Bezug zur gesellschaftlichen Realität in Stefan Zweigs Novellen. In: Zhang, Yi/Gelber, Mark H. (Hg.): Aktualität und Beliebtheit. Neue Forschung und Rezeption von Stefan Zweig im internationalen Blickwinkel. Würzburg: Königshausen & Neumann, S. 75–84.
Scheffel, Michael (2013): Nachwort. In: Zweig, Stefan: Die großen Erzählungen. Hg. v. Michael Scheffel. Stuttgart: Reclam, S. 296–315.
Turner, David (1981): The Function of the Narrative Frame in the Novellen of Stefan Zweig. In: The Modern Language Review 76/1/1981, S. 117–128.
Turner, David (1988): Moral Values and the Human Zoo. The „Novellen" of Stefan Zweig. Hull: Hull Univ. Press.
Wang, Beibei (2015): Humanistische Gedanken in den Werken von Stefan Zweig. In: Zhang, Yi/Gelber, Mark H. (Hg.): Aktualität und Beliebtheit. Neue Forschung und Rezeption von Stefan Zweig im internationalen Blickwinkel. Würzburg: Königshausen & Neumann, S. 67–73.
Wuilmart, Françoise (2013): *La collection invisible. Un épisode de l'inflation en Allemagne.* Présentation. In: Zweig, Stefan: La confusion des sentiments et autres récits. Hg. v. Pierre Deshusses. Paris: Laffont, S. 759–761.

3.5.2 Episode am Genfer See (1919)
Martina Wörgötter

1. Entstehung 222
2. Inhalt 222
3. Rezeption und Forschung 223

1. Entstehung

Nachdem die Novelle erstmals im Juli 1919 unter dem Titel *Episode vom Genfer See* in der Zeitschrift *Moderne Welt* (Wien) erschienen war, ist sie schon zu Lebzeiten des Autors mehrfach publiziert worden (vgl. Klawiter 1991, S. 97f.): 1921 unter dem Titel *Der Flüchtling: Episode vom Genfer See* im *Insel-Almanach auf das Jahr 1922* (Leipzig); 1925 als *Episode vom Genfer See* in dem von Hanns Martin Elster in der Deutschen Buch-Gemeinschaft herausgegebenen Band *Die deutsche Novelle*; 1926 als *Episode am Genfer See* in der *Wiener Morgenzeitung*; 1928 unter dem Titel *Episode vom Genfersee* im *Wiener Magazin* (Wien); 1929 wieder als *Episode vom Genfer See* in *Kleine Chronik* im Insel Verlag (Leipzig), neben drei anderen Erzählungen (*Die unsichtbare Sammlung*, *Leporella* und *Buchmendel*); 1936 unter dem Titel *Episode am Genfer See* im Sammelband *Kaleidoskop* im Herbert Reichner Verlag (Wien, Leipzig, Zürich) in einer überarbeiteten Fassung, die auch dem 1984 erfolgten Abdruck in den von Knut Beck herausgegebenen *Gesammelten Werken in Einzelbänden* (GWE) zugrunde liegt.

Zur Entstehung lassen sich heute keine konkreten Informationen aus Tagebüchern oder Briefen rekonstruieren. Mit Verweis auf die Erinnerungen von Zweigs erster Ehefrau Friderike ist lediglich zu vermuten, dass sich der Autor, selbst seit 1917 als Korrespondent der *Neuen Freuen Presse* in der Schweiz, für seine Novelle autobiografisch inspirieren hat lassen, insbesondere von der Begegnung mit einem französischen Ehepaar, „das den breiten [Genfer] See durchschwommen hatte, um auf Schweizer Boden zu landen" (Zweig 1948, S. 82). Möglich ist außerdem eine Beeinflussung durch Tolstois Erzählung *Luzern*, die verwandte Motive verhandelt. Plausibel erscheint sie nicht zuletzt angesichts von Zweigs Verehrung für Tolstoi und im Hinblick auf die Tatsache, dass Zweig ausgerechnet einen russischen Flüchtling als Protagonisten auftreten lässt.

2. Inhalt

In einer „rührenden Episode" thematisiert Zweig „die mißliche Lage der Kriegsgefangenen" (Prater 1981, S. 156): Im Sommer 1918 wird in der Nähe von Villeneuve ein nackter Mann aus dem Genfersee gezogen. Völlig erschöpft und weder des Deutschen, Italienischen noch Englischen mächtig, erregt der Fremde Aufsehen unter den Bürgern, die neugierig den „wilden Menschen [...] betrachten" (Zweig GWE, Episode am Genfer See, S. 192). Ein Dolmetscher für das Russische wird schließlich gefunden, und so kann der bislang gezwungenermaßen sprachlose Mann seine Geschichte erzählen. Er hatte zunächst in Russland, dann in einer russischen Division in Frankreich gekämpft, wo er gleich zu Beginn von einer Kugel getroffen wurde und den Pflegern entfloh, um sich auf den Weg in die Heimat zu machen. Dass er nun glaubt, bereits

3.5.2 *Episode am Genfer See* (1919)

am Ufer des Baikalsees angekommen zu sein, sorgt für Spott und Mitleid zugleich. Ein Polizeioffizier leitet bürokratische Schritte ein und protokolliert die Ereignisse, worauf die Beratung über das weitere Schicksal des Flüchtlings beginnt. Erörtert wird nicht zuletzt die „Frage, ob er als Deserteur oder als dokumentenloser Ausländer behandelt werden solle" (S. 194f.) bzw. ob man sich nun vor Ort für seine Versorgung zuständig fühlen müsse oder nicht. Erregung entsteht im Austausch der verschiedenen Positionen und Meinungen, bis sich ein Herr aus Dänemark bereit erklärt, bis zur Entscheidung der Behörden für den Fremden zu sorgen.

Der Dolmetscher überbringt die Nachricht, muss den Flüchtling aber auch darüber aufklären, dass ihm der Wunsch, „nach Hause" zu Frau und Kindern zurückkehren zu dürfen, – trotz bester humanitärer Absicht – nicht erfüllt werden könne. Solange das Ende des Krieges nicht absehbar sei, machen die Grenzen eine Heimkehr unmöglich. Am nächsten Morgen wird der Leichnam des Fremden aufgefunden, und so endet die Novelle mit dem bei Zweig sooft begegnenden Motiv des Freitods. Im Schlussbild erscheint ein Grab, auf dem man ein „billiges Holzkreuz" anbringt, „eines jener kleinen Kreuze über namenlosem Schicksal, mit denen jetzt unser Europa bedeckt ist von einem bis zum andern Ende." (S. 200) Die Geschichte des Einzelnen wird damit unmissverständlich als beispielhaft und für eine ganze Kriegsgeneration gültig begreifbar.

3. Rezeption und Forschung

Dass die Novelle in 19 Sprachen übersetzt wurde (vgl. Klawiter 1991, S. 97f.), verdanke sie ihrem pazifistischen Kern, bemerkt Jean-Pierre Lefebvre (2013, S. 1384). Zu dieser Popularität hat zweifellos aber auch beigetragen, dass sich die *Episode am Genfer See* als eine der wenigen von Zweigs Novellen „direkt auf ein zeitgenössisches Ereignis, und zwar den Ersten Weltkrieg" (Rovagnati 1998, S. 52) bezieht. Die präzise Verortung des Geschehens in Zeit und Raum und insbesondere die Verarbeitung historischer Fakten wie die Unterstützung der französischen Armee durch Tausende von russischen Soldaten machen die Episode „parfaitement contemporain et ,parlant'" für die Leser der unmittelbaren Nachkriegszeit (Lefebvre 2013, S. 1385).

Eine prominente Würdigung erhält die Novelle durch Arthur Schnitzler, der Stefan Zweig am 5. April 1930 in einem Brief für die Übermittlung von „kleinen Novellen" dankt und hinzufügt, dass ihm die „Geschichte von dem Flüchtling [...] von allen die besonderste und ein Meisterstück der Erzählung überhaupt" (Zweig 1987, S. 450) sei. Es handelt sich offenbar um eine Reaktion auf den 1929 im Insel Verlag erschienenen Band.

In Bezug auf die weitere Rezeptionsgeschichte ist bemerkenswert, dass sich der Text in zahlreichen Schullesebüchern der 1960er Jahre wiederfindet (vgl. Klawiter 1991, S. 97f.).

In der Forschung ist der Novelle bislang dennoch relativ wenig Aufmerksamkeit zugekommen. Kleinere Verweise findet man etwa in Überblicksdarstellungen zu Zweigs erzählerischem Werk im Zusammenhang mit dem Motiv Selbstmord (vgl. Cohen 1982, S. 326; Lanthaler 1988, S. 139f.) oder zum „Problem der inneren Freiheit" (Gabler 1989, S. 102ff.). Lefebvre verfolgt den Ansatz, die Figur des jungen Soldaten und dessen als enigmatisch bezeichneten Suizid im Kontext seiner politischen, religiösen und gesellschaftlichen Herkunft kritisch zu hinterfragen (vgl. Lefebvre 2013, S. 1385).

Hinzuweisen ist ferner auf Iris Himmlmayr, die die *Episode am Genfer See* – zusammen mit den anderen in der Schweiz geschriebenen Novellen *Wondrak* (erstmals 1990) und *Der Zwang* (1920) sowie mit dem Roman *Ungeduld des Herzens* (1939) und dem Fragment *Clarissa* (erstmals 1990) – in Hinblick auf das große Thema des Ersten Weltkriegs betrachtet. Betont werden die Bedeutung der Schweiz als zunächst geschützter Raum, der sich für den Russen jedoch als Gefängnis erweist (vgl. Himmlmayr 2014, S. 69), und weitere Motive wie Grenze, Trennung, Kommunikationsverlust, Bürokratie und Humanität. Letztere werde vor allem durch den „nie negativ dargestellt[en]" russischen Deserteur verkörpert: das „Wegwerfen der Waffen" als „humane Haltung" der Kriegsverweigerung (S. 73).

Das Motiv der Humanität ist auch der Ausgangspunkt von Matjaž Birks (2003) Untersuchung der Novelle, in der v.a. gattungstypologische Aspekte (Novelle), Erzählmuster (auktorialer Erzähler als Chronist; vgl. dazu auch Bier 1992, S. 48f.), Bedeutungsstrukturen (Kontraste) und nicht zuletzt in der Figur des Protagonisten verhandelte Motive (Humanismus, Pazifismus, der ‚edle Wilde') im Mittelpunkt stehen.

Dass sich – abgesehen von der bei Himmlmayr konstatierten positiven Darstellung des Protagonisten als Deserteur – eine äußerst ambivalente Charakterisierung des russischen Soldaten feststellen lässt, lenkt indes den Blick auf die von Zweig gewählte Erzähltechnik. Die narrative Instanz scheint sich in schnellem Wechsel und ohne entsprechende Signale verschiedener Stimmen bzw. Perspektiven zu bedienen (→ IV.1 ERZÄHLFORMEN). So basiert die Figur auf widersprüchlichen Zuschreibungen (z.B. ‚verängstigt' vs. ‚wild', ‚gutmütig' vs. ‚listig'), die zunächst die verschiedenen Reaktionen der Bürger und damit die heterogene Dorfgemeinschaft als Gesellschaftsform widerspiegeln. Darüber hinaus repräsentiert diese Ambivalenz die von Birk (2003) betonte allgemeine Struktur der Novelle, die angesichts des oppositionellen Arrangements von Motiven (Freiheit vs. Gefangenschaft, Mitleid vs. Hohn, Humanität vs. Brutalität etc.) weitere Aufmerksamkeit verdienen würde.

Stefan Zweig

Zweig, Stefan (1987): Briefwechsel mit Hermann Bahr, Sigmund Freud, Rainer Maria Rilke und Arthur Schnitzler. Hg. v. Jeffrey B. Berlin, Hans-Ulrich Lindken u. Donald A. Prater. Frankfurt a.M.: S. Fischer.

Zweig, Stefan (2002[4]): Episode am Genfer See. In: Ders.: Der Amokläufer. Erzählungen. GWE. Hg. v. Knut Beck. Frankfurt a.M.: S. Fischer, S. 191–200.

Weitere Literatur

Bier, Jean Paul (1992): Der Erzähler als Chronist: „Kleine Chronik" in ihrem literarischen Kontext. In: Renoldner, Klemens/Holl, Hildemar/Karlhuber, Peter (Hg.): Stefan Zweig. Für ein Europa des Geistes. Ausstellungskatalog. Salzburg: SPOT, S. 35–51.

Birk, Matjaž (2003): Stefan Zweigs Humanitätsgedanke während des Ersten Weltkrieges und seine Fiktionalisierung in der Novellistik. In: Eicher, Thomas (Hg.): Stefan Zweig im Zeitgeschehen des 20. Jahrhunderts. Oberhausen: Athena, S. 225–241.

Cohen, Rosi (1982): Das Problem des Selbstmordes in Zweigs Leben und Werk. Bern u.a.: Lang.

Gabler, Claudia (1989): Das Ideal der persönlichen Freiheit in Stefan Zweigs Novellen. Diplomarb. Univ. Graz.

Himmlmayr, Iris (2014): Das Trauma des Ersten Weltkriegs. Einige Beobachtungen zu Stefan Zweigs Prosa. In: Renoldner, Klemens (Hg.): Stefan Zweig – Abschied von Europa. Wien: Brandstätter/Theatermuseum, S. 67–77.

Klawiter, Randolph J. (1991): Stefan Zweig. An International Bibliography. Riverside: Ariadne Press.

Lanthaler, Andrea (1988): Spiel, Eros und Tod in Stefan Zweigs Novellistik. Eine Motivgeschichte. Diplomarb. Univ. Innsbruck.

Lefebvre, Jean-Pierre (2013): Notices et notes. In: Zweig, Stefan: Romans, nouvelles et récits. Bd. I. Hg. v. Jean-Pierre Lefebvre. Paris: Gallimard, S. 1345–1442.

Prater, Donald A. (1981): Stefan Zweig. Das Leben eines Ungeduldigen. München, Wien: Hanser.

Rovagnati, Gabriella (1998): „Umwege auf dem Wege zu mir selbst". Zu Leben und Werk Stefan Zweigs. Bonn: Bouvier.

Zweig, Friderike Maria (1948): Stefan Zweig. Wie ich ihn erlebte. Berlin-Grunewald: Herbig.

3.5.3 Leporella (1928)
Barbara Neymeyr

1. Entstehung. 225
2. Handlungsverlauf und Erzählstrategie. 225
3. Intermediale Bezüge zu Mozarts Oper *Don Giovanni*. 227
4. Ambivalenz – Antagonismus – Aporie. 228
5. Rezeption und Forschung 229

1. Entstehung

Stefan Zweigs Novelle *Leporella* entstand 1924/1925 (vgl. Turner 1988, S. 41; Lefebvre 2013, S. 1492), erschien zuerst 1928 im zweibändigen Prosa-Werk *Deutsche Erzähler der Gegenwart* (Berlin: Wegweiser, Bd. 2, S. 249–287) und wurde seither wiederholt publiziert (vgl. Klawiter 1991, S. 102). Im Jahre 1929 wurde die Erzählung in den Band *Kleine Chronik* aufgenommen. Diesem Artikel liegt die Textfassung im GWE-Band *Der Amokläufer* zugrunde.

2. Handlungsverlauf und Erzählstrategie

Ein zentrales Gattungscharakteristikum der Novelle, die ‚unerhörte Begebenheit' (gemäß Goethes bekannter Definition), wird bereits durch Epitheta wie ‚sonderbar' (Zweig GWE, Leporella, S. 163), ‚merkwürdig' (S. 171, 174, 175), ‚wunderhaft' (S. 167) und ‚eigenartig' (S. 173) angedeutet und dann sowohl in der psychologischen Dimension als auch auf der Handlungsebene inszeniert. In der Novelle ist die mentale Metamorphose der Protagonistin gestaltet, die anfangs durch die hölzerne Stumpfheit ihres animalisch-primitiven Naturells als ein „sonderbare[s] Menschenwesen" in extrem reduziertem Sinne erscheint (S. 163), dann aber eine erstaunliche Entwicklung durchläuft. Später ermordet sie die Ehefrau ihres unglücklich verheirateten Dienstherrn, ohne indes die Tragweite dieser ‚unerhörten' Tat zu begreifen, verliert dadurch sein Vertrauen und gerät in eine tödliche Aporie.

Für das novellistische Geschehen, das sich ungefähr über ein halbes Jahr erstreckt, in der historischen Zuordnung allerdings unbestimmt bleibt, wählt Zweig den Haushalt eines jungen Aristokraten in Wien als Handlungsort. Die Anfangspassage setzt in traditioneller Erzählmanier mit einer Charakterisierung der Titelfigur und ihrer Vorgeschichte ein. Die 39-jährige Dienstmagd Crescentia Anna Aloisia Finkenhuber, die aufgrund unehelicher Geburt in einem Tiroler Bergdorf im Zillertal in ärmlichsten Verhältnissen aufgewachsen ist und durch ihre pferdeartige Physiognomie (vgl. S. 160 f.), eine dumpf-apathische Mentalität, extreme Mundfaulheit und „zähe, stiernackige Arbeitswut" (S. 161) auffällt, verlässt mit 37 Jahren aus ökonomischen Gründen ihre Tiroler Heimat und erhält in Wien eine Anstellung als Köchin und Faktotum bei dem leichtlebig-jovialen Baron von F..., dessen krisenhafte Ehe sie gleichmütig hinnimmt.

Zur entscheidenden Lebenszäsur wird für Crescentia nicht schon der Ortswechsel in die Metropole Wien, sondern erst ein kurzes Gespräch mit ihrem Dienstherrn, das zwei Jahre später stattfindet (vgl. S. 166): Die dabei hervortretenden zufälligen Affinitäten in der Vergangenheit versteht sie als bedeutungsvolle „Fügung" (S. 167). Nach der Unterhaltung, die der Baron vertraulich-jovial mit einem „burschikose[n] Schlag auf den Hintern" (S. 167) beendet, entwickelt Crescentia eine sinnlich grundierte hündische Anhänglichkeit an ihn und vergöttert ihn fortan ebenso, wie sie seine Frau, eine psychisch zerrüttete Hysterikerin, hasst. Als diese zwei Monate im Sanatorium weilt, avanciert Crescenz zur Erfüllungsgehilfin bei den außerehelichen Eskapaden ihres Herrn. Dabei verwandelt sich ihre mürrische Schwerfälligkeit sukzessive in eine komplizenhafte Beflissenheit, die an die Leporello-Figur in Mozarts Oper *Don Giovanni* erinnert. Betont wird, dass sie nicht nur „dumpf, verschlossen" vegetiert, sondern auch „listig und gefährlich" (S. 176) handeln kann. Nach der Rückkehr der Frau steigert sich mit der Ehekrise auch die Verzweiflung des Barons, so dass sich Leporella schließlich zum Mord motiviert sieht.

Die Darstellung wechselt zwischen personalem Erzählen, das als interne Fokalisierung die Innenperspektive der Figur veranschaulicht, und einer auktorialen Erzählhaltung, die als Nullfokalisierung dezidierte Bewertungen aus souveränem Überblick bietet. Dass die Erzählerinstanz allerdings keine Allwissenheit beansprucht, zeigen Hypothesen und Deutungsalternativen (vgl. S. 170 f.). Differenzierte Beobachtung trotz einer schon anfangs spürbaren Antipathie bestimmt die Perspektive auf die Protagonistin, die in ihrem defizitären Menschsein (vgl. Turner 1988, S. 152) auffällig oft mit Tiermetaphern und Tiervergleichen charakterisiert wird: Außer der Physiognomie eines Pferdes (vgl. Zweig GWE, Leporella, S. 160, 173) zeigt Leporella hündische Devotheit (vgl. S. 168, 173, 177, 185). Überdies lässt ihre Mentalität auch an Maulesel (vgl. S. 160), Kuh (vgl. S. 162), Stier (vgl. S. 161, 188), Fisch (vgl. S. 167), Hamster (vgl. S. 161), Eule (vgl. S. 184) und Totenvogel (vgl. S. 184) sowie Dreschflegel (vgl. S. 166), Holz (vgl. S. 160, 174, 179), Fels (vgl. S. 166), Stein (vgl. S. 186), Erdreich (vgl. S. 168) und Sumpf (vgl. S. 167) denken. Zwar überwindet Leporella ihre hölzerne Starrheit, als sie durch ihre Metamorphose zur leidenschaftlichen Komplizin ihres Herrn avanciert. Aber später löst ihre Marginalisierung durch ihn nach dem Mord einen erneuten Prozess psychischer ‚Verholzung' bei ihr aus (vgl. S. 184). Partiell bewahrheitet sich dabei ein aristotelisches Prinzip, das Konstanz und kontinuierliche Entwicklung in der Natur konstatiert: Mit Bezug auf Leporella wird die lateinische Sentenz *natura non facit saltus* in der Übersetzung „die Natur macht keine Sprünge" (S. 177) zitiert. Dem Rückfall der Dienstmagd in dumpfe Sprachlosigkeit folgt später ihre Flucht in den Suizid. Da Leporellas Verhalten nicht von moralischer Urteilskraft gelenkt ist, sondern sich bloß am schlichten Schema von Belohnung und Strafe orientiert (vgl. Turner 1988, S. 154), verbindet sich mit ihrer Verlebendigung keine genuine Humanisierung. So begreift sie weder ihre Schuld als Mörderin noch den Grund für die Abkehr ihres Herrn, den ihre kalte Indifferenz erschreckt: das „tierische, unbarmherzige Fühllossein" der Mörderin (Zweig GWE, Leporella, S. 184), die dann auf ihre Verstoßung „wie ein verprügelter Hund" (S. 185) und mit dem Blick „eines weidwunden Tieres" (S. 189) reagiert. Insofern bestätigt sich am Ende unter veränderten Vorzeichen erneut die schon anfangs manifeste Animalität Leporellas.

3. Intermediale Bezüge zu Mozarts Oper *Don Giovanni*

Durch den Titel *Leporella* und durch die explizite Nennung des Librettisten Lorenzo da Ponte sowie der Figuren Donna Elvira und Don Juan (vgl. S. 173) rekurriert die Novelle eindeutig auf Mozarts Opera buffa *Don Giovanni*: Hier steht Leporello, der als typische Komödienfigur schlagfertig und witzig, aber auch feige und gefräßig erscheint, im Dienst des rücksichtslosen Erotomanen Don Giovanni, der für seine Zwecke auch raffinierte Intrigen, arglistige Täuschung, Gewalt und Mord einsetzt. Allerdings verschiebt Zweig den Fokus vom Herrn (Don Giovanni) auf die Dienerin (Crescentia). Als erotischer Akteur fungiert auch in der Novelle ein junger Aristokrat, der aber – anders als Mozarts Don Giovanni – aus ökonomischen Gründen eine pragmatische Zweckehe führt. Eine mit der Rolle der Donna Elvira betraute Opernelevin, die mit dem Strohwitwer eine erotische Begegnung hat, tituliert die stumpfe Dienstmagd parodistisch als ‚Leporella'. Indem der Freiherr diesen Spitznamen übernimmt, stellt er ebenfalls einen ironischen Bezug zur Herr-Diener-Konstellation der Oper her. Die ahnungslose Crescentia missversteht den wohlklingenden neuen Namen stolz als Nobilitierung und assimiliert sich durch ihre wendige Beflissenheit zusehends an den Habitus Leporellos, der im Text als agiler Kumpan Don Giovannis erscheint (vgl. S. 174). Die in der Novelle dominierende Kurzform ‚Crescenz' entspricht insofern dem Prinzip *nomen est omen*, als das lateinische Partizip *crescens* (wachsend, sich entwickelnd) auf das Potenzial der Namensträgerin verweist.

Wenn von der Opernfigur Leporello als „mitgenießerischem Spießgesellen" (S. 173) die Rede ist, scheinen die Analogien zur Novellenfigur Leporella allerdings überbetont zu sein: Denn Mozarts Dienerfigur billigt keineswegs die amoralische Libertinage Don Giovannis. Zweigs Leporella hingegen organisiert mit devotem Enthusiasmus die amourösen Abenteuer des Barons und partizipiert dadurch kompensatorisch an seiner sinnlichen Vitalität. Bis zum Identitätsverlust reicht ihre mentale Symbiose mit ihm, weil sie die Realität dabei sogar durch seine Augen sieht (vgl. S. 175f.). Die partielle Widerspenstigkeit Leporellos gegenüber Don Giovanni in Mozarts Oper verschiebt und intensiviert Zweig in der Novelle, und zwar durch die feindselige Renitenz Leporellas gegenüber der Baronesse. Zugleich schwächt er die rücksichtslose Egozentrik von Mozarts triebhaft-dämonischer Don-Giovanni-Figur zur harmlosen Jovialität eines Gelegenheitsschürzenjägers ab, dessen Sozialverhalten nicht brutal und boshaft, sondern kompromisslerisch und feige erscheint.

Während Mozarts Opernheld im dramatischen Finale gemäß der Schlussmoral ‚Also stirbt, wer Böses tat!' durch einen Akt höherer Gerechtigkeit untergeht, überlebt sein Diener Leporello. In der Novelle jedoch flüchtet die Mörderin Leporella aus ihrer psychischen Aporie am Ende in den Suizid. Eine weitere Differenz betrifft den Tötungsakt selbst, den Zweig vom Opernprotagonisten auf die weibliche Titelfigur seiner Novelle transferiert hat. Am Anfang von Mozarts Oper tötet Don Giovanni im Duell Donna Annas Vater, der die Ehre seiner Tochter rächen will, und provoziert damit die Rache des Komturs, der schließlich als unheimlicher steinerner Wiedergänger die Katastrophe Don Giovannis heraufbeschwört. Am Ende von Zweigs Novelle scheint Leporella den von ihr strategisch vorgetäuschten Suizid ihres Mordopfers stellvertretend an sich selbst zu exekutieren. In Oper und Novelle geht die am Ende völlig isolierte Täter- und Titelfigur zugrunde: Mozarts Don Giovanni ebenso wie Zweigs Leporella (→ V.10 SUIZID).

4. Ambivalenz – Antagonismus – Aporie

Die von der Herr-Diener-Konstellation der Oper abweichende Geschlechterdifferenz zwischen der Dienstmagd und dem Freiherrn nutzt Zweig zu psychologischer Intensivierung. Beim komplizenhaften Engagement für die Seitensprünge des Barons wird die verschüttete Libido der altjüngferlichen Leporella revitalisiert. In ihrer diffusen Triebsphäre ist die verdrängte Sexualität mit einer materialistischen Habgier amalgamiert, deren libidinöse Komponente in Neid und Eifersucht gegenüber der Ehefrau des Barons hervortritt. Durch das komplizenhafte Verhältnis zu ihm erfährt Leporella eine kompensatorische erotische Befriedigung. Turner hält das sexuelle Element sogar für den primären Antrieb der Protagonistin (vgl. Turner 1988, S. 43).

Leporellas finale Aporie ergibt sich aus einem Missverständnis: Weil sie den verbalen Ausbruch des von hysterischen Exaltationen seiner Ehefrau gequälten Barons, es müsse „ein Ende gemacht werden" (Zweig GWE, Leporella, S. 180), als konkreten Handlungsappell interpretiert, glaubt sie in vorauseilendem Gehorsam seinen Wunsch zu erfüllen, als sie die Baronesse mit Leuchtgas heimtückisch ermordet (vgl. S. 181). Da Leporella nicht nur seine Aussage affirmativ wiederholte, sondern auch durch ihre Mimik und ihr „tückische[s] Lachen" (S. 180) die Tötungsabsicht nonverbal erkennen ließ, trifft den Baron eine erhebliche Mitschuld, zumal er nicht einmal intervenierte, als sie ihm sogar ankündigte: „i wer scho alles mochn" (S. 180). Durch Leporellas Anblick nach dem Mord permanent mit seiner eigenen Schuld konfrontiert, versucht er sein schlechtes Gewissen loszuwerden, indem er sie verstößt. Missverständnisse erweisen sich in der Novelle in doppelter Hinsicht als Handlungsstimulans: Während sich Leporella beim Mord als loyale Erfüllungsgehilfin fremder Absichten verstand, schreibt ihr der Baron danach eine unkalkulierbare, autonome Boshaftigkeit zu. Leporellas desolate Ausstrahlung und ihre nonverbalen Signale im letzten Gespräch mit ihm lassen diese Unterstellung in der Schlusspassage allerdings als Irrtum erscheinen, zumal sie sich trotz seiner Härte devot-gebrochen verabschiedet und ihm dann sogar noch ihre sorgsam gehüteten Habseligkeiten überantwortet (vgl. S. 188 ff.).

Zur psychologischen Dynamik tragen Dreieckskonstellationen nach dem Prinzip des ausgeschlossenen Dritten bei. Zuerst verstärkt das komplizenhafte Einvernehmen zwischen dem Freiherrn und Leporella die Isolation der frustrierten Ehefrau. Die stereotypen Handlungsmuster von Dreiecksbeziehungen werden allerdings dadurch variiert, dass die Dienerin am erotischen Vollzug nur mental partizipiert. Nach der Entfremdung des Barons von Leporella entsteht durch die Einstellung des neuen Dieners Anton eine zweite, ebenfalls fragile Dreieckskonstellation: Der Trias Herr –

Frau – Dienerin folgt die neue Trias Herr – Dienerin – Diener. Als Leporella durch Marginalisierung und Kündigung ihre psychische Lebensbasis verliert und in den Suizid flüchtet, endet auch diese zweite Dreieckskonstellation mit dem Tod. Weil ihr hündisch-devotes Pseudo-Ich durch Überidentifikation essentiell vom Baron abhängig und damit heteronom bleibt, gerät sie durch den Verlust ihrer Komplizenrolle in eine ausweglose Situation. Wie der Protagonist in Kafkas *Urteil*, dem eine unentrinnbare Vater-Fixierung ohne autonome Lebensalternative zum existentiellen Verhängnis wird, ertränkt sich auch Leporella im Fluss.

5. Rezeption und Forschung

Stefan Zweig schlug seinem amerikanischen Verleger Ben Huebsch am 1. August 1933 brieflich einen Band „mit kleinen Novellen" vor und zählte *Leporella* ausdrücklich „zu meinen besten Sachen" (Zweig, Br IV, S. 65). Und Friderike Zweig erklärte bereits vor dem 12. August 1925 in einem Brief an ihren Mann: „Deine Novelle finde ich prächtig. Auch sprachlich vorzüglich. Noch höher qualitativ als Leistung als die ‚24 Stunden im Tag einer Frau' [sic]"; in der Schlusspassage hätte Friderike Zweig allerdings einen Suizid vorgezogen, der „geheimnisvoller, [...] grotesker, unheimlicher" ist, mithin „vom selben Kaliber wie das Frauenzimmer" (Zweig/Zweig 2006, S. 174).

Leporella wurde in zahlreiche Sprachen übersetzt (vgl. Klawiter 1991, S. 102; er nennt 25 Sprachen) und 1991 von Dagmar Damek für das Fernsehen verfilmt (→ VI.7.3 Verfilmungen). Die *International Bibliography* zu Stefan Zweig verzeichnet keine Forschungsarbeiten zu *Leporella* (vgl. Klawiter 1991, S. 102); bis heute existieren nur wenige Seiten Sekundärliteratur (vgl. Turner 1988, S. 40 ff., 90 f., 152 ff., 200; Spörk 2008, S. 153 ff.). Kommentare bieten die französischen Ausgaben von Zweigs erzählerischem Werk (vgl. Casanova 2013; Lefebvre 2013). Casanova (2013) sieht eine Verbindungslinie zur jüdischen Mystik und betrachtet Crescentia als eine Art Erd- oder Lehmklumpen („une sorte de masse terreuse, un bloc de glaise"; Casanova 2013, S. 782), aus dem der Baron durch seine unüberlegten Worte und Gesten einen Golem erschaffe. So gewinne die zunächst so gehorsame Dienstmagd immer mehr Autonomie und werde zu einer unberechenbaren Kreatur. Gegen diese These spricht allerdings zweierlei: Zum einen geht Crescentias Entwicklung nicht auf einen mentalen Schöpfungsakt des Barons als dessen Intention zurück. Zum anderen bleibt ihre devote Abhängigkeit von ihm, die sogar den Mord aus vermeintlich vorauseilendem Gehorsam mit einschließt, bis zum Schluss ohne jedes Zeichen einer rebellischen Verselbstständigung erhalten.

Stefan Zweig

Zweig, Friderike/Zweig, Stefan (2006): „Wenn einen Augenblick die Wolken weichen". Briefwechsel 1912–1942. Hg. v. Jeffrey B. Berlin u. Gert Kerschbaumer. Frankfurt a. M.: S. Fischer.
Zweig, Stefan (1984): Leporella. In: Ders.: Der Amokläufer. Erzählungen. GWE. Hg. v. Knut Beck. Frankfurt a. M.: S. Fischer, S. 156–186.
Zweig, Stefan (2005): Briefe. Bd. IV: 1932–1942. Hg. v. Knut Beck u. Jeffrey B. Berlin. Frankfurt a. M.: S. Fischer.

Weitere Literatur

Casanova, Nicole (2013): *Leporella*. Présentation. In: Zweig, Stefan: La confusion des sentiments et autres récits. Hg. v. Pierre Deshusses. Paris: Laffont, S. 781–782.
Klawiter, Randolph J. (1991): Stefan Zweig. An International Bibliography. Riverside: Ariadne Press.
Lefebvre, Jean-Pierre (2013): Notices et notes. In: Zweig, Stefan: Romans, nouvelles et récits. Bd. II. Hg. v. Jean-Pierre Lefebvre. Paris: Gallimard, S. 1492–1494.
Neymeyr, Barbara: Aporetische Amoralität. Zur libidinösen Komplizenschaft in Stefan Zweigs Novelle *Leporella* – im Verhältnis zu Mozarts Oper *Don Giovanni*. In: Neymeyr, Barbara/Fabris, Angela (Hg.): Casanova und Don Juan. Verführer-Mythen und ihre Metamorphosen in der Kulturgeschichte [in Vorbereitung].
Spörk, Ingrid (2008): „Ich spürte, wie das Dämonische ihres Willens in mich eindrang". Fatale Liebesbeziehungen bei Stefan Zweig. In: Birk, Matjaž/Eicher, Thomas (Hg.): Stefan Zweig und das Dämonische. Würzburg: Königshausen & Neumann, S. 143–156.
Turner, David (1988): Moral Values and the Human Zoo. The „Novellen" of Stefan Zweig. Hull: Hull Univ. Press.

3.5.4 *Buchmendel* (1929)

Christine Rechberger

1. Entstehungs- und Publikationsgeschichte 230
2. Inhalt 230
3. Rezeption und Forschung 231

1. Entstehungs- und Publikationsgeschichte

Am 18. September 1929 schreibt Stefan Zweig an Fritz Adolf Hünich (Insel Verlag), dass er „zwei Novellen fast fertig habe", jedoch noch unschlüssig sei, welche der beiden er in die Sammlung *Kleine Chronik* aufnehmen wolle (Zweig, Br III, S. 249). Bei der einen Novelle handelt es sich um die später für den Erzählband ausgewählte Erzählung *Buchmendel*, die zweite ist jedoch, entgegen der Annahme Knut Becks, nicht *Die gleich-ungleichen Schwestern* (vgl. Zweig, Br III, S. 598), die bereits im April 1927 erschienen war. Erstmals erschienen ist *Buchmendel* vom 1. bis 3. November 1929 in drei Teilen in der *Neuen Freien Presse*, „nämlich in Feiertagsnummern der renommierten Wiener Tageszeitung, die sich in solchen Ausgaben gern mit Texten bekannter Autoren schmückte" (Scheichl 2015, S. 231).

2. Inhalt

Schauplatz der Novelle *Buchmendel* ist das Café Gluck in Wien. Für den aus Galizien stammenden Jakob Mendel ist das Café vor dem Ersten Weltkrieg und während der ersten Kriegsjahre Zentrum seiner Welt. Er frühstückt dort, lässt sich sein Mittagessen ins Café bringen, betreibt von einem Tisch aus seine Buchhändler-Geschäfte, empfängt Kundschaft und führt Telefonate. Ähnlich wunderbar und außergewöhnlich wie die des Protagonisten der *Schachnovelle*, Dr. B., sind auch Mendels geistige Fähigkeiten: Er verfügt über die Gabe, sich an Titel, Autor, Verlag, Erscheinungsjahr und Preis einer unvorstellbaren Menge an Büchern zu erinnern. Er ist ein „Lexikon", „ein Universalkatalog auf zwei Beinen", „ein bibliographische[s] Phänomen" (Zweig GWE, Buchmendel, S. 204). Durch unglückliche Zusammenhänge, die Mendel indirekt selbst verschuldet hat, wird er in ein Gefangenenlager gesperrt und erst zwei Jahre später freigelassen. Die Haft zerstört den Mann, sein Erinnerungsvermögen, seinen feinen Geist. Im Café, das mittlerweile modernisiert wurde und einem neuen Besitzer gehört, wird er als Schmarotzer betrachtet und letztlich hinausgewiesen. Mendel ist obdach- und mittellos und stirbt an einer Lungenentzündung. Dies alles erfährt der Erzähler viele Jahre später von der Reinigungskraft des Cafés, Frau Sporschil. Er selbst, der Jakob Mendel vor dem Krieg kennengelernt hatte, vergaß ihn während der Kriegsjahre und durch die Beschäftigung mit seinem eigenen literarischen Werk mehr als 20 Jahre lang. Als ihm dies bewusst wird, kann er es kaum fassen. Ihn schmerzt die Erfahrung, sich an Mendel trotz seiner Außergewöhnlichkeit so lang nicht erinnert zu haben: „Ein bitterer Geschmack kam mir auf die Lippen, Geschmack von Vergänglichkeit: wozu lebt man, wenn der Wind hinter unserm Schuh schon die letzte Spur von uns wegträgt?" (S. 213)

Stefan Zweigs Novelle *Buchmendel* gehört zu den Texten mit dezidiert religiöser Thematik. Wichtigste literarische Motive der Novelle sind die Aspekte ‚Erinnerung und Gedächtnis', ‚Zerstörung und Vergänglichkeit', ‚Religion und Zeremoniell'. Die Gegensatzpaare ‚Gedächtnis und Gedächtnisverlust' sowie ‚Erinnerung und Vergänglichkeit' ziehen sich leitmotivisch durch den Text (vgl. Scheichl 2015, der zwischen Gedächtnis als Erinnerungsvermögen und Gedächtnis als Nachruhm unterscheidet). Jakob Mendel bildet stets das Zentrum der literarischen Ebenen des Textes, die durch seine Person miteinander verschränkt werden. Mendels Zerstörung ist in Analogie zur Zerstörung der Welt durch den Krieg zu lesen: „Mendel war nicht mehr Mendel, wie die Welt nicht mehr die Welt war", lautet der zentrale Satz in diesem Kontext (Zweig GWE, Buchmendel, S. 223). Die Traumatisierung durch den Krieg und die Haft im Lager war wie ein „Blutkomet" in den friedlichen Stern seiner Bücherwelt eingeschlagen (S. 223). Zweig zeigt an Mendels Schicksal exemplarisch, was tausende Menschen durch den Krieg erlitten: die Zerstörung ihrer Existenz und ihrer Welt. Religion und religiöses Zeremoniell bilden als wiederkehrende, beständige Muster den Gegensatz zur Vergänglichkeit, worauf Voigts (2006) besonders hinweist. Wie an einem „Altar bibliophiler Offenbarungen" (Zweig GWE, Buchmendel, S. 203) sitzt Mendel jahrelang an einem kleinen Tisch im Café Gluck, auf dem sich Notizen und Bücher stapeln. „[S]trenggläubige Wiener Bibliophile[ ]" pilgern ratsuchend zu ihm wie zu einem geistlichen Führer (vgl. S. 208) Ähnlich einem kultischen, religiösen Akt, dessen Handlungen und Abläufe genau geregelt sind, widmet Buchmendel sich wertvollen Büchern, beschnüffelt und beriecht sie mit halbgeschlossenen Augen (vgl. S. 209). In der Figur des Mendel wird deutlich, dass die Liebe zum Buch ein in der jüdischen Tradition zutiefst verankertes Element ist (vgl. Beck 2007, S. 325).

3. Rezension und Forschung

Buchmendel ist kein autobiografischer Text, und der Erzähler ist freilich nicht mit dem Autor gleichzusetzen. Dennoch sind autobiografisch gefärbte Aspekte nicht von der Hand zu weisen: Wie der Erzähler der Novelle hat sich auch Zweig mit Franz Anton Mesmer auseinandergesetzt (vgl. Zweig GWE, Die Heilung durch den Geist). In die Figur des Mendel schreibt Zweig seine eigene bibliophile Passion ein, die sich schon früh etwa im Sammeln von Autographen äußerte (vgl. Matuschek 2005; → III.20 Autographensammlung). Harry Zohn nennt Jakob Mendel, den „Bibliosaurier", eine „Karikatur von Zweig, dem Bibliophilen" (Zohn 1986, S. 210). Darüber hinaus kommt in Mendel Zweigs Faszination für das Ostjudentum zum Tragen. Zweig kam damit schon kurz nach der Jahrhundertwende in Berührung, durch den Kontakt mit dem Künstler Ephraim Mose Lilien (→ V.8 Judentum und jüdische Identität). Die Not und Armut der galizischen Juden lernte Zweig in den Kriegsjahren kennen: zunächst in Wien, das nach Beginn des Krieges einen starken Zustrom jüdischer Flüchtlinge aus dem Osten erlebte, dann während einer Dienstreise im Auftrag des Kriegsarchivs nach Galizien auch durch eigene Anschauung vor Ort. Die Frage, inwiefern der Text als Zusage oder Absage Zweigs an das Judentum zu bewerten ist, soll hier nicht erneut gestellt werden. Er kann jedenfalls als Beispiel für eine Auseinandersetzung mit der jüdischen Religion gelesen werden, die nicht punktuell war, sondern Zweig in unterschiedlicher Intensität seit seinem Frühwerk begleitet hat (vgl. Henze 1988, S. 219). Darüber hinaus interpretiert Mark H. Gelber den Text u.a. auch als Beispiel für Stefan Zweigs Interesse am Jiddischen (vgl. Gelber 2014, S. 17f.).

Stefan Zweig

Zweig, Stefan (2000): Briefe. Bd. III: 1920–1931. Hg. v. Knut Beck u. Jeffrey B. Berlin. Frankfurt a.M.: S. Fischer.
Zweig, Stefan (2007⁴): Die Heilung durch den Geist. Mesmer, Mary Baker-Eddy, Freud. GWE. Hg. v. Knut Beck. Frankfurt a.M.: S. Fischer.
Zweig, Stefan (2007²): Buchmendel. In: Ders.: Buchmendel. Erzählungen. GWE. Hg. v. Knut Beck. Frankfurt a.M.: S. Fischer, S. 197–229.

Weitere Literatur

Beck, Knut (2007): Nachbemerkung des Herausgebers. In: Zweig, Stefan: Buchmendel. Erzählungen. GWE. Hg. v. Knut Beck. Frankfurt a.M.: S. Fischer, S. 315–328.
Gelber, Mark H. (1987): Stefan Zweig und die Judenfrage von heute. In: Ders. (Hg.): Stefan Zweig heute. New York u.a.: Lang, S. 160–180.
Gelber, Mark H. (2014): Stefan Zweig, Judentum und Zionismus. Innsbruck u.a.: StudienVerlag.
Henze, Volker (1988): Jüdischer Kulturpessimismus und das Bild des alten Österreich im Werk Stefan Zweigs und Joseph Roths. Heidelberg: Winter.
Matuschek, Oliver (Hg.) (2005): „Ich kenne den Zauber der Schrift". Katalog und Geschichte der Autographensammlung Stefan Zweig. Mit kommentiertem Abdruck v. Stefan Zweigs Aufsätzen über das Sammeln von Handschriften. Wien: Inlibris.
Scheichl, Sigurd Paul (2015): Stefan Zweigs *Buchmendel* – Bibliografie und Gedächtnis. In: Niedermair, Klaus/Schuler, Dietmar (Hg.): Die Bibliothek in der Zukunft. Regional – Global: Lesen, Studieren und Forschen im Wandel. Festschrift für Hofrat Dr. Martin Wieser anlässlich seiner Versetzung in den Ruhestand. Innsbruck: Innsbruck Univ. Press, S. 231–243.
Voigts, Manfred (2006): Stefan Zweig und Jakob Buchmendel. In: Jasper, Willi/Lezzi, Eva/Liebs, Elke/Peitsch, Helmut (Hg.): Juden und Judentum in der deutschsprachigen Literatur. Wiesbaden: Harrassowitz, S. 353–370.
Zohn, Harry (1986): Stefan Zweig: Der Europäer, der Österreicher, der Jude. In: Ders.: „… ich bin ein Sohn der deutschen Sprache nur …". Jüdisches Erbe in der österreichischen Literatur. Wien, München: Amalthea, S. 98–128.

3.6 Schachnovelle (1942)

Klemens Renoldner/Norbert Christian Wolf

1. Entstehung 233
2. Inhalt. 235
3. Historischer und biografischer Kontext 237
4. Erzählanlage und Textstruktur 238
5. Rezeption und Deutung 239
6. Mediale Adaption 243

Bei der *Schachnovelle* handelt es sich um Stefan Zweigs letzten vollendeten und zugleich wohl bekanntesten Text, der bald nach der kleinen Erstauflage von 1942 nicht nur gewaltige Auflagenhöhen erzielte, in zahlreiche Sprachen übersetzt wurde und über den deutschsprachigen Raum hinaus als Schullektüre gilt, sondern auch in den Kanon der Weltliteratur eingegangen ist. Mit seiner Titelwahl schließt der Autor an die von Goethe inaugurierte und durch dessen *Novelle* gleich wieder abgeschlossene Reihe generischer ‚Null-Titel' an, „die sich dadurch auszeichnet, dass Gattungsnamen zu Werktiteln gemacht werden" (Michler 2015, S. 370; vgl. auch S. 347). Zweigs Zeitgenosse Arthur Schnitzler hat diese Tradition mit seiner *Traumnovelle* (1925) aufgegriffen und thematisch nach demselben strukturellen Muster spezifiziert, das dann auch Zweigs Namensgebung prägen sollte: Während dort der Traum (und seine Implikationen) den erzählerischen ‚Falken' (nach Paul Heyse das Symbol für das jeweilige zentrale Problem der Novelle) bildet, ist es hier das Schachspiel.

1. Entstehung

Im August 1941 reiste Zweig auf jener Seeroute von New York nach Buenos Aires, die in der Novelle beschrieben wird. Er verließ das Schiff jedoch eine Station vor dem Ziel in Rio de Janeiro. Man darf vermuten, dass die erste Idee zur *Schachnovelle* während dieser Reise entstand. Geschrieben wurde sie im Zeitraum zwischen Mitte September 1941 und 21. Februar 1942 in Zweigs letztem Wohnort, der brasilianischen Stadt Petrópolis. In Briefen an Freunde und Verleger hatte der Autor während der Arbeit einige knappe Hinweise gegeben. Die entsprechenden Zitate wurden mehrfach gesammelt, dokumentiert und kommentiert (vgl. Berlin 1999, 2007, 2009; Schwamborn 1999; Renoldner 2013). So etwa schreibt Zweig am 28. Oktober 1941 in einem Brief an Berthold Viertel, er habe eine „kuriose Novelle entworfen, die Ihnen vielleicht gefiele – eine Schachnovelle mit einer eingebauten Philosophie des Schachs, ich habe sie aber noch nicht abgeschlossen" (Zweig 1984, S. 337). Zwei Monate später, am 30. Januar 1942, teilt er Viertel mit, dass er eine „aktuelle längere Erzählung" verfasst habe (S. 345).

Die wenig aussagekräftigen Selbsteinschätzungen des Autors könnten zu dem irrigen Schluss verleiten, Zweig habe die *Schachnovelle* kritisch gesehen. Zum einen ist in den Briefen von einer „symbolischen" Erzählung die Rede, ohne dass klar wäre, von welcher Symbolkraft hier die Rede ist; zum anderen nennt Zweig die *Schachnovelle* „sehr seltsam[ ]" (Zweig 1984, S. 333) oder sogar „abseitig" (Zweig, Br IV, S. 315). Wie sehr der Autor seine letzte Erzählung dennoch schätzte, dokumentiert nicht nur der Umstand, dass er sie – im Vergleich mit den anderen Manuskripten, die Fragment geblieben sind – abgeschlossen hat, sondern auch ein Brief an Hermann Kesten vom

15. Januar 1942: „Ich habe eine Novelle geschrieben in meinem beliebt-unglücklichen Format, zu groß für eine Zeitung und ein Magazin, zu klein für ein Buch, zu abstrakt für das große Publikum, zu abseitig in seinem Thema. Aber Sie wissen ja, daß Mütter ihre einerseits schwächlichen, anderseits begabten Kinder am zärtlichsten ans Herz drücken." (Zweig, Br IV, S. 336) So empfahl er die *Schachnovelle* auch seinem amerikanischen Verleger Ben W. Huebsch. Dieser könne, so schreibt Zweig am 16. Januar 1942, mit der *Schachnovelle* eine „separate edition" für einen „club of bibliophiles" (Zweig, zit. n. Berlin 2009, S. 91) herausbringen. Daraus den Schluss zu ziehen, Zweig habe die *Schachnovelle* prinzipiell für nicht breitenwirksam gehalten, wäre ebenso falsch: Es ist eben von einer zusätzlichen, einer „separate edition" die Rede, wie sie Zweig auch bei früheren Büchern, etwa im Insel Verlag, gefordert und erhalten hat.

Bereits Anfang Januar 1942 hatte er Ernst Feder offenbar eine vorläufige Fassung des Textes geschickt. Der ehemalige Chefredakteur-Stellvertreter des *Berliner Tageblatts* wohnte seit 1940 in Petrópolis und spielte mit Zweig gelegentlich Schach. Feder sollte, so berichtet er nach Zweigs Tod, in der Erzählung eventuelle Fehler bei der Darstellung des Schachspiels suchen. Obwohl Feder dem Verfasser angeblich seine Eindrücke über die Lektüre der Rohfassung mitgeteilt hat, enthält die *Schachnovelle* in diesem Punkt diverse Ungenauigkeiten. Die Einschätzungen der Schach-Spezialisten sind hier freilich selbst nicht widerspruchsfrei.

Das Typoskript der *Schachnovelle* wurde von Lotte Zweig auf einer Schreibmaschine erstellt (ein Deckblatt, drei Durchschläge); sie übertrug – wie bei dem Typoskript zur *Welt von Gestern* – in alle vier Exemplare die letzten Korrekturen handschriftlich, beides wohl nach Stefan Zweigs Diktat. Am 21. Februar 1942 wurden die drei Durchschläge des Typoskripts mit persönlichen Briefen verschickt: an Ben Huebsch, den Verleger in New York (Typoskript A), an Gottfried Bermann Fischer nach New York (Typoskript B, bestimmt für die deutsche Ausgabe in Stockholm) und an den Übersetzer Alfredo Cahn in Buenos Aires (Typoskript C, für eine spanischsprachige Ausgabe in Argentinien). Das Deckblatt der Schreibmaschinen-Abschrift, das Typoskript-Exemplar D, blieb in Rio. Victor Wittkowski hat darin handschriftlich zahlreiche Korrekturen eingetragen; in dieser veränderten Form diente das Typoskript als Vorlage für den brasilianischen Übersetzer Odilon Gallotti (zu den vier Typoskripten, den besonderen Umständen der ersten Editionen sowie den dabei entstandenen Text-Abweichungen etc. vgl. Renoldner 2013, S. 81 ff.).

Zum ersten Mal wurde die *Schachnovelle* in Brasilien im September 1942 veröffentlicht: Der Band *Três Paixões. Três novelas* gibt den von Gallotti übersetzten Text unter dem Titel *A Partida de Xadrez* (dt. ‚Eine Partie Schach') wieder. Die erste deutschsprachige Ausgabe wurde im Dezember 1942 in Buenos Aires als Privatdruck von 300 Exemplaren verlegt, 1943 folgte im Bermann-Fischer Verlag Stockholm eine zweite deutsche Edition. Sowohl die deutschsprachigen Erstausgaben von Buenos Aires (1942) und Stockholm (1943) als auch spätere Veröffentlichungen in deutscher Sprache, aber bemerkenswerterweise sogar jene Editionen, die sich auf das ‚Originaltyposkript' berufen, weisen eine erstaunliche Fülle von Abweichungen gegenüber der letzten, von Stefan Zweig selbst korrigierten Fassung der *Schachnovelle* auf. Dabei handelt es sich vor allem um Auslassungen von Satzteilen, Wörtern und Buchstaben, um Ergänzungen, Abweichungen bei der Schreibweise einzelner Wörter sowie um ausgetauschte Begriffe, um Abschreibfehler, um Änderungen in Zweigs Satzkonstruktionen, seiner Orthografie und Interpunktion. Die Textfassung letzter Hand, die

Zweig am 21. Februar 1942 an Verleger bzw. Übersetzer geschickt hatte, erschien erstmals unverändert in der kommentierten Reclam-Ausgabe von 2013. Da die Veröffentlichung der *Schachnovelle* in den *Gesammelten Werken in Einzelbänden* (im Band *Buchmendel*) fehlerhaft ist (vgl. Renoldner 2013, S. 98–105), wird im Folgenden aus der kommentierten Reclam-Ausgabe zitiert.

2. Inhalt

Auf einem Passagierdampfer von New York nach Buenos Aires erfährt ein namenloser Ich-Erzähler, dass ein prominenter Gast mit an Bord sei, der berühmte „Weltschachmeister" (Zweig 2013, S. 5) Mirko Czentovic. Der Erzähler erinnert sich an Zeitungsberichte, in denen von dem ungewöhnlichen Lebenslauf eines Schach-Wunderkindes die Rede war, denn im Gegensatz zu den meist gebildeten Schachweltmeistern bürgerlicher Herkunft stammt Czentovic aus einfachsten Verhältnissen vom südlichen Balkan; er ist der Sohn eines Donauschiffers, früh Waise geworden, zudem Analphabet, dessen Aufstieg zu einem international gefeierten Schachmeister unerwartet war.

Mit an Bord ist außerdem der schottische Tiefbauingenieur McConnor, ein Amateur-Schachspieler, dem es gelingt, Czentovic zu einem Spiel herauszufordern. Wie zu erwarten, verliert McConnor die Partie. Die eminente Überlegenheit des Schachmeisters hindert ihn aber nicht daran, auf einer Revanche zu bestehen. Im Verlauf der zweiten Partie tritt ein Mann in die Runde jener neugierigen Zuschauer, die sich um das Schachbrett aufgestellt haben. Der Unbekannte gibt McConnor die entscheidenden Ratschläge, um Czentovic überraschenderweise ein Remis abzutrotzen. Alle wollen wissen, wer der unbekannte Herr ist, der einem Schachmeister Paroli geboten hat, doch gleich nach dem Ende der Partie hat er sich verabschiedet und ist verschwunden.

Der Erzähler spürt den Flüchtenden auf dem Deck auf. Man macht sich bekannt, bei beiden handelt es sich um Österreicher, doch genannt wird nur das Kürzel des unbekannten Namens: „Dr. B.". Hier setzt die Binnenhandlung der Novelle ein; denn Dr. B. berichtet dem Erzähler seine Geschichte: Er stamme aus Wien, sei nach 1919 Anwalt für aristokratische Familien, auch für Mitglieder der Familie Habsburg und die ehemalige Kaiserin Zita, gewesen und nach dem 13. März 1938 von der Gestapo verhaftet worden. Im Wiener Hotel Métropole, das 1938 in die wegen ihrer brutalen Foltermethoden gefürchtete „Gestapo-Leitstelle Wien" umfunktioniert wurde, war Dr. B. monatelang inhaftiert. Verzweifelt über die vollkommene Isolation habe er sich, angeleitet durch ein Buch mit berühmten Schach-Meisterpartien, das er einem Gestapo-Mann aus dem Mantel hatte stehlen können, selbst das Spiel beigebracht. Er sei unter den bedrückenden Haftumständen und bei dem fortwährenden Schachspiel gegen sich selbst in eine „kalte Form des Wahnsinns" (Zweig 2013, S. 75) verfallen, eine tiefe psychotische Krise, in der er zuletzt versucht habe, das Mobiliar des Zimmers zu zertrümmern. Bei der Abführung durch die Wärter habe er sich im Treppenhaus am Arm verletzt, worauf man ihn in ein Spital brachte, wo ihm ein Arzt zur Flucht aus Österreich verhalf. Zuvor jedoch habe ihn der Arzt auf die Traumatisierung hingewiesen und Dr. B. empfohlen, das Schachspiel fortan zu meiden. Hier schließt die Binnenerzählung wieder an die Rahmenhandlung an: Weil es alle Beobachter der spannenden Schachpartie auf dem Schiff wünschen, erklärt sich Dr. B. schließlich gegen den ärztlichen Rat bereit, am nächsten Tag selbst gegen Czentovic anzutreten.

Aufgeregt verfolgen alle das dritte Spiel, und tatsächlich kann Dr. B. den Schachweltmeister dermaßen in die Defensive bringen, dass dieser – um das bereits absehbare Matt zu vermeiden – die Partie aufgibt und die Figuren vom Spielfeld schiebt. Kein Zweifel, Dr. B. hat den Weltmeister besiegt. Jetzt aber wird der sonst so ruhig und besonnen wirkende Dr. B. von einem unvorhergesehenen Gefühlsrausch überwältigt: Triumphierend und provokant fordert er ein weiteres Spiel gegen Czentovic. Die psychotische Verfassung aus der Gefängniszelle hat Dr. B. eingeholt, er redet wirr und beschimpft sein Gegenüber. Nur einer versteht, was hier geschieht: der Erzähler. Ihm gelingt es schließlich, Dr. B. zu beruhigen und ihn dazu zu bewegen, von der Fortsetzung des Spiels abzusehen. Mit der englischen Aufforderung „Remember!" (Zweig 2013, S. 76) erinnert er ihn an die Verletzung, die er sich damals im Hotel Métropole zugezogen hat. Dr. B. steht auf, entschuldigt sich bei Czentovic und verlässt den Raum. Der Unternehmer McConnor, der die Wettkämpfe finanziert hatte, bleibt verständnislos und zeigt sich enttäuscht.

Die Handlung der Novelle ist frei erfunden. Ihre beiden Hauptfiguren, der Schachweltmeister Czentovic und der Jurist Dr. B., folgen keinen eindeutig dechiffrierbaren historischen Vorbildern. Seit Ende Januar 1933 hatte Stefan Zweig in Briefen, Gesprächen und Medienberichten in Erfahrung bringen können, wie man in Deutschland mit den Gegnern des Nationalsozialismus und insbesondere mit Menschen jüdischer Herkunft verfuhr. Noch mehr hat er nach dem März 1938 über das Schicksal von Österreichern vernommen, die im Hotel Métropole verhört und gefoltert wurden. Ergänzend dazu könnten dem Plot vielleicht auch mündliche Berichte über die erfolgreiche Flucht aus Österreich und über Verhöre der Gestapo, von denen Zweig im September in Rio erfahren hatte, zu Grunde liegen (vgl. Schwamborn 1999, S. 21f., 315ff., sowie Metsch 1999, S. 51). Bezeugt ist jedenfalls, dass Einzelheiten aus den Biografien berühmter Schachspieler, die Zweig in dem Buch *Die hypermoderne Schachpartie* von Savielly Grigoriewitsch Tartakover (1925) gefunden hatte, wichtige Anregungen darstellten (vgl. Fricke 2006, S. 47).

Nach dem Abschluss seiner Erinnerungen *Die Welt von Gestern* (1942) und der Arbeit am Roman *Clarissa* (erstmals 1990) stellt Stefan Zweig in der *Schachnovelle* noch ein weiteres, nun letztes Mal heimatliche Konnotationen her: Österreich, Wien, der alte Kaiser und sein Leibarzt, der Komponist Franz Schubert, das barocke Kloster Seitenstetten u.a. Aber die politischen Umstände sind erschütternd: Hitlers Soldaten haben das Land besetzt, Österreich hat sogar dem Namen nach aufgehört zu existieren, und jeder, der den Nationalsozialisten missfällt oder sich gar gegen sie auflehnt, muss mit dem Tod oder einer Konzentrationslagerhaft rechnen. Wenn der Nationalsozialismus die ‚Welt von Gestern' in seiner Gewalt hält und die Gestapo aus dem einst mondänen Wiener Innenstadt-Hotel Métropole einen Ort der Folter machen kann, dann bleiben nur die Flucht in die Neue Welt, das Abbrechen der Brücken – und Bilder der Erinnerung.

Wie so oft, arbeitet Zweig auch in diesem Text antithetisch: Auf der einen Seite des Tisches der grobschlächtige Emporkömmling slawischer Herkunft, eine gut trainierte, gefühlskalte und kulturlose Schachmaschine vom Balkan, ein Prolet, der es zum Weltmeister gebracht hat – auf der anderen Seite des Schachbrettes der leise, sympathische Rechtsanwalt aus Wien, ein Geschäftspartner ehemaliger Mitglieder der Hocharistokratie, der das Spiel nicht aus Aufsteiger-Ehrgeiz und Gewinnsucht erlernt hat, sondern gewissermaßen wider Willen, der anschließend zwar der Gestapohaft entkommen konnte, aber auch im Exil die Traumatisierung seiner Haftzeit nicht mehr los wird und damit leben muss. Diese erzähltechnisch zweifellos effektvolle Dichotomisierung birgt auch eine gewisse Problematik.

3. Historischer und biografischer Kontext

In den ‚großen' Texten der Weltliteratur sind es die Breite der Themen sowie die Vielfalt von Motiven und Bezügen, die zu einer ‚unbegrenzten' Interpretierbarkeit führen. Das trifft auch auf die *Schachnovelle* zu: Je nach Blickwinkel der Leserinnen und Leser findet sich ein Einstieg in den Text entweder mittels der Faszination am Schachspiel, der Beschreibung des Wettkampfes oder über die Schilderung der ganz unterschiedlichen Lebensgeschichten und die Psychogramme der Kontrahenten. Dass es sich, jenseits der konkreten Zeitumstände, auch um die Darstellung einer existentiellen Krise des Individuums, um Traumatisierung und psychotische Not handelt, verstärkt den Leseeindruck. Dass man schließlich den Zugang zur *Schachnovelle* auch über die politischen Koordinaten der Binnenhandlung wählen und davon ausgehend auf die Geschichte Österreichs zur Zeit des Nationalsozialismus Bezug nehmen kann, stellt einen zusätzlichen Anreiz dar.

Die Novelle wäre freilich falsch verstanden, wenn man sie als bloßen Kommentar zur österreichischen Politik, als zeitkritisches Statement oder als politischen Essay lesen und befragen würde. Wer sich informieren möchte, wie Stefan Zweig über die Ausschaltung der Demokratie, über den Austrofaschismus, die Aktivitäten der ‚illegalen' Nazis und den immer aggressiver werdenden Antisemitismus in Österreich gedacht, wie sehr er die österreichischen Politiker dieser Jahre verachtet hat, der kann dies in Zweigs Briefen aus dieser Zeit tun, z. B. im Briefwechsel mit seinem französischen Freund Romain Rolland, der Zweigs Verhältnis zur Politik und ihren Akteuren anschaulich dokumentiert (→ III.16 BRIEFE).

Andererseits nimmt die *Schachnovelle* innerhalb des Prosawerks von Stefan Zweig auch deswegen eine besondere Stellung ein, weil sie die einzige Erzählung Zweigs ist, in der der Autor direkt auf die politische Wirklichkeit Österreichs im Jahr 1938 und auf den Terror des Nationalsozialismus Bezug nimmt. Wissend, was den Juden nicht nur in Deutschland, sondern auch in Österreich und in ganz Europa widerfuhr, wählte er mit Bedacht nicht einen jüdischen, sondern einen dem Klerus nahestehenden katholischen Anwalt. Dies geschah nicht, weil Zweig monarchistische Sehnsüchte hegte, sondern aus Zurückhaltung: Er war, was persönliche Anliegen betraf, ein Mann von äußerster Diskretion, scheute sich, im eigenen Interesse zu sprechen, und lehnte es ab, sich als Opfer der Verhältnisse zu sehen. Zweig, der sich für viele Flüchtlinge aus Europa engagierte und dabei auch in finanzieller Hinsicht großzügig war, wusste durchaus, dass er sich im Gegensatz zu vielen mittellosen Emigranten in privilegierter Lage befand.

In diesem Sinne zeugt die *Schachnovelle*, und das macht einen guten Teil ihrer bis heute anhaltenden Wirkung aus, nicht nur von der Erfahrung einer existentiellen Krise, von Verzweiflung und Ohnmacht, sondern auch von einer befreienden Utopie, von der Überwindung des Terrors und der Not; und davon, dass diese Erlösung aus Mutlosigkeit und Depression für ihren Verfasser im realen Leben nicht möglich war. Folgerichtig hat der englische Zweig-Biograf Donald A. Prater vermutet: „In der Kraft des österreichischen Anwalts, sich dem Druck der Gestapo zu widersetzen, dürfen wir wohl eine Wunschvorstellung des Autors sehen." (Prater 1981, S. 438)

Sehr häufig hat man die besonderen Entstehungsumstände der Novelle in eine Beziehung zu Zweigs eigener biografischer Situation, zum gemeinsamen Suizid mit seiner Frau Lotte gebracht. Denn man kommt schwer umhin, in der psychotischen Krise von Dr. B., die zum Zertrümmern einer Glasscheibe führt, einen Reflex von Stefan Zweigs depressivem Zusammenbruch im Sommer 1941 zu erkennen. In beiden Fällen deutet sich eine letale Disposition an: Das Zerschlagen der Scheibe könnte vielleicht mit der Intention geschehen sein, in suizidaler Absicht aus dem Fenster oder in das Treppenhaus zu springen – Letzteres gelang einigen Häftlingen. Das Lesepublikum wird implizit dazu aufgefordert, eigene Schlussfolgerungen aus den Andeutungen zu ziehen.

4. Erzählanlage und Textstruktur

Bei der *Schachnovelle* handelt es sich der modernen Thematik zum Trotz um einen vergleichsweise traditionell erzählten Text. Daniela Strigl hat die Erzählsituationen folgendermaßen zusammengefasst, indem sie zwischen drei Erzählerinstanzen differenziert: zunächst dem namenlosen „Ich-Erzähler der Rahmenerzählung, die auf einem Dampfer der Route New York–Buenos Aires spielt, offensichtlich im Sommer 1939, noch vor Kriegsausbruch; dann dessen Freund, der einen – auktorialen – Bericht über den an Bord weilenden Schachmeister Czentovic liefert; und schließlich Dr. B., der dem Erzähler Nr. 1, wiederum in der ersten Person, die Geschichte seiner Gestapo-Haft in Wien erzählt." (Strigl 2014, S. 123) Mit der narratologischen Begrifflichkeit Gérard Genettes wäre hier also der extradiegetisch-homodiegetische (Ich-)„Erzähler erster Stufe, der seine eigene Geschichte erzählt", vom intradiegetisch-heterodiegetischen Erzähler „zweiter Stufe" (Freund), der eine Geschichte erzählt, in der er „nicht vorkommt", sowie vom intradiegetisch-homodiegetischen „Erzähler zweiter Stufe" (Dr. B.), „der seine eigene Geschichte erzählt", zu unterscheiden (Genette 1998, S. 178).

Anhand der Genette'schen Terminologie lässt sich auch die Differenz zwischen diegetischer Rahmen- und metadiegetischen Binnenerzählung (vgl. S. 162ff.) klarer bestimmen, wobei letztere sich hinsichtlich der Chronologie zur ‚Basiserzählung' analeptisch verhält (vgl. S. 32f.). Ihr kausal und temporal motivierendes Zusammenspiel verlässt mit seiner variablen, meist internen Fokalisierung (vgl. S. 134ff.) erzähltechnisch kaum die Bahnen des narrativ Erwartbaren, sieht man einmal von der finalen Metalepse (vgl. S. 167ff.) ab, die dann freilich die entscheidende „Schlusspointe" des Textes ausmacht, wie Albert Meier bemerkt hat: In ihr dringe nämlich „die Binnenhandlung um Dr. B. in die Rahmensituation vor, was mit der geistigen Gesundheit des einen Spielers zugleich die *gute Ordnung der Novellistik* zu zerstören droht." (Meier 2014, S. 154) In diesem Punkt ist Zweig tatsächlich erzählerisch innovativ (→ IV.1 ERZÄHLFORMEN).

Was die häufig gestellte Frage nach faktualen Anteilen in diesem insgesamt zweifelsohne fiktionalen Text betrifft, so sollte man die weit verbreitete Ansicht in Zweifel ziehen, Zweig habe „sich in der Figur des Dr. B. selbst porträtiert" (Renoldner 2013, S. 134): Dafür gebe es mangels überzeugender Übereinstimmungen oder auch nur manifester Parallelen zwischen historischer Person Stefan Zweig und literarischer Figur Dr. B. kaum Anhaltspunkte (vgl. S. 134ff.).

5. Rezeption und Deutung

Seit ihrer ersten Veröffentlichung im Jahr 1942 hat die *Schachnovelle* auf der ganzen Welt viele Millionen Leser gefunden. Die Stefan-Zweig-Bibliografie von Randolph J. Klawiter (1991) verzeichnet Übersetzungen in 35 Sprachen, Egbert Meissenburg (2002) nennt 41 Übersetzungen. Die Verlage Williams und Atrium Press in Zürich bzw. London – jene Verlage, die bis zum Verstreichen der 70-jährigen Schutzfrist (31. Dezember 2012) die Weltrechte Stefan Zweigs wahrgenommen haben – teilten 2012 mit, es existierten 58 Verträge für Übersetzungen der *Schachnovelle* (vgl. Renoldner 2013, S. 153), in einigen Sprachen gebe es sogar mehrere Übersetzungen. Berühmt wurde sie jedoch nicht nur durch die zahlreichen, in hohen Auflagen verlegten Taschenbuch-Ausgaben des S. Fischer Verlags, durch Übersetzungen und Sondereditionen, sondern auch durch den Umstand, dass sie immer noch eine beliebte Schullektüre ist.

Die große Anerkennung, die der *Schachnovelle* sowohl in der zeitgenössischen Rezeption als auch in der heutigen Wahrnehmung durch das Lesepublikum und darüber hinaus im literaturwissenschaftlichen Diskurs zuteilwurde und -wird, belegt die Bedeutung dieses Textes. Zuletzt sprach Rüdiger Görner von einem „Glücksfall ausgereifter Erzählkunst" (Görner 2012, S. 127); in diesem Sinne haben sich seit der Erstveröffentlichung zahlreiche Schriftsteller und Literaturwissenschaftler geäußert, von denen im Folgenden nur einige aktuellere Stimmen gewürdigt werden können. Umso erstaunlicher ist es, dass erst mit der kommentierten Ausgabe des Reclam-Verlags eine philologisch verlässliche Textgrundlage vorliegt (vgl. Zweig 2013).

Mit Blick auf Goethes wirkungsmächtige Definition der ‚Novelle' als Erzählung einer ‚unerhörten Begebenheit' hat die literaturwissenschaftliche Forschung den im Text verhandelten Konflikt – so Konstanze Fliedl – „zunächst in der Konfrontation der Antagonisten gesehen: auf der einen Seite Czentovic, imbezil, plump, habgierig und vulgär [...], auf der anderen Dr. B., schmal, höflich, feinfühlig und intellektuell" (Fliedl 2017, S. 175). Demnach seien „in diesen beiden Figuren Barbarei und Zivilisation verkörpert; und dieser Gegensatz ist lange Zeit als das Agon des Textes wahrgenommen und vor allem in den kanonisierenden Nachschlagewerken konstatiert worden" (S. 175). Relativ spät erst wurde „das ‚Unerhörte' in Dr. B.s eingeschalteter Vorgeschichte gesucht", „in der ‚seelenlosen' Barbarei der Nazidiktatur" (S. 175). Ein besonders pointiertes Beispiel dieses Interpretationsansatzes besteht in Hanspeter Brodes Versuch, im Bildnis des Schachweltmeisters Czentovic ein verdecktes „Hitlerporträt" zu erkennen (Brode 1999). Nicht ganz so plakativ verfährt Siegfried Unselds Deutung des Mirko Czentovic als Verkörperung des nationalsozialistischen Ungeistes (vgl. Unseld 1999, S. 240).

Subtiler argumentiert jetzt Konstanze Fliedl selbst, die in ihrem Aufsatz *Jüdisches Schach. Zweigs Novelle im Kontext völkischer Propaganda* die diskursiven Zusammenhänge rekonstruiert, in denen der ‚Falke' des Textes, „nämlich das Schachspiel", historisch situiert war (Fliedl 2017, S. 176). Fliedl arbeitet dabei heraus, wie stark auch der scheinbar harmlose Diskurs über das alte Spiel im 20. Jahrhundert antisemitisch infiltriert wurde, was zur wertenden Gegenüberstellung zwischen einem mutigen, idealistischen und ästhetischen ‚arischen' sowie einem angeblich feigen, weil taktisch-opportunistischen ‚jüdischen' Schach geführt habe (vgl. S. 181). Die *Schachnovelle* nun greife diese damals gängigen „Klischees" auf, doch werden sie in ihr

„so verschoben und umcodiert, dass sie sich als antithetische Zuschreibungen nicht mehr eignen", indem etwa die Figur des Czentovic – und nicht die des Nazi-Opfers Dr. B. – als ‚habgierig' gezeichnet ist (S. 185). Mehr noch: „[J]ede Möglichkeit, die geschilderten Spiele mit der ideologischen Opposition von ‚jüdischer' Verteidigung und ‚arischem' Angriff in Zusammenhang zu bringen", wird erzählerisch konsequent subvertiert, so dass der rassistische Antagonismus „wirksamer getilgt" erscheint, „als es einer Apologie des ‚jüdischen' Spiels möglich gewesen wäre." (S. 186) Insofern widersetze sich die *Schachnovelle* der „antisemitischen Vereinnahmung des, wie es heißt, einzigen Spiels, ‚das allen Völkern und Zeiten zugehört'" (S. 186).

Ebenfalls mit historischen Kontexten und Diskursen beschäftigt sich Ernst Strouhal, wobei er die Geschichte des Schachs, das er als Symbol des urbanen Kosmopolitismus versteht, sowie Zweigs Umgang damit in einen größeren (lokal)historischen Zusammenhang der übernationalen kakanischen Metropole Wien stellt. Fraglich bleibt dabei bloß, ob die Figur des katholisch-legitimistischen Dr. B. tatsächlich als Verkörperung des modernen, kosmopolitischen „Intellektuellen" gelten kann (vgl. Strouhal 2017, S. 19, 27).

Ein mit der Thematik des Naziterrors eng zusammenhängendes Motiv stellt die Traumatisierung seiner Opfer dar, von der oben schon mehrfach die Rede war. In einer so eindrücklichen wie maßstabsetzenden Studie bezeichnet Hannes Fricke die *Schachnovelle* sogar als „eines der erstaunlichsten Beispiele für die Darstellung eines Traumas in der Literatur" (Fricke 2006, S. 41). Zweig habe, so Fricke, das *flashback* des Traumatisierten präzise skizziert: „Detailgenau werden die Reaktionen eines Folteropfers geschildert, das auf den Trigger Schachspiel in ein Flashback rutscht, lange bevor psychotraumatologische Kategorien zur Beschreibung eines solchen Geschehens zur Verfügung standen." (S. 41f.) Fricke zeichnet die letzte Partie zwischen Dr. B. und Czentovic nach: Zweigs „minutiöse Schilderung" zeige, wie Dr. B. durch das Spiel „wieder in seine Zelle zurückkatapultiert wird", die alte Situation also nicht erinnere, „sondern sie erneut durchlebt" (S. 43). Das betrifft Dr. B.s Gefühl der Isolation, seinen übermäßigen Durst und das Auf- und Abgehen, als sei er noch immer in der Zelle (vgl. S. 43).

Auf die Relationen zur europäischen und österreichischen Zeitgeschichte und die Frage nach Zweigs Verhältnis zur Politik ist mehrfach hingewiesen worden (vgl. Hobek 1993, S. 100ff.). Gert Kerschbaumer hat versucht, die *Schachnovelle* als Doppelgängergeschichte ihres Verfassers zu lesen: der intellektuell eindimensionale, mechanisch spielende Weltmeister, der ganz von unten kommende „beschränkte Bauernjunge" (Zweig 2013, S. 12) Mirko Czentovic und der altösterreichische Geistesmensch und Landsmann des Erzählers, Dr. B., sind in dieser Lesart, so wie das Schwarz und Weiß des Schachspiels, die beiden „bipolar kategorisierten Figuren", die zusammen gesehen für jene Doppelexistenz stehen, Pole, deren Divergenz Zweig nicht versöhnen konnte: „Zweigs Doppelwelt, seine Identitäts- und Existenzkrise, findet ihren Niederschlag in seiner *Welt von Gestern* und im literarischen Seitenthema, seiner in gedämpfter Sprache geschriebenen *Schachnovelle*" (Kerschbaumer 2011, S. 228). Hans-Albrecht Koch wiederum versucht in einem Aufsatz über Zweigs politisches Engagement, die *Schachnovelle* in Relation zu Zweigs Studie *Triumph und Tragik des Erasmus von Rotterdam* (1934) zu setzen: „In Dr. B., dem Protagonisten seiner letzten Prosaarbeit, hat Zweig eine gesteigerte, ins Zeitgenössische gerückte Erasmus-Figur dargestellt" (Koch 2003, S. 55).

Im Unterschied zu einer solchen Suche nach figuralen Entsprechungen innerhalb des Zweig'schen Œuvres widmet Daniela Strigl dem Interesse des Autors an obsessiven wie an besiegten, scheiternden Helden einen kritischen Essay, der im Vorübergehen auch verschiedene erzählerische Unzulänglichkeiten und Ungenauigkeiten aufdeckt (vgl. Strigl 2014, S. 126 ff.). Zweigs Protagonist erscheint hier als Repräsentant der 1938 ein zweites Mal untergegangenen Welt des multinationalen Habsburger Reiches (vgl. S. 124 ff.), das insbesondere von den vertriebenen und verfolgten Juden rückblickend als verlorene Heimat betrachtet wurde. Den Pyrrhussieg sowie die darauf folgende Niederlage des Dr. B. im ungleichen Schachduell mit Czentovic schließt Strigl zuletzt mit Zweigs eigener Resignation im Jahr 1942 kurz (vgl. S. 134 f.). Die Thematik der Niederlage ist für das Œuvre dieses Autors übrigens tatsächlich so wichtig, dass sie einmal im Rahmen einer eigenen Monografie, die über jene von Gerd Courts (1962) hinausgeht und das Gesamtwerk berücksichtigt, beginnend bei Zweigs Dramen *Tersites* (1907) und *Jeremias* (1917), zu behandeln wäre (→ IV.11 THEATER; V.3 DAS MOTIV DES BESIEGTEN).

Rüdiger Görner hat in seinem 2012 erschienenen Band *Stefan Zweig. Formen einer Sprachkunst* auf die Spaltung des Ichs Bezug genommen, von der Dr. B., in Gestapo-Haft gegen sich selbst Schach spielend, bedroht ist. Zweigs Wort von der „Selbstzerteilung" nimmt er als Anlass, darauf hinzuweisen, dass es in den Erzählungen Zweigs – entgegen landläufiger Meinung – viele Belege für die ‚Sprachskepsis' der Moderne gebe. Im Falle der *Schachnovelle* merkt Görner an:

> Der Begriff ‚Selbstzerteilung' lässt jedoch aus einem ganz bestimmten Grund aufhorchen: Nietzsche gebrauchte ihn seit *Menschliches, Allzumenschliches* immer wieder, nachdem er das Ich in der Moderne nur noch als ‚Dividuum' erkennen konnte. Für Nietzsche wurde die Selbstzerteilung zur Voraussetzung neuer Einsichten in die Daseinsverhältnisse; in Zweigs Novelle steht sie als Ergebnis wahnhafter Prozesse im imaginären Spiel-Raum. (Görner 2012, S. 126)

Für die italienische Ausgabe der *Schachnovelle* von 1991 hat der Schriftsteller Daniele Del Giudice ein Nachwort verfasst. Auch er hält die *Schachnovelle* für „die beste Erzählung Stefan Zweigs", schränkt aber ein: Je mehr die Handlung voranschreite, betreffe „die Opposition immer weniger die beiden entgegengesetzten Zwangsvorstellungen – die eine natürliche und die andere aufgezwungene – oder den tragischen geistigen Widerstand gegen den Nationalsozialismus, sondern den Untergang der aristokratischen, empfindsamen und gequälten Seele, die gezwungen ist, gegenüber einer arroganten, selektiven und deshalb ‚überlegenen' Intelligenz nachzugeben." (Del Giudice 1991, S. 10 f.) Dr. B., so meint Del Giudice, kämpfe für sich allein, er nehme den Gegner nicht wahr, sondern nur das Spiel – und deswegen ende er unvermeidlich wieder in seinem Wahn; dabei sehe es so aus, als ob sein Autismus nicht mehr heilbar wäre (vgl. S. 10 f.).

Der deutsch-amerikanische Kulturhistoriker Peter Gay hat für die New Yorker Ausgabe der *Schachnovelle* ein Vorwort geschrieben und darin betont, Zweig habe mit diesem Text sein lang anhaltendes Schweigen über die Verbrechen seiner Zeit beendet. Gay vergleicht die narrative Struktur mit anderen Erzählungen des Autors und kommt zum Schluss, die *Schachnovelle* gestatte einen besonderen Einblick in Zweigs literarische Werkstatt. Unter Hinweis auf die Freundschaft mit Sigmund Freud entwickelt er die These, Zweig sei es in der *Schachnovelle*, genauso wie in seinen Essays über

Hölderlin oder Dostojewski, darum zu tun, die inneren Geheimnisse der Lebensgeschichten von Czentovic und Dr. B. zu enträtseln. Doch bleibe zuletzt offen, ob Dr. B. seine Traumatisierung bewältigen könne oder ob er, wie Zweig selber, von Exil und Depression besiegt werde. Zweig habe mit seinem letzten Text deutlicher als vordem zeigen wollen, in welchem verzweifelten Kampf er persönlich verstrickt gewesen sei: „Aber seine Diskretion, so typisch für ihn, ließ ein wirklich offenes Bekenntnis nicht zu. Und so bleibt die *Schachnovelle* eine Botschaft aus einer früheren Zeit, aus der Welt von Gestern." (Gay 2006, S. 14)

Ruth Klüger schließlich untersucht anhand von Dr. B.s Haft im Hotel Métropole, welche Rolle Zimmer in Zweigs Erzählungen spielen. Dabei geht es ihr vor allem um den Raum als „Symbol des Ichs, des meistens gefährdeten Ichs, das hinaus will oder muss aus der Beschränkung, die ihm zwar oft von außen, als Gefängnis, aufgezwungen wird, aber vor allem von innen" (Klüger 2014, S. 105). Klüger vermutet dabei Zweigs Großvater mütterlicherseits, den Bankier Samuel Ludwig Brettauer, als biografisches „Modell" für Dr. B. (S. 113), verwirft aber die Deutung von dessen Gegenspieler als Verkörperung des Nationalsozialismus (vgl. S. 117): Für sie ist Czentovic vielmehr eine komische Figur, die einem Nestroy-Stück entsprungen sein könnte, „mit leicht erkennbaren Macken, die zum Lachen reizen, besonders in Verbindung mit anderen Nebenfiguren, die ebenso wie Mirko in einer Wiener Komödie unterhaltsam wären, zum Beispiel Mr. McConnor, der Self-Made-Amerikaner". Die *Schachnovelle* werde freilich „umso dunkler", als sie auch „heitere[ ] Aspekte" aufweise, darüber hinaus spannende und vergnügliche Passagen wie die Abfolge der Schach-Spiele im Rauchsalon des Schiffes, in deren nicht erwartbarem Glückswechsel Klüger die ‚unerhörte Begebenheit' erkennt (S. 117f.).

In ihrem abschließenden Resümee bezieht sich Klüger auf die widersprüchliche Funktion des Schachs „als Heilmittel" (S. 106) und Gift zugleich, indem sie an Zweigs Text aufzeigt, wie das für ‚Verstand' und ‚Aufklärung' stehende Spiel zur „Besessenheit" führe: „[D]er Geist schlägt um, er wird zum Ungeist" (S. 116). Mit anderen Worten: „Die Rettung vor dem Abgrund führt zum Abgrund zurück" (S. 120). Auf diese Weise exemplifiziere der „Wahnsinn, dem Zweigs Dr. B. verfällt und der ihn immer wieder erreichen kann, eine schreckliche Dialektik der Aufklärung" (S. 121). So gesehen sei die *Schachnovelle* „eben kein Hohelied auf des Menschen Willen, der sich befreien kann aus den vier Wänden, die sein Ich ausmachen." Vielmehr verbinden sich in ihr zwei konträre Motive, nämlich „das Geheimnis und die Problematik der menschlichen Denkfähigkeit und die unvermeidliche Abgeschlossenheit des einzelnen Ich" (S. 121). Ein solches, so offenes wie ambivalentes Fazit entspricht der ‚unbegrenzten' Interpretierbarkeit des nicht von ungefähr kanonisch gewordenen Textes besser als jede interpretatorische ‚Vereindeutigung'.

In Anlehnung nicht nur an Klügers raumtheoretische Überlegungen, sondern auch an Gerrit Lembkes anregende strukturalistisch-semiotische Untersuchung (vgl. Lembke 2009) hat Juliana P. Perez neuerdings die vom *spatial turn* ausgehenden Anregungen zur Deutung der *Schachnovelle* fruchtbar gemacht. In einer (zu Redaktionsschluss dieses Handbuchs noch nicht publizierten) Untersuchung mit dem Titel *„Remember!" – Nicht-Orte in Stefan Zweigs Schachnovelle* zeigt sie auf, wie im Erzähltext sukzessive „ein merkwürdiger Prozess des Ortverlustes" erfolgt:

Österreich wird durch das Zimmer im Hotel Métropole ersetzt, das Zimmer wird zum Gefängnis, das Gefängnis wird zum Nichts als Ort, in dem Dr. B. eingesperrt ist. Im Gefängnis taucht Dr. B. in einen anderen Ort ein – das Buch selbst –, um sich zu retten. Dieser imaginäre Ort, der an der Stelle eines verlorenen Ortes erscheint, hat aber in der Wirklichkeit keine Entsprechung mehr. Und nicht nur das: Die Illusion, sich im imaginären Ort noch retten zu können, zeigt sich als selbstzerstörerisch.

Dies sei „die wahre schmerzvolle Erfahrung", auf welche Zweigs letzte Novelle ohne jeden Trost hinauslaufe: „Der verlorene Ort hat sich in die Narbe eingeschrieben, als Zeichen des Leidens ist sie das einzige, was von der Vergangenheit physisch geblieben ist." Insofern erweist sich allerdings auch „die Zuflucht ins eigene Ich" kaum mehr als eine Alternative zur verlorenen Welt des Buches und der Literatur, denn bei einem seelisch beschädigten Menschen wie Dr. B. ist die von Zweig noch im Montaigne-Essay vielbeschworene ‚innere Freiheit' schwerlich zu finden. Der Zivilisationsbruch der Shoah wirft seinen Schatten voraus, zumindest ist im Jahr 1942, als Zweig den eigenen Freitod längst plant, angesichts des allgegenwärtigen Grauens kein Happy End mehr denkbar. Das letzte, verlogene Wort behält deshalb auch im literarischen Text konsequent der stärkere Antipode Mirko Czentovic.

6. Mediale Adaption

Von der *Schachnovelle* gibt es mehrere Dramatisierungen, diverse Hörspielbearbeitungen sowie Hörbücher, auf die hier nicht im Einzelnen eingegangen werden kann (vgl. Zweig 2009, 2010, 2017; eine Bühnenfassung von Helmut Peschina wurde 2004 im „Deutschen Theaterverlag" veröffentlicht). Noch wichtiger für die Breitenwirksamkeit sind Filmbearbeitungen, insbesondere die erfolgreiche Verfilmung aus dem Jahr 1960: Die deutsche Produktion *Schachnovelle* wurde „nach der gleichnamigen Erzählung von Stefan Zweig" gedreht. Wenn auch der narrative Kern und die politischen Zeitumstände unverändert bleiben, ergänzt das Drehbuch die Novellenhandlung doch mit einer (bei Zweig nicht existierenden) zentralen Frauenrolle, mit zusätzlichen Handlungssträngen und Figuren. Regie führte Gerd Oswald, Curd Jürgens spielte Dr. B. (der in der Filmfassung den Namen „Werner von Basil" erhielt), Mario Adorf übernahm den Part des „Mirko Centovic" [sic]. Von weiteren Verfilmungen in verschiedenen europäischen Ländern war in den letzten Jahren wiederholt die Rede, realisiert wurden sie bis Redaktionsschluss jedoch nicht (→ VI.7.3 Verfilmungen).

Bemerkenswert sind auch die Vertonungen des Textes: So hat man die *Schachnovelle* bisher dreimal als Vorlage für Opern-Libretti herangezogen: Berthold Tuercke komponierte eine Kammeroper *Der Aufzwang* nach Zweigs *Schachnovelle* und anderen Texten. Eine Aufführung ist nicht bekannt (vgl. Tuercke 1999). Im Auftrag der Schwetzinger Festspiele vertonte die rumänische Komponistin Violeta Dinescu Zweigs Novelle, das Libretto stammt von der Komponistin selbst. Die Uraufführung fand 1994 statt. Zu einer weiteren Oper *Die Schachnovelle* (Libretto: Wolfgang Haendeler), die 2013 am Theater in Kiel uraufgeführt wurde, komponierte Cristóbal Halffter die Musik (→ VI.7.2 Rezeption in der Musik). Solche und weitere Adaptionen des Erzählstoffes sowie Ausstellungen (vgl. Renoldner/Karlhuber 2017; www.lasker-gesellschaft.de/schachnovelle/ausstellung.html) belegen dessen große medienübergreifende Attraktivität (zu weiteren Aufführungen und Bearbeitungen für die Bühne vgl. Poldauf 2007; Schönle 2007).

Stefan Zweig

Roth, Joseph/Zweig, Stefan (2011): „Jede Freundschaft mit mir ist verderblich". Briefwechsel 1927–1938. Hg. v. Madeleine Rietra u. Rainer Joachim Siegel. Mit einem Nachwort v. Heinz Lunzer. Göttingen: Wallstein.
Zweig, Friderike/Zweig, Stefan (2006): „Wenn einen Augenblick die Wolken weichen". Briefwechsel 1912–1942. Hg. v. Jeffrey B. Berlin u. Gert Kerschbaumer. Frankfurt a. M.: S. Fischer.
Zweig, Stefan (1984): Briefe an Freunde. Hg. v. Richard Friedenthal. Frankfurt a. M.: S. Fischer.
Zweig, Stefan (1990): Schachnovelle. In: Ders.: Buchmendel. Erzählungen. GWE. Hg. v. Knut Beck. Frankfurt a. M.: S. Fischer, S. 248–314.
Zweig, Stefan (1995): Briefe. Bd. IV: 1932–1942. Hg. v. Knut Beck u. Jeffrey B. Berlin. Frankfurt a. M.: S. Fischer.
Zweig, Stefan (2013): Schachnovelle. Kommentierte Ausgabe. Hg. v. Klemens Renoldner. Stuttgart: Reclam.

Tonträger

Zweig, Stefan (2009): Schachnovelle. Gelesen v. Christoph Maria Herbst. Berlin: Argon.
Zweig, Stefan (2010): Schachnovelle. Hörspielbearbeitung v. Klaus L. Graeupner. Produziert 1959. München: der Hörverlag.
Zweig, Stefan (2017): Schachnovelle. Bearbeitung u. Regie: Klaus Gmeiner, Erzähler: Michael Heltau, Dr. B.: Gustl Weishappl. Produziert 1978. Wien: ORF Radio Österreich 1.

Weitere Literatur

Berlin, Jeffrey B. (1999): Briefe aus Brasilien: Stefan Zweigs *Schachnovelle*. In: Schwamborn, Ingrid (Hg.): Die letzte Partie. Stefan Zweigs Leben und Werk in Brasilien (1932–1942). Bielefeld: Aisthesis, S. 245–264.
Berlin, Jeffrey B. (2007): „… habe eine kleine *Schachnovelle* entworfen". Stefan Zweigs Briefe und die Entstehung seines letzten Werks. In: Poldauf, Susanna/Saremba, Andreas (Hg.): 65 Jahre *Schachnovelle*. Berlin: Emanuel Lasker Gesellschaft, S. 40–56.
Berlin, Jeffrey B. (2009): Lebendige Dichtung. Stefan Zweigs *Schachnovelle*. Betrachtungen zur Entstehungsgeschichte und zum Leseerlebnis unter Berücksichtigung unveröffentlichter Korrespondenzen. In: Schönle, Siegfried (Hg.): Schachforschungen. Festschrift für Egbert Meissenburg. Vienna: Refordis, S. 42–127.
Brode, Hanspeter (1999): Mirko Czentovic – ein Hitlerporträt? Zur zeithistorischen Substanz von Stefan Zweigs *Schachnovelle*. In: Schwamborn, Ingrid (Hg.): Die letzte Partie. Stefan Zweigs Leben und Werk in Brasilien (1932–1942). Bielefeld: Aisthesis, S. 223–227.
Courts, Gerd (1962): Das Problem des unterliegenden Helden in den Dramen Stefan Zweigs. Diss. Univ. Köln.
Del Giudice, Daniele (1991): Il cliente nuovo (= Prefazione). In: Zweig, Stefan: Novella degli scacchi. Milano: Garzanti, S. 7–14.
Fliedl, Konstanze (2017): Jüdisches Schach. Zweigs Novelle im Kontext völkischer Propaganda. In: Gelber, Mark H./Erdem, Elisabeth/Renoldner, Klemens (Hg.): Stefan Zweig – Jüdische Relationen. Studien zu Werk und Biographie. Würzburg: Königshausen & Neumann, S. 175–187.
Fricke, Hannes (2006): „still zu verschwinden, und auf würdige Weise." Traumaschema und Auswegslosigkeit in Stefan Zweigs *Schachnovelle*. In: Zeitschrift für Psychotraumatologie und Psychologische Medizin 4/2/2006, S. 41–55.
Gay, Peter (2006): Introduction. In: Zweig, Stefan: Chess Story. New York: New York Review Books, S. V–XIV.
Genette, Gérard (1998²): Die Erzählung. München: Fink.
Görner, Rüdiger (2012): Stefan Zweig. Formen einer Sprachkunst. Wien: Sonderzahl.

Hobek, Friedrich W. (1993): Erläuterungen zu Stefan Zweig, *Schachnovelle*. Hollfeld: Bange.
Kerschbaumer, Gert (2011): Stefan Zweigs *Schachnovelle*: seine Identitäts- und Existenzkrise. In: Gelber, Mark H./Ludewig, Anna-Dorothea (Hg.): Stefan Zweig und Europa. Hildesheim u. a.: Olms, S. 221–230.
Klawiter, Randolph J. (1991): Stefan Zweig. An International Bibliography. Riverside: Ariadne Press.
Klüger, Ruth (2014): Selbstverhängte Einzelhaft: Die *Schachnovelle* und ihre Vorgänger. In: Renoldner, Klemens (Hg.): Stefan Zweig – Abschied von Europa. Wien: Brandstätter/Theatermuseum, S. 105–122.
Koch, Hans-Albrecht (2003): Ästhetischer Widerstand oder politischer Eskapismus? Vom *Erasmus*-Buch zur *Schachnovelle*. In: Eicher, Thomas (Hg.): Stefan Zweig im Zeitgeschehen des 20. Jahrhunderts. Oberhausen: Athena, S. 43–58.
Lembke, Gerrit (2009): Raum, Zeit und Handlung in Stefan Zweigs *Schachnovelle*. In: Literatur in Wissenschaft und Unterricht 42/2009, S. 225–236.
Meier, Albert (2014): Novelle. Eine Einführung. Berlin: Erich Schmidt.
Meissenburg, Egbert (2002): Stefan Zweig: *Schachnovelle*. Bibliographie ihrer Übersetzungen (Erstausgaben) in nichtdeutsche Sprachen. Seevetal: Meissenburg.
Metsch, Gerhard (1999): Briefe aus Petrópolis. In: Schwamborn, Ingrid (Hg.): Die letzte Partie. Stefan Zweigs Leben und Werk in Brasilien (1932–1942). Bielefeld: Aisthesis, S. 51–66.
Michler, Werner (2015): Kulturen der Gattung. Poetik im Kontext, 1750–1950. Göttingen: Wallstein.
Poldauf, Susanna (2007): Vorwort. In: Poldauf, Susanna/Saremba, Andreas (Hg.): 65 Jahre *Schachnovelle*. Berlin: Emanuel Lasker Gesellschaft, S. 4–6.
Prater, Donald A. (1981): Stefan Zweig. Das Leben eines Ungeduldigen. München, Wien: Hanser.
Renoldner, Klemens (2013): Kommentar. In: Zweig, Stefan (2013): Schachnovelle. Kommentierte Ausgabe. Hg. v. Klemens Renoldner. Stuttgart: Reclam. S. 81–167.
Renoldner, Klemens/Karlhuber, Peter (Hg.) (2017): „Ich gehöre nirgends mehr hin!" Stefan Zweigs *Schachnovelle* – Eine Geschichte aus dem Exil. Salzburg: Salzburg Museum.
Schönle, Siegfried (2007): Klein, aber oho! Die *Schachnovelle* und ihre Rezeption. In: Poldauf, Susanna/Saremba, Andreas (Hg.): 65 Jahre *Schachnovelle*. Berlin: Emanuel Lasker Gesellschaft, S. 7–19.
Schwamborn, Ingrid (Hg.) (1999): Die letzte Partie. Stefan Zweigs Leben und Werk in Brasilien (1932–1942). Bielefeld: Aisthesis.
Strigl, Daniela (2014): Schach und andere Leidenschaften oder Stefan Zweigs Liebe zur Niederlage. In: Renoldner, Klemens (Hg.): Stefan Zweig – Abschied von Europa. Wien: Brandstätter/Theatermuseum, S. 123–135.
Strouhal, Ernst (2017): „… das eigentliche Genie dieser Stadt". Stefan Zweig, das Schachspiel und der Verlust des Kosmopolitischen. In: Renoldner, Klemens/Karlhuber, Peter (Hg.): „Ich gehöre nirgends mehr hin!" Stefan Zweigs *Schachnovelle* – Eine Geschichte aus dem Exil. Salzburg: Salzburg Museum, S. 19–27.
Tuercke, Berthold (1999): *Der Aufzwang*. Eine Kammeroper nach *Schachnovelle* und anderen Texten von Stefan Zweig. In: Schwamborn, Ingrid (Hg.): Die letzte Partie. Stefan Zweigs Leben und Werk in Brasilien (1932–1942). Bielefeld: Aisthesis, S. 209–213.
Unseld, Siegfried (1999): Das Spiel vom Schach: Stefan Zweigs *Schachnovelle*. In: Schwamborn, Ingrid (Hg.): Die letzte Partie. Stefan Zweigs Leben und Werk in Brasilien (1932–1942). Bielefeld: Aisthesis, S. 229–244.
Wittkowski, Victor (1960): Erinnerungen an Stefan Zweig in Brasilien. In: Ders.: Ewige Erinnerung. Rom: Selbstverlag, S. 61–126.

Internet-Ausstellung zu Stefan Zweigs *Schachnovelle*:
www.lasker-gesellschaft.de/schachnovelle/ausstellung.html

4. Unselbständig erschienene Erzählungen

4.1 *Vergessene Träume* (1900)
Elisabeth Erdem

1. Entstehung 246
2. Inhalt 246
3. Rezeption und Forschung 247

1. Entstehung

Die Novelle wurde erstmals am 22. Juli 1900 in der *Berliner Illustrierten Zeitung* veröffentlicht. Sie fällt in die früheste Schaffensperiode des damals 18-jährigen Stefan Zweig. Über die Umstände der Entstehung ist nichts bekannt; in einem Brief vom 22. Juni 1900 an Karl Emil Franzos erklärt Zweig, dass er „jetzt nämlich mehrere größere Novellen vollendet" habe (Zweig, Br I, S. 19), womit er vermutlich auch auf *Vergessene Träume* (1900) und *Praterfrühling* (1900) anspielt. Bemerkenswert ist, dass es sich um die ersten veröffentlichten Prosatexte handelt, in einer Periode, in der Zweig in erster Linie Gedichte verfasst hat. Noch eineinhalb Jahre später erklärt sich Zweig vor allem als Lyriker: „Ich sehe darin heute noch mein Bestes, obwohl ich auch schon viel Novellen hinter mir habe." (Zweig an Franzos, 10. Dezember 1901, Zweig, Br I, S. 31)

2. Inhalt

Vergessene Träume beginnt mit einer knappen Verortung des Geschehens in Zeit und Raum, von der Außen- zur Innenperspektive hin. In ihrer „hart am Meer" (Zweig GWE, Vergessene Träume, S. 71) liegenden Villa wird einer nicht näher benannten „Frauengestalt" (S. 72) von ihrem Diener unerwarteter Besuch angemeldet: Es handelt sich um einen Mann, ihre lang zurückliegende Jugendliebe. Die Dame hatte nach dem Ende dieser frühen Beziehung einen Grafen geheiratet und war so zu beträchtlichem Reichtum gekommen.

Von ebensolcher Künstlichkeit wie die Villa sind auch die Schönheit und das luxuriöse Dasein der Protagonistin, die nur durch großen Aufwand aufrechterhalten werden können. Der Besucher zeichnet sich hingegen durch Natürlichkeit und Ungezwungenheit aus. Nach kurzem Entsinnen empfängt die Dame den Herrn, und das Wiedersehen ruft bei beiden alte Erinnerungen an ihre Liebe wach (vgl. S. 73): „[D]er Ausklang ihrer toten Jugendliebe legte in ihr Gespräch einen tiefen, fast traurigen Ernst." (S. 74) Der Besucher konfrontiert seine einstige Liebe mit den Motiven für ihre Ehe und zeigt sich verwundert über die Verbindung mit einem Mann, den er als „indolenten und immer erwerben wollenden" sowie „gewöhnlichen Menschen" (S. 74) beschreibt:

> „Und warum hätte ich ihn denn doch geheiratet [...]?" / „Ich wußte es nicht so genau. Vielleicht besaß er verborgene Vorzüge, die dem oberflächlichen Blicke entgehen und erst im intimen Verkehr zu leuchten beginnen. Und dies war mir dann des Rätsels leichte Lösung, denn eines konnte und wollte ich nicht glauben." / „Das ist?" / „Daß Sie ihn um seiner Grafenkrone und seiner Millionen genommen hätten. Das war mir die einzige Unmöglichkeit." / Es

war, als hätte sie das letzte überhört, denn sie blickte mit vorgehaltenen Fingern [...] weit hinaus, [...] als sie plötzlich kaum vernehmlich, von ihm abgewendet, sagte: / „Und doch ist es so gewesen." (S. 75 f.)

Zweigs Protagonistin gibt hier materielle Aspekte als zentrales Motiv für ihre Heirat an. Als Antwort auf die überraschte Reaktion ihres Besuchers schildert sie ihren großen Mädchentraum von Luxus und Reichtum, der schließlich auch ihren Wunsch nach Liebe überwog (vgl. S. 78), und versucht auf diese Weise, ihre Entscheidung für diese Ehe zu legitimieren (vgl. S. 77). Der Dialog mit ihrer früheren Liebe scheint bei der Protagonistin einen Erkenntnisprozess in Gang zu setzen. Beim Abschied heißt es: „Und plötzlich denkt sie, daß *jener* ihr Leben hätte leiten können, und die Gedanken malen in Farben diesen bizarren Einfall aus. Und langsam, langsam, ganz unmerklich, stirbt das Lächeln auf ihren träumenden Lippen ..." (S. 78, Herv. i. O.)

In *Vergessene Träume* setzt Zweig verstärkt auf Oppositionen: Kultur vs. Natur, Materialismus vs. Idealismus, Traum vs. Realität werden von der Frau einerseits und ihrem Besucher andererseits verkörpert. Im Verlauf der Erzählung löst Zweig diese Dichotomien teilweise auf, die er am Beginn der Novelle konstituiert: Der Besuch des früheren Geliebten und die dadurch aktualisierten Gefühle verdeutlichen der Protagonistin, dass ihr der Traum eines Lebens im materiellen Überfluss in der Realität nicht den erhofften inneren Zustand, nämlich Glück, geliefert hat. Die kontrastierend angelegte Figur fungiert als ideologischer Gegenentwurf, der auf die materiell ausgefüllte, aber künstliche, sinn- und gefühllose Existenz der Frau verweist.

Die Erzählung ist damit ein frühes Zeugnis von Zweigs Interesse an sozialen Aufstiegsbestrebungen und Fallhöhen, die er in seinem frühen Prosawerk mehrfach verhandelt (vgl. den Brief an Karl Emil Franzos, 12. April 1899, über die geplante Novelle *Peter, der Dichter*, in der es darum geht, „daß ein Arbeiter aus seinem Stande zum Dichter heranwächst, als Modedichter ausgerufen wird, sich aber in seiner Stellung in der ‚guten Gesellschaft' nicht halten kann und wieder zum Arbeiterstand zurückkehrt"; Zweig, Br I, S. 15).

3. Rezeption und Forschung

Über die zeitgenössische Wirkung dieser frühen Novelle ist nichts bekannt. In der Forschung wird die Erzählung gelegentlich erwähnt. Gabriella Rovagnati schätzt die Protagonistin als „typische Figur aus dem Ästhetizismus der Jahrhundertwende" ein, welche für ein Leben in Luxus auf ihre Jugendliebe verzichtet habe, schlussendlich aber „das Unzulängliche ihrer Existenz [fühle], die sie zwar vor jeder Berührung mit dem gemeinen Leben bewahrt, die ihr aber zugleich jeden Bezug zum wirklichen Leben verwehrt" (Rovagnati 1998, S. 38). Ingrid Spörk sieht in *Vergessene Träume* eine Infragestellung der „Konvenienzehe durch vergessene und unterdrückte Gefühle" (Spörk 2007, S. 179) und diagnostiziert in dieser Erzählung Zweigs Kritik am Typus der *femme fatale* und ihrer Gefühlskälte und Geldgier (vgl. Spörk 2008, S. 155). Madlen Hunger schließt sich diesen Einschätzungen an. Durch ihre Entscheidung für eine lieblose, aber finanziell abgesicherte Existenz sei die Protagonistin „der von ihr einst verabscheuten Gewöhnlichkeit trotz all ihrer Eleganz und Veredelung näher als in ihrer Jugendzeit". Die Heirat mit dem reichen Grafen habe ihr zwar „das Denotat der einstigen Wunschträume verschafft, doch das Konnotat, das ihnen den Zauber verliehen hatte, nicht automatisch mitgeliefert. Es waren lediglich finanzielle Werte, die sie sich mit ihrer Entscheidung für den Reichtum sichern konnte, und sie sind es im Kern geblieben." (Hunger 2010, S. 47) Die Protagonistin, die für Luxus echtes Lebens- und Liebesglück aufgegeben habe, werde dafür mit der Erkenntnis einer unwiederbringlich vergebenen Chance bestraft (vgl. S. 50).

Pierre Deshusses weist auf die Komposition nach dem Modell von Oppositionen hin (vgl. Deshusses 2013, S. 3). Geschrieben an der Schwelle vom 19. zum 20. Jahrhundert markiere die Erzählung zudem einen Übergang zwischen Romantik und Psychoanalyse, zwischen Kunst und Wissenschaft, zwischen unkontrollierter und analysierter Subjektivität (vgl. S. 4). Eine Entwicklung der Protagonistin erscheine ausgeschlossen, man bekomme eher den Eindruck, dass sie ihr Leben in diesem künstlichen Paradies beenden werde (vgl. S. 5). Jean-Pierre Lefebvre betont das Motiv, die ‚Arbeit' der Zeit zu akzeptieren. Der Begriff des Traums werde in der Novelle sehr allgemein verwendet, er verliere seinen ursprünglichen Sinn und scheine hier eher als ‚Bedürfnis' und ‚Ideal' zu verstehen sein, was ihn mit dem im Titel angegebenen Motiv des Vergessens kompatibler mache (vgl. Lefebvre 2013, S. 1350).

In der künftigen Forschung könnte *Vergessene Träume* den Ausgangspunkt für eine genauere Untersuchung von Zweigs Interesse für soziologische Motive bilden: In mehreren seiner Texte lässt der Autor seine Figuren zwischen den sozialen Schichten und Milieus wechseln, wobei die Charakterisierung des ‚Unterpriviligierten' besondere Aufmerksamkeit verdienen würde.

Stefan Zweig

Zweig, Stefan (1995): Briefe. Bd. I: 1897–1914. Hg. v. Knut Beck, Jeffrey B. Berlin u. Natascha Weschenbach-Feggeler. Frankfurt a.M.: S. Fischer.
Zweig, Stefan (2004): Vergessene Träume. In: Ders.: Verwirrung der Gefühle. Erzählungen. GWE. Hg. v. Knut Beck. Frankfurt a.M.: S. Fischer, S. 71–78.

Weitere Literatur

Deshusses, Pierre (2013): *Rêves oubliés*. Présentation. In: Zweig, Stefan: La confusion des sentiments et autres récits. Hg. v. Pierre Deshusses. Paris: Laffont, S. 3–5.
Hunger, Madlen (2010): „Nur das erste Wort ist schwer". Erzählanfänge in den novellistischen und biographischen Texten Stefan Zweigs. Diss. Univ. Bonn.
Lefebvre, Jean-Pierre (2013): Notices et notes. In: Zweig, Stefan: Romans, nouvelles et récits. Bd. I. Hg. v. Jean-Pierre Lefebvre. Paris: Gallimard, S. 1345–1442.
Rovagnati, Gabriella (1998): „Umwege auf dem Wege zu mir selbst". Zu Leben und Werk Stefan Zweigs. Bonn: Bouvier.
Spörk, Ingrid (2007): „Mit einer finsteren, einer schwarzen Liebe". Zu Liebesdiskursen in Stefan Zweigs erzählerischem Werk. In: Gelber, Mark H. (Hg.): Stefan Zweig Reconsidered. New Perspectives on his Literary and Biographical Writings. Tübingen: Niemeyer, S. 175–192.
Spörk, Ingrid (2008): „Ich spürte, wie das Dämonische ihres Willens in mich eindrang". Fatale Liebesbeziehungen bei Stefan Zweig. In: Birk, Matjaž/Eicher, Thomas (Hg.): Stefan Zweig und das Dämonische. Würzburg: Königshausen & Neumann, S. 143–156.

4.2 Praterfrühling (1900)
Martina Wörgötter

1. Entstehung 249
2. Inhalt 249
3. Rezeption und Forschung 250

1. Entstehung

Erstmals erschienen ist die Novelle in der Zeitschrift *Stimmen der Gegenwart* in zwei Teilen, im Oktober und im November 1900. *Praterfrühling* ist damit eine der frühesten Novellen von Stefan Zweig. Schon im März und im Juni 1900 hatte Zweig an Karl Emil Franzos, den Herausgeber der Halbmonatsschrift *Deutsche Dichtung*, geschrieben, um ihm verschiedene Publikationen anzubieten, und ihm bei dieser Gelegenheit von „eine[r] kurze[n] Novelle" (Zweig, Br I, S. 16) berichtet, die in einer anderen Zeitschrift erscheinen sollte (vgl. auch S. 19).

2. Inhalt

Weil die Schneiderin das in Auftrag gegebene Kleid nicht rechtzeitig liefert, droht für die zunächst namenlose Protagonistin der Novelle der geplante elegante Auftritt „als bekannte Dame und berühmte Schönheit" (Zweig GWE, Praterfrühling, S. 200) beim Wiener Derby im Prater zu entfallen. Sie beschließt, sich inkognito unters Volk zu mischen, und wählt dafür „ein einfaches, fast ärmliches Kleid" (S. 203) aus einer vergangenen Zeit, bevor sie die „Geliebte eines Grafen und dann eines andern und dann vieler anderer …" (S. 203) wurde. Schon bald fühlt sie sich „glückselig, so frei, wie nie in ihrem Leben, ähnlich wie in ihrer Kindheit" (S. 205), und genießt die „Verkleidung" (S. 206). Wie gut diese gelungen ist, zeigt sich, als ein Student auf sie aufmerksam wird und ihr Avancen macht. Verwundert über sich selbst – sie scherzt fröhlich, ist ausgelassen, verfällt in den alten Wiener Dialekt – lässt sie sich weiter auf die Rolle des bürgerlichen Mädchens ein, die sie als „Maskerade" (S. 206) wahrnimmt, während das alte Kleid ihr im Grunde dazu verhilft, die Maske der Kurtisane abzulegen und wieder zur abgestreiften Identität zurückzufinden: „Und es war ihr, als seien diese fünf Jahre des eleganten, tollen Lebens spurlos verschwunden, versunken, als sei sie wieder das schmächtige lebensdurstige Vorstadtkind von einstmals, daß [sic] den Prater und seinen Zauber so geliebt." (S. 207f.) Dementsprechend nimmt sie, die sich gewöhnlich Lizzie nennt, im Zusammensein mit dem Studenten Hans wieder ihren Kindernamen Lise an. Die frühlingshafte Umgebung – „tiefe[s] Grün", „blütenschwere[ ] Zweige" und „ein süßer, schwerer Duft", der „aus der Erde auf[quoll]" und „in weichen Wellen dahin[floß]" (S. 208) – deutet an, dass sich während des freundschaftlichen Spaziergangs ein erotisches Verlangen regt. Der Student macht seiner Begleiterin eine Liebeserklärung, und auch sie, die „mit dem Kleide von damals […] auch wieder die Empfindung von damals angezogen" hat, ist „wieder voll Sehnsucht nach einem Glücke, nach der Seligkeit der ersten Liebe …" (S. 209). Nach dem gemeinsam verbrachten Tag führt er sie in sein ärmliches Zimmer, wo sich die erotische Spannung endlich entladen kann. Am nächsten Morgen kehrt Lizzie wieder in ihr elegantes Boudoir am Graben zurück. Angesichts des Duftes, der sie an das aktuelle Leben erinnert, empfindet sie Ekel, erkennt gleichzeitig aber, „daß sie nicht mehr zurück kann" (S. 215), und rettet sich schließlich in die Erinnerung an die Erlebnisse das Vortags.

3. Rezeption und Forschung

Seit der Aufnahme in den von Knut Beck im S. Fischer Verlag herausgegebenen Band *Brennendes Geheimnis* (1987) durfte sich die 1900 erstmals erschienene Novelle zunehmender Bekanntheit erfreuen; für den Nachdruck in Taschenbuchform (1990) wählte der Verlag *Praterfrühling* sogar als Bandtitel. Seitdem wurde die Novelle auch in weitere Erzählbände Zweigs aufgenommen, und auch die internationale Verbreitung ist seit den 1990er Jahren gestiegen. Randolph J. Klawiter dokumentiert etwa die Aufnahme in zahlreiche internationale Publikationen in Übersetzungen ins Englische, Französische, Italienische, Spanische, Dänische, Tschechische, Türkische und Chinesische (vgl. Klawiter 1991, 1999, online 2016).

Die Forschung hat die Novelle *Praterfrühling* bislang hingegen noch kaum zur Kenntnis genommen. Erwähnung findet sie in der Monografie von Gabriella Rovagnati, die die ‚Verwandtschaft' zur wenige Monate davor erschienenen Novelle *Vergessene Träume*, in der die Protagonistin ebenfalls „[f]ür einen Augenblick" „ihre Maske" abnimmt (Rovagnati 1998, S. 38), betont. *Praterfrühling* sei dementsprechend eine jener frühen Erzählungen von Zweig, in denen „vor allem ein tiefes Bedürfnis nach Echtheit und Wahrheit des Gefühlslebens zutage" (S. 38) trete, verbunden mit einem moralisierenden Blick auf die Gesellschaft um die Jahrhundertwende, die „ganz auf den äußeren Schein fixiert" gewesen sei (S. 38). Auch Jean-Pierre Lefebvre (2013) betont den Zusammenhang mit *Vergessene Träume* sowie die Bedeutung der psychologischen und sozialen Perspektive, in der der ‚Praterfrühling' als Motiv eine besondere Rolle spielt: Der Frühling vor den Toren der Stadt repräsentiert ein Glücksgefühl an einem ‚demokratischen' Ort, an dem sich die sozialen Grenzen, die in der Stadt mit ihrer Einteilung in Bezirke omnipräsent sind, verlieren (vgl. Lefebvre 2013, S. 1351). Diesen Ansätzen folgend, scheint es angezeigt, *Praterfrühling* als eine der ersten Novellen von Zweig hinsichtlich ihrer psychologischen und soziologischen Motive in Relation mit späteren Erzählungen des Autors zu untersuchen, was etwa auch Lefebvres lapidarer Hinweis darauf, dass das Prinzip der ‚Verkleidung' in *Rausch der Verwandlung* (erstmals 1982) invers wiederkehrt (vgl. S. 1351), nahelegt.

Stefan Zweig

Zweig, Stefan (1995): Briefe. Bd. I: 1897–1914. Hg. v. Knut Beck, Jeffrey B. Berlin u. Natascha Weschenbach-Feggeler. Frankfurt a.M.: S. Fischer.
Zweig, Stefan (2002³): Praterfrühling. In: Ders.: Brennendes Geheimnis. Erzählungen. GWE. Hg. v. Knut Beck. Frankfurt a.M.: S. Fischer, S. 200–215.

Weitere Literatur

Klawiter, Randolph J. (1991): Stefan Zweig. An International Bibliography. Riverside: Ariadne Press.
Klawiter, Randolph J. (1999): Stefan Zweig. An International Bibliography. Addendum I. Riverside: Ariadne Press.

Klawiter, Randolph J. (2016): Stefan Zweig Bibliography, http://zweig.fredonia.edu/index.php?search=praterfrühling&go=Go (Stand: 20. 12. 2016).
Lefebvre, Jean-Pierre (2013): Notices et notes. In: Zweig, Stefan: Romans, nouvelles et récits. Bd. I. Hg. v. Jean-Pierre Lefebvre. Paris: Gallimard, S. 1345–1442.
Rovagnati, Gabriella (1998): „Umwege auf dem Wege zu mir selbst". Zu Leben und Werk Stefan Zweigs. Bonn: Bouvier 1998.

4.3 *Im Schnee* (1901)
Elisabeth Erdem

1. Entstehung 251
2. Die beiden Fassungen von 1901 und 1904 252
3. Inhalt 252
4. Rezeption und Forschung 253

1. Entstehung

Stefan Zweigs Novelle *Im Schnee* ist die erste von Zweigs Novellen mit dezidiert jüdischer Thematik. Mark H. Gelber (1981) sieht diesen Text als Indiz für Zweigs jugendliches Interesse an der jüdischen Vergangenheit: „[I]t represents less of an attempt on the part of the young writer to engage himself in study of Jewish history [...], than to an adolescent, artistic experiment suffused with the heavy musicality of European ‚Neuromantik' around the turn of the century." (Gelber 1981, S. 320f.) Maßgeblich beeinflusst werde Zweig bei dieser frühen Erzählung laut Gelber von Texten wie Heinrich Heines *Der Rabbi von Bacherach* (1840), in dem die Schreckensherrschaft der Flagellanten im 14. Jahrhundert thematisiert wird, möglicherweise auch von Karl Emil Franzos' *Die Juden von Barnow* (1877), Leopold Komperts *Aus dem Ghetto* (1847), Leopold von Sacher-Masochs *Polnischen Geschichten* (1887) oder auch von dessen *Neuen Judengeschichten* (1881). Weniger wahrscheinlich sei nach Gelber eine Orientierung Zweigs an „jewish historical studies, written by adherents of the ‚Wissenschaft des Judentums' and its late century followers [...]. For example, Heinrich Gratz's account of the flagellants in his monumental *Geschichte der Juden* appears to be unknown to Zweig." (Gelber 1981, S. 320f.) (→ V.8 Judentum und jüdische Identität)

Am 22. Juni 1900 schreibt Zweig 18-jährig an Karl Emil Franzos, der damals Redakteur der Zeitschrift *Deutsche Dichtung* ist, mit der Bitte, seine kurze Novelle in dessen Zeitschrift zu publizieren (vgl. Zweig, Br I, S. 19). Dass Franzos' Zeitschrift Zweigs präferiertes Medium für *Im Schnee* ist, begründet er damit, dass es sich dabei um eine „Judennovelle" (S. 19) handle und diese daher von Tagesblättern gemieden werde. Eine jüdische Zeitschrift stehe jedoch außer Frage, da *Im Schnee* „absolut keine nationale Tendenz" enthalte, „ein Umstand, der bei den meisten Judennovellen tonangebend ist" (S. 19). Die Novelle wird von Franzos abgelehnt: „Die Retournierung meines Mcpts. hat mich wirklich nicht im mindesten überrascht [...]. [S]o hielt ich sie besonders in puncto Ausführung für mittelmäßig" (S. 20f.). Sie wird schließlich, gegen Zweigs Intention, am 2. August 1901 von dem zionistischen Wiener Organ *Die*

Welt publiziert, deren Redakteure zu dieser Zeit Berthold Feiwel und Martin Buber sind (vgl. Gelber 2014, S. 88ff.). Im Jahr 1904 erscheint sie in leicht bearbeiteter Form auch im ebenfalls von Berthold Feiwel herausgegebenen *Jüdischen Almanach*. Im Geleitwort kommt die Ausrichtung des Almanachs zum Ausdruck, die wohl den Herausgeber dazu veranlasste, *Im Schnee* (auch in *Die Welt*) zu publizieren. Es handle sich dabei um einen Versuch, das literarische Schaffen von sowohl östlichem und westlichem Judentum vorzuführen als auch jenes von „westeuropäischen Schriftsteller[n] und Künstler[n] [...], die unbewusst und ohne ausgesprochen-nationalen Antrieb dennoch durch einen rassentümlichen Einschlag ihrem Werke eine spezifisch-jüdische Note geben" (Feiwel 1904, S. 19). Obwohl ihm die Novelle „lieb" ist (Zweig, Br I, S. 21), nimmt Zweig *Im Schnee* später in keinen seiner Sammelbände auf und lässt sie auch nie wieder drucken.

2. Die beiden Fassungen von 1901 und 1904

Die beiden Versionen der Novelle aus den Jahren 1901 und 1904 sind im Text weitgehend identisch und unterscheiden sich vorwiegend in vereinzelten stilistischen oder grammatischen Varianten. So finden sich lexikalisch-stilistische Varianten z.B. auf S. 161 des *Jüdischen Almanachs* (Zweig 1904), wo Zweig das ursprüngliche Lexem „Blitzschlag" (Zweig 1901, S. 12) in „Blitzstrahl" ändert. Auf eine interessante lexikalisch-semantische Bearbeitung trifft man auf S. 162 des *Jüdischen Almanachs* (Zweig 1904). Hier ändert Zweig das ursprüngliche Lexem „nationale Eigenschaft" in dem Satz „Mit einem Schlage hatte die Todesfurcht ihre nationale Eigenschaft verwischt" (Zweig 1901, S. 12) in „Ghetto-Eigenschaft" (Zweig 1904, S. 162). Neben der eben erwähnten lexikalisch-semantischen Variante tilgt Zweig auf S. 162 (Zweig 1904) bzw. S. 12 (Zweig 1901) ganze Sätze bzw. Satzteile und verändert andere. So streicht er seinem Protagonisten Josua einen Satz im Rahmen der Schilderung seiner Begegnung mit den Flagellanten. Weiter unten im Text kürzt Zweig eine deskriptive Passage ab: „Alle diese Männer, die es als ihr einziges Lebensziel betrachtet hatten, Geld zusammenzuscharren, die im Reichtum den Gipfel menschlicher Glückseligkeit und Machtstellung sahen, stimmten jetzt überein, dass man kein Opfer scheuen müsste, um die Flucht zu beschleunigen." (Zweig 1901, S. 12) Die gleiche Passage liest sich im *Jüdischen Almanach* folgendermaßen: „Alle diese Männer, die immer so sehr darauf aus gewesen waren, Geld zusammen zu scharren, stimmten jetzt überein, dass man kein Opfer scheuen müsste, um die Flucht zu beschleunigen." (Zweig 1904, S. 162) Hier entschärft Zweig in der Beschreibung der männlichen Gemeindemitglieder also deren Fixierung auf Geld. Welche Intention hinter diesem Eingriff steckt, kann nur vermutet werden. Vielleicht versucht Zweig hier, die im kollektiven Bewusstsein nicht nur seiner Zeit verankerte Verbindung von Judentum und Finanztüchtigkeit aufzuweichen. Möglicherweise hat diese Änderung aber nur stilistische Gründe, wie auch die Bearbeitung insgesamt auf eine stilistische Glättung abzuzielen scheint.

3. Inhalt

Eine jüdische Gemeinde in einer „kleine[n] deutsche[n] Stadt aus dem Mittelalter, hart an der Grenze von Polen zu" (Zweig GWE, Im Schnee, S. 96) wird während des Chanukafests von einem Fremden aufgesucht (vgl. S. 97). Sein Klopfen bringt die

Feierlichkeiten zum Erliegen. Der Erzähler nennt in einer Rückblende eine Gruppe von Flagellanten, welche brutal mordend durch jüdische Dörfer ziehe und bereits Tausende von Juden getötet habe, als Grund für die Furcht der Gemeinde. Zugleich flicht Zweig hier sein Programm für die Novelle ein, nämlich Juden „ohne Haß oder Verachtung, sondern nur mit dem großen Mitleid zu schildern" (Zweig, Br I, S. 20). Der Fremde entpuppt sich als Verlobter einer jungen Frau der Gemeinde, die er über die Ankunft der Flagellanten informiert (vgl. Zweig GWE, Im Schnee, S. 101). Die Gemeinde entscheidet, keine Gegenwehr zu leisten, sondern zu fliehen. Zweig zeichnet Juden hier als stets Unterlegene und Verfolgte: „An Widerstand denkt keiner. Ein Jude sollte kämpfen oder sich verteidigen? Das ist in ihren Augen etwas Lächerliches und Undenkbares". (S. 104) „Ihr Schicksal hatte die Geknechteten immer wieder zu sich selbst und zu ihrem Gotte zurückgeführt. Ein Vertrauen auf einen dritten kannten sie nicht mehr." (S. 104) Neben der Darstellung des jüdischen Volkes als edle Menschen, die sich friedfertig ihrem Schicksal beugen, zeichnet Zweig Juden hier zudem als ‚unterlegene Helden'. Dabei handelt es sich um ein zentrales Motiv in Zweigs Werken, mit welchem eine „explizite Parteinahme für Schwache und Besiegte" dargestellt werde (Larcati 2013, S. 30; → V.3 DAS MOTIV DES BESIEGTEN).

Die jüdische Gemeinde der Novelle tritt die Flucht an. Zweig formuliert den Aspekt des Nomadentums, der jüdischen Diaspora, hier als wesentliches Merkmal des jüdischen Volkes: „Mit der Beweglichkeit ihres Volkes, das die Welt durchwandert hat, fügten sie sich dem schweren Banne der Situation" (Zweig GWE, Im Schnee, S. 105). Im Laufe der Flucht wirft die Gemeinde einen Blick zurück auf die Stadt, in der sie ihre verstorbenen Angehörigen erahnt. Dies markiert einen Wendepunkt in der Erzählung: „Es schläft so viel von ihrer Kindheit unter dieser weißen Decke, so viel selige Erinnerungen, so unendlich viel Glück, wie sie es nie mehr wieder erleben werden. Das fühlt jeder und jeden faßt die Sehnsucht nach dem ‚guten Ort'." (S. 106) Ihre Sehnsucht nach diesem ‚guten Ort' führt die Gemeinde schließlich in den Erfrierungstod: „Keiner hat es laut ausgesprochen, allen kam der Gedanke zugleich. Sie klettern unbeholfen, wie es die steifen Glieder gestatten, in die Wagen hinein, eng aneinander, um zu sterben. Auf Hilfe hoffen sie nicht mehr." (S. 108 f.)

Der Suizid-Aspekt, der später in verschiedenen Texten Zweigs eine nicht unwesentliche Rolle spielt, tritt hier implizit zu Tage (→ V.10 SUIZID): Der Blick zurück auf ihre verstorbenen Lieben nimmt der Gemeinde den Willen, gegen den Schneesturm und den damit drohenden Erfrierungstod anzukämpfen (z. B. in Form von Flucht zu Fuß bzw. der Suche nach Unterschlupf), in weiterer Konsequenz fehlt es ihr hier also am Willen zum Weiterleben, was dazu führt, dass die Gemeinde sich (vielleicht verfrüht) in ihr Erfrierungsschicksal fügt.

4. Rezeption und Forschung

Von Resonanz auf diese frühe Novelle Zweigs ist kaum etwas bekannt. Der erste (redaktionelle) Leser von *Im Schnee*, Karl Emil Franzos, lehnt die Novelle im Sommer 1900 mit offenbar expliziter Kritik ab (vgl. Zweig, Br I, S. 20). 1962 wird sie von Erich Fitzbauer erneut herausgegeben.

Claudia Gabler sieht die jüdische Gemeinde in *Im Schnee* nicht durch Suizid, sondern durch ein großes Unglück „elendiglich zugrunde [gehen]" (Gabler 1989, S. 121), eben jenen plötzlichen Schneesturm. Daneben erkennt sie „im Schicksal der vor Flagellanten flüchtenden mittelalterlichen jüdischen Gemeinde etwas vom furchtbaren Leid aller Verfolgten während des Nationalsozialismus vorweggenommen" (S. 121). Gabriella Rovagnati wiederum betont den Aspekt des Selbstmords in *Im Schnee*, welcher von Zweig selbst in seinem Brief an Franzos nicht expliziert, sondern mit dem Hinweis, dass die Figuren seiner Novelle durch den Schneesturm von ihrem Leid erlöst würden, nur angedeutet wird. Daneben thematisiert Rovagnati das Diaspora-Motiv der Novelle, indem sie von der Flucht der Gemeinde als deren „Exodus" spricht (Rovagnati 1998, S. 39). Für Alfred Lévy hingegen ist *Im Schnee* Ausdruck einer „verborgenen Religiosität" bei Zweig, die er als wesentliches Sujet in Zweigs Werk betrachtet. Sie finde sich vor allem in den „Persönlichkeitskomponenten" der „gläubige[n] [...] Unterwerfung unter eine absolute Autorität [...] und eine[r] Verherrlichung des Todes." Demgemäß gehe die jüdische Gemeinde in der Erzählung auch „in dem Glauben unter, daß ‚Gott es so gewollt' habe, und sterbe[ ] [...] einen ruhigen, gloriosen und traumhaften Tod" (Lévy 1998, S. 207). Stefanie Leuenberger sieht Zweigs Erzählungen *Im Schnee* (1901), *Die Wanderung* (1902) und *Die Wunder des Lebens* (1904) durch das Motiv „einer bzw. mehrerer in feindlicher (christlicher) Umgebung stehender jüdischer Figuren [verbunden], die ermordet werden oder denen die Aussicht auf ‚Erlösung' von vornherein genommen" sei (Leuenberger 2007, S. 80).

Jean-Pierre Lefebvre erkennt in der Erzählung den Einsatz jüdischer Symbolik, wie etwa das Symbol des Mondes, das eine bedeutende Rolle in der mittelalterlichen jüdischen Kultur und Mystik spiele, oder auch das Motiv der durch den Schnee umgeformten Gräber außerhalb der Stadt, vor denen das Gefolge – trotz dringlicher Flucht – einen längeren Halt macht (vgl. Lefebvre 2013, S. 1348). *Im Schnee* erscheint für Olivier Mannoni – ähnlich Gabler – wie eine Vorahnung auf ein bevorstehendes Unglück, die Vorwegnahme der Verfolgung durch die Nationalsozialisten. Durch die Ökonomie der sprachlichen Mittel hebe sie sich von anderen frühen Erzählungen Zweigs ab (vgl. Mannoni 2013, S. 38).

In der Forschung ist *Im Schnee* bisher wenig Beachtung zugekommen, von Erwähnungen in Arbeiten zu Zweigs Gesamtwerk (z. B. Rovagnati 1998; Lefebvre 2013; Mannoni 2013), zu bestimmten Aspekten seines Werkes (z. B. Gabler 1989; Lévy 1998) oder im Zusammenhang mit Zweigs Judentum (z. B. Gelber 1981, 1987) abgesehen. Eine monografische Auseinandersetzung mit dieser frühen Novelle ist ein Desiderat; hier wäre ein Vergleich mit Zweigs anderen frühen Erzählungen ein möglicher Forschungsansatz.

Stefan Zweig

Zweig, Stefan (1901): Im Schnee. In: Die Welt, 2. 8. 1901, S. 10–13.
Zweig, Stefan (1904): Im Schnee. In: Jüdischer Almanach. Teilweise veränderte Neuausgabe. Berlin, S. 157–168.
Zweig, Stefan (1995): Briefe. Bd. I: 1897–1914. Hg. v. Knut Beck, Jeffrey B. Berlin u. Natascha Weschenbach-Feggeler. Frankfurt a. M.: S. Fischer.
Zweig, Stefan (2007): Im Schnee. In: Ders.: Buchmendel. Erzählungen. GWE. Hg. v. Knut Beck. Frankfurt a. M.: S. Fischer, S. 96–110.

Weitere Literatur

Feiwel, Berthold (1904): Geleitwort zur ersten Ausgabe. In: Jüdischer Almanach. Teilweise veränderte Neuausgabe. Berlin, S. 13–20.
Gabler, Claudia (1989): Das Ideal der persönlichen Freiheit in Stefan Zweigs Novellen. Diplomarb. Univ. Graz.
Gelber, Mark H. (1981): The Impact of Martin Buber on Stefan Zweig. In: Modern Austrian Literature 14/3–4/1981, S. 313–335.
Gelber, Mark H. (1987): Stefan Zweig und die Judenfrage von heute. In: Ders. (Hg.): Stefan Zweig heute. New York u. a.: Lang, S. 160–180.
Gelber, Mark H. (2014): Stefan Zweig, Judentum und Zionismus. Innsbruck u. a.: StudienVerlag.
Larcati, Arturo (2013): Die Dramen von Stefan Zweig. Ein kritischer Überblick. In: Peter, Birgit/ Renoldner, Klemens (Hg.): Zweigs Theater. Der Dramatiker Stefan Zweig im Kontext europäischer Kultur- und Theatergeschichte. Würzburg: Königshausen & Neumann, S. 29–52.
Lefebvre, Jean-Pierre (2013): Notices et notes. In: Zweig, Stefan: Romans, nouvelles et récits. Bd. I. Hg. v. Jean-Pierre Lefebvre. Paris: Gallimard, S. 1345–1442.
Leuenberger, Stefanie (2007): Schrift-Raum Jerusalem. Identitätsdiskurse im Werk deutschjüdischer Autoren. Köln u. a.: Böhlau.
Lévy, Alfred (1998): Stefan Zweig oder vom Geist der Bewunderung. In: Rattner, Josef/Danzer, Gerhard (Hg.): Österreichische Literatur und Psychoanalyse. Literaturpsychologische Essays über Nestroy, Ebner-Eschenbach, Schnitzler, Kraus, Rilke, Musil, Zweig, Kafka, Horváth, Canetti. Würzburg: Königshausen & Neumann, S. 189–219.
Mannoni, Olivier (2013): *Dans la neige*. Présentation. In: Zweig, Stefan: La confusion des sentiments et autres récits. Hg. v. Pierre Deshusses. Paris: Laffont, S. 37–38.
Rovagnati, Gabriella (1998): „Umwege auf dem Wege zu mir selbst". Zu Leben und Werk Stefan Zweigs. Bonn: Bouvier.

4.4 *Zwei Einsame* (1901)

Elisabeth Erdem

1. Entstehung 255
2. Inhalt 255
3. Rezeption und Forschung 256

1. Entstehung

Die kurze Erzählung *Zwei Einsame* wurde erstmals im November 1901 in der Eberswalder Monatsschrift *Stimmen der Gegenwart* veröffentlicht. Sie fällt in die früheste Schaffensperiode Stefan Zweigs. Über die Hintergründe der Entstehung ist nichts bekannt.

2. Inhalt

Schauplatz der Novelle ist ein nicht näher verortetes Fabriksgebäude, aus dem sich „[w]ie ein breiter dunkelflutender Strom [...] die hastig bewegte Masse der Fabriksarbeiter durch das Tor [drängte]." (Zweig GWE, Zwei Einsame, S. 216) Der „geschlossenen Schar" (S. 216) folgt ein einsamer Arbeiter, der durch eine Beinlähmung nicht

Schritt halten kann. Die Lähmung bedeutet soziales Ausgestoßensein: „Sein Gebrechen hatte ihn längst daran gewöhnt, einsam zu sein, und in der Einsamkeit war er ein verschlossener Philosoph geworden, der das Leben mit der Gleichgültigkeit des Verzichtenden empfand." (S. 216) Er bemerkt eine weinende junge Frau am Straßenrand, die er als Arbeiterin derselben Fabrik erkennt. Sie ist dort wegen ihrer Hässlichkeit als „schieche Jula" (S. 217) bekannt und stigmatisiert. Die Erfahrungen mit seiner eigenen Beeinträchtigung und das damit verbundene Mitgefühl hindern ihn daran, die Weinende zu ignorieren: „Er hatte selbst schon zu viel geheimes Leid getragen, um mitleidslos weitergehen zu können." (S. 217) Die beiden kommen ins Gespräch, und Jula klagt ihm den Schmerz ihrer eigenen Einsamkeit: „Sie verfiel wieder in ihr jähes Schluchzen. Er war im tiefsten bewegt und fühlte das Bedürfnis, dem armen Wesen ein paar Worte zu sagen. Und um sie zu trösten, fing er an von seinem eigenen Leid zu erzählen." (S. 218) In ihrem Unglück sind sich die beiden nahe: „Was sie nie jemand gesagt hatten, kaum sich selbst eingestanden hatten, das verrieten sich die zwei, die fast noch Fremde waren. Jeder Schrei ihrer Seele fand ein Echo, weil beide verwandt waren im Leid." (S. 220) Aus dieser Leidensverwandtschaft wird schließlich Zuneigung: „Und plötzlich merkte sie mit einem dumpfen Glücksgefühl, wie sich seine Hand in sanfter, leise tastender Zärtlichkeit um ihre breite, verwachsene Hüfte legte ..." (S. 220)

Ihre jeweiligen Beeinträchtigungen machen die beiden Protagonisten zwar zu Außenseitern einer Gesellschaft, die auf Äußerlichkeiten fixiert ist; ihre damit verbundene Empfänglichkeit für menschliches Leid gewährt ihnen jedoch einen tiefgründigeren Blick auf das Leben. Jene physiologische und seelische Disposition ist es, die die beiden schließlich auf romantische Weise zueinander führt und in der sie eine gegenseitige Wahrnehmung und Zuwendung erfahren, die ihnen als gesellschaftlich Ausgegrenzte verwehrt bleibt. Dieser frühe Text weist bereits eine motivische Tendenz auf, die sich durch Zweigs Gesamtwerk zieht und die er selbst wie folgt beschrieben hat: „In meinen Novellen ist es immer der dem Schicksal Unterliegende, der mich anzieht, in den Biographien die Gestalt eines, der nicht im realen Raume des Erfolgs, sondern einzig im moralischen Sinne recht behält, Erasmus und nicht Luther, Maria Stuart und nicht Elisabeth, Castellio und nicht Calvin" (Zweig GWE, Die Welt von Gestern, S. 198).

3. Rezeption und Forschung

Von zeitgenössischer Resonanz auf diese frühe Novelle ist nichts bekannt.

Knut Beck sieht in *Zwei Einsame* das Motiv des Erotischen als dominant, das Zweig hier „i[n] Zusammenhang mit Mitleid über körperliche Benachteiligung" bringe (Beck 2007, S. 371).

Jean-Pierre Lefebvre kritisiert die Beschränkung auf die Dimension der Psychologie der Protagonisten. Zweig wage kein sozialkritisches Wort; die Problematik des Proletariats werde mit keinem Wort behandelt, während ihr in der zeitgenössischen Literatur durchaus Aufmerksamkeit gezollt werde. In diesem Sinne sei Zweigs Erzählung schwach und enttäuschend, obgleich sie mit Blick auf das gesamte Œuvre Anlass zu einer interessanten Beobachtung gebe: Zweig habe sich in seinem erzählerischen Werk immer wieder mit sozialen Problemen auseinandergesetzt, wobei er das Thema nie vertieft bzw. ausgeschöpft habe. Zudem verwundere der vergleichsweise positive

Ausgang der Erzählung, während andere Texte Zweigs auf ein tragisches Ende zulaufen (vgl. Lefebvre 2013, S. 1355). Nach Tatjana Marwinski verfügen die Figuren über keine wirkliche Identität. Was sie ausmache, sei ihre Schwäche, ihre Hilflosigkeit, ihre Einsamkeit und ihr Opferstatus. Es seien Mitleid und Mitgefühl, die den Protagonisten dazu bewegen, stehen zu bleiben und seinen Weg gemeinsam mit Jula weiterzugehen. Dieses Mitgefühl sei nur möglich, weil beide denselben Schmerz fühlen; in ihrer Begegnung fänden beide Erlösung (vgl. Marwinski 2013, S. 53 ff.).

In der Forschung ist der Erzählung *Zwei Einsame*, von rudimentären Erwähnungen im Zusammenhang mit Zweigs Gesamtwerk (z. B. Beck 2002; Lefebvre 2013) abgesehen, bisher kaum Beachtung zugekommen. Eine interessante Perspektive ergibt sich im Anschluss an den Kommentar von Lefebvre (2013): Es ist auffällig, dass im Werk des jungen Autors immer wieder Figuren aus dem Arbeitermilieu ins Zentrum gerückt werden. In diesem Zusammenhang bemerkenswert ist auch Zweigs Begeisterung für Arbeiterdarstellungen in der bildenden Kunst und insbesondere von Bildhauern (→ IV.10 BILDENDE KÜNSTE), die ein weiteres Symptom für Zweigs Gesellschaftsbild in den Jahren vor 1914 zu sein scheint.

Stefan Zweig

Zweig, Stefan (2002³): Zwei Einsame. In: Ders.: Brennendes Geheimnis. Erzählungen. GWE. Hg. v. Knut Beck. Frankfurt a. M.: S. Fischer, S. 216–220.

Zweig, Stefan (2007⁵): Die Welt von Gestern. Erinnerungen eines Europäers. GWE. Frankfurt a. M.: S. Fischer.

Weitere Literatur

Beck, Knut (2002³): Nachbemerkung des Herausgebers. In: Zweig, Stefan: Brennendes Geheimnis. Erzählungen. GWE. Hg. v. Knut Beck. Frankfurt a. M.: S. Fischer, S. 365–374.

Lefebvre, Jean-Pierre (2013): Notices et notes. In: Zweig, Stefan: Romans, nouvelles et récits. Bd. I. Hg. v. Jean-Pierre Lefebvre. Paris: Gallimard, S. 1345–1442.

Marwinski, Tatjana (2013): *Deux solitudes*. Présentation. In: Zweig, Stefan: La confusion des sentiments et autres récits. Hg. v. Pierre Deshusses. Paris: Laffont, S. 53–55.

4.5 *Ein Verbummelter* (1901)

Martina Wörgötter

1. Entstehung 257
2. Inhalt 258
3. Rezeption und Forschung 258

1. Entstehung

Erstmals erschienen 1901 in Berlin, in der Zeitschrift *Das Magazin für die Litteratur des In- und Auslandes*, wurde die Novelle erst 1984 wieder abgedruckt, im Band *Der Amokläufer* der bei S. Fischer erschienenen Werkausgabe. Zur Entstehung des Textes ist kaum etwas bekannt; in einem Brief an Leonhard Adelt vom 1. Dezember 1901 berichtet Zweig nur von der „letzthin im ‚Magazin für Litteratur'" (Zweig, Br I, S. 28) erschienenen Novelle.

2. Inhalt

Das Schicksal des Gymnasiasten Liebmann steht in dieser Novelle im Mittelpunkt, wobei die erzählte Zeit – analog zu ihrem geringen Umfang von ein paar Seiten – nur wenige Stunden umfasst. Liebmann ist mit einiger Verspätung auf dem Weg zur Schule. Er hat in seiner Schullaufbahn bereits mehrere Jahre verloren, ist mittlerweile 21 Jahre alt und leidet nun unter dem Gespött der wesentlich jüngeren Mitschüler einerseits, unter der „Verächtlichkeit" und dem „Stolz" der Altersgenossen, nunmehr „Studenten und Leutnants" (Zweig GWE, Ein Verbummelter, S. 68), andererseits. Um an diesem Tag jedoch nicht wieder „eine Fortsetzung der heutigen langweiligen Familienpredigt bei Tisch" (S. 67) zu provozieren, entschließt er sich, trotz Verspätung in die Griechischstunde zu gehen. Dort begegnen ihm nur „höhnisch lächelnde Gesichter" (S. 67) und ein hämischer Kommentar des Professors. Ein „tiefer Schmerz" und „wilde verhaltene Wut" (S. 68) regen sich in Liebmann, dem die Ursachen seiner aktuellen Situation in Erinnerung gerufen werden: Mit „Leichtsinn" habe der Professor ihn durch eine Prüfung fallen lassen, damit ein „Leben gewaltsam in eine andere Bahn hinabgedrängt" (S. 69). So wird er zum Schuldigen an Liebmanns ‚jeunesse gâchée', wie es in der französischen Übersetzung des Titels von Pierre Deshusses (2013) heißt, stilisiert. Vom „heimliche[n] Haß" (Zweig GWE, Ein Verbummelter, S. 70) des Professors gegen ihn überzeugt, wird der ‚Verbummelte' seinerseits von Hassgefühlen bestimmt. Deshalb wird ihm die – laut Erzählstimme – „ganz ruhig gesagt[e], wahrscheinlich sogar absichtslos[e]" (S. 71) Anrede des Professors in der Griechischstunde zur puren Provokation. In der „gewitterschweren Atmosphäre" ist auch allen Anwesenden bewusst, dass eine „Tragödie von weittragender Bedeutung" (S. 72) bevorsteht. Ein kurzer Wortwechsel, in dem sich die beiden Kontrahenten gegenseitig einen „Frechling" (S. 72) nennen, lässt die Situation eskalieren: Ein plötzliches „Wirren und Drängen" endet mit einem Schlag gegen den Professor. Liebmann stürmt aus der Klasse, irrt „ohne Ziel und Plan" (S. 72) umher, während ihm „tausend bunte Bilder" in den Sinn kommen, „seine Jugend, seine Zukunft, seine Eltern" (S. 72), bis er sich schließlich – in der „Erinnerung an sein zerstörtes Leben" – mit letzter Kraft über das Geländer einer Brücke schwingt und sich „hinab in die graue Flut ..." (S. 73) stürzt. Der Freitod, eines der zentralen Motive im Œuvre Stefan Zweigs (→ V.10 SUIZID), steht hier deutlich im Kontext einer Kritik an der Institution Schule als Ort der Einschränkung und Leere, als ein autoritäres, auf destruktiven Hierarchien beruhendes System.

3. Rezeption und Forschung

Dass die Novelle in Arbeiten zu Zweigs Werk bislang nur am Rande Erwähnung gefunden hat, ist nicht zuletzt darauf zurückzuführen, dass sie nach dem ersten Erscheinen 1901 in Vergessenheit geraten ist und erst wieder 1984 in den *Gesammelten Werken in Einzelbänden* (GWE) zugänglich wurde. Umso erstaunlicher ist deshalb, dass die Novelle – neben den *Legenden* und der Erzählung *Zwei Einsame* (1901) – in japanischer Übersetzung in einer bereits 1974 erschienenen Anthologie vorliegt. Weitere

Übersetzungen (englisch, französisch, italienisch, spanisch, türkisch, chinesisch etc.) folgten später (vgl. Klawiter 1991).

Die insgesamt dennoch bescheidene Wirkungsgeschichte ist insofern bemerkenswert, als der Erzählung eine besondere Rolle in Zweigs literarischem Werk zukommt: Zum ersten Mal entschließt sich in *Ein Verbummelter* eine Person zum Selbstmord, genauer zum „Schülerselbstmord" (Lanthaler 1988, S. 130), und zwar „sur le mode d'un raptus", wie Jean-Pierre Lefebvre (2013, S. 65) feststellt (vgl. auch Zweig 2013, S. 65), wodurch die Verbindung zum Bandtitel *Amok* (1922) hergestellt wird. Dass die Kritik an der Institution Schule mit biografischen Details des Autors, seinen leidvollen Erfahrungen als Gymnasiast, engeführt werden kann, wird ebenfalls stets betont (vgl. Zweig 2013, S. 66f.; Lefebvre 2013, S. 1353). Auch Gabriella Rovagnati spricht mit Verweis auf die autobiografischen Aufzeichnungen in *Die Welt von Gestern* (1942) von der Schule als für Zweig gleichbedeutend mit „Zwang, Leere und Langeweile" (Rovagnati 1998, S. 39). Darüber hinaus sei Zweigs Mathematik-Lehrer als Modell für den Professor der Novelle zu erkennen (vgl. Zweig 2013, S. 66f.; vgl. auch Beck 2002, S. 205). Diesen Thesen fügt Lefebvre hinzu, dass „l'univers scolaire" (Lefebvre 2013, S. 1353), abgesehen vom Beginn des Romans *Clarissa* (erstmals 1990), in Zweigs späteren fiktionalen Texten keine Rolle mehr spielen sollte, während das Motiv bei Autoren seiner Generation – er verweist etwa auf Robert Musils *Die Verwirrungen des Zöglings Törleß* (1906) – sehr häufig zu finden sei. Als Desiderat fällt damit eine Untersuchung von Zweigs Novelle im Hinblick auf intertextuelle Bezüge zu anderen zeitgenössischen Texten der sogenannten Adoleszenzliteratur ins Auge. Zu berücksichtigen ist dabei jedenfalls die Frage nach der Gattung, insofern der Schülerselbstmord ein markantes Motiv der Jahrhundertwende ist, mit dem gewissermaßen ein eigenes literarisches Genre gepflegt wird (vgl. Noob 1997).

Stefan Zweig

Zweig, Stefan (1995): Briefe. Bd. I: 1897–1914. Hg. v. Knut Beck, Jeffrey B. Berlin u. Natascha Weschenbach-Feggeler. Frankfurt a. M.: S. Fischer.

Zweig, Stefan (2004[4]): Ein Verbummelter. In: Ders.: Der Amokläufer. Erzählungen. GWE. Hg. v. Knut Beck. Frankfurt a. M.: S. Fischer, S. 67–73.

Zweig, Stefan (2013): La confusion des sentiments et autres récits. Hg. v. Pierre Deshusses. Paris: Laffont.

Weitere Literatur

Beck, Knut (2002[4]): Nachbemerkung des Herausgebers. In: Zweig, Stefan: Der Amokläufer. Erzählungen. GWE. Hg. v. Knut Beck. Frankfurt a. M.: S. Fischer, S. 201–207.

Klawiter, Randolph J. (1991): Stefan Zweig. An International Bibliography. Riverside: Ariadne Press.

Lanthaler, Andrea (1988): Spiel, Eros und Tod in Stefan Zweigs Novellistik. Eine Motivgeschichte. Diplomarb. Univ. Innsbruck.

Lefebvre, Jean-Pierre (2013): Notices et notes. In: Zweig, Stefan: Romans, nouvelles et récits. Bd. I. Hg. v. Jean-Pierre Lefebvre. Paris: Gallimard, S. 1345–1442.

Noob, Joachim (1997): Der Schülerselbstmord in der deutschen Literatur um die Jahrhundertwende. Heidelberg: Winter.

Rovagnati, Gabriella (1998): „Umwege auf dem Wege zu mir selbst". Zu Leben und Werk Stefan Zweigs. Bonn: Bouvier.

4.6 Das Kreuz (1906)

Elisabeth Erdem

1. Entstehung 260
2. Inhalt 260
3. Rezeption und Forschung 261

1. Entstehung

Die Erzählung *Das Kreuz* wurde erstmals am 6. Januar 1906 in der Berliner Zeitschrift *Die Nation* veröffentlicht. Sie fällt in die früheste Schaffensperiode Stefan Zweigs. Über die Umstände der Entstehung sind anhand der gängigen Dokumente (Briefwechsel, Tagebücher etc.) keine näheren Angaben zu finden. Möglicherweise kann Zweigs Reise nach Katalonien im Februar 1905 als Impuls für die Erzählung gesehen werden (vgl. Lefebvre 2013, S. 1364).

2. Inhalt

Ein französischer Colonel und seine Truppe werden im Kriegsjahr 1810 auf der Heerstraße Kataloniens nach Hostalrich, wo sie einen Proviantransport begleiten, von spanischer Guerilla angegriffen. Bewusstlos überlebt der Colonel den Angriff – seine Männer jedoch werden allesamt getötet und ihre Leichname in Baumkronen aufgeknüpft. Von „fassungslose[r], fieberde[r] Wut" (Zweig GWE, Das Kreuz, S. 58) gepackt, überfällt und tötet der Colonel grausam einen zufällig vorbeikommenden spanischen Zivilisten. Nach dem Mord „war ihm wunderbar frei geworden [...]: hochgereckt, empfand er sich wieder als Colonel Napoleons." (S. 59) Die Hoffnung auf Hilfe von vorbeiziehenden französischen Truppen aufgebend, legt er die Kleidung des Ermordeten an, um bei Einheimischen inkognito um Nahrung bitten zu können. Von seiner alten Uniform behält er jedoch sein Ehrenkreuz: „Es war das Kreuz, das Napoleon ihm selbst auf dem Schlachtfelde angeheftet. Das konnte er nicht lassen." (S. 62)

Die ‚Verwandlung' des Colonels in den von ihm Ermordeten besiegelt schließlich sein Schicksal. Als er abends auf die Heerstraße zurückkehrt, ertönt ein Trompetensignal naher Truppen: „Da brach er los, der Jubel zersprengte sein Besinnen. Sein Schicksal, die Gefahr, die Verkleidung vergessend, hinstolpernd in wahnsinniger Überhetzung, sauste er den Befreiern entgegen" (S. 65). Die französische Heerestruppe erkennt den Colonel jedoch nicht, sondern sieht ob seiner ‚Verkleidung' nur einen vermeintlichen Spanier und schießt auf ihn. Einige Soldaten, die den Sterbenden plündern, finden Napoleons Ehrenkreuz in seiner Tasche und geraten in Rage: „Ein Kreuz Napoleons in der Tasche eines spanischen Banditen!" (S. 65) Die Soldaten prügeln einige Male auf den Colonel ein, „dann schleuderten sie den Leichnam des Unglücklichen mit so heftigem Schwung ins Feld, daß er [...] gespreitet hinfiel, als ungeheures helles Kreuz, aufleuchtend in den schwarzen verbrannten Ackerschollen." (S. 66)

Durch das Anlegen der Kleidung des von ihm getöteten Spaniers bringt sich der Protagonist in eine letale Situation, die den Tod des Zivilisten gleichsam ‚wiederholt'. Diese narrative Analogie kann möglicherweise als Referenz Zweigs auf das alttestamentarische ‚Talionsprinzip' verstanden werden, womit implizit die moralische Mahnung verbunden ist, dass Gleiches mit Gleichem vergolten wird. Die Verarbeitung historisch-biblischer bzw. jüdischer Motive findet sich auch in anderen frühen Texten Zweigs, wie etwa in *Im Schnee* (1901), *Die Wanderung* (1902) oder *Die Wunder des Lebens* (1904) (→ IV.2 BIBLISCHE STOFFE UND MOTIVE).

Anhand dieser Erzählstruktur dekonstruiert Zweig in *Das Kreuz* eine zunächst als ‚Sieger' positionierte Figur: Durch die brutale Tötung des Zivilisten setzt der Protagonist eine Ereigniskette in Gang, die ihn schließlich sein Leben kostet; der eigentliche Held der Erzählung gerät durch seine Tat also zum ‚Besiegten'. Diese Demontage einer Sieger-Figur kann als Aspekt seiner später starken motivischen Orientierung an unterlegenen und schwachen Figuren gesehen werden, wie sie in seinem Gesamtwerk deutlich wird. Zweigs Interesse gilt nicht den gesellschaftlichen Siegern, sondern den gesellschaftlich Besiegten, den unterlegenen Figuren, die jedoch auf moralischer Ebene ‚Gewinner' sind (→ V.3 DAS MOTIV DES BESIEGTEN).

3. Rezeption und Forschung

Über die zeitgenössische Wirkung dieser frühen Erzählung ist nichts bekannt. So gut wie keinen Widerhall fand sie bisher auch in der wissenschaftlichen Rezeption. Laut Knut Beck etwa laufe der Protagonist in den Tod, da er nicht „vom Zeichen der Ehrenlegion lassen [kann], das ihm Napoleon selbst anheftete, und ‚vergißt' darüber sein Schicksal" (Beck 2002, S. 205).

Jean-Pierre Lefebvre erkennt in *Das Kreuz* u.a. die pazifistische These Zweigs, dass der Krieg suizidal sei. Bei dem Ehrenkreuz handele es sich um eine Art paradoxen Talisman, der schließlich das Unglück des Mannes bedeute (vgl. Lefebvre 2013, S. 1364).

Für Françoise Wuilmart wiederum stellt diese frühe Novelle kein Plädoyer für den Pazifismus dar, da Zweig, wie viele andere Intellektuelle, während des Ersten Weltkriegs seine Begeisterung für die Kriegserklärung gegen Frankreich nicht verborgen habe (vgl. Wuilmart 2013, S. 219). Die Erzählung bestätige hingegen das Interesse Zweigs an der Geschichte Frankreichs und der napoleonischen Ära, die auch den Hintergrund seines Fouché-Buchs bilde. *Das Kreuz* zeuge zudem von dem Glauben, dass die Zukunft nur positiver sein könne als die Vergangenheit (vgl. S. 220).

In der Forschung ist der Erzählung *Das Kreuz* bisher kaum Beachtung zugekommen, von rudimentären Erwähnungen im Zusammenhang mit Zweigs Gesamtwerk (z. B. Beck 2002; Lefebvre 2013; Wuilmart 2013) abgesehen. Eine monografische Auseinandersetzung mit dieser frühen Erzählung, die auch die Entstehungs- und Rezeptionsgeschichte untersucht, ist ein Desiderat. Es handelt sich offensichtlich um ein frühes Beispiel für Zweigs besonderes Interesse an der französischen Geschichte Ende 18./Anfang 19. Jahrhundert (vgl. auch *Die Weltminute von Waterloo, Marie Antoinette*, 1932; *Joseph Fouché*, 1929; *Adam Lux*, erstmals 1984; *Das Lamm des Armen*, 1929). Darüber hinaus ist die Erzählung eines der ersten Dokumente von Zweigs Konzeption der Überlegenheit des Besiegten (vgl. insbesondere *Tersites*, 1907; → IV.11 THEATER). Ein Blick auf *Das Kreuz* im Zusammenhang mit dem erzählerischen Frühwerk wäre ein weiterer möglicher Forschungsansatz.

Stefan Zweig

Zweig, Stefan (2002⁴): Das Kreuz. In: Ders.: Der Amokläufer. Erzählungen. GWE. Hg. v. Knut Beck. Frankfurt a.M.: S. Fischer, S. 54–66.

Weitere Literatur

Beck, Knut (2002⁴): Nachbemerkung des Herausgebers. In: Zweig, Stefan: Der Amokläufer. Erzählungen. GWE. Hg. v. Knut Beck. Frankfurt a.M.: S. Fischer, S. 201–207.
Lefebvre, Jean-Pierre (2013): Notices et notes. In: Zweig, Stefan: Romans, nouvelles et récits. Bd. I. Hg. v. Jean-Pierre Lefebvre. Paris: Gallimard, S. 1345–1442.
Wuilmart, Françoise (2013): La croix. Présentation. In: Zweig, Stefan: La confusion des sentiments et autres récits. Hg. v. Pierre Deshusses. Paris: Laffont, S. 219–220.

4.7 Scharlach (1908)
Paul Keckeis

1. Entstehung und Überlieferung 262
2. Inhalt. 262
3. Rezeption und Forschung 264

1. Entstehung und Überlieferung

Stefan Zweigs Erzählung *Scharlach* wurde erstmals 1908 in der *Österreichischen Rundschau* in zwei Teilen abgedruckt. Der genaue Zeitpunkt der Entstehung kann nicht mit Sicherheit eruiert werden; während die Herausgeber der Briefe eine erste Fassung auf das Jahr 1902 datieren (vgl. Zweig, Br I, S. 363), nimmt Donald A. Prater an, Zweig habe die Novelle um 1906 geschrieben (vgl. Prater 1991, S. 50). Sowohl die thematische Nähe (vgl. Rovagnati 1998, S. 46) als auch Zweigs Überlegung, *Scharlach* und *Die Gouvernante* (1907) gemeinsam zu publizieren (vgl. Prater 1991, S. 50), stützen die Vermutung, wonach der Text im Umfeld der Erzählungen entstanden ist, die in Zweigs zweitem Sammelband *Erstes Erlebnis. Vier Novellen aus Kinderland* (1911) veröffentlicht wurden. Zweig selbst scheint der Novelle keinen besonderen Stellenwert beigemessen zu haben, in der Reichner-Ausgabe der zweibändigen *Gesammelten Erzählungen* (1936) ist *Scharlach* jedenfalls nicht enthalten.

2. Inhalt

Zweigs Novelle ist im studentischen Milieu der Jahrhundertwende angesiedelt, Protagonist der Erzählung ist Bertold Berger, der nach Wien übersiedelt, um sich an der medizinischen Fakultät zu inskribieren. Berger bezieht in der Josefstadt im Haus einer Witwe ein Zimmer, findet aber kaum Anschluss an das großstädtische Leben; lediglich mit seinem Nachbarn, dem angehenden Juristen Schramek, verbindet ihn bald eine lose Freundschaft. Berger beneidet Schramek um dessen „kräftige, bäuerisch derbe Gestalt, einem Arbeiter mehr ähnlich als einem Studenten" (Zweig GWE, Scharlach, S. 91), und ist beeindruckt, als Schramek „von seinen Prüfungen und seiner Verbindung, von all den hundert dummen Dingen, die solchen studentischen Naturen der Sinn dieser paar Jahre zu sein scheinen" (S. 93), erzählt. Sein eigenes Leben dagegen nimmt Berger als eine Reihe von „Erlebnisse[n] der Provinz" wahr; „alle seine eigenen Gedanken und Worte bisher schienen ihm plötzlich in die Kindheit hineinzugehören, und hier war erst der Beginn aller Mannhaftigkeit" (S. 93). Schramek verkörpert ein Ideal von Männlichkeit, das Bergers Selbstwahrnehmung maßgeblich beeinflusst und seine geringe Selbstachtung noch verstärkt, „er fühlte, wie schwach, wie kindisch, wie schuljungenhaft er neben diesem Menschen war, der mit beiden Füßen fest im Leben stand" (S. 94). Nicht nur, dass er als Kind „immer der schwächste, verzärteltste, kränklichste seiner Kameraden gewesen" war, er ist auch jetzt noch „schwach und kindhaft mager", hat immer noch „ein schüchternes, schmales und bartloses Kindergesicht" (S. 94f.). Durch Schramek ist Berger fortwährend Kränkungen ausgesetzt: Er führt ihn nicht in seine Verbindung ein, weil er ihn für „zu fein, zu brav, zu anständig" (S. 100) hält, er nennt ihn immerzu „Bubi" und überlässt ihm eines Nachmittags sogar seine Geliebte Karla, nachdem sie ihn davon überzeugt, dass von Berger keine sexuellen Avancen zu befürchten wären: „Das ist doch gar kein Bubi. Der ist doch ein Mädi." (S. 115) Dabei scheint Bergers Wunsch, in die studentische Verbindung Schrameks aufgenommen zu werden, obwohl er „die Stupidität all dieser Mensuren" (S. 113) erkennt, gerade durch jene rassistisch-sexistische Ideologie motiviert zu sein, die Zweig in der *Welt von Gestern* (1942) beschrieben hat (vgl. Zweig GWE, Die Welt von Gestern, S. 114ff.); Berger hofft, sein geringes Selbstwertgefühl durch die Aneignung des hegemonialen Selbstverständnisses eines ‚germanischen Akademikers' überwinden zu können.

Nach diesen Demütigungen verfällt er in eine zunehmend resignative Stimmung, unterbricht sein Studium und fasst in einem Brief an seine Schwester Edith den Entschluss, nach Hause zurückzukehren: „Wie einen Gezeichneten fühl' ich mich, wie einen Kranken, einen Krüppel, denn ich bin ganz anders wie die anderen und, mit Tränen spür' ich's, schlechter, minderwertiger, unnötiger" (Zweig GWE, Scharlach, S. 131). Als aber die Tochter seiner Vermieterin an Scharlach erkrankt, fasst Berger neuen Mut, „[z]um ersten Male, fühlte er, würde er einem Menschen helfen können, zum ersten Male spürte er beglückt etwas von dem Glanz seines Berufes." (S. 136) Es scheint ihm, er habe nun endlich „den Sinn und das Ziel seines ganzen verlorenen Lebens gefunden": „Was hatte er, der Kindische, der Schwächling, der Verzagte bei den Frauen gewollt? […] Aber hier dieses Kind, in dem die Frau erst keimte, knospennah und doch noch schlummernd, die noch sanft war, ohne Stolz und ohne Gier, wuchs ihm da nicht ein Schicksal entgegen, dem er Herr sein konnte, eine Seele, die er sich erziehen durfte, ein Herz, das unbewußt sich ihm schon hinneigte?" (S. 142) Verhindert wird diese Fügung dadurch, dass Berger selbst an Scharlach erkrankt, nachdem er das genesende Mädchen küsst. Das tragische Ende wird durch die Farbsymbolik des Textes schon früh vorweggenommen: Die „roten kreisrunde[n] Flecke" (S. 147) der Krankheit korrespondieren der „scharfe[n] rote[n] Spur" der Schmisse „über Schrameks kurzgeschorene[m] Schädel" (S. 93), dessen „brennrote[r]" (S. 98) Couleurkappe, die Berger als „rote[r] lockende[r] Traum" (S. 98) erscheint, dem „roten sinnlichen Mund" (S. 108) Karlas, ihrem „aufgelöste[n] rote[n] Haar" (S. 120). Vom Hausarzt davon in Kenntnis gesetzt, dass die Krankheit im Erwachsenenalter meist schwerer verläuft, ahnt Berger, dass er sterben wird: „War das nicht ein Symbol für sein ganzes Leben, daß er immer an dem als Erwachsener noch gelitten hatte, was nur den Kindern und der Kindheit zugehört? Und die Erwachsenen überdauerten das schwerer wie die Kinder: wie wunderbar verstand er das mit einem Male!" (S. 148)

3. Rezeption und Forschung

Bislang hat kaum eine detaillierte wissenschaftliche Auseinandersetzung mit Zweigs *Scharlach* stattgefunden. Es wurde lediglich darauf hingewiesen, dass – wie Zweigs Erzählungen insgesamt – auch dieser Text an Schnitzlers „Novellenkunst" (Rovagnati 1998, S. 42) orientiert sei (vgl. dazu auch Birk 2007). Gabriella Rovagnati liest *Scharlach* im Zusammenhang der deutschsprachigen Konjunktur von Adoleszenzgeschichten um die Jahrhundertwende, etwa Hermann Hesses *Peter Camenzind* (1904) oder Frank Wedekinds *Frühlings Erwachen* (1891), und beschreibt die Erzählung als einen „integrale[n] Bestandteil jenes größeren Vorhabens [...], den Problemen der ‚Psychologie des Jugendalters' (Eduard Spranger) theoretisch und literarisch nachzugehen" (Rovagnati 1998, S. 46). Hanni Mittelmann hat darauf hingewiesen, dass die Figur des Bertold Berger als Verkörperung von „Weininger's racial bias and negative image of the Jew as a ‚womanly man'" (Mittelmann 2007, S. 166) aufgefasst werden kann, und schlägt vor, die Erzählung könnte, auch wenn Berger im Text nicht explizit als Jude identifiziert wird, als „case-study of the Jewish male" gelesen werden: „Berger embodies the Weininger image of the effeminate Jewish male and his supposedly diminished sexual potency." (S. 167) Auch wenn Zweigs Weininger-Rezeption bislang kaum systematisch aufgearbeitet worden ist und mit Verweis auf Zweigs Erinnerungen an Weininger – *Vorbeigehen an einem unauffälligen Menschen* (1926) – gelegentlich argumentiert wird, er habe sich mit dessen „geschlechtsphilosophischen Thesen grundsätzlich nicht identifizieren" (Birk 2007, S. 122) können, ist immerhin belegt, dass er zumindest bei Weiningers Beerdigung anwesend war (vgl. Le Rider 1985, S. 46). Nicht von der Hand zu weisen ist jedenfalls die bemerkenswerte zeitliche Nähe der Novelle zum Erscheinen von Weiningers *Geschlecht und Charakter* (1903). Mittelmann macht zudem darauf aufmerksam, dass in *Scharlach* eine ganze Reihe populärer Dichotomien aktualisiert werde, die zum einen die Erzählung strukturieren, zum anderen auch im Rassendiskurs der Zeit eine gewisse Rolle spielen: Mann/Frau, Mann/Kind, Provinz/Stadt, Medizin/Jurisprudenz usw. Folgt man Mittelmanns Lektüre, fällt auf, dass die binäre Struktur der Erzählung nur durchbrochen wird, als die Herkunft der beiden zentralen Figuren Berger und Schramek thematisiert wird: „Sie waren beinahe Landsleute, aus Deutschböhmen der eine, aus Mähren der andere, bald fanden sie auch einen gemeinsamen Bekannten in ihrer Erinnerung." (Zweig GWE, Scharlach, S. 92) Schon hier erscheint die Monarchie als Dispositiv, in dem solche (auch rassischen) Dichotomien überwunden werden könnten (→ II.2 Zweigs Wien).

Stefan Zweig

Zweig, Stefan (1987): Scharlach. In: Ders.: Brennendes Geheimnis. Erzählungen. GWE. Hg. v. Knut Beck. Frankfurt a.M.: S. Fischer, S. 86–152.
Zweig, Stefan (1995): Briefe. Bd. I: 1897–1914. Hg. v. Knut Beck, Jeffrey B. Berlin u. Natascha Weschenbach-Feggeler. Frankfurt a.M.: S. Fischer.

Weitere Literatur

Birk, Matjaž (2007): Stefan Zweig und die Novelle der Wiener Moderne am Beispiel Arthur Schnitzlers. In: Gelber, Mark H. (Hg.): Stefan Zweig Reconsidered. New Perspectives on his Literary and Biographical Writings. Tübingen: Niemeyer, S. 119–138.
Le Rider, Jacques (1985): Der Fall Otto Weininger. Wurzeln des Antifeminismus und Antisemitismus. Überarb. u. erw. dt. Ausg. Wien, München: Löcker.
Mittelmann, Hanni (2007): Fragmentation and the Quest for Unity. Stefan Zweig's Novellas as Tales of the Assimilationist Jewish Predicament. In: Gelber, Mark H. (Hg.): Stefan Zweig Reconsidered. New Perspectives on his Literary and Biographical Writings. Tübingen: Niemeyer, S. 163–174.
Prater, Donald A. (1991): Stefan Zweig. Eine Biographie. Reinbek b. H.: Rowohlt.
Rovagnati, Gabriella (1998): „Umwege auf dem Wege zu mir selbst". Zu Leben und Werk Stefan Zweigs. Bonn: Bouvier.

4.8 *Geschichte eines Unterganges* (1910)

Barbara Neymeyr

1. Entstehung und historischer Hintergrund 265
2. Handlungsverlauf und Erzählstrategie 266
3. Todeskomödie als Lebenstragödie: ambivalente Strukturen
   und psychologische Paradoxie 268
4. Rezeption und Forschung 269

1. Entstehung und historischer Hintergrund

Die Novelle *Geschichte eines Unterganges*, mit der Stefan Zweig bereits im Sommer 1905 beschäftigt war (vgl. Zweig, Br I, S. 101, 382), erschien erstmals in der *Neuen Freien Presse*, und zwar vom 6. bis 23. September 1910 als Fortsetzung in 15 Teilen; seither wurde der Text noch mehrmals in anderen Kontexten publiziert und in mehrere Sprachen übersetzt (vgl. Klawiter 1991, S. 99). Diesem Artikel liegt die Textfassung im GWE-Band *Der Amokläufer* zugrunde.

Zu Beginn der insgesamt fünfjährigen Entstehungsphase schrieb Stefan Zweig am 1. Juli 1905 in einem Brief an die schwedische Pädagogin Ellen Key über die *Geschichte eines Unterganges*:

> Zu Weihnachten hoffe ich Ihnen ein neues Buch überreichen zu können [...]. Es ist die Lebens- oder vielmehr die Sterbensgeschichte jener Madame de Prie, der Maitresse des Regenten und des Herzogs von Bourbon, die mit 27 Jahren unter den seltsamsten Umständen Selbstmord begieng, ein eigentlich oberflächlicher Character, in dem das Weibliche und Erotische jahrelang durch Ehrgeiz und Vanität unterbunden war, um erst im letzten Augenblicke, als letzte Karte im Spiel ihres Lebens, aufzublinken. So fasse ich diese sehr mysteriöse Person wenigstens auf, über die einiges weniges Material in den Memoiren des XVIII Jahrhunderts zu finden ist. Jedenfalls hoffe ich viel aus dem Thema zu gewinnen – doch wann hofft man nicht am Beginne? (Zweig, Br I, S. 101)

Bei der Protagonistin handelt es sich um eine historische Persönlichkeit: um Jeanne-Agnès Berthelot de Pléneuf, Marquise de Prie (1698–1727). Stefan Zweig griff bei seinen Quellenstudien auf die *Mémoires sur le siècle de Louis XIV et la Régence* (1829f.) von Louis de Rouvroy, Duc de Saint-Simon (1675–1755), zurück (vgl. Zweig, Br I, S. 382f.). Jeanne-Agnès Berthelot de Pléneuf war die Tochter eines vermögenden Bankiers, wurde 1713 im Alter von 15 Jahren mit Louis de Prie, Marquis de Plasnes (genannt Marquis de Prie), verheiratet und lebte mit ihm zeitweilig am Turiner Hof. Nachdem sie mit 21 Jahren nach Paris zurückgekehrt war, wurde sie zur einflussreichen Mätresse des Premierministers Louis IV. Henri de Bourbon, Prince de Condé, und avancierte während seiner Amtszeit von 1723 bis 1726 in Frankreich faktisch zur Regentin. Auch in der Novelle wird dieser Sonderstatus der Madame de Prie thematisiert (vgl. Zweig GWE, Geschichte eines Unterganges, S. 11f.). Zwar konnte sie einen wichtigen Triumph feiern, als es ihr gelang, die Hochzeit des Königs Louis XV. mit der polnischen Prinzessin Maria Leszczyńska zu arrangieren, aber infolge einer von ihr 1725 angezettelten politischen Intrige gegen einen Rivalen des Herzogs von Bourbon fiel sie am Hof in Ungnade und wurde nach diesem biografischen Wendepunkt auf das Gut ihres Mannes in Courbépine verbannt (vgl. Rovagnati 1998, S. 51f.). In der Novelle hingegen wird das Exil u.a. durch ihre finanzielle Misswirtschaft begründet (vgl. Zweig GWE, Geschichte eines Unterganges, S. 35). Den frühen Tod der 29-jährigen Madame de Prie im Folgejahr deutete man damals als Suizid aufgrund von Depressionen. Auf dieser Hypothese basiert auch Stefan Zweigs Novelle. Heutzutage hält man jedoch eine Tetanus-Erkrankung für die Todesursache (vgl. Lafay 2001, S. 147ff.; Mercier 2005, S. 286–295).

Zweigs *Geschichte eines Unterganges* entwirft ein fiktionales Szenario ihrer letzten Lebensphase, rekurriert dabei aber auch auf historische Fakten: Erinnerungen der verbannten „Herrin Frankreichs" (S. 35) gelten ihrer familiären Herkunft als Bankierstochter und ihrer Mentalität als Klosterschülerin sowie ihrer Glanzzeit am Hof in Versailles (vgl. S. 11), ihrem Engagement für „die Leszcyńska" und für Voltaire (vgl. S. 17), dessen Huldigungsverse sie zitiert (vgl. S. 33). Die historischen Bezüge zu Voltaire erläutert Gabriella Rovagnati (1998, S. 68f.). Das novellistische Geschehen spielt an Madame de Pries Exil-Ort Courbépine in der Normandie und umfasst eine Zeitphase vom Sommer 1727 bis zum 7. Oktober desselben Jahres. *De facto* erfolgte ihre Verbannung allerdings bereits 1726 (vgl. S. 51); die Novelle reduziert die erzählte Zeit also auf eine deutlich kürzere Phase.

2. Handlungsverlauf und Erzählstrategie

Unter Rückgriff auf einzelne historische Begebenheiten entfaltet Stefan Zweig in der Novelle eine differenzierte Psychologie des Desasters, bis die Protagonistin ihr Leben schließlich durch Suizid beendet. Zugleich scheitert auch ihr Versuch, durch eine spektakuläre Inszenierung des eigenen Todes im Gedächtnis von Mit- und Nachwelt ruhmreich zu überleben. Die Novelle konzentriert sich in der dritten Person auf die Hauptfigur. Durch die Dominanz des personalen Erzählverfahrens, also der internen Fokalisierung, tritt die desolate Innenwelt der Figur in ihrer Heterogenität und Ambivalenz hervor. Punktuell wird die Mentalität der Madame de Prie auch durch übergeordnete Wertungen einer auktorialen Erzählinstanz gespiegelt: Die Nullfokalisierung dominiert dort, wo die Beschränktheit ihres Bewusstseins und Reflexionsvermögens evident werden soll (vgl. Zweig GWE, Geschichte eines Unterganges, S. 12, 14, 26, 34, 46), sowie nach ihrem Tod (vgl. S. 51f.).

Von den 47 Textseiten des GWE-Bandes widmen sich 28 Seiten den Versuchen der Hauptfigur, die demütigende Entmachtung, Einflusslosigkeit und Einsamkeit infolge der Verbannung zu bewältigen; nach ihrem Entschluss zum Suizid (vgl. S. 35) gelten die übrigen 19 Seiten den strategischen Vorbereitungen auf den „Sprung ins Unwiderrufliche" (S. 39). Durch die große historische Distanz zum Wiener *fin de siècle* kommt der im *ancien régime* angesiedelten Novelle im fiktionalen Œuvre Stefan Zweigs eine Ausnahmestellung zu; allerdings ist die Mentalität der Protagonistin von zeitgenössischen Tendenzen geprägt (vgl. Rovagnati 1998, S. 52, 55).

In markantem Kontrast zum Novellentitel beschreibt die Anfangspassage zunächst einen harmonischen Tag in ländlicher Idylle, den Madame de Prie direkt nach der Ankunft in Courbépine in regressiver Leichtigkeit genießt (vgl. Zweig GWE, Geschichte eines Unterganges, S. 10f.). Allerdings erschöpft sich der enthusiasmierende Reiz der ungewohnten Einfachheit, Ruhe und Naturnähe für sie bereits am zweiten Tag. Im Spiegel ihrer Erinnerungen an die glänzenden, von Huldigungsdiskurs und Machtkalkül bestimmten Feste in Versailles werden die Gegenwelten kontrastiert. An den Trubel permanenter Geselligkeit und die Pracht höfischer Festivitäten gewöhnt, leidet Madame de Prie in der Erzählgegenwart unter Stagnation, Leere, Tristesse, Isolation und Sehnsucht nach dem mondänen Leben (Rovagnati hingegen attestiert ihr eine *voluptas dolendi*, mithin eine Art von Masochismus; vgl. Rovagnati 1998, S. 65). Da die Marquise von Machtkalkül und Geltungssucht korrumpiert ist, hat sie sich zuvor primär über ihren elitären Sozialstatus und ihr Prestige definiert und gerät durch den Verlust ihrer privilegierten Position in eine Identitätskrise. Aus ihrer Einsamkeit flüchtet sie sich in hektisches Briefeschreiben. Allerdings bleibt diese Kommunikationsstrategie erfolglos, weil die höfischen Adressaten durch Schweigen oder kühle Repliken Distanz zeigen.

Vorübergehende Ablenkung und eine Retardierung des psychischen *décadence*-Prozesses verschafft ihr die Flucht in eine erotische Affäre mit dem Neffen des ortsansässigen Abbés, einem Studenten aus bäurischem Milieu (vgl. Zweig GWE, Geschichte eines Unterganges, S. 20–31). Da diese Gelegenheitsliaison aber weder auf persönlichem Interesse noch auf genuiner erotischer Anziehung basiert, sondern vom Bedürfnis der Aristokratin nach standesbewusster Selbstinszenierung bestimmt ist, endet diese Episode mit sadistischer Provokation, gegen die sich der inzwischen nicht mehr demütige junge Mann sogar mit physischer Gewalt wehrt (vgl. S. 30f.). Nach dem Verlust ihres erotischen ‚Spielzeugs' (vgl. S. 31) offenbart eine intensive Spiegel-Begegnung die narzisstische Problematik und die panische Angst der nicht einmal 30-jährigen Frau vor dem Altern, bis die Szene dann sogar mit einem psychophysischen Zusammenbruch endet (vgl. S. 31–34). Die briefliche Mitteilung aus höfischen Kreisen, dass ihre Rehabilitierung und Rückberufung nach Versailles allenfalls nach zwei oder drei Exil-Jahren in Betracht kommen könne (vgl. S. 35), erlebt Madame de Prie als „Todesurteil" (S. 35). So scheint die düstere Atmosphäre der Spiegel-Szene nachträglich wie ein Omen auf das Finale der Novelle vorauszuweisen: auf ihren Suizid.

Zuvor wählt Madame de Prie eine strategische Inszenierung für ihr Lebensfinale, indem sie den Sommer hindurch zahlreiche Gäste zu kostspieligen Festivitäten in ihr Exil-Palais einlädt, denen sie in einer Melange aus Täuschungsabsicht und Selbstbetrug „die Komödie des Glücks" (S. 37) vorspielt. Mit der Prophezeiung ihres Todes für den 7. Oktober, die sie sich vom Kontingenzfaktor eines Kartenspiels, mithin vom Zufallsprinzip, diktieren lässt (vgl. S. 41f.), setzt sie sich dann selbst unter einen enormen Handlungsdruck. Allerdings versucht sie den existentiellen Ernst des Sterbens in spielerischer Selbstinszenierung aufzulösen. So gewinnt sie der „Komödie des Todes" (S. 36), die sie nach den dramaturgischen Prinzipien einer tragischen ‚Fallhöhe' gestalten will, vorübergehend sogar einen paradoxen Lebenssinn ab (vgl. S. 36). Bis zur Durchführung des Suizids mit Gift (vgl. S. 50f.) vermag Madame de Prie ihre illusionäre Ästhetisierung des Todes aufrechtzuerhalten. Im Prozess des Sterbens allerdings entgleitet ihr die Regie über ihre Glücksinszenierung zur Täuschung der Nachwelt: Denn das Gesicht der Gestorbenen spiegelt die seelischen Qualen ihrer letzten Lebensphase wider. Unerfüllt bleibt schließlich auch ihre Hoffnung auf ein Fortleben im kulturellen Gedächtnis – jedenfalls der Aussage der Erzählerinstanz zufolge (vgl. S. 51f.). Allerdings inszeniert Zweigs Novelle insofern einen performativen Selbstwiderspruch, als der Text implizit gerade das verwirklicht, was er explizit negiert: Einblick in „die leidenschaftliche Erregtheit ihres einstigen Geschickes" und in den „so künstlich ersonnenen Betrug ihres Todes" (S. 52).

3. Todeskomödie als Lebenstragödie: ambivalente Strukturen und psychologische Paradoxie

Mit dem Suizidplan verbindet sich im Text ein ‚unerhörtes Ereignis' im Sinne novellistischer Charakteristika: durch das provokative Moment einer Inszenierung des Todes, der aus der Perspektive der Figur vorübergehend seinen existentiellen Ernst verliert. Paradoxe Entwicklungen löst die durch eine psychische Aporie bedingte Suizidabsicht in mehrfacher Hinsicht aus, weil sie für Madame de Prie eine erstaunliche Vitalisierung zur Folge hat: Denn erstens verschaffen ihr die hektischen Aktivitäten zur Vorbereitung eines Todes mit der Aura theatralischer Erhabenheit neuen Lebensinhalt und füllen dadurch das Ich-Vakuum (vgl. S. 36). Zweitens versteht sie die Liquidierung ihres alternden empirischen Ich als notwendiges Durchgangsstadium auf dem Weg in die Unsterblichkeit ihrer idealen Selbst-Imago und glaubt auf diese Weise den vergangenen Nimbus ihrer feudalen Machtposition dauerhaft wiederherstellen zu können (vgl. S. 35). Und drittens verhilft ihr gerade die Funktionalisierung des Todes paradoxerweise zur Verdrängung seines existentiellen Ernstes. Weil sie im Medium der Todeskomödie ihre Lebenstragödie zeitweilig verdrängt, neigt sie mitunter sogar zu einem frivolen Kokettieren mit dem Makabren.

Auffällig erscheint in der Novelle durchgehend die fehlende Authentizität der Hauptfigur: Geltungssucht, Maskenspiel und Selbstbetrug bestimmen ihre fassadenhafte Existenz von Grund auf. Mitunter verschmelzen Phantasie und Wirklichkeit für Madame de Prie so sehr, dass die von ihr intendierten Lügen in gleitendem Übergang auch zur Selbsttäuschung führen (vgl. S. 12, 38). Mit einer narzisstischen Selbstwertstörung, die in Identitätsdiffusion und Ich-Spaltung der Spiegelszene kulminiert (vgl. S. 31–34), verbindet sich im Finale die forcierte Theatralik einer Hysterikerin. Da Madame de Prie nicht nur durch einen Mangel an Reflexionsfähigkeit gekennzeichnet ist, sondern auch durch emotionale Labilität und ausgeprägte Ambivalenzen, schwankt sie oft abrupt zwischen konträren Gefühlen, so dass sich ihre psychische Krisensituation im Handlungsverlauf noch erheblich intensiviert (Rovagnati hingegen schreibt ihr eine distanzierte Ästheten-Pose und eine Raffinesse der Selbstbeobachtung zu; vgl. Rovagnati 1998, S. 58f.). Ihr Kult der Geselligkeit erwächst keineswegs aus Philanthropie, sondern hat von vornherein kompensatorischen Charakter. Das erhellt schon anfangs aus der Indifferenz der Egozentrikerin gegenüber anderen Menschen (vgl. Zweig GWE, Geschichte eines Unterganges, S. 10). Ihr instrumentelles Verhältnis zum sozialen Umfeld ist von einem forcierten Machttrieb geprägt (vgl. S. 21, 34f.), der sich mitunter bis ins Sadistische steigern kann. Während ihr die Geselligkeit in der Vergangenheit eine Flucht vor authentischer Selbstbegegnung ermöglichte, fungiert sie in der Erzählgegenwart als Antidot gegen die Qualen der Einsamkeit.

Symptomatische Bedeutung erhalten in der Novelle Selbstinszenierung und Spiel im Spannungsfeld von Eros und Macht. Dass Madame de Prie den Illusionsgehalt ihrer Theatralik oft selbst verkennt, trägt zu ihrem Desaster bei. So führt die Erzählinstanz den Suizid am Ende darauf zurück, dass „ihr Menschen fehlten" (S. 51). Leitmotivische Funktion erhält konsequenterweise der Begriff „Komödie", da die Protagonistin Stolz, Glück, Gefühl und Tod gleichermaßen zum Inhalt ihrer Inszenierungen macht (vgl. S. 17, 37, 42, 51). Kurz vor ihrem Suizid lässt Zweig die Novellenfigur sogar zur Dramenprotagonistin avancieren: Als sie ihren Gästen auf der Bühne das Sterben einer orientalischen Königin als Tragödienheldin vorspielt, berauscht sie sich an narzisstischen Größenphantasien. Diese Verwechslung von Fiktion und Realität bildet den Kulminationspunkt ihrer Schein-Existenz. Die Illusion, sich dauerhaften Ruhm durch die Inszenierung eines heroischen Todes sichern zu können, mildert nur vorübergehend die Lebenskatastrophe (→ V.10 SUIZID).

4. Rezeption und Forschung

Zweigs *Geschichte eines Unterganges* wurde bislang literaturwissenschaftlich kaum erschlossen. Die *International Bibliography* zu Stefan Zweig verzeichnet keine Forschungsliteratur zu dieser Erzählung (vgl. Klawiter 1991, S. 99). Eine Ausnahme stellt das bereits zitierte Buchkapitel von Gabriella Rovagnati (1998, S. 49–77) dar, das – ausgehend von der Novelle – Perspektiven auf verschiedene Themenfelder entfaltet: auf die französische Geschichte und Zweigs Verhältnis zu Frankreich (biografisch wie literarisch) sowie auf das Frauenbild der Wiener Moderne und Affinitäten etwa zu Hofmannsthal und Schnitzler. Nicole Casanova (2013) verweist auf die 1932 erschienene Biografie Zweigs über Marie Antoinette, deren Enthusiasmus für prunkvolle Feste an Charakterzüge der Protagonistin in Zweigs Erzählung erinnere. Während sich allerdings im Falle der Österreicherin die zunächst sehr kritische Perspektive des Autors schließlich zu einer positiveren Einschätzung entwickelt habe, repräsentiere Madame de Prie in der Novelle bis zu ihrem Lebensende eine schwache Persönlichkeit ohne Einsicht. Jean-Pierre Lefebvre (2013) betrachtet die erotische und psychopathologische Thematik in der *Geschichte eines Unterganges* als traditionelles ‚novellistisches' Material (vgl. Lefebvre 2013, S. 1372) und sieht Parallelen zu Goethes *Unterhaltungen deutscher Ausgewanderten*. In den Bereich der Intermedialität reicht die Wirkungsgeschichte der Erzählung durch den Fernsehfilm *La dernière fête*, eine französisch-schweizerische Koproduktion aus dem Jahr 1996 (mit Charlotte Rampling in der Hauptrolle). Die englische Version trägt den Titel *The Fall of the Marquise de Prie* (→ VI.7.3 VERFILMUNGEN; VIII.3 FILME).

Stefan Zweig

Zweig, Stefan (2002⁴): Geschichte eines Unterganges. In: Ders.: Der Amokläufer. Erzählungen. GWE. Hg. v. Knut Beck. Frankfurt a.M.: S. Fischer, S. 7–49.
Zweig, Stefan (1995): Briefe. Bd. I: 1897–1914. Hg. v. Knut Beck, Jeffrey B. Berlin u. Natascha Weschenbach-Feggeler. Frankfurt a.M.: S. Fischer.

Weitere Literatur

Casanova, Nicole (2013): *Histoire d'une déchéance*. Présentation. In: Zweig, Stefan: La confusion des sentiments et autres récits. Hg. v. Pierre Deshusses. Paris: Laffont, S. 309–310.
Klawiter, Randolph J. (1991): Stefan Zweig. An International Bibliography. Riverside: Ariadne Press.
Lafay, Jacques (2001): Madame de Prie. Marquise de Courbépine (1698–1727). Caudebec-lès-Elbeuf: Page de Garde.
Lefebvre, Jean-Pierre (2013): Notices et notes. In: Zweig, Stefan: Romans, nouvelles et récits. Bd. I. Hg. v. Jean-Pierre Lefebvre. Paris: Gallimard, S. 1371–1373.
Mercier, Gilbert (2005): Madame de Prie. La marquise qui mit Versailles à ses pieds. Paris: Félin.
Neymeyr, Barbara: Todeskomödie als Lebenstragödie. Psychologische Paradoxien in Stefan Zweigs Novelle Geschichte eines Unterganges [in Vorbereitung].
Rovagnati, Gabriella (1992): La Madame de Prie di Stefan Zweig. *Geschichte eines Unterganges*. In: Studia austriaca 1/1992, S. 143–188.
Rovagnati, Gabriella (1998): „Umwege auf dem Wege zu mir selbst". Zu Leben und Werk Stefan Zweigs. Bonn: Bouvier.

4.9 *Angst* (1913)

Martina Wörgötter

1. Entstehung 270
2. Veröffentlichungsgeschichte 271
3. Inhalt 272
4. Rezeption und Forschung 273

1. Entstehung

Mit der Angabe „Geschrieben Wien, 1910" (Zweig 1925, S. 71) hat Stefan Zweig seine Novelle *Angst* in der 1925 gedruckten Reclam-Ausgabe versehen, wohingegen Tagebücher und Briefe des Autors für eine andere Datierung sprechen: Zwischen Februar und April 1913 mit Konzeption und Niederschrift beschäftigt (vgl. Zweig GWE, Tb, S. 40, 45, 67, 70), berichtet Zweig im Juni 1913 Romain Rolland von der Fertigstellung der Erzählung (vgl. Zweig, Br I, S. 275). Erschienen ist sie noch im selben Jahr in der *Neuen Freien Presse* (in neun Nummern, von 3. August bis 21. September) sowie in einem von der *Österreichischen Journal-Aktiengesellschaft* Wien herausgegebenen Band. In einem Brief vom 15. Oktober 1913 an Anton Kippenberg klingen Zweifel des Autors an seinem Text durch: „Ich habe zwar eine neue Novelle ‚Angst', die ich Ihnen als Praesent mitsende, die ich aber durchaus nicht ganz vertrete und ich fürchte, Sie werden meiner Meinung sein." (Archiv Insel Verlag, DLA Marbach)

Nach dem Ersten Weltkrieg, im Jahr 1920, wurde die Novelle im Berliner Hermann Verlag in der ‚Illustrierten Wochenschrift' *Der Kleine Roman* (Nr. 19) mit Illustrationen von Ludwig Kainer noch einmal abgedruckt, um fünf Jahre später in Reclams Universalbibliothek aufgenommen zu werden. Dass es sich bei dieser Version aus dem Jahr 1925 um eine nicht unerheblich bearbeitete bzw. gekürzte Fassung handelt, mag weniger auf eine von Reclam ausgesprochene Beschränkung der Seitenanzahl zurückzuführen sein als vielmehr mit Zweigs in den 1920er Jahren gewandelten stilistischen Ansprüchen zu tun haben. Durchaus auch im Sinne einer weiter gefassten ‚Neuen Sachlichkeit' steht die spätere Kürzung nicht zuletzt im Zeichen einer bereits während der Entstehung des Textes formulierten Unsicherheit: „Vorletztes Capitel der Novelle fertig, zögern vor dem Schluß. Ich glaube sie muß dann entweder gedehnt oder gestrafft werden. – vorläufig bin ich unsicher." (Zweig GWE, Tb, S. 67) Ein möglicher Grund für die Angabe, die Novelle sei 1910 geschrieben worden, wird anhand des Nachworts von Erwin H. Rainalter zur Reclam-Ausgabe 1925 nachvollziehbar. Die aus einer frühen Schaffensphase stammende Novelle zeige Stefan Zweig, der Mitte der 1920er Jahre bereits auf ein beträchtliches literarisches und essayistisches Œuvre blicken kann und Weltruhm genießt, als „Psychologen und [...] Erzähler im besten Lichte" (Rainalter 1925, S. 76). Dementsprechend transponiert die Datierung die Entstehung des Textes in jene Zeit, in der Zweigs Beschäftigung mit der Psychoanalyse einsetzt und auch sein direkter Austausch mit Sigmund Freud intensiver wird (→ II.5 Psychologie und Psychoanalyse).

Die frühe Ausgabe bei Reclam hat jedenfalls eine entscheidende Rolle für Bekanntheit und Erfolg der Novelle gespielt. In die von Knut Beck bei S. Fischer herausgegebenen *Gesammelten Werke in Einzelbänden* (GWE) ist sie dennoch dem Erstdruck folgend in den Band *Verwirrung der Gefühle* eingegangen.

2. Veröffentlichungsgeschichte

Bei den beiden Textfassungen von 1920 (Hermann, Berlin) und 1925 (Reclam, Leipzig) handelt es sich keineswegs um rein stilistische Varianten. Für die Aufnahme in Reclams Universalbibliothek hat Zweig seine Novelle einer umfassenden Revision unterzogen und Kürzungen vorgenommen, die nicht ohne Auswirkungen auf den Inhalt bzw. vor allem seine Darstellungsweise geblieben sind. Abgesehen von kleineren Handlungsdetails wurde einiges aus der direkten Figurenrede des Ehemannes sowie verschiedene Passagen der Darstellung von Gedanken, Gefühlen und Verhaltensweisen der weiblichen Protagonistin gestrichen, wie Michael Scheffel in seinem Nachwort der Reclam-Ausgabe von 2013 anhand von konkreten Textstellen zeigt. So wird im Vergleich deutlich, dass die gekürzte Fassung vielfach darauf verzichtet, dem Leser Konfigurationen und Dynamiken der erzählten Welt aufzubereiten, die Figuren bzw. ihr Handeln und ihre psychologischen bzw. psychosozialen Hinter- und Abgründe zu ‚erklären'. Vielmehr hinterlässt Zweig durch seine Überarbeitung einige „Leer- oder auch Unbestimmtheitsstellen", vor allem „im Blick auf das Profil und auch auf das Verhalten von Mann und Frau" (Scheffel 2013, S. 83).

3. Inhalt

„Erpressung als Zwang des Gestehens" (Zweig GWE, Tb, S. 40), formuliert Zweig Ende Februar 1913, am Beginn der Schreibarbeit, in seinem Tagebuch als Grundidee der Novelle, deren Plot er reduziert hält, während Aspekten der inneren Handlung größte Aufmerksamkeit zukommt. Im Zentrum steht – ganz im Sinne von Zweigs intensiver Beschäftigung mit Freud – die Darstellung der Innenwelt der Protagonistin Irene Wagner, einer typischen Vertreterin der Wiener Bourgeoisie: Durchaus glücklich verheiratet und „zufrieden gebettet in ihrer behaglichen, breitbürgerlichen, windstillen Existenz" (Zweig GWE, Angst, S. 287), ist die Frau eines erfolgreichen Anwalts und Mutter zweier Kinder aufgrund einer gewissen „Schlaffheit der Atmosphäre" (S. 288) eine geheime Liebesbeziehung mit einem „Pianisten von Ruf" (S. 287) eingegangen. Seitdem begleitet sie ein Gefühl der Angst, dem eines Tages auch konkreter Anlass gegeben wird, als sie von einer Frau, die sich als die ehemalige Geliebte des Pianisten ausgibt, zur Rede gestellt wird. Irene selbst setzt ein unheilvolles Spiel in Gang, indem sie der fremden Frau – unaufgefordert und „einer vagen Eingebung gehorchend" (S. 282f.) – ‚Schweigegeld' aushändigt. Die Angst, als Ehebrecherin entlarvt zu werden und damit das privilegierte Leben zu verlieren, bestimmt fortan ihre Existenz und wird mit der Zeit nicht mehr kontrollierbar, zumal die Unbekannte regelmäßig Geldforderungen ausspricht und diese in nicht mehr zu bewältigende Höhen steigen. Immer größer wird die Unruhe, die Angelegenheit vor dem Ehemann nicht geheim halten zu können. Erlebte Rede bzw. eine auf die Perspektive der Protagonistin fokussierte Erzählstimme vermittelt dem Leser, wie die Frau, „dämonisch gejagt von ihrer inneren Angst" (S. 321), das Verhalten ihres Mannes genau beobachtet, ihn abwechselnd als gütig, misstrauisch, verständnisvoll und streng erlebt, und wie sie davon ausgehend die Möglichkeiten und Konsequenzen bzw. Vor- und Nachteile eines Geständnisses für sich abwägt. Obwohl es mehrmals die Gelegenheit gibt, sich auf diese Weise aus dem „Schraubstock der Angst" (S. 286) zu befreien (vgl. S. 308 ff., 324 ff.), wagt Irene den Schritt letztlich nicht. Die „Angst vor dem Wort" (S. 328) ist stärker und so erscheint ihr – wie so vielen von Zweigs Figuren – der Suizid als letzter Ausweg. Erst als Irene sich in der Apotheke Gift besorgen will, greift der Ehemann ein, indem er die Erpressungen als ein arrangiertes Szenario, die Erpresserin als eine von ihm engagierte Schauspielerin enthüllt, um seine Frau zurückzugewinnen: „... nur rufen wollte ich dich ... zurückrufen zu deiner Pflicht ..." (S. 351), erklärt er seine ‚Disziplinierungsmaßnahme', nunmehr selbst ängstlich und schuldbewusst, womit sich also die Rollen umkehren: Nicht Irene, sondern er legt ein Geständnis ab. In der Position des „horloger de la machinerie" erweist sich der betrogene Ehemann als ‚Täter', indes Irene „quitte la nouvelle en position victime définitivement rentrée dans le rang familial." (Lefebvre 2013, S. 1376) Im Schlussbild überblickt sie, aus einem Schlaf erwacht, endlich „das grauenvolle Netz, in dem sie verstrickt gewesen war" (Zweig GWE, Angst, S. 352), und wird noch einmal mit verschiedenen unangenehmen Gefühlen konfrontiert. Dank des Kinderlachens aus dem Nebenzimmer münden „Erbitterung" und „Scham" letztlich aber doch in „Genuss" und „Glück", das privilegierte Leben und die alte Ordnung wieder hergestellt zu sehen, wobei im letzten Satz der Novelle kein vollkommenes Glück in Aussicht gestellt zu werden scheint: Es ist nicht von kompletter ‚Heilung' die Rede, wenn die erwähnten „Wunden [...] für immer vernarben" (S. 353) und so deutliche Spuren hinterlassen.

4. Rezeption und Forschung

Neben den verschiedenen Nachdrucken zu Lebzeiten Zweigs haben die mehrfache Aufnahme in Erzählbände sowie zahlreiche Übersetzungen und nicht zuletzt vier Verfilmungen (vgl. Sommadossi 2008; Spedicato 2008; → VI.7.3 VERFILMUNGEN; VIII.3 FILME) dafür gesorgt, dass *Angst* zu den bekanntesten Novellen von Zweig gezählt werden kann (vgl. Prater 1981, S. 9). Bemerkenswert ist außerdem, dass die Erzählung in einer dramatisierten Form 2010 in das Programm der Salzburger Festspiele aufgenommen wurde (→ IV.11 THEATER). Abgesehen von der 1959 aufgeführten Strauss-Oper *Die schweigsame Frau*, für die Zweig das Libretto geschrieben hat, handelt es sich bei dieser Dramatisierung um die bislang einzige Zweig-Produktion bei den Festspielen, sieht man von einer einmaligen Lesung der Erzählung *Widerstand der Wirklichkeit* durch Klaus Maria Brandauer (ebenfalls 2010) ab. Ihrer Popularität entsprechend wird die Novelle in zahlreiche übergreifende Studien zu Zweigs Novellenwerk einbezogen, während eine größere monografische Arbeit bislang jedoch ausständig ist.

Den zentralen Lektüre- und Rezeptionsansatz bietet die Psychoanalyse, wie Joseph P. Strelka zusammenfasst. *Angst* sei „in einer weiterreichenden und direkteren Weise freudianisch als fast alle vorherigen" von Zweigs Novellen, „begonnen vom Titel, jener rein rational – wie etwa die Furcht – nicht faßbaren, in tiefere Unbewußtseinsschichten reichenden Angst" bis zum Verschwimmen von Angst- und Wunschvorstellung im Traum der Protagonistin, wenn die Bedrohung durch das Messer in der Hand des Gatten nicht zuletzt „Erleichterung und Lösung" (Strelka 1982, S. 47) verheißt. Anders akzentuiert Rüdiger Görner die psychologische Deutungslinie, indem er dem Kierkegaard'schen Angstbegriff folgt und Zweigs Novelle entlang zentraler Aspekte wie ,Freiheit', ,Schuld', ,Sünde' und ,Sexualität' als „Veranschaulichung oder Versinnlichung dieser Reflexionen" (Görner 2012, S. 112) liest. Mit der Protagonistin Irene Wagner und deren sozialem Hintergrund als Mitglied der „eleganten Gemeinschaft der Wiener Bourgeoisie" (Zweig GWE, Angst, S. 301) um die Jahrhundertwende eröffnet *Angst* nicht zuletzt soziologisch motivierte Lesewege, wie etwa Mirjam Schmidts (1998) Konzentration auf die Protagonistin in der Rolle der Ehebrecherin im Rahmen einer größer angelegten Studie zu Frauengestalten und ihrer Darstellung in Zweigs novellistischem Werk zeigt (vgl. auch Bischof 1995; El-bah 2000). Auch Maurice Godé richtet den Blick in seiner von rezeptions- und wirkungsästhetischen Ansätzen inspirierten Lektüre auf die „sémiotique sociale" (Godé 1992, S. 70) der Novelle. Ausgehend von erzähltechnischen Aspekten der Figurenzeichnung (etwa die Engführung der Leserperspektive mit jener der Protagonistin), spricht er von einem sozialkritischen ,Potenzial', das jedoch durch auktoriale Eingriffe an seiner Entfaltung gehindert werde, um vielmehr die soziale Ordnung der bourgeoisen Wiener Gesellschaft als „modèle parfait" (S. 71) zu konservieren. Hingewiesen sei schließlich noch auf den eher strukturell orientierten Beitrag von Matjaž Birk (2007), in dem *Angst* im Verhältnis zu Arthur Schnitzlers Werk und zur Wiener Moderne betrachtet wird.

Der Zugang über psychologische bzw. psychosoziale Parameter hat sich gefestigt, eröffnet gleichzeitig aber auch zahlreiche Möglichkeiten, mit neuen Akzenten an die etablierten Ansätze anzuschließen, um beispielsweise mit einer stärker soziologisch betonten Perspektive einen kritischen Blick auf die Figuren und ihr Handeln im Sinne eines dynamischen, von verschiedenen, wechselseitig wirkenden (psycho-)sozialen Faktoren geprägten Gefüges zu entwickeln. Eine differenzierte psychologische bzw.

soziologische Lesart bietet sich auch in der Auseinandersetzung mit der Novelle in ihrer Qualität als ‚Inter-Text' an, d. h. in einer Untersuchung konkreter intertextueller Beziehungen, wie sie etwa Klemens Renoldner im Sinne eines Vergleichs von *Angst* mit Arthur Schnitzlers *Leutnant Gustl* vorschlägt (vgl. Renoldner 2013, S. 509). Eine Verwandtschaft der beiden Texte besteht aber nicht allein hinsichtlich des Motivs der „besinnungslose[n] Flucht aus einer von maßloser Angst zerstörten Lebensform" (S. 509). Beide Texte zeichnen sich durch eine besondere narrative Inszenierung aus, wobei Zweigs Erzähltechnik – anders als Schnitzlers homogener innerer Monolog – auf einer „über weite Passagen hinweg dominierenden, zwischen den ‚Stimmen' von Erzählinstanz und Figur hin- und herspringenden erlebten Rede" (Scheffel 2013, S. 76) beruht (→ IV.1 ERZÄHLFORMEN). Gérard Genettes erzähltheoretisches Modell mit seinen ausdifferenzierten Analysekategorien von Modus, Stimme und Person würde hier das adäquate Begriffsinventar zur Verfügung stellen, um in einer detaillierten Untersuchung und im Anschluss an Godé (1992) die narrativen Strategien der Novelle und deren Bedeutung und Funktion hinsichtlich so unterschiedlicher Aspekte wie Figurencharakteristik und *suspense* herauszuarbeiten. Damit in Zusammenhang interessant scheint nicht zuletzt die bislang ebenfalls noch nicht erörterte Frage nach den rezeptionsästhetischen Effekten der für die Reclam-Ausgabe von 1925 vorgenommenen Kürzungen und der entsprechenden Leerstellen bzw. Ambivalenzen in Handlung und Psychologie der Figuren.

Stefan Zweig

Kippenberg, Anton/Zweig, Stefan: Briefwechsel. Archiv Insel Verlag, DLA Marbach [in Vorbereitung].
Zweig, Stefan (1925): Angst. Mit einem Nachwort v. Erwin H. Rainalter. Leipzig: Reclam.
Zweig, Stefan (1984): Tagebücher. GWE. Hg. v. Knut Beck. Frankfurt a. M.: S. Fischer.
Zweig, Stefan (1995): Briefe. Bd. I: 1897–1914. Hg. v. Knut Beck, Jeffrey B. Berlin u. Natascha Weschenbach-Feggeler. Frankfurt a. M.: S. Fischer.
Zweig, Stefan (2004^5): Angst. In: Ders.: Verwirrung der Gefühle. Erzählungen. GWE. Hg. v. Knut Beck. Frankfurt a. M.: S. Fischer, S. 280–353.

Weitere Literatur

Birk, Matjaž (2007): Stefan Zweig und die Novelle der Wiener Moderne am Beispiel Arthur Schnitzlers. In: Gelber, Mark H. (Hg.): Stefan Zweig Reconsidered. New Perspectives on his Literary and Biographical Writings. Tübingen: Niemeyer, S. 119–137.
Bischof, Rosa (1995): Die Frauenfiguren in Stefan Zweigs Novelle *Angst* und ihre historischen Hintergründe. Diplomarb. Univ. Wien.
El-bah, Mohammed (2000): Frauen- und Männerbilder in den Novellen von Stefan Zweig. Freiburg i. Br.: Hochschul-Verlag.
Godé, Maurice (1992): Lecteur implicite et lecteur réel dans la nouvelle de Stefan Zweig: *Angst*. In: Austriaca 17/34/1992, S. 65–75.
Görner, Rüdiger (2012): Stefan Zweig als Erzähler. In: Ders.: Stefan Zweig. Formen einer Sprachkunst. Wien: Sonderzahl, S. 108–131.
Lefebvre, Jean-Pierre (2013): Notices et notes. In: Zweig, Stefan: Romans, nouvelles et récits. Bd. I. Hg. v. Jean-Pierre Lefebvre. Paris: Gallimard, S. 1345–1442.
Prater, Donald A. (1981): Stefan Zweig. Das Leben eines Ungeduldigen. München, Wien: Hanser.
Rainalter, Erwin H. (1925): Nachwort. In: Zweig, Stefan: Angst. Leipzig: Reclam, S. 72–76.

Renoldner, Klemens (2013): Nachwort. In: Zweig, Stefan: „Ich habe das Bedürfnis nach Freunden". Erzählungen, Essays und unbekannte Texte. Hg. v. Klemens Renoldner, unter Mitarbeit v. Elisabeth Fritz. Wien u.a.: Styria premium, S. 495–512.

Scheffel, Michael (2013): Nachwort. In: Zweig, Stefan: Angst. Novelle. Reclam: Stuttgart, S. 71–84.

Schmidt, Mirjam (1998): Frauengestalten in den Erzählungen von Stefan Zweig. Frankfurt a.M. u.a.: Lang.

Sommadossi, Tomas (2008): Eine vergessene Literaturverfilmung. Die Adaption von Stefan Zweigs Novelle *Angst* durch Roberto Rossellini. In: Modern Austrian Literature 41/3/2008, S. 1–24.

Spedicato, Eugenio (2008): Literaturverfilmung als Äquivalenz-Phänomen. Stefan Zweigs Novelle *Angst* (1913) und Roberto Rossellinis gleichnamiger Film (1954). In: Ders./Hanuschek, Sven (Hg.): Literaturverfilmung. Perspektiven und Analysen. Würzburg: Königshausen & Neumann, S. 71–103.

Strelka, Joseph P. (1982): Psychoanalytische Ideen in Stefan Zweigs Novellen. In: Literatur und Kritik 169–170/1982, S. 42–52.

4.10 *Der Zwang* (1920)
Elisabeth Erdem

1. Entstehung 275
2. Inhalt 276
3. Rezeption und Forschung 277

1. Entstehung

Bekanntlich meldete sich Stefan Zweig – auch er von der allgemeinen Kriegseuphorie erfasst – Ende Juli 1914 als Einjährig-Freiwilliger. Am 12. November 1914 erfolgte Zweigs ‚Assentierung' zum k. u. k. Trainzeugsdepot in Klosterneuburg. Bereits am 1. Dezember stellte sich Zweig im Kriegsarchiv vor, wo er bis Mitte November 1917 tätig war. Durch seinen Dienst im Kriegsarchiv kommt er zu folgender Einsicht:

> [I]ch [...] fühle immer stärker die Krise des Gewissens. Die Gegenwart eines Menschen wie Rolland, die innere Ruhe des Nachdenkens zwingt einen endlich, logisch auf das Letzte loszugehen und die Consequenzen zu fassen. Mich ekelt es, auf irgend eine Weise mich loszuschwindeln, man könnte heute nur helfen durch ein aufrechtes gerades ‚Nein'. Ob ich den innern Mut auch in Wien haben werde? Refractär zu werden ist schäbig bis zum äußersten, wenn es ohne Bekenntnis geschieht. Es ist unfruchtbar, feige und klein. Es nützt nichts, es schützt nur. Ich glaube, nur wenn ich zum Dienst mit der Waffe gezwungen werden sollte, werde ich zur offenen Weigerung schreiten. (Zweig GWE, Tb, S. 275)

Die Programmatik dieser Überlegungen sollte in die Novelle *Der Zwang* münden, dem „Bericht vom ‚Seelenkampf eines Menschen, der den Krieg und seine[ ] Greuel verdammt und nun zu wählen hat zwischen der gottbefohlenen Pflicht der Menschlichkeit und der aufgezwungenen Pflicht gegen die Staatsmaschine und ihren Militarismus'." (Zit. n. Beck 2007, S. 324) Zweig verfasst den Text 1918 in Rüschlikon südlich von Zürich, 1920 wird er im Insel Verlag publiziert. Der ursprüngliche Titel der Erzählung – *Der Refrektär* – geht vermutlich auf Zweigs „Testament [s]eines

Gewissens" zurück, das er am 28. November 1917 in Villeneuve am Genfersee verfasst hatte. Darin heißt es:

> Nichts, außer mein gegebenes Versprechen, könnte mich nun hindern, in den Dienst und nach Österreich zurückzukehren. Ich könnte hier als Refractär verbleiben, ohne etwas für mein Leben fürchten zu müssen [...]. Es erforderte dies nur Zudringlichkeit und vor allem eine Verlängerung der inneren Überzeugung, daß es jetzt nicht mehr an der Zeit ist, für ein Vaterland, sondern einzig für das Kriegsende zu wirken. [...] Nicht aus Pflichtgefühl wider den Staat, sondern aus Ekel, mich denen hier zu gesellen, die sich unter patriotischen Vorwänden in Sicherheit brachten, um dann gegen ebendies[s]elbe Vaterland mit Worten (aber nie mit Taten) zu wirken, kehre ich wieder in den Dienst zurück. (Zweig, Br II, S. 174)

Der Zwang ist jene Novelle Stefan Zweigs, in der sowohl seine persönlichen pazifistischen Ideale als auch die seiner ersten Ehefrau Friderike den deutlichsten Niederschlag finden (vgl. F. Zweig 1948, S. 103). In ihrer Biografie beschreibt Friderike Zweig etwa die Begegnung mit verwundeten Frontsoldaten auf einem Innsbrucker Bahnhof, die Stefan Zweig in die Novelle übernimmt und dort als narrativen Wendepunkt einsetzt (vgl. S. 147). Den Verlegern der russischen Ausgabe kündigt Zweig die Novelle als „Revolte gegen die Zeit und den Kriegsdienst" an (Zweig, Br III, S. 173); das Ehepaar Zweig steht Frans Masereel auch für einen Holzschnitt der beiden Hauptfiguren Modell (vgl. Prater 1984, S. 121). Sein pazifistisches Programm unterstreichend, widmet Zweig sie dem französischen Schriftsteller und Pazifisten Pierre Jean Jouve „in brüderlicher Freundschaft" (Zweig GWE, Der Zwang, S. 153). Der Schauplatz der Novelle, die Schweiz, reflektiert den Ort der Entstehung und zugleich Zweigs positive Haltung zu diesem Land (vgl. Zweig GWE, Die Welt von Gestern, S. 299f.).

2. Inhalt

Der junge Maler Ferdinand R. ist in ein kleines Dorf über dem Zürichsee ‚geflohen', um sich ausschließlich seiner Kunst zu widmen. Die friedliche Atmosphäre wird jäh gestört, als ihn ein Stellungsbefehl aus der Heimat erreicht. Dieser Brief bildet den ersten Wendepunkt der Erzählung, vor dessen Hintergrund Zweig sein humanistisch-pazifistisches Menschenbild entfaltet (→ V.4 KRIEG, FRIEDEN, PAZIFISMUS; V.6 HUMANITÄT UND HUMANISMUS): Der Protagonist gerät in einen emotionalen und moralischen Konflikt zwischen der Aufforderung des Staates, seine ‚vaterländische Pflicht' zu tun, und seinen persönlichen pazifistischen Idealen, die durch diesen Befehl herausgefordert werden. Die Figur der Ehefrau Paula stellt die zweite Konstituente der dialogisch angelegten Erzählstruktur dar und fungiert als ‚Stimme des Gewissens':

> Ich weiß auch, was Vaterland bedeutet, aber ich weiß, was es heute ist: Mord und Sklaverei. Man kann seinem Volke gehören, aber wenn die Völker wahnsinnig geworden sind, muß man es nicht mit ihnen sein. [...] Nie habe ich es mir angemaßt, für dich zu bestimmen, aber jetzt ist es meine Pflicht, dich zu schützen; [...] jetzt bist du schon so eine verstörte zerbrochene Pflichtmaschine mit abgetötetem Willen wie die Millionen Opfer draußen. (Zweig GWE, Der Zwang, S. 179)

Sie appelliert an Ferdinand, den Stellungsbefehl, der in der neutralen Schweiz keine Gültigkeit habe, zu ignorieren. Wie in anderen Texten Zweigs finden sich auch in *Der Zwang* opponierende narrative Positionen, hier Autorität vs. Selbstbestimmung bzw.

4.10 *Der Zwang* (1920)

Krieg vs. Pazifismus. Die Figur des Ferdinand, zwischen diesen Polen pendelnd, gibt dem übermächtig werdenden inneren Druck, den der schriftliche Befehl verursacht, zunächst nach. An der Staatsgrenze aber hat der Maler eine ihn erschütternde Begegnung mit verwundeten französischen Soldaten. Der Anblick dieser Schwerverletzten markiert den Höhepunkt, das Skandalon der Novelle:

> Da kam es über den Zitternden wie ein Blitz. Das sollte er tun? Menschen so schänden, Brüdern nicht mehr ins Auge zu blicken als mit Haß, teilhaftig werden an dem großen Verbrechen durch freien Willen? Mächtig sprang die große Wahrheit des Gefühls in ihm auf und zerbrach die Maschine in seiner Brust, Freiheit stieg hoch, selig und groß, und zerriß den Gehorsam. [...] [D]ann nahm er den Zettel, las ihn noch einmal langsam und bewußt. Dann riß er ihn mitten durch und streute die Fetzen auf den Bahnsteig. (S. 195)

Hier besinnt sich der Protagonist Ferdinand seiner pazifistischen Ideale, verweigert den Kriegsdienst, indem er den Stellungsbefehl ignoriert, und kehrt in die Schweiz zurück. Zweigs Novelle stellt nicht nur ein Plädoyer für Menschlichkeit, Brüderlichkeit und Selbstbestimmung dar, sondern formuliert durch den zivilen Ungehorsam des Protagonisten auch eine implizite pazifistische Programmatik.

3. Rezeption und Forschung

Von *Der Zwang* wurden zwei limitierte Auflagen veröffentlicht sowie 470 Exemplare, wovon die Nummern 1 bis 60 auf handgefertigtem Papier gedruckt waren. Frans Masereel illustrierte den Druck mit zehn Holzschnitten (vgl. Klawiter online 2016, Der Zwang). Ebenfalls 1920 erschien die Novelle unter dem Titel *La Contrainte* in der französischen Zeitschrift *Clarté*, unregelmäßig in mehreren Nummern ab Heft 15 vom 17. April 1920. Der Abdruck wurde jedoch nach der Ausgabe vom 7. August 1920 vorzeitig eingestellt. Im Wiener Strom-Verlag wurde *Der Zwang* 1929 als Nummer zwei der preiswerten Buchreihe „Die Roman-Rundschau" herausgegeben.

Über die zeitgenössische Resonanz auf *Der Zwang* ist wenig bekannt. Der vielleicht erste Leser der Novelle, Romain Rolland, dem Stefan Zweig ein Exemplar sandte, war positiv angetan von dessen „Revolte gegen die Zeit und den Kriegsdienst" und schreibt ihm am 23. August 1920: „Mein lieber Freund, es hat mir große Freude bereitet, Ihre Novelle zu lesen. [...] Sie haben die Schwäche und Verwirrung jenes Unglücklichen, der sich nicht mehr gehört, sehr gut ausgedrückt, und die Art und Weise, wie er sich am Ende wieder fängt – das Eintreffen des Verwundetentransports ist eine bewegende Szene." (Rolland/Zweig 1987, S. 571)

In der wissenschaftlichen Rezeption wird überwiegend die pazifistische Botschaft der Novelle gewürdigt. Randolph J. Klawiter konstatiert eine maßgebliche Übereinstimmung zwischen Stefan und auch Friderike Zweigs Darstellung des Ersten Weltkriegs und der Novelle: „Between ‚Der Zwang' and Zweig's account of the First World War, or between the Novelle and Mrs. Zweig's portrayal of the same event, there is such total agreement that it is difficult to choose specific passages to illustrate any particular point." (Klawiter 1961, S. 210) Auch Donald A. Prater sieht in den beiden Protagonisten Stefan und Friderike Zweigs Abscheu gegen den Krieg und ihre „Erfahrungen als Gegner der Staatsmaschine" manifestiert (Prater 1984, S. 120). David Turner hingegen erachtet den Beitrag von Zweigs Novelle zum Ideal der menschlichen Brüderlichkeit viel kleiner, als üblicherweise angenommen wird: „[I]ts contribution to the cause of human brotherhood is much smaller than is usually suppoded, smaller in comparison with a work like Leonhard Frank's cycle of anti-war stories, *Der Mensch ist gut* (1917), [...] smaller too in comparison with the recommondation which Zweig himself made to his Russian publishers." (Turner 1988, S. 169)

Claudia Gabler etwa erkennt in den Protagonisten Zweigs zwei Figuren, „denen es gelungen ist, trotz des von außen kommenden Zugriffs auf ihre Freiheit, diese zu bewahren." (Gabler 1989, S. 113) Gabriella Rovagnati sieht Ferdinands Frau Paula als „eine Art Prophetin, die von dem Willen besessen ist, den anderen die Augen für Verlogenheit und Selbstbetrug zu öffnen" (Rovagnati 1998, S. 113). Nach Jean-Pierre Lefebvre suggeriert Zweig, dass die Gefechte in Deutschland stattfinden. Dieser Fehler gehe möglicherweise auf die geistige Verwirrung des Protagonisten Ferdinand zurück. Indem Zweig aus seinem Protagonisten einen Maler mache, behandle er auch die Frage der ästhetischen Distanz im Verhältnis zur zeitgenössischen politisch-historischen Realität (vgl. Lefebvre 2013, S. 1387f.). Françoise Wuilmart sieht in Ferdinand einen weiteren von Zweigs narrativen Amokläufern, die die Kontrolle über sich verlieren und unbewussten Kräften folgen, die imstande sind, sie zu zerstören. Ein *deus ex machina* führe das Schicksal des Malers jedoch auf wundersame Weise in einen glücklichen Ausgang zurück (vgl. Wuilmart 2013, S. 539).

Ren Guoqiang nimmt in seinem Aufsatz die „gesellschaftliche Wirklichkeit" der Novelle in den Blick und sieht die Wirkung des dominierenden „psychoanalytischen Beschreibungsmodus" verstärkt durch die Situierung der Handlung im Ersten Weltkrieg und der „dadurch verursachten Not, der Heimatlosigkeit und Inflation". Er konstatiert, dass nicht nur die Zwiespältigkeit des Malers im Zentrum der Novelle stehe, sondern auch zu berücksichtigen sei, dass „diese Spaltung von Leib und Seele [...] direkt vor dem Hintergrund des Ersten Weltkrieges erfolg[e]. Wenn Zweig zeigt, wie stark die Staatsgewalt das Individuum unterdrückt und einen Zwang auf den Einzelnen ausübt, kann die tatsächliche Verbindung mit der damaligen Gegenwart keineswegs unbeachtet bleiben." (Ren 2015, S. 79)

In der Forschung ist der Erzählung *Der Zwang*, von Thematisierungen in Arbeiten zu Zweigs Gesamtwerk (z. B. Rovagnati 1998; Lefebvre 2013) oder zu Aspekten seines Werkes (z. B. Gabler 1989; Ren 2015; Turner 1981; Wuilmart 2013) abgesehen, bisher insgesamt wenig Beachtung zugekommen.

Stefan Zweig

Rolland, Romain/Zweig, Stefan (1987): Briefwechsel 1910–1940. Bd. I: 1910–1923. Berlin: Rütten & Loening.
Zweig, Stefan (1984): Tagebücher. GWE. Hg. v. Knut Beck. Frankfurt a. M.: S. Fischer.
Zweig, Stefan (1998): Briefe. Bd. II: 1914–1919. Hg. v. Knut Beck, Jeffrey B. Berlin u. Natascha Weschenbach-Feggeler. Frankfurt a. M.: S. Fischer.
Zweig, Stefan (2000): Briefe. Bd. III: 1920–1931. Hg. v. Knut Beck u. Jeffrey B. Berlin. Frankfurt a. M.: S. Fischer.
Zweig, Stefan (2007^2): Der Zwang. In: Ders.: Buchmendel. Erzählungen. GWE. Hg. v. Knut Beck. Frankfurt a. M.: S. Fischer, S. 153–196.
Zweig, Stefan (2007^5): Die Welt von Gestern. Erinnerungen eines Europäers. GWE. Frankfurt a. M.: S. Fischer.

Weitere Literatur

Beck, Knut (2007): Nachbemerkung des Herausgebers. In: Zweig, Stefan: Buchmendel. Erzählungen. GWE. Hg. v. Knut Beck. Frankfurt a.M.: S. Fischer, S. 317–328.
Gabler, Claudia (1989): Das Ideal der persönlichen Freiheit in Stefan Zweigs Novellen. Diplomarb. Univ. Graz.
Klawiter, Randolph J. (1961): Stefan Zweig's Novellen – An Analysis. Diss. Univ. of Michigan.
Klawiter, Randolph J. (2016): Stefan Zweig Bibliography, http://zweig.fredonia.edu/index.php?title=Der_Zwang._Eine_Novelle (Stand: 1. 12. 2016).
Lefebvre, Jean-Pierre (2013): Notices et notes. In: Zweig, Stefan: Romans, nouvelles et récits. Bd. I. Hg. v. Jean-Pierre Lefebvre. Paris: Gallimard, S. 1345–1442.
Prater, Donald A. (1984): Stefan Zweig. Das Leben eines Ungeduldigen. Frankfurt a.M.: S. Fischer.
Ren, Guoqiang (2015): „Die Zeit gibt die Bilder, ich spreche nur die Worte dazu". Über den Bezug zur gesellschaftlichen Realität in Stefan Zweigs Novellen. In: Zhang, Yi/Gelber, Mark H. (Hg.): Aktualität und Beliebtheit. Neue Forschung und Rezeption von Stefan Zweig im internationalen Blickwinkel. Würzburg: Königshausen & Neumann, S. 75–83.
Rovagnati, Gabriella (1998): „Umwege auf dem Wege zu mir selbst". Zu Leben und Werk Stefan Zweigs. Bonn: Bouvier.
Turner, David (1981): The Function of the Narrative Frame in the Novellen of Stefan Zweig. In: The Modern Language Review 76/1/1981, S. 117–128.
Turner, David (1988): Moral Values and the Human Zoo. The „Novellen" of Stefan Zweig. Hull: Hull Univ. Press.
Wuilmart, Françoise (2013): *La contrainte*. Présentation. In: Zweig, Stefan: La confusion des sentiments et autres récits. Hg. v. Pierre Deshusses. Paris: Laffont 2013, S. 537–540.
Zweig, Friderike Maria (1948): Stefan Zweig. Wie ich ihn erlebte. Berlin-Grunewald: Herbig.

4.11 *Die Hochzeit von Lyon* (1927)

Lina Maria Zangerl

1. Entstehung und Veröffentlichungsgeschichte	279
2. Inhalt	280
3. Stoff und Motive	281
4. Rezeption und Forschung	281

1. Entstehung und Veröffentlichungsgeschichte

Die Erzählung *Die Hochzeit von Lyon* entstand vermutlich im Jahr 1927 und ist eng mit Stefan Zweigs Arbeit an der Biografie *Joseph Fouché. Bildnis eines politischen Menschen* verbunden, die er 1926 aufnahm (vgl. Rolland/Zweig 1987, S. 170f.). Der Text, der von der unverhofften Hochzeit zweier Verurteilter im Gefängnis am Vorabend ihrer Hinrichtung 1793 in Lyon erzählt, dürfte im Zuge von Zweigs intensiver Auseinandersetzung mit den Ereignissen und historischen Persönlichkeiten der Französischen Revolution entstanden sein (vgl. Fitzbauer 1980, S. 26).

In Zweigs Korrespondenz findet sich nur eine Erwähnung von *Die Hochzeit von Lyon*. In einem Brief vom 12. April 1928 bietet er die „kleine Novelle" dem Redakteur der *Österreichischen Volkszeitung* und Präsidenten der *Wiener Bibliophilen-Gesellschaft* Hans Feigl an (vgl. Fitzbauer 1980, S. 25). Zur Entstehung der Erzählung gibt es keine konkreten Hinweise. Zweigs Briefe an Romain Rolland aber dokumentieren die Arbeit an *Joseph Fouché* und legen nahe, dass diese auch vor dem Hintergrund der Revolutionsereignisse 1917 in Russland zu sehen ist. Knut Beck geht zudem davon aus, dass der Text in Reaktion auf Ernst Sanders 1927 erschienene Übersetzung von Paul Verlaines Gefängnistexten *Mes prisons* entstanden sein könnte (vgl. Beck 2007, S. 322).

Erstmals veröffentlicht wurde die Erzählung im August 1927 in der Berliner Zeitschrift *Uhu. Das neue Monatsmagazin*, illustriert mit Rötelzeichnungen des deutschen Autors und Grafikers Ottomar Starke. Im selben Jahr erschien *Die Hochzeit von Lyon* am 12. und 16. Oktober im Zagreber *Morgenblatt* sowie am 13. und 14. September 1929 in den *Münchner Neuesten Nachrichten* (vgl. Lefebvre 2013, S. 1411). In einer Sammlung von Zeitungsausschnitten aus dem Nachlass Stefan Zweigs sind zwei weitere Publikationen des Textes überliefert: In der Wiener Zeitschrift *Moderne Welt* im Oktober 1928 und im *Pester Lloyd* vom 8. Dezember 1928. Weder von Stefan Zweig selbst noch von Richard Friedenthal wurde die Erzählung in eine Buchpublikation aufgenommen (vgl. Beck 2007, S. 322). Erst im Jahr 1980 brachte der S. Fischer Verlag sie als Titelgeschichte eines Erzählbandes im Taschenbuch heraus, und im selben Jahr wurde sie als limitierte Auflage von 400 Stück in der Wiener Edition Graphischer Zirkel als Buch mit handsignierten Lithografien von Hans Fronius veröffentlicht. Im Rahmen der *Gesammelten Werke in Einzelbänden* (GWE) nahm Knut Beck Die Hochzeit von Lyon 1990 in den Band *Buchmendel* auf.

2. Inhalt

Die Ereignisse in Lyon Ende des Jahres 1793 bilden den historischen Rahmen für die Erzählung: Aufgrund des Widerstands gegen den Nationalkonvent soll Lyon per Dekret zu einer Stadt ohne Namen gemacht, wichtige Bauwerke sollen vernichtet und hunderte Bürger hingerichtet werden. Als der Beauftragte Couthon den Befehl zu zögerlich ausführt, werden Collot d'Herbois und Fouché in die Stadt beordert und nehmen fürchterliche Rache an den Aufständischen. In diesen historischen Kontext fällt die Geschichte eines Liebespaares, das in den Revolutionswirren getrennt worden war und sich nun im Gefängnis im ehemaligen Stadthaus wiederfindet. Robert, der gegen die Republik gekämpft hatte, war von seiner Verlobten bereits totgeglaubt, als sie ihn am Vorabend ihrer Exekution in einer Gruppe neu angekommener Sträflinge entdeckt. Im Freudentaumel über das Wiedersehen erzählt die Braut den Mitgefangenen, wie sie bei Fouché die Freilassung Roberts gefordert hatte und nach einem Wutausbruch verhaftet worden war. Die unverhoffte Vereinigung der Geliebten lässt den nahen Tod erträglich erscheinen, und das Mädchen bedauert nur, nicht als verheiratete Frau mit ihrem Mann sterben zu können. Doch unter den von der Geschichte ergriffenen Mithäftlingen findet sich ein Priester, der an einem provisorischen Altar das Paar traut. Für die Hochzeitsnacht wird dem Paar ein kleiner abgeschlossener Raum des Kellers zurechtgemacht. Am nächsten Morgen führt das Brautpaar die Gruppe der Verurteilten am Weg zur Exekution an, und das Ereignis der letzten Nacht lässt alle auf ein letztes Wunder hoffen. Doch das Happy End bleibt aus: Im Sumpf von Brotteaux werden alle Gefangenen erschossen und ihre Leichen in die nahe Rhône geworfen.

3. Stoff und Motive

Die Hochzeit von Lyon berichtet eine fiktive Episode im Umfeld der gewaltsamen Niederschlagung des Aufstands in Lyon, von der Zweig auch im zweiten Kapitel „Der ‚Mitrailleur de Lyon'" der 1929 veröffentlichten Biografie *Joseph Fouché* erzählt. Anders als dort stimmen in der Novelle die den Text einleitenden Angaben mit den historischen Ereignissen nicht überein: Der Antrag Bertrand Barères zur Vernichtung und Umbenennung Lyons, den Zweig im ersten Satz erwähnt (vgl. Zweig GWE, Die Hochzeit von Lyon, S. 111), wurde nicht am 12. November, sondern am 12. Oktober 1793 im Nationalkonvent eingereicht. In den Oktober 1793 fällt auch die Hinrichtung Marie Antoinettes, der Zweig mit seiner Biografie *Marie Antoinette. Bildnis eines mittleren Charakters* 1932 eines seiner erfolgreichsten Werke widmete. Aus Zweigs Beschäftigung mit der Französischen Revolution gingen außerdem die 1929 veröffentlichte Tragikomödie *Das Lamm des Armen*, das unvollendete Drama um den aus Mainz stammenden Revolutionär Adam Lux (erstmals 1984) und die beiden Erzählungen *Die Weltminute von Waterloo* und *Das Genie einer Nacht* aus den *Sternstunden der Menschheit* (1927) hervor. Die Konstante in Zweigs Werk, den Blick auf den Typus des Unterlegenen zu richten, lässt sich auch in *Die Hochzeit von Lyon* feststellen (→ V.3 DAS MOTIV DES BESIEGTEN).

Dass die Novelle mit dem Tod der Hauptfiguren enden wird, kündigt sich schon zu Beginn an. Die geplante „Vernichtung" (Zweig GWE, Die Hochzeit von Lyon, S. 111) von Stadt und Bürgern ist im Text omnipräsent, zunächst durch den historischen Rahmen, später auch in der Bedrohung der Gefangenen, deren „Leben eher zu Ende sein würde als die im kalten Raume blauschauernde Kerze." (S. 113) Als wiederkehrendes Bild steht die Flamme im Text wechselseitig für die Vergänglichkeit wie auch für das Leben und die Liebe, wenn etwa bei der Wiederbegegnung „wie zwei Flammen eines Feuers diese beiden jungen Gestalten Körper an Körper [loderten]" (S. 114). Die unverhoffte Wiedervereinigung des Paares verwandelt die bevorstehende Hinrichtung in das „Glück [...] gemeinsam [...] vor Gott hintreten" zu können (S. 117). Die namenlos bleibende junge Braut wird als Märtyrerin für die Liebe dargestellt: Schon der vermeintliche Tod des Bräutigams macht sie „gleichgültig gegen ihr nun sinnloses Leben" (S. 116), der bevorstehende gemeinsame Tod „restlos glücklich" (S. 117). Nach der „von den Lippen des Todes gelösten und darum denkwürdigen Liebesnacht" (S. 122) führt das Paar den „Todesgang der Verurteilten" mit „Heiterkeit und fast selige[r] Sicherheit" (S. 121) an. Nach der ‚unerhörten Begebenheit' geschieht das ernüchternde ‚Tagtägliche' (S. 122): Der grausame Tod der Gefangenen reiht die Geschichte der Liebenden wieder ein in die große Geschichte des Terreur in Frankreich.

4. Rezeption und Forschung

Von der Forschung wurde *Die Hochzeit von Lyon* bisher kaum beachtet. In den großen Untersuchungen zu Zweigs Novellen fehlt sie, was möglicherweise mit ihrem eher untypischen Setting zu tun hat. Wie Gabriella Rovagnati feststellt, ist *Die Hochzeit von Lyon* eine der wenigen Ausnahmen in Stefan Zweigs Novellenschaffen, die er „in einem anderen Rahmen ansiedelt als dem der großbürgerlichen Wiener Realität des Fin de siècle" (Rovagnati 1998, S. 52).

2013 erschienen zwei französische Übersetzungen der Erzählung, die jeweils mit umfangreichen Erläuterungen versehen sind. Irène Kuhn sieht die Revolution in Russland als Anlass für Zweigs Beschäftigung mit der französischen Geschichte und betont in diesem Zusammenhang den großen Einfluss Romain Rollands. Die Novelle leistet laut Kuhn einen Beitrag zur Erinnerungsarbeit, die den Blick auf die Grausamkeit der siegreichen Akteure der Geschichte öffnet und die Zweig später in seinen Biografien *Joseph Fouché* und *Marie Antoinette* fortsetzen sollte (vgl. Kuhn 2013, S. 1035). Jean-Pierre Lefebvre hingegen betont den erotischen Kern der Geschichte: Die Novelle sei nur vermeintlich eine fromme Legende, denn erst die Liebesnacht gebe der zuvor erfolgten Vermählung ihre Substanz (vgl. Lefebvre 2013, S. 1410). Auch für Michel Reffet bleibt die christliche Dimension des Textes auf die katholische Trauung des Paares beschränkt und „zieht keine religiöse Stellungnahme des Autors nach sich" (Reffet 2007, S. 104). Erich Fitzbauer sieht in seinem Nachwort zur Ausgabe von 1980 die Qualität der Novelle in der „maßvoll-gedämpfte[n] Darstellung aus dem Bereich des Eros" (Fitzbauer 1980, S. 27), betont aber vor allem die Relevanz des Entstehungskontextes. Zweig hat für seine historisch-biografischen Arbeiten intensive Studien betrieben, wie in Bezug auf *Joseph Fouché* und *Marie Antoinette* beispielsweise Karl Müller (2007) und Annie Duprat (2011) gezeigt haben. Dennoch fehlt bisher eine umfangreiche Untersuchung zu jenem Werkkomplex Zweigs, der die Französische Revolution zum Thema hat. Auch über die Quellen, die er in diesem Zusammenhang nutzte, wissen wir wenig. Aufschlussreich könnten in diesem Zusammenhang 17 im Nachlass am Literaturarchiv Salzburg erhaltene Lesezeichen mit Lektürenotizen zu einem bisher nicht identifizierten umfangreichen Quellenwerk zur französischen Geschichte sein. Über die Rezeption von *Die Hochzeit von Lyon* durch andere Autoren oder Künstler ist kaum etwas bekannt. Handschriftliche Aufzeichnungen des Komponisten Alfred Schnittke, die 2016 vom Auktionshaus Sotheby's versteigert wurden, belegen dessen Arbeit an einer Oper, basierend auf Zweigs Novelle.

Stefan Zweig

Rolland, Romain/Zweig, Stefan (1987): Briefwechsel 1910–1940. Bd. II: 1924–1940. Berlin: Rütten & Loening.
Zweig, Stefan (2007[2]): Die Hochzeit von Lyon. In: Ders.: Buchmendel. Erzählungen. GWE. Hg. v. Knut Beck. Frankfurt a.M.: S. Fischer, S. 111–122.

Weitere Literatur

Beck, Knut (2007[2]): Nachbemerkung des Herausgebers. In: Zweig, Stefan: Buchmendel. Erzählungen. GWE. Hg. v. Knut Beck. Frankfurt a.M.: S. Fischer, S. 317–328.
Duprat, Annie (2011): Stefan Zweig et l'Histoire: retour sur l'affaire Marie-Antoinette, de la narration à l'enquête. In: Renoldner, Klemens/Battiston, Régine (Hg.): „Ich liebte Frankreich wie eine zweite Heimat." Neue Studien zu Stefan Zweig/„J'aimais la France comme ma seconde patrie." Actualité(s) de Stefan Zweig. Würzburg: Königshausen & Neumann, S. 171–184.
Fitzbauer, Erich (1980): Nachwort. In: Zweig, Stefan: Die Hochzeit von Lyon. Novelle. Mit 4 Lithogr. von Hans Fronius. [Als Erstveröff. in Buchform anlässl. d. 100. Wiederkehr d. Geburtstages von Stefan Zweig hg. u. mit e. Nachw. vers. von Erich Fitzbauer.] Wien: Edition Graphischer Zirkel, S. 25–29.

Kuhn, Irène (2013): *Le mariage à Lyon*. Présentation. In: Zweig, Stefan: La confusion des sentiments et autres récits. Hg. v. Pierre Deshusses. Paris: Laffont, S. 1033–1035.
Lefebvre, Jean-Pierre (2013): *Les noces de Lyon*. Notices et notes. In: Zweig, Stefan: Romans, nouvelles et récits. Bd. I. Hg. v. Jean-Pierre Lefebvre. Paris: Gallimard, S. 1410–1412.
Müller, Karl (2007): *Joseph Fouché*. Geschichte, Individuum und Dichtung bei Stefan Zweig. In: Gelber, Mark H. (Hg.): Stefan Zweig Reconsidered. New Perspectives on his Literary and Biographical Writings. Tübingen: Niemeyer, S. 21–40.
Reffet, Michel (2007): Stefan Zweig und das Christentum. In: Gelber, Mark H. (Hg.): Stefan Zweig Reconsidered. New Perspectives on his Literary and Biographical Writings. Tübingen: Niemeyer, S. 91–106.
Rovagnati, Gabriella (1998): „Umwege auf dem Wege zu mir selbst". Zu Leben und Werk Stefan Zweigs. Bonn: Bouvier.

4.12 *Unvermutete Bekanntschaft mit einem Handwerk* (1934)

Barbara Neymeyr

1. Entstehung 283
2. Handlungsverlauf und Erzählperspektive 283
3. Sprachliche Gestaltung 286
4. Intertextuelle Bezüge zu Grillparzers Novelle *Der arme Spielmann* 287
5. Rezeption und Forschung 288

1. Entstehung

Die näheren Umstände der Entstehung von Stefan Zweigs Novelle *Unvermutete Bekanntschaft mit einem Handwerk* sind nicht dokumentiert. Zweig hielt sich bekanntlich oft in Paris auf; das geht auch aus seinen feuilletonistischen Paris-Impressionen hervor (vgl. Zweig GWE, Die Welt von Gestern, S. 151 ff.); eine konkrete Zuordnung zu einem besonderen Ereignis ist jedoch nicht festzustellen. Die Novelle entstand vermutlich 1931 und wurde drei Monate nach seiner Emigration nach London als vierteilige Fortsetzungsgeschichte erstmals in der *Neuen Freien Presse* (Wien, 20. Mai bis 17. Juni 1934) publiziert (vgl. Klawiter 1991, S. 108; Zweig, Br IV, S. 46, 84, 406); drei Jahre später erschien sie 1937 auch in der Sammlung *Kaleidoskop* und später noch andernorts. Diesem Artikel liegt die Textversion im GWE-Band *Brennendes Geheimnis* zugrunde.

2. Handlungsverlauf und Erzählperspektive

Die fiktive Handlung spielt an einem „merkwürdigen Aprilmorgen 1931" in Paris (Zweig GWE, Unvermutete Bekanntschaft mit einem Handwerk, S. 320). Als passionierter Beobachter wendet sich der Ich-Erzähler mit seismografisch sensibilisierten Sinnen der Metropole zu, weil er sie als ideale Kulisse für exzeptionelle Erfahrungen betrachtet. Seine Selbstcharakterisierung als „spiellüstern" und „rauschgierig" (S. 324) verrät eine Sucht nach dem Faszinosum des Außerordentlichen und signalisiert insofern auch ein inneres Vakuum: Gerade weil ihm an „solchen Neugiertagen" sein eigenes Leben nicht ausreicht, tendiert er zu einer Ich-Entgrenzung, durch die er „gleichsam doppelt und sogar vielfach ich selbst" zu sein glaubt (S. 323). Diese mentale Disposition erleichtert ihm eine imaginative Verschmelzung von Identität und Alterität, von Eigenem und Fremdem. Wenn er sich später sogar als „Doppelgänger" des Protagonisten empfindet (S. 345), treten Affinitäten zur Identitätsproblematik in der Wiener Moderne sowie zum Syndrom der Ich-Dissoziation und der multiplen Persönlichkeit hervor (vgl. dazu Neymeyr 2004b, S. 14–21, 26–28).

Im Fokus der homodiegetisch erzählten Novelle stehen die Wahrnehmungen und Empfindungen des Erzählers, der zunächst durch die Metropole flaniert und den Boulevard dann von einem Straßencafé aus beobachtet, bis ihn das ungewöhnliche Verhalten eines Passanten fesselt, der ihm wiederholt in den Blick gerät. Neugierig geworden, folgt der Voyeur dem ärmlich gekleideten alten Mann anschließend durch die Stadt. Charakteristisch für die Novelle ist eine Synthese von Beobachtung und Reflexion im Spannungsfeld von Illusion und Desillusionierung. Dabei zeigt der Ich-Erzähler detektivischen Spürsinn, indem er Indizien zusammenträgt und interpretiert: Erschien ihm der oft mit anderen Passanten kollidierende Fremde zunächst bloß als besonders „kurzsichtig" oder „ungeschickt" (S. 325), so schreibt er ihm später die clevere Strategie eines Detektivs zu, der sich durch Anpassung an den Habitus von Dieben eine perfekte Mimikry verschaffe (vgl. S. 326–329), bis er in ihm schließlich desillusioniert und zugleich fasziniert einen Taschendieb auf Beutetour erkennt (vgl. S. 330). Der Fokussierung des Diebs auf mögliche Opfer entspricht die voyeuristische Begierde, mit der sich der Erzähler auf den Fremden fixiert. Je mehr er sich mit Absichten und Strategien des Taschendiebs identifiziert, desto mehr beginnt er auch Chancen und Risiken empathisch aus dessen Perspektive zu kalkulieren. Dabei reicht seine innere Affinität bis zu mentaler Komplizenschaft. So bezeichnet er den Dieb als „Kamerad" (S. 355) und „Freund" (S. 331, 336, 353, 355) und sich selbst als dessen „Komplicen" (S. 336, 355, 362, 363), „Doppelgänger" und „Mitgänger" (S. 345).

Eine ‚unerhörte Begebenheit' gemäß Goethes bekannter Novellendefinition lässt schon das Partizip ‚unvermutet' im Werktitel erwarten. Mehrfach werden ‚unerhörte' Verhaltensweisen explizit zum Thema (vgl. S. 338, 354, 362). Der auf das Exzeptionelle konzentrierten Eingangsreflexion des Erzählers folgt seine außergewöhnliche Empathie für den Taschendieb und die ‚unerhörte' Erfahrung einer mentalen Komplizenschaft, durch die auch moralische Normen ihre selbstverständliche Gültigkeit verlieren (vgl. S. 342, 347). Die Sensationslüsternheit des Erzählers, der von Anfang an Alternativen zur Banalität des Alltäglichen sucht, mündet in philanthropische Impulse, sobald ihn seine Beobachtungen für die prekäre Existenz des Diebs sensibilisiert haben. Von der kreatürlichen Bedürftigkeit des Unbekannten gerührt (vgl. S. 347f.), fühlt er sich aus Scham und Mitleid sogar zu sozialem Engagement bereit. Am Ende kulminiert die Novelle in einem ‚unerhörten' Ereignis, als der Erzähler plötzlich aus der Beobachterposition in eine Täter-Opfer-Konstellation gerät, weil ihn der Protagonist zu bestehlen versucht. In dieser von Ambivalenzen bestimmten Situation macht dann allerdings ein eruptiver Abwehrreflex des Erzählers seinen Impuls zur Einwilligung in die Opferrolle zunichte. Im Laufe der „Lehrstunde", die durch die abrupte Flucht des Taschendiebs ebenso „unvermutet" endet (S. 363), wie sie begann, wird die vordergründige Spannung auf der Handlungsebene psychologisch intensiviert und mit einem Gefühl humaner Solidarität verbunden.

Der voyeuristische Beobachter teilt mit dem auf Beute lauernden Dieb einen spezifischen Jagdinstinkt, der zugleich dem professionellen Interesse eines Autors am

4.12 Unvermutete Bekanntschaft mit einem Handwerk (1934)

Materialfundus für literarische Produktion zu entsprechen scheint. Und wenn er den „Taschendieb in seinem charakteristischsten Augenblick erspähen" möchte (S. 332), intendiert er maximale Prägnanz wie ein bildender Künstler gemäß Lessings *Laokoon*-Essay. Überzeugt davon, dass im „konzentriertesten Augenblick" die „Wirklichkeit jede Kunstform" übertrifft (S. 333) und „immer die amüsanteste Arabeske findet, weil sie mutiger ist als der erfindende Schriftsteller" (S. 343), beobachtet der Erzähler die Aktivitäten des Fremden gebannter als „je im Theater oder bei einem Film" (S. 333). Hinsichtlich der „Kunst des Straßendiebstahls" (S. 331) rekurriert er auf den ästhetischen Antagonismus von Genialität und Dilettantismus: So erwartet er vom Dieb, der Gelegenheiten „genial geschwind" (S. 355) zu nutzen versteht, eine „Kunstprobe" (S. 360), ja einen „Meisterstreich" (S. 353), sieht in ihm die Urteilskompetenz eines Psychologen und Physiologen mit der Professionalität eines Chirurgen vereint (vgl. S. 334) und fühlt sich selbst auf diesem Terrain als bloßer „Amateur" (S. 337) und „Eintagsdilettant" (S. 355). Eine Analogie zwischen Dichter und Dieb sieht der Erzähler darin, dass beide im Bewerten von „Einfällen" und „Chancen" dem Amateur und Dilettanten überlegen sind, weil sie geduldig „die entscheidende Möglichkeit" abzuwarten vermögen (S. 337).

Das Motiv der Metamorphose kommt ins Spiel, wenn der Erzähler den Fremden irrtümlich als verkleideten Detektiv, mithin als „Verwandlungskünstler" ansieht (S. 328). Die eigentliche Metamorphose vollzieht allerdings der Erzähler selbst: zuerst wenn er mit einem suggestiven Bild der Ich-Entgrenzung „wie der Schmetterling aus seiner Puppe" glaubt herausfahren zu müssen (S. 323), dann in seiner mentalen Assimilation an den Taschendieb, die sich bis zu imaginativer Komplizenschaft steigert. Darüber hinaus kann er auch als poetischer „Verwandlungskünstler" fungieren, sofern er Wirklichkeitselemente mit kreativem ‚Möglichkeitssinn' literarisch transformiert. In der Aussage, „Phantasie und Spiellust" seien „berauschender" für ihn „als jedes schon gestaltete Theaterstück" oder Buch-„Abenteuer" (S. 323), scheint die Spiellust mit dem kreativen Impuls eines Autors amalgamiert zu sein, so dass hier eine poetologische Dimension eröffnet wird. Im Text verdankt sich die suggestiv gestaltete Perspektive des Voyeurs auf den Voleur zudem einer kalkulierten Spannungsdramaturgie, die sich im Handlungsverlauf immer mehr auf die psychologische Dimension konzentriert.

Der Mentalität eines Schriftstellers entsprechen auch die Sprachexperimente des Erzählers, der Neologismen und Wortspiele einsetzt, wenn er sich als „spiellüstern" und als „so tauschgierig, so rauschgierig" beschreibt (S. 324). (Derlei stilistische Mittel, insbesondere ausgefallene Adjektivkomposita, findet man im Werk Stefan Zweigs häufig.) Indem der Erzähler auf Literatur und Mythologie anspielt (vgl. S. 321) und Gogol, Dickens, Balzac und Valéry sowie van Dyck und Beethoven erwähnt (vgl. S. 325, 333, 344, 350), gibt er sich als Bildungsbürger zu erkennen und zeigt zugleich Affinitäten zum *poeta doctus* Stefan Zweig, der sich selbst eingehend mit den Werken von Balzac und Dickens beschäftigte. Konkrete literarische Reminiszenzen treten hervor, wenn der Erzähler Dickens' Roman *Oliver Twist* assoziiert, in dem ein „Diebmeister" einen Jungen anlernt (S. 333). In seiner eigenen „Lehrstunde" (S. 363) erhält der Begriff eine doppelte Bedeutung: Zum einen will der Erzähler durch authentische Beobachtung eines Meisterdiebs das „Grobtechnische" (S. 333) von Dickens' Darstellung des Diebstahls um feinmotorische Aspekte ergänzen und durch psychologische Finesse überbieten. Zum anderen vermittelt ihm die „Lehrstunde" soziale Sensibilisierung und damit zugleich Impulse zu kritischer Selbstreflexion.

3. Sprachliche Gestaltung

Der Spannungsdramaturgie entspricht in der Novelle mitunter eine Tendenz zu extravaganten Neologismen und einer melodramatischen Sprache (vgl. z.B. S. 362), die der Exzentrik des Erzählers Ausdruck verleiht. Zahlreiche Metaphern und Vergleiche lösen durch semantische Entgrenzung die Konturen der Wirklichkeit auf. Bizarre Bilder wie das „Maschinengewehrfeuer" eines Gewitters (S. 320) erinnern an expressionistische Kriegs- und Großstadtlyrik. Metaphern aus dem Bereich der modernen Technik werden um mythologische Assoziationen ergänzt, wenn die Metropole Paris der „Aphrodite Anadyomene" zu gleichen scheint (S. 321). Auch die Wassermetaphorik führt zu semantischer Entgrenzung: So sieht der Erzähler „Wildbäche von Menschen in das breite Strombett des Boulevards schwemmen" (S. 338) und spricht despektierlich vom „Spülicht schmutzigen Menschenwassers" (S. 324). Diese Metaphorik löst Individualität in einer depravierenden Vermassung auf und schafft dadurch eine Kontrastfolie für das Ausnahmeerlebnis mit dem Taschendieb.

Ähnlich wie in Zweigs Erzählung *Vierundzwanzig Stunden aus dem Leben einer Frau* (1925; vgl. Neymeyr 2012, S. 146–156, bes. S. 151ff.) enthält auch die Novelle *Unvermutete Bekanntschaft mit einem Handwerk* zahlreiche Tiervergleiche und Tiermetaphern. Sie lösen die individuelle Identität auf und bringen die Realität ins Gleiten (Turner 1988, S. 258, spricht von „Zweig's human zoo"). In der Episode „Affenschauspiel" (Zweig GWE, Unvermutete Bekanntschaft mit einem Handwerk, S. 340) wird die Grenze zwischen Mensch und Tier sogar von beiden Seiten aus permeabel (vgl. S. 330, 331, 340). Der Erzähler bezieht ein weites Spektrum des Animalischen auf den Taschendieb, der ein „Spitzmausgesicht" hat (S. 325), ein „kanariengelbe[s] Mäntelchen" trägt (S. 325, 328, 339, 356, 363) und „wie ein Wiesel" (S. 342), „Häschen" (S. 325), „Windhund", „Aal" (S. 339), „Rennpferd" (S. 347) und „Goldfisch" (S. 339) erscheint. In übertragener Bedeutung wird der Taschendieb, dessen Hand beim ‚Krebsen' oder ‚Mardern' (vgl. S. 330, 331) an die Bewegung von Schlange, Wind, Vogel und Katze erinnert (vgl. S. 359, 361), als „Vogelscheuche" (S. 329), „Pechvogel" (S. 345) und „Unglücksvogel" (S. 359, 363) bezeichnet. Und wenn der exzentrische Erzähler aus seiner „Haut herausschlüpfen" will „wie der Schmetterling aus seiner Puppe", um „vielfach ich selbst" zu sein (S. 323), dann stellt er im Bild dieser Metamorphose eine Affinität zur pathologischen Symptomatik einer multiplen Persönlichkeit her. Zudem wird der Bereich der Zoologie in der Novelle mit der Sphäre von Jagd und Kampf vermittelt. So erscheinen der voyeuristische Erzähler und der Taschendieb auch als Jäger in ihrem je spezifischen „Revier" (S. 326, 352). Durch Kriegsmetaphorik wird der wortlose Zweikampf mit dem Dieb am Ende als „Schlacht" inszeniert (S. 362; zu latenten sexuellen Konnotationen vgl. Turner 1988, S. 120f.). Bei diesem stummen Ringen gerät der Erzähler durch eine Melange von Abwehrinstinkt und Empathie für den verängstigten Täter, den er am Diebstahl hindert, allerdings in eine innere Ambivalenz. Dass die Affinität des Erzählers zu seinem Alter Ego selbst im Antagonismus noch weiterwirkt, zeigt auch das symptomatische „Wir" in der Schlusspassage (S. 362).

4. Intertextuelle Bezüge zu Grillparzers Novelle *Der arme Spielmann*

In mehrfacher Hinsicht erscheint Zweigs *Unvermutete Bekanntschaft mit einem Handwerk* als Reverenz an Franz Grillparzers Novelle *Der arme Spielmann* (1847), wenngleich hier als Titelfigur kein Taschendieb fungiert, sondern ein Betrugsopfer. Markante Analogien bestimmen sowohl die Mentalität der privilegierten Erzählerfiguren und deren Perspektive auf das Volk im Ambiente der Großstadt als auch die soziale Differenz zum jeweiligen Protagonisten: Während die beiden Ich-Erzähler als weltläufige Bildungsbürger sorglos-leger durch die Metropolen Wien und Paris flanieren, befinden sich die von ihnen beobachteten alten Männer in einer prekären Lebenssituation und müssen sich daher als Straßenmusiker oder Taschendieb durchschlagen. Durch ihr unerwartetes Verhalten evozieren sie die geradezu obsessive Neugier der Erzählerfiguren (vgl. Grillparzer 1964, S. 150f., 186; Zweig GWE, Unvermutete Bekanntschaft mit einem Handwerk, S. 323–327, 335, 344, 347, 349): Während Zweigs Taschendieb durch seine Bewegungszyklen und scheinbaren Ungeschicklichkeiten auffällt, überrascht Grillparzers armer Spielmann durch fehlenden Pragmatismus und altphilologische Kenntnisse.

Beide Erzählerfiguren wirken wie professionelle Beobachter, deren Voyeurismus letztlich auf literarische Gestaltung zielt. Eine autobiografische Parallele zum Voyeurismus des Ich-Erzählers enthalten übrigens Stefan Zweigs *Erinnerungen an Emile Verhaeren*: durch eine Situation, in der Zweig den Lyriker Verhaeren beim Flanieren durch Paris mit „neugierige[r] Spannung" heimlich beobachtete und verfolgte (vgl. Beck 1984, S. 374). Auf künstlerische Ambitionen der Erzähler lässt in beiden Werken die Mentalität eines literarisch und mythologisch kundigen *poeta doctus* schließen, dessen poetischer Sprachduktus auch eine extravagante Diktion mit Neologismen zur Folge hat. So ähnelt dem „anthropologischen Heißhunger" von Grillparzers Erzählerfigur die Disposition von Zweigs Erzähler, der „spiellüstern" und „rauschgierig" auf ein außerordentliches Ereignis wartet (Grillparzer 1964, S. 150; Zweig GWE, Unvermutete Bekanntschaft mit einem Handwerk, S. 324) und sogar explizit über das Verhältnis zwischen Kunst und Realität reflektiert (vgl. S. 333, 343).

Wie Grillparzers Erzähler (vgl. Grillparzer 1964, S. 148) zeigt sich auch Zweigs Erzählerfigur durch die „ganz unwahrscheinliche Fülle von Physiognomien" als Fundus für eine facettenreiche „Menschenkunde" fasziniert (Zweig GWE, Unvermutete Bekanntschaft mit einem Handwerk, S. 351f.). Intertextuelle Parallelen weist zudem die Wassermetaphorik auf: Bei Zweig fungieren „Welle" (S. 359), „Flut", „Wildbäche" und „Strombett" (S. 338) als Bilder für Menschenmengen, bei Grillparzer Vorstellungen von „Strom", „Woge", „See" und „Überschwemmung" (Grillparzer 1964, S. 146). Darüber hinaus wird die antike Mythologie in beiden Novellen zum Medium idealistischer Stilisierung: So bezeichnet Zweigs kulturell gebildeter Erzähler eine „Frau aus dem Volk" als „wahre Gäatochter" (Zweig GWE, Unvermutete Bekanntschaft mit einem Handwerk, S. 340f.), gebraucht die Interjektion „beim Zeus" (S. 328) und überhöht die Metropole Paris durch den Vergleich mit „Aphrodite Anadyomene" ins Numinose (S. 321). Bereits Grillparzers Erzähler imaginiert in einer „jungen Magd" mythologische Typen: „die Julien, die Didos und die Medeen" (Grillparzer 1964, S. 148). Während der arme Spielmann seine Lebensgeschichte in einem langen Monolog mitteilt, bleibt die Reflexion über biografische Hintergründe des Diebs in Zweigs Novelle bloße Spekulation der Erzählerfigur (vgl. Zweig GWE,

Unvermutete Bekanntschaft mit einem Handwerk, S. 348). Grillparzers Erzähler tritt sogar direkt in Kontakt mit dem dilettantischen Straßenmusiker, der als skurriler Sonderling in mehrfacher Hinsicht als typischer Repräsentant der zeitgenössischen Epigonenproblematik erscheint (Neymeyr 2004a, S. 190f.). Zweigs Novelle hingegen enthält nur in der Schlusspassage eine kurze, aber intensive nonverbale Interaktion, als der Taschendieb den Erzähler zu bestehlen versucht. Gemeinsam ist den beiden Protagonisten eine katalysatorische Funktion für die Erzählerfiguren: Denn ihnen vermittelt das Ausnahmeerlebnis bei der Beobachtung prekärer Existenzen neue Denkimpulse, die philanthropische Alternativen zu einem egozentrischen Voyeurismus eröffnen. Insofern kann authentische Empathie für den Anderen ein humanes Ethos fördern.

5. Rezeption und Forschung

Die *International Bibliography* zu Stefan Zweig nennt 14 Übersetzungen (vgl. Klawiter 1991, S. 108), verzeichnet allerdings keine Forschungsarbeiten zu dieser Novelle. Bislang existieren zu *Unvermutete Bekanntschaft mit einem Handwerk* nur wenige punktuelle Deutungsansätze wie etwa in der erwähnten Studie von David Turner (vgl. Turner 1988, S. 118–121, 256–260). Hinzuweisen ist auf die Kommentare in den jüngsten französischen Ausgaben von Zweigs Erzählwerk. Jean-Pierre Lefebvre stellt Bezüge zu jenen Bettlern und Taschendieben her, die die Literatur seit Villon, Defoe und Dickens bevölkerten: Zweig füge den Figuren dieses Genres eine psychologische Beschreibung der ambivalenten Faszination aufseiten des Opfers hinzu, die zudem erotisch getönt sei (vgl. Lefebvre 2013, S. 1495). Sacha Zilberfarb sieht in der minutiösen Beschreibung von Physiognomien und Gesten sowie in der detaillierten Darstellung pittoresker Szenerien auf den bevölkerten Boulevards und im Hotel Drouot eine Art miniaturhafter *Comédie humaine* im Sinne Balzacs (vgl. Zilberfarb 2013, S. 1082).

Stefan Zweig

Zweig, Stefan (1984): Unvermutete Bekanntschaft mit einem Handwerk. In: Ders.: Brennendes Geheimnis. Erzählungen. GWE. Hg. v. Knut Beck. Frankfurt a.M.: S. Fischer, S. 320–363.
Zweig, Stefan (2005): Briefe. Bd. IV: 1932–1942. Hg. v. Knut Beck u. Jeffrey B. Berlin. Frankfurt a.M.: S. Fischer.

Weitere Literatur

Beck, Knut (1984): Nachwort. In: Zweig, Stefan: Brennendes Geheimnis. Erzählungen. GWE. Hg. v. Knut Beck. Frankfurt a.M.: S. Fischer, S. 365–374.
Grillparzer, Franz (1964): Der arme Spielmann. In: Ders.: Sämtliche Werke. Ausgewählte Briefe, Gespräche, Berichte. Hg. v. Peter Frank u. Karl Pörnbacher. Bd. 3: Satiren – Fabeln und Parabeln – Erzählungen und Prosafragmente – Studien und Aufsätze. Darmstadt: Wissenschaftliche Buchgesellschaft, S. 146–186.
Klawiter, Randolph J. (1991): Stefan Zweig. An International Bibliography. Riverside: Ariadne Press.
Lefebvre, Jean-Pierre (2013): Notices et notes. In: Zweig, Stefan: Romans, nouvelles et récits. Bd. II. Hg. v. Jean-Pierre Lefebvre. Paris: Gallimard, S. 1494–1496.
Neymeyr, Barbara (2004a): Die Aporie der Epigonen. Zur kulturhistorischen Bedeutung der Identitätsproblematik in Stifters *Nachkommenschaften*. In: Jahrbuch der Deutschen Schillergesellschaft 48/2004, S. 185–205.

Neymeyr, Barbara (2004b): Konstruktion des Phantastischen. Die Krise der Identität in Kafkas *Beschreibung eines Kampfes*. Heidelberg: Winter.

Neymeyr, Barbara (2012): Aporien der Hasard-Leidenschaft im kulturanthropologischen Kontext. Die Inszenierungen des Glücksspiels in Stefan Zweigs *Vierundzwanzig Stunden aus dem Leben einer Frau* und in Arthur Schnitzlers *Spiel im Morgengrauen*. In: Gerrekens, Louis/Küpper, Achim (Hg.): Hasard. Der Spieler in der deutschsprachigen Literaturgeschichte. Würzburg: Königshausen & Neumann, S. 141–168.

Neymeyr, Barbara: Voyeurismus als Erzählstrategie: Stefan Zweigs Novelle *Unvermutete Bekanntschaft mit einem Handwerk* und ihre intertextuellen Bezüge zu Grillparzers Erzählung *Der arme Spielmann* [in Vorbereitung].

Turner, David (1988): Moral Values and the Human Zoo. The „Novellen" of Stefan Zweig. Hull: Hull Univ. Press.

Zilberfarb, Sacha (2013): *Découverte inattendue d'un métier*. Présentation. In: Zweig, Stefan: La confusion des sentiments et autres récits. Hg. v. Pierre Deshusses. Paris: Laffont, S. 1081–1082.

4.13 *Ein Mensch, den man nicht vergißt* (1939)
Thomas Traupmann

1. Entstehung 289
2. Inhalt 290
3. Rezeption und Forschung 291

1. Entstehung

Der Erstdruck der kurzen Erzählung erfolgte unter dem Titel *Anton, Friend of All the World. The Most Unforgettable Character I Ever Met* im Oktober 1939 in dem englischsprachigen *Reader's Digest*. In deutscher Sprache wurde der Text erst postum im Jahr 1948 im Rahmen der ersten *Reader's Digest*-Ausgabe im deutschen Sprachraum – und damit an prominenter Stelle – als *Ein Mensch, den man nicht vergisst. Ein Erlebnis* veröffentlicht. Die Daniel A. Reed Library der Fredonia State University (Stefan Zweig Collection) verwahrt zwei Typoskripte, beide mit eigenhändigen Korrekturen des Autors: ein (textgenetisch früheres) deutschsprachiges unter dem Titel *Die Kunst ohne Sorgen zu leben* und ein (späteres) englischsprachiges unter dem Titel *The Man with the Secret of Happiness* bzw. „The Master of the Art of Life (Living?)", wie ein zusätzlicher Bleistiftvermerk besagt. Von den Typoskript-Fassungen weichen die weitaus kürzeren publizierten Fassungen deutlich ab. Die deutschsprachige Erstveröffentlichung gestaltet sich außerdem als Übersetzung des Erstdrucks von fremder Hand, für die Zweigs Typoskript-Fassung keine Rolle (mehr) spielt, wie etwa die Zecke („tick") des Hundes, die auf dem Weg der Übersetzung verloren geht, belegt. Jene in Zweigs Nachlass aufgetauchte und von Knut Beck 1981 veröffentlichte Fassung unter dem Titel *Anton*, die der deutschsprachigen Erstveröffentlichung gekürzt um den ersten Absatz entspricht, ist folglich auch nicht auf das Jahr 1939 zu datieren (vgl. Zweig 1981, S. 393), sondern zeitlich später anzusetzen, auch wenn deren ursprünglicher Erscheinungskontext nach wie vor unbestimmbar bleibt. Obgleich keine weiteren Textzeugnisse eruiert werden konnten, ist außerdem davon auszugehen, dass auch die Kürzung der englischsprachigen Fassung für *Reader's Digest* von fremder Hand erfolgt ist – ‚Verstümmelungen' betreffen schließlich auch die Novellen, die Zweig in den USA schreibt (vgl. Prater 1989, S. 1088). Da der vorliegende Artikel keinen Fassungsvergleich anstreben kann, bezieht er sich im Wesentlichen auf den Text der deutschsprachigen Erstveröffentlichung, der in weiterer Folge tradiert und der Rezeption zugänglich wurde.

Die Erzählung ist Zweigs erster Beitrag für *Reader's Digest*, 1940 folgt *A Lesson from Rodin*, 1941 erscheinen gemeinsam *What Money Means to Me* und *Never Hesitate!* Donald A. Prater betont die Relevanz des Honorars bei der Entstehung dieser Texte, verweist aber gleichzeitig auf Zweigs aufrichtiges Interesse an der Zeitschrift, für die er noch in den letzten Tagen in Petrópolis einen Beitrag erwogen habe (vgl. Prater 1989, S. 1089f.).

2. Inhalt

Ein namenloser Ich-Erzähler berichtet von der Begegnung mit dem „einzigartigen Menschen" (Zweig GWE, Ein Mensch, den man nicht vergißt, S. 313) Anton, der seinen Hund von einem unversehens auftretenden Leiden befreit und anschließend ohne Dank oder Lohn einzufordern wieder verschwindet. Geld ist Anton, wie sich herausstellt, „ganz gleichgültig" (S. 314), und er umgeht das „festgefügte[ ] Gesetz" (S. 315), das die Ökonomie der nicht näher bezeichneten Kleinstadt bestimmt. Er macht überall auf notwendige Verbesserungen und Reparaturarbeiten aufmerksam, die ihm in der Regel auch sogleich überantwortet werden, und steht allen Leuten „in Notfällen" (S. 315) zu Diensten. Aus seinem Verhalten resultiert dabei eine Para-Ökonomie: Etabliert wird ein „ganz neues Wirtschaftssystem", das auf der „Anständigkeit seiner Mitmenschen" fußt und Anton ein „Guthaben moralischer Verpflichtungen" verschafft (S. 316). Der Preis seiner Hilfsbereitschaft ist dann freilich – im Sinne von Gabe und Gegen-Gabe – ein „Gefühl der Verpflichtung" (S. 316), ihre Kehrseite ein beachtliches Maß an „Macht" (S. 316).

Gleichzeitig konstituiert Antons ökonomisches System eine „Gemeinschaft" (S. 316), aus der sich der Erzähler zunächst ausgeschlossen fühlt, so wie man Anton auch „nicht einfach holen" (S. 317) kann, sondern über ein Botenprinzip informieren muss. Nach Erledigung einiger Arbeiten im Haus des Erzählers wirbt Anton diesem mehrere Kleidungsstücke ab und bedenkt ihn dafür mit einem „schlichte[n]" (S. 318), aber für ihn bedeutenden Kompliment. Ausgehend von der großen „moralische[n] Hilfe" (S. 318), die der Erzähler rückblickend von Anton empfangen haben will, wird gleichsam resümierend die Utopie einer Welt des gegenseitigen Vertrauens entworfen, in der es „keine Polizei, keine Gerichte, keine Gefängnisse und ... kein Geld" (S. 319) gibt.

Sieht man von der fehlenden Prominenz seines Protagonisten ab, lässt sich der Text durchaus in die Nähe der *Begegnungen mit Menschen, Büchern, Städten* (1937) stellen; thematische Anklänge finden sich in *Besuch bei den Milliarden* (1932), wo Nationalbibliothek und Louvre „die wahren und unvergänglichen Schatzkammern unserer Welt" (Zweig GWE, Besuch bei den Milliarden, S. 337) genannt werden, sowie im erwähnten Beitrag *What Money Means to Me*, der resümiert: „[O]ur real security lies not in what we own, but in what we are and what we create out of ourselves" (Zweig 1941a, S. 41).

3. Rezeption und Forschung

Nach der englischsprachigen Erstveröffentlichung kam es im Rahmen der *Reader's Digest*-Reihe zu Übersetzungen ins Portugiesische und Schwedische (jeweils 1943) sowie ins Französische, Finnische und Dänische (jeweils 1948), die dem Text noch vor der deutschsprachigen Erstpublikation zu einer gewissen Verbreitung verhalfen und daher erwähnenswert sind. Gerade in den 1950er Jahren war die Erzählung auch für den Abdruck in deutschsprachigen Schul-Lesebüchern beliebt (vgl. Klawiter 1991, S. 311f.). Weitere Verbreitung erfuhr der Text danach erst wieder im Anschluss an den Band *Brennendes Geheimnis* (1987) der *Gesammelten Werke in Einzelbänden* (GWE).

Das Interesse der Forschung ist marginal geblieben. Dass der Text mit gelegentlichen Autobiografemen versetzt ist – zu nennen sind der Spaniel Kaspar sowie der Umstand, dass der Erzähler als Schriftsteller identifiziert wird –, bemerkt auch Beck, der Zweigs gleichnamigem Spaniel hier seinen „literarischen Platz" zugewiesen sieht (Beck 1987, S. 373). Zweigs Erzählung vermengt faktuale und fiktionale Elemente, und wenn seine Texte die Schwierigkeit einer Grenzziehung zwischen „essayistischer" und „dichterischer" Prosa aufwerfen, die bereits die frühe Forschung bemerkt hat (Gschiel 1953, S. 49), so gilt dies auch für das vorliegende „Erlebnis". Randolph J. Klawiter verzeichnet den Text zunächst konsequenterweise noch unter „Essays, Lectures, Reviews" (Klawiter 1991, S. 311f.), nimmt dies später aber zurück (vgl. Klawiter 1999, S. 3). Von einer „nouvelle morale" mit der umgekehrten Lehre, wonach das Streben nach Geld ein globaler Faktor von Feindschaften sei, spricht der Kommentar der *Pléiade*-Ausgabe (Lefebvre 2013, S. 1507).

Der künftigen Forschung eröffnen sich nun mindestens drei Perspektiven: Erstens mag sie sich *en détail* Zweigs Beiträgen für *Reader's Digest* sowie deren Kontexten widmen; zweitens kann sie von der Erzählung ausgehend nach dem Thema des Geldes und der Ökonomie in Zweigs Œuvre fragen, dem bislang kaum Aufmerksamkeit zuteilwurde; und drittens wird sie jedenfalls dazu angehalten sein, anhand der Typoskripte eine verlässliche Textgrundlage herzustellen und einer breiteren Öffentlichkeit zugänglich zu machen.

Stefan Zweig

Zweig, Stefan (1937): Begegnungen mit Menschen, Büchern, Städten. Wien u.a.: Reichner.
Zweig, Stefan (1939): Anton, Friend of All the World. The Most Unforgettable Character I Ever Met. In: The Reader's Digest (Pleasantville, NY) 35/210/Oktober/1939, S. 69–72.
Zweig, Stefan (1940): A Lesson from Rodin. In: The Reader's Digest (Pleasantville, NY) 37/220/August/1940, S. 26–28.
Zweig, Stefan (1941a): What Money Means to Me. In: The Reader's Digest (Pleasantville, NY) 39/231/Juli/1941, S. 39–41.
Zweig, Stefan (1941b): Never Hesitate! In: The Reader's Digest (Pleasantville, NY) 39/231/Juli/1941, S. 41–43.
Zweig, Stefan (1948): Ein Mensch, den man nicht vergisst. Ein Erlebnis. In: Das Beste aus Reader's Digest 1/November/1948, S. 50–54.
Zweig, Stefan (1981): Das Stefan Zweig Buch. Zsgest. v. Knut Beck. Frankfurt a.M.: S. Fischer.
Zweig, Stefan (1987): Ein Mensch, den man nicht vergißt. Ein Erlebnis. In: Ders.: Brennendes Geheimnis. Erzählungen. GWE. Hg. v. Knut Beck. Frankfurt a.M.: S. Fischer, S. 313–319.
Zweig, Stefan (^{2}2004): Besuch bei den Milliarden. In: Ders.: Auf Reisen. Feuilletons und Berichte. GWE. Hg. v. Knut Beck. Frankfurt a.M.: S. Fischer, S. 323–337.

Weitere Literatur

Beck, Knut (1987): Nachbemerkung des Herausgebers. In: Zweig, Stefan: Brennendes Geheimnis. Erzählungen. GWE. Hg. v. Knut Beck. Frankfurt a.M.: S. Fischer, S. 365–374.
Gschiel, Martha (1953): Das dichterische Werk Stefan Zweigs. Diss. Univ. Wien.
Klawiter, Randolph J. (1991): Stefan Zweig. An International Bibliography. Riverside: Ariadne Press.
Klawiter, Randolph J. (1999): Stefan Zweig. An International Bibliography. Addendum I. Riverside: Ariadne Press.
Lefebvre, Jean-Pierre (2013): Notices et notes. In: Zweig, Stefan: Romans, nouvelles et récits. Bd. II. Hg. v. Jean-Pierre Lefebvre. Paris: Gallimard, S. 1487–1541.
Prater, Donald A. (1989): Stefan Zweig. In: Spalek, John M./Strelka, Joseph (Hg.): Deutschsprachige Exilliteratur seit 1933. Bd. 2, Teil 2. New York, Bern: Francke, S. 1057–1098.

5. Erzählungen aus dem Nachlass

5.1 *War er es?* (1942)

Martina Wörgötter

1. Entstehung 292
2. Fassungen 293
3. Inhalt 293
4. Rezeption und Forschung 294

1. Entstehung

Die Entstehung von Zweigs Novelle *War er es?* zu datieren, fällt aufgrund fehlender Dokumentierung schwer; auch der Blick auf die im Literaturarchiv Salzburg vorhandenen Typoskripte (teilweise mit handschriftlichen Korrekturen versehen) lässt keine Rückschlüsse zu. Einen Anhaltspunkt gibt der Schauplatz der Geschichte, Bath, als jener Ort, an den Zweig gemeinsam mit seiner zweiten Frau Lotte im Juli 1939 seinen Wohnsitz verlegt. Jedenfalls handelt es sich bei *War er es?* – neben der *Schachnovelle* und *Die spät bezahlte Schuld* (1942) – um eine der letzten Novellen des Autors, die Abrahão Koogan 1942 zusammen in dem Band *As três paixões. Três novelas* herausbrachte (Guanabara, Rio de Janeiro; unter dem Titel *Seria ele?*, in einer Übersetzung von Odilon Gallotti und Elias Davidovich). Wie den Briefen zu entnehmen ist, hatte Zweig noch kurz vor seinem Tod den Verleger Koogan bzw. das Haus Guanabara ermächtigt, „meine Autobiographie, meinen Vespucci und meine kleinen Erzählungen zu denselben Konditionen zu publizieren wie das Buch ‚Brazil'" (Zweig an Koogan, 21. Februar 1942, Zweig, Br IV, S. 755). In diesen Tagen geht auch ein Brief an Victor Wittkowski mit der Mitteilung, dass er Koogan gebeten habe, „meine vollendeten und unvollendeten Manuskripte von Ihnen durchsehen zu lassen" (Brief an Wittkowski, undatiert, verm. 22. Februar 1942, Zweig, Br IV, S. 758).

Eine englische Fassung der Novelle wurde am 3. Juli 1943 unter dem Titel *Jupiter* in der Zeitschrift *Collier's*, Springfield, veröffentlicht; deutsch erschien sie zunächst 1973 in einer Rückübersetzung aus dem Englischen, ebenfalls unter dem Titel *Jupiter*, in der Anthologie *Die besten klassischen und modernen Hundegeschichten* (Zweig 1973). Das deutsche Original-Typoskript von *War er es?*, das im Londoner Nachlass gefunden wurde und dem portugiesischen Text zugrunde gelegen hat, wurde erst 1987 publiziert, im Band *Brennendes Geheimnis* der von Knut Beck herausgegebenen *Gesammelten Werke in Einzelbänden* (GWE) bei S. Fischer.

2. Fassungen

Obwohl der Plot im Wesentlichen derselbe ist, handelt es sich bei den beiden Varianten der Novelle um zwei grundlegend verschiedene Fassungen: Während *War er es?* ein tragisches Ende nimmt, hat Zweig für die bei *Collier's* erschienene, überarbeitete englische Fassung *Jupiter* ein Happy End verfasst. Das Kind, das in der einen Version zu Tode kommt, wird in der anderen gerettet, und der Verdächtige der einen Version erhält in der anderen die Rolle des Retters.

3. Inhalt

Erzählerin der Novelle ist Betsy, die sich mit ihrem Ehemann, einem pensionierten Regierungsbeamten, in die Idylle der englischen Provinz zurückgezogen hat. „[E]r und nur er war der Mörder" (Zweig GWE, War er es?, S. 272), lautet der spannungsgeladene Ausgangspunkt des Berichts, der das Geschehen erst allmählich rekonstruiert. Geschildert werden die dramatischen Ereignisse in der unmittelbaren Nachbarschaft, das Schicksal eines jungen Paares, Mr. und Mrs. Limpley: sie von eher ruhigem Gemüt, geradezu lethargisch und melancholisch; er hingegen hyperaktiv und „ostentativ glücklich" (S. 279), „ein grundguter Mensch" (S. 279), in all seinen guten Eigenschaften allerdings penetrant und aufdringlich. Betsy schenkt dem ungewollt kinderlosen Paar einen Welpen, die Bulldogge Ponto, auf die sich Limpleys übersteigerte Aufmerksamkeit fortan richtet, was die Ehefrau, „das eigentliche Opfer seiner Übertreiblichkeit" (S. 278), erheblich entlastet. Bald scheint es zu einem Rollentausch zwischen Herr und Hund zu kommen, das Tier die Herrschaft über den Herrn zu übernehmen – bis Mrs. Limpley, unverhofft, doch ein Kind erwartet. Dass Mr. Limpley nun seine Energien wieder vermehrt auf die Ehefrau und die Schwangerschaft lenkt, provoziert die Eifersucht des Hundes, die sich in einer Attacke gegen das Neugeborene entlädt. Limpley gelingt es, das „rasende, mit blutunterlaufenen Augen und geifrigem Mund schäumende Tier" (S. 300) niederzuringen, und man beschließt, Ponto abtransportieren zu lassen. Eines Tages, als Ponto, den man in der Obhut eines Fleischermeisters in Bath wähnt, längst vergessen ist, ereignet sich ein Unglück: Der Kinderwagen der Limpleys landet im Kanal. Da die Polizei keine Erklärung findet, formuliert Betsy die „grausam quälende Vermutung" bzw. den „furchtbar berechtigte[n] Verdacht" (S. 311), Ponto könnte zurückgekommen sein, um mit dem Mord an dem Kind späte Rache zu üben. Anders als es der Titel ankündigt, kreist die Novelle letztlich aber weniger um die Frage nach dem Mörder als vielmehr um die komplexere Frage der Schuld. Konstitution bzw. Dramaturgie und Dynamisierung dieses Motivs sind es, die den Zugang zu diesem „fein schattierten" (Strigl 2014, S. 132) Text und seinen differenzierten psychologischen Implikationen bieten.

4. Rezeption und Forschung

Wie viele von Zweigs Novellen hat auch *War er es?* ungleich weniger Beachtung gefunden als das übrige Werk. Auch Beck kommt im Nachwort zum Band *Brennendes Geheimnis* kaum über den Hinweis auf die „Herr und Hund-Beziehung" als authentisches biografisches Detail hinaus (vgl. Beck 2002, S. 373). Weitere Ansätze liefert Jean-Pierre Lefebvre (2013), wenn er im Kommentar der französischen *Pléiade*-Ausgabe sämtliche bedeutenden Charakteristika und Motive der Erzählung differenziert. Hingewiesen wird etwa auf die Erzählsituation mit Betsys Innenperspektive und einer so erzeugten Atmosphäre der Vertraulichkeit, auf deren Folie Zweig mit dem klassischen Verfahren der Kriminalgeschichte arbeitet: einem Verdacht, der sich von Anfang an – bereits mit dem Titel – gegen ein konkretes (männliches) Individuum richtet, dessen Identität jedoch erst mit der Zeit transparent wird. Lefebvre verweist ferner auf die Bedeutung der Psychologie, insbesondere auf das Motiv der Entwicklung des Hundes zum „maître du maître" (Lefebvre 2013, S. 1536). Die Grausamkeit des Tieres, wie sie sich in der Attacke gegen das Neugeborene zeigt, könne Limpley angelastet werden – als Konsequenz der engen Bindung zum Tier, die er eingegangen ist. Gleichzeitig bleibe auch Betsy selbst nicht ohne Schuld. Sie ist es, die Ponto den Nachbarn übergibt. Lefebvre diagnostiziert ihr eine sexuelle Faszination für Limpleys Vitalität und betrachtet ihre „libido vieillissante" (S. 1537) als mögliche Motivation für das unheilvolle Geschenk an das junge Paar. Neben dieser psychologischen Lektüre konstatiert Lefebvre auch eine Analogie zur Zeitgeschichte, indem er die Bedrohung durch den – so die Vermutung – zurückgekehrten und in den Gärten herumstreifenden Hund als Sinnbild für die Ende der 1930er Jahre bereits drohende Vereinnahmung Europas durch die deutschen Truppen begreift (vgl. S. 1537).

Demgegenüber konzentriert sich Daniela Strigl in ihrer Zusammenschau der letzten drei Novellen Zweigs auf weniger chiffrierte Motive: In der Frage von „Schuld und Unschuld" (Strigl 2014, S. 131) stehe Limpleys grundsätzliche Verantwortung außer Zweifel, wobei vor allem offen bleibe, welche konkreten Details in seinem Verhalten die Katastrophe letztlich auslösen; die „Körper-Sprache" als Manifestation von „Leidenschaft" bzw. die „Übersetzung emotionaler Prozesse in die Körper-Sprache" (S. 130); die „Obsessionen" der Figuren als „lauter Infizierte, die diese Novellen bevölkern", gar „Sklaven" ihrer eigenen Besessenheit (S. 132).

Dass Zweig nicht nur die Figuren psychologische Prozesse durchlaufen lässt, sondern auch das Tier, das von Anfang an mit menschlichen Zügen bedacht wird, lenkt schließlich auch den Blick auf die Form; so etwa die Frage, inwiefern hier von einem Spiel mit den Charakteristika einer Fabelerzählung die Rede sein kann und ob bzw. wie derlei gattungstypologische Beziehungen als Interpretationsgrundlage dienen können. In diesen Zusammenhang stellen ließe sich schließlich auch Lefebvres Gedanke eines historischen Bezugspunkts, um die Novelle als Parabel auf die Ausweitung der nationalsozialistischen Herrschaft zu lesen.

Stefan Zweig

Zweig, Stefan (1973): Jupiter. In: Die schönsten klassischen und modernen Hundegeschichten. Zürich: Diogenes, S. 355–372.
Zweig, Stefan (2002³): War er es? In: Ders.: Brennendes Geheimnis. Erzählungen. GWE. Hg. v. Knut Beck. Frankfurt a.M.: S. Fischer, S. 272–312.
Zweig, Stefan (2005): Briefe. Bd. IV: 1932–1942. Hg. v. Knut Beck u. Jeffrey B. Berlin. Frankfurt a.M.: S. Fischer.

Weitere Literatur

Beck, Knut (2002³): Nachbemerkung des Herausgebers. In: Zweig, Stefan: Brennendes Geheimnis. Erzählungen. GWE. Hg. v. Knut Beck. Frankfurt a.M.: S. Fischer, S. 365–374.
Lefebvre, Jean-Pierre (2013): Notices et notes. In: Zweig, Stefan: Romans, nouvelles et récits. Bd. II. Hg. v. Jean-Pierre Lefebvre. Paris: Gallimard, S. 1487–1541.
Strigl, Daniela (2014): Schach und andere Leidenschaften oder Stefan Zweigs Liebe zur Niederlage. In: Renoldner, Klemens (Hg.): Stefan Zweig – Abschied von Europa. Wien: Brandstätter/Theatermuseum, S. 123–135.

5.2 *Die spät bezahlte Schuld* (1942)

Marlen Mairhofer

1. Entstehung und Überlieferung	295
2. Inhalt	296
3. Vorstufe	298
4. Rezeption und Forschung	298

1. Entstehung und Überlieferung

„[I]ch habe", so Zweig in einem Brief vom 11. Februar 1941 an seinen brasilianischen Verleger Abrahão Koogan, „eine Novelle von 40 Seiten geschrieben, die gut gelungen ist und die ich hoffe, hier zu einem vernünftigen Preis verkaufen zu können." (Zweig, Br IV, S. 708) An Friderike ergeht im selben Monat „eine Copie" und die Bitte, „drei Exemplare, *aber auf dünnem Papier*, das für Luftpost verwertet werden kann, anzufertigen: ich will sie in die letzten gebliebenen Länder Schweden und Argentinien senden." (Zweig/Zweig 2006, S. 362, Herv. i. O.) Die Novelle, von der hier die Rede ist, wurde zuerst von Knut Beck als *Die spät bezahlte Schuld* identifiziert (vgl. Zweig, Br IV, S. 708f.). Die Datierung der Briefe legt nahe, dass sie zu Beginn des Jahres 1941 bereits fertiggestellt war. Vermutlich wurde sie zwischen der Ankunft aus Brasilien (24. Januar 1941) und der Abreise nach New Haven (11. Februar 1941) in New York geschrieben. Zweig erwähnt mit keinem Wort, dass es sich dabei um die Wiederaufnahme und Umarbeitung eines Textes handelt, den er bereits 1935 abgefasst hatte. Diese titellose Vorstufe liegt in zwei Überlieferungsträgern vor: als Handschrift in Zweigs in London geführtem Notizbuch und als (von eigener sowie von unbekannter Hand annotiertes) Typoskript. Dass es sich nicht um einen publikationsreifen Text handelt, zeigt der handschriftliche Vermerk, mit dem das Typoskript überschrieben ist: „Erste Scizze zu einer Novelle, in dieser Form völlig ungiltig. St.Z. 35" (Zweig

1935, S. 1). Die Wiederaufnahme des Stoffes könnte zum einen ökonomische Gründe gehabt haben, wie Zweigs Wunsch, die Novelle zu guten Konditionen zu verkaufen, andeutet – der Rückgriff auf ein bereits entwickeltes Konzept mag ihm in New York, wo er sich 1940/1941 aufhielt und über mangelnde Ruhe klagte (vgl. Zweig, Br IV, S. 708), leichter gefallen sein, als einen gänzlich neuen Text zu entwerfen. Zum anderen könnte sein Geburtstag, der sich 1941 zum 60. Mal jähren sollte, Zweig veranlasst haben, sich erneut mit der Figur des 65-jährigen Provinzschauspielers Sturz auseinanderzusetzen (vgl. Prater 1981, S. 430f.). Er mag für den altersscheuen, an der fortdauernden Wirkung seines Werkes zweifelnden Autor ein gewisses Identifikationspotenzial geboten haben.

Die spät bezahlte Schuld erscheint zunächst in englischer Sprache als gekürzte Fassung unter dem Titel *The Debt* in *The Chicago Sunday Tribune* vom 29. Juni 1941. Danach wird die Novelle in einer portugiesischen Übersetzung von Odilon Gallotti, nicht, wie von Knut Beck angegeben, von Elias Davidovich (vgl. Zweig, Br IV, S. 709), als *Dívida tardiamente paga* in den 1942 publizierten Band *As três paixões. Três novelas* aufgenommen. Erst ein Jahrzehnt nach der Erstveröffentlichung erscheint *Die spät bezahlte Schuld* auch auf Deutsch: in Fortsetzung vom 15. September bis zum 13. Oktober 1951 in *Die Presse* (vgl. Klawiter 1991, S. 106). Eine spanische Übersetzung erscheint 1955 im ersten Band der *Obras Completas de Stefan Zweig* (vgl. S. 18); 1982 wird sie von Knut Beck für den Band *Phantastische Nacht* als Teil der deutschen Gesamtausgabe ediert (vgl. S. 117). Dass es sich bei der deutschen Fassung um eine Rückübersetzung aus dem Portugiesischen handelt, wie Beck (vgl. Zweig, Br IV, S. 708f.) und Klawiter (vgl. Klawiter 1991, S. 106) annehmen, oder aus dem Englischen, wie Susi Eisenberg-Bach behauptet (vgl. Eisenberg-Bach 1981, S. 221), ist unwahrscheinlich. Im Zweig-Nachlass des Literaturarchivs Salzburg befindet sich ein Typoskript des deutschen Textes, das in handschriftlichen Anmerkungen von Lotte Zweig Erklärungen von Austriazismen enthält, die unter Umständen eine Übersetzung erleichtern sollten. Dieses Typoskript ist in Wort und Satz ident mit jenem Text, den Knut Beck in Zweigs *Gesammelten Werken in Einzelbänden* wiedergibt. Es dürfte Beck zum Zeitpunkt der Herausgabe jedoch nicht vorgelegen haben – seiner Erinnerung zufolge griff er für seine Edition auf den Abdruck in der *Presse* zurück (vgl. E-Mail v. Knut Beck an M. M., 27. September 2016). Noch in der Briefausgabe von 2005 ist vermerkt, dass „[e]ine deutsche Originalfassung [...] [der] Novelle [...] nicht ermittelt [wurde]." (Zweig, Br IV, S. 708) Eine solche scheint in dem deutschen Typoskript vorzuliegen.

2. Inhalt

Margaret berichtet ihrer Jugendfreundin Ellen brieflich von ihrem Aufenthalt in einem Südtiroler Bergdorf oberhalb von Bozen. Dorthin zieht sie sich zurück, um Abstand von ihrem erschöpfenden Alltag zu gewinnen. Zweigs Beschreibung der Landschaft erlaubt keine Rückschlüsse auf einen bestimmten Ort; dass der Autor mit der Bozener Gegend aufgrund von mehreren Aufenthalten in Südtirol vertraut gewesen ist und sie sehr schätzte, bezeugen unter anderem *Zwei Morgenlieder. Bozener Berge*, erschienen erstmals 1924 in *Die gesammelten Gedichte* (vgl. Zweig GWE, Silberne Saiten, S. 150f.). In dem Gasthof, in dem sich Margaret einquartiert, begegnet ihr ein alter, heruntergekommener Mann, dessen pathetische Sprache und theatralische Gesten ihre

Aufmerksamkeit ebenso erregen wie seine durch Armut und Krankheit gezeichnete Erscheinung. Die Einheimischen schenken ihm auch dann keine Beachtung, als er an ihrem Tisch einen Monolog über die kulturelle Minderwertigkeit des Kinos hält. Margaret hingegen gerät in eine starke Unruhe. Von der Wirtin erfährt sie, dass es sich bei dem Mann um den ehemaligen Schauspieler Peter Sturzentaler, alias Peter Sturz, handelt, den Margaret und Ellen als Jugendliche zutiefst verehrten und der sein Leben nun, vergessen und verlacht, im Armenhaus zubringt. Diese Nachricht setzt einen Erinnerungsprozess in Gang, der verdrängte Ereignisse und Gefühle zurück in Margarets Bewusstsein bringt. Freud wird schließlich sogar explizit genannt, als Margaret sich auf „jene[n] Professor Freud in Wien" beruft (Zweig GWE, Die spät bezahlte Schuld, S. 56). Jene gefährliche, unkontrollierbare Leidenschaft, die in Zweigs novellistischem Werk topisch wiederkehrt, bestimmt auch Margarets und Ellens Verehrung des Provinzschauspielers Sturz. Zweigs Beschreibung ihrer Theatermanie, die von kindlichen Verfolgungen bis zur Aneignung seines rezitativen Tonfalls reicht, lässt an die „‚Theatromanie' der Wiener" denken, die Zweig in seiner Autobiografie schildert (Zweig GWE, Die Welt von Gestern, S. 34; → IV.11 Theater). Dass es sich bei Sturz nicht um einen Schauspieler des Burgtheaters, sondern des Innsbrucker Stadttheaters handelt, ist entscheidend. Galt die Burg als Inbegriff der k.k. Hochkultur, als die Zweig und seine Generation in ihrem Theaterverständnis prägende Institution (vgl. Apfelthaler 2007, S. 194 ff.; Peter 2013, S. 53 ff.), vermag das Innsbrucker Stadttheater lediglich eine private Bedeutung im Leben von Margaret und Ellen zu beanspruchen. Sturz' tatsächliche Fallhöhe ist aufgrund seines provinziellen Hintergrunds entsprechend gering, was die Dramatik aus der Sicht des Betroffenen jedoch keineswegs schmälert. Sturz überwirft sich mit dem Direktor und muss das Theater verlassen. Margaret läuft in einer heftigen Gefühlsbewegung zu ihm nach Hause und bittet ihn, zu bleiben. In ihrer Verzweiflung macht sie ihm ein prekäres Angebot: „‚Ich geh' mit Ihnen, wohin Sie wollen ... überallhin ... tun Sie mit mir, was Sie wollen ... [...]' [...] Ich preßte mich an ihn [...]. [...] Es wäre ein Spiel gewesen für ihn, damals in seiner Wohnung meinen Unverstand zu mißbrauchen." (Zweig GWE, Die spät bezahlte Schuld, S. 61) Da Sturz dieser Versuchung nicht nachgibt und Margaret vor einem folgenschweren Fehler bewahrt, meint sie, in seiner Schuld zu stehen. Um diese zu begleichen, lässt sie einen Abend lang unter dem Vorwand, ihr Mann sei sein größter Bewunderer gewesen und habe ihr alles von ihm erzählt, die Erinnerung an seine Theatererfolge wieder aufleben. Indem sie ihn konsequent als Hofschauspieler, jenem Ehrentitel, der nur Schauspielern des Burgtheaterensembles zukam, adressiert, erhöht sie bewusst seinen Status. Mit der Nennung von Josef Kainz und Alexander Moissi setzt sie ihn in Bezug zu den bedeutendsten Burgschauspielern des frühen 20. Jahrhunderts. Beide übten, nicht zuletzt durch ihre Stimmen und Artikulationstechniken, großen Einfluss auf Zweigs dramatische Ästhetik aus, wie seine Kurztexte zu Kainz und Moissi belegen (vgl. Zweig GWE, Das Geheimnis des künstlerischen Schaffens: Moissi im Gespräch, S. 268–270; Moissis Neubeginn, S. 271–273; Abschied von Alexander Moissi, S. 274–278; Zweig GWE, Zeiten und Schicksale: Die Stimme. In memoriam Josef Kainz, S. 67–75).

Margaret verschafft Sturz, dem geächteten Außenseiter, durch ihre Rede den Respekt der Dorfbewohner. Sie hinterlässt ihm einen dankenden Brief und kehrt am darauffolgenden Tag nach Hause zurück. Mit dem Brief an Ellen erfüllt sie ihr altes Versprechen, einander alles über Peter Sturz zu berichten.

3. Vorstufe

Die unbetitelte Vorstufe aus dem Jahr 1935 beinhaltet zwar Handlungselemente, die in *Die spät bezahlte Schuld* wiederkehren, unterscheidet sich aber deutlich von dem später publizierten Text. Handlungsort ist das heruntergekommene, geisterhafte Sangersfurt. Dort wird die namenlose Protagonistin auf einen Mann aufmerksam, den sie an seiner Stimme und seiner seltsamen Art zu sprechen als den ehemaligen Schauspieler Faust Mittermeier identifiziert. Die Stimme als „magische[s] Medium" (Zweig 1935, S. 13) bildet ein zentrales Element dieser frühen Textstufe. Die Desillusionierung, die mit dem Anblick Mittermeiers einhergeht, ist umso größer, als sie die durch den akustischen Eindruck geweckten Vorstellungen vollständig dekonstruiert. Er erscheint nicht wie Sturz als tragische, sondern als lächerliche Figur. Das Schuldmotiv ist auch in der Vorstufe handlungstragend. Obwohl sie ihn erkennt, bleibt die Protagonistin auf seine Frage, ob das Kino einen einzigen großen Künstler hervorgebracht habe, stumm und verweigert ihm damit die Anerkennung, nach der er offensichtlich sucht: „[I]ch hatte nicht die Kraft ihm zu helfen, ich schämte mich zu sehr. […] Es wäre wahrscheinlich meine Pflicht gewesen […] für all das was er unserer Kindheit gegeben und gewesen. Aber doch auch ich verriet ihn." (S. 18) Als sie Mittermeier abends wiedersieht, spricht sie ihn in dem Wunsch, ihren Fehler zu revidieren, unter demselben Vorwand wie in *Die spät bezahlte Schuld* an. Als er ihr zum Abschied die Hand küsst, setzt er einen Regressionsprozess in Gang, der in der publizierten Fassung der Novelle nur angedeutet wird. Die Protagonistin fühlt sich geistig und körperlich so stark in ihre Jugendzeit zurückversetzt, dass ihre Desorientierung bis zum nächsten Morgen anhält. Auch Mittermeier scheint seelisch und optisch verjüngt, als er sie am nächsten Tag spazieren führt. Ihre anfängliche Begeisterung, mit dem einstmals Verehrten die Vergangenheit aufleben zu lassen, schwindet rasch, als sie bemerkt, dass er in seiner Eitelkeit nur um sich selbst kreist. Als er beginnt, ihr erotische Avancen zu machen und sich ihre Jugendwünsche in pervertierter Form zu erfüllen drohen, entschließt sie sich zur Flucht. Sie hinterlässt ihm einen Dankesbrief und setzt, noch ganz unter dem Eindruck der Geschehnisse, im Hotel des nächstgelegenen Ortes ihren Brief an Helene auf.

4. Rezeption und Forschung

Die spät bezahlte Schuld blieb in der Forschung bis auf wenige Ausnahmen unbeachtet. Susi Eisenberg-Bach, die Sturz fälschlicherweise als Sänger bezeichnet, führt diesen Umstand auf die Tatsache zurück, dass die Novelle „unter dem üblichen Niveau des Autors" sei (Eisenberg-Bach 1981, S. 222). Daniela Strigl, die sich mit *Stefan Zweigs Liebe zur Niederlage* auseinandersetzt, nimmt die Zusammenstellung des portugiesischen Bandes *As três paixões* zum Ausgangspunkt, um die darin enthaltene *Schachnovelle* im Kontext der beiden anderen Texte, *Die spät bezahlte Schuld* und *War er es?* (1942), zu analysieren. Zweigs letzte Novellen in Beziehung zu seinen letzten Lebensjahren setzend, zieht sie eine düstere Bilanz: „Peter Sturz [ist] zwar glücklich und die Erzählerin, die ihn glücklich gemacht hat, ist es auch, die Tage des Schauspielers sind aber gezählt." (Strigl 2014, S. 134)

Jean-Pierre Lefebvre diskutiert anhand der französischen Differenzierung von ‚dette' und ‚faute' die verschiedenen Facetten von ‚Schuld' in den Beziehungen der

Figuren. Darüber hinaus erachtet er die Bezugnahme auf Freud – Margaret ist glückliche Gattin eines renommierten Wiener Arztes, die alleine auf Reisen mit einer ‚phantasmatischen' Jugendliebe bzw. einem unterdrückten sexuellen Verlangen konfrontiert wird – als konstitutiv für die Novelle (vgl. Lefebvre 2013, S. 1541).

Die spät bezahlte Schuld wurde 1989 unter gleichlautendem Titel mit Christiane Hörbiger als Margaret und Klausjürgen Wussow als Peter Sturz von Guy Kubli für den Bayrischen Rundfunk verfilmt (→ VI.7.3 VERFILMUNGEN). Bis auf wenige Kürzungen wurde der gesamte Originaltext der Novelle in den Film übernommen. Schließlich war Peter Sturz doch noch eine Rückkehr ans Theater vergönnt: Didier Long adaptierte den Text als *La Dette* in der Saison 2004/2005 für das Pariser Theater Jean-Marie-Serreau mit Magali Noël und Jean-Pierre Bernard in den Hauptrollen (vgl. Lefebvre 2013, S. 1515).

Für die zukünftige Forschung könnten die Relationen zu Zweigs Theaterverständnis von Bedeutung sein: Die Stimme als ‚Sitz der Seele' und Substitut von Persönlichkeit und Identität spielt in der frühen Fassung eine große Rolle. Im Zusammenhang damit könnten etwa Zweigs würdigende Texte über die Schauspieler Josef Kainz und Alexander Moissi diskutiert werden.

Auch Zweigs Texte zum Theater (vgl. Peter/Renoldner 2013, S. 133–154) und die Bedeutung des Dramatischen für ihn könnten mit *Die spät bezahlte Schuld* in Beziehung gesetzt werden. Analog dazu ließe sich das Selbstverständnis des Schauspielers etwa in Relation zu Zweigs *Der verwandelte Komödiant* (1912) untersuchen. Vor diesem Hintergrund wird die Frage nach Zweigs Idealisierung des Schauspielers (wie überhaupt des Prototyps des Künstlers) in seiner Rolle als ‚paradigmatischer Bürger' relevant (vgl. Peter 2013, S. 54f.; Zweig GWE, Die Welt von Gestern, S. 29).

Stefan Zweig

Zweig, Friderike/Zweig, Stefan (2006): „Wenn einen Augenblick die Wolken weichen". Briefwechsel 1912–1942. Hg. v. Jeffrey B. Berlin u. Gert Kerschbaumer. Frankfurt a.M.: S. Fischer.

Zweig, Stefan (1990): Die Stimme. In memoriam Josef Kainz. In: Ders.: Zeiten und Schicksale. Aufsätze und Vorträge aus den Jahren 1902–1942. GWE. Hg. v. Knut Beck. Frankfurt a.M.: S. Fischer, S. 67–75.

Zweig, Stefan (2002[5]): Die spät bezahlte Schuld. In: Ders.: Phantastische Nacht. Erzählungen. GWE. Hg. v. Knut Beck. Frankfurt a.M.: S. Fischer, S. 39–69.

Zweig, Stefan (2005): Briefe. Bd. IV: 1932–1942. Hg. v. Knut Beck u. Jeffrey B. Berlin. Frankfurt a.M.: S. Fischer.

Zweig, Stefan (2007[2]): Abschied von Alexander Moissi. In: Ders.: Das Geheimnis des künstlerischen Schaffens. Essays. GWE. Hg. v. Knut Beck. Frankfurt a.M.: S. Fischer, S. 274–278.

Zweig, Stefan (2007[5]): Die Welt von Gestern. Erinnerungen eines Europäers. GWE. Frankfurt a.M.: S. Fischer.

Zweig, Stefan (2007[2]): Moissi im Gespräch. In: Ders.: Das Geheimnis des künstlerischen Schaffens. Essays. GWE. Hg. v. Knut Beck. Frankfurt a.M.: S. Fischer, S. 268–270.

Zweig, Stefan (2007[2]): Moissis Neubeginn. In: Ders.: Das Geheimnis des künstlerischen Schaffens. Essays. GWE. Hg. v. Knut Beck. Frankfurt a.M.: S. Fischer, S. 271–273.

Zweig, Stefan (2013): Romans, nouvelles et récits. Bd. II. Hg. v. Jean-Pierre Lefebvre. Paris: Gallimard.

Weitere Literatur

Apfelthaler, Vera (2007): Das Theater als europäische Anstalt. Theaterverständnis und kulturelles Kapital bei Stefan Zweig. In: Gelber, Mark H. (Hg.): Stefan Zweig Reconsidered. New Perspectives on his Literary and Biographical Writings. Tübingen: Niemeyer, S. 193–201.

Eisenberg-Bach, Susi (1981): Unbekannter Stefan Zweig. In: Modern Austrian Literature 14/3–4/1981, S. 221–224.

Klawiter, Randolph J. (1991): Stefan Zweig. An International Bibliography. Riverside: Ariadne Press.

Lefebvre, Jean-Pierre (2013): Notices et notes. In: Zweig, Stefan: Romans, nouvelles et récits. Bd. II. Hg. v. Jean-Pierre Lefebvre. Paris: Gallimard, S. 1487–1541.

Peter, Birgit (2013): Leidenschaft und Geist. Utopische Theaterkonzeptionen Stefan Zweigs. In: Dies./Renoldner, Klemens (Hg.): Zweigs Theater. Der Dramatiker Stefan Zweig im Kontext europäischer Kultur- und Theatergeschichte. Würzburg: Königshausen & Neumann, S. 53–63.

Peter, Birgit/Renoldner, Klemens (Hg.) (2013): Zweigs Theater. Der Dramatiker Stefan Zweig im Kontext europäischer Kultur- und Theatergeschichte. Würzburg: Königshausen & Neumann.

Prater, Donald A. (1981): Stefan Zweig. Das Leben eines Ungeduldigen. München, Wien: Hanser.

Strigl, Daniela (2014): Schach und andere Leidenschaften oder Stefan Zweigs Liebe zur Niederlage. In: Renoldner, Klemens (Hg.): Stefan Zweig – Abschied von Europa. Wien: Brandstätter/Theatermuseum, S. 123–135.

Archivbestände

Zweig, Stefan (1935): [Vorstufe zu *Die spät bezahlte Schuld*]. Typoskript, Literaturarchiv Salzburg.

Film

Die spät bezahlte Schuld. D 1990. R & Db: Guy Kubli. Dst: Christiane Hörbiger, Klausjürgen Wussow (60 min).

5.3 Wondrak (erstmals 1990)

Martina Wörgötter

1. Entstehung 300
2. Fragment 301
3. Inhalt 301
4. Rezeption und Forschung 302

1. Entstehung

Entstanden ist das Novellenfragment vermutlich in den ersten Jahren des Ersten Weltkriegs. Einen Datierungshinweis formulieren die Herausgeber des Briefwechsels. In einem Brief an Raoul Auernheimer (undatiert, vermutlich nach dem 16. August 1916) erwähnt Zweig einen „viereckige[n] beschmierte[n] Zettel" (Zweig, Br II, S. 111),

5.3 *Wondrak* (erstmals 1990)

der als Anspielung auf die ab Mai 1916 „zahlreichen Nachmusterungen, denen auch SZ sich zu stellen hatte" (S. 410), gewertet wird. „Aus dieser Stimmung heraus" sei „vermutlich die Fragment gebliebene Erzählung ‚Wondrak' entstanden" (S. 410). Lange Zeit blieb der Text unveröffentlicht, bis er 1990 in den Band *Buchmendel* in die von Knut Beck herausgegebenen *Gesammelten Werke in Einzelbänden* (GWE) aufgenommen wurde, wofür der Herausgeber dem Fragment eigene Wortergänzungen in eckigen Klammern hinzugefügt hat.

2. Fragment

Die in der Werkausgabe publizierte Fassung hat Beck auf der Basis eines nachgelassenen Typoskripts mit handschriftlichen Korrekturen sowie eines Manuskripts (eine erste und zweite Fassung, jeweils mit starken handschriftlichen Selbstkorrekturen, liegen heute im Literaturarchiv Salzburg) erstellt. Wie er in den bibliografischen Angaben erklärt (vgl. Beck 2007, S. 329) und im Text selbst an der entsprechenden Stelle in eckigen Klammern anmerkt (vgl. Zweig GWE, Wondrak, S. 141), orientiert sich die gedruckte Version an der „vermutlich letzte[n] Fassung" des im Nachlass erhaltenen Typoskripts, die Fortsetzung folgt der Handschrift, versehen mit seinen eigenen Wortergänzungen (vgl. S. 141–152).

3. Inhalt

Im Herbst des Jahres 1899 sorgt die Tatsache, dass Ruzena Sedlak einen Sohn geboren hat, in der kleinen südböhmischen Stadt Dobitzan für Erstaunen. Die Mutterschaft ist die Folge einer Vergewaltigung. Eine angeborene Missbildung – weil „die Natur selbst […] ihr […] schon im Mutterleib die Nase eindrückte" (S. 124), erhält sie den Beinamen „Totenkopf" – hat die Frau „unerbittlich aus unbefangener Gemeinschaft der Menschen ausgestoßen" (S. 125), und so lebt sie nun in einem Blockhaus im Wald, „abgelegen von jeder menschlichen Begegnung" (S. 125 f.). Mit ihrem Sohn führt sie das zurückgezogene Leben fort, bis sie eines Tages vom Gemeindeschreiber Karel Wondrak aufgesucht wird. Seine Aufgabe ist es, „die Sedlak an ihre Staatspflichten zu erinnern" (S. 127), und sie aufzufordern, „das Kind taufen und eintragen zu lassen" (S. 130) sowie in die Schule zu schicken. Ruzena Sedlak, „die bislang niemals etwas besessen" (S. 130) hat, fühlt sich bedroht. Das Kind, dem der Name Karel gegeben wird, in die zivile Gesellschaft einzugliedern, bedeutet für sie gleichzeitig, es zu verlieren. Aus Angst, dass ihr der Junge weggenommen werden könnte, willigt sie zunächst in einen Schulbesuch in der Stadt ein, holt Karel aber bald wieder zurück in den Wald, um ihn – in ihrer Nähe – als Holzfäller arbeiten zu lassen. Der Kriegsausbruch im Jahr 1914 hat zunächst positive Auswirkungen: Dem Jungen wird besseres Gehalt bezahlt, und auch sie selbst verdient gut an ihren Eiern und Hühnern (vgl. S. 133). Als man den 18-jährigen Karel schließlich zur Assentierung nach Budweis ruft, wird die Angst, das Kind zu verlieren, wieder virulent. Ruzena versteckt den Sohn und behauptet, man habe ihn bereits „weggeführt nach Budweis" (S. 137). Aufgrund der von Ruzena von Anfang an verabscheuten Registrierungsmaßnahmen gehen die Behörden jedoch weiter davon aus, dass Karel nicht eingerückt ist, und so finden sie schließlich auch das Versteck. Dass Mutter und Sohn durch die Stadt abgeführt werden, löst in der Bevölkerung, die „längst diesen österreichischen Krieg als eine fremde Sache empfand" (S. 149), Bestürzung aus. Ruzena selbst kommt schließlich erst nach letzten Versuchen, Widerstand zu leisten, im Arrest zur Ruhe, im Vertrauen darauf, dass sie sich in unmittelbarer Nähe ihres Sohnes befindet (vgl. S. 152).

Mit diesem Bild endet die Novelle, der im Wesentlichen ein großes Thema eingeschrieben ist: Sowohl das programmatische Oppositionsprinzip, das sich in der Konfrontation von Karel Wondrak und Ruzena Sedlak manifestiert (Zivilisation, Kollektiv und Kontrolle vs. Wildnis, Individualität und Freiheit), als auch die kritische Perspektive auf den Krieg verhandeln das Thema der – individuellen und/oder gesellschaftlichen – Entfremdung.

4. Rezeption und Forschung

Rezeptionsgeschichte und Forschungslage sind im Falle von *Wondrak* sehr bescheiden geblieben. Bemerkenswert ist die Rolle Frankreichs: 1994 erschien eine Übersetzung ins Französische, in einer Anthologie von 1994 (Éditions Belfond, Paris), gemeinsam mit *La scarlatine* (dt. *Scharlach*, 1908), *Fragment d'une nouvelle* (dt. *Widerstand der Wirklichkeit*, erstmals 1987), *La Dette* (dt. *Die spät bezahlte Schuld*, 1942), *Un homme qu'on n'oublie pas* (dt. *Ein Mensch, den man nicht vergißt*, 1939), *Rêves oubliés* (dt. *Vergessene Träume*, 1900) und *Printemps au Prater* (dt. *Praterfrühling*, 1900). Eine französische Rezension von Philippe Marchesi (1995) erschien im Jahr darauf. Es ist außerdem das Verdienst von Jean-Pierre Lefebvres *Pléiade*-Ausgabe (2013), dass *Wondrak* in einem eigenen Kommentar mit den wesentlichen Informationen zur Textgrundlage präsentiert und auf die zentralen Handlungsmotive befragt wird. Lefebvre betont das Motiv der Spannung zwischen Ausschluss und Einschluss, Ruzenas Verhältnis zu einer Gesellschaft, „qui la tient à distance, mais aussi en laisse" (Lefebvre 2013, S. 1381). Ferner stellt er eine intertextuelle Verbindung zur Novelle *Der Zwang* (1920) her, indem er Wondrak, den Beamten des modernen Staats, mit der Figur des Briefträgers vergleicht, dem in ähnlicher Weise die Funktion eines ‚Todesengels' zukommt (vgl. S. 1381). Hinzuweisen ist außerdem auf Iris Himmlmayrs (2014) Lektüre der Novelle *Wondrak* im Kontext von weiteren Texten, in denen der Erste Weltkrieg als prominentes Motiv begegnet: *Episode am Genfer See* (1919), *Der Zwang*, *Ungeduld des Herzens* (1939) und der postum erschienene Romanentwurf *Clarissa* (erstmals 1990). Davon ausgehend wird ein genauer Blick auf die Novelle *Wondrak* als ein frühes literarisches Zeugnis von Zweigs ideologischer ‚Wandlung', der kritischen Revision seiner anfänglichen Begeisterung für den Krieg zugunsten eines intensiven Engagements für pazifistische Ideen im Selbstverständnis einer moralisch-humanistischen Instanz, zum aussichtsreichen Ansatzpunkt für die weitere Auseinandersetzung mit Zweigs literarischem Werk im Verhältnis zu seinen publizistischen Schriften der Zeit.

Der Hinweis auf die Macht der Bürokratie und deren Folgen im Leben der Individuen nimmt das Thema des ‚verwalteten Menschen' (Adorno) vorweg.

Stefan Zweig

Zweig, Stefan (1998): Briefe. Bd. II: 1914–1919. Hg. v. Knut Beck, Jeffrey B. Berlin u. Natascha Weschenbach-Feggeler. Frankfurt a.M.: S. Fischer.

Zweig, Stefan (2007[2]): Wondrak. In: Ders.: Buchmendel. Erzählungen. GWE. Hg. v. Knut Beck. Frankfurt a.M.: S. Fischer, S. 123–152.

Weitere Literatur

Beck, Knut (2007²): Nachbemerkung des Herausgebers. In: Zweig, Stefan: Buchmendel. Erzählungen. GWE. Hg. v. Knut Beck. Frankfurt a.M.: S. Fischer, S. 315–330.
Himmlmayr, Iris (2014): Das Trauma des Ersten Weltkriegs. Einige Beobachtungen zu Stefan Zweigs Prosa. In: Renoldner, Klemens (Hg.): Stefan Zweig – Abschied von Europa. Wien: Brandstätter/Theatermuseum, S. 67–77.
Lefebvre, Jean-Pierre (2013): Notices et notes. In: Zweig, Stefan: Romans, nouvelles et récits. Bd. I. Hg. v. Jean-Pierre Lefebvre. Paris: Gallimard, S. 1345–1442.
Marchesi, Philippe (1995): *Wondrak*. Un cocktail de nouvelles signées Zweig. In: Bulletin de l'Association Stefan Zweig 2/Februar, März/1995, S. 11–17.

5.4 *Widerstand der Wirklichkeit* (erstmals 1987)
Martina Wörgötter

1. Entstehung 303
2. Inhalt 304
3. Rezeption und Forschung 304

1. Entstehung

Wie sich aus dem Briefnachlass rekonstruieren lässt (vgl. Zweig, Br III, S. 142, 214), hat Zweig die Arbeit an der Fragment gebliebenen und postum erschienenen Novelle *Widerstand der Wirklichkeit* vermutlich im Frühjahr 1924 begonnen, jedoch bald wieder aufgegeben, um sie nach mehreren Jahren Unterbrechung erst Ende der 1920er Jahre bzw. in den frühen 1930er Jahren wieder aufzunehmen. Ein Teil der Erzählung ist allerdings bereits 1929 unter dem Titel *Fragment aus einer Novelle* in *Das Buch des Gesamtverbandes Schaffender Künstler Österreichs* (Wien, 1. Jg., 1929) eingegangen und wurde 1961 noch einmal, herausgegeben von Erich Fitzbauer, als *Fragment einer Novelle* im Verlag der Internationalen Stefan Zweig Gesellschaft publiziert. Vollständig veröffentlicht wurde der Text erst 1987 im Band *Brennendes Geheimnis* der von Knut Beck herausgegebenen Werkausgabe, auf der Grundlage des im Nachlass gefundenen, 41 Seiten umfassenden Typoskripts.

Erhalten ist neben dem edierten Typoskript ein 37 Seiten langes Manuskript, auf dem sich nicht nur der von Beck publizierte Titel *Widerstand der Wirklichkeit*, sondern auch ein – durch zwei dünne, schräge Striche – durchgestrichener Untertitel findet: „Die Reise in die Vergangenheit". Dieser wurde für die erste französische Übersetzung, erschienen 2008 bei Grasset als *Le voyage dans le passé*, übernommen. Darüber hinaus enthält das Manuskript eine „gänzlich andere, von Zweig mehrmals überarbeitete, letztendlich verworfene Finalszene der Novelle" (Kerschbaumer 2011, S. 145). Wie anhand dieses Dokuments im Vergleich mit dem edierten Text nachvollziehbar wird, „rang Zweig vergeblich um einen versöhnlichen Schluss der Geschichte" (Renoldner 2013, S. 510).

2. Inhalt

Ein Wiedersehen nach vielen Jahren und die Erinnerungen an eine nicht erfüllte Leidenschaft bilden die Hauptmotive der Novelle *Widerstand der Wirklichkeit*, die Zweig nach der ersten Szene – ein Paar befindet sich in einem „Abendexpress nach Heidelberg" (Zweig GWE, Widerstand der Wirklichkeit, S. 222) – in Form von Rückblenden entwickelt. Im Mittelpunkt steht der aus ärmlichen Verhältnissen stammende, unter großen Entbehrungen, aber dank seines Ehrgeizes zur Diplomierung gelangte Chemiker Ludwig, der in den Dienst des „berühmten Geheimrat[s] G." (S. 223) eintritt. Erst als er das Angebot seines Hausherrn, für einen zweijährigen Einsatz in Mexiko tätig zu sein, annimmt, wird er sich seiner leidenschaftlichen Gefühle für die Dame des Hauses tatsächlich bewusst. Auch sie erkennt in der Situation des Abschieds ihre Zuneigung für den Gast, worauf die Hemmungen fallen und wilde Küsse getauscht werden. „[G]anzer Besitz des geliebten Leibes" ist Ludwig allerdings nicht „vergönnt" (S. 240), aber ein Versprechen: „[W]enn du wiederkommst, wann immer du willst" (S. 241), sagt sie ihm, bevor er abreist. Der Ausbruch des Kriegs in Europa lässt den Briefkontakt zwischen den beiden abbrechen, verhindert auch Ludwigs geplante Rückkehr in die Heimat. Neun Jahre später kommt es zu einem Wiedersehen, nachdem er, mittlerweile verheiratet, den Kontakt wieder aufgenommen und anlässlich eines geschäftlichen Aufenthalts in Deutschland um ein Treffen gebeten hat. Die beiden begegnen einander in freundschaftlicher Vertrautheit, können die alte Leidenschaft aber nicht reaktivieren und so lautet die bittere Erkenntnis: „Alles ist wie früher, nur wir nicht, wir nicht!" (S. 256) Dennoch erinnert Ludwig an das Versprechen von damals, und so gibt die mittlerweile verwitwete Frau ihre Einwilligung zu einer gemeinsamen Zugreise nach Heidelberg, wo das Versprechen eingelöst werden soll. Dort angekommen gerät das Paar allerdings in eine „vaterländische Demonstration der Kriegervereine und Studenten", einen Auflauf „krachend im Paradeschritt" marschierender „militärisch gewandete[r] Männer" (S. 261) mit „Hakenkreuz" und „Reichsbanner im Winde wehend" (S. 262). Dieses „Gedröhn der Wirklichkeit" (S. 263) sorgt dafür, dass es wieder nicht zur Erfüllung der alten Sehnsüchte kommen kann. Das Hotelzimmer ist schäbig, „beschämend" (S. 267) die Situation, weshalb die beiden sich zu einem Spaziergang entschließen. Das Spiel ihrer Schatten, die sich in der Bewegung vereinigen und wieder trennen, beobachtend, erinnert sich Ludwig zweier Verse von Verlaine – übersetzt als „Im alten Park, eisstarrend und verschneit / Zwei Schatten suchen die Vergangenheit" – und erkennt darin den „Schlüssel" der gegenwärtigen Situation, die vergebliche Suche nach einem (gemeinsamen) „Damals, das nicht mehr wirklich war" (S. 270).

3. Rezeption und Forschung

Insofern es sich bei der postum veröffentlichten Erzählung *Widerstand der Wirklichkeit* um ein kaum bekanntes und auch in der Forschung wenig beachtetes Werk von Stefan Zweig handelt, ist seine Stellung im nicht-deutschsprachigen Kontext umso bemerkenswerter. Randolph J. Klawiter (1991) verzeichnet für das Jahr 1964 eine Übersetzung ins Russische unter dem Titel *Fragment odnoi novelly*; die bereits erwähnte erste Übersetzung ins Französische, erschienen 2008 unter dem Titel *Le voyage dans le passé*, löste in Frankreich „eine begeisterte Zweig-Renaissance aus, die, unterstützt von vielen folgenden Veröffentlichungen Zweig'scher Novellen, bis zum heutigen Tag andauert" (Renoldner 2013, S. 511). Auch die Verfilmung *Ein Versprechen. Reise in die Vergangenheit* (F 2013, Regie: Patrice Leconte), in der die Handlung leicht modifiziert wurde, ist ein Zeugnis davon (→ VI.7.3 VERFILMUNGEN). Dementsprechend fallen auch Jean-Pierre Lefebvres *Notices et notes* in der Ausgabe von Gallimard (vgl. Lefebvre 2013, S. 1489–1492), wo die Novelle unter dem Titel *Résistance de la réalité* erschienen ist, relativ umfangreich aus. Wie bereits Beck im Nachwort zur deutschen Erstausgabe von 1987 weist Lefebvre darauf hin, dass die Konzeption der Novelle offensichtlich zeitgleich mit Zweigs Arbeit an seinem Hölderlin-Aufsatz für den Band *Der Kampf mit dem Dämon* (1925) erfolgt sei. Signalwirkung besitzen etwa der für Zweig ungewöhnliche Schauplatz Frankfurt am Main sowie die Zeichnung des Protagonisten Ludwig als ehemaligen Hauslehrer und nunmehr Privatsekretär eines gewissen Geheimrats G. (Hölderlins Hausherr Jakob Gontard?), in dessen – in der Novelle namenlose – Frau (in Anlehnung an Susette Gontard?) sich Ludwig verliebt (vgl. Beck 2002, S. 372; Lefebvre 2013, S. 1489ff.).

Angemerkt wird von Lefebvre außerdem der bereits erwähnte Unterschied zwischen Typoskript und Manuskript hinsichtlich der Gestaltung der finalen Szene. Genauer herausgearbeitet hat dies Gert Kerschbaumer, der weitere formale und inhaltliche Aspekte von Zweigs kaum bekannter Novelle in den Blick nimmt – von der Anachronie in der Handlungsführung über die ambivalente bzw. wechselnde Erzählperspektive bis hin zu einer umfassenden psychosozialen Charakterisierung des Protagonisten und einer Analyse der ‚dramatischen' Figurenkonstellation im Sinne einer „subtile[n] ödipale[n] Triade nach Freudscher Art" (Kerschbaumer 2011, S. 149), wie sie auch Lefebvre konstatiert.

Angesichts des ödipalen Gefüges, in dem die namenlose Protagonistin in ihrer komplexen Zeichnung als erotisch-leidenschaftliche Geliebte und gleichzeitig „bürgerliche Madonna" mit einer „Aura von Mütterlichkeit" (Zweig GWE, Widerstand der Wirklichkeit, S. 228) eine entscheidende Rolle spielt, gewinnt die in der Auseinandersetzung mit Zweigs erzählendem Werk so beliebte wie naheliegende Aufmerksamkeit auf die weiblichen Figuren für *Widerstand der Wirklichkeit* besondere Relevanz. Eine zusätzliche Dimension ergibt sich für diesen von Kerschbaumer und Lefebvre bereits vorbereiteten psychologisierenden Ansatz in der Berücksichtigung der vielschichtigen sozialen Disposition dieser Figur als gesellschaftlich höher gestellte und verheiratete, nicht zuletzt auch um einige Jahre ältere Frau, die sich selbst als dem jungen Liebhaber Ludwig – auch nach Jahren getrennter Lebenswege – wehrlos ergeben erfährt: „[I]mmer habe ich dir gehört" (S. 257) und „nie konnte, nie werde ich dir etwas verweigern" (S. 259), sagt sie und gibt Ludwigs Drängen auf Einlösung des erotischen Versprechens schließlich nach. Damit hinterlässt die Geschichte unterhalb des an der Oberfläche verhandelten Motivs der vergeblichen ‚Suche nach einer verlorenen Zeit' einige Fragen zum *gender*-spezifischen Konzept der Frauenfigur und dessen Bedeutung in der Dynamik der Handlung (→ V.11 GESCHLECHTERBILDER/SEXUALITÄT).

Über derlei inhaltliche Spuren hinaus bleibt insbesondere die Frage, welche Stellung die Erzählung in Zweigs Œuvre einnimmt – als parallel zum Hölderlin-Essay entworfene Arbeit, die erst nach einigen Jahren Unterbrechung wieder aufgenommen wird, für die der Autor selbst jedoch nie eine Veröffentlichung veranlasst hat und die deshalb erst postum erscheinen konnte.

Stefan Zweig

Zweig, Stefan (2000): Briefe. Bd. III: 1920–1931. Hg. v. Knut Beck u. Jeffrey B. Berlin. Frankfurt a. M.: S. Fischer.
Zweig, Stefan (2002³): Widerstand der Wirklichkeit. In: Ders.: Brennendes Geheimnis. Erzählungen. GWE. Hg. v. Knut Beck. Frankfurt a. M.: S. Fischer, S. 221–271.

Weitere Literatur

Beck, Knut (2002³): Nachbemerkung des Herausgebers. In: Zweig, Stefan: Brennendes Geheimnis. Erzählungen. GWE. Hg. v. Knut Beck. Frankfurt a. M.: S. Fischer, S. 365–374.
Kerschbaumer, Gert (2011): *Widerstand der Wirklichkeit/Die Reise in die Vergangenheit*. In: Renoldner, Klemens/Battiston, Régine (Hg.): „Ich liebte Frankreich wie eine zweite Heimat." Neue Studien zu Stefan Zweig/„J'aimais la France comme ma seconde patrie." Actualité(s) de Stefan Zweig. Würzburg: Königshausen & Neumann, S. 145–155.
Klawiter, Randolph J. (1991): Stefan Zweig. An International Bibliography. Riverside: Ariadne Press.
Lefebvre, Jean-Pierre (2013): Notices et notes. In: Zweig, Stefan: Romans, nouvelles et récits. Bd. II. Hg. v. Jean-Pierre Lefebvre. Paris: Gallimard, S. 1487–1541.
Renoldner, Klemens (2013): Nachwort. In: Zweig, Stefan: „Ich habe das Bedürfnis nach Freunden". Erzählungen, Essays und unbekannte Texte. Hg. v. Klemens Renoldner, unter Mitarbeit v. Elisabeth Fritz. Wien u. a.: Styria premium, S. 495–512.

6. Legenden

Für viele Schriftsteller des 20. Jahrhunderts ist die Legende eine attraktive literarische Form. Schon Goethe, Heine, Keller und Hofmannsthal – um nur einige zu nennen – haben Legenden verfasst. Auch Stefan Zweig und seine Zeitgenossen schätzten diese Gattung. In einem Zeitraum von zwei Jahrzehnten (1916–1936) verfasste Zweig fünf Legenden, die sich durch ihre „archaisierende Diktion" (Hildebrand 1979, S. 230) von seinen Novellen unterscheiden.

Vier dieser Texte erschienen zunächst einzeln in Zeitschriften. Alle fünf wurden 1936 im Herbert Reichner Verlag (gemeinsam mit sechs Novellen und sieben *Sternstunden*) zu dem Band *Kaleidoskop* zusammengestellt. Das Kapitel, das die im Folgenden vorgestellten Erzählungen enthält, nennt Zweig „Legenden" – unter diesem Titel gab auch Gottfried Bermann Fischer die Texte 1945 in einem eigenen Band der *Gesammelten Werke* heraus. Knut Beck nimmt sie, mit Ausnahme von *Die gleich-ungleichen Schwestern* (1927), in den Band *Rahel rechtet mit Gott* der *Gesammelten Werke in Einzelbänden* (GWE) auf.

In seinem kurzen Essay *Rückkehr zum Märchen* (1912) schreibt Zweig, jeder, dem die Bibel seit Kindertagen fremd geworden sei, solle die Bücher Esther, Hiob und Ruth als Legenden und als Märchen lesen: „Beseligung und Entdeckung ist in dieser Rückkehr zu den Büchern der Kindheit ein neuer, erhöhter Genuß des Lesens, der gemischt ist aus Unglauben und einem allmählichen Gläubigwerden wider den eigenen Willen." (Zweig GWE, Rückkehr zum Märchen, S. 66) Die Bibel sei „das weiseste und dichterischeste Buch der Welt" (Zweig GWE, Bilder aus Amerika, S. 378) (→ IV.2 Biblische Stoffe und Motive).

Zhang Yan weist darauf hin, dass sich die Legenden durch einige gemeinsame „Besonderheiten" auszeichnen, „wie zum Beispiel die Erzählperspektive, die Haltung des Erzählers, die Zeitraffung und die Figurengestaltung" (Zhang 2015, S. 86). Zweigs Verständnis der Legende „dokumentiert[ ] seine Vorliebe für die stilisierte Vermittlung überzeitlicher Didaxe und seine typische Erzählstrategie, um dem gedrängten Formzusammenhang durch ordnungsstiftende Beziehungen von Lehraussage und Gestaltung Sinn abzugewinnen" (Bier 1995, S. 104).

Stefan Zweig

Zweig, Stefan (2004²): Bilder aus Amerika. In: Ders.: Auf Reisen. Feuilletons und Berichte. GWE. Hg. v. Knut Beck. Frankfurt a.M.: S. Fischer, S. 367–386.
Zweig, Stefan (2006²): Rückkehr zum Märchen. In: Ders.: Begegnungen mit Büchern. Aufsätze und Einleitungen aus den Jahren 1902–1939. GWE. Hg. v. Knut Beck. Frankfurt a.M.: S. Fischer, S. 63–73.

Weitere Literatur

Bier, Jean Paul (1995): Zur Rhetorik des Legendenprinzips im Einsatz gegen den Faschismus. In: Gelber, Mark H./Zelewitz, Klaus (Hg.): Stefan Zweig. Exil und Suche nach dem Weltfrieden. Riverside: Ariadne Press, S. 103–111.
Hildebrand, Alexander (1979): Nachwort. In: Zweig, Stefan: Legenden. Frankfurt a.M.: S. Fischer, S. 229–239.
Zhang, Yan (2015): Die Eigenartigkeit in Legenden von Stefan Zweig. In: Zhang, Yi/Gelber, Mark H. (Hg.): Aktualität und Beliebtheit. Neue Forschung und Rezeption von Stefan Zweig im internationalen Blickwinkel. Würzburg: Königshausen & Neumann, S. 85–93.

6.1 *Die Legende der dritten Taube* (1916)

Christine Berthold/Arturo Larcati

1. Entstehung 307
2. Inhalt 308
3. Rezeption und Forschung 308

1. Entstehung

Anfang Februar 1916 beginnt Zweig während seiner Tätigkeit im Kriegsarchiv mit der Arbeit an seiner ersten Legende. Aus einem Tagebucheintrag vom 7. Februar erfahren wir: „Für mich ist es wieder Anreiz zur Arbeit, obzwar ich meiner Nerven gar nicht mehr sicher bin. Jedesfalls habe ich begonnen meine Novelle zu dictieren" (Zweig GWE, Tb, S. 250). Am 19. Februar vermerkt Zweig die Fertigstellung des Textes (vgl. S. 253), am selben Tag schreibt er an Romain Rolland: „Ich habe für ihn [i.e. Henri Guilbeaux, Hg. der Zeitschrift *Demain*] auch etwas in Vorbereitung" (Rolland/Zweig 1987, S. 238). *Die Legende der dritten Taube* erschien jedoch erst Anfang 1917 in französischer Übersetzung in Charles Baudouins Zeitschrift *Le Carmel*.

Die deutsche Fassung wurde im Dezember 1916 im ersten Jahrgang der Zeitschrift *Der Bildermann*, der Fortsetzung von *Kriegszeit*, veröffentlicht. 1917 wurde das Werk mit Illustrationen von Franz Christophe in die von Emil Kläger herausgegebene Anthologie *Legenden und Märchen unserer Zeit* aufgenommen. Der Herausgeber schreibt im Vorwort, es sei „der Wille dieses Buches, [...] Menschen, die jetzt in angstvollem Dunkel leben", Märchen zu erzählen (Kläger, zit. n. Beck 2007, S. 197).

Ein Blick in die Tagebucheintragungen Stefan Zweigs aus der Entstehungszeit von *Die Legende der dritten Taube* legt nahe, dass der Text als Ausdruck seiner pazifistischen Gesinnung angesehen werden kann (vgl. Zweig GWE, Tb, S. 250 ff.). Zweig setzt sich darin gleichzeitig mit dem Schicksal des jüdischen Volkes auseinander, wie auch in seinem Drama *Jeremias* (1917), an dem er seit 1915 arbeitet (→ III.2.4 JEREMIAS). In diesem Sinne kann die Taube als symbolische Verkörperung der Diaspora begriffen werden, in deren Schicksal sich jenes des jüdischen Volkes wiederholt, das auf keinem Platz der Erde zur Ruhe kommen kann.

2. Inhalt

Nach dem Ende der Sintflut beginnt Noah, Tauben auszusenden, um Land zu suchen. Die erste Taube findet „[n]irgends [...] Rast für ihren Flug" (Zweig GWE, Die Legende der dritten Taube, S. 7) und Noah nimmt sie wieder in die Arche auf. Nach sieben Tagen sendet er abermals eine Taube aus, auch sie kommt wieder zurück, mit einem „Ölblatt im Schnabel" (S. 7). Nach weiteren sieben Tagen schickt Noah die dritte Taube fort, um sicherzugehen, dass sich das Wasser von der Erde zurückgezogen habe: „[Ü]ber Länder und Meere flog sie dahin und ward im Träumen allmählich selber ein schwingender Traum." (S. 8) Weiter heißt es im Text: „Längst hatte sie Noah [...] vergessen und seinen Auftrag, längst vergessen die Wiederkehr. Denn die Welt war ihr nun Heimat geworden und der Himmel ihr eigenstes Haus." (S. 8 f.) Die Taube sucht Rast im „Dickicht des Gezweigs" (S. 9). Sie fühlt sich dort so wohl, dass sie „die Lockung der Ferne" (S. 9) vergisst. Manchmal hört sie von Ferne menschliche Stimmen, „aber sie lauschte ihnen ohne Ängste" (S. 10). Eines Tages wird sie durch furchtbaren Lärm aus ihrem Schlaf geweckt: Es „hub der ganze Wald an zu dröhnen, und es donnerte, als bräche die Erde entzwei. [...] [W]ie einst die Wasser, so schwoll nun das Feuer über die Welt." (S. 10) Kein strafender Gott hat diese neue Katastrophe über die Erde gebracht; es sind die Menschen, die gegeneinander Krieg führen. Die Taube fliegt fort, um nach einem friedlichen Ort zu suchen. Vergebens sucht sie Rast, „immer weiter fraß sich der Brand durch unsere Welt" (S. 10). So wie die Taube keine Ruhe findet, finden die Menschen keinen Frieden, „und wieder harrt wie vor Tausenden [sic] Jahren eine Welt, daß einer die Hand ihr entgegenbreite und erkenne, es sei genug nun der Prüfung" (S. 11).

3. Rezeption und Forschung

Jean Paul Bier betont die „lebendig gewordene[ ], jedoch niemals überlieferte[ ] Tradition des Stoffes". Der auktoriale Erzähler schließe sich „in geheimnisvoller Weise der jahrtausendealten Kette ihrer verborgenen potenziellen Empfänger an. Da ihr Nacherzähler dazu berufen ist, eine laut Peroratio nie verkündete Geschichte trotzdem zu vermitteln, wird seine Stimme geradezu legendarisch." (Bier 1995, S. 105) Zhang

Yan stellt die Legende in einen Zusammenhang mit der hebräischen Erzähltradition und gibt zu bedenken, dass das Motiv der Taube auch auf Zweig selbst bezogen werden könnte: „Die dritte Taube, die vom Kriegsfeuer immer wieder gehetzt wird, und nie mehr einen friedlichen Ort finden kann, symbolisiert den Autor selbst, der im Exil seine innere Heimat für immer verloren hat." (Yan 2015, S. 87)

Stefan Zweig

Rolland, Romain/Zweig, Stefan (1987): Briefwechsel 1910–1940. Bd. I: 1910–1923. Berlin: Rütten & Loening.
Zweig, Stefan (1984): Tagebücher. GWE. Hg. v. Knut Beck. Frankfurt a.M.: S. Fischer.
Zweig, Stefan (2007³): Die Legende der dritten Taube. In: Ders.: Rahel rechtet mit Gott. Legenden. GWE. Hg. v. Knut Beck. Frankfurt a.M.: S. Fischer, S. 1–11.

Weitere Literatur

Beck, Knut (2007³): Nachwort. In: Zweig, Stefan: Rahel rechtet mit Gott. Legenden. GWE. Hg. v. Knut Beck. Frankfurt a.M.: S. Fischer, S. 193–209.
Bier, Jean Paul (1995): Zur Rhetorik des Legendenprinzips im Einsatz gegen den Faschismus. In: Gelber, Mark H./Zelewitz, Klaus (Hg.): Stefan Zweig. Exil und Suche nach dem Weltfrieden. Riverside: Ariadne Press, S. 103–111.
Zhang, Yan (2015): Die Eigenartigkeit in Legenden von Stefan Zweig. In: Zhang, Yi/Gelber, Mark H. (Hg.): Aktualität und Beliebtheit. Neue Forschung und Rezeption von Stefan Zweig im internationalen Blickwinkel. Würzburg: Königshausen & Neumann, S. 85–93.

6.2 Die Augen des ewigen Bruders (1921)

Christine Berthold/Arturo Larcati

1. Entstehung 309
2. Inhalt und Aufbau 310
3. Rezeption und Forschung 311

1. Entstehung

Der Text *Die Augen des ewigen Bruders* entstand in den ersten Monaten des Jahres 1921, noch vor Zweigs Italienreise im selben Jahr. Im Mai erschien er in der *Neuen Rundschau*, die erste Buchausgabe erfolgte 1922 in der „Insel-Bücherei". Das Manuskript widmet Zweig dem niederländischen Psychoanalytiker Frederic van Eeden, das Buch hingegen Wilhelm Schmidtbonn. Handlungsort der Geschichte ist Indien. Nicht nur Hermann Hesse, auch viele andere deutschsprachige und europäische Autoren setzten sich mit der indischen Philosophie und Lebensauffassung auseinander, in der sie eine Alternative zur europäischen, durch den Weltkrieg prekär gewordenen Geistestradition sahen. „Es ist nicht Zufall", schrieb Zweig am 13. Dezember 1922 an Hesse, „daß wir beide in einer Legende aus der indischen Welt in derselben Stunde ähnliche Erkenntnisse abwandelten" (Hesse/Zweig 2006, S. 116). Trotz ihrer sehr verschiedenartigen Naturen gebe es zwischen *Siddhartha* (1922) und Zweigs Legende

„ein merkwürdiges Zusammengehen in der Ferne" (S. 116). Hesse selbst hatte in einem Brief vom 27. November 1922 die „brüderlich[e]" Verwandtschaft zwischen den Texten erkannt (S. 115).

Zweigs Interesse für Indien geht auf eine Reise zurück, die er 1908/1909 unternommen hatte. In seinen Berichten und Erinnerungen verhehlt er seine von erschreckenden Bildern und Eindrücken ausgelöste Erschütterung nicht. In dem Essay *Die Stadt der tausend Tempel* (1909) findet er vor allem in der Religiosität der Bevölkerung den „erhabene[n] Zauber von Benares", und nur mit Hilfe der indischen Literatur – „[m]an muß sich unwillkürlich an die Legendengeschichten der indischen Bücher erinnern" (Zweig GWE, Die Stadt der tausend Tempel, S. 117) – gelingt es ihm, die kulturelle Distanz zu überwinden.

Die Legende *Die Augen des ewigen Bruders* ist ein Denkmal der Gewaltlosigkeit, mit Zweigs Worten „[e]in Glaubensbekenntnis" (Rolland/Zweig 1987, S. 709). In einem unveröffentlichten Brief an Hans Rosenberg vom 6. November 1922 schreibt Zweig: „Wo ich bin, sagt Ihnen vielleicht am besten jene Legende ‚Die Augen des ewigen Bruders', die in der Inselbücherei jetzt erscheint: zwar auch sie endet mit einer Frage. Aber alle Gewissheit ist tot" (Archiv der National Library Jerusalem).

Der Text steht möglicherweise in Zusammenhang mit Zweigs Begegnung mit Rabindranath Tagore, den er im Juni 1920 bei dessen Aufenthalt in Salzburg auf Vermittlung Kurt Wolffs betreute. Zweig liest Tagores philosophisches Werk *Sādhanā* (1921), das unter dem Titel *Der Weg der Vollendung* in deutscher Übersetzung erscheint. Seine Begeisterung spiegelt sich in einer Rezension des Buches wider, für die er eine außergewöhnliche Form wählt. Es handelt sich um einen Dialog zwischen einem jungen und einem älteren Schriftsteller: Der jüngere steht dem Inder eher kritisch gegenüber, der ältere hingegen verteidigt den großen literarischen Erfolg Tagores und zollt ihm bedingungslos Bewunderung:

[D]as Problem der Gewalt, das der Macht und das des Besitzes [ist] von keiner Nation so eigenartig, so tief und so menschlich betrachtet worden [...] [,] wie von den Indern. Hier finden wir unsere aktuelle Problematik mit einer ganz selbstverständlichen Entschiedenheit beantwortet, und der ganze Wahnsinn unserer [...] Kriegswut und unseres Nationalismus wird erst recht klar, wenn wir ihn [...] aus der Hemisphäre eines andern Denkens und Fühlens übersichtlich betrachten. (Zweig GWE, Rabindranath Tagores ‚Sadhâna', S. 181)

2. Inhalt und Aufbau

Zweig stellt der Legende als Motto zwei gekürzte Zitate aus dem religionsphilosophischen Gedicht *Bhagavad-Gita* voran, auf das er möglicherweise von Tagore hingewiesen wurde (vgl. Beck 2007, S. 198). „Was ist denn Tat? was ist Nichttun? – Das ist's, was Weise selbst verwirrt." (Zweig GWE, Die Augen des ewigen Bruders, S. 12) Diese Verse aus dem dritten und vierten Gesang fragen nach der Dialektik und Ambivalenz zwischen Handeln und ‚Nicht-Tun', dem zentralen Konflikt der Hauptfigur der Legende Zweigs.

Virata dient seinem König treu und ergeben. Er ist ein tapferer Krieger und steht dem König zur Seite, als dieser eine Rebellion niederschlagen muss. Unter den Gefallenen findet Virata jedoch seinen eigenen Bruder, den er selbst, ohne es bemerkt zu haben, getötet hat, und der ihn mit den „offenen Augen des Erschlagenen" anstarrt:

„[I]hre schwarzen Kugeln bohrten sich ihm bis ins Herz." (S. 16) Virata kann dieses Bild von nun an nicht mehr vergessen: „Der Unsichtbare hat mir ein Zeichen gesandt, und mein Herz hat es verstanden. Ich erschlug meinen Bruder, auf daß ich nun wisse, daß jeder, der einen Menschen erschlägt, seinen Bruder tötet." (S. 19) In diesem Sinn beginnt Virata nun sein Leben radikal zu ändern.

Mit der Ernennung Viratas zum obersten Richter beginnt die zweite Episode der Legende. Virata übt dieses neue Amt mit äußerster Gewissenhaftigkeit aus. Nie fällt er ein Todesurteil. Nach sechs Jahren verurteilt Virata einen elffachen Mörder nicht zum Tode, seinen Prinzipien gemäß verhängt er eine schwere Strafe. Der Verbrecher akzeptiert den Richterspruch nicht: „Weh dem, der mißt mit dem Maße der Willkür, weh dem Unwissenden, der meint, er wisse um das Recht." (S. 25) Plötzlich erkennt Virata, dass niemand das Recht habe, über einen anderen zu urteilen. Er erbittet sich eine Auszeit, um den Weg zur Wahrheit zu finden, steigt in den Kerker zu dem Verurteilten hinab und übernimmt seinen Platz in der Zelle: „Ich kann nicht mehr wahrsprechen, seit ich weiß: keiner kann keines Richter sein. Es ist Gottes, zu strafen, und nicht der Menschen, denn wer an Schicksal rührt, fällt in Schuld." (S. 34)

In der dritten Episode zieht sich Virata in seine Heimat und in die Meditation zurück. Als seine Söhne gegen seinen Befehl, einen Sklaven frei zu lassen, rebellieren, verlässt er sein Haus. Viratas Ethik der Gewaltlosigkeit ist nicht mit der Lebenswelt seiner Familie vereinbar. Daher zieht er sich in der vierten Episode in die Einsamkeit des Waldes zurück. Eines Tages kommt ein Jäger in die Nähe seiner Hütte und erzählt den Menschen im Dorf von dem Weisen Virata, der ganz in der Kontemplation lebe. Daraufhin verlassen viele Menschen wie er ihre Familien. Virata trifft auf eine Frau, die ihm vorwirft, schuld am Tod ihrer Kinder zu sein. Ihr Mann habe sie verlassen, um seinem Vorbild zu folgen, und die Familie sei verarmt. Virata kommt zu dem Schluss: „[A]uch der Untätige tut eine Tat, die ihn schuldig macht auf Erden, auch der Einsame lebt in allen seinen Brüdern." (S. 51) Von nun an will Virata ein einfacher Diener sein, denn nur „wer dient, ist frei" (S. 53). Der König bietet ihm den niedrigsten Dienst an, den er zu vergeben hat: die Stelle eines Hundeaufsehers im Palast. Dort endet Viratas Leben, vergessen von allen.

3. Rezeption und Forschung

Die Augen des ewigen Bruders erzielte zu Lebzeiten Zweigs eine hohe Auflagenzahl und erreichte ein breites Publikum, der Text wurde in zahlreiche Sprachen übersetzt (vgl. Klawiter 1991). Friderike Zweig weist auf die Entstehungszeit der Legende nach dem Ersten Weltkrieg hin und berichtet von Zweigs Sorge, dass auf der feindlichen Seite der Front sein Freund Alberto Stringa stehen könne, der als Artillerieoffizier des italienischen Heeres an der Südfront auf seine österreichischen ‚Brüder' schießen musste (vgl. F. Zweig 1948, S. 88).

Gabriella Rovagnati nennt das zentrale Thema der Legende eine „Auslegung des ewigen Dilemmas von vita activa und vita contemplativa" (S. 124). Sie erkennt darin einen Schlüsseltext für Zweigs Versuch einer intellektuellen Selbstdefinition und betont die „Sonderstellung in Zweigs Werk" (Rovagnati 1998, S. 123). Rovagnati stellt den Text zudem in einen Zusammenhang mit jenen Aufsätzen und Novellen, die in den Kriegsjahren entstanden. Virata sei ein „Nachfolger von *Jeremias*", das „indische Ambiente" sei für diese Geschichte „eher unerheblich" (S. 123). Zweig bekenne offen,

„daß ihm als Künstler der esoterische Elfenbeinturm völlig unzulänglich" erscheine „und daß er keine bloß eskapistische Haltung vertreten" wolle (S. 124).

Jean Paul Bier vertritt die These, dass „die buddhistisch verkleidete Leidensgeschichte eines Brudermörders wider Willen, der der eigenen schuldbewußten Verantwortung immer wieder zum Opfer fällt, [...] Stationen eines ausweglosen Martyriums" beschreibe, „das sich der hermeneutischen Selbstverständlichkeit der christlichen Ethik" entziehe (Bier 1995, S. 105). Nikolina Burneva ergänzt die Rezeption der Legende um die Dimension des Dämonischen und vergleicht die Darstellung Viratas mit Zweigs Kleist-Porträt in *Der Kampf mit dem Dämon* (1925) (vgl. Burneva 2008, S. 97).

Zhang Yan gibt zu bedenken, dass der Schluss der Legende „sehr gemischte Empfindungen" auslöse, und betont Zweigs Ambivalenz. Für Zweig sei „die innere Haltung beim Handeln wichtiger als das Handeln selbst: Wenn alles Tun als Opfer und Dienst vollzogen wird, so bleibt der Handelnde frei von den bindenden Wirkungen seines Tuns." (Zhang 2015, S. 89) Er schlägt eine bemerkenswerte Brücke von der Legende zu Zweigs Situation im Exil und stellt Verbindungen zu mehreren Novellen des Autors her (vgl. S. 90). Eine ausführliche Interpretation des Textes, sowohl in Hinblick auf die indische Quellenlage als auch auf die Indien-Rezeption in der deutschen Literatur jener Jahre, findet sich in der Dissertation von Ashwin Manthripragada (2014).

Stefan Zweig

Hesse, Hermann/Zweig, Stefan (2006): Briefwechsel. Hg. v. Volker Michels. Frankfurt a.M.: Suhrkamp.
Rolland, Romain/Zweig, Stefan (1987): Briefwechsel 1910–1940. Bd. I: 1910–1923. Berlin: Rütten & Loening.
Zweig, Stefan (2000): Briefe. Bd. III: 1920–1931. Hg. v. Knut Beck u. Jeffrey B. Berlin. Frankfurt a.M.: S. Fischer.
Zweig, Stefan (2004[2]): Die Stadt der tausend Tempel. In: Ders.: Auf Reisen. Feuilletons und Berichte. GWE. Hg. v. Knut Beck. Frankfurt a.M.: S. Fischer, S. 111–120.
Zweig, Stefan (2007[3]): Die Augen des ewigen Bruders. In: Ders.: Rahel rechtet mit Gott. Legenden. GWE. Hg. v. Knut Beck. Frankfurt a.M.: S. Fischer, S. 12–55.
Zweig, Stefan (2007[2]): Rabindranath Tagores ‚Sadhâna'. In: Ders.: Das Geheimnis des künstlerischen Schaffens. GWE. Hg. v. Knut Beck. Frankfurt a.M.: S. Fischer, S. 179–187.

Weitere Literatur

Beck, Knut (2007[3]): Nachwort. In: Zweig, Stefan: Rahel rechtet mit Gott. Legenden. GWE. Hg. v. Knut Beck. Frankfurt a.M.: S. Fischer, S. 193–209.
Bier, Jean Paul (1995): Zur Rhetorik des Legendenprinzips im Einsatz gegen den Faschismus. In: Gelber, Mark H./Zelewitz, Klaus (Hg.): Stefan Zweig. Exil und Suche nach dem Weltfrieden. Riverside: Ariadne Press, S. 103–111.
Burneva, Nikolina (2008): „Alle verlornen Vergangenheiten...". Über Stefan Zweigs Geschichtsschreibung in *Sternstunden der Menschheit*. In: Birk, Matjaž/Eicher, Thomas (Hg.): Stefan Zweig und das Dämonische. Würzburg: Königshausen & Neumann, S. 90–106.
Manthripragada, Ashwin J. (2014): Constituting a Self through an Indian Other. A Study of Select Works by Stefan Zweig and Hermann Hesse. Berkeley: Diss. Univ. of California.
Rovagnati, Gabriella (1998): „Umwege auf dem Wege zu mir selbst". Zu Leben und Werk Stefan Zweigs. Bonn: Bouvier.
Zweig, Friderike Maria (1948): Stefan Zweig. Wie ich ihn erlebte. Berlin-Grunewald: Herbig.

Zhang, Yan (2015): Die Eigenartigkeit in Legenden von Stefan Zweig. In: Zhang, Yi/Gelber, Mark H. (Hg.): Aktualität und Beliebtheit. Neue Forschung und Rezeption von Stefan Zweig im internationalen Blickwinkel. Würzburg: Königshausen & Neumann, S. 85–93.

6.3 *Rahel rechtet mit Gott* (1927)
Christine Berthold/Arturo Larcati

1. Entstehung 313
2. Inhalt und Aufbau 313
3. Rezeption und Forschung 314

1. Entstehung

Die Legende *Rahel rechtet mit Gott* erscheint 1927 im Märzheft der *Neuen Rundschau*. Gerhard Langer (2009) berichtet, dass Zweig darin zwei traditionelle jüdische Erzählungen verknüpft: Midrasch Klagelieder Rabba Peticha 24 und Midrasch Genesis Rabba 70. Im Midrasch Peticha 24 wird berichtet, wie angesichts der Zerstörung des Tempels und der Exilierung Israels Gott selbst von Entsetzen gepackt ist, weil er Israel nicht schützte und es den Feinden überließ. Als Rahel sich an Gott wendet und die Verbannung ihrer Kinder anklagt, zeigt Gott doch noch sein Mitleid mit ihr (vgl. Langer 2009, S. 61 f.). Im zweiten Midrasch wird die Liebes- und Leidensgeschichte Rahels geschildert, die zweimal sieben Jahre auf ihren Bräutigam Jakob warten muss. Zweig kürzt die Geschichte und schildert den Protest und das Unverständnis Rahels gegenüber Gott, der sein Volk vernichten will.

Zweig selbst schreibt in einem Brief vom 27. Februar 1926 an Emil Bernhard Cohn, dass er stark von dessen *Legenden* (1925) beeinflusst worden sei: „Ich weiß von neuen Legenden kaum ein Buch, daß [sic] stärker auf mich gewirkt hätte" (Zweig, Br III, S. 153). Er verweist in diesem Brief auch auf die Legenden Martin Bubers. Wie sehr ihn Cohns Legenden anregten, belegt die folgende Aussage: „Sie wissen gar nicht, wie sehr Ihr Buch mich versuchte, mich mit Ihnen zu messen" (S. 154). Er plane, so Zweig, ein Legendenbuch, in dem sich biblisch-christliche und buddhistische Welt begegnen, das Alte Testament und eine Legende „zwischen Heidentum und Christentum" (S. 154).

2. Inhalt und Aufbau

Das „wetterwendische Volk zu Jerusalem" (Zweig GWE, Rahel rechtet mit Gott, S. 56) hat erneut den geschworenen Bund vergessen und den Götzen geopfert. Als Gott dies sieht, bekommen alle – die Lebendigen und auch die Toten – seinen „Ingrimm[ ]" (S. 56) zu spüren: Er beschließt das Ende der Welt. Die Väter und Urväter bemühen sich, Gott zu beruhigen und die Rache abzuwenden, doch Gott ist unerbittlich, und den „Männern [wird] der Mut genommen" (S. 58). Rahel, die Erzmutter Israels, hatte „Gottes Zornwort vernommen, und die Tränen rannen ihr nieder, da sie ihrer Kindeskinder gedachte. [...] Kniend erhob sie [...] ihr Wort" (S. 58). Rahel erzählt von ihrem Leidensweg und ihrer Liebesgeschichte, insbesondere davon, dass sie, auf besonderen Wunsch des Vaters (und im Namen Gottes), auf Jakob verzichtete und ihn ihrer erstgeborenen Schwester Lea überlassen hatte (vgl. S. 62 ff.). Mit Vehemenz ‚rechtet Rahel mit Gott': „[M]erke es, Gott: wir alle, die wir nur Menschen sind, arm und vergänglich, wir bezwangen das Böse des Neidens – du aber, du Allmächtiger, der alles erschaffen und alles erschöpft, du, aller Wesen Anbeginn und Übermaß, du, dem alles Meer ward, des wir nur Tropfen haben – du wolltest dich nicht erbarmen?" (S. 71) Gott erhört Rahel, denn er liebt sie, „die Leugnerin seines Wortes[,] mehr [...] um ihres Glaubens Unmaßes und Ungeduld willen denn die Diener, die frommen seines Worts, um ihrer Hörigkeit" (S. 72).

Der Text ist in eine Rahmenerzählung und eine Binnengeschichte gegliedert. Rahel widersetzt sich dem Vorhaben Gottes, das jüdische Volk zu bestrafen, und fordert ihn auf, Barmherzigkeit walten zu lassen. Um ihrer Forderung Nachdruck zu verleihen, erzählt sie ihre eigene Geschichte. Rahel ist der Überzeugung, ihr Schicksal gebe ihr das Recht, von Gott Gnade für das Volk Israel einzufordern. Im Vordergrund stehen dabei nicht so sehr die Verfehlungen der Menschen, sondern Rahels eigenes Verhalten, an dem Gott sich ein Vorbild nehmen soll. Gelang es ihr als einfacher Frau ihren Zorn zu zähmen, wie viel mehr erwartet man es von Gott – „denn so dein Erbarmen nicht ohne Ende ist, [...] bist du selber unendlich nicht – *dann – bist – du – nicht – Gott*" (S. 71, Herv. i. O.). Rahel ist fest entschlossen, Gott nicht mehr anzuerkennen, wenn er ihr und ihrem Volk nicht den Beweis erbringt, dass er ein Gott der Liebe ist. Tatsächlich verschont Gott sein Volk, Rahel siegt.

3. Rezeption und Forschung

Zweig befasste sich bereits zehn Jahre vor Veröffentlichung der Rahel-Legende mit dem Wirken des alttestamentarischen Gottes, als er *Die Legende der dritten Taube* (1916) und den Essay *Der Turm zu Babel* (1916) schrieb. Der zentrale Unterschied zu diesen früheren Texten ist aber, dass Gott nun bedingungslos auf die an ihn gestellte Forderung eingeht – sehr im Gegensatz zu dem göttlich-apokalyptischen Strafgericht, das Gott in *Jeremias* abhält (→ III.2.4 JEREMIAS). Volker Henze meint, dass die Rahel-Legende „zu der Vermutung Anlass gibt, dass Zweig darin [...] eine seltsame paradoxe Absicht verfolgt, nämlich Gott auf einen Begriff festzulegen, der diesen letztlich verneint, aber seinen Idealen von Synthese und Vermittlung entspricht" (Henze 1988, S. 253). In der Parabel komme Zweigs Wunsch zum Ausdruck, das Judentum auf allgemein ethische Prinzipien zurückzuführen, „die unter gar keinen Umständen für irgendjemand anstößig wirken könnten" (S. 253). Joseph Strelka unterstreicht das ambivalente Verhältnis Zweigs zum Judentum (→ V.8 JUDENTUM UND JÜDISCHE IDENTITÄT): „Es steckt in dieser Legende zumindest ein gewisses Schuldgefühl, von der jüdischen Religion abgefallen zu sein, und zugleich damit eine Identifizierung mit dem Schicksal des jüdischen Volkes." (Strelka 1981, S. 67) Henze hingegen fokussiert sich in seiner Interpretation der Legende auf den Aspekt der Barmherzigkeit des üblicherweise rachsüchtigen und strafenden alttestamentarischen Gottes (→ IV.3 MYTHOS).

Stefan Zweig

Zweig, Stefan (2000): Briefe. Bd. III: 1920–1931. Hg. v. Knut Beck u. Jeffrey B. Berlin. Frankfurt a.M.: S. Fischer.

Zweig, Stefan (2007³): Rahel rechtet mit Gott. In: Ders.: Rahel rechtet mit Gott. Legenden. GWE. Hg. v. Knut Beck. Frankfurt a.M.: S. Fischer, S. 56–73.

Weitere Literatur

Bernhard, Emil (Pseud. für Emil Bernhard Cohn) (1925): Legenden. München: Georg Müller.
Henze, Volker (1988): Jüdischer Kulturpessimismus und das Bild des Alten Österreich im Werk Stefan Zweigs und Joseph Roths. Heidelberg: Winter.
Langer, Gerhard (2009): Stefan Zweig und die jüdische Religion. In: Brügge, Joachim (Hg.): „Das Buch als Eingang zur Welt". Würzburg: Königshausen & Neumann, S. 39–66.
Strelka, Joseph (1981): Stefan Zweig. Freier Geist der Menschlichkeit. Wien: Österreichischer Bundesverlag.

6.4 *Die gleich-ungleichen Schwestern* (1927)
Lina Maria Zangerl

1. Entstehung und Ausgaben 315
2. Inhalt 316
3. Stoff und Motive 316
4. Forschung und Forschungsperspektiven 317

1. Entstehung und Ausgaben

Als *Kleine Legende von den gleich-ungleichen Schwestern* erschien der Text erstmals am 17. April 1927 in der *Neuen Freien Presse*. Der Titel verweist auf den Entstehungszusammenhang der später sowohl in Legenden- als auch Novellensammlungen erschienenen Erzählung: Angeregt durch einen Band Emil Bernhard Cohns plante Stefan Zweig Anfang 1926 „selbst ein größeres Legendenbuch", für das er „eine Legende, die zwischen Heidentum und Christentum spielt, im Stile des Dekameron (und des Anatol[e] France)" (Zweig, Br III, S. 154) vorgesehen hatte. Das Buchprojekt wurde nicht umgesetzt und *Die gleich-ungleichen Schwestern* in revidierter Fassung, versehen mit dem Untertitel *Eine ‚conte drôlatique'*, erst zehn Jahre später im Band *Kaleidoskop* der sogenannten Gesamtausgabe des erzählerischen Werks im Reichner Verlag erneut publiziert (vgl. Beck 2007, S. 205). In der postum 1945 im Bermann-Fischer Verlag erschienenen Sammlung von Zweigs *Legenden* ist das Werk ebenfalls zu finden. 1967 erschien es außerdem in der von Marcel Reich-Ranicki herausgegebenen Anthologie *Notwendige Geschichten 1933–1945*. Knut Beck hat den Text für die *Gesammelten Werke in Einzelbänden* (GWE) in den 1983 erschienenen Band *Verwirrung der Gefühle* aufgenommen.

2. Inhalt

Dem Ich-Erzähler der Rahmenhandlung wird in einer nicht genannten südländischen Stadt von einem Einheimischen die Legende zu einem prächtigen Bauwerk mit zwei baugleichen Türmen erzählt: Herilunt, Langobarde und Anführer der Reiterei im Herr des König Theodosius, heiratet in der damaligen Hauptstadt Aquitaniens eine schöne Krämerin und zieht mit ihr in einen Palast. Der hochmütige Krieger muss bald wieder fort und wird nach einem von ihm angeführten Aufstand gegen den König auf der Flucht erschlagen. Zeitgleich bringt seine Frau ein Zwillingspaar auf die Welt. Als Witwe des Rebellen verliert sie ihren Reichtum und lebt mit den Töchtern Helena und Sophia wieder als arme Krämerin. Die äußerlich nicht zu unterscheidenden Mädchen, die von der Mutter die Schönheit und vom Vater den übertriebenen Ehrgeiz geerbt haben, sind mit ihrem niedrigen Stand unzufrieden. So flieht Helena eines Nachts mit einem adeligen Jüngling aus der Stadt und lebt fortan als reiche Hetäre im väterlichen Palast, den ein Buhler für sie zurückgekauft hat. Sophia, die ihre Schwester insgeheim beneidet, konkurriert mit Helena um Anerkennung. Als Novizin tritt sie in einen Orden ein und kümmert sich als Buße für das lasterhafte Leben ihrer Schwester um die Aussätzigen. In der Stadt stiftet die Gleichgestaltigkeit der Wollüstigen und der Tugendhaften Verwirrung unter den Männern. Der fortwährende Wettstreit zwischen Helena und Sophia gipfelt schließlich in einer geschickt eingefädelten Probe der Hetäre, die ihre Schwester den Verführungskünsten des schönen Jünglings Sylvander aussetzt. Sophia, die auf ihre Tugendhaftigkeit setzt, kann der Versuchung nicht widerstehen. Nach der sündhaften Nacht lebt sie mit Helena versöhnt als Hetäre im Palast, bis die Schwestern im fortgeschrittenen Alter ihren großen Reichtum dem örtlichen Pflegeheim spenden und ihren Lebensabend in einem Kloster verbringen. Ein eindrucksvolles neues Siechenhaus mit zwei Türmen wird errichtet, die im Volk ‚die Schwestern' genannt werden.

3. Stoff und Motive

Mit dem *Decamerone* und Anatole France hat Zweig zwei Vorbilder für diese Erzählung mit komischem Charakter genannt. Eine weitere Referenz findet sich im Untertitel, der auf die *Tolldreisten Geschichten* Honoré de Balzacs anspielt. Friderike Zweig hält dazu fest: „Um sich gleichsam für profaneren Stoff zu entschuldigen, hat Stefan Zweig unter den Titel der Legende ‚Die gleich-ungleichen Schwestern' die Bezeichnung: Conte drolatique gesetzt." (F. Zweig 1948, S. 137) Die Legende *Die gleich-ungleichen Schwestern* könnte man als ein weltlich-humoristisches Pendant zu Zweigs übrigen Legenden verstehen. Die Begegnung mit einem weinseligen Erzähler (vgl. Zweig GWE, Die gleich-ungleichen Schwestern, S. 116) bildet den novellistischen Rahmen für die Legende, für deren „historische Wahrhaftigkeit" (S. 117) der Ich-Erzähler sich nicht verbürgen will.

Das Motiv der Zwillinge ist der Kern der Binnenerzählung. Die physische Doppelung der Frauen, die „so zwiefach ähnlich einander in Gestalt und Anmut der Rede [waren], daß man vermeinte, hier blicke als lebendiger Spiegel ein liebliches Bild das andere an" (S. 119), bildet den Ausgangspunkt für die sich im Laufe der Handlung entwickelnde Polarität der moralischen Positionen. Die Gleichgestaltigkeit der Schwestern und ihr diametral entgegengesetzter Lebenswandel führen zu einem „unsinnig aufreizende[n] Spiel der Verwechslung" (S. 129), das auch das männliche Begehren potenziert: „So füllt und erfüllt kein Verlangen jemals den männlichen Zwiespalt, der ewiges Widerspiel will zwischen Fleisch und Geist: hier aber hatte ein spaßender Teufel den Knoten noch doppelt geschürzt, denn die Buhlerin und die Fromme, Helena und Sophia, erschienen äußerlich dermaßen als ein und derselbe Leib, daß man die eine von der anderen nicht unterscheiden konnte und keiner mehr richtig wußte, welche er eigentlich begehrte." (S. 128) Fleisch und Geist werden allegorisch durch die beiden Schwestern verkörpert, deren Namen ‚Helena' und ‚Sophia' schon auf diese Dichotomie verweisen. Der Gegensatz als handlungstreibendes Moment wird im Text auch wiederholt über ‚Gott' und ‚Teufel' aktualisiert (vgl. S. 127f., 131, 139), wobei der Teufel entsprechend der mündlichen Erzählsituation der Binnenhandlung als christliches Symbol in Sprichworten und Volksweisheiten auftaucht (vgl. S. 138, 141). Elemente des Heidnischen wiederum finden sich in Form zahlreicher Anspielungen auf Figuren der griechischen und römischen Mythologie, wie etwa die Dioskuren (vgl. S. 126), Lukretia (vgl. S. 139) sowie die Götter Apoll (vgl. S. 137) und Eros (vgl. S. 134, 139). Am Höhepunkt der Erzählung siegt „das allzeit willige Fleisch über den schwanken und selbstherrlichen Geist" (S. 140): Sophia gibt sich dem schönen Sylvander hin, dessen Name einen nächtlichen Dämon und sodann Balzacs ‚Conte drôlatique' *Le Succube* assoziieren lässt. Die christliche Buße für das frevelhafte Leben bleibt jedoch nicht aus. Die Spende des erwirtschafteten Vermögens an das Siechenhaus und der Eintritt der gealterten Frauen ins Kloster stellten das moralische Gleichgewicht wieder her.

4. Forschung und Forschungsperspektiven

Ob *Die gleich-ungleichen Schwestern* nun als Novelle oder Legende einzuordnen ist, wird in der Forschung unterschiedlich beurteilt. Knut Beck nennt den Text „im eigentlichen Sinn [...] keine Legende" (Beck 2007, S. 205), während Gabriella Rovagnati feststellt, dass er „ursprünglich den Legenden an[gehörte]" (Rovagnati 1998, S. 52) und zumindest „der Legende sehr nahesteht" (Rovagnati 1998, S. 129). Jean Paul Bier behandelt *Die gleich-ungleichen Schwestern* als Teil der 1936 im Band *Kaleidoskop* erschienenen Legenden und erkennt den „geheime[n] Fluchtpunkt" der Erzählung im „Zweigsche[n] Thema von der Trauer um die europäische Einheit" (Bier 1995, S. 110). In den moralischen Positionen der Schwestern sieht er eine Analogie zur Teilung des Römischen Reiches unter dem von den italienischen Faschisten gefeierten letzten Kaiser Theodosius I. (vgl. S. 110). Auch für Jean-Pierre Lefebvre handelt es sich bei der Geschichte um einen pseudohistorischen Stoff zwischen Ende des Römischen Reichs und Hochmittelalter, es geht ihm aber in seinem Nachwort zur französischen *Pléiade*-Ausgabe vor allem um den Austausch der Hetäre gegen die Jungfrau, den er als Ausdruck des männlichen erotischen Begehrens begreift (vgl. Lefebvre 2013, S. 1408f.). Ingrid Spörk bemerkt, dass die Frauen der Erzählung „wie selbstverständlich über ihren Körper definiert" seien, und hält fest, Zweig schildere „ein kühl kalkulierendes, dämonisiertes Frauenbild" (Spörk 2008, S. 145f.). In anderen Abhandlungen zu Zweigs Frauenfiguren wird der Text nicht berücksichtigt, obwohl eine Analyse vor allem auch aus Perspektive der Gender Studies aufschlussreich sein könnte (→ V.11 GESCHLECHTERBILDER/SEXUALITÄT). Françoise Wuilmart weist auf die historisierende Sprache des Textes hin (vgl. Wuilmart 2013, S. 1005). Sie deutet Gleichheit und Polarität der Schwestern psychoanalytisch im Sinne eines Identitätskonflikts des

Autors (vgl. S. 1003 ff.). *Die gleich-ungleichen Schwestern* findet in anderen Publikationen zur Psychoanalyse bei Zweig keine Erwähnung. Besonders eine Untersuchung der Erzählung unter Berücksichtigung der Schriften Sigmund Freuds und C. G. Jungs schiene jedoch vielversprechend.

Stefan Zweig

Zweig, Stefan (2000): Briefe. Bd. III: 1920–1931. Hg. v. Knut Beck u. Jeffrey B. Berlin. Frankfurt a. M.: S. Fischer.
Zweig, Stefan (2004[5]): Die gleich-ungleichen Schwestern. In: Ders.: Verwirrung der Gefühle. Erzählungen. GWE. Hg. v. Knut Beck. Frankfurt a. M.: S. Fischer, S. 116–144.

Weitere Literatur

Beck, Knut (2004[5]): Nachbemerkung des Herausgebers. In: Zweig, Stefan: Verwirrung der Gefühle. Erzählungen. GWE. Hg. v. Knut Beck. Frankfurt a. M.: S. Fischer, S. 357–372.
Beck, Knut (2007[3]): Nachbemerkung des Herausgebers. In: Zweig, Stefan: Rahel rechtet mit Gott. Legenden. GWE. Hg. v. Knut Beck. Frankfurt a. M.: S. Fischer, S. 193–209.
Bier, Jean Paul (1995): Zur Rhetorik des Legendenprinzips im Einsatz gegen den Faschismus. In: Gelber, Mark H./Zelewitz, Klaus (Hg.): Stefan Zweig. Exil und Suche nach dem Weltfrieden. Riverside: Ariadne Press, S. 103–111.
Lefebvre, Jean-Pierre (2013): *Les deux sœurs*. Notices et notes. In: Zweig, Stefan: Romans, nouvelles et récits. Bd. I. Hg. v. Jean-Pierre Lefebvre. Paris: Gallimard, S. 1408–1409.
Rovagnati, Gabriella (1998): „Umwege auf dem Wege zu mir selbst". Zu Leben und Werk Stefan Zweigs. Bonn: Bouvier.
Spörk, Ingrid (2008): „Ich spürte, wie das Dämonische ihres Willens in mich eindrang". Fatale Liebesbeziehungen bei Stefan Zweig. In: Birk, Matjaž/Eicher, Thomas (Hg.): Stefan Zweig und das Dämonische. Würzburg: Königshausen & Neumann, S. 143–156.
Wuilmart, Françoise (2013): *Les sœurs (dis)semblables*. Présentation. In: Zweig, Stefan: La confusion des sentiments et autres récits. Hg. v. Pierre Deshusses. Paris: Laffont, S. 1003–1006.
Zweig, Friderike Maria (1948): Stefan Zweig. Wie ich ihn erlebte. Berlin-Grunewald: Herbig.

6.5 *Der begrabene Leuchter* (1937)

Christine Berthold/Arturo Larcati

1. Entstehung 318
2. Inhalt und Aufbau 319
3. Rezeption und Forschung 320

1. Entstehung

Am 15. April 1936 schreibt Stefan Zweig an seinen New Yorker Verleger Ben Huebsch: „Und schon arbeite ich an einer andern Sache, einer biblischen Legende, und an Plänen fehlt es nicht. Alles Biographische lasse ich nur bewußt vorläufig beiseite, um wieder dem Epischen zu dienen." (Zweig, Br IV, S. 158) Joseph Roth berichtet er im Mai 1936 in mehreren Briefen von seiner Arbeit an *Der begrabene Leuchter*: „Ich arbeite auch an jener Novelle. Es ist viel mehr [sic] eine Legende, eine jüdische, von mir über eine ganz schmale historische Grundlage hoch und breit gebaut. Ich glaube sie wird gut, so schwer ich solches auch ausspreche. Im Stilistischen bin ich nicht ganz sicher. Da brauche ich Ihre Nachschau." (Roth/Zweig 2011, S. 315f.) Im Juli 1936 hatte Roth Zweig, wie schon in anderen Fällen, in Ostende als kritischer Kommentator zur Seite gestanden. Auf diese Kooperation weist auch Volker Weidermann hin, wenn er anmerkt, dass Zweig der Abschluss der Legende schwergefallen sei und Roth ihm dabei geholfen habe, ein geeignetes Ende zu finden (vgl. Weidermann 2014, S. 119f.). Am 2. August 1936 tritt Zweig eine Vortragsreise nach Brasilien an und teilt Hans Carossa mit: „Ich habe jetzt wieder Prosa geschrieben, eine größere Legende und will weiter im Novellistischen, mich vielleicht sogar an einen Roman wagen; die letzten Jahre waren innerlich zu unruhig und die Beschäftigung mit dem Historischen eine Art Flucht vor der Zeit." (Zweig 1984, S. 275) Er hatte also die Legende schon im Gepäck, denn am 26. August 1936 las er sie in geschlossenem Kreis für Flüchtlinge. In seinem Tagebuch lesen wir: „1200 Leute überfüllen den großen Saal, es ist rührend, wie dankbar und begeistert die Menschen sind und ich habe die Genugtu[u]ng über sechstausend Milreis für die Flüchtlinge eingebracht zu haben" (Zweig GWE, Tb, S. 407). Seiner italienischen Übersetzerin Lavinia Mazzucchetti berichtet er am 8. Oktober 1936 aus London: „[F]ür mich war es der Stoff der mich packte, diese wirklich großartige Wanderung eines einzigen Objects [des Leuchters] durch tausend Jahre und dann erst, daß es ein Symbol ist jener Verzweiflung und Richtungslosigkeit eines ganzen Volkes." (Zweig, Br IV, S. 169)

Über die Quellenlage gibt es einige Auskünfte, Harry Zohn vermutet, Zweig habe sich durch Erzählungen aus dem Mittelalter inspirieren lassen (vgl. Zohn 1982, S. 28). Mark H. Gelber listet mehrere unmittelbare Vorlagen für Zweigs Text auf (vgl. Gelber 2014, S. 182ff.). 1936 erscheint *Die jüdische Geschichte* von Emil Bernhard Cohn, die Zweig sicherlich gekannt hat. Die Chronik beginnt mit dem Fall Roms, jenem Ereignis, mit dem auch Zweig seine Legende einsetzen lässt. Den Kriegschroniken des Prokopius, die die Kriege Justinians behandeln, entnahm Zweig das Motiv des Judenschatzes, der von den Eroberern verschleppt wird (vgl. Gelber 1986, S. 104).

Der begrabene Leuchter erschien 1936 im Sammelband *Kaleidoskop* im Herbert Reichner Verlag. Ein Jahr später wurde der Text selbständig, mit Illustrationen von Berthold Wolpe und einer Widmung an Schalom Asch, veröffentlicht. Ein Teil der Legende wurde außerdem in der *Jüdischen Rundschau* vom 19. Januar 1937 publiziert. Die Fortsetzung konnte nicht mehr abgedruckt werden, da die Zeitschrift von den Nationalsozialisten verboten wurde.

In einem nicht veröffentlichten und nicht datierten Brief an seinen italienischen Freund und Übersetzer Enrico Rocca aus dem Jahr 1937 erkundigt sich Zweig, ob dieser eingewilligt habe, den *Begrabenen Leuchter* zu übersetzen. „Habe einfach gedacht, dass diese Legende dir gefallen würde", schreibt Zweig mit Blick auf Roccas jüdische Herkunft (Privatarchiv der Familie Rocca). Zu dieser Übersetzung ist es jedoch nicht gekommen, der Legenden-Band wurde erst 1945 ins Italienische übertragen (vgl. Zweig 1945).

2. Inhalt und Aufbau

Die Legende beginnt unmittelbar vor dem Zusammenbruch des Römischen Reiches 455 n. Chr. mit der Plünderung Roms durch die Vandalen. Detailliert schildert Zweig, wie systematisch die Vandalen ihr Vorhaben ausführten. Der barbarische Akt trifft aber nicht nur die Reichen Roms – als der Kaiser mit seinen Schätzen flüchten will, wird er vom aufgebrachten Volk erschlagen –, sondern jeden, der in der Stadt wohnt; so auch die jüdische Gemeinde. Die Barbaren haben auch die Menorah – den heiligen Leuchter – entdeckt, der einst im Tempel Salomons stand. Verzweifelt beschließt man, den Leuchter bis zum Hafen zu begleiten und von ihm Abschied zu nehmen. Ein Kind soll der nächsten Generation Zeugnis davon geben. Unterwegs beginnt der siebenjährige Benjamin zu fragen, wohin der Weg führe, und Rabbi Eliser beginnt die Chronik des jüdischen Volkes zu erzählen, die dem Leser die Bedeutung der Menorah vor Augen führt. Fasziniert von den Worten des Rabbiners und voll Unverständnis, warum die Gesellschaft dem Leuchter nur folgt und nicht versucht, ihn den Vandalen zu entwenden, stürzt sich Benjamin auf die Sklaven, um zu verhindern, dass der Leuchter weggebracht wird. Dabei wird er am Arm verletzt, der zeitlebens steif bleibt. Daher wird er von der Gemeinde „Marnefesch" genannt, der „Mann, den Gott bitter geprüft" (Zweig GWE, Der begrabene Leuchter, S. 121).

Als Benjamin Marnefesch, der einzige, der die Menorah mit eigenen Augen gesehen hat, 87 Jahre alt ist, erreicht die Kunde von der Zerstörung Karthagos und die Erbeutung des Leuchters durch die siegreichen Truppen von Byzanz die jüdische Gemeinde in Rom. Benjamin beschließt nach Byzanz aufzubrechen und Kaiser Justinian zu bitten, dem jüdischen Volk die Menorah zurückzugeben. Unter der Bedingung, dass er in einer christlichen Kirche stehen und nicht angezündet werden solle, willigt der Kaiser ein. Der königliche Goldschmied schlägt Benjamin vor, eine Kopie anzufertigen, die niemand vom Original unterscheiden könne. Benjamin reist mit dem echten Leuchter, den er in einem Sarg versteckt, nach Jerusalem. Die Kopie wird, Justinians Forderung folgend, nach Jerusalem gebracht, wo sie bei einem Überfall der Perser zertrümmert wird. Der echte Leuchter wird vergraben: „Nun lag es bei Gott, ob der Leuchter im Verborgenen bleiben sollte bis ans Ende der Tage und das Volk weiter zerstreut über die Erde, oder ob er endlich heimführen wollte das Volk und auferstehen lassen den Leuchter aus seinem unbekannten Grab." (S. 189)

3. Rezeption und Forschung

Mark H. Gelber weist darauf hin, dass die Legende „als ein starkes und stolzes Bekenntnis zum Judentum" gelte (Gelber 1987, S. 175). Mit Bezug auf Zweigs eigene Aussagen hebt Karl Müller (2017) hervor, dass der Autor dieses „Sinnbild" sowohl als „,Symbol der ganzen jüdischen Wanderschaft'" als auch als Zeugnis „,unserer ewig wachsamen Gläubigkeit'" (Zweig, zit. n. Müller 2017, S. 91) begreife. Während Müller positive Aspekte wie Glauben und Zuversicht in den Vordergrund stellt, ist der Schluss der Legende nach Ansicht Margarita Pazis (1981, S. 298) nicht kohärent mit Zweigs Absicht, denjenigen, die Trost in der schwierigen Zeit brauchen, eine Stütze zu sein (vgl. Zweig, Br IV, S. 161). Gerhard Langer geht insbesondere auf die jüdische Symbolik des Textes ein. Im Motiv des Lichts erkennt er „sowohl [ein] Zeichen des mitwandernden Gottes als auch der Zweigschen ‚Torah'" (Langer 2009, S. 59): „Denn auch ein inneres Licht hat Gott uns verliehen durch die Schrift […]. [D]as Heiligste, das wir hatten als Zeichen auf unserer Wanderschaft, und das einzige, das uns verblieben aus den Tagen unseres Anbeginns, waren die Schrift und der Leuchter, die Thora und die Menorah." (Zweig GWE, Der begrabene Leuchter, S. 100f.) Das schwindende

Licht der Torah finde seine Entsprechung im humanistischen Ideal Zweigs, das sich immer mehr verliere (vgl. Langer 2009, S. 59; Fraiman-Morris 2002). Daria Santini weist darauf hin, dass *Der begrabene Leuchter* der einzige Text von Zweig ist, dessen Titel einen konkreten Gegenstand bezeichnet. Von dieser Beobachtung ausgehend vertritt sie die These, dass Zweigs Interesse für die Menorah nicht nur auf dessen religiöse Symbolik zurückzuführen sei, sondern auch ein Reflex seiner Leidenschaft für das Sammeln und nicht zuletzt ein Hinweis auf das Motiv der Dingsymbolik in der Literatur der Jahrhundertwende und in der jüdischen Mystik (vgl. Santini 2010, S. 88 f.).

Das Verhältnis Zweigs zum Zionismus wurde wiederholt anhand des *Begrabenen Leuchters* diskutiert. Alberto Dines bezeichnet die „einfache und unprätentiöse Erzählung" als „Fabel über das Überleben", sie werde „zum geistigen Rettungsring der erschrockenen, in alle Welt zerstreuten Juden" (Dines 2006, S. 289). Für nichtjüdische Leser, so Dines, enthalte die Legende einen Solidaritätsaufruf zu einem Zeitpunkt, da „der Nationalsozialismus bereit ist, sein Programm der Einteilung in ‚Herren- und Untermenschen' auszuführen." (S. 290) Er weist darauf hin, dass es zwei Lesarten der Legende gebe: Eine, „erkennbar zionistisch, weist auf das Heilige Land als einzigen Zufluchtsort für das verfolgte jüdische Volk hin". Die andere Interpretation bediene sich des verschwundenen Leuchters „als eines Symbols für die Spiritualität und Unvergänglichkeit der jüdischen Botschaft." (S. 290)

Mark H. Gelber hat in zahlreichen Studien wichtige Beiträge zur zionistischen Lesart geleistet (vgl. Gelber 1986a, 1987, 2014; vgl. Strelka 1981). Schon Alfred Wolf, der kurz nach dem Erscheinen des Textes die jüdischen Bezüge in Zweigs Werken untersuchte, meinte, besonders starke zionistische Züge darin zu finden. Zweigs Haltung gegenüber dem Zionismus ist jedoch, wie auch ein Brief vom 4. Februar 1937 zeigt, ambivalent: „Deshalb ist mir der Zionismus und Palästina niemals als ‚die' Lösung erschienen, sondern als eine der glücklichsten und bestärkendsten Ideologien innerhalb des Judentums, die ungeheuer viel zur Erneuerung der Idealität beigetragen hat. Aber ich möchte doch nicht, daß das Judentum aus seiner Universalität und Übernationalität sich ganz ins Hebräische und Nationale einkrustet." (Zweig, Br IV, S. 178) Auch Volker Henze vermutet, in *Der begrabene Leuchter* einen Beweis für Zweigs Annäherung an den Zionismus zu finden und konstatiert, dass er „der Verheißung einer glücklichen Zukunft für das jüdische Volk in seinem gesamten Werk nie wieder so nah gekommen ist" (Henze 1988, S. 259) (→ V.8 Judentum und jüdische Identität).

Natürlich wurde die Legende auch in Relation mit Zweigs politischer Positionierung gegenüber dem Nationalsozialismus untersucht (vgl. Strelka 1981; Carmely 1983). In dem einleitend erwähnten undatierten Brief vom Mai 1936 schreibt Zweig in diesem Sinne an Joseph Roth: „Ich kann nur Dinge jetzt schreiben, die Bezug haben auf die Zeit und von denen etwas Bestärkendes ausgeht" (Zweig, Br IV, S. 161). Gelber widmet der Legende ein ganzes Kapitel seines Buches *Stefan Zweig, Judentum und Zionismus* (Gelber 2014, S. 176–194). Darin legt er nicht nur den Zusammenhang zu weiteren Texten Zweigs mit jüdischer Thematik dar, sondern betont auch die neue Selbstdefinition des Autors „während des Aufstiegs des Nazismus" (S. 181). Zweig habe sich mittels dieser Legende mit jüdischen Autoren, deren Werke im Zuge der Bücherverbrennungen vernichtet wurden, über eine politische Positionierung gegenüber dem Nationalsozialismus verständigt. In diesem Zusammenhang weist Gelber auch auf motivische Parallelen zu *Die Eroberung von Byzanz* hin, einem Text aus den

Sternstunden, der offenbar im gleichen Zeitraum wie *Der begrabene Leuchter* entstanden ist. Gelber belegt zudem mehrere Quellen, die Zweig für diese Legende heranzog.

Stefan Zweig

Roth, Joseph/Zweig, Stefan (2011): „Jede Freundschaft mit mir ist verderblich". Briefwechsel 1927–1938. Hg. v. Madeleine Rietra u. Rainer Joachim Siegel. Mit einem Nachwort v. Heinz Lunzer. Göttingen: Wallstein.
Zweig, Stefan (1945): Leggende. Versione dal tedesco di Anita Rho. Milano: Sperling & Kupfer.
Zweig, Stefan (1983): Die schlaflose Welt. Aufsätze und Vorträge aus den Jahren 1909–1941. GWE. Hg. v. Knut Beck. Frankfurt a.M.: S. Fischer.
Zweig, Stefan (1984): Briefe an Freunde. Hg. v. Richard Friedenthal. Frankfurt a.M.: S. Fischer.
Zweig, Stefan (1984): Tagebücher. GWE. Hg. v. Knut Beck. Frankfurt a.M.: S. Fischer.
Zweig, Stefan (2005): Briefe. Bd. IV: 1932–1942. Hg. v. Knut Beck u. Jeffrey B. Berlin. Frankfurt a.M.: S. Fischer.
Zweig, Stefan (2007[3]): Der begrabene Leuchter. In: Ders.: Rahel rechtet mit Gott. Legenden. GWE. Hg. v. Knut Beck. Frankfurt a.M.: S. Fischer, S. 74–191.

Weitere Literatur

Carmely, Klara (1983): The Ideal of Eternal Homelessness: Stefan Zweig and Judaism. In: Sonnenfeld, Marion (Hg.): Stefan Zweig. The World of Yesterday's Humanist Today. Albany: State Univ. of New York Press, S. 111–117.
Dines, Alberto (2006): Tod im Paradies. Die Tragödie des Stefan Zweig. Frankfurt a.M. u.a.: Edition Büchergilde.
Fraiman-Morris, Sarah (2002): Das tragende Symbol. Ambivalenz jüdischer Identität in Stefan Zweigs Werk. In: German Life and Letters 55/3/2002, S. 248–265.
Gelber, Mark H. (Hg.) (1986a): Identity and Ethos. A Festschrift for Sol Liptzin on the Occasion of his 85th Birthday. Bern u.a.: Lang.
Gelber, Mark H. (1986b): Sholem Asch, Joseph Leftwich, and Stefan Zweig's *Der Begrabene Leuchter*. In: Ders. (Hg.): Identity and Ethos. A Festschrift for Sol Liptzin on the Occasion of His 85th Birthday. Bern u.a.: Lang, S. 101–120.
Gelber, Mark H. (Hg.) (1987): Stefan Zweig heute. New York u.a.: Lang.
Gelber, Mark H. (2014): Stefan Zweig, Judentum und Zionismus. Innsbruck u.a.: StudienVerlag.
Henze, Volker (1988): Jüdischer Kulturpessimismus und das Bild des Alten Österreich im Werk Stefan Zweigs und Joseph Roths. Heidelberg: Winter.
Langer, Gerhard (2009): Stefan Zweig und die jüdische Religion. In: Brügge, Joachim (Hg.): „Das Buch als Eingang zur Welt". Würzburg: Königshausen & Neumann, S. 39–66.
Müller, Karl (2017): „Überreligiöse Gläubigkeit" und übernationales Selbstverständnis. Zu Stefan Zweigs jüdischer Identität und Begriff vom Judentum. In: Gelber, Mark H./Erdem, Elisabeth/Renoldner, Klemens (Hg.): Stefan Zweig – Jüdische Relationen. Studien zu Werk und Biographie. Würzburg: Königshausen & Neumann, S. 77–100.
Pazi, Margarita (1981): Stefan Zweig, Europäer und Jude. In: Modern Austrian Literature 14/3–4/1981, S. 291–312.
Prater, Donald A. (1981): Stefan Zweig. Das Leben eines Ungeduldigen. Wien, München: Hanser.
Santini, Daria (2010): Umanesimo e stile mitico nella leggenda *Der begrabene Leuchter* di Stefan Zweig. In: Bonifazio, Massimo u.a. (Hg.): Tra denuncia e utopia. Impegno, critica e polemica nella letteratura tedesca moderna. Studi in onore di Giuseppe Dolei. Roma: Artemide, S. 79–94.
Steiman, Lionel B. (1981): The Eclipse of Humanism: Zweig between the Wars. In: Modern Austrian Literature 14/3–4/1981, S. 147–194.

Strelka, Joseph (1981): Stefan Zweig. Freier Geist der Menschlichkeit. Wien: Österreichischer Bundesverlag.
Weidermann, Volker (2014): Ostende. 1936, Sommer der Freundschaft. Köln: Kiepenheuer & Witsch.
Zohn, Harry (1982): Stefan Zweigs kulturelles Mittlertum: ein jüdischer Charakterzug? In: Bulletin des Leo Beaeck Institutes 63/1982, S. 19–31.

7. *Sternstunden der Menschheit* (1927)
Werner Michler

1. Textkonstitution und Editionsgeschichte.................. 323
2. Inhalt 325
3. Gattungshistorische Aspekte......................... 326
4. Forschung 328

1. Textkonstitution und Editionsgeschichte

Sternstunden der Menschheit, mit dem Untertitel *Fünf historische Miniaturen* zuerst 1927 als Band der erfolgreichen „Insel-Bücherei" erschienen, ist einer der populärsten Titel Stefan Zweigs, Kanontext, Schullektüre und Longseller des Buchhandels. Das Wort „Sternstunden" lässt sich zwar vereinzelt schon vor Zweigs Gebrauch nachweisen, u.a. in Goethes *Faust II* (1832) und in Schillers *Wallenstein* (1799), ist aber erst durch ihn sprichwörtlich geworden und hat sich längst vom Text emanzipiert. Das Buch wurde in mehr als 50 Sprachen übersetzt und zählt zu Zweigs größten internationalen Erfolgen. Arthur Schnitzler nennt die *Sternstunden* schon bald „meisterlich[ ]" (Zweig 1987, S. 435), der Verleger freut sich über den guten Absatz: „[W]ir gehen mit lebhaften Schritten auf das 41.–50. Tausend zu, als welches [sic] ich vorsorglich bereits jetzt drucken lasse." (Kippenberg an Zweig, 16. Januar 1928, Archiv Insel Verlag, DLA Marbach)

Zu den *Sternstunden* werden heute insgesamt 14 „Miniaturen" gezählt. Hinter diesem verbreiteten Titel steht allerdings eine sehr komplizierte Textgeschichte (Angaben zur Genese der Sammlung und der Einzeltexte vgl. Michler/Wörgötter 2017). Zu Lebzeiten Zweigs sind die *Sternstunden* zweimal erschienen. Die Erstausgabe von 1927 erschien als Bändchen der von Zweig inspirierten und durch eine Vielzahl von Vorschlägen mitbetreuten „Insel-Bücherei": „Was nun den Band für die Inselbücherei betrifft", so Zweig bei der ersten Erwähnung des Projekts gegenüber dem Leiter des Insel Verlags, Anton Kippenberg,

> so hat mich eine russische Anregung darauf gebracht, ein kleines Bändchen zu sammeln, und zwar meine Essays in novellistischer Form, und diese einzig meiner unbeugsamen Art gemäss in vollkommen organischer Ordnung. Das Ganze würde heissen: ‚Grosse Augenblicke' oder ‚Augenblicke der Weltgeschichte' (vielleicht finde ich noch einen bessern Titel!) und enthält die Aufsätze:
> Denkwürdiger Tag (Goethes Marienbader Elegie)
> Napoleons Schicksalgestalter (Grouchy bei Waterloo)
> Byrons Geheimnis

Kapitän Skotts letzte Fahrt (Die Entdeckung des Südpols)
Und fünftens: König Midas [sic] Tragödie (Die Entdeckung Kaliforniens durch Suter)
Das wären fünf grosse weltgeschichtliche Augenblicke, beinahe dramatisch dargestellt, die sich sehr gut und organisch vereinheitlichen und ich glaube sogar, es wäre für die Inselbücherei auch ein durchaus gangbares und repräsentatives Buch. (Zweig an Kippenberg, 29. März 1927, Archiv Insel Verlag, DLA Marbach)

Viele Charakteristika der *Sternstunden* sind hier schon *in nuce* angesprochen: Es handelt sich, erstens, um eine Zusammenstellung bereits publizierter Texte unter einem gemeinsamen Aspekt („Die Essays an sich sind zwar alle geschrieben und gedruckt erschienen, aber manche davon zehn Jahre alt und [...] ich will zwei davon gänzlich umschreiben", Zweig an Kippenberg, 2. April 1927, Archiv Insel Verlag, DLA Marbach). Gemeinsam ist ihnen, zweitens, das historische Sujet und die Konzentration auf den Augenblick. Der „Augenblick" wird sogar zunächst für die Titelformulierung erwogen, einige Wochen später schickt Zweig die endgültige Zusammenstellung der Einzeltitel und glaubt, „dafür auch einen vernünftigen Titel gefunden zu haben: ich will es nennen ‚Sternstunden der Menschheit'"; ein für den Abdruck vorgesehener Text wird ausgeschieden, „weil das Geschehnis sich da nicht auf eine einzelne Stunde zuspitzt und dies soll ja der horoskopische Sinn des Buches sein." (Zweig an Kippenberg, 9. Juni 1927, Archiv Insel Verlag, DLA Marbach) Drittens zeigt sich schon früh Zweigs Vertrauen auf seine Buchidee: „[I]ch glaube, es wird ein nettes Buch, eigenartig und in seiner Art schlagkräftig", so Zweig an Kippenberg (2. April 1927, Archiv Insel Verlag, DLA Marbach).

Ein zweites Mal erscheinen die *Sternstunden* in einer Prosasammlung im Verlag von Herbert Reichner in Wien, wo sie einen Abschnitt im Band *Kaleidoskop* (1936) bilden. Die Texte der Erstausgabe sind hier um zwei weitere vermehrt. Die sieben anderen Texte, die heute zum *Sternstunden*-Komplex gezählt werden, sind zu Lebzeiten des Autors in fremdsprachigen Ausgaben der *Sternstunden* erschienen – die umfassendsten darunter die schwedische und die englische –, aber nicht mehr in einer deutschsprachigen Sammlung. Die lange verbindliche Ausgabe erschien nach Zweigs Tod 1943 im Exilverlag Bermann-Fischer in Stockholm.

Der Wandel in Zweigs Lebenssituation nach dem ersten Erscheinen hätte drastischer nicht sein können: Vom internationalen Erfolgsautor der 1920er Jahre mit repräsentativem Wohnsitz in der Festspielstadt Salzburg war Zweig zum zuerst freiwilligen, dann zum gezwungenen Exilanten geworden. Acht der 14 *Sternstunden*-Texte haben die Exilsituation zum Entstehungshintergrund; nicht nur in den thematischen fremden Erfahrungsräumen, auch in den Selbstverhältnissen der Intellektuellenfiguren – am deutlichsten in *Ciceros Tod* – hat das Exil seine Spuren hinterlassen.

Die Quellen und Vorlagen von Zweigs „historischen Miniaturen" sind sehr vielfältig und reichen von Quellendokumentationen – wie die der Tagebücher zu Scotts tragisch verlaufener Südpolexpedition – bis hin zu biografischen und historiografischen Darstellungen (ausführlich dazu Michler/Wörgötter 2017, S. 332 ff.). Oft sind es tagesaktuelle Anlässe (die Publikation von Scotts Tagebuch) oder Jahrestage (das Hundert-Jahr-Jubiläum der Niederschrift von Goethes *Marienbader Elegie*, 1823), die zur ersten Fassung einer dann in die *Sternstunden* aufgenommenen Erzählung führen. Gegenüber den Erstdrucken in Zeitungen und Zeitschriften hat Zweig die Texte stilistisch oft deutlich überarbeitet (größere Abweichungen im Textbestand werden in Michler/Wörgötter 2017 dokumentiert), zwischen der Ausgabe von 1927 und der von

1936 fanden nur mehr geringfügige stilistische Korrekturen statt. Im Folgenden wird aus Band 1 der Salzburger Ausgabe (Zweig 2017) zitiert.

2. Inhalt

Die erste Ausgabe enthält fünf Prosastücke, die sich auf Ereignisse in einem historischen Zeitraum von nur etwa hundert Jahren beziehen, beginnend mit *Die Weltminute von Waterloo* um die Niederlage Napoleons (1815) bis zu *Der Kampf um den Südpol* um die Katastrophe der Südpolexpedition von Robert F. Scott (1912). Im *Waterloo*-Text geht es um das Zaudern von Marschall Grouchy, der, blind Napoleons Befehl gehorchend, mit seinen Truppen zu spät kommt und damit Napoleons Sieg bei Waterloo verspielt. In *Die Marienbader Elegie* steht die späte Liebe des 74-jährigen Goethe zu der 19-jährigen Ulrike von Levetzow im Zentrum, oder, besser gesagt, die Entstehung der *Marienbader Elegie* bzw. der *Trilogie der Leidenschaft* (1827). *Die Entdeckung Eldorados* ist die Geschichte des Schweizer Pioniers und Unternehmers Johann August Suter, auf dessen Musterfarm Neu-Helvetien 1848 der Goldrausch ausbricht, der ihn ruiniert, während die Blüte des Staates Kalifornien hier ihren Anfang nimmt. Der „heroische Augenblick" im Leben Dostojewskis ist die Scheinhinrichtung des späteren Autors 1849, ehe er auf ein Jahrzehnt nach Sibirien verbannt wird. *Der Kampf um den Südpol* zwischen dem Norweger Roald Amundsen und dem Briten Robert F. Scott mit dem tragischen Ausgang der Expedition des Verlierers schließt die schmale erste Sammlung ab. Zu diesen fünf Erzählungen kommen in der Neuveröffentlichung von 1936 eine historische Miniatur zur *Eroberung von Byzanz* durch die Osmanen im Jahr 1453 und *Georg Friedrich Händels Auferstehung*, die Geschichte einer doppelten Krise im Leben des Komponisten, deren erste, ein Schlaganfall von 1737, durch Händels Vitalität überwunden wird und deren zweite durch den kreativen Rausch der Komposition des Oratoriums *Messiah* (1741).

Weitere sieben Texte werden zu den *Sternstunden* gezählt. *Ciceros Tod oder Das Haupt auf der Rostra* schildert das kurze politische ‚Comeback' des Philosophen und Redners Cicero zwischen der Ermordung Julius Cäsars bis zu seiner eigenen Enthauptung; mitverhandelt wird in diesen Prozessen das Schicksal der römischen Republik. Als *Flucht in die Unsterblichkeit* wird die Durchquerung Panamas und die ‚Entdeckung' des Pazifischen Ozeans durch den spanischen Abenteurer Vasco Núñez de Balboa gezeigt; dem *Genie einer Nacht*, dem französischen Komponisten Claude Joseph Rouget de Lisle, widerfährt die Komposition der *Marseillaise* 1792 mehr, als dass er sie bewusst vollzieht. *Das erste Wort über den Ozean* handelt von der heroischen, immer wieder vom Scheitern verfolgten Verlegung des transatlantischen Telegrafenkabels, das Europa und Amerika verbinden soll. *Der versiegelte Zug* behandelt die Fahrt Lenins durch Deutschland, eine Episode aus der Vorgeschichte der Russischen Revolution. Die Pariser Friedensverhandlungen nach dem Ersten Weltkrieg sind Gegenstand von *Wilson versagt*: Der amerikanische Präsident Woodrow Wilson rückt von seiner kompromisslosen Haltung ab und verzichtet auf die rigorose Durchsetzung seiner „Vierzehn Punkte". *Die Flucht zu Gott* (1927) schließlich will Tolstois unvollendetes Drama *Und das Licht scheinet in der Finsternis* abschließen.

3. Gattungshistorische Aspekte

Die *Sternstunden* nennen sich im Untertitel schlicht *Historische Miniaturen*. Schon die Formulierungen der Entstehungsphase sind sehr aufschlussreich für die Selbstverortung hinsichtlich der Gattungen: Es seien „Essays in novellistischer Form", „Aufsätze", aber „beinahe dramatisch dargestellt" (Zweig an Kippenberg, 29. März 1927, Archiv Insel Verlag, DLA Marbach). Andere Gattungsbezüge werden schon im Schriftbild sichtbar: *Die Flucht zu Gott* ist im dramatischen, die Dostojewski-Miniatur *Heroischer Augenblick* im lyrischen Modus realisiert. Franz Theodor Csokor hat in den *Sternstunden* eine „neue episch-dramatische Gattung" (Csokor, zit. n. Prater 1981, S. 233) verwirklicht gesehen. In einem Werbetext für eine englischsprachige Ausgabe der *Sternstunden*, der sich in der Stefan Zweig Collection in Fredonia befindet, hat Zweig eigenhändig die Gattungsbezeichnung „essays" in „stories" korrigiert. Die novellistischen Züge der „Miniaturen" – Einsträngigkeit, Spannung, Nähe zum Drama, relative Kürze, zentrales Symbol, ‚unerhörte Begebenheit' (Goethe) – sind deutlich. Die Verwandtschaft zur Novellenkunst Heinrich von Kleists, dem Zweig ja einen großen Essay in *Der Kampf mit dem Dämon* (1925) gewidmet hat, zeigt sich im Plot an der Zuspitzung von Handlungselementen, in der Sprache an der stilistischen Raffung und in der Figurenpsychologie in der immer gefährdeten, latent pathologischen Disposition der Charaktere – wie in Kleists *Das Erdbeben in Chili* (1807) wechseln in mehreren Erzählungen der *Sternstunden* die Beziehungen zwischen Protagonisten und ihren Umwelten radikal, in *Das erste Wort über den Ozean*, in *Wilson versagt*; wie Kohlhaas verficht Suter in *Die Entdeckung Eldorados* sein Recht „mit der querulantischen Erbitterung des Monomanen" (Zweig 2017, S. 52).

Diesen Zugriff auf Geschichte praktiziert Zweig nicht nur in den *Sternstunden*, sondern auch in seinen historischen Biografien. In den Vorworten zu den *Sternstunden* hat Zweig die Rolle der literarischen Erzählung heruntergespielt, er habe der Geschichte „nachzubilden" versucht, ohne „ihre seelische Wahrheit durch eigene Erfindung zu verfärben. Denn wo sie vollendet gestaltet, bedarf die Geschichte keiner nachhelfenden Hand, sondern einzig des ehrfürchtig darstellenden Worts." (S. 9) Oder: „Wo sie wahrhaft als Dichterin, als Dramatikerin waltet, darf kein Dichter versuchen, sie zu überbieten." (S. 12) Die sujetorganisierende Leistung wird der „Geschichte" selbst zugeschrieben, sie organisiere latente Spannungen, Zufälle und Subjekte nach dem Muster literarischer Autorschaft so, dass sie augenblickshaft und „dramatisch" – also agonal, personal und auf Spannung hin orientiert – zum Austrag kämen. Wenn Autorschaft auf eine fast allegorisch personifizierte Geschichte übertragen wird, bedeutet das umgekehrt, das literarische Medium – das der Geschichte die vorzugsweise ‚dramatischen' Darstellungsmittel (vgl. *Die Geschichte als Dichterin*, 1939) liefert – sei selbst als Historiografie belastbar und tendenziell erkenntnisgenerierend. Das alte aristotelische Argument, die Dichtung sei philosophischer als die Geschichtsschreibung, weil sie auch die möglichen, nicht bloß die tatsächlich ereigneten Geschehnisse zeige, findet sich hier in einer zeitgenössischen Variante aufgenommen (vgl. Garrin 1983), Zweigs literarische Psychologie gehört hierher. Dass die Geschichtsschreibung selbst ohne literarische Plotmodelle nicht organisierbar ist, wird heute auch in der Geschichtswissenschaft akzeptiert (vgl. White 1973). Damit stehen die *Sternstunden*, wie andere Zweig-Texte auch, an der Grenze von Geschichtsschreibung, Geschichtswissenschaft und Literatur und aktualisieren die mehrfache Bedeutung von ‚Geschichte': als fiktionale und faktuale Erzählung, als *res gestae*, als *historia rerum gestarum* und als *narratio* (→ V.1 GESCHICHTSBILDER UND GESCHICHTSAUFFASSUNG).

Zweigs „Sternstunde", „einzelne Stunde", „Weltminute" (Zweig 2017, S. 15), „Weltstunde" (S. 11, 146, 233), der „Augenblick" gleicht auf den ersten Blick dem, was seit Lessings *Laokoon* (1766) der ‚prägnante Moment' oder der ‚fruchtbare Augenblick' genannt wird: die Darstellung einer noch unentschiedenen Situation, aus dem (‚epischen') Kontinuum der Zeit herausgenommen und dramatisch zugespitzt, die zugleich den narrativen Kontext momenthaft erkennbar werden lässt – wie in der Laokoon-Gruppe oder, nach dem bekannten Beispiel Shaftesburys, im Bildsujet „Herkules am Scheideweg". (Joachim Gasquets *Cézanne* von 1921 überliefert eine programmatische Äußerung des Malers: „Il y a une minute du monde qui passe. La peindre dans sa réalité!") Näher besehen, sind Zweigs ‚Momente' häufig zeitliche, räumliche und intentionale Verfehlungen, jemand kommt zu spät (wie Grouchy, wie Scott, auch Tolstoi findet zuerst nicht die Kraft zur Flucht aus seiner Ehetragödie), nur selten zur rechten Zeit wie Lenin; jemand sucht dies (Balboa das Goldland) und findet jenes (den Pazifik), die großen Momente, die die Öffentlichkeit feiert (Fields erstes Atlantikkabel), stellen sich als tatsächliche Niederlagen heraus. Häufig findet sich also die Peripetie, der Umschwung anders, als man es bei einer dramatischen Zuspitzung erwarten sollte, mindestens verdoppelt; Umschwünge in der öffentlichen Meinung wie in den Glücksumständen werden gleich mehrfach eingesetzt, Händel ist gleich zweimal nahe am Ruin und in äußerster Gefährdung, auf das „große Hosianna" (Zweig 2017, S. 228) folgt etwa für Field das „große Crucifige" (S. 232), Suter ist der reichste, der ärmste, dann wieder der reichste und doch der ärmste Mann der Welt und stirbt, als endlich sein Recht bestätigt ist. Ist die Zeit des ‚Fortschritts' – ein Lebensthema des Liberalen Zweig (→ II.4 LIBERALISMUS UND BÜRGERTUM) – im Sinn des 19. Jahrhunderts die des epischen Kontinuums ‚in aufsteigender Linie', ihr Beschreibungsmodus die *Whig history* des 19. Jahrhunderts, zeigen die dem dramatischen Modus angenäherten Miniaturen ein deutliches Bewusstsein für dessen Nachtseiten. Dass die Geschichte der europäischen Expansion die Geschichte der Gier nach Gold und die Geschichte des Kapitalismus ist, wird an Balboa und Suter überdeutlich, dass die Kommunikationsutopie einer in Echtzeit vernetzten Menschheit in Katastrophen umschlagen kann, lässt sich am Schluss von *Das erste Wort über den Ozean* absehen. In *Ciceros Tod* wird Zweigs eigene Exilerfahrung thematisch.

Tendenziell frei von den lauernden oder klaffenden Abgründen der Geschichte in den *Sternstunden*-Szenarien sind die Künstler- und Intellektuellengeschichten, zu Dostojewski, Goethe, Tolstoi, Rouget de Lisle, Händel. Hier liegen die zu überwindenden Schwierigkeiten im Zusammentreffen von individuellem Schicksal und zeitgeschichtlichem Moment und in der psychologischen Ökonomie des künstlerischen Schaffens, ein zentrales Thema für Zweig. Der ‚prägnante Moment' ist hier der der Niederschrift des Werks, und Zweig gestaltet diese Schreibszenen ausführlich und mit all dem Interesse am Medialen des kreativen Prozesses, das auch seine Autographenleidenschaft befeuert (→ III.20 AUTOGRAPHENSAMMLUNG; IV.6 DER KÜNSTLERISCHE PROZESS). Anders als in den hoch ambivalenten Szenarien aus großer Geschichte und großer Politik, seien sie auch aus überraschenden und randständigen Perspektiven gesehen, wird in den Künstlerminiaturen der *Sternstunden* ‚das Werk' immer schon gelungen sein, ob es sich nun um die *Marseillaise* handelt, die dem Komponisten, der selbst nicht recht weiß, wie ihm geschieht, aus den Parolen und Rhythmen revolutionärer Aufregung zugeflogen ist, oder um ein zur rechten Zeit auf den Tisch kommendes Libretto aus Bibelstellen, das die schon verschlossenen Schleusen der Musik wieder öffnet. Ähnliches widerfährt dem alten Goethe, der in der Sublimierung seiner späten Leidenschaft den richtigen Kanal für die kreativen Energien der Erotik findet, Dostojewski wird die im Lebensfilm der *near-death experience* erfahrene Solidaritätsvision in seinem späteren Romanwerk ausarbeiten.

4. Forschung

Die explizit den *Sternstunden* gewidmeten Forschungsarbeiten sind immer noch wenig zahlreich. Mit der Studienausgabe (Zweig 2017) wird erstmals ein gesicherter und korrigierter Text geboten, die anderen derzeit erhältlichen Ausgaben sind allesamt bestenfalls durchgesehene (und um die separat edierten Texte zu Cicero und Wilson ergänzte) Nachdrucke der postumen Ausgabe von 1943. David Turner (1989) liefert eine nach wie vor lesenswerte Interpretation mit Fokus auf die literarische und rhetorische Faktur der Texte. Insgesamt hat Zweigs Geschichtsverständnis die größte Aufmerksamkeit auf sich gezogen (vgl. z. B. Garrin 1983). Nikolina Burneva (2008) und Hans-Albrecht Koch (2008) nähern sich dem Geschichtskonzept der *Sternstunden* vom Thema des „Dämonischen" her und ziehen Parallelen zu anderen einschlägigen Texten Zweigs; auch weiterführende Beobachtungen zur Gattungsfrage finden sich hier (Novelle, Legende, Essay). Zu einzelnen *Sternstunden* liegen Untersuchungen mit Bemühung um die Kontexte vor, so von Rüdiger Görner (2012) zu *Georg Friedrich Händels Auferstehung*, von Volker Neuhaus (2012) und Evelyne Polt-Heinzl (2016) mit Blick auf die *Marienbader Elegie* und die Goethe-Bilder der Moderne. Fritz Hackert (2003) sieht Parallelen zu populärwissenschaftlichen Diskursen, Matjaž Birk (2015) geht im Rahmen einer Untersuchung gedächtniskultureller Aspekte bei Zweig auf die *Sternstunden* ein.

Insgesamt wird man sagen können, dass – wie in anderen Bereichen des Zweig'schen Werkes – die noch kaum in Angriff genommene Erforschung des diskursiven Umfelds (v. a. in Bezug auf akademische wie populäre Geschichtsschreibung, Geschichtswissenschaft und Psychologie) interessante Aufschlüsse erwarten lässt. Aber auch die genuin literaturwissenschaftlichen Fragen nach der Quellenverarbeitung, nach intertextuellen Bezügen auf verschiedenen Ebenen und nach der literarhistorischen Verortung sind noch keineswegs erschöpfend beantwortet. Eine historisch-kontextuelle Erforschung von Zweigs literarischem Stil, die über Meinungsäußerungen und Einzelbeobachtungen hinausginge, wäre ein Desiderat, gerade im Hinblick auf den nachhaltigen Erfolg von Texten wie jenem der *Sternstunden* bei Leserinnen und Lesern.

Stefan Zweig

Zweig, Stefan (1927): Sternstunden der Menschheit. Fünf historische Miniaturen. Leipzig: Insel.
Zweig, Stefan (1936): Sternstunden der Menschheit. In: Ders.: Kaleidoskop. Wien u.a.: Reichner, S. 359–464.
Zweig, Stefan (1938): Odödliga ögonblick i mänsklighetens historia. Stockholm: Skoglund.
Zweig, Stefan (1943): Sternstunden der Menschheit. Zwölf historische Miniaturen. Stockholm: Bermann-Fischer.
Zweig, Stefan (1949): The Tide of Fortune: Twelve Historical Miniatures. London u.a.: Cassell.

Zweig, Stefan (1987): Briefwechsel mit Hermann Bahr, Sigmund Freud, Rainer Maria Rilke und Arthur Schnitzler. Hg. v. Jeffrey B. Berlin, Hans-Ulrich Lindken u. Donald A. Prater. Frankfurt a. M.: S. Fischer.
Zweig, Stefan (2017): Das erzählerische Werk. Salzburger Ausgabe. Bd. 1: Sternstunden der Menschheit. Historische Miniaturen. Hg. v. Werner Michler u. Martina Wörgötter. Wien: Zsolnay.

Weitere Literatur

Birk, Matjaž (2015): Stefan Zweigs historische Narrative: Gedächtniskulturelle Aspekte. In: Neophilologus 99/4/2015, S. 605–615.
Burneva, Nikolina (2008): „Alle verlornen Vergangenheiten...". Über Stefan Zweigs Geschichtsschreibung in *Sternstunden der Menschheit*. In: Birk, Matjaž/Eicher, Thomas (Hg.): Stefan Zweig und das Dämonische. Würzburg: Königshausen & Neumann, S. 90–106.
Garrin, Stephen H. (1983): History As Literature – Stefan Zweig's *Sternstunden der Menschheit*. In: Sonnenfeld, Marion (Hg.): Stefan Zweig. The World of Yesterday's Humanist Today. Albany: State Univ. of New York Press, S. 118–127.
Görner, Rüdiger (2012): Händels Auferstehung. Ästhetische Positionen in einer der *Sternstunden*-Novellen. In: Ders.: Stefan Zweig. Formen einer Sprachkunst. Wien: Sonderzahl, S. 86–92.
Hackert, Fritz (2003): Stefan Zweigs Universum. Die Wunder von Geschichts- und Lebenswelt der *Sternstunden*. In: Eicher, Thomas (Hg.): Stefan Zweig im Zeitgeschehen des 20. Jahrhunderts. Oberhausen: Athena, S. 209–223.
Koch, Hans-Albrecht (2008): Geschichte als „geheimnisvolle Werkstatt Gottes". Dämonisches in Zweigs *Sternstunden der Menschheit*. In: Birk, Matjaž/Eicher, Thomas (Hg.): Stefan Zweig und das Dämonische. Würzburg: Königshausen & Neumann, S. 107–114.
Michler, Werner/Wörgötter, Martina (2017): Anhang. Überlieferung, Entstehung, Quellen, Stellenkommentar. In: Zweig, Stefan: Das erzählerische Werk. Salzburger Ausgabe. Bd. 1: Sternstunden der Menschheit. Historische Miniaturen. Hg. v. Werner Michler u. Martina Wörgötter. Wien: Zsolnay, S. 313–409.
Neuhaus, Volker (2012): „Liebender Mann" oder „unwürdiger Greis": Goethes letzte Liebe bei Thomas Mann, Stefan Zweig und Martin Walser. Düsseldorf: Goethe-Museum.
Polt-Heinzl, Evelyne (2016): Goethe in einer Momentaufnahme Stefan Zweigs oder Im Labyrinth von Verehrung, Superlativen und der (österreichischen) Last des Spätgeborenen. In: Honold, Alexander/Kunz, Edith Anna/Schrader, Hans-Jürgen (Hg.): Goethe als Literatur-Figur. Göttingen: Wallstein, S. 119–135.
Prater, Donald A. (1981): Stefan Zweig. Das Leben eines Ungeduldigen. München, Wien: Hanser.
Turner, David (1989): History as Popular Story: On the Rhetoric of Stefan Zweig's *Sternstunden der Menschheit*. In: Modern Language Review 84/2/1989, S. 393–405.
White, Hayden (1973): Metahistory. The historical imagination in nineteenth-century Europe. Baltimore: Johns Hopkins Univ. Press.

8. Brasilien. Ein Land der Zukunft (1941)
Jeroen Dewulf

1. Entstehung.. 330
2. Inhalt 331
3. Neue Forschungsperspektiven 335

1. Entstehung

Stefan Zweig lernte Brasilien im August 1936 kennen, als er auf dem Wege zum P.E.N.-Club-Kongress in Buenos Aires auch die Städte Rio de Janeiro und São Paulo besuchte. Er gehörte damals zu den am meisten gelesenen Autoren in Brasilien, und der Empfang war entsprechend überwältigend. Sogar eine Audienz bei dem Präsidenten Getúlio Vargas, dessen Töchter begeisterte Zweig-Leserinnen waren, wurde ihm gewährt. In seiner Abschiedsrede *Dank an Brasilien* gestand Zweig offen: „Ich erlebte mich vervielfacht und gespiegelt, ich genoss in wenigen Tagen soviel Güte und Freundschaft wie sonst in Jahren. Wie sollte ich nicht restlos glücklich sein?" (Zweig 1943, S. 167)

Bereits auf der Rückfahrt nach England schrieb Zweig eine Reihe von Artikeln, die im Herbst 1936 in der Budapester Zeitung *Pester Lloyd* und im nächsten Jahr unter dem Titel *Kleine Reise nach Brasilien* im Sammelband *Begegnungen mit Menschen, Büchern, Städten* erschienen. Als sich sein junger brasilianischer Verleger Abrahão Koogan nach der Möglichkeit einer Veröffentlichung der Artikelfolge in portugiesischer Übersetzung erkundigte, lehnte Zweig ab und schlug stattdessen eine zweite Brasilienreise vor. Wahrscheinlich schwebte ihm bereits damals vor, die Aufsätze zu einem Buch auszuweiten, das, so erklärte er später, eine Art „Handbuch für Ausländer, die nach Brasilien fahren wollten" (zit. n. Schwamborn 1999b, S. 84), sein sollte.

Die unsichere politische Lage zwang ihn vorerst, den geplanten Besuch zu verschieben. Erst 1940 gab eine Vortragsreise durch Amerika, die in New York beginnen und enden sollte, Zweig die Gelegenheit, das Land wieder zu besuchen. Im August traf er in Gesellschaft seiner Frau Lotte zum zweiten Mal in Rio de Janeiro ein. Die politische Lage in Brasilien hatte sich verschärft, seit Vargas im November 1937 den *Estado Novo* (Neuen Staat) proklamiert hatte, den er als Diktator lenkte. Am Tag der Ankunft der Zweigs wurden 50 ‚illegale' Flüchtlinge, größtenteils Juden, ausgewiesen.

Zweig scheint von all dem wenig mitbekommen zu haben. Er machte Recherchen in der Nationalbibliothek in Rio de Janeiro, hielt Vorträge und traf sich mit Freunden. Seine Kenntnisse über die Kolonialgeschichte des Landes vertieften sich dank einer Reise in die barocke Kolonialstadt Ouro Preto im Landesinneren und, auf dem Rückweg nach New York, einer von der Regierung finanzierten Flugreise zu den ehemaligen Zuckerrohrprovinzen Bahia und Pernambuco im Nordosten sowie nach Belém am Amazonas.

Zurück in Nordamerika ließ sich Zweig in New Haven nieder, wo ihm die Bibliothek der Yale University für die letzten Forschungen zu seinem *Brasilien*-Buch zur Verfügung stand. Ende Februar 1941 schloss er das Manuskript ab und wenig später einigte man sich auf den Titel *Brasilien. Ein Land der Zukunft*. Die Originalfassung erschien im Stockholmer Exilverlag Bermann-Fischer und gleichzeitig auch in englischer, französischer, portugiesischer, spanischer und schwedischer Übersetzung. Für die brasilianische Regierung war das Buch von großer Bedeutung für das internationale Prestige des Landes. Als im Juli 1941 die portugiesische Übersetzung erschien, bedankte sich Propagandaminister Lourival Fontes stolz bei Zweig für dessen „Dienst an der Nation" (zit. n. Jacob 1959, S. 105). Die Tatsache, dass der konservative Intellektuelle Afrâno Peixoto es in seiner Einführung für nötig gehalten hatte zu betonen, dass *Brasil. País do futuro* auf keinen Fall als Propaganda für die Regierung verstanden werden sollte (vgl. Peixoto 1941), hatte jedoch zur Folge, dass kritische Journalisten eine Beeinflussung durch das Regime witterten und das Buch pauschal ablehnten. Enttäuscht über das vorwiegend negative Echo in der Presse berichtete der erfolgsverwöhnte Zweig an seine Ex-Frau Friderike: „[S]ie lieben im Lande gerade das nicht, was wir lieben und sind auf ihre Fabriken und Kinos viel mehr stolz als auf die wunderbare Farbigkeit und Natürlichkeit des Lebens." (Zweig/Zweig 1981, S. 275f.)

Ein Visum zum Daueraufenthalt, das ihnen im November 1940 gewährt worden war, ermöglichte es dem Paar, sich für längere Zeit in Brasilien niederzulassen. Im August 1941 trafen sie wieder in Rio ein und mieteten Mitte September ein bescheidenes Haus in Petrópolis, einer Kleinstadt in den Hügeln des Serra dos Órgãos, 60 Kilometer nördlich von Rio. Ein halbes Jahr später erreichte der Krieg auch Brasilien, als Mitte Februar 1942 zwei brasilianische Schiffe von deutschen U-Booten als Vergeltung für das Abbrechen der diplomatischen Beziehungen zu den Achsenmächten versenkt wurden. Am 23. Februar dieses Jahres brachten sich Zweig und seine Frau Lotte in Petrópolis um. Zweig erhielt ein Staatsbegräbnis und wurde zusammen mit seiner Frau nach jüdischem Ritus auf dem katholischen Friedhof von Petrópolis beerdigt.

Anlässlich des 100. Geburtstags des Autors brachte der Insel Verlag 1981 eine Neuauflage des *Brasilien*-Buches heraus, die sich als sehr erfolgreich erwies. 1997 folgte die Herausgabe einer Taschenbuchedition.

2. Inhalt

Wie bereits angegeben, ist *Brasilien. Ein Land der Zukunft* aus der Artikelfolge *Kleine Reise nach Brasilien* entstanden. Aus den Aufsätzen, die er 1936 verfasst hatte, lässt sich ableiten, wie sehr die Entdeckung Brasiliens für Zweig auch eine Selbstentdeckung war. Als einer der am meisten belesenen Intellektuellen Europas musste er feststellen, wie lückenhaft seine Ausbildung war und wie wenig er über diesen riesigen Kontinent und seine Einwohner wusste. Bezeichnenderweise fing er seine Auseinandersetzung mit dem Aufsatz *Brasilien: Zuerst ein Nachhilfekurs für Europäer* an.

In diesem Aufsatz erklärt Zweig seine Entscheidung, die „europäische Optik umzustellen" (Zweig 1955, S. 274). Denn während der alte Kontinent dabei sei, sich selbst mit einem zweiten Krieg zu zerstören, durfte er in Brasilien erleben, wie sich Europa dort „in den Schösslingen, die es vor Jahrhunderten gepflanzt" (S. 276) hatte, unter humaneren Voraussetzungen neu entfaltet. Der noch ungebremste Fortschrittsoptimismus eines Landes, das sich dem Ersten Weltkrieg ferngehalten hatte und gegen den Kulturpessimismus Europas immun geblieben war, verleitet Zweig sogar zu einer futuristisch anmutenden Prophezeiung über die scheinbar unerschöpflichen Möglichkeiten Brasiliens: „Erst mit hundert, mit zweihundert, mit dreihundert Millionen wird dieses

Land seiner eigenen Fülle richtig proportioniert sein, und dieses Gefühl, im Anfang, im Aufstieg, im Werden und unaufhaltsamen Wachstum zu sein, schafft hier eine Atmosphäre optimistischer Zuversicht" (S. 276). Diese Zuversicht wird vom Erzähler geteilt, der darauf hinweist, dass der hemmungslose Wachstumsdrang Brasiliens kein Grund für Sorge, dafür umso mehr für Hoffnung sei. Brasilien sei ein friedfertiges Land, wo die Technik „nicht im Dienste einer geplanten Feindvernichtung, sondern fast ausschließlich in der Arbeit des Aufbaues und der Förderung" (S. 277) stehe. Der zweite Unterschied zu Europa – zu Nazideutschland im Besonderen – sei der Umgang mit ethnischer Vielfalt. Was in Europa, aber auch in den Vereinigten Staaten, als ein Problem oder gar eine Bedrohung gesehen werde, betrachte man in Brasilien als eine Bereicherung des Landes. Brasilien habe sich nämlich für ein hybrides Identitätsmodell entschieden: „In diesem riesigen Tiegel mischt sich seit undenklichen Zeiten alles zusammen, Weiße und Indios und Neger und Portugiesen und Deutsche und Italiener und Slawen und Japaner, Christen und Juden und Buddhisten und Heiden, es wird kein Unterschied gemacht und es herrscht keinerlei Streit" (S. 278). Aus dieser Mischung entstehe jetzt allmählich ein neuer Typus von Menschen: „[W]er Augen hat, um Werdendes zu sehen, und Nerven, um Schwingungen aufzufangen, spürt hier das Wachwerden eines neuen Typus, einer neuen Gemeinschaft" (S. 279).

Diese Prophezeiung bildete den Auftakt zu *Brasilien. Ein Land der Zukunft*. Vieles, was bereits in der *Kleinen Reise* angesprochen wurde, wird in der Einführung wieder aufgenommen. Allerdings schwächt Zweig die Betonung der dynamischen Entwicklung des Landes ab und legt stärker den Nachdruck auf die soziale und ethnische Harmonie. Begeistert berichtet er davon, „in wie freundlicher und unfanatischer Form die Menschen innerhalb dieses riesigen Raums miteinander leben" (Zweig GWE, Brasilien, S. 18) und wie froh er sei, der „Stickluft des Rassen- und Klassenhasses entkommen zu sein in dieser stilleren, humaneren Atmosphäre." (S. 19) Brasilien wird somit als friedvolle Alternative zu Nazideutschland dargestellt, denn „[w]ir haben gesehen, daß die höchste Organisation Völker nicht verhindert hat, diese Organisation einzig im Sinne der Bestialität statt in jenem der Humanität einzusetzen", und „[s]o sind wir nicht mehr gewillt, eine Rangordnung anzuerkennen im Sinne der industriellen, der finanziellen, der militärischen Schlagkraft eines Volkes, sondern das Maß der Vorbildlichkeit eines Landes anzusetzen an seiner friedlichen Gesinnung und seiner humanen Haltung." In dieser Hinsicht also „scheint mir Brasilien eines der vorbildlichsten und darum liebenswertesten Länder unserer Welt." (S. 20)

Es folgt eine Übersicht der historischen Entwicklung Brasiliens, bei der besonders die Bedeutung der Jesuiten hervorgehoben wird. Sie seien es, die für „die Idee Brasiliens" Verantwortung tragen (S. 48). Anschließend wird die wirtschaftliche Entwicklung des riesigen Landes geschildert, wobei jede Epoche mit einem bestimmten Produkt verknüpft wird (Zuckerrohr, Gold, Kautschuk, Kaffee usw.).

In *Blick auf die brasilianische Kultur* wagt sich Zweig an die komplexe Frage der brasilianischen Identität. Überraschend in diesem kontroversen Kapitel ist, dass Zweig vom harmonischen Hybriditätsmodell abweicht, indem er meint, dass weder das indigene noch das afrikanische Kulturerbe für die brasilianische Identität von Bedeutung sei. Es sei daher ein Irrtum, „manche Tänze wie Samba oder Macumba als nationalbrasilianische zu deklarieren" (S. 154), denn dies seien grundsätzlich afrikanische und nicht brasilianische Traditionen. Das wirklich Brasilianische, so Zweig, sei nur die Neuentwicklung europäischer, meist portugiesischer, Traditionen. Denn: „Alles was wir heute brasilianisch nennen und als solches anerkennen, läßt sich nicht aus einer eigenen Tradition erklären, sondern aus einer schöpferischen Umwandlung des Europäischen durch das Land, das Klima und seine Menschen." (S. 155) Zweig geht hier auch auf die brasilianische Herzlichkeit ein. Sogar Mord sei von dieser Herzlichkeit geprägt, denn „alles Brutale stößt den Brasilianer instinktiv ab, und es ist statistisch festgestellt, daß Mord und Totschlag fast niemals als geplante und vorausbedachte Tat geschehen, sondern immer spontan als ‚crime passional', als ein plötzlicher Ausbruch von Eifersucht oder Gekränktheit." (S. 159) Diese Herzlichkeit finde man sogar in den ärmsten Vierteln, „den ‚favelas', diesen prachtvoll pittoresken Negerhütten", wo der weiße Europäer statt „eine[s] bösen Blick[s] […] mit blinkenden Zahnreihen […] der Neger" zugelacht werde (S. 160). Nur wenige dieser Leute seien allerdings geneigt, ihren Lebensstil zu verändern, denn „besonders in den tropischen Zonen" werde nicht gearbeitet, um zu sparen, „sondern einzig, um die nächsten paar Tage zu fristen" (S. 164) und in der Lotterie zu spielen. Allerdings gebe es in Brasilien noch eine mittlere Schicht, „die trotz ihrer konservativen Lebenshaltung bildungseifrig und fortschrittsfreundlich gesinnt ist", und aus diesem „festen und gesunden Humus" entwickle sich nun allmählich eine neue Führungsschicht von Männern, die nach und nach die Macht mit den alten, aristokratischen Familien zu teilen beginne. Für diese Entwicklung stehe der Präsident Vargas als Symbol, er sei „der sinnfälligste Ausdruck dieser neuen, stark und energisch aufstrebenden und doch gleichzeitig bewußt traditionellen Generation" (S. 173). Dank dieser Entwicklung werde Brasilien in naher Zukunft auch eine kulturelle und intellektuelle Blüte erleben, denn „[m]ehr als bei uns, wo der Sport und die Politik in gleich verhängnisvoller Weise die Aufmerksamkeit der Jugend ablenkt, steht die geistige und künstlerische Produktion im Mittelpunkt des Interesses" der Brasilianer (S. 177).

Im zweiten Teil des Buches finden sich eine Reihe von Reiseberichten, teils zu Orten, die Zweig 1940 kennenlernte, teils zu solchen, über die er bereits 1936 geschrieben hatte. Große Aufmerksamkeit widmet er Rio de Janeiro, der „schönsten Stadt der Welt" (S. 194). Berühmt ist seine Schilderung der Ankunft: „Alles ist hier Harmonie, die Stadt und das Meer und das Grün und die Berge, all das fließt gewissermaßen klingend ineinander, selbst die Hochhäuser, die Schiffe, die bunten Lichtplakate stören nicht; und diese Harmonie wiederholt sich in immer anderen Akkorden: anders ist diese Stadt, von den Hügeln gesehen, und anders vom Meer, aber überall Harmonie, gelöste Vielfalt in immer wieder völliger Einheit, Natur, die Stadt geworden ist, und eine Stadt, die wie die Natur wirkt." (S. 195)

In der Betonung von Harmonie lässt sich unverkennbar der Einfluss Alexander von Humboldts erkennen. Während aber Humboldt die Ideale der deutschen Klassik in die tropische Natur hineininterpretierte, tat dies Zweig mit der brasilianischen Lebenshaltung. Diese Passage ist daher nicht nur als Landschaftsschilderung, sondern auch als Auftakt zu seiner Vision Brasiliens als das Land der Zukunft zu verstehen.

Die Interpretation des *Brasilien*-Buchs ist traditionellerweise stark von der Frage geprägt worden, wie es möglich ist, dass jemand ein Land als Zukunftsparadies bejubelt und sich kurze Zeit später dort umbringt. Durchaus bezeichnend ist Donald A. Praters Aufsatz *Stefan Zweig und die Neue Welt* (1981), der das *Brasilien*-Buch ausschließlich unter diesem biografischen Aspekt betrachtet. Auch Ingrid Schwamborn hat Zweigs *Brasilien*-Buch in ihrem Band *Die letzte Partie* (1999a) vorwiegend mit Rücksicht auf biografische Fragen analysiert.

Klar ist allerdings, dass Zweig mit *Brasilien. Ein Land der Zukunft* mehr als nur ein Sach- oder Reisebuch vorgelegt hat, sondern darin auch eine (utopische) Vision für eine bessere Welt vermittelt. Nicht ohne Grund spricht Siegfried Freiberg gar im Nietzscheanischen Sinne von der Prophezeiung eines neuen Menschen (vgl. Freiberg 1959, S. 100). Wie der Titel des Aufsatzes *Ethnische Vielfalt gegen rassistische Einfalt* (1994) von Volker Michels belegt, ist Zweigs Vision Brasiliens oft im Vergleich zu Nazideutschland interpretiert worden. Zweigs Lob des hybriden Identitätsmodells, das Fremdheit ein- statt ausschließt, lässt sich zudem mit der Exilfrage verknüpfen, wobei Brasilien als ein Land verstanden wird, das Exilanten gute Chancen auf eine neue Heimat geboten hat. Daher auch das Urteil Michels, „das mußte damals einem […] Humanisten jüdischer Herkunft als das Paradies auf Erden erscheinen" (Michels 1994, S. 289). Michels betont auch die „vorbildlichen und zukunftsweisenden Impulse" des Buches, wobei die Vermittlung eines traumhaften Zukunftsbildes durchaus der Überzeugung Zweigs entspreche, dass es in Hinblick auf die damalige politische Krise seine moralische Pflicht gewesen sei, „nur noch in einer Richtung zu schreiben, nämlich derjenigen, die unserer Zeit hilft, sich positiv weiterzuentwickeln" (S. 294). Aus einer ähnlichen Perspektive bezeichnet Angelika Führich Zweigs utopisches Brasilienbild als „eine an die Romantik anlehnende [sic] poetische Vorstellung von einem Traum" (Führich 2004, S. 242f.), der allerdings dadurch erklärt werden könne, dass das Land Exilanten wie Zweig als eine ideale Möglichkeit erschien, eine neue Heimat zu kreieren. Izabela Kestler hat in *Die Exilliteratur und das Exil deutschsprachiger Schriftsteller und Publizisten in Brasilien* (1992) das Buch im spezifischen Kontext der deutschsprachigen Exilliteratur interpretiert. An ihre Arbeit schließen sich Marlen Eckls Studie *Das Paradies ist überall verloren* (2010) sowie Aufsätze von Jeroen Dewulf (*Brasilien sollte kein Land der Zukunft werden: Das abweichende Brasilien-Bild bei Richard Katz, dem ‚vergessenen' Exilschriftsteller*, 2005) und Matthew D. Goodwin (*The Brazilian Exile of Vilém Flusser and Stefan Zweig*, 2008) an.

Einige Kritiker haben das *Brasilien*-Buch auch als einen Ausdruck der Nostalgie für den österreichisch-ungarischen Vielvölkerstaat interpretiert, was eine mögliche Erklärung bietet für die Neigung Zweigs, den aristokratischen Charakter der brasilianischen Führungsschicht und die Bedeutung des Kaisers Dom Pedro II. hervorzuheben. So hat Johann Holzner gezeigt, dass bei Zweig „Bilder aus dem alten Wien und Bilder aus dem neuen Rio de Janeiro zusammen[fließen]" (Holzner 1999, S. 142). Tatsächlich finden sich in der *Welt von Gestern* (1942) Passagen, die durchaus Parallelen zum *Brasilien*-Buch aufweisen, wie etwa die folgende Charakterisierung: „Arm und reich, Tschechen und Deutsche, Juden und Christen wohnten trotz gelegentlicher Hänseleien friedlich beisammen, und selbst die politischen und sozialen Bewegungen entbehrten jener grauenhaften Gehässigkeit, die erst als giftiger Rückstand vom Ersten Weltkrieg in den Blutkreislauf der Zeit eingedrungen ist" (Zweig GWE, Die Welt von Gestern, S. 40f.).

Kritischer in der Wertung sind solche Studien, die Zweigs *Brasilien*-Buch aus einer postkolonialen Perspektive betrachten. Hier ist besonders auf Xenia Pooths Studie *Der Blick auf das Fremde* (2005) hinzuweisen, in der sich die Autorin über Zweigs Eurozentrismus beschwert. Pooth kritisiert auch die Benutzung eines „abwertend-rassistische[n] Vokabular[s]" (Pooth 2005, S. 30), eine Tendenz, „Menschen in inferiore und superiore Gesellschaften" (S. 41) zu trennen, eine bedenkliche Bewunderung für die „großartige Kolonialleistung" (S. 42) Portugals, eine Verkennung der Tragik der Sklaverei und eine traditionelle Genderauffassung im Sinne der „männliche[n] Superiorität" (S. 53). Auch die Tatsache, dass Zweig die soziale Ungleichheit in Brasilien keineswegs zu stören schien, hat Kritik ausgelöst; etwa durch Klaus Zelewitz, der Zweig vorwarf, sein *Brasilien*-Buch „eurozentrisch, olympisch aus der Position eines mit seiner Erfahrung ständig prunkenden Weltreisenden" (Zelewitz 1999, S. 150) geschrieben zu haben, und Sandra Jatahy Pesavento, die zu den lyrischen Passagen über die Favelas in Rio meint, „Zweigs Stil nähert sich einem Sambatext, der den Favelahügel verherrlicht und die Schönheit von Hütte und Armut zelebriert" (Pesavento 2000, S. 64). Laut Erdmute White ließe sich die Ablehnung des Buches in der brasilianischen Presse auch dadurch erklären, dass sich im Kontext der Modernismus-Bewegung der 1920er Jahre eine neue Vision des Landes entfaltet hatte, die Zweig ignorierte (vgl. White 1983, S. 273).

Wie Susanne Thimann (1989) zeigen konnte, erregte Zweigs Buch trotz allem viel Interesse in Brasilien. Eine Besonderheit der brasilianischen Rezeption bildet Zweigs Beziehung zum Vargas-Regime. Alberto Dines, einer der prominentesten Journalisten seines Landes, hat sich in *Morte no paraíso* (1981; dt. *Tod im Paradies*, 2006) mit diesem heiklen Thema ausführlich auseinandergesetzt. Zwar enthalte es – mit Ausnahme der Aussage, dass sich Brasilianer nicht für Sport begeistern – keine großen Unwahrheiten, *Brasilien. Ein Land der Zukunft* sei, so Dines, dennoch grundsätzlich als *wishful thinking* zu werten. Dines insinuiert sogar, Zweig habe das lobende Porträt Brasiliens im Austausch für ein Dauervisum geschrieben: „Er wusste, dass man ihn beschuldigte, von der Propagandamaschine des Diktators Getúlio Vargas gekauft worden zu sein. Aber die Ankläger wussten nicht, dass der Preis eine Aufenthaltsgenehmigung war" (Dines 2006, S. 23). In Zusammenarbeit mit dem von ihm begründeten Forschungszentrum *Casa Stefan Zweig* erschien 2009 auch eine weitere Studie Dines', *Stefan Zweig no país do futuro* (dt. ‚Stefan Zweig im Land der Zukunft'), die anhand von originalen Dokumenten die Entstehungsgeschichte des *Brasilien*-Buches erzählt.

Dines' vielbeachtete Studie war auch Anlass für zwei Filme von Sylvio Back, *Stefan Zweig, a morte em cena* (dt. ‚Der inszenierte Tod', 1995) und *Lost Zweig* (2002), in denen das *Brasilien*-Buch im Kontext der politischen Spannungen zwischen pro-deutschen, antisemitischen Kräften um Filinto Müller und pro-amerikanischen Kräften um Oswaldo Aranha in der Vargas-Regierung interpretiert wird. Zu diesen Verschwörungstheorien äußerte sich auch Ingrid Schwamborn (2003).

3. Neue Forschungsperspektiven

Mit dem Ableben derjenigen, die Zweig noch persönlich gekannt haben, hat das Interesse an den Hintergründen der Selbstmorde naturgemäß nachgelassen. Dennoch bleibt das *Brasilien*-Buch als Dokument zur brasilianischen Identitätsfrage interessant. Schließlich ist der Spruch „país do futuro" (Land der Zukunft) bis zum heutigen Tag ein geläufiger Ausdruck geblieben in Brasilien, sei es oft mit dem ironischen Nachsatz „e sempre será" (und das wird immer so bleiben). So haben sich Marco Aurélio Garcia und Erwin Theodor 1991 anlässlich einer Neuauflage des *Brasilien*-Buches in der führenden Zeitung *O Estado de São Paulo* ausführlich über die Tragweite des durch Zweig weltberühmt gemachten Ausdrucks Gedanken gemacht. Garcia stellt darin fest, dass Zweig in seinem Buch „einen Großteil der Klischees wiederholte, die in den 1930er Jahren unter Sozialwissenschaftlern zirkulierten und auch heute noch oft vorzufinden sind", und Theodor betont, dass bestimmte Passagen von einer „überraschenden Aktualität" sind (Garcia/Theodor 1991, S. 24f.). Jeroen Dewulf untersuchte den Begriff „Land der Zukunft" in einer komparatistischen Studie, in der er Zweigs Brasilienbild mit dem des französischen Modernisten Blaise Cendrars verglich (vgl. Dewulf 2016). Eine kreative Verarbeitung des Themas lieferte Ruy Tapioca, der im Roman *Admirável Brasil novo* (dt. ‚Bewundernswertes neues Brasilien', 2001) eine Horrorvision seines Landes im Jahre 2045 schildert, wo eine Figur, genannt Lázaro, durch Zufall Zweigs *Brasilien*-Buch findet und darin die Werte der verloren gegangenen brasilianischen Zivilisation neu entdeckt.

Die Frage, inwiefern Zweig beim Schreiben seines Buches durch brasilianische Fachliteratur beeinflusst worden ist, hat bisher wenig Beachtung gefunden. Es betrifft hier in erster Linie die beiden Klassiker der 1930er Jahre: Gilberto Freyres *Casa-grande & senzala* (1933, dt. ‚Herrenhaus und Sklavenhütte') und Sérgio Buarque de Holandas *Raízes do Brasil* (1936, dt. ‚Die Wurzeln Brasiliens'). Durchaus im Einklang mit seiner Theorie der Entstehungsgeschichte des Buches meint Dines, dass Zweig „Casa Grande & Senzala [...] nicht gelesen" und „[a]uch Raízes do Brasil [...] von Sérgio Buarque de Holanda [...] nicht zur Kenntnis genommen" habe (Dines 2006, S. 384). Auch Sonja Karsen und Mark Ritter konnten zwar eine überraschend lange Reihe von Parallelen zwischen den beiden Werken aufweisen (Behandlung der Sklaven, Bedeutung der Jesuiten, Rolle der Aristokratie usw.), lehnten jedoch die These einer möglichen Beeinflussung ab, mit dem Argument, dass das Buch damals noch nicht übersetzt worden war (vgl. Karsen/Ritter 1983, S. 357). Dagegen sei allerdings einzuwenden, dass Zweig durchaus gut Portugiesisch lesen konnte. So heißt es in einem Brief an Koogan vom August 1941: „Ich möchte Portugiesisch sprechen lernen – da ich es schon ohne Schwierigkeiten lesen kann, wird das nicht allzu schwierig sein." (Zit. n. Schwamborn 1999b, S. 89) Karsen und Ritter bestätigen zudem, dass Zweigs Auskünfte zur brasilianischen Geschichte, Kultur und Literatur zwar nicht vollständig, aber dennoch „surprisingly correct, considering the brevity of his stay" waren (Karsen/Ritter 1983, S. 358). Dass die Auskünfte bei jemandem, der lediglich ein halbes Jahr in Brasilien gelebt hatte, trotzdem überraschend akkurat waren, deutet darauf hin, dass sich Zweig beim Schreiben Zugang zu Fachliteratur verschafft haben muss und/oder dass ihm von Fachspezialisten aus seinem Freundeskreis (Claudio de Souza, Roberto Simonsen, Luís Edmundo, Antenor Nascentes, Afonso Arinos de Mello Franco) geholfen worden ist. Verschiedene seiner Informanten waren Mitglieder der (konservativen) brasilianischen Akademie und standen dem Regime nahe.

Dabei ist festzuhalten, dass im Gegensatz zu dem, was Zweig behauptet, das Bekenntnis zur Rassenmischung keineswegs eine alte brasilianische Sitte war. So beurteilte Euclides da Cunha, den Zweig den „genialste[n] Kenner des brasilianischen Volkstums" nennt (Zweig GWE, Brasilien, S. 151), das Thema Rassenmischung im Roman *Os Sertões* (1902, dt. ‚Krieg im Sertão') folgendermaßen: „Die Vermischung sehr verschiedener Rassen hat in den meisten Fällen nachteilige Folgen. Nach den Erkenntnissen des Evolutionismus treten, selbst wenn eine höhere Rasse das Ergebnis mitprägt, Stigmata der niederen aufs nachdrücklichste zutage. Die extreme Blutmischung ist ein Rückschritt" (Cunha 2000, S. 125). Tatsächlich hatte sich die entscheidende Wende zu einem hybriden Identitätsmodell erst kurz vor Zweigs erstem Besuch durchsetzen können. Dieser Durchbruch kam allerdings nur deswegen zustande, weil

Vargas das von Freyre entworfene Modell einer Vereinheitlichung der Bevölkerung durch Rassenmischung auf opportunistische Weise für die Propagandapolitik seines Einheitsstaates eingesetzt hatte. Wie Darién Davis und Oliver Marshall angedeutet haben, ließe sich so die alte Diskussion um Zweigs Beziehung zum Vargas-Regime aus einer neuen Perspektive beleben (vgl. Davis/Marshall 2010, S. 22); etwa um die Frage, inwieweit eine Beeinflussung durch die Ideologie des *Estado Novo* dafür verantwortlich sein könnte, dass sich Zweig gelegentlich lobend zum brasilianischen Identitätsmodell äußert, in Sätzen, die dem Faschismus gefährlich nahe kommen. Wer Formulierungen liest, wie „die einstigen Sonderheiten abzutun, um möglichst rasch und möglichst vollkommen Brasilianer, eine neue und einheitliche Nation zu werden" (Zweig GWE, Brasilien, S. 16) und „Formung dieses neuen Landes im Geist einer einzigen Religion, Sprache und Idee" (S. 44), könnte sich tatsächlich fragen, wie sicher sich eine jüdische oder andere Minderheit, die darauf besteht, ihre Identität zu bewahren, in einem solchen Land fühlen kann. Wie Jeffrey Lesser belegen konnte, wurde einigen jüdischen Flüchtlingen in der Tat die Einreise nach Brasilien verweigert, weil Juden den Ruf hatten, ‚unassimilierbar' zu sein (vgl. Lesser 1995, S. 100–123).

Es gibt auch gute Gründe anzunehmen, dass Zweig mit dem Werk oder wenigstens den Ideen des Historikers Buarque de Holanda vertraut war (vgl. Dewulf 2014). So werden dessen Überlegungen über die angebliche Herzlichkeit des brasilianischen Volkes aus dem fünften Kapitel seines Buchs *Die Wurzeln Brasiliens* (1936) fast wörtlich von Zweig übernommen. Wichtiger noch ist, dass sich auch die Idee einer Neuerfindung Europas in den Tropen bereits bei Buarque de Holanda findet. So beginnt der brasilianische Historiker seine Studie zur Identität Brasiliens mit dem Satz: „Es ist der Versuch, die europäische Kultur in ein ausgedehntes Gebiet zu verpflanzen, [...] der die brasilianische Gesellschaft von ihren Ursprüngen an am tiefsten und nachhaltigsten geprägt hat" (Buarque de Holanda 1995, S. 7). So gesehen ist Zweigs *Brasilien. Ein Land der Zukunft* wenig mehr als eine pointierte Umformulierung von dem, was in der brasilianischen Fachliteratur der 1930er Jahre zu lesen war.

Noch Jahrzehnte später sollten Brasilianer bei der Eigendefinition ihres Landes die gleichen Stichwörter verwenden wie einst Stefan Zweig: Herzlichkeit, Rassenmischung, Zukunftsland, neuer Mensch. In diesem Sinne war *Brasilien. Ein Land der Zukunft* durchaus ein Buch, das nicht brasilianischer hätte ausfallen können. So behauptete etwa der Autor Jorge Amado noch 1969, dass „Brasilien das Land der rassischen Demokratie ist, berufen zur Freiheit. Mestizen aller Arten, Neger und Weiße leben zusammen mit den gleichen Rechten und den gleichen Pflichten." Es sei, so fügte Amado noch hinzu, auch „[e]in junges, mächtiges Land, ein schönes Land, das erst beginnt, von seiner Kraft und Stärke Kenntnis zu nehmen. Die ganze Zukunft gehört ihm" (Amado 1969, o. S.). Der gleiche Amado gehörte zu den Intellektuellen, die Zweigs *Brasilien*-Buch 1941 abgelehnt hatten. Allerdings, so gestand er später in einem Interview mit Alberto Dines, „*Brasilien. Ein Land der Zukunft* habe ich, wie viele Leute, nicht gelesen, ich verurteilte das Buch, ohne es zu kennen" (zit. n. Dines 2006, S. 465).

Stefan Zweig

Zweig, Friderike/Zweig, Stefan (1981): Unrast der Liebe. Ihr Leben und ihre Zeit im Spiegel ihres Briefwechsels. Bern: Scherz.
Zweig, Lotte/Zweig, Stefan (2010): Stefan and Lotte Zweig's South American Letters: New York, Argentina and Brazil, 1940–42. Hg. v. Darién J. Davis u. Oliver Marshall. New York: Continuum.
Zweig, Stefan (1941): Brasil. País do futuro. Übers. v. Odilon Gallotti. Rio de Janeiro: Editora Guanabara.
Zweig, Stefan (1943): Dank an Brasilien. In: Ders.: Zeit und Welt. Gesammelte Aufsätze und Vorträge 1904–1940. Stockholm: Bermann-Fischer, S. 165–171.
Zweig, Stefan (1955): Kleine Reise nach Brasilien. In: Ders.: Begegnungen mit Menschen, Büchern, Städten. Berlin, Frankfurt a.M.: S. Fischer, S. 274–305.
Zweig, Stefan (1990): Brasilien. Ein Land der Zukunft. GWE. Hg. v. Knut Beck. Frankfurt a.M.: S. Fischer.
Zweig, Stefan (2007[5]): Die Welt von Gestern. Erinnerungen eines Europäers. GWE. Frankfurt a.M.: S. Fischer.

Weitere Literatur

Amado, Jorge (1969): Brasilien. In: Roiter, Fulvio (Hg.): Brasilien. Zürich: Atlantis, o. S.
Buarque de Holanda, Sérgio (1995): Die Wurzeln Brasiliens. Übers. v. Maralde Meyer-Minnemann. Frankfurt a.M.: Suhrkamp.
Cunha, Euclides (2000): Krieg im Sertão. Übers. v. Berthold Zilly. Frankfurt a.M.: Suhrkamp.
Dewulf, Jeroen (2005): Brasilien sollte kein Land der Zukunft werden. Das abweichende Brasilien-Bild bei Richard Katz, dem ‚vergessenen' Exilschriftsteller. In: Bolle, Willy (Hg.): Akten des XI. Lateinamerikanischen Germanistenkongresses. Bd. 2. São Paulo: Editora da Univ. de São Paulo, S. 603–609.
Dewulf, Jeroen (2014): Der Neue Mensch in Brasilien: Über den Schatten Nietzsches in Stefan Zweigs Land der Zukunft. In: Monatshefte 106/2/2014, S. 213–229.
Dewulf, Jeroen (2016): Blaise Cendrars and the Nietzschean Roots of Multiracial Identity in Stefan Zweig's *Brazil: Land of the Future*. In: Comparative Literature 68/2/2016, S. 199–217.
Dines, Alberto (1981): Morte no paraíso. A tragédia de Stefan Zweig. Rio de Janeiro: Nova Fronteira.
Dines, Alberto (2006): Tod im Paradies. Die Tragödie des Stefan Zweig. Frankfurt a.M. u.a.: Edition Büchergilde.
Dines, Alberto (2009): Stefan Zweig no país do futuro. A biografia de um livro. Rio de Janeiro: EMC.
Eckl, Marlen (2010): Das Paradies ist überall verloren. Das Brasilienbild von Flüchtlingen des Nationalsozialismus. Frankfurt a.M.: Vervuert.
Freiberg, Siegfried (1959): Stefan Zweig und Brasilien. In: Fitzbauer, Erich (Hg.): Stefan Zweig. Spiegelungen einer schöpferischen Persönlichkeit. Wien: Bergland, S. 94–100.
Freyre, Gilberto (1982): Herrenhaus und Sklavenhütte. Ein Bild der brasilianischen Gesellschaft. Übers. v. Ludwig Graf von Schönfelt. Stuttgart: Klett-Cotta.
Führich, Angelika (2004): Zwischen Gestern und Morgen: Stefan Zweigs Begegnung mit der Neuen Welt. In: McCarthy, John A./Grünzweig, Walter/Koebner, Thomas (Hg.): The Many Faces of Germany. Transformations in the Study of German Culture and History. Festschrift for Frank Trommler. New York, Oxford: Berghahn, S. 238–244.
Garcia, Marco Aurélio/Theodor, Erwin (1991): Brasil. O país do futuro. In: O Estado de São Paulo, 24. 8. 1991, S. 23–25.
Goodwin, Matthew D. (2008): The Brazilian Exile of Vilém Flusser and Stefan Zweig. In: Flusser Studies 7/2008, S. 1–9.

Holzner, Johann (1999): Stefan Zweigs Brasilien-Bild. In: Schamborn, Ingrid (Hg.): Die letzte Partie. Stefan Zweigs Leben und Werk in Brasilien (1932–1942). Bielefeld: Aisthesis, S. 137–144.

Jacob, Heinrich Eduard (1959): Aus den Polizeiakten von Petrópolis. In: Fitzbauer, Erich (Hg.): Stefan Zweig. Spiegelungen einer schöpferischen Persönlichkeit. Wien: Bergland, S. 101–106.

Karsen, Sonja P./Ritter, Mark (1983): Stefan Zweig's and Gilberto Freyre's Views of Brazil as Country of the Future. In: Moeller, Hans-Bernhard (Hg.): Latin America and Literature of Exile. A Comparative View of the 20th-Century European Refugee Writers in the New World. Heidelberg: Winter, S. 347–362.

Kestler, Izabela Maria Furtado (1992): Die Exilliteratur und das Exil deutschsprachiger Schriftsteller und Publizisten in Brasilien. Frankfurt a.M. u.a.: Lang.

Lesser, Jeffrey (1995): Welcoming the Undesirables: Brazil and the Jewish Question. Berkeley: Univ. of California Press.

Michels, Volker (1994): Ethnische Vielfalt gegen rassistische Einfalt. Zur Entstehungsgeschichte von Stefan Zweigs Brasilienbuch. In: Zweig, Stefan: Brasilien. Ein Land der Zukunft. Frankfurt a.M.: Suhrkamp, S. 281–295.

Peixoto, Afrânio (1941): Prefácio. In: Zweig, Stefan: Brasil. País do futuro. Übers. v. Odilon Gallotti. Rio de Janeiro: Editora Guanabara, o. S.

Pesavento, Sandra Jatahy (2000): Stefan Zweig: ein Blick auf die Geschichte. In: Chiappini, Ligia/Zilly, Berthold (Hg.): Brasilien, Land der Vergangenheit? Frankfurt a.M.: Bibliotheca Ibero-Americana, S. 59–65.

Pooth, Xenia (2005): Der Blick auf das Fremde. Stefan Zweigs *Brasilien. Ein Land der Zukunft*. Marburg: Tectum.

Prater, Donald A. (1981): Stefan Zweig und die Neue Welt. In: Lunzer, Heinz/Renner, Gerhard (Hg.): Stefan Zweig 1881/1981. Aufsätze und Dokumente. Wien: Dokumentationsstelle für neuere österreichische Literatur, S. 137–163.

Schwamborn, Ingrid (Hg.) (1999a): Die letzte Partie. Stefan Zweigs Leben und Werk in Brasilien (1932–1942). Bielefeld: Aisthesis.

Schwamborn, Ingrid (1999b): Fatale Attraktion – Stefan Zweig und Brasilien. In: Dies. (Hg.): Die letzte Partie. Stefan Zweigs Leben und Werk in Brasilien (1932–1942). Bielefeld: Aisthesis, S. 67–104.

Schwamborn, Ingrid (2003): Stefan Zweigs ungeschriebenes Buch: *Getúlio Vargas*. In: Eicher, Thomas (Hg.): Stefan Zweig im Zeitgeschehen des 20. Jahrhunderts. Oberhausen: Athena, S. 129–158.

Tapioca, Ruy (2001): Admirável Brasil Novo. Rio de Janeiro: Rocco.

Thimann, Susanne (1989): Brasilien als Rezipient deutschsprachiger Prosa des 20. Jahrhunderts. Bestandsaufnahme und Darstellung am Beispiel der Rezeptionen Thomas Manns, Stefan Zweigs und Hermann Hesses. Frankfurt a.M. u.a.: Lang.

White, Erdmute Wenzel (1983): Beyond Memory: Stefan Zweig's Last Days. In: Sonnenfeld, Marion (Hg.): Stefan Zweig. The World of Yesterday's Humanist Today. Albany: State Univ. of New York Press, S. 269–275.

Zelewitz, Klaus (1999): Stefan Zweig: Exotismus versus (?) Europhilie. In: Schwamborn, Ingrid (Hg.): Die letzte Partie. Stefan Zweigs Leben und Werk in Brasilien (1932–1942). Bielefeld: Aisthesis, S. 145–157.

9. Die Welt von Gestern. Erinnerungen eines Europäers (1942)

9.1 Autobiografie als Epochendarstellung
Ulrich Weinzierl

1. Entstehung 340
2. Ausgaben. 341
3. Aufbau und Inhalt 341
    3.1 Jugend nicht nur in Wien 342
    3.2 Die Katastrophe des Ersten Weltkriegs. 345
    3.3 Ein Weltbürger aus Österreich. 347
    3.4 Nach Sonnenuntergang 347
4. Rezeption und Forschung 350

1. Entstehung

Erst in der Leidenszeit der Emigration, und das war sie – ungeachtet der finanziellen Absicherung eines auf allen Kontinenten gelesenen, immer noch außerordentlich erfolgreichen Schriftstellers –, begann Stefan Zweig *Die Welt von Gestern* (1942) zu konzipieren. Am 20. Juni 1939 hatte er aus London seinem inzwischen ebenfalls nach England geflohenen jüngeren Freund und Kollegen Felix Braun die rhetorische Frage gestellt (es war eine verkappte Aufforderung):

> Wäre es nicht vielleicht, wenn Du müßige Zeit hast, das Rechte, ein Bildnis Wiens und unserer Jugend zu geben, und wenn schon in Erinnerungen zu leben, sie doch intensiv, also schöpferisch auferstehen zu lassen? Ich will selbst einmal ein solches Buch schreiben, nicht als Autobiographie, sondern als Abgesang jener österreichisch-jüdisch-bürgerlichen Kultur, die in Mahler, Hofmannsthal, Schnitzler, Freud kulminierte. Denn dieses Wien und dieses Österreich wird nie mehr sein und nie mehr kommen. Wir sind die letzten Zeugen. (Zweig, Br IV, S. 250)

Obwohl er während des Arbeitsprozesses von einer ‚Selbstdarstellung‘, von einer ‚Selbstbiografie‘, einer ‚Autobiografie‘ und der ‚Geschichte seines Lebens‘ sprach, hielt er sich an die ursprüngliche Absicht. Sein Projekt wurde ein Epochenporträt aus subjektiver Sicht, zugleich unter weitgehender Aussparung der eigenen Person.

Während des Abfassens und Korrigierens wechselten naturgemäß die Titel. Die erste Fassung ist mit „Blick auf mein Leben" überschrieben (vgl. Zweig, Br IV, S. 734), danach sollte das Buch „Drei Leben (Three Lives)" heißen, was im Sommer 1941 fallen gelassen wurde zugunsten der Alternative „Europa war mein Leben" (vgl. S. 310). Auch die Variante „Unsere Generation" wurde überlegt. Im September darauf erwähnte er gegenüber seinem argentinischen Übersetzer Alfredo Cahn mehrere Vorschläge: „,Geprüfte Generation' oder einfach ‚Wir' oder ‚Ein Leben für Europa' oder ‚Vida de un Europeo'. Fast scheint mir das letzte das beste." (S. 317) Die endgültige Lösung, *Die Welt von Gestern. Erinnerungen eines Europäers*, geht auf einen Vortrag zurück, den der inzwischen britische Staatsbürger Stefan Zweig am 26. April 1940, sieben Wochen vor dem Fall der französischen Hauptstadt –

9.1 Autobiografie als Epochendarstellung

das Tagebuch beschwört „jene strahlenden Abendsonnentage" (Zweig GWE, Tb, S. 453) herauf – im Pariser Théâtre Marigny hielt: *La Vienne d'hier, Das Wien von Gestern.*

Stefan Zweig hat, wie gesagt, seine Erinnerungen als Emigrant niedergeschrieben. Und obwohl er, gemessen an anderen Flüchtlingsschicksalen, komfortabel lebte – chronologisch aufgeführt: mit Apartments in London, einer Villa in Bath, einem Haus in Ossining unweit des berüchtigten Gefängnisses Sing Sing und einem gemieteten Bungalow im brasilianischen Luftkurort Petrópolis –, war es, auch durch quälende Auseinandersetzungen während der langwierigen Trennung von seiner ersten Frau Friderike, eine Periode besonderer Unrast, der Angst und Düsternis: eine ‚Flucht ohne Ende' im Fluchsinn des Wortes. Nicht ohne Grund schrieb der Zweig-Biograf, der Gentleman des Genres Donald A. Prater, über Stefan Zweigs psychische Verfassung im Jahre 1937: „Ein Wunder, daß er noch so lange weiterleben konnte." (Prater 1981, S. 363) Hinzu kam, dass er auf fast alle gebräuchlichen Hilfsmittel zur Erstellung eines Lebensrückblicks zu verzichten hatte – auf Briefe und Aufzeichnungen, auf die eigene (in seinem Fall: fabelhafte) Büchersammlung. Deswegen bildete die Erreichbarkeit guter Bibliotheken eine Voraussetzung für die jeweiligen Aufenthaltsorte. New Haven wurde gewählt wegen der Nähe zur Yale University Library. Die gesamte Niederschrift erfolgte im Juli 1941 im nahe gelegenen Ossining. Diese handschriftliche Version („Second draft, not quite definitive or complete", wird am Titelblatt vermerkt) schenkte Zweig der Library of Congress in Washington, aus Dankbarkeit für die Ermöglichung von Recherchen in amerikanischen Bibliotheken, wie er selbst anmerkt. In der Folge entstanden mehrere Typoskripte. Ein „komplettes Manuskript der Autobiographie" schickte Zweig am 20. November 1941 an seinen New Yorker Verleger Ben Huebsch und übermittelte je einen Durchschlag des Konvoluts für die spanische, portugiesische, deutsche und französische Ausgabe an die jeweiligen Verleger bzw. Übersetzer (vgl. Zweig, Br IV, S. 322).

2. Ausgaben

Erschienen ist *Die Welt von Gestern. Erinnerungen eines Europäers* erst nach Stefan Zweigs Tod im Bermann-Fischer Verlag in Stockholm im Herbst 1942. Im selben Jahr erschien die brasilianische Ausgabe mit dem veränderten Titel *O mundo que eu vi: minhas memórias* im Verlag Guanabara sowie die spanischsprachige Ausgabe *El Mundo de Ayer: Autobiografía* im argentinischen Verlag Claridad. Unter dem Titel *The World of Yesterday. An Autobiography* erschien das Buch 1943 im Londoner Verlag Cassell und im New Yorker Verlag Viking Press. Randolph J. Klawiter (1991, S. 288 ff.) verzeichnet die weiteren Ausgaben, ab 1981 wird sie Teil der von Knut Beck herausgegebenen *Gesammelten Werke in Einzelbänden* (GWE). Im Herbst 2017 ist im S. Fischer Verlag eine kommentierte Studienausgabe erschienen, herausgegeben von Oliver Matuschek.

3. Aufbau und Inhalt

Die Welt von Gestern enthält, neben dem Vorwort, 16 Kapitel – von „Die Welt der Sicherheit" bis zu „Die Agonie des Friedens". Der besondere Rang des Buches innerhalb des Gesamtwerks und die komplexe Verschränkung von persönlicher Lebensgeschichte mit kulturhistorischem und zeitgeschichtlichem Material legt eine detaillierte, in Kapitel strukturierte Darstellung nahe.

Zu Beginn enthüllt Zweig seine Intentionen, schlägt den Ton an, der den Band insgesamt bestimmt: von Melancholie und Trauer über Verlorenes, Geraubtes, Zerstörtes. Mit dem Gestus der Bescheidenheit, die seiner Selbsteinschätzung als Schriftsteller tatsächlich entsprach, erklärt er sich zum Zeugen, zum Sprecher seiner Generation, die zweimaliges Völkermorden durchzumachen hatte: „Alle die fahlen Rosse der Apokalypse sind durch mein Leben gestürmt, Revolution und Hungersnot, Geldentwertung und Terror, Epidemien und Emigration; ich habe die großen Massenideologien unter meinen Augen wachsen und sich ausbreiten sehen, den Faschismus in Italien, den Nationalsozialismus in Deutschland, den Bolschewismus in Rußland und vor allem jene Erzpest, den Nationalismus, der die Blüte unserer europäischen Kultur vergiftet hat." (Zweig GWE, Die Welt von Gestern, S. 10f.) Typisch für den Kosmopoliten, dass er den Nationalismus als schlimmstes aller Übel brandmarkte, Grillparzers Epigramm getreu: „Der Weg der neuern Bildung geht / Von Humanität / Durch Nationalität / Zur Bestialität" (Grillparzer 1960, S. 500).

Was sein persönliches Los betrifft, unterscheidet er zwei einschneidende Ereignisse: seinen überstürzten Auszug aus Salzburg und Österreich im Februar 1934 nach der demütigenden polizeilichen Hausdurchsuchung im Kapuzinerberg-Schlösschen von der Fluchtwelle der an Leib und Leben bedrohten Wiener Juden nach dem ‚Anschluss' im März 1938: „Ich bin aufgewachsen in Wien, der zweitausendjährigen übernationalen Metropole, und habe sie wie ein Verbrecher verlassen müssen, ehe sie degradiert wurde zu einer deutschen Provinzstadt." (Zweig GWE, Die Welt von Gestern, S. 8) Stefan Zweig musste nicht, er wollte, er konnte nicht anders: Das Eindringen gewaltsamer Politik in seinen privaten Freiheitsraum vermochte er nicht zu ertragen. Mit der traditionellen Anrufung der Musen, die Nabokov im Titel seiner Memoiren *Speak Memory, Speak* zitiert, endet Zweigs Einleitung „So sprecht und wählt, ihr Erinnerungen, statt meiner, und gebt wenigstens einen Spiegelschein meines Lebens, ehe es ins Dunkel sinkt!" (S. 13)

3.1 Jugend nicht nur in Wien

Stefan Zweig, geboren am 28. November 1881 in Wien, stammte aus begütertem Haus. Seine Eltern waren „vermögende Leute, die allmählich reich und sogar sehr reich wurden" (S. 20). Ein paar Zeilen danach heißt es freilich: „[S]o wie meine Eltern haben zehntausend oder zwanzigtausend Familien in Wien gelebt in jenem Jahrhundert der gesicherten Werte." (S. 20) Das war pures Understatement, gilt lediglich für das zur Neige gehende 19. Jahrhundert. Die Geschäfte des Textilgroßindustriellen Moriz Zweig gingen hervorragend: 1910 nahm er unter den 929 reichsten Wienern mit einem Jahreseinkommen von 174 650 Kronen den 402. Platz ein (vgl. Sandgruber 2013, S. 469). Um die Relationen zu wahren: Der Vater des Schriftstellers Hermann Broch, Josef Broch, ebenfalls Textilindustrieller, versteuerte im selben Jahr mehr als das Doppelte. Doch 1927 musste sich die Familie Broch von ihrem Unternehmen trennen, während die Firma Zweig, längst geführt von Stefans um zwei Jahre älteren Bruder Alfred – er selbst war mit seinem Hälfteanteil stiller Teilhaber – in der Tschechoslowakei florierte, bis sie vom NS-Regime enteignet wurde (vgl. Matuschek 2006, S. 314; Kerschbaumer 2003, S. 449).

9.1 Autobiografie als Epochendarstellung

Zweigs Mutter Ida gehörte zum international im Bankgeschäft tätigen Clan der Brettauer (vgl. Gaugusch 2011, S. 323f.), die schon früher zu viel Geld gekommen waren und daher auf den jüngeren Reichtum Moriz Zweigs, der sich jedoch nie als Neureicher gerierte, einen ebenso soliden wie gediegenen bildungsbürgerlichen Lebensstil pflegte, snobistisch herabsahen. „Diese Art Adel, den sich manche jüdische Familie aus eigener Machtvollkommenheit zulegte, hat mich und meinen Bruder schon als Kinder bald amüsiert und bald verärgert [...] [,] weil es sich doch schließlich bei allen jüdischen Familien nur um einen Unterschied von fünfzig oder hundert Jahren dreht, um die sie früher aus demselben jüdischen Ghetto gekommen sind." (Zweig GWE, Die Welt von Gestern, S. 25).

Über Stefan Zweigs Kindheit innerhalb seiner Familie erfahren wir nur wenig; nichts über die Rolle des Vaters als eine Art ‚Prinzgemahl' neben der eher dominanten, eigensinnigen Ehefrau, die auch noch – bedingt durch zunehmende Ertaubung infolge einer Mittelohrsklerose – buchstäblich nicht gut zuhören konnte, weshalb die im selben Stockwerk in der Rathausstraße wohnende Großmutter Brettauer neben der Gouvernante mütterliche Erziehungspflichten übernahm; nichts von Stefans „trotz seiner sanften Natur plötzliche[n] Wutausbrüchen" (Prater 1981, S. 26), nichts davon, dass auch die gelegentlichen „Wutanfälle" der Mutter „gefürchtet" (Matuschek 2006, S. 24) waren.

Von seinen acht Mittelschuljahren im Maximiliansgymnasiums, dem heutigen Wasa-Gymnasium, erzählt Zweig voll Abscheu: „Zwang, Öde, Langeweile, eine Stätte, in der man die ‚Wissenschaft des nicht Wissenswerten' in genau abgeteilten Portionen sich einzuverleiben hatte" (Zweig GWE, Die Welt von Gestern, S. 46), er verdammt die Bildungsanstalt als „Kerker unserer Jugend" (S. 48). Seine Erfahrungen, erklärt er, beruhten auf keinem Sonderfall, er lehnte das gesamte pädagogische System des Drills und Paukens von anno dazumal kategorisch ab. Hymnisch äußert er sich hingegen über den außerschulischen Literatur- und Kulturhunger und die Theaterbesessenheit seines Jahrgangs. In der Verallgemeinerung einer „Monomanie des Kunstfanatismus" (S. 76) ist das wohl übertrieben. Dass Stefan Zweig von unstillbarem Wissensdrang beseelt war, sich gierig über die neuesten Entwicklungen der europäischen Dichtung informierte, steht jedoch außer Zweifel. Das Idol des Obergymnasiasten war „*eine* Gestalt, die uns faszinierte, verführte, berauschte und begeisterte, das wunderbare und einmalige Phänomen Hugo von Hofmannsthals, in dem unsere Jugend nicht nur ihre höchsten Ambitionen, sondern auch die absolute dichterische Vollendung in der Gestalt eines beinahe Gleichaltrigen sich ereignen sah." (S. 64, Herv. i. O.) Fünf Druckseiten der *Welt von Gestern* sind dem jungen, jedoch gut sieben Jahre älteren Hofmannsthal gewidmet, obwohl Zweigs Bewunderung und Zuneigung unerwidert und einseitig blieb (→ II.1 ZWEIG ZWISCHEN TRADITION UND MODERNE; III.14.3 ÜBER ÖSTERREICHISCHE LITERATUR). Der 16-Jährige eiferte ihm in allem und jedem nach, betrachtete sich als seinen Schüler, und gerade das stieß den Hochverehrten wie ein Zerrbild seiner selbst ab, zumal da der weltweite Erfolg in den 1920er Jahren dem einstigen Adoranten recht zu geben schien. Unter Wahrung der gesellschaftlichen Formen, Hofmannsthal zeichnete seine Briefe an Zweig in der Regel mit einem konventionell verlogenen „Ihr aufrichtig ergebener" (vgl. Hofmannsthal/Zweig 1982, S. 86–116), hielt er ihn für nichts als einen überehrgeizigen jüdischen Literaten minderer Güte (vgl. Rovagnati 1998, S. 145–156). Dass Hofmannsthal ihm äußerst reserviert gegenüberstand, sollte Zweig bemerkt haben. Spätestens als er 1929 die Gedenkrede auf Hofmannsthal im Burgtheater hielt, der die Witwe demonstrativ fern blieb, muss es ihm bewusst geworden sein. Aber Stefan Zweig besaß im Literaturbezirk seltene Eigenschaften: Er war neidlos, unintrigant, von fast selbstschädigendem Gerechtigkeitssinn, lebte die Worte des Marquis Posa: „Sagen Sie / Ihm, daß er für die Träume seiner Jugend / Soll Achtung tragen" (Schiller 1989, S. 941).

Mit Rainer Maria Rilke indes ergab sich so etwas wie menschliche Nähe, insbesondere während Zweigs Pariser Vorkriegsaufenthalten. In der entsprechenden Passage zeichnet Zweig ein berührendes Porträt des verehrten älteren Kollegen (vgl. Zweig GWE, Die Welt von Gestern, S. 167–173).

Ein Hobby des Jugendlichen, das der erwachsene Stefan Zweig bis zur Passion und Perfektion steigern sollte, wird erst in späteren Kapiteln der Erinnerungen behandelt. Aus pubertärer Autogrammjägerei entwickelte sich höchste Kennerschaft mit geradezu wissenschaftlichem Anspruch. Er konzentrierte sich auf die „Urschriften oder Entwürfe von Dichtungen und Kompositionen" (S. 191), lauter sogenannte Dokumente des Schöpferischen (→ IV.5 Das Schöpferische). Seine Autographensammlung wurde zu einer der bedeutendsten der Epoche (→ III.20 Autographensammlung). Von keiner seiner Leistungen spricht er mit ähnlichem Stolz: „Was ich als Fünfzehnjähriger dilettantisch begonnen, hatte sich in all diesen Jahren dank vieler Erfahrung, reichlicherer Mittel und eher noch gesteigerter Leidenschaft aus einem bloßen Nebeneinander in ein organisches Gebilde und, ich darf es wohl sagen, in ein wirkliches Kunstwerk verwandelt." (S. 395)

Die regelmäßige Mitarbeit für die *Neue Freie Presse* setzt mit der Bekanntschaft mit Theodor Herzl ein (→ IV.8 Utopie). Der Feuilletonredakteur wird in der *Welt von Gestern* gebührend gewürdigt (vgl. S. 124–133), er war, so Zweig, „der erste Mann welthistorischen Formats, dem ich in meinem Leben gegenüberstand" (S. 124). Sein Studium, auch während eines Semesters in Berlin, nahm Zweig, laut eigener Einschätzung, nicht sehr ernst, er erledigte es sozusagen mit der linken Hand, trieb sich lieber, voll unersättlicher Neugier, in der Boheme und Kaffeehäusern, in Berlin auch in Spelunken herum. Doch den von seinen Eltern ersehnten Doktortitel, den Freibrief für seine literarische Zukunft, brachte er mit einer Dissertation über Hippolyte Taine frist- und ordnungsgemäß 1904 nach Hause (vgl. S. 114 ff., 134–144).

Kein Zweifel: Im Rückblick seiner Erinnerungen erscheint ihm die Dekade vor dem Beginn des Ersten Weltkriegs als eine äußerst anregende, sogar paradiesische Zeit, das „goldene Zeitalter der Sicherheit" (S. 15) für die ‚Oberen Zehntausend', zu denen er nun einmal zählte. Zum Überschreiten der Staatsgrenzen benötigte man keine Pässe, eine intellektuelle und künstlerische Elite in den diversen Metropolen stand in ständigem Austausch, überall lockten unverbindliche erotische Abenteuer, von denen der attraktive Stefan Zweig reichlich Gebrauch machte. Es herrschten kulturelle Blüte und Aufbruchstimmung sondergleichen, ungeschmälert war der Fortschrittsglaube.

Ja, der Erklärer der ausgehenden franzisko-josephinischen Ära wurde partiell zum Verklärer, selbst den sich radikalisierenden Antisemitismus schwächt er an einer Stelle bis zum Verharmlosenden ab: „Juden und Christen wohnten trotz gelegentlicher Hänseleien friedlich beisammen" (S. 40). Ihm den Verdrängungsmechanismus aus der Perspektive der Schreckensjahre 1940/1941 vorzuwerfen, stünde Nachgeborenen schlecht zu Gesicht. Jene, die einen kritischeren, analytischeren Blick bevorzugen, mögen zu Hermann Brochs Großessay *Hofmannsthal und seine Zeit* greifen, der jedoch an Farbigkeit und atmosphärischer Dichte nicht mit der *Welt von Gestern* zu konkurrieren vermag.

3.2 Die Katastrophe des Ersten Weltkriegs

Seit George F. Kennan definieren Historiker den Ersten Weltkrieg als ‚Urkatastrophe des 20. Jahrhunderts'. Stefan Zweig hat den Weltenbruch genauso niederschmetternd empfunden und ihm in seinen Erinnerungen einen entsprechenden Platz eingeräumt. In drei Kapiteln diskutiert er aus dem Abstand von 20 Jahren Geschehen und Auswirkungen des großen Kriegs (vgl. S. 246–320). Aber bis zum Schluss wollte er ihn nicht wahrhaben. Wie geplant harrte er in den Wochen nach der Ermordung des österreichischen Thronfolgers Franz Ferdinand an seinem Urlaubsort aus, einem Seebad bei Ostende. Die Truppenbewegungen und Mobilisierungsvorbereitungen waren unübersehbar. Dennoch bemühte er sich, Befürchtungen seiner alarmierten belgischen Freunde zu zerstreuen: „„Hier an dieser Laterne könnt ihr mich aufhängen, wenn die Deutschen in Belgien einmarschieren!'" (S. 253f.), will er sie beschwichtigt haben. War er blind gegenüber dem drastischen Menetekel? Andere – wie das befreundete Wiener Ehepaar Siegfried und Antoinette Trebitsch – sind es noch mehr gewesen. Zweig hatte sich schlussendlich eine Schlafwagenkarte für den Ostende-Express besorgt und flehte die beiden an, es ihm gleichzutun. Umsonst. Beim Abschied habe er mit „tränenfeuchten Augen" gesagt: „Du wirst es bereuen, lieber Freund, und ich muß ohnmächtig davongehen, weil es mir nicht gelungen ist, dich zu überzeugen, dass wir vor dem Anfang vom Ende der Zeit stehen, die unser Leben gewesen ist!" (Trebitsch 1951, S. 273) Als Zweig Deutschland erreicht hatte, war den Fahrgästen durch das marschbereite Militär sofort klar: „[D]as Ungeheuerliche war im Gang, der deutsche Einbruch in Belgien wider aller Satzung des Völkerrechts." (Zweig GWE, Die Welt von Gestern, S. 255) In dem Artikel für die *Neue Freie Presse, Heimfahrt nach Österreich*, den er unmittelbar nach der Ankunft in Wien „in einem Zug" in der Nacht des 31. Juli in der Redaktion schrieb, ist derlei, versteht sich, nicht zu entdecken. Dafür heroische Phraseologie, etwa beim Passieren Nürnbergs: „[D]a überkommt einen wieder freudig – wie so oft – die Ahnung deutscher Kraft." Man fühle „die Stärke und Entschlossenheit der Nation, und atmet Beruhigung. Denn dies, man weiß es gewiß, ist unzerstörbar und unbesieglich, nichts kann die Festigkeit brechen, die in solchem ehernen Gefüge ruht." (Zweig GWE, Die schlaflose Welt, S. 28) Ein bewährtes psychologisches Gesetz: Je nachdrücklicher Gewissheit betont wird, desto heftiger sind die mühsam unterdrückten Zweifel. So vertraute er dem Tagebuch schon am 1. August 1914 an: „[M]ein innerstes Empfinden glaubt nicht an einen Österreichischen Sieg, ich weiß nicht warum. Und mir graut für Deutschland, das jetzt mitgerissen wird." (Zweig GWE, Tb, S. 81) Noch krasser der Pessimismus nicht einmal 90 Stunden danach: „Ich glaube an keinen Sieg gegen die ganze Welt – jetzt nur schlafen können, sechs Monate, nichts mehr wissen, diesen Untergang nur nicht erleben, dieses letzte Grauen. Es ist der entsetzlichste Tag meines ganzen Lebens" (S. 84).

Um das Ausmaß der Widersprüchlichkeit von Zweigs Positionen in den Kriegsjahren bis 1917 zu ermessen, ist es notwendig, die verschiedenen Quellen zusammen zu betrachten: *Die Welt von Gestern* neben seine zeitgenössischen Veröffentlichungen, seine Briefe und seine Aufzeichnungen zu halten. Die Diskrepanzen sind eklatant. Dass Erinnerungen trügen, glätten, beschönigen: eine Binsenweisheit. Aber Stefan

Zweig handelte keineswegs bewusst unwahr. Im jeweiligen Moment, sei's, dass das Stimmungspendel Richtung Verzweiflung, sei's Richtung begeisterten Überschwangs ausschlug, war er von seinen Meinungen und Gefühlen überzeugt. Ihm fehlte, wofür er andere bewunderte, Neid gestattete er sich nicht: Konsistenz eines Persönlichkeitskerns, deshalb wirkt sein Verhalten gerade in dieser Periode in sich extrem unschlüssig. Der in der Folge notorische Friedensfreund vermochte patriotische Wallungen nicht zu unterdrücken. Dabei ist hervorzuheben: Zweig fühlte nicht als Österreicher, die Weichheit und Leichtlebigkeit der Wiener im Krieg widerten ihn an, er fühlte (sich) als Deutscher. In den Memoiren ist zu lesen:

> Die richtige Haltung für einen Mann meiner Überzeugung wäre gewesen, [...] mich als ‚conscientious objector' zu erklären, was in Österreich (im Gegensatz zu England) mit den denkbar schwersten Strafen bedroht war und eine wirkliche Märtyrerfestigkeit der Seele forderte. Nun liegt – ich schäme mich nicht, diesen Defekt offen einzugestehen – meiner Natur das Heldische nicht. Meine natürliche Haltung in allen gefährlichen Situationen ist immer die ausweichende gewesen [...]. (Zweig GWE, Die Welt von Gestern, S. 262)

Und knapp davor:

> Um der Wahrheit die Ehre zu geben, muß ich bekennen, daß in diesem ersten Aufbruch der Massen etwas Großartiges, Hinreißendes und sogar Verführerisches lag, dem man sich schwer entziehen konnte. Und trotz allem Haß und Abscheu gegen den Krieg möchte ich die Erinnerung an diese ersten Tage in meinem Leben nicht missen: Wie nie fühlten die Tausende und Hunderttausende Menschen, was sie besser im Frieden hätten fühlen sollen: daß sie zusammengehörten. (S. 256)

Ein peinliches Feuilleton vom 6. August trägt den Titel *Ein Wort von Deutschland*. Hätte er doch geschwiegen! Dann wäre ihm und uns der Hymnus auf deutsche Organisationstüchtigkeit erspart geblieben. Diese, so Zweig, sei nämlich „doppelt wirksam, weil sie von innen, aus dem Willen der Rasse, aus der Zucht jedes Charakters geschaffen ist, weil hier der Gesamtwille im steten rhythmischen Einklang ist mit dem inneren Einzelwillen." (Zweig GWE, Die schlaflose Welt, S. 31) Um der Wahrheit die Ehre zu geben, ist der kontextuelle Blick auf die einstigen Umstände unerlässlich: Die Begeisterung durch das ‚Augusterlebnis' 1914 erfasste die weit überwiegende Mehrzahl der österreichischen und deutschen Autoren, Geisteswissenschaftler von Rang (von Max Scheler bis zu Max Weber), hinterließ auch in der internationalen, der fortschrittlichen Kunstwelt überdeutliche Spuren: Ein Max Liebermann und ein Kasimir Malewitsch, ein Ernst Barlach und ein Raoul Dufy, um nur die prominentesten anzuführen, rückten propagandistisch ein (vgl. Schneede 2013), desgleichen Arnold Schönberg. Gar nicht zu reden vom groben nationalistischen Unfug, den Hugo von Hofmannsthal oder Egon Friedell in den ersten Kriegsjahren von sich gaben.

Die Kriegsjahre waren für Stefan Zweig eine harte Lehre, die er keineswegs bravourös absolvierte. Aber sie hatten ihm eingebläut, die Ideale des Pazifismus, der Humanität und des Europäertums, die für ihn gern gebrauchte tönende Worthülsen gewesen waren, zu praktizieren, notfalls unter schwerster Belastung (→ V.4 Krieg, Frieden, Pazifismus; V.6 Humanität und Humanismus; V.7 Europa-Konzeptionen). Er hat sie nie mehr verraten, er konnte sie gar nicht aufgeben, sein ohnehin unterentwickeltes Hasspotenzial war restlos erschöpft. Eben das wurde später Teil seiner Tragik, trieb ihn in den Untergang. Der Seelenkenner Arthur Schnitzler, Österreichs

9.1 Autobiografie als Epochendarstellung

unverlogenster Schriftsteller, mit dem Zweig immer wieder wohltuende, dem Wahn der Zeit entrückte Gespräche führte, fand ihn sympathisch – mit mentalen Reserven, die er in seinem Journal begrub: „Er hat gute Tendenzen; ist gewiß nicht ein ‚wahrhaftiger', oder gar reiner Mensch. Zutiefst ist in ihm ein Stück Renegatentum." (Schnitzler 1985, S. 247)

3.3 Ein Weltbürger aus Österreich

Mit dem Einzug in das 1917 erworbene Paschingerschlössel auf dem Salzburger Kapuzinerberg begann Stefan Zweigs produktivster Lebensabschnitt: „[I]n mein Haus kam [...] ein Gast, den ich nie erwartet hatte – der Erfolg." (Zweig GWE, Die Welt von Gestern, S. 360) Erfolg reihte sich an Erfolg, seine auf Quellenstudium beruhenden, zugleich romanhaften Biografien, seine historischen Miniaturen *Sternstunden der Menschheit* (1927; der Begriff stieg ins Reich der geflügelten Worte auf), seine Novellen wurden zu Bestsellern. Ohne zu renommieren, erwähnt er im Kapitel „Wieder in der Welt" *en passant* sein globales Renommee: „[E]ines Tages las ich in der Statistik der ‚Coopération Intellectuelle' des Genfer Völkerbundes, daß ich zur Zeit der meistübersetzte Autor der Welt sei (ich hielt es abermals meinem Temperament gemäß für eine Falschmeldung)." (S. 365f.) Was man jedem anderen als Koketterie auslegen würde – bei ihm scheint es glaubwürdig.

Obwohl Salzburg zu seinem Lebensmittelpunkt geworden war, hat er sich dort nicht übermäßig lang aufgehalten. Zahllose Reisen führten ihn quer durch Europa, während der Festspielsommer suchte er tunlichst die Stadt zu meiden. Die ‚Villa in Europa', wie Jules Romains Zweigs Salzburger Wohnstätte taufte, musste oft ohne den Hausherrn auskommen. Um dem Trubel zu entgehen, aber auch weil er ahnte, dass er rund um das Festival dank Hofmannsthals Ablehnung *persona non grata* war. Romain Rollands Briefanrede „Lieber fliegender Salzburger" (Rolland/Zweig 1987, S. 166) hat bei Stefan Zweig durchaus Berechtigung.

In den Teilen der *Welt von Gestern*, die die Zeit nach 1919 behandeln, beschreibt Zweig in zwei größeren Abschnitten nicht nur das Leben in Salzburg, sondern richtet seinen Blick auch auf die Orientierungslosigkeit in der Bevölkerung nach dem Ende des Kriegs, die Umstände der Inflationsjahre, die Schwierigkeiten mit der neuen politischen Orientierung in Österreich und Deutschland nach dem Zusammenbruch der beiden Monarchien und, aus dem privaten Bereich, auf seine Autographensammlung (vgl. Zweig GWE, Die Welt von Gestern, S. 327–337, 392–402).

3.4 Nach Sonnenuntergang

Der Schwarzseher Stefan Zweig, das war er spätestens seit dem Ersten Weltkrieg, hat den unaufhaltsamen Aufstieg des Nationalsozialismus – wie beinah alle – unterschätzt. Während in den Abschnitten des Buches bis 1919 Zweigs Erinnerungen leitmotivisch an seiner Lebensgeschichte entwickelt werden, weiten sich seine Ausführungen im letzten Drittel immer wieder zu politisch-essayistischen Kommentaren aus. 1930 verbuchte die NSDAP ihren ersten gewaltigen Erfolg, wurde zweitstärkste Partei im Deutschen Reichstag. Und Zweig schrieb seine nicht sonderlich luzide Wahlanalyse *Revolte gegen die Langsamkeit*: „Die Radikalisierung der Jugend ist eine Warnung gegen die Langsamkeit und Feigheit der Entscheidungen in Europa: begrüßen wir sie in diesem Sinn." (Zweig GWE, Die schlaflose Welt, S. 178) Klaus Mann – die beiden mochten einander sehr – erwiderte ihm: „Mit Psychologie kann man alles verstehen, sogar Gummiknüppel. Ich wende sie aber nicht an, diese Psychologie." (Zit. n. Prater 1981, S. 271) Als Hitler Reichskanzler geworden war und sich die antisemitischen Angriffe gegen Zweigs *Marie Antoinette* (1932) in der NS-Presse häuften, bemühte er sich noch um überlegenen Spott – „unsere geliebten Hitlerianer" (Zweig, Br IV, S. 44) nannte er die Todfeinde dem amerikanischen Verleger Ben Huebsch gegenüber am 8. Februar 1933. Aber schon am 10. April teilte er Romain Rolland seine radikal pessimistische Einschätzung der Lage mit: „L'Autriche est perdu[e]", „Österreich ist verloren" (S. 54). Im Briefwechsel mit Rolland sind bereits früher – gleich blitzhaften Einsichten – Sätze zu entdecken, die man als prophetisch zu deuten geneigt wäre, hätte sich Zweig nicht so oft widersprochen, beispielsweise am 30. Oktober 1930: „Jetzt bricht die große Woge herein: bald haben wir ein faschistisches Österreich und ein Hitlerdeutschland." (Rolland/Zweig 1987, S. 433) Er wechselte Tonfall und Tendenz – von resigniert bis kämpferisch – mit dem Korrespondenzpartner und seiner jeweiligen Stimmung. Rolland schrieb er manchmal mit so stark antikapitalistischem Affekt, als würde er am liebsten die Banken stürmen.

An der tristen Jahreswende 1932/1933 hatte sich etwas ereignet, das Stefan Zweig euphorisierte. Die Tatsachen sind in der *Welt von Gestern* festgehalten, jedoch in einem zeitlichen Niemandsland angesiedelt (vgl. Zweig GWE, Die Welt von Gestern, S. 390ff.). Mit einem einzigen Brief erwirkte Zweig die Freilassung eines politischen Häftlings. Der Arzt Giuseppe Germani, ein Vertrauter des 1924 von den Faschisten ermordeten Arbeiterführers Giacomo Matteotti, war beim Versuch, dessen vom Regime drangsalierte Frau und Kinder ins Ausland zu schmuggeln, festgenommen und zu einer zehnjährigen Gefängnisstrafe verurteilt worden. Germanis Frau Elsa wandte sich an Zweig, er möge ihr helfen, „alle literarischen Namen Europas zu einem lauten Protest" (S. 391) zu vereinigen. Von der Wirkungslosigkeit solcher Aktion überzeugt, wählte er einen persönlicheren Weg: Mussolini war, wie er „von gemeinsamen Freunden wußte, einer der ersten und besten Leser" (S. 390) seiner Bücher in Italien. Daher schickte er dem Duce aus Salzburg einen Brief, in dem er um Gnade für Germani bat. Kurz danach erhielt Zweig durch die italienische Gesandtschaft positiven Bescheid: „Mit einem einzigen raschen Federstrich hatte Mussolini persönlich meine Bitte erfüllt, und tatsächlich wurde der Verurteilte auch bald völlig begnadigt. Kein Brief in meinem Leben hat mir mehr Freude und Genugtuung gebracht, und wenn je eines literarischen Erfolges, so gedenke ich dieses mit besonderer Dankbarkeit." (S. 392) Da Zweig damals seine Glücksgefühle auch im Freundeskreis nicht verhehlen konnte, wurde er von Rolland energisch gerügt – die „bedingungslose Bewunderung" für den Diktator sei „völlig unangebracht" (Rolland/Zweig 1987, S. 488). Doch so einfach ließ sich Zweig seine unbändige Freude nicht verderben: „[I]ch war derart glücklich, daß (verachten Sie mich!) ich ihn [i.e. Mussolini] hätte umarmen können, als ich die gute Nachricht erhielt. [...] Sie allein wissen, was dieser Brief mich gekostet hat. Ich wollte es nicht, meine sogenannte Überzeugung litt grausam darunter. Aber ich habe meine Überzeugung (eine herrliche Substanz, ich weiß, aber lange nicht so lebendig wie ein wirkliches Wesen) gebrochen und den Versuch gewagt." (S. 490)

2006 tauchte im historischen Archiv des italienischen Außenministeriums jener Dankesbrief auf, den er am 17. Januar 1933 – emotional überwältigt – an Benito Mussolini richtete: „Exzellenz, mit tiefer Bewegung und großer Dankbarkeit habe ich heute die Nachricht von Ihrem Großmut erhalten. Ich fühle mich wirklich tief bewegt von Ihrer Güte ..." (zit. n. Migge 2006). Man stelle sich vor, diese Zeilen wären 1933 bekannt geworden: Ein Sturm antifaschistischer Entrüstung hätte Zweig hinweg gefegt.

Seit 1933 war Zweig bewusst, dass sein Aufenthalt in Salzburg – in nächster Nachbarschaft zu Hitler-Deutschland – nicht mehr von langer Dauer sein würde. Dies lässt sich anhand von zahlreichen Briefen belegen. Friderike jedoch und ihre von Zweig nicht übermäßig geschätzten Töchter wollten das schöne Paschingerschlössl keinesfalls aufgeben. Bald nach den Februarkämpfen 1934, als Polizisten sein Salzburger Heim nach Waffen des verbotenen Republikanischen Schutzbunds durchforsteten, reiste er empört nach London ab, gab den österreichischen Hauptwohnsitz auf. In der *Welt von Gestern* behauptet er: „So sonderbar es scheinen mag: ich war an diesen historischen Februartagen 1934 in Wien und habe nichts gesehen von diesen entscheidenden Ereignissen, die sich in Wien abspielten, und nichts, auch nicht das mindeste davon gewußt, während sie geschahen." (Zweig GWE, Die Welt von Gestern, S. 436) Zweig will erst am Abend des 12. Februar in seinem Wiener Stammquartier, dem Hotel Regina, erfahren haben, dass in den Außenbezirken Beunruhigendes vorgehe und die Eisenbahner streikten. Am vierten Tag danach, also am 16. Februar, sei Zweig – steht in den Erinnerungen – nach Salzburg zurückgekehrt. Das Gedächtnis muss ihn getrogen haben. Denn bereits am 14. Februar schrieb er vom Kapuzinerberg an Rolland: „Mein lieber Freund, eben komme ich von Wien, wo ich abermals Krieg gesehen habe. Schießereien die ganze Nacht (gegen die Arbeiter), Maschinengewehrfeuer in den Straßen, der nackte und grausige Terror. Und alles nur durch die Niedertracht dieser faschistischen Gruppe ohne Stärke." (Rolland/Zweig 1987, S. 557) Ein Beleg dafür, dass die Schilderungen der *Welt von Gestern* nicht immer für bare Münze genommen werden dürfen (vgl. auch Gelber 2011).

Die Hausdurchsuchung am 18. Februar empfand Zweig jedenfalls als unerhörten Affront, den er Salzburg und Österreich nicht verzeihen konnte. Wie Friderike Zweig im April 1937, als ihre Ehe irreparabel zerrüttet war, auf einem Brief, in dem Stefan sich wieder einmal über die ihm angetane Schmach beschwerte, ironisch kommentierte, hätten damals auch in „269 anderen Häusern" (Zweig/Zweig 2006, S. 326) der Stadt Salzburg Kontrollen der Exekutive stattgefunden.

England, das sich nach wie vor der *splendid isolation* erfreute, war das ideale Rückzugsgebiet für Stefan Zweig und seine Arbeit, die er als ‚Zitadelle' seines Ichs begriff und mit Zähnen und Klauen verteidigte: Er suchte und fand Zuflucht in der British Library, wo er schon im Herbst 1933 an seinem Buch über Erasmus von Rotterdam gearbeitet hatte. Erneut konnte er sich hier ungestört und fernab des Lärms der Zeitläufte in das Schicksal Maria Stuarts hineinversetzen; Lotte Altmann, seine Sekretärin, die er 1939 heiratete, war ihm – wie bereits bei *Castellio gegen Calvin* – bei der wissenschaftlichen Recherche behilflich. In kurzfristige Hochstimmung versetzte Zweig 1936 eine Reise nach Brasilien. Die Lesetour glich einem Triumphzug (vgl. Niémetz 2011, S. 453–458; Dines 2006). Er wurde hofiert und gefeiert, als wäre er mehr als der auf dem Erdenrund bekannteste Autor: ein allerhöchster Gast, der amtierende Präsident der Weltliteratur auf Staatsbesuch. Die Herrlichkeiten der Natur faszinierten ihn dort ebenso wie die selbstverständliche Mischung der Rassen: „Hier war nicht durch absurde Theorien von Blut und Stamm und Herkunft der Mensch abgeteilt vom Menschen, hier konnte man, so fühlte man mit merkwürdiger Ahnung voraus, noch friedlich leben, hier war der Raum [...] in ungemessener Fülle der Zukunft bereit." (Zweig GWE, Die Welt von Gestern, S. 451)

Viel Gelegenheit zu unbeschwerter Zukunftsfreude würde Stefan Zweig nicht mehr haben. Die Annexion Österreichs im März 1938 – seine kranke Mutter war nicht in der Lage, Wien zu verlassen und starb im August 1938 – ließ den Flüchtlingsstrom schlagartig anschwellen, was die psychischen und finanziellen Ressourcen des hilfsbereitesten aller emigrierten Schriftsteller überforderte. Was den Juden in Wien geschah, beschreibt Zweig eindringlich im letzten Kapitel (vgl. S. 457ff.).

Freunde, Mentoren und Weggefährten waren entschwunden, von Joseph Roth über Sigmund Freud bis zu Ernst Weiß und Ernst Toller, teils gefällt und gefallen durch eigene Hand. Romain Rolland, der angehimmelte freie Geist, driftete – unter dem Einfluss seiner franko-russischen Sekretärin und Ehefrau – immer mehr zum Stalinismus ab. Am Schluss hatten die Freunde einander nichts mehr zu sagen und vermieden Begegnungen.

Die Vorstellung von der Unvermeidlichkeit eines neuen universalen Kriegs war für Zweig unerträglich. Er klammerte sich an jeglichen Strohhalm, auch an Chamberlains Botschaft ‚Peace for our Time', den Verrat der Westmächte an der Tschechoslowakei, schwärmte von einem „Gefühl der neuen Brüderlichkeit, die nun für die Welt beginnen sollte. Für jeden, der damals in London, in England war, ist dies ein unvergleichlicher, ein die Seele beschwingender Tag gewesen." (Zweig GWE, Die Welt von Gestern, S. 470)

Das Verhängnisvollste für seine Befindlichkeit war die Unfähigkeit zu hassen – nicht einmal die Deutschen für deren antisemitische Unterdrückungs- und Vernichtungspolitik: „Denn ich hasse den Haß als eine Regung, die eines geistig, eines religiös eingestellten Menschen unwürdig ist." (Zweig GWE, Die schlaflose Welt, S. 223) Er rief auch die anderen Juden zu Bescheidenheit, zur Zurückhaltung, zum stillen Dulden auf. Er wollte sich nicht wehren und war darum schutzlos der mörderischen Aggression der Nazis ausgeliefert, verinnerlichte deren Destruktionswillen bis zur buchstäblichen Selbstauslöschung. *Die Welt von Gestern* endet mit dem Ausbruch des Zweiten Weltkriegs: „Was ich mehr gefürchtet als den eigenen Tod, den Krieg aller gegen alle, nun war er entfesselt zum zweitenmal." (Zweig GWE, Die Welt von Gestern, S. 491)

4. Rezeption und Forschung

Mit 60, in seiner letzten Zufluchtsstätte in Brasilien, war Stefan Zweig zum Tod mehr als bereit, „ein Gejagter des Gestern" (Görner 2012, S. 43), ohne Aussicht auf ein Morgen, ging er ‚Freund Hein' im Februar 1942 entschlossen entgegen. Als Geburtstagsgruß hatte der New Yorker Verleger Ben Huebsch wenige Monate davor einen durch ein aktuelles Vorwort ergänzten Essay von Zweigs Freund Jules Romains in einer Auflage von 375 Stück herausgebracht: *Stefan Zweig. Great European*. Da heißt es: „Men of Stefan Zweig's sort are perhaps not going to vanish from the earth – at least that is my hope – but they are gravely threatened by present conditions, and every kind of difficulty lies in the way of their existence: they are the great Europeans." (Romains 1941, S. 15)

Unwidersprochen etablieren sollte sich dieses Bild von Zweig allerdings nicht. 1943 widmete sich die Philosophin und Essayistin Hannah Arendt, die aktivistisch gewordene jüdische Exilantin aus Deutschland, Zweigs Jahrhundertbuch *Die Welt von Gestern*. Und zwar unter dem Titel *Portrait of a Period*, der später in *Juden in der Welt von gestern* geändert wurde. Ihr nettestes Kompliment an den Verfasser: „Bevor Stefan Zweig seinem Leben ein Ende bereitete, hat er mit jener erbarmungslosen Genauigkeit, welche der Kälte der echten Verzweiflung entspricht, aufgezeichnet, was die Welt ihm geschenkt und was die Welt ihm schließlich angetan hat." (Arendt 1948, S. 114f.) Ansonsten hatte Hannah Arendt dem absoluten literarischen Privatmann Zweig kaum etwas nachzurühmen. Insbesondere seine nach außen geübte Zurückhaltung angesichts des nationalsozialistischen Terrors erregte ihren Zorn: „Anstatt zu kämpfen, schwieg er". Schlimmer noch: „Keine seiner Reaktionen in dieser Zeit sind von irgend einer politischen Überzeugung, alle sind von einer Überempfindlichkeit für gesellschaftliche Demütigungen diktiert." (S. 114) Mit Ausnahme der „erbarmungslosen Genauigkeit" stimmt daran alles. Denn Präzision gehörte nicht zu Stefan Zweigs bemerkenswertesten Vorzügen als Schreibender. Dafür war der zu begeisterungsfähig, ließ sich häufig vom Impetus des Hymnischen mitreißen. Und andererseits: Falls es im 20. Jahrhundert einen repräsentativen Schriftsteller des Erbarmens und Einfühlens, des Mitgefühls und Mitleidens gab, dann war er es. Thomas Mann nahm Arendts polemische Abrechnung mit der, wie er im März 1944 im Tagebuch festhielt, „Trostlosigkeit, ja Läppischkeit von St. Zweigs Autobiographie" (Th. Mann 1986, S. 30) wohlwollend zur Kenntnis. Das hinderte ihn acht Jahre danach keineswegs, *Die Welt von Gestern* als „großes Erinnerungsbuch" (Th. Mann 1981, S. 187) anzupreisen.

Zu den frühen überlieferten Äußerungen bedeutender Intellektueller über Zweigs Werk zählt auch die kaum beachtete von Hans Mayer, damals Ordinarius für Literaturwissenschaft in Leipzig, aus dem Jahre 1949. Er verglich *Die Welt von Gestern* mit Heinrich Manns Rückblick *Ein Zeitalter wird besichtigt*. Mayer – Jude, Marxist, Homosexueller – fasste sich freundlicher als Hannah Arendt. Mag sein, dass Zweigs Verständnis für die *Verwirrung der Gefühle* (1927), für die „wundervolle Fähigkeit des Verstehens" homoerotischen Empfindens und Leidens, den Kritiker milder gestimmt hat, schließlich erwähnt er die gleichnamige Novelle in seinem Kurzessay ausdrücklich (vgl. Mayer 1949, S. 185). Eine Art Resümee: „Zwei Berichte, zwei Perspektiven, zwei Temperamente. Stefan Zweig war gütig. Er haßte die Rohheit, die Dummheit und die Intoleranz, wo immer er sie in der Geschichte und Gegenwart antraf." Stets habe er „Gestalten behandelt, deren Bedeutung im *Erleiden* liegt. Seine besten Werke schildern einen Untergang" (S. 185). Klar, dass Heinrich Mann die Palme des Sieges zuerkannt wird. Die ideologischen Argumente zu seinen Gunsten brauchen nicht kommentiert zu werden: „Demokratie als Wechselwirkung zwischen dem einzelnen und dem Lebensgefühl der Massen, Sozialismus als aufgegebene Aufgabe unseres Zeitalters" (S. 187). Gleichwohl vermag selbst Mayer einen winzigen Einwand nicht zu unterdrücken: „Manches auf diesen Seiten wird man bereits heute nicht mehr billigen können: da spürt man den Zeitgeist des Jahres 1944." (S. 187) Ein Vergleich von *Die Welt von Gestern* und *Ein Zeitalter wird besichtigt* geht zweifellos zugunsten Zweigs aus, wenn man an das Loblied auf die „Güte der sozialistischen Freiheit" (H. Mann 1988, S. 54) in Stalins Sowjetunion denkt – oder an Manns Blick auf die Moskauer Prozesse („deren ganz anders gemeinten Ruhm sogar der Krieg nicht verdunkelt" [S. 126]) und die Rechtfertigung der Hinrichtung von Marschall Tuchatschewski – fraglos ein „Verräter" (S. 55) – durch stalinistische Schergen. Der berüchtigt unpolitische Kopf, der Pessimist Stefan Zweig, blickte in der Tat zuweilen mit weitaus schärferem Auge auf die Realität des ‚Zeitalters der Extreme' (Eric Hobsbawm) als der gerühmte politische

Romancier Heinrich Mann, den Joachim Fests Diktum vom ‚unwissenden Magier' leider zutreffend charakterisiert.

Im ersten Teil seiner Memoiren *Ein Deutscher auf Widerruf* sollte Hans Mayer Zweig dann bloß im Zusammenhang mit einem bitterbösen Bonmot Robert Musils erwähnen, dem er im Schweizer Exil riet, sich um ein Visum für Kolumbien zu bemühen: „In Südamerika ist Stefan Zweig" (Mayer 1988, Bd. I, S. 280), lautete die lapidare, vernichtende Antwort. Im zweiten Teil räumt Mayer allerdings ein, er sei in punkto Stefan Zweig „lange Zeit ungerecht gewesen", wie er inzwischen wisse. „Innere Abwehr muß mitgespielt haben bei meinem literarischen Urteil über den Autor der vielen ‚passionierten' Novellen und Biographien." (Mayer 1988, Bd. II, S. 172)

Die Kritik an Zweigs politischer Zurückhaltung beginnt schon zu seinen Lebzeiten. Nachvollziehbar ist dies etwa am Beispiel seiner Studie über Erasmus von Rotterdam. Zweig realisierte einen Plan aus dem Frühling 1932 (vgl. Rolland/Zweig 1987, S. 459) und schrieb das Porträt des zwischen die Fronten geratenen Humanisten, das er in der *Welt von Gestern* eine „verschleierte Selbstdarstellung" (Zweig GWE, Die Welt von Gestern, S. 432) nannte. So wurde der Text auch interpretiert und von gar manchem als Rechtfertigung seiner angeblich neutralistischen Haltung attackiert, etwa von Ludwig Marcuse (vgl. Marcuse 1968, S. 201 ff.). Wenn Stefan Zweig Erasmus – dessen Triumph und Tragik – beschrieb, schrieb er auch über sich: „Selber der unfanatischeste aller Menschen, ein Geist vielleicht nicht höchsten Ranges, aber weitesten Wissens, ein Herz nicht gerade rauschender Güte, aber rechtschaffenen Wohlwollens, erblickte Erasmus in jeder Form von Gesinnungsunduldsamkeit das Erbübel unserer Welt." (Zweig GWE, Triumph und Tragik des Erasmus von Rotterdam, S. 10) Seine heftigen inneren und äußeren Konflikte von anno dazumal verschwieg er in den Erinnerungen. Der Exil-Forscher Hans-Albert Walter hat in der ideologisch aufgeladenen Atmosphäre nach der 68er-Studentenrevolte scharf mit Zweig abgerechnet, ihn vor das Tribunal der Geschichte gezerrt: „Stefan Zweigs Verhalten ist fast unglaublich. Er muss ernsthaft angenommen haben, das Dritte Reich werde ihn, den jüdischen Pazifisten, tolerieren, sofern er sich nur jeder politischen Äußerung enthalte." (Walter 1970, S. 431) Ernster zu nehmen ist die Kritik eines Zeitgenossen, der Zweig in jenen Jahren so nahe stand wie wenige andere: Joseph Roth. Auch sein Name fehlt in der *Welt von Gestern*. Roth lobte den *Erasmus* nachdrücklich: „das nobelste Buch, das Sie je geschrieben haben. Das ist die Biographie Ihres Spiegelbildes" (Roth/Zweig 2011, S. 207). Er lobte Sprache und Geist, und er hat Zweig – obwohl ihn dieser weitgehend finanzierte – nie geschmeichelt, sondern kontinuierlich Stil- und Charakterkritik geübt. Auch Zweigs politische Ängstlichkeit kritisierte er wiederholt: „Alles kommt von Ihrer schwankenden Haltung", hatte er Zweig im November 1933 ermahnt und zur Kehrtwende gedrängt. „Alles Böse. Alles Missverständliche." (S. 127) Und was Zweigs Verhältnis zu Anton Kippenberg betraf: „Sie müssen entweder mit dem III. Reich Schluß machen, oder mit mir. Sie können nicht irgendeine Beziehung zu einem Vertreter des III. Reiches haben – und das ist dort jeder Verleger – und zugleich zu mir. Ich mag es nicht. Ich kann es nicht verantworten; nicht vor Ihnen, nicht vor mir." (S. 129)

Trotz der schon zu Lebzeiten laut gewordenen und in der Forschung anhaltenden Kritik am Rückzug in einen weitgehend unpolitischen Pazifismus ist die weltweite Wiederkehr von Stefan Zweigs Œuvre unbestreitbar. Französisch klingt derlei selbstverständlich nobler: „Popularité planétaire" (Lefebvre 2013, S. IX) bescheinigt ihm Jean-Pierre Lefebvre im Vorwort zu seiner zweibändigen, 3136 Dünndruckseiten umfassenden Zweig-Edition in der *Bibliothèque de la Pléiade*, die ungebrochen als Pantheon der Literatur gilt.

Freilich handelt es sich bei den *Erinnerungen eines Europäers* nur bedingt um ein Selbstporträt Stefan Zweigs. Hermann Kesten betont: „Es ist ein stummes Buch, seine Autobiographie mit dem verschwiegenen Privatleben." Zweig sei „viel zu keusch" gewesen, „um eine echte Autobiographie zu schreiben. Allzu schamhaft fürchtete er sich vor dem Nackten. So hat er vielleicht nie ein wirklich nacktes, ganz aufrichtiges Wort geschrieben." (Kesten 1981, S. 89) Der Schluss erscheint durchaus fragwürdig: Wer auch nur einen Bruchteil von Zweigs abertausenden Briefen kennt, verfiele nie darauf. Gerätselt wurde vielfach, warum das Privatleben des Autors in diesem Buch keinen Eingang gefunden hat und verschwiegen wurde. Die Erklärung dafür liefert Zweig selbst in der Einleitung, in der es heißt, dass er nicht so sehr sein persönliches „Schicksal" erzählen wolle, „sondern das einer ganzen Generation" (Zweig GWE, Die Welt von Gestern, S. 7). Und was das verschwiegene Privatleben betrifft, hatte Zweig gute Gründe dafür: Sein bis über den Ersten Weltkrieg hinaus praktizierter Exhibitionismus (vgl. Weinzierl 2015) eignete sich nicht zur Veröffentlichung. Da er jedoch im persönlichen Gespräch allzu vertrauensselig war und Tratsch in der literarischen Szene zu den beliebtesten Genres zählt, wussten einige Bescheid – sogar Hugo von Hofmannsthal und Thomas Mann. Auch das erklärt zum Teil deren tiefsitzende Abneigung gegen Zweig.

Eine weitere Erklärung für das Aussparen seines Privatlebens, insbesondere auch seine Beziehungen zu den beiden Ehefrauen Friderike und Lotte, findet sich in Zweigs Hinweis auf sein Bemühen, den anglo-amerikanischen „Sprachbereich, in dem das Buch erscheinen soll[te]", zu berücksichtigen und sich in der Auswahl der vorkommenden Persönlichkeiten daran zu orientieren (Zweig an Richard Friedenthal, verm. Januar 1942, Zweig 1978, S. 340).

Was den Rang der *Welt von Gestern* ausmacht: Keine zweite Rückschau nahm vergleichbar intensiv die Blüte der Wiener Kunst und Wissenschaft zur Jahrhundertwende ins Visier. Dieses Bild hat nichts von seiner Gesamtgültigkeit verloren, das Interesse der internationalen Forschung seit den 1980er Jahren auf die Kulturmetropole und Geniebrutstätte Wien gelenkt und eine noch immer nicht abebbende Publikations- und Ausstellungsflut ausgelöst. Dass es sich dabei mehr um „grandiose Fiktion" als um ein im historischen Detail verlässliches Zeugnis handelt, also eher um das Fundament für den Mythos dieser Stadt, hat Serge Niémetz rechtens unterstrichen (vgl. Niémetz 2013, S. 97–102).

Zum anderen ist Zweigs Buch das literarische Gründungsdokument der Idee Europa in deutscher Sprache. Gewiss gab es auch vor und neben ihm Dichter und Schriftsteller, die den europäischen Gedanken als Vision propagierten (vgl. Lützeler 1992). Doch niemand erfüllte, trotz allen Irrungen und Wirrungen, den Glauben an die grenzüberschreitende geistige Einheit so sehr mit Leben wie Stefan Zweig (→ V.7 EUROPA-KONZEPTIONEN). *Die Welt von Gestern*: die Memoiren des ersten Europäers.

Stefan Zweig

Hofmannsthal, Hugo von/Zweig, Stefan (1982): Briefe (1907–1928). Mitgeteilt u. kommentiert v. Jeffrey B. Berlin u. Hans-Ulrich Lindken. In: Hofmannsthal-Blätter 26/1982, S. 86–116.

Rolland, Romain/Zweig, Stefan (1987): Briefwechsel 1910–1940. Bd. II: 1924–1940. Berlin: Rütten & Loening.

Roth, Joseph/Zweig, Stefan (2011): „Jede Freundschaft mit mir ist verderblich". Briefwechsel 1927–1938. Hg. v. Madeleine Rietra u. Rainer Joachim Siegel. Mit einem Nachwort v. Heinz Lunzer. Göttingen: Wallstein.

Zweig, Friderike/Zweig, Stefan (2006): „Wenn einen Augenblick die Wolken weichen". Briefwechsel 1912–1942. Hg. v. Jeffrey B. Berlin u. Gert Kerschbaumer. Frankfurt a.M.: S. Fischer.

Zweig, Stefan (1978): Briefe an Freunde. Hg. v. Richard Friedenthal. Frankfurt a.M.: S. Fischer.

Zweig, Stefan (1981): Triumph und Tragik des Erasmus von Rotterdam. GWE. Frankfurt a.M.: S. Fischer.

Zweig, Stefan (1983): Die schlaflose Welt. Aufsätze und Vorträge aus den Jahren 1909–1941. GWE. Hg. v. Knut Beck. Frankfurt a.M.: S. Fischer.

Zweig, Stefan (1984): Tagebücher. GWE. Hg. v. Knut Beck. Frankfurt a.M.: S. Fischer.

Zweig, Stefan (2005): Briefe. Bd. IV: 1932–1942. Hg. v. Knut Beck u. Jeffrey B. Berlin. Frankfurt a.M.: S. Fischer.

Zweig, Stefan (2007[5]): Die Welt von Gestern. Erinnerungen eines Europäers. GWE. Frankfurt a.M.: S. Fischer.

Zweig, Stefan (2017): Die Welt von Gestern. Erinnerungen eines Europäers. Hg. v. Oliver Matuschek. Frankfurt a.M.: S. Fischer.

Weitere Literatur

Arendt, Hannah (1948): Juden in der Welt von gestern. In: Dies.: Sechs Essays. Heidelberg: Lambert Schneider, S. 112–127.

Dines, Alberto (2006): Tod im Paradies. Die Tragödie des Stefan Zweig. Frankfurt a.M. u.a.: Edition Büchergilde.

Gaugusch, Georg (2011): Wer einmal war. Das jüdische Großbürgertum Wiens 1800–1938. Bd. A–K. Wien: Amalthea.

Gelber, Mark H. (2011): Stefan Zweig in Berlin und *Die Welt von Gestern*. In: Ders./Ludewig, Anna-Dorothea (Hg.): Stefan Zweig und Europa. Hildesheim u.a.: Olms, S. 84–98.

Görner, Rüdiger (2012): Gewesene Zukunft. Die Optik des Nachsehens in *Die Welt von Gestern*. In: Ders.: Stefan Zweig. Formen einer Sprachkunst. Wien: Sonderzahl, S. 31–43.

Grillparzer, Franz (1960): Sämtliche Werke. Ausgewählte Briefe, Gespräche, Berichte. Bd. 1: Gedichte, Epigramme, Dramen I. Hg. v. Peter Frank u. Karl Pörnbacher. München: Hanser.

Kerschbaumer, Gert (2003): Stefan Zweig. Der fliegende Salzburger. Salzburg u.a.: Residenz.

Kesten, Hermann (1981): Stefan Zweig, der Freund. In: Arens, Hanns (Hg.): Der große Europäer Stefan Zweig. Frankfurt a.M.: S. Fischer, S. 86–95.

Klawiter, Randolph J. (1991): Stefan Zweig. An International Bibliography. Riverside: Ariadne Press.

Lefebvre, Jean-Pierre (2013): Préface. In: Zweig, Stefan: Romans, nouvelles et récits. Bd. I. Hg. v. Jean-Pierre Lefebvre. Paris: Gallimard, S. XI–LXXIII.

Lützeler, Paul Michael (1992): Die Schriftsteller und Europa. Von der Romantik bis zur Gegenwart. München: Piper.

Mann, Heinrich (1988): Ein Zeitalter wird besichtigt. Mit einem Nachwort v. Klaus Schröter u. einem Materialienanhang, zusammengestellt v. Peter-Paul Schneider. Frankfurt a.M.: S. Fischer.

Mann, Thomas (1981): Stefan Zweig zum zehnten Todestag 1952. In: Arens, Hanns (Hg.): Der große Europäer Stefan Zweig. Frankfurt a.M.: S. Fischer, S. 370–373.

Mann, Thomas (1986): Tagebücher 1944–1. 4. 1946. Hg. v. Inge Jens. Frankfurt a. M.: S. Fischer.
Marcuse, Ludwig (1968): Mein zwanzigstes Jahrhundert. Auf dem Weg zu einer Autobiographie. Frankfurt a. M.: S. Fischer.
Matuschek, Oliver (2006): Stefan Zweig. Drei Leben – Eine Biographie. Frankfurt a. M.: S. Fischer.
Mayer, Hans (1949): Heinrich Mann und Stefan Zweig (*Die Welt von Gestern* – zweimal besichtigt). In: Ders.: Literatur der Übergangszeit. Essays. Berlin: Volk und Welt, S. 182–187.
Mayer, Hans (1988): Ein Deutscher auf Widerruf. Erinnerungen. 2 Bde. Frankfurt a. M.: Suhrkamp.
Michels, Volker (1995): „Im Unrecht nicht selber ungerecht werden!" Stefan Zweig, ein Autor für morgen in der Welt von heute und gestern. In: Gelber, Mark H./Zelewitz, Klaus (Hg.): Stefan Zweig. Exil und Suche nach dem Weltfrieden. Riverside: Ariadne Press, S. 11–32.
Migge, Thomas (2006): Dank dem Diktator. Der neu entdeckte Briefwechsel zwischen Stefan Zweig und Benito Mussolini. In: Deutschlandfunk, 14. 6. 2006, http://www.deutschlandfunk.de/dank-dem-diktator.691.de.html?dram:article_id=49742 (Stand: 10. 10. 2017).
Müller, Hartmut (1988): Stefan Zweig. Reinbek b. H.: Rowohlt.
Nedeljković, Dragoljub-Dragan (1970): Romain Rolland et Stefan Zweig. Paris: Klincksieck.
Niémetz, Serge (2011): Stefan Zweig. Le voyageur et ses mondes. Biographie. Paris: Belfond.
Niémetz, Serge (2013): Légendes de saint Stefan. In: Approches. Revue trimestrielle des sciences humaines 156/Décembre/2013, S. 97–102.
Prater, Donald A. (1981): Stefan Zweig. Das Leben eines Ungeduldigen. München, Wien: Hanser.
Romains, Jules (1941): Stefan Zweig. Great European. New York: The Viking Press.
Rovagnati, Gabriella (1998): „Eine unsichtbare Nebelwand". Die schwierige Beziehung zu Hugo von Hofmannsthal. In: Dies.: „Umwege auf dem Wege zu mir selbst". Zu Leben und Werk Stefan Zweigs. Bonn: Bouvier, S. 145–156.
Sandgruber, Roman (2013): Traumzeit für Millionäre. Die 929 reichsten Wienerinnen und Wiener im Jahr 1910. Wien u. a.: Styria.
Schiller, Friedrich (1989): Don Karlos. Infant von Spanien. Ein Trauerspiel in 5 Aufzügen. In: Ders.: Werke und Briefe Bd. 3. Hg. v. Gerhard Kluge. Frankfurt a. M.: Deutscher Klassiker Verlag, S. 637–773.
Schneede, Uwe M. (2013): 1914 – Die Avantgarden im Kampf. Katalog der Ausstellung der Bundeskunsthalle Bonn. Köln: Snoeck.
Schnitzler, Arthur (1985): Tagebuch 1917–1919. Hg. v. der Kommission für Literarische Gebrauchsformen der Österreichischen Akademie der Wissenschaften. Wien: Verlag der Österreichischen Akademie der Wissenschaften.
Trebitsch, Siegfried (1951): Chronik eines Lebens. Zürich u. a.: Artemis.
Walter, Hans-Albert (1970): Vom Liberalismus zum Eskapismus. Stefan Zweig im Exil. In: Frankfurter Hefte 25/6/1970, S. 427–437.
Weinzierl, Ulrich (Hg.) (1992): Stefan Zweig – Triumph und Tragik. Aufsätze, Tagebuchnotizen, Briefe. Frankfurt a. M.: S. Fischer.
Weinzierl, Ulrich (2015): Stefan Zweigs brennendes Geheimnis. Wien: Zsolnay.

9.2 Die Welt von Gestern als Autobiografie, Memoirenwerk und Zeugnis

Helmut Galle

1. Makrostrukturen: Orte, Zeiten und Rhetorik 356
2. Subjekt: Erzählendes Ich und erlebendes Wir. 358
3. Gedächtnis: Erinnern und Rekonstruktion 360
4. Gattungsfrage: Autobiografie, Memoiren oder Zeugnis?. 361
5. Kulturelles Gedächtnis: *Die Welt von Gestern* als Referenz 363

Den Erinnerungen *Die Welt von Gestern* (1942) kommt eine Sonderstellung im Werk Zweigs zu. Die ungebrochene Popularität des Buches bei der Leserschaft ist unbestritten. Auch die literaturwissenschaftliche Forschung – sogar jene, die sich dem Autor kritischer zuwendet – hat sich seit dem Erscheinen mit diesem autobiografischen Text befasst. Meist galt die Aufmerksamkeit dabei dem historischen und biografischen Inhalt. Das Desinteresse an der Form hat sicher auch seinen Grund darin, dass sich die radikalen Brüche – Krise des Subjekts, Krise der Sprache, Krise des Erinnerns –, die sich in der Literatur der Moderne seit Beginn des 20. Jahrhunderts niedergeschlagen haben, bei Zweig kaum beobachten lassen. Wohl auch deshalb wird *Die Welt von Gestern* in gattungsgeschichtlicher Hinsicht in einschlägigen Darstellungen gar nicht (vgl. Wagner-Egelhaaf 2000; Holdenried 2000) oder nur am Rande (vgl. Kleinschmidt 1986; Critchfield 1984; Hilmes 2009) erwähnt. Immerhin entstanden in jüngerer Zeit einige akademische Qualifikationsschriften zum Werk (vgl. Hu 2006; Fonyodi-Szarka 2011; Chédin 1996; Metzler 2012).

Worauf beruht aber die anhaltende Wirkung der *Welt von Gestern*? Wie lässt sie sich in der Geschichte der Gattung einordnen? Im Folgenden sollen aus der Sicht der Autobiografieforschung Antworten auf diese Fragen gefunden werden.

1. Makrostrukturen: Orte, Zeiten und Rhetorik

Strukturiert wird die Darstellung von drei Kategorien: der Zeit, den Themen und dem Raum. Vordergründig organisieren das Buch die Themen der Kapitelüberschriften und die lineare Chronologie des historischen und biografischen Verlaufs. Tatsächlich sind es jedoch die konkreten Orte, an denen „Welt von Gestern" gezeigt wird: die „fast tausendjährige[ ] österreichische[ ] Monarchie" (Zweig GWE, Die Welt von Gestern, S. 15), Wien, Berlin, Belgien, Paris. Charakterisiert wird die untergegangene bürgerliche Kultur durch die physiognomischen Porträts der Städte und Länder. Hier werden nicht Verläufe in narrativen oder kausalen Sequenzen erzählt, sondern eher beschreibend Befunde gegeben. An Wien, Berlin, Paris wird jeweils das, was Zweig für ‚wesentlich' hält, herausgearbeitet und zum allgemeingültigen Urteil stilisiert: „[E]s war lind, hier [in Wien] zu leben, in dieser Atmosphäre geistiger Konzilianz, und unbewußt wurde jeder Bürger dieser Stadt zum Übernationalen, zum Kosmopolitischen, zum Weltbürger erzogen." (S. 28) Häufig helfen dabei konkrete Details und antithetische Gegenüberstellungen, etwa wenn es um die Berliner Sparsamkeit und Ordnung geht: „In jeder Einzelheit fühlte man friderizianische, knickerige Haushälterischkeit; der Kaffee war dünn und schlecht, weil an jeder Bohne gespart wurde, das Essen

9.2 Die Welt von Gestern als Autobiografie, Memoirenwerk und Zeugnis 357

lieblos, ohne Saft und Kraft. Sauberkeit und eine straffe, akkurate Ordnung regierten allerorts statt unseres musikalischen Schwungs." (S. 136 f.) Oder der demokratische Geist Frankreichs wird personifizierend als prägnante Formel ausgedrückt: „Paris kannte nur ein Nebeneinander der Gegensätze, kein Oben und Unten" (S. 155). Die großen historischen Ereignisse sind gekennzeichnet durch den Ort, an dem sich Zweig zum Zeitpunkt befunden hat: So malt er die Atmosphäre des Kurparks von Baden, um vor der Feiertagsstimmung das Unerwartete des Mordes am Thronfolger hervortreten zu lassen (vgl. S. 246 ff.). Oder ein Moment in einem Vorortkino der französischen Provinzstadt Tours wird zum Anlass, den Weltkrieg vorauszuahnen (vgl. S. 242 f.). Berlin wird dann in der Zwischenkriegszeit zum Inbegriff von Chaos und Auflösung aller Werte, zum „Babel der Welt" (S. 357). Noch die Zukunftshoffnung inmitten von Krieg und Zerstörung wird an einen Ort geknüpft, Brasilien: „Hier konnte, was Europa an Zivilisation geschaffen, in neuen und anderen Formen sich großartig fortsetzen und entwickeln." (S. 452)

Diese Verknüpfung von Zeiten und Orten entspricht den Prinzipien von Wahrnehmung und Gedächtnis, wie Martina Wagner-Egelhaaf (2010, S. 196) bemerkt. Zugleich ist die Verräumlichung und Lokalisierung von Geschichte in *Die Welt von Gestern* auch eminent wirkungsvoll. Der Leser ist nicht mit abstrakten Daten konfrontiert, sondern kann eine subjektive Erfahrung imaginativ nachvollziehen.

Die dichotomische Anlage des Werks dient einer Reduktion von Komplexität. Bereits das Vorwort umreißt den prinzipiellen Gegensatz, der das ganze Buch durchzieht und alle Einzelheiten jeweils einem von zwei Polen zuordnet: Früher vs. Heute, Frieden vs. Krieg, Individuum vs. Kollektiv, Ordnung vs. Chaos etc. Das erste Element korreliert jeweils mit dem positiv bewerteten alten Europa und dem Beginn des Buches, das zweite mit der negativen Gegenwart und seinem Ende. Der Wendepunkt liegt in der Mitte, wo im achten Kapitel „Glanz und Schatten über Europa" Vorboten des Ersten Weltkriegs auftauchen. In der zweiten Hälfte dominiert dann der Pol des Chaos, wobei die Kapitel 12 bis 14 (die Jahre von 1924 bis 1933) noch ein retardierendes Element vor der Katastrophe bilden, die mit „Incipit Hitler" definitiv eintritt. Eine ähnlich antithetische Disposition und rhetorische Ausformung weisen Zweigs Romanbiografien auf (vgl. Zimmermann 2006), wie *Castellio gegen Calvin* (1936) und *Triumph und Tragik des Erasmus von Rotterdam* (1934), ein Buch, das von Zweig selbst als „verschleierte[ ] Selbstdarstellung" (Zweig GWE, Die Welt von Gestern, S. 432) bezeichnet wurde (vgl. Golomb 2007).

Nur wenige Teile relativieren diese schematische Konstruktion. So wird in „Eros Matutinus" am *fin de siècle* die viktorianische Prüderie und ihr Gegenstück, die Prostitution, kritisiert und dagegen die sexuelle Freizügigkeit der Gegenwart ausdrücklich positiv bewertet (vgl. Zweig GWE, Die Welt von Gestern, S. 106 f.). Ambivalent geraten die Kapitel zur Zwischenkriegszeit. Die Auflösung sozialer Regeln scheint zunächst in ein negatives Urteil zu münden, doch dann gesteht der Autor der vom Krieg betrogenen neuen Generation das Recht auf eine ‚Kulturrevolution' zu: „Eine vollkommen neue Welt, eine ganz andere Ordnung sollte auf jedem Gebiete des Lebens mit ihr beginnen" (S. 341). Auch räumt Zweig ein, dass er trotz sozialem Chaos den revolutionären „Aufbruch der Massen" und die zuvor von ihm hämisch karikierte moderne Kunst „nicht missen" wolle (S. 343 f.).

An solchen Stellen bestimmt zunächst ein rhetorischer Furor die Erzähldynamik, bevor sich der Autor dann zu einem ausgewogeneren Urteil durchringt. Überhaupt stellt die Rhetorik, wie schon an der polaren Anlage ersichtlich wurde, das Arsenal für die stilistischen Verfahren des Diskurses. Das beginnt bei simplen Wiederholungen: „Ich erschrak. Ich erschrak bis tief ins Herz hinein." (S. 243); „Es war nur eine Sekunde, eine einzige Sekunde." (S. 243) Und es kann bis hin zu ausgearbeiteten Allegorien gehen, so wenn die Prostituierten in Analogie zum Heer gesehen werden: „Diese ungeheure Armee der Prostitution war – ebenso wie die wirkliche Armee in einzelne Heeresteile, Kavallerie, Artillerie, Infanterie, Festungsartillerie – in einzelne Gattungen aufgeteilt. Der Festungsartillerie entsprach in der Prostitution am ehesten jene Gruppe, die bestimmte Straßen der Stadt als ihr Quartier völlig besetzt hielt." (S. 106) Hinsichtlich der rhetorischen Funktion dominiert in der *Welt von Gestern* das *genus demonstrativum*: Sie ist vor allem eine Apologie der humanistisch-pazifistischen Intellektuellen und ihrer bürgerlichen Lebenswelt.

Der rhetorische Stil ist wohl auch ein Grund für die Popularität des Buches und zugleich für sein geringeres Ansehen bei der Literaturwissenschaft: Es ist durch die ohne Zweifel effektiv eingesetzten rhetorischen Formeln leichter aufzufassen als ein radikal autonomes Sprachkunstwerk, andererseits bietet es auch weniger Erkenntnis, weil die Formulierungen dem tradierten System folgen und sich nicht der spezifischen Neuheit der Erfahrung überlassen. Denn häufig bleibt die rhetorische Figur vom Sinn gelöst, wie in diesem Fall: „Nie habe ich unsere alte Erde *mehr* geliebt als in diesen letzten Jahren vor dem Ersten Weltkrieg, nie *mehr* auf Europas Einigung gehofft, nie *mehr* an seine Zukunft geglaubt als in dieser Zeit, da wir meinten, eine neue Morgenröte zu erblicken. Aber es war in Wahrheit schon der Feuerschein des nahenden Weltbrands." (S. 223, Herv. i. O.) Inwiefern gerade die Phänomene, die ihm Hoffnung gaben („Morgenröte"), selbst schon ein Vorschein der Katastrophe („Weltbrand") sein sollen, bleibt unerklärt.

2. Subjekt: Erzählendes Ich und erlebendes Wir

Im Sinne von Philippe Lejeunes (1994) ‚autobiografischem Pakt' setzt der Leser eine Identität von Autor, Erzähler und Protagonist voraus, in dem Sinn, dass das ‚Ich' im Text auf den empirischen Autor Bezug nimmt. Allerdings kann es sich sowohl auf das erzählende Subjekt beziehen – meist markiert durch das Präsens – als auch auf das erlebende (Protagonist) im Verein mit einem Vergangenheitstempus. Im Vorwort kündigt Zweig an, das Buch solle sein „Ich zur Hauptperson [...] oder – besser gesagt – zum Mittelpunkt" haben, er wolle aber nur die Rolle eines „Erklärers bei einem Lichtbildervortrag" spielen: „[D]ie Zeit gibt die Bilder, ich spreche nur die Worte dazu, und es wird eigentlich nicht so sehr *mein* Schicksal sein, das ich erzähle, sondern das einer ganzen Generation – unserer einmaligen Generation" (Zweig GWE, Die Welt von Gestern, S. 7, Herv. i. O.). Im Pronomen ‚unser' taucht zum ersten Mal das Kollektivsubjekt auf, das im Verlauf der Erzählung gern anstelle des Singulars gesetzt wird, um das Überpersönliche von Zweigs Erfahrung hervorzuheben, ähnlich wie Heinrich Mann in *Ein Zeitalter wird besichtigt* (1946) den „Augenzeugen Jx" einsetzt oder Vilém Flusser das ‚man' in seiner Autobiografie *Bodenlos* (1999). Typischerweise markiert das ‚Wir' das erlebende Subjekt: „Ich selbst kann nicht umhin, mich zu verwundern über die Fülle, die Vielfalt, die wir in den knappen Raum einer einzigen – freilich höchst unbequemen und gefährdeten – Existenz gepreßt haben" (Zweig GWE, Die Welt von Gestern, S. 9). Das ‚Ich' erzählt, erinnert, kommentiert, während es als erlebendes Subjekt im ‚Wir' seiner Generation aufgeht. Aber der Referent der Ersten Person Plural ist keineswegs konstant, sie kann für die Österreicher, die jungen Menschen, die humanistischen Literaten, stehen und für die „Geächteten, Gejagten, Entrechteten" (S. 473): Die Referenz gleitet gewissermaßen von einem Kollektiv zum anderen, ohne dass immer klar wäre, welches gerade gemeint ist. Gemeinsam ist ihnen nur, dass der Protagonist Zweig jeweils Teil von ihnen ist. Das heißt aber auch: Zweig verallgemeinert sein persönliches Schicksal zum kollektiven. So erscheint die Individualbiografie als Biografie einer Epoche. Besonders deutlich ist dies im Kapitel über seine Schulzeit, wo man persönliche Erlebnisse erwarten würde. Aber gerade hier wirkt es, als agiere und fühle dieses ‚Wir' stets *en bloc* und nie individuell.

Aber der Gebrauch des ‚Wir' für das erlebende Subjekt ist nicht systematisch durchgeführt. Das ‚Ich' findet sich zumal bei den konkreten historischen Ereignissen und persönlichen Begegnungen, die Zweig bezeugen will, wie z. B. bei der Ausreise von Kaiser Karl I. (vgl. S. 323 ff.), der Autofahrt mit Walther Rathenau (vgl. S. 210), dem Ausbruch des Ersten Weltkriegs (vgl. S. 248 f.). In der Kombination von ‚ich' (1855 Mal) und ‚wir' (458 Mal) entsteht beim Leser aber der Eindruck, hier werde in der Tat durchgehend ein Epochen- und Massenschicksal erzählt, und zwar von einem, der in den entscheidenden Augenblicken dabei war und zudem über das Urteilsvermögen verfügt, die kontingenten Ereignisse richtig einzuordnen und darzustellen. Der angekündigte Kommentar zum „Lichtbildervortrag" ist also keine ganz unangemessene Beschreibung des Vorgehens, nur dass die Bilder keine Dokumentaraufnahmen sind, sondern vom Verfasser selbst arrangierte Tableaus. Das ‚Wir' insinuiert, das Schicksal „einer ganzen Generation" zu erzählen (S. 7), aber nichts außer seiner eigenen Überzeugung autorisiert Zweig, für seine Mitschüler, die pazifistischen Dichter, die Österreicher usw. zu sprechen. Er erweitert seine persönliche Sicht der Dinge auf Gruppen, denen er sich zugehörig fühlt, und behauptet, jedes Mitglied dieser Gruppen denke und empfinde wie er. Allerdings handelt es sich dabei um ein in faktualen Erzählungen durchaus gängiges Verfahren, wie Monika Fludernik feststellt (vgl. Fludernik 2015, S. 120; zur Kritik an Zweig vgl. Arendt 1948; → III.9.1 Autobiografie als Epochendarstellung).

Im Vorwort spricht Zweig auch davon, in seiner Generation sei jeder „in seiner innersten Existenz aufgewühlt worden" (Zweig GWE, Die Welt von Gestern, S. 7), so dass er selbst nicht von einem einzigen Leben sprechen könne, sondern von drei verschiedenen, getrennt jeweils durch den Beginn des Ersten und des Zweiten Weltkriegs. Er nimmt also durchaus auf der Ebene des Erzählten wahr, wie Geschichte gewaltsam die Kontinuität der Subjekte durchquert. Aber der Sicherheit des erzählenden Subjekts tut dies keinen Abbruch. Es bleibt mit sich selbst und mit seinem Ich in den verschiedenen Lebensphasen identisch vom Anfang bis zum Ende. Seine diversen Rollen „als Österreicher, als Jude, als Schriftsteller, als Humanist und Pazifist" (S. 7) bilden eine harmonische Einheit, und die bleibt bis zum Schluss unangefochten. Das für die Wiener Moderne so emblematische ‚unrettbare Ich' Hermann Bahrs (1904) hat auf Stefan Zweigs Subjektkonzeption keine große Auswirkung gehabt (vgl. Birk 2007, S. 123).

3. Gedächtnis: Erinnern und Rekonstruktion

Am Ende des Vorworts überantwortet sich der Autor pathetisch „im Stil einer antiken Musenanrufung" (Görner 2014, S. 69) der Erinnerung: „So sprecht und wählt, ihr Erinnerungen, statt meiner, und gebt wenigstens einen Spiegelschein meines Lebens, ehe es ins Dunkel sinkt!" (Zweig GWE, Die Welt von Gestern, S. 13) In der Tat zieht sich das Stichwort ‚Erinnern' durch den Text und taucht in verschiedenen Formen über 80 Mal auf. Geradezu verblüffend ist jedoch das glänzende Funktionieren dieses Gedächtnisses. Es gibt nur zwei Stellen, an denen es versagt. So weiß Zweig nicht mehr, wie eigentlich während der Inflation zu Hause gewirtschaftet wurde und wann er „zum erstenmal den Namen Adolf Hitler gehört" hat (S. 406). Typisch dagegen sind Authentisierungsformeln wie „ich erinnere mich noch" oder „ich erinnere mich zum Beispiel", und diese können sich bei einschneidenden Situationen steigern zu „ich erinnere mich noch mit äußerster Deutlichkeit an diesen ersten Besuch" (S. 233 f.). Nun mag Zweig durchaus über ein ausgezeichnetes Gedächtnis verfügt haben, aber es lohnt sich doch, einen genaueren Blick auf die Art seiner Erinnerungen zu werfen.

Auffällig ist schon, dass an keiner Stelle die problematische Beziehung von Erinnern und Vergessen thematisiert wird. Die Aussagen im Vorwort schreiben dem Gedächtnis „eine wissend ordnende und weise ausschaltende Kraft" zu und vertrauen darauf, dass es nichts „zufällig" behält oder verliert (S. 13) – was man als Referenz auf Nietzsches Kritik des Historismus in der zweiten der *Unzeitgemäßen Betrachtungen* verstehen darf. Dass ‚Behalten' und ‚Vergessen' das Gedächtnis nur unzureichend bestimmen, hätte Zweig aus dem Roman *À la recherche du temps perdu* (1913–1927) von Proust wissen können, dem er sogar 1925 einen kurzen biografischen Abriss widmete. In der *Welt von Gestern* allerdings müssen Erinnerungen nicht durch den Duft von Gebäck und Tee provoziert werden, sie sind schlechterdings verfügbar, so hat es zumindest den Anschein. Wie man aus der Gedächtnisforschung weiß (vgl. Markowitsch 2005), ist es das deklarative Gedächtnis (auch ‚Wissenssystem'), in dem das ‚trockene' Wissen über die Vergangenheit – die eigene wie die allgemeine – geordnet und abrufbar gespeichert ist. Dichte und Sinnlichkeit des erlebten Moments findet sich dagegen in den unwillkürlichen Erinnerungen des episodischen Gedächtnisses, das allerdings nicht mit dem Wissenssystem vernetzt ist, was es für Proust und andere Autobiografen so schwierig macht, authentische eigene Erinnerungen zu präsentieren. Es sind aber solche episodischen Erinnerungen, die einem autobiografischen Text erst die Qualität literarischer Erzählung, insbesondere den Erlebnischarakter verleihen. Es sei denn, der Autor hat die konkreten Situationen schlicht imaginiert, anstatt sie zu erinnern. Schon Goethe sah sich beim Abfassen von *Dichtung und Wahrheit* gezwungen, wenn das Gedächtnis nicht ausreiche, „gewissermaßen das dichterische Vermögen auszuüben" (zit. n. Müller 2007, S. 1058). Wenn Zweig an vielen Stellen wörtliche Rede benutzt, etwa um Schnitzlers (vor Jahrzehnten gehörte) Aussagen über Hofmannsthal wiederzugeben, oder die Sätze, die Theodor Herzl in verschiedenen Situationen an ihn gerichtet hatte, so darf man schon vermuten, dass diese *ipsis litteris* nicht im Gedächtnis aufbewahrt blieben, sondern hier so formuliert wurden, wie es dem Autor zur Zeit der Abfassung des Buches plausibel erschien.

Noch ein weiterer Aspekt wirft Licht auf die Konstruktion der im Buch berichteten Episoden. Die Szene im Kino von Tours mag durchaus erlebt und erinnert sein. Eigenartig ist jedoch, dass der Erzähler Zweig dies so schildert, als wäre schon damals, gleichsam im Erleben des Subjekts spontan die Deutung des Ereignisses erschienen: Er erschrickt „zutiefst", weil er im Johlen des französischen Publikums über Kaiser Wilhelms II. Auftauchen in der Wochenschau blitzhaft („eine einzige Sekunde") erkennt, „wie leicht es sein könnte, im Augenblick ernstlicher Krise die Völker hüben und drüben aufzureizen" (S. 243). Wahrscheinlicher ist, dass Zweig zwar erstaunt war über die Reaktion des Publikums, aber die Verknüpfung mit dem dann tatsächlichen Eintreten des Weltkriegs und seiner Propaganda dürfte doch erst nachträglich geschehen sein.

Der Erzähler projiziert also sein nachträgliches Wissen auf die einzelnen Episoden und lässt das erlebende Subjekt schon im Moment des Geschehens den Dingen Bedeutungen zuweisen, die erst der Verlauf der Geschichte zutage gefördert hat. Das verleiht der ganzen Erzählung Kohärenz und Fasslichkeit. Es entspricht aber nicht der prinzipiellen Offenheit des Erlebens von Gegenwart, die eben nur aus einer Perspektive *a posteriori* zu einem teleologischen Ganzen gefügt wird. Eigentlich hatte Zweig im Vorwort zu seinem Buch über Casanova, Stendhal und Tolstoi, *Drei Dichter ihres Lebens* (1928), ausführlich über die Unzuverlässigkeit des Gedächtnisses reflektiert, in dem „[n]ichts oder fast gar nichts […] unentstellt erhalten" bleibe (Zweig GWE, Drei Dichter ihres Lebens, S. 19). In der Autobiografie findet sich nichts davon, er scheint aber implizit darauf zu vertrauen, dass „das Gedächtnis […] unaufgefordert selbst schon alle dichterischen Funktionen geübt [hat], so da sind: Auslese des Wesentlichen, Verstärkung und Verschattung, organische Gruppierung." (S. 20) Er mag aus dieser Vorstellung die Berechtigung für die tendenzielle Fiktionalisierung seiner Autobiografie abgeleitet haben, freilich ohne dem Leser hierüber Rechenschaft zu geben.

4. Gattungsfrage: Autobiografie, Memoiren oder Zeugnis?

Obwohl Zweig im Vorwort der *Welt von Gestern* den generationsspezifischen Blickwinkel betont und zu erkennen gibt, dass er alles Private und Persönliche aussparen wolle, spricht er in Briefen mehrfach von seiner „Autobiografie". So vermerkt er sogar auf dem Titelblatt des im Juli 1941 geschriebenen Manuskripts den Begriff „Autobiography". Dennoch erscheinen Aspekte wie Herkunft, Bildungsweg, Berufswahl und Werk nicht annähernd so vollständig oder detailliert, wie man es von einer Autobiografie erwarten würde. Zweig präsentiert keinerlei ‚früheste Erinnerung', um den Beginn des Subjektbewusstseins anzuzeigen, und sein ‚innerstes Erleben' bleibt dem Leser verborgen. Auch erzählt er weder von seiner Beziehung zu Eltern und Ehefrauen noch anderen ihm nahestehenden Personen; selbst einige seiner engsten Freunde bleiben unerwähnt (z. B. Victor Fleischer, Emil Fuchs, die Übersetzerin Lavinia Mazzucchetti u. a.). Das Buch folgt keinem der einflussreichen Modelle des eigentlich autobiografischen Schreibens; es ist weder Bericht einer Bekehrung (Augustinus) wie noch Alfred Döblins *Schicksalsreise* (1949) oder, in säkularer Gestalt, Klaus Manns *Wendepunkt* (1952), noch intimes Bekenntnis (Rousseau) oder Entwicklungsroman eines Künstlers (Goethe). Tendenziell trägt es Züge einer Verteidigungsschrift, insofern Zweig bemüht ist, sich selbst und seine literarischen Weggefährten von der Verantwortung an der Katastrophe des Zweiten Weltkriegs freizusprechen. Es spielt sicher auch eine Rolle, dass der Autor an der Schwelle des siebten Lebensjahrzehnts eine Bilanz seines Lebens ziehen wollte, um sich seiner im Exil bedrohten Identität zu vergewissern.

Am nächsten kommt der Text dem älteren Genre der Memoiren, was dem zuletzt gewählten deutschen Titel „Erinnerungen" Recht gibt. Typisch dafür ist die Zurücknahme der persönlichen Biografie und des Privaten zugunsten der Beobachtung von berühmten Personen, historischen Geschehnissen und Prozessen (vgl. Lejeune 1994, S. 14; Lehmann 2007, S. 169). Der historiografisch-dokumentarische Charakter wird allerdings bei Zweig dadurch eingeschränkt, dass der Autor die politischen und historischen Ereignisse nur sehr selektiv behandelt. Auch hat er nach eigenem Bekunden keinerlei Dokumente oder Aufzeichnungen hinzugezogen – zumindest wird dies auf der Textebene nicht deutlich –, und er bedauert selbst, dass ihm nur zur Verfügung stünde, was er „hinter der Stirne trage" (Zweig GWE, Die Welt von Gestern, S. 13). (Wahrscheinlich ist, dass Zweig während der Arbeit an der Welt von Gestern durchaus eine Bibliothek konsultieren konnte, zumindest hatte er seine Wohnung in Ossining nahe New York unter diesem Gesichtspunkt ausgesucht. Bekanntlich stand ihm dort zusätzlich das Gedächtnis seiner Ex-Frau Friderike zur Verfügung, die in nächster Nähe wohnte.)

Volker Hoffmann hat für die ersten Jahrzehnte des 20. Jahrhunderts ein Vorherrschen der „Memoirenautobiografie" konstatiert, in der „an der Monumentalisierung und Heroisierung des Subjekts mit biografischen Mitteln gearbeitet wird, indem dieses als Schnittpunkt bedeutender Zeitereignisse und berühmter Mitlebenden dargestellt wird" (Hoffmann 1989, S. 488). Auch die Exilautobiografie war „nie nur persönlich, sondern stets auch Auseinandersetzung mit der eigenen Zeit und Geschichte", wie Carola Hilmes (2009, S. 437) bemerkt. Insofern befindet sich die Welt von Gestern durchaus nicht im Gegensatz zu den Tendenzen der Gattung in jener Zeit.

Es gibt aber noch ein weiteres, vom Autor selbst gesetztes Gattungssignal: das Zeugnis. Zwar hat sich diese Variante des Autobiografischen erst nach dem Holocaust zu einer eigenständigen literarischen Gattung herausgebildet, doch das historische, juridische und religiöse Zeugnis gehen bis auf die Antike zurück (vgl. Assmann 2008). Zweig weicht von den traditionellen Memoiren ab, insofern er nicht einfach alles aufzeichnet, was ihm an seiner Zeit ‚merkwürdig' erscheint wie ein Saint-Simon oder Graf Kessler. Seine Erinnerungen bleiben nicht bei sich, sie sind eindringlich an eine nachgeborene Generation adressiert, und auch wenn sie nicht von einem Überlebenden der Lager verfasst wurden, geben sie doch nicht nur Auskunft über das Goldene Zeitalter, sondern „künden vom Bösen schlechthin" (S. 18f.), wie sich dies für Zweig im Blutbad des Weltkriegs und im Antisemitismus der Nazis manifestierte. Wichtiger als die Wahrheit des historischen Details ist hier das subjektive Erleben, die Erfahrung und die moralische Autorität des Verfassers, der sich für die Authentizität der Darstellung verbürgt (vgl. Assmann 2011, S. 216). Zeugenschaft erfolgt nicht aus freier persönlicher Entscheidung – es ist eine ethische Verantwortung, die von der Gesellschaft auferlegt wird. So bekundet auch Zweig: „Dies unser gespanntes, dramatisch überraschungsreiches Leben zu bezeugen, scheint mir Pflicht, denn – ich wiederhole – jeder war Zeuge dieser ungeheuren Verwandlungen, jeder war genötigt Zeuge zu sein." (Zweig GWE, Die Welt von Gestern, S. 11) Das Zeugnis hat die Funktion, eine nur dem Bezeugenden zugängliche Wahrheit der gesamten Menschheit zu vermitteln. „Aber wenn wir mit unserem Zeugnis auch nur einen Splitter Wahrheit aus ihrem zerfallenen Gefüge [der 1939 zu Ende gegangenen Epoche] der nächsten Generation übermitteln, so haben wir nicht ganz vergebens gewirkt." (S. 12) Angesichts einer totalitären Gegenwart, die anscheinend jede Erinnerung an den Humanismus auslöschen will, sieht Zweig die Aufgabe seiner Generation darin, den unwissenden Nachkommen den Glauben an die Möglichkeit einer alternativen Gesellschaft

9.2 *Die Welt von Gestern* als Autobiografie, Memoirenwerk und Zeugnis

zu bewahren, an „eine kommende Zeit, der derartige Dinge als unmöglich gelten müssen" (S. 460).

Es handelt sich freilich oft eher um eine allgemeine Zeitzeugenschaft, denn als Augenzeuge ist Zweig bei wenigen Ereignissen präsent gewesen, wie er selbst anlässlich des Wiener Streiks von 1934 einräumt. Zwar befand er sich gerade in Wien, aber „[j]eder Leser der Zeitung in New York, in London, in Paris hatte bessere Kenntnis von dem, was wirklich vor sich ging, als wir, die wir doch scheinbar Zeugen waren. Und dieses erstaunliche Phänomen, daß man in unserer Zeit zehn Straßen weit von Entscheidungen weniger weiß als die Menschen in einer Entfernung von Tausenden Kilometern, habe ich dann später immer und immer wieder bestätigt gefunden." (S. 436) Zweig hat also ein klares Bewusstsein von der medialen Vermitteltheit von Information und eben auch von Erfahrung in der Moderne, aber er zieht daraus keine Rückschlüsse auf die Konstitution seines Zeugnisses. Denn seine gesamte Darstellung dieser Epoche, die er miterlebte, basiert ja zu einem guten Teil auf dem Lesen von Zeitungen, dem Radiohören und den Gesprächen mit tatsächlichen Augenzeugen. Eine Ausnahme bilden die Porträts der Prominenten, die er selbst kennenlernte, und das sind ja nicht wenige. Aber der Gesamteindruck, zu dem sich die Erzählung immer wieder verdichtet, speist sich eben aus derselben indirekten Kenntnis wie bei allen anderen Zeitgenossen. Was ihn zum Zeugen der „Welt von Gestern" prädestiniert sind weniger seine spezifischen Erlebnisse als die Erfahrung in ihrer Gesamtheit, ihre poetische Gestaltung und die leidenschaftliche Parteinahme.

5. Kulturelles Gedächtnis: *Die Welt von Gestern* als Referenz

Für die Qualitäten der Darstellung Zweigs spricht nicht zuletzt, dass er immer wieder zitiert wird, und zwar auch und gerade in historiografischen und kulturgeschichtlichen Werken. So finden sich in Brigitte Hamanns Buch über *Hitlers Wien* ausführliche Passagen von Zweig über das freie Leben in der k. u. k. Monarchie (vgl. Hamann 1998, S. 133), prügelnde Korpsstudenten (vgl. S. 393) und die Prostitution (vgl. S. 519 ff.). Herfried Münkler zitiert in seinem Buch zum Ersten Weltkrieg Zweigs Bericht über die Lage in Belgien bei Kriegsausbruch (vgl. Münkler 2013, S. 226 f.), das Gefühl der nationalen Verbrüderung zu Beginn der Mobilisierung (vgl. S. 226 f.) und die Ausreise Kaiser Karls I. (vgl. S. 734). Im ersten Band der Hitler-Biografie von Ian Kershaw wird Zweig als Beleg dafür angeführt, dass, nach dem misslungenen Putsch von 1923, „der Name Hitlers […] beinahe in Vergessenheit zurück" gefallen sei (Kershaw 2002, S. 267). Und schon Joachim Fest hatte in seinem Buch über Hitler eine besonders eindrucksvolle Szene nach dem ‚Anschluss' Österreichs aus der *Welt von Gestern* zitiert: „‚Mit nackten Händen' so hat einer der Miterlebenden verzeichnet, ‚mußten Universitätsprofessoren die Straße reiben, […] alles, was krankhaft schmutzige Haßphantasie in vielen Nächten sich orgiastisch ersonnen, tobte sich am hellen Tage aus.'" (Fest 1975, S. 755) Dem Autor ist aber offensichtlich entgangen, dass sich Zweig zu diesem Zeitpunkt nicht in Wien befand, sondern in London, so dass der Ausdruck „einer der Miterlebenden" zumindest fragwürdig ist. Natürlich besteht kein Zweifel an der historischen Wahrheit des Faktums, der Vorgang ist ja sogar durch Fotos dokumentiert, aber das Urteil Zweigs resultiert eben nicht aus unmittelbarer Anschauung, sondern aus rhetorisch gefasster Imagination. Immerhin benutzen weder Fest noch die anderen Historiker Zweigs Erinnerungen eigentlich als Quelle im wissenschaftlichen

Sinn. Vielmehr bedienen sie sich der Anschaulichkeit seiner einprägsamen Schilderungen, der Erfahrungshaftigkeit des scheinbar subjektiv Erinnerten, um das von ihnen bereits mit anderen Mitteln Recherchierte zu illustrieren.

In diesem Sinn ist das Buch auch heute noch zu verstehen und zu würdigen: als eine besonders wirkungsvoll und leidenschaftlich geschriebene kulturhistorische Darstellung einer Epoche, in der viele Episoden – seien sie nun erlebt oder ‚nur' miterlebt – so plastisch formuliert sind, dass sie auch den Leser miterleben lassen. Diese Qualitäten verdankt das Buch – wie viele andere bedeutende Autobiografien – nicht unbedingt der Authentizität der Erinnerungen, wohl aber dem schriftstellerischen Können Zweigs.

Stefan Zweig

Zweig, Stefan (2004³): Drei Dichter ihres Lebens. Casanova, Stendhal, Tolstoi. GWE. Hg. v. Knut Beck. Frankfurt a.M.: S. Fischer.
Zweig, Stefan (2007⁵): Die Welt von Gestern. Erinnerungen eines Europäers. GWE. Frankfurt a.M.: S. Fischer.

Weitere Literatur

Arendt, Hannah (1948): Juden in der Welt von gestern. In: Dies.: Sechs Essays. Heidelberg: Lambert Schneider, S. 112–127.
Assmann, Aleida (2008). „Vier Grundtypen von Zeugenschaft". In: Petzold, Ulrike (Hg.): Zeugen und Zeugnisse. Bildungsprojekte zur NS-Zwangsarbeit mit Jugendlichen. Berlin: Stiftung Erinnerung, Verantwortung und Zukunft, S. 12–26.
Assmann, Aleida (2011): Wem gehört die Geschichte? Fakten und Fiktionen in der neueren deutschen Erinnerungsliteratur. In: Internationales Archiv für Sozialgeschichte der deutschen Literatur 36/1/2011, S. 213–225.
Birk, Matjaž (2007): Stefan Zweig und die Novelle der Wiener Moderne am Beispiel Arthur Schnitzlers. In: Gelber, Mark H. (Hg.): Stefan Zweig Reconsidered. New Perspectives on his Literary and Biographical Writings. Tübingen: Niemeyer, S. 119–137.
Chédin, Renate (1996): Das „Geheim Tragische des Daseins": Stefan Zweig, *Die Welt von Gestern*. Würzburg: Königshausen & Neumann.
Critchfield, Richard (1984): Einige Überlegungen zur Problematik der Exilautobiographik. In: Exilforschung. Ein internationales Jahrbuch 2/1984, S. 41–55.
Fest, Joachim (1975): Hitler. Eine Biographie. Berlin: Propyläen.
Fludernik, Monika (2015): Narratologische Probleme des faktualen Erzählens. In: Dies./Falkenhayner, Nicole/Steiner, Julia (Hg.): Faktuales und fiktionales Erzählen. Interdisziplinäre Perspektiven. Würzburg: Ergon, S. 115–137.
Fonyodi-Szarka, Corina (2011): Unter dem Deckmantel von Ich und Er. Stefan Zweig im Vergleich mit Henry Adams. Autobiographie als Geschichtsschreibung oder Geschichtsschreibung als Autobiographie? Diss. Queen's Univ. Kingston/Ontario.
Golomb, Jacob (2007): Erasmus: Stefan Zweig's Alter-Ego. In: Gelber, Mark H. (Hg.): Stefan Zweig Reconsidered. New Perspectives on his Literary and Biographical Writings. Tübingen: Niemeyer, S. 7–20.
Görner, Rüdiger (2014): Wie man wird, was man erinnert. Überlegungen zu Stefan Zweigs *Die Welt von Gestern*. In: Renoldner, Klemens (Hg.): Stefan Zweig – Abschied von Europa. Wien: Brandstätter/Theatermuseum, S. 91–103.
Hamann, Brigitte (1998): Hitlers Wien. München: Piper.
Hilmes, Carola (2009): Auf verlorenem Posten: Die autobiographische Literatur. In: Haefs, Wilhelm (Hg.): Hansers Sozialgeschichte der deutschen Literatur. Bd. 9: Nationalsozialismus und Exil 1933–1945. München: Hanser, S. 417–445.

Hoffmann, Volker (1989): Tendenzen der deutschen autobiographischen Literatur 1890–1923. In: Niggl, Günter (Hg.): Die Autobiographie. Zu Form und Geschichte einer literarischen Gattung. Darmstadt: Wissenschaftliche Buchgesellschaft, S. 482–519.
Holdenried, Michaela (2000): Autobiographie. Stuttgart: Reclam.
Hu, Wei (2006): Auf der Suche nach der verlorenen Welt. Die kulturelle und die poetische Konstruktion autobiographischer Texte im Exil. Am Beispiel von Stefan Zweig, Heinrich Mann und Alfred Döblin. Frankfurt a.M. u.a.: Lang.
Kershaw, Ian (2002): Hitler 1889–1936. München: dtv.
Kleinschmidt, Erich (1986): Schreiben und Leben. Zur Ästhetik des Autobiographischen in der deutschen Exilliteratur. In: Exilforschung. Ein internationales Jahrbuch 2/1986, S. 24–40.
Lehmann, Jürgen (2007): Autobiographie. In: Weimar, Klaus u.a. (Hg.): Reallexikon der deutschen Literaturwissenschaft. Bd. I: A–G. Berlin, New York: de Gruyter, S. 169–173.
Lejeune, Philippe (1994): Der autobiographische Pakt. Frankfurt a.M.: Suhrkamp.
Markowitsch, Hans J. (2005): Autobiographisches Gedächtnis aus neurowissenschaftlicher Sicht. In: BIOS 2/2005, S. 187–201.
Metzler, Claudia (2012): Die Poetik autobiographischen Schreibens in Stefan Zweigs *Die Welt von Gestern*. Magisterarb. Univ. des Saarlandes/Saarbrücken.
Müller, Klaus-Detlef (Hg.) (2007): Kommentar. In: Goethe, Johann Wolfgang von: Aus meinem Leben. Dichtung und Wahrheit. Frankfurt a.M.: Deutscher Klassiker-Verlag, S. 993–1324.
Münkler, Herfried (2013): Der Große Krieg. Die Welt 1914–1918. Berlin: Rowohlt.
Wagner-Egelhaaf, Martina (2000): Autobiographie. Stuttgart: Metzler.
Zimmermann, Christian von (2006): Biographische Anthropologie. Menschenbilder in lebensgeschichtlicher Darstellung (1830–1940). Berlin, New York: de Gruyter.

10. Romane

10.1 *Ungeduld des Herzens* (1939)

Margarete Wagner

1. Entstehung 365
2. Inhalt 366
3. Rezeption und Forschung 367
4. Neue Forschungsperspektiven 373

1. Entstehung

Auch wenn Stefan Zweig seinen ersten Roman erst 1939 veröffentlicht hat, beschäftigte ihn der Gedanke, ein umfangreiches Prosawerk zu verfassen, schon früh. In *Die Welt von Gestern* (1942) behauptet Zweig, dass er im Frühjahr 1902 – bekanntlich verbrachte er als Student das Sommersemester in Berlin – einen Roman „bis auf das letzte Kapitel fertig nach Berlin gebracht hatte", um seinen Verleger „zu beglücken". Die „Berührung mit der Wirklichkeit" aber hatte schließlich dazu geführt, dass das Manuskript „bald den Ofen [heizte]" (Zweig GWE, Die Welt von Gestern, S. 143). Das vitale Großstadterlebnis in der deutschen Hauptstadt bedeutete einen starken Gegensatz zur wohlbehüteten Wiener jüdisch-großbürgerlichen Erfahrungswelt und löste einen kritischen Blick auf das bisher Geschriebene aus.

Andreas Isenschmid (2015) weist darauf hin, dass sich Zweig bereits am 16. Januar 1918 in seinem Tagebuch – ausgehend von einer Zeitungsnotiz über einen Spionageprozess, von der er eine Verbindung zu Balzac zieht – fragte: „Hier eine Figur für Balzac. Warum wagen wir uns nicht an derlei? Wir stecken immer im Psychologischen und ersticken darin" (Zweig GWE, Tb, S. 304). Auch in einem Brief an Romain Rolland vom 11. Oktober 1922 notierte Zweig, dass für ihn nach dem Abschluss des Erzählbandes *Amok* (1922) „der Weg frei für einen großen Roman" (Rolland/Zweig 1987 Bd. a, S. 709) sei. Ende der 1920er Jahre verfestigte sich das Vorhaben, einen Roman zu verfassen, bis Zweig 1931 schließlich begann, parallel zur Arbeit an der Biografie *Marie Antoinette* (1932) an jenem unvollendet gebliebenen Roman zu schreiben, den er selbst „Postfräuleingeschichte" nannte und der 1982 von Knut Beck unter dem Titel *Rausch der Verwandlung* in die *Gesammelten Werke in Einzelbänden* aufgenommen wurde. Nach dem Abbruch der Arbeit an der „Postfräuleingeschichte" begann Zweig 1936/1937, wenn auch mit vielen Bedenken, an *Ungeduld des Herzens* und *Magellan* (1938) zu arbeiten (vgl. Zelewitz 1995, S. 137ff.).

Seit 1934 in London lebend, versuchte Zweig mit seinen Studien zu Erasmus (1934) und Castellio (1936) seine Position des Intellektuellen gegen die Diktatur zu bestimmen. Im Brief an Hans Carossa vom 2. August 1936 zog Zweig ein Resümee. Er möchte „für lange" Abschied nehmen „vom biografismo". Er wolle wieder fiktionale Prosa schreiben, „mich vielleicht sogar an einen Roman wagen". Denn, so Zweig, „die Beschäftigung mit dem Historischen" sei „eine Art Flucht vor der Zeit" gewesen (Zweig 1984a, S. 275).

Noch 1938 gelang es Zweig, für sein Manuskript von *Ungeduld des Herzens* – hier noch unter dem Titel *Narr des Mitleids* – mit den Exilverlagen Bermann-Fischer und Allert de Lange einen Vertrag abzuschließen. Das Buch erschien bereits im November 1938, nennt aber die Jahreszahl 1939 (vgl. Matuschek 2006, S. 312, 320). 1939 erschien der Roman in einer US-amerikanischen/kanadischen Ausgabe, 1940 folgten Übersetzungen in acht europäische Sprachen (vgl. Klawiter 1991, S. 106). Besonders die englische Fassung *Beware of Pity* begründete Zweigs Erfolg im englischsprachigen Raum (vgl. Dines 2006, S. 313).

2. Inhalt

Der Roman beginnt mit der Einleitung eines anonymen Ich-Erzählers. Er berichtet, dass er im Jahre 1938 in Wien den früheren Ulanen-Leutnant und nunmehrigen Rittmeister Anton Hofmiller kennengelernt habe. Dieser habe ihm seine Lebensgeschichte erzählt, „nirgends habe ich Wesentliches hinzuerfunden, und nicht ich, sondern der Erzähler beginnt jetzt zu erzählen." (Zweig GWE, Ungeduld des Herzens, S. 13) Ähnlich wie in zahlreichen Novellen Zweigs, scheint in seinem einzigen, zu Lebzeiten erschienenen Roman eine Rahmenhandlung angedeutet – diese eröffnet den Text lediglich, schließt ihn aber nicht ab. Hofmillers monologisierender Erzähl-Marathon spielt, mit Ausnahme des Schlusses, der einen kurzen Ausblick auf die weiteren Schicksale der Protagonisten gibt, am Vorabend des Ersten Weltkriegs, zwischen Mitte Mai und Ende Juli 1914. Die Handlung findet in einem kleinen, nicht näher bezeichneten österreichischen Garnisonsstädtchen an der Grenze zu Ungarn statt. Der soldatischen Welt des Kasernenlebens wird die geldaristokratische Salonatmosphäre auf dem Gut von Lajos von Kekesfalva gegenübergestellt.

Ausgangspunkt der Erzählung ist eine aus Unerfahren- und Unwissenheit begangene „gaffe" (S. 17) des jungen Leutnants Anton Hofmiller, der die gelähmte Tochter Edith von Kekesfalva zum Tanz auffordert. Um sich zu entschuldigen, lässt er ihr einen Korb voll Rosen übermitteln. In der Folge beginnt eine dramatische Beziehung zwischen Anton und Edith, schwankend zwischen Mitleid und Liebe, Schuldgefühl und echter Zuneigung. Hofmiller wird von einem ambivalenten Verantwortungsgefühl für Ediths Zustand getrieben, gewinnt ihr Vertrauen, was sie als Liebe interpretiert. Eine Bemerkung des Arztes Dr. Condor nimmt er unvorsichtigerweise zum Anlass, Edith eine vollkommene Genesung in Aussicht zu stellen. Das erweist sich jedoch als fatale Illusion und führt zu einem weiteren Zusammenbruch der jungen Frau. Annäherung und Distanzierung wechseln einander ab. Trotz seiner schwankenden Gefühle verloben sich Anton und Edith. Seinen Kollegen in der Kaserne gegenüber bestreitet der Leutnant dies jedoch. Durch eine Indiskretion erfährt die Familie Kekesfalva, dass Anton die Verlobung gegenüber seinen Kameraden in Abrede gestellt habe. Edith, die das Telefonat mit anhört, erkennt, dass Anton keine Liebe für sie empfindet, sondern nur Mitleid hat. Sie stürzt sich vom Turm des Schlosses. Anton zieht mit dem Wunsch, als Soldat zu sterben, in den Krieg. Diese persönliche Tragödie fällt mit einer weltpolitischen zusammen: der Ermordung des österreichischen Thronfolgers und dem Beginn des Ersten Weltkriegs.

Eingebettet in die Geschichte der tragischen Liebe zwischen Anton und Edith ist jene der Familie Kekesfalva. Irrtümlich meint Hofmiller, dass Ediths Vater ein reicher ungarischer Magnat sei. Tatsächlich handelt es sich aber bei ihm um einen neureichen assimilierten Juden, den Anton aufgrund des magyarisierten Namens, Adelstitels, Vermögens und Religionswechsels nicht als solchen identifizieren kann.

Das in *Ungeduld des Herzens* angewandte Erzählverfahren folgt zwar traditionellen Vorgaben, ist aber durchaus komplex. Die Abfolge der Episoden erzeugt Spannungsbögen, in denen bald das erzählende, bald das erlebende Ich die Erzählsituation dominiert, es also zu schrittweisen Grenzüberschreitungen der Darstellung von Außen- und Innenperspektive, von Erinnerung und Vergegenwärtigung, von historischem Präteritum und historischem Präsens kommt.

Im Umgang mit den Motiven lassen sich zwei grundsätzliche Stilmittel beobachten: Zum einen arbeitet Zweig bevorzugt antithetisch und stellt echtes Mitleid gegen falsches Mitgefühl, assimiliertes Judentum gegen Nichtjudentum, Geschichte gegen Gegenwart, arm gegen reich, schwach gegen stark – besonders in Hinblick auf den Willen (vgl. De Vos 1976, S. 58) –, krank gegen gesund, alt gegen jung, Zentrum gegen Peripherie, Militärisches gegen Ziviles, Massenwahn gegen Zivilcourage und Konstruktionen von Männlichkeit gegen solche der Weiblichkeit.

3. Rezeption und Forschung

Schon bald nach dem Erscheinen, am 5. Dezember 1938, hatte Romain Rolland in einem Brief den Roman ausführlich kommentiert und lobende Worte gefunden: „Es ist ein ausgezeichneter Roman, kraftvoll bis zum Übermaß". Gleichzeitig nimmt er formal Anstoß an Zweigs Erzählverhalten. Zweig hätte anstelle eines „schöpferischen Monolog[s]" (Rolland/Zweig 1987 Bd. b, S. 694) besser die „objektive Darstellung" eines verborgenen Erzählers wählen sollen. Bemerkenswert ist auch der unverblümte Kommentar, dass der Roman „um die Hälfte gekürzt, noch ergreifender wäre"

(S. 693). Ernst Weiß konstatierte 1939 – sich auf das Hauptmotiv des Inhalts konzentrierend – eine kompositorische Anordnung des „Mitleids" dreier Männer um einen bemitleidenswerten „kleine[n], boshafte[n], verbitterte[n], anspruchsvolle[n] Krüppel von 19 Jahren" (Weiß 1939, S. 693), wogegen Walter A. Berendsohn, seit 1933 selbst Emigrant und die deutsche Emigranten-Literatur der 1930er Jahre sichtend, 1940 nur zwei Fälle von Mitleid orten konnte. Einer wertenden Gattungsgeschichte verpflichtet, schien ihm *Ungeduld des Herzens* als Roman eines „große[n] neuromantische[n] Einzelschicksal[s]" (Berendsohn 1940, S. 136) weniger innovativ zu sein als jene Romane, die das Schicksal von Massen behandeln. Interessant sind Berendsohns intertextuelle Hinweise auf Jakob Wassermanns *Caspar Hauser oder Die Trägheit des Herzens* (1908) sowie auf den Arzt Kerkhoven aus dessen Roman *Etzel Andergast* (1931), wobei ihm jedoch die mythische Überhöhung bei Letzterem mehr zusagte als die „realistischen Schilderungen" und Gespräche „von unglaublicher Banalität" (S. 138) bei Zweig.

Unmittelbar nach dem Erscheinen des Romans setzte in den angloamerikanischen Ländern eine starke Rezeption ein (vgl. Klawiter 1991, S. 753). Nicht zuletzt garantierten die amerikanischen Tantiemen des enormen Verkaufserfolgs Zweigs finanzielle Sicherheit während seiner USA-Aufenthalte 1940 und 1941. Die Verfilmung mit Lilli Palmer und Albert Lieven konnte den Erfolg weiter befördern (GB, 1946, Regie: Maurice Elvey; OT: *Beware of pity*; der Protagonist hat hier den Namen Anton Marek). Im deutschsprachigen Raum wurde der Roman erst in der Nachkriegszeit rezipiert. 1981, aus Anlass des 100. Geburtstages von Stefan Zweig, setzte eine intensivere Auseinandersetzung mit Zweigs Werk ein, die auch dem Roman zugutekam (vgl. Birk 2008, S. 177).

Nach dem Zweiten Weltkrieg vertrat Friderike Maria Zweig in Bezug auf *Ungeduld des Herzens* einen (in seiner Vereinfachung die Tatsachen verzerrenden) psychologisch-biografischen Erklärungsansatz, der in der Deutung gipfelte, dass der Roman eine Verarbeitung von Zweigs eigenem Mitleid gegenüber seiner zweiten Ehefrau, der asthmakranken Lotte Altmann, sei (vgl. Zweig 1946, S. 226). Erstaunlicherweise folgten dieser Argumentation etliche Forscher (vgl. Bauer 1961, S. 87; Prater 1981, S. 371; Dines 2006, S. 266, 313), mit Ausnahme von Elizabeth Allday (1972, S. 181); einige in den 1990er Jahren entstandene akademische Abschlussarbeiten übernahmen ebenfalls diese biografistische Erklärung (vgl. Nebauer 1993; Pyo 1995; Lenjani 2009). Nur Martha Gschiel griff erneut intertextuelle Bezüge auf, diesmal jedoch innerhalb von Zweigs Œuvre (vgl. Gschiel 1953, S. 179f., 183), und inspirierte damit auch Jaak De Vos (1976).

Im biografischen Gesamtkontext wurde der Roman zumeist auf eher kurze Inhaltsangaben reduziert (vgl. Bona 1996, S. 301ff.), vielfach den Spruch von zweierlei Mitleid memorierend oder biografisch intendiert, besonders in Hinblick auf das Mitleid- oder Selbstmord-Motiv (vgl. Cohen 1982, S. 296; Frischer 2011, S. 186–196; Tunner 2011, S. 69–72; → V.10 SUIZID) bzw. fokussiert auf psychologische Aspekte oder Fragen des Judentums (vgl. Fraiman 2002). Bisweilen wurde er aber auch über seine gattungsmäßigen (vgl. Prater 1981, S. 371f.; Strelka 1981, S. 118; Henze 1988, S. 120; Rovagnati 1998, S. 258; Thomé 2001, S. 100), formalen (vgl. Rolland/Zweig 1987 Bd. b, S. 693) und sprachlichen (vgl. Berendsohn 1940, S. 138) Mängel definiert. Erst aus der Zusammenschau und Weiterentwicklung eines allmählich anwachsenden Chores an heterogensten wissenschaftlichen Beobachtungen und Analysen begannen

10.1 Ungeduld des Herzens (1939)

sich allmählich neue Zugänge herauszukristallisieren, die Dichter und Werk auch in ihrer Vielschichtigkeit wahrzunehmen vermögen.

Donald A. Prater konstatiert in seiner 1971 in England abgefassten und 1981 auf Deutsch erschienenen Biografie, dass *Ungeduld des Herzens* „nicht *der* große österreichische Roman [sei], von dem [Zweig] geträumt hatte" (Prater 1981, S. 371f., Herv. i. O.), worin ihm weitere Biografen und Interpreten (vgl. Strelka 1981, S. 118; Henze 1988, S. 120; Rovagnati 1998, S. 258; Thomé 2001, S. 100) beipflichteten und folglich den Roman als eher missglückt beurteilten.

1976 versuchte Jaak De Vos die vier im Roman auftretenden Frauen in eine – leider undefinierte – psychologische Typisierung einzuordnen. Für ihn bildet Edith in ihrer Willensstärke den Gegenpol zu Hofmillers Willensschwäche, wodurch sie weder gänzlich einer *femme fragile* (vgl. Thomalla 1972) noch einer Mischung der Frauenbilder ‚Empörerin' und ‚Enttäuschte' (vgl. Weber 1959) entspricht (vgl. De Vos 1976, S. 49, 60), während sie später für Ingrid Spörk Züge einer vampirhaften *femme fatale* annimmt (vgl. Spörk 2008, S. 150f.).

Rosi Cohen sieht Edith dagegen lediglich als eine von Leidenschaft besessene Person (vgl. Cohen 1982, S. 273ff.) und vergleicht die Selbstmordintentionen bei Edith und Hofmiller (vgl. S. 296).

Joseph Strelka wiederum stellt in seiner Biografie fest, dass es dem Roman an einer breiten soziologischen, kulturellen und geschichtlichen Schilderung des alten Österreich mangle; er sei vielmehr – aufgrund dichterischen Unvermögens – eine Art „Super-Novelle" (Strelka 1981, S. 118) und Produkt nostalgischer Sehnsucht nach der verlorenen Heimat (vgl. auch Henze 1988, S. 120; Himmlmayr 2012, S. 49) – Ersteres ein Argument, das aufgrund formaler Kriterien durchaus belegbar ist, Zweiteres dagegen nur einer von vielen möglichen Erklärungsversuchen. Hofmiller erfahre letztlich keinerlei tiefgreifende innerliche Entwicklung, doch die erprobte Kunst des Psychologisierens des Novellisten Zweig wird als „meisterhaft" gewürdigt (Strelka 1981, S. 122).

Derlei Beurteilungen finden in der wissenschaftlichen Literatur noch des Öfteren Wiederholung. Durch Negierung der Rahmenhandlung (vgl. Kerschbaumer 2003, S. 417) und ihrer politischen Dimension wird der Blickwinkel auf eine „unpolitische[ ] und persönliche[ ] Liebesgeschichte" (Strelka 1981, S. 120) hin verengt, was letztlich einem erneuten Aufgreifen einer gattungstheoretischen Kritik gleichkommt (vgl. Berendsohn 1940, S. 136). Strelka sieht hinter Hofmillers Ambivalenz eine Chiffre für den Wankelmut der Österreicher gegenüber ihrem Rumpfstaat, der Ersten Republik – eine wenig überzeugende Hypothese, da ja die ‚Liebesgeschichte' der beiden Hauptpersonen in den letzten Tagen der Donaumonarchie und die Rahmenhandlung bereits kurz nach dem Untergang der Ersten Republik spielt.

Adrian Del Caros (1981) interdisziplinärer Ansatz versucht das Motiv des Mitleids von philosophischer Seite her aufzurollen, indem er Zweigs Auseinandersetzung mit Nietzsches Mitleidsbegriff nachweist und die Unterscheidung von zweierlei Mitleid auf Zweig selbst zurückführt (vgl. auch Golomb 2005, S. 82). Nach Del Caros Auffassung hängt Hofmiller einem nietzscheanisch-nihilistischen Mitleidskonzept an, Dr. Condor dagegen nimmt die Haltung eines „nietzscheanisierten Christen" ein (Del Caro 1981, S. 201), eine Auffassung, die auch Horst Thomé teilt (vgl. Thomé 2001, S. 99) – eine Position mit christlichem Subtext, die angesichts des verdeckten Judentums der Figur von Dr. Condor einer Zurechtrückung bedarf.

Volker Henze listet in einem großen Vergleich mit Joseph Roths *Radetzkymarsch* (1932) etliche Gemeinsamkeiten auf, vermisst jedoch ebenso – wie vor ihm andere (vgl. Prater 1981, S. 371f.; Strelka 1981, S. 118) – das Konzept eines großen Österreichromans, weil er keine „über den bloßen Inhalt des Romans selbst hinausweisende allgemeine Relevanz" (Henze 1988, S. 120) aufweise, und diagnostiziert bei Zweig „Heimweh nach dem infolge des ‚Anschlusses' für ihn verlorenen Österreich" (S. 120), womit er die Vorstellung von Zweig als wehmütigem Nostalgiker verfestigt. Klaus Zelewitz weist darauf hin, dass Hofmiller Parzival verwandt sei, einem ‚tumben Toren' (vgl. Zelewitz 1995, S. 145), dessen Schuld darin bestehe, im rechten Augenblick keine Zivilcourage gezeigt zu haben. Seine Erkenntnis kommt für das Jahr 1914 zu spät, 1938 ist er jedoch geläutert und zum Widerstand bereit, aus Saulus wurde Paulus (vgl. Fraiman 2002, S. 263), so wie Dr. Condor, der das Opfer seines ärztlichen Fehlers, und so wie Herr von Kekesfalva, vormals Lämmel Kanitz, das Opfer seines Betrugs geheiratet hat.

Dass die Romanhandlung „völlig losgelöst von Zeit und Raum" und die Habsburger Monarchie darin bloße Kulisse sei (Henze 1988, S. 121; vgl. Himmlmayr 2012, S. 49) und sich der Roman auf „einer naiv psychologisierenden Motivierung des Verhaltens Hofmillers" (Henze 1988, S. 121) und Ediths beschränke, widerlegt Henze allerdings letztlich selbst mit seinen äußerst innovativen Deutungsversuchen. Zunächst wird Hofmillers Flucht in den Ersten Weltkrieg als Entlastung „von seiner direkten Mitschuld", als „Motiv der Erlösung und Rettung" (S. 122), bewertet: Er übersteht den Krieg, weil ihn der Untergang der Monarchie nicht berührt, und übt sich in relativierender Gleichmut – Oberst Bubencic dagegen gleicht in „der Erscheinung und Rolle Franz Josephs I. [einer] lebende[n] Verkörperung der absterbenden Idee Habsburgs" (S. 123). Für Henze repräsentieren Edith und Gut Kekesfalva „die Situation des österreichischen Judentums am Vorabend des Zusammenbruchs der Monarchie" (S. 129), während die glückliche Ehe des alten Kekesfalva „Symbol einer scheinbar geglückten Assimilation und Integration" ist. Henzes Feststellung, dass der alte Kekesfalva förmlich um die Gunst des jungen Leutnants ‚buhlt', bedarf eines kleinen Einschubs: Es war nicht Aufgabe des Militärs, alte, vormals heile Zustände wieder herzustellen, sondern den Status quo aufrechtzuerhalten. Natürlich möchte Kekesfalva am liebsten die Zeit zurückdrehen, vor allem aber will er die Zukunft seines Kindes, also die verweichlichte nächste Generation, vor inneren und äußeren Feinden abgesichert wissen – eine Aufgabe, an der das österreichische Militär letztlich im Ersten Weltkrieg scheitert. Es ist somit nicht verwunderlich, dass Zweig auch Hofmiller in seiner Rolle als Repräsentant des Militärs scheitern lassen muss (vgl. Wagner 2007, S. 495). Evident ist jedoch, dass die Fahrt in der Kutsche der alten Feudalgräfin für eine nostalgische Reise in eine längst vergangene Zeit steht (vgl. Henze 1988, S. 130). Dass Familie Kekesfalva dem Militär, das die Monarchie symbolisiert, größeres Vertrauen entgegenbringt als dem Arzt Dr. Condor, deckt Zweigs Chiffrierung nur zur Hälfte auf, weil Henze das verdeckte Judentum dieser Figur nicht berücksichtigt – ein Manko, das bis zu Margarete Wagner (2009, S. 327f., u.a.) die gesamte Zweig-Forschung betrifft. Henzes Erkenntnis, dass der Roman generell eine „Darstellung des Bankrotts jüdischer Assimilation" (Henze 1988, S. 133) sei, lässt sich dagegen nur unterstreichen, doch ist die Rolle, die dabei Hofmiller zugeschrieben wird, überzeichnet.

Klaus Zelewitz geht zunächst von Zweigs Ringen um die Großform des Romans aus und greift dabei bereits Bekanntes auf, gibt aber mit seiner etwas summarischen

10.1 Ungeduld des Herzens (1939)

Auflistung verschiedenster Einzelaspekte sehr viele neue, allerdings wenig ausgearbeitete Anregungen, die in weiterer Folge den Diskurs ungemein befruchtet haben (vgl. Zelewitz 1995). So sieht Zelewitz etwa Parallelen zwischen Zweig selbst und den Figuren Dr. Condor, Herrn von Kekesfalva und Hofmiller (vgl. S. 141), jedoch nicht zum Schriftsteller der Rahmenhandlung (vgl. Strelka 1981, S. 121). Als Raumvorlage schlägt er keinen „rein fiktive[n] Ort" (Kerschbaumer 2003, S. 417) vor, sondern „Wiener Neustadt vielleicht oder besser noch Bruck an der Leitha" (Zelewitz 1995, S. 144), eine zwar vage, doch äußerst anregende Vermutung, bei der Wagner (2007) einhaken konnte. Zelewitz sieht Parallelen zu Joseph Roths *Radetzkymarsch* (1932) und Arthur Schnitzlers *Leutnant Gustl* (1900), nennt intertextuelle Bezüge zu Ernst Weiß' Roman *Der Verführer* (1938) und Ludwig Winders Roman *Die nachgeholten Freuden* (1927), erkennt das Motiv der trügerischen Spazierfahrt des Königs mit der Prinzessin aus dem Märchen *Der gestiefelte Kater* (vgl. Zelewitz 1995, S. 147) in der Fahrt mit der Kutsche der alten Fürstin Orosvar wieder und sieht in Hofmiller den ‚tumben Toren', den „Prototyp des Naiven", für den Lajos von Kekesfalva „Prototyp des ungarischen Magnaten und Träger des monarchistischen Systems" ist (S. 145).

Horst Thomé nähert sich dem Inhalt von der Stilistik und diagnostiziert aufgrund der zweifelhaften Glaubwürdigkeit von Erzählern und Erzähltem eine Krise des realistischen Erzählens im Roman, zumal auch der Prozess des Erinnerns nicht problematisiert wird (vgl. Thomé 2001, S. 88–94). Er betont das ‚Zuspät' der Umkehr, aber den Gewinn durch Erfahrung, identifiziert Alfred Adler als Vorbild für Dr. Condor, verweist auf den Einfluss von dessen Individualpsychologie sowie auf dessen Unterscheidung in zweierlei Mitleid (vgl. S. 98) und diagnostiziert wohl eine Verbindung des Privaten mit dem Politischen, nicht aber die Erfassung der gesellschaftlichen Totalität, chiffriert durch individuelle Seelengeschichten.

Sarah Fraiman sieht im Roman *Ungeduld des Herzens* „erstmals eine Änderung in Zweigs Stellungnahme zu seinem Judentum manifestiert. Zweigs latentes Gefühl des Verrats an seinem Judentum und sein Wunsch, diesen Verrat im Nachhinein wieder gutzumachen, scheinen sich im Roman zu verbergen" (Fraiman 2002, S. 248). Joseph Strelkas dezidierte Ablehnung einer Identifizierung Zweigs mit Hofmiller (vgl. Strelka 1981, S. 121) veranlasst sie, dieser Frage weiter nachzugehen und ihrerseits eine – für weitere interpretatorische Annäherungen besonders bedeutsame – Frage zu stellen, ob nämlich nicht die verkrüppelte Edith von Kekesfalva für Zweig ein Judentum symbolisiere, dessen man sich zu schämen habe. Neben Zweigs „Ambivalenz dem Ostjudentum gegenüber" (Fraiman 2002, S. 263) hebt sie seine allmähliche Bewusstwerdung einer jüdischen Nobilität hervor. In diesem Sinne würde Zweig – wie sein Protagonist Hofmiller – Ende der 1930er Jahre ein Saulus-Paulus-Erlebnis widerfahren (vgl. S. 263), durch das sich der Europäer Zweig verstärkt zum Judentum bekenne.

Alberto Dines vermisst in seiner 2006 in deutscher Übersetzung erschienenen Biografie trotz des großen Publikumserfolgs (vgl. Dines 2006, S. 318) ein rigoroseres Romanende. Würde sich Hofmiller in der Rahmenhandlung als entschlossener Widerstandskämpfer gegen das Hitler-Regime outen, wäre das Werk wohl nicht über so einen langen Zeitraum hinweg hinsichtlich seiner Intentionen so sehr missverstanden worden.

Margarete Wagner (2007; vgl. auch 2015a) identifiziert die räumliche Vorlage der kleinen Garnisonsstadt an der Grenze zu Ungarn mit Bruck an der Leitha. Ausgehend von der Bedeutung der Namen Kekesfalva und Orosvar erschließt sich letztlich auch die politische Chiffrierung des Romans: Schloss Kekesfalva, altösterreichisches Kulturgut der Feudalzeit, wird von seinen unfruchtbar und unfähig gewordenen sowie rückwärtsgewandten, da noch immer despotischen adeligen Besitzern verschleudert und gerät in die Hände des im Liberalismus erstarkenden kapitalistischen Geld- und Kulturjudentums, das die Rechte und Pflichten der adeligen Vorbesitzer übernimmt – eindeutig eine Brücke zu der von Fraiman festgestellten „jüdischen Nobilität" (Fraiman 2002, S. 263). Doch schon die nächste Generation, der ja auch Zweig selbst angehörte, erweist sich als zu schwach und verwöhnt, um dieses Erbe weiter zu pflegen. Die Hoffnung der Gründerzeitgeneration, dass das Militär auf Dauer diese heile ‚Welt von Gestern' würde bewahren und gegen äußere und innere Feinde verteidigen können, wird durch den Ausbruch des Ersten Weltkriegs zerstört. Die Allianz zwischen Kapital und Militär zerbricht – in der zertrümmerten ‚Welt von Gestern' treibt altösterreichisches Kulturgut und altösterreichische Contenance ohne pflegende Erben dem Untergang entgegen. Dr. Condor, der geläuterte Hofmiller und der Schriftsteller sind die Einzigen, die letztlich ihre humanistische Haltung in Zeiten der nationalsozialistischen Massenhysterie nicht aufgeben. 1938 ist Hofmiller bereit, gegen eine Massenideologie Widerspruch einzulegen (vgl. Wagner 2007, S. 495).

Matjaž Birk (2008) konstatiert nicht nur die sexuelle Dämonie Ilonas und Ediths, sondern untersucht auch die Dämonisierung des Judentums in Hofmillers Vorstellung von Kekesfalva in der Rolle eines bösen Dschinns und gelangt zur Erkenntnis, dass Zweigs Darstellungen von gesellschaftlicher Dämonisierung soziale Implikationen aufdecken, die in der Forschung bis in die 1990er Jahre hinein nicht anerkannt wurden, und dass Hofmillers Überleben letztlich Hoffnung auf Entfaltung des Du-Menschen im Buber'schen Sinne weckt (vgl. Birk 2008, S. 186 f.) – beides Ergebnisse, die von anderen Ansätzen ausgehend (vgl. Wagner 2007, S. 495, u. a.), Bestätigung finden.

Im Zusammenhang mit Hofmillers stereotypen Vorstellungen von ungarischen Magnaten, die sich zum Großteil mit denen des Kulturjudentums überschneiden, weist Wagner (2009) bei Dr. Condor auf dessen verdecktes Judentum hin. Hier werden „neben den Topoi der räumlichen, zeitlichen und situativen Abgrenzung auch Zwischenräume des Übergangs vom Eigenen zum Fremden nachgewiesen, die sich auch erzähltechnisch im Roman manifestieren" (S. 12). Der Beitrag von Wagner (2010) widmet sich dem Aspekt der „Didaxe" des Romans, die sich an doppelten und dreifachen Beglaubigungen des Erzählten, einem nicht-jüdischen Schriftsteller sowie einem versteckt jüdischen humanistischen Vorbild für Hofmiller zeigt. In Gestalt des verdeckt jüdischen Humanisten Dr. Condor, vor allem aber an der beständigen Möglichkeit einer ‚Umschaltung', einer Mutation vom Saulus zum Paulus, wird der Leserschaft ein Vorbild und eine Möglichkeit der Umkehr und des Widerstands vor Augen geführt (vgl. dazu Ren 1996, S. 88), wobei der Begriff der ‚Umschaltung' erstmals vom Alfred-Adler-Schüler Otto Rühle kreiert wurde, der Zweig durchaus ein Begriff war (vgl. Wagner 2010, S. 51; 2012, S. 126 f.). Eine Zusammenfassung der bisherigen Forschung zum Roman legt Wagner (2012) vor.

Iris Himmlmayr wiederum greift Henzes Vergleich mit (vgl. Henze 1988, S. 120) sowie Zelewitz' Hinweise (vgl. Zelewitz 1995, S. 141 ff.) auf Roths *Radetzkymarsch* und Schnitzlers *Leutnant Gustl* auf und baut beides weiter aus, indem sie den Akzent des Romans auf das Motiv des Mitleids, wozu der „historische Hintergrund [lediglich die] Kulisse" bilde, legt, während ihr Hauptaugenmerk auf Zweigs „nostalgisches und behutsam kritisiertes Sittenbild des alten Österreich" (Himmlmayr 2012, S. 49) gerichtet ist.

Nach Margarete Wagners jüngsten, von Del Caros Ansatz inspirierten Untersuchungen nutzte Zweig seinen Roman als intertextuelle Argumentationsplattform, um gemeinsam mit dem Philosophen Max Scheler einen Diskurs über Nietzsches Mitleidsverdikt zu führen (vgl. Wagner 2015b).

4. Neue Forschungsperspektiven

Die zahlreichen Bearbeitungen des Romans für Film, Rundfunk und Theater geben Stoff für neue Forschungen. Ausgehend von dem Text könnte man auch – in Einbeziehung des gesamten erzählerischen Werks – grundsätzliche Fragen erörtern: so etwa zu Männlichkeits- und Weiblichkeitskonstruktionen, zu intertextuellen Beziehungen sowie zur Stoff- und Motivgeschichte. Man denke beispielsweise an die Figur des Außenseiters, des die *beati possidentes* voyeuristisch verfolgenden Zaungasts und an seine große Anteilnahme für die ‚Besiegten' (→ V.3 DAS MOTIV DES BESIEGTEN). Zu untersuchen wäre auch Zweigs Blick auf die Geschichte im Zusammenhang mit weiteren Werken aus der Exilzeit, wie etwa *Die Welt von Gestern*. Vor allem aber sollte die Entstehungsgeschichte des Romans anhand der verschiedenen Entwürfe und Fassungen, die im Deutschen Literaturarchiv Marbach liegen, aufgearbeitet werden.

Stefan Zweig

Rolland, Romain/Zweig, Stefan (1987a): Briefwechsel 1910–1940. Bd. I: 1910–1923. Berlin: Rütten & Loening.
Rolland, Romain/Zweig, Stefan (1987b): Briefwechsel 1910–1940. Bd. II: 1924–1940. Berlin: Rütten & Loening.
Zweig, Stefan (1981): Ungeduld des Herzens. Roman. GWE. Frankfurt a.M.: S. Fischer.
Zweig, Stefan (1984a): Briefe an Freunde. Hg. v. Richard Friedenthal. Frankfurt a.M.: S. Fischer.
Zweig, Stefan (1984): Tagebücher. GWE. Hg. v. Knut Beck. Frankfurt a.M.: S. Fischer.
Zweig, Stefan (1995^5): Rausch der Verwandlung. Roman aus dem Nachlaß. GWE. Hg. v. Knut Beck. Frankfurt a.M.: S. Fischer.
Zweig, Stefan (2007^5): Die Welt von Gestern. Erinnerungen eines Europäers. GWE. Frankfurt a.M.: S. Fischer.

Weitere Literatur

Allday, Elizabeth (1972): Stefan Zweig. A Critical Biography. London: Allen.
Bauer, Arnold (1961): Stefan Zweig. Berlin: Colloquium.
Berendsohn, Walter A. (1940): Die humanistische Front. Einführung in die deutsche Emigranten-Literatur. Tl. 1: Von 1933 bis zum Kriegsausbruch 1939. Zürich: Europa.
Birk, Matjaž (2008): Der Dämon der Sexualität in Stefan Zweigs und Felix Saltens romanesken Welten. In: Ders./Eicher, Thomas (Hg.): Stefan Zweig und das Dämonische. Würzburg: Königshausen & Neumann, S. 176–189.
Bona, Dominique (1996): Stefan Zweig. L'ami blessé. Biographie. Paris: Plon.
Cohen, Rosi (1982): Das Problem des Selbstmordes in Stefan Zweigs Leben und Werk. Bern u.a.: Lang.
Deáková, Veronika (2006): Stefan Zweig als weltliterarisches Phänomen. Diss. Univ. Wien.
Del Caro, Adrian (1981): Stefan Zweig's *Ungeduld des Herzens*: A Nietzschean Interpretation. In: Modern Austrian Literature 14/3–4/1981, S. 195–204.

De Vos, Jaak (1976): Stefan Zweigs Typus der „willenlosen, schweigsamen" Frau. In: Germanistische Mitteilungen 3/1976, S. 48–61.
Dines, Alberto (2006): Tod im Paradies. Die Tragödie des Stefan Zweig. Frankfurt a.M. u.a.: Edition Büchergilde.
Fraiman, Sarah (2002): Das tragende Symbol: Ambivalenz jüdischer Identität in Stefan Zweigs Werk. In: German Life and Letters 55/3/2002, S. 248–265.
Frischer, Dominique (2011): Stefan Zweig. Autopsie d'un suicide. Paris: Écriture.
Golomb, Jacob (2005): Stefan Zweig's Tragedy as a Nietzschean *Grenzjude*. In: Fraiman-Morris, Sarah (Hg.): Jüdische Aspekte Jung-Wiens im Kulturkontext des „Fin de Siècle". Tübingen: Niemeyer, S. 75–94.
Gschiel, Martha (1953): Das dichterische Prosawerk Stefan Zweigs. Diss. Univ. Wien.
Henze, Volker (1988): Jüdischer Kulturpessimismus und das Bild des Alten Österreich im Werk Stefan Zweigs und Joseph Roths. Heidelberg: Winter.
Himmlmayr, Iris (2012): Stefan Zweig, das Alte Österreich und der Erste Weltkrieg: *Ungeduld des Herzens*. In: Müller, Karl (Hg.): Stefan Zweig – Neue Forschung. Würzburg: Königshausen & Neumann, S. 49–71.
Isenschmid, Andreas (2015): Nachwort. In: Zweig, Stefan: Ungeduld des Herzens. Roman. Zürich: Manesse, S. 679–697.
Jentgens, Stephanie (1995): Kassandra. Spielarten einer literarischen Figur. Hildesheim u.a.: Olms.
Kerschbaumer, Gert (2003): Stefan Zweig. Der fliegende Salzburger. Salzburg u.a.: Residenz.
Klawiter, Randolph J. (1991): Stefan Zweig. An International Bibliography. Riverside: Ariadne Press.
Lenjani, Ilir (2009): Stefan Zweig im Exil. Diplomarb. Univ. Wien.
Matuschek, Oliver (2006): Stefan Zweig. Drei Leben – Eine Biographie. Frankfurt a.M.: S. Fischer.
Nebauer, Heide-Maria (1993): Frauengestalten bei Stefan Zweig. Diplomarb. Univ. Wien.
Nymphius, Christian (1996): Die Stefan-Zweig-Rezeption in der UdSSR. Mainz: Liber.
Prater, Donald A. (1972): European of Yesterday. A Biography of Stefan Zweig. Oxford: Clarendon.
Prater, Donald A. (1981): Stefan Zweig. Das Leben eines Ungeduldigen. München, Wien: Hanser.
Pyo, Myong-Sun (1995): Hoffnung und Verzweiflung im Werk Stefan Zweigs. Diss. Univ. Wien.
Ren, Guoqiang (1996): Am Ende der Mißachtung? Studie über die Stefan-Zweig-Rezeption in der deutschen Literaturwissenschaft nach 1945. Aachen: Shaker.
Rovagnati, Gabriella (1998): „Umwege auf dem Wege zu mir selbst". Zu Leben und Werk Stefan Zweigs. Bonn: Bouvier.
Siller, Heidi (2010): Die „Femme malade" – Physisch und psychisch kranke Protagonistinnen und ihre Partner in ausgewählten prosaepischen Werken des 20. Jahrhunderts. Diss. Univ. Wien.
Spörk, Ingrid (2008): „Ich spürte, wie das Dämonische ihres Willens in mich eindrang". Fatale Liebesbeziehungen bei Stefan Zweig. In: Birk, Matjaž/Eicher, Thomas (Hg.): Stefan Zweig und das Dämonische. Würzburg: Königshausen & Neumann, S. 143–156.
Strelka, Joseph (1981): Stefan Zweig. Freier Geist der Menschlichkeit. Wien: Österreichischer Bundesverlag.
Thomalla, Ariane (1972): Die „femme fragile". Ein literarischer Frauentypus der Jahrhundertwende. Gütersloh: Bertelsmann.
Thomé, Horst (2001): Stefan Zweigs psychologischer Realismus. Zu *Ungeduld des Herzens*. In: Literaturstraße 2/2001, S. 83–102.
Tunner, Erika (2011): Der Freitod im Erzählwerk von Stefan Zweig. In: Battiston, Régine/Renoldner, Klemens (Hg.): „Ich liebte Frankreich wie eine zweite Heimat." Neue Studien zu

Stefan Zweig/"J'aimais la France comme ma seconde patrie." Actualité(s) de Stefan Zweig. Würzburg: Königshausen & Neumann, S. 67–74.

Wagner, Margarete (2007): Der pannonische Grenzraum als literarischer Ort in Stefan Zweigs *Ungeduld des Herzens*. In: Estudios Filológicos Alemanes. Revista del Grupo de investigación Filología Alemana 13/2007, S. 485–495.

Wagner, Margarete (2009): Grenzen und Grenzerfahrungen in Stefan Zweigs Roman *Ungeduld des Herzens*. In: Rácz, Gabriella/Szabó, László V. (Hg.): Der deutschsprachige Roman aus interkultureller Sicht. Veszprém: Univ.-Verlag/Wien: Praesens, S. 315–340.

Wagner, Margarete (2010): Konstruktionen des Eigenen und des Fremden – Zur Didaxe des Wertewandels in Stefan Zweigs Roman *Ungeduld des Herzens*. In: Analele Universității Spiru Haret. Seria Filologie. Limbi și literaturi străine 13/2/2010, S. 41–54.

Wagner, Margarete (2012): Selbst- und fremdverordnete Identitätskonstruktionen in Stefan Zweigs Roman *Ungeduld des Herzens*. In: Jahrbuch der Grillparzer-Gesellschaft 3. F./24/2012, S. 97–127.

Wagner, Margarete (2015a): Der pannonische Grenzraum als literarischer Ort bei Stefan Zweig und Heimito von Doderer. In: Kropf, Rudolf (Hg.): Diesseits und jenseits der Leitha. Grenzen und Grenzräume im pannonischen Raum. Eisenstadt: Amt der Burgenländischen Landesregierung, Abteilung 7 – Landesmuseum, S. 75–92.

Wagner, Margarete (2015b): Max Schelers Mitleidsethik als Grundlage für Stefan Zweigs Roman *Ungeduld des Herzens*. In: Zhang, Yi/Gelber, Mark H. (Hg.): Aktualität und Beliebtheit. Neue Forschung und Rezeption von Stefan Zweig im internationalen Blickwinkel. Würzburg: Königshausen & Neumann, S. 109–119.

Wagner, Margarete (2018): Die Rolle des Judentums und der Ostasiatica in Stefan Zweigs Roman *Ungeduld des Herzens*. In: Liu,Wei/Luger,Urs/Wagner, Alexandra (Hg.): Jüdisches Österreich – Jüdisches China. Geschichte und Geschichten aus dem 20. Jahrhundert. Wien: Praesens, S. 94–106.

Weber, Marta (1959): Das Frauenbild der Dichter. Bern, München: Francke.

Weiß, Ernst (1939): Stefan Zweig, *Ungeduld des Herzens*. In: Maß und Wert. Zweimonatsschrift für freie deutsche Kultur 2/5/1939, S. 693–696.

Zelewitz, Klaus (1995): *Die Ungeduld des Herzens* als Indikator zweifachen Scheiterns. In: Ders./Gelber, Mark H. (Hg.): Stefan Zweig. Exil und Suche nach dem Weltfrieden. Riverside: Ariadne Press, S. 137–147.

Zhang, Yushu (1996): Österreichische Literatur in China. In: Jura Soyfer. Internationale Zeitschrift für Kulturwissenschaft 5/3/1996, S. 3–10.

Zhao, Leilan (2005): Zhang Yushu und die deutsche Literatur in China. In: Kimura, Naoji/Thomé, Horst (Hg.): „Wenn Freunde aus der Ferne kommen". Eine west-östliche Freundschaftsgabe für Zhang Yushu zum 70. Geburtstag. Bern u.a.: Lang, S. 161–175.

Zweig, Friderike Maria (1946): Stefan Zweig. Transl. by Erna McArthur. New York: Crowell.

10.2 Rausch der Verwandlung (erstmals 1982)
Evelyne Polt-Heinzl

1. Entstehung 376
2. Inhalt. 378
3. Struktur, Zugänge, Rezeption 379

1. Entstehung

Als Knut Beck, Lektor des S. Fischer Verlags, 1982 aus dem Nachlass Stefan Zweigs das Romanfragment *Rausch der Verwandlung* herausgab, waren die Reaktionen der Kritik zwiespältig. Das Buch liege „unter dem gewohnten Niveau des Erfolgsautors" (Hartl 1982) und zeige einen „ausgeprägten Hang zum Kitsch" (Kahl 1982). Auch vorsichtig positive Stimmen wiesen die Emphase der Verlagswerbung zurück, die von einer „Sternstunde" für Zweig-Leser sprach (Hinck 1982).

Das Manuskript, das Knut Beck unter dem von ihm gewählten Titel veröffentlicht hat, war als Romanfragment im britischen Nachlass Stefan Zweigs entdeckt worden. Das Typoskript ist 2014 aus dem Nachlass des Verlegers Kurt Maschler vom Literaturarchiv Salzburg erworben worden. Es besteht aus drei Konvoluten: 159 Blätter entsprechen dem ersten Teil des vorliegenden Buches; sie haben jeweils links einen schmalen, unbeschriebenen Korrekturrand. Von den 150 Blättern des zweiten Teils tragen 45 handschriftliche Annotationen Zweigs; sie erfolgen zu Beginn sehr dicht, ab Blatt 53 nur mehr vereinzelt. Der Korrekturrand ist hier breiter und liegt auf der rechten Blattkante. Diese unterschiedliche Aufteilung des Schriftfeldes lässt auf zwei Entstehungsphasen schließen. Das dritte Konvolut umfasst 18 Blätter und führt den ersten Teil mit einem alternativen Schluss zu einem raschen Ende.

Zweigs Hinweise in Briefen und Tagebuchnotaten belegen die verschiedenen Arbeitsanläufe und -perioden. Wenn Zweig am 11. Oktober 1922 Romain Rolland seine neue Erzählung *Die Augen des ewigen Bruders* mit den Worten schickt: „Jetzt ist der Weg frei für einen großen Roman oder ein Drama, wofür ich seit langem die Entwürfe fertig habe" (Zweig, Br III, S. 421), könnte das ein erster Hinweis auf die „Postfräuleingeschichte" (vgl. Prater 1981, S. 275) sein. So lautete der von Zweig wiederholt verwendete ‚Arbeitstitel' für das Romanvorhaben. Am 10. Juli 1924 schreibt er Rolland, er werde nun „den großen Roman beginnen, der seit Jahren in meinem Kopf herumspukt" (Zweig, Br III, S. 469f.). Am 26. Januar 1925 hofft er neuerlich, „vielleicht endlich den großen Roman" (S. 486) zu beginnen, und am 4. Mai 1925 gesteht er: „Aber ich träume auch von einem Roman!" (S. 493) Noch Ende der 1920er Jahre finden sich in Briefen an Rolland wiederholt Verweise auf ein Romanprojekt (18. Oktober 1929, 1. und 25. Oktober 1930). Am 7. Mai 1930 spricht er in einem Brief an Otto Heuschele dann von seinem fehlenden „Mut" im ersten Anlauf (S. 272).

Auch im Briefwechsel mit dem Verleger Anton Kippenberg ist ab 29. November 1930 von dem Vorhaben eines „kleinen Romans" (Archiv Insel Verlag, DLA Marbach) die Rede. In mehreren Briefen berichtet Zweig ihm von dem wechselhaften Fortschreiten bei der Ausarbeitung des Romans.

Eine intensive Arbeitsphase beginnt Anfang des Jahres 1931. An seinen amerikanischen Verleger Benjamin W. Huebsch schreibt er am 17. Februar 1931: „[V]on der

10.2 *Rausch der Verwandlung* (erstmals 1982)

Riviera aus gedenken wir Ihrer sehr herzlich, umso mehr als wir seit den letzten Tagen auch hier mit einem Autor von Ihnen beisammen sind, mit Joseph Roth. Wir arbeiten Schulter an Schulter (wie man bei uns zu Kriegszeiten sagte) jeder an einem Roman und erzählen uns jeden Abend wie schwer das Schreiben ist. Es geht langsam vorwärts, aber immerhin es geht vorwärts" (Zweig, Br III, S. 631). Am 11. März kündigt er Kippenberg an, dass er bis Ende des Monats eine erste Fassung von „ca. 120 Druckseiten" (Archiv Insel Verlag, DLA Marbach) fertiggestellt haben werde.

Friderike Zweig berichtet er am 5. Juli 1931 aus Thumersbach bei Zell am See, dass er nun erkannt habe, „was alles im ersten Teil falsch war", und zu wissen hoffe, „wie es richtig gemacht wird" (zit. n. Beck 1982, S. 313). Seinem Verleger teilt er nach einigen Nachrichten und der Auskunft über eine „Stockung" (7. September) schließlich am 14. Oktober 1931 mit: „Der Roman liegt beiseite" (Archiv Insel Verlag, DLA Marbach). Knut Beck äußert in seinem Nachwort die Vermutung, dass sich auch Zweigs Tagebucheintragung vom 17. November 1931 auf *Rausch der Verwandlung* bezieht: „[A]n der Novelle herumgedacht, ein wenig notiert. So herrlich sie im Anfang ist, so wenig wird mir dann klar: in der Figur des jungen Menschen müßte dann eine Überraschung kommen. Eine Orgie wäre zu schildern." (Zit. n. Beck 1982, S. 315f.)

Am 5. Februar 1932 gesteht Zweig dem Dramaturgen Erich Ebermayer, dass er die „epische" Arbeit unterbrochen habe (Zweig, Br IV, S. 20f.); wenige Tage darauf, am 13. Februar 1932, heißt es hingegen in einem Brief an Huebsch: „[W]ahrscheinlich wage ich mich doch an den Roman" (Zweig, Br IV, S. 46). Gut ein halbes Jahr später, am 20. Oktober 1932, schreibt er an Rolland: „Ich werde nun wieder meine eigene Arbeit aufnehmen. Die Biographie [i. e. *Marie Antoinette*] war eine Episode, weil ein Roman sich mir verweigerte. Ich habe keinen moralischen Abschluß gefunden. Und ich habe mir gesagt: besser, als etwas gegen das eigene Empfinden zu tun, ist es, ein Porträt zu zeichnen oder ein Libretto [i. e. *Die schweigsame Frau*] zu schreiben, ‚um seine Hand zu üben'." (Zweig, Br IV, S. 392)

Am 18. März 1935 berichtet er Rolland von der Arbeit „an einem kleinen, sehr schwierigen Roman, ein künstlerisches Thema, das Sie interessieren wird." (Zweig, Br IV, S. 505) Abgeschlossen und zum Druck freigegeben wurde der Roman nie. Im Sommer 1940 in New York entstand in Zusammenarbeit mit Berthold Viertel eine Drehbuchversion, die einen „moralischen Abschluß" versucht: Hier unterschlägt die Postassistentin Marie Baumgartner Geld, um die künstlerische Karriere ihres Komponisten-Freundes zu ermöglichen (vgl. Viertel 1960). Der Film wurde 1950 von Wilfried Fraß unter dem Titel *Das gestohlene Jahr* nach einem Drehbuch von Hans von Hollander und Wilfried Fraß realisiert, mit Oskar Werner als Komponist und Elisabeth Höbarth als Marie (→ VI.7.3 VERFILMUNGEN).

Dass alle diese brieflichen Verweise *Rausch der Verwandlung* betreffen, wie das die Herausgeber der Briefedition annehmen, steht nicht mit Sicherheit fest, einige der angedeuteten Schwierigkeiten weisen aber deutlich auf die spezifische Herausforderung hin, die dieses Romanprojekt für Zweig darstellte, der sich hier erstmals an aktuellen Zeitphänomenen abzuarbeiten versucht. „Wir leben in einer Zeit des Übergangs wie vielleicht keine Zeit zuvor: wirklich, wenn man das alles nicht in einem Roman schreiben kann (ich habe nicht die Kraft, solch breite Probleme zu umfassen), müßte man alles jeden Tag notieren" (Zweig, Br III, S. 554), schreibt er am 21. November 1927 an Romain Rolland. Und sehr wahrscheinlich ist *Rausch der Verwandlung* gemeint, wenn Zweig Arthur Schnitzler in seinem Brief vom 15. Mai 1928 zum

Roman *Therese. Chronik eines Frauenlebens* gratuliert: „Sie haben sich ein ungeheuer schweres Problem gestellt [...]. Ich weiss es gerade jetzt, weil ich eine grössere Arbeit mitten im Werke aufgegeben habe, wo gleichfalls ein armer Lebenslauf geschildert werden wollte" (Zweig 1987, S. 438 f.).

Von Anfang an irritierte die Kritik die Zweiteilung des Romanfragments. Verstärkt wird dieser Eindruck durch die Titelgebung des Herausgebers. *Rausch der Verwandlung* ist zwar „perfekt den ZWEIGschen Titelformulierungen wie *Verwirrung der Gefühle* oder *Ungeduld des Herzens* nachempfunden" (Eicher 1999, S. 38), inhaltlich wird der Titel aber „höchstens dem ersten Teil [...] gerecht" (Turner 1987, S. 201).

2. Inhalt

Christine Hoflehner, deren Name vielleicht nicht zufällig einen kontrastiven Bezug zur munteren Postbotin Christel in Carl Zellers Operette *Der Vogelhändler* (1891) enthält, ist eine jener jungen Frauen, deren Leben durch die gesellschaftlichen und familiären Deregulierungen des Ersten Weltkriegs geprägt ist. Der Vater verliert als Tierpräparator durch den Krieg und das Ende des Landadels seine Geschäftsgrundlage und stirbt wenig später, der Bruder fällt an der Front, das Familienvermögen ist mit den gezeichneten Kriegsanleihen verloren. Das Schicksal dieser jungen Frauengeneration wird in einer Rückblende geschildert, eines der seltenen Resümees über die Situation weiblicher Kriegsopfer: Christine ist bei Ausbruch des Kriegs 17 Jahre alt, und damit ist für sie das Ende ihrer Jugend besiegelt. Gesellschaftlicher Abstieg, wachsende Not und eine kranke Mutter aus einer für ökonomische Erwerbsarbeit völlig unvorbereiteten Generation, die den neuen Anforderungen hilflos gegenübersteht, weisen Christine die Rolle der Familienerhalterin zu – als Postassistentin im „erbärmliche[n] Weinbauernnest" (Zweig GWE, Rausch der Verwandlung, S. 32) Klein-Reifling.

Die Handlung setzt 1926 ein, Christine ist 29 Jahre alt, als sie ein Telegramm aus der freudlosen Langeweile reißt. Die reiche Tante Klara aus Amerika, nunmehr Claire van Boolen, ist auf Europareise, erinnert sich der armen Verwandtschaft und lädt Christine für zwei Wochen nach Pontresina ein. Dort passiert der „Rausch der Verwandlung" (S. 70) mit unerwarteter Schnelligkeit. Angeregt durch die Ausnahmesituation der Urlaubsreise, die imposante Bergkulisse und neu ausstaffiert von der Tante, die als ehemaliges Probierfräulein dafür eine gute Hand besitzt, schlüpft Christine bereitwillig und abenteuerlustig in eine völlig neue Identität. Das hässliche Entlein entpuppt sich über Nacht als lebenslustige junge Dame, die als Christiane von Boolen in Windeseile in die Freizeitaktivitäten der *Jeunesse dorée* samt ihren erotischen Implikationen aufgenommen wird. Doch dann beginnt eine Konkurrentin ein wenig zu recherchieren, der ‚Schwindel' fliegt auf, und Christine wird als arme Verwandte enttarnt.

Die entschlossene Reaktion der Tante, die Christine umgehend zur Abreise nötigt, wird auf Romanebene mit der Lebenslüge der Tante erklärt. Sie war als Probierfräulein in Wien einst die Geliebte eines „ältlichen Holzindustriellen" (S. 15), bis die Angelegenheit diskret beendet wurde: Man schickte sie mit einer großzügigen Dotation nach Amerika. Dort heiratete sie den Geschäftsmann Anthony van Boolen, der es zu großem Reichtum bringt und bis zuletzt von ihrem Vorleben nichts ahnt. Sie ist eine „Kriegsgewinnlerin" (Eicher 1999, S. 42), und zwar in doppeltem Sinn: Ihre Abfindung hat sich in Amerika unbeschadet von Krieg und Inflation vermehrt, und die Kriegsturbulenzen haben geholfen, ihre Spuren zu verwischen. Die Enttarnung ihrer Nichte Christine weckt in ihr die panische Angst vor einer späten Enttarnung ihrer eigenen Herkunftsgeschichte.

Der zweite Teil des Romans führt nach Christines abrupter ‚Entfernung' aus dem Grandhotel nach Klein-Reifling zurück. Dass sie inzwischen den Tod ihrer Mutter versäumt hat, belastet Christine überraschend wenig, aber mit ihrem alten Alltag kann sie sich nach ihrem Ausflug in die Welt der Reichen und Schönen nicht mehr abfinden. Die Schäbigkeit und Enge erscheint durch die Erinnerungen an den Glanz der Hoteltage noch trister. Der Versuch, bei einem Ausflug nach Wien in ein dortiges Hotelambiente einzutauchen, scheitert kläglich – primär am fehlenden Selbstbewusstsein, das ihr einzig die unproblematische Sozialrolle ‚Nichte der reichen Tante' verlieh.

Eine neue und ganz andere Perspektive bringt die Bekanntschaft mit Ferdinand in Christines Leben, einem Kriegskameraden ihres Schwagers, der als später Heimkehrer aus russischer Gefangenschaft wie so viele nicht in die Nachkriegsgesellschaft hineinzufinden vermochte. Sein Studium der Architektur konnte er wegen einer Handverletzung nicht abschließen, Arbeit findet er nur in wechselnden, schlecht zahlenden und nicht selten in betrügerischer Krida endenden Bauunternehmen. In Ferdinands wilde rhetorische Rundumschläge gegen den Staat als „Oberdieb" und „Oberlump" (Zweig GWE, Rausch der Verwandlung, S. 212) ist Zweigs Erbitterung über das austrofaschistische Österreich nach 1933 eingegangen (vgl. Steiman 2007, S. 403). Zu Beginn von Teil eins beschreibt Zweig mit milder Ironie die österreichische Bürokratie am Beispiel des ländlichen Postamts als zwar schäbige, aber in ihrer unerschütterlichen Behäbigkeit zugleich seine Vorstellung von einer „Welt der Sicherheit" garantierende Institution. In Teil zwei radikalisiert sich die Staatskritik mit Ferdinands Ausbrüchen drastisch, auch wenn sie im Allgemein-Unbestimmten verbleibt und der frustrierte Kriegsheimkehrer nicht zwischen Monarchie und Republik unterscheidet.

Ferdinands Zorn über die Ungerechtigkeit des Schicksals, das ihm einen sozialen Aufstieg hartnäckig verwehrt, ist so maßlos wie jener Christines über die Tatsache, dass ihr die Welt der Oberschicht nach kurzem Kennenlernen für ewig verschlossen bleiben soll. Es sind zwei bitter Enttäuschte, die sich in einer „Solidarität des Zorns und der Zurückgesetztheit" (Zweig GWE, Rausch der Verwandlung, S. 232) finden, einander in der Berechtigung ihrer Enttäuschung bestärken und eine gemeinsame Flucht planen, zunächst als Selbstmord und dann in Form eines Postraubs. Letztlich zeichnet Zweig in den beiden Figuren, deren zentraler Antrieb Neid und Hass auf eine Gesellschaftsordnung ist, die zu ihrer Deklassierung führte, auch eine Analyse der klassischen Wählerschichten der Nationalsozialisten.

3. Struktur, Zugänge, Rezeption

Eine Konstante in der Rezeption des Romans ist der Verweis auf „das sonnige Leben unter den Bessergestellten im internationalen Flair des mondänen Hotels" (Eicher 1999, S. 38), eine Verarbeitung von Zweigs Grandhotel-Erfahrungen bei seinen zahlreichen Reisen, und auch seines Aufenthalts in Sankt Moritz mitten im Ersten Weltkrieg, den er unter dem Titel *Bei den Sorglosen* in der *Neuen Freien Presse* vom 26. Februar 1918 beschrieb. Doch so unbeschwert ist die Atmosphäre in den Grandhotels weder 1918 noch zur Handlungszeit 1926. Sie sind der klassische Auftrittsort für Hochstapler, die in den ökonomischen Wirren der Schieber- und Inflationsjahre, in denen große Vermögen über Nacht ihre Besitzer wechseln, die Unsicherheiten über die tatsächlichen Besitzverhältnisse ausnutzen, um sich dank ihres blendenden Auftretens durch Geschäfts- oder Liebeskontakte in die Zielgruppe der oberen Zehntausend hineinzuschmuggeln. Zugleich aber sind die Grandhotels auch der Heiratsmarkt für den Nachwuchs jener Angehörigen der alten Oberschicht, die von den ökonomischen Turbulenzen und dem gesellschaftlichen Umbruch in ihrer Existenz bedroht sind und ihrerseits eine Sanierung per Geldheirat mit Angehörigen der aufgestiegenen neuen Reichen anstreben. Und genau darin liegt der Grund für die Spekulationen der Hotelgesellschaft, dass Christine unter Vorspiegelung falscher Besitzverhältnisse eine Geldheirat erschwindeln wolle. Ausschlaggebend ist letztlich weniger die persönliche „Intrige" (Eicher 2003, S. 180) eines der jungen Mädchen denn der kollektive Abwehrinstinkt, der die Hotelgesellschaft in der radikalen Reaktion auf Christines ‚Betrug' eint. Die einzige Ausnahme bildet der alte Lord Elkins, der zu Christine hält, dessen Liebe sie aber nicht erwidert.

Schon David Turner (1987, S. 221 ff.) hat auf die dichte Verflechtung von Motiven und Symbolen in beiden Teilen des Romanfragments hingewiesen. Mitunter gerät deren Verwendung wie beim Motiv des Spiegelblicks oder der gespiegelten Lebensschicksale (Claire/Christine, Christine/Ferdinand), wie es Thomas Eicher (1994) ausführlich analysiert, auch ein wenig vordergründig. Der Spiegel freilich ist als berufliches Requisit des Probierfräuleins genuin im Schicksal der Tante verankert, der Beruf selbst gehört hingegen eher in die 1920er Jahre denn in die Jugendzeit der Tante lange vor dem Ersten Weltkrieg. Auch die gestörte erste Liebesnacht von Ferdinand und Christine in einem Stundenhotel lässt sich als desillusionierende Wiederaufnahme des Hotelmotivs aus dem ersten Teil lesen, und das Erscheinen der Polizei als Verarbeitung der Hausdurchsuchung in Zweigs Salzburger Haus am Kapuzinerberg nach den Februarkämpfen 1934 (vgl. Steiman 2007, S. 403). Doch die Episode verweist zugleich auf das zeittypische Motiv der Unbehaustheit junger Liebespaare in den Jahren der Weltwirtschaftskrise.

Ein unüberbrückbar „großer breiter Graben" (zit. n. Beck 1982, S. 313) klaffe zwischen den beiden Teilen, schrieb Zweig, was mit der späteren Neuaufnahme der Arbeit am Roman zu tun haben dürfte. Denn die kurze Schlussvariante der 18 Typoskriptblätter bleibt noch in der Logik des ersten Teils und führt die Handlung ohne Begegnung mit Ferdinand weiter. Das Fragment setzt mit der später beibehaltenen Formulierung „Vier Wochen erträgt Christine diesen grausamen, krankhaft überreizten Zustand" (Zweig GWE, Rausch der Verwandlung, S. 191) ein und fährt ebenfalls mit ihrer Wien-Reise fort, hier nicht aus einem vagen Impuls heraus, sondern als konkreter Plan, noch einmal „für ein paar Stunden die andere [zu] sein, das Fräulein van Boolen, die andern betrügen, sich selbst betrügen, oder nein, wirklich die sein" (Bl. 2f.), und schon der Gedanke überkommt sie wie ein „Rausch" (Bl. 3). Der Ausflug selbst enthält bereits viele Elemente der späteren Version, etwa das Zimmer in einem kleinen Hotel, den Besuch beim Friseur und in der Oper. Im Fragment speist Christine tatsächlich in einem vornehmen Hotelrestaurant, doch das „Gespenst des Fräulein van Boolen" (Bl. 2) lässt sich nicht reaktivieren. Christine fühlt sich deplatziert und ahnt, „dass man ewig Eindringling bleibt [...] ohne das sichere Gefühl der Zugehörigkeit" (Bl. 12). Zurück im Hotel zerreißt sie das vornehme Kleid der Tante, das „sie verführt und verleitet hat zu diesen dummen und lächerlichen Lügen" (Bl. 18). Im kurzen Nachspiel am nächsten Morgen (Bl. 16–18) kommt sie im Volksgarten mit

10.2 Rausch der Verwandlung (erstmals 1982)

einer jungen Frau ins Gespräch, die sich als 16-Jährige für eine von den Eltern nicht akzeptierte Liebe und für ein Kind entschieden hat. Sind in der Literatur der Zeit Vergnügungssucht und lockere Moral die Charakteristika der neuen Frauengeneration, fasst Zweig hier das Typische in Richtung Mut zur Selbstbestimmung gegen äußere Widerstände: „gleichgültig gegen die Eltern, und ohne Angst um das verfluchte Geld […], nicht mehr geduckt von dieser stupiden Angst um den guten Namen, nicht mehr das Rückgrat zerbrochen vom Krieg" (Bl. 17).

In der später ausgearbeiteten Version ist der Bruch zwischen den beiden Teilen des Romans evident. Turner versuchte ihn mit Christines „Entwicklung aus der Unterwerfung unter äußere Mächte zur Selbstbestimmung" (Turner 1987, S. 209) zu überbrücken. Doch ihre Zustimmung zum gemeinsamen Selbstmord bzw. dann zum Postraub ist eher eine Unterwerfung unter Ferdinands Willen denn eine selbstgewählte Option. Der zentrale Bruch aber liegt mehr in den unterschiedlichen zeithistorischen Bezügen der beiden Teile.

Der erste Teil enthält die komplette thematische Bandbreite der Inflationsromane der 1920er Jahre. Dazu gehört die Not der einst gutbürgerlichen Familie, die schließlich Zimmer vermieten muss, um die Wohnung zu halten, genauso wie Christines Situation als Angehörige der „alten Generation", müde und ausgelaugt und fremd dem – hier zeittypisch beschriebenen – „gierigen und groben Nachkriegsgeschlecht[ ]" (Zweig GWE, Rausch der Verwandlung, S. 33), diesen jungen Frauen, die mit einem neuen, freieren Frauenbild aufwachsen und „Vergnügen als ihr Recht" fordern, „so ungestüm, als wollten sie nicht nur ihre eigene Jugend leben, sondern dazu noch die der hunderttausend Toten und Verscharrten." (S. 33) Im Grandhotel ist dann die zeittypische Hochstapler-Problematik ebenso verarbeitet wie die obligate Jazzkapelle in der Hotelbar, und als Christine die schlechte Stimmung der Tante bemerkt, vermutet sie zunächst einen der zahlreichen Bankenkrachs, die die 1920er Jahre prägten (vgl. S. 155).

Über dem zweiten Teil liegt hingegen trotz der Heimkehrerthematik stärker die Atmosphäre der Deprivation der Weltwirtschaftskrise, die Perspektivlosigkeit in Zeiten der Massenarbeitslosigkeit, die in der Idee des gemeinsamen Selbstmordes mündet, der auf eine gespenstische Art autobiografisch deutbar ist (vgl. Steiman 2007, S. 406). Die unterschiedlichen historischen Bezüge setzen auch einer Parallellektüre mit den Inflationsromanen der 1920er Jahre wie Hugo Bettauers *Hemmungslos* (vgl. Eicher 2003) gewisse Grenzen. Die Gemeinsamkeiten liegen im Thema des Hochstaplers im ersten Teil, wobei Christine eine anlassbezogene, nicht intentionale Hochstaplerin ist. Sie bekommt ihre neue Sozialrolle mehr vom Umfeld zugewiesen, auch wenn sie die von ihr erwarteten Verhaltensweisen bereitwillig und begeistert erfüllt. Bettauers Hauptfigur Koloman Isbaregg, ein deklassierter Kriegsheimkehrer wie Ferdinand, wählt die Sozialrolle ‚Hochstapler' hingegen sehr bewusst, und er verfügt über die notwendige Ausstattung dafür: ein selbstsicheres Auftreten und schauspielerisches Talent, während Christine mehr durch die Zuschreibungen der Umwelt in ihre neue Sozialrolle hineingerät, auch wenn sie dann bewusst mitspielt und ihre Vergangenheit radikal ablegt. Von sich aus aber ist sie dazu unfähig, das zeigt ihr fehlgeschlagener Versuch, in Wien noch einmal in die Rolle der Christiane von Boolen zu schlüpfen.

Mit Ferdinand teilt Isbaregg zwar die Argumentation für die Rechtfertigung eines Verbrechens, beide berufen sich auf die „Kriegsmoral", als Raub „requirieren" (Zweig GWE, Rausch der Verwandlung, S. 284) hieß. Aber Ferdinand ist kein Hochstapler – er könnte allenfalls einer werden, falls der Postraub gelingt, der nicht mehr beschrieben wird. Dass Ferdinand den Plan des gemeinsamen Selbstmords sofort wieder verwirft, als ihm die Option des Postraubs einen Ausweg zu bieten scheint – denn mit dem Geld „kann noch etwas aus ihm werden" (S. 287) –, reduziert seine scheinbar politischen Tiraden gegen Staat und Gesellschaft auf individuelle Verzweiflungsausbrüche über seine ausweglose Lage. Christine wiederum macht mit ihrem Eingeständnis, sie sei „eine Frau – für mich allein kann ich gar nichts, nur für jemand andern, mit jemand andern kann ich etwas tun" (S. 288), deutlich, dass der Postraub für sie keine selbstgewählte Option und damit keinen Weg in eine eigene Freiheit darstellt. Die zweiteilige Fernsehverfilmung durch Édouard Molinaro 1988 endet mit einer vertauschten Reihenfolge der Flucht-Optionen: Der Postraub soll eine gemeinsame Liebesnacht im Luxushotel finanzieren, vor den Folgen bewahrt dann der gemeinsame Selbstmord (→ V.10 SUIZID).

„Die Zeit will von den Dichtern heute am liebsten ihr eigenes Bildnis, ihr Gestern und Heute will sie sich immer wieder und immer von anderen erzählen lassen", schrieb Stefan Zweig am 7. Dezember 1929 im *Berliner Tageblatt* über Joseph Roths Roman *Rechts und Links*, denn sie sei „ihrer eigenen Richtung, ihrer seelischen Entscheidung seit dem Kriege nicht gewiß" (Zweig GWE, Begegnungen mit Büchern, S. 103), aber „vorerst" seien Roths Romane „nur furchtbar klare und wahre Diagnosen der Zeit [...] und noch nicht der Versuch einer Therapie" (S. 106). Vielleicht war es die Erkenntnis, dass *Rausch der Verwandlung* auch aufgrund der Verschränkung zweier historischer Bezugsepochen zu keiner Therapie gelangen konnte, die Zweig daran hinderte, den Roman abzuschließen und stattdessen 1936 den in der Vorkriegszeit verorteten Roman *Ungeduld des Herzens* (1939) in Angriff zu nehmen. Es blieb der einzige, den Zweig beendet hat.

Stefan Zweig

Kippenberg, Anton/Zweig, Stefan: Briefwechsel. Archiv Insel Verlag, DLA Marbach [in Vorbereitung].
Zweig, Stefan (1982): Rausch der Verwandlung. Roman aus dem Nachlaß. GWE. Hg. v. Knut Beck. Frankfurt a.M.: S. Fischer.
Zweig, Stefan (1983): Begegnungen mit Büchern. Aufsätze und Einleitungen aus den Jahren 1902–1939. GWE. Hg. v. Knut Beck. Frankfurt a.M.: S. Fischer.
Zweig, Stefan (1987): Briefwechsel mit Hermann Bahr, Sigmund Freud, Rainer Maria Rilke und Arthur Schnitzler. Hg. v. Jeffrey B. Berlin, Hans-Ulrich Lindken u. Donald A. Prater. Frankfurt a.M.: S. Fischer.
Zweig, Stefan (2000): Briefe. Bd. III: 1920–1931. Hg. v. Knut Beck u. Jeffrey B. Berlin. Frankfurt a.M.: S. Fischer.
Zweig, Stefan (2005): Briefe. Bd. IV: 1932–1942. Hg. v. Knut Beck u. Jeffrey B. Berlin. Frankfurt a.M.: S. Fischer.

Weitere Literatur

Beck, Knut (1982): Nachwort. In: Zweig, Stefan: Rausch der Verwandlung. Roman aus dem Nachlaß. GWE. Hg. v. Knut Beck. Frankfurt a.M.: S. Fischer, S. 313–329.
Eicher, Thomas (1994): Das Ich im Spiegel. Beobachtungen an Stefan Zweigs Nachlassroman *Rausch der Verwandlung*. In: Sprachkunst 25/1994, S. 373–388.
Eicher, Thomas (1999): *Rausch der Verwandlung* als Filmprojekt? Stefan Zweigs Nachlassroman, die Filmnovelle *Das gestohlene Jahr* und die Folgen. In: Schmid-Bortenschlager,

Sigrid/Riemer, Werner (Hg.): Stefan Zweig lebt. Akten des 2. Internationalen Stefan Zweig Kongresses in Salzburg 1998. Stuttgart: Heinz, S. 33–48.

Eicher, Thomas (2003): Der Kriegsheimkehrer als Verbrecher: Stefan Zweigs *Rausch der Verwandlung* und Hugo Bettauers *Hemmungslos*. In: Ders. (Hg.): Stefan Zweig im Zeitgeschehen des 20. Jahrhunderts. Oberhausen: Athena, S. 179–208.

Hartl, Edwin (1982): Zweig: Nachlaß mit Nachlaß der Taxen. In: Die Presse, 1. 8. 1982, S. VI.

Hinck, Walter (1982): Die Liebe eines Postfräuleins. *Rausch der Verwandlung*. Ein Roman aus dem Nachlaß Stefan Zweigs. In: Frankfurter Allgemeine Zeitung, 5. 10. 1982, S. L9.

Kahl, Kurt (1982): Der Griff in die Kassa. Vierzig Jahre nach Stefan Zweigs Tod kommt ein Roman ans Licht. In: Kurier, 11. 9. 1982, o. S. (Beilage).

Prater, Donald A. (1981): Stefan Zweig. Das Leben eines Ungeduldigen. München, Wien: Hanser.

Steiman, Lionel B. (2007): Aesteticism and Suicide in Stefan Zweig's *Rausch der Verwandlung*. In: Slawinski, Ilona (Hg.): Der Mnemosyne Träume. Festschrift zum 80. Geburtstag von Joseph P. Strelka. Tübingen: Narr, S. 387–402.

Turner, David (1987): Rausch, Ernüchterung und die Flucht ins Private. Zu Stefan Zweigs Roman aus dem Nachlaß. In: Gelber, Mark H. (Hg.): Stefan Zweig heute. New York u.a.: Lang, S. 201–225.

Viertel, Berthold (1960): Das gestohlene Jahr. In: Blätter der Stefan Zweig Gesellschaft o. Jg./8, 10/1960, S. 14–17.

Archivbestände

Zweig, Stefan: [Rausch der Verwandlung]. Typoskript, Literaturarchiv Salzburg.

10.3 *Clarissa* (erstmals 1990)

Armin Eidherr/Tina Ornezeder

1. Entstehung 383
2. Inhalt 385
3. Rezeption und Forschung 387

1. Entstehung

Neben Stefan Zweigs Roman *Ungeduld des Herzens*, erschienen 1939, und dem Fragment eines Romans, das 1982 unter dem Titel *Rausch der Verwandlung* aus dem Nachlass veröffentlicht wurde, erschien 1990, 48 Jahre nach dem Tod des Schriftstellers, ein weiterer Fragment gebliebener Roman von Stefan Zweig mit dem Titel *Clarissa*. Der Herausgeber und Bearbeiter Knut Beck wählte diesen Titel nach der Hauptfigur und versah die Edition mit dem Zusatz *Ein Romanentwurf*. Die den Entwurf enthaltende ‚Kladde' (unter dieser von Knut Beck benutzten Bezeichnung versteht man ein ‚Heft oder Geschäftsbuch für vorläufige Eintragungen') wurde, wie *Rausch der Verwandlung*, im Nachlass gefunden. Die vorliegende veröffentlichte Fassung ist der Versuch einer Lesbarmachung des Textes. Es handelt sich um eines der letzten erzählerischen Werke Zweigs.

Die Absicht, den Roman zu schreiben, geht unter anderem auf ein von Stefan Zweig schmerzlich erinnertes Ereignis vor dem Ersten Weltkrieg zurück. Beck schreibt dazu unter Hinweis auf einen Tagebucheintrag des Autors: „Manches Detail, das ihm jetzt [i.e. Ende 1941] zu ‚isoliert' erschien, hatte für ihn persönlich einmal unmittelbare Bedeutung gehabt. Nicht dass die individuellen Lebensumstände, unter denen Clarissa Schuhmeister aufwächst und sich entwickelt, den seinen auf irgendeine Weise entsprochen hätten" (Beck 2009c, S. 211). Beck bezieht sich auf den Eintrag vom 10. August 1914: „Zwischen mir und meinen Freunden ist da [i.e. nach Ausbruch des Ersten Weltkriegs] etwas auf Jahre hinaus zerstört, vielleicht auf immer. Ich plane im Stillen jetzt schon das Buch, das einmal Marc.[elles] und mein Schicksal in gesteigerter Form darstellen soll." (Zweig GWE, Tb, S. 87) Marcelle, die Geliebte in Paris, erwartete ein Kind von Stefan Zweig, das sie aber noch vor Kriegsausbruch verlor (vgl. Beck 2009c, S. 211; eine eingehende Darstellung der Beziehung von Stefan Zweig zu seiner französischen Freundin Marcelle findet sich bei Weinzierl 2015, S. 19f., 35ff.).

Dieses Erlebnis und vielleicht auch das Nachdenken über die eigene Kinderlosigkeit – „[a]n Berthold Viertel schrieb er am 30. Januar 1942 resignierend: ‚[...] In einem gewissen Alter muß man zahlen für den Luxus keine Kinder gehabt zu haben'" (Beck 2009c, S. 211) – dürften zu den persönlichen Motiven für die Arbeit an *Clarissa* gehören. Wesentlicher ist sicher Zweigs Versuch, nach Abschluss seiner ‚Erinnerungen' *Die Welt von Gestern* (1942) die Epoche seiner Adoleszenz nun in fiktionaler Form durchzuarbeiten. Das Trauma des Ersten Weltkriegs und die Erschütterung des Europa-Bildes, das ihn als jungen Autor geprägt hatte, sollten in diesem Text noch einmal im Mittelpunkt stehen. Der erste Absatz dieses Romanfragments liest sich wie ein Kommentar auf die davor vollendete Arbeit am Manuskript der *Welt von Gestern* und die Schwierigkeit, die eigene Erinnerung hervorzuholen. Entsprechend dazu notiert Knut Beck, dass es „offensichtlich seine Absicht und sein Wunsch [war], die ‚Welt von Gestern' nach Abschluß der Autobiographie noch einmal in einer anderen Form darzustellen" (Beck 2009a, S. 190).

Kurz vor Beginn der Niederschrift von *Clarissa* im November 1941 schrieb Zweig am 27. Oktober 1941 an seine erste Frau Friderike, er „träume von einer Art österreichischen Romans" (Zweig, Br IV, S. 319). Die Arbeit an dem Manuskript wurde zugunsten des *Montaigne*-Essays unterbrochen und eine Fertigstellung schließlich nicht mehr in Betracht gezogen, weil Zweig fern von Europa keine Möglichkeiten der Recherche zur Nachkriegsgeschichte bzw. keinen Zugang zu Wiener Zeitungen hatte (vgl. Zweig, Br IV, S. 319f., auch S. 333f., 340, 752). Bekanntlich litt Stefan Zweig in den letzten Jahren immer wieder an starken Depressionen, die in engem Zusammenhang mit der Ausweitung des Zweiten Weltkriegs gesehen werden müssen. Das Manuskript, das er seinem brasilianischen Verleger Abrahão Koogan hinterlassen hat, wurde von Zweig in diesem Sinne in den letzten Tagen vor seinem Tod mit einer Notiz versehen: „Roman im ersten Entwurf begonnen, die Welt von 1902 bis zum Ausbruch des Krieges vom Erlebnis einer Frau gesehen. Nur erster Teil scizziert, der Anfang der Tragödie, dann für die Arbeit am Montaigne unterbrochen, gestört durch die Ereignisse und die Unfreiheit meiner Existenz. Stefan Zweig November 41 bis Februar 42." (Zit. n. Beck 2009a, S. 189) Das Original-Manuskript wurde den Zweig-Erben in London übergeben, war im Besitz des Verlegers Kurt Maschler und befindet sich heute im Literaturarchiv Salzburg. Es handelt sich um eine – laut Archivbezeichnung – „Halbleinenkladde mit rotviolettem, gepunzten Papierbezug und schwarzem Leinenrücken im Format 22,6 × 33,2 cm", gekauft in einer Papierwarenhandlung in Petrópolis, deren Firmenmarke sich „[a]uf dem Innendeckel links oben" befindet. Unter dieser steht in Zweigs Handschrift: „1. Nov. 1941 Petropolis", Datum und

Ort des Beginns der Niederschrift. Knut Beck beschreibt das Manuskript so: „Das erste, wie alle Seiten der Kladde mit 33 blauen Linien versehene Blatt ist nicht numeriert. [...] Von den folgenden 194 beschriebenen Seiten sind nur die jeweils rechten, auf denen der Text steht, fortlaufend numeriert, die linken, die Glossarseiten, sind nicht gezählt worden. Es schließen sich 52 Blätter an, die ebenso unbeschrieben sind wie das Nachsatzblatt. Die Textseiten sind durchweg mit blauer Tinte beschrieben, die ihnen gegenüberliegenden Glossarseiten mit blauer oder roter Tinte und auch mit Bleistift." (Beck 2009b, S. 200f.; vgl. die ausführlichere „Beschreibung des Manuskripts" auf S. 200–204)

2. Inhalt

In den uns vorliegenden Textpassagen wird das Leben der 1894 geborenen Clarissa Schuhmeister, der Tochter eines österreichischen Offiziers geschildert. Der Roman ist chronologisch aufgebaut. Zuerst werden die Jahre 1902 bis 1912 beschrieben, die Zeit, die die Protagonistin in einer Klosterschule verbringt. Schon früh wird sie zu Selbständigkeit und Entschlossenheit erzogen. In Marion findet sie eine Freundin. Die Jahre 1912 bis 1914 bringen „eine gewisse Unruhe in Clarissens Leben" (Zweig GWE, Clarissa, S. 42). Zum ersten Mal muss sie eine Entscheidung selbst treffen: Die Protagonistin erkennt, „daß Menschen zu dienen, ihr eine Freude war, durch die sie sich freier fühlte." (S. 45) So wird sie „Assistentin, Archivarin und Sekretärin" (S. 48) eines bekannten Nervenarztes, Hofrat Professor Silberstein. Diese Jahre wird Clarissa später als „unbesorgte und unbefangenste Zeit" (S. 51) ihres Lebens beschreiben, nicht zuletzt, weil sie im Juni 1914 bei einem Kongress in Luzern den Franzosen „Professeur Léonard" (S. 63), einen Pazifisten und Gymnasiallehrer aus Dijon (vgl. S. 66), kennenlernt. Die Zeit im Ausland hatte sie so erlebt, „als ob ihr Körper ihr jetzt und hier mehr gehörte" (S. 62). Der Ausbruch des Kriegs zerstört die Verbindung Clarissas mit Léonard und führt zur Trennung. Als Clarissa nach Österreich zurückkehrt, stellt sie fest, dass sie schwanger ist. Der Vater des Kindes ist Franzose und steht unter den neuen politischen Gegebenheiten auf der Feindesseite (vgl. S. 109).

Die Trennung ist für Clarissa ein schmerzliches Erlebnis. Im Rückblick erscheint ihr die Zeit zwischen September und Dezember 1914 wie „durch einen Nebel" gesehen, als habe sie damals „eine Art Betäubung" (S. 99) empfunden. Die Protagonistin lässt sich zum Pflegedienst in einem Feldhospital an der Front zuteilen (vgl. S. 101). Das Geheimnis, ein Kind zu erwarten, vertraut die mittlerweile 21-Jährige dem Arzt, Hofrat Professor Silberstein, an. Dieser schlägt ihr vor, das Kind zu bekommen und es, im salzburgischen Klein-Gmain, einer Frau zur Obhut zu geben (vgl. S. 121). Doch es kommt anders: Zurück im Feldhospital – hier flicht Stefan Zweig ein kurzes Wiedersehen mit Clarissas Jugendfreundin Marion, die mittlerweile eine Operettendiva ist, ein –, lernt sie den 27-jährigen Patienten Gottfried Brancoric kennen, einen Simulanten und Kriegsdienstverweigerer. Clarissa geht mit ihm eine Scheinehe ein, um ihr Kind vor einem Leben als „bâtard" zu schützen. „Von den nächsten drei Jahren ihres Lebens, 1915 bis 1918", heißt es über die Zeit bis zum Kriegsende, „behielt Clarissa kaum mehr Erinnerung zurück als an ihr Kind" (S. 162). Natürlich erlebt Clarissa in ihrer Scheinehe kein Glück. Brancoric verschwindet wie vereinbart, entpuppt sich aber als Spekulant, sodass Clarissa in seine kriminellen Geschäfte hineingezogen wird (vgl. S. 171). Ihr einziger Lebenssinn ist das Glück des Sohnes, der erkrankt und für dessen Wohl sie sich verschuldet: „Es galt ihn zu erhalten, sich zu erhalten. Aber vor allem das Kind. Es blickte auf. Da wußte sie, daß sie kein Unrecht tat." (S. 175)

An den Vater ihres Kindes, den Franzosen Léonard, wagt Clarissa kaum zu denken, bis sie 1919 schließlich mit dem Gedanken spielt, ihm einen Brief zu schreiben. Doch dann kehrt Brancoric (vgl. S. 178) aus türkischer Gefangenschaft zu Clarissa und ihrem Sohn zurück.

Clarissa erlebt drei weitere entbehrungsreiche Jahre, die auf knapp eineinhalb Seiten skizziert sind. Clarissa muss immer wieder an Léonard denken. Die Totenmesse für den verstorbenen Kaiser Franz Joseph ist die Gelegenheit zum Gespräch mit dem Vater, von dem sich Clarissa mit den Jahren immer mehr distanziert hatte. Es kommt zum Streit: „Und du hast mit einem Franzosen mitgeholfen. Drei Briefe an dich sind gekommen. Du bist eine Spionin." (S. 184) Er wirft „ihr einen Packen Briefe hin" (S. 184): „Es waren fünf Briefe von Léonard. Gleich nach dem Waffenstillstand hatte er geschrieben. Dann nochmals und nochmals. Sie hatte geglaubt, er habe sie vergessen. Und sie hatte sich geschämt, selbst zu schreiben, seit sie mit ihrem Manne schlief. Jetzt war es zu spät, sie mußte die Lüge weiterleben, ihr Kind mußte sie glauben lassen, daß er der Sohn eines andern sei." (S. 184) Mit den Worten „Dies [i.e. die Zeit von 1921 bis 1930] waren für Clarissa die toten Jahre. Sie hatte nur das Kind" (S. 185) – im Manuskript steht bloß: „die toten Jahre. nur das Kind." („Transkriptbeispiel 2"; Beck 2009a, S. 199) – bricht der Text ab. Wie Zweig den Fortgang der Handlung geplant hatte, kann nur vermutet werden. Jedenfalls war daran gedacht, die Zeit bis zu den ersten Monaten nach Ausbruch des Zweiten Weltkriegs darzustellen.

Einen Versuch, die Geschichte zu Ende zu erzählen, unternimmt die deutsch-französische Verfilmung des Romans aus dem Jahr 1998: *Clarissa – Tränen der Zärtlichkeit* („Drehbuch nach dem Roman von Stefan Zweig" von Jean-Claude Carrière; Regie: Jacques Deray; Clarissa: Maruschka Detmers, Vater: Wolfgang Gasser, Léonard: Stepháne Freiss, Brancoric: Tobias Moretti, Dr. Silberstein: Claude Rich).

Bemerkenswert ist das Romanfragment auch in Hinblick auf Zweigs Auseinandersetzung mit sozialpolitischen Fragen der Zeit. In seinem 1922 verfassten Aufsatz *Ist die Geschichte gerecht?* plädiert der Autor dafür, jenen Gerechtigkeit widerfahren zu lassen, die normalerweise im Dunklen bleiben, „den unzähligen Kleinen" (Zweig GWE, Ist die Geschichte gerecht?, S. 160), „und auch dem Vergessenen, dem Getretenen das Recht auf Zeugenschaft zu gewähren" (S. 162). Ähnlich drückt sich im Romanfragment der Sozialist und Pazifist Léonard aus. In einem langen Gespräch mit Clarissa meint er unter anderem: „‚Ach, ich liebe sie, die kleinen Leute, die Nicht-Ehrgeizigen, die Nicht-Lauten, die zurückhaltend sind, sie sind die Harten oder Gerechten, auf denen sich nach der Bibel die Welt aufbaut.'" (Zweig GWE, Clarissa, S. 72) Damit beschreibt er auch ziemlich genau den Charakter Clarissas und deutet gleichzeitig auf die Fokussierung und Perspektivierung des Romans hin. Es sind „die Helden des Alltags, die heroischen Naturen des zweiten und dritten Ranges" (Zweig GWE, Ist die Geschichte gerecht?, S. 160), die mit ihren Sehnsüchten, Idealen und Bewältigungsstrategien, in ihrem Durchhalten, Kämpfen und Scheitern in der Konfrontation mit Pazifismus und Krieg, Völkerverständigung und Chauvinismus, Kultur und Zivilisationsvernichtung, Sicherheit und Destabilisierung, Liebe und Unmenschlichkeit, Loyalität und Unredlichkeit, um nur einige der zentralen thematischen Aspekte anzuführen, geschildert werden.

3. Rezeption und Forschung

Die bisherige Auseinandersetzung mit *Clarissa* konnte nur auf Basis der vom Herausgeber Knut Beck erarbeiteten Buchausgabe geschehen, die den „Versuch" darstellte, „eine vertretbare geschlossene, wenn auch naturgemäß nur nachempfundene, also nicht in jedem einzelnen Satz authentische Fassung zu erarbeiten". Dabei sei er „bemüht gewesen", sich „so behutsam wie möglich, so freizügig wie nötig der wahrscheinlichen [...] Intention Stefan Zweigs anzunähern." Orthografie und Interpunktion seien „den Gegenwartsregeln angepaßt" und „offensichtliche Verschreibungen ebenso wie ungenaue Formulierungen (kindisch statt kindlich, Subarbitrierungskommission statt Superarbitrierungskommission) stillschweigend korrigiert" worden; „im wesentlichen [sic] aber" habe er „die Besonderheit von Stefan Zweigs Stil wie Satzbau übernommen" (Beck 2009a, S. 190f.).

Vermutlich ist diese Veröffentlichung der Grund dafür, dass die wissenschaftliche Rezeption zaghaft erfolgt. Eine ausführliche Darstellung der Vor- und Entstehungsgeschichte des Romans liefert der Herausgeber in seinem Beitrag *Clarissa* (vgl. Beck 1999), in dem er aufs Neue seine Editionsarbeit begründet. Darüber hinaus gibt Beck zahlreiche Hinweise auf mögliche Bezüge zu einzelnen Romanfiguren.

Die weiteren Beiträge beschränken sich zumeist darauf, Knut Becks Editionsarbeit (vgl. Beck 1995, 1999, 2009a, b, c) zu rekapitulieren und auf- bzw. auszuarbeiten. So z. B. Régine Battiston (2014), die neben einer sehr ausführlichen Inhaltsbeschreibung des Romanfragments die geschichtlichen Hintergründe des Romans darstellt, ganz auf der Grundlage von Becks Ausführungen. Susanne Hahn (2002) zieht nicht nur Parallelen zwischen den Biografien von Stefan Zweig und Ernst Weiß, sondern bringt den Inhalt von Zweigs *Clarissa* mit Weiß' *Mensch gegen Mensch* (1919) in Beziehung, wobei medizinische Aspekte in den beiden Werken (Beruf des Mediziners sowie zeitgeschichtliche medizinische Probleme) im Vordergrund stehen. Auch Michael Althen (1992) beschäftigt sich – ähnlich wie Beck (1992) und Le Rider (1992) – mit *Clarissa*. Er beschreibt die Entstehungsgeschichte des Romans, zitiert dazu aus Zweigs Briefen und stellt eine Beziehung zu Zweigs Situation im Exil und seinem Suizid her. Im Zentrum steht bei Althen jedoch der Inhalt des Romans. Thomas Haenel (1995) geht auf die autobiografischen Komponenten des Romanfragments ein, wobei er sich insbesondere auf Tagebucheinträge Zweigs stützt und Bezüge zwischen der Romanfigur Clarissa und Stefan Zweigs Pariser Geliebten Marcelle herstellt.

Gabriella Rovagnati (2008) untersucht das Thema der Mutter- bzw. Vaterschaft bei Zweig. Sie erklärt, welche Beziehung Zweig zu seiner eigenen Mutter unterhielt („keine konfliktfreie", S. 165) und verweist bei diesem Motiv auch auf das Romanfragment *Clarissa*.

Hingewiesen sei außerdem auf Iris Himmlmayrs (2014) Lektüre von *Clarissa* in einer Gegenüberstellung mit weiteren Texten (die Novellen *Episode am Genfer See*, 1919 und *Der Zwang*, 1920 sowie der Roman *Ungeduld des Herzens*), in denen Zweig das Trauma des Ersten Weltkriegs thematisch ins Zentrum rückt.

Bemerkenswert ist schließlich eine Erwähnung von *Clarissa* in einem am 24. Dezember 1991 im *Corriere della Sera* erschienenen Artikel von Claudio Magris, in dem der Roman eine äußerst bedrückende, rhetorisch überspitzte Deutung erfährt: *Clarissa* sei „die Geschichte einer Frau, die ein düsteres, trauriges Leben führt", voll „melancholische[r] Erfahrungen, die in eine schmerzhafte Fremdheit gehüllt sind".

Zweig wolle „eine Epoche und deren Ende porträtieren [...], statt zu suggerieren und durch Fakten zu evozieren". „Die Welt von gestern", die das Romanfragment darstelle, sei „öd und trostlos und wir müssen dankbar sein, dass wir heute leben und nicht damals" (Magris 2016, S. 15).

Ähnlich schlägt Jacques Le Rider (1992) vor, das Romanfragment parallel zu Zweigs *Die Welt von Gestern* zu lesen. Zweig identifiziere in *Clarissa* sein eigenes Schicksal und jenes des alten Österreichs mit einer Frauenfigur, in deren Weiblichkeit die außerordentliche Verwundbarkeit zum Ausdruck gebracht werde.

Einen besonderen Impuls für die Beachtung des Romans gab die erwähnte Verfilmung des Romans durch Jacques Deray (1998). Der Film beginnt mit der Dienstquittierung von Clarissas Vater beim österreichischen Militär und dem Arbeitsantritt der Tochter bei Dr. Silberstein. Die Handlung folgt in den Grundzügen der Vorlage: Clarissa erwartet von Léonard ein Kind, kehrt nach Beginn des Kriegs nach Wien zurück und heiratet dort Gottfried Brancoric. Clarissa arbeitet wieder bei Dr. Silberstein. In der Weiterdeutung bzw. Weitererzählung des Romans wird das Aufkommen der nationalsozialistischen Bewegung gezeigt. 1935 oder 1936 trifft Clarissa Léonard wieder, er berichtet ihr von den ‚Nürnberger Gesetzen'. Nach Beginn des Zweiten Weltkriegs trennt sich Clarissa von Brancoric, ihr Sohn möchte als Soldat in den Krieg ziehen. Nachdem schon Dr. Silberstein emigrieren musste, folgt schließlich auch Clarissa mit ihrem Sohn und Léonard über die Schweiz nach Amerika (→ VI.7.3 Verfilmungen).

Für die künftige Forschung wäre eine kritische Edition des Romans, z.B. eine diplomatische Wiedergabe des Manuskripts, wünschenswert. Darin könnten die von Knut Beck vorgenommenen Ergänzungen und Emendationen aufgezeigt werden (vgl. „Transkriptbeispiele" in Zweig GWE, Clarissa, S. 7–11, 181–185).

Dazu ist auch noch ein umfassender Kommentar von veralteten oder ‚schwierigen' Wörtern, Austriazismen, historischen Namen und Ereignissen, Inter- und Intratextualismen nötig. Die Beschäftigung mit Letzteren, also den vielfältigen Bezügen zu Zweigs eigenem Werk und Zweigs Bezug zum Clarissa-Stoff bzw. zum weltanschaulichen ‚Gehalt', sollte dabei künftig in der Forschung einen zentralen Platz einnehmen. Schon der Entstehungskontext verlangt dies, arbeitete Zweig doch in großer zeitlicher Nähe an der Fertigstellung der *Welt von Gestern*, der *Schachnovelle*, des *Amerigo* (erstmals 1944) und (fast) zeitgleich an den ebenfalls Fragment gebliebenen Arbeiten über Balzac (erstmals 1946) und Montaigne (erstmals 1960), wovon sich deutliche Spuren in *Clarissa* finden, etwa wenn an wichtigen Stellen Montaigne genannt wird, an Wendepunkten wie in der Abschiedsszene zwischen Clarissa und Léonard kurz vor Ausbruch des Ersten Weltkriegs. Er gibt ihr da als Abschiedsgeschenk „seinen Montaigne [...]; sie wußte, es war sein liebstes Buch" (Zweig GWE, Clarissa, S. 98). Es soll ihr – so ist die Symbolik dieser Szene gewiss zu verstehen – als Trost spendendes und Kraft gebendes Vademecum beistehen in den privaten und den diese auch mitbedingenden historischen Katastrophen, die in Kürze über sie und die Menschheit hereinbrechen werden.

Wie die Hinweise auf Ernst Weiß (vgl. Hahn 2002) und Vicki Baums Roman *Marion lebt* (vgl. Beck 1999, S. 194) zeigen, wäre eine umfassende Studie zu intertextuellen Bezügen wünschenswert. Dabei könnten die Romane Joseph Roths (Militärwelt, Kriegsbeginn) und der Roman *Pierre et Luce* (1920) von Romain Rolland (ebenfalls eine Liebesgeschichte im Ersten Weltkrieg) eine Rolle spielen. Sie sind freilich nur zwei Beispiele aus der Reihe jener Bücher, deren Handlung während des Ersten Weltkriegs angesiedelt ist.

Stefan Zweig

Zweig, Stefan (1984): Tagebücher. GWE. Hg. v. Knut Beck. Frankfurt a.M.: S. Fischer.
Zweig, Stefan (2003[4]): Ist die Geschichte gerecht? In: Ders.: Die schlaflose Welt. Aufsätze und Vorträge aus den Jahren 1909–1941. GWE. Hg. v. Knut Beck. Frankfurt a.M.: S. Fischer, S. 159–162.
Zweig, Stefan (2005): Briefe. Bd. IV: 1932–1942. Hg. v. Knut Beck u. Jeffrey B. Berlin. Frankfurt a.M.: S. Fischer.
Zweig, Stefan (2009[4]): Clarissa. Ein Romanentwurf. GWE. Hg. v. Knut Beck. Frankfurt a.M.: S. Fischer.

Weitere Literatur

Althen, Michael (1992): Die toten Jahre. *Clarissa*, ein Romanentwurf von Stefan Zweig. In: Weinzierl, Ulrich (Hg.): Stefan Zweig – Triumph und Tragik. Aufsätze, Tagebuchnotizen, Briefe. Frankfurt a.M.: S. Fischer, S. 185–187.
Battiston, Régine (2014): *Clarissa* – ein Romanfragment aus dem Nachlass. In: Renoldner, Klemens (Hg.): Stefan Zweig – Abschied von Europa. Wien: Brandstätter/Theatermuseum, S. 177–185.
Beck, Knut (1995): *Clarissa*. In: Gelber, Mark H./Zelewitz, Klaus (Hg.): Stefan Zweig. Exil und Suche nach dem Weltfrieden. Riverside: Ariadne Press, S. 112–124.
Beck, Knut (1999): *Clarissa*. In: Schwamborn, Ingrid (Hg.): Die letzte Partie. Stefan Zweigs Leben und Werk in Brasilien (1932–1942). Bielefeld: Aisthesis, S. 183–197.
Beck, Knut (2009[3]a): Zur Edition. In: Zweig, Stefan: Clarissa. Ein Romanentwurf. GWE. Hg. v. Knut Beck. Frankfurt a.M.: S. Fischer, S. 189–194.
Beck, Knut (2009[3]b): Beschreibung des Manuskripts. In: Zweig, Stefan: Clarissa. Ein Romanentwurf. GWE. Hg. v. Knut Beck. Frankfurt a.M.: S. Fischer, S. 200–204.
Beck, Knut (2009[3]c): Nachbemerkung des Herausgebers. In: Zweig, Stefan: Clarissa. Ein Romanentwurf. GWE. Hg. v. Knut Beck. Frankfurt a.M.: S. Fischer, S. 205–213.
Haenel, Thomas (1995): Stefan Zweig. Psychologe aus Leidenschaft. Leben und Werk aus der Sicht eines Psychiaters. Düsseldorf: Droste.
Hahn, Susanne (2002): Ernst Weiß' *Mensch gegen Mensch* und Stefan Zweigs *Clarissa*. Parallelen und Tangenten im Lebensweg der Schriftsteller und medizinrelevante Reflexionen in diesen Werken zum Ersten Weltkrieg. In: Scholz, Albrecht/Heidel, Caris-Petra (Hg.): Das Bild des jüdischen Arztes in der Literatur. Frankfurt a.M.: Mabuse, S. 80–91.
Himmlmayr, Iris (2014): Das Trauma des Ersten Weltkriegs. Einige Beobachtungen zu Stefan Zweigs Prosa. In: Renoldner, Klemens (Hg.): Stefan Zweig – Abschied von Europa. Wien: Brandstätter/Theatermuseum, S. 67–77.
Le Rider, Jacques (1992): *Clarissa*. In: Austriaca 17/34/1992, S. 85–90.
Magris, Claudio (2016): Stefan Zweig. Requiem für das liberale Europa. Ein nobler Schriftsteller, der fähig war, Nein zum Leben zu sagen. In: zweiheft 14/2016, S. 9–15.
Rovagnati, Gabriella (2008): Mutterschaft als Erpressung und Selbstverleumdung: *Das Haus am Meer*. In: Birk, Matjaž/Eicher, Thomas (Hg.): Stefan Zweig und das Dämonische. Würzburg: Königshausen & Neumann, S. 157–169.
Weinzierl, Ulrich (2015): Stefan Zweigs brennendes Geheimnis. Wien: Zsolnay.

11. Historische Biografien

11.1 Joseph Fouché. Bildnis eines politischen Menschen (1929)
Daniela Strigl

1. Entstehung 390
2. Inhalt 391
3. Struktur und Stil 393
4. Der „politische Mensch" und die Weltgeschichte 394
5. Rezeption und Forschung 395

1. Entstehung

Joseph Fouché. Bildnis eines politischen Menschen war die erste von Zweigs großen Biografien, mit ihr begann seine eingehende Befassung mit der Epoche der Französischen Revolution und Napoleons I., aus der auch die Tragikomödie *Das Lamm des Armen* (1929), in der Fouché eine Nebenrolle erhält, und die Biografie *Marie Antoinette* (1932) hervorgingen. Zweig wollte mit Napoleons berüchtigtem Polizeiminister den „vollkommensten Machiavellisten der Neuzeit" (Zweig GWE, Joseph Fouché, S. 12) als abschreckendes Beispiel eines typischen Politikers und Diplomaten darstellen und damit einen indirekten Kommentar zu den Ursachen der europäischen Katastrophe des Ersten Weltkriegs und der aktuellen Weltlage abgeben. Mit Bedacht wählte Zweig für die „einzige politische Biographie, die mit Fouché ein Negativporträt des Politikers entwirft" (Scheuer 1979, S. 193), eine „Hintergrundfigur" (Zweig GWE, Joseph Fouché, S. 11) der Weltgeschichte, um vorzuführen, wie oft nicht die Männer der ersten Reihe, sondern die verdeckt operierenden Drahtzieher den Gang der Ereignisse bestimmten. Der Biograf zeigte sich fasziniert von Fouchés Amoralität, er war sich freilich dessen bewusst, dass er mit der Wahl eines deklarierten Antihelden „gegen den unverkennbaren Wunsch der Zeit" verstieß, die „heroische Biographien" liebe (S. 12).

Für Arthur Schnitzler war Zweigs *Joseph Fouché*, wie er 1930 in einer Empfehlung an den New Yorker Book-of-the-Month-Club kundtat, „eine seiner besten biographischen Arbeiten", das Buch übertreffe die vorangegangenen Essays noch „durch den besonderen Spannungsreiz, der diese Lebensbeschreibung […] auch einem breiten Publikum als besonders fesselnde Lektüre wird erscheinen lassen" (Zweig 1987, S. 489). Tatsächlich wurde die Biografie des politischen Verwandlungskünstlers wider Zweigs Erwarten ein großer Verkaufserfolg, nach einem Jahr waren 50 000 Exemplare abgesetzt (vgl. Rademacher 2003, S. 247). In der zeitgenössischen Kritik wurde *Joseph Fouché* als ein „Meisterwerk der historischen Biographie" gerühmt (Weiß 1992, S. 48), das in „klaren, festen Linien ein höchst dramatisches Leben inmitten einer ebenso glänzenden wie brutalen Epoche" zeichne (von Ossietzky 1929, S. 661). Bis heute gehört *Joseph Fouché* zu Zweigs bekanntesten und am meisten geschätzten Werken.

Zweig betonte, seine Fouché-Biografie sei „wirklich zufällig entstanden, um eigentlich mir selbst diesen merkwürdigen Menschen zu erklären", er habe sich mit diesem Buch „selber überrascht" (Zweig, Br III, S. 251f.). In *Die Welt von Gestern* (1942) erklärt Zweig, es zu seinem „privaten Vergnügen" verfasst zu haben (Zweig GWE, Die Welt von Gestern, S. 362), weist aber auch darauf hin, dass die Nazis Napoleons Polizeiminister „als Vorbild politischer Unbedenklichkeit immer wieder studierten und diskutierten." (S. 426) Die erste Anregung verdankte der Biograf Balzacs besonderem Interesse an Fouché (vgl. Zweig GWE, Joseph Fouché, S. 10).

Im August 1926 begann Zweig in der Schweiz – er reiste nach Zermatt und Villeneuve – mit den ersten Arbeiten; er widmete sich dem Quellenstudium und las die umfangreiche Biografie des französischen Historikers Louis Madelin (*Fouché*, 1901) (vgl. Zweig, Br III, S. 162; Beck/Berlin 2000, S. 320). An Romain Rolland schrieb er, es sei ihm darum zu tun, die Überlegenheit eines Menschen darzustellen, „der keine Überzeugung, keine Leidenschaft hat, dafür die Magie des kalten Kalküls" (zit. n. Beck/Berlin 2000, S. 320). Anfang 1928 meldet Zweig seinem Verleger Anton Kippenberg, er habe ein „biografisches Buch sehr weit vorbereitet, das heissen wird: ‚Der Mann im Schatten', Untertitel ‚Fouché, Herzog von Otranto'. Das ist die fantastischeste Figur des ganzen vorigen Jahrhunderts und dabei unbekannt [...] – das Sinnbild des Politikers ohne Überzeugung, des grossen Intriganten, der die Zeit beherrscht und nicht ein Sandkorn Wert für die Ewigkeit schafft." Er plant, das Buch in „lauter kurze Situationen" zu gliedern, es solle so spannend werden wie ein Roman. Zweig erwähnt auch die „ausgezeichnete, tausendseitige Biographie eines Akademikers" – Louis Madelin –, „aus der ich viel Most holen kann" (Zweig an Kippenberg, 18. Januar 1928, Archiv Insel Verlag, DLA Marbach). Im Mai 1928 kündigt Zweig seinem Kollegen Emil Ludwig an, er werde „vielleicht ein kleines Lebensbild von Fouché veröffentlichen – Biografie eines Menschen, den ich nicht mag [...]. Es soll ein Hinweis und eine Warnung für die Politiker von heute und allezeit sein" (Zweig, Br III, S. 211). Im Oktober ist Zweig mit einer ersten Niederschrift fertig (vgl. Zweig an Kippenberg, 10. Oktober 1928, Archiv Insel Verlag, DLA Marbach). Im Zuge des Korrekturvorgangs geht er auf Kippenbergs Bitte ein, die Zahl der Fremdwörter im Text zu reduzieren, so ersetzt er etwa „Popularität" durch „Volksbeliebtheit" (Kippenberg an Zweig, 5. u. 17. Juni 1929, Archiv Insel Verlag, DLA Marbach). Bis zuletzt überlegt der Autor Varianten des Untertitels, noch im August 1929 erwägt er, „Bildnis eines Characterlosen" durch „Bildnis des berüchtigten Characterlosen" zu ersetzen (Zweig an Kippenberg, 1. August 1929, Archiv Insel Verlag, DLA Marbach).

Am 19. Mai bringt die *Neue Freie Presse* das Kapitel über den „Endkampf mit Napoleon" als Vorabdruck (vgl. Zweig 1987, S. 488). Am 1. September 1929 erscheint *Joseph Fouché. Bildnis eines politischen Menschen* mit sechs Abbildungen nach zeitgenössischen Gemälden bei Insel in Leipzig.

2. Inhalt

Zweig spannt den Bogen der Lebensgeschichte des Joseph Fouché von dessen Geburt 1759 in Nantes bis zu dessen Tod 1820 in Triest. Die eingehende Schilderung setzt mit dem kirchlichen Bildungsweg des begabten Abkömmlings von Seeleuten und Händlern ein. Der Klosterschüler Fouché wird Mönch, dann Lehrer im Priesterseminar der Oratorianer, er erhält die niederen Weihen, legt aber kein Priestergelübde ab. Den Hang, sich keinesfalls binden zu wollen, macht Zweig an Fouché schon früh fest: „[N]icht einmal Gott, geschweige denn einem Menschen verpflichtet sich Joseph Fouché, jemals zeitlebens treu zu sein." (Zweig GWE, Joseph Fouché, S. 16) Zweig wird dies ganz ähnlich für die Titelgestalt in *Triumph und Tragik des Erasmus von Rotterdam* (1934) feststellen. Für Fouché trifft es sachlich insofern nicht zu, als er später heiratet und als treuer Ehemann und Vater durchaus seine – auch vom Biografen gewürdigten – Meriten hat.

Fouché freundet sich in einem Club in Arras mit dem Anwalt Maximilien de Robespierre an und geht ein später wieder gelöstes Verlöbnis mit dessen Schwester ein. Er sagt der Kleriker-Karriere Adé, um in die Politik einzusteigen. Mit 32 Jahren vertritt er seine Heimatstadt Nantes als konservativer Deputierter im Konvent. 1792 stellt Fouché sich auf die Seite der Gemäßigten, der Girondisten, und damit gegen seinen Freund Robespierre. Er betätigt sich unauffällig als Hinterbänkler, bis er mit seiner Stimme für die Hinrichtung des Königs zur Bergpartei wechselt und so seine Genossen im Stich lässt. Bei den Montagnards wird er alsbald einer der Radikalsten. Vom Konvent als Prokonsul in sein Departement entsandt, um dort die Errungenschaften der Revolution durchzusetzen, verfasst Fouché ein antiklerikales und atheistisches, wahrhaft kommunistisches Manifest – das erste überhaupt, wie Zweig betont. Er nennt es „ein radikalsozialistisches und bolschewistisches Programm" (Zweig GWE, Joseph Fouché, S. 39).

In Nantes und Umgebung tut sich der einstige Ordensbruder insbesondere als staatlich befugter Räuber von Kirchenschätzen hervor. Im Auftrag des Konvents geht Fouché in Lyon gegen die Konterrevolution vor, zum ersten Mal hat er quasi auf eigene Rechnung Blutvergießen zu verantworten, er lässt 1600 Menschen exekutieren. Als „Schlächter von Lyon" wird Fouché berühmt und berüchtigt, man wählt ihn zum Präsidenten des Jakobinerklubs. Als er sich flugs im Visier Robespierres findet, betreibt er – im Geheimen – dessen Sturz und Guillotinierung.

Kaum ist das Direktorium der Fünf im Amt, intrigiert Fouché dagegen, wird verhaftet und amnestiert, worauf er gut drei Jahre als armer Mann gleichsam in innerer Emigration verbringt. Nachdem er Paul de Barras bei seinem Putsch gegen die übrigen Mitglieder des Direktoriums in verdeckter Operation geholfen hat, wird er zum Polizeiminister der Französischen Republik ernannt und beginnt unverzüglich mit dem Aufbau eines flächendeckenden Spitzel- und Überwachungssystems: „Nicht mehr der Terror, sondern nur das Wissen ist 1799 die Macht in Frankreich." (S. 119) Den Klub der Jakobiner schließt der Minister persönlich und buchstäblich: „mit dieser Schlüsseldrehung ist eigentlich die Französische Revolution zu Ende." (S. 117) Bonapartes Staatsstreich vom 18. Brumaire unterstützt Fouché durch stillschweigende Duldung: Als er an jenem Tag aus langem Schlaf erwacht, ist der Usurpator an der Macht. Zum Dank setzt dieser ihn seinerseits als Polizeiminister ein, 1802 verliert Fouché, inzwischen steinreich, sein Amt wieder wegen allzu großer Eigenmächtigkeit. Nach der Kaiserkrönung zwei Jahre später holt Napoleon ihn wieder zurück. Er verachtet Fouché als den geborenen Verräter, liegt mit ihm in ständigem Kampf und kann doch auf seine Dienste nicht verzichten. 1809 macht der Kaiser den einstigen Jakobiner zum Herzog von Otranto. Im Jahr darauf fällt Fouché, der vorgeblich in Napoleons Namen geheime Friedensverhandlungen mit England geführt hat, erneut in Ungnade und wird entlassen.

Seinem Nachfolger im Amt übergibt er einen leeren Schreibtisch, wichtige Informationen hat er vernichtet oder unauffindbar gemacht. Damit und mit Andeutungen über kompromittierende Privatdokumente in seiner Hand fordert er Napoleon selbst heraus, der ihn aus Paris verbannt. Nach hektischen Reisen kreuz und quer durch

Europa kehrt Fouché auf sein Schloss in Aix-en-Provence zurück, wo er drei Jahre im Exil verlebt. Erst als seine Herrschaft bedroht ist, ruft Napoleon seinen Langzeit-Minister zu sich nach Dresden, weil er dessen Anwesenheit in Paris fürchtet. Nach der Absetzung des Kaisers 1814 spielt Fouché den zurückgekehrten Bourbonen Loyalität vor, schlägt jedoch das angebotene Ministeramt aus, denn Napoleon ist bereits von Elba aus mit einer wachsenden Armee in Richtung Paris unterwegs. Einer Verhaftung auf Befehl Ludwigs XVIII. entzieht Fouché sich, um Napoleon während der Herrschaft der hundert Tage wiederum als Polizeiminister zur Verfügung zu stehen. Zur gleichen Zeit indes verhandelt er mit den Royalisten.

Nach Napoleons Niederlage bei Waterloo nötigt Fouché ihm 1815 die endgültige Abdankung ab und setzt sich selbst an die Spitze einer provisorischen Regierung, deren Übernahme er dem König anbietet – gegen ein Ministeramt, das dieser dem ‚Mörder' seines Bruders nach einigem Sträuben auch gewährt, ja, Ludwig XVIII. spielt sogar den Trauzeugen bei der Hochzeit des Witwers Fouché mit einer jungen Komtesse. Bald darauf jedoch vollzieht sich der endgültige Fall des politischen Überlebenskünstlers, zugleich der finale Triumph seines ewigen Gegenspielers Talleyrand: Fouché wird entlassen, das Parlament beschließt seine Verbannung aus Frankreich auf Lebenszeit. Nach vergeblichen Bemühungen in ganz Europa erhält der Exilierte von Metternich die Erlaubnis, sich mit Frau und Tochter zunächst in Prag, dann in Linz niederzulassen. Als schwer Lungenkranker geht Fouché, längst isoliert und vergessen, nach Triest, wo er in den Schoß der Kirche zurückkehrt und 1820 stirbt.

3. Struktur und Stil

In neun Kapiteln, von „Aufstieg 1759–1793" bis „Sturz und Vergängnis 1815–1820", handelt der Biograf die wechselvolle Laufbahn des „politischen Menschen" Fouché ab. Gemäß seinem Glauben an die Bedeutung schicksalhafter Momente hat Zweig die Erzählzeit in *Joseph Fouché* unterschiedlich gewichtet. Während er in „Der Kampf mit Robespierre" oder „Der Endkampf mit Napoleon 1815" die entscheidenden Auseinandersetzungen und Peripetien der Karriere – immer wieder gelingt es dem Helden, buchstäblich im letzten Augenblick seinen Kopf aus der Schlinge zu ziehen – minutiös schildert, erledigt er etwa Fouchés „zehnjährige Halbpriesterexistenz mit einem Strich" (Chen 2015, S. 195). Auch die Kindheit seines Helden hat Zweig ausgespart, was bei einem Autor, der sich als Schüler Sigmund Freuds bekennt und im Vorwort angibt, seinen Gegenstand aus „rein seelenwissenschaftlicher Freude" (Zweig GWE, Joseph Fouché, S. 12) gewählt zu haben, erstaunen mag.

Wie auch in seinen späteren Biografien wendet Zweig ein antagonistisches Prinzip an, eine „Zug- und Gegenzugtechnik" (Alami 1989, S. 403), die die Struktur der Erzählung prägt. In *Joseph Fouché* hat es der Protagonist allerdings nicht mit einem, sondern mit drei Gegenspielern von beträchtlichem Kaliber zu tun: mit Robespierre, Napoleon und Talleyrand. Mit der Verwendung des von ihm bevorzugten historischen Präsens erreicht Zweig einmal mehr eine Vergegenwärtigung der erzählten Welt. Zahlreiche Vorausverweise tragen außerdem zur Steigerung der Spannung bei.

Mag es auch zutreffen, dass Zweig in diesem Werk „auf Dialoge und andere Literarisierungen weitgehend verzichtet", so ist sein Stil doch nicht bloß nüchtern berichtend (Ruthner 2010), sondern passagenweise leidenschaftlich, ja überhitzt und steht damit in einem gewissen Gegensatz zur Metaphorik des kalten Blutes, deren sich der

Autor zur Charakteristik seines Helden bedient, wenn er ihn einen „Fischblütigen" (Zweig GWE, Joseph Fouché, S. 23) und eine „amphibische Natur" (S. 129) nennt.

Trägt die ironische, distanziert deutende und differenziert kommentierende Haltung des Erzählers zu einer Objektivierung des Geschehens bei, so verstärken andererseits der „adjektivische Stil" und seine „semantisch-expressive" Färbung die „pathetische Geste" des Textes (Alami 1989, S. 405 ff.). Zweigs Bemühen um eine forcierte Ausbeutung des Wortschatzes zeigt sich in *Joseph Fouché* exemplarisch als „Variationsfreude": Allein für den Namen des Titelhelden hat der Autor rund 190 Umschreibungen gefunden (vgl. S. 405).

4. Der „politische Mensch" und die Weltgeschichte

„Die Biografie eines charakterlosen Menschen zu schreiben", sei seines Wissens „selten mit Liebe unternommen worden", umreißt Zweig sein Vorhaben (Zweig an Kippenberg, 28. Januar 1929, Archiv Insel Verlag, DLA Marbach). Die Liebe für seinen Gegenstand macht ihn freilich nicht blind für dessen Abgründiges; er erteilt Fouché „keine Absolution" (Rademacher 2003, S. 255). Zweig stellt seinen Protagonisten aber weder als sadistisch noch als blutrünstig dar. In seiner Interpretation ist der politische Prototyp „keine Helden- oder Teufelsfigur, sondern ein hybrider Mensch aus Fleisch und Blut" (Müller 2007, S. 34). In der äußeren Beschreibung hebt Zweig Fouchés körperliche Unansehnlichkeit hervor, sein Desinteresse an körperlicher Ertüchtigung und seine perfekt kontrollierte Mimik, die dem Kühlen und Leidenschaftslosen seines Wesens entspricht.

In gewisser Weise hat Zweig mit seiner überzeugend ausdifferenzierten Charakteristik des skrupellosen Technikers der Macht Hannah Arendts Begriff von der „Banalität des Bösen" vorweggenommen, wiewohl Fouché nicht auf Befehl, sondern nach Gutdünken handelte: Er nahm Tote in Kauf, wenn es seinen Plänen diente oder sein eigener Kopf auf dem Spiel stand. In Zweigs Deutung war das „Charakterchamäleon" Fouché (Zweig GWE, Joseph Fouché, S. 36) niemals ein Fanatiker, vielmehr einer, der den Fanatiker bloß spielte. Zweig stellt in *Joseph Fouché* die These auf, die Akteure der Französischen Revolution seien, wie später auch die der Russischen, Opfer ihres Verbalradikalismus geworden, sie hätten sich nicht „am Blute berauscht", sondern „an blutigen Worten", denen sie, letztlich aus Angst vor dem von ihnen aufgehetzten Volk, Taten folgen ließen: Die Weltgeschichte ist „auch eine Geschichte der menschlichen Feigheit" (S. 57).

Die in *Joseph Fouché* ausgemalten Schreckensszenen der *Grande terreur* lassen sich wohl nicht zufällig auf die bolschewikische wie auf die faschistische Revolution der Entstehungszeit beziehen: „Immer wenn es gilt, den Damm des Gesetzes zu durchbrechen, wird diese riesige Volkswoge gewaltsam aufgewühlt, und immer reißt sie alles unwiderstehlich mit sich fort, zuletzt diejenigen, die sie aus ihrer eigenen Tiefe hervorgeholt." (S. 32) Zweig wahrt in der expliziten politischen Schuldzuweisung Äquidistanz, implizit schürt er jedoch eher die Angst des verunsicherten Bürgers vor dem kommunistischen Umsturz, die Siegfried Kracauer den Verfassern historischer Biografien unterstellt hat (vgl. Kracauer 1990, S. 197 f.).

Zielt die Beschreibung des Wendehalses Fouché auch gegen den Typus des Politikers im Allgemeinen, so drückt Zweig doch die Hoffnung aus, das Erkennen der Hintermänner der Macht möge zur „Gegenwehr" befähigen (Zweig GWE, Joseph

Fouché, S. 13). Angesichts der Konjunktur des europäischen Faschismus klingen diese Worte, verfasst in „Salzburg, Herbst 1929", nach einer eindeutigen Parteinahme. Als Akteur auf der Bühne der Geschichte war Fouché freilich weder links noch rechts dauerhaft beheimatet, vielmehr folgte er der Witterung seiner politischen Nase und schlug sich prinzipiell auf die Seite der Mehrheit.

Zweig definiert seine Biografie als einen Beitrag zu einer „Biologie des Diplomaten, dieser noch nicht ganz erforschten, allergefährlichsten geistigen Rasse unserer Lebenswelt." (S. 12) Nicht zuletzt mit den Modebegriffen „Biologie" und „Rasse" verortet der Autor sein Porträt in der Gegenwart, er nennt die Jahre 1914 und 1918 als Schicksalsdaten einer Epoche, in der die Fouchés dieser Welt Entscheidungen trafen, „und täglich erleben wir es neuerdings, daß in dem fragwürdigen und oft frevlerischen Spiel der Politik" die „Männer des sittlichen Weitblicks" überspielt würden „von jenen professionellen Hasardeuren, die wir Diplomaten nennen" (S. 13).

Insofern zollt Zweig mit *Joseph Fouché* dem biografischen Zeitgeschmack doch Tribut, als er die allenthalben geforderte übermenschliche Größe auch dem amoralischen Helden zubilligt. Dem heroischen Modell von Lebensgeschichte, das den zeitgenössischen Bestsellern zugrunde liegt, entspricht Zweigs Bewunderung für die Tatkraft, Selbstsicherheit und Verwegenheit seines Protagonisten. Leitmotivisch hebt der Biograf Fouchés Hang zur Tollkühnheit gerade in scheinbar aussichtslosen Situationen hervor, seine „herrlichen und einzigen Meisterstreiche" (S. 222) und sein Aufbegehren gegen Napoleon.

Wenn „in allen historischen Figuren" Zweigs tatsächlich auch „gewünschte, versteckte, virulente, bedrohliche Anteile seines Selbst" enthalten sind (Müller 2007, S. 22), so darf man eine gewisse Faszination des Biografen durch seinen Gegenstand annehmen. Als Anhänger der modernen Seelenkunde rühmt Zweig nicht nur Fouchés „psychologisches Genie" (Zweig GWE, Joseph Fouché, S. 119), er bewundert auch seine Verstellungskunst und geistige Unabhängigkeit. Dabei gehört der Polizeiminister, der sein Leben lang nur scheitert, um sich wieder aufzurappeln, nicht dem Typus der Besiegten an, dem Zweigs Sympathie grundsätzlich gilt (→ V.3 Das Motiv des Besiegten). Fouchés zahlreiche Rückschläge bilden vielmehr die Voraussetzung für den Nimbus des Unbesiegbaren. Sein tiefer Fall am Ende entbehrt der Tragik, weil er keinen Unschuldigen trifft. Sein Mitgefühl versagt der Biograf seinem Helden jedoch nicht.

5. Rezeption und Forschung

Das Buch trägt die Widmung „Arthur Schnitzler in liebender Verehrung". Knapp vor Drucklegung hat sich der Autor bei seinem Kollegen dafür entschuldigt, ihn zuvor nicht um Erlaubnis gefragt zu haben, Schnitzler bezeichnet die Widmung jedoch als „besonders ehrenvoll" – das „Probecapitel" in der *Neuen Freien Presse* habe er „ganz außerordentlich" gefunden (Zweig 1987, S. 445) An Zweigs amerikanischen Verleger Ben Huebsch schreibt Schnitzler Anfang 1930, er habe das Werk „mit stärkster, keinen Augenblick nachlassender Anteilnahme gelesen", das „historisch und künstlerisch wertvolle und dabei wahrhaft amüsante Buch" werde auch im englischen Sprachraum Erfolg haben (S. 488).

Schnitzlers Reaktion ist durchaus repräsentativ für das überaus positive und breit gestreute Echo, das *Joseph Fouché* sowohl in Zweigs privatem Umfeld als auch öffentlich hervorrief. Nachdrückliches Lob kam von Rezensenten wie Ernst Weiß, Ernst Fischer, Otto Flake und Carl von Ossietzky (vgl. Müller 2007, S. 29). Letzterer betonte gerade den Unterschied zum gängigen Modell des historischen Romans. Zweig habe „unter Verzicht auf seine oft allzu blendenden formalen Mittel" ein Werk geschaffen, „das nicht mit psychologischen Konstruktionen dort nachzuhelfen versucht, wo das Material nicht ausreicht" – „und, verehrte Herren vom Fach, es ist wieder ein Außenseiter gewesen, der euch geschlagen hat" (von Ossietzky 1929, S. 661). Aus der Fülle der anerkennenden Besprechungen sticht einzig die vernichtende Stilkritik Richard Schaukals heraus, der Zweig anhand zahlreicher Beispiele vorwirft, „aus angeborenem und durch Übung entwickeltem Sprachunvermögen" sprachliche Bilder zu entstellen und ein „unbewußter Humorist" zu sein (Schaukal 1930, S. 114f.).

Der Autor selbst wurde vom kommerziellen Erfolg des *Joseph Fouché* überrascht. Seinen Verleger hatte er gewarnt, das Buch sei für ein breiteres Publikum nicht von Interesse, vor allem nicht für Leserinnen, wohl weil der Plot ohne Liebesgeschichte auskommt (vgl. Prater 1981, S. 247). Zweig hatte Kippenberg geraten, vom *Fouché* nicht mehr als 10 000 Stück drucken zu lassen, doch noch vor Weihnachten waren 31 000 Exemplare verkauft, und das 35. bis 40. Tausend war in Druck. Das Buch lieferte sich im Weihnachtsgeschäft ein Kopf-an-Kopf-Rennen mit Franz Werfels Roman *Barbara oder Die Frömmigkeit*, und Kippenberg meldete seinem Autor: „Ich glaube, dass der ‚Fouché' die ‚Barbara' noch überrannt hat" (Kippenberg an Zweig, 23. Dezember 1929, Archiv Insel Verlag, DLA Marbach).

Richard Schaukals Behauptung, die Biografie Fouchés erscheine zugleich mit der deutschen „in englischer, französischer, russischer und amerikanischer Ausgabe" (Schaukal 1930, S. 113), war zwar leicht übertrieben, doch immerhin waren die Übersetzungsrechte bereits Anfang Oktober nach „Frankreich, Amerika, England, Russland, Polen, Ungarn und Holland" verkauft (Zweig an Kippenberg, 7. Oktober 1929, Archiv Insel Verlag, DLA Marbach).

In Anbetracht der Popularität von *Joseph Fouché. Bildnis eines politischen Menschen* erscheint die Zahl der einschlägigen Forschungsbeiträge gering. Unter ihnen ragt als umfangreichste Arbeit Mourad Alamis Stil-Untersuchung heraus, die es unternimmt, über die exemplarische Analyse der Makro- und Mikrostilistik einerseits Impulse für die inhaltliche Interpretation des Werkes zu gewinnen, andererseits zu formalen Erkenntnissen über die „literarischen Biographien" Zweigs insgesamt zu gelangen. Alami geht dabei ebenso von einer „überzeugenden Einheit und Ganzheit" von Form und Inhalt aus (Alami 1989, S. 402) wie Karl Müller, der Zweigs „atemberaubende Erzählung" (Müller 2007, S. 28) zum Ausgangspunkt und Anlass nimmt, dessen geschichtsphilosophische Position zwischen Mythos und Moderne nachzuzeichnen. Auf Indizien angewiesen bleibt der Versuch, die beiden Biografien, mit denen Zweig ausdrücklich in den Diskurs seiner Zeit eingreifen wollte, zusammenzudenken und Joseph Fouché mit seiner dämonischen Begabung ebenso als Spiegelfigur seines Autors zu lesen wie die positive Gestalt des als „Homo pro se" bewunderten Erasmus von Rotterdam (vgl. Strigl 2012).

Ein lohnender Gegenstand für weitere Studien könnte ein Vergleich mit Schnitzlers (später) Prosa sein, da Zweigs Widmung wohl als poetologische Reverenz gelesen werden kann. Auch eine von Alami als Desiderat bezeichnete Analyse der didaktischen Funktion von Zweigs Ironie, seines Humors oder seiner Technik der Wortbildung anhand des *Joseph Fouché* (vgl. Alami 1989, S. 408) steht nach wie vor aus.

Dringlicher noch erscheint eine Untersuchung, die Zweigs Biografie vor der Folie des heutigen Forschungsstandes der Geschichtswissenschaft – zuletzt erschienen *L'exil et la mort de Joseph Fouché* (2007) von Julien Sapori und *Fouché. Les silences de la pieuvre* (2014) von Emmanuel de Waresquiel – kritisch neu bewertet.

Stefan Zweig

Kippenberg, Anton/Zweig, Stefan: Briefwechsel. Archiv Insel Verlag, DLA Marbach [in Vorbereitung].
Zweig, Stefan (1987): Briefwechsel mit Hermann Bahr, Sigmund Freud, Rainer Maria Rilke und Arthur Schnitzler. Hg. v. Jeffrey B. Berlin, Hans-Ulrich Lindken u. Donald A. Prater. Frankfurt a. M.: S. Fischer.
Zweig, Stefan (2000): Briefe. Bd. III: 1920–1931. Hg. v. Knut Beck u. Jeffrey B. Berlin. Frankfurt a. M.: S. Fischer.
Zweig, Stefan (2007[5]): Die Welt von Gestern. Erinnerungen eines Europäers. GWE. Frankfurt a. M.: S. Fischer.
Zweig, Stefan (2007[7]): Joseph Fouché. Bildnis eines politischen Menschen. GWE. Frankfurt a. M.: S. Fischer.

Weitere Literatur

Alami, Mourad (1989): Der Stil der literarischen Biographien bei Stefan Zweig. Erläutert am *Joseph Fouché*. Frankfurt a. M. u. a.: Lang.
Beck, Knut/Berlin, Jeffrey B. (2000): Nachbemerkung. In: Zweig, Stefan: Briefe. Bd. III: 1920–1931. Hg. v. Knut Beck u. Jeffrey B. Berlin. Frankfurt a. M.: S. Fischer, S. 315–325.
Chen, Liangmei (2015): Variationen der Zeit. Über Stefan Zweigs Erzähltechnik in *Joseph Fouché. Bildnis eines politischen Menschen*. In: Zhang, Yi/Gelber, Mark H. (Hg.): Aktualität und Beliebtheit. Neue Forschung und Rezeption von Stefan Zweig im internationalen Blickwinkel. Würzburg: Königshausen & Neumann, S. 193–200.
Delatte, Anne-Elise (2006): Traducteurs d'histoire, histoires de traduction. Trois écrits biographiques de Stefan Zweig traduits par Alzir Hella (*Fouché*, *Marie Antoinette*, *Maria Stuart*). Diss. Univ. de Nantes/Univ. Düsseldorf.
Kracauer, Siegfried (1990): Schriften. Hg. v. Inka Mülder-Bach. Bd. 5.2: Aufsätze 1927–1931. Frankfurt a. M.: Suhrkamp.
Müller, Karl (2007): *Joseph Fouché*. Geschichte, Individuum und Dichtung bei Stefan Zweig. In: Gelber, Mark H. (Hg.): Stefan Zweig Reconsidered. New Perspectives on his Literary and Biographical Writings. Tübingen: Niemeyer, S. 21–40.
Ossietzky, Carl von [Pseud. Celsus] (1929): Der Vater der politischen Polizei. In: Die Weltbühne 25/44/1929, S. 661–664.
Prater, Donald A. (1981): Stefan Zweig. Das Leben eines Ungeduldigen. München, Wien: Hanser.
Rademacher, Gerhard (2003): Absolution für einen Königsmörder? Zu Stefan Zweigs *Joseph Fouché*. In: Eicher, Thomas (Hg.): Stefan Zweig im Zeitgeschehen des 20. Jahrhunderts. Oberhausen: Athena, S. 243–256.
Ruthner, Clemens (2010): Stefan Zweig: *Joseph Fouché. Bildnis eines politischen Menschen*. In: Stichwörter zur oberösterreichischen Literaturgeschichte. Hg. v. Adalbert-Stifter-Institut des Landes Oberösterreich, http://www.stifter-haus.at/lib/publication_read.php?articleID=220 (Stand: 30. 8. 2010).
Schaukal, Richard von (1930): Krönung Stefans des Großen. Deutsche Prosa auf Zeithöhe 2. In: Deutsches Volkstum, Februar 1930, S. 113–119.
Scheuer, Helmut (1979): Biographie. Studien zur Funktion und zum Wandel einer literarischen Gattung vom 18. Jahrhundert bis zur Gegenwart. Stuttgart: Metzler.

Strigl, Daniela (2012): Biographie als Intervention. Zum Problem biographischen Erzählens bei Stefan Zweig – Fouché und Erasmus. In: Müller, Karl (Hg.): Stefan Zweig – Neue Forschung. Würzburg: Königshausen & Neumann, S. 9–25.

Weiß, Ernst (1992): Ein Buch über Napoleons Polizeiminister. In: Weinzierl, Ulrich (Hg.): Stefan Zweig – Triumph und Tragik. Aufsätze, Tagebuchnotizen, Briefe. Frankfurt a. M.: S. Fischer, S. 45–48.

Zhang, Yi (2004): Die Zeitlosigkeit des politischen Charakters. Zur Intention Stefan Zweigs bei seiner literarischen Biographie *Joseph Fouché*. In: Literaturstraße 5/2004, S. 127–144.

11.2 *Marie Antoinette. Bildnis eines mittleren Charakters* (1932)
Daniela Strigl

1. Entstehung und Publikationsgeschichte. 398
2. Inhalt. 399
3. Individuelles Schicksal – Weltgeschichte 401
4. Rezeption. 402

1. Entstehung und Publikationsgeschichte

Im Frühjahr 1930, ein Jahr nach Erscheinen seines *Joseph Fouché*, bat Zweig seinen Freund Erwin Rieger, in der Pariser Nationalbibliothek Material über Marie Antoinette zu suchen. Zu Jahresbeginn 1931 fuhr er selbst zu weiteren Recherchen nach Paris und dann, gemeinsam mit seiner Frau Friderike und mit Joseph Roth, für knapp zwei Monate nach Cap d'Antibes, um zu schreiben. Da die Arbeit an seinem zu Lebzeiten unveröffentlichten Roman *Rausch der Verwandlung* ins Stocken geriet, wandte Zweig sich mit Verve der Biografie zu. Anfang 1932 hielt er sich noch einmal zu Forschungszwecken in Paris auf. In sein Tagebuch notierte er: „M. A. wird voluminös: das Historische muß daraus wieder zurückgedrängt werden, damit man das Bild im Auge behält, die Gestalt." (Zweig GWE, Tb, S. 349) In *Die Welt von Gestern* (1942) resümiert Zweig, ohne, angeblich auf dessen Wunsch (vgl. Prater 1981, S. 276), die Mitarbeit Riegers zu erwähnen: „[B]ei einer Biographie wie ‚Marie Antoinette' habe ich tatsächlich jede einzelne Rechnung nachgeprüft, um ihren persönlichen Verbrauch festzustellen, alle zeitgenössischen Zeitungen und Pamphlete studiert, alle Prozeßakten bis auf die letzte Zeile durchgeackert. Aber im gedruckten Buch ist von all dem keine Zeile mehr zu finden" (Zweig GWE, Die Welt von Gestern, S. 364). Zweig strich zwar fast die Hälfte der ersten Fassung, *Marie Antoinette* enthält aber auch in der finalen Version nicht wenige Quellenzitate. Etliche Informationen verdankte Zweig seinen „Freundschaften mit den alten Autographenhändlern (die mehr wissen als alle Professoren)" (zit. n. Beck 2011, S. 533).

Ende Mai 1932 sandte Zweig das erste Fünftel des Manuskripts an den Insel Verlag, der Schluss folgte am 11. August – und *Marie Antoinette* erschien im Oktober, rechtzeitig zum Weihnachtsgeschäft (vgl. Zweig an Anton Kippenberg, 31. Mai u. 7. August 1932, Archiv Insel Verlag, DLA Marbach). In den ersten beiden Monaten nach Erscheinen wurden 40 000 Stück abgesetzt, weitere 10 000 gedruckt (vgl. Zweig, Br IV, S. 43; Beck 2011, S. 533 f.). Der Umstand, dass sein Verleger Anton Kippenberg den Text für die zweite Auflage dem völkischen Germanisten Walther Linden zur stilistischen Verbesserung, etwa zur Eliminierung von Fremdwörtern, übergeben hatte, ohne den Autor zu informieren, leitete die Loslösung vom Verlag ein (→ VII.3 Zweig und die Verleger), zumal Zweigs Feind Richard Schaukal das Engagement des Korrektors in einem gehässigen, offen antisemitischen Verriss in der NS-Zeitschrift *Neue Literatur* publik machte – Linden habe den Text „also erst eigentlich in unser geliebtes Deutsch zu übertragen" gehabt; es folgte eine Hetzkampagne gegen Buch und Autor in der gleichgeschalteten Presse, der Kippenberg nach Zweigs Empfinden zu spät und zu wenig energisch entgegentrat (vgl. Buchinger 1998, S. 195 ff.; Zweig, Br IV, S. 44; 403 ff.; zu der Kampagne in nationalsozialistischen Blättern vgl. auch Zweig/Zweig 2006, S. 264).

Marie Antoinette war Zweigs letztes Buch im Insel Verlag: Da der Absatz im Reich stockte und das Verbot des Gesamtwerks bereits im Raum stand, löste Zweig den Vertrag mit Kippenberg einvernehmlich und brachte 1935 eine bearbeitete Neuauflage der Biografie beim Wiener Verlag Herbert Reichner heraus (vgl. S. 256 f.).

2. Inhalt

Zweig erzählt die Geschichte der habsburgischen Erzherzogin und späteren französischen Königin Marie Antoinette (1755–1793), von deren Verlobung mit dem 15-jährigen Thronfolger Louis-Auguste, dem späteren König Ludwig XVI., 1769 bis zu deren Hinrichtung 1793. Kaiserin Maria Theresia hatte die Verbindung ihrer Tochter mit dem Enkel Ludwig XV. als Unterpfand des noch prekären Friedens zwischen Habsburgern und Bourbonen betrieben. Zweig schildert die Heirat *per procurationem* in Wien, die feierliche Übergabe der 14-jährigen Braut an die französische Delegation und die eigentliche Hochzeit am 16. Mai 1770 in Versailles. Da eine Phimose, eine Vorhautverengung, den jugendlichen Gemahl daran hindert, die Ehe zu vollziehen, mühen sich die Eheleute sieben Jahre lang vergeblich, ehe Ludwig, bereits König, sich nach einem Besuch Josephs II. endlich zu einer Operation durchringt.

Aus der Ferne von ihrer Mutter zu mehr Ernst und Bildungsfleiß ermahnt, fügt Marie Antoinette sich widerstrebend in das auch das Familienleben beherrschende Hofzeremoniell auf Schloss Versailles. Eine Kraftprobe mit Madame Dubarry, der Mätresse Ludwigs XV., verliert die Dauphine. Bei ihrem vom Volk bejubelten Einzug in Paris ist Marie Antoinette tief bewegt, „daß man die Freundschaft so leicht gewinnen kann. Und doch gibt es nichts Kostbareres, ich habe das wohl gefühlt und werde das nie vergessen." (Zweig GWE, Marie Antoinette, S. 83) In der Folge zeigt der Biograf, dass die schöne junge Frau „[v]on Natur aus wenig nachdenklich, aber mit rascher Auffassung begabt" (S. 82), es dennoch sehr bald vergisst.

Nach dem Tod Ludwigs XV. beginnt die Regentschaft des ungleichen Paares, des schwerblütigen, entscheidungsschwachen Königs und der anmutigen, zu vielem begabten, aber leichtsinnigen Königin. In ihrer Ambition ganz auf den Glanz ihres Äußeren beschränkt, verwirklicht Marie Antoinette im Schlösschen Trianon ihre kostspielige Vorstellung von Luxus nach dem Geschmack des Rokoko, samt Gartenanlage und Theater, auf dessen Bühne sie selbst auftritt. Der Besuch Kaiser Josephs II. bringt 1777 zwar die Lösung des Phimose-Problems, der Bruder macht der Königin aber auch Vorhaltungen wegen ihrer Verschwendung und der Maskenballbesuche in

Paris. Im Jahr darauf bringt Marie Antoinette eine Tochter zur Welt, 1781 den ersten Dauphin, der das Kindesalter nicht überlebt, 1785 einen zweiten Sohn, ein Jahr später eine Tochter, die nur elf Monate alt wird.

Die Geburt des Thronfolgers markiert den Höhepunkt ihrer Beliebtheit, doch Marie Antoinettes Entfremdung von Hofstaat und Hochadel schreitet voran. Anstelle einer ernsthaften Beschäftigung mit der Politik übt sie Protektion für ihre Günstlinge. Mit der Geburt des Dauphins gewinnen die Schmähgedichte gegen die Königin an Gift. Die Halsbandaffäre bringt 1785/1786 eine weitere Verschärfung der Lage: Der Marie Antoinette verhasste Kardinal de Rohan hatte, vermeintlich im Auftrag der Königin, ein Diamantencollier erworben, der König ließ den Kardinal verhaften. Das Gericht des Parlaments spricht Rohan, selbst ein Betrogener, kein Betrüger, „ohne jeden Tadel" (S. 239) frei, ein Affront gegen Marie Antoinette.

Die in ihrem Ruf beschädigte Königin wird rasch zum Sündenbock für das horrende Staatsdefizit. Als in der vom König einberufenen Nationalversammlung der dritte Stand die Macht an sich reißt und die Entlassung des Finanzministers Necker den Sturm der Pariser Massen auf die Bastille auslöst, setzt Ludwig XVI. auf Nachgiebigkeit, während seine Gemahlin auf Konfrontation mit den aristokratischen Rädelsführern geht. Zur Seite steht der Bedrängten der schwedische Graf Hans Axel von Fersen, der von Zweig als Marie Antoinettes – trotz allen Gerüchten einziger – Geliebter enttarnt wird. 1783 kehrt der Offizier, der aus Rücksicht auf den Ruf der Königin nach Amerika gegangen war, nach Frankreich zurück, „in diese oder die folgenden Jahre" legt der Biograf den Beginn jener „innigsten Beziehung zwischen Marie Antoinette und Fersen" (S. 287).

Der Marsch der Fischweiber nach Versailles am 5. Oktober 1789 erzwingt die Übersiedlung der königlichen Familie in die Pariser Tuilerien, wo Marie Antoinette über sich hinauswächst, Verhandlungen und geheime Korrespondenz übernimmt. Gegen viel Geld verpflichtet sich Graf Mirabeau, der Vorsitzende der Nationalversammlung, als dämonisch energischer Helfer zum doppelten Spiel, er stirbt jedoch überraschend. Nun vertraut Marie Antoinette die Planung der Flucht Graf Fersen an, der im Juni 1791 als Kutscher verkleidet den Wagen mit den schlecht getarnten Reisenden aus der Stadt fährt. Die Flüchtenden werden nahe Varennes erkannt und zur Rückkehr nach Paris gezwungen.

Dort leistet der König den Eid auf die neue Verfassung, die Königin hofft vergeblich auf die Hilfe ihres Bruders, Kaiser Leopolds II. Fersen reist unter Lebensgefahr nach Paris, um Marie Antoinette einen weiteren Fluchtplan zu unterbreiten, Ludwig XVI. lehnt ab. Mit der Kriegserklärung Frankreichs an Österreich wird die Königin als Sympathisantin des Feindes den Jakobinern immer verdächtiger. Nach der Erstürmung der Tuilerien am 10. August 1792 wird die königliche Familie im Temple inhaftiert, der König abgesetzt, angeklagt und zum Tode verurteilt. Nach seiner Guillotinierung scheitern wahnwitzige Versuche zur Befreiung Marie Antoinettes. Der Dauphin wird der Obhut der ‚Witwe Capet' entzogen. Diese wird vom Revolutionstribunal angeklagt und in die Conciergerie überstellt. Im Prozess bewahrt Marie Antoinette königliche Haltung, bis zu ihrem Tod auf dem Schafott am 16. Oktober 1793. Das letzte Kapitel ist Fersen gewidmet, der am Wiener Hof von Kaiser Franz II. (ab 1804 Franz I. als österreichischer Kaiser) noch vergeblich alle Hebel zur Rettung der geliebten Frau in Bewegung gesetzt hat.

3. Individuelles Schicksal – Weltgeschichte

Die Lebensgeschichte der auf dramatische Weise um Thron und Leben gebrachten Königin steht für den in Zweigs Werk vergleichsweise seltenen Typus des Porträts im epischen Großformat. Zweigs literarisches Anliegen, die psychologische Veranschaulichung der Gedankenwelt und der Handlungsweisen einer historischen Persönlichkeit, manifestiert sich im Falle der österreichischen Prinzessin als ein Lehrstück der Charakterkunde. Es zeigt, wie weltgeschichtliche Entwicklungen bei einem durchschnittlich empfindenden, von Natur aus oberflächlichen, lange Zeit auf die Sorge um sein eigenes Wohlergehen beschränkten Menschen einen charakterlichen Reifungsprozess bewirken.

Zweigs Biografie gliedert sich in 44 Kapitel, von „Ein Kind wird verheiratet" bis „Totenklage", eingerahmt von einer „Einleitung" und einer „Nachbemerkung" des Autors. Die Erzählung ist durchgängig im historischen Präsens gehalten und durch etliche Prolepsen strukturiert. Französische und spanische Brief-Zitate, insbesondere anstößige Passagen, sind im Original und ohne Übersetzung wiedergegeben. Den für Zweigs Verhältnisse relativ zurückhaltenden Stil von *Marie Antoinette* lobte Freud: „Auch die voll ausgereifte, von einem gewißen [sic] pathetischen Überschwang befreite Sprache und die Beschränkung der Darstellung auf das Nächstliegende und Notwendigste bezeugt den Meister." (Zweig 1987, S. 202)

Die Beschäftigung mit Marie Antoinette entspricht Zweigs Vorliebe für die Besiegten, die er gegen die Konjunktur der Heldenbiografik setzte. Wie Maria Stuart gewinnt die Habsburgerin nach dem idealistischen Konzept ehrenvollen Scheiterns durch ihre Niederlage nicht nur moralisches Gewicht, sondern auch Größe, über die die wahren Helden immer schon verfügen (→ V.3 Das Motiv des Besiegten). Der Biograf bekennt sich in der Einleitung zu einem Plädoyer für Gerechtigkeit in einem historischen Prozess, der von parteiischen Anklägern und Verteidigern der Königin beherrscht gewesen sei.

Die Erzählung verfolgt konsequent die im Untertitel enthaltene Leitidee, nämlich vorzuführen, wie das Schicksal „einen solchen mittleren Menschen [...] aufzupflügen vermag und durch seine gebietende Faust über seine eigene Mittelmäßigkeit gewaltsam hinauszutreiben" (Zweig GWE, Marie Antoinette, S. 9). Nach einigen Krisen schildert der Erzähler die Halsbandaffäre als Moment der Peripetie, als einen auch charakterlichen Wendepunkt: „[S]eit eine ganze Welt sie befeindet, wird Marie Antoinettes kindischer Hochmut zu Stolz, und ihre zerstreute Kraft schließt sich zu wirklichem Charakter zusammen." (S. 273) Zweig zitiert Mirabeau: Der „einzige Mann", den der König habe, sei „seine Frau" (S. 272). Indem der Biograf seine Heldin zusehends schärfer gegen ihren immer schon zögerlichen Gatten abgrenzt, verleiht er ihr männliche Züge und zollt ihr jene Bewunderung, die er, trotz aller Skepsis gegen das Heroische, Tatmenschen gegenüber hegt. Der nahe Tod vollendet gleichsam das Werk der Charakterbildung und gewährt der Königin endlich „den Ausblick in die eigene Tiefe" (S. 542).

In seinem provokanten Versuch, Weltgeschichte aus individuellem Schicksal herzuleiten, hatte Zweig Vorläufer. Schon die Brüder Goncourt führten Marie Antoinettes Hang zu Zerstreuungen auf ihre Kinderlosigkeit zurück; Alfred von Arneth griff dies auf und rekurrierte auf das ‚Mittlere' ihres Charakters (vgl. Wendt 2011, S. 129f.). Erfüllte Sexualität ist für Zweig die Basis weiblicher Selbstfindung: Er betont Marie

Antoinettes ‚Frauwerdung' durch die Normalisierung des ehelichen Verkehrs und die intime Beziehung zu Graf Fersen. Hinsichtlich dieser Enthüllungen ist Zweigs Bekenntnis zur „freie[n] und beschwingte[n] Kunst der Seelenschau" programmatisch: „Hätten wir nichts als Dokumente der Geschichte, wie eng, wie arm, wie lückenhaft wäre sie!" (Zweig GWE, Marie Antoinette, S. 294) Freilich stützt der Biograf sich sehr wohl auf das Quellenmaterial, ja er wertet es gewissenhaft neu aus: Nicht nur entdeckt Zweig, dass die Ausgabe des Briefwechsels zwischen Maria Theresia und ihrer Tochter intime Passagen unterdrückte, er weist auch Manipulationen an Fersens Nachlass nach, die der Verschleierung des Verhältnisses zur Königin dienten (vgl. S. 295 ff., 571).

4. Rezeption

Zusammen mit *Maria Stuart* (1935) gehört *Marie Antoinette. Bildnis eines mittleren Charakters* zu Stefan Zweigs bis heute bekanntesten Biografien und überhaupt zu seinen prominentesten Büchern; Alberto Dines behauptet, der Erfolg dieses Buches sei „schwindelerregend, größer als bei irgendeiner seiner Novellen" (Dines 2006, S. 226). Die Erfolgsgeschichte von *Marie Antoinette* setzte 1932 unmittelbar nach Erscheinen ein und reichte über den deutschen Sprachraum hinaus: Bis Jahresende waren Übersetzungen in 14 Sprachen in Arbeit (vgl. Prater 1981, S. 276; zur französischen Übersetzung durch Alzir Hella vgl. Delatte 2006). Die Rezeption durch Literaturkritik und Fachwissenschaft fiel dabei in Frankreich deutlich positiver aus als in Deutschland (zu den Rezensionen vgl. Klawiter 1991, S. 765 f.; → VI.5.1 Rezeption: Romanische Länder in Europa). Im deutschen Sprachraum wurde Zweigs *Marie Antoinette* vor allem durch die Literaturwissenschaft rezipiert, nicht aber durch die Geschichtswissenschaft. In Frankreich hingegen gilt Zweigs Biografie der ‚unglücklichen Königin' nicht nur bei dem gebildeten Publikum, sondern auch den meisten Historikern der *grande nation* als ein Meilenstein der Geschichtsschreibung und ein Standardwerk zur Epoche der Revolution (vgl. Wendt 2011, S. 143 ff.).

Auch von den Zeitgenossen gibt es eine Vielzahl von Kommentaren. Sigmund Freud etwa hob *Marie Antoinette* unter Zweigs übrigen Werken hervor: „[K]eines von ihnen erschien mir so überzeugend, menschlich ergreifend, wahrscheinlich so übereinstimmend mit der so schwer greifbaren und doch unersetzlichen historischen Wahrheit wie dieses letzte über die unselige, wie Sie sagen, klein angelegte und vom Schicksal groß gehämmerte Marie Antoinette." (Zweig 1987, S. 202)

Die Konzentration auf das Individuum ist Voraussetzung für die tiefenpsychologische Herangehensweise, die Zweigs innovative Leistung ausmacht. Ausdrücklich bestätigt Freud dessen Deutung der durch die königliche Impotenz verursachten Eheproblematik (vgl. das Kapitel „Geheimnis des Alkovens") und der Kompensationsversuche Ludwigs XVI. durch Jagd und Schmiedehandwerk. Zweig hatte die medizinischen Einzelheiten in den Chroniken des Arztes Dr. Augustin Cabanès gefunden (vgl. Zweig, Br IV, S. 35). Auch pflichtet Freud Zweigs Interpretation der Inzestanklage bei, die das Revolutionstribunal aus der Aussage des Dauphins konstruierte, der, von seinen Pflegeeltern beim Onanieren ertappt, in einem Abwehrreflex seine Mutter unsittlicher Praktiken beschuldigte: „Das Menschenleben ist doch gewiß um ein Stück verständlicher geworden, seit man sich um diese Menschlichkeiten bekümmern darf." (Zweig 1987, S. 202) Freud würdigt auch, dass Zweig „die für den Historiker verwirrende Verkettung des anscheinend Kleinsten mit dem unleugbar Größten, wenigstens

Geräuschvollstem [sic], Auffälligsten" mit „sicherem Blick erfaßt" habe (Zweig 1987, S. 202) (→ II.5 Psychologie und Psychoanalyse).

Natürlich spielt *Marie Antoinette* in der Korrespondenz mit Romain Rolland, einem großen Spezialisten für die Geschichte der Französischen Revolution, eine wichtige Rolle. Am 26. Oktober 1932 berichtet Rolland von der Lektüre des Buches, die für ihn Marie Antoinettes Schicksal „mit einer packenden Intensität" in Erinnerung gebracht habe (Rolland/Zweig 1987, S. 479). Rolland resümiert: „Sie beherrschen die Kunst, uns die Vergangenheit nah und vertraut zu machen. Ich bin sicher, das Buch wird ein Riesenerfolg werden – auch in Frankreich. Ich freue mich darüber und beglückwünsche Sie." (S. 480) Hermann Kesten nannte die Biografie „eine Fußnote zu Freuds Psychoanalytischen Vorlesungen" (zit. n. Dines 2006, S. 226). Auch in Salzburg wurde der besondere Rang von *Marie Antoinette* gewürdigt, so etwa von Franz Krotsch im *Salzburger Volksblatt*:

> Was Stefan Zweig in seinem ‚Fouché' schon einmal getan hat, das wiederholt er auf gleicher künstlerischer Ebene in diesem prächtigen Buche. Er gibt eine neue Form der Biographie, die tiefer, als es bisher üblich war, in die psychologischen Zusammenhänge eindringt und mit geradezu hellseherischem Blick die inneren Kräfte darlegt, die den Menschen und sein Schicksal formen. [...] Es steht außer Zweifel, daß dieses Buch, das auch sprachlich ein Meisterwerk genannt werden muß, die Welt erobern wird. (Krotsch 1932, S. 7)

Kritiker der Zweig'schen Biografik wandten sich gerade gegen die Betonung des Individuums und einen vermeintlich überholten Humanismus, der Verkaufserfolg verdanke sich dem eskapistischen Angebot zur Identifikation und der Absolutsetzung des ‚Gefühls': „Es vermenschlicht die Tragik, ohne sie aufzuheben, und nebelt die Kritik ein, die der Konservierung überalteter Gehalte gefährlich werden könnte" (Kracauer 1990, S. 340). Zweifellos ist die Haltung des Biografen gegen die Revolution zumindest ambivalent: Zweig vermerkt zwar ihre Errungenschaften, aber er betont vor allem ihre Exzesse, die für die Königin die Sache der Freiheit ausmachen. Zweigs Sympathien gehören der bürgerlichen, nicht der plebejischen Revolution. Geschichte erscheint in *Marie Antoinette* als Naturgewalt, als „Wildbach" und „rollende[s] Schicksal", dem die Heldin sich vergeblich entgegenstemmt (Zweig GWE, Marie Antoinette, S. 263).

An die zeitgenössische umfassende Kritik von Zweigs Biografik durch Siegfried Kracauer, Leo Löwenthal und Georg Lukács knüpfte Theodor W. Adornos Urteil in *Der Essay als Form* (1958) an (vgl. Adorno 1984). Jüngere Arbeiten zum biografischen Genre von Helmut Scheuer (1979) und Klaus Zelewitz (1982) greifen den gegen Zweig geäußerten Vorwurf der Anbiederung an ein kleinbürgerlich-bürgerliches Publikum durch die Erfüllung trivialer Muster und die Bedienung voyeuristischer Gelüste im Großen und Ganzen zustimmend auf. Beate Petra Kory würdigt hingegen im Rahmen ihrer Untersuchung zum *Spannungsfeld zwischen Literatur und Psychoanalyse* Zweigs *Marie Antoinette* als „ein Stück gelungener psychoanalytischer Arbeit" (Kory 2007, S. 297).

Unter den jüngsten Einzelstudien sind Annie Duprats Aufsatz in französischer Sprache (2011) und Doris Wendts Artikel zu einer „europäische[n] Kontroverse" (Wendt 2011) hervorzuheben. Während Duprat als Historikerin vor allem Zweigs wissenschaftliche Defizite kritisiert, die ungenaue Chronologie und mangelnde Quellenkritik, arbeitet Wendt die jeweils unterschiedliche Rezeption im deutschen und französischen Sprachraum heraus, wo Zweigs Biografie auch unter Historikern bis heute als gültig anerkannt werde. Zweig habe die Balance zwischen Dichtung und Wissenschaft gewahrt, es sei ihm gelungen, die *persona non grata* der französischen Geschichte ins Positive umzuwerten und vor dem zeitgenössischen Hintergrund des erstarkenden Faschismus „Aspekte eines Epochenumbruchs" (S. 148) zu beleuchten. Dem romanhaften Ton zum Trotz gebe Zweig die wichtigsten Quellen in „wörtlicher Übersetzung aus dem Französischen" und „so gut wie ungekürzt wieder"; außerdem stelle er das „private Universum" Marie Antoinettes anhand von bis dato von Historikern kaum genutzten Quellen, etwa Rechnungen, in anschaulichen Details dar und schaffe so einen kulturgeschichtlichen Hallraum für seine Protagonistin (S. 133 ff.).

Mit großem Aufwand wurde *Marie Antoinette* 1938 von der Firma Metro-Goldwyn-Mayer verfilmt, zu einer Mitarbeit Zweigs am Drehbuch kam es jedoch nicht (→ VI.7.3 Verfilmungen). Im Tagebuch vermerkt Zweig anlässlich seines Besuches bei der Produktionsfirma MGM in New York 1935, er sei „erschrocken über deren absurd niedriges Niveau", das Gutachten für das Drehbuch stamme „wirklich von letzten Idioten und A[na]lphabeten" (Zweig GWE, Tb, S. 375).

In Hinblick auf die künftige Forschung wäre eine seriöse Diskussion des Buches in Abgrenzung zu der von Zweig abgelehnten ‚biographie romancée' und eine intensivere Befassung mit der historischen Protagonistin Marie Antoinette wünschenswert (vgl. Wendt 2011, S. 140). Außerdem steht eine narratologische Untersuchung des Textes ebenso aus wie eine stilistische. Vor allem aber fehlt im deutschsprachigen Raum eine kritische Lektüre der Biografie aus der Sicht der Geschichtswissenschaft.

Stefan Zweig

Kippenberg, Anton/Zweig, Stefan: Briefwechsel. Archiv Insel Verlag, DLA Marbach [in Vorbereitung].
Rolland, Romain/Zweig, Stefan (1987): Briefwechsel 1910–1940. Bd. II: 1924–1940. Berlin: Rütten & Loening.
Zweig, Friderike/Zweig, Stefan (2006): „Wenn einen Augenblick die Wolken weichen". Briefwechsel 1912–1942. Hg. v. Jeffrey B. Berlin u. Gert Kerschbaumer. Frankfurt a.M.: S. Fischer.
Zweig, Stefan (1984): Tagebücher. GWE. Hg. v. Knut Beck. Frankfurt a.M.: S. Fischer.
Zweig, Stefan (1987): Briefwechsel mit Hermann Bahr, Sigmund Freud, Rainer Maria Rilke und Arthur Schnitzler. Hg. v. Jeffrey B. Berlin, Hans-Ulrich Lindken u. Donald A. Prater. Frankfurt a.M.: S. Fischer.
Zweig, Stefan (2005): Briefe. Bd. IV: 1932–1942. Hg. v. Knut Beck u. Jeffrey B. Berlin. Frankfurt a.M.: S. Fischer.
Zweig, Stefan (2007[5]): Die Welt von Gestern. Erinnerungen eines Europäers. GWE. Frankfurt a.M.: S. Fischer.
Zweig, Stefan (2007[5]): Marie Antoinette. Bildnis eines mittleren Charakters. GWE. Frankfurt a.M.: S. Fischer.

Weitere Literatur

Adorno, Theodor W. (1984[2]): Der Essay als Form. In: Ders.: Noten zur Literatur. Hg. v. Rolf Tiedemann. Frankfurt a.M.: Suhrkamp, S. 9–33.
Beck, Knut (2011): Nachwort des Herausgebers. In: Zweig, Stefan: Marie Antoinette. Bildnis eines mittleren Charakters. Hg. v. Knut Beck. Frankfurt a.M.: Fischer Taschenbuch-Verlag, S. 525–535.

Buchinger, Susanne (1998): Stefan Zweig – Schriftsteller und literarischer Agent. Die Beziehungen zu seinen deutschsprachigen Verlegern (1901–1942). Frankfurt a.M.: Buchhändler-Vereinigung.
Delatte, Anne-Elise (2006): Traducteurs d'histoire, histoires de traduction: Trois écrits biographiques de Stefan Zweig traduits par Alzir Hella (*Fouché, Marie Antoinette, Maria Stuart*). Diss. Univ. de Nantes/Univ. Düsseldorf.
Dines, Alberto (2006): Tod im Paradies. Die Tragödie des Stefan Zweig. Frankfurt a.M. u.a.: Edition Büchergilde.
Duprat, Annie (2011): Stefan Zweig et l'Histoire: retour sur l'affaire Marie-Antoinette, de la narration à l'enquête. In: Renoldner, Klemens/Battiston, Régine (Hg.): „Ich liebte Frankreich wie eine zweite Heimat." Neue Studien zu Stefan Zweig/„J'aimais la France comme ma seconde patrie." Actualité(s) de Stefan Zweig. Würzburg: Königshausen & Neumann, S. 171–184.
Klawiter, Randolph J. (1991): Stefan Zweig. An International Bibliography. Riverside: Ariadne Press.
Kory, Beate Petra (2007): Im Spannungsfeld zwischen Literatur und Psychoanalyse. Die Auseinandersetzung von Karl Kraus, Fritz Wittels und Stefan Zweig mit dem „großen Zauberer" Sigmund Freud. Stuttgart: ibidem.
Kracauer, Siegfried (1990): Schriften. Bd. 5: Aufsätze 1927–1931. Hg. v. Inka Mülder-Bach. Frankfurt a.M.: Suhrkamp.
Krotsch, Franz (1932): o. T. In: Salzburger Volksblatt, 22. 12. 1932, S. 7–8.
Prater, Donald A. (1981): Stefan Zweig. Das Leben eines Ungeduldigen. München, Wien: Hanser.
Scheuer, Helmut (1979): Biographie. Studien zur Funktion und zum Wandel einer literarischen Gattung vom 18. Jahrhundert bis zur Gegenwart. Stuttgart: Metzler.
Wendt, Doris (2011): Stefan Zweigs *Marie Antoinette – Bildnis eines mittleren Charakters*. Eine europäische ‚Kontroverse'. In: Gelber, Mark H./Ludewig, Anna-Dorothea (Hg.): Stefan Zweig und Europa. Hildesheim u.a.: Olms, S. 125–148.
Zelewitz, Klaus (1982): Geschichte erzählen – ein Risiko? Die Biographien Stefan Zweigs. In: Literatur und Kritik 169–170/1982, S. 59–71.

11.3 *Triumph und Tragik des Erasmus von Rotterdam* (1934)
Bernd Hamacher

1. Entstehung 405
2. Der Vorabdruck und die beiden Ausgaben von 1934 und 1935 407
3. Inhalt 408
4. Rezeption und Forschung 410

1. Entstehung

Dem *Erasmus* kommt in Zweigs Œuvre schon insofern eine exponierte Stellung zu, als seine Entstehung die Salzburger Zeit und den Beginn des Exils verbindet und es sich um Zweigs erste Buchpublikation als Exilautor handelt, überdies um das erste Buch, das nicht mehr im Insel Verlag erschien. Die Entstehung ist anhand von Briefen nachzuvollziehen, die zumeist auch Selbstdeutungen formulieren und bis heute die Rezeption teilweise bestimmen. Am 16. April 1932 bestellte Zweig die Erasmus-Biografie von Johan Huizinga, auf die ihn ihren Angaben zufolge seine Ehefrau Friderike aufmerksam gemacht hatte (vgl. F. Zweig 1947, S. 272f.) und die die wichtigste Quelle für Zweig bildete. Eine erste Erwähnung des Werkplans findet sich im Brief an Romain Rolland vom 9. Mai 1932, in dem er schrieb, dass er von einem Buch über Erasmus träume, dessen Schicksal „das *unsere*" sei (Rolland/Zweig 1987, S. 459, Herv. i. O.). Der Plan konkretisierte sich erst ein Jahr später. Am 26. April 1933 schrieb er an Rolland, er habe „das Leben des Erasmus von Rotterdam gelesen" und wolle ihm „eine Studie widmen": „Ich will ihm ein kleines Denkmal errichten, und wer zu lesen versteht, wird die Geschichte unserer Tage in der Analogie entdecken. Uns bleibt kein anderes Mittel mehr, uns vernehmlich zu machen, als durch das Symbol – oder zu emigrieren." (S. 510f.) Am 10. Mai berichtete er Rolland, dass er das Buch „Bildnis eines Besiegten" betiteln möchte; er sei „frappiert über die Ähnlichkeiten mit dem Heute" (S. 516). Zur selben Zeit (12. Mai) fragte Klaus Mann wegen eines Beitrags für seine Exilzeitschrift *Die Sammlung* an. Zweig antwortete am 15. Mai, dass er eine Studie über Erasmus schreiben wolle, „den Humanisten *auch* des Herzens, der durch Luther die gleichen Niederlagen erlitten hat wie die humanen Deutschen heute durch Hitler. Ich will durch Analogie darstellen und auf unkonfiszierbare Weise mit höchster Gerechtigkeit an diesem Menschen unseren Typus entwickeln und den andern. Es wird hoffentlich ein Hymnus auf die Niederlage sein. Da gebe ich Ihnen dann gern einen in sich geschlossenen Abschnitt." (K. Mann 1975, S. 93, Herv. i. O.) Er versuche „durch ein Symbol vieles Heutige deutlich und verständlich zu machen" (S. 94). Trotz wiederholter Zusicherung Zweigs, der Zeitschrift einen Ausschnitt aus dem Erasmus-Buch zur Verfügung zu stellen, kam es nicht zu einer Mitarbeit an der *Sammlung*. Zweigs Begründung gab Anton Kippenberg an das gleichgeschaltete *Börsenblatt für den Deutschen Buchhandel* weiter (vgl. Zweig, Br IV, S. 351), was wesentlich zum späteren Bruch mit dem Insel Verlag führte. Nachdem er am 15. November 1933 gegenüber Kippenberg noch ankündigte, das Manuskript überhaupt nicht zu veröffentlichen, schrieb Zweig am 14. Dezember an Rudolf Kayser, er wolle den *Erasmus* „am liebsten deutsch zunächst als Privatdruck erscheinen lassen für meine Freunde, sonst in ausländischen Ausgaben. In Deutschland will ich, selbst wenn ich könnte, jetzt nicht erscheinen" (zit. n. Fitzbauer 1959, S. 76). Hermann Hesse hatte er am 9. Dezember angekündigt, dass er „in zwei, drei Monaten" von ihm „ein kleines Buch des Bekenntnisses" erhalten werde, in dem er sich Erasmus von Rotterdam „als Nothelfer" gewählt habe, „den Mann der Mitte und der Vernunft, der ebenso zwischen die Mühlsteine des Protestantismus und Katholizismus geriet, wie wir zwischen die großen Gegenbewegungen von heute" (Hesse/Zweig 2006, S. 139). Auch Rolland teilte er am 18. Dezember mit, das Buch werde zunächst als Privatdruck erscheinen. „Ich will nichts in Deutschland publizieren (und sie würden auch niemals erlauben, daß dieses Buch erscheint, so sehr habe ich mich bemüht, gerecht zu sein)." (Rolland/Zweig 1987, S. 551) Doch schon am 30. Dezember schrieb er an Alfredo Cahn, dass „Gegenwirkungen" zu den Ereignissen in Deutschland „in einer Form" erfolgen müssten, „die nicht ausschließt, daß man in Deutschland selbst gelesen werden könnte; ein solcher Versuch wird mein Buch über Erasmus sein, an dem ich noch arbeite." (Zweig, Br IV, S. 81) Inzwischen war das Eingangskapitel in zwei Teilen in der Wiener *Neuen Freien Presse* erschienen, im Morgenblatt vom 24. und 30. Dezember 1933. Am 20. Januar 1934 teilte Zweig seinem Verleger mit, dass er an einen Privatdruck in der Zeitschrift *Philobiblon* denke, mit dem Vermerk ‚Salzburg 1934'. Nach Lektüre des Vorabdrucks und schließlich des gesamten Manuskripts empfahl

Anton Kippenberg seinem Autor dringend, auf die Vorrede, die unmissverständlich auf die zeitgenössische politische Situation in Deutschland Bezug nahm, zu verzichten (vgl. Kippenberg an Zweig, 21. Februar 1934, Archiv Insel Verlag, DLA Marbach). Zweig befolgte den Rat nicht. Seinem amerikanischen Verleger teilte er mit: „Ich bin nach langem Hin und Her zu dem Entschluß gelangt, daß ich zunächst selbst eine bibliophile Privatausgabe mit 500 Exemplaren mache, die durch meinen Freund Herbert Reichner vom Philobiblon in Wien für die speziellen Kreise erhältlich sein wird, die eigentliche Ausgabe soll dann später erscheinen" (Zweig an Ben Huebsch, 9. Februar 1934, Zweig, Br IV, S. 85). Er bot am 13. Februar noch Kippenberg an, ihm die Buchhandelsausgabe zu seinem 60. Geburtstag zu widmen (vgl. S. 86), doch dieser lehnte ab. Sie erschien dann 1935 (ohne Widmung) bei Reichner in Wien; die erste Ausgabe in Deutschland erschien erst 1950 bei S. Fischer.

Die während der Arbeit an dem Buch immer wiederholten Äußerungen Zweigs über seine Identifikation mit und Spiegelung in Erasmus werden relativiert durch eine Bemerkung an Rolland vom 11. Januar 1934, Erasmus sei „ein Typus, der sich nicht wiederholt hat" (Rolland/Zweig 1987, S. 554f.). Den Abschluss des Buches teilte er ihm am 14. Februar mit (vgl. S. 557f.), zugleich mit seiner Ankündigung, Salzburg zu verlassen und nach London zu gehen.

2. Der Vorabdruck und die beiden Ausgaben von 1934 und 1935

Das in der *Neuen Freien Presse* vorabgedruckte erste Kapitel wurde für die Buchausgabe nicht unwesentlich überarbeitet. Neben kleineren stilistischen Varianten zielten die zahlreichen Änderungen vor allem darauf ab, die Position des Schreibenden, die zeitgenössischen Anspielungen und Analogien sowie die gleichwohl immer noch deutliche Identifikation mit Erasmus abzuschwächen. Beispielsweise lautet im Vorabdruck der letzte Satz des ersten Abschnitts wie folgt: „Daß er überdies – genau wie wir – ein zeitlich Besiegter blieb in seinem, in unserem Kampf um eine friedlichere, gerechtere, einverständlichere Gestaltung unserer geistigen Welt, dies sein Schicksal verbindet ihn nur inniger unserem brüderlichen Gefühl." (Zweig 1933, S. 1) In der Buchausgabe von 1935 wurde unter anderem „genau wie wir" und „in unserem" gestrichen (Zweig 1935, S. 10). Auch der folgende Satz aus dem zweiten Teil des Vorabdrucks fiel in der Buchausgabe weg: „Mit demselben inneren Grauen, wie wir heute die Extremisten der Politik gegeneinander wüten sehen, blickt er in dieses Ringen, das seine, das unsere Welt, die europäische, zerstört." (Zweig 1933, S. 2) Vermutlich hatte doch Kippenbergs Hinweis eine gewisse Wirkung gehabt, wenn Zweig am 10. August 1934 schreibt, er habe „Reclamationen [...] nach Möglichkeit ausgeschaltet, um alles Politik-Polemische, das ich hasse und das die Menschen heute auch bei dem fernsten Anlass vordrängen, von vornherein auszuschalten" (Archiv Insel Verlag, DLA Marbach).

Die bibliophile Ausgabe von 1934 und die Buchhandelsausgabe von 1935 sind im Text identisch, unterscheiden sich indes bei den Illustrationen. Die limitierte Ausgabe enthält (entgegen der falschen Angabe im Kommentar in Zweig, Br IV, S. 464f.) zu Beginn jedes Kapitels Schmuckinitialen nach dem *Totentanz* von Hans Holbein d. J., darüber hinaus vor allem Titelrahmen Holbeins zu Publikationen des Erasmus, jedoch kein Erasmus-Porträt, abgesehen von dem Holzschnitt *Erasmus im Gehäus*. Die allgemeine Buchhandelsausgabe von 1935 ist ohne Initialen, indes mit zwölf Bildtafeln illustriert, darunter insbesondere Holbeins Ölgemälde des Erasmus, auf die im Text Bezug genommen wird. Diese fehlen wieder in der Ausgabe der *Gesammelten Werke in Einzelbänden* (GWE), die in ihrem Illustrationsbestand – abgesehen von den Initialen und einigen Rahmen – zu der Ausstattung der limitierten Ausgabe zurückkehrt. Da der intermediale Charakter der Publikation in der Verbindung von Text und Bild 1935 am stärksten verwirklicht ist, beziehen sich alle Seitenangaben im Folgenden zunächst auf diese Ausgabe, die Seitenangabe nach GWE wird jeweils nachgestellt.

3. Inhalt

Das Buch ist in elf Kapitel gegliedert. Das erste Kapitel formuliert die zentralen Thesen Zweigs, vor allem die Aktualität des Erasmus betreffend, der „unter allen Schreibenden und Schaffenden des Abendlandes der erste bewußte Europäer gewesen" sei, „der erste streitbare Friedensfreund, der beredteste Anwalt des humanistischen, des welt- und geistesfreundlichen Ideals" sowie „ein Besiegter [...] in seinem Kampf" (Zweig 1935, S. 9f.; GWE, Triumph und Tragik des Erasmus von Rotterdam, S. 9). „Sendung und Lebenssinn" des Erasmus – dies der Titel des Kapitels – sei „die harmonische Zusammenfassung der Gegensätze im Geiste der Humanität" gewesen, wobei er mit Goethe verglichen wird. Dies wird als das überzeitlich gültige „Erasmische" bezeichnet (Zweig 1935, S. 12; GWE, S. 11), das sich auf alle Sphären und Gegensätze erstrecke. Betont wird – im Vorabdruck des Kapitels noch stärker akzentuiert – die aufklärerische Hoffnung auf einen Fortschritt der Menschheit durch Bildung. Als Gegner dieses elitären Ideals wird das „ewig Irrationale[ ] der Leidenschaft" benannt, der „Fanatismus" der „Masse", die „Urtiefen der menschlichen Triebwelt" (Zweig 1935, S. 17f.; GWE, S. 15f.). Dieser immer gültige Gegensatz spitze sich in bestimmten historischen Situationen zu, wenn die Spaltung „die ganze Welt" zerreiße und „die Übergewalt der Masse das Individuum" erfasse (Zweig 1935, S. 19; GWE, S. 16). Einen solchen „Augenblick des Massenwahnes und der Weltparteiung" sieht Zweig im Gegensatz des „Tatmenschen" Luther, des „dämonisch Getriebenen dumpfer deutscher Volksgewalten", gegen den „Geistmenschen" Erasmus gegeben (Zweig 1935, S. 20; GWE, S. 17). Erasmus habe für keine Seite Partei ergriffen, sei als Einziger „der ganzen Menschheit treuer geblieben als einem einzelnen Clan", „und an diesem kleinen glimmenden Docht konnten Spinoza, Lessing und Voltaire und können alle künftigen Europäer ihre Leuchte entzünden." (Zweig 1935, S. 23; GWE, S. 21) Die Zeit der Vernunft – und damit endet das Kapitel – müsse manchmal „schweigen und verstummen. Aber ihre Zeit kommt, immer kommt sie wieder" (Zweig 1935, S. 25; GWE, S. 23).

Das zweite Kapitel richtet den „Blick in die Zeit". Die „Schicksalsstunde Europas" im Übergang vom 15. zum 16. Jahrhundert (Zweig 1935, S. 26; GWE, S. 24) wird in Bezug auf die Beschleunigung der Kommunikationsmittel und der technischen Medien mit der Wende zum 20. Jahrhundert verglichen. Zweig spricht vom „geistigen Heldentum" der „Rasse" Europas, dank derer es „über Nacht [...] Mittelpunkt und Herrscher des ganzen Weltalls geworden" sei (Zweig 1935, S. 27; GWE, S. 25). Hier wird die Bühne geschaffen für den „Genius", der im dritten Kapitel („Dunkle Jugend") aus der Anonymität tritt: „Erasmus hat keine Heimat, kein richtiges Elternhaus, er ist gewissermaßen im luftleeren Raum geboren." (Zweig 1935, S. 33; GWE, S. 30) Sein Charakter wird aus seiner Bildungsgeschichte heraus bis zu seiner ersten Publikation entwickelt. Er habe „das Mittelalter am eigenen Leibe" erlebt (Zweig 1935, S. 44; GWE, S. 38), das für einen Gelehrten und Künstler keinen Raum in der rigiden Ständeordnung gehabt habe und dessen Scholastik durch „schale[ ] Talmudismen und Spitzfindigkeiten" (Zweig 1935, S. 39; GWE, S. 34) auch mit antijüdischen Klischees versehen ist (auch später im Text wird die „theologische Scholastik" als „unfruchtbare[r] ‚Judaismus'" bezeichnet; Zweig 1935, S. 85; GWE, S. 74). Seine eigentliche Sphäre habe Erasmus in England entdeckt, sei aber in seinem „hartnäckige[n] Sichbeschränken auf den geistesaristokratischen Kreis" ein wurzelloser Kosmopolit geblieben und habe nur zwei Schichten gekannt: „die Aristokratie der Bildung und des Geistes als die obere Welt, den Plebs und die Barbarei als die untere" (Zweig 1935, S. 47; GWE, S. 40). Zweig bezeichnet Erasmus in allen Genres der Prosa als „Bahnbrecher" (Zweig 1935, S. 53; GWE, S. 46), die spätere Aufklärung habe seine Methode nur nachgeahmt, aber seines Geistes entbehrt (vgl. Zweig 1935, S. 52; GWE, S. 45).

Das Kapitel „Bildnis" ist, unter Berufung auf die Physiognomik Lavaters, als Ausdeutung vor allem der Holbein'schen Gemälde des Erasmus angelegt, und daher sind die Bildbeigaben in der Ausgabe von 1935 von so großem Interesse. Erasmus erscheine „als der Kriegsherr der neuentdeckten Waffe, als der Mann mit dem Buch" (Zweig 1935, S. 58; GWE, S. 50), dessen Haut mit Papier verglichen wird. Holbeins Bildnis des schreibenden Erasmus wird als „vielleicht schlechthin die vollkommenste malerische Darstellung eines Schriftstellers" bezeichnet, „dem das erlebte Wort sich magisch umsetzt in die Sichtbarkeit der Schrift." (Zweig 1935, S. 60; GWE, S. 52) Die „Überempfindlichkeit" von „Charakter" und „Körperhabitus" werden aufeinander bezogen (Zweig 1935, S. 65f.; GWE, S. 56). Wichtig für das Charakterbild ist aber auch die Beobachtung, dass seine „Seele" ein „Konglomerat der verschiedensten Begabungen" darstelle, „eine Summe, aber keine Einheit", und sich daher das Talent, Gegensätze zu vereinen, auch „unter der eigenen Haut ausgewirkt" habe (Zweig 1935, S. 70f.; GWE, S. 60).

Im Kapitel „Meisterjahre" werden die frühen Hauptwerke des Erasmus gewürdigt, bevor unter der Überschrift „Größe und Grenzen des Humanismus" ein vorläufiges Fazit in der Mitte des Buches gezogen wird. Zweig stellt das Werben der Mächtigen um Erasmus, seine geistige Macht dar. Für kurze Zeit sei er „der Idealtypus des neuen Geschlechts geworden" (Zweig 1935, S. 97; GWE, S. 82). Seine Idee ziele auf die Überwindung aller Trennungen von „Rasse und Klasse", „Sprache oder Nation" (Zweig 1935, S. 100; GWE, S. 84), „in ihr wirkt bereits ein entschlossener Wille zu einer neuen geistigen Einheitsform des Abendlands" (Zweig 1935, S. 102; GWE, S. 85). Erasmus sei „der erste literarische Theoretiker des Pazifismus" (Zweig 1935, S. 102; GWE, S. 86), Wahrheit und Recht seien für ihn „immer vieldeutig und vielfarbig" (Zweig 1935, S. 104; GWE, S. 87). Die Grenze des Humanismus liegt für Zweig in der „Überschätzung des Zivilisatorischen" und im „Kulturoptimismus", der „die Urkräfte der Triebwelt mit ihrer unzähmbaren Gewalt" und „das furchtbare und kaum lösbare Problem des Massenhasses und der großen leidenschaftlichen Psychosen der Menschheit" banalisiert habe (Zweig 1935, S. 112; GWE, S. 95). Erasmus sei in seiner Verachtung der Ungebildeten kein Demokrat gewesen, so dass er auch nicht im Volk habe wirken können. Dadurch wird der dramaturgische Übergang zum nächsten Kapitel geschaffen, in dem „Der große Gegner", Martin Luther, auftritt, dessen Psychogramm in jeglicher Hinsicht strikt antithetisch zu demjenigen des Erasmus angelegt ist. Wenn Zweig schreibt, dass der Gegensatz „schon im Körperlichen sinnlich zutage" trete (Zweig 1935, S. 124; GWE, S. 104), unterschlägt er in seiner Akzentuierung von Luthers ‚Übergesundheit' dessen zahlreiche Krankheiten. Im Geistigen stammten die Kontrahenten „aus ganz verschiedenen Rassen der Denkwelt" (Zweig 1935, S. 127; GWE, S. 105). Ihr „welthistorische[r] Konflikt" sei „schicksalhaft" und unausweichlich gewesen (Zweig 1935, S. 130; GWE, S. 108), ebenso wie der Sieg Luthers. Zweig zeichnet den Briefwechsel und die Bezugnahmen auf die Schriften des jeweils anderen bis zum Reichstag zu Worms 1525 nach, einer „Weltstunde", die Erasmus durch Abwesenheit versäumt habe (Zweig 1935, S. 159; GWE, S. 131), so dass nun sein „Kampf um die Unabhängigkeit" (so der Titel des folgenden Kapitels) als Rückzugsgefecht beginnt, wobei Ulrich von Huttens vergeblicher Versuch der Kontaktaufnahme mit Erasmus hervorgehoben wird. „Die große Auseinandersetzung" referiert den theologischen Disput zwischen Erasmus und Luther um Freiheit oder Unfreiheit des Willens, wobei Luthers Position als „starre[r] und fast mohammedanische[r] Fatalismus" denunziert wird (Zweig 1935, S. 188; GWE, S. 155). Im Kapitel „Das Ende" wird die letzte Chance zur Einigung auf dem Reichstag zu Augsburg 1530 dargestellt, ein weiterer versäumter Schicksalsaugenblick des Erasmus, da er erneut fernbleibt.

Das Schlusskapitel, „Das Vermächtnis des Erasmus", womit der von ihm begründete und noch nicht verwirklichte Humanitätsgedanke gemeint ist, beginnt mit einer weiteren rhetorisch wirkungsvollen Antithese: Das Sterben des Erasmus wird mit dem gleichzeitigen Erscheinen des *Principe* von Niccolò Machiavelli kontrastiert (vgl. Zweig 1935, S. 223; GWE, S. 184). Zweig verfährt mit den Daten frei: Erasmus ist 1536 gestorben, die päpstliche Druckgenehmigung für den 1513 verfassten *Principe* wurde 1532 postum erteilt. Dieser Anachronismus – Zweig nennt nur gelegentlich Daten – verdeutlicht zum Schluss noch einmal die durchgehende rhetorische und dramaturgische Zuspitzung, mit der Zweig in seiner Antithesenbildung arbeitet und die neben der Aktualisierung das hervorstechendste Merkmal der Schrift bildet.

4. Rezeption und Forschung

Romain Rolland war wohl derjenige unter den ersten Lesern, der sich mit Zweigs Intention und Botschaft am unmittelbarsten identifizieren konnte: „Es ist eines Ihrer besten Bücher, denn es gehört zu denen, wo Sie zur Objektivität gelangen. Und es ist das Buch der Stunde", so schrieb er ihm am 3. September 1934 (Rolland/Zweig 1987, S. 578), formulierte im selben Brief aber auch einen Vorbehalt gegen Zweigs elitäre Haltung: „Die Erasmus, selbst wenn sie fähig wären, ihren Sieg in die Tat umzusetzen, würden der Welt immer nur ein geistiges Paradies für eine Elite bringen – ein Palace-Hotel. Die Lenin arbeiten für die Millionen werktätiger Menschen, um die sich jahrhundertelang die Intellektuellen so wenig gekümmert haben. Wie sollte ich zögern, mich zwischen beiden zu entscheiden?" (S. 579) Gegenüber René Schickele beklagte sich Zweig am 27. August 1934, dass das Buch „natürlich kräftig mißverstanden" werde, womit er sich auf Ludwig Marcuses Rezension in *Das Neue Tage-Buch* (Paris) vom 18. August bezog (vgl. Zweig, Br IV, S. 487). „Nie ist es mir eingefallen, die Neutralität zu einem Axiom zu erheben, sondern ich wollte nur an einem Beispiel zeigen, welche ungeheure moralische Anforderung sie an einen Menschen stellt und in welche tragische Lage in Zeiten des Rottenwahns der unabhängige Mensch geraten muß." (S. 103; ähnlich auch an Rolland, 30. August 1934, Rolland/Zweig 1987, S. 576)

11.3 Triumph und Tragik des Erasmus von Rotterdam (1934)

Thomas Manns Reaktion auf die Lektüre des *Erasmus* in seinem Tagebuch ist in mehrfacher Hinsicht besonders bedeutsam, da er zum einen seit 1925 eine Luther-Erasmus-Novelle plante und am 13. Dezember 1928 Zweig brieflich mitteilte, dass der S. Fischer Verlag ihm für eine biografische Reihe ein Erasmus-Porträt angetragen habe; zum anderen lagen ihm Zweigs geistesgeschichtliche Konstruktion und seine Identifikation mit Erasmus besonders nahe (vgl. van Ingen 1984): „Ist meine Rolle nur die eines Erasmus im Verhältnis zu einem neuen Luthertum?", so fragte er am 2. April 1933 (Th. Mann 1977, S. 32), und am 20. März 1934 notierte er: „Hitlers Ähnlichkeit mit Luther wird überhaupt viel empfunden." (S. 365) Vor diesem Hintergrund ist sein Kommentar zu Zweigs Buch, das er sofort liest, ambivalent. Seine zunächst heftige Kritik zielt auf Zweigs Luther-Bild. Am 29. Juli schrieb er: „Die historische Anspielung und Parallele ist schon unerträglich, weil sie der Gegenwart zuviel schwächliche Ehre erweist. [...] Wer erkennt nicht Hitler? Aber das ist es ja gerade – daß die ekle Travestie, die niedrige, hysterische Äfferei für mythische Wiederkehr genommen wird. Das ist schon die Unterwerfung." (S. 486 f.) Am 3. August bezeichnet er „die Antithetik des Buches" als „irreführend und schädlich. Erasmus und Luther, das ist so wenig ein notwendiger Gegensatz wie, nach Nietzsche, Sinnlichkeit und Keuschheit" (S. 494). Bezeichnend ist, dass Thomas Mann bei Zweig Goethe als Synthese vermisst, der indes durchaus vorkommt, jedoch in Identifikation mit Erasmus und nicht, wie in Manns Überlegungen, als Synthese von Erasmus und Luther. Zweigs Geschichts- und anthropologischer Pessimismus lassen Mann indes am 5. August doch noch ein positives Urteil über das Buch fällen: „Die ‚Wiederkehr' ist insofern anzuerkennen, als der antirationale und antihumane, auf Blut und Tragödie versessene Nationalsozialismus [...] die tumultuöse und blutige Rolle des Luthertums wieder spielen wird." (S. 497) Am 10. August 1934 beklagt Zweig gegenüber Kippenberg, dass Thomas Mann seine Darstellung des Erasmus als „zu sanft und zu wenig kriegerisch" (Archiv Insel Verlag, DLA Marbach) empfunden habe. In dem Brief ist auch von einer zustimmenden Reaktion Gerhart Hauptmanns die Rede (vgl. dazu auch Prater 1981, S. 303). Am selben Tag schreibt Joseph Roth lobende Worte zu *Erasmus*: „Das ist das nobelste Buch, das Sie je geschrieben haben. Das ist die Biographie Ihres Spiegelbildes [...]. Sehr nobel. ‚Sobre' Ihre Sprache, die einfachste und exakteste, die ich bei Ihnen kenne." (Roth/Zweig 2011, S. 207) Eine bedeutende frühe Reaktion aus fachwissenschaftlicher Sicht stammt von dem Renaissancehistoriker Wallace K. Ferguson, der die bereits 1934 erschienene amerikanische Übersetzung des *Erasmus* rezensierte. Er schätzt die Warnung und Ermutigung für zeitgenössische und künftige Leser, formuliert aber fachliche Einwände. Eine historische Biografie dürfe man nicht erwarten. Er vermisst Zwischentöne und den historischen Hintergrund, bezeichnet Zweigs Quellen als inadäquat, bescheinigt ihm aber gleichwohl, ein einfühlsames Porträt des Erasmus geschaffen zu haben (vgl. Ferguson 1935, S. 366). Die Einwände werden auch von der neueren Forschung geteilt. Jacob Golomb etwa merkt an, dass Zweig die neueren Forschungen zu Erasmus nicht zugänglich gewesen seien (vgl. Golomb 2007, S. 7). Seine Studien in der British Library während der Entstehung des Buches bezogen sich überwiegend bereits auf *Marie Antoinette* (1932).

Meist jedoch wird das Argument umgekehrt, so etwa von Helmut Koopmann: „Ein Lebensbild, an dem die Realitäten nicht interessieren; wichtig allein ist die Haltung, die moralische Position." (Koopmann 1996, S. 77) So wird die Identifikation hervorgehoben und Zweigs Selbstdeutung affirmiert: „Erasmus – das war er selbst, und so ist dieser Roman sein eigenes Lebensbuch. [...] Wer seinen Roman liest, kennt diesen antifanatischsten aller Menschen besser noch als durch seine Autobiographie." (S. 79f.) Das Buch werde so „auch ein Stück Exilgeschichte" (S. 80; vgl. auch Steiman 1987, S. 101; Koch 2003, S. 49, 53). Der identifikatorisch gestaltete, antithetisch konstruierte Figurentypus wiederholt sich in *Castellio gegen Calvin*; Hans-Albrecht Koch sieht noch in Dr. B., dem Protagonisten der *Schachnovelle*, „eine gesteigerte, ins Zeitgenössische gerückte Erasmus-Figur" (Koch 2003, S. 55). Der Soziologe Ralf Dahrendorf verlängerte die antithetische Konfliktsituation auf die Jahre 1945, 1968, 1989 und 2001, in denen ebensolche „Versuchungen der Unfreiheit" bestanden hätten wie 1933 und zur Zeit des Erasmus (vgl. Dahrendorf 2006, S. 10ff.; kritisch dazu Fathy 2007).

Auch Rüdiger Görner erkennt das utopische Potenzial des ‚Erasmischen' „bis zu den konkreten Verhandlungen und Ratifizierungsproblemen einer europäischen Verfassung" (Görner 2011, S. 25), betont aber gleichermaßen die Schwächen dieses von Zweig formulierten Prinzips. Er wendet sich gegen eine rein autobiografische Lektüre, da, im Unterschied zu Zweig, „Integration in andere Kulturen [...] dem ewigen Migranten Erasmus fremd" gewesen sei (S. 22f.). Zweig habe vor allem die Schwächen des Humanismus entlarven und seine Dialektik aufzeigen wollen (→ V.6 HUMANITÄT UND HUMANISMUS). Koch betont hingegen, dass sich Zweig nicht „hinter den Wunschvorstellungen des eigenen Über-Ichs" verstecke, „vielmehr offenbarte er in dem Text ehrlich auch die eigenen menschlichen Schwächen und Grenzen" (Koch 2003, S. 54f.).

Zweigs Methode ist vor allem im Kontext der zeitgenössischen Biografieschreibung zu betrachten. Daniela Strigl sieht Zweigs Vorliebe für besiegte Protagonisten als „Antwort auf die historische und zeitgenössische Heldenbiographik" (Strigl 2012, S. 22). In seiner „tiefe[n] Bewunderung für den Tatmenschen, eine[r] Bewunderung, die dem Neid eng verwandt scheint", sei er gleichwohl dem „heroischen Modell von Lebensgeschichte – und damit auch mit den deutschnationalen Erfolgsbüchern seiner Zeit" verbunden (S. 24). Geschichte erscheine als „Naturgewalt", gegen die sich das Individuum stemmen müsse (S. 23). Hebetallah Mohamed Fathy sieht eine Positionierung Zweigs in der Debatte zwischen Historikern und Dichtern über die Wissenschaftlichkeit von Biografien: „Dichter glaubten in Form von Seelenporträts die historische Individualität und Einmaligkeit historischer Gestalten besser erfassen zu können als Fachhistoriker, denen ihr Zugriff auf den Stoff jede Art von Spekulation verbietet" (Fathy 2007, S. 413).

Kritisch gegenüber Zweigs Intention ist vor allem Golomb, der in dem supranationalistischen Ideal des Erasmischen Zweigs Anti-Zionismus ausgedrückt sieht (vgl. Golomb 2007, S. 13) und ihm bescheinigt: „This universalist ideal alone was not enough to sustain him. What he really needed was a firmly grounded particular identity. Without cultural, religious, or even national content to an identity, there can be no positive freedom." (S. 18)

Ein solches Urteil über den mit Antijuda- und Antiislamismen einhergehenden Eurozentrismus des Erasmischen ist erst in einem heutigen postkolonialen Kontext möglich, und in der Kritik an der mangelnden konkreten kulturellen Bindungskraft von Zweigs Ideal schlagen auch die Überzeugungen des Interpreten durch. Zweigs Universalismus ist programmatisch zu verstehen: Das spezifisch Individuelle soll zugunsten eines allgemein Menschlichen aufgehoben werden. In der zeittypischen Vorstellung einer historischen Wiederkehr bestimmter Konfliktkonstellationen ist Zweigs typologische Geschichtsdeutung einerseits religiös fundiert und erweist sich andererseits als Erbe des Historismus (→ V.1 GESCHICHTSBILDER UND GESCHICHTSAUFFASSUNG). Wollte etwa Wilhelm Scherer im 19. Jahrhundert durch seine Methode der ‚wechselseitigen Erhellung' vergangene Epochen durch Analogien zur Gegenwart erklären, so kehrt Zweig die Blickrichtung um und möchte die Gegenwart durch Analogien aus der Vergangenheit verstehen. Zugrunde liegt eine ahistorische Anthropologie: Zweigs Menschenbild ist durch einen Dualismus von Sinnlichkeit und Vernunft, Leidenschaften und Geist geprägt. Ambivalent ist dabei der Bezug auf die aufklärerisch-idealistische Vorstellung einer Entsprechung von Physiognomie und Charakter, weshalb auch die Bildnisse des Erasmus für Zweig von so großer Bedeutung sind. Koch ist der Auffassung, dass bei Zweig „die Körper nicht den Seelen entsprächen" und er das „Prinzip der Kalokagathie, nach dem ein edles Gemüt nur in einem schönen Leib wohnen könne", ad absurdum führe (Koch 2003, S. 51), doch kann man durchaus von einer Entsprechung ausgehen, auf deren Basis Kritik an Erasmus aufgrund seiner neurasthenischen Konstitution geübt wird, die sich eben auch in Seele und Geist spiegelt. Dass sich jeder menschliche Charakter als physiologisch fundiert erweist, führt letztlich zu einem fatalistischen Menschenbild, das einer fatalistischen Geschichtsauffassung ent- und dem appellativen Charakter des erasmischen Ideals sowie dessen gegen Luther vertretener Lehre von der Freiheit des Willens widerspricht. Von der antithetischen Konstruktion des Buches her kaum zu halten ist Erasmus' Position der Mitte, „au-dessus de la mêlée" (Zweig 1935, S. 22; GWE, Triumph und Tragik des Erasmus von Rotterdam, S. 21). Persönlichkeit und Charakter des Erasmus sind in striktem Gegensatz zu Martin Luther angelegt – und umgekehrt, denn bei Zweigs Luther kann noch weniger von historischer Wahrheit die Rede sein als bei Erasmus (vgl. Aland 1973). Erasmus steht nicht in der Mitte zwischen zwei Gegensätzen – die katholische Partei gegen Luther gewinnt kein Profil –, sondern bildet selbst einen Pol des Gegensatzes. Eine unmarkierte dritte Position kann es in diesem dualistischen Weltbild im Grunde nicht geben, worauf schon Thomas Manns Hinweis auf Goethe als Synthese von Erasmus und Luther hindeutet. Die Auseinandersetzung mit Geschichte und Politik erfolgt auf dem Umweg der Identifikation mit einem typisierten Subjekt, das gerade kein Individuum mehr ist und bei dem daher konkrete biografische Details keine Rolle spielen – ebenso wenig wie in Zweigs *Die Welt von Gestern* (1942). Das Individuum soll in einer ahistorischen Welt des Geistes und des Gewissens aufgehoben werden (vgl. Hamacher 2003). Die Bedeutung von Zweigs *Erasmus* zeigt sich indes darin, dass die abstrakten Typologien nicht strikt durchgehalten werden. Vor allem die Bemerkung, dass seine Seele ein „Konglomerat", „eine Summe, aber keine Einheit" darstelle (Zweig 1935, S. 70; GWE, Triumph und Tragik des Erasmus von Rotterdam, S. 60), macht Zweigs Subjektkonstruktion an moderne Konzeptionen anschließbar. Die Widersprüche und Inkonsistenzen qualifizieren das Buch als literarischen und eben nicht nur essayistischen Text.

Für die Forschung könnte es von Interesse sein, Zweigs Auseinandersetzung mit zeitgleichen intellektuellen Konzepten und deren Positionierung gegen autoritäre Systeme vergleichend in den Blick zu nehmen. In Zweigs eigener Werkentwicklung ließen sich etwa, von *Erasmus* ausgehend, Linien von der früher erschienenen Legende *Die Augen des ewigen Bruders* (1921) zu dem späteren Buch *Castellio gegen Calvin* (vgl. Zweig an Romain Rolland, 2. Juni 1935, Rolland/Zweig 1987, S. 600ff.) und dem fragmentarischen Essay über Montaigne (erstmals 1960) ziehen und Thesen zu einer Entwicklung formulieren. Zweigs im *Erasmus* besonders konzentriert verwirklichte biografische Methode sollte wissenschaftsgeschichtlich genauer kontextualisiert werden, wodurch auch seine Anthropologie im Rahmen moderner Subjekt- und Individualitätskonzepte noch deutlichere Konturen gewönne. Was seine kulturellen Konstruktionen mit den darin eingelagerten Stereotypen betrifft, so ist Zweig als Autor für eine avancierte postkoloniale bzw. transkulturelle Literaturwissenschaft in wesentlichen Zügen noch zu entdecken. Über diesen inhaltlichen Themenfeldern sollte jedoch nicht versäumt werden, seine biografischen und essayistischen Texte generell konsequenter als bisher als genuin literarische zu lesen.

Stefan Zweig

Hesse, Hermann/Zweig, Stefan (2006): Briefwechsel. Hg. v. Volker Michels. Frankfurt a.M.: Suhrkamp.
Kippenberg, Anton/Zweig, Stefan: Briefwechsel. Archiv Insel Verlag, DLA Marbach [in Vorbereitung].
Rolland, Romain/Zweig, Stefan (1987): Briefwechsel 1910–1940. Bd. II: 1924–1940. Berlin: Rütten & Loening.
Roth, Joseph/Zweig, Stefan (2011): „Jede Freundschaft mit mir ist verderblich". Briefwechsel 1927–1938. Hg. v. Madeleine Rietra u. Rainer Joachim Siegel. Mit einem Nachwort v. Heinz Lunzer. Göttingen: Wallstein.
Zweig, Stefan (1933): Triumph und Tragik des Erasmus von Rotterdam. In: Neue Freie Presse, 24. 12. 1933, S. 1–3; 30. 12. 1933, S. 1–2.
Zweig, Stefan (1935): Triumph und Tragik des Erasmus von Rotterdam. Wien u.a.: Reichner.
Zweig, Stefan (2005): Briefe. Bd. IV: 1932–1942. Hg. v. Knut Beck u. Jeffrey B. Berlin. Frankfurt a.M.: S. Fischer.
Zweig, Stefan (2006[3]): Triumph und Tragik des Erasmus von Rotterdam. GWE. Frankfurt a.M.: S. Fischer.

Weitere Literatur

Aland, Kurt (1973): Martin Luther in der modernen Literatur. Ein kritischer Dokumentarbericht. Witten, Berlin: Eckart.
Dahrendorf, Ralf (2006): Versuchungen der Unfreiheit. Die Intellektuellen in Zeiten der Prüfung. München: Beck.
Fathy, Hebetallah Mohamed (2007): Fiktionale und nicht-fiktionale Geschichtsbilder. Erasmus von Rotterdam bei Stefan Zweig und Ralf Dahrendorf. In: Ayad, Aleya Ezzat u.a. (Hg.): Wege über Grenzen. Perspektiven der Germanistik. 2. Internationaler Germanistik-Kongress Kairo/Ägypten 2.–4. April 2007. Kongressakten. Kairo: Cairo Univ., S. 403–428.
Ferguson, Wallace K. (1935): Rez. zu: *Erasmus of Rotterdam*. By Stefan Zweig. Translated by Eden and Cedar Paul. New York: Viking Press 1934. In: The Journal of Modern History 7/3/September/1935, S. 365–366.
Fitzbauer, Erich (1959): Stefan Zweig. Spiegelungen einer schöpferischen Persönlichkeit. Wien: Bergland.
Golomb, Jacob (2007): Erasmus: Stefan Zweig's Alter-Ego. In: Gelber, Mark H. (Hg.): Stefan Zweig Reconsidered. New Perspectives on his Literary and Biographical Writings. Tübingen: Niemeyer, S. 7–20.
Görner, Rüdiger (2011): Erasmisches Bewusstsein. Über einen Empfindungs- und Denkmodus bei Stefan Zweig. In: Gelber, Mark H./Ludewig, Anna-Dorothea (Hg.): Stefan Zweig und Europa. Hildesheim u.a.: Olms, S. 11–29.

Hamacher, Bernd (2003): Das Verschwinden des Individuums in der Politik. Erasmus, Luther und Calvin bei Stefan Zweig und Thomas Mann. In: Eicher, Thomas (Hg.): Stefan Zweig im Zeitgeschehen des 20. Jahrhunderts. Oberhausen: Athena, S. 159–178.
Ingen, Ferdinand van (1984): Die Erasmus-Luther-Konstellation bei Stefan Zweig und Thomas Mann. In: Ders./Labroisse, Gerd (Hg.): Luther-Bilder im 20. Jahrhundert. Amsterdam: Rodopi, S. 91–117.
Koch, Hans-Albrecht (2003): Ästhetischer Widerstand oder politischer Eskapismus? Vom *Erasmus*-Buch zur *Schachnovelle*. In: Eicher, Thomas (Hg.): Stefan Zweig im Zeitgeschehen des 20. Jahrhunderts. Oberhausen: Athena, S. 43–58.
Koopmann, Helmut (1996): Humanist unter Waffen. Über Stefan Zweig, *Triumph und Tragik des Erasmus von Rotterdam* (1935). In: Reich-Ranicki, Marcel (Hg.): Romane von gestern – heute gelesen. Bd. III: 1933–1945. Aktualisierte Ausg. Frankfurt a.M.: S. Fischer, S. 76–82.
Mann, Klaus (1975): Briefe und Antworten. Bd. 1: 1922–1937. Hg. v. Martin Gregor-Dellin. München: Ellermann/Edition Spangenberg.
Mann, Thomas (1977): Tagebücher 1933–1934. Hg. v. Peter de Mendelssohn. Frankfurt a.M.: S. Fischer.
Prater, Donald A. (1981): Stefan Zweig. Das Leben eines Ungeduldigen. München, Wien: Hanser.
Steiman, Lionel B./Heiderich, Manfred W. (1987): Begegnung mit dem Schicksal: Stefan Zweigs Geschichtsvision. In: Gelber, Mark H. (Hg.): Stefan Zweig heute. New York u. a: Lang, S. 101–129.
Strigl, Daniela (2012): Biographie als Intervention. Zum Problem biographischen Erzählens bei Stefan Zweig – Fouché und Erasmus. In: Müller, Karl (Hg.): Stefan Zweig – Neue Forschung. Würzburg: Königshausen & Neumann, S. 9–25.
Zweig, Friderike Maria (1947): Stefan Zweig. Wie ich ihn erlebte. Stockholm u.a.: Neuer Verlag.

11.4 *Maria Stuart* (1935)

Ulrike Tanzer

1. Entstehung 415
2. Aufbau und Inhalt 416
3. Authentizität und Inszenierung 418
4. Zeitgenössische und wissenschaftliche Rezeption 421
5. Forschungsperspektiven 422

1. Entstehung

In einem undatierten Brief von Ende Oktober oder Anfang November 1933 an seinen New Yorker Verleger Ben Huebsch – Zweig arbeitete in London an dem Manuskript für *Triumph und Tragik des Erasmus von Rotterdam* (1934) – schreibt Zweig: „Nun die Neuigkeit, ganz vertraulich. Ich habe einen neuen Plan. Ein Parallelbuch zu Marie Antoinette und zwar der gleiche Fall – eine riesige, fast unübersehbare Literatur und kein einziges wirkliches Buch, nämlich – Mary Queen of Scots, eine der großartigsten Figuren und ein tiefes psychologisches Problem." (Zweig, Br IV, S. 69, Herv. i. O.) Bereits im November 1933 recherchiert Zweig für sein neues Projekt, bis Ende 1934 ist das Manuskript abgeschlossen. In *Die Welt von Gestern* (1942) berichtet er über die Anfänge, er sei in der British Library auf einen handschriftlichen Bericht über die Hinrichtung der schottischen Königin Maria Stuart gestoßen:

> Unwillkürlich fragte ich mich: wie war das eigentlich mit Maria Stuart? War sie wirklich am Mord ihres zweiten Gatten beteiligt, war sie es nicht? Da ich abends nichts zu lesen hatte, kaufte ich ein Buch über sie. Es war ein Hymnus, der sie wie eine Heilige verteidigte, ein Buch, flach und töricht. In meiner unheilbaren Neugier schaffte ich mir am nächsten Tage ein anderes an, das ungefähr genau das Gegenteil behauptete. Nun begann mich der Fall zu interessieren. (Zweig GWE, Die Welt von Gestern, S. 432)

In den Jahrzehnten zuvor waren zahlreiche Werke zu Maria Stuart erschienen: historische Studien, Editionen, biografische und literarische Annäherungen. Der Katalog der British Library enthält allein für die Jahre zwischen 1910 und 1930 über hundert Publikationen, darüber hinaus beinahe 400 aus dem geschichtsversessenen 19. Jahrhundert. Das Material, das dem Biografen zur Verfügung stand, war also mehr als umfangreich (vgl. Tanzer 2014). Zweig selbst schreibt von einer „verwirrende[n] Überfülle" (Zweig GWE, Maria Stuart, S. 7), von Quellen, die „in die Tausende und Abertausende gehen" (S. 7). Wichtig erscheinen in diesem Zusammenhang vor allem Editionen von Originaldokumenten, von Briefen, Gedichten, Prozessakten und Aufzeichnungen sowie Publikationen zur (umstrittenen) Autorschaft der sogenannten Kassettenbriefe, die das Verhältnis Maria Stuarts zu James Hepburn, Earl of Bothwell, klären sollen. Durch eine Notiz Zweigs wissen wir, dass er jedenfalls folgende Bücher benützte: den Roman *The Mystery of Mary Stuart* (1901) von Andrew Lang, Frank Arthur Mumbys *Elizabeth and Mary Stuart: The beginning of the feud* (1914) und Martin Humes *The love affairs of Mary Queen of Scots* (1903). In Zweigs Bibliothek befindet sich außerdem eine mehrbändige Ausgabe der Briefe Maria Stuarts.

Nachdem Zweig sich Ende Februar 1934 in London niedergelassen hatte, arbeitete er intensiv an *Maria Stuart*. Im Juli 1934 reiste er, gemeinsam mit seiner Sekretärin Lotte Altmann, zum Quellenstudium nach Schottland (vgl. Zweig, Br IV, S. 353). Im Tagebuch kritisch vermerkt ist die Lektüre von Herbert S. Gormans 1932 erschienener Biografie *The Scottish Queen*: „[Z]wei Stunden das Maria Stuart Buch von Gorman gelesen, viel Material, wenig Architektur (nicht der Sinn für das Wesentliche)" (Zweig GWE, Tb, S. 375).

Zur Überlieferungsgeschichte der Biografie ist nur wenig bekannt. Es gibt keinerlei Hinweise auf ein Manuskript oder Typoskript (Auskunft Oliver Matuschek). Lediglich eine Druckfahne mit wenigen handschriftlichen Korrekturen wird im Deutschen Literaturarchiv Marbach aufbewahrt. Veröffentlicht wurde der Text – nach Zweigs Trennung vom Insel Verlag – 1935 als zweites Buch des Autors im Herbert Reichner Verlag in Wien. Im selben Jahr erschienen dort auch Neuauflagen von *Jeremias* (1917) und *Marie Antoinette* (1932) (→ VII.2 Ausgaben nach dem Ersten Weltkrieg).

2. Aufbau und Inhalt

Die Biografie ist in 23 Kapitel untergliedert. Vorangestellt sind eine „Einleitung" und eine Auflistung der *dramatis personae*. Ein „Nachspiel" schließt den Text ab, wodurch eine Strukturierung, die an ein dramaturgisches Schema erinnert, erkennbar wird. Zweig zeichnet das bewegte Leben der schottischen Königin chronologisch nach, wobei sein Fokus auf den Ereignissen zwischen Maria Stuarts 23. und 25. Lebensjahr

11.4 Maria Stuart (1935)

liegt. Am 8. Dezember 1542 als Tochter des Königs James V. von Schottland und Marie de Guises auf Schloss Linlithgow geboren, wird Maria Stuart nach dem Tod ihres Vater bereits im Alter von sechs Tagen Königin von Schottland. Von Beginn an ist sie ein Spielball der Politik. Sowohl Schottlands pro-englische als auch pro-französische Fraktionen versuchen sie unter ihre Kontrolle zu bringen (Kap. 1). Ihre Mutter, die dem französischen Königshaus entstammt, übernimmt die Regierungsgeschäfte bis zu Marias Volljährigkeit und schickt ihre sechsjährige Tochter nach Frankreich, wo sie als Teil der französischen Königsfamilie aufwächst und als zukünftige Frau des Thronfolgers Franz II. erzogen wird. Zweig zeichnet diesen Lebensabschnitt als prägend für Maria Stuart, da ihr am französischen Hof eine umfassende humanistische Erziehung und Ausbildung zuteil wird. Maria Stuart soll repräsentieren, ihr Mann als König von Frankreich und Schottland herrschen. Darüber hinaus erhebt sie als Urenkelin Heinrichs VII. den Anspruch, rechtmäßige Erbin des englischen Thrones zu sein. Am 24. April 1558 findet die prunkvolle Hochzeit des französischen Thronfolgers mit der jungen Königin der Schotten in Paris statt (Kap. 2). Aber die Ehe währt nicht lange. Nach dem frühen Tod ihres Mannes im Jahre 1560 kehrt Maria nach Schottland zurück und stellt sich als katholische Königin den protestantischen Reformern (Kap. 3). Es gelingt ihr zunächst, Adelsrevolten und religiöse Aufstände zu befrieden. Auf Anraten ihres Halbbruders James Stuart (später Earl of Moray) und William Maitlands erkennt sie die reformierte Kirche an, verärgert jedoch einige Reformierte, darunter John Knox, durch ihr Beharren auf katholischen Gottesdiensten in ihrer eigenen Kapelle (Kap. 4). Auf ihre Zeitgenossen wirkt sie wie das Idealbild einer Königin: jung, schön, sportlich, erlesen gekleidet, den Künsten und der Jagd zugetan, der strahlende Mittelpunkt ihres Hofes (Kap. 5). Es gelingt ihr allerdings nicht, die Frage einer Eheschließung politisch zu nutzen. Sie versucht sowohl die englische Thronfolge mit Elisabeth I. als auch eine katholische Ehe mit dem spanischen Thronfolger Don Carlos auszuhandeln (Kap. 6). Nachdem sowohl aus England als auch aus Spanien Weigerungen eintreffen, heiratet sie im Jahre 1565 ihren katholischen Cousin Henry Stuart, Lord Darnley (Kap. 7). Die Ehe widerstrebt den Protestanten, und Moray zettelt, zusammen mit anderen Adeligen, eine Rebellion an, die rasch niedergeschlagen wird. Ihre Ehe mit Darnley ist nicht harmonisch und vor allem getrübt durch ihre Weigerung, ihm die Königswürde zuzuerkennen. Ihr Vertrauensverhältnis zu ihrem italienischen Sekretär David Rizzio (auch: Riccio) erbost sowohl ihren Mann, der sie öffentlich verklagt, mit diesem ein zu intimes Verhältnis zu haben, als auch andere Adelige. Am 9. März 1566 wird Rizzio in ihrer Gegenwart (sie ist zu dem Zeitpunkt im sechsten Monat schwanger) von schottischen Adeligen in Holyrood Palace ermordet (Kap. 8). Maria Stuart gebiert am 19. Juni ihren Sohn James, der später als James VI. von Schottland und James I. von England regieren wird (Kap. 9). Ihre Position ist schwer erschüttert – durch Interessen einzelner Clans, an deren Spitze sich ihr eigener Ehemann gestellt hat. Einzige Stütze für die Königin ist James Hepburn, Earl of Bothwell, mit dem sie seit Ende des Jahres 1566 eine Freundschaft verbindet (Kap. 10). Die Freundschaft zu Bothwell, die zu einer tragischen Leidenschaft wird, und deren Folgen stehen im Zentrum von Zweigs biographischem Interesse: „Man empfindet es deshalb nicht als Widerspruch, wenn innerhalb dieses Buches die breiten Zeitspannen ihrer ersten dreiundzwanzig Jahre und wiederum die der fast zwanzig ihrer Gefangenschaft zusammen nicht mehr Raum einnehmen als die zwei Jahre ihrer leidenschaftlichen Tragödie." (Zweig GWE, Maria Stuart, S. 11) Maria Stuart unternimmt erste Versuche, ihre Ehe mit Darnley aufzulösen (Kap. 11/12). Darnley wird am 10. Februar 1567 in Kirk o'Field unter mysteriösen Umständen ermordet. Zweig sieht ihn als Opfer eines Mordkomplotts, an dessen Spitze Bothwell steht. Die bis heute ungeklärte Frage, ob Maria Stuart von dem Anschlag wusste, beantwortet Zweig positiv: „Das Günstigste, was man also von Maria Stuart sagen kann, ist, daß sie von dem geplanten Verbrechen nichts wußte, weil sie davon nichts wissen wollte, daß sie die Augen schloß und wegwendete, um dann sagen und beschwören zu können: Ich habe an dieser Tat nicht teilgehabt." (Zweig GWE, Maria Stuart, S. 232) Jedoch gesteht ihr Zweig mildernde Umstände zu. So ist seine Maria Stuart keine kaltblütige Mörderin, sondern eine von ihrer Hörigkeit gegenüber einem Mann – Bothwell – manipulierte Frau:

> Hinter sich spürt sie die Peitsche, die sie vorwärts treibt. Sie zittert vor dem Zuhälterzorn ihres Geliebten, falls sie ihm das vereinbarte Opfer nicht heranschleppt, und zittert zugleich, durch Ungehorsam seine Liebe zu verlieren. Nur daß hier eine Willenlose ihre Tat im tiefsten nicht will, daß eine seelisch Wehrlose sich wehrt gegen die aufgenötigte Zwangshandlung, nur dies allein läßt diese Tat, wenn auch im Sinne der Gerechtigkeit nicht vergeben, so doch im Sinne des Menschlichen verstehen. (Zweig GWE, Maria Stuart, S. 233)

Die Grundlage für seine These bilden die sogenannten Kassettenbriefe, von deren Authentizität – obwohl heftig umstritten – Zweig ausgeht.

Zeitgenossen sehen Bothwell zwar als den wahrscheinlichsten Attentäter; dennoch wird er vor Gericht freigesprochen (Kap. 13). Im April 1567 wird Maria Stuart von Bothwell – vermutlich mit ihrer Zustimmung – entführt. Er lässt sich von seiner Frau scheiden und heiratet die Königin am 15. Mai in einer protestantischen Zeremonie. Die Adeligen verbünden sich gegen das Paar und zwingen Maria Stuart zur Abdankung (Kap. 14/15). Bothwell flieht nach Dänemark. Er wird inhaftiert und stirbt nach jahrelanger Haft 1578 im Gefängnis. Maria Stuart wird in Lochleven Castle festgesetzt, bis sie mit Hilfe von Freunden entkommen und eine Armee werben kann. Ihre Soldaten werden am 13. Mai 1568 von den protestantischen Lords und ihren Streitkräften geschlagen. Daraufhin flüchtet Maria Stuart nach England, um von Elisabeth Unterstützung zu erbitten (Kap. 16). Mit 26 Jahren hat sie alle Höhen und Tiefen durchlebt – glanzvolle Hochzeiten, Inszenierungen königlicher Macht, Intrigen, Mord und Ausgesetzt-Sein. Die englische Königin hält ihre Konkurrentin fast 19 Jahre lang gefangen (Kap. 17–20); diesem Zeitabschnitt schenkt Zweig verhältnismäßig wenig Aufmerksamkeit. Maria Stuart wird schließlich der Anstiftung verschiedener pro-katholischer Verschwörungen gegen Elisabeth angeklagt (Kap. 21). Sie muss sich einem Hochverratsprozess stellen, wird zum Tode verurteilt (Kap. 22) und am 8. Februar 1587 in Schloss Fotheringhay hingerichtet (Kap. 23). Maria Stuarts Sohn erhebt gegen die Hinrichtung seiner Mutter keinen Einspruch. Elisabeth hatte ihm als Gegenleistung die englische Thronfolge zugesichert (Nachspiel).

3. Authentizität und Inszenierung

Die Biografie-Forschung hat einen Katalog von Merkmalen erarbeitet, mittels derer sich populäre Biografien beschreiben lassen. Zu nennen sind hier etwa die Synthetisierung, also die Bezugnahme auf bereits gesicherte Quellen, die nicht durch Zitate und Belegstellen eigens ausgewiesen werden; Strategien der Intimisierung und Personalisierung, die bei der Bearbeitung des Materials Nähe und Vertrautheit zur geschilderten Person vermitteln sollen, sowie Singularisierung und Typologisierung, die auf ein aus seiner Zeit herausgehobenes Individuum abzielen. Kurze, prägnante Geschichten betonen sowohl das Singuläre als auch das Typische der biografierten Person (Anekdotisierung). Gleichzeitig wird diese Lebensgeschichte „in eine große geschlossene Erzählung überführt" (Porombka 2009, S. 123), die einem dramatischen Aufbau folgt (Dramatisierung) und in Anlehnung an das Konzept des Entwicklungsromans oder des historischen Romans überformt wird (Überformung) (vgl. S. 122 f.). Stefan Zweig bedient sich dieser Erzählstrategien virtuos. Auf vielfältige Weise variiert er Konnotationen zum Theater. Schon zu Beginn bezeichnet er die Figuren, wie in einem Bühnenstück, als *dramatis personae* (Zweig GWE, Maria Stuart, S. 13 ff.). Das Leben der Titelfigur scheint Zweig prädestiniert für eine dramatische Darstellung: „[E]s gehört zur besonderen Form ihres Schicksals, daß alles große Geschehen sich bei ihr immer (und dies hat die Dramatiker so sehr angezogen) in ganz kurze und elementare Episoden zusammenballt." (S. 83) Konsequent ist daher immer wieder die Rede von einer „Posse" (S. 113), einer „Komödie" (S. 113), einer „Farce" (S. 120). Zweig stellt außerdem Analogien zu verschiedenen Dramen her, nicht nur zu Schiller, sondern auch zu Shakespeares *Richard III.* (S. 165), und er fasst mehrere Kapitel zu Akten zusammen (vgl. S. 180). Den Schluss der Biografie bildet schließlich ein „Nachspiel", wobei Zweig ausdrücklich auf das „freche[ ] Satyrspiel", das auf die griechische Tragödie folgt, verweist (S. 460).

In der Einleitung legt Zweig die Problematik und gleichzeitig den Reiz des Stoffes offen: die diametral unterschiedlichen Interpretationen, die verwirrende Quellenlage, die kurze Phase großer Leidenschaften und sich überstürzender Ereignisse. Zweig entscheidet sich für eine chronologische Erzählfolge, die durchaus Züge eines Entwicklungsromans trägt. Im Zentrum steht die knappe Zeitspanne von Maria Stuarts zweiter Eheschließung mit Henry Darnley bis zu ihrer Flucht nach England. Auf diese Lebensphase von etwa drei Jahren, die beinahe die Hälfte der 470 Seiten starken Biografie einnimmt, läuft die Dramaturgie der Geschehnisse zu. Zweig, der sich selbst einen „Psychologe[n] aus Leidenschaft" nennt (Zweig GWE, Der Kampf mit dem Dämon, S. 12), schildert dabei nicht nur die äußeren Ereignisse, er beschreibt vor allem die Entwicklung seiner Hauptfigur, „die Geschichte ihres innern Lebens" (Zweig GWE, Maria Stuart, S. 121). Der Blick des Biografen ist auf psychische Vorgänge und mentale Zustände gerichtet. Distanzlos inszeniert er sich als quasi-allwissender Erzähler, der sich in die geheimsten Regungen der von ihm porträtierten Personen hineindenken und hineinfühlen kann. Im Fokus steht die sexuelle Entwicklung Maria Stuarts – von der Kindfrau am französischen Hof zur umschwärmten Herrin in Schottland, von der Verführerin zur Verführten, von der Befehlenden zur Hörigen. Die Bilder, die hier aufgerufen werden, erinnern nicht von ungefähr an Weiblichkeitskonzeptionen der Jahrhundertwende. Maria Stuart, jahrelang „ein unentschiedenes, unaktives Wesen, eine Mädchenfrau" (S. 104), wird nach der leidenschaftlichen Begegnung mit Bothwell als „sehr triebhaftes und instinkthaftes Wesen" (S. 104) beschrieben, „wie willenlos gekettet an ihr Geschlecht" (S. 104), deren Kräfte „in diesem großen Moment ihrer Ekstase" (S. 104) wie „weggerissen" werden. Und „vor die Wahl gestellt zwischen ihrer Ehre und ihrer Leidenschaft, bekennt sich Maria Stuart als wirkliche Frau nicht zu ihrem Königtum, sondern zu ihrem Frauentum" (S. 104).

Für Zweigs biografische Darstellung ist die leidenschaftliche Beziehung zwischen Maria Stuart und Bothwell von eminenter Bedeutung. Sie bildet den Kulminationspunkt in seiner Dramaturgie. Die Vergleiche sprechen eine eindeutige Sprache: Von einer Leidenschaft antiken Ausmaßes ist die Rede, von „der Urkraft des Elementaren" (S. 200), von Übermaß und Überwältigung. Maria Stuart ist Bothwell verfallen. Die Inszenierungen einer sublimierten Sexualität sind Vergangenheit. Die Affektkurven, die Zweig beschreibt, von der Ekstase bis zum Zusammenbruch, ähneln dem Krankheitsbild der Hysterie. Der französische Arzt Jean-Martin Charcot (1825–1893) hat diese Phasen des Ausbruchs und der Erstarrung vorgeführt, beschrieben und bestimmt. In Zweigs romanhafter Biografie finden wir einen späten Nachklang davon. Die Historikerin Antonia Fraser, die eine wichtige wissenschaftliche Biografie über die schottische Königin vorgelegt hat, nennt medizinische Gründe für dieses auffällige Verhalten. Offenbar litt Maria Stuart an einer Porphyrie, einer erblichen Stoffwechselerkrankung, deren Symptome – schwere Anfälle von kolikartigen Leibschmerzen mit Erbrechen und einer gleichzeitigen tiefen Depression – oft als Hysterie angesehen wurden (vgl. Fraser 1971, S. 355f.).

Obwohl Stefan Zweig keine seiner Quellen explizit nennt, inszeniert er sich als gewissenhafter Historiker und Philologe. Bereits in der Einleitung distanziert er sich von Aussagen, „die auf der Folter oder sonst durch Angst oder Zwang abgerungen wurden" (Zweig GWE, Maria Stuart, S. 9), und bewertet die Berichte von Spionen und Gesandten zurückhaltend. Was die Frage der Echtheit der Sonette Maria Stuarts und der sogenannten Kassettenbriefe betrifft, bezieht Zweig hingegen eindeutig Stellung. Die Briefe sollen Maria Stuarts ehebrecherische Beziehung zu Bothwell vor dem Tod Darnleys und ihr vorheriges Einverständnis mit seiner Ermordung belegen. Zweig ist von der Autorschaft Maria Stuarts überzeugt, wenngleich die Originale verschollen sind und es sich um Abschriften und Übersetzungen handelt. „Die Haltung der Zeitgenossen, das historische Argument", so Zweig, spreche „unbedingt für die Echtheit und ebenso deutlich [...] das philologische, das psychologische" (S. 207). Wer wäre, fragt Zweig, „im damaligen Schottland fähig gewesen, in so knapper Frist in einer fremden, in französischer Sprache einen Zyklus Sonette zu dichten, die allerintimste Kenntnis der privaten Vorgänge in Maria Stuarts Leben voraussetzen?" (S. 207) Antonia Fraser kommt über 30 Jahre nach Zweigs Tod zu einem anderen Ergebnis: Sie hält die Briefe für eine Fälschung, zusammengesetzt aus früheren Liebesbriefen Bothwells und einigen Texten aus anderen Briefen. Frasers Beurteilung der Beziehung zwischen der schottischen Königin und ihrem dritten Ehemann fällt deutlich nüchterner aus (vgl. Fraser 1971, S. 311–328).

In Zweigs Biografie verliert Maria Stuart bis an ihr Lebensende nichts von ihrer erotischen Anziehungskraft. Selbst ihr Gang zur Hinrichtung wird bis ins Detail inszeniert. Im blutroten Untergewand – Rot als die Farbe der Märtyrer, aber auch der erotischen Liebe – tritt sie vor den Richtblock. Die zerstörerische Kraft der Sexualität geht aber vor allem von Bothwell aus, den Zweig als „ganze[n], urmännlich[en], kriegerische[n] Mann" (S. 186) schildert, als „Herrenmenschen" (S. 188) und autoritären Charakter. Bothwell, aus einem alten schottischen Geschlecht stammend, wird, gleichsam mythisch überhöht, als „Figur wie aus einem einzigen Block schwarzen Marmors gemeißelt" beschrieben (S. 185). Damit unterscheidet er sich von den anderen Männern, die Maria Stuart umgeben, von dem kränklichen Kindergemahl Franz II., von dem feinsinnigen Sekretär Riccio, von dem oberflächlichen Darnley. Die Bilder von Männlichkeit, die Zweig hier entwirft, oszillieren zwischen In-Frage-Stellung und Radikalisierung, Dekadenz und Heroenkult. Der Heros, der den „halbmännlichen Charakteren", den „Weichlingen und Schwächlingen" (S. 211) gegenübergestellt wird, verweist auf einen zweckgerichteten, männlichen Charakter. Dessen menschenverachtende, grausame Ausprägung sollte nur zu bald zur bitteren Wirklichkeit werden.

In Hinblick auf die Entstehungszeit (1934) und im Gegensatz zu den beiden Studien zur Reformationsgeschichte (*Erasmus* und *Castellio gegen Calvin*) ist auffällig, dass Zweig in *Maria Stuart* weder explizit noch implizit auf eine Kritik der politischen Verhältnisse in Deutschland abzielt und hier nicht auf die Rolle des Intellektuellen in autoritären Verhältnissen eingeht. Die Exilthematik ist im Text hingegen auf vielfältige Weise präsent.

4. Zeitgenössische und wissenschaftliche Rezeption

Die Biografie wurde begeistert aufgenommen. Exemplarisch sei die Besprechung von Joseph Gregor aus der *Neuen Freien Presse* erwähnt, die *Maria Stuart* mit den „stärksten Novellen Stefan Zweigs" vergleicht – „[u]nd das ist das Rühmendste, das sich von der historischen Dichtung sagen läßt, denn ihre Gestalten treten auf – nicht als lebten sie oder hätten sie gelebt, sondern als lebten und wirkten sie in uns selbst." (Gregor 1935) Richard Strauss hingegen scheint Schillers Adaption des Stoffes jener Zweigs vorzuziehen. In einem Brief vom 4. Mai 1935 schreibt er an Zweig: „Ihre Maria Stuart ist sehr interessant; merkwürdig, [wie] mit welchem genialen Instinkt Schiller auch hier wieder das essentielle des Stoffes erfaßt hat." (Strauss/Zweig 1957, S. 123)

Die Biografie erlebte eine hohe Zahl an Auflagen, wurde in internationalen Zeitungen rezensiert und unmittelbar nach Erscheinen in zahlreiche Sprachen übersetzt (1935: Englisch, Estnisch, Französisch, Italienisch, Niederländisch, Portugiesisch, Slowenisch, Spanisch, Schwedisch, Ungarisch; 1936: Dänisch, Norwegisch, Polnisch, Rumänisch). Bis heute liegen Übersetzungen in 31 Sprachen vor. 1984 wurde eine Oper, basierend auf Zweigs Biografie, nach Russland auch in Leipzig aufgeführt (Libretto: Jakow Gordin, Musik: Sergei M. Slonimski; vgl. Klawiter 1991, S. 659). Auch nachfolgende profunde Biografien über die schottische Königin nehmen auf Zweigs Werk – teils kritisch – Bezug (vgl. u.a. Fraser 1971; Muhlstein 2005).

Dieser großen Popularität steht eine vergleichsweise geringe Resonanz in der germanistischen Forschung gegenüber. Nur wenige wissenschaftliche Arbeiten beschäftigen sich explizit mit *Maria Stuart*. Die biografischen Arbeiten erwähnen – mit Ausnahme jener Praters – nur knapp den Entstehungsprozess (vgl. Prater 1981, S. 304ff.; Kerschbaumer 2003, S. 332ff.; Dines 2006, S. 271ff.; Matuschek 2006, S. 277ff.), meist bezugnehmend auf Selbstaussagen des Autors. Der Name Maria Stuart fällt im Zusammenhang mit Zweigs biografischem Schreiben (vgl. Görner 2011; Strigl 2012) und seinem Verhältnis zur Geschichte (vgl. Müller 2009) nur *en passant*.

Donald G. Daviau interpretiert *Maria Stuart* im Kontext von Zweigs Philosophie der ‚Sieger in der Niederlage': „Zweig leaves no doubt that he considers Maria Stuart guilty of the crimes attributed to her. Yet he extends his praise to her as the morally superior individual, while his scorn is reserved wholly for Elisabeth. [...] The heroic conduct which Maria Stuart maintained to her death made her in Zweig's eyes the spiritual victor over Elisabeth" (Daviau 1959, S. 8). Michel Reffet geht in seinem Aufsatz *Stefan Zweig und das Christentum* auf den Text ein, in dem er die Rolle des Katholizismus in Zweigs Werken analysiert (vgl. Reffet 2007). Irena Światłowska beschäftigt sich mit dem Thema der ‚Mutterschaft' im Spannungsfeld von Macht und Politik (vgl. Światłowska 2000), Anton Janko mit den Folgen von Maria Stuarts „unmäßige[r] Leidenschaft" (Janko 2008). Mark H. Gelber verweist in seinem Aufsatz über Stefan Zweig und die englische bzw. europäische Literatur auf die Fülle von intertextuellen Bezügen in Zweigs Biografie, die von der Antike über die elisabethanische Dichtung bis zu Schiller, Dostojewski und Rimbaud reichen. Ein besonderes Augenmerk legt Gelber dabei auf die Dramen Shakespeares, die Zweig in Hinblick auf die Geschichte Maria Stuarts psychoanalytisch liest (vgl. Gelber 2014). Im Zentrum von Ulrike Tanzers Auseinandersetzung steht der Vergleich mit Friedrich Schillers und Marie von Ebner-Eschenbachs Königinnen-Dramen (vgl. Tanzer 2014). Unter den akademischen Qualifikationsschriften, die sich mit *Maria Stuart* beschäftigen, ist die Dissertation von Anne-Elise Delatte über Alzir Hella, den französischen Übersetzer von Stefan Zweig, hervorzuheben (vgl. Delatte 2006).

Ausdrücklich auf Stefan Zweigs Biografie bezieht sich das Drehbuch des Schweizer Filmemachers Thomas Imbach, der zugleich auch Regisseur der französisch-schweizerischen Co-Produktion *Mary, Queen of Scots* aus dem Jahr 2013 ist (→ VI.7.3 Verfilmungen).

5. Forschungsperspektiven

Mögliche neue Forschungsperspektiven betreffen zunächst die Überlieferungsgeschichte, die weitgehend im Dunkeln liegt. Ausgehend von den in diesem Text genannten Quellen und den Erkenntnissen aus Zweigs Bibliothek könnte die Frage, welche Texte Zweig als Vorlagen heranzog, geklärt und untersucht werden.

Im Sinne der Biografieforschung könnte *Maria Stuart* außerdem in Relation zu anderen biografischen Arbeiten Zweigs, aber auch seiner Zeitgenossen gesetzt werden. Dabei wäre auch hier die Untersuchung des Geschichtsbildes Zweigs und dessen Entwicklung im Zuge seiner Emigration vielversprechend. Aus komparatistischer und mediengeschichtlicher Perspektive wären Vergleiche mit zeitgenössischen biografischen, literarischen und filmischen Auseinandersetzungen mit dem Maria-Stuart-Stoff wünschenswert. Ein motivgeschichtlicher Überblick zu Maria Stuart (von Schiller bis Elfriede Jelinek) könnte ebenso neue Erkenntnisse bringen wie fundierte psychoanalytische, gattungs- und gendertheoretische Auseinandersetzungen.

Stefan Zweig

Strauss, Richard/Zweig, Stefan (1957): Briefwechsel. Hg. v. Willi Schuh. Frankfurt a.M.: S. Fischer.
Zweig, Stefan (1984): Tagebücher. GWE. Hg. v. Knut Beck. Frankfurt a.M.: S. Fischer.
Zweig, Stefan (2004³): Der Kampf mit dem Dämon. Hölderlin, Kleist, Nietzsche. GWE. Hg. v. Knut Beck. Frankfurt a.M.: S. Fischer.
Zweig, Stefan (2004⁶): Maria Stuart. GWE. Frankfurt a.M.: S. Fischer.
Zweig, Stefan (2005): Briefe. Bd. IV: 1932–1942. Hg. v. Knut Beck u. Jeffrey B. Berlin. Frankfurt a.M.: S. Fischer.
Zweig, Stefan (2007⁵): Die Welt von Gestern. Erinnerungen eines Europäers. GWE. Frankfurt a.M.: S. Fischer.

Weitere Literatur

Daviau, Donald G. (1959): Stefan Zweig's Victors in Defeat. In: Monatshefte LI 1/1959, S. 1–12.
Delatte, Anne-Elise (2006): Traducteurs d'histoire, histoires de traduction. Trois écrits biographiques de Stefan Zweig par Alzir Hella (*Fouché, Marie Antoinette, Maria Stuart*). Diss. Univ. de Nantes/Univ. Düsseldorf.
Dines, Alberto (2006): Tod im Paradies. Die Tragödie des Stefan Zweig. Frankfurt a.M. u.a.: Edition Büchergilde.
Fraser, Antonia (1971): Maria, Königin der Schotten. Hamburg u.a.: Claassen.
Gelber, Mark H. (2014): Stefan Zweig, British Literature and European Sensibilites. In: Görner, Rüdiger/Renoldner, Klemens (Hg.): Zweigs England. Würzburg: Königshausen & Neumann, S. 21–34.
Görner, Rüdiger (2011): Ghostwriter der Toten. Biographisches Erzählen bei Stefan Zweig. In: Sinn und Form 63/2011, S. 85–92.
Gregor, Joseph (1935): Stefan Zweigs *Maria Stuart*. In: Neue Freie Presse, 5. 5. 1935, S. 28–29.
Hume, Martin (1903): The love affairs of Mary Queen of Scots. London: Eveleigh Nash.
Janko, Anton (2008): Leidenschaft und ihre Folgen für Maria Stuart. In: Birk, Matjaž/Eicher, Thomas (Hg.): Stefan Zweig und das Dämonische. Würzburg: Königshausen & Neumann, S. 122–127.
Kerschbaumer, Gert (2003): Stefan Zweig. Der fliegende Salzburger. Salzburg u.a.: Residenz.
Klawiter, Randolph J. (1991): Stefan Zweig. An International Bibliography. Riverside: Ariadne Press.
Lang, Andrew (1901): The Mystery of Mary Stuart. London: Longmans & Green.
Matuschek, Oliver (2006): Stefan Zweig. Drei Leben – Eine Biographie. Frankfurt a.M.: S. Fischer.
Muhlstein, Anka (2005): Die Gefahren der Ehe. Elisabeth von England und Maria Stuart. Frankfurt a.M.: Insel.
Müller, Karl (2009): Faszination Geschichte. Zum Begriff der Geschichte bei Stefan Zweig. In: Brügge, Joachim (Hg.): „Das Buch als Eingang zur Welt". Würzburg: Königshausen & Neumann, S. 77–96.
Mumby, Frank Arthur (1914): Elizabeth and Mary Stuart: The beginning of the feud. London: Constable & Company.
Porombka, Stephan (2009): Populäre Biographik. In: Klein, Christian (Hg.): Handbuch Biographie. Methoden, Traditionen, Theorien. Stuttgart, Weimar: Metzler, S. 122–131.
Prater, Donald A. (1981): Stefan Zweig. Das Leben eines Ungeduldigen. München, Wien: Hanser.
Reffet, Michel (2007): Stefan Zweig und das Christentum. In: Gelber, Mark H. (Hg.): Stefan Zweig Reconsidered. New Perspectives on his Literary and Biographical Writings. Tübingen: Niemeyer, S. 91–106.
Strigl, Daniela (2012): Biographie als Intervention. Zum Problem biographischen Erzählens bei Stefan Zweig – Fouché und Erasmus. In: Müller, Karl (Hg.): Stefan Zweig – Neue Forschung. Würzburg: Königshausen & Neumann, S. 9–25.
Światłowska, Irina (2000): *Maria Stuart* von Stefan Zweig oder die Mutterschaft in Sachzwängen der Macht und Politik. In: Czarnecka, Mirosława (Hg.): Mutterbilder und Mütterlichkeitskonzepte im ästhetischen Diskurs. Wrozlaw: Oficyna Wydawnicza ATUT – Wroclawskie Wydan, S. 115–121.
Tanzer, Ulrike (2014): „In meinem Ende ist mein Anbeginn." Zu Stefan Zweigs *Maria Stuart*. In: Görner, Rüdiger/Renoldner, Klemens (Hg.): Zweigs England. Würzburg: Königshausen & Neumann, S. 101–113.

Film

Mary, Queen of Scots. CH/F 2013. R: Thomas Imbach. Db: Thomas Imbach, Andrea Staka, Eduard Habsburg. Dst: Camille Rutherford, Mehdi Dehbi, Sean Biggerstaff, Aneurin Barnard, Edward Hogg, Tony Curran (119 min).

11.5 *Castellio gegen Calvin oder Ein Gewissen gegen die Gewalt* (1936)
Christian Klein

1. Entstehung 424
2. Inhalt 425
3. Rezeption 429

1. Entstehung

Spätestens seit 1934 hatte Anton Kippenberg im Insel Verlag deutliche Schwierigkeiten, die Bücher Zweigs angemessen zu platzieren. Sie waren den nationalsozialistischen Machthabern ein Dorn im Auge und bekanntlich anlässlich der Autodafés im Mai 1933 verbrannt worden. Als im Oktober 1935 ausgehend vom Goebbels'schen Propagandaministerium die *Liste 1 des schädlichen und unerwünschten Schrifttums* fertig gestellt worden war und damit jene Bücher zentral verzeichnet waren, die künftig im Deutschen Reich nicht mehr vertrieben werden durften, war klar, dass Zweig bei einem deutschen Verlag keine Zukunft hatte, indizierte die zunächst noch geheim gehaltene *Liste 1* doch ‚sämtliche Schriften' Zweigs (Liste 1, S. 137). Nach einem für ihn wohl schmerzlichen Trennungsprozess löste Zweig Anfang 1936 das Vertragsverhältnis mit dem Insel Verlag (vgl. Buchinger 1998, S. 259ff.; → VII.3 ZWEIG UND DIE VERLEGER). Die historisch-biografische Arbeit *Castellio gegen Calvin* erschien daher 1936 in dem kleinen, für sein anspruchsvolles und bibliophiles Programm bekannten Herbert Reichner Verlag in Wien, wo schon seit 1934 eine Reihe von Büchern Zweigs publiziert worden war, „die im Deutschen Reich zwar ‚vorhanden' waren, aber nicht mehr verbreitet wurden" (S. 255). Zweig entschied sich gegen einen ‚klassischen' Emigrantenverlag und für den mit ihm befreundeten Reichner, weil er dort nicht nur Einfluss auf die Buch-, sondern auch die Programmgestaltung nehmen konnte (vgl. S. 243, 253, 259). Dass sich Zweig mit Reichner für einen eher unpolitischen Verlag entschied, der „nicht den Anschein eines ‚typischen', stark antifaschistisch orientierten Emigrantenverlages" hatte (S. 243), trug ihm Kritik anderer Exilanten ein. Aber auch die NS-Literaturpolitik war empört, denn über direkte Bestellungen in Wien waren Zweigs Bücher auch in Deutschland, wo sie nachhaltig beworben wurden, auf diese Weise noch einige Zeit lang zu bekommen (vgl. S. 259). Bei Reichner waren bisher vor allem Neuauflagen von Insel-Titeln erschienen (etwa die Biografie *Marie Antoinette*, 1932), *Castellio gegen Calvin* stellte demgegenüber (wie zuvor *Triumph und Tragik des Erasmus von Rotterdam*, 1934) eine Erstpublikation dar. Im Deutschen Reich konnte Zweigs jüngstes Werk nicht mehr verkauft werden, weil seine Bücher seit der Veröffentlichung der *Liste 1* im März 1936 mit einem Einfuhrverbot belegt waren (vgl. S. 266).

Angeregt worden war Zweig zu dem Buch über den wichtigen, aber nur wenig bekannten Humanisten Sebastian Castellio offenbar durch einen Brief aus Calvinisten-Kreisen in Genf im Mai 1935 (vgl. die Nachbemerkung Zweigs in GWE, Castellio gegen Calvin, S. 229, sowie – auch zum Folgenden – Beck 1987, S. 235–245). Zweig scheint unmittelbar angetan von der Idee, den Kampf zwischen Calvin und seinem Widersacher, der die Mittel, mit denen die Ziele des Reformators durchgesetzt werden sollten, nachhaltig in Frage stellte, zum Ausgangspunkt eines zeitgemäßen Werkes zu machen, in dem der Kampf gegen eine Willkürherrschaft und für die Gewissensfreiheit ins Zentrum gerückt würde. Aus den Briefen vom Juni und Juli 1935 geht hervor, dass er recherchiert und Quellen studiert (vgl. Zweig, Br IV, S. 125ff.). In den folgenden Monaten kommen ihm angesichts der politischen Situation Zweifel an der optimistischen Tendenz des Projekts, aber im März 1936 kann er schließlich den Abschluss verkünden. In intensivem Austausch mit dem Nachfolger auf Calvins Stelle in Genf, Jean Schorer, aus dessen Umfeld auch die Anregung zum Projekt stammte, überarbeitet Zweig den Text, vor allem, um einerseits im Wissen seiner Sympathie für Castellio nicht ungerecht gegen Calvin zu sein und andererseits den historischen vom zeitgenössischen Calvinismus klar zu scheiden. Eine abschließende Korrektur unterbleibt, sodass einzelne historische Fehler nicht mehr korrigiert werden können. Zweig kann allerdings erwirken, dass bei einem Teil der Auflage zwei Bögen ausgetauscht werden (vgl. Klawiter 1991, S. 191).

Am 5. April und 17. Mai erscheinen im *Pester Lloyd* und in der *Neuen Freien Presse* Vorabdrucke aus dem Werk (vgl. S. 192), die Reichner – ohne das Einverständnis von Zweig (der darüber verärgert war) einzuholen – veranlasst hatte. Am 18. Mai 1936 wird die Biografie, nach Zweigs Worten „das Bild eines Mannes, der ich sein MÖCHTE" (Zweig an Joseph Roth, Herbst 1937, Roth 1970, S. 514, Herv. i. O.), ausgeliefert (vgl. Buchinger 1998, S. 266).

2. Inhalt

Zentrales Thema des Buches ist die Entwicklung des – in Zweigs Perspektive – archetypischen Kampfes zwischen Gewissen und Gewalt, das am Beispiel der theologischen Auseinandersetzungen von Johannes Calvin (1509–1564) und Sebastian Castellio (1515–1563) verdeutlicht wird. Theologie sei hier allerdings nur als „eine zufällige Zeitmaske" zu verstehen, denn schließlich gehe es um den überzeitlichen „unüberwindbaren Gegensatz[ ]" (Zweig GWE, Castellio gegen Calvin, S. 13) zwischen Ethos und Logos, Menschlichkeit und Politik, wobei Calvin klar als politischer Diktator skizziert wird und Castellio als Humanist. Zum existenziellen Konflikt zwischen Calvin und Castellio kommt es (dem Verlauf der Handlung nach) im Anschluss an die Verfolgung und Ermordung des spanischen Freidenkers Michel Servet (1511–1553), der auf Calvins Betreiben auf dem Scheiterhaufen endet. Die besondere Bewunderungswürdigkeit von Castellios Handeln geht dabei nicht zuletzt aus der von Anfang an feststehenden Aussichtslosigkeit seines Kampfes hervor (vgl. S. 12). In diesem Sinne versteht es Zweig auch als eine Aufgabe seines Buches, das „Äußerste der Gewalt wider den Gewaltlosen" (S. 20) zu reflektieren und ihn dem Vergessen zu entreißen.

Das Buch ist in zehn Kapitel unterteilt, wobei das einleitende und das abschließende Kapitel vor allem der Reflexion vorbehalten sind und der zeitgenössischen Kontextualisierung der in den Kapiteln zwei bis neun entfalteten Handlung dienen. Insgesamt ist der Aufbau sehr symmetrisch (vgl. Müller 1995): Der in den mittleren Kapiteln fünf und sechs gestaltete Wendepunkt wird jeweils gerahmt durch drei Kapitel, die die Entwicklung bis zu diesem Wendepunkt schildern, und drei Kapitel, die die Konsequenzen nachzeichnen. Der Gang der Handlung lässt sich im Einzelnen wie folgt skizzieren: Die Kapitel zwei und drei schildern Calvins Weg zur „Alleinmacht" (Zweig GWE, Castellio gegen Calvin, S. 22), zur Errichtung einer „Diktatur" (S. 32), der im Buch signifikanterweise als „Machtergreifung" (so die Überschrift des zweiten Kapitels) bezeichnet wird und damit eine deutliche Parallele zur Etablierung der menschenverachtenden NS-Ideologie zieht (vgl. Rossell 2009, S. 258, mit Hinweis auf eine Reihe weiterer Begriffe aus der NS-Terminologie, und Bier 1995, S. 108f., mit Bezügen zum Mussolini-Regime). Am Ende der Entwicklung habe „Calvins Sittenpolizei" (Zweig GWE, Castellio gegen Calvin, S. 66) ein Terrorregime etabliert, in dessen Folge „dem einzelnen wie der Masse die innere Würde und Kraft zerbrechen mußte" (S. 67). Zur Charakterisierung der Protagonisten bedient sich Zweig hier (wie in seinen Biografien insgesamt; vgl. Zimmermann 2006, S. 324) der psychologisierenden Physiognomik, derzufolge aus den äußeren Gesichtszügen die innere Disposition abzulesen ist. So sei in Calvins „Asketenantlitz" alles „hart und häßlich, eckig und unharmonisch" (S. 47), „ganz Gespanntheit, eine krampfhaft und krankhaft zusammengefaßte Energie" (S. 74), während Castellio durch ein „geistiges und ernstes Antlitz mit freimütigen, man möchte sagen wahrhaften Augen unter einer hohen, freien Stirn" ausgezeichnet ist, „milde und voll wartender Gelassenheit" eine „innere Sicherheit und Gleichgewichtigkeit" (S. 74) erkennen lassend.

Das vierte Kapitel schildert die Etablierung Castellios in Genf, wo er erst Rektor der Lateinschule wird (vgl. S. 78) und bei seiner anstehenden Berufung zum Prediger (vgl. S. 82) Calvin auf den Plan ruft, der ihn aufgrund von Differenzen „in zwei nebensächlichen theologischen Bibelauslegungen" (S. 83) nicht auf der Kanzel sehen will. Die Konfrontation eskaliert, als Castellio die calvinistischen Prediger auffordert, „sie mögen doch einmal bei sich selber Prüfung halten, statt immer nur die andern zu prüfen" (S. 86), was zu einem Vorwurf gemünzt wird, er habe das Ansehen der Geistlichkeit herabgesetzt. Castellio erkennt, „daß neben einer derart tyrannischen Natur wie Calvin in Genf für einen freien Menschen kein Raum ist." (S. 87) Er verlässt Genf und kann seine Familie nur mit Mühen über Wasser halten, bis ihm schließlich in Basel eine Universitätsstelle angeboten wird (vgl. S. 91).

In der Mitte des Buches – Kapitel fünf und sechs – wird der „Fall Servet" platziert, der Wendepunkt der Handlung. Der Spanier Michel Servet wird von Zweig mit Don Quichotte überblendet, denn nicht nur äußerlich ähnele er ihm, sondern „auch innerlich ist er verbrannt von der gleichen großartigen und grotesken Leidenschaft, für das Absurde zu kämpfen und in blindwütigem Idealismus gegen alle Widerstände der Realität anzurennen." (S. 94) Servet sei davon überzeugt gewesen, dass die Reformation der Kirche noch nicht ausreiche, u.a. weil Luther, Zwingli und Calvin das Dogma der Trinität übernommen hätten, und erklärt die Dreifaltigkeit „als unvereinbar mit der Einheit des göttlichen Wesens" (S. 95). Dass Servet nun ausgerechnet Calvin von seinen Ideen überzeugen will, besiegelt schließlich sein Schicksal, denn „Einspruch gegen seine Kirchenlehre" sei für Calvin „gleichbedeutend mit einem Staatsverbrechen." (S. 119) Aus dem theologischen Disput wird im folgenden Verfahren unversehens ein politisches Exempel, denn „im eigenen Machtbereich will der Diktator des Protestantismus diesen Prozeß durchführen und beenden, um zum Staatsgesetz zu erheben, daß jeder sein Leben wagt, der versucht, ihm zu widersprechen." (S. 121) Servet wird als Gotteslästerer verurteilt zum „Tod am Brandpfahl durch langsames Rösten bei kleinem Feuer" (S. 129). „Die Verbrennung Servets wird sofort von allen Zeitgenossen als eine moralische Wegscheide der Reformation empfunden" (S. 135), weil man die „Einführung einer neuen, einer protestantischen Inquisition" zu erkennen meint (S. 137).

Im siebten Kapitel nimmt Castellio den Kampf gegen Calvins mörderischen Fanatismus und die ideologische Selbstüberhebung auf, denn „[f]ür diese unabhängigen Denker bedeutet die Verbrennung Servets und das blutrünstige Verteidigungspamphlet Calvins selbstverständlich eine Kriegserklärung." (S. 147) Castellio lässt sich schriftlich über das Wesen der Ketzerei aus, gelangt zu der Erkenntnis, dass Ketzertum ein relativer Begriff sei und schließt: „Wenn ich nachdenke, was eigentlich ein Ketzer sei, finde ich nichts anderes, als daß wir all jene als Ketzer bezeichnen, die nicht mit unserer Meinung übereinstimmen." (S. 153) Toleranz sei die einzige Möglichkeit, die Menschheit von der Barbarei zu erretten (vgl. Schmidinger 2013; → V.5 Toleranz und Fanatismus). Kapitel acht stellt Castellios Streitschrift gegen Calvin ins Zentrum, „[u]nd diese öffentliche Anklage ‚Contra libellum Calvini', obzwar gegen einen einzelnen gerichtet, wird dank ihrer moralischen Kraft zu einer der großartigsten Kampfschriften gegen jedweden Versuch, das Wort zu vergewaltigen durch das Gesetz, die Gesinnung durch eine Doktrin und das ewig freigeborene Gewissen durch die ewig verächtliche Gewalt" (S. 167). Das neunte Kapitel schildert schließlich die Machenschaften Calvins im „Vernichtungskampf" (S. 191) gegen Castellio – ihm wird von Holzdiebstahl bis Lohnschreiberei für Papisten alles Denkbare vorgeworfen, um ihn zu diskreditieren –, bis eine „gütige Fügung" es will, „daß seinen Verfolgern nicht der sichtbare Triumph gegönnt sei, Sebastian Castellio, den Erzfeind jeder geistigen Diktatur, im Kerker, im Exil oder auf dem Scheiterhaufen zu sehen" (S. 214), denn Castellio stirbt an körperlicher Erschöpfung, bevor ihm der Prozess gemacht werden kann.

Das erste und das zehnte Kapitel sind aus der Darstellung der chronologischen Ereignisabfolge, der die anderen acht Kapitel weitgehend verpflichtet sind, herausgelöst. Die Einleitung betont das Allgemein-Vorbildhafte des Kampfes zwischen Castellio und Calvin und spannt einen Bogen zwischen der Lebenssituation Castellios im 16. Jahrhundert sowie den aktuellen politischen Entwicklungen Mitte der 1930er Jahre. Castellio habe „in einem jener furchtbaren Augenblicke der Seelenverfinsterung, wie sie von Zeit zu Zeit über die Völker fallen, sich den Blick klar und menschlich" bewahrt (S. 11f.) und in eben so einem „furchtbaren Augenblicke" (so kann der Leser ergänzen) lebe man aktuell wieder. Castellio wird in der Einleitung als geistiger Zeitgenosse Zweigs profiliert – Bernd Hamacher spricht sogar davon, er sei als „alter ego" (Hamacher 2003, S. 172) gestaltet –, wenn er als „Emigrant" (Zweig GWE, Castellio gegen Calvin, S. 11) bezeichnet wird, dessen Vorbild Ansporn sein müsse: „Der, im tiefsten Gefühl seiner Menschlichkeit herausgefordert, als einziger das Schweigen nicht mehr erträgt und bis in die Himmel seine Verzweiflung über die Unmenschlichkeiten schreit, allein für alle kämpfend und gegen alle allein!" (S. 11f.) Die Auseinandersetzung zwischen Castellio und Calvin wird so als „eine der vielen Ausprägungen eines grundlegenden, im Laufe der Menschheitsgeschichte immer wieder virulent werdenden Antagonismus" erkennbar (Müller 1995, S. 243). In der Einleitung wird damit eine der im Buch präsenten zwei Varianten von Zweigs Geschichtsverständnis manifest (→ V.1 Geschichtsbilder und Geschichtsauffassung): Während hier ein zyklisches Modell durchscheint, demzufolge sich bestimmte Phänomene im Laufe der Zeit wiederholen, folgt die biografische Darstellung Castellios insgesamt eher dem Ideal der linear-organischen Entwicklung (vgl. auch Müller 1995, S. 242 f.). Inwieweit die symmetrische Gesamtkonzeption des Buches, die man wahlweise als „organisches Ganzes" (S. 242) oder als Zyklus lesen kann, als Plädoyer für die eine oder andere Variante zu deuten ist, bleibt offen.

Das zehnte Kapitel, „Die Pole berühren einander", bemüht sich um eine versöhnlichere Einbettung des Erzählten in den historischen Gesamtzusammenhang, indem auf das positive Wirken von Calvins Lehre hingewiesen und die harmonisierende Tendenz der Geschichte herausgestellt wird. So sei aus dem System des Calvinismus „die Idee der politischen Freiheit entstanden" (Zweig GWE, Castellio gegen Calvin, S. 223) und, „merkwürdigster Umschwung von allen, Berührung der Pole – gerade jene Länder, die am stärksten von der Intoleranz durchdrungen werden sollten, sind überraschenderweise die ersten Freistätten der Toleranz in Europa geworden." (S. 223) Am Ende, so Zweig, berühren sich die vollkommenen Gegensätze „beinahe brüderlich": Die Forderungen nach Toleranz und Religion, die Ideen Castellios und Calvins seien etwa in Holland, England oder den USA untrennbar miteinander verbunden (S. 224). Doch das hier durchscheinende optimistische Geschichtsbild wird von Zweig unmittelbar wieder in Frage gestellt: „Geschichte ist Ebbe und Flut, ewiges Hinauf und Hinab; nie ist ein Recht für alle Zeiten erkämpft und keine Freiheit gesichert gegen die immer anders geformte Gewalt." (S. 226)

Hier manifestiert sich noch einmal besonders deutlich jene „Zweideutigkeit in Zweigs Geschichtsbild" (Hamacher 2003, S. 173), die auch an anderen Stellen des Textes deutlich wird, wenn es über die Geschichte heißt, dass sie eine „kalte Chronistin" sei, keine Zeit habe, „um gerecht zu sein" (Zweig GWE, Castellio gegen Calvin, S. 21), und letztlich auf Gewalt fuße (S. 185), dass „der Geist der lebendigen Entwicklung" aber das, „was uns zunächst als grober Rückschritt erschreckte, für seine geheimnisvollen Zwecke zu nützen" wisse (S. 222). In einer Art dialektischem Schluss kommt Zweig zu dem Fazit: „[W]as den Rhythmus des Lebens reaktionär hemmen will, treibt ihn in Wahrheit nach kurzem Rückschlag nur noch energischer voran" (S. 223). Das Buch endet mit den Worten: „[I]mmer wieder wird ein Castellio aufstehen gegen jeden Calvin und die souveräne Selbständigkeit der Gesinnung verteidigen gegen alle Gewalten der Gewalt." (S. 227)

Heidy M. Müller sieht in dieser Betonung der Notwendigkeit individuellen Handelns einen wichtigen Beleg für die Veränderungen in Zweigs Geschichtsverständnis in den 1930er Jahren, das sich zunehmend von einer fatalistischen Grundauffassung entferne (vgl. Müller 1995, S. 248; vgl. auch Steiman/Heiderich 1987). Verbunden hiermit ist eine Auseinandersetzung mit Fragen von Individualität und persönlicher Verantwortung (vgl. Hamacher 2003, S. 172 ff.). Auch in diesem Sinne steht das Werk ganz in der von Zweig maßgeblich mitgeprägten Tradition der ‚modernen Biografik' seit dem Ersten Weltkrieg, die bestimmt ist von einem (vermeintlichen) Widerspruch zwischen Handlungsfreiheit des Einzelnen und Entindividualisierung (vgl. Scheuer 1979, S. 176 ff.) sowie gleichzeitig Muster und Verhaltensweisen zu präsentieren beabsichtigt, welche für die Gegenwart relevant sind. Hierzu zählt auch die deutliche Tendenz zur Heroisierung Castellios, die Zweigs Ausführungen prägt, da die Eigenschaften der heroischen Persönlichkeit letztlich als überzeitlich gezeichnet werden und so eine Übertragung auf die Gegenwart erleichtern (vgl. Zimmermann 2006, S. 323).

Im Zentrum der Darstellung steht bei Zweig der heroische Charakter des Biografierten und nicht die erfolgreiche Tat, sodass Castellio trotz seines Scheiterns als Vorbild dienen kann (vgl. Zimmermann 2006, S. 342 ff.).

Daneben weist die biografische Skizze *Castellio gegen Calvin* Züge der Pamphlet- und Parabelliteratur auf (vgl. Müller 1995, S. 244 f.). So operiert der Text mit einem klaren Schwarz-Weiß-Schema, dessen Ziel es ist, die von Castellio verkörperten Ideen der geistigen Freiheit und des Mutes in ein positives Licht zu rücken. Daneben entwirft der Text eine Art Gleichnis eines ewigen Kampfes, und die häufigen generalisierenden Begriffe und Sequenzen (z.B.: „Immer wissen die Zeitgenossen am wenigsten von ihrer Zeit", Zweig GWE, Castellio gegen Calvin, S. 29; „Alle Diktaturen beginnen mit einer Idee", S. 46; „In jedem geistigen Kriege sind [...]", S. 146) verweisen auf den exemplarischen Charakter des Präsentierten.

Nicht zuletzt aufgrund von Parallelen zwischen Castellios und Zweigs Lebenslauf (Zensur- und Exilerfahrungen) kann das Werk auch als autobiografische Stellungnahme im literarischen Feld der Zeit verstanden werden (vgl. Müller 1995, S. 246 f.). Nach dieser Lesart wäre der Text als Reaktion auf jene Vorwürfe zu sehen, Zweig würde sich der NS-Politik gegenüber zu zurückhaltend geben. Während der ungestüme und unbedachte Servet zwar mit Sympathie, aber nicht als nachahmenswertes Beispiel geschildert wird, entwirft Zweig in Castellio das Vorbild eines klugen, schreibenden Gegners totalitärer Bewegungen. Wenn Zweig Castellios Leben parallelisierend vergegenwärtigt, Castellios Sache hier „zu seiner [...] eigenen Sache macht" (Strigl 2012, S. 13), inszeniert er sich in gewisser Hinsicht als dessen legitimer Nachfolger.

3. Rezeption

Die Aufnahme des Buches scheint ambivalent gewesen zu sein. In der deutschsprachigen Schweiz ist *Castellio gegen Calvin* anscheinend auf heftige Ablehnung gestoßen (vgl. Beck 1987, S. 241 f.). Zweig berichtet davon in einem Brief an den Genfer Pfarrer Jean Schorer und führt die negative Kritik darauf zurück, dass das Buch im Jahr des Gedenkens an den 400. Todestag Calvins als Angriff auf diesen Repräsentanten der Schweizer Nationalehre aufgenommen wurde. Auch wenn Zweig überlegt, einige als besonders anstößig rezipierte Passagen bei einer späteren Ausgabe mildernd nachzubessern, so ist er doch von der Richtigkeit seines Ansatzes, den bewunderungswürdigen Castellio wieder ins Bewusstsein zu rücken, überzeugt und schließt, dass man sich im Zweifel „für eine gute Sache eben beleidigen lassen" müsse (zit. n. Beck 1987, S. 242). Demgegenüber ist das Buch bei den Kollegen, denen Zweig es hatte zukommen lassen, wohl – im Gegensatz zum *Erasmus*-Buch – recht gut angekommen. Insbesondere unter anderen deutschen Emigranten drehte es zum Teil die Stimmung zugunsten Zweigs, weil man nun seine Position besser einschätzen zu können glaubte (vgl. Müller 1995, S. 246 ff.). So lobte Ernst Weiß das Buch in einem Dankschreiben an den Autor als „ungeheuren Wurf", und Thomas Mann bezeichnet es in einem Brief an Zweig als „Sensation, tief erregend, [...] trostlos und tröstlich zugleich" (zit. n. Beck 1987, S. 242). In seinem Tagebuch bezeichnet Mann es als „stofflich interessant" und „packend" (ohne freilich eine abqualifizierende Anmerkung, derzufolge es „ordinär geschrieben" sei, auszulassen) (Mann 1978, S. 306). Zweig resümiert jedenfalls, dass das Buch „auf die wesentlichen Leute Eindruck" gemacht habe (zit. n. Beck 1987, S. 243).

Allerdings wird unter exilierten Kollegen auch Kritik laut. In der in Moskau erscheinenden Exil-Zeitschrift *Das Wort* rezensiert Kurt Kersten für die Januar-Ausgabe 1937 Zweigs Buch und lobt zunächst, dass Zweig hier „streitbarer als sonst der Diktatur den Krieg erklärt" und die Erinnerung an den Humanisten Castellio geweckt habe (Kersten 1937, S. 94). Doch habe Zweig, so Kersten weiter, eine falsche Front aufgemacht, denn nicht Castellio und Servet seien die eigentlichen Gegenspieler Calvins gewesen, sondern der Papst und die Monarchen. Diesem Verständnis nach konnte Calvin, eine der „großen progressiv wirkenden Figuren der Geschichte" (S. 95), gar nicht anders handeln, um seine eigene Idee durchzusetzen, was dem Leser aber verborgen bleiben müsse, denn „Zweig unterläßt es leider in seinem Buche, die politische Konstellation zu zeichnen, in der sich Genf damals befand, er retouchiert auch die Gestalten Servets und Castellios zu ihren Gunsten und vermeidet es, ihre Verbindungen mit der Konterrevolution zu schildern, läßt zweifelhaft, was zu Servets und Castellios Ungunsten gedeutet werden muß, und wirft alle Schatten auf Calvins Vorgehen. Es sind die Methoden der Pamphletisten, nicht des Geschichtsschreibers, die Zweig hier leidenschaftlich, ehrlich überzeugt anwendet" (S. 96). In dieser Interpretation erscheinen Calvins Gegner schließlich als „Schädlinge" (S. 97), seine damalige Lage aber von „erregender Aktualität" (S. 95) und ihr Studium nützlich, um etwaige konterrevolutionäre Bestrebungen niederzuschlagen. Dass diese Deutung vor dem Hintergrund der sich ab 1935 verstärkenden Volksfront-Bestrebungen gesehen werden muss, liegt auf der Hand.

Das Publikum schien Gefallen an Zweigs jüngstem Werk zu finden, jedenfalls ist bereits am 6. Juni die erste Auflage von 5000 Exemplaren vergriffen (vgl. Buchinger 1998, S. 267). Insbesondere im Hinblick auf die anstehenden Übersetzungen wollte Zweig das Buch noch einmal durchsehen und etwaige historische Ungenauigkeiten beheben (vgl. Beck 1987, S. 243). 1936 erschienen die englische und die holländische Übersetzung mit je anders akzentuierenden Titeln: *The Right to Heresy* hier, *Strijd rond en Brandstapel* (dt. ‚Kampf um einen Scheiterhaufen') dort (vgl. Klawiter 1991, S. 192). Im Deutschen Reich konnten die Bücher (wie erwähnt) nicht mehr vertrieben werden, aus Herbert Reichners Leipziger Bücherlager waren Zweigs Werke im Mai konfisziert worden, und Zweig berichtet an Joseph Roth, „auch die Auslieferung nach Ungarn, Polen etc. die – Österreich hat kein Clearing mit diesen Staaten – bisher über dieses edle Land ging, ist unmöglich" (Beck 1987, S. 244). Allerdings erscheint 1937 eine ungarische Ausgabe (vgl. Klawiter 1991, S. 193). Das Buch wurde darüber hinaus in folgende Sprachen übersetzt: 1936 ins Portugiesische, 1937 ins Spanische (erschienen in Chile – 1940 erschien eine weitere spanischsprachige Ausgabe, bei der als Druckorte Barcelona und Buenos Aires angegeben sind) und 1942 ins Schwedische (vgl. S. 193f.). Eine für 1936 geplante französische Ausgabe erschien erst 1946 (vgl. S. 193) und wurde zwei Jahre später zum Auslöser eines Streits in calvinistischen Kreisen, in dessen Zentrum gleichermaßen das Buch wie die Person des Genfer Pfarrers Schorer stand, dessen Rolle als Berater heftig kritisiert wurde. Es dauerte schließlich fast 20 Jahre, bis 1954 eine neue deutsche Ausgabe von *Castellio gegen Calvin* im S. Fischer Verlag erschien. Auch diese Ausgabe war Anlass für Kritik seitens religiöser Kreise, die der Meinung waren, Zweig instrumentalisiere die Religion, um ideologische Konflikte auszutragen (vgl. Beck 1987, S. 244f.). Dessen ungeachtet wurde das Buch anlässlich der Neuausgabe von der Kritik als Beispiel für den „Sieg des freien Geistes" (Hugo Hartung) gelobt (zit. n. Beck 1987, S. 245).

Die erstaunliche Aktualität des Buches beweist unter anderem die 2013 erschienene arabische Übersetzung unter dem Titel *Die Gewalt der Diktatur*, der in ganz besonderer Weise „den arabischen Zeitumständen Rechnung trägt" (Hoffmann 2016, S. 321).

Stefan Zweig

Zweig, Stefan (1987): Castellio gegen Calvin oder Ein Gewissen gegen die Gewalt. GWE. Hg. v. Knut Beck. Frankfurt a. M.: S. Fischer.
Zweig, Stefan (2005): Briefe. Bd. IV: 1932–1942. Hg. v. Knut Beck u. Jeffrey B. Berlin. Frankfurt a. M.: S. Fischer.

Weitere Literatur

Beck, Knut (1987): Nachbemerkung des Herausgebers. In: Zweig, Stefan: Castellio gegen Calvin oder Ein Gewissen gegen die Gewalt. GWE. Hg. v. Knut Beck. Frankfurt a. M.: S. Fischer, S. 233–245.
Bier, Jean Paul (1995): Zur Rhetorik des Legendenprinzips im Einsatz gegen den Faschismus. In: Gelber, Mark. H./Zelewitz, Klaus (Hg.): Stefan Zweig. Exil und Suche nach dem Weltfrieden. Riverside: Ariadne Press, S. 103–111.
Buchinger, Susanne (1998): Stefan Zweig – Schriftsteller und literarischer Agent. Die Beziehungen zu seinen deutschsprachigen Verlegern (1901–1942). Frankfurt a. M.: Buchhändler-Vereinigung.
Hamacher, Bernd (2003): Das Verschwinden des Individuums in der Politik. Erasmus, Luther und Calvin bei Stefan Zweig und Thomas Mann. In: Eicher, Thomas (Hg.): Stefan Zweig im Zeitgeschehen des 20. Jahrhunderts. Oberhausen: Athena, S. 159–178.
Hoffmann, Friedhelm (2016): Bücherschau (arabische Judaika) – mit Anmerkungen zur arabischen Stefan-Zweig-Rezeption. In: Judaica 72/2/2016, S. 302–328.
Kersten, Kurt (1937): Pamphletist und Geschichtsschreiber. In: Das Wort 2/1/1937, S. 94–97.
Klawiter, Randolph J. (1991): Stefan Zweig. An International Bibliography. Riverside: Ariadne Press.
Liste 1 des schädlichen und unerwünschten Schrifttums gemäß § 1 der Anordnung des Präsidenten der Reichsschrifttumskammer vom 24. 5. 1935. Bearb. u. hg. v. der Reichsschrifttumskammer. Stand vom Oktober 1935. Berlin o. J.
Mann, Thomas (1978): Tagebücher 1935–1936. Hg. v. Peter de Mendelssohn. Frankfurt a. M.: S. Fischer.
Müller, Heidy M. (1995): *Castellio gegen Calvin*. Stefan Zweigs „Prinzip Hoffnung" angesichts der postulierten immerwährenden Wiederkehr des Gleichen. In: Gelber, Mark H./Zelewitz, Klaus (Hg.): Stefan Zweig. Exil und Suche nach dem Weltfrieden. Riverside: Ariadne Press, S. 241–251.
Rossell, Anna (2009): Stefan Zweig: *Castellio gegen Calvin oder: Ein Gewissen gegen die Gewalt*. In: Springer, Bernd F. W./Fidora, Alexander (Hg.): Religiöse Toleranz im Spiegel der Literatur. Eine Idee und ihre ästhetische Gestaltung. Wien u. a.: LIT, S. 257–268.
Roth, Joseph (1970): Briefe 1911–1939. Hg. u. eingel. v. Hermann Kesten. Köln: Kiepenheuer & Witsch.
Scheuer, Helmut (1979): Biographie. Studien zur Funktion und zum Wandel einer literarischen Gattung vom 18. Jahrhundert bis zur Gegenwart. Stuttgart: Metzler.
Schmidinger, Heinrich (2013): Castellio – ein Gewissen seiner Zeit. In: Barth, Franziska/Gauß, Karl-Markus (Hg.): Liber Amicorum Klemens Renoldner. Salzburg: Eigenverlag, S. 105–112.
Steiman, Lionel B./Heiderich, Manfred W. (1987): Begegnung mit dem Schicksal: Stefan Zweigs Geschichtsvision. In: Gelber, Mark H. (Hg.): Stefan Zweig heute. New York u. a.: Lang, S. 101–129.

Strigl, Daniela (2012): Biographie als Intervention. Zum Problem biographischen Erzählens bei Stefan Zweig – Fouché und Erasmus. In: Müller, Karl (Hg.): Stefan Zweig – Neue Forschung. Würzburg: Königshausen & Neumann, S. 9–25.

Zimmermann, Christian von (2006): Biographische Anthropologie. Menschenbilder in lebensgeschichtlicher Darstellung (1830–1940). Berlin, New York: de Gruyter.

11.6 Magellan. Der Mann und seine Tat (1938)
Maria de Fátima Gil

1. Entstehung 432
2. Inhalt. 433
3. Konfigurationen des Ferdinand Magellan 434
4. Magellan: Einzigartig und typisch 435
5. Rezeption und Forschung 436

1. Entstehung

Beim Blick auf das biografische Werk von Stefan Zweig ist eine Studie über einen Seefahrer des 16. Jahrhunderts nicht überraschend: Seefahrer und Abenteurer haben große Bedeutung in der Zweig'schen Hierarchie der Helden. Aber dem Portugiesen Fernão de Magalhães schrieb der Autor besondere Bedeutung zu. Bereits im zweiten Kapitel des Werks *Triumph und Tragik des Erasmus von Rotterdam* (1934) charakterisiert Zweig sein Abenteuer als „die denkwürdigste, die krönende […] und kühnste Tat" des Zeitalters der Entdeckungen (Zweig GWE, Triumph und Tragik des Erasmus von Rotterdam, S. 24).

Die Biografie *Magellan. Der Mann und seine Tat* entstand allerdings erst im Sommer 1936, während Zweigs erster Reise nach Brasilien. In der Einführung berichtet er, dass ein paar Bände über die Entdeckungen in der Schiffsbibliothek seine Aufmerksamkeit auf Magalhães gelenkt hatten. Wie so oft ist diese Behauptung wohl eine erzählerische Stilisierung, denn die Geschichte Magalhães' war ihm längst bekannt. Tagebucheintragungen lassen jedoch vermuten, dass Zweig die Monografie von Johann Georg Kohl *Geschichte der Entdeckungsreisen und Schifffahrten zur Magellan's Straße und zu den ihr benachbarten Ländern und Meeren* (1877) an Bord gelesen hat (vgl. Gil 2008, S. 206f.).

Bevor Zweig in Rio de Janeiro eintraf, hatte er schon seine Frau brieflich gebeten, ihm einige Bücher, darunter „ein kleines Buch über Magellan" (Zweig/Zweig 1951, S. 297; Beck 1983, S. 307), nach London zu senden. Unter den verwendeten Quellen ist *Relazione del Primo Viaggio Intorno al Mondo* (1524, dt. ‚Bericht über die erste Reise um die Welt') hervorzuheben, der Bericht des Chronisten der Weltumsegelung, Antonio Pigafetta. Weiter sind der vierte Band der *Coleccion de los viajes y descubrimientos que hicieron por mar los españoles desde fines del siglo XV* (1837; dt. ‚Sammlung der spanischen Reisen und Entdeckungen über das Meer seit dem Ende des 15. Jahrhundert') des spanischen Marine-Historikers Martin Fernandez de Navarrete sowie verschiedene historiografische Studien über die erste Weltumsegelung zu nennen (vgl. Gil 2008, S. 208–210). Hinweise auf Anregungen und Quellen finden sich in der Danksagung am Ende des Buchs. Besonders bemerkenswert ist allerdings die zu Zweigs Zeit brandneue Monografie *Fernão de Magalhães*, mit deren Veröffentlichung in Heftform der Portugiese Visconde de Lagoa (João António de Mascarenhas Júdice) 1936 begonnen hatte. Die Tatsache, dass Zweig offenbar Kenntnis von den bis dahin verfügbaren Heften dieses fast unbekannten Historikers und Geografen hatte, bestätigt auch in diesem Fall, wie umfassend er sich über den jeweiligen historiografischen Forschungsstand im Bereich seines Studienvorhabens informierte.

Zu Beginn des Jahres 1937 war die Arbeit über Magalhães bereits sehr weit fortgeschritten. Durch seinen Freund Joseph Gregor ließ Zweig noch das Manuskript von Eugen Oberhummer, Professor für historische und politische Geografie in Wien, kritisch durchsehen. Dieser hatte 1921 einen Essay über die Weltumsegelung veröffentlicht.

Die Biografie wurde schließlich im November 1937 im Herbert Reichner Verlag publiziert; im Impressum wird jedoch 1938 als Erscheinungsjahr genannt.

2. Inhalt

Zweigs Magellan-Buch beginnt nicht unmittelbar mit der Geschichte des Seefahrers. Auch hier legt der Autor zuerst die Gründe für sein Interesse an dieser Figur dar. Der auslösende (und eher unübliche) Anlass soll das Gefühl der „Beschämung" (Zweig GWE, Magellan, S. 7) gewesen sein, da ihn die sicheren und komfortablen Bedingungen seiner Überfahrt nach Brasilien bewogen hatten, sich die Unsicherheit und den Mut der Entdecker zu vergegenwärtigen. Entscheidend war für ihn auch, wie er schreibt, die geringe Kenntnis der Figur Magellans in der westlichen Kultur.

Weniger offenkundig, aber ebenso wichtig sind in dieser Einführung das Selbstverständnis des Autors und seine Vorstellung von Geschichte (→ V.1 Geschichtsbilder und Geschichtsauffassung). Wie in anderen Fällen (z. B. in der Einleitung zu *Sternstunden der Menschheit*, 1927) inszeniert sich Zweig auch hier als bloßer Schreiber, dessen Aufgabe nur die getreue Wiedergabe der Geschichte sei. Diese wiederum wird als vollkommene Dichterin und *magistra vitae* dargestellt. „[I]mmer gewinnt nur an dem Unglaubhaften, das sie geleistet, die Menschheit ihren Glauben an sich selbst zurück." (S. 11) Mit dieser These setzt Zweig bereits auf den ersten Seiten ein Zeichen der Ermutigung, das er am Ende der Biografie wiederholen wird und das seine Leser auf den spezifischen Zusammenhang der 1930er Jahre beziehen sollen.

Der Einführung folgt der eigentliche biografische Text. Das erste narrative Segment, das Kapitel „Navigare necesse est", behandelt die portugiesischen Entdeckungen bis zum 16. Jahrhundert. Mit dieser Kontextualisierung beweist Zweig seinen Scharfsinn hinsichtlich der Mechanismen der Macht und der Bedeutung ökonomischer Aspekte für die Entwicklung der Gesellschaft. Danach erst tritt die Figur Magellan auf: Sein Leben füllt die zehn folgenden Kapitel. Daran schließt Zweig die Erzählung der schwierigen „Heimfahrt ohne Führer" nach Magellans Tod an. Die Biografie endet mit dem Kapitel „Die Toten behalten unrecht". Hier liefert der Biograf in Form eines Epilogs nicht nur historische Informationen über die Meerenge, die spätere Magellanstraße, bis zum 20. Jahrhundert, sondern auch über die Erträge, die das Abenteuer Magellans der Menschheit brachte. Die harmonisierende Rahmenstruktur, die mit diesem Kapitel vervollständigt wird, zeichnet sich dadurch aus, dass keiner der beiden Pole des Erzähltextes eine Datumsangabe aufweist, ganz im Gegensatz zu den mittleren Kapiteln, in denen die Untertitel präzise chronologische Hinweise liefern.

Die Handlung gliedert sich in zwei sehr ausgewogene Makro-Sequenzen. Der erste Block umfasst fünf Kapitel, von Magellans Debüt in der Navigation bis zu seinen letzten Vorbereitungen für die gewagte Molukken-Unternehmung. Der zweite Block, auch aus fünf Kapiteln bestehend, erzählt die Episoden des maritimen Abenteuers bis zum Tod des Generalkapitäns. Der Text erhält, auf diese Weise unterteilt, eine dramatische Spannungskurve, die den Helden charakterisiert: Sie steigt bis zur Klimax des Reisebeginns und der Entdeckung der Passage und fällt dann ab bis zum Tod des Entdeckers und der Rückkehr der Überlebenden auf der *Victoria*. Man kann allerdings nicht von einer linearen Entwicklung reden. Die Handlung schreitet zwar chronologisch fort, bietet indes immer wieder dramatische Höhepunkte zwischen mehreren retardierenden Episoden.

Auch der interne Aufbau der Kapitel folgt diesen Prinzipien (die Zäsuren und die Wechsel in der Diegese werden sogar durch grafische Leerzeilen gekennzeichnet), aber die Kapitel bilden wenn auch kleine, so doch autonome und geschlossene Einheiten, die der Biograf mit kommentierenden Anmerkungen umrahmt. Das bedeutet jedoch nicht, dass die analytische Ebene des Werks sich auf diese zwei Pole beschränkt. Jedes Ereignis kann ein Urteil des Biografen hervorrufen. Seine Kommentare zeigen sich etwa durch das Aufzählen von Lebensregeln (die Verfahren und Verhaltensweisen durch Adverbien wie „immer", „nie", „alle", „gewiss" etc. verallgemeinern) oder durch rhetorische Fragen und Ausrufe (die die Reaktionen der Leser lenken) sowie durch die Verwendung erkennbarer kultureller Referenzen aus der Natur, der Mythologie oder auch aus der Literatur.

3. Konfigurationen des Ferdinand Magellan

Magellans Geschichte beginnt mit seiner Initiation im Rahmen der portugiesischen Indienfahrten. Da es sich bei ihm lediglich um einen einfachen Soldaten unter vielen handelt, erwähnt ihn der Biograf anfangs nur flüchtig und ohne jegliche physische Beschreibung. Zweig erzählt zunächst die verschiedensten Episoden, an denen Magellan beteiligt ist und in denen seine Charakterzüge wie Intelligenz, Mut und Loyalität hervorstechen. Erst nachdem die Sympathie des Lesers durch diese Eigenschaften gewonnen ist, stellt er das Aussehen des Seefahrers mit größerer Schärfe dar. Magellan wird dann als „dieser dunkle, kleine, unauffällige und schweigsame Mann" und noch als „der kleine, bauernhaft breitschultrige, derb untersetzte, schwarzbärtige Portugiese mit dem tiefen, verdeckten Blick" (Zweig GWE, Magellan, S. 63f.) vorgestellt.

Eine solche Beschreibung basiert größtenteils auf einem der Gemälde, die Zweig der Biografie beilegte und spiegelt, bis zu einem gewissen Grad, interkulturelle Klischees über die Völker Südeuropas wider. Doch mittels dieser Beschreibung erreicht der Autor zwei wichtige Ziele. Einerseits schafft er die nötigen Voraussetzungen für die Entwicklung eines seiner überzeugenden Psychogramme: Ausgehend von der körperlichen Beschaffenheit Magellans zeigt Zweig dessen innere Welt, die dicht und verworren ist und unter seinen Zeitgenossen Unbehagen und Feindseligkeit erregt. Andererseits widerlegt der Biograf durch das Unterstreichen der eigenartigen Züge der Figur die traditionelle Repräsentation des Helden und die Denkschemata der Leser: Magellan, düster aussehend, enigmatisch und mit steifem Knie, steht im Kontrast zu der Überzeugung, dass mit hohen moralischen oder geistigen Ansprüchen zwangsweise ein perfektes Aussehen einhergeht. Mehr noch: Im spezifischen Fall der deutschen Leser (die Zweig 1937 noch zu erreichen glaubte) stellten solche Besonderheiten die ostentativ arischen Modelle der nationalsozialistischen Literatur in Frage.

Im selbst verordneten Exil in Spanien zeigt der „tragische[ ] Einzelgänger" (Zweig GWE, Magellan, S. 64), der schließlich König Carlos I. (später Karl V., Kaiser des Heiligen Römischen Reiches Deutscher Nation) überzeugte, sein Abenteuer zu finanzieren, eine unerschütterliche Entschlossenheit. Zweig hatte bereits 1929 in der Biografie *Joseph Fouché* die Emigration als eine Chance für die Neuausrichtung der Fähigkeiten jedes menschlichen Wesens dargestellt. Magellans Figur bestätigt jetzt diese Perspektive. Sicherlich stellt der Verdacht des Verrats Magellan in eine identische Situation mit der shakespeareschen Figur des Coriolanus (vgl. S. 110) und möglicherweise sogar mit der Situation der Exilierten der 1930er Jahre. Vielleicht eben aus diesem Grund stilisiert der Autor die Entscheidung des Seefahrers zum bewussten Entschluss zur Selbstaufopferung. Seiner Meinung nach hat der Portugiese sein Land nicht verraten: Er ging aufgrund einer Mission von universeller Tragweite ins Exil, weil die Entdeckung der Passage vom Atlantik zum Pazifik nicht einem einzelnen Staat, sondern der gesamten Menschheit diente.

Selbstverständlich zeigt der Text ebenfalls die negativen Merkmale Magellans, aber diese sind für den Biografen verglichen mit der toleranten Vorgehensweise des Seefahrers im Zusammentreffen der Kulturen wenig relevant. Für Zweig besteht das Ziel Magellans darin, Bande der Freundschaft und des Vertrauens zwischen den Völkern zu schaffen. Auch in diesem Sinne leistet Magellan seinen Beitrag für die Menschheit. Die Weltumsegelung, die Vermessung der Erde, die Möglichkeit humanistische Ideale selbst in Zeiten großer Grausamkeit zu behaupten, machen Magellan für den Autor zum positiven Helden und Vorbild. Die Tatsache, dass ein Mann, der all das erreichte, auf einer Insel im Pazifik verschollen ist, führte schließlich dazu, dass ein gewöhnlicher Mensch zum Mythos wurde.

4. Magellan: Einzigartig und typisch

Magellan beginnt bei Zweig als Individuum, dem persönliche Eigenschaften zugeschrieben werden, das sich aber allmählich und ohne seine Identität zu verlieren in einen Typus verwandelt. Zunächst einmal gewinnt er Konturen eines Typus, weil er psychologische und soziale Merkmale besitzt, die häufig in der Epoche der Entdeckungen zu verzeichnen waren und sogar in der literarischen Tradition Eingang fanden (z.B. in den maritimen Abenteuerromanen). Aber Magellan entwickelt sich zu einem wahren Symbol, weil er im Laufe der Biografie die europäischen humanistischen Werte und den bürgerlichen Glauben an die Wirksamkeit der individuellen Handlung allegorisch vereint.

Im Kontext der Produktion, durch das Aufsteigen der Faschismen geprägt, hatte diese Dimension einen deutlichen Aktualitätsbezug. Dadurch gerät Magellan in die Nähe jener Figuren, die Zweig zuvor dargestellt hatte, wie z.B. Erasmus von Rotterdam und Sebastian Castellio. Vielleicht erweist sich im Fall Magellan die historische Parallele zu den 1930er Jahren nicht so deutlich, wie Zweig sie in jenen beiden Büchern zur Reformationsgeschichte gezeichnet hat. Dort sind das Gute und das Böse klar (und manichäistisch) getrennt. Erasmus und Castellio stehen als Helden des Humanismus für Zweigs friedenstiftende Mission; Martin Luther und Johannes Calvin repräsentieren den geistfeindlichen, autoritären Typus. Dagegen verkörpert

Magellan gleichermaßen positive und negative Eigenschaften. Seine Rolle als oberster Kommandant, der von einer monomanischen Idee besessen ist und vor Gewaltanwendung nicht zurückschreckt, erweist sich als besonders problematisch. Zur Entstehungszeit des Buchs hätte diese Verhaltensweise sogar als wohlwollende Einschätzung eines diktatorischen Prinzips gelesen werden können.

5. Rezeption und Forschung

Magellan. Der Mann und seine Tat ist in der Auseinandersetzung mit Stefan Zweig die am wenigsten behandelte seiner großen Biografien. Die Mehrheit der Kritiker erwähnt sie nur am Rande. Einige beschränken sich darauf, das Interesse des Biografen für Magalhães so zu paraphrasieren, wie es der Autor selbst im einleitenden Kapitel des Textes darlegt (z. B. Honsza 1964, S. 129 f.; Prater 1972, S. 254; Steiman/Heiderich 1987, S. 114). Andere erörtern die Figur Magellan etwas detaillierter und betonen dabei die Projektion des Autors und seiner historischen und existentiellen Situation auf die Figur (z. B. Strelka 1981, S. 114–116; Zelewitz 1981, S. 106 f.; Dines 1995, S. 312 f.; Dines 2006, S. 295). Häufig wird das Werk als Rückfall des Schriftstellers in Biografismus und Flucht vor der politischen Lage in Europa nach Hitlers Machtergreifung gesehen (vgl. Müller 1988, S. 115 f.; Daviau 1995, S. 174 f.). Maria de Fátima Gil (2008) widerspricht dieser letzten Meinung in einer umfangreichen Studie über *Magellan*, in der sie die verschiedenen Verbindungen mit dem Entstehungskontext aufzeigt und die Integration des Textes in die literarische Reihe der sogenannten modernen Biografie (vgl. Scheuer 1979) der 1920er und 1930er Jahre darstellt. Auch Christian von Zimmermann (2006, S. 330–348) behandelt diese Zusammenhänge in seinem Vergleich des Zweig'schen Texts mit der 1938 veröffentlichten Biografie, die der Schriftsteller Rudolf Baumgardt dem portugiesischen Entdecker widmete.

Beim Blick auf die Rezeption zur Zeit der Veröffentlichung ist die Besorgnis des Philosophen und Schriftstellers Ludwig Marcuse bemerkenswert. In einer Buchbesprechung im Exil-Magazin *Das Wort* aus dem Jahr 1938 schreibt er:

> Nichts beweist mehr die Gefährlichkeit der Maxime von dem notwendigen Gegensatz zwischen Vernunft und Heldentum als ihre Ähnlichkeit mit dem, was heute in Deutschland gelehrt wird: der Primat des Heldischen vor jedem Kultur-Wert. [...] Magellans Fahrt um die Erde ist staunenswert. Und der gedrängte, dramatisch pointierte Bericht Stefan Zweigs weckt das Interesse des Lesers an dem großen Abenteurer. Aber eine vielleicht nicht ganz ungerechtfertigte Empfindlichkeit revoltiert gegen diese Glorifizierung eines zähen Abenteurers – obwohl die gute Absicht des Autors nicht verborgen bleibt. (Marcuse 1989, S. 207)

Auch der Arzt und Schriftsteller Ernst Weiß, einer jener Exil-Autoren, die Zweig finanziell unterstützte, hatte in selben Jahr in Paris einen Artikel veröffentlicht. Er teilt Marcuses Zweifel nicht: „Es ist ein Buch für Männer, es ist ein Werk für junge Menschen, die von einer Zeit wie der unseren fast erdrückt werden, das Zweig hier geschaffen hat. Es gibt Mut. Und was brauchen wir heute mehr als Mut? Wer das Buch Zweigs gelesen hat, hat neuen Mut gewonnen zum Leben und zur Liebe. Denn Schicksal und Liebe – und sei es die zu einer Idee – ist es nicht das gleiche?" (Weiß 1982, S. 430; vgl. Beck 1983, S. 315)

Sicher stellt *Magellan* ein Buch der Ermutigung dar. Die Leistung des Entdeckers, einen Weg durch die Meeresenge gefunden zu haben, der es in gewissem Sinne geschafft hatte, den Okzident mit dem Orient zu verbinden, bedeutete in der Zeit von Gewaltherrschaft und Rassismus eine Botschaft der Hoffnung.

Stefan Zweig

Zweig, Friderike/Zweig, Stefan (1951): Ein Briefwechsel 1912–1942. Hg. v. Friderike Zweig. Bern: Scherz.
Zweig, Stefan (1981): Triumph und Tragik des Erasmus von Rotterdam. GWE. Frankfurt a. M.: S. Fischer.
Zweig, Stefan (1983): Magellan. Der Mann und seine Tat. GWE. Hg. v. Knut Beck. Frankfurt a. M.: S. Fischer.

Weitere Literatur

Beck, Knut (1983): Nachbemerkung des Herausgebers. In: Zweig, Stefan: Magellan. Der Mann und seine Tat. GWE. Hg. v. Knut Beck. Frankfurt a. M.: S. Fischer, S. 301–316.
Daviau, Donald G. (1995): Stefan Zweig: A Model and Victim of the Impressionistic Lifestyle of the Fin de Siècle. In: Gelber, Mark H./Zelewitz, Klaus (Hg.): Stefan Zweig. Exil und Suche nach dem Weltfrieden. Riverside: Ariadne Press, S. 167–188.
Dines, Alberto (1995): Death in Paradise: A Postscript. In: Gelber, Mark H./Zelewitz, Klaus (Hg.): Stefan Zweig. Exil und Suche nach dem Weltfrieden. Riverside: Ariadne Press, S. 309–326.
Dines, Alberto (2006): Tod im Paradies. Die Tragödie des Stefan Zweig. Frankfurt a. M. u. a.: Edition Büchergilde.
Gil, Maria de Fátima (2008): Uma Biografia „Moderna" dos Anos 30. *Magellan. Der Mann und seine Tat* de Stefan Zweig. Coimbra: MinervaCoimbra e Centro Interuniversitário de Estudos Germanísticos.
Honsza, Norbert (1964): Stefan Zweig und die dichterische Biographie. In: Annali. Sezione Germanica 7/1964, S. 123–141.
Marcuse, Ludwig (1989): Stefan Zweig – *Magellan*. In: Ders.: Wie alt kann Aktuelles sein? Literarische Porträts und Kritiken. Hg. u. mit einer Nachbemerkung u. einer Auswahlbibliographie v. Dieter Lamping. Zürich: Diogenes, S. 205–207.
Müller, Hartmut (1988): Stefan Zweig. Reinbek b. H.: Rowohlt.
Prater, Donald A. (1972): European of Yesterday. A Biography of Stefan Zweig. Oxford: Clarendon.
Scheuer, Helmut (1979): Biographie. Studien zur Funktion und zum Wandel einer literarischen Gattung vom 18. Jahrhundert bis zur Gegenwart. Stuttgart: Metzler.
Steiman, Lionel B./Heiderich, Manfred W. (1987): Begegnung mit dem Schicksal: Stefan Zweigs Geschichtsvision. In: Gelber, Mark H. (Hg.): Stefan Zweig heute. New York u. a.: Lang, S. 101–129.
Strelka, Joseph (1981): Stefan Zweig. Freier Geist der Menschlichkeit. Wien: Österreichischer Bundesverlag.
Weiß, Ernst (1982): Liebesbriefe an das Schicksal. Zu Stefan Zweigs *Magellan*. In: Ders.: Gesammelte Werke Bd. 16. Hg. v. Peter Engel u. Volker Michels. Frankfurt a. M.: Suhrkamp, S. 428–430.
Zelewitz, Klaus (1981): Höhen und Tiefen der dreißiger Jahre. In: Lunzer, Heinz/Renner, Gerhard (Hg.): Stefan Zweig 1881/1981. Aufsätze und Dokumente. Wien: Dokumentationsstelle für neuere österreichische Literatur, S. 97–111.
Zimmermann, Christian von (2006): Biographische Anthropologie. Menschenbilder in lebensgeschichtlicher Darstellung (1830–1940). Berlin, New York: de Gruyter, S. 330–410.

11.7 Amerigo. Die Geschichte eines historischen Irrtums (erstmals 1944)

Tobias Krüger

    1. Entstehung und Publikationsgeschichte. 438
    2. Inhalt. 438
    3. Forschung und Ausblick 440

1. Entstehung und Publikationsgeschichte

Die kleine Studie – geschrieben im Frühjahr 1941 – widmet sich der Frage, wie der Kontinent Amerika zu seinem Namen gekommen ist, und rollt im Zuge dessen die Irrtümer und Intrigen eines Gelehrtenstreits um die historische Person Amerigo Vespucci chronologisch auf.

„[M]y little study on the Vespucci question" (Zweig/Zweig 2006, S. 391) – wie der Autor den Text gegenüber seiner ersten Frau Friderike Zweig bezeichnet – erscheint 1942 in englischer Sprache in den Vereinigten Staaten; zunächst als Serie in der Zeitschrift *Blue Book* unter dem Titel *The Mystery of America's Godfather*, dann als eigenständige Publikation *Amerigo. A Comedy of Errors in History* (vgl. Klawiter 1965, S. 28). Die deutsche Originalfassung wird erst postum 1944 in Stockholm publiziert. 1990 wurde sie in den Band *Zeiten und Schicksale* in die von Knut Beck herausgegebenen *Gesammelten Werke in Einzelbänden* (GWE) aufgenommen.

Zweig betreibt vor der Abfassung ein umfangreiches Studium der Quellen, die er für den Leser aufbereitet, um nicht in „philological details" (Zweig, Br IV, S. 300) abzudriften. Für die Recherche nutzt Zweig die Bibliothek der Yale University in New Haven (vgl. Prater 1981, S. 159).

Als pragmatischer Anlass für das Buch darf Zweig die Absicht unterstellt werden, sich auf dem Buchmarkt der USA mit einem entsprechenden Thema besser etablieren zu wollen, da er 1941 neben Brasilien auch die USA als neuen Wohnsitz in Erwägung zieht (vgl. Gil 2010, S. 104). Ferner kann der Text als Übergangsprojekt für die begonnene Autobiografie angesehen werden, deren Abfassung Zweig jedoch noch aufschiebt, um vorab die Materialsammlung gewissenhafter zu betreiben (vgl. Zweig, Br IV, S. 300). Schließlich wird der Essay mehrfach als Appendix zu *Brasilien* (1941) bezeichnet (vgl. Dines 2006, S. 404). Dies mag angesichts der identischen Entstehungszeit nachvollziehbar scheinen, das Werk selbst und auch Zweigs Briefe geben zu einer solch engen Verklammerung allerdings wenig Anlass.

2. Inhalt

In sieben Kapiteln verfolgt die Studie die Frage, weshalb der Kontinent Amerika nach Amerigo Vespucci benannt worden ist. Eingangs nennt Zweig eine Reihe von Leistungen, welche zur Namensgebung berechtigen würden – Entdeckung, Erkundung, kartografische Fixierung –, schließt diese Möglichkeiten aber für Vespucci als nicht zutreffend aus. Stattdessen sei „ein richtiger Rattenkönig von Zufällen, Irrtümern und Mißverständnissen" (Zweig GWE, Amerigo, S. 387) dafür verantwortlich.

Ausgehend von dem Jahr 1000 n. Chr. wird Columbus' Reise nach Westen als endgültige Überwindung der scholastischen Wissenskultur und der durch sie bedingten intellektuellen Erstarrung geschildert. Die Kühnheit der Seefahrer triumphiert über das Gelehrtentum: „Die entscheidende Tat des Jahrhunderts [...] ist vollbracht, aber es fehlen ihr noch der Sinn und die Deutung." (S. 400) Diese Deutungsleistung vollbringt Vespucci, indem er hinter dem Irrtum Columbus' die Entdeckung einer neuen Welt erkennt. Die breite Aufmerksamkeit, welche sein Brief *Mundus Novus* erfährt, führt Zweig vor allem auf die erzählerischen Fähigkeiten Vespuccis zurück (vgl. S. 401 f.).

Als entscheidende Wendung weist der Autor die Namensgebung Amerikas durch den Humanisten und Geografen Martin Waldseemüller aus, welcher 1507 an der Neuauflage und Aktualisierung der *Cosmographia* von Ptolemäus beteiligt gewesen ist, in der auch die neu entdeckten Erdteile verzeichnet sind. Die Namenswahl erklärt Zweig damit, dass den Gelehrten als Wortgläubigen die Deutung mehr gegolten habe als die navigatorische Tat (vgl. S. 431 f.). Als weitere Irrtümer gliedert Zweig mehrere editorische Eingriffe in die Schriften Vespuccis aus, welche den Namenspatron Amerikas fälschlicherweise belasten.

Die Studie schließt mit dem Kapitel „Wer war Vespucci?", welches die Irrtümer in expliziter Analogie zu einem fünfaktigen Drama rekapituliert. Zweig glaubt als fünften Akt den Gelehrtenstreit als Komödie schlichten und beschließen zu können, indem er Vespucci als einen „unbekannten Matrosen", einen „mittleren Menschen" (S. 467) ausweist, dessen unzweifelhafter Ruf einer weitreichenden Kette von Irrtümern und Intrigen zum Opfer gefallen sei.

Zweig selbst bezeichnet *Amerigo* in einem Brief an seinen Verleger Ben Huebsch als „biography" (Zweig, Br IV, S. 300). Betrachtet man das Buch aber im Kontext anderer Biografien des Autors, so ist zu vermerken, dass das Zentrum des Textes nicht wie gewöhnlich von dem zumeist im Titel genannten Protagonisten beherrscht wird. Vespucci als Person ist durchwegs abwesend, tritt niemals als Agierender in Erscheinung und existiert gleichsam nur auf dem Papier. Einzig als Verfasser einer überschaubaren Menge von Dokumenten wird der Namensgeber Amerikas dem Leser vorgestellt. Vespucci selbst tritt in der Studie hinter den Gelehrtenstreit um seine Leistungen zurück und wird zu einer Projektionsfigur reduziert. Die historische Person scheint dem Schicksal ihrer Verleumdung ahnungs- und hilflos ausgeliefert.

Mit diesem Impetus der Unvoreingenommenheit hebt schon die Vorrede an, wenn die Forderung an den Leser ergeht, „alles, was er an Geographie dank unserer kompletten Atlanten weiß, zu vergessen und von seiner inneren Landkarte Form, Gestalt, ja Vorhandensein Amerikas zunächst einmal gänzlich auszulöschen." (Zweig GWE, Amerigo, S. 389) Hier wird der didaktische Zug des Essays deutlich: Ausgehend von einer ebenso historischen wie topografischen *tabula rasa* erweitert Zweig – seinen Wissensvorsprung nach und nach enthüllend – sukzessive den Kenntnisstand des Lesers. Des Weiteren strengt Zweig offenbar eine historische Unbefangenheit des Rezipienten an, welche Voraussetzung für eine Entlastung Vespuccis ist. Ferner legt diese Vorgehensweise den Gedanken nahe, dass die geschichtliche Entwicklung weder im logischen Überblick noch rückschreitend zu begreifen sei, sondern nur vermittels eines narrativen Nachvollziehens.

Neben Gründen der Evidenz dürfte dieses Prozedere auch Zweigs Auffassung zum Verhältnis von Dichtung und Geschichte geschuldet sein, wie er es in dem Aufsatz *Die Geschichte als Dichterin* (1931) dargelegt hat: Der Dichter sei in der Lage, die durch Dokumente nur unvollständig tradierte Geschichte zu ordnen und die Lücken Kraft seiner Fantasie zu überbrücken (vgl. Zweig GWE, Die Geschichte als Dichterin,

S. 261). So begreift Zweig den „Fall Vespucci" als „Denkspiel", in dem es die Dokumente ermöglichen, „die berühmte Meisterpartie der Geschichte [...] Zug um Zug noch einmal durchzuspielen." (Zweig GWE, Amerigo, S. 388) Diese Methode soll die historische „Wahrheit – oder sagen wir vorsichtiger: die äußerste Wahrscheinlichkeit" (S. 388) ans Licht bringen. Zweig schreibt der Ordnungsmacht narrativer Schemata somit weitreichende historiografische Autorität zu. Daraus erklärt sich auch die Inszenierung der Studie als fünfaktiges Drama.

Beherrschend in Zweigs Darstellung ist eine Dialektik von *Tat* und *Deutung*, welche zunächst personifiziert durch Columbus und Vespucci etabliert wird: „[W]enn Columbus das Verdienst der Tat, so gehört Vespucci [...] das historische Verdienst ihrer Deutung" (S. 407). Angesichts der Frage, was zur Namenspatenschaft bzw. zur Bezeichnung *Entdecker* berechtigt, stellt Zweig physische und intellektuelle Leistung einander gegenüber. Entscheidend für die Argumentation wird diese Trennung in der Bemerkung, Vespucci werde „von den Gelehrten, denen das Wort mehr gilt als die Tat, unbedenklich als der Entdecker dieser neuen Welt gefeiert" (S. 431) und daher zum Namenspatron erkoren. Die Leistung der Entdeckung wird zugunsten jener der Tradierung in den Hintergrund gedrängt.

Diese Dichotomie kehrt auf der strukturalen Ebene wieder: Zweig projiziert das Konzept der „Auffindung und Ausdeutung" (S. 447) von der Entdeckung Amerikas auf die Dokumente zu Vespucci. Als Deuter der Irrtümer der Geschichte vergleicht er sich implizit selbst mit Vespucci, welchen er als Deuter der Irrtümer der Geografie betrachtet. Damit nehmen sowohl der Autor als auch der Protagonist jene *Erzähler*-Rolle ein, welche Zweig in *Die Geschichte als Dichterin* fordert: „[E]s genügen nicht große Taten, große Leistungen in der Geschichte; eine doppelte Wirkung ist immer nötig: die großen Taten *und* die großen Erzähler, der spannende Charakter *und* der phantasievolle Darsteller" (Zweig GWE, Die Geschichte als Dichterin, S. 265f., Herv. i. O.). Durch diese Analogie identifiziert sich Zweig mit seinem Protagonisten, dem er kaum zufällig erzählerische Kompetenz attestiert hat.

Zweigs Antwort auf die Frage des letzten Kapitels „Wer war Vespucci?" ist geprägt von einem Gestus der Gewissheit. Der Autor verleiht seiner Deutung der Geschichte den Anschein einer endgültigen historischen Wahrheit.

3. Forschung und Ausblick

Der längere historische Essay wird von der Forschung weitgehend übergangen. An Forschungsliteratur, welche schwerpunktmäßig auf das Werk Bezug nimmt, sind ein Vorwort von Josef Polišenský zur tschechischen *Amerigo*-Ausgabe von 1977, die Einleitung von Andrea di Consoli zur italienischen Ausgabe von 2012, ein portugiesischer Aufsatz von Maria de Fátima Gil (2010), und ein Beitrag von Tobias Krüger (2014) zu nennen.

Gil (2010) stellt den Text bezüglich des Topos der Seefahrt in einer Reihe mit Zweigs *Magellan* (1938) und der Miniatur zu Vasco Núñez de Balboa aus den *Sternstunden der Menschheit* (1927) dar. Das in *Magellan* anzitierte *navigare necesse est, vivere non est necesse* dient ihr als Konnex, in welchem sie Zweigs poetologisches Konzept einer Heroisierung wiedererkennen möchte. In *Amerigo* wird dieses Prinzip – möglicherweise ungewollt – dekonstruiert: Der Essay widme sich weniger einer Charakterisierung des Protagonisten im Sinne einer verklärenden Biografie; vielmehr lege

Zweigs kommentierte Quellenrecherche offen, wie die narrative Strukturiertheit von Vespuccis Identität die zeitgenössische Wahrnehmung bedingt habe.

Di Consoli (2012) bezieht den biografischen Entstehungskontext des Werkes in die Deutung mit ein und vertritt dementsprechend die These, dass der Essay – wie auch die *Schachnovelle* – als chiffriertes Testament des Autors zu lesen ist.

Eine ähnliche Tendenz verfolgt Krüger (2014) in seinem Artikel, wenn er in der von Zweig gezeichneten Amerigo-Figur deren Identifikationspotenzial für den Autor offenlegt. Demzufolge sympathisiert Zweig, für den die Arbeit an *Amerigo* auch ein vorübergehendes Ersatzprojekt der unterbrochenen Autobiografie darstellt, als Exilant mit der Gestalt des verkannten Entdeckers.

Mehrere Gesamtdarstellungen zu Zweig würdigen *Amerigo* nur als Beiwerk zu *Brasilien*. Bei Joseph Strelka (1981) findet sich jedoch ein fruchtbarer Vergleich mit Zweigs Biografien. Hier ist vom Anschein einer Umkehrung des üblichen Konzepts die Rede: Sei es Zweig gewöhnlich darum zu tun, das Ansehen einer verkannten historischen Persönlichkeit zu läutern, würden hier Verdienste als zu Unrecht zugeschrieben entlarvt. Dieser erste Schein löse sich aber in das gewohnte Konzept auf, indem der als Betrüger verschriene Vespucci zum Opfer eines historischen Irrtums verklärt wird. Ferner verweist Strelka darauf, dass die Entlastung Vespuccis bereits Alexander von Humboldt geleistet habe, dass aber Zweigs Verdienst darin bestehe, dieser Erkenntnis breite Aufmerksamkeit verschafft zu haben.

Wünschenswert wären eine kommentierte Listung der von Zweig zur Recherche gesichteten Dokumente sowie eine Bewertung ihrer Auswahl für das Projekt. Hilfreich zur Quellensammlung – wenngleich nicht auf Zweig Bezug nehmend – mag hier Florian Borchmeyers großangelegte Studie *Die Ordnung des Unbekannten. Von der Erfindung der Neuen Welt* (2009) sein. Die Einsicht in Zweigs Umgang mit den Quellen böte die Möglichkeit, den Prozess der literarischen Stilisierung Vespuccis offenzulegen.

Wie oben bereits angedeutet, verspricht eine Analyse des Textes im Hinblick auf Zweigs Geschichtsverständnis und dessen Verhältnis zur Dichtung reichen Ertrag. Vermittels *Amerigo* sind in mustergültiger Form jene Prinzipien und Problemata exemplifiziert, welche sich aus dem Aufsatz *Die Geschichte als Dichterin* ergeben. Mit aktuellem Vokabular ließe sich Zweigs Apologie vor diesem Hintergrund als diskursanalytische Arbeit lesen, welche der narrativen Genese eines historischen Persönlichkeitsbildes nachspürt.

Parallel dazu erwiese es sich als fruchtbar zu klären, inwiefern die Erzählerstimme der Studie dem Autor zugeschrieben werden darf. Von diesem Ergebnis hinge nicht zuletzt eine Einschätzung des Bewusstseins Zweigs für die Fiktionalisierung der Historie durch die narrative Darstellung ab.

Stefan Zweig

Zweig, Friderike/Zweig, Stefan (2006): „Wenn einen Augenblick die Wolken weichen". Briefwechsel 1912–1942. Hg. v. Jeffrey B. Berlin u. Gert Kerschbaumer. Frankfurt a. M.: S. Fischer.

Zweig, Stefan (1944): Amerigo. Die Geschichte eines historischen Irrtums. Stockholm: Bermann-Fischer.

Zweig, Stefan (1983): Die Geschichte als Dichterin. In: Ders.: Die schlaflose Welt. Aufsätze und Vorträge aus den Jahren 1909–1941. GWE. Hg. v. Knut Beck. Frankfurt a. M.: S. Fischer, S. 249–270.

Zweig, Stefan (1990): Amerigo. Die Geschichte eines historischen Irrtums. In: Ders.: Zeiten und Schicksale. Aufsätze und Vorträge aus den Jahren 1902–1942. GWE. Hg. v. Knut Beck. Frankfurt a.M.: S. Fischer, S. 387–467.
Zweig, Stefan (2005): Briefe. Bd. IV: 1932–1942. Hg. v. Knut Beck u. Jeffrey B. Berlin. Frankfurt a.M.: S. Fischer.

Weitere Literatur

Borchmeyer, Florian (2009): Die Ordnung des Unbekannten. Von der Erfindung der Neuen Welt. Berlin: Matthes & Seitz.
Di Consoli, Andrea (2012): Introduzione. In: Zweig, Stefan: Amerigo. Il racconto di un errore storico. Roma: Eliot, S. 5–16.
Dines, Alberto (2006): Tod im Paradies. Die Tragödie des Stefan Zweig. Frankfurt a.M. u.a.: Edition Büchergilde.
Gil, Maria de Fátima (2010): Navigare necesse est. De Magalhães a Vespúcio: três navegadores reinventados por Stefan Zweig. In: Revista de Estudos Alemães 1/2010, S. 97–110.
Klawiter, Randolph J. (1965): Stefan Zweig. A Bibliography. Chapel Hill: The Univ. of North Carolina Press.
Krüger, Tobias (2014): Zweigs *Amerigo* und die Sehnsucht nach der Neuen Welt. In: Renoldner, Klemens (Hg.): Stefan Zweig – Abschied von Europa. Wien: Brandstätter/Theatermuseum, S. 147–157.
Polišenský, Josef (1977): Evropa v agónii a cesty za ocean [tschech.]. In: Zweig, Stefan: Amerigo. Prag: Odeon, S. 295–298.
Prater, Donald A. (1981): Stefan Zweig und die Neue Welt. In: Lunzer, Heinz/Renner, Gerhard (Hg.): Stefan Zweig 1881/1981. Aufsätze und Dokumente. Wien: Dokumentationsstelle für neuere österreichische Literatur, S. 137–163.
Strelka, Joseph (1981): Stefan Zweig. Freier Geist der Menschlichkeit. Wien: Österreichischer Bundesverlag.

12. Literarische Biografien

12.1 Verlaine (1905)

Stéphane Pesnel

1. Entstehung	442
2. Inhalt	444
3. Rezeption und Forschung	447

1. Entstehung

Das 1904 verfasste und 1905 veröffentlichte Buch über Paul Verlaine ist aus verschiedenen Gründen von besonderer Bedeutung. Es ist nicht nur die erste deutschsprachige Monografie über diesen französischen Lyriker, der sich mit Baudelaire und Rimbaud einer besonderen Resonanz und Wirkung im deutschen Sprachraum erfreuen durfte, sondern es ist auch Stefan Zweigs allererste literarische Biografie. Sie enthält viele Charakteristika seines späteren biografischen Schreibens, sei es auf dem Gebiet der Psychologie oder auf der Ebene des Stils.

12.1 Verlaine (1905)

Die Abfassung der *Verlaine*-Schrift fällt in dieselben Jahre wie die Übersetzungen und die Herausgebertätigkeit zu Charles Baudelaire (*Gedichte in Vers und Prosa*, übersetzt von Stefan Zweig und Camill Hoffmann) und Émile Verhaeren (*Ausgewählte Gedichte* in Zweigs Übertragung). Bekanntlich hat Zweig schon als Schüler aufgrund seiner vielfältigen Interessen und seiner kosmopolitischen Einstellung ein besonderes Verhältnis zur französischsprachigen Literatur (→ III.14.4 ÜBER EUROPÄISCHE UND INTERNATIONALE LITERATUR). Es ist bezeichnend, dass sich Zweig zu Beginn und am Ende seiner literarischen Laufbahn französischen Dichtern widmet: *Verlaine* (1904/1905) und *Montaigne* (erstmals 1960). Auffällig ist auch, dass das Frühwerk Zweigs auf vielfältige Weise (Leser, Verfasser, Übersetzer, Herausgeber) im Zeichen der Lyrik steht.

Zweigs *Verlaine* erscheint im April 1905 im Verlag Schuster & Loeffler (Berlin und Leipzig) als Band XXX der Reihe ‚Die Dichtung', einer von Paul Remer herausgegebenen Sammlung von Schriftsteller-Monografien. Das elegant gestaltete Büchlein (Buchschmuck von Heinrich Vogeler) umfasst 83 Textseiten, darunter befinden sich acht nicht nummerierte und nicht paginierte ikonografische Dokumente (Porträts und Zeichnungen), außerdem das Faksimile eines Sonettes (*Pour Marie*) vom September 1892. Der schmale Band ist eine Auftragsarbeit: Der Verlag, der diese Reihe als eine kleine Bibliothek des Literaturwissens für ein gebildetes Lesepublikum konzipiert hatte und sie nicht auf die deutschsprachige Literatur beschränken wollte, hatte sich für die *Verlaine*-Monografie an einen ‚Hausautor' gewandt. 1901 erschien der Gedichtband *Silberne Saiten* bei Schuster & Loeffler, 1902 die „Anthologie der besten Übertragungen" von Paul Verlaines Gedichten (→ III.17 ÜBERSETZUNGEN; III.18 HERAUSGEBERSCHAFTEN).

Bekanntlich fällt in Zweigs Studentenzeit auch der erste Kontakt mit dem von ihm verehrten belgischen Dichter Émile Verhaeren, dem er das *Verlaine*-Buch „in Liebe und Bewunderung" widmet.

Ab 1900 beschäftigt sich Zweig mit Verlaine, für Recherchen wird er auch nach Paris fahren. So erzählt er in *Die Welt von Gestern* (1942), dass er im Café Vachette gesessen und ein Glas Absinth getrunken habe, um den französischen *poète maudit* besser verstehen zu können (vgl. Zweig GWE, Die Welt von Gestern, S. 157). Über das Anekdotische hinaus kommt hier der für Zweigs Methode charakteristische Wunsch zum Ausdruck, sich in die Persönlichkeit und die Lebenswelt der jeweiligen Figur einzufühlen. Ursprünglich beabsichtigte Zweig, Verlaines autobiografisches Werk *Confessions* zu übersetzen, das Projekt ließ sich nicht verwirklichen, immerhin konnten diese ‚Bekenntnisse' genug Stoff für Zweigs *Verlaine*-Porträt liefern (vgl. Philipponnat 2015, S. 10).

Vor der Veröffentlichung des *Verlaine*-Bändchens 1905 erscheint in der *Frankfurter Zeitung* ein Vorabdruck aus dem Manuskript. Auch in den Jahren darauf lässt das Interesse Zweigs für den französischen Dichter nicht nach. 1907 erscheint, gewissermaßen als Pendant bzw. als Ergänzung zu *Verlaine* (zu dessen zweitem Hauptteil „Die Episode Rimbaud") der Band *Rimbaud: Leben und Dichtung* im Leipziger Insel Verlag (Übertragungen von Karl Anton Klammer mit einer Einleitung von Zweig).

1913 erwirbt Zweig das Manuskript der Sammlung *Fêtes galantes* für seine Autographensammlung (vgl. Matuschek 2006, S. 120). Der Plan einer von ihm herausgegebenen großangelegten, zweibändigen Verlaine-Ausgabe im Insel Verlag wird durch den Ersten Weltkrieg verzögert und kann erst 1922 verwirklicht werden. Der

Einleitungstext *Paul Verlaines Lebensbild* (vgl. Zweig GWE, Zeiten und Schicksale, S. 240–254) ist eine trockene Zusammenfassung des biografischen Essays von 1904/1905 (zu den Akzentverlagerungen in dieser späteren Schrift vgl. Philipponnat 2015, S. 19 f.).

2. Inhalt

Das Buch gliedert sich in vier Teile („Vom ‚Armen Lelian'", „Die Episode Rimbaud", „Der Büsser", „Legenden und Literatur"), die jeweils einer Phase von Verlaines Leben entsprechen, wobei die thematische Akzentsetzung variiert (Kindheit und Jugend, Freundschaft und Leidenschaft, Religion und Frömmigkeit, Ruhm und Nachruhm). Eingerahmt werden die vier Kapitel durch einen „Vorklang" und einen „Ausklang". Im Präludium zur biografischen Studie versucht Zweig das Eigentümliche an Verlaines Leben und Schaffen programmatisch darzustellen: Im Gegensatz zu anderen großen französischen Dichtern zeichne sich Verlaine durch einen bescheidenen Grundzug seines (poetischen) Wesens und durch die ‚Moll-Klänge' seines Schreibens aus, durch das Sanfte und Elegische, „den zarten Flötenton vagen melancholischen Sehnens", er sei aber auch fähig zum „hart[en] anklagende[n] Hämmern gegen die eigene Brust", zum „flagellantischen Geisselschlag des Büsser[s]" (Zweig 1905, S. 11). Somit werden Charakteristika und Gegensätze eingeführt, die dann die psychologische und literarische Materie des biografischen Essays bilden (denn die Erforschung des Psychologischen und die Präsentation der literarischen Produktion Verlaines erweisen sich in Zweigs Perspektive als eng miteinander verschränkt).

Im „Vorklang" betont Zweig einige Grundaspekte, die im Laufe der einzelnen Kapitel weitergeführt werden: die extreme Empfindlichkeit und Empfindsamkeit des Dichters (Verlaine als „Horcher der heimlichen Akkorde" des Seins, des Gefühls und der Sprache; S. 14), die Zartheit und den Nuancenreichtum seines lyrischen Ausdrucks („stilistische Feinfühligkeit"; S. 14), die von Melancholie geprägte Musikalität seiner Dichtung, welche sich von äußeren Reizen, Einflüssen und Erlebnissen modellieren ließ („Er war nie gespannter Bogen, sich selbst abschnellend als Pfeil ins Unendliche, sondern nur Äolsharfe, Spiel und Sprache der Winde, die kamen"; S. 14 f.). Stichwortartig werden im Präludium zur Biografie auch die grundlegenden Erfahrungen des Dichters durch vier Kernbegriffe angekündigt: „Allen Gefahren warf er sich willig in den Arm: den Frauen, der Religiosität, dem Trunk und der Literatur." (S. 15) Was in der Aufzählung fehlt, ist der Hinweis auf das homoerotische Verhältnis zu Arthur Rimbaud. In Zweigs Augen ist nämlich Verlaines Leben von der agonistischen Konfrontation mit verschiedenen Grunderfahrungen gezeichnet, die jedes Mal das prekäre Gleichgewicht der Persönlichkeit ins Wanken bringen und deswegen als ‚Gefahren' bezeichnet werden.

Den vier Hauptteilen der Studie liegt ein thematisch-erzählerisches Gerüst zugrunde. Das erste Kapitel, „Vom ‚Armen Lelian'", befasst sich mit der Kindheit und Jugend Verlaines sowie mit seinem poetischen Werdegang. Dabei wird auf die für Verlaine prägende innige Beziehung zu seiner Mutter und zu seiner Cousine Elisa hingewiesen. Zweig entdeckt darin den Ursprung der Sensibilität und Fragilität des Dichters. Eine Zeit lang scheint Verlaine den Weg zu einer geregelten, bürgerlichen Existenz einzuschlagen: Er arbeitet als Angestellter, dann als Beamter und heiratet 1870 die junge Mathilde Mauté. Sobald aber Stabilität erreicht wird, zerstören – so Zweigs

Lektüre – Verlaines innere Spannungen, seine psychischen Brüche und Risse das mühevoll erlangte Gleichgewicht: Der Dichter wird zum Alkoholiker, verliert seine Anstellung als Staatsbeamter aufgrund seiner Teilnahme am Pariser Volksaufstand der „Kommune". Es beginnt die Phase des „Zigeunertum[s]" (S. 37).

Diese Konstellation bildet die existentielle und psychologische Folie für die im zweiten Kapitel des Buches dargestellte „Episode Rimbaud". Die sich zur leidenschaftlichen, stürmischen Liebesbeziehung entwickelnde (literarische) Freundschaft wird von Zweig durch die geometrische Figur des Bogens schematisiert: „Schlicht ist der Beginn, grandios die Steigerung, so wild und zu solchen Höhen klimmend, dass das Ende nicht mehr reine Tragik sein kann, sondern Tragikomik" (S. 39). Mehr als die Geschehnisse – Reisen und Irrfahrten, Trennungen, Versöhnungen, Streitigkeiten, Mordversuch mit dem Revolver (der Verlaine ins Gefängnis bringt), letztes Wiedersehen in Stuttgart (bei dem Rimbaud seinen ehemaligen Liebhaber am Kopf verletzt) – interessieren Zweig das Doppelporträt Verlaine–Rimbaud und die psychologische Analyse ihrer Komplementarität. Der als „Gamin" und „Genie" beschriebene Rimbaud (S. 41), dessen urwüchsige Kraft und Vitalität den Gegenpol zu Verlaines Sensitivität zu bilden scheint, fasziniert Verlaine – wie auch Zweig – sowohl in seiner Persönlichkeit als auch wegen seiner Gedichte, selbstverständlich auch durch seine „grandiose Odyssee [...] durch die ganze Welt" (S. 48; vgl. S. 42). Mit dem ‚mystère Rimbaud' wird sich Zweig in seiner 1907 veröffentlichten Studie über den Autor des *Bateau ivre* eingehender befassen (vgl. Colombat 2012). Auf die endgültige Trennung von Rimbaud folgt für Verlaine die Rückkehr nach Paris, wo er bis zu seinem Tod 1896 bleiben wird.

Das dritte Kapitel des Bandes, „Der Büsser", entfaltet das im vorangehenden Teil schon erwähnte Thema der religiösen Bekehrung: „[D]er Sträfling Paul Verlaine ist mit dem Augenblicke, da er das Gefängnis zu Mons verliess, in die Reihe der grossen katholischen Dichter eingetreten." (Zweig 1905, S. 50) Nachdem er diese „Wendung vom Materialismus zum Spiritualismus" (S. 50) erwähnt hat, versucht Zweig die psychologische Logik zu rekonstruieren, die zu dieser Konversion geführt hat. Religiosität wird also vornehmlich als ein psychologisches Phänomen analysiert. Verlaines Frömmigkeit sei eine besondere (d. h. nicht die einzig mögliche) Aktualisierung von einem Grundzug seiner psychischen Beschaffenheit: „Es war aber ein Bestimmtes im Wesen Paul Verlaines, das ihn gerade dem Katholizismus in die Arme stiess. Es war jene Veranlagung in seiner Natur, die ich mich bemüht habe, als die intensivste seiner Persönlichkeit darzustellen: der konfessionelle Trieb." (S. 52) Auch der Wille zur Mitteilung, der dem lyrischen Gestus innewohne, gehöre in diese Logik hinein. Auf diese Weise versucht Zweig, die innere Kohärenz von Verlaines Leben und Schaffen aufzuzeigen. Die Bekehrung erscheint auch als eine nostalgische Hinwendung zur verlorenen Welt der Kindheit („ein Aufglühen seiner kindhaften büsserischen Art im Nazarenergedanken"; S. 50; „Kindheitsglocken haben ihn zur Kirche wieder zurückgerufen"; S. 54). Nach dem Aufenthalt im Gefängnis habe Verlaine den authentischen Glauben verloren, „nicht aber die Sehnsucht nach der Gläubigkeit" (S. 59). Die katholischen Gedichte, die er nachher weitergeschrieben hat, seien aus diesem Grunde nur Selbstparodie. Somit wird das Thema der vierten und letzten Hauptsektion des Bandes eingeleitet.

Das Kapitel „Legenden und Literatur" thematisiert den künstlerischen und ethischen Verfall Verlaines in den letzten Pariser Jahren: „Keine Abstürze mehr und Aufwallungen, sondern langsames Ersticken in Kameraderie, schleichender Krankheit und Depravation ist sein Schicksal. Seine dichterische Kraft zerbröckelt, seine Eigenart verlischt. Nicht mehr schäumender Gischt [sic], sondern kleine schmutzige Wellen schwemmen ihn fort." (S. 64) Zweig beschreibt die letzten Lebensjahre Verlaines wie eine traurig-groteske Komödie, in der der alte Dichter nur noch eine Rolle spielt: Die Rede ist von einer „Epoche wüster Schauspielerei und eitlem Exhibitionismus" (S. 66; vgl. auch S. 13, 15, 62). Die einzigen Glanzstunden in dieser Phase seien der Wiederentdeckung des Dichters durch eine neue Generation von Schriftstellern zu verdanken, die sich gegen den Akademismus in der Literatur und gegen die „beauté impassible" der *Parnassiens* auflehnen wollten (S. 65): Die Schlichtheit und Natürlichkeit von Verlaines lyrischer Sprache sei dann als Gegenmodell zur marmornen Perfektion sowie zur hermetischen Ausdrucksweise der *Parnassiens* instrumentalisiert worden (vgl. S. 65). Man habe den alten Dichter als „Regenerator der französischen Lyrik" (S. 72) gewürdigt, wobei seine Krönung zum „Dichterkönig" etwas Karnevaleskes an sich gehabt habe: „Der faunische, spöttisch-kluge Kopf des alternden kranken Paul Verlaine erhielt die Krone, der ‚arme Lelian' wurde ‚roi des poètes'." (S. 71) Das Groteske und Pathetische an Verlaines Erscheinung in den letzten Jahren (der Dichter wird als „greiser Silen" bezeichnet, der sich in Cafés und Hospitälern herumtreibt und sich überall komödiantisch gebärdet; S. 66) wird in Zweigs Darstellung letztendlich durch eine künstlerische Bilanz ausbalanciert: Die unvergleichliche Melodik und Musikalität von Verlaines lyrischer Sprache wird durch das *in extenso* zitierte und anschließend kommentierte Gedicht *Art poétique* („De la musique avant toute chose") wieder in den Vordergrund gestellt (vgl. S. 72–78). Als ebenfalls musikalisch zu verstehende Aufhebung aller in der Biografie erwähnten Spannungen, Brüche und Widersprüche fungiert der letzte Satz, in dem der Grundton von Verlaines Leben und Schaffen auf den Punkt gebracht wird: „[T]rotz aller übermütigen Passagen bleibt schliesslich ein langgezogener schwermütiger Klang: der Wehmut dunkler Bogenstrich ..." (S. 80)

Im „Ausklang", der mit dem Hinweis auf Verlaines Tod in einem Pariser Mansardenzimmer beginnt, knüpft Zweig an die Charakterisierung des Dichters als eines Vertreters des „Rein- und Allmenschliche[n]" (S. 12) an, die er in dem „Vorklang" thematisiert hatte: „Er war eine isolierte Erscheinung, zu bedeutsam, eine typische zu sein, zu schwach eine ewige zu werden. [...] Er war – dies seine Grösse und seine Gewalt – Sinnbild reinster Menschlichkeit, herrliche dichterische Kraft im schwachen Schafte seiner Persönlichkeit." (S. 81f.) Sehr konsequent endet der Schlussteil des Bandes mit erneuten Anspielungen auf die besondere Musikalität von Verlaines Gedichten.

In der *Verlaine*-Studie konstituiert sich, stilistisch wie methodologisch, Stefan Zweigs Kunst des biografischen Schreibens, so dass man sie (trotz einiger Schwächen) als ein Laboratorium der späteren Essays zu großen Persönlichkeiten der Kultur- und Weltgeschichte ansehen darf. Besonders auffallend ist schon hier die Lebhaftigkeit des erzählerischen Gestus, die nicht wenig zur Popularität und zum Erfolg von Zweigs Porträts und Biografien beigetragen hat. Die Erzählung wird durch die Abwechslung vom Präsens (für die einzelnen Geschehnisse, die dadurch dramatisiert und vergegenwärtigt werden – etwa Rimbauds Auftritt; vgl. S. 40f.) und vom Präteritum (insbesondere für resümierende oder globalisierende Bemerkungen, z. B. die Darstellung von Verlaines Pariser Leben nach den zwei Jahren in Mons; vgl. S. 66) rhythmisiert. Der biografische Bericht ist außerdem durchgehend mit mehr oder weniger allgemeinen psychologischen Betrachtungen verflochten – auch mit Reflexionen über abstrakte Begriffe wie Zufall und Schicksal (vgl. S. 38). Gekonnt ist ebenfalls die Verkettung der Kapitel durch thematische Überleitungen, Vorausdeutungen und Überlappungen. Durchgehend kombiniert Zweig genaue Recherchen mit der Fähigkeit zur Einfühlung in die beobachtete und kommentierte Persönlichkeit – auch dies ein Charakteristikum seines späteren essayistisch-biografischen Schaffens (vgl. Prater/Michels 2006, S. 15, S. 331f.).

Im Mittelpunkt des biografischen Essays steht die Charakterstudie, das psychologische Porträt: Bei aller Wichtigkeit der erzählerischen Komponente bilden die äußeren Geschehnisse und die grundlegenden Episoden von Verlaines Existenz hauptsächlich den Rahmen, innerhalb dessen sich die Ausführungen zum Innenleben und zur Psyche der Figur entfalten können.

Im Essay ist keine vollständige Präsentation des lyrischen Korpus vorzufinden, außerdem wird Verlaines Prosawerk kaum erwähnt. Auf einzelne Gedichtsammlungen (*Poèmes saturniens*, *Fêtes galantes*, *Sagesse*) wird nur kurz eingegangen, wobei Zweig v. a. seine subjektiven Lektüreeindrücke vermittelt und Werturteile nicht unterlässt. Bewundert er gewisse Gedichte wie *Colloque sentimental* (vgl. S. 31f.) oder *La lune blanche* (vgl. S. 35f.), so wird umgekehrt die lyrische Produktion der letzten Lebensphase als selbstparodistisch abgetan. Nicht uninteressant sind jedoch seine Ausführungen zur vokalischen Melodie von Verlaines Lyrik, die der konsonantischen (d. h. härteren) Sprachkunst Verhaerens entgegengesetzt wird (vgl. S. 74f.).

In seine Auseinandersetzung mit psychologischen Vorgängen bezieht Zweig auch die literarische Produktion des Dichters ein, ist sie doch die Verdichtung und Sublimierung von seinen tiefsten Gemütsregungen („die Blutstropfen sind herrliche Gedichte, unvergängliche Geschehnisse, kristallklares urmenschliches Empfinden"; S. 15). Die Interdependenz von Leben und Werk, von Mensch und Künstler ist hier das gedankliche Grundmodell. Generell wird in der *Verlaine*-Studie alles im Zeichen des Psychologischen bzw. des Psychischen gedeutet, so auch die Prozesse des künstlerischen Schaffens (vgl. S. 61) oder die religiöse Bekehrung (vgl. S. 52f.).

Offensichtlich hat die psychologische Komplexität Verlaines den angehenden Biografen Zweig fasziniert: In die Vielfalt seiner Facetten („armer Lelian", „bon enfant", Landstreicher, Trinker, gewaltsamer Mensch, „guoter suendaere", Silen und Faun) hat Zweig Kohärenz zu bringen versucht und festgestellt, dass Verlaines Leben ein stetiges Schwanken zwischen zwei Polen ist: Männlichkeit und Weiblichkeit, Reinheit und Depravation, Madonnenkult und Perversion, Gewalt und Zärtlichkeit, Religiosität und Pornografie usw. Auch die homosexuelle Beziehung zu Rimbaud wird im Modus der Komplementarität und des Antagonismus interpretiert. Aus dieser binären psychischen Konstruktion gibt es keinen Ausweg, Ruhephasen können nur trügerisch und provisorisch sein (vgl. S. 31), und eben dies bilde die Tragik von Verlaines Leben.

3. Rezeption und Forschung

Eine frühe Rezension behauptet, die Biografie sei „eine liebevolle Studie, weit entfernt, die Gestalt des Idols zu glorifizieren, als vielmehr, sie in klarem, gerechten Lichte zu zeigen", obwohl sie Zweigs „oft etwas mit wissenschaftlichen Schlagworten zu stark gespickte Sprache" kritisiert (Kiesgen 1905, S. 128). In der Zweig-Forschung wurde die frühe *Verlaine*-Studie nicht genügend berücksichtigt, obwohl sie die allererste Dichterbiografie des österreichischen Schriftstellers ist. Dass sie so wenig rezipiert wurde, mag an der Tatsache liegen, dass sie nur mit Mühe zugänglich ist – nicht als Taschenbuch vorliegt und nur in Bibliotheken gelesen werden kann.

Ist im wissenschaftlichen Diskurs von Zweigs Verhältnis zu Verlaine die Rede, so wird meistens nur der Titel des frühen Essays erwähnt, und es wird eher auf den späteren (und kürzeren) Einleitungstext zur zweibändigen Verlaine-Ausgabe aus dem Jahre 1922 Bezug genommen. Impulse zur Wiederentdeckung der *Verlaine*-Studie kamen aus dem Ausland: Jüngere Übersetzungen ins Italienische und ins Französische, jeweils mit einem Vor- bzw. Nachwort, Anmerkungen und zusätzlichen Zweig-Texten versehen, haben sie wieder an den Tag gelegt und das Interesse von Lesern und Forschern auf sie gelenkt. Sie bieten einen guten, wissenschaftlich fundierten Einstieg in diese biografische Studie (vgl. Massalongo 2015; Philipponnat 2015). Bemerkenswert ist etwa der Hinweis auf Zweigs Konzentration auf psychologische Aspekte: Selbst wenn der Autor die Freud'sche Begrifflichkeit nicht bemüht, sei anzunehmen, dass sich sein besonderes Interesse für die Erforschung des Innenlebens schon damals von diesem Einfluss und von diesen Anregungen genährt habe (vgl. Philipponnat 2015, S. 9; Massalongo 2015, S. 75f.). Die besondere Aufmerksamkeit, die Zweig der Kindheit – den Kindheitstraumata – Verlaines sowie der Pubertät, der „schwülen Unruhe der Nerven" (Zweig 1905, S. 25) im ersten Kapitel der Studie entgegenbringt, könnte in dieser Richtung interpretiert werden.

Weiters stellen die Kommentatoren Überlegungen dazu an, dass Zweig zur Zeit der Abfassung der *Verlaine*-Schrift noch zwischen dem Taine'schen und dem Freud'schen Erklärungsmodell geschwankt habe (→ II.5 PSYCHOLOGIE UND PSYCHOANALYSE; V.2 HIPPOLYTE TAINE). Der Einfluss von Taines Determinismus sei insbesondere dort anzutreffen, wo der Biograf sich bemüht, die Nähe von Verlaines Gedichten zur deutschen Lyrik durch dessen lothringische Herkunft zu erklären (vgl. S. 18f., 76; vgl. Philipponnat 2015, S. 14–17), genauso wie er Verhaerens Lyrik durch die Verortung des Dichters in den flämischen (Stadt-)Landschaften erklärt (vgl. Philipponnat 2015, S. 15; Dumont 1967, S. 13–30). Bei Verlaine kommt es gewissermaßen, so Zweig, zu einer Synthese von deutscher Liedhaftigkeit und französischem Formbewusstsein (vgl. Zweig 1905, S. 26f., 74f.). Der von Zweig postulierte Hang Verlaines zur Selbstkarikatur bzw. Selbstparodie in den letzten Jahren seiner Existenz wird ebenfalls durch den Rückgriff auf Taine gedeutet (vgl. S. 67). Die *Verlaine*-Studie ist ja im selben Jahr wie Zweigs Dissertation zu Taines Philosophie entstanden (vgl. Weschenbach 1992). Zur Diskussion kommt auch der Umstand, dass es in Zweigs Studie nur wenige historische oder biografische Daten gibt. Auch die Komplexität der damaligen Literaturszene wird bloß angedeutet, und wer das Kapitel „Legenden und Literatur" ohne Vorkenntnisse liest, wird einiges nicht verstehen: Zweig erhebt nicht den Anspruch darauf, Verlaines Lyrik innerhalb der (recht vielfältigen und reichhaltigen) französischen Literatur des 19. Jahrhunderts zu kontextualisieren. In diesem Sinne argumentiert auch Milena Massalongo, wenn sie konstatiert, dass der historische und kulturelle Kontext von Zweig fast ausgespart wird – z. B. werden der Übergang vom *Second Empire* zur Dritten Republik sowie der preußisch-französische Krieg (1870–1871) nur skizziert (vgl. Massalongo 2015, S. 75, 77).

Für die künftige Forschung wäre eine Untersuchung der sprachlichen und erzählerischen Strategien Stefan Zweigs im Hinblick auf die frühe *Verlaine*-Studie wünschenswert, eventuell im Vergleich mit späteren biografischen Arbeiten des Autors, um seine ästhetische Entwicklung nachzuvollziehen und zu dokumentieren. Eine Genealogie von Zweigs großen Biografien könnte auf diese Weise rekonstruiert werden, wobei nicht nur die Erzählstrukturen und die dem Autor eigene Begrifflichkeit, sondern auch die stilistischen Aspekte berücksichtigt werden sollten.

Dass Stefan Zweig als Übersetzer, Herausgeber und Kommentator von Verlaines Lyrik tätig gewesen ist, verleiht dem französischen Dichter einen ganz besonderen Stellenwert im Œuvre des österreichischen Autors. Diese drei Arten der literarischen Vermittlung sind offensichtlich in Zweigs Augen komplementär, und man sollte der Frage nachgehen, ob und wie die Methoden des Übertragens, des Edierens und des Kommentierens sich aufeinander auswirken – und auch: was die Zielsetzung dieser Interdependenz sein könnte. Zwar wurde die Rezeption Verlaines im deutschen Sprachraum schon mehrfach untersucht, es bedarf aber einer aktuelleren und intensiveren Beschäftigung mit diesem Thema und mit der Rolle, die speziell Zweig in der Verbreitung von Verlaines Lyrik in Deutschland und Österreich gespielt hat.

Letztendlich kann man eine kommentierte Ausgabe des frühen *Verlaine*-Essays nur herbeiwünschen. Eine separate und leicht zugängliche Edition des biografischen Essays (wobei man die Druckfehler der Originalausgabe beheben und die oft fehlerhaften französischen Zitate korrigieren sollte), mit Anmerkungen und womöglich mit einem neue Perspektiven eröffnenden Vor- bzw. Nachwort versehen, wäre die Grundvoraussetzung für eine erneute wissenschaftliche Auseinandersetzung mit diesem schon vielversprechenden frühen Werk Zweigs.

Stefan Zweig

Zweig, Stefan (1905): Verlaine. Berlin, Leipzig: Schuster & Loeffler.
Zweig, Stefan (1910): Emile Verhaeren. Leipzig: Insel.
Zweig, Stefan (1983): Rhythmen. Nachdichtungen ausgewählter Lyrik von Emile Verhaeren, Charles Baudelaire und Paul Verlaine. GWE. Hg. v. Knut Beck. Frankfurt a.M.: S. Fischer.
Zweig, Stefan (1990): Paul Verlaines Lebensbild. In: Ders.: Zeiten und Schicksale. Aufsätze und Vorträge aus den Jahren 1902–1942. GWE. Hg. v. Knut Beck. Frankfurt a.M.: S. Fischer, S. 240–254.
Zweig, Stefan (2007^5): Die Welt von Gestern. Erinnerungen eines Europäers. GWE. Frankfurt a.M.: S. Fischer.

Weitere Literatur

Baudelaire, Charles (1902): Gedichte in Vers und Prosa. Übersetzt v. Camill Hoffmann u. Stefan Zweig. Leipzig: Seemann.
Colombat, Rémy (2013): Une lecture vitaliste de Rimbaud. In: Le Magazine Littéraire (Nouveaux Regards) 1/2013, S. 115–123.
Dumont, Robert (1967): Stefan Zweig et la France. Paris: Didier.
Kiesgen, Laurenz (1905): *Verlaine* von Stephan [sic] Zweig. In: Die Warte 7/2/1. 12. 1905, S. 128.
Massalongo, Milena (2015): Ciò che resta del „mondo di ieri": Stefan Zweig o la maledetta poesia. Postfazione. In: Zweig, Stefan: Verlaine. A cura di Milena Massalongo. Traduzione di Massimo De Pasquale. Roma: Castelvecchi, S. 65–82.
Matuschek, Oliver (2006): Stefan Zweig. Drei Leben – Eine Biographie. Frankfurt a.M.: S. Fischer.

Philipponnat, Olivier (2015): Préface. In: Zweig, Stefan: Verlaine. Traduit de l'allemand par Corinna Gepner. Hg. v. Olivier Philipponnat. Paris: Le Castor Astral, S. 7–21.
Prater, Donald A./Michels, Volker (2006): Stefan Zweig. Leben und Werk im Bild. Frankfurt a. M.: Insel.
Rimbaud, Arthur (1907): Leben und Dichtung. Übertragen v. K. L. Ammer. Eingeleitet v. Stefan Zweig. Leipzig: Insel.
Verhaeren, Emile (1904): Ausgewählte Gedichte. In Nachdichtung von Stefan Zweig. Berlin, Leipzig: Schuster & Loeffler.
Verlaine, Paul (1902): Gedichte von Paul Verlaine. Eine Anthologie der besten Übertragungen. Hg. v. Stefan Zweig. Berlin, Leipzig: Schuster & Loeffler 1902 [erw. Neuaufl. 1907 u. 1911].
Verlaine, Paul (1922): Gesammelte Werke in zwei Bänden. Hg. v. Stefan Zweig. Leipzig: Insel.
Weschenbach, Natascha (1992): Stefan Zweig und Hippolyte Taine. Stefan Zweigs Dissertation über *Die Philosophie des Hippolyte Taine* (Wien 1904). Amsterdam: Rodopi.

12.2 Emile Verhaeren (1910)
Clara Bolle

1. Entstehung 450
2. Inhalt 451
3. Forschungsperspektiven 453

1. Entstehung

Die erste Begegnung mit dem Werk Émile Verhaerens fällt noch in die Gymnasialzeit Stefan Zweigs. Als Schüler übersetzt er Gedichte von Verhaeren aus dem Französischen ins Deutsche (vgl. Zweig GWE, Emile Verhaeren, S. 225). Der erste Band Verhaerens, den Zweig 1900 erworben haben soll, heißt *Les apparus dans mes chemins* (vgl. Kerckhove 1996a, S. 10). 1901 erscheint die erste Übersetzung (→ III.17 ÜBERSETZUNGEN). Der große Enthusiasmus, das Werk Verhaerens allgemein bekannt zu machen, entspringt auch dem Umstand, dass Zweig stolz darauf war, den belgischen Dichter erstmals ins Deutsche zu übersetzen, ihn für deutschsprachige Leser zu ‚entdecken' (vgl. Zweig GWE, Die Welt von Gestern, S. 144ff.) (→ III.18 HERAUSGEBERSCHAFTEN). Die erste Begegnung fand im Sommer 1902 statt, als Zweig nach Belgien reiste (vgl. Zweig GWE, Erinnerungen an Emile Verhaeren, S. 258f.; eine umfassende Chronologie zu biografischen und werkgeschichtlichen Verbindungen der beiden Autoren findet sich in Kerckhove 1996b, S. 555–566).

Motive für die erste Belgienreise waren nicht nur die Begegnung mit Verhaeren, Zweig interessierte sich zudem für den belgischen Dichter Camille Lemonnier (1844–1913) (vgl. Kerckhove 1996a, S. 19). Lemonnier war, wie Zweig in *Die Welt von Gestern* (1942) bemerkt, ein „kräftige[r], heute zu Unrecht in Vergessenheit geratene[r] Dichter" (Zweig GWE, Die Welt von Gestern, S. 145); Brüssel beeindruckte Zweig als kraftvolle Metropole, das Land Belgien habe zur Zeit der Jahrhundertwende „einen ungemeinen künstlerischen Aufschwung genommen und sogar in gewissem Sinne Frankreich an Intensität überflügelt" (S. 144). Mehrere Künstler, Schriftsteller, Intellektuelle dieses Landes faszinierten den jungen Zweig, mit einigen trat er in persönlichen Kontakt (vgl. S. 144).

12.2 Emile Verhaeren (1910)

Émile Verhaeren, der zuvor als Anwalt gearbeitet hatte und für sein soziales Engagement bekannt war (vgl. Gullentops 2015, S. 6), verstand sich selbst als Anarchisten, dies weniger im politischen, als vielmehr im künstlerischen Sinn: Er war „Anti-Konformist, Anti-Elitair und Anti-Kapitalist" (S. 13). Weil Verhaeren den Dichter als ein „écho du monde", d.h. ein Kind seiner Zeit begreift (vgl. Verhaeren 2002, S. 34), findet er Anschluss an die poetische Avantgarde seiner Zeit. Umgekehrt erkennt Filippo Tommaso Marinetti (1876–1944), der italienische Dichter und Schriftsteller des *Manifesto di Fondazione del Futurismo*, in Verhaeren einen Vorläufer des Futurismus (vgl. S. 198). Marinetti bezeichnete Verhaeren als einen Propheten des Modernismus.

Dass Zweig Émile Verhaeren im Atelier des Bildhauers Charles van der Stappen kennen gelernt hat, berichtet er in *Die Welt von Gestern* (vgl. Zweig GWE, Die Welt von Gestern, S. 146f.). Später trifft Zweig den Dichter mehrere Male in seinem Haus in Le Caillou-qui-bique, einer Hofschaft in Wallonien (Zweig GWE, Erinnerungen an Emile Verhaeren, S. 274). Für Zweig war Verhaeren „*der Dichter von morgen*" wie er in seinem ersten Aufsatz schreibt (Zweig GWE, Emile Verhaeren, S. 9, Herv. i. O.). Die Gedichte von Verhaeren seien „Großstadtpoesie im dionysischen Stile" (S. 15). Nach Jacques Marx stellte Verhaeren für Zweig in gewissem Sinn eine Synthese zwischen Nord-Europa und Süd-Europa dar, in seinem Werk verbanden sich Großstadt und Land, Vergangenheit und Zukunft (vgl. Marx 1996, S. 372, 405). Vor allem aber beeindruckte Zweig Verhaerens Vitalismus, seine anarchistische Kreativität. 1904 erscheint eine erste Sammlung von Zweigs Verhaeren-Übersetzungen mit dem Titel *Ausgewählte Gedichte in Nachdichtung von Stefan Zweig* (Schuster & Loeffler); eine erweiterte Sammlung erscheint unter dem Titel *Ausgewählte Gedichte* 1910 im Insel Verlag, ihr folgt 1912 die Auswahl von Verhaerens Gedichten *Hymne an das Leben* („Insel-Bücherei"). Zweig übersetzt weiters Dramen von Verhaeren sowie die Biografien über Rembrandt und Rubens. Bereits in seinem Brief vom 2. August 1908 spricht Zweig erstmals von einem geplanten Buch über den belgischen Dichter, das mehr sein soll als „eine Biographie: ein Weltanschauungsbuch, eine vorbildliche Darstellung eines Vorbilds. Ich glaube, die Lebensführung so bedeutender Menschen aufzuzeichnen ist der Nachwelt wichtiger als eigene Werke" (Zweig, Br I, S. 173). 1909 nimmt Stefan Zweig dieses Vorhaben einer Monografie über Leben und Werk Émile Verhaerens in Angriff (vgl. Kerckhove 1996a, S. 45; vgl. auch den Brief an Ellen Key vom 4. Mai 1909 in Zweig, Br I, S. 187; zu den vielfältigen Vermittlungstätigkeiten Stefan Zweigs für Émile Verhaeren vgl. Buchinger 1998, S. 70–82).

2. Inhalt

Das Buch *Emile Verhaeren*, erschienen 1910 bei Insel in Leipzig (zweite, durchges. Auflage 1913), besteht aus drei Teilen, jeder Teil repräsentiert eine Periode aus Verhaerens Leben und gibt einen Überblick über die jeweiligen literarischen Veröffentlichungen: „Entscheidungen" (1883–1893), „Gestaltungen" (1893–1900), und „Vollendungen" (1900–1910; in der zweiten Ausgabe entsprechend erweitert bis 1913). Neben den Stationen des persönlichen Lebensweges versucht Zweig auch das philosophische ‚Profil' des Autors zu skizzieren und interpretativ auf das dichterische Werk einzugehen. In diesem Sinne ist *Emile Verhaeren* eine Biografie, zugleich auch ein Manifest, eine kritische Erörterung und Auseinandersetzung mit Verhaerens Lebensphilosophie (vgl. Rensen 2015).

Der erste Teil, „Entscheidungen", legt Zweigs Interesse für Belgien dar. Zweig spricht über „die neue Zeit", ein neues Land, einen neuen Dichter. „Das neue Belgien" ist für ihn der Mittelpunkt Europas und Verhaeren sein Dichter (Zweig GWE, Emile Verhaeren, S. 28). Verhaeren wird zum Protagonisten einer Hymne auf das Neue, einen Aufbruch; aus seiner Dichtung leitet Zweig, illustriert anhand von zahlreichen Zitaten, sein Bild von Verhaeren als dem idealtypischen Vertreter einer neuen Wirklichkeit ab: „Großstadtpoesie in dionysischem Stile" (S. 15), in der die „brausenden Tumulte[ ] der großen Städte" (S. 15) und der „wirre[ ] Trieb ekstatischer Massen" (S. 15) einen überzeugenden Ausdruck finden. Für Zweig gehören Verhaerens Gedichte „zum Größten, was die französische Literatur geschaffen" habe (S. 16).

Zweig ist fasziniert von Verhaerens Expressivität, seiner „Liebe zum Brutalen, Harten, Rauhen, Eckigen", seiner „Neigung für das Grelle und Intensive, für das Laute und Lärmende" (S. 52). Hier stellt Zweig – wie so oft – eine Verbindung zwischen Dichtung und Malerei her, insbesondere zur Vitalität ‚der großen Verschwender' (S. 55ff.) Rubens und Jordaens. Bei aller Begeisterung spart Zweig aber nicht mit kritischen Worten und moniert etwa in Bezug auf *Les Flamandes* eine mangelnde dichterische Reife: „[D]ie naturalistische Kunst ist eine malerische und nicht eine dichterische. Und es ist der große Mangel dieses Buches, daß nur ein begeisterter Maler es geschrieben hat und noch nicht der Dichter." (S. 55) An anderer Stelle wird auch Verhaerens Versmaß, der mechanische Einsatz des Alexandriners, moniert: „Ein Mißverhältnis ist zwischen der inneren Unbändigkeit und äußeren Regelmäßigkeit dieser Gedichte." (S. 55) Ausführlich dargestellt wird auch der Gedichtband *Les Moines*, der ebenfalls mithilfe von Verweisen in die bildende Kunst diskutiert wird (vgl. S. 56–64). Die beiden letzten Abschnitte des ersten Teils widmet Zweig einer großen dichterischen und persönlichen Lebenskrise Verhaerens sowie ihrer Überwindung.

Der zweite Teil, „Gestaltungen", präsentiert drei lyrische Zyklen aus den Jahren 1893 und 1895 sowie „Das Drama Verhaerens", wie eine Überschrift lautet. In diesem Kapitel erörtert Zweig seine eigene ästhetische Position in der Auseinandersetzung mit Verhaerens Werk. Der zentrale Abschnitt, mit „Das neue Pathos" überschrieben, wurde unter demselben Titel bereits 1909 in der Zeitschrift *Das literarische Echo* publiziert – ein Text, der an eine Programmschrift der expressionistischen Bewegung erinnern könnte und dabei im Grunde im starken Kontrast zu Zweigs eigenem literarischen Schaffen steht.

Unter Verweis auf Nietzsche spricht sich Zweig in Bezug auf die Lyrik für ein neues Pathos aus, das „vor allem Lust, Kraft und Wille" habe, um „Ekstase zu erzeugen" (Zweig GWE, Emile Verhaeren, S. 135). Bemerkenswert ist auch, dass Zweig hier der Literatur einen appellativen Charakter zuspricht: „Wer die Menge zwingen will, muß den Rhythmus ihres neuen und unruhigen Lebens in sich haben" (S. 135). Verhaeren ist hier Impulsgeber für Zweigs eigene Gedanken über Literatur, die Welt und das Leben, er wird das poetologische Programm des jungen Autors in diesen Jahren maßgeblich bestimmen. Zum Vorbild wird der belgische Dichter insbesondere in der Beschäftigung mit Gedichten aus *Les Villes Tentaculaires*: nicht länger Harmonie, sondern Anarchie solle die Leitlinie sein. Ästhetische Kategorien spielen für Zweig eine zentrale Rolle. Verhaerens „tiefste Sehnsucht, seine erhabenste Tat ist die lyrische Entdeckung der neuen Schönheit in den neuen Dingen." (S. 91) Für Verhaeren steht der Begriff der Schönheit in unmittelbarem Zusammenhang mit Technik, Wissenschaft und Fortschritt: „[D]ie Riesenstädte, die Maschinen, den Industrialismus, die Demokratie, dieses feurige Streben nach neuen Größen" (S. 94) werden in dieser Dichtung ästhetisch verherrlicht. Zweig spricht von einer „dichterische[n] Umwertung des Schönen", die nur ein „Anbeginn" sei, „für die dichterische Umwertung des Lebensgefühles." (S. 94)

Im letzten Kapitel, „Vollendungen", bringt die Gegensätze Provinz und Großstadt, Flandern und Europa, die Vergangenheit und die Zukunft in Beziehung. Verhaeren suche am Ende seines Lebens die „Einheit der Welt, das monistische Gefühl" (S. 192). Zweig spricht von einem „Wille[n] zum Weltgedicht" (S. 175), Verhaeren verkörpere im Gegensatz zum „Weltbetrachter" den „Weltempfinder" (S. 180). „Le monde entier est répensé par leurs cervelles", schreibt Verhaeren über diese Zeit (S. 196), die ganze Welt werde durch ihre Köpfe neu erdacht.

Donald A. Prater hat in seiner Biografie auf die besondere Bedeutung Verhaerens für Zweig und seine ästhetische Orientierung in den frühen Jahren seines literarischen Schaffens hingewiesen (Prater 1981, S. 70 ff.). Nach Veröffentlichung der Biografie *Emile Verhaeren* übersetzt Zweig 1912 *Le multiple splendeur* (vgl. Kerckhove 1996a, S. 76). Der Erste Weltkrieg bringt eine Entfremdung zwischen den beiden Autoren mit sich: Zweig beginnt sich zögernd von seinen patriotischen Texten aus dem Herbst 1914 zu distanzieren (→ IV.12 KUNST UND POLITIK), während sich Verhaeren im Sinne Belgiens nationalistisch äußert. Der Freundschaftsbruch kommt, als Verhaeren sich unter dem Eindruck der Besetzung Belgiens durch die deutschen Soldaten von Deutschland und der deutschen Kultur abwendet. 1915 schreibt er verschiedene Essays, z. B. *Le crime allemand*, *Parmi les cendres* und *Villes meurtries de Belgique*, wo er über Kriegsverbrechen der Deutschen schreibt (Servaes 1987). Diese und weitere Veröffentlichungen verstören nicht nur Zweig. Insbesondere das Gedicht *La Belgique sanglante* (dt. ‚Das blutende Belgien') über die Grausamkeit der deutschen Soldaten gegenüber der belgischen Zivilbevölkerung führt auch bei anderen deutschen Schriftstellern zu massiven Irritationen und scharfen öffentlichen Reaktionen.

Verhaeren stirbt 1916 bei einem Zugunfall. Im 1917 publiziert Zweig seine *Erinnerungen an Emile Verhaeren*, ein berührendes Resümee der Freundschaft der beiden Schriftsteller, in dem er auch den Konflikt zum Lebensende Verhaerens in einem versöhnlichen Licht zeigt.

3. Forschungsperspektiven

Für das Verständnis des Frühwerks von Stefan Zweig ist die Auseinandersetzung mit seinem Buch über Émile Verhaeren unumgänglich, und dennoch ist eine solche in der Forschung bislang noch nicht in entsprechender Ausführlichkeit erfolgt.

Zu berücksichtigen wäre in diesem Zusammenhang nicht nur Zweigs lyrisches und erzählerisches Schaffen, sondern auch publizistische Texte wie etwa die Reiseberichte über New York, Panama und Brüssel (1910, 1911). Zu untersuchen wäre dabei der Einfluss von Verhaerens vitalistischem Modernismus, worauf bereits Stephan Resch hingewiesen hat (vgl. Resch 2014, S. 208).

In der Folge könnte man den Einfluss auch in Form von motivgeschichtlichen Studien (Technik, Industrialisierung, Fortschritt, Großstadt etc.) untersuchen und dabei die Klammer zwischen Zweig und Verhaeren diskutieren. Zu denken ist beispielsweise an Zweigs *Der Flieger* aus *Die Herren des Lebens* (1911). Die Technikbegeisterung, die nicht nur im Zusammenhang mit Verhaeren zu finden ist, ist möglicherweise – so Resch (2014, S. 212f.) – mit Marinettis Gedanken über das Flugzeug in Verbindung zu bringen. Gabriella Rovagnati stellt eine andere Überlegung an, wenn sie die Lebensphilosophie Verhaerens als maßgeblichen Einfluss auf die Entwicklung von Zweigs Sympathie interpretiert, etwa für die Paneuropa-Bewegung, den Modernismus, den Vitalismus oder die neue Schönheit der Erfindungen (vgl. Rovagnati 1998; Marx 1996; Rensen 2015).

Weitere Ansätze für die künftige Forschung zu Zweig und Verhaeren könnten sein: eine grundlegende Untersuchung zu Zweigs Übersetzungstätigkeit (vgl. Bachleitner 2015); Verhaerens Einfluss auf weitere Zeitgenossen wie etwa Rilke, um die Beziehung zu Zweig im Ensemble der literarischen Rezeption Verhaerens im deutschsprachigen Raum zu betrachten; umgekehrt könnte man natürlich auch Zweig und die belgischen Autoren neben Verhaeren, etwa Lemonnier, in Beziehung bringen – man denke z.B. auch daran, dass Anton Kippenberg einen Belgien-Schwerpunkt im Programm des Insel Verlags hatte, woran Zweig auch beratend mitwirkte. Von weiterführendem Interesse sind schließlich auch die Frage nach der Programmatik des Vitalismus-Gedankens, sowie die Bezüge zwischen Zweig und dem Futurismus und zu Marinetti (vgl. Gullentops 1996).

Stefan Zweig

Zweig, Stefan (1984): Emile Verhaeren. In: Ders.: Emile Verhaeren. GWE. Hg. v. Knut Beck. Frankfurt a.M.: S. Fischer, S. 9–18.

Zweig, Stefan (1984): Emile Verhaeren. In: Ders.: Emile Verhaeren. GWE. Hg. v. Knut Beck. Frankfurt a.M.: S. Fischer, S. 19–250.

Zweig, Stefan (1984): Erinnerungen an Emile Verhaeren. In: Ders.: Emile Verhaeren. GWE. Hg. v. Knut Beck. Frankfurt a.M.: S. Fischer, S. 251–315.

Zweig, Stefan (1995): Briefe. Bd. I: 1897–1914. Hg. v. Knut Beck, Jeffrey B. Berlin u. Natascha Weschenbach-Feggeler. Frankfurt a.M.: S. Fischer.

Zweig, Stefan (2007^5): Die Welt von Gestern. Erinnerungen eines Europäers. GWE. Frankfurt a.M.: S. Fischer.

Weitere Literatur

Bachleitner, Norbert (2018): The Reception and Translation of Emile Verhaeren's Poetry by Stefan Zweig. In: Defraeye, Piet/Mitterbauer, Helga/Reyns, Chris (Hg.): Brussels: 1900: Vienna. Amsterdam: Brill-Rodopi [in Vorbereitung].

Buchinger, Susanne (1998): Stefan Zweig – Schriftsteller und literarischer Agent. Die Beziehungen zu seinen deutschsprachigen Verlegern (1901–1942). Frankfurt a.M.: Buchhändler-Vereinigung.

Gullentops, David (1996): Verhaeren and Marinetti. In: Forum for Modern Language Studies 2/1996, S. 107–118.

Gullentops, David (2015): Émile Verhaeren inédit. Bruxelles: VUBpress.

Kerckhove, Fabrice van de (1996a): Introduction. In: Verhaeren, Émile/Verhaeren, Marthe/Zweig, Stefan: Correspondance (1900–1926). Hg. v. Fabrice van de Kerckhove. Bruxelles: Edition Labor, S. 7–100.

Kerckhove, Fabrice van de (1996b): Tables, chronologie et index. In: Verhaeren, Émile/Verhaeren, Marthe/Zweig, Stefan: Correspondance (1900–1926). Hg. v. Fabrice van de Kerckhove. Bruxelles: Edition Labor, S. 459–589.

Marx, Jacques (1996): Verhaeren. Biographie d'une œuvre. Paris: Académie Royale de Langue et de Littérature Françaises.

Prater, Donald A. (1981): Stefan Zweig. Das Leben eines Ungeduldigen. München, Wien: Hanser.
Rensen, Marleen (2015): Writing European Lives. Stefan Zweig as a Biographer of Verhaeren, Rolland and Erasmus. In: European Journal of Life Writing 4/2015, S. 1–29.
Resch, Stephan (2014): „Lust, Kraft, Wille und Ekstase erzeugen": Tracing Vitalism in Stefan Zweig's Early Works. In: Literatur für Leser 4/2014, S. 203–217.
Rovagnati, Gabriella (1998): „Umwege auf dem Wege zu mir selbst". Zu Leben und Werk Stefan Zweigs. Bonn: Bouvier.
Servaes, Paul (1987): Oostenrijk – Vlaanderen, een uitzonderlijke vriendschap: Stefan Zweig – Emile Verhaeren. In: Vlaanderen 36/1987, S. 212–213.
Verhaeren, Emile (2002): De Baudelaire à Mallarmé. Paris: Éditions Complexe.

12.3 *Marceline Desbordes-Valmore. Das Lebensbild einer Dichterin* (1920)

Michel Reffet

1. Entstehung 455
2. Inhalt 456
3. Rezeption und Forschung 458

1. Entstehung

Während eines Aufenthalts in Paris im März 1914 entdeckte Stefan Zweig die Gedichte von Marceline Desbordes-Valmore und notierte in seinem Tagebuch, sie hätten auf ihn „großen Eindruck" gemacht (Zweig GWE, Tb, S. 47). Im Oktober 1927 schreibt Zweig in der Zeitschrift *Universum* rückblickend über die Entstehung des Buches: „Die Verführung lag mir lange nahe, dieses außerordentliche und durchaus durchseelte Schicksal als Roman zu behandeln, doch scheint es mir wichtiger, in den seltenen Fällen, wo das Schicksal selbst schon einen Menschen vollendet gestaltet, sein Leben als Tatsache, ohne Ausschmückung und lyrische Verbrämung darzustellen." (Rilke/Zweig 1987, S. 168) Er beschränke sich darauf, das „erschütternde Frauenschicksal" (S. 168) zu erzählen, aus Briefen zu zitieren und einige Gedichte einzufügen. Er habe, schreibt Zweig 1927, den Impuls zu dieser Arbeit einem Aufsatz von Charles Baudelaire entnommen, auch ein Gespräch mit Rainer Maria Rilke habe dazu beigetragen, dass ihm „die Arbeit dann wirklich zur Freude" wurde (S. 169). Aus diesem Grunde sei das Buch für Zweig in Gedanken mit Rilke verbunden. Alberto Dines vermutet hingegen, der Hinweis auf Desbordes-Valmore könnte auch von Verhaeren stammen, und erklärt Zweigs Faszination für die französische Dichterin mit ihrer „schmerzerfüllten Poesie und tragischen Existenz" (Dines 2006, S. 181).

Fest steht, dass Zweig noch im März 1914 anfing, in der Pariser Nationalbibliothek über die Dichterin zu recherchieren (vgl. Zweig GWE, Tb, S. 74) und zu schreiben: „Abends arbeite ich an der Desbordes: das Buch ist herrlich." (S. 77) Man darf vermuten, dass mit diesem Buch eine deutsche Übersetzung der Gedichte gemeint ist, zu der Zweig eine Einführung schrieb. Aus diesen Pariser Vorarbeiten entstand im Zeitraum bis Juli 1914 ein umfangreicher Aufsatz über die französische Dichterin. Dieser war als Einleitungsessay zu einer Ausgabe von Gedichten und Briefen gedacht. Zweig schickte ihn noch im selben Monat an den Insel Verlag. Dem Essay sollte eine umfangreiche Auswahl von Gedichten und Briefen der Dichterin angeschlossen werden, so dass man tatsächlich von einem ‚Buch' reden konnte.

Zweig hatte die Nationalbibliothek in Begleitung der Dichterin und Übersetzerin Gisela Etzel-Kühn (Pseudonym von Gisela Schulte, geb. Waltner, Gattin des Schriftstellers Theodor Etzel) aufgesucht: „[W]ir finden ziemlich viel über Desbordes – es wird schon eine schöne Sache werden." (S. 74) In Zweigs Essay sind zehn Übertragungen von Gedichten als von Etzel-Kühn stammend ausgewiesen. Andere existierten vorerst nur im Französischen. Der Plan des Verlages, den Band im Herbst herauszubringen, wurde durch den Beginn des Ersten Weltkriegs verhindert. Die Übersetzerin verstarb 1917, ohne ihre Arbeit für den geplanten Band abgeschlossen zu haben.

Zweig veröffentlichte die ersten zwei Abschnitte seines Essays am 7. und 9. November 1918 in der *Neuen Freien Presse*. Ein weiterer Auszug erschien 1919 im Berliner *Literarischen Echo*. Obwohl der Verlag ursprünglich plante, den Band im Herbst 1918 zu veröffentlichen, verzögerte sich die Publikation, wie die ausführliche Korrespondenz zwischen Zweig und Kippenberg belegt, immer weiter, so dass das Buch erst im Januar 1921 erscheinen konnte. Das im Buch genannte Erscheinungsjahr ist 1920. Nach einer Diskussion über die Herausgeberschaft Zweigs erschien der Band unter dem Titel *Marceline Desbordes-Valmore. Das Lebensbild einer Dichterin*. Der Band erlebte keine zweite Auflage – der Erfolg war gering, wie Kippenberg bereits im Vorfeld zu bedenken gegeben hatte. Im August 1924 berichtet Zweig dem Verlag aus Paris, dass in Frankreich zwei Bände mit unbekannten Briefen der französischen Autorin veröffentlicht worden seien. In der Folge kam es 1927 zu einer veränderten und erweiterten Ausgabe (vgl. Zweig, Br II, S. 562). Im Nachwort heißt es, die erste Ausgabe sei „nicht ganz zulänglich" gewesen und könne durch „wichtige Teile der Korrespondenz und des Lebensschicksals" ergänzt werden: „Die Ergänzung der Gedichte und Briefe hat nun Friderike Zweig besorgt", wodurch sich nun eine „einzige unlösbare Einheit von Gestalt und Gestaltung" (Zweig 1927, S. 260) ergeben habe. 1937 erschien der Essay (ohne Gedichte und Briefe) im Sammelband *Begegnungen mit Menschen, Büchern, Städten* im Herbert Reichner Verlag. In der Ausgabe der *Gesammelten Werke in Einzelbänden* (GWE) erschien der Essay 1984 im Band *Das Geheimnis des künstlerischen Schaffens*. In dieser Ausgabe wurden Übersetzungen von Maryam Lukasser nachgetragen.

2. Inhalt

Aus einer Familie von durch die Revolution ruinierten Kunsthandwerkern stammend, trat Marceline Desbordes, geboren 1786, mit 14 Jahren in einer Komödiantentruppe auf, um Geld für die Überfahrt nach Guadeloupe zu sammeln. Dort sollte sie zusammen mit ihrer Mutter bei einem verwandten reichen Plantagenbesitzer Aufnahme finden, der jedoch bei einem Sklavenaufstand erschlagen wurde. Die Mutter starb, das Kind musste, unter großen Gefahren und allein unter Seeleuten, nach Frankreich zurückreisen. Marceline Desbordes wurde Schauspielerin, „[a]ber ihre wahre Existenz, die hinter den Kulissen, ist monoton und matt, ein freudloses proletarisches Dasein zwischen Arbeit und Entbehrung." (Zweig GWE, Marceline Desbordes-Valmore, S. 89) Sie verliebte sich in einen jungen Dichter, der sich als Verführer herausstellte. Trotzdem widmete sie ihm ihre glühendsten Liebesgedichte. Allein gelassen mit einem Kind heiratete sie den sieben Jahre jüngeren Schauspielkollegen Prosper Lanchantin Valmore, dessen Namen sie fortan ihrem Geburtsnamen beifügte. Als Schauspielerin wollte sie ihren schon bekannten Mädchennamen nicht ablegen. 30 Jahre lang war sie es, die für das Auskommen der Familie sorgen musste, da ihr Ehemann immer seltener Engagements erhielt. Von ihm hatte sie vier Kinder. Die schwierigen Lebensumstände machten Ortswechsel von Brüssel nach Lyon und schließlich Paris notwendig. Am Ende ihrer Kräfte kehrte Desbordes-Valmore dem Schauspielberuf schließlich den Rücken, schrieb nachts sentimentale Novellen und Romane, um ihre finanzielle Not zu lindern. Von König Louis-Philippe erhielt sie eine einmalige Pensionszahlung und konnte sich über die Ernennung ihres Mannes zum Hilfsbeamten in der Pariser Nationalbibliothek freuen.

Zweig gab seiner Darstellung den Untertitel *Das Lebensbild einer Dichterin*. Auch das erste Kapitel der Rolland-Biografie nennt er „Lebensbild", bei den Biografien über *Joseph Fouché* (1929) und *Marie Antoinette* (1932) spricht Zweig von einem „Bildnis". Zweig wählt diesen Terminus aus dem Bereich der bildenden Kunst auch diesmal, um sich als eine Art ‚Porträtmaler' der französischen Autorin zu positionieren. In diesem Sinne könnte man die Kapitel auch als Einzelporträts der Dichterin in bestimmten Phasen ihres Lebens betrachten. Es war also nicht Zweigs Absicht, eine traditionelle Biografie zu verfassen. Dennoch ist er darum bemüht, eine chronologische Abfolge einzuhalten, diese jedoch thematisch zu strukturieren. Er teilt die Lebensgeschichte in 13 Kapitel ein, z.B. „die Schauspielerin", „die Liebende", „die Verlassene" und „die Frau". Vom Tod von vier ihrer fünf Kinder erfährt man erst im vorletzten Abschnitt „Mater Dolorosa" (S. 149–156). Auffällig ist, dass Zweig Schmerz und Opfermut der Autorin betont.

Zweig spricht vom „Schicksal" der Autorin, von einem angeborenen, unwandelbaren Charakter – man denke an andere Figuren Zweigs aus dem proletarischen Milieu –, der eine heilbringende schöpferische Kraft in Form seiner lyrischen Begabung findet. Marceline Desbordes-Valmore reiht sich also ein unter jene Gestalten in Zweigs Werk, die, gedemütigt und leidend, dennoch den anerkannten Heroen moralisch überlegen sind. Bezeichnend ist, dass es in dieser Galerie seiner Porträts, sieht man von Marie Antoinette und Maria Stuart ab, so gut wie keine Frauen gibt. In Marceline Desbordes-Valmore hat er eine Frau nach seinem Wunsch gefunden: „Sie ist nicht die Heroine (wie George Sand, wie Charlotte Corday, Jeanne d'Arc und Theroine de Méricourt), sondern nur die Heroische des Alltags, sie ist nicht die große Liebhaberin, die grande amoureuse (wie die Pompadour, wie die Lespinasse, wie Ninon de Lenclos), sondern bloß die Liebende und darum die Entsagende." (S. 144)

Geht es um den Rang Desbordes-Valmores als Schriftstellerin, so stellt Zweig sie als die „große Dichterin" dar, „der Frankreich schönste und unvergeßliche Verse dankt" (S. 125). Er versucht ihren Status im Kanon der französischen Literatur aufzuwerten. Während sie zu Lebzeiten neben Lamartine, Victor Hugo, Balzac und Sainte-Beuve wahrgenommen wurde und in manchen französischen Literaturgeschichten als einzige Frau unter den Vertretern der französischen Romantik genannt wird, steht Desbordes-Valmore rückblickend dennoch im Schatten von Autoren wie Vigny, Lamartine, Musset und Hugo. In manchen Darstellungen wird sie schlichtweg übergangen. Zweig bedenkt die Gründe für diese Einschätzung, er stellt fest: „Sie erzählt sich immer nur selbst, sie spricht Monologe aus der tiefen Traumhaftigkeit ihres Wesens" (S. 136). Marceline Desbordes-Valmore habe zudem kein Selbstbewusstsein als Autorin entwickelt, sie habe ein Leben lang nie verstanden, dass sie eine Dichterin sei. „Diese Verse, oft sind es nur Schreie, manchmal Klage, manchmal Gebete, immer aber beseelte Stimme. Sie sind nicht das Gefundene und Gefügte, sie sind das bloß Ausgeströmte, das Zufällige, denn Marceline Desbordes-Valmores Genie ist das der Unmittelbarkeit." (S. 136) Wie immer bei seinen emphatischen Liebeserklärungen an Künstler, die er zu Unrecht für geringgeschätzt hält, greift er auch diesmal zu zahlreichen Superlativen (→ IV.4 Sprache und Metaphorik). Bei seinen Charakterbeschreibungen bedient er sich außerdem auffällig vieler Substantivierungen, so ist Marceline „die ewig Entbehrungsvolle", „die Mutterlose", „die Demütige", „die Gejagte", „die Duldende" oder „die Liebesreiche". Zweigs Stil erinnert gelegentlich an christliche Litaneien. Wie in anderen Texten bemüht Zweig auch hier die christologische Metaphorik und spricht davon, das Leben der Dichterin habe „über den Kalvarienberg aller Leiden" geführt, sie habe „das Höchste an Lust und Tiefste an Qualen" kennengelernt, denn ihr Leben drücke „auf ihr blutendes Haupt die dunkle Dornenkrone der Mutterschaft" (S. 149).

Zweig fasziniert auch diesmal das ‚Geheimnis des künstlerischen Schaffens': „[N]iemals lischt die heilige Flamme aus. Alles, was das Leben in ihre Glut wirft, Ekel, Qual, Bitterkeit, es nährt nur ihr Lodern" (S. 149). Zweig spricht im Zusammenhang mit dem schöpferischen Prozess von einer Polarität (→ IV.5 Das Schöpferische). Als binäre „Elemente" nennt er „Unbewußtheit und Bewußtheit, Inspiration und Technik, Trunkenheit und Nüchternheit." (Zweig GWE, Das Geheimnis des künstlerischen Schaffens, S. 365) In Marcelines Existenz sind es bittere Armut und unerschöpflicher Opfermut, schmerzvolle Enttäuschung und unvergängliche Liebe.

3. Rezeption und Forschung

Zweigs essayistische Annäherung an Leben und Werk der französischen Autorin ist nicht als selbständige Publikation des Autors wahrgenommen worden und firmiert daher weniger als Buch Stefan Zweigs, sondern als Ausgabe der Werke Marceline Desbordes-Valmores mit einem Vorwort von Stefan Zweig. Dem entspricht auch der Umstand, dass Zweig selbst seinen Aufsatz in eine Anthologie der russischen Ausgabe (1930) und später 1937 in den Band *Begegnungen mit Menschen, Büchern, Städten* im Reichner Verlag aufgenommen hat. Dennoch erlebte der Band nach dem Erscheinen 1921 eine bemerkenswerte Resonanz in Zeitschiften und Zeitungen (vgl. Klawiter 1991, S. 773). Unter den Rezensenten finden sich Hermann Hesse, Carl Seelig, Wilhelm Friedmann und Oskar Loerke. Hesse weist in seiner Rezension darauf hin, dass die Autorin in Deutschland „völlig unbekannt" sei. Er widmet dem Buch gut 20 Zeilen, in denen er die Lebensgeschichte Desbordes-Valmores knapp referiert und Zweigs Buch eine „schöne Biographie" nennt: „Rührend und ergreifend ist dies Buch zu lesen" (Hesse/Zweig 2006, S. 112). Loerke nennt *Marceline Desbordes-Valmore* ein „erschütternd lösende[s] Buch", das weit mehr sei als ein „Bericht von einem Dichterleben. Dem Herausgeber kann man nichts Schöneres nachsagen, als daß sich sein Essay streckenweise nicht anders liest als die Äußerungen der Dichterin selbst." (Loerke 1965, S. 58)

Hermann Bahr kündigte Zweig am 3. Februar 1921 eine Rezension an: „Herzlichsten Dank für die heut glücklich eingelangte D.-V! Ich hoffe sehr bald auch öffentlich sagen zu können, wie sehr mich dieses Buch erfreut." (Zweig 1987, S. 68) Eine solche ist vermutlich nie erschienen. Rainer Maria Rilke bedankte sich in einem Brief vom 9. März 1921: „Viel Freude [...] hat mir Ihr Desbordes-Valmore-Buch bereitet mit den zum Theil guten Übertragungen." (S. 321) Auch Arthur Schnitzler gratuliert am 29. November 1922: „Jetzt les ich Ihr ausgezeichnetes Desbordes-Valmore Buch, das mir ein dafür schwärmender Vetter zum Geschenk gemacht hat." (S. 413) Zweig hatte offenbar vergessen, dass Schnitzler das Buch bereits besaß, und schickte ihm am 14. Oktober 1927 ein weiteres Exemplar mit der Bemerkung, er habe – im Gegensatz zu dem äußerst produktiven Schnitzler – „nur Kleineres zu bieten, und dies mögen Sie heute mit der Biographie der Desbordes-Valmore [...] freundlich empfangen" (S. 431 f.).

Franz Krotsch, der im *Salzburger Volksblatt* zahlreiche Neuerscheinungen Zweigs rezensierte, schrieb am 31. Oktober 1927 über die zweite Ausgabe: „Wollte man dieses Buch dem Leser so nahebringen, wie es die schöne Menschlichkeit seines Inhaltes und die künstlerische Vollendung seiner Form verdient, dann müßte man das eigene Urteil ganz beiseite stellen und einfach Seite auf Seite zitieren; denn nur so ließe sich zeigen, wie tief hier ein Mensch und Dichter das Wesen eines anderen erfühlt hat." Krotsch spricht von Zweigs „behutsamen Händen, die die ‚beispiellose Harmonie' im Leben und Wirken Marceline Desbordes-Valmores enthüllen", so wird „ihr Lebensbild selbst wieder zu einer Dichtung" bzw. „wie die reife Schöpfung fruchtbarster Phantasie" (Krotsch 1927, S. 5).

1921 hat Zweig das Buch an Rolland geschickt, dieser antwortet in einem Brief vom 11. Februar, er habe Zweigs „liebenswürdiges Buch über Frau Desbordes-Valmore" sofort gelesen: „Ich bewundere Ihre erstaunliche Aktivität, die sich in so vielen Schriften ausdrückt [...]. In allem, was Sie schreiben, liebe ich Ihre Kunst und Ihre Menschlichkeit." (Rolland/Zweig 1987, S. 616)

Donald A. Prater weist anhand eines Briefes an Victor Fleischer darauf hin, dass Zweig tatsächlich überlegt hatte, zwei weitere Essays über Schriftstellerinnen, gemeint sind Rahel Varnhagen und Marie Walewska, zu schreiben. Gemeinsam mit dem Aufsatz über Desbordes-Valmore hätte daraus eine „Trilogie über Frauen der Empire- und Restaurationszeit" werden können (Prater 1981, S. 215). Auch über die Gründe, warum es nicht zu diesem Band kam, spekuliert Prater im Anschluss an Überlegungen von Robert Dumont (vgl. Dumont 1967, S. 292). Zweig habe, so Dumont, keinen „schlüssigen Vergleich zwischen Marceline und Rahel" finden können und stattdessen die Nähe von Desbordes-Valmore zu Rimbaud und Verhaeren als vorrangig empfunden (Prater 1981, S. 215). Auf das Projekt der Frauen-Anthologie nimmt, Praters Argumentation aufgreifend, auch Serge Niémetz Bezug (vgl. Niémetz 1996, S. 262).

Für die Forschung wäre eine systematische Untersuchung der frühen biografischen Essays Stefan Zweigs (zu Verlaine, Rimbaud, Baudelaire, Verhaeren, Desbordes-Valmore u.a.) wünschenswert, dies insbesondere, um Zweigs poetologische Profilierung in jungen Jahren besser zu verstehen. Eine weitere Studie könnte diese Arbeiten in Hinblick auf Zweigs große Lebensbilder, wie *Joseph Fouché* (1929), *Marie Antoinette* (1932) und *Maria Stuart* (1935), zum Thema haben: Zu untersuchen wäre dabei, wie sich Zweigs biografische Schriften stilistisch und werkpolitisch entwickeln.

Stefan Zweig

Hesse, Hermann/Zweig, Stefan (2006): Briefwechsel. Hg. v. Volker Michels. Frankfurt a.M.: Suhrkamp.
Rilke, Rainer Maria/Zweig, Stefan (1987): Rainer Maria Rilke und Stefan Zweig in Briefen und Dokumenten. Hg. v. Donald A. Prater. Frankfurt a.M.: Insel.
Rolland, Romain/Zweig, Stefan (1987): Briefwechsel 1910–1940. Bd. I: 1910–1923. Berlin: Rütten & Loening.
Zweig, Stefan (1927): Marceline Desbordes-Valmore. Das Lebensbild einer Dichterin. Leipzig: Insel.
Zweig, Stefan (1937): Begegnungen mit Menschen, Büchern, Städten. Wien u.a.: Reichner.
Zweig, Stefan (1984): Marceline Desbordes-Valmore. Lebensbild einer Dichterin. In: Ders.: Das Geheimnis des künstlerischen Schaffens. Essays. GWE. Hg. v. Knut Beck. Frankfurt a.M.: S. Fischer, S. 83–162.
Zweig, Stefan (1984): Tagebücher. GWE. Hg. v. Knut Beck. Frankfurt a.M.: S. Fischer.
Zweig, Stefan (1987): Briefwechsel mit Hermann Bahr, Sigmund Freud, Rainer Maria Rilke und Arthur Schnitzler. Hg. v. Jeffrey B. Berlin, Hans-Ulrich Lindken u. Donald A. Prater. Frankfurt a.M.: S. Fischer.
Zweig, Stefan (1998): Briefe. Bd. II: 1914–1919. Hg. v. Knut Beck, Jeffrey B. Berlin u. Natascha Weschenbach-Feggeler. Frankfurt a.M.: S. Fischer.
Zweig, Stefan (2000): Briefe. Bd. III: 1920–1931. Hg. v. Knut Beck u. Jeffrey B. Berlin. Frankfurt a.M.: S. Fischer.
Zweig, Stefan (2007^2): Das Geheimnis des künstlerischen Schaffens. In: Ders.: Das Geheimnis des künstlerischen Schaffens. Essays. GWE. Hg. v. Knut Beck. Frankfurt a.M.: S. Fischer, S. 348–371.

Weitere Literatur

Dines, Alberto (2006): Tod im Paradies. Die Tragödie des Stefan Zweig. Frankfurt a.M. u.a.: Edition Büchergilde.
Dumont, Robert (1967): Stefan Zweig et la France. Paris: Didier.
Klawiter, Randolph J. (1991): Stefan Zweig. An International Bibliography. Riverside: Ariadne Press.
Krotsch, Franz: *Marceline Desbordes-Valmore*. Ein Lebensbild von Stefan Zweig. In: Salzburger Volksblatt, 31. 10. 1927, S. 5.
Loerke, Oskar (1965): Der Bücherkarren. Besprechungen im Berliner Börsen-Courier 1920–1928. Hg. v. Hermann Kasack. Heidelberg: Lambert Schneider.
Niémetz, Serge (1996): Stefan Zweig. Le voyageur et ses mondes. Paris: Belfond.
Prater, Donald A. (1981): Stefan Zweig. Das Leben eines Ungeduldigen. München, Wien: Hanser.

12.4 Romain Rolland. Der Mann und das Werk (1921)

Eugenio Spedicato/Arturo Larcati

1. Entstehung 461
2. Inhalt 461
3. Forschungsstand und Forschungsperspektiven 464

1. Entstehung

Die erste Begegnung von Romain Rolland und Stefan Zweig fand im Februar 1911 statt. Innerhalb weniger Jahre wurde Rolland für Zweig zu einem väterlichen Vorbild. Die Anregungen, die Zweig von Rolland in Hinblick auf sein literarisches Werk, sein lebensphilosophisches, politisches und ästhetisches Selbstverständnis erfahren hat, sind vielfältig. Insbesondere ihre Korrespondenz während der Kriegsjahre 1914–1918 (vgl. Rolland/Zweig 1987; 2014) – nicht zuletzt nach dem Tod Émile Verhaerens, jenem Rolland vorangehenden Idol Zweigs – trägt wesentlich zu Zweigs pazifistischer Lebenswende bei (→ III.16 BRIEFE; V.4 KRIEG, FRIEDEN, PAZIFISMUS). Seine Verehrung für den französischen Schriftsteller, Nobelpreisträger und europäischen Intellektuellen Rolland erlebte einen Höhepunkt in den persönlichen Begegnungen Ende November 1917 in Villeneuve am Genfersee. Während dieser Zeit entsteht, wie man dem Tagebuch Zweigs entnehmen kann, die Idee zu einem biografischen Porträt: „Es wäre mein Wunsch für ihn zu wirken. Überhaupt für ihn, ich will einmal über ihn schreiben. Ein Buch." (Zweig GWE, Tb, S. 278; zur Entstehungsgeschichte vgl. Renoldner 2011)

Mit der Niederschrift beginnt Zweig im Oktober 1918 nach weiteren Besuchen bei Rolland. Der intensive Briefwechsel, den Zweig mit ihm über dieses Buch führt, dokumentiert den Entstehungsprozess. Rolland war seinem Biografen, wie diverse Briefe belegen, in vielerlei Hinsicht behilflich. Er zeigt sich erfreut über das angekündigte Buch, das andere biografische Auskünfte revidieren sollte: „Ich fände es wahrhaft betrüblich, wenn ein so ungenaues und blutleeres Bild von mir bliebe wie jene Studien, die zur Zeit in Umlauf sind. Ich werde glücklich sein, wenn man mich mit Ihren Augen sieht." (Rolland/Zweig 1987, S. 334; vgl. Charbit 2007)

Bereits 1919 reist Stefan Zweig mit einem großen Vortrag über Romain Rolland durch Österreich und Deutschland und bereitet damit werbewirksam auf die geplante Publikation vor. Das Buch erscheint schließlich im Dezember 1920 – das angegebene Erscheinungsjahr ist 1921 – im Verlag Rütten & Loening, in dem auch Rollands Bücher verlegt werden. In einem Brief vom 13. Dezember 1920 bedankt sich Rolland für Zweigs Buch: „Es ist ein so wundervoller Hymnus auf alles, was ich erstrebt" (Rolland/Zweig 1987, S. 596). 1926 erscheint die dritte, erweiterte Auflage, die das inzwischen erschienene Werk Rollands miteinbezieht.

2. Inhalt

In der Vorbemerkung hält Zweig fest, dass er mit seinem Buch zwei Ziele verfolge: einerseits die „Darstellung eines europäischen Werkes", andererseits ein „Bekenntnis zu einem Menschen, der mir und manchem das stärkste moralische Erlebnis unserer Weltwende war" (Zweig GWE, Romain Rolland, S. 37). Das Buch sei jenen Personen gewidmet, „die in der Stunde der Feuerprobe Romain Rolland und unserer heiligen Heimat Europa treu geblieben sind" (S. 37). Im ersten Kapitel nennt Zweig einen weiteren Schreibanlass: Rollands Leben sei heroisch, weil es sich unter schwierigen Umständen entwickelt habe, und er nicht, wie andere „Standbilder" (S. 42), stürzte, sondern unerschüttert vor uns stehe.

In 13 kurzen Kapiteln auf rund 40 Seiten zeichnet Zweig Rollands Lebensgeschichte nach, von der Kindheit, über seine Schul- und Universitätszeit, den zweijährigen Aufenthalt in Italien, wo er der Wagner-Freundin Malwida von Meysenbug begegnete, bis zu seinen Anfängen als Musikwissenschaftler in Paris, zuerst an der École Normale Supérieure, dann an der Sorbonne.

Das Kapitel „Der Ruhm" berichtet von Rollands Autounfall und der darauffolgenden Wende in seinem Leben, sowie von den ersten Bänden des großen Romans *Jean Christophe* (1904–1912) (vgl. S. 81 ff.). Bemerkenswert ist, dass Zweig die Lebensgeschichte Rollands mit 1914 gewissermaßen beendet: „Mit diesem Jahr 1914 verlischt die private Existenz Romain Rollands: sein Leben gehört nicht mehr ihm, sondern der Welt […]. Er ist nicht mehr Schriftsteller, Dichter, Künstler, nicht mehr Eigenwesen. Er ist die Stimme Europas in seiner tiefsten Qual. Er ist das Gewissen der Welt." (S. 84f.)

In den folgenden Kapiteln wird ein detaillierter chronologischer Überblick über Rollands Werk gegeben, den gelegentlich Verweise auf biografische Begebenheiten ergänzen. Vorweg versucht Zweig jedoch Rollands geistesgeschichtliche Herkunft zu skizzieren. Dabei stellt er die Frage, in welchem Verhältnis Rollands Pazifismus und sein Engagement als Kulturvermittler zu den chauvinistischen und revanchistischen Tendenzen seines Heimatlandes stehen. Nach 1870 habe sich in Frankreich aufgrund der militärischen Niederlage eine fanatische Rivalität gegenüber Deutschland entwickelt. Rolland hingegen verkörpere einen Idealismus, der nicht auf erneute kriegerische Konfrontation aus sei, sondern nach Versöhnung strebe. Zweig zeichnet das Bild eines Intellektuellen, der sich im Zwiespalt zwischen Revolution und Jansenismus befindet und dabei, nicht zuletzt dank der frühen Bekanntschaft mit den Werken Spinozas, an seinen Idealen von Bildung, Toleranz und Offenheit festhält. Eine große Rolle für Rollands Selbstverständnis als Schriftsteller, so Zweig, spiele auch Lew N. Tolstois Konzept des Dichterberufs als „heilige[r] Mission" (S. 58), als Exerzitium stolzer moralischer Unabhängigkeit, das sich Rolland früh angeeignet habe, ohne sich jedoch zugleich von Tolstois Kunstfeindlichkeit überzeugen zu lassen.

Zweig stellt Rollands Auseinandersetzung mit der Französischen Revolution dar, die zu einer Reihe von zwölf Dramen geführt habe, „so umfangreich wie die ganze dramatische Produktion eines Schiller, Kleist oder Hebbel" (S. 102). Er geht auch auf die Theaterstücke aus Rollands Jugendzeit und seine vielfältigen Aktivitäten für eine Erneuerung des französischen Theaters, sein „Théâtre du peuple" (S. 114), ein. Den wichtigsten Theaterstücken ist je ein eigenes Kapitel gewidmet.

Ein zweiter großer Abschnitt gilt den „heroischen Biographien" (S. 149) Rollands über Beethoven, Michelangelo und Tolstoi. Die Reihe „Leben berühmter Männer" (S. 167) – Zweig erwähnt die kleineren biografischen Studien über Georg Friedrich Händel, Hugo Wolf und Hector Berlioz nur am Rande – war zweifellos ein Vorbild für Zweigs Essays, die ab 1920 unter dem Titel *Baumeister der Welt* erschienen.

Das zentrale Kapitel von Zweigs Biografie gilt jedoch Rollands Hauptwerk, dem Roman *Jean Christophe* (S. 171–237). Zweig spricht vertraulich von „Johann Christofs Land" (S. 64), jenem kulturellen Zwischenbereich, in dem sich verschiedene

Nationalitäten und Kulturen begegnen, kennenlernen und gegenseitig anregen. Zweig nennt das große Romanepos einen „orbis pictus unserer Generation", (S. 181), auch „eine ‚Comédie Humaine' [...] im Sinne Balzacs" (S. 183). In seiner Euphorie unterlaufen Zweig dabei unfreiwillige Stereotype: „Von der deutschen Rasse hat er [i.e. Johann Christof] dies Siegfrieds-Vertrauen ins Gelingen: darum fordert er gewaltsam zum Kampf heraus" (S. 200). Auch beim Blick auf Johann Christofs nervöse und witzige „Komplementärfigur" (S. 204), den Franzosen Olivier, bedient sich Zweig zweifelhafter Klischees: „Olivier ist so sehr Essenz des geistigen Frankreichs wie Johann Christof Schößling der besten deutschen Kraft, sie sind Ideale, gemeinsam zu einem höchsten gestaltet. Wie Dur und Moll ineinanderklingend, wandeln sie, härter und zarter, das Thema der Kunst und des Lebens in den wunderbarsten Variationen ab." (S. 204)

Ein beachtenswertes Kapitel gilt den „Vaterlandslosen" (S. 228 ff.), den europäischen Juden in der Diaspora. Zweig referiert Rollands antisemitische Passagen aus *Jean Christophe* lediglich, ohne sie weiter zu kommentieren. Gleichzeitig betont Zweig jedoch auch die Perspektive Oliviers, der befindet, dass „die Vaterlandslosen die besten Helfer gegen den Nationalismus" seien (S. 228 f.; vgl. Le Rider 2017).

Drei weitere Kapitel gelten dem Roman *Colas Breugnon* (1919) – im Gegensatz zu Johann Christof handelt es sich bei diesem Titelhelden allerdings um einen „undämonischen Künstler" (S. 243), mit dem Rolland die zahlreichen namenlosen Kunsthandwerker ehren habe wollen, die sich etwa bei der Errichtung von Kirchen und Schlössern hervortaten. Breugnon ist „vor allem der freie Mensch, dann erst Franzose, dann Bürger, er liebt seinen König, aber nur so lange, als er ihm seine Freiheit läßt; er liebt seine Frau, aber tut doch, was er will" (S. 246).

Mehr als 50 Seiten widmet Zweig den Aktivitäten Rollands während des Ersten Weltkriegs und den in diesen Jahren entstandenen publizistischen Texten und Aufrufen. Der Band schließt mit der Darstellung zweier später Theaterstücke Rollands, *Liluli* (1919) und *Pierre et Luce* (1920), dem Roman *Clérambault* (1920), den Zweig ins Deutsche übertrug, sowie dem europäischen Manifest *Déclaration d'Independance de l'Esprit* (1919) (vgl. S. 330 ff.).

Zweigs Biografie gehört zweifellos in die Reihe pazifistisch orientierter Werke, die nach dem Krieg zahlreich erschienen. Sie ist zugleich ein Dokument seiner vielfältigen Bemühungen, mit publizistischen Mitteln für ein geeintes Europa einzutreten. Rollands unerschrockenen engagierten Pazifismus, seine geistige Unabhängigkeit gegenüber der Kriegshysterie, seine zeitweilige Zurückgezogenheit im Stil Montaignes stellt Zweig als vorbildhaft dar. Er erhoffte sich von seinem Porträt auch, einen Beitrag für die deutsch-französische Verständigung geleistet zu haben. Zweig sah in Romain Rolland einen jener humanistischen, parteilosen, ideologiefreien und pazifistischen Literaten, die ihren Zeitgenossen den richtigen Weg zur europäischen Einheit weisen wollten: „Die unsichtbare europäische Republik des Geistes inmitten der Völker und Nationen ist errichtet: das Allvaterland." (S. 332)

In Zweigs Darstellung entsteht das Bild eines an der Übermacht der ideologischen Götzen heldenhaft Scheiternden, eines Märtyrers des Idealismus, der Freiheit, Brüderlichkeit, Menschlichkeit und sozialer Gerechtigkeit verpflichtet ist. So greift Zweig die Vorstellung des Künstlers als Priester und Seher auf, bedient sich vielfach einer religiösen Metaphorik („Glaube[ ]" S. 285; 333; „Auferstehung", S. 175), er spricht vom „Apostolat" Rollands (S. 333) und scheut auch nicht vor einer Christus-Analogie zurück: verpflichtet durch den Glauben spricht Rolland wie Johann Christof sein „Evangelium" (S. 278), er „darf sich nicht verleugnen, wenn die Welt ihm das Kreuz bereitet hat" (S. 279).

In den *Gesammelten Werken in Einzelbänden* ist die Rolland-Biografie von 1921 mit den Ergänzungen der zweiten Auflage von 1926 veröffentlicht. Auch weitere sieben Aufsätze Zweigs über Rolland aus den Jahren zwischen 1923 und 1936 sind in diesem Band enthalten.

3. Forschungsstand und Forschungsperspektiven

Die Zweig-Forschung hat die Biografie über Romain Rolland bisher wenig berücksichtigt. Die meisten Arbeiten behandeln übergeordnete Fragestellungen wie etwa Zweig und Frankreich (vgl. Dumont 1967) und Zweigs Essayismus (Gerdes 2010), oder sie widmen sich der Entstehung des Werks (Renoldner 2011). Texte aus der Rolland-Forschung (vgl. Kempf 1962; Cheval 1963; Larcati 2015) führen nur den Briefwechsel als Informationsquelle an und gehen kaum auf Zweigs Rolland-Biografie ein.

Robert Dumont stellt in seiner umfangreichen Untersuchung *Stefan Zweig et la France* die zentralen Themen des Buches dar. Er hebt unter anderem Zweigs großes Interesse für Rollands Historiendramen und Zweigs Versuch, Rollands Stücke mit den Dramen Schillers in Beziehung zu setzen, hervor. Dumont weist außerdem darauf hin, dass bereits Ernst Robert Curtius das deutsche Publikum in seinem Buch *Die literarischen Wegbereiter des neuen Frankreich* (1919) auf Rolland aufmerksam gemacht habe (vgl. Dumont 1967, S. 238). In weiteren Arbeiten spielt Zweigs Rolland-Biografie eine untergeordnete Rolle. Denis Charbit (2007) widmet seine Aufmerksamkeit ausschließlich dem Briefwechsel. Auch Joachim Gerdes (2010) geht in seinem Aufsatz zu Stefan Zweigs Essayistik nicht auf die Rolland-Biografie ein, wenngleich seine Analyse auch auf diese angewendet werden könnte. Gerdes kritisiert Zweigs biografische Essays, attestiert ihnen mangelnde Experimentierfreudigkeit, die Heroisierung des Darstellungsobjekts sowie einen überschwänglichen Schreibstil und bestätigt das Verdikt von Hermann Bahr, der Zweigs Essays abschätzig als Wiener Feuilleton im großen Format bezeichnet hatte. Die „literarisch-journalistische[ ] Plauderei", meint Gerdes abschließend („literarhistorische Belletristik' wäre als Bezeichnung wegen ihres moderateren Charakters vorzuziehen), sei der „Vorbote" für den „totalen Essayismus" der Postmoderne, womit aber die Gattung zur Selbstauflösung getrieben werde (Gerdes 2010, S. 298).

In Hinblick auf die skizzierte Forschungslage springen einige Desiderata ins Auge. Es fehlt eine umfassende Untersuchung der Rolland-Biografie im Zusammenhang mit anderen biografischen Publikationen Zweigs. Sinnvoll wäre auch eine Studie zu Zweigs Biografie im Kontext der französischen Rolland-Rezeption, vor allem um seine Perspektive von der anderer Schriftsteller oder Literaturwissenschaftler abzugrenzen. Im Rahmen einer Mentalitätsgeschichte könnte Zweigs Biografie auch mit anderen Schriftstellerporträts verglichen werden, um zu untersuchen, inwieweit Zweigs Denkschemata, etablierte Narrative, Stereotypen, Mythisierungen u.ä. reproduziert. Zu denken wäre etwa an Biografien von Emil Ludwig, Franz Werfel, Max Kommerell, Lion Feuchtwanger, Robert Neumann, Franz Blei oder Walter von Molo.

Stefan Zweig

Rolland, Romain/Zweig, Stefan (1987): Briefwechsel 1910–1940. Bd. I: 1910–1923. Berlin: Rütten & Loening.
Rolland, Romain/Zweig, Stefan (2014): Von Welt zu Welt. Briefe einer Freundschaft 1914–1918. Mit einem Begleitwort v. Peter Handke. Berlin: Aufbau.
Zweig, Stefan (1984): Tagebücher. GWE. Hg. v. Knut Beck. Frankfurt a.M.: S. Fischer.
Zweig, Stefan (2006²): Romain Rolland. Der Mann und das Werk. In: Ders.: Romain Rolland. GWE. Hg. v. Knut Beck. Frankfurt a.M.: S. Fischer, S. 37–349.

Weitere Literatur

Charbit, Denis (2007): Stefan Zweig et Romain Rolland. Naissance de l'intellectuel européen. In: Gelber, Mark H. (Hg.): Stefan Zweig Reconsidered. New Perspectives on his Literary and Biographical Writings. Tübingen: Niemeyer, S. 41–58.
Cheval, René (1963): Romain Rolland, l'Allemagne et la guerre. Paris: Paris Univ. Press.
Dumont, Robert (1967): Stefan Zweig et la France. Paris: Didier.
Gerdes, Joachim (2010): „Das Objekt dient immer dem Subjekt nur als Vorwand" – Stefan Zweigs Essays. In: Brambilla, Marina M./Pirro, Maurizio (Hg.): Wege des essayistischen Schreibens im deutschsprachigen Raum (1900–1920). Amsterdam, New York: Rodopi, S. 281–298.
Kempf, Marcelle (1962): Romain Rolland et l'Allemagne. Paris: Nouvelles éd. Debresse.
Klein, Wolfgang (1987): Humanismus und Revolution. In: Rolland, Romain/Zweig, Stefan: Briefwechsel 1910–1940. Bd. I: 1910–1923. Berlin: Rütten & Loening, S. 5–25.
Larcati, Arturo (2015): „Vielstimmig eines Sinnes". Zum Briefwechsel zwischen Stefan Zweig und Romain Rolland während des Ersten Weltkrieges. In: Schiffermüller, Isolde/Conterno, Chiara (Hg.): Briefkultur. Transformationen epistolaren Schreibens in der deutschen Literatur. Würzburg: Königshausen & Neumann, S. 143–160.
Le Rider, Jacques (2017): Stefan Zweig und Hippolyte Taine. In: Wörgötter, Martina (Hg.): Stefan Zweig. Positionen der Moderne. Würzburg: Königshausen & Neumann, S. 17–49.
Renoldner, Klemens (2011): Instanz über Leben und Werk. Zur Entstehung von Stefan Zweigs Rolland-Biografie. In: Ders./Battiston, Régine (Hg.): „Ich liebte Frankreich wie eine zweite Heimat." Neue Studien zu Stefan Zweig/„J'aimais la France comme ma seconde patrie." Actualité(s) de Stefan Zweig. Würzburg: Königshausen & Neumann, S. 185–193.

12.5 *Balzac* (erstmals 1946)

Paul Keckeis

1. Entstehung 465
2. Inhalt 467
3. Rezeption und Forschung 468

1. Entstehung

„Ich habe die Idee zu einem großen Buch über Balzac: allerdings würde es die Arbeit von Jahren erfordern und eine wenigstens zeitweise Einstellung meines Wanderlebens." (Zweig, Br I, S. 97f.) Als Stefan Zweig im März 1905 in einem Brief an Franz Karl Ginzkey zum ersten Mal sein Vorhaben formuliert, ein Buch über den französsischen ‚Großschriftsteller' Honoré de Balzac zu schreiben, scheint er die Schwierigkeiten bereits vorauszuahnen, die das Projekt bis zuletzt begleiten würden. Erschwert durch die Bedingungen im brasilianischen Exil – Zweig musste fast sämtliche Vorarbeiten in Bath zurücklassen: „600 Seiten deutsches Manuskript, 2000 Seiten Notizen und 40 angestrichene Bücher" (Zweig 1990, S. 322 f.) – sollte er den „großen Balzac", den er noch im letzten Brief an Friderike als sein „Hauptwerk" (S. 351) bezeichnet, nie beenden können. 1946 erscheint Zweigs *Balzac* in einer redigierten Fassung von Richard Friedenthal bei Bermann-Fischer in Stockholm. Nach Angaben des Herausgebers lagen die letzten Kapitel der Biografie überhaupt „nur im Rohentwurf" vor und mussten deshalb „umgeschrieben" werden (Friedenthal 2015, S. 539). Inwiefern sich diese Fassung von jenem „Gerippe eines großen Buches" (zit. n. Dines 2006, S. 604) unterscheidet, das Zweig hinterlassen hatte, könnte eine kritische Edition der vorhandenen Manuskripte feststellen (v. a. in der Stefan Zweig Collection an der State University of New York, Fredonia, sowie im Deutschen Literaturarchiv Marbach; → VII.4 Nachlass).

Zweig misst seinem *Balzac* nicht nur retrospektiv besondere Bedeutung bei, seine gesamte schriftstellerische Laufbahn hindurch hat er sich intensiv mit dessen Werk beschäftigt: Spätestens im Kreis der Autoren des Jungen Wien, die sich für die französischen Realisten interessierten (vgl. Mattenklott 1986), dürfte er auf Balzac aufmerksam geworden sein, und schon in seiner Dissertation über den französischen Philosophen Hippolyte Taine, selbst Verfasser eines Balzac-Essays (vgl. Weschenbach 1992, S. 138–143), berührt Zweig romanpoetologische Fragen, die auch in seiner Biografie über den Autor der *Comédie humaine* einen zentralen Stellenwert haben (vgl. Zweig 1904, S. 109 f.). Nach seiner Promotion im Sommer 1904 verbringt Zweig ein halbes Jahr in Frankreich, wo er die ersten Pläne zu seinem Balzac-Buch entwickelt, bald nach seiner Rückkehr aus Paris veröffentlicht er in einer *Belletristisch-Literarischen Beilage* der *Hamburger Nachrichten* seine ersten *Anmerkungen zu Balzac* (1906). Schon hier zeichnen sich Zweigs „Grundgedanken" zu Balzac ab, jener der „Identifikation mit Napoleon" oder etwa der „Geniegedanke", den er fortan mit dem französischen Romancier verbinden wird (Hemecker/Huemer 2009, S. 255). 1908 erscheint in Maximilian Hardens Zeitschrift *Die Zukunft* Zweigs berühmter Balzac-Essay, der noch im selben Jahr fast unverändert als „Vorrede" zum elften Band der Reihe „Aus der Gedankenwelt großer Geister" wieder abgedruckt wurde, 1920 in Zweigs Trilogie *Drei Meister* ein weiteres Mal veröffentlicht wird. Zweig trat mehrmals als Kenner Balzacs an die Öffentlichkeit, seine Aufsätze *Balzacs Codices vom eleganten Leben* (1912) und *Die unterirdischen Bücher Balzacs* (1917) könnten gleichfalls als Vorstudien zu seinem „großen Balzac" aufgefasst werden.

Balzac wird für Zweig nicht zuletzt aufgrund seiner beispiellosen Produktivität zum wichtigsten Referenzautor. Vom Phänomen literarischer Kreativität fasziniert, legt Zweig noch in der Vorkriegszeit eine umfangreiche Autographensammlung an (→ III.20 Autographensammlung; IV.6 Der künstlerische Prozess); sein Lieblingsstück: „ein Probeabzug von *Une ténébreuse affaire*, eigenhändig vom Autor korrigiert" (Prater 1991, S. 51; vgl. Matuschek 2005, Nr. 26). Balzac gilt Zweig als der „größte Heros der dichterischen Arbeit" (Zweig GWE, Die unterirdischen Bücher Balzacs, S. 333); für Jacques Le Rider ist diese „dämonische Energie, die ungeheure Lebenskraft des Schöpfers der ‚Comédie Humaine'" gleichsam das „Leitmotiv aller Ausführungen Stefan Zweigs über *Balzac*" (Le Rider 1989, S. 41); Robert Dumont

12.5 *Balzac* (erstmals 1946)

spricht von einer ‚Balzac-Imitation', die sich durch das gesamte Werk Zweigs nachweisen ließe (vgl. Dumont 1967, S. 370–380). Jedenfalls, so viel ist durch seinen *Balzac* dokumentiert, war die Auseinandersetzung mit dem französischen Romancier für Zweig ein nicht abschließbares Lebensprojekt, dessen herausragender Stellenwert im Gesamtwerk auch durch die vielen Erwähnungen seines biografischen Vorhabens in den letzten eineinhalb Lebensjahren (vgl. Zweig 1990, S. 339f., 348) dokumentiert ist.

2. Inhalt

Ursprünglich als „große zweibändige Darstellung Balzacs und seines Werks" (Zweig GWE, Die Welt von Gestern, S. 487) geplant, liegt ein hervorstechendes Merkmal von Zweigs letzter literarischer Biografie gerade darin, dass sie die klare Trennung zwischen Leben und Werk – selbst wenn diese Unterscheidung möglicherweise ein Ausgangspunkt von Zweigs konzeptionellen Überlegungen war – als biografisches Ordnungsprinzip verwirft. Nur auf den ersten Blick verfährt Zweig mit seiner Disposition des *Balzac* konventionell: In sechs „Büchern" folgt der Biograf chronologisch dem Leben seines Helden: „Jugend und erste Anfänge", „Balzac am Werk", „Der Lebensroman", „Glanz und Elend des Romanciers Balzac", „Der Dichter der Comédie humaine", „Vollendung und Ende". Näher betrachtet, erschließt sich Zweig „durch Rückschlüsse von Werkzitaten Balzacs auf seine Persönlichkeit [...] neue Dimensionen der Persönlichkeitsbetrachtung" (Strelka 1987, S. 134). In kursiv gesetzten Passagen zitiert er ausführlich aus Briefen und Tagebüchern Balzacs oder arbeitet Stellen aus dessen literarischem Werk ein. Als Textstrategie Zweigs bezieht diese Verwischung der Grenzen zwischen historisch-biografischer Faktenlage und literarischem Œuvre ihre Legitimation aus dem Gegenstand selbst: „Ein Mann von dem Genie Balzacs, der kraft einer überschwenglichen Phantasie einen vollkommenen zweiten Kosmos neben den irdischen zu stellen vermag, wird nur selten fähig sein, bei belanglosen Episoden seiner privaten Existenz sich immer streng an die nüchterne Wahrheit zu halten" (Zweig GWE, Balzac, S. 9). Zweigs biografischer Methode liegt die These zugrunde, dass Balzacs Leben einem literarischen Regime folge: „Aber behalten die Dokumente auch buchstabenmäßig recht gegen Balzac, so hat doch sein Wille – sein schöpferischer glühender Wille – glorreich recht behalten gegen die kalten Papiere; immer siegt trotz aller nachträglichen Berichtigungen Dichtung über die Geschichte." (S. 10)

Thematisch knüpft Zweig in der Biografie an seine früheren Balzac-Arbeiten an, wieder rückt er ihn in die Nähe Napoleons, wieder akzentuiert er das Spannungsverhältnis zwischen Balzacs innerem und äußerem Leben: „Es ist typisch für ihn, daß er, der im Dichterischen die sozialen Veränderungen so hellsichtig voraussieht, in der praktischen Politik immer, wie bei seinen Geschäften, auf der falschen Seite liegt." (S. 494) Und wieder artikuliert sich Zweigs Faszination für die literarische Produktivität Balzacs, dessen „überschwengliche Phantasie" (S. 9) und „monomanische Energie" (S. 46). Schon in seiner Schrift über *Die unterirdischen Bücher Balzacs* hatte sich angedeutet, dass Zweigs Bewunderung für Balzac eng mit dessen Leistungen auf dem Gebiet des Romans verknüpft ist: „[J]edes dieser Schriftbücher ist nicht nur ein persönliches Dokument zur Arbeitsweise Balzacs, sondern überhaupt zum Kampf um die epische Form von der Genesis bis zur Schöpfung." (Zweig GWE, Die unterirdischen Bücher Balzacs, S. 337) Balzacs Manuskripte seien „einzigartige[ ] Dokumente, die, so lange sie noch unbenutzt und vereinzelt sind, bloß ein liebhaberisches Kuriosum, eine bibliophile Kostbarkeit darstellen, später aber einmal ein wichtiges Kapitel zur Genesis unseres Romans und der epischen Kunst aller Zeiten bilden werden." (S. 337)

Seit Beginn seiner schriftstellerischen Karriere setzt sich Zweig intensiv mit der Frage des Romans auseinander; jener Gattung also, an der nach Zweigs Einschätzung nicht nur er selbst, sondern auch seine Zeitgenossen in gewisser Weise gescheitert waren: „[S]elbst die besten Romane der Zeit, wie ‚Der Zauberberg' genügen mir nicht, denn das scheint deutsche Tradition zu sein, die von Goethe und Jean Paul herüberkommt, während ich von Balzac, Stevenson, Josef [!] Conrad her das leidenschaftliche Moment der Ungeduld, die fragende Neugier nach der Entwirrung noch immer als ein Wesensmoment des richtigen Erzählens fordere." (Zweig, Br III, S. 167) Vor dem Hintergrund der ‚Krise des Romans' gewinnt Zweigs Ungenügen am zeitgenössischen Roman literaturhistorische Kontur; durch seine Korrespondenz mit Romain Rolland ist dokumentiert, dass für ihn noch immer Balzac den Höhepunkt in der Gattungsgeschichte des Romans repräsentiert: „Ich bin oft bekümmert über die Zagheit unserer Literatur: könnte Balzac wiedererstehen, was hätte er aus unserer Epoche gemacht! Zwanzig Romane, eine Epopöe!" (Rolland/Zweig 1987, S. 688) Im romanpoetologisch zentralen Kapitel seiner Balzac-Biografie – „Balzac entdeckt sein Geheimnis" – argumentiert Zweig, dass der „wahre Romanschriftsteller [...] nicht *nebeneinander* arbeiten dürfe, sondern *ineinander*, daß er also ein ‚Walter Scott plus un architecte' sein müsse. Es genügen nicht die ‚peintures de la vie individuelle', gerade die *Zusammenhänge* sind das Wichtige." (Zweig GWE, Balzac, S. 238; Herv. P. K.) Nicht zufällig zitiert Zweig hier Schlüsselwörter der romanpoetologischen Diskussion des ausgehenden 19. und frühen 20. Jahrhunderts; während der avancierte zeitgenössische Roman gerade diese Erzähllogik des ‚Ineinander' und der ‚Zusammenhänge' in Frage stellt, insistiert Zweig auf den Schreibweisen des realistischen Romans des 19. Jahrhunderts. Diese poetologischen Anmerkungen zu Balzac haben hier zudem eine autoreflexive Dimension; Zweig unternimmt in seinem „Hauptwerk" selbst den Versuch, Balzacs „Lebensroman" so detailliert nachzuzeichnen, dass sich eine solche Evidenz der Zusammenhänge herstelle.

3. Rezeption und Forschung

Zeitgenössisch wurde Zweigs *Balzac* vor allem im Kontext der Konjunktur der Biografik in der ersten Hälfte des 20. Jahrhunderts rezipiert. Wie der Gattung allgemein angelastet wurde, dass sie die soziale Determination des Einzelnen tendenziell übersehe und stattdessen die Individualpsychologie bemühe (vgl. Zelewitz 1982, S. 59), so wurde auch an Zweigs Biografie bemängelt, er folge einer „idealistische[n] Psychologie, die nur das Phänomen, nicht aber die Ursachen berücksichtigt, die unabhängig von gesellschaftshistorischen und materiellen Faktoren in einfühlender Darstellung eine Typologie des Geistes und der Psyche zu finden bemüht war." (Böttcher 1959, S. 47) Für Adorno verdeutlicht sich die Unzulänglichkeit der Romanbiografie am „sinnfälligsten" gerade an Stefan Zweig, „dem in seiner Jugend einige differenzierte Essays gelangen und der schließlich in seinem Balzacbuch heruntergekommen auf die Psychologie des schöpferischen Menschen" (Adorno 1958, S. 14f.). Es ist allerdings bemerkenswert, dass sich Zweig selbst aus denselben Gründen, die Adorno gegen ihn verwenden wird, wenigstens theoretisch vom Paradigma der Romanbiografie distanziert hatte: „Eine [...] Achtungslosigkeit vor der dichterischen Überlegenheit der Geschichte bedeutet nach meinem Empfinden die jetzt so übliche ‚biographie romancée', das heißt die zu einem Roman umgarnierte Lebensdarstellung, wo Wahrhaftes mit Erfundenem, Dokumentarisches mit Geflunkertem sich gefällig vermischt, wo große Gestalten und große Geschehnisse aus einer privaten Psychologie beleuchtet werden statt aus der unerbittlichen Logik der Geschichte." (Zweig GWE, Die Geschichte als Dichterin, S. 263) Auch Zweig registriert, dass die zeitgenössisch populäre Annährung zwischen Roman und Biografie einer psychologischen Kausalität vertraut, die gerade im Zuge der romanpoetologischen Diskussion vehement in Frage gestellt wird.

Siegfried Kracauer hat darauf hingewiesen, dass die zeitgenössische Konjunktur der Biografie aufs Engste mit der ‚Krise des Romans' verbunden ist. Während mit dem „Vertrauen auf die objektive Bedeutung irgendeines individuellen Bezugssystems" auch die „Geschlossenheit der alten Romanform" (Kracauer 2005, S. 76) verloren gegangen sei, verdanke die Biografie ihren Helden, umso mehr, als diese ein „historisch wirksames Leben" geführt hätten, eine „Garantie der Komposition" (S. 77). Kracauer zufolge artikuliert sich in der ‚biografischen Mode' (Leo Löwenthal) des frühen 20. Jahrhunderts das „Bedürfnis nach einer rechtmäßigen literarischen Form" (S. 76f.). Klaus Zelewitz hat darauf hingewiesen, dass auch für Zweig die Attraktivität der Biografie darin liegt, dass sie jenem alten Modus des Erzählens, der im Roman nunmehr unzeitgemäß anmutet, für Zweig aber noch immer das Ideal ‚richtigen Erzählens' repräsentiert, eine gewisse Glaubwürdigkeit sichert (vgl. Zelewitz 1982, S. 69). Michel Reffet hat argumentiert, Zweigs Bewunderung für Balzac rühre daher, dass er selbst „für sein Leben gern als Romancier gewirkt hätte" (Reffet 2008, S. 71); die Gründe dafür, dass Zweig als Romanautor kaum in Erscheinung tritt, sind aber nicht im Psychologischen zu suchen, oder darin, dass Zweig ein eher novellistisches Talent gehabt hätte, als vielmehr darin, dass er am Epischen gerade festzuhalten versucht, auch wenn es anachronistisch geworden sein mag. Während der Trivialroman den Buchmarkt dominiert, ohne sich für solche poetologischen Probleme zu interessieren, versuchen jene Zeitgenossen Zweigs, die avanciertere Romanprojekte verfolgen – beispielsweise Robert Musil oder Robert Walser –, die Fragmentarisierung und Diskontinuität der Lebenswelt literarisch produktiv zu machen; nach einem Diktum Walter Benjamins: „Einen Roman schreiben heißt, in der Darstellung des menschlichen Daseins das Inkommensurable auf die Spitze treiben" (Benjamin 1981, S. 230f.). Gerade in dieser Unabgeschlossenheit dokumentiert Zweigs *Balzac* – als Biografie über einen Romanautor, dessen Leben einem literarischen Regime folgt –, dass sich auch Zweig intensiv mit diesen romanpoetologischen Fragen auseinandergesetzt hat.

Stefan Zweig

Rolland, Romain/Zweig, Stefan (1987): Briefwechsel 1910–1940. Bd. I: 1910–1923. Berlin: Rütten & Loening.
Zweig, Stefan (1904): Die Philosophie des Hippolyte Taine. Diss. Univ. Wien.
Zweig, Stefan (1911/1912): Balzacs Codices vom eleganten Leben. In: Das literarisch Echo 14/1911/1912, Sp. 613–616.
Zweig, Stefan (1983): Die Geschichte als Dichterin. In: Ders.: Die schlaflose Welt. Aufsätze und Vorträge aus den Jahren 1909–1941. GWE. Hg. v. Knut Beck. Frankfurt a. M.: S. Fischer, S. 249–270.

Zweig, Stefan (1984): Die unterirdischen Bücher Balzacs. In: Ders.: Das Geheimnis des künstlerischen Schaffens. Essays. GWE. Hg. v. Knut Beck. Frankfurt a.M.: S. Fischer, S. 332–338.
Zweig, Stefan (1990): Briefe an Freunde. Hg. v. Richard Friedenthal. Frankfurt a.M.: S. Fischer.
Zweig, Stefan (1995): Briefe. Bd. I: 1897–1914. Hg. v. Knut Beck, Jeffrey B. Berlin u. Natascha Weschenbach-Feggeler. Frankfurt a.M.: S. Fischer.
Zweig, Stefan (2000): Briefe. Bd. III: 1920–1931. Hg. v. Knut Beck u. Jeffrey B. Berlin. Frankfurt a.M.: S. Fischer.
Zweig, Stefan (2003[34]): Die Welt von Gestern. Erinnerungen eines Europäers. GWE. Frankfurt a.M.: S. Fischer.
Zweig, Stefan (2015[16]): Balzac. Hg. v. Richard Friedenthal. Durchgesehen u. mit einer Nachbemerkung versehen v. Knut Beck. GWE. Frankfurt a.M.: S. Fischer.

Weitere Literatur

Adorno, Theodor W. (1958): Der Essay als Form. In: Ders.: Noten zur Literatur. Frankfurt a.M.: Suhrkamp, S. 9–49.
Beck, Knut (2015[16]): Stefan Zweigs Weg zu Balzac. In: Zweig, Stefan: Balzac. Hg. v. Richard Friedenthal. Durchgesehen u. mit einer Nachbemerkung versehen v. Knut Beck. GWE. Frankfurt a.M.: S. Fischer, S. 543–566.
Benjamin, Walter (1981): Krisis des Romans. Zu Döblins *Berlin Alexanderplatz*. In: Ders.: Gesammelte Schriften. Bd. 3. Hg. v. Hella Tiedemann-Bartels. Frankfurt a.M.: Suhrkamp, S. 230–236.
Böttcher, Kurt (1959): Der Lebensroman des unerschöpflichen Balzac. In: Neuere Deutsche Literatur 7/11/1959, S. 45–56.
Dines, Alberto (2006): Tod im Paradies. Die Tragödie des Stefan Zweig. Frankfurt a.M. u.a.: Edition Büchergilde.
Dumont, Robert (1967): Stefan Zweig et la France. Paris: Didier.
Friedenthal, Richard (2015[16]): Nachwort des Herausgebers. In: Zweig, Stefan: Balzac. Hg. v. Richard Friedenthal. Durchgesehen u. mit einer Nachbemerkung versehen v. Knut Beck. GWE. Frankfurt a.M.: S. Fischer, S. 535–541.
Hemecker, Wilhelm/Huemer, Georg (2009): „Weltbildner" – Stefan Zweigs Essay über Balzac. In: Hemecker, Wilhelm (Hg.): Die Biographie – Beiträge zu ihrer Geschichte. Berlin, New York: de Gruyter, S. 253–271.
Kracauer, Siegfried (2005[9]): Die Biographie als neubürgerliche Kunstform. In: Ders.: Das Ornament der Masse. Essays. Frankfurt a.M.: Suhrkamp, S. 75–80.
Le Rider, Jacques (1989): Stefan Zweig und Frankreich. In: Österreich in Geschichte und Literatur 33/1989, S. 31–43.
Mattenklott, Gert (1986): Hofmannsthals Lektüre französischer Realisten. Stendhal, Balzac, Flaubert. In: Hofmannsthal-Blätter 34/1986, S. 58–73.
Matuschek, Oliver (Hg.) (2005): „Ich kenne den Zauber der Schrift". Katalog und Geschichte der Autographensammlung Stefan Zweig. Mit kommentiertem Abdruck v. Stefan Zweigs Aufsätzen über das Sammeln von Handschriften. Wien: Inlibris.
Prater, Donald A. (1991): Stefan Zweig. Eine Biographie. Reinbek b. H.: Rowohlt.
Reffet, Michel (2008): Stefan Zweigs *Balzac* und der Dämon. In: Birk, Matjaž/Eicher, Thomas (Hg.): Stefan Zweig und das Dämonische. Würzburg: Königshausen & Neumann, S. 68–77.
Strelka, Joseph P. (1987): Die Balzac-Biographie Stefan Zweigs. In: Gelber, Mark H. (Hg.): Stefan Zweig heute. New York u.a.: Lang, S. 130–140.
Weschenbach, Natascha (1992): Stefan Zweig und Hippolyte Taine. Stefan Zweigs Dissertation über *Die Philosophie des Hippolyte Taine* (Wien 1904). Amsterdam: Rodopi.
Zelewitz, Klaus (1982): Geschichte erzählen – ein Risiko? Die Biographien Stefan Zweigs. In: Literatur und Kritik 169–170/1982, S. 59–71.

12.6 *Montaigne* (erstmals 1960)
Karl Müller

1. Entstehung und Überlieferung 471
2. Inhalt. 473
3. Rezeption und Forschung 474

1. Entstehung und Überlieferung

Mit dem französischen Philosophen Michel Eyquem Seigneur de Montaigne (1533–1592) beschäftigte sich Zweig intensiv seit etwa November 1941. Zuvor hatte er seine Erinnerungen *Die Welt von Gestern* (1942) abgeschlossen, er arbeitete jetzt an einem „österreichischen Roman" (*Clarissa*, erstmals 1990) und an der *Schachnovelle* (1942). Das Interesse an Montaigne begann jedoch früh, schon um 1900 stieß Zweig, wie er zu Beginn seiner Studie berichtet, auf Montaigne. Mit seinen *Essais* wusste er zunächst „nicht viel [...] anzufangen" (Zweig GWE, Montaigne, S. 469), erst in der „Bruderschaft des Schicksals" sei ihm „Montaigne der unentbehrliche Bruder, Helfer, Tröster und Freund geworden" (S. 471). 1941, als Zweig „die Hoffnung auf eine Humanisierung der Welt" (S. 471) schwinden sieht, zieht er die Analogie zum Schicksal seiner Generation. Der Autor war ihm offenbar vertraut, denn schon 1919 unterbreitet Zweig seinem Verleger Anton Kippenberg das Projekt der „Bibliotheca mundi", in der auch eine Auswahl der *Essais* von Montaigne erscheinen sollte (→ III.18 HERAUSGEBERSCHAFTEN). Dazu kam es allerdings nicht. Später wird Montaigne in *Triumph und Tragik des Erasmus von Rotterdam* (1934) zitiert, das Buch *Castellio gegen Calvin* (1936) sogar mit einem Montaigne-Motto eröffnet (vgl. Turner 1995). Im unvollendeten Roman *Clarissa* taucht Montaigne an symbolhafter Stelle auf. Clarissa und ihr Geliebter, der französische Pazifist Léonard, nehmen Abschied. Es ist Sommer 1914, der Erste Weltkrieg beginnt: „Léonard ging noch einmal zum Coupé, um seinen Montaigne zu holen; sie wußte, es war sein liebstes Buch. Er hat es ihr gegeben. Er hat es auf der ersten Seite aufgeschlagen und dazu mit seiner Hand das Datum 1. August 1914 geschrieben." (Zweig GWE, Clarissa, S. 98)

In Zweigs Briefen finden sich seit Anfang der 1940er Jahre zahlreiche Belege für seine Beschäftigung mit dem Montaigne-Projekt (vgl. Zweig, Br IV, S. 320, 323, 329, 331, 334, 336). Dabei interessiert ihn die Relation zwischen der aktuellen politischen Weltlage und den Verhältnissen des 16. Jahrhunderts.

Die Biografie *Montaigne. Sa vie publique et privée* des in Rio de Janeiro lehrenden Montaigne-Forschers Fortunat Strowski (1866–1952), die Zweig im Sommer 1940 als Geschenk erhielt, gab vermutlich den wesentlichen Impuls zur Arbeit. Als Strowski und Zweig sich im November 1941 in Rio treffen, wird Zweig mit weiterem Studienmaterial versorgt, u.a. mit der Arbeit von Marvin Lowenthal mit dem Titel *The Autobiography of Michel de Montaigne*, die 1935 in Cambridge erschienen war und deren Spuren im *Montaigne*-Fragment Zweigs kontinuierlich auftauchen (vgl. Adam 2014, S. 393–400). Auch Friderike schickte Stefan Zweig weitere Montaigne-Forschungsliteratur aus New York, u.a. einen ihn offenbar nicht sehr beeindruckenden Essay von André Gide aus dem Jahr 1929 (vgl. Zweig 1978, S. 343). Ernst Feder (1881–1950), der ehemalige stellvertretende Chefredakteur des *Berliner Tageblatts* und seit Dezember 1941 Nachbar Zweigs in Petrópolis, lieh Zweig eine vierbändige *Montaigne*-Ausgabe (vgl. Prater 1991, S. 338 f.), eine zweibändige Ausgabe mit zahlreichen Annotationen Zweigs befindet sich heute – testamentarisch hinterlassen – in der Biblioteca Municipal von Petrópolis (vgl. Zweig, Br IV, S. 731 f.).

Am 27. Oktober 1941 schreibt Zweig an Friderike: „Mich lockte sehr über Montaigne zu schreiben, den ich jetzt viel und mit größtem Genuß lese, ein anderer (besserer) Erasmus, ganz ein tröstlicher Geist." (S. 320) In Anspielung auf Montaignes Essai *Über die Macht der Phantasie*, der auch unter dem Titel *Von der Stärke der Einbildungskraft* bekannt ist, schreibt er: „Das Einzige Positive" sei ein „stilles einfaches abseitiges Leben ohne Zeitungsnotizen und Besuche [...]. Montaigne spricht von der Classe Menschen, die das Mitleiden in der Phantasie besitzen, mit innigem Bedauern und rät ihnen Rückzug und Abseitigkeit." (S. 321)

Zweigs Konzept und seine Intentionen sind jeweils klar: rückblickende Sinnstiftung und Orientierung mit Montaigne im geistigen Gepäck angesichts der bevorstehenden Vernichtung der Zivilisation und zugleich kompensatorisches Trostangebot angesichts der privaten Katastrophe. Zweig sieht sich selbst 1942 als einen „Baum ohne Wurzeln" (Zweig an Lise und Jules Romains, 19. Februar 1942, Zweig, Br IV, S. 753) und als einen verlorenen „Nomade[n]" (Zweig an Victor Wittkowski, 22. Februar 1942 [Todestag Zweigs], S. 759), als einen, „der an der gleichen Verzweiflung leidet, weil er gerecht und weise bleiben will durch seinen fanatischen Freiheitssinn (unter Beiseitelassung und Verachtung für allen zeitigen äußeren Erfolg)" (Zweig an Berthold Viertel, 30. Januar 1942, Zweig 1978, S. 345). Seinen *Montaigne* versteht er als eine Spiegelung seines Selbst (Zweig an Ben Huebsch, 8. Dezember 1941, Zweig, Br IV, S. 331) und als „Pendant zu meinem Erasmus" (Zweig an Hermann Kesten, 15. Januar 1942, S. 336). Ihm ist klar, dass sein Montaigne-Porträt „keine konkrete, systematische Biographie [sei] und nicht philologisch alle Facetten" (S. 336) von Person und Werk wiedergibt.

Die ersten handschriftlichen Aufzeichnungen werden heute in der „Biblioteca Nacional" in Rio de Janeiro aufbewahrt. Es handelt sich um 21 Blätter mit umfangreichen Notizen und Vorstudien. Im Nachlass Zweigs fanden sich drei handschriftliche *Montaigne*-Konvolute und drei Typoskripte, die heute im Literaturarchiv Salzburg liegen. Die wohl früheste, mit zahlreichen Korrekturen versehene Niederschrift besteht aus 19 Blättern. Ein zweites Manuskript mit dem Titel „Dank an Montaigne" enthält ca. 50 Blätter, eine Sammlung von fortlaufendem Text, Exzerpten und offenbar geplanten Kapitelüberschriften. Außerdem existieren drei maschinschriftliche Dokumente. Es handelt sich dabei um eine frühe Fassung des ersten Kapitels („Einleitung") mit umfangreichen handschriftlichen Korrekturen. Dazu kommt eine „zweite Fassung" – die Kap. I und II des *Montaigne* – mit der handschriftlichen Anleitung: „Noch zu überarbeiten". Ein weiteres Typoskript enthält das IV. bis IX. Kapitel.

Zum ersten Mal konnte man einen Ausschnitt, das erste Kapitel aus Zweigs *Montaigne*, im Sommer-Heft 1948 der Zeitschrift *Die neue Rundschau* lesen. Richard Friedenthal, Zweigs Nachlassverwalter, hatte diesen Einblick in den Text gewährt. 1960 folgte erstmals die Publikation des gesamten *Montaigne*-Fragments im Essay-Sammelband *Europäisches Erbe*, der von Friedenthal herausgegeben wurde. Schließlich wurde der Text 1990 – in veränderter Fassung – von Knut Beck im Band *Zeiten und Schicksale* der *Gesammelten Werke in Einzelbänden* (GWE) herausgegeben.

2. Inhalt

Zweigs *Montaigne*-Fragment besteht – nach unterschiedlicher Zählung in der Friedenthal- (1960) und der Beck-Ausgabe (1990) – aus entweder acht oder neun Kapiteln. Die Ouvertüre des *Montaigne*-Fragmentes (Kap. I) ist ein Aufriss der relevanten Aspekte, gewissermaßen der Themenkatalog, und bietet den inneren Kompass der gesamten Darstellung – ist also geistiger und zugleich sprachlicher Ausgangs- und Fluchtpunkt. Montaigne ist für Zweig der „entschlossenste[ ] Herold" der „individuelle[n] Freiheit", ein Kämpfer für die „Freiheit der Seele" (Zweig GWE, Montaigne, S. 470). Das Eröffnungskapitel stellt eine sprachlich verdichtete und zugleich in sich kreisende Rede dar: Im Zentrum steht der Gedanke, ein autonomes moralisches Dasein vor den Zugriffen der Welt, „unbestechliche Klarheit des Geistes, wie die Humanität des Herzens unverstört inmitten der Bestialität" und einer Zeit der „Servilität" (S. 476f.) zu bewahren. Dies ist das in vielen großen Kunstwerken und Theorien der Moderne vermittelte Konzept der europäischen Aufklärung – alle Leitwörter Zweigs sind diesem Konzept geschuldet (→ V.6 HUMANITÄT UND HUMANISMUS).

Zweigs *Montaigne*-Essay ist also eine einzige Feier und Beschwörung des unabhängigen, unbeeinflussbaren Individuums, eine Anleitung zur Bewahrung des „innersten Ichs", der unbefleckten „moralischen Unabhängigkeit", der „kostbarsten Substanz" des Menschen. Es gilt demzufolge, in sich seine „essence", „den unverstellten, unverdorbenen Menschen" (S. 468, 523), zu entdecken. Zweig zielt auf den innersten, den seiner Auffassung nach humanen Kern des Anthropos. Er fragt sich mit Montaigne, wie der Einzelne die „einzige, einmalige Parzelle" des Ichs retten könne. „Wie bewahre ich meine ureigenste Seele und ihre nur mir gehörige Materie, meinen Körper, meine Gesundheit, meine Nerven, meine Gedanken, meine Gefühle vor der Gefahr, fremdem Wahn und fremden Interessen aufgeopfert zu werden?" Und wie vermag „ein Bürger, ein Beamter, ein Ehemann, ein Katholik [...] das Farbenspiel seiner Seele in allen Nuancen [zu] entfalten" (S. 475–478)? Dies sei umso notwendiger angesichts der „Tollwut der Parteien", des Staates, der Kirche in Zeiten des „kataraktischen Aufruhrs der Welt" (S. 475f.).

Im Folgenden referiert Zweig den Lebenslauf Montaignes, wobei er jeder einzelnen Lebensphase das jeweils Spezifische abgewinnt, die Dialektik in seiner Entwicklung herausarbeitet und einige herausragende Lebensereignisse erwähnt. Die drei zentralen Kapitel V–VII werden mit Überschriften versehen: „Das schöpferische Jahrzehnt" (mit einem Goethe-Motto aus den *Maximen und Reflexionen*), „Sich Suchen" (im Zentrum Goethes *Urworte. Orphisch. Dämon*) und „Die Verteidigung der Zitadelle". Wie in seinen anderen literarischen Biografien rückt Zweig die Verschränkung von Historiografie und Biografie in den Vordergrund und skizziert dennoch zeitübergreifend das Wesentliche eines Charakters.

Zweig interessiert sich etwa für Montaignes Herkunft, d.h. insbesondere für die sozialen Aufstiegsstrategien und Assimilierungsbedürfnisse seiner Vorfahren: In ihm löse sich alles, „was zwischen den gascognischen Fischersleuten und jüdischen Maklern gegensätzlich war, in eine neue, einheitliche und schöpferische Form." Durch diese „Gemischtheit" sei er „prädestiniert" gewesen, „ein Mensch der Mitte und ein Mensch der Bindung zu werden". Er sei also „Sohn und Bürger nicht einer Rasse und eines Vaterlandes, sondern Weltbürger jenseits von Ländern und Zeiten" (S. 487).

Besondere Bedeutung in Zweigs Darstellung hat der Rückzug in den „Turm" (vgl. Kap. VIII), wo Montaigne die von seinem Freund Étienne de la Boétie (1530–1563) geerbte Bibliothek aufstellt, sich seinen Lektüren und Meditationen hingibt und sich den Essais widmet. Im Kontext des mörderischen Bürgerkriegs zwischen Katholiken und Hugenotten im Frankreich des 16. Jahrhunderts entschließt sich Montaigne nach zehn Jahren zu erneutem Aufbruch. Zweig spricht davon, Montaigne habe „seinen Irrtum oder vielmehr seine Irrtümer" (S. 532) erkannt, er entschließt sich zu Heirat und neuer politischer Aktivität. Skizziert wird das Bild eines europäischen Philosophen, der zugleich ein selbstkritischer Beobachter der eigenen Wandlungen ist. Montaigne wird sichtbar in seiner Entwicklung, vom Kennenlernen seines Selbst bis hin zur Entscheidung, seine Reflexionen der Öffentlichkeit zugänglich zu machen, also in seinem Werden als Schriftsteller. Montaigne, so Zweig, sei ein Mensch, der „nichts mehr [ ] haßt als starre Behauptungen", der keine verbindlichen Imperative im Sinn hat und dessen „Blick auf sein Ich […] ihn nicht […] fremd gemacht der Welt" (S. 525). Als Resümee listet Zweig eine Reihe von Attributen auf: „Frei von Eitelkeit und Stolz, dies vielleicht das Schwerste. / Frei von Furcht und Hoffnung / Frei von Überzeugungen und Parteien / Frei von Ambitionen und jeder Form von Gier, frei gleich seinem eigenen Spiegelbild zu leben / Frei von Geld und jeder Form von Gier und concupiscence [Lüsternheit] / Frei von Familie und Umgebung / Frei von Fanatismus, jeder Form starrer Meinung, vom Glauben an absolute Werte" (S. 529).

Dass Montaigne seine „Zitadelle" wieder verlässt, nach Italien aufbricht und später öffentliche Ämter (etwa das Bürgermeisteramt in Bordeaux) übernimmt, stellt für Zweig, der in seinen letzten Lebensmonaten zweifellos in Montaigne eine Identifikationsfigur sucht, eine Herausforderung dar. Entsprechend betont er den Widerspruch, hebt Alter und Krankheit Montaignes hervor und räumt dessen suizidalen Phantasien einen wichtigen Platz ein. „Wenn man diese Leiden nicht beseitigen kann, dann muß man mutig und rasch ein Ende machen, das ist die einzige Medizin, die einzige Richtlinie und Wissenschaft." (S. 547) Der Bezug zu Zweigs Situation ist unmissverständlich (→ V.10 SUIZID).

3. Rezeption und Forschung

Die Beschäftigung mit *Montaigne* beschränkte sich seit den 1960er Jahren auf einige wenige substantielle Abhandlungen: Den Anfang machte Robert Dumonts Arbeit über *Stefan Zweig et la France* (1967), in der dieser die Analogien zwischen Zweig und Montaigne als seelenverwandte Weltbürger hervorhebt und eine Nacherzählung des Essays von Zweig anbietet. Leon Botstein stellt folgende Überlegung an: „Perhaps Zweig's suicide was a recognition of the illusory character of Montaigne's model of personal withdrawal and spritual freedom in the face of external strife, oppression, and calamity." (Botstein 1983, S. 103) David Turner entdeckt am *Montaigne* ebenfalls selbstdarstellerische Züge Zweigs (vgl. Turner 1995, S. 267), sammelt die Bezüge zu anderen Werken Zweigs und legt schließlich – als Pointe – dem „historischen" Montaigne einen fiktiven kritischen Brief an Zweig in den Mund, um „manche Einzelheit in Ihrem [i.e. Zweigs] freundlichen Aufsatz korrigieren zu können" (S. 273). Dabei wird klar, dass Turner prinzipiell den zweifelhaften, subjektiven, also nichtwissenschaftlichen Konstruktionscharakter der Zweig'schen Darstellung hervorheben möchte.

12.6 Montaigne (erstmals 1960)

Alberto Dines (2004/dt. Übersetzung 2006) sieht den „verwirrte[n], verstörte[n] und verlorene[n] Stefan Zweig, aus den Gärten Wiens vertrieben und im Tropenwald Brasiliens ausgesetzt" (Dines 2006, S. 493), und interpretiert Zweigs innere Konfliktlage in einer Dreieckskonstellation mit Montaigne und Balzac: „Balzac ist der Antrieb, der ihm fehlt, Montaigne die Stimme, die Zweig gerne besäße. Sie wettstreiten, debattieren, kämpfen erbittert, um die Vorherrschaft zu erlangen" (S. 493).

Hinzuweisen ist auch auf Philippe Desan und seinen Befund, dass Zweig in seiner Darstellung Montaignes dem Blick auf den öffentlichen und politischen Menschen weitgehend ‚ausweiche' (vgl. Desan 2013, S. 65).

Wolfgang Adam zeigt anhand einiger Beispiele, wie eng sich Zweig an die Sichtweisen der Montaigne-Forscher Strowski und Lowenthal gehalten und deren Beurteilungen übernommen hat. Schließlich beschäftigt sich Adam ausgiebig mit den widersprüchlichen Reflexionen Montaignes, die antike und christliche Begründungen und Legitimationen des Suizids ins Spiel bringen, während Zweig „in seiner Hoffnungslosigkeit diese oszillierende und ambivalente Argumentation in den Essais nicht zur Kenntnis" (Adam 2014, S. 409) genommen und stattdessen „in der identifikatorischen Lektüre die Lösungen [gesucht habe], die zu seiner Lebenssituation paßten" (S. 409).

Schließlich analysiert Yukiko Sugiyama in ihrer Salzburger Dissertation (2015) zum ersten Mal die Nachlassbestände zum Montaigne-Projekt hinsichtlich der Idee der ‚inneren Freiheit' und stellt so eine Verbindung zwischen Zweigs *Montaigne* und jenen Positionen her, die Zweig während des Ersten Weltkriegs vertreten hat, etwa in seinem umstrittenen Aufsatz *Bekenntnis zum Defaitismus* (Juli/August 1918).

Für die künftige Forschung wäre es attraktiv, den *Montaigne*-Essay nicht erneut in autobiografischem Zusammenhang mit seinem Verfasser zu untersuchen, dafür stärker im Kontext des gesamten Œuvres, etwa im Blick auf die Entwicklung des Konzepts der ‚Freiheit des Einzelnen'. Nachzugehen wäre auch der Frage, in welchem Verhältnis der *Montaigne*-Essay als Schriftsteller-Porträt zu weiteren Texten des Genres (Verlaine, Verhaeren, Rolland, die großen Essays etc.) steht. Ein Desiderat ist speziell auch die nähere Untersuchung von *Montaigne* im Kontext jener Werke, die Zweig in der letzten Phase seines Exils verfasst hat. Aufschlussreich wäre zudem eine kritische, vergleichende Darstellung der beiden Typoskripte.

Stefan Zweig

Zweig, Stefan (1948): Montaigne. In: Die neue Rundschau 11/1948, S. 257–266.
Zweig, Stefan (1960): Montaigne. In: Ders.: Europäisches Erbe. Hg. v. Richard Friedenthal. Frankfurt a.M.: S. Fischer, S. 8–81.
Zweig, Stefan (1978): Briefe an Freunde. Hg. v. Richard Friedenthal. Frankfurt a.M.: S. Fischer.
Zweig, Stefan (1990): Clarissa. Ein Romanentwurf. GWE. Hg. v. Knut Beck. Frankfurt a.M.: S. Fischer.
Zweig, Stefan (1990): Montaigne [Fragment]. In: Ders.: Zeiten und Schicksale. Aufsätze und Vorträge aus den Jahren 1902–1942. GWE. Hg. v. Knut Beck. Frankfurt a.M.: S. Fischer, S. 468–556.
Zweig, Stefan (2005): Briefe. Bd. IV: 1932–1942. Hg. v. Knut Beck u. Jeffrey B. Berlin. Frankfurt a.M.: S. Fischer.

Weitere Literatur

Adam, Wolfgang (2014): Stefan Zweig liest Montaigne. In: Beßlich, Barbara/Martin, Dieter (Hg.): „Schöpferische Restauration". Traditionsverhalten in der Literatur der Klassischen Moderne. Würzburg: Ergon, S. 389–409.

Botstein, Leon (1983): Stefan Zweig and the Illusion of the Jewish European. In: Sonnenfeld, Marion (Hg.): Stefan Zweig. The World of Yesterday's Humanist Today. Albany: State Univ. of New York Press, S. 82–110.

Desan, Philippe (2013): Montaigne invoqué au bord du gouffre. In: Le Magazine Littéraire 5/2013, S. 64–65.

Dines, Alberto (2006): Tod im Paradies. Die Tragödie des Stefan Zweig. Frankfurt a.M. u.a.: Edition Büchergilde.

Dumont, Robert (1967): Montaigne. In: Ders.: Stefan Zweig et la France. Paris: Didier, S. 381–397.

Prater, Donald A. (1991): Stefan Zweig. Eine Biographie. Reinbek b. H.: Rowohlt.

Sugiyama, Yukiko (2015): Montaigne: La plus volontaire mort est … In: Dies.: Die Entwicklung der Idee der „inneren Freiheit" bei Stefan Zweig. Diss. Univ. Salzburg, S. 142–159.

Turner, David (1995): Zweig und Montaigne: Ein Dialogisieren mit dem Bleistift in der Hand? In: Gelber, Mark H./Zelewitz, Klaus (Hg.): Stefan Zweig. Exil und Suche nach dem Weltfrieden. Riverside: Ariadne Press, S. 263–276.

13. Die großen Essay-Bände

13.1 *Drei Meister. Balzac, Dickens, Dostojewski* (1920)
Gregor Thuswaldner

1. Entstehung 476
2. Inhalt 477
    2.1 Honoré de Balzac 478
    2.2 Charles Dickens 478
    2.3 Fjodor M. Dostojewski 480
3. Rezeption und Wirkungsgeschichte 481

1. Entstehung

Stefan Zweigs Band *Drei Meister. Balzac, Dickens, Dostojewski* sollte 1919 im Insel Verlag erscheinen, doch aufgrund des Papiermangels erfolgte die Auslieferung erst Ende Juni 1920. Der Band versammelt drei Aufsätze, von denen zwei bereits zuvor erschienen waren. Seinen Text über Balzac hatte Zweig schon 1908 in der von ihm herausgegebenen Aphorismensammlung mit dem Titel *Balzac. Sein Weltbild aus den Werken* veröffentlicht. Auch der Aufsatz über Dickens erschien bereits als Einleitung zu der von Zweig angeregten Werkausgabe im Band *David Copperfield*, die der Insel Verlag 1910 publizierte. (→ III.18 HERAUSGEBERSCHAFTEN) Zweig nahm beide Texte mit einigen Veränderungen in seinen Band *Drei Meister* auf (vgl. Renoldner 2014, S. 49ff.). An seinem Aufsatz über Dostojewski hingegen arbeitete er mit Unterbrechungen von 1910 bis 1918. Anfang 1912 wandte er sich an seinen Verleger Anton Kippenberg mit dem Vorschlag zur Veröffentlichung des Essays in der „Insel-Bücherei" (vgl. Zweig an Kippenberg, 8. Januar 1912, Archiv Insel Verlag, DLA Marbach). Das *Berliner Tageblatt* publizierte am 2. Februar und am 2. März 1914 eine frühere Version des Dostojewski-Kapitels „Sinn seines Schicksals". Ein Auszug aus seinem Dostojewski-Kapitel „Die Menschen Dostojewskis" erschien am 23. Januar 1915 in der Berliner Zeitschrift *Die Zukunft*. Die Arbeit konnte in den folgenden Kriegsjahren trotz intensiver Beschäftigung keinen für ihn befriedigenden Abschluss finden. Romain Rolland vertraute er am 26. September 1918 an: „Immer wieder unterbrochen, fehlt es ihm [i. e. dem Dostojewski-Essay] an einer klaren und überzeugenden Architektur: ich habe ihn jetzt abgeschlossen, es ist ein Stumpf geworden, aber kein gerade und schlank aufstrebender Baum." (Rolland/Zweig 1987, S. 375) Bereits am 27. August 1913 hatte Zweig Romain Rolland um Erlaubnis gebeten, ihm das Buch, das „zu Weihnachten [...] fertig sein" (Rolland/Zweig 1987, S. 64) sollte, widmen zu dürfen. Rolland willigt gerne ein (vgl. S. 65). Das Buch trägt daher die Widmung: „Romain Rolland als Dank für seine unerschütterliche Freundschaft in lichten und dunklen Jahren".

Der Band ist der erste in einer Reihe von insgesamt drei großen Essaybänden (neben *Drei Meister* noch *Der Kampf mit dem Dämon. Hölderlin, Kleist, Nietzsche*, 1925, und *Drei Dichter ihres Lebens. Casanova, Stendhal, Tolstoi*, 1928), die später unter dem Titel *Die Baumeister der Welt. Versuch einer Typologie des Geistes* zu einem Zyklus erklärt wurden. Anlass dazu ist die Entstehung des zweiten Bandes *Der Kampf mit dem Dämon*. An Anton Kippenberg schreibt Zweig am 13. November 1924 erstmals von seinem Vorhaben eines „auf mehrere Bände angelegten Gesamtwerkes" (Archiv Insel Verlag, DLA Marbach).

2. Inhalt

Zweig ging es in *Drei Meister* darum, „die drei großen und in [s]einem Sinne einzigen Romanschriftsteller des neunzehnten Jahrhunderts als Typen zu zeigen, die eben durch den Kontrast ihrer Persönlichkeiten einander ergänzen und vielleicht den Begriff des epischen Weltbildners, des Romanciers, zu einer deutlichen Form erheben." (Zweig GWE, Drei Meister, S. 9) In einem Brief vom 3. Januar 1920 an den Kritiker Julius Bab schreibt Zweig, dass mit dem Buch „der Versuch gemacht ist, die Psychologie des Romanciers von einem ganz neuen und erhabenen Gesichtspunkt zu betrachten." (Zweig, Br III, S. 13)

Wie Zweig in seiner Einleitung festhält, handelt es sich um keine herkömmliche Einführung, die dem Leser als Einstiegshilfe in die Werke der drei Romanschriftsteller dienen könnte. Die drei Essays sah Zweig vielmehr als „Sublimierung, Kondensierung": „Alle drei Aufsätze setzen Kenntnis der Werke voraus." (Zweig GWE, Drei Meister, S. 10) An einer detaillierten Auseinandersetzung mit einzelnen Texten und einer analytischen Untersuchung ist Zweig nicht interessiert. Er versucht stattdessen, zu allgemeinen Aussagen über das jeweilige Werk zu gelangen. So lesbar seine Typisierungen auch sind, so simplifiziert erscheinen dabei zuweilen die Schriftsteller (besonders Dickens) und deren Werke, denen Zweig mit seiner Essaysammlung ein Denkmal setzen möchte.

Was bei Zweigs Band *Drei Meister* auffällt, ist die unterschiedliche Gewichtung: Während sein Aufsatz über Dostojewski über 100 Seiten zählt und in zehn kurze Kapitel unterteilt ist, umfassen die Beiträge über Balzac und Dickens keine 40 Seiten.

Die Auseinandersetzung mit Balzac beschäftigte Zweig jedoch bis zu seinem Lebensende. Die umfassende, auf zwei Bände angelegte Studie konnte Zweig nicht mehr abschließen (→ III.12.5 BALZAC). Zweigs Freund und Nachlassverwalter Richard Friedenthal sichtete die 600 Manuskriptseiten und 2000 Seiten Notizen, die im Nachlass aufgefunden wurden, und veröffentlichte 1946 eine redigierte Version des Fragments unter dem Titel *Balzac – Eine Biographie*.

2.1 Honoré de Balzac

Der Balzac-Aufsatz, mit dem *Drei Meister* beginnt, ist eine Art Mikrokosmos seines großen, unvollendeten Werkes, sind doch alle Themen, die er in der größeren Studie aufgreift, bereits hier vorhanden (vgl. Görner 2011, S. 82). Der Anfang scheint auf den ersten Blick überaus konventionell: „Balzac ist 1799 geboren, in der Touraine, der Provinz des Überflusses, in Rabelais' heiterer Heimat." (Zweig GWE, Drei Meister, S. 15) Doch typisch für den gewieften Biografen Zweig verlässt er im nächsten Satz sogleich die Biografie des Autors mitsamt der Anspielung auf dessen potenzielle Ähnlichkeiten mit Rabelais und konzentriert sich auf das Geburtsjahr, in dem Napoleon von Ägypten zurück nach Frankreich kommt. Somit hat Zweig eine elegante Überleitung zu dem historisch-politischen Hintergrund von Balzacs Werk geschaffen. In Napoleon habe sich der junge Balzac nämlich gespiegelt: „Den Trieb, immer nur das Ganze zu wollen, nie ein Einzelnes, die ganze Weltfülle gierig zu erstreben, diesen fieberhaften Ehrgeiz hat vorerst das Beispiel Napoleons an ihm verschuldet." (S. 18) Weiters heißt es: „Und so wie er [i.e. Balzac] sind seine Helden. Alle haben sie das Welteroberungsgelüst." (S. 21) An späterer Stelle nimmt er diesen Gedanken wieder auf, wenn er schreibt: „[E]r, Balzac, war selbst einer der großen Monomanen, wie er sie in seinem Werke verewigt hat." (S. 31) Der Geist Napoleons wohne den Figuren Balzacs inne: „Und alle Helden Balzacs haben [...] nur einen Wunsch: Mir diese Frau, der Wagen, die Diener, der Reichtum, Paris, die Welt! Das Beispiel Napoleons, daß alle Macht auch für den Geringsten feil sei, hat sie verdorben." (S. 22f.) Doch nicht nur das Wilde, Unbeherrschte und Monomanische fasziniert Zweig an Balzac. Es ist auch dessen enzyklopädisches Wissen: „Mit ihm beginnt – man könnte fast sagen, hört auch auf, wäre nicht Dostojewski gekommen – der Gedanke des Romans als Enzyklopädie der inneren Welt." (S. 45) Mit dieser Psychologisierung von Balzac und seinen Figuren setzt sich Zweig von dem Porträt ab, das Hugo von Hofmannsthal bereits 1908 in seiner Einleitung zu Balzacs *Eugénie Grandet* vorgelegt hatte. Hofmannsthal war an der Rezeptionsästhetik interessiert, während Zweig die Leidenschaft in Balzac und dessen Werk in den Vordergrund stellte (vgl. Hofmannsthal 1979).

2.2 Charles Dickens

Im Gegensatz zu Balzac verortet Zweig bei Dickens eine Dialektik von Genialität und Tradition, wobei er besonders die traditionelle Seite des literarischen Genies Dickens' betont. „[S]ein Werk ist die Materialisierung der englischen Tradition: Dickens ist der Humor, die Beobachtung, die Moral, die Ästhetik, der geistige und künstlerische Gehalt, das eigenartige und uns oft fremde, oft sehnsüchtig-sympathische Lebensgefühl von sechzig Millionen Menschen jenseits des Ärmelkanals." (Zweig GWE, Drei Meister, S. 54) Zweig lässt sich zu durchaus fragwürdigen Verallgemeinerungen hinreißen, wenn er weiter schreibt: „Nicht er hat dieses Werk gedichtet, sondern die englische Tradition, die stärkste, reichste, eigentümlichste und darum auch gefährlichste der modernen Kultur. Man darf ihre vitale Kraft nicht unterschätzen. Jeder Engländer ist mehr Engländer als der Deutsche Deutscher. Das Englische liegt nicht wie ein Firnis, wie eine Farbe über dem geistigen Organismus des Menschen, es dringt ins Blut, wirkt regelnd ein auf seinen Rhythmus, durchpulst das Innerste und Geheimste, das Ureigenste im Individuum: das Künstlerische." (S. 54). Wie Klemens Renoldner aufgezeigt hat, ist Zweigs Dickens-Aufsatz von einigen Klischees durchdrungen (vgl. Renoldner 2014, S. 52). Was Zweig an Dickens zu stören scheint, ist das harmonische Element in dessen Werken: „[E]s ist das Schicksal Dickens, immer eine Mitte darzustellen – ein Ausgleich zwischen der Trunkenheit des Gefühls, der wilden Laune und der kaltlächelnden Ironie." (Zweig GWE, Drei Meister, S. 79) Immerhin ragt Dickens aufgrund seines Humors aus der scheinbar humorlosen englischen Literatur heraus: „Der Humor Dickens' hebt sein Werk über die Zeit hinaus in alle Zeiten." (S. 78) Offenbar ist in den *Gesammelten Werken in Einzelbänden* (GWE) ein zentraler Satz verloren gegangen, der in der Erstausgabe von 1920 noch zu finden ist: „Er erlöst es von der Langeweile alles Englischen, Dickens überwindet die Lüge durch sein Lächeln." (Zweig 1920, S. 83)

Zweigs Porträt von Dickens ist insgesamt jedoch wenig schmeichelhaft, es erstaunt, dass er ihn mit Balzac und Dostojewski, deren Werke er hochschätzt, in einem Band behandelt. Während er kontrastierend Balzacs und Dostojewskis Helden als leidenschaftlich bzw. ekstatisch beschreibt, charakterisiert er Dickens' Figuren meist abwertend und schreibt ihnen ein „spießerisches, ein kleinbürgerliches" Ideal zu (Zweig GWE, Drei Meister, S. 62).

Der Aufsatz über Dickens ist, im Gegensatz zu den beiden anderen Essays, keine Hommage, sondern ein sehr kritischer Text. Es verwundert, dass Zweig ihn nahezu unverändert in seinen Band *Drei Meister* mitaufnahm, wurden doch Zweigs kritischer Tonfall und seine Verallgemeinerungen bereits kurz nach Erscheinen des Aufsatzes am 19. Februar 1910 in der Berliner Zeitschrift *Die Zukunft* beanstandet. So wunderte sich Hermann Cardauns am 7. Mai 1910 in derselben Zeitschrift: „Was mag Charles Dickens Herrn Zweig gethan haben, dass er ihn so furchtbar schlecht behandelt?" (Zit. n. Renoldner 2014, S. 58; Anm. d. Hg.: In der Ausgabe der Zeitschrift wird der Verfasser der Antwort, Hermann Cardauns, irrtümlich durch einen Schreibfehler der Redaktion als Dr. Hermann Cardanus bezeichnet.) Cardauns hält Zweig in seinem Aufsatz vor, Dickens nicht gut genug zu kennen, um zu einem differenzierten Urteil zu gelangen. Zweigs Verleger Anton Kippenberg war über die negative Reaktion nicht erfreut, sollte doch die Neuausgabe von Dickens' Werken als eine Einladung verstanden werden, den englischen Autor neu für sich zu entdecken. Trotzdem erschien der Aufsatz dann als Einleitung in beinahe unveränderter Form in der Neuausgabe von Dickens' *David Copperfield*. Dieselbe Fassung des Textes liegt auch dem Band *Drei Meister* zugrunde. Klemens Renoldner ist recht zu geben, wenn er schreibt, *Drei Meister* sei „kein Werk, dem ein literaturästhetisches Konzept zugrunde liegt, es handelt sich um ein geschicktes Recycling." (Renoldner 2014, S. 60)

2.3 Fjodor M. Dostojewski

Zweigs später entstandener Text über Dostojewski nimmt mehr als die Hälfte des Bandes ein. Der in zehn Kapitel unterteilte Essay versucht nicht nur, Dostojewski im russischen Kontext zu sehen und ihn auf die Personifizierung des russischen Nationalcharakters zu reduzieren. Zweig interessiert sich nicht nur für die Biografie Dostojewskis, sondern vor allem auch für die Wirkung des Autors auf den Leser: „Mit allen unseren Sinnen taucht er uns in seine brennende Atmosphäre, stößt er uns an den Abgrundrand der Seele, wo wir keuchend stehen, schwindeligen Gefühls, mit abgerissenem Atem." (Zweig GWE, Drei Meister, S. 156) Das Verhältnis zwischen Autor und Leser schildert Zweig als höchst zwiespältig: „[D]as Verhältnis Dostojewskis zum Leser ist weder ein freundschaftliches noch ein behagliches, sondern eine Zwietracht voll gefährlicher, grausamer, wollüstiger Instinkte." (S. 157) Den Vergleich mit Dickens besteht der englische Autor nicht: „Dickens oder Gottfried Keller, seine Zeitgenossen, führen mit sanfter Überredung, mit musikalischer Lockung den Leser in ihre Welt, sie plaudern ihn freundlich ins Geschehnis hinein." (S. 157; an dieser Stelle unterscheidet sich die Ausgabe der GWE wieder von der Erstausgabe: „[S]ie plaudern ihn freundlich ins Geschehnis hinein, sie reizen nur die Neugier, die Phantasie, nicht aber wie Dostojewski das ganze aufschäumende Herz." [Zweig 1920, S. 175])

Ähnlich wie bei Dickens, wo Zweig die Dialektik von herausragendem Genie und Tradition zeigen möchte, erkennt er auch in Dostojewskis Werk eine dialektische Spannung: „Die Arbeit ist seine Rettung und seine Qual." (Zweig GWE, Drei Meister, S. 102) Ähnlich zwiespältig ist Dostojewskis Verhältnis zu Gott: „Ewig muß er mit dem Engel ringen wie Jakob, ewig sich gegen Gott empören und ewig sich beugen wie Hiob. Nie läßt es ihn sicher werden, nie träge, immer muß er den Gott spüren, der ihn straft, weil er ihn liebt." (S. 91) Ein ganzes Kapitel widmet Zweig der „Gottesqual" bei Dostojewski. Zweig lobt Dostojewski dafür, dass er auch, was die Gottesfrage anbelangt, letztlich ein Zweifler bleibt: „[Dostojewski] ist der Gläubigste aller und der äußerste Atheist in einer Seele, er hat in seinen Menschen die polarsten Möglichkeiten beider Formen gleich überzeugend dargestellt (ohne sich selbst zu überzeugen, ohne sich selbst zu entscheiden)" (S. 183). In diesen Spannungen, besonders in den metaphysischen, denen Dostojewski ausgesetzt war, sieht Zweig den Schlüssel zu dessen Werk: „Bei Dostojewski muß der Mensch immer erst glühen, um sichtbar zu werden, seine Nerven müssen gespannt sein bis zum Zerreißen, um zu klingen" (S. 141). Die produktive Unruhe, die „Sehnsucht nach dem Glauben aus Glaubenslosigkeit" (S. 184), die sich bei seinen Figuren bemerkbar mache, wurzle in der Unruhe des Autors selbst, im „brennenden Urzwiespalt seines Gefühls" (Zweig 1920, S. 163; die Stelle findet sich in einem 32 Zeilen langen Absatz der Erstausgabe, der zur Gänze in den GWE fehlt). Im Gegensatz zu Romanfiguren in der deutschen Literatur kämen Dostojewskis Helden nicht mit der Wirklichkeit zurecht: „Ihr Reich ist nicht von dieser Welt." (Zweig GWE, Drei Meister, S. 123) Dies liege in erster Linie an ihrem Nationalcharakter: „[M]an versteht diese Menschen Dostojewskis kaum, bedenkt man nicht, daß sie Russen sind, Kinder eines Volkes, das aus einer jahrtausendalten barbarischen Unbewußtheit mitten in unsere europäische Kultur hineingestürzt ist." (S. 124)

Wenn man das Konzept des Bandes im Rahmen einer ‚Typologie des Geistes', die Zweig in Anlehnung an Rollands Biografie-Konzeption (Michelangelo, Beethoven, Händel etc.) entwickelt hat, betrachtet, ist die Inkohärenz der drei Beiträge nicht zu übersehen, auch wenn Zweig im Vorwort eine „einheitliche Absicht" (S. 9) behauptet. Die Texte haben verschiedene Anlässe und Entstehungsgeschichten und sind in Bezug auf die Ausführungen zu Werk und Biografie unterschiedlich gewichtet.

3. Rezeption und Wirkungsgeschichte

Zweigs Beitrag spielt in der zeitgenössischen Rezeptionswelle von Dostojewskis Werk (vgl. Thomas Mann, Hermann Hesse, Ernst Barlach u. v. a.) eine nicht unwesentliche Rolle für die Popularisierung in Deutschland (vgl. Kozonkova 2009, S. 266). Mit diesem Beitrag hatte er über Jahre hinweg gerungen, während die beiden anderen Texte schon wesentlich früher, aus konkreten Anlässen und in relativ kurzer Zeit geschrieben wurden. So ist es verständlich, dass Zweig sich erneut mit dem Wunsch, den Dostojewski-Aufsatz separat in der „Insel-Bücherei" erscheinen zu lassen, an seinen Verleger wendet. Anton Kippenberg griff den Vorschlag aber nicht auf.

Bemerkenswert ist, dass sich die Wirkungsgeschichte vor allem auf den Dostojewski-Essay konzentriert. „[I]n ehrlicher Bewunderung" dankt Thomas Mann Zweig in einem Brief vom 28. Juli 1920, denn „Ihr ‚Dostojewski' ist sicher das Kühnste und Wissendste was seit Mereschkowski über diesen großen Sohn des XIX. Jahrhunderts (des heute oft frech mißachteten XIX. Jahrhunderts) ‚versucht' worden ist." (Mann/Zweig 2016, S. 25) Sigmund Freud holt in einem Brief vom 19. Oktober 1920 zu einem ausführlichen Kommentar aus. „Die Bewältigung von Balzac und Dickens ist restlos gelungen. Aber das war nicht zu schwer, es sind einfache geradlinige Typen. Aber mit dem vertrackten Russen konnte es nicht so befriedigend abgehen. Da spürt man Lücken und zurückgelassene Rätsel." (Zweig 1987, S. 165) In seiner Kritik an Zweigs Dostojewski-Essay werden bereits Argumente deutlich, die Freud dann in seinem eigenen Aufsatz über den russischen Schriftsteller weiter ausführen sollte (vgl. Wagner 2003, S. 213 ff.). In diesem bemerkenswerten Brief des Psychoanalytikers und auch im Antwortschreiben Zweigs vom 3. November wird über Dostojewskis angebliche Veranlagung zu Epilepsie und Hysterie diskutiert (vgl. Zweig 1987, S. 165 ff.). Im Zusammenhang mit dem Roman *Die Brüder Karamasow* bezieht sich Freud auch auf das Problem des Vatermordes, dem er später einen eigenen Aufsatz widmet (vgl. S. 167). Die Beschäftigung mit Dostojewski und der Idee des Dämonischen hatte unübersehbare Auswirkungen auf Zweigs Œuvre (→ IV.7 DAS DÄMONISCHE), was sich besonders in seinem Band *Der Kampf mit dem Dämon* zeigt (vgl. Mondon 2008, S. 66).

Stefan Zweig

Kippenberg, Anton/Zweig, Stefan: Briefwechsel. Archiv Insel Verlag, DLA Marbach [in Vorbereitung].
Mann, Thomas/Zweig, Stefan (2016): Briefwechsel, Dokumente und Schnittpunkte. Hg. v. Katrin Bedenig u. Franz Zeder. Frankfurt a. M.: Vittorio Klostermann.
Rolland, Romain/Zweig, Stefan (1987): Briefwechsel 1910–1940. Bd. I: 1910–1923. Berlin: Rütten & Loening.
Zweig, Stefan (Hg.) (1908): Balzac. Sein Weltbild aus den Werken. Stuttgart: Lutz.
Zweig, Stefan (1920): Drei Meister. Balzac, Dickens, Dostojewski. Leipzig: Insel.
Zweig, Stefan (1987): Briefwechsel mit Hermann Bahr, Sigmund Freud, Rainer Maria Rilke und Arthur Schnitzler. Hg. v. Jeffrey B. Berlin, Hans-Ulrich Lindken u. Donald A. Prater. Frankfurt a. M.: S. Fischer.

Zweig, Stefan (1995): Briefe. Bd. I: 1897–1914. Hg. v. Knut Beck, Jeffrey B. Berlin u. Natascha Weschenbach-Feggeler. Frankfurt a. M.: S. Fischer.
Zweig, Stefan (1999): Drei Meister. Balzac, Dickens, Dostojewski. GWE. Hg. v. Knut Beck. Frankfurt a. M.: S. Fischer.
Zweig, Stefan (2000): Briefe. Bd. III: 1920–1931. Hg. v. Knut Beck u. Jeffrey B. Berlin. Frankfurt a. M.: S. Fischer.

Weitere Literatur

Görner, Rüdiger (2011): Lebensaneignungen. Das Biographische im Erzählen bei Stefan Zweig. In: Ders.: Stefan Zweig. Formen einer Sprachkunst. Wien: Sonderzahl, S. 74–85.
Hofmannsthal, Hugo von (1979): Balzac. In: Ders.: Gesammelte Werke in zehn Einzelbänden. Reden und Aufsätze I: 1891–1913. Hg. v. Bernd Schöller. Frankfurt a. M.: S. Fischer, S. 382–397.
Kozonkova, Olga (2009): Zur Dostojewski-Rezeption in Österreich: der Fall Stefan Zweig. In: Bombitz, Attila u. a. (Hg.): Österreichische Literatur ohne Grenzen. Gedenkschrift für Wendelin Schmidt-Dengler. Wien: Praesens, S. 265–274.
Mondon, Christine (2008): Die dämonischen Mächte im Werke Stefan Zweigs im Hinblick auf den Dostojewski-Essay. In: Birk, Matjaž/Eicher, Thomas (Hg.): Stefan Zweig und das Dämonische. Würzburg: Königshausen & Neumann, S. 61–67.
Renoldner, Klemens (2014): „Der Held wird nicht untergehen". Stefan Zweigs Kampf für (und mit) Charles Dickens. In: Ders./Görner, Rüdiger (Hg.): Zweigs England. Würzburg: Königshausen & Neumann, S. 49–63.
Wagner, Karl (2003): Von den Erfindungen der biographischen Wahrheit: Freud/Zweig/Dostojewski. In: Sellmer, Izabela (Hg.): Die biographische Illusion im 20. Jahrhundert. (Auto-)Biographien unter Legitimierungszwang. Frankfurt a. M. u. a.: Lang, S. 209–226.

13.2 *Der Kampf mit dem Dämon. Hölderlin, Kleist, Nietzsche* (1925)
Elmar Locher

1. Entstehung	482
2. Inhalt	484
2.1 Friedrich Hölderlin	484
2.2 Heinrich von Kleist	486
2.3 Friedrich Nietzsche	487
3. Rezeption und Forschung	488

1. Entstehung

Stefan Zweig verweist in einem Brief an Leonhard Adelt vom 31. März 1923 auf seine neue Arbeit, die er als Pendant zu *Drei Meister. Balzac, Dickens, Dostojewski* (Insel, Leipzig 1920) versteht und die Friedrich Hölderlin, Heinrich von Kleist und Friedrich Nietzsche als „die drei Typen des dämonischen Dichters" (Zweig, zit. n. Beck 2004, S. 327) in den Mittelpunkt stellt. *Der Kampf mit dem Dämon* erscheint 1925 als zweiter Band der biografischen Essay-Reihe *Baumeister der Welt*. 1928 wird mit *Drei Dichter ihres Lebens. Casanova, Stendhal, Tolstoi* (Insel, Leipzig) der dritte Band folgen. 1936 wird Zweig die in den drei Einzelbänden erschienenen Essays unter dem

Titel *Baumeister der Welt* im Herbert Reichner Verlag (Wien/Leipzig/Zürich) in einem Band herausbringen. Die in den Einzelausgaben enthaltenen Einleitungen entfallen und werden durch eine neue ersetzt. 1951 wird der S. Fischer Verlag (Frankfurt) diese Ausgabe neu auflegen. Die in den drei Einzelausgaben vorgelegten Essaysammlungen erwiesen sich als äußerst erfolgreich.

Erste Ideen zum Projekt des zweiten Bandes dürften schon in das Jahr 1921 zurückreichen. Der endgültige Titel *Der Kampf mit dem Dämon* scheint im Dezember 1924 gefunden. Briefe dieses Zeitraumes, in dem das Projekt Form gewinnt, lassen Zweigs Arbeitsintensität erahnen (vgl. Rolland/Zweig 1987, S. 734 ff.; Zweig, Br III, S. 87 ff.). Er ist auf der Suche nach verlässlichen Ausgaben und wichtiger Sekundärliteratur. So vermerkt er z. B., dass er zu Hölderlin vornehmlich mit alten Ausgaben arbeiten muss (es sind dies die Ausgaben von Christoph Theodor Schwab [1846] und Wilhelm Böhm [1905 ff.]), da die historisch-kritischen Ausgaben von Norbert von Hellingrath (Müller Verlag, München, 1913 begonnen, 1923 im Propyläen Verlag abgeschlossen) und Franz Zinkernagel (Insel Verlag, 1914 begonnen, 1926 abgeschlossen) immer wieder verzögert werden, wie er in einem Brief schreibt (vgl. Beck 2004, S. 331). Er erbittet sich beispielsweise Nietzsches Briefwechsel, von dem er nur den mit Franz Overbeck in Händen hat, liest auch Charles Andlers *Nietzsche. Sa vie et sa pensée* an, ein auf sechs Bände angelegtes Werk, von dem bereits vier erschienen sind. Zu Nietzsche konnte er außerdem auf Ernst Bertrams erfolgreiches Buch *Nietzsche. Versuch einer Mythologie* (1918) zurückgreifen. Zweig stand mit den Kleist-Forschern Georg Minde-Pouet und Heinrich Meyer-Benfey in Briefkontakt. Zweigs anhaltendes Interesse für die drei Autoren, bereits in den Jahren vor 1921, lässt sich verschiedenen Hinweisen entnehmen. So wird z. B. im Briefwechsel mit Romain Rolland (vgl. Beck 2004, S. 329) immer wieder auf Hölderlin verwiesen. Zweig ist im Besitz mehrerer Autographen aller drei Autoren (→ III.20 AUTOGRAPHENSAMMLUNG).

Eine erste Arbeit zu Nietzsche, *Friedrich Nietzsche's Vermächtnis*, veröffentlichte Zweig am 18. März 1902 im *Prager Tagblatt*. Er bespricht darin das berüchtigte, aus dem späten Nachlass textkompilatorisch zusammengestellte zweibändige Werk *Der Wille zur Macht*, das 1901 im Rahmen der unter wechselnder Herausgeberschaft im Zeitraum 1899–1913 entstehenden sogenannten „Großoktavausgabe" veröffentlicht wurde. Eine weitere Arbeit folgt am 21. Dezember 1917 in der *Neuen Freien Presse* (Wien) unter dem Titel *Nietzsche und der Freund*. Zweig bespricht darin Nietzsches Briefwechsel mit Overbeck. Diese Arbeit wird 1918 in den *Insel-Almanach auf das Jahr 1919* aufgenommen. Einige wichtige Bestimmungselemente seines Nietzsche-Bildes in *Der Kampf mit dem Dämon* scheinen bereits in dieser Besprechung gefunden. Eine weitere Arbeit zu Nietzsche stammt aus dem Jahre 1937: *Mater dolorosa. Die Briefe von Nietzsches Mutter an Overbeck*. Dieser Text wird 1943 in *Zeit und Welt*, Bermann-Fischer Verlag, Stockholm, aufgenommen. Abschließend sei erwähnt, dass der Band *Der Kampf mit dem Dämon* Sigmund Freud gewidmet ist.

2. Inhalt

Zweig definiert schon in seiner Einleitung das Dämonische:

> Dämonisch nenne ich die ursprünglich und wesenhaft jedem Menschen eingeborene Unruhe, die ihn aus sich selbst heraus, über sich selbst hinaus ins Unendliche, ins Elementarische treibt, gleichsam als hätte die Natur von ihrem einstigen Chaos ein unveräußerliches unruhiges Teil in jeder einzelnen Seele zurückgelassen, das mit Spannung und Leidenschaft zurück will in das übermenschliche, übersinnliche Element. (Zweig GWE, Der Kampf mit dem Dämon, S. 13)

Hölderlin, Kleist und Nietzsche gelten nun Zweig als die Dichter, in denen der Dämon „selbstherrlich [...] waltet" (S. 15). Das Werk der vom Dämon beherrschten Dichter stelle einen besonderen Typus dar: „Rauschkunst, exaltiertes, fieberhaftes Schaffen, [...] die μανια [mania] der Griechen, die heilige Raserei, die sonst nur dem Prophetischen, dem Pythischen innewohnt." (S. 15) Freilich: Ohne Inspiration, ohne Dämonie gibt es in Zweigs Augen keine Kunst, doch das Dämonische müsse beherrscht werden (→ IV.7 Das Dämonische). Zur Präzisierung seiner Begrifflichkeit führt Zweig ‚unsichtbar' einen Gegenspieler zum dämonenbeherrschten Dichter ein: Goethe, der ihm zum „Herrn seines Maßes" wird, zum Dichter, „der die ihm verliehene dämonische Macht mit dem irdisch ihm verliehenen Willen bändigt und zielhaft macht" (S. 16). Für den von seinem Dämon beherrschten Dichter gelte die Parabel als geometrische Form: „rascher, schwunghafter Aufstieg in einer einzigen Richtung, in der Richtung gegen das Obere, Unendliche empor, steile Kurve und jäher Absturz." (S. 23) Goethes Lebensform hingegen bilde einen Kreis: „geschlossene Linie, volle Rundung und Umfassung des Daseins, ewige Rückkehr in sich selbst, gleiche Distanz zum Unendlichen vom unverrückbaren Zentrum, allseitiges Wachstum von innen her." (S. 23)

2.1 Friedrich Hölderlin

Hölderlin gilt Zweigs größtes Interesse, zumindest quantitativ: Die Abhandlung nimmt etwas weniger als die Hälfte des Bandes ein. Der Bogen spannt sich von der „Kindheit" zu „Auferstehung in der Zeit", die Hölderlins Weiterwirken benennt. In diesen Bogen sind weitere Stationen des Lebensweges („Bildnis in Tübingen", „Ausfahrt in die Welt", „Gefährliche Begegnung", „Scardanelli") wie Darlegungen zum Werk („Mission des Dichters", „Der Mythus der Dichtung", „Hyperion", „Der Tod des Empedokles", „Das Hölderlinsche Gedicht") eingelassen. Zweig teilt nicht die ideologische Vereinnahmung, die durch den George-Kreis stattfindet, in dem die vaterländische Wende Hölderlins betont und der Dichter zum Seher wird. Dabei werde Hölderlin verkannt, wie die Kritik Peter Szondis an Wilhelm Michels Werk *Hölderlins abendländische Wendung* (1923) verdeutlicht (vgl. Szondi 1964, S. 264). Ebenso wenig ist Zweig mit der Interpretation von Hölderlin als geistigem Führer, etwa in der späteren Arbeit Max Kommerells, *Der Dichter als Führer in der deutschen Klassik* (1928), einverstanden. Zur seraphischen Gestalt, zu einem Brennenden, wird ihm Hölderlin aber allemal: „[E]in Mythus des sanften Helden, des heilig Reinen geht aus von seiner stillen Gestalt, und wie ein junger Seraph, gegürtet und beflügelt, schwebt der silberne Strahl seines Liedes über unsere schwere und verworrene Welt." (Zweig GWE, Der Kampf mit dem Dämon, S. 156) Zweig sieht Hölderlins literarische

13.2 Der Kampf mit dem Dämon. Hölderlin, Kleist, Nietzsche (1925)

Anfänge ganz im Zeichen der Tradition: Klopstocks Oden und Schillers Gedichte sind die bestimmenden Einflüsse. *Hyperion* erscheint Zweig als Werk aus zweiter Hand, zusammengelesen und neu zusammengesetzt. Einzig der Rhythmus der Prosa zeige die Intensität an, die das Werk erreiche. Niemals, so Zweig, sei von einer schmaleren Basis aus ein dichterisches Werk begonnen worden. Es mangle Hölderlin an Welt, von der er sich ganz abkapsle, es mangle ihm an Sinnenvielfalt und Erfahrungsreichtum: Der Wortschatz, auf den er zurückgreife, sei, im Verhältnis zu Schiller oder Goethe, geradezu arm. Nur das ‚reine' Wort sei zugelassen, dieses aber werde in immer neue Intensitäten geführt. „Der Mythus der Dichtung" allein sei es, der Hölderlins Werk trage: „Kein deutscher Dichter hat jemals so sehr an die Dichtung und ihren göttlichen Ursprung geglaubt als Hölderlin, keiner so fanatisch ihre Unbedingtheit, ihre Unvermengbarkeit mit dem Irdischen verteidigt: seine ganze eigene schlackenlose Reinheit trägt der Ekstatische in den Begriff der Dichtung hinein." (S. 54) Es sei eine Spannung nach oben, Begeisterung, die sich an sich selbst entzünde, die zur ausschließlichen Kraft und zugleich zur Gefahr werde, „denn er, der Mittler, muß ja, ‚ins Lied gehüllt' den Irdischen ‚das himmlische Feuer reichen'." (S. 60) Zuerst lasse Hölderlins Gedicht den Reim hinter sich, dann die Strophe, alle gebundenen Formen würden zu eng, dann erkenne er „das großartige Gesetzlose, das herrisch am Rhythmus Aufströmende der wahren Lyrik" (S. 125); schließlich breche „[d]as Dämonisch-Überschwengliche [...] rauschend, [...] rhythmisch durch." (S. 125) Am Ende ist Hölderlins Rhythmus nach Zweig „so weit auseinandergespannt, daß er zerreißt, die Sprache so verdichtet und gesättigt, daß sie sinnlos wird" (S. 128). Die sogenannten ‚Nachtgesänge' gehören Zweig zufolge allerdings „zu den unerhörtesten Gebilden der Weltliteratur" (S. 138). Die ‚Nachtgesänge' konnte er sowohl im vierten Band der von Hellingrath'schen Ausgabe, der 1916 erschienen war, einsehen, als auch im zweiten Band der Ausgabe Christoph Theodor Schwabs, die dieser als „Gedichte aus der Zeit des Irrsinns" charakterisiert (vgl. Hölderlin 1846, Bd. 2, S. 337–347). Unter diesen Gedichten finden sich auch solche, die im Turm zu Tübingen entstanden sind und auf die Zweig Bezug nimmt, auch für biografische Details hat er dieser Ausgabe einiges zu verdanken. Freilich: „[N]icht mehr Sprecher und Täter ist hier der Dichter, sondern nur unbewußter Bote der Urworte. Der Dämon, der Urwille hat übergewaltig dem müd gewordenen schwankenden Geist das Wort und den Willen entrissen und spricht durch seinen zuckenden Mund, von seiner willenlosen Lippe wie durch ein totes, dumpf nur widerhallendes Element." (Zweig GWE, Der Kampf mit dem Dämon, S. 139) Erkannt ist in dieser Passage die Problematik des Subjekts und seines Verhältnisses zur Sprache. Im Bezug auf Hölderlin und das Griechentum erkennt Zweig, dass es Hölderlin gelinge, den Klassizismus, das Hellenistische hinter sich zu lassen, indem er vornehmlich in den Pindar- und Sophokles-Übersetzungen das Orientalische, das Asiatische als den Ursprung akzentuiere. Diese Zusammenhänge sind erst durch Peter Szondis bahnbrechende Arbeit *Überwindung des Klassizismus. Der Brief an Böhlendorff vom 4. Dezember 1801* von 1964 herausgearbeitet worden. Wenn Zweig auf die Sophokles- und Pindar-Übertragungen verweist, dann konnte er sich nicht auf die Schwab'sche Ausgabe beziehen, da Schwab im Vorwort erklärt, auf den Abdruck der Übersetzungen der sophokleischen Tragödien verzichtet zu haben, weil sie „zu wenig Werth und allgemeines Interesse zu haben [schienen]" (Schwab 1846, Bd. 1, S. X), um in die Ausgabe aufgenommen zu werden. Zweig konnte aber auf den fünften Band der von Hellingrath'schen Ausgabe zurückgreifen, der die Übersetzungen bringt und der schon 1913 erschienen war. Der Widerspruch bleibt: Wenn Hölderlin in diesen Übertragungen gleichsam zum bloßen Mundstück des Dämonischen werde, wie konnte er dann in den Anmerkungen zu *Antigonä* und *Ödipus* und in den Kommentaren der *Pindar-Fragmente* ein so abstrakt-komplexes Reflexionsniveau erreichen? Diese Frage, die auf das Sprachverständnis zielt und wohl auch auf eine ‚Kritik der poetischen Vernunft' (Rainer Nägele), in der noch der Einfluss der Kant'schen Philosophie kenntlich wird, die Zweig allerdings als „verhängnisvollen Schaden" für die deutsche Literatur wertet (vgl. Zweig GWE, Der Kampf mit dem Dämon, S. 78), muss unterschlagen werden, wenn das Dämonische gerettet werden soll.

2.2 Heinrich von Kleist

Kleist zeigt sich Zweig zuerst im „Bildnis des Bildnislosen". Nichts weise in den wenigen Bildnissen, die wir von Kleist haben, auf den Dichter hin: „Kleistens Innen saß zu tief unter der Haut." (S. 163) Er erscheint als Gejagter: „Überall hofft er Kühlung, hofft er Genesung: aber wen der Dämon treibt, dem brennt kein Herd und wächst kein Dach." (S. 161) Den Dämon erkennt Zweig bei Kleist in einer ungelösten Spannung von zuviel Leidenschaft, einer maßlosen, zügellosen, „die beständig zum Exzeß drängte". Dieser wirke eine andere Kraft entgegen, eine „ebenso stark aufgetriebene und übertriebene Sittlichkeit, ein kantisches überkantisches Pflichtmenschentum", das „mit gewaltsamen Imperativen die Leidenschaft zurückstieß und versperrte" (S. 169). Diese Grundspannung treibe Kleist in eine Überspannung, der sein ungeklärtes Verhältnis zum eigenen Sexus zu Grunde liege. Organisch sei die Sachlage nach dem operativen Eingriff durch einen Chirurgen in Würzburg geklärt, aber eine Pathologie des Gefühls bleibe: „All das, was man grobschlächtig die Pathologia sexualis nennt, wird in seinem Werk bildhaft in fast klinischen Bildern" (S. 176). Zweigs Ausführung zu Kleist ist merkwürdig überlagert von einer sexuell bestimmten Sprache, in der sich der Gegensatz männlich/weiblich geradezu exzessiv artikuliert: „Eben weil ihm die gerade Stoßkraft des Begehrens (vielleicht auch des Könnens) im Sexuellen fehlte, war er aller Vielfältigkeiten und Zwischengefühle fähig: darum auch seine magische Kenntnis aller Kreuzwege und Seitenschliche des Eros, all der Vermengungen und Verkleidungen des Gelüsts, dies merkwürdige Wissen um das Transvestitentum des Triebs." (Zweig GWE, Der Kampf mit dem Dämon, S. 174) Diese Polarität von „männlicher Stoßkraft des Begehrens" und den „Seitenschliche[n] des Eros" kommt dann auch in Zweigs Sprachanalyse zur Geltung. Dort, wo Kleist die Sprache „männisch" zu „zäumen" verstehe, gelängen ihm Sprachballungen „bluthaft strotzend wie kraftgeschwellte Adern" (S. 201). Wenn die Empfindung allerdings überhandnehme, so Zweig weiter, „schwelgt [er] alle seine Träume bildernd aus" (S. 201). Nie stehe die Rede ganz in seiner Macht. Er spanne die Sätze gewaltsam so auseinander, „daß man die Enden kaum wieder zusammenfindet" (S. 201 f.). Nach Zweig haben alle Dramen Kleists – *Der zerbrochene Krug* (1806) ist davon ausgenommen – einen „überreizten Schreiton": „[S]ie sind knallhart weggeschnellt von überstraff gespannten Nerven, sie sind – man verzeihe das Bild, ich weiß kein wahreres – herausgespritzt aus innerster Erhitzung und Bedrängnis, wie der Same des Mannes heiß vom Blute aus dem Geschlecht fährt." (S. 196) Zweig schreibt von Kleists „Zwang zum Drama" und vergleicht den Dramatiker mit dem Erzähler. Dabei kommt er zu einem noch heute bedenkenswerten Schluss. Im Unterschied zum Dramatiker, der sich „in seinen Stoff zügellos hinein[werfe]", bleibe der Erzähler Kleist ganz außerhalb des Erzählten: Er „vergewaltigt seine Anteilnahme, preßt sich gewaltsam zurück, bleibt ganz außen, daß kein Atem seines Mundes in die Erzählung hineinfließt." (S. 211)

2.3 Friedrich Nietzsche

Geht Zweig in seinem Beitrag zu Kleist vom „Bildnis des Bildnislosen" aus, so entwirft er zu Nietzsche ein „Doppelbildnis". Der „marmorne[n] Lüge" (Zweig GWE, Der Kampf mit dem Dämon, S. 242) des Heldenhauptes mit zerklüfteter Stirn, die den Heroen der Nachwelt überliefert, stellt Zweig den „sechs Siebentel Blinde[n]'" (S. 243) Nietzsche gegenüber, der immer auf fremdes Wohnen im „kalt möblierte[n] Chambre garni" angewiesen sei (S. 242). Diese Formulierung findet sich bereits in Zweigs Nietzsche-Rezension von 1917. In diesen ärmlichen Räumen, wie in den von Nietzsche aufgesuchten Landschaften, entstehe seine ‚Tragödie ohne Gestalten': „Er redet zu niemandem, und niemand antwortet ihm. Und was noch furchtbarer ist: niemand hört ihm zu." (S. 237) Und: „Dieses Mit-sich-allein-Sein, dieses Gegen-sich-selbst-allein-Sein ist der tiefste Sinn, die einzige heilige Not der Lebenstragödie Friedrich Nietzsches" (S. 239). Aus dieser Einsamkeit heraus entwickle sich Nietzsches Nomadentum und forme sich seine „Apologie der Krankheit": Das Hören auf den eigenen Körper, ein ewiger „Alarm der Nerven", eine „geradezu dämonische Überempfindlichkeit der Nerven" (S. 250) würden ihn bestimmen. Für Nietzsches Denken sei das körperliche Empfinden ausschlaggebend: „Denn jeder Nerv des Magens wie des Herzens und der Sinne stellt bei Nietzsche ein überexaktes, filigranzartes Manometer dar, das die kleinsten Veränderungen und Spannungen mit ungeheurem Ausschlag an schmerzhafter Erregung erwidert." (S. 249) Von einer ständigen Erregtheit getrieben, gelinge es Nietzsche nicht, eine einmal gefundene Wahrheit als solche bestehen zu lassen. Er werde zum „Don Juan der Erkenntnis", seine Einstellung zur Wahrheit sei „eine zitternde atemheiße, nervengejagte, neugierige Lust, die sich nie befriedigt und nie erschöpft, die nirgends stehen bleibt [...] und unbändig weiterfragt" (S. 261). Nietzsche beginne alt und verjünge sich mit zunehmendem Alter, er vollziehe dadurch eine „rückläufige Bewegung" (S. 285). In diesem Verjüngungsprozess, der mit der Lösung sämtlicher Bindungen, auch der Bindung an seine Professorentätigkeit in Basel, beginne, verstärkten sich die Leidenschaften: „[W]ie alle dämonischen Charaktere wird er immer hitziger, unduldsamer, ungestümer, revolutionärer, chaotischer mit den fortschreitenden Jahren" (S. 285). Im Gegensatz zu Goethes bleibender Bindung an Deutschland, seiner Rückkehr in die Heimat „nach anfänglicher Selbstverschwendung" (S. 285) im Zuge der Italienreise, gipfelt Nietzsches „Entdeckung des Südens" in der Loslösung von Deutschland und einer Öffnung hin zum Kosmopolitischen. Wie Hölderlin „sein Hellas nach ‚Asia', also ins Orientalische, ins Barbarische allmählich hinüberdrängt, so funkelt am Ende Nietzsches Leidenschaft einer neuen Ekstase des Tropischen, des ‚Afrikanischen' entgegen" (S. 300). In dieser Entdeckung des Südens finde dann auch Nietzsches Sprache zu neuen Rhythmen, sie werde zum ‚Tanz des Dionysos', zur gestischen Sprache. Seine letzten Jahre lebe Nietzsche „Die siebente Einsamkeit", so Zweigs Überschrift für das entsprechende Kapitel. Diese aber sei nicht mehr die gewohnte Einsamkeit, sondern habe sich zur Vereinsamung gewandelt. Da der Anruf des *Zarathustra* (1883–1885) antwortlos verhallte, notierte sich Nietzsche: „Mir ist seitdem zumute, als sei ich tödlich verwundet." (S. 310) Im vorletzten Abschnitt seiner Abhandlung, die er als „Tanz über dem Abgrund" betitelt, kommt Zweig auf die Passage zu sprechen, in der Nietzsche in *Ecce homo* (1888) über die Inspiration schreibt. Und man darf in dieser ausführlich zitierten Passage wohl durch Nietzsches Ausführung hindurch Zweigs Einverständnis mitlesen:

> Mit dem geringsten Rest von Aberglauben in sich würde man in der Tat die Vorstellung, bloß Inkarnation, bloß Mundstück, bloß Medium übermächtiger Gewalten zu sein, kaum abzuweisen wissen. Der Begriff Offenbarung, in dem Sinn, daß plötzlich, mit unsäglicher Sicherheit und Feinheit, etwas s i c h t b a r, hörbar wird, etwas, das einen im Tiefsten erschüttert und umwirft, beschreibt einfach den Tatbestand. Man hört, man sucht nicht; man nimmt, man fragt nicht, wer da gibt; wie ein Blitz leuchtet ein Gedanke auf, mit Notwendigkeit, in der Form ohne Zögern, – ich habe nie eine Wahl gehabt. (S. 316, Herv. i. O.)

Im letzten Abschnitt seiner Ausführungen zu Nietzsche, „Der Erzieher zur Freiheit", kommt Zweig auf Nietzsche als Europäer zu sprechen, der die Kleinstaaterei zu besiegen wüsste: „Und zornig bricht die Verkündigung einer Katastrophe aus seinem Mund, wie er die krampfigen Versuche sieht, ‚die Kleinstaaterei Europas zu verewigen', eine Moral zu verteidigen, die nur auf Interessen und Geschäft beruht" (S. 323).

3. Rezeption und Forschung

Dass die Diskussion über das sogenannte ‚Dämonische' anhält, belegt z.B. der 2014 erschienene Sammelband *Das Dämonische. Schicksal einer Kategorie der Zweideutigkeit nach Goethe*. Aber nicht nur das Dämonische nach Goethe hat noch immer Konjunktur, bereits 2006 fand in Maribor eine internationale Konferenz unter dem Titel *Stefan Zweig und das Dämonische* statt (vgl. Birk/Eicher 2008). Auf dieser Tagung gab es zwei Leitmotive – einerseits den Versuch, das Dämonische zu definieren, andererseits, die Relation von Zweigs und Goethes Begriff des Dämonischen zu diskutieren. Für Zweig kann Goethes Auffassung des Dämons als „das Charakteristische, wodurch sich der Einzelne von jedem andern, bey noch so großer Aehnlichkeit unterscheidet" (zit. n. Borgards 2014, S. 71), gelten. Doch gilt für Zweig auch Goethes Bestimmung des Dämonischen, wie sie dieser im 20. Kapitel von *Dichtung und Wahrheit* (1811–1814) darlegt: Das Dämonische erscheint hier in einem Koordinatensystem von Spiel und Zufall als destruktive wie konstruktive Kraft zugleich (vgl. Zumbusch 2014, S. 82f.). Dieses Zweig'sche Spannungsverhältnis erhellt vielleicht Rüdiger Görners Frage, warum Zweig auf das Dämonische als Kategorie der künstlerischen Produktion verweist, in einer Zeit, in der zunehmend der psychoanalytische Diskurs für Letztere wichtig wird (vgl. Görner 2012, S. 61).

Wichtige Einzeluntersuchungen zu *Der Kampf mit dem Dämon* haben Fragen aufgeworfen, die noch nicht endgültig zu beantworten sind. In den Arbeiten von Mark H. Gelber (1987, 2008, 2014) und Jacob Golomb (1998, 2004) steht vornehmlich Nietzsches Einfluss auf Zweig und dessen Selbstmord auf dem Prüfstand. Tatsächlich bedarf der Themenkomplex (Zweigs jüdische Identität – Suizid im Exil – Nietzsches ‚Freigeist') einer eigenen Erörterung (vgl. Gelber 2014, S. 216f.). Diese könnte womöglich ergiebiger sein als die Rückbindung von Zweigs Suizid auf Kleists Doppelselbstmord (→ V.10 Suizid). Nach John D. Pizer wirkt sich Kleists Einfluss nicht nur literarisch auf Zweig aus, sondern möglicherweise auch persönlich; „in der Flucht in den Freitod im Jahre 1942 dürfte Kleist Zweig als Vorbild gedient haben" (Pizer 2001, S. 292). Im Kleist-Aufsatz sieht Pizer eine größere Nähe zu Goethes Auffassung des Dämonischen als in den Ausführungen zu Hölderlin und Nietzsche, und auch in Zweigs Drama *Tersites* (1907) verortet Pizer Kleists Einfluss. Bernhard Greiner stellt einen Einfluss des George-Kreises auf Zweig fest und vermutet, dass Zweig daher einem geistesgeschichtlichen Ansatz folge. Die ‚Geistesgeschichte', von Dilthey begründet, wurde von Mitgliedern des George-Kreises zur hohen Kunst entwickelt (vgl. Greiner 2007, S. 140). So werde für Zweigs Kleist-Essay Friedrich Gundolfs *Heinrich von Kleist* (1922) bestimmend, und in Georges Arbeit zu Hölderlin (1919), veröffentlicht in den *Blättern für die Kunst*, ist bereits der Dämon benannt (vgl. S. 140). In gewisser Weise werde der von Zweig am Beispiel Hölderlins entwickelte Begriff der ‚Grenzenlosigkeit' (vgl. S. 142) auch für Kleist und Nietzsche bestimmend. Doch trotz der großen Nähe zu der im George-Kreis vorherrschenden Themenstellungen zeige sich durch die Widmung an Sigmund Freud zugleich auch eine bewusste Distanznahme. Insgesamt wird man Greiners Beurteilung zustimmen dürfen, wenn er festhält, dass Zweigs irritierend-redundanter Stil der Tatsache geschuldet ist, dass er nicht bloß über den Trieb ins Grenzenlose schreiben, sondern diesen selbst zur Darstellung bringen wollte (vgl. S. 143).

Stefan Zweig

Rolland, Romain/Zweig, Stefan (1987): Briefwechsel 1910–1940. Bd. I: 1910–1923. Berlin: Rütten & Loening.
Zweig, Stefan (1990): Zeiten und Schicksale. Aufsätze und Vorträge aus den Jahren 1902–1942. GWE. Hg. v. Knut Beck. Frankfurt a.M.: S. Fischer.
Zweig, Stefan (2000): Briefe. Bd. III: 1920–1931. Hg. v. Knut Beck u. Jeffrey B. Berlin. Frankfurt a.M.: S. Fischer.
Zweig, Stefan (2004[3]): Der Kampf mit dem Dämon. Hölderlin, Kleist, Nietzsche. GWE. Hg. v. Knut Beck. Frankfurt a.M.: S. Fischer.

Weitere Literatur

Adorno, Theodor W. (1965): Parataxis. In: Ders.: Noten zur Literatur III. Frankfurt a.M.: Suhrkamp, S. 136–209.
Beck, Knut (2004[3]): Nachbemerkung des Herausgebers. In: Zweig, Stefan: Der Kampf mit dem Dämon. Hölderlin, Kleist, Nietzsche. GWE. Hg. v. Knut Beck. Frankfurt a.M.: S. Fischer, S. 327–348.
Birk, Matjaž/Eicher, Thomas (Hg.) (2008): Stefan Zweig und das Dämonische. Würzburg: Königshausen & Neumann.
Blamberger, Günter (2011): Heinrich von Kleist. Biographie. Frankfurt a.M.: S. Fischer.
Borgards, Roland (2014): Morphologischer Dämon. Zur ersten Strophe von Goethes *Urworte. Orphisch*. In: Friedrich, Lars/Geulen, Eva/Wetters, Kirk (Hg.): Das Dämonische. Schicksale einer Kategorie der Zweideutigkeit nach Goethe. Paderborn: Fink, S. 65–78.
Gelber, Mark H. (1987): Stefan Zweig und die Judenfrage von heute. In: Ders. (Hg.): Stefan Zweig heute. New York u.a.: Lang, S. 160–180.
Gelber, Mark H. (2008): Stefan Zweigs Nietzsche-Rezeption im Rahmen des Dämonischen. In: Birk, Matjaž/Eicher, Thomas (Hg.): Stefan Zweig und das Dämonische. Würzburg: Königshausen & Neumann, S. 45–54.
Gelber, Mark H. (2014): Stefan Zweig, Judentum und Zionismus. Innsbruck u.a.: StudienVerlag.

Golomb, Jacob (1998): Nietzsche und die „Grenzjuden". In: Ders.: Nietzsche und die jüdische Kultur. Wien: WUV, S. 165–184.
Golomb, Jacob (2004): Stefan Zweig: The Jewish Tragedy of a Nietzschean „Free Spirit". In: Ders. (Hg.): Nietzsche and the Austrian Culture. Wien: WUV, S. 92–126.
Görner, Rüdiger (2012): Stefan Zweig. Formen einer Sprachkunst. Wien: Sonderzahl.
Greiner, Bernhard (2007): At Kithaeron Mountain. Stefan Zweig's Approach to the Daemonic. In: Gelber, Mark H. (Hg.): Stefan Zweig Reconsidered. New Perspectives on his Literary and Biographical Writings. Tübingen: Niemeyer, S. 139–150.
Gundolf, Friedrich (1922): Heinrich von Kleist. Berlin: Bondi.
Hölderlin, Friedrich (1846): Sämmtliche Werke. Bd. Bd. 2 Bde. Hg. v. Christoph Theodor Schwab. Stuttgart, TübingenCotta.
Hölderlin, Friedrich (1913): Sämtliche Werke. Bd. 5: Übersetzungen und Briefe 1800–1806. Hg. v. Norbert von Hellingrath u. Friedrich Seebaß. Berlin: Propyläen.
Hölderlin, Friedrich (1916): Sämtliche Werke Bd. 4: Gedichte 1800–1806. Hg. v. Norbert von Hellingrath u. Friedrich Seebaß. Berlin: Propyläen.
Nägele, Rainer (2005): Kritik der poetischen Vernunft. Basel u.a.: Engeler.
Pizer, John D. (2001): Kleist und Stefan Zweig. In: Kleist-Jahrbuch 2001, S. 292–304.
Schulz, Gerhard (2007): Kleist. Eine Biographie. München: Beck.
Schwab, Christoph Theodor (1846): Vorwort. In: Hölderlin, Friedrich: Sämmtliche Werke. Bd. 1. Hg. v. Christoph Theodor Schwab. Stuttgart, Tübingen: J. G. Cotta'scher Verlag, S. V–XII.
Szondi, Peter (1964): Überwindung des Klassizismus. Der Brief an Böhlendorff vom 4. Dezember 1801. Kommentar und Forschungsdidaktik. In: Euphorion 58/1964, S. 260–275.
Zumbusch, Cornelia (2014): Dämonische Texturen. Der durchkreuzte Wunsch in Goethes *Wilhelm Meisters Wanderjahren*. In: Friedrich, Lars/Geulen, Eva/Wetters, Kirk (Hg.): Das Dämonische. Schicksale einer Kategorie der Zweideutigkeit nach Goethe. Paderborn: Fink, S. 79–95.

13.3 *Drei Dichter ihres Lebens. Casanova, Stendhal, Tolstoi* (1928)
Johann G. Lughofer

1. Entstehung 490
2. Aufbau, Inhalt und Thesen 492
3. Rezeption und Forschung 495
4. Forschungsperspektiven 496

1. Entstehung

Drei Dichter ihres Lebens ist der dritte Band der Reihe *Die Baumeister der Welt*, mit der Zweig versuchte, „den schöpferischen Geistwillen in seinen entscheidenden Typen und diese Typen wiederum durch Gestalten zu veranschaulichen" (Zweig GWE, Drei Dichter ihres Lebens, S. 9). Mit dem Erscheinen der zweiten Essaysammlung *Der Kampf mit dem Dämon* (1925) wurden erst der gemeinsame Titel *Die Baumeister der Welt. Versuch einer Typologie des Geistes* festgelegt sowie Pläne für eine größere Zahl von folgenden Essaysammlungen gefasst. Ursprünglich war *Drei Dichter ihres Lebens* nicht als abschließender Teil geplant, welcher der Text aber werden sollte. Die Essays beschäftigen sich im Gegensatz zu den zwei vorangegangenen Bänden mit Autoren, deren Schriften Zweig auf direkte oder indirekte Weise autobiografisch auffasst. Dabei wird der Frage nachgegangen, inwiefern und unter welchen Bedingungen die Autoren – Casanova, Stendhal und Tolstoi – vor sich selbst „wahr" (S. 20) sein können.

Zweigs Auseinandersetzung mit Tolstoi nahm bereits früher ihren Ausgangspunkt. Schon kurz nach der Oktoberrevolution schrieb er für die *Neue Zürcher Zeitung* vom 12. Dezember 1917 das Feuilleton *Tolstois Antlitz* (vgl. Beck 2000, S. 391). Auch Pläne für die weiteren Essays gediehen früh. So erwähnt Zweig am 5. September 1922 in einem Brief an Romain Rolland einen schon lange skizzierten Essay über Stendhal. Mit Rolland folgte eine briefliche Diskussion zum Problem autobiografischer Selbstdarstellung (vgl. Rolland/Zweig 1987, S. 702 ff.).

Ursprünglich plante Zweig für diese Sammlung auch einen Essay über Jean-Jacques Rousseau. Mit dem französischen Philosophen hatte er sich bereits auseinandergesetzt. Die 1919 erschienenen Übersetzungen von *Emile oder Über die Erziehung* sowie des Fragments *Emile und Sophie oder die Verlassenen* hatte er bearbeitet und mit Einleitungen versehen. Der Entschluss, einen der drei Essays stattdessen Giacomo Casanova zu widmen, ist die Folge von Zweigs erzürnter Kritik am Verlag Brockhaus. Zweig schrieb im *Berliner Tageblatt* vom 29. Juni 1926 eine *Beschwerde gegen einen Verleger* (vgl. Beck 2000, S. 392), in der er die Verlegerfamilie anklagte, dass sie seit 1820 die Originalmanuskripte von Casanovas autobiografischen Aufzeichnungen der Öffentlichkeit vorenthalte – ein Vorwurf, der im Essay zu Casanova wiederholt wurde. Zweigs Interventionen fruchteten allerdings nicht; erst 1960 wurden der Originaltext und die deutsche Übersetzung publiziert.

Am 7. Januar 1927 konnte Zweig Arthur Schnitzler informieren, dass bald ein neues „*Drei-Meister-Buch*" aus seiner Feder fertiggestellt werde (Zweig 1984, S. 176, Herv. i. O.), wobei er sich über die Mühsamkeit und Langwierigkeit der Arbeit beklagte. Insbesondere die Arbeit am Tolstoi-Essay gestaltete sich aufwändig. Zweig bezeichnete in Briefen Tolstoi als „so ziemlich de[n] komplizierteste[n] Fall der ganzen Literatur" und den Essay über ihn als „vielleicht die schwerste aller Aufgaben": „Ich weiß mir nichts Schwierigeres!" (Zit. n. Beck 2000, S. 395, 399; Rolland/Zweig 1987, S. 246) Im November 1927 wurden Teile des Tolstoi-Aufsatzes in der *Kölnischen Zeitung* und in der *Neuen Freien Presse* abgedruckt, und Zweig hielt Vorträge über den russischen Schriftsteller in Stuttgart und Hamburg. Parallel dazu konnte eine erste Fassung des Casanova-Textes – offensichtlich zügig und problemlos, da ohne Bemerkungen in der Korrespondenz – fertiggestellt werden.

Die Suche nach dem Widmungsträger gestaltete sich schwierig. Zunächst bat Zweig den dänischen Literaturwissenschaftler Georg Brandes, ihm das Buch zueignen zu dürfen. Doch dieser starb am 19. Februar 1927, genau an dem Tag, an dem Zweig anfragte. Doch nicht nur die Widmung, auch die Suche nach dem Titel bereitete Schwierigkeiten. Am 5. September desselben Jahres schrieb Zweig an seinen Freund Victor Fleischer: „Der Titel ‚Stufen der Selbstdarstellung' trifft's am besten, scheint mir aber schematisch und kalt, ‚Die Selbstbildner' oder ‚Drei Selbstbilder' irgendwie künstlich, ‚Der Kampf um die Wahrheit' undeutlich – kurz, hier verläßt mich mein Genius." (Zweig, Br III, S. 197) Der Freund antwortet auf die Bitte nach Ideen, doch Zweig zeigte sich am 3. Oktober nicht einverstanden: „Dein Titelvorschlag ‚Vom Eigenbild zum Weltbild' scheint mir zu umständlich. Ich werde, wenn mir nichts besseres einfällt, bei dem Übertitel ‚Bildner und Bekenner' bleiben; der klingt gut in's Ohr." (Zit. n. Beck 2000, S. 404)

Am 19. November 1927 bekam Zweig die ersten Korrekturabzüge seines Tolstoi-Essays. Am Ende des Monats berichtet er vom endgültigen Titel. Im Dezember konnte er den Casanova-Essay abschließen und in zwei Teilen abliefern, den – in Briefen ebenso unerwähnten – Stendhal-Text im Februar 1928. Glücklicher als der erste Versuch war auch die Bitte vom 10. Dezember 1927 an Maxim Gorki um die Erlaubnis, ihm den Band widmen zu dürfen – „zum Zeichen meiner Dankbarkeit und Bewunderung" (Zweig 1984, S. 184).

Der Vertrag mit dem Insel Verlag Leipzig wurde am 21. Januar 1928 abgeschlossen; die Fertigstellung des Buches folgte bald danach. Am 25. Februar 1928 konnte Zweig an Romain Rolland schreiben: „Ich fühle mich wie eine Mutter nach der Niederkunft, sehr erschöpft, aber erleichtert. Und ich will meine Arbeit nur ganz allmählich wieder aufnehmen, aber keine Essays mehr: eine Arbeit ohne Bücher von andern, ohne Dokumentation" (Rolland/Zweig 1987, S. 267); und im April konnte er seiner Freude über das neue Buch Ausdruck verleihen.

2. Aufbau, Inhalt und Thesen

Den drei Essays, in denen jeweils Teilaspekte der Biografien Casanovas, Stendhals und Tolstois behandelt werden, ist eine Einleitung vorangestellt, in der die Beweggründe und das Ziel des Unternehmens erläutert werden. Die Autobiografie und die literarische Selbstdarstellung werden darin hinsichtlich ihrer Schwierigkeit und Komplexität diskutiert, wobei Zweig die verzerrende Gedächtnisarbeit und die Unmöglichkeit absoluter Wahrheit hervorhebt. Hinsichtlich der Auswahl der in den Essays behandelten Autoren betont Zweig in der Einleitung, dass die drei Dichter mitnichten auf gleicher Ebene nebeneinander gestellt seien. Vielmehr figurieren sie als drei verschiedene Stufen im Entwicklungsgang der „subjektivistischen Künstler[ ]" (Zweig GWE, Drei Dichter ihres Lebens, S. 10). Casanova stehe demnach für die primitive Stufe, die naive Selbstdarstellung, in der Ablauf und Ereignisse des Lebens ohne Wertungen und Hinterfragungen berichtet werden. Stendhal gilt Zweig demgegenüber als Beispiel einer psychologischen Selbstdarstellung, deren literarische Umsetzung Antriebe und Motive fokussiert. Bei Tolstoi werde schließlich eine Selbstdarstellung auf der Folie ethisch-religiöser Reflexion und damit ein moralisches Selbstgericht inszeniert.

Der erste Essay beschäftigt sich weniger mit der Art und Weise der Literarisierung als mit dem außerordentlichen Leben des vielseitig begabten Casanovas. Eine Entschlossenheit zur echten Professionalität wird diesem dennoch abgesprochen: „Wozu auch sich festlegen: er will ja nichts haben und behalten, nichts gelten und nichts besitzen, denn nicht ein Leben, sondern Hunderte in dieser einen Existenz zu leben, verlangt seine ungestüme Leidenschaft." (S. 55). Die Unabhängigkeit als höchstes Gut – als Freiheit von äußeren Zwängen wie etwa Publikumserfolg und Hierarchien – wird auch als Parallele bei den drei Autoren präsentiert, welche ihnen eine Wahrheit anstrebende autobiografische Arbeit ermöglicht habe. Zweig bewundert diese Rücksichtslosigkeit gegenüber den Konventionen und bejubelt förmlich Casanovas Meisterschaft der Erotik. Er feiert geradezu die nie versiegende Leidenschaft und Potenz des „phallischen Triumphators" (S. 88), den „Kamelmagen der Sinnlichkeit" (S. 78), und gesteht „rabiaten Neid" (S. 95) ein. Dass dieses Leben aufgeschrieben wurde, habe nur das Unglück Casanovas im Alter ermöglicht, wo er einsam, gelangweilt und vergrämt als Bibliothekar im böhmischen Dux seine Erinnerungen niederschrieb –

ohne eine Publikation zu planen. Erst diese Anonymität hätte ihm die radikale Hemmungslosigkeit ermöglicht. Zweig erkennt eine große Intensität und Wahrheit in den Texten, wenn auch faktische Fehler in Detailfragen nachgewiesen wurden.

Stendhal wird zugleich größte „Lügenlust und Wahrheitsfreude" (S. 131) zugeschrieben. Beides läge bei Stendhal, so Zweig, nahe beieinander, gebe doch gerade dieser Künstler der Verstellung hinter seiner Maskerade Wahrheiten über sich selbst preis. Mit seinen Erkenntnissen des Seelenlebens habe er gar die Psychoanalyse vorweggenommen. Stendhals Leben wird ab 1799 – Ausgangspunkt ist seine Reise nach Paris – erzählt. Sein Napoleon nahestehender Cousin Pierre Daru verhalf ihm zu respektablen Stellungen in der Armee und Verwaltung, doch Stendhals zentrales Anliegen sei es geblieben, „niemandem zu befehlen und niemandes Untergebener zu sein" (S. 150), worin Zweig eine Parallele zu Casanova sichtbar macht. Die weiteren Kapitel des Stendhal-Essays beleuchten verschiedene Stationen im Leben des Schriftstellers. Zeiten und Orte in ganz Europa werden genannt und führen zu Momentaufnahmen und Teilbeschreibungen seiner Lebenssituation, der Karriere sowie seines Interesses für Frauen und Musik. Zweig sieht dabei den französischen Autor in einem Spannungsverhältnis zwischen Gefühlsbetontheit und Intellektualität, zwischen Romantik und Realismus – Pole, die dem entgegengesetzten Einfluss von Mutter und Vater zugeschrieben werden. Stendhals Literatur beziehe aus dieser Spannung die Fähigkeit zur genauen Selbstbeobachtung. Das Interesse, noch den verworrensten Gefühlen einen klaren und wahrhaftigen Ausdruck zu verleihen, habe in seinen drei Romanen zu drei Variationen des eigenen Seelenlebens geführt – zeitlos, da auf sein inneres Leben und Erleben konzentriert und damit jenseits zeitgenössischer Bedingungsgefüge gültig. Dass Stendhals Schreiben angeblich nur zur Selbstbeglückung diente, und daher weder zweck- noch lehrhaft war, macht diesen Autor für Zweig zu einem seiner Kronzeugen literarischer Wahrhaftigkeit und damit zum Zentrum eines penibel selbst ergründeten psychologischen Mikrokosmos. Angesichts der vermeintlichen Selbstgenügsamkeit Stendhals sei es ein glücklicher Zufall, dass sein Werk über 40 Jahre nach seinem Tod entdeckt wurde, glücklich auch deswegen, weil die fragmentarischen Schriften bereits den modernen Menschen des 20. Jahrhunderts vorausahnen ließen.

Der abschließende dritte Essay zu Lew N. Tolstoi, zu Lebzeiten Zweigs einer der weltweit einflussreichsten russischen Schriftsteller und Pazifisten, setzt mit einem Vergleich des 1910 verstorbenen Autors mit der biblischen Geschichte Hiobs ein. Die 30 sorglosen Jahre des erfolgreichen Schaffens interessieren Zweig weniger als die 30 Jahre, in denen Tolstoi um Sinn und Erkenntnis des Lebens gerungen und eine ethische Aufgabe seiner Kunst im Dienst der Erziehung, Versittlichung und Erhebung der Seele gesucht habe: „Er hat es leicht gehabt, bis er die unermeßliche Aufgabe sich stellte: nicht nur sich selbst, sondern die ganze Menschheit durch sein Ringen um Wahrheit zu retten. Daß er sie unternahm, macht ihn zum Helden, zum Heiligen fast. Daß er ihr erlag, zum menschlichsten aller Menschen." (S. 242) Zweig nennt dieses Ringen vergeblich und erkennt in den Texten ab der Zeit von Tolstois Bekehrung „einen unangenehmen Schreiton, etwas Ostentatives, Gewaltsames, Zänkisches, Zelotisches" (S. 315). Unerbittlich richte Tolstoi seinen strengen Blick auf die Welt und auf sich selbst und werde ein wahrheitsfanatischer Autobiograf. „Mitleidslos wie gegen alle legt Tolstoi jeden Nerv seines Gefühls, jeden noch blutwarmen Gedanken unter das klinische Messer seiner Selbstzerstückung" (S. 286). Tolstoi gilt dem Essayisten deswegen als „der vollendetste aller Wirklichkeitsberichter" (S. 275), er hinterlässt nach Zweig „das vielfältigste, durchgearbeitetste, wachsamste und kontinuierlichste Eigenbildnis, das in unserem Jahrhundert ein Mensch hinterlassen hat" (S. 288). Sein Tagebuch und seine dreibändige Selbstbiografie seien wiederum nicht für die Öffentlichkeit gedacht gewesen, sondern als Selbsterklärung, später eigentlich als Selbstgeißelung. Zweigs Essay betont wortgewaltig die ungeheure revolutionäre Kraft des „Sanftmutapostel[s]" (S. 324), der die Abwendung von Kirche und Staat propagiert. In dem Satz „‚Widerstrebet nicht dem Bösen mit Gewalt' [...] liegt latent die ganze Tolstoische Ethik: diesen steinernen Katapult [...] hat der große Kämpfer mit der ganzen oratorischen und ethischen Vehemenz seines schmerzüberspannten Gewissens so wuchtig gegen die Wand des Jahrhunderts gestoßen, daß noch heute die Erschütterung nachschwingt im halb geborstenen Gebälk." (S. 320) Zweig distanziert sich auf mehrfache Weise von dem „verwaschenen, unzulänglichen, launenhaften, inkonsequenten Moralisten" (S. 327), der ohne Rücksicht auf sein Umfeld in seinen Lehren den zornigen Eifer der Bekehrten zeigt, doch seine Demutslehre nicht verwirklichen kann. Dass er sich nie aufgerafft habe, sein Haus zu verlassen, seinen Adelstitel und seine Kunst aufzugeben, versteht Zweig aber als „Tolstois letzte Schönheit" (S. 350), seine menschliche Schwäche. Diese sehr distanzierte Achtung steht im Gegensatz zu Zweigs früheren Einschätzungen (vgl. Resch 2012, S. 118).

Die Essays Zweigs, wenn auch mitunter gerade dafür kritisiert (vgl. Adorno 2003, S. 12 f.), sind durch eine hohe formale und inhaltliche Freiheit als bewusstes Prinzip gekennzeichnet (vgl. Gerdes 2010, S. 286). Der Aufbau der drei Essays zeigt aber manche Parallelen, schon die Zahl der Unterkapitel – je acht – deckt sich bei den ersten beiden; der Tolstoi-Essay zählt 13. Nach einer kurzen Einleitung wählt Zweig anhand einer Episode aus der Lebensgeschichte des behandelten Autors einen direkten, zumeist szenischen Einstieg, der es ihm erlaubt, auch dessen Aussehen und die Physiognomie vorzustellen. In diesem Sinne erscheint Zweigs Beschreibung der Arbeitsweise Tolstois zugleich als eine programmatische Aussage zum eigenen essayistischen Vorhaben: „Denn um die Gedanken und Gefühle eines Menschen zu wissen, muß Tolstoi vorerst genauest sein Physisches in jeder Chiffre und Einzelheit, in jeder Falte und Verwandlungsfähigkeit belauscht haben." (Zweig GWE, Drei Dichter ihres Lebens, S. 276)

Die drei Essays stellen allesamt ein Interesse an den Bedingungen des künstlerischen Schaffens in den Mittelpunkt und verbinden dies mit der Frage nach den Möglichkeiten eines Autors, sich in seiner Literatur existenziellen und konkret lebensgeschichtlichen Wahrheiten anzunähern. Dabei sieht Zweig in der Unabhängigkeit von Veröffentlichungsinteressen und Lesepublikum sowie von professionellen Zwängen die Voraussetzung für solche Annäherungen. Es interessiert ihn dabei weniger der gesellschaftliche Bedingungsrahmen für die Entstehung der jeweiligen literarischen Werke, sondern vor allem der subjektive Antrieb eines Autors, in seinem Schreiben einen adäquaten Ausdruck seiner selbst zu finden. Zweig porträtiert daher die Autoren nicht vor dem Hintergrund einer historischen Zeitgenossenschaft, sondern als Beispiele für prinzipiell überzeitlich geltende, innere Voraussetzungen für dichterische Freiheit und Wahrhaftigkeit. Wirklichkeitsdistanz oder gar Abgewandtheit von der Gesellschaftswelt figurieren dabei als gemeinsamer Nenner, der allen drei behandelten Autoren nicht nur einen unverstellten Zugang zur Wahrheit ermöglicht, sondern auch die literarische Gestaltung wahrhaftigen Menschentums. Im Gegensatz zu früheren

Arbeiten emanzipiert sich Zweig damit von den deterministischen Thesen seines Dissertationsobjekts Hippolyte Taine (vgl. Weschenbach 1992, S. 162).

Die Essays gehen allesamt stärker auf das Leben der Autoren ein als auf ihr Schreiben, sind eher historisch-psychologische Charakteranalysen der Autoren als werkbezogene Beiträge. Die unterstellten charakterlich-biografischen Grundeigenschaften werden dabei zur Deutung der Literatur angeboten. Die Essays zu den drei verschiedenen Typen der Selbstdarstellung, vorgeführt an drei Beispielen aus drei aufeinanderfolgenden Epochen, entwerfen zudem die Vorstellung eines kontinuierlichen Fortschritts der Kultur.

Die Bedeutung der Literatur wird außerdem hervorgehoben: Tolstoi habe durch sein Schreiben sein außerliterarisches Leben mitgestaltet, als aktiver Dichter seines Lebens in doppelter, nämlich in literarisch-autobiografischer und konkret lebenspraktischer Hinsicht. Die Bedeutung der Literatur für die Realität und das problematische Verhältnisse von (Selbst-)Ansprüchen in Textform und der Realität des eigenen Lebens mag gerade für Zweig eine wesentliche Fragestellung gewesen sein, nicht zuletzt hinsichtlich seiner Haltung zum Krieg.

3. Rezeption und Forschung

Die Erstauflage von 20 000 Exemplaren sollte die einzige Ausgabe im Insel Verlag bleiben; erst 1936 erschien eine gekürzte, einbändige Ausgabe der drei *Baumeister*-Bücher im Verlag Herbert Reichner. Die zeitgenössische Rezension war durchwegs positiv. In den *Annalen der Philosophie und philosophischen Kritik* wird gar anlässlich der *Drei Dichter ihres Lebens* von einem „in wunderbarer Weise geglückt[en]" Versuch einer Typologie des Geistes geschrieben (N. N. 1928, S. 85) Vor allem der Tolstoi-Beitrag erhielt große Aufmerksamkeit und wurde oft separat übersetzt, so ins Französische, Russische, Serbische, Ungarische, Hebräische und Katalanische (vgl. Klawiter 1991, S. 195ff.). Er sei wohl, so schrieb Thomas Mann im Mai 1928 an Zweig, „das kritisch Tiefste, was Sie geschrieben haben" (zit. n. Beck 2000, S. 409). Ebenso zollte Rolland dem Werk hohes Lob: „Sie haben mit nobler Gerechtigkeit die Balance gehalten. Allein der Ausgangspunkt war gewagt, diese etwas sehr skandalöse Parallele zwischen Casanova und Tolstoi [...]. Aber Sie haben dieses ungeheure Wagnis meisterlich bewältigt." (Zit. n. Beck 2000, S. 408)

Diese Beschäftigung mit Tolstoi brachte Zweig 1928 eine Einladung nach Moskau zur Feier von dessen 100. Geburtstag ein. Das Wiener Burgtheater verzichtete hingegen in diesem Gedenkjahr auf eine Aufführung von *Die Flucht zu Gott* (1927), Zweigs Epilog zu Tolstois unvollendetem Drama *Und das Licht scheinet in der Finsternis*. So wurde dieser im Stadttheater Kiel am 5. September 1928 zu Tolstois rundem Geburtstag (28. August) uraufgeführt.

Die germanistische Forschung hebt die Bedeutung des Bandes hervor. Der frühe Zweig-Biograf Arnold Bauer erkennt in diesem Zyklus Zweigs stark verfeinerte Methoden seiner biografischen Nachgestaltung und intuitiven Deutung (vgl. Bauer 1961, S. 50). Joseph Strelka bezeichnet den Essay-Band als einen „natürlichen und fast unumgänglichen Übergang von den Novellen und novellistischen ‚Sternstunden' zu den umfassenden Biographien" (Strelka 1981, S. 62). Wenn er auch den Tolstoi-Text als „Meisterstück des Bandes" (S. 63) bezeichnet, sieht er im Casanova-Essay den wichtigsten für Zweigs diesbezügliche Entwicklung. Strelka kritisiert hingegen den Stendhal-Essay und Zweigs Reduzierung von dessen Werken auf einen Ausdruck der Selbstdarstellung (vgl. S. 64). Hartmut Müller beurteilt den Stendhal-Beitrag als schlichter, unaufwändiger und objektiver als die anderen (vgl. Müller 1988, S. 74). In ihrer Dissertation über den Einfluss von Hippolyte Taines Denken auf Zweigs Schaffen, die einer komparatistischen Imagologie, die sich mit Stereotypen und Vorurteilen über Nationalzugehörigkeiten befasst, verpflichtet ist, geht Natascha Weschenbach (1992) auf einige repräsentative Werke ein. Den Essayzyklus deutet sie dabei – wie erwähnt – als Wendepunkt: als Überwindung der deterministischen Thesen Taines.

Der ausführlichste germanistische Beitrag zu diesen Essays ist Knut Becks (2000) detailreiche Nachzeichnung der Entstehungsgeschichte anhand der Korrespondenz. Dabei weist er vor allem auf die Schwierigkeiten hin, welche die Niederschrift für Zweig bedeutete. In der Forschung erwies sich die Auseinandersetzung mit dem Tolstoi-Essay als besonders fruchtbar und nachhaltig, da sich von ihm aus neue Forschungskontexte für Zweigs Werk eröffneten, so hinsichtlich seiner Rezeption der russischen Literatur sowie des Tolstoi'schen Pazifismus bei Zweig – z.B. bei Sigfrid Hoefert (1981) oder Stephan Resch (2012).

4. Forschungsperspektiven

Die Essays Zweigs legen manche kulturwissenschaftliche Fragestellungen nahe, sei es Zweigs Perspektiven auf Nationen oder Epochen, sei es die interkulturelle Rezeption von Literatur. Der Text ermöglicht ebenso vielfältigen und weiten Raum für intertextuelle Arbeiten. Zweigs Auseinandersetzung mit anderen Autoren kann auch als Untersuchungsgebiet historisch interessierter Diskursanalysen im Feld der Literatur dienen.

Die Essays bedeuten darüber hinaus eine aufschlussreiche Quelle für die aktuelle Diskussion um die Rückkehr des Autors, anhand derer lebensgeschichtliche Fragen aufgerollt werden. Zweig ist hierbei ein mustergültiges Beispiel eines Autors, der sich kritisch mit der Arbeit seiner Kollegen auseinandersetzt, um daraus für sich Erkenntnisse zu erzielen. Sein Konzept des künstlerischen Schaffensprozesses kann in diesen Texten so in Details sichtbar gemacht werden (→ IV.6 DER KÜNSTLERISCHE PROZESS).

Stefan Zweig

Rolland, Romain/Zweig, Stefan (1987): Briefwechsel 1910–1940. Bd. II: 1924–1940. Berlin: Rütten & Loening.
Zweig, Stefan (1984): Briefe an Freunde. Hg. v. Richard Friedenthal. Frankfurt a. M.: S. Fischer.
Zweig, Stefan (2000): Briefe. Bd. III: 1920–1931. Hg. v. Knut Beck u. Jeffrey B. Berlin. Frankfurt a. M.: S. Fischer.
Zweig, Stefan (2000²): Drei Dichter ihres Lebens. Casanova, Stendhal, Tolstoi. GWE. Hg. v. Knut Beck. Frankfurt a. M.: S. Fischer.

Weitere Literatur

Adorno, Theodor W. (2003): Der Essay als Form. In: Ders.: Noten zur Literatur. Frankfurt a. M.: Suhrkamp, S. 9–33.
Bauer, Arnold (1961): Stefan Zweig. Berlin: Colloquium.

Beck, Knut (2000²): Nachbemerkung des Herausgebers. In: Zweig, Stefan: Drei Dichter ihres Lebens. Casanova, Stendhal, Tolstoi. GWE. Hg. v. Knut Beck. Frankfurt a. M.: S. Fischer, S. 385–409.

Gerdes, Joachim (2010): „Das Objekt dient immer dem Subjekt nur als Vorwand" – Stefan Zweigs Essays. In: Brambilla, Marina M./Pirro, Maurizio (Hg.): Wege des essayistischen Schreibens im deutschsprachigen Raum (1900–1920). Amsterdam, New York: Rodopi, S. 281–298.

Hoefert, Sigfrid (1981): Stefan Zweigs Verbundenheit mit Rußland und der russischen Literatur. In: Modern Austrian Literature 14/3-4/1981, S. 251–270.

Klawiter, Randolph J. (1991): Stefan Zweig. An International Bibliography. Riverside: Ariadne Press.

Müller, Hartmut (1988): Stefan Zweig. Reinbek b. H.: Rowohlt.

N. N. (1928): Zweig, Stefan: *Drei Dichter ihres Lebens. Casanova, Stendhal, Tolstoi*. Leipzig 1928 (Rezension). In: Annalen der Philosophie und philosophischen Kritik 7/1928, S. 85.

Resch, Stephan (2012): Widerstrebet nicht dem Bösen mit Gewalt: Die Rezeption des Tolstoischen Pazifismus bei Stefan Zweig. In: Neophilologus 96/2012, S. 103–120.

Strelka, Joseph (1981): Stefan Zweig. Freier Geist der Menschlichkeit. Wien: Österreichischer Bundesverlag.

Weschenbach, Natascha (1992): Stefan Zweig und Hippolyte Taine. Stefan Zweigs Dissertation über *Die Philosophie des Hippolyte Taine* (Wien 1904). Amsterdam: Rodopi.

13.4 Die Heilung durch den Geist. Mesmer, Mary Baker-Eddy, Freud (1931)

Herwig Gottwald

1. Entstehung	497
2. Inhalt	498
2.1 Franz Anton Mesmer	499
2.2 Mary Baker-Eddy	500
2.3 Sigmund Freud	501
3. Rezeption und Forschung	502

1. Entstehung

Seine später so genannte Reihe *Baumeister der Welt* eröffnete Stefan Zweig 1920 mit *Drei Meister*, drei Essays über Balzac, Dickens und Dostojewski, in denen er „die drei großen und [...] einzigen Romanschriftsteller des neunzehnten Jahrhunderts als Typen zu zeigen" versuchte, als repräsentative Vertreter des „Romanciers" schlechthin (Zweig GWE, Drei Meister, S. 9). In der Folge erschienen die Bände *Der Kampf mit dem Dämon* (1925) über Hölderlin, Kleist und Nietzsche sowie *Drei Dichter ihres Lebens* (1928) über Casanova, Stendhal und Tolstoi. Das leitende Prinzip dieser Reihe formulierte Zweig jeweils einleitend: „Formen des Geistes", die „Analogie des Typus" wolle er an jeweils drei Gestalten der Geistesgeschichte unter vergleichender Perspektive darstellen (Zweig GWE, Der Kampf mit dem Dämon, S. 11). Später wird er dieses Vorhaben als „Typologie des schöpferischen Geistes" bezeichnen (Zweig 1981b, S. 218) (→ IV.5 Das Schöpferische). Im zweiten Band versucht er z. B., anhand der genannten Autoren den „Typus des vom Dämon hinabgerissenen Dichters" (Zweig

GWE, Der Kampf mit dem Dämon, S. 15) zu erfassen. *Die Heilung durch den Geist* ist ein weiterer Essay-Band mit drei biografischen Porträts, den Zweig allerdings nicht im Zusammenhang mit seinen drei literarischen Essay-Bänden konzipiert hat. Erstmals äußert er sich 1909 über seine Absicht, hervorragende historische Persönlichkeiten vergleichend zu würdigen, und zwar in Gedichtform (vgl. den Zyklus *Die Herren des Lebens*; Zweig GWE, Silberne Saiten, S. 182–224). Der erste, noch vage Hinweis, dass er ein ähnliches Werk über einen Lebenden plante, findet sich in einem Brief an Romain Rolland (7. April 1923; Zweig, Br III, S. 88, 434). Zweig hatte bereits über die Schriftsteller Émile Verhaeren (1910) und Romain Rolland (1921) Biografien verfasst. Bei dem erwähnten ‚Lebenden' kann es sich nur um Sigmund Freud handeln.

Konkrete Formen nimmt das Vorhaben erst später an: Am 24. September 1929 berichtet er seinem Briefpartner Otto Heuschele von Recherchen über Franz Anton Mesmer, diesen „ganz verschollenen Menschen", und bittet ihn um Hilfe bei der Materialbeschaffung (S. 251). Bereits in dieser frühen Phase will Zweig eine Persönlichkeit „der genialen Vergangenheit und einer genialen Zukunft" darstellen, die in ihrer Gegenwart „vollkommen verkannt" wurde (S. 252), eine für die Gesamtkonzeption des Buches grundlegende Idee, die an die früher bekundete Absicht anknüpft, „das menschliche Heldentum in seinen tragischsten Formen zu beschreiben" (4. April 1923; S. 88, 434). An Romain Rolland schreibt er kurz darauf genauer über den geplanten „kleinen Roman", dessen „Charakterstudien" „die Kraft des Geistes über den Körper zeigen sollen", „die Überlegenheit des Gehirns über den Leib" (18. Oktober 1929; S. 255, 604). Die beiden ersten Teile des Buches über Mesmer und Mary Baker-Eddy stellt Zweig im folgenden Sommer fertig, den dritten Teil über Freud im Spätherbst 1930 (an Otto Heuschele, 10. Dezember 1930; S. 287). In der Schlussphase seiner „schweren Arbeit" (an Franz Servaes, 11. Dezember 1930; S. 289) beschreibt er seine Absicht, „drei große Gestalten von Psychologen darzustellen", „Porträts, die gewissermaßen moralische Standbilder sein sollen", „um selbst an diesen Vorbildern zu lernen und besonders einer jüngeren Generation den notwendigen Elan zur großen Geduld und Hingabe zu geben." (An Eugen Relgis, 17. Oktober 1930; S. 284f.) Im Frühjahr 1931 erschien das Buch im Insel Verlag, Leipzig, im Jahr darauf erreichte es eine Auflage von 25 000 Exemplaren. Eine Neuausgabe konnte 1935 im Verlag von Herbert Reichner in Wien und Zürich erscheinen; bei S. Fischer kam es 1952 zur ersten Nachkriegsausgabe (vgl. Beck 2003, S. 389 ff.).

2. Inhalt

Das Buch besteht aus vier Teilen: Einem einleitenden Essay folgen drei teils biografische, teils werkgeschichtlich-interpretative Abschnitte über die genannten Persönlichkeiten, die sich konzeptuell z.T. beträchtlich voneinander unterscheiden. Auf essayistisch pointierte Weise versucht Zweig einleitend, den religiösen Ursprung aller Medizin zu skizzieren: Durch die Trennung von der Religion habe sich die moderne, von Naturwissenschaft und Technik beherrschte Heilkunst entseelt und entpersönlicht, sei zu einem „überhitzten Massenbetrieb" geworden (Zweig GWE, Die Heilung durch den Geist, S. 15). Zweig entwirft demgegenüber eine knapp gehaltene Geschichte alternativer Heilmethoden von Paracelsus bis Mesmer, Kneipp und zur *Christian Science*. Während die wissenschaftliche Medizin den Kranken als Objekt behandle, sehe ihn die „seelische Heilkur" als selbst handelndes Subjekt (S. 19).

Mittels einer für ihn charakteristischen heroisierenden Geschichtsbetrachtung hebt Zweig die „eigenwilligen Absonderungen einzelner Heilmeister von der akademischen Medizin" hervor, die ihre Kunst nicht auf technische Apparaturen, sondern auf das „gesprochene Wort" gegründet hätten (S. 20). Obwohl seine Sympathie offenbar (zumindest teilweise) den alternativen Heilmethoden zu gehören scheint, erklärt er zuletzt seine neutrale Position: „[A]usschließlich aus psychologischer Gestaltungsfreude" wolle er drei Menschen porträtieren, die „das gleiche Prinzip der Heilung durch den Geist an Hunderttausenden verwirklichten", ohne aber von deren Methoden und Ideen überzeugt zu sein (S. 25). Dabei gehe es ihm nicht um eine systematische Geschichte der seelischen Heilmethoden, sondern darum, „Ideen in Gestalten darzustellen" (S. 25). Stefan Zweigs biografisch-essayistische Methode basiert auf dem Versuch einer Erneuerung des in der Moderne gefährdeten „Bedeutsamkeitsprofils der Geschichte" (Blumenberg 1979, S. 123ff.) und dessen Ausschärfung am Beispiel herausragender Einzelpersönlichkeiten oder großer Ereignisse – im Zeitalter der Erosion ereignis- oder personenzentrierter Historiografie durch Kunstsoziologie, Mentalitäts- und Sozialgeschichtsschreibung (von Max Weber bis Marc Bloch). Dabei benutzt er ebenso Bausteine der überlieferten Genie-Ästhetik der Goethezeit und des 19. Jahrhunderts wie bestimmte Elemente teleologischer Geschichtsphilosophien (etwa durch den versuchten Nachweis eines in allen drei Lehren erkennbaren Fortschritts, vgl. Zweig GWE, Die Heilung durch den Geist, S. 271, 377ff.). Diese Essays sind keine „historischen Analysen" (Müller 1988, S. 82), sondern „novellistisch pointiert[e]" Verbindungen zwischen „Charakterbild und Werkanalyse" (S. 82): „[D]abei gerieten manchmal seine [i.e. Zweigs] Fähigkeiten zur Begeisterung, sein Bedürfnis nach Verehrung in Konflikt mit seinem Streben nach kritischer Analyse und psychologischer Durchdringung." (S. 74)

2.1 Franz Anton Mesmer

Phasenweise aufklärungs- und modernisierungskritisch gerät der erste Hauptabschnitt über den Begründer des Mesmerismus, Franz Anton Mesmer (1734–1815): Dessen Tragik bestehe darin, „ein Jahrhundert zu früh" und zugleich „ein paar Jahrhunderte zu spät gekommen zu sein" (S. 31f.). Die vom „Flachsinn der Enzyklopädisten", der „Alleswisser" (S. 30), geprägte Aufklärung des 18. Jahrhunderts habe ihn verkannt, während „die weite Seele des Mittelalters" noch Raum gehabt habe „für alles Unbegreifliche" (S. 32). Zweigs Polemik gegen zentrale Strömungen der Aufklärung, die für „dunkel ehrfurchtsvolles Ahnen kein Organ" besessen habe (S. 33), die er auch bei anderen Gelegenheiten vorgebracht hat (vgl. seine Polemik gegen Kant in Zweig GWE, Der Kampf mit dem Dämon, S. 78f., 260f.), verbindet ihn mit Zeitgenossen wie Broch oder Adorno (vgl. Gottwald 2009). Zugleich deutet Zweig Mesmer als Entdecker der Psychotherapie, damit als Vorläufer Freuds (vgl. Zweig GWE, Die Heilung durch den Geist, S. 34), eine bis in die jüngste Zeit vertretene These (vgl. Sloterdijk 1985; Schott 1988, S. 62f.). Im Hauptteil dieses Essays zeichnet Zweig Mesmers Lebenslauf anhand markanter Stationen nach und versucht, dessen Lehren in ihrer Genese, Bedeutung und Wirkung zu erklären, wobei er kritisch auch Sackgassen auslotet (z.B. die „unhaltbare Theorie von der Heilkraft des Magneten"; Zweig GWE, Die Heilung durch den Geist, S. 54) und zukunftswirksame Ideen rekonstruiert. Im historischen Präsens schildert Zweig Mesmers Auftritte wie eine Bühnenszene (vgl. S. 79f.), und wie ein Drama wird sein Lebensweg zwischen Anerkennung, Ablehnung, Triumph und Scheitern dargestellt. Zweig interessieren folgerichtig an Mesmers Leben vor allem dessen tragische Aspekte (vgl. S. 119): Den „Königsgedanken seines Lebens", die Entdeckung des „Phänomens der Hypnose" (S. 100f.), habe er übersehen, erst sein Schüler de Puységur habe den Ruhm geerntet. Trotz der großen Wirkung auf Zeitgenossen von Kleist bis Schopenhauer seien seine Entdeckungen in die Hände von Okkultisten und Spiritisten geraten und damit diskreditiert worden (vgl. S. 102ff.). Zweig beschließt sein Porträt mit einer wissenschaftsgeschichtlich zuspitzenden Akzentuierung: Obwohl Mesmer als Vorläufer „aller psychotherapeutischen Methoden von heute" zu gelten habe (S. 119), habe ihm letztlich der „entscheidende Begriff der Suggestion" gefehlt. Als Vorgänger Freuds wolle er den „Winkelried der modernen Seelenkunde" (S. 29) einer Neubewertung zuführen.

2.2 Mary Baker-Eddy

Der zweite Essay widmet sich der in Europa wenig bekannten amerikanischen Wunderheilerin und Begründerin der einflussreichen *Christian Science*, Mary Baker-Eddy (1821–1908). Von Anfang an ist dieser Essay im Gegensatz zu den beiden anderen durch eine grundsätzliche Skepsis gegenüber Persönlichkeit, Lehre und Wirken der Porträtierten, der „genialste[n] Komödiantin der pathologischen Welt" (S. 139), gekennzeichnet: Dass und wie eine „halbgebildete, halbgeistige, nur halbgesunde und auch charaktermäßig zweideutige alte Frau" und deren „erschreckend einfache Idee" eine derartige Massenwirkung erzeugen konnte (S. 130), steht im Mittelpunkt von Zweigs Essay. Der Hauptfokus liegt auf den biografischen Eck- und Wendepunkten eines amerikanischen Lebenslaufs, unter sowohl quasi-soziologischer als auch psychologischer Perspektive. Um das Leben Mary Bakers von düstern Anfängen als Hysterikerin bis zu einer beispiellosen Massenwirkung zu erzählen, bedient sich Zweig verschiedener literarischer Genres, die er auch ausdrücklich benennt, aber zugleich kritisch reflektiert und damit unterläuft: vom „Idyll" und „kleinbürgerlichen Lustspiel" (S. 172) über die „Legende" (S. 212) zur dramatischen Szene (vgl. S. 257ff.) und zur Tragödie (vgl. S. 246ff.).

Im Gegensatz zu Mesmer und seinen Nachfolgern bewirke die durch Baker-Eddy begründete *Christian Science* „reine Heilung durch den Geist": „Nur das Wort und der Glaube wirken jetzt ihre Wunder. Die letzte Brücke zur Logik [...] ist abgebrochen." (S. 186) Zweig arbeitet pointiert den – aus seiner Sicht – einzigen Gedanken ihrer Lehre heraus: „[E]s gibt nur Gott, und da Gott das Gute ist, so kann es kein Böses geben. Demzufolge ist jeder Schmerz und jedes Kranksein völlig unmöglich und sein Scheinvorhandensein nur eine Falschmeldung der Sinne" (S. 191). Zugleich führt Zweig den Nachweis des Plagiatscharakters dieser Kernidee des gesamten Systems (wie auch der „nach Farce und Lächerlichkeit" schmeckenden ‚wissenschaftlichen' Karriere Baker-Eddys überhaupt; S. 179), ohne aber dem System der *Christian Science* jede Berechtigung abzusprechen: Sowohl die Lehre von der Autosuggestion als auch die Psychologie der Massensuggestion hätten große Erfolge gezeitigt (vgl. S. 202f.). Mehrfach hebt Zweig die besonderen gesellschaftlichen, kulturellen Bedingungen der USA hervor, eines „ausgezeichnete[n] Saatfeld[s] für alle übersinnlichen Bestrebungen" (S. 143; vgl. auch S. 161). Die Verbindung von „Christus und Dollar" (S. 168, 228), die bis heute in großen Segmenten der amerikanischen Gesellschaft anzutreffende Verbindung von Religiosität und *business* hebt Zweig als Voraussetzung für den Erfolg der *Christian Science* hervor (vgl. S. 205 ff.). Zugleich bezieht er sich kritisch auf zeitgenössische Quellen wie damals vorliegende Biografien sowie zustimmend auf die zeitgenössische Kritik Mark Twains an der „sonderbare[n] Doppelliebe Mary Baker-Eddys sowohl zum Heiligenschein als zum Dollarschein" (S. 236; vgl. auch S. 268).

2.3 Sigmund Freud

Der umfangreichste, schwierigste und zugleich wirkungsmächtigste dritte Essay widmet sich tatsächlich einem Lebenden, Sigmund Freud, mit dem Zweig seit Jahren in brieflichem und auch persönlichem Kontakt stand (vgl. Zweig 1991; Cremerius 1975; Prater 1981; Haenel 1995; Anz 2006; Meyer 2009; Sohnemann 2012; → II.5 Psychologie und Psychoanalyse; III.14.3 Über österreichische Literatur). Hier geht es ihm aus naheliegenden Gründen weniger um nur am Rande thematisierte biografische Elemente (wie etwa die einfache, unauffällige Lebensweise Freuds; vgl. Zweig GWE, Die Heilung durch den Geist, S. 290 ff.) als um die Rekonstruktion und Erläuterung zentraler Aspekte der Lehre und der Methoden des Psychoanalytikers, die Zweig einerseits wissensgeschichtlich, andererseits in ihrer inneren Konsistenz und ihrem systematischen Zusammenhang herauszuheben versucht. Wie bisher versucht Zweig auch hier einen zentralen Parameter seiner heroisierenden Sichtweise zu etablieren: die überragende Einzelpersönlichkeit im unübersichtlichen Strom moderner Wissenschaftsgeschichte (vgl. S. 288), die durch ihre akademische Außenseiterrolle und die Macht ihrer Gegner besondere Dignität gewinnt (vgl. S. 302, 305 ff.). Der „beispiellose Tiefstand der Psychologie inmitten einer geistig überragenden Kultur" (S. 280) sei erst durch Freud überwunden worden, der – wie Röntgen in Bezug auf den Körper – das Innere des Menschen durchleuchtet habe, weit über die bloße Medizin hinaus: „Mit dieser Wendung der Seelenforschung auf die Einzelseele hat Freud unbewußt den innersten Willen der Zeit erlöst." (S. 377) Nach einer kurzen Charakterisierung von Freuds Physiognomik, seines Denkstils und seiner Sprache (vgl. S. 294 ff.) widmet sich Zweig einzelnen Aspekten. Bei der Rekonstruktion der wissenschaftlichen Anfänge ist er um die Herausschälung markanter Einflüsse und Eckpunkte bemüht, etwa der Beziehungen Freuds zu Charcot und zu Breuer. Die Entdeckung des Unbewussten wird als hochdramatischer Vorgang erzählt: „Unkund uns selbst, wohnt dort im Dämmer jenes uralte Ich, von dem unser zivilisiertes Ich nicht mehr weiß oder nicht wissen will" (S. 314). Zweig will in der tiefenpsychologischen Methode Freuds die Möglichkeit eines „neuen Einblicks in die großartig sinnvolle Struktur unserer geistigen Welt" erkennen (S. 316) und versucht drei Techniken zu deren Erschließung herauszuarbeiten: neben der Hypnose das „kombinatorische Erraten" anhand von „Fehlleistungen" und die Traumdeutung, deren komplexe Systematik und Terminologie er auf wenige Hauptgedanken und Begriffe zu bringen versucht (S. 321–328), u.a. durch die besondere Gewichtung des Kindertraums (vgl. S. 325 f.). Ähnlich knapp und pointiert versucht er anschließend die „Technik der Psychoanalyse" zu beschreiben (vgl. S. 332–342), die er von den Methoden der *Christian Science* abhebt (vgl. S. 342). Zweig will Freud als „Begründer der Sexualwissenschaft" darstellen (S. 346) und hebt dabei kursorisch einige Kerngedanken hervor (wie die Libido-Theorie, Freuds Überlegungen zur kindlichen Sexualität, seine Theorie der Perversionen). Im Anschluss daran übt er Kritik an der Theorie des „Ödipus-Komplexes" (S. 359) wie auch an der Konzeption des „Todestriebs" (S. 361) und warnt vor einem Missbrauch der Psychoanalyse durch Laien. Die zeitgenössische Kritik an Freud teilt Zweig zum Teil („eine gewisse Überwertung des Sexuellen" sei erkennbar; S. 361) und fügt auch eine weitere über Freuds Spätwerk an: *Die Zukunft einer Illusion* und *Das Unbehagen in der Kultur* seien „nicht so dicht mehr wie die früheren" Bücher, sie zeigten Freud, den „strengwissenschaftliche[n] Mann", als „Metaphysiker" (S. 365 f.). Der Abschluss des Freud-Essays gerät damit grundsätzlich ambivalent: Für Freuds „düsteres Auge" sei die Kultur durch „Unfreude" geprägt, die Menschheit erscheine ihm wie ein Kranker, er sei ein „unheilbarer Desillusionist" (S. 369). Zudem erweise sich die gleichzeitige Behauptung von der Übermacht der Triebe bzw. des Unbewussten und die Hochschätzung der Vernunft als „einziges Heilmittel des Menschen" als „geheimer Widerspruch" bei Freud (S. 372). Da der Mensch nicht „ohne die Hoffnung eines höhern Sinns" leben könne, erreiche die Psychoanalyse hier ihre Grenze: „[W]o das Reich der innern Gläubigkeiten […] beginnt, da endet ihre Macht[.] […] Die Psychoanalyse aber hat keine Opiate wie die Christian Science, […] sie verheißt und verspricht nichts, sie schweigt lieber, statt zu trösten." (S. 374) Zweigs abschließende Würdigung der Bedeutung von Freuds Theorien wirkt vor diesem Hintergrund zweideutig: eine zukünftige Vereinigung von „Psychoanalyse" und „Psychosynthese" sei wünschenswert (S. 375).

3. Rezeption und Forschung

Die wichtigste Reaktion auf *Die Heilung durch den Geist* stammt von Freud selbst, der sich bereits in der Entstehungsphase des Buches kritisch über Zweigs Grundkonzept äußert (→ II.5 PSYCHOLOGIE UND PSYCHOANALYSE), durch das er „in Gesellschaft von Mesmer und Mary Eddy Baker [sic] vor die Öffentlichkeit" gebracht werden solle (Freud an Arnold Zweig, 10. September 1930, zit. n. Anz 2006). Die direkt an Zweig gerichtete Kritik Freuds geht noch weiter (vgl. Freud an Stefan Zweig, 17. Februar 1931, Zweig 2007, S. 191 ff.): Er habe „das kleinbürgerlich korrekte Element" an ihm, Freud, „allzu ausschließlich" betont (S. 192); Zweig sei „der Inhalt der psa. Lehre bis zur Abfassung des Buches fremd" gewesen, wodurch mehrere Fehler passiert seien wie die unzureichende Würdigung der „Technik der freien Association" oder die Fehleinschätzung der Rolle des Kindertraums sowie die Erlernbarkeit dieser Methode durch „gewöhnliche Menschenkinder" (S. 193) (vgl. dazu Anz 2006). Für Jasmin Sohnemann ist Zweigs Kritik an Freud Ausdruck einer „Unabhängigkeit des Denkens", was eine „heroische Identifizierung" mit dem vom Dichter weiterhin hochgeschätzten und verehrten Psychoanalytiker ausschließe (Sohnemann 2012, S. 91; vgl. auch Meyer 2009, S. 102 ff.). Freuds Kritik an dem Werk insgesamt, vor allem an der Reihung der drei Porträts, richtet sich auch gegen die Darstellung Mary Baker-Eddys: „Das Verrückte und Frevelhafte der Begebenheit mit Mary B. E. kommt in Ihrer Darstellung nicht zur Geltung, auch nicht das unsäglich Betrübliche des amerikanischen Hintergrundes." (Freud an Zweig, 17. Februar 1931, Zweig 2007, S. 192) Diese Kritik Freuds, vor dem Hintergrund seiner massiven Religionskritik und explizit atheistischen Positionierung in *Von der Zukunft einer Illusion* (ein von Zweig bezeichnenderweise wenig geschätztes Buch; vgl. Zweig GWE, Die Heilung durch den Geist, S. 366) verständlich, trifft nur zum Teil zu – Zweig hat vielmehr gerade diesen „amerikanischen Hintergrund" von Baker-Eddys Aufstieg mehrfach beleuchtet. Auch die Technik der „freien Association" hat Zweig sehr wohl erläutert (vgl. Anz 2006).

Joseph Roth, von Zweig um ein kritisches Lektorat der beiden ersten Texte des Bandes gebeten, würdigt vor allem den Mesmer-Essay (gegenüber dem anschließenden über die *Christian Science*), lobt und kritisiert aber zugleich Zweigs sprachlichen Stil sowie Teile von Aufbau und Komposition: „Der Anfang ist etwas schwer [...]. Sie setzen zu viel voraus, im Anfang. [...] Ihr schöner Reichtum an Assoziationen tyrannisiert Sie manchmal." (Roth/Zweig, S. 47) Dennoch schätzt er die „Concentration" der Darstellung angesichts des umfangreichen Materials (vgl. S. 46 ff.). (Dieser Brief ist über die konkreten Bemerkungen zum Essay über Mesmer hinaus eine brillante Analyse des Zweig'schen Stils.)

Der mit Stefan Zweig befreundete deutsche Schriftsteller Carl Zuckmayer reagiert euphorisch auf die Zusendung des Buches, das er „gefressen habe wie eine Indianergeschichte. Besonders Messmer [sic] und Baker, die die Phantasie mächtig nähren, obwohl Freud vielleicht noch mehr in die Tiefe geht. Vielen Dank." (Zuckmayer an Zweig, 14. März 1931; unveröff. Brief; Stefan Zweig Collection, Fredonia)

Uneingeschränkt zustimmend äußert sich Zweigs Freund Benno Geiger, der vor allem „Proportion und Abstand" der Darstellung sowie die „dichterische Kraft im Ausbauen und Gestalten" des Themas hervorhebt (22. März 1932; unveröff. Brief; Stefan Zweig Collection, Fredonia). Insgesamt erreichte das Werk knapp 70 Rezensionen in mehreren Ländern (vgl. Klawiter 1991). Zwei Beispiele: Alexander Herzfeld hebt zustimmend die wissenschaftsgeschichtlichen Linien der drei Essays hervor, ausgehend von jenem über Franz Anton Mesmer: „eine geht über Puységur und Charcot zu Freud, eine andere zu Mary Baker-Eddy, die dritte zum Spiritismus und weitere zur Theosophie, zur Parapsychologie" (Herzfeld 1931, S. 303). Nur Mesmers Fluidumtheorie habe Zweig „zu nachsichtig beurteilt" (S. 304), seine Einschätzung der Methode der *Christian Science* und der Entdeckungen Freuds hingegen bewertet Herzfeld positiv. Leonhard Adelt bemängelt in der *Neuen Freien Presse* „die antithetische Zuspitzung" der entwicklungsgeschichtlichen Perspektive Zweigs, ergänzt dessen wissenschaftshistorische Betrachtungen durch eigene Hinweise und hebt den Essay über Baker-Eddy als „Meisterstück psychologischer Charakterzeichnung", als den „Gipfel seines meisterlichen Buches" hervor. Die Kritik Zweigs an Freud (dessen Psychoanalyse die Menschen nicht glücklicher mache, s.o.), dessen Lehre der Rezensent selbst skeptisch gegenübersteht, versucht er durch den Hinweis zu modifizieren, dass „Bewußtheit an sich nicht glücklich macht" (Adelt 1931, S. 34).

Zweigs *Die Heilung durch den Geist* ist bis heute allenfalls in Ansätzen erforscht, am besten der Freud-Essay (vgl. Anz 2006; Sohnemann 2012; Meyer 2009), kaum die Studie über Mary Baker-Eddy und nur marginal der Mesmer-Artikel. Ob die von Knut Beck ausführlich zitierte Stellungnahme von Klaus Hendrik Herr (einem Mitglied der *Christian Science* in Deutschland; vgl. Herr zit. in Beck 2003, S. 391–394), die Zweigs Darstellung (unter Berufung auf ihm damals vorliegende Quellen) prinzipiell in Frage stellt, als Forschungsbeitrag angesehen werden darf, ist zu bezweifeln. Ganz offensichtlich hat Zweig mit seiner modernen, religionssoziologischen und -historischen Ansätzen nahe kommenden Kritik an den spezifisch amerikanischen Umständen und Voraussetzungen des Aufstiegs der Gründerin und der Verbreitung ihrer Lehre (im Gegensatz zu Freuds Kritik daran) Wesentliches und z.T. bis heute Zutreffendes erfasst. (Zu Zweigs ambivalentem Blick auf Amerika vgl. etwa *Der Rhythmus von New York* von 1911, *Die Monotonisierung der Welt* von 1925 sowie *Blick über die elektrische Stadt in die Zukunft hinein*, erstmals veröff. 1992.)

Dass Zweig auch in Bezug auf Mesmer historisch richtig lag, zeigt bereits ein kurzer Blick in jüngere Forschungen (vgl. die Beiträge von Ernst Florey, Walter Bongartz und Heinz Schott in Wolters 1988). Auch die von Zweig entworfene Linie von Mesmer zu Freud wird zumindest in Ansätzen bestätigt (vgl. Schott 1988), kaum hingegen die von Baker-Eddy zum atheistischen Begründer der modernen Psychoanalyse (so scheint denn auch ihr Name im *Freud-Handbuch* von 2013 nirgends auf). Freuds Ablehnung der Gesamt-Konzeption dürfte hier ihre Wurzel haben (vgl. Freud an Arnold Zweig), wenngleich seine Kritik gerade an diesem Essay oft ungerecht ist. Eine kritische, historisch (medizingeschichtlich und religionssoziologisch) differenzierende und ausgewogene Würdigung der Arbeit Stefan Zweigs, auch seines Umgangs mit den Quellen, wäre daher wünschenswert.

Stefan Zweig

Roth, Joseph/Zweig, Stefan (2011): „Jede Freundschaft mit mir ist verderblich". Briefwechsel 1927–1938. Hg. v. Madeleine Rietra u. Rainer Joachim Siegel. Mit einem Nachwort v. Heinz Lunzer. Göttingen: Wallstein.
Zweig, Stefan (1966): Silberne Saiten. Gedichte und Nachdichtungen. Hg. v. Richard Friedenthal. Frankfurt a.M.: S. Fischer.
Zweig, Stefan (1981): Drei Meister. Balzac, Dickens, Dostojewski. GWE. Hg. v. Knut Beck. Frankfurt a.M.: S. Fischer.
Zweig, Stefan (1981b): Sinn und Schönheit der Autographen. In: Ders.: Das Geheimnis des künstlerischen Schaffens. Essays. Frankfurt a.M.: S. Fischer, S. 210–219.
Zweig, Stefan (1991²): Über Sigmund Freud. Porträt – Briefwechsel – Gedenkworte. Frankfurt a.M.: S. Fischer.
Zweig, Stefan (2000): Briefe. Bd. III: 1920–1931. Hg. v. Knut Beck u. Jeffrey B. Berlin. Frankfurt a.M.: S. Fischer.
Zweig, Stefan (2003³): Die Heilung durch den Geist. Mesmer, Mary Baker-Eddy, Freud. GWE. Hg. v. Knut Beck. Frankfurt a.M.: S. Fischer.
Zweig, Stefan (2004³): Der Kampf mit dem Dämon. Hölderlin, Kleist, Nietzsche. GWE. Hg. v. Knut Beck. Frankfurt a.M.: S. Fischer.
Zweig, Stefan (2007²): Briefwechsel mit Hermann Bahr, Sigmund Freud, Rainer Maria Rilke und Arthur Schnitzler. Hg. v. Jeffrey B. Berlin, Hans-Ulrich Lindken u. Donald A. Prater. Frankfurt a.M.: S. Fischer.
Zweig, Stefan (2008⁶): Silberne Saiten. Gedichte. GWE. Hg. v. Knut Beck. Frankfurt a.M.: S. Fischer.

Weitere Literatur

Adelt, Leonhard (1931): Ein neues Werk Stefan Zweigs. In: Neue Freie Presse, 1. 2. 1931, S. 34.
Anz, Thomas (2006): Verwirrung der Gefühle. Stefan Zweig und Sigmund Freud. In: literaturkritik.de 11/2006, http://www.literaturkritik.de/public/rezension.php?rez_id=10146 (Stand: 3. 4. 2018).
Beck, Knut (2003): Nachwort. In: Zweig, Stefan: Die Heilung durch den Geist. Mesmer, Mary Baker-Eddy, Freud. GWE. Hg. v. Knut Beck. Frankfurt a.M.: S. Fischer, S. 383–398.
Blumenberg, Hans (1979): Arbeit am Mythos. Frankfurt a.M.: Suhrkamp.
Bongartz, Walter (1988): Das Erbe des Mesmerismus: Die Hypnose. In: Wolters, Gereon (Hg.): Franz Anton Mesmer und der Mesmerismus. Wissenschaft, Scharlatanerie, Poesie. Konstanz: Univ.-Verlag Konstanz, S. 41–54.
Cremerius, Johannes (1975): Stefan Zweigs Beziehung zu Sigmund Freud, „eine heroische Identifizierung". In: Jahrbuch der Psychoanalyse 8/1975, S. 49–89.

Florey, Ernst (1988): Franz Anton Mesmers magische Wissenschaft. In: Wolters, Gereon (Hg.): Franz Anton Mesmer und der Mesmerismus. Wissenschaft, Scharlatanerie, Poesie. Konstanz: Univ.-Verlag Konstanz, S. 11–40.
Gottwald, Herwig (2009): Der Mythosbegriff bei Broch und Canetti. In: Angelova, Penka/Gruber, Marianne/Lützeler, Paul M. (Hg.): Hermann Broch und Elias Canetti. Beziehungen und Vergleiche. St. Ingbert: Röhrig, S. 141–163.
Haenel, Thomas (1995): Sigmund Freud – der Hochverehrte. In: Ders.: Stefan Zweig. Psychologie aus Leidenschaft. Leben und Werk aus der Sicht eines Psychiaters. Düsseldorf: Droste, S. 198–212.
Herzfeld, Alexander (1931): Stefan Zweig: *Die Heilung durch den Geist*. In: Erkenntnis 2/1931, S. 303–304.
Hoffer, Peter T. (1994): Stefan Zweig, Freud, and the Literary Transference. In: Literature and Psychology 40/1–2/1994, S. 10–23.
Klawiter, Randolph J. (1991): Stefan Zweig. An International Bibliography. Riverside: Ariadne Press.
Lohmann, Hans-Martin/Pfeiffer, Joachim (Hg.) (2013): Freud-Handbuch. Leben – Werk – Wirkung. Stuttgart, Weimar: Metzler.
Meyer, Michaela (2009): Erzählte Psychoanalyse? Die „Wende nach Innen" in der modernen Literatur, dargestellt anhand ausgewählter Texte von Stefan Zweig, John Davys Beresford und May Sinclair. Essen: Die Blaue Eule.
Müller, Hartmut (1988): Stefan Zweig. Reinbek b. H.: Rowohlt.
Prater, Donald A. (1981): Stefan Zweig. Das Leben eines Ungeduldigen. München, Wien: Hanser.
Schott, Heinz (1988): Die „Strahlen" des Unbewußten – von Mesmer zu Freud. In: Wolters, Gereon (Hg.): Franz Anton Mesmer und der Mesmerismus. Wissenschaft, Scharlatanerie, Poesie. Konstanz: Univ.-Verlag Konstanz, S. 55–70.
Sloterdijk, Peter (1985): Der Zauberbaum. Die Entstehung der Psychoanalyse im Jahre 1785. Epischer Versuch zur Philosophie der Psychologie. Frankfurt a.M.: Suhrkamp.
Sohnemann, Jasmin (2012): Zwei Psychologen und ihre Freundschaft: Stefan Zweig und Sigmund Freud. In: Müller, Karl (Hg.): Stefan Zweig – Neue Forschung. Würzburg: Königshausen & Neumann, S. 73–98.
Wolters, Gereon (Hg.) (1988): Franz Anton Mesmer und der Mesmerismus. Wissenschaft, Scharlatanerie, Poesie. Konstanz: Univ.-Verlag Konstanz.

14. Reden, Feuilletons, Aufsätze, Essays

14.1 Publizistik zu Politik und Zeitgeschehen
Stephan Resch

1. Zeitgeschichte als ästhetisches Phänomen 506
2. Kriegsgegner, Defaitist und moralische Autorität 508
3. Gesellschaftskritik in den 1920er Jahren 512
4. Stellungnahmen zur faschistischen Gefahr 514
5. Positionierung während des Nationalsozialismus, englisches Exil 516
6. Letzte Exilstationen und späte Aufforderung zur Aktion 517

1. Zeitgeschichte als ästhetisches Phänomen

Stefan Zweig äußerte sich vor dem Ersten Weltkrieg nur selten öffentlich zu politischen und gesellschaftlichen Ereignissen. In *Die Welt von Gestern* (1942) vermerkte er rückblickend, dass er in Gesellschaftskreisen aufgewachsen war, in denen der Blick allein künstlerischen und ästhetischen Fragen gegolten hatte: „Wir jungen Menschen aber, völlig eingesponnen in unsere literarischen Ambitionen, merkten wenig von [den] gefährlichen Veränderungen in unserer Heimat: wir blickten nur auf Bücher und Bilder." (Zweig GWE, Die Welt von Gestern, S. 85) Durch die Bekanntschaft mit dem Politiker und Industriellen Walther Rathenau (1907) und nach mehreren Reisen außerhalb Europas (1909–1911) wurde bei Zweig der Wunsch geweckt, die eigenen Beobachtungen zum Zeitgeschehen zu teilen. Dabei ging die frühe Annäherung an jene Themen weniger von einem eingehenden Studium politischer und sozialer Prozesse als vielmehr von einer ästhetischen Perspektive aus. Die Kunstauffassung des belgischen Dichters Émile Verhaeren spielte dabei eine entscheidende Rolle: Verhaerens Texte bejahten das moderne Großstadtleben, den Fortschritt und die Industrialisierung, der Dichter wurde bei ihm zum Psychologen der Menge, der sich in das neue Lebensgefühl einfinden und es durch seine Schriften bestätigen sollte. Zweig zeigte sich fasziniert von diesem, der Wiener *fin de siècle*-Ästhetik diametral entgegengesetzten Kunstbegriff: „[D]ie Zukunft der Ästhetik ist eine Art Ideologie, [...] eine Identität mit den Wissenschaften. Wir werden verlernen, nur sinnlich die Dinge zu begreifen, ihre Harmonie nur an der Außenfläche zu sehen, und werden lernen müssen, ihre geistigen Absichten, ihre innere Form als Schönheit zu begreifen." (Zweig GWE, Emile Verhaeren, S. 92)

Einer von Zweigs ersten Texten zur Zeitgeschichte, der 1909 geschriebene, aber seinerzeit wohl nie publizierte Aufsatz *Das Land ohne Patriotismus*, zeigt deutlich den Einfluss Verhaerens. Zweig beklagt darin die Abwesenheit eines ausgeprägten Nationalgefühls in Österreich aufgrund der zahlreichen Sprachen und Ethnizitäten. Während in Nationen wie Frankreich und Deutschland durch die Einheit von Sprache, Ethnizität und kollektiver Erinnerung ein starkes Nationalgefühl gewachsen sei, könne man sich im heterogenen Vielvölkerstaat Österreich nicht der gleichen patriotischen Begeisterung hingeben. Zweig sieht den Patriotismus als ein Stärkungsmittel für die Massen, der ein Gefühl der Gemeinsamkeit vermitteln soll. Ganz im Sinne von Verhaerens Literaturverständnis versucht er, diese wahrgenommene Sehnsucht nach einem rauschhaften Einheitsgefühl durch eine verstärkte Körpermetaphorik zum Ausdruck zu bringen: „Österreich [...] ist wie ein gesunder starker Organismus [...], dem nur das geheimnisvollste Vitalitätsprinzip fehlt: die Seele." (Zweig GWE, Das Land ohne Patriotismus, S. 12) Dass ein gesteigertes Nationalgefühl auf Kosten anderer Nationen gehen könnte, schien Zweig dabei durchaus in Kauf zu nehmen: Eine Nation „muß ungerecht sein, weil aus dieser Selbstüberschätzung Kräfte entwachsen, weil in jedem Chauvinismus eine Bindung liegt, eine Stärkung und ein Rausch." (S. 8) Zweigs Ruf nach einem neuen Nationalgefühl blieb freilich ohne politische Motivation, er vertrat weder deutschnationale noch sozialistische Vereinigungsideen. Er verstand es vielmehr als künstlerische Pflicht, den erhofften synergetischen Effekt des nationalen Gedankens spürbar werden zu lassen.

In dem Aufsatz *Ein Wort von Deutschland*, veröffentlicht am 6. August 1914 in der *Neuen Freien Presse*, verstand sich Zweig weiterhin als Apologet von Verhaerens Literaturverständnis. Nur wenige Tage nach Kriegsausbruch wollte Zweig die angekündigte Waffenbrüderschaft zwischen dem Deutschen Reich und Österreich-Ungarn sinnlich fassbar machen, die Vorzüge des Nachbarlandes seinen Landsleuten spürbar vermitteln, Vertrauen in die Stärke des Bündnisses wecken, um so durch den Text seinen Beitrag zur allgemeinen Euphorie der ersten Kriegstage zu leisten. Der Text ist eine Lobrede auf den deutschen Bündnispartner und versucht eine kausale Verbindung zwischen deutscher Moralphilosophie, individuellem Verantwortungsbewusstsein und wilhelminischer Kriegsorganisation herzustellen. Gerade diese „meisterhafte Organisation" (Zweig GWE, Ein Wort von Deutschland, S. 31), die in kurzer Zeit Erfolge in der Wirtschaft, Wissenschaft und Kunst hervorgebracht hatte, begründete für Zweig das beinahe blinde Vertrauen in die Kriegspolitik des Nachbarlands. Damit trug Zweigs Argumentation bisweilen Züge des sogenannten *Aufrufs an die Kulturwelt*, in dem 93 deutschsprachige Intellektuelle unter anderem den deutschen Militarismus zum Schutz des deutschen Kulturerbes gerechtfertigt und deutsche Kriegsverbrechen abgestritten hatten. Zweigs Sprache ist geprägt von einer patriotischen Feierlichkeit, die einen natürlichen Einklang zwischen der Nationalpolitik und dem Willen des Individuums suggeriert. Stellenweise nimmt diese Sprache bedenkliche Züge an, wenn Zweig von einer „restlosen Unterordnung des Einzelnen unter den Gesamtwillen" spricht oder von dem deutschen „Mechanismus, in dem jeder einzelne Wille funktioniert wie die Feder im Uhrwerk" (S. 31). Solche Äußerungen können als Hinweis dafür gelesen werden, dass Zweig, selbst stets ausgesprochener Individualist, auf die politische Realität des Kriegs und die menschenverachtende Kriegsführung mit seiner ästhetischen Weltsicht in keinster Weise vorbereitet war. Der Krieg erschien ihm, wie vielen seiner Zeitgenossen, als ‚ästhetische Erfahrung' (vgl. Steiman 1970), bei der es nicht um Machtkalkül, europäische Hegemonialansprüche und wirtschaftliche Interessen ging, sondern primär um eine gemeinschaftliche ekstatische Selbsterfahrung, die im Rahmen eines Wettstreites vermeintlicher nationaler Charaktereigenschaften (z.B. „französischer Hochmut" und „englischer Geldgier"; Zweig, Br II, S. 21) stattfand.

Während der ersten Kriegsmonate hielt Zweig an dieser Affirmation des Krieges fest (→ V.4 KRIEG, FRIEDEN, PAZIFISMUS). In der Korrespondenz ergaben sich daraus erstmals im September 1914 Spannungen mit Romain Rolland, der versucht hatte, Zweigs kritiklose Aufnahme deutscher Propagandanachrichten zu hinterfragen (→ III.16 BRIEFE). Die ersten Zeichen einer Verunsicherung werden in Zweigs Aufsatz *An die Freunde in Fremdland* deutlich, veröffentlicht am 19. September 1914 im *Berliner Tageblatt*. Zweig versucht darin einerseits, an ein Gefühl der Verbundenheit mit den Freunden im nun feindlichen Ausland zu erinnern, er betont die Aufrichtigkeit und Gültigkeit von bestehenden Freundschaften. Gleichwohl zwingt er sich, diese privaten Erinnerungen zugunsten eines selbstauferlegten patriotischen Empfindens zu verdrängen. Ganz im Sinne von Verhaerens Verständnis des Schriftstellers als Multiplikator des Zeitgeistes spricht Zweig in dem Kapitel „Das neue Pathos" seiner Verhaeren-Biografie von der Überordnung des Nationalen durch „Lust [und] Kraft" und dem „Wille[n], Ekstase zu erzeugen" (Zweig GWE, Emile Verhaeren, S. 135). Zweigs Abschied von den Freunden für die Kriegsdauer, also ein privates Opfer, steht hier symbolisch für eine freiwillige Entindividualisierung und ein willkommenes Aufgehen in der Masse des Volkes, das durch einen glühenden Patriotismus vereint und gestärkt werden soll. Bisweilen wirken die Solidaritätsbeteuerungen des sensiblen, volksfernen Dichters Zweig jedoch gewollt und wenig glaubwürdig: „[D]er geringste plattdeutsche Bauer, der kaum ein Wort meiner Sprache versteht und sicherlich kein

Wort meines Herzens, steht mir näher in diesen Stunden als ihr, ihr Lieben, denen ich so oft mich hingab mit meiner innersten Empfindung" (Zweig GWE, An die Freunde in Fremdland, S. 43f.). Zwar gelang es Zweig, manche dieser „innersten Empfindungen" durch den doppelbödigen Aufbau des Textes an der Zensur vorbeizuschleusen, doch der patriotische Grundtenor des Textes („Deutschland dichtet sich heute in ehernen Strophen ein Heldenlied"; S. 46) und der gewollte Verzicht auf eine kritische Perspektive hinterließen bei einigen Freunden einen bitteren Nachgeschmack. Rolland antwortete ihm: „Ich bin unserm Europa treuer als Sie, lieber Stefan Zweig, und ich verleugne keinen meiner Freunde." (Rolland/Zweig 1987 Bd. a, S. 70)

2. Kriegsgegner, Defaitist und moralische Autorität

Rollands offene Kritik an Zweigs Propagandagläubigkeit – „Sie selber müssen endlich aus Ihrer einseitigen Vertrauensseligkeit herauskommen." (12. November 1914, Rolland/Zweig 1987 Bd. a, S. 103) – beeinflusste über das kommende Jahr Zweigs Selbstverständnis als Schriftsteller. Darüber hinaus trugen die Eindrücke am galizischen Kriegsschauplatz sowie der unerwartete Deutschenhass seines belgischen Freundes Verhaeren (vgl. *La Belgique sanglante*) zu einem tieferen Verständnis des Krieges als menschenverachtendes und kulturzersetzendes Ereignis bei. Zunehmend wurde sich Zweig bewusst, dass der Krieg die eigenen kulturvermittelnden Bemühungen der Vorkriegszeit um Jahre zurückgeworfen hatte. In dem Aufsatz *Der Turm zu Babel* (1916) versuchte er dieser Erkenntnis Ausdruck zu verleihen. Es handelt sich bei Zweigs Text, anders als in der alttestamentarischen Erzählung, nicht um eine Parabel zur menschlichen Selbstüberhebung, sondern um die Überzeugung, dass zivilisatorischer Fortschritt ein Resultat von Austausch und Zusammenarbeit ist. Der Turmbau wird zur Metapher für herausragende menschliche Kollaboration in Wissenschaft, Technik und Kultur, kurz, für ein geistiges Fundament Europas: „Das Denkmal stieg auf, alles Heilige der Menschheit war darin versammelt" (Zweig GWE, Der Turm zu Babel, S. 72). Für Zweig ist der Krieg die neuzeitliche Sprachverwirrung des alttestamentarischen Babels, die den Fortschritt oder gar den Bestand des gemeinsamen Bauwerks gefährdet. Die Parabel ruft zur geistigen Einheit auf, Zweig versucht zu retten, was die feindlichen Propagandaapparate und nicht zuletzt die Dichter durch ihre patriotischen Texte zerstört hatten. Dabei meidet er freilich weiterhin den politischen Kommentar. Auch die jüngste Sprachverwirrung ist bei Zweig ein Akt Gottes, die Entstehung von Krieg und Gewalt bleibt somit nach wie vor ungeklärt. *Der Turm zu Babel* ist ein frühes Beispiel für Zweigs Versuch, Zeitgeschichte allegorisch darzustellen, ohne sich damit allzu offensichtlich in die Untiefen der Tagespolitik zu begeben (→ IV.2 Biblische Stoffe und Motive; IV.3 Mythos).

Im November 1917 hatte Zweig eine Beurlaubung vom Dienst im Kriegsarchiv durchsetzen können, um in der Schweiz eine Vortragsreise zu unternehmen und anschließend den Proben zur Uraufführung seines Dramas *Jeremias* beizuwohnen. Er nutzte den Aufenthalt im neutralen Ausland aber auch dazu, ohne Umweg über die Zensur wieder öffentlich mit seinen „Freunden im Fremdland" zu kommunizieren. Der im Dezember 1917 in der Genfer pazifistischen Zeitschrift *Demain* veröffentlichte Aufsatz *A mes frères français* (Zweig 1917; eine deutsche Fassung existiert nicht mehr) kann als Korrektur seiner patriotischen Selbstdistanzierung vom Oktober 1914 angesehen werden. Zweig zollt den europäisch gesinnten Schriftstellern Frankreichs

14.1 Publizistik zu Politik und Zeitgeschehen

Bewunderung für die Kühnheit, mit der sie sich offen gegen nationalistische Lügen und Vorurteile zur Wehr setzen, er befürchtet, dass sie für diese unabhängige Position Hass im eigenen Land ernten würden. Zweigs Absicht war es, Brücken zu bauen, und so versichert er den französischen ‚Brüdern' auch die Solidarität einer schweigenden Mehrheit im Feindesland – der Patriotismus sei in Deutschland schon lange aus der Mode. Zweig unterstreicht seinen Wunsch nach Aussöhnung mit einem Aufruf zum gemeinsamen Kampf für Menschlichkeit, Brüderlichkeit und die Beendigung des Leidens auf beiden Seiten. Um die Signalwirkung des Textes nicht abzuschwächen, sieht Zweig großzügig darüber hinweg, dass auch in Frankreich das europäische Bewusstsein bei weitem nicht so ausgeprägt ist, wie er glauben machen möchte. Henri Guilbeaux, Herausgeber von *Demain*, bemerkte dazu: „Dans son enthousiasme il exagère peut-être les mérites de ses amis Français qui n'ont fait que remplir leur devoir d'homme." (Guilbeaux in Zweig 1917, S. 125)

Zweig war es gelungen, sich 1918 als Korrespondent der *Neuen Freien Presse* in der Schweiz zu etablieren und so eine vorübergehende Freistellung vom Dienst im Kriegsarchiv zu erreichen. Der Aufenthalt in der Schweiz war geprägt von einer engen Zusammenarbeit mit pazifistischen Intellektuellen aus verschiedenen Lagern, allen voran Romain Rolland, Frans Masereel, Pierre Jean Jouve und dem Friedensnobelpreisträger Alfred H. Fried. In diesem Umfeld verstärkte sich Zweigs Wunsch, mit publizistischen Mitteln gegen den Krieg zu wirken. Der Aufsatz *Bekenntnis zum Defaitismus*, der im Juli 1918 in der *Friedens-Warte* erschien, ist Zweigs bis dahin offenste Stellungnahme zum Kriegsgeschehen. Angesichts der enormen Todesopfer auf beiden Seiten fordert er eine sofortige Einstellung der Kampfhandlungen. Zweigs Aufsatz basiert, wie schon frühere Texte, auf der Überzeugung, dass die Gemeinsamkeit der Völker im Menschlichen liegt und dass die Politik jener „Dämon von Babel [ist], der sie verwirrt" (Zweig GWE, Bekenntnis zum Defaitismus, S. 122). Um die Abwendung von jeglicher Politik zu unterstreichen, schlägt Zweig vor, den eigentlich pejorativ gebrauchten Begriff des Defaitisten (in diesem Kontext eine Person, die den eigenen militärischen Sieg anzweifelt) als radikalhumanistischen Ehrentitel anzusehen: „Wir sind Defaitisten, das heißt: wir lieben den Menschen, Gottes ewigen Sohn, mehr als die irdischen Gebilde der Staaten. […] [U]ns ist Politik nicht das Erste, sondern das Letzte, uns ist das Leiden der Menschen wichtiger als die kommerzielle Blüte der Nationen und die kalten Monumente der Ehre." (S. 125) Die gewollte Naivität des Textes, die ganz bewusst wirtschaftliche und machtstrategische Interessen unterordnet, sollte provozieren und zur öffentlichen Debatte über Sinn und Unsinn des Kriegs aufrufen. Rolland wollte Zweigs Thesen ebenso wenig folgen wie Alfred H. Fried. Dieser antwortete in dem Aufsatz *Die Suche nach dem Vernunftmeridian*, dass eine Einstellung der Kampfhandlungen ohne klares ‚Ergebnis' den Boden für weitere Kriege in Europa bereiten könne. Die Debatte hatte sich mittlerweile in die auflagenstarke *Neue Zürcher Zeitung* verlagert. Dort entgegnete Zweig im Aufsatz *Die Entwertung der Ideen*, dass nach vier Kriegsjahren, in denen Millionen von Menschen für fragwürdige Ideale starben, nun das Menschenleben höher stehen müsse als die Ideale: „Es scheint mir ein unverschämter, erbärmlicher Luxus in der Kriegszeit, Ideale zu haben und Ziele, für die andere kämpfen, und ich sehe in einem Defaitismus, der das Menschenleben als höchsten Wert einsetzt, mehr gerechte Gesinnung, als in einem Idealismus, der mit fremdem Blute seine Überzeugung münzt." (Zweig GWE, Die Entwertung der Ideen, S. 129) Nicht nur im pazifistischen Lager wurde man auf

Zweigs Thesen aufmerksam. In der *Neuen Zürcher Zeitung* wurde die Auseinandersetzung zwischen Zweig und Fried als lobenswerte, aber fruchtlose Diskussion gewertet, da die Menschheit nachweislich nie ohne Kriege ausgekommen sei (vgl. Heinemann 1918). Ernst Bloch, der zu diesem Zeitpunkt für die Entente-freundliche radikal-demokratische *Freie Zeitung* schrieb, kritisierte Zweigs Trennung von Mensch und Idee. Beide seien im Verlauf der Zivilisationsgeschichte so eng miteinander verwoben worden, dass eine Trennung widersinnig sei. Ohne eine Niederlage der militaristischen Mittelmächte könne sich die Idee eines demokratisch-freiheitlichen Europas nicht durchsetzen. Zweig solle, statt das Leben des Einzelnen zu schützen, lieber gegen unmenschliche Systeme kämpfen (vgl. Bloch 2012, S. 163 ff.).

Zweig hatte während des Kriegs wiederholt die Absicht verkündet, sich nach einem Waffenstillstand für die Versöhnung der europäischen Kriegsgegner einzusetzen: „Mein Ziel wäre, eines Tages nicht ein großer Kritiker, eine literarische Berühmtheit zu werden – sondern eine *moralische Autorität*." (Rolland/Zweig 1987 Bd. a, S. 293, Herv. i. O.) Tatsächlich lässt sich in den Essays zwischen 1918 und 1921 ein verstärktes gesellschaftliches Engagement feststellen, bei dem weniger die ästhetische Perspektive der Vorkriegszeit im Vordergrund steht als der Versuch, mit einer über der Politik stehenden, moralisch-humanistischen Position in die Zeit zu wirken. Zweigs Aufsatz *Opportunismus, der Weltfeind*, im Oktober 1918 in der Zeitschrift *Das Forum* veröffentlicht, ist eine Momentaufnahme einer Gesellschaft, deren Zerfallserscheinungen sich als Prinzipienlosigkeit ihrer Bürger zu äußern scheinen. Zu einer Zeit, als das Ende der imperialistischen Regimes in Deutschland und Österreich absehbar war und die patriotische Begeisterung einer allgemeinen Ernüchterung gewichen war, warnt Zweig vor den „Zechpreller[n] der Verantwortung" (Zweig GWE, Opportunismus, der Weltfeind, S. 133), die sich mit scheinbar geringer Erinnerungsfähigkeit in die neue Gesellschaftsordnung hinüberretten wollen, anstatt den eigenen Irrtum einzugestehen. Durch die massenhaften Lippenbekenntnisse zu Demokratie und Pazifismus sieht Zweig die Begriffe als entwertet, weil sie lediglich „Meinung" und nicht „Überzeugung" seien. In einer solchen zukünftigen Gesellschaft, bevölkert von Bürgern, die wie die Statisten im Theater „erst als Trojaner dann als Griechen erscheinen" (S. 133), sieht er eine latente Destabilisierung der Gesellschaft vorprogrammiert. Als Aufgabe der Intellektuellen gilt es für ihn daher, den zersetzenden Opportunismus in Geist und Politik zu bekämpfen und die wahrhaft Überzeugten von den „Freibeutern der Meinung" (S. 135) zu unterscheiden. Zweigs Text ist eine bemerkenswert klarsichtige Prognose der politischen Probleme der kommenden Weimarer Republik. Freilich versäumte es Zweig, der besonders jene Literaten, die 1914 „das Megaphon der Verantwortung an sich rissen", zur Verantwortung zog, die eigenen begeisterten Beiträge der ersten Kriegswochen zu erwähnen.

Die Absicht, als Erzieher und moralische Autorität zu wirken, setzte sich in den Monaten nach Kriegsende fort. Zweig wollte etwa mit einer „Bibliotheca mundi" der deutschen Leserschaft die Klassiker der europäischen Literatur in Originalfassung näherbringen und so eine Annäherung der Völker fördern. Zu einer Zeit, als der sogenannte ‚Schandfrieden von Versailles' neue Ressentiments gegenüber Europa schürte, zeugte dieses Vorhaben von Zweigs ungebrochenem Glauben an den Einfluss des Geistes (→ III.18 HERAUSGEBERSCHAFTEN). Das Engagement ging jedoch auch über das rein Editorische hinaus. In dem Aufsatz *Die Erziehung zum republikanischen Bewußtsein*, erschienen im Dezember 1918 in der Zeitschrift *Die Republik*, weist Zweig darauf hin, dass alleine die republikanische Staatsform keine überzeugten Anhänger der Republik hervorbringt. Ein republikanisches Bewusstsein zu schaffen, das von innen her wachsen statt von außen oktroyiert würde, ist für ihn Grundvoraussetzung einer stabilen künftigen Staatsform. Nach den Erfahrungen des Kriegs misstraut Zweig gerade einer lauten plakativen Demokratisierung, er fordert dagegen das *„unstolze, unfanatische, unlaute, unherrische Bekenntnis zur Republik"* (Zweig GWE, Die Erziehung zum republikanischen Bewußtsein, S. 139, Herv. i. O.). Für diese Aufgabe sieht er keineswegs die Literaten als qualifiziert an („die sind am überflüssigsten, weil sie nichts anonym tun"), sondern viel mehr die „kleinen Lehrer, ernsten Beamten" (S. 139), die durch ein gewissenhaftes Wirken im Sinne der Republik deren Werte verfestigen könnten. Nach beinahe 50 Jahren Monarchie in Deutschland könne ein tiefgreifender Wandel nicht in kürzester Zeit erwartet werden. Es sind Grundwerte seiner im Krieg konsolidierten Weltanschauung, die in Zweigs Aufsatz zum Ausdruck kommen: die Überzeugung, dass „wahre Arbeit" für humanistische Ziele still und im Hintergrund geschehen sollte, und die Befürchtung, dass auch erstrebenswerte Ideale durch Breitenwirkung verfälscht werden. Sah sich Zweig zu Kriegsausbruch im Sinne Verhaerens als Sprachrohr der Massen, lässt sich nun ein Misstrauen gegenüber der öffentlichen Meinung feststellen, das bisweilen Züge einer Geistesaristokratie trägt. Anzeichen für diese Haltung lassen sich in mehreren Aufsätzen jener Zeit finden, beispielsweise in *Aufruf zur Geduld*. Hier warnt Zweig erneut vor übereilten Manifesten und Zusammenschlüssen ohne wirkliche Überzeugung. Der Aufsatz muss im Kontext der Kontroverse um die Gruppe *Clarté* gelesen werden, die 1919 von Henri Barbusse als internationalistische Verbindung gegründet worden war. *Clarté* erfreute sich in intellektuellen Kreisen großer Beliebtheit, entwickelte sich allerdings zusehends zu einem kommunistischen Propagandaorgan. Zweig und Rolland, die der *Clarté* anfangs wohlwollend gegenüberstanden, distanzierten sich bald aufgrund der Popularisierung und politischen Radikalisierung der Gruppe. Zweig kann den Wunsch nach „Freundschaft, nach Brüderschaft und Anteilnahme" (Zweig GWE, Aufruf zur Geduld, S. 156) nach vier Kriegsjahren wohl verstehen, hält den zeitgenössischen Hang zu unverbindlichen „Zusammenrottung[en] zusammenhangloser Menschen" (S. 155) jedoch für problematisch: „Die rasende, die krankhafte Angst, irgendwo bei einer Bewegung nicht dabei zu sein, einen Anschluß zu versäumen, hat ein Mitläufertum erzeugt, so kläglich, so klein, so geistig wertlos, so moralisch nichtig wie alle Uniformität." (S. 155) Ähnlich wie das *Manifest der 93* zu Kriegsbeginn ein übereiltes Bekenntnis zum Nationalismus dargestellt habe, seien die neuen, eilig geschaffenen Gruppierungen wenig mehr als Ausdruck einer gegenwärtigen Meinung, keinesfalls aber eine Überzeugung.

Zweig beobachtete mit Sorge die Entwicklungen des Jahres 1919. Der Spartakusaufstand in Berlin, die Räterepublik in München, Putschversuche von links und rechts und die kaum erfüllbaren Bedingungen des Versailler Friedensvertrages waren für ihn Vorzeichen einer Nachkriegszeit, die keineswegs ihre Lehren aus den Kriegsjahren gezogen hat. In diesem Kontext muss der 1919 geschriebene Aufsatz *Die Tragik der Vergeßlichkeit* verstanden werden. Zweig schildert darin einen Zeitraum, wenige Wochen nach Kriegsende, der von einer nationenübergreifenden Hoffnung und Brüderlichkeit geprägt war, gleichsam ein gemeinsames Erwachen aus der Katastrophe und ein Verbundensein im menschlichen Leid. Dass aus dieser Erkenntnis ein Jahr später kein gemeinsamer Wille gewachsen ist, sich den wieder erwachenden nationalistischen und militaristischen Tendenzen, den „alten Lügen", „Wahn" und „verschimmelten Phrasen" (Zweig GWE, Die Tragik der Vergeßlichkeit, S. 143f.) entgegenzustellen, dafür macht Zweig den menschlichen Hang zum Vergessenwollen verantwortlich. Hatte sich Zweig vor dem Krieg der Politik vor allem ästhetisch angenähert, so wird hier der Versuch deutlich, Geschichte und Politik als psychologisches Problem zu deuten (vgl. dazu auch *Ist die Geschichte gerecht?* 1930 und *Die Geschichte als Dichterin* 1931). Die individuelle Tendenz, negative Erinnerungen zu verdrängen, wird hier auf eine wahrgenommene Nationalpsyche übertragen, denn kollektiv sieht er einen Wunsch, „nur fortzurasen in hitziger Flucht vor der Wirklichkeit in Vergnügen hinein, in Lügen, in Traum. Aber nur weg von der Wahrheit" (S. 144). Um die kostspielig errungenen Erkenntnisse des Kriegs nicht zu verlieren, fordert Zweig eine systematische Erinnerungsarbeit. Der Text ist vor allem eine scharfsinnige Prognose gesellschaftlicher Entwicklungen der frühen Weimarer Republik mit ihrem Hang zum Exzess und zur Betäubung, als politische Analyse ignoriert er freilich die wirtschaftlichen und politischen Triebkräfte, die hinter den Ereignissen des Jahres 1919 stehen.

Einen ebenso progressiven wie wirklichkeitsfernen Vorschlag zur politischen Neuordnung machte Zweig in seinem Kommentar *Die Wahl der Staatsangehörigkeit*, veröffentlicht während der Pariser Friedensverhandlungen im Juni 1919. In Versailles wurde seinerzeit die Abtretung ehemals deutscher oder österreichischer Gebiete an die Alliierten verhandelt. In manchen Grenzgebieten sah man eine Volksabstimmung über die zukünftige Staatsangehörigkeit vor. Zweigs Vorschlag basiert, ähnlich wie seine Aufsätze aus dem gleichen Jahr, auf der Überzeugung, dass übereilte, von der Tagesmeinung beeinflusste Entscheidungen keinen dauerhaften Wert besitzen. Daher schlägt er vor, den Betroffenen eine Dreijahresfrist vor der Wahl der Staatsangehörigkeit einzuräumen. Dies würde ermöglichen, die neuen Staaten und Regierungssysteme zu prüfen und würde gleichzeitig den Staaten einen Anreiz für eine durchdachte Integration von ethnischen Minderheiten geben: „Wer dann einen Staat für sich wählt, der ist ihm seelisch und moralisch verpflichtet, der andere, der ihm eingezwungen wird, bleibt Fremdkörper und anarchisch frei in der zufälligen Gemeinsamkeit." (Zweig GWE, Die Wahl der Staatsangehörigkeit, S. 148) Der Vorschlag ist aber auch gleichzeitig Ausdruck eines Unbehagens, das Zweig wenige Wochen darauf in dem Aufsatz *Aus abgesperrter Welt* zur Sprache bringt: Zu einer Zeit, als sich Europa neu ordnet, neue Grenzen gezogen werden und die politische Zukunft für den Einzelnen ungewiss ist, versteht es Zweig als Notwendigkeit, die „eigene innere Welt zu festigen und möglichst unabhängig von den verwirrenden Zufallsformen der Umwelt zu machen." (Zweig 1919, S. 1) Für den Individualisten Zweig, der in der Idee eines Weltbürgertums die Überwindung des geistig einengenden Nationalstaates sieht, stellt die Wahl der Staatsangehörigkeit somit einen ersten Schritt zu einer „möglichst menschlichen Gestaltung des Staatsproblems" (Zweig GWE, Die Wahl der Staatsangehörigkeit, S. 149) dar.

3. Gesellschaftskritik in den 1920er Jahren

Während sich Zweig in den Nachkriegsjahren intensiv mit gesellschaftlichen und politischen Veränderungen auseinandersetzte, lassen sich Mitte der 1920er Jahre nur vereinzelte Stellungnahmen in seinem publizistischen Werk finden. Die Situation in Deutschland und Österreich hatte sich, zumindest zwischen 1924 und 1929, weitest-

14.1 Publizistik zu Politik und Zeitgeschehen

gehend stabilisiert, und Zweig konnte mit seinen Novellen und Biografien neue literarische Erfolge feiern. Ein seltener Kommentar zur Zeitgeschichte aus diesen Jahren ist der Aufsatz *Die Monotonisierung der Welt*, zugleich eine Absage an die von Verhaeren übernommene Fortschrittsgläubigkeit und ein Abgesang auf die kulturelle Vielfältigkeit Europas. Zweig thematisiert darin das rasche Verschwinden individueller Züge von Ländern, Menschen und Sitten als Folge von Technisierung, Mechanisierung und modernen Kommunikationsmitteln. An den Beispielen Tanz, Mode, Kino und Radio verdeutlicht er die Erschaffung eines Massengeschmacks, dessen Durchschlagskraft in der weltweiten Gleichzeitigkeit und der Vereinfachung von Erfahrungen liegt, die „Vergnügen geben ohne Anstrengungen zu fordern" (Zweig GWE, Die Monotonisierung der Welt, S. 36). Für Zweig ist diese Entwicklung zur Kurzlebigkeit und zum immer schnelleren Konsum bedenklich, weil er darin „eine gefährliche Verführung zur Passivität für den einzelnen" sieht und befürchtet, dass das Individuum „nicht mehr vom inneren Wesen her [wählt], sondern [...] nach der Meinung einer Welt." (S. 32) Somit wird Europa für ihn zum „letzte[n] Bollwerk des Individualismus" (S. 35), das sich einerseits gegen die kulturelle Einförmigkeit aus den USA verteidigen müsse, andererseits gegen die politische „Uniformität der Weltanschauung" (S. 35) aus der UdSSR. Zweigs Aufsatz muss im Kontext eines zeitgenössischen Amerikadiskurses gelesen werden, der anhand der sogenannten Amerikanisierung die europäischen Ängste vor dem Eintritt in die Moderne verdeutlicht. Hatte Zweig während der letzten Kriegsjahre Verhaerens Zukunftsoptimismus und vorbehaltlose Technikgläubigkeit als gefährlichen Irrweg identifiziert, der in seiner anfänglichen Kriegsbejahung mündete, so kommt hier ein Kulturpessimismus zum Ausdruck, der sich an Spengler orientiert und nicht zuletzt Nietzsche, über den Zweig kurz zuvor mit *Der Kampf mit dem Dämon* (1925) eine Biografie fertiggestellt hatte. Der ausgesprochen skeptische Ausblick Zweigs gab Felix Salten Anlass zur Replik. Anders als Zweig sah er in den Errungenschaften der Technik keine Gefahr der Entindividualisierung, sondern die Möglichkeit eines Teilhabens an den Entwicklungen des modernen Lebens, das den Massen der vorigen Jahrhunderte verwehrt war. Salten konstatiert: „Es ist wirklich schade, daß so ein feiner Kopf wie Stefan Zweig diese Erscheinungen so mürrisch deutet." (Salten 1925, S. 2) Zweig jedoch war spätestens seit dem *Jeremias* (1917) zu der Überzeugung gelangt, dass nicht die öffentliche Meinung, sondern allein das innere Bekenntnis von Wert sei. Dementsprechend empfiehlt er den Intellektuellen, aus jener Welt der Oberflächlichkeit und Vergnügungssucht ins Innere zu fliehen. Zweigs Vorstellung einer zahlenmäßig geringen, überpolitischen Geistesaristokratie, die bereits in *Opportunismus, der Weltfeind* (1918) anklang, wird hier auf die kulturelle Sphäre ausgeweitet: „Man kann nicht das Individuelle in der Welt retten, man kann nur das Individuum verteidigen in sich selbst. Des geistigen Menschen höchste Leistung ist immer Freiheit, Freiheit von den Menschen, von den Meinungen, von den Dingen, Freiheit zu sich selbst. Und das ist unsere Aufgabe: immer freier werden, je mehr sich die anderen freiwillig binden!" (Zweig GWE, Die Monotonisierung der Welt, S. 38)

Bei genereller Skepsis gegenüber den gesellschaftlichen Entwicklungen der 1920er Jahre wies Zweig aber auch auf positive Veränderung hin, die seit Kriegsende vor allem die soziale Interaktion verändert hatten. In *Zutrauen zur Zukunft* (1929) beschreibt Zweig ein neues, durch Streben nach „materielle[r] Unabhängigkeit" und „sexuelle[r] Freiheit" (Zweig GWE, Zutrauen zur Zukunft, S. 173) bestimmtes Selbstverständnis der Frau, das auf eine Gleichstellung mit dem Mann abzielt. Aus dieser neuen Geschlechterbeziehung sieht Zweig eine „Kameradschaft" bzw. ein „Bündnis" zwischen Mann und Frau erwachsen, das die veralteten Begriffe „Eigentum" und „Obhut" (S. 169) ersetzt: „So sehe ich die neue Frau wesentlich heller, heiterer, leichter und unbedrückter als jene der Vergangenheit" (S. 172). Zweigs Aufsatz, geschrieben nur wenige Jahre vor der sukzessiven Zurücknahme emanzipatorischer Errungenschaften durch die Nationalsozialisten, kann in vielen Aspekten als Vorlage für das umfangreichere Kapitel „Eros Matutinus" in der Welt von Gestern angesehen werden.

4. Stellungnahmen zur faschistischen Gefahr

Ende der 1920er Jahre lässt sich erneut ein verstärktes Interesse am politischen Zeitgeschehen bei Zweig feststellen. Der Börsenkrach an der Wall Street und der Tod Gustav Stresemanns hatten die Weimarer Republik in eine tiefe Krise geworfen, der Nationalsozialismus gewann rapide an Einfluss. Wenn Zweig 1930 schreibt „zwischen Macht und Moral ist selten eine Bindung, meist sogar eine unüberbrückbare Kluft: sie immer und immer wieder aufzuzeigen bleibt unsere erste, unsere dringendste Pflicht" (Zweig 1930b, S. 288), dann kann dies durchaus als Zeichen eines erneuten Engagements gegen die reaktionären Kräfte Europas gesehen werden. In diesem Kontext müssen Zweigs Texte zur Sowjetunion gelesen werden, die zwischen 1930 und 1932 in prosowjetischen Zeitschriften erschienen. Vorausgegangen war eine Russland-Reise Zweigs im Jahr 1928, die dem Wunsch entsprach, sich, wie auch viele andere linke und linksliberale Intellektuelle, eine eigene Meinung zu dem „kühnsten sozialen Experiment" zu bilden, „das jemals ein Volk mit sich selbst versucht hat" (Zweig GWE, Reise nach Rußland, S. 319). In den Briefen an Rolland äußert Zweig offen seine Kritik an der Situation der russischen Intellektuellen und der „völlige[n] Beraubung der Meinungsäußerungs-Freiheit" (Rolland/Zweig 1987 Bd. b, S. 297). Im Gegensatz dazu bleiben die in der Neuen Freien Presse veröffentlichten Reiseberichte meist impressionistisch und lassen bei positivem Gesamteindruck höchstens eine implizite Kritik an den russischen Zuständen erkennen. Zweig befürchtete, dass ein Zusammenbruch der Revolution die reaktionären Kräfte Europas vor allem in Deutschland weiter stärken würde, und er nimmt, trotz persönlicher Missbilligung des roten Terrors, eine weitgehend überpolitische, prorussische Position ein: „Diese geistigen Dinge stehen also äußerst schlimm und wahrscheinlich schlimmer als je. Dennoch aber glaube ich, wäre es ein Fehler, der russischen Revolution jetzt in den Rücken zu fallen." (S. 297f.) Die Tatsache, dass Zweig nach seiner Rückkehr und der Veröffentlichung der Reiseberichte wiederholt von moskautreuen Zeitschriften zur Stellungnahme zu aktuellen politischen Fragen aufgefordert wurde, deutet darauf hin, dass er zeitweise durchaus zum Kreis der sowjetfreundlichen Intellektuellen gezählt wurde. Am 22. Juni 1930 erscheinen in der Moskauer Rundschau die Antworten auf eine Rundfrage mit dem Titel: „Wie würden Sie sich im Falle eines Krieges gegen die UdSSR verhalten?" Hintergrund war die Mandschurei-Krise und der drohende Konflikt zwischen Japan, China und Russland, der gleichzeitig auch eine Auseinandersetzung zwischen rivalisierenden Wirtschafts- bzw. Staatsformen darstellte. Zweig antwortete mit einer prinzipiellen Ablehnung jeglicher Gewalt und einem Plädoyer für die Völkerfreundschaft, vermeidet aber einen direkten Bezug auf die Sowjetunion: „[J]eder Anlass zu einer bewaffneten Einmengung in die Verhältnisse eines anderen

Staates ist darum verbrecherisch und entspricht nur den privaten und geschäftlichen Interessen von Einzelnen, durchaus aber nicht dem Gefühl der Massen und der Völker." (Zweig 1930a) Innerhalb eines Jahres hatte sich die wirtschaftliche Lage in Europa dramatisch verschärft, die radikalen Parteien profitierten von steigender Arbeitslosigkeit und politischer Unsicherheit. Romain Rolland wandte sich im Januar 1931 in dem Aufsatz *Europe, élargis-toi, ou meurs* enttäuscht von Europa ab und bekannte sich offen zur Sowjetunion. Zwar wollte Zweig nicht öffentlich mit Europa brechen, ein in der *Roten Fahne* abgedruckter Kommentar zeigt jedoch mit deutlichen Worten, dass er bisweilen dem sowjetischen Modell mehr Zutrauen schenkte als den europäischen Entwicklungen: „Wir wissen, dass heute einzig die Existenz und der großartige Aufstieg Russlands die gewaltsam hochgezüchtete Kriegslust der Reaktion in Europa bändigt und dass, wer Russland bedroht, die Freiheit der arbeitenden und schaffenden Massen in der ganzen Welt bedroht." (Zweig 1931, Beilage) Wenn Zweig dort von dem „planhaft großartigen, mit ungeheurer Energie der Führer und wundervoller Hingabe der Massen durchgeführten Aufbau" (Zweig 1931, Beilage) der Sowjetunion schreibt, mag dies vielleicht weniger, wie Kurt Böttcher vermutet, als „deutliche[ ] politische[ ] Parteinahme" (Böttcher 1971, S. 25) zu deuten sein, sondern eher als ein Versuch, das in der konservativen und bürgerlichen Presse vorherrschende negative Russlandbild zu korrigieren.

Eine tiefe Enttäuschung über die politische Verstrickung der westeuropäischen Industrie und Presse sowie die Tatenlosigkeit des Völkerbundes lässt sich aus Zweigs Stellungnahmen zur Mandschurei-Krise im Jahr 1932 herauslesen. In einem Beitrag zur Zeitschrift *Internationale Literatur* sieht er eine Bereitschaft der westeuropäischen Jugend, sich aus Perspektivlosigkeit in „sinnloseste Abenteuer" zu stürzen. Er fordert daher „innere Entschlossenheit" gegenüber der kleinen Gruppe von Industriellen, die aus „privaten Finanzsorgen" einen neuen Krieg anzetteln möchten (Zweig 1932a, S. 11). In Henri Barbusses Zeitschrift *Monde* fordert er angesichts der immer geschlossener auftretenden Reaktion Europas einen vorübergehenden Waffenstillstand der linken Parteien, um sich gemeinsam der drohenden Kriegsgefahr im fernen Osten zu stellen. Als Vermittler schlägt er dazu gerade die nicht an Doktrinen gebundenen überparteilichen Intellektuellen vor: „Les divergences philosophiques et politiques sont tout à fait secondaires à présent, par rapport à la lutte commune contre cette guerre." (Zweig 1932b)

War Zweigs verhaltene öffentliche Unterstützung Russlands also vor allem ein Versuch, dem Aufschwung der reaktionären Kräfte entgegenzuwirken, artikuliert der im gleichen Zeitraum entstandene Aufsatz *Revolte gegen die Langsamkeit. Epilogue aux elections allemandes* eine durchaus offene Kritik an den demokratischen Entscheidungsprozessen der Weimarer Republik und des Völkerbundes. Zwölf Jahre zuvor hatte Zweig dessen Gründung noch emphatisch begrüßt. Doch die gescheiterten Versuche des Völkerbundes, gesamteuropäische Interessen zu vertreten und die reaktionären Kräfte in Europa zu zügeln, hatten Zweig tief enttäuscht. Er plante ein Manifest, in dem er öffentlich die Ineffektivität des Völkerbundes anklagen würde. Rolland, der sich zu diesem Zeitpunkt bereits dem Kommunismus verschrieben hatte, versagte ihm die Unterstützung („*Ich bin über Ihre Versuche, diese bürgerlichen Ideologien zu bekehren, längst hinaus*"; Rolland/Zweig 1987 Bd. b, S. 421, Herv. i. O.), was Zweig wohl zu der Entscheidung bewegte, das Manifest in einen Aufsatz umzuarbeiten. War der Völkerbund als Instrument des Friedens und der gegenseitigen Annäherung erdacht, fällt der Ertrag für Zweig weitaus bescheidener aus: „Ein langweiliges Palaver begann, ein zweckloses Hin und Her von Höflichkeiten und Komplimenten und unverpflichtenden gegenseitigen Versicherungen. Sie sagten Frieden und meinten Aufrüstung, sie sagten Europa und meinten die Vorherrschaft ihrer eigenen Länder." (Zweig GWE, Revolte gegen die Langsamkeit, S. 176) Die Radikalisierung der Jugend und den Zuwachs bei den kommunistischen und nationalsozialistischen Parteien sieht Zweig in einem Unwillen der jungen Generation begründet, sich mit einer paralysierten Demokratie auseinanderzusetzen, die keinen nennenswerten europäischen Fortschritt bewirken kann. Zweig hofft, dass diese Radikalisierung eine Aufforderung an die demokratischen Kräfte Europas darstellt, sich konstruktiv und unbürokratisch den Problemen ihrer Zeit zu stellen und damit eine Abwendung der Jugend von demokratischen Prozessen zu verhindern.

5. Positionierung während des Nationalsozialismus, englisches Exil

Warnte Zweig zwischen 1930 und 1932 noch eindringlich vor den Gefahren einer durch die Industrie gestützten Reaktion, enthielt er sich in den ersten Jahren nach der ‚Machtergreifung' praktisch vollkommen des politschen Kommentars. Er hoffte, sich durch Zurückhaltung und unpolitisches Schreiben mit den Nationalsozialisten und dem Insel Verlag arrangieren zu können. Sein Freund Joseph Roth forderte ihn im November 1933 zur klaren Stellungnahme auf: „Alles kommt von Ihrer schwankenden Haltung. Alles Böse. Alles Mißverständliche. Alle dummen Zeitungsnotizen über Sie. Sie sind in Gefahr, den moralischen Kredit der Welt zu verlieren und im Dritten Reich nichts zu gewinnen." (Roth/Zweig 2011, S. 127) In dem Aufsatz *Die Forderung der Solidarität* (1934) thematisiert Zweig die Unvereinbarkeit von Kunst und Politik. Während sich der Künstler zur Hingabe an sein Werk Abseitigkeit und Unabhängigkeit wünsche, entstünde durch die Rezeption des Werkes und die damit einhergehende öffentliche Wahrnehmung des Schriftstellers auch eine Erwartung, sich bei der Lösung von zeitgenössischen Problemen solidarisch zu zeigen: „Die Lösung dieses Zwiespalts kann jeder Künstler nur in sich finden. Er hat das Problem in seiner ganzen Tiefe zu erleiden, wie weit er seinem Werk, wie weit er jetzt der Zeit dienen muss." (Zweig GWE, Die Forderung der Solidarität, S. 314f.) Wie im gleichzeitig erschienenen Band *Triumph und Tragik des Erasmus von Rotterdam* verzichtet Zweig hier weitgehend auf direkte Kommentare zum Zeitgeschehen und beschränkt sich stattdessen auf Andeutungen („in den letzten Zeiten [...], als Judentum wieder zu einem tragischen Schicksal geworden ist", S. 314) die allgemein allegorischen und existentiellen Charakter haben. Dass sich Zweig bewusst dem „Zwang zur Politik" (Mann o. J., S. 853) entzog und eine abwartende Haltung einnahm, lag womöglich weniger daran, dass ihm „die Literatur wichtiger geworden ist als die geistige Haltung und Tapferkeit" (Fischer 1933, S. 135), sondern an einer Überzeugung, die Zweig erstmals in der Erzählung *Die Augen des ewigen Bruders* (1921) formulierte: „Keines Lebendigen Schicksal will ich halten, denn wer Schicksale formt, fällt in Schuld." (Zweig GWE, Die Augen des ewigen Bruders, S. 40) Die Befürchtung, als Person des öffentlichen Lebens und zudem als Jude durch politische Kommentare einen negativen Einfluss auf das Schicksal der in Deutschland verbliebenen Juden auszuüben, zieht sich leitmotivisch durch die Aufsätze im englischen Exil zwischen 1934 und 1938. Zweig verlangt stattdessen von den Exiljuden Zurückhaltung und zielgerechte Hilfe im kleinen Rahmen statt öffentlicher Aktionen. In *Eine Ansprache* (1936) beschreibt Zweig die allmähliche Wandlung eines ursprünglich religiösen in einen sozialen und ethnischen Antisemitismus. Er vermutet, dass die von Juden im Laufe der Assimilation eingenommenen Führungspositionen in Politik, Wirtschaft und Kultur Ressentiments in Deutschland geweckt haben: „Nichts war verhängnisvoller für die Entwicklung der Dinge in Deutschland als der starke Auftrieb der jüdischen Politiker nach der Revolution; nichts ist in der Geschichte von Tausend Jahren dem Judentum so verhängnisvoll gewesen als seine Liebe zum Sichtbaren, zum Prunk und zur Pracht, zum lauten, zum fühlbaren Erfolg." (Zweig GWE, Eine Ansprache, S. 225; → IV.2 BIBLISCHE STOFFE UND MOTIVE; V.8 JUDENTUM UND JÜDISCHE IDENTITÄT) Mit Verweis auf die jüdische Verehrung des Unsichtbaren sieht er in einem stillen Helfen im Hintergrund wie schon nach 1918 den angemessensten Umgang mit den Ereignissen in Deutschland. Während etwa Joseph Roth diese Haltung missbilligt („Unrecht haben Sie nur mit der *Zurückhaltung*"; Roth/Zweig 2011, S. 240, Herv. i. O.), ist er einer von jenen Intellektuellen, die im Exil von Zweigs stillschweigenden finanziellen Zuwendungen profitieren. Zwar räumt Zweig 1938 in einem für die *Freie Tribüne* bestimmten Typoskript ein, dass nunmehr keine Möglichkeit besteht, außerhalb der Politik zu leben („wie ich es persönlich mein ganzes Leben versuchte"; Zweig GWE, Für die ‚Freie Tribüne', Paris, S. 273), er warnt Juden jedoch erneut davor, gerade in dieser Zeit öffentliche Führungspositionen zu übernehmen. Nur wenige Monate vor den Novemberpogromen hoffte Zweig, dass die eigene Strategie der Zurückhaltung den nationalsozialistischen Antisemitismus nicht noch weiter anfachen würde. In dem Aufsatz *Keep out of Politics!* (1938) verdeutlicht Zweig diese Haltung: „Any responsibility nowadays, as things are going, is of sevenfold magnitude, and for a Jew seventy times seven. It is therefore a painful experience for Jews to see a Jew taking upon himself now decisions that affect the lives of millions of people." (Zweig 1938) Zweigs Empfehlung („there are countless ways of serving an idea – books, speech, self-sacrificing, devoted work"; Zweig 1938) ist einmal mehr die Strategie, die er literarisch (vgl. *Castellio gegen Calvin*, 1936) und persönlich zur Bewältigung der Krise gewählt hatte.

6. Letzte Exilstationen und späte Aufforderung zur Aktion

Nach dem ‚Anschluss' Österreichs im März und den Pogromen im November 1938 lässt sich zum letzten Mal eine Veränderung in Zweigs Publizistik zum Zeitgeschehen feststellen. Die selbstauferlegte Zurückhaltung, die sein Schreiben seit der ‚Machtergreifung' bestimmt hatte, wich der Aufforderung an die verbleibenden freien Intellektuellen, anstelle der Unterdrückten in Europa zu sprechen. *Das große Schweigen* ist eine atmosphärische Darstellung der Bedrückung, die sich durch Angst vor Terror, durch Sorge um Freunde und die Ausrottung der Kultur in Mitteleuropa verbreitet hatte. Zweig möchte im Namen jener Andersdenkenden sprechen, denen die eigene Meinungsäußerung seit Jahren untersagt ist: „Ich glaube, dass die erste Pflicht aller, die die Freiheit des Redens haben, heute die ist, im Namen der Millionen und Abermillionen zu sprechen, die es selber nicht mehr können, weil dieses unentwendbare Recht ihnen entwendet worden ist. Niemals in der Geschichte ist so weithin, so methodisch und systematisch, ähnliche Gewalt geübt worden." (Zweig 1940, S. 424) Nach seiner Ankunft in den USA schwebt Zweig sogar vor, zusammen mit anderen Intellektuellen gegen die Propagandamaschine des Faschismus anzukämpfen: „Our word should become, against all the odds, stronger and stronger. The louder the shoutings of fanaticism, the stronger should be our word, the voice of reason. Some of us may be stifled, but governments cannot kill all of us." (Zweig 1941) Eine ähnliche Botschaft enthält Zweigs Ansprache *In dieser dunklen Stunde* (1941). Es ist eine Aufforderung an die Exilschriftsteller, die eigene Freiheit zu nutzen, um gegen die Unterdrückung der Mitmenschen in Deutschland zu protestieren und damit scheinbar eine Abkehr von Zweigs früherer Zurückhaltung: „Es ist an uns heute, an uns, denen das Wort gegeben ist, inmitten einer verstörten und halb schon vernichteten Welt den Glauben und die moralische Kraft, das Vertrauen in die Unbesiegbarkeit des Geistes trotz allem unerschütterlich aufrechtzuerhalten." (Zweig GWE, In dieser dunklen Stunde, S. 278)

Dieses scheinbar neue Engagement wurde jedoch von einem Pessimismus begleitet, der bezweifelte, dass der Einzelne noch in den Lauf der Politik eingreifen und die drohende Katastrophe abwenden konnte. Das Londoner Kriegstagebuch von 1940 (→ III.15 Tagebücher) ist von einem Gefühl der Hoffnungslosigkeit durchdrungen: „Es ist vorbei. Europa erledigt, unsere Welt zerstört. *Jetzt* sind wir erst wirklich heimatlos." (16. Juni 1940; Zweig GWE, Tb, S. 472, Herv. i. O.) Die einzige Rettung sah Zweig in einer Verteidigung der inneren Freiheit, später exemplarisch in der Figur des Dr. B in der *Schachnovelle* dargestellt. Zweigs letzte Stellungnahmen zum Zeitgeschehen lassen sich angesichts dieser Widersprüchlichkeiten vor allem als Zweckoptimismus lesen, dem einerseits das Bewusstsein der unantastbaren inneren Freiheit zugrunde lag, andererseits der Glaube an eine ewige Gerechtigkeit, die er zuvor meist in der Figur des Besiegten verkörpert hatte (→ V.3 Das Motiv des Besiegten). So heißt es in *Das große Schweigen*: „Und das Leben würde nichts mehr für mich bedeuten, hätte ich nicht die glühende Überzeugung, dass von der ewigen Gerechtigkeit ihr anklagendes Schweigen erhört werden wird." (Zweig 1940, S. 426)

Stefan Zweig

Rolland, Romain/Zweig, Stefan (1987a): Briefwechsel 1910–1940. Bd. I: 1910–1923. Berlin: Rütten & Loening.
Rolland, Romain/Zweig, Stefan (1987b): Briefwechsel 1910–1940. Bd. II: 1924–1940. Berlin: Rütten & Loening.
Roth, Joseph/Zweig, Stefan (2011): „Jede Freundschaft mit mir ist verderblich". Briefwechsel 1927–1938. Hg. v. Madeleine Rietra u. Rainer Joachim Siegel. Mit einem Nachwort v. Heinz Lunzer. Göttingen: Wallstein.
Zweig, Stefan (1917): A mes frères français. In: Demain 20/1917, S. 125–128.
Zweig, Stefan (1919): Aus abgesperrter Welt. In: Neue Freie Presse, 3. 7. 1919, S. 1–3.
Zweig, Stefan (1930a): Wie würden Sie sich im Falle eines Krieges gegen die UdSSR verhalten? [Antwort auf eine Rundfrage]. In: Moskauer Rundschau 2/59/22. 6. 1930, S. 2.
Zweig, Stefan (1930b): Etwas über Macht und Moral. In: Kunst und Volk 4/9/1930, S. 286–288.
Zweig, Stefan (1931): Schriftsteller für die Sowjetunion [Antwort auf eine Rundfrage]. In: Die rote Fahne, 30. 7. 1931, o. S.
Zweig, Stefan (1932a): Beim Donner der Geschütze [Antwort auf eine Rundfrage]. In: Internationale Literatur. Zentralorgan der Internationalen Vereinigung Revolutionärer Schriftsteller 2/2/1932, S. 7–12.
Zweig, Stefan (1932b): „Le congrès mondial." In: Monde – Hebdomadaire International d'Information Litteraire/Artistique/Scientifique et Sociale 216/23. 7. 1932, S. 13.
Zweig, Stefan (1938): Keep out of politics. In: Query 2/1938, S. 77.

Zweig, Stefan (1940): Das große Schweigen. In: Das Neue Tage-Buch, 4. 5. 1940, S. 424–426.
Zweig, Stefan (1941): The Mission of the Intellectuals. In: Adam International Review 13/152/1941, S. 2.
Zweig, Stefan (1983): An die Freunde in Fremdland. In: Ders.: Die schlaflose Welt. Aufsätze und Vorträge aus den Jahren 1909–1941. GWE. Hg. v. Knut Beck. Frankfurt a.M.: S. Fischer, S. 42–47.
Zweig, Stefan (1983): Aufruf zur Geduld. In: Ders.: Die schlaflose Welt. GWE. Hg. v. Knut Beck. Frankfurt a.M.: S. Fischer, S. 155–158.
Zweig, Stefan (1983): Bekenntnis zum Defaitismus. In: Ders.: Die schlaflose Welt. GWE. Hg. v. Knut Beck. Frankfurt a.M.: S. Fischer, S. 122–125.
Zweig, Stefan (1983): Das Land ohne Patriotismus. In: Ders.: Die schlaflose Welt. GWE. Hg. v. Knut Beck. Frankfurt a.M.: S. Fischer, S. 7–16.
Zweig, Stefan (1983): Der Turm zu Babel. In: Ders.: Die schlaflose Welt. GWE. Hg. v. Knut Beck. Frankfurt a.M.: S. Fischer, S. 68–73.
Zweig, Stefan (1983): Die Entwertung der Ideen. In: Ders.: Die schlaflose Welt. GWE. Hg. v. Knut Beck. Frankfurt a.M.: S. Fischer, S. 126–131.
Zweig, Stefan (1983): Die Erziehung zum republikanischen Bewußtsein. In: Ders.: Die schlaflose Welt. GWE. Hg. v. Knut Beck. Frankfurt a.M.: S. Fischer, S. 136–140.
Zweig, Stefan (1983): Die Tragik der Vergeßlichkeit. In: Ders.: Die schlaflose Welt. GWE. Hg. v. Knut Beck. Frankfurt a.M.: S. Fischer, S. 141–146.
Zweig, Stefan (1983): Die Wahl der Staatsangehörigkeit. In: Ders.: Die schlaflose Welt. GWE. Hg. v. Knut Beck. Frankfurt a.M.: S. Fischer, S. 147–149.
Zweig, Stefan (1983): Ein Wort von Deutschland. In: Ders.: Die schlaflose Welt. GWE. Hg. v. Knut Beck. Frankfurt a.M.: S. Fischer, S. 30–33.
Zweig, Stefan (1983): Eine Ansprache. In: Ders.: Die schlaflose Welt. GWE. Hg. v. Knut Beck. Frankfurt a.M.: S. Fischer, S. 211–226.
Zweig, Stefan (1983): Für die „Freie Tribüne", Paris. In: Ders.: Die schlaflose Welt. GWE. Hg. v. Knut Beck. Frankfurt a.M.: S. Fischer, S. 273–275.
Zweig, Stefan (1983): In dieser dunklen Stunde. In: Ders.: Die schlaflose Welt. GWE. Hg. v. Knut Beck. Frankfurt a.M.: S. Fischer, S. 276–278.
Zweig, Stefan (1983): Opportunismus, der Weltfeind. In: Ders.: Die schlaflose Welt. GWE. Hg. v. Knut Beck. Frankfurt a.M.: S. Fischer, S. 132–135.
Zweig, Stefan (1983): Revolte gegen die Langsamkeit. In: Ders.: Die schlaflose Welt. GWE. Hg. v. Knut Beck. Frankfurt a.M.: S. Fischer, S. 174–180.
Zweig, Stefan (1983): Zutrauen zur Zukunft. In: Ders.: Die schlaflose Welt. GWE. Hg. v. Knut Beck. Frankfurt a.M.: S. Fischer, S. 166–173.
Zweig, Stefan (1984): Die Forderung der Solidarität. In: Ders.: Das Geheimnis des künstlerischen Schaffens. GWE. Hg. v. Knut Beck. Frankfurt a.M.: S. Fischer, S. 312–315.
Zweig, Stefan (1984): Emile Verhaeren. GWE. Hg. v. Knut Beck. Frankfurt a.M.: S. Fischer.
Zweig, Stefan (1984): Tagebücher. GWE. Hg. v. Knut Beck. Frankfurt a.M.: S. Fischer.
Zweig, Stefan (1987): Reise nach Rußland. In: Ders.: Auf Reisen. Feuilletons und Berichte. GWE. Hg. v. Knut Beck. Frankfurt a.M.: S. Fischer, S. 277–322.
Zweig, Stefan (1990): Die Monotonisierung der Welt. In: Ders.: Zeiten und Schicksale. Aufsätze und Vorträge aus den Jahren 1902–1942. GWE. Hg. v. Knut Beck. Frankfurt a.M.: S. Fischer, S. 30–39.
Zweig, Stefan (1998): Briefe. Bd. II: 1914–1919. Hg. v. Knut Beck, Jeffrey B. Berlin u. Natascha Weschenbach-Feggeler. Frankurt a.M.: S. Fischer.
Zweig, Stefan (2001[4]): Die Welt von Gestern. Erinnerungen eines Europäers. GWE. Frankfurt a.M.: S. Fischer.
Zweig, Stefan (2007[3]): Die Augen des ewigen Bruders. In: Ders.: Rahel rechtet mit Gott. Legenden. GWE. Hg. v. Knut Beck. Frankfurt a.M.: S. Fischer, S. 12–55.

Weitere Literatur

Bloch, Ernst (2012): Mensch und Idee. In: Müller, Karl (Hg.): Stefan Zweig – Neue Forschung. Würzburg: Königshausen & Neumann, S. 163–165.

Böttcher, Kurt (1971): Einleitung. In: Gorki, Maxim/Zweig, Stefan: Briefwechsel. Hg. v. Kurt Böttcher. Leipzig: Reclam, S. 5–27.

Fischer, Ernst (1933): Briefe, die den Weg beleuchten. In: Neue deutsche Blätter 1/3/1933, S. 135.

Heinemann, Franz (1918): Millionenblutopfer und Ideenfortschritt. In: Neue Zürcher Zeitung, 11. 8. 1918, S. 3.

Mann, Thomas (o. J.): Der Zwang zur Politik. In: Ders.: Gesammelte Werke. Bd. XII. Frankfurt a. M.: S. Fischer, S. 853.

Salten, Felix (1925): Monotonisierung der Welt? In: Neue Freie Presse, 8. 2. 1925, S. 1–2.

Steiman, Lionel (1970): Stefan Zweig – The Education of an Aesthete and his Response to War and Politics. Diss. Univ. of Pennsylvania.

14.2 Europa-Reden

Stephan Resch

„Europa, einst einer unserer höchsten geistigen Begriffe, ist wieder zum geographischen herabgesunken, die große Gemeinschaft großer Nationen, entwürdigt zu einem unerträglichen und unsinnigen Gezänk und Zwist der Völker. Den ‚guten Europäer', von Nietzsche erträumt, in der Wirklichkeit schon fast zum Handgreifen nahe, haben die Jahre des Krieges beinahe ausgerottet oder unsichtbar gemacht." (Zweig GWE, Ehrfurcht vor Georg Brandes, S. 163) So kommentiert Stefan Zweig ernüchtert den geistigen Zustand Europas zur Zeit der deutschen und österreichischen Hyperinflation. Zweigs Interesse an einem übernationalen Wirken und völkerverbindenden Engagement zeigt sich schon seit der Studienzeit durch Übersetzungen und zahlreiche internationale Korrespondenzen (→ III.16 BRIEFE) und kommt während des Krieges vor allem durch parabelhafte Darstellung eines geistigen Fundaments Europas (vgl. *Der Turm zu Babel*, 1916) zum Ausdruck. Erst in den 1920er Jahren kommt es zu einer systematischeren Beschäftigung mit der europäischen Idee. Auslöser war vermutlich die 1922 gegründete, äußerst einflussreiche *Paneuropa-Union* des Grafen Richard Nikolaus von Coudenhove-Kalergi, die als bedeutendste Einigungsbewegung der Zwischenkriegszeit die Idee des europäischen Föderalismus in weiten Gesellschaftskreisen salonfähig machte. Paneuropa suchte Unterstützung sowohl in den Rängen des sozialdemokratischen und konservativen Spektrums der Politik als auch in der Industrie, der Kirche und der Kultur. Besonders nach der Unterzeichnung der Locarno-Verträge 1925 wurde Europa zum Modethema, eine Tatsache, gegen die Zweig in *Internationalismus oder Kosmopolitismus* (1926) das Wort ergreift.

Zweigs Kritik zielt besonders auf jene Schriftsteller ab, die sich im Klima der politischen Wiederannäherung ein Europa-Bekenntnis auf die Fahnen schreiben, ohne dabei tatsächlich überzeugte Europäer zu sein. Dabei war es weniger die plötzliche Popularität des Themas, an der sich Zweig störte, als „der Lärm und die plakathafte Inszenierung" (Zweig 1926, S. 1). Damit waren sowohl Coudenhove-Kalergis medienwirksam inszenierte Kongresse als auch die Vortragsreisen bekannter Schriftsteller gemeint („Thomas Mann, Paul Valéry machen den Kinostars Konkurrenz"; Rolland/

Zweig 1987, S. 187), die im großen gesellschaftlichen Rahmen die Europa-Idee propagierten. Zweig befürchtete, dass viele dieser ‚Missionare des Geistes' ihre proeuropäischen Reden nur so lange halten würden, solange es politisch opportun und solange ihr Europäertum persönlich einträglich sei. Ähnlich wie in *Opportunismus, der Weltfeind* (1918), als Zweig die „Zechpreller der Verantwortung" (Zweig GWE, Opportunismus, der Weltfeind, S. 133) des Ersten Weltkriegs zur Rechenschaft zog, möchte er hier die überzeugten Europäer von jenen Scheineuropäern unterschieden wissen, die wenige Jahre zuvor noch den Nationalismus verteidigten. So bezeichnet er den Kosmopolitismus als „eine bloß gesellschaftliche, eine konventionelle gegenseitige Gastlichkeit zwischen den Nationen[,] [die] politisch günstige Verhältnisse zwischen diesen Nationen zur Voraussetzung hat" (Zweig 1926, S. 2). Internationalismus dagegen sei „Bekenntnis zur unzerstörbaren, von den Wirrnissen und Engstirnigkeit der Politik unabhängigen Einheit der Nationen: er überdauert nicht nur den Krieg, sondern eben der Krieg wird seine entscheidende, seine höchste Probe" (S. 2). Ebenso zweifelt Zweig den Wert vieler neu gegründeter Vereine und Gesellschaften an, die sich der internationalen Zusammenarbeit verschrieben haben. Obwohl er etwa Coudenhoves Initiative begrüßt („Paneuropa […] ist durchaus notwendig und mir ungemein sympathisch, vorausgesetzt, daß es nicht gegen Rußland und Asien sich einmal zur Waffe wendet"; Zweig, Br III, S. 171), befürchtet er, dass bei vielen dieser Gruppierungen das vordergründige Bekenntnis zu Europa lediglich eine Folge der zeitgenössischen proeuropäischen Stimmung ist. Hier spiegelt sich einmal mehr Zweigs Misstrauen gegenüber einer politischen Annäherung auf höchster Ebene. Er ist davon überzeugt, dass eine wahre Völkerfreundschaft nur dann Bestand hat, wenn sie im kleinsten, freundschaftlichen Kreis gewachsen ist. Zweigs Befürchtungen wurden nach der Wirtschaftskrise von 1929 weitgehend bestätigt. Besonders in Deutschland gewannen die nationalistischen Kräfte, unterstützt durch die Industrie, entscheidend an Einfluss, das europäische Tauwetter schien vorüber.

Wie tiefgreifend die Ereignisse von 1929 Zweigs Ausblick veränderten, lässt sich an dem im März 1929 in Belgien gehaltenen Vortrag *Die europäische Idee in der Literatur* belegen. Obwohl viele der hier gebrauchten Thesen und Beispiele bereits das Grundgerüst für Zweigs bekanntere Europa-Aufsätze aus dem Jahr 1932 darstellen, herrscht in diesem Text noch eine optimistische Grundstimmung vor. Zweig betrachtet Momente der europäischen Geschichte, in denen bereits ein europäisches Bewusstsein existierte, bevor es durch politische oder gesellschaftliche Umwälzungen zeitweilig verdrängt wurde. Anders als in seinen späteren Aufsätzen postuliert Zweig darauf aufbauend jedoch keine geschichtsphilosophischen Thesen. Vielmehr sieht er die zunehmende technische und wissenschaftliche Vernetzung zwischen europäischen Staaten, ihre schnelle Angleichung im Zuge der Modernisierung als Ausgangspunkt für eine Literatur, die diese Entwicklungen reflektieren müsse. Mit Bezug auf Nietzsche, Verhaeren, Rolland und Georg Brandes fordert er eine Literatur, die sich über ihren nationalen Horizont hinaus entwickelt, ohne dabei ihre Identität zu verlieren: „Wie der Techniker, wie der Kaufmann, wie der Politiker müssen wir lernen endlich definitiv in grösseren Dimensionen, in weiteren Maßen zu denken und wenn wir Bücher schreiben oder Bilder malen, nicht an die Stadt denken in der wir wohnen, nicht an das Land bloss, dessen Staatsbürger wir sind, sondern einzig an Europa." (Zweig 1929, S. 17) Dieser zeitgenössische Europa-Gedanke ist für Zweig definiert durch einen Fortschrittsoptimismus auf der Basis wissenschaftlicher Entwicklung und einen unbedingten Glauben an das gemeinsame Schicksal der europäischen Nationen. Zweig hatte sich in den Jahren vor der Weltwirtschaftskrise nur selten zu europäischen oder weltpolitischen Fragen geäußert. Dass er es hier doch tat, mag mit einem sensibilisierten Bewusstsein für die Wiedererstarkung der reaktionären Kräfte zusammenhängen, die ihn nach der Rückkehr von seiner Russland-Reise 1928 besonders beschäftigt. So schreibt er über den Vortrag an Kippenberg: „Gern tat ich es nicht, aber es spielen da politische Hintergründe und Gesinnungsabsichten mit." (Zweig, Br III, S. 586)

Drei Jahre später ist der optimistische Grundtenor einem akuten Krisenbewusstsein gewichen. Vor dem Hintergrund wachsender Spannung zwischen Japan und der Sowjetunion während des Mandschurei-Konflikts und einer möglichen Intervention europäischer Staaten sind Zweigs bekannteste Europa-Aufsätze *Der europäische Gedanke in seiner historischen Entwicklung* (1932) und *Die moralische Entgiftung Europas* (1932) entstanden. Anders als *Internationalismus oder Kosmopolitismus* sind diese Texte nicht in erster Linie als Reaktionen auf das Zeitgeschehen zu verstehen, sondern als grundlegende Bausteine für Zweigs Europa-Bild, das gleichzeitig eng mit seinem Geschichtsverständnis verbunden ist. Zweig versteht, in Anlehnung an Nietzsche, Europa vor allem als kulturgeschichtlichen Begriff, der durch das gemeinsame griechisch-römisch-christliche Erbe der europäischen Völker geprägt ist. Wie Nietzsche sieht auch er den Wunsch zur Vereinigung als eine treibende Kraft der europäischen Geschichte und betrachtet die Nationalstaaten lediglich als ein Zwischenstadium auf dem Weg zu einem übernationalen Zusammenschluss: „[I]m Grunde strebt, gemäß der immer wachsenden Weite des Blicks, die Menschheit immer höheren und fruchtbareren Vereinigungen entgegen." (Zweig GWE, Der europäische Gedanke in seiner historischen Entwicklung, S. 186) Dieser positivistisch anmutende, in seinen Triebkräften kaum hinterfragte Fortschrittsoptimismus (Zweig sieht vor allem in Technik und Wissenschaft Indikatoren einer unproblematischen und unbegrenzten Weiterentwicklung) steht einem Defaitismus gegenüber, der politisch bedingte Rückschläge in dieser Entwicklung als beinahe schicksalhafte und daher unabwendbare Fügung akzeptiert: „Durch die ganze Geschichte spielen diese beiden Triebe der Anziehung und Abstoßung, des Friedens und des Krieges, der konzentrische und expansive, unablässig gegeneinander." (S. 186) Dadurch entsteht für die europäische Entwicklung gesehen eine Wellenbewegung, bei der in gewisser Regelmäßigkeit mit kulturellen Höhepunkten (die Zweig etwa am Beispiel der römischen Zivilisation und der Renaissance beschreibt) und unvermeidbaren Zeiten der kulturellen Verarmung (bei Zweig etwa das Mittelalter) zu rechnen ist. Anstatt konstruktive Politik als Voraussetzung für die kulturelle Blüte einer Epoche anzusehen, ist Zweig von der Unvereinbarkeit der beiden Sphären überzeugt. Zweig interpretiert die zyklischen Entwicklungen der europäischen Geschichte daher kaum in einem weiteren wirtschafts-, wissenschafts- und gesellschaftsgeschichtlichen Kontext, sondern betrachtet sie vielmehr als Resultat einer erweiterten Individualpsychologie („Was aber sind Völker anderes als kollektive Individuen?"; S. 185). Es stehen sich dabei zumeist die Prinzipien von Geist bzw. Moral und Gewalt bzw. Macht gegenüber, deren Vorherrschaft sich nach Zweigs psychologischer Deutung regelmäßig verschieben muss: „Aber unerbittlich wie Ebbe der Flut, folgen solchen leidenschaftlichen Augenblicken der Verbrüderung die Gegenelemente des Zwistes und der Zerstörung: die menschliche Natur kann nicht ohne Kontraste leben." (S. 195) Für Zweig sind jene Momente der europäischen Entwicklung, in denen Fortschritt und Verbrüderung der Völker durch staatliche Gewalt und nationalistische Bestrebungen unterbrochen werden, freilich nichts anderes als ‚Zwischenaktspolitik' (Nietzsche), die die Entwicklung hin zu einer Einheit Europas nicht langfristig aufhalten können. Zweig übernimmt von Nietzsche auch einen gewissen Eurozentrismus, der den Rest der Welt aus seinen Überlegungen weitgehend ausschließt und eine Überzeugung nährt, dass noch 1932 die zerstrittenen Staaten Europas eine globale Führungsposition innehätten, die sie jedoch verlieren könnten, falls sie sich nicht zur Zusammenarbeit durchringen könnten. Zweigs Betrachtungen zu den Höhen und Tiefen der europäischen Geschichte enden mit einem Ausblick, der die Ambivalenz seiner Geschichtsinterpretation spiegelt: Den europäischen Gedanken sieht er angesichts des grassierenden Nationalismus in Europa als vorerst nicht umsetzbar. Doch das Bewusstsein von der Unzerstörbarkeit des Geistes, die er im Aufsatz quasi als geschichtliches Gesetz postuliert, kann dem Einzelnen über die Rückschläge der europäischen Entwicklung hinweghelfen: „Aber wer entschlossen über das Bestehende und Rückständige hinwegdenkt, schafft sich zumindest eine persönliche Freiheit unserer unsinnigen Zeit gegenüber." (S. 209) Zweigs Beschäftigung mit der europäischen Geschichte erfüllt gleichzeitig eine Ventilfunktion in einer zunehmend politisierten Zeit. So schreibt er 1934 an Lavinia Mazzucchetti: „Wenn man sich in diesen Zeiten viel mit Geschichte beschäftigt, so sieht man auch das Gegenwärtige mit einem überlegenen Blick; ich denke nicht daran, mich in eine unfruchtbare Opposition zu Tagesgeschehnissen drängen zu lassen" (Zweig, Br IV, S. 82).

Die Grundzüge des soweit entworfenen Europa-Bildes lassen sich auch in *Die moralische Entgiftung Europas* wiedererkennen. So wird auch hier der Staatenbund zu einem menschlichen Organismus, der von Zweig psychologisch interpretiert wird. Er attestiert dem Kontinent eine künstlich angefachte Leidenschaft, die durch die Propaganda des Krieges 1914 ausgelöst wurde und sich durch die politischen Spannungen der 1920er Jahre bis in die Gegenwart übertragen habe. Ist in *Der europäische Gedanke in seiner historischen Entwicklung* noch von einem Rückzug aus dem politischen Leben zur Bewahrung der persönlichen Freiheit die Rede, macht Zweig hier konkrete Vorschläge zur Gesundung des überspannten Organismus. Angelehnt an die zeitgenössischen Europadiskurse von Alfred H. Fried (vgl. *Die Grundlagen des ursächlichen Pazifismus*, 1908) und Richard Coudenhove-Kalergi (vgl. *Paneuropa*, 1923), fordert er verbindliche Rahmenbedingungen für die Interaktionen europäischer Staaten, das Ende der Geheimdiplomatie sowie einen europäischen Gerichtshof zur Schlichtung von zwischenstaatlichen Konflikten. Darüber hinaus befürwortet er einen aktiven Austausch der europäischen Jugend als Antidoton gegen nationalistische Voreingenommenheit. Im Gegensatz zu Fried und Coudenhove-Kalergi, die den kulturellen Austausch als notwendigen, aber der politischen und wirtschaftlichen Neugestaltung Europas eher untergeordneten Faktor ansahen, ist das Bewusstsein einer kulturellen Einheit für Zweig Voraussetzung für einen stabilen Zusammenschluss. Um dieses Bewusstsein der gemeinsamen kulturellen Wurzeln zu stärken, schlägt er vor, schon in den Schulen weniger die intrinsisch gewaltbetonten Nationalgeschichten zu unterrichten, sondern mehr die auf Kooperation beruhende Kulturgeschichte. Sieben Jahre später wird Zweig diese Idee in dem Aufsatz *Die Geschichtsschreibung von morgen* noch weiter konkretisieren. In *Die moralische Entgiftung Europas* lässt sich die für Zweig in den 1930er Jahren typische Überhöhung der Kultur- und Wissenschaftsgeschichte feststellen, die zum charakteristischen Element eines binären, von Gewalt und Kultur geprägten Europa-Bildes wird. Gerade in Zeiten der politischen Spannungen muss der Glaube an eine Unvergänglichkeit kultureller Leistung als Ersatz für eine wahrgenommene politische Ohnmacht herhalten: „Blicken wir das Geschehen der Welt durch die Kulturgeschichte an, so fördern wir unbewußt den Geist der Gemeinsamkeit und das Gefühl des Optimismus, denn hier ist Aufstieg ohne Ende, eine in immer höhere Sphären aufklingende Harmonie." (Zweig GWE, Die moralische Entgiftung Europas, S. 47)

Eine leichte Verschiebung hin zu einem wehrhafteren Humanismusbegriff lässt sich in dem Vortrag *Einigung Europas* feststellen. Das zu Lebzeiten unveröffentlichte, undatierte Manuskript stammt vermutlich aus den Jahren 1935 bis 1937 (vgl. Zweig 2013). Zweigs binärer Europa-Begriff liegt auch hier der Frage zugrunde, wie der europäische Gedanke gegenüber dem nationalen Gedanken durchgesetzt werden kann. Hatte Zweig in früheren Aufsätzen noch die historischen Zyklen als Fatum hingenommen, wird hier der Versuch deutlich, mit aktivem Engagement dem Nationalismus entgegenzutreten. Die vermutlich zur gleichen Zeit entstandenen Biografien *Triumph und Tragik des Erasmus von Rotterdam* (1934) und *Castellio gegen Calvin* (1936) zeigen eine vergleichbare Entwicklung von einem elitären zu einem kämpferischen Humanismus. Erkennt Zweig im *Erasmus*, dass der Humanismus „von oben herab das Volk belehren wollte, statt zu versuchen, es zu verstehen und von ihm zu lernen" (Zweig GWE, Triumph und Tragik des Erasmus von Rotterdam, S. 97), betrachtet er in *Einigung Europas* den Humanismus als „das Eigentum einer dünnen Oberschicht und nicht wurzelhaft eingedrungen in das eigentliche Erdreich der Völker" (Zweig 2013, S. 6). Zweig schrieb diesen Text vermutlich für einen Vortrag in Paris, der jedoch nicht zustande kam. Er unterstreicht darin, dass der Nationalismus einen strategischen Vorteil habe, einerseits, weil er seit langem institutionalisiert sei, andererseits, weil er an den „leidenschaftlichen Instinkt" eines „sacro egoismo" appelliert und damit für den Durchschnittsmenschen weitaus zugänglicher sei als der erst „aus Erkenntnis" gewonnene Humanismus. Zweigs Verständnis von der Verantwortung des Intellektuellen verändert sich im Exil – und damit auch sein Glaube an die Macht des Geistes. In Zeiten von faschistischen Massenkundgebungen hat er das Vertrauen auf die alleinige Wirkung des Wortes verloren und möchte sich ‚agitatorischer' Mittel bedienen: „Soll also unser Gedanke wirkliche Wirkung haben, so müssen wir ihn aus der esoterischen Sphäre der geistigen Diskussion herausführen und alle unsere Kraft daran wenden, unsere Idee auch für die weiten Kreise sichtbar und einsichtig zu machen." (S. 9) Zweig möchte den europäischen Gedanken mit einem konkreten Vorschlag greifbar machen: Für jeweils einen Monat soll eine einzige europäische Stadt Veranstaltungsort internationaler Kongresse werden. Während dieser Zeit wäre die jeweilige Stadt nicht nur im Zentrum des europäischen Interesses, sie würde auch der Bevölkerung den Begriff der Internationalität veranschaulichen. Die Vorstellung einer Idee, ein „sichtbares Zentrum zu finden" (S. 12), war Zweig jahrelang fremd gewesen. Hatte er sich noch Ende der 1920er Jahre an dem „Lärm und der plakathaften Inszenierung" der Europa-Befürworter gestört, muss er nun die Breitenwirkung solcher Inszenierungen einräumen:

14.2 Europa-Reden

Fürchten wir uns nicht, dass diese Feste vielleicht einen gewissen theatralischen Charakter annehmen könnten, sondern seien wir uns klar, dass nichts unserer etwas abstrakten Idee so notwendig ist als das, was wir in Deutschland Aufmachung, in Frankreich mise en scene, nennen, lassen wir da unsere eingeborene Scheu abseits. Seit dem Altertum hat jede Art Politik immer wieder das Bestreben gehabt, optisch zu werden, und eine europäische Politik muss mit aller Kraft und List der europäischen Technik bedient sein [sic], mit Rundfunk und Lautsprecher, mit Sportfesten und Darbietungen, mit dem Aufgebot grosser lebendiger Massen, denn nur die sichtbare Masse macht Eindruck auf die Masse, und starke Bewegung im realen Raum unterstützt die geistige Bewegung. (S. 16 f.)

Es ist der gleiche Gedanke eines wehrhaften Humanismus, den Zweig in seiner Biografie *Castellio gegen Calvin* zum Ausdruck bringt.

Stefan Zweig

Rolland, Romain/Zweig, Stefan (1987): Briefwechsel 1910–1940. Bd. II: 1924–1940. Berlin: Rütten & Loening.

Zweig, Stefan (1926): Internationalismus oder Kosmopolitismus. In: Die literarische Welt 27/2. 7. 1926, S. 1–2.

Zweig, Stefan (1929): Die europäische Idee in der Literatur. Unveröffentlichtes Manuskript. Daniel A. Reed Library. State Univ. of New York, Fredonia.

Zweig, Stefan (1983): Der europäische Gedanke in seiner historischen Entwicklung. In: Ders.: Die schlaflose Welt. Aufsätze und Vorträge aus den Jahren 1909–1941. GWE. Hg. v. Knut Beck. Frankfurt a.M.: S. Fischer, S. 185–210.

Zweig, Stefan (1983): Der Turm zu Babel. In: Ders.: Die schlaflose Welt. Aufsätze und Vorträge aus den Jahren 1909–1941. GWE. Hg. v. Knut Beck. Frankfurt a.M.: S. Fischer, S. 68–73.

Zweig, Stefan (1983): Ehrfurcht vor Georg Brandes. In: Ders.: Die schlaflose Welt. Aufsätze und Vorträge aus den Jahren 1909–1941. GWE. Hg. v. Knut Beck. Frankfurt a.M.: S. Fischer, S. 163–165.

Zweig, Stefan (1983): Opportunismus, der Weltfeind. In: Ders.: Die schlaflose Welt. Aufsätze und Vorträge aus den Jahren 1909–1941. GWE. Hg. v. Knut Beck. Frankfurt a.M.: S. Fischer, S. 132–135.

Zweig, Stefan (1990): Die moralische Entgiftung Europas. In: Ders.: Zeiten und Schicksale. Aufsätze und Vorträge aus den Jahren 1902–1942. GWE. Hg. v. Knut Beck. Frankfurt a.M.: S. Fischer, S. 40–56.

Zweig, Stefan (2000): Briefe. Bd. III: 1920–1931. Hg. v. Knut Beck u. Jeffrey B. Berlin. Frankfurt a.M.: S. Fischer.

Zweig, Stefan (2005): Briefe. Bd. IV: 1932–1942. Hg. v. Knut Beck u. Jeffrey B. Berlin. Frankfurt a.M.: S. Fischer.

Zweig, Stefan (2006): Triumph und Tragik des Erasmus von Rotterdam. GWE. Frankfurt a.M.: S. Fischer.

Zweig, Stefan (2013): Einigung Europas. Eine Rede. Aus dem Nachlaß hg. v. Klemens Renoldner. Salzburg: Tartin.

14.3 Über österreichische Literatur
Evelyne Polt-Heinzl

1. Zweig und das Junge Wien 526
2. Hofmannsthal und Rilke – als Vorbilder? 528
3. Freunde, Bekannte, Zeitgenossen 530
4. Joseph Roth 531
5. Otto Weininger 532
6. Sigmund Freud 532
7. Repräsentanten einer ‚österreichischen Literatur'. 533

1. Zweig und das Junge Wien

Als Zweig 1902 mit seiner ersten Erzählung im Feuilleton der *Neuen Freien Presse* das Zentrum der Wiener Bühne betritt, hatte sich mit den Autoren von Jung Wien gerade eine vermarktungstechnisch geschickte Generation etabliert. Schon in seinem ersten Jubiläumsartikel für Arthur Schnitzler, dem „ersten Fünfzigjährigen der Jungwiener", thematisiert Zweig diese zentrale Konstellation seiner schriftstellerischen Laufbahn. Gewöhnlich suche „eine literarische Generation die frühere zu entwurzeln. [...] Diese Generation vor uns ist aber noch so sehr im Vollwuchs ihrer Kraft, daß sich ein besonnenes Gefühl ihrer Überlegenheit willig fügt" (Zweig 1912, S. 350). Ibsen hingegen, dessen gerahmte Visitenkarte in Schnitzlers Arbeitszimmer hing, zählt für Zweig zu den „guten, soliden Meister[n] aus der Zeit unserer Väter" (Zweig GWE, Die Welt von Gestern, S. 61), die den Jungen nichts mehr bedeuteten (→ II.1 Zweig zwischen Tradition und Moderne).

In seinem Lebensrückblick nimmt Zweig nach der obligaten Verneigung eine leichte Korrektur dieser Haltung vor. „In unserer eigenen Stadt entstand über Nacht die Gruppe des Jungen Wien mit Arthur Schnitzler, Hermann Bahr, Richard Beer-Hofmann, Peter Altenberg, in denen die spezifisch österreichische Kultur durch eine Verfeinerung aller Kunstmittel zum erstenmal europäischen Ausdruck fand." (S. 64) Gut 300 Seiten später aber distanziert er sich doch deutlich vom Habitus dieser „früheren Generation [...], die durch Samtjacken und wallendes Haar, durch niederhängende Stirnlocken wie etwa meine verehrten Freunde Arthur Schnitzler und Hermann Bahr, oder durch auffallende Barttracht und extravagante Kleidung sich schon auf der Straße erkenntlich machen wollten." (S. 369f.) Mit dem schärferen Blick des Nachgeborenen für die Selbststilisierung der arrivierten Schriftsteller seiner Zeit erkennt Zweig auch an Peter Altenberg bereits 1901 die fatale Dominanz der Pose: „[D]as Selbstauftreten unter der *Chiffre* P. A. schiebt mir immer das Portrait von der ersten Seite in die Szenerie hinein" (Zweig 2013e, S. 439).

Publizistisch wird Zweig die Vertreter dieser Generation ein Leben lang gewissenhaft mit Rezensionen und brieflichem Lob, in späteren Jahren mit Jubiläumsartikeln begleiten und schließlich mit Nachrufen bedenken. Am Beginn seiner Karriere sucht er ganz gezielt ihre Nähe, nicht selten in seiner Rolle als Autographensammler (→ III.20 Autographensammlung), die zugleich die eines Erben ist. „Dr. Stefan Zweig kennen gelernt; sehr sympath. kluger junger Dichter. [...] Er ersucht mich um Mscrpte. [...] Hugo's und meine Briefe werden augenblicklich 3–4 Kronen gehandelt.–!", notiert Schnitzler am 28. Mai 1908 (Schnitzler 1991, S. 336). Schon wenige

Tage später, am 10. Juni, erfolgt das nächste Zusammentreffen im größeren Kreis; Zweig „sprach in den höchsten Tönen von Wassermann und Hugo; und findet wie ich, dass ein solcher Reichtum an Talenten noch nie in Oesterreich geblüht habe" (S. 338). Vielleicht hat Schnitzler seine erste Begegnung mit dem jungen Hofmannsthal in „kurzen Knabenhosen" (Zweig GWE, Die Welt von Gestern, S. 65) bereits an diesem Tag geschildert, die Zweig in seiner Autobiografie wörtlich wiedergibt. Fortan trifft man sich immer wieder, zum Nachtmahl bei Schnitzler, bei Auernheimers, bei gemeinsamen Ausflügen; im August 1921 besucht Schnitzler Zweig in seinem neuen Heim am Kapuzinerberg, und in Verlags- und Übersetzungsfragen wendet er sich stets gerne an den erfolgreichen jüngeren Kollegen. „Dem Sammler Zweig Urform des ‚Ruf des Lebens' geschenkt", notiert Schnitzler am 28. Dezember 1909 (Schnitzler 1981, S. 114). Das scheint eine unmittelbare Reaktion auf Zweigs Brief vom 13. Dezember 1909, in dem er Schnitzler berichtete, dass er von dem Stück einen „gewaltigen und wirklich die letzten Erschütterungen aufwühlenden Eindruck empfunden habe" (Zweig 1987, S. 358). In seiner Hommage zum 60. Geburtstag weist Zweig Schnitzler endgültig den Status eines Klassikers zu. Allerdings folgt er dabei der These, Schnitzler sei mit dem Krieg „seine ganze Welt, aus der er schuf, seine ganze Kultur für lange oder immer vernichtet" (Zweig 1981, S. 194) worden, eine Argumentation, gegen die sich Schnitzler bis zu seinem Tod erfolglos zur Wehr setzte. 1928 ist dann aber Zweig einer der wenigen, der die Modernität von Schnitzlers bis heute unterschätztem neusachlichen Roman *Therese. Chronik eines Frauenleben* erkennt. Zweig wusste Schnitzlers Schilderung eines „arme[n] Lebenslauf[es]" (Zweig 1987, S. 438) auch deshalb besonders zu schätzen, weil er selbst mit einem vergleichbaren Projekt, der „Postfräuleingeschichte" – aus der später der Roman *Ungeduld des Herzens* (1939) werden sollte – kämpfte.

Dass Karl Kraus Zweig gerne zum Ziel seines Spottes machte, ist nicht weiter verwunderlich; die Bandbreite der von ihm attackierten Autor/inn/en ist bekannt groß. Zweig ist im Übrigen die einzige kritische Stimme bei der von der Zeitschrift *Der Brenner* im Juni 1913 veranstalteten *Rundfrage über Karl Kraus*. Alle anderen Zielobjekte seiner Invektiven hatten, wie der Herausgeber anmerkt, eine Teilnahme abgelehnt. Zu einer wirklichen Aufnahme brachte Zweig es aber trotz seiner publizistischen Loyalität auch in den Kreis von Jung Wien nie. Dennoch blieb seine Anhänglichkeit bis zuletzt ungebrochen (→ II.3 Zur Literatur des fin de siècle in Wien).

In seinem Nachruf in der *Neuen Freien Presse* nennt er Schnitzler „den repräsentativen Dichter Oesterreichs, einen unvergeßlichen Meister und unseren geliebtesten Führer" (Zweig 1931, S. 3), und in der Zeitschrift *Die literarische Welt* gar einen von den „neunundneunzig Gerechten", vielleicht werde „erst eine spätere Zeit, der er seine durch fünfzig Jahre unerbittlich fortgesetzten Tagebücher hinterlassen hat, einsehen, wie ehrlich und streng dieser große Psychologe jedes Wort und jede Tat seines eigenen Lebens überwacht hat. Unserer Generation ist dieses große Dokument nicht mehr zugedacht" (Zweig 2013c, S. 476). Zweig ist dadurch einiges erspart geblieben, denn Schnitzler notiert wenig Erfreuliches über den jüngeren Kollegen. „Ein epigonales Ding" (Schnitzler 1981, S. 362), heißt es 1912 über Zweigs Stück *Das Haus am Meer*, sein *Jeremias* (1917) sei das „hervorragendste Gymnasiastenstück, das sich denken lässt" (Schnitzler 1985, S. 81), *Verwirrung der Gefühle* (1927) zeige „sehr viel Talent, sehr viel Tempo; und doch nicht wahrhaft dichterisch – sondern künstlich" (Schnitzler

1995, S. 360). Noch um einiges ungnädiger ist Leopold von Andrians Urteil dazu: „jeder Satz prätentiös über die Maßen, falsch und nichtssagend – das Ganze ein *völliges Nichts*" (Hofmannsthal/Andrian 1968, S. 408). Insgesamt habe Zweig „gute Tendenzen; ist aber gewiß nicht ein ‚wahrhaftiger', oder gar reiner Mensch. Zutiefst in ihm ein Stück Renegatentum", resümiert Schnitzler am 22. April 1919 (Schnitzler 1985, S. 247).

In seinen Briefen liest sich das etwas anders, dem Charme von Zweigs stets prompten Lobesworten kann sich auch Schnitzler nicht entziehen. Es klingt immer aufrichtig, wenn Zweig sich „beglückt" (Zweig 1987, S. 361) zeigt über einen Erfolg des anderen, und seine Urteile sind häufig überaus klarsichtig, vor allem auch was das Thema Antisemitismus betrifft. „Aber es ist ja unsere engste Welt, die sich hier auftut" (S. 370f.), schreibt er am 12. November 1912 über *Professor Bernhardi*. Schon bei Schnitzlers 1908 erschienenem Roman *Der Weg ins Freie* hatte Zweig bedauert, dass „Auernheimer durch die ängstliche Tendenz der Neuen Freien Presse genötigt war, dem eigentlichen Problem auszubiegen. Gerade die Idee der Amalgamierung des Jüdischen und Wienerischen darin scheint mir das Neue" (S. 355).

Eine ähnliche Treue beweist Zweig auch Hermann Bahr, den er in seiner Funktion als ewiger Neutöner unermüdlich würdigen wird. Während Bahrs literarische Werke so sehr in der Zeit verhaftet seien, dass sie ohne Kenntnis der Widerstände oft „die schiefe Geste eines Kraftmeiers haben, der offene Türen mit ungeheurer Anstrengung einrennt" (Zweig 1913, S. 1), so Zweig in seiner Rede im *Akademischen Verband für Literatur* zum 50. Geburtstag Bahrs, sei die „wundervolle Rastlosigkeit" bewundernswert, mit der dieser „Gegenwartsmensch [...] sich anpaßte und mitverwandelte an den Wandlungen der Zeit" (S. 2). Und wenn Zweig dabei all die „Welle[n]" aufzählt, die Bahr im Laufe seines Lebens mitgerissen haben – er war „Deutschnationaler in Wien, Weltbürger in Paris, Franzosenfreund, Anarchist, Sozialist, Slawophile [sic], Freimaurer, Monist und Mystiker" (S. 1) –, weiß er jene des Antisemitismus zu verschweigen. Bahr freute an dieser Gedenkfeier vor allem der akademische Boden der Veranstaltung, war er doch von der Universität „einst relegiert" worden (Zweig 1987, S. 35). Zum 60. Geburtstag prägt Zweig den Begriff des „Hermann Bahrische[n]" als Synonym für das „ewige Allen-Dingen-Offen-Sein", das Bahr sich seit „anno Griensteidl" (Zweig GWE, Das Geheimnis des künstlerischen Schaffens, S. 203) bewahrt habe. Zum 70er erfindet Zweig dann das Epitheton ornans eines „Don Juan der Erkenntnis" (Zweig 2013b, S. 477). Bahr ist auch der einzige seiner Generation, mit dem Zweig in den gemeinsamen Salzburger Jahren eine freundschaftliche Nähe gelingen wird.

2. Hofmannsthal und Rilke – als Vorbilder?

Als literarische Vorbilder und Anreger nennt Zweig in seiner Autobiografie beinahe ausschließlich internationale Autoren. Das hat mit seinem hier bewusst inszenierten Bild als überzeugter Europäer genauso zu tun wie mit seiner Übersetzungsarbeit und seiner Reisetätigkeit (→ III.14.4 Über europäische und internationale Literatur; III.14.5 Reiseberichte). Immer wieder aber kommt er auf die große Bedeutung zurück, die die jugendlichen Auftritte von Rilke und Hofmannsthal für sein eigenes Selbstverständnis als Schriftsteller hatten. „Noch schattete der Flaum ihm nicht die Lippe", schreibt er in seinem Nachruf auf Rilke, „und schon sprach sie Musik. [...] Und lang noch, ehe die eigene Form des Körpers sich vollendet hatte, fiel schon Vollendung der Formen dem geistig Gestaltenden zu." (Zweig GWE, Das Geheimnis des künstlerischen Schaffens, S. 244) In der jugendlichen Vollendung, so Zweig in seiner Gedenkrede zu Hofmannsthal, zeige sich, dass das „Dichterische von den Göttern" stamme, wie sonst ließe sich erklären, „daß eine Knabenlippe, die noch nie die einer Frau berührt, ‚hohe Rede tauschte mit dem Kern und Wesen aller Dinge'" (S. 283). „Wir hatten das Gefühl, daß eine Zeit für uns, unsere Zeit begann, in der endlich Jugend zu ihrem Recht kam" (Zweig GWE, Die Welt von Gestern, S. 63), schreibt er im Rückblick. Und so schickte auch Zweig selbst 1898, im Alter von 16 Jahren, erste Gedichte an Karl Emil Franzos für dessen Zeitschrift *Deutsche Dichtung* und legte einige Briefe aus seiner eigenen Autographensammlung für jene des älteren Kollegen bei, sich gleichsam zumindest als Sammler auf gleicher Stufe präsentierend. Tatsächlich bleibt Zweig der einzige Nachwuchsautor, der in Franzos' Publikationsprojekt Eingang fand (vgl. Ludewig 2011, S. 197f.).

Auch seinen jugendlichen Vorbildern Rilke und Hofmannsthal wird Zweig ein Leben lang die Treue halten. Im Fall Hofmannsthal war die Sympathie absolut nicht gegenseitig. Hofmannsthal schätzte Zweig als Autor wie als Mensch gering und rechnete ihn „zu den ‚Individuen sechsten Ranges'" (Weinzierl 2005, S. 36). Zweigs Verehrung für Hofmannsthal hingegen überlebte selbst die Irritation über dessen Haltung im Ersten Weltkrieg, die Hofmannsthal viel Reputation gekostet hatte. Trotzdem verhindert Hofmannsthal dann ein literarisches Wirken Zweigs in dessen Wahlheimat bei den Salzburger Festspielen (→ IV.11 THEATER) genauso wie er wiederholt unverblümt beim gemeinsamen Verleger Anton Kippenberg gegen ihn intrigiert.

Freilich zeigt Zweigs *Gedächtnisrede zur Trauerfeier im Wiener Burgtheater* (1929) auch, wie sehr Hofmannsthal für ihn bis zuletzt der Dichter der frühen Verse und Dramen geblieben ist. Die Meisterschaft des jungen Hofmannsthal in dem „einen Jahrzehnt vom siebzehnten bis etwa siebenundzwanzigsten Jahre" (Zweig GWE, Das Geheimnis des künstlerischen Schaffens, S. 283), „diese Trunkenheit von Werk zu Werk" konnte nicht „ein ganzes Leben lang fortdauern" (S. 284), und nie habe ein Dichter ehrlicher Abschied genommen als Hofmannsthal mit dem ‚Brief des Lord Chandos' von „dem Wunder [...], das er selber gewesen" (S. 285). Noch deutlicher äußert sich Zweig in dem Brief an Romain Rolland vom 20. Juli 1929: „Mit ihm und Rilke ist das alte Österreich zu Ende gegangen. Sein Leben war eine lange Tragödie – Vollendung mit 20 Jahren, und dann entzogen ihm die Götter ihre Stimmen. Ich mochte ihn persönlich wenig, aber ich war sein Schüler, und sein Tod hat mich sehr bewegt." (Rolland/Zweig 1987, S. 331) Zweigs Gedächtnisrede hatte ein unwürdiges Nachspiel. Heinrich Eduard Jacob hatte im *Berliner Tageblatt* Zweigs Bewegung über die tief verschleierte Witwe des Verstorbenen in ihrer Loge beschrieben (vgl. Hofmannsthal/Zweig 1982, S. 87f.) – doch die war eben demonstrativ *nicht* erschienen, „ein leiser, ein unerhörter Affront, wie ein Fluch aus dem Grab" (Weinzierl 2005, S. 36).

Rilke sieht Zweig als eine Art Gegenentwurf, was das dichterische Leben eines Frühvollendeten betrifft. „Von allen deutschen Dichtern der jüngsten Epoche hat sich keiner zuverlässiger, keiner überraschender und keiner glücklicher entwickelt als Rilke" (Zweig GWE, Begegnungen mit Büchern, S. 85), schreibt er schon 1908 über dessen *Neue Gedichte*. Noch in seiner Gedenkrede im Münchner Staatstheater am 20. Februar 1927 zeichnet Zweig diese Entwicklung nach vom jugendlichen Genie zum dichterisch sich bis zuletzt immer wieder neu erfindenden Schöpfer der *Sonette an*

Orpheus und der *Duineser Elegien*. Rilke habe „erkannt, was die andern spät und oft niemals lernen, daß das selig Zugefallene vom wahrhaften Dichter noch einmal und immer wieder neu verdient sein müsse" (Zweig GWE, Das Geheimnis des künstlerischen Schaffens, S. 246). Als alle glaubten, „daß über solche sprachschöpferische Vollendung hinaus nur ein Sich-Wiederholen, aber kein Fortschreiten mehr möglich sei", habe er wieder und wieder „einen ganz neuen lyrischen Weg" (S. 250f.) eingeschlagen.

Dass Zweig selbst seine verlegerische Heimat ab 1906 im Insel Verlag fand, der das „lyrische Werk Hofmannsthals wie Rilkes" vereinigte (Zweig GWE, Die Welt von Gestern, S. 196), war für ihn von symbolischer Bedeutung (→ VII.3 ZWEIG UND DIE VERLEGER). Eine vergleichbare Qualität erneuernder Arbeit an der Sprache attestiert Zweig übrigens auch dem fast gleichaltrigen Rudolf Kassner, dessen Buch *Von den Elementen der menschlichen Größe* (1911) er zwar „nicht zu verstehen vermag" (Zweig GWE, Begegnungen mit Büchern, S. 92), von dessen belebender „Umschaltung der Begriffssymbole" (S. 91) er aber überzeugt ist.

3. Freunde, Bekannte, Zeitgenossen

Bereits Anfang 1903 (als 22-Jähriger!) stellte Zweig unter dem Titel *Der lyrische Nachwuchs* elf Autoren vor, die „in den toten Begriff der Jugend wieder die richtige, fertige Deutung gebracht hätten"; dazu zählt er u.a. den Prager Hugo Salus und würdigt – neben Paul Wertheimer, Max Prels, Franz Karl Ginzkey, Paul Wilhelm und Wilhelm von Scholz – vor allem Richard Schaukal ausführlich (Zweig 1903, S. 721f.). Die äußerst ambivalente Einschätzung der Künstlerpersönlichkeit Schaukals durch den um einige Jahre jüngeren Kollegen ist bemerkenswert, nicht zuletzt im Hinblick auf die späteren hasserfüllten und z.T. antisemitischen Ausfälle von Schaukal gegen Zweig.

Als Autor seiner eigenen Generation sieht Zweig Albert Ehrenstein, dessen Werk „nirgends in eine literarische Ordnung hinein will. [...] Fanatisch, abrupt, vehement (unwillkürlich gebraucht man Fremdworte für seine Fremdheit) schleudert er seine Reizungen von sich in einer explosiven, flammenden Art" (Zweig GWE, Begegnungen mit Büchern, S. 93), schreibt Zweig 1916 über den Gedichtband *Der Mensch schreit*, der mit einer Abbildung von Oskar Kokoschka im Verlag Kurt Wolff erschien. Diese Gedichte „zerfetzen" alle „festgefügten Vorstellungen vom lyrischen Gedicht aufs grimmigste" (S. 94), und über einen Vergleich mit Kokoschka und Otto Weiningers *Geschlecht und Charakter* (1903) steigert sich Zweig in eine immer kühnere Bilderkette aus sexuellen Phantasien hinein. Es gehe in Ehrensteins Gedichten um Intensität und Ekstatik, „seine Sinnlichkeit reckt sich nackt und aufrecht wie ein Schamteil, seine Bosheit bäumt sich zähnefletschend und gefährlich wie die eines Pavians [...]. Alle diese Elemente sind bis zur äußersten Wildheit gesteigert [...]. Sie sind zu scharf, zu spitz, zu ungebärdig, um sich bräutlich zu vermählen der sanften Umarmung der Melodie, sie begatten sich nur manchmal wollüstig für Sekunden, ohne darum ihre Urfeindschaft aufzugeben." (S. 96f.) Und Ehrensteins 1911 erschienenem Debüt *Tubutsch* attestiert Zweig im Rückblick: „Da war etwas Neues, [...] das einen aufreizte, begeisterte, empörte und beschäftigte zugleich. Es rüttelte damals an einer ganzen Jugend herum, und dieser Tubutsch gehört noch immer zu ihr." (S. 99) Nach dem Zivilisationsbruch des Ersten Weltkriegs zählten freilich Ehrenstein (Jahrgang 1886) wie Zweig (Jahrgang 1881) selbst schon zur älteren Generation.

14.3 Über österreichische Literatur

Siegfried Kracauer warf Zweig nicht zu unrecht vor, dass er sich mitunter „zu einer Lobhudelei über einen unwürdigen Gegenstand" (Kracauer 2011, S. 312) herbeilasse. Anlass für dieses Urteil war Heinrich Eduard Jacobs Roman *Blut und Zelluloid*, den Zweig ebenso rezensierte wie den Band *Gedichte* des Psychoanalytikers Alfred von Winterstein (vgl. Zweig 1911) oder Erwin Riegers Roman *Die Zerrissenen*, den Zweig gemeinsam mit Paul Wertheimers Lyrikband *Das war mein* unter dem Titel *Abschied von Wien* als erste Versuche würdigte, die „wehmütig-reumütige Stimmung [...] einer ganzen Generation" (Zweig 2013a, S. 461) zu fassen. Manches davon lässt sich durchaus als Gefälligkeitsgeste interpretieren, Rieger wie Wertheimer waren Mitarbeiter der *Neuen Freien Presse*, Jacob von 1927 bis 1933 Chefkorrespondent des *Berliner Tageblatts* in Wien. Doch mit seinem Urteil, Zweigs Rezension zu *Blut und Zelluloid* reagiere mit einer „Verwirrung der Gefühle und der Adjektive" auf ein unwürdiges Produkt und zeuge von „Verwahrlosung der Urteilskraft" (Kracauer 2011, S. 312), tat ihm Kracauer auch Unrecht. Zweigs Rezension erschien nicht im *Berliner Tageblatt* vom 7. Januar 1930 (S. 313), sondern in der *Neuen Freien Presse* vom 15. Dezember 1929. Zweig liest das Buch nicht als klamaukigen Medienroman, sondern versucht ihn als Manifest der Völkerverständigung zu interpretieren. Zwar klinge der Titel „stark nach großbuchstabigem Kinoplakat, hoch hingeknallt an die Wände, und tatsächlich vom Kino handelt auch dieses Buch, scheinbar, aber wirklich nur scheinbar die Geschichte eines Films abspulend" (Zweig 1929, S. 40). Das eigentliche Thema aber sei, wie jede der Figuren Land und Leute einer anderen Figur kennen und lieben lernt und damit „europäische Humanität" (S. 40) lebt. „Blut ist [...] stärker als Zelluloid, Humanität sieghafter auf die Dauer als Hetzerei, weil sie doch das Ewige der Menschheit in sich enthält" (S. 40).

Zweigs Interpretation von Jacobs Roman zeigt auch seine prinzipielle Ferne zum Zeitroman. Otto Soyka, der in den 1920er Jahren dieses Genre reichlich bedienen wird, nimmt Zweig als Phänotypus der Beschleunigung literarischer Darstellungsweisen bereits 1911 wahr. Soyka habe ein „neues Rezept der Unterhaltsamkeit" gefunden, er „beizt [...] die Nerven mit einer geheimnisvollen zerebralen Substanz" und „zielt gradaus aufs Gehirn, das er in aufregendster Weise zu beunruhigen versteht" (Zweig 2013d, S. 449). Auf diese Art hat er „alle Utensilien des Kriminalromans [...] mit neuem vortrefflichem psychologischem Triebwerk versehen", doch „alles geschieht wie hinter Glas, im Luftleeren" (S. 451).

Mit einer Reihe weiterer österreichischer Autoren war Stefan Zweig in enger Verbindung, wovon jedoch keine selbständigen Veröffentlichungen zeugen (z.B. Alfons Petzold, Camill Hoffmann, Richard Specht u.v.a.m).

4. Joseph Roth

„Die Zeit will von den Dichtern heute am liebsten ihr eigenes Bildnis, ihr Gestern und Heute will sie sich immer wieder und immer von anderen erzählen lassen" (Zweig GWE, Begegnungen mit Büchern, S. 103), schreibt Zweig mit einem ähnlichen Unbehagen wie bei Soyka 1929 über Joseph Roths Roman *Rechts und Links*, und vorerst seien Roths Romane „nur furchtbar klare und wahre Diagnosen der Zeit [...] und noch nicht der Versuch einer Therapie." (S. 106) Doch Roth, eines „der stärksten prosaischen Talente, die in den letzten Jahren neu zu uns kamen" (S. 107), müsse sich nur entschließen, seine „so reiche psychologische Kraft an größere, panoramatisch weiterwirkende Werke zu wenden" (S. 107f.). Das sieht Zweig dann mit dem im Folgejahr erschienenen Roman *Hiob* eingelöst. Hier werde die „schlichteste aller Geschichten erzählt. Keines der beliebten Probleme der Zeit, Krieg, Schule, Politik, forcierte Aktualität, sondern ein Heute, das für gestern und morgen und jederzeit gilt" (S. 110). Den Zusammenhang zwischen dem *Hiob*-Roman und Roths persönlichem Schicksalsschlag – der Geisteskrankheit seiner Frau – wird Zweig erst 1939 in seiner berührenden Trauerrede für Joseph Roth (vgl. Zweig GWE, Zeiten und Schicksale, S. 330) herstellen. In diesem Rückblick auf Roths Leben und zugleich auf die gemeinsame verlorene Heimat würdigt Zweig auch die beiden „Welterfolge" *Radetzkymarsch* (1932) und *Kapuzinergruft* (1938) als Bücher „des Abschieds, wehmütig und prophetisch, wie es immer die Bücher der wahren Dichter sind" (S. 331). Und er verteidigt Roth gegen jene alten Freunde, die ihm seine Hinwendung zur „recht machtlosen Gruppe der Habsburgtreuen, der Legitimisten [...] verübelt haben [...]. Aber so wenig ich selbst diese Wendung zu billigen oder gar mitzumachen vermochte, so wenig möchte ich mich [sic] anmaßen, ihre Ehrlichkeit bei ihm zu bezweifeln oder in dieser Hingabe etwas Unverständliches zu sehen." (S. 333) Nicht unterschätzt werden darf auch der gegenseitige literarische Austausch, der sich in unterschiedlichen Werkbezügen niedergeschlagen hat (zur Beziehung zwischen Roth und Zweig vgl. v. a. Roth/Zweig 2011).

5. Otto Weininger

Einen Vertreter seiner eigenen Generation hat Zweig verfehlt: Otto Weininger (→ II.2 ZWEIGS WIEN). Dass es so lange zu keinem Kontakt kam, obwohl Zweig „diesen hageren, unsicheren, häßlichen, gedrückten Studenten im Kolleg" oft sah, begründet er 1926 im Rückblick vor allem mit Weiningers Aussehen. „[S]ein Gesicht war weniger als anziehend. Er sah immer aus wie nach einer dreißigstündigen Eisenbahnfahrt, schmutzig, ermüdet, zerknittert, ging schief und verlegen herum [...] und der Mund unter dem dünnen Schnurrbärtchen quälte sich irgendwie schief herab." (Zweig GWE, Zeiten und Schicksale, S. 298) Erst als Zweig von der Dissertation Weiningers reden hört, die dessen Professor Friedrich Jodl – der heftigste Kämpfer gegen Gustav Klimts Fakultätsbilder – begeisterte, beginnt sich Zweig für den Kollegen zu interessieren, und bei der nächsten Gelegenheit kommt es zu einem „*unpersönliche[n] Verlegenheitsgespräch*" (S. 300, Herv. i. O.). Es war die letzte Begegnung, wenig später begeht Weininger Selbstmord. „[E]inem so bedeutenden Menschen räumlich und zeitlich nahe gewesen zu sein, ohne ihn innerlich geahnt oder erreicht zu haben", das sieht Zweig, stets auf der Suche nach dem Moment des Genialen, als historische Schuld. Und er schließt sein Porträt mit einer These, der er selbst, im Fall Theodor Herzls oder Arthur Schnitzlers ebenso wie in seinen historischen Porträts, häufig widerspricht: „fast niemals" werde „das wahrhaft Geniale eines Menschen in *Antlitz* und *Wesensart* seiner Umgebung kenntlich [...]. Nur geistig, nicht bildnerisch-plastisch, tritt das Schöpferische in die Welt" (S. 301, Herv. i. O.) (→ IV.5 DAS SCHÖPFERISCHE).

6. Sigmund Freud

In den späteren Jahren intensivierte sich auch Zweigs Beziehung zu Sigmund Freud, der 1920 Zweigs *Drei Meister. Balzac, Dickens, Dostojewski* brieflich ausführlich analysiert (vgl. Zweig 1987, S. 164–167), 1925 dann *Der Kampf mit dem Dämon*.

Hölderlin, Kleist, Nietzsche (vgl. S. 172) und ein Jahr später den Novellenband *Verwirrung der Gefühle* (vgl. S. 175–180). Der darin enthaltenen Novelle *Vierundzwanzig Stunden aus dem Leben einer Frau* widmet sich Freud auch in seinem Essay *Dostojewski und die Vatertötung* (1928). „Lassen Sie mich einmal klar sagen, was ich, was viele Ihnen danken – den *Mut* in der Psychologie. Sie haben [...] der Literatur einer ganzen Epoche *die Hemmungen weggenommen*" (Zweig 1987, S. 180, Herv. i. O.), schreibt Zweig in seinem Brief vom 8. September 1926. Noch 1930 in seiner Besprechung von Freuds *Das Unbehagen in der Kultur* rühmt Zweig ihn als ebenso „weiträumigen Denker" wie „genialen Forscher", der all jene beschämt, „die seine Leistung als Psychologe noch immer auf das einspurige Sexualgeleise abschieben wollen" (Zweig GWE, Begegnungen mit Büchern, S. 119). Mit Freuds Analysen war Zweig wohl nicht immer einverstanden, was an seiner Wertschätzung für Freud ebenso wenig ändert wie dessen Unbehagen über sein Porträt in Zweigs Essayband *Die Heilung durch den Geist. Mesmer, Mary Baker-Eddy, Freud* (1931). Darüber hinaus hat Zweig zahlreiche Artikel über Sigmund Freud publiziert (vgl. Zweig 1989) (→ II.5 PSYCHOLOGIE UND PSYCHOANALYSE).

7. Repräsentanten einer ‚österreichischen Literatur'

Vorübergehend zweifelte Zweig allerdings an der Existenz einer österreichischen Literatur. Am 1. Dezember 1914 erschien in der Berliner Zeitschrift *Das literarische Echo* Zweigs Essay *Vom ‚österreichischen' Dichter. Ein Wort zur Zeit.* „Viele unter uns", heißt es da, „wußten niemals, was damit gesagt sei, wenn man uns ‚österreichische Schriftsteller' nannte. Wenn man eine Grenze schob zwischen unser Bemühen und das der deutschen Dichter" (Zweig GWE, Die schlaflose Welt, S. 48f.). Auch „deutschösterreichische" Dichter sei ein „künstlicher Begriff", denn „[n]iemand wird eine wirkliche Einheit zwischen Schnitzler und Schönherr, zwischen Rilke und Rosegger, zwischen Lenau und Stifter herstellen können" (S. 49). Dass österreichische Literatur seit Grillparzer nur aus Heimatkunst unterschiedlicher Regionen bestehe, übernimmt er dann aus dem zu Lebzeiten vermutlich unpublizierten Typoskript *Das Land ohne Patriotismus* (vgl. S. 13), das um 1909 entstanden sein dürfte, und schließt mit der Forderung: „Lassen wir endlich das leere Wort vom ‚österreichischen Dichter' der Vergangenheit, [...] da doch die entscheidende Stunde gezeigt hat, daß Deutschland Einheit ist und seine Sprache uns allen nur gegeben, um diese Einheit liebend und gläubig zu bezeugen." (S. 51) In der Korrespondenz mit dem Insel-Verleger Anton Kippenberg bzw. dessen Frau unterzieht Zweig die von Hofmannsthal herausgegebene Buchreihe „Österreichische Bibliothek" einer strengen Kritik (→ III.16 BRIEFE; III.18 HERAUSGEBERSCHAFTEN). Es seien nicht nur einzelne Bände „total missraten", sondern vor allem die Abgrenzung der Literatur Deutschlands und Österreichs unter den besonderen Umständen des Weltkriegs wenig sinnvoll (vgl. Zweig an Katharina Kippenberg, 26. Juni 1916, Archiv Insel Verlag, DLA Marbach).

Nach dem kurzen patriotischen Taumel von 1914 wird der Blick auf die österreichische Literatur wieder klarer. „[J]etzt, da sein Atem innehielt, war er ein milder gütiger Greis, Welt und Zeit mit stiller Weisheit" von seinem „steirischen Heimatswinkel umfassend" (Zweig GWE, Zeiten und Schicksale, S. 87), schreibt Zweig in der *Basler National-Zeitung* vom 27. Juni 1918, einen Tag nach dem Tod Peter Roseggers. Um das schreiben zu können, musste Zweig Roseggers Antisemitismus und seine Kriegsbegeisterung ausblenden. „Er mußte noch den Krieg erleben", so Zweig, „für den er, weiser als die ‚großen' deutschen Dichter und Gelehrten, keine Begeisterung fand" (S. 91). Das ist zumindest nicht ganz richtig. „Der Staat wird seine Pflichten erfüllen, auch wenn wir verlieren, wird er alle anderen Aufgaben erfüllen", hatte Rosegger am 19. September 1914 im *Neuen Wiener Tagblatt* in einem Werbetext für Kriegsanleihen geschrieben.

Was Zweigs Rosegger-Epitaph auch zeigt, ist das durchaus selbstkritische Eingeständnis, zu Lebzeiten eine Rezeptionsschuld nicht beglichen zu haben. „Wo sonst der Name eines Dichters nie eindringt, […] sprach man seinen Namen mit Ehrfurcht aus, seine Zeitschrift ‚Der Heimgarten' (die vielleicht kaum in zehn Exemplaren in die Großstädte dringt) war dort Hauspostille und Unzähligen seit vierzig Jahren darin sein Wort Meinung und Gesetz." (S. 88) Das enthält Kritik an bildungsbürgerlicher Überheblichkeit – „die Literatur kümmerte sich um seine Bücher nicht mehr, wertete sie kaum" (S. 88) – und ignoriert großmütig die Tatsache, dass Roseggers „Wort" eben auch „Meinung und Gesetz" des christlichsozialen Antisemitismus und Antimodernismus festschreiben half.

Auch Zweigs Besprechung einer Neuausgabe von Adalbert Stifters *Witiko* im Insel Verlag, erschienen im *Berliner Börsen-Courier* vom 28. Dezember 1921, ist ein Eingeständnis eigener Rezeptionsversäumnisse und eine Hommage an einen Autor, der mit Goethe „in sprachlicher Kunst und reiner Ruhe verglichen werden kann", an „jenes alte Österreichertum […], das den Nationalismus noch nicht erfunden hatte, wo der Dichter, in welcher Sprache er immer schrieb, alle Landschaften des Reiches mit gleicher Liebe, alle Völker mit gleicher Achtung nahm." (Zweig GWE, Begegnungen mit Büchern, S. 55) Der Briefwechsel mit Anton Kippenberg belegt, dass Zweig sich mehrfach um Editionen von Stifter-Werken bemüht hat (vgl. Archiv Insel Verlag, DLA Marbach).

Sensibilität für zu Unrecht ‚Übergangene' ist auch in seiner postumen Hommage auf Bertha von Suttner zu spüren, deren Nähe er als Friedensfreund eigentlich suchen hätte müssen (→ IV.8 UTOPIE). 1917, mitten im Ersten Weltkrieg, lobte er sie in seiner Eröffnungsrede beim *Internationalen Frauenkongress für Völkerverständigung* in Bern mit den Worten: „[I]ch muß mich selbst zu den allzu vielen zählen, die sie nicht genug verehrten, die ihr Werk nicht hinlänglich würdigten, solange sie selbst noch eine Wirkende war. Und wie leicht wäre es gewesen, eine wie gute, wie dankbare Pflicht! Sie lebte nah, mitten in unserer Welt in Wien, sie war zugänglich, ja werbend […], das Mildgeistige ihres Wesens […] war […] hinreißend offenbar" (Zweig GWE, Die schlaflose Welt, S. 112f.). Das sind durchaus problematische Formulierungen, die das überlieferte Bild Suttners – zudringlich, naiv und ein wenig sekkant – bedienen, doch Zweig vergleicht im Weiteren Suttners Roman *Die Waffen nieder!* (1889) mit Harriet Beecher-Stowes *Onkel Toms Hütte* (1852), und das ist durchaus eine ehrenrettende Maßnahme (zur Beziehung von Zweig und Suttner vgl. genauer Larcati 2016).

Stefan Zweig

Hofmannsthal, Hugo von/Zweig, Stefan (1982): Briefe (1907–1928). Mitgeteilt u. kommentiert v. Jeffrey B. Berlin u. Hans-Ulrich Lindken. In: Hofmannsthal-Blätter 26/1982, S. 86–116.
Kippenberg, Anton/Zweig, Stefan: Briefwechsel. Archiv Insel Verlag, DLA Marbach [in Vorbereitung].

Rolland, Romain/Zweig, Stefan (1987): Briefwechsel 1910–1940. Bd. II: 1924–1940. Berlin: Rütten & Loening.
Roth, Joseph/Zweig, Stefan (2011): „Jede Freundschaft mit mir ist verderblich". Briefwechsel 1927–1938. Hg. v. Madeleine Rietra u. Rainer Joachim Siegel. Mit einem Nachwort v. Heinz Lunzer. Göttingen: Wallstein.
Zweig, Stefan (1903): Der lyrische Nachwuchs. In: Vom Fels zum Meer 22/11/1902–1903, S. 718–722.
Zweig, Stefan (1911): Alfred v. Winterstein: „Gedichte". In: Neue Freie Presse, 20. 12. 1911, S. 36.
Zweig, Stefan (1912): Schnitzler und die Jugend. In: Der Merker 3/9/Mai/1912, S. 349–350.
Zweig, Stefan (1913): Hermann Bahr, der Fünfzigjährige. In: Neue Freie Presse, 27. 5. 1913, S. 1–3.
Zweig, Stefan (1929): Heinrich Eduard Jacob: „Blut und Zelluloid". In: Neue Freie Presse, 15. 12. 1929, S. 40–41.
Zweig, Stefan (1931): Schnitzler, der Österreicher. In: Neue Freie Presse, 22. 10. 1931, S. 3.
Zweig, Stefan (1981): Die Welt von Gestern. Erinnerungen eines Europäers. GWE. Frankfurt a.M.: S. Fischer.
Zweig, Stefan (1981): Europäisches Erbe. Frankfurt a.M.: S. Fischer.
Zweig, Stefan (1983): Begegnungen mit Büchern. Aufsätze und Einleitungen aus den Jahren 1902–1939. GWE. Hg. v. Knut Beck. Frankfurt a.M.: S. Fischer.
Zweig, Stefan (1983): Die schlaflose Welt. Aufsätze und Vorträge aus den Jahren 1909–1941. GWE. Hg. v. Knut Beck. Frankfurt a.M.: S. Fischer.
Zweig, Stefan (1984): Das Geheimnis des künstlerischen Schaffens. Essays. GWE. Hg. v. Knut Beck. Frankfurt a.M.: S. Fischer.
Zweig, Stefan (1987): Briefwechsel mit Hermann Bahr, Sigmund Freud, Rainer Maria Rilke und Arthur Schnitzler. Hg. v. Jeffrey B. Berlin, Hans-Ulrich Lindken u. Donald A. Prater. Frankfurt a.M.: S. Fischer.
Zweig, Stefan (1989): Über Sigmund Freud. Porträt – Briefwechsel – Gedenkworte. Frankfurt a.M.: S. Fischer.
Zweig, Stefan (1990): Zeiten und Schicksale. Aufsätze und Vorträge aus den Jahren 1902–1942. GWE. Hg. v. Knut Beck. Frankfurt a.M.: S. Fischer.
Zweig, Stefan (2006²): ‚Rechts und Links.' Roman von Joseph Roth. In: Ders.: Begegnungen mit Büchern. Aufsätze und Einleitungen aus den Jahren 1902–1939. GWE. Hg. v. Knut Beck. Frankfurt a.M.: S. Fischer, S. 103–108.
Zweig, Stefan (2013a): Abschied von Wien. Über Erwin Riegers Roman: „Die Zerrissenen" und Paul Wertheimers Gedichte „Das war mein Wien". In: Ders.: „Ich habe das Bedürfnis nach Freunden". Erzählungen, Essays und unbekannte Texte. Hg. v. Klemens Renoldner, unter Mitarbeit v. Elisabeth Fritz. Wien u.a.: Styria premium, S. 461–465.
Zweig, Stefan (2013b): Der Don Juan der Erkenntnis. Hermann Bahr zum 70. Geburtstag. In: Ders.: „Ich habe das Bedürfnis nach Freunden". Erzählungen, Essays und unbekannte Texte. Hg. v. Klemens Renoldner, unter Mitarbeit v. Elisabeth Fritz. Wien u.a.: Styria premium, S. 477–478.
Zweig, Stefan (2013c): Erinnerungen an Arthur Schnitzler. In: Ders.: „Ich habe das Bedürfnis nach Freunden". Erzählungen, Essays und unbekannte Texte. Hg. v. Klemens Renoldner, unter Mitarbeit v. Elisabeth Fritz. Wien u.a.: Styria premium, S. 476.
Zweig, Stefan (2013d): Otto Soyka. In: Ders.: „Ich habe das Bedürfnis nach Freunden". Erzählungen, Essays und unbekannte Texte. Hg. v. Klemens Renoldner, unter Mitarbeit v. Elisabeth Fritz. Wien u.a.: Styria premium, S. 449–451.
Zweig, Stefan (2013e): Peter Altenberg und Wien. In: Ders.: „Ich habe das Bedürfnis nach Freunden". Erzählungen, Essays und unbekannte Texte. Hg. v. Klemens Renoldner, unter Mitarbeit v. Elisabeth Fritz. Wien u.a.: Styria premium, S. 437–440.

Weitere Literatur

Freud, Sigmund (1928): Dostojewski und die Vatertötung. In: Die Urgestalt der Brüder Karamasoff. Dostojewskis Quellen, Entwürfe und Fragmente. Mit einer einleitenden Studie v. Sigmund Freud. Hg. v. René Fülöp-Miller u. Fritz Eckstein. München: Piper, S. XI–XXXVI.

Hofmannsthal, Hugo von/Andrian, Leopold von (1968): Briefwechsel. Hg. v. Walter H. Perl. Frankfurt a. M.: S. Fischer.

Kracauer, Siegfried (2011): Weltstadtjugend? – Brünstiger Zauber! Nebst einer Anmerkung über Literaturkritik. In: Ders.: Werke. Bd. 5.3: Essays, Feuilletons, Rezensionen. 1928–1931. Hg. v. Inka Mülder-Bach. Frankfurt a. M.: Suhrkamp, S. 308–313.

Larcati, Arturo (2016): Jeremias und Kassandra. Stefan Zweig und Bertha von Suttner. Zwei Intellektuelle im Dienste des Friedens. In: Lughofer, Johann G./Pesnel, Stéphane (Hg.): Literarischer Pazifismus und pazifistische Literatur. Bertha von Suttner zum 100. Todestag. Würzburg: Königshausen & Neumann, S. 109–131.

Ludewig, Anna-Dorothea (2011): Zwischen literarischem Nationalismus und europäischer Kulturnation. Stefan Zweig und Karl Emil Franzos im Spiegel der Zeitschrift *Deutsche Dichtung*. In: Dies./Gelber, Mark H. (Hg.): Stefan Zweig und Europa. Hildesheim u. a.: Olms, S. 193–207.

Schnitzler, Arthur (1981): Tagebuch 1909–1912. Hg. v. der Kommission für literarische Gebrauchsformen der Österreichischen Akademie der Wissenschaften. Wien: Verlag der Österreichischen Akademie der Wissenschaften.

Schnitzler, Arthur (1985): Tagebuch 1917–1919. Hg. v. der Kommission für literarische Gebrauchsformen der Österreichischen Akademie der Wissenschaften. Wien: Verlag der Österreichischen Akademie der Wissenschaften.

Schnitzler, Arthur (1991): Tagebuch 1903–1908. Hg. v. der Kommission für literarische Gebrauchsformen der Österreichischen Akademie der Wissenschaften. Wien: Verlag der Österreichischen Akademie der Wissenschaften.

Schnitzler, Arthur (1995): Tagebuch 1923–1926. Hg. v. der Kommission für literarische Gebrauchsformen der Österreichischen Akademie der Wissenschaften. Wien: Verlag der Österreichischen Akademie der Wissenschaften.

Weinzierl, Ulrich (2005): Hofmannsthal. Skizzen zu seinem Bild. Wien: Zsolnay.

14.4 Über europäische und internationale Literatur

Massimo Bonifazio

1. Werkbiografische Entstehungskontexte 536
2. Dichterporträts, Essays, Rezensionen – Ausgewählte Beispiele 538
3. Forschung und Ausblick 542

1. Werkbiografische Entstehungskontexte

In seiner Tätigkeit als Essayist hat sich Stefan Zweig mit zahlreichen Autoren aus verschiedenen Ländern beschäftigt. Nicht nur einzelne Werke, auch die Literaturen unterschiedlicher Nationen gaben Zweig Anlass zu publizistischen Äußerungen. Die stilistische Vielfältigkeit und die thematische Breite seiner Auseinandersetzung mit der europäischen und internationalen Literatur sind erstaunlich.

Zweig legt den Schwerpunkt seines Interesses auf die Literatur der großen europäischen Kulturnationen (Frankreich, England, Italien, Russland). Klaus Zelewitz bemerkt in diesem Zusammenhang, dass Zweig die Literatur der slawischen Länder bis auf wenige Ausnahmen kaum wahrgenommen, ja „Mitteleuropa und Osteuropa aus seinem Leben umfassend verdrängt" habe (Zelewitz 2011, S. 104). Auffällig ist auch, dass Zweig keine monografischen Arbeiten zu Werken und Autoren der spanischen Literatur geschrieben hat, obwohl er der spanischen Sprache einigermaßen mächtig gewesen ist und bedeutende spanische Schriftsteller – vor allem Calderón, Lope de Vega und Cervantes – immer wieder als Vergleichsgrößen für die Bemerkungen zu Literatur und Kultur heranzog (vgl. *Frühling in Sevilla*, 1919; *Castellio gegen Calvin*, 1936). Dafür reflektiert Zweig über den Dänen Jens Peter Jacobsen, russische Autoren wie Maxim Gorki, Fjodor M. Dostojewski, Lew N. Tolstoi und Iwan A. Gontscharow, amerikanische Dichter wie Walt Whitman, den irisch-griechischen, nach Japan ausgewanderten Lafcadio Hearn oder das orientalische Erzählwerk *Tausendundeine Nacht*.

In seiner Anfangszeit als Schriftsteller schrieb Zweig neben ersten Gedichten auch Buchrezensionen. Da er sich bis zum Ersten Weltkrieg in erster Linie als Vermittler anderer Autoren und Literaturen begriff, hatte er eine Fülle an Rezensionen und Vorworten zu Anthologien und Aufsätzen verfasst (→ III.18 HERAUSGEBERSCHAFTEN). Während des Ersten Weltkriegs und in der Zeit des Exils ab 1934 hat Zweig seine Tätigkeit als politischer Essayist zwar intensiviert, Aufsätze zur Literatur nehmen aber bis zuletzt eine zentrale Rolle in seinem Werk ein.

Zweigs erklärtes Ziel ist, wie er 1937 in der Einleitung zu *Begegnungen mit Menschen, Büchern, Städten* schreibt, „auch das Fremdeste zu verstehen, immer Völker und Zeiten, Gestalten und Werke nur in ihrem positiven, ihrem schöpferischen Sinne zu bewerten und durch solches Verstehenwollen und Verstehenmachen demütig, aber treu unserem unzerstörbaren Ideal zu dienen: der humanen Verständigung zwischen Menschen, Gesinnungen, Kulturen und Nationen." (Zweig 1937, S. 6) Zweigs Essayistik erfüllt dieses humanistische Ideal, fungiert aber auch als Projektionsfläche, da sich Geschmack und Interessen des Schriftstellers deutlich in der Themenwahl widerspiegeln.

Die Entstehungsgeschichte der einzelnen Beiträge ist meist nicht darstellbar, weil Zweig weder in Briefen noch in seinen Tagebüchern darauf Bezug nimmt. Wer sich nicht die Mühe macht, den jeweiligen Erstpublikationsort aufzuspüren, ist darauf angewiesen, Sammelbände zu benützen. Freilich sind längst nicht alle publizistischen Schriften Zweigs in Buchausgaben zugänglich.

Die Auswahl in Knut Becks *Gesammelten Werken in Einzelbänden* (GWE) füllt mehrere Bücher. So wurden in *Das Geheimnis des künstlerischen Schaffens* (1984) Aufsätze aufgenommen, die sich der Entstehung verschiedener Kunstwerke widmen und den Versuch unternehmen, „die Individualität in der Darstellung mit den Grundvoraussetzungen des Schaffensprozesses und der Persönlichkeit des Künstlers zu erklären" (Beck 2007, S. 375; → IV.6 DER KÜNSTLERISCHE PROZESS). *Begegnungen mit Büchern* (1983) enthält vor allem Übersetzungen, Einleitungen und Vorworte Zweigs zu Büchern, die er als vorbildlich betrachtete. *Zeiten und Schicksale* (1990) ist in drei Teile gegliedert. Im ersten, „Zeit und Welt", finden sich Texte zur kulturellen wie politischen Situation, Teil zwei widmet sich dem „Europäische[n] Erbe" in der Literatur, das Zweig tradieren möchte, der dritte Teil, „Menschen und Schicksale", untersucht den Zusammenhang von Leben und Werk klassischer Autoren, Vorbildern und Kollegen Zweigs. Auch in dem Band *Die schlaflose Welt* (1983), der vor allem politische und zeitgeschichtliche Texte versammelt, sind mehrere Aufsätze zur Literatur enthalten. Darüber hinaus erschienen im Fischer Taschenbuch Verlag einige Aufsatzsammlungen, die sich teilweise mit Bänden der GWE überschneiden.

Neben der von Knut Beck herausgegebenen Sammlung von kleineren Artikeln, Aufsätzen und Essays legte Dietrich Simon 1983 eine Auswahl in der DDR vor, die sich an den Sammelbänden orientierte, die Zweig und sein Nachlassverwalter Richard Friedenthal herausgegeben hatten (vgl. Simon 1983). Im Verlag Roesner erschienen 2017 zwei *Sammlungen verschollener Essays* über deutschsprachige und fremdsprachige Klassiker.

2. Dichterporträts, Essays, Rezensionen – Ausgewählte Beispiele

Große Teile der literarischen Essayistik Zweigs sind der französischen Literatur gewidmet. Aus der Fülle dieser Aufsätze ist jener über Arthur Rimbaud hervorzuheben, zählte der französische Dichter doch nicht nur zu den Vorbildern Zweigs, sondern einer ganzen Generation. *Arthur Rimbaud*, 1907 in der Zeitschrift *Die Zukunft* veröffentlicht, ist ein frühes Beispiel für Zweigs Suche nach Vor- und Spiegelbildern. Der französische Dichter ist für ihn eine künstlerische Existenz, deren vitalistische Züge über die bloße Literatur hinausgehen. Bedingung für die Größe Rimbauds ist die „innere Freiheit", das „in Leben und Dichtung gleich impulsive Sichlosgelöstthaben von allen hemmenden Begriffen" (Zweig GWE, Arthur Rimbaud, S. 204). Dazu trete nun „die halluzinative Kraft seiner Anschauung", die ihm eine totale, also mit allen Sinnen vorgenommene Wahrnehmung der Dinge ermöglicht (S. 204). Die Idee der visionären „Einfühlung" (S. 204) wird hier mit der „Gewißheit der Zusammenhänge in Rimbaud" – nach dem Muster Baudelaires – gekoppelt, deren „ungeheure" Lebendigkeit Zweig fasziniert (S. 205). Alles ist bei dem Franzosen „Instinkt, Magik" (S. 205), die nicht im Bereich der Literatur bleibe, sondern mit dem nackten Leben zu tun habe, vor allem mit der „Tat" – die auch bei Rimbaud „[i]m Anfang war" (S. 209).

1919 veröffentlicht Zweig eine Einführung zum Roman *Émile* mit dem Titel *Rousseau, der Erzieher zu einer neuen Gesellschaft* (Zweig GWE, Einleitung zu einer zusammengefaßten Ausgabe, S. 156–163). Der Philosoph der Menschenrechte, dessen „ewiger Wert" sei, „daß er die wichtigsten Probleme des Menschen ganz zeitlos ansieht, und daß sie, mit ihm gesehen, ewig neu und unverbraucht wirken" (S. 157), und nicht so sehr der Schriftsteller Rousseau erweckt Zweigs Aufmerksamkeit. Die enormen Veränderungen, die nach dem Ersten Weltkrieg im In- und Ausland stattfinden, lassen Zweig auf eine Erneuerung der Beziehungen zwischen Menschen und zwischen Staaten hoffen. Insbesondere Rousseaus „[u]topische[s] [...] Verlangen[ ]", das jede Realisierung überschreite, scheint Zweig bemerkenswert, so wie „der Traum dieser Tage, die Vereinigung Europas zu einem friedlich-freien Völkerbunde" (S. 162), der im Roman statuiert wird (→ V.7 Europa-Konzeptionen).

Charles Augustin de Sainte-Beuve dient Zweig in einem Aufsatz des Jahres 1923 als Vorbild auf dem Gebiet der Kritik. Sainte-Beuve habe jene Gattung entwickelt und perfektioniert, die „charakteristisches Ausdrucksmittel" der Zeit geworden sei und der sich Zweig hingebungsvoll widmet: „der künstlerische Essay, der aus dem Gelegentlichen, dem Tagesbedürfnis die gewonnenen Überblicke zu dauerhafter Form, zum dichterischen Bildnis steigert: Wertung als eigenen Wert, Kritik als Kunst." (Zweig GWE, Sainte-Beuve, S. 165) Interessant genug sind die Schwächen, die Zweig in Sainte-Beuves Œuvre registriert und die teilweise seine eigenen sind, wie etwa die Unfähigkeit, in Biografien auf „irgendeine Indiskretion aus dem Liebesleben" (S. 172) zu verzichten. Sein „psychologische[r] Ehrgeiz" werde rasch zum „Voyeurtum"; ihm sei „allzusehr das erotische Erlebnis Kern und motorische Kraft aller künstlerischen Produktion." (S. 172f.) Bei der Analyse Sainte-Beuves fallen gewisse Charakterisierungen auf: Der „weibliche, weibische Epikureer" (S. 174) besitzt einen „Frauenblick" (S. 173), eine „weibische Neugier" (S. 172), eine „weibische Verliebtheit" (S. 177), er habe eine „weibliche[ ], genießerische[ ] Art" (S. 176).

Henri Barbusses Roman *Le feu* (1916) gibt Zweig die Gelegenheit, mit einer 1918 in der *Neuen Freien Presse* erschienenen Rezension seine eigene pazifistische Haltung zum Ausdruck zu bringen, wie schon sein Werben für ein ‚Werk des Feindes' signalisiert (→ V.4 Krieg, Frieden, Pazifismus). In dem „leidenschaftlichen Friedensbuch[ ]" erkennt Zweig „die französische Besinnung von heute und vielleicht die europäische Verbrüderung von morgen." (Zweig GWE, Das Feuer, S. 90f.) Hervorgehoben wird vor allem Barbusses antikriegerische Einstellung, die seinen Erfahrungen an der Front und der „furchtbare[n] Heimat" (S. 100) der Schützengräben entspringe. Im Zentrum der Rezension steht Zweigs Bewunderung für die Abwesenheit jeder feindseligen Position bei Barbusse; auch bei der Schilderung der fürchterlichsten Leiden der französischen Soldaten wird kein Wort des Hasses für den Gegner gesprochen: „Nicht Deutschland müsse im Kriege besiegt werden für immer, sondern er selber, der Krieg, nicht Deutschland ist der Feind des Volkes, sondern der Krieg" (S. 101). Barbusses Buch wird als ein „Sieg des klaren Geistes über den Widersinn der Erscheinung" (S. 103) betrachtet.

1923 erscheint, anlässlich seines 100. Geburtstages, der Essay *Ernest Renan* in der *Neuen Freien Presse*. Renan sei der „mächtigste[ ] Anwalt der Gerechtigkeit und der übernationalen Einheit" (Zweig GWE, Ernest Renan, S. 106). Die Situation im Frankreich des Jahres 1871, als Renan als „décourageur public" (dt. ‚öffentlicher Entmutiger') (S. 107) betrachtet wird, gleicht jener der Weimarer Republik in den 1920er Jahren; die rührenden Versuche des Studiosus, „das Evangelium der Gerechtigkeit auch dann noch zu verkünden, wenn nationale Interessen bedroht" (S. 106) sind, versteht Zweig als Wegweiser für seine eigene Zeit. Renans am Deutsch-Französischen Krieg gescheitertes Projekt der „Bindung der beiden Völker als Führer der Vereinigten Staaten von Europa" (S. 118) fasziniert den Schriftsteller ebenso wie dessen Einstellung gegen Fanatismus und Gewalt (→ V.5 Toleranz und Fanatismus).

Innerhalb der englischen Literatur ist Byron die Künstlerpersönlichkeit, der Zweig mehrere Aufsätze widmet. In der Zeitschrift *Das Inselschiff* veröffentlicht Zweig im Juli 1924 *Lord Byron. Das Schauspiel eines großen Lebens*. Anders als bei Rimbaud trägt Byrons literarisches Werk – das, wenn auch nur für kurze Zeit, „wieder das englische Wort über die ganze Welt getragen" (Zweig GWE, Lord Byron, S. 267) habe – nur in geringem Maße zu seinem künstlerischen Verdienst bei, das vielmehr in der Legende liegt, die er um sich herum aufzubauen vermochte. Zweig erkennt in Byron mehr eine „Gestalt" als einen Dichter; sein „rauschende[s], dramatische[s], oft selbst theatralische[s] Leben" sei „mehr Erlebnis als sein dichterisches Wort, es ist heroische Legende, pathetisches Bildnis des Dichters mehr als der Dichter selbst" (S. 269). Byron mache „aus seiner Jugend ein einziges Heldengedicht"; Zweig rühmt „seine neue eigenartige Geste" (S. 270), die eine stolze prometheische Haltung bezeichnet: seine Hymne „auf das Böse und Gefährliche des Fleisches, die Proklamation der ‚Sünde' als des Aufruhrs gegen den bisher heiligen Geist", den „Stolz auf die Revolte" (S. 271). „Stolz" sei, was am Ende von Byron bleibe: „Im letzten verachtete er die Literatur, hat es, obwohl von Schulden erdrückt, hochmütig verweigert, jemals einen Shilling für seine Verse anzunehmen" (S. 273) – was dem „Erwerbszweig" (vgl. z.B. Buchinger 1998, S. 190) so komisch erscheint, dass er es sogar als Verschmähung der Literatur erklärt.

Im Zuge seiner Beschäftigung mit den Klassikern der europäischen Literatur kommt Zweig auch auf Dante zu sprechen, den er 1921 in einem Aufsatz in der *Neuen Freien Presse* lobt. Im Mittelpunkt seiner Schilderung stehen Dantes „Mut, diese grenzenlose Kühnheit des Griffes", die ihn einzigartig unter den Dichtern machen: „Von allen, die vor und nach ihm kamen, hat er allein dies bronzene Zupacken des Gewalttäters, diese unerhörte bildnerische Gebärde des Anfangs. Aber diesem Willen fügt sich die Tat, ‚potere in lui era uguale al volere' [dt. ‚das Können war bei ihm dasselbe wie das Wollen'], rühmt Petrarca" (Zweig GWE, Dante, S. 97f.). Das „Einmalige und Unerhörte" an Dantes Genius sei, „daß bei ihm als einzigem die Vision unter dem Schema nicht knöchern, das Wort unter dem Begriff nicht seelenlos wird"; seine Sprache sei „sinnlich saftig wie Fleisch anzufühlen und doch hart wie Marmor" (S. 100). Dantes sprachliches Können verwandelt die Starrheit des mittelalterlichen Denkens in lebendige Kunst. Dabei ist der italienische Dichter „nie [...] ein ins Weite, ins Lebendige rückwirkender Genius gewesen oder geworden" (S. 93), nie ist ihm gelungen, den *volgo*, d.h. das einfache Volk, dessen Sprache er mit so unglaublicher Versiertheit benutzt hat, zu erreichen: „Ruhm, nur immerdar steinerner Ruhm wird ihm, nie weiche, umfangende Liebe." (S. 93)

So oft Stefan Zweig auch über die Grenzen seines Landes und seiner Sprache hinausblickt, kommt er selbstverständlich auch auf Autoren der deutschen Literatur zu sprechen. In dem 1912 in der *Neuen Rundschau* veröffentlichten Aufsatz *Jakob Wassermann* verschränkt sich die literarische Thematik mit dem Komplex der jüdischen Identität (→ V.8 JUDENTUM UND JÜDISCHE IDENTITÄT). Zweig nimmt das Werk Wassermanns zum Ausgangspunkt einer Reflexion über deutsche Romanautoren. Der latente Defekt der deutschen Schriftsteller sei ihre Distanz zur reinen Epik, es mangle ihnen an der Fähigkeit zur Selbstentäußerung. Das Kunstwerk sei ihnen immer nur Vorwand, „näher an sich selbst (statt an die Welt) heranzulangen", so dass sie kaum „Erzähler im höchsten Sinne" sein können (Zweig GWE, Jakob Wassermann, S. 53f.). Neben Thomas und Heinrich Mann entgeht unter den deutschsprachigen Schriftstellern nur Jakob Wassermann diesem Urteil, und zwar durch seinen „Willen zur reinen Epik" und „durch stark ausgeprägte Rassenfremdheit" (S. 55). Zweig erklärt Wassermanns Judentum zu einer Art „Blickform", die weit entfernt von der „intellektuelle[n] Optik" der „Kulturjuden" sei. Diese würden sich auch außerhalb des motivgeschichtlichen Rahmens des Alten Testaments bewegen. Trotzdem scheint Wassermann „von allen modernen Erzählern der deutscheste" (S. 55f.). Zweig begründet dies mit der Nähe zwischen der jüdischen und der deutschen „Weltvision": Beide strebten „nach einer einheitlichen moralisch-metaphysischen Vergeistigung des ganzen Lebens [...], freilich in einer unendlichen Verschiedenheit der Methode, aber eins im höchsten Weltbilde" (S. 56). Ein Beispiel dafür wäre „in jener bedeutsamen Begegnung Spinozas und Goethes" zu finden (S. 56). Die deutsche und die ureigene jüdische Kultur teilten – bei „steter Sehnsucht nach Einheit" – die Dualität der geistlichen und sinnlichen Sphäre, die „für den Künstler die Wahl zwischen der Vision und der Analyse" (S. 57) sei. Wassermann habe diese beiden „Urkräfte" gegensätzlich in sich entwickelt,

14.4 Über europäische und internationale Literatur

„eine ungestüme, zu lyrischer Ausschweifung geneigte sinnlich-visionäre, typisch orientalische Phantasie, aber gekreuzt von einem sicheren Wirklichkeitssinn, einem analytischen Spürtrieb, beide voll Gier, sich weltschöpferisch zu betätigen, beide schroff einander gegenüber." (S. 57) Im Roman *Alexander in Babylon* (1905) werde der Orient ekstatisch wie noch nie geschildert, „aus einer vielleicht geheimnisvollsehnsüchtigen Rückerinnerung des Blutes" (S. 69); im Roman *Caspar Hauser oder Die Trägheit des Herzens* (1908) erkennt Zweig in der historischen Figur Hausers den Typus des „unmittelbaren Menschen" (S. 70), der Wassermann fasziniert: Die „Entdeckung des ‚Ich' im Menschen gegenüber dem unendlich vielfältigen ‚Du' der Welt" werde in dem Künstler, „der in manchen Sekunden dem Kosmos wie zum ersten Male gegenübersteht[,] wieder wach" (S. 71). Demzufolge wird der Künstler bewundert für seine mystische Fähigkeit, die Welt durch die Dichtung neu zu entdecken und die „Einfühlung" als künstlerisches Gesetz festzulegen.

Während des Exils intensiviert sich Stefan Zweigs Beziehung zu den Werken und der Person Thomas Manns. Er hält *Lotte in Weimar* (1939) für den wichtigsten Roman der Exilliteratur. Die 1940 in englischer Sprache verfasste Rezension ist voller Bewunderung: „Nehmen wir [*Lotte in Weimar*] [...] nicht als Kunstwerk bloß, sondern auch als bestärkenden Beweis, daß für einen Künstler Exil nicht nur Verbitterung und seelische Verarmung bedeuten muß, sondern auch gesteigerte Anspannung und inneres Wachstum erschaffen kann." (Zweig GWE, Thomas Mann, ‚Lotte in Weimar', S. 132). Manns Roman ist für Zweig eine Garantie für die hohe literarische Qualität und die Wirkung der Exilliteratur. Stefan Zweig hofft, dass weitere solcher Meisterwerke im Exil entstehen können.

Künstler sind für Zweig umso bedeutender, je mehr übernationale Probleme ihre Werke verhandeln. Wassermanns „Wille über die deutsche Literatur hinaus in die Weltliteratur" (Zweig GWE, Jakob Wassermann, S. 74) zu gehen und Dantes „Welttraum" (Zweig GWE, Dante, S. 96) paaren sich mit Zweigs Interesse an Vermittlern, die in der Lage sind, die Kultur des Westens mit anderen zu verbinden. Der 1911 als Bucheinführung publizierte Aufsatz *Lafcadio Hearn* ist einem solchen Menschen gewidmet, der „im genau richtigen Augenblick erschein[t]" (Zweig GWE, Lafcadio Hearn, S. 211) – unverkennbar ist hier der Ton der „historischen Miniatur" –, um die sterbende Kultur des alten Japan für die Welt lesbar zu machen. Zweig nutzt hier die Gelegenheit, dem „fiebernden Land" USA, das Schuld an der *Monotonisierung der Welt* trage, wie Zweig sie 1925 nannte, einen Seitenhieb zu versetzen, indem er „das Nutzlose, Freudlose, Sinnlose" (S. 214) des früheren Lebens Hearns in Amerika hervorhebt.

Auch die Rezension *Das Drama in ‚Tausendundeine Nacht'* (1917) dreht sich um einen solchen Vermittler, Adolf Gelber. Sein Buch *1001 Nacht. Der Sinn der Erzählungen der Scheherezade* ist „ein kluger und aufmerksamer Begleiter, weist einem zum erstenmal den Weg in dieser tropischen Wildnis, er zeigt den offenbaren und geistvollen Sinn der Anordnung und entdeckt den Dichter im Kompilator." (Zweig GWE, Das Drama in ‚Tausendundeine Nacht', S. 146) Das Märchenbuch sei lange Zeit einfach als ein „Chaos von Phantasmagorien" (S. 146) betrachtet worden; Gelbers Verdienst sei, die komplexe Tragik seiner Architektur, seine vielfältig psychologischen Nuancierungen in den Vordergrund zu rücken und damit die alte orientalische Welt, mit ihrer dezidierten Einstellung zur Humanität, der westlichen näherzubringen.

Die östliche Welt kehrt in einer Rezension wieder, die Zweig 1921 in der Zeitschrift *Das literarische Echo* veröffentlicht: *Rabindranath Tagores ‚Sadhâna'*. Hier wechseln sich zwei Stimmen ab, „der ältere" und „der jüngere Schriftsteller", die über den Wert des philosophischen Buches *Sādhanā* disputieren (→ III.6 LEGENDEN). Dem skeptischeren Ersten steht der Zweite gegenüber, der Zweigs Meinung vertritt und dem Text gegenüber eine ausgesprochen positive Haltung einnimmt. Die Diskussion fokussiert sich auf den außergewöhnlichen Erfolg des Buches in Deutschland; der jüngere Schriftsteller ist der Meinung, dass dieser ein Zeichen seiner Minderwertigkeit und Banalität sei. Dem entgegnet der Ältere: „Ich weiß, es ist in Deutschland Sitte, einen Autor sofort, wenn er zehn Auflagen hat, für einen Dummkopf oder einen Schwindler zu erklären, aber ich tue da nicht mit. Wenn ich einmal einem Dichter Vertrauen aus eigenem Kunstbewußtsein in klarem Gefühl gewährt habe, so mißtraue ich ihm auch nicht im Erfolg." (Zweig GWE, Rabindranath Tagores ‚Sadhâna', S. 180) Zweig spricht hier *pro domo*, erregten seine eigenen literarischen Erfolge doch stets Argwohn bei Kollegen und Kritikern. In dieser Rezension bringt Zweig überdies eines seiner Hauptanliegen zum Ausdruck – die Kritik an jeglichem Chauvinismus. Im Werk Tagores finde man „unsere aktuelle Problematik mit einer ganz selbstverständlichen Entschiedenheit beantwortet"; der „ganze Wahnsinn unserer Betriebsamkeit und Organisation, unserer Kriegswut und unseres Nationalismus" werde erst augenscheinlich, wenn man ihn „aus der Hemisphäre eines andern Denkens und Fühlens übersichtlich" betrachte (S. 181).

Auch in den hier analysierten Texten finden sich typische Stilmerkmale Zweigs. Die Eleganz der Wortwahl, die Musikalität der Sprache, das fortwährende Streben, das Interesse des Lesers mit den Mitteln erzählerischer Brisanz zu wecken und wach zu halten: Zweig bleibt ein „unentwegter erfindungsreicher Metaphoriker, [ein] bildkräftiger Wortmaler" (Gerdes 2010, S. 296). Anderseits wirkt der Stil manchmal „grell und schrill", was die Lektüre erschwert: Der stets enthusiastische Ton, der eine Fülle von grammatikalischen Superlativen mit sich bringt (→ IV.4 SPRACHE UND METAPHORIK), die „künstlich aufmontiert[e]" Dialektik der Gegensätze (Rohner 1966, S. 650), der Verdacht einer allzu bewussten Orientierung am Publikumsgeschmack erwecken den Eindruck, Theodor W. Adornos Verdikt über die Risiken der „oberflächliche[n] und publikumswirksame[n] Effekthascherei" (Gerdes 2010, S. 281) im essayistischen Werk Stefan Zweigs sei nicht immer fehl am Platz.

3. Forschung und Ausblick

Die Frankophilie Zweigs hat schon seine Zeitgenossen beeindruckt. 1918 lobt Friedrich Hirth Zweigs Arbeit als Vermittler französischer Literatur:

> Ehe Zweig den Weg zu Verhaeren fand, hatte er sich als feinfühliger Uebersetzer Verlaines erprobt, hatte Baudelaire [...] dem deutschen Volke näher gebracht und lebte sich in ein paar tiefschürfenden Arbeiten über Balzac, Dostojewky [sic], Rimbaut [sic] und Dickens so sehr in das Leben und Schaffen dieser Großen ein, daß er über sie die vielleicht letzten, entscheidenden Worte sprechen durfte. (Hirth 1918, S. 6)

In seiner Zweig-Biografie von 1928 hebt der Verleger Erwin Rieger hervor, dass Zweig die Relevanz der französischen Schriftsteller für die Gegenwart darstellen wolle. Daher extrapoliere er sie aus dem engen Zusammenhang ihrer Nation, um sie in den größeren Kontext der europäischen Literatur einzubetten und gewissermaßen untereinander ins Gespräch zu bringen:

14.4 Über europäische und internationale Literatur

> Sie [i. e. die kleineren Essays über Rousseau, Desbordes-Valmore, Sainte-Beuve, Rimbaud, Verlaine, Renan u. a.] wollen Gestalten behutsam aus dem Rahmen ihrer Epoche loslösen und dem heutigen Leser nahebringen, lebendige Zusammenhänge herstellen zwischen ihnen und ihm: Sainte-Beuve vergleicht Zweig mit Hermann Bahr, mit Maximilian Harden, mit Brandes, die geistige Haltung Renans im deutsch-französischen Kriege [...] [mit dem] Wirken Romain Rollands in unserer Zeit. (Rieger 2013, S. 163)

Rieger nennt „die Flut der Zweigschen Aufsätze" (S. 206) und seine „treffende[n] Essays" (S. 206) das „unsichtbare Werk" des Schriftstellers (S. 203 f.), das neben dem ‚sichtbaren' zu würdigen sei und „endgültiger Gestaltung im Buche" (S. 207) noch harre.

Auch in der gegenwärtigen Forschung wird auf den Einfluss, den Zweigs Essayistik auf seine Zeitgenossen ausübte, hingewiesen. Mit Blick auf den französischen Symbolismus hat Norbert Christian Wolf jüngst gezeigt, dass die Bedeutung von Stefan Zweigs biografischen Rimbaud-Darstellungen für die Entwicklung von Georg Trakls Autorschaftsinszenierung bisher unterschätzt worden ist. Trakl, so Wolf, eigne sich Zweigs Rimbaud-Imago an, um als Autor eine ganz bestimmte *posture* (im Sinne von Jérôme Meizoz) einzunehmen, die ihre Suggestivität aus Zweigs „nietzscheanisch anmutende[m], identifikatorische[m] Gestus und seiner Betonung des Dionysischen, Unangepasst-Rebellischen, ja politisch Revolutionären" bei Rimbaud beziehe (Wolf 2016, S. 139).

Im Rahmen der Studien zu *Zweigs England* (vgl. Görner/Renoldner 2014) ist auch dessen Verhältnis zur englischen Literatur näher unter die Lupe genommen worden. Daniela Strigl hat die Beziehung zu Lord Byron ausführlich analysiert. In ihrer Untersuchung von Zweigs Aufsatz *Das Geheimnis Byrons* (1918) kommt sie zu dem Schluss, dass er „eher einen Beitrag gehobenen Klatsches darstellt denn eine literarische Würdigung" (Strigl 2014, S. 37). Obwohl Zweig in einem zweiten Artikel zu Byron, *Das Schauspiel eines großen Lebens* (1924), die These vertrete, „dass der Dichter, hundert Jahre nach seinem Tod, durch das Kunstwerk seines Lebens im kollektiven Gedächtnis fortwirke" (S. 37), habe Zweig „Byron als Stimme einer ‚Internationale der Kunst'" (S. 39) betrachtet und seine Werke in das Programm der „Bibliotheca mundi" aufgenommen. Schließlich macht Strigl auf die Ähnlichkeiten der Figuren Tersites und Arnold (aus Byrons Drama *The Deformed Transformed*) aufmerksam (vgl. S. 40 f.). Auch Mark H. Gelber geht auf die Beziehung Zweigs zu Byron und Dickens ein (vgl. Gelber 2014, S. 30 f.; zu Dickens vgl. Renoldner 2014). Er stellt fest, dass die englische Literatur ein wesentlicher Bestandteil von Zweigs Auffassung der europäischen Kultur ist (vgl. S. 23), ohne jedoch den Primat von Zweigs „Frankophilie" in Frage zu stellen.

Mit Blick auf Zweigs Auseinandersetzung mit der italienischen Literatur hat Arturo Larcati dessen Verhältnis zu Dante genauer untersucht (vgl. Larcati 2016). Der Autor der *Göttlichen Komödie* hat Zweig sein ganzes Leben begleitet, wie Larcati zeigt: In den Anfangsjahren bildet Dante ein zentrales poetisches Vorbild – Zweig möchte die *Vita Nova* übersetzen und verfasst ein kurzes, lyrisches Epos, *Das Tal der Trauer* (1905), in dessen Stil; nach dem Krieg veröffentlicht er eine Edition seiner Werke im Rahmen der „Bibliotheca mundi", in dem Essay von 1921 wird Dante als Klassiker und Autor der Weltliteratur gewürdigt, in den 1930er und 1940er Jahren avanciert er als Dichter des Exils zur zentralen Identifikationsfigur Zweigs. Gabriella Rovagnati hat in ihrer Monografie (1998) Zweigs Freundschaft mit Sibilla Aleramo und Giuseppe Antonio Borgese rekonstruiert und seine Zusammenarbeit mit Luigi Pirandello anlässlich der Übersetzung von *Non si sa come* untersucht. Zweig setzt sich insbesondere für die deutsche Übersetzung von Aleramos Roman *Una donna* (1906) ein (zur Hassliebe zwischen Zweig und Gabriele D'Annunzio vgl. Larcati 2015).

Mit seinen Essays zur deutschen Literatur hat Zweig auch zum besseren Verständnis der deutschen Klassiker beigetragen. Es ist wichtig, sie im Kontext seiner Aufsätze zur europäischen und internationalen Literatur zu betrachten, da Zweig die deutsche Literatur nicht als isolierte Nationalliteratur versteht. Die Thomas-Mann-Forschung hat Zweigs Rezension von *Lotte in Weimar* als „Höhe- und Endpunkt in der Beziehung der beiden Schriftsteller" (Mann/Zweig 2016, S. 346) bezeichnet. Dass Zweig den Roman „in eine Reihe mit den größten im Exil geschriebenen Büchern der Weltliteratur" stellt, erscheint den Herausgebern des Mann/Zweig-Briefwechsels, Katrin Bedenik und Franz Zeder, als gelungener Versuch, „Goethes Weimar als das bessere, unvergängliche Deutschland in Erinnerung zu rufen" (S. 344). Den beiden Literaturwissenschaftlern zufolge sieht sich Zweig durch Thomas Mann in seiner Überzeugung bestätigt, „dass punkto Nachhaltigkeit jedes politische Engagement hinter der genuinen Literatur zurückbleibe" (S. 344).

Zweigs Interesse für die Literatur zahlreicher (europäischer) Länder und sein Engagement für eine „Bibliotheca mundi" zeigen eine gewisse Nähe zu Goethes Konzept einer übernationalen Literatur. Dementsprechend können auch Zweigs Vermittlertätigkeit und seine Arbeiten zur europäischen wie zur internationalen Literatur als spezifischer Beitrag zum Konzept einer Weltliteratur begriffen werden. Diesen Aspekt betont auch Mark H. Gelber (vgl. Gelber 2014, 2015): „Zu seinen Lebzeiten bestand Zweigs Beitrag zur Weltliteratur […] in produktiver Autorenschaft, Herausgeberschaft und literarischer und kultureller Vermittlertätigkeiten [sic], welche die nationalen Grenzen Europas überschritten. […] Ein Großteil seiner Literaturproduktion […] wurde[ ] in 30, 40 oder noch mehr Sprachen übersetzt, wodurch ihre internationale Verbreitung gewährleistet war" (Gelber 2015, S. 21).

Die Privilegierung einer Auseinandersetzung mit der Literatur großer europäischer Kulturnationen führt zu der Frage, ob Zweigs Zugang zur Weltliteratur letztlich nicht doch einen eurozentrischen Ausgangspunkt hat. Diese Diskrepanz von eurozentrischer und globaler Perspektive bildet ein wichtiges Forschungsdesiderat.

Stefan Zweig

Mann, Thomas/Zweig, Stefan (2016): Briefwechsel, Dokumente und Schnittpunkte. Hg. v. Katrin Bedenik u. Franz Zeder. Frankfurt a. M.: Vittorio Klostermann.
Zweig, Stefan (1937): Begegnungen mit Menschen, Büchern, Städten. Wien u. a.: Reichner.
Zweig, Stefan (1982²): Drei Meister. Balzac, Dickens, Dostojewski. GWE. Frankfurt a. M.: S. Fischer.
Zweig, Stefan (1983): An die Freunde in Fremdland. In: Ders.: Die schlaflose Welt. Aufsätze und Vorträge aus den Jahren 1909–1941. GWE. Hg. v. Knut Beck. Frankfurt a. M.: S. Fischer, S. 42–47.
Zweig, Stefan (1983): Das Feuer. In: Ders.: Die schlaflose Welt. Aufsätze und Vorträge aus den Jahren 1909–1941. GWE. Hg. v. Knut Beck. Frankfurt a. M.: S. Fischer, S. 90–103.
Zweig, Stefan (1983): Der europäische Gedanke in seiner historischen Entwicklung. In: Ders.: Die schlaflose Welt. Aufsätze und Vorträge aus den Jahren 1909–1941. GWE. Hg. v. Knut Beck. Frankfurt a. M.: S. Fischer, S. 185–210.
Zweig, Stefan (1983): Der Turm zu Babel. In: Ders.: Die schlaflose Welt. Aufsätze und Vorträge aus den Jahren 1909–1941. GWE. Hg. v. Knut Beck. Frankfurt a. M.: S. Fischer, S. 68–73.

Zweig, Stefan (1983): Die Tragik der Vergeßlichkeit. In: Ders.: Die schlaflose Welt. Aufsätze und Vorträge aus den Jahren 1909–1941. GWE. Hg. v. Knut Beck. Frankfurt a.M.: S. Fischer, S. 141–146.

Zweig, Stefan (1983): Ist die Geschichte gerecht? In: Ders.: Die schlaflose Welt. Aufsätze und Vorträge aus den Jahren 1909–1941. GWE. Hg. v. Knut Beck. Frankfurt a.M.: S. Fischer, S. 159–162.

Zweig, Stefan (1984): Erinnerungen an Emile Verhaeren. In: Ders.: Emile Verhaeren. GWE. Hg. v. Knut Beck. Frankfurt a.M.: S. Fischer, S. 251–315.

Zweig, Stefan (1990): Arthur Rimbaud. In: Ders.: Zeiten und Schicksale. Aufsätze und Vorträge aus den Jahren 1902–1942. GWE. Hg. v. Knut Beck. Frankfurt a.M.: S. Fischer, S. 198–209.

Zweig, Stefan (1990): Dante Alighieri. In: Ders.: Zeiten und Schicksale. Aufsätze und Vorträge aus den Jahren 1902–1942. GWE. Hg. v. Knut Beck. Frankfurt a.M.: S. Fischer, S. 93–104.

Zweig, Stefan (1990): Die Monotonisierung der Welt. In: Ders.: Zeiten und Schicksale. Aufsätze und Vorträge aus den Jahren 1902–1942. GWE. Hg. v. Knut Beck. Frankfurt a.M.: S. Fischer, S. 30–39.

Zweig, Stefan (1990): Ernest Renan. Zum Jahrhunderttage seiner Geburt 27. Februar 1823. In: Ders.: Zeiten und Schicksale. Aufsätze und Vorträge aus den Jahren 1902–1942. GWE. Hg. v. Knut Beck. Frankfurt a.M.: S. Fischer, S. 105–122.

Zweig, Stefan (1990): Joseph Roth. In: Ders.: Zeiten und Schicksale. Aufsätze und Vorträge aus den Jahren 1902–1942. GWE. Hg. v. Knut Beck. Frankfurt a.M.: S. Fischer, S. 325–339.

Zweig, Stefan (1990): Lafcadio Hearn. In: Ders.: Zeiten und Schicksale. Aufsätze und Vorträge aus den Jahren 1902–1942. GWE. Hg. v. Knut Beck. Frankfurt a.M.: S. Fischer, S. 210–219.

Zweig, Stefan (1990): Lord Byron. Das Schauspiel eines großen Lebens. In: Ders.: Zeiten und Schicksale. Aufsätze und Vorträge aus den Jahren 1902–1942. GWE. Hg. v. Knut Beck. Frankfurt a.M.: S. Fischer, S. 267–276.

Zweig, Stefan (1990): Montaigne. In: Ders.: Zeiten und Schicksale. Aufsätze und Vorträge aus den Jahren 1902–1942. GWE. Hg. v. Knut Beck. Frankfurt a.M.: S. Fischer, S. 468–556.

Zweig, Stefan (1990): Walther Rathenau. In: Ders.: Zeiten und Schicksale. Aufsätze und Vorträge aus den Jahren 1902–1942. GWE. Hg. v. Knut Beck. Frankfurt a.M.: S. Fischer, S. 255–266.

Zweig, Stefan (1990): Zeiten und Schickale. Aufsätze und Vorträge aus den Jahren 1902–1942. GWE. Hg. v. Knut Beck. Frankfurt a.M.: S. Fischer.

Zweig, Stefan (2004²): Frühling in Sevilla. In: Ders.: Auf Reisen. Feuilletons und Berichte. GWE. Hg. v. Knut Beck. Frankfurt a.M.: S. Fischer, S. 51–57.

Zweig, Stefan (2006²): Begegnungen mit Büchern. Aufsätze und Einleitungen aus den Jahren 1902–1939. GWE. Hg. v. Knut Beck. Frankfurt a.M.: S. Fischer.

Zweig, Stefan (2006²): Das Drama in ‚Tausendundeine Nacht'. In: Ders.: Begegnungen mit Büchern. Aufsätze und Einleitungen aus den Jahren 1902–1939. GWE. Hg. v. Knut Beck. Frankfurt a.M.: S. Fischer, S. 144–155.

Zweig, Stefan (2006²): Einleitung zu einer zusammengefaßten Ausgabe von Jean-Jacques Rousseau's ‚Emil oder über die Erziehung'. In: Ders.: Begegnungen mit Büchern. Aufsätze und Einleitungen aus den Jahren 1902–1939. GWE. Hg. v. Knut Beck. Frankfurt a.M.: S. Fischer, S. 156–163.

Zweig, Stefan (2006²): Thomas Mann, ‚Lotte in Weimar'. In: Ders.: Begegnungen mit Büchern. Aufsätze und Einleitungen aus den Jahren 1902–1939. GWE. Hg. v. Knut Beck. Frankfurt a.M.: S. Fischer, S. 130–132.

Zweig, Stefan (2007³): Castellio gegen Calvin oder Ein Gewissen gegen die Gewalt. GWE. Hg. v. Knut Beck. Frankfurt a.M.: S. Fischer.

Zweig, Stefan (2007²): Das Geheimnis des künstlerischen Schaffens. Essays. GWE. Hg. v. Knut Beck. Frankfurt a.M.: S. Fischer.

Zweig, Stefan (2007²): Jakob Wassermann. In: Ders.: Das Geheimnis des künstlerischen Schaffens. Essays. GWE. Hg. v. Knut Beck. Frankfurt a.M.: S. Fischer, S. 53–76.

Zweig, Stefan (2007²): Rabindranath Tagores ‚Sadhâna'. In: Ders.: Das Geheimnis des künstlerischen Schaffens. Essays. GWE. Hg. v. Knut Beck. Frankfurt a.M.: S. Fischer, S. 179–187.
Zweig, Stefan (2007²): Sainte-Beuve. In: Ders.: Das Geheimnis des künstlerischen Schaffens. Essays. GWE. Hg. v. Knut Beck. Frankfurt a.M.: S. Fischer, S. 163–178.
Zweig, Stefan (2008⁶): Das Tal der Trauer. In: Ders.: Silberne Saiten. Gedichte. GWE. Hg. v. Knut Beck. Frankfurt a.M.: S. Fischer, S. 125–132.
Zweig, Stefan (2017): Sternbilder. Sammlung verschollener Essays über deutschsprachige Klassiker. Hg. v. Klaus Gräbner u. Erich Schirhuber. Krems: Edition Roesner.
Zweig, Stefan (2017): Zeitlose. Sammlung verschollener Essays über fremdsprachige Klassiker Hg. v. Klaus Gräbner. Krems: Edition Roesner.

Weitere Literatur

Beck, Knut (2007²): Nachbemerkung des Herausgebers. In: Zweig, Stefan: Das Geheimnis des künstlerischen Schaffens. Essays. GWE. Hg. v. Knut Beck. Frankfurt a.M.: S. Fischer, S. 373–377.
Buchinger, Susanne (1998): Stefan Zweig – Schriftsteller und literarischer Agent. Die Beziehungen zu seinen deutschsprachigen Verlegern (1901–1942). Frankfurt a.M.: Buchhändler-Vereinigung.
Gelber, Mark H. (2014): Stefan Zweig, British Literature and European Sensibilities. In: Görner, Rüdiger/Renoldner, Klemens (Hg.): Zweigs England. Würzburg: Königshausen & Neumann, S. 21–34.
Gelber, Mark H. (2015): Stefan Zweig und das Konzept der Weltliteratur. In: Ders./Zhang, Yi (Hg.): Aktualität und Beliebtheit. Neue Forschung und Rezeption von Stefan Zweig im internationalen Blickwinkel. Würzburg: Königshausen & Neumann, S. 15–30.
Gerdes, Joachim (2010): „Das Objekt dient immer dem Subjekt nur als Vorwand" – Stefan Zweigs Essays. In: Brambilla, Marina M./Pirro, Maurizio (Hg.): Wege des essayistischen Schreibens im deutschsprachigen Raum (1900–1920). Amsterdam, New York: Rodopi, S. 281–298.
Görner, Rüdiger/Renoldner, Klemens (Hg.) (2014): Zweigs England. Würzburg: Königshausen & Neumann.
Hirth, Friedrich (1918): Hugo von Hofmannsthal und Stefan Zweig. In: Der Merker 9/1/1918, S. 1–10.
Larcati, Arturo (2015): Stefan Zweig, la Grande Guerra e D'Annunzio. In: Auteri, Laura/di Gesù, Matteo/Tedesco, Matteo (Hg.): La cultura in guerra. Ideologie identitarie, nazionalismi, conflitti. In: InVerbis Lingue Letterature Culture V/2015, S. 97–108.
Larcati, Arturo (2016): Stefan Zweig und Dante Alighieri. In: Deutsches Dante-Jahrbuch 91/1/2016, S. 155–180.
Renoldner, Klemens (2014): „Der Held wird nicht untergehen". Stefan Zweigs Kampf für (und mit) Charles Dickens. In: Ders./Görner, Rüdiger (Hg.): Zweigs England. Würzburg: Königshausen & Neumann, S. 49–64.
Rieger, Erwin (2013): Stefan Zweig. Der Mann und sein Werk. Hamburg: Servus.
Rohner, Ludwig (1966): Der deutsche Essay. Materialien zur Geschichte und Ästhetik einer literarischen Gattung. Neuwied: Luchterhand.
Rovagnati, Gabriella (1998): „Umwege auf dem Wege zu mir selbst". Zu Leben und Werk Stefan Zweigs. Bonn: Bouvier.
Simon, Dietrich (1983): Zu dieser Ausgabe. In: Zweig, Stefan: Essays I. Auswahl 1907–1924. Hg. v. Dietrich Simon. Leipzig: Insel, S. 628–630.
Strigl, Daniela (2014): „I want a hero" – Stefan Zweig und Lord Byron. In: Görner, Rüdiger/Renoldner, Klemens (Hg.): Zweigs England. Würzburg: Königshausen & Neumann, S. 35–48.
Wolf, Norbert Christian (2016): „Die Verachtung eines solchen Künstlers für die Kunst". Georg Trakls Aneignung der Rimbaud-Imago Stefan Zweigs. In: Degner, Uta/Weichselbaum, Hans/

Wolf, Norbert Christian (Hg.): Autorschaft und Poetik in Texten und Kontexten Georg Trakls. Salzburg: Otto Müller, S. 133–159.

Zeder, Franz (2016): Thomas Mann und Stefan Zweig. Zu den Stationen einer lebenslangen Begegnung im Schnittpunkt von Literatur, Politik und Musik. In: Mann, Thomas/Zweig, Stefan: Briefwechsel, Dokumente und Schnittpunkte. Hg. v. Katrin Bedenik u. Franz Zeder. Frankfurt a. M.: Vittorio Klostermann, S. 127–364.

Zelewitz, Klaus (2011): Zweigs Europa: ein cisleithanisches? In: Gelber, Mark H./Ludwig, Anna-Dorothea (Hg.): Stefan Zweig und Europa. Hildesheim u. a.: Olms, S. 99–124.

14.5 Reiseberichte

Matjaž Birk

1. Reisen als Modus Vivendi 547
2. Philosophisch-poetische Merkmale 548
3. Wahrnehmungen des Fremden 550
4. Reise und Flucht aus Europa 551

1. Reisen als Modus Vivendi

Stefan Zweig gehört zu den großen Reisenden der Weltliteratur. Innerhalb der deutschsprachigen Reiseliteratur der ersten Hälfte des 20. Jahrhunderts kommt seinen Reisenarrativen im Hinblick auf die Reisepoetik und das Verhältnis von Selbst- und Fremdwahrnehmung besonderer Stellenwert zu.

Bereits in seiner Kindheit, im materiell und kulturell privilegierten Milieu der Wiener jüdischen Bourgeoisie kosmopolitischer Prägung, wurde das Reisen zu Zweigs Modus Vivendi und stellte ein wichtiges Dispositiv für seine geistige und literarische Entwicklung dar. Nicht zuletzt spielen die Erfahrungen von den Reisen nach Europa, Nordafrika, Südostasien, Russland, Nord- und Südamerika auch für sein literarisches Schaffen eine bedeutende Rolle. Die Auseinandersetzung und der Dialog mit anderen Ländern und Kulturen, mit den Künstlern und ihren jeweiligen Produktionen gehören zur Basis seines Selbstverständnisses. Ohne Reisen wäre Stefan Zweigs Werk nicht denkbar.

Der Autor reiste in Begleitung seiner Eltern, der beiden Ehefrauen oder mit Freunden, vor allem aber alleine. Gerne und oft reiste er mit dem Tagebuch in seinem Reisegepäck (→ III.15 TAGEBÜCHER), häufig von Unrast getrieben, wie er sich dem 23-jährigen Hermann Hesse in einem Brief vom 21. November 1904 anvertraut: „[I]ch habe so eine Unrast überallhin zu fahren, alles zu sehen und zu genießen, habe Angst vor dem Alter, daß ich dies – meinen liebsten Besitz – einmal verlieren könnte in Mattigkeit und Faulheit." (Zweig 1990b, S. 15)

Ein entscheidendes Motiv für das Reisen war für Zweig die Pflege seiner privaten wie beruflichen Netzwerke, vor allem in Europa. Des Öfteren reiste er zu Freunden, Schriftstellern und Künstlern, zu Verlegern, zahlreiche Reisen sind aber auch durch Vorträge und Lesungen bedingt, insbesondere in vielen deutschen Städten. Die Brasilien-Reise von 1936 und die USA-Reise von 1939 werden zu einem regelrechten Lesemarathon.

Das Reisen bot Zweig nicht zuletzt die Möglichkeit, sich durch eine Vielzahl von Reisefeuilletons – vor allem für die Wiener *Neue Freie Presse* – literarisch zu positionieren und sich der Öffentlichkeit damit als Kosmopolit und übernationaler Vermittler zu präsentieren. Seine Reisetätigkeit führte den Autor nicht nur durch Europa – nach Deutschland, Italien, Belgien, Frankreich, Spanien, England, wobei er sich wohl auch durch seine familiäre Herkunft am meisten dem romanischen Kulturraum verbunden fühlte –, sondern auch auf andere Kontinente, wie etwa 1905 nach Algerien, um die Jahreswende 1908/1909 nach Indien, 1911 nach Nord- und Mittelamerika, 1928 nach Russland und 1936 erstmals in mehrere Länder Lateinamerikas (vgl. die entsprechenden Reisefeuilletons *Abendaquarelle aus Algier*, 1905; *Sehnsucht nach Indien*, 1908; *Gwalior, die indische Residenz* und *Die Stadt der tausend Tempel*, 1909; *Bei den Franzosen in Canada*, *Der Rhythmus von New York*, *Parsifal in New York* und *Die Stunde zwischen zwei Ozeanen*, 1911; *Reise nach Rußland*, 1928; *Kleine Reise nach Brasilien*, 1936).

Nach Hitlers Machtergreifung 1933 konnte Zweig nicht mehr nach Deutschland reisen, in der Folge werden auch Aufenthalte in weiteren Ländern eingeschränkt. Ab 1934 in London lebend, wurden die Reisen insbesondere für Begegnungen mit Freunden im Exil notwendig. Diese brachten auch eine symbolische Ferne mit sich, zur Welt der Literatur, in der er anfangs noch Zuflucht suchte. Nicht von ungefähr thematisiert Zweig in *Die Welt von Gestern* und *Schachnovelle* (beide 1942) sowie in den Fragment gebliebenen Romanen *Rausch der Verwandlung* (erstmals 1982) und *Clarissa* (erstmals 1990) die Beweglichkeit, die er in diesen Jahren verloren hatte. Nach der Erfahrung der Endgültigkeit des „Sturzes ins Leere" (Zweig 1990, S. 290), wie Zweig René Schickele im Frühjahr 1938 den Verlust der Heimat der deutschen Sprache schilderte, wurde die erlebte Heimatlosigkeit verbunden mit Reisen ins Provisorische.

2. Philosophisch-poetische Merkmale

Zweigs Reisen finden ihren Niederschlag in biografischen, essayistischen und literarischen Texten sowie in Briefen und Tagebuchaufzeichnungen (→ III.15 TAGEBÜCHER; III.16 BRIEFE), insbesondere auch in den Reisefeuilletons, in Berichten aus Italien, Spanien, Frankreich, England, Indien, Belgien, Galizien, Russland, der Schweiz, Amerika und Brasilien. Zweig selbst hat sie in einer kleinen Auswahl schon zu Lebzeiten publiziert (vgl. Zweig 1919). In dem Band *Auf Reisen* im Rahmen der *Gesammelten Werke in Einzelbänden* (GWE) hat Knut Beck eine wesentlich umfangreichere, jedoch ebenso nicht vollständige Auswahl zusammengestellt.

Zahlreich sind auch literarische Inszenierungen seiner Reisen, sei es in *Die Welt von Gestern* oder in Novellen und Romanen. Das Reisen wird darin zu einem Grundmotiv, dem häufig auch bei der Profilierung der Figuren bedeutende Funktionen beigemessen werden. Dies zeigt sich etwa im Roman *Ungeduld des Herzens* (1939), in dem der Protagonist den ‚Heilsweg' während einer Reise zu beschreiben beginnt, oder in der Erzählung *Der Amokläufer* (1922), in der Zweig die Rahmenhandlung auf einer Schiffsfahrt von Indonesien nach Europa ansiedelt. Zu erwähnen ist auch das Romanfragment *Rausch der Verwandlung* mit der ausführlichen Reisebeschreibung der Hauptfigur Christine Hoflehner nach Pontresina. Natürlich ist vor allem auch die *Schachnovelle*, deren Rahmenerzählung an Bord eines Passagierdampfers von New York nach Buenos Aires situiert ist, beispielhaft für die Bedeutung, die dem Reisen in Zweigs literarischem Werk zukommt.

14.5 Reiseberichte

Das Reisen – die Umstände, die besonderen Herausforderungen, die ‚Philosophie' – ist auch in Zweigs Literarisierungen von Entdeckungsreisen ein zentrales Motiv. So wird etwa König João II. in *Magellan. Der Mann und seine Tat* (1938) von einer plötzlichen Entdeckungslust übermannt. Zweig verbindet seine Reise um die Welt mit den individuellen und kollektiven Machtansprüchen (diese erscheinen personifiziert in der Darstellung Spaniens unter der Herrschaft von Karl V.) seines Auftraggebers. Reisen im Sinne von Eroberung der Welt und Machterweiterung spielt auch in anderen fiktionalen Texten Zweigs eine zentrale Rolle, so in mehreren *Sternstunden der Menschheit*: Sultan Mahomet geht mit imperialistischen Gelüsten auf das Bollwerk des Christentums im Osten zu; Napoleon wagt die Reise von Korsika in die Metropole seines einstigen Reichs, um die Herrschaft wiederzuerlangen; Lenin reist im versiegelten Zug durch halb Europa, um seinen Traum nach einer Weltrevolution zu verwirklichen.

Stefan Zweig kennt die deutschsprachige Reiseliteratur vom Anfang des 20. Jahrhunderts und greift auf diese zurück, etwa Hermann Graf Keyserlings Berichte, auf die Zweig in seinen Briefen einige Male Bezug nimmt. In Keyserlings *Reisetagebuch eines Philosophen* (1919) finden sich Betrachtungen über das Reisen, die auf die Weltreise des Verfassers zurückgehen. Das Reisen als Begegnung und Dialog mit dem Fremden führt hier auch zu einer tieferen Form der Selbsterkenntnis.

Zweig reiste „um der Ferne" und „um des Fortseins vom Eigenen" (Zweig GWE, Reisen oder Gereist-Werden, S. 261) willen, wie er es in seinem Essay *Reisen oder Gereist-Werden* formuliert. Er verstand die Reise als Identitätsstiftung, die durch den Austausch von kulturellen Elementen „zur Entdeckung nicht nur der äußern, sondern auch unserer eigenen innern Welt" (S. 263), erfolge. Nur auf einer dynamischen, auf den Einzelnen zugeschnittenen Reise komme es zur Entfaltung der Individualität, der „allerpersönlichste[n], ureigenste[n] Gestaltung unserer Neigung" (S. 263). Diese Art des Reisens unterscheidet Zweig von jener des ‚Gereist-Werdens', wie er das von der angloamerikanischen Kultur geprägte „Reisen in Masse" (S. 259) bezeichnet, das durch Passivität und Entindividualisierung gekennzeichnet sei. Diese Reiseart lasse nicht zu, das Fremde „in der Tiefe" zu entdecken, denn „alles, was wir Gewinn nennen, wächst aus Mühe und Widerstand" (S. 261 f.). In Zweigs Reisefeuilletons wird das Ideal des Alleinreisens propagiert.

Auffällig ist in Zweigs Reiseberichten seine häufige Beanspruchung der Naturmetaphorik, besonders bei seinen Städteporträts, wie etwa in *Der Rhythmus von New York* (1911), wenn das Treiben auf den Straßen mit „Ebbe und Flut" verglichen wird, die „Tramways und Wagen [...] wie Felsblöcke in einem Wildbach für Minuten aufgestaut [bleiben]" oder das Erscheinungsbild der Stadt einer „zerklüftete[n], nackte[n] Gebirgskette" (S. 139) gleicht. Mythisch aufgeladen ist hingegen das Natur-Bild, das Zweig von Rio zeichnet: „[E]s breitet sich auf mit weichen, weiblichen Armen, es empfängt in einer weit ausgespannten zärtlichen Umarmung, es zieht an sich heran, es gibt sich mit einer gewissen Wollust dem Blicke hin." Es herrscht „überall Harmonie, gelöste Vielfalt in immer wieder völliger Einheit, Natur, die Stadt geworden ist, und eine Stadt, die wie die Natur wirkt." (Zweig GWE, Brasilien, S. 195) (→ IV.4 Sprache und Metaphorik)

Die Natur erscheint in der vom organistischen Denken in der Nachfolge von Johann Wolfgang von Goethe und Adalbert Stifter geprägten Kunstauffassung als Raum, in dem Übergänge geschaffen werden, jene Übergänge, die Harmonisierungsprozesse auslösen und zur Überwindung von Grenzziehungen herausfordern. Im Reisefeuilleton *Herbstwinter in Meran* (1913) liest sich das so: „Meisterschaft des Überganges: das ist die Gewalt dieser Südtiroler Täler. Und nicht nur in der Struktur in ihrem eigenen Leben ist der Wandel der Erscheinung bezwungen, auch der Umschwung der Jahreszeiten [...] scheint gebändigt von ihrer beruhigenden Gewalt." (Zweig GWE, Herbstwinter in Meran, S. 163) Diese Repräsentation der Natur kann man als Spezifikum der Zweig'schen Reisepoetik ansehen, zumal die Naturbilder, auf den Menschen übertragen, als Bilder von seiner, mit Paul Ricœur zu sprechen, ‚inneren Zeit', der Zeit der Seele, interpretiert werden können. Die Naturbilder symbolisieren die Zusammenführung von idealtypischen geistigen und sinnlichen Identitäten von Individuum und Gesellschaft. Die Vorbildfunktion der Natur ist auch in dem Text *Galiziens Genesung* (1915) zu beobachten: „[D]ie Erneuerung ist stärker als die Vernichtung, die schöpferische Kraft des Friedens noch gewaltiger als die mörderische des Krieges. Die Natur zeigt es als erste und am eindringlichsten, die Arbeit der Menschen zeigt es abermals." (Zweig GWE, Galiziens Genesung, S. 193f.) Diese Eindrücke aus Galizien müssen in ihrem besonderen historischen Kontext gesehen werden, handelt es sich doch um eine Reise der ganz anderen Art, eine „Wanderung durch Schutt und Asche", die Zweig 1915, mitten im Krieg (→ V.4 Krieg, Frieden, Pazifismus), unternommen hat: „Über Schlachtfelder geht der Weg, geht hier jeder Weg." (S. 191)

Die Poetik des Übergangs wird gelegentlich um eine kulturlandschaftliche Dimension erweitert, verlegt an die Schnittstelle zwischen Natur und Kultur, um die Trennung zu überwinden, z.B. in *Hydepark* (1906), *Die Stunde zwischen den Ozeanen* (1911) oder *Salzburg* (1933), jene Stadt, die ihre „Lösung von Dissonanzen in Harmonie" (S. 353) der Musik zu verdanken habe. Rüdiger Görner hat anhand von Hugo von Hofmannsthals *Der Schwierige* gezeigt, wie das Phänomen des Übergangs in sich epochenspezifische und zeitübergreifende Schwierigkeiten konzentriert (vgl. Görner 2011; vgl. auch Görner 2012). In Zweigs Reisenarrativen ist die von der Natur inspirierte Art des Übergangs eine im Lebens- und Kunstempfinden der Vormoderne verortete Universalie.

3. Wahrnehmungen des Fremden

Zweigs Fremdheitsphänomenologie umfasst typische Fremdheitszuweisungen – die Fremde erscheint als das Neue, Unvertraute, Geheimnisvolle, Faszinierende, Exotische, Unsichere. Die Erfahrung des Fremden ist bei Zweig vorerst ein sinnliches Erlebnis: „Wie gerne möchte man mit ihnen durch die enge Tür – nicht um den Gott zu sehen, ein kaltes, edelsteingeschmücktes Fratzengesicht wohl", schreibt Zweig von den Tempeln von Benares, „aber diese Teppiche von Blumen, [...] diese Wolken von Duft, diese bunten Hügel von Früchten zu seinen Füßen." (Zweig GWE, Die Stadt der tausend Tempel, S. 116)

Die Wahrnehmung des Fremden erfolgt meist aus eurozentrischer Perspektive. Diese tritt im Rückgriff auf die paradigmatische Literatur der europäischen Reisenden (von Ernst Haeckel, Pierre Loti, Alfred Meebold usw.) in Erscheinung, die „wie ein Wegweiser [...] hin gegen das ferne Land" (S. 98) fungiere. Diese im Spannungsfeld zwischen identifikatorischem und hinterfragendem Lesen verortete Sichtweise bringt kühne Vergleiche hervor – touristische Riesenschiffe werden an mitteldeutschen Kleinstädten gemessen, die Nonnen aus Benares mit deutschen Ordensschwestern, die Schwarzen mit den Juden, die Friedhöfe in Wien mit jenen in Moskau verglichen usw.

Dabei dominieren häufig Stereotype, die nur selten selbstkritisch reflektiert werden. Hildemar Holl nimmt auf die frühen Reisefeuilletons Stefan Zweigs (Brügge 1902, 1904; Indien 1909) sowie auf das Erlebnis der Stadt Detroit (1939) Bezug und kommt zu dem Schluss, dass es sich, trotz aller Einschränkungen, die man gegen Zweigs Reiseberichte vorbringen mag, um „Zellkerne für weitere Werke in anderen Ausdrucksformen" (Holl 2015, S. 44) handle.

Die für Zweigs Reisen charakteristische Erfahrung der Fremdheit ist, dass er das Fremde als Ergänzung des Eigenen (vgl. Schäffter 1991) begreift. Die Berührung mit dem Fremden verspricht Zweifaches: die Bereicherung des von der Monotonisierung gefährdeten Eigenen sowie das Aufdecken seiner Unzulänglichkeiten, Brüche und Lügen. Im Bericht über die französischen Katholiken und protestantischen Deutschen in Kanada wird ihre Bedeutung in Erinnerung gebracht, denn sie sind „fast spurlos in Amerika versickert" (Zweig GWE, Auf Reisen, S. 132). Der „gnädige Weiße", der auf der Suche nach der Erfahrung des ‚exotischen Schwarzen' als „Schaustück oder Kuriosität" (S. 376) ist, symbolisiert die Selbsttäuschung der Europäer in ihrer Beziehung zu amerikanischen Schwarzen. Durch die Verknüpfung fremder Eindrücke mit kulturellen Symbolen und Ikonen Europas versucht Zweig, das Fremde wieder vertraut zu machen (vgl. dazu die Analyse der Reisefeuilletons über Spanien und Algerien in Larcati 2017a, 2017b). In zahlreichen Vergleichen zwischen der ‚alten' und der ‚neuen Welt' werden die moralischen Vorstellungen der Europäer relativiert: „[D]as Erstaunlichste für uns", so Zweig über die Prostitution im Roten Viertel von Rio de Janeiro, sei „die völlige Durchmischung [...]. Neger gehen zu Weißen, Weiß[e] zu Negern" (Zweig GWE, Tb, S. 402). Dennoch herrsche „keinerlei Freiheit in unserm Sinne, daß etwa ein junges Mädchen mit einem jungen Mann ausgehen dürfte; aber das ist ohne Prüderie sondern eben noch aufbewahrte Zeit." (S. 405) An einigen Stellen widersetzen sich fremde Eindrücke der Integration ins eigene Weltbild. Dabei behält das Fremde, als Exotisches, seine Faszination.

Zweigs Reiseliteratur birgt Potenzial zur kritischen Konfrontation mit Stereotypen, was etwa an den Reisefeuilletons aus Indien oder in Ansätzen auch in *Reise nach Rußland* zu beobachten ist, wo der Erzähler schon zu Beginn seiner Reportage den notwendigen ideellen Rahmen zum selbstkritischen Umgang mit vereinfachten Gesellschaftsrepräsentationen schafft, indem er auf die Asymmetrie der Zeit- und Weltwahrnehmung zwischen Europa und Russland verweist: „Nicht nur auf dem Zifferblatt muß man die Stunde umstellen, sondern sein ganzes Gefühl von Raum und Zeit, sobald man nach Rußland kommt. Denn innerhalb dieser Dimensionen wirkt sich alles in anderen Maßen und Gewichten aus." (Zweig GWE, Auf Reisen, S. 280) Zweigs eurozentrische Perspektive bleibt jedoch bestimmend. Anders als bei Joseph Roth ist kein tiefergehendes Interesse für den europäischen Osten und Südosten zu erkennen (vgl. Zelewitz 2011).

4. Reise und Flucht aus Europa

Zweigs Reisen erhalten eine tragische Dimension, wenn sie dazu dienen, in der Fremde Zuflucht zu suchen. Das Schicksal der Juden und ihre Vertreibung sind nun Anlass für grundlegend andere Reiseberichte. In *Die Welt von Gestern* schildert er „die Einschränkung der persönlichen Bewegungsfreiheit des Menschen und die Verminderung seiner Freiheitsrechte" als Konsequenz jenes „Rückfall[s] [...], in den die Welt seit dem Ersten Weltkrieg geraten" (Zweig GWE, Die Welt von Gestern, S. 463) sei. Diese Einschränkung trifft auch Zweig während der nationalsozialistischen Herrschaft. Aufbruch ins Exil und Flucht bedeuten eine grundlegend andere Form des Reisens, als Zweig sie noch vor 1914 gekannt hat: „Man stieg ein und stieg aus, ohne zu fragen und gefragt zu werden, man hatte nicht ein einziges von den hundert Papieren auszufüllen, die heute abgefordert werden. Es gab keine Permits, keine Visen, keine Belästigungen" (S. 463), heißt es in Erinnerung an die sorglose Reisezeit vor dem Ersten Weltkrieg.

Vom Los Notreisender ergriffen, im Lauf der Zeit an ihm tragischerweise zunehmend teilhabend, richtet Zweig 1937 in seinem ‚Lobgesang auf den Londoner Shelter', *Das Haus der tausend Schicksale*, einen Appell an die Mitreisenden für Mitleid und Humanität. Nur so lasse sich die Grenze zwischen Fremde und Heimat, die damals wie nie zuvor scharf gezogen wurde, für einen Augenblick vergessen. In diesem von der Forschung viel zu wenig beachteten Text denkt Zweig über den Verlust der Heimat und die Situation im Exil nach: Zweig beklagt die Schwierigkeit, die „Fremde zu bestehen", was „nie schwerer als in unseren Tagen" gewesen sei. Die Länder würden sich „feindselig und eifersüchtig" gegeneinander abgrenzen:

> Es ist mehr Mißtrauen unter den Menschen als je zu einer Zeit, und wer heute heimatlos ist, der ist es mehr, als jemals ein Volk gewesen. Sieh sie darum gut an, die Heimatlosen. Du Glücklicher, der Du weißt, wo Dein Haus ist und Deine Heimat [...]. Sieh sie Dir gut an, die Menschen dort zusammengedrängt am Rande des Schiffes, und tritt zu ihnen, sprich zu ihnen, denn schon dies ist Tröstung [...]. (Zweig GWE, Auf Reisen, S. 360)

Es bedarf keiner weiteren Erläuterung, dass Zweig in diesem Text nicht nur seine eigene Erfahrung als Emigrant zum Ausdruck bringt. Es handelt sich vielmehr um ein in der Geschichte wiederkehrendes Phänomen. Die Aktualität dieser Passage ist augenfällig und erinnert an die vier Jahre später geschriebene Darstellung der Vertreibung der Juden aus Europa in *Die Welt von Gestern* (vgl. Zweig GWE, Die Welt von Gestern, S. 480ff.).

Stefan Zweig

Zweig, Stefan (1919): Fahrten. Landschaften und Städte. Leipzig, Wien: Tal.
Zweig, Stefan (1983): Magellan. Der Mann und seine Tat. GWE. Hg. v. Knut Beck. Frankfurt a.M.: S. Fischer.
Zweig, Stefan (1984): Die Welt von Gestern. Erinnerungen eines Europäers. GWE. Frankfurt a.M.: S. Fischer.
Zweig, Stefan (1984): Tagebücher. GWE. Hg. v. Knut Beck. Frankfurt a.M.: S. Fischer.
Zweig, Stefan (1990): Brasilien. Ein Land der Zukunft. GWE. Hg. v. Knut Beck. Frankfurt a.M.: S. Fischer.
Zweig, Stefan (1990b): Briefe an Freunde. Hg. v. Richard Friedenthal. Frankfurt a.M.: S. Fischer.
Zweig, Stefan (2004^2): Die Stadt der tausend Tempel. In: Ders.: Auf Reisen. Feuilletons und Berichte. GWE. Hg. v. Knut Beck. Frankfurt a.M.: S. Fischer, S. 111–120.
Zweig, Stefan (2004^2): Galiziens Genesung. In: Ders.: Auf Reisen. Feuilletons und Berichte. GWE. Hg. v. Knut Beck. Frankfurt a.M.: S. Fischer, S. 189–201.
Zweig, Stefan (2004^2): Herbstwinter in Meran. In: Ders.: Auf Reisen. Feuilletons und Berichte. GWE. Hg. v. Knut Beck. Frankfurt a.M.: S. Fischer, S. 161–172.
Zweig, Stefan (2004^2): Reisen oder Gereist-Werden. In: Ders.: Auf Reisen. Feuilletons und Berichte. GWE. Hg. v. Knut Beck. Frankfurt a.M.: S. Fischer, S. 259–266.

Weitere Literatur

Birk, Matjaž (1997): „Vielleicht führen wir zwei verschiedene Sprachen …". Zum Briefwechsel zwischen Joseph Roth und Stefan Zweig. Münster u. a.: LIT.

Birk, Matjaž (2011): Reisekonzepte und Fremdwahrnehmungen in Stefan Zweigs Reisefeuilletons der 1920er Jahre. In: Gelber, Mark H./Ludewig, Anna-Dorothea (Hg.): Stefan Zweig und Europa. Hildesheim u. a.: Olms, S. 109–124.

Birk, Matjaž (2016): „Reisen ist Rast in der Unruhe der Welt". Fremdhermeneutische Einblicke in die Reisetagebücher von Stefan Zweig. Würzburg: Königshausen & Neumann.

Birk, Matjaž: Dialog der Kulturen in den Reisetagebüchern von Stefan Zweig. In: Horch, Hans-Otto/Liska, Vivian/Maksymiak, Malgorzata A./Vogt, Stefan (Hg.): Grenzgänger und Wegweiser. Studien zur deutsch-jüdischen Kultur- und Literaturgeschichte. Festschrift für Mark Gelber. Wien: Böhlau [in Vorbereitung].

Görner, Rüdiger (2011): Von Schwierigkeiten und Hofmannsthals lustspielhaftem Umgang damit. In: Ders.: Sprachrausch und Sprachverlust. Essays zur österreichischen Literatur von Hofmannsthal bis Mayröcker. Wien: Sonderzahl, S. 41–53.

Görner, Rüdiger (2012): Sternreisen. Notizen zu Stefan Zweigs Reiseprosa. In: Ders.: Stefan Zweig. Formen einer Sprachkunst. Wien: Sonderzahl, S. 145–149.

Holl, Hildemar (2015): Stefan Zweigs Blick auf fremde Städte und Länder, anhand ausgewählter Reisen des Dichters. Brügge (1902 und 1904), Indien (1909) und Detroit (1939). In: Zhang, Yi/Gelber, Mark H. (Hg.): Aktualität und Beliebtheit. Neue Forschung und Rezeption von Stefan Zweig im internationalen Blickwinkel. Würzburg: Königshausen & Neumann, S. 31–45.

Larcati, Arturo (2017a): I viaggi di Stefan Zweig in Italia e nel Mediterraneo. In: Schininà, Alessandra (Hg.): L'Austria e il Mediterraneo. Peregrinazioni e sconfinamenti tra realtà e immaginario. Roma: Artemide, S. 49–66.

Larcati, Arturo (2017b): Alte Mythen und moderne Helden. Zu Stefan Zweigs Spanien-Bild. In: Hernández, Isabel (Hg.): *Die Jüdin von Toledo* und *Goya*. Spanienbilder aus dem deutschsprachigen Exil. London: Lang, S. 191–213.

Matuschek, Oliver (2006): Stefan Zweig. Drei Leben – Eine Biographie. Frankfurt a. M.: S. Fischer.

Schäffter, Ortfried (1991): Modi des Fremderlebens. In: Ders. (Hg.): Das Fremde. Erfahrungsmöglichkeiten zwischen Faszination und Bedrohung. Opladen: Westdeutscher Verlag, S. 11–42.

Zelewitz, Klaus (2011): Zweigs Europa: ein cisleithanisches? In: Gelber, Mark H./Ludewig, Anna-Dorothea (Hg.): Stefan Zweig und Europa. Hildesheim u. a.: Olms, S. 99–108.

14.6 Über bildende Kunst

Klemens Renoldner

1. Die Künstler der neuen Generation................. 554
2. Die Aufsätze................................. 555
   2.1 Constantin Meunier........................ 556
   2.2 Teresa Feodorovna Ries..................... 556
   2.3 Alfonso Canciani.......................... 557
   2.4 Ephraim Mose Lilien....................... 557
   2.5 Frans Masereel........................... 558
   2.6 Gustinus Ambrosi......................... 560
   2.7 William Blake............................ 562
3. Forschungsperspektiven........................ 563

1. Die Künstler der neuen Generation

Stefan Zweig, in dessen Werk wir eine Vielzahl von Namen bildender Künstler (insbesondere der sogenannten ‚Alten Meister') entdecken können, hat trotz seiner bereits in jugendlichen Jahren entstandenen Begeisterung für die Hervorbringungen von Künstlern aller Genres nur wenige selbständige Texte zur bildenden Kunst verfasst (→ IV.10 BILDENDE KÜNSTE). Mehrere entstanden um 1902, 1903, also noch während seiner Studentenzeit. Es handelt sich ausschließlich um Würdigungen von Zeitgenossen, einige von ihnen waren mit Zweig freundschaftlich verbunden (vgl. Fitzbauer 1981; Fitzbauer-Schmid 1981).

Mit Zweigs gleichzeitigem Enthusiasmus für Künstler kontroverser Positionen und Strömungen ist man auch bei seinen Äußerungen zur bildenden Kunst konfrontiert. Beim Blick auf sein frühes Werk überrascht es, dass er insbesondere die Künstler der Wiener Secession würdigt und noch in seinen Erinnerungen *Die Welt von Gestern* (1942) die revoltierende Erneuerung, die von ihnen ausging, beschwört. Im Kapitel über seine Schulzeit spricht Zweig vom „Kunstfanatismus" seiner Jugend (Zweig GWE, Die Welt von Gestern, S. 76), in der er mit seinen Freunden gar „alle Kunstausstellungen" (S. 57) besucht haben will. Selbstkritisch merkt der 59-jährige im Rückblick an: „Ich weiß natürlich heute genau, wieviel Absurdität in diesem wahllosen Enthusiasmus steckte" (S. 60). Seine Generation habe sich damals „über die banausische Umwelt der Verwandten und Lehrer hochmütig erhaben" fühlen wollen (S. 60). Das Entscheidende sei eben doch ein gewisser Protest gegen eine alte Kunstauffassung gewesen. „Wir fanden das Neue, weil wir das Neue wollten, weil wir hungerten nach etwas, das uns und nur uns gehörte" (S. 61). Man habe gespürt, dass „mit dem alten Jahrhundert auch in den Kunstanschauungen etwas zu Ende ging, daß eine Revolution oder zumindest eine Umstellung der Werte im Anbeginn war" (S. 61). Die junge Generation habe leidenschaftlich „gerade das Letzte, das Neueste, das Extravaganteste, das Ungewöhnliche" gesucht. Das „schwer Zugängliche, das Verstiegene, das Neuartige und Radikale provozierte unsere besondere Liebe" (S. 58).

In diesem Zusammenhang spricht Zweig bewundernd von der Wiener Secession, „die zum Entsetzen der alten Schule aus Paris die Impressionisten und Pointillisten, aus Norwegen Munch, aus Belgien Rops und alle denkbaren Extremisten ausstellte"; mit ihnen seien auch deren „mißachtete[ ] Vorgänger" wie Grünewald, El Greco und

Goya rehabilitiert worden (S. 62). Wesentlich ist schließlich noch das folgende Argument: Durch die Secession sei endlich eine Kunst, „die fast ausschließlich eine Kunst junger Leute war", zum Zug gekommen. Seine Generation habe damals das Gefühl gehabt, „daß eine Zeit für uns, unsere Zeit begann, in der endlich Jugend zu ihrem Recht kam." (S. 63)

Auch während seines Aufenthalts in Zürich, am Ende des Ersten Weltkriegs, spricht Zweig von der Revolte der Wiener Secession. In seinem bisher kaum beachteten Aufsatz über eine Ausstellung Wiener Künstler im Kunsthaus Zürich, am 8. Juli 1918 in der *Neuen Freien Presse* erschienen, erklärt er die Wiener Secession als Bewegung, „ganz europäisch, neuzeitlich" (Zweig 2013, S. 419). Gustav Klimt, über dessen Werk sich Zweig hier begeistert äußert, habe für eine „neue Jugend" das Wort ergriffen. Und nach dessen Tod hätten Jüngere den Aufbruch fortgesetzt: „Bewegtere Gegenwart und Zukunft gehört einem neuen Geschlecht, einer Generation, die durch die Namen Kokoschka und Schiele am stärksten bestimmt scheint" (S. 419). Zweig beklagt dabei auch, „dass unsere Maler im Ausland bislang nicht genug gewertet wurden" (S. 422). Am Rande sei hier noch Zweigs kleine Polemik gegen private Kunstsammler erwähnt. Kunstbesitz, so Zweig, bedeute eine „Verpflichtung", und daher müsse man eine „gesetzliche Formel" finden, um zu verhindern, dass private Käufer die Bilder als „Kapitalsanlage" erwerben und diese somit der Öffentlichkeit entziehen (S. 418).

Wenig bekannt ist auch Stefan Zweigs Bewunderung für Adolf Loos (vgl. Zweig 1930). In der Grußadresse zum 60. Geburtstag des Architekten und Kunstkritikers, der „von allen Alten und Verkalkten verhöhnt, gehaßt und gescholten" wurde, würdigt Zweig das „vitalitätssteigernde[ ], aufrüttelnde[ ] und umschüttelnde[ ] Element" eines streitbaren Baumeisters, das sich „inmitten unserer gemächlichen und breitbürgerlichen Kunstwelt bewährt" habe. Loos verbinde Harmonie mit Revolte, und darin liege „jene famose Einheit also von Blut und Geist, die einzig Leben und Lebendiges schafft" (S. 68). Später wird sich Zweig – ohne den Namen Loos zu erwähnen – in *Die Welt von Gestern* erinnern, seine Generation habe sich für „die kühnere, freiere Architektur" begeistert, die „statt der klassizistischen Überladenheit, den ornamentlosen Zweckbau" proklamierte (Zweig GWE, Die Welt von Gestern, S. 62).

2. Die Aufsätze

Überblickt man Zweigs Texte über bildende Künstler, so ist seine explizite Vorliebe für Bildhauer (Rodin, van der Stappen, Meunier, Ries, Canciani, Ambrosi) auffällig, die einem Trend der Zeit geschuldet ist. In seinem Aufsatz über die russische Bildhauerin Teresa Feodorovna Ries (1874–1956) aus dem Jahr 1902 erläutert Zweig seine Priorität: „Bei keiner Kunstgattung offenbart sich der Einklang zwischen Persönlichkeit, Temperament und Schöpfung unmittelbarer und intensiver als bei Plastiken." (Zweig GWE, Teresa Feodorovna Ries, S. 15) Und Zweig folgert daraus für die künstlerische Arbeit: Wer „Charaktere und Symbole in der tauben Form eines menschlichen Körpers vergegenwärtigen will", der müsse zu „ihrer Beseelung ein starkes Stück eigenständigen Temperaments verwerten." (S. 15) Herauszufinden wäre noch, ob Teresa Feodorovna Ries mit jener „russischen Bildhauerin" identisch ist, in deren florentinischem Atelier Zweig angeblich erstmals auf Romain Rolland aufmerksam geworden ist und dessen *Jean Christophe* (erschienen zwischen 1904 und 1912) gelesen hat (vgl. Zweig

GWE, Die Welt von Gestern, S. 232). Oliver Matuschek bringt in diesem Zusammenhang den Namen von Helene Scholz-Zelezny ins Gespräch (vgl. Zweig 2017b, S. 540).

2.1 Constantin Meunier

1902 – Stefan Zweig ist noch nicht 21 Jahre alt – erschien sein Porträt des belgischen Bildhauers Constantin Meunier (1831–1905). Zweig durfte dessen Atelier besuchen und einige Stunden mit dem betagten Künstler verbringen. Nach einem allgemeinen Statement über Umwälzungen in der Kunstgeschichte, die – davon ist der junge Autor überzeugt – „immer in Revolutionen" (Zweig GWE, Constantin Meunier, S. 7) vor sich gehen, bezeichnet er Meunier neben Courbet, Millet und Menzel als Parteigänger einer großen künstlerischen Revolution. Meunier sei ein „verwegener Neuerer in der Kunst", der den Prozess der Arbeit dargestellt habe. Der Arbeiter, „auf dessen Schulter unser Jahrhundert ruht" (S. 8), wird nach den Eindrücken, die Meunier in einem Kohlenbergwerk hat, zum großen Thema in seinem Werk. Meunier habe, so Zweig, „in den kraftvollen harten und herben Umrissen seiner Arbeitergestalten die Psychologie des fünften Standes versteinert und versinnbildlicht" (S. 10). Bauern bei der Arbeit, Arbeiter im Bergwerk und am Schmelzofen – das Volk der „Bedrückten und Unterjochten" wird in Einzelfiguren oder in Gruppen dargestellt. Der Entwurf zu einem „Monument der Arbeit", eine im Entstehen begriffene Apotheose, macht besonderen Eindruck auf Zweig. „Alle Gattungen der Arbeit will er hier in ihren wichtigsten Repräsentanten in einem Werk vereinen", und die Krönung soll die Figur „Mutter mit Kind" sein, in gewissem Sinne eine „Volksmadonna" (S. 13).

2.2 Teresa Feodorovna Ries

Künstlerische Energie ist nicht an ein Genre gebunden: Zur besseren Einschätzung von Meuniers Werk wählt Zweig Verweise auf den „dichterischen Realismus" von Zola und Gerhart Hauptmann (Zweig GWE, Constantin Meunier, S. 8). Bei Teresa Feodorovna Ries muss er an Charles Baudelaire denken. Allerdings handelt es sich hier – im Gegensatz zu Meunier – um eine zukünftige Vision, denn Zweig vermutet, dass die Künstlerin für die Plastik erst eines künftigen Tages „das Gleiche" werden könne, „was Charles Baudelaire für die Literatur" bedeute. Zweig erläutert dies und betont das Revoltierende, das Negierende, das Satanische, das Hysterische, das Übersinnliche und das Rätselvolle in ihrem Werk. Überhaupt stehe der Künstlerin – so ahnt dies der 22-jährige Student Zweig kühn voraus – eine Phase bevor: „reiche Vertiefung und Entwicklung" (Zweig GWE, Teresa Feodorovna Ries, S. 21).

Wie in seinem Artikel über Meunier referiert Zweig knapp einige biografische Stationen. Dass die junge Künstlerin im Eklat vorzeitig von der Moskauer Akademie abgehen musste, um dann in Wien bei Eduard Hellmer weiter zu studieren, beeindruckt den jungen Autor. Das „lüstern-erwartungsvolle Lächeln" einer Figur mit dem Titel „Die Hexe", die im Wiener Künstlerhaus Aufsehen machte, hat es Zweig angetan, und insbesondere die „schwüle, verwirrende, satanistische Stimmung", die sie umgibt (S. 18). Auch bei der Figur „Lucifer" („man fühlt, ein furchtbarer Schmerz tobt hinter dieser eisernen Stirn"; S. 19) holt Zweig weiter aus. Die am Fuß der Skulptur angebrachte Frage „Bist du glücklich, Ebenbild Gottes?" regt Zweig dazu an, über das Dämonische des Lichtbringers zu sinnieren. Düster, als pessimistisches Symbol für das Leben, erscheinen ihm auch „Die Unbesiegbaren" – vier Arbeiterfiguren, „die an einem Seil eine unsichtbare Last" (S. 20) ziehen. Und so zieht Zweig das Resümee: Das Werk der Künstlerin sei von einem Todesgedanken und der „Idee von der drückenden Last des Lebens" (S. 21) dominiert. Er deutet die Gefahr des Manierismus an und gibt zu bedenken, die Künstlerin könnte sich womöglich in „Kleinlichkeiten und formalen Vollendungen" (S. 21) verlieren.

2.3 Alfonso Canciani

Auch der Italiener Alfonso Canciani (1863–1955), auf dessen Werk Zweig in zwei Aufsätzen, 1898/1899 und 1903 erschienen, hinweist, ist Bildhauer. Zweig sieht Canciani „in [der] erste[n] Reihe moderner Bildhauer" (Zweig GWE, Alfonso Canciani, S. 23). Der in Brazzano geborene Künstler lebte seit 1883 in Wien, studierte bei Hellmer, Kundmann und Zumbusch und gehörte nach dem Studium zum Kreis der Secession. Zweig berichtet von zwei Arbeiten, die ihm besonders bedeutend erscheinen: Das Denkmal der Kaiserin Elisabeth für Pula, das 1934 zerstört wurde: Die „präraffaelitisch verklärte Gestalt der Kaiserin" (S. 23) schreite über einen sanften Hügel herab und begegne hier einem Arbeiter, der den Spaten fallen lässt und „in tiefer Verehrung die Mütze zieht" (S. 23). Die „Nackenbeugung" eines Einzelnen verweise, so Zweig, auf die Verehrung vieler Tausender für ihre Kaiserin (vgl. S. 23). Zweig hebt die „schlicht-symbolische, demokratische Auffassung" des Denkmals hervor, betont die Einfachheit des Ausdrucks und lobt, dass es „wenig dekorativ" sei und „allem Prunk und architektonischer Symbolik" entsage (S. 23).

Cancianis Entwurf für ein monumentales Dante-Denkmal, das vielfach gezeigt und mehrmals ausgezeichnet (aber niemals realisiert!) wurde, nennt Zweig eine „nationale Tat" (S. 27). Die große Sympathie Zweigs resultiert nicht nur aus der pathetischen Wucht, die durch die Gegenüberstellung der auf dem Vorsprung eines Felsens hoch aufgerichteten, heroischen Dante-Figur mit den hinfälligen, gekrümmten Gestalten des Infernos, die tief unter ihm liegen, entsteht. Zweig entdeckt auch hier den Augenblick künstlerischer Vision überzeugend dargestellt: „Nur wenige Werke hat die moderne Plastik aufzuweisen, die so unvergeßlich eine Künstlervision bewahrheiten" (S. 26). Dieser Entwurf mag auch dazu beigetragen haben, dass Dante Alighieri für Zweig zu einem Idol der Weltliteratur wurde (zur Beziehung Dante–Zweig vgl. Larcati 2016).

2.4 Ephraim Mose Lilien

Für den Prachtband *E. M. Lilien. Sein Werk* (1903) schrieb Stefan Zweig das titellose Vorwort. Bereits in einem Brief an Karl Emil Franzos vom 10. Dezember 1901 schreibt Zweig: „[D]en Maler Lilien kenne ich recht gut" (Zweig, Br I, S. 31). Während Zweigs Berliner Sommersemester im Frühjahr 1902 entstand zwischen ihm und dem Jugendstilkünstler eine enge Freundschaft, Zweig widmete Lilien (1874–1925) die Erzählung *Die Wanderung* (1902), sein Briefpapier und sein Ex-libris-Stempel wurden von Lilien entworfen (zur Freundschaft Zweig–Lilien vgl. Gelber 2014, S. 111–127; Fliedl 2017). Zweig wolle „nicht zur Bewunderung überreden, sondern zum Verständnis" von Liliens Werk (Zweig GWE, Ephraim Mose Lilien, S. 28). Bevor Zweig die Biografie Liliens skizziert, formuliert der 22-Jährige ein für ihn allgemeingültiges Credo: Der

Künstler müsse alle philosophischen, ideellen Rahmenbedingungen der Zeit hinter sich lassen, seine „Spontaneität und Originalität" gebe Anlass zur „einzige[n] Wertungsmöglichkeit seiner Persönlichkeit" (S. 30).

In Bezug auf Lilien konzentriert sich Zweig auf den Begriff ‚Originalität' und damit auf dessen jüdische Herkunft. Der Künstler schöpfe aus den jüdischen Wurzeln, aus dem blutenden „Herz eines weltverstreuten heimatlosen Volkes" und aus seiner ostjüdischen Herkunft aus Galizien. Aus seiner Erfahrung von Armut und Entbehrung „formt sich in Lilien vielleicht schon der Leidensgedanke dieser dahinsiechenden Menschen, des geknechteten Proletariats." (S. 31) Mit dramatischen Schilderungen skizziert der Industriellensohn Zweig seinen Freund Lilien, der ein „jüdischer Prolet" (S. 44) sei, bittere Jahre als verarmter Schildermaler in der kleinen Stadt Drohobycz erdulden musste, sich später als Autodidakt in Wien und München, danach in Berlin durchschlagen sollte. Erste Erfolge erntet er als Zeichner für Zeitschriften (z.B. *Die Jugend* oder *Simplizissimus*, *Die Grazien*, *Der Weltspiegel*) mit zum Teil satirischen und karikaturistischen Zeichnungen, die Zweig nicht besonders schätzt (vgl. S. 35). Später wird er ein gefragter Illustrator und Buchgestalter für mehrere Verlage. Zweig konstatiert die Gefahr eines Jugendstil-Manierismus und sieht den künstlerischen Befreiungsschlag in Liliens Wendung zum Zionismus. Wenn man hier auch Zweigs Distanz spürt („Wir, die wir gelebtem Judentume fernstehen"; S. 50), so nennt er doch anerkennend, dass „seit dem Sozialismus" keine Idee „soviel Ferne und Verlorene in ein Ziel zusammengebannt" (S. 40). Lilien habe in diesem Sinne seine bildnerische Phantasie neu entfacht. Mit seinen Illustrationen zu den biblischen Gesängen *Juda* von Freiherr Börries von Münchhausen (1900), so Zweig, sei ihm weitreichende Anerkennung zuteilgeworden. „Er ist der erste, der die Formenfülle des alttestamentarischen Ritus zu ornamentaler Verwertung" gebracht habe (S. 50). In der Synthese von tradierten, alten jüdischen Symbolen und Wahrzeichen mit Elementen des Jugendstils habe Lilien eine „bodenständige Eigenart" geschaffen (S. 43), nun spreche er nicht nur als Künstler, sondern für eine ganze Kultur (vgl. dazu auch Fliedl 2017; Benson 2014).

Nachdem Zweig auch in diesem Text die Symbiose zwischen bildender Kunst und Literatur wiederholt betont, stellt er Lilien zu guter Letzt sogar als „Dichter" vor, dessen Bücher man wie einen Lyrikband oder wie ein Epos lesen könne. „Er ist nicht nur Zeichner, wir lieben ihn als Dichter und Träumer eigener Schönheit, als Künder neuer Ziele" (S. 49). In diesem Sinne wird Lilien, ein „Mittler zwischen der erlesenen Welt" (S. 50), zu einem Repräsentanten jüdischer Kunst in der ganzen Welt (→ V.8 Judentum und jüdische Identität). Man müsse ihn sich zukünftig auch als „Radierer, vielleicht als Maler, vielleicht als Bildhauer" vorstellen (S. 51).

2.5 Frans Masereel

Auch der belgische Zeichner, Holzschneider und Maler Frans Masereel (1889–1972) war ein vertrauter Freund Stefan Zweigs, wie viele persönliche Briefe belegen (vgl. Zweig GWE, Die Welt von Gestern, S. 305f., 319, 372; vgl. auch die Eintragungen in den Jahren 1917/1918 in Zweig GWE, Tb, S. 282–285, 288ff., 332f., 335, 338). Masereel schuf ein (verloren gegangenes) Ölbildnis Stefan Zweigs sowie das bekannte Holzschnitt-Porträt für die russische Ausgabe der Werke Zweigs. Die erste Begegnung der beiden fand Ende November/Anfang Dezember 1917 in Genf statt. Schon am 3. Dezember schreibt Zweig an seinen Verleger Anton Kippenberg: „Ich habe jetzt hier in Genf einen Zeichner gefunden, den ich für den genialsten Illustrator der jungen Generation halte. [...] Diesen Mann sollten Sie rechtzeitig gewinnen. Ich habe bei ihm neue Zeichnungen gesehen, die zum Grandiosesten gehören, das ich kenne." (Archiv Insel Verlag, DLA Marbach) Auch in vielen weiteren Briefen versucht Stefan Zweig seinen Verleger dafür zu gewinnen, Masereel mit dem Insel Verlag zu verbinden.

In seinem ersten Text über Masereel, 1923 veröffentlicht (vgl. Zweig 1923b), beginnt Zweig erneut mit einem Verweis zur Literatur: Masereel, so Zweig, könnte ein „natürlicher Sohn Walt Whitmans" sein (Zweig GWE, Frans Masereel, S. 217), er sei geradezu ein Walt Whitman-Typus, was Zweig nicht daran hindert, Masereel zugleich als Kosmopoliten und Europäer zu feiern. Von einer kurzen Beschreibung von Statur, Erscheinung und Blick leitet Zweig ab: „Er ist einer unserer gewaltigsten Könner, ganz Mann der Zeit" (S. 218), aber er sei keineswegs dämonisch. Anschließend holt Zweig zu einer elementaren Erklärung über das arbeitsame, unermüdlich schaffende Künstlertum aus, wobei er neben Whitman den Blick zugleich auch auf Händel, Rubens und Tolstoi richtet. Masereels Vorzug vor „allen andern lebenden Zeich[n]ern und Bildnern" sei seine enzyklopädische Fülle, der Blick auf die „ganze gegenwärtige Welt in allen ihren Gegenständen, Erscheinungen und Formen" (S. 219). Zweig skizziert am Beispiel von Masereel mit den Begriffen Welthaltigkeit und Universalität ein Modell von Weltkünstlertum: „Er liebt alle Nationen, alle Sprachen, alle Zeiten, das Alte wie das Neue, das Romantische wie das Maschinelle" (S. 220), und ist dabei „doch immer kämpfend an die Seite der Schwächeren und Unterdrückten und Benachteiligten getreten." (S. 220) Zweig ist nicht nur von dem „ehernen, granitenen Fleiß" und dem „gesunden, rechtschaffenen Handwerk" (S. 223) des Künstlers Masereel fasziniert, sondern vor allem von dem visuellen Gedächtnis und der daraus resultierenden Detailgenauigkeit, die er als „Masereels eigentliche Genialität" (S. 222) bezeichnet. In dieser „Fülle der Fähigkeiten", im „Umfang der Visionen" verberge sich schließlich doch eine „Dämonie des Werkes" (S. 222). Auch Masereel wird von Zweig unter die Dichter eingereiht, weil er „einen neuen zeichnerisch-dichterischen Typus geschaffen" habe, „den Roman, die Novelle, die kleine Erzählung in Bildern ohne Worte" (S. 225). Masereels Kunst habe damit eine „eminent demokratisch[e]" Kunst geschaffen: „Jeder kann sie verstehen." (S. 226) Damit ist sein Werk auch Bestandteil einer „imaginären Demokratie" (S. 226). Zuletzt bezieht sich Zweig auf Masereels Werk „Die Stadt", ein „Pandämonium aller [...] Leidenschaften", das Zweig vergeblich dem Insel Verlag empfohlen hatte (vgl. mehrere Briefe Stefan Zweigs an Anton Kippenberg von Anfang Februar 1918). Mit dem Hinweis auf Masereels „Entdeckung" der Farbe, auf seine Malerei, Aquarelle, die Entwürfe für Theaterkostüme, schließt Zweig und resümiert das Werk so: „Weltkraft, Fülle und unendliches Leben, von einer reinen und starken Männlichkeit getragen." (S. 228)

Weniger generalisierend geht Stefan Zweig in seinem zweiten Aufsatz *Zum Werk Frans Masereels* (entstanden 1939, erstmals postum 1960 veröffentlicht) vor, wenn er sehr konkret auf einzelne Werkabschnitte Masereels und einige seiner Bild-Erzählungen Bezug nimmt. Masereel wird uns auch hier als Balzac der Zeit genannt (vgl. S. 7), anschließend aber stellt Zweig Masereels tagespolitische Arbeit während des Ersten Weltkriegs in den Vordergrund. Für die pazifistisch eingestellten Schweizer Zeitschriften *Feuille* und *Tablettes* zeichnete Masereel „jeden Tag eine antipolitische Zeichnung – antipolitisch, daß sie den Wahnwitz der Kriegspolitik und das tausendfache Leiden ihrer Opfer grausam veranschaulichte" (S. 7). Einzelne Holzschnitte

Masereels mit sozialkritischem Gehalt werden vorgestellt, wie „Passion d'un homme" (1918), aber auch der optimistische Hymnus an das Leben nach dem Krieg: „Mon livre d'heures" von 1919, in dem der Künstler seinen, eben den „Masereel-Stil" gefunden habe, „Meisterkunst in Schwarz und Weiß, Licht und Dunkel", und dazu ströme die „ganze Rhythmik und Dynamik der Zeit elektrisch" ein (S. 12). Zweig beobachtet auch, wie sich Einflüsse der Bildsprache des Expressionismus und des Kubismus im Werk Masereels ausgewirkt haben. Ohne Zweifel sei „La ville" jedoch Masereels Meisterwerk, ein Querschnitt durch das Leben der Stadt, die europäische Metropole des 20. Jahrhunderts, „durch alle Schichten, Stände und Berufe" (S. 18). Zweig erwähnt abschließend die zahlreichen Illustrationen Masereels zur Literatur, wobei er die zu De Costers *Thyl Ulenspiegel* besonders hervorhebt. Der Schluss des Beitrages greift Formulierungen aus dem Text von 1923 auf.

2.6 Gustinus Ambrosi

Auch im Atelier des Wiener Bildhauers Gustinus Ambrosi (1893–1975) hat sich Stefan Zweig mehrmals aufgehalten, erstmals schon vor 1914. Der taube Künstler, der ein umfangreiches plastisches Werk hinterlassen hat (vgl. Plettenbacher 2015, S. 223–233), faszinierte zahlreiche, nicht nur österreichische Künstler, Politiker und Privatpersonen, die sich von ihm porträtieren ließen. Ambrosi war nicht nur den Persönlichkeiten der Monarchie, der Ersten Republik, des österreichischen Ständestaats zu Diensten, auch Adolf Hitler schätzte sein Werk, und so erhielt er von Albert Speer spektakuläre Aufträge für die Berliner Reichskanzlei, sogar ein eigenes Atelier für weitere repräsentative NS-Monumentalskulpturen wurde für ihn in Linz geplant – aber nicht realisiert. Nach 1945 war er auch in der zweiten österreichischen Republik ein gefragter Mann. Oliver Rathkolb formuliert dies so: „Seit der Habsburger Monarchie findet er ungebrochen immer wieder rasch den Kontakt zu den jeweils neuen Mächtigen" (Rathkolb 2012, S. 21; vgl. Zyman/Wilson 2012; Plettenbacher 2015).

Schon im März 1914 entstand eine Gipsbüste Stefan Zweigs (dazu auch ein Bronzeguss), 1915 auch eine Gipsskulptur von Suse und Alix („Kinder der Frau von Winternitz"; vgl. Plettenbacher 2015, S. 225), der beiden Töchter von Zweigs damaliger Lebensgefährtin (und späteren Ehefrau) Friderike von Winternitz. Dieses Kinder-Doppelbildnis blieb nach der Flucht Friderikes aus Österreich in Salzburg zurück und gilt seither als verschollen (vgl. Kerschbaumer 2003, S. 480 f.). Das Ambrosi-Werkverzeichnis ordnet weiters auch die Gipsfigur „Torso eines Mädchens" von 1917 einer „Sammlung Stefan Zweig, Salzburg" zu (Plettenbacher 2015, S. 230).

Für die Einladung zur Subskription einer ersten „Ambrosi-Mappe" im Ed. Strache Verlag (Wien u. a.) schrieb Stefan Zweig 1916 einen kurzen Text. Zweig holt weit in die Kunstgeschichte aus, um Ambrosi für die „große Vergangenheit", also für ein vormodernes, klassisches Kunstkonzept zu reklamieren. „Nichts in seinen Werken ist modern." (Zweig 1948, S. 14) Mit den kunsthistorischen Referenzen, die Zweig aufruft, um das „Dauernde" und das „Gültige" in Ambrosis Werk zu bekräftigen, greift er hoch: Michelangelo, Beethoven, später auch Rodin werden genannt. Das hindert ihn nicht daran, gleichzeitig Ambrosis Außenseiterposition zu betonen: Ambrosi sei ein Künstler, der „die Nichtigkeit der bürgerlichen Welt erkannt hat" und in einem „Leben voll Entsagung und steter Einschau" lebe. Weil er „die Lügen des Lebens durchsah", erklärt ihn Zweig zu einem Prototypen des Künstlers: Aus dem Weltbild des „Erleidenden" erwächst „der wahrhafte Künstler in der Hilflosigkeit der Gesamtheit gegenüber." (S. 14)

Auch für den Katalog einer Ambrosi-Ausstellung im St. Galler Kunstmuseum 1923 verfasste Stefan Zweig einen Text. (Auch Romain Rolland – Ambrosi schuf 1932 in Paris von ihm eine Büste – steuerte einen kurzen Artikel bei.) Zweig staunt über die „ungeheuerliche, dämonische Arbeitskraft", über den titanischen Schöpfungsfuror, der den einsam Schaffenden auszeichne. Mit seiner völligen Taubheit habe ihn die Natur „von der Gemeinschaft weggerückt" (S. 7), so „hämmert er sich einsam wieder zur Natur zurück" (Zweig 1923a, S. 7). Die durch den vollständigen Verlust des Gehörs ausgelöste „Absonderung" sei Ambrosis Gewinn gewesen. Zweig betont weiters das Männliche in Ambrosis Werk und konstatiert mit einiger Sympathie, dass seiner Kunst „das Weibische, Weichliche, Lyrische" (S. 8) fehle. Zweig stellt fest: „[S]ein ganzes Wesen will empor zum Monumentalen, zu den festlich gewaltigen Riesenmassen." (S. 8) Das hat auch Albert Speer später so gesehen. Die Figuren seien, so Zweig, „Bruchstücke eines kolossalischen Denkmals, in einem sehr leidenschaftlichen Sinne unirdisch." (S. 8) Dämonisches Feuer, ungezügelte Kraft, Heroismus, der Künstler als „tragischer Genius" (S. 9) – mit diesen Stichworten beendet Zweig seinen kurzen Hymnus.

In einem undatieren Text *Fragmente um Gustinus Ambrosi*, der erstmals 2015 veröffentlicht wurde, stellt Zweig diesen „merkwürdigen Bildhauer und Dichter" erneut – durch seine Taubheit bedingt – als gesellschaftlichen Außenseiter vor, nennt ihn gar einen „Cyclop in der Dunkelheit" (Zweig 2015, S. 26). Zweig erzählt von seinen ersten Begegnungen mit Ambrosi, als dieser „noch fast Kind, nicht ganz siebzehn Jahre alt" (S. 26) gewesen sei, um dann über mehrere Besuche im Atelier zu berichten. Zweig gibt die Selbstinterpretationen Ambrosis ausführlich referierend wieder, die dieser zu seinen Skulpturen „Promethidenlos" (1917/1918), „Der Mensch und das Schicksal" (1920) und „Kain" (1920/1922) im Gespräch geäußert habe, und nennt den Künstler schließlich einen Philosophen unter den Bildhauern. Über die Entstehungszeit des Textes könnte Zweigs Beschreibung eines weiblichen Aktes, die erste Fassung der Marmorskulptur „Die Blüte" (1930), einen Anhaltspunkt geben. Zweig greift seine Formulierung von 1923 auf, wonach Ambrosis Kunst alles „Weibische, Weichliche, Lyrische" fehle und er der „Inbegriff dämonischen, dramatischen Gestaltens" (Zweig 2015, S. 30) sei. Nun aber müsse er dies revidieren, denn angesichts dieser weiblichen Figur tue sich ein eigenartiger Widerspruch im Schaffen des Künstlers auf, man müsse hier von „Vollendung aller Lyrik in Stein" (S. 30) sprechen. Zweig erwähnt abschließend noch die enorme Belesenheit des Bildhauers und den geistig-philosophischen Kosmos, aus dem Ambrosi seine Anregungen beziehe. Bemerkenswert werden seine Überlegungen dann, wenn er daraus folgert, Ambrosi wolle selbst gegen alle geschichtliche Überlieferung seine eigene Weltgeschichte schaffen: „Nein, dieser Denker ist noch kühner, er meint, daß das, was uns je geschichtlich überliefert wurde, nicht die richtige Geschichte sei." (S. 32) Ambrosi sei ein zweifelnder Sucher, der sich nicht mit der Abbildung des Wirklichen begnüge, sondern in andere Dimensionen vorstoße.

2.7 William Blake

Von Ende April bis Mitte August 1906 hielt sich Stefan Zweig in London auf. Es war seine erste Reise nach England. In London traf er u.a. mit Archibald G. B. Russell zusammen, der eine Biografie über den Schriftsteller und Zeichner William Blake (1757–1827) verfasst und 1906 in der Galerie Carfax & Co. eine Blake-Ausstellung veranstaltet hatte. Auch in der Grafik-Sammlung des British Museum ließ er sich Zeichnungen zeigen. Zweig war anfangs von Blakes grafischem Werk fasziniert (vgl. Zweig GWE, Die Welt von Gestern, S. 187f.), er kaufte in London die Bleistift-Zeichnung Blakes, King John, die in Wien, Salzburg, London und Bath in seinem Arbeitszimmer hing. Über seinen Aufenthalt in Großbritannien, der ihn auch nach Oxford und nach Schottland führte, veröffentlichte Zweig Reise-Feuilletons für die *Neue Freie Presse* (vgl. Zweig GWE, Auf Reisen, S. 73–93). Zweig übersetzte Russells Studie *The Visionary Art of William Blake* (1906) ins Deutsche, sie erschien im selben Jahr im Verlag Zeitler in Leipzig unter dem Titel *Die visionäre Kunstphilosophie des William Blake* (→ III.17 Übersetzungen).

Der 24-jährige Autor berichtete in zwei Aufsätzen über das Londoner Blake-Erlebnis (vgl. Zweig 2017a, 2017c) In dem ersten Artikel (erstmals in *Frankfurter Zeitung*, 28. Juni 1906) betont Zweig, er möchte London-Reisende aus Deutschland auf diesen Maler aufmerksam machen, dem er – in zehn Jahren – einen grandiosen „Blake-Rummel" (Zweig 2017a, S. 61) voraussagt. Zweig betont die Armut, die Isolation, die Verkanntheit des Künstlers zu seinen Lebzeiten, er erwähnt sein verborgenes, fanatisches Schaffen, das unbeirrt von jeglicher Anerkennung entstanden sei. Blake sei ein „Sektierer eines neuen Christentums" (S. 61), einer der „hartnäckigsten, fanatischsten Antirealisten aller Zeiten" (S. 61), denn er habe nie nach Anschauung oder Vorbild gezeichnet, sondern nur aus eigenen Visionen. Dass die „naive Kindlichkeit" (S. 63) es mit sich bringt, dass die Bilder gelegentlich „Defekte" (S. 63) haben, wir es also mit einem naiven, ungebildeten Künstler, einem ‚Originalgenie' zu tun haben, merkt Zweig an. Aber dann kommt er wieder ins Schwärmen: „Eine neue Welt scheint da der unsern zu entwachsen." (S. 63) Der Rausch, der träumerische Wahnsinn, die ornamentale Behandlung von Figuren, Wolken, Tieren, Blütenkelchen, Naturstimmungen, Feuer- und Wasser-Elementen, auch die biblischen Szenerien sowie allerlei schwebende, fliegende Körper haben es ihm angetan. Blake nimmt Elemente des Jugendstils voraus, aber Zweig erwähnt diese Verbindung nicht. Besondere Beachtung finden auch die aufwändig gestalteten Kunstbücher Blakes, er sei somit „der eigentliche Vater der modernen Buchkunst." (S. 62)

Der zweite Artikel über Blake, *William Blakes Auferstehung* (erstmals in *Neue Freie Presse*, 27. Januar 1907) ist wesentlich kritischer. Zweig prüft und untersucht noch einmal das ekstatische, vulkanische Künstler-Selbstverständnis – und lehnt es für sich ab. Er betont erneut das Rauschhafte und Naive in seinen Bildern, formuliert aber nun auch Distanz: Blakes Kunst sei ein „merkwürdiges Gemisch von Genie und Dilettantismus, ein Stottern und Stammeln, und manchmal ein unvergeßlicher Schrei, wie in Trunkenheit geschaffen" (Zweig 2017c, S. 65). Und dann noch deutlicher: „Er warf im Dunkeln Zeichnungen aufs Papier, schrieb seine Epen in einem spirituellen Fieber, ließ Wort und Vers fallen wie sie fielen. Manchmal wurden sie Musik, manchmal Getöse wie von rollenden Steinen." Dann aber kommt die entscheidende Bemerkung: „Zum Künstler fehlte ihm der ordnende, ausgleichende Drang, fehlte ihm der Zweifel. […] Und dieser Mangel des künstlerischen Gewissens hat seinem Werke die Unsterblichkeit genommen." (S. 70) Blake mangle es an einem geschlossenen Weltbild, er folge einem „unklaren mystischen Platonismus", Zweig spricht von „vagen Erinnerungen" und „dumpfen Wallungen", ja er sei „ein Primitiver […], so komplex er anmutet" (S. 70). Der größte Teil dieses Artikels dient Zweig dazu, die neue Literatur zu Blake zu referieren, er berichtet über Texte von Algernon Charles Swinburne, William Butler-Yeats, Arthur Symons, Rudolf Kassner, Archibald G. B. Russell, Laurence Binyon und stellt selbst die Beziehung zu Nietzsche her. Ausführlich widmet er sich der 1906 erschienenen Blake-Monografie von Helene Richter. Je weiter Zweigs Bericht fortschreitet, desto mehr wird seine Distanz, ja sein Mißmut spürbar, der sich zuletzt verblüffenderweise in eine offene Feindschaft verwandelt. Blake sei, so schließt Zweig „nichts als ein Monomane, ein Dekadent", ja sogar „ein geistig Erkrankter" (S. 73). In der *Welt von Gestern* klingt es dann versöhnlicher. Zweig spricht von einer „Dichterentdeckung", von einem „einsamen und problematischen Genie, das mich mit seiner Mischung von Unbeholfenheit und sublimer Vollendung noch heute fasziniert." (Zweig GWE, Die Welt von Gestern, S. 187)

3. Forschungsperspektiven

Analog zu den Beziehungen Zweigs zu Schriftstellern (Hesse, Verhaeren, Rolland etc.) ließe sich eine Relation zu bildenden Künstlern herstellen: Zu untersuchen wären die Einflüsse ihrer programmatischen Selbstdefinition auf das Selbstverständnis des Autors vor 1919. In diesem Sinne sind die Relationen zu Vertretern der Wiener Secession von besonderer Bedeutung, vor allem auch die Freundschaft zu dem italienischen Maler Alberto Stringa (vgl. Larcati 2017). Stefan Zweig und seine Vorliebe für Bildhauerei, für Plastik und Skulptur sollte auch in Bezug auf zeitgenössische Moden hinterfragt werden, zumal Zweigs Interesse von einer selektiven Wahrnehmung bestimmt ist und bedeutende bildende Künstler und Bildhauer seiner Zeit von ihm unbeachtet bleiben. Vor diesem Hintergrund ist die Vielschichtigkeit in seiner Auseinandersetzung mit der bildenden Kunst umso bemerkenswerter.

Ebenso wie in der Literaturrezeption richtet Zweig sein Interesse auf Persönlichkeiten ganz unterschiedlicher ästhetischer Profile. Das könnte Anlass sein, Zweigs Kunstverständnis in der Zeit bis zum Ersten Weltkrieg neu zu skizzieren.

Auch für die biografische Forschung gäbe es noch einiges zu entdecken, man denke an die Auswertung von Dokumenten, die Aufschluss über Zweigs Beziehungen zu bildenden Künstlern geben (z.B. den Briefwechsel mit Frans Masereel und jenen mit Anton Kippenberg für die „Entdeckung" von Piranesi; im Falle Ambrosi sei darauf hingewiesen, dass die Gustinus Ambrosi-Gesellschaft ein Konvolut „Stefan Zweig" mit unveröffentlichter Korrespondenz sowie diverse Widmungsexemplare und weitere Dokumente, auch von Friderike Zweig, aufbewahrt).

Stefan Zweig

Kippenberg, Anton/Zweig, Stefan: Briefwechsel. Archiv Insel Verlag, DLA Marbach [in Vorbereitung].
Zweig, Stefan (1898/1899): Der Wiener Bildhauer Alfonso Canciani in seinen neuen Schöpfungen. In: Velhagen & Klasings Monatshefte 4/1898/1899, S. 474–475.

Zweig, Stefan (1903): [Vorwort]. In: Lilien, E. M.: Sein Werk. Mit einer Einleitung v. Stefan Zweig. Berlin, Leipzig: Schuster & Loeffler, S. 9–29.
Zweig, Stefan (1923a): [Ambrosi, dieser junge …]. In: Ausstellungskatalog. Gustinus Ambrosi im Kunstmuseum. August/September 1923. St. Gallen: H. Tschudy & Co., S. 7–9.
Zweig, Stefan (1923b): Frans Masereel. Der Mann und Bildner. In: Ders./Holitscher, Arthur: Frans Masereel. Berlin: Axel Juncker, S. 7–31.
Zweig, Stefan (1930): [„Wo überall er war …"]. In: Adolf Loos. Zum 60. Geburtstag am 10. Dezember 1930. Wien: Verlag der Buchhandlung Richard Lanyi, S. 68.
Zweig, Stefan (1948): Stefan Zweig über Ambrosi. In: Ambrosi-Festschrift. Mit 52 Abbildungen und Faksimiledrucken. Wien: Burgenland, S. 14.
Zweig, Stefan (1961^2): Zum Werk Frans Masereels. In: von der Gabelentz, Hanns-Conon (Hg.): Frans Masereel. Dresden: VEB Verlag der Kunst, S. 7–22.
Zweig, Stefan (1984): Tagebücher. GWE. Hg. v. Knut Beck. Frankfurt a.M.: S. Fischer.
Zweig, Stefan (1995): Briefe. Bd. I: 1897–1914. Hg. v. Knut Beck, Jeffrey B. Berlin u. Natascha Weschenbach-Feggeler. Frankfurt a.M.: S. Fischer.
Zweig, Stefan (2004^2): Auf Reisen. Feuilletons und Berichte. GWE. Hg. v. Knut Beck. Frankfurt a.M.: S. Fischer.
Zweig, Stefan (2007^2): Alfonso Canciani. In: Ders.: Das Geheimnis des künstlerischen Schaffens. Essays. GWE. Hg. v. Knut Beck. Frankfurt a.M.: S. Fischer, S. 22–27.
Zweig, Stefan (2007^2): Constantin Meunier. In: Ders.: Das Geheimnis des künstlerischen Schaffens. Essays. GWE. Hg. v. Knut Beck. Frankfurt a.M.: S. Fischer, S. 7–14.
Zweig, Stefan (2007^2): [Ephraim Mose Lilien]. In: Ders.: Das Geheimnis des künstlerischen Schaffens. Essays. GWE. Hg. v. Knut Beck. Frankfurt a.M.: S. Fischer, S. 28–52.
Zweig, Stefan (2007^2): Frans Masereel. Der Mann und Bildner. In: Ders.: Das Geheimnis des künstlerischen Schaffens. Essays. GWE. Hg. v. Knut Beck. Frankfurt a.M.: S. Fischer, S. 217–228.
Zweig, Stefan (2007^2): Teresa Feodorovna Ries. In: Ders.: Das Geheimnis des künstlerischen Schaffens. Essays. GWE. Hg. v. Knut Beck. Frankfurt a.M.: S. Fischer, S. 15–21.
Zweig, Stefan (2007^5): Die Welt von Gestern. Erinnerungen eines Europäers. GWE. Frankfurt a.M.: S. Fischer.
Zweig, Stefan (2013): Die Jahrhundertausstellung Wiener Malerei in Zürich. In: Ders.: „Ich habe das Bedürfnis nach Freunden". Erzählungen, Essays und unbekannte Texte. Hg. v. Klemens Renoldner, unter Mitarbeit v. Elisabeth Fritz. Wien u.a.: Styria premium, S. 416–422.
Zweig, Stefan (2015): Fragmente um Gustinus Ambrosi. In: Plettenbacher, Otto E.: Gustinus Ambrosi. Monografie. Ein Künstlerschicksal in den kulturellen und politischen Umbrüchen des 20. Jahrhunderts. Wien: Gustinus Ambrosi-Gesellschaft, S. 26–32.
Zweig, Stefan (2017a): Das Werk des William Blake. In: Ders.: Zeitlose. Sammlung verschollener Essays über fremdsprachige Klassiker. Von Aischylos über William Shakespeare bis Paul Verlaine. Hg. v. Klaus Gräbner. Krems: Edition Roesner, S. 60–64.
Zweig, Stefan (2017b): Die Welt von Gestern. Erinnerungen eines Europäers. Hg. v. Oliver Matuschek. Frankfurt a.M.: S. Fischer.
Zweig, Stefan (2017c): William Blakes Auferstehung. In: Ders.: Zeitlose. Sammlung verschollener Essays über fremdsprachige Klassiker. Von Aischylos über William Shakespeare bis Paul Verlaine. Hg. v. Klaus Gräbner. Krems: Edition Roesner, S. 65–73.

Weitere Literatur

Benson, Richard V. (2014): Landscape, „Heimat", and Artistic Production: Stefan Zweig's Introduction to *E. M. Lilien: Sein Werk*. In: Gelber, Mark H./Vanwesenbeeck, Birger (Hg.): Stefan Zweig and World Literature. Twenty-First-Century Perspectives. Rochester: Camden House, S. 108–121.
Fitzbauer, Erich (1981): Die künstlerische Illustration von Werken Stefan Zweigs. Versuch eines Überblicks. In: Modern Austrian Literature 14/3–4/1981, S. 233–249.

Fitzbauer-Schmid, Ingeborg (1981): Stefan Zweigs frühe Essays über bildende Kunst. In: Modern Austrian Literature 14/3–4/1981, S. 225–231.
Fliedl, Konstanze (2017): Sichtbare Sammlung. Stefan Zweigs Bildlektüren. In: Wörgötter, Martina (Hg.): Stefan Zweig. Positionen der Moderne. Würzburg: Königshausen & Neumann, S. 177–191.
Gelber, Mark H. (2014): Stefan Zweig, Judentum und Zionismus. Innsbruck u. a.: StudienVerlag.
Kerschbaumer, Gert (2003): Stefan Zweig. Der fliegende Salzburger. Salzburg u. a.: Residenz.
Larcati, Arturo (2016): Stefan Zweig und Dante Alighieri. In: Deutsches Dante-Jahrbuch 91/1/2016, S. 155–180.
Larcati, Arturo (2017): Eine Jugend in Wien. Alberto Stringas Freundschaft mit Stefan Zweig. In: Wörgötter, Martina (Hg.): Stefan Zweig. Positionen der Moderne. Würzburg: Königshausen & Neumann, S. 147–176.
Plettenbacher, Otto E. (2015): Gustinus Ambrosi. Monografie. Ein Künstlerschicksal in den kulturellen und politischen Umbrüchen des 20. Jahrhunderts. Wien: Gustinus Ambrosi-Gesellschaft.
Rathkolb, Oliver (2012): Gustinus Ambrosi. In: Zyman, Daniela/Wilson, Eva (Hg.): Gustinus Ambrosi – Eine erweiterte Biographie. Ausstellungskatalog. Wien: Thyssen-Bornemisza Art Contemporary, S. 21–45
Zyman, Daniela/Wilson, Eva (Hg.) (2012): Gustinus Ambrosi – Eine erweiterte Biographie. Ausstellungskatalog. Wien: Thyssen-Bornemisza Art Contemporary.

14.7 Über Musik

Elisabeth Skardarasy

1. *Das Geheimnis des künstlerischen Schaffens* (1938) 566
2. *Busoni* (1911) 567
3. *Gustav Mahlers Wiederkehr* (1915) 567
4. *Richard Strauss und Wien* (1924) 569
5. *Arturo Toscanini. Ein Bildnis* (1935). 569
6. *Bruno Walter: Kunst der Hingabe.*
   Zu seinem sechzigsten Geburtstag. 15. September 1936 570

Neben seinen zahlreichen persönlichen Kontakten zu Musikern (vgl. Arens 1950, 1956, 1968; Holl 2012; Kerschbaumer 2005; siehe hierzu auch Stefan Zweigs Briefwechsel und Tagebücher) – egal ob Dirigenten oder Komponisten – bekundete Zweig sein großes Interesse an der Musik auch durch seine umfangreiche Autographensammlung (→ III.20 AUTOGRAPHENSAMMLUNG; vgl. auch Mühlegger-Henhapel 2014). Zweig hat mehrere Texte über das Sammeln von Handschriften verfasst, in denen er sich auch über einzelne Komponisten und deren Werke äußert (vgl. Matuschek 2005, S. 89–162). Ferner war er 1931 als Herausgeber eines Briefes von Wolfgang Amadeus Mozart an dessen Augsburger Bäsle tätig, wofür er selbst die Einleitung verfasste (vgl. Zweig 2006). In dieser berichtet Zweig über den Verbleib und die bisherige Rezeption der Bäsle-Briefe im Allgemeinen, die bis dahin noch nie gedruckt erschienen waren. Des Weiteren äußert sich Zweig über die z.T. sehr vulgäre Sprache Mozarts in seinen Briefen. In der Einleitung geht er davon aus, dass Mozart, der von frühester Kindheit an als Musiker tätig war bzw. als Genie verehrt wurde und daher nur wenige Möglichkeiten der Zerstreuung hatte, hier die Gelegenheit nutzte, sich frei, privat und seinem Alter entsprechend ausleben zu können (vgl. Zweig an Freud, 16. Juni, bzw. den Antwortbrief Freuds, 25. Juni 1931, Zweig 1987, S. 196 f.).

Auch in Stefan Zweigs literarischen Werken finden sich zahlreiche Bezüge zur Musik (vgl. etwa Roloff 1990). Einige fiktionale Texte haben Personen und Funktionen der Musik zum Hauptthema (→ IV.9 MUSIK). So existieren etwa die beiden Gedichte *Der Dirigent. In Memoriam Gustav Mahler* (Zweig GWE, Silberne Saiten, S. 195–198) und die *Sängerin* (S. 199–202). Auch die beiden historischen Miniaturen *Georg Friedrich Händels Auferstehung* und *Das Genie einer Nacht. Die Marseillaise, 25. April 1792* aus dem Band *Sternstunden der Menschheit* (Zweig GWE, Sternstunden der Menschheit, S. 66–89, 90–107) befassen sich mit musikalischen Themen. Ferner wurden auch einige Texte Zweigs vertont, wobei hier natürlich vor allem seine Tätigkeit als Librettist für Richard Strauss' Oper *Die schweigsame Frau* (1935) zu nennen ist (→ III.2.11 DIE SCHWEIGSAME FRAU; VI.7.2 REZEPTION IN DER MUSIK).

Neben all diesen Aspekten seiner Auseinandersetzung mit Musik sind allerdings die Essays, die Stefan Zweig über einzelne Komponisten und Dirigenten verfasst hat, in der bisherigen Forschung nur wenig behandelt worden.

1. *Das Geheimnis des künstlerischen Schaffens* (1938)

Dieser Essay bietet einen wichtigen Grundstein für Stefan Zweigs Musik- und in weiterer Folge auch sein grundsätzliches Kunstverständnis (vgl. Gruber 2012, S. 177ff.; → IV.6 DER KÜNSTLERISCHE PROZESS). Der Text wurde 1938 als Vortrag in Amerika gehalten und erschien 1943 im Bermann-Fischer Verlag in Stockholm in dem Band *Zeit und Welt. Aufsätze und Vorträge 1904–1940*. In der Kunst schaffe, so Zweig, ein Mensch etwas Unvergängliches, die Zeit Überdauerndes. Versucht man, ein Kunstwerk zu begreifen, geht es für Zweig darum, sich „diesem unbeschreiblichen Augenblick, wo die irdische Begrenzung des Vergänglichen in uns Menschen endet und das Ewige beginnt" (Zweig GWE, Das Geheimnis des künstlerischen Schaffens, S. 371), zu nähern. Es handelt sich um einen mehrstufigen Prozess, wobei Musik gleichrangig neben Dichtung, Malerei und bildende Kunst gestellt wird. Das Kunstwerk könne erst dann in seinem vollen Umfang erlebt werden, wenn man Vor- und Zwischenstufen auf dem Wege der ‚Schöpfung' erfasse, den künstlerischen Schaffensprozess nachvollziehe (vgl. S. 358 ff.). In diesem Sinne lässt sich auch Zweigs Leidenschaft des Autographensammelns verstehen.

Ebenso wichtig erscheinen ihm die Präsentation und schließlich auch die Rezeption des Kunstwerks durch das Publikum. Das Erleben und Wahrnehmen eines Kunstwerks bzw. eines Musikstücks ist für Zweig nie ein rein passiver Akt, sondern immer auch mit der Anstrengung für den Zuhörer verbunden, der sich in den Künstler und seine Arbeit hineinversetzen müsse, um die Komposition voll erfassen zu können. Dies könne allerdings auch ein längerer Prozess sein und gelinge nicht immer beim ersten Hören (vgl. S. 368 ff.). Für Zweig spielt der Vermittler des Kunstwerks, genauer des Musikstücks – also der Dirigent, Musiker oder Sänger – eine besondere Rolle. Beide – Musiker und Hörer – sind Interpreten des Musikstücks (vgl. Gruber 2012, S. 179), sagt Zweig doch: „[J]eder wahre Genuß ist kein reines Empfangen, sondern ein inneres Mitwirken an dem Werke." (Zweig GWE, Das Geheimnis des künstlerischen Schaffens, S. 369) Im Essay *Das Geheimnis des künstlerischen Schaffens* geschieht dies vorerst noch sehr verkürzt, wenn Zweig hier Mozarts Arbeit des Komponierens nach einer Art Eingebung mit Beethovens langwierigem und teilweise qualvollem Schaffensprozess vergleicht (vgl. S. 359–362). Ein ähnliches Gegensatzpaar führt er mit dem regelmäßigen Komponieren Johann Sebastian Bachs und Joseph Haydns an, das er Richard Wagners zeitweiligen längeren Schaffenspausen gegenüberstellt (vgl. S. 367).

Wesentlich detaillierter setzt sich Stefan Zweig mit dem musikalischen Schaffen in seinen Essays zu einzelnen Musikern auseinander. Diese Texte behandeln in erster Linie sein eigenes Verhältnis zu diesen Künstlern und sind vorwiegend im Ton der Bewunderung gehalten. Mit den meisten dieser Komponisten und Dirigenten war Zweig sehr gut bekannt, ja sogar befreundet (vgl. Zweig GWE, Die Welt von Gestern, S. 417, vgl. auch Kerschbaumer 2005, S. 311). Mit Richard Strauss verband ihn vor allem eine berufliche Zusammenarbeit; Gustav Mahler war ihm zwar oberflächlich durch Begegnungen in Wien bekannt, Zweig verehrte ihn aber in erster Linie als Zuseher und Zuhörer.

2. *Busoni* (1911)

Zweigs kurzer, erstmals 1911 in den *Blättern des Deutschen Theaters Berlin* erschienener Text über den Pianisten, Komponisten und Dirigenten Ferruccio Busoni, wurde 1937 in den Band *Begegnungen mit Menschen, Büchern, Städten* aufgenommen. Er beginnt mit dem Auftritt des berühmten Pianisten auf das Konzertpodium. Aus „der Tiefe des Raumes" tritt er ans Klavier, auch er „ein leidender Christus" (Zweig GWE, Busoni, S. 77). Beinahe die Hälfte des Textes widmet Zweig der Physiognomie des Künstlers in höchster Konzentration und Anspannung vor dem ersten Ton. Die Eigenheit der Spielweise Busonis zeichnet sich für Zweig durch meditative Sinnlichkeit aus: „Er lauscht sich selber im Spiel. Eine unendliche Ferne scheint dann zwischen den geisternden Händen da unten, die in Tönen wühlen, und dem erhobenen Antlitz voll seliger Entrücktheit" (S. 78). Auch in diesem Fall ist Zweig dem ‚Geheimnis des künstlerischen Schaffens' auf der Spur (→ IV.6 Der künstlerische Prozess), einem Zustand des ‚Versinkens' bzw. ‚Sich-Auflösens' sowie der „höchste[n], seltenste[n] Lust, sich selbst nicht mehr zu fühlen" (S. 78). Zweigs Hommage an den mit ihm persönlich bekannten Interpreten Busoni schließt mit einem Bekenntnis zur „Sorglosigkeit" in der Musik des „spät Gereiften" (S. 79), dem er eine große Zukunft voraussagt. Passagen aus diesem Aufsatz von 1911 verwendet Zweig auch in seinen Erinnerungen *Die Welt von Gestern* (vgl. Zweig GWE, Die Welt von Gestern, S. 315).

Ein weiterer Text Zweigs mit dem Titel *Busonis Opernwerk* erschien am 5. April 1918 in der *Neuen Freien Presse*. Als Korrespondent berichtet er dem Wiener Publikum von der Uraufführung der beiden Opern-Einakter *Turandot* und *Arlecchino* am Stadttheater Zürich, das sich, wie Zweig betont, dem Schaffen der im Exil lebenden Künstler verpflichtet fühle. Aus dem Artikel spricht erneut die enorme Verehrung des Dichters für den wesentlich älteren Komponisten. Zweig lässt die Vertrautheit mit ihm durchblicken und kündigt abschließend ein großes Werk des Komponisten an, bei dem es sich wohl um Busonis *Doktor Faust* handelt (vgl. Zweig 1918, S. 3).

3. *Gustav Mahlers Wiederkehr* (1915)

Gustav Mahlers Wiederkehr erschien erstmals am 25. April 1915 in der *Neuen Freien Presse*, kurz vor dem vierten Todestag des Komponisten und Dirigenten. Möglicherweise handelt es sich um eine Reaktion auf eine Aufführung von Mahlers Vierter Symphonie am 14. März 1915, die in der *Neuen Freien Presse* als „Rehabilitierung" Mahlers gefeiert wurde (vgl. J. K. 1915). In seinem Text, einer Hymne auf den Musiker, beschreibt Zweig Gustav Mahler als Idealbild für sein Konzept eines Künstlers. Ausgehend von der Bewunderung des jungen Autors für den Musiker und von persönlichen Erlebnissen Zweigs während der zehnjährigen Direktionszeit Mahlers am Wiener Hof-Operntheater, versucht er in mehreren Annäherungen, das Genialische an Mahler zu skizzieren: „In einer Art Hypnose zwingt er alle an sich heran", denn „ein solcher dämonischer Wille ist in Mahler gewesen, einer der niederzwang", um ihn „war eine feurige Sphäre, die jeden anglühte" (Zweig GWE, Gustav Mahlers Wiederkehr, S. 78). Man könne sich diesem dämonischen Menschen aufgrund seiner magnetischen Kraft nicht entziehen. Der Künstler ist für Zweig zugleich ein „Tröster" und „Befreier" (S. 76), ja ein Heiliger, er erinnere an Christus, sei in diesem Sinne Erlöser und Lehrer. Andererseits ist – wie im Text über Arturo Toscanini – von einem nahezu diktatorischen Charakter des Dirigenten die Rede, der gelegentlich den Musikern seinen Willen aufzwinge, um künstlerische Vollkommenheit und Vollendung zu erlangen. Zweig erwähnt, dass er Mahler auf einer Probe „zornig, zuckend, schreiend, gereizt, leidend an allen Unzulänglichkeiten" (S. 82) erlebt habe.

Zweig bringt auch noch einmal die Feindseligkeiten in Erinnerung, die Mahler während seiner Direktionstätigkeit in Wien erdulden musste. Er macht auf den Widerspruch zwischen der postumen Anerkennung und den seinerzeitigen Gehässigkeiten aufmerksam, wobei er im Zusammenhang mit Mahlers unrühmlichem Abschied von der Wiener Oper die antisemitischen Anfeindungen nicht erwähnt (vgl. beispielsweise die Äußerungen des späteren Mitbegründers der Salzburger Festspiele, Heinrich Damisch, in Fischer 2010, S. 854 f.). Betont wird Mahlers Ausdauer und die Unerschütterlichkeit, seiner künstlerischen Mission zu folgen. Nach der Demissionierung Mahlers formulierten prominente Künstler und Intellektuelle – darunter neben Zweig auch Freud, Hofmannsthal, Klimt, Schönberg, Schnitzler u. v. a. – eine Solidaritätsadresse, verwahrten sich gegen die antisemitische Hetze, in der Hoffnung, Mahler könne als Operndirektor zurückkehren (vgl. S. 658 ff.).

Von Mahlers Kompositionen erwähnt werden in diesem Text lediglich die *Kindertotenlieder* sowie das *Lied von der Erde* (vgl. Zweig GWE, Gustav Mahlers Wiederkehr, S. 76, 81), der Weltruhm seines kompositorischen Schaffens steht also noch bevor – eine Prophezeiung, mit der Zweig recht haben sollte. Ebenso sah Zweig die Würdigung des Komponisten durch die Stadt Wien voraus: Seine Büste ist in der Oper aufgestellt, eine Gasse trägt seinen Namen (vgl. S. 86).

Zweig nimmt in seinem Text auch auf seine letzte Begegnung mit Mahler Bezug: Im April 1911, einen Monat vor Mahlers Tod, reist der Schriftsteller von seinem ersten Amerika-Besuch von New York zurück nach Europa. An Bord ist auch der schwerkranke Gustav Mahler. Zweig beschreibt, dass Mahler „bleich wie ein Sterbender, unbewegt, mit geschlossenen Lidern" (S. 83) in Cherbourg an Land gebracht wurde. Während Zweig von seiner Scheu und Ergriffenheit spricht, hat Alma Mahler die Szenerie anders wahrgenommen und die Annäherungen des jungen österreichischen Schriftstellers als wenig hilfreich bzw. für ihren Mann sogar als störend empfunden (vgl. Mahler-Werfel 1978, S. 225; vgl. Matuschek 2006, S. 93 f.).

Mit dem Gedicht *Der Dirigent. In Memoriam Gustav Mahler* (Zweig GWE, Silberne Saiten, S. 195–198) hat der Dichter seinem Vorbild ein weiteres Denkmal gesetzt. Am 12. September 1910 soll Zweig es selbst in München bei einem Festakt für Mahler vorgetragen haben (vgl. Blaukopf 1969, S. 278).

4. *Richard Strauss und Wien* (1924)

Auch über Richard Strauss existiert ein kurzer Essay von Stefan Zweig. Dieser erschien erstmals am 8. Juni 1924 in der *Neuen Freien Presse*. Zur Zeit der Abfassung des Textes *Richard Strauss und Wien* waren sich die beiden allerdings noch nicht persönlich begegnet (vgl. Adamy 1989, S. 3; vgl. Strauss/Zweig 2018).

In seinem Essay berichtet Zweig, wie er Richard Strauss als Künstler kennen und schätzen gelernt hat, wobei dies ein längerer Weg gewesen sei, da er – in diesem Falle als ein künstlerisch interessierter Vertreter seiner Generation in Wien – erst Jahre nach dem Tod Gustav Mahlers vorurteilsfrei über Strauss' Musikalität urteilen habe können. Diesen neuen Künstler zu bewundern, sei ihm demnach lange als Verrat am verehrten Helden Mahler erschienen (vgl. Zweig 2013, S. 466 f.). Mit Richard Strauss beginnt für Stefan Zweig eine neue Ära der Musik, wobei er diesen nun als neues Genie in die Riege der von ihm bewunderten Künstler aufnimmt. So bezeichnet er Strauss als „ein klingendes Glied jener unvergleichlichen Kette, die von Mozart zu Bruckner und Mahler und nun durch ihn weiter in eine hoffentlich nicht geringere Zukunft führt" (S. 466).

Nähere Bekanntschaft schlossen die beiden erst später, als Zweig nach dem Tode Hugo von Hofmannsthals schließlich zum Librettisten für Strauss' Oper *Die schweigsame Frau* (1935) wurde (→ III.2.11 *Die schweigsame Frau*; vgl. auch Stefan Zweigs Tagebuchaufzeichnungen sowie Strauss/Zweig 2018). Diese Zusammenarbeit würdigt er auch Jahre später in *Die Welt von Gestern* (1942), wenn er Strauss über die mit ihm befreundeten Musiker, die vor allem als Dirigenten von Bedeutung seien, erneut in eine (diesmal etwas andere) Reihe von ihm verehrter Musiker einreiht und Folgendes bemerkt: „Aber ich wußte keinen produzierenden Musiker unserer Zeit, dem ich zu dienen williger bereit gewesen wäre als Richard Strauss, diesem letzten aus dem großen Geschlecht der deutschen Vollblutmusiker, das von Händel und Bach über Beethoven und Brahms bis in unsere Tage reicht." (Zweig GWE, Die Welt von Gestern, S. 417)

5. *Arturo Toscanini. Ein Bildnis* (1935)

Zweigs essayistisches „Bildnis" von Arturo Toscanini wurde 1935 als Einleitung dem Band *Arturo Toscanini. Ein Lebensbild* von Paul Stefan-Gruenfeldt vorangestellt. Auch dieser Text ist – ähnlich wie jener über Busoni – eine enthusiastische Hommage an einen außergewöhnlichen Künstler. Das hervorstechendste Merkmal des Toscanini'schen Kunstverständnisses sieht Stefan Zweig in einer „fanatischen Werktreue", die er „mit einer [...] unerbittlichen Strenge und gleichzeitigen Demut" (Zweig GWE, Arturo Toscanini, S. 316) verfolge. Die „innere Durchsetzung der Werktreue" (S. 316) erscheint wie auch im Text über Bruno Walter als die wichtigste Eigenschaft eines guten Dirigenten. Zweig definiert den Begriff der Werktreue allerdings nicht. Toscanini strebe stets nach Vollendung und Vollkommenheit, Absolutheit und Perfektion, wobei Letztere als „Attribut Gottes" (S. 317) anzusehen sei. Er sei deshalb in seiner Arbeit an einem musikalischen Kunstwerk zu keinerlei Kompromissen bereit, was sich auch in seinem bisweilen autoritären Agieren gegenüber dem Orchester ausdrücke (vgl. S. 318f.; vgl. auch Zweig GWE, Die Welt von Gestern, S. 394f.).

Im Zentrum des Textes stehen Eindrücke, die Zweig bei Besuchen von Proben gewinnen konnte: Geschildert werden Toscaninis ‚Vollkommenheitsfanatismus' und seine unerbittliche Suche nach seiner idealen Verwirklichung eines Musikstücks (vgl. Zweig GWE, Arturo Toscanini, S. 319–326). Durch seinen „unbeugsamen Charakter" und „kraft seines Genius" gelinge es Toscanini, „das glorreich überlieferte Erbe der Musik als lebendigsten Wert der Gegenwart zu empfinden" (S. 327).

6. Bruno Walter: Kunst der Hingabe. Zu seinem sechzigsten Geburtstag. 15. September 1936

Die Lobpreisung Gustav Mahlers beschränkt sich nicht auf den Essay *Gustav Mahlers Wiederkehr*. Gut 20 Jahre nach diesem Text widmet sich Stefan Zweig dessen Schüler, Wegbegleiter und nicht zuletzt einem der bedeutendsten Interpreten und Beförderer der Werke Gustav Mahlers. Mit Bruno Walter war Zweig freundschaftlich verbunden (vgl. Zweig GWE, Die Welt von Gestern, S. 234, 417; vgl. auch Kerschbaumer 2005, S. 311, 322f.). Zweig betont vor allem die Form der Interpretation und Darstellung von musikalischen Kunstwerken, weniger jedoch Walters Genialität und Virtuosität als Komponist. Er rühmt Walter nicht nur als großartigen Musiker, sondern hebt auch dessen umfassende Bildung hervor und weist auf die detaillierte Auseinandersetzung mit jedem Werk hin (vgl. Zweig GWE, Bruno Walter, S. 330). Die „wundervolle Fähigkeit der Hingabe bis zur Selbstverschattung" sieht er als „das innerste Genie seiner Musikalität" (S. 329), wobei er sich damit zum „vollkommene[n] Diener" (S. 329) der Werke mache. Diese „Demut vor dem fremden Werk" (S. 331) ist laut Zweig aber keine Schwäche des Musikers, „sondern die schönste schöpferische Kraft auf Erden" (S. 331).

Stefan Zweig

Strauss, Richard/Zweig, Stefan (1935): Die schweigsame Frau. Komische Oper in drei Aufzügen frei nach Ben Jonson von Stefan Zweig. Musik von Richard Strauss. op. 80. Berlin: Adolph Fürstner.

Strauss, Richard/Zweig, Stefan (2018): Correspondence 1931–1936: A New Translation and Critical Edition. Hg. v. Matthew Werley u. Jeffrey B. Berlin. London: Plumbago Books and Arts.

Zweig, Stefan (1918): Busonis Opernwerk. In: Neue Freie Presse, Nr. 19256, 5. 4. 1918, S. 1–3.

Zweig, Stefan (1987): Briefwechsel mit Hermann Bahr, Sigmund Freud, Rainer Maria Rilke und Arthur Schnitzler. Hg. v. Jeffrey B. Berlin, Hans-Ulrich Lindken u. Donald A. Prater. Frankfurt a.M.: S. Fischer.

Zweig, Stefan (1990): Gustav Mahlers Wiederkehr. In: Ders.: Zeiten und Schicksale. Aufsätze und Vorträge aus den Jahren 1902–1942. GWE. Hg. v. Knut Beck. Frankfurt a.M.: S. Fischer, S. 76–86.

Zweig, Stefan (2004[10]): Das Genie einer Nacht. Die Marseillaise, 25. April 1792. In: Ders.: Sternstunden der Menschheit. Vierzehn historische Miniaturen. GWE. Hg. v. Knut Beck. Frankfurt a.M.: S. Fischer, S. 90–107.

Zweig, Stefan (2004[10]): Georg Friedrich Händels Auferstehung. 21. August 1741. In: Ders.: Sternstunden der Menschheit. Vierzehn historische Miniaturen. GWE. Hg. v. Knut Beck. Frankfurt a.M.: S. Fischer, S. 66–89.

Zweig, Stefan (2004[10]): Sternstunden der Menschheit. Vierzehn historische Miniaturen. GWE. Hg. v. Knut Beck. Frankfurt a.M. Fischer.

Zweig, Stefan (Hg.) (2006): Das Entsetzen aller seiner Biografen. Ein Brief Wolfgang Amadeus Mozarts an sein Augsburger Bäsle vom 5. November 1777. Anläßlich des 175. Geburtstages des Komponisten im Jahr 1931 erstmals vollständig faksimiliert, eingeleitet und beschrieben von Stefan Zweig und im selben Jahr von Sigmund Freud in einem Brief kommentiert. Tutzing, Wien: Antiquariat Inlibris/Eberhard Köstler.

Zweig, Stefan (2007²): Arturo Toscanini. Ein Bildnis. In: Ders.: Das Geheimnis des künstlerischen Schaffens. Essays. GWE. Frankfurt a.M.: S. Fischer, S. 316–327.

Zweig, Stefan (2007²): Bruno Walter: Kunst der Hingabe. Zu seinem sechzigsten Geburtstag 15. September 1936. In: Ders.: Das Geheimnis des künstlerischen Schaffens. Essays. GWE. Hg. v. Knut Beck. Frankfurt a.M.: S. Fischer, S. 328–331.

Zweig, Stefan (2007²): Busoni. In: Ders.: Das Geheimnis des künstlerischen Schaffens. Essays. GWE. Hg. v. Knut Beck. Frankfurt a.M.: S. Fischer, S. 77–79.

Zweig, Stefan (2007²): Das Geheimnis des künstlerischen Schaffens. In: Ders.: Das Geheimnis des künstlerischen Schaffens. Essays. GWE. Hg. v. Knut Beck. Frankfurt a.M.: S. Fischer, S. 348–372.

Zweig, Stefan (2007⁵): Die Welt von Gestern. Erinnerungen eines Europäers. GWE. Frankfurt a.M.: S. Fischer.

Zweig, Stefan (2008⁶): Silberne Saiten. Gedichte. GWE. Hg. v. Knut Beck. Frankfurt a.M.: S. Fischer.

Zweig, Stefan (2013): Richard Strauss und Wien. In: Ders.: „Ich habe das Bedürfnis nach Freunden". Erzählungen, Essays und unbekannte Texte. Hg. v. Klemens Renoldner, unter Mitarbeit v. Elisabeth Fritz. Wien u.a.: Styria premium, S. 466–467.

Weitere Literatur

Adamy, Bernhard (1989): Im Schatten des Terrors. Einige Texte von Stefan Zweig über Richard Strauss. In: Richard Strauss-Blätter N. F. 22/1989, S. 3–41.

Arens, Hanns (1950): Stefan Zweig und die Musik. In: Neue Musikzeitschrift 9/1950, S. 249–253. (Unter dem gleichen Titel auch erschienen in: Arens, Hans (Hg.) (1956): Der große Europäer. Stefan Zweig. München: Kindler, S. 139–149.)

Arens, Hanns (1968): Wenn die Musik der Liebe Nahrung ist. In: Ders. (Hg.): Stefan Zweig. Im Zeugnis seiner Freunde. München, Wien: Langen Müller, S. 104–122.

Blaukopf, Kurt (1969): Gustav Mahler oder Der Zeitgenosse der Zukunft. Wien u.a.: Molden.

Fischer, Jens Malte (2010): Gustav Mahler. Der fremde Vertraute. Biographie. München: dtv.

Gruber, Gernot (2012): Stefan Zweigs ästhetische Ansichten zur Musik. In: Müller, Karl (Hg.): Stefan Zweig – Neue Forschung. Würzburg: Königshausen & Neumann, S. 177–184.

Holl, Hildemar (2012): Stefan Zweigs biographische Kontakte zu Musikern. In: Müller, Karl (Hg.): Stefan Zweig – Neue Forschung. Würzburg: Königshausen & Neumann, S. 185–208.

J. K. (1915): Theater- und Kunstnachrichten. Philharmonisches Konzert. In: Neue Freie Presse, Nr. 18161, 15. 3. 1915, S. 10.

Kerschbaumer, Gert (2005): Stefan Zweig. Der fliegende Salzburger. Frankfurt a.M.: S. Fischer.

Mahler-Werfel, Alma (1978): Erinnerungen an Gustav Mahler. Hg. v. Donald Mitchell. Frankfurt a.M. u.a.: Ullstein.

Matuschek, Oliver (Hg.) (2005): „Ich kenne den Zauber der Schrift". Katalog und Geschichte der Autographensammlung Stefan Zweig. Mit kommentiertem Abdruck v. Stefan Zweigs Aufsätzen über das Sammeln von Handschriften. Wien: Inlibris.

Matuschek, Oliver (2006): Stefan Zweig. Drei Leben – Eine Biographie. Frankfurt a.M.: S. Fischer.

Mühlegger-Henhapel, Christiane (2014): „Etwas wunderbar Substanzloses …". Die Autographensammlung Stefan Zweigs im Wiener Theatermuseum. In: Renoldner, Klemens (Hg.): Stefan Zweig – Abschied von Europa. Wien: Brandstätter/Theatermuseum, S. 215–238.

Roloff, Burkart (1990): Die Funktion der Musik im literarischen Schaffen Stefan Zweigs. Diss. Univ. Greifswald.

15. Tagebücher

Eugenio Spedicato

1. Überblick... 572
2. Die Kriegstagebücher 1914–1916 572
3. Das Schweizer Tagebuch 1917/1918 574
4. Die Tagebücher zwischen 1931 und 1940 575
5. Forschung 576

1. Überblick

Tagebücher Stefan Zweigs existieren aus den Jahren zwischen 1912 und 1918, weitere Aufzeichnungen erfolgten zwischen Oktober/Dezember 1931, im Januar und im September 1935, während der Reise nach Brasilien und Argentinien im Herbst 1936 sowie zwischen September/Dezember 1939 und Mai/Juni 1940. Dabei beziehen sich rund drei Viertel der Eintragungen auf die Jahre bis zum Ende des Ersten Weltkriegs. Daran zeigt sich, dass die zwei maßgeblichen Schreibanlässe Zweigs die beiden Weltkriege und seine Auslandsaufenthalte in Paris, den USA und Brasilien gewesen sind. Entgegen ähnlichen Zeugnissen anderer Schriftsteller enthalten Zweigs Tagebücher nur wenige Kommentare zur Entstehung eigener Werke, keine literarischen Skizzen, Abhandlungen über bestimmte Themen oder kunsttheoretische Reflexionen. Trotz des Fragmentcharakters sind die Tagebuchaufzeichnungen aussagekräftige Quellen, die es ermöglichen, Zweig gleichsam ‚aus der Nähe' kennenzulernen. Seine Begeisterungen und Enttäuschungen, Schwächen und Stärken, Vorlieben und Abneigungen treten darin anschaulich zu Tage.

Zu Beginn der Eintragungen im Jahr 1912, Stefan Zweig ist zu diesem Zeitpunkt 31 Jahre alt, ist seine ästhetische und persönliche Orientierungslosigkeit zu erkennen. Wichtige Personen, die immer wieder Erwähnung finden, sind der belgische Autor Émile Verhaeren, Zweigs künftige erste Frau Friderike von Winternitz und der französische Kollege Romain Rolland. Sowohl Zweigs pazifistische Gesinnung als auch der Europa-Gedanke nehmen langsam Kontur an. Erstaunlich ist, dass die Tagebücher aus den Jahren 1914/1915 keine geringe Begeisterung für die militärischen Erfolge Hindenburgs verraten. Vergleicht man die Notizen aus diesen Jahren mit den Briefen an Rolland, so treten Divergenzen auf (vgl. Paur 2012).

Erstaunlicherweise ist keine einzige Tagebuchseite Zweigs aus den 1920er Jahren überliefert – von 1918 bis 1931 gibt es keine Notate. Erst 1931 und nur ungefähr drei Monate lang schreibt er Tagebuch und verfolgt die bevorstehenden Umwälzungen: „Plötzlich habe ich mich entschlossen, nach Jahren der Pause wieder ein Tagebuch zu führen." (Zweig GWE, Tb, S. 343) Als einen der Gründe gibt Stefan Zweig an, „daß wir kritischen, kriegstagsähnlichen Zeiten entgegengehen" (S. 343), zum andern erwähnt er den Tod Arthur Schnitzlers, der ihn zu erneuten Aufzeichnungen veranlasst habe (vgl. S. 343).

2. Die Kriegstagebücher 1914–1916

Das „Tagebuch im Kriegsjahr 1914 vom Tage der deutschen Kriegserklärung an Rußland" (30. Juli 1914–30. April 1915) zeigt, dass Zweig von Anfang an (schon am

1. August 1914) keinen Augenblick an einen österreichischen Sieg glaubte. Zweigs Pessimismus hatte viel mit seinem schlechten Verhältnis zum ‚Nationalcharakter' seiner Landsleute zu tun. Häufig begegnet man in diesem ersten Tagebuch Unmutsäußerungen angesichts der vermeintlichen Sorglosigkeit der Österreicher. Was Zweig besonders missfiel, waren das mangelhafte Selbstbewusstsein, die Vergnügungslust der Wiener trotz des Ernstes der Lage und die Kriegsspekulationen: „nirgends Voraussicht, alles auf den Augenblick gestellt", „dieses grenzenlose Mißtrauen gegen uns selbst." (S. 84) Er bemitleidete die ahnungslosen Pferde, die an die Front mussten, dagegen fand er die Wienerinnen unerträglich, „in ihren weißen Kleidern, heiter, wollüstig ohne etwas von dem großen Ernst begreifen zu wollen – wienerisch eben bis zum Äußersten." (S. 85) Zweigs Missbilligung steigert sich an manchen Stellen zur selbstkritischen Polemik: „Ein Augenblick[,] selbst der größte, kann eben die Eigenschaften einer Rasse nicht austilgen und wir sind weich, ohne Widerstand, eine Rasse, die hübsche Burschen und liebe Mädel gibt, aber selten den Mann." (S. 87) Diese Skepsis gegenüber der österreichischen Mentalität geht mit einer merkwürdigen Bewunderung für die deutsche Entschlossenheit und die deutschen Siege einher.

Auch im „Tagebuch aus dem Kriegsjahr 1915" (1. Mai 1915–24. Februar 1916) sind häufig bewundernde Urteile über die deutsche Haltung im Krieg zu lesen. Dabei bedient sich Zweig durchaus der gängigen Stereotype: Deutschland steht für Bescheidenheit und Tatkraft, Frankreich für Untätigkeit und eine Neigung zur Phrase. Zweig verfolgte den Verlauf des Kriegs mit größtem Interesse. Wenn er in seinen Briefen an Romain Rolland pazifistische Meinungen äußerte, so gab er doch zur gleichen Zeit in seinen Tagebucheintragungen der Hoffnung Raum, die große Gefahr einer vollständigen Niederlage durch Kriegserfolge abzuwenden, um wenigstens einen Separatfrieden zu erwirken. Die geheime Genugtuung über die deutsche Schlagkraft hinderte ihn daran, das unverantwortliche Verhalten der Besatzer in Belgien rechtzeitig wahrzunehmen, was zu Spannungen mit Romain Rolland führte. Die von russischen Truppen verursachten Verwüstungen in Galizien schmerzten ihn möglicherweise mehr als die Exzesse der Deutschen in Belgien. Der Appell *An die Freunde in Fremdland*, erschienen am 19. September 1914 im *Berliner Tageblatt*, ist ein Zeugnis dieser Einstellung, die sich erst änderte, als ein rasches Ende des Krieges immer unwahrscheinlicher wurde. Schon im ersten Tagebuch, noch vor Beginn des Stellungskriegs, beschreibt Zweig seinen Ekel vor der kriegerischen Atmosphäre in Österreich; der erste pazifistische Aussage ist auf den 4. Januar 1915 datiert: „Ich bin viel ruhiger und werde den Krieg für mich bald gebändigt haben. Ich weiß jetzt wie sehr ich ihn hasse, daß ich nichts daran schön finden kann und auch nicht will." (S. 129) Erstaunlich zynisch ist hingegen ein wenige Tage später niedergeschriebener Satz, der Zweigs Sorge bezüglich Italiens Kriegseintritt und seinen Hass auf das eigennützige Verhalten der italienischen Seite dokumentiert. Durch die Presse über ein Erdbeben in den Abruzzi informiert, bedauert Zweig, dass die Katastrophe anscheinend ‚nur' 30 000 Menschen das Leben gekostet habe. Wären die Folgen gravierender gewesen, hätte Italien, so Zweig, die Kriegserklärung verschieben müssen, was den Verlauf des Kriegs maßgeblich beeinflusst hätte (vgl. S. 132f.). Weniger als einen Monat später äußert er sich erneut positiv über die Siege Hindenburgs: „Man kann sich da gegen eine große Begeisterung und einen deutschen Stolz nicht wehren." (S. 142) Parallel dazu entfremdete er sich von Émile Verhaeren, dessen Hassgedichte gegen Deutschland Zweig mit Empörung erfüllten (→ III.12.2 *Emile Verhaeren*).

Auch das zweite Tagebuch dokumentiert Zweigs widerstreitende Gefühle: „Seltsam, man spricht gegen den persönlichen Haß und ist sich klar, daß es Wahnsinn ist. Dennoch vermöchte ich niemals einem Italiener mehr frei ins Gesicht zu blicken. Sie haben uns zusehr gequält mit ihrer Perfidie, mit ihrer Verlogenheit, die diesem Raub noch edle Motive unterschiebt." (S. 167) Seine Freude über die Siege nahm ab („das Interesse für die Kriegs*phasen* ist dahin", S. 174), und immer mehr verspürte Zweig das Bedürfnis, sich zurückzuziehen: „Mein Tagebuch stirbt an der inneren Schwere meines Wesens." (S. 177)

Ab dem 14. Juli bereiste Zweig zwei Wochen lang das von den österreichischen Truppen zurückeroberte Galizien. Dort erlebte er das Elend der Zivilbevölkerung mit großer Anteilnahme aus nächster Nähe, aber auch die Kameradschaft unter den Soldaten. In den nachfolgenden Wochen verbuchte Zweig nicht ohne Genugtuung die Niederlage der russischen Truppen, die Eroberung von Brest-Litowsk und den Fall Belgrads. Dennoch machte sich ein immer stärkerer Überdruss an dem nicht enden wollenden Krieg breit. Das unbeschwerte Lebensgefühl seiner Zeitgenossen irritierte Zweig zutiefst: „Die Theater, Restaurants voll und übervoll, ein Genießen, das schon Krampf ist, weil ihm die stille Freude fehlt. Ich persönlich gehe fast nie mehr aus, ich bringe immer nur Ekel heim." (S. 253)

3. Das Schweizer Tagebuch 1917/1918

Im November 1917 erhielt Stefan Zweig Diensturlaub vom Kriegsarchiv und konnte als Auslandskorrespondent der *Neuen Freien Presse* in die Schweiz reisen. Dort hielt er sich vom 13. November 1917 bis Ende März 1919 auf. Das erste Tagebuch umfasst knapp vier Monate, vom 13. November 1917 bis zum Februar 1918, das zweite setzt mit dem 20. September 1917 ein und schließt mit dem 13. November 1918. In Zürich hielt sich Zweig, wie er schreibt, oft im Café Odéon auf, einem Sammelplatz für „Refractäre, Revolutionäre, Desertöre" (S. 258), und stieß auf Schriftsteller und andere Persönlichkeiten, die er in seinen Tagebucheinträgen spitzzüngig als „Caféhauspacifisten" (S. 259) beschreibt – so etwa den Sozialisten und Kriegsgegner Leonhard Frank, mit dem er über die Revolution debattierte: „Ein Savonarolagesicht mit kainzischem Zug, hart, fanatisch, gläserne kalte harte Maleraugen, eine Stimme, die in der Erregung ins Stammeln gerät. Hart kantig böse, vom Hochmut der radicalen Fanatiker." (S. 258f.) Viel besser verstand sich Zweig mit Fritz von Unruh, dem expressionistischen Schriftsteller und Maler, der freiwillig in den Krieg gezogen war, schwerverwundet zurückkehrte und zu einem überzeugten Antimilitaristen und Pazifisten geworden war: „Wir verstehen Uns [sic] so ganz im Letzten. […] Aus dem tiefsten Erlebnis hat er nur das eine: das Leben, das durch ein Wunder aus hundert Höllen gerettet wurde." (S. 261) Von Unruh las Zweig aus seinem verbotenen Buch *Vor der Entscheidung* vor, Zweig zeigte sich sehr betroffen. Anerkennende Worte fand Zweig auch für Ludwig Rubiner, der als radikaler Kriegsgegner 1915 aus Frankreich in die Schweiz geflohen war. An ihm schätzte er besonders die Fähigkeit, den Anspruch auf soziale Gerechtigkeit von revolutionärem Fanatismus frei zu halten. Umgang hatte Zweig auch mit Hermann Hesse, mit dem ihn viel Gemeinsames verband, und natürlich mit Romain Rolland: „Ich bin immer ganz gelöst nach den Gesprächen mit ihm: seine Ansicht, daß es nicht auf Heroismus, auf Revolution ankomme, sondern einzig darum innerlich klar und einheitlich zu sein, eins mit seinem Gewissen, sich von allen

Strömungen und Vorurteilen der Zeit und der Völker zu befreien ist auch die meine." (S. 275) In den Augen Zweigs war Rolland ein Gigant des Geistes; ihm gegenüber fühlte er, dass er nicht imstande sein würde, eine ähnliche Bereitschaft zur Selbstaufopferung im Namen des Pazifismus unter Beweis zu stellen (→ III.12.4 ROMAIN ROLLAND; V.4 KRIEG, FRIEDEN, PAZIFISMUS): „Refractär zu werden ist schäbig bis zum äußersten, wenn es ohne Bekenntnis geschieht. [...] Ich glaube, nur wenn ich zum Dienst mit der Waffe gezwungen werden sollte, werde ich zur offenen Weigerung schreiten." (S. 275)

Außer den bereits genannten hatte Zweig mit zahlreichen weiteren Künstlern Umgang. Er freundete sich mit Frans Masereel, dem belgischen Grafiker, Zeichner und Maler, an, traf sich mit dem Pianisten und Komponisten Ferruccio Busoni, mit Franz Werfel, Annette Kolb, Andreas Latzko, James Joyce, Pierre Jean Jouve u.a. Auch die Begegnungen mit Schweizer Vertretern des literarischen Lebens sollte in den folgenden Jahren zu einigen Kooperationen führen: Carl Seelig, Robert Faesi u.a. Die politische Situation bei Kriegsende betrachtet Zweig ebenso sorgenvoll wie resigniert: „Hie und da eine Kleinigkeit, die man erfährt. Der Waffenstillstand abgeschlossen, Victor Adler gestorben, der Kaiser Karl demissioniert – früher wäre man Kopf gestanden. Jetzt ist man nur müde. [...] Und wenigstens ich verbrauche die Hälfte meiner geistigen Kraft in den grauenhaften Visionen dieser kommenden Umstürze, wo der Haß der Classen, der Stände, riesengroß diese Welt erfüllen wird." (S. 338f.)

4. Die Tagebücher zwischen 1931 und 1940

Angesichts des aufkommenden Faschismus wolle Zweig sich zur „Wachsamkeit" erziehen (S. 343), wie er am Beginn des Tagebuchs 1931 festhält. Anfang der 1930er Jahre hatte er sich als Autor profiliert, zwei seiner Novellenbände waren bereits in großer Auflagenzahl veröffentlicht und in viele Sprachen übersetzt worden (→ VII.2 AUSGABEN NACH DEM ERSTEN WELTKRIEG). Aber in Europa drohte eine neue politische Gefahr. Die Eintragungen von 1931 zeigen auch, dass Zweig die Erste Republik von vornherein als verloren angesehen hat.

Nach seinem Umzug nach London im Februar 1934 scheint es, als reise Stefan Zweig so viel wie nie zuvor. Seine neue Existenz fasst er am 27. September 1935 auf der Fahrt von Paris nach London so zusammen: „Reisen ist mir kein fremder Zustand mehr, sondern beinahe ein natürlicher. Man hat sich stärker losgelöst von den Bindungen und Gewohnheiten, von Haus und Besitz – beides fragwürdig geworden und kaum mehr entbehrt. Zwei Koffer, in dem einen die Garderobe, [...] in dem anderen Manuskripte, [...] und man ist überall zu Hause." (S. 383) Zuvor, vom 17. bis zum 30. Januar, war er in New York gewesen und hatte weitere Eindrücke in der Neuen Welt gesammelt und Tag für Tag aufgeschrieben (vgl. S. 363–380) (→ III.14.5 REISEBERICHTE).

Verglichen mit dem Reisebericht aus New York wirkt jener aus Brasilien (8. August– 1. September 1936) euphorischer, was vielleicht auch dem Umstand geschuldet ist, dass Zweig als offizieller Gast der Regierung empfangen wurde. Rio de Janeiros malerische Lage beeindruckte ihn besonders, auch Petrópolis schätzte er sehr, „überall diese völlige Durchmischung – schwarze, weiße, farbige Kinder spielen ohne Hemmung miteinander und überall merkt man die Weichheit des Volkes, seine besondere Sensibilität, die in den oberen Kreisen noch von einer großen Gentilezza begleitet wird." (S. 403) Erstaunlich wirkt der idyllisch gefärbte, vergnügte Ton Zweigs, wenn er z.B. die äußere Erscheinung des Diktators Getúlio Vargas oder den Besuch in den Favelas beschreibt, als gebe es in der brasilianischen Gesellschaft keine sozialen Konflikte, keine entgegengesetzten Fronten. Den Kontrast zwischen den Favelas, „diesen troglodytischen Höhlen", und den „blinkenden Avenuen" (S. 409) fand Zweig besonders ‚romantisch'; die Insassen der Strafanstalt in São Paulo, die ihm zu Ehren die österreichische Hymne intoniert hatten, schienen ihm „sanft und beinahe zufrieden" zu sein (S. 411). Diese Reisenotizen wurden von Zweig unvermittelt beendet, ohne dass Bilanz gezogen würde. Sie bildeten die Basis für sein im Frühjahr 1940 abgeschlossenes Buch *Brasilien. Ein Land der Zukunft*.

Den Ausbruch des Zweiten Weltkriegs erlebte der Schriftsteller in England. Als österreichischer Staatsbürger wurde Zweig zum *enemy alien*. Dass der neue Krieg wiederum ein Weltkrieg sein würde, eine Katastrophe ohnegleichen in der europäischen Geschichte, war Zweig von Anfang an bewusst. In seinen Aufzeichnungen finden sich Zeichen von Schreibmüdigkeit, mehrmals auch Selbstmordgedanken. Am 16. Oktober 1939 notierte er: „[I]ch bin dieses Tagebuchs müde geworden, weil ich zu angewidert war von der Entwicklung dieses ‚Kriegs'." (S. 448) Am 12. Juni 1940 hält Zweig fest: „Der einzige Trostgedanke, daß man jeden Augenblick Schluß machen kann." (S. 469) Drei Tage danach: „Das Leben ist nicht mehr lebenswert. Ich bin fast 59 Jahre und die nächsten werden grauenhaft sein – wozu alle diese Erniedrigungen noch durchmachen." (S. 471) Am 16. Juni: „Es ist vorbei. Europa erledigt, unsere Welt zerstört. *Jetzt* sind wir erst wirklich heimatlos." (S. 472, Herv. i. O.) Am 25. Juni 1940 bestieg er gemeinsam mit seiner zweiten Frau Lotte ein Schiff nach New York. In den letzten eineinhalb Lebensjahren setzte Zweig sein Tagebuch nicht mehr fort.

5. Forschung

Obwohl die Tagebücher Stefan Zweigs eine häufig zitierte Quelle in biografischen und werkgeschichtlichen Arbeiten sind, sind sie bisher nur in seltenen Fällen Gegenstand systematischer Untersuchungen geworden. Dabei werden sie stets als historische Dokumente, nicht jedoch als literarische Gattung angesehen. Bettina Paur widmet sich in ihrer Studie den Feuilletons Zweigs während des Ersten Weltkriegs, die bisher nur in Auswahl in Buchform erschienen sind (vgl. Paur 2012). Diesen Texten stellt sie eine Vielzahl von Tagebucheintragungen gegenüber, um den „Zwiespalt" (Zweig GWE, Tb, S. 127) des Autors zu dokumentieren.

Die Kriegstagebücher aus der Zeit in der Schweiz sind, zusammen mit einer Auswahl aus der Korrespondenz mit Rolland, ins Italienische übersetzt worden (vgl. Zweig 2009).

Stefan Zweig

Zweig, Stefan (1984): Tagebücher. GWE. Hg. v. Knut Beck. Frankfurt a.M.: S. Fischer.
Zweig, Stefan (2009): Sull'orlo dell'abisso. Diario di guerra in Svizzera. Hg. v. Mattia Mantovani. Locarno: Dadò.

Weitere Literatur

Paur, Bettina (2012): „Ich bin ja ganz Zwiespalt jetzt …". Die Feuilletons von Stefan Zweig im Ersten Weltkrieg mit Fokus auf die *Neue Freie Presse*. In: Müller, Karl (Hg.): Stefan Zweig – Neue Forschung. Würzburg: Königshausen & Neumann, S. 27–48.

16. Briefe

Klemens Renoldner

1. Brief als literarische Gattung 577
2. Varianten der brieflichen Kommunikation 577
3. Zweig als Briefschreiber – Drei Beispiele 578
4. Die erste Ehefrau – und die zweite 579
5. Der Verleger 580
6. Vorbilder – Intellektuelle Partnerschaften 582
7. Forschung und Perspektiven 584

1. Brief als literarische Gattung

Welchen Wert Stefan Zweig Briefen beimisst, lässt sich an seinen umfangreichen Korrespondenzen, an gelegentlichen Äußerungen zur Briefkultur, an bedeutenden Brief-Autographen in seiner Sammlung und an zahlreichen Vorschlägen für Briefeditionen erkennen. So findet sich in der Korrespondenz mit seinem Verleger Anton Kippenberg eine Fülle von Anregungen: Zweig schlägt dem Insel Verlag nicht nur vor, selbständige Editionen von Briefen zu veröffentlichen (etwa in der „Insel-Bücherei"), sondern er denkt auch über Anthologien, Sammlungen von Briefen, Ergänzungen zu Werkausgaben mit Briefen oder auch an einzelne Briefveröffentlichungen in Zeitschriften oder Almanachen nach. Die Liste jener Verfasser von Briefen, über deren Veröffentlichung sich Zweig mit Kippenberg austauscht, ist lang: Luther, Beethoven, Goethe, Ottilie und Alma von Goethe, Kleist, Hölderlin, Brentano, Bürger, Lenau, Stifter, Nietzsche, Balzac, Rimbaud, Flaubert, Verlaine, De Coster, Desbordes-Valmore. Auch Briefe von Protagonisten des politischen Lebens wie Marie Antoinette, Napoleon oder Mahatma Gandhi empfiehlt Zweig für selbständige Veröffentlichungen.

In einigen von ihm herausgegebenen Bänden, in Biografien und biografischen Einleitungen veröffentlicht Zweig immer wieder Briefe als Schlüsseltexte; eine besondere Rolle spielen sie z. B. in dem Band über Marceline Desbordes-Valmore. Für die „Österreichische Bibliothek", die Hugo von Hofmannsthal von 1915–1917 als Unter-Reihe der „Insel-Bücherei" herausgibt, stellt Zweig eine Auswahl der Briefe zwischen Nikolaus Lenau und Sophie Löwenthal zusammen (vgl. Lenau 1916). Von Zweigs Interesse für Briefe als literarische Gattung zeugt auch seine scharfe Kritik an dem Unternehmen „Österreichische Bibliothek", die er in seinem Brief an Anton Kippenberg vom 26. Juni 1916 formuliert (→ III.18 HERAUSGEBERSCHAFTEN). Dabei zerpflückt er insbesondere die Textauswahl des in dieser Reihe erschienenen, von Wilhelm Bauer herausgegebenen Bands *Briefe aus Wien* (vgl. Bauer 1915).

2. Varianten der brieflichen Kommunikation

Wie sehr Zweig den Brief als literarisches Medium der Verständigung mit sehr spezifischen Eigenschaften geschätzt hat, kann man einigen Anmerkungen entnehmen (vgl. Zweig, Br I, S. 7 f., 299 ff.) – wobei eine gewisse Skepsis gegenüber dem Schriftlichen, als einer durch die Grenzen der Sprache eingeschränkten Form der Kommunikation, durchaus zu spüren ist, etwa wenn Zweig in einem Brief im September 1912 an einen Unbekannten schreibt: „[D]er Brief ist doch immer ein holpriges Vehikel, ein Wagen, von dem die Hälfte der Ladung herunterfällt." (Zweig, Br I, S. 264) Aber natürlich finden sich bei einem leidenschaftlichen Briefschreiber wie Zweig auch immer wieder vorbehaltlose Bekundungen darüber, welches Gewicht Briefe haben können. 1924 formuliert er im Nachwort zu Otto Heuscheles Buch *Briefe aus der Einsamkeit* ein beeindruckendes Plädoyer für den Brief. Das Besondere, so Zweig, sei die Exklusivität des Briefes, der, weil er sich an einen Einzelnen wende, „unwillkürlich zum Doppelbildnis des Sprechenden" werde. Weil der Brief zugleich offen und intim sei, „beredt und verschwiegen, vertraulich und verbergend in einem", erzeuge er ein besonderes „Fluidum von Gemeinsamkeit". In einem Brief könnten manche Themen in einem „unbeschreiblichen Tonfall ausgesprochen [...] werden, den die Rede zu Zweien hat" (Zweig, Br III, S. 127). Wenn Zweig in diesen Überlegungen zwar beklagt, dass das Schreiben von Briefen, diese „edle und kostbare Kunst [...] ihrem Ende" entgegengehe (S. 125), weil Zeitungen, Schreibmaschine und Telefon die Kommunikation einem „Massengebrauch" unterwerfen, so versucht er gleichzeitig – mit Verweis auf die Briefschreiber Goethe und Nietzsche –, noch einmal den künstlerischen Eigensinn des Briefes zu behaupten. Zweig räumt ein, dass der Anspruch an den Brief, „selber ein Kunstwerk zu werden oder zu sein", wohl verloren gegangen sei. Aber: „Wir haben alle, oder fast alle den Brief neben die Kunst gestellt: er dient bei den Künstlern heute noch manchmal im Kunstgeschäft, manchmal in der Kunstpolitik" (S. 126).

In seinen Biografien und biografischen Studien – man denke insbesondere an *Marie Antoinette* (1932), *Triumph und Tragik des Erasmus von Rotterdam* (1934), *Maria Stuart* (1935), *Castellio gegen Calvin* (1936) und *Amerigo* (erstmals 1944) – benützt Zweig Briefe der Protagonisten nicht nur als Quelle und als historisches Dokument, sondern verwendet sie als Schlüssel für das Psychogramm ihrer Verfasser. Nur konsequent also, dass Zweig für seine Autographensammlung eine Vielzahl von Briefen erworben hat, die für sein Verständnis der betreffenden Persönlichkeiten eine zentrale Rolle spielen (→ III.20 Autographensammlung). Einen Brief aus seiner Sammlung veröffentlicht er, versehen mit einem ausführlichen Vorwort, sogar in einem Privatdruck für Freunde. Es handelt sich um einen Brief Wolfgang Amadeus Mozarts „an sein Augsburger Bäsle" (Zweig 1931; → III.14.7 Über Musik).

Dass Briefe auch in einigen der Erzählungen und Romane Stefan Zweigs (man denke etwa an *Geschichte eines Unterganges*, 1910; *Angst*, 1913; *Der Zwang*, 1920; *Brief einer Unbekannten*, 1922; *Ungeduld des Herzens*, 1939; *Rausch der Verwandlung*, erstmals 1982 u. a.) eine dramaturgisch entscheidende Rolle spielen, sei an dieser Stelle ebenfalls angemerkt.

3. Zweig als Briefschreiber – Drei Beispiele

Wer die Briefe Stefan Zweigs an seine beiden Ehefrauen, an vertraute und entferntere Freunde und Bekannte, an Verleger und Redakteure, an Sammler von Autographen und Persönlichkeiten des öffentlichen Lebens – und das in mehreren Ländern – überblicken möchte, wird es nicht leicht haben. Sieht man von dem schwer einzuschätzenden Umfang der gesamten Korrespondenzen Zweigs ab – Knut Beck, der Mitherausgeber einer vierbändigen Briefauswahl spricht von insgesamt ca. 30 000 bis 50 000 Briefen –, so kommt erschwerend hinzu, dass einige der bedeutenden Korrespondenzen Zweigs bisher nur in Auswahl oder noch nicht veröffentlicht worden sind. Zusätzlich ist zu bedenken, dass Zweig sowohl in Salzburg (im Zusammenhang mit dem Verkauf des Hauses, 1937) als auch in Bath (vor dem Verlassen Englands, 1940) Teile seiner Korrespondenz, aus unterschiedlichen Motiven, vernichtet hat.

Der Briefwechsel zwischen Stefan und Friderike Zweig, der sich in der Stefan Zweig Collection des Archivs der Universität Fredonia (USA) befindet, ist nur in einer bescheidenen Auswahl in Buchform zugänglich (vgl. Zweig/Zweig 2006). Der Briefwechsel mit dem Verleger Anton Kippenberg, der sich im Archiv des Insel Verlags im Deutschen Literaturarchiv in Marbach befindet, wurde bisher nicht veröffentlicht. Wenn auch einiger Korrekturen und Ergänzungen bedürftig, liegt der Briefwechsel mit Romain Rolland seit 1987 in zwei Bänden auf Deutsch vor. Eine dreibändige, umfassend kommentierte Ausgabe der Korrespondenz in französischer Sprache erschien zwischen 2004 und 2016 in Paris. Eine spanische Übersetzung des Briefwechsels ist in Vorbereitung.

Ausgehend von diesen drei Briefpartnern, Friderike Zweig, Anton Kippenberg und Romain Rolland, wird hier eine Systematisierung seiner Briefe versucht – es handelt sich dabei gleichzeitig auch um die drei umfangreichsten Korrespondenzen. Sie geben entsprechende Aufschlüsse zu verschiedenen Sphären: Erstens in die private Lebenswelt Stefan Zweigs, und damit die Entstehungsgeschichte zahlreicher Werke, zweitens in die berufliche Welt des Schriftstellers und seiner Verleger, ein Blick in den deutschen (und gelegentlich auch europäischen) Literaturbetrieb. Drittens dokumentieren die Briefe an Rolland, Zweigs bedeutendsten intellektuellen Freund, ihren Dialog über Politik, Literatur, das europäische Geistesleben und den intensiven Austausch der Schriftstellerkollegen über ihre neuen Buchprojekte.

4. Die erste Ehefrau – und die zweite

Die persönliche Korrespondenz mit Friderike von Winternitz (nach 1920: Friderike Zweig) umfasst die Jahre 1912–1942. Gert Kerschbaumer spricht im Nachwort zu seinem Auswahlband von der Existenz von „1220 Liebes-, Ehe-, Reise- und Exilbriefen" (Zweig/Zweig 2006, S. 405), von denen er nicht einmal ein Viertel in diesem ausführlich kommentierten Band veröffentlichen konnte. Zweigs Briefe an Friderike geben naturgemäß vor allem Auskunft über jene Zeitabschnitte, in denen sich das Paar nicht am selben Ort aufgehalten hat. Bis 1934 dominieren daher Briefe von den vielen Reisen, die Zweig fast immer alleine unternommen hat, Berichte an Freundin, Frau und geschiedene Frau. Man kann in ihnen natürlich viel Privates, Intimes über diese Beziehung im Laufe der Jahre erfahren und sich ein Bild über das Verhältnis Friderike und Stefan Zweig in seiner Entwicklung machen (vgl. Weinzierl 2015, S. 7–81). Auch in Hinblick auf das literarische Werk und die jeweiligen Entstehungsumstände erhält man in diesen Briefen eine Vielzahl von unvermittelten, persönlichen Auskünften (vgl. Zweig/Zweig 2006, S. 407ff.). Da Zweig bereits 31 Jahre alt ist, als er Friderike kennenlernt, sind es vor allem jene Werke, die während der Salzburger Jahre zwischen 1919–1934 entstanden sind, die in diesen Briefen erwähnt werden. Die streitbare Korrespondenz aus den Trennungsjahren des Ehepaares nimmt dabei einen besonderen Platz ein. Auch sie ist in diesem Band längst nicht vollständig publiziert (einige wesentliche Ergänzungen dazu aus den Jahren 1936–1937 finden sich in Zweig 2013, S. 139–184).

Obwohl die von Friderike bereits 1951 vorgelegte Briefauswahl zahlreiche Verfälschungen aufweist (vgl. Zweig/Zweig 2006, S. 400f.), und daher bei der Lektüre eine besondere Vorsicht geboten ist, so kann doch ein Blick in den früheren Band gelegentlich hilfreich sein (vgl. Zweig/Zweig 1951). Wer allerdings diese Korrespondenz detaillierter erforschen möchte, muss auf die Bestände in der Stefan Zweig Collection von Fredonia zurückgreifen.

Als Ergänzung zu diesen genannten Büchern sind, insbesondere mit Blick auf die Beziehung Stefan Zweigs zu seiner zweiten Ehefrau Lotte Altmann (ab 1939: Lotte Zweig), zwei weitere Bände zu konsultieren. Es handelt sich dabei wiederum nur um eine Auswahl an Briefen, vor allem aus den letzten Lebensjahren Stefan Zweigs (vgl. Zweig 2013; Zweig/Zweig 2017).

Den Briefen mit Friderike und Lotte könnte man weitere Korrespondenz Zweigs mit einigen vertrauten, persönlichen Freunden zur Seite stellen. Ihnen gegenüber äußert sich der Autor direkt und unverstellt über Privates, man denke dabei etwa an die Freunde der Wiener Jahre vor 1917 (vgl. Zweig, Br I), insbesondere an Leonhard Adelt, Franz Servaes, Camill Hoffmann, Victor Fleischer, Benno Geiger, Felix Braun, aber auch an Hermann Hesse, Martin Buber, Alfons Petzold, u.a. In späteren Jahren sind in diesem Zusammenhang die Briefe an Joseph Roth, Maxim Gorki, Frans Masereel u.a. zu nennen.

5. Der Verleger

Zweig war mit einer Vielzahl von Verlegern in Verbindung, insbesondere in Deutschland, aber auch in Österreich, in der Schweiz, und im Zusammenhang mit seinem wachsenden Erfolg später auch mit Verlagsleitern in Italien, Frankreich, England, den USA, Brasilien, der Sowjetunion und in weiteren Ländern. Bereits 1902, also noch vor Zweigs erster Veröffentlichung im Insel Verlag (*Die frühen Kränze*, 1906), begann die umfangreiche Korrespondenz mit Anton Kippenberg sowie mit mehreren Mitarbeitern des Verlages. Dieser Briefwechsel Zweig/Kippenberg ist Geschäftspost im engeren Sinne, persönliche Bemerkungen gibt es, obwohl sich die beiden Herren nach und nach gut kennenlernten, ein gemeinsames Hobby hatten (das Sammeln von Autographen) und sie sich viele Male getroffen haben, nur am Rande. In welcher persönlichen Verfassung der Autor bei der Fertigstellung eines neuen Buches ist, spielt hier eine untergeordnete Rolle, hier geht es um Nachrichten über das Voranschreiten eines Manuskripts, um Abgabetermine, Korrekturphasen, allerlei Herstellungsfragen, Erscheinungstermine, Werbung, Verträge und Lizenzen. Auch politische Kommentare, Äußerungen zu aktuellen Ereignissen – soweit sie nicht Zweig und den Verlag betreffen – sind hier nur wenige zu finden.

In Zweigs Briefen an Kippenberg werden aber nicht nur die eigenen Bücher verhandelt, mindestens die Hälfte dieses Briefwechsels bezieht sich auf andere Autoren. Zweig agiert in diesen Briefen wie ein Mitarbeiter in der Verlagsleitung – seine Vorschläge, welche Autoren, Übersetzer, Illustratoren, Herausgeber eingeladen bzw. beauftragt werden sollen, sind zahllos. Nicht nur österreichische und deutsche Schriftsteller werden von Zweig, zum Teil mit enormem Nachdruck, empfohlen, auch für Neuerscheinungen aus vielen anderen Sprachen, deren Übersetzungsrechte man sich sichern müsse, macht Zweig Werbung. Anthologien, Brief-Ausgaben, Facsimile-Editionen, Bände mit bildender Kunst u.v.a.m. stehen auf Zweigs Vorschlagsliste. Die schier endlose Zahl von Ideen, Projekten und Anregungen, die Zweig an den Verlag heranträgt, ist verblüffend. Immer wieder bietet er sich sogar als Agent an, wenn er etwa in Italien oder Frankreich Übersetzungsrechte von Neuerscheinungen für den Insel Verlag sichern möchte – was übrigens nicht immer gelingt. Besonders initiativ wird Zweig aber erst, wenn es gilt, einen Autor mit mehreren Bänden bzw. einer Werkausgabe im Verlag zu fördern (z.B. Émile Verhaeren, Paul Verlaine, Charles Dickens, Adalbert Stifter), und vor allem, wenn Zweig größere Buchreihen konzipiert. So werden etwa für die Anfänge der „Insel-Bücherei", an deren Begründung Zweig einen wesentlichen Anteil hat, wie auch später für die „Bibliotheca mundi", zahlreiche und oft seitenlange Briefe mit Listen von Vorschlägen geschrieben, und das in knapp aufeinanderfolgenden Tagen.

Zweigs verblüffender und übergroßer Eifer für den Leipziger Verlag ist nur mit einer gewissen Art von Identifikation mit dem Unternehmen zu erklären. Denn wenn Zweig auch gleichzeitig mit mehreren anderen Verlagen in Verbindung stand und gelegentlich sogar eigene Bücher in anderen Verlagshäusern veröffentlichen ließ, so ist doch „die Insel" sein Verlag. Der Insel Verlag hat das Werk Stefan Zweigs nobilitiert, hier präsentiert es sich nun in Augenhöhe mit jenem von renommierten Zeitgenossen wie Rainer Maria Rilke, Hugo von Hofmannsthal, Rudolf Kassner, Heinrich Mann, Christian Morgenstern, Reinhold Schneider, Hans Carossa, Ernst Hardt und Ricarda Huch. Zur Kanonisierung als Klassiker der Moderne trägt dabei auch das soignierte Image des Verlages bei, in dem die großen Klassikerausgaben der Werke von Goethe, Heine, Stifter, Balzac, Dostojewski und Dickens erscheinen.

Wie sehr sich Zweig als ideeller Teilhaber des Leipziger Unternehmens verstanden hat, zeigen auch seine unverblümten Kommentare zu Büchern, die nicht in seinem Sinne sind bzw. ihm unnötig oder gar misslungen erscheinen, sowie die selbstaufer-legte Verantwortung als Angestellter des Verlages für die Herausgeberschaft der „Bib-liotheca mundi" – die sich allerdings nach ihrem finanziellen Fiasko erstaunlicher-weise sofort auflösen sollte (→ III.18 HERAUSGEBERSCHAFTEN).

Wie eng sich Zweig mit dem Insel Verlag verbunden sah, wird besonders nach 1933 deutlich. Obwohl ihm die Bestimmungen für Juden in Deutschland gewiss bekannt waren, hoffte Zweig noch bis 1935, Bücher in seinem Verlag publizieren zu können. Die äußerst schwierige und schmerzhafte Trennung Zweigs vom Insel Verlag hat also nicht nur mit Honoraren zu tun, die es nun nicht mehr geben sollte, bzw. mit dem deutschen Lesepublikum, an das Zweig noch im Exil immer denken würde, sondern mit Zweigs Identifikation mit diesem Verlag. Aus der Sicht von Zweig war der Insel Verlag auch ‚sein Verlag', sein eigenes Unternehmen, aus dessen Leitung er sich nun hinausgedrängt sah (vgl. Strigl 2017).

Gewiss wäre die Korrespondenz Stefan Zweigs mit dem Berliner „Verlag für Bühne, Film und Funk Felix Bloch & Erben" aufschlussreich, wenn man bedenkt, dass Zweigs erstes Theaterstück 1908 uraufgeführt wurde. Leider aber sind die Briefe, die die zehn Dramen Zweigs und damit einen größeren Lebensabschnitt betreffen, bei der Zerstö-rung des Verlagsgebäudes im Zweiten Weltkrieg vernichtet worden.

Im Vergleich mit der Korrespondenz Kippenberg/Zweig sind die Briefwechsel mit weiteren Verlegern, vor allem auch aufgrund der kürzeren Phasen der jeweiligen Zusam-menarbeit und daher des geringeren Umfanges, von zweitrangigem Interesse. Die Ver-ständigung über die eigenen Neuerscheinungen dominiert. Im Verlag von Herbert Reichner in Wien erschienen Zweigs Bücher von 1934–1938, die Korrespondenz, soweit erhalten, ist nur wenig aufschlussreich. Auch die Briefe mit dem Exil-Verlag Bermann-Fischer in Stockholm sind wenig ergiebig. Ab den 1930er Jahren entstehen zum Teil umfangreiche Briefwechsel mit Verlegern in New York, London, Rom, Rio de Janeiro u. a. Zweifellos sind die zahlreichen Briefe mit Ben Huebsch (New York), Joseph Leftwich (London) und Abrahão Koogan (Rio) für die Exil-Jahre von großer Bedeutung. Freundschaftliche Verbindungen unterhielt Zweig in zahlreichen Briefen auch mit einigen seiner Übersetzer. Zu all diesen Briefen, zur Korrespondenz mit – und der Beziehung zu – Zweigs Verlegern sei auf die exzellente Studie von Susanne Buchinger verwiesen (vgl. Buchinger 1998; → VII.3 ZWEIG UND DIE VERLEGER).

Dass Zweig auch mit vielen Journalisten, Herausgebern von Zeitschriften, Dramaturgen und Theaterdirektoren in Verbindung stand, und in diesen Beziehungen zahlreiche Briefe zu diversen Projekten geschrieben wurden, sei noch am Rande erwähnt.

6. Vorbilder – Intellektuelle Partnerschaften

Neben der privaten Korrespondenz mit den beiden Ehefrauen und den geschäftlichen Briefen, die der Schriftsteller und „literarische Agent" (Buchinger 1998) an seinen wichtigsten Verleger schrieb, sollen nun als dritte Kategorie jene Briefe genannt sein, die Stefan Zweig mit zwei Schriftsteller-Kollegen in Belgien und Frankreich/Schweiz geführt hat. Diese beiden Briefwechsel nehmen innerhalb der vielfältigen Korrespondenz Zweigs mit anderen Schriftstellern zweifellos eine herausragende Position ein. Émile Verhaeren, 26 Jahre älter als Zweig, und Romain Rolland, fast 16 Jahre älter als sein österreichischer Kollege, darf man guten Gewissens als die beiden väterlichen Vorbilder nennen, die für das künstlerische Selbstverständnis und die intellektuelle Positionierung Zweigs prägend waren. Bemerkenswert ist dabei auch, dass beide Schriftsteller weit entfernt von Wien lebten und Zweig mit beiden in französischer Sprache korrespondierte.

Verhaeren ist zweifellos die wichtigste Persönlichkeit für den jungen Schriftsteller Zweig, das heißt bis über sein 30. Lebensjahr hinaus. Der Briefwechsel beginnt im Herbst 1900 – Zweig hat gerade das Gymnasium abgeschlossen, er ist noch nicht 19 Jahre alt – mit einer Anfrage um Genehmigung zur Übersetzung von Gedichten Verhaerens. Die 1996 veröffentlichte Korrespondenz umfasst 277 Briefe – wobei lediglich 47 Briefe von Stefan Zweig stammen. Während Zweig die Briefe des belgischen Freundes sorgfältig aufbewahrte, hat Verhaeren offenbar viele Briefe Zweigs verloren oder vernichtet (ähnlich verhält sich das auch im Fall der Korrespondenz mit Joseph Roth).

Dennoch ist aus dieser Korrespondenz, die von mehreren Besuchen Zweigs in Belgien begleitet wird, die enge Vater-Sohn-Freundschaft zwischen den beiden Autoren ersichtlich. Aus der Verabredung zu den Übersetzungen bzw. den entsprechenden Veröffentlichungen entsteht bald ein Austausch über literarische Vorhaben, aber nur in wenigen Fällen wird daraus eine ausführliche Debatte. Auch Verhaeren berichtet regelmäßig von seiner Arbeit, z.B. über das Drama *Das Kloster*, und erbittet Informationen über den deutschen Literaturbetrieb bzw. Einschätzung zu einzelnen Autoren und Büchern. Gemeinsame Verbindungen entstehen, etwa zu Ellen Key, Rainer Maria Rilke, Hugo von Hofmannsthal, Max Reinhardt, Léon Bazalgette, Henry van de Velde u.a., man hilft sich gegenseitig mit Adressen und Empfehlungen. Zweifellos verläuft diese Relation etwas einseitig: Es ist vor allem Zweig, der sich für die Propagierung von Verhaerens Werk engagiert und bemüht ist, den zahlreichen Wünschen des belgischen Dichters nachzukommen (→ III.12.2 EMILE VERHAEREN). Konzeption und Realisierung der Verhaeren-Biografie rücken ins Zentrum, 1910 erscheint der Band im Insel Verlag. In der Folge geht es vor allem um Zweigs Vermittlungsversuche für die Dramen Verhaerens auf den Bühnen Deutschlands und Österreichs und um die Übersetzung weiterer Titel für den Insel Verlag. Hat Zweig in Verhaeren seinen verehrten Meister gefunden, der ihn in seinem unsicheren Künstlertum bestärkt, so hat Verhaeren in Zweig zweifellos einen rastlosen Agenten gefunden, der auch über die zahllosen Aufforderungen, sich um dies und jenes zu kümmern, nicht murrt. Die beispielhafte Kommentierung dieses Briefwechsels, dem man sämtliche Informationen über die Beziehung Zweig-Verhaeren entnehmen kann, ist Fabrice van de Kerckhove zu verdanken (vgl. Verhaeren/Zweig 1996).

Über die Korrespondenz zwischen Stefan Zweig und Romain Rolland (Rolland/Zweig 1987, 2004, 2014, 2015, 2016) ist bereits mehrfach geschrieben worden, daher kann sie hier kürzer dargestellt werden. Ohne Zweifel ist dieser Briefwechsel ein faszinierendes Dokument einer jahrelangen Freundschaft, den man sowohl wie eine Biografie als auch wie eine historische Studie lesen kann. In diesen Briefen ist die Entwicklung von Zweigs politischem Profil zu erkennen wie nirgendwo sonst (→ IV.12 KUNST UND POLITIK). Der Briefwechsel beginnt 1910, und auch hier bestimmen die Bemühungen Zweigs, das Werk Rollands durch Rezensionen, Aufsätze und Vorträge, in der Folge durch Übersetzungen und Verlags- bzw. Theater-Vermittlungen, im deutschsprachigen Raum bekannt zu machen, die Korrespondenz. Eine besondere Wende nimmt der briefliche Dialog Ende September 1914, als Rolland die Veröffentlichung von Zweigs patriotischem Aufsatz *An die Freunde in Fremdland* kritisiert. Während der Kriegsjahre entsteht im brieflichen Gespräch der beiden Schriftsteller eine enge Freundschaft, und Zweig sympathisiert mit dem pazifistischen Gedankengut (→ V.4 KRIEG, FRIEDEN, PAZIFISMUS). Insbesondere um die Jahreswende 1917/1918 nimmt die Intensität des brieflichen Dialogs zu – bekräftigt wird diese Verbindung durch ein mehrtägiges Zusammentreffen Ende November 1917 am Genfersee. Vor die geplanten Übersetzungen der Werke Rollands und das Verfassen einer Biografie über ihn, die schließlich 1920 erscheinen wird (→ III.12.4 *ROMAIN ROLLAND*), schiebt sich nun der Dialog über die Verantwortung des Schriftstellers nach dem zerstörerischen Krieg, der Austausch über die möglichen Aktivitäten der Intellektuellen für ein vereintes Europa (→ V.7 EUROPA-KONZEPTIONEN).

Nach dem Ersten Weltkrieg bis Mitte der 1930er Jahre findet sich in diesen Briefen ein kontinuierlicher Austausch über die politischen Entwicklungen in Deutschland und Frankreich, und natürlich auch in Europa insgesamt. Zur Entfremdung der beiden kommt es nach Rollands kommunistischer Wende bei der Bewertung der Rolle, die die Sowjetunion in Europa spielt bzw. spielen soll. 1937 werden die beiden gegensätzlichen Positionen besonders kenntlich, in den Jahren 1938, 1939 und 1940 werden nur noch wenige Briefe gewechselt.

Für den jungen Autor Stefan Zweig, für die langwierige ästhetische Orientierungsphase und für sein späteres intellektuelles Selbstverständnis waren, neben Verhaeren und Rolland, natürlich viele weitere Personen von Bedeutung. Rainer Maria Rilke, Arthur Schnitzler und Sigmund Freud wären zuerst zu nennen – auch ihre Korrespondenzen sind veröffentlicht (vgl. Zweig 1987). Auch viele Freunde aus Frankreich und Italien spielen in diesem Zusammenhang eine Rolle, etwa Ferruccio Busoni, Alberto Stringa, Enrico Rocca, Lavinia Mazzucchetti (vgl. Larcati 2014), Léon Bazalgette, Jean-Richard Bloch, Jules Romains u.v.a.m.

Gleichzeitig gibt es natürlich zahlreiche weitere Briefe an Kollegen und Persönlichkeiten des kulturellen Lebens, mit denen Zweig kein persönliches Naheverhältnis hatte, die für ihn aber im Zusammenhang mit seinen Netzwerken des Literaturbetriebs bzw. mit editorischen Projekten von Bedeutung waren, wie Thomas Mann, Hugo von Hofmannsthal, Richard Dehmel, Gerhart Hauptmann, Herwarth Walden u. v. a. Man schickt sich Bücher, bedankt sich für diese, lobt die Bücher des anderen, reagiert auf aktuelle Ereignisse wie Theateraufführungen oder Veröffentlichungen Dritter etc.

7. Forschung und Perspektiven

Der Versuch, die unüberschaubare Korrespondenz Stefan Zweigs in diesen drei Koordinaten zu erfassen, ist lediglich ein Konstrukt, handelt es sich doch, schon aus quantitativen Gründen, um ein äußerst komplexes Thema. Eine Übersicht über die vorhandenen Korrespondenzen Zweigs gibt Randolph J. Klawiter in seiner ausführlichen Bibliografie (vgl. Klawiter 1991, S. 468–557; Klawiter 1999, S. 147–236). Eine systematische Untersuchung zu Zweigs Korrespondenz fehlt, die Forschung hat sich um den Briefschreiber Stefan Zweig nur in sehr bescheidenem Umfang gekümmert. Besonders hilfreich sind natürlich die jeweiligen Kommentare in den einzelnen Briefeditionen (→ VIII.1 PRIMÄRLITERATUR) sowie die Vor- und Nachbemerkungen in den vier Bänden ausgewählter Briefe, die bei S. Fischer erschienen sind.

Natürlich werden auch in den Biografien, insbesondere in der von Donald A. Prater (1981), unbekannte Briefe als Quellen zitiert. Weitere Ergänzungen finden sich in mehreren Beiträgen, z. B. von Jeffrey B. Berlin (zur Korrespondenz Zweigs mit seinem New Yorker Verleger Ben Huebsch sowie zur Entstehungsgeschichte der *Schachnovelle*; Berlin 1999a, 2007, 2009) oder von Konstantin Asadowski über „Zweigs russische Briefpartner" (Asadowski 1995); Brunhild Blum veröffentlicht die Korrespondenz Zweigs mit seinem brasilianischen Verleger Abrahão Koogan (vgl. Blum 1985, 1999), Knut Beck schreibt über die Briefe des jungen Autors Zweig (vgl. Beck 2011). Jeffrey B. Berlin versammelt Zitate aus unbekannten Briefen an Ben Huebsch, Alfredo Cahn, Siegmund Warburg, Felix Salten und Desmond Flower, um Zweigs Verfassung in den Jahren nach 1933 zu skizzieren (vgl. Berlin 1999b). Renate Lunzer kommentiert den Briefwechsel mit Zweigs italienischem Übersetzer Enrico Rocca (vgl. Lunzer 1995).

Hans-Albrecht Koch befasst sich mit der „Gesinnungsethik" in Zweigs Briefen. In diesem Aufsatz über Zweigs politisches Profil, in dem dessen Briefe allerdings nur eine untergeordnete Rolle spielen, versucht Koch eine Typologie der Briefe Zweigs zu skizzieren, weil sie „ein eigenes Textcorpus neben dem Werk" darstellen würden (Koch 1999, S. 91). Man könnte, so Koch, die Briefe so einteilen: Geschäftsbriefe, Geschäftsbriefe mit „wachsender persönlicher Anteilnahme" (S. 90), weiters in Briefe der Ermutigung, des Dankes, der Rechtfertigung („in denen Zweig Mißverständnisse auszuräumen oder ungewollt zugefügte Kränkungen zurückzunehmen versucht", S. 90). Koch nennt auch noch die „altruistischen Schreiben, in denen er sich für andere verwendet" (S. 90). Zweig habe sich, so Koch, jeweils auf die „Tonlage" des Empfängers eingestellt. In einem gewissen Maß betrifft diese Anpassung auch den Inhalt der Briefe je nach Adressat: Ein Beispiel ist etwa seine Haltung gegenüber Richard Strauss (vgl. Larcati 2015a). In diesem Sinne spricht auch Stephan Resch von einem „adressatenbezogenen Pazifismus" (Resch 2011, S. 58).

Darüber hinaus lamentiert Koch ausführlich über die zahlreichen Flüchtigkeitsfehler in Zweigs Briefen und führt mit besonderer Lust auf, dass Zweigs italienische und französische Briefe viele Orthografie- und Grammatikfehler aufweisen. Bemerkenswert an diesem Beitrag ist der Hinweis auf die Korrespondenz Zweigs mit dem Lektor des Reclam-Verlages, Ernst Sander (vgl. Koch 1999, S. 89).

Für den Briefwechsel Rolland/Zweig aus den Jahren 1914–1918 hat Peter Handke ein Vorwort geschrieben (vgl. Handke 2014). „Keine Literaten schreiben da einander", befindet Handke, vielmehr „zwei ernste, nicht tod-, nein lebendigernste Männer" (S. VI). Später wird er sie „Propheten" nennen (S. XVII). Handke konstatiert die Unterschiede in den Haltungen zu den kriegerischen Ereignissen und betont Zweigs innere Wandlung zum Pazifismus, sodass schließlich der Tonfall von beiden Seiten einstimmig werde. Bemerkenswert ist auch die scharfsichtige, sehr kritische Stiluntersuchung, die Handke den Briefen Zweigs widerfahren lässt (S. VII), wie Handke überhaupt Rollands entschiedene Position näher steht als die schwankende Zweigs. Ein Detail am Rande: Handke vergleicht den vorliegenden Briefwechsel mit jenem zwischen Grillparzer und Stifter (→ VI.7.1 REZEPTION IN DER BELLETRISTIK).

Aus Anlass der erwähnten Ausgabe der Briefe Zweigs und Rollands aus den Jahren 1914–1918 versucht Arturo Larcati ebenfalls zu einer Systematisierung beizutragen, indem er verschiedene Schreibanlässe Zweigs auflistet (vgl. Larcati 2015b). Zweig entwickle, so Larcati, in Hinblick auf Rolland „eine authentische Brief- und Freundschaftskultur" (S. 144). Zweig nutze diese Form der Mitteilung, „um nahezu Tag für Tag über Befindlichkeiten, Bücher oder wichtige Ereignisse Bericht zu erstatten" (S. 144). Für Larcati stellt diese *Correspondance littéraire* auch einen „Meilenstein in der Geschichte der Briefkultur dar, der mit Grimm und Diderot verglichen werden kann" (S. 146). Obwohl sich die beiden Schriftsteller, wie Larcati nachzeichnet, in der Einschätzung der politischen Lage im Krieg in ihren Positionen wiederholt entzweien, kommt es nicht zum Bruch, die Briefe enden jeweils mit einem „emphatischen Bekenntnis zur Freundschaft, das wie ein Mantra wiederholt wird und die Funktion erfüllt, den Freundschaftskult zu stärken" (S. 151). Bemerkenswert ist auch der Umstand, dass beiden Autoren die Bedeutung dieses Briefwechsels als historisches Dokument für die Nachwelt bewusst war (vgl. S. 154f.), allerdings kommt es nicht zur Veröffentlichung zu ihren Lebzeiten. Ausführlich referiert Larcati das Vorwort Peter Handkes; für diesen sei der Briefwechsel ein „zentraler Text der Antikriegsliteratur" (S. 157).

Abgesehen von größeren systematischen Untersuchungen wäre insbesondere die vollständige Edition der Briefwechsel mit wichtigen Briefpartnern wünschenswert, insbesondere mit Frans Masereel, Jean-Richard Bloch, Victor Fleischer, Felix Salten, Alzir Hella, Felix Braun, Ferruccio Busoni, Anton Faistauer, Carl Zuckmayer u.v.a. Die Korrespondenz mit den Übersetzern Enrico Rocca, Lavinia Mazzucchetti, Arnoldo Mondadori sowie jene mit Benno Geiger ist in Vorbereitung (vgl. Battisti-Azatov 2015).

Stefan Zweig

Mann, Klaus/Zweig, Stefan (2014): Correspondance 1925–1941. Paris: Phèbus.
Rolland, Romain/Zweig, Stefan (1987): Briefwechsel 1910–1940. 2 Bde. Berlin: Rütten & Loening.
Rolland, Romain/Zweig, Stefan (2004): Correspondance 1910–1919. Paris: Albin Michel.

Rolland, Romain/Zweig, Stefan (2014): Von Welt zu Welt. Briefe einer Freundschaft 1914–1918. Mit einem Begleitwort v. Peter Handke. Berlin: Aufbau.
Rolland, Romain/Zweig, Stefan (2015): Correspondance 1920–1927. Paris: Albin Michel.
Rolland, Romain/Zweig, Stefan (2016): Correspondance 1928–1940. Paris: Albin Michel.
Roth, Joseph/Zweig, Stefan (2011): „Jede Freundschaft mit mir ist verderblich". Briefwechsel 1927–1938. Hg. v. Madeleine Rietra u. Rainer Joachim Siegel. Mit einem Nachwort v. Heinz Lunzer. Göttingen: Wallstein.
Verhaeren, Émile/Verhaeren, Marthe/Zweig, Stefan (1996): Correspondance (1900–1926). Hg. v. Fabrice van de Kerckhove. Bruxelles: Edition Labor.
Zweig, Friderike/Zweig, Stefan (1951): Ein Briefwechsel 1912–1942. Hg. v. Friderike Zweig. Bern: Scherz.
Zweig, Friderike/Zweig, Stefan (2006): „Wenn einen Augenblick die Wolken weichen". Briefwechsel 1912–1942. Hg. v. Jeffrey B. Berlin u. Gert Kerschbaumer. Frankfurt a.M.: S. Fischer.
Zweig, Lotte/Zweig, Stefan (2017): Stefan und Lotte Zweigs südamerikanische Briefe. New York, Argentinien und Brasilien. 1940–1942. Hg. v. Darién J. Davis u. Oliver Marshall. Berlin: Hentrich & Hentrich.
Zweig, Stefan (1931): Ein Brief von Wolfgang Amadeus Mozart an sein Augsburger Bäsle. Zum erstenmal ungekürzt veröffentlicht und wiedergegeben für Stefan Zweig in Salzburg, 1931. Privatdruck. Reprint mit einem Kommentar v. Oliver Matuschek. Wien: Inlibris, 2006.
Zweig, Stefan (1984): Briefe an Freunde. Hg. v. Richard Friedenthal. Frankfurt a.M.: S. Fischer
Zweig, Stefan (1987): Briefwechsel mit Hermann Bahr, Sigmund Freud, Rainer Maria Rilke und Arthur Schnitzler. Hg. v. Jeffrey B. Berlin, Hans-Ulrich Lindken u. Donald A. Prater. Frankfurt a.M.: S. Fischer.
Zweig, Stefan (1995): Briefe. Bd. I: 1897–1914. Hg. v. Knut Beck, Jeffrey B. Berlin u. Natascha Weschenbach-Feggeler. Frankfurt a.M.: S. Fischer
Zweig, Stefan (1998): Briefe. Bd. II: 1914–1919. Hg. v. Knut Beck, Jeffrey B. Berlin u. Natascha Weschenbach-Feggeler. Frankfurt a.M.: S. Fischer.
Zweig, Stefan (2000): Briefe. Bd. III: 1920–1931. Hg. v. Knut Beck u. Jeffrey B. Berlin. Frankfurt a.M.: S. Fischer.
Zweig, Stefan (2005): Briefe. Bd. IV: 1932–1942. Hg. v. Knut Beck u. Jeffrey B. Berlin. Frankfurt a.M.: S. Fischer.
Zweig, Stefan (2013): „Ich wünschte, dass ich Ihnen ein wenig fehlte." Briefe an Lotte Zweig 1934–1940. Hg. v. Oliver Matuschek. Frankfurt a.M.: S. Fischer.

Weitere Literatur

Asadowski, Konstantin (1995): Stefan Zweigs russische Briefpartner. In: Gelber, Mark H./Zelewitz, Klaus (Hg.): Stefan Zweig. Exil und Suche nach dem Weltfrieden. Riverside: Ariadne Press, S. 59–69.
Battisti-Azatov, Diana (2015): Benno Geiger, umanista mitteleuropeo. Il carteggio con Stefan Zweig. In: LEA 4/2015, S. 549–559.
Bauer, Wilhelm (Hg.) (2015): Briefe aus Wien. Leipzig: Insel.
Beck, Knut (2011): „Einem verehrten Freunde sagen zu dürfen …" – Bemerkungen zu Briefen Stefan Zweigs. In: Renoldner, Klemens/Battiston, Régine (Hg.): „Ich liebte Frankreich wie eine zweite Heimat." Neue Studien zu Stefan Zweig/„J'aimais la France comme ma seconde patrie." Actualité(s) de Stefan Zweig. Würzburg: Königshausen & Neumann, S. 213–225.
Berlin, Jeffrey B. (1999a): Briefe aus Brasilien: Stefan Zweigs *Schachnovelle*. In: Schwamborn, Ingrid (Hg.): Die letzte Partie. Stefan Zweigs Leben und Werk in Brasilien (1932–1942). Bielefeld: Aisthesis, S. 245–264.
Berlin, Jeffrey B. (1999b): Unveröffentlichte Briefe über Stefan Zweigs USA-Reise im Jahre 1935 und sein Projekt einer jüdischen Zeitschrift. In: Schmid-Bortenschlager, Sigrid/Riemer, Werner (Hg.): Stefan Zweig lebt. Akten des 2. Internationalen Stefan Zweig Kongresses in Salzburg 1998. Stuttgart: Heinz, S. 59–82.

Berlin, Jeffrey B. (2007): „… habe eine kleine *Schachnovelle* entworfen". Stefan Zweigs Briefe und die Entstehung seines letzten Werks. In: Poldauf, Susanna/Saremba, Andreas (Hg.): 65 Jahre *Schachnovelle*. Berlin: Emanuel Lasker Gesellschaft, S. 50–56.

Berlin, Jeffrey B. (2009): Lebendige Dichtung. Stefan Zweigs *Schachnovelle*. Betrachtungen zur Entstehungsgeschichte und zum Leseerlebnis unter Berücksichtigung unveröffentlichter Korrespondenzen. In: Schönle, Siegfried (Hg.): Schachforschungen. Festschrift für Egbert Meissenburg. Vienna: Refordis, S. 42–127.

Blum, Brunhild (1985): Stefan Zweigs Briefe an seinen brasilianischen Verleger Abrahão Koogan von 1932–1942. Vollständiger Abdruck mit Anmerkungen und einem Exkurs über das Brasilienbild des Autors. Diplomarb. Univ. Innsbruck.

Blum, Brunhild (1999): Stefan Zweigs Briefwechsel mit seinem brasilianischen Verleger Abrahão Koogan. In: Schwamborn, Ingrid (Hg.): Die letzte Partie. Stefan Zweigs Leben und Werk in Brasilien (1932–1942). Bielefeld: Aisthesis, S. 119–136.

Buchinger, Susanne (1998): Stefan Zweig – Schriftsteller und literarischer Agent. Die Beziehungen zu seinen deutschsprachigen Verlegern (1901–1942). Frankfurt a.M.: Buchhändler-Vereinigung.

Handke, Peter (2014): Zwei Menschenkinder, Zwei Hochherzige. Zum Briefwechsel zwischen Romain Rolland und Stefan Zweig während des Ersten Weltkriegs. In: Rolland, Roman/Zweig, Stefan (2014): Von Welt zu Welt. Briefe einer Freundschaft 1914–1918. Mit einem Begleitwort v. Peter Handke. Berlin: Aufbau, S. V–XVII.

Klawiter, Randolph J. (1991): Stefan Zweig. An International Bibliography. Riverside: Ariadne Press.

Klawiter, Randolph J. (1999): Stefan Zweig. An International Bibliography. Addendum I. Riverside: Ariadne Press.

Koch, Hans-Albrecht (1999): „Privatim habe ich getan, was ich konnte". Zur Gesinnungsethik in Stefan Zweigs Briefen. In: Schmid-Bortenschlager, Sigrid/Riemer, Werner (Hg.): Stefan Zweig lebt. Akten des 2. Internationalen Stefan Zweig Kongresses in Salzburg 1998. Stuttgart: Heinz, S. 83–94.

Lenau, Nikolaus (1916): Nikolaus Lenau an Sophie Löwenthal. Mit einer Nachbemerkung v. Stefan Zweig. Leipzig: Insel.

Larcati, Arturo (2014): Il carteggio tra Stefan Zweig e Lavinia Mazzucchetti. In: Bonifazio, Massimo/Schininà, Alessandra (Hg.): Un luogo per spiriti più liberi. Italia, italiani ed esiliati tedeschi. Roma: Artemide, S. 27–48.

Larcati, Arturo (2015a): *Die schweigsame Frau* als Politikum: Stefan Zweig, Richard Strauss und der Nationalsozialismus. In: Mühlegger-Henhapel, Christiane/Steiner-Strauss, Alexandra (Hg.): „Worte klingen, Töne sprechen". Richard Strauss und die Oper. Symposium anlässlich der Richard Strauss-Ausstellung im Theatermuseum Wien, 22.–23. Jänner 2015. Wien: Theatermuseum, S. 113–123.

Larcati, Arturo (2015b): „Vielstimmig eines Sinnes". Zum Briefwechsel zwischen Stefan Zweig und Romain Rolland während des Ersten Weltkrieges. In: Schiffermüller, Isolde/Conterno, Chiara (Hg.): Briefkultur. Transformationen epistolaren Schreibens in der deutschen Literatur. Würzburg: Königshausen & Neumann, S. 143–160.

Lunzer, Renate (1995): „Was für ein Zeitalter haben wir uns ausgesucht!" Zu 31 unveröffentlichten Briefen von Stefan Zweig an Enrico Rocca aus den Jahren von 1930–1938. In: Sprachkunst 26/2/1995, S. 295–313.

Prater, Donald A. (1981): Stefan Zweig. Das Leben eines Ungeduldigen. München, Wien: Hanser.

Resch, Stephan (2011): Differenz des Einklangs: Stefan Zweig und Richard Graf Coudenhove-Kalergi. In: Gelber, Mark H./Ludewig, Anna-Dorothea (Hg.): Stefan Zweig und Europa. Hildesheim u.a.: Olms, S. 55–83.

Strigl, Daniela (2017): Stefan Zweig und das Odol-Prinzip. Vom Erfinden einer Marke. In: Peck, Clemens/Wolf, Norbert Christian (Hg.): Poetologien des Posturalen. Autorschaftsinszenierungen in der Literatur der Zwischenkriegszeit. Paderborn: Fink, S. 261–278.

Weinzierl, Ulrich (2015): Stefan Zweigs brennendes Geheimnis. Wien: Zsolnay.

17. Übersetzungen

Roman Reisinger

1. Einleitung 588
2. Beispiel: Émile Verhaeren. 591
3. Beispiel: Paul Verlaine 592
4. Exkurs: Paul Valéry 593
5. Beispiel: Luigi Pirandello. 594
6. Zweigs Übersetzungen: Exemplarische Textstellen 594
7. Forschungsperspektiven 596

1. Einleitung

„[D]em Rate Dehmels, dem ich noch jetzt dafür dankbar bin, entsprechend, nützte ich meine Zeit, um aus fremden Sprachen zu übersetzen, was ich noch heute für die beste Möglichkeit für einen jungen Dichter halte, den Geist der eigenen Sprache tiefer und schöpferischer zu begreifen." (Zweig GWE, Die Welt von Gestern, S. 143) So erinnert sich Zweig in *Die Welt von Gestern* (1942). Tatsächlich beginnt Zweig bereits als Gymnasiast literarische Texte zu übersetzen. Seine erste veröffentlichte Übersetzung (aus dem Französischen) war *Zärtliche Verse* von Paul Armand Silvestre, die im Januar 1900 in der *Deutschen Dichtung* erschienen ist (vgl. De Brito 2016, S. 12). Weitere Übersetzungen von Gedichten Silvestres folgten im Zeitraum bis Juli 1900. Es ist die Zeit, in der Zweig selbst zahlreiche Gedichte schreibt und seinen ersten Gedichtband *Silberne Saiten* (1901) veröffentlicht. Randolph J. Klawiter (1991, S. 427–447; 1999, S. 139) hat gezeigt, dass Zweig nicht nur aus dem Französischen und dem Englischen, sondern auch (direkt oder indirekt) italienische, und sogar portugiesische und türkische Texte übersetzt hat (vgl. ausführlich und Klawiter ergänzend De Brito 2016, S. 94–106). Marina De Brito nennt insgesamt 31 Autoren, aus deren Werk von Zweig übersetzt wurde. Die folgende Tabelle gibt einen Ausschnitt dieser Übersicht wieder und listet nur die Namen der Autoren und das Jahr der ersten Veröffentlichung einer Übersetzung Zweigs.

	Übersetzter Autor	Jahr der ersten Veröffentlichung
1	Paul Armand Silvestre	1900
2	Arthur Rimbaud	1900
3	Marais Victor Léon Dierx	1901
4	Elizabeth Barrett Browning	1901
5	Paul Verlaine	1901
6	Charles Baudelaire	1901
7	Émile Verhaeren	1901
8	Albert Samain	1901
9	Victor Hugo	1902
10	Eugène Manuel	1902
11	Camille Lemonnier	1904
12	Maurice Rollinat	1904

	Übersetzter Autor	Jahr der ersten Veröffentlichung
13	Archibald G. B. Russell	1906
14	William Blake	1907
15	John Keats	1907
16	Percy Bysshe Shelley	1907
17	Arthur Symons	1907
18	Jules Romains	1913
19	Romain Rolland	1915
20	Jean-Jacques Rousseau	1919
21	André Suarès	1920
22	Magdeleine Marx/Magdeleine Paz	1920
23	Jacopo da Lentino/Giacomo da Lentini	1923
24	François-René de Chateaubriand	1924
25	Ben Jonson	1925
26	Henri Barbusse	1932
27	Charles Baudouin	1932
28	Luigi Pirandello	1935
29	Luís Vaz de Camões	1940
30	Irwin Edman	1940
31	Abdullah Cevdet	1970

Unter den hier genannten Autoren sind vor allem jene hervorzuheben, für deren Werk sich Zweig mit besonderem Engagement eingesetzt hat und für deren Bekanntheit im deutschsprachigen Raum ihm deshalb eine zentrale Bedeutung zukommt. Durch die Übersetzung von Baudelaire-Gedichten (zahlreiche Einzelübersetzungen insbesondere in *Die Deutsche Dichtung*; 1902 erscheint *Charles Baudelaire: Gedichte in Vers und Prosa. Übersetzt von Camill Hoffmann und Stefan Zweig*; Hermann Seemann Nachfolger, Leipzig) stellt sich Zweig schon als 20-Jähriger in die Reihe von renommierten Schriftstellern wie etwa Stefan George und Karl Wolfskehl, die Baudelaires Werk ins Deutsche übertragen haben. In der Folge, 1908, veröffentlicht er neun Gedichte aus Baudelaires *Blumen des Bösen* in einer *Anthologie deutscher Übertragungen*, die von Erich Österheld herausgegeben wurde. Auch für das Werk von Paul Verlaine setzt sich Zweig in diesen Jahren ein. 1902 gibt er eine *Anthologie der besten Übertragungen* heraus und veröffentlicht 1904 eine Biografie des Autors.

Die wohl bedeutendste und jedenfalls umfangreichste Übersetzungsarbeit hat Zweig für den belgischen Autor Émile Verhaeren geleistet, von dem er nicht nur Gedichte und Dramen, sondern auch die Biografien über Rubens und Rembrandt übersetzt hat. Von Romain Rolland hat Zweig unter anderem das Theaterstück *Le temps viendra* (1903) und eine Szene aus dem Drama *Liluli* (1919) sowie den Roman *Clérambault. Geschichte eines freien Gewissens im Kriege* (1920) übersetzt. Hervorzuheben ist außerdem die Übersetzung des Theaterstücks von Luigi Pirandello *Non si sa come: Dramma in tre atti* (1935), es ist die einzige Übersetzung Zweigs aus dem Italienischen.

In der Auseinandersetzung mit Zweigs Selbstverständnis als Übersetzer fällt von Anfang an die scheinbar willkürliche Verwendung der Begriffe „Nachdichtung" und „Übertragung" ins Auge. Zweig bezeichnet sich selbst gerne mit einigem Understatement als „Diener" des Autors und des ursprünglichen Werkes (vgl. Zweig GWE, Die Welt von Gestern, S. 165). So präsentiert er sich etwa in der deutschen „Nachdichtung" von Émile Verhaerens *Hymnen an das Leben* (Verhaeren 1912, S. 5; eine Auswahl von Gedichten, die Zweig im Einvernehmen mit dem Autor getroffen hat) als Bewunderer und demütiger Vermittler des Werks eines Großen, der einen „Ausblick" ermöglicht „auf ein stärkstes zeitgenössisches Empfinden, Botschaft, die nicht mehr an einzelne, sondern an eine Generation sich wendet" (S. 5).

In der Korrespondenz von Zweig und Verhaeren (Verhaeren/Zweig 1996, S. 266, 486, 519; → III.16 BRIEFE) wird die Übersetzung von Gedichten anderer Autoren als Nachdichtung bezeichnet, wobei Zweig auch von „Rekreation" oder „poetischer Transposition" spricht. Ein besonderer Fall in Zweigs Übersetzungstätigkeit ist natürlich Ben Jonsons Komödie *Volpone*, die Zweig 1925, wie im Untertitel zutreffend angegeben, „frei bearbeitet" hat. In der Vorbemerkung heißt es denn: „[D]ie vorliegende Bearbeitung ist eine vollkommen freie Umformung des Textes und mancher Figuren." (Zweig GWE, Volpone, S. 261)

Den Terminus „Nachdichtung" wendet Zweig wiederum auf die Übersetzung von drei Dramen von Émile Verhaeren an. Er verwendet ihn auch im Vorwort des Sammelbandes *Gedichte von Paul Verlaine*, wohingegen Romain Rollands Drama, *Die Zeit wird kommen*, mit dem Terminus „Übertragung" bedacht wird.

Diese terminologischen Schwankungen und die damit einhergehende mangelnde Präzision der Begriffe sind auffällig und werfen die Frage auf, ob es trotzdem Konturen eines spezifischen Programms bei Zweig geben könnte. Im Aufsatz über die Rezeption des Werks von Walt Whitman in deutscher Übersetzung (vgl. Zweig GWE, Begegnungen mit Büchern, S. 214–217) erklärt Zweig, er wolle – nach dem Vorbild von Johannes Schlaf – „für den guten grauen Dichter" eintreten (S. 214).

Übersetzen erscheint hier als ein Akt der Demut, der Anerkennung des Werks eines anderen Bewunderten, als eine Geste der Würdigung, was nicht heißt, in passiver Bewunderung zu erstarren, sondern den Vorgang, die Herausforderung der Übersetzung, als Berauschung zu erleben: „[S]o scheint einem dies eigen Bewußte in einem panischen Taumel zu entschwinden; man rauscht selbst hinein, weggerissen von den rauschenden Kaskaden dieser Ströme" (S. 215). In Bezug auf die von Hans Reisiger besorgte zweibändige deutsche Ausgabe von Whitmans *Leaves of Grass* (1855) spricht Zweig von einer in diesem Sinne „meisterlich[en]" Übersetzung: „[S]ie stellt nur dar, ohne zu übertreiben, ohne zu umschreiben, ohne jeden der modischen Versuche, einen Menschheitsdichter rasch in eine neue Religiosität umzuschwindeln [...]. Ihr innerster Wille ist, Walt Whitman [...] einfach als Element, stark leuchtend und unerschöpflich wie Radium, klar wie Wasser, hell wie Sonne und reinschmeckend wie Morgenluft, als eine innere, unzerstörbare Einheit, in der Mann und Werk, Leben und Dichtung" verschmelzen (S. 215f.), empfinden zu lassen.

Aus diesem Aufsatz von Zweig über den ‚deutschen' Walt Whitman könnte man Grundideen zu einem Übersetzungskonzept herauslesen: Zweig verwehrt sich dagegen, Texte, Gedichte, auf rein sprachlicher Ebene in das Konzept der Zielsprache „umzumodellieren" (S. 216), es gehe für den Übersetzer vielmehr darum, die Fülle des Lebens des anderssprachigen Dichters, den lyrischen Menschen, den deutschen Leser erahnen zu lassen, ihn zum Nachfühlen einzuladen.

Zweig stellt sich im Idealfall einen aufmerksamen, nachfühlenden, ja womöglich gar den Originaltext rezitierenden Leser vor. Den Ratschlägen seiner Vorbilder,

Richard Dehmel, Franz Evers und Johannes Schlaf, folgend versucht er sich in diesem Sinn als Übersetzer verschiedener Texte aus dem Französischen und Englischen, auch, wie er angibt, um sich zu üben, „se faire la main". Natürlich verhält es sich im Fall der Übertragung aus dem Portugiesischen von Luís Vaz de Camões anders, wenn Zweig die Hilfe seines deutschen Dichterkollegen Victor Wittkowski in Anspruch nimmt (vgl. Dines 2006, S. 389f.). Nach seiner eigenen Einschätzung erreicht Zweig den Höhepunkt als Übersetzer mit dem Band *Hymnen an das Leben* von Émile Verhaeren (vgl. Dumont 1967, S. 18).

2. Beispiel: Émile Verhaeren

Bereits 1904 erscheint im Berliner Verlag Schuster & Loeffler der Verhaeren-Band *Ausgewählte Gedichte in Nachdichtung von Stefan Zweig*. Die kurzen biografischen Erläuterungen im Vorwort schließt Zweig mit einer Bemerkung zu seinem Übersetzungsprinzip. Er habe „nur ein Ziel gesehen: alle Eigenheit Verhaerens in deutscher Sprache bewusst werden zu lassen und sich so unter Preisgebung eigenpersönlicher Gestaltung in dem mächtigen Werke restlos zu lösen" (Zweig in Verhaeren 1904, S. 12). Sechs Jahre später erscheint eine erweiterte Auswahl von Verhaerens Lyrik, *Ausgewählte Gedichte. Nachdichtung von Stefan Zweig* (1910), in der der Übersetzer in einer kleinen Nachbemerkung auf der letzten Seite des Buches zwei fundamentale Merkmale der Lyrik anspricht, die für ihn als Übersetzer große Herausforderungen darstellen: „Bei der Übertragung waltet als wesentliches Prinzip die Erhaltung des Rhythmus und die sinngemäße Identität der Vergleiche vor." (S. 142) Metrische Lizenzen, d.h. unreine Reime und schlichte Assonanzen in der französischen Vorlage würden so übertragen, dass die bewusst in Anspruch genommene Freiheit des Dichters gegenüber den strengeren Gesetzen der Metrik auch in der deutschen Fassung zum Ausdruck komme. Hier zeichnen sich jene Kriterien ab, die Zweigs Auffassung vom Umgang mit fremdsprachiger Dichtung – sei es über Nachdichtung, Übertragung, freie Bearbeitung oder Umdichtung – nachhaltig prägen sollten: der besondere Bedacht auf den Rhythmus und auf Vergleiche, oder, wie er es später noch differenzieren wird, auf Metaphern und Bildhaftigkeit.

Bemerkenswert bei Zweigs Übertragungspraxis ist weiters, was man schon 1902 an der Ausgabe von Charles Baudelaires *Gedichten in Vers und Prosa* sowie an der ‚Nachdichtung' der *Ausgewählten Gedichte von Emile Verhaeren* sehen kann: das über die unmittelbare Übersetzungstätigkeit hinaus reichende Interesse für das ‚Geheimnis des künstlerischen Schaffens' und das Autorschaftsmodell des jeweiligen Urhebers. In den Vorworten zu beiden Bänden legt Zweig die Verdienste des Dichters dar und würdigt sein Werk im Kontext der Zeit-, Kultur- und Literaturgeschichte. Vor seinen Idealen und Meistern bescheidet er sich mit der Rolle eines dienenden Vermittlers. Diese Mission gelinge am besten dann, wenn zwischen Dichter und Übersetzer eine Art Geistesverwandtschaft herrsche.

Das ist auch die Absicht seiner biografischen und literarischen Porträts einzelner Symbolisten (Paul Verlaine, Arthur Rimbaud, Marceline Desbordes-Valmore), in denen er die Bedeutung und den Reichtum der neuen und ungewöhnlichen Bildwelt sowie insbesondere die Metaphorik betont. Diese zu ‚übersetzen' bzw. zu ‚übertragen', stellte für den jungen Autor eine Herausforderung, geradezu ein Lebensprogramm dar (vgl. Reisinger 2014).

Die erwähnten drei Theaterstücke Verhaerens, *Le Cloître* (1900), *Philippe II* (1901) und *Hélène de Sparte* (zunächst 1908 in dt. Sprache, 1912 frz.) erschienen 1910 in dem Band *Emile Verhaeren. Drei Dramen. Nachdichtung von Stefan Zweig* im Insel Verlag.

3. Beispiel: Paul Verlaine

Die erste Veröffentlichung einer Übersetzung eines Verlaine-Gedichtes („Einst war ich gläubig ...") datiert 1902. Im selben Jahr erscheint der Band *Gedichte von Paul Verlaine. Eine Anthologie der besten Übertragungen*, herausgegeben von Stefan Zweig (Verlaine 1902). Zweig hat für diesen Band Übersetzungen von 14 deutschsprachigen Autoren (darunter Richard Dehmel, Johannes Schlaf, Richard Schaukal u.a.) versammelt, z.T. aus bestehenden Publikationen entnommen oder nach erbetenen Manuskripten abgedruckt. Ein genaues Verzeichnis findet sich am Ende des Bandes (vgl. S. 124).

Im Vorwort begründet Zweig die Auswahl: Da bereits mehrere Verlaine-Übertragungen in Buchform vorliegen und einzelne Gedichte von mehreren Übersetzern übertragen wurden, habe er sich bemüht, „in dieser Anthologie nicht nur das Beste, sondern auch das Charakteristische auszusuchen" (S. 20), charakteristisch deswegen, weil es dem Prinzip der getreuen Anpassung an die Form des Originals entspreche. Zweig nimmt einige kategorische Wertungen vor, ohne sie näher zu begründen, und neben „unwertigen" (S. 20) Übersetzungen führt er eine ganze Liste von – aus seiner Sicht – bewundernswerten und gelungenen Übersetzungen an, dabei den Terminus „Nachdichtung" (S. 20) beibehaltend. Seinen Ratgebern bei diesem Vorhaben, den erfahrenen Übersetzern und selbst Dichtern, Richard Dehmel und Franz Evers, drückt er seinen aufrichtigen Dank aus, ohne allerdings den Inhalt ihrer Ratschläge zu erwähnen. Auch die persönliche Korrespondenz mit den Genannten bringt keine konkreten Aufschlüsse über die Diskussion und Wertung der Übersetzertätigkeit.

Die zweite, veränderte Auflage von 1907 hat nur noch 110 Seiten und eine geringfügig veränderte Auswahl von Übersetzern. Das biografische Vorwort entfällt zugunsten einer eigenständigen biografischen Darstellung im selben Verlag (Zweig 1904); in einer Vorbemerkung spricht Zweig davon, dass vieles verbessert worden sei, „einige Verse neu eingeführt, und das Prinzip durch eine Vielzahl von Übersetzern die Eigenart des einzelnen zu verwischen – und so die Eigenart Verlaines zur einzig dominierenden zu erheben – möglichst vervollkommnet" (Verlaine 1907, S. 5).

Danach entstehen Pläne für einen weiteren, wesentlich umfangreicheren Verlaine-Band im Insel Verlag, der bereits 1914 die Veröffentlichung ankündigt. In einem Brief an Rilke vom 23. April 1917 (vgl. Zweig, Br II, S. 137ff.) erklärt Zweig, er werde die Umdichtung von Richard Dehmel, aus Respekt und alter Liebe, in die neue Anthologie aufnehmen, möchte sich aber vorbehalten, an diesem sinnfälligen Exempel (der Übersetzung des seiner Meinung nach unübersetzbaren Gedichts *La lune blanche*) die Möglichkeiten und Grenzen aller lyrischen Nachdichtung zu zeigen, indem das Original und sechs Nachdichtungen (Dehmel, George, Schaukal, Evers, Kalckreuth, Hardt) einander gegenübergestellt werden. Dadurch soll gezeigt werden, welche Effekte eine Übersetzung erzeugen kann: „Nachgewinn" oder „Verlust" (S. 138) bei einer Übertragung erwiesen sich also als extreme Pole im Spannungsbogen zwischen gelungener und „unwertiger" Übersetzung. Dieser Brief ist ein Zeugnis der langwierigen Entstehungsgeschichte dieser Anthologie. Man hatte diesmal 100 potenzielle Übersetzer angeschrieben, verzögert wurde das Erscheinen zusätzlich durch die Kriegsumstände. Der Band erscheint erst 1922 im Insel Verlag unter demselben Titel *Gesammelte Gedichte. Eine Auswahl der besten Übertragungen* als erster Band einer zweibändigen Werkausgabe (vgl. Verlaine 1922).

Im Nachwort stößt man auf einige Fragen im Kontext der Diskussion über das Problem der Übersetzbarkeit. Verlaines Dichtung eigne sich, so Zweig, trotz ihrer metaphorischen Komplexität gut zur Übersetzung ins Deutsche, weil ihre Musikalität dem deutschen Begriff des Lieds und der Musik verwandt sei, sodass eine Übertragung über technische Kunstfertigkeit hinausgehe. Zweig führt hier nun einen neuen Terminus in seine Reflexion über Übersetzungsverfahren ein: die „Paraphrase" französischer Wortmelodie in die entsprechende deutsche. Dies gelinge einem Übersetzer umso leichter und besser, wenn er selbst eine „dichterische Persönlichkeit" besitze, was in besonderem Maße etwa, nach Zweig, für Stefan George zutreffe (Zweig 1922, S. 345).

Knut Beck, der Herausgeber einer Auswahl von Stefan Zweigs Übersetzungen (vgl. Zweig GWE, Rhythmen), zeichnet in seinem Nachwort die langwierige Beschäftigung mit den Verlaine-Editionen nach. Er verweist darauf, dass für Zweig die technische und auf realistische Details abzielende Vorstellung von Übersetzung einer größeren, ideellen, ja idealistischen Vision und Ambition weichen sollte. Mit seinen lyrischen Nachdichtungen habe er darauf abgezielt, nationale Sprachgrenzen zu überwinden, das „Verständnis für das Lebensgefühl der Nachbarn" (Beck 1983, S. 232) zu fördern, zur geistigen Einheit Europas beizutragen und, im Kleinen und Direkten, die Kommunikation der Völker dank zu entdeckender Wahl- oder Geistesverwandtschaft zu verstärken (→ III.18 Herausgeberschaften).

4. Exkurs: Paul Valéry

Um den besonderen Status von Stefan Zweig als Übersetzer und seine Ambitionen zu fassen, könnte man ihn mit Paul Valéry vergleichen. Dieser spricht über seine Übersetzungsarbeit für die *Bucolica* von Vergil in aller Bescheidenheit und Selbstkritik und gibt folgende Empfehlung ab: Der Übersetzer solle insbesondere dem Schaffensprozess des Originals nachspüren. Übersetzen wird in diesem Sinne bei Valéry zu dem Versuch, emotionale Zustände und Eindrücke des Dichters während der Entstehung des Gedichts zu ergründen. Diese Einstellung könne zu produktiven Momenten, ja sogar zur uneingeschränkten Identifikation mit dem Schöpfer des Originaltextes führen: „J'eus, devant mon Virgile, la sensation (que je connais bien) du poète en travail." (Zit. n. Reisinger 1991, S. 244) Man könnte also annehmen, dass in Stefan Zweigs Bewunderung für Émile Verhaeren eine geradezu ideale Voraussetzung gegeben sei. Das würde auch auf Romain Rolland zutreffen. Dem entspräche zudem Valérys Postulat, dass eine weitere Voraussetzung für die Qualität einer Übersetzung eine möglichst große zeitliche Nähe zwischen dem Verfassen des Originals und der Übersetzung herrscht. Dichter und Übersetzer leben mehr oder weniger zur gleichen Zeit, in der gleichen historischen und kulturellen Welterfahrung, sie kennen die Probleme ihrer Epoche, die Sorgen und Wünsche der Menschen, die Ambitionen und Ansprüche, aber auch die Grenzen der Literatur. Sie sind miteinander bekannt, befreundet und können sich, konnten sich damals, vor allem über Briefe austauschen.

5. Beispiel: Luigi Pirandello

Unter dieser Voraussetzung wäre das in Bezug auf die Verbindung von Luigi Pirandello und Stefan Zweig und die Entstehung des Stücks *Non si sa come* wohl eine ideale Konstellation. Dabei ist natürlich zu bedenken, dass die Anforderungen in diesem Fall für den Übersetzer andere sind als bei Gedichten. Hinzu kommt, dass Zweig durch seine Mutter mit dem Italienischen zwar etwas vertraut war, aber eine Interlinearversion benötigte (zu Zweig und Pirandello vgl. De Michele 2012; Prater 1981, S. 329f.).

Für die Übersetzung des Stücks und seine Bewerbung im deutschen Sprachraum, vor allem in Österreich, war Stefan Zweig der Wunschkandidat für Pirandello (vgl. De Michele 2012, S. 25ff., S. 181). Die Entstehung von Drama und Übersetzung fällt in die Jahre 1933/1934, es handelte sich um eine besondere Kooperation der beiden Autoren, es war sogar von der Möglichkeit einer parallelen Uraufführung in zwei Sprachen die Rede. Wie man beim Klavierspiel sagen würde, handelte es sich um ein ‚vierhändiges' Stück, „un dramma scritto a quattro mani" (De Michele 2012, S. 25), denn nach und nach, einen Akt nach dem anderen, hatte Zweig das Manuskript erhalten und somit Akt für Akt sukzessive übersetzt. Pirandello schrieb an Zweig: „Le rinnovo l'espressione della mia gioia per l'insigne favore che Lei mi fa di tradurre in lingua tedesca, come Lei soltanto può fare, la mia opera." (Zit. n. De Michele 2012, S. 25) Zweig wird von Pirandello als der Einzige gewürdigt, der zu einer solchen Übersetzung fähig sei.

Der Hintergrund ist dabei entscheidend: Pirandellos Stück *Sei personaggi in cerca d'autore* (1921, dt. *Sechs Personen suchen einen Autor*) hatte in Deutschland einen großen Misserfolg erlebt. Nun bittet Pirandello den erfolgreichen deutschsprachigen Kollegen, sein Stück *Non si sa come* zu übersetzen. Dieser Umstand gewinnt eine politische Bedeutung und Brisanz: Zweig verhilft Pirandello damit zu Publikumserfolg und Anerkennung, ein italienisches Werk feiert dank deutscher Übersetzung in Österreich einen Erfolg. Stefan Zweig realisiert wieder eines seiner Grundanliegen: die geistige Vermittlung zwischen Intellektuellen und Künstlern über politische, sprachliche und kulturelle Grenzen hinweg.

In übersetzungstechnischer Hinsicht könnte man hier noch anmerken, dass Zweig in diesem Fall seinen sonstigen Grundsätzen und seiner spezifischen Auffassung von Übersetzung ‚untreu' wird, indem er den Text Pirandellos rhetorisch überhöht, dessen mimetisch konkrete Plastizität mit Ausdrücken und Wendungen anreichert, die er den typischen Gepflogenheiten des deklamatorischen Wiener Theaters dieser Zeit entnimmt (vgl. De Michele 2012, S. 36). Diese Vorgangsweise erfolgt vorwiegend auf lexikalisch extensiver Ebene im Hinblick auf besseres Verständnis im Detail.

Wenig bekannt ist, dass Stefan Zweig 1920, in Zusammenarbeit mit Erwin Rieger, ein weiteres Theaterstück übersetzt hat, André Suarès' *Cressida* (1913). Das Stück wurde in der Reihe „Die zwölf Bücher" des E. P. Tal-Verlags (Leipzig/Wien/Zürich) veröffentlicht.

6. Zweigs Übersetzungen: Exemplarische Textstellen

Ausschnitte von Übertragungen einzelner Gedichte Paul Verlaines und Émile Verhaerens sollen exemplarisch einen Einblick in Zweigs Übersetzungspraxis geben. Zur Anwendung kommen vier grundlegende Kategorien: Konkretisation, Abstraktion,

17. Übersetzungen

Erweiterung, Verdichtung. Erweiterung (E) wird im Sinne von Ergänzung im Vergleich zum Original verstanden, wobei der Übersetzer Details oder Aufhellungen hinzufügt. Verdichtung (V) meint Straffung des Ausgangstexts auf die von Zweig als wesentlich angesehenen Gedanken, Bilder und Formulierungen. Konkretisation (K) bedeutet, dass eines oder mehrere abstrakte dichterische Bilder vergegenständlicht oder paraphrasiert wurden, um die Suggestionskraft des Originals im Deutschen zu erhalten. Abstraktion (A) meint den umgekehrten Vorgang, der dann auftritt, wenn einzelne oder vor allem eine Fülle konkreter Ausdrücke oder Aufzählungen und Anspielungen in einer kompakten deutschen synoptischen Formulierung zusammengefasst werden (vgl. Reisinger 1991; für die folgenden Beispiele vgl. auch Bachleitner 2013). Die vier hier zu exemplifizierenden Übersetzungsverfahren (E, V, K, A bzw. auch Kombinationen dieser), manifestieren sich grundsätzlich, wenngleich in unterschiedlicher Intensität und Färbung, auf den lexikalischen, syntaktischen und bildlichen Ebenen des übersetzten Textes bzw. auch in Abhängigkeit von metrischen Strukturen des Originals (romanische Verslänge, Reimstruktur und Enjambement). Die folgenden Übersetzungsanalysen sind zuerst nach Übersetzungen aus Verlaine, in der Folge nach jenen aus Verhaeren angeordnet.

Paul Verlaine: „Je fus mystique e je ne le suis plus" in *Chansons pour elle*, XXV; Zweigs Übersetzungen „Einst war ich gläubig" in: *Rhythmen* (Zweig GWE, Rhythmen, S. 220)
A: „Un maitre tout puissant et tyrannique" – „ein Herr allmächtig, doch des Mitleids bar": Hier wird eine abstrakte Suggestion, „Mitleid", aufgebaut im Gegensatz zur konkreten und realen Eigenschaft ‚mächtig' und ‚tyrannisch'. Norbert Bachleitner bemerkt in diesem Zusammenhang, dass Zweig dazu neige, das Original fallweise abstrahierend einzuebnen, um, wie er vermutet, in seiner raschen und flüchtigen Arbeitsweise nicht getreu übersetzen zu müssen, sondern durch die Nachdichtung der konkreten Herausforderung der Wiedergabe drastischer Bilder, gelegentlich auch obszöner oder frivoler, auszuweichen (vgl. Bachleitner 2013, S. 89) bzw. eben hier konkrete scharfe Bewertungen zu vermeiden.
K: „O le temps béni quand j'étais ce mystique" – „O reiche Zeit, da ich noch gläubig war!": „[M]ystique" wird hier im Sinne einer Explizierung durch das konkrete Adjektiv „gläubig" ersetzt. Man könnte die Frage stellen, ob Zweig mit dieser Interpretation der Geisteshaltung Verlaines gerecht wird.

Paul Verlaine: „Clair de lune" in *Fetes galantes*; Zweigs Übersetzung „Mondschein" (Zweig GWE, Rhythmen, S. 215)
K: „Votre âme est un paysage choisi / Que vont charmant masques et bergamasques" – „So seltsam scheint mir deine Seele, wie / Ein Park, durch den ein Zug von Masken flimmert": Seltsam mutet hier schon die einebnende Konkretisierung des ambivalenten „votre" zu „deine" Seele an. Ebenso auffällig ist der „Park" im Vergleich zum Original, wo von „paysage choisi" die Rede ist. Das vielschichtige Wort „charmant" wird einschränkend konkretisiert zu einem ausdrucksschwachen ‚Flimmern'. Zweig operiert zusätzlich mit kreativen Anreicherungen (vgl. Bachleitner 2013, S. 81).

Paul Verlaine: „Circonspection" in *Jadis et Naguère*; Zweigs Übersetzung: „Behutsam" (Zweig GWE, Rhythmen, S. 221)
V: „Immobiles, baissons nos yeux vers nos genoux / Ne pensons pas, revons ..." – „Verträumt ruht da der Blick, der nicht ans Leben denkt / In trägem Schoß": „[n]os yeux" wird hier einengend entpersonalisiert und damit verdichtet zu „der Blick, der". Das wichtige suggestive Element „immobiles" wird weggelassen, darüber hinaus wird die entscheidende selbstreflexive Geste „baissons nos yeux vers nos genoux" in ein fremdes eingeführtes Element verdichtet: „der nicht ans Leben denkt".

Émile Verhaeren: „Le Sonneur" in *Les Villages illusoires*; Zweigs Übersetzung: „Der Glöckner" (Zweig GWE, Rhythmen, S. 60)
A + V: „Le vieux sonneur, vers la campagne immense / Jette, à pleins glas, sa crainte et sa démence" – „Der Glöckner schmettert mit schaudernder Hand / Seine Angst weithin in das endlose Land": Der französische Reim „immense / démence" wird zwar beibehalten in „schaudernde Hand / endloses Land"; was allerdings hier aufgrund von Abstraktion und Verdichtung verloren geht, ist die Suggestion von „plein glas" (die tieftönenden Glockenschläge). Ebenso wenig entspricht der deutsche Begriff „Angst" in seiner Verknappung dem französischen Doppelausdruck „crainte et démence".
A + K: „... aux fenetres fermées brulant leur vol, dans les fumées" – „Gegen die Fenster, die sie belügen, / [...] mit den verglühten / Flügeln": Hier hat man es mit einer besonderen Verquickung von Übersetzungsverfahren bei Zweig zu tun, der Überlagerung der Abstraktion und der Konkretisation: Das realistische Bild „brulant leur vol" wird abstrakt eingeebnet zu „belügen", wohingegen statt des andeutenden „vol" das konkrete Objekt der Flügel eingeführt wird.

Émile Verhaeren: „Au nord"; Zweigs Übersetzung: „Im Norden" (Zweig GWE, Rhythmen, S. 31)
E: „De la Sicile et de ses îles souveraines" – „von den märchenhaft schönen / Sizilischen Inseln, wo sie verweilten": „[L]es îles souveraines" werden hier deskriptiv erweitert zu „märchenhaft schön[ ]", was eine Akzentverlagerung zur Folge hat, indem auf die Bedeutungsfülle von „souveraines" verzichtet wird.

Das variantenreiche Wechselspiel von Abstraktion, Konkretisation, Erweiterung und Verdichtung, welches Zweig offensichtlich sehr geschickt einzusetzen versteht, schafft in seinen Übersetzungen eigenständige Bildkompositionen, in denen das Original nachgeahmt, nicht nachgezeichnet, wird. Zweig verhält sich als Übersetzer in seiner kreativen Herangehensweise gewissermaßen wie ein Maler, der nach einer Vorlage malt, aber unterschiedliches Farbmaterial benützt. Zu erwähnen wäre auch, dass mehr oder weniger einschneidende Veränderungen, Umschichtungen, Akzentverschiebungen des Texts im Vergleich zum Ausgangstext nicht unbedingt nur auf den Übersetzungsvorgang zurückzuführen sind. Sie können sich auch daraus ergeben, dass der Übersetzer über eine Vorlage verfügte, an der nach erfolgter Übersetzung noch Änderungen vorgenommen wurden. Dass dies häufig vorkommen kann, belegt etwa der Briefwechsel zwischen Zweig und Rolland.

7. Forschungsperspektiven

Stefan Zweigs Tätigkeit als Übersetzer wurde in Einzelstudien unter anderem von Roman Reisinger (1991), Teresa Seruya (2001), Javier Garcia Albero (2008), Norbert Bachleitner (2013) und Fausto De Michele (2015) untersucht, es fehlen aber vertiefende Arbeiten. Ein erstes großes Thema ist die Frage, inwieweit Zweigs frühe Beschäftigung mit dem Symbolismus und seine Tätigkeit als Übersetzer der genannten Autoren in Hinblick auf sein eigenes Werk relevant ist.

Wünschenswert wäre weiters die Untersuchung der Relation von Zweigs Übersetzungstätigkeit zu diversen Übersetzungstheorien, unter anderem um die Verwendung der Termini Übertragung, Nachdichtung und Umdichtung einer systematischen Analyse zu unterziehen. In diesem Zusammenhang stellt sich auch die Frage nach Zweigs Begrifflichkeit der ‚wörtlichen Übersetzung'. Dazu gehören etwa seine Äußerungen über die Absicht, die Eigenart des dichterischen Werkes in der Übersetzung getreu zu bewahren oder bestmöglich im Deutschen zur Geltung zu bringen. Man denke an die gelegentlichen wörtlichen Übersetzungen, die auf günstigen sprachlichen Analogien, häufig auf direkt sich anbietenden Parallelen beruhen.

Auch der Brückenschlag von Zweigs Übersetzungspraxis zu modernen Konzeptionen wäre eine Untersuchung wert. Zu fragen wäre, ob Zweig in seiner Arbeit etwas von dem vorweggenommen und realisiert hat, was Jahrzehnte später auch andere anerkannte Dichter als Axiome für sich formulieren. Um nur ein Beispiel zu nennen, betont etwa Karl Krolow, selbst Dichter und erfahrener Übersetzer, dass die internationale Rezeption von Übersetzungen vor allem der Arbeit prominenter Dichter zu verdanken sei (vgl. Krolow 1963). Oder, um es mit einem Wort von Hans Magnus Enzensberger zu sagen: „Was nicht selber Poesie ist, kann nicht Übersetzung von Poesie sein." (Enzensberger 1990, S. 18) Natürlich ist der Brückenschlag vom Übersetzer Zweig zur Diskussion der literarischen Übersetzung in der zweiten Hälfte des 20. Jahrhunderts gewagt. Zweigs Übersetzungsgestus entspricht ja dem Versuch einer Einfühlung in das Originalwerk. Er versteht sich vage als ‚Diener', wobei – je nach Lebensabschnitt – unterschiedliche situative und kreative Bedingungen zu bedenken sind.

Stefan Zweig

Kippenberg, Anton/Zweig, Stefan: Briefwechsel. Archiv Insel Verlag, DLA Marbach [in Vorbereitung].
Verhaeren, Émile/Verhaeren, Marthe/Zweig, Stefan (1996): Correspondance (1900–1926). Hg. v. Fabrice van de Kerckhove. Bruxelles: Edition Labor.
Zweig, Stefan (1904): Verlaine. Berlin, Leipzig: Schuster & Loeffler.
Zweig, Stefan (1922): Nachwort. In: Verlaine, Paul: Gesammelte Werke in zwei Bänden. Bd. 1: Gesammelte Gedichte. Eine Auswahl der besten Übertragungen. Hg. v. Stefan Zweig. Leipzig: Insel, S. 345.
Zweig, Stefan (1983): Rhythmen. Nachdichtungen ausgewählter Lyrik von Emile Verhaeren, Charles Baudelaire und Paul Verlaine. GWE. Hg. v. Knut Beck. Frankfurt a.M.: S. Fischer.
Zweig, Stefan (1987): Volpone. In: Ders.: Ben Jonson's ‚Volpone' und andere Nachdichtungen und Übertragungen für das Theater. GWE. Hg. v. Knut Beck. Frankfurt a.M.: S. Fischer, S. 261–354.
Zweig, Stefan (1998): Briefe. Bd. II: 1914–1919. Hg. v. Knut Beck, Jeffrey B. Berlin u. Natascha Weschenbach-Feggeler. Frankfurt a.M.: S. Fischer.
Zweig, Stefan (2006²): Begegnungen mit Büchern. Aufsätze und Einleitungen aus den Jahren 1902–1939. GWE. Hg. v. Knut Beck. Frankfurt a.M.: S. Fischer.
Zweig, Stefan (2007⁵): Die Welt von Gestern. Erinnerungen eines Europäers. GWE. Frankfurt a.M.: S. Fischer.

Weitere Literatur

Bachleitner, Norbert (2013): Stefan Zweig als Übersetzer symbolistischer französischer Lyrik, insbesondere von Charles Baudelaires *Les Fleurs du Mal*. In: Moderne Sprachen 57/2013, S. 75–91.
Beck, Knut (1983): Nachbemerkung. In: Zweig, Stefan: Rhythmen. Nachdichtungen ausgewählter Lyrik von Emile Verhaeren, Charles Baudelaire und Paul Verlaine. GWE. Hg. v. Knut Beck. Frankfurt a.M.: S. Fischer, S. 223–232.
De Brito, Marina (2016): Stefan Zweig – Wahrnehmung und Übersetzungen. Masterarb. Univ. de Lisboa.
De Michele, Fausto (Hg.) (2012): Non si sa come – Man weiß nicht wie. Stefan Zweig traduce Luigi Pirandello. Roma: Bibliotheca Aretina.

De Michele, Fausto (2015): Etappen einer Rezeptionsgeschichte. Stefan Zweig übersetzt Luigi Pirandello. In: Ders.: Phänomene einer Rezeption. Luigi Pirandello zwischen Intertextualität und Intermedialität. Berlin: Weidler, S. 163–188.
Dines, Alberto (2006): Tod im Paradies. Die Tragödie des Stefan Zweig. Frankfurt a.M. u.a.: Edition Büchergilde.
Dumont, Robert (1967): Stefan Zweig et la France. Paris: Didier.
Enzensberger, Hans Magnus (Hg.) (1990): Museum der modernen Poesie. Frankfurt a.M.: Suhrkamp.
Garcia Albero, Javier (2008): Stefan Zweig, traductor. In: Domínguez, Fernando Navarro/ Cernuda, Miguel Angel Verga (Hg.): La traduccíon: balance del pasado y retos del futuro. Alicante: Universidad Alicante, S. 421–430.
Klawiter, Randolph J. (1991): Stefan Zweig. An International Bibliography. Riverside: Ariadne Press.
Klawiter, Randolph J. (1999): Stefan Zweig. An International Bibliography. Addendum I. Riverside: Ariadne Press.
Krolow, Karl (1963): Der Lyriker als Übersetzer zeitgenössischer Dichtung. In: Die Kunst der Übersetzung. Hg. v. d. Bayerischen Akademie der Schönen Künste. München: Oldenbourg, S. 109–134.
Prater, Donald A. (1981): Stefan Zweig. Das Leben eines Ungeduldigen. München, Wien: Hanser.
Reisinger, Roman (1991): Stefan Zweig als Übersetzer Verhaerens. Zum Selbstverständnis eines „poète-traducteur" und zu seinen Übersetzungsverfahren im Bereich der lyrischen Bildwelt. In: Pöckl, Wolfgang (Hg.): Österreichische Dichter als Übersetzer. Salzburger komparatistische Analysen. Wien: Verlag der Österreichischen Akademie der Wissenschaften, S. 239–265.
Reisinger, Roman (2014): Der französische Symbolismus (Baudelaire, Verlaine, Rimbaud, Mallarmé) und seine Ausstrahlung auf die deutschsprachige Lyrik des frühen 20. Jahrhunderts. Vortrag gehalten am Internationalen Trakl-Forum der Salzburger Kulturvereinigung, Salzburg 2014.
Seruya, Teresa (2001): Tradução e cânone: a propósito das traduções de Stefan Zweig em Portugal. Vol. Univ. Católica Editora/CLCPB. Lissabon: Univ. Católica de Lisboa.
Verhaeren, Emile (1904): Ausgewählte Gedichte. In: Nachdichtung von Stefan Zweig. Berlin: Schuster & Loeffler.
Verhaeren, Emile (1912): Hymnen an das Leben. Deutsche Nachdichtung von Stefan Zweig. Leipzig: Insel.
Verlaine, Paul (1902): Gedichte. Eine Anthologie der besten Übertragungen. Hg. v. Stefan Zweig. Berlin, Leipzig: Schuster & Loeffler.
Verlaine, Paul (1907[2]): Gedichte. Eine Anthologie der besten Übertragungen. Hg. v. Stefan Zweig. Berlin, Leipzig: Schuster & Loeffler.
Verlaine, Paul (1922): Gesammelte Werke in zwei Bänden. Bd. 1: Gesammelte Gedichte. Eine Auswahl der besten Übertragungen. Hg. v. Stefan Zweig. Leipzig: Insel.

18. Herausgeberschaften

Harald Gschwandtner

1. Einleitung: Stefan Zweig als Literaturvermittler 599
2. Von Verlaine bis Dickens (1902–1913) 600
3. Im Schatten des Ersten Weltkriegs: Lenau und Rousseau (1914–1919) 602
4. Initiativen im Insel Verlag: Verlaine-Ausgabe und „Bibliotheca mundi" (1919–1923) 604
5. Weitere Buchprojekte der 1920er und 1930er Jahre 608
6. Fazit 611

1. Einleitung: Stefan Zweig als Literaturvermittler

In seiner Autobiografie *Die Welt von Gestern* (1942) hat Stefan Zweig die Arbeit als Herausgeber und Übersetzer anderer Autoren als „bescheidene[ ] Tätigkeit der Vermittlung erlauchten Kunstguts" bezeichnet, die ihm, zumal am Beginn seiner schriftstellerischen Karriere, die „Sicherheit" gegeben habe, „etwas wirklich Sinnvolles zu tun, eine Rechtfertigung meiner Existenz" (Zweig GWE, Die Welt von Gestern, S. 144); sei doch, so Zweigs rückblickender Kommentar, im „aufopfernden Dienen [...] für einen Beginnenden mehr Sicherheit als im eigenen Schaffen" (S. 149). Insbesondere im ersten Jahrzehnt seines Schreibens ist bei Zweig die deutliche Tendenz auszumachen, die Arbeit an eigenen Texten gegenüber dem „Dienst an einem fremden Werke", den er stets auch als „eine moralische Aufgabe" begriff (S. 149), zurückzustellen (vgl. Rovagnati 1998, S. 29–36) – denn, wie Zweig Anfang 1911 in einem Brief an den befreundeten Schriftsteller Paul Zech sein Verständnis dieser Rolle beschreibt: „Durchsetzen, Anstoß geben ist prachtvoll" (Zweig, Br I, S. 226).

Zwar tauchen in Zweigs Korrespondenz immer wieder Klagen über fehlende zeitliche Ressourcen für eigene literarische Projekte auf; eine autobiografische Skizze, die er im September 1908 an Herwarth Walden, den späteren Herausgeber des *Sturm*, schickt, zeigt jedoch anschaulich, welches Bild seiner schriftstellerischen Existenz Zweig allererst zu vermitteln bestrebt war: „[S]o freue ich mich, daneben auch schon Einiges getan zu haben, was als absolute Leistung angesprochen werden darf. Dies ist meine Wirksamkeit für einige der großen Zeitgenossen des Auslands in unserer Litteratur, vor allem für Émile Verhaeren" (S. 176 f.). Auf den belgischen Autor gemünzt, hat Zweig im August 1909 in einem Brief an den Literaturkritiker und Schriftsteller Julius Bab die Idee des ‚Dienstes' für einen aus seiner Sicht überlegenen Autor erneut pointiert umrissen: „Seit Jahren ist mir das Werk Verhaerens höchster Besitz – höchste Pflicht. Da ich fühle, daß Alles[,] was ich selbst schaffe, lange noch nicht auf jener Höhe steht, wo neben der künstlerischen Schönheit auch irgend eine höhere Wirkung, eine moralische sich ergibt, habe ich erkannt, daß ich am besten wirksam sein kann, wenn ich meine Kräfte an dieses Werk helfend wende." (S. 191 f.) Erwin Rieger, der Verfasser der ersten Biografie des Autors, hat dessen Vermittlungstätigkeit als elementaren Teil von „Zweigs menschlich-künstlerischer Gesamterscheinung" (Rieger 1928, S. 159; vgl. Buchinger 1998, S. 5–14) beschrieben; sein entsprechendes Image war, das zeigen zahlreiche Rezeptionszeugnisse, bereits zeitgenössisch fest etabliert.

Mit unterschiedlichen Graden der Emphase hat die Literaturwissenschaft Zweigs Rolle als „aufopfernde[ ] Hingabe an ein anderes Werk" (Strelka 1981, S. 20) oder als „literarischen Liebesdienst" (Strigl 2017, S. 272) gefasst und insbesondere Zweigs „Leistungen als Initiator" (Matuschek 2006, S. 226) im Sinne einer „übernationalen und konstruktiven Mittlerschaft" (Michels 2006, S. 325; vgl. Gelber 2015, S. 21–28) hervorgehoben. Obgleich seine einschlägigen Editions- und Übersetzungsprojekte zu großen Teilen in die Zeit vor 1914 fallen (→ VII.1 Der junge Autor), blieb Zweig auch in den ‚Salzburger Jahren' seiner Agenda, nicht zuletzt im Sinne einer neu zu stiftenden Völkerverständigung nach der nationalistischen Eskalation des Ersten Weltkriegs, treu. Friderike Zweigs Bemerkung in einem Brief vom 18. Juli 1930, wonach das „Schrifttum" ihres Mannes „ja nur ein Drittel [s]eines Selbst" ausmache (Zweig/Zweig 2006, S. 228), akzentuiert einen zentralen Aspekt von Zweigs Autorschaftsmodell.

Die folgenden Ausführungen nehmen Zweigs Tätigkeit als Literaturvermittler insbesondere unter dem Aspekt der Herausgeberschaft in den Blick. Dabei zeigt sich, dass der Begriff des ‚Herausgebers' mitunter schwer von jenem des ‚Bandbearbeiters', ‚Redakteurs' oder ‚editorischen Beraters' zu trennen ist, zumal Zweigs Name in manchen Büchern, die er nachweislich im Sinne einer Herausgeberschaft betreut hat – etwa im Lenau-Band für die „Österreichische Bibliothek" (1916) –, nicht explizit aufscheint (vgl. Prater/Michels 2006, S. 158; Renoldner 2014, S. 51).

2. Von Verlaine bis Dickens (1902–1913)

Neben feuilletonistischen Autorenporträts, die er seit der Jahrhundertwende u. a. im *Literarischen Echo*, im *Berliner Tageblatt*, in der *Neuen Freien Presse* oder im *Berliner Börsen-Courier* publizierte, verfasste Zweig bereits im ersten Jahrzehnt seiner schriftstellerischen Karriere eine Vielzahl an Einleitungen, Begleittexten und Nachworten für Anthologien, Auswahl- und Werkausgaben in verschiedenen deutschen Verlagen (→ III.14.3 Über österreichische Literatur; III.14.4 Über europäische und internationale Literatur; IV.6 Der künstlerische Prozess): etwa zu einer gemeinsam mit Camill Hoffmann übersetzten Baudelaire-Anthologie (Seemann, 1902), einer Bildmonografie über Ephraim Mose Lilien (Schuster & Loeffler, 1903), der von Karl Anton Klammer edierten Rimbaud-Ausgabe *Leben und Dichtung* (Insel, 1907), Camille Lemonniers *Warum ich Männerkleider trug* (Juncker, 1910) sowie Lafcadio Hearns populärem *Japanbuch* (Ruetten & Loening, 1911).

Der französische Symbolist Paul Verlaine (1844–1896) spielte für Zweigs Tätigkeit als Vermittler und Herausgeber fremdsprachiger Literatur von Anfang an eine zentrale Rolle. Beginnend mit einer 1902 bei Schuster & Loeffler veröffentlichten *Anthologie der besten Übertragungen* seiner Gedichte, die „Deutschland den wesenverwandtesten aller französischen Dichter in annähernde[r] Vollkommenheit repräsentieren" sollte (Zweig, Br I, S. 40), über die 1922 im Insel Verlag publizierten *Gesammelten Werke* bis hin zu einer *Auswahl der besten Übertragungen*, die 1927 im Rahmen der „Insel-Bücherei" erschien (vgl. Prater 1992, S. 12), setze sich Zweig nicht nur als Übersetzer und Essayist (→ III.17 Übersetzungen), sondern auch als Herausgeber für die Lyrik Verlaines ein (vgl. Prater 1991, S. 35; Buchinger 1998, S. 24). Zweigs Engagement für Verlaine zeichnet sich indes bereits früh durch eine intensive Vernetzung zwischen unterschiedlichen Genres der Literaturvermittlung aus: eine Praxis der geschickten Mehrfachverwertung, die er im Zuge seiner Etablierung im literarischen Feld nach und nach professionalisierte. Sein emphatisches Vorwort zur Anthologie von 1902 – das in die Neuauflagen von 1907 und 1911 nicht übernommen wurde – erweiterte Zweig kurz darauf zur Monografie *Verlaine*, die 1904/1905 in der Reihe „Die Dichtung", ebenfalls bei Schuster & Loeffler, veröffentlicht wurde (vgl. Rovagnati 1998, S. 32). Ähnliche Transfers zwischen selbständigen und unselbständigen Publikationen, zwischen Einleitungen und separat veröffentlichten Essays lassen sich etwa auch für Zweigs Beschäftigung mit Honoré de Balzac, Charles Dickens oder Fjodor M. Dostojewski ausmachen (vgl. Prater 1991, S. 146; Hemecker/Huemer 2009, S. 255 f.; Kozonkova 2009, S. 267; Renoldner 2014, S. 50 f., 58, 60). Für seine suggestive „Werbung" (Zweig GWE, Die Welt von Gestern, S. 150), ja „Propaganda" (Zweig, Br I, S. 192) für andere Autoren nutzte er von Beginn an diverse Gattungen und Kanäle publizistischer Distribution – und schreckte dabei auch vor Formen

„geschickte[n] Recycling[s]" (Renoldner 2014, S. 60) seiner eigenen Texte nicht zurück.

1905 hatte Zweig in einem Schreiben an Franz Karl Ginzkey erstmals die „Idee zu einem großen Buch über Balzac" geäußert (Zweig, Br I, S. 97), empfahl Kollegen wie Max Brod den französischen Romancier (1799–1850) nachdrücklich zur Lektüre („Bitte lesen Sie Balzac!"; Zweig, Br I, S. 154) und arbeitete sich in der Folge durch „sechzig Bände Balzac" (S. 163). Ein Balzac-Essay Zweigs, der 1908 in Maximilian Hardens Zeitschrift *Die Zukunft* erschienen war, wurde im gleichen Jahr als Einleitung eines thematisch gegliederten Auswahlbandes abgedruckt, der unter dem Titel *Balzac. Sein Weltbild aus den Werken* – versehen mit dem Herausgeberhinweis „Bearbeitet von Stefan Zweig" – im Stuttgarter Verlag Lutz veröffentlicht wurde; der biografische Essay wurde nach dem Ersten Weltkrieg weitgehend unverändert in den Band *Drei Meister* (1920), Zweigs „Psychologie des Romanciers" (Zweig GWE, Drei Meister, S. 10), übernommen. Die Auseinandersetzung mit dem französischen Realisten umkreist, von den frühen feuilletonistischen Porträts bis zur 1939 begonnenen „zweibändige[n] Darstellung Balzacs" (Zweig GWE, Die Welt von Gestern, S. 489; → III.12.5 BALZAC), in suggestiven Lektüren das „Moment des Genialen" (Polt-Heinzl 2014, S. 64). Wie in anderen seiner Studien „literarhistorischer Art" (Zweig 1978, S. 293) steht dabei immer wieder aufs Neue die Frage nach dem Zusammenhang von Leben und Werk im Zentrum der essayistischen Reflexion (vgl. Gerdes 2010). In der Vorbereitung einer fünfzehnbändigen Ausgabe der *Comédie humaine* (1908–1911), die Hugo von Hofmannsthal und Harry Graf Kessler im Insel Verlag konzeptionell betreuten (vgl. Hofmannsthal 1985, Sp. 277–293, 301–305, 311–316, 319–328; Hiebler 2003, S. 139f.), wirkte Zweig als interessierter Berater mit. Zwischen Hofmannsthal und Zweig, der wohl selbst gerne die Rolle des Balzac-Herausgebers übernommen hätte (vgl. Buchinger 1998, S. 166f.; Decloedt 2003, S. 73; Zweig, Br I, S. 164f., 217), deutet sich hier erstmals jene „Rivalität" an (Hemecker/Huemer 2009, S. 254; Renoldner 2014, S. 50), die sich später gerade deshalb intensivieren sollte, weil die beiden Autoren jeweils für sich beanspruchten, als erste Ansprechpartner und literarische Berater für editorische Großprojekte im Insel Verlag zu fungieren (vgl. Buchinger 1998, S. 32; Rovagnati 1998, S. 150; → III.16 BRIEFE; VII.3 ZWEIG UND DIE VERLEGER).

Neben Publikationen zu und Übersetzungen von Balzac, Baudelaire (vgl. Bachleitner 2013), Rimbaud (vgl. Wolf 2016) und Verlaine setzte sich Zweig im ersten Jahrzehnt des 20. Jahrhunderts vor allem intensiv für den belgischen Lyriker und Dramatiker Émile Verhaeren (1855–1916) ein, mit dem ihn eine enge persönliche Beziehung verband, die erst im nationalistischen Furor des Ersten Weltkriegs ihr abruptes Ende finden sollte. Hatte Zweig schon 1904 bei Schuster & Loeffler Nachdichtungen von *Ausgewählten Gedichten* vorgelegt und in der Folge wiederholt seine „Liebe" zu diesem „großen und echten Dichter" bekannt (Zweig, Br I, S. 102), wurde für 1910 im Insel Verlag ein veritables ‚Verhaeren-Jahr' vorbereitet (vgl. S. 198f.). Nicht nur ein umfangreicher biografischer Essay Zweigs, sondern auch drei von ihm übersetzte Theaterstücke sowie eine erweiterte Neuauflage der *Ausgewählten Gedichte* gingen 1910 in Druck (vgl. Prater 1991, S. 37, 56f.; Prater 1992, S. 8; Buchinger 1998, S. 73–75; Matuschek 2006, S. 89, 103). Die Verhaeren-Monografie lag darüber hinaus schon im selben Jahr in französischer Übersetzung vor (vgl. Zweig, Br I, S. 192, 203, 435).

Wie in anderen Fällen war es Zweig ein Anliegen, von ihm geschätzte, seiner Ansicht nach in der deutschen Öffentlichkeit jedoch nicht ausreichend gewürdigte Autoren einem größeren Publikum vorzustellen – und im Zuge dessen, so Zweig im März 1907 an Rainer Maria Rilke, „mein Leben einem gewaltigen Werk irgendwie [zu] verschwister[n]" (Zweig, Br I, S. 141). Er verfolgte dabei nicht zuletzt die Idee eines literarischen ‚Gerechtigkeitssinns', den er als Triebkraft seiner bilateralen Vermittlungstätigkeit wiederholt ins Treffen führte; Anfang 1910 schreibt Zweig an Paul Zech: „Im Frühjahr erscheinen meine drei Bände Verhaeren: hier glaube ich wirklich eine Tat vollbracht zu haben gegen ein ungeheures Unrecht" (S. 207, Herv. i. O.; vgl. S. 192). Die Äußerung in einem Brief an Richard Dehmel, die „große Verhaeren-Ausgabe" habe ihm „das Ja zu [s]einer dichterischen und irdischen Existenz" gegeben, weil er nun das „Gefühl" habe, „nicht unnötig gewesen zu sein" (S. 206), ist charakteristisch für Zweigs defensiv anmutendes Konzept von Autorschaft, in dem er die eigene literarische Bedeutung lange Zeit allererst als ‚Dienst' für andere Autoren definierte – habe er doch, so der notorisch selbstkritische Zweig in einem Tagebucheintrag aus dem Herbst 1912, „außer bei den Verhaeren-Büchern noch nie an einem eigenen Werk reine Freude gehabt" (Zweig GWE, Tb, S. 25). Seine spätere Frau Friderike von Winternitz erklärte ihn im *Hamburger Fremdenblatt* gar, durchaus im Einklang mit Zweigs Selbstverständnis, zum „Verkünder Verhaerens" (zit. n. Zweig/Zweig 2006, S. 17).

Als Zweig dem Insel Verlag im Mai 1908 die Idee einer Auswahlausgabe der Werke Charles Dickens' (1812–1870) unterbreitete, merkte er in seinem Vorschlag an den Verleger Anton Kippenberg ausdrücklich an, dass er gerne ein „Vorwort" zu der geplanten Edition verfassen wolle, „vorausgesetzt natürlich, daß nicht Herr Hofmannsthal sich dafür interessiert" (zit. n. Buchinger 1998, S. 166). In der Hierarchie des Verlags stand Zweig zu dieser Zeit noch eine Stufe unter dem gut sieben Jahre älteren Hofmannsthal, zu dem er seit früher Jugend bewundernd aufgesehen hatte. Die Dickens-Ausgabe (1910–1913), an deren Konzeption Zweig intensiv mitwirkte und für deren ersten Band, *David Copperfield*, er eine Einleitung verfasste (vgl. Zweig, Br I, S. 213f., 446), enthielt zwar im Druck keinen formalen Hinweis auf „Zweigs Herausgeberschaft" (Renoldner 2014, S. 51); er kümmerte sich aber nachweislich um Details wie „die Frage der Druckvorlagen der englischen Original-Illustrationen" und brachte sich auch bei der Auswahl der Übersetzer sowie „allen Fragen der Herstellung" (S. 51) ein. Wenn Donald A. Prater Zweigs „phantastische Produktivität" (Prater 1991, S. 190) konstatiert, so ist diese gerade vor dem Ersten Weltkrieg nicht bloß auf seine eigenen literarischen Arbeiten zu beziehen, sondern zeigt sich, wie die angeführten Beispiele illustrieren, insbesondere in der Vermittlung fremdsprachiger Autoren im deutschen Kulturraum.

3. Im Schatten des Ersten Weltkriegs: Lenau und Rousseau (1914–1919)

Wenig später, nachdem die bereits intensiv angelaufenen Vorbereitungen für eine zweibändige Verlaine-Ausgabe – „1000 Briefe und Erledigungen, Verlaine, Verlaine!" (Zweig GWE, Tb, S. 76) – durch den Kriegsausbruch abrupt zum Stillstand gekommen waren, wurde Zweigs Expertise als Redakteur und Herausgeber anderweitig benötigt: Für das Wiener k. u. k. Kriegsarchiv, in dem auch zahlreiche andere Literaten wie Franz Theodor Csokor ihren Militärdienst leisteten, betreute er – nach anfänglichem Tatendrang (vgl. Zweig 1978, S. 39, 47) bald mit ausgeprägtem Widerwillen – propagandistische Periodika (*Österreich-Ungarn in Waffen*, *Donauland*) und thematische Einzelpublikationen (vgl. Prater 1991, S. 94; Buchinger 1998, S. 79).

Seine Herausgebertätigkeit für literarische Verlage kam indes weitgehend zum Erliegen (vgl. Zajas 2013). Lediglich für die von Hofmannsthal 1915 ins Leben gerufene „Österreichische Bibliothek" (vgl. Lunzer 1981, S. 91–94; Hiebler 2003, S. 144f.) betreute Zweig gemeinsam mit Friderike von Winternitz einen schmalen Band mit Briefen Nikolaus Lenaus an Sophie von Löwenthal, der 1916 als 16. Nummer der Reihe im Insel Verlag erschien (vgl. Hofmannsthal/Zweig 1982, S. 95–100; Hofmannsthal 1985, Sp. 614f.; Zweig GWE, Tb, S. 139f.); die beiden Herausgeber wurden nicht im Impressum des Bandes genannt, in den Akten des Verlags scheint nur der „Herausg. St. Zweig" auf (Hofmannsthal 1985, Sp. 640; vgl. Zweig/Zweig 2006, S. 65; Matuschek 2006, S. 141f.). Zweig hatte zunächst einen längeren Essay als Nachwort verfasst, den ihm Hofmannsthal allerdings „kameradschaftlich" mit der Bitte um deutliche Raffung retournierte (Hofmannsthal/Zweig 1982, S. 99; vgl. Zweig, Br II, S. 392f.; Rovagnati 1998, S. 152). Kurz darauf, am 7. Oktober 1915, vermeldete Zweig, der sich dem Wunsch des Reihenherausgebers hatte beugen müssen, dem Verlag: „Ich bitte Sie, es [i. e. das Nachwort] ohne Über- und Unterschrift zu bringen, da es (einer Vereinbarung zwischen Herrn v. Hofmannsthal und mir gemäß) nur kalte Tatsachen, ohne jede Ausschmückung enthält." (Zweig, Br II, S. 88f.) Zweig zollte dem verlegerischen Projekt der „Österreichischen Bibliothek" in Zeiten des Krieges zwar durchaus Respekt (vgl. Zweig GWE, Tb, S. 139f.), kritisierte in der Folge aber vehement deren (kultur)politisch-patriotische Ausrichtung (→ III.14.3 ÜBER ÖSTERREICHISCHE LITERATUR): „Offen gesagt: ich verstehe den Sinn dieser Reihe der Ö. B. nicht ganz, ich sehe vor allem nicht ihr Publicum." (Zweig an Katharina Kippenberg, 29. Juni 1916, Archiv Insel Verlag, DLA Marbach) Die „Österreichische Bibliothek" musste 1917 aus ökonomischen Gründen eingestellt werden (vgl. Schuster 1985, Sp. 68–71); Zweigs Lenau-Band wurde 1924 als Restbestand in die „Insel-Bücherei" übernommen (vgl. Prater 1992, S. 12).

Mittlerweile bereitete Zweig – erneut zusammen mit Friderike von Winternitz – auf der Grundlage einer bereits vorhandenen Übersetzung eine Neuausgabe von Jean-Jacques Rousseaus *Émile ou De l'éducation* (1762) vor. Die gemeinsame Arbeit führte zwar mitunter zu erheblichen Verstimmungen (vgl. Zweig/Zweig 2006, S. 76–78; Zweig, Br II, S. 226), *Emil oder Über die Erziehung* konnte jedoch 1919 plangemäß im Verlag Gustav Kiepenheuer erscheinen; im Band scheint allerdings nur Zweigs Name auf. Die editorische Aufbereitung des Romans und deren Begründung vonseiten des Herausgebers verdienen indes einige Aufmerksamkeit, zumal sie ganz grundsätzlich Zweigs Prioritäten bei der Präsentation historischer Texte zeigen: Die neue Ausgabe biete, so das Vorwort, eine „komprimierte Fassung" von Rousseaus *Émile*, um dem Leser die „Mühe" zu ersparen, „ihn in seiner weitschweifigen Gänze durchgeackert zu haben" (Zweig GWE, Begegnungen mit Büchern, S. 162). Weil nur Rousseaus „Werk", nicht aber „seine Werke" „[z]eitlos" seien (S. 157), habe er die Aufgabe übernommen, den Umfang des französischen Originals deutlich zu kürzen. Nun ist dieses Vorgehen, das Zweig noch in *Die Welt von Gestern* als „gründliche[ ] Kürzung des individuell Überflüssigen" selbst für Homer und Thomas Mann verteidigt (Zweig GWE, Die Welt von Gestern, S. 366), editionsphilologisch kaum vertretbar, es verweist aber auf Zweigs vorrangiges Pensum, im Spannungsfeld von Originaltreue und Aktualisierung als Herausgeber gerade „[d]as Ewige eines zeitlichen Werkes […] zu retten" (Zweig GWE, Begegnungen mit Büchern, S. 162), d. h. seine ästhetische Essenz zu akzentuieren.

4. Initiativen im Insel Verlag: Verlaine-Ausgabe und „Bibliotheca mundi" (1919–1923)

Zweigs Plan einer großen Verlaine-Ausgabe als „gemeinsame[ ] Tätigkeit unserer sprachkräftigen lyrischen Bildner" (Zech/Zweig 1987, S. 58), den er nach dem Erwerb der Rechte durch den Insel Verlag 1913/1914 forciert hatte (vgl. Buchinger 1998, S. 165f.; Matuschek 2006, S. 120–132; Zweig, Br III, S. 329), war durch den Ausbruch des Ersten Weltkriegs nachhaltig „ins Stocken" (Zweig, Br II, S. 301) geraten. Hatte er Ende August 1914 Ludwig Fulda in der nationalen Euphorie der ersten Stunde noch mitgeteilt, man habe „jetzt Anderes zu tun, als französische Cultur in Deutschland zu verbreiten" (S. 15), war mit Fortdauer des Kriegs, etwa in einem Brief an Rilke vom 23. April 1917, doch wieder von der „geplanten und so peinlich verzögerten Verlaine Ausgabe" die Rede (S. 137). Nach Kriegsende avancierte die Wiederaufnahme der Edition für Zweig schließlich auch zu einem Appell für die kulturelle Annäherung der europäischen Nationen; „die Ausgabe Verlaine, die vor dem Kriege als bloß literarische Angelegenheit geplant war", sei, so Zweig im März 1920 an Julius Bab, „nun ein Manifest geworden" (Zweig, Br III, S. 13). Mit großem Engagement griff Zweig den „Faden, den der Krieg zerrissen hat", auf, um zu demonstrieren, „daß ein toter Dichter jenseits der Streitigkeiten der Nationen" stehe (Zweig, Br II, S. 301f.). Im Mai 1922 lagen, 20 Jahre nach Zweigs erster Verlaine-Anthologie, die *Gesammelten Werke in zwei Bänden* schließlich als „musterhafte Ausgabe eines lyrischen Dichters" (Zweig, Br III, S. 65) im Insel Verlag vor. Für den ersten Band stellte Zweig Übertragungen und Nachdichtungen von insgesamt 52 Autorinnen und Autoren – darunter Richard Dehmel, Walter Hasenclever, Klabund, Karl Anton Klammer, Hedwig Lachmann, Rainer Maria Rilke, Richard Schaukal, Johannes Schlaf und Alfred Wolfenstein – zusammen; der zweite Band enthielt Lebensdokumente Verlaines, übersetzt von Johannes Schlaf, Hanns von Gumppenberg und Friderike Zweig, sowie einen einleitenden biografischen Essay des Herausgebers.

In der Zwischenzeit hatte Zweig auch eine andere Initiative im Insel Verlag entscheidend vorangetrieben: Erstmals in einem Brief an Anton Kippenberg vom 27. Februar 1919 in Grundzügen skizziert, entwarf Zweig im Laufe des Jahres das ausführliche Konzept einer „Bibliothek der dauernden Bücher des Auslands" (Zweig, Br II, S. 261, Herv. i. O.), die kanonische Werke der europäischen Kulturgeschichte in Originalfassung bieten sollte. Sie umfasste nach intensiven Verhandlungen am Ende die drei Buchreihen „Bibliotheca mundi", „Libri librorum" und „Pandora", die zwischen 1920 und 1923 im Insel Verlag veröffentlicht wurden, denen jedoch kein ökonomischer Erfolg beschieden war (vgl. Schuster 1985, Sp. 89–92; Buchinger 1998, S. 140–164; Kerschbaumer 2003, S. 120–124; Gelber 2015, S. 22f.; Zweig, Br II, S. 563–577). Hatte Zweig zunächst auch „en-regard Ausgabe[n]" (Zweig, Br II, S. 261) – d. h. synoptische zweisprachige Editionen (vgl. Strauch/Rehm 2007, S. 154) – bzw. „eine internationale Edition [...] mit Interlineartext" (Rolland/Zweig 1987, S. 443) in Betracht gezogen, um die Sprachkompetenz der deutschen Leser zu fördern, einigte man sich bald darauf, die Bände ausschließlich „in den Ursprachen" (Insel-Verlag 1920, S. 2171f.) zu publizieren. Das Konzept zielte „zunächst auf ein deutsches Publikum, dem [...] der momentane wirtschaftliche Boykott, bald auch der katastrophale Valutastand der Inflation [...] den Zugang zur Weltliteratur in Originalsprachen versperrte." (Buchinger 1998, S. 142)

Zweig hatte seinem Verleger schon 1912 entscheidende Anregungen für die Einführung der „Insel-Bücherei" geliefert (vgl. Prater 1992, S. 9f.; Buchinger 1998, S. 128–140); nun versuchte er sich mit der Idee einer repräsentativen „Bibliothek der Weltliteratur" (Zweig, Br II, S. 262) noch stärker gestalterisch und als „Reihenherausgeber" (Buchinger 1998, S. 148) im Insel Verlag zu profilieren: „Wenn ich die Herausgabe übernehmen will", so Zweig im März 1919 an Kippenberg, „so tue ich's nicht, um einer Verdienerei willen, sondern weil ich eine Lebensidee damit in eine große Tat umsetze, weil ich mich gewissenhaft und gebildet genug weiß um sie besser als jeder andere in Deutschland auszuführen." (Zweig, Br II, S. 266)

Zwar fehlte in den einzelnen Reihen-Bänden, die zum Teil unter dem Namen „Orbis litterarum" zusammengefasst wurden, ein expliziter Hinweis auf Zweigs Mitarbeit (vgl. Strigl 2014, S. 40). Die erste Ankündigung der „Bibliotheca mundi" im *Börsenblatt für den Deutschen Buchhandel* vom 6. Dezember 1919 vermerkte – nachdem sich Zweig und Kippenberg im Oktober über die Modalitäten der Edition verständigt hatten – aber bereits ausdrücklich, dass es sich um „eine von Dr. Stefan Zweig herausgegebene [...] Sammlung" (Faksimile in Hofmannsthal 1985, Sp. 753f.; vgl. Buchinger 1998, S. 147–150) handeln werde. In der Folge wurde das Konzept für die fremdsprachigen Ausgaben detaillierter ausgearbeitet, die Architektur der drei „Editiones Insulae" entworfen (vgl. Zweig 1978, S. 98–102, 108–118, 126–130) und schließlich im Februar 1920, wiederum im *Börsenblatt*, ein mehrseitiger Publikationsplan veröffentlicht, der im Laufe der Jahre allerdings nicht vollständig eingelöst werden konnte (vgl. Insel-Verlag 1920; Hofmannsthal 1985, Sp. 756–762; Buchinger 1998, S. 151–154). Um seinen Status als Herausgeber dieser prestigeträchtigen Unternehmung zu unterstreichen, ließ Zweig ein eigenes Briefpapier mit dem Aufdruck „Bibliotheca mundi / Redaktion" anfertigen (vgl. Zweig 1978, S. 116; Hofmannsthal/Zweig 1982, S. 101). Für die Gestaltung der drei Reihen zeichnete der Illustrator und Typograf Walter Tiemann je individuelle Varianten des bekannten Insel-Signets (vgl. die Abb. in N. N. 1924, S. [134]; Buchinger 1998, S. 153).

Zweig verfolgte mit seiner zeitintensiven Herausgeberschaft, angetrieben von großem Idealismus, nicht zuletzt eine konkrete (kultur-)politische Agenda, die sich als Gegenwurf zum grassierenden Nationalismus im Europa der Zwischenkriegszeit verstand (vgl. Resch 2012, S. 145). Er formulierte zunächst in mehreren Briefen an Kippenberg den Anspruch, in der Textauswahl der „Bibliotheca mundi" „ausschließlich das dichterisch hochwertige und das Lebendige des Classischen" zu berücksichtigen, um einen „ganz hohen, ganz neuen, ganz europäischen Pegel der Bedeutung" zu erreichen (Zweig, Br II, S. 266, Herv. i. O.); damit wollte er – so Zweigs selbstbewusste Ankündigung im März 1920 – „die von Goethe vor einem Jahrhundert geforderte Wendung zur Weltliteratur für Deutschland in ungeahntem Maße befördern" (Hofmannsthal/Zweig 1982, S. 101; vgl. Insel-Verlag 1920, S. 2173; Kimura 2015, S. 49; → III.14.4 Über europäische und internationale Literatur). Um eine möglichst große Anzahl an Lesern zu gewinnen, müsse man in der Konzeption der Reihe allerdings der „Neigung des Publicums entgegenkommen [...], um ihr Vertrauen zu selteneren und weniger bekannten Werken allmählich emporzusteigern", ja anfangs „das Leichtere einmengen, um breiteren Kreisen die salzhaltigere Kost, die wir für später planen, genießbar zu machen" (Hofmannsthal/Zweig 1982, S. 101).

Neben diesem Pensum einer Verfeinerung der literarischen Bildung im deutschsprachigen Raum zielten die „Editiones Insulae" auf Grundlegenderes und sollten gerade in einer elementaren Krisensituation Europas ihre volle Wirkung entfalten. Auch Hofmannsthals Würdigung der „Bibliotheca mundi", am 15. Februar 1921 im Feuilleton der *Neuen Freien Presse* gedruckt, weist in diese Richtung: Die Reihe habe, so Hofmannsthal, „bei den gegenwärtigen technischen Schwierigkeiten etwas Großartiges" und greife, zumal angesichts der Zeitläufte der frühen 1920er Jahre, „über das Kommerziell-Literarische ins Kulturpolitische über" (Hofmannsthal 1921, S. 2; vgl. Hofmannsthal 1985, Sp. 804). In einer geschichtlichen Epoche, in der er „die moralische Atmosphäre giftiger und erstickender" empfand als je zuvor (Rolland/Zweig 1987, S. 612), verstand Zweig sein Editionsprojekt als völkerverbindende, als dezidiert europäische Aufgabe, um, so die Ankündigung der Reihen im *Börsenblatt*, „alle Kulturen feindlos zu jener erhabenen Harmonie der Weltliteratur" zu „vereinigen" (Insel-Verlag 1920, S. 2173): „Ich bin bereit, diesem Unternehmen meine ganze Kraft zu widmen", schreibt er im März 1919 an Romain Rolland, „denn durch ihre großen Männer sollten die Völker einander kennenlernen und nicht durch ihre schmutzigen Zeitungen. […] Man muß allen Nationen zeigen, was sie einander verdanken, und die Kunst, die vereinigten Kunstwerke werden die Menschen einigen." (Rolland/Zweig 1987, S. 443) Im Vertrauen auf die subtile Macht literarischer Texte betont Zweig ein knappes Jahr später in einem Brief an Kippenberg die ideelle Aufgabe seiner ‚Weltbibliothek', indem er das biblische Narrativ der Sintflut mit dem ikonischen Signet des Verlags in Beziehung setzt: „Nur Verbundensein mit dem Ganzen, Einheit kann politisch Europa retten und nur die Werke bestehen (in jedem Sinn), die den Zusammenhang gewahrt oder gefördert haben. Die ‚Insel' ist vielleicht dann in der großen Sündflut die Arche, die überlebt und ein neues Geschlecht bringt." (Zweig 1978, S. 115) Anders als die „Münster"- und „Euphorion"-Ausgaben, für die Rudolf Borchardt Kippenberg 1907 einen detaillierten Plan vorgelegt hatte, die ausdrücklich als „nationale Angelegenheit", ja als „nationale That" konzipiert waren (zit. n. Schuster 1982, S. B103), wies Zweigs literaturpolitische Initiative einen eminent kosmopolitischen, dem Nationalismus des frühen 20. Jahrhunderts opponierenden Charakter auf.

In der „Bibliotheca mundi" erschienen, trotz der optimistischen Ankündigung von 20 Titeln im Februar 1920, innerhalb von vier Jahren lediglich 14 Bände, davon sechs Anthologien (vgl. Sarkowski 1999, S. 396f.). Den Auftakt bildeten Ende 1920, in einer Auflage von je 5000 Exemplaren, Charles Baudelaires *Les Fleurs du Mal*, Heinrich von Kleists *Erzählungen*, Alfred de Mussets *Trois Drames*, Stendhals *De l'Amour* und mit dem von Alexander und David Eliasberg herausgegebenen *Russki Parnass* die erste Nationalanthologie, die 1922 in einer revidierten Fassung neu aufgelegt wurde (vgl. Buchinger 1998, S. 155f.). 1921 folgten neben dem *Libro de su vida* der Teresa von Ávila ein von Paul Amann zusammengestellter Napoleon-Band, Lord Byrons *Poems*, eine Horaz-Werkausgabe des klassischen Philologen Richard Heinze sowie die von Robert Faesi edierte *Anthologia Helvetica* (vgl. S. 156f.). Zuletzt, als sich der überschaubare Erfolg der Reihe bereits abzeichnete, wurden nur noch vier weitere Anthologien publiziert: eine aufwändige *Anthologia Hebraica* (1922, hg. v. Heinrich Brody u. Meïr Wiener), eine *Anthologia Hungarica* (1922, hg. v. Robert Gragger), der mit über 500 Seiten umfangreichste Band *Anthologie de la poésie lyrique française de la fin du XVe siècle à la fin du XIXe siècle* (1923, hg. v. Georges Duhamel) sowie die italienische Sammlung *Il Rinascimento* (1923, hg. v. Joseph Gregor u. Karl

Roretz) (vgl. Buchinger 1998, S. 160–162). Zweigs ambitionierter Plan, den er im Dezember 1920 mit dieser Gattung verknüpft hatte, nämlich „von jeder Nation eine repräsentative Gedicht-Anthologie [zu] bringen", damit sich „innerhalb der Serie eine eigene Gruppe ergibt, die in 10 oder 15 Bänden eine restlose lyrische Auswahl der Weltliteratur enthält" (Zweig 1978, S. 128), konnte nicht mehr realisiert werden. Die Vorbereitungen weiterer Sammelbände, für die zum Teil bereits Bandbearbeiter rekrutiert worden waren (vgl. Buchinger 1998, S. 159), verliefen im Sand. Gleichwohl wird an diesem Beispiel deutlich, dass Zweig mit seiner Vision, man werde künftig, „wie man einen Reiseführer bei Baedeker sucht", „die lyrische Anthologie *jeder* Nation in der B. M. finde[n]" (Zweig 1978, S. 128), ein durchwegs konservatives literaturpolitisches Programm verfolgte; als Zielvorstellung war diesem die Idee eingeschrieben, exemplarische Werke der einzelnen Nationen Europas in einem literarischen Kanon möglichst vollständig („restlose [!] lyrische Auswahl") zu erfassen.

Während die „Libri librorum" sich auf umfangreiche Texte konzentrierten und als Dünndruckbände hergestellt wurden, sollten die schmalen „Pandora"-Bände, so Zweig im März 1920 an Hofmannsthal, eine „mehrsprachige[ ]" Version der „Inselbücherei" vorstellen (Zweig 1978, S. 117; vgl. Buchinger 1998, S. 153). Sie ähnelten in ihrer bibliophilen Aufmachung der erfolgreichen Verlagsreihe. In der am aufwändigsten ausgestatteten Reihe, den „Libri librorum", für die auch Bände von Cervantes und Swift angekündigt worden waren (vgl. Insel-Verlag 1920, S. 2174; Buchinger 1998, S. 153), erschienen schließlich nur fünf originalsprachige Titel, die allesamt 1921 ausgeliefert wurden: Balzacs *Les contes drolatiques*, Dantes *Opera omnia* in zwei Bänden mit einer Einleitung von Benedetto Croce, eine russische Ausgabe von Dostojewskis *Schuld und Sühne*, Homers klassische Epen *Ilias* und *Odyssee* sowie ein von Eduard Sievers herausgegebener mittelhochdeutscher Band, der *Der Nibelunge Not* und *Kudrun* enthielt (vgl. Buchinger 1998, S. 159f.). In der „Pandora"-Reihe, die im Gegensatz zur „Bibliotheca mundi" und den „Libri librorum" eine fortlaufende Bandzählung aufwies, wurden anstelle der anfangs angekündigten 100 Titel nur 52 veröffentlicht, darunter 1920 als erste fünf Bände Shakespeares *Sonnets*, Molières *La Malade imaginaire*, Kants *Zum ewigen Frieden*, Emersons *On Nature* und Calderóns *La vida es sueño* sowie 1921 als letzte Nummer *Great Political Documents of the United States of America*.

Hatte Kippenberg bereits vor dem Erscheinen der ersten Titel über die in wirtschaftlichen Notzeiten ohnehin knappe Kalkulation der Reihen geklagt, die nur einen „ganz bescheidenen Gewinn" erlaubten, „der in keinem Verhältnis zur aufgewendeten Arbeit und zum Risiko" stehe (zit. n. Buchinger 1998, S. 155), zeichnete sich – trotz der ersten Euphorie der Buchhändler – bald ein veritabler Misserfolg des Projekts ab: Er könne, so Kippenberg im September 1921, „[ü]berhaupt […] nicht sagen, daß ich mit dem Absatz der Weltbibliotheken irgendwie zufrieden wäre." (Zit. n. S. 160) Die letzten neuen Bände der „Libri librorum" und der „Pandora"-Reihe waren bereits 1921 erschienen; ebenso erwies sich die „Bibliotheca mundi", die weit hinter den Erwartungen von Herausgeber und Verleger zurückgeblieben war, zusehends als „finanzielle[s] Desaster" (Renoldner 2014, S. 51; vgl. Kerschbaumer 2003, S. 123). Fremdsprachige Bücher konnten mittlerweile wieder leichter nach Deutschland importiert werden, außerdem litt die Branche unter dem zunehmenden Währungsverfall im Zuge der Inflation (vgl. Buchinger 1998, S. 162f.) und dem schwindenden „materielle[n] Vermögen des Publikums" (Rolland/Zweig 1987, S. 734). Die Bände der drei Insel-Reihen, die weitgehend „ohne Nachhall" (Prater 1991, S. 46) geblieben waren, lagen noch Jahre später „wie Blei" (zit. n. Strigl 2014, S. 40): „Summa summarum", musste sich Kippenberg am 15. April 1925 gegenüber Zweig eingestehen, „war das Unternehmen geschäftlich leider ein entsetzlicher Fehlschlag." (Zit. n. Buchinger 1998, S. 163)

5. Weitere Buchprojekte der 1920er und 1930er Jahre

Mittlerweile hatte sich Zweig als Herausgeber einen Namen im deutschen Literaturbetrieb gemacht: Im Sommer 1919 musste er „den Vorschlag eines deutschen Verlegers", „Redaktion und Einleitung" für „eine große Zola-Ausgabe" zu übernehmen, mit Bedauern zurückweisen, weil, so der loyale Autor am 18. August 1919 an Hermann Bahr, „die Insel gleichfalls eine Zola-Ausgabe macht und ich nicht ein langjähriges freundschaftliches Verlagsverhältnis durch eine solche Angelegenheit stören möchte" (Zweig 1987, S. 57). Anfang 1920, nachdem sich Zweig mit seiner Idee der „Bibliotheca mundi" durchgesetzt hatte, beteuerte er Kippenberg gegenüber ostentativ die Treue zum Insel Verlag, freilich nicht ohne die einzelnen Anfragen anderer Häuser penibel anzuführen: „Ich lehne *alles* ab, ich habe nur Zeit für mich und die Bibliotheca." (Zweig 1978, S. 112) Selbst als Samuel Fischer Ende 1920 Zweig die Redaktionsleitung der renommierten *Neuen Rundschau* offerierte, fühlte er sich zwar geehrt, lehnte das Angebot aus Rücksicht auf seinen Leipziger Stammverlag jedoch ab: „Daß Sie mich für diese Aufgabe aber befähigt hielten, wird mir, bei Ihrer Erfahrung, immer eine der wertvollsten moralischen Genugtuungen meiner literarischen Bemühungen sein." (Zweig, Br III, S. 37) Die Nachfolge von Oskar Bie, der die Kulturzeitschrift seit 1894 geleitet hatte, trat schließlich 1922 Rudolf Kayser an (vgl. S. 366f.).

Zweig rang in den ersten Jahren der Nachkriegszeit erneut darum, abseits seiner Vermittlungstätigkeit noch Raum zum eigenen Schreiben zu finden; ein Wortspiel in einem Brief an Katharina Kippenberg vom 6. September 1921 verdeutlicht seine beiden Rollen im Literaturbetrieb, die sich, gerade zeitlich, immer wieder als schwer vereinbar erwiesen: „Heute sandte ich an die Insel die Vorrede zum Verlaine-Prosaband [i. e. Bd. 2 der Werkausgabe]. So ist auch dies Herauszugebende glücklich zuendegetan, ich kann hoffentlich jetzt aus mir heraus geben, statt herauszugeben." (Zweig, Br III, S. 54)

Dennoch übernahm Zweig abseits zeitintensiver Mammutprojekte und eigener schriftstellerischer Ambitionen auch weiterhin kleinere Herausgeberschaften für andere Verlage und konzentrierte sich dabei, wie schon vor 1914, allererst auf die frankophone Literatur. Er verstand die Förderung eines produktiven Kulturtransfers freilich nicht als einseitigen ‚Import' französischer Autoren, sondern setzte sich – wie die von Zweig mit einem Vorwort bedachte Übersetzung von Andreas Latzkos *Le dernier homme* im Genfer Verlag Éditions du Sablier (1920) zeigt – im Gegenzug auch für die Verbreitung deutschsprachiger Literatur jenseits des Rheins ein. 1923 betreute Zweig eine zweibändige Ausgabe von Charles-Augustin de Sainte-Beuves *Literarischen Porträts aus dem Frankreich des XVII.–XIX. Jahrhunderts* in der Frankfurter Verlagsanstalt (vgl. Zweig, Br III, S. 62, 71, 74); ein Jahr darauf gab er eine Sammlung von François-René de Chateaubriands *Romantischen Erzählungen* in der von Franz Karl Ginzkey betreuten Reihe „Romantik der Weltliteratur" im Rikola Verlag heraus.

Zum 60. Geburtstag von Romain Rolland (1866–1944) – für Zweig stets eine literarische Instanz, die er als „Mittler" (Zweig 1978, S. 22) zu unterstützen suchte, später sein wichtigster Mitstreiter für einen europäischen Pazifismus (vgl. Renoldner 2011; → V.4 KRIEG, FRIEDEN, PAZIFISMUS) – übernahm er gemeinsam mit Georges Duhamel und Maxim Gorki die Herausgeberschaft eines mehrsprachigen *Liber amicorum Romain Rolland*, das 1926 parallel in den Verlagen Rotapfel (Zürich, Leipzig) und Albin Michel (Paris) publiziert wurde. Zu den Beiträgern, deren Zusammenstellung Rollands internationale Reputation und Vernetzung dokumentiert, gehörten u. a. Hermann Bahr, Sigmund Freud, Mahatma Gandhi, Ellen Key, Selma Lagerlöf, Tomáš Garrigue Masaryk, Fridtjof Nansen, Arthur Schnitzler, Upton Sinclair und H. G. Wells. In einem Brief an Frans Masereel aus dem Sommer 1925 reklamierte Zweig die Initiative für den Band ausdrücklich für sich: „Es wird sehr schön werden, dieses Buch, und ich bin stolz, diese Idee gehabt zu haben, die unseren Freund ehren wird" (Zweig, Br III, S. 502; vgl. Zweig 1978, S. 164).

Für Reclams Universal-Bibliothek gab Zweig 1927 eine Auswahl aus dem lyrischen Werk Goethes heraus; er folgte dabei der chronologischen Anordnung der Gedichte in der neu edierten „Großherzog Wilhelm Ernst Ausgabe", die er 1916 in einem Feuilleton für die *Neue Freie Presse* zustimmend besprochen hatte (vgl. Zweig GWE, Begegnungen mit Büchern, S. 23–33; Polt-Heinzl 2016, S. 125). In der Einleitung des Bandes präsentiert Zweig Goethe, der in seinem „Firmament der Geistesgrößen" stets die Position eines „Fixstern[s]" innehatte (Strigl 2014, S. 42), als singuläre Erscheinung der deutschen Literaturgeschichte: „Überragend einsam steht zwischen dem Vordem und Nachher seine unendliche Tat." (Zweig GWE, Begegnungen mit Büchern, S. 38) War Anfang der 1920er Jahre im Rahmen der „Bibliotheca mundi" eine repräsentative Goethe-Ausgabe, für die Hofmannsthal bereits Vorarbeiten geleistet hatte, nicht mehr zustande gekommen (vgl. Hofmannsthal/Zweig 1982, S. 100–107; Hofmannsthal 1985, Sp. 755; Buchinger 1998, S. 158f.; Rovagnati 1998, S. 153), legte Zweig nun selbst eine Auslese der goetheschen Lyrik vor (vgl. zum Aufbau des Bandes Kimura 2015, S. 48–53). Darin erklärte er jene „Augenblicke" in dessen Werk zum künstlerischen Ideal, „wo Goethe, der Dichter, und Goethe, der Denker, sich durchdringen, wo Geist und Gefühl sich vollkommen ineinander lösen" (Zweig GWE, Begegnungen mit Büchern, S. 36; vgl. dazu Polt-Heinzl 2016, S. 127). In der *Fackel* reagierte Karl Kraus auf Zweigs Anthologie mit einer polemischen Replik, die als paradigmatischer Ausdruck ihrer jahrzehntelangen Feindschaft gelten kann: „Der Ausverkauf des deutschen Geisteslebens dürfte [...] durch nichts so deutlich bezeichnet sein wie durch die Tatsache, daß der Verlag Reclam die Auswahl der Goethe-Lyrik einer Wiener Kaifirma übertragen hat. [...] Mit Goethe kann man täuschen. Obschon nicht mich, der stracks hinter künstlerischem Blätterwerk den dürren Zweig ergreift." (Kraus 1927, S. 87f.; vermutlich nimmt Kraus Bezug auf die Wiener Niederlassung der Mechanischen Weberei Moriz Zweig in der Esslinggasse 13, nahe dem Franz-Josefs-Kai)

In den folgenden Jahren trat Zweig formal nicht mehr als Herausgeber auf, steuerte aber weiterhin eine große Anzahl an Einführungen, Vor-, Nach- und Geleitworten zu Publikationen diverser Verlage bei, etwa zu einer von Willi R. Fehse und Klaus Mann edierten *Anthologie jüngster Lyrik* (Enoch, 1927), zu Grigol Robakides Roman *Das Schlangenhemd* (Diederichs, 1928), zu einer Auswahl von Maxim Gorkis *Erzählungen* (Insel, 1931) sowie zur französischen Ausgabe von Schalom Aschs *La chaise électrique* (Stock, 1931). Für Joseph Leftwichs *What will happen to the Jews?* (1936) lieferte Zweig ebenso ein kurzes Vorwort wie für den von William Rose und G. Craig Houston herausgegebenen Sammelband *Rainer Maria Rilke. Aspects of his Mind and*

Poetry (1938) oder C. A. Stonehills *The Jewish Contribution to Civilisation* (1940); ein Geleitwort zu Ivan Heilbuts Gedichtband *Meine Wanderungen* kam durch Zweigs Suizid nicht mehr zustande (vgl. Matuschek 2006, S. 338, 353f.).

Im August 1938 riefen Bermann-Fischer (Stockholm), Allert de Lange und Querido (beide Amsterdam) eine gemeinsame Vertriebsgesellschaft ins Leben, um Produktion und Distribution der drei Exilverlage effektiver zu gestalten (vgl. Buchinger 1998, S. 348f.). Teil dieser konzertierten Aktion war die Herausgabe der „Forum-Bücherei", deren Konzeption Zweig befördert hatte und für deren beratendes Komitee neben ihm selbst Thomas Mann, René Schickele und Franz Werfel gewonnen werden konnten. Zweig „regte [...] für dieses Editionsprojekt nachweislich mehrmals adäquate Titel, Autoren und Herausgeber an und unterstützte auch sonst die [...] Serie nach Kräften." (Buchinger 1998, S. 353; vgl. Zweig, Br IV, S. 660; Roth/Zweig 2011, S. 569f.) In den beiden Jahren ihres Bestehens 1938/1939 erschienen in der „Forum-Bücherei" insgesamt 18 Bände, allesamt Neuauflagen erfolgreicher Bücher, darunter Werfels *Die vierzig Tage des Musa Dagh* (1933) und Remarques *Im Westen nichts Neues* (1929) sowie – als einziger mit zwei Publikationen vertreten – Zweigs *Maria Stuart* (1935) und *Marie Antoinette* (1932). Im Sommer 1939 führten die politischen Zeitläufte – u.a. war die Reihe im Dritten Reich in die *Liste des schädlichen und unerwünschten Schrifttums* aufgenommen worden – und ökonomische Probleme trotz Zweigs fortwährender Initiative (vgl. Zweig, Br IV, S. 249) zur Einstellung der „Forum-Bücherei" (vgl. Buchinger 1998, S. 352–358; → VII.3 Zweig und die Verleger).

1939 erschien, als letzte Publikation des Herausgebers Zweig, der Tolstoi-Auswahlband *The Living Thoughts of Tolstoi*, der im Rahmen der internationalen „Living Thoughts Library" zeitgleich auch in französischer, niederländischer und spanischer Übersetzung publiziert wurde. In einem Brief an seine italienische Übersetzerin Lavinia Mazzucchetti vom 3. Oktober 1938 bezieht sich Zweig auf die entsprechenden Bände, wenn von „diese[r] Geldsache des komprimierten Tolstoi" (Zweig, Br IV, S. 234) die Rede ist. Die kurze editorische Information, die das Buch enthält, verdeutlicht, dass Zweig nicht nur ein ausführliches Vorwort beigesteuert, sondern auch die Auswahl der Tolstoi-Texte besorgt hatte: „STEFAN ZWEIG / heeft het wezen van Tolstoi's gedachten gekozen uit, en bewerkt naar" (Tolstoi 1939, S. 38) – woraufhin eine Liste der herangezogenen Werke folgt.

Vom deutschsprachigen Literaturbetrieb nach dem ‚Anschluss' Österreichs endgültig abgeschnitten und als Exilant in seinem Aktionsradius stark eingeschränkt, fasste Zweig am Neujahrstag 1940 seine Vermittlungstätigkeit in einem Schreiben an den langjährigen Freund Felix Braun noch einmal unter dem Schlagwort des ‚Dienstes' zusammen: Er sei sich, so Zweigs elegischer Rückblick, seiner schriftstellerischen Lebensleistung gerade deshalb sicher, weil

> ich nicht nur gedichtet habe [...] sondern auch gedient, anderen Werken, größeren, wichtigeren gedient – Verhaeren, Rolland, Hölderlin und wie vielen durch Deutung Übertragung, Vermittlung und jetzt mit dem Balzac wieder ein gewaltiges Werk ein oder zwei Generationen deutlich mache. Damit ist die Frage, ob ich bedeutend ob ich wichtig, wertvoll, nachlebenswert bin [...] abgeschwächt durch die Sicherheit, daß ich, durch Dienst an anderen, zumindest eine nützliche Erscheinung gewesen bin. (Zweig, Br IV, S. 267)

6. Fazit

Auf Grundlage des Verzeichnisses von Gero von Wilpert und Adolf Gühring (1992) sowie v.a. der Bibliografien Randolph J. Klawiters (1991, 1999), die die von Zweig herausgegebenen Bände nicht in einer eigenen Rubrik anführen, sollte die bislang nur durch die Monografie von Susanne Buchinger (1998) detaillierter erschlossene Thematik in Zukunft noch genauer untersucht werden, um Zweigs vielerorts gewürdigte Vermittlungstätigkeit auch als spezifische Praxis der Textredaktion und Herausgeberschaft verstehbar zu machen. Gerade die seit den 1990er Jahren erschienenen Briefbände müssten verstärkt unter dieser Perspektive ausgewertet werden, um nicht zuletzt Konjunkturen und Leitlinien von Zweigs Agieren „im literarischen Kommunikationsnetz" (Buchinger 1998, S. 12) identifizieren zu können. Sein „gleichsam unsichtbares Werk" (Rieger 1928, S. 205), als das Erwin Rieger die verstreut erschienenen Texte des österreichischen Autors apostrophiert hat, ist eben auch das Werk des *Herausgebers* Stefan Zweig.

Stefan Zweig

Hofmannsthal, Hugo von/Zweig, Stefan (1982): Briefe (1907–1928). Mitgeteilt u. kommentiert v. Jeffrey B. Berlin u. Hans-Ulrich Lindken. In: Hofmannsthal-Blätter 26/1982, S. 86–116.
Kippenberg, Anton/Zweig, Stefan: Briefwechsel. Archiv Insel Verlag, DLA Marbach [in Vorbereitung].
Rolland, Romain/Zweig, Stefan (1987): Briefwechsel 1910–1940. Bd. I: 1910–1923. Berlin: Rütten & Loening.
Roth, Joseph/Zweig, Stefan (2011): „Jede Freundschaft mit mir ist verderblich". Briefwechsel 1927–1938. Hg. v. Madeleine Rietra u. Rainer Joachim Siegel. Mit einem Nachwort v. Heinz Lunzer. Göttingen: Wallstein.
Zech, Paul/Zweig, Stefan (1987^2): Briefe 1910–1942. Hg. v. Donald G. Daviau. Rudolstadt: Greifenverlag.
Zweig, Friderike/Zweig, Stefan (2006): „Wenn einen Augenblick die Wolken weichen". Briefwechsel 1912–1942. Hg. v. Jeffrey B. Berlin u. Gert Kerschbaumer. Frankfurt a.M.: S. Fischer.
Zweig, Stefan (1978): Briefe an Freunde. Hg. v. Richard Friedenthal. Frankfurt a.M.: S. Fischer.
Zweig, Stefan (1981): Die Welt von Gestern. Erinnerungen eines Europäers. GWE. Frankfurt a.M.: S. Fischer.
Zweig, Stefan (1981): Drei Meister. Balzac, Dickens, Dostojewski. GWE. Hg. v. Knut Beck. Frankfurt a.M.: S. Fischer.
Zweig, Stefan (1983): Begegnungen mit Büchern. Aufsätze und Einleitungen aus den Jahren 1902–1939. GWE. Hg. v. Knut Beck. Frankfurt a.M.: S. Fischer.
Zweig, Stefan (1984): Tagebücher. GWE. Hg. v. Knut Beck. Frankfurt a.M.: S. Fischer.
Zweig, Stefan (1987): Briefwechsel mit Hermann Bahr, Sigmund Freud, Rainer Maria Rilke und Arthur Schnitzler. Hg. v. Jeffrey B. Berlin, Hans-Ulrich Lindken u. Donald A. Prater. Frankfurt a.M.: S. Fischer.
Zweig, Stefan (1995): Briefe. Bd. I: 1897–1914. Hg. v. Knut Beck, Jeffrey B. Berlin u. Natascha Weschenbach-Feggeler. Frankfurt a.M.: S. Fischer.
Zweig, Stefan (1998): Briefe. Bd. II: 1914–1919. Hg. v. Knut Beck, Jeffrey B. Berlin u. Natascha Weschenbach-Feggeler. Frankfurt a.M.: S. Fischer.
Zweig, Stefan (2000): Briefe. Bd. III: 1920–1931. Hg. v. Knut Beck u. Jeffrey B. Berlin. Frankfurt a.M.: S. Fischer.
Zweig, Stefan (2005): Briefe. Bd. IV: 1932–1942. Hg. v. Knut Beck u. Jeffrey B. Berlin. Frankfurt a.M.: S. Fischer.

Weitere Literatur

Bachleitner, Norbert (2013): Stefan Zweig als Übersetzer symbolistischer französischer Lyrik, insbesondere von Charles Baudelaires Les Fleurs du Mal. In: Moderne Sprachen 57/2013, S. 75–91.
Buchinger, Susanne (1998): Stefan Zweig – Schriftsteller und literarischer Agent. Die Beziehungen zu seinen deutschsprachigen Verlegern (1901–1942). Frankfurt a.M.: Buchhändler-Vereinigung.
Decloedt, Leopold (2003): „In Balzacketten geschmiedet". Eine Glosse zu Stefan Zweig und Honoré de Balzac. In: Ester, Hans/Gemert, Guillaume van (Hg.): Künstler-Bilder. Zur produktiven Auseinandersetzung mit der schöpferischen Persönlichkeit. Amsterdam, New York: Rodopi, S. 73–79.
Gelber, Mark H. (2015): Stefan Zweig und das Konzept der Weltliteratur. In: Ders./Zhang, Yi (Hg.): Aktualität und Beliebtheit. Neue Forschung und Rezeption von Stefan Zweig im internationalen Blickwinkel. Würzburg: Königshausen & Neumann, S. 15–29.
Gerdes, Joachim (2010): „Das Objekt dient immer dem Subjekt nur als Vorwand" – Stefan Zweigs Essays. In: Brambilla, Marina M./Pirro, Maurizio (Hg.): Wege des essayistischen Schreibens im deutschsprachigen Raum (1900–1920). Amsterdam, New York: Rodopi, S. 281–298.
Hemecker, Wilhelm/Huemer, Georg (2009): „Weltbildner" – Stefan Zweigs Essay über Balzac. In: Hemecker, Wilhelm (Hg.): Die Biographie – Beiträge zu ihrer Geschichte. Berlin, New York: de Gruyter, S. 253–271.
Hiebler, Heinz (2003): Hugo von Hofmannsthal und die Medienkultur der Moderne. Würzburg: Königshausen & Neumann.
Hofmannsthal, Hugo von (1921): Bibliotheca mundi. In: Neue Freie Presse, Nr. 20283, 15. 2. 1921, S. 1–3.
Hofmannsthal, Hugo von (1985): Briefwechsel mit dem Insel-Verlag. Hg. v. Gerhard Schuster. Frankfurt a.M.: Buchhändler-Vereinigung.
Insel-Verlag (1920): Ausführliche Ankündigung über Bibliotheca mundi / Libri librorum / Pandora. In: Börsenblatt für den Deutschen Buchhandel 39/17. 2. 1920, S. 2171–2177.
Kerschbaumer, Gert (2003): Stefan Zweig. Der fliegende Salzburger. Salzburg u.a.: Residenz.
Kimura, Naoji (2015): Stefan Zweigs Auffassung vom Goetheschen Dichtertum. In: Zhang, Yi/Gelber, Mark H. (Hg.): Aktualität und Beliebtheit. Neue Forschung und Rezeption von Stefan Zweig im internationalen Blickwinkel. Würzburg: Königshausen & Neumann, S. 47–57.
Klawiter, Randolph J. (1991): Stefan Zweig. An International Bibliography. Riverside: Ariadne Press.
Klawiter, Randolph J. (1999): Stefan Zweig. An International Bibliography. Addendum I. Riverside: Ariadne Press.
Kozonkova, Olga (2009): Zur Dostojewski-Rezeption in Österreich: der Fall Stefan Zweig. In: Bombitz, Attila u.a. (Hg.): Österreichische Literatur ohne Grenzen. Gedenkschrift für Wendelin Schmidt-Dengler. Wien: Praesens, S. 265–274.
Kraus, Karl (1927): Notizen. In: Die Fackel 28/751–756/Februar/1927, S. 82–94.
Lunzer, Heinz (1981): Hofmannsthals politische Tätigkeit in den Jahren 1914 bis 1917. Frankfurt a.M. u.a.: Lang.
Matuschek, Oliver (2006): Stefan Zweig. Drei Leben – Eine Biographie. Frankfurt a.M.: S. Fischer.
Michels, Volker (2006): Stefan Zweig, ein Humanist im Kreuzfeuer der Ideologien. In: Ders./Prater, Donald A. (Hg.): Stefan Zweig. Leben und Werk in Bildern. Frankfurt a.M., Leipzig: Insel, S. 323–344.
N. N. (1924): Verzeichnis aller Veröffentlichungen des Insel-Verlags 1899–1924. Leipzig: Spamer.
Polt-Heinzl, Evelyne (2014): Stefan Zweig blickt auf die österreichische Literatur und verfängt sich in ihren Netzwerken. In: Renoldner, Klemens (Hg.): Stefan Zweig – Abschied von Europa. Wien: Brandstätter/Theatermuseum, S. 55–65.

18. Herausgeberschaften

Polt-Heinzl, Evelyne (2016): Goethe in einer Momentaufnahme Stefan Zweigs oder Im Labyrinth von Verehrung, Superlativen und der (österreichischen) Last des Spätgeborenen. In: Honold, Alexander/Kunz, Edith Anna/Schrader, Hans-Jürgen (Hg.): Goethe als Literatur-Figur. Göttingen: Wallstein, S. 119–135.

Prater, Donald A. (1991): Stefan Zweig. Eine Biographie. Reinbek b. H.: Rowohlt.

Prater, Donald A. (1992): Stefan Zweig und die Insel-Bücherei. In: Insel-Bücherei. Mitteilungen für Freunde 5/1992, S. 7–19.

Prater, Donald A./Michels, Volker (Hg.) (2006): Stefan Zweig. Leben und Werk in Bildern. Frankfurt a. M., Leipzig: Insel.

Renoldner, Klemens (2011): Instanz über Leben und Werk. Zur Entstehung von Stefan Zweigs Rolland-Biographie. In: Ders./Battiston, Régine (Hg.): „Ich liebte Frankreich wie eine zweite Heimat." Neue Studien zu Stefan Zweig/„J'aimais la France comme ma seconde patrie." Actualité(s) de Stefan Zweig. Würzburg: Königshausen & Neumann, S. 185–193.

Renoldner, Klemens (2014): „Der Held wird nicht untergehen". Stefan Zweigs Kampf für (und mit) Charles Dickens. In: Ders./Görner, Rüdiger (Hg.): Zweigs England. Würzburg: Königshausen & Neumann, S. 49–63.

Resch, Stephan (2012): Umwege auf dem Weg zum Frieden: Die Korrespondenz zwischen Stefan Zweig und Alfred H. Fried. In: Müller, Karl (Hg.): Stefan Zweig – Neue Forschung. Würzburg: Königshausen & Neumann, S. 109–176.

Rieger, Erwin (1928): Stefan Zweig. Der Mann und das Werk. Berlin: Spaeth.

Rovagnati, Gabriella (1998): „Umwege auf dem Wege zu mir selbst". Zu Leben und Werk Stefan Zweigs. Bonn: Bouvier.

Sarkowski, Heinz (Hg.) (1999[2]): Der Insel Verlag. Eine Bibliographie. 1899–1969. Frankfurt a. M., Leipzig: Insel.

Schuster, Gerhard (1982): Rudolf Borchardt und der Insel-Verlag. Zu einem unbekannten Brief an Anton Kippenberg. In: Börsenblatt für den Deutschen Buchhandel 80/24. 9. 1982, S. B97–B114.

Schuster, Gerhard (1985): Einleitung. In: Hofmannsthal, Hugo von: Briefwechsel mit dem Insel-Verlag. Hg. v. Gerhard Schuster. Frankfurt a. M.: Buchhändler-Vereinigung, Sp. 3–102.

Strauch, Dietmar/Rehm, Margarete (2007[2]): Lexikon Buch, Bibliothek, neue Medien. München: Saur.

Strelka, Joseph (1981): Stefan Zweig. Freier Geist der Menschlichkeit. Wien: Österreichischer Bundesverlag.

Strigl, Daniela (2014): „I want a hero" – Stefan Zweig und Lord Byron. In: Görner, Rüdiger/Renoldner, Klemens (Hg.): Zweigs England. Würzburg: Königshausen & Neumann, S. 35–48.

Strigl, Daniela (2017): Stefan Zweig und das Odol-Prinzip. Vom Erfinden einer Marke. In: Peck, Clemens/Wolf, Norbert Christian (Hg.): Poetologien des Posturalen. Autorschaftsinszenierungen in der Literatur der Zwischenkriegszeit. Paderborn: Fink, S. 261–277.

Tolstoi, Lew N. (1939): De levende gedachten van Tolstoi. Belicht door Stefan Zweig. Den Haag: Servire.

Wilpert, Gero von/Gühring, Adolf (1992[2]): Erstausgaben deutscher Dichtung. Eine Bibliographie zur deutschen Literatur 1600–1990. Stuttgart: Kröner, S. 1710–1715.

Wolf, Norbert Christian (2016): „Die Verachtung eines solchen Künstlers für die Kunst". Georg Trakls Aneignung der Rimbaud-Imago Stefan Zweigs. In: Ders./Degner, Uta/Weichselbaum, Hans (Hg.): Autorschaft und Poetik in Texten und Kontexten Georg Trakls. Salzburg, Wien: Otto Müller, S. 133–159.

Zajas, Pawel (2013): Bellizismus eines Pazifisten. Stefan Zweig und der Insel-Verlag im Ersten Weltkrieg. In: Acta Germanica 41/2013, S. 155–168.

19. Filmprojekte
Manfred Mittermayer

Es gibt nur wenige theoretische Äußerungen Stefan Zweigs zum Film. In einem Beitrag zur Zeitschrift *Der Film* sieht er 1930 in dem noch „in seinem interessantesten Stadium, dem des Experimentierens", befindlichen Medium des Tonfilms eine „ganz eigene, ganz individuelle Kunstform", die „mit Raum und Zeit, mit allen Phantasiemöglichkeiten unserer Sinne viel freier und verwegener schalten" könne und „alle Grenzen des Versinnlichens beseitigt, alle Hemmungen der Materie" aufhebe (*Der Film*, 15. Jg., Nr. 13, 7. Juni 1930). Auch auf einem unpubliziert gebliebenen Typoskriptblatt äußert Zweig ähnliche Überlegungen: Der Film sei von allen Medien „dem Traum am ähnlichsten" und könne am besten „das Unwirkliche, das Überwirkliche darstellen". Er sei „nicht an jene äusserste Verpflichtung zur Wahrheit gebunden" wie der Roman oder die Historiografie und werde deshalb „seine höchste Vollendung niemals in den realistischen Formen finden, sondern im Fantastischen, im Skurrilen, im Antilogischen und Absurden" (Zweig, [„Ich liebe den Film immer dort am meisten ..."], Typoskript, Literaturarchiv Salzburg).

Stefan Zweigs eigene Versuche auf dem Gebiet der Filmkunst folgen dieser Zuordnung zum Fantastischen allerdings nicht. Er hat drei Entwürfe für Spielfilme hinterlassen, die nicht realisiert wurden und auch nicht mehr eindeutig zu datieren sind. Vermutlich noch für einen Stummfilm gedacht war das Projekt *Panama* (vgl. Reffet 1999, S. 27), ein Stoff, mit dem er sich im Zusammenhang mit seiner Amerikareise 1911 bereits im Zeitungsbeitrag *Die Stunde zwischen zwei Ozeanen* (erstmals in *Neue Freie Presse*, 6. Juli 1911) befasst hatte (vgl. Zweig GWE, Auf Reisen, S. 147–157). Der Autor wollte an Stelle der „bereits ermüdend gewordenen Kriegsfilme" seinem Publikum „den wahren Gegenwartsfilm, den Finanzkrieg" zeigen. Zweig widmet sich also – wie in vielen seiner Erzähltexte – einem herausragenden historischen Geschehen, das außerdem Bezüge zur Alltagserfahrung der Zuschauer aufweise: „Jeder Einzelne ist heute in seinem Privatschicksal von der Börse abhängig und daher die Neugierde eines grossen Publikums ebenso gross, einmal diese Finanzkämpfe dramatisch dargestellt zu sehen, statt der militärischen." Hauptfigur ist ein Ingenieur, der beim ersten Anlauf zur Verwirklichung des Panamakanals die Machinationen der Börsenspekulanten aufdeckt und im Alter noch erleben darf, wie das demokratische Zusammenwirken einer Nation, der USA, letztlich zum Erfolg führt. Der Film demonstriere seinem Publikum dabei den „endgiltigen [!] Sieg der modernen Technik über die Natur" (Zweig, Panama, Literaturarchiv Salzburg, S. 1).

Auch das Projekt *Die Marquesa de Santos* befasst sich mit einem historischen Thema, diesmal – ähnlich wie Zweigs große Frauenbiografien *Marie Antoinette* (1932) und *Maria Stuart* (1935) – mit zwei Frauengestalten aus der Geschichte seines Exillandes Brasilien. In den beiden Protagonistinnen, der Kaiserin Leopoldine und der Marquesa de Santos, solle der „Kontrast der alten Zeit gegen die neue, Tradition gegen Fortschritt, Feudalismus gegen Demokratie" ausgedrückt werden (Zweig, [Die Marquesa de Santos], Literaturarchiv Salzburg, S. 1). Die Marquesa, die nicht „die Ideen der alten Welt vertritt, sondern im Geiste des ganzen Volkes denkt", öffne sich damit den „neuen und freieren Ideen Amerikas" (S. 3f.). Damit löst sie bei den regierenden Schichten Brasiliens heftigen Widerstand aus: „Wie sie schliesslich dem Kaiser den kühnen Plan vorlegt, alle Brasilianer gleichzustellen und die Sklaverei im Lande aufzuheben, entsteht eine ungeheure Erbitterung in den Kreisen der Gutsbesitzer und Sklavenhändler" (S. 8). Zuletzt verzichtet sie im Interesse des Landes auf ihre Liebe zum Kaiser, dessen Frau Leopoldine zwischenzeitlich verstorben ist.

Dem psychologischen Interesse Zweigs an emotionalen Extremsituationen entspricht *Sonnenfinsternis. Ein Tonfilmentwurf*. Der Autor formuliert darin die Absicht, „in ganz klarer, allverständlicher Handlung eine jener Tragödien aufzuzeigen, die ganz im Menschlichen ruhen"; sein Protagonist sei „der anständige, brave Durchschnittsmann" als „Spiegelbild des Normalzuschauers" (Zweig, Sonnenfinsternis, Literaturarchiv Salzburg, S. 1). Ein verwitweter Geschäftsbesitzer bekommt von seiner Stenotypistin, die von einem „unbedenklichen Pseudogentleman" (S. 2) geschwängert wurde, ihr Kind untergeschoben und heiratet sie. Als es ihr nach Wiederaufnahme der Affäre gelingt, den eifersüchtigen Ehemann mit vermeintlichem „Verfolgungswahn" in eine geschlossene Anstalt einliefern zu lassen, „beginnt die eigentliche Großaufgabe des Films und des Schauspielers", wie Zweig schreibt: „Es ist darzustellen, wie ein Mann, der nur gereizt, aber nicht abnormal ist, in einer Heilanstalt rettungslos tatsächlich zu einem gefährlichen Individuum wird" (S. 3). Gerettet wird er durch seine ehemalige Wirtschafterin, die sich zuletzt mit ihm und dem Kind aufs Land zurückzieht, „Entspannung nach dem ungeheuren Erlebnis in ein bißchen Glück" (S. 5).

Zusammen mit dem Autor Robert Neumann verfasste Stefan Zweig ein – unvollständig gebliebenes – Film-Drehbuch nach dem Roman *Manon Lescaut* des Abbé Prevost; das Anfang 1936 (vgl. Prater 1981, S. 343) beendete Typoskript schließt mit der Deportation der Protagonistin (vgl. Neumann/Zweig, Manon Lescaut, Literaturarchiv Salzburg, S. 104). Dabei schöpfen die Autoren die Möglichkeiten des Tonfilms keineswegs aus, wie Michel Reffet anmerkt – etwa bei der Atlantiküberfahrt oder der Darstellung der Landschaften Louisianas und der Kolonie. „Statt dessen entsteht ein redseliges Filmbuch nach amerikanischer Art. Es mutet an wie ein Roman in Dialogen" (Reffet 1999, S. 31). In der Korrespondenz zwischen Stefan Zweig und Joseph Leftwich aus dem Frühjahr 1935 findet sich die Diskussion über ein Film-Projekt über Theodor Herzl, das allerdings nicht weiter ausgeführt wurde. Zweig vertritt die Meinung, „ein solcher Film müsse mit Szenen des Dreyfus-Prozesses beginnen", er bezweifelt jedoch, dass „die emotionale Verzweiflung und Aufregung der Massen, die sich auf der Beerdigung Herzls im Jahre 1904 abspielte, jemals auf der Leinwand vermittelt werden könnte" (Gelber 2014, S. 187f.). Ein Telegramm Max Reinhardts aus Hollywood vom 12. Oktober 1934 enthält die Einladung an Zweig, bei der Verfilmung von Jacques Offenbachs Oper *Hoffmanns Erzählungen* mitzuwirken (vgl. Renoldner/Holl/Karlhuber 1993, S. 111). Max Reinhardt schloss am 21. Oktober 1935 mit Warner Bros. Pictures einen Vertrag zur Verfilmung *Tales of Hoffmann* ab; der Film sollte 1936 produziert werden, das Vorhaben wurde jedoch nicht verwirklicht.

Eine postume Realisierung fand hingegen ein Drehbuch Zweigs, das er im Sommer 1940 in New York gemeinsam mit Berthold Viertel schrieb; eine Kopie (auf Englisch) wird im Literaturarchiv Salzburg aufbewahrt. Am 9. August 1940 schlossen Zweig und Viertel diesbezüglich einen Vertrag; eine von beiden unterzeichnete Ausfertigung findet sich in der *Coleção Stefan Zweig, Biblioteca Nacional*, Rio de Janeiro (vgl. Dines 2006, S. 354). Schon in den 1930er Jahren hatte Zweig an einem Roman gearbeitet, den er als „Postfräuleingeschichte" bezeichnete und der 1982 von Knut Beck unter dem Titel *Rausch der Verwandlung* herausgegeben wurde. 1950 entstand Zweigs und Viertels Filmprojekt als Produktion der österreichischen Ring-Film. Diesmal lautete der Titel *Das gestohlene Jahr*, die Hauptrollen spielten Oskar Werner, der zu diesem Zeitpunkt noch am Beginn seiner internationalen Karriere stand, und Elisabeth Höbarth, für das Drehbuch zeichneten der Schriftsteller Walther von Hollander und der Regisseur Wilfried Fraß verantwortlich – „nach einer Filmnovelle von Stefan Zweig", wie es im Vorspann hieß. Die Musik stammte von Alfred Uhl, einem prominenten Komponisten mit Nazi-Vergangenheit, zu dessen Schülern allerdings Friedrich Cerha, HK Gruber und Gerhard Lampersberg gehörten.

Im Mittelpunkt der Handlung steht die Postbeamtin Marie Baumgartner, die von reichen Verwandten in ein vornehmes Ostseebad eingeladen wird und dort den jungen, genialen Musiker Peter Brück kennenlernt. Um ihm zu einem Konzert in Wien zu verhelfen, entwendet sie Geld aus der Postkassa; als der Abend mangels Publikum abgesagt wird, ermöglicht sie Peter mittels einer weiteren Unterschlagung ein Jahr ungestörter Arbeit an einem neuen Werk. Zuletzt stellt sich Marie den Behörden; die Gerichtsverhandlung und die erfolgreiche Premiere von Brücks Symphonie werden in Parallelmontage dargestellt. Anders als Zweigs Roman, der sich „in weiten Passagen wie eine Anklageschrift gegen Staat und Gesellschaft der Ersten Republik" liest (Eicher 2000, S. 116), überträgt der Film *Das gestohlene Jahr* die Problematik der Handlung in den Bereich des Privaten und des Kunstbetriebs; es dominiert der „Gedanke eines aus Liebe allzu freimütig ausgelegten Mäzenatengedankens" (Krenn 2014, S. 161). In seinem Bericht über die Arbeit mit Stefan Zweig betont Berthold Viertel, dass als Entschuldigung für Maries kriminelle Handlung ihre „Selbstlosigkeit" dienen sollte, die ihren Entschluss motiviert, zuletzt „spurlos aus dem Leben des Geliebten zu verschwinden und so das Werk und die zukünftige Laufbahn seines Schöpfers vor dem Odium des Verbrechens zu bewahren" (Viertel 1960, S. 16). 1989 wurde der Stoff noch einmal verfilmt: in der zweiteiligen französischen TV-Produktion *L'Ivresse de la métamorphose* (→ VI.7.3 Verfilmungen; VIII.3 Filme).

Im Rahmen seiner vielfältigen Kontakte mit bedeutenden Zeitgenossen begegnete Stefan Zweig natürlich auch zahlreichen Größen der internationalen Filmszene. Besonders hervorzuheben ist sein Besuch bei dem russischen Regisseur Sergej M. Eisenstein, der während Zweigs Russland-Reise anlässlich der Hundertjahrfeier für Tolstoi 1928 stattfand. Eisenstein berichtet darüber viele Jahre später, angesichts des Faksimiles einer kurz vor seinem Tod entstandenen Notiz Zweigs, im Kapitel „Familienchronik" seiner Autobiografie *Yo. Ich selbst*. Dabei habe sich das Gespräch vor allem um Sigmund Freud gedreht; Eisenstein habe sich die „patriarchalische Atmosphäre" schildern lassen, die zwischen „dem vergötterten Professor und seinen leidenschaftlichen Jüngern" geherrscht habe, die „unaufhaltsame Fermentation der Gedanken durch die gegenseitige Befruchtung", aber auch „Mißtrauen und Neid unter den Jüngern" (Eisenstein 1988, S. 143) und dasjenige des „Tyrannen" Freud ihnen gegenüber (S. 145). Die Beziehungsstruktur erinnert Eisenstein an die Schule seines eigenen „Abgotts" Vsevolod E. Meyerhold: auch dort ein „Gemisch aus Schöpfergenialität und Menschentücke" (S. 146). Zuletzt zeigt er dem „mit überschwenglichem Lob" reagierenden Zweig Aufnahmen aus seinem Film *Oktober* und schenkt ihm eine zum Andenken (vgl. S. 150). In Zweigs unveröffentlichtem Notizbuch zur Russland-Reise 1928 (Zweig, [Notizbuch Russland-Reise, 1928], Literaturarchiv Salzburg, S. 33) finden sich Notizen über Eisensteins Film *Die Generallinie* (produz. 1926–1928, hier noch unter dem damaligen Verleihtitel *Der Kampf um die Erde*). Später wechselt man einige Briefe, zu dem geplanten zweiten Russlandbesuch von Zweig kommt es nicht, Zweig lädt Eisenstein zu einem Besuch nach Wien ein, doch die beiden sehen einander nicht mehr wieder (vgl. Dines 2006, S. 204f.).

Die prominenteste Persönlichkeit, der Zweig in Hollywood, der US-amerikanischen Metropole der Filmindustrie, begegnete, war Walt Disney. Lotte Altmann berichtet in ihrem Tagebuch der Amerikareise 1938/1939, die beiden hätten am 13. Februar 1939 das Disney Studio besucht. Nach einer Führung durch die Disney Studios habe sie Walt Disney selbst empfangen; als Zweig angab, den Film *Ferdinand the Bull* noch nicht gesehen zu haben, habe der Regisseur eine Vorführung angeordnet und ihn sich gemeinsam mit ihnen angesehen (vgl. Altmann, Amerikareise 1938/1939, Literaturarchiv Salzburg, S. 30). Aus Hollywood hatte Zweig schon 1933 ein äußerst attraktives Angebot erhalten, für die kalifornischen Filmstudios zu arbeiten. In einem Brief vom 30. Dezember 1933 berichtet er Alfredo Cahn, er habe tags zuvor „einen materiell ausgezeichneten Vorschlag bekommen, für zehn Wochen nach Hollywood zu gehen", er finde jedoch „keine innere Neigung dazu" und wolle sich derzeit auch „nicht für längere Zeit binden." (Zweig, Br IV, S. 81) Am 9. Februar 1934 schreibt er an Ben Huebsch: „Nach Amerika will ich gern im Herbst kommen, wenn in Hollywood etwas zu tun wäre" (S. 85). Doch auch nach der erfolgreichen Großproduktion auf Basis seines biografischen Romans *Marie Antoinette* bei Metro-Goldwyn-Mayer (1935), deren Drehbuch ohne seine Mitwirkung entsteht (→ VI.7.3 VERFILMUNGEN), kommt keine Zusammenarbeit zustande (vgl. dazu Poole 2014, S. 200f.). Etwas habe ihn an der „Industrie" gestört, meint Alberto Dines. Auch wenn ihn „der kurze Flirt mit den Metro Goldwyn Meyer [sic] Studios und der Erfolg von *Marie Antoinette* in die Nähe der Glitzerwelt des Kinos gebracht" habe, sei er letztlich „in der Furcht, daran Gefallen zu finden, davor geflohen" (Dines 2006, S. 414).

Stefan Zweig

Zweig, Stefan (1992): Sonnenfinsternis. Ein Tonfilmentwurf. In: Beck, Knut (Hg.): Stefan Zweig – 50. Todestag. Prospekt. Frankfurt a.M.: S. Fischer, S. 2–3.
Zweig, Stefan (1995): Panamá. Übers. v. Michel Reffet. In: Janicot, Christian (Hg.): Anthologie du Cinéma Invisible: 100 scénarios pour 100 ans de cinema. Paris: Editions Jean-Michel Place/ARTE Editions, S. 656–657.
Zweig, Stefan (2004²): Auf Reisen. Feuilletons und Berichte. GWE. Hg. v. Knut Beck. Frankfurt a.M.: S. Fischer.
Zweig, Stefan (2005): Briefe. Bd. IV: 1932–1942. Hg. v. Knut Beck u. Jeffrey B. Berlin. Frankfurt a.M.: S. Fischer.

Weitere Literatur

Dines, Alberto (2006): Tod im Paradies. Die Tragödie des Stefan Zweig. Frankfurt a.M. u.a.: Edition Büchergilde.
Eicher, Thomas (2000): *Das gestohlene Jahr* (1950) und *Rausch der Verwandlung* (1988). Transformationen eines Romanstoffes von Stefan Zweig. In: Maske und Kothurn 46/1/2000, S. 113–122.
Eisenstein, Sergej M. (1988): Yo. Ich selbst. Memoiren. Hg. v. Naum Klejman u. Walentina Korschunowa. 2 Bde. Frankfurt a.M.: S. Fischer.

Gelber, Mark H. (2014): Stefan Zweig, Judentum und Zionismus. Innsbruck u.a.: StudienVerlag.
Krenn, Günter (2014): Film und Rolle. In: Raimund, Fritz (Hg.): Oskar Werner. Seine Filme. Wien: filmarchiv austria, S. 159–168.
Poole, Ralph J. (2014): „zurück nach Wien, zurück zu Dir": Zweig and Ophüls in Hollywood – Failed Hopes and Belated Success. In: Ders./Parker, Joshua (Hg.): Austria and America: Cross-Cultural Encounters 1865–1933. Wien u.a.: LIT, S. 195–226.
Prater, Donald A. (1981): Stefan Zweig. Das Leben eines Ungeduldigen. München, Wien: Hanser.
Renoldner, Klemens/Holl, Hildemar/Karlhuber, Peter (Hg.) (1993): Stefan Zweig. Bilder, Texte, Dokumente. Salzburg u.a.: Residenz.
Reffet, Michel (1999): Stefan Zweigs unrealisierte Filmprojekte. In: Schmid-Bortenschlager, Sigrid/Riemer, Werner (Hg.): Stefan Zweig lebt. Akten des 2. Internationalen Stefan Zweig Kongresses in Salzburg 1998. Stuttgart: Heinz, S. 25–32.
Viertel, Berthold (1960): Das gestohlene Jahr. In: Blätter der Stefan Zweig Gesellschaft o. Jg./8, 10/1960, S. 14–17.

Archivbestände

Altmann, Lotte: Amerikareise 1938/1939 [Tagebuch]. Typoskript, Literaturarchiv Salzburg, 35 S.
Neumann, Robert/Zweig, Stefan: Manon Lescaut (Entwurf zu einem Film). Typoskript, Literaturarchiv Salzburg, 106 Bl.
Viertel, Berthold/Zweig, Stefan: The Stolen Year. Typoskript, Literaturarchiv Salzburg, 112 Bl.
Zweig, Stefan: Panama. Entwurf. Typoskript, Literaturarchiv Salzburg, 3 Bl.
Zweig, Stefan: Sonnenfinsternis. Ein Tonfilmentwurf. Typoskript, Literaturarchiv Salzburg, 5 Bl. (Abschrift, Kopien).
Zweig, Stefan: [Die Marquesa de Santos]. Manuskript, Literaturarchiv Salzburg 3 Bl. (Kopien), Typoskript, Literaturarchiv Salzburg, 13 Bl.
Zweig, Stefan: [„Ich liebe den Film immer dort am meisten ..."]. Typoskript, Literaturarchiv Salzburg, 2 Bl. (Kopien).
Zweig, Stefan: [Notizbuch Russland-Reise 1928]. Literaturarchiv Salzburg.

20. Autographensammlung
Oliver Matuschek

Bereits als Schüler hatte Stefan Zweig damit begonnen, eine Sammlung von Handschriften anzulegen. Zunächst handelte es sich dabei vor allem um Unterschriften und Briefe von Schauspielern und vermutlich auch Sängern der Wiener Bühnen. Dass der junge Stefan Zweig bei einem zufällig auf der Straße zustande gekommenen Zusammentreffen mit Johannes Brahms diesen um ein Autogramm für seine Sammlung gebeten haben soll, lässt sich nicht belegen (vgl. Zweig GWE, Die Welt von Gestern, S. 59; vgl. auch Matuschek 2005, S. 9ff.). Sicher ist dagegen, dass Zweig seine Sammlung bald um umfangreiche Manuskripte von Schriftstellern und Komponisten ausweitete und dabei planvoller vorging. Außerdem richtete sich sein Blick von Persönlichkeiten der Gegenwart mehr und mehr in die Vergangenheit. Bereits 1898 berichtet er in einem Brief, dass er unter anderem ein Billet Beethovens „sehr drastischen Inhalts" (Zweig, Br I, S. 15) und einen Brief Goethes besitze (beide heute nicht mehr nachweisbar).

Dank Zweigs intensiver Beschäftigung mit der Literatur gewann auch seine Autographensammlung an Profil. Durch Bekanntschaften mit Zeitgenossen wie Arthur Schnitzler oder Rainer Maria Rilke, Hermann Hesse, Heinrich Mann, Thomas Mann, Else Lasker-Schüler, Felix Salten, Richard Beer-Hofmann, Joseph Roth, Carl Zuckmayer, Franz Werfel, Ernst Toller, Leopold von Andrian, Max Brod, Albert Ehrenstein etc. erhielt er umfangreiche Manuskripte mittels gezielter Anfragen oder sogar als unaufgeforderte Geschenke. So entstand schon in frühen Jahren eine Sammlung, die Zweig durch Schriftstücke bedeutender deutschsprachiger Schriftsteller der vorausgehenden Jahrhunderte (Friedrich Schiller, Gotthold Ephraim Lessing, Johann Wolfgang von Goethe, Heinrich von Kleist, Georg Büchner etc.) sowie durch eine Vielzahl von Manuskripten internationaler Autoren (Pietro Aretino, Honoré de Balzac, Charles Baudelaire, Romain Rolland, Lord Byron, Gabriele D'Annunzio, Fjodor M. Dostojewski, Gustave Flaubert) ergänzte. Wichtigste Quellen für Neuerwerbungen wurden jedoch Auktionen, vor allem im deutschen Antiquariatshandel, wobei Zweig auch den französischen Markt und die dortigen Versteigerungen im Blick behielt. Hier spielte das Antiquariat Charavay in Paris eine bedeutende Rolle für seine Ankäufe. Der Austausch mit anderen Sammlern (darunter mit seinem Verleger Anton Kippenberg, dem Vorsitzenden der *Wiener Bibliophilen-Gesellschaft* Hans Feigl oder auch Romain Rolland) sowie Bestellungen, Anfragen und Stellungnahmen führten zu einer umfangreichen Korrespondenz auf diesem Gebiet, die wichtige Anhaltspunkte für Zweigs Entwicklung als Sammler bietet (vgl. hierzu auch Matuschek 2005, S. 7–88).

Parallel zur eigentlichen Autographensammlung baute Stefan Zweig eine zugehörige Handbibliothek auf, die die Abteilungen Auktionskataloge, Lagerkataloge sowie Handbücher und Faksimiles umfasste. Der Bestand lag Mitte der 1930er Jahre bei etwa 4000 Bänden und gehörte zweifellos zu den umfangreichsten und vollständigsten Fachbibliotheken zum Thema. Immer wieder hat Zweig darauf hingewiesen, dass es sich dabei auch um eine herausragende Quelle für wissenschaftliche Arbeiten handele, da zahlreiche Quellentexte in den Katalogen ausführlich zitiert wurden und die Kataloge in Bibliotheken oftmals nicht aufgehoben oder nur unzulänglich verzeichnet wurden. Seine Hoffnung auf die Nutzung dieser Bestände durch Dritte hat sich jedoch kaum jemals erfüllt.

Die im Lauf der Jahre erworbene Kennerschaft der Materie und des Marktes erlaubte es Zweig, seine Autographensammlung immer gezielter auszubauen. Dabei rückte eine schon sehr früh von ihm formulierte Devise immer mehr in den Mittelpunkt, nämlich die Ablehnung von Briefautographen und die Beschränkung auf Werkhandschriften, die möglichst mit reichhaltigen Korrekturen des Autors versehen waren. Selbstverständlich konnte der Markt diesen Anspruch nicht immer erfüllen, doch ist dieser Schwerpunkt in Zweigs Sammlung durchaus festzustellen. Der Leitgedanke dieser Beschränkung war die Frage nach der Entstehung von Kunstwerken, mit der sich Zweig auch in seinem Essay *Das Geheimnis des künstlerischen Schaffens* (1939) befasste (→ IV.6 DER KÜNSTLERISCHE PROZESS). Diesem Beitrag sind gut zwei Dutzend Aufsätze zum Handschriftensammeln vorangegangen, darunter *Die Autographensammlung als Kunstwerk* (1914), *Die Welt der Autographen* (1923), *Handschriften als schöpferische Dokumente* (1926) sowie *Sinn und Schönheit der Autographen* (1935). Nachdem sich Zweig zu Beginn seiner Sammeltätigkeit noch mit öffentlichen Äußerungen zum Thema und insbesondere zu seinen eigenen Sammlungsbeständen zurückgehalten hatte, fanden seine Beiträge in den Jahren nach dem Ersten Weltkrieg eine weite Verbreitung in Sammlerzeitschriften, aber auch in den Feuilletons von Tageszeitungen und in Illustrierten (für einen umfassenden Überblick über Zweigs Aufsätze zum Thema vgl. Matuschek 2005, insb. das zweite Kapitel, S. 89–162, in dem sämtliche von Zweigs Texten zum Autographensammeln abgedruckt und kommentiert wurden).

Für seine Sammlung legte Stefan Zweig einen Katalog auf Karteikarten an, die er größtenteils selbst mit Angaben zum Sammlungsstück, zur Provenienz und zu Besonderheiten beschriftete. Zusätzlich wurden diese Angaben bei Autographen geringeren Umfangs auch auf den Mappen eingetragen, in denen sie abgelegt wurden. Nachdem mehrere Sammler, mit denen Stefan Zweig in Kontakt stand, darunter sein Verleger Anton Kippenberg und der Schweizer Industrielle Karl Geigy-Hagenbach, Kataloge ihrer Sammlungen publiziert hatten oder zur Veröffentlichung vorbereiteten, entschloss sich auch Zweig dazu, ein gedrucktes Verzeichnis seiner Sammlung zu erstellen. Die Arbeiten begannen Mitte der 1920er Jahre und zogen sich erheblich hin. Mit Anton Kippenberg hatte Stefan Zweig die Absprache getroffen, dass der Band im Herbst 1931 aus Anlass seines 50. Geburtstags im Insel Verlag erscheinen sollte. Mit Näherrücken dieses Zeitpunkts distanzierte sich Zweig jedoch immer mehr von dem Projekt und gab es schließlich ganz auf. Eine seiner Begründungen hierfür war, dass er in Zeiten allgemeiner Not seinen Reichtum nicht öffentlich ausstellen wollte. Tatsächlich hat auch der Gedanke, dass die Sammlung wegen ihrer Bedeutung in ihrer Gesamtheit unter staatlichen Schutz hätte gestellt werden können, eine Rolle gespielt, denn in der Folge wären keine Abgaben, Verkäufe und Tauschgeschäfte mehr möglich gewesen. Das Manuskript des begonnenen Sammlungskatalogs ist verschollen.

Mit Stefan Zweigs Gang in das Exil 1934 wandelte sich der Charakter seiner Autographensammlung erheblich, denn bei der Auflösung seines Salzburger Haushalts hatte er sich auch zu einer radikalen Verkleinerung des Sammlungsbestandes entschlossen. Die bisherige, nahezu enzyklopädische Anlage der Sammlung wurde nun zugunsten einer Auswahl von Spitzenstücken aufgegeben. Die Teilauflösung erfolgte in mehreren Schritten:

- Dem Wiener Antiquar Heinrich Hinterberger übergab Zweig 1936 rund 300 Handschriften aus seiner Sammlung zum Verkauf. Hinterberger stellte daraufhin einen ersten Katalog zusammen (Heinrich Hinterberger: *Katalog IX, Original-Manuskripte deutscher Dichter und Denker. Musikalische Meister-Handschriften deutscher und ausländischer Komponisten. Eine berühmte Sammlung repräsentativer Handschriften, 1. Teil*, Wien o.J. [1936]). Nach anfänglich zögerlichem Verkauf übernahm der Schweizer Sammler Martin Bodmer in Zürich beinahe den kompletten angebotenen Bestand und zusätzlich auch die meisten der etwa 250 ausländischen Handschriften aus Zweigs Besitz, für die Hinterberger ursprünglich den Druck eines weiteren Katalogs geplant hatte. Die von Martin Bodmer erworbenen Stücke aus der Sammlung Zweig befinden sich heute in der Bibliotheca Bodmeriana in Cologny bei Genf.
- Der Theatersammlung der Nationalbibliothek in Wien überließ Stefan Zweig im Jahr 1937 rund 100 Handschriften vor allem von zeitgenössischen Dichtern. Offiziell als Schenkung ausgegeben, handelte es sich hierbei um eine Kompensation in Zusammenhang mit aufgelaufenen Steuerschulden Zweigs, die der mit ihm

befreundete Leiter der Theatersammlung Joseph Gregor arrangiert hatte. Heute sind diese Autographen Teil der Handschriftensammlung des Österreichischen Theatermuseums in Wien (vgl. Mühlegger-Henhapel 2014).
– Die Vorgängerinstitution der National Library of Israel in Jerusalem, wo die Materialien heute zu finden sind, bekam 1937 neben der umfangreichen Schenkung der bei Stefan Zweig eingegangenen Korrespondenzen (→ VII.4 Nachlass) 38 Autographen aus seiner Sammlung, deren Zusammenstellung allerdings eher zufällig zustande gekommen und nicht speziell auf die Schwerpunkte der Bibliothek ausgerichtet war.

Neben diesen Abgaben war es auch zu einzelnen Verkäufen und Schenkungen gekommen, so dass noch rund 180 Sammlungsstücke vorhanden waren, als Stefan Zweig nach London zog. Obwohl er verschiedentlich betont hatte, dass er die Lust am Sammeln gänzlich verloren habe, kaufte er schon bald neue Stücke an. Dabei wandelte sich sowohl die Ausrichtung der Sammlung als auch der Preis der Erwerbungen. Nachdem der Bereich der Musikerautographen bereits in den letzten Salzburger Jahren an Bedeutung gewonnen hatte, rückte er nun noch weiter in den Mittelpunkt des Interesses. Da Erwerbungen in diesem Segment ohnehin meist wesentlich teurer waren als literarische und historische Handschriften, nutzte Zweig diese Ankäufe auch gezielt, um Teile seines Vermögens in hochpreisige Autographen zu investieren und so vor möglichen Währungsschwankungen zu sichern.

Parallel zu dieser Entwicklung entfielen die Möglichkeiten, in den früher bevorzugten Antiquariaten im Deutschen Reich wie den Berliner Häusern Henrici (das bereits 1929 Insolvenz angemeldet hatte) und Liepmanssohn (dessen jüdischer Eigentümer 1936 nach London geflüchtet war) kaufen zu können. Dies führte verstärkt zu Erwerbungen beim Auktionshaus Sotheby's und dem Antiquariat Maggs Bros. in London, wobei Letzteres für Zweig auch gelegentlich als Agent bei Auktionen auftrat. Eine wichtige Rolle kam in den kommenden Jahren dem aus Frankfurt am Main geflüchteten Antiquar Heinrich Eisemann zu, der Zweig in Sammlungsfragen beriet und eine Reihe von Ankäufen aus Privatbesitz für ihn organisierte. So ergab sich beinahe zwangsläufig eine Verschiebung der Sammlungsschwerpunkte, denn das Angebot der genannten Häuser war am Standort London wesentlich internationaler ausgerichtet, und Handschriften aus der deutschen Literatur spielten hier, von wenigen Ausnahmen abgesehen, keine nennenswerte Rolle.

Als Stefan und Lotte Zweig 1940 ihr Haus in Bath verließen und nach Amerika reisten, blieb der größte Teil seiner noch vorhandenen Sammlung in England zurück und war im Safe einer Londoner Bank deponiert. Von diesem Zeitpunkt bis zu seinem Tod im Februar 1942 hat Stefan Zweig kaum mehr weitere Handschriften für seine Sammlung erworben. Unter den wenigen persönlichen Dingen, die an seinem Sterbeort in Petrópolis gefunden wurden, waren auch einige besonders wertvolle Autographen, die er nicht zuletzt als finanzielle Absicherung für Notfälle mit sich geführt hatte. Der in England und Brasilien hinterlassene Kernbestand der Autographensammlung Stefan Zweigs umfasste noch rund 200 Stücke und wurde von seinen Erben in den Jahren 1986/1987 zum allergrößten Teil an die British Library in London übergeben (vgl. Searle 1999).

Insgesamt können heute noch rund 1000 Autographen nachgewiesen werden, die Stefan Zweig im Lauf seines Lebens besessen hat, weshalb hier nur ein entsprechend knapper Überblick über den Gesamtbestand gegeben werden kann. Zum Bereich der deutschsprachigen Literatur, die zu Beginn den Schwerpunkt der Sammlung bildete, zählen beispielsweise Entwürfe zu *Leonce und Lena* (1836) von Georg Büchner, Joseph von Eichendorffs Gedicht *In einem kühlen Grunde* (1813), 17 Handschriften und sieben Zeichnungen Johann Wolfgang von Goethes, darunter das *Mailied* (1775), 14 Autographen Friedrich Hölderlins, sechs Texte und ein Musikmanuskript Friedrich Nietzsches, sechs Autographen Friedrich Schillers, dabei ein Fragment aus *Wilhelm Tell* (1804), sowie von Ludwig Uhland die Handschrift des Gedichts *Der gute Kamerad* (1809). Unter zahlreichen Zeitgenossen waren Hermann Hesse mit *Heumond* (1905), Rainer Maria Rilke mit *Die Weise von Liebe und Tod des Cornets Christoph Rilke* (1906) und Joseph Roth mit dem Roman *Rechts und Links* (1929) in Zweigs Sammlung vertreten. An fremdsprachigen Autographen sind mehrere Handschriften Honoré de Balzacs, ein Fragment aus *David Copperfield* (1850) von Charles Dickens, ein Teil von Lew N. Tolstois *Kreutzer-Sonate* (1890) und mehrere Gedichte Oscar Wildes zu nennen. Von bildenden Künstlern waren nur vergleichsweise wenige Blätter vorhanden, wovon eine mit Anmerkungen versehene Skizze Leonardo da Vincis hervorzuheben ist. Autographen historischer Persönlichkeiten in der Sammlung stehen zumeist in Verbindung mit Werken Zweigs, wie Briefe der Königin Marie Antoinette oder Joseph Fouchés, für die Ausnahmen von der Beschränkung auf Werkmanuskripte gemacht worden waren.

Zu den rund 170 Musikerhandschriften zählen Teile aus mehreren Kantaten Johann Sebastian Bachs, 13 Autographen Ludwig van Beethovens, darunter ein Fragment aus *Egmont* (1810), drei Kompositionen Georg Friedrich Händels, 19 Handschriften Wolfgang Amadeus Mozarts, die meisten davon Kompositionen wie das Lied *Das Veilchen* (1785), aber auch sein eigenhändiges Werkverzeichnis und sein Ehevertrag, sowie von Franz Schubert unter anderem das Lied *An die Musik* (1827). Für kurze Zeit besaß Stefan Zweig zudem gleichzeitig die Handschriften von Heinrich Hoffmann von Fallerslebens Gedicht *Das Lied der Deutschen* (1841) und Joseph Haydns Klaviervariationen auf das Thema *Gott erhalte Franz den Kaiser* (1797) und hatte somit Text und Melodie der deutschen Nationalhymne vereint. Als Besonderheit hatte er für seine Sammlung von der Wiener Familie von Breuning im Jahr 1929 eine ganze Reihe von Erinnerungsstücken Ludwig van Beethovens erwerben können, darunter dessen Schreibtisch, eine Violine, eine Geldkassette und ein Klappschreibpult. Die meisten dieser Objekte verkauften Zweigs Erben an den Schweizer Sammler Hans Conrad Bodmer, aus dessen Besitz sie später in das Beethoven-Haus in Bonn gelangten.

Der Autographensammlung kommt in ihrer Gesamtheit eine Schlüsselrolle zum Verständnis von Stefan Zweigs historischer Weltsicht und seinem Zugang zu den Biografien literarischer und geschichtlicher Persönlichkeiten zu. Dabei konnte er durch seine Kenntnis auf dem Gebiet der Handschriftenkunde und den alltäglichen Umgang mit historischen Dokumenten bei der Vorbereitung seiner historischen Biografien ohne Schwierigkeiten auch auf ungedruckte Materialien zurückgreifen und sich so neue und bis dahin oftmals ungenutzte Quellen für seine Arbeit erschließen. Vor allem aber war es ihm mit Hilfe der Autographen nach eigenem Bekunden möglich, sich dem Schaffen fremder Personen und der Gedankenwelt vergangener Zeitalter nähern zu können. Dementsprechend sind von beinahe allen Personen, mit denen Zweig sich in seinen historischen Biografien und Essays beschäftigt hatte, auch Autographen in seiner Sammlung vorhanden gewesen.

Zweigs besonderes Interesse galt darüber hinaus dem schöpferischen Prozess, den er in korrigierten Werkmanuskripten nachzuverfolgen versuchte. Dies wird vor allem auch an seiner jahrzehntelangen Beschäftigung mit Leben und Werk Honoré de Balzacs deutlich, in der das Studium der Handschriften eine besondere Rolle einnahm. Zweig selbst besaß von Balzac unter anderem über 700 Seiten der mit umfassenden Korrekturen versehenen Druckfahnen des Romans *Une ténébreuse affaire* (1841), zu denen er sich auch in seinem Aufsatz *Die unterirdischen Bücher Balzacs* (1917) geäußert hat.

Stefan Zweig

Zweig, Stefan (1988[2]): Sinn und Schönheit der Autographen. In: Ders.: Das Geheimnis des künstlerischen Schaffens. Frankfurt a.M.: Fischer Taschenbuch, S. 210–219.
Zweig, Stefan (1995): Briefe. Bd. I: 1897–1914. Hg. v. Knut Beck, Jeffrey B. Berlin u. Natascha Weschenbach-Feggeler. Frankfurt a.M.: S. Fischer.
Zweig, Stefan (2007[2]): Das Geheimnis des künstlerischen Schaffens. In: Ders.: Das Geheimnis des künstlerischen Schaffens. GWE. Hg. v. Knut Beck. Frankfurt a.M.: S. Fischer, S. 348–371.
Zweig, Stefan (2007[5]): Die Welt von Gestern. Erinnerungen eines Europäers. GWE. Frankfurt a.M.: S. Fischer.

Weitere Literatur

Bircher, Martin (Hg.) (1996): Stefan Zweigs Welt der Autographen. Ausstellungskatalog. Zürich: Offizin/Strauhof, Präsidialdepartement der Stadt Zürich.
Matuschek, Oliver (Hg.) (2005): „Ich kenne den Zauber der Schrift". Katalog und Geschichte der Autographensammlung Stefan Zweig. Mit kommentiertem Abdruck v. Stefan Zweigs Aufsätzen über das Sammeln von Handschriften. Wien: Inlibris.
Mühlegger-Henhapel, Christiane (2014): „Etwas wunderbar Substanzloses …". Die Autographensammlung Stefan Zweigs im Wiener Theatermuseum. In: Renoldner, Klemens (Hg.): Stefan Zweig – Abschied von Europa. Wien: Brandstätter/Theatermuseum, S. 215–238.
Pausch, Oskar (1995): Geheimnis der Schöpfung. Die Autographensammlung Stefan Zweigs im österreichischen Theatermuseum. Wien u.a.: Böhlau.
Searle, Arthur (1999): The British Library Stefan Zweig Collection, catalogue of the music manuscripts. London: British Library.
The British Library Stefan Zweig Collection (Hg.) (2017): Catalogue of the Literary and Historical Manuscripts. London: British Library.

IV. Systematische Aspekte: Literatur, Kunst, Kultur

1. Erzählformen
Matthias Aumüller

1. Korpus und Forschungslage 625
2. Thematik und Generizität 627
3. Erzählstrukturen I: Zeitgestaltung 628
4. Erzählstrukturen II: Narrative Instanzen und narrative Ebenen 629
5. Erzählstrukturen III: Perspektive und Modus 631
6. Forschungsperspektiven 632

1. Korpus und Forschungslage

Stefan Zweig gilt nicht als innovativer, sondern als traditioneller Erzähler. Dieser Eindruck ist zum einen darauf gegründet, dass Zweigs Erzählungen häufig von Rahmenstrukturen bestimmt werden, einem traditionellen Erzählverfahren zur Steigerung von fiktiver Authentizität, das in die Epoche der Relativierung hergebrachter Gewissheiten nicht zu passen scheint. Zum anderen wird Zweigs Erzählungen ein hohes Maß an Kohärenz und Geschlossenheit, ja an Überexplizitheit zugeschrieben, ebenfalls Merkmale traditionellen Erzählens. Einzig in thematischer Hinsicht wird Zweig Anschluss an die Moderne zugebilligt. Seine Darstellungen psychologischer Motivationen und Widersprüche lassen fraglos erkennen, dass sie in die Zeit Arthur Schnitzlers und Sigmund Freuds gehören. Doch auch in diesem Kontext wird gerade Zweigs Frühwerk als epigonal eingeschätzt, als „ein Abklatsch der Wiener Moderne" (Sprengel 2004, S. 250; vgl. auch Schmidt 1998). „Stilistisch unsicher bis zum Kitschigen", weise Zweigs Frühwerk detaillierte „Parallelen zu bestimmten Erzählungen Schnitzlers" auf (Sprengel 2004, S. 251). Zweigs Kult großer Gefühle und übersteigerter Empfindungen (viele Erzählungen enden mit Selbstmord; → V.10 SUIZID), seine Konzentration auf die bisherige Existenz erschütternde Augenblicke absoluter Subjektivität wirken auf viele Leser übertrieben und scheinen mit modernetypischer Skepsis kaum vereinbar zu sein. Indes steigt die Wertschätzung mit Bezug auf die reifen Erzählungen.

Generisch gesehen, lässt sich Zweigs Erzählwerk in mehrere Bereiche gliedern: die Biografien (samt Autobiografie und anderen Sachtexten bzw. faktualen Erzählwerken), die Erzählungen bzw. Novellen, die Legenden und den Roman (sowie Romanfragmente). Der Schwerpunkt der folgenden Darstellung wird auf den fiktionalen Erzählungen liegen. Sie unterliegen weniger Zwängen als die faktualen Texte und konstituieren zugleich neben den Biografien dasjenige Korpus, das Zweig als Erzähler am besten repräsentiert. Außerdem lassen sich durch die Konzentration auf einen Teilbereich auch die Besonderheiten der anderen Teilbereiche genauer benennen, die deshalb zu Differenzierungszwecken zusätzlich in den Blick genommen werden.

Auch wenn behauptet wurde, dass „die Stefan-Zweig-Forschung von biographisch orientierten Untersuchungen geprägt" sei (Lembke 2009, S. 227; so auch schon Lent 1956, S. 2), ist Zweigs Erzählwerk seit den 1950er Jahren immer auch in struktureller Hinsicht untersucht worden, vorzugsweise in Dissertationen. Abhandlungen mit biografistischer Interpretationskonzeption verzichten nicht notwendigerweise auf textanalytische Zuschreibungen. So finden sich in Randolph J. Klawiters Dissertation Hinweise zu Besonderheiten der Rahmenstrukturen (vgl. Klawiter 1961, S. 42–49) und zu Zweigs Neigung zu zyklisch geordneten Publikationen (vgl. S. 49–56). Da Klawiter – wie später David Turner (1988) – Zweigs gesamtes fiktionales Erzählwerk in einem abhandeln, pendeln seine Beobachtungen zwischen Verallgemeinerung und einer Reihung von Einzelbetrachtungen. Turners Monografie zeichnet sich ebenfalls durch in weiten Teilen inhaltsorientierte Analysen der psychologischen und ideologischen Standpunkte aus, die in Zweigs Erzählungen zum Ausdruck kommen. Während es Klawiter letztlich auf die autobiografischen Anteile im Erzählwerk ankommt, ist es Turner darum zu tun, die für dieses Werk spezifischen Eigenschaften herauszuarbeiten, die es von anderen unterscheiden. Auf eine Einordnung in den geistesgeschichtlichen Kontext von Zweigs Werk zielt hingegen Ingrid Lent (1956) ab, die exemplarisch drei Erzählungen (*Die Mondscheingasse*, 1914; *Untergang eines Herzens*, 1927; *Schachnovelle*, 1942) eingehend untersucht. Sie zieht Linien zur Wiener Moderne und zur Neuromantik, zum Expressionismus und zu einem ‚neuen Realismus'. Ausgehend von einer dreiteiligen Binnenentwicklung des Œuvres, findet sie bei Zweig zwei Haupttypen realisiert, von denen der erste – „der einfache, einteilige, in dessen Mittelpunkt meist nur eine Person steht" (Lent 1956, S. 218) – auf die Tradition der Wiener Schule einerseits und die Neuromantik andererseits zurückgehen soll. Dem gegenüber steht Lent zufolge der „zweiteilige, dramatischere [Typ], mit zwei Hauptpersonen", der für sie Zweigs eigenständigen Beitrag zu einem neuen Realismus ausmacht und „keine Beziehung zu zeitgenössischen Novellen" aufweist (S. 218). Wie Lent konzentrieren sich auch Michaela Meyer (2009) und Madlen Hunger (2010) auf ausgewählte Einzelwerke, die sie jeweils einer eingehenden Analyse unterziehen. Meyer, der es um den Zusammenhang von psychoanalytischer Theorie und Textkonstruktion geht, untersucht auf der Basis einer an Gérard Genette (1998) orientierten Systematik *Brennendes Geheimnis* (1911) und *Verwirrung der Gefühle* (1927), Hunger die Erzählanfänge von *Vergessene Träume* (1900), *Untergang eines Herzens* und *Schachnovelle* sowie dreier Biografien. Während es ihr Verdienst ist, die zwei dominierenden Korpora von Zweigs Erzählwerk einer vergleichenden Untersuchung unterzogen zu haben, bietet Meyer eine aufschlussreiche Analyse mit Hilfe etablierter narratologischer Kategorien (speziell zu den Biografien vgl. Alami 1989; Görner 2011; Strigl 2012). Wiederum stärker inhaltsbezogen ist die Untersuchung der Frauenfiguren in Zweigs Erzählwerk von Mirjam Schmidt (1998). Auch von den Einzeluntersuchungen haben nur wenige eine narratologisch orientierte Fragestellung. Neben Gerrit Lembke (2009) ist hier vor allem Bengt Algot Sørensens (1987) Beitrag zur Zeitgestaltung zu nennen. Die einschlägig erscheinenden Untersuchungen von Peter André Bloch (2011) und Michel Reffet (2011) sind eher allgemein gehalten.

Einen weitaus größeren Anteil an der Zweig-Forschung haben thematisch orientierte Untersuchungen wie z.B. Ingrid Spörks (2007) Studie zur Geschlechterdarstellung und Machtdiskursen. Doch gibt es auch unter ihnen immer wieder Beiträge, deren Erkenntnisse von strukturellen Beobachtungen im Text ausgehen, so Matthias Hurst (2004) zu *Brennendes Geheimnis* oder Matjaž Birk (2007) am Beispiel von *Angst* (1913) mit dem Ziel, Unterschiede zum Werk Arthur Schnitzlers und der

Wiener Moderne zu benennen, oder die medienkomparativen Untersuchungen von Tomas Sommadossi (2008) und Eugenio Spedicato (2008).

2. Thematik und Generizität

Auch die fiktionalen Erzählungen lassen sich noch einmal unterteilen. Legt man den Zeitraum der erzählten Geschichte als Unterscheidungskriterium zugrunde, steht wenigen historischen Erzählungen wie *Die Hochzeit von Lyon* (1927) über einen Vorgang aus der Zeit nach der Französischen Revolution, *Geschichte eines Unterganges* (1910) über Madame de Prie, die Mätresse des französischen Premierministers unter Ludwig XIV., *Das Kreuz* (1906) über einen napoleonischen Offizier und *Die Wunder des Lebens* (1904) über einen Renaissance-Maler und sein Modell eine Mehrzahl von Erzählungen gegenüber, deren Handlungen zu Lebzeiten Zweigs angesiedelt sind, wenngleich nicht immer in der unmittelbaren Gegenwart ihrer Entstehung (→ IV.4 Sprache und Metaphorik).

Das den Erzählungen gemeinsame Thema wurde einmal treffend so zusammengefasst: „Ein Mensch, der bisher ein alltägliches, konventionelles Leben führte, wird plötzlich von einer monomanischen Leidenschaft überwältigt, die ihn zu zerstören droht" (Müller 1988, S. 75). Diese Leidenschaft ist in den meisten Fällen die Liebe in verschiedenen Erscheinungsformen. So sind die frühen Erzählungen *Der Stern über dem Walde* und *Die Liebe der Erika Ewald* aus Zweigs gleichnamigem ersten Novellenband aus dem Jahr 1904 von Hingabe und Schwärmerei (mit bisweilen tödlichem Ausgang) geprägt und die, wie der Untertitel lautet, *Vier Geschichten aus Kinderland* des zweiten Bandes *Erstes Erlebnis* (1911) von der Konfrontation Heranwachsender mit der Sexualität. Neben der *Angst* einer verheirateten Frau in Verbindung mit ihrer Liebesaffäre in der gleichnamigen Novelle, die erstmals 1913 publiziert wurde, sind es nicht selten Formen der *amour fou*, die die Betroffenen zu einem nicht alltäglichen Verhalten veranlassen wie in *Die Mondscheingasse*, *Der Amokläufer* (1922) und *Vierundzwanzig Stunden aus dem Leben einer Frau* (1925). Neben einigen weiteren Erzählungen, die bestimmte zwischenmenschliche Konstellationen zum Gegenstand haben, ist die Darstellung außergewöhnlicher kognitiver Begabungen eine Gemeinsamkeit von *Buchmendel* (1929) und *Schachnovelle*.

Wie schon Zweigs erster Band mit Erzählungen 1904 den Untertitel *Novellen* trug, so waren auch die späteren mit dieser Bezeichnung versehen, die *Novellen einer Leidenschaft* des Bandes *Amok* (1922) und die *Drei Novellen* des Bandes *Verwirrung der Gefühle* ebenso wie verschiedene einzeln veröffentlichte Erzählungen: *Angst*, sowohl in der in Fortsetzung in der *Neuen Freien Presse* abgedruckten Fassung von 1913 als auch in der gekürzten Buchfassung von 1925, sowie *Der Zwang* (1920). Nach Klawiter (1961, S. 41) unterschied Zweig nicht zwischen Erzählung und Novelle. Die häufige Verwendung des Ausdrucks in den Untertiteln könnte darauf hinweisen, dass Zweig seine Erzählungen in die Tradition des 19. Jahrhunderts einordnete und damit also nicht den von der Moderne vertretenen Anspruch anzeigte, mit der Tradition zu brechen. Doch war diese Genrebezeichnung auch unter denjenigen gebräuchlich, deren Zugehörigkeit zur Moderne nicht, wie jene Zweigs, in Frage steht (wie z.B. bei Schnitzler). Was Zweigs Erzählungen angeht, lässt sich unschwer erkennen, dass sie auch strukturell an die normative Novellenpoetik des 19. Jahrhunderts (Goethe, Heyse) anknüpfen. Tatsächlich erfüllt Zweig das Gebot der Schilderung einer „unerhörten Begebenheit" in vielen Fällen und scheint es zuweilen ganz wörtlich zu nehmen, zuletzt in der *Schachnovelle*, in der Dr. B. sich ohne Brett so gut Schach zu spielen beibringt, dass er den amtierenden Weltmeister Czentovic besiegt. Die Darstellung solcher Begebenheiten trug ihm den Vorwurf ein, übertriebene und unglaubwürdige Handlungen erfunden zu haben (vgl. Burschell 1992, S. 56). Das heißt aber nicht, dass Zweig sich damit auch die deutsche Novelle zum Vorbild genommen hätte. So lässt er einmal eine Figur die „deutschen Novellisten" als „lyrisch verstiegen, breit, sentimentalisch, langweilig" charakterisieren (Zweig GWE, Sommernovellette, S. 14).

Die meist überaus deutlich markierten Wendepunkte im Schicksal der Hauptfiguren sind die zweite Eigenschaft, durch die vielen Erzählungen Zweigs die Novellengattung strukturell eingeschrieben ist. In der Regel ist in Zweigs Erzählungen „die magische Sekunde zweifellos mit dem Moment identisch, in dem die unbewußte Welt der Instinkte und Leidenschaften durch die dünne Schicht der Zivilisation und der konventionellen Moral durchbricht, die betroffene Person mit einer bisher unbekannten, übermächtigen Wirklichkeit konfrontiert und so ihrem Leben eine unerwartete, radikale Wendung gibt" (Sørensen 1987, S. 76).

Diese Feststellung führt zu einem ersten von drei an der Systematik von Genette orientierten narratologischen Aspekten: der Zeitgestaltung.

3. Erzählstrukturen I: Zeitgestaltung

Im Gegensatz zu den Biografien wie auch zu den Legenden handeln Zweigs Erzählungen nicht das gesamte Leben der jeweiligen Hauptfigur/en ab, sondern präsentieren einen Ausschnitt. Lebensphasen jenseits dieser Ausschnitte werden, wenn überhaupt, sehr stark gerafft dargestellt. Die zeitliche Ausdehnung der Ausschnitte variiert, umfasst aber selten mehr als einige Tage oder Wochen. Zuweilen ist sie bereits im Titel genannt: *Phantastische Nacht* (1922) und *Vierundzwanzig Stunden aus dem Leben einer Frau*. Während man in beiden Erzählungen über das weitere Schicksal der intradiegetischen Erzählerprotagonisten im extradiegetischen Rahmen kaum etwas erfährt (etwa den Tod des Barons Friedrich Michael von R... rund ein Jahr nach der Niederschrift seiner nächtlichen Erlebnisse), gibt der Baron in seiner intradiegetischen Erzählung zumindest einige Hinweise auf sein abgestumpftes Vorleben, das als Kontrastfolie für die ‚phantastischen' Erlebnisse der ausführlich erzählten Nacht dient. Demgegenüber beschränkt sich Mrs. C. auf die Erwähnung, dass sie zu der Zeit ihrer Erlebnisse bereits Witwe war, und auf einige epilogartige Ausführungen über das weitere Schicksal des jungen polnischen Spielers, mit dem sie eine Nacht und einen Tag verbracht hat, sowie über ihre Gefühle danach.

Dieser Befund lässt sich auf viele andere Erzählungen übertragen, von denen gerade manche kürzere einen ausgeprägten anekdotenhaften Charakter haben; so z.B. *Das Kreuz* (1906), die Geschichte eines Colonels der napoleonischen Armee, der einen spanischen Angriff als einziger übersteht und der nach der Ermordung eines spanischen Zivilisten, dessen Kleidung er anlegt, schließlich von den eigenen Truppen erschlagen wird. Seine wahre Identität bleibt auch nach seinem Tod im Dunklen. Ähnlich gelagert ist schon die Pointe in *Der Stern über dem Walde* (1904). Hier erfährt eine an der Riviera urlaubende polnische Gräfin, in die sich ein Kellner verliebt hat, weder von seinem Selbstmord mit Hilfe des Zuges, in dem sie abreist, noch überhaupt von seiner Liebe zu ihr.

1. Erzählformen 629

Andere Erzählungen wiederum haben eher einen verlaufsartigen Charakter, so *Die Liebe der Erika Ewald*, *Angst* und *Verwirrung der Gefühle*. Hier ist es weniger eine punktuelle Erfahrung wie in den anekdotischen Erzählungen, die der Gegenstand des Textes ist und zumeist den Wendepunkt im Leben der Protagonisten bildet, sondern eine Erfahrung, die sich im Verlauf einer bestimmten Zeit wiederholt und intensiviert und auf einen Höhepunkt zusteuert. Der Wendepunkt kann auch am Anfang gesetzt sein wie in der Binnenerzählung im *Amokläufer*, in der der Arzt von der Bekanntschaft mit einer Dame berichtet, der er rettungslos verfällt. Hauptgegenstand der Erzählung ist dann aber der Fortgang der Leidenschaft.

Kennzeichnend für die Zeitgestaltung ist nicht nur, dass Zweig in den Passagen, die die zentralen Erlebnisse der Figuren präsentieren, die erzählte Zeit im Vergleich zur Erzählzeit stark reduziert, sondern dass das zeitlich Gedrängte in die Lexik des Erzähldiskurses Eingang findet. So bestimmt Sørensen die „Häufigkeit, mit der Wörter und Ausdrücke wie ‚Augenblick‘, ‚Moment‘, ‚Sekunde‘, ‚Stunde‘ und so weiter wiederkehren", als „charakteristisches und bemerkenswertes Merkmal in fast allen Erzählungen von Stefan Zweig". Diese beziehen sich „nicht nur auf ein einmaliges Erlebnis im Leben einer Hauptfigur", sondern auch auf „nahezu jede Phase in der Abfolge der Begebenheiten": „Die Reduktion der Größe der Zeiteinheiten auf ein Minimum entspricht dabei dem Maximum an emotionaler Intensität, mit der die plötzlichen Manifestationen leidenschaftlichen Lebens vorgestellt werden." (Sørensen 1987, S. 72)

Die damit einhergehende Konzentration auf das Wesentliche erklärt die Zurückhaltung einer bestimmten Leserklientel gegenüber Zweigs Erzählkunst, da diese Passagen nicht auf Mehrdeutigkeit angelegt sind. Im Gegenteil, erkennbares Ziel dieser Zeitgestaltung ist die Erzeugung von psychischer Unmittelbarkeit, die als literarisch vermittelte Konstruktion zwar nicht weniger kunstvoll ist, aber in epochenästhetischer Hinsicht nicht die Poetik der Moderne repräsentiert, sondern auf den Realismus zurückverweist. Entsprechend ist eine alternative Zeitgestaltung wie iteratives Erzählen bei Zweig kaum anzutreffen oder zu Zwecken der Kontrasterzeugung sehr knapp gehalten, vielleicht am auffälligsten noch bei der gerafften Darstellung des Vorlebens des Dienstmädchens Crescentia in *Leporella* (1928), bevor es seine letzte, entscheidende Anstellung findet. Auch Anachronien, also Abweichungen vom chronologisch-linearen Ablauf der erzählten Zeit, sind nicht bestimmend für Zweigs Erzählungen. Sie haben bei ihm stets explanativen Charakter und sorgen auf diese Weise mehr für Kohärenz, als dass sie sie aufbrächen. Diese Beobachtung stimmt mit Zweigs poetologischem Programm überein, für das er in einem Brief an Felix Langer vom 28. September 1926 selbst seine „Ungeduld" als kennzeichnend ansieht, „das Urelement alles Epischen" (Zweig, Br III, S. 166). Später spricht er auch von seiner Abneigung gegen „alles Überflüssig-Retardierende" in der Literatur (Zweig GWE, Die Welt von Gestern, S. 363).

4. Erzählstrukturen II: Narrative Instanzen und narrative Ebenen

Die Rahmenstrukturen sind ein weiteres auffälliges Merkmal, das zwar nicht alle Erzählungen besitzen, aber viele. Bereits im Band *Erstes Erlebnis* haben zwei Erzählungen Rahmenstrukturen: *Geschichte in der Dämmerung* (1908) und *Sommernovellette* (1906). Während der Rahmen dort eher eine atmosphärische Funktion hat und die intradiegetisch-heterodiegetische Geschichte des 15-jährigen Bob als Fiktion innerhalb der Fiktion ausgewiesen wird, sind Rahmen- und Binnenerzählung in der *Sommernovellette* durch eine Pointe aufeinander bezogen: Der Ich-Erzähler der Rahmengeschichte stellt eine These über die wahre Intention des intradiegetischen Ich-Erzählers, eines Livländers, auf, der einer 16-Jährigen fiktive Liebesbriefe geschrieben hat. Im abschließenden Gespräch der Rahmenhandlung erweist sich durch die Reaktion des Livländers, dass die in seinen Briefen ausgedrückten Gefühle für das Mädchen gar nicht so fingiert waren, wie er in seiner Binnenerzählung glauben machen wollte.

Im Unterschied zu den genannten Erzählungen, in denen die Binnengeschichte weniger von einer Rahmen*geschichte* als von einer Rahmen*situation* vollständig umschlossen werden, ist Zweigs Gebrauch von Rahmenstrukturen in den späteren Erzählungen variabler. Zu nennen ist *Die unsichtbare Sammlung* (1925), in der die situative extradiegetische Ebene (Zugfahrt, auf der der Ich-Erzähler einen entfernt bekannten Antiquar trifft, der der intradiegetische Erzähler ist) nur als Einleitung dient und am Schluss nicht wieder aufgenommen wird. In *Phantastische Nacht* und *Verwirrung der Gefühle* wird die intradiegetische Erzählung demgegenüber jeweils als Dokument präsentiert: hier als „*Private Aufzeichnungen des Geheimrates R. v. D.*" (Zweig GWE, Verwirrung der Gefühle, S. 182), in denen der Geheimrat die Geschichte seiner Beziehungen zu seinem für ihn wichtigsten akademischen Lehrer niederschreibt, und dort als hinterlassenes Manuskript des intradiegetisch-autodiegetischen Autors, das vom extradiegetischen Erzähler zitiert wird. Auch hier wird die Ebene des Rahmens nicht wieder aufgegriffen, sondern endet auf der intradiegetischen Ebene.

In anderen Fällen ist die Rahmenebene stärker integriert, so etwa in *Vierundzwanzig Stunden aus dem Leben einer Frau*, aber auch im *Amokläufer*. In beiden Erzählungen wird dem Ich-Erzähler der Rahmengeschichte eine intradiegetische Geschichte gesprächsweise vermittelt. Die intradiegetische Erzählung wird mehrmals vom Dialog der Rahmenerzählung unterbrochen. In beiden Fällen ist die Rahmenerzählung nicht nur deutlich länger und mit mehr Eigengewicht versehen, sondern enthält auch eine eigene Geschichte, im ersten Fall die Geschichte der Frau Henriette, die ihren Mann überraschend verlässt, und der Reaktionen anderer Hotelgäste, zu denen der Ich-Erzähler und Mrs. C. gehören; im zweiten Fall die Schilderung einer Schiffspassage mit dem finalen Ereignis beim Löschen der Ladung nach der Ankunft, als der Amokläufer sich auf den Stahlsarg seiner Angebeteten wirft und ihn ins Meer reißt, was der Ich-Erzähler erst nachträglich erfährt, als er von einem Landgang zurückkehrt.

Noch stärker ineinander verzahnt sind die verschiedenen narrativen Ebenen in den Erzählungen *Die Mondscheingasse* und *Schachnovelle*. Hier sind schon die Proportionen der verschiedenen Geschichten umgekehrt. Die intradiegetische Erzählung des gedemütigten Ehemannes, der seiner weggelaufenen und sich als Prostituierte verdingenden Ehefrau hinterherreist, in der *Mondscheingasse* und jene des Dr. B. über seine Gestapo-Haft in der *Schachnovelle* nehmen jeweils etwas weniger als die Hälfte der Gesamterzählung ein. Während in den zuvor genannten Beispielen die Rahmen- den Binnengeschichten zumeist subordiniert sind, sind die beiden Ebenen hier zumindest gleichberechtigt. In der *Schachnovelle* ist mit der Vorgeschichte von Czentovic zudem eine zweite Binnengeschichte integriert, die der Ich-Erzähler als Nacherzählung eines Gesprächs mit einem befreundeten Passagier präsentiert. Lent (1956, S. 49) macht mit Bezug auf *Die Mondscheingasse* auf zwei Effekte dieser Gestaltungsweise aufmerksam: auf die multilaterale Verteilung von Höhepunkten und auf den Polyperspektivismus, der durch die Parallelisierung der Blickwinkel von Frau, Mann und Erzähler entsteht.

Eine komplexe Rahmenstruktur weist *Buchmendel* auf. Diese Erzählung hat einen Ich-Erzähler, der aber nur streckenweise homodiegetisch erzählt. Nicht seine eigene Geschichte erzählt er, sondern die des Buchmendel, dessen späteres Schicksal er jedoch nicht aus eigener Anschauung kennt. Ergänzend präsentiert er eine eingelagerte Erzählung, die sich auf der zeitlich späteren Ebene aus der Erinnerung des Ich-Erzählers (homodiegetischer Teil) und seinem Gespräch mit einer Toilettenfrau zusammensetzt, deren Rede teils direkt, teils indirekt wiedergegeben wird (heterodiegetischer Teil mit Bezug auf die äußere Ebene). Frau Sporschil rückt damit partiell zu einer sekundären Erzählinstanz auf, die diese Teile intradiegetisch-homodiegetisch wiedergibt.

Durch die häufigen Rahmenstrukturen bedingt, nehmen intradiegetische Erzählinstanzen einen hohen Stellenwert in Zweigs Werk ein. Auch wenn es mitunter naheliegt, die Züge einiger dieser Erzählerfiguren mit der Einstellung des Autors zu identifizieren, z. B. Zweigs Freigebigkeit mit der des Barons in *Phantastische Nacht* (vgl. Klawiter 1961, S. 189), ist doch Vorsicht geboten. Mit den autodiegetischen Erzählerfiguren, die sich wie der Amokläufer selbst zum Helden ihrer Geschichten machen, werden bestimmte, zumeist monomane Typen präsentiert, die nicht als Sprachrohre des Autors fungieren, sondern einem extradiegetischen Erzähler gegenüberstehen, der sie durch ihren eigenen Erzähldiskurs vorführt. Gerade die Rahmenstrukturen machen sie nicht nur zu Erzählsubjekten, sondern schaffen eine Erzählsituation, die ihren Objektcharakter herausstellt. Oft wurde darauf aufmerksam gemacht, dass die intradiegetischen Erzählungen den Charakter einer Beichte haben (z. B. Meyer 2009, S. 202). Demgegenüber sind die extradiegetischen Erzähler dadurch gekennzeichnet, dass sie Neugier als Anlass angeben, die dann zu der Beschäftigung mit den sekundären Erzählern führt: „Diese Mitteilungen meines Freundes verfehlten nicht, meine besondere Neugierde zu erregen. Alle Arten von monomanischen, in eine einzige Idee verschossenen Menschen haben mich zeitlebens angereizt" (Zweig GWE, Schachnovelle, S. 256). Im Gegensatz zur *Schachnovelle*, in der der extradiegetische Ich-Erzähler auch aktiv in die Handlung eingreift und die Geschehnisse auf dem Schiff überhaupt erst durch seine Versuche, Czentovic näher zu kommen, ins Rollen bringt, scheinen viele andere Rahmenerzähler nur eine ornamentale Funktion zu haben. Doch sind die Informationen, die im Rahmen über die Binnenerzählung gegeben werden, stets von grundsätzlicher Bedeutung für ihre Interpretation: z. B. die Markierung intrafiktionaler Fiktivität in der *Geschichte in der Dämmerung* und die Markierung intrafiktionaler Authentizität bzw. Realität in *Phantastische Nacht*.

5. Erzählstrukturen III: Perspektive und Modus

Bis auf einige Ausnahmen wie etwa *Die Gouvernante* (1907) oder *Der Zwang*, die viele Dialog-Passagen mit wörtlicher Rede enthalten, ist Zweigs erzählerisches Werk vorwiegend durch einen starken narrativen Modus geprägt. In den homodiegetischen Erzählungen dominiert die Ebene des erlebenden Ich. Doch Rückschau- und Beichtcharakter der Ich-Erzählungen bewirken, dass das erzählende Ich nicht selten in den Hauptdiskurs des erlebenden Ich eingreift. „Was ich an jenem Nachmittag und Abend zunächst begann, scheint derart lächerlich und kindisch, daß ich mich jahrelang geschämt habe, daran zu denken – ja daß eine innere Zensur mir jedes Erinnern daran sofort hastig abblendete." (Zweig GWE, Verwirrung der Gefühle, S. 252). Auf diese Weise wird die Fokalisierung der Erzählung des erlebenden Ich aufgehoben.

Zumindest auf den ersten Blick kompensiert das erzählende Ich durch Erklärungen den begrenzten Horizont des erlebenden Ich.

Elemente der einordnenden Rückschau enthalten auch weitere (intradiegetische) Erzählungen: von Mrs. C. in *Vierundzwanzig Stunden aus dem Leben einer Frau* und vom Baron in *Phantastische Nacht*. Demgegenüber sind rahmenfreie homodiegetische Erzählungen bei Zweig eine Seltenheit. Eine rahmenfreie autodiegetische Erzählung ist *Die Frau und die Landschaft* (1917). Sie ist auch frei von einordnenden Kommentaren des erzählenden Ich und konzentriert sich ganz auf die Empfindungslage des erlebenden Ich, aus dessen Äußerungen nicht klar wird, ob seine erzählten Beobachtungen und Erlebnisse – nonverbales Verständnis mit einem jungen kranken Mädchen und anschließende sexuelle Begegnung mit ihr – intrafiktional wahr sind oder nur eine Wunschvorstellung darstellen.

Ich-Erzählungen gehören vor allem zum späteren Teil von Zweigs Œuvre. Im Gegensatz zu einer Ausnahme, der reporthaften, extern fokalisierten *Episode am Genfer See* (1919), konzentrieren sich heterodiegetische Erzählungen der frühen Periode wie *Die Liebe der Erika Ewald*, *Brennendes Geheimnis* und *Angst* zwar auf die Darstellung der psychischen Innenwelt der Figuren, sind aber nicht auf ihre Sichtweise beschränkt, d. h. nicht fokalisiert. Das gilt nicht zuletzt für die inneren Geschehnisse, die psychischen Erlebnisse selbst, die vielfach den Hauptgegenstand des narrativen Interesses bilden. Die starke Erzählinstanz beschreibt diese Innenwelt der Figuren besser, genauer und eloquenter, als diese es je könnten. Andererseits nähert sich die Erzählinstanz in *Angst* mit Bezug auf äußere Geschehnisse dem Wissenshorizont der Protagonistin Irene Wagner an. Dass ihr Mann hinter der Erpressung steckt, ahnt Irene nicht. Auch der Erzähler hält sich so lange mit expliziten Mitteilungen über die Hintergründe zurück, bis sich der Ehemann gemäß der Chronologie der Geschichte Irene am Ende erklärt. Doch sind im Text vorher Hinweise auf die Involvierung des Ehemannes verteilt, z. B. das Stellvertretergespräch der Eheleute über den Zusammenhang zwischen dem Mut zum Geständnis und dem Verschweigen aus Angst bzw. Scham, die ausbleibende Reaktion des Ehemannes, als er der Erpresserin in seinem eigenen Hause begegnet (vgl. Zweig GWE, Angst, S. 334), und Irenes Eindruck, ihr Mann verfolge sie (vgl. S. 342, 347). Hier ist eine Tendenz zu interner Fokalisierung zu beobachten, die erst in *Untergang eines Herzens* mit mehr Konsequenz von Beginn an eingesetzt und weitgehend durchgehalten wird. Hier auch erst dominiert entsprechend die erlebte Rede, während in *Angst* Passagen erlebter Rede vielfach von einem auktorial geprägten Bewusstseinsbericht überlagert sind.

6. Forschungsperspektiven

Zweigs Erzählweise gilt, wie eingangs erwähnt, als traditionell. Ein Grund dafür ist u. a. auch die mangelnde fokalisierte Erzählweise des Frühwerks zu einer Zeit, als ältere Zeitgenossen wie Schnitzler längst erfolgreiche Beispiele fokalisierten Erzählens geliefert hatten. Auch die Erzählweise von Zweigs späterem Werk wird wegen der dominanten Erzählinstanzen vorwiegend als unfokalisiert eingeschätzt. Der vorherrschenden Auffassung zufolge ist sie geprägt von dem Bemühen um Transparenz, Zugänglichkeit und eindeutige Erklärungsangebote. Die oben beschriebene explanative Funktion erzählender Ich-Instanzen, die die Aussagen des erlebenden Ich kommentieren, ergänzen und einordnen, scheint diesen Hang zur Eindeutigkeit zu bestätigen. Die Fokalisierung durch die Darbietung erlebender Ich-Figuren wird dadurch aufgehoben. Es fragt sich aber, ob die Erzählung des gealterten, erzählenden Ich in manchen Fällen, z.B. in *Verwirrung der Gefühle*, nicht ihrerseits fokalisiert ist. Es besteht der Verdacht, dass auch einige erzählende Ich-Figuren, wie schon der intradiegetische Ich-Erzähler der *Sommernovellette*, keinen auktorialen Standpunkt vertreten, sondern ihrerseits, wenn nicht fehlbar, so doch ungenau und unvollständig sind und damit nicht alles über sich verraten, was für eine angemessene Interpretation relevant ist (vgl. Wagner 2009, S. 315f.; vgl. Aumüller 2016).

Auf ein anderes Desideratum macht Michael Scheffel (2013, S. 84) aufmerksam, der unter Hinweis auf Ähnlichkeiten zwischen *Angst* und Schnitzlers *Traumnovelle* (1925/1926) bzw. Jakob Wassermanns *Laudin und die Seinen* (1925), die über zehn Jahre später erschienen als die Erstfassung von Zweigs Erzählung, vorschlägt, die Bedeutung dieser und anderer Erzählungen Zweigs für die Literatur der Ersten Republik, aber auch der Weimarer Republik zu untersuchen.

Stefan Zweig

Zweig, Stefan (2000): Briefe Bd. III: 1920–1931. Hg. v. Knut Beck u. Jeffrey B. Berlin. Frankfurt a.M.: S. Fischer.
Zweig, Stefan (2002[5]): Sommernovellette. In: Ders.: Phantastische Nacht. Erzählungen. GWE. Hg. v. Knut Beck. Frankfurt a.M.: S. Fischer, S. 7–19.
Zweig, Stefan (2004[5]) Verwirrung der Gefühle. In: Ders.: Verwirrung der Gefühle. Erzählungen. GWE. Hg. v. Knut Beck. Frankfurt a.M.: S. Fischer, S. 182–279.
Zweig, Stefan (2004[5]): Angst. In: Ders.: Verwirrung der Gefühle. Erzählungen. GWE. Hg. v. Knut Beck. Frankfurt a.M.: S. Fischer, S. 280–353.
Zweig, Stefan (2007[2]): Schachnovelle. In: Ders.: Buchmendel. Erzählungen. GWE. Hg. v. Knut Beck. Frankfurt a.M.: S. Fischer, S. 248–314.
Zweig, Stefan (2007[5]): Die Welt von Gestern. Erinnerungen eines Europäers. GWE. Frankfurt a.M.: S. Fischer.

Weitere Literatur

Alami, Mourad (1989): Der Stil der literarischen Biographien bei Stefan Zweig. Erläutert am *Joseph Fouché*. Frankfurt a.M. u.a.: Lang.
Aumüller, Matthias (2016): „Von allen ist gesprochen, nur von ihm nicht, der mir die Sprache gab und in dessen Atem ich rede". Stefan Zweigs unzuverlässige Erzähler und die Poetik der Moderne. In: Euphorion 110/2016, S. 497–516.
Bier, Jean Paul (1995): Zur Rhetorik des Legendenprinzips im Einsatz gegen den Faschismus. In: Gelber, Mark H./Zelewitz, Klaus (Hg.): Stefan Zweig. Exil und Suche nach dem Weltfrieden. Riverside: Ariadne Press, S. 103–111.
Birk, Matjaž (2007): Stefan Zweig und die Novelle der Wiener Moderne am Beispiel Arthur Schnitzlers. In: Gelber, Mark H. (Hg.): Stefan Zweig Reconsidered. New Perspectives on his Literary and Biographical Writings. Tübingen: Niemeyer, S. 119–137.
Bloch, Peter André (2011): Stefan Zweig, *Amok*. Erzählerische Strategien in der Analyse psychologischer Grenzsituationen. In: Renoldner, Klemens/Battiston, Régine (Hg.): „Ich liebte Frankreich wie eine zweite Heimat." Neue Studien zu Stefan Zweig/„J'aimais la France comme ma seconde patrie." Actualité(s) de Stefan Zweig. Würzburg: Königshausen & Neumann, S. 127–143.
Burschell, Friedrich (1992): Wie erklären sich große Bucherfolge? Stefan Zweigs Novellen. In: Weinzierl, Ulrich (Hg.): Stefan Zweig – Triumph und Tragik. Aufsätze, Tagebuchnotizen, Briefe. Frankfurt a.M.: S. Fischer, S. 54–58.

Genette, Gérard (1998²): Die Erzählung. München: Fink.
Görner, Rüdiger (2011): Ghostwriter der Toten. Biographisches Erzählen bei Stefan Zweig. In: Sinn und Form 63/1/2011, S. 85–92.
Hunger, Madlen (2010): „Nur das erste Wort ist schwer". Erzählanfänge in den novellistischen und biographischen Texten Stefan Zweigs. Diss. Univ. Bonn.
Hurst, Matthias (2004): „... und es begann der tiefere Traum seines Lebens." Diskursebenen der Initiation in Stefan Zweigs Novelle *Brennendes Geheimnis*. In: Zeitschrift für Germanistik N. F. 14/1/2004, S. 67–82.
Klawiter, Randolph J. (1961): Stefan Zweig's Novellen – An Analysis. Diss. Univ. of Michigan.
Lembke, Gerrit (2009): Raum, Zeit und Handlung in Stefan Zweigs *Schachnovelle*. In: Literatur in Wissenschaft und Unterricht 42/4/2009, S. 225–236.
Lent, Ingrid (1956): Das Novellenwerk Stefan Zweigs. Eine Stil- und Typenuntersuchung. Diss. Univ. München.
Meyer, Michaela (2009): Erzählte Psychoanalyse? Die „Wende nach Innen" in der modernen Literatur, dargestellt anhand ausgewählter Texte von Stefan Zweig, John Davys Beresford und May Sinclair. Essen: Die Blaue Eule.
Müller, Hartmut (1988): Stefan Zweig. Reinbek b. H.: Rowohlt.
Reffet, Michel (2011): Le style narratif de Stefan Zweig. In: Renoldner, Klemens/Battiston, Régine (Hg.): „Ich liebte Frankreich wie eine zweite Heimat." Neue Studien zu Stefan Zweig/ „J'aimais la France comme ma seconde patrie." Actualité(s) de Stefan Zweig. Würzburg: Königshausen & Neumann, S. 157–170.
Scheffel, Michael (2013): Nachwort. In: Zweig, Stefan: Angst. Hg. v. Michael Scheffel. Stuttgart: Reclam 2013, S. 71–84.
Schmidt, Mirjam (1998): Frauengestalten in den Erzählungen von Stefan Zweig. Frankfurt a. M. u. a.: Lang.
Sommadossi, Tomas (2008): Eine vergessene Literaturverfilmung. Die Adaption von Stefan Zweigs Novelle *Angst* durch Roberto Rossellini. In: Modern Austrian Literature 41/3/2008, S. 1–24.
Sørensen, Bengt Algot (1987): Zeitgefühl und Zeitgestaltung in Stefan Zweigs Erzählungen. In: Gelber, Mark H. (Hg.): Stefan Zweig heute. New York u. a.: Lang, S. 65–78.
Spedicato, Eugenio (2008): Literaturverfilmung als Äquivalenz-Phänomen. Stefan Zweigs Novelle *Angst* (1913) und Roberto Rossellinis gleichnamiger Film (1954). In: Ders./Hanuschek, Sven (Hg.): Literaturverfilmung. Perspektiven und Analysen. Würzburg: Königshausen & Neumann, S. 71–103.
Spörk, Ingrid (2007): „Mit einer finsteren, einer schwarzen Liebe". Zu Liebesdiskursen in Stefans Zweigs erzählerischem Werk. In: Gelber, Mark H. (Hg.): Stefan Zweig Reconsidered. New Perspectives on his Literary and Biographical Writings. Tübingen: Niemeyer, S. 175–192.
Sprengel, Peter (2004): Geschichte der deutschsprachigen Literatur 1900–1918. Von der Jahrhundertwende bis zum Ende des Ersten Weltkriegs. München: Beck.
Strigl, Daniela (2012): Biographie als Intervention. Zum Problem biographischen Erzählens bei Stefan Zweig – Fouché und Erasmus. In: Müller, Karl (Hg.): Stefan Zweig – Neue Forschung. Würzburg: Königshausen & Neumann, S. 9–25.
Turner, David (1988): Moral Values and the Human Zoo. The „Novellen" of Stefan Zweig. Hull: Hull Univ. Press.
Wagner, Margarete (2009): Grenzen und Grenzerfahrungen in Stefan Zweigs Roman *Ungeduld des Herzens*. In: Rácz, Gabriella/Szabó, László V. (Hg.): Der deutschsprachige Roman aus interkultureller Sicht. Veszprém: Univ.-Verlag/Wien: Praesens, S. 315–340.

2. Biblische Stoffe und Motive
Armin Eidherr

1. Einführung 635
2. Biblische Spuren 636
3. Werke mit ‚biblischem' Inhalt 637
4. Kommentare zur Bibel 638
5. Forschungsansätze und Forschungsperspektiven 639

1. Einführung

Von einer ‚Allgegenwärtigkeit der Bibel' im Werk Stefan Zweigs zu sprechen, wäre auf jeden Fall übertrieben. Und dennoch ist ‚die Bibel' oder sind, genauer gesagt, die intertextuellen Verweise auf die Bibel auf verschiedenen Referenzebenen bei Zweig nicht nur in auffälliger Dichte präsent, sondern ihr Erkennen und Verstehen (oft in einem metaphorischen oder metonymischen Sinne) für ein vertieftes Textverständnis unabdingbar.

Die mehr oder minder intensiven Bezüge mikro- oder makrostruktureller Art auf die Bibel, ihre Erzählungen oder auch nur einzelne Verse, Namen oder Begriffe, waren bei Schriftstellern wie Thomas Mann, Hermann Hesse oder eben Stefan Zweig so selbstverständlich wie jene auf Goethe oder die griechische Mythologie (→ IV.3 MYTHOS). Solche Kenntnisse des Alten und Neuen Testaments gehörten zum grundlegenden Bildungsstandard, und ihre Benutzung sagt somit erst einmal nichts über die Religiosität des jeweiligen Autors aus. Auch Zweig ist aufgrund der bloßen biblischen Intertextualitäten nicht als ‚religiöser Autor' zu betrachten; vielmehr wären andere Aspekte für eine solche Attribuierung ausschlaggebend. Für ihn ist die Bibel ein literarisches Werk und Bezugssystem wie andere auch, wenngleich natürlich ein bevorzugtes und von zentraler Autorität. Wo sie beschworen wird, kommt ihr daher besondere Bedeutung zu.

Es würde beispielsweise Zweigs Essay *Das Geheimnis des künstlerischen Schaffens* (1939), in dem dieses begleitet von einem „Gefühl eines Überirdischen, eines Göttlichen, wenn irgendwo zuerst ein Nichts war und plötzlich ein Etwas ist, das vorher nicht gewesen ist" (Zweig GWE, Das Geheimnis des künstlerischen Schaffens, S. 348), dargestellt wird, ein dichtes biblisch-intertextuelles Verwobensein etwa mit Rückgriffen auf den Schöpfungsbericht vermuten lassen, wie im Roman *Ungeduld des Herzens* (1939) am Abend des Verlöbnisses: „An jenem Abend war ich Gott. Ich hatte die Welt erschaffen [...], und sah, daß es gut war [...]. Erst als der Abend sich neigte [...], begann eine leise Trauer in mir, Gottes ewige Trauer am siebenten Tag" (Zweig GWE, Ungeduld des Herzens, S. 397 ff.). Zweig rekurriert jedoch im erwähnten Essay nur einmal explizit auf das Alte Testament, wenn der künstlerische Schaffensprozess – unerwartet aber sehr treffend – mit dem „Kampf Jakobs mit dem Engel" verglichen wird, „jene[m] ewigen Kampf des Künstlers, der zu dem Engel der Vollendung sagt: Ich lasse dich nicht, du segnest mich denn!" (Zweig GWE, Das Geheimnis des künstlerischen Schaffens, S. 369) Hier wird der biblische Bericht von Jakobs Kampf am Jabbok zitiert (1. Mose 32,23–33), nach welchem er einen neuen Namen, nämlich ‚Israel', erhält. Diese Parallelisierung ist u. a. deshalb interessant und bedeutungsvoll, weil sie eben nicht mehr eine Schaffung aus dem Nichts betont, sondern das zähe Ringen eines ‚geschaffenen Wesens', das durch die Bewältigung der künstlerischen Aufgabe, durch die Überwindung seiner selbst und der entgegenstehenden Widerstände, auf eine höhere Stufe gehoben und implizit zu ‚Israel' wird, was für Zweig nicht erst seit dem *Jeremias* (1917) idealiter auch das Über- bzw. gar Anationale, das Weltvölkische und Heimatlose (als Gegenteil vom Nationalismus), die Gewaltlosigkeit, die unpolitische, ideologielose und ideologiekritische Haltung miteinschließt.

Das Thema ist jedoch noch zu differenzieren; d. h., es könnten prinzipiell drei Arten der Bezugnahme auf die Bibel und der biblischen Rezeption vorgeschlagen werden: Zuerst wäre der Rückgriff auf den biblischen Zitatenschatz zu nennen (hier Abschnitt 2.), weiters die Komposition ganzer Werke auf biblischer Grundlage oder überhaupt als quasi-biblisch (Abschnitt 3.) und schließlich das Thematisieren der Bibel, die Auseinandersetzung mit ihren Inhalten, Werten oder Missdeutungs- und Missbrauchsmöglichkeiten (Abschnitt 4.).

2. Biblische Spuren

Auch in jenen Schriften Zweigs, in denen ‚die Bibel' beinahe gänzlich abwesend zu sein scheint und die in seinem Œuvre auch vermeintlich überwiegen, können, oft leicht zu übersehen, derlei Anspielungen auf biblische Gestalten, Szenen, Sentenzen in direkt zitierender oder indirekter Weise vorhanden sein. Das kann spielerisch assoziativ oder geistreich ironisierend in der ‚Manier des Gebildeten' geschehen. Biblische Spuren dieser Art sind häufig vermeintlich eher Büchmanns *Geflügelten Worten* entnommen, als einem intensiven Bibelstudium geschuldet. Beispiele können in großer Zahl angeführt werden. Die Funktion ‚normaler Zitate' lässt sich anhand je einer Stelle aus der *Schachnovelle* (1942) und aus *Castellio gegen Calvin* (1936) zeigen.

In der *Schachnovelle* findet sich – neben einer Anspielung auf Dan 5,25–28 („Gewogen und zu leicht befunden", Zweig GWE, Schachnovelle, S. 261) – im Zusammenhang mit Czentovics Erwachen aus seiner kindlichen „totale[n] Teilnahmslosigkeit" (S. 250) der Ausruf des davon Zeuge werdenden Pfarrers: „‚Bileams Esel!'" (S. 251), ein ironischer Kommentar zum Geschehen. Es handelt sich um einen sprichwörtlich gewordenen Ausdruck, der auf 4. Mose 22,21 ff. zurückgeht: „Bileam, ein Seher im Alten Testament, dessen Esel zu sprechen beginnt, als ein Engel Gottes beiden den Weg versperrt." (Anm. zu „Bileam" in: Zweig 2013, S. 106)

Was hier als distinguierendes, ‚witziges' Bonmot des Pfarrers erscheint, der es dem ebenfalls anwesenden, „weniger bibelfesten Gendarmeriewachtmeister" (Zweig GWE, Schachnovelle, S. 251) erklären muss, wird an anderer Stelle, in *Castellio gegen Calvin*, dazu verwendet, um das letztliche Erwachsen von Positivem aus Unheilvollem – es handelt sich um die Entwicklung des Calvinismus – aufzuzeigen. Wieder wird, diesmal für die geschichtsphilosophische Betrachtung, der biblische Bileam bemüht (vergl. 4. Mose 22–24):

> Diktaturen bedeuten im großen Plane der Menschheit nur kurzfristige Korrekturen, und was den Rhythmus des Lebens reaktionär hemmen will, treibt ihn in Wahrheit nach kurzem Rückschlag nur noch energischer voran: Bileams ewiges Symbol, der fluchen will und wider seinen Willen doch segnet. So ist in sonderbarster Verwandlung gerade aus dem System des Calvinismus […] die Idee der politischen Freiheit entstanden; Holland und Cromwells England und die Vereinigten Staaten, seine ersten Wirkungsfelder, geben den liberalen, den demokratischen Staatsideen am willigsten Raum. (Zweig GWE, Castellio gegen Calvin, S. 223)

2. Biblische Stoffe und Motive

Noch einige wenige weitere Beispiele seien skizziert. In *Untergang eines Herzens* (1927) entsteht durch über den Text verteilte Verweise auf die Sterbeszene Christi im Neuen Testament (vgl. Matth 27,46–50 oder Mark 15,33–37) eine eigene Isotopieebene, auf der das Schicksal des Protagonisten Salomonsohn mit dem Opfertod Jesu enggeführt wird. Den ersten Schock bei der Entdeckung des Verhältnisses seiner Tochter empfindet er als „Stoß gegen das Herz" (Zweig GWE, Untergang eines Herzens, S. 147); die Andeutungen setzen sich fort: „Mein Gott! ... mein Gott!" (S. 149), „... Mein Gott, mein Gott, nie war ich so allein ..." (S. 167), ruft er aus und spürt „Galle im Mund" (S. 157) und weiß, „an Gallenkrämpfen" (S. 145) leidend, „was da weh tut, das ist nicht die Galle ... das ist der Tod, der in mir wächst ..." (S. 167).

In der Erzählung *Buchmendel* (1929), die wie *Untergang eines Herzens* in vielen Aspekten als Hiob-Paraphrase gedeutet werden kann, wird der für Jakob Mendel, den Buchmendel, schicksalshafte Wechsel des Café-Besitzers (Zweig GWE, Buchmendel, S. 213) mit dem Pharaonenwechsel in 2. Mose 1,6ff. verglichen, der zu einer radikalen Verschlechterung der Lage der ‚Kinder Israel' führt.

In *Brennendes Geheimnis* (1911) bewirkt Edgars Erkenntnis der Zusammenhänge in der Beziehung seiner Mutter zum Baron, ihrer Hotelbekanntschaft auf dem Semmering, eine Schwellung „über der Stirne" in Form eines „rötlichen Striemen[s]" (Zweig GWE, Brennendes Geheimnis, S. 65), und bei seiner Flucht nach Baden ist es ihm, „als sähen alle nur ihn an, [...] als wäre ihm [...] das Verbrechen an die Stirne geheftet." (S. 74) Die Intensität des Schuldigwerdens bzw. des Sich-schuldig-Fühlens im einsetzenden Erwachsenwerden wird hier natürlich durch die Anspielung auf das Kainsmal (1. Mose 1,15) drastisch verdeutlicht.

3. Werke mit ‚biblischem' Inhalt

Zu dieser Kategorie gehören einerseits Texte, die als Bearbeitungen biblischer Stoffe erscheinen, eher aber produktive bzw. kreative Auseinandersetzungen mit diesen und den Traditionen ihrer Exegesen – auch und besonders der midraschischen (vgl. Langer 2009, S. 55) – darstellen, also gewissermaßen „[g]anz in biblischer und rabbinischer Tradition" (S. 46) stehen, wie das im *Jeremias* und den ‚biblischen' Legenden der Fall ist. Andererseits sind hierzu auch Texte zu zählen, die eine biblische Matrix erkennen lassen, so wie beispielsweise die Hiobsgeschichte bzw. Aspekte dieses Stoffes als Folie für *Buchmendel* und *Untergang eines Herzens* fungieren oder der Sündenfall- und Vertreibungsmythos (1. Mose 3) für die Erzählung *Angst* (1913). Der Bibel kommt dabei die Funktion eines mythisch-archetypischen Textes zu, der sich stets neu in aktuellen Metamorphosen realisieren kann, vergleichbar z.B. der *Odyssee* und ihrer Transponierung ins Jahr 1904 durch James Joyce.

Die wichtigsten Texte dieser Kategorie sind in der Chronologie ihres Erscheinens: *Die Wanderung* (1902), *Jeremias* (1917) und die Legenden *Die Legende der dritten Taube* (1916), *Rahel rechtet mit Gott* (1927) und *Der begrabene Leuchter* (1937). Die Bibel – das Neue Testament in der *Wanderung* (vgl. Reffet 2007, S. 104), das Alte Testament in den übrigen – dient dabei für Zweig stets als Art ‚Abstoßpunkt' für eine eigene Gestaltung, für eine Geschichte, in der er seine Anliegen zum Ausdruck bringt. Die biblische Anlehnung, Grundierung, Szenerie, der biblische Sprachduktus – das alles dient letztlich einer Rückbindung an das Wahre und ‚Göttliche', einer Festigung der Autorität des Gesagten.

Wenn Jeremias das Volk gegen den Krieg stimmen möchte, tut er es mit Worten wie den folgenden: „Ich aber sage dir, Volk von Jerusalem, ein bös' und bissig' Tier ist der Krieg [...], laß es dir genug sein, friedsam zu wohnen unter Gottes beruhigtem Blick, und halte den Frieden, halte ihn fest in deinen Mauern, Volk von Jerusalem, halte den Frieden!" (Zweig GWE, Jeremias, S. 145 f.) Die Worte geben Zweigs kompromisslose Ablehnung des Kriegs wieder, nicht aber die Intention der Prophezeiungen des biblischen Propheten Jeremia, der auf Umkehr des Volkes zielt und Krieg und Vernichtung als Gottes Strafe für das Verharren in Sünde kündet: „Wer will sich denn deiner erbarmen, Jerusalem? [...] Du hast mich verlassen, spricht der HERR, und bist von mir abgefallen: darum habe ich meine Hand gegen dich ausgestreckt, um dich zu verderben; ich bin des Erbarmens müde." (Jer 15,5 f.)

4. Kommentare zur Bibel

Die Bibel dient jedoch nicht nur als literarische Anregungen bereithaltendes Bezugswerk, aus dem sich direkt zitieren, auf das sich anspielen oder dessen mythische Matrix sich für die produktive Fortschreibung verwenden lässt. Sie wird von Stefan Zweig auch direkt zusammen mit den ihr inhärenten Deutungsaspekten, die missbräuchliche Rechtfertigungen von Unterdrückung und Gewalt miteinschließen, thematisiert. Paradigmatisch sind seine kritischen Bemerkungen zur Bibel (und zu ‚heiligen Büchern' generell) im 1936 erschienenen Buch *Castellio gegen Calvin oder Ein Gewissen gegen die Gewalt*. Man könnte vermuten, dass Zweig für die beiden konträren Hauptcharaktere eine Art von ‚Rechtfertigungsexegese' betreibt. Während Castellio etwa die Toleranzansprüche Jesu übernimmt und als einen zentralen Inhalt christlicher Lehre versteht, werden Calvin Zitate zugeordnet, die sich auf Gott oder Jesus beziehen, mit denen er sich gleichsetzt und dadurch seinen unumschränkten Machtanspruch herleitet.

In Genf möchte Calvin „den ersten Gottesstaat auf Erden [...] schaffen: ein Gemeinwesen ohne das irdisch Gemeine, [...] das wahre, das neue Jerusalem", wo alle „dem Willen und der Vorschrift Gottes gemäß" (Zweig GWE, Castellio gegen Calvin", S. 44) zu leben haben. Die entsprechende „Weisung" findet sich gemäß Calvin „nur im Evangelium". Und darum „muß in einem wahrhaft christlichen Staate das Bibelwort, ‚la parole de Dieu', als die einzige Maxime der Sitte, des Denkens, des Glaubens, des Rechts und des Lebens gelten, denn es ist das Buch aller Weisheit, aller Gerechtigkeit, aller Wahrheit. Am Anfang und am Ende steht für Calvin die Bibel, alle Entscheidung in allen Dingen gründet sich auf ihr geschriebenes Wort." (S. 45)

Die Folgen davon, dass die Heilige Schrift zur gesetzlichen Grundlage jenes Gottesstaates, einer real existierenden „Bibliokratie" (S. 46) also, gemacht wird, ist, dass sie sich wie jede „dogmatische Gewaltherrschaft, die aus einer Freiheitsbewegung ihren Aufstieg nahm", bald als „härter und strenger gegen die Idee der Freiheit als jede ererbte Macht" (S. 46) erweist. All das wird von „Calvin, der sich immer dort auf die Bibel stützt, wo sie ihm am bequemsten in die Hand paßt", als festgeschriebener Wille Gottes gerechtfertigt, wozu auch „die Austilgung der Andersdenkenden durch die Obrigkeit als ‚heilige' Pflicht" (S. 142) gehört: „[S]elbst seine nächsten Angehörigen muß man, wenn sie Satan zu Leugnung der ‚wahren' Religion treibt, vernichten" (S. 143).

Die Haltung seines Gegenspielers Castellio ist eine andere: „Wie sein geistiger Ahnherr Erasmus weiß er um die Vielförmigkeit und Vieldeutigkeit jeder irdischen, jeder göttlichen Wahrheit" (S. 146). „Er erblickt in der Heiligen Schrift Erfaßbares neben Unfaßlichem. [...] Jeder, der Gottes Wort auslegt, kann fehlen und in Irrtümer fallen, und darum wäre gegenseitige Toleranz die erste Pflicht." (S. 152)

Eine ähnliche antagonistische Konstellation von zwei konträren Möglichkeiten des Bibelverständnisses hat Zweig schon zwei Jahre zuvor, 1934, in *Triumph und Tragik des Erasmus von Rotterdam* aufgezeigt. Während der Humanist Erasmus „die freie Bibelforschung" (Zweig GWE, Triumph und Tragik des Erasmus von Rotterdam, S. 60), die textkritische, „freigeistige Forschung" (S. 77) stimuliert, schreibt sich „der fanatische Tatmensch" (S. 101) Luther vor allem „den evangelischen Ausspruch: Ich bin nicht gekommen, den Frieden zu bringen, sondern das Schwert" (S. 122) auf die Fahnen: „[F]ür Luther war das Religiöse das Wichtigste auf Erden, für Erasmus das Humane" (S. 114), fasst Zweig diese sich diametral entgegenstehenden Positionen zusammen (vgl. auch S. 162; Reffet 2007, S. 95).

5. Forschungsansätze und Forschungsperspektiven

Erst in allerersten Ansätzen hat das Thema der biblischen Bezüge bei Stefan Zweig Berücksichtigung in vereinzelten Hinweisen in der Sekundärliteratur gefunden. Eine umfassendere monografische Untersuchung dazu existiert ebenso wenig wie einer solchen zuarbeitende Einzeluntersuchungen. Ausführlich zu klären wäre die Frage nach den Quellen Zweigs über die direkten Bibelbezüge hinaus, für welche der Lutherbibel in den Ausgaben zu seinen Lebzeiten prioritäre Bedeutung zukommt. Für die transbiblischen, midraschischen Dimensionen – ein direktes Midrasch-Studium Zweigs kann gewiss ausgeschlossen werden – könnten in Werken wie Schalom Aschs *Kleine Geschichten aus der Bibel* (Berlin: Jüdischer Verlag 1923) oder Benno Gottschalks *Agada-Sammlung* (Berlin: Verlag von M. Poppelauer 1915; 2 Bände) Quellen für wichtige Anregungen gefunden werden. Zentrale Bedeutung dürfte Micha Josef Bin Gorions Sammlungen *Die Sagen der Juden* (Frankfurt a.M.: Rütten & Loening 1913–1927) und *Der Born Judas* (Leipzig: Insel 1916–1923) zukommen, „die zu Zweigs Zeiten sehr populär war[en]" (Langer 2009, S. 61, 55).

Wenn wie im Aufsatz *Der Turm zu Babel* von 1916 die biblische Erzählung aus 1. Mose 11,1–9 von Stefan Zweig fortgesetzt, bis in die Gegenwart weitergeführt und dabei radikal umgedeutet wird, indem das Motiv der Hybris und der frevelhaften Revolte gegen Gott zugunsten des Gemeinschaftswerkes der Menschheit mit dem Turm als „Denkmal der brüderlichen Gemeinschaft, [...] Monument der menschlichen Solidarität" (Zweig GWE, Der Turm zu Babel, S. 71) ausgeblendet wird, dann muss der den Bau hindernde Gott als negative Macht, als „grausam" (S. 72) erscheinen. Und der Mensch, dem auf Erden der Vorrang vor Gott einzuräumen ist, muss stets „doch wieder an den Bau zurück" (S. 73), gerufen von seinem eigenen Geist, dem Genius der Menschheit, um mit Gott zu ringen, wie es Jakob tat und was ihn zu Israel machte (→ III.14.1 Publizistik zu Politik und Zeitgeschehen).

Für diese Neu-Lektüre und -Interpretation – in diesem Fall des Mythos vom babylonischen Turmbau – wird man aber keine direkten Vorbilder in der nachbiblischen Traditionsliteratur ausmachen können, sondern sie als Zweigs ureigene Schaffung und Ausdruck seiner auch von einer besonderen „jüdischen Sensibilität" (vgl. Gelber 2014, S. 13f.) geprägten Weltanschauung zu verstehen und in diesem Kontext zu verorten haben.

Die Frage, wie Stefan Zweigs Verhältnis zur Bibel geprägt war (rein literarisch, jüdisch-religiös oder jüdisch-kulturell oder in all diesen und anderen Aspekten?), wird möglicherweise keine eindeutige Beantwortung erfahren können. Diesbezüglich ist jedenfalls als Ausgangspunkt zu betrachten, dass er ein Kind jenes jüdischen Bürgertums war, das er in *Eine Ansprache* (1936) schildert, in dem und aus dem heraus er seine Wege suchte. Die Bibel wurde von ihm in den Bereich des „Mythos" (Zweig GWE, Der europäische Gedanke in seiner historischen Entwicklung, S. 187), der „Wunschträume" (S. 188) gerückt; d. h., sie ist längst nicht mehr *die* „Wahrheit" und der ursprüngliche „Bibelglaube[ ]" (Zweig GWE, Eine Ansprache, S. 216) seit der „sogenannte[n] Emanzipation" (S. 213) geschwunden, was aber positiv gesehen werden kann: „[U]nd die Bibel ist nicht mehr das einzige Buch, in dem wir [i. e. die Juden] die Wahrheit suchen. Vielleicht sind wir durch diese Erkenntnis humaner, allmenschlicher geworden, brüderlicher zu allen andern Nationen, aber [...] [w]ir sind schwächer geworden in der Seele, seit wir nicht mehr gläubig sind." (S. 217) Die Bibel ist zwar einerseits zu einem Buch unter anderen geworden. Sie ist als solches in Stefan Zweigs Werk mehr oder weniger explizit präsent – und doch andererseits als ein oder gar der Grundtext abendländischer Kultur. Auch die Art und Weise von Zweigs Bezug darauf legt das nahe, rekurriert er doch nie in einer orthodoxen Manier auf ‚das Buch', sondern pflegt einen relativ freien, die Vorlage ‚privatmidraschisch' weiterdichtenden, oft aus streng-gläubiger Perspektive wohl ‚frevelhaften' Umgang damit, deutet Motive um oder bringt Zitate in einen die Ironie noch verstärkenden Kontext. Analytisch zu untersuchen, wie Zweig dabei literarisch verfährt und den Hallraum seiner Texte erweitert, ist als eine der wichtigen Aufgaben der Zweig-Philologie zu betrachten.

Stefan Zweig

Zweig, Stefan (1983): Der europäische Gedanke in seiner historischen Entwicklung. In: Ders.: Die schlaflose Welt. Aufsätze und Vorträge aus den Jahren 1909–1941. GWE. Hg. v. Knut Beck. Frankfurt a.M.: S. Fischer, S. 185–210.

Zweig, Stefan (1983): Der Turm zu Babel. In: Ders.: Die schlaflose Welt. Aufsätze und Vorträge aus den Jahren 1909–1941. GWE. Hg. v. Knut Beck. Frankfurt a.M.: S. Fischer, S. 68–73.

Zweig, Stefan (1983): Eine Ansprache. In: Ders.: Die schlaflose Welt. Aufsätze und Vorträge aus den Jahren 1909–1941. GWE. Hg. v. Knut Beck. Frankfurt a.M.: S. Fischer, S. 211–226.

Zweig, Stefan (1983): In dieser dunklen Stunde. In: Ders.: Die schlaflose Welt. Aufsätze und Vorträge aus den Jahren 1909–1941. GWE. Hg. v. Knut Beck. Frankfurt a.M.: S. Fischer, S. 276–278.

Zweig, Stefan (2002³): Brennendes Geheimnis. In: Ders.: Brennendes Geheimnis. Erzählungen. GWE. Hg. v. Knut Beck. Frankfurt a.M.: S. Fischer, S. 7–85.

Zweig, Stefan (2003⁵): Ungeduld des Herzens. Roman. GWE. Frankfurt a.M.: S. Fischer.

Zweig, Stefan (2004⁵): Untergang eines Herzens. In: Ders.: Verwirrung der Gefühle. Erzählungen. GWE. Hg. v. Knut Beck. Frankfurt a.M.: S. Fischer, S. 145–181.

Zweig, Stefan (2006⁴): Jeremias. In: Ders.: Tersites. Jeremias. Zwei Dramen. GWE. Hg. v. Knut Beck. Frankfurt a.M.: S. Fischer, S. 117–328.

Zweig, Stefan (2006³): Triumph und Tragik des Erasmus von Rotterdam. GWE. Frankfurt a.M.: S. Fischer.

Zweig, Stefan (2007²): Buchmendel. In: Ders.: Buchmendel. Erzählungen. GWE. Hg. v. Knut Beck. Frankfurt a.M.: S. Fischer, S. 197–229.

Zweig, Stefan (2007³): Castellio gegen Calvin oder Ein Gewissen gegen die Gewalt. GWE. Hg. v. Knut Beck. Frankfurt a.M.: S. Fischer.

Zweig, Stefan (2007²): Das Geheimnis des künstlerischen Schaffens. In: Ders.: Das Geheimnis des künstlerischen Schaffens. GWE. Hg. v. Knut Beck. Frankfurt a.M.: S. Fischer, S. 348–371.

Zweig, Stefan (2007²): Schachnovelle. In: Ders.: Buchmendel. Erzählungen. GWE. Hg. v. Knut Beck. Frankfurt a.M.: S. Fischer, S. 248–314.

Zweig, Stefan (2013): Schachnovelle. Kommentierte Ausgabe. Hg. v. Klemens Renoldner. Stuttgart: Reclam.

Weitere Literatur

Die Bibel oder die ganze Heilige Schrift des Alten und Neuen Testaments nach der Übersetzung Martin Luthers mit Apokryphen (1981). Revidierter Text. Stuttgart: Deutsche Bibelgesellschaft.

Gelber, Mark H. (2014): Stefan Zweig, Judentum und Zionismus. Innsbruck u.a.: StudienVerlag.

Langer, Gerhard (2009): Stefan Zweig und die jüdische Religion. In: Brügge, Joachim (Hg.): „Das Buch als Eingang zur Welt". Würzburg: Königshausen & Neumann, S. 39–66.

Lensing, Leo A. (2015): Marshmallows. In: zweiheft 13/2015, S. 25–35.

Reffet, Michel (2007): Stefan Zweig und das Christentum. In: Gelber, Mark H. (Hg.): Stefan Zweig Reconsidered. New Perspectives on his Literary and Biographical Writings. Tübingen: Niemeyer, S. 91–106.

3. Mythos
Herwig Gottwald

1. Zum Begriff ‚Mythos' 641
2. Stefan Zweigs ‚Arbeit am Mythos' 642
3. Antike Mythen 643
4. Biblische ‚Mythen' 646

1. Zum Begriff ‚Mythos'

Was versteht man unter ‚Mythos'? Analog wie bei anderen in den Literaturwissenschaften vergleichbar häufig verwendeten Ausdrücken (wie etwa ‚Diskurs', ‚Paradigma' oder ‚Text') gibt es eine derartige Vielzahl an Bedeutungen (der Mythosforscher Peter Tepe konnte 68 Bedeutungsfacetten nachweisen; vgl. Tepe 2001, S. 14–75), dass meist keine miteinander vergleichbaren Konzepte der Forschung erkennbar sind, weder in Bezug auf den zentralen Referenzbegriff ‚Mythos' noch hinsichtlich der Arbeitsfelder oder Methoden. So ist auch der Gegenstandsbereich der Forschungen oft unklar – geht es um antike Mythen, um sog. ‚Alltagsmythen' oder um Phänomene des ‚mythischen Denkens'? Gerhart von Graevenitz hat daraus gefolgert, „daß das, was wir für ‚Mythos' halten, eine große kulturgeschichtliche Fiktion ist." (von Graevenitz 1987, S. IX) ‚Mythos' ist dann eine bloße „Denkgewohnheit", die ihren Stoff „in den höchst disparaten mythologischen Diskursen" finde (S. XXII.). Luc Brisson hat in diesem Zusammenhang die verbreitete Methode des „Hellenozentrismus" kritisiert: Dieser Begriff bezeichne diejenige weitverbreitete Verwendungsweise des (altgriechischen) Begriffs ‚Mythos' in neueren Sprachen, die diesen von den griechischen Gegebenheiten her definiere und die Mythen und mythischen Systeme anderer Kulturen daran taxiere: „Die Aussage ‚x ist ein Mythos' heißt mit anderen Worten ‚x ist ein Mythos (ganz wie z im antiken Griechenland).'" (Brisson 1996, S. 20) Ute Heidmann-Vischer hebt daher drei Bedeutungsgruppen des Ausdrucks je nach seiner Verwendung hervor: „Mythos$_1$" bezeichne „die erzählende Darstellung von kollektiv bedeutsamen Orten und Figuren oder Naturphänomenen, in aller Regel mit religiöser oder kultischer Dimension"; „Mythos$_2$" bezeichne als „mythisches Denken" ein „Weltverhältnis", das aus „Mythos$_1$" erschlossen werde; „Mythos$_3$" „meint umgangssprachlich eine Person, Sache oder Begebenheit, die aus nicht selten irrationalen Vorstellungen heraus glorifiziert oder dämonisiert wird." (Heidmann-Vischer 2007, S. 664–668) Peter Tepe erschließt zusätzlich fünf weitere Verwendungsweisen („Mythos = Irrtum, Vorurteil – bis hin zu Illusion und Aberglaube"; „Mythos = Verklärung, Überhöhung"; „Mythos = Idee, Glaubensvorstellung"; „Mythos = Vorbild-, Identifikations- bzw. Symbolfigur"; „Mythos = Ruhm, Berühmtheit", Tepe 2013, S. 31 ff.), die in diesem Zusammenhang nicht relevant sind: Hier wird ‚Mythos' im Sinne von „Mythos$_1$" gebraucht, da eine mythografische Darstellung der literarischen Auseinandersetzung Stefan Zweigs mit antiken und biblischen Mythen im Zentrum stehen soll.

2. Stefan Zweigs ‚Arbeit am Mythos'

Stefan Zweigs Umgang mit dem Bereich „Mythos" („Mythos$_1$") lässt sich mit Hans Blumenbergs Modell der literarisch-philosophischen „Arbeit am Mythos" beschreiben (Blumenberg 1979). Demnach ist der – uns seit Homer und Hesiod – in literarisierter Form zugängliche altgriechische Mythos nicht „die primäre archaische Formation, im Verhältnis zu der alles Spätere ‚Rezeption' heißen darf", vielmehr sind bereits die frühesten uns erreichbaren Mythologeme „schon Produkte der Arbeit am Mythos" (S. 133). „Mythos" ist dabei keine eigene literarische Gattung, sondern in jeweils unterschiedlichen Gattungen literarisiert – vom Epos über die Lyrik bis zur Tragödie. Die gesamte literarische Rezeptionsgeschichte der antiken Mythologie bis heute ist daher nach Blumenbergs Modell als „Arbeit am Mythos" zu verstehen – eingebunden in unterschiedliche literarische, philosophische, politische, soziokulturelle Diskurse.

Klassische Mythen der antiken Literatur spielen in Zweigs Werk nur eine marginale Rolle: Neben dem Gedicht *Polyphem* (1917) ist hier das frühe Drama *Tersites* (1907) zu nennen. Dagegen befasst sich Stefan Zweig in zahlreichen Werken unterschiedlicher Gattungen mit biblischen Motiven, Sujets und Figuren, nicht nur in Form von Zitaten bzw. Anspielungen, sondern auch als direkte Bearbeitung biblischer Themen (→ IV.2 Biblische Stoffe und Motive), besonders in seinem Drama *Jeremias* (1917), aber auch in einigen seiner „Legenden" (*Die Legende der dritten Taube*, 1916; *Rahel rechtet mit Gott*, 1927) und Erzählungen (*Die Wanderung*, 1902). Es ist allerdings umstritten, ob man die biblischen Texte in ihrer Gesamtheit pauschal als „Mythen" (analog zu den altgriechischen literarisierten Mythen) einstufen kann: Während Blumenberg die Unterschiede zwischen den biblischen Texten und genuin mythisch geprägten Erzählungen (im Sinne von „Mythos$_1$") hervorhebt (für Jahwe und sein Volk sei die Geschichte, somit Chronologie, Datierung und Lokalisierung, entscheidend, der Mythos kenne solche Kategorien nicht; vgl. Blumenberg 1979, S. 142 f.), ist für andere Forscher die Unterscheidung verschiedener Textgattungen und Überlieferungstraditionen bereits in der *Genesis* zentral (vgl. Lang 1994, S. 73 ff.).

Dies dürfte für nicht wenige von mythischen Elementen, Motiven, Erzähltraditionen geprägte Textgattungen und Abschnitte der Bibel gelten, von der Schöpfungsgeschichte bis hin zu mythischen Motiven und Strukturen im Neuen Testament (vgl. S. 188–192). Blumenbergs wichtige Unterscheidung zwischen Mythos und Dogma (vgl. Blumenberg 1979, S. 264f., 275–290) ist ein Erklärungsfaktor für die geringe Präsenz biblischer Stoffe und Motive in der mittelalterlichen und neuzeitlichen literarischen Arbeit am Mythos: Im Gegensatz zum griechischen Mythos sei „die biblische Welt [...], trotz ihrer unvergleichlich größeren Eindringtiefe in das Bewußtsein der beiden nachchristlichen Jahrtausende, auf dem Niveau literarischer Manifestation nahezu ungegenwärtig" (S. 239). Dies ändert sich prinzipiell erst – auch aufgrund der theologisch-politischen Brisanz des Themas im Gegensatz zur Rezeption ideologisch ‚neutraler' Stoffe aus der griechisch-römischen Mythologie im späten 19. und im 20. Jahrhundert, mit Kafka, Brecht, Thomas Mann, Hofmannsthal, Werfel und eben auch mit Stefan Zweig, dessen Arbeit am Mythos in diesem größeren Zusammenhang gesehen werden muss und spezifische Besonderheiten im Vergleich zu den Werken anderer Autoren aufweist, die durch die Einordnung der einschlägigen Texte in die mythologischen Diskurse der Jahrhundertwende bzw. der folgenden Jahrzehnte aufgezeigt werden können.

3. Antike Mythen

Das Gedicht *Polyphem* (1917), entstanden in der Schweiz vor dem Hintergrund des Ersten Weltkriegs und in zeitlicher Nähe zu *Der Turm zu Babel* (1916), *Jeremias* und *Die Legende der dritten Taube*, erzählt die berühmte Episode aus Homers *Odyssee* (IX, 180ff.) aus der Perspektive der in der Höhle des Kyklopen gefangenen Gefährten des Odysseus, die schon drei Jahre lang (mit offenkundigem Bezug auf die vergangenen drei Kriegsjahre 1914 bis 1917) von dem Ungeheuer gequält, getötet und gefressen werden. Polyphem steht hier als Allegorie des Krieges, die Gefährten, die bereits den Pfahl für seine Blendung schmieden, sind als „Brüder der Völker, Brüder der Zeiten" bereit, den sich an Menschen Mästenden zu töten. Die politische Funktion dieses pathetischen, appellativen Gedichts ist so offenkundig, dass die mythologische Einkleidung zweitrangig, sogar ungenau (Blendung oder Tötung?) wird (vgl. Zweig GWE, Silberne Saiten, S. 177ff.).

Das Drama *Tersites* (1907) bearbeitet Haupthandlungsstränge der *Ilias* und nachhomerischer Dichtungen über den Trojanischen Krieg. Zweig konzentriert sich in dramatischer Verdichtung und Reduktion vor allem auf drei Figuren: Achill, Tersites und Teleia, deren Charaktere in zwei anfangs parallel und später zusammengeführten Handlungssträngen entfaltet werden. Ein Leitthema der *Ilias*, der „Zorn des Achilleus" (*Ilias*, I,1), und der dadurch ausgelöste Konflikt, der letztlich im Tod des Patroklos und in Achills Rückkehr in die Schlacht kulminiert, bilden hier neben den nachhomerischen Penthesilea-Erzählungen (u.a. die von Proklos nacherzählte *Aithiopis*) das Handlungsgerüst eines Stücks, das bezeichnenderweise auf genuin mythische Elemente wie das permanente Eingreifen der Götter verzichtet. Stattdessen konzentriert sich Zweig in seiner Absicht, „eine Tragödie des häßlichen Menschen" zu schreiben (Zweig an Ellen Key, 9. Februar 1906, Zweig, Br I, S. 115), auf eine Nebenfigur des antiken Mythos: „[S]o nahm ich auch damals nicht Achill als die heroische Figur, sondern den unscheinbarsten seiner Gegenspieler, Thersites – den leidenden Menschen statt jenes, der durch seine Kraft und Zielsicherheit den andern Leiden erschafft." (Zweig GWE, Die Welt von Gestern, S. 198; zum gesamten Konzept seines ‚Theaters der Besiegten' vgl. Larcati 2013, S. 29–39) In antikisierendem Stil (jambische Fünfheber, homerisierende Wendungen) versucht Zweig „das Problem der seelischen Superiorität des Besiegten" (Zweig GWE, Die Welt von Gestern, S. 288, S. 290) durch Umdeutung der homerischen Figuren, durch Zusammenführung der Handlungsfäden um Achill, Penthesilea und Thersites aus unterschiedlichen antiken Quellen in einen kohärenten, von ihm konstruierten Geschehensablauf, vor allem aber durch Psychologisierung der Hauptfiguren zu lösen (→ IV.11 THEATER; V.3 DAS MOTIV DES BESIEGTEN). Deren Handlungen, bei Homer oder Vergil (*Aeneis*, Erzählung über Penthesilea) oft nur oberflächlich motiviert, werden bei Zweig einer vertieften, offenkundig an Freud geschulten Psychologisierung unterworfen, formal mit Hilfe monologischen Sprechens über die eigenen Gefühle gestaltet. Die Figur des Tersites (‚Thersites' in traditioneller Schreibweise) ist bei Homer nicht nur „der häßlichste Mann", „krummbeinig", hinkend, spitz- und kahlköpfig, sondern auch streit- und schmähsüchtig, boshaft und aufwiegerlisch, da er die Schwächen der Heerführer hervorhebt und zur Meuterei aufruft (*Ilias*, II, 212–278). In Anlehnung an Lessings wirkungsästhetische Thersites-Deutung im Rahmen seiner Theorie des Hässlichen und des Lächerlichen (vgl. Lessing 1995, S. 132–135) versucht Zweig diese Figur umzudeuten und umzuwerten. Lessing bezieht sich übrigens vor allem auf die von Zweig ebenfalls verwendete nachhomerische *Aithiopis*, in der Thersites von Achill erschlagen wird, nachdem er diesen wegen seiner Liebe zur von ihm getöteten Amazonenkönigin Penthesilea geschmäht hat (vgl. Ebert 1969, S. 167); diese Episode (und nicht die homerische Darstellung) veranlasst Lessing zu jener Umwertung der beiden Figuren Thersites und Achill, die für Zweig handlungskonstitutiv geworden ist: „Zu grausam! Der jachzornige mörderische Achilles wird mir verhaßter, als der tückische knurrende Thersites; [...] denn ich empfinde es, daß Thersites auch mein Anverwandter ist, ein Mensch." (Lessing 1995, S. 134) Zweig, der sich für seine Darstellung möglicherweise auch der damals vielgelesenen *Sagen des Klassischen Altertums* von Gustav Schwab bedient hat (Schwab o. J., S. 396f.), verleiht der Figur empathisch tiefenpsychologische Dimensionen. Die Perspektive des leidenden Außenseiters („Nur weil ich häßlich bin, darf ich nicht fühlen / Wie andre, darf nicht reden?"; Zweig GWE, Tersites, S. 19), verknüpft mit der des kritisch-intelligenten Kommentators der Handlungen und Persönlichkeitsstrukturen der anderen (die schon bei Homer ansatzweise erkennbar ist: Thersites schimpft und verhöhnt, aber argumentativ), wird erweitert durch die des Frauenkenners und Frauenverstehers, der weibliches Leid in einer patriarchalischen Gesellschaft erkennt und mitleidend (im Sinne der Konzeption Lessings) öffentlich benennt (vgl. S. 38ff.). Zugleich ist Tersites ein Mitleid erregender Ausgestoßener, der vergeblich um die Gunst der Schönen (Teleia) und Starken (Achill) kämpft. Seine Tragik liegt in seiner von Anfang an verlorenen Anstrengung, Zugang zur Gesellschaft zu erlangen, und kulminiert in seiner finalen Todessehnsucht, als er das Scheitern aller Anstrengungen erkennen muss (vgl. S. 98f., 105, 114). Tersites ist von Zweig aber nicht als eindimensional edler, sensibler Mensch konzipiert, sondern aufgrund der Verachtung, die er überall erleben muss, auch von Hass- und Racheaffekten geprägt, die er vor allem den ihm überlegenen Kriegern gegenüber auszuleben versucht, besonders in Bezug auf den anfangs noch umworbenen und psychologisch analysierten Achill (vgl. S. 17f.), den er als „Weibermörder" und „Tiergott ohne Menschlichkeit" brandmarkt

(S. 107f.). Zweig entwirft in diesem Zusammenhang eine Psychologie des Hasses (vgl. S. 29, 53), die in der Schlussszene kulminiert, in der Tersites Achill durch Verhöhnung des toten Patroklos zu provozieren versucht, bis jener ihn erschlägt (vgl. S. 112ff.).

Die Amazonenkriegerin Teleia (nach der mythischen Penthesilea gebildet) ist bei Zweig eine selbstbewusste, moderne Frau, die gegen das kriegerisch-patriarchalische System aufbegehrt, sich gegen ihre Verdinglichung durch die männlichen Krieger wehrt: „Ein Weib im Zelte kann ich nicht mehr sein. / Mich lockt ein Leben einzig wie das deine / Und Freiheit sprengt mir alle Riegel." (S. 34) Daher verweigert sie sich auch dem Vorhaben des Achill, sie an seinen Freund Patroklos zu verschenken (vgl. S. 70, 90f.); ambivalent bleiben ihre Gefühle allerdings gegenüber Achill selbst, dessen Heldenbild sie sich vergeblich erhalten möchte (vgl. S. 34f.), dem sie sich aber auch – erotisch getönt – unterwerfen möchte, trotz seiner unheroischen Taten: „Da mich dein Arm aufriß, fühlte ich Lust, / Die rote, brennend rote heiße Lust, / Von dir gefaßt zu sein." (S. 73) Die vertrackte Verknüpfung von erotischer Anziehung und Kampfeswut, die schon die antike Gestaltung dieser Figur auszeichnet und in Kleists Drama *Penthesilea* ihren modernen Höhepunkt findet, wirkt hier nach. Selbst die psychologisch subtile Auslotung der Gefühle des „falschen Helden" Achill (Larcati 2013, S. 36) gestaltet Zweig sehr differenziert und keineswegs eindimensional negativ: Das zur mythischen Figur gehörige Schicksal eines frühen Todes wird in für die Literatur des *fin de siècle* charakteristischer Weise psychologisiert. Dadurch erhält die Figur eine Tiefe, die kaum zu ihrer angeblichen ‚Demontage' passt, ihre Brutalität und Gnadenlosigkeit im Kampf vielmehr psychologisch nachvollziehbar zu begründen sucht: „Doch tieftief [sic] in mir rauscht / Wie schwarzer Brunnen Gang ein Schicksalswort, / Der Mutter Wort, daß ich früh sterben muß. […] Darum schlag' ich auch andre in der Schlacht / Mit Wollust hin, darum bin ich so hart, / So mitleidslos […] Ich neide alle, die noch leben werden / Um dieses schmächtig Teil des hellen Lebens" (S. 63f.). Hierher gehört auch der retardierende letzte Monolog Achills, der seine Selbstzweifel und Selbstvorwürfe angesichts der getöteten Teleia („mein unheilvoller / Unsäglich torenhafter Zorn"; S. 109), die Ahnung des eigenen Todes zum Ausdruck bringt, Memento-mori-Topoi aufruft und bedauernd, reuevoll auf die vielen Opfer seiner ‚Heldentaten' zurückblickt (vgl. S. 108ff.). Aus dem unbegreiflich fernen mythischen Helden ist eine moderne Person geworden.

Stefan Zweigs Arbeit am Mythos in *Tersites* steht einerseits in der Tradition der Entschärfung, Humanisierung, Entbarbarisierung, Entheroisierung der antiken Mythen, die in Lessings *Laokoon* und vor allem in Goethes *Iphigenie* ihren Ausgang nimmt (und bis in die späte Moderne, bis zu Christa Wolf reicht; es ließen sich auch zahlreiche Bezüge von Zweigs Stück zu Goethe aufzeigen). Zugleich gehört seine durchgehende Psychologisierung in den engeren Zusammenhang der Antiken-Rezeption der Literatur der Wiener Jahrhundertwende, vor allem zu Hofmannsthal, dessen *Elektra* nur wenige Jahre davor uraufgeführt wurde (1903). Im Unterschied zu Stefan Zweig bietet Hofmannsthal (und Richard Strauss) ein „Theater der Grausamkeit und der Wollust" im Gefolge Nietzsches (Mayer 1994, S. 91), das trotz aller verfeinerten Psychologisierung der Figuren des Atriden-Mythos dessen dunkle, unheimliche und destruktiv-barbarische Seiten literarisch wiederzubeleben, ästhetisch interessante kulturelle Atavismen vor dem aufgeklärten und zugleich vom Fremden, Barbarischen, Wilden der Mythen faszinierten Theaterpublikum zu inszenieren versucht (vgl. Gottwald 2016). Demgegenüber ist Zweig weitgehend um Tilgung oder humanisierende Entschärfung der genuin mythischen Elemente seines Stoffes bemüht. Ob dieses Drama tatsächlich, wie er rückblickend feststellt, „die erste Gegenwehr gegen das griechisch-heroische Gewaltideal" darstelle (Zweig, Br III, S. 26), kann mit Blick auf die Vorläufer im 18. Jahrhundert, aber auch bereits in der Antike selbst bezweifelt werden: Es scheint kaum einen Heros der griechischen Mythologie zu geben, der späteren Jahrhunderten als ungebrochener ‚Held' überliefert wurde, von Odysseus über Agamemnon bis zu Jason und eben Achill wurden nahezu alle angeblichen ‚Helden' der Mythologie bereits in der altgriechischen Literatur vielschichtig, gebrochen, mehrdimensional literarisch dargestellt und gedeutet (vgl. dazu u.a. Gottwald 2000). Achill, bei Zweig zumindest auf weiten Strecken seines Stücks auch als „Mörder" und frauenverachtender Macho denunziert, ist in Euripides' *Iphigeneia in Aulis* ein opferbereiter Verteidiger der Frauen, der sein Leben für sie einzusetzen bereit ist (vgl. dazu auch Lesky 1971, S. 448 f.; zu Odysseus vgl. Münkler 1990, bes. S. 80, 84 ff., 87).

Formal ist Zweigs *Tersites* eher konservativ-traditionell gestaltet: Im Vergleich zu André Gides *Le Prométhée mal enchaîné* (1899), einem typischen Beispiel für eine moderne Mythentravestie, in der Prometheus und Zeus am Ende des 19. Jahrhunderts in einem Pariser Restaurant zusammentreffen, oder zu Kafkas *Poseidon-*, *Bucephalus-* und *Prometheus*-Dichtungen hat Zweig kein Interesse an avantgardistischen Verfremdungen, Demontagen, Dekonstruktionen oder Ironisierungen der Mythen – seine literarische Arbeit am Mythos ist keine „Entstellung des Mythos" (Honold 2005) und auch keine „Berichtigung" wie z.B. bei Brecht.

4. Biblische ‚Mythen'

„Kompensatorisch zur Säkularisierung biblischer Texte erfolgte die Sakralisierung profaner Literatur, die Bibel wurde zum bevorzugten Referenztext der deutschen Literatur." (Frühwald 1999, S. 40) Schon quantitativ übersteigen Zweigs Bezugnahmen auf biblische Textsorten, Figuren, Motive diejenigen auf altgriechische Mythen bei weitem. Dennoch kann man nicht alle seiner einschlägigen Texte als „Arbeit am Mythos" klassifizieren, zumal ein großer Teil der biblischen Textgattungen selbst nicht als „Mythen" einzustufen sind (Ranke-Graves' bekannte mythografische Übersicht bezieht sich daher auch nur auf das erste Buch Mose, die *Genesis*).

Zweigs Drama *Jeremias* ist zwar seine bekannteste Bibel-Dichtung, enthält aber keine Auseinandersetzung mit Mythen, auch nicht mit biblischen; vielmehr geht es hier um eine sowohl pazifistische als auch spezifisch jüdische Deutung der Erzählung des Prophetenbuches, welches wiederum zum Großteil auf historische Ereignisse zurückgeht. Die zentralen Ereignisse, Personen und Abläufe des biblischen Buches wie auch die des Dramas sind keineswegs ‚mythisch', sondern historisch belegt (vgl. Tadmor 1992, S. 191–198).

Zweigs kurze Erzählung *Die Wanderung* (1902) hingegen kann man als Arbeit am biblischen Mythos interpretieren: Thematisch zur Passionsgeschichte gehörig, wird die (erfundene) Geschichte eines Jünglings aus Judäa erzählt, der sich auf die Kunde vom Wirken Jesu hin und nach einem eindringlichen Traum aufmacht, „das Angesicht des Erlösers zu schauen" (Zweig GWE, Die Wanderung, S. 7). Auf seiner beschwerlichen Wanderung nach Jerusalem wird er jedoch während einer Rast aufgehalten, lässt sich von einer vernachlässigten jungen Frau verführen und versäumt dadurch den Messias, der zur gleichen Zeit gekreuzigt wird. Der Erzähler verweist mehrfach auf

3. Mythos

dieses zeitlich parallel ablaufende Geschehen, die Verurteilung durch Pontius Pilatus und die anschließende Hinrichtung. Der Jüngling sieht zwar die drei Kreuze am Horizont, begegnet sogar einem „Mann aus Kerijoth namens Judas Jschariot" (S. 13) und blickt zuletzt sogar den Gekreuzigten, auch „dem in der Mitte ins Gesicht": „Aber er konnte sein Angesicht nicht mehr erkennen." (S. 14) Parabelartig und durchaus originell stellt der junge Stefan Zweig hier die Frage eines lebensentscheidenden Zuspätkommens und auch der Vergeblichkeit der Suche nach dem Heil, des Scheiterns aus eigenem Versagen dar.

Die Legende der dritten Taube bearbeitet die Episode aus dem Noah-Mythos (1. Mose 8,12) und ruft bereits zu Beginn die mythische Schicht der Sintflut-Erzählung auf: „In dem Buche vom *Anfang der Zeit* ist die Geschichte der ersten Taube erzählt und die der zweiten, die *Urvater Noah* aus der Arche um Botschaft sandte" (Zweig GWE, Rahel rechtet mit Gott, S. 7; Herv. H. G.). Zweig erzählt die Geschichte der dritten Taube als Parabel über das Jahrhundertverbrechen des Ersten Weltkriegs, dessen Zeugin die Taube wird, die sich über die Jahrtausende hin bis zu den Schlachtfeldern verirrt hat und das Morden als zweite Sintflut erlebt: „Die Taube fuhr auf aus ihrem Traum. Tod war über ihr und Vernichtung; wie einst die Wasser, so schwoll nun das Feuer über die Welt." (S. 10) Aus der mythischen Episode der *Genesis* macht Zweig einen eindringlichen Aufruf an seine Zeitgenossen, die Botschaft der „friedensuchenden" Taube zu vernehmen, als Warnung vor einer neuen, die gesamte Menschheit bedrohenden Katastrophe. Der biblische Mythos wird aktualisiert und auf die unmittelbare Gegenwart beziehbar gemacht.

Die Legendendichtung *Rahel rechtet mit Gott*, in einer archaisierenden Sprachform verfasst (in Vokabular und Syntax), bezieht sich nicht nur auf die Bibel (1. Mose 29–31), sondern auch auf eine alte Legende in christlicher Umdeutung (vgl. Zweig an Hermann Struck, 18. Juni 1930, Zweig 1984, S. 207f.). Im Mittelpunkt steht – nach einer synkretistischen Zusammenführung der Weltuntergangsmythen der *Genesis* (Sodom und Gomorrha sowie die Sintflut-Erzählung) mit der Geschichte der Matriarchin Rahel, der Hauptfrau Jakobs – eine anklagende Rede der Rahel an den zürnenden Gott des *Tanach*, der ihr Volk zu vernichten droht. In einem summarischen Rückblick auf ihre eigene schwere Lebensgeschichte als Tochter Labans, Schwester Leas und Verlobte Jakobs hebt Rahel anklagend ihr Schicksal als Opfer der patriarchalischen Gesellschaft hervor, nachdem Gott ihre Bitte um Barmherzigkeit nicht erhört hat. Das anhaltende Schweigen Gottes angesichts der Leiden seiner Geschöpfe, für die Rahels Schicksal beispielhaft steht, führt zur zornigen Anklage an einen unbegreiflichen Gott im Stile Hiobs, die im Ausruf kulminiert: „[D]enn so dein Erbarmen nicht ohne Ende ist, dann bist du selber unendlich nicht – *dann – bist – du – nicht – Gott*. [...] [E]in Fremdgott dann bist du, ein Zorngott, ein Strafegott, ein Rachegott, und ich, Rahel, ich, die nur den Liebenden liebt und nur dem Barmherzigen diente, ich, Rahel – ich verwerfe dich vor dem Antlitz deiner Engel!" (Zweig GWE, Rahel rechtet mit Gott, S. 71, Herv. i. O.) In der Darstellung der Rahel greift Zweig hier „auf eine altjüdische Tradition zurück, wonach ‚unsere Mutter Rachel' [sic] als treueste Fürsprecherin Israels vor Gott gilt." (Motté 1999, S. 227) Die Arbeit am biblischen Mythos steht auch hier im Dienst aktueller politischer Kontexte wie der Verfolgung der Juden durch die Nationalsozialisten. Zugleich ist das Anklingen der Theodizee-Problematik in den Zweifeln Rahels und in ihrem Aufbegehren gegen den allmächtigen und allgütigen Gott der Bibel auffallend – angesichts der kurze Zeit danach entfesselten

Shoah eine merkwürdige Vorausahnung; Jahrzehnte später wird Hans Jonas in seinem Buch über den jüdischen *Gottesbegriff nach Auschwitz* versuchen, einen Gottesbegriff gegen die ungeheuren Zumutungen einer spezifisch jüdischen Theodizee zu bewahren: „durch die Jahre des Auschwitz-Wütens schwieg Gott" (Jonas 1987, S. 41); bei Zweig heißt es: „*Gott – aber – schwieg.*" (Zweig GWE, Rahel rechtet mit Gott, S. 70, Herv. i. O.)

Vergleicht man Stefan Zweigs Arbeit am biblischen Mythos etwa mit dem seines Zeitgenossen Thomas Mann (*Joseph und seine Brüder*, 1933–1943; *Das Gesetz*, 1944), fallen mythostheoretisch vor allem die unterschiedlichen Zugangsweisen zum Phänomen des Mythos auf: Neben der durchgehenden Psychologisierung der mythischen Figuren, die ihn mit Zweig (bes. mit dessen *Tersites*) verbindet, gibt es gravierende Unterschiede. Mann versucht sich dem Mythos („Mythos$_1$") nicht nur psychologisch, sondern auch kultur- und mentalitätsgeschichtlich zu nähern (gleich im ersten Kapitel des 1. Bandes, „Höllenfahrt"; hier eher im Sinne von „Mythos$_2$"); er bedient sich auch sehr versiert des Verfahrens des mythologischen Synkretismus, der literarischen Verschmelzung verschiedener Figuren und mythologischer Traditionslinien (vgl. Kurzke 1993). Bei Stefan Zweig fällt im Vergleich dazu insgesamt gesehen auf, dass sein Interesse weniger den Phänomenen des Mythos oder des Mythischen an sich gilt, sondern dass ihm die wenigstens z. T. mythischen Erzählungen seiner Quellen vor allem als Ausgangsbasis für aktuelle politische oder gesellschaftspolitische Anliegen dienen.

Stefan Zweig

Zweig, Stefan (1982): Silberne Saiten. Gedichte. GWE. Hg. v. Knut Beck. Frankfurt a. M.: S. Fischer.
Zweig, Stefan (1984): Briefe an Freunde. Hg. v. Richard Friedenthal. Frankfurt a. M.: S. Fischer.
Zweig, Stefan (1995): Briefe. Bd. I: 1897–1914. Hg. v. Knut Beck, Jeffrey B. Berlin u. Natascha Weschenbach-Feggeler. Frankfurt a. M.: S. Fischer.
Zweig, Stefan (2000): Briefe. Bd. III: 1920–1931. Hg. v. Knut Beck u. Jeffrey B. Berlin. Frankfurt a. M.: S. Fischer.
Zweig, Stefan (2006[4]): Tersites. In: Ders.: Tersites. Jeremias. Zwei Dramen. GWE. Hg. v. Knut Beck. Frankfurt a. M.: S. Fischer, S. 7–115.
Zweig, Stefan (2007[2]): Die Wanderung. In: Ders.: Buchmendel. Erzählungen. GWE. Hg. v. Knut Beck. Frankfurt a. M.: S. Fischer, S. 7–14.
Zweig, Stefan (2007[3]): Rahel rechtet mit Gott. Legenden. GWE. Hg. v. Knut Beck. Frankfurt a. M.: S. Fischer.
Zweig, Stefan (2007[5]): Die Welt von Gestern. Erinnerungen eines Europäers. GWE. Frankfurt a. M.: S. Fischer.

Weitere Literatur

Blumenberg, Hans (1979): Arbeit am Mythos. Frankfurt a. M.: Suhrkamp.
Brisson, Luc (1996): Einführung in die Philosophie des Mythos. Bd. 1: Antike, Mittelalter und Renaissance. Darmstadt: Wissenschaftliche Buchgesellschaft.
Ebert, Joachim (1969): Die Gestalt des Thersites in der *Ilias*. In: Philologus 3/4/1969, S. 159–175.
Frühwald, Wolfgang (1999): Die Bibel als Literatur produzierende Kraft. In: Schmidinger, Heinrich u. a. (Hg.): Die Bibel in der deutschsprachigen Literatur des 20. Jahrhunderts. Bd. 1: Formen und Motive. Mainz: Matthias-Grünewald, S. 39–47.

Gottwald, Herwig (2000): Der Mythos nach der ‚Wende': Christa Wolfs *Medea*. In: Zagreber Germanistische Beiträge 9/2000, S. 67–88.
Gottwald, Herwig (2016): Mythisches in Hofmannsthals Opern-Dichtungen? Eine theoretische Perspektive. In: Gruber, Gernot/Panagl, Oswald (Hg.): Mythos – Metamorphosen – Metaphysik. Heidelberg: Winter, S. 25–38.
Graevenitz, Gerhart von (1987): Mythos. Zur Geschichte einer Denkgewohnheit. Stuttgart: Metzler.
Heidmann-Vischer, Ute (2007): Mythologie. In: Fricke, Harald (Hg.): Reallexikon der deutschen Literaturwissenschaft. Bd. II. Berlin u.a.: de Gruyter, S. 660–664.
Heidmann-Vischer, Ute (2007): Mythos. In: Fricke, Harald (Hg.): Reallexikon der deutschen Literaturwissenschaft. Bd. II. Berlin u.a.: de Gruyter, S. 664–668.
Honold, Alexander (2005): Odysseus in korrigierter Haltung. Entstellungen des Mythos bei Kafka, Brecht, Benjamin und Adorno/Horkheimer. In: Seidensticker, Bernd/Vöhler, Martin (Hg.): Mythenkorrekturen. Zu einer paradoxalen Form der Mythenrezeption. Berlin, New York: de Gruyter, S. 317–330.
Jonas, Hans (1987): Der Gottesbegriff nach Auschwitz. Eine jüdische Stimme. Frankfurt a.M.: Suhrkamp.
Kurzke, Hermann (1993): Mondwanderungen. Wegweiser durch Thomas Manns Joseph-Roman. Frankfurt a.M.: S. Fischer.
Lang, Bernhard (1994): Die Bibel. Eine kritische Einführung. Paderborn u.a.: Schöningh.
Larcati, Arturo (2013): Die Dramen von Stefan Zweig. Ein kritischer Überblick. In: Peter, Birgit/Renoldner, Klemens (Hg.): Zweigs Theater. Der Dramatiker Stefan Zweig im Kontext europäischer Kultur- und Theatergeschichte. Würzburg: Königshausen & Neumann, S. 29–52.
Lesky, Albin (1971): Geschichte der griechischen Literatur. München: dtv.
Lessing, Gotthold Ephraim (1995): Laokoon. In: Ders.: Werke. Bd. II. Kritische Schriften. Philosophische Schriften. München: Artemis & Winkler.
Mayer, Matthias (1994): Nachwort. In: Hofmannsthal, Hugo von: Elektra. Frankfurt a.M.: S. Fischer, S. 65–89.
Motté, Magda (1999): „Daß ihre Zeichen bleiben". Frauen des Alten Testaments. In: Schmidinger, Heinrich u.a. (Hg.): Die Bibel in der deutschsprachigen Literatur des 20. Jahrhunderts. Bd. 2: Personen und Figuren. Mainz: Matthias-Grünewald, S. 205–258.
Münkler, Herfried (1990): Odysseus und Kassandra. Politik im Mythos. Frankfurt a.M.: S. Fischer.
Ranke-Graves, Robert/Patai, Raphael (1986): Hebräische Mythologie. Über die Schöpfungsgeschichte und andere Mythen aus dem Alten Testament. Reinbek b. H.: Rowohlt.
Schwab, Gustav (o. J.): Sagen des Klassischen Altertums. München: Droemer Knaur.
Tadmor, Hayim (1992): Die Zeit des Ersten Tempels. Die babylonische Gefangenschaft und die Restauration. In: Ben-Sasson, Haim Hillel u.a. (Hg.): Geschichte des jüdischen Volkes. Von den Anfängen bis zur Gegenwart. München: Beck, S. 115–230.
Tepe, Peter (2001): Mythos & Literatur. Aufbau einer literaturwissenschaftlichen Mythosforschung. Würzburg: Königshausen & Neumann.
Tepe, Peter (2013): Terminologische Sensibilisierung im Umgang mit dem Mythos. In: Krüger, Brigitte/Stillmark, Hans-Christian (Hg.): Mythos und Kulturtransfer. Neue Figurationen in Literatur, Kunst und modernen Medien. Bielefeld: transcript, S. 29–44.

4. Sprache und Metaphorik
Matthias Aumüller

1. Rezeption 650
2. Die literarische Funktion der Sprache 651
3. Rhetorische Mittel I: Satzfiguren. 653
4. Rhetorische Mittel II: Lautorchestrierung 654
5. Rhetorische Mittel III: Metaphorik 654

1. Rezeption

Sprache und Metaphorik waren bereits zu Lebzeiten Zweigs bevorzugter Gegenstand der kritischen Auseinandersetzung mit seinem Werk und stießen vielfach auf harsche Ablehnung (vgl. Liska 2007). Friedrich Burschell stellt 1931 die Frage, wie sich Zweigs Erfolge in den 1920er Jahren erklären lassen. Ihm zufolge ist die Beliebtheit Zweigs umso erstaunlicher, als sie vorzugsweise auf seinen Novellen beruht, einer Gattung mithin, die es im Allgemeinen auf dem literarischen Markt besonders schwer hat (vgl. Burschell 1992, S. 54). Für ihn sind es drei Merkmale, die den großen Erfolg begründen und „ein ganz besonderes, artistisch außerordentlich geschickt drapiertes Lebensgefühl" (S. 54) zum Ausdruck bringen, so dass sich auch Leser mit ‚Geschmack' dieser Wirkung nicht entziehen könnten. Die ersten beiden Merkmale haben mit den Inhalten zu tun. Die erzählte Zeit liege, erstens, zumeist noch vor dem Krieg, so „daß die breite Wirkung dieser Novellen zunächst dem Umstand zuzuschreiben ist, daß sie in einer historischen Patina schillern" (S. 55). Zweitens stamme das Personal „fast immer [aus] der Welt des gebildeten und gesicherten Bürgertums" (S. 55). Eine besondere Bedeutung kommt dem dritten Merkmal zu, das Zweigs geschickte Rhetorik charakterisiert. Burschell diagnostiziert eine sprachliche Verbrämung der harten Konflikte, so dass (a) der Leser sich durch den hohen Stil selbst erhöhe und (b) das Schlimme und Leidenschaftliche abgefedert und leicht konsumierbar werde: „So vornehm, preziös und ein wenig verstiegen wünschen sich, wie man annehmen muß, im Zeitalter der Sachlichkeit viele Menschen zu sprechen. Ein solcher klassizistischer Ton, fast mit einem Original zu verwechseln und sonst im Leben nirgends zu vernehmen, hebt in die beliebten höheren Sphären, die so traumhaft unwirklich sind wie die meisten Novelleninhalte selber. Er schafft Distanz, er mildert und glättet alles Harte und Brutale, die üblen, oft nicht zu umgehenden Folgen einer Monomanie." (S. 57)

Was Burschell kritisch beurteilt und, wenn nicht gar als verlogen, zumindest als gestelzt und unpassend empfindet, sind zwei Effekte einer stilistisch-rhetorischen Eigenschaft, die offenbar in Widerspruch zum damaligen Zeitgeist steht. Nach Burschell ist Zweigs hoher Stil ein doppeltes Kompensationsangebot, das seine Leser dankbar annehmen. Dieser Stil korrespondiert mit der Darstellung einer vergangenen Welt, deren Untergang von vielen Zeitgenossen bedauert wird. Zugleich soll er die Tragik des Dargestellten dämpfen.

Kritische Anmerkungen, die in diese Richtung gehen, gibt es viele. Auch Zweig gewogene Autoren monieren die überreiche sprachliche Orchestrierung seiner Prosa. Joseph Roth etwa lobt in einem Brief vom 25. September 1930 nach Durchsicht der Korrekturfahnen von Zweigs Essay über Franz Anton Mesmer (in *Die Heilung durch*

4. Sprache und Metaphorik

den Geist, 1931) die Gesamtanlage: „Ihr Mesmer ist größer, als es im ersten Augenblick den Anschein hatte [...]. Auffälliges, was mir nicht behagt hätte, habe ich nicht gefunden" (Roth/Zweig 2011, S. 46). Danach folgen allerdings einige stilistische Empfehlungen, die (gemäß Roths eigenem Schriftstellertemperament) zu mehr Schlichtheit der rhetorischen Ausstattung raten: „Ich würde die Sätze trennen und kürzen. Den Ton sachter machen. [...] Ihr schöner Reichtum an Assoziationen tyrannisiert Sie manchmal. [...] Sie sollen in den ersten 30 Seiten Ihren Reichtum, Ihren Glanz, Ihre Fülle *poröser* machen, leichter, sanfter, und auch härter." (S. 47, Herv. i. O.) Zwischendurch werden diese Hinweise freilich immer wieder von lobenden Worten unterbrochen.

Die Bewunderer betonen die Musikalität und die besondere Kraft seines Stils, mit denen Zweig Stimmungen erzeugen kann, die nicht durch die Wörterbuchbedeutung der benutzten Wörter, sondern durch ihre rhetorisch-stilistische Kombination entstehen (vgl. Klawiter 1961, S. 69). Doch die kritische Rezeption ist so dominant, dass selbst die Bewunderer selten ohne das Lob einschränkende Bemerkungen auskommen. Zweigs Neologismen und unübliche Wortkombinationen, mit denen er der unsagbaren Seite psychologischer Situationen beizukommen versuche, seien nicht immer grammatikalisch oder hinsichtlich der gewählten Bilder korrekt (vgl. S. 69). Die sprachliche Orchestrierung sei manchmal ebenso übermäßig wie das dadurch zum Ausdruck kommende Pathos. Kurz, er sei nicht selten der ‚Gefahr des Exzesses' erlegen (vgl. S. 70). Während Randolph J. Klawiter diesen Zug von Zweigs Stil damit entschuldigt, dass dieser Bruch ‚künstlerischer Disziplin' auf das Konto einer überbordenden ‚künstlerischen Sensibilität' gehe (vgl. S. 71), weist Zweigs erste Frau Friderike in einem Brief auf den kontraproduktiven Effekt seines zur Überhöhung neigenden Stils hin. Mit Bezug auf „persönliche Werturteile" in Zweigs Prosa schreibt sie, sie „wirken in ihrer Superlativität der geradezu edlen Sachlichkeit gegenüber wie Formfehler. Sie schwächen eher ab, weil sie den nüchtern genießenden Leser eher abschrecken, da er ja mit dem Verstand genießt" (zit. n. Klawiter 1961, S. 71).

2. Die literarische Funktion der Sprache

Mit Bezug auf die literarhistorische Einordnung von Stefan Zweigs künstlerischer Sprachverwendung gibt die Forschung ein ähnliches Bild wie mit Blick auf die Erzählstrukturen (→ IV.1 ERZÄHLFORMEN). Wie es bei Zweig keine instabilen Erzählsituationen gebe, so sei sein Werk auch kein Ausdruck der Sprachkrise (vgl. Martens 1987, S. 45). Diese wichtigen Aspekte moderner Literatur, nicht zuletzt der Wiener Moderne, fänden sich in Zweigs Werk nicht wieder. Sprache sei für Zweig nicht unzulänglich wie für Hofmannsthal, sondern das dem Dichter eigene Mittel, das Unsagbare auszudrücken: „Sprache wird als Konversion psychischer Energie in verbalen Ausdruck begriffen" (S. 49). In ihrer Interpretation des *Amokläufers* (1922) versucht Lorna Martens den Nachweis zu führen, dass sich diese ästhetische Haltung in die Erzählung eingeschrieben hat. Die Figur der Frau sei durch Schweigen und Krankheit charakterisiert, die Figur des Mannes durch Sprechen und Gesundung. Auch wenn man Zweifel daran haben kann, ob der Arzt in der Erzählung tatsächlich durch sein Erzählen gesundet (immerhin bringt er sich um), sieht Martens darin eine strukturelle Gemeinsamkeit vieler Erzählungen: „Verschwiegenheit wird in seinen Geschichten ausnahmslos bestraft" (S. 53f.).

Somit ist für Zweig literarische Sprache ein Mittel, mit dem sich Gefühle und Ideen ausdrücken lassen, deren Intensität sich dem Ausdrucksvermögen der Alltagssprache gewöhnlich entzieht. Erst aus dem Ganzen der künstlerischen Komposition erwächst das, was die Literatur ausmacht und von anderen Äußerungsformen unterscheidet. In guter Literatur seien alle Teile „ineinander verzahnt, wie das Räderwerk einer Uhr, wo kleine Räder die großen treiben, feine silberne Stifte dazwischen das Equilibrium halten, kleine künstliche Federn spannen oder retardieren, um alle zusammen den ebenmäßigen Rhythmus, den Takt des Erzählens im steten Gleichmaß zu halten", wie Zweig in einem Essay über Jakob Wassermann schreibt (Zweig GWE, Das Geheimnis des künstlerischen Schaffens, S. 75).

Die Funktion der künstlerischen Sprachverwendung bei Zweig lässt sich als Evokation beschreiben. Die aufwändige rhetorische Orchestrierung dient weniger dazu, die psychologischen Situationen präzise zu beschreiben, gewissermaßen zu sezieren, sondern dazu, diese Situationen nacherlebbar zu machen. So leisten Vergleiche und Metaphern zu dieser Zielsetzung einen kaum zu übersehenden Beitrag. Insbesondere die Personifikation abstrakter Begriffe steht im Dienst der Anschaulichkeit, sicherlich eines der wichtigsten künstlerischen Zielgrößen Zweigs. Anschaulichkeit ist eine poetologische Tugend des Realismus, und darin kann man einen der Aspekte sehen, die dazu führen, dass Zweigs literarisches Schaffen nicht in der Epoche der künstlerischen Moderne verortet wird (→ IV.1 Erzählformen).

Zugleich ist das Prinzip der Evokation in seiner Realisierung bei Zweig mit einer Neigung zur Redundanz und Überexplizitheit verbunden, wie sich an den zahlreichen rhetorischen Wiederholungsfiguren erkennen lässt, die Zweig einsetzt. Wer sich auf Zweigs Poetik der Anschaulichkeit bzw. des Nacherlebens nicht einlässt, sondern eher einen rationalen Zugang zur Literatur hat, der sieht in seiner Prosa vor allem ermüdende Wiederholungen und Varianten eines und desselben Gedankens. Besonders eklatant ist dieser Zug in der pazifistischen Novelle *Der Zwang* (1920), in der Zweigs pädagogische Tendenz stark ausgeprägt ist. Hier dominiert die Botschaft mehr den künstlerischen Diskurs als umgekehrt. Dies mag auch damit zu tun haben, dass es weniger um Gefühle geht als um eine moralische Einstellung des Helden. Zweig möchte mit seinem Text Überzeugungen ändern und zielt mehr auf eine Gedankenführung als auf die Entwicklung einer seelischen Verfassung, wie es seine bekannteren Erzählungen vorführen. Der Einbildungskraft des Lesers wird die Möglichkeit zur Entfaltung genommen, weil die Ideen, um die es Zweig geht, genau festgelegt sind.

Unter Verweis auf die kritischen Bemerkungen von Vera Apfelthaler (2007) und Volker Michels (1995) schreibt Arturo Larcati, dass auch in den Dramen Zweigs „die pädagogischen Intentionen von Zweig manchmal zu einer gewissen Redundanz bzw. einer übertriebenen Explizitheit der Rede führen"; außerdem „nimmt oft die ekstatische, zum Monolog tendierende Redeweise der Protagonisten zu viel Platz gegenüber den Gesprächen ein" (Larcati 2013, S. 49).

Nur scheinbar steht diesem Befund Zweigs berühmtes künstlerisches Credo entgegen, das er in seiner Autobiografie zum Ausdruck bringt:

> Jede Weitschweifigkeit, alles Schwelgerische und Vage-Schwärmerische, alles Undeutliche und Unklare, alles Überflüssig-Retardierende in einem Roman, einer Biographie, einer geistigen Auseinandersetzung irritiert mich. Nur ein Buch, das ständig, Blatt für Blatt, die Höhe hält und bis zur letzten Seite in einem Zuge atemlos mitreißt, gibt mir einen vollkommenen Genuß. Neun Zehntel aller Bücher [...] finde ich mit überflüssigen Schilderungen, geschwät-

4. Sprache und Metaphorik   653

zigen Dialogen und unnötigen Nebenfiguren zu sehr ins Breite gedehnt und darum zu wenig spannend, zu wenig dynamisch. (Zweig GWE, Die Welt von Gestern, S. 363)

Anschließend geht Zweig auf seine eigene Schreibmethode ein, deren wichtigster Teil für ihn die „Kunst des Verzichtenkönnens" ist (S. 365), also das Streichen ganzer Absätze, die vom eingeschlagenen dramatischen Weg abführen. Diese Formulierung bezieht sich demnach nicht auf die sprachlich-stilistische Ebene (auf der sich auch in dem hier zitierten Abschnitt einmal mehr Zweigs Neigung zur Wiederholung zeigt), sondern auf die Textebene. Gerade Zweigs Bevorzugung der Novelle passt zu diesem Credo. Die Kunst des Weglassens führt zu einer schlanken, monothematischen Handlungsführung, für die die Gattung der Novelle prädestiniert ist. Seine Ablehnung modernen reflexiven Erzählens, das die Brüchigkeit des Ichs, der Wahrnehmung oder des künstlerischen Diskurses selbst vorführt, ist die Kehrseite dieses Credos, das dem poetologischen Prinzip der Verfremdung diametral entgegengesetzt ist.

3. Rhetorische Mittel I: Satzfiguren

Ein bei Zweig auf jeder Seite zu entdeckendes Verfahren ist die steigernde Aneinanderreihung von Begriffen, mit denen er eine intensivierende Umschreibung einer – meist extremen – Gefühlslage erreicht. Ein ausführliches Beispiel (s. u.) zeigt, wie eifrig Zweig dieses Verfahren der *amplificatio* („in ein Laues, ein Leeres, … in ein Wesenloses") einsetzt, mit anderen Verfahren der Wiederholung, etwa der Epanalepse („jetzt … jetzt"), und anderen Satzfiguren wie der weiten Apposition („an den Muskeln, an den straffen"), einer *exclamatio* sowie doppelten grammatischen Komparativen in der Form einer *geminatio* („schwerer und schwerer") kombiniert und am Ende eine komplexe Klimax erzeugt:

Aber das Herz, das dunkle, gab keinen Ton, still sog es dies fremde Geström in sich ein. Wie ein Schwamm sog sich's an, ward schwerer und schwerer davon, schon schwoll es an, schon quoll es auf in dem engen Gefüge der Brust. Allmählich voll und übervoll vom eigenen erfüllten Gewicht begann es leise nach abwärts zu ziehen, die Bänder zu dehnen, an den Muskeln, an den straffen, zu zerren, immer lastender drückte und drängte das schmerzhafte Herz, riesenhaft groß schon, hinab, der eigenen Schwere nach. Und jetzt (wie weh das tat!), jetzt löste das Schwere sich los aus den Fasern des Fleisches – ganz langsam, nicht wie ein Stein, nicht wie fallende Frucht; nein, wie ein Schwamm, vollgesogen von Feuchtem, sank es tiefer, immer tiefer hinab in ein Laues, ein Leeres, irgendwo hinab in ein Wesenloses, das außer ihm selber war, eine weite, unendliche Nacht. Und mit einem Male ward es grauenhaft still an der Stelle, wo eben noch dies warme, quellende Herz gewesen: etwas gähnte dort leer, unheimlich und kalt. Es klopfte nicht mehr, es tropfte nicht mehr: ganz still war es innen geworden, ganz tot. (Zweig GWE, Untergang eines Herzens, S. 169f.)

Diese reichhaltige rhetorische Orchestrierung ist genau diejenige Eigenschaft, die für die einen Stein des Anstoßes ist, weil sie für Überexplizitheit und Pathos sorgt, und für die anderen Zweigs virtuosen Umgang mit der Sprache ausmacht. Sie ist der Grund, warum Zweigs literarisches Schaffen eher dem Stil der Neuromantik zugeordnet wird als dem progressiven Teil der Klassischen Moderne, und es spricht viel dafür, dass Zweig in der Tat vor allem traditionellen künstlerischen Vorstellungen verpflichtet war, die nichtsdestoweniger unter den zeitgenössischen Lesern hohe Konjunktur hatten und der übergeordneten kulturellen, überaus populären Formation des Irrationalismus näher standen als die hochkomplexe, avancierte Poetik etwa eines Robert Musil, dessen Werk zu Lebzeiten weit weniger Aufmerksamkeit beschieden war.

Indes muss dieser Befund der künstlerischen Leistung Zweigs keinen Abbruch tun. Denn unabhängig von der historischen Einschätzung beweisen Zweigs Erzählungen einen hohen Grad an künstlerischer Durchdringung des jeweiligen Gegenstands, wie nicht zuletzt auch die klangliche Seite seiner Prosa beweist.

4. Rhetorische Mittel II: Lautorchestrierung

Insbesondere Zweigs frühe Prosa ist geprägt von Lautorchestrierung und Rhythmisierung. In ihrer Stilanalyse von *Geschichte in der Dämmerung* (1908) kommt Ingrid Lent zu dem Ergebnis, dass „die Worte um ihrer Eigenwirkung gewählt und in einer bestimmten, oft fremdartig anmutenden Form angewandt werden. Klang, Intensität und Rhythmus spielen bei der Beurteilung eine größere Rolle als die Bedeutung" (Lent 1956, S. 122). Neologismen und lexikalische Ableitungen sind ein wichtiger Bestandteil von Zweigs früher Prosa, die damit ganz im Einklang mit der literarischen Praxis um die Jahrhundertwende steht. Die Lautebene verliert in Zweigs Schaffen mit der Zeit an Bedeutung, bleibt aber auch in den Werken der 1920er Jahre noch eine deutlich wahrnehmbare Größe. Auf der Basis einer Passage aus *Untergang eines Herzens* (1927) beschreibt Lent für Zweigs Stil insgesamt typische Klangstrukturen. Auch in dem oben wiedergegebenen Zitat sind solche Formen zu finden, so die Alliteration in „drückte und drängte", „schwerer ... schwoll ... quoll" usw., die nach Lent „das tätige Fortschreiten" des Untergangs klanglich unterstreichen (S. 69). Außerdem werde „das Unruhvolle durch die Häufung, ja Überladung, von Doppelkonsonanten, vor allem in der Verbindung mit r" klanglich profiliert (S. 69), wie sich auch in dem Zitat oben zeigt, in dem – wie man in Ergänzung zu Lent beobachten kann – zu den r-Lauten viele l-Laute treten, die beide als Liquide (,Fließlaute') zusammengefasst werden und den Untergang des Herzens klanglich untermalen (vgl. die ausführliche, auf Zweigs gesamtes Novellenwerk bezogene Analyse der sprachlichen Mittel bei Lent 1956, S. 117–165).

Diese Bemerkung führt bereits zu einem letzten zentralen Charakteristikum von Zweigs Stilmitteln.

5. Rhetorische Mittel III: Metaphorik

Schon Lent weist darauf hin, dass Zweigs Stil dadurch geprägt ist, „dem Hörer und Leser den seelischen Vorgang mit Hilfe der Sinne, auf Auge und Ohr wirkend, klar zu machen." (S. 69) Die Wassermetaphorik des Fließens, Sinkens und Vollsaugens verbildlicht und konkretisiert den unfassbaren Vorgang des seelischen Absterbens und sorgt für die bereits angesprochene Anschaulichkeit. Metaphorik und Lautprofil sind in der zitierten Passage aufeinander abgestimmt. Doch lassen sich in der unmittelbaren Nachbarschaft der Textstelle auch andere Bilder entdecken, die dasselbe besagen sollen, aber aus gänzlich anderen, teilweise sogar mit Wasser unvereinbaren Symbolbereichen stammen, womit ein Beispiel sowohl für den zuweilen monierten inakkuraten Bildgebrauch als auch für Zweigs Neigung zur Redundanz gegeben wäre. So vergleicht er das innere Verbluten und Hinabsinken des Herzens ins Nichts einen

4. Sprache und Metaphorik

Abschnitt vorher mit dem Wortfeld des Aushöhlens und dem des Feuers: „Stollen"; „mit spitzem, jetzt mit stumpferem Werkzeug"; „verging in dieser langsam zehrenden Flamme, brannte schwarz und schwelend, ehe es mürb und verkohlt niederfiel" (Zweig GWE, Untergang eines Herzens, S. 169). Diese Bildbereiche werden in dem Abschnitt nach dem Zitat wieder aufgenommen: „leer und schwarz wie die Höhlung eines ausgebrannten Baumes" (S. 170).

Häufig greift Zweig in seinen Novellen auf Landschaftsmetaphorik zurück. Michaela Meyer (2009, S. 151f.) beschreibt mit Bezug auf *Brennendes Geheimnis* (1911) den Zusammenhang zwischen dem ersten Aufeinandertreffen des im Text als „Jäger" charakterisierten Barons mit dem Objekt seiner Begierde, der „Beute", und einer anschließenden Landschaftsschilderung, in der die düsteren Elemente hervorgehoben und als bedrohlich gekennzeichnet werden: „Die Außenwelt in dieser Form in den Dienst des Geschehens vor allem seiner psychologischen Dimension zu stellen, so dass sich gewissermaßen die *landscape of consciousness* direkt in der ‚realen' Landschaft spiegelt, gehört zu den typischen Merkmalen von Zweigs Stil" (S. 152). Geradezu aufdringlich gestaltet ist die Synchronisierung von inneren Gefühlen und Landschaft bzw. Wetterlage in die *Die Frau und die Landschaft* (1917), wo die lastende Schwüle und die Erwartung des befreienden Regens mit einem sexuellen Akt bzw. der Vorstellung eines solchen parallelisiert wird (zur Landschaftsmetaphorik und Symbolisierung von Landschaft vgl. Turner 1988, S. 213–221).

Für Zweigs Bildsprache charakteristisch sind außerdem Oppositionen, vor allem Hell-Dunkel- und Heiß-Kalt-Kontraste, die Leidenschaften und Stimmungen verbildlichen. So etwa in *Angst* (1913): Als Irene einmal von ihrem Geliebten kommt, dem sie jegliche Zärtlichkeiten verweigert hat, „loderte sie innen von einem sehr seltsamen Gefühl", und es kam ihr vor, „als glimme eine kleine, prickelnde Flamme tief unten und warte nur auf den Wind, der das Feuer aufpeitschte" (Zweig GWE, Angst, S. 293). Doch was sie erwartet, ist die „kalte[ ] Bosheit" (S. 295) der Erpresserin, der sie kurz darauf begegnet. Ganz ähnlich kontrastiert stehen der Nacht der Tag und der Hitze der Leidenschaft „das kühle Denken" in der *Geschichte in der Dämmerung* gegenüber (Zweig GWE, Geschichte in der Dämmerung, S. 85).

Insbesondere die Wiederholungsfiguren und die Vergleiche sind literarische Verfahren, die Zweigs gesamtes Schaffen dominieren. Dabei darf jedoch nicht übersehen werden, dass es zum Teil starke Unterschiede zwischen einzelnen Werken gibt und Zweig durchaus zum Zwecke der Charakterisierung seiner Erzählerfiguren ihre Rhetorik erheblich variiert, man denke an das stockende Erzählen des Amokläufers, das überbordende Pathos des selbstverliebten Professors in *Verwirrung der Gefühle* (1927) oder die relative Nüchternheit des Erzählers der *Schachnovelle*. Demgegenüber zeichnet die Legenden ein biblischer Ton aus, der außer durch lexikalische und syntaktische Anleihen bei der Bibel insgesamt durch größere rhetorische Sparsamkeit in Syntax und Metaphorik charakterisiert ist, was nicht zuletzt darauf zurückzuführen ist, dass die Legenden nicht so sehr die Figurenpsychologie als das äußere Figurenschicksal in den Mittelpunkt stellen. Die Möglichkeiten, die das Zusammenspiel von sprachlicher Gestaltung und Bedeutung bei Zweig betreffen, sind noch längst nicht erschöpfend untersucht. Bislang sind entsprechende Erkenntnisse durch die lediglich ‚normativ' begründete Reserve seinem Stil gegenüber und durch anders gelagerte Vorlieben und Vorbehalte eher verdeckt worden.

Stefan Zweig

Roth, Joseph/Zweig, Stefan (2011): „Jede Freundschaft mit mir ist verderblich". Briefwechsel 1927–1938. Hg. v. Madeleine Rietra u. Rainer Joachim Siegel. Mit einem Nachwort v. Heinz Lunzer. Göttingen: Wallstein.
Zweig, Stefan (2004[5]): Angst. In: Ders.: Verwirrung der Gefühle. Erzählungen. GWE. Hg. v. Knut Beck. Frankfurt a.M.: S. Fischer, S. 280–353.
Zweig, Stefan (2004[5]): Geschichte in der Dämmerung. In: Ders.: Verwirrung der Gefühle. Erzählungen. GWE. Hg. v. Knut Beck. Frankfurt a.M.: S. Fischer, S. 79–115.
Zweig, Stefan (2004[5]): Untergang eines Herzens. In: Ders.: Verwirrung der Gefühle. Erzählungen. GWE. Hg. v. Knut Beck. Frankfurt a.M.: S. Fischer, S. 145–181.
Zweig, Stefan (2007[2]): Das Geheimnis des künstlerischen Schaffens. Essays. GWE. Hg. v. Knut Beck. Frankfurt a.M.: S. Fischer.
Zweig, Stefan (2007[5]): Die Welt von Gestern. Erinnerungen eines Europäers. Frankfurt a.M.: S. Fischer.

Weitere Literatur

Apfelthaler, Vera (2007): Das Theater als europäische Anstalt. Theaterverständnis und kulturelles Kapital bei Stefan Zweig. In: Gelber, Mark H. (Hg.): Stefan Zweig Reconsidered. New Perspectives on his Literary and Biographical Writings. Tübingen: Niemeyer, S. 193–201.
Burschell, Friedrich (1992): Wie erklären sich große Bucherfolge? Stefan Zweigs Novellen. In: Weinzierl, Ulrich (Hg.): Stefan Zweig – Triumph und Tragik. Aufsätze, Tagebuchnotizen, Briefe. Frankfurt a.M.: S. Fischer, S. 54–58.
Klawiter, Randolph J. (1961): Stefan Zweig's Novellen – An Analysis. Diss. Univ. of Michigan.
Larcati, Arturo (2013): Die Dramen von Stefan Zweig. Ein kritischer Überblick. In: Peter, Birgit/Renoldner, Klemens (Hg.): Zweigs Theater. Der Dramatiker Stefan Zweig im Kontext europäischer Kultur- und Theatergeschichte. Würzburg: Königshausen & Neumann, S. 29–52.
Lent, Ingrid (1956): Das Novellenwerk Stefan Zweigs. Eine Stil- und Typenuntersuchung. Diss. Univ. München.
Liska, Vivian (2007): A Spectral Mirror Image. Stefan Zweig and his Critics. In: Gelber, Mark H. (Hg.): Stefan Zweig Reconsidered. New Perspectives on his Literary and Biographical Writings. Tübingen: Niemeyer, S. 203–217.
Martens, Lorna (1987): Geschlecht und Geheimnis. Expressive Sprache bei Stefan Zweig. In: Gelber, Mark H. (Hg.): Stefan Zweig heute. New York u.a.: Lang, S. 44–64.
Meyer, Michaela (2009): Erzählte Psychoanalyse? Die „Wende nach Innen" in der modernen Literatur, dargestellt anhand ausgewählter Texte von Stefan Zweig, John Davys Beresford und May Sinclair. Essen: Die Blaue Eule.
Michels, Volker (1995): „Im Unrecht nicht selber ungerecht werden!" Stefan Zweig, ein Autor für morgen in der Welt von heute und gestern. In: Gelber, Mark H./Zelewitz, Klaus (Hg.): Stefan Zweig. Exil und Suche nach dem Weltfrieden. Riverside: Ariadne Press, S. 11–32.
Turner, David (1988): Moral Values and the Human Zoo. The „Novellen" of Stefan Zweig. Hull: Hull Univ. Press.

5. Das Schöpferische
Rüdiger Görner

1. Voraussetzungen 657
2. Schöpferische Dämonie contra Schaffenspragmatik 658

1. Voraussetzungen

„[D]ie Aura des Schöpferischen übte erschütternde Gewalt" (Zweig GWE, Die Welt von Gestern, S. 59), schrieb Stefan Zweig in *Die Welt von Gestern* (1942) über die Wirkung, die das bloße Schulterklopfen, das ihm als Zwölfjährigem durch Johannes Brahms zuteilwurde, auf ihn ausübte. Er erwähnte aber auch den Umstand, dass dieses ‚Schöpferische' im sogenannten Jungen Wien Gegenstand eines regelrechten Kultes geworden war, der ans Absurde gegrenzt habe (vgl. S. 60). Dieser Kult – auch die Secessionisten und ‚Neutöner' gehörten im weitesten Sinne dazu – verband sich mit der von Hermann Bahr ausgegebenen Parole vom ‚neuen Menschen' und erfasste Künstler wie Loris (Hugo von Hofmannsthal), Raoul Auernheimer und Richard Beer-Hofmann. Dennoch hatte sich in Zweig dadurch ein eigentümliches Interesse am Problem des Schöpferischen entwickelt, das in seinem 1939 in Amerika an verschiedenen Orten gehaltenen Vortrag *Das Geheimnis des künstlerischen Schaffens* kulminierte. Vor allem in seinen Essays über Dichter und Denker sowie bereits in seinem Versuch *Die Autographensammlung als Kunstwerk* (1914) steht die Frage nach den Spuren des Schöpferischen im Mittelpunkt. Veränderungen im Manuskript dieses Versuchs belegen, wie wichtig es Zweig war, selbst den Akt des Sammelns als einen Aufweis des Schöpferischen zu verstehen. So streicht er die ursprüngliche Bemerkung, Sammeln bedeute, „etwas aus totem Stoff zu schaffen, was selber lebendig ist". In der korrigierten Fassung liest sich dies so: Im Sammeln werde „durch eine geheimnisvolle Architektonik aus totem Stoff ein Lebendiges" *gestaltet* (in: Wienbibliothek/Handschriftensammlung, Sigle 129 371). Im Grunde basiert die ‚geheimnisvolle Architektonik' auf einem generellen Prinzip, das in Zweigs Fall lautet: Der Augenblick des Beginnens, des In-Gang-Setzens des schöpferischen Prozesses ist Voraussetzung jeglicher Produktionsästhetik. Und in diesem stets aktuellen Interesse an produktionsästhetischen Abläufen liegt auch die Bedeutung von Zweigs einschlägigen Überlegungen.

Um jedoch Zweigs Ansatz sinnvoll deuten zu können, bedarf es eines Blickes auf seine zeitgenössischen Kontexte; denn es erweist sich, dass das Schöpferische auch in der Literaturwissenschaft der damaligen Zeit eine wichtige Rolle gespielt hat. Von Wilhelm Dilthey bis Friedrich Gundolf prägte die Problematik des Schöpferischen – ob als Erlebnisqualität verstanden oder als Signum einer ganzheitlichen Literaturbetrachtung – die ästhetischen Diskurse. Desgleichen begann eine zunehmend von der Psychoanalyse beeinflusste Kunst- und Literaturkritik, den schöpferischen Akt in den Mittelpunkt des Interesses zu rücken, wobei späte Nachwirkungen der Genieästhetik und Fragen der Psychopathologie (‚Wahnsinn') als Quelle des künstlerischen Schaffens zum Tragen kamen. Die bis zu Karl Jaspers (2013) reichende Wirkung Cesare Lombrosos (1887) ist hier ebenso zu nennen wie Sigmund Freuds Interesse am „Gradiva"-Stoff in der novellistischen Bearbeitung von Wilhelm Jensen, wobei Freud (2009) dem Protagonisten der Erzählung den ‚Wahn' eher unterstellt denn nachweist.

Zu einer betont ausgewogenen Darstellung des ‚schöpferischen Ichs' fand Emil Ermatinger in seiner in den 1920er Jahren weit verbreiteten Studie *Das dichterische Kunstwerk* (1921). Darin kam er zu folgendem Befund über die Relevanz „der Typenbildung durch die Psychologie, etwa der Unterscheidung der Typen des Affektlebens in Typen des herabgesetzten Ichgefühls, Typen des gesteigerten Ichgefühls usw." Was das für die Untersuchung des schöpferischen Prozesses in der Literatur bedeutet, beurteilte Ermatinger wie folgt: „Für das literarische Urteil scheint mir die Untersuchung des Spannungsverhältnisses zwischen den beiden Richtungen des Seelischen ergiebiger zu sein" (Ermatinger 1921, S. 22f.). Er legte Wert darauf, auf das – soweit nachweisbar – sinnliche Auffassungsvermögen der verschiedenen Dichter zu achten, aber auch zu untersuchen, wie sinnliche Eindrücke im künstlerischen Prozess umgestaltet werden: „Dem Drange des Gefühls, dessen Wesen Schrankenlosigkeit ist, müssen Grenzen gesetzt sein, wenn seine schöpferische Kraft nicht im Unendlichen verströmen und erlahmen soll." (S. 12f.) Genau an dieser Stelle setzte Stefan Zweig in seinen novellistisch-essayistischen Studien über Hölderlin, Kleist und Nietzsche ein (*Der Kampf mit dem Dämon*, 1925), wenn er im Geleitwort schreibt: „Ich suche keine Formeln des Geistigen, sondern ich gestalte Formen des Geistes." (Zweig GWE, Der Kampf mit dem Dämon, S. 11) – und genau diese Formen versuchte er in den genannten ‚dämonischen Menschen' aufzuspüren. Zwar will er eine „Typologie des Geistes" (S. 12) aufstellen, aber ohne psychoanalytische Methodik oder Lexik – und das obgleich er diese Studien Freud widmete. Tatsächlich könnte nichts weiter von Freuds analytischem Ansatz entfernt sein als Zweigs Versuch, das Schöpferische auf der Grundlage der Empathie in Hölderlin, Kleist und Nietzsche freizulegen.

2. Schöpferische Dämonie contra Schaffenspragmatik

In seinem essayistischen Vortrag *Das Geheimnis des künstlerischen Schaffens* legt Stefan Zweig die Summe seiner Einsichten in die Schaffenspsychologie wie in die Pragmatik des kreativen Prozesses vor (→ IV.6 DER KÜNSTLERISCHE PROZESS). Seine Argumentation lehnt sich an das von ihm erzählerisch erkundete Phänomen der ‚Sternstunde' im Schaffen ebenso an wie an die Einblicke in die konkreten Arbeitsspuren von Autoren und Komponisten in deren Manuskripten. Zweig geht von der These aus, dass es bei diesen schöpferischen Vorgängen keine wirkliche Zeugenschaft geben könne, die das ‚Geheimnis' des schöpferischen Moments zureichend erklärte. Gleichzeitig versteht er diesen Augenblick als einen Aufweis des Religiösen in einer säkularisierten Welt: das künstlerische Schaffen als Stellvertretung des göttlichen Schöpfungsaktes. Aus dem scheinbaren Nichts ein Etwas zu schaffen, aus endlicher Materialität ein Werk, das in seinem Überdauern das Ewige zitiert oder an dieses erinnert – das ist das Phänomen, das nicht nur Zweig beschäftigt.

Stellvertretend für andere sei hier die pointierte These von Georg Simmel erwähnt, die er in seiner Studie *Goethe* (1913) entwickelt hatte: „Bei den so begnadeten Menschen wird sozusagen der göttliche Schöpfungsproßeß rückläufig: wie in ihm die Schöpferkraft zur Welt wird, so wird bei jenen die Welt zur Schöpferkraft" (Simmel 1913, S. 14). Im Ausnahmemenschen, dem Künstler, verwandelt sich Weltwahrnehmung in eine werkbedingte, aber quasi religiöse Weltneuschöpfung. Diesem Phänomen auf die Spur zu kommen erfordere, so Zweig, kriminalistischen Spürsinn (vgl. Zweig GWE, Das Geheimnis des künstlerischen Schaffens, S. 352). Da der Künstler selbst selten

5. Das Schöpferische

‚geständig' sei, wenn es um Aussagen vor dem Gericht der Kritik über das Wesen des Schaffensprozesses geht, bleibe nur ein Indizienverfahren. Diese überraschende Wendung in Zweigs Essay wäre mit Gewinn auf Franz Kafkas Roman *Der Prozeß* übertragbar, und zwar in dem Sinne, dass dieser Roman als Analogie zum künstlerischen Verfahren gelesen werden könnte. Schöpferische Menschen („die Dichter, die Musiker, die Maler") – von Zweig stets in emphatischem Wortsinn gebraucht – machten nie „präzise Aussagen" über ihre ‚Taten' – ganz wie „hartnäckige Verbrecher" (S. 353). Diese Analogie Zweigs legt wiederum einen kritischen Vergleich mit Thomas Manns zeitgleich entstandenem Essay *Bruder Hitler* nahe.

In diesem Versuch unterscheidet Zweig zwischen künstlerischen ‚Affekthandlungen', bei denen der Künstler ganz wie der Mörder nicht wisse, was ihn getrieben habe, und willenslogisch begründeten Hervorbringungen (sein Beispiel sind Edgar Allan Poes Selbstaussagen zu seinem Gedicht *The Raven*), was durchaus an Musils Moosbrugger-Figur denken lässt, vor allem aber an Oskar Kokoschkas frühes Skandalstück *Mörder Hoffnung der Frauen* (1907/1916). Zweig gibt zu erkennen, dass ihn beide Künstlertypen gleichermaßen faszinierten, auch wenn er sich über die ‚dämonisch' getriebenen mit größerer Empathie äußert (→ IV.7 DAS DÄMONISCHE). Es fällt freilich auf, dass Zweig in seinem Versuch über das Phänomen des Schöpferischen von 1939 seinen einstigen Lieblingsbegriff, das Dämonische eben, nicht mehr verwendet. Stattdessen kommt es ihm auf eine begrifflich genauere Arbeit mit diesem Problem an. Zu dieser begrifflichen Konkretisierung, bei der ihm Poes Aussagen über die rationale Seite des Schöpferischen besonders helfen, gehört das der Lexik der Psychoanalyse entliehene Wort der „*Übertragung*" (Zweig GWE, Das Geheimnis des künstlerischen Schaffens, S. 358, Herv. i. O.). Zweig meint damit jedoch keinen im eigentlichen Sinne psychologischen Vorgang als vielmehr einen Transformationsprozess (und nicht, wie er selbst sagt, bloße ‚Inspiration') von der „geistigen in die sinnliche Welt, aus der Vision in die Realität" (S. 358). Die Übertragung vollzieht sich mit konkreten Mitteln, die am „Tatort" (S. 357) des Kunstschaffens, auf der Staffelei oder im Manuskript zum Einsatz kommen: die Stilmittel und genreüblichen Kunstgriffe als Tatwaffen verstanden. In den Handschriften sieht Zweig Objekte, „in denen der Produktionsprozeß einen optischen Niederschlag erfahren hat." (S. 359)

Indem Zweig den Blick auf das Manuskript lenkt, findet er objektivere Anhaltspunkte für das, was er zuvor „Inspiration" genannt hat, nämlich ein Schreibverfahren, das keine oder nur ganz wenige Korrekturen und Entwürfe kennt (Mozart ist hierfür sein Beispiel, aber auch Schubert und Sir Walter Scott). Sein Vergleich für diesen Künstlertypus könnte sprechender nicht sein: „Das Schöpferische strömt in ihn ein und durch ihn durch, so wie die Luft durch die Flöte fährt und sich dort in Musik verwandelt." (S. 361) Diese Künstler sind nicht im ekstatischen Sinne „außerhalb [ihrer] selbst" (S. 354) – für Zweig ein weiterer Anhaltspunkt eines schöpferischen Zustands –, vielmehr gleichen sie einem „hypnotisierte[n] Medium eines höheren Willens." (S. 361) Andere wiederum – Beethoven z.B. – rängen mit ihrem Material, kämpften mit ihm „wie Herkules mit der tausendköpfigen Hydra." (S. 362)

Den Sinn von Zweigs forensischer Methode hat er wie folgt beschrieben: Wir sehen

> in der Handschrift, wie das Wort stockt, wie der Dichter nicht den endgültigen Ausdruck findet. Er versucht und verwirft wieder. Schon ist er dem reinen Begriff näher gekommen, aber es war noch nicht das Rechte. Wieder setzt er an und wieder verwirft er, und endlich

ist der Damm gebrochen. Endlich strömt das Wort, die Melodie wieder hin in reinem Fluß, und in uns strömt etwas mit – er, der Dichter, der Komponist hat das Richtige gefunden, und *wir* haben es mit ihm gefunden. In diesen Minuten des Nacherlebens haben wir alle seine Qualen, seine Ungeduld, seine Mühe und die Ekstase des Endgültigen mitempfunden. Wir haben *mit*geschaffen und durch dieses Mitfühlen die Geburt des Kunstwerks miterlebt. (S. 370, Herv. i. O.)

Erst an dieser Stelle werden die Implikationen von Zweigs Versuch über das Schöpferische erkennbar: Es ging ihm mit diesem Text offenbar um Empathie mit dem Schaffenden und dem Schaffensprozess, um das Eröffnen von Einfühlungsmöglichkeiten in die Bereiche des Kreativen. Mehr noch: Zweig behauptet nichts weniger, als dass im Nacherleben des bedeutenden Schaffensaktes das eigentliche Erleben (in seiner oder unserer Zeit) liege. Nur auf diese Fähigkeit könne man noch hoffen. Das ist die Grundstimmung, die auch *Die Welt von Gestern* tragen wird. Die Zeit des großen Schaffens ist vorüber, was bleibt, ist das Nachempfinden. Das wiederum begründet den hohen Stellenwert, den Zweig der Erinnerung einräumt – und dies nicht erst in seinem Spätwerk.

Doch bezieht sich dies nicht unbedingt auf Zweigs eigenes Schaffen gerade in jener dramatischen, gedrängten weil existentiell bedrängten Schlussphase zwischen 1938 und 1942, wie überhaupt auffällt, dass Zweig in diesem Versuch wenig zu seinem eigenen Schaffensprozess sagt, und wenn, dann nur betont mittelbar. Eine der wenigen Ausnahmen sei hier angeführt: Im Entstehungsprozess der „Postfräuleingeschichte" (1982 unter *Rausch der Verwandlung* veröffentlicht) gibt Zweig in Briefen mehrfach Auskunft über die Schwierigkeit, zwei eher novellistisch konzipierte Teile zu einem Romangefüge zusammenzubringen (vgl. Zweig, Br III, S. 294, 298). Eine Schaffenskrise im eigentlichen Sinne leitete sich daraus jedoch nicht ab. Bedenkt man unter den letzten Werken vor allem den Roman *Ungeduld des Herzens* (1939) und die *Schachnovelle*, aber auch Form und Ansatz von *Die Welt von Gestern*, dann gelang ihm zuletzt durchaus noch ein genuin neues Schaffen, auch wenn es mit dem Nachempfindungsmodus in *Montaigne* (erstmals 1960) sowie dem großen *Balzac*-Fragment (erstmals 1946) konkurrierte, und das – bedenkt man die Schaffensbedingungen – auf eine wundergleiche Weise, um ein Wort zu bemühen, das Anfang und Ende von Zweigs schaffensästhetischem Essay durchdringt.

Stefan Zweig

Zweig, Stefan (2000): Briefe. Bd. III: 1920–1931. Hg. v. Knut Beck u. Jeffrey B. Berlin. Frankfurt a.M.: S. Fischer.
Zweig, Stefan (2004[3]): Der Kampf mit dem Dämon. Hölderlin, Kleist, Nietzsche. GWE. Hg. v. Knut Beck. Frankfurt a.M.: S. Fischer.
Zweig, Stefan (2007[2]): Das Geheimnis des künstlerischen Schaffens. In: Ders.: Das Geheimnis des künstlerischen Schaffens. Essays. GWE. Hg. v. Knut Beck. Frankfurt a.M.: S. Fischer, S. 348–371.
Zweig, Stefan (2007[5]): Die Welt von Gestern. Erinnerungen eines Europäers. GWE. Frankfurt a.M.: S. Fischer.

Weitere Literatur

Ermatinger, Emil (1921): Das dichterische Kunstwerk. Grundbegriffe der Urteilsbildung in der Literaturgeschichte. Leipzig, Berlin: Teubner.
Freud, Sigmund (2009⁴): Der Wahn und die Träume in W. Jensens ‚Gradiva'. Mit dem Text der Erzählung von Wilhelm Jensen und Sigmund Freuds Randbemerkungen. Hg. v. Bernd Urban. Frankfurt a.M.: S. Fischer.
Jaspers, Karl (2013): Strindberg und van Gogh. Versuch einer pathographischen Analyse. München: Piper.
Lombroso, Cesare (1887): Genie und Irrsinn in ihren Beziehungen zum Gesetz, zur Kritik und zur Geschichte. Leipzig: Reclam.
Simmel, Georg (1913): Goethe. Leipzig: Klinkhardt & Biermann.

6. Der künstlerische Prozess
Mathias Mayer

1. Einführung. 661
2. Der Vortrag *Das Geheimnis des künstlerischen Schaffens* (1938) 662
   2.1 Produktionsästhetik 662
   2.2 Entstehung 663
   2.3 Thesengeleitete Darstellung. 663
3. Forschungsüberblick. 664
4. Neuere Perspektiven 664

1. Einführung

Stefan Zweig, ein weltliterarisch gebildeter *homme de lettres*, hat die „seelenausweitende, diese weltaufbauende Gewalt des Buches" (Zweig GWE, Begegnungen mit Büchern, S. 8) sowohl in medialer Hinsicht – die Schrift als eine der Erfindung des Rades entsprechende Innovation – wie auch in ästhetischer Hinsicht zeitlebens gefesselt. Es ist daher nur konsequent, dass ihn der Prozess der vor allem künstlerischen Kreativität wie wenige andere Phänomene interessiert hat. Man kann ein psychologisches, ein ästhetisches und ein dokumentarisches Interesse unterscheiden, während das historische oder soziale Interesse wohl eher sekundär ist. Dabei lässt sich diese vielfache Bemühung um Einblick in die Voraussetzungen und Entstehungsbedingungen künstlerischer Kreativität in einer ganzen Fülle literarischer und essayistischer Texte nachweisen: Es sind nicht allein die großen Künstlerbiografien oder die kleineren Miniaturen in den *Sternstunden der Menschheit* (1927), es sind auch die Essays wie die über Goethe (vgl. Zweig GWE, Begegnungen mit Büchern, S. 18–45), Hoffmann (vgl. Zweig GWE, Das Geheimnis des künstlerischen Schaffens, S. 293–296) oder Rilke (vgl. S. 242–260, S. 261–267), vor allem aber sind es die vielen Vorworte, Einleitungen und Rezensionen, die als ‚Begegnungen' mit Büchern immer die Frage nach den Momenten des Schaffens stellen. Gerade der Übersetzer, der Herausgeber und nicht zuletzt der Tagebuchschreiber, der Briefautor und natürlich der Autograf ist es, der immer wieder von diesem Interesse umgetrieben wird bzw. davon Zeugnis ablegt. Eine herausragende Bedeutung kommt dabei dem 1938 in Amerika gehaltenen Vortrag *Das Geheimnis des künstlerischen Schaffens* zu, den Zweig in die von ihm noch selbst initiierte Sammlung *Zeit und Welt. Aufsätze und Vorträge 1904–1940* aufnahm (erschienen 1943). Er bietet am ehesten die Synthese all jener immer wieder unternommenen Versuche, den „wenigen und seltenen Augenblicken der Inspiration" (Zweig GWE, Sternstunden der Menschheit, S. 7) auf die Schliche zu kommen, wie es im Vorwort zu den *Sternstunden der Menschheit* heißt: „Wie in der Spitze eines Blitzableiters die Elektrizität der ganzen Atmosphäre, ist dann eine unermeßliche Fülle von Geschehnissen zusammengedrängt in die engste Spanne von Zeit." So sind die *Sternstunden* jene prekären Augenblicke, die Zweig zu erhellen versucht, wenn sie sich schon nicht fixieren lassen. Das „tiefe Geheimnis der Selbstverwandlung der Kunst", wie er 1916 über Goethe sagt, ist das Lebensthema Zweigs gewesen (Zweig GWE, Begegnungen mit Büchern, S. 31); er bewegt sich somit auf einer letztlich romantischen Spur. Teilt sie in mancher Hinsicht das nervöse Klima des Jungen Wien, so entwickelt Zweig sogar Verständnis für das „neue Pathos", das im Gefolge Nietzsches zum Expressionismus führt (vgl. Zweig 1987) – jedoch den Schritt zur erkenntnistheoretisch profilierten Ästhetik eines Musil (etwa in der *Skizze der Erkenntnis des Dichters*, 1918) oder Kafka vollzieht Zweig nicht. Denn auch bei nicht wenigen der historischen Darstellungen geht es um geheimnisvolles Wirken und Handeln, d. h. selbst diese biografischen Unternehmen sind letztlich Künstlernovellen – erzählerische Erkundungen, die die Inspiration, die schöpferische Hervorbringung einzufangen suchen. So hatte schon 1926 ein Text zum 60. Geburtstag von Romain Rolland unter dem Titel *Geheimnisse der Produktion* gestanden (vgl. Zweig GWE, Romain Rolland, S. 389–394). Das Porträt des Komponisten Ferruccio Busoni bezieht sich im Kern auf den schöpferischen Augenblick ekstatischer Selbstvergessenheit (vgl. Zweig GWE, Das Geheimnis des künstlerischen Schaffens, S. 78). Entsprechendes gilt für die Begegnung mit Rodin als Moment des „Außer-der-Welt-Sein[s] jedes Künstlers" (Zweig GWE, Die Welt von Gestern, S. 176).

Auch das, was ansatzweise als eine Poetik Zweigs angesehen werden kann, die rhetorische Frage: „Denn wenn wir lesen, was tun wir anders, als fremde Menschen von innen heraus mitzuleben, mit ihren Augen zu schauen, mit ihrem Hirn zu denken?" (Zweig GWE, Begegnungen mit Büchern, S. 14f.), hängt mit dem immer wieder formulierten Einblicknehmen in den kreativen Prozess eng zusammen. In anderer Weise, an der Grenze zur Selbstzerstörung und im Zusammenhang mit dem politischen Terror des Faschismus, ist noch die *Schachnovelle* ein Dokument, in dem unter extremen Bedingungen eine letztlich künstlerische Kreativität erprobt wird. Was Zweig in seinen Künstlerporträts, etwa *Der Kampf mit dem Dämon* (1925), fasziniert hatte, die Durchlässigkeit der Grenze zwischen dem dämonischen Inneren und einem als „Dialog mit den Nerven" angelegten Schaffensprinzip, das sowohl neurotisch wie therapeutisch wirken konnte (vgl. Görner 2012), hat eine entscheidende Bedeutung für das Überlebensprinzip des Dr. B.

2. Der Vortrag *Das Geheimnis des künstlerischen Schaffens* (1938)

2.1 Produktionsästhetik

In seinem Vortrag *Das Geheimnis des künstlerischen Schaffens* stellt Zweig die Frage nach den Prinzipien des kreativen Vorgangs in den Mittelpunkt, verbunden mit einer emphatischen Bekundung der Aura des Kunstwerks. Zweig konstatiert die Uneinsehbarkeit des Prozesses und wendet sich im Verlauf des Vortrags zuerst den Künstlern selbst zu, die aber nur selten Auskunft geben können, sodann einer Spurensuche, die schließlich in das Postulat mündet, möglichst authentische Dokumente zu sichern, um „nach[zu]fühlen, was der Künstler gefühlt hat" (Zweig GWE, Das Geheimnis des künstlerischen Schaffens, S. 368).

2.2 Entstehung

Im Dezember 1937 hatte Stefan Zweig mit dem New Yorker Vortragsagenten Harold R. Peat über eine Amerikatournee gesprochen, bei der er dann, laut einem Brief an Ben Huebsch vom 22. Januar 1938, darüber sprechen wollte, „wie man durch Studium von Scizzen, Entwürfen, Autografen [sic], Portraits[,] Documenten wenigstens einen Blick in die Arbeitsstube des Künstlers machen kann" (Zweig, Br IV, S. 210). Erstmalig gehalten wurde der Vortrag am 2. Dezember in London (vgl. Prater 1981, S. 373). Am 17. Dezember 1938 brach Stefan Zweig mit Lotte Altmann von Southampton aus auf, die Vortragsreise führte vom 9. Januar bis zum 3. März 1939 durch 17 amerikanische Städte (vgl. Zweig, Br IV, S. 641). Der englische Titel des Vortrags lautete *The Secret of Artistic Creation* (vgl. S. 237) bzw. *Mortal Beings and Immortal Art* (vgl. S. 603). Zweig hat es offenbar genossen, „jeden Tag vor 1000–2500 Leuten über geistige Dinge zu sprechen" (Matuschek 2006, S. 318). Am 25. Februar schrieb er aus New York an Waldemar Jollos „die Vorlesungen wirkten über Erwarten" (Zweig, Br IV, S. 241).

2.3 Thesengeleitete Darstellung

In dem Vortrag *Das Geheimnis des künstlerischen Schaffens* bündelt Zweig in einer Art Bilanz sein gesamtes Werk, ohne dass er seine Poetik wirklich zu einem Beitrag der Moderne führen würde. Deutlich ist zunächst die Einbindung in die letztlich romantisch geprägte Kunstauffassung, die besonders durch die Verbindung von ästhetischen mit theologischen und organologischen Kategorien in die Augen fällt: Zweig spricht wiederholt vom „Wunder" und „Mysterium", von „Gnade" und „Heiligem"; sodann wird die künstlerische „Schöpfung" wie eine Geburt aus dem Nichts dem Vorgang des Erblühens gleichgestellt. Das Kunstwerk erscheint in doppelter Hinsicht als übernatürlich, ja als unsterblich und damit auf weihevolle Weise – im Sinne der Kunstreligion – dem Gesetz der Natur und ihrer Vergänglichkeit entzogen. Diesen Zusammenhängen stellt Zweig eine etwas modernere Strategie zur Seite, die man als Allianz zwischen psychologischen und kriminologischen Ansätzen beschreiben kann: Dem Einblick in den von außen uneinsehbaren Geheimnischarakter des schöpferischen Vorgangs korrespondiert eine aufklärerische Methodik, die er der Kriminologie entlehnt. Dieser zweite Schritt des Essays konstatiert die Unbewusstheit, die ‚Nachträglichkeit' des kreativen Momentes, der nur rekonstruiert werden kann. Der Künstler als ‚Täter' kann keine Auskunft geben, denn Kreativität erscheint als ekstatischer Affektzustand, von dem nur im Nachhinein berichtet werden kann (vgl. Zweig GWE, Das Geheimnis des künstlerischen Schaffens, S. 351 f.). Die Frage nach dem künstlerischen „Tatort" beschreibt Zweig unter Rückgriff auf die poetologische Universaltrope der „Inspiration" (S. 356), die von Anfang an die ästhetische Diskussion geprägt bzw. begleitet hat. Erst in einem dritten Ansatz stößt Zweig dann zu einer eigenständigeren

Beobachtung vor: So schlicht sich auch die These ausnimmt, dass das Kunstwerk sich einer Zeugung aus innerer Inspiration und einer Übertragung in die äußere Materie (von Wort, Ton, Farbe) verdanke, die letztlich formulierte Formel von „Inspiration *plus* Arbeit" (S. 365, Herv. i. O.) wird von Zweig in eine für ihn und seine Ästhetik entscheidende Argumentation umgesetzt: Nachdem der innere ekstatische Prozess uneinsehbar ist, muss sich die Rekonstruktion gleichsam des Tathergangs auf die noch vorfindlichen Indizien richten. Hier schließt Zweigs maßgebliches Interesse an, den Vorgang der Übertragung aus den noch vorhandenen Materialien zu rekonstruieren (→ III.20 Autographensammlung). Der in der Folge geforderte Blick auf Vorstudien und Entwürfe bleibt allerdings bei vielen Künstlern, wie Zweig selbst einräumt, unergiebig, denn Mozart, Schubert, Edgar Allan Poe und van Gogh gehören zur Fraktion derer, die weitgehend ohne Skizze oder Entwurf, direkt aus dem Stand heraus, die Fixierung ihrer Vision vollziehen. Rembrandt und v.a. Beethoven dagegen erarbeiteten sich in einem sehr pathetisch beschriebenen Ringen erst die endgültige Version ihrer Inspiration, so dass die Verfolgung der unterschiedlichen Fassungen einen in der Tat kriminalistischen Einblick in die Detailarbeit ermöglicht. Hier ist eine Strategie der Heroisierung zu beobachten, die den Leser in mehrfachem Sinn „fesseln" kann. Zweig muss aber zugeben, dass die Arten der Inspiration und ihrer Veräußerlichung so unterschiedlich sind, dass eine Verallgemeinerung nicht möglich ist; gleichwohl ist die abschließende These von der Förderung jeder Rezeption eines Kunstwerks durch Kenntnisse (etwa der Entstehungsgeschichte oder -umstände) oder durch wiederholte Auseinandersetzungen in ihrer Allgemeingültigkeit kaum zu widerlegen. Unübersehbar und zeitgeschichtlich bewegend ist Zweigs ungebrochener Glaube an den überzeitlichen Wert des Kreativen – ähnlich wie in dem für Stockholm 1939 geschriebenen Vortrag *Die Geschichte als Dichterin*, worin die Kreativität und die Sinnhaftigkeit von Geschichte bekundet werden (vgl. Zweig GWE, Die schlaflose Welt, S. 249–270).

3. Forschungsüberblick

Zweigs Essays und Vorträge sind bislang nur im Rahmen spezieller Thematiken, etwa des Ersten Weltkriegs oder der Europa-Diskussion, verhandelt worden. Sie finden in den biografischen Gesamtdarstellungen Erwähnung, eine grundlegende Diskussion hat jedoch nicht stattgefunden. Der Vortrag *Das Geheimnis des künstlerischen Schaffens* ist am ehesten im Rahmen von Zweigs Autographensammlung und deren Präsentationen berücksichtigt worden. Gernot Gruber hat 2012 die eher musiktheoretische Seite von Zweigs Erforschung des künstlerischen Vorgangs analysiert: Dabei zeigt sich, dass Zweig den Anteil der Arbeit und des Konstruktiven offenbar für zweitrangig erachtet hat (vgl. Gruber 2012, S. 179).

4. Neuere Perspektiven

Zweigs psychologische Kriminologie des kreativen Vorgangs folgt insgesamt einer eher schlichten Einfühlungsästhetik, d.h. sie verweigert sich einer spezifisch modernen Problematik, die sich mit der Verstehbarkeit, mit der Verständlichkeit und Deutungsvielfalt des Kunstwerks auseinandersetzen würde. Unangefochten bleibt die Autorität und die Authentizität des ‚Werkes' als einer überzeitlichen Größe. Zweig lässt sich nicht auf konstruktivistische Ästhetiken ein, wie etwa die von Poe, die er zitiert (und

6. Der künstlerische Prozess 665

wie sie später von Gottfried Benn propagiert wurde), noch folgt er Sigmund Freuds Ansatz aus *Der Dichter und das Phantasieren* (1908). Darin hatten die Analogien von Spiel, Traum und Tagtraum eine Rolle gespielt. In dichterischer Form hatte sich Thomas Mann 1905 in der Erzählung *Schwere Stunde* mit Schillers selbstzerstörerischer Kunstproduktion auseinandergesetzt, Rilke widmete sich in der *Rodin*-Monografie dem Prozess der Verwandlung, während für Zweig vor allem die Sichtbarkeit der uneinsehbaren Kreativität im Mittelpunkt stand.

Zweigs vielfache, in seinen Texten wie in seiner Autographensammlung bekundete Faszination durch Handschriften erschöpft sich nicht im bloßen Sammeln, sondern wird von ihm als produktives Erkenntnisinstrument genutzt, die für philologisches, editorisches Arbeiten von Bedeutung ist. Eine Schlüsselrolle spielt die lebenslange Begeisterung für Balzac, dessen „unterirdische[ ] Bücher" er als „die merkwürdigsten Amphibien zwischen Buch und Manuskript, zwischen Schrift und Druck" wahrnahm (Zweig GWE, Das Geheimnis des künstlerischen Schaffens, S. 337). Eine medientheoretische Profilierung, wie sie später Walter Benjamins *Das Kunstwerk im Zeitalter seiner technischen Reproduzierbarkeit* (1936) entwickeln sollte, lag ebenfalls außerhalb von Zweigs Interesse. Seine Verquickung von Produktionsästhetik und Rezeption kann am ehesten als Impuls für editorische Bemühungen und neuere textgenetische Interessen an der Materialität des Schaffensprozesses gelten.

Stefan Zweig

Zweig, Stefan (1983): Die schlaflose Welt. Aufsätze und Vorträge aus den Jahren 1909–1941. GWE. Hg. v. Knut Beck. Frankfurt a.M.: S. Fischer.

Zweig, Stefan (1987): Das neue Pathos. In: Raabe, Paul (Hg.): Expressionismus. Der Kampf um eine literarische Bewegung. Zürich: Arche, S. 15–22.

Zweig, Stefan (2004[10]): Sternstunden der Menschheit. Vierzehn historische Miniaturen. GWE. Hg. v. Knut Beck. Frankfurt a.M.: S. Fischer.

Zweig, Stefan (2005): Briefe. Bd. IV: 1932–1942. Hg. v. Knut Beck u. Jeffrey B. Berlin. Frankfurt a.M.: S. Fischer.

Zweig, Stefan (2006[2]): Begegnungen mit Büchern. Aufsätze und Einleitungen aus den Jahren 1902–1939. GWE. Hg. v. Knut Beck. Frankfurt a.M.: S. Fischer.

Zweig, Stefan (2006[2]): Romain Rolland. GWE. Hg. v. Knut Beck. Frankfurt a.M.: S. Fischer.

Zweig, Stefan (2007[2]): Das Geheimnis des künstlerischen Schaffens. Essays. GWE. Hg. v. Knut Beck. Frankfurt a.M.: S. Fischer.

Zweig, Stefan (2007[5]): Die Welt von Gestern. Erinnerungen eines Europäers. GWE. Frankfurt a.M.: S. Fischer.

Weitere Literatur

Görner, Rüdiger (2012): „Dialog mit den Nerven". Stefan Zweig und die Kunst des Dämonischen. In: Ders.: Stefan Zweig. Formen einer Sprachkunst. Wien: Sonderzahl, S. 60–73.

Gruber, Gernot (2012): Stefan Zweigs ästhetische Ansichten zur Musik. In: Müller, Karl (Hg.): Stefan Zweig – Neue Forschung. Würzburg: Königshausen & Neumann, S. 177–184.

Matuschek, Oliver (2006): Stefan Zweig. Drei Leben – Eine Biographie. Frankfurt a.M.: S. Fischer.

Prater, Donald A. (1981): Stefan Zweig. Das Leben eines Ungeduldigen. München, Wien: Hanser.

7. Das Dämonische

Matjaž Birk

1. Dämonisches als Zweigs ‚Faust-Stoff' 666
2. Phänomenologie des ‚Dämonischen'. 667
3. Das ‚Dämonische' der Schaffenskraft 667
4. Das Dämonische der Leidenschaft und der Geschichte. 668

1. Dämonisches als Zweigs ‚Faust-Stoff'

Stefan Zweig ist einer jener Dichter in der deutschsprachigen Literatur, die die Erkundung des Genialischen ein Leben lang beschäftigte. Wie sie spricht er von einem ‚daimon' als einem das menschliche Los bestimmenden Geist. In Anlehnung an namhafte Autoren, allen voran an Johann Wolfgang von Goethe, suchte Zweig die Quintessenz des ‚Dämonischen' und seine diversen und komplexen Erscheinungsformen im Leben des Einzelnen und der Gesellschaft eingehend zu ergründen. Die unterschiedlichen Herangehensweisen an das Mysterium des Dämons sind in Zweigs biografischen, essayistischen und fiktionalen Texten festgehalten. Die meisten davon beziehen sich auf den Dämon als Quelle des Kreativen, des Künstlerischen (→ IV.6 Der künstlerische Prozess).

Zweigs Beschäftigung mit dem Dämon der künstlerischen Schaffenskraft findet ihren bleibenden Ausdruck in der 1925 veröffentlichten Essaysammlung *Der Kampf mit dem Dämon*, dem zweiten Band aus der Reihe *Baumeister der Welt*. Die Darstellungen zum Wesen des Kreativen bei den Dichtern Heinrich von Kleist und Friedrich Hölderlin sowie dem Philosophen Friedrich Nietzsche entstanden im Rahmen einer – wie für Zweigs große bio- bzw. monografische Porträts charakteristisch – eingehenden Beschäftigung mit Leben und Werk dreier ‚dämonischer' Künstler. Er reiste in die „Hölderlin Landschaften" und „nach Weimar[,] um im Nietzsche-Archiv nach Einigem zu sehen" (Zweig, Br III, S. 90), er las in den Autographen und in der einschlägigen Fachliteratur. Laut Donald A. Prater soll Zweig die Arbeit an diesem Band der *Baumeister*-Studien relativ leichtgefallen sein (vgl. Prater 1991, S. 163). Die Essays erfreuten sich begeisterter Resonanz – innerhalb von neun Monaten wurden zwei Auflagen mit 22 000 Exemplaren verkauft. Mit dieser „grande paraphrase sur le démon" (Zweig, Br III, S. 87), wie Zweig seine Essaysammlung in einem Brief an Romain Rolland nannte, wurde die künstlerische Kreativität in ihrer genuinen Ausprägung dargestellt und die Basis zu seiner persönlichen modernen Phänomenologie und ‚Poetik des Dämonischen' gelegt.

Als ästhetisches und historisches Phänomen nimmt das Dämonische innerhalb von kulturellen Diskursen um die Jahrhundertwende, insbesondere im Kontext der Krise des Subjekts, eine herausragende Stellung ein. Das Dämonische in zahlreichen Facetten, neben schöpferischen und seelischen auch erotisch-sexuelle, geschichtliche, ideologische und zivilisatorische, materialistische usw., erfuhr vielfältige Inszenierung in der Prosa Zweigs. Von konstitutiver Bedeutung erweist sich das ‚Dämonische', wie Rüdiger Görner hervorhebt, als „Gegenstand des Erzählens" (Görner 2008, S. 42) in Zweigs Romanen und Novellen. Besonders eindrucksvoll ist in dieser Hinsicht etwa *Der Amokläufer* (1922), wo sich die Leidenschaft eines Arztes für eine ihm unbekannte Frau und für ihr Geheimnis (verbotene Schwangerschaft) von Kapitel zu Kapitel mehr und mehr steigert, und schließlich in eine Tragödie mündet (→ V.10 Suizid).

2. Phänomenologie des ‚Dämonischen'

Zahlreich sind Zweigs Versuche, den Begriff des ‚Dämonischen' zu klären. Zu den bekanntesten gehört zweifellos jene Definition, nach der das ‚Dämonische' das Leben des Menschen auf schicksalhafte Art und Weise, zwischen „heilsame[r] Spannung" und zerstörerischer „Überspannung" (Zweig GWE, Der Kampf mit dem Dämon, S. 14), beeinflusse. Das Dämonische ist an das Instinktvolle, das Leidenschaftliche gebunden und wird zugleich ausdrücklich als „die ursprünglich und wesenhaft jedem Menschen eingeborene Unruhe" (S. 13) definiert. Es liegt auf der Hand, dass das Dämonische bei Zweig in der Ästhetik der Klassik und Romantik wurzelt. Goethe galt Zweig als Ur-Phänomenologe des Dämonischen und zugleich als Sinnbild für jene Schöpferischen, die den Dämon zu beherrschen wissen. In der Einleitung zu *Der Kampf mit dem Dämon* legt Zweig dar, wie ambivalent er Goethes Verhältnis zum ‚Dämonischen' begreift (vgl. S. 11–25; → III.13.2 Der Kampf mit dem Dämon). Im Bericht über die Arbeit an diesem Buch empfindet Zweig, im Sinne der von ihm dargestellten Autoren, sogar etwas „wie Erbitterung" gegen „die ganz Klaren, die ganz Sicheren, die außerhalb jener Bedrängnis, jener furchtbaren Denkqual stehen" (Zweig 1987, S. 93). Im Gegensatz zu ‚heroischen Gestalten', die „nur die Unendlichkeit, und als einzigen Weg, sie zu erreichen, die Kunst" (Zweig GWE, Der Kampf mit dem Dämon, S. 21) kennen, fühlen ‚antidämonische' Künstler die Kunst, zusammen mit Philosophie, Wissenschaft usw., „nur als einen Teil, als eine der tausend schönen Formen des Lebens" (S. 22). Symptomatisch für die Verortung der Kreativen in dieser als „fruchtbare[r] Gegensatz zwischen dem Herrn und den Dienern des Dämons" (S. 23) beschriebenen Dualität künstlerischer Haltung ist ihr Verhältnis zur Musik (→ IV.9 Musik). An ihr zeige sich die Entgrenzung des künstlerischen Individuums, das „Überfließenwollen ins Gestaltlose, in den Weltraum" (S. 22). Während Goethe zur Musik als Gefährdung für seinen Willen „eine ‚vorsichtige Haltung'" (S. 22) eingenommen habe, seien die ‚dämonischen' Künstler in ihrer künstlerischen und menschlichen Existenz sowie in ihrem Scheitern von einem musikalischen Rausch begleitet worden. Der Untergang selbst stelle einen integralen Bestandteil ihres heroischen Schicksals dar, das im widersprüchlichen Spannungsfeld zwischen Destruktion und Produktion verortet ist.

3. Das ‚Dämonische' der Schaffenskraft

Die drei ‚genialen' Schaffenden werden in Zweigs Essaysammlung als „Gequälte, Gejagte, Getriebene, als die vom Dämon durch die Welt Gerissenen" (S. 21), als ‚kunstmonomane' Persönlichkeiten dargestellt. In der Schilderung ihres tragischen Schicksals hebt Zweig das unerträgliche Gefühl der Einsamkeit hervor, die in einem unmittelbaren Zusammenhang mit der Kreativität im Geistigen und Künstlerischen stehe. Der dämonische Künstler sei isoliert – im künstlerischen Umfeld ebenso wie in der Gesellschaft. Um den hohen Ansprüchen der vollkommenen Kunst gerecht zu werden, werde diese Isolation häufig selbst gewählt. Die Ausnahmeposition der

‚dämonischen' Künstler schlage sich nieder in ihrer Zugehörigkeit zu einer „höhere[n] Einheit im Geist" (Zweig, Br III, S. 103).

Zweig ging es in *Der Kampf mit dem Dämon* um die Differenzierung im Bereich des genialen Künstlertums, das seines Erachtens von der damaligen Literaturwissenschaft exklusiv auf Goethe bezogen wurde. Als Mensch der Verwandlung und des Unbehaustseins erscheint Nietzsche als mustergültiger ‚Erzieher zur Freiheit' und Vorkämpfer gegen die Gefahr der Entindividualisierung. Hölderlin, für Zweig der Typus des auserwählten Mittlers zum Göttlichen, baue seine Dichteridentität auf Ideal und Transzendenz auf. Bei ihm komme der sakrale Charakter des Schaffensaktes besonders deutlich zum Vorschein: „Nur ein Teil, eben der göttliche seines Wesens und der dem Dichterischen am meisten verbundene, widersteht wie Asbest: sein dichterischer Tiefsinn überlebt den Wahnsinn, die Melodie, die Logik, der Rhythmus das Wort" (Zweig GWE, Der Kampf mit dem Dämon, S. 133). Kleists selbstzerstörerischer Kampf gegen die ‚Monotonisierung' der Moral und Wahrheit wird bei Zweig als Ausdruck von künstlerischem ‚Übermaß' und ‚Zwang' gedeutet.

Alle drei dämonischen Naturen hätten Zweig zufolge ein außergewöhnliches Gespür für den Umgang mit der Sprache und deren Musikalität, wodurch Zweig das Bewusstsein der Auserwählten und Gezeichneten für Kraft und Magie von Melodie und Rhythmus, für den „orphischen Urlaut" (S. 138) beschwört. Nietzsches ‚Freiluftsprache' aus *Also sprach Zarathustra* (1883–1885) sei der Ausdruck des Dämonischen schlechthin. Bei Kleist entspreche die poetische Musikalität seinem ‚dämonischen Übermaß'. Zweig spricht von einem zweigeteilten seelischen (Un-)Behaustsein, das zur „heißesten tropischesten Überhitzung der Phantasie" sowie zur „nüchternsten, kältesten Sachwelt der Analyse" (S. 211) tendiere.

4. Das Dämonische der Leidenschaft und der Geschichte

Von der Dämonie der Leidenschaftlichkeit sind bei Zweig viele seiner Figuren betroffen: in ihren Gefühlen, ihrer Erotik, ihrer Sexualität. Die Erforschung der Gefühlswelt um die Jahrhundertwende erhielt entscheidende Impulse durch Sigmund Freuds psychoanalytische Erkenntnisse, mit denen Zweig vertraut war (→ II.5 PSYCHOLOGIE UND PSYCHOANALYSE). Seine Essaysammlung widmete er dem Begründer der Psychoanalyse, dem er das große Verdienst zuschrieb, der Literatur den Mut zu geben, „furchtlos und ohne jede falsche Schamhaftigkeit [...] an das Äußerste wie das Innerste des Gefühls heranzugehen" (Zweig, Br III, S. 136). In seinen Erzählungen und Romanen vermochte Zweig, jene von Instinkten getriebenen Einzelnen psychologisch differenziert vor Augen zu führen.

An Zweigs Darstellung der Dämonie der Leidenschaft ist auf den ersten Blick eine ‚geschlechtliche Diskriminierung' zu beobachten (→ V.11 GESCHLECHTERBILDER/ SEXUALITÄT). Die ekstatische Leidenschaft, die bisweilen bis zum Verlust der Verstandeskontrolle führt, ist ein Motiv, das in Zweigs Novellen – in unterschiedlichen Facetten und Funktionen für den Plot – häufig den weiblichen Figuren eingeschrieben ist. Dabei scheint diese Form der ‚Dämonie' mit einem spezifisch weiblichen ‚Befreiungsstreben'zu korrelieren. Die dämonische Frau wird häufig konkretisiert in der Figur der *femme fatale*. Ihr Dämon, dem sowohl biologische als auch sozialgeschlechtliche Attribute des Mannes zugeschrieben werden (vgl. Spörk 2008), zieht die männliche Figur in seinen Bann: „Er trank ihre Sprache so wie man einen süßen und duftberauschenden Wein wollüstig auf der Zunge wiegt" (Zweig GWE, Der Stern über dem Walde, S. 8f.), heißt es etwa in *Der Stern über dem Walde* (1904). Bei Zweig gibt es allerdings sehr viele verschiedene und auch gegensätzliche Varianten von Frauenbildern. Für ihr Streben nach Selbstbefreiung wird, wie uns *Der Amokläufer* zeigt, die ‚Dämonin' bestraft, indem sie sich anderen Machtkonstellationen zu fügen hat. Diese Erzählung macht jedoch deutlich, dass, entgegen etablierter Deutungen, ähnliche dämonische Züge und Verhaltensweisen in Zweigs Erzählungen durchaus auch den Männerfiguren eigen sind (vgl. auch *Phantastische Nacht*, 1922; *Episode am Genfer See*, 1919; *Ein Verbummelter*, 1901; *Der Stern über dem Walde*; *Das Kreuz*, 1906; *Vierundzwanzig Stunden aus dem Leben einer Frau*, 1925; vgl. auch einige Charaktere in *Sternstunden der Menschheit*, 1927). Um zu einer differenzierten Einschätzung des ‚Dämonischen' sowohl in den weiblichen als auch männlichen Figuren in Zweigs Erzählungen zu gelangen, wäre deshalb eine gründliche Re-Lektüre des gesamten Novellenwerks erforderlich.

In der Gestalt des homosexuellen Professors in *Verwirrung der Gefühle* (1927) paart sich die Dämonie des Seelischen mit jener des Erotisch-Sexuellen, die ihren Höhepunkt in dem dramatischen Bekenntnis des Lehrers gegenüber dem in sein Haus aufgenommenen Studenten Roland findet, von dem für den Wissenschaftler und Mann nie dagewesene erotische und geistig-intellektuelle Impulse ausgehen. Dieses Wechselspiel wird im Rahmen einer soziokulturellen und psychologischen Inszenierung (vgl. Jin 2015) vor Augen geführt, die an Differenziertheit innerhalb der deutschsprachigen Literatur der ersten Dekaden des 20. Jahrhunderts schwer zu überbieten ist (mit Ausnahme von Thomas Mann und seinen Erzählungen). Ein ähnlich überwältigendes, möglicherweise von der Psychoanalyse inspiriertes Erlebnis wird dem Leser in der *Schachnovelle* präsentiert: Die ‚Dämonie der Geschichte' verleiht der Haltung der beiden Protagonisten zum königlichen Spiel eine unvergessliche dramatische Prägung.

Von besonderem motivisch-thematischem Interesse erweist sich für Zweig außerdem die ‚Dämonie der Zivilisation', die in der Megapolis, dem Urbanen und in dessen Öffentlichkeit, als das bedrohliche Fremde erfahrbar wird (vgl. Renoldner 2008). Beim Abschied von New York erlebt der Reisende „[e]inen Schimmer, einen Schleier Licht", ein Bild, dessen „Pracht" sich schließlich ins Dämonische wendet, woraus das Gefühl einer unheimlichen, phantastischen und unzugänglichen Fremdheit entsteht. Zweig spricht von einer „Geisterstadt", die vor ihm „als Fata Morgana auftaucht" (Zweig GWE, Tb, S. 363). Die literarischen Figuren – meist sind es die Männer, denen es sonst an Tatkraft nicht fehlt – werden in den urbanen Milieus in Einsamkeit, Isolation und tiefe existentielle Not getrieben. Dass Zweigs Lebensgeschichte für die Darstellung der Dämonien des modernen Subjekts eine entscheidende Basis bildet, liegt auf der Hand.

Stefan Zweig

Zweig, Stefan (1984): Tagebücher. GWE. Hg. v. Knut Beck. Frankfurt a. M.: S. Fischer.
Zweig, Stefan (1987): Briefwechsel mit Hermann Bahr, Sigmund Freud, Rainer Maria Rilke und Arthur Schnitzler. Hg. v. Jeffrey B. Berlin, Hans-Ulrich Lindken u. Donald A. Prater. Frankfurt a. M.: S. Fischer.
Zweig, Stefan (2000): Briefe. Bd. III: 1920–1931. Hg. v. Knut Beck u. Jeffrey B. Berlin. Frankfurt a. M.: S. Fischer.

Zweig, Stefan (2004³): Der Kampf mit dem Dämon. Hölderlin, Kleist, Nietzsche. GWE. Hg. v. Knut Beck. Frankfurt a.M.: S. Fischer.
Zweig, Stefan (2004⁵): Der Stern über dem Walde. In: Ders.: Verwirrung der Gefühle. Erzählungen. GWE. Hg. v. Knut Beck. Frankfurt a.M.: S. Fischer, S. 7–18.

Weitere Literatur

Görner, Rüdiger (2008): „Dialog mit den Nerven". Stefan Zweig und die Kunst des Dämonischen. In: Birk, Matjaž/Eicher, Thomas (Hg.): Stefan Zweig und das Dämonische. Würzburg: Königshausen & Neumann, S. 36–44.
Jin, Xiuli (2015): In der geistigen Strömung der Zeit. Über die Darstellung des Psychopathologischen und des Genialischen in Stefan Zweigs *Der Kampf mit dem Dämon*. In: Zhang, Yi/Gelber, Mark H. (Hg.): Aktualität und Beliebtheit. Neue Forschung und Rezeption von Stefan Zweig im internationalen Blickwinkel. Würzburg: Königshausen & Neumann, S. 121–133.
Prater, Donald A. (1991): Stefan Zweig. Eine Biographie. Reinbek b. H.: Rowohlt.
Renoldner, Klemens (2008): Stefan Zweig und die unheimlichen Großstädte. In: Birk, Matjaž/Eicher, Thomas (Hg.): Stefan Zweig und das Dämonische. Würzburg: Königshausen & Neumann, S. 205–214.
Spörk, Ingrid (2008): „Ich spürte, wie das Dämonische ihres Willens in mich eindrang". Fatale Liebesbeziehungen bei Stefan Zweig. In: Birk, Matjaž/Eicher, Thomas (Hg.): Stefan Zweig und das Dämonische. Würzburg: Königshausen & Neumann, S. 143–156.

8. Utopie

Clemens Peck

1. Das utopische Spiel: Überschreitung, Form, Kritik 671
2. Utopie als Praxis: Wien 1890–1914 671
3. Jerusalem in der Diaspora: Nationale oder transnationale Utopie? 672
4. Transnationalismus, Pazifismus, Individualismus:
   „Die Vereinigten Staaten Europas" 673
5. Im Land der Zukunft: Brasilien als Raum-Zeit-Utopie 675
6. Die „Welt von Gestern" und das Theater von Morgen 676
7. Kunstreligion: „Zauberinseln" und „inspirierte Augenblicke" 677
8. Grenzverwischungen: Das utopische Begehren 678

Betrachtet man das Œuvre Stefan Zweigs vor der Folie der spezifischen Imaginations- und Erzählweisen der utopischen Tradition, zeichnen sich zwei Problembereiche der Zweig-Forschung ab: einerseits der inflationäre und oft vage Gebrauch des Begriffs ‚Utopie' in Studien zu Zweigs literarischer und biografisch-kulturgeschichtlicher Produktion, andererseits die an Claudio Magris angelehnte These von Zweigs rückwärtsgewandtem „habsburgische[m] Mythos" (vgl. Magris 1966, S. 271), der fernab vom utopischen Labor der Gegenbilder und politischen Zukunftspraxis zu finden sei. Demgegenüber sollen der Begriff der Utopie kurz gattungs- und kulturgeschichtlich erörtert sowie unterschiedliche Praktiken des utopischen Denkens und Schreibens in Wien um und nach 1900 aufgefächert werden, um die utopischen Potenziale (Orte, Zeiten, Figuren und Praktiken) in Stefan Zweigs Werk konturieren und differenzieren zu können.

1. Das utopische Spiel: Überschreitung, Form, Kritik

In seiner das große Exilprojekt *Prinzip Hoffnung* (1953–1955) vorbereitenden, 1923 erschienenen Schrift widmete sich Ernst Bloch dem „Geist der Utopie". Mithilfe dieses Mediums, so Bloch, seien „in der Welt, gegen die Welt und ihre bloße Tatsachenwahrheit die Spuren, die konzentrischen Promiskuitäten der Utopie zu suchen, zu beschleunigen, zu vollenden" (Bloch 1977, S. 260). Wie nicht zuletzt Blochs Hauptwerk später zeigen wird, ist die Kulturgeschichte der europäischen Neuzeit auch als ein Archiv dieser „konzentrischen Promiskuitäten" zu verstehen. In Stefan Zweigs Œuvre ist das Wissen um dieses utopische Archiv omnipräsent. Als Initiationsmoment der utopischen Form bei Thomas Morus – mit dem titelgebenden Begriff *Utopia* (1516) wird sowohl der griechische *utopos* (Nicht-Ort) als auch der durch die englische Aussprache zum *eutopos* gewandelte gute Ort aufgerufen – gilt die auf dem Einverständnis des gegenwärtig Nicht-Vollenden-Könnens basierende spielerische Anlage. Es gehört zur Dialektik der utopischen Form, dass der Nicht-Ort gerade dadurch zum Experimentierfeld politischer Imagination und sozialer Fiktion wird: Der gute Ort ‚Utopia' hat das Gemeinwohl als Ausgangspunkt; Gelehrtenabhandlung, platonischer Dialog und Reisebericht eröffnen das utopische Spiel und dienen gleichzeitig als gattungskonstituierende, Raum und Handlung ermöglichende Elemente. In diesem Spiel fungiert die geografisch unbekannte Insel als Bezugspunkt und Vehikel der utopischen Negation und avanciert so – bis zu Daniel Defoes Ein-Mann-Utopia *Robinson Crusoe* (1719) – zum narrativen Prototypen der frühneuzeitlichen Raum-Utopien. Die Utopie bezeichnet nicht nur eine generische, an Morus orientierte Form, die von verschiedenen ideologischen und kulturellen Vektoren besetzt werden kann, sondern zeichnet sich im späten 18. und 19. Jahrhundert auch zunehmend als kritisches Verfahren im politischen Diskurs ab. Mit der geschichtsphilosophischen Ausweitung der christlichen Heilsgeschichte und des jüdischen Messianismus in der Aufklärung erfährt die utopisch überschreitende Darstellungsweise eine formale Erweiterung, zur Raum- tritt die Zeitutopie: Louis-Sébastien Merciers *L'An 2440, rêve s'il en fut jamais* (1771) gibt einen Traum wieder, der das vorrevolutionäre Paris als communitaristisch-demokratischen Zukunftsstaat des Jahres 2440 imaginiert. Blochs „konzentrische[ ] Promiskuitäten" meinen allerdings nicht allein das „Stammhaus des Utopisierens" (Bloch 1980, S. 51), also den Utopie- und Staatsroman. Vielmehr macht die Auseinandersetzung mit den Raum- und Zeitutopien auf den größeren Zusammenhang von Texten und Mythen des irdischen Paradieses und des räumlichen und zeitlichen Überschreitens aufmerksam – vom ‚Goldenen Zeitalter' Hesiods, Vergils und Ovids über Platons *Der Staat*, Tao Yuanmings Traum vom weltabgewandten Rückzug in die chinesischen Berge oder Raleighs bzw. Voltaires El Dorado bis hin zu Swifts *Gullivers Reisen* oder Vernes Science Fiction. Demgemäß erscheint die Utopie nicht nur als Reflexionsspiegel der ‚guten Regierung' und als Medium der sozialpolitischen Kritik, sondern allgemeiner auch als Baustein einer Geschichte imaginärer Orte, wie sie Umberto Eco skizziert (vgl. Eco 2013).

2. Utopie als Praxis: Wien 1890–1914

Ausgehend von Étienne Cabets *Voyage et aventures de Lord William Carisdall en Icarie* (1840) und Edward Bellamys *Looking Backward 1887–2000* (1888) erfährt der utopische Roman im Zeitalter des Fortschritts eine Renaissance. Eine dementsprechende Zentrale ist gegen Ende des 19. Jahrhunderts an jenem Ort zu finden, den Stefan Zweig als *Welt von Gestern* (1942) beschrieben hat: Das betrifft einerseits die Dichte an utopischen Imaginationen in Wien um 1900, die wie bei Theodor Hertzkas (*Freiland* und *Reise nach Freiland*) und Theodor Herzls (*Altneuland*) großen Kolonisationsplänen für Kenia und Palästina die Raum- mit der Zeitutopie verzahnen. Gleichzeitig sind es die utopischen Romane der Genannten sowie Bertha von Suttners, die verstärkt auf einen Paradigmenwechsel des utopischen Diskurses verweisen (vgl. Peck 2012, S. 308–327). Die utopische Imagination wird nun als politische Praxis eingesetzt, die dazu dienen soll, die Planbarkeit des gemeinschaftlichen Glücks zu beweisen und zu popularisieren, dieses Glück auszumalen und experimentell fortzuschreiben: Herzls Roman schafft gemeinsam mit dem Manifest *Der Judenstaat* (1896) dem Basler Zionistenkongress eine Grundlage, nach Hertzkas Romanen werden europaweit *Freiland*-Vereine gegründet und Bertha von Suttners Schriften (vor allen *Das Maschinenzeitalter* [1889]) und Romane (*Die Waffen nieder!* [1889], *Marthas Kinder* [1902] und *Der Menschheit Hochgedanken* [1909]) befeuern die internationale Friedens- wie die Frauenbewegung. Mit dem praktischen Moment der Utopie werden auch deren Ziele ausdifferenziert: Als dementsprechende Entwürfe, die nicht mehr als universale Sozialmodelle fungieren, sondern sich über die utopische Denkfigur konkreten sozialen Segmenten widmen (vgl. Leucht 2016), sind um 1900 neben Herzl und Suttner die pädagogischen, emanzipatorischen, lebensreformerischen, kunstreligiösen, theosophischen und spiritistischen Bewegungen zu verstehen. Stefan Zweig ist ein Kind dieses Labors.

3. Jerusalem in der Diaspora: Nationale oder transnationale Utopie?

In der *Welt von Gestern* widmet Zweig Theodor Herzl ein schillerndes Porträt, das einer „Vergötterung" (Gelber 2003, S. 95) gleichkommt. Mark H. Gelber verweist darauf, dass Zweig über seinen Cousin Egon, der zum Kreis um Herzl gehörte, durchgehenden Kontakt zu Personen und zum Programm des politischen Zionismus hatte (vgl. S. 93–107). Zudem zeugt Zweigs Einleitung für einen Band zu Ehren des zionistischen Jugendstil-Illustrators Ephraim Mose Lilien (1903) von einer differenzierten Auseinandersetzung mit dem Kulturzionismus (vgl. Zweig GWE, Ephraim Mose Lilien). Allerdings entfernte sich Zweig – nicht zuletzt im Rahmen einer umfassenden Kritik am Prinzip des Nationalismus während des Ersten Weltkriegs – zunehmend vom Zionismus, wie der berühmte Brief an Martin Buber vom 24. Januar 1917 zeigt: „Nie habe ich mich durch das Judentum in mir so frei gefühlt als jetzt in der Zeit des nationalen Irrwahns – und von Ihnen und den Ihren – trennt mich nur dies, daß ich nie wollte, daß das Judentum wieder Nation wird" (Zweig 1978, S. 68). Die Spannung zwischen jüdischer Kollektiv-Identität und humanistischer Universalutopie in der Diaspora prägt auch sein im selben Jahr uraufgeführtes Drama *Jeremias* (1917). Nach der Zerstörung des Tempels hört der Prophet Jeremias darin die Stimme Gottes: „Stehe auf, Jerusalem, / Stehe auf, du Gekränkte, / Und fürchte dich nicht, / Denn ich erbarmte mich dein. / Ich habe dir gezürnet / Und dich einen kleinen Augenblick verlassen, / Aber nicht immerdar will ich mit dir hadern, / Und ich zürne nicht ewiglich." (Zweig GWE, Jeremias, S. 295) Vielmehr verspricht Gott die Auferstehung Jerusalems: „Und darum, daß du die Verlassene gewesen bist / Und die Verstoßene einen

Tag, / Sollst du die Prächtige sein für und für / Und die Erhobene in aller Ewigkeit. / Ich will dich schmücken mit meiner Liebe / Und gürten mit meinem Frieden, / Mein Antlitz hat sich dir zugewendet, / Und mein Segen ist deinem Scheitel gesenkt. / So stehe auf, Jerusalem, / Stehe auf, / Denn ich hab' dich erlöset!" (S. 295) Einerseits werden hier biblische und nationale Erweckungserzählungen überblendet (→ IV.2 BIBLISCHE STOFFE UND MOTIVE), die Zweigs „dramatische Dichtung in neun Bildern" im Kontext zionistischer Bibeldramen rezipierbar machen (vgl. Gelber 2013, S. 77–86). Andererseits beharrt der dramatische Text ähnlich wie Zweig im Brief an Buber darauf, dass sich die Auferstehung Jerusalems allein im „unsterbliche[n] Geist" des „verlorene[n] Volk[es]" (Zweig GWE, Jeremias, S. 326) realisieren könne (vgl. Larcati 2013, S. 44f.): „Die verweilen, / Haben die Heimat, / Doch die wandern, / Haben die Welt!" (Zweig GWE, Jeremias, S. 321) Bei Zweig deutet sich somit eine utopische Inversion des Ahasver-Mythos an, also einer ewigen Wanderschaft, wie sie Joseph Roth anlässlich der Machtergreifung Hitlers im Essay *Der Segen des ewigen Juden* (1933) als letzten zivilisatorischen Zufluchtsort im Sinne jenes auch von Zweig verfolgten „geistigen Übernationalismus" (Zweig GWE, Die Welt von Gestern, S. 344) ausbuchstabieren wird. In einem Brief an den Zionisten Marek Scherlag verweist Zweig 1920 auf jene imaginäre Entfaltung Jerusalems, die gerade im Exil erfahrbar werde: „Auch im Jeremias ist ja der Sinn gegen eine Realisierung unserer Nationalität gewandt – sie ist unser Traum und kostbarer als jede Verwirklichung." (Zweig, Br III, S. 27) Während Herzls zionistische Utopie dem Versuch verpflichtet ist, die Spur Ahasvers mit einem „neue[n] Moses" (Herzl 1934, S. 95) zu überschreiben, fallen in der Person des Zweig'schen Propheten Jeremias Ahasver und Moses zusammen: Zweigs Jeremias setzt eine Wanderung in Gang, die gleichermaßen ‚nach Jerusalem' wie aus Jerusalem heraus führt. Jerusalem avanciert so auf imaginärer Ebene nicht nur zur Utopie, um am jüdischen „Traum" in der Diaspora festzuhalten, sondern auch zu einer universalen Hoffnung der „Gebeugten" und „Besiegten", die Stirn „[ü]ber die Nöte / [w]ider die ewigen Morgenröten" (Zweig GWE, Jeremias, S. 321) zu heben.

4. Transnationalismus, Pazifismus, Individualismus: „Die Vereinigten Staaten Europas"

Nicht zufällig verfasst Zweig das *Jeremias*-Drama 1916–1917, also zu einer Zeit, in der er seine pazifistische und übernationale Position während des Ersten Weltkriegs in einem „europäischen Gedanken- und Diskursraum" (Müller 2011, S. 31) schärft und zu postulieren beginnt. Als „literarische Gründungsurkunde von Zweigs Europareflexionen" (S. 35) kann die 1916 verfasste Adaption der Genesis, der Text *Der Turm zu Babel*, angesehen werden. Dieser Turm avanciert bei Zweig zum europäischen, mitunter auch eurozentrischen (vgl. Lützeler 1992, S. 363; Müller 2011, S. 38–42) „Denkmal der brüderlichen Gemeinschaft" (Zweig GWE, Der Turm zu Babel, S. 71). Darunter versteht Zweig zunächst rückblickend einen Verlust bzw. im anthropologischen Sinn einen Zyklus von Aufbau und Zerstörung, der sich nach dem Krieg in ein utopisches, über alle Abgründe hinweg fokussiertes Zukunftsmodell der – weniger (völker-)rechtlich als moralisch-intellektuell gemeinten – „Vereinigten Staaten Europas" (Zweig GWE, Triumph und Tragik des Erasmus von Rotterdam, S. 85f.) wandeln wird (→ III.14.1 PUBLIZISTIK ZU POLITIK UND ZEITGESCHEHEN). Wie im Fall Jerusalems wird dem geografischen Raum ein geistig-utopischer gegenübergestellt: „Europa", so Zweig im Essay *Ehrfurcht vor Georg Brandes* (1932), „einst einer unserer höchsten geistigen Begriffe", sei „zum geographischen herabgesunken", aus einer „Gemeinschaft großer Nationen" sei der „Zwist der Völker" geworden. Das Ideal Europas, wie es Zweig auch bei Nietzsche findet, „haben die Jahre des Krieges beinahe ausgerottet oder unsichtbar gemacht": „Ein paar Menschen nur, ein paar wenige Menschen stellen statt der Millionen uns heute das geliebte Ideal im Geiste lebendiger Existenz noch vorbildlich dar. / Diese wenigen Europäer, die zusammengetan heute ganz Europa sind, haben die Pflicht einander zu kennen, haben die Pflicht einander zu grüßen, um sich in ihrem Alleinsein zu bestärken, in ihrer Entschlossenheit zu festigen." (Zweig GWE, Ehrfurcht vor Georg Brandes, S. 163) Nicht nur die imaginäre Überschreibung der nationalen Kartierungen Europas fällt hier auf, sondern auch deren punktuelle Trägerfiguren – individuelle Freiheitskämpfer – in der realen Welt, die im übernationalen Austausch eine „heroische[ ] Gemeinschaft" (Zweig GWE, Der Turm zu Babel, S. 73), also das Europa der Zukunft, bilden (→ V.7 EUROPA-KONZEPTIONEN). Diese europäische Gemeinschaft der Individualisten denkt Zweig nicht nur über seinen späteren ‚Gewährsmann' Erasmus von Rotterdam, sondern bereits während des Ersten Weltkriegs ausgehend vom eigenen Dialog mit Romain Rolland: „Das erste war, daß er [i. e. Rolland] auf dem Standpunkt der Individualität stehe, wir zwar Staatsbürger und dem Staate hingegeben seien, daß wir ihm zu folgen hätten in allem, was er uns befehle – der Staat kann über unser Vermögen, über unser Leben verfügen –, daß aber in uns selbst ein letzter Punkt ist." (Zweig GWE, Romain Rolland, S. 384) Damit sei gemeint, „was Goethe einmal in einem Brief die Zitadelle nennt, die er verteidigt und die niemals von einem Fremden betreten werden darf. Dies ist das Gewissen, jene Zitadelle, jene letzte Instanz, die sich nicht auf Befehl zwingen läßt, weder zum Haß noch zur Liebe. Rolland weigerte sich zu hassen, einen Kollektivhaß auf sich zu nehmen." (S. 384)

Während der Zeit in der Schweiz vertiefte Zweig den übernationalen Dialog der „heroische[n] Gemeinschaft" in Genf und Zürich und referierte über den Pazifismus Bertha von Suttners – der „großartige[n] und großmütige[n] Kassandra unserer Zeit" (Zweig GWE, Die Welt von Gestern, S. 241) – anlässlich des „Internationalen Frauenkongresses zur Völkerverständigung" (Zweig GWE, Berta [sic] von Suttner, S. 112) in Bern. Nicht nur aufgrund des Schweizer Schauplatzes erinnert die Utopie des übernationalen Dialogs an das Szenario von Suttners Roman *Der Menschheit Hochgedanken*, in dem eine internationale Zukunftsgesellschaft aus Industriellen, Ingenieuren, Dichtern und Philosophen in einem Luzerner Seehotel mithilfe des lenkbaren Luftschiffs den Weltfrieden vorbereitet. Das Problem jedoch, die moralischen Höhenflüge wieder an die Gesellschaft rückzubinden, spricht bereits Romain Rolland mit kritischem Blick auf Zweigs „erasmische Idee" (Zweig GWE, Triumph und Tragik des Erasmus von Rotterdam, S. 85) als eines der sozialen Verbreiterung an, dabei auch die sozialistische Kritik an der „Friedens-Bertha" wiederholend: „Die Erasmus, selbst wenn sie fähig wären, ihren Sieg in die Tat umzusetzen, würden der Welt immer nur ein geistiges Paradies für eine Elite bringen – ein Palace Hotel." (Rolland/Zweig 1987, S. 576) Ein Bewohner dieses humanistischen ‚Hotels' im ersten Drittel des 16. Jahrhunderts war bis zu seinem tragischen Tod übrigens Thomas Morus, Verfasser von *Utopia*, dem Erasmus sein *Lob der Torheit* widmete.

5. Im Land der Zukunft: Brasilien als Raum-Zeit-Utopie

Zweigs Werkkatalog ist gespickt mit unterschiedlichen Bildern aus der Geschichte und der Gegenwart der Neuen Welt, wie etwa dem Phantasma El Dorados oder Balboas Expedition in den *Sternstunden der Menschheit* (1927; der Text zu Balboa, *Flucht in die Unsterblichkeit*, ist auf Deutsch erst in der Bermann-Fischer Ausgabe von 1943 enthalten). Am deutlichsten findet sich dieser imaginäre Spielraum zweifellos im *Brasilien*-Buch (1941) gestaltet, das Zweig nach seiner zweiten Südamerika-Reise 1940 verfasste. Dabei handelt es sich einerseits um einen Reisebericht des Autors, andererseits verweist bereits der Untertitel *Ein Land der Zukunft* auf die utopische Form. Inwiefern der Reisebericht als verkappter utopischer Roman erscheint, zeigt bereits Arthur Holitschers *Amerika heute und morgen* (1912), dem Franz Kafka wesentliche Motive des Romanfragments *Der Verschollene* (1911–1914) entnommen hat. Bei Holitscher, mit dem Zweig 1923 die Monografie *Frans Masereel* publizierte, verkörpern die Reiserlebnisse im Anschluss an Herzls und Hertzkas Romane die Schwundstufe der raum-zeit-utopischen Fortschrittsutopie. Der Übertritt in einen anderen Raum der Gegenwart impliziert gleichzeitig einen Schritt in die Zukunft der Ausgangsgesellschaft: „Amerikas Energie", so Holitscher, „besinnt sich heutigentags schon und sucht sich die Bahn zu dem Rechte Aller [sic]. Die Weltordnung, unter der wir [in Europa; C. P.] heute leben, wird dieser Sturmflut des siegreichen Menschheitsgewissens nicht standhalten können." (Holitscher 1912, S. 429) Zweig übernimmt dieses Modell für das *Brasilien*-Buch – freilich ohne sich inhaltlich mit der amerikanischen Zukunftsform Europas zu identifizieren, die Zweig für den „technische[n] Geist, der heute an der Einheit der Welt arbeitet" (Zweig GWE, Der europäische Gedanke, S. 206), verantwortlich macht. So heißt es auch in Zweigs erstem Resümee: „Ich wußte, ich hatte einen Blick in die Zukunft unserer Welt getan." (Zweig GWE, Brasilien, S. 12) Bereits die Einleitung versammelt dabei Signale der utopischen Erzählform, die solchermaßen wieder verstärkt auf jene ersten Reiseberichte aus der Neuen Welt zurückgeworfen wird, die für die Gedankenwelt und Bauform von Morus' utopischem Roman prägend war: Der Übertritt erfolgt „aus einer Welt, die sich zerstört", also der Welt des Nazi-Terrors und des Zweiten Weltkriegs, in eine, „die friedlich und schöpferisch aufbaut" (S. 12). Als Utopie der europäischen Zukunft dient Brasilien „im Geistigen und Moralischen", da es – unter Ausklammerung des diktatorischen Regimes – die Schwierigkeit eines „friedliche[n] Zusammenleben[s] der Menschen trotz aller disparaten Rassen, Klassen, Religionen und Überzeugungen" in „so glücklicher und vorbildlicher Weise gelöst" (S. 15) hat. Durchaus im Sinne Blochs legitimiert Zweig seine Utopie: „Wo wir in unserer verstörten Zeit noch Hoffnung auf neue Zukunft in neuen Zonen sehen, ist es unsere Pflicht, auf dieses Land, auf diese Möglichkeiten hinzuweisen." (S. 22) Noch in seinem Abschiedsbrief wird sich Zweig diese Möglichkeit eines von Grund auf friedlichen und schöpferischen Lebens bewahren. Dieses utopische Brasilien ist allerdings nicht nur Teil jener seit der Wiener Taine-Dissertation erfolgten Auseinandersetzung mit dem Begriff der ‚Rasse' und dem Rassismus, sondern hat auch eine sozialkolonialistische Schlagseite: „Verschwenderisch von der Natur bedacht mit Raum und unendlichem Reichtum innerhalb dieses Raumes [...], hat es noch immer die alte Aufgabe seines Anfangs: Menschen aus überfüllten Zonen einzupflanzen in seine unerschöpfliche Erde und, Altes mit Neuem verbindend, eine neue Zivilisation zu erschaffen." (S. 90) Damit rückt Zweigs Utopie in die Nähe der kolonialen *Frei-*

land-Siedlungsutopien und zeitgenössischen Debatten um den Neo-Territorialismus, an denen sich etwa auch Alfred Döblin beteiligte (vgl. Horch 1995). Döblin wird dieses Interesse nicht zuletzt in seiner *Amazonas*-Romantrilogie (1937–1938) episch ausagieren. Wie in Zweigs *Brasilien*-Buch spielen darin die Jesuiten eine gewichtige Rolle als utopische Praktiker erster Stunde (vgl. Honold 1995).

6. Die „Welt von Gestern" und das Theater von Morgen

Inmitten der „neuen Zukunft in neuen Zonen" des *Brasilien*-Buchs findet sich allerdings ein nostalgischer Reflex auf die untergegangene „Welt der eigenen Sprache" in der Figur des portugiesisch-habsburgischen Kaisers Brasiliens Dom Pedro II.: „Als geistiger Mensch, als Liberaler und Demokrat, als sentimentale, wenn auch etwas habsburgisch kühle Natur muß ihm die Sklaverei ein Greuel sein." (Zweig GWE, Brasilien, S. 86) Darin deutet sich eine utopische Form an, welche die letzte sein wird, an der Zweig nach *Brasilien* intensiv arbeiten sollte: die retrospektive Utopie der *Welt von Gestern*, die auch inhaltliche Anleihen beim brasilianischen Integrationsmodell nimmt, „[d]enn das Genie Wiens – ein spezifisch musikalisches – war von je gewesen, daß es alle volkhaften, alle sprachlichen Gegensätze in sich harmonisierte, seine Kultur eine Synthese aller abendländischen Kulturen; wer dort lebte und wirkte, fühlte sich frei von Enge und Vorurteil." (Zweig GWE, Die Welt von Gestern, S. 40) Einerseits muten auch die „Erinnerungen eines Europäers", so der Untertitel, wie eine noch undenkbare bzw. wieder undenkbar gewordene Reise, wie ein utopischer Riss an: „Jedesmal, wenn ich im Gespräch jüngeren Freunden Episoden aus der Zeit vor dem ersten Kriege erzähle, merke ich an ihren erstaunten Fragen, wieviel für sie schon historisch oder unvorstellbar von dem geworden ist, was für mich noch selbstverständliche Realität bedeutet. Und ein geheimer Instinkt in mir gibt ihnen recht: zwischen unserem Heute, unserem Gestern und Vorgestern sind alle Brücken abgebrochen." (S. 9) Dementsprechend „liliputanisch" (S. 43) erscheint diese „Welt der Sicherheit" (S. 15). Andererseits wird die Vergangenheit so auch zu einer ‚Archäologie der Zukunft' (vgl. Jameson 2005) bzw. aus der bis zum Äußersten bedrängten Schreibperspektive von Zweigs letzten Lebensjahren zu einer Historisierung der Gegenwart. Sein nostalgisches „Gestern" erscheint demgemäß nicht mehr allein als rückwärtsgewandtes Gefängnis der Zeit, sondern auch als Medium, das die in den Alltag des ausgehenden 19. Jahrhunderts eingelagerten Utopien auf ihr (tragisches) Zukunftswissens, auf ihr potenzielles, dystopisches „Heute" befragt. Der Autobiograf avanciert solchermaßen zu einem zweifachen Zeugen: Zum Zeugen eines anderen, besseren Lebens, das jederzeit zum Märchen verzerrt werden kann, und zum Zeugen des „Katalog[s] aller nur denkbaren Katastrophen" (Zweig GWE, Die Welt von Gestern, S. 10), zum ahasverischen Wanderer durch die Geschichte. Wie Birgit Peter gezeigt hat, ist in Zweigs „Welt von Gestern" auch der Schlüssel zu seinen „utopische[n] Theaterkonzeptionen" (Peter 2013, S. 53–63) zu finden, die im Burgtheater als „einzig richtige[r] ‚cortigiano' [sic] des guten Geschmacks" (Zweig GWE, Die Welt von Gestern, S. 30) soziale wie ästhetische Implikationen enthält. Zum einen als Medium der jüdischen Akkulturation und gesellschaftlichen Integration: Eben weil in Wien jene berüchtigte „Theatromanie" (S. 34) herrschte, hätten die gebürtigen jüdischen Schriftsteller, Schauspieler, Regisseure und Kunstförderer durch ihre Beiträge zum Theater einen vollkommen „heimatberechtigt[en]" (S. 37) Status zuerkannt bekommen (→ IV.11 THEATER). Zweig sah zum anderen gerade im Theater der untergegangenen „Welt von Gestern" auch das individualisierende Potenzial zur „Steigerung seiner Selbst", zur „Erhöhung und Vertiefung seines Gefühls" (Zweig 1921, S. 53).

7. Kunstreligion: „Zauberinseln" und „inspirierte Augenblicke"

In der *Welt von Gestern* kommt Zweig auf den Wiener „Fanatismus für die Kunst" (Zweig GWE, Die Welt von Gestern, S. 33) zu sprechen, den er schließlich auch zur spezifischen Schule seiner Generation erklärt. Diese Schule der modernen Kunstreligion unterscheide sich, so Zweig, von jener der tatsächlichen Schule. Den eingeschliffenen Bahnen des langweiligen Schulalltags mit den „lateinischen Grammatiken" und der klassischen Literatur werden die „Gedichte von Rilke" und eine bis zur „mystischen" Krankheit reichende jugendliche Begeisterung für die nicht vom Historismus überformte Gegenwart, für die Kunst und Literatur der Moderne entgegengestellt: „Täglich erfanden wir neue Techniken, um die langweiligen Schulstunden für unsere Lektüre auszunutzen; während der Lehrer über Schillers ‚Naive und sentimentale Dichtung' [sic] seinen abgenutzten Vortrag hielt, lasen wir unter der Bank Nietzsche und Strindberg, deren Namen der brave alte Mann nie vernommen. Wie ein Fieber war es über uns gekommen, alles zu wissen, alles zu kennen, was sich auf allen Gebieten der Kunst, der Wissenschaft ereignete" (S. 56). Neben Nietzsche und Strindberg sind es vor allem Rilke und Hofmannsthal, die zu Zweigs Gewährsleuten der utopischen Durchdringung des Lebens durch die Kunst um 1900 avancieren. Der Aspekt des Gegenweltbedarfs ist dabei ein zentraler Faktor: Die Konzeption einer Kunstreligion, von der man sich durch die Abgrenzung von Industrialisierung und Rationalisierung, ja vom modernen Leben insgesamt einen gesellschaftstherapeutischen Effekt erhoffte, verweist auf die Existenz einer Kunstwelt, die sich dezidiert von der Welt des Alltags, der sozialen Wirklichkeit abhebt. Eine Kunstwelt, die, laut dem Wiener Kunstkritiker Ludwig Hevesi, „eine jener Zauberinseln [sei], die mitten in unserer polytechnischen Welt, zwischen drei Eisenbahn- und vier Dampfschiffstationen plötzlich auftauchen" (Hevesi 1903, S. 534). Über Hofmannsthal heißt es demgemäß in Zweigs Autobiografie, dieser habe eine „Zaubergewalt" ausgeübt, mit der er plötzlich „in einem einzigen raketenhaft blitzenden, glühenden Flug […] jede Diskussion in die ihm eigene und nur ihm ganz erreichbare Sphäre empor[riß]":

> Alles war in diesen wahrhaft inspirierten Augenblicken seinem dämonisch wachen Gedächtnis gegenständlich nah, jedes Buch, das er gelesen, jedes Bild, das er gesehen, jede Landschaft; eine Metapher band sich der andern so natürlich wie Hand mit Hand, Perspektiven hoben sich wie plötzliche Kulissen hinter dem schon abgeschlossen vermeinten Horizont – in jener Vorlesung zum erstenmal und später bei persönlichen Begegnungen habe ich wahrhaft den ‚flatus', den belebenden, begeisternden Anhauch des Inkommensurablen, des mit der Vernunft nicht voll Erfaßbaren bei ihm gefühlt. (Zweig GWE, Die Welt von Gestern, S. 69)

Als Pendant einer politisch-sozialen Gegenwelt bzw. Zukunft erscheint dabei die künstlerische Epiphanie des ‚inspirierten Augenblicks' (vgl. Michler 2002).

8. Grenzverwischungen: Das utopische Begehren

Gegenüber den im kursorischen Durchlauf vorgestellten konkreten Utopien und imaginären Orten der essayistischen und autobiografisch-kulturgeschichtlichen Schriften Zweigs finden sich in seinen berühmten Erzählungen auf den ersten Blick keine vergleichbaren utopischen Projekte. Allerdings weisen auch einige erzählerische Texte eine krypto-utopische Struktur auf, zu deren Verdeutlichung Hanni Mittelmann auf Otto Weiningers Begriff der „Grenzverwischung" (Weininger 1980, S. 424) zurückgreift. Als negatives Sinnbild dieser individuellen Grenzverwischung tritt in *Geschlecht und Charakter* (1903) vor allem das Stereotyp des jüdischen, d. h. – bei Weininger – ‚weiblichen' Mannes auf. Genau darin, so Mittelmann, liegt die in Zweigs Erzählungen angedeutete utopische Vision als positive Inversion von Weiningers negativem Modell, die sich den genannten kulturellen Kodifizierungen – wenn auch nur für einen Augenblick – zu entziehen vermag: „In his forays into the fluctuating psyche of men and women, Zweig's narrative voice, which so exquisitely delineates the masculine and feminine experience, dissolves the borders between male and female, between Aryan and Jewish identity, and reaches a realm where these differences no longer matter." Anstelle des von Weininger nach kantischem und ‚rassischem' Ideal gedachten Mann, zeigt Zweig seinen Lesern „the communality of the psyche. He shows what connects man with man and not what seperates them" (Mittelmann 2007, S. 173). Diese psychische Gemeinschaft erhält ihre utopische Signatur dadurch, dass sie eine emotionale Form der Gemeinschaft, einen symbolischen Raum der Kommunikation evoziert, in welchem die im Kontext zunehmender rassistischer, misogyner und nationalistischer Diskurse stattfindende Zwangsidentifizierung und -kollektivierung ausgesetzt werden kann. Gleichwohl bleiben diese in den Erzählungen zu findenden Verwischungen im diegetischen Rahmen (→ IV.1 ERZÄHLFORMEN) lediglich als Begehren markiert – so etwa in *Die Wunder des Lebens* (1904), *Die Liebe der Erika Ewald* (1904), *Scharlach* (1908), *Brennendes Geheimnis* (1911) oder *Brief einer Unbekannten* (1922). Dieses utopische Begehren lässt sich nicht mit sozialer Energie kanalisieren, sondern versickert angesichts jener omnipräsenten ‚Geheimnisse' in Zweigs Erzählungen, die umso deutlicher die zugewiesenen Identitäten spiegeln und als soziale Exklusion zementieren. Solchermaßen sind Zweigs Geschichten, wie Mittelmann zeigt, auch abseits jüdischer Protagonisten häufig als Parabeln der Akkulturation und Emanzipation zu lesen (vgl. Mittelmann 2007, S. 173) und verweisen sein literarisches Werk somit auch in den Bereich jener von Steven Beller für bürgerliche Wiener Juden von 1867–1938 beschriebenen „negativen Assimilation" (Beller 1993, S. 25ff., 226–257). Die unterschiedlichen utopischen Figurationen Zweigs laufen an dieser Stelle zusammen.

Stefan Zweig

Rolland, Romain/Zweig, Stefan (1987): Briefwechsel 1910–1940. Bd. II: 1924–1940. Berlin: Rütten & Loening.
Zweig, Stefan (1921): Das zukünftige Theater des Geistes. In: Das Theater der Zukunft. Vierteljahreshefte des Bühnenvolksbundes 1/2/1921, S. 53–54.
Zweig, Stefan (1978): Briefe an Freunde. Hg. v. Richard Friedenthal. Frankfurt a. M.: S. Fischer.
Zweig, Stefan (1982): Jeremias. In: Ders.: Tersites. Jeremias. Zwei Dramen. GWE. Hg. v. Knut Beck. Frankfurt a. M.: S. Fischer, S. 117–328.

Zweig, Stefan (1983): Berta [sic] von Suttner. In: Ders.: Die schlaflose Welt. Aufsätze und Vorträge aus den Jahren 1909–1941. GWE. Hg. v. Knut Beck. Frankfurt a.M.: S. Fischer, S. 112–121.
Zweig, Stefan (1983): Der europäische Gedanke in seiner historischen Entwicklung. In: Ders.: Die schlaflose Welt. Aufsätze und Vorträge aus den Jahren 1909–1941. GWE. Frankfurt a.M.: S. Fischer, S. 185–210.
Zweig, Stefan (1983): Der Turm zu Babel. In: Ders.: Die schlaflose Welt. Aufsätze und Vorträge aus den Jahren 1909–1941. GWE. Hg. v. Knut Beck. Frankfurt a.M.: S. Fischer, S. 68–73.
Zweig, Stefan (1983): Ehrfurcht vor Georg Brandes. In: Ders.: Die schlaflose Welt. Aufsätze und Vorträge aus den Jahren 1909–1941. GWE. Hg. v. Knut Beck. Frankfurt a.M.: S. Fischer, S. 163–165.
Zweig, Stefan (1984): [Ephraim Mose Lilien]. In: Ders.: Das Geheimnis des künstlerischen Schaffens. Essays. GWE. Hg. v. Knut Beck. Frankfurt a.M.: S. Fischer, S. 28–52.
Zweig, Stefan (1987): Romain Rolland. GWE. Hg. v. Knut Beck. Frankfurt a.M.: S. Fischer.
Zweig, Stefan (1990): Brasilien. Ein Land der Zukunft. GWE. Hg. v. Knut Beck. Frankfurt a.M.: S. Fischer.
Zweig, Stefan (2000): Briefe. Bd. III: 1920–1931. Hg. v. Knut Beck u. Jeffrey B. Berlin. Frankfurt a.M.: S. Fischer.
Zweig, Stefan (2007^5): Die Welt von Gestern. Erinnerungen eines Europäers. GWE. Frankfurt a.M.: S. Fischer.

Weitere Literatur

Beller, Steven (1993): Wien und die Juden 1867–1938. Wien u.a.: Böhlau.
Bloch, Ernst (1977): Der Geist der Utopie. Zweite Fassung. Frankfurt a.M.: Suhrkamp.
Bloch, Ernst (1980): Das Prinzip Hoffnung. Frankfurt a.M.: Suhrkamp.
Eco, Umberto (2013): Die Geschichte der legendären Länder und Städte. München: Hanser.
Gelber, Mark H. (2003): Wandlungen in Stefan Zweigs Verhältnis zum Zionismus. In: Eicher, Thomas (Hg.): Stefan Zweig im Zeitgeschehen des 20. Jahrhunderts. Oberhausen: Athena, S. 93–107.
Gelber, Mark H. (2013): Zweigs *Jeremias* und das zionistische biblische Drama. In: Renoldner, Klemens/Peter, Birgit (Hg.): Zweigs Theater. Der Dramatiker Stefan Zweig im Kontext europäischer Kultur- und Theatergeschichte. Würzburg: Königshausen & Neumann, S. 77–86.
Herzl, Theodor (1934): Der Judenstaat. In: Ders.: Gesammelte Zionistische Werke. Bd. 1. Tel Aviv: Hozaah Ivrith, S. 17–105.
Hevesi, Ludwig (1903): Sezession. In: Kunst und Kunsthandwerk 4/1903, S. 533–535.
Holdenried, Michaela (2011): Vom „Volk ohne Raum" ins Land der Zukunft. Stefan Zweigs melancholische Utopie. In: Hernández, Isabel/Lubrich, Oliver (Hg.): Deutsche in Lateinamerika. Berlin: Weidler, S. 139–150.
Holitscher, Arthur (1912): Amerika heute und morgen. Reiseerlebnisse. Frankfurt a.M.: S. Fischer.
Honold, Alexander (1995): Land der Zukunft oder verlorenes Paradies? Brasilien im Blick der Exilautoren Alfred Döblin und Stefan Zweig. In: kulturRRevolution 32–33/1995, S. 65–68.
Horch, Hans Otto (1995): Alfred-Döblin und der Neo-Territorialismus. Mit bisher unveröffentlichten Auszügen aus Briefen Döblins an Nathan Birnbaum. In: Grunewald, Michel (Hg.): Internationales Alfred-Döblin-Kolloquium Paris 1993. Bern u.a.: Lang, S. 25–36.
Jameson, Fredric (2005): Archaeologies of the Future. Utopia and Other Science Fictions. London, New York: Verso.
Larcati, Arturo (2013): Die Dramen von Stefan Zweig. Ein kritischer Überblick. In: Renoldner, Klemens/Peter, Birgit (Hg.): Zweigs Theater. Der Dramatiker Stefan Zweig im Kontext europäischer Kultur- und Theatergeschichte. Würzburg: Königshausen & Neumann, S. 29–52.
Leucht, Robert (2016): Dynamiken politischer Imagination. Die deutschsprachige Utopie von Stifter bis Döblin in ihren internationalen Kontexten, 1848–1930. Berlin, Boston: de Gruyter.

Lützeler, Paul Michael (1992): Die Schriftsteller und Europa. Von der Romantik bis zur Gegenwart. München, Zürich: Piper.
Magris, Claudio (1966): Der habsburgische Mythos in der österreichischen Literatur. Salzburg: Otto Müller.
Michler, Werner (2002): Zukunft und Augenblick. Utopien der Jahrhundertwende. In: Tanzer, Ulrike/Beutner, Eduard/Höller, Hans (Hg.): Das glückliche Leben – und die Schwierigkeit, es darzustellen. Glückskonzeptionen in der österreichischen Literatur. Wien: Dokumentationsstelle für neuere österreichische Literatur, S. 17–31.
Mittelmann, Hanni (2007): Fragmentation and the Quest for Unity. Stefan Zweig's Novellas as Tales of the Assimilationist Jewish Predicament. In: Gelber, Mark H. (Hg.): Stefan Zweig Reconsidered. New Perspectives on his Literary and Biographical Writings. Tübingen: Niemeyer, S. 163–174.
Müller, Karl (2011): Aspekte des europäischen Erbes und die „Vereinigten Staaten Europas". In: Gelber, Mark H./Ludewig, Anna-Dorothea (Hg.): Stefan Zweig und Europa. Hildesheim u. a.: Olms, S. 30–54.
Peck, Clemens (2012): Im Labor der Utopie. Theodor Herzl und das „Altneuland"-Projekt. Berlin: Jüdischer Verlag.
Peter, Birgit (2013): Leidenschaft und Geist. Utopische Theaterkonzeptionen Stefan Zweigs. In: Dies./Renoldner, Klemens (Hg.): Zweigs Theater. Der Dramatiker Stefan Zweig im Kontext europäischer Kultur- und Theatergeschichte. Würzburg: Königshausen & Neumann, S. 53–63.
Weininger, Otto (1980): Geschlecht und Charakter. Eine prinzipielle Untersuchung. München: Matthes & Seitz.

9. Musik

Rüdiger Görner

1. Einleitung 680
2. Ursprung des musikalischen Kunstwerks 682
3. Wien als Stadt musikalischer Übergänge 683
4. Musik als literarischer Gegenstand 685
5. Das musikalische Sinnbild Richard Strauss' und das Libretto
   als musikpoetische Form 686

1. Einleitung

Zu den Auffälligkeiten im Werk Stefan Zweigs gehört, dass von ihm, dem bedeutendsten privaten Autographensammler gerade auch musikalischer Kompositionen (→ III.20 AUTOGRAPHENSAMMLUNG), nur wenige Aufsätze zur Musik bekannt sind. Und doch grundierte und durchdrang Musik sein Leben und Werk. Die Tagebücher und Briefe belegen zahlreiche Besuche von Konzerten und Opernaufführungen. So schreibt Zweig in einem Brief an Romain Rolland vom 22. Mai 1935: „In Wien habe ich viel Musik gehört. [Bruno] Walter brachte einen unvergeßlichen ‚Messias'." Dann folgt das überraschende Einbekenntnis, auf einen Vortrag des Dirigentenfreundes anspielend: „[I]ch billige seine Idee, daß die Musik parteilich ist und das große, saftige Stück den ‚guten' Gefühlen vorbehält: ich bedauere nur, daß er vergessen hat, die Verbindungen zur Religion aufzuzeigen – daß alles, was einzig religiös ist, sich der bloßen Sprache verweigert und der Musik bedarf." (Rolland/Zweig 1987 Bd. b, S. 598) Unverblümt stellt er zudem fest: „Hätte ich in den letzten Jahren die Musik nicht gehabt, weiß ich nicht, wie ich diesem Fegefeuer entkommen wäre." (S. 598)

Die Freundschaft mit Romain Rolland, diesem profunden Musikkenner unter den Schriftstellern der Zeit – er war der Verfasser des zehn Bände umfassenden, u.a. an Leben und Werk Beethovens angelehnten Romanzyklus *Jean-Christophe* (1912) –, prägte Zweigs Leben (über die unterschiedlichen Vorbilder für die Titelfigur vgl. z.B. Zweig GWE, Romain Rolland, S. 186ff.). Zweig dankte ihm in einem großen offenen Brief, der im *Berliner Tageblatt* am 22. Dezember 1912 erschien, für diese Leistung, insbesondere dafür, mit literarischen Mitteln die Musik als den „eigentliche[n], unsichtbare[n] Held[en]" dieses Werkes, als „höchstes Symbol der Bindung aller Gegensätze" dargestellt zu haben. Musik nennt Zweig darin eine „Sprache über den Sprachen", welche die „Grenzen der nationalen Beschränktheiten" überfliege, und das als untrügliche „Stimme des Gefühls" (Rolland/Zweig 1987 Bd. a, S. 47). Damit hatte Zweig auch ausgesprochen, was ihn zeitlebens an der Musik faszinieren sollte: die Gleichzeitigkeit von unmittelbarem Berührt-Werden und das Transzendierende im musikalischen Ausdruck.

Eine Bestandsaufnahme expliziter Musikthematik im literarischen Werk Stefan Zweigs fällt jedoch vergleichsweise knapp aus: Der Titel des Gedichtbandes *Silberne Saiten* (1901) lässt das Musikalische anklingen, ohne dass die Gedichte es eigens thematisierten. Zwei der späteren Erzählgedichte aus „Die Herren des Lebens. Ein Zyklus lyrischer Statuen" (Zweig GWE, Silberne Saiten, S. 181) gelten Musikern (*Der Dirigent. In memoriam Gustav Mahler* und *Die Sängerin*); desgleichen handeln zwei der episodischen Erzählungen aus dem Zyklus *Sternstunden der Menschheit* (1927) von Ursprungsmomenten musikalischer Kompositionen: in *Händels Auferstehung* die Komposition des *Messias* und in *Das Genie einer Nacht* jene der *Marseillaise*.

Doch hat eine solche Bestandsaufnahme zu unterscheiden zwischen literarischer Thematisierung von Musik und brieflichen bzw. im Tagebuch notierten Reflexionen über Musik. Hinzu kommen ‚musikalische Stellen' in Zweigs erzählerischer Prosa, namentlich in seinem Roman *Ungeduld des Herzens* (1939), aber auch die Alptraumszene in der Novelle *Angst* (1913). Zu berücksichtigen ist gleichfalls ein rhythmisch-musikalisches Grundgefühl, über das Zweig verfügte und das ihn dazu befähigte, davon besonders geprägte Lyrik, wie jene Émile Verhaerens und Charles Baudelaires, überzeugend ins Deutsche zu übertragen. Es war daher eine glückliche Entscheidung, im Rahmen der Edition der *Gesammelten Werke in Einzelbänden* Stefan Zweigs Nachdichtungen unter den Gesamttitel *Rhythmen* zu stellen. Das Gedicht *Singspielhallen* aus Verhaerens Sammlung *Les Villes Tentaculaires* von 1895 („Die Verführung der Städte") darf dabei neben Baudelaires Gedichten *Harmonien* und *Die Musik* als ein besonders gelungenes Beispiel rhythmusbewussten Übertragens gelten: „Das Orchester scheint bald in ein Röcheln zu rinnen, / Bald rafft es sich auf und rattert und tost" (Zweig GWE, Rhythmen, S. 83). Rhythmisches Feingefühl zeigt sich jedoch auch an Stellen, wo der Rhythmus gebrochen wirkt, dem lyrischen Thema entsprechend: Baudelaires Gedicht *Die gesprungene Glocke* veranlasste Zweig, sich einer gestauten Rhythmik zu bedienen: „Doch meine Seele ist schon lange still, / Erstarrt in grauem Gram. – Und will / Sie manchmal sich zu frohem Liede pressen, / So klingt's wie Todesröcheln, müd' und schwer" (S. 197).

Um diese grobe Bestandsaufnahme abzuschließen: Eine weitere Kategorie des literarischen Arbeitens mit musikalischen Themen im Werk Zweigs stellt der städtische Klangkontext dar, vor allem jener Wiens. Zweig nimmt gerade in Wien weniger die großstädtische Geräuschkulisse wahr, sondern *hört* die Stadt als einen Ort, an dem das „Dissonierende" sich in „Harmonie" löst (Zweig GWE, Auf Reisen, S. 398).

Sucht man nach einem diesen Musikbezügen übergeordneten Leitgedanken, dann findet man ihn in einer knappen These, die Zweig in einem Brief an Otto Heuschele im Januar 1924 geäußert hat: „Nur in Musik entsteht noch manchmal das Makellose" (Zweig, Br III, S. 108). Darin drückt sich Zweigs bürgerlich-traditionalistische Auffassung von Musik aus, die sich an der Vorstellung einer ‚reinen Musik' oder einer Musik als Reservoir des ‚Reinen' orientierte.

2. Ursprung des musikalischen Kunstwerks

Zweigs ästhetisches Interesse richtete sich immer wieder auf den Augenblick des schöpferischen Beginnens und das Entfalten einer dem Schaffen und Werk zugrundeliegenden künstlerischen Idee (→ IV.5 DAS SCHÖPFERISCHE). Dieses Interesse bestimmte sein Sammeln von Autographen ebenso wie markante Texte zur Musik. Solche Augenblicke waren für Zweig im wesentlichen ‚dämonische' Momente (→ IV.7 DAS DÄMONISCHE); das „Undämonische" verband Zweig dagegen mit einer Kompositionsweise, die er an Richard Strauss glaubte bemerkt zu haben. Er vertraute diese Kritik nur seinem Tagebuch an und zwar nach einer Begegnung mit dem Komponisten im November 1931. „[W]ie in der Dichtung", bemerkt Zweig, dringe „auch in der Musik die Intelligenz immer mehr ein" (Zweig GWE, Tb, S. 355). Es gebe keine „Production mehr ohne Geist, ohne Formgeist" (S. 355). Das ‚Naive' und ‚Sentimentalische' im Sinne Schillers sei zuungunsten des Naiven aus dem Gleichgewicht geraten.

In *Händels Auferstehung* ist das zunächst innere Musik auslösende Moment ein Wort: „Comfort ye". Zweigs Händel liest hörend, genauer gesagt: Das Gelesene übersetzt sich in Komposition. In der ‚dämonischen Nacht' des 21. August 1741 vollzieht sich die Reflexion über das Wort als Musik; Sentimentalisches und Naives, kompositorisches Können und die Nähe zum Elementaren stehen in Einklang miteinander. Was sich im kranken Händel angestaut hatte, tritt nun als Werk hervor, das alle ‚irdischen Gebrechen' (Goethe) überwindet. Am Beispiel Händels entwirft Zweig einen Mythos des Schöpferischen, in dem buchstäblich alles in und um den Komponisten Musik werden kann. Die Verbindung dieses Schaffensaktes mit dem Elementaren drückt sich auch dadurch aus, dass Händel nach Abschluss seiner Komposition beginnt „zu lachen, es wurde allmählich ein ungeheures, ein schallendes, ein dröhnendes, ein hyperbolisches Lachen" (Zweig GWE, Sternstunden der Menschheit, S. 83). Auf die Beschreibung dieses Lachens – ein bei diesem Autor seltenes Phänomen – verwendet Zweig präzisere Adjektive als Charakterisierung der Musik Händels; das deutet darauf hin, dass die hohe Kunst jederzeit ins Allzumenschliche umschlagen könne, dieses jedoch auch wieder in Kunst. Denn der lachende Händel wird wieder ernst, als er sich ans Cembalo setzt und aus seiner *Messias*-Komposition seinem Diener und Arzt vorspielt.

Vom Meister der europäischen Barockmusik in Londons Brook Street zum Gelegenheitskomponisten Rouget in der Grande Rue von Paris, der sich mit seiner *Marseillaise* um ein Vielfaches selbst übertrifft. Eine Gemeinsamkeit besteht zwischen beiden Anlässen für Kompositionen: Auch die *Marseillaise* geht vom Wort aus. Was Zweig in anderem Zusammenhang „erregende Gegensätze" nennen wird (vgl. Zweig GWE, Tb, S. 408), hier werden sie bereits zu einem musikalischen Ereignis. Das musikerzählerische Verfahren bleibt unverändert: Textstelle um Textstelle, Gedichtzeile um Gedichtzeile kommentiert der Erzähler knapp, aber immer im Hinblick auf die musikalisch-rhythmische Wirkung. Dem Höhepunkt der den Seelenfrieden feiernden Oratorienkunst steht der Höhepunkt des propagandistisch wirksamen Kampfliedes der Revolution gegenüber. Beide Musikwerke entstehen in einem kulturell deutlich definierbaren Rahmen, aber sie transzendieren ihn auf je unterschiedliche Weise. Im *Messias* feiert sich der Kunst-Glaube, in der *Marseillaise* hat „die Revolution [...] ihre eigne Stimme erkannt, die Revolution hat ihr Lied gefunden." (Zweig GWE, Sternstunden der Menschheit, S. 103)

Dämonische Urmomente in der Geschichte der Musik hatte Zweig mit beiden *Sternstunden*-Novellen aufgerufen, und genau sie vermisste er in der Moderne. An der *Elektra* von Strauss bewunderte er zwar die „Vehemenz des Rytmus [sic]", bescheinigt dem Komponisten „grausige, großartige, begnadete Stimmungen" hervorrufen zu können, befindet aber, „das rein Gesangliche" wirke daneben „etwas erzwungen", und kommt zu dem Gesamturteil „mehr Psychologie als Ursprung der Melodie" (Zweig GWE, Tb, S. 355). Romain Rolland gegenüber wird Zweig sogar behaupten, Strauss sei bei *Die schweigsame Frau* (1935) nichts mehr eingefallen (vgl. Zweig an Rolland, 13. August 1935, Rolland/Zweig 1987 Bd. b, S. 604ff.). Dagegen hob er im Tagebuch die Symphonik Haydns bei aller kompositorischen Könnerschaft vor allem deswegen hervor, weil sie „seliger unschuldiger Heiterkeit" entstamme. Haydn und seine Kunst hätten „[n]och nicht vom Baum der Erkenntnis gegessen" (Zweig GWE, Tb, S. 352). Beethoven dagegen sei „Wissen um die Schuld [–] das Schaffen mit Mühe, die gigantische Arbeit. Die Eroica gearbeitete Kunst, oft *über*arbeitet, zu breit, zu gewollt oft, zu gewollt gesteigert, Promethidisch, nicht göttlich, der gestürzte Engel, der wieder empor will." (S. 352, Herv. i. O.)

Was daraus an Zweigs ästhetischer Grundüberzeugung ableitbar ist, lässt sich auch auf sein eigenes Schaffen übertragen; denn sein künstlerisches Ideal scheint Haydns vermeintlicher Unbeschwertheit entsprochen zu haben, eine Kunst, die das Schwerelose in sich hat als Gegenbild zu den Mühen, ja Qualen in der eigenen Zeit. Diese Einstellung verdankte sich augenscheinlich einem sehr genauen Blick auf das kompositorische Material. Wiederum gilt: Der Schriftsteller Zweig ist vom Autographensammler nicht zu trennen, der Einblick nehmen wollte in das ‚Geheimnis des Schöpferischen'. Es ist bezeichnend, dass er seinen Händel kurzzeitig ins Improvisieren am Cembalo geraten lässt, als dieser „sonderbar lächelnd", „halb sprechend, halb singend" die Melodie des Rezitativs aus dem Messias aufnimmt: „,Behold, I tell you a mystery' (,Vernehmt, ich spreche ein Geheimnis aus')" (Zweig GWE, Sternstunden der Menschheit, S. 83). Das ‚Geheimnis' in allen Dingen verweist auf das Musikalische in deren Innerem. ‚Musik-Dinge' der besonderen Art befanden sich seit 1929 in Zweigs Besitz: Beethovens Schreibtisch, seine Geldschatulle und Geige, deren ‚Inneres' eine sehr eigene ‚Musik' enthalten haben mag.

3. Wien als Stadt musikalischer Übergänge

Paradox mutet an, dass die Musik der Zukunft, die in der Wiener Moderne ihren Ursprung hatte, von Stefan Zweig, wenn überhaupt, dann unter dem Signum des Vergangenen angesprochen wurde. So geschehen in seinem im Mai 1940 in Paris gehaltenen Vortrag *Das Wien von Gestern* und in den darauf aufbauenden Abschnitten zum Musikleben in der Donaumetropole in *Die Welt von Gestern* (1942). Durch die Art seiner Darstellung skizzierte er überdies eine urbane Musiksoziologie, die bei allen Überhöhungen und Verklärungen eine wichtige These enthält: Wien definierte sich in seinem kulturellen Leben durch Musik und das in *allen* gesellschaftlichen Schichten. Am Beispiel des Tanzes erläuterte er, dessen Kunstcharakter habe zur Folge gehabt, dass die „sogenannte leichte Musik, die Tanzmusik", ihrerseits „zur vollkommenen Musik" geworden sei. Der Tanz, ob Walzer oder Ländler, sei das gesellschaftlich verbindende Element im Kulturleben Wiens gewesen – „vom Hofball und Opernball bis hinab in die Vorstadtlokale und Gesindebälle" (Zweig GWE, Auf Reisen, S. 405). Im Sinne einer negativen ‚Sternstunde' erinnert Zweig im ersten Jahr des Zweiten Weltkriegs, Paris ist gerade noch frei, vor seiner Zuhörerschaft im Théâtre Marigny an das letzte Konzert im alten Bösendorfer-Saal am 9. November 1913, der kurz danach abgerissen werden sollte. Man spielte Beethovens letztes Streichquartett in F-Dur, op. 135. „Als die letzten Takte Beethovens verklangen, vom Roséquartett herrlicher als jemals gespielt, verließ keiner seinen Platz. Wir lärmten und applaudierten, einige Frauen schluchzten vor Erregung, niemand wollte es wahrhaben, daß es ein Abschied war. Man verlöschte im Saal die Lichter, um uns zu verjagen. Keiner von den vier- oder fünfhundert der Fanatiker wich von seinem Platz." (Zweig GWE, Die Welt von Gestern, S. 32) Das Stück war gut gewählt, trägt doch der Finalsatz die Überschrift „Der schwer gefaßte Entschluß", wobei die dreitönige Phrase der düsteren Moll-Introduktion auf die Frage komponiert scheint ‚Muß es sein?', die dann in der Dur-Allegretto-Passage in ihrer Umkehrung beantwortet: ‚Es muß sein!' Das betrifft den Abriss des traditionsreichen Bösendorfersaals ebenso wie das Schicksal Wiens, das Zweig als Beispiel für jenes von Europa vorstellte.

In *Die Welt von Gestern* verklärte Zweig Wien als eine „wunderbar orchestrierte Stadt" (S. 33), in der „jede falsche Note", „jeder unrichtige Einsatz" sogleich bemerkt worden sei (S. 34). Für Zweig war Wien eine Stadt der taktvollen Übergänge – von den Kapellen im Prater bis zu den musikalischen Veranstaltungen im Musikvereinssaal. Doch die wichtigste Ableitung von diesen Musikerlebnissen, die Zweig als unumgänglich darstellte, findet sich in der folgenden Aussage: „[W]er in Wien lebte, bekam gleichsam aus der Luft das Gefühl für Rhythmus in sich. Und so wie diese Musikalität sich bei uns Schriftstellern in einer besonders gepflegten Prosa ausdrückte, drang das Taktgefühl bei den andern in die gesellschaftliche Haltung und in das tägliche Leben ein." (S. 35) Der Wiener von Gestern verstand sich als ein Mensch voll von „Kunstsinn und Formfreude" (S. 36). Kunst galt ihm als die „heiligste Überflüssigkeit des Lebens" (S. 36).

Treffend zieht Zweig eine Parallele zwischen dem „neue[n] Sehen" in der bildenden Kunst und dem neuen Hören, welches die Musik erforderte, vor allem die „neuen Rhythmen und Tonfarben" eines Mussorgskij, Debussy, Strauss und Schönberg (S. 62). Die Avantgarde in der Musik sah Zweig umrahmt von der umwertenden Denkrevolution Nietzsches und der „bisher unbekannten Sublimierung und Raffinierung lyrischer Wortkunst" (S. 62).

Doch bei allem Sinn für Takt und subtile Übergänge identifizierte Zweig doch auch einen Zug zum Radikalen im Wien von damals – in der Kunst ebenso wie in den zunehmend schärfer gewordenen ideologischen Auseinandersetzungen, zu denen auch der von Zweig eher relativierte Antisemitismus gehörte. Zweig hatte offenbar auch das sogenannte ‚Skandal-' oder ‚Watschenkonzert' im Wiener Musikvereinssaal am 31. März 1913 besucht, das unter Leitung von Arnold Schönberg Werke von Anton von Webern, Alexander von Zemlinsky, Alban Berg und seine eigene einsätzige Kammersymphonie op. 9 zu Gehör zu bringen versuchte, aber in rasendem Tumult unterging. Sein Bericht darüber in *Die Welt von Gestern* beschränkt sich auf nur wenige Zeilen, was angesichts der Tragweite dieses Skandals überrascht. Zweig sah sich als Mitglied der „Stoßtruppe und de[s] Vortrupp[s] jeder Art neuer Kunst, nur weil sie neu war, nur weil sie die Welt verändern wollte für uns" (S. 63). Was Zweig nicht reflektierte: Diese musikalische Revolte des Jungen Wien übertrug sich nicht auf sein eigenes Schaffen, das sich dem ästhetischen Experiment weitgehend verschloss.

4. Musik als literarischer Gegenstand

Im eigentlichen Sinne Experimentelles ereignete sich im Schaffen Zweigs am ehesten in einzelnen Gedichten, meist verbunden mit betont expressionistischen Sprachgesten: „Wann, wann hör' ich mich selber, wann tönt der / Seele Musik von [sic] hohen Himmel zurück? [...] Und mein Herz, das verwirrte, / Schlägt hier nicht eigene Stunde der Brust, sondern hämmert, / Fremd schon sich selbst, den rasenden Rhythmus der Stadt." (Aus: *Der verlorene Himmel* in: Zweig GWE, Silberne Saiten, S. 155) Explizit thematisieren die Gedichte *Der Dirigent* und *Die Sängerin* die Musik und das Dunkel als „[u]rschwesterlich" (Zweig GWE, Silberne Saiten, S. 195) und als eine Kunst- und Gefühlsmacht, die nach Bändigung (durch den Dirigenten) verlangt. Der seelische Zustand der ‚Unruh', eine für Zweig bekanntlich wesentliche Kategorie, kann in und durch Musik zu einem eigenen Rhythmus werden, wie das Gustav Mahler gewidmete Gedicht sagt. Bemerkenswert nun ist, dass Zweig dieses Gedicht dem Dirigenten, nicht dem Komponisten Mahler widmete. Und doch gewinnt man den bestimmten Eindruck, dass dieses Gedicht in seinen motivischen Überlagerungen, rhythmischen Gegenläufigkeiten und das Elementare aufrufenden Passagen eher dem symphonischen Verständnis Mahlers zu folgen bemüht ist. Das Gedicht *Die Sängerin* feiert dagegen die menschliche Stimme als das musikalische Urorgan; sie vermag selbst „harten Pfeilern" Musik zu entlocken (S. 201).

Besonders fallen jedoch die musikalischen Stellen in ihrer erzählerischen Ausarbeitung im Werk Zweigs auf, so in der Mitte der Novelle *Angst* und im Roman *Ungeduld des Herzens*, der die im Gedicht evozierte Eigenrhythmik der ‚Unruh' als seelischen Zustand erzählerisch verwirklicht. Aufschlussreich ist, wie der Erzähler in *Angst* die Musik zunächst als ein Nebenthema einführt („Nebenan lockte Musik ..."; Zweig GWE, Angst, S. 304), um es dann kurzzeitig zum Hauptthema werden zu lassen, verkörpert durch Irenes entfesselten Tanz: „Dieser kreisende Wirbel schleuderte alle Schwere aus ihr heraus, der Rhythmus wuchs in die Glieder und durchatmete den Körper mit feuriger Bewegung." (S. 304) Diese korybanthisch-dionysische Erfahrung dringt Irene nicht nur „tief unter die brennende Haut" (S. 304), sondern auch in ihr Unterbewusstsein in Gestalt eines erotisch aufgeladenen Traumes, in dem sie von ihrer vermeintlichen Rivalin um die Gunst eines „Jüngling[s]" (S. 306) buchstäblich vor den Augen aller entblößt wird.

Auch im Roman *Ungeduld des Herzens* kommt der performativen Übersetzung der Musik in Tanz eine Schlüsselrolle zu, da der Ich-Erzähler erst bei dieser Gelegenheit erkennt, dass die Tochter des Hauses Kekesfalva, Edith, die er mit einem *faux pas* sondergleichen zum Tanz auffordert, gelähmt ist. Gespielt wird eine Musik, die sich der Erzähler „innerlich wünschte" (Zweig GWE, Ungeduld des Herzens, S. 29). Wie nur selten sonst in Zweigs Werk beschreibt der Erzähler diese Musik: „Tanzmusik, rhythmisch und weich zugleich, ein Walzer, von zwei Violinen getragen, von einem dunklen Cello schwermütig getönt; dazwischen taktiert eindringlich mit scharfem Staccato ein Klavier." (S. 29)

In anderer Form (nicht mehr als Walzer!) wiederholt sich diese Musik später, orchestral, ohne Klavier, dafür mit zwei Frauenstimmen: „[D]a schwang plötzlich im Gewinde des dunklen Treppenhauses geisterhaft leicht eine Tanzmelodie, von Geigen getragen, von Cellos getönt und überhöht von den spritzigen Koloraturen verschlungener Frauenstimmen." (S. 206) Der Erzähler braucht einige Zeit, bevor er feststellt, bei diesem Musikträger müsse es sich um ein Grammophon handeln. Die Musik im Zustand ihrer technischen Reproduktion sieht sich jedoch ‚erlöst' durch die beiden menschlichen Stimmen, durch Ediths „freie[ ], silberleicht beschwingte[ ] Stimme" und jene ihrer sinnlich veranlagten Freundin, Ilona, „schön, voll, üppig", einen „satte[n] Sopran" (S. 206).

Bedeutsam ist jene Stelle nicht nur aufgrund dieses Zusammenwirkens von Technik in Gestalt des Musikapparats und natürlicher Stimme, sondern auch deswegen, weil Zweig auf die Leitmotivtechnik anspielt, ohne sie im Sinne Thomas Manns ganz zu entfalten. Sie bezieht sich auch auf die Wirkung bestimmter Instrumente: An beiden Stellen bewirkt das Cello eine atmosphärische Tönung.

5. Das musikalische Sinnbild Richard Strauss' und das Libretto als musikpoetische Form

Ästhetische Fragen personalisierte Zweig. Anders gesagt: Probleme der Kunst verhandelte er am Beispiel des Künstlers. Im vorletzten Kapitel von *Die Welt von Gestern*, „Incipit Hitler", legte Zweig Zeugnis von seiner Zusammenarbeit mit Richard Strauss ab und kam mit psychologischem Spürsinn dem Antrieb im Schaffen dieses Komponisten auf den Grund. Er nannte ihn „Kunstegoismus" (Zweig GWE, Die Welt von Gestern, S. 423). Zweigs Charakterisierung des Komponisten Strauss in *Die Welt von Gestern* entspricht im Wesentlichen seinen – soweit überliefert – privaten Äußerungen über ihn in Brief und Tagebuch. Aus der Sicht des Librettisten der *Schweigsamen Frau* war es für ihn besonders hervorhebenswert, dass sich dieser Komponist „noch immer" primär durch das Wort inspirieren lasse (S. 418). Diese Aussage trifft sich mit jener über Händel in den *Sternstunden*, der sich vom Wort ‚Comfort ye' zur Komposition des *Messias* habe anregen lassen. Was Zweig jedoch am Beispiel von Strauss halb fasziniert, halb irritiert aufzeigt, ist, dass Musik ganz ohne ‚großen Moment', einfach auch durch pflichthaftes Weiterarbeiten, entstehen könne, durch ruhiges und regelmäßiges Schaffen, basierend auf „sublime[m] Handwerk[ ]" (S. 420), was es Strauss erlaube, seine Einfälle zu ‚kommandieren'. In Strauss erlebt Zweig sein Gegenteil; denn diesem Künstler sei „[j]ede Art von Nervosität fremd, [...] bei Tag und bei Nacht ist sein Kunstintellekt immer gleich hell und klar" (S. 420). Die stilisierende Auswertung dieses Phänomens fehlt nicht: „Wenn der Diener an die Tür klopft, um ihm den Frack zu bringen zum Dirigieren, steht er auf von der Arbeit, fährt ins Theater und dirigiert mit der gleichen Sicherheit und der gleichen Ruhe, wie er nachmittags

Skat spielt, und die Inspiration setzt am nächsten Morgen genau an der gleichen Stelle wieder ein." (S. 420) Dieser Künstler, so Zweig, nehme sein Werk mit wachen, nicht mit dämonischen Augen wahr, apollinisch-sentimentalisch durch und durch und dabei doch wie er, Zweig, ein Letzter, mit dem die Fackel der Tradition erlösche (vgl. S. 420f.).

Dem Genre des Libretto hatte Zweig poetisch vorgearbeitet, und zwar mit einem vierstrophigen Gedicht *Serenade des ungeliebten Liebhabers. Aus einem Singspiel für Musik* (Zweig GWE, Silberne Saiten, S. 173f.). Was aus dieser möglichen ‚Arie' spricht, ist die Angst davor, zurückgewiesen zu werden und es zu bleiben. Es hätte einiges für sich, dies auch auf Zweigs eigenes Verhältnis zur Musik zu übertragen: Sie trat in seinem Werk als mehr oder weniger heimliche Geliebte in Erscheinung; er belauschte sie als Zaungast bei den Proben zu den Salzburger Festspielen mit Toscanini am Pult, aber er scheute insgesamt vor allzu offenen Worten über die Musik zurück. Denn er hielt sie wohl als einzige der Künste für ‚heilig' und fürchtete von ihr abgewiesen zu werden, wenn er sich ihr diskursiv oder sie sprachkünstlerisch imitierend näherte. Analog zu Nietzsches Eingeständnis wäre auch für Stefan Zweig ein Leben ohne Musik ein ‚Irrtum' gewesen.

Literatur

Rolland, Romain/Zweig, Stefan (1987a): Briefwechsel 1910–1940. Bd. I: 1910–1923. Berlin: Rütten & Loening.
Rolland, Romain/Zweig, Stefan (1987b): Briefwechsel 1910–1940. Bd. II: 1924–1940. Berlin: Rütten & Loening.
Zweig, Stefan (1983): Rhythmen. Nachdichtungen ausgewählter Lyrik von Emile Verhaeren, Charles Baudelaire und Paul Verlaine. GWE. Hg. v. Knut Beck. Frankfurt a.M.: S. Fischer.
Zweig, Stefan (1984): Tagebücher. GWE. Hg. v. Knut Beck. Frankfurt a.M.: S. Fischer.
Zweig, Stefan (1987): Romain Rolland. GWE. Hg. v. Knut Beck. Frankfurt a.M.: S. Fischer.
Zweig, Stefan (2000): Briefe. Bd. III: 1920–1931. Hg. v. Knut Beck u. Jeffrey B. Berlin. Frankfurt a.M.: S. Fischer.
Zweig, Stefan (2004^{10}): Sternstunden der Menschheit. Vierzehn historische Miniaturen. GWE. Hg. v. Knut Beck. Frankfurt a.M.: S. Fischer.
Zweig, Stefan (2004^2): Auf Reisen. Feuilletons und Berichte. GWE. Hg. v. Knut Beck. Frankfurt a.M.: S. Fischer.
Zweig, Stefan (2004^5): Angst. In: Ders.: Verwirrung der Gefühle. Erzählungen. GWE. Hg. v. Knut Beck. Frankfurt a.M.: S. Fischer, S. 280–353.
Zweig, Stefan (2007^5): Die Welt von Gestern. Erinnerungen eines Europäers. GWE. Frankfurt a.M.: S. Fischer.
Zweig, Stefan (2008^6): Silberne Saiten. Gedichte. GWE. Hg. v. Knut Beck. Frankfurt a.M.: S. Fischer.

10. Bildende Künste

Klemens Renoldner

1. Der bildende Künstler als Repräsentant der europäischen Kulturgeschichte . 688
2. Der künstlerische Schaffensprozess. 689
3. Zweifel an der Verlässlichkeit des Bildes 691

1. Der bildende Künstler als Repräsentant der europäischen Kulturgeschichte

Stefan Zweig traf mit vielen bildenden Künstlern zusammen und war mit einigen von ihnen, wie Ephraim Mose Lilien, Frans Masereel und Alberto Stringa befreundet. Begegnungen mit Auguste Rodin, Constantin Meunier, Teresa Feodorovna Ries, Charles van der Stappen, Fernand Crommelynck, Alfonso Canciani, James Ensor, Henry van de Velde, Salvador Dalí, Lasar Segall (vgl. Dines 2006, S. 75, 389), Anton Faistauer, Gustinus Ambrosi, Alfred Kubin und anderen fanden ihren Niederschlag in Tagebüchern, Briefen und Texten (vgl. Kubin/Zweig 2016; Fitzbauer 1960). Auf seinen Reisen besuchte Zweig bedeutende Kunstmuseen, siehe etwa die Berichte über den Besuch in der Leningrader Eremitage (vgl. Zweig GWE, Reise nach Rußland, S. 315 ff.) oder über seine Visite im New Yorker Metropolitan Museum of Arts (vgl. Zweig GWE, Notizen aus New York, S. 366 f.). Er erwarb einige wertvolle Zeichnungen bzw. Drucke von Blake, Leonardo, Michelangelo, Holbein, Rembrandt, Piranesi, Goethe, Danhauser u. a. (vgl. Matuschek 2005). Die Maler Le Fauconnier und Frans Masereel porträtierten Stefan Zweig 1922 bzw. 1924 – beide Ölgemälde sind verschollen (vgl. Prater 1981, S. 152, 155). Ein weiteres Ölbild von Frans Masereel hing in Zweigs Arbeitszimmer, ebenso wie das berühmte Haydn-Porträt von Ludwig Gutenbrunn. Friderike Zweig gab 1958 – nach dem Verlust ihrer 1938 in Salzburg zurückgelassenen Bücher und Bilder – an, in ihrem Besitz hätten sich auch Gemälde von Utrillo, Canaletto und Faistauer sowie Zeichnungen und Druckgrafiken von Kubin, Masereel u. a. befunden, ebenso eine Gips-Plastik („Suse und Alix als Kinder") von Gustinus Ambrosi (vgl. Kerschbaumer 2003, S. 479 f.; → III.14.6 ÜBER BILDENDE KUNST).

Zur Illustration seiner Biografien wählte Zweig mit großer Fachkenntnis Porträts und Bilddokumente aus, wie er auch bei seinen Vorschlägen für Buchprojekte (nicht nur des Insel Verlags) die Namen von bildenden Künstlern für Illustrationen und grafische Gestaltung ins Gespräch brachte, etwa auch Kubin oder Masereel. Überdies regte er Bildbände verschiedener bildender Künstler an, im Briefwechsel mit Anton Kippenberg ist etwa sein großes Engagement für Piranesi und Masereel nachzulesen.

Zahlreiche Namen von Bildhauern, Malern und Zeichnern, von der Antike bis zu Zweigs Gegenwart, aber auch einzelne ihrer Werke werden in seinem Œuvre genannt. Bildende Künstler sind für Zweig, so wie Musiker oder Dichter, herausragende Repräsentanten ihrer Epoche. Gemeinsam mit den bedeutendsten Intellektuellen aus Politik und Kirche, den Dichtern und Komponisten stehen sie im großen ‚Drama' der Geschichte auf der Bühne. Die „Geschichte als Dichterin", um „wirklich dichterisch erregend zu wirken", brauche immer *„mehrere* große Gestalten zugleich", und Zweig nennt hier Politiker, Philosophen, Reformatoren wie Luther, Zwingli und Calvin im gleichen Atemzug mit Tizian, Michelangelo, Benvenuto Cellini oder Leonardo da Vinci (Zweig GWE, Die Geschichte als Dichterin, S. 253, Herv. i. O.). Zweig spricht auch von einer „besonderen Bildlichkeit und Plastik", mit der sich Epochen wie die Renaissance oder die Französische Revolution – die er als ein gigantisches Fresko bezeichnet – begreifen lassen (vgl. S. 251 ff.). In diesem Sinne ist für ihn die Geschichte auch eine „große Künstlerin" (S. 259). Wie eine ‚Familienaufstellung' mutet es an, wenn Zweig schreibt: „Auf dem Riesenbild der Reformation steht Erasmus im Hintergrund." (Zweig GWE, Triumph und Tragik des Erasmus von Rotterdam, S. 22)

Das große Repertoire der sogenannten ‚Alten Meister' aus Italien, Spanien, Frankreich, Holland, England und Deutschland wird von Zweig wiederholt als Referenzgröße für das europäische Kulturerbe aufgerufen. Sie sind – wie die Komponisten und Schriftsteller – herausragende Exponenten der Historie und werden in diesem Sinne in Zweigs ‚Typologie des Geistes' aufgenommen. Für die Künstler selbst, ihre ästhetische Positionierung, die technischen Voraussetzungen und für den jeweiligen Kunstbegriff interessiert sich Zweig dabei kaum. Zweifellos aber musste er sich mit kunsttheoretischem Vokabular vertraut machen, wie man an seinen Übersetzungen von Verhaerens Rubens- und Rembrandt-Biografien erkennen kann (vgl. Verhaeren 1912, 1913).

Gemessen an dem großen Interesse für das Visuelle und insbesondere für das Physiognomische sowie an der Emphase, die Zweig für bildende Künstler empfindet, ist es erstaunlich, dass es so wenig ekphrastische Passagen in seinem Werk gibt. Es lassen sich einige wenige Bildbeschreibungen finden, aber eine kritische Auseinandersetzung mit bestimmten Strömungen, Epochen oder Konzeptionen in der bildenden Kunst findet nicht statt, es gibt auch keine Ansätze zu einer Auseinandersetzung mit Theorien der Kunstgeschichte, anders gesagt: Auf den Kunst-Diskurs seiner Zeit lässt sich Zweig nicht ein (vgl. Renoldner/Czifra 2011). Einen analogen Aufsatz zu Zweigs 1931 veröffentlichtem Text *Das Buch als Eingang zur Welt* (Zweig GWE, Begegnungen mit Büchern, S. 7–17) unter einem Titel ‚Das Bild als Eingang zur Welt' wird man vergeblich suchen.

2. Der künstlerische Schaffensprozess

Die bekannteste Begegnung Zweigs mit einem bildenden Künstler ist wohl jene Szene im Atelier von Auguste Rodin vom Januar/Februar 1905, die in *Die Welt von Gestern* (1942) geschildert wird (vgl. Zweig GWE, Die Welt von Gestern, S. 173–176). Der Bildhauer vergaß die Anwesenheit seines Besuchers und arbeitete „so vertieft, so versunken" an der „absoluten Vollendung" eines Frauenporträts, wobei ihn zwischendurch „eine Art Wildheit oder Trunkenheit" überkommen hatte (S. 175). Zweig hatte die betreffende Episode wie eine Miniatur-Sternstunde bereits ein Jahr zuvor als selbständigen Text niedergeschrieben und ihn (in englischer Übersetzung) im August 1940 in New York veröffentlicht (Zweig 1940). Er habe seitdem nicht vergessen, wie konzentriert man arbeiten müsse, um ein Werk von dauerhaftem Wert zu schaffen. Der Künstler ist also nicht nur ein unermüdlicher „Arbeiter" an der Kunst, sondern er müsse zugleich, so Zweig, alles vergessen, „die Stunde, den Ort, die ganze Welt" (Zweig 1947, S. 50). Nur wer dieses „Geheimnis der Kunst" begriffen habe, könne eine „Vollendung des Werkes" erreichen. Bereits in dem Gedicht *Der Bildner* (Zweig GWE, Silberne Saiten, S. 191 ff.) hatte Zweig seinen Besuch im Atelier Rodins zum Anlass genommen, über „Sendung", „Vollendung" und „Unsterblichkeit" der Rodin'schen Skulpturen und seines gesamten bildhauerischen Werks zu meditieren (S. 193 f.). Auch in seiner Rede *Abschied von Rilke* aus dem Jahr 1927 kommt Zweig auf das Atelier Rodins in Meudon bei Paris zu sprechen. Hier überträgt er sein eigenes Erlebnis (die „Lektion") auf Rilke: Es habe, so Zweig, Rilke gereizt, „wie er zu sein und seinerseits im lyrischen Material ebenso streng und abschließend wie jener im Plastischen irdische Bildnisse zu formen" (Zweig GWE, Abschied von Rilke, S. 251).

Wenn Zweig über den schöpferischen Akt, auf der Suche nach dem innersten Geheimnis des künstlerischen Schaffensprozesses, spricht (vgl. Zweig GWE, Das Geheimnis des künstlerischen Schaffens), so bezieht er sich meist auf Komponisten und Dichter (→ IV.6 DER KÜNSTLERISCHE PROZESS). Wie *name-dropping* mutet es an, dass auch ein paar Namen bildender Künstler genannt werden. So wie Zweig Handschriften von Dichtern und Komponisten für seine Arbeit verwertet und interpretiert, um dem künstlerischen Prozess und damit der charakterlichen Disposition des Betreffenden nahe zu kommen, so bewertet er auch Bildnisse (Porträts, Gemälde, Zeichnungen, Skulpturen, Fotografien) jener Persönlichkeiten nicht als Kunstausdruck der jeweiligen Epoche, sondern er benützt sie als historische Dokumente, die er für seine essayistischen Porträts und seine biografischen Studien heranzieht. Die Methode ist konsequent und wird nicht nur bei Marie Antoinette, Erasmus von Rotterdam, Maria Stuart, Magellan, Casanova, Balzac, Kleist, Stendhal oder Nietzsche angewandt, sondern auch auf Zeitgenossen wie Rilke, Verhaeren oder Rolland (vgl. Zweig GWE, Romain Rolland, S. 78 ff.). In der Büste Verhaerens, die der belgische Bildhauer Charles van der Stappen schuf – Zweig ist bei der letzten ‚Sitzung' im Atelier als Zeuge zugegen –, meint der Besucher den vollkommenen Ausdruck von Verhaerens „Wesen" zu erkennen. Die Büste „hat das Gebeugte des Hauptes, das doch nicht Müdigkeit war, sondern ein tiefes Lauschen, eine Gebeugtheit nicht durch Leben, sondern vor dem Leben" (Zweig GWE, Emile Verhaeren, S. 264; vgl. auch Zweig GWE, Die Welt von Gestern, S. 146 ff.). Aus diesem ersten Zusammentreffen mit Verhaeren – und, wie Zweig schreibt, vermittelt durch seine Anwesenheit bei der Vollendung der Büste – entstand Zweigs Mission für den belgischen Dichter (→ III.12.2 EMILE VERHAEREN), denn „von dem Werke hatte ich nun zum Dichter gefunden" (Zweig GWE, Emile Verhaeren, S. 265).

Fehlen dem Autor die entsprechenden Bildvorlagen, stellt sich eine Namensliste als Wunschliste ein, wie im Essay über Casanova (vgl. Zweig GWE, Drei Dichter ihres Lebens, S. 27–127). Man wüsste gerne, so Zweig, wie die Frauen des legendären Liebhabers ausgesehen habe, und folgert daraus: „[Z]arte, süße, halbwüchsige Mädchengesichter, möchte man gezeichnet wissen von seinen malerischen Landsleuten Guido Reni und Raffael, einige auch von Rubens gemalt oder von Boucher", auch Hogarth, Goya, Breughel sollten entsprechend den unterschiedlichen sozialen Schichten Frauenporträts beisteuern, ja selbst die „verseuchte[n] Dirnengesichter im Stil des Toulouse-Lautrec" dürften nicht fehlen (S. 79).

Auf eine gänzlich andere Weise finden sich Spuren der bildenden Kunst in einem fiktionalen Text Stefan Zweigs. In seiner frühen Erzählung *Das Kreuz* (1906) aus dem französisch-spanischen Erbfolgekrieg nimmt Zweig vermutlich direkten Bezug auf Goyas „Desastres de la Guerra", jedoch ohne den Namen des spanischen Malers zu nennen (→ III.4.6 DAS KREUZ). Manuel Maldonado-Alemán hat versucht, die Schilderungen Zweigs mit einzelnen Radierungen aus Goyas Zyklus in Verbindung zu bringen (vgl. Maldonado-Alemán 2007). In der Erzählung *Die Wunder des Lebens* (1904) sind zwei Maler Protagonisten der Handlung. Während dem einen, dem jungen unbekannten, eine außergewöhnliche Darstellung der Mutter Gottes gelingt, stürzt der ältere, renommierte Kollege, der ein zweites Gemälde in Ergänzung des ersten anfertigen soll, in eine tiefe künstlerische Krise (→ III.3.1 DIE LIEBE DER ERIKA EWALD).

In seinem lyrischen Zyklus *Die Herren des Lebens* (Zweig GWE, Silberne Saiten, S. 181–223) finden sich zwei Texte, die auf bildende Künstler Bezug nehmen. *Der Bildner* (S. 191f.), mit dem Jahr 1913 datiert, beschreibt einen Rundgang des alten Bildhauers Rodin durch den Park seiner zahlreichen Statuen und Skulpturen, also durch sein gesamtes Lebenswerk, das Zweig als „[g]efrorne Kristalle Unendlichkeit [sic]" (S. 191), und mit dem Begriff „Vollendung" (S. 194) würdigt. Auf einen nicht genannten deutschen bildenden Künstler bezieht sich das zweite Gedicht mit dem Titel *Der Maler. Brief eines deutschen Malers aus Italien* (S. 203). Es ist der Bericht einer tiefen künstlerischen Krise: Der deutsche Maler, der im italienischen Süden nicht nur Licht und Wärme erlebt, sondern auf seinen künstlerischen Aufbruch hofft, scheitert. Trotz „tausend in mir aufgesparten Bildern" (S. 203) stellt sich der künstlerische Augenblick nicht ein, das weiße Blatt bleibt leer. Symbolisch werden der Alpenübergang auf „vereisten Paßhöhen" (S. 204) beschrieben und die Begeisterung geschildert, Himmel, Wolken, Meer, Luft neu zu entdecken. Aber der Reichtum des neuen Lebensgefühls in der italienischen Atmosphäre, „besonnt, beglückt, der lauen Winde Spiel" (S. 205), wird durch die Überfülle neuen Erlebens und Sehens der Farben schließlich als Fremdes erlebt. Erst wenn die überwältigenden Eindrücke „[n]icht jener Welt, sondern mir entstrahlen", behauptet der Maler, d.h. in eigene künstlerische Kraft verwandelt sein werden, „[d]ann erst – dann will ich endlich wieder malen" (S. 207). Trotz der medialen Unterschiede (Malerei vs. Schrift) ist eine gewisse Verwandtschaft mit Hofmannsthals ‚Chandos-Brief' (1902) denkbar.

Das Erlebnis von Matthias Grünewalds Isenheimer Altar in Colmar beschreibt Zweig in seinem Aufsatz *Unvergeßliches Erlebnis. Ein Tag bei Albert Schweitzer* (Zweig GWE, Unvergeßliches Erlebnis). Allerdings führt die Besichtigung der „leuchtenden dämonischen Tafeln" des Altars, „eines der bildnerischen Wunder unserer irdischen Welt" (S. 146), lediglich zur versuchsweisen Beschreibung der gegensätzlichen Facetten dieses Kunstwerks: einerseits „zu Stein gefrorene Musik, zu Kristall gewordene, himmelaufdeutende Frömmigkeit", eine „strenge Linie architektonisch gebunden", das entspricht für Zweig „Ruhe im Glauben"; andererseits erlebe man „in diesen flammenden Farben die übermächtige Inbrunst der Ekstase", was einem „rasende[n] Gottesrausch" entspreche (S. 145). Abschließend gesteht Zweig, dass das rätselhafte Geheimnis dieses Altars unergründlich wie ein Wunder sei.

3. Zweifel an der Verlässlichkeit des Bildes

Zweig ‚liest' und verwendet das Bild also nicht als Ausdruck des Künstlers, der es geschaffen hat, sondern er abstrahiert es aus dem kunstgeschichtlichen Konnex. Gibt es mehrere Bildnisse, so greift Zweig auch in die Auseinandersetzung ein, wie etwa mit seiner satirischen Kritik, mit der er das „Pathetische Heroenbild" gewisser Nietzsche-Büsten und -Bilder lächerlich macht (Zweig GWE, Der Kampf mit dem Dämon, S. 242). Auch in Zweigs fragmentarischer Balzac-Biografie (erstmals 1946) warnt der Autor vor der Gefahr der Missdeutung eines Charakters aus dem Blickwinkel der Physiognomie: „Vergeblich und verlogen darum jeder Versuch, Balzacs Genialität aus seinem Antlitz zu deuten." (Zweig GWE, Balzac, S. 147) Erstaunlich ist dabei, dass Zweigs Verdikt auch für Rodins berühmte Balzac-Statue gilt, weil Rodin ihm den „ekstatischen Schreckblick eines aus tragischen Halluzinationen Erwachenden" gegeben hat (S. 147). Hingegen heißt es in *Drei Meister* (1920) noch, Rodin habe der Statue ein „Aufgeschrecktsein aus tausend Himmeln" und ein „Rückstürzen in eine vergessene Wirklichkeit" und einen „entsetzlich grandiosen, fast schreienden Blick" gegeben (Zweig GWE, Drei Meister, S. 32).

In den entsprechenden Kapiteln über die bildlichen Darstellungen von Marie Antoinette und Erasmus von Rotterdam trifft Zweig jeweils eine Auswahl und diskutiert (gewissermaßen mit dem Leser) Vorzüge und Nachteile der einzelnen Porträts. In *Triumph und Tragik des Erasmus von Rotterdam* – Zweig stellt im vierten Kapitel die verschiedenen Erasmus-Bilder von Dürer, Holbein und Matsys vor (vgl. Zweig GWE, Triumph und Tragik des Erasmus von Rotterdam, S. 50) – versucht er auch eine Entschlüsselung der Ikonografie der Zeit und der Emblematik. Aber die Bilder werden zuerst auf ihre Verwertbarkeit im Rahmen der biografischen Forschung untersucht, dabei zugleich mit einer Aussage zum ‚schöpferischen Augenblick' befragt. Hans Holbeins Porträt des Erasmus aus dem Jahr 1523 scheint Zweig demzufolge das ideale Bildnis, weil es Erasmus „im heiligsten Augenblick, in der schöpferischen Sekunde der Arbeit" darstellt (S. 52; zu Zweigs Auseinandersetzung mit Holbeins Erasmus-Porträts vgl. auch Fliedl 2017, S. 179ff.).

Auf einen besonderen Irrweg durch fälschliche Deutung eines Bildes weist Zweig in seinem Aufsatz *Legende und Wahrheit der Beatrice Cenci* aus dem Jahr 1926 hin. In diesem Text, den man wie eine ‚Sternstunde' lesen könnte, berichtet Zweig über ein rätselhaftes Ölgemälde in der Galleria Barberini in Rom. Das vielfach reproduzierte Porträt, gewissermaßen die weltberühmte Beatrice-Cenci-Ikone, wird dem Maler Guido Reni zugeschrieben. Auch Stendhal habe es gesehen, aber – wie Zweig anmerkt – völlig falsch gedeutet: Es handle sich keineswegs um ein Bild der weinenden Vatermörderin auf dem Weg zur Hinrichtung, sondern um ein 16-jähriges Mädchen, „vollkommen ohne Angst und Staunen, ein Unschuldsgesicht, nur Neugier und sanfte Lieblichkeit" (Zweig GWE, Legende und Wahrheit der Beatrice Cenci, S. 303). Tatsächlich stamme das Bild jedoch weder von Guido Reni noch zeige es Beatrice Cenci. Und nun berichte Zweig ihre wahre Geschichte, die sich gegen die Legende jedoch niemals durchsetzen werde.

Stefan Zweig

Kubin, Alfred/Zweig, Stefan (2016): Briefwechsel 1909–1937. Hg. v. Franz Hamminger u. Klemens Renoldner. Mit einem Essay v. Helga Thieme. Brunnenthal: Edition Landstrich.
Zweig, Stefan (1940): A great lesson from a great man. In: The Catholic World (New York) 8/1940, S. 599–601. (Auch in: Readers Digest New York 8/1940, S. 26–28.)
Zweig, Stefan (1947): Die Lektion, die mir Rodin erteilt hat. In: Weltecho 2/5/1947, S. 48–50.
Zweig, Stefan (1982²): Drei Meister. Balzac, Dickens, Dostojewski. GWE. Hg. v. Knut Beck. Frankfurt a.M.: S. Fischer.
Zweig, Stefan (1983): Begegnungen mit Büchern. Aufsätze und Einleitungen aus den Jahren 1902–1939. GWE. Hg. v. Knut Beck. Frankfurt a.M.: S. Fischer.
Zweig, Stefan (1984): Abschied von Rilke. In: Ders.: Das Geheimnis des künstlerischen Schaffens. GWE. Hg. v. Knut Beck. Frankfurt a.M.: S. Fischer, S. 242–267.
Zweig, Stefan (1984): Emile Verhaeren. GWE. Hg. v. Knut Beck. Frankfurt a.M.: S. Fischer.
Zweig, Stefan (1984): Notizen aus New York. In: Ders.: Tagebücher. GWE. Hg. v. Knut Beck. Frankfurt a.M.: S. Fischer, S. 361–380.
Zweig, Stefan (1990): Balzac. Hg. v. Richard Friedenthal. Durchgesehen u. mit einer Nachbemerkung versehen v. Knut Beck. GWE. Frankfurt a.M.: S. Fischer.

Zweig, Stefan (1990): Legende und Wahrheit der Beatrice Cenci. In: Ders.: Zeiten und Schicksale. Aufsätze und Vorträge aus den Jahren 1902–1942. GWE. Hg. v. Knut Beck. Frankfurt a.M.: S. Fischer, S. 302–312.
Zweig, Stefan (1990): Unvergeßliches Erlebnis. Ein Tag bei Albert Schweitzer. In: Ders.: Zeiten und Schicksale. Aufsätze und Vorträge aus den Jahren 1902–1942. GWE. Hg. v. Knut Beck. Frankfurt a.M.: S. Fischer, S. 145–156.
Zweig, Stefan (2000²): Drei Dichter ihres Lebens. Casanova, Stendhal, Tolstoi. GWE. Hg. v. Knut Beck. Frankfurt a.M.: S. Fischer.
Zweig, Stefan (2004): Reise nach Rußland. In: Ders.: Auf Reisen. Feuilletons und Berichte. GWE. Hg. v. Knut Beck. Frankfurt a.M.: S. Fischer, S. 277–319.
Zweig, Stefan (2004³): Der Kampf mit dem Dämon. Hölderlin, Kleist, Nietzsche. GWE. Hg. v. Knut Beck. Frankfurt a.M.: S. Fischer.
Zweig, Stefan (2006): Die Geschichte als Dichterin. In: Ders.: Die schlaflose Welt. Aufsätze und Vorträge aus den Jahren 1909–1941. GWE. Hg. v. Knut Beck. Frankfurt a.M.: S. Fischer, S. 249–270.
Zweig, Stefan (2006³): Triumph und Tragik des Erasmus von Rotterdam. GWE. Frankfurt a.M.: S. Fischer.
Zweig, Stefan (2006²): Romain Rolland. GWE. Hg. v. Knut Beck. Frankfurt a.M.: S. Fischer.
Zweig, Stefan (2007²): Das Geheimnis des künstlerischen Schaffens. In: Ders.: Das Geheimnis des künstlerischen Schaffens. Essays. GWE. Hg. v. Knut Beck. Frankfurt a.M.: S. Fischer, S. 348–372.
Zweig, Stefan (2007³): Marie Antoinette. Bildnis eines mittleren Charakters. GWE. Frankfurt a.M.: S. Fischer.
Zweig, Stefan (2007⁵): Die Welt von Gestern. Erinnerungen eines Europäers. GWE. Frankfurt a.M.: S. Fischer.
Zweig, Stefan (2008⁶): Silberne Saiten. Gedichte. GWE. Hg. v. Knut Beck. Frankfurt a.M.: S. Fischer.

Weitere Literatur

Dines, Alberto (2006): Tod im Paradies. Die Tragödie des Stefan Zweig. Frankfurt a.M. u.a.: Edition Büchergilde.
Fitzbauer, Erich (1960): Alfred Kubin und Stefan Zweig. In: Blätter der Stefan Zweig Gesellschaft o. Jg./8, 10/1960, S. 26–27.
Fliedl, Konstanze (2017): Sichtbare Sammlung. Stefan Zweigs Bildlektüren. In: Wörgötter, Martina (Hg.): Stefan Zweig. Positionen der Moderne. Würzburg: Königshausen & Neumann, S. 177–191.
Kerschbaumer, Gert (2003): Stefan Zweig. Der fliegende Salzburger. Salzburg u.a.: Residenz.
Maldonado-Alemán, Manuel (2007): Über das Ende der Humanität: Stefan Zweig und Goya. In: Danler, Paul u.a. (Hg.): Österreich, Spanien und die europäische Einheit. Innsbruck: Innsbruck Univ. Press, S. 131–152.
Matuschek, Oliver (Hg.) (2005): „Ich kenne den Zauber der Schrift". Katalog und Geschichte der Autographensammlung Stefan Zweig. Mit kommentiertem Abdruck v. Stefan Zweigs Aufsätzen über das Sammeln von Handschriften. Wien: Inlibris.
Renoldner, Klemens/Czifra, Nikolaus (2011): Stefan Zweig. In: Fliedl, Konstanze/Rauchenbacher, Marina/Wolf, Joanna (Hg.): Handbuch der Kunstzitate. Malerei, Skulptur, Fotografie in der deutschsprachigen Literatur der Moderne. Bd. 2: L–Z. Berlin, New York: de Gruyter, S. 849–852.
Prater, Donald/Michels, Volker (Hg.) (1981): Stefan Zweig. Leben und Werk im Bild. Frankfurt a.M.: Insel.
Verhaeren, Emile (1912): Rembrandt. Übertragung von Stefan Zweig. Leipzig: Insel.
Verhaeren, Emile (1913): Rubens. Übertragung von Stefan Zweig. Leipzig: Insel.

11. Theater

Arturo Larcati

1. Prämissen	694
2. Die Schriften zum Theater – Beispiele	696
3. Tragik im Besiegten	698
4. Rezeption heute – Gründe für ihre Schwierigkeiten	699

1. Prämissen

Während Stefan Zweig zu Lebzeiten mit seinen zehn Stücken als Theaterautor durchaus wahrgenommen wurde, wird er heute nicht als Dramatiker rezipiert. Auch wenn einige der Uraufführungen an großen deutschsprachigen Bühnen stattfanden, kann seine Bedeutung nicht mit jener großer Bühnenschriftsteller der Zeit gleichgesetzt werden. Natürlich wurden einige seiner Stücke von anderen Theatern nachgespielt, insbesondere die Komödie *Volpone* (1925) erfuhr eine Vielzahl von Inszenierungen. Manche Dramen Zweigs wurden auch in andere Sprachen übersetzt und hatten außerhalb des deutschsprachigen Theaters Erfolg.

Mit den 1920 gegründeten Salzburger Festspielen hatte Zweig, der ab 1919 in Salzburg wohnte, kein Glück – alle Versuche, eines seiner Stücke im Programm zu platzieren, scheiterten. Zweifellos war es eine Auszeichnung für ihn, dass Richard Strauss ihn nach dem Tod Hugo von Hofmannsthals dazu einlud, ein Libretto für seine nächste Oper zu schreiben. Es blieb jedoch bei einer einmaligen Kooperation.

Wie intensiv Zweigs Verbindung mit dem zeitgenössischen Theater war, belegen nicht nur seine zahlreichen Besuche von Vorstellungen, über die er in Tagebuchnotizen berichtet (vgl. Zweig GWE, Tb), sondern auch die vielen Kontakte zu Persönlichkeiten der deutschsprachigen Theaterszene, darunter Schauspieler wie Josef Kainz, Alexander Moissi, Emil Jannings, Regisseure wie Max Reinhardt, Theaterdirektoren und Dramaturgen wie Erhard Buschbeck oder Berthold Viertel. Zu den mit ihm bekannten Autoren zählen natürlich österreichische Dramatiker wie Arthur Schnitzler, Hugo von Hofmannsthal und Hermann Bahr, aber auch zahlreiche deutsche Kollegen, etwa Gerhart Hauptmann, Ernst Toller, Walter Hasenclever und Frank Wedekind, um nur einige zu nennen. Zweigs Mentorentätigkeit, die auch jungen dramatischen Talenten zugutekam, verhalf z. B. Ernst Fischer zu einer Uraufführung am Wiener Burgtheater. Natürlich stand Zweig auch über nationale Grenzen hinweg mit Autoren in Verbindung, die für das Theater arbeiteten, unter ihnen Maxim Gorki, James Joyce und Luigi Pirandello. James Joyce ersuchte ihn darum, sein Drama *Exiles* an deutsche Bühnen zu vermitteln. Luigi Pirandello bat Zweig im Jahr der Nobelpreisverleihung (1934), sein Stück *Non si sa come* für eine Aufführung am Wiener Volkstheater zu übersetzen. Zu Zweigs Bekanntenkreis zählten außerdem George Bernard Shaw in London, der Regisseur Alexander J. Tairow in Moskau u. v. a.

In Zweigs erster Schaffensphase bis 1919 entstehen acht Stücke, im selben Zeitraum übersetzt er zudem Dramen von Émile Verhaeren (*Kloster*, *Helenas Heimkehr* und *Philipp II.*) und Romain Rolland (*Die Zeit wird kommen*; *Liluli* gemeinsam mit Friderike Zweig) und propagiert erfolgreich deren Inszenierungen auf deutschen Bühnen. In seinen Briefen an Émile Verhaeren drückt Zweig seine Bewunderung für den Protagonisten der europäischen Theaterszene aus. Er schätze Verhaerens Stücke höher ein als jene von D'Annunzio, der um die Jahrhundertwende mit seinen Dramen und dank der Zusammenarbeit mit Eleonora Duse in ganz Europa Furore machte (vgl. Verhaeren/Zweig 1996, S. 418). In seiner Verhaeren-Biografie (1910) hebt Zweig die lyrische Akzentuierung von dessen Dramen hervor: „Was ihn anstachelt, ist das Lyrische im Enthusiasmus, jene Sekunde höchster Anspannung, wo die Leidenschaft explosive Worte braucht, um die Brust nicht zu zersprengen. Die Menschen seiner Dramen sind immer nur Symbole großer Leidenschaften" (Zweig GWE, Emile Verhaeren, S. 160). Zweigs eigenes Konzept von einem Theater, das ebenso ‚große Leidenschaften' zum Ausdruck bringen soll, deckt sich weitgehend mit seiner Interpretation von Verhaeren. Man denke etwa an die Tragödie *Tersites* (1907), an die pathetische Verteidigung der Leidensfähigkeit als Stigma höherer Sensibilität und echter Menschlichkeit, oder an die ebenso pathetische Verherrlichung der Wirkungsmacht des Theaters in *Der verwandelte Komödiant* (1912).

Bemerkenswert ist, dass Zweig in seiner Biografie über Romain Rolland (1921) so ausführlich auf dessen dramatisches Werk und die theoretischen Überlegungen zum Theater eingeht. In Rollands Konzept des Theaters übernehme die Politik dieselbe Rolle, die im antiken Drama das Schicksal gehabt habe – jene der letztlich alles bestimmenden Macht. Mit dieser Akzentuierung habe der Franzose, wie Zweig in Bezug auf den Ersten Weltkrieg feststellt, den Zeitgeist getroffen: „Der Aufstieg einer Revolution, das Zerprasseln ihrer geballten Kraft in einzelne Gestalten, die Peripetie von Leidenschaft zur Brutalität und ins selbstmörderische Chaos, [...] ist das nicht a priori in seinen Stücken gestaltet, und die Beklemmungen Aërts, die Konflikte der Girondisten, [...] haben wir sie seitdem nicht alle mit dem letzten Nerv unseres Wesens erlebt?" (Zweig GWE, Romain Rolland, S. 146) Zweig sieht auf dieser Grundlage in Rollands Stücken „das Fundament eines zukünftigen, großgesinnten, zeitgenössischen und doch heroischen Theaters, jenes Theaters des freien europäischen Brudervolkes" (S. 147). Das gilt in erster Linie auch für sein eigenes, in dem allerdings „ein anderes Heldentum, ein neues Pathos des Gewissens" (S. 144) herrsche als bei Rolland. Dass Zweig wiederholt Stoffe aus der französischen Geschichte bearbeitet, entspringt seiner Bewunderung für Rollands Theaterverständnis. Das um 1913 entstandene Dramenfragment *Adam Lux* und die Tragikomödie *Das Lamm des Armen* (1929) müssen in diesem Zusammenhang gelesen werden (vgl. Dumont 1995).

So anregend die Übersetzungsarbeiten für Zweigs eigenes Schaffen auch waren, später distanziert er sich von dieser Tätigkeit, um sich verstärkt der eigenen literarischen Produktion zu widmen: „Ich habe seitdem", gesteht er in einem biografischen Rückblick von 1914, „trotz der erwähnten Formsicherheit, die mir Übertragungen fast zum Spiele machte, und trotz der verlockendsten Angebote niemals mehr etwas übersetzt, das nicht im Einklang mit meiner innersten Lebensauffassung stand" (Zweig, zit. n. Beck 1987, S. 559).

Zweigs intensives Engagement für das Theater hat zweifellos auch mit dem sozialen Prestige, dem „symbolischen Kapital" zu tun, zu dem ein Erfolg auf einer der großen Bühnen beiträgt (vgl. Apfelthaler 2007). Im literarischen Feld der österreichischen Literatur der Jahrhundertwende ist das Theater das Medium mit der größten Wirkung beim gebildeten Publikum. Kein Wunder also, dass Zweig als junger Schriftsteller keine Anstrengung unterlässt, um am Theater zu reüssieren. Das Wiener Bildungsbürgertum pflegte, wie Zweig in *Die Welt von Gestern* (1942) behauptet, eine regelrechte

„Theatromanie", die sich in einer geradezu kultischen Verehrung für Schauspieler und Dichter manifestierte (Zweig GWE, Die Welt von Gestern, S. 34). Darüber hinaus glaubt Zweig „seit seinem Debüt als Dramatiker" mit *Tersites* an die Utopie vom Theater als „Sittenschule des emanzipierten Bürgers" (Peter 2013, S. 54). Damit kultiviert er zugleich den Traum „von der Emanzipation österreichischer Juden über [das] Theater" (S. 54). In dieser Konzeption, die er in *Die Welt von Gestern* andeutet, kombiniere Zweig Castigliones Diskurs aus dem *Libro del Cortigiano* mit Schillers Begriff der ästhetischen Erziehung (vgl. S. 54) und „Hegels Postulat von Theater als höchster Kunst" (S. 54), um durch die Gestalten seiner Dramen neue „Menschenbilder zu diskutieren" (S. 59).

2. Die Schriften zum Theater – Beispiele

Nach 1910 verfassen zahlreiche Autoren Entwürfe für Festspiele – Hugo von Hofmannsthals Salzburger Festspielkonzepte sind keine singuläre Erscheinung. Bemerkenswert ist, dass Zweig bereits ein Jahr nach deren Gründung seinerseits Festspielpläne entwirft. Als Reaktion auf die Katastrophe des Ersten Weltkriegs und auf den Zusammenbruch der Habsburger Monarchie imaginiert Zweig einen geschützten Raum, in dem, fern vom Lärm der Politik, universelle künstlerische Vorstellungen ungestört kultiviert werden können. Sein Ideal bezeichnet er in einem Aufsatz aus dem Jahre 1921 als *Das zukünftige Theater des Geistes*. Dieses muss für ihn, selbstverständlich, „kein tägliches sein. Im Gegenteil: ein Festtägliches soll es werden, die seltene Stunde über den Stunden, der Tempel über unserem Tag." (Zweig 2013a, S. 135f.) Der so konzipierte Theaterbetrieb der Zukunft soll zwei zentrale Forderungen erfüllen: zum einem „dem Menschen" entgegenkommen, „der in den Stunden des Theaters eine Steigerung seiner Selbst sucht, einer Erhöhung und Vertiefung seines Gefühls, eine Erleuchtung seines Glaubens, die Offenbarung, die Gnade." (S. 135) Auf der anderen Seite – und das ist die zweite Aufgabe – soll auch der Mensch befriedigt werden, „der, ermüdet vom Tage, ins Theater geht, um dort die Erregtheit der Nerven, die harte Spannung des Geschäftlichen in einem bunten leichten Spiel abklingen zu lassen" (S. 135). Mit dieser Unterscheidung von ‚heiliger' (elitärer) und ‚profaner' (unterhaltender) Kunst nimmt Zweig das antibürgerliche Pathos zurück, das seiner frühen Verurteilung von Kunst als Beschäftigung für den Feierabend zugrunde liegt – eine Kritik, die sich in einem Brief an Ellen Key von Anfang November 1906 mit der Privilegierung des Theatertextes gegenüber dessen Aufführung verschränkt: „Gegen diese Überschätzung des Theaters, vor allem gegen die Selbstüberschätzung der Leute, die nie ein Buch lesen, aber sich als Kunstinteressenten dünken, weil sie jede Woche zweimal in die ‚litterarischen' Theater gehn – dagegen drängt es mich energisch aufzutreten." (Zweig, Br I, S. 130, Herv. i. O.)

Ähnlich wie Hofmannsthal spricht Zweig von der Stadt Salzburg als einer ruhigen Provinzstadt (im positiven Sinne) und als idealem Aufführungsort: „[H]ier müssen nicht [...] Kulissen aus Pappe und Leinwand künstlich zusammengeschoben werden, um Stimmung und theatralischen Schein zu erwecken, sondern hier ist [...] die tagtägliche Gasse und der Hof, die Kirche und die Landschaft selbst schon unübertreffliche Kulisse und mitschaffende Stimmung." (Zweig GWE, Salzburg, S. 355) Norbert Christian Wolf interpretiert Zweigs Salzburg-Hommage als Zeichen einer „nicht zu unterschätzende[n] Wirkmächtigkeit von Hofmannsthals Salzburg-Essayistik" (Wolf

2014, S. 92). Es sei darauf hingewiesen, dass Zweig die Salzburger Festspiele viele Jahre gemieden, sich in zahlreichen Briefen abfällig über sie geäußert hat, sie jedoch in seinen Erinnerungen in *Die Welt von Gestern* verklärt: Salzburg sei „im Sommer zur künstlerischen Hauptstadt nicht nur Europas, sondern der ganzen Welt geworden." (Zweig GWE, Die Welt von Gestern, S. 392f.)

Donald G. Daviau weist in diesem Zusammenhang darauf hin, dass sich Zweig auch in seinem dramatischen Werk an Hugo von Hofmannsthal orientiert habe (vgl. Daviau 1983, S. 201). Im Gegensatz dazu übt Zweig scharfe Kritik an Hofmannsthals Libretti, indem er deren komplizierte Symbolik und die allzu komplexen Handlungsverläufe beanstandet. Zweig selbst plädiert für ein alternatives Opernmodell im Zeichen von Einfachheit, Verständlichkeit und besserer Spielbarkeit (vgl. Larcati 2014a, S. 67f.). Zweigs Plädoyer für ein „Kunstwerk", das „europäisch und wahrhaft universal wirken muß" (Strauss/Zweig 1957, S. 11), spiegelt seine allgemeine Auffassung von Literatur wider, die aus seiner Sicht erst dann vollkommen gelungen ist, wenn sie einen transnationalen Wirkungsradius hat.

1926 veröffentlicht Zweig einen Aufsatz über Ben Jonson. Darin erläutert er, welche Prinzipien seiner Bearbeitung von Ben Jonsons Komödie *Volpone* (1606) zugrunde liegen. Zweig möchte der Menschheit, so wie sein englisches Vorbild, „[e]inen Spiegel, einen Zerrspiegel ihrer Lächerlichkeiten [...] hinhalten." (Zweig 2013b, S. 141) Von den „Prä-Shakespeareianer[n]", wie Zweig sie nennt, will er außerdem die „Wucht und Leidenschaft" der Sprache übernehmen (S. 140). Auf der anderen Seite nimmt er sich vor, „das allzu pedantisch und pädagogisch Gefügte" (S. 142) von Jonsons Komödien zurückzunehmen und dessen strenge Haltung als Richter und Weltverbesserer zu korrigieren. Stattdessen möchte Zweig, im Sinne Shakespeares, ein Gefühl der Leichtigkeit und Unbeschwertheit erzeugen. In seinen Jonson-Adaptionen strebt Zweig in Anlehnung an Shakespeare sowohl eine Art moralischer Erhöhung als auch eine unterhaltende Spielweise an. Zweig lehnt Jonsons bitteren Zynismus ab und ersetzt die moralische Verurteilung durch das Vertrauen auf das Gute im Menschen. Dementsprechend führt Zweig zwei wesentliche Neuerungen gegenüber dem Original ein, welche seine Kunst- und Weltanschauung reflektieren: „While he retains the essentials of Jonson's plot [...] Zweig's benevolence and, a particularly Austrian streak, his sentimental ironic tolerance of man's foibles induce him to bring in the two features which are conspicuously absent from Jonson's comedy: a hero [Mosca] and a happy ending." (Forsyth 1981, S. 622)

In seinen programmatischen Überlegungen *Etwas über Macht und Moral* (1930), die als Einleitung zur Tragikomödie *Das Lamm des Armen* gedacht waren, theoretisiert Zweig zum ersten Mal jene zum Teil von Rolland inspirierte Parteinahme für den Besiegten (vgl. Zweig GWE, Die Welt von Gestern, S. 198), jenes Fürsprechen für den „unterliegenden Helden", das seine dramatische Arbeit als Ganzes bestimmt (vgl. Courts 1962). Mit seinen Dramen möchte Zweig nämlich die „Neigung" der Geschichte korrigieren, „nachträglich dem Recht zu geben, der im wirklichen Leben äußerlich Recht behalten hat", das heißt, die Tendenz umkehren, nach der die Geschichte „nachträglich die Großen, die Sieger [vergrößert] und [...] die Besiegten [verkleinert oder verschweigt]" (Zweig 2013c, S. 152) (→ V.1 Geschichtsbilder und Geschichtsauffassung). Dementsprechend verfolgen seine Versuche auf dem Gebiet des Theaters das Ziel, in erster Linie „die Helden des Alltags, die heroischen Naturen des zweiten, des dritten Ranges" (S. 152) zu rehabilitieren – wie z.B. den

Leutnant Fourès im *Lamm des Armen*, der in seinem Kampf gegen den machtbesessenen und übermächtigen Napoleon unterliegt. Zweig beabsichtigt, die Vertreter der Macht „vor unser privates Tribunal zu rufen", d. h. über sie „Gerichtstag [zu] halten", und umgekehrt den Anwälten der Moral Gerechtigkeit widerfahren zu lassen – in seinen Worten: „auch dem Vergessenen, dem Zertretenen das Recht der Zeugenschaft zu gewähren." (S. 154)

3. Tragik im Besiegten

Im Zentrum von Zweigs Dramenpoetik steht die Rehabilitierung der Besiegten. Zugleich werden die vermeintlichen Helden, die Sieger der Geschichte, die falschen Propheten in Frage gestellt und entmythisiert. Von der Voraussetzung ausgehend, dass es „Tragik immer nur im Besiegten" gebe (Zweig GWE, Die Welt von Gestern, S. 198), lässt Zweig den dramatischen Konflikt aus der Gegenüberstellung von authentischen und vermeintlichen Helden entstehen: So steht etwa der hässliche und bucklige Tersites im gleichnamigen Stück dem schönen und starken Achill gegenüber. Der friedliebende Prophet Jeremias muss sich mit dem König der Hebräer, der einen Krieg gegen die Chaldäer anstrebt, auseinandersetzen. Der Idealist Adam Lux prallt mit seinem Idealismus gegen den Zynismus der französischen Revolutionäre. Der gerechtigkeitsliebende Leutnant Fourès wagt es, Napoleon, der sein Vertrauen missbraucht hat, herauszufordern (→ V.3 Das Motiv des Besiegten).

Mit dieser Gegenüberstellung verfolgt Zweig das Ziel, in seinen Dramen die „seelische[ ] Superiorität des Besiegten" (S. 288) darzustellen. In der Niederlage zeige der Besiegte seine Leidensfähigkeit, seine Menschlichkeit, seine moralische Stärke, seinen unerschütterlichen Glauben an das Recht. Zweig behauptet damit auch seine Utopie von einer besseren Gesellschaft und vertritt Ideale, die einem humanistisch gesinnten Autor am Herzen liegen (→ V.6 Humanität und Humanismus). Der Held erscheint daher als „Sieger in der Niederlage" (Daviau 1959). Zweig selbst schreibt über diese ‚Dialektik der Niederlage' im Rückblick: „Immer lockte es mich, die innere Verhärtung zu zeigen, die jede Form der Macht in einem Menschen bewirkt, die seelische Erstarrung, die bei ganzen Völkern jeder Sieg bedingt, und ihr die aufwühlende, die Seele schmerzhaft und furchtbar durchpflügende Macht der Niederlage entgegenzustellen." (Zweig GWE, Die Welt von Gestern, S. 288)

Obwohl oder gerade weil Zweigs ‚Poetik der Besiegten' von einer pessimistischen Interpretation der Geschichte ausgeht, stilisiert er seine tragischen Helden zu Trägern utopischer Hoffnungen. So kultivieren etwa die Protagonisten in *Das Haus am Meer* (1912) oder der Schriftsteller Tolstoi in *Die Flucht zu Gott* (1927) den Traum von einem neuen Leben (vgl. Thieme 2013). In *Jeremias* (1917) kompensiert der Titelheld die Niederlage der Hebräer und die Zerstörung Jerusalems, indem er dem jüdischen Volk auf dem Weg nach Ägypten Trost spendet. Vom direkten Kontakt mit den Schaltstellen der Macht im Convent der revolutionären Regierung in Paris entmutigt, vom Zynismus der Revolutionsführer enttäuscht, rettet sich der Revolutionär Adam Lux in den Traum der Vereinigten Staaten von Europa.

Im Libretto *Die schweigsame Frau* (1935) bringt Zweig die aufklärerische Utopie zum Ausdruck, dass das Theater zur Besserung und Läuterung der Menschen beitragen kann. Denn Morosus wird von seiner „Narrheit" – sprich: seiner Menschenfeindlichkeit – durch die Begegnung mit den Mitgliedern der Operntruppe „kuriert".

Durch die inszenierte Intrige führen sie ihm seinen kläglichen Zustand, seine ‚eingebildete Krankheit' vor Augen. Morosus zeigt schließlich Einsicht und beteiligt sich im Finale an der kollektiven Feier der heilenden Kraft von (Schauspiel-)Kunst und Musik. Durch diese Entwicklung der Handlung avanciert in *Die schweigsame Frau* – ähnlich wie in *Der verwandelte Komödiant* – das Theater selbst zum Thema (vgl. Grotjan 2014, S. 251f.).

Überhaupt sind mehrere von Zweigs Stücken – darunter *Der verwandelte Komödiant*, *Die Flucht zu Gott* und *Legende eines Lebens* (1919) – Künstlerdramen. In ihnen werden die Schwierigkeiten und die Frage nach der ethischen Legitimierung von künstlerischer Tätigkeit und der Status des Künstlers in der Gesellschaft zum Thema gemacht. Die beiden Protagonisten in dem Rokoko-Einakter *Der verwandelte Komödiant* und in *Legende eines Lebens* sind auf der Suche nach ihrer Identität als Künstler wie auch nach ihrem Platz im Kunstbetrieb: Als Mitglied einer wandernden Schauspielertruppe ist der eine regelmäßig auf die Gunst des jeweiligen Fürsten angewiesen, der ihm an seinem Hof Gastfreundschaft gewähren soll. Dabei muss er zusätzlich gegen Vorurteile über das deutsche Theater ankämpfen. Der andere ist ein junger, verunsicherter Dichter, der unter einem übermächtigen Vater, der von Familie und Gesellschaft zum Kultautor stilisiert wurde, zu leiden hat. Der von Zweifeln an seiner Arbeit geplagte Tolstoi zieht sich im Dramolett *Die Flucht zu Gott* nach einem langen inneren Kampf in die Einsamkeit des Provinzlebens zurück, um sich sozialen Zwängen zu entziehen und seinen Idealen von Freiheit, Unabhängigkeit und Kunstpflicht treu zu bleiben. In diesem Zusammenhang ist auch der junge Henry aus *Die schweigsame Frau* zu erwähnen, obwohl er im Grunde keine tragische Figur ist: Seine Entscheidung, als Künstler zu leben, veranlasst seinen konservativen Onkel Morosus zu der Absicht, den Neffen zu enterben.

Jeder der genannten Künstler erlebt die Fragwürdigkeit der künstlerischen Existenz im Spannungsverhältnis von materiellen Nöten und der Notwendigkeit einer ethischen Rechtfertigung. Das Gefühl der Fragilität und Prekarität wird bei manchen Künstlern noch dadurch verstärkt, dass sie ein Leben als einsame Existenzen führen oder durch das Problem des Alterns verunsichert werden.

4. Rezeption heute – Gründe für ihre Schwierigkeiten

Stefan Zweigs Dramen sind heute weitgehend von den deutschen Bühnen verschwunden. Ob dies auf die Inkohärenz seiner dramaturgischen Konzepte oder seinen Eklektizismus (vgl. Peter/Renoldner 2013, S. 8) zurückzuführen ist, ist schwer zu beurteilen. Vielleicht liegt es auch daran, dass Zweig zwar „kleine Prosaszenen, aber eben kein Drama" (Marx 2013, S. 66) verfasst habe, wie Peter W. Marx zu bedenken gibt, der in Hinblick auf das heutige Desinteresse auf die Schwächen von Zweigs Stücken eingeht. Auch Vera Apfelthaler kommt zu dem Schluss, dass sich Zweigs Stücke „oftmals als zu explizit erweisen, so als traue der Autor den Mitteln des Theaters selber nicht ganz, und würde doch lieber noch einmal genau sagen, was er zum Ausdruck bringen will" (Apfeltaler 2007, S. 193f.). Für Donald G. Daviau können Zweigs realistisch konzipierte Stücke (*Das Haus am Meer*; *Das Lamm des Armen*) eine größere Bühnenwirksamkeit reklamieren als diejenigen, in denen die Protagonisten verklärt und zu Trägern humanistischer Ideale stilisiert werden. Daviau nennt in diesem Zusammenhang „the ideal of personal freedom, a belief in the capacity of man to improve trough reason, the central role of culture in the betterment of mankind, the necessity for international peace, the power of ethics and morality over brute force, and triumph of the free spirit over tyranny" (Daviau 1983, S. 196). Mit Thomas Oberender ließe sich argumentieren, dass die Texte mit dem höchsten dramatischen Potenzial nicht die aufklärerisch inspirierten, von humanistischen Idealen getragenen Dramen sind, sondern jene, in denen das Dämonische bzw. Abgründige der menschlichen Natur zum Ausdruck kommt (vgl. Oberender 2013, S. 116f.). Allerdings gibt Oberender zu bedenken, dass Zweig „[s]tatt Tragik, wie bei Kleist", oft nur Sentimentalität erzeuge (Oberender 2013, S. 124). Fest steht auf jeden Fall, dass von Zweigs Dramen heute nur noch *Volpone* gelegentlich inszeniert wird. Auch die Oper *Die schweigsame Frau* gehört nicht zum festen Repertoire der großen Opernhäuser.

Ein wichtiger Aspekt der Betrachtung von Zweigs Theaterstücken ergibt sich aus ihrer Relation zu seinen Prosaschriften. Insbesondere Zweigs Novellen attestiert Oberender eine größere dramatische Spannung als dessen Theaterstücken. Bezeichnend ist, dass Oberender in seiner Zeit als Schauspieldirektor der Salzburger Festspiele im Sommer 2010 eine Bühnenfassung der Novelle *Angst* (1913) in das Programm aufnahm (→ VI.7.1 Rezeption in der Belletristik). Dass sich Zweigs Novellen und Romane in dramatisierten Versionen einer wesentlich größeren Beliebtheit erfreuen als seine Theaterstücke, belegen die zahlreichen Bearbeitungen und Aufführungen in verschiedenen Ländern Europas. In Frankreich wurde 2016 sogar *Die Welt von Gestern* für die Bühne adaptiert. Die Einrichtung von Novellen für die Bühne ist keineswegs eine Erfindung der letzten 20 Jahre. Bereits zu Zweigs Lebzeiten gab es ähnliche Versuche. So berichtet, um nur ein Beispiel zu nennen, die Kunsthistorikerin Erica Tietze-Conrat in ihren Tagebüchern von einer Inszenierung nach Stefan Zweigs Biografie über Marie Antoinette (1932), der sie am 1. Februar 1938 in Paris beigewohnt hatte (vgl. Tietze-Conrat 2015, S. 187).

Da das dramatische Werk Stefan Zweigs, auch wenn es heute weitgehend vergessen ist, im Zusammenhang mit dem gesamten Œuvre natürlich große Bedeutung hat, wäre eine weitere Beschäftigung mit dem Dramatiker Stefan Zweig wünschenswert. Dabei könnte man in erster Linie die immanente Poetik von Zweigs Stücken mit seinen theoretischen Schriften in Beziehung setzen. In diesem Zusammenhang sollten auch die Rezensionen und Zweigs Auseinandersetzung mit den Klassikern des Theaters (Shakespeare, Goethe, Schiller u.a.) diskutiert sowie die ergänzenden Anmerkungen aus Briefen und Tagebüchern verwendet werden. Besonders vielversprechend wäre auch ein Vergleich des Dramatikers Zweig mit anderen zeitgenössischen Theaterautoren. Der einfachste Zugang wäre, motivischen Parallelen (biblisches Drama, Antikentragödie, Künstlerdrama etc.) nachzugehen. In diesem Sinne könnte man auch Zweigs Auffassung der Tragödie untersuchen. Was die Komödie anbelangt, jene Gattung, in der Zweigs dramatisches Talent am besten zum Ausdruck kommt, könnte eine Studie über den Einfluss von Pietro Aretino und der *Commedia dell'arte* neue Erkenntnisse bringen.

Darüber hinaus gibt Zweigs ambivalentes Verhältnis zu den Salzburger Festspielen Anlass für eine umfassende Darstellung (vgl. Larcati 2014b; Kerschbaumer 2003). Dies betrifft nicht nur die Rivalität mit Hugo von Hofmannsthal und sein widersprüchliches Verhältnis zu Max Reinhardt, sondern auch seine Verehrung für die Dirigenten Bruno Walter und Arturo Toscanini (→ III.14.7 Über Musik), denen Zweig seinen enthusiastischen Zugang zur Musik verdankte.

Stefan Zweig

Strauss, Richard/Zweig, Stefan (1957): Briefwechsel. Hg. v. Willi Schuh. Frankfurt a.M.: S. Fischer.
Verhaeren, Émile/Verhaeren, Marthe/Zweig, Stefan (1996): Correspondance (1900–1926). Hg. v. Fabrice van de Kerckhove. Bruxelles: Edition Labor.
Zweig, Stefan (1976): Ben Jonson. In: Ders.: Monotonisierung der Welt. Aufsätze und Vorträge. Hg. v. Volker Michels. Frankfurt a.M.: Suhrkamp, S. 147–152.
Zweig, Stefan (1984): Emile Verhaeren. In: Ders.: Emile Verhaeren. GWE. Hg. v. Knut Beck. Frankfurt a.M.: S. Fischer, S. 23–350.
Zweig, Stefan (1984): Tagebücher. GWE. Hg. v. Knut Beck. Frankfurt a.M.: S. Fischer.
Zweig, Stefan (1995): Briefe. Bd. I: 1897–1914. Hg. v. Knut Beck, Jeffrey B. Berlin u. Natascha Weschenbach-Feggeler. Frankfurt a.M.: S. Fischer.
Zweig, Stefan (2004²): Salzburg. In: Ders.: Auf Reisen. Feuilletons und Berichte. GWE. Hg. v. Knut Beck. Frankfurt a.M.: S. Fischer, S. 347–356.
Zweig, Stefan (2006²): Romain Rolland. Der Mann und das Werk. In: Ders.: Romain Rolland. GWE. Hg. v. Knut Beck. Frankfurt a.M.: S. Fischer, S. 37–349.
Zweig, Stefan (2007⁵): Die Welt von Gestern. Erinnerungen eines Europäers. GWE. Frankfurt a.M.: S. Fischer.
Zweig, Stefan (2013a): Das zukünftige Theater des Geistes. In: Renoldner, Klemens/Peter, Birgit (Hg.): Zweigs Theater. Der Dramatiker Stefan Zweig im Kontext europäischer Kultur- und Theatergeschichte. Würzburg: Königshausen & Neumann, S. 135–136.
Zweig, Stefan (2013b): Ben Jonson. In: Renoldner, Klemens/Peter, Birgit (Hg.): Zweigs Theater. Der Dramatiker Stefan Zweig im Kontext europäischer Kultur- und Theatergeschichte. Würzburg: Königshausen & Neumann, S. 140–143.
Zweig, Stefan (2013c): Etwas über Macht und Moral. Eine kleine Anmerkung zu meinem Drama *Das Lamm des Armen*. In: Renoldner, Klemens/Peter, Birgit (Hg.): Zweigs Theater. Der Dramatiker Stefan Zweig im Kontext europäischer Kultur- und Theatergeschichte. Würzburg: Königshausen & Neumann, S. 152–154.

Weitere Literatur

Apfelthaler, Vera (2007): Das Theater als europäische Anstalt. Theaterverständnis und kulturelles Kapital bei Stefan Zweig. In: Gelber, Mark H. (Hg.): Stefan Zweig Reconsidered. New Perspectives on his Literary and Biographical Writings. Tübingen: Niemeyer, S. 193–202.
Beck, Knut (1987): Nachbemerkung des Herausgebers. In: Zweig, Stefan: Ben Jonson's ‚Volpone' und andere Nachdichtungen und Übertragungen für das Theater. GWE. Hg. v. Knut Beck. Frankfurt a.M.: S. Fischer, S. 555–570.
Courts, Gerd (1962): Das Problem des unterliegenden Helden in den Dramen Stefan Zweigs. Diss. Univ. Köln.
Daviau, Donald G. (1959): Stefan Zweig's Victors in Defeat. In: Monatshefte LI/1959/1, S. 1–12.
Daviau, Donald G. (1983): The Spirit of Humanism as Reflected in Stefan Zweig's Dramatic Works. In: Sonnenfeld, Marion (Hg.): Stefan Zweig. The World of Yesterday's Humanist Today. Albany: State Univ. of New York Press, S. 195–209.
Dumont, Robert (1976): Le Théâtre de Stefan Zweig. Paris: Presses Univ. de France.
Dumont, Robert (1995): Introduction au théâtre de Stefan Zweig. In: Europe 73/794–795/1995, S. 88–95.
Forsyth, Karen (1981): Stefan Zweig's Adaptations of Ben Jonson. In: The Modern Language Review 76/1981, S. 619–628.
Grotjan, Rebecca (2014): *Die schweigsame Frau – Friedenstag – Daphne*. In: Werbeck, Walter (Hg.): Richard Strauss Handbuch. Stuttgart: Metzler, S. 242–275.
Kerschbaumer, Gert (2003): Der Festspieldichter Stefan Zweig. In: Eicher, Thomas (Hg.): Stefan Zweig im Zeitgeschehen des 20. Jahrhunderts. Oberhausen: Athena, S. 59–75.

Larcati, Arturo (2013): Die Dramen von Stefan Zweig. Ein kritischer Überblick. In: Renoldner, Klemens/Peter, Birgit (Hg.): Zweigs Theater. Der Dramatiker Stefan Zweig im Kontext europäischer Kultur- und Theatergeschichte. Würzburg: Königshausen & Neumann, S. 29–52.

Larcati, Arturo (2014a): „Wie ein beschwingter Vogel". Stefan Zweigs Bearbeitung von Ben Jonsons *Epicoene or the Silent Woman*: das Libretto für *Die schweigsame Frau*. In: Görner, Rüdiger/Renoldner, Klemens (Hg.): Zweigs England. Würzburg: Königshausen & Neumann, S. 65–86.

Larcati, Arturo (2014b): Stefan Zweig als Autor von Dramen und sein Verhältnis zu den Salzburger Festspielen. In: Renoldner, Klemens (Hg.): Stefan Zweig – Abschied von Europa. Wien: Brandstätter/Theatermuseum, S. 187–199.

Marx, Peter W. (2013): Über die Entbehrlichkeit des Theaters: Bilder der Geschichte bei Stefan Zweig. In: Peter, Birgit/Renoldner, Klemens (Hg.): Zweigs Theater. Der Dramatiker Stefan Zweig im Kontext europäischer Kultur- und Theatergeschichte. Würzburg: Königshausen & Neumann, S. 65–76.

Oberender, Thomas (2013): Den Fluch durch den Zauber bannen. Stefan Zweigs Horror vor der zuschnappenden Ordnung. In: Peter, Birgit/Renoldner, Klemens (Hg.): Zweigs Theater. Der Dramatiker Stefan Zweig im Kontext europäischer Kultur- und Theatergeschichte. Würzburg: Königshausen & Neumann, S. 115–131.

Peter, Birgit (2013): Leidenschaft und Geist. Utopische Theaterkonzeptionen Stefan Zweigs. In: Dies./Renoldner, Klemens (Hg.): Zweigs Theater. Der Dramatiker Stefan Zweig im Kontext europäischer Kultur- und Theatergeschichte. Würzburg: Königshausen & Neumann, S. 53–63.

Peter, Birgit/Renoldner, Klemens (Hg.) (2013): Zweigs Theater. Der Dramatiker Stefan Zweig im Kontext europäischer Kultur- und Theatergeschichte. Würzburg: Königshausen & Neumann.

Thieme, Helga (2013): Das neue Leben. Bilder einer Utopie in Dramen von Stefan Zweig und Ernst Barlach. In: Peter, Birgit/Renoldner, Klemens (Hg.): Zweigs Theater. Der Dramatiker Stefan Zweig im Kontext europäischer Kultur- und Theatergeschichte. Würzburg: Königshausen & Neumann, S. 101–114.

Tietze-Conrat, Erica (2015): Tagebücher. Bd. 2. Hg. v. Alexandra Caruso. Wien u.a.: Böhlau.

Wolf, Norbert Christian (2014): Eine Triumphpforte österreichischer Kunst. Hugo von Hofmannsthals Gründung der Salzburger Festspiele. Salzburg, Wien: Jung und Jung.

12. Kunst und Politik
Stephan Resch

1. Hintergrund 702
2. Erster Weltkrieg 703
3. *Clarté* und die 1920er Jahre 704
4. Nationalsozialistische Machtübernahme und Exil 705

1. Hintergrund

Das Verhältnis von Kunst und Politik, wie es Zweig versteht, muss im Kontext des Wien des *fin de siècle* begriffen werden. Im Gegensatz zur Elterngeneration, die sich noch mit Fragen des Existenzaufbaus, gesellschaftlicher Integration und der Nachhaltigkeit erzielter politischer Erfolge beschäftigen musste, konnte sich die junge Generation zunehmend aus dem wirtschaftlichen und politischen Leben zurückziehen und ihre Interessen auf die Kultur ausrichten. Hermann Broch spricht von einer Substitution ethischer Werte durch ästhetische, und somit von einer Entpolitisierung der Gesellschaft (vgl. Broch 1955, S. 101). Die Diskussion über Kunst, Literatur und Theater ersetzte ein aktives gesellschaftliches und politisches Engagement, und viele verschlossen die Augen vor einem wiedererstarkenden Antisemitismus eines Karl Lueger, den ethnischen Spannungen des Vielvölkerstaates und der steten Unterhöhlung liberaler Grundwerte: „Wir jungen Menschen aber, völlig eingesponnen in unsere literarischen Ambitionen, merkten wenig von [den] gefährlichen Veränderungen in unserer Heimat. [...] Wir hatten nicht das geringste Interesse für politische und soziale Probleme: was bedeuteten diese grellen Zänkereien in unserem Leben?" (Zweig GWE, Die Welt von Gestern, S. 85) Zweig steht hier stellvertretend für die zweite Generation des jüdischen liberalen Bürgertums in Wien, dessen Ästhetizismus einerseits Flucht vor einer fernen, scheinbar unabänderlichen politischen Realität bedeutete und gleichzeitig die Möglichkeit einer gesellschaftlichen Integration zu versprechen schien. So lassen sich in Zweigs Werk, der Korrespondenz und den Tagebüchern vor 1914 lediglich hier und da periphere Erwähnungen politischer Vorgänge finden (→ III.15 TAGEBÜCHER; III.16 BRIEFE).

2. Erster Weltkrieg

Der Ausbruch des Ersten Weltkriegs kam für Zweig ebenso unerwartet wie für viele andere Intellektuelle. Zweig hatte sich zuvor erfolgreich für einen Kulturtransfer zwischen den europäischen Nationen eingesetzt und war davon überzeugt, dass diese kulturellen Verbindungen auch politische Verbindlichkeit besitzen würden. Da er sich nie eingehend mit den politischen Gegebenheiten in Österreich und Europa beschäftigt hatte, betrachtete er auch den Krieg nicht als Resultat einer verfehlten Machtpolitik, sondern primär als ästhetisches Phänomen. Ausgehend von Émile Verhaerens Konzept der künstlerischen Bejahung der Gegenwart versuchte Zweig in den ersten Kriegsmonaten mit patriotischen Texten das neue Nationalbewusstsein zu begrüßen (vgl. *Ein Wort von Deutschland*, 1914) und die Kriegshandlungen der Mittelmächte zu rechtfertigen (vgl. *Löwen*, 1914). Schon bald erkannte Zweig jedoch das Ausmaß der humanitären Katastrophe, die der Krieg verursachte. Zweig stürzte in eine tiefe Krise. In den Jahren 1914 und 1915 halfen ihm die Überlegungen Romain Rollands bei der Suche nach einer eigenständigen intellektuellen Position. Rolland verstand sich als Schriftsteller „au dessus de la mêlée", als über dem Kriegsirrsinn stehender Gelehrter, der keiner Kriegspartei, sondern nur seinem Gewissen verpflichtet ist. Er kritisierte jene Intellektuellen, die ihre Integrität für die Verteidigung nationalistischer Ziele aufs Spiel setzten. So kritisierte er auch Zweig, vor allem für seine politische Naivität: „Wie können Sie sich bei Ihrem kritischen Geist mit den Aussagen nur einer der beiden Parteien abfinden, die natürlich am Ableugnen interessiert ist!" (Rolland/ Zweig 1987, S. 94)

Zweig entwickelte im Verlauf des Kriegs, vor allem durch die Beschäftigung mit Tolstois Ideen der kategorischen Gewaltlosigkeit und dem zivilen Ungehorsam (vgl. dazu *Der Zwang*, 1920), eine Position, die zwar in vielem mit der Rollands übereinstimmte, die durch religiöse und defaitistische Züge allerdings eine eigene Prägung erhielt. Ausdruck verlieh er seiner neuen Weltsicht erstmals in dem Theaterstück *Jeremias* (1917), in dem er den nationalistischen Phrasen der Kriegsparteien eine entschiedene Absage erteilt. Zweig vertritt hier die Überzeugung, das menschliche Leben stehe höher als alle politischen Ideale, die darüber hinaus, anders als geistige und religiöse Ideale, ohnehin meist kurzlebig seien. Zweigs Prophet Jeremias kann in diesem Sinne die kriegerische Niederlage der Isrealiten und den späteren Auszug ins Exil als befreiende Bindungslosigkeit verkünden, weil sein Volk nun durch den gemeinsamen Glauben, nicht aber durch ein politisches Konstrukt verbunden sei.

Hatte Zweig im *Jeremias* noch pazifistische und religiöse Ideen zu einer zeitlosen Parabel gegen den Krieg verdichtet, nahm er im Juni 1918 direkt zum Kriegsgeschehen Stellung. In dem Aufsatz *Bekenntnis zum Defaitismus* proklamiert er einen Pazifismus, der sich allein an ethischen Grundsätzen orientiert und die politische Realität weitgehend ignoriert. Zweig fordert die sofortige Einstellung der Kampfhandlungen mit Verweis auf das Leiden des Einzelnen: „Wir sind Defaitisten, das heißt: uns ist Politik nicht das Erste, sondern das Letzte, uns ist das Leiden der Menschen wichtiger als die kommerzielle Blüte der Nationen und die kalten Monumente der Ehre." (Zweig GWE, Bekenntnis zum Defaitismus, S. 125) Zweigs unorthodoxe Position wurde von Seiten der bürgerlichen Pazifisten um Alfred H. Fried, den radikalen Demokraten der Berner *Freien Zeitung* (v. a. Ernst Bloch) und nicht zuletzt von Romain Rolland stark kritisiert. Für Rolland bedeutete die Haltung „au dessus de la mêlée" keineswegs eine Abkehr von der Realität, sondern eine Verpflichtung, als unabhängiger Geist für die eigenen (anti-imperialistischen) Überzeugungen zu kämpfen.

3. *Clarté* und die 1920er Jahre

In der Kontroverse um die Zeitschrift *Clarté* des französischen Schriftstellers Henri Barbusse lässt sich eine Weiterentwicklung in Zweigs Beziehung zur Politik verfolgen. Barbusse hatte Zweig wie auch Rolland 1919 ins Führungskomitee der Gruppe *Clarté* eingeladen. Als diese sich innerhalb kurzer Zeit von einem internationalen Kulturforum zum kommunistischen Propagandaorgan entwickelte, distanzierten sich Zweig und Rolland und wurden für diese Entscheidung von *Clarté* offen angegriffen. Barbusse bezeichnete Zweigs politische Haltung als „sentimental" und „moralistisch" (Barbusse, zit. n. Resch 2012, S. 197). Zweig dagegen war überzeugt, jede Parteinahme gerate früher oder später mit den Prinzipien der Menschlichkeit und der Freiheit in Konflikt, und begreift die intellektuelle Unabhängigkeit als einzig würdevolle Position für den Schriftsteller: „[N]ous n'avons aucun succès à obtenir en politique: le monde de l'esprit est toujours dans l'au-delà. Le principe pour lequel nous luttons ne trouve pas de réalisation dans le monde visible" (Zweig, zit. n. Resch 2012, S. 204f.).

In den 1920er Jahren setzte sich Zweig erneut mit politischen Themen auseinander, allerdings meist weitab von Tagespolitischem, mit grundsätzlichen Fragen zur Beziehung zwischen Macht und Moral. Die unüberwindbare Kluft, die Zweig zwischen den beiden Begriffen wahrnahm, war wiederholt Thema seiner Legenden (*Die Augen des ewigen Bruders*, 1921) und seiner historischen Dramen oder Biografien (vgl. *Adam Lux*, erstmals 1984 und *Joseph Fouché*, 1929). Da für Zweig politische Macht prinzipiell durch Gewalt, Ausbeutung und Unterdrückung anderer gewonnen wird, sieht er die Rolle des Intellektuellen gerade darin, den Nimbus der Macht zu hinterfragen und künstlerisch etwas zu schaffen, „was niemandem genommen ist" (Zweig GWE, Etwas über Macht und Moral, S. 417). Sein verstärktes Interesse an dem Verhältnis zwischen Macht und Moral spiegelt sich auch in Zweigs Entschluss wieder, Russland und den Sowjetkommunismus mit eigenen Augen zu sehen. Um den Anschein einer

Parteinahme zu vermeiden, war Zweig daran gelegen, als Privatperson zu reisen – nichtsdestotrotz wurde sein Besuch der russischen Kulturpropaganda zum offiziellen Freundschaftsbeweis. In der privaten Korrespondenz zeigt er sich besorgt über den Mangel an persönlichen Freiheiten und die problematische Situation der Intellektuellen unter Stalin. Öffentlich möchte er die Sowjetunion, die er als Gegenpol zum erstarkenden mitteleuropäischen Faschismus ansieht, jedoch nicht kritisieren. Zweigs zahlreiche Beiträge in linken bzw. kommunistischen Publikationen zwischen 1929 und 1933 (z. B. *Arbeiter-Zeitung, Die rote Fahne, Internationale Literatur*) zeugen von einer russlandfreundlichen, niemals aber einer prokommunistischen Position. Noch bis 1932 wurde Zweig von moskaunahen Kreisen als Freund der Sowjetunion eingeschätzt, erst seine zögernde Haltung während der Machtergreifung der Nationalsozialisten führte zum endgültigen Bruch (→ III.14.1 PUBLIZISTIK ZU POLITIK UND ZEITGESCHEHEN).

4. Nationalsozialistische Machtübernahme und Exil

Im Mai 1933 hatte Zweig Klaus Mann einen Beitrag für dessen Exilzeitschrift *Die Sammlung* zugesagt. Als sich jedoch herausstellte, dass die Zeitschrift, entgegen Manns ursprünglichen Beteuerungen, neben der literarischen auch eine tagespolitische Sendung besaß, distanzierte sich Zweig (wie auch Thomas Mann, Alfred Döblin, Robert Musil und manch anderer) von der Publikation. Hatte Zweig drei Jahre zuvor noch auf Ibsens Forderung verwiesen, der Dichter müsse „Gerichtstag halten" (Zweig GWE, Etwas über Macht und Moral, S. 418) und sich den Mächtigen entgegenstellen, so zieht er nun auf Bitte seines Verlegers Kippenberg, der Schwierigkeiten mit der Reichsschrifttumskammer vermeiden wollte, sein Angebot zur Mitarbeit zurück. Anstatt vor den Gefahren des Nationalsozialismus zu warnen, den er privat verdammt, hofft er, sich durch politische Neutralität mit dem Regime zu arrangieren. Für diese ambivalente Haltung wurde Zweig von vielen Seiten stark kritisiert. Sein Freund Joseph Roth schrieb: „Alles kommt von Ihrer schwankenden Haltung. Alles Böse. Alles Mißverständliche. Alle dummen Zeitungsnotizen über Sie. Sie sind in Gefahr, den moralischen Kredit der Welt zu verlieren und im Dritten Reich nichts zu gewinnen." (Roth/Zweig 2011, S. 127)

Rolland hatte angesichts der drohenden faschistischen Gefahr schon 1931 seine Position „au dessus de la mêlée" als unzeitgemäß erkannt und sich öffentlich zum sowjetischen Kommunismus bekannt. Trotz der zunehmenden Entfremdung von Freunden wie Roth und Rolland knüpfte Zweig an jene Position an, die er bereits im *Jeremias* vertreten hatte, und schrieb mit *Triumph und Tragik des Erasmus von Rotterdam* (1934) eine „Apotheose des Unterlegenen" (Heydemann 1982, S. 24). Das Buch, Zweigs ausführlichste Stellungnahme zum Thema Kunst und Politik, ist aufgrund der politischen Gegebenheiten des Jahres 1934 als historische Analogie angelegt und stellt die Konfrontation zwischen dem religiösen Fanatismus Luthers und dem humanistischen Gedankengut des Gelehrten Erasmus (→ V.5 TOLERANZ UND FANATISMUS; V.6 HUMANITÄT UND HUMANISMUS) dar: „Gegenüber den Politikern, den Führern und Verführern zur einseitigen Leidenschaft hat der Künstler, der Geistmensch im Sinne Erasmus', die Aufgabe, der Verstehend-Vermittelnde zu sein, der Mann des Maßes und der Mitte […] [,] nicht abseits von den Parteien, denn mitzufühlen mit allem Menschlichen ist der Künstler berufen, sondern über ihnen, au-dessus de la mêlée" (Zweig GWE, Triumph und Tragik des Erasmus von Rotterdam, S. 18 ff.). Zwar genießt die Erasmusfigur die Sympathien des Erzählers, es lassen sich jedoch auch zunehmend Zweifel an jener „abstrakt pazifistischen Haltung um jeden Preis" (Walter 1970, S. 432) erkennen, die im Entstehungszusammenhang des Werkes durchaus als Selbstkritik des Autors verstanden werden kann. Zweigs Erzähler muss eingestehen: „[Erasmus] kann sich nicht aufraffen zu einem offenen, deutlichen Wort, zu einem Nein. Er will mit keiner Partei sein: das ehrt seine innere Unabhängigkeit. Aber leider, er will es sich auch gleichzeitig mit keiner Partei verderben; dies nimmt seiner durchaus richtigen Haltung die Würde." (Zweig GWE, Triumph und Tragik des Erasmus von Rotterdam, S. 141) Die verweigerte Parteinahme, vielleicht Zweigs höchstes Ideal seit dem Weltkrieg, wird angesichts der faschistischen Diktatur selbst zum politischen Akt, und die Entscheidung, noch 1934 auf einer überpolitischen Stellung und dem persönlichen Freiheitsbedürfnis zu beharren, stieß besonders im Kreise der Exilautoren auf Unverständnis. Kurt Kersten schreibt zum *Erasmus*: „Die Freiheit, die Erasmus in seinem Schneckenhaus für sich forderte, war so gewiß eine Selbsttäuschung, wie es Zweigs eigene ausweichende Haltung in dieser Zeit ist." (Kersten 1934/1935, S. 250)

Im englischen Exil rückte dieser innere Konflikt, einerseits die persönliche Freiheit zu wahren und andererseits klarer Stellung zum Zeitgeschehen zu beziehen, immer mehr in den Vordergrund. So ist *Castellio gegen Calvin* (1936) auch als Versuch zu verstehen, die eigene Position anhand einer weiteren historischen Analogie zu verdeutlichen. Stand Erasmus noch „über dem Getümmel", so greift der Humanist Castellio die dogmatischen Ideen seines Gegenspielers Calvin offen und unter Einsatz des eigenen Lebens an. Zweig beschreibt *Castellio* als „Bild des Mannes, der ich sein *möchte*." (Roth/Zweig 2011, S. 361, Herv. i. O.) *Castellio* wurde in Exilkreisen für die Darstellung eines kämpferischen Humanismus, der die Möglichkeiten des intellektuellen Widerstands gegen den Totalitarismus aufzeigte, weit positiver aufgenommen als *Erasmus*. Obwohl Zweig nun literarisch klar Stellung bezogen hatte, hielt er sich mit Stellungnahmen zur Tagespolitik weiterhin zurück. Der Konflikt zwischen individueller Freiheit und Verantwortung für das Kollektiv war nach wie vor zentrales Motiv seines Schreibens: Figuren, die durch persönliche Schwäche eine vermeintliche Schuld auf sich geladen haben (vgl. *Cicero*, 1940, *Wilson versagt*, 1940, oder auch die Figur Hofmillers in *Ungeduld des Herzens*, 1939), scheinen die innere Zerrissenheit des Autors zu spiegeln, ebenso wie die späten Texte zum Zeitgeschehen. Warnt Zweig besonders die Juden vor einer Einmischung in die Politik aus Furcht um die als Geiseln gehaltenen Juden in Deutschland (vgl. *Keep out of politics!*, 1938), so fordert er wenig später die Exilanten auf, im Namen der Millionen unterdrückten Stimmen in Deutschland zu sprechen (vgl. *Das große Schweigen*, 1940), und wendet sich kurz vor seinem Freitod noch emphatisch an die Intellektuellen: „The louder the shoutings of fanaticism, the stronger should be our word, the voice of reason." (Zweig 1941) Dass sich Zweig diesem entschiedenen Aufruf wenig später entzog, ist nur eine von vielen Widersprüchlichkeiten in Zweigs Verhältnis zur Politik (→ II.6 LITERATUR DES EXILS).

Stefan Zweig

Rolland, Romain/Zweig, Stefan (1987): Briefwechsel 1910–1940. Bd. I: 1910–1923. Berlin: Rütten & Loening.
Roth, Joseph/Zweig, Stefan (2011): „Jede Freundschaft mit mir ist verderblich". Briefwechsel 1927–1938. Hg. v. Madeleine Rietra u. Rainer Joachim Siegel. Mit einem Nachwort v. Heinz Lunzer. Göttingen: Wallstein.
Zweig, Stefan (1941): The Mission of the Intellectuals. In: Adam International Review 13/152/1941, S. 2.
Zweig, Stefan (1983): Bekenntnis zum Defaitismus. In: Ders.: Die schlaflose Welt. Aufsätze und Vorträge aus den Jahren 1909–1941. GWE. Hg. v. Knut Beck. Frankfurt a.M.: S. Fischer, S. 122–125.
Zweig, Stefan (1984): Etwas über Macht und Moral. In: Ders.: Das Lamm des Armen. Dramen. GWE. Hg. v. Knut Beck. Frankfurt a.M.: S. Fischer, S. 414–418.
Zweig, Stefan (2001[4]): Die Welt von Gestern. Erinnerungen eines Europäers. GWE. Frankfurt a.M.: S. Fischer.
Zweig, Stefan (2006): Triumph und Tragik des Erasmus von Rotterdam. GWE. Frankfurt a.M.: S. Fischer.

Weitere Literatur

Broch, Hermann (1955): Dichten und Erkennen. Zürich: Rhein.
Heydemann, Klaus (1982): Das Beispiel des Erasmus – Stefan Zweigs Einstellung zur Politik. In: Literatur und Kritik 169–170/1982, S. 24–39.
Kersten, Kurt (1934/1935): Evangelium der Distanz. In: Neue deutsche Blätter 2/1–6/1934/1935, S. 248–250.
Resch, Stephan (2012): Auf der Suche nach Klarheit: Stefan Zweig, Henri Barbusse und Romain Rolland in der ‚Clarté'-Debatte. In: Germanisch-Romanische Monatsschrift 62/2012, S. 189–205.
Walter, Hans-Albert (1970): Vom Liberalismus zum Eskapismus. Stefan Zweig im Exil. In: Frankfurter Hefte 25/6/1970, S. 427–437.

V. Systematische Aspekte: Geschichte, Politik, Gesellschaft

1. Geschichtsbilder und Geschichtsauffassung
Hans-Albrecht Koch

1. Die ‚historische Miniatur'	709
2. Biografischer Essay und Biografie	710
3. Distanz zu Krieg und Politik	710
4. Der Intellektuelle und die Diktatur (Erasmus)	711
5. Beispiel: Maria Stuart	713
6. Ausblick	713

1. Die ‚historische Miniatur'

Man ist sich heute einig, dass Zweigs beste literarische Leistungen seine Prosaarbeiten sind, darunter an erster Stelle die Novellen. Ein besonders erfolgreiches Buch ist aber auch seine Sammlung von Miniaturen, die nur in begrenztem Maße fiktionaler Natur sind: die *Sternstunden der Menschheit* (1927). Obwohl sie zu verschiedenen Zeiten entstanden und mehrfach neu zusammengestellt worden sind (vgl. Burneva 2008; Koch 2008), hat Zweig ihnen als gemeinsamen Nenner das Adjektiv ‚historisch' beigesellt. Jede dieser *Sternstunden* trägt zwar einen Untertitel mit einem präzisen Datum, der ihr jeweils einen bestimmten historischen Bezug verleiht; aber paradoxerweise reißen solche genauen zeitlichen Angaben zugleich die Miniaturen aus ihrem Zusammenhang heraus, verabsolutieren sie sozusagen, und nach Art einer Legende (vgl. Hackert 2003) stellen sie sie als Paradigma hin. Denn Zweig ist überzeugt, dass der Motor der Geschichte von höchst geheimnisvollen Kräften getrieben wird, die im guten wie im bösen Sinn etwas Dämonisches haben: von Menschen, die einer übermäßigen Leidenschaftlichkeit verfallen sind. Dieses Merkmal ist allen Protagonisten der *Sternstunden* gemeinsam, egal ob sie von *Georg Friedrich Händels Auferstehung*, von der späten Liebe Goethes zu Ulrike von Levetzow oder von der Rückkehr Lenins nach Russland handeln.

Bei jeder Miniatur ist das Adjektiv ‚historisch' in einem sehr weiten Sinne zu verstehen, denn oft handelt es sich in diesen Prosastücken eher um auf Allgemeines gerichtete Geistes- als um konkrete Ereignisgeschichte. Nach Zweigs Auffassung der Geschichte wird der Verlauf der menschlichen Historie nicht so sehr durch Kalkül und genaues Planen bestimmt, sondern eher durch Zufall. Der Zufall pflegt zur Erscheinung zu kommen durch Menschen, deren Affekte in ihrer Überspanntheit durchaus pathologische Züge aufweisen, und die ‚Wunder' oft nach der Genesung von schwerer Krankheit vollbringen. Entweder konzentriert sich das Außergewöhnliche auf einen einzigen Augenblick – dann entsteht eine *Sternstunde* – oder bestimmt den Charakter eines Menschen von Grund auf und erstreckt sich auf sein ganzes Leben. Einige Augenblicks-Miniaturen enthalten zugleich Mikrobiografien der Protagonisten, wie z.B. die Geschichte der *Entdeckung Eldorados* durch den Schweizer Johann August

Suter. In Zweigs Texten geschieht jedes bedeutende Werk und jede große Tat dadurch, dass sich das Dämonische eines Menschen bedient (→ IV.7 Das Dämonische). Das ist bereits in den frühen biografischen Studien zu Verhaeren, Verlaine und Rimbaud zu sehen.

2. Biografischer Essay und Biografie

Auch in der mittleren Phase seiner schriftstellerischen Arbeit nehmen Biografien neben den fiktionalen Prosawerken einen gewichtigen Platz ein. In den 1920er Jahren entsteht eine Reihe von dreiteiligen Werken, die Leben und Schaffen von Künstlern und Denkern thematisieren – *Drei Meister. Balzac, Dickens, Dostojewski* (1920), *Der Kampf mit dem Dämon. Hölderlin, Kleist, Nietzsche* (1925), *Drei Dichter ihres Lebens. Casanova, Stendhal, Tolstoi* (1928), *Die Heilung durch den Geist. Mesmer, Mary Baker-Eddy, Freud* (1931) –, in denen die historischen Vitae aber immer auch etwas Romanhaftes haben. Ähnliches passiert, wenn sich Zweig mit geschichtlichen Persönlichkeiten befasst, deren Handeln mehr oder weniger ein klarer Spiegel ihrer Seele ist. Man könnte meinen, dass Zweig mit diesen erfolgreichen ‚historischen' Porträts seinen langjährigen Traum, einen großen Roman zu schreiben, eingelöst hat. In diesen Biografien sind ebenfalls geschichtliche Fakten und psychologische Deutungen der Protagonisten nie voneinander zu trennen. Das hängt u. a. damit zusammen, dass Zweig zu seinen Recherchen über die jeweils behandelte Person nicht nur Fachliteratur zur Hand nahm, sondern sich auch wissenschaftlich eher fragwürdiger Veröffentlichungen bediente.

Vielen von diesen historisch-biografischen Werken Zweigs ist gemeinsam, dass ihre Protagonisten – meist nach einem raschen und glanzvollen Aufstieg – scheitern. Nach dem Kriterium, das Zweig ausdrücklich auch für seine Stücke wählte – Ausnahmen bilden bloß die Ben-Jonson-Adaptionen –, sind die historischen Personen, die er behandelt, häufig Unterlegene, weil er als Autor „nie die Partei der sogenannten ‚Helden' nimmt, sondern Tragik immer nur im Besiegten sieht." (Zweig GWE, Die Welt von Gestern, S. 198) So war „Bildnis eines Besiegten" anfänglich auch der Titel, den Zweig für seine Studie *Triumph und Tragik des Erasmus von Rotterdam* (1934) erwogen hatte, als wollte er unterstreichen, dass diejenigen, die moralisch überlegen sind, auf der Bühne des Welttheaters zum Scheitern bestimmt sind (→ V.3 Das Motiv des Besiegten). Das Wort ‚Bildnis', das bei anderen Werken dieses Genres im Untertitel beibehalten wird – so wird die Darstellung der Marie Antoinette das *Bildnis eines mittleren Charakters* (1932) und diejenige von Napoleons Polizeiminister Fouché das *Bildnis eines politischen Menschen* genannt –, hat seinen Grund darin, dass das Physiognomische bei der Beschreibung eines Menschen für Zweig die seelische Veranlagung ausdrückt.

3. Distanz zu Krieg und Politik

Das hat für Zweigs durch und durch literarische Vorstellung von Geschichte zur Folge, dass Naturell und Aussehen eines mächtigen Individuums die Weltgeschichte verwandeln können. Es ist offenbar ein Ansatz zur Vermittlung von Geschichte, der auf der einen Seite durch eine begrenzte Wahrnehmung der sozialen Welt gekennzeichnet ist, auf der anderen die typische Naivität des Intellektuellen aufweist, den seine

1. Geschichtsbilder und Geschichtsauffassung

Herkunft aus gutbürgerlichem Haus von jeder Last der täglichen Existenz befreit hat. Entsprechend begrenzt ist Zweigs Begriff von Geschichte schlechthin. Er nimmt die politische, wirtschaftliche und soziale Dynamik nur partiell und oberflächlich wahr, und so verwundert es nicht, dass ihn nach eigenem Bekenntnis der Ausbruch des Ersten Weltkriegs im Park von Baden völlig unvorbereitet überraschte (vgl. Zweig GWE, Die Welt von Gestern, S. 246 ff.).

Aber auch nach dem Krieg erfasste Zweig viele Zeichen der Zeitgeschichte nur mit dem Herzen, aber nicht mit politischer Vernunft. Als er 1921 zum ersten Mal wieder in Italien war, hoffte er, „daß die ganze Haßpropaganda und Verhetzung nur ein kurzes intellektuelles Fieber erzeugt, im Grunde aber nie die wirklichen Massen Europas berührt hatte." (Zweig GWE, Die Welt von Gestern, S. 348) Die Ermordung Walther Rathenaus durch Freikorpsoffiziere im Juni 1922 in Berlin und diejenige des Sozialisten Giacomo Matteotti 1924 in Rom erschütterten ihn zwar, öffneten ihm aber nicht die Augen für die längst systematisch angelegte Strategie der Machtergreifung seitens der Faschisten. Zweig war sicher kein politisch besonders engagierter Schriftsteller; er bekannte sich zwar – mit der kurzen Ausnahme seiner anfänglichen Begeisterung für den Ersten Weltkrieg – immer als Pazifist, bevorzugte aber, sich ‚au dessus de la mêlée' zu verhalten, um es mit dem Titel eines Essays seines Freundes Romain Rolland zu sagen. Der Franzose war viel strenger in der Beurteilung der jüngsten Geschichte und distanzierte sich entschiedener von einem faschistischen Italien, das „von den schwarzen Schwingen des Duce verhüllt" (Rolland/Zweig 1987, S. 431) war (vgl. Rovagnati 2003). Zeigen schon die Briefe an Rolland keine eigentliche historische Reflexion, so gilt dies erst recht für die Feuilletons der Kriegszeit (vgl. Paur 2012) und für die Briefe an andere Empfänger (vgl. Zweig, Br I–IV).

4. Der Intellektuelle und die Diktatur (Erasmus)

Genauso eingeengt auf die literarische Kultur waren Zweigs historische Vorstellungen von Russland, das er in der bolschewistischen Ära besuchte. Anlass zu dieser einzigen Reise nach Russland im Frühling 1928 war die Einladung, die Zweig gleich nach der Veröffentlichung des Bandes *Drei Dichter ihres Lebens. Casanova, Stendhal, Tolstoi* erhalten hatte, als „Delegierter der österreichischen Schriftsteller" (Zweig GWE, Die Welt von Gestern, S. 374) bei der Feier zu Tolstois hundertstem Geburtstag mitzuwirken. Die Rezeption seiner Werke im faschistischen Italien war genauso begeistert wie im sowjetischen Russland (vgl. Rovagnati 2006). Dazu trug neben dem mitreißenden Erzählduktus auch die zwar bisweilen unreflektierte, aber vielfach gerühmte Kraft der Vergegenwärtigung von Ereignissen bei. Das gilt nicht nur für die eigene Zeit bzw. die jüngere Vergangenheit, sondern auch für weiter zurückliegende Epochen. Jedoch sind nicht alle historischen Biografien ästhetisch in gleichem Maße gelungen. Die Darstellung der Vita der französischen Königin Marie Antoinette (1932), die mit ihrem Gatten zum Opfer der Revolution wird, genauso wie diejenige der schottischen Maria Stuart (1935) weisen Längen auf, die in dem Buch über Erasmus von Rotterdam (1934) nicht anzutreffen sind. Das stringente Werk über den fragilen Humanisten ist unter den historischen Roman-Biografien Zweigs vielleicht die gelungenste (vgl. Koch 2003).

Die Niederschrift dieses Werks hängt eng mit der Ernennung Hitlers zum Reichskanzler im Januar 1933 zusammen. Da musste auch der Idealist Zweig resignieren und die Hoffnung endgültig aufgeben, Humanität und Mäßigung würden am Ende doch über die Barbarei siegen. 15 Jahre nach dem Zusammenbruch der k. u. k. Monarchie und des Deutschen Reichs war Gewalt wieder das einzige Gesetz, dem sich zu beugen die Menschen bereit waren. Die Figur des Erasmus, mit dem Zweig sich identifizierte, bot ihm das Beispiel, wie sich Geschichte *per analogiam* wiederhole, ohne dass die Menschen klüger würden. Erasmus wurde für Zweig zum Inbegriff des „Humanisten auch des Herzens, der durch Luther die gleichen Niederlagen erlitten hat wie die humanen Deutschen heute durch Hitler", wie er es in einem Brief an Klaus Mann vom 15. Mai 1933 ausdrückte. Über ihn wollte er eine Studie schreiben, die zugleich ein „Hymnus auf die Niederlage" (Zweig 1984, S. 228) werden sollte. Obwohl sie im Titel nur den Namen des niederländischen Humanisten erwähnt und ihn zugleich zum tragischen Helden macht, ist Zweigs Monografie über Erasmus von Rotterdam aber nicht nur auf die Analogie, sondern auch auf die Antithese als historisches Prinzip gegründet, auf den unüberwindbaren Kontrast zwischen zwei Menschen, die – obgleich beide Augustiner-Eremiten und jeder auf seine Weise ein Abtrünniger – zwei Welt- und Lebensauffassungen verkörpern: Erasmus und sein „großer Gegner" Martin Luther sind die Antipoden, die verfehlen, die konfessionelle und geistige Einheit Europas aufrechtzuerhalten. Dem Denkenden und Nachdenkenden wird in Zweigs Buch der unmittelbar Handelnde gegenübergestellt: Erasmus und Luther üben beide eine magnetische Kraft aus, ihre entgegengesetzten Pole haben trotz der Grundverschiedenheit auch viel gemeinsam und ziehen sich gegenseitig an. Sie kommen aber nie zu einem fruchtbaren Dialog, der zur Synthese notwendig wäre. Die historische Tatsache, dass es zwischen den beiden nie zu einer persönlichen Begegnung gekommen ist, spiegelt nachgerade symbolisch ihre innere, unüberbrückbare Distanz wider. Dass diese zwei Menschen nie zusammengetroffen sind, versinnbildlicht auch die Unvereinbarkeit von Kontemplation und Tat, die für Zweigs Geschichtsbild fundamental ist, dies besonders seit dem Aufstieg Hitlers. Zwischen Erasmus und Luther kommt es aber trotz der äußeren Ferne zu einem geistigen Zusammenprall von explosiver Wirkung: Erasmus, „dem Evolutionär, sendet das Schicksal den Tatmenschen entgegen, Luther, den Revolutionär, den dämonisch Getriebenen dumpfer deutscher Volksgewalten." (Zweig GWE, Triumph und Tragik des Erasmus von Rotterdam, S. 17)

Ist der eine feinnervig und von extremer Eleganz, so der andere fast vulgär in seiner strotzenden Gesundheit; waltet bei Erasmus in jeder Situation ein nobler Hedonismus, so ist bei Luther der zu erreichende Zweck immer das bestimmende Moment, und zwar ohne Rücksicht auf die ästhetische Qualität der ethischen Mittel. Erasmus steht Luther gegenüber wie der Aristokrat dem Bauern. Wie so oft der Fall bei Zweig, der zu einem gewissen, gern auch rhetorisch überhöhten Schematismus neigt und eher Typen denn Individuen profiliert, transzendiert der dargestellte Humanist bald seine zeitgebundene, historisch einmalige Dimension und wird zum Paradigma, „denn im Symbol des arbeitenden Erasmus hat Holbein den heiligen Ernst jedes geistigen Arbeiters, die unsichtbare Geduld jedes wahren Künstlers verewigt." (S. 53)

Die Niederschrift des *Erasmus* fällt also mit einer Wende im Leben des Autors zusammen, mit der für Zweig die Jahre des Exils anfingen. Nach Abschluss des Werks, als er noch in Salzburg war, schrieb Zweig an Romain Rolland: „Ich beendige meinen ‚Erasmus'. Der Schluß wird ein Glaubensbekenntnis sein, ein Angriff auf den Fanatismus, diesen ‚Bastard des Geistes und der Gewalt', in all seinen Formen, Verwünschung gegen alle, die die Vielfalt der Welt in einem System terrorisieren wollen." (Rolland/ Zweig 1987, S. 551)

Das sich abzeichnende Ende jenes ‚Europa des Geistes', das für ihn die eigentliche Heimat darstellte, verglich Zweig mit der Zeit der Reformation, die ihrerseits das Ende der *Ecclesia Universalis* in Europa herbeigeführt hatte. In der Vergangenheit aber suchte Zweig nicht nur Analogien, wie im Fall des *Erasmus*, oder typische Verhaltensweisen, wie bei *Joseph Fouché*, der an seiner eigenen Machtgier zugrunde geht, sondern auch ein nach Möglichkeit endgültiges Urteil über große Menschen, die das Rad der Geschichte gedreht hatten.

5. Beispiel: Maria Stuart

Der Rivalin Elisabeths, Maria Stuart, widmete Zweig seine letzte historische Romanbiografie. Zur Niederschrift dieses Werks kam er während eines Aufenthalts in London Ende 1933, worüber er in seinen Memoiren *Die Welt von Gestern* (1942) schreibt: „Ich hatte genug von Biographien. Aber da geschah mir [...], daß ich im Britischen Museum, angezogen von meiner alten Leidenschaft für Autographen, die im öffentlichen Raum ausgestellten Stücke musterte. Darunter war der handschriftliche Bericht über die Hinrichtung Maria Stuarts. Unwillkürlich fragte ich mich: wie war das eigentlich mit Maria Stuart?" (Zweig GWE, Die Welt von Gestern, S. 432)

Zweigs Hang zum Tiefpsychologischen hinderte ihn, den eher unkritischen Freudianer, jedoch daran, in seinem Buch, das er nach seiner Übersiedlung nach England im Februar 1934 zu Ende schrieb, ein objektives ‚Bildnis' der schottischen Königin zu entwerfen. In dem Los der Schottin sah Zweig die Entfaltung eines Lebens, das ganz und gar im Zeichen des Maßlosen gestanden hatte und in dem einem glanzvollen Triumph ein rascher Sturz in Ungnade und die Hinrichtung gefolgt waren. An dem Buch, dem der stilistisch üppige Elan des Autors streckenweise schadet, haben Historiker immer manches auszusetzen gehabt. Vermisst haben sie vor allem jene Nüchternheit, die allein zu einem distanzierten Urteil führen kann: Der Sieg Elisabeths wird nämlich pauschal als Sieg des Fortschritts über historisch überholte Formen dargestellt, als deren Vertreterin Maria erscheint (vgl. Rovagnati 2011).

Kurz: Zweig konnte ‚Dichtung und Wahrheit' nie voneinander trennen, denn in seinen Augen war die Geschichte „die größte Dichterin und Darstellerin aller Zeiten" (Zweig GWE, Sternstunden der Menschheit, S. 7). Auch seine fiktionalen Verarbeitungen des Ersten und des Zweiten Weltkriegs in den Prosawerken *Episode am Genfer See* (1919), *Ungeduld des Herzens* (1939) und *Clarissa* (erstmals 1990) bieten kein die historischen Hintergründe ausleuchtendes Panorama, in das Persönliches integriert wäre, sondern auf das Individuum beschränkte Erlebnisse ohne Reflexion der politischen Hintergründe.

6. Ausblick

Im Laufe der Jahre und mit zunehmendem Verschwinden jeder Hoffung auf eine Zukunft des Friedens sah Zweig immer pessimistischer in der Geschichte nur noch eine sich ständig wiederholende Bestätigung der Unbelehrbarkeit einer Menschheit, die zyklisch – wenn auch jeweils anders, nach dem Wort Nietzsches von der ewigen

Wiederkunft des Gleichen – der Barbarei verfiel (vgl. auch die wiederholte Thematisierung des Motivs vom Turmbau zu Babel; Zweig GWE, Die schlaflose Welt, S. 68–73). Davon zeugt auch das Buch, das allseits für sein ideelles Vermächtnis gehalten wird: seine Autobiografie *Die Welt von Gestern*. Es umfasst die Zeitspanne, die sich von der ‚Welt der Sicherheit' vor dem Ersten Weltkrieg bis zum Ausbruch des Zweiten Weltkriegs erstreckt, und zeichnet ebenfalls den Abstieg von der herrschenden ‚Konzilianz' der k. u. k. Monarchie in die Hölle der definitiven Zerstörung Europas, vor der sich Zweig nach Brasilien geflüchtet hatte.

In Ergänzung zum literarischen Werk, das hier vor allem Berücksichtigung gefunden hat, erläutert Zweig in mehreren Aufsätzen und Reden seinen Blick auf Geschichte. Insbesondere sei hier auf die Vorträge *Geschichtsschreibung von morgen* und *Die Geschichte als Dichterin* (beide 1939) verwiesen (Zweig GWE, Die schlaflose Welt, S. 227–248, 249–270). Für die weitere Erforschung von Zweigs spezifischem Geschichtsbegriff bieten sich aber auch zahlreiche weitere Aufsätze und Reden an (vgl. Zweig GWE, Die schlaflose Welt; → III.14.1 Publizistik zu Politik und Zeitgeschehen; III.14.2 Europa-Reden).

Stefan Zweig

Rolland, Romain/Zweig, Stefan (1987): Briefwechsel 1910–1940. Bd. II: 1924–1940. Berlin: Rütten & Loening.
Zweig, Stefan (1983): Die schlaflose Welt. Aufsätze und Vorträge aus den Jahren 1909–1941. GWE. Hg. v. Knut Beck. Frankfurt a. M.: S. Fischer.
Zweig, Stefan (1984): Briefe an Freunde. Hg. v. Richard Friedenthal. Frankfurt a. M.: S. Fischer.
Zweig, Stefan (1995): Briefe. Bd. I: 1897–1914. Hg. v. Knut Beck, Jeffrey B. Berlin u. Natascha Weschenbach-Feggeler. Frankfurt a. M.: S. Fischer.
Zweig, Stefan (1998): Briefe. Bd. II: 1914–1919. Hg. v. Knut Beck, Jeffrey B. Berlin u. Natascha Weschenbach-Feggeler. Frankfurt a. M.: S. Fischer.
Zweig, Stefan (2000): Briefe. Bd. III: 1920–1931. Hg. v. Knut Beck u. Jeffrey B. Berlin. Frankfurt a. M.: S. Fischer.
Zweig, Stefan (2004[10]): Sternstunden der Menschheit. Vierzehn historische Miniaturen. GWE. Hg. v. Knut Beck. Frankfurt a. M.: S. Fischer.
Zweig, Stefan (2005): Briefe. Bd. IV: 1932–1942. Hg. v. Knut Beck u. Jeffrey B. Berlin. Frankfurt a. M.: S. Fischer.
Zweig, Stefan (2006[3]): Triumph und Tragik des Erasmus von Rotterdam. GWE. Frankfurt a. M.: S. Fischer.
Zweig, Stefan (2007[5]): Die Welt von Gestern. Erinnerungen eines Europäers. GWE. Frankfurt a. M.: S. Fischer.

Weitere Literatur

Burneva, Nikolina (2008): „Alle verlornen Vergangenheiten ...". Über Stefan Zweigs Geschichtsschreibung in *Sternstunden der Menschheit*. In: Birk, Matjaž/Eicher, Thomas (Hg.): Stefan Zweig und das Dämonische. Würzburg: Königshausen & Neumann, S. 90–106.
Hackert, Fritz (2003): Stefan Zweigs Universum. Die Wunder von Geschichts- und Lebenswelt der *Sternstunden*. In: Eicher, Thomas (Hg.): Stefan Zweig im Zeitgeschehen des 20. Jahrhunderts. Oberhausen: Athena, S. 209–223.
Koch, Hans-Albrecht (2003): Ästhetischer Widerstand oder politischer Eskapismus? Vom *Erasmus*-Buch zur *Schachnovelle*. In: Eicher, Thomas (Hg.): Stefan Zweig im Zeitgeschehen des 20. Jahrhunderts. Oberhausen: Athena, S. 43–58.

Koch, Hans-Albrecht (2008): Geschichte als „geheimnisvolle Werkstatt Gottes". Dämonisches in Zweigs *Sternstunden der Menschheit*. In: Birk, Matjaž/Eicher, Thomas (Hg.): Stefan Zweig und das Dämonische. Würzburg: Königshausen & Neumann, S. 107–114.

Paur, Bettina (2012): „Ich bin ja ganz Zwiespalt jetzt ...". Die Feuilletons von Stefan Zweig im Ersten Weltkrieg mit Fokus auf die *Neue Freie Presse*. In: Müller, Karl (Hg.): Stefan Zweig – Neue Forschung. Würzburg: Königshausen & Neumann, S. 27–48.

Rovagnati, Gabriella (2003): Mussolinis „reaktionäre und ahistorische Politik": Stefan Zweig und der italienische Faschismus. In: Eicher, Thomas (Hg.): Stefan Zweig im Zeitgeschehen des 20. Jahrhunderts. Oberhausen: Athena, S. 109–127.

Rovagnati, Gabriella (2006): „Ein Nebel leichter geistiger Berauschtheit". Stefan Zweig und Russland. In: Links VI/2006, S. 153–158.

Rovagnati, Gabriella (2011): Stefan Zweig und das elisabethanische Zeitalter. In: Gelber, Mark H./Ludewig, Anna-Dorothea (Hg.): Stefan Zweig und Europa. Hildesheim u.a.: Olms, S. 149–164.

2. *La race, le milieu, le moment:* Hippolyte Taine
Jacques Le Rider

Am 11. Dezember 1902 schreibt Zweig an Leonhard Adelt: „Hier [in Wien] geht alles kunterbunt: bald Lachen und bald graue Öde. Viel Studium, graues Bücherland, darüber die drohende Gewitterwolke einer Dissertation, die immer näher kommt. Ich weiß wenigstens schon ihren Namen: sie wird wohl mit Hippolyte Taine was zu thun haben, in dem ich den Philosophen herauskrabbeln werde." (Zweig, Br I, S. 51) Am 2. März 1903 kann er schon an Hermann Hesse schreiben: „[I]ch arbeite jetzt wie ein Rasender, um nächstes Jahr den Doctor philosophiae hinter mich zu werfen, wie einen lästigen Kleiderfetzen." (S. 58) Im Sommer 1903 arbeitet er während seiner Aufenthalte in Paris und in der Bretagne an seiner Dissertation über Taine (1828–1893) weiter. Von der Insel Bréhat schreibt er am 2. August 1903 an Victor Fleischer: „[N]un bin ich auf einer entzückenden kleinen Insel in der Bretagne und arbeite [...] [in] einer kleinen Laube wie ein Narr [...]. Ich schufte a) meine Dissertation b) eine Novelle c) eine Übersetzung Émile Verhaerens d) die Vorrede zum Lilienbuch. Vier Publicationen will ich in drei Wochen fertig haben." (S. 59)

Im September 1903 nach Wien zurückgekehrt, stellt Zweig seine Dissertation fertig, die er im Dekanat der philosophischen Fakultät der Universität Wien am 8. April 1904 einreicht. Hundert Jahre lang blieb Stefan Zweigs im Archiv der Universität Wien aufbewahrte Doktorarbeit unveröffentlicht. Der Erstdruck erfolgte 2005 (Zweig 2005; vgl. dazu Weschenbach 1992). Bewundernswert ist die Schnelligkeit der Niederschrift. In dieser großen Eile konnte selbstverständlich keine gründliche Studie zu einem so produktiven Autor wie Taine entstehen, dessen Bücher bekanntlich eine ganze Bibliothek füllen. Zudem war das Thema, das sich Stefan Zweig vorgenommen hatte, wahrscheinlich als geschickter Kompromiss zwischen dem Fach Philosophie, der Romanistik und seinen eigenen Interessen für die zeitgenössische französische Literatur, keineswegs leicht. Es erforderte eine gute Kenntnis der deutschen, der englischen und der französischen Philosophie, die Stefan Zweig gerade nicht besaß. Die Agilität, mit der er seine großen Lücken verdeckte und sein Dissertationsmanuskript immerhin pünktlich abschloss, verdient durchaus Anerkennung. So erzählt er sein akrobatisches Kunststück in den Memoiren: „Jetzt hieß es, in ein paar Monaten den ganzen scholastischen Stoff aufzuarbeiten, an dem die solideren Studenten fast vier Jahre gewürgt: mit Erwin Guido Kolbenheyer, einem literarischen Jugendfreund, der heute daran vielleicht nicht gerne erinnert wird, weil er einer der offiziellen Dichter und Akademiker Hitlerdeutschlands geworden ist, büffelte ich die Nächte durch." „Aber", so Zweig weiter, „man machte mir die Prüfung nicht schwer. Der gütige Professor, der aus meiner öffentlichen literarischen Tätigkeit zuviel von mir wußte, um mich mit Kleinkram zu vexieren, sagte mir in einer privaten Vorbesprechung lächelnd: ‚Exakte Logik wollen Sie doch lieber nicht geprüft werden', und führte mich dann in der Tat sachte auf die Gebiete, in denen er mich sicher wußte." (Zweig GWE, Die Welt von Gestern, S. 150)

Tatsächlich schrieb der gütige Betreuer von Zweigs Dissertation, Friedrich Jodl, der als fortschrittlicher Liberaler galt, ein erstaunlich nachsichtiges Gutachten (Koreferent war Laurenz Müllner). Zweigs Themenwahl zeugte von keiner überdurchschnittlichen Originalität, da Hippolyte Taine damals ein ungeheuer großes Prestige besaß. Kein Schriftsteller hat in der zweiten Hälfte des 19. Jahrhunderts in Frankreich einen vergleichbar großen Einfluss gehabt wie er: „Man findet seine Spuren überall, in der Philosophie, in der Geschichtswissenschaft, in der Kritik, im Roman und selbst in der Lyrik" (zit. n. Zweig 2005, S. 5), schreibt Gabriel Monod in *Les Maîtres d'histoire. Renan – Taine – Michelet* (1894), einer Studie, auf die sich Zweig häufig bezieht.

Wahrscheinlich hatten Taines Spuren in den Texten Nietzsches, den Zweig am Ende seiner Arbeit als „den Freund und Jünger" Taines bezeichnet (Zweig 2005, S. 82), die Entscheidung für dieses Dissertationsthema nahegelegt. Beide sieht er als ‚antimoderne Bildungsbürger' und Nostalgiker der altgriechischen Kulturblüte. Elisabeth Förster-Nietzsche hatte im August 1901 in der *Deutschen Revue* den Briefwechsel Friedrich Nietzsches und Hippolyte Taines herausgegeben und kommentiert. Nietzsches Hochschätzung Taines, die allerdings mit der Ablehnung der Reduktion des Genies auf „la race, le milieu, le moment" (Taine 1863, S. XXIII) einherging, muss den Dissertanten Stefan Zweig zur Unterdrückung jeder Kritik am Autor der *Geschichte der englischen Literatur* geführt haben (zur Verbindung Nietzsche–Taine vgl. Benne 2005, S. 132–140; Campioni 2009).

Die Entscheidung für das Thema ‚Taine' diente Zweig dazu, einer frontalen Auseinandersetzung mit dem Promotionsfach „exakte Philosophie" auszuweichen, da Taine schon zu Lebzeiten eher als ein literarischer Essayist denn als ein strenger Philosoph und Sozialwissenschaftler oder als ein wissenschaftlicher Historiker betrachtet wurde (zur Stellung Taines im Spannungsfeld von Literatur, Philosophie, Soziologie und Geschichtswissenschaft vgl. Lepenies 1988; Charle 1998).

Die Methode, die die Biografie eines Autors und dessen Werk nicht trennen will und die Literatur auf das Zeugnis eines menschlichen Typs, einer ‚Rasse' und eines bestimmten historischen Augenblicks reduziert, wird von Marcel Proust in *Contre Sainte-Beuve* als wertlos abgelehnt. Wenn er Sainte-Beuve kritisiert, kommt Proust immer wieder auf Taine zu sprechen, von dessen Positivismus, Szientismus und soziologischem Reduktionismus er sich distanziert.

Im Gegenteil hat Stefan Zweig nie daran gedacht, ein *Contre Taine* zu schreiben. Seine Dissertation bleibt deskriptiv und selbst in den wenigen etwas kritischen Abschnitten durchaus ehrfurchtsvoll. Im Endergebnis ist diese Arbeit eine eher seichte, trockene und schwer leserliche Schrift. Soll man sie aus diesem Grund ignorieren und

2. *La race, le milieu, le moment:* Hippolyte Taine

ihr höchstens die Bedeutung eines biografischen Dokuments beimessen? Das ist in der Zweig-Forschung meistens so geschehen.

Und doch übten einige Taine'sche Ansichten auf Stefan Zweig einen nachhaltigen Einfluss aus. Taines berühmteste Aussage kommt im fünften Abschnitt der umfangreichen Einleitung zur *Geschichte der englischen Literatur* vor:

> Trois sources différentes contribuent à produire [l']état moral élémentaire, *la race, le milieu et le moment*. Ce qu'on appelle la race, ce sont ces dispositions innées et héréditaires que l'homme apporte avec lui à la lumière et qui ordinairement sont jointes à des différences marquées dans le tempérament et dans la structure du corps. Elles varient selon les peuples. Il y a là naturellement des variétés d'hommes, comme des variétés de taureaux et de chevaux. (Taine 1863, S. XXIII)

> Drei verschiedene Quellen tragen zur Herbeiführung dieses elementaren moralischen Zustandes bei: Die Rasse, das Milieu und der Zeitpunkt. Was man „die Rasse" nennt, sind jene angeborenen und erblichen Anlagen, die der Mensch von Geburt an in sich trägt und die gewöhnlich mit scharfen Unterschieden im Temperament und im Körperbau zusammenhängen. Diese Anlagen sind je nach den Völkern verschieden. Es gibt natürlich Abarten von Menschen, wie es Abarten von Stieren oder Pferden gibt. (Taine 1878, S. 15f.; überarb. v. J. L. R.)

Diese berühmte Stelle wirkt heutzutage wegen der Unschärfe und zugleich der offenkundigen Verfänglichkeit der Schlüsselbegriffe eher bestürzend. *Milieu* und *moment* werden als sozial- und geschichtswissenschaftliche Kategorien kaum definiert. Dem Terminus ‚Rasse' wird eine schillernde Eindeutigkeit unterstellt, die ein auffälliges Defizit an Präzision verdeckt. Jeder kann sich unter Taines ‚Rasse' vorstellen, was ihm die sozialen Diskurse, in denen er schwimmt, zuflüstern.

Es wäre jedoch falsch, den Taine'schen Rassebegriff im Sinne der rassistischen Ideologien der Jahrhundertwende und des 20. Jahrhunderts zu interpretieren (vgl. Nordmann 1992). Taines naturalistisches Weltbild ist statisch. Seine Bezugspunkte sind der ‚Fixismus' von Cuvier (*stabilité des formes und fixité des espèces*), bei dem eine Art erst in Folge einer Katastrophe verschwinden kann, so dass man von einer Katastrophentheorie sprechen kann, nicht von Evolution und von Selektion. Taines Theorie ist vor Darwins *Über die Entstehung der Arten* (1859) in seinen Grundzügen schon konstituiert. Aus dem historischen Gesetz, das sich aus den Faktoren Rasse, Milieu und *moment* ableitet, kann man das einheitliche Prinzip, die Physiognomie, das Profil jeder einzelnen Epoche folgern. Taine war kein Historiker im Sinne des deutschen Historismus; die Erträge der philologischen Forschung berücksichtigte er, ohne jedoch weiter nach Fakten, Dokumenten und Quellen zu suchen. Er bemühte sich darum, aus den Texten den ‚état moral élémentaire' einer Epoche herauszulesen, also die psychologischen Grundlagen, die ‚seelische Verfassung' einer Kultur.

Das ‚Milieu' ist selbstverständlich sozial gemeint, es umfasst jedoch den ganzen kulturellen, intellektuellen, religiösen Kontext. Der ‚Moment' bedeutet für einen Künstler oder einen literarischen Autor seine Situation innerhalb einer Tradition und seine Zugehörigkeit zu einem Stil. Taine versteht die Rasse vor allem als ‚race psychologique', ja beinahe als ‚forma mentis'. Die modernen ‚Rassen' – wie die französische und die ‚germanische' – entstehen durch Mischung und Kreuzung.

Dennoch wird die Verbindung von Taine zu zeitgenössischen Rassentheorien von Zweig im Abschnitt 2.2.4 seiner Dissertation unkritisch hergestellt. Taine wird von

Zweig zwischen Gobineau und Chamberlain situiert. Dieser Konstellation fügt Zweig Heinrich Driesmans hinzu, in dessen Traktat *Rasse und Milieu* aus dem Jahre 1902 (vgl. Driesmans 1902) Buckle und Taine häufig zitiert werden. Ansonsten stellt Zweig die Annahme Taines, die Rasse sei der wesentliche Grundbegriff der Kunst-, Literatur- und Kulturgeschichte, gar nicht in Frage. Den reduktionistischen Standpunkt Taines nimmt er widerspruchslos an, obwohl er selbst zur neuromantischen Auffassung neigt, die er 1938 noch einmal in *Das Geheimnis des künstlerischen Schaffens* zum Ausdruck bringen wird (→ IV.6 Der künstlerische Prozess).

Nur in den Abschnitten, die sich mit Taines ‚Dekonstruktion' der großen Männer der Geschichte und Napoléons auseinandersetzen, zeigt sich Zweig (wahrscheinlich durch Nietzsche dazu ermuntert) mit Taine unzufrieden (vgl. Zweig 2005, S. 50).

In Stefan Zweigs Essays bis zum Ersten Weltkrieg gewinnt das Wort Rasse eine überraschende Bedeutung. In seiner enthusiastischen Einleitung zum Band *E. M. Lilien. Sein Werk* von 1903, die parallel zum Beginn der Arbeit an der Dissertation über Taine entstand, rühmt Stefan Zweig diesen Jugendstil-Künstler aus Ostgalizien, der ein Mitstreiter von Herzls zionistischer Bewegung ist (vgl. Gelber 1992, 1998; Le Rider 2013). Er zitiert Taine am Anfang des zweiten Abschnitts: „Es gibt ein Wort von Taine, das zuerst seltsam und herbe anmutet. ‚Ohne eine Philosophie ist der Gelehrte nur ein Handwerker und der Künstler nur ein Spaßmacher.'" (Zweig 1903, S. 11) Bei dem Zitat handelt es sich um eine Stelle in Taines Balzac-Essay (Taine 1866), in dem das sechste Kapitel den Titel „La philosophie de Balzac" trägt und mit folgenden Behauptungen beginnt:

> Le signe d'un esprit supérieur, ce sont les vues d'ensemble. Sans une philosophie, le savant n'est qu'un manoeuvre et l'artiste qu'un amuseur. De là le rang éminent d'Ampère en physique, de Geoffroy Saint-Hilaire en zoologie, de M. Guizot en histoire. De là aussi le rang de Balzac dans le roman. (Taine 1866, S. 154)

> Zeichen eines höheren Geistes sind die überblickenden Anschauungen. Ohne eine Philosophie ist der Gelehrte nur ein Hilfsarbeiter, der Künstler nur ein Unterhalter. Daher rührt die überragende Stellung Ampères in der Physik, Geoffroy Saint-Hilaires in der Zoologie, Guizots in der Geschichte. Daher rührt auch Balzacs hoher Rang im Roman. (Taine 1913, S. 86; überarb. v. J. L. R.)

Zweig kommt in seinem Vorwort zu Liliens grafischen Werken zu dieser prägnanten Formel: „Seine Eigenart blüht aus eigenster Heimatscholle, aus Volksmythe und Rassenwerten, aus nationaler Umgebung und persönlichem Schicksal ins Leben empor." (Zweig 1903, S. 12) Einige Seiten weiter spricht Zweig von einer „Synthese modernuniverseller meisterlicher Technik und jüdisch-rassigen nationalen Inhaltes." (S. 20) Diese Art, über jüdische Kunst zu schreiben, ist typisch für die jungjüdische Bewegung (vgl. Gelber 2014, S. 125). Stefan Zweig vermischt die Sprache des Kulturzionismus mit den Begriffen, die ihm bei Taine in einem ganz anderen ideologischen Kontext schon aufgefallen waren (→ V.8 Judentum und jüdische Identität).

Verwandte Formeln trifft man 1912 in Zweigs Porträt Jakob Wassermanns an. Dank seiner „stark ausgeprägte[n] Rassenfremdheit" (Zweig GWE, Jakob Wassermann, S. 55) habe Wassermann die deutschsprachige Kunst des Romans erneuert. „Wassermanns Zusammenhang mit seiner Rasse ist ein viel intimerer, er ist nicht nur tangiert vom Judentum, sondern fast ausschließlich von ihm bestimmt, wenn auch er (mit J. J. David) von allen modernen Erzählern der deutscheste scheint." (S. 56)

Zwei Jahre nach dem Abschluss seiner Promotion wird Taine von Stefan Zweig in den *Anmerkungen zu Balzac* erwähnt: „[E]s [ist] ihm [i. e. Balzac] wirklich gelungen, wie Taine in seinem berühmten Essay sagt, ‚mit Shakespeare und St. Simon das größte Magazin menschlicher Dokumente zu vereinigen'." (Zweig GWE, Anmerkungen zu Balzac, S. 174) Hier wird eine Stelle aus Taines Balzac-Essay zitiert: „Avec Shakespeare et Saint-Simon, Balzac est le plus grand magasin de documents que nous ayons sur la nature humaine." (Taine 1866, S. 170)

Zweig beschreibt den Balzac'schen Schaffensprozess, und es fallen ihm dabei weitere Taine-Zitate ein: „Abgeschieden von der Wirklichkeit, fiebernd an seinem Schreibtisch mußten seine Personen, mit denen er schaffend zusammenlebte, für ihn Wirklichkeit werden. Es ist jene künstlerische Halluzination, die der pathologischen so nahe ist – Flaubert hat darüber einen unvergänglichen Brief als Antwort auf Taines Enquête geschrieben – jene Halluzination, die allein den Dichter zur Plastik befähigt, weil sie ihn nicht aus Begriffen, sondern aus für ihn reellen Gestalten formen läßt." (Zweig GWE, Anmerkungen zu Balzac, S. 175)

Taine hatte Flaubert im November 1866 um Auskünfte über die Schriftsteller-Imagination gebeten. Zweigs Begrifflichkeit lehnt sich an Flauberts (Selbst-)Analyse in seinem Antwortschreiben vom 20. November an (vgl. Flaubert 1991, S. 561–563), die Taine auszugsweise in *De l'intelligence* zitiert (vgl. Taine 1870, S. 94; vgl. auch Taine 1866, S. 94 f.).

Im *Oxford* betitelten Feuilleton von 1907 beschwört Zweig die Oxford-Schilderung durch Hippolyte Taine (vgl. Taine 1861): „[I]ch fühle es, jene berühmten Seiten Taines über Oxford in seinem Essay über John Stuart Mill, jene Schilderung der in tausend Taujuwelen erwachenden Wiesen können nur diesem einzigen Gange gelten, der die Gärten mit sanfter Hand wieder zurückführt in ihre Heimat, in der Felder ruhendes Grün." (Zweig GWE, Oxford, S. 91)

In der Monografie über Émile Verhaeren (1910) verwendet Stefan Zweig wieder häufig den Begriff ‚Rasse', der in diesem Text die gleiche Bedeutung gewinnt wie etwa ‚kulturelle Identität'. Selbst wenn er die belgische, von Verhaeren verkörperte kulturelle Identität zu definieren versucht, zögert Stefan Zweig nicht, auf das Wort ‚Rasse' zurückzugreifen. Von einer reinen Rasse kann aber nicht die Rede sein, im Gegenteil, es sind die Mischung, die Kreuzung, die *métissage*, der allseitige Kulturtransfer, die hier wie in einem Schmelztiegel eine ‚starke Rasse' entstehen lassen, die in Zweigs Augen zugleich als Prototyp der ‚europäischen Rasse' gelten soll: „[S]o stark, so unablässig ist der von beiden Seiten lastende Druck der nachbarlichen Rassen, daß diese Mischung nun schon ein neues Ferment, eine neue Rasse geworden ist. [...] Und diese neue belgische Rasse ist eine starke Rasse, eine der tüchtigsten Europas. Die Berührung mit so viel fremden Kulturen, die Nähe so kontradiktorischer Nationen hat sie befruchtet." (Zweig GWE, Emile Verhaeren, S. 33) Zweig vergleicht das ‚neue Belgien' mit Amerika: „[W]ie in Amerika hat hier die Mischung der Rassen und ein fruchtbares, gesundes Land starke Menschen gezeugt. Denn die belgische Rasse ist eine Rasse der Vitalität." (S. 33 f.)

An diesen Stellen der Verhaeren-Monografie merkt man die Spuren, die Zweigs Taine-Lektüren hinterlassen haben. Auch wenn Zweig Jordaens und die Begegnung der flämischen mit der italienischen Kunstschule in der Zeit der spanisch-habsburgischen Herrschaft kommentiert, übernimmt er Ansichten aus Taines *Philosophie de l'art* (1865) und *Philosophie de l'art dans les Pays-Bas* (1868), die sich mit Reminiszenzen an Schillers *Don Carlos* und Goethes *Egmont* vermengen. „Verhaeren ist der Triumph der belgischen und auch der europäischen Rasse." (Zweig GWE, Emile Verhaeren, S. 41) Die Utopie einer europäischen Synthese der Volksstämme nach belgischem Vorbild kann man als eine frühe Form des ‚habsburgischen Mythos' Stefan Zweigs interpretieren.

1925 und 1926 erwacht Stefan Zweigs Interesse für Taines *Geschichte der englischen Literatur* wieder. Durch dieses Werk war Stefan Zweig auf Ben Jonsons Stück *Volpone* aufmerksam gemacht worden. Und er greift auf Taines Kapitel über Ben Jonson in der Zeit zurück, wenn er sich nun dazu entschließt, *Volpone* neu zu bearbeiten (vgl. Dumont 1967, S. 331; Meister 2013, S. 91). Ein Jahr nach dem Erscheinen dieser „Komödie nach Ben Jonson" (1926) veröffentlicht Stefan Zweig die Erzählung *Verwirrung der Gefühle* im gleichnamigen Erzählband im Insel Verlag: In der Darstellung des Professors, dessen Vorlesungen zur englischen Literatur der Shakespeare-Zeit für die Erzählerfigur zum prägendsten Erlebnis ihrer Studentenzeit werden, kann man eine späte Beschwörung des für den Doktoranden Stefan Zweig so wichtig gewordenen Meisterdenkers Hippolyte Taine wiedererkennen.

1928 gibt Stefan Zweig im Essay über Stendhal in *Drei Dichter ihres Lebens* ein letztes Mal zu fühlen, wie intensiv er den Literarurhistoriker Taine rezipiert hatte. Zweig erwähnt Stendhals Sätze über die sogenannte Kristallisation der Liebe und bemerkt: „[A]us [einer] [...] flüchtig hingestrichelten Bemerkung [Stendhals] über den Einfluß der Rasse und des Milieus auf den Künstler hat sich Taine eine dickleibige, schweratmende Hypothese und seine philosophische Zelebrität geholt. Stendhal selbst aber, den Nichtarbeiter, den genialen Improvisator, reizt die Psychologie niemals über das Fragment, über das Aphorisma hinaus" (Zweig GWE, Drei Dichter ihres Lebens, S. 215). 1928 war Zweigs Interesse an Taines Rassegedanken erloschen. Das unheimliche Wort ‚Rasse' war für gute Europäer längst nicht mehr brauchbar.

Während Zweig seine Doktorarbeit über Taine nie veröffentlichte, setzte er sich noch 1923 für Sainte-Beuves Nachruhm ein. In seiner Einleitung zu einer Auswahl von Sainte-Beuves *Literarischen Portraits aus dem Frankreich des XVII.–XIX. Jahrhunderts* (vgl. Zweig GWE, Sainte-Beuve) werden die *Causeries du lundi* zum Ur- und Vorbild der Feuilletons, die er selbst für die *Neue Freie Presse* und andere angesehene Zeitungen zu schreiben wusste. „Er [i.e. Sainte-Beuve] ist der Vorfahre Taines und unseres Altmeisters Georg Brandes." (S. 175) Im Jahre 1923 war Proust schon gestorben. In seinem *Pour Sainte-Beuve* feierte Stefan Zweig die im Tumult des Kriegs und der frühen 1920er Jahre versunkene Kunst von gestern, das Wiener Feuilleton der guten alten Zeit.

Stefan Zweig

Zweig, Stefan (1903): Einleitung. In: E. M. Lilien. Sein Werk. Mit einer Einleitung von Stefan Zweig. Berlin, Leipzig: Schuster & Loeffler, S. 9–29.

Zweig, Stefan (1983): Anmerkungen zu Balzac. In: Ders.: Begegnungen mit Büchern. Aufsätze und Einleitungen aus den Jahren 1902–1939. GWE. Hg. v. Knut Beck. Frankfurt a.M.: S. Fischer, S. 169–178.

Zweig, Stefan (1984): Emile Verhaeren. GWE. Hg. v. Knut Beck. Frankfurt a.M.: S. Fischer.

Zweig, Stefan (1984): Sainte-Beuve. In: Ders.: Das Geheimnis des künstlerischen Schaffens. Essays. GWE. Hg. v. Knut Beck. Frankfurt a.M.: S. Fischer, S. 51–63.

Zweig, Stefan (1987): Oxford. In: Ders.: Auf Reisen. Feuilletons und Berichte. GWE. Hg. v. Knut Beck. Frankfurt a.M.: S. Fischer, S. 85–93.

Zweig, Stefan (1995): Briefe. Bd. I: 1897–1914. Hg. v. Knut Beck, Jeffrey B. Berlin u. Natascha Weschenbach-Feggeler. Frankfurt a.M.: S. Fischer.

Zweig, Stefan (2004³): Stendhal. In: Ders.: Drei Dichter ihres Lebens. Casanova, Stendhal, Tolstoi. GWE. Hg. v. Knut Beck. Frankfurt a.M.: S. Fischer, S. 129–235.

Zweig, Stefan (2005): Die Philosophie des Hippolyte Taine. Dissertation eingereicht zur Erlangung des philosophischen Doktorates. Wien 1904. Hg. v. Holger Naujoks. Reinhardsbrunn: Eigenverlag.

Zweig, Stefan (2007²): Jakob Wassermann. In: Ders.: Das Geheimnis des künstlerischen Schaffens. Essays. GWE. Hg. v. Knut Beck. Frankfurt a.M.: S. Fischer, S. 53–76.

Zweig, Stefan (2007⁵): Die Welt von Gestern. Erinnerungen eines Europäers. GWE. Frankfurt a.M.: S. Fischer.

Weitere Literatur

Benne, Christian (2005): Nietzsche und die historisch-kritische Philologie. Berlin, New York: de Gruyter.

Campioni, Giuliano (2009): Der französische Nietzsche. Berlin, New York: de Gruyter.

Charle, Christophe (1998): La magistrature intellectuelle de Taine. In: Ders.: Paris fin de siècle. Culture et politique. Paris: Seuil, S. 97–123.

Driesmans, Heinrich (1902): Rasse und Milieu. Berlin: Johannes Räde.

Dumont, Robert (1967): Stefan Zweig et la France. Paris: Didier.

Flaubert, Gustave (1991): Correspondance. Hg. v. Jean Bruneau. Bd. 3: 1859–1868. Paris: Gallimard.

Gelber, Mark H. (1992): Stefan Zweig und E. M. Lilien: Aspekte der Begegnung von jüdischem Ost und West um die Jahrhundertwende. In: Austriaca 17/34/1992, S. 17–31.

Gelber, Mark H. (1998): E. M. Lilien. Jugendstil – Erotik und Kulturzionismus. In: Almog, Oz/Milchram, Gerhard (Hg.): E. M. Lilien. Jugendstil – Erotik – Zionismus. Wien: Mandelbaum, S. 6–11.

Gelber, Mark H. (2014): Stefan Zweig und E. M. Lilien im Lichte des Kulturzionismus. In: Ders.: Stefan Zweig, Judentum und Zionismus. Innsbruck u.a.: StudienVerlag, S. 111–129.

Lepenies, Wolf (1988): Die drei Kulturen. Soziologie zwischen Literatur und Wissenschaft. Reinbek b. H.: Rowohlt.

Le Rider, Jacques (2013): Französische Übersetzung und Kommentar von Stefan Zweig: Introduction à *E. M. Lilien. Son oeuvre* (1903). In: Approches. Revue trimestrielle de sciences humaines 156/2013, S. 49–81.

Meister, Monika (2013): Theater als Paradigma kultureller Identität und Krisensymptom. Stefan Zweigs „lieblose Komödie" *Volpone*. In: Peter, Birgit/Renoldner, Klemens (Hg.): Zweigs Theater. Der Dramatiker Stefan Zweig im Kontext europäischer Kultur- und Theatergeschichte. Würzburg: Königshausen & Neumann, S. 87–100.

Nordmann, Jean-Thomas (1992): Taine et la critique scientifique. Paris: Presses Univ. de France.

Taine, Hippolyte (1861): Le positivisme anglais. Étude sur Stuart Mill. In: Revue de métaphysique et de morale März/1861.

Taine, Hippolyte (1863): Introduction. In: Ders.: Histoire de la littérature anglaise. Bd. 1. Paris: Hachette, S. I–XLVIII.

Taine, Hippolyte (1866²): Balzac. In: Ders.: Nouveaux Essais de critique et d'histoire. Paris: Hachette, S. 63–170.

Taine, Hippolyte (1870): De l'intelligence. Bd. 1. Paris: Hachette.

Taine, Hippolyte (1878): Einleitung. In: Ders.: Geschichte der englischen Literatur. Autorisierte deutsche Ausgabe. Bd. 1: Die Anfänge und die Renaissance-Zeit der englischen Literatur. Bearbeitet u. mit Anmerkungen versehen v. Leopold Katscher. Leipzig: Ernst Julius Günther, S. 1–33.
Taine, Hippolyte (1913): Balzac. Leipzig: Insel.
Weschenbach, Natascha (1992): Stefan Zweig und Hippolyte Taine. Stefan Zweigs Dissertation über *Die Philosophie des Hippolyte Taine* (Wien 1904). Amsterdam: Rodopi.

3. Das Motiv des Besiegten
Arturo Larcati

1. Einleitung 722
2. Die Dramen 724
3. Novellen und Biografien 725
4. Forschungsperspektiven 730

1. Einleitung

Im Zusammenhang mit dem Theaterstück *Tersites* (1907) äußert sich Stefan Zweig zu einem besonderen Aspekt seines poetologischen Programmes, das seinen Dramen zugrunde liegt: Ein „Zug [s]einer inneren Einstellung" sei es, dass er „unweigerlich nie die Partei der sogenannten ‚Helden'" ergreife, „sondern Tragik immer nur im Besiegten" sehe (Zweig GWE, Die Welt von Gestern, S. 198). Er erklärt diese Sympathie zu einem zentralen Gestaltungsprinzip nicht nur seiner Dramen, sondern auch seiner Prosa: „In meinen Novellen ist es immer der dem Schicksal Unterliegende, der mich anzieht, in den Biographien die Gestalt eines, der nicht im realen Raume des Erfolgs, sondern einzig im moralischen Sinne recht behält, Erasmus und nicht Luther, Maria Stuart und nicht Elisabeth, Castellio und nicht Calvin" (S. 198). Zweig thematisiert hier seine Vorliebe für Gestalten, die scheitern – sei es in der Politik oder in der Liebe –, für die unterliegenden Helden, die sich einer höheren Gewalt beugen (vgl. Courts 1962). Er erklärt, dass er sich mit jenen Protagonisten seiner Geschichten identifiziert, die einen gewaltsamen Tod sterben, wie die beiden Königinnen Maria Stuart und Marie Antoinette, oder die Selbstmord begehen. Formale Korrelate dieser ‚Poetik der Besiegten' sind das Prinzip des Antagonistischen und das Narrativ von ‚Triumph und Tragik'.

Zweig stellt seinen Protagonisten häufig Rivalen gegenüber, um seine Darstellung schärfer zu konturieren und seinen Geschichten größere Anschaulichkeit zu verleihen. Dieses narrative Schema findet sich nicht nur in all seinen Biografien, sondern auch in zahlreichen Dramen und Novellen. Selbst in den *Sternstunden der Menschheit* verzichtet Zweig nicht auf die Konfrontation zweier Standpunkte – wie z.B. von de Balboa und Pizarro (in *Flucht in die Unsterblichkeit*) oder von Scott und Amundsen (in *Der Kampf um den Südpol*).

Hinzu kommt die Dialektik von Sieg und Niederlage. Der Titel *Triumph und Tragik des Erasmus von Rotterdam* (1934) darf in dieser Hinsicht als programmatisch betrachtet werden. Zweigs Helden erscheinen zwar als tragische Gestalten, weil sie „im realen Raume des Erfolgs" (Zweig GWE, Die Welt von Gestern, S. 198) ihren stärkeren Antagonisten unterliegen, triumphieren aber aufgrund ihrer moralischen Überlegenheit und ihrer Menschlichkeit dennoch über ihre Gegner. So nutzt der Schriftsteller das tragische Potenzial der Besiegten, um seine humanistische Philosophie entfalten zu können (→ V.6 HUMANITÄT UND HUMANISMUS).

Die ‚Poetik der Besiegten' hat mehrere Voraussetzungen und Implikationen, sie wandelt sich auch im Laufe der Zeit. Zunächst basiert sie auf einer pessimistischen Interpretation von Geschichte, wonach diese die Sieger zelebriert, ihre Taten und ihren Ruhm verherrlicht, während sie die Besiegten aus dem kollektiven Gedächtnis verdrängt (→ V.1 GESCHICHTSBILDER UND GESCHICHTSAUFFASSUNG). Daraus leitet Zweig die Aufgabe für den Schriftsteller ab, die Besiegten als Antihelden zu rehabilitieren und umgekehrt die Sieger der Geschichte zu entmythisieren (vgl. Larcati 2013, S. 33f.). Bei dieser Rolleninversion arbeitet Zweig die psychologischen Unterschiede zwischen den Charakteren genau heraus, um seine Antihelden in ein positives Licht zu rücken und ihre Gegner als falsche Helden zu entlarven. Wenn es darum geht, moralisch attraktive Formen des alternativen Heldentums zu erfinden, erreicht Zweig mit immer neuen Schwerpunkten seiner Werke einen erstaunlichen Facettenreichtum.

In den 1920er Jahren akzentuiert Zweig das Sieger-Besiegten-Theorem im Hinblick auf die politische Situation – etwa um seine Skepsis gegenüber dem Engagement in politischen Vereinen oder Parteien zu begründen. Nach dem Vertrag von Locarno schreibt er am 15. Oktober 1925 an Hans Rosenkranz: „Die richtige Form [des Verhaltens] in diesen Dingen ist: resigniert sein und kämpfen, wie Macbeth im letzten Akt, obwohl er weiss, dass alle Kräfte der äusseren Welt wider ihn wirken. Schliesslich sind doch alle Siege innen und niemals aussen" (unveröffentlichter Brief, National Library Jerusalem). Nach Hitlers Machtübernahme verbindet Zweig die ‚Poetik der Besiegten' auch mit der Frage, wie eine geeignete Form des Widerstands gegen den Nationalsozialismus zu finden sei (→ IV.12 KUNST UND POLITIK). In einem programmatischen Brief vom 15. Mai 1933 an Klaus Mann erklärt der Schriftsteller: „Das rein Aggressive liegt mir charaktermäßig nicht, weil ich an ‚Siege' nicht glaube, aber in unserem stillen, entschlossenen Beharren, in der künstlerischen Kundgabe liegt vielleicht die stärkere Kraft." (Mann 1991, S. 94) Und er fügt hinzu: „Kämpfen können die anderen [i.e. die Nationalsozialisten] auch, [...] so muß man sie auf dem andern Gebiet schlagen, wo sie inferior sind und [...] in künstlerisch unwidersprechlicher Form die Bildnisse *unserer* geistigen Helden aufzeigen." (S. 94, Herv. i. O.) Analog dazu äußert er sich in einem Brief an Joseph Roth vom 25. September 1937: „Nein, Roth, *nicht* hart werden an der Härte der Zeit, das heißt, sie bejahen, sie verstärken! Nicht kämpferisch werden, nicht unerbittlich, weil die Unerbittlichen durch ihre Brutalität triumphieren – Sie lieber *widerlegen* durch das Anderssein, sich höhnen lassen für seine Schwäche statt seine Natur zu verleugnen." (Roth/Zweig 2011, S. 357f., Herv. i. O.) Mitte der 1930er Jahre glaubt Zweig noch „fest daran", dass „geistige Aufklärung [...] das moralische Gewissen der Deutschen wachrütteln [könne]." (Prochnik 2016, S. 70)

In den Jahren des Exils (1934–1942) zeigt sich, dass sich Zweig, nach dem Zusammenbruch seines Traumes eines friedlichen Europas und dem Verlust seines deutschsprachigen Publikums, noch intensiver als früher mit der Gestalt des Unterliegenden und des Verlierers identifiziert. Das Gefühl des Scheiterns seiner Bemühungen um eine europäische Verständigung mag zu seiner Entscheidung, aus dem Leben zu treten, beigetragen haben (→ V.10 SUIZID).

Donald G. Daviau geht davon aus, dass Stefan Zweig seine Poetik der „Sieger in der Niederlage" (Daviau 1959) seinem Vorbild Romain Rolland verdankt. Dies könnte man allein durch zahlreiche Stellen in Zweigs Rolland-Biografie belegen. So schreibt Zweig über das Drama *Le Triomphe de la Raison* (1899), das Buch sei

> nur ein Ausschnitt aus dem gewaltigen Fresko. Aber es lebt vom zentralen Problem der Rollandschen Geistesrichtung: hier ist zum erstenmal die Dialektik der Niederlage voll entfaltet, jenes leidenschaftliche Bekenntnis für die Besiegten, jene Umwertung des realen Unterliegens in geistigen Triumph, die – aus der Kindheit anklingend und von allen Erlebnissen Resonanz gewinnend – den Kern seines moralischen Gefühls bildet. (Zweig GWE, Romain Rolland, S. 132)

Ähnliche Überlegungen stellt er auch mit Blick auf *Das Bildnis Deutschlands* im Roman *Jean Christophe* an (vgl. S. 222 f.). Rolland selbst lobt Zweigs Biografie unter anderem deshalb, weil der Freund gerade auf diesen Aspekt seiner „Geistesrichtung" hingewiesen habe. In einem Brief vom 13. Dezember 1920 zitiert Rolland den 29. Gesang von Dantes *Paradiso*: „Sie haben recht, von meinen ‚siegreichen Niederlagen' zu sprechen („... *quanto sangue costa* ..."), die tatsächlich eines meiner Lebensgesetze zu sein scheinen" (Rolland/Zweig 1987, S. 596, Herv. i. O.).

2. Die Dramen

„Stefan Zweigs Liebe zur Niederlage", wie Daniela Strigl (2014) sie nennt, kommt zum ersten Mal in seinem Drama *Tersites* zum Vorschein. Hier rehabilitiert Zweig die aus der *Odyssee* stammende Gestalt des Tersites, des Buckligen und Hässlichen, gegenüber Achill, der in der Tradition als Inbegriff des starken Kriegers, des unbesiegbaren Helden und des schönen Mannes gilt. In einem Brief an Ellen Key vom 12. August 1905 erklärt Zweig, dass er durch die Gegenüberstellung der beiden Gestalten die Idee zum Ausdruck bringen wolle, „wie die großen Schmerzlichkeiten eine Seele verfeinern, während das Glück sie verhärtet." (Zweig, Br I, S. 104) Zweig hält Tersites gegenüber Achill, „den nie Leid berührt hat" (S. 104), für überlegen, da er dazu fähig ist, den Schmerz seiner permanenten Demütigungen zu ertragen. Auch eine tiefere menschliche Sensibilität spreche für Tersites: „[S]o wie Thersites, der nie eine Frau berührt hat, tiefer ihre Seele faßt, wie die Heitern und Hellen, so ist dieses dunkle und abschreckende Leben eigentlich das Wertvollere." (S. 104) In der Opposition der beiden Gestalten sieht Thomas Koebner einen Reflex der typischen Künstler-Problematik des *fin de siècle*: „die Polarität zwischen ‚vitalistischer' Lebensenergie und empfindlicher Lebensfurcht, zwischen naivem Kampfgeist und Rückzug in fein kultivierte Innerlichkeit" (Koebner 2010, S. 31; vgl. Daviau 1983, S. 197 f.). Tersites sei mit einigen (Dilettanten- und) Künstlerfiguren aus dem Werk des frühen Thomas Mann verwandt, die aufgrund ihrer Anlagen zum Scheitern verurteilt sind, insbesondere mit Tonio Kröger.

Bewegt sich Zweigs Auseinandersetzung mit Tersites und Achill noch im Rahmen seines Ästhetizismus, so wendet er in *Jeremias* (1917) die Dialektik von Niederlage und moralischem Sieg auf den Pazifismus an. Im ersten Teil des Stückes wird der Protagonist zum tragischen Opfer des Kriegsfanatismus. Als kleiner Priester aus der Provinz fühlt er sich von Gott aufgerufen, gegen den Krieg zu predigen, er stellt sich mit seinen emphatischen Volksreden gegen die Vertreter der Kriegspropaganda, bis er fast, wie Jesus Christus, ans Kreuz geschlagen wird. Nach der von ihm vorhergesehenen Niederlage seines Volkes und der Zerstörung Jerusalems folgt nun die Zeit seines ‚Triumphs'. Der verachtete Prophet avanciert im zweiten Teil des Dramas zum geistigen Führer des jüdischen Volkes, weil er imstande ist, dem tragischen Schicksal der Diaspora einen Sinn zu geben. Er erscheint als „derjenige, der als der Schwache, der Ängstliche in der Zeit der Begeisterung verachtet wird, in der Stunde der Niederlage sich meist als der einzige erweist, der sie nicht nur erträgt, sondern sie bemeistert." (Zweig GWE, Die Welt von Gestern, S. 288) Als moralische Autorität steht „der Schwache" für Zweig nun über seinen früheren Verächtern – dem König und seinen Beratern –, die für den Krieg plädiert hatten (→ IV.11 THEATER; V.4 KRIEG, FRIEDEN, PAZIFISMUS).

Die ebenso im Zusammenhang mit dem Ersten Weltkrieg entstandene Parabel *Die Augen des ewigen Bruders* (1921) ist die Geschichte eines Besiegten, obwohl die Tragik in diesem Fall keinem moralischen Triumph entspricht. Der Protagonist Virata hat seinen Bruder getötet, auch wenn er die Tat im Rahmen seiner Pflichten als königstreuer Krieger begangen hat. Er will diese Schuld um jeden Preis sühnen. Seine Versuche, Gutes zu bewirken, schlagen fehl. Der Abstieg, der ihn vom obersten Richter bis hinab zum Hundehüter führt, ist ein Paradebeispiel für sein Scheitern. Egal ob als Richter, im Gefängnis, als Familienvater oder selbst als Eremit, Virata kann dem Teufelskreis der Schuld nicht entgehen. Ein moralischer Sieg des Protagonisten bleibt in diesem Fall aus, obwohl der Schluss der Legende offen lässt, ob dieser Frieden mit sich selbst schließen konnte oder nicht (→ III.6 LEGENDEN).

3. Novellen und Biografien

Das Thema des Scheiterns bestimmt auch Zweigs Novellen, vor allem jene, in denen es um Liebe und fatale Leidenschaften geht. Es ist auffällig, dass viele dieser Texte vom Misslingen einer Liebesbeziehung handeln und die Begehren der Figuren unerfüllt bleiben. Der Ausbruch der Leidenschaft eröffnet Abgründe, an denen die Protagonisten zugrunde gehen. Sie bemühen sich umsonst um das Liebesobjekt, wie Mrs. C. in *Vierundzwanzig Stunden aus dem Leben einer Frau* (1925), die einen jungen Mann trotz größtem Einsatz nicht von seiner Spielsucht befreien kann, und nehmen sich manchmal in Folge ihres Scheiterns das Leben (*Der Stern über dem Walde*, 1904; *Leporella*, 1928). In *Brennendes Geheimnis* (1911) verhindert das Kind die beginnende Liebesgeschichte zwischen seiner Mutter und einem Fremden. Es wehrt sich dagegen, dass seine Mutter die heile Welt der Familie aufs Spiel setzt.

Trotzdem finden sich unter Zweigs Novellen auch solche, die – wie der Autor suggeriert – im Rahmen der Dialektik von ‚Triumph und Tragik' zu lesen sind: z.B. *Verwirrung der Gefühle* (1927), ein zentraler Text der homosexuellen Literatur. Der ältere Professor, dessen Leben in der Binnenhandlung erzählt wird, erscheint eindeutig als das Opfer der repressiven Moral einer Gesellschaft, die homosexuelle Beziehungen bestraft. Er wird in mehrerlei Hinsicht zur tragischen Gestalt, zum großen Leidenden stilisiert: Nicht nur kann er seine homoerotischen Gefühle für den jungen Studenten wegen der Gesetzeslage und der geltenden Moral nicht offenbaren; auch der Versuch, seine verbotene Liebe durch das gemeinsame Schaffen eines Buches zu sublimieren, kann nicht verwirklicht werden. Die Karriere des Professors scheitert aufgrund seiner Neigung. Sein Name wird in der Festschrift für seinen ehemaligen Studenten Roland, der selbst Universitätsprofessor wurde, nicht erwähnt. In der Rahmenhandlung widerfährt dem Älteren jedoch Gerechtigkeit: Der frühere Student erzählt in der Rückblende dessen tragische Lebensgeschichte, welche die Gesellschaft gerne verdrängt hätte. Der Erzähler macht sie öffentlich und bewirkt dadurch gleichsam die ‚Rettung' des älteren Professors. Wenn auch *a posteriori*, bekennt er sich zu seinen Gefühlen, die er früher nicht wahrnehmen konnte oder wollte, und nobilitiert sie nun auf seine Weise. Dadurch versucht er, seinen Mentor zu rehabilitieren.

Zu einer Rehabilitation der unglücklich Liebenden kommt es auch im Roman *Ungeduld des Herzens* (1939). Die Beziehung zwischen Edith von Kekesfalva und Leutnant Hofmiller, die zwischen Mitleid und Liebe changiert, endet auf tragische Weise. Edith nimmt sich am Ende des Romans das Leben, gleichzeitig wird die Gelähmte zu einem höheren Wesen stilisiert, das außergewöhnlich tief und intensiv lieben kann. Die Frau des Arztes Dr. Condor formuliert Zweigs Programm, indem sie in einem Gespräch mit Hofmiller Kranke und Schwache nobilitiert und sie in Opposition zu den Gesunden stellt. So teilt sie Liebende in zwei Kategorien ein und diskreditiert „die Gesunden, die Sicheren, die Stolzen, die Frohen, die Freudigen", denn sie „nehmen Liebe nur als gebotene Huldigung, als ihnen schuldige Pflicht hin, hochmütig und gleichgültig." (Zweig GWE, Ungeduld des Herzens, S. 440) Für die Kranken hingegen sei die Liebe „Sinn und Seligkeit" des ganzen Lebens: „Einzig denen, die das Schicksal benachteiligt hat, einzig den Verstörten, den Zurückgesetzten, den Unsicheren, den Unschönen, den Gedemütigten kann man wahrhaft helfen durch Liebe. Wer ihnen sein Leben hingibt, entgilt, was das Leben ihnen genommen. Nur sie wissen zu lieben und geliebt zu werden, wie man lieben soll: dankbar und demütig." (S. 440)

In den großen biografischen Essays Zweigs lassen sich ähnliche Strategien der Rechtfertigung bzw. Rehabilitierung finden. In den Porträts der *Baumeister der Welt* (ab 1920) erzählt Zweig mit Vorliebe dramatische bzw. tragische Lebensläufe, die er in heroische Geschichten verwandelt. Nicht nur in den Aufsätzen über Kleist, Hölderlin und Dostojewski, sondern auch in den Biografien über Verlaine (1905) und Desbordes-Valmore (1920) werden vormalige Außenseiter des Literaturbetriebs in ihrem Ansehen wiederhergestellt. So bezeichnet Zweig beispielsweise Marceline Desbordes-Valmore mit einer sonderbaren Wendung als „die Heroische des Alltags" (Zweig GWE, Marceline Desbordes-Valmore, S. 144), um sie in eine Reihe mit den bereits anerkannten „Heroine[n]" (S. 144) wie George Sand, Charlotte Corday und Jeanne d'Arc zu stellen. Für seine Studie *Der Kampf mit dem Dämon* wählt Zweig Nietzsches bekannten Satz als Motto: „Ich liebe die, welche nicht zu leben wissen, es sei denn als Untergehende, denn es sind die Hinübergehenden." (Zweig GWE, Der Kampf mit dem Dämon, S. 7)

Als „Sieger in der Niederlage" (Daviau 1959) ist Erasmus von Rotterdam eine der wichtigsten Identifikationsfiguren von Zweig, die sein Bild als Intellektueller bis heute prägt. In der Biografie des Gelehrten zeichnet Zweig das „Bildnis eines Besiegten", so der ursprüngliche Titel des Buches. Am Beispiel von Erasmus kann Zweig die Problematik der Unabhängigkeit des Geistes in dunklen Zeiten zum Gegenstand seiner Reflexion machen. Als „der Mann mit dem Buch" (Zweig GWE, Triumph und Tragik des Erasmus von Rotterdam, S. 50) und Vertreter des Humanismus ist Erasmus nicht stark genug, um den Krieg zwischen dem Papst und Luther zu verhindern oder die Kontrahenten zu überreden, untereinander Frieden zu schließen. Allerdings gelingt es ihm, den Versuchungen der beiden Kriegstreiber zu widerstehen, die ihn auf ihre

3. Das Motiv des Besiegten

Seite bringen wollen. In seiner Fähigkeit, selbst in den schlimmsten Krisensituationen über den Fronten zu stehen, zeigt er die Überlegenheit des ‚Geistes' über die ‚Macht'.

Obwohl Erasmus in dem genannten Sinne ein unterliegender Held ist, feiert Zweig seine Leistung – nämlich die Errichtung einer übernationalen Gelehrtenrepublik in Europa – als einen „Triumph der Vernunft":

> [Z]um erstenmal [...] seit dem Einsturz der römischen Zivilisation war durch die Gelehrtenrepublik des Erasmus wieder eine gemeinsame europäische Kultur im Werden, zum erstenmal nicht die Eitelkeit einer einzigen Nation, sondern die Wohlfahrt der ganzen Menschheit das Ziel einer brüderlich idealischen Gruppe. Und dieses Verlangen der Geistigen, sich im Geiste zu binden, der Sprachen, sich in einer Übersprache zu verständigen, der Nationen, sich im Übernationalen endgültig zu befrieden, dieser Triumph der Vernunft war auch der Triumph des Erasmus, seine heilige, aber kurze und vergängliche Weltstunde. (S. 14)

Zweig argumentiert, dass das von Erasmus geleitete Projekt einer übernationalen Verständigung, mag es auch gescheitert sein, nach wie vor als regulative Idee das Ziel der europäisch denkenden Intellektuellen in Zeiten des entfesselten Nationalismus bleibe (→ V.7 Europa-Konzeptionen).

In seiner Biografie von Sebastian Castellio (1936) feiert Zweig einen weiteren Sieg über scheinbare Niederlagen. In der Einleitung zum Buch erklärt er, dass seine Figur „[v]om Geiste aus" zu verstehen sei, wodurch „die Worte ‚Sieg' und ‚Niederlage' einen andern Sinn" gewinnen würden (Zweig GWE, Castellio gegen Calvin, S. 21). Zweig empfiehlt, „immer und immer wieder eine Welt, die bloß auf die Denkmäler der Sieger blickt, daran zu mahnen, daß nicht jene die wahrhaften Helden der Menschheit sind, die über Millionen von Gräbern und zerschmetterten Existenzen ihre vergänglichen Reiche errichten, sondern gerade diejenigen, die gewaltlos der Gewalt unterliegen, wie Castellio gegen Calvin in seinem Kampf um die Freiheit des Geistes und um die endliche Herankunft der Humanität auf Erden." (S. 21) In diesem Zusammenhang definiert Zweig die Besiegten auch als „die zu früh Gekommenen", weil sie als Vertreter der Moralität und Menschlichkeit ihrer Zeit weit voraus seien (S. 21). In seinen Augen erfüllen „die Unterlegenen" die Funktion, diese Ideen – von denen Zweig meint, sie seien im Vergleich zu den kurzlebigen Diktaturen ewig und unzerstörbar – „auf Erden lebendig" zu halten (S. 21). Er schrieb die beiden Bücher in der Zeit des Nationalsozialismus, die beiden Protagonisten erscheinen ihm also auch als „Zeugen" (S. 21), als Platzhalter dieser Ideen, bis sie Wirklichkeit werden.

Als Anwalt der Toleranz und der Gedankenfreiheit ist Castellio, ebenso wie Erasmus, ein Unterliegender, ein Verlierer. In seiner Konfrontation mit Calvin – dem übermächtigen Vertreter des religiösen Fanatismus und „Diktator[ ]" von Genf (S. 39) – hat er keine Chance sich durchzusetzen (→ V.5 Toleranz und Fanatismus). Durch Zufall oder Schwäche stirbt er, kurz bevor ihn Calvin festnehmen lassen und vor Gericht schleppen kann. Aber vor seinem Tod hat er den Mut – und darin liegt für Zweig Castellios Stärke und seine moralische Überlegenheit –, seinen Antagonisten öffentlich herauszufordern. Nachdem Calvin den spanischen „Erzketzer" (S. 97) Miguel Servet aus religionspolitischen Gründen hat hinrichten lassen, verfasst Castellio zwei theologische Streitschriften – die eine erscheint anonym, die andere unter seinem Namen –, in denen er das Todesurteil öffentlich kritisiert. Der französische Gelehrte geht weit über die diplomatischen Anstrengungen von Erasmus hinaus, weil er es wagt, in der Öffentlichkeit gegen Calvin Stellung zu beziehen.

Auch die Geschichte von Miguel Servet folgt dem Muster von ‚Triumph und Tragik'. Calvin gewinnt zwar den Prozess gegen den spanischen Gelehrten, der am Scheiterhaufen endet – trotzdem stilisiert Zweig den „fahrenden Ritter der Wissenschaft", der Don Quichote ähnlich ist, zu „einem Märtyrer und Helden der Überzeugung." (S. 127) Selbst nach der Verurteilung zum Tode gelingt es Calvin nicht, „dem geketteten und schon dem Tode verfallenen Opfer auch nur ein Wort des Widerrufs abzuringen." (S. 127)

In der Biografie *Marie Antoinette* (1932) akzentuiert Zweig seine Idee des alternativen Heldentums mit dem Ziel, nicht die Heroen der Geschichte zu präsentieren, sondern die „mittleren Charakter[e]", wie der Untertitel des Buchs suggeriert. Er beobachtet, wie „sich das Schicksal von Zeit zu Zeit den unbedeutenden Helden [sucht], um darzutun, daß es auch aus brüchigem Stoff die höchste Spannung, aus einer schwachen und unwilligen Seele eine große Tragödie zu entwickeln vermag." (Zweig GWE, Marie Antoinette, S. 10 f.) Das tragische Potenzial der Lebensgeschichte von Marie Antoinette liegt für Zweig in der Diskrepanz zwischen ihrem Schicksal und ihrer Fähigkeit, angesichts des Todes moralische Größe zu zeigen. Einerseits werde sie „aus einem hundertzimmerigen Kaiserhause in ein erbärmliches Gefängnisgelaß, vom Königsthron auf das Schafott, aus der gläsern-goldenen Karosse auf den Schinderkarren" gestoßen (S. 11). Andererseits aber werde „diese weiche und unkräftige Seele [vom Unglück] [...] zu Härte und Haltung gehämmert", bis „ihr Charakter über sich selber hinaus[wächst]" und sie die Größe ihrer Eltern und Urahnen erreiche (S. 12). Kraft dieser „Verwandlung" avanciert die unterliegende Heldin zu einem moralischen Vorbild: „[D]urch dieses Leiden [lebt] ihr kleines mittleres Leben als Beispiel für die Nachwelt" (S. 12). Als „Parallelbuch zu Marie Antoinette" konzipiert, so Zweig an Ben Huebsch (Zweig, Br IV, S. 69), basiert die Biografie *Maria Stuart* (1935) auf den gleichen Voraussetzungen. Auch hier schildert Zweig, wie „aus mittlerem Schicksal [...] sich plötzlich eine Tragödie antikischen Maßes [erhebt], groß und gewaltig gestuft wie die Orestie." (Zweig GWE, Maria Stuart, S. 10) In den zwei knappen Jahren, die auf „die breiten Zeitspannen ihrer ersten dreiundzwanzig Jahre und wiederum die der fast zwanzig ihrer Gefangenschaft" (S. 11) folgen, „reißt sie [i. e. Maria Stuart] sich über sich selbst empor" (S. 10) und erreicht für Zweig die gleiche Größe wie Marie Antoinette.

In den 1930er Jahren schreibt Zweig Geschichten von Entdeckern, die als Antihelden-Geschichten konzipiert sind, darunter auch die Biografie *Magellan. Der Mann und seine Tat* (1938). Dieser ist im ‚Raum des Erfolgs' (vgl. Zweig GWE, Die Welt von Gestern, S. 198) ein Besiegter, weil er auf dem Weg zum gelobten Land stirbt und nicht im geträumten Indien ankommt. Obwohl seine Mannschaft ohne ihn das Ziel erreicht, steht außer Frage, dass das Verdienst für die große, im Titel des Buches angesprochene „Tat" in erster Linie ihm zukommt. Zweig verherrlicht Magellan nicht so sehr als Eroberer, sondern vielmehr als mutigen Helden der Erkenntnis. Seine Reise, um die Erde zu erkunden, erscheint ihm als „die herrlichste Odyssee in der Geschichte der Menschheit", er lobt emphatisch „diese Ausfahrt von zweihundertfünfundsechzig entschlossenen Männern, von denen dann einzig achtzehn heimkehrten auf zermorschtem Schiffe, aber die Flagge des größten Siegs gehißt auf dem Mast" (Zweig GWE, Magellan, S. 10). Was Zweig in seinen historischen Miniaturen als „Sternstunde der Menschheit" oder als „Weltstunde" bezeichnet hat, das erlebt auch Magellan. Seine moralische Größe wird im Vergleich mit Hernán Cortés deutlich. Magellan ist ein menschlicher Konquistador, ein friedfertiger Mensch, der auf Verhandlungen mit den Eingeborenen setzt, auch wenn er schließlich während einer Kampfhandlung stirbt. Daher ist er Cortés moralisch überlegen, denn dieser schreckt vor keiner Gewalt- und Schandtat zurück, um seine Ziele zu erreichen. Mit der Verherrlichung Magellans formuliert Zweig seine Idee eines humanen Fortschritts und verurteilt die Kolonisation, die sich durch Krieg und Zerstörung Bahn bricht. Mag die Gegenüberstellung der beiden zentralen Figuren auch schematisch und die Verklärung von Magellan etwas gewagt erscheinen, so ist die politische Botschaft, kurz vor dem Ausbruch des Zweiten Weltkriegs, unmissverständlich.

Dass der Tod eines großen Mannes nicht unbedingt seine Niederlage bedeutet, sondern umgekehrt seine Tatkraft und moralische Stärke erst richtig zur Geltung bringt, bestätigt die im Exil verfasste „Sternstunde" über Cicero. Darin triumphiert der berühmte Redner und Schriftsteller als Verteidiger der Demokratie über Cäsar, der als Tyrann herrschen will und seinen Widersacher praktisch zum Tode verurteilt bzw. in den Selbstmord treibt. In der letzten Fassung dieser „Sternstunde" stilisiert Zweig das tote Gesicht Ciceros bzw. dessen Lippen zur lebendigen Stimme der Freiheit und der Gerechtigkeit, die von der brutalen Gewalt nicht zum Schweigen gebracht werden kann: „Aber dennoch – keine Anklage, die der großartige Redner gegen Brutalität, gegen Machtkoller, gegen Gesetzlosigkeit von dieser Tribuna gesprochen, keine seiner unsterblichen Reden hat je so beredt gegen das ewige Unrecht der Gewalt zu seinem Volke gesprochen als nun die blutlosen Lippen, und was die zeitlichen Herren der Gewalt ihm als Schande zugedacht, wird Ciceros unvergänglichster Triumph." (Zweig 2017, S. 163f.)

In der *Schachnovelle* (1942) scheint die ‚Poetik der Besiegten' zunächst keine Gültigkeit mehr zu besitzen. In Wirklichkeit triumphiert jedoch auch hier Dr. B. in seiner Rolle als tragischer Held, und zwar zweimal: zuerst über seine Kerkermeister im Hotel Métropole und dann über seinen Schachrivalen. Ein erster, wenn auch kleiner Triumph gelingt dem Protagonisten der Novelle, als er den SS-Schergen das Schach-Buch stiehlt und infolgedessen die Misshandlungen und die Tortur dank seiner heimlichen Beschäftigung mit dem Schachspiel überlebt. Dr. B. kann sich seinen Peinigern entziehen und ins Exil retten, als er mit Hilfe eines Arztes Österreich verlässt. Der zweite Triumph von Dr. B. ist jener über Czentovic. Den Höhepunkt in der Dramaturgie der Geschichte bildet der Sieg von Dr. B. Dass ein völlig Unbekannter den Weltmeister besiegt, kommt für den Leser überraschend. Dr. B. ist zwar der bessere Schachspieler, aber am Schluss dennoch der Verlierer. Aus der letzten Partie geht Czentovic formell als Gewinner hervor (vgl. Strouhal 2017, S. 19), sein Triumph wird aber dadurch relativiert, dass es der Sieg eines Gegners ohne Herz und Stil, eines „unmenschliche[n] Schachautomat[en]" ist (Zweig GWE, Schachnovelle, S. 265). In der internen Logik der Novelle steht das Schachspiel für einen menschlichen Umgang im Zeichen von Kultur, Klasse und Stil, und es versteht sich von selbst, dass Dr. B. diese Eigenschaften in einem höheren Maß besitzt als Czentovic. Daher kann er als moralischer Sieger betrachtet werden. Die Sympathien der Leser werden vom Autor in diese Richtung gelenkt (vgl. Klüger 2014, S. 119).

4. Forschungsperspektiven

Wie diese Beispiele zeigen, ist der Dualismus von Siegern und Besiegten eine Konstante in Stefan Zweigs Gesamtwerk und prägt dieses maßgeblich. Da sich ähnliche motivische Konstellationen auch bei anderen Autoren des 20. Jahrhunderts finden lassen, wäre eine vergleichende Lektüre wünschenswert. Eine systematische Untersuchung der Inszenierung von „unterliegenden Helden" und der Rolle des Scheiterns für das Schreiben von Kafka und Zweig könnte sich beispielsweise als fruchtbar erweisen.

Ein weiterer Aspekt zukünftiger Forschung könnte sein, Zweigs Motiv des Besiegten in einem ideengeschichtlichen Rahmen zu diskutieren. So bringt beispielsweise die Berücksichtigung von Walter Benjamins Geschichtskonzept Parallelen zu philosophischen Theorien dieser Zeit zu Tage. Zweigs Definition der Geschichte der Sieger, „die über Millionen von Gräbern und zerschmetterten Existenzen ihre vergänglichen Reiche errichten" (Zweig GWE, Castellio gegen Calvin, S. 21), erinnert an Benjamins Konzept der Geschichte als „Trümmerhaufen" (Benjamin 1991, S. 698). Zwar argumentiert Zweig ‚vom Geist aus', während der Philosoph von materialistischen Voraussetzungen ausgeht und dabei einen kämpferischen Ton anschlägt. Seine Rehabilitierung der Besiegten kann jedoch in Bezug zu Benjamins Würdigung der Opfer gesetzt werden, von der in den geschichtsphilosophischen Thesen die Rede ist. Schließlich appelliert auch Zweig an seine Leser, wie Benjamins Engel „das Antlitz der Vergangenheit" zuzuwenden (S. 697).

Darüber hinaus erlaubt Zweigs Bestimmung der Besiegten als den „zu früh Gekommenen" (Zweig GWE, Castellio gegen Calvin, S. 21) Assoziationen mit dem utopischen Denken von Ernst Bloch; in seinen Biografien von Erasmus oder Castellio – um nur zwei prominente Beispiele zu nennen – lebt in der Tat ein besonderer ‚Geist der Utopie', der, wie jener Ernst Blochs, dem Humanismus verpflichtet ist (→ IV.8 UTOPIE).

In einem Sonderheft der *Zeitschrift für Ideengeschichte* haben die Herausgeber Marcel Lepper und Stephan Schlak 2012 die Kategorie des Besiegten erneut zur Diskussion gestellt. Von der Wiederentdeckung der *Arbeit am Besiegten* von Reinhart Koselleck und seiner Anwendung auf die Theorie der Geschichte ausgehend, machen sich die Heft-Herausgeber für das Besiegtsein stark, weil es in ihren Augen den Blick für geschichtliche Konstellationen schärfe, die aus der Perspektive der Sieger und der Mächtigen ausgeblendet würden (vgl. Lepper/Schlak 2012). Zugleich machen sie auf die Ambivalenz der Figur aufmerksam, die für sie vor allem in deren „Selbstgerechtigkeit eines vermeintlich höheren Standpunkts" (S. 4) liegt. Dieser erweiterte Blick erlaubt, nicht nur Zweigs pessimistische Auseinandersetzung mit der Geschichte in einem breiteren kulturellen Kontext zu situieren; auch der Hinweis von Lepper auf Kafkas Text *Zum Nachdenken für Herrenreiter* (1912) suggeriert eine Analogie mit der Position von Zweig: In beiden Fällen wird die Überlegenheit der Besiegten über die Sieger behauptet (vgl. Lepper 2012). Natürlich soll durch die Hervorhebung des Prinzips des Besiegten nicht der Eindruck entstehen, Zweigs Werk sei ausschließlich unter diesem Aspekt zu erklären. Es geht vielmehr darum, auf die Notwendigkeit hinzuweisen, dieses zentrale Motiv mit anderen Problemkonstanten in seinen Texten, wie dem Traum oder dem Dämonischen (→ IV.7 DAS DÄMONISCHE), zu verschränken.

Stefan Zweig

Rolland, Romain/Zweig, Stefan (1987): Briefwechsel 1910–1940. Bd. I: 1910–1923. Berlin: Rütten & Loening.
Roth, Joseph/Zweig, Stefan (2011): „Jede Freundschaft mit mir ist verderblich". Briefwechsel 1927–1938. Hg. v. Madeleine Rietra u. Rainer Joachim Siegel. Mit einem Nachwort v. Heinz Lunzer. Göttingen: Wallstein.
Zweig, Stefan (1995): Briefe. Bd. I: 1897–1914. Hg. v. Knut Beck u. Jeffrey B. Berlin. Frankfurt a.M.: S. Fischer.
Zweig, Stefan (2003[5]): Ungeduld des Herzens. Roman. GWE. Frankfurt a.M.: S. Fischer.
Zweig, Stefan (2004[3]): Der Kampf mit dem Dämon. Hölderlin, Kleist, Nietzsche. GWE. Hg. v. Knut Beck. Frankfurt a.M.: S. Fischer.
Zweig, Stefan (2004[6]): Maria Stuart. GWE. Frankfurt a.M.: S. Fischer.
Zweig, Stefan (2005): Briefe. Bd. IV: 1932–1942. Hg. v. Knut Beck u. Jeffrey B. Berlin. Frankfurt a.M.: S. Fischer.
Zweig, Stefan (2006[7]): Magellan. Der Mann und seine Tat. GWE. Hg. v. Knut Beck. Frankfurt a.M.: S. Fischer.
Zweig, Stefan (2006[2]): Romain Rolland. Der Mann und das Werk. In: Ders.: Romain Rolland. GWE. Hg. v. Knut Beck. Frankfurt a.M.: S. Fischer, S. 37–349.
Zweig, Stefan (2006[3]): Triumph und Tragik des Erasmus von Rotterdam. GWE. Frankfurt a.M.: S. Fischer.
Zweig, Stefan (2007[3]): Castellio gegen Calvin oder Ein Gewissen gegen die Gewalt. GWE. Hg. v. Knut Beck. Frankfurt a.M.: S. Fischer.
Zweig, Stefan (2007[5]): Die Welt von Gestern. Erinnerungen eines Europäers. GWE. Frankfurt a.M.: S. Fischer.
Zweig, Stefan (2007[2]): Marceline Desbordes-Valmore. Das Lebensbild einer Dichterin. In: Ders.: Das Geheimnis des künstlerischen Schaffens. GWE. Hg. v. Knut Beck. Frankfurt a.M.: S. Fischer, S. 83–162.
Zweig, Stefan (2007[5]): Marie Antoinette. Bildnis eines mittleren Charakters. GWE. Frankfurt a.M.: S. Fischer.
Zweig, Stefan (2007[2]): Schachnovelle. In: Ders.: Buchmendel. Erzählungen. GWE. Hg. v. Knut Beck. Frankfurt a.M.: S. Fischer, S. 248–314.
Zweig, Stefan (2017): Das erzählerische Werk. Salzburger Ausgabe. Bd. 1: Sternstunden der Menschheit. Historische Miniaturen. Hg. v. Werner Michler u. Martina Wörgötter. Wien: Zsolnay.

Weitere Literatur

Benjamin, Walter (1991): Über den Begriff der Geschichte. In: Ders.: Gesammelte Schriften. Bd. I,2. Abhandlungen. Hg. v. Rolf Tiedemann u. Hermann Schweppenhäuser. Frankfurt a.M.: Suhrkamp, S. 691–704.
Courts, Gerd (1962): Das Problem des unterliegenden Helden in den Dramen Stefan Zweigs. Diss. Univ. Köln.
Daviau, Donald G. (1959): Stefan Zweig's Victors in Defeat. In: Monatshefte LI 1/1959, S. 1–12.
Daviau, Donald G. (1983): The Spirit of Humanism as Reflected in Stefan Zweig's Dramatic Works. In: Sonnenfeld, Marion (Hg.): Stefan Zweig. The World of Yesterday's Humanist Today. Albany: State Univ. of New York Press, S. 195–209.
Klüger, Ruth (2014): Selbstverhängte Einzelhaft: Die *Schachnovelle* und ihre Vorgänger. In: Renoldner, Klemens (Hg.): Stefan Zweig – Abschied von Europa. Wien: Brandstätter/Theatermuseum, S. 105–122.
Koebner, Thomas (2010): Tersites und die Seinen. Zum Motiv des grotesk-hässlichen Menschen. In: Brittnacher, Richard/Koebner, Thomas (Hg.): Vom Erhabenen zum Komischen. Über eine prekäre Konstellation. Würzburg: Königshausen & Neumann, S. 25–46.

Larcati, Arturo (2013): Die Dramen von Stefan Zweig. Ein kritischer Überblick. In: Renoldner, Klemens/Peter, Birgit (Hg.): Zweigs Theater. Der Dramatiker Stefan Zweig im Kontext europäischer Kultur- und Theatergeschichte. Würzburg: Königshausen & Neumann, S. 29–52.

Lepper, Marcel (2012): Nachdenken für Herrenreiter. Ein Kommentar. In: Zeitschrift für Ideengeschichte IV/1/2012, S. 11–16.

Lepper, Marcel/Schlak, Stephan (2012): Zum Thema. In: Zeitschrift für Ideengeschichte IV/1/2012, S. 4.

Mann, Klaus (1991): Briefe und Antworten. 1922–1949. Hg. v. Martin Gregor-Dellin. Reinbek b. H.: Rowohlt.

Prochnik, George (2016): Das unmögliche Exil. Stefan Zweig am Ende der Welt. München: Beck.

Strigl, Daniela (2014): Schach und andere Leidenschaften oder Stefan Zweigs Liebe zur Niederlage. In: Renoldner, Klemens (Hg.): Stefan Zweig – Abschied von Europa. Wien: Brandstätter/Theatermuseum, S. 123–135.

Strouhal, Ernst (2017):, „… das eigentliche Genie dieser Stadt." Stefan Zweig, das Schachspiel und der Verlust des Kosmopolitischen. In: Renoldner, Klemens/Karlhuber, Peter (Hg.): „Ich gehöre nirgends mehr hin!" Stefan Zweigs *Schachnovelle* – Eine Geschichte aus dem Exil. Salzburg: Salzburg Museum, S. 19–27.

4. Krieg, Frieden, Pazifismus

Manuel Maldonado-Alemán

Stefan Zweigs allmähliche Hinwendung zum Pazifismus war mit der Idee eines geeinten Europas eng verbunden. In den Jahren kurz vor Ausbruch des Ersten Weltkriegs sah er optimistisch einer neuen, vielversprechenden Zeit entgegen. Die modernen kulturellen und wissenschaftlich-technischen Errungenschaften gaben ihm Anlass zum Optimismus. Man lebte in Mitteleuropa außerdem seit 40 Jahren im Frieden. Ein europäisches Gemeinschaftsgefühl begann sich zu entwickeln. Wie die Aufklärer des 18. Jahrhunderts glaubte Zweig in dieser Zeit an die Kraft der Vernunft. Und dennoch ließ er sich noch zu Beginn des Kriegs von der nationalistischen Mobilmachung seines Heimatlandes Österreich mitreißen und zu Propagandazwecken instrumentalisieren (vgl. Eicher 2003, S. 8; Paur 2012). In Wien erlebte er den Jubel der Menschen über die Kriegserklärung. „Um der Wahrheit die Ehre zu geben, muß ich bekennen, daß in diesem ersten Aufbruch der Massen etwas Großartiges, Hinreißendes und sogar Verführerisches lag, dem man sich schwer entziehen konnte." (Zweig GWE, Die Welt von Gestern, S. 256) Der Tenor in *Die Welt von Gestern* (1942) lautet jedoch anders. Zweig behauptet, dass er sich nicht von der Stimmung im Herbst 1914 verführen habe lassen. Er betont seine kosmopolitische Existenz, die ihn davor bewahrt habe, „eine Welt plötzlich hassen zu können, die ebenso die meine war wie mein Vaterland". Er selber sei nicht einem „plötzlichen Rausch des Patriotismus" erlegen. Er sei durch diese besonderen Umstände „geimpft" gewesen, mit einem „Mißtrauen gegen die Infektion patriotischer Begeisterung". Seine Überzeugung von der „notwendigen Einheit Europas" sei dadurch nicht erschüttert worden (S. 261).

Entgegen der Darstellung in seiner Autobiografie stellte Zweig sich bereits Ende Juli 1914 dem Kriegsministerium freiwillig zur Verfügung. Er meldete sich für den Kriegsdienst an der Front, ohne zuvor als Soldat ausgebildet worden zu sein. Im September 1914, in einem offenen Brief *An die Freunde in Fremdland*, der im *Berliner Tageblatt* veröffentlicht wurde, nahm er Abschied von seinen Freunden in Belgien, Frankreich und England. Dieser Aufsatz gilt seither als Schlüsseltext, um auf Stefan Zweigs patriotische Gesinnung zu Kriegsbeginn hinzuweisen. Tatsächlich enthält der Artikel eine erstaunliche Abgrenzung und bedeutet eine Absage an seine europäischen Freundschaften, wenn Zweig sagt, er sei nun nicht mehr der Gleiche wie vor dem Krieg, denn „zwischen unserm Gefühl steht das Geschick unserer Heimat". In dieser Situation kenne er „keine Freundschaft, ich darf keine kennen, als die des ganzen Volkes, meine Liebe und mein Haß gehören mir nicht mehr zu". Und weiter: „[I]ch finde den Willen nicht mehr, gerecht zu sein." (Zweig GWE, Die schlaflose Welt, S. 42 ff.) Tagebucheinträge der ersten Kriegsmonate legen jedoch nahe, dass Zweigs Haltung zum Krieg durchaus ambivalenter war, als sich in den Veröffentlichungen jener Zeit erkennen lässt: „Ich kann mit den Leuten nicht reden: sie sind alle vernagelt in einem idiotischen und gar nicht echten Patriotismus. Dazu die Censur, das Erbübel!" (Zweig GWE, Tb, S. 99)

In diesen ersten Kriegstagen glaubte Zweig, dass das öffentliche Bekenntnis zum Vaterland Vorrang vor der Liebe zu Europa und den europäischen Freunden habe. Noch im gleichen Monat antwortete Romain Rolland auf Zweigs offenen Brief: „Ich bin unserm Europa treuer als Sie, lieber Stefan Zweig, und ich verleugne keinen meiner Freunde." (Zweig, Br II, S. 339) Im Oktober 1914, noch immer ohne Bescheid über seine Einberufung, schrieb Stefan Zweig an Paul Zech: „Vielleicht waren wir alle auf falschem Wege, als wir künstlerischen Dingen unser ganzes Leben hingaben: heute ist nur der nützliche Mensch der wahrhaft wertvolle: ich bedaure, so wenig für die Zeit tun zu können, da ich doch nichts Anderes meistere als das Wort." (Zech/Zweig 1986, S. 51) Dennoch setzte er sich im November 1914 in zwei Briefen an Romain Rolland für die Völkerversöhnung ein: „[J]etzt oder nie muß der europäische Gedanke hochgehalten werden. [...] Wir haben die Kluft nicht noch zu vertiefen, sondern geistige Brücken zu schlagen" (Zweig, Br II, S. 41, 44). Dieser Impuls ging vermutlich von einem Schmähgedicht Verhaerens über deutsche Greueltaten in Belgien aus, das Zweig die Verblendung einer nationalistischen Denkweise vor Augen führte. Zweig wurde schließlich für den Fronteinsatz als untauglich befunden und am 1. Dezember 1914 – durch die Vermittlung eines höheren Offiziers – ins Wiener Kriegsarchiv berufen. Nun war er „beglückt, ganz der Gemeinsamkeit zu gehören." (Zweig, Br II, S. 46) Dort wirkte er jahrelang an Schriften mit, die den Krieg rechtfertigten und glorifizierten.

Seinen allmählichen Wandel zum Pazifismus verdankte Zweig ganz wesentlich Romain Rolland, der als einer der ersten großen europäischen Intellektuellen gegen die allgemeine Kriegsbegeisterung anschrieb und sich gezielt an Zweig wendete, mit dem Appell, die Sache des Friedens zu unterstützen. Als Zweig noch zwischen patriotischer Kriegsbegeisterung und Pazifismus schwankte, erhielt er auch wichtige Impulse zum Umdenken von der Beschäftigung mit dem Werk Bertha von Suttners (vgl. Larcati 2015) und Lew N. Tolstois (vgl. Resch 2012a). Erst eine Fahrt in das zerstörte Kriegsgebiet, die Zweig in offiziellem Auftrag im Frühsommer 1915 machte und die ihn zum verwüsteten Kronland Galizien brachte, sowie der Kontakt mit schwer verletzten Soldaten in einem Lazarettzug – mit diesem Zug fuhr er von Grodek nach Stry – führten ihm die Inhumanität des Kriegs vor Augen: „Und die Soldaten – sie zeigen ihre Schüsse. Es ist unendlich viel Leiden in einem solchen Zug nebeneinander, untereinander gemengt und im Nachbarwaggon sitzt bei einem der Tod. Er hat einen

Blasenschuß und ist schon weiß im Gesicht: man wird ihn ausladen in der nächsten Station." (Zweig GWE, Tb, S. 204) Diese Erlebnisse leiteten seine Hinwendung zu einem konsequenten Pazifismus ein.

Die Reise in die kriegszerstörte Provinz Galizien war eine tief traumatische Erfahrung und bewirkte einen nachhaltigen Umschwung in Zweigs Denken und Handeln. Er war bestürzt über die Zerstörungen, die der Krieg hinterlassen hatte. Den Dienst mit der Waffe empfand er nun „als das schwerste Verbrechen wider den Geist der Menschlichkeit, das wir begehen können", und er betrachtete es „als eine moralische Pflicht, den Mord zu verweigern." (Zweig, Br II, S. 174) So wurde der Widerspruch zwischen seinem Einsatz im Kriegsarchiv und seiner pazifistischen Haltung im privaten Bereich immer größer.

Anfang November 1917 erwirkte Zweig eine Beurlaubung von seinem Dienst im Kriegsarchiv und übersiedelte als Korrespondent der *Neuen Freien Presse* in die Schweiz. Er fühlte sich jetzt wieder frei und unabhängig. Mit seiner Lebensgefährtin, Friderike von Winternitz, blieb er bis zum Ende des Kriegs in der Schweiz. Hier veröffentlichte er im Sommer 1918 in der in Zürich erscheinenden Zeitschrift *Die Friedens-Warte* sein *Bekenntnis zum Defaitismus*: „Wir sind Defaitisten, das heißt: wir wollen keines Sieg und keines Niederlage. […] Schreien wir unsere Kriegsfeindschaft mit diesem Wort in die Welt. Seien wir Flaumacher in der eisernen Zeit! Soyons défaitistes! Siamo disfattisti!" (Zweig GWE, Bekenntnis zum Defaitismus, S. 125) Zweig verteidigt in seinem Essay die Idee eines Pazifismus, der sich ausschließlich an ethischen Grundprinzipien orientiert, und kritisiert die ‚Jusquauboutisten', also diejenigen, die den Krieg bis zum Ende, d.h. bis zur Erringung von politischen Zielen führen wollten. Aufgrund seiner Aufforderung, die Waffen sofort und bedingungslos niederzulegen, geriet Zweig in Konflikt mit anderen pazifistischen Intellektuellen wie Romain Rolland und Alfred H. Fried. So schrieb ihm Rolland am 14. Juli 1918: „[I]ch kann Ihnen in Ihrem Aufruf zum ‚Defaitismus' nicht folgen. […] Besser wäre es, im Üblen aktiv als passiv zu sein! Ich bin kein ‚Nicht-Widerständler', kein Buddhist oder Tolstojaner. Ich gebe mich keineswegs damit zufrieden, besiegt zu sein. Und ich werde es auch anderen niemals raten." (Rolland/Zweig 1987 Bd. a, S. 360) Auch Alfred H. Fried warnte vor einer bedingungslosen Einstellung des Kriegs, denn sie würde weder einen dauerhaften Frieden noch die Zukunft der Demokratie sichern: „Den Krieg jetzt einfach zum Schutz der noch bedrohten Menschen abbrechen wollen, ohne Sicherung vor ihm selbst errungen zu haben, heißt einen Frieden wieder einsetzen, der den Mord nur in verstärktem Maße weiter betreiben wird, mit dem also vom rein menschlichen Standpunkt nichts gewonnen sein könnte." (Fried 1918, S. 1) Fried unterschied zwischen Reformpazifisten wie Zweig, die nur das Ende des Kriegs zum Ziel hatten, und den revolutionären Pazifisten wie er, die eine neue demokratische Ordnung und damit einen nachhaltigen Frieden nach Kriegsende anstrebten (vgl. Resch 2012b).

Zweig schenkte freilich dem Menschenleben mehr Beachtung als jedem Ideal und trat für die Idee eines ethischen Pazifismus ein. Er wurde nicht müde, seinen Glauben an den endgültigen Sieg humanistischer Werte in seinen Werken symbolisch auszudrücken. Auch in seiner erzählenden Prosa versucht Zweig das Thema Krieg und Frieden im Sinne eines humanistisch geprägten Pazifismus zu bewältigen (→ V.6 HUMANITÄT UND HUMANISMUS), wobei er jedoch nicht über die sozialen Ursachen des Kriegs reflektiert. Er sieht den Krieg als (Natur-)Katastrophe, als apokalyptisches Ereignis, sogar als übermächtiges Schicksal oder Zwang. In keiner Weise bemüht er sich, den

4. Krieg, Frieden, Pazifismus

Krieg politisch zu analysieren. Historische und politische Entwicklungen oder gar soziale Konflikte werden weitgehend ausgespart (vgl. Himmlmayr 2014, S. 74f.).

Gegen Ende des Kriegs bekundete Zweig immer häufiger die Überzeugung von der Notwendigkeit einer Neugeburt Europas (→ III.14.2 EUROPA-REDEN; V.7 EUROPA-KONZEPTIONEN). Im März 1919 kehrte er in das zerstörte und demoralisierte Österreich in der Hoffnung zurück, die Menschen nach dem Krieg zu einem europäischen, friedlichen Neuanfang anzuregen. Er setzte sich für die Völkerversöhnung und für die kulturelle Verständigung der Völker Europas ein. Im kulturellen Austausch, in der geistig-humanistischen Einigung sah er die Grundvoraussetzung für den Frieden, für das Ende der Gewaltbereitschaft auf allen Seiten (vgl. Beck 2003, S. 27). Sein Ideal war, schrieb Zweig in seinem am 19. Juni 1919 erschienenen Aufsatz *Die Wahl der Staatsangehörigkeit: Ein Vorschlag für die Friedensverhandlungen*, „Weltbürger zu sein, frei vom Staate, ganz nur der letzten Gemeinschaft der Menschheit zugehörig" (Zweig GWE, Die Wahl der Staatsangehörigkeit, S. 149). Aufgrund seiner Furcht vor einer möglichen Instrumentalisierung distanzierte sich Zweig allerdings vom politisch organisierten Pazifismus, so etwa von der von Henri Barbusse, Romain Rolland und anderen Intellektuellen gegründeten Gruppe der *Clarté* (vgl. Resch 2012c; → IV.12 KUNST UND POLITIK), und konzentrierte sich auf das publizistische Projekt der „Bibliotheca mundi", der Herausgabe der Weltliteratur in Originalsprachen, für ihn das zentrale pazifistische Unternehmen, das durch die Verbreitung des gemeinsamen kulturellen Erbes zur Völkerversöhnung und -verständigung beitragen sollte (→ III.18 HERAUSGEBERSCHAFTEN).

Die politische Situation im Europa der 1920er Jahre empfand Zweig als zunehmend bedrohlich und deprimierend. Mit großer Besorgnis verfolgte er das Aufkommen des Faschismus in Italien und des Nationalsozialismus in Deutschland. In Italien war Mussolini seit 1922 an der Macht, und in Deutschland fanden die Nationalsozialisten immer mehr Unterstützung in der Bevölkerung. Zweig blieb deswegen skeptisch: „Nein, es wird noch nicht morgen sein, das geeinte Europa, vielleicht werden wir noch Jahre und Jahrzehnte warten müssen, vielleicht wird unsere Generation es überhaupt nicht mehr erleben." (Zweig GWE, Der europäische Gedanke in seiner historischen Entwicklung, S. 209) Mit seinem Beitrag *Die moralische Entgiftung Europas* (1932) griff er den Völkerbund in Genf an. Er habe sich seiner Aufgabe der Völkerverständigung „bisher noch nicht gewachsen gezeigt und die Atmosphäre des Mißtrauens eher verstärkt als vermindert. Das Politische ist dort noch wesentlicher als das Kulturelle, und da Politik immer Schwierigkeiten bietet und auf Spannungen gegründet ist, […] scheint [es] mir darum wichtig, vor der politischen, militärischen, finanziellen Einheit Europas, der heute noch ein Gegenwille entgegenstrebt, die kulturelle zu verwirklichen" (Zweig GWE, Die moralische Entgiftung Europas, S. 51f.). Von einer kurzen Reise nach Italien, wo er eine Europa-Rede in Florenz und in Mailand gehalten hatte, kehrte Zweig im Mai 1932 erschrocken zurück, tief verstört über die Unterdrückung des freien Wortes: „Die Presse gefesselt, die Zeitungen Sprachrohre des Götzen [i.e. Mussolini], strenge Inquisition der Bücher" (Rolland/Zweig 1987 Bd. b, S. 457f.). Er wusste genau, wie er seinem Freund Romain Rolland mitteilte, „daß es bei uns, wenn die Nationalsozialisten an die Macht kommen, tausendmal schlimmer sein wird" (S. 458). Vor dieser Furcht flüchtete er sich in einen „idealistischen Pazifismus" (Koch 2003, S. 45): „Ich lese augenblicklich das Buch von Gandhi ‚Seine Lehre'[…]. Eines der seltenen Bücher, die durch den Panzer der Bitterkeit noch an die Seele rühren. / Und ich träume von einem Buch über Erasmus von Rotterdam. Sein Schicksal ist das *unsere*. Wie allein war er am Ende seines Lebens, weil er weder für noch gegen die Reformation Partei nehmen wollte" (Rolland/Zweig 1987 Bd. b, S. 458 f., Herv. i. O.).

Am 30. Januar 1933 kamen die Nationalsozialisten in Deutschland an die Macht. Noch während Zweig an seiner Biografie über Erasmus arbeitete, verhängten die Nationalsozialisten am 1. April 1933 einen allgemeinen ‚Judenboykott'. Zweigs Bücher wurden öffentlich verbrannt, so in Berlin am 10. Mai 1933, fünf Jahre danach, am 30. April 1938, auch in Salzburg. Richard Schaukal attackierte den Juden Zweig im Deutschen Rundfunk, und „in einer Abhandlung des Rassentheoretikers Günther wurde eine Fotografie abgebildet, die Stefan Zweig als typischen Semiten vorführte" (Müller 2005, S. 96). Joseph Roth bemühte sich, seinen Freund Zweig vor Illusionen zu warnen. Er schrieb an Zweig Mitte Februar 1933 aus Paris: „[S]eit 2 Wochen bin ich hier [...]. Inzwischen wird es Ihnen klar sein, daß wir großen Katastrophen zutreiben. Abgesehen von den privaten – unsere literarische und materielle Existenz ist ja vernichtet – führt das Ganze zum neuen Krieg. Ich gebe keinen Heller mehr für unser Leben. Es ist gelungen, die Barbarei regieren zu lassen. Machen Sie Sich [sic] keine Illusionen. Die Hölle regiert." (Roth 1970, S. 249) In einem seiner nächsten Briefe an Zweig, datiert mit 22. März 1933, behauptete Roth: „Unsere Ahnen sind Goethe Lessing Herder [sic] nicht minder als Abraham Isaac und Jacob [sic]. Im Übrigen werden wir nicht mehr, wie unsere Vorfahren von frommen Christen geschlagen, sondern von Gottlosen Heiden [sic]. Hier geht es nicht gegen Juden allein. Obwohl sie, wie immer, das schärfste Geschrei erheben. Hier geht es gegen die europäische Zivilisation, gegen die Humanität, deren Vorkämpfer Sie mit Recht und Stolz sind." (S. 257)

Angesichts der totalitären Wende in Deutschland „war Zweigs erste Reaktion Schweigen und Zurückhaltung" (Koch 2003, S. 46). Die Ernennung Hitlers zum Reichskanzler ließ bei ihm aber jegliche Hoffnung erlöschen, Vernunft und Mäßigung würden am Ende doch über die Barbarei siegen. Wovor er sich lange gefürchtet hatte, war nun tatsächlich geschehen. 15 Jahre nach dem Zusammenbruch der k. u. k. Monarchie und des Deutschen Kaiserreiches war Gewalt wieder das einzige Gesetz, das herrschte (vgl. S. 43). In den 1930er Jahren greift Zweig die Frage des Pazifismus im Zusammenhang mit seiner Abgrenzung von der kommunistischen Position Rollands, seines moralischen Wegweisers von früher, indirekt in seinem Bekenntnis zum Judentum erneut auf (vgl. Zweig 1940). In einigen Artikeln kommt die Sorge um einen neuen Weltkrieg zum Ausdruck, und dabei vergleicht Zweig das pazifistische Engagement der 1930er Jahre mit den Diskussionen im Umfeld des Ersten Weltkriegs (vgl. Rezension des Romans *Eté 1914* von Roger Martin du Gard in Zweig GWE, Zeiten und Schicksale, S. 57–64). In einem Extremfall spricht Zweig gegenüber Rolland einem pazifistischen Aktionismus das Wort, der vor Gewaltanwendung nicht zurückschreckt (vgl. Zweig an Rolland, 5. März 1933, Rolland/Zweig 1987 Bd. b, S. 503).

Stefan Zweig

Rolland, Romain/Zweig, Stefan (1987a): Briefwechsel 1910–1940. Bd. I: 1910–1923. Berlin: Rütten & Loening.
Rolland, Romain/Zweig, Stefan (1987b): Briefwechsel 1910–1940. Bd. II: 1924–1940. Berlin: Rütten & Loening.

4. Krieg, Frieden, Pazifismus

Zech, Paul/Zweig, Stefan (1986): Briefe 1910–1942. Hg. v. Donald G. Daviau. Frankfurt a.M.: S. Fischer.
Zweig, Stefan (1937): Begegnungen mit Menschen, Büchern, Städten. Wien u.a.: Reichner.
Zweig, Stefan (1940): Das große Schweigen. In: Das Neue Tage-Buch, 4. 5. 1940, S. 424–426.
Zweig, Stefan (1981): Die Welt von Gestern. Erinnerungen eines Europäers. GWE. Frankfurt a.M.: S. Fischer.
Zweig, Stefan (1983): Bekenntnis zum Defaitismus. In: Ders.: Die schlaflose Welt. Aufsätze und Vorträge aus den Jahren 1909–1941. GWE. Hg. v. Knut Beck. Frankfurt a.M.: S. Fischer, S. 122–125.
Zweig, Stefan (1983): Der europäische Gedanke in seiner historischen Entwicklung. In: Ders.: Die schlaflose Welt. Aufsätze und Vorträge aus den Jahren 1909–1941. GWE. Hg. v. Knut Beck. Frankfurt a.M.: S. Fischer, S. 185–210.
Zweig, Stefan (1983): Die schlaflose Welt. Aufsätze und Vorträge aus den Jahren 1909–1941. GWE. Hg. v. Knut Beck. Frankfurt a.M.: S. Fischer.
Zweig, Stefan (1983): Die Wahl der Staatsangehörigkeit. In: Ders.: Die schlaflose Welt. GWE. Hg. v. Knut Beck. Frankfurt a.M.: S. Fischer, S. 147–149.
Zweig, Stefan (1984): Tagebücher. GWE. Hg. v. Knut Beck. Frankfurt a.M.: S. Fischer.
Zweig, Stefan (1990): Die moralische Entgiftung Europas. In: Ders.: Zeiten und Schicksale. Aufsätze und Vorträge aus den Jahren 1902–1942. GWE. Hg. v. Knut Beck. Frankfurt a.M.: S. Fischer, S. 40–56.
Zweig, Stefan (1990): Zeiten und Schicksale. Aufsätze und Vorträge aus den Jahren 1902–1942. GWE. Hg. v. Knut Beck. Frankfurt a.M.: S. Fischer.
Zweig, Stefan (1998): Briefe. Bd. II: 1914–1919. Hg. v. Knut Beck, Jeffrey B. Berlin u. Natascha Weschenbach-Feggeler. Frankfurt a.M.: S. Fischer.

Weitere Literatur

Beck, Knut (2003): Politik – die wichtigste Sache im Leben? Stefan Zweigs Haltung zum Zeitgeschehen. In: Eicher, Thomas (Hg.): Stefan Zweig im Zeitgeschehen des 20. Jahrhunderts. Oberhausen: Athena, S. 13–42.
Eicher, Thomas (Hg.) (2003): Stefan Zweig im Zeitgeschehen des 20. Jahrhunderts. Oberhausen: Athena.
Fried, Alfred H. (1918): Die Entwertung der Ideen. In: Neue Zürcher Zeitung, 11. 8. 1918, S. 1.
Himmlmayr, Iris (2014): Das Trauma des Ersten Weltkriegs. Einige Beobachtungen zu Stefan Zweigs Prosa. In: Renoldner, Klemens (Hg.): Stefan Zweig – Abschied von Europa. Wien: Brandstätter/Theatermuseum, S. 67–77.
Holzner, Johann (1995): Friedensbilder in der österreichischen Exilliteratur. Über Stefan Zweig, Vicki Baum, Ernst Waldinger und Theodor Kramer. In: Zagreber Germanistische Beiträge 4/1995, S. 35–50.
Koch, Hans-Albrecht (2003): Ästhetischer Widerstand oder politischer Eskapismus? Vom *Erasmus*-Buch zur *Schachnovelle*. In: Eicher, Thomas (Hg.): Stefan Zweig im Zeitgeschehen des 20. Jahrhunderts. Oberhausen: Athena, S. 43–58.
Larcati, Arturo (2015): Geremia e Cassandra. Stefan Zweig e Bertha von Suttner. Due intellettuali al servizio della pace. In: Filippi, Paola Maria (Hg.): Parlare di pace in tempo di guerra. Bertha von Suttner e altre voci del pacifismo europeo. Memorie della Accademia Roveretana degli Agiati, nuova serie 3. Rovereto: Accademia Roveretana degli Agiati & Edizioni Osiride, S. 149–170.
Müller, Hartmut (2005[11]): Stefan Zweig. Reinbek b. H.: Rowohlt.
Paur, Bettina (2012): „Ich bin ja ganz Zwiespalt jetzt …". Die Feuilletons von Stefan Zweig im Ersten Weltkrieg mit Fokus auf die *Neue Freie Presse*. In: Müller, Karl (Hg.): Stefan Zweig – Neue Forschung. Würzburg: Königshausen & Neumann, S. 27–48.
Resch, Stephan (2012a): Widerstrebet nicht dem Bösen mit Gewalt: Die Rezeption des Tolstoischen Pazifismus bei Stefan Zweig. In: Neophilologus 96/2012, S. 103–120.

Resch, Stephan (2012b): Umwege auf dem Weg zum Frieden: Die Korrespondenz zwischen Stefan Zweig und Alfred H. Fried. In: Müller, Karl (Hg.): Stefan Zweig – Neue Forschung. Würzburg: Königshausen & Neumann, S. 109–176.

Resch, Stephan (2012c): Auf der Suche nach Klarheit: Stefan Zweig, Henri Barbusse und Romain Rolland in der ‚Clarté'-Debatte. In: Germanisch-Romanische Monatsschrift 62/2012, S. 189–205.

Roth, Joseph (1970): Briefe 1911–1939. Hg. v. Hermann Kesten. Köln, Berlin: Kiepenheuer & Witsch.

Varkonyi, Istvan (1995): „Mit meinem Leibe wider den Krieg, mit meinem Leben für den Frieden." Das Motiv „Krieg–Frieden" bei Stefan Zweig. In: Gelber, Mark H./Zelewitz, Klaus (Hg.): Stefan Zweig. Exil und Suche nach dem Weltfrieden. Riverside: Ariadne Press, S. 88–100.

5. Toleranz und Fanatismus

Stephan Resch

1. Ursprünge 738
2. Entwicklung des Toleranzbegriffs im Nationalsozialismus 739

1. Ursprünge

Stefan Zweigs Toleranzbegriff ist im Wertesystem des liberalen jüdischen Bürgertums im Wien des späten 19. Jahrhunderts verankert. In der *Welt von Gestern* (1942) schreibt Zweig, dass noch das Weltbild der Eltern „durchdrungen [war] von dem Vertrauen auf die unfehlbar bindende Kraft von Toleranz und Konzilianz" (Zweig GWE, Die Welt von Gestern, S. 18). Auch zu einem Zeitpunkt, als der Liberalismus bereits seinen Einfluss weitestgehend eingebüßt hatte (→ II.4 LIBERALISMUS UND BÜRGERTUM), hält er selbst an liberalen Grundwerten fest: „‚Leben und leben lassen' war der berühmte Wiener Grundsatz, ein Grundsatz, der mir noch heute humaner erscheint als alle kategorischen Imperative, und er setzte sich unwiderstehlich in allen Kreisen durch." (S. 40) Zugrunde liegt dieser Haltung wohl auch der Umstand, dass Zweig selbst, im Gegensatz zu Zeitgenossen wie etwa Arthur Schnitzler, „weder in der Schule, noch auf der Universität, noch in der Literatur jemals die geringste Hemmung oder Mißachtung als Jude erfahren [hatte]" (S. 41). Zwar verweist Zweig auf „die unterirdischen Risse und Sprünge zwischen den Rassen und Klassen, die das Zeitalter der Konzilianz so mühsam verkleistert hatte" (S. 85), kommt aber trotzdem zu einer Bewertung jener Epoche, die nahelegt, dass das Wien seiner Jugend als ein weitgehend harmonischer und toleranter Schmelztiegel von Ethnizitäten und Religionen anzusehen ist. Die Forschung hat bei Zweigs Rückblick auf Wien wiederholt auf Tendenzen zur nostalgischen Verklärung vor dem Hintergrund der Exilerfahrung hingewiesen (vgl. Hu 2006; Gelber 1995).

Bereits im Frühwerk lassen sich Hinweise darauf finden, dass Zweig Problemstellungen wie Intoleranz und Fanatismus durchaus wahrnahm und literarisch gestaltete. Die Novelle *Im Schnee* (1901), in der eine mittelalterliche jüdische Gemeinde ihre Kleinstadt aus Angst vor einem Pogrom verlässt, nur um wenig später auf der Flucht zu erfrieren, zeigt eine frühe Beschäftigung mit der Antisemitismusproblematik. Dass dieses Thema im Wien der Jahrhundertwende tatsächlich „in der Luft lag" (Schwarz 2014, S. 94), darauf weist auch ein zeitgenössischer Kommentar Zweigs zur Entstehungsgeschichte der Novelle hin: „[W]eil [*Im Schnee*] nicht eben ganz erfunden, sondern auch ein bischen [sic] erlebt ist." (Zweig, Br I, S. 21, Herv. i. O.)

Während des Ersten Weltkriegs kommt der Toleranzgedanke vor allem in den pazifistischen Schriften zum Ausdruck. In dem Schlüsseltext *Bekenntnis zum Defaitismus* (1918) fordert Zweig zur politischen Toleranz zwischen den Staaten Europas auf, um weiteres Blutvergießen zu verhindern: „Wir sind Defaitisten, das heißt: wir sehen mehr Größe in der Nachgiebigkeit und der Versöhnung als im Kampf mit verbissenen Zähnen! Wir sind Defaitisten, das heißt: wir lieben den Menschen, Gottes ewigen Sohn, mehr als die irdischen Gebilde der Staaten." (Zweig GWE, Bekenntnis zum Defaitismus, S. 125) Diese humanitär gedachte, die Politik ignorierende Aufforderung zu grenzenloser Bruderliebe deutet bereits auf einen blinden Fleck in Zweigs Toleranzkonzept hin, nämlich die Toleranz gegenüber der Intoleranz (→ IV.12 KUNST UND POLITIK; V.4 KRIEG, FRIEDEN, PAZIFISMUS). Ernst Bloch bemerkte dazu, dass mit einem bedingungslosen, von Zweig geforderten Friedensschluss die imperialistischen Regimes der Zentralmächte toleriert werden und damit der Idee eines freiheitlich-demokratischen Europas langfristig ein Bärendienst erwiesen werden würde. Eine ähnliche Ausprägung des Zweig'schen Toleranzbegriffes lässt sich in der Legende *Rahel rechtet mit Gott* (1927) erkennen. Die Figur der Rahel verkörpert darin eine an Selbstaufgabe grenzende Leidensfähigkeit und Langmut gegenüber der väterlichen Ungerechtigkeit. Rahel versucht mit ihrer eigenen Selbstlosigkeit bei Gott um Nachsicht gegenüber ihrem „halsstarrige[n] und wetterwendische[n] Volk" (Zweig GWE, Rahel rechtet mit Gott, S. 56) zu werben, um die Zerstörung Jerusalems zu verhindern.

Fanatismus ist für Zweig ursprünglich ein rein ästhetisch besetzter Begriff, der von einer jugendlichen Kulturbegeisterung im Wien der Jahrhundertwende seinen Ausgangspunkt nimmt. So erwähnt er in der *Welt von Gestern* „[e]ine [...] Monomanie des Kunstfanatismus, eine [...] bis ins Absurde getriebene Überbewertung des Ästhetischen" (Zweig GWE, Die Welt von Gestern, S. 76), die sich in reiferen Jahren noch in einer Bewunderung für die vollkommene Hingabe und die „fanatische Leidenschaft" (Zweig GWE, Der Kampf mit dem Dämon, S. 22) des Künstlers niederschlägt. Durch die Erfahrungen des Weltkriegs und der darauf folgenden europäischen Neuordnung verlor der Begriff für Zweig seine ästhetische Dimension und wurde stattdessen zunehmend zu einem moralischen Problem. Angelehnt an Romain Rollands ostentativer Überparteilichkeit des „au-dessus de la mêlée", die den Fanatismus beider Kriegsparteien bekämpfte, stand für Zweig beispielsweise in der Debatte um Henri Barbusses sozialistische Zeitschrift *Clarté* das Überwinden politischer Dogmen im Vordergrund: „Nous avons pour unique devoir de rester libres et indépendants, de faire front contre la haine et la calomnie entre les partis, au lieu de favoriser l'anéantissement sanglant de l'un d'eux" (Zweig 1922, S. 52).

2. Entwicklung des Toleranzbegriffs im Nationalsozialismus

Als Anfang der 1930er Jahre die politische und gesellschaftliche Radikalisierung immer weiter fortschreitet, bekundet Zweig zunächst noch Verständnis für den Fanatismus einer Jugend, die sich desillusioniert von den kaum sichtbaren Fortschritten des Völkerbundes den radikalen Parteien anschließt: „[U]nd so sagt sie (mit Recht!)

diese Jugend: wir müssen Schluß machen mit diesem Altmännergeschwätz, es müssen Männer kommen der raschen Entscheidungen [...], Männer wie Stalin oder Mussolini, die Geschehnisse ins Rollen bringen, mag sein in einen Abgrund hinein." (Zweig GWE, Revolte gegen die Langsamkeit, S. 178) Klaus Mann sah 1942 in Zweigs Äußerung eine falsch verstandene Toleranz gegenüber den antidemokratischen Kräften Europas: „Radikalismus allein ist noch nichts Positives, und nun gar, wenn er sich so wenig hinreißend, sondern so rowdyhaft und phantasielos manifestiert wie bei unseren Rittern vom Hakenkreuz." (Mann 1969, S. 250)

Auch die geschichtsphilosophischen Essays der 1930er Jahre reflektieren die Entwicklung Europas im Spannungsfeld zwischen religiöser Intoleranz, ideologischer Abgrenzung und dem Wunsch nach übernationalem Zusammenschluss. Zweig betrachtet den Gang der Geschichte als „unabänderliche[s] rhythmische[s] Gesetz, einen innere[n] Wellengang, der ihre Epochen abteilt in Ebbe und Flut, in Vorwärtsströmen und Rücklauf –, und wie könnte es anders sein, da ja Geschichte von Menschen gemacht wird und ihre seelischen Gesetze nur die des einzelnen Menschen spiegeln." (Zweig GWE, Der europäische Gedanke in seiner historischen Entwicklung, S. 185) So werden Epochen des Fanatismus und der Repression zu periodisch wiederkehrenden, quasi entwicklungsnotwendigen Ereignissen, auf die ein neues Zeitalter der Toleranz folgt (→ V.1 Geschichtsbilder und Geschichtsauffassung). Für das Individuum im Zeitalter des Fanatismus besteht nach dieser Logik nur noch die Möglichkeit, durch Verzicht auf Provokation der Machthaber fatalistisch die eigene Freiheit zu sichern.

Die Machtübernahme Hitlers 1933 hatte Zweig vermutlich dazu veranlasst, jene geschichtsphilosophischen Überlegungen weiter auszuführen. In *Triumph und Tragik des Erasmus von Rotterdam* (1934) stellt Zweig antagonistische Geisteshaltungen – Leidenschaft und Unnachgiebigkeit bei Luther sowie Universalität und Humanismus bei Erasmus – anhand zweier Kontrastfiguren gegenüber. Dabei konstituiert sich der erasmische Humanismus primär durch Offenheit und Duldsamkeit: „Der Humanismus ist nicht imperialistisch gesinnt, er kennt keine Feinde und will keine Knechte. Wer dem erlesenen Kreise nicht angehören will, möge außen bleiben, man zwingt ihn nicht, man nötigt ihn nicht gewaltsam in dieses neue Ideal; jede Unduldsamkeit – die ja immer einem innern Unverstehen entstammt – ist dieser Lehre der Weltverständigung fremd." (Zweig GWE, Triumph und Tragik des Erasmus von Rotterdam, S. 84) Dieser geistesaristokratischen Haltung, die politische Spannungen nur als Konsequenz mangelnder Weltoffenheit und Bildung versteht, entspringt bei Erasmus auch das bewusste Ausweichen vor der Konfrontation mit dem Fanatismus, „diese[m] Bastard aus Geist und Gewalt" (S. 90): „[J]e fanatischer die Zeit wird in ihrer Parteilichkeit, um so entschlossener hat er in seiner Überparteilichkeit zu verharren" (S. 93). Zweigs zyklischer Geschichtsbegriff impliziert eine eingeschränkte Möglichkeit für das Individuum, gesellschaftliche und politische Prozesse zu beeinflussen, und so bleibt Erasmus nur der Trost, dass letztendlich die Attraktivität der Toleranzidee die Periode des religiösen Fanatismus überdauern wird.

Ebenso wie Erasmus „jeden unnützen Widerstand gegen die Mächte und Machthaber dieser Welt" (S. 32) scheute, so verweigerte Zweig mit dem Verweis auf die geistige Unabhängigkeit des Intellektuellen zunächst eine eindeutige Parteinahme gegen den Faschismus. Zweigs Spiel mit den historischen Bedeutungsebenen blieb den Zeitgenossen nicht verborgen. Dass Zweig sich als Künstler auch dann noch für die Politik unzuständig erklärte, als diese ihm die Freiheit genommen hatte, seine Meinung öffentlich zu äußern, führte besonders im Kreise der deutschsprachigen Exilschriftsteller zu Irritationen. Georg Lukács warf Zweig ein „hartnäckiges Stehenbleiben beim liberalen Humanismus" vor (Lukács 1955, S. 287), und Thomas Mann stieß sich an der simplifizierten Kontrastierung der Figuren, die den religiösen Eifer Luthers in die Nähe der nationalsozialistischen Ideologie rückte. Als positive Identifikationsfigur im Kampf gegen den politischen Fanatismus war Erasmus nur bedingt zu gebrauchen, und Zweig selbst sieht bereits zu diesem Zeitpunkt die Grenzen einer elitären weltabgewandten Haltung gegenüber dem Fanatismus: „[D]iese Gleichgültigkeit gegen die Wirklichkeit hat von vornherein dem Reich des Erasmus jede Möglichkeit der Dauer und seinen Ideen die unmittelbar wirkende Kraft genommen," denn „im tiefsten [sic] umfaßte dies Reich doch nur eine dünne Oberschicht und war schwach verwurzelt mit der Wirklichkeit." (Zweig GWE, Triumph und Tragik des Erasmus von Rotterdam, S. 97f.)

Angesichts eines immer aggressiver auftretenden Nationalsozialismus sah sich Zweig in den folgenden Jahren dazu gezwungen, die eigene Position zu dieser Diktatur zu überdenken. An Rolland schreibt er: „Man müßte einen Fanatismus des Antifanatismus schaffen, wie wir immer von einem nicht schafsmäßigen, sondern aggressiven und aktiven Pazifismus träumten." (Rolland/Zweig 1987, S. 632) In *Castellio gegen Calvin oder Ein Gewissen gegen die Gewalt* (1936) entwirft Zweig abermals zwei antagonistische Charakterbilder, die als Repräsentanten der Begriffe Toleranz (Castellio) und Fanatismus (Calvin) gelesen werden können (vgl. Müller 1995, S. 242). Auch bei Castellio verbinden sich anfangs Humanismus und bewusster Rückzug aus dem Zeitgeschehen: „Als wahrer Humanist ist er kein geborener und kein überzeugter Streiter; das Verbindliche, das Versöhnliche, das eindringlich Konziliante entspricht unendlich mehr seiner milden und im tiefsten Sinne religiösen Natur." (Zweig GWE, Castellio gegen Calvin, S. 146) Castellio wächst jedoch in seiner Streitschrift gegen Calvin über diese Position hinaus, indem er Calvin vorwirft, im Namen christlicher Lehre eine Gewaltherrschaft zu etablieren, die nicht auf der Bibelexegese basiert, sondern lediglich Intoleranz gegenüber Andersdenkenden und machtpolitisches Kalkül darstellt. Selbst unter Gefährdung des eigenen Lebens leistet Castellio schreibend Widerstand, indem er das, „was wahr ist und gerecht, so lange […] wiederhol[t], bis es sich Geltung erzwingt." (S. 160) Für Heinrich Schmidinger ist die bei Zweig zitierte Aussage Castellios – „einen Menschen töten heißt nicht, eine Lehre verteidigen, sondern einen Menschen töten" – als Schlüsselsatz in der europäischen Toleranzgeschichte zu verstehen (Schmidinger 2013, S. 110). Der streitbare Humanismus Castellios, der selbst vor der Konfrontation mit einem übermächtigen intransigenten Gegner nicht zurückschreckt, war auch für Zweig das Ideal eines verantwortlichen Handelns gegenüber einer fanatischen Haltung wie etwa dem Faschismus. Dass sein eigenes Engagement im Exil hinter diesem Ideal zurückbleibt, lag jedoch nicht alleine an Zweigs lebenslanger Abscheu vor dem Dogmatischen. Jede Position, die über die Wahrung der persönlichen Freiheit hinausging, implizierte für Zweig eine Verantwortung gegenüber Dritten (vgl. *Die Augen des ewigen Bruders*, 1921). So fürchtete er etwa, dass der öffentliche Widerstand jüdischer Intellektueller gegen einen fanatischen Antisemitismus direkt zu antisemitischen Vergeltungstaten führen könnte.

War Castellio noch der Mann, der Zweig sein wollte (vgl. Roth/Zweig 2011, S. 361), so war ihm Montaigne „ein Meister und Lehrer der Resignation und des Rückzugs auf sich selbst" (Zweig GWE, Montaigne, S. 565). Dass sich Zweig nach dem *Castellio*

Michel de Montaigne als essayistisches Sujet wählt und damit den kämpferischen Toleranzbegriff zugunsten einer resoluten Verteidigung der eigenen Unabhängigkeit zurücknimmt, ist nicht zuletzt Indiz für eine wahrgenommene Machtlosigkeit gegenüber der grassierenden Gewalt in Europa, besonders nach dem Novemberpogrom von 1938 und dem Kriegsausbruch. Wenn Zweig über Montaigne urteilt, dass dieser „als der Weise in einer Zeit des Fanatismus Rückzug und Flucht sucht" (Zweig GWE, Montaigne, S. 505), so ist dies mit Blick auf Zweigs Ausweichen vor dem Krieg nach England und Amerika auch als autobiografischer Kommentar zu verstehen.

In Zweigs späten Werken, besonders in *Die Welt von Gestern* und *Schachnovelle*, lässt sich eine häufige Verknüpfung des Toleranzbegriffes mit dem Wien der Jahrhundertwende feststellen. In der *Schachnovelle* wird die bereits aus dem *Erasmus* und dem *Castellio* bekannte Gegenüberstellung antagonistischer Prinzipien aus dem öffentlichen in den privaten Raum verschoben. Dr. B., humanistisch gebildet, Vertrauter des Kaisers und der Kirche, steht dabei stellvertretend für jenes alte Wien, dem Zweig in der *Welt von Gestern* eine klassen- und völkerübergreifende Konzilianz attestiert. Der „monomanische", „unmenschliche Schachautomat" Czentovic steht dagegen für die rücksichtslose Durchsetzung einer einzigen Idee. Dass Dr. B. aus der direkten Konfrontation mit Czentovic ungeschlagen hervorgeht, gleichzeitig aber mit dem Verlust seiner geistigen Gesundheit bezahlt, hat in der Literaturwissenschaft (vgl. Koch 2003; Daviau/Dunkle 1973) teilweise konträre Interpretationen zur Frage hervorgerufen, inwieweit Zweig damit ein humanistisches Engagement gegen den Faschismus verwirft.

Stefan Zweig

Rolland, Romain/Zweig, Stefan (1987): Briefwechsel 1910–1940. Bd. II: 1924–1940. Berlin: Rütten & Loening.
Roth, Joseph/Zweig, Stefan (2011): „Jede Freundschaft mit mir ist verderblich". Briefwechsel 1927–1938. Hg. v. Madeleine Rietra u. Rainer Joachim Siegel. Mit einem Nachwort v. Heinz Lunzer. Göttingen: Wallstein.
Zweig, Stefan (1922): [Antwort auf Romain Rollands offenen Brief *La Révolution et les Intellectuels – Lettre aux amis Communistes*]. In: L'Art Libre 4/1922, S. 52.
Zweig, Stefan (1983): Bekenntnis zum Defaitismus. In: Ders.: Die schlaflose Welt. Aufsätze und Vorträge aus den Jahren 1909–1941. GWE. Hg. v. Knut Beck. Frankfurt a.M.: S. Fischer, S. 122–125.
Zweig, Stefan (1983): Der europäische Gedanke in seiner historischen Entwicklung. In: Ders.: Die schlaflose Welt. Aufsätze und Vorträge aus den Jahren 1909–1941. GWE. Hg. v. Knut Beck. Frankfurt a.M.: S. Fischer, S. 185–210.
Zweig, Stefan (1983): Revolte gegen die Langsamkeit. In: Ders.: Die schlaflose Welt. Aufsätze und Vorträge aus den Jahren 1909–1941. GWE. Hg. v. Knut Beck. Frankfurt a.M.: S. Fischer, S. 174–180.
Zweig, Stefan (1990): Montaigne [Fragment]. In: Ders.: Zeiten und Schicksale. Aufsätze und Vorträge aus den Jahren 1902–1942. GWE. Hg. v. Knut Beck. Frankfurt a.M.: S. Fischer, S. 468–556.
Zweig, Stefan (1995): Briefe. Bd. I: 1897–1914. Hg. v. Knut Beck, Jeffrey B. Berlin u. Natascha Weschenbach-Feggeler. Frankfurt a.M.: S. Fischer.
Zweig, Stefan (2001): Die Welt von Gestern. Erinnerungen eines Europäers. GWE. Frankfurt a.M.: S. Fischer.
Zweig, Stefan (2002): Castellio gegen Calvin oder Ein Gewissen gegen die Gewalt. GWE. Hg. v. Knut Beck. Frankfurt a.M.: S. Fischer.

Zweig, Stefan (2002): Rahel rechtet mit Gott. In: Ders.: Rahel rechtet mit Gott. Legenden. GWE. Hg. v. Knut Beck. Frankfurt a.M.: S. Fischer, S. 56–73.

Zweig, Stefan (2006³): Triumph und Tragik des Erasmus von Rotterdam. GWE. Frankfurt a.M.: S. Fischer.

Weitere Literatur

Daviau, Donald G./Dunkle, Harvey (1973): Stefan Zweigs *Schachnovelle*. In: Monatshefte 65/4/1973, S. 370–384.

Gelber, Mark H. (1995): *Die Welt von Gestern* als Exilliteratur. In: Ders./Zelewitz, Klaus (Hg.): Stefan Zweig. Exil und Suche nach dem Weltfrieden. Riverside: Ariadne Press, S. 148–163.

Hu, Wei (2006): Auf der Suche nach der verlorenen Welt. Die kulturelle und die poetische Konstruktion autobiographischer Texte im Exil. Am Beispiel von Stefan Zweig, Heinrich Mann und Alfred Döblin. Frankfurt a.M. u.a.: Lang.

Koch, Hans-Albrecht (2003): Ästhetischer Widerstand oder politischer Eskapismus? Vom *Erasmus*-Buch zur *Schachnovelle*. In: Eicher, Thomas (Hg.): Stefan Zweig im Zeitgeschehen des 20. Jahrhunderts. Oberhausen: Athena, S. 43–58.

Lukács, Georg (1955): Der historische Roman. Berlin: Aufbau.

Mann, Klaus (1969): Der Wendepunkt. München: Nymphenburger.

Müller, Heidy M. (1995): *Castellio gegen Calvin*. Stefan Zweigs „Prinzip Hoffnung" angesichts der postulierten immerwährenden Wiederkehr des Gleichen. In: Gelber, Mark H./Zelewitz, Klaus (Hg.): Stefan Zweig. Exil und Suche nach dem Weltfrieden. Riverside: Ariadne Press, S. 241–251.

Schmidinger, Heinrich (2013): Castellio – ein Gewissen seiner Zeit. Anmerkungen zu Stefan Zweigs Buch *Castellio gegen Calvin*. In: Barth, Franziska/Gauß, Karl-Markus (Hg.): Liber Amicorum Klemens Renoldner. Salzburg: Eigenverlag, S. 105–112.

Schwarz, Egon (2014): Wien und die Juden – Essays zum Fin de Siècle. München: Beck.

6. Humanität und Humanismus

Manuel Maldonado-Alemán

Anfang November 1917 wurde Stefan Zweig von seinem Dienst im Wiener Kriegsarchiv befreit und übersiedelte als Korrespondent der *Neuen Freien Presse* in die Schweiz. Hier traf er Romain Rolland und hielt Kontakt zu weiteren pazifistisch orientierten Intellektuellen.

Dort begegnete er auch einem politisch organisierten Pazifismus, dem er sich jedoch nie verbunden fühlte. Er sagte seine Teilnahme an dem von der *Freien Zeitung* einberufenen Konvent der Intellektuellen in der Schweiz ab, und nach dem Krieg nahm er Abstand von der von Henri Barbusse, Romain Rolland und anderen Intellektuellen gegründeten Gruppe der *Clarté*. Zweig setzte sich nie einer direkten politischen Konfrontation aus, diesem „scheußlichen Gemisch aus Tinte, Blut und Geld", wie er in einem Brief an seinen Freund Romain Rolland bekannte (Zweig, Br II, S. 505). Abseits der Öffentlichkeit und des direkten politischen Einsatzes erhoffte er sich die Rettung seiner geistigen Freiheit und damit die Schaffung der Bedingungen für ein nachhaltiges Engagement für Humanität und Pazifismus (vgl. Birk 2003, S. 226).

Zweigs Entwicklung zum apolitischen Humanismus steht aber im Zeichen einer ambivalenten Haltung, die zwischen einer bewussten Passivität und der sowohl äußeren als auch inneren Forderung nach „öffentlichem Engagement gegen Ungerechtigkeit und Gewalt" schwankte (S. 226). Diese Widersprüchlichkeit verarbeitete Zweig zunächst anhand der biblischen Gestalt des Propheten Jeremias in seinem ersten Werk gegen den Krieg, dem im Insel Verlag 1917 erschienenen Drama *Jeremias*. In dieser Tragödie, die Zweig plötzlich berühmt machte, erscheint der Prophet Jeremias als ein Außenseiter, der als einziger erkennt, wie sinnlos der geplante Krieg gegen Babylon ist, und sich für den Frieden einsetzt. Er warnt eindringlich, aber vergeblich, vor Zerstörung und Schrecken. Am Ende jedoch ist er der Einzige, der die militärische Niederlage in einen geistigen Sieg umwandelt und der Bevölkerung eine Aussicht für die Zukunft eröffnet. Zweig stellt somit die Perspektive des Besiegten in den Mittelpunkt des Stückes und entdeckt die moralische Kraft des unpolitischen Einzelnen, der mit seinem verlorenen Kampf gegen Ungerechtigkeit und staatliche Willkür ein Zeichen für die positiven Ideale der Menschheit setzt (→ V.3 Das Motiv des Besiegten). *Jeremias* zeigt die moralische Überlegenheit des Besiegten und bekundet die Idee eines Pazifismus, der sich ausschließlich auf ethischen Prinzipien gründet (→ V.4 Krieg, Frieden, Pazifismus). Zweigs Vorstellung eines radikal pazifistischen Humanismus, sein Streben nach „humaner Verständigung zwischen Menschen, Gesinnungen, Kulturen und Nationen" (Zweig 1937, S. 6), die er später als das geistige Erbe des Erasmus von Rotterdam lobt, wird von nun an überall in seinen Werken erkennbar.

Gegen Ende des Kriegs bekannte sich Zweig offen zur Notwendigkeit einer Neugeburt Europas und setzte sich für die Völkerversöhnung und die kulturelle Verständigung ein (→ V.7 Europa-Konzeptionen). Im kulturellen Austausch, in der geistig-humanistischen Einigung auf der Grundlage des gemeinsamen Erbes, sah er die Grundvoraussetzung für einen dauerhaften Frieden in Europa. Infolge der politischen Situation in den 1920er Jahren blieb Zweig jedoch skeptisch: „Nein, es wird noch nicht morgen sein, das geeinte Europa, vielleicht werden wir noch Jahre und Jahrzehnte warten müssen, vielleicht wird unsere Generation es überhaupt nicht mehr erleben." (Zweig GWE, Der europäische Gedanke in seiner historischen Entwicklung, S. 209) Mit großer Besorgnis verfolgte er das Aufkommen des Faschismus in Italien und des Nationalsozialismus in Deutschland. Enttäuscht konzentrierte er sich dann auf das geistig-kulturelle Leben und zog sich in sein Werk zurück, in das literarische Schaffen. Verhaftet im liberal-humanistischen Denken des 19. Jahrhunderts war er nicht in der Lage, Geist und Tat zu verbinden. Er betonte seinen Willen zur Überparteilichkeit und lehnte es ab, sich die neuen politischen Alternativen anzueignen. In seiner Autobiografie *Die Welt von Gestern*, die postum 1942 erschien, versuchte er seine Haltung zu rechtfertigen: „Wieder hatten wir im Kampf um die geistige Freiheit versagt aus zu großer Liebe zur eigenen Freiheit und Unabhängigkeit. / So blieb nur eines: still und zurückgezogen sein eigenes Werk zu tun." (Zweig GWE, Die Welt von Gestern, S. 345) In seinem Schloss auf dem Kapuzinerberg in Salzburg empfing er internationale prominente Schriftsteller und Künstler in der Hoffnung, „sich für den Wiederaufbau des europäischen Geistes weiter einsetzen zu können" (Hu 2003, S. 184). Mit der Etablierung der nationalsozialistischen Herrschaft musste er seine Hoffnung jedoch aufgeben.

Zweig wurde freilich nicht müde, seinen Glauben an den endgültigen Sieg humanistischer Werte in seinen Werken symbolisch auszudrücken. Bei ihm hatte sich eine innere Einstellung herauskristallisiert, „die unweigerlich nie die Partei der sogenannten ‚Helden' nimmt, sondern Tragik immer nur im Besiegten sieht." (Zweig GWE, Die

6. Humanität und Humanismus

Welt von Gestern, S. 198) Insbesondere nach 1933 schrieb er Biografien, in welchen er sich mit dem Problem des Nationalismus und den frühen Vorkämpfern für die geistige Freiheit befasste. Von besonderer Wichtigkeit waren in diesem Zusammenhang seine Biografien über Erasmus von Rotterdam und Sebastian Castellio, einen Gegenspieler von Johannes Calvin. Diese Werke hatten ihren Aktualitätsbezug dadurch, dass sie den zeitlosen Konflikt zwischen Humanität und Fanatismus präsentierten und somit auch als Parabel über den notwendigen Kampf gegen Faschismus und Unrecht gelesen werden konnten (→ V.5 TOLERANZ UND FANATISMUS). Und Zweig hatte erneut zwei Helden ausgewählt, die sich nicht einer politischen Gruppierung anschlossen, sondern allein mit den Waffen des Geistes und des Wortes sich für ihre Ideen einsetzten, auch wenn sie ahnten, dass sie diesen Kampf nie gewinnen konnten.

Die Niederschrift seiner Erasmus-Biografie hängt eng mit der Ernennung Hitlers zum Reichskanzler zusammen. „Ich will ihm [i. e. Erasmus] ein kleines Denkmal errichten", ließ er Romain Rolland in einem Brief vom 26. April 1933 wissen, „und wer zu lesen versteht, wird die Geschichte unserer Tage in der Analogie entdecken" (Rolland/Zweig 1987, S. 511). *Triumph und Tragik des Erasmus von Rotterdam* erschien im August 1934 in Wien im Verlag von Herbert Reichner. Mit diesem Werk wollte er zeigen, wie er in einem Brief an René Schickele vom 27. August 1934 behauptete, „in welche tragische Lage in Zeiten des Rottenwahns der unabhängige Mensch geraten muß" (zit. n. Arnold 1974, S. 198). Der Lebenssinn von Erasmus war „die harmonische Zusammenfassung der Gegensätze im Geiste der Humanität." (Zweig GWE, Triumph und Tragik des Erasmus von Rotterdam, S. 11) Erasmus wurde für Zweig zum Inbegriff des „Humanisten auch des Herzens, der durch Luther die gleichen Niederlagen erlitten hat wie die humanen Deutschen heute durch Hitler", wie er in einem Brief an Klaus Mann vom 15. Mai 1933 behauptete (Zweig 1978, S. 228). Nach Abschluss des Werkes schrieb er Romain Rolland von Salzburg aus: „Ich beendige meinen ‚Erasmus'. Der Schluß wird ein Glaubensbekenntnis sein, ein Angriff auf den Fanatismus, diesen ‚Bastard des Geistes und der Gewalt', in all seinen Formen, Verwünschung gegen alle, die die Vielfalt der Welt in einem System terrorisieren wollen. Das Herz war mir schwer. Und ich hoffe, nun bin ich erleichtert." (Rolland/Zweig 1987, S. 551) Die Darstellung der lutherischen Revolution im *Erasmus* wurde so zur Selbstcharakterisierung des Humanisten Stefan Zweig: „[K]einer unter den Hunderttausenden und Millionen von Kämpfern braucht dann mehr Mut, mehr Kraft, mehr moralische Entschlossenheit in solchen Zeiten als der Mann der Mitte, der sich keinem Rottenwahn, keiner Denkeinseitigkeit unterwerfen will." (Zweig GWE, Triumph und Tragik des Erasmus von Rotterdam, S. 17)

Die Werte, die der moralischen Entschlossenheit des Humanisten Erasmus von Rotterdam zugrundelagen, sind auch die humanistischen Werte, für die Zweig eintrat: Vernunft, Toleranz, Menschenwürde, Versöhnung, Frieden und Freiheit. Allerdings hinterfragt er bestimmte Eigenheiten der historischen Figur. Zweig stellt fest, dass Erasmus nur zwei Schichten kannte: „Er konnte zur Wirklichkeit kaum anders in Beziehung treten als durch das Medium der Bücher [...]. Er liebte sie, weil sie leise waren und ohne Gewaltsamkeit und unverständlich der dumpfen Menge, das einzige Vorrecht der Gebildeten in einer sonst rechtlosen Zeit." (S. 41) So zeigt Zweig die Schwächen und Grenzen des erasmischen Humanismus: die Beschränkung auf die Welt des Geistes, der sogenannte Geistesaristokratismus, der sich über die konkreten sozialen Verhältnisse und die Realpolitik hinwegsetzt.

Zweigs Auffassung vom Humanismus, die sich an den moralischen Werten und der geistigen Freiheit eines Einzelmenschen ausrichtet (→ V.9 Die Freiheit des Einzelnen), vermag es dennoch ebenfalls nicht, infolge der ihr zugrundeliegenden Dämonisierung der Politik und des Volkes als irrationale Masse, und nicht zuletzt aufgrund des Hangs zum exklusiven Elitarismus, die komplexe Vielfalt der mitbestimmenden Bedingungen, Faktoren und Ursachen gesellschaftlicher Prozesse zu erkennen und zu erklären. Seinem Geschichtsverständnis zufolge stellt Zweig die Vergangenheit vorrangig anhand der persönlich-biografischen und psychologischen Züge eines Einzelnen dar, so dass die mitwirkenden ökonomischen, sozialen und politischen Triebkräfte vernachlässigt werden (→ V.1 Geschichtsbilder und Geschichtsauffassung). Gegen Ende seines Lebens scheint Zweig zu versuchen, die Defizite seines individualgeschichtlichen Konzepts durch Konzentration auf den demokratischen Konsens und vor allem durch Akzentuierung der Erziehung und Bildung der Jugend zu überwinden. In dem 1938 in den USA gehaltenen Vortrag *Geschichtsschreibung von morgen* schwebt Zweig eine Historiographie vor, die die Lehrbücher vom Patriotismus und von jeglicher Verherrlichung des Kriegs befreit. Die Geschichte von morgen soll eine Kulturgeschichte aller Völker und Nationen sein, eine Geschichte nicht der Schlachten und Kriege, sondern des kulturellen Austauschs, die die neuen Generationen von der zerstörerischen Mentalität des Hasses und der Gewalt heilen soll.

Zweig wusste von den Grenzen und Schwächen des Humanismus als reine geistige Haltung, und dennoch kultivierte er den Primat des Geistigen in Zeiten des Faschismus in Europa. In dunklen Zeiten ist für ihn die Aufgabe des Humanisten jene der moralischen, nicht politischen Opposition. Da der kriegerisch denkende, gefühllose Tatmensch dem friedlich-konzilianten Geistesmenschen in der politischen Sphäre überlegen ist, ist das Handeln des Humanisten in rechtlosen Zeiten notwendigerweise zum Scheitern verurteilt. Unter solchen Umständen kann seine Aufgabe nur in der Zeugenschaft liegen. In der dem Humanisten zugeschriebenen Rolle des Zeugen zeigt sich die utopische Dimension des humanistischen Denkens. Sie eröffnet eine optimistische Zukunftsperspektive: die Vision einer besseren Welt, die in einer fernen Zukunft liegt, das Ideal einer zivilisierten, menschwürdigen Ordnung nach der Diktatur.

Konsequent in seinen humanistischen Grundüberzeugungen drückte Zweig seinen Protest gegen den Totalitarismus immer wieder aus, ohne jedoch politisch zu handeln und klare Stellung zu beziehen (→ III.14.1 Publizistik zu Politik und Zeitgeschehen; IV.12 Kunst und Politik). Obwohl er sich, wie die Briefe zeigen, intensiv mit der Gefahr des Faschismus beschäftigte, vermied er es, sich öffentlich zur aktuellen Politik zu äußern oder sich an entsprechenden Aktivitäten der exilierten Intellektuellen zu beteiligen. Zweig war nie ein Mann des entschiedenen Handelns (vgl. Koch 2003, S. 47; Reffet 2003). Sein Verhalten war emotional und sein Charakter ambivalent (vgl. Beck 2003, S. 21; Birk 2003, S. 226f.). Sein oberstes Gebot war die Freiheit des Einzelnen, die selbstbestimmte Individualität. Er wollte lieber ein unpolitischer und unparteilicher Mensch bleiben (vgl. Reffet 2003; Zhang 1997). „Am liebsten hätte Zweig [nach der Machtergreifung Hitlers] weiterhin verborgen und zurückgezogen gelebt" (Koch 2003, S. 47). In einem Brief vom 18. September 1933 an Klaus Mann beschreibt er sich so: „Ich bin keine polemische Natur, ich habe mein ganzes Leben lang immer nur *für* Dinge und *für* Menschen geschrieben und nie gegen eine Rasse, eine Klasse, eine Nation oder einen Menschen" (Zweig 1978, S. 235, Herv. i. O.). Er rechtfertigte sein Verhalten mit dem Hinweis auf seine

6. Humanität und Humanismus

persönliche Veranlagung. Seiner Natur nach war er kein aggressiver Mensch: „Das rein Aggressive liegt mir charaktermäßig nicht, weil ich an ‚Siege' nicht glaube, aber in unserem stillen, entschlossenen Beharren, in der künstlerischen Kundgabe liegt vielleicht die stärkere Kraft. Kämpfen können die andern auch, das haben sie bezeugt, so muß man sie auf dem andern Gebiet schlagen, wo sie inferior sind" (S. 228 f.). Und dieses Gebiet war das literarische Schaffen. Deswegen entschloss er sich, in seinen Biografien große geistige Helden zu porträtieren. Wider seinen Willen wurde er jedoch Zeuge „der furchtbarsten Niederlage der Vernunft und des wildesten Triumphes der Brutalität innerhalb der Chronik der Zeiten" (Zweig GWE, Die Welt von Gestern, S. 8). Die scheinbar ausweglose Situation einer in den Krieg versunkenen Welt, in der seine Ideale Humanität, Freiheit, Toleranz und Völkerverständigung nichts mehr galten (→ V.5 Toleranz und Fanatismus), spielten für Zweigs Entscheidung, sein Leben in Brasilien zu beenden, eine nicht unwichtige Rolle.

Stefan Zweig

Rolland, Romain/Zweig, Stefan (1987): Briefwechsel 1910–1940. Bd. II: 1924–1940. Berlin: Rütten & Loening.
Zweig, Stefan (1937): Begegnungen mit Menschen, Büchern, Städten. Wien u.a.: Reichner.
Zweig, Stefan (1978): Briefe an Freunde. Hg. v. Richard Friedenthal. Frankfurt a.M.: S. Fischer.
Zweig, Stefan (1981): Die Welt von Gestern. Erinnerungen eines Europäers. GWE. Frankfurt a.M.: S. Fischer.
Zweig, Stefan (1981): Triumph und Tragik des Erasmus von Rotterdam. GWE. Frankfurt a.M.: S. Fischer.
Zweig, Stefan (1982): Tersites. Jeremias. Zwei Dramen. GWE. Hg. v. Knut Beck. Frankfurt a.M.: S. Fischer.
Zweig, Stefan (1983): Der europäische Gedanke in seiner historischen Entwicklung. In: Ders.: Die schlaflose Welt. Aufsätze und Vorträge aus den Jahren 1909–1941. GWE. Hg. v. Knut Beck. Frankfurt a.M.: S. Fischer, S. 185–210.
Zweig, Stefan (1983): Die schlaflose Welt. Aufsätze und Vorträge aus den Jahren 1909–1941. GWE. Hg. v. Knut Beck. Frankfurt a.M.: S. Fischer.
Zweig, Stefan (1998): Briefe. Bd. II: 1914–1919. Hg. v. Knut Beck, Jeffrey B. Berlin u. Natascha Weschenbach-Feggeler. Frankfurt a.M.: S. Fischer.

Weitere Literatur

Arnold, Heinz Ludwig (Hg.) (1974): Deutsche Literatur im Exil 1933–1945. Bd. 2: Materialien. Frankfurt a.M.: Athenäum.
Beck, Knut (2003): Politik – die wichtigste Sache im Leben? Stefan Zweigs Haltung zum Zeitgeschehen. In: Eicher, Thomas (Hg.): Stefan Zweig im Zeitgeschehen des 20. Jahrhunderts. Oberhausen: Athena, S. 13–42.
Birk, Matjaž (2003): Stefan Zweigs Humanitätsgedanke während des Ersten Weltkrieges und seine Fiktionalisierung in der Novellistik. In: Eicher, Thomas (Hg.): Stefan Zweig im Zeitgeschehen des 20. Jahrhunderts. Oberhausen: Athena, S. 225–241.
Eicher, Thomas (Hg.) (2003): Stefan Zweig im Zeitgeschehen des 20. Jahrhunderts. Oberhausen: Athena.
Görner, Rüdiger (2012): Erasmisches Bewusstsein. Der humanistische Empfindungs- und Denkmodus bei Stefan Zweig. In: Ders.: Stefan Zweig. Formen einer Sprachkunst. Wien: Sonderzahl, S. 44–59.
Hu, Wei (2003): Dichtung und Wahrheit. Wahrheitsproblematik in Stefan Zweigs Autobiographie *Die Welt von Gestern. Erinnerung eines Europäers*. In: Literaturstraße 4/2003, S. 167–196.

Koch, Hans-Albrecht (2003): Ästhetischer Widerstand oder politischer Eskapismus? Vom *Erasmus*-Buch zur *Schachnovelle*. In: Eicher, Thomas (Hg.): Stefan Zweig im Zeitgeschehen des 20. Jahrhunderts. Oberhausen: Athena, S. 43–58.

Lützeler, Paul Michael (1997): Neuer Humanismus. Das Europa-Thema in Exilromanen von Thomas und Heinrich Mann, Lion Feuchtwanger und Stefan Zweig. In: Ders.: Europäische Identität und Multikultur. Fallstudien zur deutschsprachigen Literatur seit der Romantik. Tübingen: Stauffenburg, S. 107–125.

Maldonado-Alemán, Manuel (2007): Über das Ende der Humanität. Stefan Zweig und Goya. In: Danler, Paul u. a. (Hg.): Österreich, Spanien und die europäische Einheit. Innsbruck: Innsbruck Univ. Press, S. 131–152.

Reffet, Michel (2003): Stefan Zweigs historische Biographien und die Gegner der ‚bürgerlichen Literatur'. In: Eicher, Thomas (Hg.): Stefan Zweig im Zeitgeschehen des 20. Jahrhunderts. Oberhausen: Athena, S. 281–292.

Scheuer, Helmut (1988): Die Tragik des Humanisten – Stefan Zweig. In: Orbis litterarum 43/1988, S. 354–365.

Steiman, Lionel B./Heidrich, Manfred W. (1987): Begegnung mit dem Schicksal: Stefan Zweigs Geschichtsvision. In: Gelber, Mark H. (Hg.): Stefan Zweig heute. New York u.a.: Lang, S. 101–129.

Wang, Beibei (2015): Humanistische Gedanken in den Werken von Stefan Zweig. In: Zhang, Yi/Gelber, Mark H. (Hg.): Aktualität und Beliebtheit. Neue Forschung und Rezeption von Stefan Zweig im internationalen Blickwinkel. Würzburg: Königshausen & Neumann, S. 67–73.

Zhang, Yushu (1997): Stefan Zweig – ein unpolitischer Mensch? In: Zeitschrift für Germanistik N. F. 7/1/1997, S. 25–37.

7. Europa-Konzeptionen

Jacques Le Rider

Bis zum Ausbruch des Ersten Weltkriegs ist Europa für Stefan Zweig eine selbstverständliche Lebensform, die sich schon aus seiner Familiengeschichte ergibt. Die Familie seines Vaters stammt aus der kulturell und wirtschaftlich nach dem Westen orientierten Provinz Mähren und vertritt eine fortschrittlich liberale Auffassung des Judentums, die sich gegenüber der Orthodoxie und der traditionsverhafteten Lebensweise des galizischen und bukowinischen Ostjudentums völlig fremd fühlt (→ V.8 JUDENTUM UND JÜDISCHE IDENTITÄT). Erst während des Ersten Weltkriegs erlebt Stefan Zweig die Ostjuden aus der Nähe, auch wenn er bereits zu Beginn des Jahrhunderts mit kulturzionistischen Kreisen um Ephraim M. Lilien oder Berthold Feiwel in Verbindung war (vgl. Gelber 2014, S. 111–129). In Wien hatten zahlreiche ostjüdische Flüchtlinge Zuflucht gesucht, besondere, erschütternde Eindrücke hinterließ bei Zweig eine Dienstreise durch das zum Schlachtfeld gewordene Kronland Galizien (vgl. S. 156–165). Obwohl er die russische Literatur zutiefst bewundert, empfindet Stefan Zweig Russland und dessen osteuropäische Territorien auch nicht als europäisch im gleichen Grad wie England, Frankreich und Italien (vgl. Zweig GWE, Reise nach Rußland, S. 318f; Zweig GWE, Drei Meister, S. 85). Der Graben wird sich nach der Oktoberrevolution von 1917 noch vertiefen, wenn das alte Russland zur Sowjetunion wird, die Stefan Zweig als abschreckend erlebt, auch wenn er einen gewissen „großartige[n] Heroismus der russischen Intellektuellen von heute" bewundert (Zweig

7. Europa-Konzeptionen

GWE, Reise nach Rußland, S. 297). Geopolitische Konzepte würde man in Zweigs Schriften vergeblich suchen, und doch verläuft auf seiner *mental map* Europas eine Ostgrenze, die ungefähr von Berlin, über Prag, Wien und Budapest nach Triest reicht.

Die Familie seiner in Ancona geborenen Mutter ist über die große westliche Welt verteilt: in Wien und Sankt Gallen, in Paris und New York, sind die Brettauers nach Zweigs eigenen Worten eine Art vielsprachigen, kosmopolitischen „Adel[s]" (Zweig GWE, Die Welt von Gestern, S. 25), für den es innerhalb Europas keine Grenzen gibt und die USA sozusagen eine Verlängerung der europäischen Zivilisation darstellen. Das Europa der *belle époque*, in dem sich Zweig bewegt, ist nicht dasjenige der internationalen Arbeiterbewegung oder irgendeiner politischen Strömung: Es ist der transatlantisch weit geöffnete Kontinent der Bankiers und Unternehmer, der Bildungsbürger und Wissenschaftler, der Schriftsteller und Künstler. Bis zuletzt sind für Stefan Zweig populärere Europa-Konzepte mit sozialpolitischen Akzenten abstrakte Vorstellungen, die ihm als unpolitischem Dichter (das Stichwort ‚unpolitisch' im Sinne von Thomas Manns *Betrachtungen eines Unpolitischen* kann man für die Vorkriegszeit auf Zweig anwenden) fremd bleiben.

Bereits bei seinem ersten New-York-Besuch 1911 (vgl. Zweig GWE, Der Rhythmus von New York) und in seinem polemischen anti-amerikanischen Essay *Die Monotonisierung der Welt* (Zweig GWE, Zeiten und Schicksale, S. 30–39) betont Zweig die kulturelle Differenz von Europa und Amerika. In der Epoche des Exils wird sich Stefan Zweig der Entfernung zwischen Nordamerika und Europa durch das eigene Erleben noch deutlicher bewusst. Man spürt bei ihm eine gewisse Geringschätzung der amerikanischen ‚Unbildung'. Die Verheißung einer neuen Welt der Zukunft sieht Stefan Zweig eher in Brasilien als in den USA, die er als die neue Welt von gestern und als das Land jener Massenkultur und Unterhaltungsindustrie begreift, die auch in Europa die Hochkultur von Goethe bis Nietzsche bedroht, wobei für Zweig und dessen Mitwelt die nationalsozialistische Barbarei seit 1933 die unvergleichlich größere Gefahr der Kulturvernichtung darstellt.

Stefan Zweigs ‚erstes Leben' spielt sich zur Gänze in jenem kosmopolitischen Europa ohne Grenzen ab, das in der Tradition der Familie Brettauer zur zweiten Natur geworden ist. Als Autor der jüngeren Generation der Wiener Moderne fasst er von Anfang an den geistigen und ästhetischen Raum der deutschsprachigen Nationalliteratur als den Kreuzungspunkt der Kulturtransfers und der Übersetzungen aus den fremdsprachigen Sprachräumen auf. Die französischen und frankophonen belgischen Modernen, die er bestens kennt und vielfach übersetzt, die italienischen und englischen Klassiker und zeitgenössischen Avantgarden, die skandinavischen Theaterautoren Ibsen und Strindberg und die russischen Romanciers Tolstoi und Dostojewski sind für das Junge Wien und dessen unmittelbare Nachfolger, zu denen Stefan Zweig zählt, von ebenso großer Bedeutung wie die deutschen Naturalisten und Symbolisten. Die klassische Antike, insbesondere die altgriechische Literatur und die Bibel in jüdischer und christlicher Tradition gehören natürlich auch zu seinem neuhumanistischen Verständnis der allen Europäern gemeinsamen europäischen literarischen Überlieferung und kulturellen Identität (→ IV.2 Biblische Stoffe und Motive; IV.3 Mythos).

Bis zum Ersten Weltkrieg bleibt für Stefan Zweig der ‚habsburgische Mythos' (vgl. Magris 1966, S. 271f.), den er später selbst im ersten Kapitel („Die Welt der Sicherheit") der *Welt von Gestern* (1942) kreiert, die kaum hinterfragte ideologische Struktur seines Europa-Bilds. Die Vorstellung eines ‚cisleithanischen Europas' (vgl.

Zelewitz 2011) nach dem Modell der westlichen Hälfte der Donaumonarchie, in der die Deutsch-Österreicher, die Nord- und Südslawen und die Italiener in einem supranationalen Staatsgebilde ein friedliches, ja harmonisches Miteinander finden können, wird von Stefan Zweig auf ganz Europa projiziert. Und dies verleitet ihn zur Verdrängung der nationalistischen Problematik. In seinem Buch über Verhaeren rückt Zweig den Taine'schen Begriff der Rasse in das semantische Feld des in Kakanien geläufigen Terminus ‚Volksstamm' (einer Verdeutschung von Nationalität, mit der man die politisch verdächtigen Wörter ‚Volk' und ‚Nation' umgehen konnte):

> [D]ie Rasse selbst ist rastlos ringendes Produkt zweier Rassen, der flandrischen und der wallonischen. Nackt, klar, unvermittelt und wundervoll übersichtlich trotzen sich hier die Gegensätze. / Aber so stark, so unablässig ist der von beiden Seiten lastende Druck der nachbarlichen Rassen, daß diese Mischung nun schon ein neues Ferment, eine neue Rasse geworden ist. Unkennbar vermischt sind die einstigen Gegensätze in ein Werdendes und Neues. Germanen sprechen französisch, Romanen fühlen flandrisch. [...] Und diese neue belgische Rasse ist eine starke Rasse, eine der tüchtigsten Europas. (Zweig GWE, Emile Verhaeren, S. 33)

Der Soziologe Ludwig Gumplowicz interpretierte das konfliktreiche Neben- und Durcheinander der Völker der Habsburger Monarchie als ‚Rassenkampf'. Im Sinne des ‚habsburgischen Mythos' phantasiert Stefan Zweig die Möglichkeit der Entstehung einer ‚europäischen Rasse', einer europäischen Supranationalität als Produkt der gelungenen Vermischung der einzelnen Volksstämme des alten Kontinents.

Diese Utopie wird von der rauhen Realität der nationalistischen und imperialistischen Eskalation, die zum Ausbruch des Weltkriegs im Sommer 1914 führt, restlos zerstört. Verblüffend ist die Rückkehr des verdrängten Nationalen in Stefan Zweig selbst, die ihn zu dem Brief *An die Freunde in Fremdland* vom Oktober 1914 verleitete, den Romain Rolland so enttäuschend und schockierend fand. Mit seiner Wendung zum Pazifismus und ‚Defaitismus' ab 1917 leistet Zweig einen Beitrag gegen seine chauvinistische Verirrung am Anfang des Kriegs. Seine Plädoyers für eine europäische Integration bis 1932 haben alle ‚Nie wieder Krieg!' zum Motto. Sein Beitrag *Nehmt allen die Waffen weg, allen ... An den Herausgeber des ‚Morgen'* (Zweig 1932, S. 5) erscheint im Februar 1932, und er hält drei Monate später seine vollendetste Rede über Europa in Florenz (*Der europäische Gedanke in seiner historischen Entwicklung*). Den „Trieb nach einer Vereinigung Europas" – offensichtlich heißt dieser Trieb Eros und nicht Thanatos, er ist Lebens- und nicht Todestrieb – ist nicht nur im Geist der Dichter und Künstler, Philosophen und Gelehrten, sondern dank des technischen Fortschritts (schnelle Verkehrsmittel, Radio etc.) auch „in den *Dingen selbst*" lebendig (Zweig GWE, Der europäische Gedanke in seiner historischen Entwicklung, S. 206, Herv i. O.). Zweigs Idealismus mag verblüffend und sogar irritierend wirken. Er selbst sieht die Gefahr, dass der Idealismus wirklichkeitsfremd werden könne: „Es scheint mir ein unverschämter, erbärmlicher Luxus in der Kriegszeit, Ideale zu haben" (Zweig GWE, Die Entwertung der Ideen, S. 129). Die jüngste Geschichte der europäischen Integration hat Zweig gewissermaßen Recht gegeben: Der Realismus der Handels-, Wirtschafts- und Währungsintegration kann die erloschene Europa-Idee nicht wieder zünden. Schwerer nachvollziehbar ist Zweigs Fortschrittsoptimismus: War der Erste Weltkrieg nicht gerade der Triumph einer menschenfeindlich gewordenen Technik? Ist der Rundfunk 1932 nicht längst ein mächtiges Propagandamittel der Faschisten und der Nationalsozialisten geworden? In der Rede *Die geistige Einheit Europas* (1936) wird Stefan Zweig seinen Fortschrittsoptimismus dämpfen und erklären: „Tag und Nacht arbeiten in Europa die Fabriken, um die grossartigsten und genialsten Instrumente der Zerstörung zu schaffen." (Zweig 2016a, S. 67)

Die heute weltfremd anmutende Vorstellung eines ‚Europa des Geistes', das unabhängig von den politischen, sozialen und wirtschaftlichen europäischen Realien und sogar über sie erhaben den Europäern den Weg zur Vereinigung zu weisen berufen wäre, ist unter Zweigs Zeitgenossen nicht selten anzutreffen. Bei Paul Valéry z.B. findet man, in schönster und feinsinnigster Prosa geschrieben, Überlegungen zur Zukunft Europas nach dem Ersten Weltkrieg, die man mit Zweigs Europa-Bild bis 1933 vergleichen kann. Wie für Zweig ist für Valéry die Europa-Idee zuerst mit „den Kultur- und Intelligenz-Ideen, mit Meisterwerken" verbunden (Paul Valéry: *Crise de l'esprit*, zit. n. Hersant/Durand-Bogaert 2000, S. 410; übers. v. J. L. R.). Dem 1919 gegründeten Völkerbund wollte Valéry einen ‚Geisterbund', eine *Société des esprits*, zur Seite stellen, wobei dieses ‚Europe des esprits' 1933 recht geisterhaft und phantasmagorisch wirkte (der Begriff ‚Europe des esprits' stammt aus dem Titel des Briefwechsels Valéry/Focillon). Bei Valéry wie bei Zweig bleibt alles unpolitisch, d.h. bürgerlich liberal, und steht in der ehrwürdigen Tradition der humanistischen *république des lettres*, der *res publica literaria*.

Die Beziehung zur zeitgenössischen Politik hätte Stefan Zweig leicht gefunden, wenn er seine Kontakte zur Paneuropa-Bewegung Richard Graf Coudenhove-Kalergi hätte intensivieren wollen. Zweig wollte sich aber politisch nicht festlegen und wollte an die Möglichkeit glauben, „die verschiedenen Gruppen des Internationalismus, Pazifismus, die religiösen Bewegungen ebenso wie die sozialen, [...] zu gewinnen und zu organisieren [...], ob sie nun aristokratisch oder katholisch oder katholisch oder kommunistisch" seien (Zweig an Coudenhove-Kalergi, 1. Juni 1924, zit. n. Resch 2011, S. 66f.). Eine solche umarmende, über alle Parteien und Couleurs hinwegschauende Initiative war natürlich keine plausible Alternative zum paneuropäischen Manifest und zeugte nur von Zweigs schönen Illusionen.

In Frankreich fand die Paneuropa-Bewegung, wie in vielen anderen Ländern, zahlreiche prominente und einflussreiche Anhänger wie Aristide Briand, der am 7. September 1929 als französischer Außenminister vor der Vollversammlung des Völkerbunds in Genf verkündete, „zwischen den geographisch gruppierten Ländern Europas sollte eine Art föderativer Verbindung bestehen" (zit. n. Hersant/Durand-Bogaert 2000, S. 344; übers. v. J. L. R.). 1926 lanciert eine Briand nahestehende Versammlung von französischen Volkswirtschaftlern und Geschäftsleuten die Idee einer europäischen Wirtschafts- und Zollunion. Einer ihrer Wortführer, Gaston Riou, hatte 1928 ein Manifest mit dem Titel *Europa, mein Vaterland* veröffentlicht (vgl. Riou 1928).

Im Januar 1931 verfasst Romain Rolland einen polemischen Artikel gegen Gaston Riou und das ‚Europa der Briandisten', aus dem Rollands unversöhnlicher Meinungsunterschied mit der Paneuropa-Bewegung und mit Stefan Zweig unmissverständlich hervorgeht. „Europa, Du sollst Dich verbreitern oder aussterben!" ruft Rolland aus, „Wenn die UdSSR von irgendeinem Feind bedroht wird, so schlage ich mich auf ihre Seite!" (Zit. n. Duchatelet 2002, S. 299; übers. v. J. L. R.) Die europäische Einigung im Sinne der Briandisten, der Paneuropäer und auch Stefan Zweigs war in den Augen Rollands antibolschewistisch eingestellt, was solche Europa-Konzeptionen für den französischen Intellektuellen inakzeptabel machte. Ebenso indiskutabel war für ihn die geringste Annäherung an den italienischen Faschismus. 1933 konnte Romain Rolland Stefan Zweig sein schwärmerisches Dankschreiben an Mussolini nach der Begnadigung von Giuseppe Germani nicht verzeihen (vgl. Larcati 2013).

Umgekehrt war Zweig gegenüber Rollands Sympathie für die UdSSR äußerst kritisch eingestellt. Zweigs Europa-Diskurse wollten unpolitisch bleiben, und das hieß im Kontext der 1920er und 1930er Jahre: weder antifaschistisch noch prosowjetisch. In den Augen Romain Rollands war Zweigs Europa-Begriff viel zu einseitig auf eine neue *république des lettres* beschränkt und geopolitisch viel zu eng gefasst, da er Osteuropa und die UdSSR ausgrenzte.

Die nationalsozialistische Machtergreifung am 30. Januar 1933 und der im Februar 1934 gefasste Entschluss, nach London nicht nur zu einem längeren Aufenthalt auszureisen, sondern zu emigrieren, markieren den Abschluss von Zweigs ‚zweitem Leben' und den Beginn seines ‚dritten Lebens' (vgl. Matuschek 2006) im Exil (→ II.6 LITERATUR DES EXILS). Diese schmerzliche Zäsur setzt seinen optimistischen europäischen Zukunftsvisionen ein jähes Ende. In seinem am 12. Dezember 1933 in der Pariser Zeitung *L'Intransigeant* erschienenen Interview *Wahre Literatur wird niemals der Politik unterworfen sein* steigert sich seine unpolitische Einstellung zu einer beinahe neurotischen Verleugnung der Übermacht der Politik und zur trotzigen Erklärung des ohnmächtigen Idealisten, er werde seine „moralische Unabhängigkeit [...] gegenüber jeder Regierungsmacht der Welt behalten" (Zweig 2016b, S. 17).

Zugleich wird Stefan Zweig als Befürworter der Einigung Europas verunsichert. Das Manuskript *Einigung Europas*, von dem Zweig am 27. März 1934 Joseph Roth berichtet, er habe es für Radio Paris und für einen Straßburger Verein verfasst, ins Französische übersetzen lassen und schließlich doch nicht vorgetragen (vgl. Roth/Zweig 2011, S. 156f.), enthält zwar die Aufforderung, „den eitel humanistischen Glauben [zu lassen], mit Worten, Schriften, Kongressen, könne in einer Welt die von Waffen starrt, und mit gegenseitigem Misstrauen überfüllt ist, etwas erreicht werden." (Zweig 2013a, S. 20) Doch wirken die von Zweig angeregten Initiativen als bestürzend harmlos und ineffektiv. In *Triumph und Tragik des Erasmus von Rotterdam* (1934) wird Erasmus als einer der ersten großen Europäer vorgestellt, in einer Zeit, als „Europa [...] einen Atemzug lang gleichsam ein Herz, eine Seele, einen Willen, ein Verlangen [hat]. Übermächtig fühlt es sich als Ganzheit angerufen" (Zweig GWE, Triumph und Tragik des Erasmus von Rotterdam, S. 28 f.). Europa ist hier nicht nur eine Welt von gestern, es ist eine seit Jahrhunderten versunkene humanistische *res publica literaria*, in der Europa ein geografischer Begriff war, keineswegs ein politischer im Sinne des 20. Jahrhunderts. Die Beschwörung jener Sternstunde Europas in Zweigs *Erasmus*-Buch macht nur das Fehlen Europas in der Gegenwart des Autors fühlbar. 1934 beginnt ein anderes, schreckliches Europa sein Gorgonenhaupt zu erheben: Die nationalsozialistischen Ideologen spielen nicht ungern mit einem Europa-Gedanken (vgl. Rosenberg 1934).

Je mehr die nationalsozialistische Dystopie einer europäischen Großraumpolitik Wirklichkeit zu werden droht, nimmt Stefan Zweigs utopisches Denken (→ IV.8 UTOPIE) zu entfernten historischen Epochen Zuflucht, zu einem alle europäischen Konturen sprengenden Universellen und zu Phantasien von einer neuen Welt, in der die europäische Idee einer geistigen Einigung der Menschheit erst recht realisiert werden könnte. Dies wird in der Rede *Die geistige Einheit Europas* von 1936 schon in den Varianten des Titels, die zwischen Europa und Welt schwanken, deutlich (→ III.14.2 EUROPA-REDEN). Historisch vergangene Muster von Europas Einheit werden verdichtet und zum Modell der *unité spirituelle du monde* erhöht (vgl. Zweig 2013b; diese französischsprachige Fassung trug Stefan Zweig am 27. August 1936 am Instituto Nacional de Música Rio de Janeiro vor; die Übersetzung *A unidade espiritual do mundo*, übers. v. João Luso, erschien im *Jornal do Commercio*, Rio de Janeiro, vom 13. September 1936). Zweig ist sich bewusst, dass er bloß von einem „Phantom" (Zweig 2016a, S. 66) erzählt, das vielleicht nie existiert hat, von einem „großen Traum", den die Menschheit schon „in ihrer ersten Kindheit" (S. 70) träumte, und den er nun, im August 1936, zur Bekämpfung des „Pessimismus", vor dessen „destructiver" (S. 67) Macht er sich fürchtet, als Tagesphantasie wiederholt.

Am Ende der Rede über die ‚geistige Einheit Europas' beschwört Stefan Zweig eine grandiose *translatio* des von einer langen europäischen Tradition überlieferten geistigen Einigungsauftrags auf die brasilianische neue Welt. „Wenn wir [...] noch an eine Befriedung und Neuordnung der Welt glauben, so ist es, weil wir Euch mit am Werke wissen, Euch, die Länder der Zukunft; nur mit Euch, nur dank Euch kann der alte Traum der Verbrüderung der Menschheit erfüllt werden. [...] Europa hat das Recht auf die geistige Führung verwirkt." (S. 88f.)

In diesen Sätzen keimt eine Leitidee von Zweigs Buch *Brasilien. Ein Land der Zukunft* (1941), das parallel zu *Die Welt von Gestern. Erinnerungen eines Europäers* (1942) entstand, wobei beide Werke – das zu Lebzeiten noch erschienene und trotz der durchaus verständlichen Anwürfe der gegen das autoritäre Vargas-Regime opponierenden Intellektuellen erfolgreiche *Brasilien*-Buch und das als druckreifes Manuskript hinterlassene Memoirenbuch – einen Kontrapunkt zueinander bilden. Das Europa von gestern gab dem Land der Zukunft die Fackel weiter. „Das wirklich Brasilianische, so Zweig, sei nur die Neuentwicklung europäischer Traditionen. [...] Zweigs Lob der brasilianischen Gesellschaft, die Fremdheit ein- statt ausschließt, [...] lässt sich [...] als eine Äußerung der Nostalgie nach dem österreichisch-ungarischen Vielvölkerstaat interpretieren, wobei Bilder aus dem alten Wien mit solchen aus Rio de Janeiro zusammenfließen." (Dewulf 2014, S. 140ff.)

Die europäische Idee findet man in Europa nicht mehr wieder. Die Welt von gestern hat nach ihrem ersten Selbstmordversuch im Ersten Weltkrieg seit 1933 erst recht Hand an sich gelegt. Nach Südamerika, nach Brasilien muss man blicken, um an den ehemals von den Europäern getragenen Gedanken einer geistigen Einigung der Menschheit erneut glauben zu können. Das ist Stefan Zweigs letztes Wort, das letzte Wort eines verzweifelten und trotzdem seinem kulturellen Ideal treu gebliebenen Europäers.

Stefan Zweig

Roth, Joseph/Zweig, Stefan (2011): „Jede Freundschaft mit mir ist verderblich". Briefwechsel 1927–1938. Hg. v. Madeleine Rietra u. Rainer Joachim Siegel. Mit einem Nachwort v. Heinz Lunzer. Göttingen: Wallstein.

Zweig, Stefan (1932): Nehmt allen die Waffen weg, allen ...! Stefan Zweig an den Herausgeber des ‚Morgen'. In: Der Morgen (Wien), 22. 2. 1932, S. 5.

Zweig, Stefan (1982[2]): Drei Meister. Balzac, Dickens, Dostojewski. GWE. Hg. v. Knut Beck. Frankfurt a. M.: S. Fischer.

Zweig, Stefan (1983): Der europäische Gedanke in seiner historischen Entwicklung. In: Ders.: Die schlaflose Welt. Aufsätze und Vorträge aus den Jahren 1909–1941. GWE. Hg. v. Knut Beck. Frankfurt a. M.: S. Fischer, S. 185–210.

Zweig, Stefan (1983): Die Entwertung der Ideen. In: Ders.: Die schlaflose Welt. Aufsätze und Vorträge aus den Jahren 1909–1941. GWE. Hg. v. Knut Beck. Frankfurt a.M.: S. Fischer, S. 126–131.
Zweig, Stefan (1984): Emile Verhaeren. GWE. Hg. v. Knut Beck. Frankfurt a.M.: S. Fischer.
Zweig, Stefan: (1990): Zeiten und Schicksale. Aufsätze und Vorträge aus den Jahren 1902–1942. GWE. Hg. v. Knut Beck. Frankfurt a.M.: S. Fischer.
Zweig, Stefan (2004²): Der Rhythmus von New York. In: Ders.: Auf Reisen. Feuilletons und Berichte. GWE. Hg. v. Knut Beck. Frankfurt a.M.: S. Fischer, S. 135–143.
Zweig, Stefan (2004²): Reise nach Rußland. In: Ders.: Auf Reisen. Feuilletons und Berichte. GWE. Hg. v. Knut Beck. Frankfurt a.M.: S. Fischer, S. 277–319.
Zweig, Stefan (2007⁵): Die Welt von Gestern. Erinnerungen eines Europäers. GWE. Frankfurt a.M.: S. Fischer.
Zweig, Stefan (2013a): Einigung Europas. Eine Rede. Aus dem Nachlass hg. v. Klemens Renoldner. Salzburg: Tartin.
Zweig, Stefan (2013b): L'unité spirituelle du monde. In: Die neue Rundschau 124/4/2013, S. 257–277.
Zweig, Stefan (2016a): „Erst wenn die Nacht fällt". Politische Essays und Reden 1932–1942. Hg. v. Klaus Gräbner u. Erich Schirhuber. Krems: Edition Roesner.
Zweig, Stefan (2016b): Wahre Literatur wird niemals der Politik unterworfen sein. Ein Interview aus dem Jahr 1933. In: zweiheft 15/2016, S. 15–19.

Weitere Literatur

Dewulf, Jeroen (2014): Neue Perspektiven zu Stefan Zweigs *Brasilien. Ein Land der Zukunft*. In: Renoldner, Klemens (Hg.): Stefan Zweig – Abschied von Europa. Wien: Brandstätter/Theatermuseum, S. 137–146.
Duchatelet, Bernard (2002): Romain Rolland tel qu'en lui-même. Paris: Albin Michel.
Gelber, Mark H. (2014): Stefan Zweig, Judentum und Zionismus. Innsbruck u.a.: StudienVerlag.
Hersant, Yves/Durand-Bogaert, Fabienne (Hg.) (2000): Europes. De l'Antiquité au XXe siècle. Paris: Laffont.
Larcati, Arturo (2013): „Sua Excelência ..." o escritor e o ditador/„Your Excellency ...": the writer and the dictator. In: Michahelles, Kristina (Hg.): „I counted on your word, and it was like a rock". How Stefan Zweig saved the doctor Giuseppe Germani from Mussolini's prisons. Unpublished letters from the correspondence between Stefan Zweig and Elsa Germani 1921–1937. Petrópolis: Casa Stefan Zweig, S. 19–33.
Magris, Claudio (1966): Der habsburgische Mythos in der österreichischen Literatur. Salzburg: Otto Müller.
Matuschek, Oliver (2006): Stefan Zweig. Drei Leben – Eine Biographie. Frankfurt a.M.: S. Fischer.
Resch, Stephan (2011): Differenz des Einklangs: Stefan Zweig und Richard Graf Coudenhove-Kalergi. In: Gelber, Mark H./Ludewig, Anna-Dorothea (Hg.): Stefan Zweig und Europa. Hildesheim u.a.: Olms, S. 55–83.
Riou, Gaston (1928): Europe, ma patrie. Paris: Valois.
Rosenberg, Alfred (1934): Krisis und Neubau Europas. Berlin: Junker und Dünnhaupt.
Valéry, Paul/Focillon, Henri (1933): Correspondance. Pour une société des esprits. Paris: Institut international de coopération intellectuelle/Société des Nations.
Zelewitz, Klaus (2011): Zweigs Europa: ein cisleithanisches? In: Gelber, Mark H./Ludewig, Anna-Dorothea (Hg.): Stefan Zweig und Europa. Hildesheim u.a.: Olms, S. 99–108.

8. Judentum und jüdische Identität
Mark H. Gelber

Man könnte gelegentlich den Eindruck gewinnen, dass das Judentum für Stefan Zweig unwichtig oder nebensächlich war und er einem gelebten Judentum fernstand. Diese Idee wurde von seiner ersten Frau Friderike sowie seinem Biografen Donald A. Prater verbreitet. Dem könnte man entgegenhalten, dass Zweigs Verhältnis zum Judentum noch zu wenig erforscht ist.

Zweig wurde in einer jüdischen Familie in Wien geboren. Die Familie war nicht konvertiert und hat ihr Judentum nicht verborgen. Zweigs jüdische Abstammung wird in der Sekundärliteratur zwar diskutiert, aber ohne sie in die Gesamtinterpretation seiner Werke zu integrieren. Man deutet die jüdischen Prägungen in einem ästhetischen Sinne oder bringt sie mit seinem Internationalismus in Verbindung. Unbestreitbar ist, dass Zweigs Leben als jüdischer Exilant endete, weit entfernt von seinem Geburtsort und seiner österreichischen Heimat. Aus einem Europa, in dem der Nationalsozialismus herrschte, war er in seinen letzten Lebensjahren verbannt. Es ist evident, dass seine Erlebnisse im Exil eine Annäherung an das Judentum mit sich brachten und er sich verstärkt mit jüdischen Persönlichkeiten – die sich wie er im Exil befanden – anfreundete. Er entwickelte aufgrund seiner Exilerfahrungen neue Perspektiven zum Judentum oder betonte diese in anderer Weise als zuvor.

In der Tat hat Stefan Zweig sich lebenslang mit dem Judentum, mit jüdischen Themen und jüdischer Lebenspraxis befasst. Er bewies eine ‚jüdische Sensibilität' (vgl. Gelber 2014, S. 11 ff.); er interessierte sich für jüdische Texte und Autoren. Er war in Kontakt mit vielen jüdischen Autoren, diskutierte mit jüdischen Freunden und Bekannten über spezifisch jüdische Ideen wie etwa die Lebenswelt der Bibel, den Zionismus, den jüdischen Territorialismus, das Ostjudentum, jüdische Sprachen, die jiddische und jüdische Literatur und Kultur, die jüdische Identität im Ersten Weltkrieg, das jüdische Überleben und Exil angesichts des Nationalsozialismus etc. Alle diese Aspekte, die in der Forschung noch zu wenig rezipiert sind, bilden einen Teil dieser ‚jüdischen Sensibilität'.

Zweigs Judentum war in erster Linie nicht religiös. Er war kein religiöser Mensch im Sinne eines gläubigen Juden, der regelmäßig in der Synagoge oder zu Hause mit Hilfe des jüdischen Gebetbuchs betete, er feierte die jüdischen Festtage und den Sabbattag nicht und hielt jüdische Rituale und Gebote nicht ein. Vermutlich hat er seine Bar Mitzwa (oder Konfirmation) gefeiert, aber wir wissen nichts Konkretes darüber. Ähnlich wie Sigmund Freud betrachtete Zweig sein Judentum als einen Teil seiner Identität. Dies brachte auch eine Solidarität mit anderen Juden mit sich, oder, wie er sich später ausdrückte, mit der jüdischen Schicksalsgemeinschaft (vgl. Zweig GWE, Die Welt von Gestern, S. 482 ff.). Zweig nahm an, dass ihm seine jüdische Herkunft ein besonderes Verhältnis zur jüdischen Tradition und Texttradition verlieh, z. B. zur hebräischen Bibel – auch wenn er sie in deutscher Übersetzung las, da er fast kein Hebräisch konnte. In diesem Sinne war für ihn die jüdische ‚Tendenz zur Geistigkeit' eine Art ‚Aufstieg ins Geistige'.

Es ist wahrscheinlich, dass seine Idee der moralischen Überlegenheit der Besiegten, welche er als typisch für das Judentum betrachtete und die er in seiner jüdischen Tragödie *Jeremias* (1917) dramatisch ausarbeitete (→ V.3 DAS MOTIV DES BESIEGTEN), eng mit seiner Lektüre der biblischen Prophetenbücher verknüpft war. Darüber hinaus waren die Kontakte mit einer Reihe von berühmten jüdischen Persönlichkeiten für ihn Ermutigung, sich mit jüdischen sowie mit internationalen Themen und Einstellungen auseinanderzusetzen. Ein paar Namen seien genannt: Karl Emil Franzos (1848–1904), der aus Ostgalizien stammende Bestsellerautor von jüdischer Ghetto- und Reiseliteratur, Verleger und Herausgeber der Berliner literarischen Halbmonatsschrift *Deutsche Dichtung*, oder Theodor Herzl (1860–1904), der einflussreiche Wiener Journalist, Dramendichter und spätere Feuilleton-Redakteur der *Neuen Freie Presse*, Gründer und erster Vorsitzender der Zionistischen Weltorganisation. Man könnte diese Reihe fortsetzen, etwa mit Walther Rathenau (1867–1922), dem Industriellen, Schriftsteller und Diplomaten, der später Außenminister der Weimarer Republik wurde. In *Die Welt von Gestern* (1942) berichtet Zweig über Rathenau: „[S]elten habe ich die Tragik des jüdischen Menschen stärker gefühlt als in seiner Erscheinung" (S. 211).

Schon als junger Student in Wien kam Zweig in Kontakt mit einer anderen Art von Judentum, einer Gruppe von jungen Menschen aus dem Kreis des ‚Kulturzionismus'. Die wichtigsten Persönlichkeiten in diesem Kreis waren Adolph Donath, sein Wiener Jugendfreund und der gefeierte Dichter der *Judenlieder*, Martin Buber, der junge und dynamische zionistische Aktivist, der später für seine existentielle dialogische Philosophie und als Herausgeber der wichtigen kulturzionistischen Monatsschrift *Der Jude* berühmt wurde, und Ephraim Mose Lilien, der aus Ostgalizien stammende Jugendstilkünstler, der einen wesentlichen Beitrag zur zionistischen Kunst und Bibelillustrationen leistete. Zu nennen wäre auch Berthold Feiwel, Dichter, Übersetzer aus dem Jiddischen, Herausgeber kulturzionistischer Anthologien, für die Zweig Gedichte und eine Novelle beigesteuert hat. Die Kulturzionisten förderten die Kreativität der jüdischen Jugend und die Produktion und Verbreitung der jüdisch-nationalen Kunst und Literatur. Im Allgemeinen versuchte der Kulturzionismus jüdisches Bewusstsein zu vertiefen und jüdische Kulturwerte zu stiften, um eine jüdische Kultur-Renaissance in Gang zu setzen. Parallel dazu gab es politisch-zionistische Bestrebungen, die Theodor Herzl koordinierte.

Während Zweig als Student den politisch-diplomatischen Bestrebungen des Zionismus skeptisch gegenüberstand, befürwortete er die ästhetischen, künstlerischen und geistigen Bemühungen des Kulturzionismus. Er nahm kurze Zeit an ihren Veranstaltungen und Projekten aktiv teil. In diesem Zusammenhang sei auf den umfassenden Bildband von Lilien hingewiesen, für den Zweig das Vorwort schrieb (→ III.14.6 ÜBER BILDENDE KUNST). Zweig unterstützte 1925 die Gründung der Hebräischen Universität in Palästina und schrieb im Dezember 1933 Briefe an den ehemaligen Prager Zionisten Hugo Bergmann, der zu dieser Zeit Leiter der Bibliothek in Jerusalem war. In diesen bezeichnet Zweig die Jerusalemer Jüdische Nationalbibliothek als „unsere Bibliothek" (Zweig, Br IV, S. 78). Als er sich 1934 entschied, Salzburg zu verlassen und ins ‚Halb-Exil' (wie er es nannte) nach Großbritannien zu gehen, wählte er die Jüdische Nationalbibliothek in Jerusalem als Aufbewahrungsort für viele Briefe seiner Privatkorrespondenz, z.B. seinen Briefwechsel mit Romain Rolland.

Während des Ersten Weltkriegs hat sich Zweig in einem intensiven Briefwechsel mit Martin Buber über sein Verhältnis zum Judentum auseinandergesetzt. Zweig brachte seine jüdische Orientierung mit seinem Kosmopolitismus in Verbindung. Für ihn war die jüdische Existenz ein Leben in der Diaspora, welches die höchste und allerbeste Existenzmöglichkeit für ein Volk überhaupt sei. Buber teilte Zweigs Auffassung nicht,

8. Judentum und jüdische Identität

was zu einer gewissen Distanzierung zwischen den beiden führte. In *Die Welt von Gestern* wird der Name Martin Buber nicht erwähnt.

Dies bedeutet aber nicht, dass Zweig kulturzionistische oder sogar politisch-zionistische Initiativen und Aktivitäten generell ablehnte. Seine Würdigung Theodor Herzls in dem Aufsatz *Erinnerung an Theodor Herzl* (1929) sowie in *Die Welt von Gestern* deuten darauf hin, dass er den Zionismus als mögliche Option für die jüdische Zukunft nicht ausschloss (→ IV.8 UTOPIE). Andererseits ist nicht zu übersehen, dass Zweig in vielen Texten und Vorträgen eine Verurteilung des Nationalismus formulierte, so bezeichnet er den Nationalismus in *Die Welt von Gestern* als „Erzpest" der europäischen Zivilisation (Zweig GWE, Die Welt von Gestern, S. 11).

Im fiktionalen Werk Zweigs, etwa in der Erzählung *Im Schnee* (1901) bis hin zu seinem Roman *Ungeduld des Herzens* (1939), finden sich eine Reihe von jüdischen Figuren. Einige sind Protagonisten, wie Salomonsohn in *Untergang eines Herzens* (1927), andere tauchen als Nebenfiguren auf, wie der jüdische Dozent in *Verwirrung der Gefühle* (1927). Zweig schrieb Novellen und Legenden mit jüdischen Sujets, wie *Rahel rechtet mit Gott* (1927), *Buchmendel* (1929) und *Der begrabene Leuchter* (1937). Diese und andere Texte manifestieren jüdische Intertextualität und auch kulturzionistische Bezüge.

Als Herausgeber der „Bibliotheca mundi" im Insel Verlag regte Zweig eine *Anthologia Hebraica* an, die, herausgegeben von Heinrich Brody und Meïr Wiener, eine Auswahl hebräischer Literatur in Originalsprache versammelte. Geplant war auch eine Anthologie mit jiddischer Literatur, die aufgrund der kurzen Existenz dieser Reihe nicht realisiert werden konnte (→ III.18 HERAUSGEBERSCHAFTEN).

Während der Periode im Exil vertiefte Zweig seine Freundschaften mit jüdischen Schriftstellern und Intellektuellen, z.B. mit Schalom Asch, Joseph Leftwich, Joseph Roth, Max Brod und Arnold Zweig. Seine Verbindung mit Leftwich in den 1930er Jahren in England führte zu gemeinsamen Aktivitäten. Die beiden besuchten nicht nur Aufführungen der in London gastierenden jiddischen Theatergruppen; Zweig hielt über Leftwichs Vermittlung am 30. November 1933 auch einen Vortrag im Haus der Familie Rothschild, um Geld für jüdische Kinder im englischen Exil zu sammeln (*The Jewish Children in Germany*, 1933; siehe auch Zweig 2016), und verfasste eine Einleitung zu Leftwichs *What Will Happen to the Jews?* (1936), in der er eine eigenstaatliche Lösung für die von den Nationalsozialisten verfolgten Juden befürwortete.

Während seines ‚vierten Lebens' (vgl. Gelber 2017), nach dem Brasilien-Besuch von 1936 und insbesondere nachdem Zweig Ende Juni 1940 England verlassen hatte, vertiefte sich die Freundschaft zu seinem brasilianischen Verleger Abrahão Koogan. Als praktizierender Jude verschaffte er Zweig Kontakte zu jiddischen Zeitungen und jüdischen Organisationen in Brasilien und in Südamerika. In der Folge wurde Zweig eingeladen, bei ihnen Vorträge zu halten und jüdische Gemeinden und Schulen zu besuchen. Wie Koogan berichtet, sei es der Wunsch des Ehepaars Zweig gewesen, dass er sie in ihrem letzten Lebensjahr an den jüdischen Hohen Feiertagen zum Gottesdienst in Rio begleite.

Zweig initiierte einige jüdische Projekte, die nie zustande gekommen sind, wie ein *Jüdisches Manifest*, um den Verleumdungen und Polemiken der Nazis entgegenzuwirken. Er plante auch eine internationale jüdische Kulturzeitschrift, die renommierte jüdische Autoren versammeln sollte. Zweig reiste 1935 in die USA und versuchte bei dieser Gelegenheit, die Finanzierung für sein Projekt zu sichern. Dafür traf er sich mit bekannten jüdischen Persönlichkeiten und Rabbinern (vgl. Berlin 1999).

Seine Erinnerungen *Die Welt von Gestern*, die postum erschienen, beinhalten auch eine Fülle von jüdischen Bezügen. Eindrücklich ist etwa die Herzl-Episode in *Die Welt von Gestern* (vgl. Zweig GWE, Die Welt von Gestern, S. 123 ff.) oder der Bericht über das Abfassen des biblischen Dramas *Jeremias* (vgl. S. 288 ff.; siehe auch Warren 2014). Zweig berichtet in seinen Memoiren weiter über Gespräche mit Sigmund Freud in London, die sich mit dem Schicksal der Juden und dem Sinn des Judentums beschäftigten (vgl. S. 474 ff.). Natürlich müssen bei der Auslegung von Stefan Zweigs Erinnerungen diese Aspekte berücksichtigt und selbstverständlich auch im Zusammenhang mit seiner Existenz als kosmopolitischer Jude und Europäer wahrgenommen werden.

Stefan Zweig

Zweig, Stefan (2005): Briefe. Bd. IV: 1932–1942. Hg. v. Knut Beck u. Jeffrey B. Berlin. Frankfurt a. M.: S. Fischer.

Zweig, Stefan (2007[5]): Die Welt von Gestern. Erinnerungen eines Europäers. GWE. Frankfurt a. M.: S. Fischer.

Zweig, Stefan (2016): Ansprache im Hause Rothschild zu Gunsten der deutschen jüdischen Frauen und Kinder. In: Ders.: „Erst wenn die Nacht fällt". Politische Essays und Reden 1932–1942. Hg. v. Klaus Gräbner u. Erich Schirhuber. Krems: Edition Roesner, S. 37–50.

Weitere Literatur

Berlin, Jeffrey B. (1999): Unveröffentlichte Briefe über Stefan Zweigs USA-Reise im Jahre 1935 und sein Projekt einer jüdischen Zeitschrift. In: Schmid-Bortenschlager, Sigrid/Riemer, Werner (Hg.): Stefan Zweig lebt. Akten des 2. Internationalen Stefan Zweig Kongresses in Salzburg 1998. Stuttgart: Heinz, S. 59–82.

Gelber, Mark H. (2014): Stefan Zweig, Judentum und Zionismus. Innsbruck u. a.: StudienVerlag.

Gelber, Mark H. (2017): Stefan Zweig und das Judentum während seines ‚vierten Lebens'. In: Ders./Erdem, Elisabeth/Renoldner, Klemens (Hg.): Stefan Zweig – Jüdische Relationen. Studien zu Werk und Biographie. Würzburg: Königshausen & Neumann, S. 221–236.

Warren, John (2014): Stefan Zweig's Drama *Jeremias* in Context. In: Vanwesenbeeck, Birger/Mark H. Gelber (Hg.): Stefan Zweig and World Literature. Twenty-First-Century Perspectives. Rochester: Camden House, S. 35–55.

9. Die Freiheit des Einzelnen

Helmut Neundlinger

In den Jahren des Exils nimmt Stefan Zweig in seinen Werken, aber auch in Briefen verstärkt Bezug auf den Begriff der ‚persönlichen Freiheit'. Fast scheint es, als ob ihn die paradoxe Situation seiner Existenz zu einer intellektuellen Fetischisierung zwingen würde: Im Gegensatz zu vielen anderen hatte er rechtzeitig vor nationalsozialistischer Verfolgung fliehen können, seine finanziellen Möglichkeiten erlaubten ihm ein materiell sorgenfreies Exil in England, den USA und Brasilien (→ II.6 LITERATUR DES EXILS). Gerade in Brasilien aber verstärkte sich die Verzweiflung über das Abgeschnittensein von seinen Wurzeln, seiner Familie und seinen Freunden, seiner Sprache und intellektuellen Kultur zur vollkommenen Ausweglosigkeit. „In seinem Innern drängte alles zum Abschied, in seiner äußeren persönlichen Situation sprach alles dagegen", so formulierte es Ernst Feder, einer von Zweigs letzten Vertrauten (zit. n. Arens 1949, S. 153).

Der Gedanke an das selbstgewählte Ende als letzte Form der individuellen Freiheit taucht vor dem 23. Februar 1942 in zahlreichen Briefen an Freunde und schreibende Kollegen auf, zudem durchzieht dieses Motiv auch Zweigs fiktionales Werk. Seine endgültige Formulierung findet er in den letzten Sätzen der *Declaração*, jenem Abschiedsbrief, den Zweig der Nachwelt hinterließ: „So halte ich es für besser, rechtzeitig und in aufrechter Haltung ein Leben abzuschließen, dem geistige Arbeit immer die lauterste Freude und persönliche Freiheit das höchste Gut dieser Erde gewesen." (Zit. n. S. 117)

In der Wertung der persönlichen Freiheit als „höchste[s] Gut" kulminiert der evolutionäre Aspekt dieses Begriffs, der sich in Zweigs Reflexion aus einer Summe an konkreten Erfahrungen zu einer weltanschaulichen Idee gebildet hat. Sowohl in seinen literarischen als auch in seinen essayistischen bzw. autobiografischen Texten spielt die Freiheit eine zentrale Rolle und fächert sich in verschiedene Facetten auf: das Streben nach geistiger Unabhängigkeit, die Emanzipation von gesellschaftlichen Zwängen, die Möglichkeit, uneingeschränkt zu sprechen und zu handeln. Zweigs Reflexionen über den Freiheitsbegriff haben einen fundamental persönlichen Kern und begleiten zugleich eine ganze Epoche in ihrem am Ende vergeblichen Versuch, alte Ketten abzuschütteln und neue Spielräume der Entfaltung zu entdecken.

In seinem Erinnerungsbuch *Die Welt von Gestern* (1942) beschreibt er den Drang nach Freiheit zunächst als persönlichen Charakterzug, der sich in seinem manifesten Unwillen, sich irgendwelchen Gruppen, Parteien oder Weltanschauungen anzuschließen oder gar unterzuordnen, äußert. Als Grund für diese Abneigung führt er das gesellschaftliche Klima des ausgehenden 19. Jahrhunderts an, das den Untertanen der österreichisch-ungarischen Monarchie zwar stabile politische und ökonomische Verhältnisse gewährte, den Einzelnen jedoch früh in ein rigides System von Pflicht, Disziplin und Moral zwängte. Vor allem die Institution der Schule und in abgeschwächter Form auch die Universität erlebt der junge Zweig als Apparate der Gleichschaltung. Fluchtlinien der Entspannung, der Freude und des Aufblühens boten sich lediglich im reichen Kunst- und Kulturleben der Metropole sowie in der Verlagerung des Erotischen ins Heimliche und Verborgene, wie es die zu Zweigs Gymnasialzeit in Erscheinung tretenden Dichter des Jungen Wien erstmals schonungslos zu beschreiben wagten.

Um die Jahrhundertwende erlebt der junge Zweig die unmittelbarsten und beglückendsten Facetten dessen, was ihm in seinem Leben an konkreten Erfahrungen der persönlichen Freiheit begegnen wird: Zunächst in Berlin, wo er als buchstäblich unbeschriebenes Blatt in das Soziotop einer Außenseiter-Bohème eintaucht, vor allem aber in Paris schnuppert er am Duft jener Freiheit, die dem Leser seiner autobiografischen Erinnerungen mit einem Schuss Verklärung entgegenweht: „Man ging, man sprach, man schlief mit dem oder der, die einem gefielen, und kümmerte sich sieben Teufel um die andern" (Zweig GWE, Die Welt von Gestern, S. 154), heißt es an einer Stelle, in der Zweig die fieberhaft vibrierende Atmosphäre der französischen Hauptstadt kurz nach 1900 beschreibt. Im scharfen Kontrast zum zugeknöpft ständischen, bürgerlich verzopften Wien erscheint Paris dem jungen Autor wie eine Realisierung dessen, was in Literatur und bildender Kunst der frühen Moderne als ebenso faszinierende wie unheimliche Utopie entworfen wurde: die Stadt als Ort der flüchtigen Begegnung, des kontinuierlichen Fließens und Werdens, in der die von gesellschaftlichen Zwängen befreiten Individuen erst ihre Form radikaler Subjektivität zu entwickeln imstande sind. Der Baudelaire'sche Flaneur und Edgar Allan Poes *The Man of the Crowd* werden zu Chiffren einer Ungebundenheit, die im Gewoge der urbanen Anonymität Gestalt annimmt. Zweigs Begriff der persönlichen Freiheit kann bei allem Faible für gesellschaftliche Randfiguren und exzentrische Künstlerexistenzen seine Basis in der materiellen Sicherheit eines großbürgerlichen Erbes nicht verleugnen: Sein Umherschweifen kennt weder die Getriebenheit des Von-der-Hand-in-den-Mund-Lebens noch die anderen Schattenseiten des Ausbruchs aus dem Herkunftsmilieu. „Es war eine Freiheit der Reichen, ein stillschweigendes Einverständnis der Oberschicht, zu der Stefan Zweig gehörte, von deren begrenzter Toleranz er zehrte", beschreibt Hans-Albert Walter Zweigs persönliche Situation (Walter 1970, S. 428). Zudem begleitet ein zweites, gleichsam zentripetales Streben Zweigs rastlosen Reisedrang, nämlich sein Bemühen um einen Platz an der Sonne des literarischen Lebens, das sich in der Suche nach repräsentativen Verlagen bzw. Kontakten zu einflussreichen Personen manifestiert.

Ein literarischer Reflex auf den Typus des aller Verpflichtungen ledigen und trotzdem oder gerade deswegen tief in innere Abgründe verstrickten Flaneurs lässt sich in dem Protagonisten von Zweigs Erzählung *Phantastische Nacht* (1922) erkennen: Der Baron Friedrich Michael von R. erlebt an einem Tag des Juni 1913 eine unwillkürliche Revolte gegen sämtliche Konventionen des bürgerlichen Lebens, die ihn in ihrer Intensität zunächst auf befreiende Weise erschüttert. Er spürt, „daß meine Leidenschaft nur verkümmert, nur zertreten gewesen war von dem gesellschaftlichen Wahn, von dem herrischen Ideal der Gentlemen – daß aber auch in mir, nur tief, ganz tief unten in verschütteten Brunnen und Röhren die heißen Ströme des Lebens gingen wie in allen andern." (Zweig GWE, Phantastische Nacht, S. 209) Im Verlauf seiner haltlosen Odyssee zwischen Pferderennbahn und Volksprater vermeint er sich selbst und dem Leben näher zu kommen, verharrt jedoch bis zuletzt in einer Beziehungslosigkeit, die ihn deutlich auf die ihm eingeschriebenen gesellschaftlichen Zwänge zurückverweist.

Inmitten der politischen und gesellschaftlichen Entwicklungen vor dem Ausbruch des Ersten Weltkriegs erweist sich die Suche nach Freiheit auch für so abgesicherte und unabhängige Existenzen wie Zweig zunehmend als illusorisch. Das Individuum sieht sich von einer geistigen Mobilmachung bedroht, die es in einen Strom aus Chauvinismus, Kriegstreiberei und ideologischer Verhetzung mitzureißen und zu vernichten droht. Zweig reagiert darauf zunächst mit einem verqueren Patriotismus, der ihn dazu treibt, sich freiwillig zum Militärdienst zu melden. Später wird er in der sogenannten „Literarischen Gruppe" im Kriegsarchiv Propagandaarbeit leisten. Im Zuge dieser Tätigkeit affirmiert Zweig zumindest rhetorisch und wohl zunächst auch aus Überzeugung zuweilen eine Position, die in eklatantem Widerspruch zu seinem Konzept der persönlichen Freiheit steht – etwa in dem Aufsatz *Ein Wort von Deutschland* (1914): „Restlose Unterordnung des Einzelnen unter den Gesamtwillen, Disziplin des Egoismus zum Gemeingefühl ist die erhabene Formel, die sechzig Millionen Deutscher in den Tagen der Not in eine einzige Masse verwandelt, eine einlinig wirkende ungeheure Kraft, deren Stärke sich ruhmvoll auch an dem furchtbarsten Gegner erproben wird." (Zweig GWE, Ein Wort von Deutschland, S. 32)

9. Die Freiheit des Einzelnen   761

Zu einem Umdenken führen Zweig schließlich insbesondere der Briefwechsel und die persönliche Bekanntschaft mit dem französischen Schriftsteller Romain Rolland, der bereits in dem im September 1914 publizierten Essay *Au dessus de la mêlée* die Mitverantwortung der geistigen Eliten am Ausbruch des Hasses und der Gewalt auf beiden Seiten anprangerte (→ V.4 Krieg, Frieden, Pazifismus). Rollands persönlicher Schluss besteht nicht in einem endgültigen Rückzug in den Elfenbeinturm, sondern im Versuch, als unabhängiges Individuum gesellschaftlich verantwortlich zu handeln. Letztere Dimension steht Zweig unmittelbar vor Augen, als er Rolland 1916 im Hauptquartier des Roten Kreuzes besucht und das radikale humanistische Engagement des Autors aus nächster Nähe beobachten kann. In *Die Welt von Gestern* resümiert Zweig die moralische Botschaft Rollands mit den Worten: „[E]r wollte kein anderes Beispiel geben als dies eine: wie man frei bleiben kann und getreu seiner eigenen Überzeugung auch gegen die ganze Welt." (Zweig GWE, Die Welt von Gestern, S. 304)

Ein in seiner Form außergewöhnliches literarisches Echo findet die Frage nach Wesen und Wert der persönlichen Freiheit in der 1921 erstmals erschienenen Legende *Die Augen des ewigen Bruders*, deren Handlung in einem mythischen Land der Birwagher in vorbuddhistischer Zeit spielt. Anhand der Geschichte des edlen Kriegers Virata entwirft der Autor eine archetypische Abfolge der Wandlungen eines Menschen, dessen Bestreben nach Unabhängigkeit getrieben ist von einer Szene der Urschuld: dem unabsichtlichen Mord am eigenen Bruder. Dessen Augen verfolgen Virata einem Menetekel gleich auf seinem Werdegang vom treuen Krieger über den gerechten Richter bis zum Einsiedler, der sich in seinem tiergleichen Einssein mit dem Naturkreislauf endlich frei von jeglicher schuldhaften Verantwortung wähnt. Aber in gleich welche Distanz er sich auch zur *vita activa* begibt: Ein ums andere Mal wird Virata mit der Wirkung seines Tuns konfrontiert, und sei es die der fatalen Anziehungskraft seines radikalen Aussteigertums. In die Figur des Virata webt Zweig eine zutiefst persönliche Reflexion über das Spannungsverhältnis zwischen Freiheit und Verantwortung ein, in dem sich letztlich auch jenes zwischen Individuum und Gemeinschaft spiegelt. Auffälligerweise haftet dem Ende Viratas nichts Heroisches im Sinn von Rolland an, sondern es erinnert in seiner existenzialistischen Fatalität eher an Franz Kafkas Erzählung *Ein Hungerkünstler*: Der ehemalige Volksheld und Herr der Weisheit stirbt als Hundehüter im Königspalast, verkannt und vergessen von allen (vgl. Resch 2017, S. 187–192).

In der historischen Figur des Erasmus von Rotterdam erblickt Zweig die Problematik des Beharrens auf konsequente persönliche Unabhängigkeit, zumal in einer Epoche der Entscheidung im doppelten Sinn: Just als der Nationalsozialismus in Deutschland sich anschickt, seine absolute Macht zu entfalten, widmet er dem wohl einflussreichsten europäischen Gelehrten der frühen Neuzeit eine Schrift, welche die Frage nach der gesellschaftlichen Verantwortung des Intellektuellen in Krisenzeiten auf eindringliche Weise thematisiert. Zweig interpretiert die Biografie des Erasmus als Beispiel in einer Reihe historischer Figuren, die er unter dem „Problem der seelischen Superiorität des Besiegten" (Zweig GWE, Die Welt von Gestern, S. 288) versammelt: Die schottische Königin Maria Stuart, Calvins Widersacher Castellio und eben Erasmus stellen für ihn Vorläufer eines Romain Rolland dar, Rufer in der Wüste allesamt und auf verlorenem Posten gegen jene, deren bedingungsloser Wille zur Macht den realen Sieg davonträgt. „Aber hinter diesem oft bedauerten Mangel an Charakterstolz verbirgt sich bei ihm ein entschlossener, großartiger Wille zur Unabhängigkeit" (Zweig GWE, Triumph und Tragik des Erasmus von Rotterdam, S. 37), schreibt Zweig über den Vordenker der Reformation, der sich in zugespitzten Momenten stets dafür entscheidet, allein zu bleiben und für niemanden Partei zu ergreifen, auch und schon gar nicht für Martin Luther, dessen religiös-politisches Werk in den Schriften von Erasmus eine Quelle findet. In diesem von Zweig mit äußerster rhetorischer Zuspitzung geschilderten Konflikt stehen sich der Einzelne in seiner Treue zu sich selbst und der Revolutionär mit dem Willen zur politischen Gestaltung trotz aller inhaltlichen Übereinstimmungen unversöhnlich gegenüber. Erasmus wird für Zweig zum Sinnbild des an seinem Streben nach vollkommener persönlicher Unabhängigkeit scheiternden Denkers, der seinem Beharren auf Autonomie indirekt auch Menschen zu opfern bereit ist, als er dem todkranken, ihn mit der Bitte um Hilfe aufsuchenden Reformator Ulrich von Hutten den Zutritt zu seinem Haus in Basel verweigert. „Ich liebe die Freiheit, ich will und kann niemals einer Partei dienen" (S. 148), schreibt Erasmus in seiner Antwort auf die wütende Schmähschrift, die der sterbende Hutten gegen ihn noch verfasst hat.

Zweigs eigener Standpunkt zeigt eine Entwicklungslinie vom Aufbruch aus dem rigiden Korsett der Monarchie über den Kampf um die Freiheit als menschliches Grundrecht bis zum Rückzug in die innere Freiheit in der Emigration. Nach Hitlers Machtergreifung und den Erfahrungen mit Salzburger Sympathisanten entsteht 1933 der Wunsch, Salzburg zu verlassen. Die polizeiliche Durchsuchung, die er in seinem Salzburger Haus im Anschluss an die bürgerkriegsartigen Gefechte im Februar 1934 über sich ergehen lassen musste, war für Zweig der letzte Impuls. Sie markierte wohl auch ein Schlüsselerlebnis, in dem sich für ihn das Ende der Freiheit des Individuums in Europa ankündigte. Die absolute politische Willkür hatte an seine Tür geklopft und schlug ihn buchstäblich in die Flucht.

In dem Essay *Die Monotonisierung der Welt* (1925) findet sich eine besonders prägnante Formulierung von Zweigs fundamentalem Freiheitsdenken: „Freiheit von den Menschen, von den Meinungen, von den Dingen, Freiheit zu sich selbst", heißt es da, und, bereits resignativer: „Still, aber frei leben, sich lautlos und unscheinbar einfügen in den äußeren Mechanismus der Gesellschaft, aber innen einzig ureigenster Neigung leben, sich seinen eigenen Takt und Rhythmus des Lebens bewahren!" (Zweig GWE, Die Monotonisierung der Welt, S. 38) Am Ende bleibt die Freiheit des Sterbens, und in einem Satz der Hauptfigur der Novelle *Der Amokläufer* (1922) scheint Zweig seinen letzten Schritt vorweggenommen zu haben: „[D]as einzige Menschenrecht, das einem bleibt, ist doch: zu krepieren wie man will ... und dabei ungeschoren zu bleiben von fremder Hilfe." (Zweig GWE, Der Amokläufer, S. 136)

Stefan Zweig

Zweig, Stefan (1983): Die schlaflose Welt. Aufsätze und Vorträge aus den Jahren 1909–1941. GWE. Hg. v. Knut Beck. Frankfurt a.M.: S. Fischer.

Zweig, Stefan (1983): Ein Wort von Deutschland. In: Ders.: Die schlaflose Welt. GWE. Hg. v. Knut Beck. Frankfurt a.M.: S. Fischer, S. 30–33.

Zweig, Stefan (1990): Die Monotonisierung der Welt. In: Ders.: Zeiten und Schicksale. Aufsätze und Vorträge aus den Jahren 1902–1942. Hg. v. Knut Beck. Frankfurt a.M.: S. Fischer, S. 30–39.

Zweig, Stefan (2002[4]): Der Amokläufer. In: Ders.: Der Amokläufer. Erzählungen. GWE. Hg. v. Knut Beck. Frankfurt a.M.: S. Fischer, S. 74–138.

Zweig, Stefan (2002⁵): Phantastische Nacht. In: Ders.: Phantastische Nacht. Erzählungen. GWE. Hg. v. Knut Beck. Frankfurt a.M.: S. Fischer, S. 172–243.
Zweig, Stefan (2006³): Triumph und Tragik des Erasmus von Rotterdam. GWE. Frankfurt a.M.: S. Fischer.
Zweig, Stefan (2007³): Die Augen des ewigen Bruders. In: Ders.: Rahel rechtet mit Gott. Legenden. GWE. Hg. v. Knut Beck. Frankfurt a.M.: S. Fischer, S. 12–55.
Zweig, Stefan (2007⁵): Die Welt von Gestern. Erinnerungen eines Europäers. GWE. Frankfurt a.M.: S. Fischer.

Weitere Literatur

Arens, Hanns (1949): Stefan Zweig. Sein Leben – Sein Werk. Bechtle: Eßlingen.
Gabler, Claudia (1989): Das Ideal der persönlichen Freiheit in Stefan Zweigs Novellen. Diplomarb. Univ. Graz.
Prater, Donald A. (1981): Stefan Zweig. Das Leben eines Ungeduldigen. München, Wien: Hanser.
Resch, Stephan (2017): Stefan Zweig und der Europa-Gedanke. Würzburg: Königshausen & Neumann.
Walter, Hans-Albert (1970): Vom Liberalismus zum Eskapismus. Stefan Zweig im Exil. In: Frankfurter Hefte 25/6/1970, S. 427–437.

10. Suizid

Barbara Neymeyr

1. Biografische Aspekte 763
2. Überblick zur Suizid-Thematik in Stefan Zweigs Œuvre 765
3. Die Suizid-Thematik in exemplarischen Werken Zweigs 767
   3.1 Todeskomödie als Lebenstragödie: *Geschichte eines Unterganges* (1910) 767
   3.2 Sentimentalität und Suizidalität: *Ungeduld des Herzens* (1939) 768
   3.3 Suizid als Sühne: *Der Amokläufer* (1922) 769
   3.4 Servilität bis zum Suizid: *Leporella* (1928). 770
   3.5 Katastrophale Hasard-Obsession: *Vierundzwanzig Stunden aus dem Leben einer Frau* (1925) 770

1. Biografische Aspekte

Für Stefan Zweigs Entscheidung, am 22. Februar 1942 in der brasilianischen Stadt Petrópolis im Alter von 60 Jahren Suizid zu begehen, gab es unterschiedliche Motive. In Briefen und Gesprächen finden sich viele Hinweise: Seine depressiven Tendenzen und seine pessimistisch-resignative Haltung angesichts des Epochenumbruchs wurden durch die politische Entwicklung seit den 1930er Jahren nachhaltig verstärkt: Mit der ‚Welt von Gestern' sah Zweig die Ära untergehen, mit der er selbst sich identifizierte. Schon kurz nach Hitlers Machtergreifung überlegte Zweig, Salzburg zu verlassen. Zuletzt wurde die polizeiliche Durchsuchung seines Hauses in Salzburg im Februar 1934 für den engagierten jüdischen Pazifisten zu einer Zäsur-Erfahrung, die ihn ins Exil trieb. Durch die politischen Konsequenzen des Antisemitismus unter dem nationalsozialistischen Terrorregime und die internationale Krisenlage, die später zum

Zweiten Weltkrieg führte, wurde das Exil dann zum Dauerzustand für Zweig, der sich nach Aufenthalten in England (London, Bath) und den USA (New York, New Haven, Ossining) im brasilianischen Petrópolis niederließ.

Zwar blieb Zweig – anders als viele andere Emigranten – durch seine ökonomischen Ressourcen auch dort in einer vergleichsweise komfortablen Lebenslage, aber intellektuell und psychisch geriet er im Exil aufgrund von Entwurzelung und Heimatlosigkeit zusehends in eine aporetische Situation (vgl. Tunner 2011, S. 68; → II.6 LITERATUR DES EXILS). Am 20. November 1941, drei Monate vor seinem Tod, bekannte Zweig in einem Brief an Franz und Alma Werfel einen „regelrechten seelischen break-down" und prognostizierte, er „werde von den Morgenröten nach dieser Menschheitsnacht bestenfalls noch einen Schimmer, nicht aber mehr die Wärme spüren." (Zweig, Br IV, S. 325f.) Im Dezember 1941 schrieb er an Victor Wittkowski: „Ich bin wie Sie total verzweifelt. Unsere Welt ist zerstört und das Grauenhafte kommt erst nach dem Kriege" (S. 332). Dass sich Zweigs Resignation auch auf die Resonanz seines Werkes erstreckte, erhellt aus den rhetorischen Fragen: „wozu, für wen? Die Generation für die ich sprechen durfte hat keine Erben" (S. 332). Im Vorwort zu seinem kurz vor dem Suizid noch abgeschlossenen autobiografischen Epochenpanorama *Die Welt von Gestern* (1942) erklärte Zweig: „So gehöre ich nirgends mehr hin, überall Fremder" (Zweig GWE, Die Welt von Gestern, S. 8). Und er beendete die Einleitung mit der melancholischen Apostrophe: „[S]precht […], ihr Erinnerungen, statt meiner, und gebt wenigstens einen Spiegelschein meines Lebens, ehe es ins Dunkel sinkt!" (S. 13) Im letzten Brief an seine erste Frau Friderike Maria Zweig berichtete er von Depressionen, die ihm jede Konzentrationskraft nahmen (vgl. Zweig, Br IV, S. 344). Und in seinem offiziellen Abschiedsbrief begründete Zweig am 22. Februar 1942 den Entschluss zum Suizid damit, dass seine „geistige Heimat Europa sich selber vernichtet" habe, die Welt seiner „eigenen Sprache" für ihn „untergegangen" sei und er, „durch die langen Jahre heimatlosen Wanderns erschöpft", nicht mehr über die Kraft zum Neuanfang verfüge; den Freunden galt sein Wunsch: „Mögen sie die Morgenröte noch sehen nach der langen Nacht! Ich, allzu Ungeduldiger, gehe ihnen voraus." (Zweig, Br IV, S. 345)

Auffallend häufig findet sich das Suizidmotiv im Œuvre Zweigs, der in seiner Essay-Trilogie *Der Kampf mit dem Dämon* (1925) einleitend das symptomatische Bekenntnis formuliert, als „Psychologe aus Leidenschaft" wende er sich „nur den Gestalten" zu, denen er sich „zutiefst verbunden fühle" (Zweig GWE, Der Kampf mit dem Dämon, S. 12). Zweigs Autobiografie zufolge war in seinen Novellen „immer der dem Schicksal Unterliegende" für ihn bedeutsam (Zweig GWE, Die Welt von Gestern, S. 198). Seine erste Frau Friderike erklärte: „Von jeher zogen ihn vor allem tragische Charaktere und Situationen an, und tief tauchte er in die Wirrnisse und Erlebnisschluchten seiner Gestalten hinab." (F. Zweig 1947, S. 362) Außerdem konstatierte sie, die suizidale Tendenz habe ihm „immer unter der Haut" gelegen (zit. n. Beck 1984, S. 206). Bezeichnenderweise laborieren zahlreiche Figuren Zweigs an Melancholie, Resignation oder Verzweiflung aufgrund von ausweglosen Lebenssituationen, die Suizidgedanken oder sogar den Akt der Selbsttötung zur Folge haben. Kathartische Wirkungen durch die literarische Gestaltung tragischer Schicksale anzunehmen, erscheint im Falle Zweigs nicht naheliegend, denn „dämonische Schicksale wie eigene nachzufühlen […] erzeugte schnelleren Pulsschlag und heisseres [sic] Lebenstempo, als es dem seelischen Organismus bekömmlich sein konnte." (F. Zweig 1947, S. 363) In diesem Sinne haben produktionsästhetische Konditionen die suizidale Disposition bei Stefan Zweig möglicherweise noch verstärkt. Jedenfalls gehörte Zweig zu den Autoren, bei denen eine symptomatische Affinität zum Thema Suizid, die dann im eigenen Entschluss zum Suizid kulminierte, zuvor bereits im Werk deutlich zum Ausdruck kam. Jahrzehnte nach Zweigs Tod galt dies etwa für den Essayisten Jean Améry (*Hand an sich legen*, 1976), den Philosophen Wilhelm Kamlah (*Meditatio mortis*, 1976) und den Schriftsteller Hermann Burger (*Tractatus logico-suicidalis*, 1988).

2. Überblick zur Suizid-Thematik in Stefan Zweigs Œuvre

In der Literatur des *fin de siècle*, speziell der *décadence*, war das Motiv des Todes sehr präsent. Diese Epochentendenz setzte sich bei Autoren der Wiener Moderne fort, etwa bei dem von Stefan Zweig hochgeschätzten Arthur Schnitzler, der auch das Suizidmotiv in seinem Œuvre wiederholt gestaltete, beispielsweise in *Lieutenant Gustl* (1900), *Frau Beate und ihr Sohn* (1913), *Fräulein Else* (1924) und *Spiel im Morgengrauen* (1926) (vgl. Tebben 2014, S. 322–324). Stefan Zweig thematisiert den Suizid sowohl in biografisch-essayistischen Reflexionen als auch in fiktionalen Szenerien.

In seinem Essay *Heinrich von Kleist* aus dem Band *Der Kampf mit dem Dämon* entfaltet er das suggestive Charakterbild eines extrem verschlossenen, innerlich heimatlosen Exzentrikers, der während seines kurzen Lebens rastlos zwischen verschiedenen Orten und Tätigkeiten vagiert sei und sich im strapaziösen Konflikt zwischen diametral entgegengesetzten Wesenskomponenten aufgerieben habe: am Widerspruch zwischen verborgenen orgiastischen Tendenzen und einem rigorosen Ethos der Selbstdisziplin. Manifestationen dieser Ambivalenz sieht Zweig auch in Kleists Werken als einem „Pandämonium der Leidenschaft" (Zweig GWE, Heinrich von Kleist, S. 177). Durch das „Prometheische seines Wesens" (S. 232) in Verbindung mit einer problematischen Melange aus titanischem Ehrgeiz, Machtgier, Stolz, Ressentiment, Einsamkeit und selbstzerstörerischer „Hypertrophie des Gefühls" (S. 179) sieht Zweig die Tragik Kleists bedingt, der weder durch sein Ringen um Bildung und philosophische Orientierung noch durch eine Naturnähe nach Rousseaus Vorbild oder durch sein eigenes literarisches Schaffen dauerhaft Halt habe finden können. Zweig stilisiert den frühen Suizid Kleists sogar zu einem „Meisterwerk" (S. 233) und wählt für seinen Essay einen Gestus empathischer Würdigung. Otto Weininger hingegen charakterisiert er in seinem Kurztext *Vorbeigehen an einem unauffälligen Menschen – Otto Weininger* (1926) anlässlich von dessen Suizid mit fast demonstrativer Distanz als unsympathischen, unzugänglichen, von Minderwertigkeitsgefühlen gequälten Einzelgänger. Beiden Autoren ist laut Zweig jedoch gemeinsam, dass sie für ihr soziales Umfeld weder physiognomisch noch charakterlich als Genies erkennbar waren.

Wenn Stefan Zweig die Selbsttötung in fiktionalen Werken als Handlungsoption oder als vollzogenen Akt thematisiert, entfaltet er eine Vielzahl von Beziehungskonstellationen, Suizidmotiven und Todesarten. Die Figuren entstammen verschiedenen Nationen, sozialen Milieus und ökonomischen Verhältnissen: Das Spektrum umfasst die französische Aristokratin in der *Geschichte eines Unterganges* (1910), den in der indischen Provinz tätigen deutschen Arzt in *Der Amokläufer* (1922), die deutschungarische Tochter eines jüdischen Parvenüs in *Ungeduld des Herzens* (1939), den polnischen Hasardeur in *Vierundzwanzig Stunden aus dem Leben einer Frau* (1925) und den französischen Kellner François in *Der Stern über dem Walde* (1904) sowie den demoralisierten Schüler Liebmann in der Erzählung *Ein Verbummelter* (1901), die Tiroler Dienstmagd in *Leporella* (1928) und den schlichten russischen Soldaten Boris in der *Episode am Genfer See* (1919).

Suizide werden in diesen Werken durch die Figuren erwogen, versucht oder vollzogen: durch Pistole, Gift, Schlafmittel-Überdosierung, Todessprung, Ertränken, Öffnen der Pulsadern oder Überfahrenwerden durch einen Zug. So sehr sich die Suizide unterscheiden: Nie werden sie von der Erzählinstanz verurteilt (vgl. Cohen 1982, S. 317). Sogar Figuren wie Leporella oder die Marquise de Prie können in ihrer abgrundtiefen Verzweiflung noch Empathie wecken. In Übereinstimmung mit seinem eigenen Humanitätsethos lässt der Autor Zweig den Ich-Erzähler in seiner Novelle *Vierundzwanzig Stunden aus dem Leben einer Frau* erklären, ihm mache es „mehr Freude, Menschen zu verstehen, als sie zu richten." (Zweig GWE, Vierundzwanzig Stunden aus dem Leben einer Frau, S. 79)

Programmatische Autonomie-Postulate der Figuren schließen auch das Recht zum Suizid ein. So konstatiert der Protagonist in Zweigs nachgelassenem Roman *Rausch der Verwandlung* (erstmals 1982) als Spezifikum des Menschen gegenüber dem Tier, „daß er auch sterben kann, wann er will, nicht nur wenn er muß. Es ist vielleicht das einzige Stück Freiheit, das man sein ganzes Leben lang ununterbrochen besitzt, die Freiheit, das Leben wegzuwerfen." (Zweig GWE, Rausch der Verwandlung, S. 286) Und in der Novelle *Der Amokläufer* erklärt der Protagonist: „das einzige Menschenrecht, das einem bleibt, ist doch: zu krepieren wie man will ... und dabei ungeschoren zu bleiben von fremder Hilfe." (Zweig GWE, Der Amokläufer, S. 136; zur medizinethischen Debatte im Hinblick auf solche Positionen vgl. Bormuth 2008)

Von zentraler Bedeutung für den Entschluss zum Suizid sind in Zweigs Werken meistens unerfüllbare Wünsche oder ausweglose Triebdispositionen der Figuren, die sich bis zu Obsessionen steigern können und oft erotisch akzentuiert sind. Dies gilt etwa für die rückhaltlose masochistische Devotion des Kellners François an die heimlich verehrte polnische Gräfin Ostrowska in *Der Stern über dem Walde*. Hier fungiert der titelgebende Stern im Nachthimmel als Symbol utopischer Vermittlung zwischen den Figuren, da er vom Kellner vor seinem Tod auf den Schienen und nahezu zeitgleich auch von der ahnungslos im Zug sitzenden Gräfin wahrgenommen wird, die sich in diesem Moment auf mysteriöse Weise existentiell erschüttert fühlt. In eine Aporie führt auch die obsessive Leidenschaft einer gelähmten jungen Frau in Zweigs Roman *Ungeduld des Herzens*: Durch unerwiderte Liebe in eine fundamentale Krisensituation geraten, stürzt sie sich schließlich von einer Turmterrasse in den Tod.

Die Titelfigur der Novelle *Leporella*, eine animalisch-primitive Dienstmagd, flieht durch einen Sprung in den Donaukanal aus dem Leben, weil sie hündisch-devot auf ihren Herrn fixiert ist und sich durch dessen Abkehr von ihr jeder existentiellen Basis beraubt fühlt. In Zweigs Romanfragment *Rausch der Verwandlung* wird ein Doppel-Suizid von einem Liebespaar zunächst erwogen, dann aber durch die Planung eines gemeinsamen Postraubs ersetzt. In der Erzählung *Vierundzwanzig Stunden aus dem Leben einer Frau* hingegen bildet eine desaströse Hasard-Obsession die Ursache für den Suizid eines notorischen Spielers, der sich Jahre nach seiner Rettung gleichwohl erschießt. Ein schuldhaftes Verhalten mit katastrophalen Folgen für eine Patientin motiviert in der Novelle *Der Amokläufer* den Suizid eines Arztes, der sich zunächst erschießen will und seinen späteren Todessprung auch als Sühneakt versteht. Im Roman *Ungeduld des Herzens* hält der von Scham gequälte Protagonist ebenfalls den Suizid mit der Pistole vorübergehend für seine einzige Handlungsoption.

Nur angedeutet wird der Suizid der Titelfigur in der Novelle *Die Gouvernante* (1907). Motiviert ist er durch die uneheliche Schwangerschaft dieser Frau, die im Geltungsbereich restriktiver Sexualnormen soziale Ächtung befürchten muss und vom Erzeuger keine Unterstützung erfährt. Ihr Schicksal traumatisiert zwei halbwüchsige Schwestern, deren seismografische Wahrnehmung die Erzählperspektive dominiert. Durch die Ereignisse abrupt aus der Kindheitsidylle gerissen und mit der Härte der Erwachsenenwelt konfrontiert, sympathisieren die beiden Mädchen so entschieden mit ihrer Gouvernante, dass deren Stigmatisierung und Tod ihre zuvor naive Lebenszuversicht fundamental erschüttert und eine Haltung feindseliger Distanz zur eigenen Familie hervorruft.

Die *Episode am Genfer See* hingegen steht im Kontext einer politischen Krisensituation, indem sie nach dem Ende des Ersten Weltkriegs die humane Katastrophe an einem exemplarischen Einzelschicksal vorführt: an der Aporie eines russischen Flüchtlings, der im fremden Land die psychische Überlebensfähigkeit einbüßt und sich mit verzweifeltem Heimweh schließlich im Genfersee ertränkt, aus dem man ihn zuvor gerettet hatte.

3. Die Suizid-Thematik in exemplarischen Werken Zweigs

3.1 Todeskomödie als Lebenstragödie: *Geschichte eines Unterganges* (1910)

Unter Rückgriff auf die Biografie einer historischen Persönlichkeit stellt Zweig in der *Geschichte eines Unterganges* die letzte Lebensphase der Marquise de Prie (1698–1727) dar, einer französischen Aristokratin des *ancien régime*, die ihren politischen Sonderstatus aufgrund einer Intrige einbüßte und in die Normandie verbannt wurde (vgl. Rovagnati 1998, S. 51f.). Der Verlust ihrer privilegierten Position und die Vereinsamung am Exilort Courbépine lassen die eitle und herrschsüchtige Frau in eine tiefe Identitätskrise geraten, die sie mit einer erotischen Affäre nur vorübergehend zu kompensieren vermag. Da das Bedürfnis der Aristokratin nach standesbewusster Selbstinszenierung in asymmetrischer Interaktion bis zu sadistischen Provokationen reicht, endet diese Liaison abrupt in Gewalttätigkeit, die zum psychophysischen Kollaps der Marquise führt. Nachdem ihre Chance auf Rehabilitierung am Hof von Versailles in weite Ferne gerückt ist, entschließt sie sich zum Suizid, den sie allerdings als heroisches Lebensfinale eindrucksvoll inszenieren will. Paradoxerweise hat die Suizidabsicht zunächst sogar vitalisierende Wirkungen auf die Marquise, weil die Vorbereitungen für ein Sterben in theatralischer Erhabenheit ihr einen neuen Lebensinhalt bieten. Dabei gelingt es ihr zeitweilig, den existentiellen Ernst des Todes durch Ästhetisierung in ein spielerisch-frivoles Kokettieren mit dem Makabren aufzulösen.

Fehlende Authentizität, Geltungssucht und Maskerade kennzeichnen die fassadenhafte Existenz dieser Egozentrikerin, deren strategisches Kalkül beim Lügen oft unversehens in Selbsttäuschung übergeht. Ihre psychische Krisensituation kulminiert in Identitätsdiffusion und Ich-Spaltung, die eine Spiegelszene besonders markant zum Ausdruck bringt (vgl. Zweig GWE, Geschichte eines Unterganges, S. 32ff.). Kurz vor ihrem Suizid mit Gift inszeniert die Marquise ein großes Fest, auf dem sie sich an narzisstischen Größenphantasien berauscht, indem sie den Gästen auf der Bühne das Sterben einer orientalischen Königin als Tragödienheldin vorspielt. Vergeblich bleibt allerdings der Wunsch der Marquise, durch einen spektakulären Suizid neues Prestige gewinnen und ein Fortleben im kulturellen Gedächtnis erzwingen zu können. Denn beim Sterben entgleitet ihr die Regie über die Glücksinszenierung zur Täuschung der Nachwelt. Ihre Hoffnung auf Ruhm durch die Aura eines heroischen Todes kaschiert nur vordergründig die Lebenstragödie.

3.2 Sentimentalität und Suizidalität: *Ungeduld des Herzens* (1939)

Die Handlung dieses Romans konzentriert sich auf eine Phase des Jahres 1914 kurz vor dem Ausbruch des Ersten Weltkriegs und ist in der Einleitung, die in der Erzählgegenwart von 1938 spielt, durch die selbstkritische Retrospektive des Kriegsveteranen Hofmiller motiviert. Im Hauptteil des Romans fungiert er als Ich-Erzähler, der traumatische Erlebnisse seiner Vergangenheit entfaltet. Erst sie erklären seine Äußerungen in der Anfangspassage, in der er konventionelle Vorstellungen von heroischem Mut mit Bezug auf eigene Erfahrung vor dem Hintergrund des modernen Kollektivismus kritisch hinterfragt. Das Suizidmotiv wird im Roman mit mehreren Figuren und Todesarten korreliert: Im Zentrum steht der von tiefen Ambivalenzen beeinträchtigte Kontakt zwischen dem damals 25-jährigen Leutnant Hofmiller und der gelähmten, leidenschaftlich in ihn verliebten Edith von Kekesfalva, der Tochter eines verwitweten jüdischen Magnaten. Unkalkulierbare Spannungen und Konflikte ergeben sich im Handlungsverlauf durch das kapriziöse, mitunter sogar tyrannische Verhalten der hochsensiblen, von ihrer Immobilität gequälten jungen Frau. Schon vor dem Beginn ihrer wechselvollen Freundschaft mit dem Leutnant hat Edith zwei Suizidversuche unternommen: durch Aufschneiden der Pulsadern und durch das Schlafmittel Veronal, mit dem wenige Jahre nach der Publikation des Romans auch der Autor selbst aus dem Leben schied (vgl. Cohen 1982, S. 257). Am Ende vollzieht Edith durch den Sprung von der Terrasse eines Aussichtsturms den Suizid tatsächlich, den sie bereits mehrmals mit strategischem Kalkül als finale Handlungsoption angekündigt hatte.

Die Mentalität beider Protagonisten weist motivische Bezüge zum Werktitel *Ungeduld des Herzens* und damit auch zum Motto des Romans auf, das später als Diagnose des hellsichtigen und verantwortungsbewussten Arztes Condor exponiert wird. Er differenziert zwischen zwei Mitleidstypen: Einem bloß sentimentalen Mitleid, das als „Ungeduld des Herzens" letztlich „nur instinktive Abwehr des fremden Leidens", also eigentlich egoistisch motiviert ist (Zweig GWE, Ungeduld des Herzens, S. 15, 235), stellt er das genuine Mitleid als tatkräftige Empathie gegenüber. Obwohl der Leutnant die Problematik seiner eigenen ‚Ungeduld des Herzens' klar erkennt, kann er ihr nicht entgehen. Durch emotionale Ansprüche anderer lässt er sich wiederholt bis zum Gefühl hilfloser Rebellion okkupieren, vor allem durch den kompromisslosen Fanatismus der lebensgierigen „schwarzen Liebe" Ediths (S. 272), durch die er sich verschlungen fühlt (vgl. S. 281). Die von ihrer Familie forcierte, überfallartige Verlobung löst bei ihm „Angst vor der Ungeduld dieses wilden Herzens" (S. 403) und einen abrupten Fluchtreflex aus. Die daraus resultierende Krisensituation steigert sich für Edith letztlich bis zur Katastrophe. Der Leutnant, der die Verlobung vor seinen Kameraden feige geleugnet hat, glaubt zunächst sein unehrenhaftes Verhalten im Bewusstsein eines „mörderischen Verrats" an Edith durch Suizid mit seinem Revolver sühnen zu müssen (vgl. S. 416f.). Diese Tat verhindert allerdings sein Vorgesetzter Bubencic, der ihm mit pragmatischer Rationalität einen Ausweg aus der prekären Lage eröffnet.

10. Suizid

Aktuelle Turbulenzen infolge der Ermordung des österreichischen Thronfolgerpaares in Sarajewo verhindern durch blockierte Kommunikationswege, dass Edith rechtzeitig von Hofmillers Reue und von seinem erneuten Bekenntnis zur Verlobung erfährt, so dass sie sich schließlich verzweifelt in den Tod stürzt. Oberst Bubencic, der den jungen Leutnant vor dem Suizid bewahrt hat, gerät im Ersten Weltkrieg in eine aussichtslose militärische Lage und erschießt sich angesichts des nahenden Zusammenbruchs von Monarchie und etablierter Gesellschaftsordnung (vgl. S. 425, 454).

Die Suizidthematik erhält in diesem Roman also besondere Bedeutung: durch die in Ediths Bewusstsein permanent präsente Handlungsoption, durch die geplante, aber nicht realisierte Verzweiflungstat Hofmillers und durch den aus unterschiedlichen Gründen sowohl von Edith als auch von Bubencic vollzogenen finalen Akt.

Die horizontbildende Einleitungspartie des Romans stellt das fiktionale Szenario vor den Hintergrund politischer Ereignisse, indem der Kriegsveteran Hofmiller als mit Orden dekorierter vermeintlicher Held in selbstkritischem Rückblick auf die eigene Feigheit Jahrzehnte später die ahnungslose Heldenverehrung seines sozialen Umfeldes kritisiert. Als illusionär entlarvt er naive Vorstellungen von soldatischem Heroismus und militärischem Ehrenkodex, indem er individuelle Courage vom bloßen Massenmut abgrenzt (vgl. S. 10), der mitunter nur ein Ausweichen vor persönlicher Verantwortung kaschiere. Hofmillers eigene Flucht in den Krieg infolge traumatischer Schuld fungiert als Beispiel dafür, dass Heldentum sogar aus Charakterschwäche resultieren kann: aus einem suizidalen Eskapismus in einer selbstverschuldeten Aporie. Indem der Kriegsveteran seine individuelle Erfahrung zugleich als Symptom des modernen Kollektivismus deutet, verbindet er seine Perspektive mit kritischer Zeitdiagnose.

3.3 Suizid als Sühne: *Der Amokläufer* (1922)

In dieser Novelle avanciert ein Suizidant selbst zum Binnenerzähler, indem er während einer Schiffsfahrt von Kalkutta nach Neapel im Gespräch mit einem Passagier seine Lebensgeschichte entfaltet. Aus ihr erhellt auch seine Motivation für die Selbsttötung, die der Rahmenteil als ebenso spektakuläres wie rätselhaftes Ereignis exponiert. Der Suizid fungiert hier letztlich als eine Art von Sühneakt in einer psychischen Zwangslage, die aufgrund emotionaler Obsession, traumatischer Erfahrung und schuldhafter Verstrickung zustande kam. Nach jahrelanger ärztlicher Tätigkeit in der Abgeschiedenheit einer indischen Provinz wurde der Protagonist von einer vornehmen englischen Dame aufgesucht, die ihm mit Nachdruck den Abbruch ihrer unerwünschten Schwangerschaft abverlangte. Durch die hochmütige Unnahbarkeit dieser dominanten, nach Art einer *femme fatale* (vgl. Spörk 2008, S. 147) auftretenden Frau zugleich provoziert und fasziniert, versucht er sie zu demütigen, indem er von ihr eine höfliche Bitte um den verbotenen Eingriff fordert, die sie ihm allerdings ebenso spöttisch verweigert wie die von ihm erhoffte sexuelle Gegenleistung. Ihre verächtliche Zurückweisung lässt den Stolz des Arztes abrupt in Devotheit umschlagen und treibt ihn unter extremem Zeitdruck in einen amokähnlichen Kontrollverlust hinein, in dem er sogar die eigene Reputation riskiert, um der Frau doch noch helfen zu dürfen. Infolge ungünstiger Umstände kann er jedoch nicht verhindern, dass sie sich in die Hände einer Quacksalberin begibt und an den Folgen der missglückten Abtreibung stirbt. Um immerhin ihren letzten Willen zu erfüllen und damit sein Fehlverhalten zu sühnen, mit dem er auch das ärztliche Standesethos missachtete, stürzt sich der Arzt mit dem Bleisarg der

Toten in das Hafenbecken von Neapel, um die geplante Obduktion zu verhindern, weil er die Todesursache, mithin auch den Seitensprung, vor ihrem Ehemann nur auf diese Weise als ihr Geheimnis bewahren und dadurch ihre Ehre retten kann.

3.4 Servilität bis zum Suizid: *Leporella* (1928)

Die Titelfigur, die aus ärmlichsten Verhältnissen stammende Tiroler Dienstmagd Crescentia, die anfangs durch eine dumpf-apathische Mentalität von geradezu animalischer Primitivität charakterisiert wird, vollzieht im Handlungsverlauf eine erstaunliche mentale Metamorphose. In Wien bei einem jungen Aristokratenpaar als Köchin und Faktotum angestellt, gerät Crescentia in eine sinnlich grundierte hündische Anhänglichkeit an ihren Arbeitgeber, durch die sie ihre ursprüngliche Lethargie überwindet. Während eines Sanatoriumsaufenthalts seiner Frau beginnt sie den Baron bei seinen außerehelichen Eskapaden mit komplizenhafter Beflissenheit zu unterstützen, so dass sie den parodistisch auf Mozarts Oper *Don Giovanni* anspielenden Spitznamen ‚Leporella' erhält, den sie als Nobilitierung missversteht (vgl. Zweig GWE, Leporella, S. 173). Beim aktiven Engagement für die Seitensprünge des Barons wird die verschüttete Libido der altjüngferlichen Dienerin zusehends revitalisiert, so dass sie kompensatorisch an seiner sinnlichen Vitalität partizipiert und zugleich Ressentiments gegenüber seiner hysterischen Ehefrau entwickelt. Als sich die Ehekrise zuspitzt, tötet Leporella die Baronin ohne Schuldgefühle in vermeintlich vorauseilendem Gehorsam. Ihre finale Aporie resultiert aus dem Missverständnis, bei diesem heimtückischen Mord als loyale Erfüllungsgehilfin fremder Absichten agiert zu haben. Der Baron verstößt sie jedoch, weil er sich durch Leporellas Anblick fortan permanent mit seiner Mitschuld konfrontiert fühlt. Da sich ihr Verhalten nicht an moralischer Urteilskraft, sondern bloß am Schema von Belohnung und Strafe orientiert (vgl. Turner 1988, S. 154), begreift sie weder ihre Schuld noch die Abkehr ihres Herrn, den ihre kalte Indifferenz schockiert. Weil Leporellas hündisch-devotes Pseudo-Ich durch Überidentifikation allerdings heteronom auf den Baron bezogen bleibt, büßt sie durch seine Abwendung und den Verlust ihrer Komplizenrolle ihre psychische Lebensbasis ein. Durch seine Kündigung vollends in eine ausweglose Situation geraten, flüchtet sie durch einen Sprung in den Donaukanal in den Suizid.

3.5 Katastrophale Hasard-Obsession: *Vierundzwanzig Stunden aus dem Leben einer Frau* (1925)

Die Novelle *Vierundzwanzig Stunden aus dem Leben einer Frau* entfaltet die desaströse Spielsucht eines jungen polnischen Aristokraten. Präsentiert wird sie aus der Retrospektive seiner Retterin, die vor langer Zeit sein exzessives Roulette-Spiel fasziniert beobachtet und ihn damals nach ruinösen Verlusten vor dem Suizid bewahrt hatte. Narrativ motiviert ist ihr Rückblick durch einen gesellschaftlichen Skandal in einem Hotel, der eine Kontroverse über abrupte Lebenszäsuren evoziert. In diesem Zusammenhang bekennt Mrs. C. dem Ich-Erzähler analoge Erfahrungen mit einer eruptiven Leidenschaft, die konventionelle bürgerliche Normen sprengte: Vor Jahrzehnten hatte die damals 42-jährige Witwe, die sich auf der Flucht vor existentieller Leere und melancholischer Erstarrung im Kasino von Monte Carlo durch die emotionalen Eruptionen der Hasardeure revitalisieren wollte, das dramatische Desaster eines fanatischen jungen Spielers beobachtet, anschließend seinen Suizid verhindert, ihm sogar eine Liebesnacht gewährt und ihn später in einer Kirche feierlich dauerhafte Hasard-Abstinenz schwören lassen. Durch die Begegnung mit ihm emotional schon bald stark involviert, erwog sie sogar, dauerhaft bei ihm zu bleiben. Nach seiner vermeintlichen Abreise in sehnsüchtiger Nostalgie ins Kasino zurückgekehrt, fand sie ihn wider Erwarten erneut am Roulette-Tisch vor. Ihre Vorwürfe quittierte er mit einer aggressiven Replik, die sie öffentlich brüskierte und zur abrupten Abreise nötigte. Fortan blieb sie durch diese Lebensepisode traumatisiert. Erst Jahre später erfährt sie zufällig, dass sich dieser Spieler in Monte Carlo erschossen hat.

Analog zum Hasard lösen sich biografische Kontinuität und Ich-Stabilität sowohl beim fanatischen Roulette-Spieler als auch bei seiner Retterin, einer dezenten, distinguierten Persönlichkeit, durch ekstatische Erlebnisintensität auf. Der Ich-Erzähler hält emotionale Eruptionen als schicksalhaftes Einbrechen des „Dämonischen unserer Natur" prinzipiell für möglich (Zweig GWE, Vierundzwanzig Stunden aus dem Leben einer Frau, S. 77). Mrs. C. entkommt den fatalen Konsequenzen ihres normensprengenden unkonventionellen Verhaltens schließlich nicht durch eigene Charakterstärke, sondern nur durch ein kontingentes Ereignis: den finalen Konflikt mit dem Hasardeur. Ihr Eindruck, was für eine „schwache, armselige und quallige Substanz das doch sein muß, was wir immer großspurig Seele, Geist, Gefühl" nennen (S. 140), entspricht der von Nietzsche, Freud und Mach reflektierten zeitgenössischen Identitätsproblematik und korrespondiert zugleich mit Musils ‚Theorem der menschlichen Gestaltlosigkeit', das den Menschen als formlose, gallertartige oder liquide Masse von grenzenloser Variabilität charakterisiert (vgl. Neymeyr 2012, S. 153; Neymeyr 2009, S. 129–169).

Entsprechend inkonsistent erscheinen die Perspektiven von Mrs. C. auf den Hasardeur, die mehrfach zwischen Idealisierung und Dämonisierung changieren: So spiegelt sein kindliches, ja „geradezu seraphisches Gesicht" (Zweig GWE, Vierundzwanzig Stunden aus dem Leben einer Frau, S. 129) für sie sowohl „ekstatische, überirdische Beseligung" als auch „irrwitzige Passion" (S. 121) in einem „verbrecherisch starken Unmaß" (S. 113) wider. Wenn mit der Hasard-Leidenschaft des notorischen Spielers die psychische Exzentrik seiner Retterin so sehr korrespondiert, dass sie schon anfangs ihr altruistisches Engagement für ihn „wie eine Manie, wie eine Raserei" erlebt (S. 108f.) und später emotional völlig durch ihn absorbiert wird, dann lassen beide Figuren Faszinosum und Gefährlichkeit grenzwertiger Obsessionen erkennen, die bis zur suizidalen Disposition reichen können.

Stefan Zweig

Zweig, Stefan (1981): Ungeduld des Herzens. Roman. GWE. Frankfurt a.M.: S. Fischer.
Zweig, Stefan (1982): Rausch der Verwandlung. Roman aus dem Nachlaß. GWE. Hg. v. Knut Beck. Frankfurt a.M.: S. Fischer.
Zweig, Stefan (1982): Vierundzwanzig Stunden aus dem Leben einer Frau. In: Ders.: Phantastische Nacht. Erzählungen. GWE. Hg. v. Knut Beck. Frankfurt a.M.: S. Fischer, S. 70–144.
Zweig, Stefan (1990): Vorbeigehen an einem unauffälligen Menschen – Otto Weininger. In: Ders.: Zeiten und Schicksale. Aufsätze und Vorträge aus den Jahren 1902–1942. GWE. Hg. v. Knut Beck. Frankfurt a.M.: S. Fischer, S. 298–301.
Zweig, Stefan (2002[4]): Der Amokläufer. In: Ders.: Der Amokläufer. Erzählungen. GWE. Hg. v. Knut Beck. Frankfurt a.M.: S. Fischer, S. 74–159.

Zweig, Stefan (2002[4]): Geschichte eines Unterganges. In: Ders.: Der Amokläufer. Erzählungen. GWE. Hg. v. Knut Beck. Frankfurt a.M.: S. Fischer, S. 7–53.
Zweig, Stefan (2002[4]): Leporella. In: Ders.: Der Amokläufer. Erzählungen. GWE. Hg. v. Knut Beck. Frankfurt a.M.: S. Fischer, S. 160–190.
Zweig, Stefan (2004[3]): Der Kampf mit dem Dämon. Hölderlin, Kleist, Nietzsche. GWE. Hg. v. Knut Beck. Frankfurt a.M.: S. Fischer.
Zweig, Stefan (2004[3]): Heinrich von Kleist. In: Ders.: Der Kampf mit dem Dämon. Hölderlin, Kleist, Nietzsche. GWE. Hg. v. Knut Beck. Frankfurt a.M.: S. Fischer, S. 157–233.
Zweig, Stefan (2005): Briefe. Bd. IV: 1932–1942. Hg. v. Knut Beck u. Jeffrey B. Berlin. Frankfurt a.M.: S. Fischer.
Zweig, Stefan (2007[5]): Die Welt von Gestern. Erinnerungen eines Europäers. GWE. Frankfurt a.M.: S. Fischer.

Weitere Literatur

Beck, Knut (1984[4]): Nachbemerkung des Herausgebers. In: Zweig, Stefan: Der Amokläufer. Erzählungen. GWE. Hg. v. Knut Beck. Frankfurt a.M.: S. Fischer, S. 201–207.
Bormuth, Matthias (2008): Ambivalenz der Freiheit. Suizidales Denken im 20. Jahrhundert. Göttingen: Wallstein.
Cohen, Rosi (1982): Das Problem des Selbstmordes in Stefan Zweigs Leben und Werk. Bern u.a.: Lang.
Neymeyr, Barbara (2009): Utopie und Experiment. Zur Literaturtheorie, Anthropologie und Kulturkritik in Musils Essays. Heidelberg: Winter.
Neymeyr, Barbara (2012): Aporien der Hasard-Leidenschaft im kulturanthropologischen Kontext. Die Inszenierungen des Glücksspiels in Stefan Zweigs *Vierundzwanzig Stunden aus dem Leben einer Frau* und in Arthur Schnitzlers *Spiel im Morgengrauen*. In: Gerrekens, Louis/Küpper, Achim (Hg.): Hasard. Der Spieler in der deutschsprachigen Literaturgeschichte. Würzburg: Königshausen & Neumann, S. 141–168.
Rovagnati, Gabriella (1998): „Umwege auf dem Wege zu mir selbst". Zu Leben und Werk Stefan Zweigs. Bonn: Bouvier.
Spörk, Ingrid (2008): „Ich spürte, wie das Dämonische ihres Willens in mich eindrang". Fatale Liebesbeziehungen bei Stefan Zweig. In: Birk, Matjaž/Eicher, Thomas (Hg.): Stefan Zweig und das Dämonische. Würzburg: Königshausen & Neumann, S. 143–156.
Tebben, Karin (2014): Tabu-Brüche: Sexualität und Tod. In: Jürgensen, Christoph/Lukas, Wolfgang/Scheffel, Michael (Hg.): Schnitzler-Handbuch. Leben – Werk – Wirkung. Stuttgart, Weimar: Metzler, S. 318–326.
Tunner, Erika (2011): Der Freitod im Erzählwerk von Stefan Zweig. In: Battiston, Régine/Renoldner, Klemens (Hg.): „Ich liebte Frankreich wie eine zweite Heimat." Neue Studien zu Stefan Zweig/„J'aimais la France comme ma seconde patrie." Actualité(s) de Stefan Zweig. Würzburg: Königshausen & Neumann, S. 67–74.
Turner, David (1988): Moral Values and the Human Zoo. The „Novellen" of Stefan Zweig. Hull: Hull Univ. Press.
Zweig, Friderike Maria (1947): Stefan Zweig. Wie ich ihn erlebte. Stockholm u.a.: Neuer Verlag.

11. Geschlechterbilder/Sexualität
Janin Afken

1. Typische Raumkonstellationen 775
2. Typische Figuren 777
3. Monomanische Leidenschaften. 778

Das Geheimnis der sexuellen und erotischen Leidenschaften, das die Beziehungen zwischen den Geschlechtern im Milieu des besitzenden Bürgertums der Wiener Jahrhundertwende spannungsvoll auflädt, steht im Mittelpunkt der Novellen Stefan Zweigs. Sein literarisches Interesse an Sexualität und Erotik zeigt sich bereits in dem frühen Novellenband *Erstes Erlebnis* (1911). Plötzlich ausbrechende und monomanische Leidenschaften stehen in den späteren Novellenbänden *Amok* (1922) und *Verwirrung der Gefühle* (1927), die er mit *Erstes Erlebnis* 1927 zur Novellentrilogie *Die Kette* zusammenfasst, im Fokus (vgl. Schmidt 1998, S. 181). Es ist Zweig nach eigener Aussage um eine novellistische Typologie der Leidenschaften zu tun, wenn er schreibt: „In der novellistischen Reihe *Die Kette* [...] möchte ich in abgeschlossenen Kreisen je einen anderen Typus des Gefühls der Leidenschaft, der Zeit und Alterszone in verschiedener Abwandlung deuten und durch Gestaltung zur Welt runden." (Zweig 1932/1933, S. 94) Der Novellenband *Erstes Erlebnis* thematisiert die erwachende Sexualität von Jugendlichen und jungen Erwachsenen im Übergang zum Erwachsenenalter. Der Band *Amok* befasst sich mit Leidenschaften, die von solcher Vehemenz sind, dass sie im psychologisch-medizinischen Diskurs jener Zeit ans Pathologische grenzen und bei Figuren mittleren Alters auftreten. *Verwirrung der Gefühle* schließlich umkreist Leidenschaften, die unerwartet in das ruhige Leben von Personen mittleren und vorangeschrittenen Alters hereinbrechen (vgl. Schmidt 1998, S. 124ff.).

In seiner postum erschienenen Autobiografie *Die Welt von Gestern* (1942) verurteilt Zweig die Verlogenheit der bürgerlichen Sexualitätsmoral im Wien der Jahrhundertwende und kritisiert die dort vorherrschenden Männlichkeits- und Weiblichkeitsideale. Im Kapitel „Eros Matutinus" geht Zweig beispielsweise auf die bedeutende Rolle der „Armee" der Prostituierten (Zweig GWE, Die Welt von Gestern, S. 106) ein; diese „Armee" ermögliche eine Auslagerung des sexuellen Begehrens aus der bürgerlichen Gesellschaft zum Zwecke der Bewahrung der moralisch-sittlichen Integrität und bilde damit „das Fundament des damaligen erotischen Lebens außerhalb der Ehe" (S. 103). „War die Sexualität schon nicht aus der Welt zu schaffen, so sollte sie wenigstens innerhalb ihrer Welt der Sitte nicht sichtbar sein." (S. 88) Ähnliches liest sich bei Franz X. Eder, wenn er von Wien „als [die] Welthauptstadt der Erotik" (Eder 1996, S. 160) spricht. Zweigs Beschreibungen verweisen auf jene Repressionshypothese, auf die Foucault in *Sexualität und Wahrheit. Der Wille zum Wissen* kritisch eingeht. So ist gemäß Foucault der Ausschluss der Sexualität aus dem gesellschaftlich-bürgerlichen Raum in das Innerste des Hauses einer Familie, ins elterliche Schlafzimmer, zu Beginn des 19. Jahrhunderts konstitutiv für das diskursiv produktive „Prinzip des Geheimnisses" (Foucault 2014, S. 11). Dieses Prinzip steht in Zweigs Novellen im Vordergrund, wenn über die Beichte oder das Bekenntnis das Geheimnis der Leidenschaften enthüllt wird. Die Praxis des Bekennens kann mit Foucault als Teil jenes Geständniskomplexes verstanden werden, der das Wissen über die Sexualität produziert und organisiert. Demgemäß kann *Die Kette* als Beispiel für eine „Anreizung der Diskurse" (S. 23), d.h. als Beispiel einer Vervielfältigung des Sprechens über die Sexualität gelesen werden.

In Zweigs Novellen berührt die gattungstypische ‚unerhörte Begebenheit' die Themen Liebe und Leidenschaft, Eros und Sexualität. Häufig wird sie über sogenannte Rahmennovellen auserzählt. Meist wird das Geheimnis der ‚unerhörten Begebenheit' über ein mündliches Bekenntnis (etwa in *Der Amokläufer*, 1922; *Vierundzwanzig Stunden aus dem Leben einer Frau*, 1925; *Verwirrung der Gefühle* und in der *Schachnovelle*, 1942) und/oder in schriftlicher Form (etwa in *Brief einer Unbekannten*, 1922, und *Verwirrung der Gefühle*) etwa innerhalb der Binnenhandlung preisgegeben. So sind die privaten Aufzeichnungen des nunmehr gealterten Roland v. D. in *Verwirrung der Gefühle* als schriftliches Bekenntnis zur geistigen Initiation durch seinen Lehrer zu zählen, während das mündliche Bekenntnis des Professors, das dessen Liebe zu Roland offenbart, in der Binnenhandlung integriert ist. Durch die (simulierten) Bekenntnisse tritt „das private Begehren aus dem Versteck", aus den dunklen Nischen und Gassen hinein „in die bürgerliche Bildungswelt des Symbolsystems Literatur" (Füllmann 2008, S. 193). Auf diese Weise werden die voyeuristisch geprägten bürgerlichen Leser/innen, die Zweigs Stammleserschaft ausmachen, befriedigt (vgl. Pfoser 1981, S. 12). Damit wird auf der inhaltlichen (*histoire*) und auf der narrativen Ebene (*discours*) das Geheimnis des Sexuellen konstitutiv für das novellistische Erzählen, d.h. es wird entgegen dem bürgerlichen Sittenkodex aus dem Versteck geholt und zur Sprache gebracht.

Sexualität bedeutet bei Zweig prinzipiell heteronormative Sexualität, wenngleich auch Homosexualität, sexuell-erotische Unterwerfungsphantasien, die an den Masochismus erinnern, oder inzestuöse Leidenschaft und andere ‚deviante' Formen thematisiert werden.

In Zweigs Vorstellung von Sexualität überschneiden sich verschiedene Diskurse. Sein Erzählen greift mythologische, symbolische und psychoanalytische Motive sowie universalistische Theoreme auf (vgl. Hurst 2004, S. 70), parallelisiert und überblendet sie, um schließlich eine Bedeutungsvielfalt zu schaffen, die das Magisch-Geheimnisvolle aber auch das Dämonische der Sexualität evozieren soll. Schlaglichtartig werden etwa Freuds Theoreme des Unbewussten, der Sublimation der Sexualität durch künstlerische Produktion, des Über-Ichs oder der Homosexualität aufgegriffen (vgl. Füllmann 2008, S. 183). Auch sexualwissenschaftliche Theorien, etwa Magnus Hirschfelds Theorie des *Dritten Geschlechts*, klingen an in den Beschreibungen des „fehlwandernde[n] Geschlecht[s]" (Zweig GWE, Verwirrung der Gefühle, S. 274) des Professors und der von ihm besuchten „hurenhafte[n] Jugend" (S. 273), d.h. der ‚hurenhaften' Jünglinge in den Großstädten (vgl. Füllmann 2008, S. 183f.). An Freud bewunderte Zweig zuvörderst die unerschrockene Auseinandersetzung mit Sexualität und den „Mut zur Wahrhaftigkeit" (Zweig, Br IV, S. 35), die einen Bruch des Tabus innerhalb der Gesellschaft zur Folge hätten. Zweigs literarische Verarbeitung der Freud'schen Theoreme erweist sich jedoch eher als Verarbeitung eines diskursiven Wissens (vgl. Füllmann 2008, S. 183; vgl. auch Sohnemann 2012), das sich „wie Bazillen in alle Organismen der geistigen Welt […,] in Dichtung, in Philosophie, in Ethik" (Zweig 1926, zit. n. Cremerius 1995, S. 45ff.) eingenistet habe. Eine direkte Reflexion der Theorie im Medium Literatur hat Zweig weder angestrebt noch vorgenommen, jedoch ist der „Mut zur Wahrhaftigkeit" (Zweig, Br IV, S. 35) ein wesentliches Anlie-

11. Geschlechterbilder/Sexualität

gen, das sein literarisches Schaffen durchzieht (vgl. Füllmann 2008, S. 183; → II.5 PSYCHOLOGIE UND PSYCHOANALYSE).

Insbesondere das Verhältnis von Sexualität und Natur wird in den Novellen Zweigs der 1920er Jahre thematisiert, in denen Zweig das plötzliche Auftreten von Leidenschaften beschreibt, die in ihrer eruptiven und zerstörerischen Kraft vergleichbar sind mit Naturgewalten. Petra Porto hat bereits darauf hingewiesen, dass sexuelle Naturvergleiche in der Sexualwissenschaft (etwa bei Richard von Krafft-Ebing, Sigmund Freud und Magnus Hirschfeld) und in der Literatur (etwa bei Ernst von Wildenbruch, Alfred Döblin und Hanns Heinz Ewers) um 1900 weit verbreitet waren (vgl. Porto 2011, S. 157f.). So wird etwa in *Verwirrung der Gefühle* die Kraft des Eros und des Sexuellen auf der Ebene der Bildsprache in Verbindung gebracht mit kosmologischen Elementen wie Dämmerung und Dunkelheit, mit den Elementen des Wassers bzw. des stürmischen Meeres sowie mit dem Element Feuer und den dazugehörigen semantischen Teilmengen wie „Hitzigkeit", „Funken" und „Flammenspiel" (Zweig GWE, Verwirrung der Gefühle, S. 206).

Ferner ruft die Novelle das biologische Prinzip der Fortpflanzung in Zusammenhang von künstlerischer Produktion durch die Sublimierung erotischer und sexueller Energien auf. Künstlerische Zeugung wird im Vergleich zur biologischen Prokreation idealisiert und ins Sakrale überhöht. Es ist zu berücksichtigen, dass das Motiv der künstlerisch-geistigen Zeugung und dessen Einbettung in sexuell konnotierte Bilder stets auch auf das jeweilige Verhältnis zwischen Kunst bzw. Kultur und Natur sowie deren geschlechtsspezifische Deutung zielt (vgl. Wellbery 2002, S. 13). Entsprechend wird in *Verwirrung der Gefühle* der Roland gewährte Einblick in das „Geheimnis der Produktion" (Zweig GWE, Verwirrung der Gefühle, S. 227) mit dem sexuellen Akt und der Geburt semantisch überblendet. Im Gegensatz dazu findet etwa Irene Wagner in *Angst* (1913) den „von der Romantik der Kunst umwittert[en]" (Zweig GWE, Angst, S. 288) Pianisten vor allem deshalb interessant, weil er ihr „eine Ahnung jener höheren Welt, die ihr farbig aus den Büchern entgegenblickte und romantisch in den Theaterstücken sich regte" (S. 289), vermittelt. Die erotische Dimension der Kunsterfahrung bzw. Kunstrezeption scheint hier nicht nur über die Kunst selbst, sondern auch über den Künstler zu erfolgen. Sich als Rezipient/in in den Geist eines Künstlers hineinzuversetzen sei schließlich, so hat es Zweig später in *Das Geheimnis des künstlerischen Schaffens* (1938) formuliert, eine wesentliche Voraussetzung für ein tieferes Verständnis eines Kunstwerks (vgl. Görner 2008, S. 40; → IV.6 DER KÜNSTLERISCHE PROZESS). In den Novellen sind es bemerkenswerterweise zuvörderst weibliche oder mit weiblichen Anteilen ausgestattete Figuren, die Kunst – im weitesten Sinne – rezipieren; man denke hier nicht nur an Irene Wagner in *Angst*, sondern auch an den androgynen Roland in *Verwirrung der Gefühle* sowie an die Unbekannte in *Brief einer Unbekannten*. Die erotische Dimension der Kunstproduktion bleibt den männlichen Figuren vorbehalten.

1. Typische Raumkonstellationen

Auf der Ebene des Erzählens (*discours*) überblendet Zweig das ‚brennende' Geheimnis der Leidenschaft mit mindestens zwei semantischen Teilmengen, die topologisch mit den Spannungsfeldern von ‚außen' und ‚innen' sowie ‚öffentlich' und ‚privat' markiert werden und sich topografisch auf einen privaten Innenraum und einen öffentlich zugänglichen Außenraum übertragen lassen (vgl. Wieland 2005, S. 254f.). Eve Kosofsky Sedgwick hat in ihrem Buch *Epistemology of the Closet* darauf hingewiesen, dass häufig auf die als raumsemantische Strukturen fungierenden topologischen Gegensatzpaare von ‚privat' und ‚öffentlich', von ‚innen' und ‚außen', von ‚geheim' und ‚enthüllend' zurückgegriffen wird, wenn über und von Homosexualität oder auch vom geheimnisumwobenen Sexuellen die Rede ist (vgl. Sedgwick 2003, S. 113f.). Auch in Zweigs Novellen fungieren das Geheimnis und das Versteck als „definierende Struktur" sexueller Unterdrückung und avancieren zugleich zu Tropen für sexuelles und erotisches Handeln und Begehren (vgl. Sedgwick 2003, S. 118f.). Innerhalb der Novellen sind insbesondere drei Orte für die raumsemantische Struktur zu unterscheiden: 1) der (halb-)private Innenraum, wie das Studierzimmer des Professors in *Verwirrung der Gefühle*, die Schiffskabine, die in *Der Amokläufer* mit einem Grab verglichen wird, die Hotelzimmer Edgars und des Barons in *Brennendes Geheimnis* (1911), das Hotel in *Vierundzwanzig Stunden aus dem Leben einer Frau* sowie das Haus der Familie von Irene Wagner in *Angst*; 2) der öffentlich-zugängliche Raum, der eine zufällige Begegnung jenseits der alltäglichen Routine ermöglicht und dadurch eine plötzlich hereinbrechende Leidenschaft innerhalb des engen Gefüges der bürgerlichen Ordnung begünstigt, wie etwa das Schwimmbad in *Verwirrung der Gefühle*, das Schiffsdeck in *Der Amokläufer*, das Hotel bzw. die Lobby in *Vierundzwanzig Stunden aus dem Leben einer Frau* und *Brennendes Geheimnis*; 3) der Text als Raum, wie etwa die veröffentlichte Festschrift zu Ehren des nunmehr gealterten Roland v. D. und die privaten Aufzeichnungen, die als eine Art Gegentext konzipiert sind, in *Verwirrung der Gefühle*; sowie die Rahmenerzählung und die als Bekenntnis fungierende Binnenerzählung in *Der Amokläufer* und in *Vierundzwanzig Stunden aus dem Leben einer Frau* (vgl. Füllmann 2008). Es ist festzuhalten, dass auf der Ebene der *histoire* die erzählten Räume, auf der Ebene des *discours* die Erzählräume, d.h. die Texträume, eine Rolle spielen (vgl. Lauffer 2011, S. 51).

Dabei erweisen sich häufig die Übergänge zwischen den Räumlichkeiten, die meist auch auf einer symbolischen Ebene zu deuten sind, als zentral für das Ausagieren von Konflikten zwischen den von Leidenschaft befallenen Protagonist/inn/en. So steht etwa das Hotel in *Brennendes Geheimnis* nicht nur für einen Ermöglichungsraum der zufälligen Bekanntschaft zwischen dem jungen Baron und der Mutter Edgars, sondern auch für einen Transitraum, der die Übergangsphase Edgars von der Jugend zum Erwachsenendasein symbolisiert. Auch in *Widerstand der Wirklichkeit* (erstmals 1987) spielt das Hotel als Ermöglichungsraum eines Treffens, hier jedoch eines Wiedersehens, eine wesentliche Rolle. In dem Roman *Rausch der Verwandlung* (erstmals 1982) ist das Hotel derjenige Ort, der der Protagonistin Christine Hoflehner nicht nur einen kurzzeitigen Einblick in die Welt der Reichen und Begünstigten gewährt, sondern zugleich eine emotionale ‚Verwandlung' der jungen Frau initiiert, die sich nach ihrem Hotelaufenthalt nicht mehr mit der Armut und den fehlenden Aufstiegschancen als Telegrafistin in einem kleinen österreichischen Dorf abfinden kann. In *Verwirrung der Gefühle* wiederum wird Rolands erstes Betreten des professoralen Studierzimmers als eine Art symbolisches Überschreiten einer Grenze und als eine Initiation par excellence beschrieben, wenn es heißt: „Pünktlich um sieben Uhr war ich dann bei ihm; mit welchem Zittern überschritt ich Knabe diese Schwelle zum erstenmal! Nichts ist ja leidenschaftlicher als die Verehrung eines Jünglings, nichts scheuer, nichts frauenhafter als ihre unruhige Scham." (Zweig GWE, Verwirrung der Gefühle,

S. 207) Das Überschreiten der Schwelle markiert den Übergang des 19-Jährigen in die geistig-wissenschaftliche Welt, also den Übergang vom wilden abenteuerlichen Burschen, der sich in „dem zuckenden Schoße dieses heißen Riesenweibes, in dieser ungeduldigen, kraftausströmenden Stadt" (S. 186) Berlin verloren hatte, zum leidenschaftlichen Studenten Roland und schließlich zum geistig-schöpferischen Gelehrten. Rolands ‚Unschuld' in geistiger Hinsicht wird mit Hinweis auf die ‚jungfräuliche Scham des Jünglings' beim ersten Betreten des Arbeitszimmers verdeutlicht. Zweig greift in Anlehnung an das Freud'sche Unbewusste auf das konventionelle Bild des dunklen, geheimnisvollen Hauses bzw. Zimmers zurück. Das Studierzimmer des Professors ist für Roland magisch anziehend und geheimnisvoll, aber zugleich unheimlich: „Denn Geheimnis, immer brennender wards mir bewußt, Geheimnis hauste fremd und unheimlich in seiner magisch anziehenden Tiefe." (S. 223) Darüber hinaus kann die Metaphorik des Dunklen und Dämmernden im Studierzimmer in Verbindung mit der gesellschaftlichen Situation der Homosexuellen sowie der grundsätzlichen Tabuisierung alles Sexuellen gebracht werden. Andere Transit- und Schwellenräume in den Novellen sind auf der Ebene der *histoire* die Schiffspassage in *Der Amokläufer*, auf der Ebene des *discours* das Medium des Briefes in *Brief einer Unbekannten*.

2. Typische Figuren

Neben den typischen Orten gibt es in den novellistischen Konstellationen Zweigs auch typische Figuren. Das von Zweig in den Novellen zur Typologie der Leidenschaften aufgerufene Figurenensemble umfasst eine breite Palette unterschiedlichster Figuren, die in ihrer Skizzierung häufig holzschnittartig bleiben und selten mit tiefgreifenden Brüchen versehen sind. Dazu zählen etwa diejenigen männlichen Figuren, die mit dandyhaften Zügen ausgestattet sind und sich als Jäger des spannenden und erlebnisintensiven Augenblicks sowie der erotischen Abenteuer auszeichnen, weder verheiratet sind noch Kinder haben und damit als Grenzgänger der bürgerlichen Gesellschaft figurieren. Auch die Protagonisten in *Phantastische Nacht* (1922) und *Die Mondscheingasse* (1914), der Baron in *Brennendes Geheimnis*, der monomanische Hasardeur in *Vierundzwanzig Stunden aus dem Leben einer Frau* sowie der Schriftsteller in *Brief einer Unbekannten* können hier angeführt werden. Wenngleich die dandyhaften Männerfiguren Zweigs „nicht den Hauptgegenstand des Erzählens bilden [und] [s]ie vielmehr nur als eine Art Medium [dienen], durch das Stefan Zweig leidenschaftliche und aufregende Bilder des Lebens vorführt" (Sørensen 1987, S. 69), kommt ihnen doch als Gegenfiguren zum verheirateten Mann die Funktion eines Störfaktors des bürgerlich-moralischen Sittenkodex zu.

Eine weitere häufig auftretende Figur ist jene der Ehebrecherin, wie etwa die aus dem höheren Bürgertum stammende Irene Wagner in *Angst*, die von der „Sattheit" und „Behaglichkeit" der ruhigen „bürgerliche[n] Welt" (Zweig GWE, Angst, S. 288) gelangweilt ist. Zu nennen ist ebenso die androgyne Knabenfrau des homosexuellen Professors in *Verwirrung der Gefühle*, die von ihrem Ehemann mit Nichtbeachtung gestraft wird. Auch die Mutter Edgars in *Brennendes Geheimnis* kann als Ehebrecherin gedeutet werden, insofern sie dem Verhaltenskodex der sittlich-bürgerlichen Frau nicht Folge leistet. Lediglich die Baronin aus *Der Amokläufer* wird von dem in Indien praktizierenden holländischen Arzt rückblickend mit Zügen einer *femme fatale* ausgestattet. Dabei werden typische Attribute der *femme fatale* aufgerufen, wenn der Arzt ihr „eine stählerne, eine männliche Entschlossenheit" (Zweig GWE, Der Amokläufer, S. 94) attestiert, voller Ablehnung für „diese Kühle, diese Hochmütige, diese Kalte, die steil die Augenbrauen über ihre stählernen Augen hochzog" (S. 99). Zugleich wird sie von dem Arzt mit der Kraft des Dämonischen in Verbindung gebracht, wenn es heißt: „Ich spürte, wie das Dämonische ihres Willens in mich eindrang, aber ich wehrte mich mit all meiner Erbitterung." (S. 97) André Schwarz hat darauf hingewiesen, dass die Figur der *femme fatale* „völlig sexualisiert" (Schwarz 2012, S. 244) ist, was sicherlich auf die projektive Beschreibung der Baronin durch den männlichen Protagonisten in *Der Amokläufer* zutrifft. Gemeinsam ist den Figuren der Ehebrecherin ihre Herkunft aus dem höheren Bürgertum, ihr Ausgeliefertsein an den Ehemann sowie die daraus resultierende völlige Reduzierung auf die Rolle als Ehefrau und Mutter. Dies macht sie zugleich anfälliger für das Begehren und die Leidenschaften anderer: So lässt sich in der Novelle *Vierundzwanzig Stunden aus dem Leben einer Frau* die Protagonistin Mrs. C. von der Spielleidenschaft des Hasardeurs im Kasino vor allem deshalb affizieren, weil sie die eigene Leere und das Fehlen von Leidenschaften so schmerzt (vgl. Zweig GWE, Vierundzwanzig Stunden aus dem Leben einer Frau, S. 87).

3. Monomanische Leidenschaften

Obgleich sowohl weibliche als auch männliche Figuren der monomanischen Leidenschaft verfallen können, kristallisiert sich doch ein geschlechtsspezifisches Charakteristikum heraus. Männliche Figuren können verschiedensten Leidenschaften des Sexuellen anheimfallen, etwa der Spielleidenschaft in *Vierundzwanzig Stunden aus dem Leben einer Frau*, der leidenschaftlich-intellektuellen Verehrung im Falle Rolands in *Verwirrung der Gefühle*, der Leidenschaft, dem Geheimnis der Sexualität auf die Schliche zu kommen, in *Brennendes Geheimnis* sowie die sich entzündende Leidenschaft des Arztes in *Der Amokläufer*, die sich insbesondere aufgrund des fast herrisch wirkenden Widerstands der Baronin entfacht und mit dessen Vorliebe für emotional starke Frauen begründet wird. Im Gegensatz dazu kennen die weiblichen Protagonistinnen vor allem *eine* Leidenschaft, nämlich diejenige, die sich auf den Mann richtet (vgl. Schmidt 1998, S. 130). Man denke hierbei an die Frau aus *Brief einer Unbekannten*, die ihre Liebe „so sklavisch, so hündisch, so hingebungsvoll" (Zweig GWE, Brief einer Unbekannten, S. 162) auf den Schriftsteller R. richtet, von diesem jedoch nicht wiedergeliebt wird. Auch Irene Wagners *movens*, sich dem „starke[n], unverhelte[n] Begehren" des jungen Pianisten hinzugeben, ist im weitesten Sinne mit der Sehnsucht nach „große[r] Liebe und der Ekstase des Gefühls" zu erklären, die jedoch keine Erfüllung findet (Zweig GWE, Angst, S. 288). Im gleichen Atemzug unterstellt der Erzähler, dass „jede Frau [...] sich innerlich die Fähigkeit zu großer Leidenschaft" beimesse (S. 288), obwohl dies nicht nur einen besonderen Mut erfordere, sondern sie damit auch Gefahr laufe, ihre bürgerlichen Verhältnisse aufzugeben und sogar aus der Gesellschaft ausgeschlossen zu werden. Jenen Frauen, die, wie Irene Wagner in *Angst*, in vermeintlich sicheren Verhältnissen aufgewachsen und von allen sittlichen Gefährdungen abgeschirmt worden seien, fehle es häufig an Mut, sich aus den Fängen des besitzenden Bürgertums zu befreien. Zugleich wird der Ehemann Irene Wagners, der mit Hilfe einer von ihm engagierten Erpresserin seine Frau zum Abbruch ihres außerehelichen Verhältnisses zwingen möchte, als sadistischer Patriarch inszeniert, der durch diese ‚Erziehungsmaßnahme' seine Ehefrau fast zu Tode ängstigt. Ebenso wird Fritz Wagner als sorgender Vater und Ehemann sowie als leidenschaftlicher Anwalt dargestellt, dessen passionierte Gier nicht nur auf ein Ablegen eines Geständnisses im Rahmen seines beruflichen Wirkens gerichtet ist, sondern sich auch auf sein Familienleben übertragen lässt, wenn er sowohl die Tochter als auch Irene Wagner wiederholt den Methoden des Verhörs unterzieht, um aus ihnen ein Geständnis zu erwirken. Auch in anderen Männerfiguren kreuzen und vermengen sich verschiedene Männerbilder, wie etwa in der Figur des grausamen Barons in *Leporella* (1928) oder in dem gefühlsmäßig labilen Anton Hofmiller in *Ungeduld des Herzens* (1939), die den männlichen Figuren mehr Komplexität verleihen.

Wählen die Protagonistinnen, wie etwa die Unbekannte in *Brief einer Unbekannten*, den Weg jenseits der bürgerlich-gesellschaftlichen Normen, indem sie sich unverheiratet mit Lust und Leidenschaft einer Affäre hingeben, dann hat dies nicht nur den Verlust der Reputation, sondern auch des familiären Rückhalts zur Folge und treibt sie entweder in die Prostitution oder in den Tod.

Hier zeigt sich die zutiefst misogyne und patriarchale Struktur der bürgerlichen Normen und Werte um 1900, die den Frauen in der Suche nach den eigenen Leidenschaften kaum Handlungsspielräume lassen. Insgesamt wird den weiblichen Figuren eine weitaus größere Nähe zum Naturhaften attestiert, was in der Novelle *Die Frau und die Landschaft* (1917) besonders deutlich wird; hier wird nicht nur das Verhalten der Frau „aus der Wetterlage begründet" (Spörk 2008, S. 143), sondern die Frau erscheint darüber hinaus, ganz im Sinne Weiningers, als „willenloses Instinkt- und Naturwesen" (S. 144). Ebenso werden der als homosexuell beschriebene Professor und auch Roland in *Verwirrung der Gefühle* durch ihre ‚weiblichen' Anteile in die Nähe zur Natur gerückt und entsprechen damit kaum noch dem bürgerlichen Männlichkeitsbild. Zweigs Geschlechterbild bleibt den bürgerlich-normativen Dichotomien der Jahrhundertwende verpflichtet, auch wenn es in seiner Darstellung durchaus mit Brüchen und Widersprüchen ausgestattet ist. In zugespitzter Weise findet es sich ebenso in Otto Weiningers Buch *Geschlecht und Charakter* (1903), das die Frau zuvörderst dem privat-familiären Bereich, den Mann hingegen der öffentlich-gesellschaftlichen Sphäre zuordnet. Während der Frau eine besondere Nähe zur Natur unterstellt wird, wird dem Mann Geist und Ratio zugeschrieben. Insofern werden in den Novellen Zweigs die während der Wiener Jahrhundertwende herrschenden Geschlechterverhältnisse insbesondere in ihrer Dysfunktionalität vorgeführt. Eine Destabilisierung der geschlechtlichen Identität findet dabei jedoch nicht statt.

Zweig versammelt in den Novellen verschiedenste Varianten der Leidenschaften, wie etwa die Homosexualität des Professors in *Verwirrung der Gefühle*, die, ähnlich wie die Unterwerfungsphantasien des holländischen Arztes in *Der Amokläufer*, zwar nicht grundsätzlich verurteilt werden, aber doch auch keine dauerhafte Erfüllung finden. Es wird deutlich, dass weder eine Unterdrückung oder Verdrängung des sexuellen Begehrens noch das Ausleben desselben außerhalb der Institution Ehe ohne ernsthafte Konsequenzen möglich ist, sondern in aller Regel entweder den Verlust der Reputation und den gesellschaftlichen Ausschluss oder gar den Tod zur Folge hat. Einen Ausweg bietet die Sublimierung des Sexuellen innerhalb der Literatur.

Stefan Zweig

Zweig, Stefan (1926): Geburtstagsgruß zu Freuds 70. Geburtstag. In: Neue Freie Presse, 6. 5. 1926. (Wiederabdruck in: Cremerius, Johannes (1995): Freud und die Dichter. Freiburg i. Br.: Kore, S. 44–47.)
Zweig, Stefan (1932/1933): Flüchtiger Spiegelblick. In: Der Lesezirkel. Blätter für Literatur 20/6/1932/1933, S. 93–95.
Zweig, Stefan (1981): Ungeduld des Herzens. Roman. GWE. Frankfurt a.M.: S. Fischer.
Zweig, Stefan (1982): Vierundzwanzig Stunden aus dem Leben einer Frau. In: Ders.: Phantastische Nacht. Erzählungen. GWE. Hg. v. Knut Beck. Frankfurt a.M.: S. Fischer, S. 70–144.
Zweig, Stefan (1982): Die Frau und die Landschaft. In: Ders.: Phantastische Nacht. Erzählungen. GWE. Hg. v. Knut Beck. Frankfurt a.M.: S. Fischer, S. 145–171.
Zweig, Stefan (1982): Phantastische Nacht. In: Ders.: Phantastische Nacht. Erzählungen. GWE. Hg. v. Knut Beck. Frankfurt a.M.: S. Fischer, S. 172–243.
Zweig, Stefan (1983): Angst. In: Ders.: Verwirrung der Gefühle. Erzählungen. GWE. Hg. v. Knut Beck. Frankfurt a.M.: S. Fischer, S. 280–353.
Zweig, Stefan (1983): Verwirrung der Gefühle. In: Ders.: Verwirrung der Gefühle. Erzählungen. GWE. Hg. v. Knut Beck. Frankfurt a.M.: S. Fischer, S. 182–279.
Zweig, Stefan (1984): Das Geheimnis des künstlerischen Schaffens. In: Ders.: Das Geheimnis des künstlerischen Schaffens. Essays. GWE. Hg. v. Knut Beck. Frankfurt a.M.: S. Fischer, S. 348–371.
Zweig, Stefan (1984): Der Amokläufer. In: Ders.: Der Amokläufer. Erzählungen. GWE. Hg. v. Knut Beck. Frankfurt a.M.: S. Fischer, S. 70–134.
Zweig, Stefan (1984): Die Mondscheingasse. In: Ders.: Der Amokläufer. Erzählungen. GWE. Hg. v. Knut Beck. Frankfurt a.M.: S. Fischer, S. 135–155.
Zweig, Stefan (1984): Leporella. In: Ders.: Der Amokläufer. Erzählungen. GWE. Hg. v. Knut Beck. Frankfurt a.M.: S. Fischer, S. 156–186.
Zweig, Stefan (1987): Brennendes Geheimnis. In: Ders.: Brennendes Geheimnis. Erzählungen. GWE. Hg. v. Knut Beck. Frankfurt a.M.: S. Fischer, S. 7–85.
Zweig, Stefan (1987): Brief einer Unbekannten. In: Ders.: Brennendes Geheimnis. Erzählungen. GWE. Hg. v. Knut Beck. Frankfurt a.M.: S. Fischer, S. 153–199.
Zweig, Stefan (1987): Widerstand der Wirklichkeit. In: Ders.: Brennendes Geheimnis. Erzählungen. GWE. Hg. v. Knut Beck. Frankfurt a.M.: S. Fischer, S. 221–271.
Zweig, Stefan (1990): Schachnovelle. In: Ders.: Buchmendel. Erzählungen. GWE. Hg. v. Knut Beck. Frankfurt a.M.: S. Fischer, S. 248–314.
Zweig, Stefan (2005): Briefe. Bd. IV: 1932–1942. Hg. v. Knut Beck u. Jeffrey B. Berlin. Frankfurt a.M.: S. Fischer.
Zweig, Stefan (2007[5]): Die Welt von Gestern. Erinnerungen eines Europäers. GWE. Frankfurt a.M.: S. Fischer.

Weitere Literatur

Eder, Franz X. (1996): „Diese Theorie ist sehr delikat …". Zur Sexualisierung der „Wiener Moderne". In: Nautz, Jürgen/Vahrenkamp, Richard (Hg.): Die Wiener Jahrhundertwende. Einflüsse, Umwelt, Wirkungen. Wien u.a.: Böhlau, S. 159–178.
Foucault, Michel (2014): Der Wille zum Wissen. Sexualität und Wahrheit. Bd. 1. Frankfurt a.M.: Suhrkamp.
Füllmann, Rolf (2008): Stefan Zweigs *Verwirrung der Gefühle* und die Entwirrung konstruierter Geschlechterverhältnisse. In: Ders.u.a. (Hg.): Der Mensch als Konstrukt. Festschrift für Rudolf Drux zum 60. Geburtstag. Bielefeld: Aisthesis, S. 181–195.
Görner, Rüdiger (2008): „Dialog mit den Nerven". Stefan Zweig und die Kunst des Dämonischen. In: Birk, Matjaž/Eicher, Thomas (Hg.): Stefan Zweig und das Dämonische. Würzburg: Königshausen & Neumann, S. 36–44.

Hurst, Matthias (2004): „… und es begann der tiefere Traum seines Lebens." Diskursebenen der Initiation in Stefan Zweigs Novelle *Brennendes Geheimnis*. In: Zeitschrift für Germanistik N. F. 14/1/2004, S. 67–82.

Lauffer, Ines (2011): Poetik des Privatraums. Der architektonische Wohndiskurs in den Romanen der Neuen Sachlichkeit. Bielefeld: transcript.

Martens, Lorna (1987): Geschlecht und Geheimnis. Expressive Sprache bei Stefan Zweig. In: Gelber, Mark H. (Hg.): Stefan Zweig heute. New York u.a.: Lang, S. 44–64.

Neymeyr, Barbara (2012): Aporien der Hasard-Leidenschaft im kulturanthropologischen Kontext. Die Inszenierungen des Glückspiels in Stefan Zweigs *Vierundzwanzig Stunden aus dem Leben einer Frau* und in Arthur Schnitzlers *Spiel im Morgengrauen*. In: Gerrekens, Louis/Küpper, Achim (Hg.): Hasard. Der Spieler in der deutschsprachigen Literaturgeschichte. Würzburg: Königshausen & Neumann, S. 141–168.

Pfoser, Alfred (1981): Verwirrung der Gefühle als Verwirrung einer Zeit. Bemerkungen zum Bestsellerautor Stefan Zweig und zur Psychologie in seinen Novellen. In: Lunzer, Heinz/ Renner, Gerhard (Hg.): Stefan Zweig 1881/1981. Aufsätze und Dokumente. Wien: Dokumentationsstelle für neuere österreichische Literatur, S. 7–17.

Porto, Petra (2011): Sexuelle Norm und Abweichung. Aspekte des literarischen und des theoretischen Diskurses der Frühen Moderne (1890–1930). München: belleville.

Rovagnati, Gabriella (1998): Jenseits der Flegeljahre. *Erstes Erlebnis*. In: Dies.: „Umwege auf dem Wege zu mir selbst". Zu Leben und Werk Stefan Zweigs. Bonn: Bouvier, S. 78–93.

Schmidt, Mirjam (1998): Frauengestalten in den Erzählungen von Stefan Zweig. Frankfurt a.M. u.a.: Lang.

Schwarz, André (2012): Lustvolles Verschweigen und Enthüllen. Eine Poetik der Darstellung sexuellen Handelns in der Literatur der Wiener Moderne. Marburg: LiteraturWissenschaft. de.

Sedgwick, Eve Kosofsky (2003): Epistemologie des Verstecks. In: Kraß, Andreas (Hg.): Queer Denken. Gegen die Ordnung der Sexualität (Queer Studies). Frankfurt a.M.: Suhrkamp, S. 113–143.

Sørensen, Bengt Algot (1987): Zeitgefühl und Zeitgestaltung in Stefan Zweigs Erzählungen. In: Gelber, Mark H. (Hg.): Stefan Zweig heute. New York u.a.: Lang, S. 65–78.

Spörk, Ingrid (2008): „Ich spürte, wie das Dämonische ihres Willens in mich eindrang". Fatale Liebesbeziehungen bei Stefan Zweig. In: Birk, Matjaž/Eicher, Thomas (Hg.): Stefan Zweig und das Dämonische. Würzburg: Königshausen & Neumann, S. 143–156.

Strelka, Joseph (1981): Stefan Zweig. Freier Geist der Menschlichkeit. Wien: Österreichischer Bundesverlag.

Wellbery, David E. (2002): Kunst – Zeugung – Geburt. Überlegungen zu einer anthropologischen Grundfigur. In: Ders./Begemann, Christian (Hg.): Kunst – Zeugung – Geburt. Theorien und Metaphern ästhetischer Produktion in der Neuzeit. Freiburg i. Br.: Rombach, S. 9–36.

Wieland, Klaus (2005): Die Konstruktion von männlichen Homosexualitäten im psychiatrisch-psychologischen Diskurs um 1900 und in der deutschen Erzählliteratur der Frühen Moderne. In: Scientia Poetica 9/2005, S. 216–262.

VI. Rezeption

1. Rezeption zu Lebzeiten
Arnhilt Johanna Höfle

1. Das Frühwerk – Lyrik, Prosa, Drama	783
2. Die Novellenbände	784
3. Biografien und biografische Studien	785
4. Beispiele der Rezeption – Kontroversen	786
5. Internationaler Erfolg	787
6. Rezeption nach 1933	788

1. Das Frühwerk – Lyrik, Prosa, Drama

Bekanntlich verfasste der Gymnasiast Stefan Zweig erste Gedichte. 1898 erschien der Text *Rosenknospen* in der bekannten Monatsschrift *Deutsche Dichtung* in Berlin. Gedichte wurden an zahlreiche Zeitungen und Zeitschriften im deutschsprachigen Raum verschickt; auch in namhaften Literaturzeitschriften erschienen einige von Zweigs frühen Texten. 1901 wurde mit *Silberne Saiten* der erste Lyrikband veröffentlicht, der über 60 Gedichte versammelte. Es war Zweig gelungen, dafür den Berliner Verlag Schuster & Loeffler zu gewinnen, der sich neben musik- und theaterwissenschaftlichen Titeln vor allem im Bereich der zeitgenössischen und avantgardistischen Lyrik profiliert hatte. Literaturkritiker wie Schriftsteller, unter anderem Detlev von Liliencron, Rainer Maria Rilke und Richard Dehmel, würdigen Zweigs literarisches Debüt lobend (→ III.1 LYRIK). Zweigs Biograf Donald A. Prater berichtet: „Von vierzig Kritiken, die er [i.e. Zweig] bis zum darauffolgenden Oktober [1901] gelesen hatte, war nur eine einzige [...] völlig ablehnend, die übrigen lobten ihn und widmeten dem Buch ganze Essays und Feuilletons." (Prater 1981, S. 37) Größere Aufmerksamkeit erfuhr Zweigs zweiter Lyrikband *Die frühen Kränze*, der 1906 beim jungen Insel Verlag in Leipzig erschienen war. Anton Kippenberg hatte das von Zweig eingereichte Manuskript umgehend angenommen. Für diesen Band erhielt Zweig im November 1906 eine Ehrengabe aus dem renommierten Bauernfeld-Preis in Wien. Rainer Maria Rilke lobt vor allem das Gedicht *Sonnenaufgang in Venedig* und äußert sich insgesamt positiv über Zweigs Debüt:

> Dieses Buch wird Ihnen, wie rasch Sie sich auch von ihm entfernen mögen, immer lieb bleiben. Wohin Ihre Entwickelung auch aufwachsen mag: es wird seine Stelle darin haben, die Stelle eines ersten Absetzens, die etwa, die in einem Stamme sichtbar bleibt als seine erste leidenschaftliche Zusammenfassung vor dem stillen täglichen Aufstieg. Sie begreifen, daß ich damit Gutes und Wichtiges meine; das Beste vielleicht was man von einem frühen Buche sagen kann. (Zweig 2007, S. 272)

Die Sammlung, die über 50 Gedichte enthielt, wurde 1917 und 1920 mit jeweils 2000 Exemplaren erneut aufgelegt. Obwohl sich Zweig später gelegentlich von seinen frühen Gedichten wie auch von seinen frühen Novellen distanzierte, legte er gleichzeitig großen Wert darauf, eine Auswahl von Gedichten in einem Sammelband zu veröffentlichen (vgl. *Die gesammelten Gedichte*, 1924; *Ausgewählte Gedichte*, 1931).

Ungeachtet seines Erfolgs als Lyriker verfasste Zweig ab 1899 auch mehrere kurze Erzählungen, die er in Zeitschriften veröffentlichte. Vier Novellen erschienen Anfang 1905 beim Berliner Verlag Egon Fleischel & Co, der erste Prosaband des Autors. Die Titelnovelle *Die Liebe der Erika Ewald* wurde bereits im Herbst des Vorjahres in der *Neuen Freien Presse* in Wien vorabgedruckt. Wenn auch Hermann Hesse und Camill Hoffmann, beide persönlich mit dem Autor bekannt, zu den frühen Rezensenten zählten, blieben ausführliche Reaktionen auf die sehr heterogenen und literarisch nicht ausgereiften Novellen aus.

Obwohl Zweig später insbesondere als Verfasser von Novellen und Biografien Berühmtheit erlangte, war es sein Ehrgeiz, auch als Theaterautor Anerkennung zu finden (→ IV.11 THEATER). Der Autor als Dramatiker – für das Prestige eines Schriftstellers zu dieser Zeit ein wesentlicher Faktor. Ein Jahr nach der Buchveröffentlichung des Trauerspiels *Tersites* (1907), Zweigs erstem Drama, wurde das Stück gleichzeitig in Dresden und Kassel uraufgeführt. Im Mai 1912 fand in Breslau die Premiere von *Der verwandelte Komödiant* statt, im Oktober die Uraufführung des Schauspiels *Das Haus am Meer* am Wiener Burgtheater. Die Aufführungen von *Jeremias* (Februar 1918 in Zürich) und *Legende eines Lebens* (Dezember 1918 in Hamburg) folgten. Zweig versuchte sich äußerst unterschiedliche dramaturgische Modelle anzueignen. Insbesondere seine Stücke *Jeremias* und *Volpone* (1925) fanden im Feuilleton große Aufmerksamkeit, wie die Zahl an Rezensionen belegt (vgl. Klawiter 1991, S. 745 f., 748). Für *Jeremias* fand sogar Thomas Mann Worte der Bewunderung. In einem Brief vom 9. September 1917 bezeichnet er das Stück als „kühne, großartige Dichtung" und schreibt: „Ich stehe noch ganz unter ihrem Eindruck, vorderhand noch ein wenig betäubt von ihrem alttestamentarischen Pathos. Ich nehme mir vor[,] noch oft zu ihr zurückzukehren um ihre Schönheiten im Einzelnen ganz würdigen zu lernen. Sicher ist sie die bedeutendste dichterische Frucht dieses Krieges[,] die mir bis jetzt vorgekommen." (Mann/Zweig 2016, S. 21)

2. Die Novellenbände

Der zweite Erzählband *Erstes Erlebnis. Vier Geschichten aus Kinderland*, der 1911 bei Insel in Leipzig erschienen war, prägte Zweigs Ruf als Erzähler nachhaltig. Der Band, der aus heutiger Sicht wenig beachtete Texte Zweigs versammelt (sieht man von *Brennendes Geheimnis* ab), wurde bis 1930 elfmal aufgelegt. Der Welterfolg des Schriftstellers Stefan Zweig hat dann aber vor allem mit *Amok. Novellen einer Leidenschaft* (1922) und *Verwirrung der Gefühle. Drei Novellen* (1927) zu tun. Beide Bände waren nicht nur in Deutschland Bestseller, mit ihnen verknüpft sich dank zahlreicher Übersetzungen auch der Beginn von Zweigs internationaler Anerkennung. Bis 1933 erreichten seine Werke etwa 1,5 Millionen aufgelegte Exemplare (vgl. Buchinger 1998, S. 186). Doch nicht nur Zweigs Leserschaft, auch seine Zeitgenossen zeigten sich von seiner Novellenkunst begeistert. Maxim Gorki, der eine Ausgabe von Zweigs Werken auf Russisch kommentiert, schreibt in seinem Nachwort: „Ich glaube, noch niemand vor ihm hat so eindringlich, mit so erstaunlicher Barmherzigkeit zum Menschen über die Liebe geschrieben." (Gorki/Zweig 1980, S. 99) Das gilt in seinen Augen auch für die „Qualen der homosexuellen Liebe", die Zweig „erstmalig in der Lite-

1. Rezeption zu Lebzeiten

ratur" dargestellt (S. 98) habe, und zwar in der Novelle *Verwirrung der Gefühle*, die der russische Schriftsteller besonders schätzt. Romain Rolland gratuliert Zweig emphatisch zum gleichnamigen Band:

> Ich will nicht eine Minute verstreichen lassen, um Ihnen zu sagen, wie sehr mir dieses Buch gefällt und wie ich es bewundere. *Nie* [...] sind Sie objektiver, lebendiger und menschlicher gewesen. Ihre Kunst und Ihr Verständnis der menschlichen Seele werden immer reifer. Die drei Novellen sind von erstem Rang und bemerkenswert verschieden, nicht nur im Thema, auch in der moralischen Atmosphäre. Besonders liebe ich die erste: ‚Vierundzwanzig Stunden aus dem Leben einer Frau'. Das ist ein Meisterwerk. Ich bin absolut sicher: diese Seiten werden Sie überleben, sie sind bestimmt, ein Welterfolg zu werden. (Rolland/Zweig 1987, S. 182, Herv. i. O.)

Für den großen Erfolg könnte man mehrere Faktoren verantwortlich machen: die guten Vermarktungsstrategien des renommierten Insel Verlages; die niedrigen Verkaufspreise bei den in der „Insel-Bücherei" erschienenen Titeln und Zweigs Bemühungen, sein Werk rückwirkend zu systematisieren: So gab er die Novellensammlungen rückwirkend als Trilogie *Die Kette* aus, seine Reihe von Essaybänden wurden zu *Baumeister der Welt*. Darüber hinaus war es Zweigs offenkundige Absicht, ein breites Publikum zu erreichen, wie seine Aussagen bezeugen: „[Du] mußt aus der Interessenperspektive des Publikums denken, die übrigens keineswegs immer die übelste ist", schreibt Zweig an seinen Freund Felix Braun. Es gehe nicht darum, einem „persönlichen Geschmack" zu folgen, sondern man müsse an ein Thema denken, das „die Interessen weiter Kreise berührt" (zit. n. Renoldner/Holl/Karlhuber 1993, S. 110; vgl. auch Pfoser 1981).

3. Biografien und biografische Studien

Der Welterfolg Zweigs wird auch wesentlich durch seine Biografien begründet – eine Gattung, die sich in der ersten Hälfte des 20. Jahrhunderts besonderer Beliebtheit erfreute (vgl. Reffet 2003). Neben Büchern über die Schriftsteller/innen Paul Verlaine (1905), Émile Verhaeren (1910), Marceline Desbordes-Valmore (1920) und Romain Rolland (1921) entstehen vier Essaybände mit biografischen Porträts: *Drei Meister* (1920), *Der Kampf mit dem Dämon* (1925), *Drei Dichter ihres Lebens* (1928) und *Die Heilung durch den Geist* (1931). Thomas Mann nimmt *Drei Dichter ihres Lebens* zum Anlass, um Zweigs Gesamtwerk in hohen Tönen zu loben. Er bedankt sich für die „wundervollen neuen Essays": „Der große Aufsatz über Tolstoi ist wohl das kritisch Tiefste, was Sie geschrieben haben. [...] Die Entfaltung Ihres Lebenswerkes, Ihr Wachstum zu verfolgen, ist eine Freude!" (Mann/Zweig 2016, S. 44)

Neben Zweigs Novellen sind es vor allem die beiden Biografien *Joseph Fouché* (1929) und *Marie Antoinette* (1932), die seinen Erfolg als Schriftsteller sichern und ihn zu einem der meistgelesenen und meistübersetzten Autoren seiner Zeit machen. Ein Beispiel für deren Popularität sind etwa jene „eindringlichen Worte" Hermann Bahrs zu *Joseph Fouché*, für die sich Zweig schriftlich bedankt (vgl. Zweig, Br III, S. 252). Joseph Roth antwortet am 17. Oktober 1929: „[G]länzend, wie immer, Ihre Sprache. [...] [B]rillante, brillierende Historie. Ich weiß, es ist mehr, viel Herz dabei; Ihr gutes, zartes, nobles Herz, das ich liebe." (Roth/Zweig 2011, S. 28) Am 23. September 1929 schreibt Rolland, er habe sich eben an *Joseph Fouché* „delektiert": „Welcher Roman kommt doch dem Leben gleich! [...] Ich bin überzeugt, daß Ihr

Buch ein zahlreiches Publikum finden und begeistern wird." (Rolland/Zweig 1987, S. 335) Auch Thomas Mann äußert sich positiv: „Ich genieße dankbar und lerne viel." (Mann/Zweig 2016, S. 50)

In diesem Zusammenhang ist außerdem auf das schmale Bändchen *Sternstunden der Menschheit. Fünf historische Miniaturen* (1927) hinzuweisen, das „Zweigs beliebtestes und erfolgreichstes Buch" (Wagener 2013, S. 301) überhaupt wurde. Arthur Schnitzler schreibt Zweig am 16. Januar 1928: „An Ihren meisterlichen ‚Sternstunden' der Menschheit habe ich eine rechte Freude gehabt" (Zweig 2007, S. 435). In der Bibliografie von Randolph J. Klawiter werden rund 40 zeitgenössische Rezensionen erwähnt (vgl. Klawiter 1991, S. 767).

4. Beispiele der Rezeption – Kontroversen

Es wäre eine eingehende Untersuchung wert, die kritische Rezeption von Zweig durch seine Wiener Kollegen darzustellen. Bereits für *Die frühen Kränze* hatte der junge Schriftsteller auch Spott geerntet. Die Distanz von Hugo von Hofmannsthal zu Zweigs Person und Werk ist Legende, die beiden Autoren rivalisierten im Insel Verlag um diverse Projekte (→ III.14.3 ÜBER ÖSTERREICHISCHE LITERATUR).

Ulrich Weinzierl hat in seinem 1992 erschienenen Band *Stefan Zweig – Triumph und Tragik* eine Fülle von zeitgenössischen Zitaten vorgelegt, reservierte bis verächtliche Äußerungen finden sich u. a. bei Hermann Broch, Franz Blei, Karl Kraus, Siegfried Kracauer, Thomas Mann, Robert Musil, Joseph Roth, Arthur Schnitzler, Friedrich Torberg und Kurt Tucholsky (vgl. Weinzierl 1992; vgl. auch Pfoser 1981; Michels 1995; Ren 1996; Liska 2007).

Auch die kritische Kommentierung von Zweigs Stil durch seine Zeitgenossen wäre eine besondere Diskussion wert: bezogen etwa auf seine Metaphorik und Bildsprache, den Einsatz von Adjektiven und Superlativen sowie die unterschiedlichen und strategisch wechselnden Erzählperspektiven (→ IV.4 SPRACHE UND METAPHORIK). Als Beispiel könnte man Joseph Roths Kommentare zu verschiedenen Texten Zweigs nennen, ein sympathisches Dokument einer schriftstellerischen Freundschaft (vgl. Roth/Zweig 2011, S. 623f.).

Natürlich entwickelte Zweig im Laufe seines Lebens eine Vielzahl unterschiedlicher stilistischer Vorlieben und variierte diese je nach Gattung. Robert Neumann etwa bemängelte in den 1960er Jahren den „ins Sonntägliche emporgezwirbelten Feuilletonstil – wienerisch wie Sachertorte mit Schlagobers, ähnlich wohlschmeckend und kunstvoll (und leider auch ähnlich präzis)" (zit. n. Weinzierl 1992, S. 164). Friedrich Burschell befand bereits 1931, dass die großen Bucherfolge Zweigs „besonders symptomatisch für eine Verwirrung unserer Zeit" seien. Ihre Attraktionskraft sei auf „ein ganz besonderes, artistisch außerordentlich geschickt drapiertes Lebensgefühl" zurückzuführen, das merkwürdigerweise auch „sonst sehr kritische und geschmackvolle Leser" zu erfassen im Stande war. Seine stärkste Wirkung erzeuge Zweig jedoch durch seine „epigonal[e] Beschwörung einer antiquierten Welt" (zit. n. S. 54f.). Neben dem weitverbreiteten Vorurteil, dass qualitativ hochwertige Literatur nicht massentauglich sein kann, spiegeln sich in diesen Reaktionen in manchen Fällen gewiss auch Konkurrenz und Neid wider. Klar ideologisch motiviert war hingegen die Kritik von Schriftstellern des marxistischen Lagers, wie Ludwig Marcuse, Bruno Frank und Heinrich Mann.

5. Internationaler Erfolg

Stefan Zweig wurde in den 1920er Jahren zum auflage- und umsatzstärksten Autor des Insel Verlags. In diesem Zeitraum entwickelte sich auch sein internationaler Erfolg. Zu seinem 50. Geburtstag im Jahr 1931 überreichte ihm der Insel Verlag eine Bibliografie seiner Werke und deren Übersetzungen (vgl. Hünich/Rieger 1931). Als der mit Abstand meistübersetzte Autor der Welt führte er Mitte der 1930er Jahre die Statistik des „Index Translationum" der *Cooperation Intellectuelle* des Völkerbundes an (vgl. Hall 1981).

Besonders große Erfolge konnte Zweig mit seinen Werken in Frankreich verzeichnen (vgl. Natter 1996; Renoldner/Battiston 2011). 1910 lag die erste französische Übersetzung vor. Die Übertragung seiner biografischen Studie über Émile Verhaeren fand jedoch außerhalb eines kleinen spezialisierten Publikums kein breites Echo. Der Erste Weltkrieg setzte der beginnenden Rezeption vorerst ein Ende. Erst nach der Konferenz von Locarno 1925 kam es zu einer Normalisierung und Wiederbelebung der Handelsbeziehungen und damit des Verlagswesens zwischen den ehemaligen Feindesländern. Ab 1927 erschienen bis 1940 fast jährlich gleich mehrere seiner Werke auf Französisch. Zweigs wichtigster Übersetzer in Frankreich war Alzir Hella, mit dem Zweig – wie mit vielen seiner Übersetzer – eine intensive Korrespondenz unterhielt (→ VI.5.1 REZEPTION: ROMANISCHE LÄNDER IN EUROPA).

Zugute kamen Zweig auch seine zahlreichen internationalen Freundschaften: so etwa jene mit dem Nobelpreisträger Romain Rolland, der dem befreundeten österreichischen Schriftsteller zum Durchbruch in Frankreich verholfen hatte. Über mehrere Bücher Zweigs schrieb Rolland Aufsätze und Rezensionen, herausragend sein mehrfach nachgedruckter Artikel zu *Jeremias* mit dem Titel *Vox clamantis* (1919) (vgl. Klawiter 1991, S. 699) oder das Vorwort zu dem Band *Amok ou Le fou de Malaisie* (1927). Die Empfehlung eines fremdsprachigen Autors durch das Vorwort eines Kollegen war in Frankreich durchaus unüblich. Rollands fast hymnische Einführung prägte, wie Monika Natter befindet, die französische Rezeption in der Zwischenkriegszeit leitmotivisch (vgl. Natter 1996).

Im selben Jahr erschienen in Frankreich die biografischen Essays zu Balzac und Dickens, denen 1928 neben weiteren Novellen auch die Arbeiten zu Hölderlin, Dostojewski und Desbordes-Valmore folgten. Der eben erst in Deutschland erschienene Tolstoi-Essay erhielt aufgrund des 100. Geburtstags des russischen Schriftstellers besondere Aufmerksamkeit. Einen Höhepunkt der französischen Rezeption stellte die Publikation des biografischen Romans über Joseph Fouché im Jahr 1931 dar. Mit dem französische Sujet und einem publikumswirksamen Genre wurde die Fouché-Biografie das am meisten rezensierte Werk in Frankreich. Während die französische Presse der fremdsprachigen Literatur sonst sehr wenig Aufmerksamkeit schenkte, wurden Zweigs Werke vor allem in der bürgerlichen Presse regelmäßig rezensiert. Zweig war in den Medien sehr präsent, er wurde zu Interviews gebeten und äußerte sich bei Umfragen in Zeitungen. Zweig wurde mit euphorischen Besprechungen bedacht, man lobte ihn als Erzähltalent, Historiker, Humanisten und Kosmopoliten. Aufgrund zahlreicher persönlicher Kontakte und vieler Aufenthalte im Land schätzte man ihn als Freund und Kenner Frankreichs. Bis heute zählt er neben Franz Kafka und Thomas Mann zu den meistgelesenen deutschsprachigen Autoren des 20. Jahrhunderts in Frankreich.

Mit seinen Novellen begeisterte Zweig auch das italienische Lesepublikum. Der Novellenzyklus *Amok* erschien 1930 beim Mailänder Verlag Sperling & Kupfer in einer Übersetzung Enrico Roccas. Ein Jahr später übersetzte dieser *Drei Dichter ihres Lebens* (dt. 1928). Rocca, mit dem Zweig befreundet war, kann als Pionier der italienischen Germanistik angesehen werden und tat sich als früher Vermittler der österreichischen Literatur in Italien hervor (vgl. Larcati 2011; Lunzer 1995). Er verfasste bedeutende Aufsätze zu Zweig und verhalf u.a. auch Joseph Roth zu Bekanntheit in Italien. Neben Rocca setzte sich vor allem die Germanistin Lavinia Mazzucchetti viele Jahre für Zweig ein (vgl. Rovagnati 1999; Larcati 2014). Der Mailänder Verlag Mondadori, der 1930 ihre Übersetzung der Fouché-Biografie herausgab, erwarb später die Rechte am Gesamtwerk (→ VI.5.1 Rezeption: Romanische Länder in Europa).

Die ersten Übersetzungen von Zweigs Werken ins Englische entstanden bereits vor 1914, auch Großbritannien und die USA entdeckten Zweig aber vor allem ab der zweiten Hälfte der 1920er Jahre für sich (vgl. Dove 2015). Auch hier wurde Zweigs Erfolg maßgeblich durch seine Biografien zu bekannten historischen Figuren gefestigt. *Maria Stuart*, 1935 als *The Queen of Scots* in London erschienen, wurde erwartungsgemäß ein Bestseller (→ VI.5.2 Rezeption: Angloamerikanischer Raum).

Die literarischen und biografischen Verbindungen Zweigs zu Russland spielten für die dortige Rezeption eine zentrale Rolle. Zweigs Wirkung in der Sowjetunion bzw. in Russland ist genauestens dokumentiert (vgl. Nymphius 1996). Über gänzlich andere Wege gelangten Zweigs Werke in den 1920er Jahren nach Asien. Nach dem Zusammenbruch des chinesischen Kaiserreichs (1911) setzten sich chinesische Intellektuelle zunehmend mit der europäischen Literatur auseinander. Im Zuge dieser Bewegung, die als die ‚Vierte-Mai-Bewegung' bzw. ‚Neue-Kultur-Bewegung' bekannt wurde, fanden Zweigs Werke insbesondere aufgrund ihrer psychologischen Elemente erstmals Resonanz. Auch diese Wirkungsgeschichte ist gründlich erforscht (vgl. Höfle 2014, 2015, 2017) (→ VI.5.3 Rezeption: Lateinamerika, Asien, Russland).

6. Rezeption nach 1933

Das Jahr 1933 stellte einen gravierenden Einschnitt in der Rezeption Zweigs in Europa dar (vgl. Zelewitz 1981; Hall 1981; Buchinger 1998, S. 198–326). Nach der Machtergreifung der Nationalsozialisten begann die ‚Gleichschaltung' und Säuberung des politischen wie kulturellen Lebens. Das letzte Buch Zweigs, das in Deutschland erscheinen konnte, ist *Marie Antoinette* (1932). Die Verlagsbeziehungen zu Insel wurden abgebrochen, dennoch konnte man bis zum Frühjahr 1936 einige von Zweigs Büchern in Deutschland erwerben (→ VII.3 Zweig und die Verleger). Sein Gesamtwerk wurde im März 1936 schließlich auf der „Liste des schädlichen und unerwünschten Schrifttums" mit einem Gesamtverbot belegt (zur weiteren Rezeptionsgeschichte → VI.2 Rezeption in den Exiljahren).

1. Rezeption zu Lebzeiten

Stefan Zweig

Gorki, Maxim/Zweig, Stefan (1980): Briefwechsel. Hg. v. Kurt Böttcher. Leipzig: Reclam.
Mann, Thomas/Zweig, Stefan (2016): Briefwechsel, Dokumente und Schnittpunkte. Hg. v. Katrin Bedenig u. Franz Zeder. Frankfurt a.M.: Vittorio Klostermann.
Rolland, Romain/Zweig, Stefan (1987): Briefwechsel 1910–1940. Bd. II: 1924–1940. Berlin: Rütten & Loening.
Roth, Joseph/Zweig, Stefan (2011): „Jede Freundschaft mit mir ist verderblich". Briefwechsel 1927–1938. Hg. v. Madeleine Rietra u. Rainer Joachim Siegel. Mit einem Nachwort v. Heinz Lunzer. Göttingen: Wallstein.
Zweig, Stefan (1924): Die gesammelten Gedichte. Leipzig: Insel.
Zweig, Stefan (1931): Ausgewählte Gedichte. Leipzig: Insel.
Zweig, Stefan (2000): Briefe. Bd. III: 1920–1931. Hg. v. Knut Beck u. Jeffrey B. Berlin. Frankfurt a.M.: S. Fischer.
Zweig, Stefan (2007²): Briefwechsel mit Hermann Bahr, Sigmund Freud, Rainer Maria Rilke und Arthur Schnitzler. Hg. v. Jeffrey B. Berlin, Hans-Ulrich Lindken u. Donald A. Prater. Frankfurt a.M.: S. Fischer.

Weitere Literatur

Buchinger, Susanne (1998): Stefan Zweig – Schriftsteller und literarischer Agent. Die Beziehungen zu seinen deutschsprachigen Verlegern (1901–1942). Frankfurt a.M.: Buchhändler-Vereinigung.
Dove, Richard (2015): „Meilenweit von Politik": Stefan Zweig's exile in Britain. In: Görner, Rüdiger/Renoldner, Klemens (Hg.): Zweigs England. Würzburg: Königshausen & Neumann, S. 11–20.
Hall, Murray G. (1981): Literatur- und Verlagspolitik der dreißiger Jahre in Österreich. Am Beispiel Stefan Zweigs und seines Wiener Verlegers Herbert Reichner. In: Lunzer, Heinz/Renner, Gerhard (Hg.): Stefan Zweig 1881/1981. Aufsätze und Dokumente. Wien: Dokumentationsstelle für neuere österreichische Literatur, S. 113–136.
Höfle, Arnhilt Johanna (2014): Stefan Zweig in China: Episodes of a Turbulent Reception History. In: Görner, Rüdiger/Renoldner, Klemens (Hg.): Zweigs England. Würzburg: Königshausen & Neumann, S. 161–168.
Höfle, Arnhilt Johanna (2015): Rezeption als Netzwerk. Stefan Zweig in China. In: Zhang, Yi/Gelber, Mark H. (Hg.): Aktualität und Beliebtheit. Neue Forschung und Rezeption von Stefan Zweig im internationalen Blickwinkel. Würzburg: Königshausen & Neumann, S. 253–259.
Höfle, Arnhilt Johanna (2017): China's Stefan Zweig: The Dynamics of Cross-Cultural Reception. Honolulu: Hawaii Univ. Press.
Hünich, Fritz Adolf/Rieger, Erwin (Hg.) (1931): Bibliographie der Werke von Stefan Zweig. Dem Dichter zum fünfzigsten Geburtstag dargebracht vom Insel-Verlag. Leipzig: Insel.
Klawiter, Randolph (1991): Stefan Zweig. An International Bibliography. Riverside: Ariadne Press.
Larcati, Arturo (2011): Stefan Zweig und Enrico Rocca. Eine Freundschaft in dunklen Jahren. In: zweiheft 5/2011, S. 22–27.
Larcati, Arturo (2014): Il carteggio tra Stefan Zweig e Lavinia Mazzucchetti. In: Bonifazio, Massimo/Schininà, Alessandra (Hg.): Un luogo per spiriti più liberi. Italia, italiani ed esiliati tedeschi. Roma: Artemide S. 27–48.
Liska, Vivian (2007): A Spectral Mirror Image. Stefan Zweig and his Critics. In: Gelber, Mark H. (Hg.): Stefan Zweig Reconsidered. New Perspectives on his Literary and Biographical Writings. Tübingen: Niemeyer, S. 203–218.
Lunzer, Renate (1995): „Was für ein Zeitalter haben wir uns ausgesucht!" Zu einunddreißig unveröffentlichten Briefen von Stefan Zweig an Enrico Rocca aus den Jahren 1930 bis 1938. In: Sprachkunst 26/2/1995, S. 295–313.

Michels, Volker (1995): „Im Unrecht nicht selber ungerecht werden!" Stefan Zweig, ein Autor für morgen in der Welt von heute und gestern. In: Gelber, Mark H./Zelewitz, Klaus (Hg.): Stefan Zweig. Exil und Suche nach dem Weltfrieden. Riverside: Ariadne Press, S. 11–32.

Natter, Monika (1996): Der frankophile Europäer und psychologische Erzähler. Die Rezeption von Stefan Zweig in Frankreich (1910–1940). Diss. Univ. Wien.

Nymphius, Christian (1996): Die Stefan-Zweig-Rezeption in der UdSSR. Mainz: Liber.

Pfoser, Alfred (1981): Verwirrung der Gefühle als Verwirrung einer Zeit. Bemerkungen zum Bestsellerautor Stefan Zweig und zur Psychologie in seinen Novellen. In: Lunzer, Heinz/ Renner, Gerhard (Hg.): Stefan Zweig 1881/1981. Aufsätze und Dokumente. Wien: Dokumentationsstelle für neuere österreichische Literatur, S. 7–17.

Prater, Donald A. (1981): Stefan Zweig. Das Leben eines Ungeduldigen. München, Wien: Hanser.

Reffet, Michel (2003): Stefan Zweigs historische Biographien und die Gegner der ‚bürgerlichen Literatur'. In: Eicher, Thomas (Hg.): Stefan Zweig im Zeitgeschehen des 20. Jahrhunderts. Oberhausen: Athena, S. 281–292.

Ren, Guoqiang (1996): Am Ende der Mißachtung? Studie über die Stefan-Zweig-Rezeption in der deutschen Literaturwissenschaft nach 1945. Aachen: Shaker.

Renoldner, Klemens/Battiston, Régine (Hg.) (2011): „Ich liebte Frankreich wie eine zweite Heimat." Neue Studien zu Stefan Zweig/ „J'aimais la France comme ma seconde patrie." Actualité(s) de Stefan Zweig. Würzburg: Königshausen & Neumann.

Renoldner, Klemens/Holl, Hildemar/Karlhuber, Peter (Hg.) (1993): Stefan Zweig. Bilder, Texte, Dokumente. Salzburg u.a.: Residenz.

Rovagnati, Gabriella (1999): Es begann mit *Joseph Fouché*. Lavinia Mazzucchetti und die italienische Version der *Welt von Gestern*. In: Schmid-Bortenschlager, Sigrid/Riemer, Werner (Hg.): Stefan Zweig lebt. Akten des 2. Internationalen Stefan Zweig Kongresses in Salzburg 1998. Stuttgart: Heinz, S. 157–168.

Wagener, Hans (2013): Nachwort. In: Zweig, Stefan: Sternstunden der Menschheit. Vierzehn historische Miniaturen. Hg. v. Hans Wagener. Stuttgart: Reclam, S. 290–304.

Weinzierl, Ulrich (Hg.) (1992): Stefan Zweig – Triumph und Tragik. Aufsätze, Tagebuchnotizen, Briefe. Frankfurt a.M.: S. Fischer.

Zelewitz, Klaus (1981): Höhen und Tiefen der dreißiger Jahre. In: Lunzer, Heinz/Renner, Gerhard (Hg.): Stefan Zweig 1881/1981. Aufsätze und Dokumente. Wien: Dokumentationsstelle für neuere österreichische Literatur, S. 97–111.

2. Rezeption in den Exiljahren (1934–1942)

Arturo Larcati

1. Die erste Phase des Exils 1934–1938 790
2. Die zweite Phase des Exils 1938–1942 797
3. Fazit und Ausblick 799

1. Die erste Phase des Exils 1934–1938

In der Rezeption von Zweigs Exilwerk spielt in den Kreisen der emigrierten Autoren die Diskussion um das Engagement des Schriftstellers (bzw. um die richtige Form dieses Engagements) eine größere Rolle als das Urteil über die ästhetische Qualität der Texte (vgl. Ren 1996, S. 61–80). Seit der Affäre um die Zeitschrift *Die Sammlung* – im *Börsenblatt des Deutschen Buchhandels* war 1933 ein Brief Zweigs an Anton Kippenberg veröffentlicht worden, in dem er sich von der politischen Ausrichtung der Exilzeitschrift distanzierte (vgl. Buchinger 1998, S. 217f.) – ist Zweigs moralische Integrität in den Augen vieler Kollegen erschüttert, er wird als Opportunist und ‚Verräter der Emigration' denunziert. Durch dieses Ereignis und Zweigs übervorsichtige Haltung ist er Mitte der 1930er Jahre zunehmend der Kritik linker und exilierter Schriftsteller ausgesetzt. Auch dass er für Richard Strauss das Libretto zu der Oper *Die schweigsame Frau* (1935) schreibt und sich, nach dessen Ernennung zum Präsidenten der Reichsmusikkammer, nicht von dieser Zusammenarbeit distanziert und der Uraufführung der Oper zustimmt, sorgt für Unmut (→ IV.12 KUNST UND POLITIK).

Zugleich sind für die Rezeption von Zweigs Werk seit 1934 die Veränderungen des literarischen Marktes zu berücksichtigen. Seine Bücher werden im Mai 1933 öffentlich verbrannt. Trotzdem hofft Zweig, *Triumph und Tragik des Erasmus von Rotterdam* (1934) noch im Insel Verlag veröffentlichen zu können. Nachdem dies nicht mehr möglich ist, erscheinen seine Werke im Wiener Verlag von Herbert Reichner, der auch nach Deutschland liefern kann (→ VII.3 ZWEIG UND DIE VERLEGER). Immerhin sind bis zum Frühjahr 1936 mehrere Bücher Zweigs aus beiden Verlagen im deutschen Buchhandel erhältlich. Ab 1939, mit *Ungeduld des Herzens*, erscheinen die deutschsprachigen Ausgaben im Exilverlag von Gottfried Bermann Fischer in Stockholm.

Eine umfassende Darstellung der Rezeption des Exilwerkes zu Zweigs Lebzeiten sollte einerseits den Erfolg der einzelnen Bücher beim deutschsprachigen und internationalen Publikum berücksichtigen und zum anderen die unmittelbaren Reaktionen der Kritik sowie die wichtigsten Stellungnahmen der Schriftstellerkollegen dokumentieren. In dieser ausführlichen Form bleibt diese Rekonstruktion, die hier nur in groben Linien skizziert werden kann, ein dringendes Desiderat der Forschung. Der vorliegende Überblick konzentriert sich auf die Äußerungen von Schriftstellerkollegen. Je mehr Zweig als Exilautor in der Kritik einiger Emigranten stand, desto wichtiger muss ihm die Anerkennung durch Schriftstellerpersönlichkeiten wie Thomas Mann oder Joseph Roth gewesen sein, denn sie sind für ihn die Stellvertreter des verlorenen deutschen Publikums. Das bestätigt Thomas Mann mit seinem berühmten Spruch „Where I am, is Germany."

Triumph und Tragik des Erasmus von Rotterdam zählt zu jenen Werken, welche die größte Resonanz beim Publikum und bei den Zeitgenossen finden. *Erasmus* ist zugleich ein umstrittenes Buch, in dem Zweig konsequent auf seinem humanistisch-pazifistischen Standpunkt beharrt (→ V.6 HUMANITÄT UND HUMANISMUS). Im Gegensatz zu vielen seiner Freunde und Schriftstellerkollegen verzichtet er in seinen Äußerungen gegen den Faschismus auf direkte Polemik, die auf die realpolitischen Umstände Bezug nimmt, und er weigert sich, öffentlich zum politischen Geschehen Stellung zu beziehen. Das Spektrum der Reaktionen auf Zweigs ‚erasmische' Haltung ist sehr breit: sie reichen von uneingeschränkter Bewunderung über eine differenzierte Auseinandersetzung bis hin zu scharfer Kritik und Persiflage. Raoul Auernheimer und Hermann Hesse beispielsweise gehören zu denjenigen, die *Erasmus* hoch schätzen. In einem Brief vom 3. August 1934 beschreibt Auernheimer den *Erasmus* als ein Werk, das „in außerordentlicher Zeit außerordentlich bewegt u. beschäftigt hat." (Auernheimer/Zweig 1983, S. 112) Am Buch lobt er in erster Linie das Erzählprinzip des Kontrapunkts, seine tröstende Wirkung und den Erkenntnisgewinn mit Blick auf die gegenwärtige historische Lage. Die Darstellung des Antagonismus zwischen Luther und Erasmus scheint ihm „zum Allerbesten" in Zweigs Schaffen zu gehören (S. 112). „Der Ausklang", so Auernheimer, „ist schön und tröstlich, was mehr als eine Leistung[,] nämlich eine sittliche Tat ist in einer trostlosen Zeit, die so sehr des Trostes bedarf." (S. 112) Auernheimer erkennt in Zweig außerdem „ein ungemeines Verständnis für den Nationalsocialismus, so weit man ihn überhaupt verstehen kann, [...] zumal durch seine Zurückführung auf die Wurzeln des Luthertums. [...] Alles in allem ist dieser Erasmus für Sie, was die Jeanne d'Arc für Anatole France war/: der *auch* ein Erasmus war:/; er ist *Ihre* Jungfrau von Orleans." (S. 112, Herv. i. O.) Auch Joseph Roth, der Zweig in diesen Jahren politisch wiederholt scharf kritisiert, findet anerkennende Worte für Erasmus: „Das ist das nobelste Buch, das Sie je geschrieben haben. Das ist die Biographie Ihres Spiegelbildes – und ich gratuliere Ihnen zu Ihrem Spiegelbild. [...] Ihre Sprache, die einfachste und exakteste, die ich bei Ihnen kenne. [...] Spiritualisierte Geschichte." (Roth/Zweig 2011, S. 207)

In einer lobenden Besprechung von 1935 greift Hesse das Thema der Gegenüberstellung von Erasmus und Luther auf, vertritt jedoch die These, dass „[d]er eigentliche Gegenpart des klugen Gelehrten [...], des Verkünders einer Lehre des Friedens und der Menschlichkeit, nicht Luther [war], sondern der nicht minder kluge Machiavelli, der Rationalist und Theoretiker der Machtpolitik" (Hesse/Zweig 2006, S. 147). Aus der Gegenüberstellung der beiden leite Zweig den Schluss ab, „daß allen Kriegen und allen Triumphen der Machtpolitik zum Trotz das Ideal einer übernationalen Gerechtigkeit und einer ‚Vermenschlichung der Menschheit' immer wieder lebendig ist und als geistige Gegenkraft an der Erziehung der Menschheit mitwirkt" (S. 147).

In vielen Stellungnahmen mischen sich Lob und heftige Kritik. Romain Rolland bewundert die *Erasmus*-Biografie, kritisiert jedoch zugleich den elitären Charakter von Zweigs Position. Obwohl der französische Schriftsteller mit seinem Essay *Audessus de la mêlée* (1915) das Programm für das Erasmus-Buch formuliert hat, vertritt er im Kampf gegen NS-Deutschland eine Position, die keineswegs im Sinne des Zweig'schen Erasmus ist: „‚Delenda est Carthago' – ‚der Hitlerismus muss zerstört werden.'" (Rolland/Zweig 1987, S. 719) Schärfere Töne sind bei Klaus Mann zu finden. Er notiert nach der Lektüre am 25. Juli 1934 in seinem Tagebuch: „Stets: der etwas zweitklassige Glanz seines Stils. Sehr grosse Intelligenz. Oft sehr deutliche Rechtfertigungsversuche der eigenen schwankenden Haltung – durch Verklärung (kritische, dezente Verklärung) des Erasmus." (Zit. n. Weinzierl 1992, S. 102, Herv. i. O.) Irritiert ist auch Thomas Mann, vor allem über die Analogie von Luther und Hitler, die er im Text zu erkennen meint (vgl. Weinzierl 1992, S. 103). Gleich nach der Veröffentlichung des Erasmus-Buches wollen Thomas und Klaus Mann gemeinsam eine negative Rezension veröffentlichen. Allerdings: Im Vorfeld eines bevorstehenden Besuches von Stefan Zweig am 6. August 1934 in Zürich liest Thomas Mann die Biografie erneut, änderte infolgedessen seine Meinung und erkennt die Verdienste des Buches an (vgl. Mann/Zweig 2016, S. 215–246).

Die heftigsten Attacken gegen das Buch kommen nicht aus dem bürgerlichen, sondern aus dem marxistischen Lager. In einem Kommentar mit dem ironischen Titel *Der Erasmus von Wien* behauptet Ludwig Marcuse: „Man kann nicht des Erasmus Lob der Neutralität wiederholen – und zugleich seinen Glauben an die kulturfördernde Wirkung dieser Neutralität (mit Recht!) belächeln." (Zit. n. Weinzierl 1992, S. 105) Zu Zweig fügt er hinzu: „Er hat nicht mehr das gute Gewissen des Erasmus. Er hat, ein Zwiespältiger, nicht mehr die erasmische Unschuld im Schweben über den Parteien." (S. 106) Als Beispiel für eine Persiflage des *Erasmus* kann ein Gedicht von Benno Geiger, *Stefan, der Wohltäter* (1935), angeführt werden, welches die eben

2. Rezeption in den Exiljahren (1934–1942)

angesprochene Identifikation des Autors mit seiner Gestalt aufs Korn nimmt (vgl. Weinzierl 2015, S. 182f.).

Wie Zweigs *Erasmus* gehört auch die im April 1935 fertiggestellte und beim Wiener Reichner Verlag erschienene Biografie *Maria Stuart* zu jenen Werken, die ab 1936 in NS-Deutschland verboten sind, dafür aber einen großen internationalen Erfolg verzeichnen können. In Amerika schafft es das Buch an die Spitze der Bestsellerliste (vgl. das umfangreiche Verzeichnis der amerikanischen Rezensionen in Klawiter 1991, S. 764f.). Als Hesse das Buch bekommt, fühlt er sich von ihm stark angezogen und liest es zusammen mit seiner Frau (vgl. Hesse/Zweig 2006, S. 149). In einem Brief an Stefan Zweig vom 25. Mai 1935 beschreibt auch Klaus Mann die Lektüre als „ein[en] groß[en] Genuß" und stellt das Werk, das er „von der ersten bis zur letzten Zeile gespannt" gelesen habe, in eine Reihe mit den anderen Biografien des Autors:

> Welche große Gelegenheit hat Ihr psychologisches und Ihr dramatisches Genie an diesem großen und ewig rührenden Stoff, sich zu bewähren. Und das tat es aufs glanzvollste. Das Buch […] belehrt, spannt, erregt und vertieft unsere Kenntnis eines ganzen historischen Abschnittes; es ist sowohl schwungvoll als gerecht, es ist unterhaltend wie der beste Roman […]. Es ist ein im stärksten Sinn des Wortes geglücktes Buch […]. (K. Mann 1975, S. 216)

In den Reaktionen auf das Werk werden Fragen wie die nach der der Biografie zugrundeliegenden Methode und nach dem Verhältnis von historischer Wahrheit und dichterischer Fiktion kontrovers diskutiert. So begrüßt Felix Braun Zweigs Hinwendung zu einer direkteren historischen Darstellung als Fortschritt gegenüber seinen früheren Biografien (vgl. Prater 1981, S. 248). Joseph Gregor schätzt hingegen den Umstand, „daß wir es ganz und gar mit einer psychologischen Tragödie zu tun haben, nicht mit einem belehrenden historischen Buch oder gar mit einem Roman." (zit. n. Weinzierl 1992, S. 122) Im Werk erkenne man „das Übergewicht, das die psychologische gegenüber jeder auch nur denkbaren geschichtlichen Motivierung nimmt", was in seinen Augen zu einer gelungenen Synthese von „Dichtung und Geschichte" führe (S. 124).

Zu der Biografie der schottischen Königin äußern sich nicht nur namhafte Schriftsteller und Kritiker, sondern auch englische Historiker. *Maria Stuart* spaltet die Meinung derer, die sich für den historischen Stoff interessieren. Conyers Read kritisiert Zweigs „Anmaßung einer ‚geradezu gottgleichen Einsicht in die Motive und Beweggründe, die hinter den Fakten l[ie]gen'." (Zit. n. Prater 1981, S. 327f.) John Ernest Neale meint hingegen: „Charakter und Psychologie sind durchaus legitime Zeugnisse in der menschlichen Geschichte" (zit. n. Prater 1981, S. 328). Der Historiker bestätigt die Behauptung von Klaus Mann, das Buch habe „den Ernst, die Unvoreingenommenheit, das Gewicht der wirklichen Forschung." (K. Mann 1975, S. 216) J. E. Neale konstatiert, dass „ein Literat, der mit diesen Zeugnissen umzugehen versteht, zu gültigeren Ergebnissen kommt, wie der reine Historiker" (zit. n. Prater 1981, S. 328).

Thomas Mann, der die Konkurrenz-Arbeit von Hans Reisiger kannte, äußerte sich sehr kritisch zu *Maria Stuart*. Hatte er in einem Brief vom 28. August 1934 noch an Zweig geschrieben, dass er „neugierig" auf das Buch sei (Mann/Zweig 2016, S. 79), notiert er in einem Tagebucheintrag vom 24. April 1935: „St. Zweigs ‚Maria Stuart' ist ein untergeordnetes, bei so viel Blut, Leidenschaft und Geschichte triviales Buch, schmalzig geschrieben, mit fortwährenden ordinären Parenthesen. Diese Art Schriftstellerei, die die guten Stoffe verhunzt, ist eine Pest." (S. 80)

Nach der Fertigstellung von *Maria Stuart* wartet Zweig mit Ungeduld und Nervosität auf die Uraufführung von *Die schweigsame Frau* in Dresden im Juni 1935. Die ersten Reaktionen auf die Oper sind offensichtlich von den Ereignissen überschattet, die im Vorfeld der Uraufführung stattgefunden haben (→ III.2.11 Die schweigsame Frau). Während sich Richard Strauss und Katharina Kippenberg auf die künstlerischen Aspekte der Vorstellung konzentrieren und einen „große[n] Erfolg" melden (Strauss/Zweig 2018, S. 15; Zweig, Br IV, S. 521), gehen die Journalisten und Kritiker der gleichgeschalteten Presse vorrangig auf die Musik von Strauss ein und beachten das Libretto des jüdischen Autors Zweig kaum oder gar nicht. Katharina Kippenberg berichtet von einem vollen Haus, einer festlichen Stimmung und der Anwesenheit von großen Persönlichkeiten, wobei sie Zweigs Text in den Vordergrund ihres Lobes stellt: „Ich empfinde auch in der Oper, was man ja eigentlich nicht sagen darf, mehr mit dem Auge als mit dem Ohr, sehe mehr Spiel, Kostüme, Inszenierung und höre mehr Text als eigentlich kritisch die Musik." (Brief v. 27. Juni 1935, unveröff. Brief; Stefan Zweig Collection, Fredonia) Wie wichtig die politischen Aspekte der Aufführung waren, geht z.B. aus dem Premierenbericht der *Dresdner Neuesten Nachrichten* vom 26. Juni 1935 hervor, in dem es heißt: „Schließlich dankte Dr. Richard Strauß [sic] den Vorrednern für die liebenswürdigen und ehrenden Worte und brachte ein dreifaches Sieg-Heil auf den Führer und Reichskanzler aus, in das alle freudig einstimmten." (N. N., zit. n. Renoldner 1993, S. 117)

In seiner Rezension der Vorstellung in Graz 1936 stellt Ernst Křenek kritisch fest, dass „dem Werk beträchtliche und ermüdende Längen" verblieben (zit. n. Weinzierl 1992, S. 85). Er ist außerdem der Meinung, dass Zweig in der psychologischen Vertiefung der Gestalt der Aminta noch einen Schritt weiter hätte gehen können: „Dadurch hätte diese Figur an menschlicher Teilnahmswürdigkeit und das Stück an Handlung gewonnen." (S. 85) Mit Blick auf das Potenzial der Oper weist er schließlich auf eine wichtige Parallele hin, die vor allem das Finale betrifft: „Ein Vergleich mit dem ähnlich disponierten, ebenfalls aus kalter Hitze erzeugten ‚Falstaff' Verdis würde zeigen, welche Möglichkeiten hier unverwirklicht geblieben sind." (S. 85; vgl. Zweig, Br IV, S. 127) Lavinia Mazzucchetti berichtet über den „blassen Erfolg" der Aufführung an der Mailänder Scala im gleichen Jahr. Sie fügt hinzu, dass sich Zweig wegen seiner Lage als Exilierter weder über die Darstellung noch über die positiven Reaktionen in der Presse freuen konnte oder wollte (vgl. Mazzucchetti 1966, S. 139).

Als Stefan Zweig mit *Castellio gegen Calvin oder Ein Gewissen gegen die Gewalt* (1936) sein Manifest gegen Fanatismus und Intoleranz verfasst (→ V.5 Toleranz und Fanatismus), löst das Buch heftige Proteste bei den Schweizer Protestanten aus (vgl. Beck 2007, S. 241 f.) und erntet auch die Kritik etlicher Schriftstellerkollegen, die sich zuvor schon zu *Erasmus* skeptisch geäußert hatten. Die Zustimmung überwiegt jedoch bei weitem. In einem Brief vom 25. Mai 1936 wiederholt Raoul Auernheimer das Lob, dass er dem *Erasmus* gespendet hatte, für die Castellio-Biografie: „Ich finde das Buch so schön wie lehrreich u. habe es in allen seinen Teilen mit Anteil u. Ergriffenheit, aber auch mit artistischer Freude an der meisterhaften Sicherheit des Aufbaus u. an der großen Kunst, mit der Sie die angeschlagenen Motive gegeneinanderspielen, gelesen. Auch seine Zeitbezüglichkeit ist außerordentlich" (Auernheimer/Zweig 1983, S. 115). Ähnlich wie in seinem Brief über den *Erasmus* hebt er den „tröstlichen Ausklang" hervor und vergleicht Zweigs Erzählkunst mit der musikalischen Kompositionsmethode: „Das Wort Ausklang kehrt hier zu seiner Urbedeutung zurück; denn es

2. Rezeption in den Exiljahren (1934–1942)

ist wirklich wie in einem symphonisch komponierten Musikstück, wo schließlich die Umkehrung des Grundmotivs die kunstvolle Thematik geistreich u. doch überzeugend, jedenfalls aber befreiend beendet." (S. 115) Vier Tage später akzentuiert Joseph Roth dieses Lob, indem er die Castellio-Biografie über das Erasmus-Buch stellt: „Ich glaube wirklich, daß es [i. e. das Castellio-Buch] Endgültiges sagt über den Aspekt, den die Menschheit heute bietet und über das latent Gute und Böse, aus dem sie sich zusammensetzt. Es ist Ihnen klarer gelungen, als im Erasmus." (Roth/Zweig 2011, S. 317) Auch in der sprachlichen Gestaltung stellt Roth einen Fortschritt gegenüber dem *Erasmus* fest: „Es gibt auch keinen Metaphernballast. Ihre Sprache ist kräftiger und ‚lateinischer' geworden." (S. 317f.) In seinen Augen verhält sich *Erasmus* zu *Castellio* „wie eine Idylle zur Tragödie." (S. 318) Am *Castellio* zeige sich die „Deutlichkeit" von Zweigs „religöse[r] Grund-Natur. Denn Sie sagen jetzt: Humanität, Gewissen – mit einem anderen, einem sonoren Unterton, nicht, wie früher – Gewissen und Humanität sind schon beinahe Gnade." (S. 318) Roth resümiert: „In diesem Sinne und in sprachlicher Beziehung ist es ganz gewiß das reifste und bescheidenste Ihrer Bücher." (S. 318)

Thomas Mann singt eine wahre Lobeshymne auf die Biografie:

> [S]o eifrig und ganz in Banden geschlagen von der Materie und ihrer Gestaltung habe ich lange kein Buch mehr gelesen wie Ihren Castellio! Es ist eine Sensation, tief erregend, allen Abscheu und alle Sympathie des Tages auf ein historisches Objekt sammelnd, welches lehrt: Es ist immer dasselbe. Das ist trostlos und tröstlich zugleich. Ich wußte garnichts von Castellio, bin wahrhaft erfreut von seiner Bekanntschaft und habe eine neue Freundschaft, zurück in der Zeit, geschlossen. (Mann/Zweig 2016, S. 89)

Im Tagebuch relativiert er dieses überschwängliche Lob allerdings und urteilt am 24. Mai 1936: „[S]tofflich interessant aber dabei fade und subaltern wie gewöhnlich" (S. 90). Am Tag darauf fügt er hinzu, dass das Buch zwar „ordinär geschriebe[n]", „aber packen[d]" sei (S. 90).

Mit der Legende *Der begrabene Leuchter*, die zunächst 1936 zusammen mit Zweigs anderen Legenden in der Sammlung *Kaleidoskop* und 1937 als eigener Band im Reichner Verlag erscheint, greift Zweig nach einem Intervall von fast 20 Jahren die Thematik des Judentums wieder auf. Aus dem Brief an Lavinia Mazzucchetti vom 8. Oktober 1936, in dem Zweig erklärt, was ihn bei der Arbeit an der Legende fasziniert hatte, lässt sich ableiten, dass sich seine Übersetzerin zuvor kritisch zum *Begrabenen Leuchter* geäußert hatte (vgl. Zweig, Br IV, S. 169). Erwin Rieger kommentiert den Band in der *Neuen Freien Presse* vom 3. Oktober 1937 mit enthusiastischen Worten: „[A]bermals besticht die tiefe Grundidee, die den heiligen Leuchter – die Menorah – nach langer, ereignisreicher Wanderschaft durch die Länder endlich in der Heimaterde Ruhe finden läßt, ergreift das Symbolhafte solchen Vorganges, nimmt uns die Zweigsche Diktion, die in farbentrunkenen Schilderungen glänzt, in oft kühnen rhetorischen Bildern funkelt, sogleich gefangen und reißt uns alsbald mit." (Rieger 1937, S. 34)

Die jüdische Legende ist „dem Freund Schalom Asch" gewidmet. Sie nimmt, wie Mark H. Gelber vermutet, in Stefan Zweigs Dialog mit Schalom Asch und Joseph Leftwich über Zionismus und Judentum einen zentralen Stellenwert ein (vgl. Gelber 2014, S. 176–194). Gelber bezeichnet den Text als „einen literarischen Ort für Zweigs fortlaufende Konstruktionen seines jüdischen Selbst Mitte der 1930er Jahre" (S. 177). Die Besinnung auf die jüdische Tradition bedeutet für viele Juden, die in dieser Zeit aufgrund der rassistischen NS-Politik verfolgt werden, die Stärkung des Gefühls der

Zusammengehörigkeit – ganz nach den Absichten des Autors, der am 7. Mai 1936 an Joseph Roth geschrieben hatte: „Ich kann nur Dinge jetzt schreiben, die Bezug haben auf die Zeit und von denen etwas Bestärkendes ausgeht trotz der tragischen Anschauung." (Zweig, Br IV, S. 161)

Im Jahr 1937 erscheinen fast gleichzeitig die *Magellan*-Biografie und die Essay-Sammlung *Begegnungen mit Menschen, Büchern, Städten*, beide wie ihre Vorgänger beim Wiener Reichner Verlag. Am 14. November 1937 gratuliert Thomas Mann Stefan Zweig zur Veröffentlichung der Essays mit den Worten: „[P]rächtig und reich ist der neue Band" (Mann/Zweig 2016, S. 95). Klaus Mann bezeichnet das Buch als eine „ideale Lektüre", er erklärt ausführlich, warum es ihm eine „besondere Freude" bereitet habe: „Jeden Abend finde ich in dem Band irgendetwas, was mir früher einmal schon viel bedeutet hat und mir nun wieder gefällt – wie den prachtvollen Rimbaud-Aufsatz, oder die liebevolle Studie über Masereel, oder die über Bruno Walter –, oder ich entdecke Dinge, die ich noch gar nicht kannte, wie die Essays über Renan und Sainte Beuve, die ich beide mit wirklichem Genuß jetzt gelesen habe." (K. Mann 1975, S. 324) Und er kommt zum Schluß: „[S]eit der ‚Berührung der Sphären' hat mir kein anderes Essay-Buch mehr so viel Freude gemacht wie Ihre ‚Begegnungen'." (S. 325)

Anlässlich der Veröffentlichung von *Magellan* stellt Felix Salten in einem unveröffentlichten Brief vom 5. Januar 1938 den Roman als Krönung von Zweigs Gesamtwerk hin. Er würdigt besonders die Werke des Exils und hebt den Autor in den Rang eines Klassikers zu Lebzeiten:

Wenn es Dichter und Schriftsteller gibt, die ihre Leser vorwärts und höher bringen, dann sind Sie einer der hervorragendsten dieser kostbaren Gattung. Sie haben mit Ihrem Erasmus, Ihrem Castellio und jetzt mit dem Magellan meinen historischen Blick erweitert, mit Heilung durch den Geist und Baumeister der Welt mein geistiges Erfassen geschärft, mit der Stuart, der Marie Antoinette und dem Fouché ebenso wie mit Ihren eigenen Dichtungen alles erfüllt, was seit Hofmannsthal kein anderer Zeitgenosse derart restlos mir erfüllen konnte. (Salten, zit. n. Auernheimer/Zweig 1983, S. 222)

Für das Buch erntet Zweig viel Lob von den Zeitgenossen. Der Theaterwissenschaftler und Schriftsteller Joseph Gregor vergleicht Zweigs „großzügige Gestaltung" des Werks mit dem, was ihm „als Ziel vorschwebt", und gratuliert dem Freund „zu dieser Meisterschaft, die die Dinge *sieht*, und aus dem Sehen schöpft." (Gregor/Zweig 1991, S. 309, Herv. i. O.) Romain Rolland erblickt in der Darstellung des tragischen Schicksals des Protagonisten die Stärke der Biografie, wie er Zweig am 30. November 1937 schreibt: „Ich habe Ihren ‚Magellan' gelesen. Er ist aus der Galerie Ihrer Porträts das uns am wenigsten bekannte. Aber nicht das am wenigsten tragische. Man muß wohl zu den wirklichen ‚Desperados' gehört haben, um sich in derart schreckliche Abenteuer zu stürzen; und um solche Haufen zusammenzuhalten, war die eiserne Faust Magellan gerade recht. Er hat das undankbarste aller Schicksale erlitten; und man begreift seine verschlossene Härte, durch die ein einziges Mal, am Tage der Entdeckung, die Tränen brechen." (Rolland/Zweig 1987, S. 666) Aus der besonderen Geschichte von Magellan zieht Rolland den Schluss: „Man wird auch ein weiteres Mal gewahr, wie der Irrtum fast immer der wirksamste Motor aller menschlichen Bemühungen gewesen ist, die zur Eroberung der unbekannten Welt führten." (S. 666) In seiner Anfang 1938 erschienenen Rezension mit dem Titel *Liebesbriefe an das Schicksal* sieht Ernst Weiß im „Lebensroman eines außerordentlich kühnen Mannes" den Ausdruck einer „kühnen Meisterschaft [...], die in ihrer Art unübertrefflich ist." (Weiss 1982, S. 428) In der Biografie über Magellan erkennt Weiß die für Zweig typische Dialektik von Triumph und Tragik: „[S]ein Leben ist ein einziger Mißerfolg in allen Erfolgen. Bis nach seinem Untergang, ja eben durch diesen Untergang hat das Schicksal diesem großen Werber die Antwort erteilt: ein glühendes Ja!" (S. 428) Dieses „Buch für Männer", dieses „Werk für junge Männer" spende Trost in einer erdrückenden Zeit, resümiert Weiß: „Wer das Buch Zweigs gelesen hat, hat neuen Mut gewonnen zum Leben und zum Lieben." (S. 428) Die einzige kritische Stimme in diesem Chor positiver Stellungnahmen ist jene von Ludwig Marcuse. In einer 1938 für die marxistische Zeitschrift *Das Wort* verfassten Rezension stellt Marcuse die angebliche Verbindung von Heldentum und Irrationalismus in Frage. An der Biografie kritisiert der Philosoph „die Gefährlichkeit der Maxime von dem notwendigen Gegensatz zwischen Vernunft und Heldentum", weil er darin eine „Ähnlichkeit mit dem" erkennt, „was heute in Deutschland gelehrt wird: der Primat des Heldischen vor jedem Kultur-Wert." (Marcuse 1989, S. 207) Obwohl sich Marcuse Zweigs guter Absicht bewusst ist, missbilligt er seine „Glorifizierung eines zähen Abenteuers", weil er darin eine gefährliche Nähe „zum pathetischen Heldentum, zum leidenschaftlichen Antihumanismus, zur Freude an der Energie und Zähigkeit als solcher" erkennt (S. 207).

Für *Magellan* und *Begegnungen mit Menschen, Büchern, Städten* findet Hermann Kesten emphatische Worte der Bewunderung. In einem Brief vom 14. Januar 1938 aus Paris charakterisiert er die wesentlichen Züge von Zweigs Erzählkunst und stellt sie als vorbildhaft hin: „Welches geschwinde Vergnügen jedes Mal doch eines Ihrer neuen Bücher ist, wie leicht Sie schreiben, wie freundlich Sie fühlen, wieviel liebenswürdige Begeisterung Sie zu äußern wissen, wie geschickt Sie aufbaun, wie Sie spannen und dekorieren – man muß vom Metier sein, um alle die offenbare[n] K[u]nstgriffe bewundern[d] zu sehn, neidlos Ihre unnachahmliche Zauberei zu schmecken." (Kesten, zit. n. Buchinger 1998, S. 340) Allerdings äußert er sich auch kritisch darüber, dass Zweig Hans Carossa ein Kapitel im Band der *Begegnungen* widmet. Mit Blick auf Carossas mangelnde ästhetische Qualität und dessen Nähe zum Nationalsozialismus folgert Kesten: „[I]ch teile nicht immer Ihren Geschmack und so häufig Ihre Ideale." (S. 340)

2. Die zweite Phase des Exils 1938–1942

Im Exil sind auch einige *Sternstunden* entstanden, von denen manche zuerst in Übersetzung erschienen sind: *Georg Friedrich Händels Auferstehung* (1935), *Die Eroberung von Byzanz* (1936), *Das Genie einer Nacht* (1937/1938), *Flucht in die Unsterblichkeit* (1938 auf Schwedisch), *Das erste Wort über den Ozean* (1938 auf Schwedisch), *Wilson versagt* (1940 auf Englisch) und *Ciceros Tod* (1940 auf Englisch) (→ III.7 STERNSTUNDEN DER MENSCHHEIT).

Nach dem ‚Anschluss' Österreichs und der Auflösung des Reichner Verlags war Zweig gezwungen, für seine deutschsprachigen Veröffentlichungen einen Exilverlag zu suchen. Nun publizierte er vor allem bei Bermann-Fischer in Stockholm (→ VII.3 ZWEIG UND DIE VERLEGER). Nach dem Ausbruch des Krieges werden Zweigs Bücher auch in den besetzten Ländern verboten. Pessimistisch schreibt Zweig im Mai 1940 an Max Herrmann-Neiße in Hinblick auf die verbleibenden Publikationsmöglichkeiten in Europa: „Was soll uns Europa, wenn die freien Länder wie Holland (und schließlich auch die Schweiz) uns verloren sind!" (Zweig, Br IV, S. 275) Je weniger Zweig in deutschsprachigen und europäischen Ländern publizieren kann, desto mehr gewinnen die Übersetzungen seiner Werke in Südamerika und im angelsächsischen Raum an Bedeutung. So wie er sich Mitte der 1930er Jahre auf das englischsprachige Publikum konzentriert (*Maria Stuart*; *Ungeduld des Herzens*), so orientiert er sich nun am nord- und südamerikanischen Markt, wie seine Bücher *Magellan*, *Amerigo* (erstmals 1944) und *Brasilien. Ein Land der Zukunft* (1941) zeigen. Dementsprechend vermehren sich die Besprechungen seiner Werke in anderen Sprachen. Randolph J. Klawiter verzeichnet für *Der begrabene Leuchter* viele Rezensionen in New Yorker Zeitungen und Zeitschriften (vgl. Klawiter 1991, S. 750). Auch die Übersetzungen des Romans *Ungeduld des Herzens* und des *Brasilien*-Buches werden öfter rezensiert als die deutschen Originale (vgl. S. 753, 756).

In *Ungeduld des Herzens* erscheint – wie es im Klappentext des in Stockholm/Amsterdam 1939 erschienenen Romans heißt – „[d]as ganze Bild Oesterreichs aus der Zeit knapp vor dem Krieg von 1914 [...] im Reichtum und in der Noblesse seiner Natur" (Zweig 1939). Schon nach der Lektüre der ersten Manuskripthälfte hatte sich Walter Landauer, Lektor für deutschsprachige Literatur bei Allert de Lange in Amsterdam, in einem Brief vom 18. August 1938 von dem Buch begeistert gezeigt und es sowohl inhaltlich als auch formal in hohen Tönen gelobt: „Von Anfang an scheint mir jede Figur und jede Szene besonders geglückt. Von dem Moment an von dem der junge Leutnant in das Haus Kekesfalva's kommt, geht eine beinahe unheimliche Suggestion von allem aus. [D]er große Höhepunkt dieses Teils ist die Geschichte von Kekesfalva. Diese Lebensgeschichte [...] ist mir das schönste was ich kenne" (Landauer, zit. n. Buchinger 1998, S. 338). Auch Romain Rolland spricht von einem „ausgezeichnete[n] Roman, kraftvoll bis zum Übermaß", auch wenn er hinzufügt: „[I]ch glaube, daß er, um die Hälfte gekürzt, noch ergreifender wäre" (Rolland/Zweig 1987, S. 693). Für ihn ist die Geschichte von Kekesfalva gleichsam ein Roman im Roman. Rolland lobt den epischen Atem des Textes, der mit jenem von Balzac zu vergleichen sei, und hält den alten Kekesfalva und die kranke Tochter für Gestalten „von einer Wahrhaftigkeit, die erschauern läßt" (S. 693). Lediglich im erzählenden Helden sieht Rolland „Anlaß zur Kritik: einmal, weil er sich der gefährlichen Rolle, die er bei dem jungen Mädchen spielt, und der Leidenschaft, die er entfacht, so ganz und gar unbewußt ist – zum andern und vor allem wegen der Form [...], nämlich eines von ihm gegebenen Berichtes von vierhundert Seiten." (S. 693) Dem Chor der positiven Reaktionen schließt sich Zweigs langjähriger Freund Ernst Weiß nicht an. Er quittiert den Roman mit dem lapidaren Urteil „lauter Lesefrüchte" (zit. n. Prater 1981, S. 372), außerdem glaubt er darin eine der Gestalten aus seinem eigenen Roman *Der Verführer* wiederzuerkennen.

Die englische Übersetzung des Romans ist einer von Zweigs größten Publikumserfolgen in England und in den Vereinigten Staaten. Ganz anders die Situation in Italien. Lavinia Mazzucchetti prognostiziert, dass die Zensur einer Veröffentlichung in Italien nicht zustimmen würde. Zwar vermutet sie in einem Gutachten für den Verlag Mondadori, dass der „immer wieder unterbrochene[ ]" Roman eine große Resonanz beim Publikum und bei der Kritik finden würde, empfiehlt ihn allerdings nicht für eine Übersetzung – nicht „unter diesen klimatischen Bedingungen" (zit. n. Albonetti 1994, S. 387f.). Mit Ironie weist sie auf das gespannte politische Klima hin, das auch

2. Rezeption in den Exiljahren (1934–1942)

in Italien zum Erlass von Rassengesetzen und zum Verbot jüdischer Autoren führen sollte. Sie nennt zwei Gründe dafür, warum der Roman von der Zensur nicht akzeptiert werden würde: Der erste ist der Selbstmord der weiblichen Protagonistin am Schluss; der zweite liegt darin, dass sich der reiche ungarische Unternehmer im Laufe der Handlung als kleiner jüdischer Vermittler aus Wien entpuppt, der das Vertrauen einer reichen Erbin missbraucht hat, um sich zu bereichern. Sie resümiert: „Nichts für unsere Zeiten" (S. 388). Zweigs Roman wird in der Tat erst nach dem Zweiten Weltkrieg mit dem Titel *Felicità proibita* bei Sperling & Kupfer in Mailand erscheinen (→ VI.5.1 REZEPTION: ROMANISCHE LÄNDER IN EUROPA).

In Brasilien löste Zweigs Buch *Brasilien. Ein Land der Zukunft* eine heftige Kontroverse aus (vgl. Thimann 1989). Während es auf der einen Seite wegen seines positiven Brasilienbildes eine begeisterte Leserschaft im Land fand, wurde andererseits spekuliert, ob es sich nicht gerade deshalb um ein Propagandawerk im Auftrag des Diktators Getúlio Vargas handle (vgl. Dines 2009, S. 167f.). Alberto Dines hat die unterschiedlichen Reaktionen der brasilianischen Presse gesammelt und kommentiert. Im *Jornal do Brasil* wird das Buch als „ein glücklicher Meilenstein in der Literatur" bezeichnet (zit. n. S. 166). Der bekannte Journalist Pedro da Costa Rego disqualifiziert Zweig als „Modeschriftsteller" (zit. n. S. 168), weil er sich bekannter Stereotype bediene. In einem anderen Artikel wird suggeriert, Zweig habe „ein Faible für die ‚Millionen'" (S. 169), sei als Jude außerdem ein Fremder, der nicht über Brasilien urteilen dürfe. Eloy Pontes nennt Zweig in *O Globo* am 6. August 1941 einen „sentimentalen Touristen" und verspottet ihn als „einen der bedeutendsten internationalen Journalisten" (zit. n. S. 170). Carlos Maul greift Zweig wegen seiner chauvinistischen Haltung an, die Brasilien im Ausland schlecht mache (vgl. S. 173).

Zu den positiven Stimmen gehören die Artikel im *Jornal de Commercio*. Am 10. August 1941 wird Zweigs „Einfühlungsvermögen in die Seele des brasilianischen Volkes" und seine Objektivität gelobt (S. 177). Der Soziologe und Journalist Odorico Pires Pinto verteidigt Zweig und charakterisiert das *Brasilien*-Buch als „‚eine patriotische Anthologie über das brasilianische Land'" (S. 182). Auch Newton Braga ist vom Buch fasziniert, wenngleich er Zweigs Lobgesang auf Brasilien für übertrieben hält (S. 183). Dieser war über die negativen Reaktionen verbittert (vgl. auch Dines 2006, S. 425–501).

3. Fazit und Ausblick

Die unmittelbaren Reaktionen auf Zweigs Exilwerke sind maßgeblich von den Machtkämpfen in den Lagern der emigrierten Schriftsteller um das symbolische Kapital der moralischen Legitimität beeinflusst. Zweigs Kritiker stellen die in seinen Büchern propagierte ‚erasmische Haltung' in Frage und akzeptieren sie nicht als die richtige Form des Widerstands gegen den Nationalsozialismus. Mit anderen Worten: Zweig wird wegen seiner Position der ‚Mitte' unter Ideologie-Verdacht gestellt. Auf der anderen Seite erkennen viele Autoren, dass Zweigs Werke – gerade in einer oft als tragisch oder aussichtslos erscheinenden Lage wie jener der Emigration – Trost spenden können. Die Castellio-Biografie oder *Der begrabene Leuchter* erscheinen als hervorragende Beispiele für die tröstende Wirkung, die vom Autor ausdrücklich beabsichtigt war.

Die Rezeption von Zweigs Exilwerk ist außerdem von der Debatte um seinen Rang als Schriftsteller beherrscht. Mit den Biografien über Erasmus, Castellio und

Maria Stuart konsolidiert Zweig den Erfolg und setzt ihn fort, wie er ihn bis 1934 mit den Novellen, den ersten biografischen Studien, den drei Bänden der *Baumeister der Welt* sowie den *Sternstunden* geerntet hatte. Um 1930 ist Stefan Zweig, zusammen mit Thomas Mann, einer der meistübersetzten deutschsprachigen Autoren. Seine Bewunderer fühlen sich daher berechtigt, ihm schon zu Lebzeiten den Status eines Klassikers der Moderne zuzuerkennen. Gleichzeitig degradieren ihn namhafte Zeitgenossen wie Robert Musil oder Klaus und Thomas Mann zu einem Schriftsteller zweiten Ranges. Vivian Liska warnt allerdings davor, die bei Ulrich Weinzierl (1992) gesammelten Zeugnisse dieser „negative reception" wörtlich zu nehmen und fordert dazu auf, sie als Ausdruck eines allgemeinen kulturellen Umbruchs zu lesen: „In what Weinzierl calls a ‚spectral mirror image' of Zweig reflected in the critical statements about his life and work in his own times, one can recognize more clearly than in many historical accounts the complexities of nineteenth century liberal humanism in the process of its disintegration." (Liska 2007, S. 204)

Stefan Zweig

Auernheimer, Raoul/Beer-Hofmann, Richard/Zweig, Stefan (1983): The Correspondence of Stefan Zweig with Raoul Auernheimer and with Richard Beer-Hofmann. Hg. v. Jeffrey B. Berlin. Columbia: Camden House.

Gregor, Joseph/Zweig, Stefan (1991): Correspondence 1921–1938. Hg. v. Kenneth Birkin. Dunedin: Otago Univ. Press.

Hesse, Hermann/Zweig, Stefan (2006): Briefwechsel. Hg. v. Volker Michels. Frankfurt a.M.: Suhrkamp.

Mann, Thomas/Zweig, Stefan (2016): Briefwechsel, Dokumente und Schnittpunkte. Hg. v. Katrin Bedenig u. Franz Zeder. Frankfurt a.M.: Vittorio Klostermann.

Rolland, Romain/Zweig, Stefan (1987): Briefwechsel 1910–1940. Bd. II: 1924–1940. Berlin: Rütten & Loening.

Roth, Joseph/Zweig, Stefan (2011): „Jede Freundschaft mit mir ist verderblich". Briefwechsel 1927–1938. Hg. v. Madeleine Rietra u. Rainer Joachim Siegel. Mit einem Vorwort v. Heinz Lunzer. Göttingen: Wallstein.

Strauss, Richard/Zweig, Stefan (2018): Correspondence 1931–1936: A New Translation and Critical Edition. Hg. v. Matthew Werley u. Jeffrey B. Berlin. London: Plumbago Books and Arts.

Zweig, Stefan (1939): Ungeduld des Herzens. Roman. Stockholm: Bermann-Fischer/Amsterdam: Allert de Lange.

Zweig, Stefan (1984): Briefe an Freunde. Hg. v. Richard Friedenthal. Frankfurt a.M.: S. Fischer.

Zweig, Stefan (1995): Briefe. Bd. I: 1897–1914. Hg. v. Knut Beck, Jeffrey B. Berlin u. Natascha Weschenbach-Feggeler. Frankfurt a.M.: S. Fischer.

Zweig, Stefan (2000): Briefe. Bd. III: 1920–1931. Hg. v. Knut Beck u. Jeffrey B. Berlin. Frankfurt a.M.: S. Fischer.

Zweig, Stefan (2005): Briefe. Bd. IV: 1932–1942. Hg. v. Knut Beck u. Jeffrey B. Berlin. Frankfurt a.M.: S. Fischer.

Weitere Literatur

Albonetti, Pietro (Hg.) (1994): Non c'è tutto nei romanzi. Leggere romanzi stranieri in una casa editrice negli anni '30. Milano: Fondazione Arnoldo e Alberto Mondadori.

Beck, Knut (2007³): Nachbemerkung des Herausgebers. In: Zweig, Stefan: Castellio gegen Calvin oder Ein Gewissen gegen die Gewalt. GWE. Hg. v. Knut Beck. Frankfurt a.M.: S. Fischer, S. 231–245.

Buchinger, Susanne (1998): Stefan Zweig – Schriftsteller und literarischer Agent. Die Beziehungen zu seinen deutschsprachigen Verlegern (1901–1942). Frankfurt a.M.: Buchhändler-Vereinigung.
Dines, Alberto (2006): Tod im Paradies. Die Tragödie des Stefan Zweig. Frankfurt a.M. u.a.: Edition Büchergilde.
Dines, Alberto (2009): Stefan Zweig. No país do futuro. A biografia de um livro. Stefan Zweig im Land der Zukunft. Die Biografie eines Buches. Rio de Janeiro: Fundação Biblioteca Nacional.
Gelber, Mark H. (2014): Stefan Zweig, Judentum und Zionismus. Innsbruck u.a.: StudienVerlag.
Klawiter, Randolph J. (1991): Stefan Zweig. An International Bibliography. Riverside: Ariadne Press.
Liska, Vivian (2007): A Spectral Mirror Image. Stefan Zweig and his Critics. In: Gelber, Mark H. (Hg.): Stefan Zweig Reconsidered. New Perspectives on his Literary and Biographical Writings. Tübingen: Niemeyer, S. 203–218.
Mann, Klaus (1975): Briefe und Antworten. Hg. v. Martin Gregor-Dellin. Bd. 1: 1922–1937. München: Ellermann.
Marcuse, Ludwig (1934): Erasmus von Wien. In: Das Neue Tage-Buch 2/1934, S. 788–789.
Marcuse, Ludwig (1989): Stefan Zweig. *Magellan*. In: Lamping, Dieter (Hg.): Wie alt kann Aktuelles sein? Literarische Porträts und Kritiken. Zürich: Diogenes, S. 205–207.
Mazzucchetti, Lavinia (1966): Richard Strauss e Stefan Zweig. In: Dies.: Cronache e saggi. A cura di Eva e Luigi Rognoni. Milano: Il Saggiatore, S. 111–145.
Prater, Donald A. (1981): Stefan Zweig. Das Leben eines Ungeduldigen. München, Wien: Hanser.
Ren, Guoqiang (1996): Am Ende der Mißachtung? Studie über die Stefan-Zweig-Rezeption in der deutschen Literaturwissenschaft nach 1945. Aachen: Shaker.
Renoldner, Klemens/Holl, Hildemar/Karlhuber, Peter (Hg.) (1993): Stefan Zweig. Bilder, Texte, Dokumente. Salzburg u.a.: Residenz.
Rieger, Erwin (1937): Stefan Zweig: Der begrabene Leuchter. In: Neue Freie Presse, 3.10.1937, S. 34.
Thimann, Susanne (1989): Brasilien als Rezipient deutschsprachiger Prosa des 20. Jahrhunderts. Bestandsaufnahme und Darstellung am Beispiel der Rezeptionen Thomas Manns, Stefan Zweigs und Hermann Hesses. Frankfurt a.M. u.a.: Lang.
Weinzierl, Ulrich (Hg.) (1992): Stefan Zweig – Triumph und Tragik. Aufsätze, Tagebuchnotizen, Briefe. Frankfurt a.M.: S. Fischer.
Weinzierl, Ulrich (2015): Stefan Zweigs brennendes Geheimnis. Wien: Zsolnay.
Weiß, Ernst (1982): Liebesbriefe an das Schicksal. Zu Stefan Zweigs *Magellan*. In: Ders.: Gesammelte Werke. Hg. v. Peter Engel und Volker Michels. Frankfurt a.M.: Suhrkamp, S. 428–430.

3. Rezeption nach 1942

Arnhilt Johanna Höfle

1. Reaktionen auf den Tod Stefan Zweigs – Beispiele bis zu den 1970er Jahren . 802
2. Das Jubiläumsjahr 1981 und die Folgen 804

1. Reaktionen auf den Tod Stefan Zweigs – Beispiele bis zu den 1970er Jahren

Verständlicherweise richtete sich die Aufmerksamkeit nach Zweigs Selbstmord in erster Linie nicht auf sein Werk, sondern auf seine Person und die Beweggründe des Suizids (→ V.10 SUIZID). Die Exilzeitschrift *Aufbau* in New York versammelte in ihrer Gedenkausgabe vom 27. Februar 1942 Beiträge von Lion Feuchtwanger, Bruno Frank, Hermann Kesten, Heinrich Mann, Thomas Mann, Walter Mehring, Alfred Polgar, Berthold Viertel, Lothar Wallerstein und Franz Werfel (vgl. Feuchtwanger 1942).

Nach Ende des Zweiten Weltkriegs meldete sich Friderike Zweig mit mehreren Publikationen zum Leben und Werk ihres verstorbenen Ex-Mannes zu Wort, die seine Rezeption für mehrere Jahrzehnte maßgeblich prägen sollten. Der Band *Stefan Zweig. Wie ich ihn erlebte* (1947) wurde innerhalb weniger Jahre ins Englische, Italienische, Portugiesische, Spanische und Dänische übersetzt. Auf eine von ihr editierte Auswahl aus ihrer Korrespondenz (1951) folgten Anfang der 1960er Jahre eine Bildbiografie (1961) und die Lebenserinnerungen *Spiegelungen des Lebens* (1964). Durch die Publikationen von Donald A. Prater (1981), Gert Kerschbaumer (2003; 2008) und Oliver Matuschek (2006) konnten Fehldeutungen und Verfälschungen korrigiert werden. Unbestreitbar ist die Tatsache, dass Persönlichkeiten aus Friderike Zweigs Freundeskreis in den USA, wie die Literaturwissenschaftler Harry Zohn und Robert Rie, die wissenschaftliche Forschung über Stefan Zweigs Werke in den USA wesentlich beförderten (vgl. Schweik 1981). Ren Guoqiang weist zudem auf die zahlreichen Doktorarbeiten hin, die in den 1950er Jahren entstanden (vgl. Ren 1996, S. 14). Einen guten Überblick über die Situation der deutschsprachigen Wirkungsgeschichte und der Probleme für die Rezeption von Stefan Zweigs Werk nach 1945 gibt Susanne Buchinger, die auch auf die Rolle des in London lebenden Verlegers Kurt L. Maschler ausführlich eingeht (vgl. Buchinger 1999). Für die frühe postume Rezeption ist zudem die kontroverse Debatte um Stefan Zweigs Nachlass von Bedeutung (→ VII.4 NACHLASS). Während Richard Friedenthal per Testament als Nachlassverwalter eingesetzt wurde, fühlte sich der in Rio lebende Autor Victor Wittkowski irrtümlich von Zweig beauftragt, die nachgelassenen Manuskripte zu betreuen (dazu ausführlich Buchinger 1999).

Die erste Phase der Zweig-Rezeption nach 1942 wurde wesentlich von der Beschäftigung mit seinen letzten beiden vollendeten Werken geprägt. *Die Welt von Gestern* und *Schachnovelle* (beide 1942) hatte Zweig vor seinem Tod noch selbst an seine Verleger geschickt. Seine Erinnerungen erschienen 1942 bei Bermann-Fischer in Stockholm, wo 1943 auch seine letzte Novelle publiziert wurde. Die *Schachnovelle* war zuvor schon 1942 in einem Privatdruck in Buenos Aires in deutscher Sprache erschienen. 1943 gab Bermann-Fischer in Stockholm neben einer erweiterten Ausgabe der *Sternstunden der Menschheit* (zuerst 1927) mit zwölf historischen Miniaturen einen Band gesammelter

Aufsätze und Vorträge aus den Jahren 1904 bis 1940 unter dem Titel *Zeit und Welt* heraus. Ein Jahr später und insgesamt drei Jahre nach der amerikanischen Erstauflage erschien der historische Roman *Amerigo. Die Geschichte eines historischen Irrtums* (erstmals 1944). Der Nachlassverwalter Richard Friedenthal arbeitete unter teils sehr schwierigen Bedingungen noch während des Krieges an Zweigs hinterlassenem *Balzac*-Manuskript. Das Werk erschien 1946 in Stockholm.

Für die Leser in den deutschsprachigen Ländern standen Zweigs Werke nach 1945 erst nach und nach wieder zur Verfügung. Friedenthal veröffentlichte in Auswahl eine erste *Werkausgabe in Einzelbänden*. Im amerikanisch besetzten Teil Österreichs waren noch einige amerikanische Ausgaben im Umlauf (vgl. Kerschbaumer 2003, S. 461). Deutsche Erstausgaben der im Exil erschienenen Werke waren im Buchhandel lange nicht erhältlich. Die Neuauflagen erschienen noch bei Zweigs Exilverlag Bermann-Fischer. Klaus Zelewitz merkt außerdem an, dass Zweig nach dem Zweiten Weltkrieg als *persona non grata* galt. Er macht dafür die politischen Gegebenheiten im Österreich der Nachkriegsjahre verantwortlich; demzufolge sei der Autor lange Zeit nur ein „unbrauchbarer Toter" gewesen (Zelewitz 1991, S. 385).

Unter den ersten Bänden der erfolgreichen Reihe „Fischer Bücherei", in der S. Fischer in Frankfurt günstige Taschenbücher herausgab, befand sich im März 1952 auch Zweigs *Joseph Fouché* (zuerst 1929). Bis Mitte der 1960er Jahre lagen neben den Novellen und Biografien auch Essays, Dramen und Gedichte Zweigs wieder im deutschsprachigen Raum vor.

Die in 1957 Wien auf Initiative von Friderike Zweig und Freunden gegründete Stefan Zweig Gesellschaft versammelte zahlreiche Kollegen des Autors. Ziel war es, die Erinnerungen aus Zweigs Freundes- und Bekanntenkreis zu sammeln und die Auseinandersetzung mit dem Autor anzuregen. Man gab eine unregelmäßig erscheinende Schriftenreihe (*Blätter der Stefan Zweig Gesellschaft*), Sonderpublikationen und mehrere bibliophile Zweig-Ausgaben heraus.

Aus den bereits genannten Umständen ergibt sich, dass auch die literaturwissenschaftliche Auseinandersetzung mit Zweigs Werk nur zögerlich einsetzte. Zu erwähnen sind einzelne Dissertationen, z. B.: Erich Firons *Stefan Zweig als Dramatiker* (1949), Harry Zohns *Stefan Zweig as a Mediator in Modern European Literature* (1951), Karl Roznovskys *Erinnerungsbücher an das alte Österreich. Raoul Auernheimer und Stefan Zweig* (1951), Gerhart Wolffs *Die Geschichte und ihre künstlerische Bewältigung im Werk von Stefan Zweig* (1958), Randolph J. Klawiters *Stefan Zweig's Novellen – An Analysis* (1961) oder Gerd Courts' *Das Problem des unterliegenden Helden in den Dramen Stefan Zweigs* (1962). Eine umfassende Analyse von Zweigs Texten und deren Kanonisierung innerhalb der deutschsprachigen Literaturgeschichte blieben aber aus. Der Grund dafür liegt nicht zuletzt darin, dass Zweigs Werk vor 1981 nur in Auswahlbänden vorlag.

Anstelle einer wissenschaftlichen Untersuchung des Werkes beschäftigte die Germanistik Anfang der 1970er Jahre insbesondere eine Debatte über Zweigs politische Haltung zur Zeit des Nationalsozialismus (vgl. Walter 1970; Matthias 1973). Auch wenn diese bis heute nicht abgeschlossen ist, legen die Biografien von Donald A. Prater (1981), Gert Kerschbaumer (2003), Alberto Dines (2006) und Oliver Matuschek (2006) doch die Problematik ausführlich dar.

Die wissenschaftliche Beschäftigung mit den im Exil entstandenen Werken der deutschsprachigen Literatur setzte erst in den 1970er Jahren ein (vgl. Bischoff 2014).

Bemerkenswert ist die Zweig-Rezeption in der DDR und anderen sozialistischen Ländern wie in Slowenien, der Sowjetunion, China und dem arabischen Raum (vgl. Križman 1993; Nymphius 1996; Ren 1996, S. 10 ff.; Höfle 2017; Hoffmann 2016, 2017; Sohnemann 2018; → VI.5.3 REZEPTION: LATEINAMERIKA, ASIEN, RUSSLAND).

2. Das Jubiläumsjahr 1981 und die Folgen

Die Auseinandersetzung mit Stefan Zweig erhielt durch zahlreiche Publikationen und Aktivitäten rund um seinen 100. Geburtstag eine neue Dynamik. Zwischen 1981 und 1990 gab der Lektor des S. Fischer Verlages Knut Beck die erste, nahezu vollständige, Gesamtausgabe der Werke Zweigs heraus. Als *Gesammelte Werke in Einzelbänden* (GWE) erschienen insgesamt 36 Bände. Neben den bekannten Titeln umfasst diese Ausgabe auch Sammelbände mit bisher nicht in Buchform zugänglichen Aufsätzen, Reden und Essays. Die Sammlung der Novellen wurde ergänzt durch einige fragmentarisch erhaltene Texte. Erstmals publiziert wurden auch die erhaltenen Tagebücher (→ III.15 TAGEBÜCHER). Die im Londoner Nachlass entdeckten Romanfragmente *Rausch der Verwandlung* (erstmals 1982) und *Clarissa* (erstmals 1990) bilden eine ‚Attraktion' der Ausgabe und wurden erstmals für eine breite Leserschaft zugänglich. Lange vergriffene oder über Jahrzehnte nicht mehr herausgegebene Texte, wie *Triumph und Tragik des Erasmus von Rotterdam* (1981), *Magellan* (1983) und *Castellio gegen Calvin* (1987) erschienen genauso wie *Die Heilung durch den Geist* (1982), *Emile Verhaeren* (1984) oder *Romain Rolland* (1987). Nach Thomas Mann und Arthur Schnitzler befand sich Zweig bald unter den drei meistverkauften Autoren des Verlags (vgl. Buchinger 1999, S. 67).

Trotz vieler kritischer Stimmen gegenüber dieser ‚Zweig-Renaissance' signalisierte die Edition der Tagebücher und Romane aus dem Nachlass ein noch nie dagewesenes literaturwissenschaftliches Interesse an Zweig. Mit fast zehn Jahren Verspätung erschien 1981 eine maßgeblich erweiterte Übersetzung der einflussreichen Zweig-Biografie des britischen Literaturwissenschaftlers Donald A. Prater (vgl. Prater 1981). Eine kürzere erste Fassung war bereits 1972 zum 30. Todestag des Schriftstellers in England veröffentlicht worden, ohne jedoch größeres Echo im deutschsprachigen Raum auszulösen (vgl. Prater 1972). 1981 gab der Österreichische Bundesverlag in Wien die Monografie *Stefan Zweig. Freier Geist der Menschlichkeit* (1981) des österreichischen, in den USA lehrenden Germanisten Joseph P. Strelka heraus. Rowohlt legte 1988 eine Biografie Zweigs von Hartmut Müller vor (vgl. Müller 1988) (→ VI.6 DIE BIOGRAFIEN).

1981 fanden an verschiedenen Orten wissenschaftliche Konferenzen statt, so etwa in Österreich, Frankreich, Großbritannien und Israel. Bereits im Frühjahr wurde in Fredonia ein mehrtägiges Symposium abgehalten, das den Titel „The World of Yesterday's Humanist Today" trug. Im umfangreichen Konferenzband erschienen zwei Jahre später für die Zweig-Forschung einschlägige wissenschaftliche Ergebnisse (vgl. Sonnenfeld 1983). Das trifft auch auf die beeindruckende Sammlung von Aufsätzen zu, die in Sondernummern der Periodika *Modern Austrian Literature* (1981) oder *Zirkular* der Dokumentationsstelle für neuere österreichische Literatur (vgl. Lunzer/Renner 1981) erschienen waren. Eine Sammlung an Vorträgen, die auf verschiedenen Symposien des Jahres 1981 gehalten worden waren, führte Mark H. Gelber 1987 in seinem Band *Stefan Zweig heute* zusammen (vgl. Gelber 1987).

3. Rezeption nach 1942

Stefan Zweig

Zweig, Friderike/Zweig, Stefan (1951): Ein Briefwechsel 1912–1942. Hg. v. Friderike Zweig. Bern: Scherz.
Zweig, Friderike/Zweig, Stefan (2006): „Wenn einen Augenblick die Wolken weichen". Briefwechsel 1912–1942. Hg. v. Jeffrey B. Berlin u. Gert Kerschbaumer. Frankfurt a.M.: S. Fischer.
Zweig, Stefan (2013): „Ich wünschte, dass ich Ihnen ein wenig fehlte". Briefe an Lotte Zweig 1934–1940. Hg. v. Oliver Matuschek. Frankfurt a.M.: S. Fischer.

Weitere Literatur

Bischoff, Doerte (2014): Die jüdische Emigration und der Beginn einer (trans-)nationalen Exilforschung: Walter A. Berendsohn. In: Nicolayse, Rainer (Hg.): Auch an der Universität. Über den Beginn von Entrechtung und Vertreibung vor 80 Jahren. Hamburg: Hamburg Univ. Press, S. 53–76.
Buchinger, Susanne (1999): Europäisches Erbe für die Welt von morgen. Stefan Zweig-Rezeption in der Nachkriegszeit. In: Buchhandelsgeschichte 2/1999, Beilage im Börsenblatt für den Deutschen Buchhandel 166/48/18. 6. 1999, S. B57–B68.
Courts, Gerd (1962): Das Problem des unterliegenden Helden in den Dramen Stefan Zweigs. Diss. Univ. Köln.
Dines, Alberto (2006): Tod im Paradies. Die Tragödie des Stefan Zweig. Frankfurt a.M. u.a.: Edition Büchergilde.
Feuchtwanger, Lion u.a. (1942): Stefan Zweig zum Gedächtnis. In: Aufbau 8/9/27. 2. 1942, S. 15–16.
Firon, Erich (1949): Stefan Zweig als Dramatiker. Diss. Univ. Wien.
Gelber, Mark H. (Hg.) (1987): Stefan Zweig heute. New York u.a.: Lang.
Hoffmann, Friedhelm (2016): Bücherschau (arabische Judaika) – mit Anmerkungen zur arabischen Stefan-Zweig-Rezeption. In: Judaica 72/2/2016, S. 302–328.
Hoffmann, Friedhelm (2017): Zur arabischen Stefan-Zweig-Rezeption. In: zweigheft 17/2017, S. 27–34.
Höfle, Arnhilt Johanna (2017): China's Stefan Zweig: The Dynamics of Cross-Cultural Reception. Honolulu: Hawaii Univ. Press.
Kerschbaumer, Gert (2003): Stefan Zweig. Der fliegende Salzburger. Salzburg u.a.: Residenz.
Kerschbaumer, Gert (2008): „Laß uns einmal wie zwei Dichter leben." Der Dämon der Zwietracht in den unverfälschten Ehebriefen. In Birk, Matjaž/Eicher, Thomas (Hg.): Stefan Zweig und das Dämonische. Würzburg: Königshausen & Neumann, S. 128–142.
Klawiter, Randolph J. (1961): Stefan Zweig's Novellen – An Analysis. Diss. Univ. of Michigan.
Križman, Mirko (Hg.) (1993): Humanistika Znanstvena Revija 1/5/1993.
Lunzer, Heinz/Renner, Gerhard (Hg.) (1981): Stefan Zweig 1881/1981. Aufsätze und Dokumente. Wien: Dokumentationsstelle für neuere österreichische Literatur.
Matthias, Klaus (1973): Humanismus in der Zerreißprobe. Stefan Zweig im Exil. In: Durzak, Manfred (Hg.): Die deutsche Exilliteratur. Stuttgart: Reclam, S. 291–311.
Matuschek, Oliver (2006): Stefan Zweig. Drei Leben – Eine Biographie. Frankfurt a.M.: S. Fischer.
Müller, Hartmut (1988): Stefan Zweig. Reinbek b. H.: Rowohlt.
Nymphius, Christian (1996): Die Stefan-Zweig-Rezeption in der UdSSR. Mainz: Liber.
Prater, Donald A. (1972): European of Yesterday. A Biography of Stefan Zweig. Oxford: Clarendon.
Prater, Donald A. (1981): Stefan Zweig. Das Leben eines Ungeduldigen. München, Wien: Hanser.
Ren, Guoqiang (1996): Am Ende der Mißachtung? Studie über die Stefan-Zweig-Rezeption in der deutschen Literaturwissenschaft nach 1945. Aachen: Shaker.

Roznovsky, Karl (1951): Erinnerungsbücher an das alte Österreich. Raoul Auernheimer und Stefan Zweig. Diss. Univ. Wien.
Schweik, Joanne L. (1981): From Europe's „Volcanic Eruption" to Fredonia: The Zweig Collection. In: Modern Austrian Literature 14/3–4/1981, S. 381–384.
Sohnemann, Jasmin (2018): Arnold Zweig und Stefan Zweig in der Zwischenkriegszeit. Frankfurt a.M. u.a.: Lang.
Sonnenfeld, Marion (Hg.) (1983): Stefan Zweig. The World of Yesterday's Humanist Today. Albany: State Univ. of New York Press.
Strelka, Joseph (1981): Stefan Zweig. Freier Geist der Menschlichkeit. Wien: Österreichischer Bundesverlag.
Walter, Hans-Albert (1970): Vom Liberalismus zum Eskapismus. Stefan Zweig im Exil. In: Frankfurter Hefte 25/6/1970, S. 427–437.
Wolff, Gerhart (1958): Die Geschichte und ihre künstlerische Bewältigung im Werk von Stefan Zweig. Diss. Univ. Bonn.
Zelewitz, Klaus (1991): Persona non grata. Stefan Zweig in Österreich nach 1945. In: Holzner, Johann/Scheichl, Sigurd Paul/Wiesmüller, Wolfgang (Hg.): Eine schwierige Heimkehr. Österreichische Literatur im Exil 1938–1945. Innsbruck: Institut für Germanistik, S. 385–392.
Zohn, Harry (1961): Stefan Zweig as a Mediator in Modern European Literature. Diss. Univ. of Cambridge.
Zweig, Friderike Maria (1947): Stefan Zweig. Wie ich ihn erlebte. Stockholm u.a.: Neuer Verlag.
Zweig, Friderike Maria (1961): Stefan Zweig. Eine Bildbiographie. München: Kindler.
Zweig, Friderike Maria (1964): Spiegelungen des Lebens. Lebenserinnerungen. Wien: Deutsch.

4. Rezeption seit 1992

Gregor Thuswaldner

1. Zweig-Forschung USA – Europa 806
2. Wissenschaftliche Konferenzen 1992–2009 807
3. Die Publikationen des Stefan Zweig Centre Salzburg 809
4. Weitere internationale Aktivitäten der Stefan-Zweig-Forschung 811
5. Ausblick 812

1. Zweig-Forschung USA – Europa

Nach dem 100. Geburtstag Stefan Zweigs, der Publikation der *Gesammelten Werke in Einzelbänden* (GWE) bei S. Fischer und den darauffolgenden Veröffentlichungen differenzierte und intensivierte sich die Zweig-Forschung. Bestimmten in den Jahren nach dem Krieg zunächst Berichte und Erinnerungen aus dem Kreis ehemaliger Freunde und Bekannter das Bild von Stefan Zweig, so entstanden ab 1981 wesentliche Untersuchungen zu Biografie und Werk, nun auch von Verfassern ohne persönliches Naheverhältnis. Noch in den 1960er und 1970er Jahren gab es in Österreich und Deutschland nur einige wenige wissenschaftliche Arbeiten zu Zweig. Im Gegensatz dazu entstanden an amerikanischen Universitäten – maßgeblich geprägt von Germanisten, die ihre Wurzeln in Europa hatten oder selbst emigrieren mussten – die wesentlichen Impulse für die Stefan Zweig Forschung. Neben Robert Rie und Harry Zohn sind hier vor allem Randolph J. Klawiter, Donald G. Daviau und Jeffrey B. Berlin zu nennen. Auch der britische Diplomat und Biograf Donald A. Prater war entscheidend an dieser ersten Konjunktur der Zweig-Forschung beteiligt. Das Zweig-Symposion in Fredonia (1981) dokumentiert auf eindrückliche Weise die Vielfältigkeit der US-amerikanischen Germanistik (vgl. Sonnenfeld 1983). In den 1980er und 1990er Jahren verlagert sich der Schwerpunkt der Forschung jedoch zusehends nach Europa – ein Phänomen, das sich analog auch bei anderen Emigranten wie Joseph Roth, Franz Werfel und Hermann Broch, aber auch bei Arthur Schnitzler feststellen lässt. Bemerkenswert ist, dass das Interesse an Zweig bei den amerikanischen Verlagen und an den amerikanischen Universitäten in den Folgejahren deutlich abnimmt.

Ohne Donald A. Praters umfassende Biografie von 1972 (im Original) bzw. 1981 (erweitert und in deutscher Übersetzung) wären auch die folgenden biografischen Arbeiten (Alberto Dines, Serge Niémetz, Gert Kerschbaumer, Hartmut Müller, Thomas Haenel, Dominique Bona, Oliver Matuschek, Ulrich Weinzierl, George Prochnik u.a.) nicht denkbar (→ VI.6 DIE BIOGRAFIEN).

Eine weitere entscheidende Intensivierung der Forschung erfolgte nach Zweigs 50. Todestag: Die Edition der *Gesammelten Werke in Einzelbänden* war abgeschlossen, es folgten zwischen 1995 und 2005 vier Bände mit einer Auswahl aus Zweigs Briefen, der auszugsweise edierte Briefwechsel mit Zweigs erster Frau Friderike (2006), *Stefan and Lotte Zweig's South American Letters* (2010) sowie die von Oliver Matuschek kommentierte Korrespondenz von Lotte und Stefan Zweig (2013c) (→ III.16 BRIEFE). Wie schon im Jahr 1981 gab es auch 1992 und in den Jahren darauf eine Vielzahl von Veranstaltungen zu Leben und Werk des Autors. Neben zahlreichen Einzelpublikationen sowie einigen monografischen Studien, die nun in aller Welt veröffentlicht werden (→ VIII.2 FORSCHUNGSLITERATUR), sind es vor allem internationale wissenschaftliche Konferenzen, die für die Zweig-Forschung der kommenden Jahre prägend sind. Einige von ihnen seien hier mit den entsprechenden Publikationen kurz vorgestellt.

2. Wissenschaftliche Konferenzen 1992–2009

Zum 50. Todestag 1992 wurde in Salzburg eine internationale Stefan Zweig Tagung abgehalten: *Stefan Zweig. Exil und Suche nach dem Weltfrieden* (vgl. Gelber/Zelewitz 1995). Referenten aus 18 Ländern waren im Schloss Leopoldskron versammelt, unter ihnen Harry Zohn, Donald G. Daviau, Donald A. Prater, Alberto Dines, Jacques Le Rider, Jeffrey B. Berlin, Knut Beck u.a. Zweigs brasilianischer Verleger Abrahão Koogan musste seine Teilnahme im letzten Moment absagen. Ein aus heutiger Perspektive bemerkenswerter Vortrag stammt von Volker Michels, der Zweig gegen seine Kritiker verteidigte. Er zitierte einen Journalisten, der Anfang der 1980er Jahre empört von der „unbändigen Schamlosigkeit des S. Fischer Verlages" gesprochen hatte, der „diesen Kitschfabrikanten in Form einer Gesamtausgabe" einem neuen Publikum unterjubeln wolle (Michels 1995, S. 12). Dieses hartnäckige Ressentiment war der Grund, warum Zweigs Œuvre in den 1960er und 1970er Jahren noch nicht besonders populär war. Michels verweist dagegen auf das humanistische Potenzial in Zweigs Werken.

1992 gab es in Salzburg auch eine große Ausstellung mit dem Titel *Stefan Zweig. Für ein Europa des Geistes* (vgl. Renoldner/Holl/Karlhuber 1992). In der von Klemens Renoldner, Peter Karlhuber und Hildemar Holl gemeinsam herausgegebenen Bildbiografie *Stefan Zweig. Bilder, Texte, Dokumente*, die 1993 erschien, wurden neue

Facetten des Autors deutlich. Als „Annäherung an Stefan Zweig" (S. 7) soll der Band, der einen Teil der Ausstellung dokumentierte, verstanden werden, nicht als eine neue Biografie. Wie der Titel nahelegt, bietet die Bildbiografie eine erstaunliche Vielfalt an bisher z. T. nur schwer zugänglichen Fotos, Dokumenten, Briefen, Zeichnungen und Skizzen. Im Nachwort verweist Renoldner auf das ambivalente Verhältnis der Stadt Salzburg zu ihrem berühmtesten Schriftsteller. Die Neuauflagen seiner Bücher in den 1980er Jahren hätten Zweig „zum zweiten Mal [zum] Erfolgsautor" (S. 218) gemacht. Dennoch beklagt Renoldner, dass man eine Reihe von wichtigen Aspekten bislang nicht untersucht habe: „Bis heute ist jedoch seine ‚politische Biographie', seine Bedeutung als Integrationsfigur zwischen den Künstlern und Intellektuellen der Zwischenkriegszeit, nicht ins Bewußtsein der Literaturfreunde gedrungen. Es ist wenig bekannt, daß Stefan Zweig, der sich als unpolitischer Individualist verstand, mit der politischen Lage im Europa jener Jahre bestens vertraut war." (S. 218) Es ist keine Übertreibung zu behaupten, dass der Salzburger Zweig-Kongress von 1992, die Zweig-Ausstellung, der darauffolgende Bildband und eine Vielzahl von Veranstaltungen in ganz Österreich das Interesse an Stefan Zweig neu belebten.

Der Salzburger Konferenz von 1992 folgte 1998 eine weitere Tagung mit dem Titel *Stefan Zweig lebt* (vgl. Schmid-Bortenschlager/Riemer 2000). Die Rezeption Zweigs in Slowenien, Polen, Israel, Russland und China war ebenso Thema wie der Autor als Briefschreiber und Verfasser von Drehbüchern. Mehrere Vorträge setzten sich mit Zweigs *Die Welt von Gestern* (1942) auseinander.

2003 erschien die Dokumentation der Stefan-Zweig-Konferenz *Stefan Zweig im Zeitgeschehen des 20. Jahrhunderts* (vgl. Eicher 2003). In Dortmund wurde die politische Dimension von Zweigs Werk untersucht. Bekannte Zweig-Forscher, darunter Knut Beck, Mark H. Gelber und Michel Reffet, aber auch jüngere Germanisten wie Bernd Hamacher und Thomas Eicher analysierten einzelne Aspekte, etwa „Wandlungen in Stefan Zweigs Verhältnis zum Zionismus" (Gelber) und „Das Verschwinden des Individuums in der Politik. Erasmus, Luther und Calvin bei Stefan Zweig und Thomas Mann" (Hamacher).

Der nächste große Stefan-Zweig-Kongress fand 2004 in Israel statt. Seine Vorträge sind in dem 2006 erschienenen Band *Stefan Zweig Reconsidered. New Perspectives on His Literary and Biographical Writings* dokumentiert (vgl. Gelber 2007). Nicht ein Thema stand im Zentrum dieser Tagung, vielmehr widmen sich die Beiträge unterschiedlichen Aspekten des Werks. So versucht Michel Reffet, Zweigs Beziehung zum Christentum auszuloten, Hanni Mittelmann und Mark H. Gelber beleuchten jüdische Aspekte in Zweigs Werken. In weiteren Vorträgen wurde die Beziehung zwischen Zweig und Rolland wie auch Zweigs politisches Profil zum Thema, andere widmeten sich einzelnen Büchern und intertextuellen Bezügen zu Schnitzler oder Tolstoi.

Matjaž Birk und Thomas Eicher gaben 2008 den Band *Stefan Zweig und das Dämonische* (vgl. Birk/Eicher 2008) heraus. Er war das Resultat des internationalen Stefan-Zweig-Symposiums, das 2006 an der Universität Maribor stattgefunden hatte (bereits 1992 gab es hier eine Konferenz zu Zweigs Werk, vgl. Križman 1993; diese Ausgabe enthält auch eine Bibliografie zur Primär- und Sekundärliteratur in Slowenien bis 1989). In ihrem Vorwort beklagen die Herausgeber, dass in Germanistikabteilungen deutschsprachiger Universitäten Stefan Zweigs Werken vielfach „das Odium der Trivialität" entströme (S. 9). Mit dieser Aufsatzsammlung, die den ‚dunklen Seiten' in Zweigs Leben und Werk gewidmet ist, wolle man gegen die Vorurteile, die man Zweig entgegenbringe, ankämpfen. ‚Das Dämonische' bei Zweig ist, wie der Band dokumentiert, ein höchst ambivalent gebrauchter Terminus. Bekanntlich ist Zweigs intensive Beschäftigung mit den Facetten des Dämonischen bemerkenswert – man denke z. B. an seinen Dostojewski-Aufsatz (1919), an den Essayband *Der Kampf mit dem Dämon* (1925) oder auch an viele Figuren in seinem erzählerischen Werk. Auf der einen Seite zeigen die Aufsätze von Mark H. Gelber, Sarah Fraiman-Morris, Christine Mondon und Michel Reffet die produktiven Aspekte des Dämonischen. Auf der anderen Seite führen Studien, etwa von Karl Müller, Rüdiger Görner, Anton Janko und Ingrid Spörk, vor, wie sehr das Dämonische bei Zweig auch destruktiv in Erscheinung tritt (→ IV.7 DAS DÄMONISCHE). Insgesamt eröffnet der Band unter diesem besonderen Blickwinkel Zugänge nicht nur zu einigen Werken, die bis dahin von der Forschung vernachlässigt worden waren, sondern auch zu Zweigs ästhetischer Autorposition.

3. Die Publikationen des Stefan Zweig Centre Salzburg

Im Herbst 2008 wurde von Heinrich Schmidinger, dem Rektor der Paris-Lodron-Universität Salzburg, das Stefan Zweig Centre gegründet. Universität, Stadt und Land Salzburg finanzieren das Institut. Es ist ein kulturwissenschaftliches Forschungszentrum zur österreichischen Literatur der ersten Hälfte des 20. Jahrhunderts und insbesondere zu Stefan Zweig. Die Schriftenreihe, die im Verlag Königshausen & Neumann erscheint, bietet ein Forum für die Zweig-Forschung. Das Zentrum publiziert darüber hinaus zweimal im Jahr die Zeitschrift *zweigheft*, die unbekannte Texte Zweigs vorstellt, Beiträge über seine Rezeption in verschiedenen Ländern liefert und über Veranstaltungen informiert, die in Österreich und im Ausland organisiert werden.

Band eins der Schriftenreihe „*Das Buch als Eingang zur Welt*" (2009) steht im Zeichen der Eröffnung des Forschungszentrums. Der zweite Band hat Zweigs Beziehung zu Frankreich zum Thema: „*Ich liebte Frankreich wie eine zweite Heimat.*" *Neue Studien zu Stefan Zweig* (2011). Neben allgemeinen Erörterungen über Zweigs Relationen zu Frankreich und zur französischen Literatur widmen sich Einzelstudien z. B. der Arbeit des Übersetzers Alzir Hella, dem Geschichtsverständnis Zweigs in seiner Biografie über Marie Antoinette (1932) und dem Europabild, das er in seinen Vorträgen in den 1930er Jahren entwickelte. Darüber hinaus enthält der Band mehrere Untersuchungen zu Zweigs Erzählungen. Der dritte Band *Stefan Zweig – Neue Forschung* versammelt Aufsätze zu unterschiedlichen Aspekten von Zweigs Werk und Korrespondenz. Daniela Strigl geht dem „Problem biografischen Erzählens bei Stefan Zweig" nach, indem sie seine Biografien *Fouché* (1929) und *Erasmus* (1934) analysiert. Weitere Beiträge widmen sich der Beziehung zwischen Zweig und Freud, Zweigs Feuilletons, die im Ersten Weltkrieg entstanden sind, dem politischen Hintergrund von Zweigs *Ungeduld des Herzens* (1939) bzw. Zweigs utopischen Positionen im Vergleich mit jenen von Hannah Arendt. Stephan Reschs Beitrag kommentiert die Korrespondenz zwischen Stefan Zweig und Alfred H. Fried, die im Anhang des Bandes veröffentlicht ist.

2013 erscheint *Zweigs Theater*, ein Band, in dem das bis dahin wenig beachtete dramatische Werk untersucht wird. Oliver Rathkolb vermittelt dessen kultur- und politikhistorischen Hintergrund. Von Utopien in Zweigs Dramen handeln die Aufsätze von Helga Thieme und Birgit Peter, Monika Meister berichtet über Zweigs Vorbilder für *Volpone* (1925), während Mark H. Gelber versucht, in Zweigs *Jere-*

mias (1917) zionistische Tendenzen zu entdecken. Bemerkenswert ist der Beitrag von Thomas Oberender, demzufolge Zweigs Novellen größeres dramatisches Potenzial hätten als seine Stücke (vgl. Oberemder 2013, S. 126). Der Band enthält zudem sieben schwer zugängliche Primärtexte, die Zweigs Einstellung zum Theater dokumentieren.

Der fünfte Band der Reihe richtet das Augenmerk auf *Zweigs England* (2014). Von Zweigs Englandaufenthalten, insbesondere jenem zwischen 1934 und 1940, handeln Richard Doves und Stephan Reschs Beiträge. Klemens Renoldner stellt in seinem Aufsatz heraus, dass Zweigs Charles-Dickens-Kapitel in dessen Band *Drei Meister* (1920), bei aller behaupteten Begeisterung, einen erstaunlich negativen Subtext aufweist. Ähnlich kritisch schätzt Daniela Strigl Zweigs Beschäftigung mit Lord Byron ein. Arturo Larcati und Monika Meister beschäftigen sich mit Zweigs Adaptionen von Ben Jonsons *Epicœne or the Silent Woman* bzw. *Volpone*. Zweigs *Maria Stuart*-Biografie (1935) und die Rezeption seiner Werke in Europa und China behandeln weitere Aufsätze. Rüdiger Görner veröffentlicht den Briefwechsel zwischen Zweig und dem britischen Germanisten William Rose (1894–1961).

Band sechs mit dem Titel *Positionen der Moderne* (2017) beleuchtet neue Aspekte der Auseinandersetzung Zweigs mit einflussreichen Persönlichkeiten der (Wiener) Moderne. Zweigs Doktorarbeit über Hippolyte Taine (1904) gibt Jacques Le Rider die Möglichkeit, den Einfluss des französischen Kulturhistorikers auf Zweigs Werk zu untersuchen. Arturo Larcati stellt erstmals die Freundschaft zwischen dem italienischen Maler Alberto Stringa und Stefan Zweig dar – und damit auch seine kaum bekannten Beziehungen zur Wiener Secession. Das Kunstverständnis des jungen Autors wird auch von Konstanze Fliedl in ihrem Aufsatz zur Beziehung mit Ephraim Mose Lilien thematisiert. Hermann Bahr, Fritz von Unruh, Julien Benda und deren Relationen zu Zweig sind Gegenstand weiterer Beiträge. Der Band enthält die deutsche Übersetzung von Jean-Pierre Lefebvres Vorwort zur Edition des erzählerischen Werks in der französischen *Pléiade*-Ausgabe.

Stefan Zweig – Jüdische Relationen. Studien zu Werk und Biografie (2017) untersucht Facetten von Zweigs Judentum und seine Beziehungen zu jüdischen Zeitgenossen, wie Gershom Shofman, Marek Scherlag und Arnold Zweig. Clemens Peck setzt Schnitzlers autobiografischen Roman *Der Weg ins Freie* in Bezug zu Prosatexten Zweigs, Konstanze Fliedl liest die *Schachnovelle* „im Kontext völkischer Propaganda", Marlen Eckl berichtet von Zweigs Kontakten mit jüdischen Institutionen in Brasilien.

Auf Initiative des Zweig Centres entstanden auch weitere Publikationen, die wichtigsten seien hier kurz genannt: Erstmals konnte von Zweigs *Schachnovelle* (1942) eine Ausgabe letzter Hand veröffentlicht werden (vgl. Zweig 2013a). Was der Forschung seit langem bekannt war, nämlich dass die verschiedenen deutschen Ausgaben der *Schachnovelle* Eingriffe in den Text enthielten, konnte in dieser kommentierten Edition erstmals detailliert nachvollzogen werden. Aufgrund der genauen Untersuchung der drei überlieferten Typoskripte konnte nun der Text in Zweigs letzter Fassung zugänglich gemacht werden (→ III.3.6 SCHACHNOVELLE). Im selben Jahr wurde aus dem Nachlass die vermutlich 1933/1934 entstandene Rede *Einigung Europas* publiziert, ein Vortrag Zweigs mit erstaunlich konkreten Vorschlägen zum Funktionieren eines vereinigten Europas (vgl. Zweig 2013b). Zur Stefan-Zweig-Ausstellung im Wiener Theatermuseum (2014/2015) erschien der Sammelband *Stefan Zweig – Abschied von Europa* (vgl. Renoldner 2014). Im ersten Abschnitt untersuchen Jacques Le Rider, Reinhard Urbach, Marlen Eckl u.a. Zweigs Verhältnis zu

4. Rezeption seit 1992

Österreich. Das zweite Kapitel versammelt Beiträge zu einzelnen Werken des Exils, so untersuchen etwa Daniela Strigl und Ruth Klüger die *Schachnovelle* sowie späte Erzählungen. Auch dem Dramatiker und Autographensammler Zweig ist ein eigenes Kapitel gewidmet. Im Anhang sind diverse wenig bekannte Aufsätze und Interviews Zweigs aus den letzten Lebensjahren veröffentlicht. 2016 gaben Franz Hamminger und Klemens Renoldner den Briefwechsel zwischen Stefan Zweig und Alfred Kubin heraus (vgl. Kubin/Zweig 2016).

2017 erschien bei Reclam eine weitere kommentierte Edition einer der großen Novellen Stefan Zweigs – *Verwirrung der Gefühle* (vgl. Zweig 2017), für die erstmals ein Manuskript und ein Typoskript herangezogen wurden, um die Textgenese nachzuzeichnen. Zur Salzburger Zweig-Ausstellung von 2017 erschien der Katalog „*Ich gehöre nirgends mehr hin!*", mit Beiträgen von Ernst Strouhal und Elisabeth Klamper (vgl. Renoldner/Karlhuber 2017).

Die *Casa Stefan Zweig* in Petrópolis publizierte 2013 eine zweisprachige Dokumentation zum Fall Giuseppe Germani (vgl. Zweig GWE, Die Welt von Gestern, S. 390 f.). 2014 erschien eine Faksimileausgabe von Stefan Zweigs letztem Adressbuch in englischer und portugiesischer Version. Die deutsche Edition erfolgte 2016 (vgl. Zweig 2016).

4. Weitere internationale Aktivitäten der Stefan-Zweig-Forschung

2009 fand in Fredonia eine Tagung statt, 2014 erschienen die wichtigsten Referate in dem Band *Stefan Zweig and World Literature. Twenty-First-Century Perspectives* (vgl. Vanwesenbeeck/Gelber 2014). Um der Zweig-Forschung in den USA neue Impulse zu geben, waren unter den Vortragenden einige junge Wissenschaftler amerikanischer Universitäten. Birger Vanwesenbeeck ging in seinem Aufsatz der Frage nach, ob man von einem „Stefan Zweig Revival" sprechen könne. Andere Beiträge untersuchten Zweigs Dramatik, Prosa und Essayistik oder gingen auf seine Exilzeit ein.

Im selben Jahr stand Zweigs Europa-Begriff im Mittelpunkt des Berliner Symposions *Stefan Zweig und Europa* (vgl. Gelber/Ludewig 2011). Der Band gliedert sich in drei Teile: Europa-Diskurse, Europa-Rezeptionen und Europa-Literatur. Die Beiträge von Rüdiger Görner, Mark H. Gelber und Karl Müller zeigen deutlich, dass Zweigs Idee von Europa oft vage bleibt, da er sich keiner Ideologie verpflichten wollte, die den europäischen Gedanken auch realpolitisch umzusetzen gedachte.

2012 legte Rüdiger Görner eine Monografie vor, in der er Zweigs Ästhetik und Stil gegen seine Kritiker verteidigt. *Stefan Zweig. Formen einer Sprachkunst* versammelt überarbeitete und erweiterte Aufsätze und Vorträge Görners. Viele verschiedene Facetten von Zweigs Werk werden in diesem Band untersucht, so befasst sich Görner als einer der wenigen Literaturwissenschaftler mit dessen Lyrik. Mehrere Texte sind dem Erzähler Zweig gewidmet, aber auch systematische Untersuchungen zum ‚Dämonischen', dem ‚Appellatorischen' oder zu einem „humanistischen Empfindungs- und Denkmodus" (Görner 2012, S. 44) Zweigs werden angestellt. Anhand von *Georg Friedrich Händels Auferstehung* diskutiert Görner die Poetik der *Sternstunden der Menschheit* (1927), darüber hinaus gilt seine Aufmerksamkeit auch der Beziehung zwischen Zweig und Richard Strauss und Zweigs Reisefeuilletons.

2014 erschien Mark H. Gelbers Monografie *Stefan Zweig, Judentum und Zionismus*, in der er das vielschichtige Verhältnis Zweigs zum Judentum und zum Zionismus auslotet. Auch dieser Band ist eine überarbeitete Sammlung von diversen Vorträgen und Aufsätzen zu Biografie und Werk. Zweigs Beziehungen zu Theodor Herzl, Ephraim Mose Lilien und Martin Buber werden dargestellt, jene Werke, die von der Bibel und der jüdischen Tradition inspiriert sind, analysiert. Besonderes Augenmerk gilt Zweigs Rezeption in Israel.

Auch eine Konferenz in China beschäftigte sich mit Zweig. Auf die 2012 an der Renmin-Universität in Peking abgehaltene Tagung folgte drei Jahre später der Band *Aktualität und Beliebtheit. Neue Forschung und Rezeption von Stefan Zweig im internationalen Blickwinkel*, der sich in mehreren Beiträgen auf Zweigs Rezeption in Asien konzentriert (vgl. Zhang/Gelber 2015). Der Band dokumentiert, dass Zweig in China zu den meistrezipierten fremdsprachlichen Schriftstellern gehört. Die insbesondere von chinesischen Wissenschaftlern verfassten Beiträge bringen Zweig auch mit chinesischen Filmen und Texten in Verbindung. Die Aufsätze zu Zweigs politischen Schriften bzw. politische Interpretationen seiner Werke aus chinesischer Sicht sind insofern außergewöhnlich, als sie einen hermeneutischen Rahmen eröffnen, der aus europäischer Sicht unbekannt ist.

5. Ausblick

Für die künftige Forschung wird die ab Herbst 2017 erscheinende Neuausgabe des erzählerischen Werks im Wiener Zsolnay Verlag zur Verfügung stehen und erstmals eine gesicherte Textbasis für Prosatexte und Romane vorlegen. Durch die enge Kooperation der wichtigsten Zweig-Sammlungen und einer Aufbereitung der Zweig-Manuskripte auf einer Internetplattform des Salzburger Literaturarchivs werden der Forschung neue Möglichkeiten eröffnet. Viele Materialien (Manuskripte, Typoskripte etc.) sowie zahlreiche Briefe sind bisher nicht veröffentlicht worden und bieten daher weiterhin ein breites Betätigungsfeld.

Stefan Zweig

Kubin, Alfred/Zweig, Stefan (2016): Briefwechsel 1909–1937. Hg. v. Franz Hamminger u. Klemens Renoldner. Mit einem Essay v. Helga Thieme. Brunnenthal: Edition Landstrich.
Zweig, Friderike/Zweig, Stefan (2006): „Wenn einen Augenblick die Wolken weichen". Briefwechsel 1912–1942. Hg. v. Jeffrey B. Berlin u. Gert Kerschbaumer. Frankfurt a.M.: S. Fischer.
Zweig, Lotte/Zweig, Stefan (2010): Stefan and Lotte Zweig's South American Letters: New York, Argentina and Brazil, 1940–42. Hg. v. Darién J. Davis u. Oliver Marshall. New York: Continuum.
Zweig, Stefan (1995): Briefe. Bd. I: 1897–1914. Hg. v. Knut Beck, Jeffrey B. Berlin u. Natascha Weschenbach-Feggeler. Frankfurt a.M.: S. Fischer.
Zweig, Stefan (1998): Briefe. Bd. II: 1914–1919. Hg. v. Knut Beck, Jeffrey B. Berlin u. Natascha Weschenbach-Feggeler. Frankfurt a.M.: S. Fischer.
Zweig, Stefan (2000): Briefe. Bd. III: 1920–1931. Hg. v. Knut Beck u. Jeffrey B. Berlin. Frankfurt. a.M.: S. Fischer.
Zweig, Stefan (2005): Briefe. Bd. IV: 1932–1942. Hg. v. Knut Beck u. Jeffrey B. Berlin. Frankfurt a.M.: S. Fischer.
Zweig, Stefan (2007[5]): Die Welt von Gestern. Erinnerungen eines Europäers. GWE. Frankfurt a.M.: S. Fischer.
Zweig, Stefan (2013a): Schachnovelle. Kommentierte Ausgabe. Hg. v. Klemens Renoldner. Stuttgart: Reclam.

Zweig, Stefan (2013b): Einigung Europas. Eine Rede. Aus dem Nachlass hg. v. Klemens Renoldner. Salzburg: Tartin.
Zweig, Stefan (2013c): „Ich wünschte, dass ich Ihnen ein wenig fehlte". Briefe an Lotte Zweig 1934–1940. Hg. v. Oliver Matuschek. Frankfurt a. M.: S. Fischer.
Zweig, Stefan (2016): Stefan Zweig und sein Freundeskreis. Sein letztes Adressbuch 1940–1942. Hg. v. Kristina Michahelles u. a. Berlin: Hentrich & Hentrich.
Zweig, Stefan (2017): Verwirrung der Gefühle. Hg. v. Elisabeth Erdem u. Klemens Renoldner. Stuttgart: Reclam.

Weitere Literatur

Battison, Régine/Renoldner, Klemens (Hg.) (2011): „Ich liebte Frankreich wie eine zweite Heimat." Neue Studien zu Stefan Zweig/„J'aimais la France comme ma seconde patrie." Actualité(s) de Stefan Zweig. Würzburg: Königshausen & Neumann.
Birk, Matjaž/Eicher, Thomas (Hg.) (2008): Stefan Zweig und das Dämonische. Würzburg: Königshausen & Neumann.
Eicher, Thomas (Hg.) (2003): Stefan Zweig im Zeitgeschehen des 20. Jahrhunderts. Oberhausen: Athena.
Gelber, Mark H. (Hg.) (2007): Stefan Zweig Reconsidered. New Perspectives on His Literary and Biographical Writings. Tübingen: Niemeyer.
Gelber, Mark H. (2014): Stefan Zweig, Judentum und Zionismus. Innsbruck u. a.: StudienVerlag.
Gelber, Mark H./Erdem, Elisabeth/Renoldner, Klemens (Hg.) (2017): Stefan Zweig – Jüdische Relationen. Studien zu Werk und Biographie. Würzburg: Königshausen & Neumann.
Gelber, Mark H./Ludewig, Anna-Dorothea (Hg.) (2011): Stefan Zweig und Europa. Hildesheim u. a.: Olms.
Gelber, Mark H./Zelewitz, Klaus (Hg.) (1995): Exil und Suche nach dem Weltfrieden. Riverside: Adriane Press.
Görner, Rüdiger (2012): Stefan Zweig. Formen einer Sprachkunst. Wien: Sonderzahl.
Görner, Rüdiger/Renoldner, Klemens (Hg.) (2014): Zweigs England. Würzburg: Königshausen & Neumann.
Holl, Hildemar (2009): Salzburger Bemühungen um Stefan Zweig. In: Brügge, Joachim (Hg.): „Das Buch als Eingang zur Welt". Würzburg: Königshausen & Neumann, S. 27–36.
Križman, Mirko (Hg.) (1993): Humanistika Znanstvena Revija 1/5/1993.
Michahelles, Kristina (Hg.) (2013): „I counted on your word, and it was like a rock." How Stefan Zweig saved the doctor Giuseppe Germani from Mussolini's prisons. Unpublished letters from the correspondence between Stefan Zweig and Elsa Germani 1921–1937. Rio de Janeiro: Casa Stefan Zweig.
Michels, Volker (1995): „Im Unrecht nicht selber ungerecht werden!" Stefan Zweig, ein Autor für morgen in der Welt von heute und gestern. In: Gelber, Mark H./Zelewitz, Klaus (Hg.): Exil und Suche nach dem Weltfrieden. Riverside: Ariadne Press, S. 11–32.
Müller, Karl (Hg.) (2012): Stefan Zweig – Neue Forschung. Würzburg: Königshausen & Neumann.
Oberender, Thomas (2013): Den Fluch durch den Zauber bannen. Stefan Zweigs Horror vor einer zuschnappenden Ordnung. In: Peter, Birgit/Renoldner, Klemens (Hg.): Zweigs Theater. Der Dramatiker Stefan Zweig im Kontext europäischer Kultur- und Theatergeschichte. Königshausen & Neumann, S. 115–131.
Renoldner, Klemens (Hg.) (2014): Stefan Zweig – Abschied von Europa. Wien: Brandstätter/Theatermuseum.
Renoldner, Klemens/Holl, Hildemar/Karlhuber, Peter (Hg.) (1992): Stefan Zweig. Für ein Europa des Geistes. Ausstellungskatalog. Salzburg: SPOT.
Renoldner, Klemens/Holl, Hildemar/Karlhuber, Peter (Hg.) (1993): Stefan Zweig. Bilder, Texte, Dokumente. Salzburg u. a.: Residenz.

Renoldner, Klemens/Karlhuber, Peter (Hg.) (2017): „Ich gehöre nirgends mehr hin!" Stefan Zweigs *Schachnovelle* – Eine Geschichte aus dem Exil. Salzburg: Salzburg Museum.
Schmid-Bortenschlager, Sigrid/Riemer, Werner (Hg.) (2000): Stefan Zweig lebt. Akten des 2. Internationalen Stefan Zweig Kongresses in Salzburg 1998. Stuttgart: Heinz.
Sonnenfeld, Marion (Hg.) (1983): Stefan Zweig. The World of Yesterday's Humanist Today. Albany: State Univ. of New York Press.
Stefan Zweig Centre Salzburg (Hg.) (2009ff.): zweigheft.
Vanwesenbeeck, Birger/Gelber, Mark H. (Hg.) (2014): Stefan Zweig and World Literature. Twenty-First-Century Perspectives. Rochester: Camden House.
Wörgötter, Martina (Hg.) (2017): Stefan Zweig. Positionen der Moderne. Würzburg: Königshausen & Neumann.
Zhang, Yi/Gelber, Mark H. (Hg.) (2015): Aktualität und Beliebtheit. Neue Forschung und Rezeption von Stefan Zweig im internationalen Blickwinkel. Würzburg: Königshausen & Neumann.

5. Internationale Rezeption

5.1 Romanische Länder in Europa

Arturo Larcati/Christine Berthold

1. Frankreich 814
2. Italien 816
3. Spanien 819
4. Portugal 819
5. Rumänien 820

1. Frankreich

Stefan Zweig zählt zu den meistgelesenen deutschsprachigen Autoren in Frankreich. Die Rezeption seines Werkes setzt früh ein (1910, mit einer Übersetzung von Zweigs Verhaeren-Biografie) und ist bis heute intensiver als in anderen romanischen Ländern. Zweig hat diesen Rezeptionsprozess durch seine Übersetzer- und Herausgebertätigkeit von französischer Literatur und durch die Themenwahl seiner Werke befördert. Zu seinem Erfolg in Frankreich trugen auch ausgezeichnete Kontakte zu französischen Schriftstellern und Intellektuellen sowie gute Beziehungen zu Übersetzern und Verlagsdirektoren bei (vgl. Natter 1996). Zudem verstand sich Zweig, beginnend mit seinen Essays, Übersetzungen und Editionen zu Charles Baudelaire, Paul Verlaine, Arthur Rimbaud, Marceline Desbordes-Valmore, Émile Verhaeren und Romain Rolland schon in frühen Jahren als Vermittler zwischen den beiden Ländern bzw. Kulturen (→ III.17 Übersetzungen; III.18 Herausgeberschaften). Die Ursachen der jüngeren Zweig-Renaissance in Frankreich untersucht Erika Tunner (2014). Dabei berücksichtigt sie auch den produktiven Aspekt dieses Interesses, etwa in Form von Dramatisierungen von Zweigs Prosa und Bühnenstücken, die seine Biografie zum Thema machen (→ VI.7.1 Rezeption in der Belletristik).

Wie in anderen Ländern beginnt auch in Frankreich das besondere Interesse an Stefan Zweig mit der Übersetzung des Novellenbandes *Amok* 1927. Alzir Hella und

5.1 Romanische Länder in Europa

Olivier Bournac übertragen in der Folge auch fast alle anderen Werke Zweigs ins Französische. Noch 1927 übersetzen sie Zweigs Essays über Balzac und Dickens, die in einem Band erscheinen. Die Kritik interessiert sich insbesondere für jene Werke, die die französische Kultur und Literatur betreffen. 1931 kann als ein Gipfelpunkt von Zweigs Erfolg in Frankreich betrachtet werden: *Joseph Fouché. Bildnis eines politischen Menschen* (dt. 1929) erscheint, und die Resonanz der Presse ist beachtlich. Das Buch wird in den folgenden Jahren mehrmals neu aufgelegt. Es folgen *Verwirrung der Gefühle* (dt. 1927), *Marie Antoinette* (dt. 1932), *Triumph und Tragik des Erasmus von Rotterdam* (dt. 1934), *Maria Stuart* (dt. 1935) und zahlreiche weitere Bände. Zwischen 1995 und 2001 erscheint in der Reihe „Classiques Modernes" des Verlags Livre de Poche eine dreibändige, sehr erfolgreiche Werkausgabe. Neben vielen Erzählungen enthält sie auch die Stücke *Tersites* (dt. 1907), *Der verwandelte Komödiant* (dt. 1912), *Jeremias* (dt. 1917) sowie die fragmentarischen Romane *Clarissa* (dt. 1990) und *Rausch der Verwandlung* (dt. 1982). Ein Band ist Zweigs Essays gewidmet.

Mit diesen Publikationen, die Zweig in Frankreich erneut als vielbeachteten Autor etabliert hatten, war eine Basis für weitere Entdeckungen geschaffen. Die Germanistin Valérie Bollaert fand heraus, dass die Erzählung *Widerstand der Wirklichkeit* (erstmals 1987) noch nicht ins Französische übersetzt worden war. Die Veröffentlichung in einer zweisprachigen Taschenbuchausgabe wurde zu einem Bestseller. Durch eine geschickte Verlagsstrategie gelang es, mit weiteren, ansprechend gestalteten Taschenbüchern bereits publizierte Texte erneut in den Bestenlisten zu platzieren. So wurde auch *Brief einer Unbekannten* (dt. 1922), obwohl längst veröffentlicht, 2009 zum Bestseller. Ein regelrechter Stefan-Zweig-Boom war die Folge, der sich in weiteren Taschenbuchausgaben, Dramatisierungen und wissenschaftlichen wie literarischen Publikationen niederschlug. Aus der Vielzahl der Veröffentlichungen seien nur zwei herausgegriffen: 2013 publizierte Jacques Le Rider Aufsätze Zweigs zu Politik und Literatur (vgl. Zweig 2013a), ein weiterer Band folgte 2014 (vgl. Zweig 2014), beide sind sorgfältig kommentiert.

Einen Höhepunkt der französischen Würdigung Zweigs bildet schließlich die etwa 3000 Seiten umfassende *Pléiade*-Ausgabe, die 2013 von einem Team um den Germanisten Jean-Pierre Lefebvre im Pariser Verlag Gallimard herausgegeben wurde (vgl. Zweig 2013c). In Hinblick auf den Verfall des Urheberrechtes (1. 1. 2013) war schon mehrere Jahre zuvor begonnen worden, die Texte neu zu übersetzen. Die zwei ausführlich kommentierten Bände enthalten sämtliche Erzählungen, die drei Romane, *Sternstunden der Menschheit* (1927) und *Die Welt von Gestern* (1942). Die maßgebliche Einleitung von Lefebvre wurde später ins Deutsche übertragen (vgl. Lefebvre 2017). Eine weitere kommentierte Ausgabe sämtlicher Erzählungen erschien im selben Jahr bei Laffont (vgl. Zweig 2013b).

Nachdem schon 1988 Donald A. Praters Zweig-Biografie auf Französisch veröffentlicht worden war, legte Serge Niémetz 1996 seine gewichtige biografische Studie *Stefan Zweig. Le voyageur et ses mondes* vor (→ VI.6 Die Biografien). Aus demselben Jahr stammt *Stefan Zweig, l'ami blessé* von Dominique Bona. 2006 kommt schließlich die Biografie von Catherine Sauvat, 2011 jene von Dominique Frischer heraus, die sich vor allem auf die letzte Lebensphase Zweigs fokussiert.

1996 fand in Dijon ein Kongress zum Thema „L'Autriche et l'idée d'Europe" statt, bei dem mehrere Vorträge auf Stefan Zweig und sein Verhältnis zu Europa Bezug nahmen (vgl. Reffet 1997). Der 2011 erschienene Sammelband *„Ich liebte Frankreich* *wie eine zweite Heimat."* Neue Studien zu Stefan Zweig (vgl. Battiston/Renoldner 2011) untersucht verschiedene Aspekte der Relation Zweigs zu Frankreich. Diese Dokumentation eines Symposions an der Universität Mulhouse enthält auch zwei Studien, die den besonderen Erfolg Zweigs in Frankreich reflektieren. Neben Beiträgen zum erzählerischen Werk ist der Aufsatz der Historikerin Annie Duprat hervorzuheben, die Zweigs Marie-Antoinette-Biografie in Relation zu den historischen Studien über die Königin setzt. Einen besonderen Aspekt von Zweigs Wirkung in Frankreich untersucht Anne-Elise Delatte: Bereits in ihrer Dissertation hatte die französische Germanistin einen akribischen Vergleich zwischen ausgewählten Texten Stefan Zweigs und deren Übersetzungen durch Alzir Hella vorgenommen. Dabei weist sie nach, dass der französische Übersetzer, der mit Zweig in enger Verbindung stand, lektorierend in Zweigs Texte eingegriffen hat. Redundanzen, stilistische Schwächen und überbordende Metaphorik (→ IV.4 SPRACHE UND METAPHORIK) werden – mit Zweigs Einverständnis – vermindert (vgl. Delatte 2011). In der wissenschaftlichen Zeitschrift *Approches* erschien in der Dezember-Nummer des Jahres 2013 ein Dossier zu Stefan Zweig mit Beiträgen von Serge Niémetz, Georges-Arthur Goldschmidt, Jean-Pierre Lefebvre und Jacques Le Rider (Approches 156/2013). Sie alle untersuchen besondere Aspekte von Zweigs jüdischen Relationen. Auch französische Literaturzeitschriften widmeten dem österreichischen Autor mehrere Male Sondernummern bzw. ausführliche Beiträge, so etwa *Le Magazine Littéraire* (245/1987, 351/1997; 486/2009; 525/2012; 531/2013) oder das biografische Magazin *Le Point* (20/2016). Auch die renommierte Zeitschrift *Austriaca* veröffentlichte 1992 eine Ausgabe über Stefan Zweig (34/1992).

Zur Bekanntheit Stefan Zweigs hat zudem der Roman *Le derniers jours de Stefan Zweig* (2010) von Laurent Seksik beigetragen, der anschließend auch eine Graphic Novel sowie ein Bühnenstück unter demselben Titel veröffentlichte (→ VI.7.1 REZEPTION IN DER BELLETRISTIK).

2. Italien

Zweigs Erfolg in Italien ist im Wesentlichen auf zwei Tatsachen zurückzuführen: Zweig wurde dort von Anfang an nicht so sehr als österreichischer, sondern vielmehr als europäischer Schriftsteller wahrgenommen. Außerdem unterhielt er exzellente Kontakte zu italienischen Schriftstellern, Intellektuellen und Übersetzern. Enrico Rocca und Lavinia Mazzucchetti, Germanisten und Freunde Zweigs, übersetzten seine Werke ins Italienische, Mazzucchetti vermittelte ihn außerdem an den renommierten Verlag Mondadori in Mailand. Eine besondere Rolle für die Bekanntheit Zweigs in Italien kommt auch dem Historiker, Literaturkritiker und Schriftsteller Giuseppe Antonio Borgese zu.

1930 übersetzte Enrico Rocca den Novellenband *Amok*, bereits 1933 folgte eine weitere Ausgabe der Erzählungen. Der Erfolg dieses Buches hält bis heute an. In der Folge wurden die meisten von Zweigs Neuerscheinungen von Lavinia Mazzucchetti ins Italienische übertragen. Vor allem die Biografien *Marie Antoinette* und *Maria Stuart* erfreuten sich großer Beliebtheit. Nach Zweigs Tod erlebten auch *Die Welt von Gestern* und die Novellen zahlreiche Neuauflagen. Für das große Interesse in Italien spricht auch der Umstand, dass die Übersetzungen ab Anfang der 1930er Jahre unmittelbar nach dem Erscheinen der deutschen Erstausgaben veröffentlicht werden konnten.

Wie auch in anderen Ländern ließ das Interesse an Zweig nach dem Zweiten Weltkrieg deutlich nach. Dies war unter anderem dem Umstand geschuldet, dass zwei

Verlage – Mondadori und Sperling & Kupfer – Rechte an Zweigs Werken besaßen und sich erst 1961, auf Vermittlung Lavinia Mazzucchettis, einigten, woraufhin es zu einer Edition der *Opere scelte* kam, die in Kooperation der beiden Verlage entstand. Ab Ende der 1980er Jahre entstehen mehrere neue Ausgaben, so etwa eine umfangreiche Werkausgabe in Einzelbänden, die ab 1991 im Verlag Frassinelli erscheint. Diese umfasst, in Anlehnung an Knut Becks *Gesammelte Werke in Einzelbänden* (GWE), Biografien, Erzählungen und Essays. Das Interesse für Stefan Zweig erreichte auch in Italien seinen Höhepunkt nach dem Wegfall des Urheberrechts im Jahr 2013. Schon zuvor hatte der Mailänder Verlag Adelphi in regelmäßigen Abständen die wichtigsten Prosatexte Zweigs in der wegweisenden Übersetzung von Ada Vigliani auf den Markt gebracht. Nach 2013 kam es zu einer Vielzahl von Neuauflagen bereits übersetzter Werke und zu Übertragungen bisher unbekannter Schriften Zweigs. Texte wie *Schachnovelle* (dt. 1942), *Angst* (dt. 1913), *Die Welt von Gestern*, aber auch der Nietzsche-Essay (dt. 1925) erschienen gleichzeitig in drei oder mehr Verlagen. Der römische Verlag Castelvecchi veröffentlichte insbesondere Zweigs biografische Studien und ließ zu diesem Zweck einige von ihnen erstmals übersetzen, so etwa die Biografien über Rolland und Verlaine. Kleinere Verlage, wie Skira und Piano B, spezialisierten sich auf die Übersetzung der Essay-Sammlungen Zweigs (*Mondo senza sonno*, 2012; *Tempo e mondo*, 2014; *Uomini e destini*, 2016), während andere Verlage wie Newton & Compton oder Garzanti die Meisterwerke der Prosa in billigen Taschenbuchausgaben auf den Markt brachten. Somit liegt mittlerweile Zweigs gesamtes Prosawerk auf Italienisch vor, während einige Dramen und Teile der Gedichte bisher nicht übersetzt wurden.

So begeistert Zweig vom italienischen Lesepublikum aufgenommen wurde, so wenig wurde er von der Literaturkritik beachtet. In italienischen Literaturzeitschriften oder Zeitungsrezensionen findet sein Werk nur selten Erwähnung. Ebenso zurückhaltend verhält sich die italienische Germanistik. Der erste relevante Beitrag stammt von Mario Robertazzi, dem Autor einer Reihe von Aufsätzen, die in dem Band *Poesia e Realtà* (1934) zusammengefasst sind. Im ersten Aufsatz setzt er sich mit Zweigs Essay-Trilogie *Die Heilung durch den Geist. Mesmer, Mary Baker-Eddy, Freud* (1931) auseinander, im zweiten befasst sich Robertazzi mit *Drei Meister. Balzac, Dickens, Dostojewski* (1920). Dabei unterzieht er Zweigs Essays einer strengen Kritik, bezeichnet sie als allzu emphatisch und unzusammenhängend und beanstandet Zweigs psychologische Methode (vgl. Robertazzi 1934). Wesentlich positiver fällt das Urteil Ettore Settannis aus, der Zweigs Essay über Sigmund Freud lobt (vgl. Settanni 1933, S. 114). Parallel zu seiner Übersetzertätigkeit hat Enrico Rocca mehrere Aufsätze über Zweig geschrieben, die, postum, in seiner Geschichte der deutschen Literatur (1950) veröffentlicht wurden. In seinem Tagebuch schildert Rocca mit bewegten Worten, wie er aus den Radionachrichten vom Selbstmord seines Freundes erfahren hat (vgl. Rocca 2005, S. 172f.). Er nimmt dies zum Anlass, eine Bilanz seiner Freundschaft mit dem Autor zu ziehen.

Kritisch ist der Beitrag Carlo Emilio Gaddas aus dem Jahr 1945, der seine Lektüre der *Welt von Gestern* zum Anlass nimmt, um sarkastische Bemerkungen über Zweigs Weltläufigkeit und seine europäische Einstellung zu machen (vgl. Gadda 1991). Er bezeichnet Zweig als einen „trufolone europeo", einen „europäischen Wühler", „der alle aufsucht, mit allen befreundet und bei allen zu Gast ist, von allen verwöhnt wurde" (S. 597f., übers. v. Arturo Larcati). In ihrem Vorwort zur italienischen Übersetzung von *Die Welt von Gestern* präsentiert Lavinia Mazzucchetti 1946 Zweigs Werk als schmerzvolles Zeugnis eines Mannes, der sich mit der Tragödie seines Heimatlandes nicht abfinden konnte. Sie gelangt zu folgendem Fazit: „Zweig war ein aufmerksamer und unparteiischer Beobachter seiner Zeit. Aber es ist nicht nur die dokumentarische [...] Dimension seiner Werke, die den Leser anziehen sollte. Der Gedanke, den sie uns noch heute vermitteln wollen, ist jener des Respekts und des Verständnisses für den Menschen und seine innere Freiheit" (Mazzucchetti 1946, S. XIII, übers. v. Arturo Larcati). Ihren Freund Zweig würdigt sie auch in einem Nachruf zum zehnten Todesjahr (vgl. Mazzucchetti 1959). 1956 setzt Enrico Burich Stefan Zweigs Werk in Beziehung zu Arnold Zweig, um deren grundlegende Unterschiedlichkeit zu konstatieren. Gegen Zweigs Figurenzeichnung wendet er ein, ihr würde eine innere Anteilnahme fehlen, nur in den Werken aus der Exilzeit spüre man eine Sympathie des Autors für seine Protagonisten (vgl. Burich 1956).

Zweigs Rezeption in der italienischen Germanistik wurde vor allem von Claudio Magris und Ladislao Mittner geprägt. Magris bespricht die Werke Stefan Zweigs und Franz Werfels in einem gemeinsamen Kapitel seines 1963 erschienenen Buches *Il mito asburgico nella letteratura austriaca moderna*. In diesem Zusammenhang definiert er Zweig als einen verspäteten Humanisten, der wohl sympathisch gewesen sei, aber die Probleme seiner Zeit weder verstanden noch adäquat zum Ausdruck gebracht habe. Magris hat 1991 in einem Zeitungsartikel im *Corriere della Sera* mit dem Titel *Stefan Zweig: Requiem für das liberale Europa* (2014) sein Urteil differenzierter formuliert und Zweigs europäische Verdienste gewürdigt. Ladislao Mittner widmet Zweig in seiner monumentalen deutschen Literaturgeschichte (1971) kaum zwei Seiten. Er bezieht sich vor allem auf Zweigs Novellen. Zweig habe, so Mittner, versucht, die Theorien Freuds literarisch umzusetzen, dies sei ihm aber weder auf sprachlicher noch auf stilistischer oder interpretativer Ebene gelungen. Italo Alighiero Chiusano bezeichnet Stefan Zweig in einer Rezension als „Patetica Cassandra". Dennoch findet er Worte der Bewunderung für *Die Welt von Gestern*, die eine starke Anziehungskraft auf die Leser ausübe und vergleichbar sei mit einem Stummfilm oder einem vergilbten Fotoalbum (vgl. Chiusano 1984, S. 335). Marino Freschi setzt sich im Vorwort zur italienischen Übersetzung der Legenden (1991) mit Zweigs Haltung zum Judentum auseinander.

1998 erscheint Gabriella Rovagnatis *„Umwege auf dem Wege zu mir selbst". Zu Leben und Werk Stefan Zweigs*, die erste und vorläufig einzige in Italien entstandene Monografie über Stefan Zweig. Rovagnati wendet sich in ihrer Arbeit vor allem jenen Aspekten des Werkes zu, die von der Literaturwissenschaft bisher vernachlässigt wurden, wie etwa Zweigs Gedichten, den frühen Erzählungen, Dramen und Übersetzungen. Das Buch kann als eine Einführung in das Gesamtwerk des Autors bezeichnet werden, denn Rovagnati bietet auch motivgeschichtliche Untersuchungen, erläutert die Beziehungen zwischen Zweig und italienischen Autoren (wie Luigi Pirandello, Sibilla Aleramo und Giuseppe Antonio Borgese) und stellt Überlegungen zur Zweig-Renaissance in Italien an. Einige ihrer Aufsätze sind, zum Teil in überarbeiteter Form, 2016 neu erschienen (vgl. Rovagnati 2016). Giorgia Sogos legte 2013 eine Dissertation zu Stefan Zweigs Biografien vor. 2018 hat Paola Paumgardhen in Italien eine wertvolle Einführung zu Leben und Werk Stefan Zweigs vorgelegt: *Ritratto di una vita*.

Aus der Fülle der einzelnen Veröffentlichungen in den letzten Jahrzehnten sei die 1991 erschienene Übersetzung der *Schachnovelle* erwähnt. Das Vorwort stammt von dem italienischen Schriftsteller Daniele Del Giudice. Ihm zufolge sei dieses Werk Zweigs letzter Protest gegen eine Welt der Barbarei gewesen, in der derjenige unterliege, der über Sensibilität, Intelligenz und Kultur verfüge. Gewinner des Kampfes, der in diesem Fall auf dem Schachbrett ausgetragen würde, sei ein Mann, bei dem man diese Eigenschaften vergebens suche (vgl. Del Giudice 1991, S. 11).

3. Spanien

In den Jahren 1931–1939 wurden die meisten von Zweigs Werken ins Spanische übersetzt. Zu dem Erfolg trugen bekannte Übersetzer bei, die eher dem linken politischen Spektrum zuzuordnen sind. Dies hatte einen entscheidenden Einfluss auf das humanistisch-engagierte Image des Autors beim spanischen Publikum. Bereits seit den ersten Ausgaben war Zweig ein Bestsellerautor, so wurde beispielsweise *Marie Antoinette* 1934 zum ersten Mal publiziert und erlebte bis 2012 sechzehn Auflagen. Ähnlich verhält es sich mit *Maria Stuart, Triumph und Tragik des Erasmus von Rotterdam, Joseph Fouché, Sternstunden der Menschheit* und *Die Welt von Gestern*. Es sind also vor allem die historischen Biografien, die die spanischen Leser begeistern. Einen Überblick über die Rezeption von Zweig in Spanien gibt Georg Pichler (2013). Besonders ist darüber hinaus zu erwähnen, dass einige von Zweigs Werken im Programm eines Jugendbuchverlages (Juventud) angeboten werden.

Auch in Spanien kommt es um die Jahrtausendwende zu einer Zweig-Renaissance, viele Bücher erscheinen auf Spanisch, Katalanisch, Baskisch und Galicisch. Besonders der Verlag Acantilado, der in Barcelona seinen Sitz hat, setzt sich für Zweig ein. Pichler nennt als weiteren Grund für dieses erneute Interesse die „Entdeckung dessen, was man eher unreflektiert ‚mitteleuropäische Kultur' nannte." (Pichler 2013, S. 26) 1999 erscheint die Zweig-Biografie des französischen Autors Jean-Jacques Lafaye in Spanien. Auch Oliver Matuscheks *Stefan Zweig. Drei Leben – Eine Biographie* (dt. 2006) wird 2009 übersetzt. 2010 wird in Spanien ein bemerkenswerter Text aus dem Jahr 1942 veröffentlicht: Benjamín Jarnés' *Stefan Zweig, cumbre apagada: Retrato*. Darin führt der Erzähler mit einem Arzt und der Muse Thalia ein Gespräch über Zweig. Das Buch erschien zunächst im mexikanischen Exil (→ VI.7.1 REZEPTION IN DER BELLETRISTIK).

Die nicht besonders umfangreichen wissenschaftlichen Forschungen der spanischen Germanistik zu Stefan Zweig werden bei Georg Pichler kurz dargestellt, „eine umfassendere kritische Auseinandersetzung" mit Zweigs Werk und „seinem Einfluss auf die spanische Literatur und Wirklichkeit" sei bisher nicht erfolgt (Pichler 2013, S. 29). In seinem summarischen Überblick unterscheidet Pichler nicht zwischen der Rezeption in spanischer und katalanischer Sprache, wie es Pilar Estelrich Arce (2002) tut.

4. Portugal

Während Zweigs Werke schon in den Jahren zuvor ins brasilianische Portigiesisch übertragen wurden (Editora Guanabara, Rio de Janeiro), werden die ersten Übersetzungen in Portugal erst 1937 bei Civilização (Porto) veröffentlicht (zur Rezeption in den 1930er und 1940er Jahren vgl. Gil 2002). Besonders ist, dass elf Bände gleichzeitig erschienen und die Übersetzungen von Alice Ogando nicht aus der Originalsprache, sondern aus der von Alzir Hella übertragenen französischen Fassung erfolgten. In den nächsten Jahren wurde von anderen Übersetzerinnen auf die deutschen Texte zurückgegriffen, bis 1950 erschienen in diesem Verlag 30 Bände von Stefan Zweig (vgl. Seruya

2017, S. 9ff.). Wie Teresa Seruya ausführt, zählte Stefan Zweig in den 1950er Jahren zu den erfolgreichsten Schriftstellern in Portugal. Schon 1943 veröffentlichte Cláudio de Araújo Lima sein Buch *Ascencão e queda de Stefan Zweig*. Der Psychiater, Übersetzer und Schriftsteller untersucht darin vor allem die Ursachen für Zweigs Suizid.

Obwohl es nach dem Ende der portugiesischen Diktatur 1974 erneut Interesse an Zweig gab, der nun vor allem auch als Autor essayistischer und politischer Schriften wahrgenommen wurde, ließ die Aufmerksamkeit in den folgenden Jahren nach. Erst nach 2005, als *Die Welt von Gestern* und zahlreiche weitere Werke in Neuübersetzung verlegt wurden, kann man auch in Portugal von einer Zweig-Renaissance sprechen (vgl. S. 13). Sie wurde durch den Umstand befördert, dass – nach dem Verfall des Urheberrechts 2013 – viele Neuübersetzungen veröffentlicht und alte Übersetzungen neu aufgelegt wurden. Wie auch in anderen europäischen Ländern, etwa in Frankreich und Italien, liegen einzelne Texte Zweigs in mehreren Übersetzungen vor.

Das Interesse für Stefan Zweig in Portugal hat nicht zuletzt mit zwei besonderen historischen Umständen zu tun: Bei seinem Aufenthalt in Lissabon und Estoril (1938) hatte Zweig offenbar versucht, Kontakte zu Regierungskreisen herzustellen, um eine Öffnung Angolas für jüdische Flüchtlinge zu bewirken (vgl. Dines 2006, S. 300). Außerdem erfuhr die Veröffentlichung des Briefwechsels zwischen Stefan Zweig und dem portugiesischen Historiker Armando Cortesão, der sich während der Diktatur im Exil befand, in den portugiesischen Medien besondere Aufmerksamkeit (vgl. Seruya 2017, S. 13).

5. Rumänien

Bereits 1925 wurden Zweigs Erzählungen *Die Mondscheingasse* (dt. 1914) und *Der Brief einer Unbekannten* (dt. 1922) in Rumänien veröffentlicht, 1927 folgte die Novelle *Vierundzwanzig Stunden aus dem Leben einer Frau* (dt. 1925), 1929 *Amok* und 1931 *Der Zwang* (dt. 1920). Sind anfänglich verschiedene Übersetzer für die Übertragungen verantwortlich, wird bald Eugen Relgis zum wichtigsten Übersetzer Zweigs in Rumänien. Er übersetzte auch *Marie Antoinette*, *Triumph und Tragik des Erasmus von Rotterdam*, *Maria Stuart* und *Ungeduld des Herzens* (dt. 1939). Relgis – eigentlich Emil Siegler – war freundschaftlich mit Stefan Zweig verbunden. Er übersetzte nicht nur Zweigs Werke, sondern schrieb dazu auch mehrere Vorworte. In der Einleitung zu seiner 1945 erschienenen Ausgabe der *Schachnovelle* erinnert sich Relgis an einen *Nachmittag mit Stefan Zweig*, den 10. Oktober 1930. In den Jahren 1928–1930 besuchte er Zweig mehrfach in Salzburg (vgl. Relgis 1981, S. 57ff.). Er berichtet über ihr Gespräch und zitiert Zweigs Ausführungen zu Europa und zur geistigen Einheit der europäischen Kultur. Die deutsche Ausgabe dieses Gesprächs enthält die wichtigsten Passagen, der gesamte Text ist 1945 in Bukarest erschienen (vgl. Lazarescu 2003, S. 294ff.).

Von 1944–1947 wurden weitere Texte von Stefan Zweig ins Rumänische übertragen. Dies sei, so vermutet Elisabeth Berger, dem Umstand zu verdanken, dass Zweig „zum Bildungsrepertoire der deutschsprachigen Bevölkerung gehörte und nicht nur dieser Bevölkerungsschicht bekannt war, da ja Zweig auch schon vor 1945 übersetzt wurde" (Berger 2013, S. 55). Auch die pazifistische Haltung Zweigs trug zur Rezeption seiner Werke bei. Aus dem Jahr 1945 stammt die Übersetzung von *Castellio gegen Calvin* (dt. 1936). Relgis besorgte nach dem Zweiten Weltkrieg Überarbeitungen seiner früheren Übersetzungen, so z.B. *Amok* oder *Giacomo Casanova* (dt. 1928).

Über die Rezeption Stefan Zweigs in Rumänien hat die rumänische Germanistin Mariana-Virginia Lazarescu geforscht (vgl. Lazarescu 2003). Nach einer ausführlichen Darstellung der Beziehung zwischen Zweig und Relgis sowie einem Kommentar zu seinem Bericht zitiert sie aus Aufsätzen, die Relgis zu Zweigs Büchern geschrieben hat, und bringt Beispiele der wissenschaftlichen Rezeption. Zu beachten ist dabei, dass mit der Gründung der Rumänischen Volksrepublik 1947 eine neue Kulturpolitik eingesetzt hatte, die nur wenige Übersetzungen westlicher Literatur zuließ. Eine Lockerung erfolgte erst nach dem Tode Stalins 1953. Ende der 1950er und in den 1960er Jahren wurden Zweigs Texte in neuen Übersetzungen wieder aufgelegt. In der Folge erschienen die *Sternstunden der Menschheit*, *Maria Stuart*, *Joseph Fouché* und *Die Welt von Gestern*. Elisabeth Berger unterstreicht, dass kritische Äußerungen Zweigs gegenüber der Sowjetunion texttreu übersetzt wurden, Zweigs Bericht über autoritäre Maßnahmen und den repressiven Alltag jedoch der Zensur zum Opfer fiel (vgl. Berger 2003, S. 183). Auch in den 1990er Jahren wird Zweig wieder übersetzt: *Amok* und *Marie Antoinette* 1992, *Maria Stuart* und *Erasmus* 1993, *Sternstunden der Menschheit* 1997 und *Joseph Fouché* 1999.

Stefan Zweig

Zweig, Stefan (1961): Opere scelte. Hg. v. Lavinia Mazzucchetti. Milano: Mondadori, Sperling & Kupfer.
Zweig, Stefan (1991): Le opere di Stefan Zweig. Milano: Frassinelli.
Zweig, Stefan (2013a): Derniers Messages. Hg. v. Jacques Le Rider. Paris: Bartillat.
Zweig, Stefan (2013b): La confusion des sentiments et autres récits. Hg. v. Pierre Deshusses. Paris: Laffont.
Zweig, Stefan (2013c): Romans, nouvelles et récits. 2 Bde. Hg. v. Jean-Pierre Lefebvre. Paris: Gallimard.
Zweig, Stefan (2014): Appels aux Européens. Hg. v. Jacques Le Rider. Paris: Bartillat.

Weitere Literatur

Araújo Lima, Cláudio de (1943): Ascencão e queda de Stefan Zweig. Rio de Janeiro: Ed. José Olympio.
Battiston, Régine (2011): Stefan Zweig – ein mythischer Autor in Frankreich. In: Dies./Renoldner, Klemens (Hg.): „Ich liebte Frankreich wie eine zweite Heimat." Neue Studien zu Stefan Zweig/„J'aimais la France comme ma seconde patrie." Actualité(s) de Stefan Zweig. Würzburg: Königshausen & Neumann, S. 27–38.
Battiston, Régine/Renoldner, Klemens (Hg.) (2011): „Ich liebte Frankreich wie eine zweite Heimat." Neue Studien zu Stefan Zweig/„J'aimais la France comme ma seconde patrie." Actualité(s) de Stefan Zweig. Würzburg: Königshausen & Neumann.
Berger, Elisabeth (2013): Die Rezeption österreichischer Literatur in Rumänien. Berlin: Frank & Timme.
Bona, Dominique (1996): Stefan Zweig, l'ami blessé. Paris: Plon.
Burich, Enrico (1956): I due Zweig. Stephan [sic] e Arnold. In: Nuova Antologia CDLXVII/1956, S. 122–127.
Chiusano, Italo Alighiero (1984): Patetica Cassandra (*Il mondo di ieri* di Stefan Zweig). In: Ders.: Literatur. Scrittori e libri tedeschi. Milano: Rusconi, S. 332–335.
Del Giudice, Daniele (1991): Il cliente nuovo. In: Zweig, Stefan: Novella degli scacchi. Milano: Garzanti, S. 7–14.
Delatte, Anne-Elise (2011): Alzir Hella, la voix française de Stefan Zweig. In: Battiston, Régine/Renoldner, Klemens (Hg.): „Ich liebte Frankreich wie eine zweite Heimat." Neue Studien zu

Stefan Zweig/„J'aimais la France comme ma seconde patrie." Actualité(s) de Stefan Zweig. Würzburg: Königshausen & Neumann, S. 239–255.
Dines, Alberto (2006): Tod im Paradies. Die Tragödie des Stefan Zweig. Frankfurt a.M. u.a.: Edition Büchergilde.
Duprat, Annie (2011): Stefan Zweig et l'Histoire: retour sur l'affaire Marie-Antoinette, de la narration à l'enquête. In: Battiston, Régine/Renoldner, Klemens (Hg.): „Ich liebte Frankreich wie eine zweite Heimat." Neue Studien zu Stefan Zweig/„J'aimais la France comme ma seconde patrie." Actualité(s) de Stefan Zweig. Würzburg: Königshausen & Neumann, S. 171–184.
Estelrich Arce, Pilar (2002): Stefan Zweig auf Spanisch und Katalanisch. Zur Fortune des Österreichers in Spanien. In: Krömer, Wolfram (Hg.): Spanien und Österreich im 20. Jahrhundert. Direkte und indirekte Kontakte. Anif: Müller-Speiser, S. 129–148.
Freschi, Marino (1991): Il testimone viennese della menorah. In: Zweig, Stefan: Leggende. Pordenone: Studio Tesi, S. IX–XXVII.
Frischer, Dominique (2011): Stefan Zweig. Autopsie d'une suicide. Paris: Écriture.
Gadda, Carlo Emilio (1991): Il mondo di ieri. In: Ders.: Saggi, giornali, favole e altri scritti I. Milano: Garzanti, S. 595–599.
Gil, Maria de Fátima (2002): Stefan Zweig em Periódicos Portugueses dos Anos 30 e 40 do Século XX. Coimbra: CIEG.
Jarnés, Benjamín (1942): Stefan Zweig, cumbre apagada: Retrato. Mexiko: Proa.
Lafaye, Jean-Jacques (1999): Stefan Zweig, un aristocrate juif au coeur de l'Europe. Paris: Editions Du Felin.
Larcati, Arturo (2011): Stefan Zweig und Enrico Rocca. Eine Freundschaft in dunklen Jahren. In: zweigheft 5/2011, S. 22–27.
Lazarescu, Mariana-Virginia (2003): Zur Rezeption Stefan Zweigs im Wandel der politischen Verhältnisse in Rumänien. In: Eicher, Thomas (Hg.): Stefan Zweig im Zeitgeschehen des 20. Jahrhunderts. Oberhausen: Athena, S. 293–304.
Lefebvre, Jean-Pierre (2013): Stefan Zweig in der Pléiade. In: zweigheft 10/2013, S. 25–32.
Lefebvre, Jean-Pierre (2017): Vorwort zur *Pléiade*-Ausgabe von Stefan Zweigs erzählerischem Werk. In: Wörgötter, Martina (Hg.): Stefan Zweig. Positionen der Moderne. Würzburg: Königshausen & Neumann, S. 193–246.
Magris, Claudio (1963): Il mito asburgico nella letteratura austriaca moderna. Torino: Einaudi.
Magris, Claudio (2014): Stefan Zweig: Requiem für das liberale Europa. In: zweigheft 14/2014, S. 9–16.
Matuschek, Oliver (2009): Las tres vidas de Stefan Zweig. Barcelona: Papel de Liar.
Mazzucchetti, Lavinia (1946): Stefan Zweig. In: Zweig, Stefan: Il mondo di ieri. Ricordi di un europero. Milano: Mondadori, S. I–XIV.
Mazzucchetti, Lavinia (1959): Ricordo di Stefan Zweig. In: Dies.: Novecento in Germania. Milano: Mondadori, S. 266–273.
Mittner, Ladislao (1971): Storia della letteratura tedesca. Dal realismo alla sperimentazione (1820–1970). Turin: Einaudi.
Natter, Monika (1996): Der frankophile Europäer und psychologische Erzähler. Die Rezeption von Stefan Zweig in Frankreich (1910–1940). Diss. Univ. Wien.
Niémetz, Serge (1996): Stefan Zweig. Le voyageur et ses mondes. Biographie. Paris: Belfond.
Paumgardhen, Paola (2018): Stefan Zweig. Ritratto di una vita. Roma: Bonanno Editore.
Pichler, Georg (2013): Stefan Zweig in Spanien. In: zweigheft 8/2013, S. 23–29.
Reffet, Michel (Hg.) (1997): L'Autriche et l'idée d'Europe. Dijon: Dijon Univ. Press.
Relgis, Eugen (1981): Ein Nachmittag mit Stefan Zweig. Ein Gespräch des Dichters mit seinem rumänischen Übersetzer. In: Lunzer, Heinz/Renner, Gerhard (Hg.): Stefan Zweig 1881/1981. Aufsätze und Dokumente. Wien: Dokumentationsstelle für neuere österreichische Literatur, S. 57–63.
Robertazzi, Mario (1934): L'anima che guarisce di Stefan Zweig. In: Ders.: Poesia e Realtà. Modena: Guanda, S. 293–304.

Rocca, Enrico (1950): Storia della letteratura tedesca dal 1870 al 1933. Firenze: Sansoni.
Rocca, Enrico (2005): Diario degli anni bui. Hg. v. Sergio Raffaeli. Udine: Gaspari editore.
Rovagnati, Gabriella (1998): „Umwege auf dem Wege zu mir selbst". Zu Leben und Werk Stefan Zweigs. Bonn: Bouvier.
Rovagnati, Gabriella (2016): Studien zur österreichischen Literatur. Von Nestroy bis Ransmayr. Frankfurt a. M. u. a.: Lang.
Sauvat, Catherine (2006): Stefan Zweig. Paris: Gallimard.
Seksik, Laurent (2010): Les derniers jours de Stefan Zweig. Paris: Flammarion.
Seruya, Teresa (2017): Stefan Zweig in Portugal. Ein Beitrag zu seiner Rezeptionsgeschichte. In: zweiheft 17/2017, S. 9–20.
Settanni, Ettore (1933): Freud visto da Zweig. In: Ders.: Romanzo e romanzieri d'oggi. Modena: Guida, S. 111–117.
Sogos, Giorgia (2013): Le biografie di Stefan Zweig tra storia e psicologia: *Triumph und Tragik des Erasmus von Rotterdam, Marie Antoinette, Maria Stuart*. Die Biographien Stefan Zweigs zwischen Geschichte und Psychologie: *Triumph und Tragik des Erasmus von Rotterdam, Marie Antoinette, Maria Stuart*. Firenze: Firenze Univ. Press.
Tunner, Erika (2014): Zur jüngsten Zweig-Renaissance. Am Beispiel: Frankreich. In: Renoldner, Klemens (Hg.): Stefan Zweig – Abschied von Europa. Wien: Brandstätter/Theatermuseum, S. 241–251.

5.2 Angloamerikanischer Raum

Arnhilt Johanna Höfle

1. Die Rezeption zu Lebzeiten 823
2. Die Rezeption in der Nachkriegszeit 825
3. Die Rezeption seit den 1980er Jahren 826

1. Die Rezeption zu Lebzeiten

Obwohl die Werke Stefan Zweigs bereits sehr früh ins Englische übersetzt worden waren, fiel seine Rezeption im angloamerikanischen Kontext im Gegensatz zum französischen, russischen oder chinesischen Sprachraum von Anfang an eher bescheiden aus. Die Übersetzung seiner ersten biografischen Arbeit *Emile Verhaeren* wurde 1915 noch sehr positiv in der *New York Times* besprochen. Als ein „fervent, almost feverish disciple" des belgischen Dichters verwies der/die anonym gebliebene Rezensent/in auf Zweigs eigene poetische Leistung. Er sei ein „brilliant Viennese lyrist [...], himself a poet of no small attainment" (N. N. 1915). Mit diesem Zeitungsartikel setzte eine lange und nicht immer unproblematische Auseinandersetzung mit Zweigs Werken in der englischsprachigen Kritik ein.

Trotz des überschwänglichen Lobs für seine Gedichte, die nur vereinzelt überhaupt ins Englische übertragen wurden, erhielten seine Prosawerke stets mehr Aufmerksamkeit. Neben den Novellen erfreuten sich die literarischen Biografien besonderer Beliebtheit. Auffallend ist, dass sich die Kritik, ähnlich wie im deutschsprachigen Raum, schnell in Lobeshymnen über seinen poetischen und lebhaften biografischen Stil einerseits und Angriffe auf die historischen Ungenauigkeiten sowie die „Pseudopsychologie" in seinen Werken andererseits spaltete (vgl. Broadbent 1951).

Als „Stephen Branch" wurde er 1919 in einer unlizenzierten Übersetzung von *Brennendes Geheimnis* (dt. 1911) dem angloamerikanischen Publikum als Autor von Novellen vorgestellt. Der Großteil seiner Novellen wurde in den 1920er und 1930er Jahren übersetzt. Der amerikanische Verleger Harold Strauss bezeichnete Zweigs *Brief einer Unbekannten* (dt. 1922) beispielsweise 1932 als „high point in the development of the short narrative form" (Strauss 1932, S. BR6). Zweigs bevorzugte Gattung könnte aber ein Hauptgrund dafür gewesen sein, dass seine Werke im englischsprachigen Raum nicht auf ein größeres Maß an Begeisterung trafen (vgl. Dove 2014, S. 11). Im Gegensatz zur deutschsprachigen Literaturtradition erwies sich die mittellange Form bei britischen und amerikanischen Verlagen vor allem als unpraktisch und unökonomisch.

Zwischen den britischen und amerikanischen Verlagen Zweigs bestand von Beginn an eine intensive Kooperation. Die meisten Übersetzungen wurden von Cedar und Eden Paul angefertigt. Cedar Paul (1880–1972), eine ausgebildete Opernsängerin, und ihr Ehemann Eden Paul (1865–1944), ein praktizierender Arzt, übertrugen zwischen den 1910er und 1940er Jahren eine Vielzahl an literarischen, politischen, sozialwissenschaftlichen und medizinischen Titeln ins Englische. Sie waren die offiziellen Übersetzer Zweigs in London, wo seine Werke ab 1932 beim Verlag Cassell meist nur ein paar Monate nach ihrer deutschsprachigen Erstveröffentlichung erschienen. Viking Press in New York übernahm die britischen Übersetzungen entweder im selben Jahr oder ein Jahr später (vgl. Klawiter 1987). Einzelne Ausgaben erschienen zuerst in den Vereinigten Staaten.

Zweig arbeitete mit den Pauls eng zusammen und war mit ihrer Arbeit größtenteils zufrieden (vgl. Dove 2014, S. 12–16). Briefe aus dieser Zeit geben aber auch Einblicke in seine Kritik, insbesondere am mangelnden „dichterische[n] Gefühl" der beiden (vgl. Zweig 2013, S. 185). Ihre teilweise problematischen Übersetzungspraktiken könnten auch ein Hindernis für eine breitere Rezeption im englischsprachigen Raum gewesen sein (vgl. Gelber 2014, S. 231f.).

Der Höhepunkt der Übersetzungsaktivitäten ins Englische fiel mit der erfolgreichsten Zeit Zweigs in den 1920er und 1930er Jahren zusammen. Amerikanische Zeitungen interessierten sich für das Leben und Werk des meistgelesenen Schriftstellers der Welt, insbesondere im Jahr 1935, als sein Libretto für die Oper *Die schweigsame Frau* von Richard Strauss in Deutschland aufgeführt und verboten wurde. Ebenso ausführlich wurde über seine Lesereise in den Staaten im Jahr 1939 und schließlich seinen Suizid in Brasilien 1942 berichtet.

Großbritannien und die USA waren beide zu Exilländern Zweigs geworden. Sein schwieriges Verhältnis zur englischen Sprache und vor allem zur britischen Kultur ist mittlerweile gut erforscht (vgl. Görner/Renoldner 2014). Sein Durchbruch in Großbritannien gelang letztendlich durch einen Zufall. Bei einem Besuch im British Museum im Jahr 1933 hatte er einen Augenzeugenbericht über die Hinrichtung Maria Stuarts entdeckt. Die englische Übersetzung seiner Biografie, die Cassell ein Jahr später als *The Queen of Scots* in London herausgab, wurde ein Bestseller. 1939 erhielt sein Roman *Ungeduld des Herzens*, der als *Beware of Pity* in der Übersetzung von Phyllis und Trevor Blewitt bei Cassell erschien, zu Zweigs eigenem Erstaunen ähnlich großen Zuspruch und wurde innerhalb eines Monats viermal neu aufgelegt (vgl. Dove 2014, S. 18).

2. Die Rezeption in der Nachkriegszeit

Wie auch im deutschsprachigen Raum ging die Rezeption Zweigs in den englischsprachigen Ländern in der Nachkriegszeit stark zurück. In den 1950er und 1960er Jahren wurden kaum neue Übersetzungen publiziert. In Großbritannien begann Cassell bereits wenige Jahre nach dem Krieg, die gesammelten Werke des österreichischen Schriftstellers neu herauszugeben. Zwischen 1949 und 1966 erschienen zehn Bände als *Complete Works of Stefan Zweig*, die als ‚Hallam Edition‘ nach Zweigs Adresse in Hallam Street in London bekannt wurden. Neben den Bänden *Kaleidoscope One* (1949) und *Kaleidoscope Two* (1951) mit insgesamt 16 Novellen fasste der Band *Stories and Legends* (1955) sechs weitere kurze Erzähltexte zusammen. Ein eigener Band war jeweils den Werken *Ungeduld des Herzens* (*Beware of Pity*, 1952) und *Die Welt von Gestern* (*The World of Yesterday*, 1953) gewidmet. Die weiteren fünf Bände beinhalteten historische und biografische Texte: zwölf historische Miniaturen der *Sternstunden der Menschheit* (*The Tide of Fortune. Twelve Historical Miniatures*, 1955), die Biografie Maria Stuarts (*The Queen of Scots*, 1950), *Drei Dichter ihres Lebens* (*Adepts in Self-portraiture: Casanova – Stendhal – Tolstoy*, 1952) und die Biografie *Triumph und Tragik des Erasmus von Rotterdam*, die gemeinsam mit *Castellio gegen Calvin oder Ein Gewissen gegen die Gewalt* in einem Band veröffentlicht wurde (*Erasmus, The Right to Heresy*, 1951). Insgesamt erlebte die ‚Hallam Edition‘ drei Auflagen.

In der Zusammenstellung dieser Ausgabe wird die Popularität der unterschiedlichen Genres im englischsprachigen Raum gut ersichtlich. Während die Novellen sowie die historischen und biografischen Werke stark vertreten sind, finden sich darin weder Dramen, Essays noch Lyrik. Zweig hatte bereits zu Lebzeiten neben Interviews und Vorträgen auf Englisch auch in englischsprachigen Zeitschriften, wie *The Reader's Digest* oder *Harper's Magazine*, publiziert. Seine Essays sind dennoch besonders spärlich rezipiert worden (vgl. Klawiter 1987, S. 49f.).

Das Interesse an der Biografie des Schriftstellers ließ in der Nachkriegszeit nie komplett nach. Deutschsprachige Publikationen zu seinem Leben wurden zeitnah ins Englische übersetzt, wie die Lebensdarstellung Friderike Zweigs (1946, 1947) oder Hanns Arens' Sammlung von Reden, Erinnerungen und Briefen (1949, 1951). Als sich Zweigs Todestag 1972 zum 30. Mal jährte, erschienen mit Donald A. Praters *European of Yesterday. A Biography of Stefan Zweig* (1972) und Elizabeth Alldays *Stefan Zweig. A Critical Biography* (1972) gleich zwei englischsprachige biografische Studien (→ VI.6 Die Biografien). Einen besonderen Dienst leistete sicherlich der amerikanische Germanist Randolph J. Klawiter, der 1965 erstmals eine umfassende Bibliografie der Werke von und über Stefan Zweig vorlegte (vgl. Klawiter 1965). Sie wurde 1991 und 1999 erweitert und besteht seit 2008 als Online-Wiki im Internet (vgl. Klawiter 1991, 1999, 2008).

Eine spezielle Charakteristik der angloamerikanischen Rezeption ist die hohe Zahl an Verfilmungen (vgl. Klawiter 1987). Die Novelle *Vierundzwanzig Stunden aus dem Leben einer Frau* (1925) wurde 1952 in Großbritannien und 1961 für das amerikanische Fernsehen mit Ingrid Bergman verfilmt. Neben einer britischen Adaption von *Ungeduld des Herzens* (1946) produzierte die amerikanische Filmindustrie eine Verfilmung von Zweigs Biografie *Marie Antoinette* (1938) und sein Stück *Volpone* (1947). Das wohl berühmteste Beispiel ist der Hollywoodklassiker *Letter from an Unknown*

Woman (1948) von Max Ophüls mit Joan Fontaine und Louis Jourdan, dem in jüngerer Zeit, seit den 1990er Jahren, vor allem in der feministischen Filmwissenschaft große Aufmerksamkeit zuteilwurde (vgl. Hunt 2006; Studlar 1994; → VI.7.3 Verfilmungen).

3. Die Rezeption seit den 1980er Jahren

Zweigs 100. Geburtstag 1981 löste im angloamerikanischen Raum wie auch in vielen anderen Teilen der Welt eine Rückbesinnung auf den fast vergessenen Autor aus. In Symposien, z.B. an der State University of New York in Fredonia oder am damaligen Institute of Germanic Studies in London, setzte in diesem Jahr auch eine intensivere akademische Beschäftigung mit seinem Leben und Werk in den beiden Ländern ein (vgl. Sonnenfeld 1983). Erstmals gab es wieder neue Übersetzungen ins Englische, obgleich sie wiederum von negativen Besprechungen begleitet wurden (vgl. Spender 1982). Einige der biografischen Werke wie *Marie Antoinette* (dt. 1932), *Maria Stuart* (dt. 1935) oder *Magellan* (dt. 1938) waren bis dahin über viele Jahre vergriffen gewesen. Seit den 1990er Jahren tat sich vor allem der Londoner Verlag Pushkin Press hervor. Auf die Übersetzung der *Schachnovelle* (1997) folgten bis 2016 über 30 Neuausgaben. Neben einigen neuen Übersetzungen, vor allem der angesehenen Übersetzerin Anthea Bell, wurden trotz aller Kritik zu Lebzeiten auch die Übertragungen von Cedar und Eden Paul mehrfach neu gedruckt. Wiederum waren den Novellen und Romanen Zweigs die größten Erfolge beschieden. *Ungeduld des Herzens* wurde 2001 mit 13 000 verkauften Exemplaren zum Bestseller bei Pushkin Press (vgl. Himmlmayr 2014, S. 154). Als das wiederentdeckte Romanfragment *Rausch der Verwandlung* (erstmals 1982) 2009 als *The Post Office Girl* beim Verlag Sort of Books erschien, übertraf es diesen Rekord mit 30 000 verkauften Exemplaren. Im April 2009 sendete BBC Radio 4 eine gekürzte Radioadaption des Textes in fünf Teilen. Mit den 16 kurzen Reiseessays in *Journeys* (2010) und den zehn Texten in *Messages from a Lost World* (2016) trat auch Zweigs essayistisches Œuvre in der Übersetzung des Dichters Will Stone erstmals wieder prominenter in Erscheinung.

Obwohl um die Jubiläumsjahre 2011 und 2012 einige bekannte britische Schriftsteller/innen, Sänger/innen, Schauspieler/innen und selbst der damalige Fußballnationaltrainer Roy Hodgson als Zweig-Fans auftraten, wurde Zweigs Werk in der Öffentlichkeit teilweise ambivalent beurteilt (vgl. Kavanagh 2009; Fricker 2012). In seiner polemischen Besprechung von *Die Welt von Gestern* kritisierte auch der Literaturkritiker, Autor und Übersetzer Michael Hofmann die vermeintliche Wiederentdeckung des Jahrhunderts und erklärte ausführlich, warum Zweig, „the Pepsi of Austrian writing", für ihn lediglich ein „popular-again populariser" sei (Hofmann 2010), was eine größere Debatte auslöste (vgl. Görner et al. 2010; Walton 2010). Trotz der Kontroversen strahlte BBC Radio 4 zwischen November und Dezember 2011 Ausschnitte von *Ungeduld des Herzens* als Hördrama sowie im September 2012 eine Hörbuchfassung der Novelle *Episode am Genfer See* (dt. 1919) aus. Im Juni 2012 fand in London zum Thema „Stefan Zweig and Britain" eine der größten internationalen Konferenzen zum österreichischen Autor im Land statt. Ein Antrag bei English Heritage für eine Plakette zur Erinnerung an Zweigs Exil in London an seinem ehemaligen Haus in Hallam Street wurde im selben Jahr dennoch abgelehnt. Zweigs Einfluss in Großbritannien sei laut Begründungsschreiben nie so hoch gewesen wie anderswo, und generell gebe es derzeit Zweifel über das Ansehen und den nachhaltigen literarischen Beitrag des Autors (vgl. Flood 2012).

Neue Übersetzungen und Auflagen führten in den letzten Jahren auch wieder vermehrt zu einer kritischen Auseinandersetzung mit Zweig in amerikanischen Medien (vgl. Carey 2012). Mehrere seiner Werke wurden in die „Classics Series" von *The New York Review of Books* aufgenommen. George Prochniks Biografie, *The Impossible Exile* (2014), die mit dem National Jewish Book Award for Biography/Memoir ausgezeichnet wurde, verweist auf die anhaltende Faszination für Zweigs Leben. Konferenzen wie „Zweig in the World" an der University of California in Berkeley im September 2014 und „Austrian Modernism and the Habsburg Myth" an der Yale University of New Haven im Frühjahr 2016 sowie regelmäßige Veranstaltungen wie die „Stefan Zweig Lecture" an der State University of New York in Fredonia zeugen zudem von Initiativen, Zweig auch in der amerikanischen Literaturwissenschaft präsent zu halten. Nach 25 Jahren erschien mit Mark H. Gelbers und Birger Vanwesenbeecks Band *Stefan Zweig and World Literature* (2014) die erste wissenschaftliche Buchpublikation zu Zweig in den USA. Vereinzelt befassten sich Artikel und Dissertationen an amerikanischen Universitäten mit dem österreichischen Schriftsteller (vgl. Manthripragada 2014).

Auch im jüngsten ‚Revival' Stefan Zweigs im angloamerikanischen Raum spielten Filme eine entscheidende Rolle. 2013 setzte eine amerikanische Fernsehserie Zweigs *Maria Stuart* filmisch um. Wes Andersons preisgekrönter Film *The Grand Budapest Hotel* erregte 2014 großes internationales Aufsehen (vgl. Rohter 2014; → VI.7.3 VERFILMUNGEN). Anderson fühlte sich bei der Konzeption des Films von Zweigs Leben und Werk inspiriert (vgl. Anderson/Prochnik 2014). Eine Auswahl seiner Lieblingstexte gab er im selben Jahr bei Pushkin Press in London heraus (vgl. Zweig 2014). Ob dieser Trend im englischsprachigen Raum dieses Mal länger anhält, wird sich zeigen.

Stefan Zweig

Zweig, Stefan [Stephen Branch] (1919): The Burning Secret. New York: Scott and Seltzer.
Zweig, Stefan (2010): Journeys. Übers. v. Will Stone. London: Hesperus Press.
Zweig, Stefan (2013): „Ich wünschte, dass ich Ihnen ein wenig fehlte". Briefe an Lotte Zweig 1934–1940. Hg. v. Oliver Matuschek. Frankfurt a.M.: S. Fischer.
Zweig, Stefan (2014): The Society of the Crossed Keys. Selections from the Writings of Stefan Zweig. Inspirations for *The Grand Budapest Hotel*. Hg. v. Wes Anderson. Übers. v. Anthea Bell. London: Pushkin Press.
Zweig, Stefan (2016): Messages from a Lost World. Europe on the Brink. Übers. v. Will Stone. London: Pushkin Press.

Weitere Literatur

Allday, Elizabeth (1972): Stefan Zweig. A Critical Biography. London: Allen.
Anderson, Wes/Prochnik, George (2014): „I stole from Stefan Zweig". Wes Anderson on the author who inspired his latest movie. In: The Telegraph, 8. 3. 2014, http://www.telegraph.co.uk/culture/film/10684250/I-stole-from-Stefan-Zweig-Wes-Anderson-on-the-author-who-inspired-his-latest-movie.html (Stand: 1. 11. 2016).
Arens, Hanns (1949): Stefan Zweig. Sein Leben – Sein Werk. Eßlingen: Bechtle.

Arens, Hanns (1951): Stefan Zweig. A Tribute to His Life and Work. London: Allen.
Broadbent, Thomas L. (1951): Stefan Zweig and His American Critics. In: The News Bulletin of the Rocky Mountain Modern Language Association 4/2/Mai/1951, S. 2–4.
Carey, Leo (2012): The Escape Artist. The Death and Life of Stefan Zweig. In: The New Yorker, 27. 8. 2012, http://www.newyorker.com/magazine/2012/08/27/the-escape-artist-3 (Stand: 3. 4. 2018).
Dove, Richard (2014): „Meilenweit von Politik": Stefan Zweig's exile in Britain. In: Görner, Rüdiger/Renoldner, Klemens (Hg.): Zweigs England. Würzburg: Königshausen & Neumann, S. 11–20.
Flood, Alison (2012): Stefan Zweig Memorial Plan Dismissed by English Heritage. In: The Guardian, 6. 8. 2012, http://www.theguardian.com/books/2012/aug/06/stefan-zweig-memorial-english-heritage (Stand: 3. 4. 2018).
Fricker, Martin (2012): Not Your Typical Football Manager. Roy Hodgson's Love of Foreign Literature, Opera and Tennis. In: Mirror, 1. 5. 2012, http://www.mirror.co.uk/news/uk-news/roy-hodgsons-love-of-foreign-literature-813282 (Stand: 1. 11. 2016).
Gelber, Mark H. (2014): Stefan Zweig, Judentum und Zionismus. Innsbruck u. a.: StudienVerlag.
Gelber, Mark H./Vanwesenbeeck, Birger (Hg.) (2014): Stefan Zweig and World Literature. Twenty-First-Century Perspectives. Rochester: Camden House.
Görner, Rüdiger/Holl, Hildemar/Klawiter, Randolph J./Matuschek, Oliver/Müller, Karl/Preuss, Lindi/Renoldner, Klemens (2010): Letters. In: The London Review of Books 32/4/25. 2. 2010, http://www.lrb.co.uk/v32/n02/michael-hofmann/vermicular-dither (Stand: 3. 4. 2018).
Görner, Rüdiger/Renoldner, Klemens (Hg.) (2014): Zweigs England. Würzburg: Königshausen & Neumann.
Himmlmayr, Iris (2014): Reception in Europe. In: Görner, Rüdiger/Renoldner, Klemens (Hg.): Zweigs England. Würzburg: Königshausen & Neumann, S. 153–160.
Hofmann, Michael (2010): Vermicular Dither. In: The London Review of Books 32/2/28. 1. 2010, http://www.lrb.co.uk/v32/n02/michael-hofmann/vermicular-dither (Stand: 3. 4. 2018).
Hunt, Lester H. (2006): The Paradox of the Unknown Lover. A Reading of *Letter from an Unknown Woman*. In: Journal of Aesthetics and Art Criticism 64/1/2006, S. 55–66.
Kavanagh, Julie (2009): Stefan Zweig. The Secret Superstar. In: More Intelligent Life 2009, http://www.moreintelligentlife.co.uk/story/stefan-zweig-secret-superstar (Stand: 20. 11. 2013).
Klawiter, Randolph J. (1965): Stefan Zweig. A Bibliography. Chapel Hill: Univ. of North Carolina Press.
Klawiter, Randolph J. (1987): The Reception of Stefan Zweig in the United States. A Bibliographical Account. In: Modern Austrian Literature 20/3–4/1987, S. 43–53.
Klawiter, Randolph J. (1991): Stefan Zweig. An International Bibliography. Riverside: Ariadne Press.
Klawiter, Randolph J. (1999): Stefan Zweig. An International Bibliography. Addendum I. Riverside: Ariadne Press.
Klawiter, Randolph J. (2016): Stefan Zweig Bibliography, http://zweig.fredonia.edu (Stand: 1. 11. 2016).
Manthripragada, Ashwin J. (2014): Constituting a Self through an Indian Other. A Study of Select Works by Stefan Zweig and Hermann Hesse. Diss. Univ. of California.
N. N. (1915): Verhaeren. Stefan Zweig's Appreciation of Belgium's Poet-Philosopher. In: The New York Times, 3. 1. 1915, o. S.
Prater, Donald A. (1972): European of Yesterday. A Biography of Stefan Zweig. Oxford: Clarendon.
Prochnik, George (2014): The Impossible Exile. Stefan Zweig at the End of the World. New York: Other Press.

Rohter, Larry (2014): Stefan Zweig, Austrian Novelist, Rises Again. In: The New York Times, 28. 5. 2014, http://www.nytimes.com/2014/05/29/books/stefan-zweig-austrian-novelist-rises-again.html?_r=0 (Stand: 3. 4. 2018).
Sonnenfeld, Marion (Hg.) (1983): Stefan Zweig. The World of Yesterday's Humanist Today. Albany: State Univ. of New York Press.
Spender, Stephen (1982): Guilty Secrets. In: The New York Review of Books 29/4/18. 3. 1982, S. 7–9.
Strauss, Harold (1932): A Masterly Novelette by Stefan Zweig. In: The New York Times, 19. 6. 1932, S. BR6.
Studlar, Gaylyn (1994): Masochistic Performance and Female Subjectivity in *Letter from an Unknown Woman*. In: Cinema Journal 33/3/1994, S. 35–57.
Walton, Stuart (2010): Stefan Zweig? Just a Pedestrian Stylist. In: The Guardian, 26. 3. 2010, http://www.theguardian.com/books/booksblog/2010/mar/26/stefan-zweig-michael-hofmann (Stand: 1. 11. 2016).
Zweig, Friderike Maria (1946): Stefan Zweig. New York: Crowell/London: Allen.
Zweig, Friderike Maria (1947): Stefan Zweig. Wie ich ihn erlebte. Stockholm u.a.: Neuer Verlag.

5.3 Lateinamerika, Asien, Russland

Arnhilt Johanna Höfle

1. Lateinamerika 829
2. Asien. 831
3. Russland 833

Der internationale Erfolg der Werke Stefan Zweigs zählt zu den herausragendsten Rezeptionsphänomenen unserer Zeit. Bereits zu seinen Lebzeiten, in den 1920er und 1930er Jahren, war Zweig einer der meistübersetzten Autoren der Welt. Mittlerweile sind seine Werke in über 60 Sprachen erschienen (vgl. Klawiter 1991, 1999, 2014). Dieser Beitrag gibt einen Überblick über den aktuellen Forschungsstand und die Rezeptionssituation seiner Werke in den Regionen Lateinamerika, Asien und Russland.

1. Lateinamerika

Die Rezeption der Werke Stefan Zweigs in Brasilien hat besondere Aufmerksamkeit erregt und ist vor allem im Zusammenhang mit seiner Biografie und seinem Buch *Brasilien. Ein Land der Zukunft* (1941) wissenschaftlich bearbeitet worden (vgl. Thimann 1989; Schwamborn 1999; Pooth 2005; Dewulf 2014). Als Stefan Zweig Brasilien 1936 zum ersten Mal bereiste, zählte er bereits zu den meistgelesenen zeitgenössischen Autoren im Land. Seine Werke waren durch Raubdrucke und ab 1933 auch in autorisierten Ausgaben des Verlags Editora Guanabara weit verbreitet. Zweig erfuhr, wie Susanne Thimann (1989, S. 144) feststellt, „die grandioseste Aufnahme […], die einem deutschsprachigen Prosaschriftsteller unseres Jahrhunderts in diesem Land jemals zuteil geworden ist". Das Engagement des damals erst 20-jährigen, in Russland gebürtigen jüdischen Verlegers Abrahão Koogan, mit dem Zweig später eine

Freundschaft verband, spielte dafür eine wichtige Rolle. Trotz hitziger Kontroversen stellt die Veröffentlichung seines *Brasilien*-Buches 1941 den Höhepunkt seiner Rezeption dar. Aufgrund des utopischen Brasilienbilds Zweigs spekulierte die linke Presse, es handle sich womöglich um ein Propagandawerk im Auftrag des Diktators Getúlio Vargas (vgl. Dewulf 2014; → III.8 BRASILIEN). Die Kontroversen halten bis heute an. Zwischen den 1930er und 1960er Jahren erschienen Zweigs gesammelte Werke in 20 Bänden in drei Auflagen, die mittlerweile vergriffen sind, bei Editora Guanabara. Die allgemeine Tendenz der Rezeption bis in die 1980er Jahre war dennoch auffällig abnehmend, sodass Zweig zu einem „fast vergessene[n] Autor" wurde (Thimann 1989, S. 107). Erst die hundertste Wiederkehr seines Geburtstags löste neue Bemühungen aus, die in den 1980er Jahren vor allem von Editora Nova Fronteira (Rio de Janeiro), in den 1990ern von Editora Record (Rio de Janeiro) und ab 2000 von Editora L&PM (Porto Alegre) vorangetrieben wurden. Seit 2006 setzt sich auch der Verein *Casa Stefan Zweig* (CSZ) mit seinen öffentlichen Veranstaltungen und Aktivitäten, vor allem der Archivierung und Ausstellung von Dokumenten und Objekten im 2012 eröffneten Museum in Petrópolis, für Stefan Zweigs Bekanntheit in Brasilien ein. Eine produktive Rezeption von Zweigs Werken spiegelt sich auch in anderen Medien wider, wie beispielsweise der preisgekrönte Film *A coleção invisível* (*Die unsichtbare Sammlung*, Regie: Bernard Attal, 2013), der die Handlung von Zweigs Novelle in das ländliche Brasilien der Gegenwart versetzt, veranschaulicht.

Die Rezeption der Werke Zweigs in den spanischsprachigen Ländern Lateinamerikas ist im Gegensatz dazu wenig aufgearbeitet, obwohl die Rezeption dort, wie Pilar Estelrich Arce (2002, S. 139) in ihrer Analyse zu Spanien erwähnt, sogar „sehr viel reichlicher ausfiel als diejenige auf der Iberischen Halbinsel". Allein die biografischen Bezüge Zweigs zu diesen Ländern, vor allem seine Reisen und Freundschaften, haben bisher mehr Beachtung gefunden (vgl. Bauer 2011; Eckl 2011). Die Rezeption in diesen Kontexten stellt sich auch dadurch als besonders interessant heraus, da sie enge Verflechtungen dieser Länder untereinander wie auch mit Europa aufweist und dadurch Licht auf komplexe globale Rezeptionsdynamiken wirft. Neben Veröffentlichungen von Verlagen insbesondere in Mexiko, Argentinien und Chile wurden die lateinamerikanischen Länder ab den 1930er Jahren vorwiegend von den spanischen Verlagen Juventud, damals mit Sitz in Barcelona und Buenos Aires, und ab 1987 Quaderns Crema, der auch die Rechte für diese Länder erworben hatte, beliefert. Umgekehrt ist auch zu beobachten, dass die Übersetzungen von lateinamerikanischen Übersetzer/inne/n, allen voran des argentinischen Literaturprofessors und engen Vertrauten Zweigs, Alfredo Cahn, sowohl in verschiedenen Ländern Lateinamerikas als auch in Spanien veröffentlicht wurden. Die aktive transatlantische Zusammenarbeit machte es möglich, dass bereits in den 1940er und 1950er Jahren praktisch alle Werke Zweigs in spanischer Sprache zugänglich waren (vgl. Estelrich Arce 2002, S. 139). Die Buchmärkte in den spanischsprachigen Ländern in Europa und Amerika sind bis heute eng miteinander verbunden, was sich im gleichzeitigen Erscheinen von Zweig-Ausgaben in derselben spanischen Übersetzung in beiden Teilen der Welt manifestiert.

2. Asien

Die Rezeption Stefan Zweigs in China ist eine Erfolgsgeschichte ohnegleichen, die gerade in jüngerer Zeit wissenschaftlich erschlossen wurde (vgl. Ren 1999, 2001; Zhang 2009; Höfle 2012, 2014a, 2014b, 2017). Zweigs Werke wurden erstmals in den 1920er Jahren ins Chinesische übersetzt, und das Interesse daran riss bis heute nicht ab. Herausragend ist ebenso die Tatsache, dass selbst unter dem kommunistischen Regime Mao Zedongs in den 1950er und 1960er Jahren weiterhin einzelne Novellen und literarische Biografien veröffentlicht werden konnten. Grund dafür ist die bis heute anhaltende chinesische Rezeptionstendenz, Zweigs Werke trotz seiner bürgerlichen Klassenherkunft als Werke zu interpretieren, die die Schattenseiten der bürgerlichen Gesellschaft bloßstellen (vgl. Höfle 2017). Während der Kulturrevolution (1966–1976) kam die Rezeption Zweigs und fremdsprachiger Literatur allgemein dennoch fast komplett zum Stillstand. Erst nach der Einführung der Politik von Reform und Öffnung unter Deng Xiaoping Ende der 1970er Jahre konnte fremdsprachige Literatur wieder veröffentlicht werden, was zu einem regelrechten ‚Stefan-Zweig-Fieber' führte. Insbesondere die Novellen, die sich mit den Themen der Liebe und Leidenschaft, vor allem von Frauen, beschäftigen, fanden großen Anklang bei der chinesischen Leserschaft. Diese Werke standen in deutlichem Gegensatz zur chinesischen Literatur der vorangehenden Jahrzehnte, die sich auf unfehlbare kommunistische Held/inn/en und die patriotische Liebe zum kommunistischen Vaterland beschränken musste. *Brief einer Unbekannten* (dt. 1922) ist bis heute das beliebteste Werk Stefan Zweigs. Es wurde 2004 von der Schauspielerin und Regisseurin Xu Jinglei in einer preisgekrönten chinesischen Version verfilmt (*Yi ge mosheng nüren de laixin*) und 2013 vom bekannten experimentellen Theaterregisseur Meng Jinghui auf der Bühne inszeniert. Neben einer weiterhin hohen Anzahl an Übersetzungsausgaben bei vielen verschiedenen Verlagen in allen Teilen des Landes und beeindruckenden Auflagezahlen gibt es gleichzeitig auch eine starke akademische Auseinandersetzung mit Zweigs Leben und Werk.

Wie eng die Rezeption ausländischer Literatur mit den politischen Umständen im jeweiligen Land verwoben ist, führt auch die Rezeptionsgeschichte im Iran, die von Nazli Nikjamal (2012) erstmals bearbeitet wurde, anschaulich vor Augen. Stefan Zweig zählt zu den ersten europäischen Schriftstellern, die je ins Persische übersetzt worden sind. 1934 erschien seine Novelle *Brief einer Unbekannten* als erstes Werk in einer Übersetzung des einflussreichen iranischen Intellektuellen und Schriftstellers Bozorg Alavi, der Zweigs Werke während seiner Studien in Deutschland kennengelernt hatte. Die Werke Zweigs spielten gerade in der ersten Hälfte des 20. Jahrhunderts eine wichtige Rolle für die iranische Prosaliteratur, die sich neben der traditionellen Lyrik erst gerade entwickelte. Das berühmteste Beispiel ist Bozorg Alavi selbst (vgl. Nikjamal 2012). Durch den Ausbruch des Zweiten Weltkriegs erlangten Zweigs Werke allerdings erst nach 1945 mehr Verbreitung auf dem iranischen Buchmarkt. Die Rezeption erreichte in den folgenden zehn Jahren bis zur Rückkehr Reza Schahs an die Macht 1954 ihren Höhepunkt. Zweig wurde zum meistübersetzten ausländischen Schriftsteller im Iran. Der Ausbruch der Islamischen Revolution schränkte die Rezeption ab 1979 erneut ein, und sie erholte sich erst mit der Stabilisierung der politischen Lage ab 1985. Bis heute gibt es eine konstante Rezeption.

Umstrittener ist Stefan Zweig in Japan, wo er von den meisten Germanist/inn/en „als ‚zweitklassig' ignoriert" wird (Sugiyama 2013, S. 1). Seine Werke wurden jedoch seit den 1920er Jahren vielfach in japanischer Übersetzung herausgegeben, und zumindest auf dem Buchmarkt gehört Zweig gemeinsam mit Goethe, Hesse, Rilke und Thomas Mann zu den meistgelesenen deutschsprachigen Schriftstellern (vgl. Fujii 2005). Der Höhepunkt der Rezeption in den 1960er und 1970er Jahren stellte die Veröffentlichung Zweigs gesammelter Werke in zwei Auflagen (1961–1965 in 19 Bänden, 1972–1976 in 21 Bänden) beim Verlag Misuzu Shobo in Tokio dar.

Zweigs Werke erfreuen sich im Gegensatz dazu in Vietnam und Südkorea auch in jüngerer Zeit großer Beliebtheit. Allein in den 1990er und 2000er Jahren gab es zahlreiche Ausgaben seiner Werke in Übersetzung. Zu den koreanischen Übersetzer/inne/n Zweigs zählt u. a. Young-Ae Chon, eine bekannte Lyrikerin, Literaturwissenschaftlerin und Preisträgerin der Goethe-Medaille 2011.

Indien stellt aufgrund seiner internen Mehrsprachigkeit einen spannenden Fall dar, der ebenso wie die ost- und südostasiatischen Kontexte, mit Ausnahme von China, bisher nicht eingehender erforscht worden ist. Zweigs Reise nach Indien (1910) und sein Indienbild, vor allem in *Die Augen des ewigen Bruders* (1921), wurden dagegen bereits mehrfach untersucht (vgl. Ganeshan 1975; Schein 2000; Manthripragada 2014). In Indien wurden Stefan Zweigs Werke seit den 1940er Jahren intensiv rezipiert. Neben englischen Übersetzungen, die in Indien ebenso verbreitet sind, werden seine Werke hauptsächlich auf Hindi gelesen. Daneben gibt es aber auch Übersetzungen in eine Vielzahl an Sprachen, wie Bengalisch, Gujarati, Kannada, Malayalam, Marathi, Oriya, Sindhi, Tamil, Telugu und Urdu, die in den unterschiedlichen Bundesstaaten gesprochen werden.

Die Geschichte der Werke Zweigs in der Türkei, wo es erste Übersetzungen ab den 1930er Jahren und spätestens seit den 1950ern eine nachhaltig starke Rezeption gibt, wäre sicherlich auch ein interessanter Forschungsgegenstand, der bisher noch nicht ausreichend bearbeitet worden ist. Dasselbe gilt für die Übersetzungsgeschichte der Werke Zweigs ins Arabische (vgl. Hoffmann 2016, 2017). Neben den nordafrikanischen Ländern, wie Ägypten oder Tunesien, gibt es beispielsweise in den letzten 30 Jahren auch in einigen Staaten in Vorderasien, vor allem dem Libanon und Syrien, regelmäßige Publikationstätigkeiten.

Der Rezeption Stefan Zweigs in Israel kommt eine besondere Rolle zu, wie Mark H. Gelber (1999) in seiner Analyse feststellt. Obwohl er den Erfolg von Zweigs Werken im Gegensatz zu anderen modernen Weltsprachen als „begrenzt" einschätzt (S. 121), ist es dennoch beachtlich, dass seine Werke seit den 1920er Jahren bis heute in jedem Jahrzehnt mehrfach in hebräischer Übersetzung herausgegeben worden sind. Zweigs Werke sind ab den 1920er Jahren überdies auch in jiddischer Übersetzung vor allem bei Verlagen in Warschau und Buenos Aires erschienen. Ein Anstieg an hebräischen Übersetzungen ist sowohl nach Zweigs Tod und erneut nach der Hundertjahrfeier 1981 festzuhalten. Das große Interesse ist vor allem in Zweigs jüdischer Identität und den thematischen Bezügen zur jüdischen Kultur in seinen Werken begründet (→ V.8 Judentum und jüdische Identität). Bereits zu Zweigs Lebzeiten erregten hebräische Übersetzungen seiner Werke internationales Aufsehen. Die vom Dichter Avigdor Hameiri angefertigte Übersetzung des *Jeremias* (dt. 1917) diente als Grundlage für die vielbeachteten Aufführungen des Ohel-Theaters in Tel Aviv 1920 und in mehreren Ländern Europas 1934. Wie Gelber (1999) aufzeigt, wich diese, wie auch weitere Übersetzungen, auffällig stark von Zweigs Originaltext ab, um dem zionistisch-nationalen Gedanken mehr zu entsprechen. In den 1960er und 1970er

5.3 Lateinamerika, Asien, Russland

Jahren erlangten Zweigs Novellen wiederum Berühmtheit, als sie in die bekannte Reihe der Edition Tarmil aufgenommen wurden, die speziell für Soldaten vom israelischen Verteidigungsministerium konzipiert worden war. *Der Amokläufer* (dt. 1922) erlebte zwischen 1964 und 1974 drei Auflagen in dieser Reihe.

3. Russland

Die russische Rezeption Zweigs ist ein weiteres Beispiel dafür, wie die Werke des österreichischen Schriftstellers in ihrer internationalen Aufnahme in den unterschiedlichsten ideologischen Kontexten gelesen und eingesetzt wurden. Die Geschichte der Werke Zweigs in Russland ist sicherlich eine der längsten, wechselvollsten und auch besser erforschten (vgl. Nymphius 1996; Kagan 1999). Zweig wurde 1907, also noch zur Zeit des Russischen Kaiserreiches, erstmals in einer Zeitschrift erwähnt, und seine Werke liegen seit den 1910er Jahren in russischer Übersetzung vor. Bereits zwischen 1928 und 1934 erschienen seine gesammelten Werke in zwölf Bänden beim Verlag Wremja im damaligen Leningrad. Zweig gilt als der meistgedruckte Autor der deutschen Sprache in der Sowjetunion. Eine bedeutende Rolle für die erfolgreiche Aufnahme seiner Werke spielen, laut Christian Nymphius (1996), die biografischen und literarischen Verbindungen Zweigs zu Russland, insbesondere seine Russland-Reise 1928 (→ III.14.5 Reiseberichte), seine Freundschaft mit Maxim Gorki und seine Werke über Dostojewski und Tolstoi. Dass seine Werke auch trotz der zunehmenden politischen Zensurmaßnahmen, sogar unter Stalin, weiterhin kontinuierlich veröffentlicht werden konnten, ist dennoch bemerkenswert und dem Umstand zu verdanken, dass er der Russischen Revolution als politischem Experiment offen gegenüberstand. Während Zweigs bürgerliche Herkunft scharf kritisiert wurde, wurde er ähnlich wie in China auch im sowjetischen Diskurs hauptsächlich als politischer Autor und als Kritiker der bürgerlichen Dekadenz und des Faschismus gelesen. Größere Publikationswellen fanden jeweils in den liberaleren Phasen statt, nach der Gründung der Sowjetunion (1922) bis zur Machtübernahme Stalins (1932), während der Tauwetterperiode (1953–1964) und insbesondere während der Perestroika (1985–1991). Der Erfolg Zweigs hielt auch im postkommunistischen Russland an, wo er bis heute einer der meistgelesenen ausländischen Autoren ist (vgl. Kagan 1999). Hervorzuheben ist die Tatsache, dass Zweig ab den 1920er Jahren auch in anderen Sprachen in den Teilstaaten der Sowjetrepublik viel gelesen wurde bzw. in den Nachfolgestaaten bis heute gelesen wird. So gibt es beispielsweise armenische, aserbeidschanische, karakalpakische, kasachische, kirgisische, moldawische, usbekische, tadschikische, tschuwaschische, weißrussische und in größerem Umfang estnische, georgische, lettische, litauische und ukrainische Übersetzungen seiner Werke.

Die Rezeption Stefan Zweigs in Lateinamerika, Asien und Russland eröffnet also einzigartige Einblicke in die vielfältige Dynamik von globalen Rezeptionsprozessen und regt zu neuen Perspektiven auf sein Werk an. Sie ist darüber hinaus ein Spiegel unserer Zeit, der bewegten Geschichte des 20. und 21. Jahrhunderts. Gerade außerhalb Europas ist die Rezeptionssituation nur in den wenigsten Kontexten besser erschlossen. Die Erforschung der Rezeption Zweigs in den Ländern Afrikas steht bis heute ebenfalls noch aus, obwohl seine Werke dort auf Arabisch und Afrikaans und womöglich auch anderen Sprachen gelesen werden. Es wäre wünschenswert und wichtig, diese Forschungslücken in Zukunft zu füllen.

Literatur

Bauer, Alfredo (2011): Stefan Zweig in Argentinien. In: Zwischenwelt 28/3/2011, S. 52–54.

Dewulf, Jeroen (2014): Der Neue Mensch in Brasilien. Über den Schatten Nietzsches in Stefan Zweigs Land der Zukunft. In: Monatshefte 106/2/2014, S. 213–229.

Eckl, Marlen (2011): Stefan Zweigs Argentinien-Erfahrung im Licht seiner Freundschaft mit Alfredo Cahn. In: Zwischenwelt 28/3/2011, S. 48–52.

Estelrich Arce, Pilar (2002): Stefan Zweig auf Spanisch und Katalanisch. Zur Fortune des Österreichers in Spanien. In: Krömer, Wolfram (Hg.): Spanien und Österreich im 20. Jahrhundert. Direkte und indirekte Kontakte. Anif: Müller-Speiser, S. 129–148.

Fujii, Akihiko (2005): Übersetzungen deutschsprachiger literarischer Werke ins Japanische. Ein Überblick, http://www.jgg.jp/modules/downloads/index.php?page=visit&cid=1&lid=11 (Stand: 28. 10. 2014).

Ganeshan, Vridhagiri (1975): Das Indienbild deutscher Dichter um 1900: Dauthendey, Bonsels, Mauthner, Gjellerup, Hermann Keyserling und Stefan Zweig. Ein Kapitel deutsch-indischer Geistesbeziehungen im frühen 20. Jahrhundert. Bonn: Bouvier.

Gelber, Mark H. (1999): Stefan Zweig auf Hebräisch und die Rezeption in Israel. In: Schmid-Bortenschlager, Sigrid/Riemer, Werner (Hg.): Stefan Zweig lebt. Akten des 2. Internationalen Stefan Zweig Kongresses in Salzburg 1998. Stuttgart: Heinz, S. 121–130.

Hoffmann, Friedhelm (2016): Bücherschau (arabische Judaika) – mit Anmerkungen zur arabischen Stefan-Zweig-Rezeption. In: Judaica 72/2/2016, S. 302–328.

Hoffmann, Friedhelm (2017): Zur arabischen Stefan-Zweig-Rezeption. In: zweigheft 17/2017, S. 27–34.

Höfle, Arnhilt Johanna (2012): Bis zum letzten Winkel der Erde. Zur Rezeption Stefan Zweigs in China. In: zweigheft 7/2012, S. 23–27.

Höfle, Arnhilt Johanna (2014a): Habsburg Nostalgia and the Occidental Other. Chinese Perspectives on Stefan Zweig's Novellas. In: Journal of Austrian Studies 47/2/2014, S. 105–130.

Höfle, Arnhilt Johanna (2014b): Stefan Zweig in China: Episodes of a Turbulent Reception History. In: Görner, Rüdiger/Renoldner, Klemens (Hg.): Zweigs England. Würzburg: Königshausen & Neumann, S. 161–168.

Höfle, Arnhilt Johanna (2017): China's Stefan Zweig: The Dynamics of Cross-Cultural Reception. Honolulu: Univ. of Hawaii Press.

Kagan, Gennadi E. (1999): Stefan Zweig im postkommunistischen Russland. In: Schmid-Bortenschlager, Sigrid/Riemer, Werner (Hg.): Stefan Zweig lebt. Akten des 2. Internationalen Stefan Zweig Kongresses in Salzburg 1998. Stuttgart: Heinz, S. 131–140.

Klawiter, Randolph J. (1991): Stefan Zweig. An International Bibliography. Riverside: Ariadne Press.

Klawiter, Randolph J. (1999): Stefan Zweig. An International Bibliography. Addendum I. Riverside: Ariadne Press.

Klawiter, Randolph J. (2014): Stefan Zweig Bibliography, http://zweig.fredonia.edu (Stand: 28. 10. 2014).

Manthripragada, Ashwin J. (2014): Constituting a Self through an Indian Other. A Study of Select Works by Stefan Zweig and Hermann Hesse. Diss. Univ. of California.

Nikjamal, Nazli (2012): Die Rezeption Stefan Zweigs in Iran. Masterarb. Univ. Teheran.

Nymphius, Christian (1996): Die Stefan-Zweig-Rezeption in der UdSSR. Mainz: Liber.

Pooth, Xenia (2005): Der Blick auf das Fremde. Stefan Zweigs *Brasilien. Ein Land der Zukunft*. Marburg: Tectum.

Ren, Guoqiang (1999): Die Zweig-Rezeption in China. In: Schmid-Bortenschlager, Sigrid/Riemer, Werner (Hg.): Stefan Zweig lebt. Akten des 2. Internationalen Stefan Zweig Kongresses in Salzburg 1998. Stuttgart: Heinz, S. 141–156.

Ren, Guoqiang (2001): Draußen in der Welt gerühmt, in der Heimat angegriffen. Anmerkungen zur Zweig-Rezeption in Deutschland und China. In: Literaturstraße 2/2001, S. 103–130.

Schein, Reinhold (2000): Stefan Zweigs Reise nach Indien und sein Ausflug in die indische Philosophie. In: Indien in der Gegenwart V/1–2/2000, S. 35–61.

Schwamborn, Ingrid (Hg.) (1999): Die letzte Partie. Stefan Zweigs Leben und Werk in Brasilien (1932–1942). Bielefeld: Aisthesis.
Sugiyama, Yukiko (2013): Die Salzburger Zeit, http://stefan-zweig.com/wp-content/uploads/2015/11/Sugiyma_Salzburg_Essay.pdf (Stand: 28. 10. 2014).
Thimann, Susanne (1989): Brasilien als Rezipient deutschsprachiger Prosa des 20. Jahrhunderts. Bestandsaufnahme und Darstellung am Beispiel der Rezeptionen Thomas Manns, Stefan Zweigs und Hermann Hesses. Frankfurt a.M. u.a.: Lang.
Zhang, Yushu (2009): Seelenleben – Terra inkognita. Die Akzeptanz von Stefan Zweig in China nach der Kulturrevolution. In: Ders.: Mein Weg zur Literaturstraße. Ausgewählte Arbeiten eines chinesischen Germanisten. Würzburg: Königshausen & Neumann, S. 369–373.

6. Die Biografien
Gregor Thuswaldner

1. Richard Specht (1927) 835
2. Erwin Rieger (1928) 836
3. Paul Zech (1943) 837
4. Friderike Zweig (1947, 1961, 1964) 838
5. Hans Hellwig (1948) 839
6. Donald A. Prater (1972/1981) 840
7. Elizabeth Allday (1972) 841
8. Joseph Strelka (1981) 841
9. Hartmut Müller (1988) 841
10. Serge Niémetz (1996) 842
11. Gert Kerschbaumer (2003) 842
12. Oliver Matuschek (2006) 843
13. Alberto Dines (2004/2006) 844
14. Romanbiografien: Alfredo Bauer (1990/1993) und Laurent Seksik (2010) . . 844

Zweifellos ist es Friderike Maria Zweig zu verdanken, dass sie nach dem Zweiten Weltkrieg Leben und Werk des im Exil verstorbenen Autors Stefan Zweig in Erinnerung gebracht hat. Sie hat mit drei Büchern bis in die 1980er Jahre die Deutungshoheit für sich beansprucht. Sogar die wegweisende Biografie von Donald A. Prater orientiert sich in vielen Punkten an ihren Urteilen. Obwohl ohne Praters Buch die weitere biografische Forschung undenkbar wäre, liefern die späteren Arbeiten, insbesondere jene von Serge Niémetz, Gert Kerschbaumer, Alberto Dines und Oliver Matuschek, wesentliche Beiträge für eine neue, kritische Einschätzung zu Stefan Zweigs Lebensumständen. Sie sind essentielle Grundlage für die künftige biografische Auseinandersetzung mit Zweig. Hier werden – der Chronologie ihrer Entstehung folgend – zunächst biografische Schriften angeführt, die vor Friderikes Veröffentlichungen verfasst wurden.

1. Richard Specht (1927)

Für die erste Ausgabe gesammelter Werke Stefan Zweigs, die nicht in deutscher, sondern in russischer Sprache erschienen ist, verfasste Richard Specht 1927 sein biografisches Porträt *Stefan Zweig. Versuch eines Bildnisses*, das in deutscher Sprache noch im selben Jahr als Sonderdruck erschien. Im Zentrum steht für Specht zunächst das Frühwerk Werk des Autors, weiters werden das erzählerische (bis einschließlich *Verwirrung der Gefühle*, 1927; vgl. Specht 1927, S. 36f.) und das dramatische Werk bis 1926 ausführlich vorgestellt. Darüber hinaus erstellt Specht auch eine Art Psychogramm des Autors und bewundert, „mit welcher unerhörten Willenskraft er es [i.e. das Werk] von Anfang aufgebaut und zur organischen Ordnung gebracht hat." (S. 9) Im vierten Kapitel versucht er Zweig zwischen Hofmannsthal, Rilke und anderen Vertretern der kulturellen Sphäre Wiens zu verorten.

2. Erwin Rieger (1928)

Ein Jahr später, 1928, veröffentlichte der Wiener Schriftsteller und Übersetzer Erwin Rieger ein Buch mit dem an Zweigs Rolland-Biografie angelehnten Titel *Stefan Zweig. Der Mann und sein Werk*. Aufgrund der langjährigen Freundschaft zwischen Rieger und Zweig ist die Darstellung von zahlreichen persönlichen Eindrücken und Erlebnissen geprägt. Eröffnet wird der Blick auf Zweig mit einer Erörterung über seine europäische und kosmopolitische Orientierung, die ihn im Vergleich mit anderen Autoren seiner Generation besonders auszeichne.

Rieger hält Zweig zwar nicht für den bedeutendsten Autor seiner Zeit, doch in der „Vermittlung internationaler Werte im europäischen Sinne" überrage er jeden anderen Künstler (Rieger 1928, S. 13). Er hebt auch die internationale Rezeption von Zweigs Werk hervor, dessen Essays, Novellen und Stücke weltweit gefeiert würden. Zweigs kosmopolitischer Impetus und sein Einsatz für ein geeintes Europa müssten Vorbildwirkung haben: „Zumindest als Vorläufer jener darf er gelten, die da kommen müssen, wenn es gelingen soll, unsre geistige Welt aus der allgemeinen Verwirrung zu retten." (S. 14) Zweigs kosmopolitische Einstellung scheint ihm bereits in die Wiege gelegt worden zu sein, als er 1881 in einem großbürgerlich-jüdischen Haus in Wien, „im Herzen dieser Stadt", die Rieger für die damals „kosmopolitischeste Stadt des Kontinents" hält, zur Welt kommt (S. 18f.).

Nach einzelnen biografischen Kapiteln über Kindheit, Jugend und junges Erwachsenenalter kommt Rieger zielstrebig auf die Beziehung zu Émile Verhaeren zu sprechen und folgt chronologisch den Lebensstationen, im Wechsel mit Erörterungen zu den einzelnen Werken. Rieger preist zwar die Musikalität von Zweigs Sprache und seinen „Willen zu sprachlich-harmonischer Vollendung", spart aber auch nicht mit Kritik: „Scharf zergliedert, hält er den Regeln der Syntax nicht immer bis ins letzte stand, überdies entgeht Stefan Zweig manchmal nicht ganz der Gefahr der Wiederholung" (S. 129). Obwohl Riegers Studie biografische Details enthält, ist sie doch hauptsächlich eine nuancenreiche Beschäftigung mit Zweigs Werken, zwischen denen er interessante Verbindungslinien herstellt. Aufgrund der persönlichen Nähe zu Zweig sind viele Einschätzungen Riegers bemerkenswert. So etwa die Behauptung, dass sämtliche Figuren auf unterschiedliche Art gegen die bürgerliche Gesellschaft aufbegehren würden. Der Hinweis, dass viele Gestalten in Zweigs Novellen „zu sehr ihm selber gleichen" (S. 155), überrascht, da Zweig stets konsequent darum bemüht war, Autobiografisches bzw. Privates zu vermeiden oder wenigstens zu kaschieren. Rieger räumt allerdings auch ein, dass seine Überlegung nicht im streng autobiografisch-dokumentarischen Sinne gemeint sei; vielmehr lege Zweig seinen Figuren – nicht nur den männlichen Protagonisten, sondern auch Kindern oder Frauen – „fast immer sein eigenes beredtes Wort in den Mund" (S. 155). Unter den vielen Rezensionen zu Riegers Biografie sei exemplarisch jene von Franz Krotsch aus dem *Salzburger Volksblatt* erwähnt. Er betont die Zusammenhänge zwischen literarischem Werk und Leben, ein Dasein, das „unbeirrbar und konsequent einem einzigen geistigen Europa dient." Krotsch schließt: „Es empfiehlt sich, das Buch zu lesen, weil es nicht nur eine Biographie schlechthin, sondern infolge der vielfachen Berührungen Zweigs mit dem außerdeutschen Geistesleben ein Stück bedeutungsvoller europäischer Geistesgeschichte darstellt." (Krotsch 1928)

3. Paul Zech (1943)

Aus der Vielzahl der Nachrufe von Zweigs Freunden, in denen zum Teil auch Zweigs Lebenswerk vorgestellt und gewürdigt wird (vgl. einzelne Beiträge in Arens 1949, 1968; Fitzbauer 1959; vgl. auch Weinzierl 1992), sei auf einen beispielhaft hingewiesen: Im Jahre 1943 veröffentlichte der deutsche Autor Paul Zech einen Aufsatz mit dem Titel *Stefan Zweig – Eine Gedenk-Schrift*, der im Quadriga Verlag in Buenos Aires als „Sonderdruck in dreihundert nummerierten Exemplaren" erschien (Zech 1943; auch in Zech/Zweig 1986, S. 117–140). Seit 1910 war Zweig mit Zech freundschaftlich verbunden, wie u.a. der Briefwechsel dokumentiert, besonders zu beachten sind die Briefe aus der Exilzeit (vgl. Zech/Zweig 1986). Zech war es 1933 gelungen, von Deutschland über Triest und Montevideo nach Buenos Aires zu entkommen. Die Schrift ist ein Versuch, die Trauer über den Verlust des Freundes zu bearbeiten und so dessen Vermächtnis in Erinnerung zu rufen. Alle Reflexionen kreisen um Zweigs Tod. Davon ausgehend nimmt Zech auf einzelne literarische Werke und Lebensstationen Bezug. „[N]ach einem Jahr stiller und privater Trauer" wendet sich Zech mit seiner Studie an ein Publikum, das hauptsächlich aus deutschsprachigen Exilanten in Südamerika bestand (Zech 1943, S. 7). Zech hadert mit dem Selbstmord Zweigs, wenn er schreibt: „Wir bemühen uns nun, im Ungefähren wenigstens, dem Toten die Ehre zu erweisen, die seinem Wert als Freund und als Schriftsteller entspricht. Wir wollen von ihm reden und ihn vor allem darin verstehen versuchen, dass er sich zu einem Absterben veranlasst sah, über dessen Notwendigkeit man sich nicht im Klaren sein will." (S. 10)

Obwohl Zech in seiner Gedenkschrift den Tod seines Freundes noch nicht überwunden zu haben scheint, versucht er ein gewisses Maß an Verständnis für Zweigs Freitod aufzubringen, auch wenn sein Wille, selbst weiter zu leben, nicht wankt: „Wir bleiben! Nun erst recht! Ja, das wollen wir wirklich. Das sind wir den Toten schuldig und all denen, die in der Unruhe leben, es ihnen gleichzutun." (S. 14) Zech erinnert sich, dass er bereits 1938 in einem Brief von Zweig eine Andeutung auf einen möglichen Suizid erhalten hatte. Zweigs Schicksal sei mit dem Ausbruch des Zweiten Weltkriegs besiegelt worden: „Der Krieg war nun endlich da und der einst unentwegte Optimist Stefan Zweig (oder der ‚mystische Liebhaber einer Rose ohne Dorn' wie Franz Blei ihn einmal zu charakterisieren suchte) existierte nicht mehr." (S. 23)

Zech, der seinen Text noch während des Kriegs verfasst, interessiert sich insbesondere für Zweigs Humanismus, den er nicht nur in seinen Werken, sondern auch im Lebensstil des Autors findet. Die biografische Gedenkschrift schließt mit einer Aufforderung an die Leser, Zweig den Freitod zu verzeihen: „Tolerant auch dem Dichter Stefan Zweig gegenüber, dem Leidenden, dem sich zu früh die Hand von den Dingen löste und der nicht auf dem Rückzug, sondern auf dem Heimweg war." (S. 41f.)

4. Friderike Zweig (1947, 1961, 1964)

Über lange Zeit nachhaltig wirkend waren die Bücher von Zweigs erster Ehefrau Friderike. 1947 erschien der Band *Stefan Zweig. Wie ich ihn erlebte*. Ein Jahr davor war bereits die englische Übersetzung in New York erschienen. Da ihren eigenen schriftstellerischen Versuchen wenig Erfolg beschieden war, wurde es zu Friderike Zweigs Lebensaufgabe, die Erinnerung an Stefan Zweig und sein Werk wachzuhalten. In ihrem Vorwort berichtet sie, dass sie bereits zu Lebzeiten Zweigs vorhatte, eine Biografie zu schreiben. Sie habe Zweigs Einverständnis gehabt, „um das Außerordentliche und Einmalige seiner Persönlichkeit festzuhalten." (F. Zweig 1947, S. 7) Doch war Friderike angeblich nicht mit ihren Vorarbeiten zufrieden, sodass sie sie vernichtete. Der erneute Impetus, eine Biografie von Stefan Zweig zu schreiben, sei dann von außen gekommen, und sie habe diese Aufgabe als eine Art Ersatzhandlung begriffen: „Von Argentinien kam der stärkste Appell und bestimmte mich schliesslich [sic], die Feder zu ergreifen, mit einer Hand, die noch nicht die Kraft zurückgewonnen hatte, das eigene erschütterte Leben weiterzulenken." (S. 8) Der Titel ihrer Biografie ist Programm: Friderike Zweig macht kein Hehl aus ihrer subjektiven Sicht, was besonders deutlich wird, wenn sie das soziale Umfeld Zweigs und dessen Familie charakterisiert. Sie greift auch zuweilen korrigierend in Zweigs eigene Lebensbeschreibungen ein. Über Zweigs „Jugend und Werden" schreibt sie etwa: „Angesichts der neuen Jugend, deren Welt die des Sports und nicht die der Bücher und Künste war, pflegte Stefan Zweig die Geistigkeit seiner eigenen Generation zu überbewerten. Hatten er und seine Kameraden wirklich in einem antikisch anmutenden Dichterhain gelebt?" (S. 15)

In Friderike Zweigs Buch sind Biografie und Autobiografie kaum zu trennen, da ihr Lebensbild des Schriftstellers nicht von biografischer Recherche, sondern von persönlichen Erinnerungen geprägt ist. So ist es auch nur konsequent, dass sie Zweig des Öfteren „meinen Mann" nennt (vgl. etwa S. 55). Besonders interessant ist, wie beschönigend sie den Bruch mit Zweig schildert. „Das Haus zerbricht" ist der mehrdeutige Titel des Kapitels, das gleich zu Beginn Zweigs Charakter lobt: „Stefan Zweig war meist von der größten Güte und Anspruchslosigkeit, und ein persönlicher Zauber machte ihn oft völlig unbesiegbar." (S. 364) Dass er sie mit Lotte Altmann betrog, war dann auch keine Charakterschwäche, sondern darauf zurückzuführen, dass sie kein gemeinsames Haus mehr hatten: „Ein Hotel war eben kein eigenes Haus mehr – das war wohl der tiefere Grund! Das Haus war es, das zerbrochen war." (S. 374) Lotte Altmann und ihre Beziehung mit Zweig werden nicht positiv geschildert. Friderike nennt Lotte eine „schwächliche Erscheinung, sie hatte etwas von jenen verschüchterten Wesen an sich, wie sie Dostojewski so ergreifend geschildert hat." (S. 368) In diesem Zusammenhang deutet sie Zweigs Roman *Ungeduld des Herzens* (1939) stark autobiografisch. Mehr als fragwürdig ist die Behauptung, der Roman gebe Auskunft über die Beziehung zwischen Lotte und Stefan: „Dieses Leiden eines jungen Mädchens hat zweifellos Stefan Zweig drei Jahre später zu dem Roman ‚Ungeduld des Herzens' inspiriert, in dem ein unfreiwilliger Liebhaber zwischen Mitleid und Abwehr schwankt und durch seine Unschlüssigkeit schließlich den Selbstmord der jungen Kranken mitverschuldet." (S. 369) Friderike und Stefan Zweig waren bekanntlich nach ihrer Scheidung wieder freundschaftlich verbunden, wovon ihre rege Korrespondenz zeugt (→ III.16 Briefe).

6. Die Biografien

1961 erschien Friderike Zweigs Bildbiografie mit Abbildungen von Zweigs Familie, seinen Freunden, Schutzumschlägen einiger seiner Bücher, sowie Faksimiles von Briefen von und an Zweig u.v.m. In diesem zweiten Buch versucht Friderike einen distanzierteren Blick und schreibt von sich selbst in der dritten Person. Persönliche Details drückt sie nun mit Hilfe von Passivkonstruktionen aus: „Friderike von Winternitz ist verheiratet und hat zwei kleine Töchter. Rücksichten müssen genommen werden und man sieht zunächst keinen anderen Ausweg als eine Trennung." (F. Zweig 1961, S. 47) Erneut wird Lotte Altmann als geistig und körperlich labil geschildert, wodurch ein Bezug zum Doppelselbstmord von Heinrich von Kleist und Henriette Vogel zu erkennen sei: „Zwischen Kleist und Zweig besteht noch eine andere Ähnlichkeit: Er wollte nicht allein in den Tod gehen. Zweimal hat er Friderike aufgefordert, mit ihm zu sterben. Sie versicherte ihm, daß sie mit ihm bis ans Ende der Welt gehen würde, doch da würde ihre Gefolgschaft enden. Lotte, die jüngere, eine kranke Frau, die nur durch ihn am Leben hing, erklärte sich bereit." (S. 124f.) Es bedarf keiner weiteren Erörterung, dass derlei Einschätzungen als höchst zweifelhaft zu beurteilen sind.

Wie schon ihr Buch *Stefan Zweig. Wie ich ihn erlebte* beginnt Friderike Zweigs Bildbiografie im Jahre 1881, dem Geburtsjahr Stefans Zweigs. Aber nun steht ein „Gottesgericht", so der Titel des Kapitels, im Zentrum des Geschehens, der Brand des Wiener Ringtheaters, was man wohl als eine epische Vorausdeutung auf den Zweiten Weltkrieg und das tragische Schicksal Zweigs verstehen sollte. Ähnlich wie in ihrem Band aus dem Jahr 1947 steht auch in der Bildbiografie ihr Leben mit Stefan Zweig im Mittelpunkt, auch die Jahre nach seinem Tod. Neben Richard Friedenthal nennt sie zwei aus Wien stammende Germanisten, die sich für ihre Mission, Stefan Zweigs Werk in der Welt bekannter zu machen, stark machten: Harry Zohn und Robert Rie.

Als dritten Band veröffentlichte Friderike 1964 eine kommentierte Auswahl ihres Briefwechsels mit Stefan Zweig mit dem Titel *Spiegelungen des Lebens*, wobei mittlerweile nachgewiesen werden konnte, dass sie an den Originalen zahlreiche Änderungen und Verfälschungen vorgenommen hat (vgl. Zweig/Zweig 2006; vgl. auch Weinzierl 2015, S. 7–81).

5. Hans Hellwig (1948)

Auch Hans Hellwig beginnt seine schmale Biografie aus dem Jahr 1948 mit dem Selbstmord Zweigs. Zweig habe seinem Leben ein Ende bereitet, als „das Europäertum in seiner jüngsten Krise" war (Hellwig 1948, S. 9), heißt es im ersten Kapitel. Wie Zech verurteilt Hellwig Zweigs Freitod nicht: „Eine Tragödie läßt sich weder umbiegen noch ungeschehen machen; aber sie läßt sich erklären, und aus der Erkenntnis lassen sich heilsame Folgerungen ziehen." (S. 10) Im Mittelpunkt von Hellwigs Biografie, die sich eng an Zweigs Erinnerungen in *Die Welt von Gestern* (1942) anschließt, steht der „Europäer[ ] Stefan Zweig" (S. 9). Wien sei „ein besonders günstiger Boden für das Wachstum einer europäischen Kultur" gewesen (S. 10), wo ein „übernationales Weltbürgertum" wie von selbst gedeihe (S. 11). Es ist ein eher klischeehaftes Wien der Jahrhundertwende, „die gute[ ], alte[ ] Zeit" (S. 14), auf die Hellwig Bezug nimmt. Die politischen, gesellschaftlichen und kulturellen Umbrüche interessieren den Biografen nicht. Hellwig schätzt den Lebensweg Zweigs als früh vorbestimmt ein, weshalb auch „die ersten Versuche des jungen Dichters völlig ernst zu nehmen" seien (S. 21). Weiters wird allen Texten Stefan Zweigs höchste Qualität beigemessen. Darüber hinaus lasse sich in Zweigs Essayistik und in dessen Novellistik die allerhöchste Vollendung finden. Sogar die Lyrik sei über alle Zweifel erhaben: „Die Gedichte Zweigs, von denen Max Reger einige komponiert hat, sind vollendet in der Sprache, tief in Stimmung und Gedanken; aber beim Überblick über das Gesamtwerk des Dichters findet man, daß sie bei aller Schönheit nicht das Eigentlichste sind, das Stefan Zweig zu sagen hatte. [...] [W]o das schöpferisch Erkennende selber Triebkraft zur dichterischen Gestaltung wird, in den Novellen und Essays, wird Zweig der Unerreichbare, das einmalige Genie." (S. 42) Hellwigs lapidar gehaltene Biografie ist das Werk eines Zweig-Bewunderers. Für die Forschung dürfte *Stefan Zweig – Ein Lebensbild* nur insofern interessant sein, als es gemeinsam mit Friderike Zweigs (auto)biografischem Buch von 1947 den Grundstein zu einem verklärten Zweig-Bild nach dem Zweiten Weltkrieg legt.

6. Donald A. Prater (1972/1981)

Auch der britische Diplomat und Literaturwissenschaftler Donald A. Prater zollte Friderike Respekt, indem er ihr seine 1972 bei Oxford University Press erschienene Zweig-Biografie *European of Yesterday. A Biography of Stefan Zweig* widmete. Er war Friderike mehrfach begegnet und hatte ihr auch einen ausführlichen Fragebogen zu einzelnen Lebensstationen vorgelegt. Eine erweiterte deutschsprachige Ausgabe wurde 1981 im Hanser Verlag veröffentlicht. Praters Biografie war insofern wichtig, als sie Zweigs Leben und Werk einem größeren englischsprachigen akademischen Leserkreis in einer Zeit zugänglich machte, in der Zweig in der Literaturwissenschaft kaum berücksichtigt wurde (vgl. Daviau 1973, S. 181). Der exzellente Ruf der Oxford University Press legitimierte Zweig in der nicht-deutschsprachigen Welt nun als einen Autor ersten Ranges. Und obwohl der Titel impliziert, dass Zweig mit dem Europa der Gegenwart oder der Zukunft nichts zu tun habe, hat sich diese Biografie positiv auf die internationale Zweig-Forschung ausgewirkt. Praters Arbeit war die erste wissenschaftlich fundierte Auseinandersetzung mit Zweigs Leben. Das Erscheinen im deutschsprachigen Raum markiert den Beginn einer neuen kritischen Auseinandersetzung.

Bei Prater sehen wir Zweig als Vermittler bzw. Mittler zwischen Welten, als echten Europäer, der sein Europäertum wichtiger nahm als seine nationale Zugehörigkeit zu Österreich (vgl. Prater 1972, S. VII). Durch die enorme Kenntnis literarischer, historischer und kulturgeschichtlicher Koordinaten eröffnet Prater einen umfassenden Blick auf diese Epoche. Zweigs Leben und Werk wird damit im Ensemble vielfältiger ästhetischer und geistiger Strömungen diskutiert.

Dank seiner umfassenden Recherchen in zahlreichen Archiven in verschiedenen Ländern konnte Prater zudem für seine Biografie erstmals aus einer Fülle von bis dahin unveröffentlichten Briefen schöpfen. Zahlreiche Zitate – Zweig kommt hier zu vielen Themen und Anlässen persönlich zu Wort – machen Praters Darstellung besonders anschaulich.

Dem Biografen gelingt es überdies, Zweigs Leben mit großem psychologischem Einfühlungsvermögen zu schildern, wobei kritische Anmerkungen nicht ausgespart werden. Prater zeichnet kein verklärtes Bild des Autors, wie dies bei Hellwig und Friderike Zweig der Fall ist.

6. Die Biografien
841

7. Elizabeth Allday (1972)

1972 erschein mit Elizabeth Alldays *Stefan Zweig: A Critical Biography* eine weitere Studie über Zweigs Leben. Der Titel ist irreführend, denn im Gegensatz zu Praters Biografie verzichtet Allday gänzlich auf einen wissenschaftlichen Apparat. Hier finden sich zwar etliche Zitate aus Zweigs Werken und von anderen Autoren, doch werden die exakten Quellen nicht genannt. Für die wissenschaftliche Arbeit ist daher Alldays Arbeit kaum von Nutzen. Das Buch wendet sich aber auch an einen breiteren Leserkreis, der hier einen guten Überblick über Zweigs Leben und Werk bekommt. Allday ist bemüht, das Atmosphärische von Zweigs Umgebung einzufangen. Dabei schießt sie gelegentlich etwas romanhaft übers Ziel hinaus, wenn sie etwa das Wetter in Paris beschreibt, als sich Zweig dort aufhält. Das Wetter soll hier offensichtlich den Gemütszustand Zweigs widerspiegeln: „Today, the sun was glistening on the wet pavements of Paris and sparkling in the droplets on the leaves of the plane trees; and the still, small voice deep within him was temporarily silenced by the outward and visible signs of wellbeing all around." (S. 45) Man spürt die Bemühung der Autorin, eine Biografie Zweigs vorzulegen, die stark von Zweigs eigenen psychologisch ausgerichteten Biografien beeinflusst ist. Sie versucht darüber hinaus, das Gefühlsleben des Autors für die Leser auszuloten und wird so zur scheinbar allwissenden Erzählerin von Zweigs Leben. Mehr als eine unterhaltsame Studie ist Allday dabei nicht geglückt.

8. Joseph Strelka (1981)

1981, zu Zweigs 100. Geburtstag, legt der österreichisch-amerikanische Germanist Joseph Strelka sein Buch *Stefan Zweig. Freier Geist der Menschlichkeit* vor. Beabsichtigt wurde keine wissenschaftlich fundierte Ausgabe, sondern eine möglichst solide, chronologisch aufgebaute Nacherzählung der wichtigsten Lebensstationen und Veröffentlichungen Zweigs. Grundsätzlich hat Strelka nicht den Epochenblick im Sinn, seine Perspektive richtet sich hingegen streng fokussiert auf die Ereignisse in Zweigs Leben, Buch für Buch wird rekapituliert. Bemerkenswert sind – im Zusammenhang mit der Darstellung der großen Novellen – die Verbindungslinien zur Prosa von Musil und Schnitzler (vgl. Strelka 1981, S. 54ff.), Roth (vgl. S. 75f.) oder Broch (vgl. S. 79, 111). Zweigs Erasmus-Buch ist ein eigenes Kapitel gewidmet, für Strelka ist diese biografische Studie zugleich ein autobiografischer Schlüsseltext (vgl. S. 80–94). Auch die Darstellung von *Castellio gegen Calvin* erhält einen besonderen Platz (vgl. S. 107–112). Die letzten beiden Kapitel widmen sich den Werken, die im englischen und amerikanischen Exil entstanden sind (vgl. S. 95–160). Das Buch schließt mit einem kleinen Überblick über Stimmen zu Zweigs Tod. Wie es einer als Einführung zu Leben und Werk des Autors gedachten Darstellung entspricht, werden die Rezeption oder die wissenschaftliche Auseinandersetzung in diesem Buch nicht berücksichtigt.

9. Hartmut Müller (1988)

1988 erschien im Rowohlt-Taschenbuch Verlag Hartmut Müllers *Stefan Zweig mit Selbstzeugnissen und Bilddokumenten*. Wie auch die Biografien von Niémetz und Dines eröffnet Müller den Band mit Reflexionen über Tod und Begräbnis des Autors im Exil. In seiner Annäherung, die zahlreiche neuere Forschungsergebnisse miteinbezieht, entwirft der Biograf ein nuancenreiches Bild der Verwobenheit von Zweigs Leben und Werk, wobei der Schwerpunkt auf den Jahren bis 1934 liegt und die Jahre im Exil im Gegensatz dazu stark reduziert dargestellt werden. Müller schätzt Zweig als einen Erfolgsautor ein, der zwar nicht Trivialliteratur geschrieben, aber genau gewusst habe, mit welchen Themen und stilistischen Mitteln er ein großes Publikum erreichen konnte. In seiner sozialen Intelligenz, die Zweig zum Vermittler zwischen Intellektuellen, Literaturen und Kulturen werden ließ, erkennt Müller Zweigs größte Stärke. Der Band bietet viele bis dahin nicht veröffentlichte Bildmaterialien sowie eine ausführliche Bibliografie von Primär- und Sekundärwerken.

10. Serge Niémetz (1996)

Die umfangreichste französische Biografie zu Stefan Zweig hat Serge Niémetz verfasst, *Stefan Zweig. Le voyageur et ses mondes* (1996; spätere Auflagen in erweiterter Fassung). Auf über 500 Seiten zeichnet er das vielschichtige Bild des Autors nach und ist dabei bemüht, sein Denken und Agieren sowie seine Werke in ihrem kulturellen und politischen Umfeld zu situieren. Die im Titel angesprochenen „Welten" beziehen sich auf Zweigs Selbstaussage in der *Welt von Gestern*, in der er sich in verschiedenen Welten verortet und diese zugleich mit mehreren Leben in Verbindung bringt. Durch den Zusatz der „Welten" wird außerdem bereits im Titel deutlich, dass es Niémetz auch immer um den historischen, kulturellen und politischen Kontext geht, welcher den Autor geprägt hat. So bietet Niémetz dem Leser im ersten der vier Abschnitte seiner Biografie ein Kapitel mit dem Titel „Le milieu" an, in welchem er wesentliche Züge des Habsburgerreichs und insbesondere der Hauptstadt Wien skizziert. Er zeigt unter anderem auf, wie sich dort der latent vorhandene Antisemitismus weiterentwickelte, schreibt von der Situation der bildungsbürgerlichen Juden in Wien um die Jahrhundertwende und von einer Identitätskrise der intellektuellen Welt, insbesondere aber der jüdischen Künstler. Zur Sprache kommt außerdem Zweigs persönliche Einstellung zum Judentum und zu seiner jüdischen Identität. Verständlicherweise spielt das Verhältnis Zweigs zu Frankreich eine wichtige Rolle, und besonders die Freundschaft zu Romain Rolland erhält ein bedeutendes Gewicht. Dennoch handelt es sich um einen Versuch, alle Facetten dieses reichen Lebens zu berücksichtigen. Angemerkt sei, dass die Quellendokumentation und die Auswahlbibliografie etwas knapp ausfallen.

11. Gert Kerschbaumer (2003)

Gert Kerschbaumers *Stefan Zweig. Der fliegende Salzburger* (2003) hebt sich nicht nur aufgrund des beachtlichen Umfanges von bisherigen Zweig-Biografien ab. Es ist auch der kurzweilige, zuweilen plauderhafte Tonfall des Autors, mit dem sich Kerschbaumer von anderen Zweig-Biografen unterscheidet. Zudem untersucht Kerschbaumer in erster Linie und mit besonderer Intensität Zweigs Salzburger Jahre von 1919 bis 1934. Das literarische Werk steht nicht im Vordergrund, die Studie konzentriert sich insbesondere auf den politisch-kulturgeschichtlichen Kontext. Das ambivalente Verhältnis des Autors zu seiner Stadt, ihren Einwohnern oder etwa auch den Salzburger Festspielen wird deutlich. Die Fülle von neuen Informationen, die Kerschbaumer in diesem Buch bietet, ist beachtlich. Er stützt sich dank intensiver Archivrecherche auf eine Vielzahl schwer zugänglicher Dokumente, Briefe, Zeitungsartikel, Rezensionen etc. Zahlreiche Zitate belegen das Bild von Zweigs schöpferischem Enthusiasmus, aber auch von den antisemitischen Ressentiments und den persönlichen Enttäuschungen und Kränkungen, die Zweigs Jahre in Salzburg bestimmten.

12. Oliver Matuschek (2006)

2006 legte Oliver Matuschek mit *Stefan Zweig. Drei Leben – Eine Biographie* die – seit Prater (1972) – umfangreichste und wichtigste Biografie vor, die durchaus wissenschaftlichen Ansprüchen genügt. Im Unterschied zu anderen Biografien ist Matuscheks Porträt nicht von Friderikes Perspektive geprägt, das Buch formuliert im Gegenteil in vieler Hinsicht die überfällige Korrektur. Friderikes Darstellung sei nicht immer zu trauen, da ihre „Veröffentlichungen von einer Melange aus mehr oder minder geschickten Manipulationen und Verschleierungen von Tatsachen durchsetzt [sind]" (Matuschek 2006, S. 12).

Matuscheks Arbeit basiert auf den Originalen der Korrespondenz und nicht auf den von Friderike editierten und veränderten Fassungen der Briefe. Von Matuschek erfährt man z. B. auch, dass Alfred Zweig mit der neuen Identität seiner ehemaligen Schwägerin als angebliche ‚Witwe' Stefan Zweigs nicht einverstanden war. Matuschek ergreift aber nicht unbedingt Position für Alfred, denn „[f]reilich verfolgte auch Alfred eigene Interessen zum Schutz seiner Familie und Person" (S. 15). Durch die Sichtung und Auswertung von umfangreichem biografischem Material und unveröffentlichten Quellen gelingt dem Verfasser ein neuer Zugang zu Zweigs Lebensgeschichte. Er wertet u. a. Alfred Zweigs Korrespondenz mit dem Literaturwissenschaftler Richard Friedenthal aus sowie Dokumente aus dem Familienbesitz von Lotte und Stefan Zweigs Erben.

Matuscheks Forschungen in englischen, amerikanischen, israelischen, schweizerischen, brasilianischen, österreichischen und deutschen Archiven und Bibliotheken brachten auch völlig Unbekanntes zutage, wie z. B. den Text eines BBC-Fernsehinterviews, das Zweig 1937 gab, dessen Bildmaterial aber vernichtet wurde.

Matuschek beschränkt sich in seinem Buch ganz auf die Lebensumstände Stefan Zweigs, das literarische Werk spielt dabei eine untergeordnete Rolle. Der Band ist in drei Teile gegliedert, damit orientiert sich Matuschek an einem der vorläufigen Titel („Meine drei Leben") für Zweigs Erinnerungen *Die Welt von Gestern*. Der erste Teil ist Zweigs Kindheit und Jugend in Wien, den Jahren als junger Autor, gewidmet, der zweite Teil beginnt mit der Übersiedelung nach Salzburg und zeigt den Autor in seiner erfolgreichsten Lebensphase. Der dritte Teil befasst sich mit Zweigs Flucht nach England, später in die USA und nach Brasilien.

Wie Kerschbaumer bietet auch Matuschek viele neue Einblicke in Zweigs Leben, etwa wenn es um das ambivalente Verhältnis zu Salzburg geht. Erwähnt werden Hofmannsthals Verdikt, Zweig dürfe in der Leitung der Festspiele keine Rolle spielen, wie auch der Rummel, den die Festspiele jeden Sommer verursachten und der den Autor zu seiner Flucht aus Salzburg bewog. Sein Plan, das Kulturleben Salzburgs mit einer von ihm mitgegründeten literarischen Gesellschaft zu beleben, fruchtete kaum.

Einen großen Stellenwert in Matuscheks Biografie nimmt das Verhältnis Zweigs zu seinem Verleger Anton Kippenberg ein. Für Zweig war die Zusammenarbeit mit Kippenberg ein Glücksfall, da er viele von Zweigs Ideen und Wünschen erfüllen konnte, wenn es um neue Buchprojekte, Editionen oder um die besondere Gestaltung der Bücher ging. Hervorzuheben sind auch viele der bis 2006 unbekannten Abbildungen, die die Biografie bereithält.

13. Alberto Dines (2004/2006)

Dem brasilianischen Journalisten, Filmkritiker und Drehbuchautor Alberto Dines ist eine Reihe von wichtigen Arbeiten zu Stefan Zweig zu verdanken. 1981 erschien sein Buch *Morte no Paraíso – A Tragédia de Stefan Zweig* erstmals, die dritte überarbeitete Fassung wurde 2004 veröffentlicht. Für die deutsche Übersetzung, die 2006 erschienen ist, hat Dines sein Buch ein weiteres Mal überarbeitet und ergänzt.

Das bislang umfangreichste biografische Werk zu Stefan Zweig beschäftigt sich sehr ausführlich und in großer Detailgenauigkeit mit den Exiljahren, insbesondere mit den Aufenthalten in Brasilien. Das Buch basiert u. a. auf Dines' Forschungen in zahlreichen Archiven Brasiliens und Lateinamerikas. Wer sich z.B. über die Entstehung und über die zeitgenössische Rezeption von Zweigs *Brasilien*-Buch (1941) informieren möchte, erhält hier verlässliche Auskunft (vgl. S. 427–471). Die drei Aufenthalte in Brasilien, insbesondere die letzten Monate und Wochen in Petrópolis, werden ausführlich geschildert. Zuletzt werden auch die Umstände des Todes, des Begräbnisses und die Reaktionen in Brasilien über mehrere Seiten dargestellt (vgl. S. 585 ff.).

Das Buch beginnt mit einer Erinnerung des jungen Dines an das Jahr 1940: Der Verfasser war acht Jahre alt, als Stefan Zweig und seine Frau die jüdische Volksschule von Rio besuchten. Ein Foto belegt diese Erinnerung. Bevor Dines in seinem Buch auf die Wiener Jahre, den jungen Autor Zweig und die Zeit in Salzburg zu sprechen kommt, eröffnet er in seinem „Prolog" ein Panorama von Politik, Kunst und Literatur quer durch die Jahrzehnte. Nachdem die wichtigsten lebensgeschichtlichen Etappen – oft mit eigenen, durchaus originellen und unerwarteten Einsichten und Kommentaren versehen – vorgetragen sind, konzentriert sich Dines im Zusammenhang mit Zweigs Exil vor allem auf das Verhältnis zur Politik sowie die historischen Umstände der 1930er und 1940er Jahre, sowohl in Europa als auch in Brasilien.

Die besondere Qualität des Buches liegt auch darin, dass es Dines gelingt, eine Fülle von einzelnen Episoden und Begegnungen zu erzählen, die in anderen Biografien nicht erwähnt werden, und dieses Material im Zusammenhang eines geistesgeschichtlichen Kosmos aufzubereiten.

14. Romanbiografien: Alfredo Bauer (1990/1993) und Laurent Seksik (2010)

Stefan Zweigs Leben im Exil ist auch zum Gegenstand von romanhaften Darstellungen geworden. Eine ausführliche wurde von dem österreichisch-argentinischen Schriftsteller Alfredo Bauer verfasst, spanisch zuerst 1990. Die deutsche Version (1993) trägt den Titel *Der Mann von gestern und die Welt*.

Im Zentrum stehen die Jahre 1936 bis 1942, die Zweig im Exil verbringt, sowie zahlreiche Personen, mit denen Zweig in dieser Zeit zu tun hatte, darunter Paul Zech, Jules Romains, Romain Rolland und Emil Ludwig u. v. a. Im Rückblick werden aber auch frühere Lebensphasen in Erinnerung gebracht, was dem Autor die Möglichkeit gibt, kulturgeschichtliche Exkurse in das Europa vor dem Faschismus zu unternehmen. Die Erzählung beginnt am Tag vor Zweigs Abreise nach Rio de Janeiro: Ernst

6. Die Biografien

Lissauer, mit Zweig seit den Tagen im Wiener Kriegsarchiv bekannt, begegnet dem Autor. Das Buch endet mit den Schilderungen vom Umgang Friderikes mit der Nachricht von Stefan und Lotte Zweigs Selbstmord. Dazwischen werden die verschiedenen Etappen und Schauplätze des Exils (verschiedene Länder Südamerikas, aber auch Nordamerika), in einzelnen Kapiteln nachgezeichnet.

Dem Roman ist ein knappes Nachwort angefügt, in dem sich Bauer um eine Rechtfertigung des Verfahrens der Verschränkung von historischen Gegebenheiten mit Fiktion bemüht. Darin heißt es unter anderem: „Ich fühlte mich also berechtigt, ‚Erfundenes' einzubringen, ‚das hätte geschehen können', das ich also in höherem Sinn für ‚wahr' hielt." (Bauer 1993, S. 432) Im Rahmen dieser Thematik wird erwähnt, dass zwei eingebaute Briefe, einer von Friderike und einer von Romain Rolland, ebenso frei erfunden sind (vgl. S. 58–66) wie manche im Roman vorkommende Figuren. In Bezug auf die Frage, weswegen ausgerechnet Stefan Zweig als Sujet des Romans interessant sei, nennt Bauer dessen widersprüchliche Persönlichkeit als ausschlaggebend.

Der zweite Roman, Laurent Seksiks 2010 im Pariser Verlag Flammarion erschienenes Buch *Les derniers jours de Stefan Zweig*, behandelt die letzten sechs Monate in Zweigs Leben. Die deutsche Übersetzung mit dem Titel *Vorgefühl der nahen Nacht* erschien 2011 im Karl Blessing Verlag in München. In sechs Kapiteln folgt der Roman den Ereignissen von September 1941 bis Februar 1942. Die Handlung setzt ein mit Stefan und Lotte Zweigs Einzug in ihr Haus in Petrópolis und endet in einer melodramatischen Szene mit ihrem Selbstmord. Dieses Werk wurde in Frankreich ein Bestseller, der nicht nur in mehrere Sprachen übersetzt, sondern auch zu einer Graphic Novel (vgl. Sorel/Seksik 2012; dt. ebenfalls 2012) verarbeitet wurde. In Paris war 2014/2015 auch eine Theaterfassung des Romans zu sehen.

Stefan Zweig

Zech, Paul/Zweig, Stefan (1986): Briefe 1910–1942. Hg. v. Donald G. Daviau. Frankfurt a. M.: S. Fischer.
Zweig, Friderike/Zweig, Stefan (2006): „Wenn einen Augenblick die Wolken weichen". Briefwechsel 1912–1942. Hg. v. Jeffrey B. Berlin u. Gert Kerschbaumer. Frankfurt a. M.: S. Fischer.

Weitere Literatur

Allday, Elizabeth (1972): Stefan Zweig. A Critical Biography. London: Allen.
Arens, Hanns (1949): Stefan Zweig. Sein Leben – Sein Werk. Eßlingen: Bechtle.
Arens, Hanns (Hg.) (1968): Stefan Zweig. Im Zeugnis seiner Freunde. München, Wien: Langen Müller.
Bauer, Alfredo (1993): Der Mann von gestern und die Welt. Wien: Edition Atelier.
Daviau, Donald G. (1973): [Rez. zu:] Donald A. Prater, *European of Yesterday: A Biography of Stefan Zweig*. In: Monatshefte 65/2/1973, S. 180–183.
Fitzbauer, Erich (Hg.) (1959): Stefan Zweig. Spiegelungen einer schöpferischen Persönlichkeit. Wien: Bergland.
Hellwig, Hans (1948): Stefan Zweig. Ein Lebensbild. Lübeck: Wildner.
Kerschbaumer, Gert (2003): Stefan Zweig. Der fliegende Salzburger. Salzburg u.a.: Residenz.
Krotsch, Franz (1928): o. T. In: Salzburger Volksblatt, 17. 7. 1928, S. 5.
Matuschek, Oliver (2006): Stefan Zweig. Drei Leben – Eine Biographie. Frankfurt a. M.: S. Fischer.

Müller, Hartmut (1988): Stefan Zweig. Reinbek b. H.: Rowohlt.
Niémetz, Serge (1996): Stefan Zweig – Le voyageur et ses mondes. Paris: Belfond.
Prater, Donald A. (1972): European of Yesterday. A Biography of Stefan Zweig. Oxford: Clarendon.
Rieger, Erwin (1928): Stefan Zweig. Der Mann und das Werk. Berlin: Spaeth.
Seksik, Laurent (2011): Vorgefühl der nahen Nacht. München: Blessing.
Sorel, Guillaume/Seksik, Laurent (2012): Les derniers jours de Stefan Zweig [Graphic Novel]. Paris: Flammarion.
Specht, Richard (1927): Stefan Zweig. Versuch eines Bildnisses. Leipzig: Spamer.
Strelka, Joseph (1981): Stefan Zweig. Freier Geist der Menschlichkeit. Wien: Österreichischer Bundesverlag.
Weinzierl, Ulrich (Hg.) (1992): Stefan Zweig – Triumph und Tragik. Aufsätze, Tagebuchnotizen, Briefe. Frankfurt a. M.: S. Fischer.
Weinzierl, Ulrich (2015): Stefan Zweigs brennendes Geheimnis. Wien: Zsolnay.
Zech, Paul (1943): Stefan Zweig – Eine Gedenk-Schrift. Buenos Aires: Quadriga.
Zweig, Friderike Maria (1946): Stefan Zweig. New York: Crowell.
Zweig, Friderike Maria (1947): Stefan Zweig. Wie ich ihn erlebte. Stockholm u.a.: Neuer Verlag.
Zweig, Friderike Maria (1961): Stefan Zweig – Eine Bildbiographie. München: Kindler.
Zweig, Friderike Maria (1964): Spiegelungen des Lebens. Lebenserinnerungen. Wien u.a.: Deutsch.

7. Künstlerische Rezeption

7.1 Rezeption in der Belletristik
Herwig Gottwald/Arturo Larcati

1. Die deutschsprachige Belletristik 846
2. Stefan Zweig in fremdsprachigen Literaturen 853

Neben der wissenschaftlichen Auseinandersetzung bildet die künstlerische Beschäftigung mit Leben und Werk von Stefan Zweig einen konsistenten und bedeutenden Teil der Rezeption dieses Autors. Eine produktive Aneignung – die vor allem in der Literatur bzw. in der Belletristik stattfindet, aber im Grunde mehrere Bereiche umfasst – setzt schon zu Zweigs Lebzeiten ein, intensiviert sich in der frühen Nachkriegszeit und erreicht in den letzten Jahren durch zahlreiche Buchveröffentlichungen und Dramatisierungen einen Höhepunkt. Internationale Aufmerksamkeit erhält Stefan Zweig zudem durch viele Filme, die von seinem Leben und Werk inspiriert sind, so wie etwa *Grand Budapest Hotel* (2014) von Wes Anderson und Maria Schraders *Vor der Morgenröte* (2016) (→ VI.7.3 Verfilmungen).

1. Die deutschsprachige Belletristik

Im Bereich der deutschsprachigen Literatur ist eine lange, nicht auf einen gemeinsamen Nenner zu bringende Reihe von Texten entstanden, die hier in Auswahl und in chronologischer Ordnung präsentiert wird. Zwar finden sich auch lyrische und erzählerische Zeugnisse der Zweig-Bewunderung, aber die autobiografischen Erinne-

7.1 Rezeption in der Belletristik

rungen, in denen Schriftsteller und Intellektuelle ihre Zweig-Lektüren darstellen, überwiegen bei weitem. Die Leseerfahrungen berühmter Autoren und Autorinnen besitzen – neben germanistischen Arbeiten oder gar als Alternative dazu – einen eigenen Wert als Einführung in das Zweig'sche Œuvre. Durch ihren Blick wird der Kanon der Zweig'schen Werke neu akzentuiert. Der Leser wird dazu aufgefordert, die Privilegierung bestimmter Texte zu hinterfragen und diese eventuell mit den Bewertungen der Forschung zu vergleichen.

Joseph Roths späte Novelle *Die Legende vom heiligen Trinker* (1939) über einen aus Polen stammenden Obdachlosen in Paris, der durch mehrere scheinbare „Wunder" mehrfach unerwartet zu Geld kommt, dieses aber immer wieder vergeudet bzw. vertrinkt, bis er zuletzt in einem Bistro plötzlich vom Tod ereilt wird, ist mehrfach autobiografisch grundiert: Die Hauptfigur Andreas, ein Trinker und Hotelbewohner, der unter notorischer Geldnot leidet, trägt Züge des Verfassers selbst. Die Figur eines „älteren, wohlangezogenen Herrn" in „gesetztem Alter" (Roth 1991, S. 515), der dem notleidenden Andreas, den er mit „Bruder" anspricht, durch eine größere Geldzuwendung aushilft (S. 516f.), wurde mit Stefan Zweig in Verbindung gebracht (vgl. Sternburg 2009, S. 480). Zweig unterstützte seinen Freund Roth bekanntlich öfters finanziell. Für Volker Weidermann ist diese Novelle sogar „eine Art Nachruf auf ihre Freundschaft." (Weidermann 2014, S. 151) Obwohl die Figur des spendablen Fremden durchaus Ähnlichkeiten mit Stefan Zweig aufweist (u.a. das Alter, die elegante Kleidung, die Großzügigkeit), gibt es doch auch Unterschiede: die Gewohnheit des fremden Herrn, ebenfalls wie der Trinker Andreas „jeden Tag unter einer anderen Brücke zu wohnen", sowie seine Konversion zum Christentum (S. 516), ein die Handlung der *Legende* tragendes Motiv.

Die rumänische Dichterin jüdischer Herkunft Selma Meerbaum-Eisinger aus Czernowitz hat am 24. Dezember 1941 ein Gedicht mit dem Titel *Stefan Zweig* verfasst. Kurz danach ist sie im Alter von 18 Jahren im Zwangsarbeitslager Michailowka in der Ukraine, wohin sie deportiert worden war, umgekommen. Das hymnische Gedicht ist offenbar durch die Zweig-Lektüre inspiriert:

> Leuchtendes, glühendes, rauschendes Leben
> springt an und reißt mit und läßt keinen mehr los,
> macht heiß und macht kühn und macht freudig und groß,
> rüttelt auf und macht wacher mit kraftvollem Stoß,
> läßt die Fluten von Glanz nie und nimmer verebben –
>
> packt dich und hält dich und sprudelt dich an.
> Sturzflut erfaßt dich und rast mit dir fort –
> was kein Wildbach, kein Wirbel, kein Hochwasser kann,
> hat dies Atmen vieltausende Mal schon getan,
> dieses heiße, verzehrende, glasklare Wort.
>
> Kühl dann und still wie ein nordischer See,
> glitzernd und weich wie frisch fallender Schnee,
> sieht es uns an wie viel uraltes Gold,
> das altrot und schwer durch die Finger rollt
> und schön ist wie sonst nur unsagbarer Traum,
> der dich ansieht, tiefleuchtend aus dunkelndem Raum –

und bäumt sich dann auf, als besinne es sich,
und packt wieder an und reißt wieder mit,
schreit dich an, lacht dich an, weint dich an: das bin ich!
Und es packt dich ein Sehnen, das süß ist und zieht,
ein Sehnen nach Menschen, ein heißes: ‚versprich!'
und dann klingt es aus wie ein Nachtigall-Lied.
(Meerbaum-Eisinger 2006, S. 86)

In einer Reihe von Vergleichen wird im Gedicht die überwältigende Wirkung der deutschen Sprache, die nicht die Muttersprache der Autorin war, charakterisiert. Zuerst werden das „heiße, verzehrende, glasklare Wort" und dessen Gewalt mit steigenden Fluten parallelisiert, die alles mit sich reißen; dann setzt die Dichterin die Kostbarkeit der Sprache in Analogie zu jener des alten Goldes und deren Schönheit zu jener des Traumes. Schließlich wird die Sprache gelobt, weil sie „ein Sehnen nach Menschen" anrege und das Bedürfnis nach Liebe und Zuneigung wecke. Ohne Sprache gebe es kein „[l]euchtendes, glühendes, rauschendes Leben" und auch keine Liebe, lautet daher das Fazit des Gedichts. Die Verse von Selma Meerbaum-Eisinger sind in jüngerer Zeit auch vertont worden (vgl. Meerbaum-Eisinger 2005).

In ihrem *Kriegstagebuch* (2010) notiert Ingeborg Bachmann am 14. Juni 1945, unmittelbar nach der Besetzung Kärntens durch die Alliierten, dass sie von Jack Hamesh, einem jüdischen Soldaten der *Field Security Section*, Besuch bekommen und mit ihm über die früher verbotenen Bücher von „Thomas Mann, Stefan Zweig und Schnitzler und Hofmannsthal" gesprochen habe (Bachmann 2010, S. 20). Nach diesem Gespräch über verbotene Literatur erfährt Bachmann eine besondere Wertschätzung durch Hamesh, und so beginnt zwischen den beiden eine nicht nur literarische Beziehung, die für Hans Höller „wie eine Nachkriegsutopie erscheint" (Höller 1999, S. 9).

Nicht nur in den autobiografischen Erinnerungen an die NS-Zeit von Ingeborg Bachmann, auch in jenen von Ilse Aichinger, Max von der Grün und Marcel Reich-Ranicki spielt die Lektüre von Werken Stefan Zweigs eine prominente Rolle. 1946 schreibt Ilse Aichinger eine poetische Antwort auf Zweigs Abschiedsbrief von 1942 im Namen der jungen Menschen ihrer Generation, die in Wien gerade den Krieg überlebt hatten. Darin bedankt sie sich dafür, dass Zweig „in schwerer Zeit durch seine Dichtung ein Helfer und Tröster war." (Aichinger 1998, S. 270) Sie erinnert sich, wie sich die „verzweifelte[n] Kinder" Bücher von Zweig „in der kleinen alten Leihbibliothek" geholt hätten, wie sie darum betteln hatten müssen und wie für sie dann „das Verbotene zum Gebotenen" geworden sei. Mit den verbotenen Büchern Zweigs unter dem Kopfkissen, so der Rückblick von Aichinger, habe die Reise „in eine schwer erkämpfte Reife hinein" begonnen. Seine Werke hätten ihr und ihren Freundinnen und Freunden geholfen, zu sich selbst zu finden, erwachsen zu werden:

> Dann lasen wir ‚Maria Stuart'. Wir lasen es im Schatten der Gestapo, die schwer und drohend den Kai beherrschte. Wir lasen ‚Joseph Fouché'. Und wir lasen ‚Marie Antoinette'! Unsere Beine baumelten über die steinerne Kaimauer in das schmutziggrüne Wasser, unsere Augen bohrten sich in die Zeilen und sahen nur flüchtig auf, um eine schwimmende Orangenschale zu verfolgen, die ungefähr ausdrückte, was wir suchten, Ferne, Wärme und Wunder; unsere Herzen aber zogen mit Ihnen Jahrhunderte zurück und fanden im Schoß der Zeiten das Unvergängliche: Haltung. (S. 270)

7.1 Rezeption in der Belletristik

Im Namen ihrer gleichaltrigen Freunde bedankt sich Aichinger bei Zweig, weil er ihnen Halt gegeben, bei ihnen „Verantwortung gezeugt" habe, „Kraft und Heimat" in ihren Herzen habe wachsen lassen (S. 270 f.). In menschlicher Hinsicht ist der Brief Ilse Aichingers ein berührendes Zeugnis der Dankbarkeit gegenüber einem Schriftsteller, der in den düsteren Jahren des Kriegs „Brennmaterial" für das Herz ihrer Generation gewesen sei (vgl. Rovagnati 1998). Poetologisch gesehen ist der Brief eine Hommage an die literarische Tradition. Er zeigt, dass es für Autorinnen wie Aichinger in Österreich keine ‚Stunde Null' gegeben hat. In sprachlich-stilistischer Hinsicht handelt es sich um eine der schönsten poetischen Würdigungen Stefan Zweigs überhaupt.

In seiner Einleitung zum *Stefan Zweig Buch* von 1981 gesteht Max von der Grün, dass er der Begegnung mit Zweig seine Karriere als Schriftsteller verdanke – keine Selbstverständlichkeit für jemanden, der sich später als Dichter der Arbeitswelt einen Namen machen sollte. In seinen Erinnerungen an den Beginn des Zweiten Weltkriegs, als er 13 Jahre alt war, schildert er sein entscheidendes Erlebnis beim Lesen der *Sternstunden der Menschheit* (1927). Er spricht von einem Buch, das er „in einem einzigen Anlauf durchgelesen" habe (von der Grün 1981, S. 395); Zweigs historische Miniaturen hätten ihn so gefesselt, dass er „einfach nicht mehr aufhören konnte zu lesen." (S. 395) Er bewundert seinen damaligen Lehrer, der „Kopf und Kragen riskiert" habe, indem er ihm „verbotene Literatur gegeben hatte, Schmutz und Schund, wie die Nazis sagten, noch dazu von einem Juden", wofür ihm „das Konzentrationslager [...] sicher gewesen [wäre]." (S. 395)

Später habe Max von der Grün in einem Kriegsgefangenenlager in Amerika alle verfügbaren Bücher von Zweig gelesen, der ihm als Autor „zur entscheidenden Literatur- und Leseerfahrung" (S. 396) geworden sei. An den Bänden der Reihe *Baumeister der Welt* (1920–1928) habe er dann Zweigs „große Begabung" begriffen, die schon in den *Sternstunden* zur Geltung gekommen sei: „[A]n einem unscheinbaren Detail, an einem auf den ersten Blick uninteressanten Vorfall Geschichte sinnlich faßbar, für den Lesenden aufs neue Realität werden zu lassen." (S. 396) Schließlich habe er 1948 auch die *Schachnovelle* (1942) gelesen und infolgedessen das Schachspielen erlernen wollen. Von der Wirkung ausgehend, die die Novelle auf ihn hatte, sagt er ihr einen großen Erfolg voraus: „Ich weiß noch genau, wie ich mich dabei in den Häftling der Novelle hineindachte und fortan mit einer Begeisterung Schach spielte, daß ich wie dieser Zeit, Raum und Menschen vergaß. Diese Meisternovelle wird bleiben und weiter wirken." (S. 397)

Eine Zweig-Reminiszenz findet sich auch in der Autobiografie von Marcel Reich-Ranicki, *Mein Leben* (1999). Sie betrifft eine zentrale Episode aus dessen Jugend: die Flucht aus dem Warschauer Ghetto zusammen mit seiner Frau Tosia. Als die Nationalsozialisten das Ghetto räumen und die Juden zu einem Marsch zwingen, der sie ins Konzentrationslager Treblinka bringen soll, versteht der junge Reich-Ranicki, dass er fliehen muss. In dieser dramatischen Situation erzählt er seiner Frau „eine [in den *Sternstunden* enthaltene] ungewöhnliche Episode aus dem Leben von Dostojewski":

> Nachdem er [i. e. Dostojewski] aus politischen Gründen zum Tode verurteilt worden war, hatte man ihm, Stefan Zweig zufolge, auf der Hinrichtungsstätte schon das Sterbehemd angezogen, ihn schon mit Stricken an Pfähle gefesselt und ihm die Augen verbunden. Da hörte man plötzlich einen Schrei. Halt! Im letzten, im allerletzten Moment kam ein Offizier mit einem Dokument: Der Zar hatte das Todesurteil kassiert und die Strafe in eine mildere verwandelt. (Reich-Ranicki 1999, S. 269 f.)

Im Zitat vergleicht Reich-Ranicki die Situation des zum Tode verurteilten Schriftstellers auf dem Weg zur Hinrichtungsstätte mit seiner eigenen Lage während des Todesmarsches. Er erzählt seiner Frau den „von Stefan Zweig geschilderten und zum Teil frei erfundenen Vorfall", um sie zu „beschwören, sollten wir getrennt werden, nur ja nicht zu früh aufzugeben." (S. 270) Reich-Ranicki macht aus der historischen Miniatur über Dostojewski, die ihn „zusammen mit anderen Stücken aus Zweigs ‚Sternstunden der Menschheit' in [s]einer Gymnasialzeit beeindruckt" (S. 270) hat, ein ‚Schibboleth', eine lebensrettende Formel, um angesichts des Todes Kraft zum Kämpfen und zum Überleben zu schöpfen. Und in der Tat gelingt es Reich-Ranicki und seiner Frau, aus der Kolonne der Marschierenden auszuscheren und zu fliehen.

Volker Weidermanns historisch-biografischer Roman *Ostende. 1936, Sommer der Freundschaft* (2014) widmet sich einer bedeutsamen Episode in der Geschichte der deutschsprachigen Exilliteratur: dem Zusammentreffen mehrerer Exilschriftsteller und -schriftstellerinnen im belgischen Badeort Ostende im Sommer 1936. Der Literaturkritiker des Nachrichtenmagazins *Der Spiegel* stellt dabei die Begegnung von zwei Hauptexponenten der Exil-Literatur, Stefan Zweig und Joseph Roth, in den Mittelpunkt seines gut recherchierten und ebenso sorgfältig wie zurückhaltend erzählten Romans, der durch zahlreiche Originalzitate aus Werken und Briefen seiner Protagonisten dokumentarischen Charakter gewinnt. Die französische Übersetzung des Buches stellt mit ihrem Untertitel – *Ein Sommer mit Stefan Zweig* – die Rolle des österreichischen Schriftstellers in den Vordergrund (vgl. Weidermann 2015). Das berühmte Foto der beiden Freunde wird im Roman symbolkräftig erläutert (vgl. Weidermann 2014, S. 115 f.). Das Zusammentreffen der „Erzähler gegen den Untergang" (S. 6) wird durch einen Rückblick auf die Vorgeschichte eingeleitet: Weidermanns Stefan Zweig erinnert sich 1936 in der Sommerfrische an den Sommer 1914, den er ebenfalls in Ostende verbracht hat – Parallelen und Unterschiede im jeweiligen Erleben der Kriegsgefahr werden deutlich akzentuiert, vor allem Zweigs anfängliche Kriegsbegeisterung 1914 ist längst einer pazifistischen Einstellung gewichen, was nach 1933 viele seiner Freunde und Kollegen nicht verstehen konnten: „Dass Zweig mit seinen Plädoyers für Toleranz und Verständigung in letzter Zeit vor allem in den Kreisen der Emigranten Intoleranz und Unverständnis erntet, kann er kaum begreifen." (S. 26) 1936 wird als „Jahr der Entscheidungen" (S. 31) im Leben Zweigs dargestellt – nach dem Verlust des deutschen Buchmarktes, der Trennung von seiner Heimat Salzburg, von seiner Bibliothek, den Antiquitäten und der Autographensammlung. Volker Weidermann schildert die „schwere Lebenskrise" Zweigs, seine zunehmenden Depressionen, und vergleicht diese Situation mit derjenigen Roths, dessen Lebensgeschichte und Schicksal rückblickend, jeweils im Vergleich zur Biografie seines Förderers Zweig, dargestellt werden. Der Autor lenkt den Blick auch auf die Rolle der ehemaligen und gegenwärtigen Partnerinnen der beiden Schriftsteller, vor allem auf die ebenfalls in Ostende eintreffende Lotte Altmann sowie auf Irmgard Keun, der das besondere Augenmerk des Autors gilt. Die Mitte des Buchs bildet das Zusammentreffen einer Gruppe unterschiedlicher Emigranten in Ostende, die mehrere Tage in launigen, gelösten Gesprächen, in Diskussionen über die politische Situation, aber auch über Literatur verbringen. Weidermann zeichnet ein anschauliches und genaues Panorama der Emigrantenszene, wie man es im Lichte der späteren Ereignisse nicht erwarten würde, und zwar von Hermann Kesten, Egon Erwin Kisch, Ernst Toller bis Arthur Koestler, Willi Münzenberg, Otto Katz und eben Keun, Zweig und Roth:

> Wieder einmal sitzen sie alle im *Flore* [i. e. ein Café in Ostende], diese Gesellschaft der Stürzenden, die in diesem Sommer noch einmal versucht, sich als eine Art Urlaubsgesellschaft zu fühlen. [...] Was ist es letztlich anderes als eine große, lange Urlaubsreise, auf der sie sich seit Jahren befinden? [...] Und irgendwann eben wieder zurück. Nur wann? [...] Mit jedem weiteren Tag, den dieser Urlaub andauert, wird eine Rückkehr unwahrscheinlicher. Alle wissen es. Aber man spricht nicht darüber. [...] Den Strick hat man im Koffer, darüber wird nicht geredet. (S. 90, Herv. i. O.)

Das Gesamtbild der Emigration wird durch diese ungewohnte Darstellung des Alltagslebens der Schriftsteller wesentlich erweitert. Die Emigranten werden nicht in erster Linie als Opfer präsentiert, sondern auch in ihrem extravaganten Lebensstil, ihren exzentrischen Verhaltensweisen. 1936 ist für sie trotz der schlechten Nachrichten aus Deutschland und Spanien noch ein Jahr voller Hoffnungen und Utopien. Der literarischen Zusammenarbeit zwischen Zweig und Roth, ihrer gegenseitigen Hilfe widmet Weidermann mehrere dokumentarisch unterfütterte Passagen, etwa dem Beitrag Joseph Roths zu Zweigs Erzählung *Der begrabene Leuchter* (1937) (vgl. S. 199ff.). Der Schlussteil dieses melancholischen Textes behandelt das Leben der beiden Freunde Zweig und Roth nach ihrem Abschied aus Ostende: Zweigs vergebliche Versuche, dem Freund zu helfen, seine eigenen Depressionen und seine erste Südamerika-Reise, das Schicksal Roths, dessen geistigen und körperlichen Verfall, die Trennung von Irmgard Keun, die letzte Begegnung der beiden Freunde in Paris und den tragischen Tod Roths im Mai 1939. In einem „Mystery Train" betitelten Nachwort schildert Weidermann knapp und unprätentiös die Zerstörung der Stadt Ostende im Krieg sowie das zumeist tragische Schicksal fast aller Protagonisten in den folgenden Jahren, von denen nur wenige den Nationalsozialismus und den Krieg überlebt haben.

Als 2014 im Aufbau Verlag der Briefwechsel Stefan Zweigs mit Romain Rolland im Ersten Weltkrieg neu herausgegeben wurde, lag es nahe, den bei Paris lebenden Österreicher Peter Handke um ein Vorwort zu bitten (vgl. Seibt 2014). Dieser Text mit dem Titel *Zwei Menschenkinder, Zwei Hochherzige* (Handke 2014) über die ihm vor allem in ihren pazifistischen Anliegen nahestehenden Autoren ist durch den charakteristischen, die Lesbarkeit erschwerenden Spätstil Handkes geprägt (u. a. häufiges Infragestellen eben erreichter Positionen, Neologismen, spezifische Semantisierungen der eigenen Begrifflichkeit; vgl. Gottwald/Freinschlag 2009). Handkes auch hier erkennbares poetologisches Prinzip eines „konsequenten, in sich kohärenten Wider-Sprechens [...] gegen Sprach- und Denkklischees" manifestiert sich besonders deutlich „in der Belegung von Worten mit ‚gegenläufiger' Bedeutung", so dass „einzelne Wörter Angelpunkt einer adäquaten Lektüre werden können." (Schirmer 2007, S. 13f.) Inhaltlich versucht Handke die Gemeinsamkeiten und Unterschiede der beiden Briefschreiber vor allem in ihren Positionierungen zum Krieg, in ihren politischen Stellungnahmen zu beschreiben und zu bewerten. Die größere Sympathie gehört dabei dem Pazifisten und Intellektuellen Romain Rolland, kreidet Handke Stefan Zweig doch vor allem dessen anfängliche Kriegsbegeisterung, seine patriotisch-nationalistischen Haltungen im Herbst 1914, aber auch seinen oft unkritischen Umgang mit der Sprache der Propaganda und der Zeitungen an (vgl. Handke 2014, S. VIf.; Larcati 2015, S. 157): „Zweigs Vokabular [...] streift ab und zu gefährlich jenes der (deutschen) Militärpropaganda" (Handke 2014, S. VII). Danach aber habe Zweig diesen „Verlautbarungsjargon" (S. VIII) überwunden und sich trotz unterschiedlicher Stimmlagen den Positionen seines Briefpartners angenähert: „Vielstimmig eines Sinnes" (S. IX) seien beide geworden. Handke versucht dabei, die Unterschiede der Stimmen der beiden Briefpartner zu erfassen. An Zweig schätzt er vor allem dessen Schwanken, die Zurücknahme eigener Positionen (vgl. S. IX), da er darin Bezüge zu seiner eigenen Poetik des Fragens erkannt haben dürfte (vgl. Larcati 2015, S. 158; vgl. Gottwald/Freinschlag 2009, S. 105). Das den beiden Briefpartnern zugeschriebene Attribut der „Kindlichkeit" (ein für Handkes Poetik zentraler Begriff) bezeichnet deren idealistische und utopische Positionierungen in Bezug auf den Krieg und die Chancen auf Frieden (vgl. Larcati 2015, S. 159). Durchaus positiv bewertet Handke Zweigs Enthaltung in der Schuldfrage am Ende des Krieges (vgl. Handke 2014, S. XIII). Handkes besondere Beziehung zu diesem Briefwechsel, in dem auch die unheilvolle Verbindung von Kriegspropaganda, Zeitungen und dem Jargon von Schriftstellern jener Jahre kritisch beleuchtet wird (vgl. Larcati 2015, S. 152f.; → III.16 BRIEFE), wurzelt in seiner eigenen medienkritischen Auseinandersetzung mit den Kriegen im ehemaligen Jugoslawien (vgl. Gottwald/Freinschlag 2009, S. 95f.).

Der österreichische Schriftsteller Hanno Millesi benützt die Novelle *Angst* (1913) als Inspirationsquelle für seine Erzählung *Venusatmosphäre* (2015). Als Motto dafür zitiert er eine zentrale Passage aus dem Schluss der Novelle, in der die Protagonistin Irene in einem Zustand zwischen Traum und Wirklichkeit schwebt, weil sie nicht mehr weiß, ob der von ihr erlebte Albtraum tatsächlich stattgefunden hat oder nicht: „Sie versuchte sich zu besinnen, was ihr geschehen war, aber alles schien ihr noch Traum. Unwirklich, leicht und befreit, so wie man im Schlaf durch die Räume schwebt, dünkte ihr dies hämmernde Empfinden, und um der Wahrheit des wachen Erlebens gewiß zu werden, tastete sie die eigenen Hände prüfend ab." (Zweig GWE, Angst, S. 352) Die Angst der Protagonistin der *Venusatmosphäre* wird nicht durch die mögliche Entdeckung ihres Ehebruchs verursacht, sondern durch einen anderen Grund: Die moderne Irene erwacht eines Morgens und merkt, dass sie nackt neben einem ihr unbekannten Mann in ihrem Bett liegt, ohne sich an die vergangene Nacht erinnern zu können. Durch den Hinweis auf den Prätext baut Millesi einen Kontrast auf zwischen den Angstzuständen einer modernen Frau nach den Errungenschaften der Gleichberechtigung der Geschlechter und jenen ihrer Vorgängerin aus Zweigs Epoche. Die Dramatisierung von *Angst* bei den Salzburger Festspielen 2010 (Regie: Jossi Wieler, Bearbeitung: Koen Tachelet) basiert auf einem ähnlichen Konzept.

Bei Millesi entsteht eine spannende Innenschau in die Psyche einer modernen Frau, ein subtiles Spiel von Mutmaßungen über die Identität des Fremden und den Verlauf der Nacht. Im Zuge ihrer Reflexionen jedoch wird der unbekannte Mann immer unwichtiger und der Selbsterkenntnisprozess des weiblichen Ich gewinnt allmählich die Oberhand (→ IV.11 THEATER). In dieser literarischen Fortschreibung von *Angst* steht die Thematik weiblicher Emanzipation im Vordergrund – ähnlich wie in der Rossellini-Verfilmung von 1954 mit Ingrid Bergman (→ VI.7.3 VERFILMUNGEN).

Im Herbst 2017 betritt Stefan Zweig *redivivus* mit Arthur Schnitzler, Fritz von Herzmanovsky-Orlando, Franz Kafka und Ezra Pound die Bühne des Theaters in der Altstadt in Meran. Das Stück *Meran leuchtet* (2017) von Klemens Renoldner inszeniert die fiktive Begegnung dieser großen Persönlichkeiten der österreichischen bzw. europäischen Literatur in der Kleinstadt an der Passer, lässt sie nach dem Ersten Weltkrieg über die Bedeutung des Theaters und die Südtirol-Frage streiten und sondiert ihre Rivalitäten untereinander sowie ihre menschlichen Besonderheiten. Im Cafè mit dem bezeichnenden Namen „Belle Epoque", wo Rosalinde Ramlmair die Rolle einer sinnlich-verführerischen „Locandiera" gibt, lassen sich Zweig & Co. von der Magie des Eros mit verschiedener Intensität leiten und träumen allesamt von einem besseren Leben nach dem Krieg. Darüber hinaus verfolgt jeder seine eigenen Amerika-Phantasien von einer Befreiung aus Europa. Als Revue mit Musik konzipiert, „leuchtet [das Stück] gleichsam aus einer brillanten Mischung von literarischem Zitat, Leben, Alltag, Historizität einer Stadt, die man so neu entdecken kann." (Delle Cave 2017, S. 6)

Der junge österreichische Schriftsteller Florian Gantner verfasste 2012 einen bemerkenswerten Roman mit dem Titel *Sternschnuppen der Menschheit*, in dem er zahlreiche Zweig-Zitate verwendet, um dessen *Sternstunden* zu parodieren. Ein auf Astronomie spezialisierter Wiener Naturwissenschaftler erfindet in diesem Buch über 150 extravagante Personen, die plötzlich aus dem Alltag ausbrechen und – wenn auch nur für einen Augenblick – am Himmel wie Sternschnuppen aufblitzen und wieder verglühen.

2. Stefan Zweig in fremdsprachigen Literaturen

Parallel zur deutschsprachigen Literatur sind in den Ländern, in denen Zweig gelebt hat und intensiv wahrgenommen wurde, zahlreiche Werke entstanden, die sein Leben und vor allem sein tragisches Lebensende thematisieren. In ihnen lässt sich nicht nur ein stärkeres Interesse für die Lebens- bzw. Todesumstände und für das literarische Œuvre selbst beobachten, auch die Beschäftigung mit dem Nationalsozialismus bildet ein Leitmotiv, das in den jeweiligen Werken unterschiedliche Funktionen erfüllt – wobei manchmal die Auseinandersetzung mit der NS-Zeit auf einige wenige Stereotype reduziert wird oder sogar antideutsche Ressentiments verrät. Auffällig ist eine besondere Fokussierung auf Zweigs Privatleben. Dabei wird entweder die Rolle von Friderike oder jene von Lotte ins Zentrum gerückt. Anders als in den Beispielen der deutschsprachigen Literatur entstehen im Ausland Texte, die zwischen Fiktion und Realität, Dichtung und Wahrheit angesiedelt sind.

1938 war in Portugal eine „kriminalpsychologische Hochstaplerei", wie Alberto Dines sie nennt, erschienen: *Stefan Zweig, o homem e o crime* von Hugo de Mendonça, „eine plumpe Version der Novelle *Brief einer Unbekannten*" (Dines 2006, S. 661). Dines weist außerdem darauf hin, dass die brasilianische Journalistin und Schriftstellerin Jenny Pimentel de Borba ein Jahr nach Zweigs Tod eine Novelle mit dem Titel *Paixão dos homens* (1943) veröffentlicht hat, in der sie, so Dines, versuche, „Lotte aus der sekundären Rolle herauszuholen" (S. 661).

Den spanischen Schriftsteller Benjamín Jarnés, der wegen des Bürgerkriegs ins mexikanische Exil gegangen war, erschütterte die Nachricht von Stefan Zweigs Selbstmord derart, dass er dem Schriftsteller unmittelbar danach eine zwischen Wirklichkeit und Fiktion angesiedelte Biografie mit dem Titel *Combre apagada* (1942) widmete, die bislang nicht ins Deutsche übersetzt wurde. Jarnés imaginiert einen Dialog zwischen drei Gestalten: dem „Leser" als Vertreter des Bildungsbürgertums und dem „Autor", zwischen denen die junge Thalía vermittelt, die sowohl die Muse des Autors repräsentiert als auch die Ideale seiner Generation vertritt (vgl. Amargo 2010). Das Buch von Jarnés wurde 2010 neu aufgelegt.

Der argentinische Arzt und Schriftsteller Alfredo Bauer, wie Stefan Zweig österreichisch-jüdischer Herkunft, veröffentlichte 1990 einen umfangreichen Roman über Zweigs letzte Jahre im Exil: *El hombre de ayer y el mundo*. Die deutsche Fassung

Der Mann von gestern und die Welt. Ein biographischer Roman um Stefan Zweig (1993) stammt vom Autor selbst. Nach Bauers Einschätzung im Nachwort handelt es sich dabei um ein In- und Nebeneinander von Erfundenem und Tatsächlichem, das aber „in höherem Sinne wahr" sei (Bauer 1993, S. 432). Das erzählerische Gerüst des Romans bilden die Stationen Zweigs von seiner ersten Südamerika-Reise 1936 bis zu seinem Freitod im Februar 1942. Der Autor verfolgt aber auch den Weg von Zweigs erster Frau Friderike bzw. deren Töchtern. In dieser Hinsicht könnte man auch von einem Roman über Friderike Zweig sprechen, deren Position Bauer über Gebühr übernimmt. Erzähltechnisch stellt Bauer mittels erlebter Rede abwechselnd die Perspektiven Stefans und Friderikes ins Zentrum der Narration und wechselt kontinuierlich die Schauplätze der Handlung. Bauer fiktionalisiert beispielsweise Briefe zwischen Friderike Zweig und Romain Rolland (vgl. S. 58–66), die an die tatsächliche Korrespondenz der beiden angelehnt sind, auch Gespräche Zweigs, z.B. mit Paul Zech, Sigmund Freud oder Filippo Tommaso Marinetti – Personen, die er tatsächlich getroffen hat –, sind von Bauer erfunden. Bauer stellt nicht nur Stefan Zweigs konfliktreiches Privatleben zwischen zwei Frauen dar, sondern unterzieht auch Zweigs schon zu Lebzeiten ambivalent wahrgenommene Südamerika- und Brasilien-Begeisterung einer kritischen Überprüfung. Diesem Ziel dient nicht nur die Schilderung von Zweigs Besuch in der Pestalozzi-Schule von Buenos Aires (die Alfredo Bauer selbst absolviert hatte), sondern auch die vollständig erfundene Konfrontation des Dichters mit dem faschistischen Polizeiapparat in Rio de Janeiro kurz vor seinem Tod (vgl. S. 346–400) (→ VI.6 Die Biografien).

Bauer lässt Stefan und auch Friderike Zweig immer wieder als politische Kommentatoren des Zeitgeschehens fungieren, allerdings aus der *ex-post*-Perspektive von 1990. Durchwegs ist dabei die Tendenz des Autors erkennbar, Ereignisse wie den Hitler-Stalin-Pakt bzw. die gewaltsame Besetzung der Osthälfte Polens durch die Sowjets zu verharmlosen (vgl. S. 289ff., 302ff.) oder einem rassistisch gefärbten Geschichtsbild einzupassen, das mit Zweigs tatsächlichen Anschauungen kaum in Einklang gebracht werden kann: „Zweig dachte [beim Anblick eines faschistischen brasilianischen Polizeioffiziers]: ‚Er ist von kleiner Statur und benutzt hohe Absätze, um es zu verschleiern. Und macht mit Pomade sein Haar glatt. Eine seiner Urgroßmütter muß sich mit einem Neger vergessen haben.'" (S. 390) Dennoch enthält der Roman auch einige gelungene und kohärente Passagen, etwa über die den Nationalsozialismus beschönigende Mentalität von österreichischen Mitläufern aus dem bürgerlichen Milieu vor dem sogenannten ‚Anschluss' Österreichs: So wird etwa Friderike Zweig vor einer gewalttätigen Attacke jugendlicher Nazis ausgerechnet von „Doktor Karajan" gerettet, dem Vater des Dirigenten, der zugleich seine antisemitischen Stereotype kaum verbergen kann und den NS-Staat verharmlost (vgl. S. 128–133). Neben seiner Zweig-Biografie hat Alfredo Bauer auch das Libretto zu Christoph Cechs Oper mit dem Titel *Aus allen Blüten Bitternis. Stefan Zweig's Weg in die Emigration* geschrieben, die am 3. November 1996 in Wien uraufgeführt wurde (→ VI.7.2 Rezeption in der Musik).

Die *Schachnovelle* hat den italienischen Schriftsteller Paolo Maurensig zum Roman *La variante di Lüneberg* (1992) inspiriert, der zu einem Bestseller wurde. Seinem Vorbild verdankt der Autor mehrere Elemente: Sein Roman ist als Reisegeschichte konzipiert, er spielt in Österreich und enthält einen langen Rückblick auf die Zeit des Nationalsozialismus. Er ist um eine große Schachpartie zentriert und verwandelt die

Geschichte des Protagonisten – der wie Zweigs Dr. B. dank des Schachspiels überlebt – in eine Parabel über die menschliche Existenz. In beiden Texten wird der Wettstreit am Schachbrett zugleich als faszinierendes Duell und als Metapher für ein Spiel um Leben und Tod dargestellt. Bei Maurensig ist der berühmte jüdische Schachmeister Tabori im Lager von Bergen-Belsen interniert. Dort trifft er auf einen früheren Schachgegner, Dieter Fisch, der nun der SS angehört. Fisch lässt Tabori nur unter der Bedingung am Leben, dass er ohne Unterlass spielt, und zwar um immer höhere Einsätze. Wie sich dann herausstellt, ist es das Leben anderer Juden, das regelmäßig auf dem Spiel steht: Spielt Tabori nicht um den Sieg, sterben einige Lagerinsassen. So entbrennt ein bitterer Wettkampf zwischen Opfer und Täter, der bis zur Befreiung des Lagers durch die Alliierten andauert. Nach dem Krieg darf ein Schüler Taboris den Meister rächen. Er trifft den Folterknecht von Bergen-Belsen wieder, der sich inzwischen einen Namen als respektabler Industrieller gemacht hat, fordert ihn zum Spiel heraus und tötet ihn am Schluss der Partie. Von der *Schachnovelle* aus lassen sich auch Verbindungen zur italienischen Schach-Literatur vor Zweig herstellen. So hat etwa die Literaturwissenschaftlerin Laetitia Rimpau vor kurzem den Bezug zu Arrigo Boitos berühmter (Schach-)Novelle *L'alfiere nero* (1867) näher unter die Lupe genommen (vgl. Rimpau 2015).

Auf die letzten Stunden im Leben Stefan Zweigs bezieht sich das 2008 veröffentlichte Stück von Antonio Tabares, *Una hora en la vida de Stefan Zweig*, das am 11. Dezember 2015 in Barcelona uraufgeführt wurde. Das Theaterstück thematisiert die Vorbereitungen von Stefan und Lotte Zweig auf den gemeinsamen Selbstmord, die plötzlich durch den Auftritt einer geheimnisvollen Gestalt namens Samuel Friedmann unterbrochen werden, der behauptet, ein jüdischer Exilierter zu sein. Der Autor des Stückes spielt in der Folge mit der Frage nach der Identität des Gastes. Ist er möglicherweise doch ein Agent des NS-Regimes, ein Bewunderer von Zweig oder ein exilierter Jude? Tabares nimmt damit Bezug auf Konfrontationen zwischen Zweig und NS-Sympathisanten in Brasilien. Das Stück von Tavares verdankt dem katalanischen Regisseur Sergi Belbel, der es im Dezember 2015 und Januar 2016 inszeniert hat, eine beachtliche Resonanz in Spanien.

Der Roman des französischen Arztes und Journalisten Laurent Seksik, *Les derniers jours de Stefan Zweig* (2010; dt. *Vorgefühl der nahen Nacht*, 2012) konzentriert sich auf die letzten sechs Monate im Leben Stefan Zweigs in Petrópolis. Die zahlreichen Zitate aus Originalquellen sollen dem Roman dokumentarischen Charakter verleihen, worauf im bibliografischen Anhang kurz hingewiesen wird. Dort verzeichnet Seksik nicht nur einige Arbeiten der Forschungsliteratur (u.a. die Biografien von Prater [1981] und Matuschek [2006]), sondern auch Werke anderer Dichter wie Georges Bernanos oder Arthur Schnitzler (vgl. Seksik 2012, S. 238f.). Der Autor erzählt abwechselnd (meist mittels erlebter Rede) aus der Perspektive seines Protagonisten und aus jener von Lotte Zweig. Die Rückblicke auf Zweigs erfolgreiche Jahre vor der Emigration werden permanent unterbrochen durch die breit dargestellten Folgen der nationalsozialistischen Machtergreifung und der Bedrohung Europas durch die Nazis, auch aus der Sicht von Lotte, deren Lebensgeschichte viel Raum gegeben wird; sie erhält – im Gegensatz zu anderen Darstellungen – eine eigene Stimme. Durch ihr schweres Asthmaleiden gezeichnet, schwankt Lotte zwischen Verzweiflung und neuer Hoffnung, etwa als die Nachricht vom Kriegseintritt der USA in Petrópolis eintrifft. Da ihr Mann selbst darauf kaum reagiert und weiterhin in seiner lethargisch-düsteren Stimmung verharrt, protestiert sie auf unerwartet drastische Weise: „Verflucht sei er und verflucht sei der Name Zweig, der Name, den ich trage, verflucht sei der Tag, an dem ich dieses Büro in London betreten habe, das Büro des großen österreichischen Schriftstellers, dieses Unheilspropheten" (S. 149). Eine der vielen Merkwürdigkeiten dieses Buches ist die Tatsache, dass der Verfasser Lotte ihren Mann bis zuletzt mit dem förmlichen „Sie" anreden lässt.

Laurent Seksik zeigt Stefan Zweig als einen von tiefsten Selbstzweifeln erfüllten, mit seinem eigenen Werk unzufriedenen und von düsteren Zukunftsvisionen geplagten Menschen: Die Perspektive der *Welt von Gestern* (1942) versucht Seksik zu übernehmen, zu überbieten und mit einem pathetischen Grundton zu versehen (vgl. S. 192), eine ästhetisch oft fragwürdige Methode. In albtraumhaften Phantasmagorien erlebt Zweig eine Okkupation Brasiliens durch deutsche Truppen und seine eigene Ermordung durch SS-Einheiten (vgl. S. 164ff.), eine eher klischeehafte Darstellung, zumal das Brasilien unter Vargas – zu Lebzeiten Zweigs – nicht unmittelbar von NS-Deutschland bedroht war. Am Schluss des Romans wird eine Parallele zwischen dem bevorstehenden Freitod des Ehepaars Zweig und dem Selbstmord von Heinrich von Kleist und Henriette Vogel gezogen. Besonders ist daran, dass Seksik die Ereignisse aus Lottes Perspektive schildert. Der Roman ist in ästhetischer, biografischer und konzeptioneller Hinsicht (nicht zuletzt aufgrund mancher Stereotype) nicht unproblematisch: „Eher als einen Roman haben wir ein Feature vor uns", resümiert Joseph Hanimann in seiner Rezension (Hanimann 2011). Laurent Seksiks Roman liegt seit 2012 auch als Graphic Novel vor (→ VI.6 Die Biografien). Die Frage nach der wahren Identität von Zweig stellt Jean-Jacques Messiaen in seinem Stück *Dazwischen. Zweig, l'ambivalent* (2017). Der Autor versucht ein originelles psychologisches Porträt von Zweig zu skizzieren, indem er dessen Beziehungen zu drei Frauen inszeniert: Friderike, Lotte und Anna Meingast.

In seinem Buch *Lotte & Zweig* (2012) verwandelt der brasilianische Kritiker und Universitätsprofessor Deonísio da Silva die letzten Stunden im Leben von Zweig in einen rätselhaften und geheimnisvollen Kriminalroman. Das Motto des Romans zitiert ein Lied des Musikers Jorge Mautner und des früheren brasilianischen Kultusministers Gilberto Gil mit dem Titel *Outros viram*:

> Was Walt Whitman gesehen hat,
> hat auch Majakowski gesehen,
> und auch andere haben gesehen,
> dass die Menschheit kommt
> um aufzuerstehen nach Brasilien!
> Teddy Roosevelt hat Rabindranath Tagore gehört.
> Und auch Stefan Zweig hat gesehen. (Übers. v. Arturo Larcati)

Im ersten Teil rekonstruiert da Silva ausführlich die Beziehung Zweigs zu seiner zweiten Ehefrau Lotte und die schmerzvolle Phase im brasilianischen Exil – bis hin zu seinem Entschluss, sich das Leben zu nehmen. Im zweiten Teil kolportiert er jedoch, dass Zweig Opfer einer Verschwörung von brasilianischen Nazis aus Petrópolis geworden sei. Diese hätten den österreichischen Schriftsteller ermorden wollen, weil er sich in Brasilien gegen die NS-Verbrechen in Europa und gegen den Nationalsozialismus engagiert habe. Das letzte Kapitel des Buches spielt im Jahr 2000. In der juridischen Fakultät der Universität São Paulo diskutieren zwei Wissenschaftler über die Todesumstände von Lotte und Stefan Zweig. Mit ihren Fragen über die zu schnell durchgeführten Ermittlungen und die nicht erfolgte Autopsie der Körper befördern sie am Schluss des Romans die Zweifel an der Selbstmordhypothese. Eine Sonderrolle spielt bei da Silva die Darstellung der beiden Frauen Zweigs. Friderike wird zur – eigentlich wenig glaubhaften – Frida, die sich an ihrem Mann rächen will und das – manchmal stümperhaft wirkende – Mordkommando der deutschen NS-Agenten leitet. Mehr Eigenständigkeit gewinnt im Roman auch Lotte: Sie erscheint nicht als jene kranke und unscheinbare Gestalt, die wir aus vielen biografischen Berichten kennen. In einem ihr gewidmeten Kapitel erzählt Lotte das Leben von Stefan Zweig, bis zu ihrem tragischen Epilog, aus eigener Perspektive. Der zwischen historischer Wirklichkeit und literarischer Fiktion angesiedelte Roman über Zweigs brasilianische Zeit ist als Hommage an den großen Schriftsteller und als Warnung vor einer Wiederholung seiner tragischen Geschichte intendiert. 2015 wurde der Text ins Italienische übertragen. Der dafür gewählte Titel *Stefan Zweig deve morire* spielt auf den kriminalistischen Teil des Romans an (vgl. Stassi 2016, S. 230–233).

Der englische Dramatiker Ronald Harwood hat das Stück *Collaboration* (2008) geschrieben, in dem er die Entstehungsgeschichte der Oper *Die schweigsame Frau* anhand der bekannten Dokumente verarbeitet und das Verhalten von Strauss und Zweig gegenüber dem Nationalsozialismus zur Diskussion stellt (→ III.2.11 Die schweigsame Frau).

Der Bereich der produktiven Aneignung von Zweigs Leben und Werk geht weit über die Belletristik hinaus. So hat seine Biografie beispielsweise den italienischen Liedermacher Paolo Benvegnù zu einem Song mit dem Titel *Stefan Zweig* inspiriert. In einem Interview begründet er sein Interesse für Zweig mit der Repräsentativität von dessen Schicksal: „Warum Stefan Zweig in meinem Album eine Rolle spielt, hat mit der *Schachnovelle* zu tun, diesem großen Fresko des 20. Jahrhunderts, in dem der Mensch nach sich selbst und dem Anderen sucht. An Zweig bewundere ich am meisten, dass er in seiner Biografie das wahre 20. Jahrhundert verkörpert: Ein Mensch muss sein Land aufgrund der Rassengesetze verlassen und beschließt, sich zusammen mit seiner Frau das Leben zu nehmen." (Benvegnù 2015, übers. v. A. L.)

Stefan Zweig

Zweig, Stefan (2004⁵): Angst. In: Ders.: Verwirrung der Gefühle. Erzählungen. GWE. Hg. v. Knut Beck. Frankfurt a. M.: S. Fischer, S. 280–354.

Weitere Literatur

Aichinger, Ilse (1998): „Bitte – Stefan Zweig". In: Rovagnati, Gabriella: „Umwege auf dem Wege zu mir selbst". Zu Leben und Werk Stefan Zweigs. Bonn: Bouvier, S. 270–271.
Amargo, Joan Ibanez (2010): La novela biográfica como punto de contacto hispano-germánico. *Cumbre apagade*, Jarnés sobre Zweig. In: Rodal, Cristin Jarillot (Hg.): Bestandsaufnahme der Germanistik in Spanien. Kulturtransfer und methodologische Erneuerung. Bern u. a.: Lang, S. 457–464.
Bachmann, Ingeborg (2010): Kriegstagebuch. Mit Briefen von Jack Hamesh an Ingeborg Bachmann. Hg. v. Hans Höller. Berlin: Suhrkamp.
Bauer, Alfredo (1993): Der Mann von gestern und die Welt. Ein biographischer Roman um Stefan Zweig. Wien: Edition Atelier.
Benvegnù, Paolo (2015): Letture d'Autore [Interview von Pierluigi Lucadei] (http://www.minimaetmoralia.it/wp/letture-dautore-paolo-benvegnu; Stand 17. 10. 2017).

Cech, Christoph (1996): Aus allen Blüten Bitternis. Stefan Zweig's Weg in die Emigration. Oper in 19 Stationen. Text: Alfredo Bauer. Wien: Musikverlag Alexander Mayer.
Delle Cave, Ferruccio (2017): Literatur & Leben. Renoldners „Meran leuchtet" im Theater in der Altstadt. In: Dolomiten, 10. 10. 2017, S. 6.
Dines, Alberto (2006): Tod im Paradies. Die Tragödie des Stefan Zweig. Frankfurt a. M. u. a.: Edition Büchergilde.
Gantner, Florian (2012): Sternschnuppen der Menschheit. Roman. Innsbruck: Edition Laurin.
Gottwald, Herwig/Freinschlag, Andreas (2009): Peter Handke. Wien u. a.: Böhlau.
Handke, Peter (2014): Zwei Menschenkinder, Zwei Hochherzige. Zum Briefwechsel zwischen Romain Rolland und Stefan Zweig während des Ersten Weltkriegs. In: Rolland, Romain/ Zweig, Stefan: Von Welt zu Welt. Briefe einer Freundschaft 1914–1918. Mit einem Begleitwort v. Peter Handke. Berlin: Aufbau, S. V–XVII.
Hanimann, Joseph: Laurent Seksik: *Vorgefühl der nahen Nacht*. Gefährtin für die Ewigkeit. In: FAZ, 1. 7. 2011, o. S.
Harwood, Ronald (2008): Collaboration & Taking Sides. London: Faber & Faber.
Höller, Hans (1999): Ingeborg Bachmann. Reinbek b. H.: Rowohlt.
Jarnés, Benjamín (1942): Stefan Zweig, cumbre apagada: Retrato. Mexiko: Proa.
Larcati, Arturo (2015): „Vielstimmig eines Sinnes". Zum Briefwechsel zwischen Stefan Zweig und Romain Rolland während des Ersten Weltkrieges. In: Schiffermüller, Isolde/Conterno, Chiara (Hg.): Briefkultur. Transformationen epistoralen Schreibens in der deutschen Literatur. Würzburg: Königshausen & Neumann, S. 143–160.
Maurensig, Paolo (1992): La variante di Lüneburg. Milano: Adelphi.
Meerbaum-Eisinger, Selma (2005): Ich bin in Sehnsucht eingehüllt. Gedichte. Auswahl. Lesung. Mit Iris Berben. Hg. v. Jürgen Serke. Hamburg: Hoffmann und Campe.
Meerbaum-Eisinger, Selma (2006): Ich bin in Sehnsucht eingehüllt. Gedichte. Hg. v. Jürgen Serke. Hamburg: Hoffmann und Campe.
Messiaen, Jean-Jacques (2017): Dazwischen. Zweig, l'ambivalent. Verviers: Editions des Champs.
Millesi, Hanno (2015): Venusatmosphäre. Novelle. Wien: Edition Atelier.
Pimentel de Borba, Jenny (1943): Paixão dos homens. Romance. Rio de Janeiro: Borba Editora.
Reich-Ranicki, Marcel (1999): Mein Leben. Stuttgart: Deutsche Verlags-Anstalt.
Rimpau, Laetitia (2015): Macht und Widerstand auf dem schwarz-weißen Brett. Die Schachnovellen von Arrigo Boito und Stefan Zweig. In: Italienisch 73/2015, S. 24–47.
Roth, Joseph (1991): Die Legende vom heiligen Trinker. In: Ders.: Werke. Bd. 6. Romane und Erzählungen 1936–1940. Hg. v. Fritz Hackert u. Klaus Westermann. Köln: Kiepenheuer & Witsch, S. 515–543.
Rovagnati, Gabriella (1998): „So wurden Sie Brennmaterial für unsere Herzen": Die Hommage Ilse Aichingers. In: Dies.: „Umwege auf dem Wege zu mir selbst". Zu Leben und Werk Stefan Zweigs. Bonn: Bouvier, S. 262–271.
Schirmer, Andreas (2007): Peter-Handke-Wörterbuch. Prolegomena. Wien: Praesens.
Seibt, Gustav (2014): Nicht ganz überm Getümmel. In: Süddeutsche Zeitung, 26. 9. 2014, S. 14.
Seksik, Laurent (2012): Vorgefühl der nahen Nacht. München: btb.
Silva, Deonísio da (2012): Lotte & Zweig. São Paulo: Leya.
Stassi, Fabio (2016): La lettrice scomparsa. Palermo: Sellerio.
Sternburg, Wilhelm von (2009): Joseph Roth. Eine Biographie. Köln: Kiepenheuer & Witsch.
Tabares, Antonio (2008): Una hora en la vida de Stefan Zweig. Zaragoza: Teatro Arbolé.
von der Grün, Max (1981): Nachwort. In: Zweig, Stefan: Das Stefan Zweig Buch. Zsgest. v. Knut Beck. Frankfurt a. M.: S. Fischer. S. 395–408.
Weidermann, Volker (2014[10]): Ostende. 1936, Sommer der Freundschaft. Köln: Kiepenheuer & Witsch.
Weidermann, Volker (2015): Ostende 1936. Un été avec Stefan Zweig. Paris: Piranha.

7.2 Rezeption in der Musik

Elisabeth Skardarasy

1. Gedichte und Übersetzungen Zweigs 859
2. Prosa 860
3. Drama 861
4. Oper/Libretto: *Die schweigsame Frau* (1935) 862

Analog zu Literatur und bildender Kunst kommt der Musik in Leben und Werk Stefan Zweigs in vielfältiger Hinsicht Bedeutung zu (→ III.14.7 ÜBER MUSIK; IV.9 MUSIK). Zum einen weisen Zweigs Texte zahlreiche Bezüge zur Musik sowie zu diversen Musikern wie Dirigenten und Komponisten auf, wobei er mit einigen auch persönliche Kontakte pflegte. Zum anderen dienten seine Texte einigen Komponisten als Vorlage für ihre musikalischen Werke. Sowohl Zeitgenossen des Autors als auch Musiker nachfolgender Generationen verarbeiteten Texte und Motive Stefan Zweigs.

1. Gedichte und Übersetzungen Zweigs

Neben der Vertonung von Gedichten sind auch Lieder, die auf Zweigs Übersetzungen von Texten anderer Autoren – etwa Émile Verhaeren und Paul Verlaine – basieren, zu nennen. Von den Komponisten, mit denen Zweig persönlich in Verbindung stand, ist Max Reger hervorzuheben. In *Die Welt von Gestern* (1942) berichtet Zweig, dass Reger ihn um Erlaubnis gebeten habe, sechs Gedichte aus dem Band *Silberne Saiten* (1901) vertonen zu dürfen (vgl. Zweig GWE, Die Welt von Gestern, S. 121, 417). Belegt sind bisher allerdings nur zwei Lieder:
- Max Reger: *Ein Drängen ist in meinem Herzen* (1906, op. 97, Nr. 3; Klavier und Gesangsstimme); aus Stefan Zweigs *Silberne Saiten* (Zweig GWE, Silberne Saiten, S. 45)
Ders.: *Neue Fülle* (1907, op. 104, Nr. 1; Klavier und Gesangsstimme); aus Stefan Zweigs *Die frühen Kränze* (Zweig 1920, S. 107)

Ferner existiert ein Antwortbrief von Max Reger an Stefan Zweig vom 29. März 1907. Reger stellt darin in Aussicht, weitere Gedichte von Zweig zu vertonen. Dazu kommt es aber offensichtlich nicht. Außerdem erwähnt der Komponist ein mögliches gemeinsames Opernprojekt, das wohl auf einem Vorschlag Zweigs beruht (vgl. Arens 1968, S. 109). Auch dieses Projekt wurde nicht realisiert.

Weitere Liedkompositionen auf Basis von Stefan Zweigs Texten sind (vgl. Klawiter 1991, S. 795 f.; vgl. Brügge 2012, S. 210 f.):
- Joseph Marx: *Ein Drängen ist in meinem Herzen* (1909, 2. Folge, Nr. 24; Klavier und Gesangsstimme); aus Zweigs *Silberne Saiten* (Zweig GWE, Silberne Saiten, S. 45)
- Oskar Fried: *Die Auswanderer* (1913, Klavierauszug des Melodrams für Sprechstimme und großes Orchester); Émile-Verhaeren-Übersetzung von Stefan Zweig aus *Rhythmen. Nachdichtungen aus ausgewählter Lyrik von Emile Verhaeren, Charles Baudelaire und Paul Verlaine* (Zweig GWE, Rhythmen, S. 71–75)

- August Reuß: *Sehnsüchtige Melodie* (1920, Werk 36, Nr. 1; Klavier und Gesangsstimme); aus Stefan Zweigs *Die frühen Kränze* (Zweig 1920, S. 9)
  Lied des Einsiedels (1920, Werk 36, Nr. 2; Klavier, Violine und Gesangsstimme); aus Stefan Zweigs *Die frühen Kränze* (Zweig GWE, Silberne Saiten, S. 86)
  Max Kowalski: *Mondschein* (1928, op. 13, Nr. 6; Klavier und Gesangsstimme); Paul-Verlaine-Übersetzung von Stefan Zweig aus *Rhythmen. Nachdichtungen aus ausgewählter Lyrik von Emile Verhaeren, Charles Baudelaire und Paul Verlaine* (Zweig GWE, Rhythmen, S. 215)
- Fred Lohse: *Überglänzte Nacht* (1929, op. 1, Nr. 1; Klavier und Gesangsstimme); aus Stefan Zweigs *Die frühen Kränze* (Zweig GWE, Silberne Saiten, S. 87)
- Richard Maux: *Sonnenaufgang in Venedig* (1934, op. 271; aus *Lieder und Balladen*); aus Stefan Zweigs *Die frühen Kränze* (Zweig GWE, Silberne Saiten, S. 94)
- Johannes Röntgen: *Graues Land* und *Die Frühen Kränze: Zwei Lieder (Stefan Zweig) aus ‚Musik der Jugend'* (1935, o. op.; Flöte, Viola und Gesangsstimme); aus Stefan Zweigs *Die frühen Kränze* (Zweig GWE, Silberne Saiten, S. 91, 81 f.)
- Norman Demuth: *3 Poems. For one voice and strings* (1944; vgl. Klawiter 1991, S. 795)
- Heinz (Henry) Jolles: *Ultimo poema de Stefan Zweig* (1945, o. op.; Klavier und Gesangsstimme); Übersetzung von Stefan Zweigs *Abschied vom Leben. Der Sechzigjährige dankt* (Zweig GWE, Silberne Saiten, S. 232)
- Felix Wolfes: *Abschied vom Leben (Der Sechzigjähre dankt)* (1952; Klavier und Gesangsstimme); nach Stefan Zweigs gleichnamigem Gedicht (Zweig GWE, Silberne Saiten, S. 232)

Neben diesen kürzeren Vertonungen existiert auch eine umfangreichere Komposition mit dem Titel *Das Teufelsritornell* (1901, op. 9; für Orchester) von Charles Martin Loeffler (vgl. Klawiter 1991, S. 795), basierend auf Zweigs Übersetzung von Maurice Rollinats *La Villanelle du diable*. In *Die Welt von Gestern* behauptet Stefan Zweig, Loeffler habe einige seiner Gedichte vertont (vgl. Zweig GWE, Die Welt von Gestern, S. 221), was sich bislang aber nicht bestätigen ließ. Ferner vertonte Armin Schibler 1952 Zweigs Gedicht *Polyphem* (Zweig GWE, Silberne Saiten, S. 177–179) in Form einer dramatischen Kantate für Tenor, gemischten Chor und zwei Klaviere (op. 34; vgl. Klawiter 1991, S. 795 f.).

2. Prosa

Armin Schibler ist außerdem der Komponist der undatierten Radio-Oper *Die Augen des ewigen Bruders* (vgl. Schibler 2000, S. 48, 53). Die gleichnamige Legende von Stefan Zweig wurde unter dem Titel *Virata* noch zwei weitere Male in Form eines Oratoriums vertont: István Szelényis Komposition stammt aus dem Jahr 1935 (vgl. Klawiter 1991, S. 796); Horst Ebenhöhs Werk *Virata. Szenisches Oratorium in sechs Bildern* (op. 4) entstand 1960 (vgl. S. 795; vgl. Kerschbaumer 2005, S. 473). Im Literaturarchiv Salzburg findet sich ein Libretto-Fragment. Die Zuweisung zu dem Komponisten Ebenhöh kann allerdings nicht mit Sicherheit bestimmt werden (vgl. Fragment Libretto-Adaption „Virata", Literaturarchiv Salzburg, Bestand Stefan Zweig, ohne Signatur). Darüber hinaus gibt es eine musikalische Verarbeitung dieser

Legende durch den Komponisten James Wilson. Hierbei handelt es sich um eine englischsprachige Oper in vier Szenen, *Virata*, aus dem Jahr 1999, für die der Komponist selbst das Libretto geschrieben hat. Bereits 1997 hat Wilson an einer Bearbeitung der Zweig-Legende gearbeitet. Diese war für ein Kammerensemble gedacht. Bei der 1999 entstandenen Fassung handelt es sich um ein großes Werk für Orchester und Sänger. Der Korrespondenz ist zu entnehmen, dass das Irische Fernsehen RTE-Dublin (Radio Television Eire) die Produktion aufgezeichnet hat (vgl. Korrespondenz aus dem Konvolut zur Oper *Virata* von James Wilson, Literaturarchiv Salzburg, Bestand Stefan Zweig, ohne Signatur).

Zweigs Novelle *Der Amokläufer* (1922) wurde von dem russischen Komponisten Boris Sinkin vertont. Für seine Oper *Amok* schrieb er gemeinsam mit Viktor Guin das Libretto. Die Uraufführung fand am 11. Februar 1992 im Karelian Opera Theater, Petrozavodsk statt (vgl. Klawiter 1999, S. 425). Auch zur Novelle *Verwirrung der Gefühle* (1927) existiert eine Vertonung des gregorianischen Komponisten Grigori S. Pizchelauri (vgl. Pizchelauri 1972).

Den handschriftlichen Aufzeichnungen des Komponisten Alfred Schnittke, die 2016 vom Auktionshaus Sotheby's versteigert wurden, ist zu entnehmen, dass er eine Oper nach Stefan Zweigs Novelle *Die Hochzeit von Lyon* (1927) geplant hatte.

Stefan Zweigs *Schachnovelle* diente in mehrfacher Weise als Vorlage für musikalische Werke. Zu erwähnen sind die Oper *Schlaflos* von Berthold Tuercke (1994) und die biografische Kammeroper *Aus allen Blüten Bitternis* (1996) mit der Musik von Christoph Cech (vgl. Schönle 2007, S. 16). Die rumänische Komponistin Violeta Dinescu schuf ein *Musikalisches Spiel mit Silhouetten, Menschen, Licht und Schatten nach der Novelle von Stefan Zweig*. Die Uraufführung fand im Mai 1994 bei den Schwetzinger Festspielen statt (vgl. Klawiter 1999, S. 430; Schönle 2007, S. 16ff.). 1996 wurde das Ballett *Schachnovelle* im Nordharzer Städtebundtheater Halberstadt/Quedlinburg uraufgeführt. Das Libretto verfasste Mechthild Hobl-Friedrich, Musikstücke stammen von Heitor Villa-Lobos und Oscar Straus (vgl. S. 431). Der spanische Komponist Cristóbal Halffter schrieb im Auftrag des Opernhauses Kiel die einaktige Oper *Schachnovelle*, für die Wolfgang Haendeler das Libretto schrieb (vgl. Halffter 2010–2012). Sie wurde im Mai 2013 uraufgeführt.

3. Drama

Zweigs Drama *Jeremias* (1917) bildete bisher die Vorlage für zwei Kompositionen. Über das erste, zu Lebzeiten Zweigs entstandene Werk ist wenig bekannt: Es handelt sich um das Musikstück *Jeremias* des russischen Komponisten Arno Nadel, der in Auschwitz ermordet wurde (vgl. Klawiter 1991, S. 795). Die zweite Vertonung stammt von dem tschechischen Komponisten Petr Eben. Sein *Jeremias* (Eben 1996/1997), für den der Komponist selbst auch das Libretto sowie die tschechische Übersetzung verfasst hat, ist eine Kirchenoper in fünf Bildern. Sie wurde mehrfach aufgeführt, unter anderem im Prager Veitsdom, beim Carinthischen Sommer in Ossiach, in Chemnitz und in Zwingenberg, es gab unterschiedliche Versionen, sowohl als konzertantes Oratorium als auch als inszenierte Oper (vgl. Konvolut zur Kirchenoper *Jeremias* von Petr Eben, Literaturarchiv Salzburg, Bestand Stefan Zweig, ohne Signatur).

Wenig bekannt ist laut Klawiter Métyés Seibers Werk *Volpone* nach Stefan Zweigs gleichnamigem Stück (vgl. Klawiter 1991, S. 796).

4. Oper/Libretto: *Die schweigsame Frau* (1935)

Das bekannteste und am weitesten verbreitete Musikstück, das auf einem Text von Stefan Zweig basiert, ist zweifelsohne Richard Strauss' Oper *Die schweigsame Frau*, für die der Dichter nach Ben Jonsons Komödie *Epicoene or The Silent Woman* das Libretto schrieb (→ III.2.11 Die schweigsame Frau). Dies blieb die einzige Strauss-Oper mit einem Zweig-Libretto, obwohl Richard Strauss Zweig wiederholt gedrängt hat, weitere Libretti für ihn zu schreiben. Tatsache aber ist, dass Zweig Richard Strauss nach dem Tode Hugo von Hofmannsthals bei der Fertigstellung des Librettos zur Oper *Arabella* beratend zur Seite stand. Über die Beziehung Zweig–Strauss und die gemeinsame Diskussion über weitere Opernprojekte (*Friedenstag* u.a.) gibt der Briefwechsel der beiden Auskunft (Strauss/Zweig 1957; vgl. auch Rosenzweig 1943, S. 12f.; Kerschbaumer 2005, S. 234ff.; Kerschbaumer 2011, S. 30f.). Eine vollständige Neuausgabe des Briefwechsels zwischen Richard Strauss und Stefan Zweig ist in Vorbereitung.

Wenn man der Titelangabe glauben darf, verfasste Stefan Zweig auch das Libretto für ein Singspiel *Serenade eines ungeliebten Liebhabers*. Nur einige wenige Verse daraus sind uns überliefert (vgl. Zweig 1921).

1981 wurde in Leningrad die Oper *Maria Stuart*, basierend auf Zweigs Biografie, uraufgeführt. Die Musik stammt von Sergei Mikhailovich Slonimski, das Libretto schrieb Jakow Gordin. 1984 wurde sie in Leipzig neu inszeniert (vgl. Klawiter 1991, S. 659).

Das Interesse Stefan Zweigs für zeitgenössische Komponisten setzte sich auch in seinem Exilland Brasilien fort. Mit dem brasilianischen Komponisten Heitor Villa-Lobos sowie der Tänzerin und Choreografin Margarita Wallmann plante er 1941 eine Zusammenarbeit: Hierbei sollte es sich um eine von Jean-Baptiste Debrets *Voyage pittoresque e historique au Brésil* inspirierte choreografierte Revue handeln. Es existiert eine Skizze Zweigs zu diesem Projekt, das allerdings nicht realisiert wurde (vgl. Dines 2006, S. 466, 515f.). In Zweigs Buch *Brasilien. Ein Land der Zukunft* (1941) ist ebenfalls von Villa-Lobos die Rede, Alberto Dines hat auch darauf hingewiesen, dass Zweigs Erwähnung des Komponisten in der Rezeption des Buches kontrovers aufgenommen wurde (vgl. Casa Stefan Zweig 2016, Musikzimmer).

Zweigs *Brasilien*-Buch inspirierte den brasilianischen Komponisten José Vieira Brandão zu seinem Chorstück *Brasil, país do futuro*. Nach Auskunft der *Casa Stefan Zweig* haben sich der brasilianische Kultusminister Gilberto Gil und der Musiker Jorge Mautner in dem Stück *Outros viram (Andere haben es gesehen)* ebenfalls auf Stefan Zweig bezogen (vgl. Casa Stefan Zweig 2016, Musikzimmer).

Stefan Zweig

Strauss, Richard/Zweig, Stefan (1935): Die schweigsame Frau. Komische Oper in drei Aufzügen frei nach Ben Jonson von Stefan Zweig. Musik von Richard Strauss. op. 80. Berlin: Adolph Fürstner.

Strauss, Richard/Zweig, Stefan (1957): Briefwechsel. Hg. v. Willi Schuh. Frankfurt a.M.: S. Fischer.

Zweig, Stefan (1920): Die frühen Kränze. Leipzig: Insel.

Zweig, Stefan (1921): Serenade des ungeliebten Liebhabers. In: Moderne Welt 3/1/1921, S. 15.
Zweig, Stefan (1983): Jeremias. In: Ders.: Tersites. Jeremias. Zwei Dramen. GWE. Hg. v. Knut Beck. Frankfurt a. M.: Fischer, S. 117–327.
Zweig, Stefan (1983): Rhythmen. Nachdichtungen ausgewählter Lyrik von Emile Verhaeren, Charles Baudelaire und Paul Verlaine. GWE. Hg. v. Knut Beck. Frankfurt a. M.: S. Fischer.
Zweig, Stefan (1987): Ben Jonson's ‚Volpone' und andere Nachdichtungen und Übertragungen für das Theater. GWE. Hg. v. Knut Beck. Frankfurt a. M.: S. Fischer.
Zweig, Stefan (1990): Brasilien. Ein Land der Zukunft. GWE. Hg. v. Knut Beck. Frankfurt a. M. Fischer.
Zweig, Stefan (2002[4]): Der Amokläufer. In: Ders.: Der Amokläufer. Erzählungen. GWE. Hg. v. Knut Beck. Frankfurt a. M.: S. Fischer, S. 74–138.
Zweig, Stefan (2007[5]): Die Welt von Gestern. Erinnerungen eines Europäers. GWE. Frankfurt a. M. Fischer.
Zweig, Stefan (2007[3]): Die Augen des ewigen Bruders. In: Ders.: Rahel rechtet mit Gott. Legenden. GWE. Hg. v. Knut Beck. Frankfurt a. M.: S. Fischer, S. 12–55.
Zweig, Stefan (2007[2]): Schachnovelle. In: Ders.: Buchmendel. Erzählungen. GWE. Hg. v. Knut Frankfurt a. M. Fischer, S. 248–314.
Zweig, Stefan (2008[6]): Silberne Saiten. Gedichte. GWE. Hg. v. Knut Beck. Frankfurt a. M.: S. Fischer.

Weitere Literatur

Arens, Hanns (1968): Wenn die Musik der Liebe Nahrung ist. In: Ders. (Hg.): Stefan Zweig. Im Zeugnis seiner Freunde. München, Wien: Langen Müller, S. 104–122.
Brügge, Joachim (2012): Vertonungen von Gedichten Stefan Zweigs. In: Müller, Karl (Hg.): Stefan Zweig – Neue Forschung. Würzburg: Königshausen & Neumann, S. 209–217.
Casa Stefan Zweig (2016): Musikzimmer, www.casastefanzweig.org/sec_mus.php (Stand: 30. 9. 2016).
Dines, Alberto (2006): Tod im Paradies. Die Tragödie des Stefan Zweig. Frankfurt a. M. u. a.: Edition Büchergilde.
Eben, Petr (1996–1997): Jeremias. Kirchenoper in fünf Bildern nach dem gleichnamigen Drama von Stefan Zweig. Werkverzeichnis online abrufbar unter: https://de.schott-music.com/shop/media/eWerk/0/0/54/5429/500_MAVE/EWV/petr-eben_DE.pdf? (Stand: 30. 9. 2016).
Halffter, Cristóbal (2010–2012): Schachnovelle. Oper in einem Akt, http://www.universaledition.com/Cristobal-Halffter/komponisten-und-werke/komponist/280/werk/13693 (Stand: 30. 9. 2016).
Kerschbaumer, Gert (2005): Stefan Zweig. Der fliegende Salzburger. Frankfurt a. M.: S. Fischer.
Kerschbaumer, Gert (2011): Unbekannte Auskünfte, fragwürdige Urteile und andere Fehleinschätzungen. In: zweiheft 4/2011, S. 27–31.
Klawiter, Randolph J. (1991): Stefan Zweig. An International Bibliography. Riverside: Ariadne Press.
Klawiter, Randolph J. (1999): Stefan Zweig. An International Bibliography. Addendum I. Riverside: Ariadne Press.
Pizchelauri, Grigori S. (1972): Eine Stimme aus Tiflis. In: Werner, Arthur (Hg.): Begegnung mit Stefan Zweig. Ein Buch der Erinnerung. Wien: Verlag der Stefan-Zweig-Gesellschaft, S. 70–77.
Rosenzweig, Alfred (1943): Stefan Zweig als Operndichter. In: Stefan Zweig. Eine Sonderpublikation der „Funktionaerblaetter" aus Anlass des 62. Geburtstages des Dichters. London: o. V., S. 11–15.
Schibler, Gina (2000): Wenn das Tönende die Spur der Wahrheit ist … Das Werk des Komponisten und Musikdramatikers Armin Schibler in seiner Bedeutung für die Gegenwart. Bern u. a.: Lang.

Schönle, Siegfried (2007): Klein, aber oho! Die *Schachnovelle* und ihre Rezeption. In: Poldauf, Susanna/Saremba, Andreas (Hg.): 65 Jahre *Schachnovelle*. Berlin: Emanuel Lasker Gesellschaft, S. 7–19.
Wilson, James (1999): Virata. Opera in four scenes. op. 153, https://www.cmc.ie/music/virata (Stand: 6. 10. 2016).

Archivbestände

Zweig, Stefan: [Fragment Libretto-Adaption *Virata*, Horst Ebenhöh]. Literaturarchiv Salzburg.
Zweig, Stefan: [Konvolut zur Kirchenoper *Jeremias* von Petr Eben]. Literaturarchiv Salzburg.
Zweig, Stefan: [Konvolut zur Oper *Virata* von James Wilson]. Literaturarchiv Salzburg.

Tonträger

Diverse Interpreten (2008): Lieder nach Gedichten von Stefan Zweig. Internationale Stefan Zweig Gesellschaft Salzburg/Universität Mozarteum Salzburg.

7.3 Verfilmungen von Zweigs Texten
Manfred Mittermayer

1. Die biografischen Romane: *Marie Antoinette* (1932) und *Maria Stuart* (1935) 865
2. *Brief einer Unbekannten* (1922) 866
3. *Angst* (1913) 867
4. *Brennendes Geheimnis* (1911) 868
5. *Vierundzwanzig Stunden aus dem Leben einer Frau* (1925) 869
6. Weitere Verfilmungen: Internationale Filmstars spielen Stefan Zweig 870
7. Ein nationaler Schwerpunkt: Französische Produktionen. 871
8. *The Grand Budapest Hotel* und *Vor der Morgenröte* – Zweig-Renaissance im Kino 872

„Ich halte eigentlich nur jene Novellen und Romane für gut, die soviel sichtliche Geschehnissubstanz haben, daß sie sich verfilmen lassen", schreibt Stefan Zweig am 3. November 1931 in einem Brief an Richard Strauss (Strauss/Zweig 1957, S. 10). Nimmt man diese Aussage als Vorgabe für seine eigenen Arbeiten, so könnte man die Tatsache, dass bis zum Jahr 2016 weltweit mehr als 80 Verfilmungen von Texten Zweigs dokumentiert sind, diesbezüglich als Erfolgsnachweis betrachten. Auf eine chronologische Dokumentation dieses wichtigen Bereichs der Zweig'schen Rezeptionsgeschichte wird hier verzichtet, zu sehr überlagern sich einzelne Rezeptionsstränge, manche Texte wurden mehrfach verfilmt, wobei die einzelnen Filme zudem von unterschiedlicher historischer Bedeutung sind. Die folgende Darstellung konzentriert sich deshalb zunächst auf Texte, deren Verfilmungen besondere Beachtung fanden oder aufgrund ihrer Entstehungsumstände Aufmerksamkeit verdienen, zuletzt werden auch noch weitere Filme v.a. nach Novellen Stefan Zweigs zumindest kurz vorgestellt – etwa wenn diese besondere Bekanntheit erlangten, z.B. weil sie von prominenten Filmstars getragen werden, oder wenn sie den auffälligen Frankreich-Schwerpunkt innerhalb dieses Rezeptionssegments repräsentieren. Einige dieser Filme sind bereits in Zweigs sogenanntem ‚Hauptbuch' festgehalten, in dem er sich einen Überblick über die zahlreichen Übersetzungen, Lizenzausgaben, Rechte und die damit verbundenen Einnahmen verschaffte – er hatte darin bewusst eine eigene Rubrik für Verfilmungen vorgesehen (→ VII.4 NACHLASS).

1. Die biografischen Romane: *Marie Antoinette* (1932) und *Maria Stuart* (1935)

Die kostspieligste Produktion, die nach einem Text von Stefan Zweig realisiert wurde, entstand noch zu seinen Lebzeiten. 1938 wurde seine Biografie *Marie Antoinette* verfilmt, als Musterbeispiel für die luxuriösen Ausstattungsorgien der Hollywood-Studios, in diesem Fall von Metro-Goldwyn-Mayer. 2,9 Millionen Dollar dürfte der Film gekostet haben – wobei man aus budgetären Gründen nicht in Technicolor, sondern in Schwarzweiß gedreht hatte; mehr als 700 000 Dollar Verlust machten ihn zu einem ökonomischen Desaster. Mit außergewöhnlicher Detailtreue rekonstruierte man Dekor und Architektur, den Ballsaal von Versailles baute man gleich zweimal so groß nach wie in der Realität. Norma Shearer, die Frau des MGM-Produktionschefs Irving Thalberg, übernahm die Titelrolle, als Ludwig XVI. spielte Robert Morley seine erste große Filmrolle (nachdem man dafür zuvor u.a. Charles Laughton und Peter Lorre vorgesehen hatte) und wurde gleich für einen Academy Award nominiert. Marie Antoinette erhält im Film zwei Gegenspieler: den machtgierigen Herzog von Orléans, der zuletzt als Aufwiegler des Volkes und damit als Mitverursacher der Französischen Revolution dargestellt wird, und Madame Dubarry, die Mätresse Ludwigs XV. Für den Hollywood-gerechten „romantic subplot" (neben dem politischen Hauptgeschehen) sorgt die Liebesbeziehung zum schwedischen Diplomaten Hans Axel von Fersen (Tyrone Power), der in der zeitlichen Mitte des Films, als Marie Antoinette durch den Tod Ludwigs XV. zur Königin avanciert, aus Staatsraison ins Ausland geht und zuletzt vergeblich versucht, dem Königspaar zur Flucht vor der Guillotine zu verhelfen. In seinem New-York-Tagebuch von 1935 erwähnt Zweig einen Besuch bei Metro-Goldwyn-Mayer (vgl. Zweig GWE, Tb, S. 375); am Drehbuch des Films war er jedoch nicht beteiligt.

Maria Stuart, Zweigs zweite große historische Frauenbiografie, wurde erst viele Jahre später zur Grundlage eines Spielfilms: Unter dem Titel *Mary, Queen of Scots* (2013) versuchte der Schweizer Regisseur Thomas Imbach, die Persönlichkeit der schottischen Königin (verkörpert durch die junge zweisprachige Schauspielerin Camille Rutherford) so darzustellen, wie er sie über Zweigs biografischen Roman wahrnahm. Imbach interessiert an dieser Figur die Kompromisslosigkeit, mit der sie ihren Gefühlen und Wünschen folgt – als Gegenkonzept zu gegenwärtigen Verhaltensmustern: „Wir haben uns heute daran gewöhnt, auch in persönlichen Beziehungen berechnend und strategisch vorzugehen, d.h. wir sind darauf bedacht, das, was man investiert, auch wieder zurückzubekommen". Zweigs Maria Stuart suche hingegen „etwas Bedingungsloses", ohne jemals auf die Konsequenzen zu achten (Imbach, zit. n. Spoerri 2013). Anders als in früheren Darstellungen (wie etwa Schillers Tragödie oder dem gleichnamigen Film mit Vanessa Redgrave aus dem Jahr 1971) lässt er die beiden königlichen Rivalinnen Maria und Elisabeth – den Tatsachen entsprechend – kein einziges Mal aufeinandertreffen. Ästhetisch orientierte sich Imbach an

Vorbildern wie Dreyers *Passion de Jeanne d'Arc*, Tarkowskis *Andrej Rubljow* und Kubricks *Barry Lyndon* (vgl. Spoerri 2013), als Filmmusik verwendet er Musikstücke der russischen Komponistin Sofia A. Gubaidulina – und den Song *Changing of the Guards* von Bob Dylan zum Abschluss des Films, dessen Handlung mit dem Verlust der Freiheit Maria Stuarts und somit lange vor ihrer Hinrichtung endet.

2. *Brief einer Unbekannten* (1922)

Zehn Jahre nach *Marie Antoinette* entstand ebenfalls als internationale Produktion, aber mit ganz anderem künstlerischen Anspruch, der Film *Letter from an Unknown Woman* (1948) des deutsch-französischen Regisseurs Max Ophüls. Die US-amerikanische Schauspielerin Joan Fontaine verkörpert die Rolle der Lisa Berndle, die sich unglücklich in einen egozentrischen Künstler und Frauenhelden verliebt – anders als in der Novelle ist es kein Schriftsteller, sondern ein Konzertpianist namens Stefan (!) Brand. Um den moralischen Bedenken des für die Überwachung des Motion Picture Production Code zuständigen Breen Office gegen die positive Darstellung des Verführers sowie der unehelichen Sexualität zwischen ihm und der Heldin, die zudem zeitweise als Prostituierte arbeitet, zu begegnen, wurde der Novellen-Handlung ein abschließendes Duell Brands samt Andeutung seines Todes als „Bestrafung" hinzugefügt (Asper 1998, S. 496, zu den Änderungen gegenüber der Vorlage vgl. auch Poole 2014, S. 208f.). Der Film gilt als die ästhetisch gelungenste von allen in den USA entstandenen Produktionen des Regisseurs, gerühmt wurde u. a. die Meisterschaft seiner Kameraführung, die „alles Feste zu verflüssigen" scheine, „etwa in den langen Parallelfahrten mit einbezogenen oder sich anschließenden Schwenks" (Asper u. a. 1989, S. 186). Der prominente Filmkritiker Robin Wood sieht den Streifen als prototypisch für die künstlerische Verfahrensweise von Max Ophüls. Die Rekonstruktion des alten Wien, mit Betonung des Theatralischen und des Inszenatorischen, verweise auf die Ambiguität zwischen Sein und Schein. Die Kreisstruktur und die Vorherrschaft der Wiederholung verstärkten den Eindruck des Schicksalhaften, Unausweichlichen (vgl. Wood 1986, S. 222–225). Wenn Ophüls z. B. sein Protagonistenpaar in einer viel diskutierten Sequenz auf dem Unterhaltungsgelände des Wiener Praters die Illusion einer weiten Zugreise konsumieren lässt, setzt er sich – über die Adaption der Zweig'schen Novelle hinaus – auch mit den Grundlagen der Kinematografie auseinander (vgl. Poole 2014, S. 217f.).

Schon vor Max Ophüls hatte die Novelle mehreren Filmen als Vorlage gedient. 1929 kam der deutsche Film *Narkose* heraus, „als stummer Film", wie es im ‚Hauptbuch' heißt. Dort stehen auch die Namen des Hauptdarstellers Renée Héribel sowie von Regisseur und Drehbuchautor: Alfred Abel bzw. Béla Balázs, dem prominenten Filmtheoretiker und -kritiker. Außerdem enthält das ‚Hauptbuch' den Hinweis auf die US-amerikanische Produktion *Only Yesterday* (1933), mit dem deutschen Titel *Eine Frau vergißt nicht* (im ‚Hauptbuch': „Die Frau die nie vergisst"), samt Hauptdarstellerin Margaret Sullavan. Viele Jahre nach Ophüls erfuhr der Stoff – nachdem 2001 eine weitere, französisch-deutsche Produktion mit dem Titel *Lettre d'une inconnue* unter der Regie von Jacques Deray und mit Irène Jacob in der Hauptrolle entstanden war – eine ungewöhnliche Transposition in einen völlig anderen Kulturkreis: durch den Film *Yi ge mo sheng nü ren de lai xin* (2004) der chinesischen Regisseurin Xu Jinglei, die darin auch die Hauptrolle spielte. Nachdem sie die Handlung ursprünglich in der Gegenwart hatte ansiedeln wollen, verlegte sie das Geschehen in das Bejing der 1930er und 1940er Jahre (vgl. Chen 2015, S. 159); dadurch vermied sie, dass der Umgang mit Themen wie unehelicher Mutterschaft und Prostitution die chinesische Zensur auf den Plan rief. Der Film wurde auf dem Filmfest von San Sebastian mit einer silbernen Muschel für die beste Regie ausgezeichnet.

3. *Angst* (1913)

Zweigs Novelle *Angst* war schon 1928 unter diesem Titel (bzw. mit dem Untertitel *Die schwache Stunde einer Frau*) im Rahmen einer deutsch-britischen Koproduktion verfilmt worden – drei Firmen aus den beiden Ländern hatten sich zusammengeschlossen, um der Dominanz der amerikanischen Firmen auf dem europäischen Markt entgegenzutreten (vgl. Claus 2003, S. 119f.). Der Regisseur des Films, Hans Steinhoff, sollte später als Parteigänger des Nazi-Regimes unrühmlich hervortreten, er drehte u. a. den Propagandafilm *Hitlerjunge Quex* (1933). Der Stummfilm *Angst*, der auch in Zweigs ‚Hauptbuch' erwähnt ist (ebenso wie die Hauptdarstellerin Elga Brink), übernimmt zwar wesentliche Elemente aus der Vorlage, seine Handlung enthält jedoch zahlreiche inhaltliche Abweichungen. Im Film wird die Protagonistin laut *Reichsfilmblatt* „mehr als Opfer der Verhältnisse hingestellt" (zit. n. Claus 2003, S. 125): Eine junge Ehefrau namens Inge Duhan wird von ihrem Mann Erich, einem erfolgreichen Anwalt und Workaholic, so sehr vernachlässigt, dass sie sogar allein auf Urlaub nach Cannes fahren muss; dort wird sie gegen ihren Willen von Francard, einem jungen Künstler, bedrängt und nach der Rückkehr ohne eigenes Verschulden zum Opfer der von Zweig her bekannten Erpressung. Kontrastiert wird das Ehepaar Duhan durch ein befreundetes Paar, das in einer „offenen Ehe" lebt, was sich allerdings als nicht lebbar herausstellt – beide Paare finden zuletzt wieder zusammen, der Film transportiert eine uneingeschränkt konservative Botschaft.

Größere Aufmerksamkeit fand jedoch der Film *Angst* von Roberto Rossellini mit Ingrid Bergman in der Hauptrolle (1954), der parallel auf Deutsch und Englisch gedreht wurde (vgl. Sommadossi 2008, S. 6) und in Italien unter dem Titel *La paura* in die Kinos kam. Es handelt sich um den letzten Film des Regisseurs aus der Zeit seiner Beziehung zu Bergman, danach trennten sich die beiden. Damit ergibt sich eine Verbindung zu Filmen wie *Stromboli* (1950), *Europa 51* (1952) und *Viaggio in Italia* (*Reise in Italien*, 1953), die alle als Zusammenarbeit der beiden entstanden; mitzudenken ist außerdem Rossellinis Beschäftigung mit der geistigen Situation der ersten Nachkriegsjahre – neben *Europa 51* vor allem im Film *Germania, anno zero* (*Deutschland im Jahre Null*, 1948). Der Regisseur verlegt die Handlung der Novelle von Wien nach München, und er lässt sie in der Entstehungszeit des Films spielen, also in den Jahren des deutschen Wirtschaftswunders; Rossellini bezweckt nach eigener Aussage „die (chiffrierte) Repräsentation der Inkongruenz zwischen schnellem materiellen und verspätetem moralischen Wiederaufbau" (Sommadossi 2008, S. 7). Außerdem ist Albert Wagner, der Ehemann der Protagonistin (Mathias Wieman), nicht mehr Rechtsanwalt wie bei Zweig, sondern Wissenschaftler; er arbeitet als Chemiker im Labor einer Fabrik und testet an Versuchstieren neue Medikamente. Die Fabrik wird von seiner Frau Irene (Ingrid Bergman) geleitet – sie ist „eine selbstsichere, erfolgreiche Geschäftsfrau, also ganz das Gegenteil von Stefan Zweigs Irene" (Gansera/Jacobsen 1987, S. 182).

Damit wird nicht nur Irenes Angst, sondern auch ihr geplanter Suizid neu motiviert: „Anders als bei Zweig will sie sich nicht aus Verzweiflung, sondern aus bitterster Enttäuschung umbringen. Sie hat begriffen, dass ihr Mann sie wie eins seiner Versuchstiere missbraucht hat." (Spedicato 2008, S. 82) Auch das Verhalten ihres Mannes lässt sich anders verstehen als in der literarischen Vorlage. Er „leidet an einem Gefühl von Demütigung", weil seine Frau es während seiner Kriegsgefangenschaft „allein geschafft hat, die Fabrik während des Kriegs und des Wiederaufbaus zu erhalten und erfolgreich zu leiten". Durch die Einnahme der Position des Strafenden und Urteilenden will er nach dieser Interpretation „unbewusst seine verlorene Rolle als Haupt der Familie zurückgewinnen" (S. 97). Eine politische Lesart ergibt sich aus der folgenden Aussage des Regisseurs: „In dem Roman geht es ums Beichten, und ich wollte eine Metapher für das Deutschland der Nachkriegszeit schaffen, als ein aufrichtiges Erforschen der Seele besonders wichtig war. Es ist also ein Film über die reinigende Kraft der Beichte." (Zit. n. Wydra 2017, S. 449) Aufgrund der unterschiedlichen Schnittvarianten existieren vier Versionen des Films; die gravierendste Abweichung betrifft den Schluss: In der zweiten italienischen Fassung (1958), die unter dem Titel *La paura: non credo più all'amore* (*Angst: Ich glaube nicht mehr an die Liebe*) ohne die Einwilligung Rossellinis hergestellt wurde, fällt die Versöhnung des Ehepaars am Ende der Handlung weg; Irene trifft die „Entscheidung, ihrem Mann nicht zu vergeben, ihn zu verlassen und ihr weiteres Leben der Pflege und der Erziehung ihrer Kinder zu widmen" (Sommadossi 2008, S. 9).

4. *Brennendes Geheimnis* (1911)

Die früheste Verfilmung eines Stefan-Zweig-Textes betraf die Novelle *Brennendes Geheimnis*: Es handelt sich um den Film *Das brennende Geheimnis* (auch: *Mutter, dein Kind ruft*), den Regisseur Rochus Gliese mit den Hauptdarstellern Ernst Deutsch und Otto Gebühr (später als schauspielerische Inkarnation Friedrichs II. bekannt) bereits 1923 drehte. Eine weitere Verfilmung der Novelle, diesmal unter ihrem originalen Titel, die 1933 in die Kinos kam, wurde noch im selben Jahr vom gerade errichteten Reichsministerium für Volksaufklärung und Propaganda verboten – man befürchtete Anspielungen auf den Reichstagsbrand vom 27. Februar 1933 (vgl. Siodmak 1980, S. 56f.). Die Produktion ist in Zweigs ,Hauptbuch' festgehalten, ebenso ihr Regisseur Robert Siodmak, der damit für lange Zeit zum letzten Mal in Deutschland drehte; in den Hauptrollen waren Hilde Wagener und Willi Forst zu sehen. Forst spielt den charismatischen Rennfahrer von Haller, der in einem Schweizer Hotel den 12-jährigen Edgar in seinen Bann zieht. Dieses Handlungsmotiv hat zur Folge, dass sich der Film auch der ungebrochenen Vermittlung zeittypischer männlicher Rollenmuster widmet: „Ein Junge darf nicht lange überlegen! / Ein Junge darf nicht feig und ängstlich sein! / Ein Junge muss stets mutig und verwegen, / ein Junge muss ein Lausejunge sein!", lautet der Refrain eines Foxtrotts, den Willi Forst seinem jungen Freund vorträgt.

Ebenfalls als Coming-of-Age-Geschichte ist *Burning Secret* (1988) angelegt, eine der aufwändigeren internationalen Filmproduktionen nach Zweig-Texten. Mitte der 1950er Jahre hatte Stanley Kubrick vorübergehend eine Verfilmung der Novelle in Erwägung gezogen, das Projekt wurde nicht realisiert (vgl. Duncan 2003, S. 46). Nun adaptierte sein ehemaliger Assistent Andrew Birkin den Stoff, mit prominenten Schauspielern wie Faye Dunaway, Klaus Maria Brandauer und Ian Richardson, die Filmmusik lieferte der deutsche Komponist Hans Zimmer. Am Horizont dieser Version steht der Erste Weltkrieg mit seinen Folgen und Traumata; der von Brandauer gespielte Baron von Hauenstein ist ein österreichischer Kriegsinvalide, der den jungen Edmund mit der Erzählung seiner Kriegserlebnisse beeindruckt und ihm demonstriert, wie er durch eine auf eine Kriegsverletzung zurückgehende Narbe schmerzunempfindlich geworden ist. Edmund und sein Vater sind außerdem Amerikaner, von Hauenstein ist von einem amerikanischen Soldaten verwundet worden. Der Baron rezitiert Goethes Ballade vom Erlkönig, die als literarische Darstellung des Erwachsenwerdens erscheint; am Ende des Films steht die Zeile: „In seinen Armen das Kind war tot."

5. *Vierundzwanzig Stunden aus dem Leben einer Frau* (1925)

Neben *Angst* und *Brief einer Unbekannten* wurde Zweigs Novelle *Vierundzwanzig Stunden aus dem Leben einer Frau* am häufigsten von allen seinen Texten verfilmt. 1927 entstand unter dem Titel *Das Schicksal einer Nacht* die erste Version, ein Stummfilm; er ist im ‚Hauptbuch' erwähnt, außerdem Zweigs Freund Leonhard Adelt als einer der beiden Drehbuchautoren. Im ‚Hauptbuch' ist auch die Verfilmung von 1931 verzeichnet: als „Tonfilm", ohne Nennung des Titels *Eine Nacht an der Riviera*, dazu die Hauptdarstellerin Henny Porten; ihre männlichen Partner waren Walter Rilla und Friedrich Kayßler. 1944 spielten Amelia Bence, Roberto Escalada und Olga Casares Pearson in der argentinischen Verfilmung *24 horas en la vida de una mujer*. Der britische Film *24 Hours of a Woman's Life* (1952) lief in den USA unter dem Titel *Affair in Monte Carlo* und versammelte bekannte Schauspieler wie Merle Oberon, Richard Todd und Leo Genn. 1961 wurde eine US-Fernsehfassung mit Ingrid Bergman und Rip Torn ausgestrahlt. 1965 lief ein TV-Film mit Zweigs Original-Titel im deutschen Fernsehen, es wirkten mit: Agnes Fink, Walter Rilla (wie schon 1931!) und Michael Heltau. 1968 spielten Stars wie Danielle Darrieux, Robert Hoffmann und Romina Power in einem deutsch-französischen Film mit dem Titel *Vingt-quatre heures de la vie d'une femme*. Schließlich entstand 2002 eine französisch-deutsch-britische Produktion gleichen Titels, wieder standen international bekannte Darsteller wie Agnès Jaoui und Michel Serrault vor der Kamera.

In all diesen Verfilmungen bleibt das zentrale Motiv erhalten: der Versuch einer nicht mehr ganz jungen Frau, einen der Spielleidenschaft verfallenen jüngeren Mann von seinem Laster abzubringen. Die begleitenden Umstände variieren; z.B. ist die Handlung des Films aus 1968 nicht, wie bei Zweig, um 1880, sondern zur Zeit des Ersten Weltkriegs angesiedelt; der zwanghafte Spieler ist nun ein k.u.k. Deserteur, Zweigs schottische Protagonistin wird zur Französin, deren Faszination für den jungen Mann durch die auffällige Präsentation des männlichen Körpers unterstrichen wird. Reizvoll ist ein Vergleich zwischen den Rahmenhandlungen der Filme: In der Version aus 1952 erzählt ein von Leo Genn gespielter Schriftsteller die vergangenen Ereignisse, um seine Umgebung von allzu heftigen Reaktionen auf einen aktuellen Skandal abzuhalten. Ingrid Bergman schildert im TV-Film aus 1961 ein Erlebnis aus ihrer Vergangenheit, um ihre Enkelin vor der geplanten Heirat mit einem Playboy, den sie erst einen Tag lang kennt, zum Nachdenken zu bringen. Besonders komplex ist die Erzählstruktur des Films aus 2002; drei Zeitebenen überlagern sich:

die 1910er Jahre, in denen sich die tragische Liebesgeschichte mit dem jungen polnischen Spieler vollzieht; 1936, als die damals darin verwickelte Frau diese Erlebnisse erzählt, um den jungen Louis zu trösten, dessen Mutter eben mit einem Tennislehrer durchgebrannt ist; und 2001, als der gealterte Louis die Geschichte aus den 1910er Jahren einer jungen Frau mitteilt, die ihren gewalttätigen Freund verlassen will.

6. Weitere Verfilmungen: Internationale Filmstars spielen Stefan Zweig

Verbindendes Element zahlreicher Zweig-Filme ist die Mitwirkung prominenter Filmstars; Namen wie Ingrid Bergman, Joan Fontaine und Norma Shearer wurden bereits genannt. Schon die frühe Verfilmung des selten aufgeführten Stücks *Das Haus am Meer* 1924 punktete durch das Engagement eines der größten Stummfilm-Stars: Asta Nielsen war bereits 1921 als weiblicher *Hamlet* in Shakespeares Tragödie aufgetreten, 1925 sollte G. W. Pabsts *Die freudlose Gasse* (nach einem Roman von Hugo Bettauer) als weiterer Karriere-Höhepunkt folgen. 1946 verkörperte Lilli Palmer in der britischen Produktion *Beware of Pity* nach Zweigs Roman *Ungeduld des Herzens* (1939) die querschnittgelähmte junge Baronin Edith von Kekesfalva, die sich das Leben nimmt, weil die Zuwendung des jungen Offiziers Anton Marek nicht, wie ersehnt, aus Liebe, sondern aus Mitleid erfolgt. Im Film wird das Geschehen in den historischen Kontext des Attentats von Sarajevo gerückt; Erzherzog Franz Ferdinand tritt auf, und der tragische Ausgang ergibt sich aus dem Zusammenbruch der Telefonleitungen nach seiner Ermordung, sodass Marek, von der blinden Frau von Ediths Arzt dazu motiviert, der Verzweifelten nicht mehr rechtzeitig seine Liebe versichern kann.

Auch die vier Versionen von Zweigs Novelle *Der Amokläufer* (1922) bieten jeweils einer bekannten Schauspielerin das Vehikel zu einer eindrucksvollen Rollengestaltung: In der Hauptrolle des sowjetischen Films *Amoki/Zakon i dolg* (1927) spielte unter der Regie von Kote Mardjanishvili die Georgierin Nato Vachnadze die Hauptrolle; sie wurde als erster georgisch-sowjetischer Filmstar gefeiert und war spezialisiert auf die Darstellung leidenschaftlicher junger Frauen. Der Regisseur des französischen Films *Amok* (1934) kam ebenfalls aus der Sowjetunion, es war der Emigrant Fedor Ozep; seine Hauptdarstellerin hieß Marcelle Chantal und war in den 1930er Jahren in Frankreich eine der meistbeschäftigten Darstellerinnen im Genre des Melodrams. Auch im mexikanischen Film *Amok* (1944) wirkten Emigranten mit: Max Aub, der Drehbuchautor, und Antonio Momplet, der Regisseur, waren beide Flüchtlinge vor dem Spanischen Bürgerkrieg. María Félix, berühmtester weiblicher Filmstar Mexikos und gefeierte Darstellerin von *femmes fatales*, spielte eine Doppelrolle: einerseits eine blonde Verführerin, die einen jungen Arzt zur Veruntreuung von Geldern aus seiner Klinik verleitet, andererseits die dunkelhaarige, von ihrem Geliebten schwangere Ehefrau eines Kolonialbeamten, die den Arzt um eine Abtreibung bittet. In der 1993 entstandenen französisch-portugiesisch-deutschen Produktion *Amok* (Regie und Drehbuch: Joël Farges), in der ein Deutscher einem französischen Passagier auf der Überfahrt von Indien nach Europa kurz vor Ausbruch des Zweiten Weltkriegs seine Geschichte erzählt, übernahm Fanny Ardant die weibliche Hauptrolle; sie war durch Filme ihres Lebensgefährten François Truffaut, aber auch von Margarethe von Trotta, Alain Resnais und Volker Schlöndorff (u.a. die Proust-Adaption *Un amour de Swann*, 1984) zum Star geworden.

7.3 Verfilmungen von Zweigs Texten

Als im Jahr 1960 die *Schachnovelle*, einer der bekanntesten Texte des Autors, verfilmt wurde, besetzte man die Hauptrollen ebenfalls mit internationalen Schauspielstars: Curd Jürgens, der zuvor bereits in thematisch verwandten Literaturverfilmungen wie *Des Teufels General* (1955) und *Jakobowsky und der Oberst* (*Me and the Colonel*, 1958) mitgewirkt hatte, verkörperte die Rolle des von den Nazis inhaftierten Rechtsanwalts Dr. B. (im Film: Werner von Basil); an seiner Seite spielte Mario Adorf den Schachweltmeister Mirko Czentovic, Regie führte Gerd Oswald, der 1938 in die USA emigriert war. Der in Schwarzweiß gedrehte Film beginnt mit der Abfahrt des Schiffs, auf dem von Basil und Czentovic ihre von der Vergangenheit des ehemaligen Nazi-Häftlings überschatteten Partien spielen; in einer langen Rückblende wird die Leidenszeit von Basils im Gefängnis nachgetragen, die aus seiner Mitwirkung bei der Rettung kirchlicher Kunstschätze vor dem Zugriff der Nazis resultiert. Als weibliche Hauptfigur führt der Film – zusätzlich zur literarischen Vorlage – die Figur der Balletttänzerin Irene Andreny (Claire Bloom) ein; sie wird von ihrem Freund Hans Berger (Hansjörg Felmy), einem Gestapo-Mann, auf von Basil angesetzt, um Informationen über die Kunstschätze zu erhalten, entwickelt aber zunehmend Sympathie für den politischen Häftling und setzt sich gegenüber Berger vehement für ihn ein. Zuletzt werden die beiden ein Paar (vgl. Marquart 2012, S. 243–247).

7. Ein nationaler Schwerpunkt: Französische Produktionen

Beim Überblick über die Rezeption Stefan Zweigs im Film fällt auf, dass – neben den deutschsprachigen Ländern – besonders viele Produktionen in Frankreich oder zumindest mit französischer Beteiligung realisiert wurden; auch dabei wirkten häufig renommierte Filmstars mit. Bereits 1941 verfilmte der vor allem durch seine Stummfilme bedeutende Regisseur Maurice Tourneur mit Harry Baur und Louis Jouvet in den Hauptrollen das Theaterstück *Volpone* des englischen Dramatikers Ben Jonson, das Zweig 1925/1926 erfolgreich bearbeitet hatte. Zweig hinterließ ein „Memorandum", in dem er festhielt, dass er zwei Adaptionen hergestellt habe – eine davon in Zusammenarbeit mit dem Dramatiker Jules Romains, die für Tourneurs Film verwendet worden sei (vgl. Zweig, Memorandum VOLPONE, Manuskript, Literaturarchiv Salzburg). Außerdem sei – neben den bereits erwähnten Filmen – auf eine weitere Adaption von *Ungeduld des Herzens* mit Marie-Hélène Breillat und Mathieu Carrière hingewiesen: eine zweiteilige TV-Produktion unter dem Titel *La Pitié dangereuse* (1979), mit fast doppelt so langer Laufzeit wie die britische Version. Vor allem aber ragen zwei Rollengestaltungen von Michel Piccoli heraus: 1988 spielte er in dem Film *La ruelle au clair de la lune* (nach der Novelle *Die Mondscheingasse*, 1914) neben Niels Arestrup und Marthe Keller die Rolle des verzweifelt seiner früheren Frau verfallenen Fabrikanten – bis zum tödlichen Ende der von jahrelangen gegenseitigen Verletzungen geprägten Beziehung. Noch mehr beachtet (und mit dem Silbernen Bären der Berlinale 1982 ausgezeichnet) wurde seine Leistung im TV-Film *La confusion des sentiments/Verwirrung der Gefühle* (1981), in dem er an der Seite Gila von Weitershausens einen Universitätsprofessor verkörpert, dessen homosexuelle Gefühle für einen Studenten seine lang versiegte Produktivität wiederbeleben – wie in Viscontis *Tod in Venedig* liefert Gustav Mahler (diesmal mit dem Adagio seiner Neunten Sinfonie) das musikalische Leitmotiv. Von Frankreich zumindest mitgetragene Produktionen mit prominenten Regisseuren waren die Verfilmung des unvollendet gebliebenen Romans *Clarissa* (1998) mit Maruschka Detmers unter der Regie von Jacques Deray (der drei Jahre später auch den bereits genannten Film *Lettre d'une inconnue* inszenieren sollte), sowie *A Promise* (2013), der erste englischsprachige Film des französischen Regisseurs Patrice Leconte mit Richard Madden, Rebecca Hall und Alan Rickman, nach der in Frankreich zu einem späten Sensationserfolg avancierten Erzählung *Die Reise in die Vergangenheit* (früher: *Widerstand der Wirklichkeit*, erstmals 1987).

Einen genaueren Blick verdient die Verfilmung von *Rausch der Verwandlung*, die sechs Jahre nach der postumen Veröffentlichung des unvollendet gebliebenen Romans im Jahr 1989 als zweiteiliger, fast dreistündiger Fernsehfilm mit dem Titel *L'ivresse de la métamorphose* herauskam. Anders als der Film *Das gestohlene Jahr*, der 1950 auf der Basis des gleichnamigen Drehbuchs von Stefan Zweig und Berthold Viertel entstand (→ III.19 Filmprojekte), folgt diese Adaption im Wesentlichen dem Handlungsverlauf des Romans. Die Protagonistin Christine Hoflehner (wie Marie Baumgartner, das „Postfräulein" des früheren Films, hier und in Zweigs Roman heißt) wird von ihrer wohlhabenden Verwandtschaft (Mario Adorf spielt hier nach der *Schachnovelle* eine weitere Zweig-Hauptrolle) in ein Hotel nach Karlsbad eingeladen (nicht nach Pontresina in die Schweiz wie im Roman), wo durch einen abgewiesenen Verehrer ihre tatsächliche Standeszugehörigkeit aufgedeckt wird, sodass sie die Welt der höheren Schichten wieder verlassen muss. Im zweiten Teil des Films stellt sich Christine, die nicht mehr in ihre angestammte soziale Umgebung zurückfindet, endgültig gegen den Staat, gemeinsam mit einem „Spätheimkehrer, dem eine Reintegration in die saturierte Nachkriegsgesellschaft misslingt und dessen Verbitterung plausibel genug ist" (Eicher 2000, S. 117). Dabei rundet Regisseur Édouard Molinaro die Kohärenz der Handlung ab, indem er die im Roman geradezu bürokratisch penibel geplante Unterschlagung tatsächlich eintreten und die Protagonisten ihren in der Vorlage für den Fall des Scheiterns einkalkulierten Selbstmord als provozierten Suizid im Kugelhagel der Polizei (in Bonnie-and-Clyde-Manier) umsetzen lässt.

8. *The Grand Budapest Hotel* und *Vor der Morgenröte* – Zweig-Renaissance im Kino

Die bisher erfolgreichste filmische Auseinandersetzung mit dem Werk Stefan Zweigs im 21. Jahrhundert (u. a. mit neun Nominierungen und vier Auszeichnungen bei der Oscarverleihung 2015) ist keine Literaturverfilmung im eigentlichen Sinne. Für seinen Streifen *The Grand Budapest Hotel* (2014) ließ sich Regisseur und Drehbuchautor Wes Anderson durch die Lektüre von Zweig-Texten (v. a. *Ungeduld des Herzens*, *Die Welt von Gestern*, 1942, und *Vierundzwanzig Stunden aus dem Leben einer Frau*) zu einer fulminanten filmischen Phantasie inspirieren, in der er die literarische Welt und die Atmosphäre von Zweigs Werk rekonstruieren wollte (vgl. Anderson 2014b). Der Film beschäftige sich mit „Zweig's losses", sagt Anderson: „of national identity, of youthful idealism, of life itself. Fear of loss, and agonizing knowledge of loss, fuels the film's characters" (zit. n. Zoller Seitz 2015, S. 21). Dabei orientiert er sich ausdrücklich auch an den narrativen Strategien Zweigs, seiner Technik der Rahmenerzählung. Die Handlung des Films vollzieht sich auf vier Zeitebenen: Aus der Gegenwart, in der die Bücher eines verstorbenen Schriftstellers von seinem Leben und Schreiben zeugen, springt der Film ins Jahr 1985, in dem dieser Autor über einen 1968 erfolgten Aufenthalt im Grand Budapest Hotel in der fiktiven Karpatenrepublik Zubrowka berichtet. Damals hat ihm der Besitzer des Hotels aus seinem Leben erzählt – Geschehnisse aus dem Jahr 1932, in dem er als Flüchtling in diesem Hotel seine berufliche Laufbahn begonnen hatte. Zwei Figuren aus dem Film sind ausdrücklich nach Aspekten von Zweigs Persönlichkeit gestaltet: der Schriftsteller (jung: Jude Law, alt: Tom Wilkinson), aber auch M. Gustave (Ralph Fiennes), der frühere Besitzer des Hotels (vgl. Prochnik 2014, S. 11). Ihn lässt Anderson bei einer Grenzkontrolle von faschistischen Beamten erschießen – ein Zeichen für die endgültige Zerstörung von Zweigs „Welt von Gestern". „I think *his* world had vanished long before he ever entered it", sagt der Schriftsteller im Film über Gustave; „but, I will say: he certainly sustained the illusion with a marvelous grace!" (Anderson 2014a, S. 149)

Große Beachtung fand der Film *Vor der Morgenröte* (2016), den die deutsche Regisseurin Maria Schrader über die Exiljahre Stefan Zweigs drehte; auch wenn es sich hier um keine Adaption eines Zweig-Texts handelt, sei er als wichtiges Beispiel für die filmische Rezeption dieses Autors abschließend besprochen. Schrader, die gemeinsam mit Jan Schomburg auch das Drehbuch verfasste, unternahm den Versuch, in vier Episoden aus der letzten Lebensphase Zweigs, gerahmt von einem Prolog und einem Epilog, die ausweglose Situation des exilierten Pazifisten und Europäers in den USA und in Südamerika zu vermitteln; in der Hauptrolle gelang dem österreichischen Kabarettisten und Schauspieler Josef Hader eine beeindruckend subtile Darstellung. Der erste Abschnitt zeigt Zweig im September 1936 auf dem P.E.N.-Kongress in Buenos Aires, wo er, gegen die Erwartung vieler Berufskollegen, ein politisches Statement gegen das NS-Regime verweigert – wirkungslose Widerstandsgesten ohne persönliches Risiko lehnt er als geltungssüchtig ab. Im Januar 1941 macht ihm der Empfang in einer Kleinstadt in Bahia, wo sich ihm zu Ehren eine merklich überforderte Blaskapelle am *Donauwalzer* von Johann Strauss abmüht, den Verlust seiner Heimat und der damit verbundenen kulturellen Tradition schmerzlich bewusst. In New York wird er unmittelbar danach mit der Kompliziertheit seiner privaten Situation konfrontiert – gemeinsam mit seiner zweiten Frau Lotte (Aenne Schwarz) trifft er dort auf seine geschiedene Frau Friderike (Barbara Sukowa); außerdem belasten ihn die Bitten verfolgter Leidensgenossen um seine Unterstützung bei der Beschaffung von Einreisedokumenten. Im November 1941 begegnet er in Petrópolis an seinem 60. Geburtstag dem Berliner Journalisten Ernst Feder; trotz der äußerlichen Sicherheit, in der sich die beiden in reizvoll-exotischer Landschaft befinden, quält ihn die Frage, wie man das „nur aushalten" solle. Wie der Prolog, der Zweigs Appell an das friedliche Zusammenleben der Menschen im September 1936 auf einem Empfang in Rio de Janeiro wiedergibt, besteht auch der Epilog aus einer einzigen Einstellung – diesmal wird Zweigs Abschiedsbrief verlesen, kurz nach Auffindung der Leichen von Stefan und Lotte Zweig, die nur kurz in der Spiegeltür eines Schranks zu sehen sind. Was Maria Schrader an dem Stoff besonders interessiert habe, seien u. a. die zivilisatorischen Strategien gewesen, mit denen Zweig versucht habe, der Barbarei zu begegnen: „die Affektkontrolle, die Etikette, der Wille, den Gefühlen nicht immer freien Lauf zu lassen" – sein vergebliches „Ringen um Fassung" (Soboczynski 2016).

Stefan Zweig

Strauss, Richard/Zweig, Stefan (1957): Briefwechsel. Hg. v. Willi Schuh. Frankfurt a.M.: S. Fischer.
Zweig, Stefan (1984): Tagebücher. GWE. Hg. v. Knut Beck. Frankfurt a.M.: S. Fischer.

Weitere Literatur

Anderson, Wes (2014a): The Grand Budapest Hotel. Screenplay. New York: Opus.
Anderson, Wes (2014b): The Society of the Crossed Keys. Selections from the Writings of Stefan Zweig. London: Pushkin Press.
Asper, Helmut G. (1998): Max Ophüls. Eine Biographie. Berlin: Bertz.
Asper, Helmut G./Jacobsen, Wolfgang/Jansen, Peter W./Koch, Gertrud/Naber, Hermann (1989): Max Ophüls. München, Wien: Hanser.
Chen, Zhunagying (2015): Kompromiss zwischen Originalität und Akzeptanz – ein Vergleich zwischen der Novelle *Brief einer Unbekannten* und ihrer Verfilmung. In: Zhang, Yi/Gelber, Mark H. (Hg.): Aktualität und Beliebtheit. Neue Forschung und Rezeption von Stefan Zweig im internationalen Blickwinkel. Würzburg: Königshausen & Neumann, S. 155–162.
Claus, Horst (2003): Commerce, Culture, Continuity. Hans Steinhoff's ‚Mittelfilm' Production of Stefan Zweig's *Angst* (1928). In: German Life and Letters 56/2/2003, S. 117–131.
Duncan, Paul (2003): Stanley Kubrick. Visueller Poet 1928–1999. Köln u.a.: Taschen.
Eicher, Thomas (2000): *Das gestohlene Jahr* (1950) und *Rausch der Verwandlung* (1988). Transformationen eines Romanstoffes von Stefan Zweig. In: Maske und Kothurn 46/1/2000, S. 113–122.
Gansera, Rainer/Jacobsen, Wolfgang (1987): Roberto Rossellini. München, Wien: Hanser.
Marquart, Lea (2012): Ein Streifzug durch die Medien. Stefan Zweigs *Schachnovelle* als Hörspiel und Film. In: Pfeiffer, Joachim/Roelcke, Thorsten (Hg.): Drama – Theater – Film. Festschrift anlässlich der Verabschiedung von Rudolf Denk im Herbst 2010. Würzburg: Königshausen & Neumann, S. 237–248.
Poole, Ralph J. (2014): „zurück nach Wien, zurück zu Dir": Zweig and Ophüls in Hollywood – Failed Hopes and Belated Success. In: Ders./Parker, Joshua (Hg.): Austria and America: Cross-Cultural Encounters 1865–1933. Wien u.a.: LIT, S. 195–226.
Prochnik, George (2014): A Conversation with Wes Anderson. In: The Society of the Crossed Keys. Selections from the Writings of Stefan Zweig. Inspirations for *The Grand Budapest Hotel*. London: Pushkin Press, S. 9–26.
Siodmak, Robert (1980): Zwischen Berlin und Hollywood. Erinnerungen eines großen Filmregisseurs. Hg. v. Hans C. Blumenberg. München: Herbig.
Soboczynski, Adam (2016): Maria Schrader: Eine Meisterin der Distanz. In: Die Zeit, 1. 12. 2016.
Sommadossi, Tomas (2008): Eine vergessene Literaturverfilmung. Die Adaption von Stefan Zweigs Novelle *Angst* durch Roberto Rossellini. In: Modern Austrian Literature 41/3/2008, S. 1–24.
Spedicato, Eugenio (2008): Literaturverfilmung als Äquivalenz-Phänomen. Stefan Zweigs Novelle *Angst* (1913) und Roberto Rossellinis gleichnamiger Film (1954). In: Ders./Hanuschek, Sven (Hg.): Literaturverfilmung. Perspektiven und Analysen. Würzburg: Königshausen & Neumann, S. 71–103.
Spoerri, Bettina (2013): Das Archaische des Menschseins. In: Neue Zürcher Zeitung, 7. 11. 2013, S. 51.
Wood, Robin (1986): Ewig hin der Liebe Glück. In: Wright Wexman, Virginia/Hollinger, Karen (Hg.): Letter from an Unknown Woman. New Brunswick: Rutgers Univ. Press, S. 220–236.
Wydra, Thilo (2017): Ingrid Bergman. Ein Leben. München: Deutsche Verlags-Anstalt.
Zoller Seitz, Matt (2015): The Grand Budapest Hotel. With an introduction by Anne Washburn. New York: Abrams.

7.3 Verfilmungen von Zweigs Texten   875

Archivbestände

Zweig, Stefan: Hauptbuch. Literaturarchiv Salzburg, Sign.: SZ-SAM/L1.
Zweig, Stefan: [Memorandum VOLPONE]. Typoskript, Literaturarchiv Salzburg, 1 Bl. (Kopie).

Filme

Als Quelle für die Angaben zu den einzelnen Filmen diente die Internet Movie Database IMDb (www.imdb.com).

VII. Editionsgeschichte

1. Der junge Autor – Veröffentlichungen bis 1920
Knut Beck

1. Anfänge – frühe Lyrik 877
2. Übersetzungen und erste Prosaveröffentlichungen 877
3. Der zweite Prosaband 879
4. Dramatische Werke und ihre Einflüsse 879
5. Herausgebertätigkeit, Essayistik 881
6. „Insel-Bücherei" 881
7. Erster Weltkrieg 882

1. Anfänge – frühe Lyrik

In der Forschung zu Stefan Zweig wird das Frühwerk zugunsten des Spätwerks stets vernachlässigt. Der literarischen Qualität einiger früher Texte ungeachtet, verdienen aber auch die ersten Veröffentlichungen Zweigs – Lyrik, Prosa, Drama und Essay – Aufmerksamkeit.

Seine ersten Verse veröffentlichte Stefan Zweig 1896 als noch nicht 15-jähriger Gymnasiast unter verschiedenen Pseudonymen in Ludwig Jacobowskis führender Zeitschrift der Moderne *Die Gesellschaft* in Berlin. Auch in den Zeitschriften *Zukunft* (Herausgeber Maximilian Harden) und *Deutsche Dichtung* (Herausgeber Karl Emil Franzos) wurden Gedichte des Schülers publiziert (vgl. Prater 1981, S. 30). Sein erster Gedichtband *Silberne Saiten*, seine erste selbständige Veröffentlichung überhaupt, erschien im Frühjahr 1901 im 1895 gegründeten Verlag Schuster & Loeffler in Berlin, der sich zu dieser Zeit vor allem auf zeitgenössische Lyrik konzentrierte. Detlev von Liliencron und Richard Dehmel zollten ihm „herzliche und schon kameradschaftliche Anerkennung" (Zweig GWE, Die Welt von Gestern, S. 121), von 40 Rezensionen war nur eine einzige völlig ablehnend (vgl. Prater 1981, S. 37). Von Schuster & Loeffler wurde auch – bis zum Herbst 1901 – die „Monatsschrift mit Buchkunst und Illustrationen" *Die Insel* des gleichnamigen, im Spätherbst 1899 in Leipzig gegründeten Verlags herausgegeben.

2. Übersetzungen und erste Prosaveröffentlichungen

Stefan Zweigs erste Novellen wurden im Juli und Oktober/November 1900 sowie im August 1901 gedruckt: *Vergessene Träume* in der *Berliner Illustrirten Zeitung*, *Praterfrühling* in *Stimmen der Gegenwart* in Eberswalde und *Im Schnee* in *Die Welt* in Wien. Für seine literarische Akkreditierung entscheidend zu dieser Zeit wurden im April 1902 die Annahme seiner Erzählung *Die Wanderung*, im Oktober seines Essays über den belgischen Dichter Camille Lemonnier durch den Feuilletonredakteur Theodor Herzl für die *Neue Freie Presse* in Wien, die über Jahrzehnte hin wichtigste Zeitung Österreichs. Stefan Zweig empfand es, wie er sich später erinnerte, „als ob

Napoleon auf dem Schlachtfelde einem jungen Sergeanten das Ritterkreuz der Ehrenlegion anheftete." (Zweig GWE, Die Welt von Gestern, S. 129) „Und da ich" – bis zum April 1935 – „öfters und beinahe regelmäßig in dem Feuilleton publizierte, geriet ich bald in Gefahr, eine angesehene lokale Respektsperson zu werden" (S. 134).

Es war für ihn der richtige Zeitpunkt, sich dem Insel Verlag in Leipzig als Rezensent anzubieten, denn „das Programm der Insel entsprach seinen Neigungen" (Sarkowski 1999, S. 102). Ihm wurde als erstes Rudolf Kassners *Der Tod und die Maske* zur Besprechung anvertraut; sie erschien im Juli 1902 in der *Hamburger Neuen Zeitung*. Die ersten Schritte zu einer schriftstellerischen Laufbahn waren getan. Für Stefan Zweig gehörte dazu aber auch immer ‚sekundäre' Arbeit wie, neben Buchbesprechungen, die Herausgabe der Werke anderer und, auf den Rat Richard Dehmels hin – „pour me faire la main" (Zweig GWE, Die Welt von Gestern, S. 143) –, das Übersetzen aus anderen Sprachen. Erste Gedicht-Übertragungen stammen aus dem Jahr 1902. Entsprechend gab er in diesem Jahr *Gedichte von Paul Verlaine. Eine Anthologie der besten Übertragungen* bei Schuster & Loeffler heraus sowie bei Hermann Seemann Nachf. in Leipzig zusammen mit Camill Hoffmann ihre eigene Übersetzung von *Gedichten in Vers und Prosa* von Charles Baudelaire. 1904 wurde im Verlag Schuster & Loeffler ein Band von Verlaines *Ausgewählten Gedichten* „in meisterhafter Übertragung" (Verlagsanzeige) veröffentlicht (→ III.17 ÜBERSETZUNGEN; III.18 HERAUSGEBERSCHAFTEN).

Als der belgische Dichter Émile Verhaeren Stefan Zweig 1908 die Erlaubnis gab, sein in der Originalsprache noch nicht veröffentlichtes Drama *Hélène de Sparte* ins Deutsche zu übertragen, wandte er sich sogleich an Anton Kippenberg, und es gelang ihm, diesen unter dem Titel *Helenas Heimkehr* für die deutsche Ausgabe zu gewinnen. Zweigs Begeisterung, vor allem aber wohl die Tatsache, dass Verhaeren wiederholt als Anwärter für den Literaturnobelpreis gehandelt wurde, haben schließlich zu Kippenbergs Einverständnis geführt, eine dreibändige Verhaeren-Ausgabe herauszugeben: *Ausgewählte Gedichte*, *Drei Dramen* (*Helenas Heimkehr*, *Philipp II.*, *Das Kloster*) sowie Zweigs Biografie *Emile Verhaeren*. Nach Verhaerens Unfalltod 1916 in Rouen druckte Zweig im Selbstverlag in Wien 1917 (in einer Auflage von 100 Exemplaren) seine *Erinnerungen an Emile Verhaeren*, die der Insel Verlag 1927 in sein Programm übernahm.

Im Jahr der Dissertation über *Die Philosophie des Hippolyte Taine*, Wien 1904, verlegte Egon Fleischel in Berlin Zweigs ersten Novellenband *Die Liebe der Erika Ewald*. Dem bewunderten Paul Verlaine widmete Zweig 1905 noch eine Monografie – es war das letzte Buch, das er bei Schuster & Loeffler veröffentlichte. Sein Selbstbewusstsein wuchs mit seinem Erfolg. „Nun kann einem Autor nichts Glücklicheres geschehen, als jung auf einen jungen Verlag zu stoßen und mit ihm gemeinsam in Wirkung zu wachsen" (Zweig GWE, Die Welt von Gestern, S. 196), hat er später mit Blick auf den Insel Verlag geschrieben. Im Dezember 1905 bot er sich dort als Übersetzer von Dantes *Vita Nova* an – vergeblich; im Sommer 1906 legte er ihm seine neue Gedichtsammlung *Die frühen Kränze* vor: Anton Kippenberg, im Februar 1905 als Mitarbeiter eingetreten, ab September 1906 Leiter des Verlags, las das Manuskript „mit großer Freude" (Sarkowski 1999, S. 102) und akzeptierte es. Stefan Zweig antwortete, er sei „glücklich, nun Autor des Insel Verlags zu werden, und hoffe, ‚es nicht nur mit diesem ersten Buche zu bleiben'" (S. 102). Das Ziel, im gleichen Verlag veröffentlicht zu werden wie seine Vorbilder Hugo von Hofmannsthal und Rainer

Maria Rilke seit 1900, war erreicht. Seine Bücher erschienen nun nahezu 30 Jahre lang, bis 1934, von wenigen Ausnahmen abgesehen, ausschließlich dort. So brachte er noch 1906 im Julius Zeitler Verlag in Leipzig eine Übersetzung von Archibald G. B. Russells *Die visionäre Kunstphilosophie des William Blake* heraus, des englischen Dichters, Malers und Kupferstechers (1757–1827), „dieser naiven und doch zugleich dämonischen Seele" (Zweig GWE, Die Welt von Gestern, S. 187). Stefan Zweig war fasziniert von Blakes mystischem Weltbild, für das er Symbole aus der Bibel und jüdische Kommentare adaptierte. Er erwarb in London Blakes Zeichnung des King John, die er zeitlebens bei sich behielt (→ IV.10 BILDENDE KÜNSTE).

3. Der zweite Prosaband

„Meine Novellen mag ich nicht mehr, ein neuer Band soll besser sein [...]. Von den früheren Sachen höre ich nicht gerne: ich habe, wie wir alle in Wien, früh, zu früh angefangen und wir müssen nun ernstlich an uns arbeiten und uns nicht von diesen allzuleichten Erfolgen der ersten glatten Versuche verführen lassen." (Zweig an Paul Zech, 15. Januar 1910, Zweig, Br I, S. 207) Stefan Zweigs selbstkritische Äußerung macht seinen Anspruch an sich selbst und seinen Arbeitswillen deutlich. Noch, 1910/1911, ist sein Name beim Publikum kein fester Begriff. Die erste Auflage seines neuen Novellenbandes *Erstes Erlebnis. Vier Geschichten aus Kinderland*, den der Insel Verlag 1911 herausbringt, verkauft sich nur langsam; die zweite Auflage erscheint erst 1917, 1919 aber bereits das 7. Tausend und bis 1930 werden es 46 000 Exemplare sein.

Danach wird der Band in dieser Form erst wieder 1976 im S. Fischer Verlag in Frankfurt am Main in der Reihe „Fischer Bibliothek" aufgelegt, mit einem Nachwort von Richard Friedenthal; dort erreicht er bis 1982 eine Auflage von 22 000 Exemplaren.

4. Dramatische Werke und ihre Einflüsse

Im Insel Verlag erschien „nahezu jedes Jahr ein Buch, an dem Zweig beteiligt war" (Sarkowski 1999, S. 103): 1907 skizzierte Zweig das Lebensbild des Dichters Arthur Rimbaud für die Auswahlausgabe seiner Gedichte, die der österreichische Lyriker und Nietzsche-Forscher Karl Anton Klammer unter seinem Pseudonym K. L. Ammer übersetzt hatte: *Arthur Rimbaud. Leben und Dichtung*; im gleichen Jahr brachte der Verlag sein dreiaktiges Trauerspiel *Tersites* in fünffüßigen Jamben heraus – im Frühjahr 1904 begonnen, im Frühjahr 1906 abgeschlossen, im November 1908 gleichzeitig an den Hoftheatern Kassel und Dresden uraufgeführt. Das Drama wurde, nach den Erfahrungen mit der Aufführungspraxis gekürzt, 1919 noch einmal im Insel Verlag aufgelegt. Es war nach *Die frühen Kränze* (1906, 2. und 3. Auflage 1917 und 1920) das zweite Buch, dem er weitere Auflagen zugestand.

Zweigs Inspirationsquellen in der Literatur lassen sich gelegentlich vermuten, gelegentlich hat er sie selbst offengelegt. Tersites ist z. B. eine in Homers *Ilias* poetisch vorgegebene Gestalt, der Shakespeare in *Troilus und Cressida* verslos im versifizierten Drama ein paar Szenen gibt. Doch wohl nicht bei ihnen ist Zweig auf das „Schicksal des häßlichsten und boshaftesten Griechen vor Troja" (Zweig an Ellen Key, 12. August 1905, Zweig, Br I, S. 104) gestoßen, sondern, obwohl er weder ihn noch sie irgendwo nennt, in Gotthold Ephraim Lessings Schrift *Laokoon oder Über die Grenzen der Malerei und Poesie* (1766) (→ IV.3 MYTHOS). Hier wird Stefan Zweig sein Thema und das eigentliche Ziel seines Schaffens gefunden haben, das Eintreten mit dem Werk für Humanität. „Immerhin kündigte dieses Drama schon einen gewissen Zug meiner inneren Einstellung an, die unweigerlich nie die Partei der sogenannten ‚Helden' nimmt, sondern Tragik nur immer im Besiegten sieht." (Zweig GWE, Die Welt von Gestern, S. 198)

Im Frühjahr 1910, berichtet Stefan Zweig in seinen Erinnerungen *Die Welt von Gestern* (1942), habe ihn der Wiener Schauspieler Josef Kainz (der sich 1908 vergeblich für die Uraufführung von *Tersites* am Hofburgtheater eingesetzt hatte) gebeten, ihm für eine Tournee „ein kleines Stück, womöglich in Versen" (S. 201) zu schreiben. Er habe bereits zwei Einakter, ein dritter fehle ihm noch. Bereits 1905, während er an seinem *Tersites* arbeitete, schrieb Stefan Zweig an einer kleinen Komödie, die er etwas später fertigstellte, „ein federleichtes Spiel aus dem Rokoko mit zwei eingebauten großen lyrisch-dramatischen Monologen." (S. 201) Zu einer Aufführung mit Josef Kainz kam es allerdings nicht – er starb am 20. September 1910. Das Stück veröffentlichte Zweig zunächst 1911 im *Almanach 1912* des Verlages Velhagen & Klasing, die Buchausgabe brachte der Insel Verlag 1913 mit der Widmung „In memoriam Joseph [!] Kainz" heraus, eine zweite Auflage 1920.

So wie Zweig häufig an mehreren Texten gleichzeitig arbeitete, schrieb er auch zu dieser Zeit (1910) an einem Schauspiel in zwei Teilen (drei Aufzügen) *Das Haus am Meer*, „dessen vielleicht durch [Alfred Lord] Tennysons *Enoch Arden* inspirierte Handlung in der Zeit des amerikanischen Unabhängigkeitskrieges spielte" (Prater 1981, S. 75). Im Dezember hatte er es „unter Anspannung aller Energie [...] unter Dach gebracht" (Zweig an Paul Zech, 14. Dezember 1910, Zweig, Br I, S. 222), im September 1911 erschien (vordatiert auf 1912) die Buchausgabe im Insel Verlag. Es blieb bei dieser einen Auflage. Die Uraufführung fand am 26. Oktober 1912 im Hofburgtheater in Wien statt.

Im Juli 1915 berichtet Zweig seinem Freund, dem Kritiker und Schriftsteller Julius Bab (*en passant* auf einer Feldpostkarte aus Lemberg anlässlich einer Dienstreise für das Kriegsarchiv), dass er ein großes Stück angefangen hatte, *Jeremias* (vgl. Zweig an Bab, 19. Juli 1915, Zweig, Br II, S. 78). Nach der Fertigstellung des Textes im Mai 1917 bekannte er: „[A]lles, was in mir an Widerstand, Verzweiflung wider die Zeit und ihre Wortführer niedergezwungen kämpfte, hat sich da in verwandelter Form freigemacht." (Zweig an Ami Kaemmerer, 5. Mai 1917, Zweig, Br II, S. 139) Es ging ihm, wie er später schrieb, dabei also nicht so sehr darum, „ein ‚pazifistisches' Stück zu schreiben, die Binsenwahrheit in Wort und Verse zu setzen, daß Frieden besser sei als Krieg, sondern darzustellen, daß derjenige, der als der Schwache, der Ängstliche in der Zeit der Begeisterung verachtet wird, in der Stunde der Niederlage sich meist als der einzige erweist, der sie nicht nur erträgt, sondern sie bemeistert." (Zweig GWE, Die Welt von Gestern, S. 288) *Jeremias. Eine dramatische Dichtung in neun Bildern* wurde 1917 im Insel Verlag in Leipzig (mit der Widmung „Friderike Maria Winternitz dankbarst, Ostern 1915 – Ostern 1917") in einer Auflage von 1000 Exemplaren gedruckt. Die Uraufführung fand am 27. Februar 1918 im Stadttheater Zürich in der Regie von Alfred Reucker (einem Schwager von Franz Werfel) statt, bei der Zweig anwesend war. Von Mitte November 1917 bis Frühjahr 1919 hielt er sich als Korrespondent der *Neuen Freien Presse* in der Schweiz auf

Weil in der Rezeption des Zweig'schen Œuvres die Dramen bis heute zu wenig Beachtung gefunden haben, wird gerne übersehen, dass sein Schaffen vor 1919/1920

1. Der junge Autor – Veröffentlichungen bis 1920

(Lyrik und Novellen) sehr stark von seiner Arbeit für das Theater bestimmt war. Schon vor seinem *Jeremias* entwickelte Zweig die Idee zu einem weiteren Stück, *Legende eines Lebens. Ein Kammerspiel in drei Aufzügen* (vgl. Zweig an Raoul Auernheimer, 18. Juni 1918, Zweig, Br II, S. 220), das er wohl nach Abschluss des biblischen Dramas zu Ende gebracht hat. Es wurde am 25. Dezember 1918 in Hamburg uraufgeführt und erschien 1919 im Insel Verlag.

5. Herausgebertätigkeit, Essayistik

Bereits in den ersten Jahren seiner Verbindung zu Stefan Zweig hatte Anton Kippenberg mit ihm „einen so intensiven Briefkontakt wie sonst mit keinem seiner Autoren. Manchmal gingen wöchentlich mehrere Briefe hin und her." (Sarkowski 1999, S. 103) Zweig gab, wie auch seine Kollegen, von Anfang an Anregungen für das Programm. 1908 etwa zur Balzac-Ausgabe. Hugo von Hofmannsthal hatte hierfür 14 Bände vorgeschlagen; Kippenberg bot ihm an, ihn die Einleitung hierzu schreiben zu lassen; Hofmannsthal antwortete wohl in Kenntnis der intensiven Korrespondenz des Verlegers mit Zweig (→ III.16 BRIEFE), er habe „Balzac und den Insel-Verlag zu gern, um jemanden andern die Ehre dieser Einleitung zu gönnen" (zit. n. S. 87). Stefan Zweig, dem der Verleger im Januar 1908 die letzte Inhaltsdisposition geschickt hatte, brachte „dann so viele, ausführlich begründete Ergänzungsvorschläge, daß Kippenberg sich zu einer Erweiterung auf 16 Bände zu durchschnittlich 400 Seiten entschloß" (S. 87). Wesentlicher Grund, Zweig wegen dieser Ausgabe in einem schon fortgeschrittenen Moment der Planung zu konsultieren, war vermutlich die Tatsache, dass Zweig im Verlag von Robert Lutz in Stuttgart gerade den Aphorismen-Band *Balzac. Sein Weltbild aus den Werken* herausgab (→ III.18 HERAUSGEBERSCHAFTEN).

Ermutigt durch den Erfolg regte Stefan Zweig bei Kippenberg auch eine Charles-Dickens-Ausgabe an, obwohl er den Dichter in einem Brief an Max Brod im September 1908 noch als „der Hausbackene" (Zweig, Br I, S. 174) bezeichnet hatte. Die zehnbändige Ausgabe wurde 1910 verwirklicht; zu ihr schrieb dann Stefan Zweig die Einleitung. Seinen Balzac-Aufsatz von 1908 – von Hofmannsthal als „das wertvollste Stück Prosa[,] das ich von Ihnen kenne" gelobt (Hofmannsthal/Zweig 1982, S. 92) – und seine Dickens-Einleitung von 1910 veröffentlichte er zusammen mit seinem bis dahin entstandenen Dostojewski-Essay im Insel Verlag 1920 in *Drei Meister*. Doch „Balzac blieb für Stefan Zweig, seit er ihn für sich entdeckt hatte, das Vorbild und das Werk in seiner Komplexität das Maß der Literatur" (Beck 1990, S. 549) – es beschäftigte ihn sein Leben lang. Über seine Reisen nach Indien, Ceylon, Burma, Hinterindien (1908–1909) und New York, Kanada, zum Panama-Kanal, nach Kuba sowie nach Puertorico (1911) schrieb Stefan Zweig zahlreiche kleinere Aufsätze, die er unterschiedlichen Zeitungen anbot (→ III.14.5 REISEBERICHTE).

6. „Insel-Bücherei"

Im Jahr 1912 startete der Insel Verlag aber „mit einem seit Langem sorgfältig vorbereiteten und wohldurchdachten Unternehmen": „Es soll den Namen Insel-Bücherei führen" (zit. n. Sarkowski 1999, S. 118), hieß es in einer Anzeige im *Börsenblatt für den Deutschen Buchhandel*. Zweig hat an der Gründung der „Insel-Bücherei" entscheidenden Anteil. Er hatte Kippenberg seit 1909 entsprechende Vorschläge zu günstigen Serien gemacht. Dieser dankte ihm aufrichtig „für die wertvolle Anregung die Sie mir, wie in vielen Dingen, besonders in dieser wichtigen Angelegenheit gegeben haben" (zit. n. S. 119). Die „Insel-Bücherei" besteht bis heute. Nebenbei veröffentlichte Zweig 1912 in der Insel seine Übersetzung von Verhaerens *Rembrandt*, 1913 von Verhaerens *Rubens*. Als aber am 28. Juli 1914 Österreich-Ungarn Serbien den Krieg erklärt, schreibt der begeisterte Schriftsteller, literarische Mittler und Ideenstifter Stefan Zweig aus Belgien kurz vor seiner Rückkehr nach Wien, am 30. Juli 1914, an Anton Kippenberg, seinen Verleger (!): „Bücher müssen jetzt jeden [!] anständigen Menschen letzte Sorge sein" (Zweig, Br I, S. 298).

7. Erster Weltkrieg

Während seiner Tätigkeit im Kriegsarchiv (1914–1917) schrieb Zweig zahlreiche Aufsätze für die Anthologien des Kriegsarchivs und beteiligte sich an der Konzeption einer populären illustrierten Zeitschrift *Donauland*. Außerdem publizierte er zahlreiche Artikel in der *Neuen Freien Presse*, von denen bis heute nur ein Bruchteil in Buchform erschienen ist. Bemerkenswert ist der Umstand, dass sich in der Wiener Tageszeitung eine Reihe von dezidiert pazifistischen Texten findet, etwa über Bertha von Suttner, Jean Jaurès und Henri Barbusse. Am 8. Mai 1916 erschien unerwartet in der *Vossischen Zeitung* in Berlin Zweigs poetisch verbrämter Friedensappell *Der Turm zu Babel*, der zuvor in französischer Übersetzung im Aprilheft der Genfer pazifistischen Zeitschrift *Le Carmel* abgedruckt worden war.

Durch die Intensivierung der Freundschaft mit Romain Rolland um 1917/1918 entstand die Idee zu einer Biografie über den französischen Autor, an der Zweig ab Frühjahr 1918 arbeitete und die 1921 bei Rütten & Loening, in Rollands deutschem Verlag, veröffentlicht wurde. Unmittelbar darauf nahm Zweig die Übersetzung von Rollands Roman *Clerambault* in Angriff, die zwischen März und Juli 1921 vorabgedruckt wurde und 1922 ebenfalls bei Rütten & Loening erschien. In den Schweizer Aufenthalt fällt auch die Arbeit an der Erzählung *Der Refraktär*, später *Der Zwang*, die 1920 im Insel Verlag erschien.

Ein neuer Lebensabschnitt beginnt mit Zweigs Übersiedlung nach Salzburg. Die Reihe der erfolgreichsten Titel, Novellen-Bände, Biografien und Essay-Trilogien, die in den 1920er Jahren erscheinen sollten (→ VII.2 AUSGABEN NACH DEM ERSTEN WELTKRIEG), wurde eröffnet mit *Drei Meister. Balzac, Dickens, Dostojewski* (1920). Die beiden Essays über Balzac und Dickens lagen vor, der umfangreiche Dostojewski-Beitrag wurde im November 1919 an den Insel Verlag geschickt, der Band erschien 1920.

Stefan Zweig

Hofmannsthal, Hugo von/Zweig, Stefan (1982): Briefe (1907–1928). Mitgeteilt u. kommentiert v. Jeffrey B. Berlin u. Hans-Ulrich Lindken. In: Hofmannsthal-Blätter 26/1982, S. 86–116.
Zweig, Stefan (1995): Briefe. Bd. I: 1897–1914. Hg. v. Knut Beck, Jeffrey B. Berlin u. Natascha Weschenbach-Feggeler. Frankfurt a.M.: S. Fischer.
Zweig, Stefan (1998): Briefe. Bd. II: 1914–1919. Hg. v. Knut Beck, Jeffrey B. Berlin u. Natascha Weschenbach-Feggeler. Frankfurt a.M.: S. Fischer.
Zweig, Stefan (2007[5]): Die Welt von Gestern. Erinnerungen eines Europäers. GWE. Frankfurt a.M.: S. Fischer.

Weitere Literatur

Beck, Knut (1990): Stefan Zweigs Weg zu Balzac. In: Zweig, Stefan: Balzac. Hg. v. Richard Friedenthal. Durchgesehen u. mit einer Nachbemerkung versehen v. Knut Beck. GWE. Frankfurt a. M.: S. Fischer, S. 543–566.
Prater, Donald A. (1981): Stefan Zweig. Das Leben eines Ungeduldigen. München, Wien: Hanser.
Sarkowski, Heinz (1999): Der Insel Verlag 1899–1999. Die Geschichte des Verlags. Frankfurt a. M., Leipzig: Insel.

2. Ausgaben nach dem Ersten Weltkrieg, Editionen und Bibliografien
Susanne Buchinger

1. Buchausgaben nach dem Ersten Weltkrieg 883
2. Richard Friedenthals Nachlassarbeit 884
3. *Gesammelte Werke in Einzelbänden* 885
4. Editionen nach Ende der Schutzfrist 887
5. Zweig-Bibliografien 888

1. Buchausgaben nach dem Ersten Weltkrieg

Der Leipziger Insel Verlag hatte ungeachtet der langjährigen Geschäftsverbindung keine Stefan-Zweig-Gesamtausgabe vorgelegt, da Anton Kippenberg im Gegensatz zu Samuel Fischer kein Freund von gesammelten Werken war. Lediglich bei Zweigs Prosa- und Lyrikbänden wurde auf Wunsch des einflussreichen Autors der Versuch einer thematischen Sammlung sowie nachträglichen Einordnung bereits erschienener Bücher unternommen. So kam Zweigs zweiter Novellenband *Amok* 1922 mit dem Zusatz *Die Kette. Ein Novellenkreis. Der zweite Ring* heraus, wobei die 1911 unter dem Titel *Erstes Erlebnis* publizierten vier Erzählungen ab dem 19. Tausend 1923 den *Ersten Ring* und seine 1927 erschienenen drei Novellen unter dem Titel *Verwirrung der Gefühle* den *Dritten Ring* bildeten. Auch bei seinen biografischen Essays lässt sich eine intendierte Strukturierung erkennen. Das Buch *Der Kampf mit dem Dämon. Hölderlin, Kleist, Nietzsche* von 1925 ist *Band 2* der Reihe *Die Baumeister der Welt. Versuch einer Typologie des Geistes*, im selben Jahr wurde die erstmals 1920 herausgegebene Ausgabe *Drei Meister. Balzac, Dickens, Dostojewski* ab dem 20. Tausend mit dem Zusatz *Band 1* versehen. Der dritte und letzte Band erschien 1928 unter dem Titel *Drei Dichter ihres Lebens. Casanova, Stendhal, Tolstoi* (zu bibliografischen Einzelheiten vgl. Sarkowski 1999, S. 314–317).

Herbert Reichners ambitioniertes Vorhaben, in seinem kleinen Wiener Verlag eine erste deutsche Gesamtausgabe seines Erfolgsautors herauszugeben, musste zwar mit dem ‚Anschluss' Österreichs eingestellt werden, trotz erheblicher literaturpolitischer Einschränkungen konnten bis zu dieser Zäsur jedoch mehrere umfangreiche Zweig-Auswahlbände erscheinen, so dass sein noch immer relativ gut absetzbares Werk zumindest außerhalb des Deutschen Reichs greifbar blieb. Das 1936, im Zuge des Gesamtverbotes in Reichsdeutschland unter dem Sammeltitel *Baumeister der Welt* erschienene Buch fasst auf 650 Seiten alle drei früher im Insel Verlag herausgegebenen

Essaybände mit einem neuen Vorwort des Schriftstellers zusammen. Im Herbst desselben Jahres erschienen zwei weitere Prosabände: *Die Kette* und *Kaleidoskop*, letzterer mit der verwirrenden Titelbezeichnung *Gesamtausgabe des erzählerischen Werkes. 2. Band*, wie der Autor gegenüber seinem Verleger beklagte. Hinter der *Kette*, die beim Insel Verlag als wohlüberlegte, übergeordnete Reihenbezeichnung für die drei Novellenbände Verwendung gefunden hatte, verbarg sich jetzt eine recht willkürlich zusammengestellte Sammlung ausgewählter Novellen aus diesen drei Büchern. Das *Kaleidoskop* dagegen vereinte verschiedene, früher meist innerhalb der „Insel-Bücherei" erschienene Novellen, aber auch die kürzlich fertiggestellte jüdische Legende *Der begrabene Leuchter* (1937). Außerdem sind in diesem Band ein halbes Dutzend *Sternstunden* erneut abgedruckt, darunter die 1935 geschriebene historische Miniatur *Georg Friedrich Händels Auferstehung*. Die vom verärgerten Schriftsteller bei seinem Verleger eingeforderte und bei späteren Auflagen eingefügte Einbandbezeichnung *Gesammelte Erzählungen. Erster bzw. zweiter Band* wäre für die fast 1000 Seiten umfassende Ausgabe von Anfang an sinnvoller gewesen. 1937 publizierte Reichner auch den 500-seitigen Sammelband *Begegnungen mit Menschen, Büchern, Städten*. Bei Bermann-Fischer in Stockholm konnten aufgrund der immer schwierigeren Exil- und Kriegsbedingungen zunächst nur wenige Buchtitel erscheinen. Zweigs Roman *Ungeduld des Herzens* (1939) war zugleich der erste Band einer Gesamtausgabe, die bei Kriegsende sechs Bände umfasste, darunter *Die Welt von Gestern* (1942) sowie die nach Zweigs Tod erschienene, auf zwölf historische Miniaturen erweiterte Neuausgabe der *Sternstunden der Menschheit* (1943) (vgl. Stach 1986, S. 134), seine Biografie *Amerigo. Die Geschichte eines historischen Irrtums* (1944), *Legenden* (1945) und *Ausgewählte Novellen* (1946), so dass das Werk (wenngleich in Abweichung von der vom Schriftsteller bestimmten Anordnung und den von ihm gewählten Titeln) nach Kriegsende für das deutschsprachige Publikum nach und nach wieder greifbar wurde, nach 1945 auch als Lizenzausgaben bei Suhrkamp. 1952 war Zweigs *Joseph Fouché* unter den ersten sechs (Taschenbuch-)Titeln der neugeschaffenen „Fischer Bücherei", 1954 gefolgt von der Erzählung *Phantastische Nacht* (zu bibliografischen Details vgl. Beck 1986).

2. Richard Friedenthals Nachlassarbeit

Schon bald nach Zweigs Tod hatte es Meinungsverschiedenheiten darüber gegeben, wie seine Verfügung über die nachgelassenen Manuskripte und Entwürfe zu verstehen sei. Der junge, im brasilianischen Exil lebende Schriftsteller Victor Wittkowski hatte sich aufgrund des letzten Briefes von Zweig an ihn und eines beglaubigten Testamentszusatzes zur Nachlassverwaltung, zum Sachwalter des literarischen Erbes autorisiert geglaubt. Es kam zu einer teilweise sogar öffentlich geführten Auseinandersetzung mit den in London lebenden Haupterben und Rechtsinhabern, Lottes Bruder Dr. Manfred Altmann und dessen Frau Hannah, die sich schließlich durchsetzten. Ihr Vertrauen galt dem langjährigen Zweig-Freund Richard Friedenthal, der im Herbst 1938 nach London emigriert war und dem sie mit Einverständnis Gottfried Bermann Fischers die Betreuung von Zweigs zunächst in England verbliebener Hinterlassenschaft übergaben, um über ihre postume Edition zu entscheiden, später auch der in Brasilien liegenden nicht abgeschlossenen *Balzac*- und *Montaigne*-Konvolute, die nach London geholt wurden. Friedenthal gab 1943 zunächst *Zeit und Welt. Gesammelte Aufsätze und Vorträge 1904–1940* heraus, das erste aus dem Nachlass veröffentlichte Zweig-Buch, das vom Autor noch in Grundzügen vorbereitet worden war, veröffentlicht mit der Intention, gerade in jenen Kriegsjahren „das Andenken an den Mann zu erhalten und an sein Werk" (Friedenthal 1943, S. 402). Richard Friedenthal, mit Zweigs Arbeitsweise und Schreibstil gut vertraut, begann noch während des Krieges mit der Bearbeitung des *Balzac*-Manuskripts, Zweigs *opus magnum*, das ihn seit den dichterischen Anfängen beschäftigt hatte, aber trotz wiederholter Anläufe einfach nicht abzuschließen war. Die Biografie erschien 1946 und war nicht, wie Friedenthal anfänglich befürchtet hatte, ein Fragment, sondern „das Buch war fertig – nicht in allen Kapiteln, aber doch in allen wesentlichen Teilen" (Friedenthal 1946, S. 574). Er ließ, ohne einen detaillierten Editionsbericht zu geben, „Stil und Ton des Werkes völlig unangetastet", schrieb nur das letzte Kapitel um, so dass das fertige Buch „einen würdigen Abschluss seines Lebenswerkes" darstellte (S. 574). Nach dem Unfalltod des Ehepaares Altmann 1954 verband Friedenthal auch mit der einzigen Tochter und Rechtsnachfolgerin Eva Alberman und ihrem Mann eine freundschaftliche Beziehung, er wuchs in den folgenden Jahren noch stärker in seine betreuende und beratende Funktion. Seine unermüdliche und dabei nie unkritische Arbeit an den Zweig-Editionen ging zulasten seiner eigenen biografischen wie publizistischen Veröffentlichungen, die er lange zurückstellte (vgl. Friedenthal 1976, S. 52–57).

1960 erschien Zweigs Essayband *Europäisches Erbe*, der erstmals das noch in Brasilien bearbeitete, von Friedenthal fertiggestellte und stärker bearbeitete *Montaigne*-Fragment enthielt, 1966 folgte *Silberne Saiten. Gedichte und Nachdichtungen*, eine Sammlung ausgewählter Lyrik nicht nur aus Zweigs erstem, hier als Titel wieder aufgegriffenem Gedichtband. 1978, ein Jahr vor Friedenthals Tod, kamen die vielbeachteten und lange Jahre maßgeblichen *Briefe an Freunde* heraus, von Friedenthal als strenge, aber möglichst repräsentative Auswahl aus der sehr umfangreichen Zweig-Korrespondenz zusammengestellt (→ III.16 Briefe). Abgelöst wurde sie erst durch die von Knut Beck, Jeffrey B. Berlin und Natascha Weschenbach-Feggeler 1995–2005 herausgegebene vierbändige kommentierte Brief-Auswahlausgabe bei S. Fischer, die auf 2800 Seiten Zweig-Briefe an Freunde, Kollegen und Zeitgenossen vom frühestens erhaltenen Schreiben 1897 bis zu den letzten testamentarischen Anweisungen 1942 umfasst und vielfältige Einblicke in seine Persönlichkeit und sein künstlerisches Schaffen gewährt (vgl. Zweig, Br I–IV).

3. *Gesammelte Werke in Einzelbänden*

Nach Kriegsende wurden Zweigs Bücher recht kontinuierlich ediert, das Publikumsinteresse an den (trotz einiger stilistischer Mängel) leicht lesbaren Titeln blieb zwar erhalten, dafür geriet das Werk in der deutschen Literaturwissenschaft nahezu in Vergessenheit. Es wurde die wohlbekannte, aber mutmaßliche Unvereinbarkeit von Popularität und Qualität, von Auflagenstärke und ästhetischem Gehalt bemüht und Zweigs zurückhaltende, aber untadelige Haltung während des ‚Dritten Reichs' ignoriert. Um 1980 kam, unterstützt insbesondere durch die rege amerikanische Germanistik und in Hinblick auf den bevorstehenden 100. Geburtstag des Schriftstellers, die Idee auf, mehr für Stefan Zweigs Werk zu tun. Auf Vermittlung des Zweig-Biografen Donald A. Prater wandte sich der nach London emigrierte österreichische Verleger und Literaturagent Kurt L. Maschler, der 1951, 1956 und 1976 sukzessive die Weltrechte am Zweig-Werk von den Erben aufgekauft und dafür in der Schweiz seinen Williams Verlag (wieder)begründet hatte (vgl. Till 1985, S. 823f.), mit diesem Vorschlag an den Frankfurter S. Fischer Verlag. Gottfried Bermann Fischer hatte seinerzeit das Angebot der Erben, die Zweig-Weltrechte zu erwerben, zugunsten einer verstärkten Förderung neuerer zeitgenössischer Autoren abgelehnt, allerdings besaß der S. Fischer Verlag für die deutschen Zweig-Ausgaben eine Option (vgl. Buchinger 1999, S. B61f.). Aus Anlass von Zweigs 100. Geburtstag begann der S. Fischer Verlag sich für dessen umfangreiches, aber im Kulturbetrieb weitgehend ignoriertes Werk verstärkt wieder selbst einzusetzen, nachdem auch der Insel Verlag, wie Maschler berichtete, erneut sein Interesse am Gesamtwerk, vor allem auch an der Auswertung des überraschend ergiebigen Londoner Nachlasses, bekundet hatte. Anton Kippenberg hatte bereits in den unmittelbaren Nachkriegsjahren den weitgehend abschlägig beschiedenen Versuch unternommen, Zweigs Bücher wieder in seinem Verlag herauszubringen, was damals vor allem am Veto des Ehepaares Altmann gescheitert war, das dem Insel Verlag am 16. Mai 1947 dezidiert eine Absage erteilt hatte (vgl. Archiv Insel Verlag, DLA Marbach). Ab 1948 erschienen auf ausdrücklichen Wunsch des Insel-Verlegers und mit Erlaubnis der Rechtsnachfolger zumindest ausgewählte Zweig-Titel unter dem „vertraute[n] Signet" (Zweig GWE, Die Welt von Gestern, S. 197) der Wiesbadener, später Frankfurter bzw. Leipziger „Insel-Bücherei". 1958 druckte man den *Balzac* als ostdeutsche Insel-Ausgabe nach, zwischen 1981 und 1990 erschienen Zweigs *Gesammelte Werke in Einzelbänden* auch beim Leipziger Insel Verlag, als vom Frankfurter S. Fischer genehmigte Lizenzausgaben, die nur in der DDR und im sozialistischen Ausland vertrieben werden durften. Stefan Zweig zählte somit auch im geteilten Nachkriegsdeutschland zu den gut verkäuflichen deutschsprachigen Schriftstellern (vgl. Buchinger 1999, S. B62–B66). Im Jubiläumsjahr 1981 erschien nun bei S. Fischer kurzfristig eine zehnbändige Ausgabe, bestehend aus seinem Roman, seinen berühmtesten Biografien, den historischen Miniaturen und Essays, seiner Autobiografie *Die Welt von Gestern* sowie einem 400-seitigen *Stefan Zweig Buch* mit einem Nachwort von Max von der Grün. Der Absatz war vielversprechend, so dass bald weitere Ausgaben geplant wurden. Dennoch gab es auch kritische Stimmen, etwa im April 1982 von Hanns Lothar Schütz, dem Cheflektor des *Börsenblatts für den Deutschen Buchhandel*, der unter Pseudonym beklagte, dass bislang noch nicht einmal ein Herausgeber für die Zweig-Editionen gefunden worden war (vgl. Zastrow 1982, S. 1092f.). Der S. Fischer Verlag nahm diese Kritik ernst, als Herausgeber wurde der Lektor Knut Beck nominiert, der Kontakt zu Maschler intensiviert, so dass nach und nach noch unveröffentlichtes Material aus dem Londoner Nachlass gehoben werden konnte. Entdeckt wurden zwei Romane, ein 600 Seiten umfassender Band mit Tagebüchern (→ III.15 TAGEBÜCHER), unbekannte Erzählungen, Dramen, Betrachtungen und Briefwechsel, insgesamt mehr als 3000 Seiten literarisches wie zeitgeschichtliches Neuland. Unter Becks Regie, nach Friedenthal der zweite Herausgeber der Werke Stefan Zweigs, legte der S. Fischer Verlag 1981–1990 eine 36-bändige, mit aufschlussreichen Nachbemerkungen des Herausgebers versehene, für Leser wie Forschung wegweisende Ausgabe *Gesammelte Werke in Einzelbänden* (GWE) als erste umfassende Zweig-Gesamtausgabe vor. Beck gab u.a. 1982 aus dem Nachlass von Eva Alberman Zweigs 1931 in Salzburg begonnene und 1934 in London weiterbearbeitete sogenannte „Postfräuleingeschichte" *Rausch der Verwandlung* heraus, 1984 auch seine zeit- und lebensgeschichtlich bemerkenswerten *Tagebücher* und 1990 das

Romanfragment *Clarissa*. Vor allem die Veröffentlichung von *Clarissa*, woran der Schriftsteller noch in seinen letzten Lebensmonaten gearbeitet hatte, galt als Wagnis, doch gelang es Beck, aus dem noch nicht satzfertigen Manuskript eine „vertretbar geschlossene, wenn auch naturgemäß nachempfundene Fassung" (Beck 1999, S. 187) dieses wie *Ungeduld des Herzens* in den Jahren vor dem Ersten Weltkrieg spielenden Österreich-Romans herauszubringen. In jenen Jahren erschienen sukzessive auch gut verkäufliche Neuauflagen bei S. Fischer: seine Dramen, Gedichte, Erzählungen, Aufsätze und Essays sowie die lange vergriffenen Biografien *Erasmus von Rotterdam* (1981), *Magellan* (1983) und *Castellio gegen Calvin* (1987), so dass das Œuvre erstmals wieder fast vollständig auf dem Buchmarkt greifbar war und vom Lesepublikum sehr gut angenommen wurde, während die Medien verschiedentlich von einer überflüssigen Edition des ‚Kitschfabrikanten' oder des Literaturindustriellen, kurz von einer entbehrlichen Zweig-Renaissance sprachen.

Zweig-Gesamt- oder Auswahlausgaben lassen sich vor und auch nach dem Krieg in zahlreichen Fremdsprachen nachweisen. An dieser Stelle muss eine Auswahlaufzählung genügen: 1927–1932 publizierte der Leningrader Verlag Wremja eine von Zweig autorisierte 12-bändige russische Ausgabe mit einem Vorwort von Maxim Gorki, 1949–1966 kam die berühmte zehnbändige ‚Hallam Edition' *The complete works of Stefan Zweig* bei Cassells in London heraus, 1968–1981 erschien beim Prager Odeon Verlag eine tschechische Ausgabe in fünf Bänden, 1934–1950 die portugiesische Ausgabe in 20 Bänden bei Guanabara in Rio de Janeiro, 1963 legte der Moskauer Verlag Prawda sieben Bände innerhalb seiner „Biblioteka Ogonek" vor, 1952–1978 erschienen beim Verlag Guventud in Barcelona gesammelte Werke in vier Bänden, 1972–1976 im Verlag Misuzu Shobo, Tokio, eine japanische Ausgabe in 21 Bänden und im Laufe der Jahre zahlreiche französische Prosaausgaben, meist publiziert von den legendären Pariser Verlagen Grasset und Stock sowie italienische Editionen beim Mailänder Verlag Sperling & Kupfer.

4. Editionen nach Ende der Schutzfrist

Mit dem Ablauf der 70-jährigen deutschen Schutzfrist Ende Dezember 2012 verlor der S. Fischer Verlag seine Exklusivrechte am Werk Stefan Zweigs. Seither sind mehr oder weniger sorgfältig edierte Nachdrucke sowie preisgünstige digitale Formate (eBooks, Hörbücher) seiner Werke in zahlreichen deutschsprachigen Verlagen erschienen und werden es auch in Zukunft tun, was für die andauernde, zeitübergreifende Marktgängigkeit und mehr noch für die unverminderte Aktualität des österreichischen Schriftstellers spricht. Dabei ist zwischen schlichten Reprints (etwa bei Anaconda, Fabula, Omnia oder Severus) und aufwändig edierten und kommentierten Ausgaben zu unterscheiden. Neben Prosaeditionen bei der Anderen Bibliothek, Diogenes, Kröner oder Patmos und in der dtv-Reihe „Bibliothek der Erstausgaben" ist insbesondere Hans Wageners 2013 bei Reclam vorgelegte Ausgabe der 14 *Sternstunden der Menschheit* zu nennen, erstmals in ihrer historischen Abfolge und mit ausführlichem Zeilenkommentar. Im selben Jahr und ebenfalls bei Reclam erschien die erste textkritische Edition der *Schachnovelle*, von Klemens Renoldner auf der Basis der drei noch erhaltenen Typoskripte erstellt. Im selben Verlag ist vier Jahre später auch Zweigs Erzählung *Verwirrung der Gefühle* als textkritische Edition vorgelegt worden. Nach der sorgfältigen Sichtung aller greifbaren Handschriften und Vorstufen haben die beiden Herausgeber Elisabeth Erdem und Klemens Renoldner erstmals gestrichene und veränderte Textpartien im Kommentar exemplarisch vorgestellt und so einen Text rekonstruiert, der ein beeindruckendes Zeugnis von der Schwierigkeit ist, das Thema Homosexualität zu behandeln, die zu Lebzeiten Zweigs strafbar war. Seit Januar 2013 sind viele Zweig-Titel auch wieder als Ausgaben des Berliner Insel Verlags greifbar. In den zurückliegenden Jahren sind zudem weitere wichtige Briefausgaben publiziert worden, etwa die von Jeffrey B. Berlin und Gert Kerschbaumer 2006 bei S. Fischer vorgelegte Neuausgabe des Ehebriefwechsels zwischen Friderike und Stefan Zweig, der als Erzählung konzipiert ist und revidierte sowie bislang unveröffentlichte Briefe 1912–1942, auch einige von Lotte Zweig, enthält. 2011 erschien bei Wallstein der 1927–1938 geführte Briefwechsel zwischen Joseph Roth und Stefan Zweig, erstmals ungekürzt und ausführlich kommentiert herausgegeben von Madeleine Rietra und Rainer Joachim Siegel. 2013 gab Oliver Matuschek wiederum bei S. Fischer Zweigs bisher nicht publizierte Briefe an seine zweite Frau Lotte Altmann (ab 1934) und die Korrespondenz der beiden mit Lottes Familie bis zum Abschied aus Europa 1940 heraus. Zuvor waren schon *Stefan and Lotte Zweig's South American Letters. New York, Argentina and Brazil 1940–42* erschienen, eine Auswahl aus der Korrespondenz zwischen den Ehepaaren Stefan und Lotte Zweig und Hannah und Manfred Altmann. 2017 hat Oliver Matuschek auch Zweigs weltbekanntes Erinnerungsbuch *Die Welt von Gestern* neu herausgegeben, zum ersten Mal auf der Grundlage von umfangreichem, teilweise noch nicht ausgewertetem Quellenmaterial, wobei er von einem breiten kulturwissenschaftlichen Forschungsansatz ausgeht. Aufgrund seiner umfassenden interdisziplinären Auswertung von Notizen, Kalendern und anderen persönlichen Dokumenten, vor allem aus dem Londoner Nachlass, lässt sich Zweigs Umgang mit den eigenen Erinnerungen erstmals detailliert nachvollziehen. Die Ausgabe basiert auf der Fassung des Erstdrucks bei Bermann-Fischer 1942. Weitere Brief- wie Prosaeditionen, oft unter Verwendung unveröffentlichten Quellenmaterials oder als Neuinterpretation edierter Materialen, sind avisiert und werden von der Zweig-Forschung wie -Leserschaft gleichermaßen gut aufgenommen werden (→ III.16 BRIEFE). An dieser Stelle soll abschließend die bei Zsolnay verlegte Salzburger Ausgabe erwähnt werden, in der bis 2023 Zweigs erzählerisches Werk in sieben Bänden erscheinen wird, herausgegeben vom Stefan-Zweig-Zentrum und dem Fachbereich Germanistik der Universität Salzburg. Sie bietet erstmals in der Literaturgeschichte philologisch gesicherte Texte – auf Basis von Manuskripten und Textfassungen, die aus Archiven in Österreich und der ganzen Welt stammen. Als Auftakt wurden im Herbst 2017 die *Sternstunden der Menschheit* als erster Band der neuen Edition vorgelegt.

5. Zweig-Bibliografien

Der Insel Verlag nahm den 50. Geburtstag Stefan Zweigs am 28. November 1931 zum Anlass, seinen langjährigen Autor mit zwei Publikationen zu ehren. Neben Zweigs *Ausgewählten Gedichten* in der „Insel-Bücherei" erschien als Sonderveröffentlichung des Leipziger Verlages, mit dem der Schriftsteller nach einem äußerst produktiven Vierteljahrhundert nahezu symbiotisch verbunden schien, eine von seinem langjährigen Mitarbeiter Erwin Rieger und Fritz Adolf Hünich, seinem Lektor beim Insel Verlag, kurzfristig zusammengestellte, 47-seitige, in 500 nummerierten Exemplaren erschienene *Bibliographie der Werke von Stefan Zweig. Dem Dichter zum fünfzigsten*

2. Ausgaben nach dem Ersten Weltkrieg, Editionen und Bibliografien

Geburtstag dargebracht vom Insel-Verlag (1931). Die Bibliografie listet eigene Werke, Übertragungen fremder Werke, von Zweig herausgegebene und eingeleitete Werke sowie die drei bislang vorliegenden biografischen Würdigungen auf. In gekürzter Form (also ohne den umfangreichen Abschnitt der Übersetzungen der Werke Zweigs) erschien sie zusammen mit ausgewählter Lyrik Zweigs, einer sensiblen Würdigung Joseph Gregors sowie einer Grußadresse des Verlages auch in dem ihm gewidmeten Weihnachtsheft 1931 der Hauszeitschrift *Das Inselschiff* (13. Jg., S. 1–30). Ursprünglich war als Geburtstagsgabe ein seit langem vorgesehener Katalog von Zweigs Autographensammlung geplant gewesen (→ III.20 AUTOGRAPHENSAMMLUNG), der jedoch aus mehreren Gründen nicht zustande kam (vgl. Matuschek 2006, S. 250–252). Ein literatursoziologisch aufschlussreicher Beleg für Zweigs weltweites schriftstellerisches Wirken sind in diesem bibliografischen Kontext auch ‚Hauptbuch' und ‚Bibliografie' aus dem Nachlass seiner langjährigen Salzburger Sekretärin Anna Meingast. Hinter dem Begriff ‚Hauptbuch' verbirgt sich ein großformatiges Kontobuch, das Zweig nach eigenen Vorstellungen anfertigen ließ. Seit August 1932 begann er hier, auf der Basis seiner Bibliografie von 1931, wie ein Kaufmann Bilanz zu ziehen und säuberlich in Spalten einzutragen, welche Übersetzung bei welchem Verlag erschien, wie der Übersetzer hieß, welches Honorar für welche Auflage bezahlt wurde, wieviel davon bereits bezahlt, wieviel noch offen war und welches Werk wann, wo und von wem verfilmt wurde. Damals schien er den Überblick über sein immer umfangreicher werdendes internationales literarisches Schaffen und die in diesen komplexen Verwertungszusammenhang fallenden Honoraransprüche verloren zu haben und legte deshalb jenes (der Zweig-Forschung lange unbekannt gebliebene, bis 1937 auf insgesamt 77 beschriebenen Doppelbögen geführte und heute im Besitz des Literaturarchivs Salzburg befindliche) Verzeichnis an. Während das ‚Hauptbuch' in Salzburg verblieb, wurde in England ein analoges Exemplar hergestellt, das im Sinne einer Fortsetzung bis zum Juni 1940 die entsprechenden Einträge verzeichnet. Auch die 1931 erschienene Bibliografie, die erste und naturgemäß relativ lückenhafte Erfassung des Zweig-Werkes, wurde vom Dichter bzw. seiner Sekretärin bis dahin durch maschinenschriftliche, eingeklebte Eintragungen aktualisiert, da die Auflistung schon kurz nach Drucklegung wieder überholt war. Zur eigentlich vorgesehenen Publikation dieser erweiterten Ausgabe kam es aufgrund der Zeitereignisse nicht mehr.

Der Anstoß zur umfassenden bibliografischen Erfassung des Zweig-Werkes kam einmal mehr aus den Vereinigten Staaten, wo Randolph J. Klawiter im Zuge seiner 1961 veröffentlichten germanistischen Doktorarbeit über Zweigs Novellen an der Universität von Michigan zahlreiche bibliografische Informationen mit viel Enthusiasmus, mit Hilfe eines Karteikartensystems und noch ohne PC-Unterstützung zusammengetragen hatte. Sein Doktorvater Frank Braun hatte ihn ermutigt, aus diesem Material eine erste grundlegende Stefan-Zweig-Bibliografie zu erstellen, die zwar für seine Dissertation von 150 auf 30 maschinenschriftliche Seiten zusammengestrichen werden musste, aber Basis für eine ins Auge gefasste erste grundlegende Zweig-Bibliografie wurde. Nach weiteren Jahren intensiver Recherche lag 1965 Klawiters erste, 190 Seiten umfassende Bibliografie unter dem Titel *Stefan Zweig: A bibliography* gedruckt vor, unterteilt in die Abschnitte Gesamtausgaben, Lyrik, Dramen, Prosa, Essays, biografische Studien, *Brasilien* (1941), *Die Welt von Gestern*, Korrespondenzen in Buchform, Briefe an oder von Zweig in Büchern und Zeitschriften, Auszüge aus Zweigs Werken, Artikel und Lesungen, Übersetzungen, Vor- und Nachworte sowie

Buchbesprechungen, Sekundärliteratur, Bezüge zu Zweig in ausgewählten Werken, unveröffentlichte Forschungsarbeiten sowie Doktorarbeiten. In Vorbereitung auf ein Stefan-Zweig-Symposion am State University College in Fredonia anlässlich des 100. Geburtstags 1981 wurde Professor Klawiter gebeten, seine Bibliografie zu aktualisieren. Aus einem bei der Konferenz vorgetragenen Überblicksbeitrag entwickelte sich angesichts der seit 1965 in großer Zahl erschienenen Primär- und Sekundärliteratur und nun unter Zuhilfenahme der EDV und mittels E-Mail-Kommunikation die in 17 Themenbereiche unterteilte große gedruckte *International Bibliography* von 1991, die auf über 900 Seiten mit Hilfe eines alphanumerischen Verweissystems bibliografisches Material in 57 Sprachen bis einschließlich 1988 nachweist und Irrtümer der früheren Ausgabe korrigiert. Sie gibt erstmals auch über unveröffentlichte Korrespondenz in verschiedenen Archiven sowie Zweig-Symposien, Vertonungen und Verfilmungen Auskunft. Im März 1999 erschien, ebenfalls noch in Buchform, ein mit 535 Seiten sehr ausführliches Addendum. Klawiter sammelte in den darauffolgenden Jahren akribisch weiter, war ihm doch die bibliografische Beschäftigung mit Zweigs Werk mittlerweile zur Lebensaufgabe geworden. Zum Jahresende 2008 konvertierte er gemeinsam mit seinem Sohn David, der ihm als technischer Berater zur Seite stand, sein gesamtes bibliografisches Material in das Media Wiki-Format, für das die Daniel A. Reed Library mit ihrer Stefan Zweig Collection unter http://zweig.fredonia.edu/ eine noch im Aufbau befindliche permanente Plattform zur Verfügung gestellt hat. Damit ist die umfangreichste Zweig-Bibliografie als Online-Ressource im Entstehen, was den Vorteil hat, dass tagtäglich Informationen generiert und abgerufen werden können – eine wichtige Plattform und bibliografischer Ausgangspunkt für künftige Forschungsprojekte.

Stefan Zweig

Kippenberg, Anton/Zweig, Stefan: Briefwechsel. Archiv Insel Verlag, DLA Marbach [in Vorbereitung].

Roth, Joseph/Zweig, Stefan (2011): „Jede Freundschaft mit mir ist verderblich". Briefwechsel 1927–1938. Hg. v. Madeleine Rietra u. Rainer Joachim Siegel. Mit einem Nachwort v. Heinz Lunzer. Göttingen: Wallstein.

Zweig, Friderike/Zweig, Stefan (2006): „Wenn einen Augenblick die Wolken weichen". Briefwechsel 1912–1942. Hg. v. Jeffrey B. Berlin u. Gert Kerschbaumer. Frankfurt a.M.: S. Fischer.

Zweig, Lotte/Zweig, Stefan (2010): Stefan and Lotte Zweig's South American Letters: New York, Argentina and Brazil, 1940–42. Hg. v. Darién J. Davis u. Oliver Marshall. New York: Continuum.

Zweig, Stefan (1995): Briefe. Bd. I: 1897–1914. Hg. v. Knut Beck, Jeffrey B. Berlin u. Natascha Weschenbach-Feggeler. Frankfurt a.M.: S. Fischer.

Zweig, Stefan (1998): Briefe. Bd. II: 1914–1919. Hg. v. Knut Beck, Jeffrey B. Berlin u. Natascha Weschenbach-Feggeler. Frankfurt a.M.: S. Fischer.

Zweig, Stefan (2000): Briefe. Bd. III: 1920–1931. Hg. v. Knut Beck u. Jeffrey B. Berlin. Frankfurt a.M.: S. Fischer.

Zweig, Stefan (2005): Briefe. Bd. IV: 1932–1942. Hg. v. Knut Beck u. Jeffrey B. Berlin. Frankfurt a.M.: S. Fischer.

Zweig, Lotte/Zweig, Stefan (2013): „Ich wünschte, dass ich Ihnen ein wenig fehlte". Briefe an Lotte Zweig 1934–1940. Hg. v. Oliver Matuschek. Frankfurt a.M.: S. Fischer.

Zweig, Stefan (2013): Schachnovelle. Kommentierte Ausgabe. Hg. v. Klemens Renoldner. Stuttgart: Reclam.

Zweig, Stefan (2013): Sternstunden der Menschheit. Vierzehn historische Miniaturen. Hg. v. Hans Wagener. Stuttgart: Reclam.
Zweig, Stefan (2017): Verwirrung der Gefühle. Hg. v. Elisabeth Erdem u. Klemens Renoldner. Stuttgart: Reclam.
Zweig, Stefan (2007⁵): Die Welt von Gestern. Erinnerungen eines Europäers. GWE. Frankfurt a.M.: S. Fischer.
Zweig, Stefan (2017): Die Welt von Gestern. Erinnerungen eines Europäers. Hg. v. Oliver Matuschek. Frankfurt a.M.: S. Fischer.

Weitere Literatur

Beck, Knut (Hg.) (1986): 100 Jahre Fischer Verlag 1886–1986. Eine Bibliographie. Frankfurt a.M.: S. Fischer.
Beck, Knut (1999): *Clarissa*. In: Schwamborn, Ingrid (Hg.): Die letzte Partie. Stefan Zweig Leben und Werk in Brasilien (1932–1942). Bielefeld: Aisthesis, S. 183–197.
Buchinger, Susanne (1999): Europäisches Erbe für die Welt von morgen. Stefan Zweig-Rezeption in der Nachkriegszeit. In: Buchhandelsgeschichte 2/1999, Beilage im Börsenblatt für den Deutschen Buchhandel 166/48/18. 6. 1999, S. B57–B68.
Friedenthal, Richard (1943): Nachwort. In: Zweig, Stefan: Zeit und Welt. Stockholm: Bermann-Fischer, S. 397–402.
Friedenthal, Richard (1946): Nachwort. In: Zweig, Stefan: Balzac. Stockholm: Bermann-Fischer, S. 569–574.
Friedenthal, Richard/Piper, Klaus (Hg.) (1976): … und unversehens ist es Abend. Von und über R. F.: Essays, Gedichte, Fragmente, Würdigung, Autobiographisches. München: Piper.
Hünich, Fritz Adolf/Rieger, Erwin (Hg.) (1931): Bibliographie der Werke von Stefan Zweig. Dem Dichter zum fünfzigsten Geburtstag dargebracht vom Insel-Verlag. Leipzig: Insel.
Klawiter, Randolph J. (1965): Stefan Zweig. A Bibliography. Chapel Hill: Univ. of North Carolina Press.
Klawiter, Randolph J. (1981): The State of Stefan Zweig Research: An Update. In: Lunzer, Heinz/Renner, Gerhard (Hg.): Stefan Zweig 1881/1981. Aufsätze und Dokumente. Wien: Dokumentationsstelle für neuere österreichische Literatur, S. 165–177.
Klawiter, Randolph J. (1991): Stefan Zweig. An International Bibliography. Riverside: Ariadne Press.
Klawiter, Randolph J. (1999): Stefan Zweig. An International Bibliography. Addendum I. Riverside: Ariadne Press.
Klawiter, Randolph J. (2009): A History of the Stefan Zweig Bibliography, presented at the Stefan Zweig Conference, State University of New York at Fredonia, NY, 1–3 October 2009, http://zweig.fredonia.edu/index.php?title=A_History_of_the_Stefan_Zweig_Bibliography (Stand 3. 4. 2018).
Matuschek, Oliver (2006): Stefan Zweig. Drei Leben – Eine Biographie. Frankfurt a.M.: S. Fischer.
Sarkowski, Heinz (Hg.) (1999²): Der Insel-Verlag. Eine Bibliographie 1899–1969. Frankfurt a.M., Leipzig: Insel.
Stach, Reiner (1986): 100 Jahre S. Fischer Verlag 1886–1986. Kleine Verlagsgeschichte. Frankfurt a.M.: S. Fischer.
Till, Ernest Redmond (1985): Zuviel Hochdeutsch auf der (Zürcher) Bahnhofstraße? Interview mit dem 87jährigen Kurt L. Maschler in London. Ein Emigrantenschicksal. In: Börsenblatt für den Deutschen Buchhandel [Frankfurter Ausgabe] 41/23/22. 3. 1985, S. 823–824.
Zastrow, Klaus [d. i. Hanns Lothar Schütz] (1982): Man wird den Verdacht nicht los, daß … Die in Angriff genommene Stefan-Zweig-Gesamtausgabe bei S. Fischer. In: Börsenblatt für den Deutschen Buchhandel [Frankfurter Ausgabe] 38/36/28. 4. 1982, S. 1092–1093.

3. Zweig und die Verleger
Susanne Buchinger

1. Beim Leipziger Insel Verlag (1906–1936) 892
2. Beim Wiener Herbert Reichner Verlag (1934–1938) 897
3. Bei den Exilverlagen Allert de Lange und Bermann-Fischer (1938–1942) . . . 899
4. Zweigs Beziehungen zum internationalen Verlagswesen 900

Schriftsteller halten Verleger landläufig für Ausbeuter und Profiteure, Verleger ihre Autoren dagegen oft für Fantasten und Tagträumer. Umso mehr überraschte Stefan Zweig 1913 mit seinem *Lob der deutschen Verleger*, in dem er der Zunft Anerkennung aussprach und das Publikum aufforderte, endlich „Zustimmung und Bewunderung" zu zeigen für den „schönen Willen, der heute eine Reihe deutscher Verleger aus der Enge des Geschäftlichen in die ganze wachsende Weite der deutschen Kultur gehoben hat" (Zweig 1913, S. 573). Selten allerdings erweist sich die Untersuchung einer Autor-Verleger-Beziehung als so vielschichtig wie im Falle Zweigs. Hier hat die Auswertung der relativ vollständig erhaltenen Korrespondenzen mit seinen (vor allem den deutschsprachigen) Verlegern bestätigt, dass der auf internationaler Ebene äußerst erfolgreiche Schriftsteller ein enormes Gespür für verlegerische Belange hatte, insbesondere für Chancen, die der Buchmarkt seiner Zeit bot (→ III.16 BRIEFE). Zudem setzte er seine breitgefächerten Fähigkeiten und Talente nicht nur in eigener Sache ein, sondern avancierte früh zu einem einflussreichen literarischen Berater seiner Verleger, zu einer wirkungsvollen kulturellen Vermittlungsinstanz (vgl. Michels 1995, S. 17f.). Obwohl die üblichen Honorar- und Abrechnungsstreitigkeiten für ihn als gut verdienenden Autor selten Thema waren, gab es in Zweigs Beziehungen zu seinen Verlegern nicht nur Perioden gegenseitigen Einverständnisses, sondern auch Krisen und Trennungen, was exemplarisch für seine wichtigsten deutschsprachigen Verlage gezeigt werden soll.

1. Beim Leipziger Insel Verlag (1906–1936)

Stefan Zweigs erstes Buch, die Gedichtsammlung *Silberne Saiten*, kam 1901 beim Berliner Verlag Schuster & Loeffler (der Keimzelle des späteren Insel Verlags) heraus, sein erster Prosaband *Die Liebe der Erika Ewald* 1904 bei Egon Fleischel & Co, dessen Sitz ebenfalls in Berlin war. Der ambitionierte Wiener Schriftsteller setzte dabei wie viele seiner Kollegen von Anfang an auf deutsche Verlage, die den deutschsprachigen Buchmarkt schon damals fast flächendeckend mit Lesestoff versorgten. Die beiden renommierten Berliner Editionshäuser nahmen sich der Pflege vor allem österreichischer Schriftsteller an und legten – ganz im Sinne des jungen, mittlerweile promovierten Autors – auf eine hochwertige Buchausstattung Wert. Beide Veröffentlichungen galten als Achtungserfolge, als vielversprechendes literarisches Debüt eines ehrgeizigen und wirtschaftlich unabhängigen Schriftstellers (vgl. Matuschek 2006, S. 45–62). Bei Schuster & Loeffler hatte Zweig zudem schon 1902 die *Gedichte von Paul Verlaine. Eine Anthologie der besten Übertragungen* herausgegeben und mit einer Vorbemerkung eingeleitet, drei Jahre später folgte seine einfühlsame Biografie über den französischen Dichter.

3. Zweig und die Verleger

Stefan Zweigs zweiten, wiederum bibliophil gestalteten Gedichtband *Die frühen Kränze* (1906) druckte bereits der Leipziger Insel Verlag. Er stand am Beginn einer langen Reihe von Veröffentlichungen Zweigs in diesem Haus, das sich seit seiner Gründung 1899 auf die Fahnen geschrieben hatte, „[a]usschließlich Werke reinsten Kunstwillens in reinster Form der Darbietung" (Zweig GWE, Die Welt von Gestern, S. 195) zu versammeln. „Der Weltliteratur im Goethischen Sinne zu dienen, dem Gehalt des Buches die Form anzupassen, den Sinn für Buchkunst und auch für Bücherluxus immer mehr zu heben und von der zeitgenössischen Literatur wenig, aber dafür nach Möglichkeit das Dauer Versprechende zu bringen" (Kippenberg an Hugo von Hofmannsthal, 1. Dezember 1906, zit. n. Sarkowski 1999, S. 79), lautete das hieraus abgeleitete verlegerische Credo Anton Kippenbergs, der über 45 Jahre lang gemeinsam mit seiner Frau Katharina das Profil und die Geschicke des Insel Verlags bestimmte. Der promovierte Germanist war um die Jahrhundertwende, einer Zeit verstärkter Klassikerrezeption ungeachtet moderner Literaturströmungen, bereits ein anerkannter Kenner von Goethes Werk und Sammler von Lebenszeugnissen Goethes und des Weimarer Kreises. Seine oft kritisierte reservierte Haltung gegenüber der Gegenwartsliteratur, seine Beachtung nur „weniger formstrenger Sprachmeister" (Wittmann 1991, S. 286) bei den zeitgenössischen Autoren verschaffte dem Verlag – neben der intensiven Betreuung einer Vielzahl von Klassikerausgaben, von herausragenden Faksimiles und Gesamtausgaben fremdsprachiger Literatur – allerdings erstmals und rasch finanzielle Rentabilität. Zweigs Verbindung zu Kippenberg, der 1905, nur ein Jahr vor Zweigs erster Insel-Veröffentlichung, die alleinige Leitung des Verlags übernommen hatte und sich bei der avisierten Ausweitung des Verlagsprogramms zunächst auf bewährte Berater wie Rainer Maria Rilke oder Hugo von Hofmannsthal stützte, war bald freundschaftlich geprägt, getragen von übereinstimmenden Interessen bis hin zur gemeinsamen Leidenschaft für Autographen und der Freude am Schachspiel. Glückliche Umstände bewahrten vor geschäftlichem Streit. Das ererbte Vermögen zunächst und der literarische Erfolg danach erlaubten es dem österreichischen Schriftsteller, dem schließlich meistverkauften und meistübersetzten zeitgenössischen Autor deutscher Sprache, seine Aufmerksamkeit auf bibliophile Ausstattung und noble Darbietung zu richten statt auf Abrechnungen und Vorschüsse, um die viele Verlegerkorrespondenzen problematisch kreisen. Zum Verleger entwickelte Zweig im Laufe der langen Geschäftsbeziehung ein fast wahlverwandtschaftliches Verhältnis, was auch die tiefe Verletzung durch die spätere Trennung verständlich macht.

Zwischen 1906 und 1933 veröffentlichte Zweig unter dem Signet des Insel-Schiffs seine wichtigsten und auflagenstärksten Bücher: Auf sein Drama *Tersites* (1907) und den vom Publikum gut aufgenommenen Erzählband *Erstes Erlebnis* (1911) folgten 1922 die Novellensammlung *Amok* und als drittes Glied der Reihe *Die Kette* 1927 *Verwirrung der Gefühle*, außerdem die populären Bändchen innerhalb der „Insel-Bücherei", wobei sich der Initiator mit dem eigenen Erscheinen in der beliebten Reihe überraschend lange gedulden musste. Die Novelle *Brennendes Geheimnis* erschien erst 1914, gefolgt von *Die Augen des ewigen Bruders* (1922, IB Nr. 349), den äußerst beliebten *Sternstunden der Menschheit* (1927, IB Nr. 165,2), der *Kleinen Chronik* (1929, IB Nr. 408) und *Ausgewählten Gedichten* (1931, IB Nr. 422). Außerdem kamen drei romanhafte Biografien heraus: 1920 *Drei Meister*, 1925 *Der Kampf mit dem Dämon* und 1928 *Drei Dichter ihres Lebens*. *Joseph Fouché*, 1929 erschienen, war Zweigs erste große Biografie und wurde sein bis dahin erfolgreichstes Buch.

Es ging Stefan Zweig bei seinen Veröffentlichungen vornehmlich darum, durch hervorragend ausgestattete und literarisch anspruchsvolle Editionen aufzufallen, wobei sich der Insel Verlag mit angesehenen Autoren wie Hans Carossa, Hofmannsthal, Rilke oder Ricarda Huch schon bald als der gesuchte Freiraum erwies und gleichsam zur Ausstattung der eigenen Bücher beitrug. Um sich diesen zu erhalten, ist Zweig immer wieder als unermüdlich wirkender und dabei selbstloser literarischer Vermittler eingesprungen (→ III.18 HERAUSGEBERSCHAFTEN). Er hat als „ausgesprochener Katalysator" (Carl Zuckmayer) seinem angestammten Verlag wichtige zeitgenössische Autoren zugeführt, etwa den belgischen Dichter Émile Verhaeren, den formbewussten, an den klassisch-humanitären Idealen geschulten, publikationsfreudigen Schriftsteller Albrecht Schaeffer (der von 1914 bis 1931 mit einem Optionsvertrag an den Insel Verlag gebunden war), den österreichischen Poeten Felix Braun, den belgischen Künstler Frans Masereel, den renommierten französischen Dichter Romain Rolland sowie den hoffnungsvollen jungen Schriftsteller Richard Friedenthal (der beim Insel Verlag die Novellensammlung *Marie Rebschneider* sowie einen Cortés-Roman unter dem Titel *Der Eroberer* veröffentlichte und später Zweigs literarischen Nachlass verwalten sollte). Außerdem hat Zweig dem Verleger mehrere wichtige Klassikerausgaben (u.a. Balzac, De Coster, Dickens und Verlaine) vorgeschlagen. Im bildungsbürgerlichen Anspruch, vor allem mit ihrer Berufung auf den ‚besten Lotsen' Goethe, trafen sich Autor und Verleger. Zweigs unermüdliche Einflussnahme beim Verlagsprogramm war für Kippenberg fast noch folgenreicher als die Veröffentlichung von Zweigs umfangreichem Werk. Schätzungsweise ein Drittel der zwischen 1906 und 1933 erschienenen Insel-Bücher gehen auf Vorschläge oder Vermittlung Zweigs zurück. An vielem hat er ebenso enthusiastisch wie kompetent mitgearbeitet, sei es als Übersetzer, Bearbeiter, Herausgeber, Vermittler von (Nachwuchs-)Autoren, Verfasser von Vorworten und Klappentexten oder als Agent bei der Beschaffung von Lizenzen wichtiger ausländischer Neuerscheinungen. Schon 1908 gestand er Kippenberg: „[I]ch habe das Verhältnis von Verleger und Autor immer ungern als ein rein geschäftliches empfunden. Ich helfe gerne mit, soweit ich kann, auch und ganz besonders, wenn es nicht mein Werk angeht." 1931 versicherte er ihm mit Blick auf seine 25-jährige fruchtbare Verlagsbindung schließlich, dass er „über das Ausmaß des bloßen Autors an Büchern und Aufbau des Inselverlags Anteil nehme" (Zweig an Kippenberg, Februar 1908 u. 12. September 1931, zit. n. Buchinger 1998, S. 6). Dass der Verlag Interesse an seinen Vorschlägen für vielversprechende junge Autoren, neue Programmschwerpunkte oder Buchreihen zeigte und sie in enger Zusammenarbeit mit ihm entwickelte, freute den umtriebigen Kosmopoliten besonders. Dessen ungeachtet hielt er sich bescheiden im Hintergrund und überließ es dem Verleger, die Lorbeeren zu ernten, die eigentlich er gesät und gehegt hatte. So hatte er bereits im November 1909 die zündende Idee zu der schließlich im Mai 1912 in modifizierter Form realisierten populären „Insel-Bücherei", erläuterte Kippenberg wortreich seinen „großen und entscheidenden Plan der Flugschriften zu 20 Pfennig", um „so den Kontakt gerade Ihrer modernen Dichter mit dem Publikum herzustellen, das Exclusive auszugleichen mit dem Populären." (Zit. n. Buchinger 1998, S. 129f.) Aus dieser ersten Anregung kristallisierte sich – auch durch seine beharrlichen Ermutigungen – eine preiswerte Buchreihe heraus, in der in schöner und gediegener Aufmachung Texte der Weltliteratur verbreitet wurden. Zweig, der die Programmentwicklung der bibliophilen Serie unablässig mit literarischen Hinweisen begleitete, hatte sich von Anfang an einen stärkeren

3. Zweig und die Verleger

Anteil zeitgenössischer Autoren gewünscht und immer wieder entsprechende Titelvorschläge unterbreitet. Später formulierte er über die breite Rezeption der bunten Bändchen treffend: „Die Insel-Bücherei [...] schenkt, was an Kostbarem in Jahren gespart und gesammelt ward, an die Millionen: hier beginnt der Insel Verlag, der aristokratisch angefangen und es im Sinne der Haltung bis heute geblieben ist, durch die Tat demokratisch zu werden." (Zweig 1924, S. 159)

Im Februar 1919, wenige Wochen nach dem Ende des Ersten Weltkriegs, schlug er Anton Kippenberg als internationale Erweiterung seines Verlagsprogramms auch das weit ausgreifende Projekt der „Bibliotheca mundi" vor. In dieser Reihe sollten, „für den Insel-Verlag" als „die großartigste, die ergiebigste Aufgabe" (Zweig, Br II, S. 261; Herv. i. O.), in bewährter sorgfältiger Manier Werke der Weltliteratur in der Originalsprache ediert werden, wobei der erhoffte Absatz durch die Importbeschränkungen ausländischer Bücher begünstigt schien und „seinen" Verlag, so Zweig im März 1919, zu einem „deutsche[n] Culturcentrum [...] [und] in zwanzig Jahren ein europäisches" (S. 265) mache. Er selbst fungierte als Reihenredakteur und lieferte aufgrund seiner guten Kenntnisse der Weltliteratur eifrig Vorschläge zu Textauswahl und Erscheinungszyklen, revidierte Texte wie Übersetzungen und verhandelte mit Herausgebern, Korrektoren und Verlagen. Parallel erarbeiteten Autor und Verleger die an der „Insel-Bücherei" orientierte Serie „Pandora" für kleinere fremdsprachige Texte und für umfangreiche Romanwerke die Folge „Libri Librorum". Die erhoffte Publikumsresonanz blieb allerdings weitgehend aus, das so hoffnungsvoll begonnene Unternehmen scheiterte in der Inflationszeit (→ III.18 HERAUSGEBERSCHAFTEN).

Kippenberg wich moderner, noch nicht einschätzbarer Literatur gerne aus, scheute das verlegerische Risiko oder verfolgte die Vorschläge, die ihm seine Ratgeber (darunter auch der enthusiastische, international vernetzte Stefan Zweig) so dringlich für das Verlagsprogramm empfahlen, nicht entschieden genug. Auch wenn Samuel Fischer lästerte, dass der Insel Verlag einer „Toteninsel" gleiche (zit. n. Hoffmeister 2009, S. 375), nahm doch der Anteil zeitgenössischer Autoren in den 1920er Jahren spürbar zu. In der wirtschaftlichen Krisenzeit am Ende der 1920er Jahre waren Zweigs Bücher – sie erreichten mittlerweile breiteste Leserkreise – für den Verlag schließlich von existenzieller Bedeutung. Inhaltliche oder stilistische Eingriffe in seine Manuskripte oder Vorschläge für neue Buchtitel vonseiten Kippenbergs oder des langjährigen Lektors Fritz Adolf Hünich sind nur in Einzelfällen nachweisbar. Vielmehr akzeptierten beide die eigenartige Arbeitsweise ihres wichtigsten Autors, in den Druckfahnen in mehreren Durchgängen exzessiv zu korrigieren, und belasteten ihn auch nicht mit den Korrekturkosten, obgleich jene die des ersten Satzes oft überstiegen. Als genaue Leser von Zweigs Manuskripten haben Katharina und Anton Kippenberg durchaus inhaltliche Ergänzungen oder Kürzungen vorgeschlagen, aber *grosso modo* achtete der Verlag v. a. darauf, dass in Zweigs Texten möglichst wenige Superlative oder Fremdwörter verwendet wurden, wobei vor allem ‚Austriazismen' in Hinblick auf den deutschen Markt und mit dem Einverständnis des Schriftstellers abgeändert wurden (vgl. Sarkowski 1999, S. 235). Gelegentlich befolgte der junge Freund und Verlagsautor Richard Friedenthal Kippenbergs leisen Wink, er möge von Zeit zu Zeit Zweigs emphatische, allzu wortreiche Prosa „enthitzen" (Freund 1976, S. 209). Als letztes Buch vor der erzwungenen Trennung erschien im Oktober 1932 *Marie Antoinette. Bildnis eines mittleren Charakters*, von dem innerhalb weniger Monate 50 000 Exemplare verkauft wurden. Im Januar 1933, bald nach Veröffentlichung des überhastet und unzureichend redigierten Buches, gab es Ärger mit der überwiegend rechtsorientierten Presse, die den Autor nicht nur des Plagiats bezichtigte, sondern auch das Gerücht verbreitete, der Insel Verlag habe für die Neuauflage der *Marie Antoinette* einen Germanisten beauftragt, stilistische Fehler zu beseitigen. Da der Autor wie stets auf möglichst rasche Veröffentlichung gedrängt hatte, wurde das Manuskript trotz einigem Hin und Her zwischen Autor und Verleger nicht ausreichend redigiert, weshalb viele stilistische Mängel nicht getilgt wurden. Der Verleger bemerkte später die Schwachstellen und beauftragte einen Philologen, diese Mängel für die zweite Auflage zu beheben. Daraus entwickelte sich eine antisemitische Verleumdungskampagne, bei der auch Zweigs wirtschaftliche Unabhängigkeit und sein internationaler Erfolg relevant waren, die ihm trotz seiner Großzügigkeit von vielen schlechter verdienenden Schriftstellern geneidet wurden (vgl. Sarkowski 1999, S. 307f.).

Spätestens mit der Machtergreifung bekam der Insel Verlag Schwierigkeiten mit seinem erfolgreichsten zeitgenössischen Autor, der plötzlich als ‚undeutsch' und ‚dekadent' gebrandmarkt wurde. Der Absatz seiner Bücher ging nach dieser Zäsur sukzessive zurück, doch konnte der in Reichsdeutschland als ‚unerwünscht' geltende jüdische Schriftsteller diesen Verlust mit dem Verkauf seiner Bücher im Ausland ausgleichen. Dennoch traf ihn diese Ächtung tief, zu der auch gehörte, dass man seine Bücher auf den nationalsozialistischen Scheiterhaufen warf, hatte er sich doch bisher wenig aus seinem weltweiten Erfolg gemacht. Jetzt jedoch war er dankbar für die übernationale Bestätigung, die in scharfem Gegensatz zur zunehmenden Ausgrenzung des pazifistischen Weltbürgers durch das NS-Regime stand. Kippenberg seinerseits wollte zunächst nicht wahrhaben, seinen treuesten Berater zu verlieren, der das Profil und Programm seines Verlages uneigennützig mitbestimmt hatte wie kaum ein anderer Autor, das belegt auch ihre mehr als 1000 Briefe umfassende, trotz Exil und Krieg weitgehend erhaltene freundschaftliche Korrespondenz. Sie wurde erstmals von Susanne Buchinger im Rahmen ihrer 1998 veröffentlichten buchwissenschaftlichen Dissertation über Zweigs Verlegerbeziehungen umfassend ausgewertet. Eine Auswahl aus diesem literatur- wie kulturgeschichtlich äußerst aufschlussreichen Briefwechsel ist beim Berliner Insel Verlag in Vorbereitung, herausgegeben von Oliver Matuschek und Klemens Renoldner.

Dass alle Zurückhaltung in politischen Dingen am Ende wenig half, etwa indem der Insel Verlag ausgewählte Zweig-Titel (mit Billigung des Schriftstellers) frühzeitig aus dem Programm nahm, dass das gemeinsame Bemühen um tradierte humanistische Werte nichts gegen die Nazi-Barbarei ausrichten konnte, wurde rasch deutlich. Das symbiotische Verhältnis des Verlegers zu seinem wichtigsten Autor zerbrach nach 30 gemeinsamen Jahren unfreiwillig an den Verhältnissen. Anfänglicher Zurückhaltung, Zögern und Verunsicherung folgte geteilte Furcht vor dem Verlust des Publikums und schließlich Entfremdung, nachdem der jüdische Autor den Weg ins englische, später amerikanische Exil gefunden hatte, während der deutschnational gesonnene Verleger mit fortgesetzten Kompromissen in Deutschland ausharrte. Mit dem Streit um Klaus Manns Exilzeitschrift *Die Sammlung*, von der Zweig wie andere verfemte Autoren abrücken sollte, eskalierte der Loyalitätskonflikt. Der Vertrauensbruch entstand insbesondere durch Kippenbergs Weiterleitung einer Erklärung, die der Verleger seinem Autor abverlangt hatte, quasi als Rechtfertigung gegenüber den Nationalsozialisten. Zweig sollte sich darin von der politischen Ausrichtung der Exilzeitschrift *Die Sammlung* distanzieren und die ursprünglich zugesicherte Mitarbeit aufkündigen. Zweig

3. Zweig und die Verleger

folgte der Aufforderung, doch hatte er offenbar nicht mit der plakativen Veröffentlichung dieser Erklärung im *Börsenblatt für den Deutschen Buchhandel* gerechnet (→ II.6 Literatur des Exils). Noch im Dezember 1933 kamen beide überein, ihre geschäftliche Beziehung ‚vorläufig' ruhen zu lassen. Kippenberg geriet zunehmend in die Abhängigkeit der nationalsozialistischen Literaturpolitik, musste Einschränkungen im ohnehin wenig progressiven Verlagsprogramm vornehmen und politisches Entgegenkommen zeigen. Das ging so weit, dass sich der Leipziger Verleger auf Druck der Reichsschrifttumskammer explizit vom „Judentum" und somit (zwischen den Zeilen) auch von seinem wichtigsten Ratgeber Stefan Zweig distanzierte. Stattdessen betonte er „die deutsche Linie im Verlage [...] mit aller Stärke" (vgl. Kippenberg an Hans Hagemeyer, 24. Oktober 1936, zit. n. Buchinger 1998, S. 262). Mit den Konsequenzen mussten Autor und Verleger gleichermaßen fertig werden, der eine durch den Rückzug aus der Welt, der andere durch taktisches Verhalten zum vermeintlichen Vorteil seines Unternehmens. Zweig gestand später, dass ihm die Lösung dieser für „beide gleich glückliche[n] und selbstverständliche[n] Verbindung" schwerer gefallen sei als „Haus und Heimat zu verlassen" (Zweig GWE, Die Welt von Gestern, S. 197). Keine der folgenden Verbindungen konnte diesen Verlust ausgleichen, „deren Beginn und dreißigjährige ungetrübte Dauer" er „immer als einen der Glücksfälle [s]eines Lebens betrachtet [hatte]." (Zweig an Kippenberg, 10. Dezember 1934, zit. n. Buchinger 1998, S. 252)

2. Beim Wiener Herbert Reichner Verlag (1934–1938)

Spätestens mit der im Mai 1933, kurz nach der ersten Bücherverbrennung, veröffentlichten ‚Schwarzen Liste', in der Zweigs Gesamtwerk als ‚unerwünscht' galt, war abzusehen, dass der österreichische Autor künftig nicht mehr in Deutschland würde publizieren dürfen. Zweig hatte Kippenberg bereits am 4. März gewarnt, dass er, nachdem er „lange ein Pfeiler des Inselverlags gewesen" sei, „nun ein Stein des Anstosses sein werde, an dem öfters das Bein gehoben und verschiedene Excremente abgelagert werden" (Zweig an Kippenberg, 4. März 1933, Archiv Insel Verlag, DLA Marbach). In Wien übernahm der Verlag von Herbert Reichner, in dessen Zeitschrift für Bücherliebhaber *Philobiblon* Zweig auf Vermittlung Kippenbergs zwei bibliophile Essays publiziert hatte, die Herausgabe seiner künftigen Werke. Im November 1933 erschien zunächst Zweigs Erzählung *Die unsichtbare Sammlung* und im Jahr darauf seine wichtige Biografie *Triumph und Tragik des Erasmus von Rotterdam*. Kippenberg und Zweig waren übereingekommen, ihre Verlagsbeziehungen ruhen zu lassen, die Restauflagen der Backlist zu vermarkten (*nicht* zu verramschen) und die populären Biografien beim Insel Verlag nachzudrucken, solange noch kein Totalverbot seiner Bücher (März 1936) ausgesprochen war. Ein Rechtsstreit oder finanzieller Schaden sollte vermieden werden. Es war ein kluger Schachzug, die Verlagsrechte an Zweigs Büchern sukzessive an Reichner zu übertragen. Dessen kleiner, aber feiner Wiener Verlag (mit Niederlassungen in Leipzig und Zürich) galt im Gegensatz zu den typischen Emigrantenverlagen als unpolitisch und gewährleistete zudem die vom Insel Verlag gewohnte bibliophile Ausstattung. Das machte Zweig am 20. Dezember 1934 auch gegenüber Kippenberg geltend:

Wenn ich Reichner wähle, so ist es, weil ich dort die Bedingungen stellen kann, vor allem die, daß nie bei ihm ein Buch erscheint, das auch nur im entferntesten mißdeutet werden könnte. Lieber in einem strikt bibliophilen und kleinen Verlag als Zwischenpause als in irgend einem, der mit einem Accent belastet ist. (Zweig, Br IV, S. 107; Herv. i. O.)

Der 34-jährige österreichische Verleger ergriff mit der Verpflichtung des weltberühmten Autors eine einmalige geschäftliche Chance, verlegte rund um Zweigs Werke ausgewählte belletristische sowie kultur- und musikwissenschaftliche Titel, behielt aber auch sein bibliophiles Standbein bei und galt durch die Herausgabe anspruchsvoller Bücher in vollendeter Ausstattung bald als der österreichische Insel Verlag. Stefan Zweig als mit Abstand wichtigster Autor (verpflichtet zu denselben guten Honorarkonditionen wie beim Insel Verlag) gab auch im Wiener Haus bald den Ton an.

Bei Reichner kamen in den folgenden Jahren wichtige Neuerscheinungen von ihm heraus, so *Maria Stuart* (1935), *Castellio gegen Calvin* (1936), ebenso wie schon sein *Erasmus*, eine als Biografie verkleidete Auseinandersetzung mit dem Nationalsozialismus, *Magellan* (1938) sowie die Erzählungen *Georg Friedrich Händels Auferstehung* (1936) und *Der begrabene Leuchter* (1937), nach dem Ausfall des Insel Verlages bald auch Nachdrucke seiner umfangreichen Backlist. Stefan Zweig machte in gewohnter Weise Autoren-, Titel- und Projektvorschläge, wies seinen jungen Verleger etwa auf Elias Canettis Erstlingsroman *Die Blendung* hin und ermöglichte die Veröffentlichung von Hermann Brochs *Joyce-Rede*. Seine Schriftstellerfreunde Felix Braun, René Fülöp-Miller, Joseph Gregor oder Alexander Lernet-Holenia konnten ebenfalls durch seine Vermittlung bei Reichner publizieren (vgl. Hall 1981, S. 119). Zweig schuf sich also auch hier ein passendes Programmumfeld zu seinen eigenen Büchern, wie Murray G. Hall in mehreren, auf Archivfunden basierenden wegweisenden Veröffentlichungen über diesen Wiener Verlag nachgewiesen hat. Ungeachtet aller Drohungen und Einschränkungen war der Vertrieb seiner Titel in Deutschland noch bis zum März 1936 möglich. In jenem Monat wurde das endgültige Gesamtverbot für das Deutsche Reich ausgesprochen, so dass das Verkaufsgebiet für die deutschsprachigen Ausgaben seiner Werke auf Österreich und die Schweiz zusammenschrumpfte. Reichner konnte zwar im Frühjahr 1936 die beim Leipziger Kommissionär beschlagnahmten Zweig-Bestände durch forsches Auftreten wieder zurückfordern (vgl. S. 124–129), doch fehlte ihm nun der wichtige reichsdeutsche Absatz, so dass er aus wirtschaftlichen Gründen zunächst seine Zeitschrift *Philobiblon* verkaufen musste und trotz der noch immer recht gut absetzbaren Zweig-Titel spätestens mit dem ‚Anschluss' Österreichs finanziell ruiniert war. Diese durch zunehmende politische Repressionen von Anbeginn an problematischere, auch zwischenmenschlich schwierigere Autor-Verleger-Beziehung endete abrupt, da Herbert Reichner und sein Verlag trotz des unpolitischen Programms zu den Gegnern des NS-Regimes zählten. In buchstäblich letzter Minute konnte der jüdische Verleger am 13. März 1938 mit seiner Familie nach Zürich flüchten, aber nicht verhindern, dass unmittelbar nach dem ‚Anschluss' seine Verlagsräume geplündert wurden und der Verlag unter kommissarische Aufsicht gestellt wurde. Auf seinem Weg in die Schweiz, wo Reichner eine Niederlassung hatte, nahm er sämtliche Verlagsverträge mit, darunter die seines erfolgreichsten Autors Stefan Zweig. Noch am 9. März hatte Reichner geistesgegenwärtig veranlasst, über 3000 Bände aus dem Verlagslager an das Vereinssortiment in Olten schicken zu lassen, was noch am 13. März ausgeführt wurde (vgl. Hall/Köstner 2006, S. 113). Auf längere Sicht war trotzdem an eine Fortführung des Verlagsgeschäftes nicht zu denken. Das lag weniger an der restriktiven Schweizer Einwanderungspolitik, sondern zunächst vor allem am Veto Zweigs. Er beschuldigte Reichner fälschlicherweise, er hätte ihn und sein Werk im Stich gelassen und lehnte kategorisch jede weitere Zusammenarbeit ab. Der nicht einvernehmlich zu lösende Konflikt wurde sogar vor Gericht ausgefochten und schließlich zu Ungunsten Herbert Reichners entschieden (vgl. Buchinger 1998, S. 299–326), der sich als Antiquar in den Vereinigten Staaten eine neue Existenz aufbauen musste (vgl. Hall 1981, S. 129).

3. Bei den Exilverlagen Allert de Lange und Bermann-Fischer (1938–1942)

Noch im Juli 1938 schloss Stefan Zweig mit zwei renommierten Exilverlagen, mit der deutschen Abteilung des Amsterdamer Allert de Lange Verlags und dem nach dem ‚Anschluss' von Wien nach Stockholm ausgewichenen Bermann-Fischer Verlag einen Exklusivvertrag über seinen fast fertiggestellten, noch bei Reichner angekündigten Roman *Ungeduld des Herzens* ab und übertrug ihnen auch „die Rechte an seinem gesamten früheren Werk sowie an seinem literarischen Schaffen der kommenden zwei Jahre" (Schoor 1992, S. 229). Bereits im Frühjahr hatte er Walter Landauer, dem Geschäftsführer der deutschen Abteilung (und Hermann Kesten als dessen Lektor) sowie Gottfried Bermann Fischer signalisiert, trotz der ungeklärten verlagsrechtlichen Situation baldmöglichst in ihre Verlage wechseln zu wollen. Die Verleger waren sehr an der Übernahme des populären Zweig-Werkes interessiert, das sogar nach dem Fortfall des österreichischen Absatzgebietes noch einen guten, mittlerweile dringend benötigten Absatz versprach. Zweigs erster Roman erschien im November 1938 (vordatiert auf 1939) als Gemeinschaftsproduktion *beider* Exilverlage in einer Auflage von 10 000 Exemplaren. Für den Schriftsteller, der trotz aller Einschränkungen bei der Verlagsarbeit wiederum eine gediegene Buchausstattung durchgesetzt hatte, war diese Vereinbarung nach der österreichischen Erfahrung eine zusätzliche Absicherung, da sein Verlagsrecht im Zweifelsfall auch von einem der beiden Häuser gewährleistet würde. Zweig schlug zudem die wohlfeile, gut verkäufliche „Forum-Bücherei" (nach dem Vorbild der „Insel-Bücherei" bzw. der „Albatross-Bücher" herausgegeben von Allert de Lange, Bermann-Fischer und Querido) vor, in der seine *Maria Stuart* nachgedruckt wurde (→ III.18 HERAUSGEBERSCHAFTEN). Viele Projekte waren aufgrund der widrigen Zeitumstände jedoch zum Scheitern verurteilt, vor allem nach der Annexion der Niederlande im Mai 1940, die zur Einstellung des Amsterdamer Verlagsprogramms führte (zur Verlagsarbeit der deutschen Abteilung bei Allert de Lange vgl. Kerstin Schoors grundlegende Untersuchung). 1941 konnte bei Bermann-Fischer noch Zweigs *Brasilien*-Buch erscheinen, postum kamen dort auch seine Lebenserinnerungen *Die Welt von Gestern* (1942) und als letztes zu Lebzeiten abgeschlossenes Buch seine *Schachnovelle* (1943) heraus (vgl. Bermann Fischer 1990, S. 461–473). Stefan Zweigs mit dem Novellen-Manuskript versandter Abschiedsbrief an seinen deutschen Verleger ist trotz aller Sachlichkeit das erschütternde Dokument einer existentiellen Ausnahmesituation.

4. Zweigs Beziehungen zum internationalen Verlagswesen

Nach der Machtergreifung 1933 zahlte es sich aus, dass Zweig zu einigen ausländischen Verlegern seit mehreren Jahren in engerem Kontakt gestanden hatte. Der Vizepräsident und Chefeditor Benjamin W. Huebsch der New Yorker Viking Press, der schrittweise die amerikanischen Rechte für Zweigs Werke übernommen hatte, die dem amerikanischen Verlag einen anhaltenden Bestseller-Erfolg brachten, und sein (Autographen sammelnder) englischer Kollege Newman Flower mit dem Verlag Cassell & Co. gehörten ebenso dazu wie der junge Verleger Abrahão Koogan von der Editoria Guanabara in Rio de Janeiro, wo Zweigs Werke auf Portugiesisch sehr hohe Auflagen erreichten. In Brasilien war Zweig damals sogar der meistübersetzte zeitgenössische Autor, über seine zunächst geschäftliche und bald freundschaftliche, weitgehend erhaltene Korrespondenz mit Koogan liegen mehrere Beiträge von Brunhild E. Blum vor (vgl. Blum 1999). Zu nennen sind auch Zweigs (von Konstantin M. Asadowski 1978 herausgegebene) Briefe an den Leningrader Verlag Wremja, wo zwischen 1927 und 1932 eine vom Schriftsteller autorisierte zwölfbändige Ausgabe mit einem Vorwort von Maxim Gorki erschien. Bereits seit 1926 hatte Zweig bei der Viking Press die Funktion eines ‚literary adviser' inne. Er machte Ben Huebsch – wie schon beim Insel und Reichner Verlag – auf bemerkenswerte Werke auf den europäischen Buchmarkt aufmerksam und hielt nach erfolgversprechenden Lizenztiteln Ausschau. So wies er ihn auf bedeutende Autoren wie Schalom Asch, Georg Breitbach, Hermann Broch, Roger Martin du Gard, Lion Feuchtwanger, Kurt Heuser, Ernst Weiß oder Franz Werfel hin und setzte sich wiederholt, wenn auch vergebens, für den nach Huebschs Auffassung in Amerika schlecht verkäuflichen Joseph Roth ein (vgl. Berlin 1993, S. 380f.; Berlin 1982, S. 274). Ihre Freundschaft, die von Jeffrey B. Berlin in mehreren aufschlussreichen Aufsätzen (vgl. Berlin 1982, 1987a, 1987b) unter Bezugnahme auf die überlieferte Korrespondenz nachgezeichnet worden ist, festigte sich nach der Machtergreifung und der sich abzeichnenden Trennung vom Insel Verlag. In der *Welt von Gestern* bezeichnete Zweig den Verleger, der schon vor 1933 deutschsprachige Autoren wie Döblin, Feuchtwanger, Roth, Werfel, Zuckmayer und Arnold Zweig in Übersetzungen gebracht hatte und seine Zusammenarbeit nach deren Emigration intensivierte, als „verläßlichste[n] Freund und Berater" (Zweig GWE, Die Welt von Gestern, S. 366). Huebsch habe ihm, „da all dies andere von den Stulpenstiefeln Hitlers in Grund und Boden gestampft ist, [...] eine letzte Heimat im Wort erhalten", nachdem er „die alte, die eigentliche, die deutsche, die europäische" (S. 366) verloren habe. Zwar war Huebsch auch mit Feuchtwanger und Werfel befreundet, am meisten schätzte er jedoch Stefan Zweig. Über kaufmännische Einzelheiten erfährt man aus ihren Briefen wenig, dafür mehr über zeitgeschichtliche Sachverhalte und zwischenmenschliche Beziehungen. Huebsch ist übrigens neben Kippenberg der einzige Verleger, der in Zweigs Epochenrückblick *Die Welt von Gestern* ausführlicher gewürdigt wird.

Zweigs Beziehungen zum internationalen Verlagswesen sind bislang nur in Teilaspekten untersucht worden, die umfassende Aufarbeitung seiner Verbindungen etwa zu den englischen, französischen, italienischen oder osteuropäischen Verlegern ist, bei teilweise schlechter Quellenlage, noch ein Desiderat.

Stefan Zweig

Zweig, Stefan (1913): Lob der deutschen Verleger. In: Börsenblatt für den Deutschen Buchhandel 80/13/17. 1. 1913, S. 573–574 u. 611.

Zweig, Stefan (1924): Wille zur Universalität. In: Kippenberg, Katharina (Hg.): Navigare necesse est. Eine Festgabe für Anton Kippenberg zum 22. 5. 1924. Leipzig: Spamer, S. 154–161.

Zweig, Stefan (1978): Unbekannte Briefe von Stefan Zweig an den Verlag Wremja, Leningrad. In: Neue deutsche Literatur 26/12/1978, S. 99–128.

Zweig, Stefan (1998): Briefe. Bd. II: 1914–1919. Hg. v. Knut Beck, Jeffrey B. Berlin u. Natascha Weschenbach-Feggeler. Frankfurt a.M.: S. Fischer.

Zweig, Stefan (2005): Briefe. Bd. IV: 1932–1942. Hg. v. Knut Beck u. Jeffrey B. Berlin. Frankfurt a.M.: S. Fischer.

Zweig, Stefan (2007[5]): Die Welt von Gestern. Erinnerungen eines Europäers. GWE. Frankfurt a.M.: S. Fischer.

Weitere Literatur

Berlin, Jeffrey B. (1982): Stefan Zweig and his American Publisher. Notes on an Unpublished Correspondence, with Reference to *Schachnovelle* and *Welt von Gestern*. In: Deutsche Vierteljahrsschrift für Literaturwissenschaft und Geistesgeschichte 56/1982, S. 259–276.

Berlin, Jeffrey B. (1987a): An Author and his Publisher. Stefan Zweig's Unpublished Letters of 1936 to Ben Huebsch. In: Germanisch-Romanische Monatsschrift 37/1987, S. 301–319.

Berlin, Jeffrey B. (1987b): Stefan Zweig's Unpublished Letters of 1938 to Ben Huebsch. In: Deutsche Vierteljahrsschrift für Literaturwissenschaft und Geistesgeschichte 61/1987, S. 325–358.

Berlin, Jeffrey B. (1993): The Struggle for Survival – From Hitler's Appointment to the Nazi-Book-Burnings. Some unpublished Stefan Zweig letters, with an Unpublished Zweig Manifesto. In: Ders./Johns, Jorun B./Lawson, Richard H. (Hg.): Turn-of-the-Century Vienna and Its Legacy. Essays in Honor of Donald G. Daviau. Wien: Edition Atelier, S. 361–387.

Bermann Fischer, Gottfried/Bermann Fischer, Brigitte (1990): Briefwechsel mit Autoren. Hg. v. Reiner Stach. Frankfurt a.M.: S. Fischer.

Blum, Brunhild (1999): Stefan Zweigs Korrespondenz mit seinem brasilianischen Verleger Abrahão Koogan. In: Schwamborn, Ingrid (Hg.): Die letzte Partie. Stefan Zweigs Leben und Werk in Brasilien (1932–1942). Bielefeld: Aisthesis, S. 119–136.

Buchinger, Susanne (1998): Stefan Zweig – Schriftsteller und literarischer Agent. Die Beziehungen zu seinen deutschsprachigen Verlegern (1901–1942). Frankfurt a.M.: Buchhändler-Vereinigung.

Freund, J. Hellmut (1976): Richard Friedenthal und Stefan Zweig. In: Friedenthal, Richard/Piper, Klaus (Hg.): ... und unversehens ist es Abend. Von und über R. F.: Essays, Gedichte, Fragmente, Würdigung, Autobiographisches. München: Piper, S. 207–212.

Hall, Murray G. (1981): Literatur- und Verlagspolitik der dreißiger Jahre in Österreich. Am Beispiel Stefan Zweigs und seines Wiener Verlegers Herbert Reichner. In: Lunzer, Heinz/Renner, Gerhard (Hg.): Stefan Zweig 1881/1981. Aufsätze und Dokumente. Wien: Dokumentationsstelle für neuere österreichische Literatur, S. 113–136.

Hall, Murray G./Köstner, Christina (2006): „... allerlei für die Nationalbibliothek zu ergattern ...". Eine österreichische Institution in der NS-Zeit. Wien u.a.: Böhlau.

Hoffmeister, Barbara (2009): S. Fischer, der Verleger. Eine Lebensbeschreibung. Frankfurt a.M.: S. Fischer.

Matuschek, Oliver (2006): Stefan Zweig. Drei Leben – Eine Biographie. Frankfurt a.M.: S. Fischer.

Michels, Volker (1995): „Im Unrecht nicht selber ungerecht werden!" Stefan Zweig, ein Autor für morgen in der Welt von gestern und heute. In: Gelber, Mark H./Zelewitz, Klaus

(Hg.): Stefan Zweig. Exil und Suche nach dem Weltfrieden. Riverside: Ariadne Press, S. 11–32.

Sarkowski, Heinz (1999): Der Insel Verlag 1899–1999. Die Geschichte des Verlags. Frankfurt a. M., Leipzig: Insel.

Schoor, Kerstin (1992): Verlagsarbeit im Exil. Untersuchungen zur Geschichte der deutschen Abteilung des Amsterdamer Allert de Lange Verlages 1933–1940. Amsterdam: Rodopi.

Wittmann, Reinhard (1991): Geschichte des deutschen Buchhandels. Ein Überblick. München: Beck.

4. Nachlass

Oliver Matuschek

1. Einführung 902
2. Vorgeschichte der im Nachlass überlieferten Materialien 903
3. Der Nachlass 904
4. Heutige Aufbewahrungsorte (in Auswahl) 905
    4.1 Daniel A. Reed Library der State University of New York at Fredonia, USA 905
    4.2 Literaturarchiv Salzburg und Adolf Haslinger Literaturstiftung, Österreich 905
    4.3 National Library of Israel, Jerusalem 906
    4.4 Weitere Archive 906

1. Einführung

Wenn vom schriftlichen Nachlass Stefan Zweigs die Rede ist, so ist in erster Linie an jene eigenen Manuskripte und Dokumente zu denken, die bis zu seinem Tod sein persönliches Eigentum waren. Die im Lauf von mehreren Jahrzehnten entstandenen Korrespondenzen Zweigs, die größtenteils in den Nachlässen der Briefempfänger und heute in öffentlichen und privaten Sammlungen in aller Welt aufbewahrt werden, können hier aufgrund ihres immensen Umfangs nicht berücksichtigt werden (siehe hierzu: Klawiter 1991, S. 465–557, Abschnitt ‚Correspondence'; Klawiter 1999, S. 147–236; → III.16 Briefe; zu den Aufbewahrungsorten von Zweigs Autographensammlung → III.20 Autographensammlung).

Betrachtet man die heute nachweisbaren Originalmanuskripte und -typoskripte von Texten Stefan Zweigs, so ist festzustellen, dass von vielen umfangreichen Werken nur wenige oder gar keine handschriftlichen Vorarbeiten, Entwürfe, Reinschriften, Typoskripte oder Korrekturfahnen erhalten geblieben sind. Dies hängt zunächst mit der durchaus gängigen Praxis zusammen, dass die letzte Typoskriptfassung eines Textes an die Setzerei ging und nach Abschluss der Arbeit oft nicht zurückgegeben oder aufbewahrt wurde. Nachfolgende Korrekturfahnen wiederum wurden nach Bearbeitung durch den Autor an die Setzerei zurückgeschickt, wo sie meist ebenfalls nicht länger aufgehoben wurden. Im Falle Stefan Zweigs lässt sich dieses Vorgehen exemplarisch an den Korrekturfahnen seines Buches *Maria Stuart* (1935) nachverfolgen, die heute im Deutschen Literaturarchiv Marbach aufbewahrt werden. Deren Erwerbung erfolgte von einem früheren Mitarbeiter der Setzerei, der die nicht länger benötigten Seiten an sich genommen und später aus seinem Exil in Israel dem Archiv angeboten hatte. Bei einem im Literaturarchiv Salzburg erhaltenen Einzelblatt aus dem von Stefan Zweig eigenhändig korrigierten Typoskript zu *Marie Antoinette* (1932) dagegen ist an Faltspuren des großformatigen Bogens eindeutig zu erkennen, dass er nach Übertragung der Änderungen zweckentfremdet als Einwickelpapier benutzt wurde und so nur zufällig erhalten geblieben ist. Hinzu kommt, dass Stefan Zweig, obwohl er selbst ein ausgewiesener Sammler von Autographen war, nach der Drucklegung seiner Texte wenig Wert auf den Erhalt seiner eigenen Manuskripte gelegt zu haben scheint.

Aufgrund dieser Ausgangslage finden sich in einigen Fällen Quellen zu Büchern Stefan Zweigs ausschließlich in den Nachlässen seiner Übersetzer, die Typoskripte oder Typoskriptdurchschläge erhalten hatten, welche nach Abschluss ihrer Arbeit ebenfalls nicht zurückgefordert wurden. Zu nennen sind hier unter anderem die Briefe Zweigs an die italienische Übersetzerin Lavinia Mazzucchetti, die heute in der National Library of Israel in Jerusalem aufbewahrt werden, sowie Manuskripte und Dokumente aus dem Besitz des argentinischen Übersetzers Alfredo Cahn, von denen sich ein Teil im Exilarchiv der Deutschen Nationalbibliothek in Frankfurt am Main befindet.

2. Vorgeschichte der im Nachlass überlieferten Materialien

Als Stefan Zweig nach dem Ersten Weltkrieg aus der Schweiz nach Österreich zurückkehrte, räumte er seine Wiener Wohnung in der Kochgasse und bezog sein Haus auf dem Kapuzinerberg in Salzburg. Dass er bei dieser Gelegenheit größere Mengen von eigenen Manuskripten aussortiert und vernichtet hätte, ist nicht belegt. Allerdings sind nur vergleichsweise wenige bei ihm eingegangene Briefe aus seinen frühen Korrespondenzen erhalten geblieben, so dass diese wahrscheinlich vor dem Umzug ausgesondert worden waren. Da das Salzburger Haus wesentlich mehr Raum als seine bisherige Wohnung bot, wäre ein solcher Schritt zumindest aus Platzgründen nicht notwendig gewesen (→ III.16 BRIEFE).

Spätestens in den 1920er Jahren in Salzburg, vermutlich aber schon früher, war eine umfangreiche Ablage entstanden, in der Texte der von Zweig verfassten Zeitungsartikel, Essays und sonstiger kleinerer Beiträge alphabetisch sortiert aufbewahrt wurden. Dabei stand der Textnachweis oder -beleg selbst im Vordergrund, während kein besonderer Wert darauf gelegt wurde, in welcher Form (Handschrift, Typoskript, Abdruck in Buch, Zeitung oder Zeitschrift) das Material jeweils vorlag. Diese Ablage hat Zweig noch in seiner Exilzeit in England genutzt, wo er beispielsweise bei der Zusammenstellung des Sammelbandes *Begegnungen mit Menschen, Büchern, Städten* (1937) darauf zurückgriff.

Den größten Einschnitt in die Überlieferung der Manuskripte bedeutete zweifellos der Weggang Stefan Zweigs aus Salzburg und die damit verbundene Räumung seines Hauses auf dem Kapuzinerberg. Es ist belegt, dass hierbei umfassende Bestände an Korrespondenzen und Verwaltungsunterlagen aussortiert wurden. So wies Zweig seine Frau Friderike vor einem seiner letzten Besuche im Salzburger Haus an: „Die Sachen im Gang (alte Contecorrente etc.), die überflüssig sind, bitte ich jetzt schon zu verbrennen, damit die Übersicht für mich leichter ist." (Brief v. 20. April 1937, Zweig/Zweig 2006, S. 327)

Welche sonstigen schriftlichen Materialien vernichtet wurden, die Stefan Zweig zu diesem Zeitpunkt für überflüssig und somit für entbehrlich hielt, ist dagegen nicht bekannt. Dass es seinerzeit auch in den Manuskriptbeständen zu Verlusten kam, ist jedoch mit Sicherheit anzunehmen. Einige Typoskripte und handschriftliche Werkfragmente blieben nach Stefan Zweigs Weggang aus Salzburg eher zufällig bei seiner langjährigen Sekretärin Anna Meingast zurück, aus deren Nachlass sie später in das Literaturarchiv Salzburg (Bestand: Adolf Haslinger Literaturstiftung) gelangten.

In den folgenden Jahren lebte Stefan Zweig zunächst in London, später in Bath und baute ein neues Büro auf, in dem seine Texte zur Drucklegung vorbereitet wurden. Die Überlieferung von Manuskripten und Typoskripten aus diesem Zeitraum ist verglichen mit der Wiener und Salzburger Zeit wesentlich umfangreicher, was auch daran liegt, dass von jedem diktierten Text nun meist mehrere Durchschläge angefertigt wurden.

Während seines Aufenthaltes in den USA (ab Sommer 1940) muss Stefan Zweig dagegen zahlreiche unterwegs entstandene Manuskripte zu laufenden Projekten umgehend aussortiert und vermutlich auch vernichtet haben. Erhalten blieb aus dieser Phase ein handschriftlicher Entwurf für *Die Welt von Gestern* (hier noch unter dem Titel „Blick auf mein Leben"), den er mit einer Widmung versehen der Library of Congress in Washington D.C. schenkte, sowie die handschriftliche Folge von Zeitungsartikeln *Kleine Reise nach Brasilien* (1936, *Pester Lloyd*), die in *Brasilien. Ein Land der Zukunft* (1941) einflossen. Zweig überließ dieses Manuskript aus dem Jahr 1936, wohl nachdem es in eine spätere Fassung des Buches eingearbeitet worden war und nicht mehr als Quelle benötigt wurde, der Bibliothek in Yale, in der er für einige Wochen gearbeitet hatte.

3. Der Nachlass

Bei seinem Tod hinterließ Stefan Zweig an seinem Sterbeort in Petrópolis in Brasilien nur einen vergleichsweise geringen Bestand an Manuskripten. Der größte Teil der seinerzeit vorhandenen Unterlagen befand sich weiterhin in seinem Haus in Bath. In Brasilien fanden sich vor allem kurz zuvor fertiggestellte wie auch unvollendete Werke, darunter ein Typoskript der *Schachnovelle*, die Erzählungen *War er es?* (1942) und *Die spät bezahlte Schuld* (1942), mehrere Kapitel für die biografisch-essayistische Studie über *Montaigne* (erstmals 1960) und das handschriftliche Fragment eines Romans, der 1990 unter dem Titel *Clarissa* veröffentlicht wurde.

Trotz klarer Erbschaftsverhältnisse, die in Zweigs Testament festgelegt waren und seinen Verfügungen entsprechend umgesetzt werden konnten, kam es in der Folgezeit zu Trennungen der ursprünglich größtenteils in einer Hand erhaltenen Papiere. Stefan Zweigs schriftliche Hinterlassenschaften waren, nachdem seine Ehefrau Lotte mit ihm verstorben war, zunächst deren Bruder Manfred Altmann und dessen Ehefrau Hannah zugefallen. Nach dem frühen Tod des Paares bei einem Autounfall im Jahr 1954 erbte schließlich dessen einziges Kind, Eva Altmann, Stefan Zweigs Nachlass.

Mit der Ordnung der in London vorhandenen Materialien hatten die Erben den aus Deutschland stammenden Schriftsteller Richard Friedenthal beauftragt, der bereits aus Salzburger Zeiten mit Stefan Zweig bekannt gewesen war und einige Zeit bei ihm in Bath gewohnt hatte. Auf Grundlage der noch vorhandenen Manuskripte und sonstigen Materialien stellte Friedenthal die von ihm verantwortete erste Nachkriegsausgabe der Werke Zweigs im S. Fischer Verlag in Frankfurt am Main zusammen. Zu Friedenthals umfassendsten Bearbeitungen dieses Materials zählt die Ergänzung und Herausgabe der von Stefan Zweig als Fragment hinterlassenen Biografie *Balzac*, die erstmals 1946 erschien.

4. Heutige Aufbewahrungsorte (in Auswahl)

4.1 Daniel A. Reed Library der State University of New York at Fredonia, USA

Der umfangreichste Bestand an Originalmaterialien aus dem Nachlass Stefan Zweigs befindet sich heute in der Daniel A. Reed Library in Fredonia, USA. Zunächst hatte Stefan Zweigs erste Frau Friderike in den späten 1960er Jahren einen Teil der bei ihr verbliebenen Materialien, darunter als zentrale Stücke über 1300 Originale ihrer eigenen umfassenden Korrespondenz mit Stefan Zweig (in beide Richtungen) nach Fredonia verkauft, wo die Einrichtung eines Forschungszentrums zum Werk Stefan Zweigs und anderer Exilautoren vorgesehen war. Aufgrund dieser Entscheidung entschlossen sich auch die Erben Stefan Zweigs in London, einen Teil der bei ihnen vorhandenen Papiere aus Zweigs Nachlass der Bibliothek zu stiften, um eine Zersplitterung der Materialien zu verhindern. Der von ihnen im Jahr 1977 übergebene Bestand umfasste über 6500 Briefe, Postkarten und Telegramme, die bei Stefan Zweig eingegangen waren (vgl. Safran 1993). Im Jahr 2004 folgte die Schenkung beinahe aller übrigen noch bei den Erben vorhandenen Materialien aus dem Nachlass, wie Notizbücher und mehrere 1000 Seiten umfassende Manuskriptbestände zu verschiedenen Werken aus allen Schaffensperioden, darunter nahezu alle bekannten Vorarbeiten zu *Balzac* und ein Typoskript der *Schachnovelle*, weitere eingegangene Korrespondenz und zahlreiche Lebensdokumente.

4.2 Literaturarchiv Salzburg und Adolf Haslinger Literaturstiftung, Österreich

Die Erben Stefan Zweigs hatten in den 1970er Jahren die Entscheidung getroffen, die Verwaltung und Vertretung der Rechte an den Werken Stefan Zweigs in mehreren Schritten (für Filme, deutschsprachige Ausgaben, Fremdsprachen) an den Williams Verlag in Zürich und Atrium Press in London abzugeben, die beide von Kurt L. Maschler geleitet wurden. In der Folgezeit wurden dem Verlagsarchiv in London auch Manuskripte Stefan Zweigs und sonstige Unterlagen für die Arbeit überlassen. Es handelte sich dabei zu einem beträchtlichen Teil um Vorlagen zu Werken, die seinerzeit noch nicht veröffentlicht worden waren, darunter alle erhaltenen Tagebücher Stefan Zweigs, zahlreiche Werknotizbücher, Texte der beiden Romanfragmente, die später unter den Titeln *Rausch der Verwandlung* (erstmals 1982) und *Clarissa* (erstmals 1990) publiziert wurden, sowie zahlreiche weitere Manuskripte und Typoskripte, auch von Reden, Essays und anderen kürzeren Arbeiten. Diese Materialien wurden nach dem Ende des Urheberschutzes für die Werke Stefan Zweigs und der anschließenden Auflösung des Londoner Verlagsarchivs im Jahr 2014 vom Literaturarchiv Salzburg erworben.

Neben Einzelerwerbungen enthält der Bestand der ebenfalls im Literaturarchiv Salzburg aufbewahrten Adolf Haslinger Literaturstiftung den Nachlass von Zweigs langjähriger Salzburger Sekretärin Anna Meingast, zu dem auch das sogenannte ‚Hauptbuch' gehört, in dem umfangreiche Einträge zu Verlagsverträgen, Übersetzungen und Lizenzvergaben zu beinahe jedem Werk Stefan Zweigs bis zum Jahr 1937 enthalten sind.

4.3 National Library of Israel, Jerusalem

Die Sammlung der heutigen National Library of Israel ist von Stefan Zweig selbst bereits zu Lebzeiten beschenkt worden. Bei der Auflösung seines Salzburger Haushalts entschloss er sich, den Großteil der bei ihm eingegangenen Korrespondenz bedeutender Zeitgenossen nach Jerusalem abzugeben. Der seinerzeit in mehreren Sendungen verschickte Bestand enthält Briefe von Hermann Bahr, Sigmund Freud, Maximilian Harden, Thomas Mann, Walther Rathenau, Rainer Maria Rilke, Romain Rolland, Arthur Schnitzler, Émile Verhaeren und zahlreichen anderen (vgl. Litt 2013). Außerdem befinden sich in der Bibliothek Unterlagen, die aus dem Nachlass von Zweigs italienischer Übersetzerin Lavinia Mazzucchetti stammen (u. a. ein Fragment der Korrekturfahnen zu *Marie Antoinette*). Hinzu kommen noch Handschriften aus Zweigs Autographensammlung, die er der Bibliothek ebenfalls als Geschenk überlassen hat (→ III.20 AUTOGRAPHENSAMMLUNG).

4.4 Weitere Archive

Weitere wichtige Bestände an Originalmanuskripten, Typoskripten und sonstigen Textvorlagen zu Werken Stefan Zweigs, die nur in wenigen Fällen aus seinem eigentlichen Nachlass stammen, enthalten die Handschriftensammlung der Österreichischen Nationalbibliothek in Wien (u. a. Entwürfe zum Drama *Adam Lux*, erstmals 1984), das Deutsche Literaturarchiv Marbach (u. a. die kompletten Vorarbeiten zum Roman *Ungeduld des Herzens*, 1939, und Korrekturfahnen zu *Maria Stuart*), das Exilarchiv der Deutschen Nationalbibliothek in Frankfurt am Main (u. a. Vorlagen zu verschiedenen Texten aus dem Nachlass des argentinischen Übersetzers Alfredo Cahn) und die Biblioteca Nacional in Rio de Janeiro (u. a. Notizen zu *Montaigne* und Lebensdokumente Zweigs aus dem Nachlass des brasilianischen Verlegers Abrahão Koogan).

Stefan Zweig

Zweig, Friderike/Zweig, Stefan (2006): „Wenn einen Augenblick die Wolken weichen". Briefwechsel 1912–1942. Hg. v. Jeffrey B. Berlin u. Gert Kerschbaumer. Frankfurt a. M.: S. Fischer.

Weitere Literatur

Klawiter, Randolph J. (1991): Stefan Zweig. An International Bibliography. Riverside: Ariadne Press.
Klawiter, Randolph J. (1999): Stefan Zweig. An International Bibliography. Addendum I. Riverside: Ariadne Press.
Litt, Stefan (2013): Zeugnisse deutsch-jüdischer Kulturgeschichte. Der Erwerb deutschsprachiger Privatnachlässe für die *Jewish National and University Library in Jerusalem* 1934–1971. In: Tel Aviver Jahrbuch für deutsche Geschichte 41/2013, S. 195–212.
Safran, Franciska (1993): Inventory of the Stefan Zweig Collection in Reed Library. Fredonia: Reed Library.

VIII. Verzeichnisse

1. Primärliteratur
Simone Lettner

Ausgaben in deutscher Sprache

Chronologie der selbständigen Veröffentlichungen zu Lebzeiten

1901: *Silberne Saiten. Gedichte.* Berlin, Schuster & Loeffler.
1904: *Die Philosophie des Hippolyte Taine* (Dissertation), Wien.
1904: *Die Liebe der Erika Ewald. Novellen.* [Enthält: *Die Liebe der Erika Ewald, Der Stern über dem Walde, Die Wanderung, Die Wunder des Lebens.*] Berlin, Egon Fleischel & Co.
1905: *Verlaine.* Berlin, Schuster & Loeffler.
1906: *Die frühen Kränze.* Leipzig, Insel.
1907: *Tersites. Ein Trauerspiel in drei Aufzügen.* Leipzig, Insel.
1910: *Emile Verhaeren.* Leipzig, Insel.
1911: *Erstes Erlebnis. Vier Geschichten aus Kinderland.* [Enthält: *Geschichte in der Dämmerung, Die Gouvernante, Brennendes Geheimnis, Sommernovellette.*] Leipzig, Insel.
1912: *Das Haus am Meer. Ein Schauspiel in zwei Teilen (Drei Aufzügen).* Leipzig, Insel.
1913: *Der verwandelte Komödiant. Ein Spiel aus dem deutschen Rokoko.* Leipzig, Insel.
1914: *Brennendes Geheimnis. Erzählung.* Leipzig, Insel.
1917: *Jeremias. Eine dramatische Dichtung in neun Bildern.* Leipzig, Insel.
1917: *Erinnerungen an Emile Verhaeren.* Gedruckt bei Christoph Reißer's Söhne, Wien, Privatdruck.
1918: *Das Herz Europas. Ein Besuch im Genfer Roten Kreuz.* Zürich, Max Rascher.
1919: *Fahrten.* Wien, E. P. Tal.
1919: *Legende eines Lebens. Ein Kammerspiel in drei Aufzügen.* Leipzig, Insel.
1920: *Marceline Desbordes-Valmore.* Leipzig, Insel.
1920: *Der Zwang.* Leipzig, Insel.
1920: *Drei Meister. Balzac, Dickens, Dostojewski.* Leipzig, Insel.
1920: *Angst.* Berlin, Hermann (Der kleine Roman: Illustrierte Wochenschrift Nr. 19).
1921: *Romain Rolland. Der Mann und das Werk.* Frankfurt a.M., Rütten & Loening.
1922: *Amok. Novellen einer Leidenschaft.* [Enthält: *Der Amokläufer, Die Frau und die Landschaft, Phantastische Nacht, Brief einer Unbekannten, Die Mondscheingasse.*] Leipzig, Insel.
1922: *Die Augen des ewigen Bruders. Eine Legende.* Leipzig, Insel.
1922: *Der Brief einer Unbekannten.* Dresden, Lehmannsche Verlagsbuchhandlung (= Deutsche Dichterhandschriften 13) (Faksimile der Handschrift).
1923: *Frans Masereel* [gemeinsam mit Arthur Holitscher]. Berlin, Axel Juncker.
1924: *Die gesammelten Gedichte.* Leipzig, Insel.
1925: *Vierundzwanzig Stunden aus dem Leben einer Frau* (Separatdruck). Wien, Neue Freie Presse.
1925: *Die unsichtbare Sammlung.* Berlin, Arthur Scholem.
1925: *Der Kampf mit dem Dämon. Hölderlin, Kleist, Nietzsche.* Leipzig, Insel.
1926: *Ben Jonsons „Volpone". Eine lieblose Komödie in drei Akten.* Frei bearbeitet. Potsdam, Gustav Kiepenheuer.
1927: *Der Flüchtling. Episode vom Genfer See.* Leipzig, Bücherlotterie der Internationalen Buchkunst-Ausstellung.

1927: *Die Flucht zu Gott*, Berlin, Felix Bloch Erben.
1927: *Heroischer Augenblick*. Leipzig, Staatliche Akademie für graphische Künste und Buchgewerbe.
1927: *Verwirrung der Gefühle. Drei Novellen*. [Enthält: *Vierundzwanzig Stunden aus dem Leben einer Frau, Untergang eines Herzens, Verwirrung der Gefühle*.] Leipzig, Insel.
1927: *Sternstunden der Menschheit. Fünf historische Miniaturen*. [Enthält: *Die Weltminute von Waterloo, Die Marienbader Elegie, Die Entdeckung Eldorados, Heroischer Augenblick, Der Kampf um den Südpol*.] Leipzig, Insel.
1927: *Abschied von Rilke. Eine Rede*. Tübingen, Rainer Wunderlich.
1928: *Quiproquo. Komödie in drei Akten*. Berlin, Felix Bloch Erben. [Titeländerung zu: *Gelegenheit macht Liebe*; unter dem Pseudonym „Clemens Neydisser" und in Zusammenarbeit mit Alexander Lernet-Holenia.]
1928: *Reise nach Rußland* (Separatdruck). Wien, Neue Freie Presse.
1928: *Drei Dichter ihres Lebens. Casanova, Stendhal, Tolstoi*. Leipzig, Insel.
1929: *Dank an die Bücher*. Leipzig, Staatliche Akademie für graphische Künste und Buchgewerbe.
1929: *Joseph Fouché. Bildnis eines politischen Menschen*. Leipzig, Insel.
1929: *Kleine Chronik. Vier Erzählungen*. [Enthält: *Die unsichtbare Sammlung, Episode am Genfer See, Leporella, Buchmendel*.] Leipzig, Insel.
1929: *Das Lamm des Armen. Tragikomödie in drei Akten (Neun Bildern)*. Leipzig, Insel.
1929: *Der Zwang*. [Enthält auch: *Phantastische Nacht*.] Wien, Strom (Die Roman-Rundschau).
1930: *Franz Anton Mesmer. Bildnis eines Vorausgängers* (Separatdruck). Wien, Neue Freie Presse.
1930: *Rahel rechtet mit Gott*. Berlin, Aldus-Druck.
1930: *Buchmendel*. Berlin, Officina Serpentis.
1931: *Die Internationale Stiftung Mozarteum*. Salzburg, Kiesel.
1931: *Ein Brief von W. A. Mozart an sein Augsburger Bäsle* (Faksimile). Wien, Herbert Reichner.
1931: *Ausgewählte Gedichte*. Leipzig, Insel.
1931: *Die Heilung durch den Geist. Mesmer, Mary Baker-Eddy, Freud*. Leipzig, Insel.
1932: *Die moralische Entgiftung Europas*. Rom, Reale Accademia d'Italia.
1932: *Marie Antoinette. Bildnis eines mittleren Charakters*. Leipzig, Insel.
1934: *Triumph und Tragik des Erasmus von Rotterdam*. Wien, Leipzig, Zürich, Herbert Reichner.
1935: *Die schweigsame Frau. Komische Oper in drei Aufzügen*. Frei nach Ben Jonson von Stefan Zweig. Berlin, Fürstner.
1935: *Sinn und Schönheit der Autographen. Ein Bildnis*. Wien, Leipzig, Zürich, Herbert Reichner.
1935: *Maria Stuart*. Wien, Leipzig, Zürich, Herbert Reichner.
1935: *Arturo Toscanini. Ein Bildnis*. Wien, Leipzig, Zürich, Herbert Reichner.
1936: *Castellio gegen Calvin oder Ein Gewissen gegen die Gewalt*. Wien, Leipzig, Zürich, Herbert Reichner.
1936: *Die Kette*. [Auswahl aus dem Prosawerk, Teil 1.] Wien, Leipzig, Zürich, Herbert Reichner.
1936: *Kaleidoskop*. [Auswahl aus dem Prosawerk, Teil 2.] Wien, Leipzig, Zürich, Herbert Reichner.
1937: *Begegnungen mit Menschen, Büchern, Städten*. Wien, Leipzig, Zürich, Herbert Reichner.
1937: *Der begrabene Leuchter*. Wien, Leipzig, Zürich, Herbert Reichner.
1937: *Georg Friedrich Händels Auferstehung*. Wien, Leipzig, Zürich, Herbert Reichner.
1938: *Magellan. Der Mann und seine Tat*. Wien, Leipzig, Zürich, Herbert Reichner.
1939: *Ungeduld des Herzens. Roman*. Stockholm, Bermann-Fischer; Amsterdam, Allert de Lange.
1939: *Worte am Sarge Sigmund Freuds*. Amsterdam, Allert de Lange.
1941: *Brasilien. Ein Land der Zukunft*. Stockholm, Bermann-Fischer.

1. Primärliteratur

Postume Ausgaben

1942: *Die Welt von Gestern. Erinnerungen eines Europäers.* Stockholm, Bermann-Fischer.
1942: *Schachnovelle.* Buenos Aires, Pigmalion.
1944: *Amerigo. Die Geschichte eines historischen Irrtums.* Stockholm, Bermann-Fischer.

Werkausgaben

Bermann-Fischer, Stockholm
1942: *Die Welt von Gestern. Erinnerungen eines Europäers.*
1943: *Zeit und Welt. Gesammelte Aufsätze und Vorträge 1904–1940.*
1943: *Sternstunden der Menschheit. Zwölf historische Miniaturen.*
1943: *Ungeduld des Herzens. Roman.*
1945: *Legenden.*
1946: *Ausgewählte Novellen.*
1946: *Balzac.*
1948: *Joseph Fouché.*

Bermann-Fischer, Amsterdam
1948: *Marie Antoinette. Bildnis eines mittleren Charakters.*
1949: *Maria Stuart.*

I Gesammelte Werke in Einzelbänden, S. Fischer, Frankfurt a. M.

1946: *Zeit und Welt. Gesammelte Aufsätze und Vorträge 1904–1940.*
1948: *Joseph Fouché. Bildnis eines politischen Menschen.*
1951: *Baumeister der Welt. Versuch einer Typologie des Geistes.*
1953: *Magellan. Der Mann und seine Tat.*
1954: *Brennendes Geheimnis und andere Erzählungen.*
1955: *Begegnungen mit Menschen, Büchern, Städten.*
1956: *Amok. Novellen einer Leidenschaft.*
1960: *Europäisches Erbe.*
1964: *Die Dramen.*
1966: *Silberne Saiten. Gedichte und Nachdichtungen.*

II Gesammelte Werke in Einzelbänden, Hg. v. Knut Beck, S. Fischer, Frankfurt a. M. (= GWE)

1981: *Drei Dichter ihres Lebens. Casanova, Stendhal, Tolstoi.*
1981: *Drei Meister. Balzac, Dickens, Dostojewski.*
1981: *Joseph Fouché. Bildnis eines politischen Menschen.*
1981: *Der Kampf mit dem Dämon. Hölderlin, Kleist, Nietzsche.*
1981: *Maria Stuart.*
1981: *Marie Antoinette. Bildnis eines mittleren Charakters.*
1981: *Sternstunden der Menschheit. Vierzehn historische Miniaturen.*
1981: *Triumph und Tragik des Erasmus von Rotterdam.*
1981: *Ungeduld des Herzens. Roman.*
1981: *Die Welt von Gestern. Erinnerungen eines Europäers.*
1982: *Die Heilung durch den Geist. Mesmer, Mary Baker-Eddy, Freud.*
1982: *Phantastische Nacht. Erzählungen.*

1982: *Rausch der Verwandlung* (Roman aus dem Nachlaß).
1982: *Tersites. Jeremias. Zwei Dramen.*
1982: *Silberne Saiten. Gedichte.*
1983: *Begegnungen mit Büchern.* Aufsätze und Einleitungen aus den Jahren 1902–1939.
1983: *Magellan. Der Mann und seine Tat.*
1983: *Rhythmen.* Nachdichtungen ausgewählter Lyrik von Emile Verhaeren, Charles Baudelaire und Paul Verlaine.
1983: *Die schlaflose Welt.* Aufsätze und Vorträge aus den Jahren 1909–1941.
1983: *Verwirrung der Gefühle. Erzählungen.*
1984: *Der Amokläufer. Erzählungen.*
1984: *Das Geheimnis des künstlerischen Schaffens. Essays.*
1984: *Emile Verhaeren.*
1984: *Das Lamm des Armen. Dramen.*
1984: *Tagebücher.*
1987: *Auf Reisen. Feuilletons und Berichte.*
1987: *Brennendes Geheimnis. Erzählungen.*
1987: *Castellio gegen Calvin oder Ein Gewissen gegen die Gewalt.*
1987: *Romain Rolland.*
1987: *Ben Jonson's ‚Volpone' und andere Nachdichtungen und Übertragungen für das Theater.*
1990: *Balzac.*
1990: *Brasilien. Ein Land der Zukunft.*
1990: *Buchmendel. Erzählungen.*
1990: *Rahel rechtet mit Gott. Legenden.*
1990: *Zeiten und Schicksale.* Aufsätze und Vorträge aus den Jahren 1902–1942.
1990: *Clarissa. Ein Romanentwurf.*

Ausgewählte Editionen nach 01.01.2013 (Ende der urheberrechtlichen Regelschutzfrist)

Zweig, Stefan (2013): Einigung Europas. Eine Rede. Hg. v. Klemens Renoldner. Salzburg, Paris: Tartin.
Zweig, Stefan (2013): Ich habe das Bedürfnis nach Freunden. Erzählungen, Essays und unbekannte Texte. Hg. v. Klemens Renoldner. Wien: Styria.
Zweig, Stefan (2013): Schachnovelle. Buenos Aires 1942. Hg. v. Joseph Kiermeier-Debre. München: dtv.
Zweig, Stefan (2013): Schachnovelle. Hg. v. Helmut Nobis. Berlin: Suhrkamp.
Zweig, Stefan (2013): Schachnovelle. Kommentierte Ausgabe. Hg. v. Klemens Renoldner. Stuttgart: Reclam.
Zweig, Stefan (2013): Sternstunden der Menschheit. Vierzehn historische Miniaturen. Hg. v. Hans Wagener. Stuttgart: Reclam.
Zweig, Stefan (2015): Schachnovelle. Hg. v. Dietmar Wenzelberger. Stuttgart: Kröner.
Zweig, Stefan (2016): „Erst wenn die Nacht fällt". Politische Essays und Reden 1932–1942. Hg. v. Klaus Gräbner u. Erich Schirhuber. Krems: Edition Roesner.
Zweig, Stefan (2016): „Nur die Lebendigen schaffen die Welt". Politische, kulturelle, soziohistorische Betrachtungen und Essays 1911–1940. Hg. v. Klaus Gräbner u. Erich Schirhuber. Krems: Edition Roesner.
Zweig, Stefan (2017): A unidade espiritual do mundo [Die geistige Einheit der Welt]. Hg. v. Alberto Dines. Rio de Janeiro: Casa Stefan Zweig/Memoria Brasil.
Zweig, Stefan (2017): Das erzählerische Werk. Salzburger Ausgabe. Bd. 1: Sternstunden der Menschheit. Historische Miniaturen. Hg. v. Werner Michler u. Martina Wörgötter. Wien: Zsolnay.
Zweig, Stefan (2017): Die Welt von Gestern. Erinnerungen eines Europäers. Hg. v. Oliver Matuschek. Frankfurt a.M.: S. Fischer.

Zweig, Stefan (2017): Sternbilder. Sammlung verschollener Essays über deutschsprachige Klassiker. Hg. v. Klaus Gräbner u. Erich Schirhuber. Krems: Edition Roesner.
Zweig, Stefan (2017): Verwirrung der Gefühle. Hg. v. Elisabeth Erdem und Klemens Renoldner. Stuttgart: Reclam.
Zweig, Stefan (2017): Zeitlose. Sammlung verschollener Essays über fremdsprachige Klassiker Hg. v. Klaus Gräbner. Krems: Edition Roesner.

Briefwechsel

Sammlungen

Zweig, Stefan (1978): Briefe an Freunde. Hg. v. Richard Friedenthal. Frankfurt a.M.: S. Fischer.
Zweig, Stefan (1987): Briefwechsel mit Hermann Bahr, Sigmund Freud, Rainer Maria Rilke und Arthur Schnitzler. Hg. v. Jeffrey B. Berlin, Hans-Ulrich Lindken u. Donald A. Prater. Frankfurt a.M.: S. Fischer.
Zweig, Stefan (1992): Triumph und Tragik. Aufsätze, Tagebuchnotizen, Briefe. Hg. v. Ulrich Weinzierl. Frankfurt a.M.: S. Fischer.
Zweig, Stefan (1995): Briefe. Bd. I: 1897–1914. Hg. v. Knut Beck, Jeffrey B. Berlin u. Natascha Weschenbach-Feggeler. Frankfurt a.M.: S. Fischer.
Zweig, Stefan (1998): Briefe. Bd. II: 1914–1919. Hg. v. Knut Beck, Jeffrey B. Berlin u. Natascha Weschenbach-Feggeler. Frankfurt a.M.: S. Fischer.
Zweig, Stefan (2000): Briefe. Bd. III: 1920–1931. Hg. v. Knut Beck u. Jeffrey B. Berlin. Frankfurt a.M.: S. Fischer.
Zweig, Stefan (2005): Briefe. Bd. IV: 1932–1942. Hg. v. Knut Beck u. Jeffrey B. Berlin. Frankfurt a.M.: S. Fischer.

Korrespondenzen, Briefe – Einzelpersonen

Adelt, Leonhard/Zweig, Stefan (1993): In: David Turner: Eine nahe Ferne. Die Briefe Stefan Zweigs an Leonhard Adelt als Ausdruck einer von ihren literarischen Anfängen geprägten Freundschaft. In: Studia austriaca 2/1993, S. 61–90.
Auernheimer, Raoul/Beer-Hofmann, Richard/Zweig, Stefan (1983): Correspondence. Hg. v. Donald G. Daviau, Jorun B. Johns u. Jeffrey B. Berlin. Columbia: Camden House.
Bahr, Hermann/Zweig, Stefan (1987): Briefwechsel mit Hermann Bahr, Sigmund Freud, Rainer Maria Rilke und Arthur Schnitzler. Hg. v. Jeffrey B. Berlin, Hans-Ulrich Lindken u. Donald A. Prater. Frankfurt a.M.: S. Fischer.
Braun, Felix/Zweig, Stefan (1991): In: Berlin, Jeffrey B.: „Wie unwichtig sind ja überhaupt jetzt alle unsere Bücher und das, was wir machen!" The Unpublished Correspondence between Stefan Zweig and Felix Braun during the „Anschluß" Year 1938. In: Germanisch-Romanische Monatsschrift 41/3/1991, S. 322–348.
Duhamel, Georges/Zweig, Stefan (2001): Correspondance. L'anthologie oubliée de Leipzig. Édition établie, présentée et annotée par Claudine Delphis. Leipzig: Leipziger Universitätsverlag.
Freud, Sigmund/Zweig, Stefan (1987): Briefwechsel mit Hermann Bahr, Sigmund Freud, Rainer Maria Rilke und Arthur Schnitzler. Hg. v. Jeffrey B. Berlin, Hans-Ulrich Lindken u. Donald A. Prater. Frankfurt a.M.: S. Fischer.
Freud, Sigmund/Zweig, Stefan (1989): Über Sigmund Freud. Porträt – Briefwechsel – Gedenkworte. Frankfurt a.M.: S. Fischer.

Fried, Alfred H./Zweig, Stefan (2012): Umwege auf dem Weg zum Frieden: Die Korrespondenz zwischen Stefan Zweig und Alfred H. Fried. Hg. v. Stephan Resch. In: Müller, Karl (Hg.): Stefan Zweig – Neue Forschung, S. 109–176.

Gorki, Maxim/Zweig, Stefan (1971): Briefwechsel. Hg. v. Kurt Böttcher. Leipzig: Reclam.
Gregor, Joseph/Zweig, Stefan (1991): Correspondence 1921–1938. Hg. v. Kenneth Birkin. Dunedin: Dep. of German, Univ. of Otago.

Hesse, Hermann/Zweig, Stefan (2006): Briefwechsel. Hg. v. Volker Michels. Frankfurt a.M.: Suhrkamp.
Hofmannsthal, Hugo von/Zweig, Stefan (1982): Briefe (1907–1928). Mitgeteilt u. kommentiert v. Jeffrey B. Berlin u. Hans-Ulrich Lindken. In: Hofmannsthal-Blätter 26/1982, S. 86–116.

Kippenberg, Anton/Zweig, Stefan: Briefwechsel. Archiv Insel Verlag, DLA Marbach [in Vorbereitung].
Kubin, Alfred/Zweig, Stefan (2016): Briefwechsel 1909–1937. Hg. v. Franz Hamminger u. Klemens Renoldner. Mit einem Essay v. Helga Thieme. Brunnenthal: Edition Landstrich.

Mann, Klaus/Zweig, Stefan (2014): Correspondance 1925–1941. Édition établie et annotée par Dominique Laure Miermont. Paris: Phébus.
Mann, Thomas/Zweig, Stefan (2016): Briefwechsel, Dokumente und Schnittpunkte. Hg. v. Katrin Bedenig u. Franz Zeder. Frankfurt a.M.: Vittorio Klostermann.
Meyer-Benfey, Heinrich/Zweig, Stefan (1986): Bisher unveröffentlichte Briefe. Hg. v. Claude Flor. Hamburg: Otto Melchert.

Petzold, Alfons/Zweig, Stefan (1998): Briefwechsel. Eingeleitet u. kommentiert v. David Turner. New York, Bern: Lang.

Rilke, Rainer Maria/Zweig, Stefan (1987): Briefwechsel mit Hermann Bahr, Sigmund Freud, Rainer Maria Rilke und Arthur Schnitzler. Hg. v. Jeffrey B. Berlin, Hans-Ulrich Lindken u. Donald A. Prater. Frankfurt a.M.: S. Fischer.
Rilke, Rainer Maria/Zweig, Stefan (1987): Briefe und Dokumente. Hg. v. Donald A. Prater. Frankfurt a.M.: Insel. (Neuauflage 2017)
Rolland, Romain/Zweig, Stefan (1987): Briefwechsel 1910–1940. Bd. I: 1910–1923. Berlin: Rütten & Loening.
Rolland, Romain/Zweig, Stefan (1987): Briefwechsel 1910–1940. Bd. II: 1924–1940. Berlin: Rütten & Loening.
Rolland, Romain/Zweig, Stefan (2014): Von Welt zu Welt. Briefe einer Freundschaft 1914–1918. Mit einem Begleitwort v. Peter Handke. Berlin: Aufbau.
Rolland, Romain/Zweig, Stefan (2014): Correspondance 1910–1919. Volume I. Édition établie, présentée et annotée par Jean-Yves Brancy. Traduction des lettres allemandes par Siegrun Barat. Paris: Albin Michel.
Rolland, Romain/Zweig, Stefan (2015): Correspondance 1920–1927. Volume II. Édition établie, présentée et annotée par Jean-Yves Brancy. Traduction des lettres allemandes par Siegrun Barat. Paris: Albin Michel.
Rolland, Romain/Zweig, Stefan (2016): Correspondance 1928–1940. Volume III. Édition établie, présentée et annotée par Jean-Yves Brancy. Traduction des lettres allemandes par Siegrun Barat. Paris: Albin Michel.
Rose, William/Zweig, Stefan (2014): Stefan Zweig. Briefe an William Rose. Hg. v. Rüdiger Görner. In: Görner, Rüdiger/Renoldner, Klemens (Hg.): Zweigs England, S. 193–204.
Roth, Joseph/Zweig, Stefan (2011): „Jede Freundschaft mit mir ist verderblich". Briefwechsel 1927–1938. Hg. v. Madeleine Rietra u. Rainer Joachim Siegel. Mit einem Nachwort v. Heinz Lunzer. Göttingen: Wallstein.

Schnitzler, Arthur/Zweig, Stefan (1987): Briefwechsel mit Hermann Bahr, Sigmund Freud, Rainer Maria Rilke und Arthur Schnitzler. Hg. v. Jeffrey B. Berlin, Hans-Ulrich Lindken u. Donald A. Prater. Frankfurt a.M.: S. Fischer.
Schnitzler, Arthur/Zweig, Stefan (1994): Correspondance de Stefan Zweig et Arthur Schnitzler. Édition établie par Jeffrey B. Berlin et Hans-Ulrich Lindken. Traduit de l'allemand par G. Hauer et D. Plassard. Paris, Bibliothèque Rivages.
Selden-Goth, Gisella/Zweig, Stefan (1964): Unbekannte Briefe aus der Emigration an eine Freundin. Hg. v. Gisella Selden-Goth. Wien: Hans Deutsch.
Strauss, Richard/Zweig, Stefan (1957): Briefwechsel. Hg. v. Willi Schuh. Frankfurt a.M.: S. Fischer.
Strauss, Richard/Zweig, Stefan (1994): Correspondance 1931–1936. Édition française établie, présentée et annotée par Bernard Banoun. Paris: Flammarion.
Strauss, Richard/Zweig, Stefan (2018): Correspondence 1931–1936: A New Translation and Critical Edition. Hg. v. Matthew Werley u. Jeffrey B. Berlin. London: Plumbago Books and Arts.

Verhaeren, Émile/Verhaeren, Marthe/Zweig, Stefan (1996): Correspondance (1900–1926). Hg. v. Fabrice van de Kerckhove. Bruxelles: Edition Labor.

Werfel, Franz/Zweig, Stefan (1991): Der unveröffentlichte Briefwechsel zwischen Franz Werfel und Stefan Zweig. Hg. v. Jeffrey B. Berlin u. Hans-Ulrich Lindken. In: Modern Austrian Literature 24/2/1991, S. 89–122.
Wremja Verlag (1978): Unbekannte Briefe von Stefan Zweig an den Verlag Wremja, Leningrad. Hg. v. Konstantin M. Asadowski. In: Neue deutsche Literatur 26/12/1978, S. 99–128.

Zech, Paul/Zweig, Stefan (1984): Briefe 1910–1942. Hg. v. Donald G. Daviau. Rudolstadt: Greifenverlag.
Zech, Paul/Zweig, Stefan (1986): Briefe 1910–1942. Hg. v. Donald G. Daviau. Frankfurt a.M.: S. Fischer.
Zweig, Arnold/Zweig, Stefan (1995): The Austrian Catastrophe. Political Reflections in the Unpublished Correspondence of Stefan Zweig and Arnold Zweig. Hg. v. Jeffrey B. Berlin. In: Timms, Edward (Hg.): Austrian Exodus. The Creative Achievements of Refugees from National Socialism. Edinburgh: Edinburgh Univ. Press, S. 3–21.
Zweig, Friderike/Zweig, Stefan (1951): Ein Briefwechsel 1912–1942. Hg. v. Friderike Zweig. Bern: Scherz.
Zweig, Friderike/Zweig, Stefan (1981): Unrast der Liebe. Ihr Leben und ihre Zeit im Spiegel ihres Briefwechsels. Bern: Scherz.
Zweig, Friderike/Zweig, Stefan (2006): „Wenn einen Augenblick die Wolken weichen". Briefwechsel 1912–1942. Hg. v. Jeffrey B. Berlin u. Gert Kerschbaumer. Frankfurt a.M.: S. Fischer.
Zweig, Lotte/Zweig, Stefan (2010): Stefan and Lotte Zweig's South America Letters. New York, Argentina and Brazil 1940–1942. Hg. v. Darién J. Davis u. Oliver Marshall. New York: Continuum.
Zweig, Lotte/Zweig, Stefan (2013): „Ich wünschte, dass ich Ihnen ein wenig fehlte". Briefe an Lotte Zweig 1934–1940. Hg. v. Oliver Matuschek. Frankfurt a.M.: S. Fischer.
Zweig, Lotte/Zweig, Stefan (2017): Stefan und Lotte Zweigs südamerikanische Briefe. New York, Argentinien und Brasilien 1940–1942. Hg. v. Darién J. Davis u. Oliver Marshall. Berlin: Hentrich & Hentrich.

Weitere Hinweise auf Briefe Stefan Zweigs finden sich in den Bibliografien von Randolph J. Klawiter (1991, S. 465–557; 1999, S. 147–236) sowie in der Sekundärliteratur, insbesondere sei hier auf die Beiträge von Jeffrey B. Berlin, Renate Lunzer, Erika Tunner, Konstantin Asadowski u.a. hingewiesen.

2. Forschungsliteratur (Auswahl)
Simone Lettner

Bibliografien

Klawiter, Randolph J. (1965): Stefan Zweig. A Bibliography. Chapel Hill: The Univ. of North Carolina Press.
Klawiter, Randolph J. (1991): Stefan Zweig. An International Bibliography. Riverside: Ariadne Press.
Klawiter, Randolph J. (1999): Stefan Zweig. An International Bibliography. Addendum I. Riverside: Ariadne Press.
Klawiter, Randolph J. (2009): A History of the Stefan Zweig Bibliography, presented at the Stefan Zweig Conference, State University of New York at Fredonia, NY, 1–3 October 2009, http://zweig.fredonia.edu/index.php?title=A_History_of_the_Stefan_Zweig_Bibliography.
Klawiter, Randolph (ab 2009): Stefan Zweig Bibliography, http://zweig.fredonia.edu.

Geuenich, Frank (2018[6]): Autoren-, Künstler- und Werkindex zu den Werken von Stefan Zweig. http://stefan-zweig.com/wp-content/uploads/2018/01/20180114_Index-Zweig_final_erg%C3%A4nzt_ISZG.pdf

Sekundärliteratur

Diese Bibliografie erfasst in repräsentativer Auswahl die Sekundärliteratur zu Person und Werk Stefan Zweigs ab 1986. Einzelne ausgesuchte Titel aus den Jahren davor, insbesondere Erinnerungen von Freunden und Zeitzeugen, wurden ebenfalls aufgenommen. Eine Übersicht über die Sekundärliteratur bis 1991 findet sich in: Randolph J. Klawiter (1991): An International Bibliography. Riverside: Ariadne Press, ab S. 561, und in dem entsprechenden Addendum-Bd. I aus dem Jahr 1999, ab S. 250.

Für die weitere bibliographische Recherche empfehlen wir die Online-Version der Bibliografie von Randolph J. Klawiter: http://zweig.fredonia.edu.

Adam, Wolfgang (2014): Stefan Zweig liest Montaigne. In: Beßlich, Barbara/Martin, Dieter (Hg.): „Schöpferische Restauration". Traditionsverhalten in der Literatur der klassischen Moderne. Würzburg: Ergon, S. 389–409.
Adamy, Bernhard (1989): Im Schatten des Terrors. Einige Texte von Stefan Zweig über Richard Strauss. In: Richard Strauss-Blätter 22/1989, S. 3–41.
Adunka, Evelyn (2017): Marek Scherlag und einige weitere unerforschte jüdische Beziehungen Stefan Zweigs. In: Gelber, Mark H./Erdem, Elisabeth/Renoldner, Klemens (Hg.): Stefan Zweig – Jüdische Relationen, S. 69–76.
Afken, Janin (2016): Achsen des Begehrens. Homoerotik, Androgynie und geistige Zeugung in Stefan Zweigs *Verwirrung der Gefühle* (1927). Masterarb. HU Berlin.
Alami, Mourad (1989): Der Stil der literarischen Biographien bei Stefan Zweig. Erläutert am *Joseph Fouché*. Frankfurt a.M. u.a.: Lang.
Alatza, Chariklia (2014): Die literarische Übersetzung in Griechenland. Ein empirischer Beitrag zur Übersetzungsforschung anhand der in griechische Sprache übersetzten Novellen *Der Amokläufer* und *Schachnovelle* von Stefan Zweig. Vergleichende Analysen. Berlin: wvb.
Alberman, Eva (2013): Ein wahrhaft loyaler Freund. In: zweiheft 8/2013, S. 7–11.
Albrecht, Monika (2005): „Europa ist nicht die Welt?" Literatur der Weimarer Republik aus postkolonialer Sicht (Stefan Zweig, Claire und Ivan Goll, B. Traven). In: Frank, Gustav (Hg.): Modern times? German Literature and Arts beyond Political Chronologies. Bielefeld: Aisthesis, S. 73–92.

2. Forschungsliteratur (Auswahl)

Anderson, Wes (2014): The Society of the Crossed Keys. Selections from the writings of Stefan Zweig. London: Pushkin Press.
Andresen, Dieter (2015): „... heilig ist nur das Leben." Das Drama *Jeremias* von Stefan Zweig (1917). In: Goßmann, Hans-Christoph/Liß-Walther, Joachim (Hg.): Gestalten und Geschichten der Hebräischen Bibel im Spiegel der Literatur des 20. Jahrhunderts. Nordhausen: Bautz, S. 348–380.
Anz, Thomas (2006): Verwirrung der Gefühle. Stefan Zweig und Sigmund Freud. In: literaturkritik.de 11/2006, http://www.literaturkritik.de/public/rezension.php?rez_id=10146 (Stand: 3. 4. 2018).
Apfelthaler, Vera (2007): Das Theater als europäische Anstalt. Theaterverständnis und kulturelles Kapital bei Stefan Zweig. In: Gelber, Mark H. (Hg.): Stefan Zweig Reconsidered, S. 193–201.
Arens, Hanns (Hg.) (1956): Der große Europäer Stefan Zweig. München: Kindler.
Arens, Hanns (Hg.) (1956): Stefan Zweig. In: Ders. (Hg.): Der große Europäer Stefan Zweig, S. 9–43.
Arens, Hanns (1956): Stefan Zweig und die Musik. In: Ders. (Hg.): Der große Europäer Stefan Zweig, S. 139–149.
Arens, Hanns (1956): Der Sammler Stefan Zweig. In: Ders. (Hg.): Der große Europäer Stefan Zweig, S. 180–189.
Arens, Hanns (Hg.) (1968): Stefan Zweig im Zeugnis seiner Freunde. München, Wien: Langen Müller.
Arens, Hanns (1968): Stefan Zweig. In: Ders. (Hg.): Stefan Zweig im Zeugnis seiner Freunde, S. 11–32.
Arens, Hanns (1968): Wenn die Musik der Liebe Nahrung ist. In: Ders. (Hg.): Stefan Zweig im Zeugnis seiner Freunde, S. 104–122.
Arens, Hanns (1968): Sammler sind glückliche Menschen. In: Ders. (Hg.): Stefan Zweig im Zeugnis seiner Freunde, S. 149–154.
Arens, Hanns (1968): Begegnungen mit Stefan Zweig. In: Ders. (Hg.): Stefan Zweig im Zeugnis seiner Freunde, S. 274–280.
Arens, Hanns (1968): Es ist schwer, die Frau eines berühmten Mannes zu sein. In: Ders. (Hg.): Stefan Zweig im Zeugnis seiner Freunde, S. 280–284.
Armbruster, Irene (2006): „Aus dem schönsten Tollhaus der Erde". Stefan Zweig: Heimatlos, rastlos. In: Aufbau 71/10/2006, S. 32–33.
Arpad, Ahmet (2016): Zweig für türkische Leser. In: zweigheft 14/2016, S. 29–31.
Asadowski, Konstantin M. (1995): Stefan Zweigs russische Briefpartner. In: Gelber, Mark H./Zelewitz, Klaus (Hg.): Stefan Zweig. Exil und Suche nach dem Weltfrieden, S. 59–72.
Ascarelli, Roberta (1994): „Guardando indietro con distacco e davanti con struggimento." Stefan Zweig e *Il mondo di ieri*. In: Principe, Quirino (Hg.): Ebrei e Mitteleuropa. Cultura, Letteratura, Società. Gorizia: Shakespeare and Company, S. 389–408.
Aumüller, Matthias (2016): „Von allen ist gesprochen, nur von ihm nicht, der mir die Sprache gab und in dessen Atem ich rede". Stefan Zweigs unzuverlässige Erzähler und die Poetik der Moderne. In: Euphorion 110/2016, S. 497–516.
Avenel, Pascale (2000): *Erasme* et Stefan Zweig ou l'Éloge de l'Irrationnel. In: Malkani, Fabrice (Hg.): Philosophie et Littérature dans les Pays de Langue allemande au XXe siècle. Lille: Univ. Charles-de-Gaulle, S. 45–56.

Baccelli, Monique (1995): Le joueur d'échecs. In: Europe 73/794/1995, S. 17–21.
Bachleitner, Norbert (2013): Stefan Zweig als Übersetzer symbolistischer französischer Lyrik, insbesondere von Charles Baudelaires *Les Fleurs du Mal*. In: Moderne Sprachen 57/2013, S. 75–91.
Bachleitner, Norbert (2018): The Reception and Translation of Emile Verhaeren's Poetry by Stefan Zweig. In: Defraeye, Piet/Mitterbauer, Helga/Reyns, Chris (Hg.): Brussels: 1900: Vienna. Amsterdam: Brill-Rodopi [in Vorbereitung].
Back, Sylvio (1996): Zweig: A morte em cena. [Broschüre zum Dokumentarfilm *Stefan Zweig – Der inszenierte Tod*, 1995.] Rio de Janeiro: Eigenverlag.

Back, Sylvio (1999): „It's all true": *Brasilien. Ein Land der Zukunft* (Orson Welles und Stefan Zweig). In: Schwamborn, Ingrid (Hg.): Die letzte Partie, S. 199–208.
Balalykina, Ėmilija A. (1996): Jazykovye osobennosti perevodov biografičeskich èsse Stefana Cvejga o russkich pisateljach. Na baze èsse o Dostoevskom. In: Jelitte, Herbert (Hg.): Deutsch-russische Sprach-, Literatur- und Kulturbeziehungen im 20. Jahrhundert. Frankfurt a. M. u. a.: Lang, S. 9–22.
Baldes, Dirk (2003): Liberales Weltbürgertum und humanes Menschenbild. Stefan Zweig im Kontext der Säuberungsaktion „Wider den undeutschen Geist" am Beispiel seiner Novelle *Der Amokläufer*. In: Wild, Reiner (Hg.): Dennoch leben sie. Verfemte Bücher, verfolgte Autorinnen und Autoren. Zu den Auswirkungen nationalsozialistischer Literaturpolitik. München: edition text + kritik, S. 441–448.
Barbancho Galdós, Iñigo (2010): The Self as the „Mittelpunkt", the World as the „Hauptperson". The „Super-Personal" Autobiography of Stefan Zweig. In: Neophilologus 95/1/2010, S. 109–122.
Bary, Nicole (1992): Stefan Zweig et Friderike v. W. Un Amour épistolaire. In: Austriaca 17/34/1992, S. 103–108.
Battafarano, Italo Michele (2015): Cantori e critici tedeschi della grande guerra. Dehmel, Ganghofer, George, Hesse, Hofmannsthal, Kraus, Kurz, Lachmann, Leonhard, Mühsam, Nicolai, Rilke, Scheler, Schnitzler, Stramm, Trakl, Zweig. Taranto: Scorpione Editrice.
Battafarano, Italo Michele/Eilert, Hildegard (2002): „Es ist ein Bild aus Grimmelshausen." *Simplicissimus* als Kriegsroman bei Stefan Zweig, Arthur Schnitzler, Rosa Luxemburg. In: Morgen-Glantz 12/2002, S. 523–548.
Battiston, Régine (2011): L'élitisme de Stefan Zweig. In: Bel, Jacqueline (Hg.): Péripéties du snobisme. Lille: Univ. Charles-de-Gaulle, S. 83–94.
Battiston, Régine (2011): Stefan Zweig – ein mythischer Autor in Frankreich. In: Dies./Renoldner, Klemens (Hg.): „Ich liebte Frankreich wie eine zweite Heimat", S. 27–38.
Battiston, Régine (2014): *Clarissa* – ein Romanfragment aus dem Nachlass. In: Renoldner, Klemens (Hg.): Stefan Zweig – Abschied von Europa, S. 177–185.
Battiston, Régine/Renoldner, Klemens (Hg.) (2011): „Ich liebte Frankreich wie eine zweite Heimat." Neue Studien zu Stefan Zweig/„J'aimais la France comme ma seconde patrie." Actualité(s) de Stefan Zweig. Würzburg: Königshausen & Neumann.
Bauer, Alfredo (1990): El hombre de ayer y el mundo. El trágico desarraigo de Stefan Zweig. Buenos Aires: Ediciones Colihue.
Bauer, Alfredo (1993): Der Mann von gestern und die Welt. Ein biographischer Roman um Stefan Zweig. Wien: Ed. Atelier.
Bauer, Alfredo (2011): Stefan Zweig in Argentinien. In: Zwischenwelt 28/3/2011, S. 52–54.
Bauer, Arnold (1996): Stefan Zweig. Berlin: Morgenbuch.
Bauer, Walter (1956): Stefan Zweig, Freund der Jugend. In: Arens, Hanns (Hg.): Der große Europäer Stefan Zweig, S. 110–127. (Auch erschienen in: Arens, Hanns (Hg.) (1968): Stefan Zweig im Zeugnis seiner Freunde, S. 85–95.)
Beck, Knut (1989): Stefan Zweig. In: Grimm, Gunter E. (Hg.): Deutsche Dichter. Leben und Werk deutschsprachiger Autoren. Bd. 7. Stuttgart: Reclam, S. 203–210.
Beck, Knut (1990): Stefan Zweigs Weg zu Balzac. In: Zweig, Stefan: Balzac. Hg. v. Richard Friedenthal. Durchgesehen u. mit einer Nachbemerkung versehen v. Knut Beck. GWE. Frankfurt a. M.: S. Fischer, S. 543–566.
Beck, Knut (1995): *Clarissa*. In: Gelber, Mark H./Zelewitz, Klaus (Hg.): Stefan Zweig. Exil und Suche nach dem Weltfrieden, S. 112–123.
Beck, Knut (1996): „Wir hatten brüderlich die Welt durchwandert". Zur Freundschaft von Franz Werfel und Stefan Zweig. In: Auckenthaler, Karlheinz F. (Hg.): Lauter Einzelfälle. Bekanntes und Unbekanntes zur neueren österreichischen Literatur. Bern u. a.: Lang, S. 277–296.
Beck, Knut (1999): *Clarissa*. In: Schwamborn, Ingrid (Hg.): Die letzte Partie, S. 183–197.
Beck, Knut (2003): Politik – die wichtigste Sache im Leben? Stefan Zweigs Haltung zum Zeitgeschehen. In: Eicher, Thomas (Hg.): Stefan Zweig im Zeitgeschehen des 20. Jahrhunderts, S. 13–42.

2. Forschungsliteratur (Auswahl)

Beck, Knut (2008): „Jeder hat seinen Geist des Bösen und der Verneinung." Zu Stefan Zweigs Verhalten im Ersten Weltkrieg. In: Birk, Matjaž/Eicher, Thomas (Hg.): Stefan Zweig und das Dämonische, S. 78–89.

Beck, Knut (2011): „Einem verehrten Freunde sagen zu dürfen …". Bemerkungen zu Briefen Stefan Zweigs. In: Battiston, Régine/Renoldner, Klemens (Hg.): „Ich liebte Frankreich wie eine zweite Heimat", S. 213–225.

Beil, Ulrich J./Dornbusch, Claudia S./Nomura, Masa (2005) (Hg.): Blickwechsel. Akten des XI. Lateinamerikanischen Germanistenkongresses São Paulo – Paraty – Petrópolis 2003. Bd. 2. São Paulo: Monferrer Producoes.

Bel, Jacqueline (2011): Stefan Zweig, Erich Ebermayer et Joseph Roth. Chassé-croisé d'influences humaines, littéraires et politiques. In: Battiston, Régine/Renoldner, Klemens (Hg.): „Ich liebte Frankreich wie eine zweite Heimat", S. 195–212.

Belobratov, Aleksandr V. (2000): Traum und Trauma. Literarische Russlandreisen der 1920er Jahre bei Joseph Roth, Leo Perutz und Stefan Zweig. In: Holzner, Johann (Hg.): Russland – Österreich. Literarische und kulturelle Wechselwirkungen. Bern u.a.: Lang, S. 221–234.

Benedikt, Ernst (1992): Mein Schulfreund Stefan Zweig. In: Renoldner, Klemens/Holl, Hildemar/Karlhuber, Peter (Hg.): Stefan Zweig. Für ein Europa des Geistes, S. 17–21.

Ben-Ḥorin, Shalom (1992): Erinnerung an Stefan Zweig und Max Zweig. In: Der Literat 34/2/1992, S. 16–17.

Benson, Richard V. (2014): Landscape, „Heimat", and Artistic Production: Stefan Zweig's Introduction to *E. M. Lilien: Sein Werk*. In: Gelber, Mark H./Vanwesenbeeck, Birger (Hg.): Stefan Zweig and World Literature, S. 108–121.

Berkes, Kai (2004): Nihilistische Freude am „Unmöglichen". Sebastian Haffners *Geschichte eines Deutschen* und Stefan Zweigs *Schachnovelle* wollen den „Wahnsinn" begreifen. In: Bär, Katja u.a. (Hg.): Text und Wahrheit. Ergebnisse der Interdiziplinären Tagung ‚Fakten und Fiktionen' der Philosophischen Fakultät der Universität Mannheim, 28.–30. November 2002. Frankfurt a.M. u.a.: Lang, S. 153–166.

Berlin, Jeffrey B. (1982): Stefan Zweig and His American Publisher. Notes on an Unpublished Correspondence, with Reference to *Schachnovelle* and *Die Welt von Gestern*. In: Deutsche Vierteljahrsschrift für Literaturwissenschaft und Geistesgeschichte 56/1982, S. 259–276.

Berlin, Jeffrey B. (1987): Stefan Zweig: An Unpublished Letter about Guy de Maupassant. In: Études germaniques 42/1987, S. 66–69.

Berlin, Jeffrey B. (1987): An Author and His Publisher: Stefan Zweig's Unpublished Letters of 1936 to Ben Huebsch. In: Germanisch-Romanische Monatsschrift 37/1987, S. 301–319.

Berlin, Jeffrey B. (1987): Stefan Zweigs Unpublished Letters of 1938 to Ben Huebsch. In: Deutsche Vierteljahrsschrift für Literaturwissenschaft und Geistesgeschichte 61/1987, S. 325–358.

Berlin, Jeffrey B. (1988): Carl Zuckmayer and Ben Huebsch. Unpublished Letters about Stefan Zweig's Suicide. In: Germanisch-Romanische Monatsschrift 38/1988, S. 196–199.

Berlin, Jeffrey B. (1991): „We want neither Victory nor Defeat for Anyone, we are Enemies of Victory and Friends of Renunciation …". Notes on an Unpublished 1918 Stefan Zweig Letter to Hermann Hesse. In: Germanisch-Romanische Monatsschrift 41/1991, S. 231–235.

Berlin, Jeffrey B. (1991): „Wie unwichtig sind ja überhaupt jetzt alle unsere Bücher und das, was wir machen!" The Unpublished Correspondence between Stefan Zweig and Felix Braun during the „Anschluß" Year 1938. In: Germanisch-Romanische Monatsschrift 41/1991, S. 322–348.

Berlin, Jeffrey B. (1992): The Unpublished Correspondence between Albert Einstein and Stefan Zweig. In: Colin, Amy/Strenger, Elisabeth (Hg.): Bridging the Abyss: JewishVisions of Modernity. Festschrift for Harry Zohn. New York: Holmes & Meier, S. 337–366.

Berlin, Jeffrey B. (1993): The Struggle for Survival – From Hitler's Appointment to the Nazi-Book-Burnings. Some Unpublished Stefan Zweig Letters, with an Unpublished Zweig Manifesto. In: Ders. (Hg.): Turn-of-the-century Vienna and its Legacy. Wien: Ed. Atelier, S. 361–387.

Berlin, Jeffrey B. (1994): The Unpublished Correspondence between Albert Einstein and Stefan Zweig. With an Unpublished Zweig Manifesto of 1933 and Letters to Max Brod, Ben Huebsch, and Felix Salten. In: Colin, Amy D. (Hg.): Brücken über dem Abgrund. Auseinandersetzungen mit jüdischer Leidenserfahrung, Antisemitismus und Exil. München: Fink, S. 337–366.

Berlin, Jeffrey B. (1995): The Austrian Catastrophe. Political Reflections in the Unpublished Correspondence of Stefan Zweig and Arnold Zweig. In: Timms, Edward (Hg.): Austrian Exodus. The Creative Achievements of Refugees from National Socialism. Edinburgh: Edinburgh Univ. Press, S. 3–21.

Berlin, Jeffrey B. (1995): Zu den unveröffentlichten „Gesprächen" Stefan Zweigs mit Ben Huebsch im Entscheidungsjahr 1933. In: Gelber, Mark H./Zelewitz, Klaus (Hg.): Stefan Zweig. Exil und Suche nach dem Weltfrieden, S. 279–294.

Berlin, Jeffrey B. (1996): Stefan Zweig's Exile in Great Britain. With Unpublished Letters from 1933 and 1934. In: Brinson, Charmian (Hg.): „England? Aber wo liegt es?" Deutsche und österreichische Emigranten in Großbritannien 1933–1945. München: Iudicium, S. 141–155.

Berlin, Jeffrey B. (1998): Exile Experiences in Great Britain. The Unpublished Correspondence between Stefan Zweig and Sir Siegmund Warburg. In: Brinson, Charmian (Hg.): Keine Klage über England? Deutsche und österreichische Exilerfahrungen in Großbritannien 1933–1945. München: Iudicium, S. 286–301.

Berlin, Jeffrey B. (1999): Briefe aus Brasilien: Stefan Zweigs *Schachnovelle*. In: Schwamborn, Ingrid (Hg.): Die letzte Partie, S. 245–264.

Berlin, Jeffrey B. (1999): Unveröffentlichte Briefe über Stefan Zweigs USA-Reise im Jahre 1935 und sein Projekt einer jüdischen Zeitschrift. In: Schmid-Bortenschlager, Sigrid/Riemer, Werner (Hg.): Stefan Zweig lebt, S. 59–82.

Berlin, Jeffrey B. (2000): Response and Impression. Encountering Concepts of Judaism and Zionism in the Unpublished Correspondence between Martin Buber and Stefan Zweig (1902–1931). In: Germanisch-Romanische Monatsschrift 50/2000, S. 333–360.

Berlin, Jeffrey B. (2007): „… habe eine kleine Schachnovelle entworfen". Stefan Zweigs Briefe und die Entstehung seines letzten Werks. In: Poldauf, Susanna/Saremba, Andreas (Hg.): 65 Jahre *Schachnovelle*, S. 40–56.

Berlin, Jeffrey B. (2008): Lebendige Dichtung: Stefan Zweigs *Schachnovelle*. Betrachtungen zur Entstehungsgeschichte und zum Leseerlebnis unter Berücksichtigung unveröffentlichter Korrespondenzen. In: Schönle, Siegfried (Hg.): Schachforschungen. Festschrift für Egbert Meissenburg. Wien: Refodis, S. 42–127.

Berlin, Jeffrey B. (2010): Stefan Zweigs *Schachnovelle*. In: KARL. Das kulturelle Schachmagazin 1/2010, S. 18–25.

Berlin, Jeffrey B. (2014): The Writer's Political Obligations in Exile. The Case of Stefan Zweig. In: Gelber, Mark H./Vanwesenbeeck, Birger (Hg.): Stefan Zweig and World Literature, S. 224–255.

Berthold, Christine (1996): Stefan Zweig und die italienische Kritik. In: Grüning, Hans-Georg (Hg.): Geschichte der Germanistik in Italien. Ancona: Casa Ed. Nuove Ricerche, S. 395–407.

Bertschik, Julia (2009): Zwischen männlichem Tauschobjekt und lebendigem Gastgeschenk: Die Figur der „Gästin" bei Arthur Schnitzler, Stefan Zweig und Vicki Baum. In: Friedrich, Peter/Parr, Rolf (Hg.): Gastlichkeit. Erkundungen einer Schwellensituation. Heidelberg: Synchron, S. 317–332.

Bier, Jean Paul (1987): Der Erzähler als Chronist: *Kleine Chronik* in ihrem literarischen Kontext. In: Gelber, Mark H. (Hg.): Stefan Zweig heute, S. 79–99.

Bier, Jean Paul (1992): Der Erzähler als Chronist. *Kleine Chronik* in ihrem literarischen Kontext. In: Renoldner, Klemens/Holl, Hildemar/Karlhuber, Peter (Hg.): Stefan Zweig. Für ein Europa des Geistes, S. 35–51.

Bier, Jean Paul (1992): Stefan Zweig: Hermeneutisches im Kleinformat. In: Austriaca 17/34/1992, S. 33–42.

Bier, Jean Paul (1995): Zur Rhetorik des Legendenprinzips im Einsatz gegen den Faschismus. In: Gelber, Mark H./Zelewitz, Klaus (Hg.): Stefan Zweig. Exil und Suche nach dem Weltfrieden, S. 103–111.

Bircher, Martin (Hg.) (1996): Stefan Zweigs Welt der Autographen. Ausstellungskatalog. Zürich: Offizin/Strauhof, Präsidialdepartement der Stadt Zürich.

Birk, Matjaž (1995): Stefan Zweigs Impressionen aus dem kommunistischen Rußland 1928. In: Monatshefte 87/4/1995, S. 404–419.

Birk, Matjaž (1997): „Vielleicht führen wir zwei verschiedene Sprachen …". Zum Briefwechsel zwischen Joseph Roth und Stefan Zweig. Mit einundzwanzig bisher unveröffentlichten Briefen. Münster u.a.: LIT.

Birk, Matjaž (1999): Neuere Stefan-Zweig-Rezeption im südslawischen Raum. Mit besonderer Berücksichtigung der Rezeption in Slowenien in den 90er Jahren. In: Schmid-Bortenschlager, Sigrid/Riemer, Werner (Hg.): Stefan Zweig lebt, S. 95–110.

Birk, Matjaž (2003): Stefan Zweigs Humanitätsgedanke während des Ersten Weltkrieges und seine Fiktionalisierung in der Novellistik. In: Eicher, Thomas (Hg.): Stefan Zweig im Zeitgeschehen des 20. Jahrhunderts, S. 225–241.

Birk, Matjaž (2007): Stefan Zweig und die Novelle der Wiener Moderne am Beispiel Arthur Schnitzlers. In: Gelber, Mark H. (Hg.): Stefan Zweig Reconsidered, S. 119–137.

Birk, Matjaž (2008): Der Dämon der Sexualität in Stefan Zweigs und Felix Saltens romanesken Welten. In: Ders./Eicher, Thomas (Hg.): Stefan Zweig und das Dämonische, S. 176–189.

Birk, Matjaž (2011): „Der Heroismus der Intellektuellen – der liquidierte Heroismus". Fremd- und Selbstbilder in Joseph Roths und Stefan Zweigs Reisefeuilletons. In: Lughofer, Johann Georg (Hg.): Joseph Roth. Europäisch-jüdischer Schriftsteller und österreichischer Universalist. Berlin, Boston: de Gruyter, S. 101–117.

Birk, Matjaž (2011): Reisekonzepte und Fremdwahrnehmungen in Stefan Zweigs Reisefeuilletons der 1920er Jahre. In: Gelber, Mark H./Ludewig, Anna-Dorothea (Hg.): Stefan Zweig und Europa, S. 109–124.

Birk, Matjaž (2014): Stefan Zweigs *Die Welt von Gestern* in einem sozialistischen Zielkontext. Kulturtransfer im Spannungsfeld zwischen Ideologie, Politik und Erinnerungskultur. In: Internationales Archiv für Sozialgeschichte der deutschen Literatur 39/1/2014, S. 72–88.

Birk, Matjaž (2015): Stefan Zweigs historische Narrative. Gedächtniskulturelle Aspekte. In: Neophilologus 99/4/2015, S. 605–615.

Birk, Matjaž (2016): „Reisen ist Rast in der Unruhe der Welt". Fremdhermeneutische Einblicke in die Reisetagebücher von Stefan Zweig. Würzburg: Königshausen & Neumann.

Birk, Matjaž/Eicher, Thomas (Hg.) (2008): Stefan Zweig und das Dämonische. Würzburg: Königshausen & Neumann.

Bischof, Rosa (1995): Die Frauenfiguren in Stefan Zweigs Novelle *Angst* und ihre historischen Hintergründe. Diplomarb. Univ. Wien.

Bischoff, Doerte (2015): Passion und Gemeinschaft oder der andere Kosmopolitismus. Christus als Jude in Stefan Zweigs *Jeremias*. In: Zeitschrift der Vereinigung für jüdische Studien 21/2015, S. 140–164.

Bittner, David (2003): A Reader Shares his Thoughts. On Stefan Zweig's Suicide. In: Aufbau 69/15/2003, S. 21.

Bloch, Peter André (2011): Stefan Zweig, *Amok*. Erzählerische Strategien in der Analyse psychologischer Grenzsituationen. In: Battiston, Régine/Renoldner, Klemens (Hg.): „Ich liebte Frankreich wie eine zweite Heimat", S. 127–143.

Blum, Brunhild E. (1988): Stefan Zweigs Briefe an seinen brasilianischen Verleger Abrahão Koogan von 1932 bis 1942. Vollständiger Abdruck mit Anmerkungen und einem Exkurs über das Brasilienbild des Autors. Diplomarb. Univ. Innsbruck.

Blum, Brunhild E. (1993): Flucht ohne Zuflucht. Stefan Zweigs Suche nach der verlorenen Welt der Sicherheit im Spiegel seiner Briefe an seinen brasilianischen Verleger Abrahão Koogan. In: Seminar 29/3/1993, S. 262–278.

Blum, Brunhild E. (1999): Stefan Zweigs Briefe an seinen brasilianischen Verleger Abrahão Koogan. In: Schwamborn, Ingrid (Hg.): Die letzte Partie, S. 119–136.

Bodmer, Thomas (2006): „Weltliteratur, das ist der Weg des Menschen zu sich selbst". Stefan Zweig und Martin Bodmer als Sammler von Handschriften. In: Librarium 49/3/2006, S. 206–209.
Bodmer, Thomas (2009): *Jeremias*. Ein Bekenntnis zu Pazifismus, Humanismus und Weltbürgertum. In: Brügge, Joachim (Hg.): „Das Buch als Eingang zur Welt". Würzburg: Königshausen & Neumann, S. 67–75.
Bohnenkamp, Klaus E. (2005): Der reine Dichter. Rainer Maria Rilke im Urteil Robert Musils und Stefan Zweigs. In: Schweikert, Rudi (Hg.): „Auf geborgtem Boden". Rilke und die französische Sprache. Frankfurt a.M.: Insel, S. 99–144.
Boidenot, Nicole/Aveneau, Michelle/Segard, Liliane/Kergourlay, Annie/Guillemin, Jacqueline (1987): Stefan Zweig: *La Pitié dangereuse*. In: Lire Autrement: Littérature viennoise. Longpont-sur-Orge: Bibliotheque Municipale, S. 35–55.
Boletín de Literatura Comparada (1994): Numero especial ACTAS. Coloquio Internacional „Stefan Zweig y la Literatura de exilio". Mendoza 19/1994.
Bollaert-Mortier, Valérie (2002): Passion et angoisse dans les nouvelles de Stefan Zweig. Diss. Univ. Paris.
Bolle, Willi/Galle, Helmut (2005) (Hg.): Blickwechsel. Akten des XI. Lateinamerikanischen Germanistenkongresses São Paulo – Paraty – Petrópolis 2003. Bd. 1. São Paulo: Monferrer Producoes.
Bona, Dominique (1996): Stefan Zweig. L'Ami blessé. Biographie. Paris: Plon.
Boschian-Campaner, Catherine (1993): Affinités de Stefan Zweig et Barbey d'Aurevilly à propos de *Vierundzwanzig Stunden aus dem Leben einer Frau*. In: Le texte et l'ideé 8/1993, S. 121–130.
Botstein, Leon (1991): Der Erste Weltkrieg und das Ende des Assimilationstraumes. Die Wiedergeburt der Theologie und die Geschichts- und Kulturkritik im Werk von Egon Friedell, Stefan Zweig und Martin Buber. In: Ders.: Judentum und Modernität. Essays zur Rolle der Juden in der deutschen und österreichischen Kultur 1848 bis 1938. Wien u.a.: Böhlau, S. 149–170.
Bott, François (1998): Sur la Planète des Sentiments. Portraits littéraires (d'Emmanuel Berl à Stefan Zweig). Paris: Cherche Midi.
Böttcher, Kurt (1988): Stefan Zweigs „Welt von gestern". In: Honsza, Norbert/Roloff, Hans-Gert (Hg.): Daß eine Nation die ander verstehen möge. Amsterdam: Rodopi, S. 123–136.
Brancy, Jean-Yves (2004): Romain Rolland, Stefan Zweig et l'Europe (1919–1933). Toulouse: Univ. Press.
Brancy, Jean-Yves (2014): Deux esprits européens dans la tourmente. L'amitié Romain Rolland – Stefan Zweig. In: Seybert, Gislinde (Hg.): Heroisches Elend. Der Erste Weltkrieg im intellektuellen, literarischen und bildnerischen Gedächtnis der europäischen Kulturen. Bd. 1. Frankfurt a.M. u.a.: Lang, S. 557–571.
Braun, Felix (1959): Ein Besuch bei Stefan Zweig. In: Fitzbauer, Erich (Hg.): Stefan Zweig. Spiegelungen einer schöpferischen Persönlichkeit. Wien: Bergland, S. 42–43.
Braun, Felix (1968): Brief an den toten Freund. In: Arens, Hanns (Hg.): Stefan Zweig im Zeugnis seiner Freunde, S. 285–287.
Brod, Max (1968): Erinnerung an Stefan Zweig. In: Arens, Hanns (Hg.): Stefan Zweig im Zeugnis seiner Freunde, S. 80–82.
Brode, Hanspeter (1999): Mirko Czentovic – ein Hitlerporträt? Zur zeithistorischen Substanz von Stefan Zweigs *Schachnovelle*. In: Schwamborn, Ingrid (Hg.): Die letzte Partie, S. 223–227.
Brosche, Günter (2009): Zum dramaturgischen Konzept der *Schweigsamen Frau*. In: Richard-Strauss-Jahrbuch 2009, S. 25–35.
Brügge, Joachim (Hg.) (2009): „Das Buch als Eingang zur Welt". Zur Eröffnung des Stefan-Zweig-Centre Salzburg, am 28. November 2008. Würzburg: Königshausen & Neumann 2009.
Brügge, Joachim (2009): Stefan Zweig, C. G. Jung und die Kulturgeschichte des Schachs. Vom indischen Tschaturanga zur modernen Alchemie des 20. Jahrhunderts? In: Ders. (Hg.): „Das Buch als Eingang zur Welt", S. 97–107.

Brügge, Joachim (2012): Vertonungen von Gedichten Stefan Zweigs. In: Müller, Karl (Hg.): Stefan Zweig – Neue Forschung, S. 209–217.
Buchinger, Susanne (1994): „Wie sehr das bezaubernde Goethe-Stück mir das Wasser im Munde zusammenlaufen läßt, brauche ich nicht zu sagen […]". Das Thema Autographensammeln als besondere Facette der Autor-Verleger-Beziehung zwischen Stefan Zweig und Anton Kippenberg. In: Philobiblon 38/3/1994, S. 233–252.
Buchinger, Susanne (1998): Stefan Zweig – Schriftsteller und literarischer Agent. Die Beziehungen zu seinen deutschsprachigen Verlegern (1901–1942). Frankfurt a.M.: Buchhändler-Vereinigung.
Buchinger, Susanne (1999): Europäisches Erbe für die Welt von morgen. Stefan Zweig-Rezeption in der Nachkriegszeit. In: Buchhandelsgeschichte 2/1999, Beilage im Börsenblatt für den Deutschen Buchhandel 166/48/1999, S. B57–B68.
Bunzl, Matti (2000): Modes of Nostalgia and Figurations of „Austria" in the „Exil(auto) biographien" of Richard Beer-Hofmann and Stefan Zweig. In: Daviau, Donald G. (Hg.): Austria in Literature. Riverside: Ariadne Press, S. 48–59.
Bürger, Jan (2012): Die „Suhrkamp-Insel" im Jahre 2011. Über drei Ausstellungen mit Fundstücken aus dem Siegfried-Unseld-Archiv und Gespräche zu Max Frisch, Stefan Zweig und Ingeborg Bachmann. In: Jahrbuch der Deutschen Schillergesellschaft 56/2012, S. 69–78.
Burneva, Nikolina (2008): „Alle verlornen Vergangenheiten". Über Stefan Zweigs Geschichtsschreibung in *Sternstunden der Menschheit*. In: Birk, Matjaž/Eicher, Thomas (Hg.): Stefan Zweig und das Dämonische, S. 90–106.
Burschell, Friedrich (1992): Wie erklären sich große Bucherfolge? Stefan Zweigs Novellen [1931]. In: Weinzierl, Ulrich (Hg.): Stefan Zweig – Triumph und Tragik, S. 54–58.
Büssgen, Antje (2017): Umwege zu einem geeinten Europa. Zum Verhältnis von Kultur und Politik bei Friedrich Schiller, Stefan Zweig und Julien Benda. In: Wörgötter, Martina (Hg.): Stefan Zweig. Positionen der Moderne, S. 91–130.

Cáceres Würsig, Ingrid (2015): Stefan Zweig y Alfredo Cahn. La influencia de la Primera Guerra Mundial en el binomio autor-traductor. In: Grünewald, Heidi/Montané Forasté, Anna/Schneider, Thomas F. (Hg.): Retornos. La Primera Guerra Mundial en el contexto hispano-alemán/Rückkehr. Der Erste Weltkrieg im deutsch-spanischen Kontext. Göttingen: V&R unipress, S. 127–134.
Cadoret, Michelle (2002): Ecritures traumatiques. Un écrivain, Stefan Zweig, un psychanalyste, William H. Rivers. In: Ouellet, Pierre (Hg.): Identités narratives. Mémoire et perception. Québec: Presses de l'Univ. Laval, S. 165–174.
Campos, Viriato (1986): Sobre Stefan Zweig e suas obras Brasil e Mãgalhães. Lisboa: Europress.
Carossa, Hans (1956): Uneigennützige Forderung. In: Arens, Hanns (Hg.): Der große Europäer Stefan Zweig, S. 102–103. (Auch erschienen in: Arens, Hanns (Hg.) (1968): Stefan Zweig im Zeugnis seiner Freunde, S. 76–77.)
Cartolano, Ana Maria (1990): Fuentes para el estudio de la recepcion de Stefan Zweig en la Argentina. Una introducción bibliográfica. In: Revista de literaturas modernas 23/1990, S. 181–192.
Cartolano, Ana Maria (1994): Una exposición sobre Stefan Zweig en Buenos Aires. In: Boletín de Literatura Comparada: Numero especial ACTAS 19/1994, S. 213–218.
Cels, Jacques (2003): Stefan Zweig. Un écrivain dans la cité. Tournai: La Renaissance du Livre.
Céron, Emmeline (2009): Disciples déçus et maîtres vieillissants. Les désarrois de la transmission. Zweig, Tchekhov, Musil, Svevo. In: Deshoulières, Valérie (Hg.): Les funambules de l'affection. Maîtres et disciples. Clermont-Ferrand: Presses Univ. Blaise Pascal, S. 363–383.
Charbit, Denis (2007): Stefan Zweig et Romain Rolland. Naissance de l'intellectuel européen. In: Gelber, Mark H. (Hg.): Stefan Zweig Reconsidered, S. 41–58.
Charue, Jean (1989): La Révolution française vue par Stefan Zweig. In: Études Danubiennes 5/2/1989, S. 27–36.

Chaturvedi, Benarsi das (1956): Bekenntnis zu Stefan Zweig. In: Arens, Hanns (Hg.): Der große Europäer Stefan Zweig, S. 150–152.
Chédin, Renate (1996): Das „Geheim Tragische des Daseins". Stefan Zweig, *Die Welt von Gestern*. Würzburg: Königshausen & Neumann.
Chédin, Renate (1999): Stefan Zweigs *Die Welt von Gestern*. Übersetzungen und Rezeption in Frankreich. In: Schmid-Bortenschlager, Sigrid/Riemer, Werner (Hg.): Stefan Zweig lebt, S. 169–178.
Chédin, Renate (2001): Stefan Zweig, *Le joueur d'échecs*: Quarante questions, quarante réponses, quatre études. Paris: Ellipses.
Chen, Liangmei (2015): Variationen der Zeit. Über Stefan Zweigs Erzähltechnik in *Joseph Fouché. Bildnis eines politischen Menschen*. In: Zhang, Yi/Gelber, Mark H. (Hg.): Aktualität und Beliebtheit, S. 193–200.
Chen, Zhuangying (2015): Kompromiss zwischen Originalität und Akzeptanz – ein Vergleich zwischen der Novelle *Brief einer Unbekannten* und ihrer Verfilmung. In: Zhang, Yi/Gelber, Mark H. (Hg.): Aktualität und Beliebtheit, S. 155–162.
Cheval, René (1986): Romain Rolland und Stefan Zweig, eine europäische Freundschaft. In: Scheichl, Sigurd Paul/Stieg, Gerald (Hg.): Österreichische Literatur des 20. Jahrhunderts 1986. Innsbruck: Innsbruck Univ. Press, S. 115–126.
Cheval, René (1990): Romain Rolland und Stefan Zweig, eine europäische Freundschaft. In: Ders.: Anstöße und Rückwirkungen. Literarische Begegnungen zwischen Frankreich und Deutschland. Bonn: Bouvier, S. 173–185.
Chiappini, Ligia (Hg.) (2000): Brasilien, Land der Vergangenheit? Frankfurt a.M.: TFM.
Christians, Heiko (2008): *Amok*. Geschichte einer Ausbreitung. Bielefeld: Aisthesis.
Claus, Horst (2003): Commerce, Culture, Continuity: Hans Steinhoff's „Mittelfilm"-Production of Stefan Zweig's *Angst* (1928). In: German Life and Letters 56/2/2003, S. 117–131.
Cohen, Rosi (1982): Das Problem des Selbstmordes in Stefan Zweigs Leben und Werk. Bern u.a.: Lang.
Constantinovici, Simona (2015): Le cosmopolitisme de Stefan Zweig et la force actuelle du concept Bologna. In: Alkemie 15/2015, S. 397–402.
Corsetti, Jean-Paul (1995): Le guetteur d'ombres. In: Europe 73/794/1995, S. 71–79.
Coşan, Leyla (2014). Das Phänomen des Führers in *Erasmus von Rotterdam*. In: Filologjia 1/2014, S. 373–389.
Cremerius, Johannes (2003): Stefan Zweigs Beziehung zu Sigmund Freud. Eine heroische Identifizierung. In: Ders.: Freud und die Dichter. Gießen: Psychosozial, S. 23–60 [zuerst in Jahrbuch der Psychoanalyse 8/1975, S. 49–89, erschienen].
Crohmalniceanu, Ovid S. (1995): Stefan Zweig et la poésie ‚activiste'. In: Europe 73/794/1995, S. 61–66.
Cybenko, Larissa (2008): Die Tragik der gescheiterten Liebe. Das Schreiben als Berührung mit ihren dämonischen Gründen. Ein Ineinanderlesen der Texte von Stefan Zweig und Ingeborg Bachmann. In: Birk, Matjaž/Eicher, Thomas (Hg.): Stefan Zweig und das Dämonische, S. 190–204.

Daviau, Donald G. (1991): Literary and Personal Responses to the Political Events of the 1930s in Austria: Stefan Zweig, Raoul Auernheimer, and Felix Braun. In: Segar, Kenneth (Hg.): Austria in the Thirties: Culture and Politics. Riverside: Ariadne Press, S. 118–150.
Daviau, Donald G. (1992): Ernst Weiß und Stefan Zweig. In: Engel, Peter (Hg.): Ernst Weiß – Seelenanalytiker und Erzähler von europäischem Rang. Bern u.a.: Lang, S. 110–129.
Daviau, Donald G. (1994): The Friendship of Stefan Zweig and Felix Braun. In: Colin, Amy D. (Hg.): Brücken über dem Abgrund. Auseinandersetzungen mit jüdischer Leidenserfahrung, Antisemitismus und Exil. München: Fink, S. 317–336.
Daviau, Donald G. (1995): Stefan Zweig: A Model and Victim of the Impressionistic Lifestyle of the Fin de Siècle. In: Gelber, Mark H./Zelewitz, Klaus (Hg.): Stefan Zweig. Exil und Suche nach dem Weltfrieden, S. 167–188.

Davis, Darién J. (2014): Exile and Liminality in „A Land of the Future". Charlotte and Stefan Zweig in Brazil, August 1941–March 1942. In: Gelber, Mark H./Vanwesenbeeck, Birger (Hg.): Stefan Zweig and World Literature, S. 173–190.
Deáková, Veronika (2006): Stefan Zweig als weltliterarisches Phänomen. Diss. Univ. Wien.
Deáková, Veronika (2009): Stefan Zweig in der Slowakei. Einige Bemerkungen zum Autor und seiner Rezeption in der slowakischen Kultur. In: Bombitz, Attila u. a. (Hg.): Österreichische Literatur ohne Grenzen. Gedenkschrift für Wendelin Schmidt-Dengler. Wien: Praesens, S. 87–104.
Deáková, Veronika (2010): Stefan Zweig und Übersetzung. In: Knafl, Arnulf (Hg.): Über(ge)setzt. Spuren zur österreichischen Literatur im fremdsprachigen Kontext. Wien: Praesens, S. 107–122.
Decloedt, Leopold (2003): „In Balzacketten geschmiedet". Eine Glosse zu Stefan Zweig und Honoré de Balzac. In: Ester, Hans (Hg.): Künstler-Bilder. Zur produktiven Auseinandersetzung mit der schöpferischen Persönlichkeit. Amsterdam: Rodopi, S. 73–79.
Decloedt, Leopold (2003): Stefan Zweig im Spiegel der Wiener Presse der dreißiger Jahre. In: Eicher, Thomas (Hg.): Stefan Zweig im Zeitgeschehen des 20. Jahrhunderts, S. 257–280.
Dedenbach, Bernhard (1989): Stefan Zweigs zyklisches Novellenschaffen. Magisterarb. Univ. Bonn.
Del Caro, Adrian (1991): The Significance of the ‚Anschluss' to Zweig's Europeanism. In: Daviau, Donald G. (Hg.): Austrian Writers and the Anschluss. Understanding the Past, Overcoming the Past. Riverside: Ariadne Press, S. 26–37.
Delatte, Anne-Elise (2002): Histoires de vie et de mort chez Stefan Zweig – à l'exemple de *Marie Antoinette*. Magisterarb. Univ. Genf.
Delatte, Anne-Elise (2006): Traducteurs d'histoire, histoires de traduction: Trois écrits biographiques de Stefan Zweig traduits par Alzir Hella (*Fouché*, *Marie Antoinette*, *Marie Stuart*). Diss. Univ. de Nantes/Univ. Düsseldorf.
Delatte, Anne-Elise (2011): Alzir Hella, la voix française de Stefan Zweig. In: Battiston, Régine/Renoldner, Klemens (Hg.): „Ich liebte Frankreich wie eine zweite Heimat", S. 239–255.
Delattre, Catherine (2011): „Umwege auf dem Wege zu mir selbst". Psychopathologie et perversions esthétisées dans l'écriture zweigienne. In: Battiston, Régine/Renoldner, Klemens (Hg.): „Ich liebte Frankreich wie eine zweite Heimat", S. 39–66.
Detering, Heinrich (2006): Dr. Stefan und Mr. Zweig. Halb Arthur Schnitzler, halb Vicky Baum. Ein Plädoyer für einen guten Erzähler, der vor 125 Jahren geboren wurde. In: Literaturen 7/12/2006, S. 34–35.
Dewulf, Jeroen (2014): Der Neue Mensch in Brasilien: Über den Schatten Nietzsches in Stefan Zweigs Land der Zukunft. In: Monatshefte 106/2/2014, S. 213–229.
Dewulf, Jeroen (2014): Neue Perspektiven zu Stefan Zweigs *Brasilien. Ein Land der Zukunft*. In: Renoldner, Klemens (Hg.): Stefan Zweig – Abschied von Europa, S. 137–146.
Dewulf, Jeroen (2016): Blaise Cendrars and the Nietzschean Roots of Multiracial Identity in Stefan Zweig's *Brazil. Land of the Future*. In: Comparative Literature 68/2/2016, S. 199–217.
Dimas, Antonio (2000): Ein Optimist gegen den Strom. In: Chiappini, Ligia (Hg.): Brasilien, Land der Vergangenheit?, S. 49–57.
Dines, Alberto (1987): Der Tod des Entdeckers des Paradieses. In: Gelber, Mark H. (Hg.): Stefan Zweig heute, S. 181–200.
Dines, Alberto (1995): Death in Paradise: A Postscript. In: Gelber, Mark H./Zelewitz, Klaus (Hg.): Stefan Zweig. Exil und Suche nach dem Weltfrieden, S. 309–326.
Dines, Alberto (2006): Tod im Paradies. Die Tragödie des Stefan Zweig. Aus dem Portugiesischen v. Marlen Eckl. Frankfurt a. M. u. a.: Edition Büchergilde.
Dines, Alberto (2009): Stefan Zweig no País do Futuro. A Biografia de um Livro. Rio de Janeiro: EMC.
Dines, Alberto (2011): Stefan Zweig. In: Ders. (Hg.): Humanismo judaico na literatura, na história e na ciência. São Paulo: Centro de História e Cultura Judaica, S. 1–16.
Dines, Alberto (2013): „Experiment Brasilien". Die leidige Schimäre des Stefan Zweig. In: Bolle, Willi/Kupfer, Eckhard E. (Hg.): Cinco séculos de relações brasileiras e alemãs/Fünf

Jahrhunderte deutsch-brasilianische Beziehungen. São Paulo: Editora Brasileira de Arte e Cultura, S. 202–207.

Dirscherl, Margit (2011): Gemilderte Wirklichkeit. Stefan Zweigs Feuilleton *Hydepark* und die Großstadtliteratur. In: Angermion 4/2011, S. 113–123.

Dirscherl, Margit (2014): „Eine seltsame Umkehr". Stefan Zweigs Feuilleton *Der Genius Englands*. In: Görner, Rüdiger/Renoldner, Klemens (Hg.): Zweigs England, S. 129–139.

Dittrich, Karin (2008): Stefan Zweigs Erinnerungen an die „Welt der Sicherheit" in seiner Autobiographie *Die Welt von Gestern*. In: Temeswarer Beiträge zur Germanistik 6/2008, S. 233–250.

Dittrich, Karin (2010): Psychoanalytische Einflüsse in Stefan Zweigs Novellen. In: Zeitschrift der Germanisten Rumäniens 19/1–2/2010, S. 43–68.

Dittrich, Karin (2010): Stefan Zweigs interkulturelle Beziehungen. In: Temeswarer Beiträge zur Germanistik 7/2010, S. 317–330.

Dolei, Giuseppe (1999): Una tragedia annunciata: Stefan Zweig ed Erasmo da Rotterdam. In: Studia austriaca 7/1999, S. 27–43.

Dolei, Giuseppe (2001): Stefan Zweig e noi. In: Ders.: Voci del Novecento tedesco. Catania: C.U.E.C.M., S. 189–218.

Dolei, Giuseppe (2014): Stefan Zweig e l'esilio. In: Schininà, Alessandra/Bonifazio, Massimo (Hg.): Un luogo per spiriti più liberi. Roma: Artemide, S. 11–26.

Dorn, Brigitte (1995): Die thematischen Schwerpunkte in den Dramen Stefan Zweigs. Diplomarb. Univ. Wien.

Dornheim, Nicolás Jorge (1994): Sein literarischer Ruhm reichte bis in den letzten Winkel der Erde. Stefan Zweig in Argentinien. In: Boletín de Literatura Comparada: Numero especial ACTAS 19/1994, S. 197–211.

Dornheim, Nicolás Jorge (1994): El epistolario argentino de Stefan Zweig. Cartas a Alfredo Cahn 1928–1942. In: Boletín de Literatura Comparada: Numero especial ACTAS 19/1994, S. 51–71.

Dornheim, Nicolás Jorge/Cartolano, Ana M. (1990): Fuentes para el Estudio de la Recepcion de Stefan Zweig en la Argentina. Una Introducción bibliográfica. In: Revista de Literaturas modernas 23/1990, S. 181–192.

Dove, Richard (1995): „Das große Elend der Fremde". Four German-Speaking Writers in London 1933–1941. In: Bolbecher, Siglinde/Adler, Jeremy D. (Hg.): Literatur und Kultur des Exils in Großbritannien. Wien: Verlag für Gesellschaftskritik, S. 114–128.

Dove, Richard (2000): Journey of no Return. Five German-Speaking Literary Exiles in Britain, 1933–1945. London: Libris.

Dove, Richard (2004): „Fremd ist die Stadt und leer …". Fünf deutsche und österreichische Schriftsteller im Londoner Exil 1933–1945. Berlin: Parthas.

Dove, Richard (2014): „Meilenweit von Politik": Stefan Zweig's Exile in Britain. In: Görner, Rüdiger/Renoldner, Klemens (Hg.): Zweigs England, S. 11–20.

Drekonja-Kornat, Gerhard (1998): Stefan Zweigs Freitod und das *Brasilien*-Buch. Gerüchte und Zusammenhänge. In: Saint Sauveur-Henn, Anne (Hg.): Zweimal verjagt. Die deutschsprachige Emigration und der Fluchtweg Frankreich – Lateinamerika. Berlin: Metropol, S. 133–139.

Drekonja-Kornat, Gerhard (1999): Stefan Zweig und Paul Frischauer in Brasilien. In: Schwamborn, Ingrid (Hg.): Die letzte Partie, S. 115–118.

Duhamel, Georges (1968): Wir waren jahrelang Freunde. In: Arens, Hanns (Hg.): Stefan Zweig im Zeugnis seiner Freunde, S. 254.

Dumont, Robert (1995): Introduction au théâtre de Stefan Zweig. In: Europe 73/794/1995, S. 88–95.

Duprat, Annie (2011): Stefan Zweig et l'Histoire: Retour sur l'Affaire Marie-Antoinette, de la Narration à l'Enquête. In: Battiston, Régine/Renoldner, Klemens (Hg.): „Ich liebte Frankreich wie eine zweite Heimat", S. 171–184.

Dziemianko, Leszek (2000): Gefühlsleben und sittliche Normen. Zur bürgerlichen Moral in Novellen Stefan Zweigs. In: Orbis linguarum 15/2000, S. 47–58.

Ebermayer, Erich (2005): Eh' ich's vergesse ... Erinnerungen an Gerhart Hauptmann, Thomas Mann, Klaus Mann, Gustaf Gründgens, Emil Jannings und Stefan Zweig. München: Langen Müller.
Eckl, Marlen (2010): „Das Paradies ist überall verloren." Das Brasilienbild von Flüchtlingen des Nationalsozialismus. Frankfurt a.M.: Vervuert.
Eckl, Marlen (2010): „Tod im Paradies". Stefan Zweigs Freitod in Werken von Flüchtlingen des Nationalsozialismus. In: Exil 30/1/2010, S. 5–24.
Eckl, Marlen (2011): Stefan Zweigs Argentinien-Erfahrung im Licht seiner Freundschaft mit Alfredo Cahn. In: Zwischenwelt 28/3/2011, S. 48–52.
Eckl, Marlen (2014): „Erwarten Sie nichts mehr von Österreich". Stefan Zweig und die österreichischen Schriftsteller im Exil. In: Renoldner, Klemens (Hg.): Stefan Zweig – Abschied von Europa, S. 79–89.
Eckl, Marlen (2014): Stefan Zweig's Concept of Brazil in the Context of German-Jewish Emigration. In: Gelber, Mark H./Vanwesenbeeck, Birger (Hg.): Stefan Zweig and World Literature, S. 191–212.
Eckl, Marlen (2017): „Die Entscheidung, ob der Schriftsteller sein Judentum zum Ausdruck brachte oder nicht, müssen wir dem obersten Richter überlassen" – Stefan Zweig und die jüdische Gemeinschaft Brasiliens. In: Gelber, Mark H./Erdem, Elisabeth/Renoldner, Klemens (Hg.): Stefan Zweig – Jüdische Relationen, S. 189–219.
Edelmann, Bernd (2009): „Mit Haut und Haar komponiert?" Die Arbeit am Textbuch der *Schweigsamen Frau* und Strauss' erste Musikideen. In: Richard-Strauss-Jahrbuch 2009, S. 37–68.
Eder, Jürgen (2008): „Incipit Hitler". Stefan Zweig und der Nationalsozialismus. In: Brünner Beiträge zur Germanistik und Nordistik 22/2008, S. 69–83.
Eicher, Thomas (1994): Das Ich im Spiegel. Beobachtungen an Stefan Zweigs Nachlassroman *Rausch der Verwandlung*. In: Sprachkunst 25/1994, S. 373–388.
Eicher, Thomas (1999): *Rausch der Verwandlung* als Filmprojekt? Stefan Zweigs Nachlassroman, die Filmnovelle *Das gestohlene Jahr* und die Folgen. In: Schmid-Bortenschlager, Sigrid/Riemer, Werner (Hg.): Stefan Zweig lebt, S. 33–48.
Eicher, Thomas (2000): *Das gestohlene Jahr* (1950) und *Rausch der Verwandlung* (1988): Transformationen eines Romanstoffes von Stefan Zweig. In: Maske und Kothurn 46/1/2000, S. 113–122.
Eicher, Thomas (Hg.) (2003): Stefan Zweig im Zeitgeschehen des 20. Jahrhunderts. Oberhausen: Athena.
Eicher, Thomas (2003): Der Kriegsheimkehrer als Verbrecher. Stefan Zweigs *Rausch der Verwandlung* und Hugo Bettauers *Hemmungslos*. In: Ders. (Hg.): Stefan Zweig im Zeitgeschehen des 20. Jahrhunderts, S. 179–208.
Eicher, Thomas (2008): Zauberberge. Stefan Zweigs *Rausch der Verwandlung* im Kontext österreichischer Bergromane der Zwischenkriegszeit. In: Ders./Birk, Matjaž (Hg.): Stefan Zweig und das Dämonische, S. 236–244.
Einzinger, Erwin (2009): Honoré de Balzac – das absurde Leben des größten Arbeiters der Literatur. Zu Stefan Zweigs Fragment einer Biographie von Honoré de Balzac. In: zweiheft 2/2009, S. 23–29.
Eisenberg-Bach, Susi (1993): Der späte Stefan Zweig und seine Umwelt. In: Aus dem Antiquariat 1/1993, S. A18 –A19.
El-bah, Mohammed (2000): Frauen- und Männerbilder in den Novellen von Stefan Zweig. Freiburg i. Br.: Hochschul-Verlag.
Erstić, Marijana (2011): Exerzitium mentale. Ein Vergleich von Stefan Zweigs *Schachnovelle* und Roman Polanskis Film *Der Pianist* im Lichte der Gedächtnisphilosophie Henri Bergsons. In: Comparatio 3/2/2011, S. 299–314.
Estelrich Arce, Pilar (2002): Stefan Zweig auf Spanisch und Katalanisch. Zur Fortune des Österreichers in Spanien. In: Krömer, Wolfram (Hg.): Spanien und Österreich im 20. Jahrhundert. Direkte und indirekte Kontakte. Anif: Müller-Speiser, S. 129–148.

Estelrich Arce, Pilar (2012): Entre sistemas literarios y voces personales. Cuatro aproximaciones a una novela de Stefan Zweig. In: Lawick, Heike van (Hg.): Übersetzen als Performanz. Translation und Translationswissenschaft in performativem Licht. Wien u.a.: LIT, S. 145–169.

Faesi, Robert (1962): Erinnerungen an Stefan Zweig zu seinem 20. Todestag. In: Schweizer Monatshefte 41/12/1962, S. 1301–1310.
Fathy, Hebatallah Mohamed (2007): Fiktionale und nicht-fiktionale Geschichtsbilder: Erasmus von Rotterdam bei Stefan Zweig und Ralf Dahrendorf. In: Ayad, Aleya Ezzat (Hg.): Wege über Grenzen. Perspektiven der Germanistik. 2. Internationaler Germanistik-Kongress. Kongressakten. Kairo: Univ., S. 403–428.
Faure, Alain (1995): Sigmund Freud et Stefan Zweig. In: Europe 73/794/1995, S. 83–87.
Feder, Ernst (1956): Stefan Zweigs letzte Tage. In: Arens, Hanns (Hg.): Der große Europäer Stefan Zweig, S. 218–238. (Auch erschienen in: Arens, Hanns (Hg.) (1968): Stefan Zweig im Zeugnis seiner Freunde, S. 174–186.)
Feng, Weiping (2015): Poetische Verbindung der Literatur und Geschichte bei Stefan Zweig am Beispiel *Die Marienbader Elegie* in *Sternstunden der Menschheit*. In: Zhang, Yi/Gelber, Mark H. (Hg.): Aktualität und Beliebtheit, S. 219–228.
Fischer, Ernst (1992): Briefe an Stefan Zweig. In: Literatur und Kritik 261–262/1992, S. 58–59.
Fischer, Johannes (2002): Ein symbolischer Rückzug. Kritische Anmerkungen zu Stefan Zweigs *Schachnovelle*. In: KARL – das kulturelle Schachmagazin, 20. 4. 2002, www.karlonline.org/kolo03.htm.
Fitzbauer, Erich (Hg.) (1959): Stefan Zweig. Spiegelungen einer schöpferischen Persönlichkeit. Wien: Bergland.
Fitzbauer, Erich (2008): Die erste Internationale Stefan-Zweig-Gesellschaft. Eine Bilanz fünfzig Jahre nach dem Beginn. Eichgraben: Ed. Graph. Zirkel.
Flake, Otto (1956): Verwirrung der Gefühle. In: Arens, Hanns (Hg.): Der große Europäer Stefan Zweig, S. 69–71.
Fliedl, Konstanze (1996): Zwei Fremde, keine Heimat und ein Wunsch. In: Jahrbuch der Grillparzer-Gesellschaft 19/1996, S. 177–179.
Fliedl, Konstanze (2017): Sichtbare Sammlung. Stefan Zweigs Bildlektüren. In: Wörgötter, Martina (Hg.): Stefan Zweig. Positionen der Moderne, S. 177–191.
Fliedl, Konstanze (2017): Jüdisches Schach. Zweigs Novelle im Kontext völkischer Propaganda. In: Gelber, Mark H./Erdem, Elisabeth/Renoldner, Klemens (Hg.): Stefan Zweig – Jüdische Relationen, S. 175–187.
Focke, Wenda (1997): Verzeiht dem Ungeduldigen. Das Alterswerk von Stefan Zweig (1881–1942). In: Dies.: Mut – Schreiben heißt Leben. Düsseldorf: Parerga, S. 83–103.
Fontana, Oskar Maurus (1956): Stefan Zweig und die Jungen. Eine Erinnerung. In: Arens, Hanns (Hg.): Der große Europäer Stefan Zweig, S. 96–101. (Auch erschienen in: Arens, Hanns (Hg.) (1968): Stefan Zweig im Zeugnis seiner Freunde, S. 72–75.)
Fontanals, David (2013): La historia de una utopía fallida. Proyectando una Europa cosmopolita y sin fronteras en El mundo de ayer. Memorias de un europeo de Stefan Zweig. MA Thesis Univ. Barcelona.
Fonyodi-Szarka, Corina (2011): Unter dem Deckmantel von Ich und Er. Stefan Zweig im Vergleich zu Henry Adams. Autobiographie als Geschichtsschreibung oder Geschichtsschreibung als Autobiographie? Diss. Queen's Univ. Kingston/Ontario.
Fonyodi-Szarka, Corina (2012): Was der Mensch sei, sagen ihm die Geschichten. Stefan Zweigs Geschichtsschreibung und *Die Welt von Gestern*. In: Estudios filológicos alemanes 24/2012, S. 377–386.
Forster, Bernhard (2007): „In diesen Zeiten ist Schweigen eine Schuld". Wie der Nationalsozialismus einen Keil zwischen Stefan Zweig und Hans Carossa trieb. In: Literatur in Bayern 22–23/88–89/2007, S. 8–19.
Fragnière, Gabriel (1993): Stefan Zweig ou … espérer l'Europe à en mourir. Bruxelles: Presses Interuniversitaires Européennes.

Fraiman-Morris, Sarah (2002): Das tragende Symbol: Ambivalenz jüdischer Identität in Stefan Zweigs Werk. In: German Life and Letters 55/3/2002, S. 248–265.

Fraiman-Morris, Sarah (2003): Assimilation, Verrat und versuchte Wiedergutmachung. Zum Identitätsprozess bei Franz Werfel, Stefan Zweig und Joseph Roth. In: Seminar 39/3/2003, S. 203–216.

Fraiman-Morris, Sarah (2005): Naturgefühl und Religiosität in den Werken österreichisch-jüdischer Schriftsteller. Franz Werfel, Stefan Zweig, Joseph Roth und Richard Beer-Hofmann. In: Modern Austrian Literature 38/1–2/2005, S. 29–49.

Fraiman-Morris, Sarah (2007): Stefan Zweig's *Untergang eines Herzens* as a Version of Tolstoy's *The death of Ivan Illych*. In: Gelber, Mark H. (Hg.): Stefan Zweig Reconsidered, S. 107–117.

Fraiman-Morris, Sarah (2008): Stefan Zweig: Religion, Judentum und das Dämonische. In: Birk, Matjaž/Eicher, Thomas (Hg.): Stefan Zweig und das Dämonische, S. 55–60.

Frank, Bruno/Feuchtwanger, Lion/Mann, Heinrich (1942): Stefan Zweig zum Gedächtnis. In: Aufbau, 27. 2. 1942, S. 15.

Franke, Eckhart (1989): Wohnküchen-Vandalismus und eine späte Stefan-Zweig-Uraufführung. In: Theater heute 4/1989, S. 57–58.

Freeman, Thomas (1995): Ausdrucksformen jüdischer Identität bei Stefan Zweig. Einführung zu einem Podiumsgespräch. In: Gelber, Mark H./Zelewitz, Klaus (Hg.): Stefan Zweig, Exil und Suche nach dem Weltfrieden, S. 225–232.

Frémeaux, France Marie (2012): Écrivains dans la Grande Guerre. De Guillaume Apollinaire à Stefan Zweig. Paris: Express.

Freschi, Marino (1990): Stefan Zweig. Il testimone viennese della „Menorah". In: Studi germanici 28/80–82/1990, S. 359–366.

Freund-Spork, Walburga (2002): Erläuterungen zu Stefan Zweig, *Schachnovelle*. Hollfeld: Bange.

Freund-Spork, Walburga (2012): Textanalyse und Interpretation zu Stefan Zweig, *Schachnovelle*. Alle erforderlichen Infos für Abitur, Matura, Klausur und Referat, plus Musteraufgaben mit Lösungsansätzen. Hollfeld: Bange.

Fricke, Hannes (2006): „still zu verschwinden, und auf würdige Weise." Traumaschema und Ausweglosigkeit in Stefan Zweigs *Schachnovelle*. In: Zeitschrift für Psychotraumatologie und Psychologische Medizin 4/2/2006, S. 41–55.

Fricke, Hannes (2013): „The liquidation of the particular." On Anxiety, the Misuse of Trauma Theory, Bourgeois Coldness, the Absence of Self-Reflection of Literary Theory, and „something uncomfortable and dangerous" in Connection with Stefan Zweig's *Schachnovelle*. In: Journal of Literary Theory 7/1–2/2013, S. 167–198.

Frieden, Ken (1999): The Displacement of Jewish Identity in Stefan Zweig's *Buchmendel*. In: Symposium 52/4/1999, S. 232–239.

Friedenthal, Richard (1942): Stefan Zweig. In: Freier Deutscher Kulturbund (Hg.): Verbannte und Verbrannte. London: Free German League of Culture in Great Britain, S. 4–6.

Friedenthal, Richard (1956): Stefan Zweig und der humanitäre Gedanke. In: Arens, Hanns (Hg.): Der große Europäer Stefan Zweig, S. 45–71. (Auch erschienen in: Arens, Hanns (Hg.) (1968): Stefan Zweig im Zeugnis seiner Freunde, S. 34–49.)

Friedenthal, Richard (1956): Epistel an einen toten Freund. In: Arens, Hanns (Hg.): Der große Europäer Stefan Zweig, S. 239–241. (Auch erschienen in: Arens, Hanns (Hg.) (1968): Stefan Zweig im Zeugnis seiner Freunde, S. 187–189.)

Friedenthal, Richard (1968): Stefan Zweigs *Montaigne*. In: Arens, Hanns (Hg.): Stefan Zweig im Zeugnis seiner Freunde, S. 257–258.

Fries, Fritz Rudolf (1985): Ende und Anfang der Welt. Zu Stefan Zweig, *Magellan. Der Mann und seine Tat*. In: Ders.: Bemerkungen anhand eines Fundes oder das Mädchen aus der Flasche. Texte zur Literatur. Berlin: Aufbau, S. 89–97.

Frischer, Dominique (2011): Stefan Zweig. Autopsie d'un suicide. Paris: Écriture.

Fronz, Maria (2013): Auf dem Weg nach Europa – Stefan Zweigs Ideen und Vorstellungen von einem geeinten Europa. Magisterarb. Univ. Jena.

Fuchs, Barbara (2006): Das Schachspiel im Spiegel der Literatur: Lewis Carrolls *Alice hinter den Spiegeln*, Stefan Zweigs *Schachnovelle* und Ingeborg Bachmanns *Malina* im Kontext moderner Spieltheorie. Diplomarb. Univ. Wien.

Füllmann, Rolf (2008): Stefan Zweigs *Verwirrung der Gefühle* und die Entwirrung konstruierter Geschlechterverhältnisse. In: Ders u. a. (Hg.): Der Mensch als Konstrukt. Festschrift für Rudolf Drux zum 60. Geburtstag. Bielefeld: Aisthesis, S. 181–195.

Fülöp-Miller, René (1956): Erinnerungsblatt für Stefan Zweig. In: Arens, Hanns (Hg.): Der große Europäer Stefan Zweig, S. 203–205. (Auch erschienen in: Arens, Hanns (Hg.) (1968): Stefan Zweig im Zeugnis seiner Freunde, S. 164–165.)

Gabler, Claudia (1989): Das Ideal der persönlichen Freiheit in Stefan Zweigs Novellen. Diplomarb. Univ. Graz.

Galofaro, Francesco (2011): La *Novella degli scacchi* di Stefan Zweig. Semiotica della frontiera. In: Between 1/1/2011, http://ojs.unica.it/index.php/between/issue/view/7/showToc.

Ganani, Uri/Issler, Dani (2014): *The world of yesterday* versus *The turning point*. Art and the Politics of Recollection in the Autobiographical Narratives of Stefan Zweig and Klaus Mann. In: Naharaim 8/2/2014, S. 210–226.

Gandelman Terekhov, Vera (2013): Jeu d'échecs. Littérature et mondes possibles. Perec, Nabokov, Zweig, Lewis Carroll. Paris: L'Harmattan.

Ganser, Tina (2010): Zur Konzeption von Weiblichkeit bei Stefan Zweig: „ich bin eine Frau – für mich allein kann ich gar nichts". Masterarb. Univ. Graz.

Garcia-Wistädt, Ingrid (2015): La sublimación de la derrota. *Jeremias* de Stefan Zweig. In: Grünewald, Heidi/Montané Forasté, Anna/Schneider, Thomas F. (Hg.): Retornos. La Primera Guerra Mundial en el contexto hispano-alemán/Rückkehr. Der Erste Weltkrieg im deutsch-spanischen Kontext. Göttingen: V&R unipress, S. 145–152.

Gelber, Mark H. (1986): Sholem Asch, Joseph Leftwich, and Stefan Zweig's *Der begrabene Leuchter*. In: Mark H. Gelber (Hg.): Identity and Ethos. A Festschrift for Sol Liptzin on the Occasion of His 85th Birthday. New York u. a.: Lang, S. 101–120.

Gelber, Mark H. (Hg.) (1987): Stefan Zweig heute. New York u. a.: Lang.

Gelber, Mark H. (1987): Stefan Zweig und die Judenfrage von heute. In: Ders. (Hg.): Stefan Zweig heute, S. 160–180.

Gelber, Mark H. (1992): An Early Autobiographical Sketch (1908) by Stefan Zweig [in einem Brief an Herwarth Walden]. In: Modern Austrian Literature 25/1/1992, S. 15–18.

Gelber, Mark H. (1992): Stefan Zweig und E. M. Lilien: Aspekte der Begegnung von jüdischem Ost und West um die Jahrhundertwende. In: Austriaca 17/34/1992, S. 17–31.

Gelber, Mark H. (1995): *Die Welt von Gestern* als Exilliteratur. In: Ders./Zelewitz, Klaus (Hg.): Stefan Zweig. Exil und Suche nach dem Weltfrieden, S. 148–163.

Gelber, Mark H. (1995): Exil et Quête de la Paix universelle. In: Europe 73/794/1995, S. 122–126.

Gelber, Mark H. (1999): Stefan Zweig auf Hebräisch und die Rezeption in Israel. In: Schmid-Bortenschlager, Sigrid/Riemer, Werner (Hg.): Stefan Zweig lebt, S. 121–130.

Gelber, Mark H. (2003): Stefan Zweig, Jiddisch und die ostjüdische Kultur. In: Eidherr, Armin (Hg.): Jiddische Kultur und Literatur aus Österreich. Klagenfurt: Drava, S. 103–114.

Gelber, Mark H. (2003): Stefan Zweig's Conceptions of Exile. In: Greiner, Bernhard (Hg.): Placeless Topographies. Jewish Perspectives on the Literature of Exile. Tübingen: Niemeyer, S. 103–113.

Gelber, Mark H. (2003): Wandlungen in Stefan Zweigs Verhältnis zum Zionismus. In: Eicher, Thomas (Hg.): Stefan Zweig im Zeitgeschehen des 20. Jahrhunderts, S. 93–107.

Gelber, Mark H. (2005): Interfaces between Young Vienna and the Young Jewish Poetic Movement. Richard Beer-Hofmann and Stefan Zweig. In: Fraiman-Morris, Sarah (Hg.): Jüdische Aspekte Jung-Wiens im Kulturkontext des „Fin de siècle". Tübingen: Niemeyer, S. 61–74.

Gelber, Mark H. (Hg.) (2007): Stefan Zweig Reconsidered. New Perspectives on his Literary and Biographical Writings. Tübingen: Niemeyer.

Gelber, Mark H. (2007): Stefan Zweig as (Austrian) Eulogist. In: Ders. (Hg.): Stefan Zweig Reconsidered, S. 151–162.
Gelber, Mark H. (2008): Stefan Zweigs Nietzsche-Rezeption im Rahmen des Dämonischen. In: Birk, Matjaž/Eicher, Thomas (Hg.): Stefan Zweig und das Dämonische. Würzburg: Königshausen & Neumann, S. 45–54.
Gelber, Mark H. (2011): Stefan Zweig in Berlin und *Die Welt von Gestern*. In: Ders./Ludewig, Anna-Dorothea (Hg.): Stefan Zweig und Europa, S. 84–98.
Gelber, Mark H. (2012): Autobiography and History: Stefan Zweig, Theodor Herzl and *Die Welt von Gestern*. In: The Leo Baeck Institute Year Book 57/2012, S. 3–33.
Gelber, Mark H. (2013): Zweigs *Jeremias* und das zionistische biblische Drama. In: Peter, Birgit/Renoldner, Klemens (Hg.): Zweigs Theater, S. 77–86.
Gelber, Mark H. (2014): Mehrsprachigkeit und Stationen des Exils in der Literatur des Überlebens. Stefan Zweig, Fanya Gottesfeld Heller, Ruth Klüger. In: Bischoff, Doerte (Hg.): Sprache(n) im Exil. München: edition text + kritik, S. 232–242.
Gelber, Mark H. (2014): Stefan Zweig and the Concept of World Literature. In: Ders./Vanwesenbeeck, Birger (Hg.): Stefan Zweig and World Literature, S. 93–107.
Gelber, Mark H. (2014): Stefan Zweig, British Literature and European Sensibilities. In: Görner, Rüdiger/Renoldner, Klemens (Hg.): Zweigs England, S. 21–34.
Gelber, Mark H. (2014): Stefan Zweig, Judentum und Zionismus. Innsbruck u.a.: StudienVerlag.
Gelber, Mark H. (2014): Stefan Zweigs Traum von Europa. In: Heimann-Jelinek, Felicitas (Hg.): Die ersten Europäer. Habsburger und andere Juden – eine Welt vor 1914. Wien: Mandelbaum, S. 56–62.
Gelber, Mark H. (2015): Stefan Zweig und das Konzept der Weltliteratur. In: Ders./Zhang, Yi (Hg.): Aktualität und Beliebtheit, S. 15–29.
Gelber, Mark H. (2017): Stefan Zweig und das Judentum während seines ‚vierten Lebens'. In: Ders./Erdem, Elisabeth/Renoldner, Klemens (Hg.): Stefan Zweig – Jüdische Relationen, S. 221–236.
Gelber, Mark H./Erdem, Elisabeth/Renoldner, Klemens (Hg.) (2017): Stefan Zweig – Jüdische Relationen. Studien zu Werk und Biographie. Würzburg: Königshausen & Neumann.
Gelber, Mark H./Ludewig, Anna-Dorothea (Hg.) (2011): Stefan Zweig und Europa. Hildesheim u.a.: Olms.
Gelber, Mark H./Vanwesenbeeck, Birger (Hg.) (2014): Stefan Zweig and World Literature. Twenty-First-Century Perspectives. Rochester: Camden House.
Gelber, Mark H./Zelewitz, Klaus (Hg.) (1995): Stefan Zweig. Exil und Suche nach dem Weltfrieden. Riverside: Ariadne Press.
Gelbin, Cathy S. (2017): Zwischen Partikularismus und Universalismus: Jüdische Existenz und Kosmopolitismus in den Prosaschriften Stefan Zweigs. In: Gelber, Mark H./Erdem, Elisabeth/Renoldner, Klemens (Hg.): Stefan Zweig – Jüdische Relationen, S. 17–28.
Gemmel, Mirko (2011): Die Magie des Erinnerns und Vergessens in Stefan Zweigs *Buchmendel*. In: Meridian Critic 17/1/2011, S. 19–26.
Gerdes, Joachim (2010): „Das Objekt dient immer dem Subjekt nur als Vorwand" – Stefan Zweigs Essays. In: Brambilla, Marina M./Pirro, Maurizio (Hg.): Wege des essayistischen Schreibens im deutschsprachigen Raum (1900–1920). Amsterdam u.a.: Rodopi, S. 281–298.
Giacobbi, Lorena (2001): Eros e Thanatos in alcune novelle di Stefan Zweig. Diss. Univ. Macerata.
Gil, Maria de Fátima (2003): Stefan Zweig. „Entdecker" Brasiliens. In: Balzer, Bernd (Hg.): Annäherungen. Polnische, deutsche und internationale Germanistik. Hommage für Norbert Honsza zum 70. Geburtstag. Wroclaw: Oficyna Wydawn. ATUT, S. 278–286.
Gil, Maria de Fátima (2005): Lisboa não é Vigo. Apontamentos diarísticos de Stefan Zweig. In: Scheidl, Ludwig (Hg.): A cidade na literatura de expressão alemã. Coimbra: Faculdade de Letras, Univ. de Coimbra, S. 65–74.
Gil, Maria de Fátima (2008): Magellan im Kreis des Dämonischen. In: Birk, Matjaž/Eicher, Thomas (Hg.): Stefan Zweig und das Dämonische, S. 115–121.

Gil, Maria de Fátima (2008): Uma Biografia „Moderna" dos Anos 30. *Magellan. Der Mann und seine Tat* de Stefan Zweig. Coimbra: MinervaCoimbra e Centro Interuniversitário de Estudos Germanísticos.

Gil, Maria de Fátima (2010): Gago Coutinho und Stefan Zweigs *Magellan*. In: Hanenberg, Peter u. a. (Hg.): Kulturbau. Aufräumen, Ausräumen, Einräumen. Frankfurt a. M. u. a.: Lang, S. 79–88.

Giudicianni, Joseph (2010): Stefan Zweig, le voyageur de l'infini. Nizza: Éditions l'Infini.

[Gmünder, Stefan/Strigl, Daniela/Le Rider, Jacques/Weinzierl, Ulrich] (2015): Stefan Zweig – ein Autor aus der Welt von Gestern? Eine Diskussion. In: zweiheft 12/2015, S. 9–19.

Godé, Maurice (1990): Innovation littéraire et stéréotypes sociaux dans la nouvelle de Stefan Zweig *Angst* (1925). In: Cahiers d'études germaniques 19/1990, S. 171–179.

Godé, Maurice (1992): Lecteur implicite et lecteur réel dans la nouvelle de Stefan Zweig: *Angst*. In: Austriaca 17/34/1992, S. 65–75.

Goldschmidt, Hermann Levin (1997): Stefan Zweigs jüdisches Vermächtnis. In: Ders.: Werkausgabe in neun Bänden. Hg. v. Willi Goetschel. Bd. 4. Wien: Passagen, S. 275–296.

Goliath, Daniela (2004): Stefan Zweigs Humanitätsgedanke und dessen Fiktionalisierung in seinen novellistischen Studien und Legenden. Magisterarb. Univ. Karlsruhe.

Golomb, Jacob (2004): Stefan Zweig. The Jewish Tragedy of a Nietzschean „Free Spirit". In: Ders. (Hg.): Nietzsche and the Austrian Culture. Wien: WUV, S. 92–126.

Golomb, Jacob (2005): Stefan Zweig's Tragedy as a Nietzschean *Grenzjude*. In: Fraiman-Morris, Sarah (Hg.): Jüdische Aspekte Jung-Wiens im Kulturkontext des „Fin de siècle". Tübingen: Niemeyer, S. 75–93.

Golomb, Jacob (2007): Erasmus. Stefan Zweig's Alter-Ego. In: Gelber, Mark H. (Hg.): Stefan Zweig Reconsidered, S. 7–20.

Goodwin, Matthew D. (2008): The Brazilian Exile of Vilém Flusser and Stefan Zweig. In: Flusser Studies 7/2008, S. 1–9.

Görner, Rüdiger (2003): Schweigsame Dissonanzen. Zum Verhältnis zwischen Stefan Zweig und Richard Strauss. In: Eicher, Thomas (Hg.): Stefan Zweig im Zeitgeschehen des 20. Jahrhunderts, S. 77–91.

Görner, Rüdiger (2008): „Dialog mit den Nerven". Stefan Zweig und die Kunst des Dämonischen. In: Birk, Matjaž/Eicher, Thomas (Hg.): Stefan Zweig und das Dämonische, S. 36–44.

Görner, Rüdiger (2011): Erasmisches Bewusstsein. Über einen Empfindungs- und Denkmodus bei Stefan Zweig. In: Gelber, Mark H./Ludewig, Anna-Dorothea (Hg.): Stefan Zweig und Europa, S. 11–29. (Leicht abgewandelt unter dem Titel „Erasmisches Bewusstsein. Der humanistische Empfindungs- und Denkmodus bei Stefan Zweig" erschienen in: Görner, Rüdiger (2012): Stefan Zweig. Formen einer Sprachkunst. Wien: Sonderzahl, S. 44–59.)

Görner, Rüdiger (2011): Ghostwriter der Toten. Biographisches Erzählen bei Stefan Zweig. In: Sinn und Form 63/1/2011, S. 85–92.

Görner, Rüdiger (2012): Stefan Zweig. Formen einer Sprachkunst. Wien: Sonderzahl.

Görner, Rüdiger (2013): Die Unruhe des Stefan Zweig. In: zweiheft 9/2013, S. 8–11.

Görner, Rüdiger (2014): „Nebenan lockte Musik …". Zur Bedeutung des Beiläufigen in Stefan Zweigs Erzählen. In: Weimarer Beiträge 60/2/2014, S. 203–215.

Görner, Rüdiger (2014): Wie man wird, was man erinnert. Überlegungen zu Stefan Zweigs *Die Welt von Gestern*. In: Renoldner, Klemens (Hg.): Stefan Zweig – Abschied von Europa, S. 91–103.

Görner, Rüdiger (2015): Schreiben über Stefan Zweig. Vermischte Gedanken aus konkreten Anlässen. In: zweiheft 13/2015, S. 15–24.

Görner, Rüdiger/Renoldner, Klemens (Hg.) (2014): Zweigs England. Würzburg: Königshausen & Neumann.

Goßmann, Hans-Christoph (2015): *Rahel rechtet mit Gott*. Eine Legende von Stefan Zweig. In: Ders./Liß-Walther, Joachim (Hg.): Gestalten und Geschichten der Hebräischen Bibel im Spiegel der Literatur des 20. Jahrhunderts. Nordhausen: Bautz, S. 244–262.

2. Forschungsliteratur (Auswahl)

Greiner, Bernhard (2007): At Kithaeron Mountain. Stefan Zweig's Approach to the Daemonic. In: Gelber, Mark H. (Hg.): Stefan Zweig Reconsidered, S. 139–150.

Greschonig, Steffen (2008): Amok und Literatur. Zur fiktionalen Ästhetisierung eines sozialen Risikos bei Hermann Hesse und Stefan Zweig. In: Philologie im Netz 46/2008, S. 14–29.

Grill, Andrea (2008): Liebe und Tod, das Leichte und das Schwere. Über Stefan Zweigs Roman *Rausch der Verwandlung*. In: zweigheft 1/2008, S. 27–35.

Grill, Andrea (2014): Der frischeste Gegenstand inmitten der Postamtsutensilien. Zu Stefan Zweigs Roman *Rausch der Verwandlung* aus dem Nachlass. In: Renoldner, Klemens (Hg.): Stefan Zweig – Abschied von Europa, S. 169–176.

Große, Wilhelm (2007): Stefan Zweig. Die *Schachnovelle*. Kommentare, Diskussionsaspekte und Anregungen für den Unterricht. Hollfeld: Beyer.

Gruber, Gernot (2012): Stefan Zweigs ästhetische Ansichten zur Musik. In: Müller, Karl (Hg.): Stefan Zweig – Neue Forschung, S. 177–184.

Gruber, Petr (2013): Psychologie der Figuren in den Novellen von Stefan Zweig. Diplomarb. Univ. Brünn.

Habe, Hans (1968): Ein guter Schriftsteller. In: Arens, Hanns (Hg.): Stefan Zweig im Zeugnis seiner Freunde, S. 255–256.

Hackert, Fritz (2003): Stefan Zweigs Universum. Die Wunder von Geschichts- und Lebenswelt der *Sternstunden*. In: Eicher, Thomas (Hg.): Stefan Zweig im Zeitgeschehen des 20. Jahrhunderts, S. 209–223.

Haenel, Thomas (1995): Stefan Zweig. Psychologe aus Leidenschaft. Leben und Werk aus der Sicht eines Psychiaters. Düsseldorf: Droste.

Hahn, Susanne (2002): Ernst Weiß' *Mensch gegen Mensch* und Stefan Zweigs *Clarissa*. Parallelen und Tangenten im Lebensweg der Schriftsteller und medizinrelevante Reflexionen in diesen Werken zum Ersten Weltkrieg. In: Scholz, Albrecht (Hg.): Das Bild des jüdischen Arztes in der Literatur. Frankfurt a. M.: Mabuse, S. 80–91.

Hall, Murray G. (1992): Exilverlage – Verleger im Exil. In: Renoldner, Klemens/Holl, Hildemar/Karlhuber, Peter (Hg.): Stefan Zweig. Für ein Europa des Geistes, S. 53–63.

Hall, Murray G. (1994): Stefan Zweig und der Herbert Reichner Verlag. In: Gaede, Friedrich (Hg.): Hinter dem schwarzen Vorhang. Die Katastrophe und die epische Tradition. Tübingen: Francke, S. 157–166.

Handke, Peter (2014): Zwei Menschenkinder, Zwei Hochherzige. Zum Briefwechsel zwischen Romain Rolland und Stefan Zweig während des Ersten Weltkriegs. In: Rolland, Romain/Zweig, Stefan: Von Welt zu Welt, S. V–XVII. (Auch erschienen in Handke, Peter: Tage und Werke. Begleitschreiben. Berlin: Suhrkamp 2015, S. 116–131.)

Hannig-Wolfsohn, Doris/Wolfsohn, Matthias (1996): Wo der Pfeffer wächst – Gewürze als „Treibstoffe" der Weltgeschichte. Stefan Zweigs *Magellan* und die Wurzeln des Kolonialismus. In: Praxis Deutsch 23/138/1996, S. 63–66.

Häntzschel, Hiltrud (1993): Zur Ausstellung in der Münchner Stadtbibliothek: „Die Zeit gibt die Bilder, ich spreche nur die Worte dazu". Stefan Zweig 1881–1942. In: Aus dem Antiquariat 2/1993, S. A61–A64.

Hardman, Francisco Foot (2000): Brasilien, Ruinen der Gegenwart. In: Chiappini, Ligia (Hg.): Brasilien, Land der Vergangenheit?, S. 83–90.

Haslinger, Adolf (1992): Stefan Zweig und Salzburg. In: Renoldner, Klemens/Holl, Hildemar/Karlhuber, Peter (Hg.): Stefan Zweig. Für ein Europa des Geistes, S. 23–29.

Hemecker, Wilhelm/Huemer, Georg (2009): „Weltbildner" – Stefan Zweigs Essay über Balzac. In: Hemecker, Wilhelm (Hg.): Die Biographie – Beiträge zu ihrer Geschichte. Berlin, New York: de Gruyter, S. 253–271.

Henze, Volker (1988): Jüdischer Kulturpessimismus und das Bild des Alten Österreich im Werk Stefan Zweigs und Joseph Roths. Heidelberg: Winter.

Hess, Günter (1994): Walter Bauer and Stefan Zweig. The Literary and Personal Relationship. In: Riedel, Walter (Hg.): Der Wanderer. Aufsätze zu Leben und Werk von Walter Bauer. Bern u. a.: Lang, S. 23–34.

Heuer, Imke Wiebke (2013): Nicht-Ort „Hotel" – Hochstapler im „Rausch der Verwandlung". In: Kanne, Miriam (Hg.): Provisorische und Transiträume. Raumerfahrung Nicht-Ort. Berlin u. a.: LIT, S. 63–90.

Hey'l, Bettina (2000): Stefan Zweig im Ersten Weltkrieg. In: Schneider, Uwe (Hg.): Krieg der Geister. Erster Weltkrieg und literarische Moderne. Würzburg: Königshausen & Neumann, S. 263–291.

Hey'l, Bettina (2016): Stefan Zweig im Ersten Weltkrieg. Der Pazifismus eines Europäers mit Widersprüchen. In: Literaturkritik 18/2/2016, S. 51–84.

Hickman, Hannah (1999): Stefan Zweig. Europäer in gefährdeter Zeit. In: Daigger, Annette/Schröder-Werle, Renate/Thöming, Jürgen C. (Hg.): West-östlicher Divan zum utopischen Kakanien. Hommage à Marie-Louise Roth. Bern u. a.: Lang, S. 149–164.

Hieronymus, Frank (2008): Stefan Zweig – Franz Zinkernagel – Karl Geigy-Hagenbach. Briefwechsel zu Autographen, Literatur und Philologie in der Basler Universitätsbibliothek. In: Text 12/2008, S. 119–122.

Himmlmayr, Iris (2012): Stefan Zweig, das Alte Österreich und der Erste Weltkrieg: *Ungeduld des Herzens*. In: Müller, Karl (Hg.): Stefan Zweig – Neue Forschung, S. 49–71.

Himmlmayr, Iris (2012): Wer liest im heutigen Europa noch Stefan Zweig? In: zweiheft 7/2012, S. 29–33.

Himmlmayr, Iris (2014): Das Trauma des Ersten Weltkriegs. Einige Beobachtungen zu Stefan Zweigs Prosa. In: Renoldner, Klemens (Hg.): Stefan Zweig – Abschied von Europa, S. 67–77.

Himmlmayr, Iris (2014): Reception in Europe. In: Görner, Rüdiger/Renoldner, Klemens (Hg.): Zweigs England, S. 153–160.

Hobek, Friedrich W. (1993): Erläuterungen zu Stefan Zweig, *Schachnovelle*. Hollfeld: Bange.

Hochradner, Thomas (2012): Stefan Zweig und Salzburgs barockes Erbe. In: Studia Niemcoznawcze 49/2012, S. 155–167.

Hochreiter, Christina-Maria (2016): Stefan Zweig und die jiddische Literatur. Rezeption und Einfluss im literarischen Werk. Masterarb. Univ. Salzburg.

Hochreiter, Christina-Maria/Eidherr, Armin (2017): Stefan Zweig und die jiddische Literatur. In: Gelber, Mark H./Erdem, Elisabeth/Renoldner, Klemens (Hg.): Stefan Zweig – Jüdische Relationen, S. 121–132.

Höfle, Arnhilt Johanna (2012): Bis zum letzten Winkel der Erde. Zur Rezeption Stefan Zweigs in China. In: zweiheft 7/2012, S. 23–27.

Höfle, Arnhilt Johanna (2014): Habsburg Nostalgia and the Occidental Other. Chinese Perspectives on Stefan Zweig's Novellas. In: Journal of Austrian Studies 47/2/2014, S. 105–130.

Höfle, Arnhilt Johanna (2014): Stefan Zweig in China: Episodes of a Turbulent Reception History. In: Görner, Rüdiger/Renoldner, Klemens (Hg.): Zweigs England, S. 161–168.

Höfle, Arnhilt Johanna (2014): The Reception of Stefan Zweig's Women Novellas in China. Diss. Univ. of London.

Höfle, Arnhilt Johanna (2015): Rezeption als Netzwerk: Stefan Zweig in China. In: Zhang, Yi/Gelber, Mark H. (Hg.): Aktualität und Beliebtheit, S. 253–259.

Hoffer, Peter T. (1985): Stefan Zweig and the Meaning of Pity. In: Philological Papers 31/1985, S. 41–48.

Hoffer, Peter T. (1994): Stefan Zweig, Freud, and the Literary Transference. In: Literature and Psychology 40/1–2/1994, S. 10–23.

Hoffmann, Friedhelm (2016): Bücherschau (arabische Judaika) mit Anmerkungen zur arabischen Stefan-Zweig-Rezeption. In: Judaica 72/2/2016, S. 302–328.

Hoffmann, Friedhelm (2017): Zur arabischen Stefan-Zweig-Rezeption. In: zweiheft 17/2017, S. 27–34.

Holdenried, Michaela (2011): Vom „Volk ohne Raum" ins „Land der Zukunft". Stefan Zweigs melancholische brasilianische Utopie. In: Hernández, Isabel/Lubrich, Oliver (Hg.): Deutsche in Lateinamerika. Berlin: Weidler, S. 139–150.

Holl, Hildemar (1995): „Pazifistische" Aktivitäten Stefan Zweigs 1914–1921. In: Gelber, Mark H./Zelewitz, Klaus (Hg.): Stefan Zweig. Exil und Suche nach dem Weltfrieden, S. 33–58.

Holl, Hildemar (2009): Salzburger Bemühungen um Stefan Zweig seit 1961. In: Brügge, Joachim (Hg.): „Das Buch als Eingang zur Welt", S. 27–36.
Holl, Hildemar (2012): Stefan Zweigs biographische Kontakte zu Musikern. In: Müller, Karl (Hg.): Stefan Zweig – Neue Forschung, S. 185–207.
Holl, Hildemar (2013): Drei Stefan-Zweig-Sammlungen in Salzburg. In: Salz 39/153/2013, S. 9–12.
Holl, Hildemar (2015): Stefan Zweigs Blick auf fremde Städte und Länder, anhand ausgewählter Reisen des Dichters. Brügge (1902 und 1904), Indien (1909) und Detroit (1939). In: Zhang, Yi/Gelber, Mark H. (Hg.): Aktualität und Beliebtheit, S. 31–45.
Holländer, Hans (2007): Reflexionen. Ein Text und seine Bilder (Über die Illustrationen zur *Schachnovelle*). In: Poldauf, Susanna/Saremba, Andreas (Hg.): 65 Jahre *Schachnovelle*, S. 29–39.
Holzbach, Mathis Christian (2012): *Marie Antoinette* – Bericht über die Wiederentdeckung eines Werkmanuskripts Stefan Zweigs. In: ProLibris 17/2/2012, S. 88–91.
Holzner, Johann (1995): Friedensbilder in der österreichischen Exilliteratur. Über Stefan Zweig, Vicki Baum, Ernst Waldinger und Theodor Kramer. In: Zagreber Germanistische Beiträge 4/1995, S. 35–50.
Holzner, Johann (1999): Stefan Zweigs Brasilien-Bild. In: Schwamborn, Ingrid (Hg.): Die letzte Partie, S. 137–143.
Homann, Ursula (2006): Zum 125. Geburtstag von Stefan Zweig. Lange hat der große Humanist die braune Gefahr verkannt. In: Tribüne 45/179/2006, S. 145–151.
Honold, Alexander (1995): Land der Zukunft oder verlorenes Paradies? Brasilien im Blick der Exilautoren Alfred Döblin und Stefan Zweig. In: KultuRRevolution 32–33/1995, S. 65–68.
Horrocks, David (2011): Kosmopolitismus im Vergleich: Joseph Roth und Stefan Zweig. In: Lughofer, Johann Georg (Hg.): Joseph Roth. Europäisch-jüdischer Schriftsteller und österreichischer Universalist. Berlin, Boston: de Gruyter, S. 69–77.
Horvat, Dragutin (1986): Kafka, Zweig und kein Ende: Bemerkungen zu einer Bibliographie. In: Holzner, Johann (Hg.): Jugoslawien – Österreich. Literarische Nachbarschaft. Innsbruck: Institut für Germanistik, S. 119–127.
Hu, Wei (2003): Dichtung und Wahrheit. Wahrheitsproblematik in Stefan Zweigs Autobiographie *Die Welt von Gestern. Erinnerungen eines Europäers*. In: Literaturstraße 4/2003, S. 167–196.
Hu, Wei (2006): Auf der Suche nach der verlorenen Welt. Die kulturelle und die poetische Konstruktion autobiographischer Texte im Exil. Am Beispiel von Stefan Zweig, Heinrich Mann und Alfred Döblin. Frankfurt a.M. u.a.: Lang.
Hu, Wei (2015): Suche nach der verlorenen Welt im „edlen Wahn". In: Zhang, Yi/Gelber, Mark H. (Hg.): Aktualität und Beliebtheit, S. 237–243.
Huang, Keqin (2008): Xu Jingleis Verständnis von Stefan Zweigs Novelle *Brief einer Unbekannten*. In: Literaturstraße 9/2008, S. 213–223.
Huang, Keqin/Zhang, Menghan (2015): Zwei Frauen im Zwiespalt der Gefühle. Ein Vergleich anhand der Novellen *Brennendes Geheimnis* von Stefan Zweig und *Das goldene Joch* von Eileen Chang. In: Zhang, Yi/Gelber, Mark H. (Hg.): Aktualität und Beliebtheit, S. 135–144.
Hubmann, Philipp (2011): *Der Amokläufer*. Mythische Transformation eines kolonialistischen Topos bei Stefan Zweig und Else Lasker-Schüler. In: Jaśtal, Katarzyna u.a. (Hg.): Variable Konstanten. Mythen in der Literatur. Dresden, Wrocław: Neisse, S. 255–263.
Huemer, Georg (2011): Biographie als legitime Form der Geschichtsschreibung. Zu Stefan Zweig, *Die Geschichte als Dichterin*. In: Fetz, Bernhard/Hemecker, Wilhelm (Hg.): Theorie der Biographie. Grundlagentexte und Kommentar. Berlin, New York: de Gruyter, S. 191–197.
Huml, Ariane (2002): „... wilde, anarchische, unwahrscheinliche Zeit." Das Fin de siècle in den Autobiographien von Arthur Schnitzler und Stefan Zweig. In: Fludernik, Monika (Hg.): Fin de siècle. Trier: WVT, S. 301–321.
Hunger, Madlen (2010): „Nur das erste Wort ist schwer". Erzählanfänge in den novellistischen und biographischen Texten Stefan Zweigs. Diss. Univ. Bonn.

Hurst, Matthias (2004): "... und es begann der tiefere Traum seines Lebens." Diskursebenen der Initiation in Stefan Zweigs Novelle *Brennendes Geheimnis*. In: Zeitschrift für Germanistik N. F. 14/1/2004, S. 67–82.

Ibañez Amargós, Joan (2010): La novela biográfica como punto de contacto hispanogermánico. „Cumbre apagada", Jarnés sobre Zweig. In: Jarillot Rodal, Cristina (Hg.): Bestandsaufnahme der Germanistik in Spanien. Kulturtransfer und methodologische Erneuerung. Bern u. a.: Lang, S. 457–464.
Iehl, Yves (1992): Stefan Zweig und Arthur Schnitzler. In: Austriaca 17/34/1992, S. 109–119.
Iehl, Yves (1995): Au déclin de la tragédie. In: Europe 73/794/1995, S. 96–103.
Iehl, Yves (1997): Stefan Zweig et Joseph Roth. In: Labaye, Pierre (Hg.): L'Allemagne, des Lumières à la Modernité. Mélanges offerts à Jean-Louis Bandet. Rennes: Presses Univ. de Rennes, S. 283–293.
Ihonen, Markku (1986): Tat Vaaskivi und Stefan Zweig. Bekanntschaft mit Zweigs Werk. In: Gimpl, Georg (Hg.): Weder – noch. Tangenten zu den finnisch-österreichischen Kulturbeziehungen. Helsinki: Deutsche Bibliothek, S. 273–276.

Jacobi, Hansres (1985): „Immer zurück zum Menschen." Stefan Zweig in seinen Tagebüchern. In: Neue Zürcher Zeitung und schweizerisches Handelsblatt, 10. 05. 1985, S. 41–42.
Jäger, Dietrich (1986): Die Hauptthematik von Ben Jonsons *Volpone*. Mit vergleichenden Hinweisen auf Stefan Zweigs Nachdichtung und mit Vorschlägen für die Behandlung im Unterricht. In: Literatur in Wissenschaft und Unterricht 19/1986, S. 177–194.
Janko, Anton (2008): Leidenschaft und ihre Folgen für Maria Stuart. In: Birk, Matjaž/Eicher, Thomas (Hg.): Stefan Zweig und das Dämonische, S. 122–127.
Jarnés, Benjamín (2010): Stefan Zweig, cumbre apagada. Torrelavega, Cantabria: Quálea Ed.
Jens, Walter (2000): „Ich brauche einen Dichter!" – „Erst die Musik, und dann die Worte". Richard Strauss und Stefan Zweig. In: Das Plateau 61/2000, S. 6–21.
Jens, Walter (2001): Nachdenken über einen Europäer. Augsburger Rede auf Stefan Zweig. In: Literatur in Bayern 63/2001, S. 2–9.
Jiang, Li (2015): Das Menschenbild in *Sternstunden der Menschheit*. In: Zhang, Yi/Gelber, Mark H. (Hg.): Aktualität und Beliebtheit, S. 209–217.
Jin, Xiuli (2004): Der Kampf mit dem Dämon. Stefan Zweigs literarische Typisierung des Genialischen. Hamburg: Kovač.
Jin, Xiuli (2015): In der geistigen Strömung der Zeit. Über die Darstellung des Psychopathologischen und des Genialischen in Stefan Zweigs *Der Kampf mit dem Dämon*. In: Zhang, Yi/Gelber, Mark H. (Hg.): Aktualität und Beliebtheit, S. 121–133.
Jordá, Eduardo (2014): Mendel, el de los libros [1929]. In: Ders.: Lo que tiene alas. De Gógol a Raymond Carver. Sevilla: Fundación José Manuel Lara, S. 121–126.
Jost, Werner (1989): „… eine magische Anziehung auf meine Phantasie." Stefan Zweig und Belgien. In: Sprachkunst 20/1989, S. 259–70.

Kagan, Gennadi E. (1999): Das Schicksal des Zweigschen Buches *Die Welt von Gestern* in der UdSSR. In: Schmid-Bortenschlager, Sigrid/Riemer, Werner (Hg.): Stefan Zweig lebt, S. 189–192.
Kagan, Gennadi E. (1999): Stefan Zweig im postkommunistischen Russland. In: Schmid-Bortenschlager, Sigrid/Riemer, Werner (Hg.): Stefan Zweig lebt, S. 131–140.
Keller, Jasmin (2008): Stefan Zweig's Psychology. A 'heroic Identification' with Sigmund Freud or his own 'Attempt at the Typology of the Spirit'? Magisterarb. Univ. London.
Kelz, Robert (2014): True to Himself. Stefan Zweig's Visit to Argentina in September 1936. In: Gelber, Mark H./Vanwesenbeeck, Birger (Hg.): Stefan Zweig and World Literature, S. 155–172.
Kerschbaumer, Gert (1992): Der abgezweigte Weg. Eine nationale Burleske. In: Laher, Ludwig (Hg.): Der Genius loci überzieht die Stadt. Beiträge zum Symposium der Salzburger Autorengruppe. Berlin: Guthmann-Peterson, S. 54–77.

2. Forschungsliteratur (Auswahl)

Kerschbaumer, Gert (2003): Der Festspieldichter Stefan Zweig. In: Eicher, Thomas (Hg.): Stefan Zweig im Zeitgeschehen des 20. Jahrhunderts, S. 59–75.
Kerschbaumer, Gert (2003): Stefan Zweig. Der fliegende Salzburger. Salzburg u.a.: Residenz.
Kerschbaumer, Gert (2007): Stefan Zweigs Ekel vor jeglicher Politik. In: Gelber, Mark H. (Hg.): Stefan Zweig Reconsidered, S. 79–90.
Kerschbaumer, Gert (2008): Stefan Zweig, ein Festspielgründer? Eine wunderliche Episode in der Gründungsgeschichte, bei der Stefan Zweig seine Hand im Spiel hatte. In: zweiheft 1/2008, S. 37–39.
Kerschbaumer, Gert (2008): „Laß uns einmal wie zwei Dichter leben." Der Dämon der Zwietracht in den unverfälschten Ehebriefen. In: Birk, Matjaž/Eicher, Thomas (Hg.): Stefan Zweig und das Dämonische, S. 128–142.
Kerschbaumer, Gert (2009): Kapuzinerberg 5 – Beletage und Souterrain. In: zweiheft 2/2009, S. 31–37.
Kerschbaumer, Gert (2010): *Widerstand der Wirklichkeit* oder *Reise in die Vergangenheit*. In: zweiheft 3/2010, S. 23–28.
Kerschbaumer, Gert (2011): Stefan Zweigs *Schachnovelle*: seine Identitäts- und Existenzkrise. In: Gelber, Mark H./Ludewig, Anna-Dorothea (Hg.): Stefan Zweig und Europa, S. 221–230.
Kerschbaumer, Gert (2011): *Widerstand der Wirklichkeit/Die Reise in die Vergangenheit*. In: Battiston, Régine/Renoldner, Klemens (Hg.): „Ich liebte Frankreich wie eine zweite Heimat", S. 145–155.
Kerschbaumer, Gert (2011): Stefan Zweigs Cousine Olga. In: zweiheft 5/2011, S. 28–31.
Kesten, Hermann (1956): Stefan Zweig, der Freund. In: Arens, Hanns (Hg.): Der große Europäer Stefan Zweig, S. 163–179. (Auch erschienen in: Arens, Hanns (Hg.) (1968): Stefan Zweig im Zeugnis seiner Freunde, S. 135–145.)
Kestler, Izabela Maria Furtado (1992): Die Exilliteratur und das Exil deutschsprachiger Schriftsteller und Publizisten in Brasilien. Frankfurt a.M. u.a.: Lang.
Keun, Irmgard (1956): Stefan Zweig, der Emigrant. In: Arens, Hanns (Hg.): Der große Europäer Stefan Zweig, S. 197–199. (Auch erschienen in: Arens, Hanns (Hg.) (1968): Stefan Zweig im Zeugnis seiner Freunde, S. 160–161.)
Kimura, Naoji (2015): Stefan Zweigs Auffassung vom Goetheschen Dichtertum. In: Zhang, Yi/Gelber, Mark H. (Hg.): Aktualität und Beliebtheit, S. 47–57.
King, Lynda J. (2004): The Parallel Lives of two Austrian Superstars. Vicki Baum and Stefan Zweig. In: Modern Austrian Literature 37/3–4/2004, S. 13–31.
Kisch, Egon Erwin (1985): Über den Tod Stefan Zweigs. In: Ders.: Läuse auf dem Markt. Vermischte Prosa. Gesammelte Werke in Einzelausgaben. Bd. 10. Hg. v. Bodo Uhse u. Gisela Kisch, fortgeführt v. Fritz Hofmann u. Josef Poláček. Berlin, Weimar: Aufbau, S. 172–174.
Kiser, John W. (1998): La mort de Stefan Zweig. Mort d'un homme moderne. Toulouse: Presses Univ. du Mirail.
Kiséry, Eszter (2002): Sensation, Diskussion und Gedenkjahre. Stefan Zweig in der ungarischen Presse. In: Barota, Mária u.a. (Hg.): Sprache(n) und Literatur(en) im Kontakt. Szombathely: Lehrstuhl für Dt. Sprache und Literatur der Pädagogischen Hochschule „Dániel Berzsenyi", S. 269–276.
Klaghofer-Treitler, Wolfgang (2015): Über die Verzweiflung hinaus. Das Jahrhundert zwischen Stefan Zweig und Aharon Appelfeld. Göttingen: V&R unipress/Wien: Vienna Univ. Press.
Klawiter, Randolph J. (1987): The Reception of Stefan Zweig in the United States: A bibliographical Account. In: Modern Austrian Literature 20/3–4/1987, S. 43–53.
Klein, Monika/Klein, Michael (1993): Stefan Zweig. Bibliographie zur Rezeption in deutschsprachigen Tages- und Wochenzeitungen 1961–1991. Innsbruck: Innsbrucker Zeitungsarchiv zur deutsch- und fremdsprachigen Literatur.
Klüger, Ruth (2014): Selbstverhängte Einzelhaft: Die *Schachnovelle* und ihre Vorgänger. In: Renoldner, Klemens (Hg.): Stefan Zweig – Abschied von Europa, S. 105–122.
Knobloch, Hans-Jörg (2000): Jugend um die Jahrhundertwende. Im Spiegel der Autobiographien von Arthur Schnitzler, Stefan Zweig und Ernst Toller. In: Donahue, William C. (Hg.): History and Literature. Essays in Honor of Karl S. Guthke. Tübingen: Stauffenberg, S. 259–270.

Koch, Hans-Albrecht (1999): „Privatim habe ich getan, was ich konnte". Zur Gesinnungsethik in Stefan Zweigs Briefen. In: Schmid-Bortenschlager, Sigrid/Riemer, Werner (Hg.): Stefan Zweig lebt, S. 83–94.
Koch, Hans-Albrecht (2003): Ästhetischer Widerstand oder politischer Eskapismus? Vom *Erasmus*-Buch zur *Schachnovelle*. In: Eicher, Thomas (Hg.): Stefan Zweig im Zeitgeschehen des 20. Jahrhunderts, S. 43–58.
Koch, Hans-Albrecht (2008): Geschichte als „geheimnisvolle Werkstatt Gottes". Dämonisches in Zweigs *Sternstunden der Menschheit*. In: Birk, Matjaž/Eicher, Thomas (Hg.): Stefan Zweig und das Dämonische, S. 107–114.
Kocher, Ursula (2013): Der Schein von Gegenwart. Stefan Zweigs Auseinandersetzung mit Indien. In: Maillard, Christine (Hg.): Les intellectuels européens et l'Inde au XXe siècle/ Indienerfahrung und Indiendiskurse europäischer Intellektueller im 20. Jahrhundert. Straßburg: Presses Univ. de Strasbourg, S. 107–124.
Kolb, Sonja (2004): Stefan Zweig – *Schachnovelle*. Analyse und Interpretation. München: Grin.
Koogan, Abrahão (1995): Über die letzten Monate mit Stefan und Lotte Zweig. In: Gelber, Mark H./Zelewitz, Klaus (Hg.): Stefan Zweig. Exil und Suche nach dem Weltfrieden, S. 327–331.
Koogan, Abrahão (1999): Eine besondere Freundschaft. In: Schwamborn, Ingrid (Hg.): Die letzte Partie, S. 31–37.
Koopmann, Helmut (1990): Humanist unter Waffen. Über Stefan Zweig, *Triumph und Tragik des Erasmus von Rotterdam* (1935). In: Reich-Ranicki, Marcel (Hg.): Romane von gestern – heute gelesen. Bd. 3: 1933–1945. Frankfurt a.M.: S. Fischer, S. 76–82.
Koopmann, Helmut (2004): Identitätssuche. Stefan Zweigs Tagebücher. In: Strelka, Joseph P. (Hg.): Lyrik – Kunstprosa – Exil. Festschrift für Klaus Weissenberger zum 65. Geburtstag. Tübingen: Francke, S. 214–234.
Kory, Beate Petra (2007): Im Spannungsfeld zwischen Literatur und Psychoanalyse. Die Auseinandersetzung von Karl Kraus, Fritz Wittels und Stefan Zweig mit dem „großen Zauberer" Sigmund Freud. Stuttgart: Ibidem.
Kory, Beate Petra (2008): Literatur und Psychoanalyse. Ein Dialog oder ein unauflösliches Spannungsfeld am Beispiel der Novelle Stefan Zweigs *Vierundzwanzig Stunden aus dem Leben einer Frau*. In: Kordics, Noémi (Hg.): Wissenschaften im Dialog. Studien aus dem Bereich der Germanistik 2. Großwardein: Partium, S. 37–50.
Kovář, Jaroslav (1997): Vertraut und fremd. Österreichische Autoren in tschechischen Übersetzungen. Am Beispiel Stefan Zweig, Arthur Schnitzler und Peter Handke. In: Brünner Beiträge zur Germanistik und Nordistik 11/1997, S. 97–104.
Kozak, Rafał (2015): Die Sehnsucht nach Frieden in Stefan Zweigs Autobiographie *Die Welt von Gestern. Erinnerungen eines Europäers*. In: Studia Niemcoznawcze 55/2015, S. 495–506.
Kozonkova, Olga (2009): Zur Dostojewski-Rezeption in Österreich. Der Fall Stefan Zweig. In: Bombitz, Attila u.a. (Hg.): Österreichische Literatur ohne Grenzen. Gedenkschrift für Wendelin Schmidt-Dengler. Wien: Praesens, S. 265–274.
Kramer-Drużycka, Susanne (2004): Analyse des Leitmotivs der Körperbehinderung von Romanprotagonistinnen in Luise Büchners *Das Schloss zu Wimmis* und Stefan Zweigs *Ungeduld des Herzens*. In: Hausberg, Elke (Hg.): „Feder und Wort sind Euch gegeben, so gut wie dem Manne!" Studien und Briefe zu Luise Büchners Leben und Werk. Darmstadt: Justus-von-Liebig-Verlag, S. 107–153.
Krapoth, Stéphanie (2011): Le Monde d'hier, plus qu'une autobiographie. In: Maillard, Christophe/Statius, Pierre (Hg.): François Furet – Révolution française, Grande Guerre, communisme. Paris: Editions du cerf, S. 153–171.
Krüger, Tobias (2014): Zweigs *Amerigo* und die Sehnsucht nach der Neuen Welt. In: Renoldner, Klemens (Hg.): Stefan Zweig – Abschied von Europa, S. 147–157.
Kübler, Petra (2016): Identität und Individualisierung in Stefan Zweigs Novelle *Die Wunder des Lebens*. Ein intertextueller Vergleich. Diplomarb. Univ. Salzburg.
Kugler, Stefani (2015): Den Irrsinn in Schach halten. Zur literarischen Auseinandersetzung mit totaler Herrschaft in Stefan Zweigs *Schachnovelle*. In: Immer, Nikolas/Kugler, Stefani/Ruge,

Nikolaus (Hg.): Grenzen & Gestaltung. Figuren der Unterscheidung und Überschreitung in Literatur und Sprache. Trier: WVT, S. 169–180.

Küpper, Achim (2008): Der Sturz ins Leere: Die Dämonie von Verlassenheit und Fremde in den Erzählungen Stefan Zweigs. In: Birk, Matjaž/Eicher, Thomas (Hg.): Stefan Zweig und das Dämonische, S. 215–235.

Küpper, Achim (2009): „Eine Fährte, die ins Dunkel läuft". Das Scheitern epochaler Übergänge und die Dehumanisation des Menschen: Stefan Zweigs *Brennendes Geheimnis*. In: Modern Austrian Literature 42/2/2009, S. 17–39.

Ladenbauer, Werner (2001): Stefan Zweigs Autobiographie *Die Welt von Gestern. Erinnerungen eines Europäers*. Diss. Univ. Wien.

Ladenburger, Michael (Hg.) (2015): Das „kollektive Sammler-Empfinden" – Stefan Zweig als Sammler und Vermittler von Beethoveniana. Begleitbuch zu einer Ausstellung des Beethoven-Hauses Bonn. Bonn: Beethoven-Haus.

Lafaye, Jean-Jacques (1992): Stefan Zweig à Petrópolis. In: Austriaca 17/34/1992, S. 121–125.

Lafaye, Jean-Jacques (1995): Nostalgias Europeas. Una Vida de Stefan Zweig. Barcelona: Ed. Juventud.

Lafaye, Jean-Jacques (1999): Stefan Zweig. Un Aristocrate juif au Cœur de l'Europe. Paris: Editions du Félin.

Lafaye, Jean-Jacques (2002): Stefan Zweig y Georges Bernanos en el Nuevo Mundo. In: Cuadernos Hispanoamericanos 628/2002, S. 61–72.

Lafaye, Jean-Jacques (2010): L'avenir de la nostalgie. Une vie de Stefan Zweig. Paris: Hermann.

Lafer, Celso (2017): Der Pazifismus Stefan Zweigs. In: zweiheft 16/2017, S. 11–14.

Landthaler, Bruno (1996): Das „göttliche" Schach: Die *Schachnovelle* von Stefan Zweig. In: Menora 7/1996, S. 250–264.

Landthaler, Bruno/Liss, Hanna (1996): Der Konflikt des Bileam: Irreführungen in der *Schachnovelle* von Stefan Zweig. In: Zeitschrift für Germanistik N. F. 6/2/1996, S. 384–398.

Langer, Gerhard (2009): Stefan Zweig und die jüdische Religion. In: Brügge, Joachim (Hg.): „Das Buch als Eingang zur Welt", S. 39–66.

Langheiter-Tutschek, Matthias (2004): Ellen Key und Stefan Zweig. Markierungspunkte einer Beziehung. In: Text & Kontext 26/1/2004, S. 104–118.

Lanthaler, Andrea (1988): Spiel, Eros und Tod in Stefan Zweigs Novellistik. Eine Motivgeschichte. Diplomarb. Univ. Innsbruck.

Larcati, Arturo (2011): Stefan Zweig und Enrico Rocca. Eine Freundschaft in dunklen Jahren. In: zweiheft 5/2011, S. 22–27.

Larcati, Arturo (2013): Die Dramen von Stefan Zweig. Ein kritischer Überblick. In: Peter, Birgit/Renoldner, Klemens (Hg.): Zweigs Theater, S. 29–52.

Larcati, Arturo (2013): „Sua Excelência …": O escritor e o ditador/„Your Excellency …": The Writer and the Dictator. In: Michahelles, Kristina (Hg.): „I Counted on your Word, and it was like a Rock". How Stefan Zweig Saved the Doctor Giuseppe Germani from Mussolini's Prisons. Unpublished Letters from the Correspondence between Stefan Zweig and Elsa Germani 1921–1937. Petrópolis: Casa Stefan Zweig, S. 19–33.

Larcati, Arturo (2014): Stefan Zweig als Autor von Dramen und sein Verhältnis zu den Salzburger Festspielen. In: Renoldner, Klemens (Hg.): Stefan Zweig – Abschied von Europa, S. 187–199.

Larcati, Arturo (2014): „Wie ein beschwingter Vogel". Stefan Zweigs Bearbeitung von Ben Jonsons *Epicoene or the Silent Woman*: das Libretto für *Die schweigsame Frau*. In: Görner, Rüdiger/Renoldner, Klemens (Hg.): Zweigs England, S. 65–86.

Larcati, Arturo (2015): „Vielstimmig eines Sinnes". Zum Briefwechsel zwischen Stefan Zweig und Romain Rolland während des Ersten Weltkrieges. In: Schiffermüller, Isolde/Conterno, Chiara (Hg.): Briefkultur. Transformationen epistolaren Schreibens in der deutschen Literatur. Würzburg: Königshausen & Neumann, S. 143–160.

Larcati, Arturo (2015): Geremia e Cassandra. Stefan Zweig e Bertha von Suttner. Due intellettuali al servizio della pace. In: Filippi, Paola Maria (a cura di): Parlare di pace in tempo di

guerra. Bertha von Suttner e altre voci del pacifismo europeo. Memorie della Accademia Roveretana degli Agiati, nuova serie 3. Rovereto: Accademia Roveretana degli Agiati & Edizioni Osiride, S. 149–170.
Larcati, Arturo (2015): Lavinia Mazzucchetti e l'eredità letteraria e morale di Stefan Zweig. In: Antonello, Anna (Hg.): „Come il cavaliere sul lago di Costanza". Lavinia Mazzucchetti e la cultura tedesca in Italia. Mailand: Fondazione Arnoldo e Alberto Mondadori, S. 37–42.
Larcati, Arturo (2016): Jeremias und Kassandra. Stefan Zweig und Bertha von Suttner. Zwei Intellektuelle im Dienste des Friedens. In: Lughofer, Johann Georg/Pesnel, Stéphane (Hg.): Literarischer Pazifismus und pazifistische Literatur. Bertha von Suttner zum 100. Todestag. Würzburg: Königshausen & Neumann, S. 109–131.
Larcati, Arturo (2016): Stefan Zweig und Dante Alighieri. In: Deutsches Dante-Jahrbuch 91/1/2016, S. 155–180.
Larcati, Arturo (2017): Eine Jugend in Wien. Alberto Stringas Freundschaft mit Stefan Zweig. In: Wörgötter, Martina (Hg.): Stefan Zweig. Positionen der Moderne, S. 147–176.
Lasalle, José María (2003): Stefan Zweig or Liberalism as Fate. In: Revista de Occidente 07/2003.
Łatciak, Małgorzata (2001): Zur Debatte über die Stefan Zweig-Rezeption. In: Studia Niemcoznawcze 22/2001, S. 547–554.
Łatciak, Małgorzata (2002): Die Charakteristik der Gestalten in den Novellen Stefan Zweigs. *Der Amokläufer, Der* [sic] *Brief einer Unbekannten* und *Die* [sic] *Schachnovelle* unter der Berücksichtigung der Bauform dieser Werke. In: Studia Niemcoznawcze 23/2002, S. 491–505.
Lăzărescu, Mariana-Virginia (2003): Zur Rezeption Stefan Zweigs im Wandel der politischen Verhältnisse in Rumänien. In: Eicher, Thomas (Hg.): Stefan Zweig im Zeitgeschehen des 20. Jahrhunderts, S. 293–304.
Le Magazine Littéraire 245/1987; 351/1997; 486/2009; 525/2012; 531/2013
Le Magazine Littéraire (Nouveaux Regards) 1/2013; 5/2013
Le Rider, Jacques (1989): Stefan Zweig und Frankreich. In: Österreich in Geschichte und Literatur 33/1989, S. 31–43.
Le Rider, Jacques (1992): *Clarissa*. In: Austriaca 17/34/1992, S. 85–90.
Le Rider, Jacques (1995): Représentations de la condition juive. In: Europe 73/794/1995, S. 37–54.
Le Rider, Jacques (1995): Stefan Zweig – Darstellungen des Judentums in den Erzählungen der dreißiger und vierziger Jahre. In: Gelber, Mark H./Zelewitz, Klaus (Hg.): Stefan Zweig. Exil und Suche nach dem Weltfrieden, S. 206–224.
Le Rider, Jacques (2013): Französische Übersetzung und Kommentar von Stefan Zweig: Introduction à *E. M. Lilien. Son oeuvre* (1903). In: Approches. Revue trimestrielle de Sciences Humaines 156/2013, S. 49–81.
Le Rider, Jacques (2017): Europäertum und Judentum im Kontext der Freundschaft von Romain Rolland und Stefan Zweig. In: Gelber, Mark H./Erdem, Elisabeth/Renoldner, Klemens (Hg.): Stefan Zweig – Jüdische Relationen, S. 155–174.
Le Rider, Jacques (2017): Stefan Zweig und Hippolyte Taine. In: Wörgötter, Martina (Hg.): Stefan Zweig. Positionen der Moderne, S. 17–49.
Leão, Luiz Geraldo de Miranda (1999): Stefan Zweig, das Schach und ein Remis: Tartakowers 13. Partie. In: Schwamborn, Ingrid (Hg.): Die letzte Partie, S. 297–305.
Lefebvre, Jean-Pierre (2013): Stefan Zweig in der Pléiade. In: zweigheft 10/2013, S. 25–31.
Lefebvre, Jean-Pierre (2015): *Die Welt von Gestern*. In: zweigheft 13/2015, S. 9–14.
Lefebvre, Jean-Pierre (2017): Vorwort zur *Pléiade*-Ausgabe von Stefan Zweigs erzählerischem Werk. In: Wörgötter, Martina (Hg.): Stefan Zweig. Positionen der Moderne, S. 193–246.
Lembke, Gerrit (2009): Raum, Zeit und Handlung in Stefan Zweigs *Schachnovelle*. In: Literatur in Wissenschaft und Unterricht 42/4/2009, S. 225–236.
Lenjani, Ilir (2009): Stefan Zweig im Exil. Diplomarb. Univ. Wien.
Lensing, Leo A. (1999): „Filmideen" – Wien 1937. Ein Briefwechsel zwischen Felix Pollak und Stefan Zweig. In: Weimarer Beiträge 45/1/1999, S. 82–93.

Lensing, Leo A. (2015): Marshmallows. In: zweiheft 13/2015, S. 25–35.
Lernet-Holenia, Alexander (1956): Ich wollte, er lebte uns noch! In: Arens, Hanns (Hg.): Der große Europäer Stefan Zweig, S. 108–109. (Auch erschienen in: Arens, Hanns (Hg.) (1968): Stefan Zweig im Zeugnis seiner Freunde, S. 84.)
Leser, Norbert (1987): Der zeitgeschichtliche Hintergrund des Werkes von Stefan Zweig. In: Gelber, Mark H. (Hg.): Stefan Zweig heute, S. 10–24.
Lesnig, Günther (1995): 60 Jahre *Die schweigsame Frau*. In: Richard Strauss-Blätter 34/1995, S. 57–110.
Lesser, Jeffrey (1995): Welcoming the Undesirables: Brazil and the Jewish Question. Berkeley: Univ. of California Press.
Leventhal, Jean H. (2000): A Public Memorial in a True European. Stefan Zweig's Autograph Collection and the British Library. In: Modern Austrian Literature 33/2/2000, S. 23–36.
Lévy, Alfred (1998): Stefan Zweig oder vom Geist der Bewunderung. In: Rattner, Josef/Danzer, Gerhard (Hg.): Österreichische Literatur und Psychoanalyse. Literaturpsychologische Essays über Nestroy, Ebner-Eschenbach, Schnitzler, Kraus, Rilke, Musil, Zweig, Kafka, Horváth, Canetti. Würzburg: Königshausen & Neumann, S. 189–219.
Liani, Tatiana (2007): „Zum Emigranten habe ich kein Talent". Stefan Zweig's Exile in London. In: Brinson, Charmian (Hg.): „Immortal Austria"? Austrians in Exile in Britain. Amsterdam: Rodopi, S. 33–47.
Liebminger, Barbara (1989): Stefan Zweig als Librettist von Richard Strauss. Diplomarb. Univ. Wien.
Lipburger, Peter M. (1977): Stefan Zweigs *Schachnovelle*. Ihre Analyse und Interpretation, nebst einem Exkurs über Stefan Zweig in Salzburger Tageszeitungen (1919–1934). Diss. Univ. Salzburg.
Liska, Vivian (2007): A Spectral Mirror Image. Stefan Zweig and his Critics. In: Gelber, Mark H. (Hg.): Stefan Zweig Reconsidered, S. 203–217.
Loewy, Ernst (1995): Stefan Zweigs *Die Welt von Gestern*. In: Ders.: Zwischen den Stühlen. Essays und Autobiographisches aus 50 Jahren. Hamburg: Europäische Verlagsanstalt, S. 165–171.
Loewy, Ernst (1995): Utopie als Ideologie: Eine Rezension über Stefan Zweigs *Die Welt von Gestern* aus dem Jahr 1945. In: Spies, Bernhard (Hg.): Ideologie und Utopie in der deutschen Literatur der Neuzeit. Würzburg: Königshausen & Neumann, S. 171–174.
Longuet-Marx, Anne (1992): Histoire d'amours: A propos de *La confusion des sentiments* de Stefan Zweig. In: Austriaca 17/34/1992, S. 97–102.
Ludewig, Anna-Dorothea (2011): Zwischen literarischem Nationalismus und europäischer Kulturnation. Stefan Zweig und Karl Emil Franzos im Spiegel der Zeitschrift *Deutsche Dichtung*. In: Dies./Gelber, Mark H. (Hg.): Stefan Zweig und Europa, S. 193–207.
Lühe, Barbara von der (2015): Transformationen der Einsamkeit. Max Ophüls' und Xu Jingleis filmische Adaptionen von Stefan Zweigs *Brief einer Unbekannten*. In: Literaturstraße 16/2015, S. 377–395.
Lukačovičová, Ivana (1996): Stefan Zweig und die Welt von heute. In: Gimpl, Georg (Hg.): Mitteleuropa. Mitten in Europa. Helsinki: Oy Finn Lectura, S. 133–137.
Lumerding, Birgit (1999): Das Bild der Gouvernante in den Werken *Die Gouvernante* von Stefan Zweig, *Therese. Chronik eines Frauenlebens* von Arthur Schnitzler und *Die Schwestern Kleh* von Gina Kaus. Diplomarb. Univ. Wien.
Lunzer, Renate (1995): „Was für ein Zeitalter haben wir uns ausgesucht!" Zu 31 unveröffentlichten Briefen von Stefan Zweig an Enrico Rocca aus den Jahren 1930 bis 1938. In: Sprachkunst 26/2/1995, S. 295–313.
Lunzer, Renate (1996): „Che tempi ci siamo scelti!" Lettere inedite di Stefan Zweig a Enrico Rocca (1930–38). In: Cultura tedesca 6/1996, S. 169–183.
Lützeler, Paul Michael (1997): Neuer Humanismus. Das Europa-Thema in Exilromanen von Thomas und Heinrich Mann, Lion Feuchtwanger und Stefan Zweig. In: Ders.: Europäische Identität und Multikultur. Fallstudien zur deutschsprachigen Literatur seit der Romantik. Tübingen: Stauffenburg, S. 107–125.

Maass, Joachim (1956): Die letzte Begegnung. In: Arens, Hanns (Hg.): Der große Europäer Stefan Zweig, S. 206–215. (Auch erschienen in: Arens, Hanns (Hg.) (1968): Stefan Zweig im Zeugnis seiner Freunde, S. 166–171.)

Magniez, Michel (2010): La république romaine en palimpseste. Une (re)lecture de Georg Brandes par Stefan Zweig. In: Bourguignon, Annie (Hg.): Grands courants d'échanges intellectuels: Georg Brandes et la France, l'Allemagne, l'Angleterre. Bern: Lang, S. 385–399.

Magris, Claudio (2016): Stefan Zweig: Requiem für das liberale Europa. Ein nobler Schriftsteller, der fähig war, Nein zum Leben zu sagen. In: zweigheft 14/2016, S. 9–15.

Maille, Anick (1993): Ethique et Esthétique chez Rilke à la Lueur d'un témoignage de Stefan Zweig. In: Assoun, Paul-Laurent (Hg.): Analyses et Réflexions sur Rilke. Lettres à un jeune poète. Paris: Ed. Marketing 1993, S. 13–17.

Malamud, Samuel (1999): Begegnungen mit Stefan Zweig. In: Schwamborn, Ingrid (Hg.): Die letzte Partie, S. 39–44.

Maldonado-Alemán, Manuel (2007): Über das Ende der Humanität. Stefan Zweig und Goya. In: Danler, Paul u.a. (Hg.): Österreich, Spanien und die europäische Einheit. Innsbruck: Innsbruck Univ. Press, S. 131–152.

Mann, Klaus (1956): Er war ein Verzweifelter … In: Arens, Hanns (Hg.): Der große Europäer Stefan Zweig, S. 200–202. (Auch erschienen in: Arens, Hanns (Hg.) (1968): Stefan Zweig im Zeugnis seiner Freunde, S. 162–163.)

Mann, Thomas (1956): Stefan Zweig zum zehnten Todestag 1952. In: Arens, Hanns (Hg.): Der große Europäer Stefan Zweig, S. 370–373.

Manthripragada, Ashwin J. (2014): Constituting a Self through an Indian Other. A Study of Select Works by Stefan Zweig and Hermann Hesse. Diss. Univ. of California.

Marchesi, Philippe (1995): *Wondrak*. Un cocktail de nouvelles signées Zweig. In: Bulletin de l'Association Stefan Zweig 2/1995, S. 11–17.

Marcuse, Ludwig (1989): Stefan Zweig – *Magellan*. In: Ders.: Wie alt kann Aktuelles sein? Literarische Porträts und Kritiken. Hg. u. mit einer Nachbemerkung u. einer Auswahlbibliographie v. Dieter Lamping. Zürich: Diogenes, S. 205–207.

Martens, Lorna (1987): Geschlecht und Geheimnis. Expressive Sprache bei Stefan Zweig. In: Gelber, Mark H. (Hg.): Stefan Zweig heute, S. 44–64.

Marx, Peter W. (2013): Über die Entbehrlichkeit des Theaters. Bilder der Geschichte bei Stefan Zweig. In: Peter, Birgit/Renoldner, Klemens (Hg.): Zweigs Theater, S. 65–76.

Massalongo, Milena (2015): Ciò che resta del „mondo di ieri": Stefan Zweig o la maledetta poesia. Postfazione. In: Zweig, Stefan: Verlaine. A cura di Milena Massalongo. Traduzione di Massimo De Pasquale. Roma: Castelvecchi, S. 65–82.

Massimi, Tanja (2009): La *Novella degli scacchi*, l'ultimo messaggio cifrato di Stefan Zweig. In: Dallapiazza, Michael (Hg.): La novella europea. Origine, sviluppo, teoria. Roma: Aracne, S. 217–224.

Masson, Jean-Yves (2009): Stefan Zweig à la découverte de l'identité juive. Les ambiguïtés du drame biblique *Jeremias*. In: Parizet, Sylvie (Hg.): Lectures politiques des mythes littéraires au XXe siècle. Nanterre: Presses Univ. de Paris Ouest, S. 129–159.

Matulina, Željka (1985): Verben mit Nominal- und Adjektivalergänzung im Deutschen und Serbokroatischen an Hand von Stefan Zweigs Novellen und ihren serbokroatischen Übersetzungen. In: Kontrastivne jezičke studije/Kontrastive Sprachstudien. Novi Sad: Univerzitet, Filosofski Fakultet, S. 131–167.

Matuschek, Oliver (1998): „Ich kenne den Zauber der Schrift". Stefan Zweig als Autographensammler. In: Aus dem Antiquariat 1/1998, S. A15–A20.

Matuschek, Oliver (1999): „Der wahre Autographensammler will in das Wesen des schaffenden Menschen eindringen". Stefan Zweig als Autographensammler. In: Schmid-Bortenschlager, Sigrid/Riemer, Werner (Hg.): Stefan Zweig lebt, S. 49–58.

Matuschek, Oliver (Hg.) (2005): „Ich kenne den Zauber der Schrift". Katalog und Geschichte der Autographensammlung Stefan Zweig. Mit kommentiertem Abdruck von Stefan Zweigs Aufsätzen über das Sammeln von Handschriften. Wien: Inlibris.

Matuschek, Oliver (2006): Stefan Zweig. Drei Leben – Eine Biographie. Frankfurt a.M.: S. Fischer.
Matuschek, Oliver (2007): Besuche bei den Sorglosen. In: Seger, Cordula (Hg.): Grand Hotel. Bühne der Literatur. München: Dölling und Galitz, S. 89–99.
Matuschek, Oliver (2008): Das Salzburg des Stefan Zweig. Berlin: Ed. Fischer.
Matuschek, Oliver (2008): Die drei Leben des Stefan Zweig. Eine Ausstellung des Deutschen Historischen Museums und der Stadt Salzburg. Berlin: DHM.
Matuschek, Oliver (2008): Stefan Zweig (1881–1942): „Manchmal ... sehne ich mich danach, in mein kleines Heim zurückzukehren und dort meine Bücher zu haben." In: Sonder, Ines (Hg.): „Wie würde ich ohne Bücher leben und arbeiten können?" Privatbibliotheken jüdischer Intellektueller im 20. Jahrhundert. Berlin: VBB, S. 374–388.
Matuschek, Oliver (2010): Abenteuer mit dem Theater. In: zweiheft 3/2010, S. 33–37.
McFarland, Robert (2006): Amerika in Wien, Wien in Amerika. Felix Saltens Antwort auf Stefan Zweigs *Monotonisierung der Welt*. In: Mattl, Siegfried (Hg.): Felix Salten, Schriftsteller – Journalist – Exilant. Wien: Holzhausen, S. 151–157.
McFarland, Robert (2006): Migration as Mediation. *Neue Freie Presse* American Correspondent Ann Tizia Leitich and Stefan Zweig's Die Monotonisierung der Welt. In: Seminar 42/3/2006, S. 242–260.
Meert, Mathias (2015): Patriarch und Prophet: Erwählung und Prüfung als religiöse Erfahrungen in Beer-Hofmanns *Jaákobs Traum* und Zweigs *Jeremias*. In: Lörke, Tim (Hg.): Religion und Literatur im 20. und 21. Jahrhundert. Motive, Sprechweisen, Medien. Göttingen: V&R unipress, S. 33–50.
Meissenburg, Egbert (1995): Ein Buch! Ein Buch! Ein BUCH! Zu Stefan Zweigs *Schachnovelle*. In: Börsenblatt für den Deutschen Buchhandel 34/28. 4. 1995, S. A121–A124.
Meissenburg, Egbert (2002): Stefan Zweig: *Schachnovelle*. Bibliographie ihrer Übersetzungen (Erstausgaben) in nichtdeutsche Sprachen. Seevetal: Meissenburg.
Meissenburg, Egbert (2007): Stefan Zweig Schachspieler. In: Poldauf, Susanna/Saremba, Andreas (Hg.): 65 Jahre *Schachnovelle*, S. 20–28.
Meister, Monika (2013): Theater als Paradigma kultureller Identität und Krisensymptom. Stefan Zweigs „lieblose Komödie" *Volpone*. In: Peter, Birgit/Renoldner, Klemens (Hg.): Zweigs Theater, S. 87–100.
Meister, Monika (2014): Stefan Zweig als Autor von Komödien. *Volpone, Die schweigsame Frau, Der verwandelte Komödiant, Qui pro quo. Gelegenheit macht Liebe*. In: Renoldner, Klemens (Hg.): Stefan Zweig – Abschied von Europa, S. 201–213.
Meister, Monika (2014): Transformationen des Theaters. Stefan Zweig und Ben Jonson: Die „lieblose Komödie" *Volpone*. In: Görner, Rüdiger/Renoldner, Klemens (Hg.): Zweigs England, S. 87–99.
Melchinger, Siegfried (2013): Plädoyer für ein Stefan-Zweig-Museum [1957]. In: zweiheft 8/2013, S. 30–35.
Metsch, Gerhard (1999): Briefe aus Petrópolis. In: Schwamborn, Ingrid (Hg.): Die letzte Partie, S. 51–66.
Metzler, Claudia (2012): Die Poetik autobiographischen Schreibens in Stefan Zweigs *Die Welt von Gestern*. Magisterarb. Univ. des Saarlandes/Saarbrücken.
Meyer, Michaela (2009): Erzählte Psychoanalyse? Die „Wende nach Innen" in der modernen Literatur, dargestellt anhand ausgewählter Texte von Stefan Zweig, John Davys Beresford und May Sinclair. Essen: Die Blaue Eule.
Michahelles, Kristina (2016): Die Casa Stefan Zweig in Petrópolis. In: zweiheft 15/2016, S. 9–14.
Michels, Volker (1992): „Im Unrecht nicht selber ungerecht werden". Stefan Zweig, ein Autor für morgen in der Welt von heute und gestern. In: Exil 12/1992, S. 5–18.
Michels, Volker (1993): Stefan Zweig. Ein Indikator für die Exilforschung. In: Exil 13/2/1993, S. 66–68.
Michels, Volker (1994): Ethnische Vielfalt gegen rassistische Einfalt. Zur Entstehungsgeschichte von Stefan Zweigs Brasilienbuch. In: Zweig, Stefan: Brasilien. Ein Land der Zukunft. Frankfurt a.M.: Suhrkamp, S. 281–295.

Michels, Volker (1995): „Im Unrecht nicht selber ungerecht werden!" Stefan Zweig, ein Autor für morgen in der Welt von gestern und heute. In: Gelber, Mark H./Zelewitz, Klaus (Hg.): Stefan Zweig. Exil und Suche nach dem Weltfrieden, S. 11–32.

Michels, Volker (1999): Abstand macht hellsichtig. Von Europa nach Brasilien. Zu Stefan Zweigs Aktualität. In: Schwamborn, Ingrid (Hg.): Die letzte Partie, S. 159–182.

Michels, Volker (2015): Hermann Hesse und Stefan Zweig. „Die Tat beginnt immer mit dem Traum." Frankfurt a. M.: edition faust.

Micke, Norbert (1996): Kindheitsverlust und Kindheitsgewinn. Stefan Zweigs Erzählung *Brennendes Geheimnis* als Lebensmodell. In: Ders./Lindemann, Klaus (Hg.): Eros und Thanatos. Erzählungen zwischen Jahrhundertwende und Erstem Weltkrieg. Paderborn u. a.: Schöningh, S. 73–100.

Migge, Thomas (2006): Dank dem Diktator. Der neu entdeckte Briefwechsel zwischen Stefan Zweig und Benito Mussolini. In: Deutschlandfunk, 14. 6. 2006, http://www.deutschlandfunk.de/dank-dem-diktator.691.de.html?dram:article_id=49742 (Stand: 14. 1. 2014).

Milkoff, Isabelle/Seban, Karine (1995): Repères chronologiques. In: Europe 73/794/1995, S. 127–132

Mistral, Gabriela (2013): Brief an Eduardo Mallea. In: zweiheft 10/2013, S. 12–19.

Mittelmann, Hanni (2002): Jüdische Autobiographien und ihre Subtexte. Am Beispiel von Stefan Zweig und Albert Ehrenstein. In: Wallas, Armin A. (Hg.): Jüdische Identitäten in Mitteleuropa. Literarische Modelle der Identitätskonstruktion. Tübingen: Niemeyer, S. 101–110.

Mittelmann, Hanni (2007): Fragmentation and the Quest for Unity. Stefan Zweig's Novellas as Tales of the Assimilationist Jewish Predicament. In: Gelber, Mark H. (Hg.): Stefan Zweig Reconsidered, S. 163–174.

Modern Austrian Literature (1981): Special Stefan Zweig Issue. Modern Austrian Literature 14/3–4/1981.

Mondon, Christine (2008): Die dämonischen Mächte im Werke Stefan Zweigs im Hinblick auf den Dostojewski-Essay. In: Birk, Matjaž/Eicher, Thomas (Hg.): Stefan Zweig und das Dämonische, S. 61–67.

Mondon, Christine (2008): Hermann Broch und Stefan Zweig. Literatur und Exil. In: Kiss, Endre (Hg.): Hermann Brochs literarische Freundschaften. Tübingen: Stauffenberg, S. 151–160.

Monté, Peter Joannes (2010): Historische Elementen [sic] in Zweigs *Schachnovelle*. In: D'Ambrosio, Luca/Rosino, Antonio/Schönle, Siegfried/Stigter, Jurgen (Hg.): Festschrift zu Ehren Alessandro Sanvitos. Internationale Beiträge zur Geschichte und Bibliografie des Schachspiels. Bd. 1. Wien: Refordis, S. 627–634.

Montello, Josué (1999): Stefan Zweigs Tagebücher. In: Schwamborn, Ingrid (Hg.): Die letzte Partie, S. 109–113.

Mortreuil, Hélène (1995): Éthique et esthétique. In: Europe 73/794/1995, S. 55–60.

Mühlegger-Henhapel, Christiane (2014): „Etwas wunderbar Substanzloses …". Die Autographensammlung Stefan Zweigs im Wiener Theatermuseum. In: Renoldner, Klemens (Hg.): Stefan Zweig – Abschied von Europa, S. 215–238.

Müller, Gerhard (2000): Stefan Zweig in Brasilien. In: Exil 20/1/2000, S. 74–76.

Müller, Hartmut (1988): Stefan Zweig. Reinbek b. H.: Rowohlt.

Müller, Heidy M. (1995): *Castellio gegen Calvin*. Stefan Zweigs „Prinzip Hoffnung" angesichts der postulierten immerwährenden Wiederkehr des Gleichen. In: Gelber, Mark H./Zelewitz, Klaus (Hg.): Stefan Zweig. Exil und Suche nach dem Weltfrieden, S. 241–251.

Müller, Karl (2007): *Joseph Fouché*. Geschichte, Individuum und Dichtung bei Stefan Zweig. In: Gelber, Mark H. (Hg.): Stefan Zweig Reconsidered, S. 21–40.

Müller, Karl (2008): Das Dämonische „innen im Kreise der Natur". Stefan Zweigs Reflexionen über das Künstlertum. In: Birk, Matjaž/Eicher, Thomas (Hg.): Stefan Zweig und das Dämonische, S. 12–35.

Müller, Karl (2009): Faszination Geschichte. Zum Begriff der Geschichte bei Stefan Zweig. In: Brügge, Joachim (Hg.): „Das Buch als Eingang zur Welt", S. 77–96.

Müller, Karl (2011): Aspects de l'héritage européen et les „Etats-Unis d'Europe". In: Battiston, Régine/Renoldner, Klemens (Hg.): „Ich liebte Frankreich wie eine zweite Heimat", S. 97–114.

Müller, Karl (2011): Aspekte des europäischen Erbes und die „Vereinigten Staaten Europas". In: Gelber, Mark H./Ludewig, Anna-Dorothea (Hg.): Stefan Zweig und Europa. Hildesheim u. a.: Olms, S. 30–54.
Müller, Karl (Hg.) (2012): Stefan Zweig – Neue Forschung. Würzburg: Königshausen & Neumann.
Müller, Karl (2015): Stefan Zweigs *Montaigne*. Fragment (1941/1942). In: Chilufim 19/2015, S. 37–85.
Müller, Karl (2017): „Überreligiöse Gläubigkeit" und übernationales Selbstverständnis. Zu Stefan Zweigs jüdischer Identität und Begriff vom Judentum. In: Gelber, Mark H./Erdem, Elisabeth/Renoldner, Klemens (Hg.): Stefan Zweig – Jüdische Relationen, S. 77–100.
Müller, Karl/Renoldner, Klemens (2008): Stefan Zweigs europäisches Haus in Salzburg. Stefan Zweig Centre Salzburg – 28. November 2008. In: zweigheft 1/2008, S. 15–25.
Müller, Karl/Renoldner, Klemens (2010): „Mein europäisches Haus in Salzburg". Zur Gründung und zur Tätigkeit des „Stefan Zweig Centre Salzburg" an der Universität Salzburg. In: Hackl, Wolfgang (Hg.): Germanistik im Spannungsfeld von Regionalität und Internationalität. Wien: Praesens, S. 185–196.
Mygdalis, Lampros (2001): Stefan Zweig und Nikos Kazantzakis. In: Wirkendes Wort 51/2/2001, S. 243–247.

Naganowski, Egon (1990): Von Stefan Zweig zu Robert Musil. Ein Bericht über die Verbreitung der österreichischen Literatur im heutigen Polen. In: Musil-Forum. Wissenschaftliches Beiheft 4/1990, S. 5–13.
Najdorf, Miguel/Eliskases, Erich (1999): Antworten zweier Schachgroßmeister. In: Schwamborn, Ingrid (Hg.): Die letzte Partie, S. 307–313.
Naliwajek, Zbigniew (2005): Romain Rolland vu par Stefan Zweig. In: Fendler, Ute/Gilzmer, Mechthild (Hg.): Grenzenlos. Festschrift für Helmut Schwartz zum 65. Geburtstag. Aachen: Shaker, S. 53–59.
Naschitz, Fritz (1989): Portrait zum 100. Geburtstag von Stefan Zweig. In: Ders.: Literarische Essays. Bekenntnisse und Rezensionen. Gerlingen: Bleicher, S. 229–237.
Naschitz, Fritz (1989): Reflexionen zu Stefan Zweigs Tagebüchern. In: Ders.: Literarische Essays. Bekenntnisse und Rezensionen. Gerlingen: Bleicher, S. 536–539.
Natter, Monika (1992): Les Médiations françaises de Stefan Zweig. Une Étude de Correspondance et de Critiques littéraires. In: Austriaca 17/34/1992, S. 43–52.
Natter, Monika (1995): Quelle Europe? Stefan Zweig et Romain Rolland face à la montée des nationalismes. In: Europe 73/794/1995, S. 104–111.
Natter, Monika (1996): Der frankophile Europäer und psychologische Erzähler. Die Rezeption von Stefan Zweig in Frankreich (1910–1940). Diss. Univ. Wien.
Natter, Monika (1997): Stefan Zweig et l'Idée européenne. In: Reffet, Michel (Hg.): L'Autriche et l'Idée d'Europe. Paris: Association des Germanistes de l'Enseignement Supérieur, S. 157–162.
Naujoks, Holger (2002): DDR-Ausgaben von Stefan Zweig (1949–1990). Reinhardsbrunn: Stift Reinhardsbrunn.
Nebauer, Heide-Maria (1993): Frauengestalten bei Stefan Zweig. Diplomarb. Univ. Wien.
Nebehay, Christian Michael (1985): Gustav Nebehay als Antiquar. F. 4: Autographen und die Sammlung Stefan Zweig. In: Aus dem Antiquariat 6/1985, S. A205–A215.
Nedeljkovič, Dragan (1994): Stefan Zweig e la Tragedia ebraica in Europa 1933–1942. Dalla Corrispondenza fra Stefan Zweig e Romain Rolland. In: Principe, Quirino (Hg.): Ebrei e Mitteleuropa. Cultura – Letteratura – Società. Gorizia: Shakespeare and Company, S. 377–388.
Neuburger, Karin (2017): Zur „Würde der eigenen Person": Gershon Shofman liest Stefan Zweig. In: Gelber, Mark H./Erdem, Elisabeth/Renoldner, Klemens (Hg.): Stefan Zweig – Jüdische Relationen, S. 133–153.
Neuhaus, Volker (2012): „Liebender Mann" oder „unwürdiger Greis". Goethes letzte Liebe bei Thomas Mann, Stefan Zweig und Martin Walser. Düsseldorf: Goethe-Museum.
Neumann, Robert (1963): Stefan Zweigs Literatur en gros. In: Ders.: Ein leichtes Leben. Bericht über mich selbst und Zeitgenossen. Wien, München: Desch, S. 114–119.

Newman, Sigrid (2005): „Auf den Wegen zu Kraft und Schönheit". Dancing on the Edge of an Epoch. In: Frank, Gustav (Hg.): Modern times? German Literature and Arts beyond Political Chronologies. Bielefeld: Aisthesis, S. 259–271.

Neymeyr, Barbara (2012): Aporien der Hasard-Leidenschaft im kulturanthropologischen Kontext. Die Inszenierungen des Glücksspiels in Stefan Zweigs *Vierundzwanzig Stunden aus dem Leben einer Frau* und in Arthur Schnitzlers *Spiel im Morgengrauen*. In: Gerrekens, Louis/Küpper, Achim (Hg.): Hasard. Der Spieler in der deutschsprachigen Literaturgeschichte. Würzburg: Königshausen & Neumann, S. 141–168.

Niémetz, Serge (2011): Stefan Zweig. Le voyageur et ses mondes. Biographie. Paris: Belfond.

Niémetz, Serge (2013): Légendes de saint Stefan. In: Approches. Revue trimestrielle des Sciences Humaines 156/2013, S. 97–102.

Nikjamal, Nazli (2012): Die Rezeption Stefan Zweigs in Iran. Masterarb. Univ. Teheran.

Nudelstejer, Sergio (1995): Stefan Zweig. La crisis del Espiritu. In: Hanffstengel, Renata von (Hg.): Mexico, el Exilio bien temperado. México: Inst. de Investigaciones Interculturales Germano-Mexicanas, S. 233–236.

Nymphius, Christian (1996): Die Stefan-Zweig-Rezeption in der UdSSR. Mainz: Liber.

Oberender, Thomas (2013): Den Fluch durch den Zauber bannen. Stefan Zweigs Horror vor einer zuschnappenden Ordnung. In: Peter, Birgit/Renoldner, Klemens (Hg.): Zweigs Theater, S. 115–131.

Oltermann, Philip (2008): Endgames in a „hypermodern" Age: Stefan Zweig's *Schachnovelle* Reconsidered. In: KulturPoetik 8/2/2008, S. 170–186.

Oltermann, Philip (2012): Endspiele im Zeitalter der ‚Hypermoderne'. Eine Neuinterpretation von Stefan Zweigs *Schachnovelle*. In: D'Ambrosio, Luca/Rosino, Antonio/Schönle, Siegfried/Stigter, Jurgen (Hg.): Festschrift zu Ehren Alessandro Sanvitos. Internationale Beiträge zur Geschichte und Bibliografie des Schachspiels. Bd 2. Wien: Refordis, S. 143–166.

Oppermann, Gerard (2006): Stefan Zweig. Macht und Ohnmacht des geistigen Menschen. In: Wintgens, Hans-Herbert (Hg.): 1933. Verbrannte Bücher – verbannte Autoren. Hildesheim: Univ.-Verlag, S. 36–55.

Orłowski, Hubert (1999): Machen Männer Geschichte? Zu Stefan Zweigs Herrschaftsdiskurs. In: Golec, Janusz (Hg.): Der Schriftsteller und der Staat. Apologie und Kritik in der österreichischen Literatur. Lublin: Wydawnictwo Uniwersytetu Marii Curie Skłodowskiej, S. 77–95.

Otto, Eberhard (2001): Eine Lanze für Stefan Zweig. In: Tribüne 40/160/2001, S. 56–58.

Padet, Philippe (2002): Les nouvelles de Stefan Zweig et la psychoanalyse. Mémoire de D.E.A. Maine: Univ. Press.

Pallotta, Michaela (2000): Il dramma dell'individuo in alcuni racconti di Stefan Zweig. Diss. Univ. Macerata.

Panagl, Oswald (2009): Die Genese eines Meisterwerks: *Die schweigsame Frau*. Stationen der Zusammenarbeit im Lichte des Briefwechsels von Richard Strauss und Stefan Zweig. In: Richard-Strauss-Jahrbuch 2009, S. 11–24. (Auch erschienen in: Studia Niemcoznawcze 46/2010, S. 211–222.)

Panthel, Hans W. (1991): Aushalten als Gebot der Stunde. Ein unbekannter Brief Stefan Zweigs an Paul Zech. In: Modern Austrian Literature 24/1/1991, S. 125–128. (Auch erschienen in Panthel, Hans W. (1996): Symbiosen. Politisch-literarische Aufsätze. St. Ingbert: Röhrig, S. 61–64.)

Pastor, Eckart (2012): Survivre par le jeu. „Überlebensspiele" dans la littérature de langue allemande. Theodor Storm, Arthur Schnitzler, Stefan Zweig. In: Coustillac, Mechthild (Hg.): Jeu, compétition et pouvoir dans l'espace germanique. Paris: L'Harmattan, S. 183–196.

Paumgardhen, Paola (2014): Stefan Zweig. La lotta per la fraternità spirituale. In: Freschi, Marino (Hg.): 1914 – Guerra e Letteratura. Neapel: Università degli Studi Suor Orsola Benincasa, S. 149–175.

Paumgardhen, Paola (2018): Stefan Zweig. Ritratto di una vita. Roma: Bonanno Editore.
Paur, Bettina (2011): Der Feuilletonist Stefan Zweig im Ersten Weltkrieg. In: Battiston, Régine/Renoldner, Klemens (Hg.): „Ich liebte Frankreich wie eine zweite Heimat", S. 75–95.
Paur, Bettina (2012): „Ich bin ja ganz Zwiespalt jetzt …". Die Feuilletons von Stefan Zweig im Ersten Weltkrieg mit Fokus auf die *Neue Freie Presse*. In: Müller, Karl (Hg.): Stefan Zweig – Neue Forschung, S. 27–48.
Pausch, Oskar (Hg.) (1995): Geheimnis der Schöpfung. Die Autographensammlung Stefan Zweigs im Österreichischen Theatermuseum. Wien u. a.: Böhlau.
Pavelkova, Zuzana (2011): Stefan Zweig. Die Frauen aus seinem Leben und seinem Werk. Diplomarb. Univ. Brünn.
Pazi, Margarita (1995): *Jeremias* – die hebräische Übersetzung und die Rezeption in Erez Israel und in Europa 1934. In: Gelber, Mark H./Zelewitz, Klaus (Hg.): Stefan Zweig. Exil und Suche nach dem Weltfrieden, S. 189–205.
Pazi, Margarita (2001): Stefan Zweig, Europäer und Jude. In: Bauschinger, Sigrid (Hg.): Staub und Sterne. Aufsätze zur deutsch-jüdischen Literatur. Göttingen: Wallstein, S. 169–185.
Peck, Clemens (2017): „Als Wegzeiger hin gestellt". Stefan Zweig liest Arthur Schnitzlers *Der Weg ins Freie*. In: Gelber, Mark H./Erdem, Elisabeth/Renoldner, Klemens (Hg.): Stefan Zweig – Jüdische Relationen, S. 29–45.
Pereira, Kenia Maria de Almeida (2011): Frestas de sombra e de luz nas memórias do judeu Stefan Zweig. In: Souza, Enivalda Nunes Freitas e (Hg.): Reflexos e sombras. Arquétipos e mitos na literatura. Goiâna: Cânone, S. 149–155.
Pernet, Corinne A./Löhr, Isabella (2017): Seltsam, weiblich, aus bescheidenem Haus: Gabriela Mistral und die Herausforderungen eines kosmopolitischen Lebens. In: Gißibl, Bernhard/Löhr, Isabella (Hg.): Bessere Welten: Kosmopolitismus in den Geschichtswissenschaften. Frankfurt a. M. u. a.: Campus, S. 253–279.
Persels, Jeff (2008): Stefan Zweig and Montaigne. In: Montaigne Studies 20/2008, S. 105–115.
Pesavento, Sandra Jatahy (2000): Stefan Zweig, ein Blick auf die Geschichte. In: Chiappini, Ligia (Hg.): Brasilien, Land der Vergangenheit?, S. 59–65.
Peter, Birgit (2012): „Die sehr vergoldeten Gitterstäbe dieses eigenartigen Naturschutzparks …". Gegensätzliche Utopien jüdischer Emanzipation: Hannah Arendt und Stefan Zweig. In: Müller, Karl (Hg.): Stefan Zweig – Neue Forschung, S. 99–107.
Peter, Birgit (2013): Leidenschaft und Geist. Utopische Theaterkonzeptionen Stefan Zweigs. In: Dies./Renoldner, Klemens (Hg.): Zweigs Theater, S. 53–63.
Peter, Birgit/Renoldner, Klemens (Hg.) (2013): Zweigs Theater. Der Dramatiker Stefan Zweig im Kontext europäischer Kultur- und Theatergeschichte. Würzburg: Königshausen & Neumann.
Pichler, Georg (2013): Stefan Zweig in Spanien. In: zweigheft 8/2013, S. 23–29.
Piffl, Gerald (2014): „Zum Thee bei Setzer". Die Porträtserien Stefan Zweigs aus dem Atelier von Franz Xaver Setzer. In: Renoldner, Klemens (Hg.): Stefan Zweig – Abschied von Europa, S. 253–272.
Pischel, Joseph (1987): Hoffnung und Tragik einer „erasmischen" Haltung. Der Fall Stefan Zweig. In: Müssener, Helmut (Hg.): Anti-Kriegsliteratur zwischen den Kriegen (1919–1939) in Deutschland und Schweden. Stockholm: Almqvist & Wiksell, S. 26–38.
Pizer, John D. (2001): Kleist und Stefan Zweig. In: Kleist-Jahrbuch 2001, S. 292–304.
Plank, Eva (2016): Das Geheimnis um Stefan Zweigs jüdischen Vornamen. Zur Bedeutung und Tradition der Namensgebung im Judentum. In: zweigheft 15/2016, S. 21–27.
Plank, Eva (2017): „Ich hielt meinen Rücken denen hin, die mich schlugen" (Jes 50,6). Die biblische Prophetengestalt und ihre Rezeption in der dramatischen Dichtung *Jeremias* von Stefan Zweig. In: Gelber, Mark H./Erdem, Elisabeth/Renoldner, Klemens (Hg.): Stefan Zweig – Jüdische Relationen, S. 101–119.
Plank, Eva (2017): „Ich will euch eine Zukunft und eine Hoffnung geben" (Jer 29, 11). Die biblische Prophetengestalt und ihre Rezeption in der dramatischen Dichtung *Jeremias* von Stefan Zweig. Diss. Univ. Linz.

Plank, Eva (2017): Stefan Zweigs jüdischer Vorname. Zur Bedeutung und Tradition der Namensgebung im Judentum. In: Gelber, Mark H./Erdem, Elisabeth/Renoldner, Klemens (Hg.): Stefan Zweig – Jüdische Relationen, S. 237–259.

Poldauf, Susanna/Saremba, Andreas (Hg.) (2007): 65 Jahre *Schachnovelle*. Berlin: Emanuel Lasker Gesellschaft.

Polt-Heinzl, Evelyne (2014): Stefan Zweig blickt auf die österreichische Literatur und verfängt sich in ihren Netzwerken. In: Renoldner, Klemens (Hg.): Stefan Zweig – Abschied von Europa, S. 55–65.

Polt-Heinzl, Evelyne (2016): Goethe in einer Momentaufnahme Stefan Zweigs oder Im Labyrinth von Verehrung, Superlativen und der (österreichischen) Last des Spätgeborenen. In: Honold, Alexander/Kunz, Edith Anna/Schrader, Hans-Jürgen (Hg.): Goethe als Literatur-Figur. Göttingen: Wallstein, S. 119–135.

Poole, Ralph J. (2014): „zurück nach Wien, zurück zu Dir". Zweig and Ophüls in Hollywood – Failed Hopes and Belated Success. In: Ders./Parker, Joshua (Hg.): Austria and America: Cross-Cultural Encounters 1865–1933. Wien u. a.: LIT, S. 195–226.

Pooth, Xenia (2005): Der Blick auf das Fremde. Stefan Zweigs *Brasilien. Ein Land der Zukunft*. Marburg: Tectum.

Poppe, Reiner (1988): Stefan Zweig: *Schachnovelle*. Interpretationen und Unterrichtsmaterialien. Hollfeld: Beyer.

Prater, Donald A. (1981): Stefan Zweig. Das Leben eines Ungeduldigen. Eine Biographie. München, Wien: Hanser.

Prater, Donald A. (1986): Rilke und Stefan Zweig. In: Storck, Joachim W. (Hg.): Rainer Maria Rilke und Österreich. Linz: Linzer Veranst.-Ges., S. 151–157.

Prater, Donald A. (1989): Stefan Zweig. In: Spalek, John M./Strelka, Joseph (Hg.): Deutschsprachige Exilliteratur seit 1933. Bd. 2, Teil 2. Bern: Francke, S. 1057–1098.

Prater, Donald A. (1991): Stefan Zweig and Franz Werfel. In: Modern Austrian Literature 24/2/1991, S. 85–88.

Prater, Donald A. (1992): Le monde d'hier … et de demain. Stefan Zweig (1881–1942). In: Austriaca 17/34/1992, S. 11–16.

Prater, Donald A. (1993): Stefan Zweig and the Vienna of Yesterday. In: Berlin, Jeffrey B. (Hg.): Turn-of-the-century Vienna and its Legacy. Wien: Ed. Atelier, S. 317–336.

Prater, Donald A. (1994): Die letzten Zeugen der dritten großen Austreibung unserer sogenannten Rasse. Stefan Zweig im Exil. In: Colin, Amy D./Strenger, Elisabeth (Hg.): Brücken über dem Abgrund. Auseinandersetzungen mit jüdischer Leidenserfahrung, Antisemitismus und Exil. München: Fink, S. 299–316.

Prater, Donald A. (1995): Stefan Zweig et la Vienne d'hier. In: Europe 73/794/1995, S. 7–13.

Prater, Donald A. (1995): Stefan Zweig und die Welt von gestern. Wien: Picus.

Prater, Donald A. (1995): Stefan Zweig, der P.E.N. und Argentinien. In: Gelber, Mark H./Zelewitz, Klaus (Hg.): Stefan Zweig. Exil und Suche nach dem Weltfrieden, S. 295–308.

Prater, Donald A. (1995): Stefan Zweig. In: Daviau, Donald G. (Hg.): Major Figures of Austrian Literature. The Interwar Years 1918–1938. Riverside: Ariadne Press, S. 521–576.

Prater, Donald A./Michels, Volker (Hg.) (1981): Stefan Zweig. Leben und Werk im Bild. Frankfurt a. M.: Insel.

Presser, Ellen (1992): Anmerkungen zu einer Stefan-Zweig-Sammlung. In: Aus dem Antiquariat 4/1992, S. A168–A169.

Presser, Ellen (1992): Ohne Haß und ohne Hoffnung. Symposium und Ausstellung in Salzburg zum Gedenken an Stefan Zweig. In: Aus dem Antiquariat 3/1992, S. A117–A121.

Prochnik, George (2014): The impossible Exile. Stefan Zweig at the End of the World. New York: Other Press.

Prochnik, George (2014): A Conversation with Wes Anderson. In: The Society of the Crossed Keys. Selections from the Writings of Stefan Zweig. Inspirations for The Grand Budapest Hotel. London: Pushkin Press, S. 9–26.

Pyo, Myong-Sun (1995): Hoffnung und Verzweiflung im Werk Stefan Zweigs. Diss. Univ. Wien.

Rademacher, Gerhard (2003): Absolution für einen Königsmörder? Zu Stefan Zweigs *Joseph Fouché*. In: Eicher, Thomas (Hg.): Stefan Zweig im Zeitgeschehen des 20. Jahrhunderts, S. 243–256.
Rathkolb, Oliver (2013): Kultur und Nationalitätenkonflikt in Österreich 1918: davor/danach. In: Peter, Birgit/Renoldner, Klemens (Hg.): Zweigs Theater, S. 11–28.
Ravilious, Chris (2009): Stefan Zweigs *Chess Novella*. A new Approach to The Royal Game. In: Schönle, Siegfried (Hg.): Schachforschungen. Festschrift für Egbert Meissenburg. Wien: Refordis, S. 596–604.
Ravy, Gilbert (1992): *La Pitié dangereuse* ou la Démystification du Héros. In: Austriaca 17/34/1992, S. 53–63.
Redslob, Edwin (1968): Wir trauern um dich, Stefan Zweig. In: Arens, Hanns (Hg.): Stefan Zweig im Zeugnis seiner Freunde, S. 207.
Reffet, Michel (1995): Stefan Zweigs unbewußte Auseinandersetzung mit der literarischen Vatergestalt in seiner *Balzac*-Biographie. In: Gelber, Mark H./Zelewitz, Klaus (Hg.): Stefan Zweig. Exil und Suche nach dem Weltfrieden, S. 252–262.
Reffet, Michel (1999): Stefan Zweigs unrealisierte Filmprojekte. In: Schmid-Bortenschlager, Sigrid/Riemer, Werner (Hg.): Stefan Zweig lebt, S. 25–32.
Reffet, Michel (2003): Stefan Zweigs historische Biographien und die Gegner der ‚bürgerlichen Literatur'. In: Eicher, Thomas (Hg.): Stefan Zweig im Zeitgeschehen des 20. Jahrhunderts, S. 281–292.
Reffet, Michel (2007): Stefan Zweig und das Christentum. In: Gelber, Mark H. (Hg.): Stefan Zweig Reconsidered, S. 91–106.
Reffet, Michel (2008): Stefan Zweigs *Balzac* und der Dämon. In: Birk, Matjaž/Eicher, Thomas (Hg.): Stefan Zweig und das Dämonische, S. 68–77.
Reffet, Michel (2011): Jeremias bei Stefan Zweig und Franz Werfel. Symbolfigur des europäischen Juden. In: Gelber, Mark H./Ludewig, Anna-Dorothea (Hg.): Stefan Zweig und Europa, S. 165–192.
Reffet, Michel (2011): Le style narratif de Stefan Zweig. In: Battiston, Régine/Renoldner, Klemens (Hg.): „Ich liebte Frankreich wie eine zweite Heimat", S. 157–170.
Regenberg, Anton (1999): Wiederbegegnung mit Stefan Zweig. In: Schwamborn, Ingrid (Hg.): Die letzte Partie, S. 23–30.
Rehder, Elke (2014): Anmerkungen zur *Schachnovelle* von Stefan Zweig. In: Aus dem Antiquariat 12/6/2014, S. 273–279.
Rehder, Elke (2015): Stefan Zweigs Adressbuch 1940 bis 1942. In: Aus dem Antiquariat 13/6/2015, S. 249–254.
Reisiger, Hans (1956): Freundliches Erinnern. In: Arens, Hanns (Hg.): Der große Europäer Stefan Zweig, S. 104–106. (Auch erschienen in: Arens, Hanns (Hg.) (1968): Stefan Zweig im Zeugnis seiner Freunde, S. 78–79.)
Reisiger, Hans (1956): Die Gedichte Stefan Zweigs. In: Arens, Hanns (Hg.): Der große Europäer Stefan Zweig, S. 153–156. (Auch erschienen in: Arens, Hanns (Hg.) (1968): Stefan Zweig im Zeugnis seiner Freunde, S. 126–128.)
Reisinger, Roman (1991): Stefan Zweig als Übersetzer Verhaerens. Zum Selbstverständnis eines „Poète-Traducteur" und zu seinen Übersetzungsverfahren im Bereich der lyrischen Bildwelt. In: Pöckl, Wolfgang (Hg.): Österreichische Dichter als Übersetzer. Salzburger komparatistische Analysen. Wien: Verlag der Österreichischen Akademie der Wissenschaften, S. 239–265.
Ren, Guoqiang (1996): Am Ende der Mißachtung? Studie über die Stefan-Zweig-Rezeption in der deutschen Literaturwissenschaft nach 1945. Aachen: Shaker.
Ren, Guoqiang (1999): Die Zweig-Rezeption in China. In: Schmid-Bortenschlager, Sigrid/Riemer, Werner (Hg.): Stefan Zweig lebt, S. 141–156.
Ren, Guoqiang (2001): Draußen in der Welt gerühmt, in der Heimat angegriffen. Anmerkungen zur Zweig-Rezeption in Deutschland und China. In: Literaturstraße 2/2001, S. 103–130.
Ren, Guoqiang (2003): Eskalierung, Hochstilisierung und einseitiges, dogmatisches Denkschema. Kontroverse über einige Begleiterscheinungen in der deutschen Exilliteratur-

kritik am Beispiel von Klaus Mann und Stefan Zweig. In: Literaturstraße 4/2003, S. 147–165.

Ren, Guoqiang (2015): „Die Zeit gibt die Bilder, ich spreche nur die Worte dazu". Über den Bezug zur gesellschaftlichen Realität in Stefan Zweig Novellenwerk. In: Zhang, Yi/Gelber, Mark H. (Hg.): Aktualität und Beliebtheit, S. 75–83.

Ren, Weidong (2015): Das imaginäre Brasilien als Projektionsfläche von Zweigs Europa-Träumen. Stefan Zweigs *Brasilien, ein Land der Zukunft*. In: Zhang, Yi/Gelber, Mark H. (Hg.): Aktualität und Beliebtheit, S. 229–235.

Rendl, Georg (2014): Erinnerungen an Stefan Zweig. In: zweigheft 11/2014, S. 19–27.

Renoldner, Klemens (1992): Der Kerl ist doch etwas komplizierter. Zu Stefan Zweigs Tod vor fünfzig Jahren. In: Die Presse, 22.02.1992, S. V.

Renoldner, Klemens (1993): Stefan Zweig – Über Europa zurück nach Österreich. In: Znanstvena Revija 1/5/1993, S. 63–70.

Renoldner, Klemens (1999): Von den Pflichten der Antifaschisten. Anmerkungen zur Kontroverse zwischen Volker Michels und Frithjof Trapp. In: Schmid-Bortenschlager, Sigrid/Riemer, Werner (Hg.): Stefan Zweig lebt, S. 17–24.

Renoldner, Klemens (2008): Stefan Zweig und die unheimlichen Großstädte. In: Birk, Matjaž/Eicher, Thomas (Hg.): Stefan Zweig und das Dämonische. Würzburg: Königshausen & Neumann, S. 205–214.

Renoldner, Klemens (2011): Instanz über Leben und Werk. Zur Entstehung von Stefan Zweigs Rolland-Biografie. In: Ders./Battiston, Régine (Hg.): „Ich liebte Frankreich wie eine zweite Heimat", S. 185–193.

Renoldner, Klemens (2011): Neue und alte europäische Visionen: Österreichische Schriftsteller und das Ende des Ersten Weltkrieges. In: Gelber, Mark H./Ludewig, Anna-Dorothea (Hg.): Stefan Zweig und Europa. Hildesheim u.a.: Olms, S. 208–220.

Renoldner, Klemens (2013): A European Encounters the New World: Stefan Zweig's Ambivalent Relationship with the United States. In: Parker, Joshua/Poole, Ralph J. (Hg.): Austria and America: Cross-Cultural Encounters 1865–1933. Wien u.a.: LIT, S. 171–177.

Renoldner, Klemens (2014): „Der Held wird nicht untergehen". Stefan Zweigs Kampf für (und mit) Charles Dickens. In: Ders./Görner, Rüdiger (Hg.): Zweigs England, S. 49–63.

Renoldner, Klemens (2014): „Der Sieg der Gewalt macht mich heimatlos." Stefan Zweigs Abschied von Europa. In: Ders. (Hg.): Stefan Zweig. Abschied von Europa. [Anthologie zur Stefan-Zweig-Ausstellung des Wiener Theatermuseums 2014/2015] Wien: Brandstätter, S. 7–15.

Renoldner, Klemens (2014): Stefan Zweig. Life in Cities of Exile. In: Gelber, Mark H./Vanwesenbeeck, Birger (Hg.): Stefan Zweig and World Literature, S. 213–223.

Renoldner, Klemens (2014): Thoughts about Stefan Zweig's last Adress Book. In: Dines, Albert/Beloch, Israel/Michahelles, Kristina (Hg.): A Network of Friends. Stefan Zweig, his last Adress Book 1940–1942. Rio de Janeiro: Memoria Brasil, S. 15–23.

Renoldner, Klemens (2015): Ich wäre gerne Castellio. In: zweigheft 12/2015, S. 31–35.

Renoldner, Klemens (2017): Abschied von Salzburg. In: Ders./Karlhuber, Peter (Hg.): „Ich gehöre nirgends mehr hin!" Stefan Zweigs Schachnovelle – Eine Geschichte aus dem Exil. Salzburg: Salzburg Museum, S. 9–17.

Renoldner, Klemens (2017): Um sonho dos dias da infância. In: Zweig, Stefan: A unidade espiritual do mundo. Hg. v. Alberto Dines. Rio de Janeiro: Casa Stefan Zweig/Memoria Brasil, S. 6–71.

Renoldner, Klemens/Holl, Hildemar/Karlhuber, Peter (Hg.) (1992): Stefan Zweig. Für ein Europa des Geistes. Eine Ausstellung der Stadt Salzburg. Salzburg: SPOT.

Renoldner, Klemens/Holl, Hildemar/Karlhuber, Peter (Hg.) (1993): Stefan Zweig. Bilder, Texte, Dokumente. Salzburg, Wien: Residenz.

Renoldner, Klemens/Karlhuber, Peter (Hg.) (2017): „Ich gehöre nirgends mehr hin!" Stefan Zweigs *Schachnovelle* – Eine Geschichte aus dem Exil. Salzburg: Salzburg Museum.

Rensen, Marleen (2015): Writing European Lives. Stefan Zweig as a Biographer of Verhaeren, Rolland and Erasmus. In: European Journal of Life Writing 4/2015, S. 1–29.

Resch, Stephan (2009): Differenz des Einklangs: Stefan Zweig und Richard Coudenhove-Kalergi. In: zweigheft 2/2009, S. 17–20.
Resch, Stephan (2011): Differenz des Einklangs: Stefan Zweig und Richard Graf Coudenhove-Kalergi. In: Gelber, Mark H./Ludewig, Anna-Dorothea (Hg.): Stefan Zweig und Europa, S. 55–83.
Resch, Stephan (2012): Auf der Suche nach Klarheit: Stefan Zweig, Henri Barbusse und Romain Rolland in der ‚Clarté'-Debatte. In: Germanisch-Romanische Monatsschrift 62/2012, S. 189–205.
Resch, Stephan (2012): Umwege auf dem Weg zum Frieden: Die Korrespondenz zwischen Stefan Zweig und Alfred H. Fried. In: Müller, Karl (Hg.): Stefan Zweig – Neue Forschung, S. 109–176.
Resch, Stephan (2012): Widerstrebet nicht dem Bösen mit Gewalt: Die Rezeption des Tolstoischen Pazifismus bei Stefan Zweig. In: Neophilologus 96/2012, S. 103–120.
Resch, Stephan (2014): „Lust, Kraft, Wille und Ekstase erzeugen": Tracing Vitalism in Stefan Zweig's early works. In: Literatur für Leser 37/4/2014, S. 203–217.
Resch, Stephan (2014): „Tous les sacrifices devront être faits". Stefan Zweigs Aufsatz *Der Weltkongress* (1932). In: Germanistische Mitteilungen 40/2/2014, S. 31–46.
Resch, Stephan (2014): Must the man of action always be pursued by guilt? On Stefan Zweig's political self-concept in British exile. In: Görner, Rüdiger/Renoldner, Klemens (Hg.): Zweigs England, S. 115–128.
Resch, Stephan (2017): „Mächtig seid ihr nicht in Waffen". Die Pazifismusproblematik in der Korrespondenz zwischen Stefan Zweig und Fritz von Unruh. In: Wörgötter, Martina (Hg.): Stefan Zweig. Positionen der Moderne, S. 51–90.
Resch, Stephan (2017): Stefan Zweig und der Europa-Gedanke. Würzburg: Königshausen & Neumann.
Ribes Traver, Purificación (2007): *Volpone, eine lieblose Komödie*, de Stefan Zweig. Revisión crítica. In: Ferrer Mora, Hang (Hg.): Homenaje a Herta Schulze Schwarz. València: Univ. de València, S. 149–169.
Richard, Lionel (1995): Le démon de la curiosité. In: Europe 73/794/1995, S. 31–36.
Rimpau, Laetitia (2014): Unerhörter Sieg des Unterlegenen: Zu den Schachnovellen von Franco Sacchetti, Arrigo Boito und Stefan Zweig. In: Kretzschmar, Dirk (Hg.): Spiel und Ernst. Formen – Poetiken – Zuschreibungen. Würzburg: Ergon, S. 287–328.
Rinaldoni, Katja (2001): Stefan Zweig, trionfo e tragedia di una coscienza europea. Diss. Univ. Macerata.
Ritter, Paul (1992): Frans Masereel und Stefan Zweig. In: Marginalien 127/1992, S. 3–24.
Ritz, Szilvia (2010): Das Fremde im Eigenen: Assimilation und Zionismus in den Schriften der jüdischen Schriftsteller Theodor Herzl, Max Nordau und Stefan Zweig. In: Hess-Lüttich, Ernest W. B./Czeglédy, Anita/Langanke, Ulrich H. (Hg.): Deutsch im interkulturellen Begegnungsraum Ostmitteleuropa. Frankfurt a. M. u.a.: Lang, S. 137–150.
Rocca, Enrico (2011): Gespräch mit Stefan Zweig. Florenz, im Mai 1932. In: zweigheft 5/2011, S. 15–21.
Roček, Roman (1997): Die neun Leben des Alexander Lernet-Holenia. Eine Biographie. Wien: Böhlau.
Rohter, Larry (2015): Neues Interesse für Stefan Zweig. In: zweigheft 12/2015, S. 19–25.
Rohland de Langbehn, Regula (1999): *Schachnovelle*. Der feindliche Andere. In: Schwamborn, Ingrid (Hg.): Die letzte Partie, S. 219–222.
Rolland, Romain (1918): Vox clamantis (*Jeremias* von Stefan Zweig). In: Der Jude 2/12/1918, S. 775–776.
Rolland, Romain (2013): Er war mir ein guter Freund. Aus dem „Journal de Vézelay 1938–1944". In: zweigheft 9/2013, S. 27–31.
Rolland, Romain (2016): Drei unbekannte Briefe an Stefan Zweig. In: zweigheft 15/2016, S. 29–33.
Roloff, Burkart (1990): Die Funktion der Musik im literarischen Schaffen Stefan Zweigs. Diss. Univ. Greifswald.

Romains, Jules (1956): Stefan Zweig, ein großer Europäer. In: Arens, Hanns (Hg.): Der große Europäer Stefan Zweig, S. 295–345. (Auch erschienen in: Arens, Hanns (Hg.) (1968): Stefan Zweig im Zeugnis seiner Freunde, S. 224–253.)

Rosenfeld, Anatol (1993): Stefan Zweig. In: Ders.: Letras germânicas. São Paulo: Ed. Perspectiva, S. 135–142.

Rosenthal, Julia (2014): Albi Rosenthal. Autograph Collecting from Goethe to Stefan Zweig. In: Görner, Rüdiger/Renoldner, Klemens (Hg.): Zweigs England, S. 169–192.

Rossell, Anna (2009): Stefan Zweig: *Castellio gegen Calvin oder: Ein Gewissen gegen die Gewalt*. In: Springer, Bernd F. W./Fidora, Alexander (Hg.): Religiöse Toleranz im Spiegel der Literatur. Eine Idee und ihre ästhetische Gestaltung. Wien u.a.: LIT, S. 257–268.

Roşu, Petra-Melitta (2012): Zur Figur der Ehebrecherin in Stefan Zweigs Novelle *Angst*. In: Temeswarer Beiträge zur Germanistik 9/2012, S. 61–70.

Rotermund, Erwin (1994): Ein deutscher Republikaner im revolutionären Paris. Stefan Zweigs (unbekanntes) Drama *Adam Lux*. In: Ders.: Artistik und Engagement. Aufsätze zur deutschen Literatur. Würzburg: Königshausen & Neumann, S. 138–147.

Rothschild, Thomas (1994): Schnitzler, Stefan Zweig und Max Ophüls. Aspekte der Literaturverfilmung. In: Wespennest 95/1994, S. 65–72.

Rovagnati, Gabriella (1989): Sulle tracce dello „Jung Wien". Le *Silberne Saiten* di Stefan Zweig. In: ACME 42/3/1989, S. 89–105.

Rovagnati, Gabriella (1992): La Madame de Prie di Stefan Zweig: *Geschichte eines Unterganges*. In: Studia austriaca 1/1992, S. 143–188.

Rovagnati, Gabriella (1995): „Lei è uno dei pochi forestieri da cui spero essere intesa". Sibilla Aleramo e Stefan Zweig. In: ACME 48/1/1995, S. 155–173.

Rovagnati, Gabriella (1996): „So wurden Sie Brennmaterial für unsere Herzen". L'omaggio di Ilse Aichinger a Stefan Zweig. In: Studia austriaca. Spezialausgabe Ilse Aichinger 1996, S. 31–40.

Rovagnati, Gabriella (1996): Oltre l'adolescenza: *Erstes Erlebnis* di Stefan Zweig. In: Cultura tedesca 6/1996, S. 154–168.

Rovagnati, Gabriella (1997): Il difficile rapporto di Hugo von Hofmannsthal con Stefan Zweig. In: Cultura tedesca 8/1997, S. 165–173.

Rovagnati, Gabriella (1998): „Umwege auf dem Wege zu mir selbst". Studien zu Leben und Werk Stefan Zweigs. Bonn: Bouvier.

Rovagnati, Gabriella (1998): Wer darf richten? Stefan Zweigs indische Legende *Die Augen des ewigen Bruders*. In: Dies./Koch, Hans-Albrecht/Oppermann, Bernd H. (Hg.): Grenzfrevel. Rechtskultur und literarische Kultur. Bonn: Bouvier, S. 79–93.

Rovagnati, Gabriella (1999): Es begann mit *Joseph Fouché*: Lavinia Mazzucchetti und die italienische Version der *Welt von Gestern*. In: Schmid-Bortenschlager, Sigrid/Riemer, Werner (Hg.): Stefan Zweig lebt, S. 157–168. (In revidierter Fassung auch erschienen in: Rovagnati (2016): Studien zur österreichischen Literatur, S. 195–209.)

Rovagnati, Gabriella (2003): Mussolinis „reaktionäre und ahistorische Politik". Stefan Zweig und der italienische Faschismus. In: Eicher, Thomas (Hg.): Stefan Zweig im Zeitgeschehen des 20. Jahrhunderts, S. 109–127. (In revidierter Fassung auch erschienen in: Rovagnati (2016): Studien zur österreichischen Literatur, S. 181–194.)

Rovagnati, Gabriella (2004): Un copione spogliato dei muffi paludamenti: il *Volpone* di Ben Jonson rivisitato da Stefan Zweig e Jules Romains. In: TESS 4/2004, S. 5–31.

Rovagnati, Gabriella (2006): „Ein Nebel leichter geistiger Berauschtheit". Stefan Zweig und Russland. In: Links 6/2006, S. 153–158. (In revidierter Fassung auch erschienen in: Rovagnati (2016): Studien zur österreichischen Literatur, S. 171–179.)

Rovagnati, Gabriella (2008): Mutterschaft als Erpressung und Selbstverleumdung: *Das Haus am Meer*. In: Birk, Matjaž/Eicher, Thomas (Hg.): Stefan Zweig und das Dämonische, S. 157–169. (In revidierter Fassung auch erschienen in: Rovagnati (2016): Studien zur österreichischen Literatur, S. 143–155.)

Rovagnati, Gabriella (2011): Stefan Zweig und das elisabethanische Zeitalter. In: Gelber, Mark H./Ludewig, Anna-Dorothea (Hg.): Stefan Zweig und Europa. Hildesheim u.a.: Olms,

S. 149–164. (In revidierter Fassung auch erschienen in: Rovagnati (2016): Studien zur österreichischen Literatur, S. 157–169.)

Rovagnati, Gabriella (2016): Studien zur österreichischen Literatur. Von Nestroy bis Ransmayr. Frankfurt a. M. u. a.: Lang.

Rubercy, Eryck de (2010): Stefan Zweig. Un maître de la biographie. In: Revue des deux mondes 8–9/2010, S. 101–107.

Ruthner, Clemens (2010): Stefan Zweig: *Joseph Fouché. Bildnis eines politischen Menschen.* In: Stichwörter zur oberösterreichischen Literaturgeschichte. Hg. v. Adalbert-Stifter-Institut des Landes Oberösterreich, http://www.stifter-haus.at/lib/publication_read.php?articleID=220 (Stand: 30. 8. 2010).

Safran, Franciska (1993): Inventory of the Stefan Zweig Collection in Reed Library. Fredonia: Reed Library.

Sahre, Monika (2003): Stefan Zweig. Die *Schachnovelle*. Modelle für den Literaturunterricht, 5.–10. Jahrgangstufe 9/10. München: Oldenbourg.

Salten, Felix (1925): Monotonisierung der Welt? In: Neue Freie Presse, 8. 2. 1925, S. 1–2. (Auch erschienen in: zweiheft 9/2013, S. 19–26.)

Salvadori de Decca, Edgar (2000): Stefan Zweig, ein Gefangener der Freiheit. Geschichte als Utopie und Erzählkunst. In: Chiappini, Ligia (Hg.): Brasilien, Land der Vergangenheit?, S. 67–81.

Santini, Daria (2010): Umanesimo e stile mitico nella leggenda *Der begrabene Leuchter* di Stefan Zweig. In: Bonifazio, Massimo (Hg.): Tra denuncia e utopia. Impegno, critica e polemica nella letteratura tedesca moderna. Roma: Artemide Ed., S. 79–94.

Sauvat, Catherine (2006): Stefan Zweig. Paris: Gallimard.

Sauvat, Catherine (2011): Stefan Zweig en France. État des lieux d'un succès. In: Battiston, Régine/Renoldner, Klemens (Hg.): „Ich liebte Frankreich wie eine zweite Heimat", S. 21–26.

Scaffai, Niccolò (2002): L'Adolescente, la Scuola e la Cultura. Mann, Musil e Zweig. In: Polacco, Marina (Hg.): I Vecchi e i Giovani. Florenz: Le Monnier, S. 105–115.

Schaeffer, Albrecht (1956): Stefan Zweig zum Gedächtnis. In: Arens, Hanns (Hg.): Der große Europäer Stefan Zweig, S. 261–268. (Auch erschienen in: Arens, Hanns (Hg.) (1968): Stefan Zweig im Zeugnis seiner Freunde, S. 202–207.)

Scheichl, Sigurd Paul (2015): Stefan Zweigs *Buchmendel* – Bibliografie und Gedächtnis. In: Niedermair, Klaus/Schuler, Dietmar (Hg.): Die Bibliothek in der Zukunft. Regional – Global: Lesen, Studieren und Forschen im Wandel. Festschrift für Hofrat Dr. Martin Wieser anlässlich seiner Versetzung in den Ruhestand. Innsbruck: Innsbruck Univ. Press, S. 231–243.

Schein, Reinhold (2000): Stefan Zweigs Reise nach Indien und sein Ausflug in die indische Philosophie. In: Indien in der Gegenwart 5/1–2/2000, S. 35–61.

Scherlag, Marek (2007): Stefan Zweig. In: Zwischenwelt 24/1–2/2007, S. 24–28.

Scheuer, Helmut (1988): Die Tragik des Humanisten – Stefan Zweig. In: Orbis litterarum 43/1988, S. 354–365.

Schlosser, Jan T. (2011): Die Überwindung der „Fremdheit". Zu den Novellen Stefan Zweigs. In: Unglaub, Erich/Böttger, Florian (Hg.): Abgelegt! Texte zur Literatur. Wolfenbüttel: Futura Ed., S. 49–57.

Schmid, Georg (1999): *Die Welt von Gestern* aus der Sicht von heute. In: Schmid-Bortenschlager, Sigrid/Riemer, Werner (Hg.): Stefan Zweig lebt, S. 193–204.

Schmid-Bortenschlager, Sigrid/Riemer, Werner (Hg.) (1999): Stefan Zweig lebt. Akten des 2. Internationalen Stefan Zweig Kongresses in Salzburg 1998. Stuttgart: Heinz.

Schmidinger, Heinrich (2013): Castellio – ein Gewissen seiner Zeit. Anmerkungen zu Stefan Zweigs Buch *Castellio gegen Calvin*. In: Barth, Franziska/Gauß, Karl-Markus (Hg.): Liber Amicorum Klemens Renoldner. Salzburg: Eigenverlag 2013, S. 105–112.

Schmidt, Mirjam (1998): Frauengestalten in den Erzählungen von Stefan Zweig. Frankfurt a. M. u. a.: Lang.

Schneider Handschin, Esther V. (2002): „For Him Exile Always Meant the Escape into His True Homeland, into the Spirit of Humanity". On the Cultural Identity of Herman Broch and Stefan Zweig. In: Knight, T. E. (Hg.): Broaching Frontiers, Shattering Boundaries. On Tradition and Culture at the Dawn of the Third Millenium. Bern u.a.: Lang, S. 65–76.

Schönle, Siegfried (1996): Die Warburger Ausstellung im Museum im „Stern" zur *Schachnovelle* von Stefan Zweig. Ein künstlerisches und bibliophiles Ereignis. In: Rochade Europa 3/1996, S. 13.

Schönle, Siegfried (2007): Klein, aber oho! Die *Schachnovelle* und ihre Rezeption. In: Poldauf, Susanna/Saremba, Andreas (Hg.): 65 Jahre *Schachnovelle*, S. 7–19.

Schönle, Siegfried (2009): Ursprüngliche Typoskripte der *Schachnovelle*. In: Ders. (Hg.): Schachforschungen. Festschrift für Egbert Meissenburg. Wien: Refordis, S. 749–765.

Schönle, Siegfried (2010): Sechs Illustratoren, ein Text – *Schachnovelle*. In: KARL. Das kulturelle Schachmagazin 1/2010, S. 26–31.

Schwamborn, Ingrid (1994): Stefan Zweig in Brasilien. In: Börsenblatt für den Deutschen Buchhandel 77/1994, S. 39.

Schwamborn, Ingrid (Hg.) (1999): Die letzte Partie. Stefan Zweigs Leben und Werk in Brasilien (1932–1942). Bielefeld: Aisthesis.

Schwamborn, Ingrid (1999): Aspekte des Spiels in *Schachnovelle*. In: Dies. (Hg.): Die letzte Partie, S. 265–296.

Schwamborn, Ingrid (1999): Ein Gespräch mit „Dr. B.". In: Dies. (Hg.): Die letzte Partie, S. 315–321.

Schwamborn, Ingrid (1999): Fatale Attraktion – Stefan Zweig und Brasilien. In: Dies. (Hg.): Die letzte Partie, S. 67–104.

Schwamborn, Ingrid (2000): Stefan Zweig, ein Europäer in Brasilien. In: Chiappini, Ligia (Hg.): Brasilien, Land der Vergangenheit?, S. 29–48.

Schwamborn, Ingrid (2002): 50 anos da morte ressuscitaram Zweig no Brasil. In: O Globo, 23. 2. 2002, Caderno Prosa & Verso, S. 3.

Schwamborn, Ingrid (2003): Stefan Zweigs ungeschriebenes Buch: *Getúlio Vargas*. In: Eicher, Thomas (Hg.): Stefan Zweig im Zeitgeschehen des 20. Jahrhunderts, S. 129–157.

Seksik, Laurent (2011): Vorgefühl der nahen Nacht. München: Blessing.

Sennefelder, Anna Karina (2014): „Ich sehe nichts Besseres." Stefan Zweigs Nachlassroman *Rausch der Verwandlung* und Arthur Schnitzlers *Fräulein Else*. In: Renoldner, Klemens (Hg.): Stefan Zweig – Abschied von Europa, S. 159–167.

Servaes, Paul (1987): Oostenrijk – Vlaanderen, een uitzonderlijke vriendschap: Stefan Zweig – Emile Verhaeren. In: Vlaanderen 36/1987, S. 212–213.

Shaked, Gershon (1987): Die Gnade der Vernunft und die des Unglücks: Zweig und Roth – Ein Briefwechsel. In: Gelber, Mark H. (Hg.): Stefan Zweig heute, S. 141–159.

Siegel, Rainer-Joachim (1985): Stefan Zweig. Ein Beitrag zur Bibliographie. In: Marginalien 99/1985, S. 55–71.

Siegel, Rainer-Joachim (1999): Die deutschen Erstausgaben von *Schachnovelle* in Argentinien. In: Schwamborn, Ingrid (Hg.): Die letzte Partie, S. 215–218.

Siegel, Rainer-Joachim (2011): Der Briefwechsel Joseph Roth – Stefan Zweig 1927–1938. Ein Werkstattbericht. In: Battiston, Régine/Renoldner, Klemens (Hg.): „Ich liebte Frankreich wie eine zweite Heimat", S. 227–238.

Siegrist, Christoph (1995): Leere Kostümierung. Stefan Zweigs frühes Dramolett *Der verwandelte Komödiant*. In: Fues, Wolfram M./Mauser, Wolfram (Hg.): „Verbergendes Enthüllen". Zu Theorie und Kunst dichterischen Verkleidens. Würzburg: Königshausen & Neumann, S. 345–353.

Siller, Heidi (2010): Stefan Zweig, *Ungeduld des Herzens* (1939). In: Dies.: Die „Femme malade" – Physisch und psychisch kranke Protagonistinnen und ihre Partner in ausgewählten prosaepischen Werken des 20. Jahrhunderts. Diss. Univ. Wien, S. 49–66.

Simonek, Stefan (2016): Mychajlo Draj-Chmara als Übersetzer Stefan Zweigs. In: Faber, Vera/Horbačov, Dmytro/Sonnleitner, Johann (Hg.): Österreichische und ukrainische Literatur und Kunst. Kontakte und Kontexte in Moderne und Avantgarde. Frankfurt a. M. u. a.: Lang, S. 111–123.

Söder, Thomas (2008): Stefan Zweig: Die *Schachnovelle*. Das Spiel. In: Ders.: Studien zur Deutschen Literatur. Werkimmanente Interpretationen zentraler Texte der deutschen Literaturgeschichte. Wien u.a.: LIT, S. 250–276.

Sogos, Giorgia (2007): Il motivo dell'infanzia nell'opera di Stefan Zweig. *Erstes Erlebnis. Vier Geschichten aus Kinderland*. Masterarb. Univ. Florenz.

Sogos, Giorgia (2013): Le biografie di Stefan Zweig tra storia e psicologia: *Triumph und Tragik des Erasmus von Rotterdam, Marie Antoinette, Maria Stuart*. Die Biographien Stefan Zweigs zwischen Geschichte und Psychologie: *Triumph und Tragik des Erasmus von Rotterdam, Marie Antoinette, Maria Stuart*. Firenze: Firenze Univ. Press.

Sogos, Giorgia (2015): Ein Europäer in Brasilien zwischen Vergangenheit und Zukunft: utopische Projektionen des Exilanten Stefan Zweig. In: Schmuck, Lydia/Corrêa, Marina (Hg.): Europa im Spiegel von Migration und Exil/Europa no contexto de migração e exílio. Berlin: Frank & Timme, S. 115–134.

Sohnemann, Jasmin (2012): Zwei Psychologen und ihre Freundschaft. Stefan Zweig und Sigmund Freud. In: Müller, Karl (Hg.): Stefan Zweig – Neue Forschung, S. 73–98.

Sohnemann, Jasmin (2014): Der Kaufmann und der Künstler – Walther Rathenau und Stefan Zweig. In: Brömsel, Sven/Küppers, Patrick/Reichhold, Clemens (Hg.): Walther Rathenau im Netzwerk der Moderne. Berlin: de Gruyter, S. 224–250.

Sohnemann, Jasmin (2016): „…durch den Einsatz seines Lebens an eine einzige Idee: Europa zu retten." Dichtung und Wahrheit in Stefan Zweigs Erinnerungen an Walther Rathenau. In: Mitteilungen der Walther-Rathenau-Gesellschaft 24/2016, S. 5–20.

Sohnemann, Jasmin (2017): „Ein Wort von Ihnen, dessen Haltung so eindeutig bestimmt ist …". Der Internationalist Stefan Zweig und der Zionist Arnold Zweig. In: Gelber, Mark H./ Erdem, Elisabeth/Renoldner, Klemens (Hg.): Stefan Zweig – Jüdische Relationen, S. 47–68.

Sohnemann, Jasmin (2018): Arnold Zweig und Stefan Zweig in der Zwischenkriegszeit. Publizistisches Engagement, Beziehungsgeschichte und literaturwissenschaftliche Rezeption bis in das 20. Jahrhundert. Frankfurt a.M. u.a.: Lang.

Sommadossi, Tomas (2008): Eine vergessene Literaturverfilmung. Die Adaption von Stefan Zweigs Novelle *Angst* durch Roberto Rossellini. In: Modern Austrian Literature 41/3/2008, S. 1–24.

Sommer, Fred (1990/1991): Nostalgia, Francophilia, and the Agony of Hitlerism. The Autobiographies of Heinrich Mann and Stefan Zweig. In: New German Studies 16/1990/1991, S. 109–123.

Sonnenfeld, Marion (Hg.) (1983): Stefan Zweig. The World of Yesterday's Humanist Today. Proceedings of the Stefan Zweig Symposium. Albany: State Univ. of New York Press.

Sonntag, Stephan (2007): Versteckte Züge – Das Schachspiel in der deutschen Literatur des 20. Jahrhunderts. Magisterarb. Marburg.

Sorel, Guillaume/Seksik, Laurent (2012): Les derniers jours de Stefan Zweig [Graphic Novel]. Paris: Flammarion.

Sørensen, Bengt Algot (1987): Zeitgefühl und Zeitgestaltung in Stefan Zweigs Erzählungen. In: Gelber, Mark H. (Hg.): Stefan Zweig heute, S. 65–78.

Spedicato, Eugenio (2007): Phänomenologie des Medienwechsels. Am Beispiel von Stefan Zweigs Novelle *Angst* (1913) und Roberto Rossellinis gleichnamiger Verfilmung von 1954. In: Il confronto letterario 23/1/2007, S. 131–157.

Spedicato, Eugenio (2008): Literaturverfilmung als Äquivalenz-Phänomen. Stefan Zweigs Novelle *Angst* (1913) und Roberto Rossellinis gleichnamiger Film (1954). In: Ders./Hanuschek, Sven (Hg.): Literaturverfilmung. Perspektiven und Analysen. Würzburg: Königshausen & Neumann, S. 71–103.

Spedicato, Eugenio (2011): Das Prinzip Grausamkeit als Auslöser kompensativer Ordnungen: Zu Robert Musils *Die Verwirrungen des Zöglings Törleß*, Stefan Zweigs *Der Amokläufer*, Friedrich Dürrenmatts *Der Verdacht* und Edgar Hilsenraths *Nacht*. In: Il confronto letterario 28/2/2011, S. 295–312.

Sperber, George Bernard (1999): *Die Welt von Gestern*: Übersetzungen ins Spanische und Portugiesische. In: Schmid-Bortenschlager, Sigrid/Riemer, Werner (Hg.): Stefan Zweig lebt, S. 179–188. (Auch erschienen in: Pandaemonium Germanicum 5/1/2001, S. 265–276.)

Splitt, Gerhard (2005): Richard Strauss' Brief vom 17. Juni 1935 an Stefan Zweig. In: Die Musikforschung 58/4/2005, S. 406–414.

Spörk, Ingrid (2007): „Mit einer finsteren, einer schwarzen Liebe". Zu Liebesdiskursen in Stefans Zweigs erzählerischem Werk. In: Gelber, Mark H. (Hg.): Stefan Zweig Reconsidered, S. 175–192.

Spörk, Ingrid (2008): „Ich spürte, wie das Dämonische ihres Willens in mich eindrang". Fatale Liebesbeziehungen bei Stefan Zweig. In: Birk, Matjaž/Eicher, Thomas (Hg.): Stefan Zweig und das Dämonische, S. 143–156.

Springman, Luke (1994): Historical Consciousness and Jewish Identity. Stefan Zweig und Wilhelm Speyer on the Way to Themselves. In: Lorenz, Dagmar C. G. (Hg.): Insiders and Outsiders. Jewish and Gentile Culture in Germany and Austria. Detroit: Wayne State Univ. Press, S. 155–174.

Starck, Astrid (2011): Stefan Zweig: *Mendel le Libraire (Buchmendel)* où la destruction „d'un pays ou vivaient des hommes et des livres". In: Battiston, Régine/Renoldner, Klemens (Hg.): „Ich liebte Frankreich wie eine zweite Heimat", S. 115–129.

Steiman, Lionel B. (1995): Stefan Zweig: The Legacy of World War I and the Tasks of Exile. In: Gelber, Mark H./Zelewitz, Klaus (Hg.): Stefan Zweig. Exil und Suche nach dem Weltfrieden, S. 73–87.

Steiman, Lionel B. (2007): Aesteticism and Suicide in Stefan Zweig's *Rausch der Verwandlung*. In: Slawinski, Ilona (Hg.): Der Mnemosyne Träume. Festschrift zum 80. Geburtstag von Joseph P. Strelka. Tübingen: Narr, S. 387–402.

Steiman, Lionel B./Heiderich, Manfred W. (1987): Begegnung mit dem Schicksal: Stefan Zweigs Geschichtsvision. In: Gelber, Mark H. (Hg.): Stefan Zweig heute, S. 101–129.

Stenzel, Burkhard (2013): „... gerade gerne Weimar". Stefan Zweig und die Klassikerstadt. Verborgene Verbindungen – werkgeschichtliche Wirkungen. In: Weimar–Jena. Die große Stadt 6/2/2013, S. 100–113.

Stenzel, Burkhard (2014): Erkennende Brüder im Geist. Zu literarischen Konzepten von Stefan Zweig und Johannes Schlaf nach 1900. In: Weimar–Jena. Die große Stadt 7/3/2014, S. 229–241.

Stern, Guy (1993): Ein wiederentdecktes Stefan-Zweig-Porträt. In: Modern Austrian Literature 26/1/1993, S. 51–57.

Streibel, Robert (2016): Ein Straßenschild eröffnet eine neue Welt. Was hat Stefan Zweig mit Griechenland und dem Massaker in Stein 1945 zu tun? In: Zwischenwelt 33/1–2/2016, S. 11–14.

Strelka, Joseph P. (1987): Die Balzac-Biographie Stefan Zweigs. In: Gelber, Mark H. (Hg.): Stefan Zweig heute, S. 130–140.

Strelka, Joseph P. (1993): The Paradox and Dilemma of the Humanist in our Century. On the Fiftieth Anniversary (1942–1992) of the Death of Stefan Zweig. In: Berlin, Jeffrey B. (Hg.): Turn-of-the-century Vienna and its Legacy. Wien: Ed. Atelier, S. 337–350.

[Strigl, Daniela/Grill, Andrea/Beck, Knut/Görner, Rüdiger/Matuschek, Oliver] (2011): Ein Berliner Gespräch über Stefan Zweig. In: zweiheft 4/2011, S. 10–25.

Strigl, Daniela (2012): Biographie als Intervention. Zum Problem biographischen Erzählens bei Stefan Zweig – Fouché und Erasmus. In: Müller, Karl (Hg.): Stefan Zweig – Neue Forschung, S. 9–25.

Strigl, Daniela (2014): „I want a hero" – Stefan Zweig und Lord Byron. In: Görner, Rüdiger/Renoldner, Klemens (Hg.): Zweigs England, S. 35–48.

Strigl, Daniela (2014): Schach und andere Leidenschaften oder Stefan Zweigs Liebe zur Niederlage. In: Renoldner, Klemens (Hg.): Stefan Zweig – Abschied von Europa, S. 123–136.

Strigl, Daniela (2017): Stefan Zweig und das Odol-Prinzip. Vom Erfinden einer Marke. In: Peck, Clemens/Wolf, Norbert Christian (Hg.): Poetologien des Posturalen. Autorschaftsinszenierungen in der Literatur der Zwischenkriegszeit. Paderborn: Fink, S. 261–277.

Strouhal, Ernst (2007): ... das eigentliche Genie dieser Stadt. Stefan Zweig und der Verlust des Kosmopolitischen. In: Poldauf, Susanna/Saremba, Andreas (Hg.): 65 Jahre *Schachnovelle*, S. 57–60.
Subramanian, Balasundaram (2010): Der „Heimatbrief eines Europäers". Der essayistische Beitrag Stefan Zweigs zum europäischen Gedanken. In: Gräf, Rudolf (Hg.): Klausenburg – Persönlichkeiten. Cluj-Napoca: Presa Univ. Clujeană, S. 27–46.
Subramanian, Balasundaram (2013): Pädagogische Provinz Indien. Beispiel Hesse, Beispiel Zweig. In: Haberland, Detlef (Hg.): Hermann Hesse und die Moderne. Diskurse zwischen Ästhetik, Ethik und Politik. Wien: Praesens, S. 307–324.
Sučkov, Boris Leont'evič (1985): Stefan Zweig. In: Ders.: Sobranie sočinenij. Bd. 2. Moskau: Chudožestvennaja Literatura, S. 159–221.
Sugiyama, Yukiko (2014): Montaigne und Zweig. Die Dynamik der Selbstdarstellung. Ein essayistischer Versuch zum Essay über den Autor der Essais. In: Dichtung und Sprache 79/3/2014, S. 53–74.
Sugiyama, Yukiko (2015): Die Entwicklung der Idee der „inneren Freiheit" bei Stefan Zweig. Diss. Univ. Salzburg.
Światłowska, Irena (1999): Zur Rezeption Stefan Zweigs in Polen. In: Schmid-Bortenschlager, Sigrid/Riemer, Werner (Hg.): Stefan Zweig lebt, S. 111–120.
Światłowska, Irena (2000): *Maria Stuart* von Stefan Zweig oder die Mutterschaft in Sachzwängen der Macht und Politik. In: Czarnecka, Mirosława (Hg.): Mutterbilder und Mütterlichkeitskonzepte im ästhetischen Diskurs. Wrocław: Wrocławskie Wydawnictwo Oświatowe, S. 115–121.

Tanzer, Ulrike (2014): „In meinem Ende ist mein Anbeginn." Zu Stefan Zweigs *Maria Stuart*. In: Görner, Rüdiger/Renoldner, Klemens (Hg.): Zweigs England, S. 101–113.
Theurich, Jutta (2004): Ferruccio Busoni und Stefan Zweig. In: Gojowy, Detlef (Hg.): Ferruccio Busoni – großer Visionär, Europäer und Berliner. Leipzig: FDA, S. 80–87.
Thieme, Helga (2013): Das neue Leben. Bilder einer Utopie in Dramen von Stefan Zweig und Ernst Barlach. In: Peter, Birgit/Renoldner, Klemens (Hg.): Zweigs Theater, S. 101–114.
Thimann, Susanne (1989): Brasilien als Rezipient deutschsprachiger Prosa des 20. Jahrhunderts. Bestandsaufnahme und Darstellung am Beispiel der Rezeptionen Thomas Manns, Stefan Zweigs und Hermann Hesses. Frankfurt a.M. u.a.: Lang.
Thomé, Horst (2001): Stefan Zweigs psychologischer Realismus. Zu *Ungeduld des Herzens*. In: Literaturstraße 2/2001, S. 83–102.
Thompson, Bruce (1999): Two Adulteresses in Vienna. Stefan Zweig's *Angst* and Schnitzler's *Die Toten schweigen*. In: Modern Austrian Literature 32/2/1999, S. 1–14.
Thüne, Eva-Maria (1990): La corrispondenza tra Zweig e Freud. Microscopia di una „differenza inespressa". In: Allegoria 2/6/1990, S. 121–134.
Timms, Edward (1993): Stefan Zweig und die Stimme der Zukunft. In: Skrine, Peter N. (Hg.): Connections. Essays in Honour of Eda Sagarra on the Occasion of her 60th Birthday. Stuttgart: Heinz, S. 269–273.
Torberg, Friedrich (1956): Terzinen von der Flucht. In: Arens, Hanns (Hg.): Der große Europäer Stefan Zweig, S. 216–217. (Auch erschienen in: Arens, Hanns (Hg.) (1968): Stefan Zweig im Zeugnis seiner Freunde, S. 172–173.)
Torresetti, Fiorenza (2004): Passioni e tradimenti. Interrelazioni problematiche nelle novelle di Stefan Zweig. Diss. Univ. Macerata.
Traino, Francesca (2001): Stefan Zweig. Analista e cronista nelle biografie. Diss. Univ. Macerata.
Trapp, Frithjof (1993): Stefan Zweig, ein Beispiel für die Aufgaben der Zukunft? In: Exil 12/2/1993, S. 91–93.
Treitler, Wolfgang (2007): Zwischen Hiob und Jeremia. Stefan Zweig und Joseph Roth am Ende der Welt. Frankfurt a.M. u.a.: Lang.
Trommler, Frank (2001): Selbstrettung durch Wiederholung? Stefan Zweigs Kampf mit der Isolation. In: Felix, Jürgen (Hg.): Die Wiederholung. Festschrift für Thomas Koebner zum 60. Geburtstag. Marburg: Schüren, S. 227–237.

Tucci, Francesca (2009): Stefan Zweig, *Il mondo di ieri* (*Die Welt von Gestern*), 1942. In: Bonifazio, Massimo/Nelve, Daniela/Sisto, Michele (Hg.): Il saggio tedesco del Novecento. Florenz: Le Lettere, S. 165–172.

Tuercke, Berthold (1999): *Der Aufzwang*: Eine Kammeroper nach *Schachnovelle* und anderen Texten von Stefan Zweig. In: Schwamborn, Ingrid (Hg.): Die letzte Partie, S. 209–213.

Tunner, Erika (1992): „Le génie de se peindre soi-même". In: Austriaca 17/34/1992, S. 79–84.

Tunner, Erika (1995): Rencontres avec Stefan Zweig. In: Europe 73/794/1995, S. 3–6.

Tunner, Erika (Hg.) (2004): Carrefours de rencontres. De Stefan Zweig à Christa Wolf. Les littératures allemandes et autrichiennes au XXe siècle. Paris: L'Harmattan.

Tunner, Erika (2004): Stefan Zweig, esprit européen. In: Dies. (Hg.): Carrefours de rencontres 2004, S. 21–30.

Tunner, Erika (2004): Stefan Zweig. Le génie de se peindre soi-même. In: Dies. (Hg.): Carrefours de rencontres, S. 31–38.

Tunner, Erika (2008): Joseph Roth, Stefan Zweig et Soma Morgenstern. Correspondance et souvenirs. In: Sforzin, Martine (Hg.): Modes intellectuelles et capitales mitteleuropéennes autour de 1900. Échanges et transferts. Lille: Univ. Charles-de-Gaulle, S. 123–130.

Tunner, Erika (2009): La représentation hallucinatoire dans trois nouvelles de Stefan Zweig. *La collection invisible* (*Die unsichtbare Sammlung*), *Le bouquiniste Mendel* (*Buchmendel*) et *Le joueur d'échecs* (*Die Schachnovelle*). In: Varga, Suzanne (Hg.): La représentation tenue en lisière. Le verbe: miroir du monde. Actes du colloque du 30 novembre 2005. Arras: Artois Presses Univ., S. 139–152.

Tunner, Erika (2011): Der Freitod im Erzählwerk von Stefan Zweig. In: Battiston, Régine/Renoldner, Klemens (Hg.): „Ich liebte Frankreich wie eine zweite Heimat", S. 67–74.

Tunner, Erika (2014): Zur jüngsten Zweig-Renaissance. Am Beispiel: Frankreich. In: Renoldner, Klemens (Hg.): Stefan Zweig – Abschied von Europa, S. 241–251.

Turner, David (1987): Rausch, Ernüchterung und die Flucht ins Private. Zu Stefan Zweigs Roman aus dem Nachlaß. In: Gelber, Mark H. (Hg.): Stefan Zweig heute, S. 201–225.

Turner, David (1988): Expressionist Pathos and Psychological Analysis: Opposition to War in Leonhard Franks *Der Mensch ist gut* and Stefan Zweigs *Der Zwang*. In: Forum for Modern Language Studies 24/1988, S. 301–320.

Turner, David (1988): Moral Values and the Human Zoo. The „Novellen" of Stefan Zweig. Hull: Hull Univ. Press.

Turner, David (1988): Stefan Zweig: *Wilson versagt*. In: Zeitschrift für deutsche Philologie 107/1988, S. 253–269.

Turner, David (1989): History as Popular Story. On the Rhetoric of Stefan Zweigs *Sternstunden der Menschheit*. In: The Modern Language Review 84/1989, S. 393–405.

Turner, David (1990): Stefan Zweig und Hermann Brochs *Der Tod des Vergil*. Unveröffentlichtes zur Publikationsgeschichte eines Romans. In: Zeitschrift für deutsche Philologie 109/1990, S. 529–538.

Turner, David (1993): Eine nahe Ferne. Die Briefe Stefan Zweigs an Leonhard Adelt als Ausdruck einer von ihren literarischen Anfängen geprägten Freundschaft. In: Studia austriaca 2/1993, S. 61–90.

Turner, David (1995): Zweig und Montaigne: Ein Dialogisieren mit dem Bleistift in der Hand? In: Gelber, Mark H./Zelewitz, Klaus (Hg.): Stefan Zweig. Exil und Suche nach dem Weltfrieden, S. 263–276.

Ulrich, Silvia (2013): Hotels in der Literatur als Nicht-Orte. Körperliche Verortungen an drei Beispielen aus dem 20. Jahrhundert. In: Kanne, Miriam (Hg.): Provisorische und Transiträume. Raumerfahrung und Nicht-Ort. Berlin u.a.: LIT, S. 91–106.

Ulrich, Silvia (2015): Spazi „affettivi". Un analisi spaziale di *Brennendes Geheimnis* di Stefan Zweig. In: Studia austriaca 23/2015, S. 149–164.

Unger, Nikolaus (2005): Remembering Identity in *Die Welt von Gestern*: Stefan Zweig, Austrian German Identity Construction and the First World War. In: Focus on German Studies 12/2005, S. 95–116.

Unger, Nikolaus (2008): Today, tomorrow – and yesterday? Modern Austrian identity and the case of Hermann Bahr and Stefan Zweig. Diss. Univ. Warwick.

Unger, Nikolaus (2010): The Influence of Walt Whitman and Emile Verhaeren in Stefan Zweig's Pre-1914 Conception of Cultural Modernism. In: TRANS. Internet-Zeitschrift für Kulturwissenschaften 17/2010.

Unseld, Siegfried (1993): Das Spiel vom Schach: Stefan Zweig, *Schachnovelle* (1941/42). In: Freund, Winfried (Hg.): Deutsche Novellen. Von der Klassik bis zur Gegenwart. München: Fink, S. 249–263. (Auch erschienen in: Schwamborn, Ingrid (Hg.): Die letzte Partie, S. 229–244.)

Urbach, Reinhard (2014): „Österreicherei". Stefan Zweigs geronnene Heimat. In: Renoldner, Klemens (Hg.): Stefan Zweig – Abschied von Europa, S. 39–54.

Urbach, Reinhard (2017): Treu ergebene Maßregelungen. Hermann Bahr und Stefan Zweig im Zwiegespräch. In: Wörgötter, Martina (Hg.): Stefan Zweig. Positionen der Moderne, S. 131–145.

Vanwesenbeeck, Birger (2014): A Stefan Zweig Revival? In: Ders./Gelber, Mark H. (Hg.): Stefan Zweig and World Literature, S. 15–32.

Várkonyi, István (1995): „Mit meinem Leibe wider den Krieg, mit meinem Leben für den Frieden." Das Motiv „Krieg–Frieden" bei Stefan Zweig. In: Gelber, Mark H./Zelewitz, Klaus (Hg.): Stefan Zweig. Exil und Suche nach dem Weltfrieden, S. 88–100.

Vedder, Ulrike (2014): Zur Magie der Handschrift. Stefan Zweig als Autographensammler. In: Görner, Rüdiger/Renoldner, Klemens (Hg.): Zweigs England, S. 141–151.

Vergne-Cain, Brigitte/Rudent, Gérard (1995): Lettres dans la mêlée. In: Europe 73/794/1995, S. 112–121.

Vertlib, Vladimir (2003): Der doppelte Bruch. In: Eicher, Thomas (Hg.): Stefan Zweig im Zeitgeschehen des 20. Jahrhunderts, S. 305–312.

Viertel, Berthold (1956): Abschied von Stefan Zweig. In: Arens, Hanns (Hg.): Der große Europäer Stefan Zweig, S. 250–260. (Auch erschienen in: Arens, Hanns (Hg.) (1968): Stefan Zweig im Zeugnis seiner Freunde, S. 195–201.)

Viertel, Berthold (1992): Abschied von Stefan Zweig. In: Renoldner, Klemens/Holl, Hildemar/Karlhuber, Peter (Hg.): Stefan Zweig. Für ein Europa des Geistes, S. 93–100.

Vion-Dury, Juliette (2006): „Détours sur le chemin qui me ramène à moi". Le regard de Stefan Zweig sur le Brésil et sur l'Europe. In: Austriaca 31/62/2006, S. 151–169.

Vistrits, Robert (2007): Stefan Zweig and the *World of yesterday*. In: Gelber, Mark H. (Hg.): Stefan Zweig Reconsidered, S. 59–77.

Vöhringer, Eva Maria (2000): *La variante di Lüneburg* di Paolo Maurensig. Una risposta a distanza alla *Schachnovelle* di Stefan Zweig. In: Pasinato, Antonio (Hg.): Oltreconfine. Lingue e culture tra Europa e mondo. Corigliano Calabro: Meridiana Libri, S. 187–197.

Voigts, Manfred (2006): Stefan Zweig und Jakob Buchmendel. In: Jasper, Willi/Lezzi, Eva/Liebs, Elke/Peitsch, Helmut (Hg.): Juden und Judentum in der deutschsprachigen Literatur. Wiesbaden: Harrassowitz, S. 353–370.

Vološčuk, Jevhenija (2015): „... aus den dunkelsten Tiefen der Verzweiflung und des Verzichtens." Stefan Zweigs Galizienbilder in Zeiten des Ersten Weltkriegs. In: Małgorzata, Dubrowska (Hg.): „Reise in die Tiefe der Zeit und des Traums." (Re-)Lektüren des ostmitteleuropäischen Raumes aus österreichischer, deutscher, polnischer und ukrainischer Sicht. Lublin: Wydawn. KUL, S. 43–54.

Wagner, Karl (2003): Von den Erfindungen der biographischen Wahrheit: Freud/Zweig/Dostojewski. In: Sellmer, Izabela (Hg.): Die biographische Illusion im 20. Jahrhundert. (Auto-)Biographien unter Legitimierungszwang. Frankfurt a. M. u. a.: Lang, S. 209–226.

Wagner, Margarete (2007): Der pannonische Grenzraum als literarischer Ort in Stefan Zweigs *Ungeduld des Herzens*. In: Estudios Filológicos Alemanes. Revista del Grupo de Investigación Filología Alemana 13/2007, S. 485–495.

Wagner, Margarete (2009): Grenzen und Grenzerfahrungen in Stefan Zweigs Roman *Ungeduld des Herzens*. In: Rácz, Gabriella/Szabó, László V. (Hg.): Der deutschsprachige Roman aus interkultureller Sicht. Veszprém: Univ.-Verlag/Wien: Praesens, S. 315–340.

Wagner, Margarete (2010): Konstruktion des Eigenen und des Fremden – Zur Didaxe des Wertewandels in Stefan Zweigs Roman *Ungeduld des Herzens*. In: Analele Universitătii Spiru Haret. Seria Filologie. Limbi şi literaturi străine 13/2/2010, S. 41–54.

Wagner, Margarete (2012): Selbst- und fremdverordnete Identitätskonstruktionen in Stefan Zweigs Roman *Ungeduld des Herzens*. In: Jahrbuch der Grillparzer-Gesellschaft 3. F./24/2012, S. 97–127.

Wagner, Margarete (2015): Der pannonische Grenzraum als literarischer Ort bei Stefan Zweig und Heimito von Doderer. In: Kropf, Rudolf (Hg.): Diesseits und jenseits der Leitha. Grenzen und Grenzräume im pannonischen Raum. Eisenstadt: Amt der Burgenländischen Landesregierung, Abteilung 7 – Landesmuseum, S. 75–92.

Wagner, Margarete (2015): Max Schelers Mitleidsethik als Grundlage für Stefan Zweigs Roman *Ungeduld des Herzens*. In: Zhang, Yi/Gelber, Mark H. (Hg.): Aktualität und Beliebtheit, S. 109–119.

Walkowiak, Maciej (2016): Zu autobiographisch profilierten Hauptdeterminanten des Transitorischen in Stefan Zweigs *Die Welt von Gestern. Erinnerungen eines Europäers*. Der „homo viator" in der mehrdimensionalen Fremde des englischen Exils. In: Pacyniak, Jolanta/Pastuszka, Anna (Hg.): Zwischen Orten, Zeiten und Kulturen. Zum Transitorischen in der Literatur. Frankfurt a.M. u.a.: Lang, S. 53–63.

Wang, Beibei: Humanistische Gedanken in den Werken von Stefan Zweig. In: Zhang, Yi/Gelber, Mark H. (Hg.): Aktualität und Beliebtheit, S. 67–73.

Warren, John (2014): Stefan Zweig's Drama *Jeremias* in Context. In: Gelber, Mark H./Vanwesenbeeck, Birger (Hg.): Stefan Zweig and World Literature, S. 35–55.

Waßmer, Johannes (2013): Ein eisiger Atem des Alleinseins? Einsamkeit in den Werken Hermann Hesses und Stefan Zweigs. In: Herwig, Henriette (Hg.): Der Grenzgänger Hermann Hesse. Neue Perspektiven der Forschung. Freiburg i. Br.: Rombach, S. 333–346.

Waßmer, Johannes (2015): Stefan Zweig *Brasilien. Ein Land der Zukunft* (1941). In: Klein, Sonja (Hg.): Die deutsche Exilliteratur 1933 bis 1945. Perspektiven und Deutungen. Darmstadt: Wissenschaftliche Buchgesellschaft, S. 152–163.

Wei, Yuqing (2015): „Fu zu zu dao" oder eine „verschleierte Selbstdarstellung". *Triumph und Tragik des Erasmus von Rotterdam* von Stefan Zweig. In: Zhang, Yi/Gelber, Mark H. (Hg.): Aktualität und Beliebtheit, S. 201–208.

Weidermann, Volker (2014): Ostende. 1936, Sommer der Freundschaft. Köln: Kiepenheuer & Witsch.

Weidermann, Volker (2016): A Summer in Ostend. Stefan Zweig and Joseph Roth in 1936. In: The Yale Review 104/1/2016, S. 1–28.

Weigel, Andreas (2010): Das Ende einer langlebigen Legende. Zur Bekanntschaft zwischen James Joyce und Stefan Zweig. In: Praesent 2010, S. 43–55.

Weinzierl, Ulrich (1992): In Genf die Scheiben einschlagen. Überraschende Zitate und allerlei Würdigungen zum Fünfzigsten Todestag Stefan Zweigs. In: Frankfurter Allgemeine Zeitung 47/25. 2. 1992, S. 31.

Weinzierl, Ulrich (Hg.) (1992): Stefan Zweig – Triumph und Tragik. Aufsätze, Tagebuchnotizen, Briefe. Frankfurt a.M.: S. Fischer.

Weinzierl, Ulrich (2015): Stefan Zweigs brennendes Geheimnis. Wien: Zsolnay.

Weiss, Rudolf (2015): The Return of *The Silent Woman*. Stefan Zweig's Ben Jonson-Adaptation for Richard Strauss and Ronald Harwood's „Collaboration". In: Ders./Schnauder, Ludwig/Fuchs, Dieter (Hg.): Anglo-German Theatrical Exchange. Leiden: Rodopi, S. 371–405.

Weissenberger, Klaus (2014): Stefan Zweig's Non-fictional Prose in Exile. Mastery of the European Genre of „Kunstprosa". In: Gelber, Mark H./Vanwesenbeeck, Birger (Hg.): Stefan Zweig and World Literature, S. 122–151.

2. Forschungsliteratur (Auswahl)

Wendt, Doris (2011): Stefan Zweigs *Marie Antoinette – Bildnis eines mittleren Charakters*. Eine europäische ‚Kontroverse'. In: Gelber, Mark H./Ludewig, Anna-Dorothea (Hg.): Stefan Zweig und Europa, S. 125–148.

Werfel, Franz (1956): Stefan Zweigs Tod. In: Arens, Hanns (Hg.): Der große Europäer Stefan Zweig, S. 269–282. (Auch erschienen in: Arens, Hanns (Hg.) (1968): Stefan Zweig im Zeugnis seiner Freunde, S. 208–216.)

Werley, Matthew (2017): Stefan Zweig, *Die schweigsame Frau* und die Wiener Staatsoper. Zwei unveröffentlichte Briefe vom Dezember 1935. In: zweigheft 16/2017, S. 15–31.

Weschenbach, Natascha (1992): Stefan Zweig und Hippolyte Taine. Stefan Zweigs Dissertation über *Die Philosophie des Hippolyte Taine* (Wien 1904). Amsterdam: Rodopi.

Whalen, Robert Weldon (2014): Narrating Alterity. Stefan Zweig, Emmanuel Levinas, and the Trauma of Redemption. In: Gelber, Mark H./Vanwesenbeeck, Birger (Hg.): Stefan Zweig and World Literature, S. 74–89.

Whintrop-Young, Geoffrey (2014): „That Voice in the Darkness!" Technologies of the Tropical Talking Cure in Stefan Zweig's *Der Amokläufer* and *Verwirrung der Gefühle*. In: Gelber, Mark H./Vanwesenbeeck, Birger (Hg.): Stefan Zweig and World Literature, S. 56–73.

Whitaker, Dulce C.A. (2000): Brasilien, Land der Zukunft? Die Projektionen Stefan Zweigs und Paulo Freires. Der Kontrapunkt der Hoffnung. In: Chiappini, Ligia (Hg.): Brasilien, Land der Vergangenheit?, S. 325–332.

Wiedl, Birgit (1995): Stefan Zweigs *Die Welt von Gestern. Erinnerungen eines Europäers*. In: Bartenstein, Helmut et al. (Hg.): Politische Betrachtungen einer Welt von gestern. Öffentliche Sprache in der Zwischenkriegszeit. Stuttgart: Heinz, S. 286–312.

Wieland, Klaus (2005): Die Konstruktion von männlichen Homosexualitäten im psychiatrisch-psychologischen Diskurs um 1900 und in der deutschen Erzählliteratur der frühen Moderne. In: Scientia Poetica 9/2005, S. 216–262.

Wilczek, Reinhard (2015): Stefan Zweigs Reise ins Nichts. Historische Miniatur. Innsbruck: Limbus.

Wilhelm, Kurt (1988): „Das hat mit Politik nichts zu tun." Richard Strauss im Briefwechsel mit Stefan Zweig. In: Literatur in Bayern 13/1988, S. 32–43.

Wittkowski, Victor (1960): Erinnerungen an Stefan Zweig in Brasilien. In: Ders.: Ewige Erinnerung. Rom: Eigenverlag, S. 61–126.

Wolf, Christian (2009): Anklänge und Zitate in der *Schweigsamen Frau*. In: Richard-Strauss-Jahrbuch 2009, S. 85–102.

Wollmann, Heimar (1993): Stefan Zweig, Klaus Mann. Autobiografi „in extremis". In: Klein, Reimar (Hg.): Il testo autobiografico nel Novecento. Mailand: Guerini, S. 379–393.

Wörgötter, Martina (Hg.) (2017): Stefan Zweig. Positionen der Moderne. Würzburg: Königshausen & Neumann.

Wörgötter, Martina (2018): Projektion und Reflexion. Zur narrativen Inszenierung jüdischer Identität in Stefan Zweigs *Untergang eines Herzens*. In: Liu, Wei/Luger, Urs/Wagner, Alexandra (Hg.): Jüdisches Österreich – Jüdisches China. Geschichte und Geschichten aus dem 20. Jahrhundert. Wien: Praesens, S. 232–257.

Wunderer, Regina (2005): Stefan Zweig. Gedanken zu Europa. In: Belobratov, Aleksandr V. (Hg.): Österreichische Literatur. Moderne und Gegenwart. Avstrijskaja literatura. St. Petersburg: Peterburg XXI Vek, S. 83–102.

Wyszyński, Tomasz (1993): Frauengestalten in den Novellen von Stefan Zweig. In: Szewczyk, Grażyna (Hg.): Głosy piszących kobiet/Stimmen schreibender Frauen. Katowice: Śląsk, S. 59–68.

Yang, Jin (2015): „Mein zu Dir hinflüchtender Schmerz". Zum Motiv des Liebesbriefes in Stefan Zweigs Novelle *Brief einer Unbekannten*. In: Zhang, Yi/Gelber, Mark H. (Hg.): Aktualität und Beliebtheit, S. 145–154.

Yuan, Kexiu (2015): Leidenschaft zwischen dämonischem Trieb und Liebe. Die Homosexualität in der Novelle *Verwirrung der Gefühle*. In: Zhang, Yi/Gelber, Mark H. (Hg.): Aktualität und Beliebtheit, S. 163–175.

Zajas, Paweł (2013): Bellizismus eines Pazifisten. Stefan Zweig und der Insel-Verlag im Ersten Weltkrieg. In: Acta Germanica 41/2013, S. 155–168.

Zarini, Marie-Emmanuelle (1997): Stefan Zweig, un Voyageur à la Découverte de l'Europe (1900–1914). In: Reffet, Michel (Hg.): L'Autriche et l'Idée d'Europe. Paris: Association des Germanistes de l'Enseignement Supérieur, S. 149–156.

Zatonskij, Dmitrij V. (1988): Stefan Cvejg: ili netipično tipičnyj avstriec. In: Ders.: Chudožestvennye orientiry XX veka. Moskau: Sovet. Pisatel', S. 236–271.

Zech, Paul (1943): Stefan Zweig – Eine Gedenk-Schrift. Buenos Aires: Quadriga.

Zeder, Franz (2010/2011): Thomas Mann, Hugo von Hofmannsthal und Stefan Zweig. Konstellationen der Brüderlichkeit zwischen Koinzidenz und Konkurrenz. In: Blätter der Thomas-Mann-Gesellschaft 34/2010/2011, S. 20–38.

Zee, Rita (1994): Stefan Zweig und Emile Verhaeren. In: Zeit-Schrift 8/1994, S. 5–19.

Zelewitz, Klaus (1991): Persona non grata: Stefan Zweig in Österreich nach 1945. In: Holzner, Johann (Hg.): Eine schwierige Heimkehr. Österreichische Literatur im Exil 1938–1945. Innsbruck: Institut für Germanistik, S. 385–392.

Zelewitz, Klaus (1992): Stefan Zweig in Österreich nach 1945. In: Renoldner, Klemens/Holl, Hildemar/Karlhuber, Peter (Hg.): Stefan Zweig. Für ein Europa des Geistes, S. 31–33.

Zelewitz, Klaus (1993): Stefan Zweig. Exotismus versus (?) Europhilie. In: Studia austriaca 2/1993, S. 29–38. (Auch erschienen in Schwamborn, Ingrid (Hg.): Die letzte Partie, S. 145–157.)

Zelewitz, Klaus (1995): Die *Ungeduld des Herzens* als Indikator zweifachen Scheiterns. In: Ders./Gelber, Mark H. (Hg.): Stefan Zweig. Exil und Suche nach Weltfrieden, S. 137–147.

Zelewitz, Klaus (1995): Stefan Zweig. Mimesis der Eingeweihtheit. In: Holzner, Johann (Hg.): Ästhetik der Geschichte. Innsbruck: Institut für Germanistik, S. 99–118.

Zelewitz, Klaus (1999): Näher an Stefan Zweig. In: Schmid-Bortenschlager, Sigrid/Riemer, Werner (Hg.): Stefan Zweig lebt, S. 7–16.

Zelewitz, Klaus (2008): Das Dämonische bei Arthur Schnitzler und Stefan Zweig. In: Birk, Matjaž/Eicher, Thomas (Hg.): Stefan Zweig und das Dämonische, S. 170–175.

Zelewitz, Klaus (2011): Zweigs Europa: ein cisleithanisches? In: Gelber, Mark H./Ludewig, Anna-Dorothea (Hg.): Stefan Zweig und Europa, S. 99–108.

Zeyringer, Klaus (2006): Rio de Janeiro 1942. Leopold von Andrian, Paul Frischauer, Stefan Zweig und andere. In: Eidherr, Armin (Hg.): Diaspora – Exil als Krisenerfahrung. Jüdische Bilanzen und Perspektiven. Klagenfurt: Drava, S. 262–280.

Zhang, Fan (2015): Stefan Zweigs Reflexion über den Tod. In: Zhang, Yi/Gelber, Mark H. (Hg.): Aktualität und Beliebtheit, S. 59–66.

Zhang, Yan (2012): Stefan Zweigs Kreativität in Biographien am Beispiel von *Joseph Fouché. Bildnis eines politischen Menschen*. In: Literaturstraße 13/2012, S. 259–266.

Zhang, Yan (2015): Die Eigenartigkeit in Legenden von Stefan Zweig. In: Zhang, Yi/Gelber, Mark H. (Hg.): Aktualität und Beliebtheit, S. 85–93.

Zhang, Yi (2004): Die Zeitlosigkeit des politischen Charakters. Zur Intention Stefan Zweigs bei seiner literarischen Biographie *Joseph Fouché*. In: Literaturstraße 5/2004, S. 127–144.

Zhang, Yi (2007): Der Film als neues Medium und besondere Form der Rezeption. Zwei Verfilmungen von Stefan Zweigs Erzählung *Brief einer Unbekannten*. In: Literaturstraße 8/2007, S. 233–244.

Zhang, Yi (2015): Die weibliche Stimme Lotte Zweigs. In: Ders./Gelber, Mark H. (Hg.): Aktualität und Beliebtheit, S. 95–107.

Zhang, Yi/Gelber, Mark H. (Hg.) (2015): Aktualität und Beliebtheit. Neue Forschung und Rezeption von Stefan Zweig im internationalen Blickwinkel. Würzburg: Königshausen & Neumann.

Zhang, Yushu (1997): Stefan Zweig – ein unpolitischer Mensch? In: Zeitschrift für Germanistik N. F. 7/1/1997, S. 25–37.

Zhang, Yushu (2009): Seelenleben – Terra inkognita. Die Akzeptanz von Stefan Zweig in China nach der Kulturrevolution. In: Ders.: Mein Weg zur Literaturstraße. Ausgewählte Arbeiten eines chinesischen Germanisten. Würzburg: Königshausen & Neumann, S. 369–373.

Zhao, Leilian (2015): Über die Hölderlin-Interpretation in Stefan Zweigs *Der Kampf mit dem Dämon. Hölderlin. Kleist. Nietzsche.* In: Zhang, Yi/Gelber, Mark H. (Hg.): Aktualität und Beliebtheit, S. 177–191.

Zheng, Aili (2014): „Appropriate circumstances". From Stefan Zweig's Vienna to Xu Jinglei's Beijing. In: Modern Language Notes 129/3/2014, S. 698–715.

Zheng, Aili (2015): Performativities in *Brief einer Unbekannten.* Stefan Zweig's Novella and the Adaptations of Max Ophüls and Xu Jinglei. In: Orbis litterarum 70/3/2015, S. 175–205.

Zhigunova, Lidia (1996): Stefan Zweig and Russia. Masterarb. Univ. Nalchik.

Zhou, Qin (2004): Zweigs Anschauung über die Massen im Drama *Jeremias.* In: Literaturstraße 5/2004, S. 115–126.

Zhou, Qin (2008): Eine Nacht eines Mannes – das Leben einer Frau. Chinesische Verfilmung der Novelle *Brief einer Unbekannten* von Stefan Zweig. In: Literaturstraße 9/2008, S. 201–212.

Zhou, Qin (2009): Aufhebung des Vaterkult-Banns. Ein unterdrückter Held in Zweigs Kammerspiel *Legende eines Lebens.* In: Literaturstraße 10/2009, S. 111–116.

Zhou, Qin (2015): Stefan Zweigs politische Verfassung gegen den Missbrauch der Macht durch die Mächtigen in seinem Drama *Das Lamm des Armen.* In: Zhang, Yi/Gelber, Mark H. (Hg.): Aktualität und Beliebtheit, S. 245–251.

Zohn, Harry (1952): Liber Amicorum Friderike Maria Zweig. Stanford: Dahl.

Zohn, Harry (1956): Stefan Zweig und Amerika. In: Arens, Hanns (Hg.): Der große Europäer Stefan Zweig, S. 190–196.

Zohn, Harry (1986): Stefan Zweig: Der Europäer, der Österreicher, der Jude. In: Ders.: „... ich bin ein Sohn der deutschen Sprache nur ...". Jüdisches Erbe in der österreichischen Literatur. Wien, München: Amalthea, S. 98–128.

Zohn, Harry (1987): Das brennende Geheimnis des Stephen Branch oder eine Geschichte mit Moral von einem Arzt, der sich nicht selber helfen konnte. In: Gelber, Mark H. (Hg.): Stefan Zweig heute, S. 25–43.

Zohn, Harry (1993): The tragic End of a Great European. Stefan Zweig's Letters from the Exile. In: Berlin, Jeffrey B. (Hg.): Turn-of-the-century Vienna and its Legacy. Wien: Ed. Atelier, S. 351–360.

Zohn, Harry (1995): The Burning Secret of Stephen Branch or a Cautionary Tale about a Physician who Could not Heal Himself. In: Ders.: Austriaca and Judaica. Essays and Translations. New York u.a.: Lang, S. 27–41.

Zohn, Harry (1995): Der tragische Lebensabend eines großen Europäers. Zu Stefan Zweigs Briefen aus dem Exil. In: Gelber, Mark H./Zelewitz, Klaus (Hg.): Stefan Zweig. Exil und Suche nach dem Weltfrieden, S. 124–136.

Zohn, Harry (1995): Le médiateur. In: Europe 73/794/1995, S. 22–30.

Zuckmayer, Carl (1956): Did you know Stefan Zweig? In: Arens, Hanns (Hg.): Der große Europäer Stefan Zweig, S. 242–249. (Auch erschienen in: Arens, Hanns (Hg.) (1968): Stefan Zweig im Zeugnis seiner Freunde, S. 190–194.)

Zweig, Egon M. (1948): Warum beging Stefan Zweig Selbstmord? In: Mitteilungsblatt Tel Aviv, 6. 2. 1948, S. 4.

Zweig, Friderike M. (1947): Stefan Zweig. Wie ich ihn erlebte. Stockholm u.a.: Neuer Verlag.

Zweig, Friderike M. (1956): Antworten. In: Arens, Hanns (Hg.): Der große Europäer Stefan Zweig, S. 283–294. (Auch erschienen in: Arens, Hanns (Hg.) (1968): Stefan Zweig im Zeugnis seiner Freunde, S. 217–223.)

Zweig, Friderike M. (1961): Stefan Zweig. Eine Bildbiographie. München: Kindler.

Zweig, Friderike M. (1964): Spiegelungen des Lebens. Wien u.a.: Hans Deutsch.

3. Filme

Manfred Mittermayer

Amok

Amoki/Amok, zakon i dolg. UdSSR 1927. R: Kote Marjanishvili (= Konstantin Mardzanov). Db: Kote Marjanishvili. Dst: Nato Vachnadze, Aleksandr Imedashvili, Valerian Gunia (70 min).
Amok. F 1934. R: Fedor Ozep (Fyodor Otsep). Db: André Lang, H. R. Lenormand. Dst: Marcelle Chantal, Jean Yonnel, Valéry Inkijinoff, Jean Servais (92 min).
Amok. Mex 1944. R: Antonio Momplet. Db: Antonio Momplet, Erwin Wallfisch, Max Aub. Dst: María Félix, Julián Soler, Estela Inda, Miguel Ángel Ferriz (106 min).
Amok. ČSSR 1977. R: Martin Hollý. Db: Viera Škrdlova. Dst: Elo Romančík, Ivan Mistrík, Božidara Turzonovová, Mikuláš Huba, František Dibarbora (64 min).
Amok. F/Port/D 1993. R: Joël Farges. Db: Joël Farges, Catherine Foussadier, Dominique Rousset. Dst: Fanny Ardant, Andrzej Seweryn, Bernard Le Coq, Joaquim de Almeida, Sonja Kirchberger (90 min).

Angst

Angst. Die schwache Stunde einer Frau (in Österreich: *Die Verführte*). D 1928. R: Hans Steinhoff. Db: Ernst B. Fey. Dst: Elga Brink, Gustav Fröhlich, Vivian Gibson, Henry Edwards (2642 Meter).
La peur/Vertige d'un soir. F 1936. R: Viktor Tourjansky. Db: Joseph Kessel, Jean-Pierre Feydeau, Irma von Cube. Dst: Gaby Morlay, Suzy Prim, Charles Vanel, George Rigaud, Jane Lamy (87 min).
Angst/La Paura/Non credo più all'amore. BRD/It 1954. R: Roberto Rossellini. Db: Sergio Amidei, Franz von Treuberg. Dst: Ingrid Bergman, Mathias Wieman, Renate Mannhardt, Kurt Kreuger, Elise Aulinger (82 min).
Studie jednoho strachu. ČSSR 1967. R & Db: Eva Sadková. Dst: Irena Kačírková, Jiří Adamíra, Jaroslava Adamová, Vladimír Brabec (46 min).
Angst. BRD 1978. R & Db: Dagmar Damek. Dst: Judy Winter, Matthias Habich, Eva Schukardt, Manfred Zapatka (60 min).
La peur. F 1992. R: Daniel Vigne. Db: Victor Haïm. Dst: Marianne Basler, Hanns Zischler, Sabine Naud, Cinzia de Ponti, Nicola Farron (87 min).
Odinochestvo lyubvi. Rus 2005. R: Viktor Merezhko. Db: Vadim Avloshenko. Dst: Svetlana Khodchenkova, Pavel Melenchuk, Valeriy Barinov, Stanislav Bondarenko, Elena Melnikova (102 min).
Oviedo Express. Span 2007. R & Db: Gonzalo Súarez. Dst: Carmelo Gómez, Aitana Sánchez-Gijón, Bárbara Goenaga, Maribel Verdú, Alberto Jiménez (109 min).

Brennendes Geheimnis

Das brennende Geheimnis/Mutter, dein Kind ruft. D 1923. R: Rochus Gliese. Db: Hans Janowitz. Dst: Ernst Deutsch, Otto Gebühr, Wilhelm Diegelmann, Jenny Hasselqvist (108 min).
Brennendes Geheimnis/Das brennende Geheimnis. D 1933. R: Robert Siodmak. Db: Friedrich Kohner. Dst: Hilde Wagener, Willi Forst, Hans Joachim Schaufuß, Alfred Abel (92 min).
Brennendes Geheimnis. BRD 1977. R & Db: Wilm ten Haaf. Dst: Heinz Ehrenfreund, Christiane Hörbiger, Thomas Ohrner, Walther Reyer (82 min).

Burning Secret. UK/USA/BRD 1988. R & Db: Andrew Birkin. Dst: Faye Dunaway, Klaus Maria Brandauer, David Eberts, Ian Richardson (106 min).
Lyubovni sanishta/Love Dreams. Bgr 1994. R & Db: Ivan Nitchev. Dst: Walter Toschi, Tanya Dimitrova, Ivailo Tsvetkov, Tatyana Lolova (90 min).
Mučivé tajomstvo. Svk 1999. R: Emil Horváth. Dst: Jozef Vajda, Jana Hubinská, Dušan Taragel', Igor Hrabinský, Emil Horváth (85 min).

Brief einer Unbekannten

Narkose. D 1929. R: Alfred Abel. Db: Béla Balázs. Dst: Renée Héribel, Jack Trevor, Alfred Abel, Fritz Alberti.
Only Yesterday/Eine Frau vergißt nicht. USA 1933. R: John M. Stahl. Db: Arthur Richman, George O'Neill, William Hurlbut. Dst: Margaret Sullavan, John Boles, Edna May Oliver, Billie Burke (105 min).
Valkoiset ruusut. Fin 1943. R: Hannu Leminen. Db: Eino Seisjoki (d.s. Hannu Leminen u. Ilmari Uno). Dst: Helena Kara, Tauno Palo, Aku Korhonen, Aino Lohkoski (102 min).
Letter from an Unknown Woman. USA 1948. R: Max Ophüls. Db: Howard Koch. Dst: Joan Fontaine, Louis Jourdan, Mady Christians, Marcel Journet, Art Smith (86 min).
Etsi esvyse i zoi mou. Grc 1952. R & Db: Christos Spentzos. Dst: Aleka Katselli, Thanos Kotsopoulos, Nitsa Tsaganea, Hristos Tsaganeas, Anthi Miliadi (93 min).
Letter from an Unknown Woman (Studio One, Season 4, Episode 24). USA 1952. R: Franklin J. Schaffner. Db: Worthington Miner. Dst: Viveca Lindfors, Melvyn Douglas, Frederic Tozere, Jean-Pierre Aumont, Betty Furness (60 min).
Feliz año, amor mío. Mex 1957. R: Tulio Demicheli. Db: Julio Alejandro. Dst: Arturo de Córdova, Marga López, Ignacio López Tarso, Andrés Velázquez (87 min).
Lettre d'une inconnue. F/D 2001. R: Jacques Deray. Db: Jean-Claude Carrière. Dst: Irène Jacob, Christopher Thompson, Joachim Bißmeier, Karlheinz Hackl, Theresa Martini (90 min).
Yi ge mo sheng nu ren de lai xin. China 2004. R & Db: Xu Jinglei. Dst: Jue Huang, Wen Jiang, Huang Jiao, Xu Jinglei (90 min).

Clarissa

Clarissa – Tränen der Zärtlichkeit. F/D 1998. R: Jacques Deray. Db: Jean-Claude Carrière. Dst: Maruschka Detmers, Claude Rich, Stéphane Freiss, Tobias Moretti (104 min).

Eroberung von Byzanz, Die

Byzance. F 1964. R & Db: Maurice Pialat [Text von Stefan Zweig aus dem Off]. Dst: André Reybaz (11 min).

Genie einer Nacht, Das

Génius jednej noci. ČSSR 1988. R & Db: Roman Polák. Dst: Jaroslav Filip, Emil Horváth, Zdena Studenková, Matej Landl, Marián Geišberg (70 min).

Georg Friedrich Händels Auferstehung

Händels Auferstehung. BRD 1980. R: Klaus Lindemann. Db: Gert Jonke, Klaus Lindemann. Dst: Heinrich Schweiger, Hildegard Heichele, Matthias Dittmer, Helga Boettiger (94 min).

Geschichte eines Unterganges

La dernière fête. Can/F/CH 1996. R: Pierre Granier-Deferre. Db: Madeleine Chapsal, Pierre Granier-Deferre. Dst: Charlotte Rampling, Stéphane Freiss, Bernard Dhéran, Manfred Andrae, Thomas Kretschmann (100 min).

Gestohlene Jahr, Das

Das gestohlene Jahr. Ö/BRD 1950. R: Wilfried Fraß. Db: Wilfried Fraß, Berthold Viertel, Walther von Hollander. Dst: Oskar Werner, Elisabeth Höbarth, Ewald Balser, Fita Benkhoff, Albert Florath (91 min).

Grand Budapest Hotel, The

The Grand Budapest Hotel. USA/D/UK 2014. R: Wes Anderson. Db: Wes Anderson, Hugo Guinness. Dst: Ralph Fiennes, F. Murray Abraham, Adrien Brody, Jude Law, Tilda Swinton, Saoirse Ronan, Tom Wilkinson (109 min).

Haus am Meer, Das

Das Haus am Meer (in Österreich: *Die Verkauften*). D 1924. R: Fritz Kaufmann. Db: Fritz Kaufmann, Bobby E. Lüthge. Dst: Asta Nielsen, Gregori Chmara, Carl Auen, Alexandra Sorina, Albert Steinrück (72 min).

Lamm des Armen, Das

Das Lamm des Armen. BRD 1978. R & Db: Oswald Döpke. Dst: Horst Frank, Angelika Bender, Wolf Roth, Rolf Becker, Günther Strack (99 min).
Jahňa chudobného. ČSSR 1992. R: Peter Mikulík. Db: Marian Puobiš. Dst: Ján Kroner, Dagmar Edwards, Matej Landl, Milan Bahúl, František Kovár (75 min).

Legende eines Lebens

Legende eines Lebens. BRD 1954. R & Db: Frank Lothar. Dst: Hermine Körner, Hilde Weissner, Gerd Martienzen, Ruth Scheerbarth, Hans-Albert Martens (128 min).

Leporella

Leporella. D 1991. R & Db: Dagmar Damek. Dst: Jessica Kosmalla, Gila von Weitershausen, Max Tidof, Kurt Weinzierl, Renate Düerkop (74 min).

Maria Stuart

Mary, Queen of Scots. CH/F 2013. R: Thomas Imbach. Db: Thomas Imbach, Andrea Staka, Eduard Habsburg. Dst: Camille Rutherford, Mehdi Dehbi, Sean Biggerstaff, Aneurin Barnard, Edward Hogg, Tony Curran (119 min).

Marie Antoinette

Marie Antoinette. USA 1938. R: W. S. Van Dyke. Db: Claudine West, Donald Ogden Stewart, Ernest Vajda. Dst: Norma Shearer, Tyrone Power, John Barrymore, Robert Morley, Joseph Schildkraut, Glady George (149 min).

Mondscheingasse, Die

La ruelle au clair de la lune. F 1988. R: Édouard Molinaro. Db: Édouard Molinaro, Christine Miller. Dst: Michel Piccoli, Niels Arestrup, Marthe Keller, Renée Faure (90 min).

Rausch der Verwandlung

Rausch der Verwandlung (auch: *L'ivresse de la métamorphose*). BRD/Ö/F 1989. R: Édouard Molinaro. Db: Édouard Molinaro, Christine Miller. Dst: Evelyne Bouix, Mario Adorf, Vera Tschechowa, Niels Arestrup, Jan Hartl, Catherine Arditi, Kurt Meisel (zwei Folgen: 98 min/78 min).
Opojenie z premeny. Svk 1998. R: Ján Zeman. Db: Dana Garguláková. Dst: Dana Košická, Viera Strnisková, Kamila Magálová, Michal Gučík, Andrej Mojžiš (97 min).

Reise in die Vergangenheit, Die

A Promise. F/Bel 2013. R: Patrice Leconte. Db: Jérôme Tonnerre. Dst: Rebecca Hall, Alan Rickman, Richard Madden, Toby Murray, Maggie Steed, Shannon Tarbnet (98 min).

Schachnovelle

Sakknovella. Ung 1959. R: Zoltán Várkonyi. Db: Imre Demeter. Dst: György Pálos, Teri Náray, Tamás Major, László Ungváry, Károly Kovács (51 min).
Schachnovelle (in den USA: *Brainwashed*). BRD 1960. R: Gerd Oswald. Db: Harold Medford, Gerd Oswald, Herbert Reinecker. Dst: Curd Jürgens, Claire Bloom, Hansjörg Felmy, Mario Adorf, Wolfgang Wahl, Hans Söhnker (103 min).

Šach mat. ČSSR 1963. R & Db: Alfréd Radok. Dst: Josef Bek, Rudolf Hrusínský, Richard Honzovič, Ota Sklenčka, Lubomír Lipský, Karel Pavlík (75 min).
The Royal Game (Folge aus der Serie *Playdate*). Can 1964. R: Mervyn Rosenzveig. Db: David Swift. Dst: Barry Morse, Larry D. Mann, Robert Christie (60 min).
Královaká hra. ČSSR 1980. R: Miroslava Valová. Db: Jiří Hubač. Dst: Rudolf Hrušinský, Luděk Munzar, Petr Haničinec, Martin Ružek (67 min).

Spät bezahlte Schuld, Die

Die spät bezahlte Schuld. D 1990. R & Db: Guy Kubli. Dst: Christiane Hörbiger, Klausjürgen Wussow (60 min).

Ungeduld des Herzens

Beware of Pity. UK 1946. R: Maurice Elvey. Db: W.P. Lipscomb, Elizabeth Baron, Marguerite Stern. Dst: Lilli Palmer, Albert Lieven, Cedric Hardwicke, Gladys Cooper, Linden Travers, Ernest Thesiger (105 min).
Coração inquieto. Bras 1957. R & Db: Péricles Leal. Dst: Percy Aires, Dionísio Azevedo, Lia de Aguiar, Célia Rodrigues.
Impaciencia del corazón. Mex 1960. R: Tito Davison. Db: Tito Davison, Edmundo Báez. Dst: Martha Mijares, Christiane Martel, Armando Silvestre, Andrés Soler, Miguel Manzano, Luis Aragón (90 min).
Impaciencia del corazón. Kol 1965. R & Db: Luis Eduardo Gutierrez. Dst: Raquel Ércole, Aldemar García, Julio César Luna, Omar Sánchez, Ramiro Corzo, Karina Laverde (drei Folgen, je 24 min).
La Pitié dangereuse. F 1979. R: Édouard Molinaro. Db: Corinne Gorse, Édouard Molinaro. Dst: Mathieu Carrière, Marie-Hélène Breillat, Jean Desailly, Silvia Reize, Erik Frey, Paola Loew (zwei Folgen: 90 min/90 min).
Netrpezlivosť srdca. ČSSR 1974. R: Miloš Pietor. Db: Helena Polachová. Dst: Juraj Kukura, Gustáv Valach, Martin Gregor, Emília Vášáryová, Magda Vášáryová, Igor Čillík, Martin Huba (96 min).
Merhamet. Türk 1970. R & Db: Bilge Olgaç. Dst: Türkan Soray, Demir Karahan, Zeynep Tedü, Avni Dilligil.
Netrpělivost srdce. Cze 1995. R & Db: Dušan Klein. Dst: Tereza Brodská, Lukáš Vaculík, František Němec, Jiří Zahajský, Hana Ševčíková (98 min).

Unsichtbare Sammlung, Die

Die unsichtbare Sammlung. BRD 1953. R: Hanns Farenburg. Db: Hanns Farenburg, nach einem Hörspiel von H. W. Unna. Dst: Ernst Stahl-Nachbaur, Käthe Haack, Inge Schmidt, Hermann Lenschau (30 min).
The Mossbach Collection (Folge aus der Serie *Lilli Palmer Theatre*). UK 1955. R: Desmond Davis. Db: Giles Cooper, Jon Manchip White. Dst: David Home, Nora Gordon, Marius Goring, Josephine Griffin, Harold Kasket (30 min).
De onzichtbare verzameling. Bel 1966. R: Willy Vandermeulen. Dst: Cary Fontyn, Louise van den Durpel, Martin Van Zundert, Gaston Vandermeulen (35 min).
Štěstí sběratelů. ČSSR 1975. R: Stanislav Párnicky. Db: Alex Koenigsmark. Dst: Martin Huba, František Dibarbora, Elo Romančik, Vlado Müller, Jozef Čierny (48 min).

A Colecção Invisível. Port 2009. R & Db: Rita Azevedo Gomes. Dst: Duarte de Almeida, Jorge Molder, João Bénard da Costa, Rita Durão, Anna Leppänen (56 min).
A Coleção Invisível. Bras 2012. R: Bernard Attal. Db: Bernard Attal, Sérgio Machado, Iziane Mascarenhas. Dst: Conceição Senna, Paulo César Peréio, Luisa Proserpio, Ricardo Luedy, Vladimir Brichta (89 min).

Verwirrung der Gefühle

La confusion des sentiments. F/BRD 1981. R: Etienne Périer. Db: Etienne Périer, Dominique Fabre. Dst: Michel Piccoli, Pierre Malet, Gila von Weitershausen, Heinz Weiss, Andreas von Studnitz, Richard Lauffen (90 min).

Vierundzwanzig Stunden aus dem Leben einer Frau

Das Schicksal einer Nacht. D 1927. R: Erich Schönfelder. Db: Leonhard Adelt, Wilhelm Stücklen. Dst: Erna Morena, Harry Liedtke, Hans Junkermann, Jean Bradin, Adele Sandrock, Edda Croy (1973 Meter).
Vierundzwanzig Stunden aus dem Leben einer Frau (in Österreich: *Eine Nacht an der Riviera*). D 1931. R: Robert Land. Db: Harry Kahn, Friedrich Raff. Dst: Henny Porten, Walter Rilla, Friedrich Kayßler, Hermine Sterler, Margo Lion (73 min).
24 horas en la vida de una mujer. Arg 1944. R: Carlos Borcosque. Db: Arturo Cerretani, Tulio Demicheli, Erwin Wallfisch. Dst: Amelia Bence, Roberto Escalada, Olga Casares Pearson, Bernardo Perrone (90 min).
24 Hours of a Woman's Life (in den USA: *Affair in Monte Carlo*). UK 1952. R: Victor Saville. Db: Warren Chetham Strode. Dst: Merle Oberon, Richard Todd, Leo Genn, Stephen Murray (90 min).
24 Hours in a Woman's Life. USA 1961. R: Silvio Narizzano, Db: John Mortimer. Dst: Ingrid Bergman, Rip Torn, Helena de Crespo, Jerry Orbach (90 min).
Vierundzwanzig Stunden aus dem Leben einer Frau. BRD 1965. R: Ludwig Cremer. Dst: Agnes Fink, Walter Rilla, Michael Heltau, Joachim Engel-Denis (56 min).
Vingt-quatre heures de la vie d'une femme. F/BRD 1968. R: Dominique Delouche. Db: Dominique Delouche, Albert Valentin, Marie-France Rivière. Dst: Danielle Darrieux, Robert Hoffmann, Romina Power, Léna Skerla, Marthe Alycia (84 min).
Dvacetčtyři hodin ze života jisté ženy. Svk 1994. R: Emil Horváth. Db: Marek Mad'arič. Dst: Zdena Grúberová, Táňa Radeva, Branislav Matusin, Boris Zachar, Viera Richterová (49 min).
24 heures de la vie d'une femme. D/UK/F 2002. R: Laurent Bouhnik. Db: Laurent Bouhnik, Gilles Taurand. Dst: Agnès Jaoui, Michel Serrault, Bérénice Bejo, Nikolaj Coster-Waldau (107 min).

Volpone

Volpone. F 1941. R: Maurice Tourneur. Db: Jules Romains, nach Ben Jonson und Stefan Zweig. Dst: Harry Baur, Louis Jouvet, Fernand Ledoux, Jacqueline Delubac, Marion Dorian (94 min).
Volpone. DDR 1958. R: Otto Tausig. Dst: Franz Kutschera, Rolf Ludwig, Elfriede Garden, Ulrich Folkmar, Siegfried Weiß.
Volpone. DDR 1964. R: Hans Knötzsch. Dst: Wolf Kaiser, Rolf Ludwig, Annemone Hase, Gerd Biewer, Dieter Franke, Willi Narloch.

Der Fuchs. BRD 1978. R & Db: Erich Innerebner. Dst: Peter Mitterrutzner, Paul Demetz, Bruno Hosp, Sepp Frötschner, Erich Baumgartner (140 min).
Volpone. DDR 1978. R: Annelies Thomas. Dst: Rolf Hoppe, Hanns-Jörn Weber, Rolf Dietrich, Friedrich-Wilhelm Junge, Justus Fritsche, Regina Jeske (99 min).
Volpone (*Au Théâtre Ce Soir*, Folge 296). F 1978. R: Pierre Sabbagh. Db: Jules Romains, nach Ben Jonson und Stefan Zweig. Dst: Jean Le Poulain, Francis Huster, Claude Jade, Francis Lemaire, Jean Meyer (119 min).

R = Regie; Db = Drehbuch; Dst = Darstellerinnen und Darsteller. Zeitangaben, soweit eruierbar.

Zusammenstellung: Manfred Mittermayer (Dank an Ria Deisl), Quelle: www.imdb.com, ergänzt nach Randolph J. Klawiter: Stefan Zweig. An International Bibliography. Riverside: Ariadne Press 1991 bzw. 1999, sowie div. Websites.

IX. Anhang

1. Zeittafel
Simone Lettner

1881
28. November: Geburt von Stefan Zweig, Schottenring 14, Wien, 1. Bezirk, als zweiter Sohn des Textilfabrikanten Moriz Zweig und seiner Frau Ida Zweig, geb. Brettauer.

1887–1892
Besuch der Allgemeinen Volksschule, Werdertorgasse, Wien, 1. Bezirk.

1892–1900
Besuch des Maximilian-Gymnasiums, heutiges Wasa-Gymnasium, Wasagasse 10, Wien, 9. Bezirk.

1895
Umzug der Familie Zweig in die Rathausstraße 17, Wien, 1. Bezirk.

1896
Erste Gedichte unter dem Pseudonym „Ewald Berger" in der Münchner Zeitschrift *Die Gesellschaft*.

1897
Unter dem Pseudonym „Lisa Braunfeld" Veröffentlichung von Gedichten in *Die Gesellschaft*.

1898
Beginn der Korrespondenz mit Karl Emil Franzos, dem Herausgeber der Berliner Zeitschrift *Deutsche Dichtung*; Veröffentlichung von Gedichten in *Deutsche Dichtung*.

1899
Weitere Veröffentlichungen in *Deutsche Dichtung* und *Das Literarische Echo*, ebenfalls Berlin.

1900
Juli: Ablegung der Reifeprüfung (Matura), anschließend Aufenthalte in Marienbad und Bad Ischl. Im Wintersemester Inskription für das Studium der Philosophie und der Literaturgeschichte an der Universität Wien.

Weitere Gedichtveröffentlichungen, im Juli erste Novelle mit dem Titel *Vergessene Träume* in der *Berliner Illustrierten Zeitung*, im Oktober *Praterfrühling* in *Stimmen der Gegenwart*, Eberswalde, erste Übersetzung von Gedichten des französischen Autors Paul Armand Silvestre.

1901
Im Sommer Aufenthalt in Berlin. Bekanntschaft mit Ephraim Mose Lilien.

Die Novellen *Im Schnee, Ein Verbummelter* und *Zwei Einsame* erscheinen. Weitere Veröffentlichungen von Gedichten, Rezensionen und Übersetzungen. Zweigs erstes Buch wird publiziert, die Gedichtsammlung *Silberne Saiten* im Verlag Schuster & Loeffler, Berlin.

1902
Das Sommersemester verbringt Zweig in Berlin, zahlreiche Kontakte zu Schriftstellern, u.a. im Literaturkreis „Die Kommenden" am Nollendorfplatz. Im Juli in Marienbad, im August erstes persönliches Treffen mit Émile Verhaeren in Brüssel, Aufenthalt in Paris. Ab September wieder in Wien. Bezug eines Studierzimmers, Tulpengasse 6, Wien, 8. Bezirk.

Feuilletonchef Theodor Herzl vermittelt erste Veröffentlichungen in der *Neuen Freien Presse* in Wien, beginnend mit der Erzählung *Die Wanderung* im April. Zwei Bände mit Übersetzungen erscheinen: *Charles Baudelaire. Gedichte in Vers und Prosa* sowie *Gedichte von Paul Verlaine. Eine Anthologie der besten Übertragungen.*

1903
Arbeit an der Dissertation über Hippolyte Taine (*Die Philosophie des Hippolyte Taine*), Aufenthalte in Berlin, Marienbad, Paris und auf der Ile de Bréhat.

1904
19. Juli: Promotion zum Doktor der Philosophie an der Universität Wien. Aufenthalte in Marienbad, Brüssel, Brügge, Heyst und Ostende. Zusammenkunft mit Émile Verhaeren und Aufenthalt in dessen Haus in Caillou-qui-bique; Kontakte zu belgischen Künstlern. Ab Mitte Oktober sechsmonatiger Aufenthalt in Paris.

Der erste Band mit Erzählungen erscheint: *Die Liebe der Erika Ewald*, Fleischel & Co, Berlin; Zweigs Übersetzungen von Verhaerens Gedichten werden veröffentlicht: *Emile Verhaeren. Ausgewählte Gedichte*, Schuster & Loeffler, Berlin.

1905
Mitte Februar Reise von Paris in die Provence, nach Spanien und Algerien. Anschließend Rückkehr nach Paris. Besuch bei Hermann Hesse am Bodensee. Italienreise mit Aufenthalten am Comer See, in Mailand, Florenz, Venedig; Treffen mit Alberto Stringa in Verona. Im Oktober wieder in Wien.

Zweigs erste literarische Biografie erscheint: *Verlaine*, Schuster & Loeffler, Berlin.

1906
Im April zunächst in Belgien, anschließend etwa dreimonatiger Aufenthalt in London mit Besuchen von Oxford, York und Schottland. Begegnungen mit William Butler-Yeats, Archibald G. B. Russell u.a. Im August Reise nach Ostende, im September wieder in Wien. Die zweite Dezemberhälfte verbringt Zweig in Meran.

Die Novellen *Das Kreuz* und *Sommernovellette* erscheinen. Beginn der Zusammenarbeit mit dem Insel Verlag in Leipzig: Eine zweite Gedichtsammlung mit dem Titel *Die frühen Kränze* erscheint als erste Publikation im Insel Verlag.

1. Zeittafel

1907
Im Februar Bezug der ersten eigenen Wohnung, Kochgasse 8, Wien, 8. Bezirk. Aufenthalte in Prag, Hamburg und Berlin. Italienreise ab September, Bagni di Lucca, Florenz, Rom, hier Begegnung mit Sibilla Aleramo.

Die Novelle *Die Gouvernante* erscheint. Im Insel Verlag wird Zweigs erstes Theaterstück *Tersites. Ein Trauerspiel in drei Aufzügen* veröffentlicht; ebenfalls im Insel Verlag wird eine neue Anthologie von Übersetzungen nach Paul Verlaine herausgegeben.

1908
Ab Anfang März Aufenthalte in Meran, Berlin und Leipzig. Im August weiterer Besuch in Caillou-qui-bique bei Verhaeren. Deutschlandreise im November, in Leipzig und Berlin, in Dresden und Kassel Besuch der Uraufführungen von *Tersites*. Anfang Dezember, von Triest aus, etwa viermonatige Reise nach Indien, Sri Lanka und Myanmar. Mehrere Reisefeuilletons.

Die Novellen *Scharlach* und *Geschichte in der Dämmerung* erscheinen.

1909
Nach der Rückkehr aus Indien ab Mitte März Aufenthalt in Paris, im August Aufenthalt in St. Blasien im Schwarzwald, im Spätherbst Vorträge in Berlin, Leipzig und Breslau.

Émile Verhaerens Theaterstück *Helenas Heimkehr* erscheint in Zweigs Übersetzung im Insel Verlag.

1910
Reise über Paris nach Ostende, weiteres Treffen mit Verhaeren. Im November neuerlicher Aufenthalt in Meran.

Die Novelle *Geschichte eines Unterganges* erscheint, die Biografie über Émile Verhaeren wird im Insel Verlag veröffentlicht, ein Band mit drei Theaterstücken Verhaerens (*Helenas Heimkehr*, *Philipp II.*, *Das Kloster*) ebenfalls.

1911
Aufenthalt am Semmering. Im Februar Reise nach Paris, erstes Treffen mit Romain Rolland.
Ende Februar Reise nach New York, Aufenthalte in verschiedenen Städten der USA und Kanadas, Besuch von Kuba, Puerto Rico, Haiti, Jamaica und Panama. Mitte April Begegnung mit Gustav Mahler auf der Rückreise. Rippenfellentzündung, kleine Operation in Wien. Weitere Aufenthalte am Semmering, in Leipzig und Berlin, im November wieder in Meran.

Der zweite Erzählband *Erstes Erlebnis. Vier Geschichten aus Kinderland* erscheint im Insel Verlag.

1912

Im Februar und März Vortragsreise mit Verhaeren durch verschiedene Städte Deutschlands und Österreichs, organisiert von Zweig. Am 5. Mai Besuch der Uraufführung von *Der verwandelte Komödiant* in Breslau. Im Sommer erster Kontakt zu Friderike Maria von Winternitz, erstes Treffen am 23. September. Am 26. Oktober Uraufführung von *Das Haus am Meer* am Wiener Burgtheater. Gemeinsamer Aufenthalt mit Friderike in Hamburg (dort auch Besuch der Uraufführung von *Das Haus am Meer*) und Lübeck. Weitere Aufenthalte in Berlin, München und erneut am Semmering.

Beginn des ersten erhaltenen Tagebuchs (10. September). Das Theaterstück *Das Haus am Meer. Ein Schauspiel in zwei Teilen (drei Aufzügen)* erscheint im Insel Verlag. Ebenfalls im Insel Verlag erscheinen die Übersetzung von Verhaerens Rembrandt-Biografie sowie dessen *Hymnen an das Leben*.

1913

Nach einem Aufenthalt am Semmering Reise nach Prag, Dresden, Leipzig. Ab März für sechs Wochen in Paris, im Juli Reise nach Marienbad, Leipzig und Berlin. Ende Oktober wieder zwei Wochen in Meran. Anschließend Italienreise (Palermo, Neapel und Rom).

Die Novelle *Angst* wird veröffentlicht; *Der verwandelte Komödiant. Ein Spiel aus dem deutschen Rokoko* erscheint im Insel Verlag; Zweigs Übersetzung von Verhaerens Rubens-Biografie und ein Auswahlband von Gedichten Verhaerens werden veröffentlicht.

1914

Nach einer Reise durch deutsche Städte im Frühjahr einmonatiger Aufenthalt in Paris, Begegnungen mit Verhaeren, Rolland, André Gide u.a. Mitte Juli Reise nach Marienbad, dann Aufenthalt bei Verhaeren in Le Coq, Belgien, dort Treffen mit James Ensor. Am 30. Juli, zwei Tage nach der Kriegserklärung Österreich-Ungarns an das Königreich Serbien, Rückkehr nach Wien. Im Oktober Aufenthalt in Baden. Ab 12. November beim k.u.k. Trainzeugsdepot in Klosterneuburg. Ab 1. Dezember Versetzung in das Kriegsarchiv in die Stiftskaserne in Wien, 7. Bezirk.

Im Juli wird *Die Mondscheingasse* veröffentlicht; die Erzählung *Brennendes Geheimnis* erscheint als selbständige Publikation in der „Insel-Bücherei".

1915

Im Auftrag des Kriegsarchivs im Juli zweiwöchige Reise nach Galizien.

1916

Im April mieten Stefan Zweig und Friderike von Winternitz in Kalksburg bei Rodaun, südlich von Wien, zwei kleine Pavillons. Im September Reise nach Deutschland, im Oktober in Salzburg, erste Idee, das Haus am Kapuzinerberg zu kaufen. Beginn der Mitarbeit an der pazifistischen Zeitschrift *Le Carmel*.

Abfassung der Novelle *Wondrak*, die Fragment geblieben ist; im Dezember erscheint *Die Legende der dritten Taube*.

1. Zeittafel

1917
Anfang des Jahres Lesungen in Prag. Kauf des Salzburger Hauses am 27. Oktober. Ab 5. November Befreiung vom Dienst im Kriegsarchiv, am 13. November Reise in die Schweiz, Aufenthalt bis Frühjahr 1919. Begegnungen mit Albert Ehrenstein, Fritz von Unruh, Frank Wedekind, Henry van de Velde, Ferruccio Busoni, Iwan Goll und Claire Studer. Mehrere Zusammentreffen mit Romain Rolland am Genfersee, Besuche auch in Bern und Genf, dort Treffen mit Frans Masereel, Henri Guilbeaux u. a.

Das Theaterstück *Jeremias. Eine dramatische Dichtung in neun Bildern* wird im Insel Verlag veröffentlicht; die Novelle *Die Frau und die Landschaft* erscheint, ebenso *Erinnerungen an Emile Verhaeren* bei Christoph Reißer's Söhne, Wien (Privatdruck).

1918
Zu Jahresbeginn endgültige Freistellung vom Dienst im Kriegsarchiv in Wien. Arbeit in der Schweiz für die *Neue Freie Presse*. Aufenthalte in Davos, St. Moritz, am 27. Februar Uraufführung von *Jeremias* am Stadttheater Zürich. Begegnungen mit Franz Werfel, Andreas Latzko, James Joyce, Frans Masereel, René Schickele u. a. Ab März – gemeinsam mit Friderike – Bezug des Hotels Belvoir in Rüschlikon am Zürcher See für etwa ein Jahr. Im September Besuch bei Romain Rolland in Villeneuve am Genfersee. Am 25. Dezember Uraufführung des Dramas *Legende eines Lebens* am Hamburger Schauspielhaus.

Im Verlag von Max Rascher in Zürich erscheint der Aufsatz *Das Herz Europas. Ein Besuch im Genfer Roten Kreuz*.

1919
Bis 23. März in der Schweiz, danach kehrt Zweig nach Österreich zurück, Wohnsitz nun in Salzburg am Kapuzinerberg. Aufenthalte in Wien, im Oktober und Anfang November in Leipzig, danach auch in Berlin, Hamburg, Kiel und München.

Das Theaterstück *Legende eines Lebens* erscheint im Insel Verlag; *Fahrten. Landschaften und Städte* wird im Verlag von E. P. Tal & Co, Leipzig und Wien, veröffentlicht.

1920
Am 28. Januar Hochzeit von Stefan Zweig und Friderike von Winternitz (vertreten durch Felix Braun) im Wiener Rathaus. Im Oktober Vortragsreise nach Deutschland (Frankfurt am Main, Mannheim, Stuttgart, Wiesbaden, Heidelberg).

Der Essayband *Drei Meister. Balzac, Dickens, Dostojewski* erscheint im Insel Verlag. Die Novelle *Der Zwang* mit zehn Holzschnitten von Frans Masereel sowie *Marceline Desbordes-Valmore. Das Lebensbild einer Dichterin* erscheinen im Insel Verlag; die Biografie über Romain Rolland mit dem Titel *Romain Rolland. Der Mann und das Werk* wird im Verlag Rütten & Loening in Frankfurt am Main veröffentlicht (darin angegebenes Erscheinungsjahr: 1921); die ersten Bände der „Bibliotheca mundi" werden herausgegeben.

1921
Kurzer Aufenthalt in Zürich, im Februar in Bad Gastein, Ende März gemeinsam mit Friderike etwa dreiwöchige Italienreise nach Florenz und Venedig über Brescia, Verona und Mailand. Begegnungen mit Alberto Stringa, Giuseppe Antonio Borgese u. a. Ende Juli Aufenthalte in Wien, Marienbad, Prag, Dresden, Leipzig. Im November Reise nach Leipzig, Berlin (dort Treffen mit Walther Rathenau), Dresden.

1922
Im März Reise nach Paris und Teilnahme an der Gründungsversammlung des „Cercle littéraire", des späteren P.E.N.-Clubs. Begegnungen mit Romain Rolland, Georges Duhamel, Léon Bazalgette u.a. Im August mit Friderike Aufenthalte in München, Leipzig, Hamburg und auf Sylt, im November in Berlin. Zusammentreffen mit Paul Zech, Hermann Bahr, Gerhart Hauptmann.

Der Prosaband *Amok. Novellen einer Leidenschaft* wird im Insel Verlag publiziert; die Novelle *Der Brief einer Unbekannten* erscheint bei der Lehmannschen Verlagsbuchhandlung in Dresden; die Legende *Die Augen des ewigen Bruders* wird in der „Insel-Bücherei" veröffentlicht.

1923
Aufenthalte in Wien (Februar), auf Sylt (Juni) und Zell am See (August) und erneut in Wien (Herbst).

Der gemeinsam mit Arthur Holitscher verfasste Band *Frans Masereel. Der Mann und Bildner* erscheint im Axel Juncker Verlag, Berlin.

1924
Im Januar Aufenthalt in Paris. Eine weitere Frankreichreise nach Boulogne-sur-Mer und Amiens findet im Juli statt, im November fährt Zweig mit Friderike erneut nach Paris. Begenungen mit Frans Masereel, Léon Bazalgette u.a.

Im Insel Verlag erscheint eine Auswahl des lyrischen Werkes unter dem Titel *Die gesammelten Gedichte*.

1925
Im Februar und März Vorträge und Lesungen in deutschen Städten. Weitere Aufenthalte in Leipzig und Weimar, Dresden im Frühjahr. Im Mai Besuch von Alberto Stringa in Salzburg. Im August Aufenthalt in Zell am See. Im November Reise nach Marseille, Rückreise über die Schweiz.

Die Novellen *Vierundzwanzig Stunden aus dem Leben einer Frau* und *Die unsichtbare Sammlung* werden veröffentlicht. Im Insel Verlag erscheint der Essayband *Der Kampf mit dem Dämon. Hölderlin, Kleist, Nietzsche*.

1926
Ende Januar in Zürich, anschließend Vorträge und Lesungen in mehreren deutschen Städten, aus Anlass von Romain Rollands 60. Geburtstag. Tod des Vaters am 2. März. Im März und April Südfrankreichreise mit Friderike, anschließend auch in Paris. Im August Aufenthalt in der Schweiz bei Romain Rolland. Am 6. November findet am Wiener Burgtheater die Uraufführung der Komödie *Volpone* statt. Ende November bis Mitte Dezember weitere Vorträge und Lesungen in mehreren deutschen Städten.

Volpone. Eine lieblose Komödie in drei Akten erscheint im Gustav Kiepenheuer Verlag in Potsdam; der Novellenband *Verwirrung der Gefühle* erscheint im Oktober (darin angegebenes Erscheinungsjahr: 1927).

1. Zeittafel

1927
Am 20. Februar hält Zweig im Bayerischen Staatstheater in München die Rede bei der Trauerfeier für Rainer Maria Rilke. Gemeinsam mit Friderike Aufenthalt in Paris und Cannes, im August zur Kur in Zuoz im Engadin. Im November Vortragsreise durch verschiedene deutsche Städte.

Die Erzählungen *Die gleich-ungleichen Schwestern* und *Die Hochzeit von Lyon* werden veröffentlicht; die erste Ausgabe von *Sternstunden der Menschheit* erscheint im Insel Verlag.

1928
Ende März/Anfang April Reise nach Paris, im Juli nach Belgien. Zwischen 7. und 19. September Aufenthalt in Moskau, eintägige Besichtigung von Leningrad. Konferenz zur 100-Jahr-Feier von Tolstois Geburtstag und Zusammenkunft mit Maxim Gorki in Moskau. Begegnungen auch mit Sergej M. Eisenstein, Alexander J. Tairow, Anatoli W. Lunatscharski u.a. Besuch von Tolstois Haus in Jasnaja Poljana, Zusammentreffen mit Tolstois Tochter und Enkelin. Ende November bis Anfang Januar 1929 Reise nach Paris, Zürich und Montreux.

Der Essayband *Drei Dichter ihres Lebens. Casanova, Stendhal, Tolstoi* erscheint im Insel Verlag; das Stück *Quiproquo. Komödie in drei Akten*, das Stefan Zweig gemeinsam mit Alexander Lernet-Holenia geschrieben und unter dem Pseudonym Clemens Neydisser veröffentlicht hat, erscheint im Verlag Felix Bloch Erben, Berlin.

1929
Im März Vortragsreise in Belgien und Holland, anschließend auch Auftritte in verschiedenen deutschen Städten. Ende August in Bad Gastein. Gemeinsam mit Friderike im Oktober Besuch in Paris.

Die historische Biografie *Joseph Fouché. Bildnis eines politischen Menschen* erscheint im Insel Verlag; ebenso *Das Lamm des Armen. Tragikomödie in drei Akten*; in der „Insel-Bücherei" wird der Prosaband *Kleine Chronik. Vier Erzählungen* veröffentlicht. Die Erzählung *Buchmendel* erscheint.

1930
Im Januar Italienreise mit Friderike, Aufenthalte in Verona, Mailand, Florenz und Neapel, Besuch bei Maxim Gorki in Sorrent, anschließend in Rom. Im März Reise nach Berlin, Breslau und Hannover, dort am 15. März Besuch der Premiere von *Das Lamm des Armen*. In Prag Zusammentreffen mit Albert Einstein. Im Mai Besuch von Joseph Roth in Salzburg. Weitere Aufenthalte in Wien, München (Begegnung mit Albert Schweitzer) und Hamburg, im September in Zell am See, über die Weihnachtstage erneut in Deutschland, in Frankfurt, Kassel und Bad Homburg.

1931
Im Januar gemeinsam mit Friderike in Frankreich, Besuch auf den Balearen, dann Aufenthalt in Antibes bis Mitte März, Zusammenkunft mit Joseph Roth. Im Juli und August hält sich Zweig in Thumersbach auf. Erstes Treffen mit Richard Strauss bezüglich einer möglichen Zusammenarbeit in München. 28. November: 50. Geburtstag Zweigs. Im Dezember in Wien, dort Treffen mit Franz Werfel, Alban Berg, Gerhart Hauptmann, Schalom Asch u. a.

Der Essayband *Die Heilung durch den Geist. Mesmer, Mary Baker-Eddy, Freud* erscheint im Insel Verlag; ebenso eine Auswahl des lyrischen Schaffens in *Ausgewählte Gedichte*.

1932
Im Januar Aufenthalt in Paris, im Mai Reise nach Italien, Vorträge in Florenz und Mailand. Im Sommer neuerlicher Aufenthalt in Thumersbach, im Oktober erneut in Italien, im November Aufenthalt im Elsass bei Albert Schweitzer.

Die Biografie *Marie Antoinette. Bildnis eines mittleren Charakters* erscheint als letzte Buchveröffentlichung im Insel Verlag.

1933
Im März Vortragsreise in die Schweiz, nach Zürich, Bern, Genf und Basel. Im April in Cadenabbia, Italien, im Mai in Bad Gastein. Nach einem Besuch bei Romain Rolland am Genfersee Ende September Aufenthalt in London bis Anfang Dezember, anschließend kurzer Besuch in Paris.

1934
Zwischen 10. und 14. Februar hält sich Zweig in Wien auf. Am 19. Februar findet in der Villa am Kapuzinerberg eine polizeiliche Hausdurchsuchung statt. Am 20. Februar verlässt Zweig Salzburg und reist über Paris nach London. Wohnadresse: Portland Place 11. Im Juli Recherche für *Maria Stuart* in Schottland gemeinsam mit Lotte Altmann. Im August einige Tage in der Schweiz, außerdem Besuch von Wien und Salzburg. Zusammentreffen mit Arturo Toscanini, Richard Strauss und Bruno Walter. Ende November Reise nach Nizza mit Friderike und Lotte, bis 10. Januar 1935.

Der historisch-biografische Essay *Triumph und Tragik des Erasmus von Rotterdam* erscheint im Herbert Reichner Verlag, Wien; die Erzählung *Unvermutete Bekanntschaft mit einem Handwerk* wird veröffentlicht.

1935
Im Januar Reise nach New York in Begleitung von Arturo Toscanini und Schalom Asch, bis Ende des Monats Vorträge in den Vereinigten Staaten. Im Frühjahr, von London aus, Aufenthalte in Wien, Salzburg, Zürich. Die Premiere von *Die schweigsame Frau* findet in Dresden am 24. Juni statt. Ende Juli in der Schweiz (Pontresina), anschließend wieder in Salzburg, Wien und Marienbad. Im September zu Besuch bei Rolland in Villeneuve, Mitte/Ende September Reise über Paris nach London. Den Jahreswechsel 1935/1936 verbringt Zweig in Wien.

Die Biografie *Maria Stuart* erscheint im Herbert Reichner Verlag.

1. Zeittafel

1936
Im Januar und Februar hält sich Zweig in Frankreich auf, zuerst in Nizza, dann in Paris. Rückkehr nach London am 14. Februar, anschließend Übersiedlung in die Wohnung Hallam Street 49. Nach kurzen Aufenthalten in Boulogne-sur-Mer, in Salzburg und in Wien reist Zweig Ende Juni für etwa ein Monat nach Ostende, gemeinsam mit Lotte. Dort Treffen mit Joseph Roth, Irmgard Keun, Emil Fuchs, Egon Erwin Kisch u.a.
Mitte August Abfahrt von Southampton zu einer Lesereise nach Brasilien und zum P.E.N.-Kongress in Buenos Aires. Am 6. Oktober wieder in London, anschließend Aufenthalte in Paris, in der Schweiz und in Salzburg.

Der historisch-biografische Essay *Castellio gegen Calvin oder Ein Gewissen gegen die Gewalt* erscheint im Herbert Reichner Verlag; ebenso wird eine Auswahl des erzählerischen Werkes in zwei Bänden veröffentlicht.

1937
Anfang des Jahres Reise nach Italien, Mailand, Neapel, Rom. Begegnungen mit Gisella Selden-Goth, Lavinia Mazzucchetti, Axel Munthe, Arturo Toscanini u.a. Mitte Februar Rückkehr nach London. Anfang Mai letzter Aufenthalt in Salzburg, Räumung des Hauses am Kapuzinerberg.
Im Juli in Prag (dort Treffen mit Max Brod), Wien und Marienbad, anschließend einige Tage in der Schweiz. Ende November Aufenthalt in Wien und damit zum letzten Mal in Österreich.

Die Biografie *Magellan. Der Mann und seine Tat* erscheint im Herbert Reichner Verlag (darin angegebenes Erscheinungsjahr: 1938); ebenso die Sammlung publizistischer Veröffentlichungen unter dem Titel *Begegnungen mit Menschen, Büchern, Städten*, sowie die Erzählung *Der begrabene Leuchter*.

1938
Ab Mitte Januar dreiwöchige Portugalreise mit Lotte Altmann, danach in Marseille und Paris, Rückkehr nach London Ende Februar. Dort Treffen mit René Arcos, Frans Masereel, Roger Martin du Gard, Jules Romains, Georges Duhamel, Julien Cain, Erwin Rieger und Friderike. Salzburger Bücherverbrennung am 30. April. Tod der Mutter am 23. August in Wien. Scheidung von Friderike am 22. November. Mitte Dezember Reise nach New York zusammen mit Lotte.

1939
Zwischen 9. Januar und 1. März Vortragstournee durch zahlreiche Städte der USA, auch ein Auftritt in Toronto findet statt. Rückkehr nach London am 8. März. Ab Juni vorläufiger Aufenthalt in Bath, definitive Übersiedlung nach Bath Ende August, zunächst in ein Apartment der Pension Lansdown Lodge. Im August kauft Zweig das Haus *Rosemount* in Bath, Lyncombe Hill. Am 6. September heiraten Stefan Zweig und Lotte Altmann, Mitte Oktober ziehen sie in *Rosemount* ein.

Der Roman *Ungeduld des Herzens* erscheint in Stockholm und Amsterdam, eine Zusammenarbeit der beiden Exilverlage Bermann-Fischer und Allert de Lange.

1940

Lotte und Stefan Zweig werden im März britische Staatsbürger („Naturalization"), mehrwöchiger Besuch Richard Friedenthals in London. Im April Vortrag *Das Wien von Gestern* in Paris, letzter Aufenthalt auf dem europäischen Festland. Begegnungen mit Julien Cain, Frans Masereel, Paul Valéry, Alzir Hella, Georges Duhamel, Jules Romains, Roger Martin du Gard u.a. Am 25. Juni Abreise mit dem Schiff *Scythia* von Liverpool nach New York. Weiterreise nach Brasilien am 9. August, Ankunft in Rio de Janeiro am 21. August. Reisen innerhalb von Brasilien, Recherche für das *Brasilien*-Buch. Ende Oktober Vorträge in Buenos Aires und anderen argentinischen Städten sowie in Montevideo in Uruguay. Zwischen Mitte November und Mitte Januar 1941 Aufenthalt in Rio de Janeiro.

1941

Zwischen 15. und 21. Januar Besuch verschiedener brasilianischer Städte, anschließend Flug von Belem über Trinidad und Tobago und Miami nach New York. Mitte Februar bis Ende März Aufenthalt in New Haven. April, Mai, Juni in New York, den Monat Juli verbringen Lotte und Stefan Zweig in Ossining im Staat New York. Mitte August neuerlicher Aufbruch von New York nach Brasilien, nach einigen Wochen in Rio de Janeiro Übersiedlung nach Petrópolis am 17. September, Rua Gonçalves Dias 34. Mitte November Versand des Manuskripts von *Die Welt von Gestern* an mehrere Verleger. 28. November: 60. Geburtstag Zweigs.

Brasilien. Ein Land der Zukunft erscheint in deutscher Sprache bei Bermann-Fischer in Stockholm; die Novelle *Die spät bezahlte Schuld* wird unter dem englischen Titel *The Debt* in der *Chicago Sunday Tribune* veröffentlicht.

1942

Am 16. Februar Fahrt mit Lotte und dem Ehepaar Feder nach Rio de Janeiro, Besuch des Karnevals mit dem Ehepaar Koogan. Am 17. Februar Rückkehr nach Petrópolis.
Am Abend des 22. Februar nehmen Stefan und Lotte Zweig eine Überdosis Veronal. Die Sterbeurkunde nennt den 23. Februar als Todestag. Begräbnis auf dem städtischen Friedhof von Petrópolis am 24. Februar.

Postum erscheinen *Amerigo. Geschichte eines historischen Irrtums*, *Schachnovelle* und *Die Welt von Gestern. Erinnerungen eines Europäers*.

2. Personenregister

Abel, Alfred 866
Abert, Anna Amalia 174
Adam, Wolfgang 475
Adelt, Leonhard 139, 179, 182, 208, 257, 482, 503, 580, 715, 869
Adler, Alfred 212, 371–372
Adler, Victor 575
Adorf, Mario 243, 871–872
Adorno, Theodor W. 176, 302, 403, 468, 499, 542
Aichinger, Ilse 848–849
Alami, Mourad 396
Alavi, Bozorg 831
Alberman, Eva. Siehe Altmann, Eva
Aleramo, Sibilla 543–544, 818, 971
Allday, Elizabeth 368, 825, 841
Altenberg, Peter 14, 43–44, 48, 60, 64, 526
Althen, Michael 387
Altmann, Eva 885–886, 904
Altmann, Hannah 884–886, 888, 904
Altmann, Lotte. Siehe Zweig, Lotte
Altmann, Manfred 884–886, 888, 904
Amado, Jorge 337
Amann, Paul 606
Ambrosi, Gustinus 555, 560–561, 563, 688
Améry, Jean 765
Ammer, K. L. Siehe Klammer, Karl Anton
Ampère, André-Marie 718
Amundsen, Roald 325, 722
Anderson, Wes 827, 846, 872–873
Andler, Charles 483
Andrian, Leopold von 60, 62, 180, 212, 528, 619
Apfelthaler, Vera 121, 652, 699
Aranha, Oswaldo 335
Araújo Lima, Cláudio de 820
Arcos, René 977
Ardant, Fanny 870
Arendt, Hannah 5, 15, 18, 28, 35, 350–351, 394, 809
Arens, Hanns 825
Arestrup, Niels 871
Aretino, Pietro 619, 700
Aristoteles 113, 226, 326
Arneth, Alfred von 401
Asadowski, Konstantin M. 584, 900
Asch, Schalom 31, 319, 609, 639, 757, 795, 900, 976
Aslan, Raoul 143
Attal, Bernard 830
Aub, Max 870

Auernheimer, Raoul 49, 88–89, 164, 220, 300, 527–528, 657, 791–792, 794, 803, 881
Augustinus 361

Bab, Julius 118, 126, 477, 599, 604, 880
Bach, Johann Sebastian 143, 567, 569, 622
Bachleitner, Norbert 595–596
Bachmann, Ingeborg 848
Back, Sylvio 335
Bacon, Francis 63
Bahr, Hermann 14, 17, 43, 45, 48–49, 60–61, 70, 74, 107, 118, 147, 359, 526, 528, 543, 608–609, 657, 694, 785, 810, 906, 974
Baker-Eddy, Mary 78–79, 498, 500–504, 533, 710, 817
Balázs, Béla 866
Balboa, Vasco Núñez de 325, 327, 440, 675, 722
Balten, Zerline 120
Balzac, Honoré de 14–15, 20, 38–39, 45–46, 50, 76, 87, 285, 288, 316–317, 366, 388, 391, 457, 463, 465–469, 475–479, 481–482, 497, 532, 542, 559, 577, 581, 600–601, 607, 610, 619, 622–623, 660, 665, 690–691, 710, 718–719, 787, 798, 803, 815, 817, 881–886, 894, 904–905
Barbusse, Henri 19, 25, 511, 515, 539, 589, 704, 735, 739, 743, 882
Barère, Bertrand 281
Barlach, Ernst 26, 346, 481
Barnay, Ludwig 112
Barras, Paul de 392
Barrès, Maurice 45
Barries, James Matthew 190
Basil, Otto 174
Battiston, Régine 387
Baudelaire, Charles 7, 10, 12, 45, 104, 107, 143, 179, 442–443, 455, 459, 538, 542, 556, 588–589, 591, 600–601, 606, 619, 681, 760, 814, 878, 970
Baudouin, Charles 307, 589
Bauer, Alfredo 844–845, 853–854
Bauer, Arnold 220, 495
Bauernfeld, Eduard von 783
Bauer, Walter 167
Bauer, Wilhelm 577
Baumgardt, Rudolf 436
Baum, Vicki 388
Baur, Harry 871

Bazalgette, Léon 582–583, 974
Beck, Knut 35, 38, 48, 121, 155, 158, 161, 171, 179, 183–184, 198, 207–208, 220, 222, 230, 250, 256, 261, 271, 280, 289, 291, 293–296, 301, 303, 305–306, 315, 317, 341, 366, 376–377, 383–385, 387–388, 438, 472–473, 496, 503, 537–538, 548, 578, 584, 593, 616, 804, 807–808, 817, 885–887
Bedenik, Katrin 544
Beecher-Stowe, Harriet 534
Beer-Hofmann, Richard 14, 34, 49, 60–61, 63, 126, 180, 526, 619, 657
Beethoven, Ludwig van 24, 285, 462, 480, 560, 567, 569, 577, 618, 622, 659, 664, 681, 683–684
Belbel, Sergi 855
Bellamy, Edward 671
Bell, Anthea 826
Beller, Steven 678
Bence, Amelia 869
Ben-Chorin, Schalom 132
Benda, Julien 810
Benedikt, Ernst 8
Benjamin, Walter 469, 665, 730
Benn, Gottfried 110, 665
Bentham, Jeremy 55
Benvegnù, Paolo 857
Berendsohn, Walter A. 368
Berg, Alban 685, 976
Berger, Alfred von 123
Berger, Elisabeth 820–821
Berger, Ewald (Pseudonym v. Stefan Zweig) 8, 969
Bergman, Ingrid 825, 852, 867, 869–870
Bergmann, Hugo 756
Bergson, Henri 140
Berlin, Jeffrey B. 175, 208, 584, 806–807, 885, 888, 900
Berlioz, Hector 462
Bermann Fischer, Gottfried 234, 306, 791, 884, 886, 899
Bernanos, Georges 855
Bernard, Jean-Pierre 299
Berthelot de Pléneuf, Jeanne-Agnès. Siehe Prie, Marquise de
Bertram, Ernst 483
Beßlich, Barbara 166
Besson, Benno 143
Bettauer, Hugo 381, 870
Beyatli, Yahya Kemal 48
Bie, Oskar 608
Bierbaum, Otto Julius 103
Bier, Jean Paul 308, 312, 317

Binding, Rudolf G. 13, 81
Bin Gorion, Micha Josef 639
Binyon, Laurence 563
Birkin, Andrew 195, 868
Birk, Matjaž 224, 273, 328, 372, 626, 808
Bischoff, Doerte 132
Blake, William 562–563, 589, 688, 879
Blei, Franz 464, 786, 837
Blewitt, Phyllis 824
Blewitt, Trevor 824
Bloch, Ernst 90, 510, 671, 675, 704, 730, 739
Bloch, Felix 160
Bloch, Jean-Richard 583, 585
Bloch, Marc 499
Bloch, Peter André 626
Bloom, Claire 871
Blum, Brunhild E. 584, 900
Blumenberg, Hans 642–643
Bodmer, Hans Conrad 622
Bodmer, Martin 620
Boétie, Étienne de la 474
Böhlendorff, Casimir Ulrich 485
Böhm, Wilhelm 483
Boito, Arrigo 855
Bollaert, Valérie 815
Boltzmann, Ludwig 55
Bona, Dominique 807, 815
Bongartz, Walter 504
Borchardt, Rudolf 606
Borchmeyer, Florian 441
Borcke, Kaspar Wilhelm von 119
Börckels, Alfred 155
Borgese, Giuseppe Antonio 543, 816, 818, 973
Börner, Wilhelm 55
Bothwell, Earl of 416–420
Botstein, Leon 474
Böttcher, Kurt 515
Boucher, François 690
Bouhnik, Laurent 215
Bourget, Paul 45, 61
Bournac, Olivier 815
Braga, Newton 799
Brahms, Johannes 569, 618, 657
Brandauer, Klaus Maria 195, 273, 869
Brandes, Georg 491, 520–521, 543, 674, 720
Braunfeld, Lisa (Pseudonym v. Stefan Zweig) 969
Braun, Felix 10, 13, 34, 90, 103, 164, 209, 340, 580, 585, 610, 785, 793, 894, 898, 973

Braun, Frank 889
Brecht, Bertolt 88, 163, 165, 643, 646
Bredel, Willi 95
Breillat, Marie-Hélène 871
Breitbach, Georg 900
Brentano, Clemens 577
Brentano, Franz 53–54
Brettauer, Ida. Siehe Zweig, Ida
Brettauer, Samuel Ludwig 242
Breuer, Josef 54, 74, 501
Breughel, Pieter 690
Briand, Aristide 751
Brink, Elga 867
Brisson, Luc 641
Broch, Hermann 43, 57, 96, 342, 344, 499, 702, 786, 807, 841, 898, 900
Broch, Josef 342
Brode, Hanspeter 239
Brod, Max 13, 601, 619, 757, 881, 977
Brody, Armand 184
Brody, Heinrich 606, 757
Browning, Elizabeth Barrett 588
Bruckner, Anton 569
Buarque de Holanda, Sérgio 336–337
Buber, Martin 17–18, 86, 128, 132, 183, 252, 313, 372, 580, 672–673, 756–757, 812
Buchinger, Susanne 582, 611, 802
Büchmann, Georg 636
Büchner, Georg 619, 622
Buckle, Henry Thomas 718
Bunin, Iwan 27
Bürger, Gottfried August 577
Burger, Hermann 765
Burich, Enrico 818
Burneva, Nikolina 312, 328
Burschell, Friedrich 650, 786
Buschbeck, Erhard 139, 143–144, 164, 694
Busoni, Ferruccio 6, 567, 569, 575, 583, 585, 662, 973
Busse-Palma, Georg 13
Butler-Yeats, William 563, 970
Byron, George Gordon Noel. Siehe Lord Byron

Cabanès, Augustin 402
Cabet, Étienne 671
Caesar, Gaius Julius 119, 325, 729
Cahn, Alfredo 37, 165, 234, 340, 406, 584, 617, 830, 903, 906
Cain, Julien 977–978
Calderón de la Barca, Pedro 537, 607
Calvin, Johannes 32, 91, 256, 349, 357, 412–413, 424–430, 435, 471, 517, 524–525, 537, 578, 636, 638, 688, 706, 722, 727–728, 730, 741, 745, 761, 794, 804, 808, 820, 825, 841, 887, 898, 977
Camões, Luís Vaz de 104, 589, 591
Canaletto, Giovanni Antonio 688
Canciani, Alfonso 167, 555, 557, 688
Canetti, Elias 96, 898
Cardauns, Hermann 479
Carlos I., König v. Spanien. Siehe Karl V.
Carossa, Hans 13, 152, 319, 366, 581, 797, 894
Carrière, Jean-Claude 386
Carrière, Mathieu 871
Casanova, Giacomo 146, 361, 477, 482, 490–493, 495, 497, 690, 710–711, 820, 825, 883
Casanova, Nicole 229, 269
Castellio, Sebastian 32–33, 88, 91, 256, 349, 357, 366, 412–413, 421, 424–430, 435, 471, 517, 524–525, 537, 578, 636, 638, 706, 722, 727, 730, 741, 745, 761, 794–796, 799, 804, 820, 825, 841, 887, 898, 977
Castiglione, Baldassare 696
Cech, Christoph 854, 861
Cellini, Benvenuto 688
Cenci, Beatrice 692
Cendrars, Blaise 336
Cerf, Steven 174
Cerha, Friedrich 616
Cervantes, Miguel de 537, 607
Cevdet, Abdullah 48, 589
Cézanne, Paul 327
Chamberlain, Houston Stewart 55, 718
Chamberlain, Neville 350
Chantal, Marcelle 870
Charbit, Denis 464
Charcot, Jean-Martin 74, 420, 501, 503
Chateaubriand, François-René de 589, 608
Chiusano, Italo Alighiero 818
Chon, Young-Ae 832
Chopin, Frédéric 110
Christians, Heiko 203
Christophe, Franz 308
Cicero, Marcus Tullius 33, 161, 324–325, 327–328, 706, 729, 797
Cohen, Rosi 369
Cohn, Emil Bernhard 313, 315, 319
Coleridge, Samuel T. 126
Collot d'Herbois, Jean-Marie 280
Columbus, Christoph 438–440
Conrad, Joseph 468
Corday, Charlotte 156–158, 457, 726
Cortesão, Armando 820

Cortés, Hernán 728–729, 894
Costa Rego, Pedro da 799
Coudenhove-Kalergi, Richard 19, 54, 520–521, 523, 751
Courts, Gerd 165, 241, 803
Couthon, Georges Auguste 280
Cremerius, Johannes 77–78
Croce, Benedetto 607
Crommelynck, Fernand 688
Cromwell, Oliver 636
Csokor, Franz Theodor 88, 326, 602
Cunha, Euclides da 336
Curtius, Ernst Robert 464
Cuvier, Georges 717

Dahrendorf, Ralf 412
Dalí, Salvador 688
Damek, Dagmar 229
Damisch, Heinrich 568
Danhauser, Josef 688
D'Annunzio, Gabriele 14, 62, 74, 544, 619, 695
Dante Alighieri 106, 540–541, 543, 557, 607, 724, 878
Darnley, Lord Henry 417–420
Darrieux, Danielle 869
Daru, Pierre 493
Darwin, Charles 55, 717
Däubler, Theodor 13, 26
Daviau, Donald G. 121, 147, 166, 421, 697, 699, 724, 806–807
David, Jakob Julius 719
Davidovich, Elias 292, 296
Davis, Darién 337
Debret, Jean-Baptiste 862
De Brito, Marina 588
Debussy, Claude 684
De Coster, Charles 560, 577, 894
Defoe, Daniel 288, 671
Dehmel, Richard 13, 103, 110, 584, 588, 591–592, 602, 604, 783, 877–878
Delatte, Anne-Elise 422, 816
Del Caro, Adrian 369, 373
Del Giudice, Daniele 241, 818
De Michele, Fausto 596
Demuth, Norman 860
Deng Xiaoping 831
Deray, Jacques 386, 388, 866, 872
Desan, Philippe 475
Desbordes-Valmore, Marceline 23, 455–459, 543, 577, 591, 726, 785, 787, 814
Descartes, René 76
Deshusses, Pierre 248, 258
Detmers, Maruschka 386, 872

Deutsch, Ernst 868
De Vos, Jaak 368–369
Dewulf, Jeroen 334, 336
Dickens, Charles 12, 14, 20, 45, 285, 288, 476–482, 497, 532, 542–543, 581, 600, 602, 622, 710, 787, 810, 815, 817, 881–883, 894
Di Consoli, Andrea 440–441
Diderot, Denis 585
Diebold, Bernhard 153
Dieckmann, Eberhard 214
Dierx, Marais Victor Léon 588
Dilthey, Wilhelm 489, 657
Dines, Alberto 6, 36–37, 144, 321, 335–337, 371, 402, 455, 475, 617, 799, 803, 807, 835, 841, 844, 853, 862
Dinescu, Violeta 243, 861
Disney, Walt 617
Döblin, Alfred 74–75, 87, 361, 676, 705, 775, 900
Donath, Adolph 13, 756
Don Carlos, Infant v. Spanien 417, 720
Donizetti, Gaetano 172
Döpke, Oswald 166
Dörmann, Felix 60, 62
Dostojewski, Fjodor M. 14, 20, 23, 26, 82–83, 110, 135, 242, 325–328, 422, 476–482, 497, 532–533, 537, 542, 581, 600, 607, 619, 710, 726, 749, 787, 809, 817, 833, 838, 849–850, 881–883
Dove, Richard 810
Dreyer, Carl Theodor 866
Dreyfus, Alfred 615
Driesmans, Heinrich 718
Dryden, John 172
Dubarry, Madame (Marie-Jeanne Bécu, Comtesse du Barry) 399, 865
Dufy, Raoul 346
Düggelin, Werner 143
Duhamel, Georges 33, 135, 137, 606, 609, 974, 977–978
Dumont, Robert 117, 121, 137, 147, 166, 459, 464, 466, 474
Dunaway, Faye 195, 869
Duplessis-Mornay, Philippe 92
Duprat, Annie 282, 403, 816
Dürer, Albrecht 218, 692
Duse, Eleonora 695
Dyck, Anthonis van 285
Dyck, Richard 92
Dylan, Bob 866

Ebenhöh, Horst 860
Eben, Petr 132, 861

2. Personenregister

Ebermayer, Erich 208, 214, 377
Eberts, David 195
Ebner-Eschenbach, Marie von 422
Eckl, Marlen 334, 810
Eco, Umberto 671
Eder, Franz X. 773
Edman, Irwin 589
Edmundo, Luís 336
Eeden, Frederic van 309
Ehrenstein, Albert 530, 619, 973
Eichendorff, Joseph von 105–106, 622
Eicher, Thomas 380, 808
Einstein, Albert 975
Eisemann, Heinrich 621
Eisenberg-Bach, Susi 296, 298
Eisenstein, Sergej M. 27, 616–617, 975
El Greco 554
Eliasberg, Alexander 606
Eliasberg, David 606
Elisabeth I., Königin v. England 91, 256, 417–418, 421, 713, 722, 865
Elisabeth, Kaiserin v. Österreich 557
Elster, Hanns Martin 199, 201, 222
Elvey, Maurice 368
Emerson, Ralph Waldo 607
Ensor, James 25, 688
Enzensberger, Hans Magnus 597
Erasmus von Rotterdam 27, 31, 33, 86–87, 91, 125, 240, 256, 349, 352, 357, 366, 392, 396, 405–415, 421, 424, 432, 435, 471, 516, 524, 578, 638–639, 674, 689–690, 692, 705–706, 710–712, 722, 726–727, 730, 736, 740–742, 744–745, 752, 761–762, 791–795, 799, 804, 809, 815, 819–821, 825, 887, 897–898
Erdem, Elisabeth 208, 214
Erenz, Benedikt 158–159
Ermatinger, Emil 658
Erpenbeck, Fritz 94
Escalada, Roberto 869
Esslin, Martin 152–153
Estelrich Arce, Pilar 819, 830
Etzel-Kühn, Gisela 456
Etzel, Theodor 456
Euripides 646
Evers, Franz 591–592
Ewers, Hanns Heinz 775
Eysoldt, Gertrud 113

Faesi, Robert 575, 606
Faistauer, Anton 585, 688
Falke, Gustav 103
Farges, Joël 870
Fathy, Hebetallah Mohamed 412

Feder, Ernst 39, 92, 234, 471, 759, 873, 978
Fehse, Willi R. 609
Feigl, Hans 279, 619
Feiwel, Berthold 183, 252, 748, 756
Feld, Leo 13
Félix, María 870
Felmy, Hansjörg 871
Ferguson, Wallace K. 411
Fernandez de Navarrete, Martin 432
Fersen, Graf Hans Axel von 400, 402, 865
Fest, Joachim 352, 363
Feuchtwanger, Lion 87–91, 94–95, 464, 802, 900
Feuerbach, Ludwig 55
Feydeau, Georges 152
Fickert, Auguste 54
Field, Cyrus W. 327
Fiennes, Ralph 873
Fink, Agnes 869
Finzi, Samuel 143
Firon, Erich 803
Fischer, Ernst 396, 694
Fischer, Samuel 608, 883, 895
Fitzbauer, Erich 253, 282, 303
Flake, Otto 396
Flaubert, Gustave 577, 619, 719
Fleischel, Egon 15
Fleischer, Max 13
Fleischer, Victor 13, 31, 361, 459, 491, 580, 585, 715
Fliedl, Konstanze 239, 810
Florey, Ernst 504
Flower, Desmond 584
Flower, Newman 900
Fludernik, Monika 359
Flusser, Vilém 334, 358
Fontaine, Joan 826, 866, 870
Fontes, Lourival 331
Forster, Georg 155–156, 158
Förster-Nietzsche, Elisabeth 716
Forst, Willi 195, 868
Forsyth, Karen 174
Föry, Else 153
Foucault, Michel 773
Fouché, Joseph 20, 24, 27, 86–87, 125, 155, 157–158, 160–163, 166, 261, 280, 282, 390–398, 403, 435, 457, 459, 622, 710, 713, 785, 787–788, 796, 809, 815, 819, 821, 848, 884, 893
Fraiman-Morris, Sarah 214, 371, 809
France, Anatole 315–316, 792
Frank, Bruno 91, 786, 802
Franke, Eckhart 158

Frank, Leonhard 90, 278, 574
Franz Ferdinand, Erzherzog v. Österreich 345, 367, 870
Franz II., Kaiser des Hl. Röm. Reichs. Siehe Franz I., Kaiser v. Österreich
Franz II., König v. Frankreich 417, 420
Franz I., Kaiser v. Österreich 400
Franz Joseph I., Kaiser v. Österreich 7, 66–67, 370, 386
Franzos, Karl Emil 8, 47, 103, 246–247, 249, 251, 253–254, 529, 557, 756, 877, 969
Fraser, Antonia 420
Fraß, Wilfried 377, 616
Freeman, Thomas 131
Freiberg, Siegfried 334
Frei, Bruno 95
Freiss, Stepháne 386
Freschi, Marino 818
Freud, Sigmund 6, 17, 35, 50, 54, 57, 61, 73–84, 113, 184, 195–196, 212, 214, 241, 271–272, 297, 299, 305, 318, 340, 350, 393, 401–403, 448, 481, 483, 489, 497–504, 532–533, 566, 568, 583, 609, 616, 625, 644, 657–658, 665, 668, 710, 755, 758, 771, 774–775, 777, 809, 817–818, 854, 906
Freundlich, Elisabeth 96
Freyre, Gilberto 336–337
Fricke, Hannes 240
Fried, Alfred H. 19, 509, 523, 704, 734, 809
Friedell, Egon 57, 346
Friedenthal, Richard 110, 120, 161, 171, 189, 220, 280, 353, 466, 472–473, 478, 538, 802–803, 839, 843, 879, 884–886, 894–895, 904, 978
Friedmann, Wilhelm 458
Fried, Oskar 859
Frischauer, Paul 88, 95
Frischer, Dominique 815
Fronius, Hans 280
Fuchs, Emil 361, 977
Führich, Angelika 334
Fulda, Ludwig 604
Füllmann, Rolf 213
Fülöp-Miller, René 898
Furtwängler, Wilhelm 175

Gabler, Claudia 253–254, 278
Gadda, Carlo Emilio 817
Gallotti, Odilon 234, 292, 296
Gandhi, Mahatma 577, 609, 735
Gantner, Florian 853

Garborg, Arne 59
Garcia Albero, Javier 596
Garcia, Marco Aurélio 335
Garrin, Stephen H. 131, 147
Gasquet, Joachim 327
Gasser, Wolfgang 386
Gay, Peter 241
Gebühr, Otto 868
Geiger, Benno 13, 77, 503, 580, 585, 792
Geigy-Hagenbach, Karl 143, 620
Gelber, Adolf 541
Gelber, Mark H. 131–132, 232, 251, 319–322, 422, 488, 543–544, 672, 795, 804, 808–809, 811, 827, 832
Genette, Gérard 238, 274, 626, 628
Genn, Leo 869
George, Stefan 13, 62, 106, 484, 489, 589, 592–593
Gerdes, Joachim 464
Germani, Giuseppe 348, 752, 811
Gerstäcker, Friedrich 7
Geyling, Remigius 143
Gide, André 25, 471, 646, 972
Gil, Gilberto 856, 862
Gil, Maria de Fátima 436, 440
Ginzkey, Franz Karl 13, 48, 112, 181, 465, 530, 601, 608
Gliese, Rochus 868
Gmeiner, Klaus 120
Gobineau, Arthur de 718
Godé, Maurice 273–274
Goebbels, Joseph 170–171, 175, 424
Goethe, Alma von 577
Goethe, Johann Wolfgang von 31, 88, 106, 143, 176, 201, 214–215, 219, 225, 233, 239, 269, 284, 306, 323–328, 360–361, 408, 411, 413, 468, 473, 484–485, 487–489, 534, 540, 544, 549, 577–578, 581, 605, 609, 619, 622, 627, 635, 645, 658, 661–662, 666–668, 674, 682, 688, 700, 709, 720, 736, 749, 832, 869, 893–894, 943
Goethe, Ottilie von 577
Gogh, Vincent van 664
Gogol, Nikolai W. 285
Goldberg, Marc 165
Goldschmidt, Georges-Arthur 816
Goll, Iwan 973
Golomb, Jacob 411–412, 488
Goncourt, Edmond de 401
Goncourt, Jules de 401
Gontard, Jakob 305
Gontard, Susette 305
Gontscharow, Iwan A. 26, 537

2. Personenregister

Goodwin, Matthew D. 334
Gordin, Jakow 421, 862
Gorki, Maxim 26–27, 156, 161, 166, 212, 492, 537, 580, 609, 694, 784, 833, 887, 900, 975
Gorman, Herbert S. 416
Görner, Rüdiger 28, 175, 239, 241, 273, 328, 412, 488, 550, 666, 809–811
Gotscheff, Dimiter 143
Gottschalk, Benno 639
Goya, Francisco de 555, 690
Graevenitz, Gerhart von 641
Graf, Oskar Maria 95
Gragger, Robert 606
Gratz, Heinrich 251
Gregori, Ferdinand 118
Gregor, Joseph 160, 176, 421, 433, 606, 621, 793, 796, 889, 898
Greiner, Bernhard 489
Grillparzer, Franz 106–107, 287–288, 342, 533, 585
Grotjan, Rebecca 175
Grouchy, Emmanuel de 323, 325, 327
Gruber, Gernot 664
Gruber, HK 616
Grünewald, Matthias 554, 691
Gschiel, Martha 368
Gubaidulina, Sofia A. 866
Gühring, Adolf 611
Guilbeaux, Henri 25, 307, 509, 973
Guin, Viktor 861
Guizot, François 718
Gumplowicz, Ludwig 750
Gumppenberg, Hanns von 604
Gundolf, Friedrich 489, 657
Günther, Hans F. K. 736
Gutenbrunn, Ludwig 688

Hackert, Fritz 328
Hader, Josef 873
Haeckel, Ernst 550
Haendeler, Wolfgang 243, 861
Haenel, Thomas 387, 807
Hagemeyer, Hans 897
Hahn, Susanne 387
Halffter, Cristóbal 243, 861
Hall, Murray G. 898
Hall, Rebecca 872
Hamacher, Bernd 207, 427, 808
Hamann, Brigitte 363
Hameiri, Avigdor 832
Hamesh, Jack 848
Hammer-Purgstall, Joseph von 45
Hamminger, Franz 811

Händel, Georg Friedrich 325, 327–328, 462, 480, 559, 566, 569, 622, 681–683, 686, 709, 797, 811, 884, 898
Handke, Peter 18, 585, 851–852
Hanimann, Joseph 856
Harden, Maximilian 11, 43, 466, 543, 601, 877, 906
Hardt, Ernst 581, 592
Hartung, Hugo 430
Hartwig, Mela 153
Harwood, Ronald 175, 857
Hasenclever, Walter 13, 604, 694
Hauptmann, Elisabeth 143
Hauptmann, Gerhart 6, 13, 126, 164, 411, 556, 584, 694, 974, 976
Haydn, Joseph 567, 622, 683, 688
Hearn, Lafcadio 537, 541, 600
Hebbel, Friedrich 110, 117, 135, 462
Hegel, Georg Wilhelm Friedrich 696
Heidmann-Vischer, Ute 642
Heilbut, Ivan 610
Heine, Albert 123, 143
Heine, Heinrich 105, 251, 306, 581
Heinrich VII., König v. England 417
Heinze, Richard 606
Hella, Alzir 165, 402, 422, 585, 787, 809, 814, 816, 819, 978
Hellingrath, Norbert von 483, 485
Hellmer, Eduard 556–557
Hellwig, Hans 839–840
Helmholtz, Hermann von 55
Heltau, Michael 869
Henningsen, Peter 176
Henze, Volker 314, 321, 370, 372
Hepburn, James. Siehe Bothwell, Earl of
Herder, Johann Gottfried 736
Héribel, Renée 866
Herr, Klaus Hendrik 503
Herrmann-Neiße, Max 88, 797
Hertzka, Theodor 672, 675
Herzfeld, Alexander 503
Herzfeld, Marie 59–60
Herzl, Theodor 5, 43, 46–47, 70, 183, 344, 360, 532, 615, 672–673, 675, 718, 756–758, 812, 877, 970
Herzmanovsky-Orlando, Fritz von 852
Hesiod 642, 671
Hesse, Hermann 13, 48, 103, 112, 148, 184, 186–187, 201, 264, 309–310, 406, 458, 481, 547, 563, 574, 580, 619, 622, 635, 715, 784, 791–793, 832, 970
Heuschele, Otto 160, 163, 376, 498, 578, 682

Heuser, Kurt 900
Hevesi, Ludwig 677
Heym, Stefan 89
Heyse, Paul 233, 627
Hille, Peter 11
Hilmes, Carola 362
Himmlmayr, Iris 224, 302, 372, 387
Hindemith, Paul 175
Hindenburg, Paul von 572–573
Hinterberger, Heinrich 620
Hirschfeld, Eugenie 13
Hirschfeld, Magnus 774–775
Hirth, Friedrich 542
Hitler, Adolf 23, 29–31, 34, 38, 170–171, 236, 239, 348–349, 357, 360, 363, 371, 406, 411, 436, 548, 560, 659, 673, 686, 711–712, 716, 723, 736, 740, 745–746, 762–763, 792, 854, 900
Höbarth, Elisabeth 377, 616
Hobl-Friedrich, Mechthild 861
Hobsbawm, Eric 351
Hodgson, Roy 826
Hoefert, Sigfrid 496
Hoffmann, Camill 13, 48, 179, 186, 443, 531, 580, 589, 600, 784, 878
Hoffmann, E. T. A. 615, 661
Hoffmann, Robert 869
Hoffmann, Volker 362
Hoffmann von Fallersleben, Heinrich 622
Höfler, Alois 56–57
Hofmann, Michael 826
Hofmannsthal, Hugo August Peter von 61
Hofmannsthal, Hugo von 8–9, 15, 17, 22, 24, 43–49, 60–64, 74–75, 105, 109, 113, 121, 126, 143, 150–152, 166, 169, 180, 186, 213, 269, 306, 340, 343–344, 346–347, 353, 360, 478, 527–530, 533, 550, 568–569, 577, 581–582, 584, 601–603, 606–607, 609, 643, 645, 651, 657, 677, 691, 694, 696–697, 700, 786, 796, 836, 848, 878, 881, 893–894
Hogarth, William 690
Holbein, Hans d. J. 407–409, 688, 692, 712
Hölderlin, Friedrich 77, 81, 83, 105, 157, 242, 305, 477, 482–487, 489, 497, 533, 577, 610, 622, 658, 666, 668, 710, 726, 787, 883
Holitscher, Arthur 675, 974
Hollander, Hans von 377
Hollander, Walther von 616
Höller, Hans 848
Holl, Hildemar 551, 807

Holzner, Johann 334
Homer 44, 114–115, 126, 603, 607, 637, 642–644, 879
Homma, Hans 152–153
Horaz (Quintus Horatius Flaccus) 606
Hörbiger, Christiane 299
Horváth, Ödön von 95
Houston, G. Craig 609
Hubmann, Philipp 203
Huch, Ricarda 581, 894
Huebsch, Benjamin W. 37–38, 207, 229, 234, 318, 341, 348, 350, 376–377, 395, 407, 415, 439, 472, 582, 584, 617, 663, 728, 900
Huelsenbeck, Richard 74
Hugo, Victor 165, 457, 588
Huizinga, Johan 405
Humboldt, Alexander von 333, 441
Hume, Martin 416
Hunger, Madlen 247, 626
Hünich, Fritz Adolf 230, 888, 895
Hurst, Matthias 626
Husserl, Edmund 54
Hutten, Ulrich von 410, 762

Ibsen, Henrik 45, 56, 61, 126, 137, 526, 705, 749
Imbach, Thomas 422, 865
Isenschmid, Andreas 366

Jacob, Heinrich Eduard 104, 529, 531
Jacob, Irène 866
Jacobowski, Ludwig 877
Jacobsen, Jens Peter 44, 537
James I., König v. England. Siehe James VI., König v. Schottland
James VI., König v. Schottland 417
James V., König v. Schottland 417
Janko, Anton 422, 809
Jannings, Emil 143, 694
Jaoui, Agnès 869
Jarnés, Benjamín 819, 853
Jaspers, Karl 657
Jaurès, Jean 882
Jeanne d'Arc 457, 726, 792, 866
Jean Paul 468
Jelinek, Elfriede 422
Jensen, Wilhelm 74, 657
Jodl, Friedrich 53, 55–56, 76, 532, 716
Joffe, Adolf A. 157
Johann II., König v. Portugal 549
Jolles, Heinz (Henry) 860
Jollos, Waldemar 663
Jonas, Hans 648

Jonson, Ben 24, 126, 139–144, 169, 171–175, 213, 589–590, 697, 710, 720, 810, 862, 871
Jordaens, Jacob 452, 719
Joseph II., Kaiser des Hl. Röm. Reichs 399
Jourdan, Louis 826
Jouve, Pierre Jean 276, 509, 575
Jouvet, Louis 871
Joyce, James 575, 637, 694, 898, 973
Jung, Carl Gustav 318
Jürgens, Curd 243, 871
Justinian (Flavius Petrus Sabbatius Iustinianus) 319–320

Kaemmerer, Ami 880
Kafka, Eduard Michael 60–61
Kafka, Franz 229, 643, 646, 659, 662, 675, 730, 761, 787, 852
Kainer, Ludwig 271
Kainz, Josef 113, 116, 118–121, 123, 163, 297, 299, 694, 880
Kalckreuth, Wolf Graf von 13, 592
Kamlah, Wilhelm 765
Kant, Immanuel 56–57, 76, 486, 499, 607
Kantorowicz, Alfred 98
Karajan, Herbert von 854
Karlhuber, Peter 807
Karl I., Kaiser v. Österreich 359, 363, 575
Karl V., Kaiser des Hl. Röm. Reichs 435, 549
Karsen, Sonja 336
Kassner, Rudolf 530, 563, 581, 878
Katz, Otto 850
Kaufmann, Fritz 127
Kaus, Gina 88
Kayser, Rudolf 406, 608
Kayßler, Friedrich 869
Keats, John 106, 125, 589
Keller, Gottfried 45, 306, 480
Keller, Marthe 871
Kennan, George F. 345
Kerckhove, Fabrice van de 583
Kerr, Alfred 88
Kerschbaumer, Gert 138, 240, 305, 579, 802–803, 807, 835, 842–843, 888
Kershaw, Ian 363
Kersten, Kurt 430, 706
Kessler, Harry Graf 362, 601
Kesten, Hermann 233, 353, 403, 472, 797, 802, 850, 899
Kestler, Izabela 334
Keun, Irmgard 94, 850–851, 977

Key, Ellen 6, 22, 24, 45, 112, 115–116, 190, 265, 451, 582, 609, 643, 696, 724, 879
Keyserling, Hermann Graf 549
Kierkegaard, Søren 7, 273
King, Lynda J. 153
Kippenberg, Anton 22, 30, 123, 125–126, 129, 149, 160, 169, 188–189, 199, 209, 270, 323–324, 352, 376–377, 391, 394, 396, 398–399, 406–407, 411, 424, 454, 456, 471, 476–477, 479, 481, 522, 529, 533–534, 558–559, 563, 577, 579–581, 602, 604–608, 619–620, 688, 705, 783, 790, 843, 878, 881–883, 886, 893–897, 900
Kippenberg, Katharina 533, 603, 608, 794, 893, 895
Kisch, Egon Erwin 850, 977
Kissler, Alexander 159
Klabund 13, 110, 604
Kläger, Emil 308
Klammer, Karl Anton 443, 600, 604, 879
Klamper, Elisabeth 811
Klawiter, Randolph J. 153, 186, 208, 239, 250, 277, 291, 296, 304, 341, 584, 588, 611, 626–627, 651, 786, 798, 803, 806, 825, 861, 889–890
Kleist, Heinrich von 77, 81, 83, 116, 148, 152, 162, 165, 214, 312, 326, 462, 477, 482–484, 486–489, 497, 500, 533, 577, 606, 619, 645, 658, 666, 668, 690, 700, 710, 726, 765, 839, 856, 883
Klimt, Gustav 13, 55–56, 124, 532, 555, 568
Klinger, Max 56
Klopstock, Friedrich Gottlieb 485
Klüger, Ruth 242, 811
Knecht, Hermine 3
Kneipp, Sebastian 498
Knox, John 417
Koch, Hans-Albrecht 240, 328, 412–413, 584–585
Koch, Wolfram 143
Koebner, Thomas 724
Koestler, Arthur 89, 850
Kohl, Johann Georg 432
Kokoschka, Oskar 13, 530, 555, 659
Kolb, Annette 575
Kolbenheyer, Erwin Guido 13, 716
Kommerell, Max 464, 484
Kompert, Leopold 251
Koogan, Abrahão 37, 39–40, 292, 295, 330, 336, 384, 582, 584, 757, 807, 829, 900, 906, 978

Koopmann, Helmut 411
Köpke, Horst 158
Kory, Beate Petra 403
Koselleck, Reinhart 730
Kotzebue, August von 142
Kracauer, Siegfried 394, 403, 469, 531, 786
Krafft-Ebing, Richard von 775
Kraft, Viktor 57
Kramer, Leopold 153
Kramer, Theodor 99
Kraus, Karl 43–44, 46–49, 56–57, 60, 64, 75, 527, 609, 786
Krauss, Werner 160
Krauß, Werner 163–164
Křenek, Ernst 794
Krolow, Karl 597
Krotsch, Franz 212, 403, 459, 837
Krüger, Tobias 440–441
Kubin, Alfred 132, 688, 811
Kubli, Guy 299
Kubrick, Stanley 195, 866, 868
Kuhn, Irène 214, 282
Kulka, Julius 61
Kundmann, Carl 557
Küpper, Achim 185

Lachmann, Hedwig 604
Lafaye, Jean-Jacques 819
Lagache, Daniel 77
Lagerlöf, Selma 609
Lagoa, Visconde de (João António de Mascarenhas Júdice) 433
Lamartine, Alphonse de 457
Lampersberg, Gerhard 616
Landauer, Walter 798, 899
Lang, Andrew 416
Langer, Felix 629
Langer, Gerhard 313, 320
Larcati, Arturo 117, 121, 137–138, 148, 543, 585, 652, 810
Lasker-Schüler, Else 11, 619
Latzko, Andreas 30, 575, 608, 973
Laughton, Charles 865
Lavater, Johann Caspar 409
Law, Jude 873
Lazarescu, Mariana-Virginia 821
Le Berre, Aline 215
Leconte, Patrice 305, 872
Le Fauconnier, Henri 688
Lefebvre, Jean-Pierre 214, 220, 223, 248, 250, 254, 256–257, 259, 261, 269, 278, 282, 288, 294, 298, 302, 305, 317, 353, 810, 815–816
Leftwich, Joseph 582, 609, 615, 757, 795

Lejeune, Philippe 358
Lembke, Gerrit 242, 626
Lemonnier, Camille 25, 450, 454, 588, 600, 877
Lenau, Nikolaus 533, 577, 600, 602–603
Lenclos, Ninon de 457
Lenin, Wladimir I. 26, 325, 327, 410, 549, 709
Lent, Ingrid 626, 630, 654
Lentini, Giacomo da 589
Leonardo da Vinci 622, 688
Leonhard, Rudolf 13
Leopardi, Giacomo 106
Leopold II., Kaiser des Hl. Röm. Reichs 400
Leopoldine, Kaiserin v. Brasilien 614–615
Lepper, Marcel 730
Le Rider, Jacques 387–388, 466, 807, 810, 815–816
Lernet-Holenia, Alexander 149–153, 898, 975
Lespinasse, Julie de 457
Lesser, Jeffrey 337
Lessing, Gotthold Ephraim 115, 285, 327, 408, 619, 644–645, 736, 879
Leszczyńska, Maria (Königin v. Frankreich) 266
Leuenberger, Stefanie 254
Levetzow, Ulrike von 325, 709
Lévy, Alfred 254
Liebermann, Max 346
Liebstöckl, Hans 152
Lieven, Albert 368
Liliencron, Detlev von 103, 110, 783, 877
Lilien, Ephraim Mose 11, 43, 47, 183, 232, 557–558, 600, 672, 688, 715, 718, 748, 756, 810, 812, 970
Liska, Vivian 800
Lissauer, Ernst 845
Loeffler, Charles Martin 860
Loerke, Oskar 458
Lohse, Fred 860
Lombroso, Cesare 657
Long, Didier 299
Loos, Adolf 555
Lope de Vega 537
Lord Byron 117, 323, 539–540, 543, 606, 619, 810
Loris (Pseudonym v. Hugo von Hofmannsthal) 657
Lorre, Peter 865
Lothar, Ernst 88, 96
Loti, Pierre 550
Louis IV. Henri de Bourbon (Prince de Condé) 266

Louis-Philippe I., König v. Frankreich 457
Löwenthal, Leo 403, 469
Lowenthal, Marvin 471, 475
Löwenthal, Sophie von 577, 603
Ludwig, Emil 391, 464, 844
Ludwig XIV., König v. Frankreich 266, 627
Ludwig XVIII., König v. Frankreich 393
Ludwig XVI., König v. Frankreich 399–400, 402, 865
Ludwig XV., König v. Frankreich 266, 399, 865
Lueger, Karl 703
Lukács, Georg 403, 741
Lukasser, Maryam 456
Lunatscharski, Anatoli W. 27, 975
Luther, Martin 87, 90–91, 256, 406, 408–411, 413, 426, 435, 577, 639, 688, 705, 712, 722, 726, 740–741, 745, 762, 791–792, 808
Lutz, Robert 881
Lux, Adam 155–159, 166, 281, 698

Maass, Joachim 37
Mach, Ernst 53–54, 771
Machiavelli, Niccolò 410, 792
Macon, Frédéric 165
Madden, Richard 872
Madelin, Louis 391
Maeterlinck, Maurice 45, 62
Magalhães, Fernão de. Siehe Magellan, Ferdinand
Magellan, Ferdinand 33, 35, 91–93, 366, 432–436, 440, 549, 690, 728–729, 796–798, 804, 826, 887, 898
Magris, Claudio 35, 387, 670, 818
Mahler, Gustav 110, 116, 340, 566–570, 681, 685, 871, 971
Mahler-Werfel, Alma 38, 97, 568, 764
Maitland, William 417
Majakowski, Wladimir W. 856
Maldonado-Alemán, Manuel 690
Malewitsch, Kasimir 346
Mannheim, Karl 157–158
Mann, Heinrich 88–89, 91–92, 97–98, 351–352, 358, 540, 581, 619, 786, 802
Mann, Klaus 32, 88–89, 94, 98, 348, 361, 406, 609, 705, 712, 723, 740, 745–746, 792–793, 796, 800, 896
Mannoni, Olivier 254
Mann, Thomas 28, 34, 89, 91, 124, 126, 170, 351, 353, 411, 413, 429, 468, 481, 495, 520, 540–541, 544, 584, 603, 610, 619, 635, 643, 648, 659, 665, 669, 686, 705, 724, 741, 749, 784–787, 791–793, 795–796, 800, 802, 804, 808, 832, 848, 906
Mantegna, Andrea 218
Manthripragada, Ashwin 312
Manuel, Eugène 588
Mao Zedong 831
Marat, Jean Paul 156–157
Marchesi, Philippe 302
Marcris, Peter J. 121
Marcus Antonius 119
Marcuse, Ludwig 88, 352, 410, 436, 786, 792, 797
Mardjanishvili, Kote 870
Maria Stuart, Königin v. Schottland 31–32, 34, 91, 256, 349, 401–402, 415–422, 459, 578, 614, 690, 711, 713, 722, 728, 761, 788, 793–794, 798, 800, 810, 815–816, 819–821, 824–827, 848, 862, 865–866, 898–899, 902, 906
Maria Theresia, reg. Erzherzogin v. Österreich, Königin v. Ungarn 399, 402
Marie Antoinette, Königin v. Frankreich 20, 24, 87, 125, 157, 161, 269, 281–282, 366, 377, 390, 398–404, 411, 415, 424, 457, 459, 577–578, 614, 617, 622, 690, 692, 700, 710–711, 722, 728, 785, 788, 796, 809, 815–816, 819–821, 825–826, 848, 865–866, 895–896, 903, 906
Marie de Guises 417
Marinetti, Filippo Tommaso 60, 451, 454, 854
Marlowe, Christopher 144
Marshall, Oliver 337
Martens, Lorna 213–214, 651
Martin du Gard, Roger 736, 900, 977–978
Marwinski, Tatjana 214, 257
Marx, Jacques 451
Marx, Joseph 859
Marx, Karl 76
Marx, Magdeleine 589
Marx, Peter W. 699
Masaryk, Tomáš Garrigue 609
Maschler, Kurt L. 376, 384, 802, 885–886, 905
Masereel, Frans 25, 86, 139, 189, 199, 276–277, 509, 558–560, 563, 575, 580, 585, 609, 675, 688, 796, 894, 973–974, 977–978
Massalongo, Milena 448
Matkowsky, Adalbert 110, 112–113, 116, 121, 123, 163
Matsys, Quentin 692
Matteotti, Giacomo 348, 711

Matuschek, Oliver 4, 7, 77, 196, 341, 416, 556, 802, 807, 819, 835, 843, 888, 896
Maul, Carlos 799
Maurensig, Paolo 854–855
Mauté, Mathilde 444
Mauthner, Fritz 53
Mautner, Jorge 856, 862
Maux, Richard 860
Mayer, Hans 351–352
May, Karl 7
Mayreder, Rosa 54
Mazzucchetti, Lavinia 164–165, 175–176, 319, 361, 523, 583, 585, 610, 788, 794–795, 798, 816–817, 903, 906, 977
Meebold, Alfred 550
Meerbaum-Eisinger, Selma 847–848
Mehring, Walter 802
Meier, Albert 238
Meingast, Anna 21, 889, 904–905
Meissenburg, Egbert 239
Meister, Monika 121, 175, 809–810
Meizoz, Jérôme 543
Melo Franco, Afonso Arinos de 336
Mendonça, Hugo de 853
Meng Jinghui 831
Mercier, Louis-Sébastien 671
Mereschkowski, Dmitri S. 481
Méricourt, Theroine de 457
Merz, Konrad 94
Mesmer, Franz Anton 78–79, 231, 497–500, 502–504, 533, 650–651, 710, 817
Messiaen, Jean-Jacques 856
Metternich, Klemens Wenzel Lothar von 67, 393
Meunier, Constantin 167, 555–556, 688
Meyer-Benfey, Heinrich 483
Meyerhold, Vsevolod E. 616
Meyer, Michaela 626, 655
Meysenbug, Malwida von 462
Michelangelo Buonarroti 24, 462, 480, 560, 688
Michelet, Jules 716
Michels, Volker 334, 652, 807
Michel, Wilhelm 484
Mikulík, Peter 166
Millesi, Hanno 852
Minde-Pouet, Georg 483
Mirabeau, Comte de (Honoré Gabriel de Riqueti) 400–401
Mistral, Gabriela 39
Mittelmann, Hanni 264, 678, 808
Mittner, Ladislao 818
Moeller van der Bruck, Arthur 63

Moissi, Alexander 121, 163–164, 297, 299, 694
Molière (Jean-Baptiste Poquelin) 4, 607
Molinaro, Édouard 382, 872
Molo, Walter von 464
Momplet, Antonio 870
Mondadori, Arnoldo 585
Mondon, Christine 809
Monod, Gabriel 716
Montaigne, Michel de 10, 38–39, 87, 91, 243, 384, 388, 414, 443, 463, 471–475, 660, 741–742, 884–885, 904, 906
Montesquieu, Charles de 143
Moréas, Jean 60
Moretti, Tobias 386
Morgenstern, Christian 103, 581
Mörike, Eduard 105
Morley, Robert 865
Morton, Frederic 99
Morus, Thomas 671, 674–675
Mozart, Wolfgang Amadeus 143, 171, 226–228, 565–566, 569, 578, 622, 659, 664, 770
Mühlen, Herminia zur 153
Müller-Einigen, Hans 13, 22, 46–48, 184
Müller, Ernst 130–131
Müller, Filinto 335
Müller, Hartmut 496, 804, 807, 841–842
Müller, Heidy M. 428
Müller, Karl 282, 320, 396, 809, 811
Müller, Robert 203
Müllner, Laurenz 55, 716
Mumby, Frank Arthur 416
Munch, Edvard 554
Münchhausen, Börries von 186, 194, 558
Münkler, Herfried 363
Munthe, Axel 977
Münzenberg, Willi 850
Musil, Robert 17, 74, 96, 154, 259, 352, 469, 654, 659, 662, 705, 771, 786, 800, 841
Musset, Alfred de 457, 606
Mussolini, Benito 29–30, 161, 348, 426, 735, 740, 752
Mussorgskij, Modest 684

Nabokov, Vladimir 342
Nadel, Arno 861
Nägele, Rainer 486
Nansen, Fridtjof 609
Napoleon Bonaparte 160–166, 260–261, 323, 325, 390–393, 395, 466–467, 478, 493, 549, 577, 606, 698, 710, 718, 878
Nascentes, Antenor 336

2. Personenregister

Nathan, Tobie 214
Natonek, Hans 90
Natter, Monika 787
Neale, John Ernest 793
Necker, Jacques 400
Nestroy, Johann Nepomuk 14, 242
Neuhaus, Volker 328
Neumann, Alfred 91
Neumann, Robert 88–89, 94–95, 464, 615, 786
Neydisser, Clemens (Pseudonym v. Alexander Lernet-Holenia u. Stefan Zweig) 149, 152, 975
Neymeyr, Barbara 215
Nielsen, Asta 127, 870
Niémetz, Serge 353, 459, 807, 815–816, 835, 841–842
Nietzsche, Friedrich 7, 53, 55–56, 62–63, 77, 81, 83, 103, 105, 113, 241, 334, 360, 369, 373, 411, 452, 477, 482–484, 487–489, 497, 513, 520–523, 533, 543, 563, 577–578, 622, 645, 658, 662, 666, 668, 674, 677, 684, 687, 690–691, 710, 713, 716, 718, 749, 771, 817, 879, 883, 930
Nietzsche, Friedrich Wilhelm 726
Nikjamal, Nazli 831
Noël, Magali 299
Nymphius, Christian 833

Oberender, Thomas 117, 137–138, 700, 810
Oberhummer, Eugen 433
Oberon, Merle 869
Offenbach, Jacques 615
Ogando, Alice 819
Olden, Hans 153
Olden, Rudolf 88
Onno, Ferdinand 120
Ophüls, Max 202, 826, 866
Ossietzky, Carl von 396
Österheld, Erich 589
Oswald, Gerd 243, 871
Overbeck, Franz 483
Ovid (Publius Ovidius Naso) 671
Ozep, Fedor 870

Pabst, G. W. 870
Pache, Walter 142
Pahlavi, Reza Schah 831
Pallenberg, Max 143
Palmer, Lilli 368, 870
Paracelsus (Theophrastus Bombast von Hohenheim) 498

Pater, Walter 62
Paul, Cedar 824, 826
Paul, Eden 824, 826
Pauli, Hertha 97
Paumgardhen, Paola 818
Paur, Bettina 576
Pazi, Margarita 320
Paz, Magdeleine. Siehe Marx, Magdeleine
Pearson, Olga Casares 869
Peat, Harold R. 663
Pechstedt, Eckbert 147
Peck, Clemens 810
Peixoto, Afriâno 331
Perez, Juliana P. 242
Però, Franco 165
Pesavento, Sandra Jatahy 335
Peschina, Helmut 243
Peter, Birgit 676, 809
Peter II., Kaiser v. Brasilien 334, 676
Petrarca, Francesco 540
Petzold, Alfons 13, 167, 531, 580
Pfoser, Alfred 213
Piccoli, Michel 871
Pichler, Georg 819
Pigafetta, Antonio 432
Pimentel de Borba, Jenny 853
Pindar 485–486
Pirandello, Luigi 121, 153, 543, 589, 594, 694, 818
Piranesi, Giovanni Battista 563, 688
Pires Pinto, Odorico 799
Pizarro, Francisco 722
Pizchelauri, Grigori S. 215, 861
Pizer, John D. 488–489
Platon 671
Plutarch 156
Poe, Edgar Allan 659, 664, 760
Polgar, Alfred 99, 802
Polišenský, Josef 440
Polt-Heinzl, Evelyne 328
Pompadour, Madame de 457
Ponte, Lorenzo da 227
Pontes, Eloy 799
Pooth, Xenia 334
Popper, Karl 57
Popper-Lynkeus, Josef 54
Porten, Henny 869
Porto, Petra 775
Pound, Ezra 852
Power, Romina 869
Power, Tyrone 865
Prater, Donald A. 4, 7, 13, 164, 202, 212, 237, 262, 277, 290, 333, 341, 369, 421, 453, 459, 584, 602, 666, 755, 783,

802–804, 807, 815, 825, 835, 840–841, 843, 885
Preetorius, Emil 188
Prels, Max 530
Prevost, Antonine-François 615
Prie, Marquise de (Jeanne-Agnès Berthelot de Pléneuf) 125, 265–269, 627, 766–767
Prie, Marquis Louis de (Marquis de Pasnes) 266
Prochnik, George 807, 827
Prokopius von Caesarea 319
Proust, Marcel 59, 360, 716, 720, 870
Ptolemäus, Claudius 439
Puységur, Armand Marie Jacques de Chastenet de 500, 503

Rabelais, François 478
Rademacher, Gerhard 166
Raffael da Urbino 690
Rainalter, Erwin H. 271
Ramlmair, Rosalinde 852
Rampling, Charlotte 269
Ranke-Graves, Robert 646
Rascher, Max 973
Rathenau, Walther 359, 506, 711, 756, 906, 973
Rathkolb, Oliver 560, 809
Read, Conyers 793
Redgrave, Vanessa 865
Reffet, Michel 131, 282, 421, 469, 615, 626, 808–809
Reger, Max 840, 859
Reichner, Herbert 31, 407, 424–425, 430, 883, 897–899
Reich-Ranicki, Marcel 315, 848–850
Reich-Ranicki, Teofila 849
Reik, Theodor 75, 82, 195
Reinesch, Guy 158
Reinhardt, Max 22, 31, 94, 113, 120, 123, 582, 615, 694, 700
Reisiger, Hans 590, 793
Reisinger, Roman 596
Relgis, Eugen 498, 820–821
Remarque, Erich Maria 94, 610
Rembrandt van Rijn 218, 451, 589, 664, 688–689, 882, 972
Remer, Paul 443
Renan, Ernest 539, 543, 716, 796
Ren Guoqiang 220, 802
Reni, Guido 690, 692
Renoldner, Klemens 208, 214, 274, 479, 807–808, 810–811, 852, 887, 896
Resch, Stephan 148, 453–454, 496, 584, 809–810

Resnais, Alain 870
Reucker, Alfred 880
Reuß, August 860
Riccio, David. Siehe Rizzio, David
Richardson, Ian 869
Rich, Claude 386
Richter, Helene 118, 143–144, 563
Rickman, Alan 872
Ricœur, Paul 550
Rieger, Erwin 13, 109, 131, 201, 214, 398, 531, 542–543, 594, 599, 611, 795, 836–837, 888, 977
Rie, Robert 802, 806, 839
Ries, Teresa Feodorovna 555–556, 688
Rietra, Madeleine 888
Rilke, Rainer Maria 7–8, 13–15, 26, 28, 44, 46, 48–49, 59, 105, 108, 110–111, 116, 126, 132, 148, 195, 344, 454–455, 459, 528–530, 533, 581–583, 592, 602, 604, 609, 619, 622, 661, 665, 677, 689–690, 783, 832, 836, 879, 893–894, 906, 975
Rilla, Walter 869
Rimbaud, Arthur 10, 12, 45, 107, 422, 442–447, 459, 538–539, 542–543, 577, 588, 591, 600–601, 710, 796, 814, 879
Rimpau, Laetitia 855
Riou, Gaston 751
Ritter, Mark 336
Rizzio, David 417, 420
Robakidse, Grigol 609
Robertazzi, Mario 817
Robespierre, Maximilien de 143, 156–157, 392–393
Rocca, Enrico 165, 170, 319, 583–585, 788, 816–817
Rocek, Roman 152
Rodin, Auguste 45–46, 110–111, 290, 555, 560, 662, 665, 688–692
Rohan-Guéméné, Louis René Édouard de 400
Rolland, Romain 5–6, 9, 18–19, 21–22, 24–25, 27–31, 33, 38, 86, 128–131, 143–144, 146–148, 153, 155, 157, 164, 166, 169, 171, 174–175, 199, 201, 208, 212, 214, 237, 270, 275, 277, 280, 282, 307, 347–350, 366–367, 376–377, 388, 391, 403, 406–407, 410, 413, 457, 459, 461–464, 468, 475, 477, 480, 483, 491–492, 495, 498, 507–509, 511, 514–515, 521, 529, 543, 555, 561, 563, 572–576, 579, 582–583, 585, 589–590, 593, 596, 606, 608–610, 619, 662, 666, 674, 680–681, 683, 694–695, 697, 703–705, 711–712, 724, 733–736, 739,

741, 743, 745, 750–752, 756, 761, 785, 787, 792, 796, 798, 804, 808, 814, 817, 836, 842, 844–845, 851, 854, 882, 894, 906, 971–974, 976
Rollinat, Maurice 588, 860
Romains, Jules 33, 39, 144, 347, 350, 472, 583, 589, 844, 871, 977–978
Romains, Lise 472
Röntgen, Johannes 860
Röntgen, Wilhelm Conrad 501
Roosevelt, Theodore 856
Rops, Félicien 554
Roretz, Karl 607
Rosegger, Peter 533–534
Rosenberg, Alfred 170
Rosenberg, Hans 310
Rosenkranz, Hans 723
Rose, William 609, 810
Rossellini, Roberto 852, 867–868
Rossetti, Dante Gabriel 124
Rotermund, Erwin 158–159
Roth, Joseph 35–36, 38, 91–92, 95–96, 160, 318–319, 321, 350, 352, 370–372, 377, 382, 388, 398, 411, 425, 430, 503, 516–517, 531–532, 551, 580, 582, 619, 622, 650–651, 673, 705, 723, 736, 752, 757, 785–786, 788, 791–792, 795–796, 807, 841, 847, 850–851, 888, 900, 975–977
Rouget de Lisle, Claude Joseph 325, 327, 682
Rousseau, Jean-Jacques 155, 361, 491, 538, 543, 589, 602–603, 765
Rouvroy, Louis de (Duc de Saint-Simon) 266
Rovagnati, Gabriella 117, 121, 213, 247, 250, 254, 259, 264, 266–269, 278, 281, 311, 317, 387, 454, 543, 818
Roznovsky, Karl 803
Rubens, Peter Paul 451–452, 559, 589, 689–690, 882, 972
Rubiner, Ludwig 574
Rühle, Otto 372
Russell, Archibald G. B. 562–563, 589, 879, 970
Rutherford, Camille 865

Sacher-Masoch, Leopold von 251
Sahl, Hans 88, 99
Sainte-Beuve, Charles-Augustin de 457, 538–539, 543, 608, 716, 720, 796
Saint-Hilaire, Geoffroy 718
Saint-Just, Louis Antoine de 157
Saint-Simon, Henri de 362, 719

Salten, Felix 60–61, 69, 118, 125, 513, 584–585, 619, 796
Salus, Hugo 530
Samain, Albert 588
Sander, Ernst 280, 585
Sand, George 457, 726
Santini, Daria 321
Santos, Marquesa de (Domitília de Castro Canto e Melo) 614
Sapori, Julien 397
Sauvat, Catherine 815
Schaeffer, Albrecht 894
Schaufuß, Hans Joachim 195
Schaukal, Richard 13, 396, 399, 530, 592, 604, 736
Scheerbart, Paul 103
Scheffel, Michael 220, 271, 633
Scheler, Max 346, 373
Scherer, Wilhelm 413
Scherlag, Marek 673, 810
Scheuer, Helmut 403
Schibler, Armin 860
Schickele, René 28, 410, 548, 610, 745, 973
Schiele, Egon 13, 555
Schiller, Friedrich 115, 126, 157–158, 323, 419, 421–422, 462, 464, 485, 619, 622, 665, 677, 682, 696, 700, 720, 865
Schlaf, Johannes 13, 590–592, 604
Schlak, Stephan 730
Schlöndorff, Volker 870
Schlözer, Leopold von 26
Schmidinger, Heinrich 741, 809
Schmidtbonn, Wilhelm 309
Schmidt, Mirjam 273, 626
Schneider, Reinhold 581
Schnittke, Alfred 282, 861
Schnitzler, Arthur 14, 35, 48–50, 60–64, 69, 74–76, 116, 126, 137, 154, 160, 180, 201, 212, 223, 233, 264, 269, 273–274, 323, 340, 346, 360, 371–372, 377, 390, 395–396, 459, 491, 526–528, 532–533, 568, 572, 583–584, 609, 619, 625–627, 632–633, 694, 738, 765, 786, 804, 807–808, 810, 841, 848, 852, 855, 906
Scholz, Wilhelm von 530
Scholz-Zelezny, Helene 556
Schomburg, Jan 873
Schönberg, Arnold 17, 57, 346, 568, 684–685
Schönherr, Karl 126, 533
Schopenhauer, Arthur 53, 56, 204, 500
Schorer, Jean 425, 429–430
Schorske, Carl E. 70

Schott, Heinz 504
Schrader, Maria 846, 873
Schubert, Franz 236, 622, 659, 664
Schütz, Hanns Lothar 886
Schwab, Christoph Theodor 483, 485
Schwab, Gustav 644
Schwamborn, Ingrid 333, 335
Schwarz, Aenne 873
Schwarz, André 778
Schweitzer, Albert 691, 975–976
Scott, Robert F. 324–325, 327, 722
Scott, Walter 468, 659
Sealsfield, Charles 7
Sedgwick, Eve Kosofsky 213, 776
Seelig, Carl 458, 575
Segall, Lasar 93, 688
Seghers, Anna 94–95
Seiber, Métyés 861
Seksik, Laurent 816, 844–845, 855–856
Selden-Goth, Gisella 977
Seligmann, Erwin 130–131
Serrault, Michel 869
Seruya, Teresa 596, 820
Servaes, Franz 13, 45, 498, 580
Servet, Michel (Miguel) 425–427, 429–430, 727–728
Settanni, Ettore 817
Shaftesbury, Anthony Ashley Cooper, Earl of 327
Shakespeare, William 110, 115, 119–120, 165, 208, 211, 213, 419, 422, 435, 607, 697, 700, 719–720, 870, 879
Shaw, George Bernard 694
Shearer, Norma 865, 870
Shelley, Percy Bysshe 589
Shofman, Gershom 810
Shoham, Chaim 131–132
Siegel, Rainer Joachim 888
Siegler, Emil. Siehe Relgis, Eugen
Siegrist, Christoph 121
Sievers, Eduard 607
Silva, Deonísio da 856–857
Sil Vara (Pseudonym v. Geza Silberer) 46–47
Silvestre, Paul Armand 588, 969
Simmel, Georg 658
Simon, Dietrich 538
Simon, Hugo 98
Simonsen, Roberto 336
Sinclair, Upton 609
Sinkin, Boris 861
Siodmak, Robert 195, 868
Sittenberger, Hans 63
Slonimski, Sergei M. 421, 862

Sogos, Giorgia 818
Sohnemann, Jasmin 502
Sommadossi, Tomas 627
Sophokles 485
Sørensen, Bengt Algot 626, 629
Souza, Claudio de 336
Soyka, Otto 531
Specht, Richard 126, 131, 531, 835–836
Spedicato, Eugenio 627
Speer, Albert 560–561
Spengler, Oswald 513
Spiel, Hilde 89, 95
Spinoza, Baruch de 408, 462, 540
Spörk, Ingrid 215, 247, 317, 369, 626, 809
Spranger, Eduard 264
Stalin, Josef 27, 157, 350–351, 705, 740, 821, 833, 854
Stappen, Charles van der 451, 555, 688, 690
Starke, Ottomar 280
Stefan-Gruenfeldt, Paul 569
Steiman, Lionel B. 148
Steiner-Prag, Hugo 105
Steiner, Rudolf 11
Steinhoff, Hans 867
Stekel, Wilhelm 74
Stendhal (Marie-Henri Beyle) 146, 361, 477, 482, 490–493, 496–497, 606, 690, 692, 710–711, 720, 825, 883
Sternberg, Julian 201
Sternheim, Carl 97
Stettenheim, Julius von 7
Stevenson, Robert Louis 468
Stifter, Adalbert 533–534, 549, 577, 581, 585
Stoessl, Otto 57
Stonehill, C. A. 610
Stone, Will 826
Straus, Oscar 861
Strauss, Johann 873
Strauss, Richard 24, 86, 151–152, 169–171, 174–175, 273, 421, 566–567, 569, 584, 645, 682–684, 686, 694, 791, 794, 811, 824, 862, 864, 976
Strelka, Joseph P. 273, 314, 369, 371, 441, 495, 804, 841
Stresemann, Gustav 514
Strigl, Daniela 117, 238, 241, 294, 298, 412, 543, 724, 809–811
Strindberg, August 7, 92, 137, 677, 749
Stringa, Alberto 311, 563, 583, 688, 810, 970, 973–974
Strouhal, Ernst 240, 811
Strowski, Fortunat 471, 475

2. Personenregister

Struck, Hermann 647
Stuart, Henry. Siehe Darnley, Lord Henry
Stuart, James 417
Stuart, Maria. Siehe Maria Stuart
Stuart Mill, John 719
Studer, Claire 973
Suarès, André 589, 594
Sugiyama, Yukiko 475
Sukowa, Barbara 873
Sullavan, Margaret 866
Suter, Johann August 324–327, 710
Suttner, Bertha von 54, 534, 672, 674, 733, 882
Światłowska, Irena 421
Swift, Jonathan 607, 671
Swinburne, Algernon Charles 563
Swoboda, Hermann 57
Symons, Arthur 563, 589
Szelényi, Istvén 860
Szondi, Peter 484–485

Tabares, Antonio 855
Tachelet, Koen 852
Tagore, Rabindranath 310, 541–542, 856
Taine, Hippolyte 10, 12, 45, 53, 76, 140, 171, 213, 344, 448, 466, 495–496, 675, 715–720, 750, 810, 878, 970
Tairow, Alexander J. 27, 694, 975
Talleyrand-Périgord, Charles-Maurice de 393
Tanzer, Ulrike 422
Tapioca, Ruy 336
Tarkowski, Andrei A. 866
Tartakover, Savielly G. 236
Tavares, Antonio 855
Tennyson, Alfred 126, 880
Tepe, Peter 641–642
Teresa von Ávila 606
Thalberg, Irving 865
Theodor, Erwin 335
Theodosius I., oström. Kaiser 317
Thieme, Helga 809
Thimann, Susanne 335, 829
Thimig, Hans 153
Thomé, Horst 369, 371
Tieck, Ludwig 142, 144, 171
Tiemann, Walter 605
Tietze-Conrat, Erica 700
Tizian (Tiziano Vecellio) 688
Todd, Richard 869
Toller, Ernst 88, 97, 350, 619, 694, 850
Tolstoi, Lew N. 14, 25–27, 131, 146–148, 201, 212, 214, 222, 325, 327, 361, 462, 477, 482, 490–497, 537, 559, 610, 616, 622, 698–699, 703, 710–711, 733, 749, 785, 787, 808, 825, 833, 883, 975
Tolstoja, Sofia A. 146
Torberg, Friedrich 88, 786
Torn, Rip 869
Toscanini, Arturo 568–570, 687, 700, 976–977
Toulouse-Lautrec, Henri de 690
Tourneur, Maurice 871
Trakl, Georg 543
Transsylvanus, Maximilian 92
Trebitsch, Antoinette 345
Trebitsch, Siegfried 345
Trotta, Margarethe von 870
Trotzki, Leo 157
Truffaut, François 870
Tuchatschewski, Michail N. 351
Tucholsky, Kurt 786
Tuercke, Berthold 243, 861
Tunner, Erika 814
Turner, David 195–196, 220, 228, 277, 288, 328, 380–381, 474, 626
Twain, Mark 501

Uhl, Alfred 616
Uhland, Ludwig 622
Unruh, Fritz von 574, 810, 973
Unseld, Siegfried 239
Urbach, Reinhard 810
Urbanitzky, Grete von 88
Utrillo, Maurice 688

Vachnadze, Nato 870
Valéry, Paul 25, 28, 33, 285, 520, 593, 751, 978
Valmore, Prosper Lanchantin 457
Vanwesenbeeck, Birger 811, 827
Vargas, Getúlio 37, 330, 333, 335, 337, 575, 753, 799, 830, 856
Varnhagen, Rahel 459
Vedder, Ulrike 207
Velde, Henry van de 25, 582, 688, 973
Verdi, Giuseppe 173, 794
Vergil (Publius Vergilius Maro) 593, 644, 671
Verhaeren, Émile 5–6, 12–14, 24–25, 45, 104, 107, 118, 126, 153, 167, 182, 214, 287, 443, 447–448, 450–455, 459, 461, 475, 498, 506–508, 511, 513, 521, 542, 563, 572–573, 581–583, 588–596, 599, 601–602, 610, 681, 689–690, 694–695, 703, 710, 715, 719–720, 733, 750, 785, 787, 804, 814, 823, 836, 859–860, 878, 882, 894, 906, 970–973

Verlaine, Paul 10, 12–13, 23, 45, 104, 280, 304, 442–449, 459, 475, 542–543, 577, 581, 588–595, 600–602, 604, 608, 710, 726, 785, 814, 817, 859–860, 878, 892, 894, 970–971
Verne, Jules 671
Vespucci, Amerigo 33, 37, 92–93, 292, 388, 438–441, 578, 798, 803, 884
Vieira Brandão, José 862
Viereck, George Sylvester 50
Viertel, Berthold 95, 233, 377, 384, 472, 615–616, 694, 802, 872
Vigliani, Ada 817
Vigny, Alfred de 457
Villa-Lobos, Heitor 861–862
Villon, François 288
Visconti, Luchino 871
Vogeler, Heinrich 443
Vogel, Henriette 839, 856
Voigts-Diederichs, Helene 190
Voigts, Manfred 231
Voltaire (François-Marie Arouet) 266, 408, 671
von der Grün, Max 848–849, 886

Wagener, Hans 887
Wagener, Hilde 195, 868
Wagner-Egelhaaf, Martina 357
Wagner, Erika 153
Wagner, Margarete 370–373
Wagner, Richard 53, 55–56, 63, 135, 462, 567
Walden, Herwarth 88, 584, 599
Waldseemüller, Martin 439
Walewska, Marie 459
Wallentin, Claire 120
Wallerstein, Lothar 802
Wallfisch, Erwin 165
Wallmann, Margarita 37, 862
Walser, Robert 469
Walter, Bruno 569–570, 680, 700, 796, 976
Walter, Hans-Albert 352, 760
Wang Beibei 220
Warburg, Siegmund 584
Waresquiel, Emmanuel de 397
Wassermann, Jakob 49, 368, 527, 540–541, 633, 652, 718
Weber, Max 346, 499
Webern, Anton von 685
Wedekind, Frank 125, 264, 694, 973
Weidermann, Volker 319, 847, 850–851
Weininger, Otto 53, 55–57, 184, 264, 530, 532, 678, 765, 779

Weinzierl, Ulrich 21, 77, 202, 214, 786, 800, 807
Weiskopf, Franz Carl 87, 96
Weiß, Ernst 92, 97, 350, 368, 371, 387–388, 396, 429, 436, 796–798, 900
Weiss, Peter 89
Weitershausen, Gila von 871
Wells, H. G. 609
Wendt, Doris 403
Werfel, Franz 38, 90, 94, 96–97, 131–132, 212, 396, 464, 575, 610, 619, 643, 764, 802, 807, 818, 880, 900, 973, 976
Werley, Matthew 175
Werner, Oskar 377, 616
Wertheimer, Paul 530–531
Weschenbach-Feggeler, Natascha 496, 885
Wessely, Paula 153
White, Erdmute 335
Whitman, Walt 7, 14, 126, 537, 559, 590, 856
Wiegler, Paul 13
Wieler, Jossi 852
Wieman, Mathias 867
Wiener, Meïr 606, 757
Wilbrandt-Baudius, Auguste 135
Wildenbruch, Ernst von 775
Wilde, Oscar 152, 622
Wilhelm II., dt. Kaiser 361
Wilhelm, Paul 530
Wilkinson, Tom 873
Wilpert, Gero von 611
Wilson, James 861
Wilson, Woodrow 325–326, 328, 706, 797
Winder, Ludwig 371
Winternitz, Alexia Elisabeth von 4, 20, 31, 349, 560, 688, 854
Winternitz, Friderike von. Siehe Zweig, Friderike
Winternitz, Susanne Benediktine von 4, 20, 31, 349, 560, 688, 854
Winterstein, Alfred von 531
Winthrop-Young, Geoffrey 213
Wittgenstein, Ludwig 57, 213
Wittkowski, Victor 38–39, 234, 292, 472, 591, 764, 802, 884
Wolf, Alfred 321
Wolf, Christa 645
Wolfenstein, Alfred 13, 604
Wolfes, Felix 860
Wolff, Gerhart 803
Wolff, Kurt 310
Wolf, Hugo 462
Wolf, Norbert Christian 543, 696
Wolfskehl, Karl 589

Wolfsohn, Ilja W. 153
Wolpe, Berthold 319
Wood, Robin 866
Wörgötter, Martina 214–215
Wuilmart, Françoise 220, 261, 278, 317
Wunberg, Gotthart 60
Wussow, Klausjürgen 299

Xu Jinglei 202, 831, 866

Yuan Kexiu 213

Zarek, Otto 201
Zech, Paul 8, 13, 37, 599, 602, 733, 837, 839, 844, 854, 879–880, 974
Zeder, Franz 544
Zelewitz, Klaus 335, 370–372, 403, 469, 536, 803
Zeller, Carl 378
Zemlinsky, Alexander von 685
Zhang Yan 307, 309, 312
Zhou Qin 137, 166
Zifferer, Paul 120, 130
Zilberfarb, Sacha 288
Zimmer, Hans 869
Zimmermann, Christian von 436
Zinkernagel, Franz 483
Zita von Bourbon-Parma, Kaiserin v. Österreich 235

Zohn, Harry 232, 319, 802–803, 806–807, 839
Zola, Émile 45, 556, 608
Zuckmayer, Carl 99, 503, 585, 619, 894, 900
Zumbusch, Caspar Clemens Eduard 557
Zweig, Alfred 2–4, 16, 66, 160, 342, 843
Zweig, Arnold 79, 95, 502, 504, 757, 810, 818, 900
Zweig, Friderike 4, 6–7, 16, 20–21, 24, 31, 37, 123, 129, 132, 143, 161, 164, 202, 208, 222, 229, 276–277, 295, 311, 316, 331, 341, 349, 353, 362, 368, 377, 384, 398, 405, 438, 456, 466, 471–472, 560, 563, 572, 579, 599, 602–604, 651, 688, 694, 734, 755, 764, 802–803, 807, 825, 835, 838–840, 843, 845, 853–854, 857, 873, 880, 888, 903, 905, 972–977
Zweig, Hermann 2
Zweig, Ida 2–3, 6–7, 66, 343, 749, 969
Zweig, Lotte 32–34, 37–40, 234, 238, 292, 296, 330–331, 349, 353, 368, 416, 576, 580, 617, 621, 663, 807, 838–839, 843, 845, 850, 853, 855–857, 873, 884, 888, 904, 976–978
Zweig, Moriz 2–4, 66, 342–343, 609, 969
Zwetajewa, Marina 26
Zwingli, Huldrych 426, 688

3. Werkregister

Die Seitenangaben zu den jeweiligen Werkartikeln sind hier nicht verzeichnet; siehe hierzu das Inhaltsverzeichnis. Nicht erfasst sind ferner die einzelnen Titel der Gedichte.

1914 und Heute. Anläßlich des Romans von Roger Martin du Gard Eté 1914 736
Abendaquarelle aus Algier 548
Abschied von Alexander Moissi 297
Abschied von Joseph Roth. Siehe Joseph Roth
Abschied von Rilke 108, 528–530, 661, 689–690, 975
Abschied von Wien 531
Adam Lux 161, 166, 261, 281, 695, 698, 704, 906
Albert Ehrensteins Gedichte 530
Alfonso Canciani 555, 557
Amerigo. Die Geschichte eines historischen Irrtums 33, 37, 92–93, 292, 388, 578, 798, 803, 884, 978
A mes frères français 508
Amok 20, 24, 27, 189, 207, 209, 259, 366, 627, 773, 784, 787–788, 814, 816, 820–821, 883, 893, 974
An die Freunde in Fremdland 17, 507–508, 573, 583, 733, 750
Angst 6, 50–51, 578, 626–627, 629, 632–633, 637, 655, 681, 685, 700, 775–778, 817, 852, 867, 869, 972
Anmerkungen zu Balzac 466, 719
Arthur Rimbaud 443, 445, 459, 538, 543, 591, 600–601, 710, 796, 814, 879
Arthur Schnitzler. Zum sechzigsten Geburtstag 527
Arturo Toscanini 568–570
Aufruf zur Geduld 511
Aus abgesperrter Welt 512
Ausgewählte Gedichte 784, 888, 893, 976
Balzac [Biografie] 38–39, 87, 388, 478, 601, 610, 660, 691, 803, 884–886, 904–905
Balzac [Essay] 20, 45, 76, 466, 476, 478, 497, 601, 787, 815, 881–882
Balzacs Codices vom eleganten Leben 466
Begegnungen mit Menschen, Büchern, Städten 32, 290, 330, 456, 458, 537, 567, 796–797, 884, 903, 977
Bei den Franzosen in Canada 548, 551
Bei den Sorglosen 379
Beim Donner der Geschütze [Antwort auf eine Rundfrage der Internationalen Literatur] 515

Bekenntnis zum Defaitismus 19, 27, 131, 475, 509, 704, 734, 739
Ben Jonson 139, 697
Berta von Suttner 534, 674, 882
Besuch bei den Milliarden 290
Bilder aus Amerika 306, 551
Blick über die elektrische Stadt in die Zukunft hinein 503
Brasilien. Ein Land der Zukunft 3, 18, 36–37, 96, 438, 441, 549, 576, 675–676, 753, 798–799, 829–830, 844, 862, 889, 899, 904, 978
Brennendes Geheimnis 5, 9, 188–189, 191, 193–196, 198, 626, 632, 637, 655, 678, 725, 776–778, 784, 824, 868, 893, 972
Brief einer Unbekannten 6, 198–202, 205, 578, 678, 774–775, 777–779, 815, 820, 824, 831, 853, 866, 869, 974
Brügge 551
Bruno Walter. Kunst der Hingabe 569–570, 796
Buchmendel 222, 627, 631, 637, 757, 975
Busoni 567, 569, 662
Busonis Opernwerk 567
Castellio gegen Calvin oder Ein Gewissen gegen die Gewalt 32–33, 88, 91, 349, 357, 366, 412–413, 421, 435, 471, 517, 524–525, 537, 578, 636, 638–639, 706, 727, 730, 741–742, 745, 794–796, 799, 804, 820, 825, 841, 887, 898, 977
Charles Baudelaire 459, 600–601, 814
Ciceros Tod 33, 161, 324–325, 327–328, 706, 729, 797
Clarissa 6, 28, 38, 87, 96–97, 224, 236, 259, 302, 471, 548, 713, 804, 815, 872, 887, 904–905
Constantin Meunier 555–556
Dank an Brasilien 330
Dante 540–541, 543
Das Buch als Eingang zur Welt 662, 689
Das Buch Tausendundeine Nacht 48
Das deutsche Walt Whitman-Werk 590
Das Drama in Tausendundeine Nacht 541
Das Drama Verhaerens 118
Das erste Wort über den Ozean 325–327, 797
Das Feuer 539

3. Werkregister

Das Geheimnis Byrons 543
Das Geheimnis des künstlerischen Schaffens 458, 566, 619, 635, 657–659, 661–664, 690, 718, 775
Das Genie einer Nacht 281, 325, 327, 566, 681, 683, 797
Das große Schweigen 517–518, 706, 736
Das Haus am Meer 15, 113, 137, 163, 527, 698–699, 784, 870, 880, 972
Das Haus der tausend Schicksale 552
Das Herz Europas 973
Das Kreuz 627–628, 669, 690, 970
Das Lamm des Armen 261, 281, 390, 695, 697–699, 975
Das Land ohne Patriotismus 506, 533
Das Wien von Gestern 33, 341, 682, 684, 978
Das zukünftige Theater des Geistes 677, 696
Der Amokläufer 81, 198–199, 202–205, 548, 627, 629–630, 651, 666, 669, 762, 765–766, 769, 774, 776–779, 833, 861, 870
Der begrabene Leuchter 93, 637, 757, 795, 798–799, 851, 884, 898, 977
Der Don Juan der Erkenntnis. Hermann Bahr zum 70. Geburtstag 528
Der europäische Gedanke in seiner historischen Entwicklung 27, 522–523, 640, 675, 735, 740, 744, 750
Der Kampf mit dem Dämon. Hölderlin, Kleist, Nietzsche 20, 24, 77, 81, 83, 105, 214, 305, 312, 326, 419, 462, 477, 481, 490, 495, 497–499, 513, 532, 658, 662, 666–668, 691, 710, 726, 739, 764–765, 785, 796, 800, 809, 849, 883–884, 893, 974
Der Kampf um den Südpol 324–325, 722
Der lyrische Nachwuchs 530
Der Rhythmus von New York 503, 548–549, 749
Der Roman Hiob von Joseph Roth 532
Der Stern über dem Walde 178, 181–182, 184, 627–628, 669, 725, 765–766
Der Turm zu Babel 314, 508, 520, 639, 643, 673–674, 714, 882
Der versiegelte Zug 325, 549, 709
Der verwandelte Komödiant 15, 123, 155, 299, 695, 699, 784, 815, 972
Der Zwang 19, 224, 302, 387, 578, 627, 631, 652, 703, 820, 882, 973
Die Augen des ewigen Bruders 19, 199, 376, 413, 516, 704, 725, 741, 761, 832, 860, 893, 974

Die Autographensammlung als Kunstwerk 619, 657
Die Entdeckung Eldorados 324–326, 675, 709
Die Entwertung der Ideen 509, 750
Die Eroberung von Byzanz 321, 325, 797
Die Erziehung zum republikanischen Bewußtsein 510–511
Die europäische Idee in der Literatur 521
Die Flucht zu Gott 121, 325–326, 495, 698–699
Die Forderung der Solidarität 516
Die Frau und die Landschaft 198, 200, 203–204, 632, 655, 779, 973
Die frühen Kränze 44, 76, 103, 106, 580, 783, 786, 859–860, 878–879, 893, 970
Die geistige Einheit Europas 751–753
Die gesammelten Gedichte 103, 108, 296, 784, 974
Die Geschichte als Dichterin 87–88, 326, 439–441, 469, 512, 664, 688, 714
Die gleich-ungleichen Schwestern 230, 306, 975
Die Gouvernante 2, 5, 188–189, 191, 193–194, 198, 262, 631, 767, 971
Die Heilung durch den Geist. Mesmer, Mary Baker-Eddy, Freud 20, 78–79, 231, 533, 651, 710, 785, 796, 804, 817, 976
Die Hochzeit von Lyon 627, 861, 975
Die Jahrhundertausstellung Wiener Malerei in Zürich 555
Die Kette 32, 189–190, 198, 207–208, 211, 773–774, 785, 883–884, 893
Die Legende der dritten Taube 314, 637, 642–643, 647, 972
Die Lektion, die mir Rodin erteilt hat [zuerst engl. als A Great Lesson from a Great Man bzw. A Lesson from Rodin] 290, 689
Die Liebe der Erika Ewald [Band] 47, 188, 190, 198, 627, 784, 878, 892, 970
Die Liebe der Erika Ewald [Erzählung] 179, 627, 629, 632, 678, 784
Die Marienbader Elegie 323, 325, 328, 709
Die Mondscheingasse 2, 198–200, 204–205, 626–627, 630, 777, 820, 871, 972
Die Monotonisierung der Welt 167, 503, 513, 541, 749, 762
Die moralische Entgiftung Europas 27, 29, 522–524, 735
Die Philosophie des Hippolyte Taine 10, 12, 45, 53, 76, 140, 344, 448, 466, 495, 675, 715–718, 720, 810, 878, 970

Die schweigsame Frau 273, 377, 566, 569, 683, 686, 698–700, 791, 794, 824, 857, 862, 976
Die spät bezahlte Schuld 292, 302, 904, 978
Die Stadt der tausend Tempel 310, 548, 550–551
Die Stimme. In memoriam Josef Kainz 119, 297
Die Stunde zwischen zwei Ozeanen 548, 550, 614
Die Tragik der Vergeßlichkeit 511–512
Die unsichtbare Sammlung 222, 630, 830, 897, 974
Die unterirdischen Bücher Balzacs 466–467, 623, 665
Die Wahl der Staatsangehörigkeit 512, 735
Die Wanderung 46–47, 70, 178, 182–185, 254, 261, 557, 637, 642, 646, 877, 970
Die Welt der Autographen 619
Die Weltminute von Waterloo 261, 281, 323, 325
Die Welt von Gestern 3–5, 7–13, 15–19, 22–23, 25–26, 30, 33–39, 45–46, 55, 66–67, 69–70, 77, 79, 84, 87, 96–98, 110, 113–114, 121, 152, 163, 175, 195–196, 218, 234, 236, 240, 259, 263, 292, 297, 334, 365, 373, 384, 388, 390, 398, 413, 415, 443, 450–451, 471, 506, 514, 527–529, 548, 551–552, 554–555, 563, 567, 569, 588, 599, 603, 618, 625, 629, 652–653, 657, 660, 672, 676–677, 684–686, 689, 695–698, 700, 713–714, 716, 732, 738–739, 742, 744, 749, 753, 755–759, 761, 764, 773, 802, 808, 815–821, 825–826, 839, 842–843, 856, 859–860, 872, 878, 880, 884, 886, 888–889, 899–900, 904, 978
Die Wunder des Lebens 178–179, 184–187, 254, 261, 627, 678, 690
Drei Dichter ihres Lebens. Casanova, Stendhal, Tolstoi 20, 24, 146, 148, 361, 462, 477, 482, 497, 690, 710–711, 720, 785, 788, 796, 800, 820, 825, 849, 883–884, 893, 975
Drei Meister. Balzac, Dickens, Dostojewski 19, 24, 76, 82, 462, 466, 482, 495, 497, 532, 601, 692, 710, 726, 748, 785, 796, 800, 810, 817, 849, 881–884, 893, 973
Ehrfurcht vor Georg Brandes 520, 674
Eine Ansprache 350, 517, 640
Einigung Europas 27, 524, 752, 810
Einleitung zu einer zusammengefaßten Ausgabe von Jean-Jacques Rousseau's Emil oder Über die Erziehung 491, 538, 603
Ein Mensch, den man nicht vergißt 302
Ein Verbummelter 5, 669, 765, 970
Ein Wort von Deutschland 17, 346, 506–507, 703, 760
Elemente der Menschengröße [Rez. zu Kassner, Von den Elementen der menschlichen Größe] 530
Emile Verhaeren 12, 459, 475, 498, 506–507, 583, 601, 690, 695, 710, 719–720, 750, 785, 787, 804, 814, 823, 878, 971
[Ephraim Mose Lilien] 43, 557, 600, 672, 715, 718, 756
Episode am Genfer See 302, 387, 632, 669, 713, 766–767, 826
Erinnerung an Theodor Herzl 757
Erinnerungen an Arthur Schnitzler 527
Erinnerungen an Emile Verhaeren 287, 450–451, 453, 878, 973
Ernest Renan 539, 796
Erstes Erlebnis 5, 23, 75, 198, 201, 207, 209, 262, 627, 629, 773, 784, 879, 883, 893, 971
E. T. A. Hoffmann 661
Etwas über Macht und Moral 163, 167, 514, 697, 704–705
Fahrten 548, 973
Flucht in die Unsterblichkeit 325, 440, 675, 722, 797
Frans Masereel 559–560, 796
Freuds neues Werk Das Unbehagen in der Kultur 533
Frühling in Sevilla 537
Für die Freie Tribüne, Paris 517
Galiziens Genesung 550
Geburtstagsbrief an Hermann Bahr 528
Georg Friedrich Händels Auferstehung 325, 328, 566, 681–683, 686, 709, 797, 811, 884, 898
Geschichte eines Unterganges 125, 578, 627, 765, 767, 971
Geschichte in der Dämmerung 5, 188–191, 193–195, 629, 631, 654–655, 971
Geschichtsschreibung von morgen 87, 523, 714, 746
Goethes Leben im Gedicht 609, 661–662
Gustav Mahlers Wiederkehr 567–568, 570
Gwalior, die indische Residenz 548
Heimfahrt nach Österreich 17, 345
Herbstwinter in Meran 550
Hermann Bahr, der Fünfzigjährige 528
Heroischer Augenblick 325–326

Hugo von Hofmannsthal. Gedächtnisrede zur Trauerfeier im Wiener Burgtheater 49, 344, 529
Hydepark 550
Im Schnee 47, 261, 738–739, 757, 877, 970
In dieser dunklen Stunde 518
Internationalismus oder Kosmopolitismus 520–522
Ist die Geschichte gerecht? 386, 512
Jakob Wassermann 540–541, 652, 718
Jaurès 882
Jeremias 15, 17, 27–28, 81, 91, 103, 125, 135–136, 157, 241, 308, 311, 314, 416, 508, 513, 527, 636–638, 642–643, 646, 672–673, 698, 703–705, 724, 744, 755, 758, 784, 787, 810, 815, 832, 861, 880–881, 973
Joseph Fouché. Bildnis eines politischen Menschen 20, 24, 27, 86–87, 99, 125, 160–161, 166, 261, 279–282, 398, 403, 435, 457, 459, 704, 710, 713, 785, 787–788, 796, 803, 809, 815, 819, 821, 848, 884, 893, 975
Joseph Roth 36, 532
Kaleidoskop 32, 222, 283, 306, 315, 317, 319, 324, 795, 884
Keep out of politics! 517, 706
Kleine Chronik 893, 975
Kleine Reise nach Brasilien 36, 330–331, 548, 904
Lafcadio Hearn 541, 600
Legende eines Lebens 6, 15, 121, 699, 784, 881, 973
Legende und Wahrheit der Beatrice Cenci 692
Leporella 2, 167, 222, 629, 725, 766, 770, 779
Lord Byron. Das Schauspiel eines großen Lebens 539, 543
Löwen 703
Magellan. Der Mann und seine Tat 32–33, 35, 91–93, 366, 440, 549, 728, 796–798, 804, 826, 887, 898, 977
Marceline Desbordes-Valmore. Das Lebensbild einer Dichterin 577, 591, 726, 785, 787, 814, 973
Marcel Prousts tragischer Lebenslauf 360
Maria Stuart 31–32, 34, 402, 459, 578, 610, 614, 711, 713, 728, 788, 793–794, 798, 800, 810, 815–816, 819–821, 824–827, 848, 862, 865, 898–899, 902, 906, 976
Marie Antoinette. Bildnis eines mittleren Charakters 20, 24, 32, 87, 125, 161, 261, 269, 281–282, 348, 366, 377, 390, 411, 415–416, 424, 457, 459, 578, 610, 614, 617, 700, 710–711, 728, 785, 788, 796, 809, 815–816, 819–821, 825–826, 848, 865–866, 895–896, 903, 906, 976
Mater dolorosa. Die Briefe von Nietzsches Mutter an Overbeck 483
Moissi im Gespräch 297
Moissis Neubeginn 297
Montaigne 10, 38–39, 87, 91–92, 243, 384, 388, 414, 443, 660, 741–742, 884–885, 904, 906
Nehmt allen die Waffen weg, allen ... 750
Opportunismus, der Weltfeind 510, 513, 521
Otto Soyka 531
Oxford 719
Panama [Filmprojekt] 614
Parsifal in New York 548
Paul Verlaines Lebensbild [zuerst als Paul Verlaines Leben] 444, 448, 604
Peter Altenberg und Wien 43, 526
Peter Rosegger 533–534
Phantastische Nacht 198–202, 204–205, 628, 630–632, 669, 760, 777, 884
Praterfrühling 246, 302, 877, 969
Quiproquo 975
Rabindranath Tagores Sādhanā 310, 541–542
Rahel rechtet mit Gott 637, 642, 647–648, 739, 757
Rainer Maria Rilke. Ein Vortrag in London 661
Rausch der Verwandlung 32, 35, 250, 366, 383, 398, 548, 578, 616, 660, 766, 776, 804, 815, 826, 872, 886, 905
Rechts und Links. Roman von Joseph Roth 382, 531
Reise nach Rußland 25, 514, 548, 551, 688, 748–749
Reisen oder Gereist-Werden 549
Revolte gegen die Langsamkeit 347, 515–516, 740
Richard Strauss und Wien 569
Rilkes Neue Gedichte 529
Romain Rolland. Der Mann und das Werk 19, 155, 457, 475, 498, 583, 690, 695, 724, 785, 804, 814, 817, 836, 973
Rückkehr zum Märchen 7, 306
Sainte-Beuve 538, 543, 720, 796
Salzburg 550, 696
Schachnovelle 3, 28, 36, 38–39, 87, 93, 95, 125, 230, 292, 298, 388, 412, 441, 471, 518, 548, 584, 626–628, 630–631,

636, 655, 660, 662, 669, 729, 742, 774, 802, 810–811, 817–818, 820, 826, 849, 854–855, 857, 861, 871–872, 887, 899, 904–905, 978
Scharlach 5, 11, 302, 678, 971
Schnitzler und die Jugend [Jubiläumsartikel zu Schnitzlers 50. Geburtstag] 49, 526
Sehnsucht nach Indien 548
Silberne Saiten 15, 44, 103, 106, 110, 178, 443, 588, 681, 783, 859, 877, 885, 892, 970
Sinn und Schönheit der Autographen 619
Sommernovellette 188–189, 192–195, 628–630, 633, 970
Sonnenfinsternis. Ein Tonfilmentwurf 615
Sternstunden der Menschheit 12, 20, 24, 33, 92, 146, 161, 281, 306, 322, 347, 433, 440, 495, 549, 566, 661–662, 669, 675, 681–683, 686, 709, 713, 722, 728–729, 786, 797, 800, 802, 811, 815, 819, 821, 825, 849–850, 853, 884, 887–888, 893, 975
Teresa Feodorovna Ries 555–556
Tersites 15, 44–45, 50, 76, 118, 121, 123, 125, 155, 163, 241, 261, 489, 543, 642–646, 648, 695–696, 698, 722, 724, 784, 815, 879–880, 893, 971
The Jewish Children in Germany [Ansprache im Hause Rothschild] 757
Thomas Mann, Lotte in Weimar 541, 544
Tolstoi als religiöser und sozialer Denker [zuerst engl. als Presenting Tolstoi] 148
Tolstois Antlitz 491
Triumph und Tragik des Erasmus von Rotterdam 27, 31, 33, 86–88, 91, 125, 147, 167, 240, 349, 352, 357, 366, 392, 415, 421, 424, 429, 432, 435, 471–472, 516, 524, 578, 639, 673–674, 689, 692, 705–706, 710–713, 722, 726–727, 730, 736, 740–742, 745, 752, 762, 791–796, 799, 804, 809, 815, 819–821, 825, 841, 887, 897–898, 976
Ungeduld des Herzens 2, 6, 15, 32, 35, 38, 96–97, 224, 302, 378, 382–383, 387, 527, 548, 578, 635, 660, 681, 685–686, 706, 713, 726, 757, 765–766, 768, 779, 791, 798, 809, 820, 824–826, 838, 870–872, 884, 887, 899, 906, 977

Untergang eines Herzens 2, 6, 207–208, 210, 212, 214–215, 626, 632, 637, 653–655, 757
Unvergeßliches Erlebnis 691
Unvermutete Bekanntschaft mit einem Handwerk 976
Vergessene Träume 250, 302, 626, 877, 969
Verlaine 10, 12, 459, 475, 589, 591–592, 600, 710, 726, 785, 814, 817, 878, 970
Verwirrung der Gefühle [Band] 20, 24, 27, 73, 81, 140, 189, 198, 378, 533, 627, 720, 773, 784, 815, 883, 893, 974
Verwirrung der Gefühle [Erzählung] 6, 11, 84, 189, 207–209, 211–215, 351, 378, 527, 626, 629–631, 633, 655, 669, 720, 725, 757, 774–779, 785, 811, 836, 861, 871, 887
Vierundzwanzig Stunden aus dem Leben einer Frau 82, 84, 207–209, 212, 215, 229, 286, 533, 627–628, 630, 632, 669, 725, 765–766, 770–771, 774, 776–778, 785, 820, 825, 869, 872, 974
Volpone 24, 126, 149, 153, 160, 171, 590, 694, 697, 700, 720, 784, 809–810, 825, 861, 871, 974
Vorbeigehen an einem unauffälligen Menschen – Otto Weininger 53, 264, 532, 765
War er es? 298, 904
What Money Means to Me 290
Widerstand der Wirklichkeit 208, 273, 302, 776, 815, 872
Wiederbegegnung mit Tubutsch 530
Wie würden Sie sich im Falle eines Krieges gegen die UdSSR verhalten? [Antwort auf eine Rundfrage der Moskauer Rundschau] 514–515
Wilson versagt 325–326, 328, 706, 797
Witikos Auferstehung 534
Wondrak 224, 972
Worte am Sarge Sigmund Freuds 80, 84
Zu Goethes Gedichten. Vorrede zu meiner Auswahl von Goethes Gedichten 609, 661
Zum Werk Frans Masereels 559–560
Zutrauen zur Zukunft 513
Zwei Einsame 258, 970

4. Autorenverzeichnis

Afken, Janin MA, Humboldt-Universität Berlin
Anz, Thomas Prof. i.R. Dr., Philipps-Universität Marburg
Aumüller, Matthias Dr. PD, Universität Fribourg
Beck, Knut, Frankfurt am Main
Berthold, Christine Dr., Universität Macerata
Birk, Matjaž Prof. Dr., Universität Maribor
Bolle, Clara MA, Rotterdam
Bonifazio, Massimo Prof. Dr., Universität Turin
Buchinger, Susanne Dr., Frankfurt am Main
Dewulf, Jeroen Prof. Dr., Universität Berkeley
Eckl, Marlen Dr., Hofheim am Taunus
Eidherr, Armin Prof. Dr., Paris-Lodron-Universität Salzburg
Erdem, Elisabeth Dr., Stefan Zweig Zentrum, Paris-Lodron-Universität Salzburg
Gil, Maria de Fátima Prof. Dr., Universität Coimbra
Galle, Helmut Prof. Dr., Universität São Paulo
Gelber, Mark H. Prof. Dr., Universität Beer Sheva
Görner, Rüdiger Prof. Dr., Queen Mary Universität London
Gottwald, Herwig Prof. Dr., Paris-Lodron-Universität Salzburg
Gschwandtner, Harald MA, Paris-Lodron-Universität Salzburg
Hamacher, Bernd Dr. PD, Universität Hamburg
Höfle, Arnhilt Johanna Dr., Wien
Holmes, Deborah Dr., Paris-Lodron-Universität Salzburg
Janik, Allan Prof. i.R., Leopold-Franzens-Universität Innsbruck
Keckeis, Paul Dr., Paris-Lodron-Universität Salzburg
Klein, Christian Dr. PD, Bergische Universität Wuppertal
Koch, Hans-Albrecht Prof. em. Dr., Universität Bremen
Krüger, Tobias Dr., Treuchtlingen
Larcati, Arturo Prof. Dr., Universität Verona
Le Rider, Jacques Prof. Dr., École pratique des hautes études, Paris
Lettner, Simone BA, Paris-Lodron-Universität Salzburg
Locher, Elmar Prof. i.R. Dr. Universität Verona
Lughofer, Johann Georg Prof. Dr., Universität Ljubljana
Mairhofer, Marlen MA, Paris-Lodron-Universität Salzburg
Maldonado-Alemán, Manuel Prof. Dr., Universität Sevilla
Matuschek, Oliver, Bremen
Mayer, Mathias Prof. Dr., Universität Augsburg
Meister, Monika Prof. i.R. Dr., Universität Wien
Michler, Werner Prof. Dr., Paris-Lodron-Universität Salzburg
Millner, Alexandra Dr., Universität Wien
Mittermayer, Manfred Dr., Literaturarchiv Salzburg
Müller, Karl Prof. i.R. Dr., Paris-Lodron-Universität Salzburg
Neundlinger, Helmut Dr., Donau-Universität Krems
Neymeyr, Barbara Prof. Dr., Alpen-Adria-Universität Klagenfurt
Ornezeder, Tina MA, Paris-Lodron-Universität Salzburg
Peck, Clemens Dr., Paris-Lodron-Universität Salzburg
Pesnel, Stéphane Dr., Universität Sorbonne, Paris
Peter, Birgit Dr. PD, Universität Wien
Plank, Eva Dr., Buchkirchen
Polt-Heinzl, Evelyne Dr., Wien
Rechberger, Christine MA, Salzburg
Reffet, Michel Prof. em. Dr., Universität Dijon

Reisinger, Roman Prof. i. R. Dr., Paris-Lodron-Universität Salzburg
Renoldner, Klemens Dr., Stefan Zweig Zentrum, Paris-Lodron-Universität Salzburg
Resch, Stephan Prof. Dr., Universität Auckland
Rovagnati, Gabriella Prof. i. R. Dr., Universität Mailand
Skardarasy, Elisabeth MA, Paris-Lodron-Universität Salzburg
Spedicato, Eugenio Prof. Dr., Universität Pavia
Strigl, Daniela Dr., Universität Wien
Tanzer, Ulrike Prof. Dr., Leopold-Franzens-Universität Innsbruck
Thuswaldner, Gregor Dr., North Park Universität Chicago
Traupmann, Thomas MA, Universität Konstanz
Vedder, Ulrike Prof. Dr., Humboldt-Universität Berlin
Wagner, Margarete Dr., Universität Wien
Weinzierl, Ulrich Dr., Wien
Wolf, Norbert Christian Prof. Dr., Paris-Lodron-Universität Salzburg
Wörgötter, Martina Dr., Stefan Zweig Zentrum, Paris-Lodron-Universität Salzburg
Zangerl, Lina Maria MA MA (LIS), Literaturarchiv Salzburg

www.ingramcontent.com/pod-product-compliance
Lightning Source LLC
Chambersburg PA
CBHW080921300426
44115CB00018B/2905